JURISPRUDENCE GÉNÉRALE DALLOZ

RECUEIL PÉRIODIQUE ET CRITIQUE

PARAISSANT DEUX FOIS PAR MOIS

Prix de l'abonnement : 30 francs par an.

Prix des 65 années 1845 à 1909 inclusivement :

Au comptant : 595 francs; à terme : 700 francs.

Le Recueil périodique et critique, qui est la continuation du plus ancien recueil de jurisprudence, le *Journal des Audiences*, constitue la base de toutes les publications Dalloz. Aucun recueil du même genre ne permet de suivre d'une façon plus exacte et plus complète le mouvement de la jurisprudence et de la législation en matière civile, commerciale, criminelle, administrative et de droit public. Le *Recueil* comprend cinq parties : la première est consacrée aux arrêts de la Cour de cassation ; la seconde aux arrêts des Cours d'appel et des Cours étrangères, aux jugements des Tribunaux de première instance, des juridictions consulaires ou inférieures ; la troisième aux arrêts du Conseil d'État, aux décisions du Tribunal des Conflits et aux arrêtés des Conseils de préfecture ; la quatrième partie reproduit les lois et décrets ; la cinquième donne les sommaires des décisions qui n'ont pu être insérées *in extenso*. Enfin, des tables très complètes terminent chaque volume annuel : table alphabétique des matières, table des noms des parties, table des articles des Codes visés dans les décisions rapportées et table chronologique de ces décisions.

TABLES ALPHABÉTIQUES du RECUEIL PÉRIODIQUE

Table des 22 années 1845 à 1867.

2 volumes en 4 livraisons.

Prix : 40 francs.

Table des 10 années 1867 à 1877.

1 volume en 2 livraisons.

Prix : 25 francs.

Table des 10 années 1877 à 1887.

1 volume en 2 livraisons.

Prix : 25 francs.

Table des 10 années 1887 à 1897.

1 volume en 2 livraisons.

Prix : 30 francs.

Table des 10 années 1897 à 1907.

1 volume en 2 livraisons. — Prix : 35 francs.

COLLECTION COMPLÈTE DES TABLES 1845 à 1907 DU RECUEIL

Prix : Au comptant : 130 fr. — A terme : 140 fr.

PARIS — 19, rue de Lille.

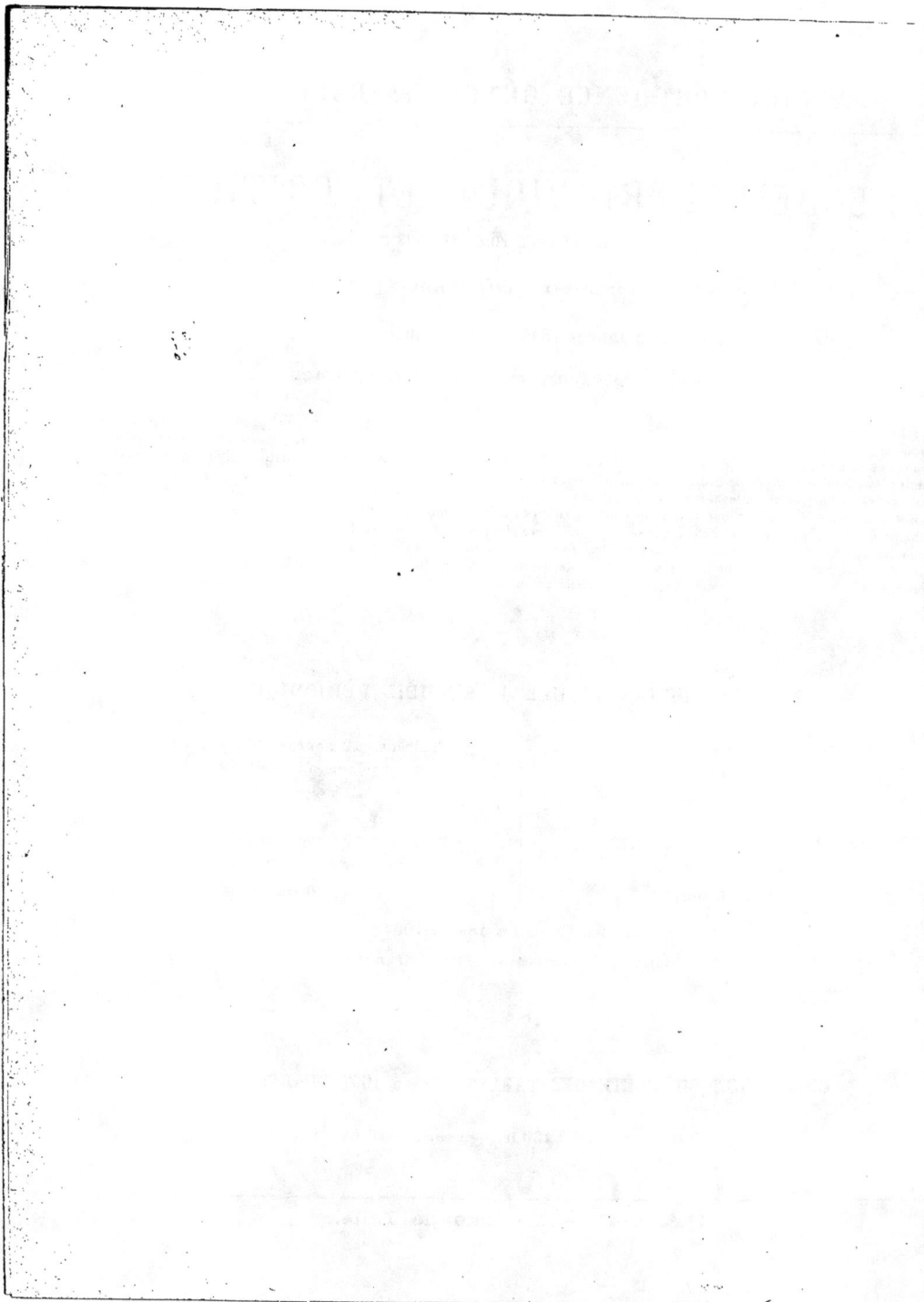

LES

CODES D'AUDIENCE

DALLOZ

SUIVIS DES LOIS, ORDONNANCES ET DÉCRETS S'Y RATTACHANT

AVEC RENVOIS AUX OUVRAGES DE MM. DALLOZ

Publiés sous la direction de MM.

Gaston GRIOLET	**Charles VERGÉ**
Docteur en droit.	Maître des requêtes honoraire.

Avec la collaboration de

M. Henry Bourdeaux

Juge d'Instruction au Tribunal de la Seine.

SIXIÈME ÉDITION

REVUE, CORRIGÉE ET AUGMENTÉE

PARIS

AU BUREAU DE LA JURISPRUDENCE GÉNÉRALE

19, RUE DE LILLE, 19

R. DE RIGNY, Administrateur.

—

1910

AVERTISSEMENT.

L'Administration de la *Jurisprudence Générale Dalloz* a jugé utile de réunir en un seul volume, et de publier, sous forme de **Codes d'Audience**, les textes des différents Codes français et de nombreuses lois qui, depuis la promulgation de ces Codes, sont venues les modifier et les compléter. Destiné aux magistrats, aux avocats, aux officiers ministériels et en général à tous ceux qui ont besoin d'avoir constamment sous les yeux *l'ensemble de la législation*, cet ouvrage a été conçu de façon à offrir, sous un format très restreint et très commode, des textes disposés en vue de recherches rapides. En outre, sous chaque article des Codes, de nombreux renvois sont indiqués, qui permettent d'en trouver immédiatement le commentaire dans les publications de la *Jurisprudence Générale Dalloz*.

Les lois qui se rattachent aux Codes font l'objet d'un **Appendice** très étendu. On y trouve, notamment, la loi du 25 mai 1838, *sur les justices de paix;* la loi du 3 mai 1841, *sur l'expropriation pour cause d'utilité publique;* la loi du 24 juillet 1867, *sur les sociétés;* la loi du 29 juillet 1881, *sur la presse;* la loi du 4 mars 1889, *portant modification à la législation des faillites;* la loi du 22 juillet 1889, *sur la procédure à suivre devant les conseils de préfecture;* la loi du 8 décembre 1897, *sur l'instruction contradictoire;* la loi du 9 avril 1898, *concernant les responsabilités des accidents dont les ouvriers sont victimes dans leur travail,* modifiée par les lois du 22 mars 1902 et du 31 mars 1905; la loi du 1er juillet 1901, *relative au contrat d'association,* modifiée par les lois du 4 décembre 1902 et du 17 juillet 1903; la loi du 31 décembre 1903, *sur les bureaux de placement;* la loi du 27 juin 1904, *sur le service des enfants assistés,* modifiée par la loi du 18 décembre 1906; la loi du 12 juillet 1905, *concernant :* 1° *la compétence des juges de paix;* 2° *la réorganisation des justices de paix;* la loi du 1er août 1905, *sur la répression des fraudes dans la vente des marchandises et des falsifications des denrées alimentaires et des produits agricoles;* la loi du 9 décembre 1905, *concernant la séparation des Églises et de l'État,* modifiée par la loi du 13 avril 1908; la loi du 12 avril 1906, *étendant à toutes les exploitations commerciales les dispositions de la loi du 9 avril 1898 sur les accidents du travail,* modifiée par la loi du 26 mars 1908; la loi du 2 janvier 1907, *concernant l'exercice des cultes;* la loi du 27 mars 1907, *concernant les conseils de prud'hommes;* la loi du 29 juin 1907, *tendant à prévenir le mouillage des vins et les abus du sucrage;* la loi du 13 juillet 1907, *relative au libre salaire de la femme mariée et à la contribution des époux aux charges du ménage;* la loi du 15 juillet 1907, *concernant le mouillage et la circulation des vins et le régime des spiritueux;* la loi du 18 juillet 1907, *ayant pour objet la faculté d'adhésion à la législation des accidents du travail;* la loi du 11 avril 1908, *concernant la prostitution des mineurs;* les lois du 17 mars et du 1er avril 1909, *relatives à la vente et au nantissement des fonds de commerce;* la loi du 12 juillet 1909, *sur la constitution d'un bien de famille insaisissable;* la loi du 14 juillet 1909, *sur les dessins et modèles,* etc.

Il est nécessaire de signaler enfin la **Table chronologique** et surtout la **Table alphabétique** très détaillée qui terminent l'ouvrage; grâce à elles, le lecteur pourra se reporter aisément à l'endroit précis où se trouvent les textes relatifs à la question qui l'intéresse. On a mis à profit, pour l'établissement de ces *Tables,* la grande expérience acquise dans la préparation des *Tables* des diverses publications de la Jurisprudence Générale Dalloz; elles couronneront heureusement ces **Codes d'Audience** et en feront un instrument de travail nouveau et vraiment complet.

Explication des abréviations :

R. Répertoire alphabétique de législation, de doctrine et de jurisprudence Dalloz.

S. Supplément au Répertoire alphabétique Dalloz.

T. (87-97). Troisième table alphabétique de dix années du Recueil périodique Dalloz (1887 à 1897).

N. C. civ. ann. Nouveau Code civil annoté Dalloz.

C. pr. civ. ann. Code de procédure civile annoté Dalloz.

C. com. ann. Code de commerce annoté Dalloz.

C. instr. crim. ann. Code d'instruction criminelle annoté Dalloz.

C. pén. ann. Code pénal annoté Dalloz.

C. for. ann. Code forestier annoté Dalloz.

C. ad. Code des lois politiques et administratives annotées Dalloz.

C. civ. Petit Code civil Dalloz.

C. pr. civ. Petit Code de procédure civile Dalloz.

C. com. Petit Code de commerce Dalloz.

C. instr. Petit Code d'instruction criminelle Dalloz.

C. pén. Petit Code pénal Dalloz.

C. for. Petit Code forestier Dalloz.

C. rural. Petit Code rural Dalloz.

C. travail. Petit Code du travail Dalloz.

C. enreg. Petit Code de l'enregistrement Dalloz.

C. adm. Petit Code administratif Dalloz.

C. presse. Petit Code de la presse Dalloz.

C. accidents. Petit Code des accidents du travail Dalloz.

C. assurances. Petit Code des assurances Dalloz.

D. P. Recueil périodique Dalloz (1re Partie, Cour de cassation ; — 2e Partie, Cours d'appel, Tribunaux de première instance, Tribunaux de commerce, Tribunaux de paix, et juridictions étrangères ; — 3e Partie, Conseil d'État et Tribunal des conflits ; — 4e Partie, Législation ; — 5e Partie, Sommaires d'arrêts et de jugements. — Tables générales des matières contenues dans les trois premières et cinquième parties du Recueil).

Bull. Dalloz. Bulletin hebdomadaire Dalloz.

Req. Arrêt de la Chambre des requêtes de la Cour de cassation.

Civ. c. Arrêt de la Chambre civile de la Cour de cassation qui casse.

Civ. r. Arrêt de la Chambre civile de la Cour de cassation qui rejette.

Cr. c. Arrêt de la Chambre criminelle de la Cour de cassation qui casse.

Cr. r. Arrêt de la Chambre criminelle de la Cour de cassation qui rejette.

Ch. réun. r. Arrêt des Chambres réunies de la Cour de cassation qui rejette.

C. cass. de Belgique. Cour de cassation de Belgique.

Cons. d Ét. Arrêt du Conseil d'État.

Trib. Jugement d'un tribunal.

Trib. civ. Jugement d'un tribunal, chambre civile.

Trib. corr. Jugement d'un tribunal, chambre correctionnelle.

Trib. com. Jugement d'un tribunal de commerce.

Trib. conf. Décision du Tribunal des conflits.

Instr. adm. enreg. Instruction de l'administration de l'Enregistrement.

Sol. adm. enreg. Solution de l'administration de l'Enregistrement.

Art. Article.

Civ. Code civil.

Pr. Code de procédure civile.

Com. Code de commerce.

Instr Code d'instruction criminelle.

Pén. Code pénal.

For. Code forestier.

L. Loi.

Décr. Décret.

Contrà. Solution contraire.

Conf. Solution conforme.

Sol. impl. Solution implicite.

Comp. Comparez.

V. Voyez.

eod. v. Même mot que celui qui vient d'être cité.

p. Page.

s. Et suivants.

t. Tome.

n°. Numéro.

v° ou **v°°.** Verbo ou verbis.

Exemples des renvois cités au cours de l'ouvrage et explication des abréviations :

R. v° *Lois*, 1 s. — Signifie : Répertoire alphabétique de législation, de doctrine et de jurisprudence Dalloz, au mot « Lois » ; numéros 1 et suivants.

S. v° *Droits civils*, 25 s. — Signifie : Supplément au Répertoire alphabétique Dalloz, au mot « Droits civils », numéros 25 et suivants.

T. (87-97), v° *Succession*, 1 s. — Signifie : Troisième Table de dix années du Recueil périodique Dalloz, années 1887 à 1897, au mot « Succession », numéros 1 et suivants.

Loi du 24 juin 1907 ; D. P. 1907. 4. 78. — Signifie : Loi du 24 juin 1907, avec sa discussion à la Chambre des députés et au Sénat, rapportée au Recueil périodique Dalloz, année 1907, quatrième partie, page 73.

LOIS CONSTITUTIONNELLES

ET

LOIS ORGANIQUES.

Loi du 24 février 1875,
relative à l'organisation du Sénat (D. P. 75. 4. 36).

Art. 1er à 7. Abrogés par L. 9 décembre 1884, r. 9.

8. Le Sénat a, concurremment avec la Chambre des députés, l'initiative et la confection des lois.

Toutefois, les lois de finances doivent être, en premier lieu, présentées à la Chambre des députés et votées par elle.

9. Le Sénat peut être constitué en Cour de justice pour juger, soit le président de la République, soit les ministres, et pour connaître des attentats commis contre la sûreté de l'État.

10. Il sera procédé à l'élection du Sénat un mois avant l'époque fixée par l'Assemblée nationale pour séparation.

Le Sénat entrera en fonctions et se constituera le jour même où l'Assemblée nationale se séparera.

11. La présente loi ne pourra être promulguée qu'après le vote définitif de la loi sur les pouvoirs publics.

V. le commentaire de cette loi, C. ad., t. 1, v° Loi constitutionnelle, p. 47 s.

Loi du 25 février 1875,
Relative à l'organisation des pouvoirs publics
(D. P. 75. 4. 30).

Art. 1er. Le pouvoir législatif s'exerce par deux assemblées : la Chambre des députés et le Sénat.

La Chambre des députés est nommée par le suffrage universel, dans les conditions déterminées par la loi électorale.

La composition, le mode de nomination et les attributions du Sénat seront réglés par une loi spéciale.

2. Le président de la République est élu à la majorité absolue des suffrages par le Sénat et par la Chambre des députés réunis en Assemblée nationale. Il est nommé pour sept ans. Il est rééligible.

3. Le président de la République a l'initiative des lois, concurremment avec les membres des deux Chambres. Il promulgue les lois lorsqu'elles ont été votées par les deux Chambres; il en surveille et en assure l'exécution.

Il a le droit de faire grâce; les amnisties ne peuvent être accordées que par une loi.

Il dispose de la force armée.

Il nomme à tous les emplois civils et militaires.

Il préside aux solennités nationales; les envoyés et les ambassadeurs des Puissances étrangères sont accrédités auprès de lui.

Chacun des actes du président de la République doit être contresigné par un ministre.

4. Au fur et à mesure des vacances qui se produiront à partir de la promulgation de la présente loi, le président de la République nomme, en Conseil des ministres, les conseillers d'État en service ordinaire.

Les conseillers d'État ainsi nommés ne pourront être révoqués que par décret rendu en Conseil des ministres.

5. Le président de la République peut, sur l'avis conforme du Sénat, dissoudre la Chambre des députés avant l'expiration légale de son mandat.

(*L. 14 août 1884, art. 1er.*) En ce cas, les collèges électoraux sont réunis pour de nouvelles élections dans le délai de deux mois, et la Chambre dans les dix jours qui suivront la clôture des opérations électorales.

6. Les ministres sont solidairement responsables devant les Chambres de la politique générale du Gouvernement, et individuellement de leurs actes personnels.

Le président de la République n'est responsable que dans le cas de haute trahison.

7. En cas de vacance par décès ou pour toute autre cause, les deux Chambres réunies procèdent immédiatement à l'élection d'un nouveau président.

Dans l'intervalle, le Conseil des ministres est investi du pouvoir exécutif.

8. Les Chambres auront le droit, par délibérations séparées, prises dans chacune à la majorité absolue des voix, soit spontanément, soit sur la demande du président de la République, de déclarer qu'il y a lieu de reviser les lois constitutionnelles.

Après que chacune des deux Chambres aura pris cette résolution, elles se réuniront en Assemblée nationale pour procéder à la revision.

Les délibérations portant revision des lois constitutionnelles, en tout ou en partie, devront être prises à la majorité absolue des membres composant l'Assemblée nationale.

(*L. 14 août 1884, art. 2.*) La forme républicaine du Gouvernement ne peut faire l'objet d'une proposition de revision.

Les membres des familles ayant régné sur la France sont inéligibles à la présidence de la République.

V. le commentaire de cette loi, C. ad., t. 1, v° Lois constitutionnelles, p. 32 s.

[V. la loi du 15 février 1872, relative au rôle éventuel des conseils généraux lorsque les Chambres viennent à être illégalement dissoutes ou empêchées de se réunir : D. P. 72. 4. 39 ; — et C. ad., t. 1, v° Lois constitutionnelles, p. 33.]

Loi constitutionnelle du 16 juillet 1875,
Sur les rapports des pouvoirs publics
(D. P. 75. 4. 114).

Art. 1er. Le Sénat et la Chambre des députés se réunissent chaque année le second mardi de janvier, à moins d'une convocation antérieure faite par le président de la République.

Les deux Chambres doivent être réunies en session cinq mois au moins chaque année. La session de l'une commence et finit en même temps que celle de l'autre.

2. Le président de la République prononce la clôture de la session. Il a le droit de convoquer extraordinairement les Chambres. Il devra les convoquer si la demande en est faite, dans l'intervalle des sessions, par la majorité absolue des membres composant chaque Chambre.

Le président peut ajourner les Chambres. Toutefois, l'ajournement ne peut excéder le terme d'un mois, ni avoir lieu plus de deux fois dans la même session.

3. Un mois au moins avant le terme légal des pouvoirs du président de la République, les Chambres devront être réunies en Assemblée nationale pour procéder à l'élection du nouveau président.

A défaut de convocation, cette réunion aurait lieu de plein droit le quinzième jour avant l'expiration de ces pouvoirs.

En cas de décès ou de démission du président de la République, les deux Chambres se réunissent immédiatement et de plein droit.

Dans le cas où, par application de l'article 5 de la loi du 25 février 1875, la Chambre des députés se trouverait dissoute au moment où la présidence de la République deviendrait vacante, les collèges électoraux seraient aussitôt convoqués et le Sénat se réunirait de plein droit.

4. Toute assemblée de l'une des deux Chambres qui serait tenue hors du temps de la session commune est illicite et nulle de plein droit, sauf le cas prévu par l'article précédent et celui où le Sénat est réuni comme Cour de justice; et, dans ce dernier cas, il ne peut exercer que des fonctions judiciaires.

5. Les séances du Sénat et celles de la Chambre des députés sont publiques.

Néanmoins chaque Chambre peut se former en comité secret, sur la demande d'un certain nombre de ses membres, fixé par le règlement.

Elle décide ensuite, à la majorité absolue, si la séance doit être reprise en public sur le même sujet.

6. Le président de la République communique avec les Chambres par des messages qui sont lus à la tribune par un ministre.

Les ministres ont leur entrée dans les deux Chambres et doivent être entendus quand ils le demandent. Ils peuvent se faire assister par des commissaires désignés, pour la discussion d'un projet de loi déterminé, par décret du président de la République.

7. Le président de la République promulgue les lois dans le mois qui suit la transmission au Gouvernement de la loi définitivement adoptée. Il doit promulguer dans les trois jours les lois dont la promulgation par un vote exprès dans l'une et l'autre Chambre, aura été déclarée urgente.

Dans le délai fixé pour la promulgation, le président de la République peut, par un message motivé, demander aux deux Chambres une nouvelle délibération, qui ne peut être refusée.

8. Le président de la République négocie et ratifie les traités. Il en donne connaissance aux Chambres aussitôt que l'intérêt et la sûreté de l'État le permettent.

Les traités de paix, de commerce, les traités qui engagent les finances de l'État, ceux qui sont relatifs à l'état des personnes et au droit de propriété des Français à l'étranger, ne sont définitifs qu'après avoir été votés par les deux Chambres. Nulle cession, nul échange, nulle adjonction de territoire ne peut avoir lieu qu'en vertu d'une loi.

9. Le président de la République ne peut déclarer la guerre sans l'assentiment préalable des deux Chambres.

10. Chacune des Chambres est juge de l'éligibilité de ses membres et de la régularité de leur élection; elle peut seule recevoir leur démission.

11. Le bureau de chacune des deux Chambres est élu chaque année pour la durée de la session et pour toute session extraordinaire qui aurait lieu avant la session ordinaire de l'année suivante.

Lorsque les deux Chambres se réunissent en Assemblée nationale, leur bureau se compose des président, vice-présidents et secrétaires du Sénat.

12. Le président de la République ne peut être mis en accusation que par la Chambre des députés et ne peut être jugé que par le Sénat.

Les ministres peuvent être mis en accusation par la Chambre des députés pour crimes commis dans l'exercice de leurs fonctions. En ce cas, ils sont jugés par le Sénat.

Le Sénat peut être constitué en Cour de justice par un décret du président de la République, rendu en Conseil des ministres, pour juger toute personne prévenue d'attentat commis contre la sûreté de l'État.

Si l'instruction est commencée par la justice ordinaire, le décret de convocation du Sénat peut être rendu jusqu'à l'arrêt de renvoi.

Une loi déterminera le mode de procéder pour l'accusation, l'instruction et le jugement.

13. Aucun membre de l'une ou de l'autre Chambre ne peut être poursuivi ou recherché à l'occasion des opinions ou votes émis par lui dans l'exercice de ses fonctions.

14. Aucun membre de l'une ou de l'autre Chambre ne peut, pendant la durée de la session, être poursuivi ou arrêté en matière criminelle ou correctionnelle qu'avec l'autorisation de la Chambre dont il fait partie, sauf le cas de flagrant délit.

La détention ou la poursuite d'un membre de l'une ou de l'autre Chambre est suspendue, pendant la session, et pour toute sa durée, si la Chambre le requiert.

V. *le commentaire de cette loi*, C. ad., t. I, v° *Lois constitutionnelles*, p. 40 s.

Loi organique du 2 août 1875,

Sur les élections des sénateurs (D. P. 75. 4. 117).

Art. 1er. Un décret du président de la République, rendu au moins six semaines à l'avance, fixe le jour où doivent avoir lieu les élections pour le Sénat et en même temps celui où doivent être choisis les délégués des conseils municipaux. Il doit y avoir un intervalle d'un mois au moins entre le choix des délégués et l'élection des sénateurs.

2. (*L.* 9 *décembre* 1884, *art.* 8.) « Dans chaque conseil municipal, l'élection des délégués se fait sans débat; au scrutin secret, et, le cas échéant, au scrutin de liste, à la majorité absolue des suffrages. Après deux tours de scrutin, la majorité relative suffit, et, en cas d'égalité de suffrages, le plus âgé est élu.

« Il est procédé de même et dans la même forme à l'élection des suppléants.

« Les conseils qui ont un, deux ou trois délégués à élire nomment un suppléant.

« Ceux qui élisent six ou neuf délégués nomment deux suppléants.

« Ceux qui élisent douze ou quinze délégués nomment trois suppléants.

« Ceux qui élisent dix-huit ou vingt et un délégués nomment quatre suppléants.

« Ceux qui élisent vingt-quatre délégués nomment cinq suppléants.

« Le conseil municipal de Paris nomme huit suppléants.

« Les suppléants remplaceront les délégués, en cas de refus ou d'empêchement, selon l'ordre fixé par le nombre des suffrages obtenus par chacun d'eux. »

Le choix des conseils municipaux ne peut porter ni sur un député, ni sur un conseiller général, ni sur un conseiller d'arrondissement.

Il peut porter sur tous les électeurs de la commune, y compris les conseillers municipaux, sans distinction entre eux.

3. (*L.* 9 *décembre* 1884, *art.* 8.) Dans les communes où les fonctions de conseil municipal sont remplies par une délégation spéciale instituée en vertu de l'article 44 de la loi du 5 avril 1884, les délégués et suppléants sénatoriaux seront nommés par l'ancien conseil.

4. (*L.* 9 *décembre* 1884, *art.* 8.) Si les délégués n'ont pas été présents à l'élection, notification leur en est faite dans les vingt-quatre heures par les soins du maire. Ils doivent faire parvenir aux préfets, dans les cinq jours, l'avis de leur acceptation. En cas de refus ou de silence, ils sont remplacés par les suppléants, qui sont alors portés sur la liste comme délégués de la commune.

5. (*L.* 9 *décembre* 1884, *art.* 8.) Le procès-verbal de l'élection des délégués et des suppléants est transmis immédiatement au préfet. Il mentionne l'acceptation ou le refus des délégués et suppléants, ainsi que les protestations élevées contre la régularité de l'élection par un ou plusieurs membres du conseil municipal. Une copie de ce procès-verbal est affichée à la porte de la mairie.

6. Un tableau des résultats de l'élection des délégués et suppléants est dressé dans la huitaine par le préfet; ce tableau est communiqué à tout requérant; il peut être copié et publié.

Tout électeur a, de même, la faculté de prendre dans les bureaux de la préfecture communication et copie de la liste, par commune, des conseillers municipaux du département, et, dans les bureaux des sous-préfectures, de la liste, par commune, des conseillers municipaux de l'arrondissement.

7. Tout électeur de la commune peut, dans un délai de trois jours, adresser directement au préfet une protestation contre la régularité de l'élection.

Si le préfet estime que les opérations ont été irrégulières, il a le droit d'en demander l'annulation.

8. (*L.* 9 *décembre* 1884, *art.* 8.) Les protestations relatives à l'élection des délégués ou des suppléants sont jugées, sauf recours au Conseil d'État, par le conseil de préfecture, et, dans les colonies, par le conseil privé.

Les délégués dont l'élection est annulée parce qu'ils ne remplissent pas une des conditions exigées par la loi, ou pour vice de forme, sont remplacés par des suppléants.

En cas d'annulation de l'élection d'un délégué et de celle d'un suppléant, comme en cas de refus ou de décès de l'un et de l'autre, après leur acceptation, il est procédé à de nouvelles élections par le conseil municipal, au jour fixé par un arrêté du préfet.

9. Huit jours au plus tard avant l'élection des sénateurs, le préfet, et, dans les colonies, le directeur de l'intérieur, dresse la liste des électeurs du département par ordre alphabétique. La liste est communiquée à tout requérant et peut être copiée et publiée. Aucun électeur ne peut avoir plus d'un suffrage.

10. Les députés, les membres du conseil général ou des conseils d'arrondissement qui auraient été proclamés par les commissions de recensement, mais dont les pouvoirs n'auraient pas été vérifiés, sont inscrits sur la liste des électeurs et peuvent prendre part au vote.

11. Dans chacun des trois départements de l'Algérie, le collège électoral se compose : 1° des députés; 2° des membres citoyens français du conseil général; 3° des délégués élus par les membres citoyens français de chaque conseil municipal parmi les électeurs citoyens français de la commune.

12. Le collège électoral est présidé par le président du tribunal civil du chef-lieu du département ou de la colonie. (*L.* 1er *février* 1898.) « Dans le département des Ardennes il est présidé par le président du tribunal de Charleville. » Le président est assisté des deux plus âgés et des deux plus jeunes électeurs présents à l'ouverture de la séance. Le bureau ainsi composé choisit un secrétaire parmi les électeurs.

Si le président est empêché, il est remplacé par le vice-président, et, à son défaut, par le juge le plus ancien.

13. Le bureau répartit les électeurs par ordre alphabétique en sections de vote comprenant au moins cent électeurs. Il nomme les président et scrutateurs de chacune de ces sections. Il statue sur toutes les difficultés et contestations qui peuvent s'élever au cours de l'élection, sans pouvoir toutefois s'écarter des décisions rendues en vertu de l'article 8 de la présente loi.

14. (*L.* 9 *décembre* 1884, *art.* 8.) Le premier scrutin est ouvert à huit heures du matin et fermé à midi. Le second est ouvert à deux heures et fermé à cinq heures. Le troisième est ouvert à sept heures et fermé à dix heures. Les résultats des scrutins sont recensés par le bureau et proclamés immédiatement par le président du collège électoral.

15. Nul n'est élu sénateur à l'un des deux premiers tours de scrutin, s'il ne réunit : 1° la majorité absolue des suffrages exprimés; 2° un nombre de voix égal au quart des électeurs inscrits. Au troisième tour de scrutin, la majorité relative suffit, et, en cas d'égalité de suffrages, le plus âgé est élu.

16. (L. 9 décembre 1884, art. 8.) *Les réunions électorales pour la nomination des sénateurs pourront être tenues depuis le jour de la promulgation du décret de convocation des électeurs jusqu'au jour du vote inclusivement.*

La déclaration prescrite par l'article 2 de la loi du 30 juin 1881 sera faite par deux électeurs au moins.

Les formalités et prescriptions de cet article, ainsi que celles de l'article 3, seront observées.

Les membres du Parlement élus ou électeurs dans le département, les électeurs sénatoriaux, délégués et suppléants, et les candidats, ou leur mandataire, peuvent seuls assister à ces réunions.

L'autorité municipale veillera à ce que nulle autre personne ne s'y introduise.

Les délégués et suppléants justifieront de leur qualité par un certificat du maire de la commune; les candidats ou mandataires, par un certificat du fonctionnaire qui aura reçu la déclaration dont il est parlé au paragraphe 2. — V. *infrà*, L. 28 mars 1907, sur la liberté des réunions publiques.

17. Les délégués qui auront pris part à tous les scrutins recevront sur les fonds de l'État, s'ils le requièrent, sur la présentation de leur lettre de convocation visée par le président du collège électoral, une indemnité de déplacement qui leur sera payée sur les mêmes bases et de la même manière que celle accordée aux jurés par les articles 35, 90 et suivants du décret du 18 juin 1811.

Un règlement d'administration publique déterminera le mode de taxation et de payement de cette indemnité.

18. Tout délégué qui, sans cause légitime, n'aura pas pris part à tous les scrutins, ou, étant empêché, n'aura point averti le suppléant en temps utile, sera condamné à une amende de cinquante francs (50 fr.) par le tribunal civil du chef-lieu, sur les réquisitions du ministère public.

La même peine peut être appliquée au délégué suppléant qui, averti par lettre, dépêche télégraphique ou avis à lui personnellement délivré en temps utile, n'aura pas pris part aux opérations électorales.

19. (*L.* 9 *décembre* 1884, *art.* 8.) Toute tentative de corruption ou de contrainte par l'emploi des moyens énoncés dans les articles 177 et suivants du Code pénal, pour influencer le vote d'un électeur ou le déterminer à s'abstenir de voter, sera punie d'un emprisonnement de trois mois à deux ans, et d'une amende de 50 francs à 500 francs, ou de l'une de ces deux peines seulement.

L'article 463 du Code pénal est applicable aux peines édictées par le présent article.

20. (Abrogé implicitement par L. 26 décembre 1887.) *Il y a incompatibilité entre les fonctions de sénateur et celles :*

De conseiller d'État et maître des requêtes, préfet et sous-préfet, à l'exception du préfet de la Seine et du préfet de police;

De membre des parquets des cours d'appel et des tribunaux de première instance, à l'exception du procureur général près la cour de Paris;

De trésorier-payeur général, de receveur particulier, de fonctionnaire et employé des administrations centrales des ministères.

21. Ne peuvent être élus par le département ou la colonie compris en tout ou en partie dans leur ressort, pendant l'exercice de leurs fonctions et pendant les six mois qui suivent la cessation de leurs fonctions par démission, destitution, changement de résidence ou de toute autre manière :

1° Les premiers présidents, les présidents et les membres des parquets des cours d'appel;

2° Les présidents, les vice-présidents, les juges d'instruction et les membres des parquets des tribunaux de première instance;

3° Le préfet de police, les préfets et sous-préfets et les secrétaires généraux des préfectures; les gouverneurs, directeurs de l'intérieur et secrétaires généraux des colonies;

4° Les ingénieurs en chef et d'arrondissement, et s agents voyers en chef et d'arrondissement;
5° Les recteurs et inspecteurs d'académie;
6° Les inspecteurs des écoles primaires;
7° Les archevêques, évêques et vicaires généraux;
8° Les officiers de tous grades de l'armée de terre de mer;
9° Les intendants divisionnaires et les sous-intennts militaires;
10° Les trésoriers-payeurs généraux et les receurs particuliers des finances;
11° Les directeurs des contributions directes et directes, de l'enregistrement et des domaines, et s postes;
12° Les conservateurs et inspecteurs des forêts.

22. Le sénateur élu dans plusieurs départements it faire connaître son option au président du Sénat ns les dix jours qui suivent la déclaration de la lidité de ces élections. A défaut d'option dans ce lai, la question est décidée par la voix du sort et séance publique.

Il est pourvu à la vacance dans le délai d'un mois par le même corps électoral.

Il en est de même dans le cas d'invalidation d'une ection.

23. (*L. 9 décembre 1884, art. 8.*) Il est pourvu x vacances survenant par suite de décès, ou de mission des sénateurs, dans le délai de trois mois: utefois, si la vacance survient dans les six mois i précèdent le renouvellement triennal, il n'y est urvu qu'au moment de ce renouvellement.

24 et **25.** *Abrogés par L. 9 décembre 1884, t. 9.*

26. Les membres du Sénat reçoivent la même demnité que ceux de la Chambre des députés. — *a loi de budget du 31 mars 1903 porte dans son arle 103, « que l'indemnité que reçoivent les sénateurs est glée par les art. 96 et 97 de la loi du 15 mars 1849 et par dispositions de la loi du 16 février 1872. » — V. infrà, lois du 15 mars 1849 et du 16 février 1872, sous l'art. 17 la loi du 30 nov. 1875.*)

27. Sont applicables à l'élection du Sénat toutes s dispositions de la loi électorale relatives:
1° Aux cas d'indignité et d'incapacité;
2° Aux délits, poursuites et pénalités;
3° Aux formalités de l'élection, en tout ce qui ne rait pas contraire aux dispositions de la présente i.

V. le commentaire de cette loi, C. ad., t. 1, v° *Élections*, 904 s.

---

oi organique du 30 novembre 1875,

Sur l'élection des députés (D. P. 76. 4. 4).

Art. 1er. Les députés seront nommés par les ecteurs inscrits:
1° Sur les listes dressées en exécution de la loi du juillet 1874;
2° Sur la liste complémentaire comprenant ceux ui résident dans la commune depuis six mois.

L'inscription sur la liste complémentaire aura lieu onformément aux lois et règlements qui régissent ctuellement les listes électorales politiques, par les ommissions et suivant les formes établies dans les ticles 1, 2, 3 et 4 de la loi du 7 juillet 1874.

Les pourvois en cassation relatifs à la formation et la révision de l'une et l'autre liste seront portés irectement devant la chambre civile de la Cour de assation.

Les listes électorales arrêtées au 31 mars 1875 erviront jusqu'au 31 mars 1876.

2. Les militaires et assimilés de tous grades et outes armes des armées de terre et de mer ne rennent part à aucun vote quand ils sont présents leur corps, à leur poste, ou dans l'exercice de leurs onctions. Ceux qui, au moment de l'élection, se rouvent en résidence libre, en non-activité ou en ossession d'un congé régulier, peuvent voter dans a commune sur les listes de laquelle ils sont régulièrement inscrits. Cette dernière disposition s'aplique également aux officiers et assimilés qui sont n disponibilité ou dans le cadre de réserve.

3. (*Les deux premiers paragraphes de cet article ont été abrogés et remplacés par la loi du 20 décembre 1878, et les articles 3, 15 et 16 de la loi du 9 juillet 1881.*)

Il est interdit à tout agent de l'autorité publique ou municipale de distribuer des bulletins de vote, professions de foi et circulaires des candidats.

Les dispositions de l'article 19 de la loi organique du 2 août 1875, sur les élections des sénateurs, seront appliquées aux élections des députés.

4. Le scrutin ne durera qu'un seul jour. Le vote a lieu au chef-lieu de la commune; néanmoins, chaque commune peut être divisée par arrêté du préfet en autant de sections que l'exigent les circonstances locales et le nombre des électeurs. Le second tour de scrutin continuera d'avoir lieu le deuxième dimanche qui suit le jour de la proclamation du résultat du premier scrutin, conformément aux dispositions de l'article 65 de la loi du 15 mars 1849.

5. Les opérations du vote auront lieu conformément aux dispositions des décrets organique et réglementaire du 2 février 1852.

Le vote est secret.

Les listes d'émargement de chaque section, signées du président et du secrétaire, demeureront déposées pendant huitaine au secrétariat de la mairie, où elles seront communiquées à tout électeur requérant.

6. Tout électeur est éligible, sans condition de cens, à l'âge de vingt-cinq ans accomplis.

7. Aucun militaire ou marin faisant partie des armées actives de terre ou de mer ne pourra, quels que soient son grade ou ses fonctions, être élu membre de la Chambre des députés.

Cette disposition s'applique aux militaires et marins en disponibilité ou en non-activité, mais elle ne s'étend ni aux officiers placés dans la seconde section du cadre de l'état-major général, ni à ceux qui, maintenus dans la première section comme ayant commandé en chef devant l'ennemi, ont cessé d'être employés activement, ni aux officiers qui, ayant des droits acquis à la retraite, sont envoyés ou maintenus dans leurs foyers en attendant la liquidation de leur pension.

La décision par laquelle l'officier aura été admis à faire valoir ses droits à la retraite deviendra, dans ce cas, irrévocable.

La disposition contenue dans le premier paragraphe du présent article ne s'applique pas à la réserve de l'armée active ni à l'armée territoriale.

8. L'exercice des fonctions publiques rétribuées sur les fonds de l'État est incompatible avec le mandat de député.

En conséquence, tout fonctionnaire élu député sera remplacé dans ses fonctions si, dans les huit jours qui suivront la vérification des pouvoirs, il n'a pas fait connaître qu'il n'accepte pas le mandat de député.

Sont exceptées des dispositions qui précèdent, les fonctions de ministre, sous-secrétaire d'État, ambassadeur, ministre plénipotentiaire, préfet de la Seine, préfet de police, premier président de la cour de cassation, premier président de la cour des comptes, premier président de la cour d'appel de Paris, procureur général près la cour de cassation, procureur général près la cour des comptes, procureur général près la cour d'appel de Paris, *archevêque et évêque, pasteur président de consistoire dans les circonscriptions consistoriales dont le chef-lieu compte deux pasteurs et au-dessus, grand rabbin du consistoire central, grand rabbin du consistoire de Paris* (L. 9 déc. 1905).

9. Sont également exceptés des dispositions de l'article 8:
1° Les professeurs titulaires de chaires qui sont données au concours ou sur la présentation des corps où la vacance s'est produite;
2° Les personnes qui ont été chargées d'une mission temporaire. Toute mission qui a duré plus de six mois cesse d'être temporaire et est régie par l'article 8 ci-dessus.

10. Le fonctionnaire conserve les droits qu'il a acquis à une pension de retraite et peut, après l'expiration de son mandat, être remis en activité.

Le fonctionnaire civil qui, ayant eu vingt ans de services à la date de l'acceptation de son mandat de député, justifiera de cinquante ans d'âge à l'époque de la cessation de ce mandat, pourra faire valoir ses droits à une pension de retraite exceptionnelle.

Cette pension sera réglée conformément au troisième paragraphe de l'article 12 de la loi du 9 juin 1853.

Si le fonctionnaire est remis en activité après la cessation de son mandat, les dispositions énoncées dans les articles 3, paragraphe 2, et 28 de la loi du 9 juin 1853, lui seront applicables.

Dans les fonctions où le grade est distinct de l'emploi, le fonctionnaire, par l'acceptation du mandat de député, renonce à l'emploi et ne conserve que le grade.

11. Tout député nommé ou promu à une fonction publique salariée cesse d'appartenir à la Chambre par le fait même de son acceptation; mais il peut être réélu, si la fonction qu'il occupe est compatible avec le mandat de député.

Les députés nommés ministres ou sous-secrétaires d'État ne sont pas soumis à la réélection.

12. Ne peuvent être élus par l'arrondissement ou la colonie compris en tout ou en partie dans leur ressort, pendant l'exercice de leurs fonctions et pendant les six mois qui suivent la cessation de leurs fonctions par démission, destitution, changement de résidence ou de toute autre manière:
1° Les premiers présidents, les présidents et les membres des parquets des cours d'appel;
2° Les présidents, vice-présidents, juges titulaires, juges d'instruction et membres du parquet des tribunaux de première instance, « (*L. 30 mars 1902*) ainsi que les juges de paix titulaires; »
3° Les préfets de police, les préfets et les secrétaires généraux des préfectures, les gouverneurs, directeurs de l'intérieur et secrétaires généraux des colonies;
4° Les ingénieurs en chef et d'arrondissement; les agents voyers en chef et d'arrondissement;
5° Les recteurs et inspecteurs d'académie;
6° Les inspecteurs des écoles primaires;
7° *Les archevêques, évêques et vicaires généraux* (L. 9 déc. 1905.);
8° Les trésoriers-payeurs généraux et les receveurs particuliers des finances;
9° Les directeurs des contributions directes et indirectes, de l'enregistrement et des domaines, et des postes;
10° Les conservateurs et inspecteurs des forêts.

Les sous-préfets « (*L. 30 mars 1902*) et les conseillers de préfecture » ne peuvent être élus dans aucun des arrondissements du département où ils exercent leurs fonctions.

13. Tout mandat impératif est nul et de nul effet.

14. *Abrogé par L. 16 juin 1885, art. 1 à 3.*

15. Les députés sont élus pour quatre ans.

La Chambre se renouvelle intégralement.

16. En cas de vacance par décès, démission ou autrement, l'élection devra être faite dans le délai de trois mois, à partir du jour où la vacance se sera produite. En cas d'option, il est pourvu à la vacance dans le délai d'un mois.

17. Les députés reçoivent une indemnité.

(*L. 23 novembre 1906.*) L'indemnité législative est fixée à quinze mille francs (15000 fr.) par an, à partir du 1er janvier 1907. Elle est réglée par le deuxième paragraphe de l'article 96 et par l'article 97 de la loi du 15 mars 1849, ainsi que par les dispositions de la loi du 16 février 1872.

Loi électorale du 15 mars 1849 (D. P. 49. 4. 66). — Art. 96. L'indemnité prescrite par l'article 38 de la Constitution est fixée à neuf mille francs par an. (*Modifié par L. 16 février 1872.*) *Elle est incompatible avec tous traitements d'activité, de non-activité ou de disponibilité. Ces traitements restent suspendus pendant la durée de la législature; toutefois, les représentants du peuple investis des fonctions énumérées dans l'article 85 touchent le traitement afférent à leurs fonctions, sans pouvoir cumuler avec ce traitement l'indemnité législative.* — Les représentants envoyés des colonies reçoivent, en outre, l'indemnité de passage pour l'aller et le retour.

97. A partir de la réunion de la prochaine Assemblée législative, les dispositions de l'article 5 du décret du 10 juillet 1848 cesseront d'avoir leur effet.

L'indemnité fixée pour les représentants pourra être saisie même en totalité.

Loi du 16 février 1872, *qui règle, au point de vue de l'indemnité, la situation des fonctionnaires nommés députés* (D. P. 72. 4. 41). — Art. 1er. Les fonctionnaires de tout ordre élus députés à l'Assemblée nationale, et les membres de cette Assemblée auxquels des fonctions publiques rétribuées ont été conférées depuis leur élection, touchent, comme les autres représentants, l'indemnité législative établie, avec interdiction de cumul, par le décret du 29 janvier 1871.

2. Si le chiffre de l'indemnité est supérieur à celui du traitement du fonctionnaire, ce traitement est ordonnancé en totalité au profit du Trésor, pendant la durée du mandat législatif.

3. Si le chiffre du traitement est supérieur à celui de l'indemnité, le fonctionnaire député ne touche, pendant la même période, que la portion de son traitement net excédant ladite indemnité.

4. Dans les cas prévus par les articles 2 et 3, les droits du fonctionnaire à une pension de retraite continueront à courir comme s'il jouissait sans interruption de la totalité de son traitement.

CODE CIVIL [1]

TITRE PRÉLIMINAIRE.

De la publication, des effets et de l'application des lois en général.

Décrété le 14 vent. an XI (5 mars 1803), et promulgué le 24 du même mois (15 mars 1803).

Art. 1er. Les lois sont exécutoires dans tout le territoire français, en vertu de la promulgation qui en est faite par le Roi [le Président de la République].

Elles seront exécutées dans chaque partie du Royaume [de la République], du moment où la promulgation en pourra être connue.

La promulgation faite par le Roi [le Président de la République] sera réputée connue dans le département de la résidence royale [ans le département où siège le Gouvernement], un jour après celui de la promulgation; et dans chacun des autres départements, après l'expiration du même délai, augmenté d'autant de jours qu'il y aura de dix myriamètres (environ 20 lieues anciennes) entre la ville où la promulgation en sera été faite, et le chef-lieu de chaque département.

L'art. 1er a été modifié et complété par l'ordonnance du 27 novembre 1816, concernant la promulgation des lois et ordonnances (R. vᵉ Lois, p. 87, note 1); le décret du Gouvernement de la Défense nationale à Paris, du novembre 1870, relatif à la promulgation des lois et

décrets (**D. P. 70. 4. 101**); la loi constitutionnelle du 16 juillet 1875, art. 7 (**D. P. 75. 4. 114**); et le décret du 6 avril 1876, qui règle la formule de la promulgation des lois (**D. P. 76. 4. 94**).

R. vᵉˢ Acte de notor., 3 s.; Compét. adm., 181 s., 226 s.; Droit constit., 37 s., et p. 291 s.; Lois, 3 s., 24 s., 81 s., 113 s., 122 s., 458 s., 472 s., 523 s.; Org. adm., 108 s.; Org. de l'Algérie, 809 s.; Org. des colonies, 67 s.; Régl. adm., 2 s., 23 s., 46 s., 63 s., 86 s., 92 s., 99 s.; Traité intern., 125 s., 136 s. — S. vᵉˢ Compét. adm., 280 s., 297 s.; Droit constit., 3 s.; Lois 3 s., 54 s., 75, 432 s., 431 s.; Org. de l'Algérie, 607 s.; Org. des colonies, 73 s.; Régl. adm., 2 s., 45 s., 77 s. — T. (87-97), vᵉ Loi, 1 s. — C. ad., t. 1, vᵉˢ Arrondissement, p. 407, nᵒˢ 86 s.; Commune, p. 494, nᵒˢ 2073 s.; p. 502, nᵒˢ 2332 s.; p. 595, nᵒˢ 5420 s.; p. 599, nᵒˢ 5584 s.; p. 602, nᵒˢ 5083 s.; p. 605, nᵒˢ 5807 s.; Conseil d'État, p. 174, nᵒˢ 144 s.; Lois constitutionnelles, p. 32, nᵒˢ 211 s.; p. 35, nᵒˢ 279 s.; p. 48, nᵒˢ 610 s.; p. 85, nᵒˢ 289 s., 472 s., 681 s.; Séparation de pouvoirs, p. 76, nᵒˢ 171 s.; p. 83, nᵒˢ 385 s.; p. 102, nᵒˢ 993 s.; p. 103, nᵒˢ 985 s. — V. aussi N. C. civ. ann., t. 1, art. 1ᵉʳ, nᵒˢ 1 s.

Art. 2. La loi ne dispose que pour l'avenir; elle n'a point d'effet rétroactif. — Civ. 691, § 2, 1179, 2281, § 1; Pr. 1041; Pén. 4.

R. vᵉ Lois, 182 s., 206 s., 335 s. — S. eod. vᵉ, 117 s., 127 s., 198 s., 208 s. — T. (87-97), vᵉ Loi rétroactive, 1 s. — V. aussi N. C. civ. ann., t. 1, art. 2, nᵒˢ 1 s.

Art. 3. Les lois de police et de sûreté obligent tous ceux qui habitent le territoire.

Les immeubles, même ceux possédés par des étrangers, sont régis par la loi française.

Les lois concernant l'état et la capacité des personnes régissent les Français, même résidant en pays étranger. — Civ. 11, 47, 170, 171, 999, 2063, 2123, 2128; Pr. 83, § 2, 546, 1004; Instr. 5, 7.

R. vᵉ Lois, 385 s., 409 s., 427 s., 448 s. — S. eod. vᵉ, 275 s., 358 s., 396 s., 429 s. — T. (87-97), vᵉ Loi pers. et réelle, 1 s., 35 s., 41 s. — V. aussi N. C. civ. ann., t. 1, art. 3, nᵒˢ 1 s.

Art. 4. Le juge qui refusera de juger, sous prétexte du silence, de l'obscurité ou de l'insuffisance de la loi, pourra être poursuivi comme coupable de déni de justice. — Pr. 505 s.; Pén. 185; Instr. 364.

R. vᵉ Déni de justice, 5 s. — S. eod. vᵉ, 3 s.

Art. 5. Il est défendu aux juges de prononcer par voie de disposition générale et réglementaire sur les causes qui leur sont soumises. — Civ. 1351; Pén. 127.

R. vᵉ Compét. adm., 71 s.; Lois, 458 s. — S. vᵉˢ Compét. adm., 155 s.; Lois, 432 s., 448. — T. (87-97), vᵉ Loi, 30 s. — V. aussi N. C. civ. ann., t. 1, art. 5, nᵒˢ 1 s.

Art. 6. On ne peut déroger, par des conventions particulières, aux lois qui intéressent l'ordre public et les bonnes mœurs. — Civ. 307, 686, 791, 900, 946, 1130, 1133, 1172, 1387, 1443, 1451, 1660, 1674, 1965, 2220; Pr. 1004; Com. 22, 316, 347, 365, 598; Pén. 287, 477-3°.

R. vᵉ Lois, 521 s. — S. eod. vᵉ, 440.

LIVRE PREMIER.

DES PERSONNES.

TITRE PREMIER.

De la jouissance et de la privation des droits civils.

Décrété le 17 vent. an XI (8 mars 1803), et promulgué le 27 vent. an XI (18 mars 1803).

CHAPITRE PREMIER.

De la jouissance des droits civils.

Art. 7. (L. 26 juin 1889.) L'exercice des droits civils est indépendant de l'exercice des droits politiques, lesquels s'acquièrent et se conservent conformément aux lois constitutionnelles et électorales.

§ 1. LÉGISLATION ANTÉRIEURE A LA LOI DU 26 JUIN 1889: R. vᵉ Droits civ., 61 s. — S. eod. vᵉ, 30 s.
§ 2. LOI DU 26 JUIN 1889 : N. C. civ. ann., t. 7. — D. P. 89. 4. 59.

Sur l'application de la loi du 26 juin 1889, en Algérie, dans les colonies et les pays de protectorat : V. N. C. civ. ann., t. 1, p. 224 s.

Art. 8. (L. 26 juin 1889.) Tout Français jouira des droits civils.

Sont Français:

1° Tout individu né d'un Français, en France ou à l'étranger.

L'enfant naturel dont la filiation est établie

[1] La dernière édition officielle du Code civil est du 8 août 1816; c'est celle dont nous donnons ici le texte.

pendant la minorité, par reconnaissance ou par jugement, suit la nationalité de celui des parents à l'égard duquel la preuve a d'abord été faite. Si elle résulte pour le père ou la mère du même acte ou du même jugement, l'enfant suivra la nationalité du père;

2° Tout individu né en France de parents inconnus ou dont la nationalité est inconnue;

3° (L. 22 juillet 1893.) Tout individu né en France de parents étrangers dont l'un y est lui-même né; sauf la faculté pour lui, si c'est la mère qui est née en France, de décliner dans l'année qui suivra sa majorité la qualité de Français, en se conformant aux dispositions du paragraphe 4 ci-après.

L'enfant naturel pourra, aux mêmes conditions que l'enfant légitime, décliner la qualité de Français quand le parent qui est né en France n'est pas celui dont il devrait, aux termes du paragraphe 1ᵉʳ, deuxième alinéa, suivre la nationalité;

4° (L. 26 juin 1889.) Tout individu né en France d'un étranger et qui, à l'époque de sa majorité, est domicilié en France, à moins que, dans l'année qui suit sa majorité, telle qu'elle est réglée par la loi française, il n'ait décliné la qualité de Français et prouvé qu'il a conservé la nationalité de ses parents par une attestation en due forme de son Gouvernement; laquelle demeurera annexée à la déclaration, et qu'il n'ait en outre produit, s'il y a lieu, un certificat constatant qu'il a

répondu à l'appel sous les drapeaux, conformément à la loi militaire de son pays, sauf les exceptions prévues aux traités;

5° Les étrangers naturalisés.

Peuvent être naturalisés:

1° Les étrangers qui ont obtenu l'autorisation de fixer leur domicile en France, conformément à l'article 13 ci-dessous, après trois ans de domicile en France, à dater de l'enregistrement de leur demande au ministère de la justice;

2° Les étrangers qui peuvent justifier d'une résidence non interrompue pendant dix années;

Est assimilée à la résidence en France le séjour en pays étranger pour l'exercice d'une fonction conférée par le Gouvernement français;

3° Les étrangers admis à fixer leur domicile en France, après un an, s'ils ont rendu des services importants à la France, s'ils y ont apporté des talents distingués ou s'ils y ont introduit soit une industrie, soit des inventions utiles, ou s'ils ont créé soit des établissements industriels ou autres, soit des exploitations agricoles, ou s'ils ont été attachés, à un titre quelconque, au service militaire dans les colonies et les protectorats français;

4° L'étranger qui a épousé une Française, aussi après une année de domicile autorisé.

Il est statué par décret sur la demande de

1

naturalisation, après une enquête sur la moralité de l'étranger.

R. v° *Droits civ.*, 67 s., 82 s., 480 s. — S. cod. v°, 30 s., 54 s., 73 s. — T. (87-97), *cod.* v°, 10 s., 68 s., 83 s. — C. ad., t. 1, v° *Elections*, p. 953, n° 1681 s.; p. 1240, n° 10378 s.; *Sépar. des pouvoirs*, p. 109, n° 1152 s.; t. 5, v° *Org. militaire*, p. 311, n° 481 s.; p. 312, n° 526 s., p. 314, n° 552 s., 566 s., 577 s.; p. 334, n° 1471 s. — V. aussi N. C. civ. ann., t. 1, art. 8, n° 1 s.

Loi du 26 juin 1889 : D. P. 89. 4. 59.
Loi du 22 juillet 1893 : D. P. 93. 4. 108.

Art. 9. (*L. 22 juillet 1893.*) Tout individu né en France d'un étranger et qui n'y est pas domicilié à l'époque de sa majorité pourra, jusqu'à l'âge de vingt-deux ans accomplis, faire sa soumission de fixer en France son domicile; et, s'il l'y établit dans l'année à compter de l'acte de soumission, réclamer la qualité de Français par une déclaration qui sera, à peine de nullité, enregistrée au ministère de la justice.

L'enregistrement sera refusé s'il résulte des pièces produites que le déclarant n'est pas dans les conditions requises par la loi, sauf à lui à se pourvoir devant les tribunaux civils, dans la forme prescrite par les articles 855 et suivants du Code de procédure civile.

La notification motivée du refus devra être faite au réclamant dans le délai de deux mois à partir de sa déclaration.

L'enregistrement pourra en outre être refusé, pour cause d'indignité, au déclarant qui réunirait toutes les conditions légales; mais, dans ce cas, il devra être statué, le déclarant dûment avisé, par décret rendu sur l'avis du Conseil d'Etat, dans le délai de trois mois à partir de la déclaration, ou, s'il y a eu contestation, du jour où le jugement qui a admis la réclamation est devenu définitif.

Le déclarant aura la faculté de produire devant le Conseil d'Etat des pièces et des mémoires.

A défaut des notifications ci-dessus visées dans les délais sus-indiqués, et à leur expiration, le ministre de la justice remettra au déclarant, sur sa demande, une copie de sa déclaration, revêtue de la mention de l'enregistrement.

La déclaration produira ses effets du jour où elle aura été faite, sauf l'annulation qui pourra résulter du refus d'enregistrement.

Les règles relatives à l'enregistrement prescrites par les paragraphes 2 et 3 du présent article sont applicables aux déclarations faites en vue de décliner la qualité de Français, conformément à l'article 8, paragraphes 3 et 4, et aux articles 12 et 18.

Les déclarations faites, soit pour réclamer, soit pour décliner la qualité de Français, doivent, après enregistrement, être insérées au *Bulletin des lois.* Néanmoins, l'omission de cette formalité ne pourra pas préjudicier aux droits des déclarants.

Si l'individu qui réclame la qualité de Français est âgé de moins de vingt et un ans accomplis, la déclaration sera faite en son nom par son père; en cas de décès, par sa mère; en cas de décès du père et de la mère ou de leur exclusion de la tutelle, ou dans les cas prévus par les articles 141, 142 et 143 du Code civil, par le tuteur autorisé par délibération du conseil de famille.

Il devient également Français si, ayant été porté sur le tableau de recensement, il prend part aux opérations de recrutement sans opposer son extranéité.

§ 1. ENFANTS NÉS EN FRANCE D'ÉTRANGERS NÉS A L'ÉTRANGER ET QUI NE SONT PAS DOMICILIÉS EN FRANCE A LEUR MAJORITÉ : 1° *Législation antérieure à la loi du 26 juin 1889* : R. v° *Droits civ.*, 39, 67 s. — S. cod. v°, 84 s. — 2° *Lois du 26 juin 1889 et du 22 juillet 1893* : S. v° *Droits civ.*, 84 s. — V. aussi N. C. civ. ann., t. 1; art. 9, n° 41 s. — C. ad., t. 5, v° *Org. militaire*, p. 314, n° 557 s.

§ 2. DÉCLARATIONS POUR ACQUÉRIR OU RÉPUDIER LA NATIONALITÉ FRANÇAISE : S. v° *Droits civ.*, 87 s. — V. aussi N. C. civ. ann., t. 1, art. 9, n° 100 s.

Loi du 26 juin 1884 : D. P. 85. 4. 59.
Loi du 22 juillet 1893 : D. P. 93. 4. 108.

Art. 10. (*L. 26 juin 1889.*) Tout individu né en France ou à l'étranger de parents dont l'un a perdu la qualité de Français pourra réclamer cette qualité à tout âge, aux conditions fixées par l'article 9, à moins que, domicilié en France et appelé sous les drapeaux, il n'ait revendiqué la qualité d'étranger.

§ 1. LÉGISLATION ANTÉRIEURE A LA LOI DU 26 JUIN 1889 : R. v° *Droits civ.*, 140 s. — S. cod. v°, 101 s.

§ 2. LOI DU 26 JUIN 1889 : S. v° *Droits civ.*, 102 s. — T. (87-97), *cod.* v°, 10 s. — V. aussi N. C. civ. ann., t. 1, art. 10, n° 1 s. — D. P. 89. 4. 59.

Art. 11. L'étranger jouira en France des mêmes droits civils que ceux qui sont ou seront accordés aux Français par les traités de la nation à laquelle cet étranger appartiendra. — *Civ.* 14, 726, 912, 2123, 2128; *Pr.* 69, 166, 423, 546, 905; *Com.* 541; *Instr.* 6; *Pén.* 272; *For.* 105.

R. v° *Droits civ.*, 173 s. — S. cod. v°, 130. — C. ad., t. 1, v° *Commune*, p. 619, n° 6170; p. 651, n° 6988 s.; *Elections*, p. 923, n° 681 s.; t. 2, v° *Culte*, p. 46, n° 352 s., p. 108, n° 2215 s., p. 173, n° 4076; *Enseignement*, p. 506, n° 685 s.; p. 660, n° 3678 s., p. 995, n° 4343 s., 4353 s.; p. 730, n° 4980 s., p. 740, n° 5237 s.; p. 785, n° 6251 s.; p. 895, n° 7960 s.; p. 897, n° 8014; *Beaux-Arts*, p. 939, n° 39; *Etabl. de bienf. et de prévoy.*, p. 1029, n° 1749 s.; p. 1177, n° 5675 s.; t. 3, v° *Police et passeport*, p. 126, n° 252 s.; *Agriculture*, p. 139, n° 603; *Travaux publics*, p. 372, n° 1854 s.; t. 5, v° *Org. militaire*, p. 300, n° 193 s.; p. 450, note 1.

V. *infra, Appendice, la loi du 8 août 1893, relative au séjour des étrangers en France et à la protection du travail national; et le décret du 2 octobre 1888, relatif aux étrangers résidant en France.*

Art. 12. (*L. 26 juin 1889.*) L'étrangère qui aura épousé un Français suivra la condition de son mari.

La femme mariée à un étranger qui se fait naturaliser Français et les enfants majeurs de l'étranger naturalisé pourront, s'ils le demandent, obtenir la qualité de Français, sans condition de stage, soit par le décret qui confère cette qualité au mari ou au père ou à la mère, soit comme conséquence de la déclaration qu'ils feront dans les termes et sous les conditions de l'article 9.

Deviennent Français les enfants mineurs d'un père ou d'une mère survivant qui se font naturaliser Français, à moins que, dans l'année qui suivra leur majorité, ils ne déclinent cette qualité en se conformant aux dispositions de l'article 8, § 4.

§ 1. LÉGISLATION ANTÉRIEURE A LA LOI DU 26 JUIN 1889 : R. v° *Droits civ.*, 151 s. — S. cod. v°, 111 s.

§ 2. LOI DU 26 JUIN 1889 : S. v° *Droits civ.*, 125. — V. aussi N. C. civ. ann., t. 1, art. 12, n° 1 s. — D. P. 89. 4. 59.

Art. 13. (*L. 26 juin 1889.*) L'étranger aura été autorisé par décret à fixer son domicile en France y jouira de tous les droits civils.

L'effet de l'autorisation cessera à l'expiration de cinq années, si l'étranger ne demande pas la naturalisation, ou si la demande est rejetée.

En cas de décès avant la naturalisation, l'autorisation et le temps de stage qui a suivi profiteront à la femme et aux enfants qui étaient mineurs au moment du décret d'autorisation.

§ 1. LÉGISLATION ANTÉRIEURE A LA LOI DU 26 JUIN 1889 : R. v° *Droits civ.*, 380 s. — S. cod. v°, 222 s. — T. (87-97), v° *Etranger*, 109 s.

§ 2. LOI DU 26 JUIN 1889 : S. v° *Droits civ.*, 225 s. — T. (87-97), v° *Etranger*, 181. — V. aussi N. C. civ. ann., t. 1, art. 13, n° 1 s. — D. P. 89. 4. 59.

Art. 14. L'étranger, même non résidant en France, pourra être cité devant les tribunaux français, pour l'exécution des obliga-

tions par lui contractées en France avec un Français; il pourra être traduit devant les tribunaux de France, pour les obligations par lui contractées en pays étranger envers des Français. — *Civ.* 11, 15, 822, 2123, § 4, 2128; *Pr.* 59, 69, 166, 418, 420, 546.

§ 1. CONTESTATIONS ENTRE FRANÇAIS ET ÉTRANGERS : R. v° *Droits civ.*, 237 s., 352 s. — S. cod. v°, 158 s., 215 s. — T. (87-97), v° *Etranger*, 18 s.

§ 2. CONTESTATIONS ENTRE ÉTRANGERS NON DOMICILIÉS : R. v° *Droits civ.*, 289 s. — S. cod. v°, 179 s. — T. (87-97), v° *Etranger*, 56 s.

Art. 15. Un Français pourra être traduit devant un tribunal de France, pour des obligations par lui contractées en pays étranger, même avec un étranger. — *Pr.* 69, 166, 167, 420; *Instr.* 5, 6, 7.

§ 1. DEMANDES FORMÉES PAR DES ÉTRANGERS CONTRE DES FRANÇAIS : R. v° *Droits civ.*, 242 s. — S. cod. v°, 151 s. — T. (87-97), v° *Etranger*, 7 s.

§ 2. CONTESTATIONS ENTRE FRANÇAIS EN PAYS ÉTRANGER : R. v° *Droits civ.*, 289 s. — S. cod. v°, 175.

Art. 16. (*L. 5 mars 1895.*) En toutes matières, l'étranger qui sera demandeur principal ou interviendra sera tenu de donner caution pour le payement des frais et dommages-intérêts résultant du procès, à moins qu'il ne possède en France des immeubles d'une valeur suffisante pour assurer ce payement. — *Civ.* 11, 14, 2040 s.; *Pr.* 166, 167, 423, 517 à 522.

Loi du 5 mars 1895 : N. C. civ. ann., t. 1, art. 16, n° 1 s. — D. P. 95. 4. 36.

CHAPITRE II.

De la privation des droits civils.

SECTION PREMIÈRE.

De la privation des droits civils par la perte de la qualité de Français.

Art. 17. (*L. 26 juin 1889.*) Perdent la qualité de Français :

1° Le Français naturalisé à l'étranger ou celui qui acquiert, par sa demande, la nationalité étrangère par l'effet de la loi. S'il est encore soumis aux obligations du service militaire pour l'armée active, la naturalisation à l'étranger ne fera perdre la qualité de Français que si elle a été autorisée par le Gouvernement français;

2° Le Français qui a décliné la nationalité française dans les cas prévus au paragraphe 4 de l'article 8 et aux articles 12 et 18;

3° Le Français qui, ayant accepté des fonctions publiques conférées par un Gouvernement étranger, les conserve nonobstant l'injonction du Gouvernement français de les résigner dans un délai déterminé;

4° Le Français qui, sans autorisation du Gouvernement, prend du service militaire à l'étranger, sans préjudice des lois pénales contre le Français qui se soustrait aux obligations de la loi militaire.

§ 1. LÉGISLATION ANTÉRIEURE A LA LOI DU 26 JUIN 1889 : R. v° *Droits civ.*, 480 s. — S. cod. v°, 281 s. — T. (87-97), *cod.* v°, 89 s. — C. ad., t. 2, v° *Elections*, p. 953, n° 1689 s.; p. 1240, n° 10378 s.; t. 5, v° *Org. militaire*, p. 313, n° 380 s. — V. aussi N. C. civ. ann., t. 1, art. 17, n° 37 s. — D. P. 89. 4. 59.

Art. 18. (*L. 26 juin 1889.*) Le Français qui a perdu sa qualité de Français peut la recouvrer pourvu qu'il réside en France, en obtenant sa réintégration par décret. La qualité de Français pourra être accordée par le même décret à la femme et aux enfants majeurs s'ils en font la demande. Les enfants mineurs du père ou de la mère réintégrés deviennent Français, à moins que, dans l'année qui suivra leur majorité, ils ne déclinent cette qualité en se conformant aux dispositions de l'article 8, paragraphe 4.

§ 1. LÉGISLATION ANTÉRIEURE A LA LOI DU

26 JUIN 1889 : R. v° *Droits cir.*, 158 s. — S. eod. v°, 409 s., 114 s.

§ 2. LOI DU 26 JUIN 1889 : S. v° *Droits cir.*, 14 s., 319 s. — C. ad., t. 5. v° *Org. militaire*, p. 314, n° 339 s. ; p. 315, n° 573 s. — V. aussi N. 2. civ. ann., t. I, p. 18. — D. P. 89. 4. 39.

Art. 19. (*L. 26 juin 1889.*) La femme française qui épouse un étranger suit la condition de son mari, à moins que son mariage ne lui confère pas la nationalité de son mari, auquel cas elle reste Française. Si son mariage est dissous par la mort du mari, ou le divorce, elle recouvre la qualité de Française, avec l'autorisation du Gouvernement, pourvu qu'elle réside en France ou qu'elle y rentre, en déclarant qu'elle veut s'y fixer.
Dans le cas où le mariage est dissous par la mort du mari, la qualité de Français peut être accordée par le même décret de réintégration, aux enfants mineurs, sur la demande de la mère, ou par un décret ultérieur, si la demande en est faite par le tuteur avec l'approbation du conseil de famille.

Art. 20. (*L. 26 juin 1889.*) Les individus qui acquerront la qualité de Français dans les cas prévus par les articles 9, 10, 18 et 19 ne pourront se prévaloir que pour les droits ouverts à leur profit depuis cette époque.
(*L. 5 avril 1909.*) Quand toutes les personnes désignées à l'article 9, paragraphe 10, auront, au nom d'un mineur, renoncé à la faculté qui lui appartiendrait à sa majorité, dans le cas de l'article 8, paragraphes 3 et 4, de l'article 12, paragraphe 3, et de l'article 18, de décliner la qualité de Français, celui-ci ne sera plus recevable à user de cette faculté.

§ 1. LÉGISLATION ANTÉRIEURE À LA LOI DU 26 JUIN 1889 : R. v° *Droits cir.*, 107 s., 564 s. — S. eod. v°, 410 s., 302 s. — T. (87-97), eod. v°, 105, 106.
§ 2. LOI DU 26 JUIN 1889 : S. v° *Droits cir.*, 49 s., 302 s. — T. (87-97), eod. v°, 104. — V. aussi N. C. civ. ann., t. I, p. 19-20. — D. P. 89. 4. 39.
§ 3. LOI DU 5 AVRIL 1909 : D. P. 1909. 4. 49 ; coll. Dalloz, 1909, p. 316.

Art. 21. (*L. 26 juin 1889.*) Le Français qui, sans autorisation du Gouvernement, prendrait du service militaire à l'étranger, ne pourra rentrer en France qu'en vertu d'une permission accordée par décret et recouvrer la qualité de Français qu'en remplissant les conditions imposées en France à l'étranger pour obtenir la naturalisation ordinaire.

§ 1. LÉGISLATION ANTÉRIEURE À LA LOI DU 26 JUIN 1889 : R. v° *Droits cir.*, 103, 368. — S. eod. v°, 104 s. — T. (87-97), eod. v°, 109.
§ 2. LOI DU 26 JUIN 1889 : S. v° *Droits cir.*, 316. — C. ad., t. 5, v° *Org. militaire*, p. 314, n° 339., — S. eod. v°, 573 s. — V. aussi N. C. civ. ann., t. I, art. 21., n° 8 s. — D. P. 89. 4. 39.
V. *infra*, Appendice, *la loi du 26 juin 1889, sur la nationalité, et le décret du 13 août 1889, portant règlement d'administration publique pour l'exécution de cette loi.*
V. aussi *les textes relatifs à la nationalité, à la jouissance des droits civils et à la condition des indigènes et des étrangers en Algérie, dans les colonies et pays de protectorat*, N. C. civ. ann., t. I, p. 221 s.

SECTION II.
De la privation des droits civils par suite de condamnations judiciaires.

Art. 22 à 33. *Abrogés et remplacés par la loi du 31 mai 1854, portant abolition de la peine de mort.*
V. *infra*, Appendice, *la loi du 31 mai 1854, portant abolition de la mort civile.*
Sur *l'application de la loi du 31 mai 1854 en Algérie et dans les colonies*, V. N. C. civ. ann., t. I., p. 225.

TITRE DEUXIÈME.
Des actes de l'état civil.

Décrété le 20 vent. an XI (11 mars 1803), et promulgué le 30 vent. an XI (21 mars 1803).

CHAPITRE PREMIER.
Dispositions générales.

Art. 34. Les actes de l'état civil énonceront l'année, le jour et l'heure où ils seront

reçus, les prénoms, noms, âge, profession et domicile de tous ceux qui y seront dénommés. — Civ. 57 s., 76, 78 s., 85 s., 93 s.
R. v° *Acte de l'ét. civ.*, 27 s. — S. eod. v°, 14 s.

Art. 35. Les officiers de l'état civil ne pourront rien insérer dans les actes qu'ils recevront, soit par note, soit par énonciation quelconque, que ce qui doit être déclaré par les comparants — Civ. 42. 55 s.
R. v° *Acte de l'ét. civ.*, 90 s. — S. eod v°, 27 s.

Art. 36. Dans les cas où les parties intéressées ne seront point obligées de comparaître en personne, elles pourront se faire représenter par un fondé de procuration spéciale et authentique. — Car. 14, 73, 252.
R. v° *Acte de l'ét. civ.*, 100 s. — S. eod. v°, 51.

Art. 37. (*L. 7 décembre 1897.*) Les témoins produits aux actes de l'état civil devront être âgés de vingt et un ans au moins, parents ou autres, sans distinction de sexe ; ils seront choisis par les personnes intéressées. Toutefois le mari et la femme ne pourront être témoins ensemble dans le même acte. — Civ. 56, 71, 75 s., 86 s.
R. v° *Acte de l'ét. civ.*, 103 s.
Loi du 7 décembre 1897 : D. P. 97. 4. 138.

Art. 38. L'officier de l'état civil donnera lecture des actes aux parties comparantes, ou à leur fondé de procuration, et aux témoins.
Il y sera fait mention de l'accomplissement de cette formalité. — Civ. 36 s., 39, 50.
Art. 39. Ces actes seront signés par l'officier de l'état civil, par les comparants et les témoins ; ou mention sera faite de la cause qui empêchera les comparants et les témoins de signer. — Civ. 50.
R. v° *Acte de l'ét. civ.*, 183 s. — S. v° eod. v°, 47 s.

Art. 40. Les actes de l'état civil seront inscrits, dans chaque commune, sur un ou plusieurs registres tenus doubles. — Civ. 42, 48, 50, 52, 60 s., 63, 80. 92, 95 s.; Pén. 192.
R. v° *Acte de l'ét. civ.*, 39 s. — S. eod. v°, 22 s.

Art. 41. Les registres seront cotés par première et dernière, et paraphés sur chaque feuille, par le président du tribunal de première instance, ou par le juge qui le remplacera. — Civ. 50, 63.
R. v° *Acte de l'ét. civ.*, 49 s. — S. eod. v°, 23 s.

Art. 42. Les actes seront inscrits sur les registres, de suite, sans aucun blanc. Les ratures et les renvois seront approuvés et signés de la même manière que le corps de l'acte. Il n'y sera rien écrit par abréviation, et aucune date ne sera mise en chiffres. — Civ. 39, 50.
R. v° *Acte de l'ét. civ.*, 49 s. — S. eod. v°, 24.
V. *de décret du 20 juillet 1807, concernant les tables alphabétiques* (R. v° *Acte de l'ét. civ.*, p. 508, note 5).

Art. 43. Les registres seront clos et arrêtés par l'officier de l'état civil, à la fin de chaque année ; et dans le mois, l'un des doubles sera déposé aux archives de la commune, l'autre au greffe du tribunal de première instance. — Civ. 50 s., 53, 95.
R. v° *Acte de l'ét. civ.*, 63 s. — S. eod. v°, 25.

Art. 44. Les procurations et les autres pièces qui doivent demeurer annexées aux actes de l'état civil seront déposées, après qu'elles auront été paraphées par la personne qui les aura produites, et par l'officier de l'état civil, au greffe du tribunal, avec le double des registres dont le dépôt doit avoir lieu audit greffe. — Civ. 36, 50, 68, 70.
R. v° *Acte de l'ét. civ.*, 77 s., 102.

Art. 45. (*L. 30 novembre 1906.*) Toute personne pourra, sauf l'exception prévue à l'article 57, se faire délivrer par les dépositaires des registres de l'état civil des copies des actes inscrits sur les registres. Ces copies délivrées conformes aux registres et légalisées par le président du tribunal de première instance ou par le juge qui le remplacera,

feront foi jusqu'à inscription de faux. Elles porteront en toutes lettres la date de leur délivrance.
R. v° *Acte de l'ét. civ.*, 36, 98 s., 173, 291 s., 389 s. — S. eod. v°, 20, 31 s., 96 s. — T. (87-97), eod. v°, 39.
Loi du 30 novembre 1906 : D. P. 1907. 4. 40.

Art. 46. Lorsqu'il n'aura pas existé de registres, ou qu'ils seront perdus, la preuve en sera reçue tant par titres que par témoins ; et dans ces cas, les mariages, naissances et décès, pourront être prouvés tant par les registres et papiers émanés des pères et mères décédés, que par témoins. — Civ. 194, 833 s., 1331, 1415; Pr. 252 s.
R. v° *Acte de l'ét. civ.*, 113 s. — S. eod. v°, 31. — T. (87-97), eod. v°, 40.
V. *la loi du 12 févr. 1872, relative à la reconstitution des actes de l'état civil, et sur les lois qui prorogent et modifient celle-ci*, N. N. C. civ. ann., t. I, p. 248 s., notes.

Art. 47. Tout acte de l'état civil des Français et des étrangers, fait en pays étranger, fera foi, s'il a été rédigé dans les formes usitées dans ledit pays.
(*L. 8 juin 1893.*) Lorsqu'un de ces actes concernant des Français sera transmis au ministère des affaires étrangères, il y restera déposé pour en être délivré expédition. — Civ. 3, 11 s., 59 s., 86, 170 s., 999.

Art. 48. Tout acte de l'état civil des Français en pays étranger sera valable, s'il a été reçu, conformément à ce lois françaises, par les agents diplomatiques ou par les consuls.
(*L. 8 juin 1893.*) Un double des registres de l'état civil tenu par ces agents sera adressé à la fin de chaque année au ministère des affaires étrangères, qui en assurera la garde et pourra en délivrer des extraits. — Civ. 3, 47, 170 s., 999.
R. v° *Acte de l'ét. civ.*, 342 s., 352 s. — S. eod. v°, 87 s.
Loi du 8 juin 1893 : D. P. 94. 4. 4.

Art. 49. (*L. 17 août 1897.*) Dans tous les cas où la mention d'un acte relatif à l'état civil devra être faite en marge d'un acte déjà inscrit, elle sera faite d'office.
L'officier de l'état civil qui aura dressé ou transcrit l'acte donnant lieu à mention effectuera cette mention, dans les trois jours, sur les registres qu'il détient.
Dans le même délai, il adressera un avis au procureur de la République de son arrondissement, et celui-ci veillera à ce que la mention soit faite d'une façon uniforme, sur les registres existant dans les archives des communes ou des greffes, ou dans tous autres dépôts publics. — Civ. 62, 76, 99 s., 196 s., 831; Pr. 857.
R. v° *Acte de l'ét. civ.*, 89 s.
Loi du 17 août 1897 : D. P. 97. 4. 76.

Art. 50. Toute contravention aux articles précédents, de la part des fonctionnaires y dénommés, sera poursuivie devant le tribunal de première instance, et punie d'une amende qui ne pourra excéder cent francs. — Civ. 34 s.; Pén. 192 s.
R. v° *Acte de l'ét. civ.*, 486 s. — S. eod. v°, 124 s. — T. (87-97), eod. v°, 30 s.

Art. 51. Tout dépositaire des registres sera civilement responsable des altérations qui y surviendront, sauf son recours, s'il y a lieu, contre les auteurs desdites altérations. — Civ. 51, 1382 s.
R. v° *Acte de l'ét. civ.*, 95 s. — S. eod. v°, 30.

Art. 52. Toute altération, tout faux dans les actes de l'état civil, toute inscription de ces actes faite sur une feuille volante et autrement que sur les registres à ce destinés, donneront lieu aux dommages-intérêts des parties, sans préjudice des peines portées au Code pénal. — Civ. 1382 s.; Instr. 458 s.; Pén. 145 s., 182 s.
R. v° *Acte de l'ét. civ.*, 93 s.

Art. 53. Le procureur du Roi (*le procureur de la République*) au tribunal de première instance sera tenu de vérifier l'état des registres lors du dépôt qui en sera fait au greffe; il dressera un procès-verbal sommaire de la vérification, dénoncera les contraventions ou délits commis par les officiers de l'état civil, et requerra contre eux la condamnation aux amendes. — *Civ.* 49 s., 99, 156, 192, 193; *Pr.* 855 s.

R. vº *Acte de l'ét. civ.*, 84 s. — S. *eod. vº*, 25 s.

Art. 54. Dans tous les cas où un tribunal de première instance connaîtra des actes relatifs à l'état civil, les parties intéressées pourront se pourvoir contre le jugement. — *Civ.* 99 s.; *Pr.* 474 s.

CHAPITRE II.
Des actes de naissance.

Art. 55. Les déclarations de naissance seront faites, dans les trois jours de l'accouchement, à l'officier de l'état civil du lieu : l'enfant lui sera présenté.

(*L. 21 juin 1903*.) En pays étranger, les déclarations aux agents diplomatiques ou aux consuls seront faites dans les dix jours de l'accouchement. Toutefois, ce délai pourra être prolongé dans certaines circonscriptions consulaires en vertu d'un décret du président de la République qui fixera la mesure et les conditions de cette prolongation. — *Civ.* 56, 59, 93; *Pén.* 346.

R. vº *Acte de l'ét. civ.*, 214 s., 236 s. — S. *eod. vº*, 60, 64.

Loi du 21 juin 1903 : D. P. 1903. 4. 68.

V. *l'avis du Conseil d'État du 12 brumaire an XI, concernant les formalités à observer pour inscrire, sur les registres de l'état civil, des actes qui n'y ont pas été portés dans les délais prescrits* (R. vº *Acte de l'ét. civ.*, p. 495, note 1).

Art. 56. La naissance de l'enfant sera déclarée par le père, ou, à défaut du père, par les docteurs en médecine ou en chirurgie, sages-femmes, officiers de santé ou autres personnes qui auront assisté à l'accouchement; et lorsque la mère sera accouchée hors de son domicile, par la personne chez qui elle sera accouchée.

L'acte de naissance sera rédigé de suite, en présence de deux témoins. — *Civ.* 37 s., 59, 319 s.; *Pén.* 192 s., 346; *L.* 30 nov. 1892, art. 8.

R. vº *Acte de l'ét. civ.*, 207 s., 217 s., 242. — S. *eod. vº*, 53 s.

Art. 57. L'acte de naissance énoncera le jour, l'heure et le lieu de la naissance, le sexe de l'enfant, et les prénoms qui lui seront donnés, les prénoms, noms, profession et domicile des père et mère, et ceux des témoins.

(*L. 30 novembre 1906*.) Nul, à l'exception du procureur de la République, de l'enfant, de ses ascendants et descendants en ligne directe, de son conjoint, de son tuteur, ou de son représentant légal, s'il est mineur ou en état d'incapacité, ne pourra obtenir une copie conforme d'un acte de naissance autre que le sien, si ce n'est en vertu d'une autorisation délivrée sans frais par le juge de paix du canton où l'acte a été reçu et sur la demande écrite de l'intéressé.

Si cette personne ne sait ou ne peut signer, cette impossibilité est constatée par le maire ou le commissaire de police qui atteste, en même temps, que la demande est faite sur l'initiative de l'intéressé.

En cas de refus, la demande sera portée devant le président du tribunal civil de première instance, qui statuera par ordonnance de référé.

Les dépositaires des registres seront tenus de délivrer à tout requérant des extraits indiquant, sans autres renseignements, l'année, le jour, l'heure et le lieu de naissance, le sexe de l'enfant, les prénoms qui lui ont été donnés, les noms, prénoms et professions et domicile des père et mère tels qu'ils résultent des énonciations de l'acte de naissance ou des mentions contenues en marge de cet acte et reproduisant la mention prévue

au dernier alinéa de l'article 76 du Code civil. — *Civ.* 34 s.

R. vº *Acte de l'ét. civ.*, 243 s. — S. *eod. vº*, 65.

Loi du 30 novembre 1906 : D. P. 1907. 4. 40.

Art. 58. Toute personne qui aura trouvé un enfant nouveau-né, sera tenue de le remettre à l'officier de l'état civil, ainsi que les vêtements et autres effets trouvés avec l'enfant, et de déclarer toutes les circonstances du temps et du lieu où il aura été trouvé.

Il en sera dressé un procès-verbal détaillé, qui énoncera en outre l'âge apparent de l'enfant, son sexe, les noms qui lui seront donnés, l'autorité civile à laquelle il sera remis. Ce procès-verbal sera inscrit sur les registres. — *Pén.* 347, 349 s.

R. vºˢ *Act. de l'ét. civ.* 267 s.; *Secours publics*, 143 s. — S. vº *Secours publics*, 102 s.

En ce qui concerne les enfants trouvés ou abandonnés et les orphelins pauvres, V. *le décret du 19 janvier 1811* (R. vº *Secours publics*, p. 768).

Art. 59. (*L. 8 juin 1893*.) En cas de naissance pendant un voyage maritime, il en sera dressé acte dans les trois jours de l'accouchement, en présence du père s'il est à bord, et de deux témoins pris parmi les officiers du bâtiment, ou, à leur défaut, parmi les hommes de l'équipage.

Si la naissance a lieu pendant un arrêt dans un port, l'acte sera dressé dans les mêmes conditions, lorsqu'il y aura impossibilité de communiquer avec la terre ou lorsqu'il n'existera pas dans le port, si l'on est à l'étranger, d'agent diplomatique ou consulaire français investi des fonctions d'officier de l'état civil.

Cet acte sera rédigé, savoir : sur les bâtiments de l'État, par l'officier du commissariat de la marine ou, à son défaut, par le commandant ou celui qui en remplit les fonctions; et sur les autres bâtiments, par le capitaine, maître ou patron, ou celui qui en remplit les fonctions.

Il y sera fait mention de celle des circonstances ci-dessus prévues, dans laquelle l'acte a été dressé. L'acte sera inscrit à la suite du rôle d'équipage. — *Civ.* 34 s., 60 s., 86 s.

V. *l'ordonnance du 22 octobre 1833, sur l'intervention des consuls relativement aux actes de l'état civil* (R. vº *Consul*, p. 263).

Art. 60. (*L. 8 juin 1893*.) Au premier port où le bâtiment abordera pour toute autre cause que celle de son désarmement, l'officier instrumentaire sera tenu de déposer deux expéditions de chacun des actes de naissance dressés à bord.

Ce dépôt sera fait, savoir : si le port est français, au bureau des armements par les bâtiments de l'État, et au bureau de l'inscription maritime pour les autres bâtiments; si le port est étranger, entre les mains du consul de France. Au cas où il ne se trouverait pas dans ce port de bureau des armements, de bureau de l'inscription maritime ou de consul, le dépôt serait ajourné au plus prochain port d'escale ou de relâche.

L'une des expéditions déposées sera adressée au ministre de la marine, qui la transmettra à l'officier de l'état civil du dernier domicile du père de l'enfant ou de la mère si le père est inconnu, afin qu'elle soit transcrite sur les registres; si le dernier domicile ne peut être retrouvé ou s'il est hors de France, la transcription sera faite à Paris.

L'autre expédition restera déposée aux archives du consulat ou du bureau de l'inscription maritime.

Mention des envois et dépôts effectués conformément aux prescriptions du présent article sera portée en marge des actes originaux par les commissaires de l'inscription maritime ou par les consuls. — *Civ.* 59, 61 s., 86, 92, 94, 98, 991.

Art. 61. (*L. 8 juin 1893*.) À l'arrivée du bâtiment dans le port de désarmement, l'officier instrumentaire sera tenu de déposer, en même temps que le rôle d'équipage, une

expédition de chacun des actes de naissance dressés à bord dont copie n'aurait point été déjà déposée, conformément aux prescriptions de l'article précédent.

Ce dépôt sera fait, pour les bâtiments de l'État, au bureau des armements, et, pour les autres bâtiments, au bureau de l'inscription maritime.

L'expédition ainsi déposée sera adressée au ministre de la marine, qui la transmettra, comme il est dit à l'article précédent. — *Civ.* 59 s.

Art. 62. (*L. 8 juin 1893*.) L'acte de reconnaissance d'un enfant naturel sera inscrit sur les registres à sa date, et il en sera fait mention en marge de l'acte de naissance, s'il en existe un.

Dans les circonstances prévues à l'article 58, la déclaration de reconnaissance pourra être reçue par les officiers instrumentaires désignés en cet article, et dans les formes qui y sont indiquées.

Les dispositions des articles 60 et 61, relatives au dépôt et aux transmissions, seront, dans ce cas, applicables. Toutefois, l'expédition adressée au ministre de la marine devra être transmise par lui, de préférence, à l'officier de l'état civil du lieu où l'acte de naissance de l'enfant aura été dressé ou transcrit, si ce lieu est connu. — *Civ.* 49, 59 s., 331 s., 334 s.

R. vº *Acte de l'ét. civ.*, 261 s., 330 s.

Loi du 8 juin 1893 : N. C. civ. ann., t. 1, art. 59 à 62. — D. P. 94. 4. 4.

CHAPITRE III.
Des actes de mariage.

Art. 63. (*L. 21 juin 1907*.) Avant la célébration du mariage, l'officier de l'état civil fera une publication par voie d'affiche apposée à la porte de la maison commune. Cette publication énoncera les prénoms, noms, professions, domicile et résidence des futurs époux, leur qualité de majeur ou de mineur, les prénoms, noms, professions et domicile de leurs pères et mères. Elle énoncera, en outre, les jour, lieu et heure où elle a été faite. Elle sera transcrite sur un seul registre coté et paraphé comme il est dit à l'article 41 du Code civil et déposé, à la fin de chaque année, au greffe du tribunal de l'arrondissement. — *Civ.* 40 s., 64 s., 97, 166 s., 192, 193, 388, 488.

Art. 64. (*L. 21 juin 1907*.) L'affiche prévue en l'article précédent restera apposée à la porte de la maison commune pendant dix jours, lesquels devront comprendre deux dimanches. Le mariage ne pourra être célébré avant le dixième jour depuis et non compris celui de la publication. — *Civ.* 192 s.

Art. 65. (*L. 21 juin 1907*.) Si le mariage n'a pas été célébré dans l'année, à compter de l'expiration du délai de la publication, il ne pourra plus être célébré qu'après une nouvelle publication faite dans la forme ci-dessus. — *Civ.* 63 s.

R. vº *Mariage*, 333 s. — S. *eod. vº*, 166.

Loi du 21 juin 1907 : D. P. 1907. 4. 73.

Art. 66. Les actes d'opposition au mariage seront signés sur l'original et sur la copie par les opposants ou par leurs fondés de procuration spéciale et authentique; ils seront signifiés, avec la copie de la procuration, à la personne ou au domicile des parties, et à l'officier de l'état civil, qui mettra son *visa* sur l'original. — *Civ.* 76, 177 s.

R. vº *Mariage*, 239 s. — S. *eod. vº*, 146 s.

Art. 67. L'officier de l'état civil fera, sans délai, une mention sommaire des oppositions sur le registre des publications; il fera aussi mention, en marge de l'inscription desdites oppositions, des jugements ou des actes de mainlevée dont expédition lui aura été remise. — *Civ.* 76, 177 s.

Art. 68. En cas d'opposition, l'officier de l'état civil ne pourra célébrer le mariage

ant qu'on lui en ait remis la mainlevée, us peine de trois cents francs d'amende, de tous dommages-intérêts. — *Civ.* 76-7°.
R. v° *Mariage*, 301 s., 336. — **S.** *eod.* v°. 153 s.

Art. 69. S'il n'y a point d'opposition, il sera fait mention dans l'acte de mariage; si les publications ont été faites dans plusieurs communes, les parties remettront un rtificat délivré par l'officier de l'état civil chaque commune, constatant qu'il n'existe int d'opposition. — *Civ.* 76-7°, 166 s.

Art. 70. (*L.* 17 août 1897.) L'officier de tat civil se fera remettre l'acte de naissance de chacun des futurs époux. Cet acte devra pas avoir été délivré depuis plus de ois mois, s'il a été délivré en France, et puis plus de six mois, s'il a été délivré ns une colonie ou dans un consulat. Celui des époux qui serait dans l'impossibilité de se le procurer pourra le suppléer, rapportant un acte de notoriété délivré r le juge de paix du lieu de sa naissance, par celui de son domicile. — *Civ.* 49, s., 76, 155.
R. v° *Mariage*, 350 s.; *Acte de notor.*, 10. — v° *Mariage*, 172 s. — **N. C.** civ. ann., t. 1, .. 70, n°° 1 et suiv. — **D. P.** 97. 4. 76.

Art. 71. L'acte de notoriété contiendra déclaration faite par sept témoins, de l'un de l'autre sexe, parents ou non parents, s prénoms, nom, profession et domicile futur époux, et de ceux de ses père et ère, s'ils sont connus; le lieu, et, autant e possible, l'époque de sa naissance, et les uses qui empêchent d'en rapporter l'acte. s témoins signeront l'acte de notoriété avec juge de paix; et s'il en est qui ne puissent ne sachent signer, il en sera fait mention. — *Civ.* 70, 72, 155.
R. v° *Acte de notor.*, 11, 40, 41.

Art. 72. L'acte de notoriété sera présenté tribunal de première instance du lieu où it se célébrer le mariage. Le tribunal, rès avoir entendu le procureur du Roi [*le rocureur de la République*], donnera ou fusera son homologation, selon qu'il troua suffisantes ou insuffisantes les déclaraons des témoins, et les causes qui empêent de rapporter l'acte de naissance. — v. 75 s.; *Pr.* 885.

Art. 73. L'acte authentique du consenment des père et mère ou aïeuls et aïeules, à leur défaut, celui de la famille, conndra les prénoms, noms, professions et miciles du futur époux et de tous ceux qui ront concouru à l'acte, ainsi que leur degré parenté.
(*L.* 20 juin 1896.) Hors le cas prévu par rticle 160, cet acte de consentement pourra re donné, soit devant un notaire, soit dent l'officier de l'état civil du domicile de l'ascendant, et, à l'étranger, devant les agents plomatiques ou consulaires français.
R. v° *Mariage*, 354 s. — **S.** *eod.* v°, 173. — **N. C.** n., t. 1, art. 73.

Art. 74. (*L.* 21 juin 1907.) Le mariage ra célébré dans la commune où l'un des eux époux aura son domicile ou sa résience établie par un mois au moins d'habiation continue à la date de la publication révue par la loi. — *Civ.* 102 s., 165 s., 191, 192.
R. v° *Mariage*, 363 s. — **S.** *eod.* v°, 182 s. — , (87-97), *eod.* v°, 17 s.
Loi du 21 juin 1907 : **D. P.** 1907. 4. 73.

Art. 75. Le jour désigné par les parties près les délais de publications, l'officier de état civil, dans la maison commune, en résence de quatre témoins, parents ou non arents, fera lecture aux parties, des pièces -dessus mentionnées, relatives à leur état t aux formalités du mariage, et du chapitre VI u titre *Du mariage*, sur *les droits et les evoirs respectifs des époux.*

(*L.* 10 juillet 1850.) « Il interpellera les futurs époux, ainsi que les personnes qui autorisent le mariage, si elles sont présentes, d'avoir à déclarer s'il a été fait un contrat de mariage, et, dans le cas de l'affirmative, la date de ce contrat, ainsi que les noms et lieu de résidence du notaire qui l'aura reçu. »
Il recevra de chaque partie, l'une après l'autre, la déclaration qu'elles veulent se prendre pour mari.et femme; il prononcera, au nom de la loi, qu'elles sont unies par le mariage, et il en dressera acte sur-le-champ. — *Civ.* 76, 165 s., 191, 212 s.; *Pén.* 192 s.
R. v° *Mariage*, 378 s. — **S.** *eod.* v°, 185 s.
Loi du 10 juillet 1850 : **D. P.** 50. 4. 150.

Art. 76. (*L.* 21 juin 1907.) On énoncera dans l'acte de mariage :
1° Les prénoms, noms, professions, âges, lieux de naissance et domiciles des époux;
2° S'ils sont majeurs ou mineurs;
3° Les prénoms, noms, professions et domiciles des pères et mères;
4° Le consentement des pères et mères, aïeuls et aïeules, et celui du conseil de famille, dans les cas où ils sont requis;
5° La notification prescrite par l'article 154, s'il en a été fait;
6° Les oppositions, s'il y en a eu; leur mainlevée, ou la mention qu'il n'y a point eu d'opposition;
7° La déclaration des contractants de se prendre pour époux, et le prononcé de leur union par l'officier public;
8° Les prénoms, noms, âges, professions et domiciles des témoins et leur déclaration s'ils sont parents ou alliés des parties, de quel côté et à quel degré;
9° La déclaration faite sur l'interpellation prescrite par l'article précédent, qu'il a été ou qu'il n'a pas été fait de contrat de mariage, et, autant que possible, la date du contrat, s'il existe, ainsi que les nom et lieu de résidence du notaire qui l'aura reçu; le tout à peine contre l'officier de l'état civil de l'amende fixée par l'article 50.
Dans le cas où la déclaration aurait été omise ou serait erronée, la rectification de l'acte, en ce qui touche l'omission ou l'erreur, pourra être demandée par le procureur de la République, sans préjudice du droit des parties intéressées, conformément à l'article 99.
Il sera fait mention de la célébration du mariage en marge de l'acte de naissance des époux. — *Civ.* 34 s., 49 s., 63 s., 66 s., 73, 75, 88, 95, 99, 146, 148 s., 151 s., 159 s., 166 s., 172 s., 182, 183, 192, 1391, 1394.
R. v° *Mariage*, 378 s. — **S.** *eod.* v°, 190.
Loi du 10 juillet 1850 : **N. C.** civ. ann., t. 1, p. 273. — **D. P.** 50. 4. 150.
Loi du 17 août 1897 : **N. C.** civ. ann., t. 1, art. 76. — **D. P.** 97. 4. 76.
Loi du 21 juin 1907 : **D. P.** 1907. 4. 73.
V. *la loi du 10 décembre 1850, ayant pour objet de faciliter le mariage des indigents, la légitimation de leurs enfants naturels et le retrait de ces enfants déposés dans les hospices* (**D. P.** 51. 4. 9; — *et* **N. C.** civ. ann., t. 1, p. 274 s.).

CHAPITRE IV.
Des actes de décès.

Art. 77. Aucune inhumation ne sera faite sans une autorisation, sur papier libre et sans frais, de l'officier de l'état civil, qui ne pourra la délivrer qu'après s'être transporté auprès de la personne décédée, pour s'assurer du décès, et que vingt-quatre heures après le décès, hors les cas prévus par les règlements de police. — *Civ.* 86 s., 93 s.; *Pén.* 14, 358 s.
R. v°° *Acte de l'ét. civ.*, 285 s.; *Culte*, 759 s. — v°° *Acte de l'ét. civ.*, 68 s.; *Culte*, 634 s. — **C. ad.**, t. 2, v° *Sépulture*, p. 420, n°° 742 s.

Art 78. L'acte de décès sera dressé par l'officier de l'état civil, sur la déclaration de

deux témoins. Ces témoins seront, s'il est possible, les deux plus proches parents ou voisins, ou, lorsqu'une personne sera décédée hors de son domicile, la personne chez laquelle elle sera décédée, et un parent ou autre. — *Civ.* 34, 37, 50 s., 86 s., 93 s.
R. v° *Acte de l'ét. civ.*, 284, 303, 304. — **T.** (87-97), *eod.* v°, 10.

Art. 79. L'acte de décès contiendra les prénoms, nom, âge, profession et domicile de la personne décédée; les prénoms et nom de l'autre époux, si la personne décédée était mariée, ou veuve; les prénoms, noms, âge, professions et domiciles des déclarants; et, s'ils sont parents, leur degré de parenté.
Le même acte contiendra de plus, autant qu'on pourra le savoir, les prénoms, noms, profession et domicile des père et mère du décédé, et le lieu de sa naissance. — *Civ.* 34 s.
R. v° *Acte de l'ét. civ.*, 282 s. — **S.** *eod.* v°, 67 s.

Art. 80. (*L.* 8 juin 1893.) En cas de décès dans les hôpitaux ou les formations sanitaires, les hôpitaux maritimes, coloniaux, civils ou autres établissements publics, soit en France, soit dans les colonies ou les pays de protectorat, les directeurs, administrateurs ou maîtres de ces hôpitaux ou établissements devront en donner avis, dans les vingt-quatre heures, à l'officier de l'état civil ou à celui qui en remplit les fonctions.
Celui-ci s'y transportera pour s'assurer du décès et en dressera l'acte, conformément à l'article précédent, sur les déclarations qui lui auront été faites et sur les renseignements qu'il aura pris.
Il sera tenu dans lesdits hôpitaux, formations sanitaires et établissements, un registre sur lequel seront inscrits ces déclarations et renseignements.
L'officier de l'état civil qui aura dressé l'acte de décès enverra, dans le plus bref délai, à l'officier de l'état civil du dernier domicile du défunt, une expédition de cet acte, laquelle sera immédiatement transcrite sur les registres. — *Civ.* 34 s., 77 s., 93 s.; *Pén.* 358 s.
R. v° *Acte de l'ét. civ.*, 308, 321 s. — **S.** *eod.* v°, 78. — **N. C.** civ. ann., art. 80. — **D. P.** 94. 4. 4.

Art. 81. Lorsqu'il y aura des signes ou indices de mort violente, ou d'autres circonstances qui donneront lieu de le soupçonner, on ne pourra faire l'inhumation qu'après qu'un officier de police, assisté d'un docteur en médecine *ou en chirurgie*, aura dressé procès-verbal de l'état du cadavre, et des circonstances y relatives, ainsi que des renseignements qu'il aura pu recueillir sur les prénoms, nom, âge, profession, lieu de naissance et domicile de la personne décédée.
Instr. 44 s.; *Pén.* 358, 359; *L.* 30 nov. 1892, *art.* 1.

Art. 82. L'officier de police sera tenu de transmettre de suite, à l'officier de l'état civil du lieu où la personne sera décédée, tous les renseignements énoncés dans son procès-verbal, d'après lesquels l'acte de décès sera rédigé.
L'officier de l'état civil en enverra une expédition à celui du domicile de la personne décédée, s'il est connu : cette expédition sera inscrite sur les registres. — *Civ.* 81.

Art. 83. Les greffiers criminels seront tenus d'envoyer, dans les vingt-quatre heures de l'exécution des jugements portant peine de mort, à l'officier de l'état civil du lieu où le condamné aura été exécuté, tous les renseignements énoncés en l'article 79, d'après lesquels l'acte de décès sera rédigé.

Art. 84. En cas de décès dans les prisons ou maisons de reclusion et de détention, il en sera donné avis sur-le-champ, par les concierges ou gardiens, à l'officier de l'état civil, qui s'y transportera comme il est

2

dit en l'article 80, et rédigera l'acte de décès. — *Civ.* 85.

Art. 85. Dans tous les cas de mort violente, ou dans les prisons et maisons de réclusion, ou d'exécution à mort, il ne sera fait sur les registres aucune mention de ces circonstances, et les actes de décès seront simplement rédigés dans les formes prescrites par l'article 79. — *Civ.* 79, 81, 83, 84.

R. Vᵒ *Acte de l'ét. civ.*, 314 s.; *Culte*, 761 s.
En ce qui concerne les ouvriers qui ont péri par accident dans une mine, V. le décret du 3 janvier 1813, art. 18 et 19 (R. vᵒ Mines, p. 633).

Art. 86. (*L.* 8 *juin* 1893.) En cas de décès pendant un voyage maritime et dans les circonstances prévues à l'article 59, il en sera, dans les vingt-quatre heures et en présence de deux témoins, dressé acte par les officiers instrumentaires désignés en cet article et dans les formes qui y sont prescrites.

Les dépôts et transmissions des originaux et des expéditions seront effectués conformément aux distinctions prévues par les articles 60 et 61.

La transcription des actes de décès sera faite sur les registres de l'état civil du dernier domicile du défunt, ou, si ce domicile est inconnu, à Paris. — *Civ.* 59 s., 87 s.

Art. 87. (*L.* 8 *juin* 1893.) Si une ou plusieurs personnes inscrites au rôle d'équipage ou présentes à bord, soit sur un bâtiment de l'État, soit sur un autre bâtiment, tombent à l'eau sans que leur corps puisse être retrouvé, il sera dressé un procès-verbal de disparition par l'autorité investie à bord des fonctions d'officier de l'état civil. Ce procès-verbal sera signé par l'officier instrumentaire et par les témoins de l'accident et inscrit à la suite du rôle d'équipage.

Les dispositions des articles 60 et 61, relatives au dépôt et à la transmission des actes et des expéditions, seront applicables à ces procès-verbaux. — *Civ.* 59 s.

Art. 88. (*L.* 8 *juin* 1893.) En cas de présomption de perte totale d'un bâtiment, ou de disparition d'une partie de l'équipage ou des passagers, s'il n'a pas été possible de dresser les procès-verbaux de disparition prévus à l'article précédent, il sera rendu par le ministre de la marine, après une enquête administrative et sans formes spéciales, une décision déclarant la présomption de perte du bâtiment ou la disparition de tout ou partie de l'équipage ou des passagers.

Art. 89. (*L.* 8 *juin* 1893.) La présomption de décès sera déclarée comme il est dit à l'article précédent, après une enquête administrative et sans formes spéciales, par le ministre de la marine, à l'égard des marins ou militaires morts aux colonies ou dans les pays de protectorat ou lors des expéditions d'outre-mer, quand il n'aura pas été dressé d'acte régulier de décès. — *Civ.* 88, 90 s.

Art. 90. (*L.* 8 *juin* 1893.) Le ministre de la marine pourra transmettre une copie de ces procès-verbaux ou de ces décisions au procureur général du ressort dans lequel se trouve le tribunal, soit du dernier domicile du défunt, soit du port d'armement du bâtiment, soit enfin du lieu du décès, et requérir ce magistrat de poursuivre d'office la constatation judiciaire des décès.

Ceux-ci pourront être déclarés constants par un jugement collectif rendu par le tribunal du port d'armement, lorsqu'il s'agira de personnes disparues dans un même accident. — *Civ.* 88 s., 91 s.

Art. 91. (*L.* 8 *juin* 1893.) Les intéressés pourront également se pourvoir, à l'effet d'obtenir la déclaration judiciaire d'un décès, dans les formes prévues aux articles 855 et suivants du Code de procédure civile. Dans ce cas, la requête sera communiquée au ministère de la marine, à la diligence du ministère public. — *Civ.* 88 s., 99 s.; *Pr.* 855 s.

Art. 92. (*L.* 8 *juin* 1893.) Tout jugement déclaratif de décès sera transcrit à sa date

sur les registres de l'état civil du dernier domicile, ou, si celui-ci est inconnu, à Paris. Il sera fait mention du jugement et de sa transcription, en marge des registres, à la date du décès.

Les jugements collectifs seront transcrits sur les registres de l'état civil du port d'armement; il pourra en être délivré des extraits individuels.

Les jugements déclaratifs de décès tiendront lieu d'acte de l'état civil et ils seront opposables aux tiers, qui pourront seulement en obtenir la rectification conformément à l'article 99. — *Civ.* 49, 60, 88 s., 90 s.

Loi du 8 juin 1893 : N. C. civ. ann., t. 1, art. 86 à 92 ; — D. P. 95. 4. 4.

V. *le décret du 19 avril 1894, qui fixe les taxes à percevoir sur les pièces d'état civil délivrées par le ministre des affaires étrangères, en exécution de la loi du 8 juin 1893* (D. P. 95. 4. 60).

CHAPITRE V.
Des actes de l'état civil concernant les militaires et marins dans certains cas spéciaux.
(*L.* 8 *juin* 1893.)

Art. 93. (*L.* 8 *juin* 1893.) Les actes de l'état civil concernant les militaires, les marins de l'État et les personnes employées à la suite des armées seront établis comme il est dit aux chapitres précédents.

Toutefois, hors de la France et dans les circonstances prévues au présent paragraphe, ils pourront, en tout temps, être également reçus par les autorités ci-après indiquées, en présence de deux témoins : 1° dans les formations de guerre mobilisée, par le trésorier ou l'officier qui en remplit les fonctions, quand l'organisation comporte cet emploi, et, dans le cas contraire, par l'officier commandant ; 2° dans les quartiers généraux ou états-majors, par les fonctionnaires de l'intendance ou, à défaut, par les officiers désignés pour les suppléer ; 3° pour les personnes non militaires employées à la suite des armées, par le prévôt ou l'officier qui en remplit les fonctions ; 4° dans les formations ou établissements sanitaires dépendant des armées, par les officiers d'administration gestionnaires de ces établissements ; 5° dans les hôpitaux maritimes et coloniaux, sédentaires ou ambulants, par le médecin directeur ou son suppléant ; 6° dans les colonies et les pays de protectorat et lors des expéditions d'outre-mer, par les officiers du commissariat ou les fonctionnaires de l'intendance, ou, à leur défaut, par les chefs d'expédition, de poste ou de détachement.

En France, les actes de l'état civil pourront également être reçus, en cas de mobilisation ou de siège, par les officiers énumérés aux cinq premiers numéros du paragraphe précédent. La compétence de ces officiers s'étendra, s'il est nécessaire, aux personnes non militaires qui se trouveront dans les forts et places fortes assiégés.

(*L.* 17 *mai* 1900.) Les déclarations de naissance aux armées seront faites dans les dix jours qui suivront l'accouchement. — *Civ.* 34 s., 56 s., 76, 78 s., 94 s.

Art. 94. (*L.* 8 *juin* 1893.) Dans tous les cas prévus à l'article précédent, l'officier qui aura reçu un acte et transmettra, dès que la communication sera possible et dans le plus bref délai, une expédition au ministre de la guerre ou de la marine, qui en assurera la transcription sur les registres de l'état civil du dernier domicile : du père ou, si le père est inconnu, de la mère, pour les actes de naissance ; du mari, pour les actes de mariage ; du défunt, pour les actes de décès. Si le lieu du dernier domicile est inconnu, la transcription sera faite à Paris. — *Civ.* 60, 93.

Art. 95. (*L.* 8 *juin* 1893.) Dans les circonstances énumérées à l'article 93, il sera

tenu un registre de l'état civil : 1° dans chaque corps de troupe ou formation de guerre mobilisée, pour les actes relatifs aux individus portés sur les contrôles du corps de troupes ou sur ceux des corps qui ont participé à la constitution de la formation de guerre ; 2° dans chaque quartier général ou état-major, pour les individus qui y sont employés ou qui en dépendent ; 3° dans les prévôtés, pour toutes les personnes non militaires employées à la suite des armées ; 4° dans chaque formation ou établissement sanitaire dépendant des armées et dans chaque hôpital maritime ou colonial, pour les individus en traitement ou employés dans ces établissements, de même qu'on y placerait à titre de dépôt, les actes relatifs à tous les morts appartenant à l'armée, qu'on y placera à titre de dépôt ; 5° dans chaque unité opérant isolément aux colonies, dans les pays de protectorat ou en cas d'expédition d'outre-mer.

Les actes concernant les individus éloignés du corps ou des états-majors auxquels ils appartiennent ou dont ils dépendent seront inscrits sur le registre du corps ou de l'état-major près duquel ils sont employés ou détachés.

Les registres seront arrêtés au jour du passage des armées sur le pied de paix ou de la levée du siège.

Ils seront adressés au ministre de la guerre ou de la marine, et leur seront déposés aux archives de leur département ministériel. — *Civ.* 34 s., 93, 95.

Art. 96. (*L.* 8 *juin* 1893.) Les registres seront cotés et paraphés : 1° par le chef d'état-major pour les unités mobilisées qui dépendent du commandement auquel il est attaché ; 2° par l'officier commandant, pour les unités qui ne dépendent d'aucun état-major ; 3° dans les places fortes ou forts, par le gouverneur de la place ou le commandant du fort ; 4° dans les hôpitaux ou formations sanitaires dépendant des armées, par le médecin-chef de l'hôpital ou de la formation sanitaire ; 5° dans les hôpitaux maritimes ou coloniaux et pour les unités opérant isolément aux colonies, dans les pays de protectorat et en cas d'expédition d'outre-mer, par le chef d'état-major ou par l'officier qui en remplit les fonctions. — *Civ.* 41, 95.

Art. 97. (*L.* 8 *juin* 1893.) Lorsqu'un mariage sera célébré dans l'une des circonstances prévues à l'article 93, les publications seront faites au lieu du dernier domicile du futur époux ; elles seront mises, en outre, vingt-cinq jours avant la célébration du mariage, à l'ordre du jour du corps, pour les individus qui tiennent à un corps, et à celui de l'armée ou du corps d'armée, pour les officiers sans troupes et pour les employés qui en font partie. — *Civ.* 63 s., 93, 166 s., 192.

Art. 98. (*L.* 8 *juin* 1893.) Les dispositions des articles 93 et 94 seront applicables aux reconnaissances d'enfants naturels.

Toutefois, la transcription de ces actes sera faite, à la diligence du ministre de la guerre ou de la marine, sur les registres de l'état civil du lieu de naissance de l'enfant aura été dressé ou transcrit, et, s'il n'y en a pas eu ou si le lieu est inconnu, sur les registres indiqués en l'article 94 pour la transcription des actes de naissance. — *Civ.* 57, 62, 93 s., 334 s.

§ 1. LÉGISLATION ANTÉRIEURE A LA LOI DU 8 JUIN 1893 : R. Vᵒ *Acte de l'ét. civ.*, 358 s.; *Mariage,* 404 s. — S. vᵒ *Acte de l'ét. civ.,* 91 s.

§ 2. LOI DU 8 JUIN 1893 : N. C. civ. ann., t. 1, art. 93 à 98. — D. P. 94. 4. 4.

§ 3. LOI DU 17 MAI 1900 : D. P. 1900. 4. 47.

En ce qui concerne le mariage des militaires, V. l'avis du Conseil d'État, 4ᵉ jour complémentaire, an XIII (R. vᵒ Mariage, p. 275, note 1); le décret du 16 août 1808 (R. vᵒ Mariage, p. 276, note 2); le décret du 26 août 1808 (R. vᵒ Mariage, p. 216, note 4); l'avis du Conseil d'État du 21 décembre 1808 (R. vᵒ Mariage, p. 217, note 5); l'ordonnance du 27 décembre 1831 (R. vᵒ Mariage, p. 217, note 7); la loi du 21 mars 1905, art. 48 (D. P. 1905. 4. 41); le décret du 20 mai 1903 (Journ. off. du 19 juill. 1903).

CHAPITRE VI.

De la rectification des actes de l'état civil.

Art. 99. (*L. 8 juin* 1893.) Lorsque la rectification d'un acte de l'état civil sera demandé, il y sera statué, sauf appel, par le tribunal du lieu où l'acte a été reçu et au greffe duquel le registre est ou doit être déposé.

La rectification des actes de l'état civil dressés au cours d'un voyage maritime, aux armées ou à l'étranger, sera demandée au tribunal dans le ressort duquel l'acte a été transcrit conformément à la loi; il en sera de même pour les actes de décès reçus en France ou dans les colonies et dont la transcription est ordonnée par l'article 80.

La rectification des jugements déclaratifs des décès sera demandée au tribunal qui aura déclaré le décès; toutefois, lorsque ce jugement n'aura pas été rendu par un tribunal de la métropole, la rectification en sera demandée au tribunal dans le ressort duquel la déclaration de décès aura été transcrite conformément à l'article 92.

Le procureur de la République sera entendu dans ses conclusions.

Les parties intéressées seront appelées, s'il a lieu. — *Civ.* 54, 59 s., 80, 86 s., 108; *Pr.* 855 s.

§ 1. LÉGISLATION ANTÉRIEURE A LA LOI DU JUIN 1893 : R. v° *Act. de l'ét. civ.*, 416 s. — *cod. v°*, 101 s. — T. (87-97), *cod. v°*, 20 s.

§ 2. LOI DU 8 JUIN 1893 : N. C. civ. ann., t. 1, n° 99. — D. P. 94. 4. 4.

Art. 100. Le jugement de rectification ne pourra, dans aucun temps, être opposé aux parties intéressées qui ne l'auraient point requis, ou qui n'y auraient pas été appelées. — *Civ.* 54, 99, 1351; *Pr.* 474 s.

R. v° *Acte de l'ét. civ.*, 465 s., 481 s. — S. *eod. v°*, 23.

Art. 101. (*L. 8 juin* 1893.) Les jugements de rectification seront transmis immédiatement par le procureur de la République à l'officier de l'état civil du lieu où se trouve inscrit l'acte réformé. Ils seront transcrits sur ses registres, et mention en sera faite en marge de l'acte réformé. — *Civ.* 49 s.; *Pr.* 857.

§ 1. LÉGISLATION ANTÉRIEURE A LA LOI DU JUIN 1893 : R. v° *Act. de l'ét. civ.*, 473 s.

§ 2. LOI DU 8 JUIN 1893 : N. C. civ. ann., t. 1, n° 101. — D. P. 94. 4. 4.

TITRE TROISIÈME.

Du domicile.

Décrété le 23 vent. au XI (14 mars 1803), et promulgué le 8 germ. au XI (24 mars 1803).

Art. 102. Le domicile de tout Français, quant à l'exercice de ses droits civils, est au lieu où il a son principal établissement. — *Civ.* 7, 9, 10, 13, 74, 115, 165 s., 1247, 1258, 1264; *Pr.* 2, 50, 59, 61, 68 s., 420, 584, 885, 781-5°; *Instr.* n° *Pén.* 184, 339.

R. v° *Domicile*, 2 s., 6 s. — S. *cod. v°*, 3 s., 4 s. — T. (87-97), *cod. v°*, 1 s. — C. ad., t. 1, *Séparation des époux*, p. 78, n° 239 s.; *Communes*, p. 651, n° 6066 s.; p. 77 n° 10385 s.; *Élections*, p. 922; p. 927, n° 840 s.; p. 1171, n° 6355 s.; 385 s.; p. 1183, n° 8653 s.; p. 1241, n° 10398 s.; 3, v° *Voirie*, p. 1459, n° 11081 s.; t. 5, v° *Org. militaire*, p. 316, n° 1882 s.

Ce qui concerne le domicile de secours, V. la loi du 24 vendémiaire an II, tit. 5 (R. v° *Vagabondage*, p. 6); la loi du 15 juillet 1893, art. 6 et s. (D. P. 94. 4. 33).

Art. 103. Le changement de domicile s'opérera par le fait d'une habitation réelle dans un autre lieu, joint à l'intention d'y

fixer son principal établissement. — *Civ.* 104, 105.

R. v° *Domicile*, 23 s. — S. *cod. v°*, 28 s. — T. (87-97), *cod. v°*, 14 s.

Art. 104. La preuve de l'intention résultera d'une déclaration expresse, faite tant à la municipalité du lieu que l'on quittera, qu'à celle du lieu où on aura transféré son domicile. — *Civ.* 103, 105.

R. v° *Domicile*, 31 s. — S. *cod. v°*, 33 s. — T. (87-97), *cod. v°*, 24 s. — C. ad., t. 1, v° *Élections*, p. 1047, n° 3600 s.

Art. 105. A défaut de déclaration expresse, la preuve de l'intention dépendra des circonstances. — *Civ.* 103, 104.

R. v° *Domicile*, 46 s. — S. *cod. v°*, 37 s. — T. (87-97), *cod. v°*, 42.

Art. 106. Le citoyen appelé à une fonction publique temporaire ou révocable, conservera le domicile qu'il avait auparavant, s'il n'a pas manifesté d'intention contraire. — *Civ.* 102, 103, 107.

R. v° *Domicile*, 98 s. — S. *cod. v°*, 62. — T. (87-97) *cod. v°*, 17 s. — C. ad., t. 1, v° *Élections*, p. 1018, n° 3613 s.

Art. 107. L'acceptation de fonctions conférées à vie emportera translation immédiate du domicile du fonctionnaire dans le lieu où il doit exercer ces fonctions. — *Civ.* 106.

R. v° *Domicile*, 101 s. — S. *cod. v°*, 63 s. — C. ad., t. 1, v° *Élections*, p. 933, n° 1053 s.; t. 2, v° *Culte*, p. 102, n° 2032 s.

Art. 108. La femme mariée n'a point d'autre domicile que celui de son mari. — Le mineur non émancipé aura son domicile chez ses père et mère ou tuteur : le majeur interdit aura le sien chez son tuteur.

(*L. 6 février* 1893.) La femme séparée de corps cesse d'avoir pour domicile légal le domicile de son mari.

Néanmoins, toute signification faite à la femme séparée, en matière de questions d'état, devra également être adressée au mari, à peine de nullité. — *Civ.* 12, 19, 214, 306, 311, 450, 489 s., 506 s., 507; *Pr.* 878.

§ 1. LÉGISLATION ANTÉRIEURE A LA LOI DU 6 FÉVRIER 1893 : R. v° *Domicile*, 57 s. — S. *cod. v°*, 41 s. — C. ad., t. 1, v° *Établiss. de bienfaisance*, p. 988. (Décr. 19 janv. 1811, art. 15.)

§ 2. LOI DU 6 FÉVRIER 1893 : N. C. civ. ann., t. 1, art. 108. — D. P. 93. 4. 41.

Art. 109. Les majeurs qui servent ou travaillent habituellement chez autrui, auront le même domicile que la personne qu'ils servent ou chez laquelle ils travaillent, lorsqu'ils demeureront avec elle dans la même maison. — *Civ.* 102, 108.

R. v° *Domicile*, 116 s. — S. *cod. v°*, 71 s. — C. ad., t. 1, v° *Élections*, p. 928, n° 889 s., 910 s.; t. 5, v° *Org. militaire*, p. 316, n° 582 s.

Art. 110. Le lieu où la succession s'ouvrira sera déterminé par le domicile. — *Civ.* 784, 793, 822, 1150; *Pr.* 50, 447, 859 s., 986, 997.

R. v° *Domicile*, 18 s., 46-5°, 91, 138. — S. *cod. v°*, 87.

Art. 111. Lorsqu'un acte contiendra, de la part des parties ou de l'une d'elles, élection de domicile pour l'exécution de ce même acte dans un autre lieu que celui du domicile réel, les significations, demandes et poursuites relatives à cet acte, pourront être faites au domicile convenu, et devant le juge de ce domicile. — *Civ.* 176, 1247, 1258-6°, 1264, 2148-1°, 2152, 2183; *Pr.* 50, 61-1°, 422, 435, 559, 581, 637, 673, 783, 789, 927.

R. v° *Domicile* élu, 1 s. — S. *cod. v°*, 1 s.

V. l'ordonnance du 16 avril 1843, *pour l'exécution en Algérie du Code de procédure civile*, art. 2 et 3 (R. v° *Organ. de l'Algérie*, p. 358); et N.C. civ. ann., t. 1, p. 325).

Sur l'application des art. 102 à 111 en Algérie et dans les colonies, V. N. C. civ. ann., t. 1, p. 324.

TITRE QUATRIÈME.

Des absents.

Décrété le 24 vent. au XI (15 mars 1803) et promulgué le 4 germ. au XI (25 mars 1803).

CHAPITRE PREMIER.

De la présomption d'absence.

Art. 112. S'il y a nécessité de pourvoir à l'administration de tout ou partie des biens laissés par une personne présumée absente, et qui n'a point de procureur fondé, il y sera statué par le tribunal de première instance, sur la demande des parties intéressées. — *Civ.* 28, 110, 414, 817, 819, 838, 840; *Pr.* 859, 960.

R. v° *Absence*, 1 s., 31 s. — S. *cod. v°*, 4 s.

Sur l'absence des militaires, V. *la loi du 11 ventôse an II* (R. v° *Absence*, p. 148, note 1); *la loi du 13 janvier 1817* (R. v° *Absence*, p. 143, note 2) ; *la loi du 9 août 1871* (D. P. 71. 4. 143).

Art. 113. Le tribunal, à la requête de la partie la plus diligente, commettra un notaire pour représenter les présumés absents, dans les inventaires, comptes, partages et liquidations dans lesquels ils seront intéressés. — *Civ.* 134 s., 819, 838, 840, 1476, 1872; *Pr.* 928, 931, 912.

R. v° *Absence*, 120 s. — S. *cod. v°*, 10. — T. (87-97), *cod. v°*, 4 s.

Art. 114. Le ministère public est spécialement chargé de veiller aux intérêts des personnes présumées absentes ; et il sera entendu sur toutes les demandes qui les concernent. — *Civ.* 123, 126; *Pr.* 83 s., 859 s.

R. v° *Absence*, 70 s. — S. *eod. v°*, 8.

CHAPITRE II.

De la déclaration d'absence.

Art. 115. Lorsqu'une personne aura cessé de paraître au lieu de son domicile ou de sa résidence, et que depuis quatre ans on n'en aura point eu de nouvelles, les parties intéressées pourront se pourvoir devant le tribunal de première instance, afin que l'absence soit déclarée. — *Civ.* 102, 112; *Pr.* 859.

R. v° *Absence*, 141 s. — S. *cod. v°*, 11 s.

Art. 116. Pour constater l'absence, le tribunal, d'après les pièces et documents produits, ordonnera qu'une enquête soit faite contradictoirement avec le procureur du Roi [le *procureur de la République*] dans l'arrondissement du domicile, et dans celui de la résidence, s'ils sont distincts l'un de l'autre. — *Pr.* 209, 255 s., 859.

Art. 117. Le tribunal, en statuant sur la demande, aura d'ailleurs égard aux motifs de l'absence, et aux causes qui ont pu empêcher d'avoir des nouvelles de l'individu présumé absent.

R. v° *Absence*, 186 s.

Art. 118. Le procureur du Roi [le *procureur de la République*] enverra, aussitôt qu'ils seront rendus, les jugements, tant préparatoires que définitifs, au ministre de la justice, qui les rendra publics. — *Civ.* 112.

Art. 119. Le jugement de déclaration d'absence ne sera rendu qu'un an après le jugement qui aura ordonné l'enquête. — *Pr.* 141, 859.

R. v° *Absence*, 199 s. — S. *eod. v°*, 16.

CHAPITRE III.

Des effets de l'absence.

SECTION PREMIÈRE.

Des effets de l'absence, relativement aux biens que l'absent possédait au jour de sa disparition.

Art. 120. Dans le cas où l'absent n'aurait point laissé de procuration pour l'administration de ses biens, ses héritiers présomptifs, au jour de sa disparition ou de ses dernières nouvelles, pourront, en vertu du jugement définitif qui aura déclaré l'absence, se faire envoyer en possession provisoire des biens qui appartenaient à l'absent au jour de son départ ou de ses dernières nouvelles, à la charge de donner caution pour la sûreté de leur administration. — *Civ.* 123 s., 1987 s., 2011, 2018 s., 2040 s.; *Pr.* 517 s., 859, 860.

R. v° *Absence*, 203 s. — S. *cod.* v°, 19 s.

Art. 121. Si l'absent a laissé une procuration, ses héritiers présomptifs ne pourront poursuivre la déclaration d'absence et l'envoi en possession provisoire, qu'après dix années révolues depuis sa disparition ou depuis ses dernières nouvelles.

Art. 122. Il en sera de même si la procuration vient à cesser; et, dans ce cas, il sera pourvu à l'administration des biens de l'absent, comme il est dit au chapitre Ier du présent titre. — *Civ.* 112 s.

R. v° *Absence*, 159 s. — S. *cod.* v°, 11.

Art. 123. Lorsque les héritiers présomptifs auront obtenu l'envoi en possession provisoire, le testament, s'il en existe un, sera ouvert à la réquisition des parties intéressées, ou du procureur du Roi [*du procureur de la République*] près le tribunal; et les légataires, les donataires, ainsi que tous ceux qui avaient, sur les biens de l'absent, des droits subordonnés à la condition de son décès, pourront les exercer provisoirement, à la charge de donner caution. — *Civ.* 120, 124, 129, 149 s., 817, 894, 1004, 1011, 1014 s., 1082 s., 1168 s., 1185 s., 1453 s., 1492 s., 2008 s., 2118 s., 2040 s.; *Pr.* 342 s., 317 s., 859 s., 1012; *Com.* 2, 478, 481.

R. v° *Absence*, 238 s. — S. *cod.* v°, 22.

Art. 124. L'époux commun en biens, s'il opte pour la continuation de la communauté, pourra empêcher l'envoi provisoire, et l'exercice provisoire de tous les droits subordonnés à la condition du décès de l'absent, et prendre ou conserver par préférence l'administration des biens de l'absent. Si l'époux demande la dissolution provisoire de la communauté, il exercera ses reprises et tous ses droits légaux et conventionnels, à la charge de donner caution pour les choses susceptibles de restitution.

La femme, en optant pour la continuation de la communauté, conservera le droit d'y renoncer ensuite. — *Civ.* 120, 1435 s., 1492 s., 2011 s.; *Pr.* 514 s., 863.

R. v° *Absence*, 370 s. — S. *cod.* v°, 45.

Art. 125. La possession provisoire ne sera qu'un dépôt, qui donnera, à ceux qui l'obtiendront, l'administration des biens de l'absent, et qui les rendra comptables envers lui, en cas qu'il reparaisse ou qu'on ait de ses nouvelles. — *Civ.* 127 s.; *Pr.* 132, 905.

R. v° *Absence*, 266 s. — S. *eod.* v°, 24 s. — T. (87-97), *cod.* v°, 6 s.

Art. 126. Ceux qui auront obtenu l'envoi provisoire, ou l'époux qui aura opté pour la continuation de la communauté, devront faire procéder à l'inventaire du mobilier et des titres de l'absent, en présence du procureur du Roi [*du procureur de la République*] près le tribunal de première instance, ou d'un juge de paix requis par ledit procureur du Roi [*ledit procureur de la République*].

Le tribunal ordonnera, s'il y a lieu, de vendre tout ou partie du mobilier. Dans le cas de vente, il sera fait emploi du prix, ainsi que des fruits échus.

Ceux qui auront obtenu l'envoi provisoire pourront requérir, pour leur sûreté, qu'il soit procédé, par un expert nommé par le tribunal, à la visite des immeubles, à l'effet d'en constater l'état. Son rapport sera homologué en présence du procureur du Roi [*du procureur de la République*]; les frais en seront pris sur les biens de l'absent. — *Civ.* 114, 1731; *Pr.* 302 s., 617 s., 941 s., 945 s.

R. v° *Absence*, 279 s. — S. *eod.* v°, 30 s.

Art. 127. Ceux qui, par suite de l'envoi provisoire, où de l'administration légale, auront joui des biens de l'absent, ne seront tenus de lui rendre que le cinquième des revenus, s'il reparaît avant quinze ans révolus depuis le jour de sa disparition; et le dixième, s'il ne reparaît qu'après les quinze ans.

Après trente ans d'absence, la totalité des revenus leur appartiendra. — *Civ.* 29, 138, 1401.

R. v° *Absence*, 303 s., 413 s. — S. *cod.* v°, 33 s., 52 s.

Art. 128. Tous ceux qui ne jouiront qu'en vertu de l'envoi provisoire, ne pourront aliéner ni hypothéquer les immeubles de l'absent. — *Civ.* 132, 2126.

R. v° *Absence*, 283 s., 357 s.

Art. 129. Si l'absence a duré pendant trente ans depuis l'envoi provisoire, ou depuis l'époque à laquelle l'époux commun aura pris l'administration des biens de l'absent, ou s'il s'est écoulé cent ans révolus depuis la naissance de l'absent, les cautions seront déchargées; tous les ayants droit pourront demander le partage des biens de l'absent, et faire prononcer l'envoi en possession définitif par le tribunal de première instance. — *Civ.* 120, 130 s.

R. v° *Absence*, 420 s. — S. *cod.* v°, 56 s.

Art. 130. La succession de l'absent sera ouverte, du jour de son décès prouvé, au profit des héritiers les plus proches à cette époque; et ceux qui auraient joui des biens de l'absent, seront tenus de les restituer, sous la réserve des fruits par eux acquis en vertu de l'article 127. — *Civ.* 110, 127, 131 s., 135 s., 138, 718 s., 1315.

Art. 131. Si l'absent reparaît, ou si son existence est prouvée pendant l'envoi provisoire, les effets du jugement qui aura déclaré l'absence cesseront, sans préjudice, s'il y a lieu, des mesures conservatoires prescrites au chapitre Ier du présent titre, pour l'administration de ses biens. — *Civ.* 112 s., 130, 132.

Art. 132. Si l'absent reparaît, ou si son existence est prouvée, même après l'envoi définitif, il recouvrera ses biens dans l'état où ils se trouveront, le prix de ceux qui auraient été aliénés, ou les biens provenant de l'emploi qui aurait été fait du prix de ses biens vendus. — *Civ.* 126 s., 129 s., 133.

Art. 133. Les enfants et descendants directs de l'absent pourront également, dans les trente ans, à compter de l'envoi définitif, demander la restitution de ses biens, comme il est dit en l'article précédent. — *Civ.* 120, 131, 2262.

R. v° *Absence*, 572 s. — S. *cod.* v°, 95 s.

Art. 134. Après le jugement de déclaration d'absence, toute personne qui aurait des droits à exercer contre l'absent, ne pourra les poursuivre que contre ceux qui auront été envoyés en possession des biens, ou qui en auront l'administration légale. — *Civ.* 120, 124, 129.

R. v° *Absence*, 341 s. — S. *eod.* v°, 39 s.

SECTION II.
Des effets de l'absence, relativement aux droits éventuels qui peuvent compéter à l'absent.

Art. 135. Quiconque réclamera un droit échu à un individu dont l'existence ne sera pas reconnue, devra prouver que ledit individu existait quand le droit a été ouvert : jusqu'à cette preuve, il sera déclaré non recevable dans sa demande. — *Civ.* 113, 136 s., 725, 744, 1039, 1315 s.

Art. 136. S'il s'ouvre une succession à laquelle soit appelé un individu dont l'existence n'est pas reconnue, elle sera dévolue exclusivement à ceux avec lesquels il aurait eu le droit de concourir, ou à ceux qui l'auraient recueillie à son défaut. — *Civ.* 113, 135, 137, 138, 725, 744, 775, 1039.

R. v° *Absence*, 476 s. — S. *eod.* v°, 77 s. — T. (87-97), *cod.* v°, 8 s.

Art. 137. Les dispositions des deux articles précédents auront lieu sans préjudice des actions en pétition d'hérédité et d'autres droits, lesquels compéteront à l'absent ou à ses représentants ou ayants cause, et ne s'éteindront que par le laps de temps établi pour la prescription. — *Civ.* 130 s., 772, 2262.

R. v° *Absence*, 611 s. — S. *cod.* v°, 99.

Art. 138. Tant que l'absent ne se représentera pas, ou que les actions ne seront point exercées de son chef, ceux qui auront recueilli la succession, gagneront les fruits par eux perçus de bonne foi. — *Civ.* 549 s., 2268 s.; *Pr.* 129.

R. v° *Absence*, 618 s.

SECTION III.
Des effets de l'absence, relativement au mariage.

Art. 139. L'époux absent, dont le conjoint a contracté une nouvelle union, sera seul recevable à attaquer ce mariage par lui-même, ou par son fondé de pouvoir, muni de la preuve de son existence. — *Civ.* 147, 184, 187 s., 312; *Pén.* 340.

R. v° *Absence*, 524 s. — S. *eod.* v°, 83 s.

Art. 140. Si l'époux absent n'a point laissé de parents habiles à lui succéder, l'autre époux pourra demander l'envoi en possession provisoire des biens. — *Civ.* 120, 767, 1427; *Pr.* 863.

R. v° *Absence*, 370 s. — S. *eod.* v°, 45.

CHAPITRE IV.
De la surveillance des enfants mineurs du père qui a disparu.

Art. 141. Si le père a disparu laissant des enfants mineurs issus d'un commun mariage, la mère en aura la surveillance, et elle exercera tous les droits du mari, quant à leur éducation et à l'administration de leurs biens. — *Civ.* 149, 150, 155, 371 s., 389.

R. v° *Absence*, 569 s. — S. *cod.* v°, 92 s. — T. (87-97), *eod.* v°, 10 s.

Art. 142. Six mois après la disparition du père, si la mère était décédée lors de cette disparition, ou si elle vient à décéder avant que l'absence du père ait été déclarée, la surveillance des enfants sera déférée, par le conseil de famille, aux ascendants les plus proches, et, à leur défaut, à un tuteur provisoire. — *Civ.* 155, 402 s., 405.

R. v° *Absence*, 350 s.

Art. 143. Il en sera de même dans le cas où l'un des époux qui aura disparu, laissera des enfants mineurs issus d'un mariage précédent.

R. v° *Absence*, 565 s.

Sur les lois relatives aux militaires absents, V. N. C. civ. ann., t. 1, p. 376 s.

TITRE CINQUIÈME.

Du mariage.

crété le 26 vent. an XI (17 mars 1803), et promulgué
le 6 germ. au XI (27 mars 1803).
es art. 152, 153, 154, 155, 156 et 157 ont été décrétés
21 vent. an XII (12 mars 1804), et promulgués
· germ. au XII (22 mars 1804).

CHAPITRE PREMIER.

es qualités et conditions requises
pour pouvoir contracter mariage.

Art. 144. L'homme avant dix-huit ans
olus, la femme avant quinze ans révolus,
peuvent contracter mariage. — *Civ.* 170,
, 185.

Art. 145. Néanmoins il est loisible au
s [*au président de la République*] d'ac-
der des dispenses d'âge pour des motifs
ves. — *Civ.* 43, 163, 166, 169.
. v° *Mariage*, 46 s. — S. *eod.* v°, 30 s.

Art. 146. Il n'y a pas de mariage lors-
il n'y a point de consentement. — *Civ.*
, 180 s., 201 s., 502 s., 1109 s.; *Pén.* 357.
, v° *Mariage*, 53 s. — S. *eod.* v°, 33 s. —
87-97), eod. v°, 4 s.

Art. 147. On ne peut contracter un se-
d mariage avant la dissolution du pre-
·r. — *Civ.* 139, 170, 181, 184, 187 s., 201 s.,
s.; *Pén.* 340.
. v° *Mariage*, 215 s. — S. *eod.* v°, 106 s. —
87-97), eod. v°, 12 s.

Art. 148. (*L.* 21 juin 1907.) Le fils et
fille qui n'ont pas atteint l'âge de vingt
n ans accomplis ne peuvent contracter
riage sans le consentement de leurs père
mère; en cas de dissentiment, le consen-
nent du père suffit. — *Civ.* 73, 182 s., 186;
1, 193.
. v° *Mariage*, 95 s. — S. *eod.* v°, 53 s. —
id., t. 5, v° *Org. militaire*, p. 350, nos 1385 s.;
18, nos 3057 s.; p. 513, no 3997 s. — D. P. 1907, 4. 73.

Art. 149. Si l'un des deux est mort, ou
est dans l'impossibilité de manifester sa
onté, le consentement de l'autre suffit. —
. 25, 28, 73, 112 s., 182 s., 489 s.; *Pén.*
, 193.
. v° *Mariage*, v° 55 s.

Art. 150. Si le père et la mère sont
rts, ou s'ils sont dans l'impossibilité de
nifester leur volonté, les aïeuls et aïeules
remplacent; s'il y a dissentiment entre
eul et l'aïeule de la même ligne, il suffit
consentement de l'aïeul.
s'il y a dissentiment entre les deux lignes,
partage emportera consentement. — *Civ.*
, 182 s., *Pén.* 193.
. v° *Mariage*, 113 s. — S. *eod.* v°, 63 s.

Art. 151. (*L.* 21 juin 1907.) Les enfants
nt atteint l'âge de vingt et un ans révolus
jusqu'à l'âge de trente ans révolus, sont
nus de justifier du consentement de leurs
re et mère.
A défaut de ce consentement, l'intéressé
a notifier, dans les formes prévues en
rticle 154, l'union projetée à ses père et
re ou à celui des deux dont le consente-
ent n'est pas obtenu.
Trente jours francs écoulés après justifica-
n de cette notification, il sera passé outre
la célébration du mariage. — *Civ.* 170,
2 s., 502.

Art. 152. (*L.* 21 juin 1907.) S'il y a dis-
ntiment entre des parents divorcés ou sépa-
s de corps, le consentement de celui des
ux époux au profit duquel le divorce ou la
paration aura été prononcé et qui a la
rde de l'enfant suffira.
Faute de réunir ces deux conditions, celui
s père et mère qui consentira au mariage
urra citer l'autre devant le tribunal de
emière instance siégeant en chambre du

conseil; le tribunal compétent sera celui du
domicile de la personne qui a la garde de
l'enfant; il statuera en audience publique et
en dernier ressort.
R. v° *Mariage*, 125 s. — S. *eod.* v°, 71 s. — D. P.
1907. 4. 73.

Art. 153. (*L.* 20 juin 1896.) Sera assimilé à l'ascendant dans l'impossibilité de
manifester sa volonté l'ascendant subissant
la peine de la relégation ou maintenu aux
colonies en conformité de l'article 6 de la
loi du 30 mai 1854 sur l'exécution de la peine
des travaux forcés. Toutefois, les futurs époux
auront toujours le droit de solliciter et de
produire l'acte de l'état civil le consentement donné par cet ascendant.
R. v° *Mariage*, 146. — S. *eod.* v°, 73 s. — D. P.
96. 4. 57.

Art. 154. (*L.* 21 juin 1907.) La notification prescrite par l'article 151 sera faite à
la requête de l'intéressé par un notaire ins-
trumentant sans le concours d'un deuxième
notaire ni de témoins.
Cet acte, visé pour timbre et enregistré
gratis, énoncera les prénoms, noms, professions, domiciles et résidences des futurs
époux, de leurs pères et mères, ainsi que le
lieu où sera célébré le mariage.
Il contiendra aussi déclaration que cette
notification leur est faite en vue d'obtenir
leur consentement et qu'à défaut il sera
passé outre à la célébration du mariage à
l'expiration du délai de trente jours francs.
R. v° *Mariage*, 147 s. — S. *eod.* v°, 75 s. — D. P.
1907. 4. 73.

Art. 155. (*L.* 21 juin 1907.) En cas
d'absence des père et mère auxquels eût dû
être faite la notification prévue à l'article 151,
il sera passé outre à la célébration du mariage en représentant le jugement qui aurait
été rendu pour déclarer l'absence, ou, à
défaut de ce jugement, celui qui aurait ordonné l'enquête, ou, s'il n'y a point encore
eu de jugement, un acte de notoriété délivré
par le juge de paix du lieu où les futurs
père et mère ont eu leur dernier domicile connu.
Cet acte contiendra la déclaration de quatre
témoins appelés d'office par le juge de paix.
Il n'est pas nécessaire de produire les
actes de décès des pères et mères des futurs
mariés lorsque les aïeuls ou aïeules, pour
la branche à laquelle ils appartiennent,
attestent ce décès; et, dans ce cas, il doit
être fait mention de leur attestation sur l'acte
de mariage.
A défaut de cette attestation, il sera procédé à la célébration du mariage des majeurs,
sur leurs déclaration et serment que le lieu
du décès et celui du dernier domicile de
leurs ascendants leur sont inconnus.
R. v° *Mariage*, 133 s. — D. P. 1907. 4. 73.

Art. 156. (*L.* 21 juin 1907.) Les officiers
de l'état civil qui auraient procédé à la célébration des mariages contractés par des fils
ou filles n'ayant pas atteint l'âge de vingt et
un ans accomplis sans que le consentement
des pères et mères, celui des aïeuls et aïeules
et celui du conseil de famille, dans le cas
où il est requis, soit énoncé dans l'acte de
mariage, seront, à la diligence des parties
intéressées ou du procureur de la République
près le tribunal civil de première instance
de l'arrondissement où le mariage aura été
célébré, condamnés à l'amende portée en
l'article 192 du Code civil. — *Civ.* 3, 148;
Pén. 193.
R. v° *Mariage*, 191 s. — S. *eod.* v°, 91 s. — D. P.
1907. 4. 73.

Art. 157. (*L.* 21 juin 1907.) L'officier de
l'état civil qui n'aura pas exigé la justification de la notification prescrite par l'article 151
sera condamné à l'amende prévue en l'article précédent. — *Civ.* 73, 151; *Pén.* 193.
R. v° *Mariage*, 192 s., 504. — S. *eod.* v°, 94. —
D. P. 1907. 4. 73.

Art. 158. (*L.* 21 juin 1907.) Les dispositions contenues aux articles 148 et 149 et
les dispositions des articles 151, 152, 153,
154 et 155 sont applicables aux enfants naturels légalement reconnus. — *Civ.* 338 s.

Art. 159. (*L.* 21 juin 1907.) L'enfant
naturel qui n'a point été reconnu et celui
qui, après l'avoir été, a perdu ses père et
mère ou dont les père et mère ne peuvent
manifester leur volonté, ne pourra, avant
l'âge de vingt et un révolus, se marier qu'a-
près avoir obtenu le consentement du conseil
de famille. — *Civ.* 405 s., 502.

Art. 160. S'il n'y a ni père ni mère, ni
aïeuls ni aïeules, ou s'ils se trouvent tous
dans l'impossibilité de manifester leur volonté, les fils ou filles mineurs de vingt et
un ans ne peuvent contracter mariage sans
le consentement du conseil de famille. —
Civ. 25, 405 s., 502; *Pén.* 29.
R. v° *Mariage*, 119 s. — S. *eod.* v°, 65 s.

Art. 161. En ligne directe, le mariage
est prohibé entre tous les ascendants et descendants légitimes ou naturels, et les alliés
dans la même ligne. — *Civ.* 184, 187, 190,
201 s., 334, 736 s.
R. v° *Mariage*, 219 s. — S. *eod.* v°, 113 s.

Art. 162. En ligne collatérale, le mariage est prohibé entre le frère et la sœur
légitimes ou naturels, et les alliés au même
degré. — *Civ.* 184, 187, 190, 201 s., 736.
R. v° *Mariage*, 225, 238. — S. *eod.* v°, 113.

Art. 163. Le mariage est encore prohibé
entre l'oncle et la nièce, la tante et le neveu.
— *Civ.* 184, 187, 190, 201, 202.
R. v° *Mariage*, 243 s. — S. *eod.* v°, 116.

Art. 164. (*L.* 16 avril 1832.) Néanmoins,
il est loisible au Roi [*au président de la
République*] de lever, pour des causes graves,
les prohibitions portées par l'article 162 aux
mariages entre beaux-frères et belles-sœurs,
et par l'article 163 aux mariages entre l'oncle
et la nièce, la tante et le neveu. — *Civ.* 145.
R. v° *Mariage*, 226, 246 s. — S. *eod.* v°, 121 s.
V. aussi Circ. min. justice, 11 nov. 1875, S. v° *Mariage*, 121
en note; — et Rec. min. just. 1875, t. 3, p. 399.

CHAPITRE II.

Des formalités relatives à la
célébration du mariage.

Art. 165. (*L.* 21 juin 1907.) Le mariage
sera célébré publiquement devant l'officier
de l'état civil de la commune où l'un des
époux aura son domicile ou sa résidence à
la date de la publication prévue par l'article 63; et, en cas de dispense de publication,
à la date de la dispense prévue à l'article 169
ci-après. — *Civ.* 63 s., 102 s., 191; *Pén.* 199,
200.

Art. 166. (*L.* 21 juin 1907.) La publication ordonnée par l'article 63 sera faite
à la municipalité du lieu où chacune des
parties contractantes aura son domicile ou
sa résidence.

Art. 167. (*L.* 21 juin 1907.) Si le domicile actuel ou la résidence actuelle n'ont pas
été d'une durée continue de six mois, la
publication sera faite en outre au lieu du
dernier domicile, et, à défaut du domicile,
au lieu de la dernière résidence, si cette
résidence n'a pas une durée continue de six
mois, la publication sera faite également au
lieu de la naissance.

Art. 168. (*L.* 21 juin 1907.) Si les parties contractantes, ou l'une d'elles, sont,
relativement au mariage, sous la puissance
d'autrui, la publication sera encore faite à
la municipalité du domicile de ceux sous la
puissance desquels elles se trouvent. — *Civ.*
148 s., 172, 388.

Art. 169. (*L.* 21 juin 1907.) Le procureur
de la République, dans l'arrondissement

duquel sera célébré le mariage, peut dispenser, pour des causes graves, de la publication et de tout délai. — Civ. 63 s., 145.

V. *l'arrêté du 20 prairial an XI, sur le mode de délivrance des dispenses relatives au mariage, art. 3 et 4.*

Art. 170. (*L. 21 juin 1907.*) Le mariage contracté en pays étranger entre Français et entre Français et étranger sera valable, s'il a été célébré dans les formes usitées dans le pays, pourvu qu'il ait été précédé de la publication prescrite par l'article 63, au titre des *Actes de l'état civil,* et que le Français n'ait point contrevenu aux dispositions contenues au chapitre précédent.

(*L. 29 novembre 1901.*) Il en sera de même du mariage contracté en pays étranger entre un Français et une étrangère, s'il a été célébré par les agents diplomatiques ou par les consuls de France, conformément aux lois françaises.

Toutefois les agents diplomatiques ou les consuls ne pourront procéder à la célébration du mariage entre un Français et une étrangère que dans les pays qui seront désignés par décrets du président de la République.

Art. 171. (*L. 29 novembre 1901.*) Dans les trois mois après le retour des Français sur le territoire de la République, l'acte de célébration du mariage contracté en pays étranger, dans les conditions prévues par le paragraphe 1er de l'article précédent, sera transcrit sur les registres publics des mariages du lieu de son domicile.

R. v° *Mariage*, 337, 343 s., 365 s. — S. cod. v°, 166 s., 182 s. — T. (87-97), *eod.* v°, 17 s.
Loi du 29 novembre 1901 : D. P. 1902. 4. 18.
Loi du 21 juin 1907 : D. P. 1907. 4. 73.

V. *le décret du 29 décembre 1901, autorisant les agents diplomatiques et consuls de France à procéder au mariage des Français avec des étrangers en pays de juridiction* (D. P. 1902. 4. 39).

CHAPITRE III.

Des oppositions au mariage.

Art. 172. Le droit de former opposition à la célébration du mariage, appartient à la personne engagée par mariage avec l'une des deux parties contractantes. — Civ. 66 s., 147.

R. v° *Mariage*, 188 s. — S. cod. v°, 129 s.

Art. 173. (*L. 21 juin 1907.*) Le père, et, à défaut du père, la mère, les aïeuls et aïeules, peuvent former opposition au mariage de leurs enfants et descendants, encore que ceux-ci aient vingt et un ans accomplis. — Civ. 66 s., 148.

R. v° *Mariage*, 200 s. — S. *eod.* v°, 130 s. — D. P. 1907. 4. 73.

Art. 174. A défaut d'aucun ascendant, le frère ou la sœur, l'oncle ou la tante, le cousin ou la cousine germains, majeurs, ne peuvent former aucune opposition que dans les cas suivants :

1° Lorsque le consentement du conseil de famille, requis par l'article 160, n'a pas été obtenu;

2° Lorsque l'opposition est fondée sur l'état de démence du futur époux; cette opposition, dont le tribunal pourra prononcer mainlevée pure et simple, ne sera jamais reçue qu'à la charge, par l'opposant, de provoquer l'interdiction et d'y faire statuer dans le délai qui sera fixé par le jugement. — Civ. 489 s.; Pr. 890 s.

R. v° *Mariage*, 268 s. — S. *eod.* v°, 139 s.

Art. 175. Dans les deux cas prévus par le précédent article, le tuteur ou curateur ne pourra, pendant la durée de la tutelle ou curatelle, former opposition qu'autant qu'il y aura été autorisé par un conseil de famille, qu'il pourra convoquer. — Civ. 174, 405 s.; Pr. 883.

R. v° *Mariage*, 280 s. — S. *eod.* v°, 142 s.

Art. 176. Tout acte d'opposition énoncera la qualité qui donne à l'opposant le droit de la former; il contiendra élection de domicile dans le lieu où le mariage devra être célébré; il devra également, à moins qu'il ne soit fait à la requête d'un ascendant, contenir les motifs de l'opposition : le tout à peine de nullité, et de l'interdiction de l'officier ministériel qui aurait signé l'acte contenant opposition. — Civ. 66 s.

R. v° *Mariage*, 289 s. — S. *eod.* v°, 146 s.

Art. 177. Le tribunal de première instance prononcera dans les dix jours sur la demande en mainlevée.

R. v° *Mariage*, 312 s. — S. *eod.* v°, 156 s.

Art. 178. S'il y a appel, il y sera statué dans les dix jours de la citation. — Pr. 413.

R. v° *Mariage*, 313 s. — S. *eod.* v°, 156 s.

Art. 179. Si l'opposition est rejetée, les opposants, autres néanmoins que les ascendants, pourront être condamnés à des dommages-intérêts.

(*L. 20 juin 1896.*) Les jugements et arrêts par défaut rejetant les oppositions à mariage ne sont pas susceptibles d'opposition. — Civ. 1146 s., 1382; Pr. 128, 523 s.

R. v° *Mariage*, 330 s. — S. *eod.* v°, 164 s. — D. P. 96. 4. 57.

CHAPITRE IV.

Des demandes en nullité de mariage.

Art. 180. Le mariage qui a été contracté sans le consentement libre des deux époux, ou de l'un d'eux, ne peut être attaqué que par les époux, ou par celui des deux dont le consentement n'a pas été libre.

Lorsqu'il y a eu erreur dans la personne, le mariage ne peut être attaqué que par celui des deux époux qui a été induit en erreur. — Civ. 146, 201 s., 1109; Pén. 354 s.

R. v° *Mariage*, 53 s., 441 s. — S. *eod.* v°, 33 s., 226 s. — T. (87-97), *eod.* v°, 8.

Art. 181. Dans le cas de l'article précédent, la demande en nullité n'est plus recevable, toutes les fois qu'il y a eu cohabitation continuée pendant six mois depuis que l'époux a acquis sa pleine liberté ou que l'erreur a été par lui reconnue. — Civ. 185, 191, 196.

R. v° *Mariage*, 455 s., 464 s. — S. cod. v°, 243 s.

Art. 182. Le mariage contracté sans le consentement des père et mère, des ascendants, ou du conseil de famille, dans les cas où ce consentement était nécessaire, ne peut être attaqué que par ceux dont le consentement était requis, ou par celui des deux époux qui avait besoin de ce consentement. — Civ. 148 s., 187, 201, 203; Pén. 193 s.

R. v° *Mariage*, 472 s. — S. *eod.* v°, 249 s. — T. (87-97), *eod.* v°, 44 s.

Art. 183. L'action en nullité ne peut plus être intentée ni par les époux, ni par les parents dont le consentement était requis, toutes les fois que le mariage a été approuvé expressément ou tacitement par ceux dont le consentement était nécessaire, ou lorsqu'il s'est écoulé une année sans réclamation de leur part, depuis qu'ils en ont eu connaissance du mariage. Elle ne peut être intentée non plus par l'époux, lorsqu'il s'est écoulé une année sans réclamation de sa part, depuis qu'il a atteint l'âge compétent pour consentir par lui-même au mariage. — Civ. 148.

R. v° *Mariage*, 473, 491 s. — S. *eod.* v°, 259 s.

Art. 184. Tout mariage contracté en contravention aux dispositions contenues aux articles 144, 147, 161, 162 et 163, peut être attaqué soit par les époux eux-mêmes, soit par tous ceux qui y ont intérêt, soit par le

ministère public. — Civ. 139 s., 190, 201, 202, 318; Pén. 354 s.

R. v° *Mariage*, 505 s. — S. *eod.* v°, 267 s.

Art. 185. Néanmoins le mariage contracté par des époux qui n'avaient point encore l'âge requis, ou dont l'un des deux n'avait point atteint cet âge, ne peut plus être attaqué, 1° lorsqu'il s'est écoulé six mois depuis que cet époux ou les époux ont atteint l'âge compétent; 2° lorsque la femme qui n'avait point cet âge, a conçu avant l'échéance de six mois. — Civ. 144.

R. v° *Mariage*, 550 s. — S. *eod.* v°, 287 s.

Art. 186. Le père, la mère, les ascendants et la famille qui ont consenti au mariage contracté dans le cas de l'article précédent, ne sont point recevables à en demander la nullité. — Civ. 144.

R. v° *Mariage*, 541 s. — S. *eod.* v°, 288.

Art. 187. Dans tous les cas où, conformément à l'article 184, l'action en nullité peut être intentée par tous ceux qui y ont un intérêt, elle ne peut l'être par les parents collatéraux, ou par les enfants nés d'un autre mariage, du vivant des deux époux, mais seulement lorsqu'ils y ont un intérêt né et actuel. — Civ. 174.

R. v° *Mariage*, 515 s. — S. *eod.* v°, 270 s.

Art. 188. L'époux au préjudice duquel a été contracté un second mariage, peut en demander la nullité, du vivant même de l'époux qui était engagé avec lui. — Civ. 139, 147, 201, 202; Pén. 340.

R. v° *Mariage*, 517, 543. — S. *eod.* v°, 272.

Art. 189. Si les nouveaux époux opposent la nullité du premier mariage, la validité ou la nullité de ce mariage doit être jugée préalablement.

R. v° *Mariage*, 547 s. — S. *eod.* v°, 291.

Art. 190. Le procureur du Roi (*le procureur de la République*), dans tous les cas auxquels s'applique l'article 184, et sous les modifications portées en l'article 185, peut et doit demander la nullité du mariage, du vivant des deux époux, et les faire condamner à se séparer. — Civ. 139 s., 199 s.; Pr. 83.

R. v° *Mariage*, 518 s. — S. *eod.* v°, 273.

Art. 191. Tout mariage qui n'a point été contracté publiquement, et qui n'a point été célébré devant l'officier public compétent, peut être attaqué par les époux eux-mêmes, par les père et mère, par les ascendants, et par tous ceux qui y ont un intérêt né et actuel, ainsi que par le ministère public. — Civ. 63 s., 75 s., 165.

R. v° *Mariage*, 302 s., 550 s. — S. *eod.* v°, 198 s., 294 s. — T. (87-97), *eod.* v°, 52 s.

Art. 192. (*L. 21 juin 1907.*) Si le mariage n'a point été précédé de la publication requise ou s'il n'a pas été obtenu des dispenses permises par la loi ou si les intervalles prescrits entre les publications n'ont point été observés, le procureur de la République fera prononcer contre l'officier public une amende qui ne pourra excéder trois cents francs (300 fr.) et contre les parties contractantes, ou ceux sous la puissance desquels elles ont agi, une amende proportionnée à leur fortune. — Civ. 63 s., 166 s.

Art. 193. Les peines prononcées par l'article précédent seront encourues par les personnes qui y sont désignées, pour toute contravention aux règles prescrites par l'article 165, lors même que ces contraventions ne seraient pas jugées suffisantes pour faire prononcer la nullité du mariage. — Civ. 74 s., 165.

R. v° *Mariage*, 551 s. — S. *eod.* v°, 294. — D. P. 1907. 4. 73.

Art. 194. Nul ne peut réclamer le titre d'époux et les effets civils du mariage, s'il ne représente un acte de célébration inscrit

r le registre de l'état civil ; sauf les cas
évus par l'article 46, au titre *Des actes de
l'état civil*. — *Civ.* 45, 46, 75 s.

R. v° *Mariage*, 410 s. — S. cod. c°, 211 s. —
(87-97), cod. c°, 3e s.

Art. 195. La possession d'état ne pourra
spenser les prétendus époux qui l'invoque-
ent respectivement, de représenter l'acte de
élébration du mariage devant l'officier de
l'état civil. — *Civ.* 46, 46, 321.

R. v° *Mariage*, 412 s.

Art. 196. Lorsqu'il y a possession d'état,
que l'acte de célébration du mariage dent l'officier de l'état civil est représenté,
s époux sont respectivement non recevables
demander la nullité de cet acte. — *Civ.*
21, 322.

R. v° *Mariage*, 320 s. — S. cod. c°, 288 s., 302.

Art. 197. Si néanmoins, dans le cas
es articles 194 et 195, il existe des enfants
sus de deux individus qui ont vécu publi-
ement comme mari et femme, et qui
ient tous deux décédés, la légitimité des
nfants ne peut être contestée sous le seul
étexte du défaut de représentation de l'acte
e célébration, toutes les fois que cette légi-
mité est prouvée par une possession d'état
ni n'est point contredite par l'acte de nais-
nce. — *Civ.* 319 s.

R. v° *Mariage*, 417 s.; *Patern. et fil.*, 310 s. —
v° *Mariage*, 214 s.; *Patern. et fil.*, 145 s.

Art. 198. Lorsque la preuve d'une célé-
ration légale du mariage se trouve acquise
r le résultat d'une procédure criminelle,
nscription du jugement sur les registres
e l'état civil assure au mariage, à compter
u jour de sa célébration, tous les effets
vils, tant à l'égard des époux, qu'à l'égard
s enfants issus de ce mariage. — *Civ.* 40,
9, 99 s., 326, 327 ; *Pén.* 192 s.

R. v° *Mariage*, 429 s. 440. — S. cod. v°, 221,
23, 225.

Art. 199. Si les époux ou l'un d'eux
nt décédés sans avoir découvert la fraude,
action criminelle peut être intentée par tous
eux qui ont intérêt de faire déclarer le ma-
age valable, et par le procureur du Roi
e procureur de la République]. — *Civ.* 326,
27.

R. v° *Mariage*, 433 s. — S. cod. v°, 222.

Art. 200. Si l'officier public est décédé
ors de la découverte de la fraude, l'action
era dirigée au civil contre ses héritiers, par
procureur du Roi [le procureur de la Ré-
ublique], en présence des parties intéres-
ées et sur leur dénonciation. — *Civ.* 721;
nstr. 2.

R. v° *Mariage*, 438. — S. cod. c°, 223.

Art. 201. Le mariage qui a été déclaré
ul produit néanmoins les effets civils, tant
l'égard des époux qu'à l'égard des enfants,
orsqu'il a été contracté de bonne foi. —
iv. 144 s. 161 s., 180 s., 191 s.

Art. 202. Si la bonne foi n'existe que
e la part de l'un des deux époux, le ma-
iage ne produit les effets civils qu'en faveur
e cet époux, et des enfants issus du ma-
iage.

R. v° *Mariage*, 560 s. — S. cod. c°, 314 s.

CHAPITRE V.

Des obligations qui naissent du mariage.

Art. 203. Les époux contractent en-
emble, par le seul fait du mariage, l'obli-
ation de nourrir, entretenir et élever leurs
nfants. — *Civ.* 349, 384 s., 389, 852, 1409-5°,
448, 1558 ; *Pén.* 348 s.

R. v° *Mariage*, 608 s. — S. cod. c°, 331 s. —
°. (87-97), v° *Aliments*, 1 s.; *Mariage*, 62 s.

Art. 204. L'enfant n'a pas d'action contre
ses père et mère pour un établissement par
mariage ou autrement. — *Civ.* 852, 1340.

R. v° *Mariage*, 617. — S. cod. r°, 337.

Art. 205. (L. 9 mars 1891.) Les enfants
doivent des aliments à leurs père et mère
ou autres ascendants qui sont dans le besoin.
La succession de l'époux prédécédé en doit,
dans le même cas, à l'époux survivant. Le
délai pour les réclamer est d'un an à partir
du décès et se prolonge, en cas de partage,
jusqu'à son achèvement.

La pension alimentaire est prélevée sur
l'hérédité. Elle est supportée par tous les
héritiers, et en cas d'insuffisance, par tous
les légataires particuliers, proportionnellement à leur émolument.

Toutefois, si le défunt a expressément déclaré que tel legs sera acquitté de préférence aux autres, il sera fait application de
l'article 927 du Code civil. — *Civ.* 349, 384 s.,
1558.

§ 1. LÉGISLATION ANTÉRIEURE A LA LOI DU
9 MARS 1891 : R. v° *Mariage*, 620 s. — S. cod. r°.
339 s.

§ 2. LOI DU 9 MARS 1891: T. (87-97), v° *Aliments*,
1 s. — D. P. 91. 4. 23.

Art. 206. Les gendres et belles-filles
doivent également, et dans les mêmes circonstances, des aliments à leurs beau-père
et belle-mère ; mais cette obligation cesse :
1° lorsque la belle-mère a convolé en secondes noces; 2° lorsque celui des époux qui
produisait l'affinité, et les enfants issus de
son union avec l'autre époux, sont décédés.
— *Civ.* 1558.

Art. 207. Les obligations résultant de
ces dispositions sont réciproques. — *Civ.* 205.
206.

R. v° *Mariage*, 689 s. 697 s. — S. cod. v°,
345 s., 378 s. — T. (87-97), v° *Aliments*, 1 s.

Art. 208. Les aliments ne sont accordés
que dans la proportion du besoin de celui
qui les réclame, et de la fortune de celui
qui les doit.

R. v° *Mariage*, 683 s., 673 s. — S. cod. v°,
364 s., 372. — T. (87-97), v° *Aliments*, 27 s.

Art. 209. Lorsque celui qui fournit ou
celui qui reçoit des aliments est replacé dans
un état tel, que l'un ne puisse plus en donner, ou que l'autre n'ait plus besoin en
tout ou en partie, la décharge ou réduction
peut en être demandée.

R. v° *Mariage*, 744 s. — S. cod. 4°, 394 s. —
T. (87-97), v° *Aliments*, 45 s.

Art. 210. Si la personne qui doit fournir des aliments justifie qu'elle ne peut payer
la pension alimentaire, le tribunal pourra,
en connaissance de cause, ordonner qu'elle
recevra dans sa demeure, qu'elle nourrira
et entretiendra celui auquel elle devra des
aliments.

Art. 211. Le tribunal prononcera également si le père ou la mère qui offrira de
recevoir, nourrir et entretenir dans sa demeure, l'enfant à qui il devra des aliments,
devra dans ce cas être dispensé de payer la
pension alimentaire.

R. v° *Mariage*, 682 s. — S. cod. v°, 273.

CHAPITRE VI.

Des droits et des devoirs respectifs des époux.

Art. 212. Les époux se doivent mutuel-
lement fidélité, secours, assistance. — *Civ.*
75, 203 s., 229 s., 306 s., 1388 s.; *Pén.* 337,
339.

R. v° *Mariage*, 639 s., 668 s., 743. — S. cod. v°,
349, 365 s., 405. — T. (87-97), v° *Aliments*, 7 s.;
Mariage, 62 s.

Art. 213. Le mari doit protection à sa
femme, la femme obéissance à son mari. —
Civ. 1388.

R. v° *Mariage*, 744. — S. cod. v°, 406 s.

Art. 214. La femme est obligée d'habi-
ter avec le mari, et de le suivre partout où
il juge à propos de résider : le mari est
obligé de la recevoir, et de lui fournir tout
ce qui est nécessaire pour les besoins de la
vie, selon ses facultés et son état. — *Civ.*
108, 203 s., 268, 306, 1388, 1448, 1537.

R. v° *Mariage*, 745 s. — S. cod. v°, 408 s.

Art. 215. La femme ne peut ester en
jugement sans l'autorisation de son mari,
quand même elle serait marchande publique,
ou non commune, ou séparée de biens. —
Civ. 344, 776, 905, 934, 940, 1029, 1124, 1304,
1388, 1449, 1558, 1576, 2208 ; *Pr.* 861 s.;
Com. 4.

R. v° *Mariage*. 775 s. — S. cod. v°. 426 s. —
T. (87-97), v° *Autor. de femme*, 1 s.

*D'après l'article 311 nouveau, la femme séparée de corps
reprend sa pleine capacité civile.*

Art. 216. L'autorisation du mari n'est
pas nécessaire lorsque la femme est poursuivie en matière criminelle ou de police. —
Civ. 226, 1424, 1990, 2139 ; *Instr.* 1.

R. v° *Mariage*, 791 s. — S. cod. v°, 439 s.

Art. 217. La femme, même non commune ou séparée de biens, ne peut donner,
aliéner, hypothéquer, acquérir à titre gratuit ou onéreux, sans le concours du mari
dans l'acte, ou son consentement par écrit.
— *Civ.* 213, 215, 219, 225, 344, 362, 776, 905,
931, 940, 1029, 1124 s., 1304, 1388, 1426,
1427, 1431, 1449, 1535, 1538, 1555 s., 1576,
1940, 1990, 2253 s.; *Com.* 4, 5, 7.

R. v° *Mariage*, 803 s. — S. cod. r°, 449 s. —
T. (87-97), v° *Autor. de femme*, 12 s.

Art. 218. Si le mari refuse d'autoriser
sa femme à ester en jugement, le juge peut
donner l'autorisation. — *Civ.* 1576, 2208 ;
Pr. 861 s.

R. v° *Mariage*. 863 s. — S. cod. r°, 453 s. —
T. (87-97), v° *Autor. de femme*, 17 s.

Art. 219. Si le mari refuse d'autoriser
sa femme à passer un acte, la femme peut
faire citer son mari directement devant le
tribunal de première instance de l'arrondissement du domicile commun, qui peut donner ou refuser son autorisation, après que
le mari aura été entendu ou dûment appelé
en la chambre du conseil.

R. v° *Mariage*, 863 s. — S. cod. v°, 453 s.

*Sur le droit pour la femme, quel que soit le régime de
son contrat de mariage, de prendre un livret de caisse
d'épargne à son nom, sans l'assistance de son mari et
d'en retirer le montant sans cette assistance, V. la loi
du 20 juillet 1895, art. 16 et17 (D. P. 96.4.1).*

Art. 220. La femme, si elle est marchande publique, peut, sans l'autorisation
de son mari, s'obliger pour ce qui concerne
son négoce ; et, audit cas, elle oblige aussi
son mari, s'il y a communauté entre eux.

Elle n'est pas réputée marchande publique,
si elle ne fait que détailler les marchandises
du commerce de son mari, mais seulement
quand elle fait un commerce séparé. — *Civ.*
1426 ; *Com.* 4 s., 22.

R. v° *Mariage*, 927 s. — S. cod. v°, 521. — V.
aussi C. com. ann., art. 5, texte et n° 1 à 5; et
son Suppl., n° 315.

Art. 221. Lorsque le mari est frappé
d'une condamnation emportant peine afflictive ou infamante, encore qu'elle n'ait été
prononcée que par contumace, la femme,
même majeure, ne peut, pendant la durée
de la peine, ester en jugement, ni contracter, qu'après s'être fait autoriser par le juge,
qui peut, en ce cas, donner l'autorisation,
sans que le mari ait été entendu ou appelé.
— *Civ.* 1413, 1417, 1426 s.; *Pén.* 7, 8.

R. v° *Mariage*, 963 s. — S. cod. v°, 464 s.

Art. 222. Si le mari est interdit ou absent, le juge peut, en connaissance de cause,

autoriser la femme, soit pour ester en jugement, soit pour contracter. — *Civ.* 120 s., 140 s., 489, 502, 2208 ; *Pr.* 861 s.

R. v⁰ *Mariage*, 869 s. — S. *cod.* v⁰, 486 s. — T. (87-97), v⁰ *Autor. de femme*, 16.

Art. 223. Toute autorisation générale, même stipulée par contrat de mariage, n'est valable que quant à l'administration des biens de la femme. — *Civ.* 388, 1508, 1538, 1988 ; *Com.* 4 s.

R. v⁰ *Mariage*, 846 s. — S. *cod.* v⁰, 476 s. — T. (87-97), v⁰ *Autor. de femme*, 16.

Art. 224. Si le mari est mineur, l'autorisation du juge est nécessaire à la femme, soit pour ester en jugement, soit pour contracter. — *Civ.* 475 s. — S. *cod.* v⁰, 492.

R. v⁰ *Mariage*, 873 s. — S. *cod.* v⁰, 492.

Art. 225. La nullité fondée sur le défaut d'autorisation ne peut être opposée que par la femme, par le mari, ou par leurs héritiers. — *Civ.* 942, 1125, 1241, 1304, 1312, 1413, 1417 s., 1449, 1555.

R. v⁰ *Mariage*, 935 s. — S. *cod.* v⁰, 529 s. — T. (87-97), v⁰ *Autor. de femme*, 24 s.

Art. 226. La femme peut tester sans l'autorisation de son mari. — *Civ.* 893, 895, 905, 940, 969, 1096.

R. v⁰ *Mariage*, 823 s. — S. *cod.* v⁰, 459.

CHAPITRE VII.
De la dissolution du mariage.

Art. 227. Le mariage se dissout :
1° Par la mort de l'un des époux ;
2° Par le divorce légalement prononcé ;
3° (Abrogé par *L.* 31 mai 1854.) *Par la condamnation, devenue définitive, de l'un des époux, à une peine emportant mort civile.* — *Civ.* 23 s., 139, 229 s., 1441 s.; *Pén.* 18.

R. v⁰ *Mariage*, 963 s. — S. *cod.* v⁰, 550 s.

CHAPITRE VIII.
Des seconds mariages.

Art. 228. La femme ne peut contracter un nouveau mariage qu'après dix mois révolus depuis la dissolution du mariage précédent. — *Civ.* 139, 164, 188, 296 s., 386 ; *Pén.* 194 s., 340.

R. v⁰ *Mariage*, 966 s. — S. *cod.* v⁰, 552.

TITRE SIXIÈME.
Du divorce.

Décrété le 30 vent. an XI (21 mars 1803), et promulgué le 11 germ. an XI (31 mars 1803).

CHAPITRE PREMIER.
Des causes du divorce.

Art. 229. Le mari pourra demander le divorce pour cause d'adultère de sa femme. — *Civ.* 306, 312 s.; *Pén.* 324, 336 s.

R. v⁰ *Sép. de corps*, 13 s., 63 s.; *Adultère*, 10 s. — S. v⁰ *Div. et sép. de corps*, 29 s., 37 s.; *Adultère*, 5 s.

Art. 230. (*L.* 27 juillet 1884.) La femme pourra demander le divorce pour cause d'adultère de son mari.

§ 1. LÉGISLATION ANTÉRIEURE A LA LOI DU 27 JUILLET 1884 : R. v⁰ *Sép. de corps*, 65 s. — S. v⁰ *Div. et sép. de corps*, 41 s.

§ 2. LOI DU 27 JUILLET 1884 : S. v⁰ *Div. et sép. de corps*, 41 s. — T. (87-97), *cod.* v⁰, 10 s. — D. P. 84. 4. 97.

Art. 231. Les époux pourront réciproquement demander le divorce pour excès, sévices ou injures graves, de l'un d'eux envers l'autre. — *Civ.* 306.

R. v⁰ *Sép. de corps*, 20 s., 22 s., 433 s. — S. v⁰ *Div. et sép. de corps*, 46 s.; *Sép. de corps*, 25, 27. — T. (87-97), v⁰ *Div.-sép. de corps*, 12 s. — V. aussi N. C. civ. ann., t. 1, art. 231, n⁰⁸ 1 s.

Art. 232. (*L.* 27 juillet 1884.) La condamnation de l'un des époux à une peine afflictive et infamante sera pour l'autre époux une cause de divorce.

§ 1. LÉGISLATION ANTÉRIEURE A LA LOI DU 27 JUILLET 1884 : R. v⁰ *Sép. de corps*, 81 s., 96 s., 197, 441. — S. *Div. et sép. de corps*, 95 s., 111, 158, 377, 400, 441.

§ 2. LOI DU 27 JUILL. 1884 : S. v⁰ *Div. et sép. de corps*, 95 s., 111, 158, 377, 400, 411. — T. (87-97), *cod.* v⁰, 70 s. — D. P. 84. 4. 97.

Art. 233. *Abrogé par L.* 27 juillet 1884.

CHAPITRE II
De la procédure du divorce.

SECTION PREMIÈRE.
Des formes du divorce.

Art. 234. (*L.* 18 avril 1886.) L'époux qui veut former une demande en divorce présente, en personne, sa requête au président du tribunal ou au juge qui en fait fonction.

En cas d'empêchement dûment constaté, le magistrat se transporte, assisté de son greffier, au domicile de l'époux demandeur.

En cas d'interdiction légale résultant d'une condamnation, la requête à fin de divorce ne peut être présentée par le tuteur que sur la réquisition ou avec l'autorisation de l'interdit.

§ 1. LÉGISLATION ANTÉRIEURE A LA LOI DU 18 AVRIL 1886 : R. v⁰ *Sép. de corps*, 88 s. — S. v⁰ *Div. et sép. de corps*, 111 s., 152 s., 140, 130, 168, 170, 172 s., 176, 179, 202.

§ 2. LOI DU 18 AVRIL 1886 : S. v⁰ *Sép. de corps*, 38 , 40. — T. (87-97), v⁰ *Div.-sép. de corps*, 74 s., 76 s. — V. aussi N. C. civ. ann., t. 1, art. 234, n⁰⁸ 1 s. — D. P. 86. 4. 27.

Art. 235. (*L.* 18 avril 1886.) Le juge, après avoir entendu le demandeur et lui avoir fait les observations qu'il croit convenables, ordonne au bas de la requête que les parties comparaîtront devant lui au jour et à l'heure qu'il indique, et commet un huissier pour notifier la citation.

§ 1. LÉGISLATION ANTÉRIEURE A LA LOI DU 18 AVRIL 1886 : S. v⁰ *Div. et sép. de corps*, 155 s., 177 s.

§ 2. LOI DU 18 AVRIL 1886 : S. v⁰ *Div. et sép. de corps*, 155 s., 177 s.; *Sép. de corps*, 40 s. — D. P. 86. 4. 27.

Art. 236. (*L.* 18 avril 1886.) Le juge peut, par l'ordonnance permettant de citer, autoriser l'époux demandeur à résider séparément en indiquant, s'il s'agit de la femme, le lieu de la résidence provisoire. — *Civ.* 307.

S. v⁰ *Div. et sép. de corps*, 160, 162, 165 s., 180 s., 275 s. — T. (87-97), *cod.* v⁰, 116 s.

Loi du 18 avril 1886 : D. P. 86. 4. 27.

Art. 237. (*L.* 18 avril 1886.) La requête et l'ordonnance sont signifiées, en tête de la citation donnée à l'époux défendeur, trois jours au moins avant le jour fixé pour la comparution, outre les délais de distance, le tout à peine de nullité.

Cette citation est délivrée par huissier commis et sous peine de nullité. — *Civ.* 307.

S. v⁰ *Div. et sép. de corps*, 188 s. — T. (87-97), *cod.* v⁰, 86 s.

Loi du 18 avril 1886 : D. P. 86. 4. 27.

Art. 238. (*L.* 18 avril 1886.) Au jour indiqué, le juge entend les parties en personne ; si l'une d'elles se trouve dans l'impossibilité de se rendre auprès du juge, ce magistrat détermine le lieu où sera tentée la conciliation, ou donne commission pour entendre le défendeur ; en cas de non-conciliation ou de défaut, il rend une ordonnance qui constate la non-conciliation ou le

défaut, et autorise le demandeur à assigner devant le tribunal.

Le juge statue à nouveau, s'il y a lieu, sur la résidence de l'époux demandeur, sur la garde provisoire des enfants, sur la remise des effets personnels, et il a la faculté de statuer également, s'il y a lieu, sur la demande d'aliments.

Cette ordonnance est exécutoire par provision ; elle est susceptible d'appel dans les délais fixés par l'article 809 du Code de procédure civile.

Par le fait de cette ordonnance, la femme est autorisée à faire toutes procédures pour la conservation de ses droits, et à ester en justice jusqu'à la fin de l'instance et des opérations qui en sont les suites.

Lorsque le tribunal est saisi, les mesures provisoires prescrites par le juge peuvent être modifiées ou complétées au cours de l'instance, par jugement du tribunal, sans préjudice du droit qu'a toujours le juge de statuer, en tout état de cause, en référé, sur la résidence de la femme.

Le juge, suivant les circonstances, avant d'autoriser le demandeur à citer, peut ajourner les parties à un délai qui n'excède pas vingt jours, sauf à ordonner les mesures provisoires nécessaires.

L'époux demandeur en divorce devra user de la permission de citer qui lui a été accordée par l'ordonnance du président, dans un délai de vingt jours à partir de cette ordonnance.

Faute par l'époux demandeur d'avoir usé de cette permission dans ledit délai, les mesures provisoires ordonnées à son profit cesseront de plein droit. — *Civ.* 307.

S. v⁰ *Div. et sép. de corps*, 199 s., 257 s., 275 s.; *Sép. de corps*, 57 s. — T. (87-97), v⁰ *Div.-sép. de corps*, 86 s., 116 s. — V. aussi N. C. civ. ann., t. 1, art. 238, n⁰⁸ 1 s.

Loi du 18 avril 1886 : D. P. 86. 4. 27.

Art. 239. (*L.* 18 avril 1886.) La cause est instruite et jugée dans la forme ordinaire, le ministère public entendu.

Le demandeur peut, en tout état de cause, transformer sa demande en divorce en demande en séparation de corps.

Les demandes reconventionnelles en divorce peuvent être introduites par un simple acte de conclusions.

Les tribunaux peuvent ordonner le huis clos.

La reproduction des débats par la voie de la presse, dans les instances en divorce, est interdite, sous peine de l'amende de 100 à 2 000 francs édictée par l'article 39 de la loi du 30 juillet 1881. — *Civ.* 307.

La loi du 30 juillet 1881 ci-dessus visée est la loi du 29 juillet 1881 (publiée au Journal officiel du 30 juillet) sur la liberté de la presse.

S. v⁰ *Div. et sép. de corps*, 220 s.; *Sép. de corps*, 46 s. — T. (87-97), v⁰ *Div.-sép. de corps*, 98 s. — V. aussi N. C. civ. ann., t. 1, art. 239, n⁰⁸ 1 s.

Loi du 18 avril 1886 : D. P. 86. 4. 27.

Art. 240. (*L.* 18 avril 1886.) Le tribunal peut, soit sur la demande de l'une des parties intéressées, soit sur celle de l'un des membres de la famille, soit sur les réquisitions du ministère public, soit même d'office, ordonner toutes les mesures provisoires qui lui paraissent nécessaires dans l'intérêt des enfants.

Il statue aussi sur les demandes relatives aux aliments pour la durée de l'instance. sur les provisions et sur toutes les autres mesures urgentes. — *Civ.* 307.

S. v⁰ *Div. et sép. de corps*, 296 s., 320 s.; *Sép. de corps*, 61 , 67. — T. (87-97), v⁰ *Div.-sép. de corps*, 116 s. — V. aussi N. C. civ. ann., t. 1, art. 240, n⁰⁸ 1 s.

Loi du 18 avril 1886 : D. P. 86. 4. 27.

Art. 241. (*L.* 18 avril 1886.) La femme est tenue de justifier de sa résidence dans la maison indiquée, toutes les fois qu'elle en est requise ; à défaut de cette justification, le mari peut refuser la provision alimentaire.

si la femme est demanderesse en divorce, aire déclarer non recevable à continuer poursuites.

v^s Div. et sép. de corps, 289 s., 403 s. — 87-97), eod. v^o, 116 s.

oi du 18 avril 1886 : D. P. 86. 4. 27.

Art. 242. (*L. 18 avril 1886.*) L'un ou tre des époux peut, dès la première or-nance, et sur l'autorisation du juge, don-'à la charge d'en référer, prendre pour la antie de ses droits des mesures conserva-es, notamment requérir l'apposition des lés sur les biens de la communauté.

c même droit appartient à la femme, ne non commune, pour la conservation ceux de ses biens dont le mari a l'admi-ration ou la jouissance.

es scellés sont levés à la requête de la tie la plus diligente; les objets et valeurs t inventoriés et prisés; l'époux qui est en session en est constitué gardien judiciaire, oins qu'il n'en soit décidé autrement.

v^s Div. et sép. de corps, 333 s.; Sép. de corps, , — T. (87-97), v^s Div.-sép. de corps, 160 s. — ussi N. C. civ. ann., t. 1, art. 242.

oi du 18 avril 1886 : D. P. 86. 4. 27.

Art. 243. (*L. 18 avril 1886.*) Toute obli-on contractée par le mari à la charge de ommunauté, toute aliénation par lui faite immeubles qui en dépendent, postérieu-ent à la date de l'ordonnance dont il est mention à l'article 235, sera déclarée le, s'il est prouvé d'ailleurs qu'elle a été e ou contractée en fraude des droits de omme.

v^s Div. et sép. de corps, 348 s.; Sép. de corps, 76. *ot du 18 avril 1886 :* D. P. 86. 4. 27.

Art. 244. (*L. 18 avril 1886.*) L'action divorce s'éteint par la réconciliation des ux survenue, soit depuis les faits allégués s la demande, soit depuis cette demande. ans l'un et l'autre cas, le demandeur est aré non recevable dans son action; il t néanmoins en intenter une nouvelle r cause survenue ou découverte depuis la onciliation, et se prévaloir des anciennes ses à l'appui de sa nouvelle demande.

action en divorce s'éteint également par écès de l'un des époux survenu avant que ugement soit devenu irrévocable par la scription sur les registres de l'état civil. Civ. 307.

v^s Div. et sép. de corps, 362 s., 382 s., 394 s.; de corps, 55, 84. — T. (87-97), v^s Div.-sép. orps, 201 s. — V. aussi N. C. civ. ann., t. 1, 244, n°s 1 s.

ot du 18 avril 1886 : D. P. 86. 4. 27.

Art. 245. (*L. 18 avril 1886.*) Lorsqu'il y eu à enquête, elle est faite conformément dispositions des articles 252 et suivants Code de procédure civile.

es parents, à l'exception des descendants, s domestiques des époux peuvent être endus comme témoins.

v^s Div. et sép. de corps, 236 s. — S. v^s Div. et sép. orps, 412 s., 420 s.; Sép. de corps, 90 s. — 87-97), v^s Div.-sép. de corps, 222 s. *olictiv et 18 avril 1886 :* D. P. 86. 4. 27.

Art. 246. (*L. 18 avril 1886.*) Lorsque la nande en divorce a été formée pour toute re cause que celle qui est prévue par ticle 232, le tribunal, encore que cette nande soit bien établie, peut ne pas pro-cer immédiatement le divorce.

ans ce cas, il maintient ou prescrit l'ha-tion séparée et les mesures provisoires, dant un délai qui ne peut excéder six mois. près le délai fixé par le tribunal, si les ux ne se sont pas réconciliés, chacun ux peut faire citer l'autre à comparaître ant le tribunal, dans le délai de la loi r entendre prononcer le jugement de orce.

v^s Div. et sép. de corps, 279 s., 441 s.; Sép. orps, 98. — T. (87-97), v^s Div.-sép. de corps, 273 s., s.

oi du 18 avril 1886 : D. P. 86. 4. 27.

Art. 247. (*L. 18 avril 1886.*) Lorsque l'assignation n'a pas été délivrée à la partie défenderesse en personne et que cette partie fait défaut, le tribunal peut, avant de pro-noncer le jugement sur le fond, ordonner l'insertion dans les journaux d'un avis destiné à faire connaître à cette partie la demande dont elle a été l'objet.

Le jugement ou l'arrêt qui prononce le divorce par défaut est signifié par huissier commis.

Si cette signification n'a pas été faite à personne, le président ordonne, sur simple requête, la publication du jugement par ex-trait dans les journaux qu'il désigne. L'oppo-sition est recevable dans le mois de la signi-fication, si elle a été faite à personne, et, dans le cas contraire, dans les huit mois qui suivront le dernier acte de publicité.

S. v^s Div. et sép. de corps, 249 s., 392, 406 s., 478 s., 307 s. 699, 724; Sép. de corps, 98, 106. — T. (87-97), v^s Div.-sép. de corps, 296 s.

Loi du 18 avril 1886 : D. P. 86. 4. 27.

Art. 248. (*L. 18 avril 1886.*) L'appel est recevable dans les jugements contradictoires, dans les délais fixés par les articles 443 et suivants du Code de procédure civile.

S'il s'agit d'un jugement par défaut, le délai ne commence à courir qu'à partir du jour où l'opposition n'est plus recevable.

En cas d'appel, la cause s'instruit à l'au-dience ordinaire et comme affaire urgente.

Les demandes reconventionnelles peuvent se produire en appel, sans être considérées comme demandes nouvelles.

Le délai pour se pourvoir en cassation court du jour de la signification à partie, pour les arrêts contradictoires, et, pour les arrêts par défaut, du jour où l'opposition n'est plus recevable.

(*L. 6 février 1893.*) Le pourvoi est suspen-sif en matière de divorce et en matière de séparation de corps.

S. v^s Div. et sép. de corps, 488 s., 507 s.; Sép. de corps, 107 s., 112 s. — T. (87-97), v^s Div.-sép. de corps, 278 s. — V. aussi N. C. civ. ann., t. 1, art. 248, n°s 1 s.

Loi du 18 avril 1886 : D. P. 86. 4. 27. *Loi du 6 février 1893 :* D. P. 93. 4. 41.

Art. 249. (*L. 18 avril 1886.*) Le juge-ment ou l'arrêt qui prononce le divorce n'est pas susceptible d'acquiescement.

S. v^s Div. et sép. de corps, 474 s., 512; Sép. de corps, 101 s. — T. (87-97), v^s Div.-sép. de corps, 258 s.

Loi du 18 avril 1886 : D. P. 86. 4. 27.

Art. 250. (*L. 18 avril 1886.*) Extrait du jugement ou de l'arrêt qui prononce le divorce est inséré aux tableaux exposés tant dans l'auditoire des tribunaux civils et de com-merce, que dans les chambres des avoués et des notaires.

Pareil extrait est inséré dans l'un des jour-naux qui se publient dans le lieu où siège le tribunal, ou, s'il n'y en a pas, dans l'un de ceux publiés dans le département.

S. v^s Div. et sép. de corps, 514 s. — T. (87-97), eod. v^s, 296 s.

Loi du 18 avril 1886 : D. P. 86. 4. 72.

Art. 251. (*L. 18 avril 1886.*) Le dispo-sitif du jugement ou de l'arrêt est transcrit sur les registres de l'état civil du lieu où le mariage a été célébré.

Mention est faite de ce jugement ou arrêt en marge de l'acte de mariage, conformément à l'article 49 du Code civil. Si le mariage a été célébré à l'étranger, la transcription est faite sur les registres de l'état civil du lieu où les époux avaient leur dernier domicile, et mention est faite en marge de l'acte de mariage, s'il a été transcrit en France.

Art. 252. (*L. 18 avril 1886.*) La trans-cription est faite à la diligence de la partie qui a obtenu le divorce; à cet effet, la déci-sion est signifiée, dans un délai de deux mois, à partir du jour où elle est devenue

définitive, à l'officier de l'état civil compé-tent, pour être transcrite sur les registres. A cette signification doivent être joints les certificats énoncés en l'article 548 du Code de procédure civile, et, en outre, s'il y a eu arrêt, un certificat de non-pourvoi.

Cette transcription est faite par les soins de l'officier de l'état civil, le cinquième jour de la réquisition, non compris les jours fériés, sous les peines édictées par l'article 50 du Code civil.

A défaut, par la partie qui a obtenu le divorce, de faire la signification dans le pre-mier mois, l'autre partie a le droit, concur-remment avec elle, de faire cette significa-tion dans le mois suivant.

A défaut par les parties d'avoir requis la transcription dans le délai de deux mois, le divorce est considéré comme nul et non avenu.

Le jugement dûment transcrit remonte, quant à ses effets entre époux, au jour de la demande.

S. v^s Div. et sép. de corps, 524 s., 705 s. — T. (87-97), eod. v^s, 296 s. — D. P. 86. 4. 27.

Art. 253 à 266. *Abrogés par L. 18 avril 1886.*

SECTION II.

Des mesures provisoires auxquelles peut donner lieu la demande en divorce.

Art. 267 à 271. *Abrogés par L. 18 avril 1886.*

SECTION III.

Des fins de non-recevoir contre l'action en divorce.

Art. 272 à 274. *Abrogés par L. 18 avril 1886.*

CHAPITRE III (ANCIEN).

Du divorce par consentement mutuel.

Art. 275 à 294. *Abrogés par L. 27 juillet 1884.*

CHAPITRE III (NOUVEAU).

Des effets du divorce.

Art. 295. (*L. 27 juillet 1884.*) Les époux divorcés ne pourront plus se réunir si l'un ou l'autre a, postérieurement au divorce, contracté un nouveau mariage suivi d'un se-cond divorce. Au cas de réunion des époux, une nouvelle célébration du mariage sera nécessaire.

Les époux ne pourront adopter un régime matrimonial autre que celui qui réglait ori-ginairement leur union.

Après la réunion des époux, il ne sera reçu de leur part aucune nouvelle demande de divorce, pour quelque cause que ce soit, autre que celle d'une condamnation à une peine afflictive et infamante prononcée contre l'un d'eux depuis leur réunion.

S. v^s Div. et sép. de corps, 543 s. — T. (87-97), eod. v^s, 350 s. — D. P. 84. 4. 97.

Art. 296. (*L. 13 juillet 1907.*) La femme divorcée pourra se remarier aussitôt après la transcription du jugement ou de l'arrêt ayant prononcé le divorce, si toutefois il s'est écoulé trois cents jours après le premier juge-ment préparatoire, interlocutoire ou au fond, rendu dans la cause.

Art. 297. (*L. 13 juillet 1907.*) Lorsque le jugement de séparation de corps aura été converti en jugement de divorce, conformé-ment à l'article 310 du Code civil, la femme divorcée pourra contracter un nouveau ma-riage aussitôt après la transcription de la conversion.

Loi du 13 juillet 1907 : D. P. 1907. 4. 147.

Art. 298. *Abrogé par L. 15 décembre 1904.*

Art. 299. (*L. 27 juillet 1884.*) L'époux contre lequel le divorce aura été prononcé perdra tous les avantages que l'autre époux lui avait faits, soit par contrat de mariage, soit depuis le mariage.

(*L. 6 février 1893.*) Par l'effet du divorce, chacun des époux reprend l'usage de son nom.

S. v° *Div. et sép. de corps*, 567 s.; *Sép. de corps*, 148, 162. — T. (87-97), V° *Div.-sép. de corps*, 350 s. — V. aussi N. C. civ. ann., t. 1, art. 299, n° 1 s.

Art. 300. L'époux qui aura obtenu le divorce, conservera les avantages faits par l'autre époux, encore qu'ils aient été stipulés réciproques et que la réciprocité n'ait pas lieu.

S. v° *Div. et sép. de corps*, 570 s.

Art. 301. Si les époux ne s'étaient fait aucun avantage, ou si ceux stipulés ne paraissaient pas suffisants pour assurer la subsistance de l'époux qui a obtenu le divorce, le tribunal pourra lui accorder, sur les biens de l'autre époux, une pension alimentaire, qui ne pourra excéder le tiers des revenus de cet autre époux. Cette pension sera révocable dans le cas où elle cesserait d'être nécessaire.

S. v° *Div. et sép. de corps*, 587 s.; *Sép. de corps*, 156, 168 s. — T. (87-97), v° *Div.-sép. de corps*, 350 s.

Art. 302. Les enfants seront confiés à l'époux qui a obtenu le divorce, à moins que le tribunal, sur la demande de la famille, ou du ministère public, n'ordonne, pour le plus grand avantage des enfants, que tous ou quelques-uns d'eux seront confiés aux soins de l'autre époux, soit d'une tierce personne. — *Cir.* 303 s., 372 s.

Art. 303. Quelle que soit la personne à laquelle les enfants seront confiés, les père et mère conserveront respectivement le droit de surveiller l'entretien et l'éducation de leurs enfants, et seront tenus d'y contribuer à proportion de leurs facultés.

S. v° *Div. et sép. de corps*, 599 s., 653 s.; *Sép. de corps*, 151 s. — T. (87-97), v° *Div.-sép. de corps*, 350 s. — V. aussi N. C. civ. ann., t. 1, art. 303.

V. la loi du 5 décembre 1901, disposant que le père ou la mère coupable d'avoir confié à une personne qui en avait la garde peut être puni d'un mois à un an d'emprisonnement et d'une amende de seize francs à cinq mille francs (D. P. 1902, 4. 19).

Art. 304. La dissolution du mariage par le divorce admis en justice ne privera les enfants nés de ce mariage, d'aucun des avantages qui leur étaient assurés par les lois, ou par les conventions matrimoniales de leurs père et mère; mais il n'y aura d'ouverture aux droits des enfants que de la même manière et dans les mêmes circonstances où ils se seraient ouverts s'il n'y avait pas eu divorce.

S. v° *Div. et sép. de corps*, 624 s.

Art. 305. *Abrogé par L. 27 juillet 1884.*

CHAPITRE IV.
De la séparation de corps.

Art. 306. (*L. 27 juillet 1884.*) Dans le cas où il y a lieu à demander en divorce, il sera libre aux époux de former une demande en séparation de corps.

S. v° *Div. et sép. de corps*, 99; *Sép. de corps*, 7.

Art. 307. (*L. 18 avril 1886.*) Elle [*séparation de corps*] sera intentée, instruite et jugée de la même manière que toute autre action civile; néanmoins, les articles 236 à 244 lui seront applicables : elle ne pourra avoir lieu par le consentement mutuel des époux.

Le tuteur de la personne judiciairement interdite peut, avec l'autorisation du conseil de famille, présenter la requête et suivre l'instance à fin de séparation.

S. v° *Div. et sép. de corps*, 29, 117, 124, 138, 157, 160, 177, 160, 180, 196, 244, 249, 349, 363, 383, 301, 420, 437, 442, 489, 642; *Sép. de corps*, 40, 46, 55, 70, 96, 101, 106.

Art. 308. (*L. 14 juillet 1909.*) L'article 247 du Code civil est applicable à la procédure de séparation de corps.

Loi du 14 juillet 1909 : D. P. 4909, 4° partie.

Art. 309. *Abrogé par L. 27 juillet 1884.*

Art. 310. (*L. 6 juin 1908.*) « Lorsque la séparation de corps aura duré trois ans, le jugement sera de droit converti en jugement de divorce, sur la demande formée par l'un des époux.

« Les dépens relatifs à cette demande seront mis pour le tout à la charge de celui des époux, même demandeur, contre lequel la séparation de corps a été prononcée, et pour moitié à la charge de chacun des époux si la séparation a été prononcée contre eux à leurs torts réciproques.

« Les dispositions du jugement de séparation de corps accordant une pension alimentaire à l'époux qui a obtenu la séparation conservent en tous cas leur effet. »

(*L. 27 juillet 1884.*) « Une nouvelle demande sera introduite par assignation, à huit jours francs, en vertu d'une ordonnance rendue par le président.

« Elle sera débattue en chambre du conseil.

« L'ordonnance nommera un juge rapporteur, ordonnera la communication au ministère public et fixera le jour de la comparution.

« Le jugement sera rendu en audience publique. »

(*L. 18 avril 1886.*) La cause en appel sera débattue et jugée en chambre du conseil, sur rapport, le ministère public entendu. L'arrêt sera rendu en audience publique.

S. v° *Div. et sép. de corps*, 12, 137, 665 s., 700 s., 719, 730 s.; *Sép. de corps*, 6, 163 s. — T. (87-97), v° *Div.-sép. de corps*, 398 s. — V. aussi N. C. civ. ann., t. 1, art. 310, n° 1 s. — D. P. 1908. 4. 62. — Bull. Dallos, 1908, p. 367.

Art. 311. (*L. 6 février 1893.*) Le jugement qui prononce la séparation de corps ou un jugement postérieur peut interdire à la femme de porter le nom de son mari, ou l'autoriser à ne pas le porter. Dans le cas où le mari aurait joint à son nom le nom de sa femme, celle-ci pourra également demander qu'il soit interdit au mari de le porter.

La séparation de corps emporte toujours la séparation de biens.

Elle a, en outre, pour effet de rendre à la femme l'exercice de sa capacité civile, sans qu'elle ait besoin de recourir à l'autorisation de son mari ou du conseil.

S'il y a cessation de la séparation de corps par la réconciliation des époux, la capacité de la femme est modifiée pour l'avenir et réglée par les dispositions de l'article 1449. Cette modification n'est opposable aux tiers que si la reprise de la vie commune a été constatée par acte passé devant notaire avec minute, dont un extrait aura été affiché en tête de l'article 1445, et, de plus, par mention en marge : 1° de l'acte de mariage; 2° du jugement ou de l'arrêt qui a prononcé la séparation, et enfin par la publication en extrait dans l'un des journaux du département recevant les publications légales.

S. v° *Div. et sép. de corps*, 635 s., 639; *Sép. de corps*, 127, 433 s. — T. (87-97), v° *Div.-sép. de corps*, 380 s. — V. aussi N. C. civ. ann., t. 1, art. 311.

TITRE SEPTIÈME.
De la paternité et de la filiation.

Décrété le 2 germ. an XI (23 mars 1803), et promulgué le 12 germ. an XI (2 avril 1803).

CHAPITRE PREMIER.
De la filiation des enfants légitimes ou nés dans le mariage.

Art. 312. L'enfant conçu pendant le mariage a pour père le mari.

Néanmoins, celui-ci pourra désavouer l'enfant, s'il prouve que, pendant le temps qui a couru depuis le trois centième jusqu'au cent quatre-vingtième jour avant la naissance de cet enfant, il était, soit par cause d'éloigne-

ment, soit par l'effet de quelque accident, dans l'impossibilité physique de cohabiter avec sa femme. — *Civ.* 325, 725, 906.

R. v° *Patern. et fil.*, 23 s. — S. cod. v°, 11 s., 101, 106 s. — T. (87-97). V° *Filiat. légitime*, 1 s. — V. aussi N. C. civ. ann., t. 1, art. 312, n° 1 s.

Art. 313. Le mari ne pourra, en alléguant son impuissance naturelle, désavouer l'enfant : il ne pourra le désavouer même pour cause d'adultère, à moins que la naissance ne lui ait été cachée, auquel cas il sera admis à proposer tous les faits propres à justifier qu'il n'en est pas le père.

(*L. 18 avril 1886.*) En cas de jugement ou même de demande soit de divorce, soit de séparation de corps, le mari peut désavouer l'enfant né trois cents jours après la décision qui a autorisé la femme à avoir un domicile séparé, et moins de cent quatre-vingts jours depuis le rejet définitif de la demande ou depuis la réconciliation.

L'action en désaveu n'est pas admise s'il y a eu réunion de fait entre les époux.

R. v° *Patern. et fil.*, 26, 42 s. — S. cod. v°, 24 s. — T. (87-97), v° *Filiat. légitime*, 1 s. — V. aussi N. C. civ. ann., t. 1, art. 313, n° 1 s.

Art. 314. L'enfant né avant le cent quatre-vingtième jour du mariage, ne pourra être désavoué par le mari, dans les cas suivants : 1° s'il a eu connaissance de la grossesse avant le mariage; 2° s'il a assisté à l'acte de naissance, et si cet acte est signé de lui, ou contient sa déclaration qu'il ne sait signer; 3° si l'enfant n'est pas déclaré viable. — *Civ.* 56, 331 s., 725, 906.

R. v° *Patern. et fil.*, 76 s. — S. cod. v°, 39 s.

Art. 315. La légitimité de l'enfant né trois cents jours après la dissolution du mariage pourra être contestée. — *Civ.* 227 s.

R. v° *Patern. et fil.*, 84 s. — S. cod. v°, 49 s. — T. (87-97), v° *Filiat. légitime*, 16 s.

Art. 316. Dans les divers cas où le mari est autorisé à réclamer, il devra le faire, dans le mois, s'il se trouve sur les lieux de la naissance de l'enfant;

Dans les deux mois après son retour, si, à la même époque, il est absent;

Dans les deux mois après la découverte de la fraude, si on lui avait caché la naissance de l'enfant. — *Civ.* 312 s., 325 s.

R. v° *Patern. et fil.*, 121 s. — S. cod. v°, 63 s. — T. (87-97), v° *Filiat. légitime*, 16 s. — V. aussi N. C. civ. ann., t. 1, art. 316, n° 1 s.

Art. 317. Si le mari est mort avant d'avoir fait sa réclamation, mais étant encore dans le délai utile pour la faire, les héritiers auront deux mois pour contester la légitimité de l'enfant, à compter de l'époque où cet enfant se serait mis en possession des biens du mari, ou de l'époque où les héritiers seraient troublés par l'enfant dans cette possession. — *Civ.* 316 s., 329 s., 724.

R. v° *Patern. et fil.*, 400 s. — S. cod. v°, 53 s. — T. (87-97), v° *Filiat. légitime*, 19 s.

Art. 318. Tout acte extrajudiciaire contenant le désaveu de la part du mari ou de ses héritiers, sera comme non avenu, s'il n'est suivi, dans le délai d'un mois, d'une action en justice, dirigée contre un tuteur *ad hoc* donné à l'enfant, et en présence de sa mère. — *Pr.* 59, 69.

R. v° *Patern. et fil.*, 155 s. — S. cod. v°, 62 s. — T. (87-97). V° *Filiat. légitime*, 25 s. — V. aussi N. C. civ. ann., t. 1, art. 218, n° 1 s.

CHAPITRE II.
Des preuves de la filiation des enfants légitimes.

Art. 319. La filiation des enfants légitimes se prouve par les actes de naissance inscrits sur les registres de l'état civil. — *Civ.* 34 s., 55 s., 197, 1317 s., 1334.

R. v° *Patern. et fil.*, 203 s. — S. cod. v°, 100 s. — T. (87-97), v° *Filiat. légitime*, 27 s.

rt. 320. A défaut de ce titre, la possession constante de l'état d'enfant légitime t. — *Civ.* 46, 195 s.; *Pén.* 346 s.

V° *Patern. et fil.*, 236 s. — S. *eod.* v°, 113 s. — 7-97), v° *Filiat. légitime*, 27 s.

rt. 321. La possession d'état s'établit par réunion suffisante de faits qui indiquent le ort de filiation et de parenté entre un indi- et la famille à laquelle il prétend appar-

es principaux de ces faits sont :
ue l'individu a toujours porté le nom du anquel il prétend appartenir;
ue le père l'a traité comme son enfant, et urvu, en cette qualité, à son éducation, n entretien et à son établissement;
u'il a été reconnu constamment pour tel s la société;
u'il a été reconnu pour tel par la famille. *Civ.* 203; *Pén.* 315.

V° *Patern. et fil.*, 237 s. — S. *eod.* v°, 113 s. (87-97), v° *Filiat. légitime*, 27 s.

rt. 322. Nul ne peut réclamer un état raire à celui que lui donnent son titre de sance et la possession conforme à ce titre; ; réciproquement, nul ne peut contester t de celui qui a une possession conforme n titre de naissance. — *Civ.* 196.

V° *Patern. et fil.*, 256 s., 340 s., 380 s. — S. *eod.* v°., 150 s., 167 s. — T. (87-97), v° *Filiat. légitime*, 37.

rt. 323. A défaut de titre et de posses- constante, ou si l'enfant a été inscrit, sous de faux noms, soit comme né de et mère inconnus, la preuve de filiation t se faire par témoins.

éanmoins, cette preuve ne peut être admise lorsqu'il y a commencement de preuve par t, ou lorsque les présomptions ou indices itant de faits dès lors constants, sont assez res pour déterminer l'admission. — *Civ.* 341, 1347, 1349, 1353; *Pr.* 252 s.

V° *Patern. et fil.*, 265 s. — S. *eod.* v°, 122 s.

rt. 324. Le commencement de preuve écrit résulte des titres de famille, des stres et papiers domestiques du père ou a mère, des actes publics et même privés nés d'une partie engagée dans la contes- on, ou qui y aurait intérêt si elle était nte. — *Civ.* 1347 s.

V° *Patern. et fil.*, 269 s. — S. *eod.* v, 127 s. — 7-97), v° *Filiat. légitime*, 38 s.

rt. 325. La preuve contraire pourra se e par tous les moyens propres à établir le réclamant n'est pas l'enfant de la mère i prétend avoir, ou même, la maternité avée, qu'il n'est pas l'enfant du mari de mère. — *Civ.* 312 s., 341; *Pr.* 256.

V° *Patern. et fil.*, 288 s. — S. *eod.* v°, 132 s.

rt. 326. Les tribunaux civils seront s compétents pour statuer sur les réclama- s d'état. — *Civ.* 99 s., 195 s.; *Pr.* 83-2°.

V° *Patern. et fil.*, 363 s. — S. *eod.* v°, 162 s.

Art. 327. L'action criminelle contre un t de suppression d'état, ne pourra com- acer qu'après le jugement définitif sur la stion d'état. — *Civ.* 52 s., 99 s.; *Instr.* 3; ., 345.

V° *Patern. et fil.*, 364 s. — S. *eod.* v°, 162 s.

Art. 328. L'action en réclamation d'état imprescriptible à l'égard de l'enfant. — . 2226, 2262; *Instr.* 635 s.

V° *Patern. et fil.*, 340 s., 384.—S. *eod.* v°, 150 s., 170.

Art. 329. L'action ne peut être intentée les héritiers de l'enfant qui n'a pas ré- né, qu'autant qu'il est décédé mineur, ou s les cinq années après sa majorité. — . 123, 317 s., 724.

Art. 330. Les héritiers peuvent suivre te action lorsqu'elle a été commencée par fant, à moins qu'il ne s'en fût désisté for- llement, ou qu'il n'eût laissé passer trois ées dans poursuites, à compter du dernier e de la procédure. — *Civ.* 123, 317 s., 724.

v° *Patern. et fil.*, 332 s. — S. *eod.* v°, 151 s.

CHAPITRE III.
Des enfants naturels.

SECTION PREMIÈRE.
De la légitimation des enfants naturels.

Art. 331. (*L. 7 novembre 1907.*) Les enfants nés hors mariage pourront être légi- timés par le mariage subséquent de leurs père et mère, lorsque ceux-ci les auront légalement reconnus avant leur mariage ou qu'ils les reconnaîtront dans l'acte même de célébration.

En ce qui concerne les enfants adultérins, pourront être légitimés par le mariage subsé- quent de leurs père et mère, et dans l'acte même de célébration, ceux qui seront nés plus de trois cents jours après l'ordonnance du pré- sident du tribunal prévue par l'article 878 du Code de procédure civile, intervenue entre celui de leurs auteurs qui était antérieurement dans les liens d'un précédent mariage et son conjoint, lorsque cette procédure aura abouti à la séparation de corps ou au divorce ou aura été interrompue par le décès de l'autre conjoint.

L'enfant né pendant le mariage et désavoué par le mari pourra également être légitimé par le mariage subséquent de la mère avec son complice.

Il sera fait mention de la légitimation en marge de l'acte de naissance de l'enfant légi- timé. — *Civ.* 62, 201 s., 234 s., 256 s., 960, 962.

R. v° *Patern. et fil.*, 451 s., 463 s. — S. *eod.* v°, 182 s., 186 s. — T. (87-97), v° *Légitimation*, 1 s. — V. aussi N. C. civ. ann., t. 1, art. 331, n° 1 s. — D. P. 1907. 4. 171. — Bull. Dalloz, 1906, p. 7.

Art. 332. La légitimation peut avoir lieu, même en faveur des enfants décédés qui ont laissé des descendants; et, dans ce cas, elle profite à ces descendants.

R. v° *Patern. et fil.*, 462. — S. *eod.* v°, 187.

Art. 333. Les enfants légitimés par le mariage subséquent auront les mêmes droits que s'ils étaient nés de ce mariage. — *Civ.* 312, 350, 731 s., 913 s., 960 s.

R. v° *Patern. et fil.*, 478 s. — S. *eod.* v°, 198 s.

SECTION II.
De la reconnaissance des enfants naturels.

Art. 334. La reconnaissance d'un enfant naturel sera faite par un acte authentique, lorsqu'elle ne l'aura pas été dans son acte de naissance. — *Civ.* 62, 158 s., 161, 331, 338 s., 383, 756 s., 1317 s.

§1. PAR QUELLES PERSONNES LA RECONNAISSANCE PEUT ÊTRE FAITE : R. V° *Patern. et fil.*, 487 s. — S. *eod.* v°, 202 s. — V. aussi N. C. civ. ann., t. 1, art. 334, n° 1 s.

§ 2. A QUELLE ÉPOQUE LA RECONNAISSANCE PEUT AVOIR LIEU : R. V° *Patern.*, 503 s. — S. *eod.* v°, 208 s. — V. aussi N. C. civ. ann., t. 1, art. 334, n°° 15 s.

§ 3. FORMES DE LA RECONNAISSANCE : R. v° *Pa- tern. et fil.*, 513 s. — S. *eod.* v°, 212 s. — V. aussi N. C. civ. ann., t. 1, art. 334, n° 58 s.

Art. 335. Cette reconnaissance ne pourra avoir lieu au profit des enfants nés d'un com- merce incestueux ou adultérin. — *Civ.* 158 s., 331, 342, 762 s.

R. v° *Patern. et fil.*, 705. — S. *eod.* v°, 304 s. — T. (87-97), v° *Filiat. adultérine*, 1 s. — V. aussi N. C. civ. ann., t. 1, art. 335, n° 1 s.

Art. 336. La reconnaissance du père, sans l'indication et l'aveu de la mère, n'a d'offet qu'à l'égard du père. — *Civ.* 340, 311.

R. v° *Patern. et fil.*, 554 s. — S. *eod.* v°, 228 s. — T. (87-97), v° *Filiat. naturelle*, 1 s.

Art. 337. La reconnaissance faite pen- dant le mariage, par l'un des époux, au profit d'un enfant naturel qu'il aurait eu, avant son mariage, d'un autre que de son époux, ne pourra nuire ni à celui-ci, ni aux enfants nés de ce mariage.

Néanmoins, elle produira son effet après la dissolution de ce mariage, s'il n'en reste pas d'enfants. — *Civ.* 227, 761.

R. V° *Patern. et fil.*, 789 s. — S. *eod.* v°, 297 s. — T. (87-97), v° *Filiat. naturelle*, 42 s.

Art. 338. L'enfant naturel reconnu ne pourra réclamer les droits d'enfant légitime. Les droits des enfants naturels seront réglés au titre *Des successions*. — *Civ.* 158 s., 334, 383, 723 s., 756 s., 773, 908.

R. V° *Patern. et fil.*, 657 s. — S. *eod.* v°, 286 s. — T. (87-97), v° *Filiat. naturelle*, 42 s. — V. aussi N. C. civ. ann., t. 1, art. 338, n°° 1 s.

Art. 339. Toute reconnaissance de la part du père ou de la mère, de même que toute ré- clamation de la part de l'enfant, pourra être contestée par tous ceux qui y auront intérêt.

R. V° *Patern. et fil.*, 598 s. — S. *eod.* v°, 236 s. — T. (87-97), v° *Filiat. naturelle*, 28 s. — V. aussi N. C. civ. ann., t. 1, art. 339, n° 1 s.

Art. 340. La recherche de la paternité est interdite. Dans le cas d'enlèvement, lorsque l'époque de cet enlèvement se rapportera à celle de la conception, le ravisseur pourra être, sur la demande des parties intéressées, dé- claré père de l'enfant. — *Civ.* 342; *Pén.* 354 s.

R. V° *Patern. et fil.*, 308 s. — S. *eod.* v°, 240 s. — T. (87-97), v° *Filiat. naturelle*, 31 s.

Art. 341. La recherche de la maternité est admise.

L'enfant qui réclamera sa mère, sera tenu de prouver qu'il est identiquement le même que l'enfant dont elle est accouchée.

Il ne sera reçu à faire cette preuve par témoins, que lorsqu'il y aura déjà un com- mencement de preuve par écrit. — *Civ.* 335, 1317; *Pr.* 252 s.

R. V° *Patern. et fil.*, 614 s. — S. *eod.* v°, 263 s. — T. (87-97), v° *Filiat. naturelle*, 35 s. — V. aussi N. C. civ. ann., t. 1, art. 341, n° 1 s.

Art. 342. Un enfant ne sera jamais ad- mis à la recherche soit de la paternité, soit de la maternité, dans les cas où, suivant l'article 335, la reconnaissance n'est pas admise. — *Civ.* 335, 762.

R. V° *Patern. et fil.*, 705. — S. *eod.* v°, 304 s.

TITRE HUITIÈME.
De l'adoption et de la tutelle officieuse.

Décrété le 2 germ. an XI (23 mars 1803), et promulgué le 12 germ. an XI (2 avril 1803).

CHAPITRE PREMIER.
De l'adoption.

SECTION PREMIÈRE.
De l'adoption et de ses effets.

Art. 343. L'adoption n'est permise qu'aux personnes de l'un ou de l'autre sexe, âgées de plus de cinquante ans, qui n'auront à l'époque de l'adoption, ni enfants, ni descendants légi- times, et qui auront au moins quinze ans de plus que les individus qu'elles se proposent d'adopter. — *Civ.* 355, 361, 366.

R. v° *Adoption*, 75 s. — S. *eod.* v°, 8 s.

Art. 344. Nul ne pourra être adopté par plusieurs, si ce n'est par deux époux.

Hors le cas de l'article 366, nul époux ne peut adopter qu'avec le consentement de l'autre conjoint. — *Civ.* 362.

R. v° *Adoption*, 87 s., 106 s. — S. *eod.* v°, 12 s., 18 s.

Art. 345. La faculté d'adopter ne pourra être exercée qu'envers l'individu à qui l'on aura, dans sa minorité et pendant six ans au moins, fourni des secours et donné des soins non interrompus, ou envers celui qui aurait sauvé la vie à l'adoptant, soit dans un combat, soit en le retirant des flammes ou des flots.

Il suffira, dans ce deuxième cas, que l'a- doptant soit majeur, plus âgé que l'adopté, sans enfants ni descendants légitimes ; et s'il est marié, que son conjoint consente à l'adoption. — *Civ.* 366, 388.

R. v° *Adoption*, 89 s., 107 s. — S. *cod.* v°, 14 s., 18 s.

Art. 346. L'adoption ne pourra, en aucun cas, avoir lieu avant la majorité de l'adopté. Si l'adopté, ayant encore ses père et mère, ou l'un des deux, n'a point accompli sa vingt-cinquième année, il sera tenu de rapporter le consentement donné à l'adoption par ses père et mère, ou par le survivant ; et s'il est majeur de vingt-cinq ans, de requérir leur conseil. — *Civ.* 148 s., 366 s., 388.

R. v° *Adoption*, 89 s. — S. *cod.* v°, 18 s.

Sur l'irrévocabilité et la nullité de l'adoption, V. N. C. civ. ann., t. I, p. 657 s.

Art. 347. L'adoption conférera le nom de l'adoptant à l'adopté, en l'ajoutant au nom propre de ce dernier.

(*L. 13 février 1909.*) Toutefois, si l'adopté est un enfant naturel non reconnu, le nom de l'adoptant pourra, par l'acte même d'adoption, et du consentement des parties, lui être conféré purement et simplement, sans être ajouté à son propre nom.

R. v° *Adoption*, 169 s., 185. — S. *cod.* v°, 40 s. — T. (87-97), v° *Adoption*, 1. — D. P. 1909. 4. 31 ; — Bull. Dalloz, 1909, p. 141.

Art. 348. L'adopté restera dans sa famille naturelle et y conservera tous ses droits : néanmoins, le mariage est prohibé,
Entre l'adoptant, l'adopté et ses descendants ;
Entre les enfants adoptifs du même individu ;
Entre l'adopté et les enfants qui pourraient survenir à l'adoptant ;
Entre l'adopté et le conjoint de l'adoptant, et réciproquement entre l'adoptant et le conjoint de l'adopté. — *Civ.* 161, 162, 184.

R. v° *Adoption*, 174 s. ; *Mariage*, 234 s., 375. — S. v° *Adoption*, 43 s.

Art. 349. L'obligation naturelle, qui continuera d'exister entre l'adopté et ses père et mère, de se fournir des aliments dans les cas déterminés par la loi, sera considérée comme commune à l'adoptant et à l'adopté, l'un envers l'autre. — *Civ.* 203 s., 208 s.

R. v° *Adoption*, 177 s. — S. *cod.* v°, 44.

Art. 350. L'adopté n'acquerra aucun droit de successibilité sur les biens des parents de l'adoptant ; mais il aura sur la succession de l'adoptant, les mêmes droits que ceux qu'y aurait l'enfant né en mariage, même quand il y aurait d'autres enfants de cette dernière qualité nés depuis l'adoption. — *Civ.* 312, 731, 739 s., 913 s., 960.

R. v° *Adoption*, 183 s. — S. *cod.* v°, 45 s.

Art. 351. Si l'adopté meurt sans descendants légitimes, les choses données par l'adoptant, ou recueillies dans sa succession, et qui existeront en nature lors du décès de l'adopté, retourneront à l'adoptant ou à ses descendants, à la charge de contribuer aux dettes, et sans préjudice des droits des tiers.
Le surplus des biens de l'adopté appartiendra à ses propres parents ; et ceux-ci excluront toujours, pour les objets même spécifiés au présent article, tous héritiers de l'adoptant autres que ses descendants. — *Civ.* 732, 747, 766.

R. v° *Adoption*, 203 s. — S. *cod.* v°, 51 s.

Art. 352. Si, du vivant de l'adoptant, et après le décès de l'adopté, les enfants ou descendants laissés par celui-ci mouraient eux-mêmes sans postérité, l'adoptant succédera aux choses par lui données, comme il est dit en l'article précédent ; mais ce droit sera inhérent à la personne de l'adoptant, et non transmissible à ses héritiers, même en ligne descendante. — *Civ.* 732, 747.

R. v° *Adoption*, 208 s. — S. *cod.* v°, 55.

SECTION II.
Des formes de l'adoption.

Art. 353. La personne qui se proposera d'adopter, et celle qui voudra être adoptée, se présenteront devant le juge de paix du domicile de l'adoptant, pour y passer acte de leurs consentements respectifs.

(*L. 17 mai 1900.*) Dans les cas prévus par l'article 93, l'acte sera dressé par un fonctionnaire de l'intendance ou par un officier du commissariat.

Art. 354. Une expédition de cet acte sera remise, dans les dix jours suivants, par la partie la plus diligente, au procureur du Roi [*au procureur de la République*] près le tribunal de première instance dans le ressort duquel se trouvera le domicile de l'adoptant, pour être soumis (*sic*) à l'homologation du tribunal.

(*L. 17 mai 1900.*) Le fonctionnaire de l'intendance ou l'officier du commissariat qui aura reçu un acte d'adoption en adressera, dans le plus bref délai, une expédition au ministre de la guerre ou au ministre de la marine, qui la transmettra au procureur de la République.

Art. 355. Le tribunal, réuni en la chambre du conseil, et après s'être procuré les renseignements convenables, vérifiera : 1° si toutes les conditions de la loi sont remplies ; 2° si la personne qui se propose d'adopter jouit d'une bonne réputation. — *Civ.* 343 s.

Art. 356. Après avoir entendu le procureur du Roi [*le procureur de la République*], et sans aucune autre forme de procédure, le tribunal prononcera, sans énoncer de motifs, en ces termes : *Il y a lieu*, ou *Il n'y a pas lieu à l'adoption*. — *Pr.* 83-2°.

Art. 357. Dans le mois qui suivra le jugement du tribunal de première instance, ce jugement sera, sur les poursuites de la partie la plus diligente, soumis à la cour royale [*la cour d'appel*], qui instruira dans les mêmes formes que le tribunal de première instance, et prononcera, sans énoncer de motifs : *Le jugement est confirmé*, ou *Le jugement est réformé ; en conséquence, il y a lieu*, ou *il n'y a pas lieu à l'adoption*.

Art. 358. Tout arrêt de la cour royale [*la cour d'appel*] qui admettra une adoption, sera prononcé à l'audience et affiché en tels lieux et en tel nombre d'exemplaires que le tribunal [*la cour*] jugera convenables. — *Pr.* 116. ·

Art. 359. Dans les trois mois qui suivront ce jugement, l'adoption sera inscrite, à la réquisition de l'une ou de l'autre des parties, sur le registre de l'état civil du lieu où l'adoptant sera domicilié.
Cette inscription n'aura lieu que sur le vu d'une expédition, en forme, du jugement de la cour royale [*la cour d'appel*] ; et l'adoption restera sans effet si elle n'a été inscrite dans ce délai.

(*L. 13 février 1909.*) Il sera fait mention de l'adoption ainsi inscrite en marge de l'acte de naissance de l'adopté. — *Civ.* 40, 102.

Art. 360. Si l'adoptant venait à mourir après que l'acte constatant la volonté de former le contrat d'adoption a été reçu par le juge de paix et porté devant les tribunaux, et avant que ceux-ci eussent définitivement prononcé, l'instruction sera continuée et l'adoption admise, s'il y a lieu.
Les héritiers de l'adoptant pourront, s'ils croient l'adoption inadmissible, remettre au procureur du Roi [*au procureur de la République*] tous mémoires et observations sur ce sujet. — *Civ.* 366, 367, 724.

R. v° *Adoption*, 133 s. — S. *cod.* v°, 23 s. — T. (87-97), *cod.* v°, 2 s.
Loi du 17 mai 1900 : D. P. 1900. 4. 47.
Loi du 13 février 1909 : D. P. 1909. 4. 31. — Bull. Dalloz, 1909, p. 141.

CHAPITRE II.
De la tutelle officieuse.

Art. 361. Tout individu âgé de plus de cinquante ans, et sans enfants ni descendants légitimes, qui voudra, durant la minorité d'un individu, se l'attacher par un titre légal, pourra devenir son tuteur officieux, en obtenant le consentement des père et mère de l'enfant, ou du survivant d'entre eux, ou, à leur défaut, d'un conseil de famille, ou enfin, si l'enfant n'a point de parents connus, en obtenant le consentement des administrateurs de l'hospice où il aura été recueilli, ou de la municipalité du lieu de sa résidence. — *Civ.* 343, 346, 388, 405, 419.

R. v° *Adoption*, 127 s., 229 s. — S. *eod.* v°, 66 s.

Art. 362. Un époux ne peut devenir tuteur officieux qu'avec le consentement de l'autre conjoint.

R. v° *Adoption*, 234. — S. *cod.* v°, 70.

Art. 363. Le juge de paix du domicile de l'enfant dressera procès-verbal des demandes et consentements relatifs à la tutelle officieuse. — *Civ.* 102, 353.

R. v° *Adoption*, 234. — S. *cod.* v°, 70.

Art. 364. Cette tutelle ne pourra avoir lieu qu'au profit d'enfants âgés de moins de quinze ans.
Elle emportera avec soi, sans préjudice de toutes stipulations particulières, l'obligation de nourrir le pupille, de l'élever, de le mettre en état de gagner sa vie. — *Civ.* 203, 1134.

R. v° *Adoption*, 236 s. — S. *cod.* v°, 72.

Art. 365. Si le pupille a quelque bien, et s'il était antérieurement en tutelle, l'administration de ses biens, comme celle de sa personne, passera au tuteur officieux, qui ne pourra néanmoins imputer les dépenses de l'éducation sur les revenus du pupille. — *Civ.* 389, 405, 454 s., 459.

R. v° *Adoption*, 235 s. — S. *cod.* v°, 71.

Art. 366. Si le tuteur officieux, après cinq ans révolus depuis la tutelle, et dans la prévoyance de son décès avant la majorité du pupille, lui confère l'adoption par acte testamentaire, cette disposition sera valable, pourvu que le tuteur officieux ne laisse point d'enfants légitimes. — *Civ.* 343 s, 347 s., 895, 969.

R. v° *Adoption*, 241 s. — S. *cod.* v°, 74 s.

Art. 367. Dans le cas où le tuteur officieux mourrait, soit avant les cinq ans, soit après ce temps, sans avoir adopté son pupille, il sera fourni à celui-ci, durant sa minorité, des moyens de subsister, dont la quotité et l'espèce, s'il n'y a été antérieurement pourvu par une convention formelle, seront réglées soit amiablement entre les représentants respectifs du tuteur et du pupille, soit judiciairement en cas de contestation. — *Civ.* 360, 361, 1134.

R. v° *Adoption*, 236 s., 248. — S. *cod.* v°, 72, 79.

Art. 368. Si, à la majorité du pupille, son tuteur officieux veut l'adopter, et que le premier y consente, il sera procédé à l'adoption selon les formes prescrites au chapitre précédent, et les effets en seront, en tous points, les mêmes. — *Civ.* 353, 360.

R. v° *Adoption*, 249.

Art. 369. Si, dans les trois mois qui suivront la majorité du pupille, les réquisitions par lui faites à son tuteur officieux, à l'adoption, sont restées sans effet, et que le pupille ne se trouve pas en état de gagner sa vie, le tuteur officieux pourra être condamné à indemniser le pupille de l'incapacité où celui-ci pourrait se trouver de pourvoir à sa subsistance.
Cette indemnité se résoudra en secours propres à lui procurer un métier, le tout sans préjudice des stipulations qui auraient

1 avoir lieu dans la prévoyance de ce cas. — *Civ.* 154, 1134, 1146-1149, 1152.
R. v° *Adoption*, 250 s. — S. *eod.* v°, 60 s.

Art. 370. Le tuteur officieux qui aurait l'administration de quelques biens pupillaires, en devra rendre compte dans tous les s. — *Civ.* 469 s.; *Pr.* 527 s.
R. v° *Adoption*, 230, 252. — S. *eod.* v°, 72.

TITRE NEUVIÈME.
De la puissance paternelle.

Décrété le 3 germ. an XI (24 mars 1803), et promulgué le 13 germ. an XI (3 avril 1803).

Art. 371. L'enfant, à tout âge, doit honneur et respect à ses père et mère. — *Civ.* 148-3, 1388; *Pén.* 13, 299, 302, 312, 323.
Art. 372. Il reste sous leur autorité jusqu'à sa majorité ou son émancipation. — *P.* 148, 267, 302, 346, 383, 416, 488, 1384; *Pén.* 334, 335.
Art. 373. Le père seul exerce cette autorité durant le mariage. — *Civ.* 141, 267, 507.
Art. 374. L'enfant ne peut quitter la maison paternelle sans la permission de son père, si ce n'est pour enrôlement volontaire, après l'âge de dix-huit ans révolus. — *Civ.* 108.
V. *la loi du 15 juillet 1889, art. 59-6°, sur le recrutement de l'armée (engagements)* (D. P. 89. 4. 73); *et la loi 24 décembre 1896, art. 10, sur l'inscription maritime (écrits maritimes)* (D. P. 97. 4. 2).

Art. 375. Le père qui aura des sujets de mécontentement très graves sur la conduite d'un enfant, aura les moyens de correction suivants. — *Civ.* 383, 468.
Art. 376. Si l'enfant est âgé de moins de seize ans commencés, le père pourra le faire detenir pendant un temps qui ne pourra excéder un mois; et, à cet effet, le président du tribunal d'arrondissement devra, sur sa demande, délivrer l'ordre d'arrestation.
Art. 377. Depuis l'âge de seize ans commencés jusqu'à la majorité ou l'émancipation, le père pourra seulement requérir la détention de son enfant pendant six mois au plus; il s'adressera au président dudit tribunal, qui, après en avoir conféré avec le procureur du Roi [*le procureur de la République*], délivrera l'ordre d'arrestation ou le refusera, et pourra, dans le premier cas, abréger le temps de la détention requis par père. — *Pr.* 83-2°.
Art. 378. Il n'y aura, dans l'un et l'autre cas, aucune écriture ni formalité judiciaire, ce n'est l'ordre même d'arrestation, dans quel les motifs n'en seront pas énoncés.
Le père sera seulement tenu de souscrire une soumission de payer tous les frais, et de fournir les aliments convenables. — *Civ.* 203; *r.* 789 s.
Art. 379. Le père est toujours maître d'abréger la durée de la détention par lui donnée ou requise. Si, après sa sortie, l'enfant tombe dans de nouveaux écarts, la détention pourra être de nouveau ordonnée de la manière prescrite aux articles précédents. — *Civ.* 376, 377.
Art. 380. Si le père est remarié, il sera tenu, pour faire détenir son enfant du premier lit, lors même qu'il serait âgé de moins de seize ans, de se conformer à l'article 377.
Art. 381. La mère survivante et non remariée ne pourra faire détenir un enfant qu'avec le concours des deux plus proches parents paternels, et par voie de réquisition, conformément à l'article 377.
Art. 382. Lorsque l'enfant aura des biens personnels, ou lorsqu'il exercera un état, sa détention ne pourra, même au-dessous de seize ans, avoir lieu que par voie de réquisition, en la forme prescrite par l'article 377.
L'enfant détenu pourra adresser un mémoire au procureur général près la cour royale

[*la cour d'appel*]. Celui-ci se fera rendre compte par le procureur du Roi [*le procureur de la République*] près le tribunal de première instance, et fera son rapport au président de la cour royale [*la cour d'appel*], qui, après en avoir donné avis au père, et après avoir recueilli tous les renseignements, pourra révoquer ou modifier l'ordre délivré par le président du tribunal de première instance.
Art. 383. (*L. 2 juillet 1907.*) La puissance paternelle sur les enfants naturels légalement reconnus est exercée par celui de leurs père et mère qui les aura reconnus le premier; en cas de reconnaissance simultanée par le père et la mère, le père seul exerce l'autorité attachée à la puissance paternelle; en cas de prédécès de celui des parents auquel appartient la puissance paternelle, le survivant en est investi de plein droit.
Le tribunal peut toutefois, si l'intérêt de l'enfant l'exige, confier la puissance paternelle à celui des parents qui n'en est pas investi par la loi.
Sous ces réserves, et sauf ce qui sera dit à l'article 389 de l'administration des biens, la puissance paternelle sur les enfants naturels est régie comme celle relative aux enfants légitimes.
Art. 384. Le père durant le mariage, et, après la dissolution du mariage, le survivant des père et mère, auront la jouissance des biens de leurs enfants jusqu'à l'âge de dix-huit ans accomplis, ou jusqu'à l'émancipation qui pourrait avoir lieu avant l'âge de dix-huit ans.
(*L. 2 juillet 1907.*) Celui des père et mère qui exerce la puissance paternelle aura la jouissance légale des biens de son enfant légalement reconnu, dans les mêmes conditions que les père et mère légitimes, sauf ce qui sera dit à l'article 389. — *Civ.* 227, 389, 453, 476 s., 578, 579, 601, 739, 1442.
Art. 385. Les charges de cette jouissance seront :
1° Celles auxquelles sont tenus les usufruitiers ;
2° La nourriture, l'entretien et l'éducation des enfants, selon leur fortune;
3° Le payement des arrérages ou intérêts des capitaux :
4° Les frais funéraires et ceux de dernière maladie. — *Civ.* 203, 600-616, 2101-2°.
Art. 386. (*L. 21 février 1906.*) Cette jouissance n'aura pas lieu au profit de celui des père et mère contre lequel le divorce aurait été prononcé. — *Civ.* 302, 303.
Art. 387. Elle ne s'étendra pas aux biens que les enfants pourront acquérir par un travail et une industrie séparés, ni à ceux qui leur seront donnés ou légués sous la condition expresse que les père et mère n'en jouiront pas. — *Civ.* 894, 895, 1134.
R. v° *Puiss. patern.* 51 s., 51 s., 73 s., 88 s., 102 s., 117 s., 130 s. — S. *eod.* v°, 9 s., 103 s., 111 s., 117 s. — T. (57-97), *eod.* v°, 26 s.
V. *infra, Appendice, 1° la loi du 24 juillet 1889, sur la protection des enfants maltraités ou moralement abandonnés; 2° la loi du 19 avril 1898, sur la répression des violences, voies de fait, actes de cruauté et attentats commis envers les enfants, art. 4 et 5.*

TITRE DIXIÈME.
De la minorité, de la tutelle
et de l'émancipation.

Décrété le 5 germ. an XI (26 mars 1803), et promulgué le 15 germ. an XI (5 avril 1803).

CHAPITRE PREMIER.
De la minorité.

Art. 388. Le mineur est l'individu de l'un et de l'autre sexe qui n'a point encore l'âge de vingt-un ans accomplis. — *Civ.* 37,

108, 141, 224, 345, 346, 372, 442, 488, 903, 904, 907, 942, 980, 1030, 1095, 1124 s., 1305 s., 1990, 2121, 2252.
R. v° *Minor.-tutelle*, 24 s. — S. *eod.* v°, 25 s.

CHAPITRE II.
De la tutelle.

SECTION PREMIÈRE.
De la tutelle des père et mère.

Art. 389. Le père est, durant le mariage, administrateur des biens personnels de ses enfants mineurs.
Il est comptable, quant à la propriété et aux revenus, des biens dont il n'a pas la jouissance; et, quant à la propriété seulement, de ceux des biens dont la loi lui donne l'usufruit.
(*L. 2 juillet 1907.*) Celui des parents naturels qui exercera la puissance paternelle n'administrera toutefois les biens de son enfant mineur qu'en qualité de tuteur légal et sous le contrôle d'un subrogé tuteur qu'il devra faire nommer dans les trois mois de son entrée en fonctions ou qui sera nommé d'office, conformément aux dispositions du paragraphe suivant; il n'aura droit à la jouissance légale qu'à partir de la nomination du subrogé tuteur, si elle n'a pas eu lieu dans le délai ci-dessus fixé.
Les fonctions dévolues au conseil de famille des enfants légitimes sont remplies à l'égard des enfants naturels par le tribunal de première instance du lieu du domicile légal du parent investi de la tutelle, au moment où il a reconnu son enfant, et du tribunal du lieu de la résidence de l'enfant, s'il n'est pas reconnu; le tribunal statue en chambre du conseil, après avoir entendu ou appelé le père et la mère de l'enfant, s'il a été reconnu, soit à la requête de l'un d'eux, soit à la requête du ministère public, soit d'office, sur toutes les questions relatives à l'organisation ou à la surveillance de la tutelle desdits mineurs.
Sous ces réserves, et à l'exception des articles 394 et 402 à 416, toutes les dispositions du présent titre sont applicables à la tutelle des enfants naturels mineurs.
Sont applicables aux actes et jugements nécessaires pour l'organisation et la surveillance de la tutelle des enfants naturels, les dispositions et dispenses de droits déterminées, en ce qui concerne la tutelle des enfants légitimes et interdits, par l'article 12, paragraphe 2, de la loi de finances du 26 janvier 1892. — *Civ.* 384 s.; *Pr.* 120, 527 s.; *Pén.* 335.
Art. 390. Après la dissolution du mariage arrivée par la mort naturelle ou civile de l'un des époux, la tutelle des enfants mineurs et non émancipés appartient de plein droit au survivant des père et mère. — *Civ.* 141 s., 227, 421, 476 s.; *Pén.* 18, 34, 42. 335.
Art. 391. Pourra néanmoins le père nommer à la mère survivante et tutrice, un conseil spécial, sans l'avis duquel elle ne pourra faire aucun acte relatif à la tutelle.
Si le père spécifie les actes pour lesquels le conseil sera nommé, la tutrice sera habile à faire les autres sans son assistance.
Art. 392. Cette nomination de conseil ne pourra être faite que de l'une des manières suivantes :
1° Par acte de dernière volonté;
2° Par une déclaration faite ou devant le juge de paix, assisté de son greffier, ou devant notaires. — *Civ.* 969 s.
Art. 393. Si, lors du décès du mari, la femme est enceinte, il sera nommé un curateur au ventre par le conseil de famille.
À la naissance de l'enfant, la mère en deviendra la tutrice, et le curateur en sera de plein droit le subrogé tuteur. — *Civ.* 315, 405 s., 420 s.; *Pr.* 882 s.

3

Art. 394. La mère n'est point tenue d'accepter la tutelle, néanmoins, et en cas qu'elle la refuse, elle devra en remplir les devoirs jusqu'à ce qu'elle ait fait nommer un tuteur. — *Civ.* 405 s.

Art. 395. Si la mère tutrice veut se remarier, elle devra, avant l'acte de mariage, convoquer le conseil de famille, qui décidera si la tutelle doit lui être conservée.

A défaut de cette convocation, elle perdra la tutelle de plein droit, et son nouveau mari sera solidairement responsable de toutes les suites de la tutelle qu'elle aura indûment conservée. — *Civ.* 228, 406 s., 1200 s.; *Pr.* 126, 132, 135, 905.

Art. 396. Lorsque le conseil de famille, dûment convoqué, conservera la tutelle à la mère, il lui donnera nécessairement pour co-tuteur le second mari, qui deviendra solidairement responsable, avec sa femme, de la gestion postérieure au mariage. — *Civ.* 450 s., 1200 s., 2121; *Pr.* 126, 132, 135, 905.

R. v° *Minor.-tutelle*, 60 s. — S. *eod.* v°, 61, 64 s.
Loi du 2 juillet 1907 : D. P. 1907, 4° partie.

SECTION II.
De la tutelle déférée par le père ou la mère.

Art. 397. Le droit individuel de choisir un tuteur parent, ou même étranger, n'appartient qu'au dernier mourant des père et mère. — *Civ.* 421.

Art. 398. Ce droit ne peut être exercé que dans les formes prescrites par l'article 392, et sous les exceptions et modifications ci-après. — *Civ.* 969 s.

Art. 399. La mère remariée et non maintenue dans la tutelle des enfants de son premier mariage, ne peut leur choisir un tuteur. — *Civ.* 395.

Art. 400. Lorsque la mère remariée, et maintenue dans la tutelle, aura fait choix d'un tuteur aux enfants de son premier mariage, ce choix ne sera valable qu'autant qu'il sera confirmé par le conseil de famille. — *Civ.* 395, 406 s.

Art. 401. Le tuteur élu par le père ou la mère n'est pas tenu d'accepter la tutelle, s'il n'est d'ailleurs dans la classe des personnes qu'à défaut de cette élection spéciale le conseil de famille eût pu en charger. — *Civ.* 427 s., 432 s.

R. v° *Minor.-tutelle*, 135 s. — S. *eod.* v°, 83, 95 s.

SECTION III.
De la tutelle des ascendants.

Art. 402. Lorsqu'il n'a pas été choisi au mineur un tuteur par le dernier mourant de ses père et mère, la tutelle appartient de droit à son aïeul paternel; à défaut de celui-ci, à son aïeul maternel; et ainsi en remontant, de manière que l'ascendant paternel soit toujours préféré à l'ascendant maternel du même degré. — *Civ.* 142, 397, 421, 735 s., 907.

Art. 403. Si, à défaut de l'aïeul paternel et de l'aïeul maternel du mineur, la concurrence se trouvait établie entre deux ascendants du degré supérieur qui appartinssent tous deux à la ligne paternelle du mineur, la tutelle passera de droit à celui des deux qui se trouvera être l'aïeul paternel du père du mineur.

Art. 404. Si la même concurrence a lieu entre deux bisaïeuls de la ligne maternelle, la nomination sera faite par le conseil de famille, qui ne pourra néanmoins que choisir l'un de ces deux ascendants. — *Civ.* 405 s.

R. v° *Minor.-tutelle*, 146 s. — S. *eod.* v°, 99 s.

SECTION IV.
De la tutelle déférée par le conseil de famille.

Art. 405. Lorsqu'un enfant mineur et non émancipé restera sans père, ni mère, ni tuteur élu par ses père ou mère, ni ascendants mâles, comme aussi lorsque le tuteur de l'une des qualités ci-dessus exprimées se

trouvera ou dans le cas des exclusions dont il sera parlé ci-après, ou valablement excusé, il sera pourvu, par un conseil de famille, à la nomination d'un tuteur. — *Civ.* 390 s., 397 s., 402 s., 427 s., 442 s., 476 s.; *Pr.* 882 s.; *Pén.* 31, 42, 335.

R. v° *Minor.-tutelle*, 155 s. — S. *eod.* v°, 106 s.

Art. 406. Ce conseil sera convoqué soit sur la réquisition et à la diligence des parents du mineur, de ses créanciers ou d'autres parties intéressées, soit même d'office et à la poursuite du juge de paix du domicile du mineur. Toute personne pourra dénoncer à ce juge de paix le fait qui donnera lieu à la nomination d'un tuteur. — *Pr.* 882 s.

R. v° *Minor.-tutelle*, 203 s. — S. *eod.* v°, 135 s.

Art. 407. Le conseil de famille sera composé, non compris le juge de paix, de six parents ou alliés, pris tant dans la commune où la tutelle sera ouverte que dans la distance de deux myriamètres, moitié du côté paternel, moitié du côté maternel, et en suivant l'ordre de proximité dans chaque ligne.

Le parent sera préféré à l'allié du même degré; et, parmi les parents du même degré, le plus âgé à celui qui le sera le moins. — *Civ.* 110, 427 s., 412 s., 735 s.; *Pén.* 31, 42, 335.

R. v° *Minor.-tutelle*, 170 s. — S. *eod.* v°, 109 s. - T. (87-97), v° *Tutelle*, 10 s.

Art. 408. Les frères germains du mineur et les maris des sœurs germaines sont seuls exceptés de la limitation de nombre posée en l'article précédent.

S'ils sont six, ou au delà, ils seront tous membres du conseil de famille, qu'ils composeront seuls, avec les veuves d'ascendants et les ascendants valablement excusés, s'il y en a.

S'ils sont en nombre inférieur, les autres parents ne seront appelés que pour compléter le conseil. — *Civ.* 412 s.

R. v° *Minor.-tutelle*, 182 s. — S. *eod.* v°, 122 s.

Art. 409. Lorsque les parents ou alliés de l'une ou de l'autre ligne se trouveront en nombre insuffisant sur les lieux, ou dans la distance désignée par l'article 407, le juge de paix appellera, soit des parents ou alliés domiciliés à de plus grandes distances, soit, dans la commune même, des citoyens connus pour avoir eu des relations habituelles d'amitié avec le père ou la mère du mineur.

Art. 410. Le juge de paix pourra, lors même qu'il y aurait sur les lieux un nombre suffisant de parents ou alliés, permettre de citer, à quelque distance qu'ils soient domiciliés, des parents ou alliés plus proches en degré ou du même degré que les parents ou alliés présents; de manière toutefois que cela s'opère en retranchant quelques-uns de ces derniers, et sans excéder le nombre réglé par les précédents articles.

R. v° *Minor.-tutelle*, 192 s. — S. *eod.* v°, 129 s. - T. (87-97), v° *Tutelle*, 10 s.

Art. 411. Le délai pour comparaître sera réglé par le juge de paix à jour fixe, mais de manière qu'il y ait toujours, entre la citation notifiée et le jour indiqué pour la réunion du conseil, un intervalle de trois jours au moins, quand toutes les parties citées résideront dans la commune, ou dans la distance de deux myriamètres.

Toutes les fois que, parmi les parties citées, il s'en trouvera de domiciliées au delà de cette distance, le délai sera augmenté d'un jour par trois myriamètres. — *Pr.* 1 s., 9 s., 1033.

L'article 411 *est modifié par l'article* 1033 *nouveau du Code de procédure civile* (L. 3 mai 1862) *qui porte le délai de distance à un jour par cinq myriamètres.*

R. v° *Minor.-tutelle*, 232. — S. *eod.* v°, 144 s.

Art. 412. Les parents, alliés ou amis, ainsi convoqués, seront tenus de se rendre

en personne, ou de se faire représenter par un mandataire spécial.

Le fondé de pouvoir ne peut représenter plus d'une personne. — *Civ.* 1984 s.

R. v° *Minor.-tutelle*, 161 s. — S. *eod.* v°, 103 s.

Art. 413. Tout parent, allié ou ami, convoqué, et qui, sans excuse légitime, ne comparaîtra point, encourra une amende qui ne pourra excéder cinquante francs, et sera prononcée sans appel par le juge de paix. — *Civ.* 407.

R. v° *Minor.-tutelle*, 226 s. — S. *eod.* v°, 273.

Art. 414. S'il y a excuse suffisante, et qu'il convienne, soit d'attendre le membre absent, soit de le remplacer; en ce cas, comme en tout autre où l'intérêt du mineur semblera l'exiger, le juge de paix pourra ajourner l'assemblée ou la proroger.

S. v° *Minor.-tutelle*, 134, 147.

Art. 415. Cette assemblée se tiendra de plein droit chez le juge de paix, à moins qu'il ne désigne lui-même un autre local. La présence des trois quarts au moins de ses membres convoqués sera nécessaire pour qu'elle délibère. — *Pr.* 883 s.

R. v° *Minor.-tutelle*, 220. — S. *eod.* v°, 157.

Art. 416. Le conseil de famille sera présidé par le juge de paix, qui y aura voix délibérative, et prépondérante en cas de partage. — *Pr.* 116 s., 883 s.

R. v° *Minor.-tutelle*, 226 s. — S. *eod.* v°, 150.

Art. 417. Quand le mineur, domicilié en France, possédera des biens dans les colonies, ou réciproquement, l'administration spéciale de ces biens sera donnée à un protuteur.

En ce cas, le tuteur et le protuteur seront indépendants, et non responsables l'un envers l'autre, pour leur gestion respective. — *Civ.* 450 s., 2121.

R. v° *Minor.-tutelle*, 276 s. — S. *eod.* v°, 193 s.

Art. 418. Le tuteur agira et administrera, en cette qualité, du jour de sa nomination, si elle a lieu en sa présence; sinon, du jour qu'elle lui aura été notifiée. — *Civ.* 150 s., 2121, 2135.

R. v° *Minor.-tutelle*, 405.

Art. 419. La tutelle est une charge personnelle qui ne passe point aux héritiers du tuteur. Ceux-ci seront seulement responsables de la gestion de leur auteur, et, s'ils sont majeurs, ils seront tenus de la continuer jusqu'à la nomination d'un nouveau tuteur.

R. v° *Minor.-tutelle*, 365 s. — S. *eod.* v°, 372.

SECTION V.
Du subrogé tuteur.

Art. 420. Dans toute tutelle, il y aura un subrogé tuteur, nommé par le conseil de famille.

Ses fonctions consisteront à agir pour les intérêts du mineur, lorsqu'ils seront en opposition avec ceux du tuteur. — *Civ.* 361 s., 390 s., 397 s., 402 s., 405 s., 418, 458 s., 470, 505, 1442, 2137 s., 2142; *Pr.* 444, 883 - 968; *Pén.* 29.

R. v° *Minor.-tutelle*, 284 s., 719. — S. *eod.* v°, 192, 195, 198 s. — T. (87-97), v° *Tutelle*, 31 s. — V. aussi N. C. civ. anm., t. 1, art. 420, n° 1 s.

Art. 421. Lorsque les fonctions du tuteur seront dévolues à une personne de l'une des qualités exprimées aux sections I, II et III du présent chapitre, ce tuteur devra, avant d'entrer en fonction, faire convoquer, pour la nomination du subrogé tuteur, un conseil de famille composé comme il est dit en la section IV.

S'il s'est ingéré dans la gestion avant d'avoir rempli cette formalité, le conseil de famille, convoqué, soit sur la réquisition des parents, créanciers ou autres parties intéressées, soit d'office par le juge de paix, pourra,

s'il y a eu dol de la part du tuteur. lui retirer la tutelle, sans préjudice des indemnités
dues au mineur. — *Civ.* 406 s., 416 s., 1116,
1149, 1382.

R. v° *Minor.-tutelle.* 210, 267, 297, 298, 407. —
s. cod. v°, 135, 205, 230, 266.

Art. 422. Dans les autres tutelles, la
nomination du subrogé tuteur aura lieu immédiatement après celle du tuteur. — *Civ.*
405 s.

Art. 423. En aucun cas le tuteur ne
votera pour la nomination du subrogé tuteur, lequel sera pris, hors le cas de frères
germains, dans celle des deux lignes à laquelle le tuteur n'appartiendra point. — *Civ.*
33, 735 s.

R. v° *Minor.-tutelle*, 288, 290 s. — S. cod. v°,
99 s.

Art. 424. Le subrogé tuteur ne remplacera pas de plein droit le tuteur, lorsque
la tutelle deviendra vacante, ou qu'elle sera
abandonnée par absence; mais il devra, en
ce cas, sous peine de dommages-intérêts qui
pourraient en résulter pour le mineur, provoquer la nomination d'un nouveau tuteur.
— *Civ.* 406 s., 448, 1149; *Pr.* 883.

R. v° *Minor.-tutelle*, 135, 203, 299, 313, 317 s.
— S. cod. v°, 208, 213, 226, 229.

Art. 425. Les fonctions du subrogé tuteur cesseroient à la même époque que la
tutelle. — *Civ.* 476 s., 188, 512; *Pén.* 29.

S. v° *Minor.-tutelle*, 229. — T. (87-97), v° *Tutelle*, 45.

Art. 426. Les dispositions contenues
dans les sections VI et VII du présent chapitre s'appliqueront aux subrogés tuteurs.

Néanmoins le tuteur ne pourra provoquer
la destitution du subrogé tuteur, ni voter
dans les conseils de famille qui seront convoqués pour cet objet. — *Civ.* 427 s., 442 s.

S. v° *Minor.-tutelle*, 135 s., 230, 246.

SECTION VI.
Des causes qui dispensent de la tutelle.

Art. 427. Sont dispensés de la tutelle :
Les personnes désignées dans les titres III,
VI, VIII, IX, X et XI de l'acte du 18 mai
804;
Les présidents et conseillers à la Cour de
cassation, le procureur général et les avocats généraux en la même Cour;
Les préfets;
Tous citoyens exerçant une fonction publique dans un département autre que celui
à la tutelle s'établit. — *Pr.* 882 s.

R. v° *Minor.-tutelle*, 324 s. — S. cod. v°, 236 s.
— T. (87-97), v° *Tutelle*, 46 s. — C. ad., i. 2, v°
ulle, p. 92, n° 557 s.

V. la loi du 16 septembre 1807, art. 7, qui dispense aussi
« la tutelle les membres de la Cour des Comptes (R.
» Cour des Comptes, p. 507).

Art. 428. Sont également dispensés de
la tutelle, les militaires en activité de ser-
ice, et tous autres citoyens qui remplissent,
ors du territoire du Royaume [de la Répu-
tique], une mission du Roi [du président
e la République].

Art. 429. Si la mission est non authen-
ique, et contestée, la dispense ne sera pro-
oncée qu'après la représentation, faite par
 réclamant, du certificat du ministre dans
 département duquel se placera la mission
ériculée comme excuse.

Art. 430. Les citoyens de la qualité
xprimée aux articles précédents, qui ont
ccepté la tutelle postérieurement aux fonc-
ions, services ou missions qui les dispensent,
e seront plus admis à s'en faire décharger
our cette cause.

Art. 431. Ceux, au contraire, à qui les-
ites fonctions, services ou missions, auront
té conférés postérieurement à l'acceptation
t gestion d'une tutelle, pourront, s'ils ne
eulent la conserver, faire convoquer, dans

le mois, un conseil de famille, pour y être
procédé à leur remplacement.

Si, à l'expiration de ces fonctions, services
ou missions, le nouveau tuteur réclame sa
décharge, ou que l'ancien redemande la tutelle, elle pourra lui être rendue par le conseil de famille. — *Civ.* 405 s.

R. v° *Minor.-tutelle*, 324 s. — S. cod. v°, 236 s.

Art. 432. Tout citoyen non parent ni
allié ne peut être forcé d'accepter la tutelle,
que dans le cas où il n'existerait pas, dans
la distance de quatre myriamètres, des parents ou alliés en état de gérer la tutelle. —
Civ. 401; *Pr.* 882 s.

R. v° *Minor.-tutelle*, 319, 339 s. — S. cod. v°, 250.

Art. 433. Tout individu âgé de soixante-
cinq ans accomplis peut refuser d'être tuteur. Celui qui aura été nommé avant cet
âge pourra, à soixante-dix ans, se faire décharger de la tutelle. — *Pr.* 882 s.

R. v° *Minor.-tutelle*, 328 s. — S. cod. v°, 211 s.

Art. 434. Tout individu atteint d'une
infirmité grave et dûment justifiée, est dispensé de la tutelle.

Il pourra même s'en faire décharger, si
cette infirmité est survenue depuis sa nomination. — *Pr.* 882 s.

Art. 435. Deux tutelles sont, pour toutes
personnes, une juste dispense d'en accepter
une troisième.

Celui qui, époux ou père, sera déjà chargé
d'une tutelle, ne pourra être tenu d'en accepter une seconde, excepté celle de ses enfants. — *Civ.* 506; *Pr.* 882 s.

R. v° *Minor.-tutelle*, 333 s. — S. cod. v°, 245 s.

Art. 436. Ceux qui ont cinq enfants
légitimes, sont dispensés de toute tutelle
autre que celle desdits enfants.

Les enfants morts en activité de service
dans les armées du Roi [de la République]
seront toujours comptés pour opérer cette
dispense.

Les autres enfants morts ne seront comptés qu'autant qu'ils auront eux-mêmes laissé
des enfants actuellement existants. — *Civ.*
739 s.; *Pr.* 882 s.

Art. 437. La survenance d'enfants pendant la tutelle ne pourra autoriser à l'abdi-
quer.

R. v° *Minor.-tutelle*, 336 s. — S. cod. v°, 248.

Art. 438. Si le tuteur nommé ne présent à la délibération qui lui défère la tutelle, il devra sur-le-champ, et sous peine
d'être déclaré non recevable dans toute réclamation ultérieure, proposer ses excuses,
sur lesquelles le conseil de famille délibérera.
— *Civ.* 427 s.

R. v° *Minor.-tutelle*, 343 s. — S. cod. v°, 251 s.

Art. 439. Si le tuteur nommé n'a pas
assisté à la délibération qui lui a déféré la
tutelle, il pourra faire convoquer le conseil
de famille pour délibérer sur ses excuses.

Ses diligences à ce sujet devront avoir lieu
dans le délai de trois jours, à partir de la
notification qui lui aura été faite de sa nomination; lequel délai sera augmenté d'un
jour par trois myriamètres de distance du
lieu de son domicile à celui de l'ouverture
de la tutelle : passé ce délai, il ne sera recevable. — *Civ.* 406 s., 427 s.; *Pr.* 882 s.,
1033.

*L'article 439 est modifié par l'article 1033 nouveau du
Code de procédure civile (L. 3 mai 1862) qui porte le délai
de distance à un jour par cinq myriamètres.*

R. v° *Minor.-tutelle*, 342 s. — S. cod. v°, 251 s.

Art. 440. Si ses excuses sont rejetées,
il pourra se pourvoir devant les tribunaux
pour les faire admettre; mais il sera, pendant le litige, tenu d'administrer provisoirement. — *Civ.* 394, 450 s., 1372 s.; *Pr.* 135,
883 s.

S. v° *Minor.-tutelle*, 254 s.

Art. 441. S'il parvient à se faire exemp-
ter de la tutelle, ceux qui auront rejeté l'ex-

cuse, pourront être condamnés aux frais de
l'instance.

S'il succombe, il y sera condamné lui-
même. — *Pr.* 130 s.

R. v° *Minor.-tutelle*, 345.

SECTION VII.
De l'incapacité, des exclusions et destitutions de la tutelle.

Art. 442. Ne peuvent être tuteurs, ni
membres des conseils de famille :
1° Les mineurs, excepté le père ou la mère;
2° Les interdits;
3° (*L. 2 juillet 1907*.) « Les femmes, autres
que la mère, et les ascendantes sauf en ce
qui concerne la tutelle des enfants naturels; »
4° Tous ceux qui ont ou dont les père ou
mère ont avec le mineur un procès dans
lequel l'état de ce mineur, sa fortune, ou
une partie notable de ses biens, sont compromis. — *Civ.* 388, 489, 495, 507; *Pén.* 34,
42, 335.

R. v° *Minor.-tutelle*, 346 s., 367 s. — S. cod. v°,
236 s., 275 s. — V. aussi N. C. civ. ann., t. I, art. 442,
n° 1 s. — D. P. 1907, 4° partie.

Art. 443. La condamnation à une peine
afflictive ou infamante emporte de plein
droit l'exclusion de la tutelle. Elle emporte
de même la destitution, dans le cas où il
s'agirait d'une tutelle antérieurement déférée. — *Civ.* 23, 25; *Pén.* 7 s., 18, 29.

V. *infra*, Appendice, in la loi du 24 juillet 1889, sur la
protection des enfants maltraités ou moralement abandonnés, art. 8.

Art. 444. Sont aussi exclus de la tutelle, et même destituables, s'ils sont en
exercice :
1° Les gens d'une inconduite notoire;
2° Ceux dont la gestion attesterait l'incapacité ou l'infidélité. — *Civ.* 513; *Pr.* 132;
Pén. 42 s., 334 s.

R. v° *Minor.-tutelle* 346 s., 336 s. — S. cod. v°,
236 s., 261 s., 284 s.

V. *infra*, Appendice, la loi de la protection des enfants employés dans les professions ambulantes, art. 2 (modifié par L. 19 avril 1898)
et art. 3.

Art. 445. Tout individu qui aura été
exclu ou destitué d'une tutelle, ne pourra
être membre d'un conseil de famille.

R. v° *Minor.-tutelle*, 346 s. — S. cod. v°, 263,
285 s.

Art. 446. Toutes les fois qu'il y aura
lieu à une destitution de tuteur, elle sera
prononcée par le conseil de famille, convoqué à la diligence du subrogé tuteur, ou
d'office par le juge de paix.

Celui-ci ne pourra se dispenser de faire
cette convocation, quand elle lui sera formellement requise par un ou plusieurs parents ou
alliés du mineur, au degré de cousin germain
ou à des degrés plus proches. — *Civ.* 406 s.,
420 s., 735 s.

R. v° *Minor.-tutelle*, 202 s., 299 s., 376 s. —
S. cod. v°, 135 s., 288 s.

Art. 447. Toute délibération du conseil
de famille qui prononcera l'exclusion ou la
destitution du tuteur, sera motivée, et ne
pourra être prise qu'après avoir entendu ou
appelé le tuteur. — *Pr.* 883 s.

R. v° *Minor.-tutelle*, 237 s., 389. — S. cod. v°,
162, 290 s.

Art. 448. Si le tuteur adhère à la délibération, il en sera fait mention, et le nouveau tuteur entrera aussitôt en fonctions.

S'il n'y a réclamation, le subrogé tuteur
poursuivra l'homologation de la délibération
devant le tribunal de première instance, qui
prononcera sauf appel.

Le tuteur exclu ou destitué peut lui-même,
en ce cas, assigner le subrogé tuteur pour se

faire déclarer maintenu en la tutelle. — *Civ.*
350 s., 420; *Pr.* 59, 61, 882 s.

R. v° *Minor.-tutelle*, 255, 265 s., 322, 377 s., 385,
389. — S. *eod.* v°, 178, 181 s., 206 s., 291 s., 483.

Art. 449. Les parents ou alliés qui auront requis la convocation pourront intervenir dans la cause, qui sera instruite et
jugée comme affaire urgente. — *Pr.* 884 s.

R. v° *Minor.-tutelle*, 387. — S. *eod.* v°, 295.

SECTION VIII.
De l'administration du tuteur.

Art. 450. Le tuteur prendra soin de la
personne du mineur, et le représentera dans
tous les actes civils.

Il administrera ses biens en bon père de
famille, et répondra des dommages-intérêts
qui pourraient résulter d'une mauvaise gestion.

Il ne peut ni acheter les biens du mineur,
ni les prendre à ferme, à moins que le conseil de famille n'ait autorisé le subrogé tuteur
à lui en passer bail, ni accepter la cession
d'aucun droit ou créance contre son pupille.
— *Civ.* 108, 371 s., 417 s., 907, 1149, 1250,
1596, 1689, 1718, 1991, 2121, 2133, 2141 s.;
Pr. 126, 132, 135, 905.

R. v° *Minor.-tutelle*, 29, 390 s., 400 s., 445 s.,
504 s., 727 s. — S. *eod.* v°, 29, 301 s., 311 s., 342 s.,
417, 545, 555 s., 661 s. — T. (87-97), v° *Tutelle*,
21 s. — V. aussi N. C. civ. ann., t. 1, art. 450, n° 1 s.

Art. 451. Dans les dix jours qui suivront celui de sa nomination, dûment connue
de lui, le tuteur requerra la levée des scellés, s'ils ont été apposés, et fera procéder
immédiatement à l'inventaire des biens du
mineur, en présence du subrogé tuteur.

S'il lui est dû quelque chose par le mineur,
il devra le déclarer dans l'inventaire, à peine
de déchéance, et ce, sur la réquisition que
l'officier public sera tenu de lui en faire, et
dont mention sera faite au procès-verbal. —
Civ. 421, 438; *Pr.* 882, 911, 928 s.

R. v° *Minor.-tutelle*, 405 s., 407 s. — S. *eod.* v°,
315 s.

Art. 452. Dans le mois qui suivra la
clôture de l'inventaire, le tuteur fera vendre,
en présence du subrogé tuteur, aux enchères
reçues par un officier public, et après des
affiches ou publications dont le procès-verbal
de vente fera mention, tous les meubles autres
que ceux que le conseil de famille l'aurait
autorisé à conserver en nature. — *Civ.* 527 s.,
805, 1063 s.; *Pr.* 617 s., 945 s.

R. v° *Minor.-tutelle*, 424 s., 613. — S. *eod.* v°,
326 s.

Art. 453. Les père et mère, tant qu'ils
ont la jouissance propre et légale des biens
du mineur, sont dispensés de vendre les
meubles, s'ils préfèrent les garder pour les
remettre en nature.

Dans ce cas, ils en feront faire, à leurs
frais, une estimation à juste valeur, par un
expert qui sera nommé par le subrogé tuteur
et prêtera serment devant le juge de paix.
Ils rendront la valeur estimative de ceux des
meubles qu'ils ne pourraient représenter en
nature. — *Civ.* 384 s., 589; *Pr.* 302 s.

S. v° *Minor.-tutelle*, 330 s.

Art. 454. Lors de l'entrée en exercice
de toute tutelle, autre que celle des père et
mère, le conseil de famille réglera par aper-
çu, et selon l'importance des biens régis, la
somme à laquelle pourra s'élever la dépense
annuelle du mineur, ainsi que celle de l'administration de ses biens.

Le même acte spécifiera si le tuteur est
autorisé à s'aider, dans sa gestion, d'un ou
plusieurs administrateurs particuliers, salariés, et gérant sous sa responsabilité. —
Civ. 407 s., 1374, 1384, 1994.

R. v° *Minor.-tutelle*, 434 s. — S. *eod.* v°, 304 s.,
376 s.

Art. 455. Ce conseil déterminera posi-
tivement la somme à laquelle commencera,
pour le tuteur, l'obligation d'employer l'excédent des revenus sur la dépense : cet emploi
devra être fait dans le délai de six mois,
passé lequel le tuteur devra les intérêts à
défaut d'emploi. — *Civ.* 1153 s., 1907.

Art. 456. Si le tuteur n'a pas fait déterminer par le conseil de famille la somme à
laquelle doit commencer l'emploi, il devra,
après le délai exprimé dans l'article précédent, les intérêts de toute somme non employée, quelque modique qu'elle soit. —
Civ. 1153, 1907.

R. v° *Minor.-tutelle*, 461 s., 632. — S. *eod.* v°,
363 s., 464 s. — T. (87-97), v° *Tutelle*, 58 s.

Art. 457. Le tuteur, même le père ou
la mère, ne peut emprunter pour le mineur,
ni aliéner ou hypothéquer ses biens immeubles, sans y être autorisé par un conseil
de famille.

Cette autorisation ne devra être accordée
que pour cause d'une nécessité absolue, ou
d'un avantage évident.

Dans le premier cas, le conseil de famille
n'accordera son autorisation qu'après qu'il
aura été constaté, par un compte sommaire
présenté par le tuteur, que les deniers, effets
mobiliers et revenus du mineur sont insuffisants.

Le conseil de famille indiquera, dans tous
les cas, les immeubles qui devront être vendus de préférence, et toutes les conditions
qu'il jugera utiles. — *Civ.* 407 s., 509, 517,
529, 1125, 1304 s., 1559, 1596, 1702, 2126;
Pr. 594 s.; *Com.* 2, 6.

Art. 458. Les délibérations du conseil
de famille relatives à cet objet ne seront
exécutées qu'après que le tuteur en aura
demandé et obtenu l'homologation devant le
tribunal de première instance, qui y statuera en la chambre du conseil, et après
avoir entendu le procureur du Roi [*le procureur de la République*]. — *Civ.* 509;
Pr. 83, 885 s.

R. v° *Minor.-tutelle*, 530 s. — S. *eod.* v°, 517 s.
— T. (87-97), v° *Tutelle*, 88 s. — V. aussi N. C.
civ. ann., t. 1, art. 457-458, n° 1 s.

Art. 459. La vente se fera publiquement, en présence du subrogé tuteur, aux
enchères qui seront reçues par un membre
du tribunal de première instance ou par un
notaire à ce commis, et à la suite de trois
affiches apposées, par trois dimanches consécutifs, aux lieux accoutumés dans le canton.

Chacune de ces affiches sera visée et certifiée par le maire des communes où elles
auront été apposées. — *Civ.* 509, 1596; *Pr.*
956 s., 964 s.; *Pén.* 412.

R. v° *Minor.-tutelle*, 542 s. — S. *eod.* v°, 537 s.

Art. 460. Les formalités exigées par les
articles 457 et 458, pour l'aliénation des
biens du mineur, ne s'appliquent point au
cas où un jugement aurait ordonné la licitation sur la provocation d'un copropriétaire
par indivis.

Seulement, en ce cas, la licitation ne
pourra se faire que dans la forme prescrite
par l'article précédent : les étrangers y seront
nécessairement admis. — *Civ.* 822 s., 1686 s.;
Pr. 970 s.

S. v° *Minor.-tutelle*, 534.

Art. 461. Le tuteur ne pourra accepter
ni répudier une succession échue au mineur,
sans une autorisation préalable du conseil de
famille. L'acceptation n'aura lieu que sous
bénéfice d'inventaire. — *Civ.* 776 s., 784 s.,
792 s., 843; *Pr.* 986 s., 997.

R. v° *Minor.-tutelle*, 494 s. — S. *eod.* v°, 494 s.
— T. (87-97), v° *Tutelle*, 80 s.

Art. 462. Dans le cas où la succession
répudiée au nom du mineur n'aurait pas été
acceptée par un autre, elle pourra être reprise
soit par le tuteur, autorisé à cet effet par une
nouvelle délibération du conseil de famille,

soit par le mineur devenu majeur, mais dans
l'état où elle se trouvera lors de la reprise,
et sans pouvoir attaquer les ventes et autres
actes qui auraient été légalement faits durant
la vacance. — *Civ.* 790, 2252; *Pr.* 997.

R. v° *Minor.-tutelle*, 501. — S. *eod.* v°, 500.

Art. 463. La donation faite au mineur
ne pourra être acceptée par le tuteur qu'avec
l'autorisation du conseil de famille.

Elle aura, à l'égard du mineur, le même
effet qu'à l'égard du majeur. — *Civ.* 894,
935 s., 1125.

R. v° *Minor.-tutelle*, 502. — S. *eod.* v°, 502. —
V. *infrà*, art. 935.

Art. 464. Aucun tuteur ne pourra introduire en justice une action relative aux
droits immobiliers du mineur, ni acquiescer
à une demande relative aux mêmes droits,
sans l'autorisation du conseil de famille. —
Civ. 1125, 1304 s.; *Pr.* 481, 484.

R. v° *Minor.-tutelle*, 492, 506 s. — S. *eod.* v°, 393 s.,
504. — T. (87-97), v° *Tutelle*, 62 s., 73 s. — V. aussi
N. C. civ. ann., t. 1 art. 464, n° 1 s.

Art. 465. La même autorisation sera
nécessaire au tuteur pour provoquer un partage; mais il pourra, sans cette autorisation,
répondre à une demande en partage dirigée
contre le mineur. — *Civ.* 815 s., 838.

R. v° *Minor.-tutelle*, 515 s. — S. *eod.* v°, 506 s.
— T. (87-97), v° *Tutelle*, 82 s.

Art. 466. Pour obtenir à l'égard du
mineur tout l'effet qu'il aurait entre majeurs,
le partage devra être fait en justice, et précédé d'une estimation faite par experts nommés par le tribunal de première instance du
lieu de l'ouverture de la succession.

Les experts, après avoir prêté devant le
président du même tribunal, ou autre juge
par lui délégué, le serment de bien et fidèlement remplir leur mission, procéderont à
la division des héritages et à la formation
des lots, qui seront tirés au sort, et en présence soit d'un membre du tribunal, soit
d'un notaire par lui commis, lequel fera la
délivrance des lots.

Tout autre partage ne sera considéré que
comme provisionnel. — *Civ.* 110, 815 s.,
819 s., 824 s., 834, 840, 1314; *Pr.* 302 s.,
966 s., 984.

R. v° *Minor.-tutelle*, 517 s. — S. *eod.* v°, 516 s.

Art. 467. Le tuteur ne pourra transiger
au nom du mineur, qu'après y avoir été autorisé par le conseil de famille, et de l'avis
de trois jurisconsultes désignés par le procureur du Roi [*le procureur de la République*] près le tribunal de première instance.

La transaction ne sera valable qu'autant
qu'elle aura été homologuée par le tribunal
de première instance, après avoir entendu
le procureur du Roi [*le procureur de la
République*]. — *Civ.* 2044 s.; *Pr.* 141, 885 s.

R. v° *Minor.-tutelle*, 556 s. — S. *eod.* v°, 545 s.
— T. (87-97), v° *Tutelle*, 63 s.

Art. 468. Le tuteur qui aura des sujets
de mécontentement graves sur la conduite
du mineur, pourra porter ses plaintes à un
conseil de famille, et, s'il y est autorisé par
ce conseil, provoquer la réclusion du mineur,
conformément à ce qui est établi à ce sujet
au titre *De la puissance paternelle*. — *Civ.*
375 s., 407 s.

R. v° *Minor.-tutelle*, 390, 393. — S. *eod.* v°,
301, 385.

SECTION IX.
Des comptes de la tutelle.

Art. 469. Tout tuteur est comptable de
sa gestion lorsqu'elle finit. — *Civ.* 480, 488,
509, 2121, 2135 s.; *Pr.* 126, 132, 135, 527 s.,
905; *Com.* 540, 612.

R. v° *Minor.-tutelle*, 579 s., 593 s. — S. *eod.* v°,
569 s., 574 s. — T. (87-97), v° *Tutelle*, 102 s. —
V. aussi N. C. civ. ann., t. 1, art. 469, n° 1 s.

Art. 470. Tout tuteur autre que le père 'a mère peut être tenu, même durant la ·lle, de remettre au subrogé tuteur des ts de la situation de sa gestion, aux époques e le conseil de famille aurait jugé à promo de fixer, sans néanmoins que le tuteur sse être astreint à en fournir plus d'un que année.

·es états de situation seront rédigés et iis, sans frais, sur papier non timbré, sans aucune formalité de justice. — ·. 407 s., 420.

. v° *Minor.-tutelle*, 299, 410, 600 s. — S. *cod.* v°, , 577 s.

Art. 471. Le compte définitif de tutelle a rendu aux dépens du mineur, lorsqu'il a atteint sa majorité ou obtenu son émanation. Le tuteur en avancera les frais.

)n y allouera au tuteur toutes dépenses fisamment justifiées, et dont l'objet sera ·le. — *Civ.* 488; *Pr.* 527 s.

. v° *Minor.-tutelle*, 434 s., 602 s., 615 s. — ·od. v°, 336 s., 581 s., 587 s., 601 s. — T. (87-97), *Tutelle*, 102 s. — V. aussi N. C. civ. ann., t. 1, 471, n° 1 s.

Art. 472. Tout traité qui pourra interir entre le tuteur et le mineur devenu jeur, sera nul, s'il n'a été précédé de la dition d'un compte détaillé, et de la ·ise des pièces justificatives; le tout cons-t par un récépissé de l'ayant compte, dix rs au moins avant le traité. — *Civ.* 907, 4 s.; *Pr.* 536.

. v° *Minor.-tutelle*, 642 s. — S. *cod.* v°, 603 s. — 87-97), v° *Tutelle*, 114 s. — V. aussi N. C. civ. ·, t. 1, art. 472, n° 1 s.

Art. 473. Si le compte donne lieu à des ·testations, elles seront poursuivies, et ju-s comme les autres contestations en ma-·e civile. — *Pr.* 527 s.

. v° *Minor.-tutelle*, 608 s. — S. *cod.* v°, 584.

Art. 474. La somme à laquelle s'élèvera ·reliquat dû par le tuteur, portera intérêt, as demande, à compter de la clôture du ·mpte.

·es intérêts de ce qui sera dû au tuteur · le mineur, ne courront que du jour de sommation de payer qui aura suivi la clô-·e du compte. — *Civ.* 1153. 1907; *Pr.* 126, , 135, 542, 905.

. v° *Minor.-tutelle*, 627 s. — S. *cod.* v°, 593 s.

Art. 475. Toute action du mineur contre · tuteur, relativement aux faits de la tu-·e, se prescrit par dix ans, à compter de majorité. — *Civ.* 488, 2262, 2261; *Pr.* 511. . v° *Minor.-tutelle*, 604 s. — S. *cod.* v°, 619 s.

CHAPITRE III.
De l'émancipation.

Art. 476. Le mineur est émancipé de ·in droit par le mariage. — *Civ.* 144, 485 s., ·8, 1398, 2208.

·. v° *Minor.-tutelle*, 786 s. — S. *cod.* v°, 683.

Art. 477. Le mineur, même non marié, ·urra être émancipé par son père, ou, à ·aut de père, par sa mère, lorsqu'il aura ·eint l'âge de quinze ans révolus.

Cette émancipation s'opérera par la seule ·claration du père ou de la mère, reçue par juge de paix assisté de son greffier.

·. v° *Minor.-tutelle*, 767 s. — S. *eod.* v°, 677 s. T. (87-97), v° *Émancipation*, 1 et 2.

Art. 478. Le mineur resté sans père ni ·re pourra aussi, mais seulement à l'âge dix-huit ans accomplis, être émancipé, si conseil de famille l'en juge capable.

En ce cas, l'émancipation résultera de la libération qui l'aura autorisée, et de la ·claration que le juge de paix, comme pré-·lent du conseil de famille, aura faite dans ·même acte, *que le mineur est émancipé.* *Civ.* 407 s., 485; *Pr.* 882 s.; *Com.* 2 s.

·. v° *Minor.-tutelle*, 777 s. — S. *cod.* v°, 682 s. T. (87-97), v° *Émancipation*, 3 et 4.

Art. 479. Lorsque le tuteur n'aura fait aucune diligence pour l'émancipation du mineur dont il est parlé dans l'article précédent, et qu'un ou plusieurs parents ou alliés de ce mineur, au degré de cousin germain ou à des degrés plus proches, le jugeront capable d'être émancipé, ils pourront requérir le juge de paix de convoquer le conseil de famille pour délibérer à ce sujet. Le juge de paix devra déférer à cette réquisition. — *Civ.* 406 s., 735 s.

R. v° *Minor.-tutelle*, 780 s. — S. *cod.* v°, 137. — T. (87-97), v° *Émancipation*, 5 et 6.

Art. 480. Le compte de tutelle sera rendu au mineur émancipé assisté d'un curateur qui lui sera nommé par le conseil de famille. — *Civ.* 406 s., 471; *Pr.* 527 s.

R. v° *Minor.-tutelle*, 790 s. — S. *eod.* v°, 686 s.

Art. 481. Le mineur émancipé passera les baux dont la durée n'excédera point neuf ans; il recevra ses revenus, en donnera décharge, et fera tous les actes qui ne sont que de pure administration, sans être resti-tuable contre ces actes dans tous les cas où le majeur ne le serait pas lui-même. — *Civ.* 499, 513, 838 s., 935 s., 1305 s., 1429, 1430, 1718, 1990, 2206; *Pr.* 910; *Com.* 2 s.

R. v° *Minor.-tutelle*, 802 s. — S. *eod.* v°, 695 s.

Art. 482. Il ne pourra intenter une action immobilière, ni y défendre, même recevoir et donner décharge d'un capital mobilier, sans l'assistance de son curateur, qui, au dernier cas, surveillera l'emploi du capital reçu. — *Civ* 526, 838 s., 935 s 1030, 1304; *Pr.* 481.

R. v° *Minor.-tutelle*, 815 s. — S. *eod.* v°, 714 s.

Art. 483. Le mineur émancipé ne pour-ra faire d'emprunts, sous aucun prétexte, sans une délibération du conseil de famille, homologuée par le tribunal de première ins-tance, après avoir entendu le procureur du Roi [*le procureur de la République*]. — *Civ.* 407 s., 499, 513, 1124 s., 1305 s.; *Pr.* 83-6°, 885 s.; *Pén.* 406.

R. v° *Minor.-tutelle*, 833 s., 845 s. — S. *eod.* v°, 728 s., 744 s.

Art. 484. Il ne pourra non plus vendre ni aliéner ses immeubles, ni faire aucun acte autre que ceux de pure administration, sans observer les formes prescrites au mineur non émancipé.

A l'égard des obligations qu'il aurait con-tractées par voie d'achats ou autrement, elles seront réductibles en cas d'excès : les tribu-naux prendront, à ce sujet, en considération la fortune du mineur, la bonne ou mauvaise foi des personnes qui auront contracté avec lui, l'utilité ou l'inutilité des dépenses. — *Civ.* 457 s., 903 s. 1095, 1305 s., 1990; *Pr.* 951 s.

R. v° *Minor.-tutelle*, 833 s., 845 s. — S. *eod.* v°, 728 s., 744 s.

Art. 485. Tout mineur émancipé dont les engagements auraient été réduits en vertu de l'article précédent, pourra être privé du bénéfice de l'émancipation, laquelle lui sera retirée en suivant les mêmes formes que celles qui auront eu lieu pour la lui conférer. — *Civ.* 477 s.

R. v° *Minor.-tutelle*, 845 s. — S. *eod.* v°, 744 s.

Art. 486. Dès le jour où l'émancipation aura été révoquée, le mineur rentrera en tutelle, et y restera jusqu'à sa majorité accomplie. — *Civ.* 390 s., 488.

R. v° *Minor.-tutelle*, 851 s. — S. *eod.* v°, 749.

Art. 487. Le mineur émancipé qui fait un commerce, est réputé majeur pour les faits relatifs à ce commerce. — *Civ.* 1308; *Com.* 2 s.

V. *infra*, Appendice, la loi du 27 février 1880, relative à l'aliénation des valeurs mobilières appartenant aux mineurs et aux interdits, et à la conversion de ces mêmes valeurs en titres au porteur. — V. aussi la loi du 27 juin 1904, sur le service des enfants assistés, art. 11 et suiv. (tutelle) (D. P. 1905. 4. 16; — et Journ. off. du 30 juin 1904) modi-fiée par la loi du 18 décembre 1906.

TITRE ONZIÈME.
De la majorité, de l'interdiction et du conseil judiciaire.

Décrété le 8 germ. an XI (29 mars 1803), et promulgué le 18 germ. an XI (8 avril 1803).

CHAPITRE PREMIER.
De la majorité.

Art. 488. La majorité est fixée à vingt et un ans accomplis ; à cet âge on est capable de tous les actes de la vie civile, sauf la restriction portée au titre *Du mariage.* — *Civ.* 109, 148, 151 s., 346, 371, 377, 389, 471 s., 475, 487, 489, 783, 819, 933, 1013; *Pr.* 743, 747, 1013.

R. v° *Minor.- tutelle*, 23 s. — S. *eod.* v°, 25 s. — V. aussi C. ad., t. 1, v° *Élections*, p. 900, n° 157 s.; p. 923, n° 780 s.; p. 954, n° 1721 s.; p. 1150, n° 7716 s.; p. 1177, n° 8483 s.; p. 1209, n° 9361 s. V. *infra*, Appendice, la loi du 30 juin 1838, sur les aliénés.

CHAPITRE II.
De l'interdiction.

Art. 489. Le majeur qui est dans un état habituel d'imbécillité, de démence ou de fureur, doit être interdit, même lorsque cet état présente des intervalles lucides. — *Civ.* 512, 901, 1124, 1125; *Pr.* 890 s.; *Pén.* 29.

R. v° *Interdiction*, 19 s. — S. *eod.* v°, 14 s. — T. (87-97), *cod.* v°, 3 s.

Art. 490. Tout parent est recevable à provoquer l'interdiction de son parent. Il en est de même de l'un des époux à l'égard de l'autre. — *Pr.* 890 s.

R. v° *Interdiction*, 30 s. — S. *eod.* v°, 22 s. — T. (87-97), *cod.* v°, 20. — V. aussi N. C. civ. ann., t. 1, art. 490, n° 1 s.

Art. 491. Dans le cas de fureur, si l'in-terdiction n'est provoquée ni par l'époux ni par les parents, elle doit l'être par le procu-reur du Roi [*le procureur de la République*] qui, dans les cas d'imbécillité ou de démence, peut aussi la provoquer contre un individu qui n'a ni époux, ni épouse, ni parents con-nus. — *Pr.* 83, 890 s.; *Pén.* 64.

R. v° *Interdiction*, 30 s., 47 s. — S. *eod.* v°, 22 s., 34.

Art. 492. Toute demande en interdic-tion sera portée devant le tribunal de pre-mière instance. — *Pr.* 59, 61, 69, 890 s.

R. v° *Interdiction*, 52 s. — S. *eod.* v°, 38 s.

Art. 493. Les faits d'imbécillité, de dé-mence ou de fureur, seront articulés par écrit. Ceux qui poursuivront l'interdiction, présenteront les témoins et les pièces. — *Pr.* 252 s., 890 s.

R. v° *Interdiction*, 62 s. — S. *eod.* v°, 46 s.

Art. 494. Le tribunal ordonnera que le conseil de famille, formé selon le mode déterminé à la section 4 du chapitre 2 du titre *De la minorité, de la tutelle et de l'émancipation*, donne son avis sur l'état de la personne dont l'interdiction est deman-dée. — *Civ.* 407 s.; *Pr.* 892 s.

R. v° *Interdiction*, 66 s. — S. *eod.* v°, 49 s. — T. (87-97), *cod.* v°, 7 s.

Art. 495. Ceux qui auront provoqué l'interdiction, ne pourront faire partie du conseil de famille : cependant l'époux ou l'épouse, et les enfants de la personne dont l'interdiction sera provoquée, pourront y être admis sans y avoir voix délibérative. — *Civ.* 407 s., 442 s., 507.

R. v° *Interdiction*, 70 s. — S. *eod.* v°, 57 s.

Art. 496. Après avoir reçu l'avis du conseil de famille, le tribunal interrogera le défendeur à la chambre du conseil : s'il ne peut s'y présenter, il sera interrogé dans sa demeure, par l'un des juges à ce commis assisté du greffier. Dans tous les cas, le procureur du Roi [*le procureur de la République*] sera présent à l'interrogatoire. — *Pr.* 893.

R. v° *Interdiction*, 86 s. — S. *cod.* v°, 70 s. — T. (87-97), *cod.* v°, 7 s. — V. aussi N. C. civ. ann., t. 1, art. 496, n°* 1 s.

Art. 497. Après le premier interrogatoire, le tribunal commettra, s'il y a lieu, un administrateur provisoire, pour prendre soin de la personne et des biens du défendeur. — *Civ.* 112, 113; *Pr.* 895.

R. v° *Interdiction*, 107 s. — S. *cod.* v°, 87 s. — V. aussi N. C. civ. ann., t. 1, art. 497, n°* 1 s.
V. *infrà*, Appendice, *la loi du 30 juin 1838, sur les aliénés, art.* 31 à 37.

Art. 498. Le jugement sur une demande en interdiction ne pourra être rendu qu'à l'audience publique, les parties entendues ou appelées. — *Pr.* 85 s., 116 s.

R. v° *Interdiction*, 119 s. — S. *cod.* v°, 96 s.

Art. 499. En rejetant la demande en interdiction, le tribunal pourra néanmoins, si les circonstances l'exigent, ordonner que le défendeur ne pourra désormais plaider, transiger, emprunter, recevoir un capital mobilier, ni en donner décharge, aliéner, ni grever ses biens d'hypothèques, sans l'assistance d'un conseil qui lui sera nommé par le même jugement. — *Civ.* 481 s., 501 s., 513 à 515, 2045, 2113, 2126; *Pr.* 894, 897.

R. v° *Interdiction*, 250 s. — S. *cod.* v°, 191 s. — T. (87-97), *cod.* v°, 28 s.

Art. 500. En cas d'appel du jugement rendu en première instance, la cour royale [*la cour d'appel*] pourra, si elle le juge nécessaire, interroger de nouveau, ou faire interroger par un commissaire, la personne dont l'interdiction est demandée. — *Pr.* 443 s., 894 s.

R. v° *Interdiction*, 137 s. — S. *cod.* v°, 105 s. — T. (87-97), *cod.* v°, 17 s.

Art. 501. Tout arrêt ou jugement portant interdiction, ou nomination d'un conseil, sera, à la diligence des demandeurs, levé, signifié à partie, et inscrit, dans les dix jours, sur les tableaux qui doivent être affichés dans la salle de l'auditoire et dans les études des notaires de l'arrondissement.

(*L.* 16 *mars* 1893.) Un extrait sommaire du jugement ou arrêt sera en outre transmis, par l'avoué qui l'aura obtenu, au greffe du tribunal du lieu de naissance du défendeur, dans le mois du jour où la décision aura acquis l'autorité de la chose jugée. Cet extrait sera mentionné par le greffier, dans un délai de quinze jours, sur un registre spécial dont toute personne pourra prendre communication et se faire délivrer copie. Le greffier, dans un nouveau délai de quinze jours, adressera à l'avoué un certificat constatant l'accomplissement de la formalité.

A l'égard des individus nés à l'étranger, les décisions seront mentionnées, dans les mêmes formes et délais, sur un registre tenu au greffe du tribunal de la Seine ; ce registre mentionnera également les décisions relatives aux individus nés dans les colonies françaises, indépendamment du registre qui sera tenu au greffe de leur lieu d'origine.

Toute contravention aux dispositions ci-dessus, commise par les greffiers ou avoués, sera punie d'une amende de 50 francs, sans préjudice de tous dommages-intérêts. — *Civ.* 513, 1124.

§ 1. LÉGISLATION ANTÉRIEURE A LA LOI DU 16 MARS 1893 : R. v° *Interdiction*, 123 s. — S. *cod.* v°, 114 s.
§ 2. LOI DU 16 MARS 1893 : N. C. civ. ann., t. 1, art. 501. — D. P. 93. 4. 38.
Sur la publicité à donner aux décisions prononçant une interdiction ou nommant un conseil judiciaire, V. le décret du 9 mai 1893 [(D. P. 93. 4. 51; — *et* N. C. civ. ann., t. 1, p. 813)].

Art. 502. L'interdiction ou la nomination d'un conseil aura son effet du jour du jugement. Tous actes passés postérieurement par l'interdit, ou sans l'assistance du conseil, seront nuls de droit. — *Civ.* 513, 901, 1026, 1124, 1304 s., 2003; *Pr.* 312 s.; *Com.* 2.

R. v° *Interdiction*, 195 s., 220 s. — S. *cod.* v°, 144 s., 171 s. — T. (87-97), *cod.* v°, 21 s. — V. aussi N. C. civ. ann., t. 1, art. 502, n°* 1 s.

Art. 503. Les actes antérieurs à l'interdiction pourront être annulés, si la cause de l'interdiction existait notoirement à l'époque où ces actes ont été faits. — *Civ.* 1108 s.

R. v° *Interdiction*, 207 s. — S. *cod.* v°, 164 s. — T. (87-97), *cod.* v°, 45 s — V. aussi N. C. civ. ann., t. 1, art. 503, n°* 1 s.

Art. 504. Après la mort d'un individu, les actes par lui faits ne pourront être attaqués pour cause de démence, qu'autant que son interdiction aurait été prononcée ou provoquée avant son décès ; à moins que la preuve de la démence ne résulte de l'acte même qui est attaqué. — *Civ.* 901, 1108 s.

R. v° *Interdiction*, 227 s. — S. *cod.* v°, 175 s. — V. *infrà*, Appendice, *la loi du 30 juin 1838, sur les aliénés, art.* 39.

Art. 505. S'il n'y a pas d'appel du jugement d'interdiction rendu en première instance, ou s'il est confirmé sur l'appel, il sera pourvu à la nomination d'un tuteur et d'un subrogé tuteur à l'interdit, suivant les règles prescrites au titre *De la minorité, de la tutelle et de l'émancipation.* L'administrateur provisoire cessera ses fonctions et rendra compte au tuteur, s'il ne l'est pas lui-même. — *Civ.* 405 s., 420 s., 469 s.; *Pr.* 527 s., 882 s., 894 s.

R. v° *Interdiction*, 153 s. — S. *cod.* v°, 118 s.

Art. 506. Le mari est, de droit, le tuteur de sa femme interdite.

R. v° *Interdiction*, 161 s. — S. *cod.* v°, 121 s.

Art. 507. La femme pourra être nommée tutrice de son mari. En ce cas, le conseil de famille réglera la forme et les conditions de l'administration, .sauf le recours devant les tribunaux de la part de la femme qui se croirait lésée par l'arrêté de la famille. — *Civ.* 407 s., 412, 450 s., 495; *Pr.* 882 s.

R. v° *Interdiction*, 163 s., 178 s. — S. *cod.* v°, 123 s., 137 s.

Art. 508. Nul, à l'exception des époux, des ascendants et descendants, ne sera tenu de conserver la tutelle d'un interdit au delà de dix ans. A l'expiration de ce délai, le tuteur pourra demander et devra obtenir son remplacement. — *Civ.* 427 s., 469 s

R. v° *Interdiction*, 107 s., 232.

Art. 509. L'interdit est assimilé au mineur, pour sa personne et pour ses biens : les lois sur la tutelle des mineurs s'appliqueront à la tutelle des interdits. — *Civ.* 108, 450 s., 1304 s., 2121, 2135.

Art. 510. Les revenus d'un interdit doivent être essentiellement employés à adoucir son sort et à accélérer sa guérison. Selon le caractère de sa maladie et l'état de sa fortune, le conseil de famille pourra arrêter qu'il sera traité dans son domicile, ou qu'il sera placé dans une maison de santé, et même dans un hospice. — *Civ.* 407 s., 454.

R. v° *Interdiction*, 189 s. — S. *cod.* v°, 128 s.
V. *infrà*, Appendice, *la loi du 30 juin 1838, sur les aliénés, art.* 38.

Art. 511. Lorsqu'il sera question du mariage de l'enfant d'un interdit, la dot, ou l'avancement d'hoirie, et les autres conventions matrimoniales, seront réglés par un avis du conseil de famille, homologué par le tribunal, sur les conclusions du procureur du Roi [*du procureur de la République*]. — *Civ.* 1081 s., 1091 s., 1095 s., 1387 s.; *Pr.* 83, 882 s.

R. v° *Interdiction*, 189 s. — S. *cod.* v°, 142 s.

Art. 512. L'interdiction cesse avec les causes qui l'ont déterminée : néanmoins la mainlevée ne sera prononcée qu'en observant les formalités prescrites pour parvenir à l'interdiction, et l'interdit ne pourra reprendre l'exercice de ses droits qu'après le jugement de mainlevée. — *Civ.* 489 s.; *Pr.* 342 s., 890 s.

R. v° *Interdiction*, 236 s. — S. *cod.* v°, 184 s.

CHAPITRE III.
Du conseil judiciaire.

Art. 513. Il peut être défendu aux prodigues de plaider, de transiger, d'emprunter, de recevoir un capital mobilier et d'en donner décharge, d'aliéner, ni de grever leurs biens d'hypothèques, sans l'assistance d'un conseil qui leur est nommé par le tribunal. — *Civ.* 499 s., 1028, 1124, 1940, 2044 s., 2126; *Pr.* 342 s., 894, 897.

R. v° *Interdiction*, 248 s., 276 s., 285 s. — S. *cod.* v°, 191 s., 212, 225 s. — T. (87-97), *cod.* v°, 45 s. — *cod.* n. 1, v° *Elections*, p. 1133, n°* 7788 s.; p. 1214, n° 9531. — V. aussi N. C. civ. ann., t. 1, art. 513, n°* 1 s.

Art. 514. La défense de procéder sans l'assistance d'un conseil, peut être provoquée par ceux qui ont droit de demander l'interdiction ; leur demande doit être instruite et jugée de la même manière.

Cette défense ne peut être levée qu'en observant les mêmes formalités. — *Civ.* 490 s.; *Pr.* 890 s.

R. v° *Interdiction*, 294 s., 312 s. — S. *cod.* v°, 200 s., 289 s. — T. (87-97), *cod.* v°, 116 s. — V. aussi N. C. civ. ann., t. 1, art. 514, n°* 1 s.

Art. 515. Aucun jugement, en matière d'interdiction, ou de nomination de conseil, ne pourra être rendu, soit en première instance, soit en cause d'appel, que sur les conclusions du ministère public. — *Pr.* 83, 892.

R. v° *Interdiction*, 120.

LIVRE DEUXIÈME.

DES BIENS, ET DES DIFFÉRENTES MODIFICATIONS DE LA PROPRIÉTÉ.

TITRE PREMIER.

De la distinction des biens.

arrêté le 4 pluv. an XII (25 janvier 1804), et promulgué le 14 pluv. an XII (4 février 1804).

Art. 516. Tous les biens sont meubles immeubles. — *Civ.* 517 s., 527 s.
s. v° *Biens*, 16 s. — **S.** *eod.* v°, 3 s.

CHAPITRE PREMIER.
Des immeubles.

Art. 517. Les biens sont immeubles, ou par leur nature, ou par leur destination, ou par l'objet auquel ils s'appliquent. — *Civ.* 3 s., 522 s., 526, 2118, 2133; *Pr.* 592, 3 s.
R. v° *Biens*, 17 s. — **S.** *eod.* v°, 3 s.

Art. 518. Les fonds de terre et les bâtiments sont immeubles par leur nature. — *v.* 536, 664, 1711.
s. v° *Biens*, 18 s. — **S.** *eod.* v°, 3 s. — **C.** ad., t. v° *Mines*, p. 892, n° 035 s., 682 s.; p. 981, 3030, 3011, 3193; *Voirie*, p. 1462, n° 11151 à 201.

Art. 519. Les moulins à vent ou à eau, fixés sur piliers et faisant partie du bâtiment, sont aussi immeubles par leur nature. — *v.* 531; *Pr.* 620.
R. v° *Biens*, 29 s. — **S.** *eod.* v°, 9. — **T.** (87-97), *d.* v°, 1 s.

Art. 520. Les récoltes pendantes par les racines, et les fruits des arbres non encore recueillis, sont pareillement immeubles.
Dès que les grains sont coupés et les fruits détachés, quoique non enlevés, ils sont meubles.
Si une partie seulement de la récolte est coupée, cette partie seule est meuble. — *v.* 548, 583, 585, 1401, 1571, 1771, 2102-1°; *.* 626 s., 682 s.
R. v° *Biens*, 33 s. — **S.** *eod.* v°, 10.

Art. 521. Les coupes ordinaires des bois taillis ou de futaies mises en coupes réglées, ne deviennent meubles qu'au fur et à mesure que les arbres sont abattus. — *Civ.* 528, 590, 3 s., 1403.
R. v° *Biens*, 35 s. — **S.** *eod.* v°, 11 s.

Art. 522. Les animaux que le propriétaire du fonds livre au fermier ou au métayer pour la culture, estimés ou non, sont censés immeubles tant qu'ils demeurent attachés au fonds par l'effet de la convention.
Ceux qu'il donne à cheptel à d'autres qu'au fermier ou métayer, sont meubles. — *Civ.* 3 s., 564, 1061, 1134, 1711, 1800 s.; *Pr.* 2, 594.
R. v° *Biens*, 63 s. — **S.** *eod.* v°, 16 s.

Art. 523. Les tuyaux servant à la conduite des eaux dans une maison ou autre héritage, sont immeubles et font partie du fonds auquel ils sont attachés.
R. v° *Biens*, 27. — **S.** *eod.* v°, 8. — **T.** (87-97), *d.* v°, 2 s.

Art. 524. Les objets que le propriétaire d'un fonds y a placés pour le service et l'exploitation de ce fonds, sont immeubles par destination.
Ainsi, sont immeubles par destination,

quand ils ont été placés par le propriétaire pour le service et l'exploitation du fonds :
Les animaux attachés à la culture;
Les ustensiles aratoires;
Les semences données aux fermiers ou colons partiaires;
Les pigeons des colombiers;
Les lapins des garennes;
Les ruches à miel;
Les poissons des étangs;
Les pressoirs, chaudières, alambics, cuves et tonnes;
Les ustensiles nécessaires à l'exploitation des forges, papeteries et autres usines;
Les pailles et engrais.
Sont aussi immeubles par destination, tous effets mobiliers que le propriétaire a attachés au fonds à perpétuelle demeure. — *Civ.* 564, 1064; *Pr.* 592, 593; *L.* 4 avr. 1889.
R. v° *Biens*, 63 s., 105 s. — **S.** *eod.* v°, 10 s., 28 s. — **T.** (87-97), *cod.* v°, 6. s. — V. aussi **N. C.** civ. ann., t. 1, art. 524, n° 1 s.

Art. 525. Le propriétaire est censé avoir attaché à son fonds des objets mobiliers à perpétuelle demeure, quand ils y sont scellés en plâtre ou à chaux ou à ciment, ou lorsqu'ils ne peuvent être détachés sans être fracturés et détériorés, ou sans briser ou détériorer la partie du fonds à laquelle ils sont attachés.
Les glaces d'un appartement sont censées mises à perpétuelle demeure, lorsque le parquet sur lequel elles sont attachées fait corps avec la boiserie.
Il en est de même des tableaux et autres ornements.
Quant aux statues, elles sont immeubles lorsqu'elles sont placées dans une niche pratiquée exprès pour les recevoir, encore qu'elles puissent être enlevées sans fracture ou détérioration. — *Civ.* 521, 1319 s.
R. v° *Biens*, 106 s., 119 s. — **S.** *eod.* v°, 28 s., 31 s. — **C.** ad., t. 3, v° *Mines*, p. 893, n° 646 s. — V. aussi **N. C.** civ. ann., t. 1, art. 525, n° 1 s.

Art. 526. Sont immeubles, par l'objet auquel il s'appliquent :
L'usufruit des choses immobilières;
Les servitudes ou services fonciers;
Les actions qui tendent à revendiquer un immeuble. — *Civ.* 529 s., 578 s., 637 s., 2118; *Pr.* 59, 682.
R. v° *Biens*, 137 s. — **S.** *eod.* v°, 35 s.

CHAPITRE II.
Des meubles.

Art. 527. Les biens sont meubles par leur nature, ou par la détermination de la loi. — *Civ.* 2119, 2279; *Com.* 190.
R. v° *Biens*, 169 s. — **S.** *eod.* v°, 41 s.

Art. 528. Sont meubles par leur nature, les corps qui peuvent se transporter d'un lieu à un autre, soit qu'ils se meuvent par eux-mêmes, comme les animaux, soit qu'ils ne puissent changer de place que par l'effet d'une force étrangère, comme les choses inanimées. — *Civ.* 522, 524, 565, 1606, 2119, 2279 s.; *Com.* 190.
R. v° *Biens*, 170.

Art. 529. Sont meubles par la détermination de la loi, les obligations et actions qui ont pour objet des sommes exigibles ou des effets mobiliers, les actions ou intérêts

dans les compagnies de finance, de commerce ou d'industrie, encore que des immeubles dépendant de ces entreprises appartiennent aux compagnies. Ces actions ou intérêts sont réputés meubles à l'égard de chaque associé seulement, tant que dure la société.
Sont aussi meubles par la détermination de la loi, les rentes perpétuelles ou viagères, soit sur l'État, soit sur des particuliers. — *Civ.* 530, 1853 s., 1909 s., 1968 s., 2119, 2279; *Com.* 18, 20 s., 38 s.
R. v° *Biens*, 178 s. — **S.** *eod.* v°, 44 s. — **T.** (87-97), *eod.* v°, 24 s. — V. aussi **N. C.** civ. ann., t. 1, art. 529, n° 1 s.

Art. 530. Toute rente établie à perpétuité pour le prix de la vente d'un immeuble, ou comme condition de la cession à titre onéreux ou gratuit d'un fonds immobilier, est essentiellement rachetable.
Il est néanmoins permis au créancier de régler les clauses et conditions du rachat.
Il lui est aussi permis de stipuler que la rente ne pourra lui être remboursée qu'après un certain terme, lequel ne peut jamais excéder trente ans : toute stipulation contraire est nulle. — *Civ.* 1133, 1651 s., 1911, 2103-1°, 2108, 2262; *Pr.* 636 s.
Cet article décrété le 30 vent. an XII (21 mars 1804), a été promulgué le 10 germ. an XII (31 mars 1804).
R. v° *Biens*, 200 s.; *Rentes func.*, 65 s. — **S.** v° *Biens*, 46 s.; *Rentes func.*, 13 s. — V. aussi **N. C.** civ. ann., t. 1, art. 530, n° 1 s.

Art. 531. Les bateaux, bacs, navires, moulins et bains sur bateaux, et généralement toutes usines non fixées par des piliers, et ne faisant point partie de la maison, sont meubles : la saisie de quelques-uns de ces objets peut cependant, à cause de leur importance, être soumise à des formes particulières, ainsi qu'il sera expliqué dans le Code de la procédure civile. — *Civ.* 519, 528, 2120; *Pr.* 620; *Com.* 190, 197 s.
R. v° *Biens*, 171. — **S.** *eod.* v°, 42.

Art. 532. Les matériaux provenant de la démolition d'un édifice, ceux assemblés pour en construire un nouveau, sont meubles jusqu'à ce qu'ils soient employés par l'ouvrier dans une construction. — *Civ.* 527, 552 s.
R. v° *Biens*, 172 s. — **S.** *eod.* v°, 42.

Art. 533. Le mot *meuble*, employé seul dans les dispositions de la loi ou de l'homme, sans autre addition ni désignation, ne comprend pas l'argent comptant, les pierreries, les dettes actives, les livres, les médailles, les instruments des sciences, des arts et métiers, le linge de corps, les chevaux, équipages, armes, grains, vins, foins et autres denrées; il ne comprend pas aussi ce qui fait l'objet d'un commerce. — *Civ.* 452, 1350, 1352; *Com.* 632, 633 s.
R. v° *Biens*, 213 s. — **S.** *eod.* v°, 50 s.

Art. 534. Les mots *meubles meublants* ne comprennent que les meubles destinés à l'usage et à l'ornement des appartements, comme tapisseries, lits, sièges, glaces, pendules, tables, porcelaines et autres objets de cette nature.
Les tableaux et les statues qui font partie du meuble d'un appartement y sont aussi compris, mais non les collections de tableaux qui peuvent être dans les galeries ou pièces particulières.
Il en est de même des porcelaines : celles

seulement qui font partie de la décoration d'un appartement, sont comprises sous la dénomination de *meubles meublants*. — *Civ.* 1350, 1352.

R. v° *Biens*, 228 s. — S. *eod.* v°, 51.

Art. 535. L'expression *biens meubles*, celle de *mobilier* ou *d'effets mobiliers*, comprennent généralement tout ce qui est censé meuble d'après les règles ci-dessus établies.

La vente ou le don d'une maison meublée ne comprend que les meubles meublants. — *Civ.* 527 s., 893 s., 948 s., 1350, 1352; *Pr.* 578 s.

R. v° *Biens*, 231 s. — S. *eod.* v° 52 s.

Art. 536. La vente ou le don d'une maison, avec tout ce qui s'y trouve, ne comprend pas l'argent comptant, ni les dettes actives et autres droits dont les titres peuvent être déposés dans la maison; tous les autres effets mobiliers y sont compris. — *Civ.* 1350, 1352.

R. v° *Biens*, 244 s. — S. *eod.* v°., 54.

CHAPITRE III.
Des biens dans leurs rapports avec ceux qui les possèdent.

Art. 537. Les particuliers ont la libre disposition des biens qui leur appartiennent, sous les modifications établies par les lois.

Les biens qui n'appartiennent pas à des particuliers, sont administrés et ne peuvent être aliénés que dans les formes et suivant les règles qui leur sont particulières. — *Civ.* 25, 128, 217 s., 450 s., 481 s., 499, 509, 513, 544, 1421, 1449, 1536, 1554 s., 1712, 2045, 2227; *Pr.* 69, 83; *Com.* 2, 5 s., 443 s.

R. v° *Biens*, 263, 270. — C. *ad.*, t. 3, v° *Domaine*, p. 239, n° 249 s.

Art. 538. Les chemins, routes, et rues à la charge de l'État, les fleuves et rivières navigables ou flottables, les rivages, lais et relais de la mer, les ports, les havres, les rades, et généralement toutes les portions du territoire français qui ne sont pas susceptibles d'une propriété privée, sont considérés comme des dépendances du domaine public.

R. v° *Biens*, 254 s. — S. *eod.* v°, 55. — C. *ad.*, t. 1, v° *Département*, p. 351, n° 1834 s.; *Commune*, p. 643, n° 5794 s.; t. 2, v° *Culte*, p. 245, n° 6171 s.; *Sépulture*, p. 401, n° 144 s.; t. 3, v° *Domaine public*, p. 234, n° 54 s.; *Mines*, p. 883, t. 5, v° *Voirie*, p. 1109, n° 1848 s.; p. 1192, n° 4330 s.; p. 1221, n° 4053 s.; p. 1463, n° 11177 s.; t. 5, v° *Eaux*, p. 13, n° 144 s.; p. 16, n° 239 s., p. 17, n° 264 s.; p. 138, n° 3467 s.; p. 159, n° 3534 s.; p. 165, n° 3722 s.; p. 171, n° 3872 s.; p. 212 n° 4879 s.; p. 219, n° 5042 s.; p. 222, n° 5140 s.

Art. 539. Tous les biens vacants et sans maître, et ceux des personnes qui décèdent sans héritiers, ou dont les successions sont abandonnées, appartiennent au domaine public. — *Civ.* 560, 713, 723 s., 768 s. 811 s., 2227.

R. v° *Biens*, 261, 271. — C. *ad.*, t. 1, v° *Commune*, p. 637, n° 6652; p. 637, n° 7170 à 7316.

Art. 540. Les portes, murs, fossés, remparts des places de guerre et des forteresses, font aussi partie du domaine public. — *Civ.* 714, 2226.

R. v° *Biens*, 259; *Place de guerre*, 44 s.; *Domaine public*, 37 et 38. — S. v° *Place de guerre*, 52 s.

Art. 541. Il en est de même des terrains, des fortifications et remparts des places qui ne sont plus places de guerre : ils appartiennent à l'État, s'ils n'ont été valablement aliénés, ou si la propriété n'en a pas été prescrite contre lui. — *Civ.* 2227.

R. v° *Biens*, 259.

Art. 542. Les biens communaux sont ceux à la propriété ou au produit desquels les habitants d'une ou plusieurs communes ont un droit acquis. — *Civ.* 537 643, 645,

649 s., 910, 937, 1596, 1712, 2045, 2121, 2153, 2227; *Pr.* 49, 69-5°, 83, 481, 1032.

R. v° *Biens*, 268 s. — C. *ad.*, t. 1, v° *Commune*, p. 631, n° 6493 s.; p. 642, n° 6731 s.

Art. 543. On peut avoir sur les biens, ou un droit de propriété, ou un simple droit de jouissance, ou seulement des services fonciers à prétendre. — *Civ.* 544 s., 578 s., 625 s., 637 s., 2071 s., 2094 s.

R. v°° *Biens*, 272 s.; *Propriété*, 40 s. — S. v° *Propriété*, 18 s.

TITRE DEUXIÈME.
De la propriété.

Décrété le 6 pluv. an XII (25 janvier 1804), et promulgué le 16 pluv. an XII (6 février 1804).

Art. 544. La propriété est le droit de jouir et disposer des choses de la manière la plus absolue, pourvu qu'on n'en fasse pas un usage prohibé par les lois ou par les règlements. — *Civ.* 537, 543, 545, 640 s., 649 s., 686 s., 711 s., 913 s., 1370, 1382 s., 1554 s., 1598, 2078.

R. v° *Propriété*, 40 s., 144 s. — S. *eod.* v°, 18 s., 60 s. — T. (87-97), v°° *Propriété*, 1 s.; *Propriété indivise*, 1 s. — C. *ad.*, t. 1, v° *Commune*, p. 486, n° 1752 s.; p. 512, n° 2515 s.; t. 2, v°° *Sépulture*, p. 401; *Beaux-arts*, p. 946; *Noms et titres de noblesse*, p. 1306, n° 213 s.; p. 1314, n° 366 s.; t. 3, v°° *Salubrité publique*, p. 26, n° 414 s.; p. 49, n° 1010 s.; p. 90, n° 2010 s.; *Agriculture*, p. 151, n° 661 s.; p. 170, n° 878 s.; p. 187, n° 1249 s.; p. 195, n° 1377 s.; *Mines*, p. 881 s.; *Travaux publics*, p. 648, n° 9431 s.; p. 655, n° 9652 s.; p. 739, n° 11804 s.; *Voirie*, p. 1050, n° 446 s.; p. 1209, n° 4430 s.; p. 1375, n° 9086 s., 9115 s.; p. 1469, n° 11374 s., 11410 s., 11434 s.; t. 5, v° *Eaux*, p. 171, n° 3872 s.; p. 211, n° 4802 s.; *Organ. militaire*, p. 624, n° 6498 s.; *Postes et télégraphes*, p. 1297, n° 1947 s. — V. aussi N. C. civ. ann., t. 1, art. 544, n° 1 s.

Art. 545. Nul ne peut être contraint de céder sa propriété, si ce n'est pour cause d'utilité publique, et moyennant une juste et préalable indemnité. — *Civ.* 537, 643, 660 s., 682 s., 841; *Pén.* 11, 470.

R. v° *Propriété*, 149 s. — S. *eod.* v°, 64. — C. *ad.*, t. 2, v° *Sépulture*, p. 405, n° 265 s.; t. 3, v° *Agriculture*, p. 170 s.; *Travaux publics*, p. 370 s., 516, 625; *Voirie*, p. 1138, 1153, 1236, 1388, 1391, 1516.

Art. 546. La propriété d'une chose, soit mobilière, soit immobilière, donne droit sur tout ce qu'elle produit, et sur ce qui s'y unit accessoirement, soit naturellement, soit artificiellement.

Ce droit s'appelle *droit d'accession*. — *Civ.* 547 s., 551 s., 712, 1018, 1352 s., 1614 s. 1692, 2016, 2118, 2133, 2204; *Pr.* 464.

R. v°° *Propriété*, 122 s., 250 s.; *Eaux*, 355 s. — S. v°° *Propriété*, 48 s., 109 s.; *Eaux*, 289 s. — T. (87-97), v°° *Propriété*, 5 s. — C *ad.*, t. 3, v° *Voirie*, p. 1108, n° 1848 s.; p. 1180, n° 4150 s.; p. 1209, n° 4630 s.; p. 1221, n° 4043 s.; t. 5 v° *Eaux*, n° 4290 s. — V. aussi N. C. civ. ann., t. 1, art. 546, n° 1 s.

CHAPITRE PREMIER.
Du droit d'accession sur ce qui est produit par la chose.

Art. 547. Les fruits naturels ou industriels de la terre,

Les fruits civils,

Le croît des animaux, appartiennent au propriétaire par droit d'accession. — *Civ.* 583 s., 586, 630, 29, 928, 1014 s.; *Pr.* 626, 681 s., 819.

R. v° *Propriété*, 254 s. — S. *eod.* v°, 110 s.

Art. 548. Les fruits produits par la chose n'appartiennent au propriétaire qu'à la charge de rembourser les frais des labours, travaux et semences faits par des tiers. — *Civ.* 585, 2102.

R. v° *Propriété*. 266 s. — S. *eod.* v°, 114 s.

Art. 549. Le simple possesseur ne fait les fruits siens que dans le cas où il possède de bonne foi : dans le cas contraire, il est tenu de rendre les produits avec la chose au propriétaire qui la revendique. — *Civ.* 138, 550, 555, 1378, 2102, 2228 s., 2262, 2268 s., 2279; *Pr.* 129, 526.

R. v° *Propriété*, 271 s. — S. *eod.* v°, 116 s. — V. aussi N. C. civ. ann., t. 1, art. 549, n° 1 s.

Art. 550. Le possesseur est de bonne foi quand il possède comme propriétaire, en vertu d'un titre translatif de propriété dont il ignore les vices.

Il cesse d'être de bonne foi du moment où ces vices lui sont connus. — *Civ.* 138, 549, 555, 1378, 1635, 2231, 2265, 2268.

R. v° *Propriété*, 294 s. — S. *eod.* v°, 128 s. — V. aussi N. C. civ. ann., t. 1, art. 550, n° 1 s.

CHAPITRE II.
Du droit d'accession sur ce qui s'unit et s'incorpore à la chose.

Art. 551. Tout ce qui s'unit et s'incorpore à la chose appartient au propriétaire, suivant les règles qui seront ci-après établies. — *Civ.* 546, 712, 1018 s., 1615, 2118, 2133, 2204.

R. v° *Propriété*, 379 s.

SECTION PREMIÈRE.
Du droit d'accession relativement aux choses immobilières.

Art. 552. La propriété du sol emporte la propriété du dessus et du dessous.

Le propriétaire peut faire au-dessus toutes les plantations et constructions qu'il juge à propos, sauf les exceptions établies au titre *des Servitudes ou Services fonciers*.

Il peut faire au-dessous toutes les constructions et fouilles qu'il jugera à propos, et tirer de ces fouilles tous les produits qu'elles peuvent fournir, sauf les modifications résultant des lois et règlements relatifs aux mines, et des lois et règlements de police. — *Civ.* 544, 553, 637 s., 641, 671 s., 674, 678, 1859, 2118, 2133.

R. v° *Propriété*, 381 s. — S. *eod.* v°, 164 s. — T. (87-97), *eod.* v°, 25 s. — C. *ad.*, t. 2, v° *Beaux-arts*, p. 948; t. 3, v° *Salubrité publique*, p. 90 s.; *Travaux publics*, p. 498, n° 5306 s.; p. 635, n° 9070 s.; *Mines*, p. 883, n° 346 s.; p. 925, n° 1376 s.; p. 934, n° 1863 s.; p. 939, n° 1981 s., 2009 s., 2093 s.; p. 988, n° 3198 s.; p. 994, n° 3360 s.; p. 1003, n° 3627 s.; *Voirie*, p. 1223, n° 5005 s. — V. aussi N. C. civ. ann., t. 1, art. 552, n° 1 s.

Art. 553. Toutes constructions, plantations et ouvrages sur un terrain ou dans l'intérieur sont présumés faits par le propriétaire et lui appartenir, si le contraire n'est prouvé; sans préjudice de la propriété qu'un tiers pourrait avoir acquise ou pourrait acquérir par prescription, soit d'un souterrain sous le bâtiment d'autrui, soit de toute autre partie du bâtiment. — *Civ.* 552, 664, 1350, 1352, 2219 s., 2228 s., 2262, 2265 s.

R. v° *Propriété*, 393 s. — S. *eod.* v°, 172 s. — C. *ad.*, t. 3, v° *Voirie*, p. 1049, n° 420 s., 440 s., 463, 567; p. 1172, n° 3763 s.; p. 1224, n° 5008 s.

Art. 554. Le propriétaire du sol qui a fait des constructions, plantations et ouvrages avec des matériaux qui ne lui appartenaient pas, doit en payer la valeur; il peut aussi être condamné à des dommages-intérêts, s'il y a lieu : mais le propriétaire des matériaux n'a pas le droit de les enlever. — *Civ.* 1149; *Pr.* 128, 523.

R. v° *Propriété*, 407 s. — S. *eod.* v°, 176 s.

Art. 555. Lorsque les plantations, constructions et ouvrages ont été faits par un tiers et avec ses matériaux, le propriétaire du fonds a droit ou de les retenir, ou d'obliger ce tiers à les enlever.

« le propriétaire du fonds demande la suppression des plantations et constructions, elle aux frais de celui qui les a faites, sans une indemnité pour lui; il peut même condamné à des dommages-intérêts, s'il lieu, pour le préjudice que peut avoir ouvé le propriétaire du fonds.

« le propriétaire préfère conserver ces ntations et constructions, il doit le remrsement de la valeur des matériaux et du « de la main-d'œuvre, sans égard à la s ou moins grande augmentation de valeur le fonds a pu recevoir. Néanmoins, si plantations, constructions et ouvrages ont faits par un tiers évincé, qui n'aurait pas condamné à la restitution des fruits, atu sa bonne foi, le propriétaire ne pourra nander la suppression desdits ouvrages, ntations et constructions; mais il aura le ix, ou de rembourser la valeur des maaux et du prix de la main-d'œuvre, ou rembourser une somme égale à celle dont onds a augmenté de valeur. — *Civ.* 549 s., s., 599, 867, 1149, 1372, 1375, 1381, 1673, 3; *Pr.* 128, 523 s.

v⁺ *Propriété*, 418 s. — S. *eod.* v⁺, 180 s. — 87-97), *eod.* v⁺, 25 s. — V. aussi N. C. civ. ann., art. 555, n⁰⁺ 1 s.

Art. 556. Les atterrissements et accroislents qui se forment successivement et perceptiblement aux fonds riverains d'un ve ou d'une rivière, s'appellent *alluvion*. 'alluvion profite au propriétaire riverain, qu'il s'agisse d'un fleuve ou d'une rivière igable, flottable ou non; à la charge, dans premier cas, de laisser le marchepied ou min de halage, conformément aux règlents. — *Civ.* 538, 557, 563, 596, 650, 1615, §, 2133; *L.* 8 *avr.* 1898, art. 4, 5, 7, 30, 39.

v⁺ *Propriété*, 461 s. — S. *eod.* v⁺, 206 s. — 87-97), *eod.* v⁺, 63 s. — C. ad., t. 5, v⁺ *Eaux*, p. 13- n⁰⁺ 212 s., 269 s., 300 s.; p. 59, n⁰⁺ 1294 s.; p. 202, 4655 s. — V. aussi N. C. civ. ann., t. 1, art. 556, 1 s.

infrà, Code rural, *la loi du 8 avril 1898, sur le ré-« des eaux, art.* 4, 5, 7, 30, 38 *et* 39.

Art. 557. Il en est de même des relais forme l'eau courante qui se retire inseniement de l'une des rives en se portant l'autre : le propriétaire de la rive découte profite de l'alluvion, sans que le riven du côté opposé y puisse venir réclamer terrain qu'il a perdu.

Ce droit n'a pas lieu à l'égard des relais mer. — *Civ.* 538, 556, 563; *L.* 8 *avr.* 1898, . 7, 30, 38, 39.

v⁺ *Propriété*, 305 s. — S. *eod.* v⁺, 227 s.

Art. 558. L'alluvion n'a pas lieu à l'égard s lacs et étangs, dont le propriétaire conve toujours le terrain que l'eau couvre and elle est à la hauteur de la décharge l'étang, encore que le volume de l'eau nne à diminuer.

Réciproquement, le propriétaire de l'étang cquiert aucun droit sur les terres rivenes que son eau vient à couvrir dans des ies extraordinaires. — *Civ.* 556; *Pr.* 457.

v⁺ *Propriété*, 507 s. — S. *eod.* v⁺, 230 s. — ad., t. 3, v⁺ *Travaux publics*, p. 739, n⁰⁺ 11804 s.; 758, n⁰⁺ 12253 et 12268; t. 5, v⁺ *Eaux*, p. 208, 4608 s., 4823 s., 4836 s., 4879 s. — V. aussi N. C. . ann., t. 1, art. 558, n⁰⁺ 1 s.

Art. 559. Si un fleuve ou une rivière, vigable ou non, enlève par une force suue une partie considérable et reconnaissable in champ riverain, et la porte vers un amp inférieur ou sur la rive opposée, le opriétaire de ce champ peut réclamer sa propriété; mais il est tenu de rmer sa demande dans l'année : après ce lai, il n'y sera plus recevable; à moins e le propriétaire du champ auquel la rtie enlevée a été unie, n'eût pas encore is possession de celle-ci. — *Civ.* 538, 2227, 64; *L.* 8 *avr.* 1898, art. 39.

R. v⁺ *Propriété*, 514 s. — S. *eod.* v⁺, 241 s.

Art. 560. Les îles, îlots, atterrissements, qui se forment dans le lit des fleuves ou des rivières navigables ou flottables, appartiennent à l'État s'il n'y a titre ou prescription contraire. — *Civ.* 538, 556, 562, 713, 2227; *L.* 8 *avr.* 1898, art. 38, 39.

R. v⁺ *Propriété*, 532 s. — S. *eod.* v⁺, 251 s. — C. ad., t. 5, v⁺ *Eaux*, p. 12, n⁰⁺ 120 s., 144 s 178, 234 s., 264 s., 300 s.; p. 113, n⁰⁺ 2488 s.

Art. 561. Les îles et atterrissements qui se forment dans les rivières non flottables et non flottables, appartiennent aux propriétaires riverains du côté où l'île s'est formée : si l'île n'est pas formée d'un seul côté, elle appartient aux propriétaires riverains des deux côtés, à partir de la ligne qu'on suppose tracée au milieu de la rivière. — *Civ.* 556, 562; *L.* 8 *avr.* 1898, art. 7, 30.

R. v⁺ *Propriété*, 543 s. — S. *eod.* v⁺, 254 s.

Art. 562. Si une rivière ou un fleuve, en se formant un bras nouveau, coupe et embrasse le champ d'un propriétaire riverain, et en fait une île, ce propriétaire conserve la propriété de son champ, encore que l'île se soit formée dans un fleuve ou dans une rivière navigable ou flottable. — *Civ.* 538, 556, 561; *L.* 8 *avr.* 1898, art. 7, 30, 39.

R. v⁺ *Propriété*, 537.

Art. 563. (*L.* 8 *avril* 1898.) Si un fleuve ou une rivière navigable ou flottable se forme un nouveau cours en abandonnant son ancien lit, les propriétaires riverains peuvent acquérir la propriété de cet ancien lit, chacun en droit soi, jusqu'à une ligne qu'on suppose tracée au milieu de la rivière. Le prix de l'ancien lit est fixé par des experts nommés par le président du tribunal de la situation des lieux, à la requête du préfet du département.

A défaut par les propriétaires riverains de déclarer, dans les trois mois de la notification qui leur sera faite par le préfet, l'intention de faire l'acquisition aux prix fixés par les experts, il est procédé à l'aliénation de l'ancien lit selon les règles qui président aux aliénations du domaine de l'État.

Le prix provenant de la vente est distribué aux propriétaires des fonds occupés par le nouveau cours, à titre d'indemnité, dans la proportion de la valeur du terrain enlevé à chacun d'eux

§ 1. LÉGISLATION ANTÉRIEURE A LA LOI DU 8 AVRIL 1898 : R. v⁺ *Propriété*, 599 s. — S. *eod.* v⁺, 279 s. — C. ad., t. 5, v⁺ *Eaux*, p. 171, n⁰⁺ 3872 s.
§ 2. LOI DU 8 AVRIL 1898 : N. C. civ. ann., t. 1, art. 563. — D. P. 98, 4. 136.

Art. 564. Les pigeons, lapins, poissons, qui passent dans un autre colombier, garenne ou étang, appartiennent au propriétaire de ces objets, pourvu qu'ils n'y aient point été attirés par fraude et artifice. — *Civ.* 524, 1382, 2268; *Pén.* 388, 452 s., 457; *L.* 4 *avr.* 1889, art. 4, 5, 7, 9.

R. v⁺ *Propriété*, 615 s.; *Droit rural*, 113 s. — S. v⁺ *Propriété*, 286 s.; *Droit rural*, 102 s.

V. *infrà*, Code rural, *la loi du 4 avril 1889, art. 5 et 9.*

SECTION II.
Du droit d'accession relativement aux choses mobilières.

Art. 565. Le droit d'accession quand il a pour objet deux choses mobilières appartenant à deux maîtres différents, est entièrement subordonné aux principes de l'équité naturelle.

Les règles suivantes serviront d'exemple au juge pour se déterminer, dans les cas non prévus, suivant les circonstances particulières. — *Civ.* 528 s., 546, 551, 712, 1615, 2279.

Art. 566. Lorsque deux choses appartenant à différents maîtres, qui ont été unies de manière à former un tout, sont néanmoins

séparables, en sorte que l'une puisse subsister sans l'autre, le tout appartient au maître de la chose qui forme la partie principale, à la charge de payer à l'autre la valeur de la chose qui a été unie. — *Civ.* 576.

Art. 567. Est réputée partie principale celle à laquelle l'autre n'a été unie que pour l'usage, l'ornement ou le complément de la première.

Art. 568. Néanmoins, quand la chose unie est beaucoup plus précieuse que la chose principale, et quand elle a été employée à l'insu du propriétaire, celui-ci peut demander que la chose unie soit séparée pour lui être rendue, même quand il pourrait en résulter quelque dégradation de la chose à laquelle elle a été jointe. — *Civ.* 815.

Art. 569. Si de deux choses unies pour former un seul tout, l'une ne peut point être regardée comme l'accessoire de l'autre, celle-là est réputée principale qui est la plus considérable en valeur, ou en volume, si les valeurs sont à peu près égales. — *Civ.* 573.

Art. 570. Si un artisan ou une personne quelconque a employé une matière qui ne lui appartenait pas, à former une chose d'une nouvelle espèce, soit que la matière puisse ou non reprendre sa première forme, celui qui en était le propriétaire a le droit de réclamer la chose qui en a été formée, en remboursant le prix de la main-d'œuvre. — *Civ.* 1787 s.

Art. 571. Si cependant la main-d'œuvre était tellement importante qu'elle surpassât de beaucoup la valeur de la matière employée, l'industrie serait alors réputée la partie principale, et l'ouvrier aurait le droit de retenir la chose travaillée, en remboursant le prix de la matière au propriétaire.

Art. 572. Lorsqu'une chose a été employée en partie la matière qui lui appartenait, et en partie celle qui ne lui appartenait pas, à former une chose d'une espèce nouvelle, sans que ni l'une ni l'autre des deux matières soit entièrement détruite, mais de manière qu'elles ne puissent pas se séparer sans inconvénient, la chose est commune aux deux propriétaires, en raison, quant à l'un, de la matière qui lui appartenait, quant à l'autre, en raison à la fois et de la matière qui lui appartenait, et du prix de sa main-d'œuvre. — *Civ.* 815, 1686 s.

Art. 573. Lorsqu'une chose a été formée par le mélange de plusieurs matières appartenant à différents propriétaires, mais dont aucune ne peut être regardée comme la matière principale, si les matières peuvent être séparées, celui à l'insu duquel les matières ont été mélangées peut en demander la division.

Si les matières ne peuvent plus être séparées sans inconvénient, ils en acquièrent en commun la propriété dans la proportion de la quantité, de la qualité et de la valeur des matières appartenant à chacun d'eux. — *Civ.* 815, 1686 s.

Art. 574. Si la matière appartenant à l'un des propriétaires était de beaucoup supérieure à l'autre par la quantité et le prix, en ce cas le propriétaire de la matière supérieure en valeur pourrait réclamer la chose provenue du mélange, en remboursant à l'autre la valeur de sa matière.

Art. 575. Lorsque la chose reste en commun entre les propriétaires des matières dont elle a été formée, elle doit être licitée au profit commun. — *Civ.* 815 s., 1686 s.; *Pr.* 617 s., 966 s.

Art. 576. Dans tous les cas où le propriétaire dont la matière a été employée, à son insu, à former une chose d'une autre espèce, peut réclamer la propriété de cette chose, il a le choix de demander la restitution de sa matière en même nature, quantité, poids, mesure et bonté, ou sa valeur. — *Civ.* 570.

Art. 577. Ceux qui auront employé des matières appartenant à d'autres, et à leur insu, pourront aussi être condamnés à des dommages-intérêts, s'il y a lieu, sans préjudice des poursuites par voie extraordinaire, si le cas y échet. — *Civ.* 1149 ; *Pr.* 126 ; *Pén.* 579 s.

R. v° *Propriété*, 622 s. — S. *eod.* v°, 294 s.

V. la loi du 6 *fructidor an II*, portant qu'aucun citoyen ne pourra porter de nom ni de prénom autres que ceux exprimés dans son acte de naissance (R. v° *Nom-prénom*, p. 1).

En ce qui concerne : 1° la propriété des noms de famille, V. N. C. civ. ann., t. 1, p. 353 s. ; 2° la propriété des lettres missives, V. N. C. civ. ann., t. 1, p. 918 s.

TITRE TROISIÈME.

De l'usufruit, de l'usage et de l'habitation.

Décrété le 9 pluv. an XII (30 janvier 1804),
promulgué le 19 pluv. an XII (9 février 1804).

CHAPITRE PREMIER.

De l'usufruit.

Art. 578. L'usufruit est le droit de jouir des choses dont un autre a la propriété, comme le propriétaire lui-même, mais à la charge d'en conserver la substance. — *Civ.* 384 s., 513, 544, 579 s., 754, 767, 1410, 1424, 1555, 1562, 1968, 1709, 2081, 2085, 2418.

R. v° *Usufruit*, 50 s. — S. *eod.* v°, 5 s. — C. ad., t. 2, v° *Culte*, p. 160, n° 3689 s. ; p. 257, n° 6489 s. — V. aussi N. C. civ. ann., t. 1, art. 578, n° 1 s.

Art. 579. L'usufruit est établi par la loi, ou par la volonté de l'homme. — *Civ.* 384, 754, 893, 899, 917, 949, 1091, 1401, 1493, 1410, 1422, 1424, 1530, 1519.

R. v° *Usufruit*, 73 s. — S. *eod.* v°, 23 s. — V. aussi N. C. civ. ann., t. 1, art. 579, n° 1 s.

Art. 580. L'usufruit peut être établi, ou purement, ou à certain jour, ou à condition. — *Civ.* 900, 1101, 1134, 1168 s., 1181 s.

R. v° *Usufruit*, 109 s. — S. *eod.* v°, 46 s.

Art. 581. Il peut être établi sur toute espèce de biens meubles ou immeubles. — *Civ.* 516 s., 526 s., 587 s.

R. v° *Usufruit*, 126 s. — S. *eod.* v°, 50 s.

SECTION PREMIÈRE.

Des droits de l'usufruitier.

Art. 582. L'usufruitier a le droit de jouir de toute espèce de fruits, soit naturels, soit industriels, soit civils, que peut produire l'objet dont il a l'usufruit. — *Civ.* 547, 583 s.

Art. 583. Les fruits naturels sont ceux qui sont le produit spontané de la terre. Le produit et le croît des animaux sont aussi des fruits naturels.

Les fruits industriels d'un fonds sont ceux qu'on obtient par la culture. — *Civ.* 520, 547 s., 583, 590 s., 598, 1403, 1711, 1800 s., 1811.

Art. 584. Les fruits civils sont les loyers des maisons, les intérêts des sommes exigibles, les arrérages des rentes.

Les prix des baux à ferme sont aussi rangés dans la classe des fruits civils. — *Civ.* 529 s., 586 s., 1153, 1709, 1905 s., 1980, 2277 ; *Pr.* 49-5°, 404.

Art. 585. Les fruits naturels et industriels, pendants par branches ou par racines au moment où l'usufruit est ouvert, appartiennent à l'usufruitier.

Ceux qui sont dans le même état au moment où finit l'usufruit, appartiennent au propriétaire, sans récompense de part ni d'autre des labours et des semences, mais aussi sans préjudice de la portion des fruits

qui pourrait être acquise au colon partiaire, s'il en existait un au commencement ou à la cessation de l'usufruit. — *Civ.* 590 s., 1401 s., 1571, 1763.

Art. 586. Les fruits civils sont réputés s'acquérir jour par jour, et appartiennent à l'usufruitier, à proportion de la durée de son usufruit. Cette règle s'applique aux prix des baux à ferme, comme aux loyers des maisons et aux autres fruits civils. — *Civ.* 584, 588, 1133 s., 1709, 1711, 1905, 1909, 1980, 2277 ; *Pr.* 49-5°, 404.

R. v° *Usufruit*, 50 s., 114 s. — S. *eod.* v°, 5 s., 56 s. — V. aussi N. C. civ. ann., t. 1, art. 585-586, n° 1 s.

Art. 587. Si l'usufruit comprend des choses dont on ne peut faire usage sans les consommer, comme l'argent, les grains, les liqueurs, l'usufruitier a le droit de s'en servir, mais à la charge d'en rendre de pareille quantité, qualité et valeur, ou leur estimation, à la fin de l'usufruit. — *Civ.* 617 s., 1238, 1532, 1892 s., 1902 s.

R. v° *Usufruit*, 189 s. — S. *eod.* v°, 81 s.

Art. 588. L'usufruit d'une rente viagère donne aussi à l'usufruitier, pendant la durée de son usufruit, le droit d'en percevoir les arrérages, sans être tenu à aucune restitution. — *Civ.* 1968, 1964, 1968 s.

R. v° *Usufruit*, 235 s., 450 s. — S. *eod.* v°. 125 s., 216 s.

Art. 589. Si l'usufruit comprend des choses qui, sans se consommer de suite, se détériorent peu à peu par l'usage, comme du linge, des meubles meublants, l'usufruitier a le droit de s'en servir pour l'usage auquel elles sont destinées, et n'est obligé de les rendre, à la fin de l'usufruit, que dans l'état où elles se trouvent, non détériorées par son dol ou par sa faute. — *Civ.* 595, 617 s., 631, 936, 1382, 1366.

R. v° *Usufruit*, 196 s. — S. *eod.* v°, 81 s. — V. aussi N. C. civ. ann., t. 1, art. 589, n° 1 s.

Art. 590. Si l'usufruit comprend des bois taillis, l'usufruitier est tenu d'observer l'ordre et la quotité des coupes, conformément à l'aménagement ou à l'usage constant des propriétaires ; sans indemnité toutefois en faveur de l'usufruitier ou de ses héritiers, pour les coupes ordinaires, soit de taillis, soit de baliveaux, soit de futaie, qu'il n'aurait pas faites pendant sa jouissance.

Les arbres qu'on peut tirer d'une pépinière sans la dégrader, ne font aussi partie de l'usufruit qu'à la charge de l'usufruitier de se conformer aux usages des lieux pour le remplacement. — *Civ.* 521, 591 s., 1159, 1403 ; *Pr.* 683.

R. v° *Usufruit*, 266 s., 312 s. — S. *eod.* v°, 132 s. — V. aussi N. C. civ. ann., t. 1, art. 590, n° 1 s.

Art. 591. L'usufruitier profite encore, toujours en se conformant aux époques et à l'usage des anciens propriétaires, des parties de bois de haute futaie qui ont été mises en coupes réglées, soit que ces coupes se fassent périodiquement sur une certaine étendue de terrain, soit qu'elles se fassent d'une certaine quantité d'arbres pris indistinctement sur toute la surface du domaine. — *Civ.* 590, 592 s.

Art. 592. Dans tous les autres cas, l'usufruitier ne peut toucher aux arbres de haute futaie : il peut seulement employer, pour faire les réparations dont il est tenu, les arbres arrachés ou brisés par accident ; il peut même, pour cet objet, en faire abattre, s'il est nécessaire, mais à la charge d'en faire constater la nécessité avec le propriétaire. — *Civ.* 590 s.

R. v° *Usufruit*, 287 s. — S. *eod.* v°, 134 s. — V. aussi N. C. civ. ann., t. 1, art. 591-592, n° 1 s.

Art. 593. Il peut prendre, dans les bois, des échalas pour les vignes ; il peut aussi prendre, sur les arbres, des produits annuels ou périodiques ; le tout suivant l'usage du

pays ou la coutume des propriétaires. — *Civ.* 590, 1159.

R. v° *Usufruit*, 308 s.

Art. 594. Les arbres fruitiers qui meurent, ceux même qui sont arrachés ou brisés par accident, appartiennent à l'usufruitier, à la charge de les remplacer par d'autres. — *Civ.* 587, 592, 601.

R. v° *Usufruit*, 315 s. — S. *eod.* v°, 112.

Art. 595. L'usufruitier peut jouir par lui-même, donner à ferme à un autre, ou même vendre ou céder son droit à titre gratuit. S'il donne à ferme, il doit se conformer, pour les époques où les baux doivent être renouvelés, et pour leur durée, aux règles établies pour le mari à l'égard des biens de la femme, au titre *Du contrat de mariage et des droits respectifs des époux.* — *Civ.* 584, 631, 891, 1429 s., 1582, 1709, 1711.

R. v° *Usufruit*, 171 s. — S. *eod.* v°, 70 s. — V. aussi N. C. civ. ann., t. 1, art. 595, n° 1 s.

Art. 596. L'usufruitier jouit de l'augmentation survenue par alluvion à l'objet dont il a l'usufruit. — *Civ.* 556, 563.

R. v° *Usufruit*, 345 s. — S. *eod.* v°, 149 s.

Art. 597. Il jouit des droits de servitude, de passage, et généralement de tous les droits dont le propriétaire peut jouir, et il en jouit comme le propriétaire lui-même. — *Civ.* 544, 578, 598, 644, 637 s., 679, 706.

R. v° *Usufruit*, 353 s. — S. *eod.* v°, 132 s. — C. ad., t. 3, v° *Travaux publics*, p. 473, n° 4859 s. — V. aussi N. C. civ. ann., t. 1, art. 397, n° 1 s.

Art. 598. Il jouit aussi, de la même manière que le propriétaire, des mines et carrières qui sont en exploitation à l'ouverture de l'usufruit ; et néanmoins, s'il s'agit d'une exploitation qui ne puisse être faite sans une concession, l'usufruitier ne pourra en jouir qu'après en avoir obtenu la permission du Roi [*du président de la République*].

Il n'a aucun droit aux mines et carrières non encore ouvertes, ni aux tourbières dont l'exploitation n'est point encore commencée, ni au trésor qui pourrait être découvert pendant la durée de l'usufruit. — *Civ.* 552, 716, 1403.

R. v° *Usufruit*, 321 s. — S. *eod.* v°, 143 s. — V. aussi N. C. civ. ann., t. 1, art. 398, n° 1 s.

Art. 599. Le propriétaire ne peut, par son fait, ni de quelque manière que ce soit, nuire aux droits de l'usufruitier.

De son côté, l'usufruitier ne peut, à la cessation de l'usufruit, réclamer aucune indemnité pour les améliorations qu'il prétendrait avoir faites, encore que la valeur de la chose en fût augmentée.

Il peut cependant, ou ses héritiers, enlever les glaces, tableaux et autres ornements qu'il aurait fait placer, mais à la charge de rétablir les lieux dans leur premier état. — *Civ.* 525, 555, 600, 617, 701 s., 723, 2236.

R. v° *Usufruit*, 586 s., 738 s. — S. *eod.* v°, 299 s., 393 s. — T. (87-97), *eod.* v°, 46 s. — V. aussi N. C. civ. ann., t. 1, art. 599, n° 1 s.

SECTION II.

Des obligations de l'usufruitier.

Art. 600. L'usufruitier prend les choses dans l'état où elles sont ; mais il ne peut entrer en jouissance qu'après avoir fait dresser, en présence du propriétaire, ou lui dûment appelé, un inventaire des meubles et un état des immeubles sujets à l'usufruit. — *Civ.* 385, 601, 603, 626, 950, 1115, 1442, 1504, 1533, 1562, 1580, 1720, 1731 ; *Pr.* 942 s.

R. v° *Usufruit*, 372 s. — S. *eod.* v°, 187 s. — T. (87-97), *eod.* v°, 14. — V. aussi N. C. civ. ann., t. 1, art. 600, n° 1 s.

Art. 601. Il donne caution de jouir en bon père de famille, s'il n'en est dispensé par l'acte constitutif de l'usufruit ; cepen-

les père et mère ayant l'usufruit légal
en de leurs enfants, le vendeur ou le
leur, sous réserve d'usufruit, ne sont
enus de donner caution. — *Civ.* 384 s.,
.., 626, 950, 1137, 1550, 2011 s., 2040 s. ;
917 s.

v° *Usufruit*, 393 s. — S. eod. v°, 174 s. —
-97), cod. v°, 15 s. — C. ad., t. 3, v° *Travau.c*
es, p. 476, n°° 4878 s. — V. aussi N C. civ.
t. 1, art. 601, n°° 1 s.

rt. 602. Si l'usufruitier ne trouve pas
aution, les immeubles sont donnés à
e ou mis en séquestre ;
s sommes comprises dans l'usufruit sont
ees ;
s denrées sont vendues, et le prix en
enant est pareillement placé ;
es intérêts de ces sommes et les prix des
es appartiennent, dans ce cas, à l'usu-
ier. — *Civ.* 796, 805, 1905 s., 1955 s.,
; *Pr.* 617 s., 915 s.

rt. 603. A défaut d'une caution de la
de l'usufruitier, le propriétaire peut
r que les meubles qui dépérissent par
ge soient vendus, pour le prix en être
comme celui des denrées ; et alors
fruitier jouit de l'intérêt pendant son
-uit : cependant l'usufruitier pourra de-
ler, et les juges pourront ordonner, sui-
les circonstances, qu'une partie des
les nécessaires pour son usage lui soit
ssée, sous sa simple caution juratoire,
la charge de les représenter à l'extinc-
de l'usufruit. — *Civ.* 602, 617.

v° *Usufruit*, 399 s. — S. eod. v°, 178 s.

rt. 604. Le retard de donner caution
rive pas l'usufruitier des fruits auxquels
aut avoir droit ; ils lui sont dus du mo-
où l'usufruit a été ouvert. — *Civ.* 1014.

v° *Usufruit*, 438 s. — S. eod. v°, 207 s.

rt. 605. L'usufruitier n'est tenu qu'aux
rations d'entretien.
s grosses réparations demeurent à la
ge du propriétaire, à moins qu'elles
nt été occasionnées par le défaut de
ration d'entretien, depuis l'ouverture de
fruit ; auquel cas l'usufruitier en est
tenu. — *Civ.* 1409-4°, 1754 s.

v° *Usufruit*, 502 s. — S. eod. v°, 241 s. —
-97), cod. r°, 40 s. — V. aussi N. C. civ. ann.,
art. 605, n°° i s.

rt. 606. Les grosses réparations sont
s des gros murs et des voûtes, le réta-
ement des poutres et des couvertures
eres ;
lui des digues et des murs de soutène-
e et de clôture aussi en entier.
utes les autres réparations sont d'entre-
en. — *Civ.* 605.

v° *Usufruit*, 502 s. — S. eod. v°, 241 s. —
.ssi N. C. civ. ann., t. 1, art. 606, n° 1 s.

rt. 607. Ni le propriétaire, ni l'usu-
ier, ne sont tenus de rebâtir ce qui est
ié de vétusté, ou ce qui a été détruit par
fortuit. — *Civ.* 599 s., 617 s., 623 s., 1148,
s., 1730 s., 1755.

v° *Usufruit*, 546 s. — S. eod. v°, 236.

rt. 608. L'usufruitier est tenu, pen-
su jouissance, de toutes les charges
uelles de l'héritage, telles que les contri-
ons et autres qui dans l'usage sont cen-
charges des fruits. — *Civ.* 635, 1159.

v° *Usufruit*, 551 s. — S. eod. v°, 263.

rt. 609. A l'égard des charges qui
vent être imposées sur la propriété pen-
: la durée de l'usufruit, l'usufruitier et
ropriétaire y contribuent ainsi qu'il suit :
e propriétaire est obligé de les payer, et
ifruitier doit lui tenir compte des inté-

elles sont avancées par l'usufruitier, il
répétition du capital à la fin de l'usu-
t. — *Civ.* 611 s., 617 s., 1905, 1907.

v° *Usufruit*, 563 s. — S. eod. v°, 264 s. —
., t. 1, v° *Commune*, p. 742, n° 9480 s.; t. 3,
Travaux publics, p. 644, n°° 9266 s.

Art. 610. Le legs fait par un testateur,
d'une rente viagère ou pension alimentaire,
doit être acquitté par le légataire universel
de l'usufruit dans son intégrité, et par le
légataire à titre universel de l'usufruit dans
la proportion de sa jouissance, sans aucune
répétition de leur part. — *Civ.* 588, 608, 871,
917 s., 1003, 1010 s., 1021, 1978 ; *Pr.* 581 s.,
942.

R. v° *Usufruit*, 456 s., 500 s. — S. cod. v°, 216 s.
— T. (87-97), eod. v°, 42 s.

Art. 611. L'usufruitier à titre particulier n'est pas tenu des dettes auxquelles le
fonds est hypothéqué : s'il est forcé de les
payer, il a son recours contre le propriétaire, sauf ce qui est dit à l'article 1020, au
titre *Des donations entre vifs et des testaments.* — *Civ.* 871, 1011, 1020, 1021,
1251, 2111 s., 2166 s., 2178.

R. v° *Usufruit*, 449 s. — S. eod. v°, 213.

Art. 612. L'usufruitier, ou universel,
ou à titre universel, doit contribuer avec le
propriétaire au payement des dettes, ainsi
qu'il suit :
On estime la valeur du fonds sujet à usufruit ; on fixe ensuite la contribution aux
dettes à raison de cette valeur.
Si l'usufruitier veut avancer la somme
pour laquelle le fonds doit contribuer, le
capital lui en est restitué à la fin de l'usufruit, sans aucun intérêt.
Si l'usufruitier ne veut pas faire cette
avance, le propriétaire a le choix, ou de
payer cette somme, et, dans ce cas, l'usufruitier lui tient compte des intérêts pendant
la durée de l'usufruit, ou de faire vendre
jusqu'à due concurrence une portion des
biens soumis à l'usufruit. — *Civ.* 909 s., 871,
1009, 1012, 1017, 1905, 1907.

R. v° *Usufruit*, 462 s. — S. eod. v°, 218 s. —
T. (87-97), cod. v°, 44 s. — V. aussi N. C. civ. ann.,
t. 1, art. 612, n°° 1 s.

Art. 613. L'usufruitier n'est tenu que
des frais des procès qui concernent la jouissance, et des autres condamnations auxquelles ces procès pourraient donner lieu.
— *Civ.* 600 ; *Pr.* 130.

R. v° *Usufruit*, 491 s., 765 s. — S. cod. v°, 233.

Art. 614. Si, pendant la durée de l'usufruit, un tiers commet quelque usurpation
sur le fonds, ou attente autrement aux droits
du propriétaire, l'usufruitier est tenu de le
dénoncer à celui-ci : faute de ce, il est responsable de tout le dommage qui peut en
résulter pour le propriétaire, comme il le
serait de dégradations commises par lui-
même. — *Civ.* 1149, 1382 s., 1726, 1768 ;
Pr. 23 s.

R. v° *Usufruit*, 491 s., 755 s. — S. cod. v°, 233.

Art. 615. Si l'usufruit n'est établi que
sur un animal qui vient à périr sans la faute
de l'usufruitier, celui-ci n'est pas tenu de le
rendre un autre, ni d'en payer l'estimation.
— *Civ.* 607, 616 s., 623 s., 950, 1711, 1810,
1827.

R. v° *Usufruit*, 211 s. — S. eod. v°, 95 s.

Art. 616. Si le troupeau sur lequel un
usufruit a été établi, périt entièrement par
accident ou par maladie, et sans la faute de
l'usufruitier, celui-ci n'est tenu envers le
propriétaire que de lui rendre compte des
cuirs ou de leur valeur.
Si le troupeau ne périt pas entièrement,
l'usufruitier est tenu de remplacer, jusqu'à
concurrence du croît, les têtes des animaux
qui ont péri. — *Civ.* 607, 615, 617, 622 s.,
1711, 1800 s., 1809 s., 1822, 1825, 1827.

R. v° *Usufruit*, 220 s. — S. eod. v°, 96 s.

SECTION III.
Comment l'usufruit prend fin.

Art. 617. L'usufruit s'éteint :
Par la mort naturelle *et par la mort civile*
de l'usufruitier ;

Par l'expiration du temps pour lequel il a
été accordé ;
Par la consolidation ou la réunion sur la
même tête, des deux qualités d'usufruitier et
de propriétaire ;
Par le non-usage du droit pendant trente
ans ;
Par la perte totale de la chose sur laquelle
l'usufruit est établi. — *Civ.* 703 s., 1134,
1234 s., 1300 s., 2177, 2219, 2262, 2265 ; *Pén.*
86 ; *L.* 31 mai 1854.

R. v° *Usufruit*, 603 s. — S. eod. v°, 273 s. —
V. aussi N. C. civ. ann., t. 1, art. 617, n°° 1 s.

Art. 618. L'usufruit peut aussi cesser
par l'abus que l'usufruitier fait de sa jouissance, soit en commettant des dégradations
sur le fonds, soit en le laissant dépérir faute
d'entretien.
Les créanciers de l'usufruitier peuvent
intervenir dans les contestations, pour la
conservation de leurs droits ; ils peuvent
offrir la réparation des dégradations commises, et des garanties pour l'avenir.
Les juges peuvent, suivant la gravité des
circonstances, ou prononcer l'extinction absolue de l'usufruit, ou n'ordonner la rentrée
du propriétaire dans la jouissance de l'objet
qui en est grevé, que sous la charge de
payer annuellement à l'usufruitier, ou à ses
ayants cause, une somme déterminée, jusqu'à l'instant où l'usufruit aurait dû cesser.
— *Civ.* 601, 605, 614, 617, 622, 1149, 1166 s.,
1760 ; *Pr.* 339 s.

R. v° *Usufruit*, 676 s. — S. eod. v°, 296 s. —
T. (87-97), cod. v°, 60 s. — V. aussi N. C. civ. ann.,
t. 1, art. 618, n°° 1.

Art. 619. L'usufruit qui n'est pas accordé à des particuliers, ne dure que trente
ans. — *Civ.* 617 ; *Pr.* 2262.

R. v° *Usufruit*, 106 s., 610. — S. eod. v°, 45, 275.

Art. 620. L'usufruit accordé jusqu'à ce
qu'un tiers ait atteint un âge fixe dure jusqu'à cette époque, encore que le tiers soit
mort avant l'âge fixé. — *Civ.* 1168, 1176.

R. v° *Usufruit*, 612 s. — S. eod. v°, 276 s.

Art. 621. La vente de la chose sujette
à usufruit ne fait aucun changement dans le
droit de l'usufruitier ; il continue de jouir de
son usufruit s'il n'y a pas formellement renoncé. — *Civ.* 622, 1020, 1582 s., 2125.

R. v° *Usufruit*, 696 s. — S. eod. v°, 303 s.

Art. 622. Les créanciers de l'usufruitier
peuvent faire annuler la renonciation qu'il
aurait faite à leur préjudice. — *Civ.* 1053,
1167, 1464, 2225.

R. v° *Usufruit*, 696 s. — S. eod. v°, 303 s.

Art. 623. Si une partie seulement de la
chose soumise à l'usufruit est détruite, l'usufruit se conserve sur ce qui reste. — *Civ.*
615 s., 617.

R. v° *Usufruit*, 655 s. — S. eod. v°, 291.

Art. 624. Si l'usufruit n'est établi que
sur un bâtiment, et que ce bâtiment soit
détruit par un incendie ou autre accident,
ou qu'il s'écroule de vétusté, l'usufruitier
n'aura le droit de jouir ni du sol ni des matériaux.
Si l'usufruit était établi sur un domaine
dont le bâtiment faisait partie, l'usufruitier
jouirait du sol et des matériaux. — *Civ.* 617,
623, 1148, 1302 s.

R. v° *Usufruit*, 651 s. — S. eod. v°, 289. — C. ad.,
t. 3, v° *Travaux publics*, p. 475, n°° 4659 s.; p. 509,
n°° 5835 s.

CHAPITRE II.
De l'usage et de l'habitation.

Art. 625. Les droits d'usage et d'habitation s'établissent et se perdent de la même
manière que l'usufruit. — *Civ.* 579 s., 617 s.,
628 s., 1127, 1465.

R. v° *Usage*, 5 s. — S. eod. v°, 2 s. — V. aussi
N. C. civ. ann., t. 1, art. 625, n°° 1 s.

Art. 626. On ne peut en jouir, comme
dans le cas de l'usufruit, sans donner préa-

lablement caution, et sans faire des états et inventaires. — *Civ.* 600 s., 2011 s., 2040 s.; *Pr.* 517 s., 942 s.

R. v° *Usage*, 13 s., 43. — S. *cod.* v°, 18.

Art. 627. L'usager, et celui qui a un droit d'habitation, doivent jouir en bons pères de famille. — *Civ.* 601, 1137.

R. v° *Usage*, 46 s., 76. — S. *cod.* v°, 19.

Art. 628. Les droits d'usage et d'habitation se règlent par le titre qui les a établis, et reçoivent, d'après ses dispositions, plus ou moins d'étendue. — *Civ.* 579, 629 s., 1134.

R. v° *Usage*, 33. — S. *cod.* v°, 10.

Art. 629. Si le titre ne s'explique pas sur l'étendue de ces droits, ils sont réglés ainsi qu'il suit :

Art. 630. Celui qui a l'usage des fruits d'un fonds, ne peut en exiger qu'autant qu'il lui en faut pour ses besoins et ceux de sa famille.

Il peut en exiger pour les besoins même des enfants qui lui sont survenus depuis la concession de l'usage. — *Civ.* 520, 548, 583 s., 628, 630 s.

R. v° *Usage*, 34 s. — S. *cod.* v°, 11 s.

Art. 631. L'usager ne peut céder ni louer son droit à un autre. — *Civ.* 595, 634, 1127.

R v° *Usage*, 18, 34. — S. *cod.* v°, 13 s.

Art. 632. Celui qui a un droit d'habitation dans une maison, peut y demeurer avec sa famille, quand même il n'aurait pas été marié à l'époque où ce droit lui a été donné. — *Civ.* 627, 630, 633 s.

Art. 633. Le droit d'habitation se restreint à ce qui est nécessaire pour l'habitation de celui à qui ce droit est concédé et de sa famille. — *Civ.* 630, 632.

Art. 634. Le droit d'habitation ne peut être ni cédé ni loué. — *Civ.* 595, 631.

R. v° *Usage*, 66 s., 72. — S. *cod.* v°, 24, 29 s.

Art. 635. Si l'usager absorbe tous les fruits du fonds, ou s'il occupe la totalité de la maison, il est assujetti aux frais de culture, aux réparations d'entretien, et au payement des contributions, comme l'usufruitier.

S'il ne prend qu'une partie des fruits, ou s'il n'occupe qu'une partie de la maison, il contribue au prorata de ce dont il jouit. — *Civ.* 605 s., 608 s.

R. v° *Usage*, 40 s., 76. — S. *cod.* v°, 19 s., 33.

Art. 636. L'usage des bois et forêts est réglé par des lois particulières. — *For.* 58 s., 109 s., 118 s.

TITRE QUATRIÈME.

Des servitudes ou services fonciers.

Décrété le 10 pluv., an XII (31 janvier 1804), et promulgué le 20 pluv. au XII (10 février 1804).

Art. 637. Une servitude est une charge imposée sur un héritage pour l'usage et l'utilité d'un héritage appartenant à un autre propriétaire. — *Civ.* 526, 543 s., 597, 640 s., 649 s., 686 s., 1433, 1437, 1638, 2177.

R. v° *Servit.*, 21 s. — S. *cod.* v°, 7 s. — T. (87-97), *cod.* v°, 1 s. — C. ad., t. 3, v° *Domaine*, p. 237, n° 180; p. 247, n° 302 s.; *Voirie*, p. 1225, n° 5070 s. — V. aussi N.C. civ. ann., t. 1, art. 637, n° 1 s.

Art. 638. La servitude n'établit aucune prééminence d'un héritage sur l'autre.

R. v° *Servit.*, 21 s. — S. *cod.* v°, 7 s.

Art. 639. Elle dérive ou de la situation naturelle des lieux, ou des obligations imposées par la loi, ou des conventions entre les propriétaires. — *Civ.* 640 s., 649 s., 686 s., 1134, 1370.

R. v° *Servit.*, 32.

CHAPITRE PREMIER.

Des servitudes qui dérivent de la situation des lieux.

Art. 640. Les fonds inférieurs sont assujettis envers ceux qui sont plus élevés, à recevoir les eaux qui en découlent naturellement sans que la main de l'homme y ait contribué.

Le propriétaire inférieur ne peut point élever de digue qui empêche cet écoulement.

Le propriétaire supérieur ne peut rien faire qui aggrave la servitude du fonds inférieur. — *Civ.* 641 s., 681, 688, 690, 700 s.; *Pén.* 457.

R. v° *Servit.*, 77 s. — S. *cod.* v°, 25 s. — T. (87-97), *cod.* v°, 27 s. — V. aussi N.C. civ. ann., t. 1, art. 640, n° 1 s.

Art. 641. (*L.* 8 *avril* 1898.) Tout propriétaire a le droit d'user et de disposer des eaux pluviales qui tombent sur son fonds.

Si l'usage de ces eaux ou la direction qui leur est donnée aggrave la servitude naturelle d'écoulement établie par l'article 640, une indemnité est due au propriétaire du fonds inférieur.

La même disposition est applicable aux eaux de sources nées sur un fonds.

Lorsque, par des sondages ou des travaux souterrains, un propriétaire fait surgir des eaux dans son fonds, les propriétaires des fonds inférieurs doivent les recevoir; mais ils ont droit à une indemnité en cas de dommages résultant de leur écoulement.

Les maisons, cours, jardins, parcs et enclos attenant aux habitations ne peuvent être assujettis à aucune aggravation de la servitude d'écoulement dans les cas prévus dans les paragraphes précédents.

Les contestations auxquelles peuvent donner lieu l'établissement et l'exercice des servitudes prévues par ces paragraphes et le règlement, s'il y a lieu, des indemnités dues aux propriétaires des fonds inférieurs, sont portées, en premier ressort, devant le juge de paix du canton, qui, en prononçant, doit concilier les intérêts de l'agriculture et de l'industrie avec le respect dû à la propriété.

S'il y a lieu à expertise, il peut n'être nommé qu'un seul expert.

§ 1. LÉGISLATION ANTÉRIEURE A LA LOI DU 8 AVRIL 1898 : R. v° *Servit.*, 111 s. — S. *cod.* v°, § 3. — T. (87-97), *cod.* v°, 36 s.

§ 2. LOI DU 8 AVRIL 1898 : N. C. civ. ann., t. 1, art. 641, n° 1 s. — D. P. 98. 4. 136.

Art. 642. (*L.* 8 *avril* 1898.) Celui qui a une source dans son fonds peut toujours user des eaux à sa volonté dans les limites et pour les besoins de son héritage.

Le propriétaire d'une source ne peut plus en user au préjudice des propriétaires des fonds inférieurs qui, depuis plus de trente ans, ont fait et terminé, sur le fonds où jaillit la source, des ouvrages apparents et permanents destinés à utiliser les eaux ou à en faciliter le passage dans leur propriété.

Il ne peut pas non plus en user de manière à enlever aux habitants d'une commune, village ou hameau, l'eau qui leur est nécessaire ; mais si les habitants n'en ont pas acquis ou prescrit l'usage, le propriétaire peut réclamer une indemnité, laquelle est réglée par experts.

§ 1. LÉGISLATION ANTÉRIEURE A LA LOI DU 8 AVRIL 1898 : R. v° *Servit.*, 147 s. — S. *cod.* v°, 42 s. — T. (87-97), *cod.* v°, 39 s. — C. ad., t. 3, v° *Salubrité publique*, p. 90, n° 2010 s.; *Mines*, p. 1002, n° 3627 s.; t. 5, v° *Eaux*, p. 213, n° 4907 s.

§ 2. LOI DU 8 AVRIL 1898 : N. C. civ. ann., t. 1, art. 642, n° 1 s. — D. P. 98. 4. 136.

Art. 643. (*L.* 8 *avril* 1898.) Si, dès la sortie du fonds où elles surgissent, les eaux de source forment un cours d'eau offrant le caractère d'eaux publiques et courantes, le propriétaire ne peut les détourner de leur

cours naturel au préjudice des usagers inférieurs.

§ 1. LÉGISLATION ANTÉRIEURE A LA LOI DU 8 AVRIL 1898 : R. v° *Servit.*, 173 s. — S. *cod.* v° 50 s. — T. (87-97), *cod.* v°, 58 s.

§ 2. LOI DU 8 AVRIL 1898 : N. C. civ. ann., t. 1 art. 643, n° 1 s. — D. P. 98. 4. 136.

Art. 644. Celui dont la propriété borde une eau courante, autre que celle qui est déclarée dépendance du domaine public par l'article 538 au titre *De la distinction de biens*, peut s'en servir à son passage pour l'irrigation de ses propriétés.

Celui dont cette eau traverse l'héritage peut même en user dans l'intervalle qu'elle y parcourt, mais à la charge de la rendre, à la sortie de ses fonds, à son cours ordinaire. — *Civ.* 538, 645, 650 ; *Pr.* 3-2°.

R. v° *Servit.*, 195 s. — S. *cod.* v°, 55 s. — T. (87-97), *cod.* v°, 61 s., 93 s., 100 s. — C. ad., t. 5 v° *Eaux*, p. 12, n° 120 s.; p. 173, n° 3908 s.; p. 170 n° 4052 s. — V. aussi N. C. civ. ann., t. 1, art. 644 n° 1 s.

V. *infrà*, Appendice, *la loi du 29 avril 1845 et du 11 juillet 1847, sur les irrigations; la loi du 10 juin 1854 sur le libre écoulement des eaux provenant du drainage la loi du 8 avril 1898, art. 2, sur le régime des eaux.*

V. *aussi les lois du 21 juin 1865* (D. P. 65. 4. 77), et du 22 décembre 1888 (D. P. 90. 4. 4), *sur les associations syndicales.*

Art. 645. S'il s'élève une contestation entre les propriétaires auxquels ces eaux peuvent être utiles, les tribunaux, en prononçant, doivent concilier l'intérêt de l'agriculture avec le respect dû à la propriété, et dans tous les cas, les règlements particuliers et locaux sur le cours et l'usage des eaux doivent être observés.

R. v° *Servit.*, 306 s. — S. *cod.* v°, — T. (87-97), *cod.* v°, 109 s. — C. ad., t. 1, v° *Sépar. de pouvoirs*, p. 80, n° 311 s.; p. 102, n° 933 s.; t. 5 v° *Eaux*, p. 175, n° 3933 s.; p. 186, n° 4220 s. p. 193, n° 4415 s.; p. 200, n° 4583 s.; p. 202 n° 4655 s.; p. 203, n° 4717 s. — V. aussi N. C. civ ann., t. 1, art. 645, n° 1 s.

Art. 646. Tout propriétaire peut obliger son voisin au bornage de leurs propriétés contiguës. Le bornage se fait à frais communs. — *Civ.* 655, 669 ; *Pr.* 3-2°, 38 ; *For.* 14.

R. v° *Servit.*, 361 s.; *Bornage*, 9 s. — S. v° *Bornage*, 3 s. — C. ad., t. 1, v° *Commune*, p. 435 n° 328 s.; p. 712, n° 5713 s. — V. aussi N. C. civ ann., t. 1, art. 646, n° 1 s.

Art. 647. Tout propriétaire peut clore son héritage, sauf l'exception portée en l'article 682. — *Civ.* 544, 552, 648, 663, 666 s. 678 s., 682 ; *Pén.* 456; *For.* 14.

R. v° *Servit.*, 378. — S. *cod.* v°, 126. — C. ad. t. 1, v° *Commune*, p. 460, n° 999 s.; p. 521 n° 2841 s.

Art. 648. Le propriétaire qui veut se clore, perd son droit au parcours et vaine pâture, en proportion du terrain qu'il soustrait.

R. v° *Servit.*, 384 s.

V. *la loi du 9 juillet 1889* (D. P. 90. 4. 20; — et N. C civ. ann., t. 1, p. 1104), *qui abolit le droit de parcours — Sur le droit de vaine pâture,* V. *les lois du 9 juillet 1889* (D. P. 90. 4. 20; — et N. C. civ. ann., t. 1, p. 1104), et du 22 juin 1890 (D. P. 90. 4. 115; — et N. C. civ. ann., t. 1 p. 1104).

CHAPITRE II.

Des servitudes établies par la loi.

Art. 649. Les servitudes établies par la loi ont pour objet l'utilité publique ou communale, ou l'utilité des particuliers. — *Civ.* 639, 1370.

Art. 650. Celles établies pour l'utilité publique ou communale ont pour objet le marchepied le long des rivières navigables ou flottables, la construction ou réparation des chemins et autres ouvrages publics ou communaux.

Tout ce qui concerne cette espèce de servitude, est déterminé par des lois ou des règlements particuliers. — *Civ.* 538, 556.

R. v° *Servit.*, 387 s. — S. *cod.* v° 131 s. — C. ad.,

v° *Commune*, p. 488, n°° 1816 s.; t. 2, v° *Sé-*
ure, p. 404, n°° 218 s. ; t. 3, v° *Salubrité pu-*
ue, p. 26 s.; *Travaux publics*, p. 624, n°° 8842 s.;
p. 896, n°° 759 s.; p. 931, n°° 1725 s.; p. 993,
3358 s.; *Voirie*, p. 1050, n°° 445 s.; p. 1039 s.;
232, n°° 3225 s.; p. 1399, n°° 9657 s.; p. 1469,
,1374 s.; t. 5, v°° *Eaux*, p. 99, n°° 1984 s.; *Organ-*
taire, p. 619, n°° 6447 s.; p. 636, n°° 6770 s.
aux renvois ci-dessus, la loi du 9 ventôse an XIII-
ice aux plantations des grandes routes; le décret
8 décembre 1811, sur la réparation et l'entretien des
s; les lois du 12 mai 1825 et du 21 mai 1836, sur les
ains vicinaux.

.rt. 651. La loi assujettit les proprié-
es à différentes obligations l'un à l'égard
l'autre, indépendamment de toute con-
tion. — *Civ.* 640, 655 s., 674 s., 681 s.,
.

.rt. 652. Partie de ces obligations est
ée par les lois sur la police rurale ;
es autres sont relatives au mur et au
é mitoyens, au cas où il y a lieu à
tre-mur, aux vues sur la propriété du
in, à l'égout des toits, au droit de pas-
. — *Civ.* 653 s., 674, 675, 682.

SECTION PREMIÈRE.
Du mur et du fossé mitoyens.

.rt. 653. Dans les villes et les cam-
nes, tout mur servant de séparation entre
ments jusqu'à l'héberge, ou entre cours
jardins, et même entre enclos dans les
mps, est présumé mitoyen, s'il n'y a titre
marque du contraire. — *Civ.* 654, 665,
, 670, 675 s., 1350, 1352.

v° *Servit.*, 409 s. — S. *eod.* v°, 133 s. —
87-97), *eod.* v°, 129 s. — V. aussi N. C. civ. ann.,
art. 653, n°° 1 s.

.rt. 654. Il y a marque de non-mitoyen-
 lorsque la sommité du mur est droite
 à plomb de son parement d'un côté, et
sente de l'autre un plan incliné;
ors encore qu'il n'y a que d'un côté ou
chaperon ou des filets et corbeaux de
rre qui y auraient été mis en bâtissant
ur.
ans ces cas, le mur est censé appartenir
usivement au propriétaire du côté duquel
t l'égout ou les corbeaux et filets de pierre.
Civ. 676 s., 681, 1350, 1352.

v° *Servit.*, 427 s. — S. *eod.* v°, 140 s. —
87-87), *eod.* v°, 134.

.rt. 655. La réparation et la recons-
ction du mur mitoyen sont à la charge de
s ceux qui y ont droit, et proportionnel-
ent au droit de chacun. — *Civ.* 656, 659,
, 664, 669.

v° *Servit.*, 488 s. — S. *eod.* v°, 173 s. —
87-97), *eod.* v°, 192 s.

.rt. 656. Cependant tout copropriétaire
n mur mitoyen peut se dispenser de con-
uer aux réparations et reconstructions en
ndonnant le droit de mitoyenneté, pourvu
qu'il n'y ait pas de soutienne que un
ment qui lui appartienne. — *Civ.* 699.

v° *Servit.*, 511 s. — S. *eod.* v°, 178 s.

.rt. 657. Tout copropriétaire peut faire
ir contre un mur mitoyen, et y faire pla-
des poutres ou solives dans toute l'épais-
r du mur, à cinquante-quatre millimètres
ux pouces] près, sans préjudice du droit
a le voisin de faire réduire à l'ébauchoir
poutre jusqu'à la moitié du mur, dans le
où il voudrait lui-même asseoir des
tres dans le même lieu, ou y adosser
e cheminée. — *Civ.* 661, 662, 674, 675.

v° *Servit.*, 501 s. — S. *eod.* v°, 184 s.

.rt. 658. Tout copropriétaire peut faire
ausser le mur mitoyen ; mais il doit payer
l la dépense de l'exhaussement, les répa-
ions d'entretien au-dessus de la hauteur
la clôture commune, et en outre l'indem-
t de la charge en raison de l'exhausse-
nt et suivant la valeur. — *Civ.* 660, 662,
2, 1754.

v° *Servit.*, 529 s. — S. *eod.* v°, 191 s. —

T. (87-97). *eod.* v°, 191 s. — V. aussi N. C. civ. ann.,
t. 1, art. 658, n°° 1 s.

Art. 659. Si le mur mitoyen n'est pas
en état de supporter l'exhaussement, celui qui
veut l'exhausser doit le faire reconstruire en
entier à ses frais, et l'excédent d'épaisseur
doit se prendre de son côté. — *Civ.* 662.

R. v° *Servit.*, 544 s. — S. *eod.* v°, 198.

Art. 660. Le voisin qui n'a pas contribué à l'exhaussement peut en acquérir la
mitoyenneté en payant la moitié de la dépense
qu'il a coûté, et la valeur de la moitié du sol
fourni pour l'excédent d'épaisseur, s'il y en
a. — *Civ.* 661.

Art. 661. Tout propriétaire joignant un
mur, a de même la faculté de le rendre
mitoyen en tout ou en partie, en remboursant au maître du mur la moitié de sa valeur,
ou la moitié de la valeur de la portion qu'il
veut rendre mitoyenne, et moitié de la valeur
du sol sur lequel le mur est bâti. — *Civ.* 660,
676; *For.* 14.

R. v° *Servit.*, 448 s. — S. *eod.* v°, 144 s. —
T. (87-97), *eod.* v°, 140 s. — V. aussi N. C. civ. ann.,
t. 1, art. 661, n°° 1 s.

Art. 662. L'un des voisins ne peut pratiquer dans le corps d'un mur mitoyen aucun
enfoncement, ni y appliquer ou appuyer
aucun ouvrage sans le consentement de
l'autre, ou sans avoir, à son refus, fait régler
par experts les moyens nécessaires pour que
le nouvel ouvrage ne soit pas nuisible aux
droits de l'autre. — *Civ.* 657 s., 675; *Pr.*
302 s., 1034, 1035.

R. v° *Servit.*, 471 s., 514 s. — S. *eod.* v°, 154 s.,
156 s.

Art. 663. Chacun peut contraindre son
voisin, dans les villes et faubourgs, à contribuer aux constructions et réparations de la
clôture faisant séparation de leurs maisons,
cours et jardins assis èsdites villes et faubourgs : la hauteur de la clôture sera fixée
suivant les règlements particuliers ou les
usages constants et reconnus; et, à défaut
d'usages et de règlements, tout mur de séparation entre voisins, qui sera construit ou
rétabli à l'avenir, doit avoir au moins trente-
deux décimètres [dix pieds] de hauteur, compris le chaperon, dans les villes de cinquante
mille âmes et au-dessus, et vingt-six décimètres [huit pieds] dans les autres. — *Civ.*
645, 655, 656, 660, 661, 1159.

R. v° *Servit.*, 503 s., 549 s. — S. *eod.* v°, 181 s.,
190 s. — T. (87-97), *eod.* v°, 201 s. — V. aussi
N. C. civ. ann., t. 1, art. 663, n°° 1 s.

Art. 664. Lorsque les différents étages
d'une maison appartiennent à divers propriétaires, si les titres de propriété ne règlent
pas le mode de réparations et reconstructions, elles doivent être faites ainsi qu'il suit :
Les gros murs et le toit sont à la charge
de tous les propriétaires, chacun en proportion de la valeur de l'étage qui lui appartient.
Le propriétaire de chaque étage fait le
plancher sur lequel il marche.
Le propriétaire du premier étage fait l'es-
calier qui y conduit; le propriétaire du
second étage fait, à partir du premier, l'es-
calier qui conduit chez lui, et ainsi de suite.
— *Civ.* 605, 606, 655, 815, 1686; *Pr.* 953.

R. v° *Servit.*, 917 s. — S. *eod.* v°, 321 s. —
T. (87-97), *eod.* v°, 312 s. — V. aussi N. C. civ. ann.,
t. 1, art. 664, n°° 1 s.

Art. 665. Lorsqu'on reconstruit un mur
mitoyen ou une maison, les servitudes actives
et passives se continuent à l'égard du nouveau mur ou de la nouvelle maison, sans
toutefois qu'elles puissent être aggravées, et
pourvu que la reconstruction se fasse avant
que la prescription soit acquise. — *Civ.* 703,
704, 707, 2262, 2265.

R. v° *Servit.*, 500.

Art. 666. (*L. 20 août 1881.*) Toute clôture qui sépare des héritages est réputée
mitoyenne, à moins qu'il n'y ait qu'un seul

des héritages en état de clôture, ou s'il n'y
a titre, prescription ou marque contraire.
Pour les fossés, il y a marque de non-
mitoyenneté lorsque la levée ou le rejet de
la terre se trouve d'un côté seulement du
fossé.
Le fossé est censé appartenir exclusivement
à celui du côté duquel le rejet se trouve.

§ 1. LÉGISLATION ANTÉRIEURE A LA LOI DU
20 AOÛT 1881 : R. v° *Servit.*, 601 s. — S. *eod.* v°,
207 s.
§ 2. LOI DU 20 AOÛT 1881 : S. v° *Servit.*, 207 s.
— T. (87-97), *eod.* v°, 208 s. — V. aussi N. C. civ.
ann., t. 1, art. 666, n°° 1 s. — D. P. 82. 4. 7.

Art. 667. (*L. 20 août 1881.*) La clôture
mitoyenne doit être entretenue à frais communs; mais le voisin peut se soustraire à
cette obligation en renonçant à la mitoyenneté.
Cette faculté cesse si le fossé sert habituellement à l'écoulement des eaux.

§ 1. LÉGISLATION ANTÉRIEURE A LA LOI DU
20 AOÛT 1881 : R. v° *Servit.*, 571 s. — S. *eod.* v°,
207 s.
§ 2. LOI DU 20 AOÛT 1881 : S. v° *Servit.*, 213 s.
-- D. P. 82. 4. 7.

Art. 668. (*L. 20 août 1881.*) Le voisin
dont l'héritage joint un fossé ou une haie
non mitoyens ne peut contraindre le propriétaire de ce fossé ou de cette haie à lui céder
la mitoyenneté.
Le copropriétaire d'une haie mitoyenne
peut la détruire jusqu'à la limite de sa propriété, à la charge de construire un mur sur
cette limite.
La même règle est applicable au copropriétaire d'un fossé mitoyen qui ne sert qu'à
la clôture.

§ 1. LÉGISLATION ANTÉRIEURE A LA LOI DU
20 AOÛT 1881 : R. v° *Servit.*, 571 s. — S. *eod.* v°,
207 s.
§ 2. LOI DU 20 AOÛT 1881 : S. v° *Servit.*, 218 s.
— V. aussi N. C. civ. ann., t. 1, art. 668. — D. P.
82. 4. 7.

Art. 669. (*L. 20 août 1881.*) Tant que
dure la mitoyenneté de la haie, les produits en appartiennent aux propriétaires par
moitié.

§ 1. LÉGISLATION ANTÉRIEURE A LA LOI DU
20 AOÛT 1881 : R. v° *Servit.*, 583.
§ 2. LOI DU 20 AOÛT 1881 : S. *eod.* v°, 220 s. —
D. P. 82. 4. 7.

Art. 670. (*L. 20 août 1881.*) Les arbres
qui se trouvent dans la haie mitoyenne sont
mitoyens comme la haie. Les arbres plantés
sur la ligne séparative de deux héritages sont
aussi réputés mitoyens. Lorsqu'ils meurent
ou lorsqu'ils sont coupés ou arrachés, ces
arbres sont partagés par moitié. Les fruits
sont recueillis à frais communs et partagés
aussi par moitié, soit qu'ils tombent naturellement, soit que la chute en ait été provoquée, soit qu'ils aient été cueillis.
Chaque propriétaire a le droit d'exiger que
les arbres mitoyens soient arrachés.

§ 1. LÉGISLATION ANTÉRIEURE A LA LOI DU
20 AOÛT 1881 : R. v° *Servit.*, 209.
§ 2. LOI DU 20 AOÛT 1881 : S. v° *Servit.*, 222 s.
— V. aussi N. C. civ. ann., t. 1, art. 670, n°° 1 s. —
D. P. 82. 4. 7.

Art. 671. (*L. 20 août 1881.*) Il n'est
permis d'avoir des arbres, arbrisseaux et
arbustes près de la limite de la propriété
voisine qu'à la distance prescrite par les
règlements particuliers actuellement existants, ou par les usages constants et reconnus, et, à défaut de règlements et usages,
qu'à la distance de deux mètres de la ligne
séparative des deux héritages pour les plantations dont la hauteur dépasse deux mètres,
et à la distance d'un demi-mètre pour les
autres plantations.
Les arbres, arbustes et arbrisseaux de
toute espèce peuvent être plantés en espaliers, de chaque côté du mur séparatif, sans
que l'on soit tenu d'observer aucune distance,
mais ils ne pourront dépasser la crête du
mur.

Si le mur n'est pas mitoyen, le propriétaire seul a le droit d'y appuyer ses espaliers.

§ 1. LÉGISLATION ANTÉRIEURE A LA LOI DU 20 AOUT 1881 : R. v° *Servit.*, 619 s., 630 s. — S. *cod.* v°, 224 s.

§ 2. LOI DU 20 AOUT 1881 : S. v° *Servit.*, 224 s. — T. (87-97), *cod.* v°, 217 s. — V. aussi N. C. civ. ann., t. 1, art. 671, n° 1 s. — D. P. 82. 4. 7.

Art. 672. (*L. 20 août 1881.*) Le voisin peut exiger que les arbres, arbrisseaux et arbustes, plantés à une distance moindre que la distance légale, soient arrachés ou réduits à la hauteur déterminée dans l'article précédent, à moins qu'il n'y ait titre, destination du père de famille ou prescription trentenaire.

Si les arbres meurent, ou s'ils sont coupés ou arrachés, le voisin ne peut les remplacer qu'en observant les distances légales.

§ 1. LÉGISLATION ANTÉRIEURE A LA LOI DU 20 AOUT 1881 : R. v° *Servit.*, 605 s. — S. *cod.* v°, 237 s.

§ 2. LOI DU 20 AOUT 1881 : S. v° *Servit.*, 226, 233 s. — T. (87-97), *cod.* v°, 217 s. — C. ad., t. 2, v° *Sepulture*, p. 402, n° 178-179. — V. aussi N. C. civ. ann., t. 1. art. 672, n° 1 s. — D. P. 82. 4. 7.

Art. 673. (*L. 20 août 1881.*) Celui sur la propriété duquel avancent les branches des arbres du voisin peut contraindre celui-ci à les couper. Les fruits tombés naturellement de ces branches lui appartiennent.

Si ce sont les racines qui avancent sur son héritage, il a le droit de les y couper lui-même.

Le droit de couper les racines ou de faire couper les branches est imprescriptible.

§ 1. LÉGISLATION ANTÉRIEURE A LA LOI DU 20 AOUT 1881 : R. v° *Servit.*, 629 s. — S. *cod.* v°, 222.

§ 2. LOI DU 20 AOUT 1881 : S. v° *Servit.*, 223 s. — V. aussi N. C. civ. ann., t. 1, art. 673, n° 1 s. — D. P. 82. 4. 7.

SECTION II.

De la distance et des ouvrages intermédiaires requis pour certaines constructions.

Art. 674. Celui qui fait creuser un puits ou une fosse d'aisances près d'un mur mitoyen ou non ;

Celui qui veut y construire cheminée ou âtre, forge, four ou fourneau,

Y adosser une étable,

Ou établir contre ce mur un magasin de sel ou amas de matières corrosives,

Est obligé à laisser la distance prescrite par les règlements et usages particuliers sur ces objets, ou à faire les ouvrages prescrits par les mêmes règlements et usages, pour éviter de nuire au voisin. — *Civ.* 552, 657, 662, 1159, 1382 ; *L.* 25 mai 1838, *art.* 6.

R. v° *Servit.*, 681 s. — S. *cod.* v°, 243 s. — T. (87-97), *cod.* v°, 296 s. — C. ad., t. 1, v° *Commune*, p. 524, n° 2841 s.; p. 582, n° 4939 s.; p. 587, n° 5148, 5152, 5182 s., p. 597, n° 5306.

SECTION III.

Des vues sur la propriété de son voisin.

Art. 675. L'un des voisins ne peut, sans le consentement de l'autre, pratiquer dans le mur mitoyen aucune fenêtre ou ouverture, en quelque manière que ce soit, même à verre dormant. — *Civ.* 651 s., 657, 662, 688 s.

R. v° *Servit.*, 526 s., 723 s. — S. *cod.* v°, 188 s., 247 s.

Art. 676. Le propriétaire d'un mur non mitoyen, joignant immédiatement l'héritage d'autrui, peut pratiquer dans ce mur des jours ou fenêtres à fer maillé et verre dormant.

Ces fenêtres doivent être garnies d'un treillis de fer, dont les mailles auront un décimètre [environ trois pouces huit lignes] d'ouverture au plus, et d'un châssis à verre dormant. — *Civ.* 654, 661.

Art. 677. Ces fenêtres ou jours ne peuvent être établis qu'à vingt-six décimètres

[huit pieds] au-dessus du plancher ou sol de la chambre qu'on veut éclairer, si c'est a rez-de-chaussée, et à dix-neuf décimètres [six pieds] au-dessus du plancher pour les étages supérieurs.

R. v° *Servit.*, 723. — S. *cod.* v°, 247 s. — T. (87-97), *cod.* v°, 233 s.

Art. 678. On ne peut avoir des vues droites ou fenêtres d'aspect, ni balcons ou autres semblables saillies sur l'héritage clos ou non clos de son voisin, s'il n'y a dix-neuf décimètres [six pieds] de distance entre le mur où on les pratique et ledit héritage. — *Civ.* 552, 680, 688, 689, 690.

Art. 679. On ne peut avoir des vues par côté ou obliques sur le même héritage, s'il n'y a six décimètres [deux pieds] de distance. — *Civ.* 552, 680, 688.

R. v° *Servit.*, 740 s. — S. *cod.* v°, 251 s. — T. (87-97), *cod.* v°, 236 s. — V. aussi N. C. civ. ann., t. 1, art. 678-679, n° 1 s.

Art. 680. La distance dont il est parlé dans les deux articles précédents, se compte depuis le parement extérieur du mur où l'ouverture se fait, et, s'il y a balcons ou autres semblables saillies, depuis leur ligne extérieure jusqu'à la ligne de séparation des deux propriétés.

R. v° *Servit.*, 740 s. — S. *cod.* v°, 251 s.

SECTION IV.

De l'égout des toits.

Art. 681. Tout propriétaire doit établir des toits de manière que les eaux pluviales s'écoulent sur son terrain ou sur la voie publique ; il ne peut les faire verser sur le fonds de son voisin. — *Civ.* 640, 688, 691, 1382.

R. v° *Servit.*, 789 s. — S. *cod.* v°, 266 s. — C. ad., t. 3, v° *Voirie*, p. 1385, n° 2303 s.

SECTION V.

Du droit de passage.

Art. 682. (*L. 20 août 1881.*) Le propriétaire dont les fonds sont enclavés et qui n'a sur la voie publique aucune issue, ou qu'une issue insuffisante pour l'exploitation, soit agricole, soit industrielle, de sa propriété, peut réclamer un passage sur les fonds de ses voisins, à la charge d'une indemnité proportionnée au dommage qu'il peut occasionner. — *Civ.* 545, 647, 651 s., 691 s., 700 s., 1119, 1833 ; *Pén.* 471-13° et 1°, 475-9° et 10°, 479-10°.

Art. 683. (*L. 20 août 1881.*) Le passage doit régulièrement être pris du côté où le trajet est le plus court du fonds enclavé à la voie publique.

Néanmoins il doit être fixé dans l'endroit le moins dommageable à celui sur le fonds duquel il est accordé.

Art. 684. (*L. 20 août 1881.*) Si l'enclave résulte de la division d'un fonds par suite d'une vente, d'un échange, d'un partage ou de tout autre contrat, le passage ne peut être demandé que sur les terrains qui ont fait l'objet de ces actes.

Toutefois, dans le cas où un passage suffisant ne pourrait être établi sur les fonds divisés, l'article 682 serait applicable.

§ 1. LÉGISLATION ANTÉRIEURE A LA LOI DU 20 AOUT 1881 : R. v° *Servit.*, 816 s. — S. *cod.* v°, 273 s.

§ 2. LOI DU 20 AOUT 1881 : S. *cod.* v°, 273 s. — T. (87-97), *cod.* v°, 203 s. — V. aussi N. C. civ. ann., t. 1, art. 682 à 684. — D. P. 82. 4. 7.

Art. 685. (*L. 20 août 1881.*) L'assiette et le mode de servitude de passage pour cause d'enclave sont déterminés par trente ans d'usage continu.

L'action en indemnité, dans le cas prévu par l'article 682, est prescriptible, et le passage peut être continué, quoique l'action en indemnité ne soit plus recevable.

§ 4. LÉGISLATION ANTÉRIEURE A LA LOI DU

20 AOUT 1881 : R. v° *Servit.*, 830 s. — S. *cod.* v°, 304 s.

§ 2. LOI DU 20 AOUT 1881 : S. v° *Servit.* 304 s. — T. (87-97), *cod.* v°, 207 s. — V. aussi N. C. civ. ann., t. 1, art. 685. — D. P. 82. 4. 7.

CHAPITRE III.

Des servitudes établies par le fait de l'homme.

SECTION PREMIÈRE.

Des diverses espèces de servitudes qui peuvent être établies sur les biens.

Art. 686. Il est permis aux propriétaires d'établir sur leurs propriétés, ou en faveur de leurs propriétés, telles servitudes que bon leur semble, pourvu néanmoins que les services établis ne soient imposés ni à la personne, ni en faveur de la personne, mais seulement à un fonds et pour un fonds, et pourvu que ces services n'aient d'ailleurs rien de contraire à l'ordre public.

L'usage et l'étendue des servitudes ainsi établies se règlent par le titre qui les constitue ; à défaut de titre, par les règles ci-après. — *Civ.* 6, 544, 628 s., 690 s., 893, 900, 1133, 1131, 1172, 1710, 1780, 2177.

R. v° *Servit.*, 941 s. — S. *cod.* v°, 340 s. — V. aussi N. C. civ. ann., t. 1, art. 686, n° 1 s.

Art. 687. Les servitudes sont établies ou pour l'usage des bâtiments, ou pour celui des fonds de terre.

Celles de la première espèce s'appellent *urbaines*, soit que les bâtiments auxquels elles sont dues, soient situés à la ville ou à la campagne.

Celles de la seconde espèce se nomment *rurales*.

R. v° *Servit.*, 3.

Art. 688. Les servitudes sont ou continues, ou discontinues.

Les servitudes continues sont celles dont l'usage est ou peut être continuel sans avoir besoin du fait actuel de l'homme : tels sont les conduites d'eau, les égouts, les vues et autres de cette espèce.

Les servitudes discontinues sont celles qui ont besoin du fait actuel de l'homme pour être exercées : tels sont les droits de passage, puisage, pacage, et autres semblables. — *Civ.* 675 s., 681, 682, 690 s., 703 s., 706 s.

Art. 689. Les servitudes sont apparentes, ou non apparentes.

Les servitudes apparentes sont celles qui s'annoncent par des ouvrages extérieurs, tels qu'une porte, une fenêtre, un aqueduc.

Les servitudes non apparentes sont celles qui n'ont pas de signe extérieur de leur existence, comme, par exemple, la prohibition de bâtir sur un fonds, ou de ne bâtir qu'à une hauteur déterminée. — *Civ.* 675 s., 690 s., 703 s., 706 s., 1638.

R. v° *Servit.*, 1095, 1117 s., 1205. — S. *cod.* v°, 411 s.

SECTION II.

Comment s'établissent les servitudes.

Art. 690. Les servitudes continues et apparentes s'acquièrent par titre, ou par la possession de trente ans. — *Civ.* 640 s., 688, 689, 706 s., 2228 s., 2232 s., 2262, 2261.

R. v° *Servit.*, 977 s., 1016 s., 1089 s., 1120 s. — S. *cod.* v°, 347 s., 401 s., 415. — T. (87-97), *cod.* v°, 318 s. — V. aussi N. C. civ. ann., t. 1, art. 690, n° 1 s.

Art. 691. Les servitudes continues non apparentes, et les servitudes discontinues, apparentes ou non apparentes, ne peuvent s'établir que par titres.

La possession même immémoriale ne suffit pas pour les établir ; sans cependant qu'on puisse attaquer aujourd'hui les servitudes de cette nature déjà acquises par la possession, dans les pays où elles pouvaient s'acquérir

ette manière. — *Civ.* 2. 688. 689. 700 s..
. 2232, 2281.

v° *Servit.*, 902 s., 977 s., 1018 s., 1073 s., 1009 s.,
cod. r°, 312 s., 347 s. 395 s., 401 s. — T. (87-97),
r°, 318 s. — V. aussi N. C. civ. ann., t. 1,
391, n° 1 s.

ce qui concerne : 1° la prescription des servitudes
es communes; 2° la prescription de la copropriété
remins d'exploitation et de desserte et la prescrip-
des servitudes sur ces chemins, V. N. C. civ. ann.,
p. 1186 s.

rt. 692. La destination du père de
lle vaut titre à l'égard des servitudes
inues et apparentes. — *Civ.* 688. 694.

rt. 693. Il n'y a destination du père
amille que lorsqu'il est prouvé que les
fonds actuellement divisés ont appar-
au même propriétaire, et que c'est par
que les choses ont été mises dans l'état
lel résulte la servitude. — *Civ.* 705.

v° *Servit.*, 1696 s. — S. *cod.* r°. 307 s. —
7-97), *cod.* r°. 345 s.

rt. 694. Si le propriétaire de deux
tages entre lesquels il existe un signe
rent de servitude. dispose de l'un des
tages sans que le contrat contienne
ne convention relative à la servitude.
continue d'exister activement ou passi-
ent en faveur du fonds aliéné ou sur le
s aliéné. — *Civ.* 692, 693, 700, 1615, 1638.

v° *Servit.*, 1918 s. — S. *cod.* r°, 380 s. —
7-97), *cod.* r°, 345 s.

rt. 695. Le titre constitutif de la ser-
le. à l'égard de celles qui ne peuvent
quérir par la prescription, ne peut être
placé que par un titre récognitif de la
tude, et émané du propriétaire du fonds
ni. — *Civ.* 691, 1337, 1338.

v° *Servit.*, 993. — S. *cod.* r°, 358 s. — T. (87-97),
r°, 381 s.

rt. 696. Quand on établit une servi-
. on est censé accorder tout ce qui est
saire pour en user.

nsi la servitude de puiser de l'eau à la
aine d'autrui. emporte nécessairement
roit de passage. — *Civ.* 697 s.

v° *Servit.*, 1141 s. — S. *cod.* r°, 423 s.

SECTION III.

Des droits du propriétaire du fonds
auquel la servitude est due.

rt. 697. Celui auquel est due une ser-
de, a droit de faire tous les ouvrages

nécessaires pour en user et pour la conserver.
— *Civ.* 696, 698 s.

Art. 698. Ces ouvrages sont à ses frais,
et non à ceux du propriétaire du fonds assujetti, à moins que le titre d'établissement de
la servitude ne dise le contraire. — *Civ.* 699.

Art. 699. Dans le cas même où le propriétaire du fonds assujetti est chargé par le
titre de faire à ses frais les ouvrages nécessaires pour l'usage ou la conservation de la
servitude, il peut toujours s'affranchir de la
charge. en abandonnant le fonds assujetti au
propriétaire du fonds auquel la servitude est
due. — *Civ.* 656.

R. v° *Servit.*, 1143 s. — S. *cod* r°, 428 s.

Art. 700. Si l'héritage pour lequel la
servitude a été établie vient à être divisé,
la servitude reste due pour chaque portion,
sans néanmoins que la condition du fonds
assujetti soit aggravée.

Ainsi, par exemple. s'il s'agit d'un droit
de passage. tous les copropriétaires seront
obligés de l'exercer par le même endroit. —
Civ. 682 s., 691, 702, 1217, 1218, 1222 s.

R. v° *Servit.*, 1185 s. — S. *cod.* r°, 181 s.

Art. 701. Le propriétaire du fonds débiteur de la servitude ne peut rien faire qui
tende à en diminuer l'usage ou à le rendre
plus incommode.

Ainsi, il ne peut changer l'état des lieux,
ni transporter l'exercice de la servitude dans
un endroit différent de celui où elle a été
primitivement assignée.

Mais cependant. si cette assignation primitive était devenue plus onéreuse au propriétaire du fonds assujetti. ou si elle l'empê-
chait d'y faire des réparations avantageuses.
il pourrait offrir au propriétaire de l'autre
fonds un endroit aussi commode pour l'exercice de ses droits. et celui-ci ne pourrait
pas le refuser. — *Civ.* 640, 683, 681, 1382 s.

R. v° *Servit.*, 1170 s. — S. *cod.* r°, 445 s. —
T. (87-97), *cod.* r°, 434 s. — C. ad., t. 3, v° *Travaux*
publics, p. 328, n° 900 s. — V. aussi N. C. civ. ann.,
t. 1, art. 701, n° 1 s.

Art. 702. De son côté. celui qui a un
droit de servitude. ne peut en user que suivant son titre, sans pouvoir faire ni dans le
fonds qui doit la servitude. ni dans le fonds
à qui elle est due. de changement qui aggrave la condition du premier. — *Civ.* 640.

R. v° *Servit.*, 1141 s. — S. *cod.* r°, 425 s. —
T. (87-97), *cod.* r°, 423 s. — V. aussi N. C. civ. ann.,
t. 1. art. 702, n° 1 s.

SECTION IV.

Comment les servitudes s'éteignent.

Art. 703. Les servitudes cessent lorsque
les choses se trouvent en tel état qu'on ne
peut plus en user. — *Civ.* 617 s., 623, 624,
665, 1234, 1302, 1303.

R. v° *Servit.*, 1210 s. — S. *cod.* r°. 479 s. —
T. (87-97), *cod.* r°, 443 s.

Art. 704. Elles revivent si les choses
sont rétablies de manière qu'on puisse en
user : à moins qu'il ne se soit déjà écoulé un
espace de temps suffisant pour faire présumer l'extinction de la servitude, ainsi qu'il
est dit à l'article 707. — *Civ.* 665. 2177.

R. v° *Servit.*, 1243 s. — S. *cod.* r°, 485 s.

Art. 705. Toute servitude est éteinte
lorsque le fonds à qui elle est due. et celui
qui la doit. sont réunis dans la même main.
— *Civ.* 617, 692 s., 1300 s., 2177.

R. v° *Servit.*, 1222 s. — S. *cod.* r°, 485 s.

Art. 706. La servitude est éteinte par
le non-usage pendant trente ans. — *Civ.* 641 s.,
665, 690, 705 s., 2262, 2264.

Art. 707. Les trente ans commencent à
courir. selon les diverses espèces de servitudes. ou du jour où l'on a cessé d'en jouir,
lorsqu'il s'agit de servitudes discontinues,
ou du jour où il a été fait un acte contraire
à la servitude, lorsqu'il s'agit de servitudes
continues. — *Civ.* 641 s., 688. 708. 709.

R. v° *Servit.*, 1228 s. — S. *cod.* r°, 490 s. —
T. (87-97), *cod.* r°, 459 s.

Sur les causes d'extinction des servitudes non énumé-
rées par le Code, V. N. C. civ. ann., t. 1. p. 1211 s.

Art. 708. Le mode de la servitude peut
se prescrire comme la servitude même, et
de la même manière. — *Civ.* 706, 2262.

R. v° *Servit.*, 1253 s. — S. *cod.* r°, 595 s.

Art. 709. Si l'héritage en faveur duquel
la servitude est établie appartient à plusieurs
par indivis. la jouissance de l'un empêche
la prescription à l'égard de tous. — *Civ.* 815,
1199, 1206, 1217 s., 1222 s., 2249 s.

Art. 710. Si parmi les copropriétaires
il s'en trouve un contre lequel la prescription n'ait pu courir. comme un mineur, il
aura conservé le droit de tous les autres. —
Civ. 2252.

R. v° *Servit.*, 1251 s. — S. *cod.* r°, 492.,

LIVRE TROISIÈME.

DES DIFFÉRENTES MANIÈRES DONT ON ACQUIERT LA PROPRIÉTÉ.

DISPOSITIONS GÉNÉRALES.

été le 2° germ. an XI (19 avril 1803). et promulgué
le 9 flor. an XI (29 avril 1803).

rt. 711. La propriété des biens s'ac-
ert et se transmet par succession, par
ation entre vifs ou testamentaire, et par
et des obligations. — *Civ.* 544 s., 711,
s., 893 s., 938, 1101 s., 1138.

rt. 712. La propriété s'acquiert aussi
accession ou incorporation. et par pres-
tion. — *Civ.* 516 à 577. 2219 s., 2279.

v° *Propriété,* 170 s. — S. *cod.* r°. 73 s. —
7-97), *cod.* r°, 68, 69 s. — C. ad., t. 3. v° *Tra-*
w publics, p. 370 à 518; *Mines,* p. 958, n° 2490 s.;
v° *Eaux,* p. 193, n° 4450 s; *Orgon. mori-*
, p. 794, n° 2707 s. — V. aussi N. C. civ. ann.,
ait. 711-712, n° 1 s.

Art. 713. Les biens qui n'ont pas de
maître. appartiennent à l'État. — *Civ.* 539 s.,
768.

R. v° *Propriété.* 179. — S. *cod.* r°, 76.

Art. 714. Il est des choses qui n'appartiennent à personne et dont l'usage est commun à tous.

Des lois de police règlent la manière d'en
jouir. — *Civ.* 538, 540 s.

R. v° *Propriété.* 78. — S. *cod.* r°, 78. — C. ad.,
t. 3, v° *Eaux,* p. 171, n° 3873 s.

Art. 715. La faculté de chasser ou de
pêcher est également réglée par des lois particulières.

V. la loi du 15 avril 1829 (R. v° *Pêche fluviale,* p. 443 ;—
et C. for. ann., p. 670 s.) sur la pêche fluviale, modifiée
par celles du 6 juin 1840 (R. v° *Pêche fluviale,* p. 448 ;— et
C. for. ann., p. 674 s.). du 18 novembre 1838 (D. P. 96. 4.
15) et du 26 janvier 1902 (D.P. 1902. 4. 91) ; la loi du 31 mai

1853. relative à la pêche D. P. 63. 4. 37 ;— et C. for. ann.,
p. 728 s.. — V. aussi la loi du 3 mai 1844 (R. v° *Chasse*,
p. 41 s.— et C. for. ann., p. 747 s.) sur la police de la
chasse. modifiée par les lois du 22 janvier 1874 (D. P. 74.
4. 49) et du 16 février 1838 (D. P. 95. 4. 79).

Art. 716. La propriété d'un trésor appartient à celui qui le trouve dans son
propre fonds : si le trésor est trouvé dans le
fonds d'autrui, il appartient pour moitié à
celui qui l'a découvert. et pour l'autre moitié
au propriétaire du fonds.

Le trésor est toute chose cachée ou enfouie
sur laquelle personne ne peut justifier sa
propriété. et qui est découverte par le pur
effet du hasard. — *Civ.* 55°.

R. v° *Propriété,* 186 s. — S. *cod.* r°, 77 s. —
V. aussi N. C. civ. ann., t. 2. art. 710, n° 1 s.

Art. 717. Les droits sur les effets jetés
à la mer, sur les objets que la mer rejette,

de quelque nature qu'ils puissent être, sur les plantes et herbages qui croissent sur les rivages de la mer, sont aussi réglés par des lois particulières.

Il en est de même des choses perdues dont le maître ne se représente pas. — *Civ.* 2279, 2280; *Com.* 410 s.

R. v° *Propriété,* 208 s. — **S.** *eod.* v°, 93 s. — V. aussi **N. C. civ. ann.**, t. 2, art. 717, n° 1 s.

En ce qui concerne : 1° les valeurs confiées à la poste ou trouvées dans le service des postes. — V. la loi de finances du 30 janv. 1907, art. 31 à 34 (D. P. 1907. 4. 21); 2° les objets abandonnés ou laissés en gage par les voyageurs aux aubergistes ou aux hôteliers, V. la loi du 31 mars 1896 (D. P. 96. 4. 33; et infrà, Appendice); 3° les objets abandonnés chez les ouvriers et industriels, V. la loi du 31 décembre 1903 (D. P. 1904. 4. 7; et infrà, Appendice), modifiée par la loi du 7 mars 1905; 4° les objets laissés dans les greffes à l'occasion des procès civils ou criminels, V. les ordonnances du 27 février 1829 et du 9 juin 1831 (R. v° Vente publ. de meubles, p. 1091).

TITRE PREMIER.

Des successions.

Décrété le 29 germ. an XI (19 avril 1803), et promulgué le 9 flor. an XI (29 avr. 1803).

CHAPITRE PREMIER.

De l'ouverture des successions, et de la saisine des héritiers.

Art. 718. Les successions s'ouvrent par la mort naturelle *et par la mort civile.* — *Civ.* 23, 25 s., 130 s., 711, 719 s., 726; *Pén.* 18.

R. v° *Success.,* 42 s. — S. *eod.* v°, 17 s. — T. (87-97). *eod.* v°, 2 s.

Art. 719. *Abrogé par L. 31 mai* 1854.

Art. 720. Si plusieurs personnes respectivement appelées à la succession l'une de l'autre, périssent dans un même événement, sans qu'on puisse reconnaître laquelle est décédée la première, la présomption de survie est déterminée par les circonstances du fait, et, à leur défaut, par la force de l'âge ou du sexe. — *Civ.* 1350, 1352.

Art. 721. Si ceux qui ont péri ensemble avaient moins de quinze ans, le plus âgé sera présumé avoir survécu.

S'ils étaient tous au-dessus de soixante ans, le moins âgé sera présumé avoir survécu.

Si les uns avaient moins de quinze ans et les autres plus de soixante, les premiers seront présumés avoir survécu. — *Civ.* 1350, 1352.

Art. 722. Si ceux qui ont péri ensemble avaient quinze ans accomplis et moins de soixante, le mâle est toujours présumé avoir survécu, lorsqu'il y a égalité d'âge, ou si la différence qui existe n'excède pas une année.

S'ils étaient du même sexe, la présomption de survie, qui donne ouverture à la succession dans l'ordre de la nature, doit être admise : ainsi le plus jeune est présumé avoir survécu au plus âgé. — *Civ.* 1350, 1352.

R. v° *Success.,* 44 s. — S. *eod.* v°, 20 s. — T. (87-97), *eod.* v°, 2 s.

Art. 723. (*L.* 25 *mars* 1896). La loi règle l'ordre de succéder entre les héritiers légitimes et les héritiers naturels. A leur défaut, les biens passent à l'époux survivant, et, s'il n'y en a pas, à l'État. — *Civ.* 539, 713 s., 731 s., 756 s., 767 s., 908, 913, 915.

Art. 724. (*L.* 25 *mars* 1896). Les héritiers légitimes et les héritiers naturels sont saisis de plein droit des biens, droits et actions du défunt, sous l'obligation d'acquitter toutes les charges de la succession.

L'époux survivant et l'État doivent se faire envoyer en possession. — *Civ.* 419, 731 s., 769 s., 802, 811 s., 870 s., 1004 s., 1011 s., 1026, 1032, 1122, 1220, 1300 s., 1482 s., 1742,

2017, 2235, 2237; *Pr.* 59-6°; *Com.* 64, 478, 614; *Instr.* 2.

§ 1. LÉGISLATION ANTÉRIEURE A LA LOI DU 25 MARS 1896 : R. v° *Success.,* 63 s. — S. *eod.* v°, 29 s. — T. (87-97), *eod.* v°, 12 s.

§ 2. LOI DU 25 MARS 1896 : N. C. civ. ann., t. 2, art. 723 et 724, n° 1 s. — D. P. 96. 4. 20.

CHAPITRE II.

Des qualités requises pour succéder.

Art. 725. Pour succéder, il faut nécessairement exister à l'instant de l'ouverture de la succession.

Ainsi, sont incapables de succéder :

1° Celui qui n'est pas encore conçu ;

2° L'enfant qui n'est pas né viable ;

3° *Celui qui est mort civilement.* — *Civ.* 23 s., 135 s., 312 718 s., 906, 1039; *Pén.* 18; *L.* 31 *mai* 1854.

R. v° *Success.,* 82 s. — S. *eod.* v°, 48 s. — V. aussi N. C. civ. ann., t. 2, art. 725, n° 1 s.

Art. 726. *Abrogé par L.* 14 *juillet* 1819.

V. *infrà,* Appendice, *la loi du 14 juillet 1819, relative à l'abolition du droit d'aubaine et de détraction.*

Art. 727. Sont indignes de succéder, et, comme tels, exclus des successions :

1° Celui qui sera condamné pour avoir donné ou tenté de donner la mort au défunt ;

2° Celui qui a porté contre le défunt une accusation capitale jugée calomnieuse ;

3° L'héritier majeur qui, instruit du meurtre du défunt, ne l'aura pas dénoncé à la justice. — *Civ.* 728 s. ; *Pr.* 2, 295 s., 319 s.; *Instr.* 30, 358-3°.

R. v° *Success.,* 126 s. — S. *eod.* v°, 92 s. — V. aussi N. C. civ. ann., t. 2, art. 727-728, n° 1 s.

Art. 728. Le défaut de dénonciation ne peut être opposé aux ascendants et descendants du meurtrier, ni à ses alliés au même degré, ni à son époux ou à son épouse, ni à ses frères ou sœurs, ni à ses oncles et tantes, ni à ses neveux et nièces. — *Instr.* 30 s.

R. v° *Success.,* 143 s. — S. *eod.* v°, 105. — V. aussi N. C. civ. ann., t. 2, art. 727-728, n° 1 s.

Art. 729. L'héritier exclu de la succession pour cause d'indignité, est tenu de rendre tous les fruits et les revenus dont il a eu la jouissance depuis l'ouverture de la succession. — *Civ.* 549, 583 s. ; *Pr.* 129, 526.

R. v° *Success.,* 151 s. — S. *eod.* v°, 111 s.

Art. 730. Les enfants de l'indigne, venant à la succession de leur chef, et sans le secours de la représentation, ne sont pas exclus pour la faute de leur père ; mais celui-ci ne peut, en aucun cas, réclamer, sur les biens de cette succession, l'usufruit que la loi accorde aux pères et mères sur les biens de leurs enfants. — *Civ.* 384 s., 739 s., 787.

R. v° *Success.,* 159 s. — S. *eod.* v°, 116 s.

CHAPITRE III.

Des divers ordres de succession.

SECTION PREMIÈRE.

Dispositions générales.

Art. 731. Les successions sont déférées aux enfants et descendants du défunt, à ses ascendants et à ses parents collatéraux, dans l'ordre et suivant les règles ci-après déterminées. — *Civ.* 723 s., 733 s., 745 s.

Art. 732. La loi ne considère ni la nature ni l'origine des biens pour en régler la succession. — *Civ.* 351 s., 745, 746 s., 752 s., 766, 896 s.

Art. 733. Toute succession échue à des ascendants ou à des collatéraux, se divise en deux parts égales : l'une pour les parents de la ligne paternelle, l'autre pour les parents de la ligne maternelle.

Les parents utérins ou consanguins ne sont pas exclus par les germains ; mais ils

ne prennent part que dans leur ligne, sauf ce qui sera dit à l'article 752. Les germains prennent part dans les deux lignes.

Il ne se fait aucune dévolution d'une ligne à l'autre, que lorsqu'il ne se trouve aucun ascendant ni collatéral de l'une des deux lignes. — *Civ.* 734 s., 746, 748, 750 s., 755.

Art. 734. Cette première division opérée entre les lignes paternelle et maternelle, il ne se fait plus de division entre les diverses branches ; mais la moitié dévolue à chaque ligne appartient à l'héritier ou aux héritiers les plus proches en degrés, sauf le cas de la représentation, ainsi qu'il sera dit ci-après. — *Civ.* 735 s., 739 s., 743, 755.

Art. 735. La proximité de parenté s'établit par le nombre de générations ; chaque génération s'appelle un *degré.* — *Civ.* 736 s.

Art. 736. La suite des degrés forme la ligne : on appelle *ligne directe* la suite des degrés entre personnes qui descendent l'une de l'autre ; *ligne collatérale,* la suite des degrés entre personnes qui ne descendent pas les unes des autres, mais qui descendent d'un auteur commun.

On distingue la ligne directe, en ligne directe descendante et ligne directe ascendante.

La première est celle qui lie le chef avec ceux qui descendent de lui ; la deuxième est celle qui lie une personne avec ceux dont elle descend.

Art. 737. En ligne directe, on compte autant de degrés qu'il y a de générations entre les personnes : ainsi le fils est, à l'égard du père, au premier degré ; le petit-fils, au second ; et réciproquement du père et de l'aïeul à l'égard des fils et petits-fils.

Art. 738. En ligne collatérale, les degrés se comptent par les générations, depuis l'un des parents jusques et non compris l'auteur commun, et depuis celui-ci jusqu'à l'autre parent.

Ainsi, deux frères sont au deuxième degré ; l'oncle et le neveu sont au troisième degré ; les cousins germains au quatrième ; ainsi de suite. — *Civ.* 755.

R. v° *Success.,* 162 s. — S. *eod.* v°, 119 s.

SECTION II.

De la représentation.

Art. 739. La représentation est une fiction de la loi, dont l'effet est de faire entrer les représentants à la place, dans le degré et dans les droits du représenté. — *Civ.* 730, 734, 750, 759, 787, 848.

Art. 740. La représentation a lieu à l'infini dans la ligne directe descendante.

Elle est admise dans tous les cas, soit que les enfants du défunt concourent avec les descendants d'un enfant prédécédé, soit que tous les enfants du défunt étant morts avant lui, les descendants desdits enfants se trouvent entre eux en degrés égaux ou inégaux. — *Civ.* 735 s., 743 s., 745, 759, 1051.

Art. 741. La représentation n'a pas lieu en faveur des ascendants ; le plus proche, dans chacune des deux lignes, exclut toujours le plus éloigné. — *Civ.* 746 s.

Art. 742. En ligne collatérale, la représentation est admise en faveur des enfants et descendants de frères ou sœurs du défunt, soit qu'ils viennent à sa succession concurremment avec des oncles ou tantes, soit que tous les frères et sœurs du défunt étant prédécédés, la succession se trouve dévolue à leurs descendants en degrés égaux ou inégaux. — *Civ.* 750 s.

Art. 743. Dans tous les cas où la représentation est admise, le partage s'opère par souche : si une même souche a produit plusieurs branches, la subdivision se fait aussi par souche dans chaque branche, et les membres de la même branche partagent e eux par tête. — *Civ.* 733 s., 753, 815 s.; 966 s.

rt. 744. On ne représente pas les personnes vivantes, mais seulement celles qui mortes naturellement *ou civilement.*

a peut représenter celui à la succession uel on a renoncé. — *Civ.* 23 s., 25, 135 s., 730, 750, 781 s.; *Pén.* 18; *L.* 31 mai

v* *Success.*, 185 s.

SECTION III.
s successions déférées aux descendants.

rt. 745. Les enfants ou leurs descendes succèdent à leurs père et mère, aïeuls, es, ou autres ascendants, sans distinc-de sexe ni de primogéniture, et encore s soient issus de différents mariages.

succèdent par égales portions et par quand ils sont tous au premier degré ppelés de leur chef : ils succèdent par be, lorsqu'ils viennent tous ou en partie représentation. — *Civ.* 312, 333, 350, 731 s., 735 s., 739 s., 756 s., 913 s., s.

v* *Success.*, 199 s.

SECTION IV.
s successions déférées aux ascendants.

rt. 746. Si le défunt n'a laissé ni pos-, ni frère, ni sœur, ni descendants, la succession se divise par moitié entre scendants de la ligne paternelle et les dants de la ligne maternelle.

scendant qui se trouve au degré le plus ie recueille la moitié affectée à sa ligne, clusion de tous autres.

s ascendants au même degré succèdent ête. — *Civ.* 724, 731 s., 733 s., 737, 741, ., 750 s., 753, 765, 915.

rt. 747. Les ascendants succèdent, à usion de tous autres, aux choses par lonnées à leurs enfants ou descendants Jés sans postérité, lorsque les objets és se retrouvent en nature dans la suc-

les objets ont été aliénés, les ascendants cillent le prix qui peut en être dû. Ils dent aussi à l'action en reprise que ait avoir le donataire. — *Civ.* 351 s., 951 s.

v* *Success.*, 209 s. — *S. cod. v*, 123 s. — -97), v* *Retour légal*, 1 s. — V. aussi N. C. uo., t. 2, art. 747, n°* 1 s.

rt. 748. Lorsque les père et mère d'une me morte sans postérité lui ont sur-, si elle a laissé des frères, sœurs, ou descendants d'eux, la succession se di-en deux portions égales, dont moitié ment est déférée au père et à la mère, a partagent entre eux également.

autre moitié appartient aux frères, sœurs escendants d'eux, ainsi qu'il sera expli-dans la section 5 du présent chapitre. — 751 s., 815; *Pr.* 966 s.

rt. 749. Dans le cas où la personne e sans postérité laisse des frères, sœurs. es descendants d'eux, si le père ou la ê est prédécédé, la portion qui lui aurait évolue conformément au précédent ar-se réunit à la moitié déférée aux frères, 's ou à leurs représentants, ainsi qu'il expliqué à la section 5 du présent cha-. — *Civ.* 751 s.

SECTION V.
Des successions collatérales.

rt. 750. En cas de prédécès des père ère d'une personne morte sans posté-sès frères, sœurs ou leurs descendants appelés à la succession, à l'exclusion ascendants et des autres collatéraux.

Ils succèdent, ou de leur chef, ou par représentation, ainsi qu'il a été réglé dans la section 2 du présent chapitre. — *Civ.* 731 s., 738, 742 s., 752, 766, 787.

Art. 751. Si les père et mère de la personne morte sans postérité lui ont survécu, ses frères, sœurs ou leurs représentants ne sont appelés qu'à la moitié de la succession. Si le père ou la mère seulement a survécu, ils sont appelés à recueillir les trois quarts. — *Civ.* 748 s., 766.

Art. 752. Le partage de la moitié ou des trois quarts dévolus aux frères ou sœurs, aux termes de l'article précédent, s'opère entre eux par égales portions, s'ils sont tous du même lit; s'ils sont de lits différents, la division se fait par moitié entre les deux lignes paternelle et maternelle du défunt; les germains prennent part dans les deux lignes, et les utérins ou consanguins chacun dans leur ligne seulement : s'il n'y a de frères ou sœurs que d'un côté, ils succèdent à la totalité, à l'exclusion de tous autres parents de l'autre ligne. — *Civ.* 733 s., 738, 742.

Art. 753. A défaut de frères ou sœurs ou de descendants d'eux, et à défaut d'ascendants dans l'une ou l'autre ligne, la succession est déférée pour moitié aux ascendants survivants; et pour l'autre moitié, aux parents les plus proches de l'autre ligne.

S'il y a concours de parents collatéraux au même degré, ils partagent par tête. — *Civ.* 733 s., 745, 746, 754.

Art. 754. Dans le cas de l'article précédent, le père ou la mère survivant a l'usufruit du tiers des biens auxquels il ne succède pas en propriété. — *Civ.* 384 s., 578 s., 915.

R. v* *Success.*, 258 s. — S. *eod. v*, 165.

Art. 755. Les parents au delà du douzième degré ne succèdent pas.

A défaut de parents au degré successible dans une ligne, les parents de l'autre ligne succèdent pour le tout. — *Civ.* 733 s.

SECTION VI (*L.* 25 mars 1896).
Des successions déférées aux enfants naturels légalement reconnus et des droits de leurs père et mère dans leur succession.

Art. 756. (*L.* 25 mars 1896.) La loi n'accorde de droits aux enfants naturels sur les biens de leurs père ou mère décédés que lorsqu'ils ont été légalement reconnus. Les enfants naturels légalement reconnus, sont appelés en qualité d'héritiers à la succession de leur père ou de leur mère décédés. — *Civ.* 331 s., 331 s., 723 s., 757 s., 767 s., 908, 913.

§ 1. LÉGISLATION ANTÉRIEURE A LA LOI DU 25 MARS 1896 : R. v* *Success.*, 288 s. - S. *cod. v*, 174 s. — T. (87-97), v* *Success. irrégulière*, 1 s. § 2. LOI DU 25 MARS 1896 : N. C. civ ann., t. 2, art. 756, n°* 1 s. — D. P. 96. 4. 26.

Art. 757. (*L.* 25 mars 1896.) La loi n'accorde aucun droit aux enfants naturels sur les biens des parents de leur père ou de leur mère. — *Civ.*

Art. 758. (*L.* 25 mars 1896.) Le droit héréditaire de l'enfant naturel dans la succession de ses père ou mère est fixé ainsi qu'il suit :

Si le père ou la mère a laissé des descendants légitimes, ce droit est de la moitié de la portion héréditaire qu'il aurait eue s'il eût été légitime. — *Civ.* 745, 750 s., 759 s., 762, 908, 913.

§ 1. LÉGISLATION ANTÉRIEURE A LA LOI DU 25 MARS 1896 : R. v* *Success.*, 278 s. — S. *cod. v*, 167 s. — T. (87-97), v* *Success. irrégulière*, 1 s. § 2. LOI DU 25 MARS 1896 : N. C. civ. ann., t. 2, art. 757 et 758, n°* 1 s. — D. P. 96. 4. 26.

Art. 759. (*L.* 25 mars 1896.) Le droit est des trois quarts, lorsque les père ou mère

---

ne laissent pas de descendants, mais bien des ascendants ou des frères ou sœurs ou des ascendants légitimes de frères ou sœurs. — *Civ.* 750 s., 758, 762, 908, 913.

§ 1. LÉGISLATION ANTÉRIEURE A LA LOI DU 25 MARS 1896 : R. v* *Success.*, 346 s. — S. *cod. v*, 213 s. § 2. LOI DU 25 MARS 1896 : N. C. civ. ann., t. 2, art. 759, n°* 1 s. — D. P. 96. 4. 26.

Art. 760. (*L.* 25 mars 1896.) L'enfant naturel a droit à la totalité des biens lorsque ses père ou mère ne laissent ni descendants, ni ascendants, ni frères ou sœurs, ni descendants légitimes de frères ou sœurs. — *Civ.* 750 s., 758, 762, 908, 913.

§ 1. LÉGISLATION ANTÉRIEURE A LA LOI DU 25 MARS 1896 : R. v* *Success.*, 339 s. — S. *eod. v*, 205 s. § 2. LOI DU 25 MARS 1896 : N. C. civ. ann., t. 2, art. 760, n°* 1 s. — D. P. 96. 4. 26.

Art. 761. (*L.* 25 mars 1896.) En cas de prédécès des enfants naturels, leurs enfants et descendants peuvent réclamer les droits fixés par les articles précédents. — *Civ.* 739 s., 745, 756 s.

§ 1. LÉGISLATION ANTÉRIEURE A LA LOI DU 25 MARS 1896 : R. v* *Success.*, 317 s. — S. *eod. v*, 187 s. § 2. LOI DU 25 MARS 1896 : N. C. civ. ann., t. 2, art. 761, n°* 1 s. — D. P. 96. 4. 26.

En ce qui concerne la faculté (transitoire) pour le père ou la mère, de réduire l'enfant naturel à la moitié de ses droits successifs, V. le commentaire et la jurisprudence de l'art. 9 de la loi du 25 mars 1896, N. C. civ. ann., t. 2, p. 48 s. — V. *en outre, infra, Appendice, la loi du 25 mars 1896, relative aux droits des enfants naturels dans la succession de leurs père et mère, art. 9.*

Art. 762. (*L.* 25 mars 1896.) Les dispositions des articles 756, 758, 759 et 760 ne sont pas applicables aux enfants adultérins ou incestueux.

La loi ne leur accorde que des aliments. — *Civ.* 208 s. 335. 763 s.

Art. 763. (*L.* 25 mars 1896.) Ces aliments sont réglés eu égard aux facultés du père et de la mère, au nombre et à la qualité des héritiers légitimes. — *Civ.* 208 s., 762, 764.

Art. 764. (*L.* 25 mars 1896.) Lorsque le père ou la mère de l'enfant adultérin ou incestueux lui auront fait apprendre un art mécanique, ou lorsque l'un d'eux lui aura assuré des aliments de son vivant, l'enfant ne pourra élever aucune réclamation contre leur succession. — *Civ.* 762, 763.

R. v* *Success.*, 352 s. — S. *cod. v*, 228 s. — V. aussi N. C. civ. ann., t. 2, art. 762 à 764, n°* 1 s.

Art. 765. (*L.* 25 mars 1896.) La succession de l'enfant naturel décédé sans postérité est dévolue au père ou à la mère qui l'a reconnu, ou, par moitié, à tous les deux, s'il a été reconnu par les deux. — *Civ.* 334 s., 746 s.

R. v* *Success.*, 352 s. — S. *cod. v*, 216 s. — V. aussi N. C. civ. ann., t. 2, art. 765, n°* 1 s. *Loi du 25 mars 1896 :* D. P. 96. 4. 26.

CHAPITRE IV.
Des successions irrégulières.

SECTION PREMIÈRE.
Des droits des frères et sœurs sur les biens des enfants naturels. (*L.* 25 mars 1896.)

Art. 766. (*L.* 25 mars 1896.) En cas de prédécès des père et mère de l'enfant naturel décédé sans postérité, les biens qu'il en avait reçus passent aux frères et sœurs légitimes, s'ils se retrouvent en nature dans la succession; les actions en reprise, s'il en existe, ou le prix des biens aliénés, s'il en est encore dû, retournent également aux frères et sœurs légitimes. Tous les autres biens passent aux frères et sœurs naturels ou à leurs descendants. — *Civ.* 351 s., 747, 750 s., 951 s.

R. v* *Success.*, 352 s. — S. eod. v*, 216 s. —

5

T. (87-97), v° *Success. irrégulière*, 1 s. — V. aussi
N. C. civ. ann., t. 2, art. 766, n° 1 s.
Lot du 25 mars 1896 : D. P. 96. 4. 26.

SECTION II.
Des droits du conjoint survivant et de l'État.

Art. 767. (*L. 9 mars* 1891.) Lorsque le défunt ne laisse ni parents au degré successible, ni enfants naturels, les biens de sa succession appartiennent en pleine propriété au conjoint non divorcé qui lui survit et contre lequel n'existe pas de jugement de séparation de corps passé en force de chose jugée.

Le conjoint survivant non divorcé qui ne succède pas à la pleine propriété, et contre lequel n'existe pas de jugement de séparation de corps passé en force de chose jugée, a, sur la succession du prédécédé, un droit d'usufruit qui est :

D'un quart, si le défunt laisse un ou plusieurs enfants issus du mariage ;

D'une part d'enfant légitime le moins prenant, sans qu'elle puisse excéder le quart, si le défunt a des enfants nés d'un précédent mariage ;

De moitié dans tous les autres cas, quels que soient le nombre et la qualité des héritiers.

Le calcul sera opéré sur une masse faite de tous les biens existant au décès du *de cujus*, auxquels seront réunis fictivement ceux dont il aurait disposé, soit par acte entre vifs, soit par acte testamentaire, au profit de successibles, sans dispense de rapport.

Mais l'époux survivant ne pourra exercer son droit que sur les biens dont le prédécédé n'aura disposé ni par acte entre vifs, ni par acte testamentaire, et sans préjudicier aux droits de réserve ni aux droits de retour.

Il cessera de l'exercer dans le cas où il aurait reçu du défunt des libéralités, même faites par préciput et hors part, dont le montant atteindrait celui des droits que la présente loi lui attribue, et, si ce montant était inférieur, il ne pourrait réclamer que le complément de son usufruit.

Jusqu'au partage définitif, les héritiers peuvent exiger, moyennant sûretés suffisantes, que l'usufruit de l'époux survivant soit converti en une rente viagère équivalente. S'ils sont en désaccord, la conversion sera facultative pour les tribunaux.

En cas de nouveau mariage, l'usufruit du conjoint cesse s'il existe des descendants du défunt. — *Civ.* 110, 201 s., 205, 337, 723 s., 755 s., 769 s.

§ 1. LÉGISLATION ANTÉRIEURE A LA LOI DU 9 MARS 1891 : R. v° *Success.*, 9 s. — S. cod. v°, 233 s.

§ 2. LOI DU 9 MARS 1891 : S. v° *Success.*, 233 s. — T. (87-97) v° *Success. irrégulière*, 13 s. — V. aussi N. C. civ. ann., t. 2, art. 767 — D. P. 91. 4. 17.

Art. 768. A défaut de conjoint survivant, la succession est acquise à l'État. — *Civ.* 539, 713, 723 s., 769 s.

R. v° *Success.*, 390 s. — S. cod. v°, 233 s. — T. (87-97), v° *Success. irrégulière*, 11 s. — C. ad., t. 2, v° *Établiss. de bienf.*, p. 1051, n° 2420 s.; t. 5, *Organ. maritime*, p. 777, n° 2205 s.

En ce qui concerne la succession des personnes décédées dans les hospices, V. la loi du 15 pluviôse an XIII, art. 8 et 9 (R. v° *Hospice*, p. 67; — et infrà, Appendice), et l'avis du Conseil d'État du 3 novembre 1809 (R. v° *Hospice*, p. 70).

Art. 769. Le conjoint survivant et l'administration des Domaines qui prétendent droit à la succession, sont tenus de faire apposer les scellés, et de faire faire inventaire dans les formes prescrites pour l'acceptation des successions sous bénéfice d'inventaire. — *Civ.* 794 s.; *Pr.* 907 s., 943 s.

Art. 770. Ils doivent demander l'envoi en possession au tribunal de première instance dans le ressort duquel la succession est ouverte. Le tribunal ne peut statuer sur la demande qu'après trois publications et affiches dans les formes usitées, et après avoir entendu le procureur du Roi [*le procureur de la République*]. — *Civ.* 110, 111, 822 ; *Pr.* 50-3°, 59, 83, 112.

Art. 771. L'époux survivant est encore tenu de faire emploi du mobilier, ou de donner caution suffisante pour en assurer la restitution, au cas où il se présenterait des héritiers du défunt, dans l'intervalle de trois ans ; après ce délai, la caution est déchargée. — *Civ.* 789, 805, 2040 s., 2262 ; *Pr.* 517 s., 915 s.

R. v° *Success.*, 302 s. — S. cod. v°, 379 s.

Art. 772. L'époux survivant ou l'administration des Domaines qui n'auraient pas rempli les formalités qui leur sont respectivement prescrites, pourront être condamnés aux dommages et intérêts envers les héritiers, s'il s'en représente. — *Civ.* 1149 ; *Pr.* 126.

R. v° *Success.*, 407 s. — R. cod. v°, 391 s.
V. infrà, la note sous la section 6 du chap. 5.

Art. 773. *Abrogé par L. 25 mars* 1896.

CHAPITRE V.
De l'acceptation et de la répudiation des successions.

SECTION PREMIÈRE.
De l'acceptation.

Art. 774. Une succession peut être acceptée purement et simplement, ou sous bénéfice d'inventaire. — *Civ.* 775 s., 788 s., 793 s., 1113, 1416 s. ; *Pr.* 174, 986 s.

R. v° *Success.*, 432 s. — S. cod. v°, 398 s. — T. (87-97), cod. v°, 60 s.

Art. 775. Nul n'est tenu d'accepter une succession qui lui est échue. — *Civ.* 789.

R. v° *Success.*, 434 s. — S. cod. v°, 399.

Art. 776. Les femmes mariées ne peuvent pas valablement accepter une succession sans l'autorisation de leur mari ou de justice, conformément aux dispositions du chapitre 6 du titre *Du mariage*.

Les successions échues aux mineurs et aux interdits ne pourront être valablement acceptées que conformément aux dispositions du titre *De la minorité, de la tutelle et de l'émancipation*. — *Civ.* 217 s., 461 s., 484, 509, 934; *Pr.* 681 s.

R. v° *Success.*, 436 s. — S. cod. v°, 400 s. — T. (87-97), cod. v°, 60 s.

Art. 777. L'effet de l'acceptation remonte au jour de l'ouverture de la succession. — *Civ.* 718 s., 785, 790, 883.

R. v° *Success.*, 338 s. — S. cod. v°, 459 s.

Art. 778. L'acceptation peut être expresse ou tacite : elle est expresse, quand on prend le titre ou la qualité d'héritier dans un acte authentique ou privé ; elle est tacite, quand l'héritier fait un acte qui suppose nécessairement son intention d'accepter, et qu'il n'aurait droit de faire qu'en sa qualité d'héritier. — *Civ.* 779 s., 792, 796, 801, 1317 s., 1454 s.

R. v° *Success.*, 446 s. — S. cod. v°, 413 s. — T. (87-97), cod. v°, 60 s. — V. aussi N. C. civ. ann., t. 2, art. 778, n° 1 s.

Art. 779. Les actes purement conservatoires, de surveillance et d'administration provisoire, ne sont pas des actes d'adition d'hérédité, si l'on n'y a pas pris le titre ou la qualité d'héritiers. — *Civ.* 796, 1372 s., 1454 ; *Pr.* 986 s.

R. v° *Success.*, 465 s. — S. cod. v°, 441 s. — V. aussi N. C. civ. ann., t. 2, art. 779, n° 1 s.

Art. 780. La donation, vente ou transport que fait de ses droits successifs un des cohéritiers, soit à un étranger, soit à tous ses cohéritiers, soit à quelques-uns d'eux, emporte de sa part acceptation de la succession.

Il en est de même : 1° de la renonciation, même gratuite, que fait un des héritiers au profit d'un ou de plusieurs de ses cohéritiers ;

2° De la renonciation qu'il fait même au profit de tous ses cohéritiers indistinctement, lorsqu'il reçoit le prix de sa renonciation. — *Civ.* 778, 784, 792, 894, 1696 s.

R. v° *Success.*, 476 s. — S. cod. v°, 436 s.

Art. 781. Lorsque celui à qui une succession est échue, est décédé sans avoir répudié ou sans l'avoir acceptée expressément ou tacitement, ses héritiers peuvent l'accepter ou la répudier de son chef. — *Civ.* 774, 778, 784, 1011.

Art. 782. Si ces héritiers ne sont pas d'accord pour accepter ou pour répudier la succession, elle doit être acceptée sous bénéfice d'inventaire. — *Civ.* 793 s., 1475 ; *Pr.* 986 s.

R. v° *Success.*, 432 s. — S. cod. v°, 405.

Art. 783. Le majeur ne peut attaquer l'acceptation expresse ou tacite qu'il a faite d'une succession, que dans le cas où cette acceptation aurait été la suite d'un dol pratiqué envers lui : il ne peut jamais réclamer sous prétexte de lésion, excepté seulement dans le cas où la succession se trouverait absorbée ou diminuée de plus de moitié, par la découverte d'un testament inconnu au moment de l'acceptation. — *Civ.* 461, 488, 1109 s., 1116 s., 1118, 1305 s., 1313.

R. v° *Success.*, 513 s., 683. — S. cod. v°, 445 s. 565. — N. aussi N. C. civ. ann., t. 2, art. 783, n° 1 s.
En ce qui concerne la pétition d'hérédité, V. N. C. civ. ann., t. 2, p. 85 s.

SECTION II.
De la renonciation aux successions.

Art. 784. La renonciation à une succession ne se présume pas : elle ne peut plus être faite qu'au greffe du tribunal de première instance dans l'arrondissement duquel la succession s'est ouverte, sur un registre particulier tenu à cet effet. — *Civ.* 110, 461 s., 484, 509, 780 s., 785, 795, 845, 848, 1457 ; *Pr.* 997.

R. v° *Success.*, 574 s. — S. cod. v°, 477 s. — T. (87-97), cod. v°, 85 s. — V. aussi N. C. civ. ann., t. 2, art. 784, n° 1 s.

Art. 785. L'héritier qui renonce, est censé n'avoir jamais été héritier. — *Civ.* 777, 788 s., 845.

Art. 786. La part du renonçant accroît à ses cohéritiers ; s'il est seul, elle est dévolue au degré subséquent. — *Civ.* 136, 731 s., 790, 1044 s.

R. v° *Success.*, 652 s. — S. cod. v°, 544 s.

Art. 787. On ne vient jamais par représentation d'un héritier qui a renoncé : si le renonçant est seul héritier de son degré, ou si tous ses cohéritiers renoncent, les enfants viennent de leur chef et succèdent par tête. — *Civ.* 730, 739 s., 744.

R. v° *Success.*, 639.

Art. 788. Les créanciers de celui qui renonce au préjudice de leurs droits, peuvent se faire autoriser en justice à accepter la succession du chef de leur débiteur, en son lieu et place.

Dans ce cas, la renonciation n'est annulée qu'en faveur des créanciers, et jusqu'à concurrence seulement de leurs créances : elle ne l'est pas au profit de l'héritier qui a renoncé. — *Civ.* 622, 820, 1053, 1122, 1166 s., 1464, 2093, 2225.

R. v° *Success.*, 688 s. — S. cod. v°, 509 s.

Art. 789. La faculté d'accepter ou de répudier une succession se prescrit par le laps de temps requis pour la prescription la plus longue des droits immobiliers. — *Civ.* 790, 2262.

R. v° *Success.*, 561 s. — S. cod. v°, 490 s. — T. (87-97), cod. v°, 86 s.

Art. 790. Tant que la prescription du droit d'accepter n'est pas acquise contre les héritiers qui ont renoncé, ils ont la faculté

accepter encore la succession, si elle n'a
s été déjà acceptée par d'autres héritiers :
ns préjudice néanmoins des droits qui
uvent être acquis à des tiers sur les biens
l la succession, soit par prescription, soit
r actes valablement faits avec le curateur
la succession vacante. — *Civ.* 462, 477,
4 s., 2252, 2258, 2262, 2265 s.

R. V° *Success.*, 669 s. — S. *cod.* v°, 357 s. —
aussi N. C. civ. ann., t. 2, art. 790, n° 1 s.

Art. 791. On ne peut, même par contrat
mariage, renoncer à la succession d'un
mme vivant, ni aliéner les droits éventuels
'on peut avoir à cette succession. — *Civ.*
761, 900, 918, 1082, 1084, 1093, 1130, 1133.
72, 1387, 1389, 1600.

R. V° *Success.*, 602 s. — S. *cod.* v°, 302 s. —
(87-97), *cod.* v°, 90 s.

Art. 792. Les héritiers qui auraient di-
rti ou recélé des effets d'une succession,
nt déchus de la faculté d'y renoncer : ils
meurent héritiers purs et simples, nonob-
ant leur renonciation, sans pouvoir pré-
ndre aucune part dans les objets divertis
recélés. — *Civ.* 778, 780 s., 801, 1310,
60, 1477 ; *Pén.* 380.

R. V° *Success.*, 625 s. — S. *cod.* v°, 508 s. —
(87-97), *cod.* v°, 93 s. — V. aussi N. C. civ. ann.,
2, art. 792, n° 1 s.

SECTION III.
Du bénéfice d'inventaire, de ses effets,
et des obligations de l'héritier bénéficiaire.

Art. 793. La déclaration d'un héritier,
'il entend ne prendre cette qualité que
us bénéfice d'inventaire, doit être faite au
effe du tribunal de première instance dans
rrondissement duquel la succession s'est
verte : elle doit être inscrite sur le registre
stiné à recevoir les actes de renonciation.
Civ. 110, 774, 784 s., 794 s., 1456 ; *Pr.* 59,
4, 941 s., 986.

R. V° *Success.*, 703 s. — S. *cod.* v°, 575 s. —
(87-97), V° *Success. bénéfic.*, 1 s.

Art. 794. Cette déclaration n'a d'effet
'autant qu'elle est précédée ou suivie d'un
ventaire fidèle et exact des biens de la
ccession, dans les formes réglées par les
is sur la procédure, et dans les délais qui
ront ci-après déterminés. — *Civ.* 795 s.,
14 s. ; *Pr.* 911 s.

R. v° *Success.*, 718 s. — S. *cod.* v°, 581 s.

Art. 795. L'héritier a trois mois pour
ire inventaire, à compter du jour de l'ou-
rture de la succession.

Il a de plus, pour délibérer sur son accep-
tion ou sur sa renonciation, un délai de
arante jours, qui commencent à courir du
ur de l'expiration des trois mois donnés
ur l'inventaire, ou du jour de la clôture
e l'inventaire s'il a été terminé avant les
ois mois. — *Civ.* 774 s., 784, 797 s., 800.
14, 1442, 1456 s. ; *Pr.* 174, 943.

Art. 796. Si cependant il existe dans la
ccession des objets susceptibles de dépérir
dispendieux à conserver, l'héritier peut,
a sa qualité d'habile à succéder, et sans
u'on puisse en induire de sa part une accep-
tion, se faire autoriser par justice à pro-
der à la vente de ces effets.

Cette vente doit être faite par officier
ublic, après les affiches et publications
églées par les lois sur la procédure. —
v. 779, 805 ; *Pr.* 617 s., 945 s., 989.

Art. 797. Pendant la durée des délais
ur faire inventaire et pour délibérer, l'hé-
tier ne peut être contraint à prendre qua-
té, et il ne peut être obtenu contre lui de
ondamnation : s'il renonce lorsque les délais
nt expirés ou avant, les frais par lui faits
gitimement jusqu'à cette époque sont à la
arge de la succession. — *Civ.* 798 s., 810,
46, 2259 ; *Pr.* 130, 174.

Art. 798. Après l'expiration des délais
-dessus, l'héritier, en cas de poursuite diri-

gée contre lui, peut demander un nouveau
délai, que le tribunal saisi de la contestation accorde ou refuse suivant les circonstances. — *Civ.* 795, 1458 ; *Pr.* 174.

Art. 799. Les frais de poursuite, dans
le cas de l'article précédent, sont à la charge
de la succession, si l'héritier justifie, ou qu'il
n'avait pas eu connaissance du décès, ou
que les délais ont été insuffisants, soit à raison de la situation des biens, soit à raison
des contestations survenues : s'il n'en justifie
pas, les frais restent à sa charge personnelle.
— *Pr.* 130 s.

R. V° *Success.*, 734 s. — S. *cod.* v°, 588 s., 903 s.

Art. 800. L'héritier conserve néanmoins,
après l'expiration des délais accordés par
l'article 795, même de ceux donnés par le
juge, conformément à l'article 798, la faculté
de faire encore inventaire et de se porter
héritier bénéficiaire, s'il n'a pas fait d'ailleurs acte d'héritier, ou s'il n'existe pas
contre lui de jugement passé en force de
chose jugée, qui le condamne en qualité
d'héritier pur et simple. — *Civ.* 778 s.,
793 s., 1330 s. ; *Pr.* 174, 913, 988, 989.

R. V° *Success.*, 930 s. — S. *cod.* v°, 700 s. —
T. (87-97), V° *Success. bénéfic.* 1 s. — V. aussi
N. C. civ. ann., t. 2, art. 800, n° 1 s.

Art. 801. L'héritier qui s'est rendu coupable de recélé, ou qui a omis, sciemment et
de mauvaise foi, de comprendre dans l'inventaire des effets de la succession, est déchu
du bénéfice d'inventaire. — *Civ.* 778, 792,
1310, 1460, 1477, 2268 ; *Pr.* 988 ; *Pén.* 380.

R. V° *Success.*, 961 s. — S. *cod.* v°, 715 s. —
T. (87-97), V° *Success. bénéfic.*, 57 s.

Art. 802. L'effet du bénéfice d'inventaire est de donner à l'héritier l'avantage :

1° De n'être tenu du payement des dettes
de la succession que jusqu'à concurrence de
la valeur des biens qu'il a recueillis, même
de pouvoir se décharger du payement des
dettes en abandonnant tous les biens de
la succession aux créanciers et aux légataires ;

2° De ne pas confondre ses biens personnels avec ceux de la succession, et de conserver contre elle le droit de réclamer le
payement de ses créances. — *Civ.* 724, 873,
875, 1251-4°, 1265 s., 1300 s., 2146, 2258 ;
Pr. 996.

R. v° *Success.*, 750 s. — S. *cod.* v°, 592 s. —
V. aussi N. C. civ. ann., t. 2, art. 802, n° 1 s.

Art. 803. L'héritier bénéficiaire est
chargé d'administrer les biens de la succession, et doit rendre compte de son administration aux créanciers et aux légataires.

Il ne peut être contraint sur ses biens personnels qu'après avoir été mis en demeure
de présenter son compte, et faute d'avoir
satisfait à cette obligation.

Après l'apurement du compte, il ne peut
être contraint sur ses biens personnels que
jusqu'à concurrence seulement des sommes
dont il se trouve reliquataire. — *Civ.* 873,
1137 ; *Pr.* 527 s., 995.

R. v° *Success.*, 810 s., 866 s. — S. *cod.* v°, 624 s.,
664 s. — T. (87-97), V° *Success. bénéfic.*, 26 s. —
V. aussi N. C. civ. ann., t. 2, art. 803, n° 1 s.

Art. 804. Il n'est tenu que des fautes
graves dans l'administration dont il est
chargé. — *Civ.* 1137, 1392 1992.

R. (87-97), V° *Success.* 818 s. — S. *cod.* v°, 684. — T. (87-97).
V° *Success. bénéfic.*, 14 s.

Art. 805. Il ne peut vendre les meubles
de la succession que par le ministère d'un
officier public, aux enchères, et après les
affiches et publications accoutumées.

S'il les représente en nature, il n'est tenu
que de la dépréciation ou de la détérioration
causée par sa négligence. — *Civ.* 779, 796,
807, 1383 ; *Pr.* 617 s., 945 s., 986 s. ; *Pén.* 412.

R. v° *Success.*, 832 s. — S. *cod.* v°, 640 s.

Art. 806. Il ne peut vendre les immeubles que dans les formes prescrites par

les lois sur la procédure ; il est tenu d'en
déléguer le prix aux créanciers hypothécaires
qui se sont fait connaître. — *Civ.* 807, 2114 s.,
2166, 2184, 2218 ; *Pr.* 749 s., 953 s., 987 s.,
991 ; *Pén.* 412.

R. v° *Success.*, 844 s., 904 s. — S. *cod.* v°, 651 s.,
671 s. — V. aussi N. C. civ ann., t. 2, art. 806,
n° 1 s.

Art. 807. Il est tenu, si les créanciers
ou autres personnes intéressées l'exigent, de
donner caution bonne et solvable de la valeur
du mobilier compris dans l'inventaire, et de
la portion du prix des immeubles non déléguée aux créanciers hypothécaires.

Faute par lui de fournir cette caution, les
meubles sont vendus, et leur prix est déposé,
ainsi que la portion non déléguée du prix
des immeubles, pour être employés à l'acquit
des charges de la succession. — *Civ.* 805 s.,
2040 s. ; *Pr.* 517 s., 617 s., 986 s., 992 s.

R. v° *Success.*, 876 s. — S. *cod.* v°, 660 s.

Art. 808. S'il y a des créanciers opposants, l'héritier bénéficiaire ne peut payer
que dans l'ordre et de la manière réglés par
le juge.

S'il n'y a pas de créanciers opposants, il
paye les créanciers et les légataires à mesure
qu'ils se présentent. — *Civ.* 809, 2093 s.,
2166 s. ; *Pr.* 656 s., 749 s., 775 s., 990 s. ;
Com. 552 s.

R. v° *Success.*, 910 s. — S. *cod.* v°. 677 s. —
T. (87-97), v° *Success. bénéfic.*, 96 s. — V. aussi
N. C. civ. ann., t. 2, art. 808, n° 1 s.

Art. 809. Les créanciers non opposants
qui ne se présentent qu'après l'apurement
du compte et le payement du reliquat, n'ont
de recours à exercer que contre les légataires.

Dans l'un et l'autre cas, le recours se
prescrit par le laps de trois ans, à compter
du jour de l'apurement du compte et du
payement du reliquat. — *Civ.* 803, 808, 1009,
1012, 1017, 1020, 1024, 2111, 2219 s. ; *Pr.* 540,
990, 995.

R. v° *Success.*, 922 s. — S. *cod.* v°, 692 s.

Art. 810. Les frais de scellés, s'il en a
été apposé, d'inventaire et de compte, sont
à la charge de la succession. — *Civ.* 797 s.,
2101-1° ; *Pr.* 527 s., 907 s., 943 s.

R. v° *Success.*, 732.

SECTION IV.
Des successions vacantes.

Art. 811. Lorsqu'après l'expiration des
délais pour faire inventaire et pour délibérer, il ne se présente personne qui réclame
une succession, qu'il n'y a pas d'héritiers
connus, ou que les héritiers connus y ont
renoncé, cette succession est réputée vacante.
— *Civ.* 539, 784, 795, 812 s., 2258-2° ;
Pr. 997 s.

R. v° *Success.*, 976 s. — S. *cod.* v°, 747 s. —
T. (87-97), V° *Success. vacante.*, 1 s.

Art. 812. Le tribunal de première instance dans l'arrondissement duquel elle est
ouverte, nomme un curateur sur la demande
des personnes intéressées, ou sur la réquisition du procureur du Roi [*du procureur de
la République*]. — *Civ.* 110 ; *Pr.* 998 s.

R. v° *Success.*, 984 s.

Art. 813. Le curateur à une succession
vacante est tenu, avant tout, d'en faire constater l'état par un inventaire : il en exerce
et poursuit les droits ; il répond aux demandes
formées contre elle ; il administre, sous la
charge de faire verser le numéraire qui se
trouve dans la succession, ainsi que les
deniers provenant du prix des meubles ou
immeubles vendus, dans la caisse du receveur
de la Régie royale [*nationale*], pour la conservation des droits, et à la charge de rendre
compte à qui il appartiendra. — *Civ.* 803 s.,
811 ; *Pr.* 527 s., 941 s., 986 s., 1000 s.

R. v° *Success.*, 987 s. — S. *cod.* v°, 723 s. —

T. (87-97), v° *Success. vacantes*, 1 s. — V. aussi N. C. civ. ann., t. 2, art. 813, n°° 1 s.

Art. 814. Les dispositions de la section 3 du présent chapitre, sur les formes de l'inventaire, sur le mode d'administration et sur les comptes à rendre de la part de l'héritier bénéficiaire, sont, au surplus, communes aux curateurs à successions vacantes. — *Civ.* 794 s.; *Pr.* 1002.

R. v° *Success.*, 987 s. — S. *eod.* v°, 723 s.

V. l'art. 7 de la loi de budget du 30 décembre 1903, qui énonce que « l'Administration des domaines est autorisée à aliéner, dans la forme ordinaire des ventes des biens de l'État, tous les biens et valeurs provenant des succession en déshérence immédiatement après renvoi en possession prononcé par le tribunal », et que « les inscriptions de rentes sur l'État comme les autres valeurs cotées, dépendant de ces successions, seront négociées à la Bourse ».

En ce qui concerne les successions vacantes en Algérie et dans les colonies, V. N. C. civ. ann., t. 2, p. 140.

CHAPITRE VI.
Du partage et des rapports.

SECTION PREMIÈRE.
De l'action en partage et de sa forme.

Art. 815. Nul ne peut être contraint à demeurer dans l'indivision; et le partage peut être toujours provoqué, nonobstant prohibitions et conventions contraires.

On peut cependant convenir de suspendre le partage pendant un temps limité : cette convention ne peut être obligatoire au delà de cinq ans; mais elle peut être renouvelée. — *Civ.* 6, 822 s., 900, 1075 s., 1133, 1172, 1476, 1686 s., 1872, 2103-3°, 2109, 2205; *Pr.* 966 s.

V. la loi du 12 avril 1906 (D. P. 1906. 4. 119), relative aux habitations à bon marché, art. 8.

R. v° *Success.*, 1503 s. — S. *eod.* v°, 968 s. — T. (87-97), v° *Partage*, 1 s. — V. aussi N. C. civ. ann., t. 2, art. 815, n°° 1 s.

Art. 816. Le partage peut être demandé, même quand l'un des cohéritiers aurait joui séparément de partie des biens de la succession, s'il n'y a eu un acte de partage, ou possession suffisante pour acquérir la prescription. — *Civ.* 2219, 2228 s., 2262.

R. v° *Success.*, 1537 s. — S. *eod.* v°, 969 s. — T. (87-97), v° *Partage*, 51 s. — V. aussi N. C. civ. ann., t. 2, art. 816, n°° 1 s.

Art. 817. L'action en partage, à l'égard des cohéritiers mineurs ou interdits, peut être exercée par leurs tuteurs, spécialement autorisés par un conseil de famille.

À l'égard des cohéritiers absents, l'action appartient aux parents envoyés en possession. — *Civ.* 113, 120 s., 130, 136, 465 s., 482, 509, 513, 776, 819 s., 838 s., 1087; *Pr.* 966.

R. v° *Success.*, 1587 s. — S. *eod.* v°, 1026 s. — T. (87-97), v° *Partage*, 33 s.

Art. 818. Le mari peut, sans le concours de sa femme, provoquer le partage des objets meubles ou immeubles à elle échus qui tombent dans la communauté; à l'égard des objets qui ne tombent pas en communauté, le mari ne peut en provoquer le partage sans le concours de sa femme; il peut seulement, s'il a le droit de jouir de ses biens, demander un partage provisionnel.

Les cohéritiers de la femme ne peuvent provoquer le partage définitif qu'en mettant en cause le mari et la femme. — *Civ.* 215 s., 776, 1401, 1421 s., 1428, 1449, 1531 s., 1536 s., 1549 s., 1558-4°, 1576.

R. v° *Success.*, 1607 s. — S. *eod.* v°, 1037 s.

Art. 819. Si tous les héritiers sont présents et majeurs, l'apposition de scellés sur les effets de la succession n'est pas nécessaire, et le partage peut être fait dans la forme et par tel acte que les parties intéressées jugent convenable.

Si tous les héritiers ne sont pas présents, s'il y a parmi eux des mineurs ou des inter-

dits, le scellé doit être apposé dans le plus bref délai, soit à la requête des héritiers, soit à la diligence du procureur du Roi [*du procureur de la République*] près le tribunal de première instance, soit d'office par le juge de paix dans l'arrondissement duquel la succession est ouverte. — *Civ.* 110, 113 s., 136, 838 s., 1031, 1034; *Pr.* 907 s., 985.

R. v° *Success.*, 1620 s. — S. *eod.* v°, 1043 s. — T. (87-97), v° *Partage*, 46 s. — V. aussi N. C. civ. ann., t. 2, art. 819, n°° 1 s.

Art. 820. Les créanciers peuvent aussi requérir l'apposition des scellés, en vertu d'un titre exécutoire ou d'une permission du juge. — *Civ.* 788, 877 s., 1166 s., 2205; *Pr.* 909.

R. v° *Success.*, 1642 s.

Art. 821. Lorsque le scellé a été apposé, tous créanciers peuvent y former opposition, encore qu'ils n'aient ni titre exécutoire ni permission du juge.

Les formalités pour la levée des scellés et la confection de l'inventaire, sont réglées par les lois sur la procédure. — *Pr.* 926 s., 928 s., 941 s.

R. v° *Success.*, 1645.

Art. 822. L'action en partage, et les contestations qui s'élèvent dans le cours des opérations, sont soumises au tribunal du lieu de l'ouverture de la succession.

C'est devant ce tribunal qu'il est procédé aux licitations, et que doivent être portées les demandes relatives à la garantie des lots entre copartageants et en rescision du partage. — *Civ.* 110, 770, 784, 793, 815, 883 s., 887 s., 1686 s.; *Pr.* 50-3°, 59, 966 s.

R. v° *Success.*, 1603 s. — S. *eod.* v°, 1060 s. — T. (87-97), v° *Partage*, 91 s.

Art. 823. Si l'un des cohéritiers refuse de consentir au partage, ou s'il s'élève des contestations soit sur le mode d'y procéder, soit sur la manière de le terminer, le tribunal prononce comme en matière sommaire, ou commet, s'il y a lieu, pour les opérations de partage, un des juges, sur le rapport duquel il décide les contestations. — *Civ.* 404 s., 969.

R. v° *Success.*, 1679 s. — S. *eod.* v°, 1070 s. — T. (87-97), v° *Partage*, 94 s.

Art. 824. L'estimation des immeubles est faite par experts choisis par les parties intéressées, ou, à leur refus, nommés d'office.

Le procès-verbal des experts doit présenter les bases de l'estimation; il doit indiquer si l'objet estimé peut être commodément partagé; de quelle manière; fixer enfin, en cas de division, chacune des parts qu'on peut en former, et leur valeur. — *Civ.* 466, 826, 828, 831 s., 872; *Pr.* 302 s., 969 s., 1034 s.

R. v° *Success.*, 1695 s. — S. *eod.* v°, 1096 s.

Art. 825. L'estimation des meubles, s'il n'y a pas eu de prisée faite dans un inventaire régulier, doit être faite par gens à ce connaissant, à juste prix et sans crue. — *Civ.* 868; *Pr.* 943-3°.

R. v° *Success.*, 1688 s. — S. *eod.* v°, 1053 s.

Art. 826. Chacun des cohéritiers peut demander sa part en nature des meubles et immeubles de la succession : néanmoins, s'il y a des créanciers saisissants ou opposants, ou si la majorité des cohéritiers juge la vente nécessaire pour l'acquit des dettes et charges de la succession, les meubles sont vendus publiquement dans la forme ordinaire. — *Pr.* 583 s., 617 s., 945 s.

Art. 827. Si les immeubles ne peuvent pas se partager commodément, il doit être procédé à la vente par licitation devant le tribunal.

Cependant les parties, si elles sont toutes majeures, peuvent consentir que la licitation soit faite devant un notaire, sur le choix

duquel elles s'accordent. — *Civ.* 819, 839, 1686 s.; *Pr.* 953 s.

V. la loi du 12 avril 1906 (D. P. 1906. 4. 119), relative aux habitations à bon marché, art. 8.

R. v° *Success.*, 1723 s. — S. *eod.* v°, 1100 s. — T. (87-97), v° *Partage*, 61 s. — V. aussi N. C. civ. ann., t. 2, art. 827, n°° 1 s.

Art. 828. Après que les meubles et immeubles ont été estimés et vendus, s'il y a lieu, le juge-commissaire renvoie les parties devant un notaire dont elles conviennent, ou nommé d'office, si les parties ne s'accordent pas sur le choix.

On procède, devant cet officier, aux comptes que les copartageants peuvent se devoir, à la formation de la masse générale, à la composition des lots, et aux fournissements à faire à chacun des copartageants. — *Civ.* 466, 872; *Pr.* 969 s., 975.

R. v° *Success.*, 1741 s. — S. *eod.* v°, 1118 s. — V. aussi N. C. civ. ann., t. 2, art. 828, n°° 1 s.

Art. 829. Chaque cohéritier fait rapport à la masse, suivant les règles qui seront ci-après établies, des dons qui lui ont été faits, et des sommes dont il est débiteur. — *Civ.* 760, 830 s., 843 s., 851 s., 918 s., 1468 s., 1573; *Pr.* 978.

Art. 830. Si le rapport n'est pas fait en nature, les cohéritiers à qui il est dû, prélèvent une portion égale sur la masse de la succession.

Les prélèvements se font, autant que possible, en objets de même nature, qualité et bonté que les objets non rapportés en nature. — *Civ.* 826, 838 s., 865.

R. v° *Success.*, 1786. — S. *eod.* v°, 1137 s. — T. (87-97), v° *Partage*, 69 s.

Art. 831. Les prélèvements faits, il est procédé, sur ce qui reste dans la masse, à la composition d'autant de lots égaux qu'il y a d'héritiers copartageants, ou de souches copartageantes. — *Civ.* 733 s., 739 s., 745 s.; *Pr.* 978 s.

R. v° *Success.*, 1795 s. — S. *eod.* v°, 1143 s. — T. (87-97), v° *Partage*, 69 s.

Art. 832. Dans la formation et composition des lots, on doit éviter, autant que possible, de morceler les héritages et de diviser les exploitations; et il convient de faire entrer dans chaque lot, s'il se peut, la même quantité de meubles, d'immeubles, de droits ou de créances de même nature et valeur. — *Civ.* 826, 833, 866, 872, 1220, 1686 s.

R. v° *Success.*, 1801 s. — S. *eod.* v°, 1151 s. — T. (87-97), v° *Partage*, 69 s.

Art. 833. L'inégalité des lots en nature se compense par un retour, soit en rente, soit en argent. — *Civ.* 2103-3°, 2109.

R. v° *Success.*, 1806 s. — S. *eod.* v°, 1156 s.

Art. 834. Les lots sont faits par l'un des cohéritiers, s'ils peuvent convenir entre eux sur le choix, et si celui qu'ils avaient choisi accepte la commission : dans le cas contraire, les lots sont faits par un expert que le juge-commissaire désigne.

Ils sont ensuite tirés au sort. — *Civ.* 835; *Pr.* 978, 982.

R. v° *Success.*, 1834 s. — S. *eod.* v°, 1164 s.

Art. 835. Avant de procéder au tirage des lots, chaque copartageant est admis à proposer ses réclamations contre leur formation. — *Civ.* 837; *Pr.* 977.

R. v° *Success.*, 1847.

Art. 836. Les règles établies pour la division des masses à partager, sont également observées dans la subdivision à faire entre les souches copartageantes. — *Civ.* 733 s., 739 s., 745 s.; *Pr.* 966 s.

R. v° *Success.*, 1835.

Art. 837. Si, dans les opérations renvoyées devant un notaire, il s'élève des contestations, le notaire dressera procès-verbal des difficultés et des dires respectifs des parties, les renverra devant le commissaire nommé pour le partage; et, au surplus, il

a procédé suivant les formes prescrites
les lois sur la procédure. — *Civ.* 822 s.,
; *Pr.* 977.

, v° *Success.*, 1685 s.

Art. 838. Si tous les cohéritiers ne sont
présents, ou s'il y a parmi eux des indits, ou des mineurs. même émancipés,
partage doit être fait en justice, conformément aux règles prescrites par les ar
es 819 et suivants, jusques et compris
ticle précédent. S'il y a plusieurs mineurs
aient des intérêts opposés dans le par
e, il doit leur être donné à chacun un
eur spécial et particulier. — *Civ.* 113,
s., 465 s., 509; *Pr.* 966 s., 981.

, v° *Success.*, 1387 s. — S. *cod.* v°, 1026 s. —
87-97), v° *Partage*, 33 s.

Art. 839. S'il y a lieu à licitation, dans
cas du précédent article, elle ne peut être
e qu'en justice avec les formalités pres
tes pour l'aliénation des biens des mi
irs. Les étrangers y sont toujours admis.
Civ. 457 s., 509, 827 s., 1686 s.; *Pr.* 953 s.,
s.

, v° *Success.*, 1739.

Art. 840. Les partages faits conformé
aux règles ci-dessus prescrites, soit
les tuteurs, avec l'autorisation d'un con
de famille soit par les mineurs éman
és, assistés de leurs curateurs, soit au
n des absents ou non présents, sont défi
fs: ils ne sont que provisionnels, si les
les prescrites n'ont pas été observées. —
., 113, 406 s., 457 s., 465 s., 481 s., 509,
s., 1125, 1314.

, v° *Success.*, 1387 s.. 2219 s. - S. *cod.* v°. 1026 s..
s —. T. (87-97), v° *Partage*, 33 s. — V. aussi
c civ. ann., t. 2, art. 840, n° 1 s.

Art. 841. Toute personne, même parente
défunt, qui n'est pas successible, et à
uelle un cohéritier aurait cédé son droit
a succession, peut être écartée du partage,
, par tous les cohéritiers, soit par un seul,
lui remboursant le prix de la cession. —
. 780, 889, 1689 s.

, v° *Success.*, 1605 s. — S. *cod.* v°, 1186 s. —
87-97), v° *Retrait successoral*, 1 s. — V. aussi
c. civ. ann., t. 2, art. 841, n° 1 s.

Art. 842. Après le partage, remise doit
e faite à chacun des copartageants, des
es particuliers aux objets qui lui seront
us.

.es titres d'une propriété divisée restent à
ui qui a la plus grande part, à la charge
n aider ceux de ses copartageants qui y
ront intérêt, quand il en sera requis.
.es titres communs à toute l'hérédité se
t remis à celui que tous les héritiers ont
oisi pour en être le dépositaire, à la charge
n aider les copartageants, à toute réqui
on. S'il y a difficulté sur ce choix, il est
lé par le juge.

, v° *Success.*, 1850 s. – S. *cod.* v°, 1176 s.

SECTION II.
Des rapports.

Art. 843. (*L.* 24 *mars* 1898.) Tout héri
r, même bénéficiaire, venant à une suc
ssion, doit rapporter à ses cohéritiers tout
qu'il a reçu du défunt, par donations
re vifs, directement ou indirectement : il
peut retenir les dons à lui faits par le
funt, à moins qu'ils ne lui aient été faits
pressément par préciput et hors part, ou
c dispense du rapport.
Les legs faits à un héritier sont réputés
ts par préciput et hors part, à moins que
testateur n'ait exprimé la volonté con
aire, auquel cas le légataire ne peut récla
er son legs qu'en moins prenant. —
v. 760, 829 s., 844 s., 918 s., 1168 s., 1573.

§ 1. LÉGISLATION ANTÉRIEURE A LA LOI DU

24 MARS 1898 : R. v° *Success.*, 1011 s. — S. *cod.* v°,
746 s. — T. (87-97), v° *Rapp. à success.*, 1 s.
§ 2. LOI DU 24 MARS 1898 : N. C. civ. ann., t. 2,
art. 843, n° 1 s. — D. P. 98. 4. 18.

Art. 844. (*L.* 24 *mars* 1898.) Les dons
faits par préciput ou avec dispense de rap
port ne peuvent être retenus ni les legs
réclamés par l'héritier venant à partage que
jusqu'à concurrence de la quotité dispo
nible : l'excédent est sujet à rapport. —
Civ. 913 s., 919.

§ 1. LÉGISLATION ANTÉRIEURE A LA LOI DU
24 MARS 1898 : R. v° *Success.*, 1030.
§ 2. LOI DU 24 MARS 1898 : D. P. 98. 4. 18.

Art. 845. L'héritier qui renonce à la
succession, peut cependant retenir le don
entre vifs, ou réclamer le legs à lui fait,
jusqu'à concurrence de la portion disponible.
– *Civ.* 784 s., 857, 913 s., 924.

R. v° *Success.*, 1024 s. - S. *cod.* v°, 747 s. —
T. (87-97), v° *Rapp. à success.*, 1 s.

Art. 846. Le donataire qui n'était pas
héritier présomptif lors de la donation, mais
qui se trouve successible au jour de l'ouver
ture de la succession, doit également le rap
port, à moins que le donateur ne l'en ait
dispensé. — *Civ.* 843, 919.

Art. 847. Les dons et legs faits au fils
de celui qui se trouve successible à l'époque
de l'ouverture de la succession, sont toujours
réputés faits avec dispense du rapport.
Le père venant à la succession du dona
teur, n'est pas tenu de les rapporter. —
Civ. 848, 1350 s.

Art. 848. Pareillement, le fils venant
de son chef à la succession du donateur,
n'est pas tenu de rapporter le don fait à son
père, même quand il aurait accepté la suc
cession de celui-ci : mais si le fils ne vient
que par représentation, il doit rapporter ce
qui avait été donné à son père, même dans
le cas où il aurait répudié sa succession. —
Civ. 739 s., 774 s., 784 s.

Art. 849. Les dons et legs faits au con
joint d'un époux successible, sont réputés
faits avec dispense du rapport.
Si les dons et legs sont faits conjointement
à deux époux, dont l'un seulement est suc
cessible, celui-ci en rapporte la moitié ; si
les dons sont faits à l'époux successible, il les
rapporte en entier. — *Civ.* 857, 1350 s.

R. v° *Success.*, 1044 s. — S. *cod.* v°, 781 s.

Art. 850. Le rapport ne se fait qu'à la
succession du donateur. — *Civ.* 857, 1438 s.

R. v° *Success.*, 1050 s. — S. *cod.* v°, 760 s.

Art. 851. Le rapport est dû de ce qui
a été employé pour l'établissement d'un des
cohéritiers, ou pour le payement de ses dettes.
– *Civ.* 204, 917 s., 1375, 1573.

R. v° *Success.*, 1194 s. — S. *cod.* v°. 825 s. —
V. aussi N. C. civ. ann., t. 2, art. 851, n° 1 s.

Art. 852. Les frais de nourriture, d'en
tretien, d'éducation, d'apprentissage, les frais
ordinaires d'équipement, ceux de noces et
présents d'usage, ne doivent pas être rappor
tés. — *Civ.* 203, 853 s.

R. v° *Success.*, 1161 s. — S. *cod.* v°, 814 s. —
V. aussi N. C. civ. ann., t. 2, art. 852, n° 1 s.

Art. 853. Il en est de même des profits
que l'héritier a pu retirer de conventions
passées avec le défunt, si ces conventions ne
présentaient aucun avantage indirect, lors
qu'elles ont été faites. — *Civ.* 854, 911, 913 s.,
918, 1099 s., 1516, 1525.

R. v° *Success.*, 1140 s. — S. *cod.* v°, 788 s.

Art. 854. Pareillement, il n'est pas dû
de rapport pour les associations faites sans
fraude entre le défunt et l'un de ses héri
tiers, lorsque les conditions en ont été réglées
par un acte authentique. — *Civ.* 1317 s.,
1832 s., 1840; *Com.* 18 s.

R. v° *Success.*, 1145 s. — S. *cod.* v°, 792 s.

Art. 855. L'immeuble qui a péri par
cas fortuit et sans la faute du donataire, n'est

pas sujet à rapport. — *Civ.* 860, 1182, 1245,
1302 s., 1382, 1573, 1807 s.

R. v° *Success.*, 1287 s. — S. *cod.* v°, 880 s.

Art. 856. Les fruits et les intérêts des
choses sujettes à rapport ne sont dus qu'à
compter du jour de l'ouverture de la succes
sion. — *Civ.* 583 s., 718, 928, 1154, 1907.

R. v° *Success.*, 1219 s. — S. *cod.* v°, 862 s. —
T. (87-97), v° *Rapp. à success.*, 29 s. — V. aussi
N C. civ. ann., t. 2, art. 856, n° 1 s.

Art. 857. Le rapport n'est dû que par
le cohéritier à son cohéritier ; il n'est pas dû
aux légataires ni aux créanciers de la suc
cession. — *Civ.* 850, 921 s., 1166.

R. v° *Success.*, 1069 s. — S. *cod.* v°, 702 s. —
T. (87-97), v° *Rapp. à success.*, 13 s.

Art. 858. Le rapport se fait en nature
ou en moins prenant. — *Civ.* 830 s., 868 s.

Art. 859. Il peut être exigé en nature,
à l'égard des immeubles, toutes les fois que
l'immeuble donné n'a pas été aliéné par le
donataire, et qu'il n'y a pas, dans la succes
sion, d'immeubles de même nature, valeur
et bonté, dont on puisse former des lots à
peu près égaux pour les autres cohéritiers.
– *Civ.* 820, 832, 865, 926 s.

R. v° *Success.*, 1247 s. — S. *cod.* v°, 874 s. —
T. (87-97), v° *Rapp. à success.*, 45 s.

Art. 860. Le rapport n'a lieu qu'en
moins prenant, quand le donataire a aliéné
l'immeuble avant l'ouverture de la succes
sion; il est dû de la valeur de l'immeuble à
l'époque de l'ouverture. — *Civ.* 858, 861 s.,
1245.

R. v° *Success.*, 1290 s. — S. *cod.* v°, 884 s. —
T. (87-97), v° *Rapp. à success.*, 49 s.

Art. 861. Dans tous les cas, il doit être
tenu compte au donataire, des impenses qui
ont amélioré la chose, eu égard à ce dont sa
valeur se trouve augmentée au temps du
partage. — *Civ.* 555, 599, 862 s., 867, 1437,
1634, 2175.

R. v° *Success.*, 1268 s. — S. *cod.* v°, 882.

Art. 862. Il doit être pareillement tenu
compte au donataire, des impenses néces
saires qu'il a faites pour la conservation de
la chose, encore qu'elles n'aient point amé
lioré le fonds. — *Civ.* 861, 867, 1137, 1634,
2102-3°.

R. v° *Success.*, 1268 s.

Art. 863. Le donataire, de son côté,
doit tenir compte des dégradations et dété
riorations qui ont diminué la valeur de
l'immeuble, par son fait ou par sa faute et
négligence. — *Civ.* 1382 s., 1631 s.

R. v° *Success.*, 1282 s.

Art. 864. Dans le cas où l'immeuble
a été aliéné par le donataire, les améliora
tions ou dégradations faites par l'acquéreur
doivent être imputées conformément aux
trois articles précédents.

Art. 865. Lorsque le rapport se fait en
nature, les biens se réunissent à la masse
de la succession, francs et quittes de toutes
charges créées par le donataire ; mais les
créanciers ayant hypothèque peuvent inter
venir au partage, pour s'opposer à ce que le
rapport se fasse en fraude de leurs droits.
– *Civ.* 622, 882, 1166 s., 1179, 1183, 2125;
Pr. 339 s.

R. v° *Success.*, 1264 s. — S. *cod.* v°, 883.

Art. 866. Lorsque le don d'un immeuble
fait à un successible avec dispense du rap
port excède la portion disponible, le rapport
de l'excédent se fait en nature, si le retran
chement de cet excédent peut s'opérer com
modément.
Dans le cas contraire, si l'excédent est de
plus de moitié de la valeur de l'immeuble,
le donataire doit rapporter l'immeuble en
totalité, sauf à prélever sur la masse la valeur
de la portion disponible : si cette portion
excède la moitié de la valeur de l'immeuble,
le donataire peut retenir l'immeuble en tota-

6

lité, sauf à moins prendre, et à récompenser ses cohéritiers en argent ou autrement. — *Civ.* 832, 858 s., 884 s., 913 s., 918, 924, 927.

R. v° *Success.*, 1252 s. — **S.** *cod.* v°, 879.

Art. 867. Le cohéritier qui fait le rapport en nature d'un immeuble, peut en retenir la possession jusqu'au remboursement effectif des sommes qui lui sont dues pour impenses ou améliorations. — *Civ.* 861.

R. v° *Success.*, 1279 s.

Art. 868. Le rapport du mobilier ne se fait qu'en moins prenant. Il se fait sur le pied de la valeur du mobilier lors de la donation, d'après l'état estimatif annexé à l'acte; et, à défaut de cet état, d'après une estimation par experts, à juste prix et sans crue. — *Civ.* 825, 830 s., 858, 948, 1573; *Pr.* 302 s., 1034 s.

R. v° *Success.*, 1297 s. — **S.** *cod.* v°, 891 s. — T. (87-97), v° *Rapp. à success.*, 49 s.

Art. 869. Le rapport de l'argent donné se fait en moins prenant dans le numéraire de la succession.

En cas d'insuffisance, le donataire peut se dispenser de rapporter du numéraire, en abandonnant, jusqu'à due concurrence, du mobilier, et à défaut de mobilier, des immeubles de la succession. — *Civ.* 858, 868, 1171.

R. v° *Success.*, 1304 s.

SECTION III.
Du payement des dettes.

Art. 870. Les cohéritiers contribuent entre eux au payement des dettes et charges de la succession, chacun dans la proportion de ce qu'il y prend. — *Civ.* 724, 871 s., 1009, 1012, 1021, 1220 s., 1009, 1672, 2101.

R. v° *Success.*, 1332 s. — **S.** *cod.* v°, 908 s. — T. (87-97), cod. v°, 147 s.

Art. 871. Le légataire à titre universel contribue avec les héritiers, au prorata de son émolument; mais le légataire particulier n'est pas tenu des dettes et charges, sauf toutefois l'action hypothécaire sur l'immeuble légué. — *Civ.* 611 s., 1012, 1020, 1024, 2114 s.

R. v° *Success.*, 1356 s. — **S.** *cod.* v°, 908 s. — T. (87-97). cod. v°, 147 s.

Art. 872. Lorsque des immeubles d'une succession sont grevés de rentes par hypothèque spéciale, chacun des cohéritiers peut exiger que les rentes soient remboursées et les immeubles rendus libres avant qu'il soit procédé à la formation des lots. Si les cohéritiers partagent la succession dans l'état où elle se trouve, l'immeuble grevé doit être estimé au même taux que les autres immeubles; il est fait déduction du capital de la rente sur le prix total; l'héritier dans le lot duquel tombe cet immeuble, demeure seul chargé du service de la rente, et il doit en garantir ses cohéritiers. — *Civ.* 530, 1221, 1223 s., 1489, 1625 s., 1909 s., 2103; *Pr.* 183.

R. v° *Success.*, 1371 s. — **S.** *cod.* v°, 921.

Art. 873. Les héritiers sont tenus des dettes et charges de la succession, personnellement pour leur part et portion virile, et hypothécairement pour le tout; sauf leur recours, soit contre leurs cohéritiers, soit contre les légataires universels, à raison de la part pour laquelle ils doivent y contribuer. — *Civ.* 351 s., 724, 1009, 1220 s., 2114 s., 2166 s.

R. v° *Success.*, 1354 s. — **S.** *cod.* v°, 890 s. — T. (87-97), cod. v°, 147 s. — V. aussi **N. C. civ. ann.**, J. 2, art. 873, n° 1 s.

Art. 874. Le légataire particulier qui a acquitté la dette dont l'immeuble légué était grevé, demeure subrogé aux droits du créancier contre les héritiers et successeurs à titre universel. — *Civ.* 611, 871, 1020, 1024, 1251.

R. v° *Success.*, 1393 s. — **S.** *cod.* v°, 926 s. — T. (87-97), cod. v°, 147 s.

Art. 875. Le cohéritier ou successeur à titre universel, qui, par l'effet de l'hypothèque, a payé au delà de sa part de la dette commune, n'a de recours contre les autres cohéritiers ou successeurs à titre universel, que pour la part que chacun d'eux doit personnellement en supporter, même dans le cas où le cohéritier qui a payé la dette se serait fait subroger aux droits des créanciers; sans préjudice néanmoins des droits d'un cohéritier qui, par l'effet du bénéfice d'inventaire, aurait conservé la faculté de réclamer le payement de sa créance personnelle, comme tout autre créancier. — *Civ.* 802, 870 s., 884, 1009, 1012, 1017, 1213 s., 1249 s., 2033, 2114 s.

R. v° *Success.*, 1384 s. — **S.** *cod.* v°, 923 s.

Art. 876. En cas d'insolvabilité d'un des cohéritiers ou successeurs à titre universel, sa part dans la dette hypothécaire est répartie sur tous les autres, au marc le franc. — *Civ.* 885 s., 1214 s., 2026.

R. v° *Success.*, 1390 s. — **S.** *cod.* v°, 923.

Art. 877. Les titres exécutoires contre le défunt sont pareillement exécutoires contre l'héritier personnellement; et néanmoins les créanciers ne pourront en poursuivre l'exécution que huit jours après la signification de ces titres à la personne ou au domicile de l'héritier. — *Civ.* 724, 820 s.; *Pr.* 545 s.

R. v° *Success.*, 1319 s. — **S.** *cod.* v°, 899 s.

Art. 878. Ils peuvent demander, dans tous les cas, et contre tout créancier, la séparation du patrimoine du défunt d'avec le patrimoine de l'héritier. — *Civ.* 879 s., 2111.

R. v° *Success.*, 1395 s. — **S.** *cod.* v°, 928 s. — T. (87-97), *Sépar. de patrimoines*, 1 s. — V. aussi **N. C. civ. ann.**, t. 2, art. 878, n° 1 s.

Art. 879. Ce droit ne peut cependant plus être exercé, lorsqu'il y a novation dans la créance contre le défunt, par l'acceptation de l'héritier pour débiteur. — *Civ.* 1234, 1271 s.

R. v° *Success.*, 1418 s. — **S.** *cod.* v°, 939 s. — T. (87-97), v° *Rescision*, 1 s.

Art. 880. Il se prescrit, relativement aux meubles, par le laps de trois ans.

À l'égard des immeubles, l'action peut être exercée tant qu'ils existent dans la main de l'héritier. — *Civ.* 2180 s., 2219, 2262, 2279.

R. v° *Success.*, 1440 s. — **S.** *cod.* v°, 944 s.

Art. 881. Les créanciers de l'héritier ne sont point admis à demander la séparation des patrimoines contre les créanciers de la succession. — *Civ.* 878 s.

R. v° *Success.*, 1408 s.

Art. 882. Les créanciers d'un copartageant, pour éviter que le partage ne soit fait en fraude de leurs droits, peuvent s'opposer à ce qu'il y soit procédé hors de leur présence : ils ont le droit d'y intervenir à leurs frais; mais ils ne peuvent attaquer un partage consommé, à moins toutefois qu'il n'y ait été procédé sans eux et au préjudice d'une opposition qu'ils auraient formée. — *Civ.* 820 s., 805, 1166 s., 2205; *Pr.* 339 s.

R. v° *Success.*, 2012 s. — **S.** *cod.* v°, 1265 s. — T. (87-97), v° *Partage*, 92 s. — V. aussi **N. C. civ. ann.**, t. 2, art. 882, n° 1 s.

SECTION IV.
Des effets du partage, et de la garantie des lots.

Art. 883. Chaque cohéritier est censé avoir succédé seul et immédiatement à tous les effets compris dans son lot, ou à lui échus sur licitation, et n'avoir jamais eu la propriété des autres effets de la succession. — *Civ.* 777, 834 s., 1220, 1408, 1686 s., 1872; *Pr.* 982.

R. v° *Success.*, 2078 s. — **S.** *cod.* v°, 1321 s. — T. (87-97), v° *Partage*, 128 s. — V. aussi **N. C. civ. ann.**, t. 2, art. 883, n° 1 s.

Art. 884. Les cohéritiers demeurent respectivement garants, les uns envers les autres, des troubles et évictions seulement qui procèdent d'une cause antérieure au partage.

La garantie n'a pas lieu, si l'espèce d'éviction soufferte a été exceptée par une clause particulière et expresse de l'acte de partage; elle cesse, si c'est par sa faute que le cohéritier souffre l'éviction. — *Civ.* 822, 870 s., 885, 1383, 1626 s., 1640, 1690, 2103-3°, 2109.

R. v° *Success.*, 2138 s. — **S.** *cod.* v°, 1385 s.

Art. 885. Chacun des cohéritiers est personnellement obligé, en proportion de sa part héréditaire, d'indemniser son cohéritier de la portion dont il est tenu doit être également répartie entre le garanti et tous les cohéritiers solvables. — *Civ.* 876, 1214 s.

R. v° *Success.*, 2167 s. — **S.** *cod.* v°, 1395 s.

Art. 886. La garantie de la solvabilité du débiteur d'une rente ne peut être exercée que dans les cinq ans qui suivent le partage. Il n'y a pas lieu à garantie à raison de l'insolvabilité du débiteur, quand elle n'est survenue que depuis le partage consommé. — *Civ.* 1276, 1693.

R. v° *Success.*, 2176 s. — **S.** *cod.* v°, 1398 s.

SECTION V.
De la rescision en matière de partage.

Art. 887. Les partages peuvent être rescindés soit pour cause de violence ou de dol.

Il peut aussi y avoir lieu à rescision, lorsqu'un des cohéritiers établit, à son préjudice, une lésion de plus du quart. La simple omission d'un objet de la succession ne donne pas ouverture à l'action en rescision, mais seulement à un supplément à l'acte de partage. — *Civ.* 1077 s., 1109, 1111 s., 1304 s., 1674 s.

R. v° *Success.*, 2183 s. — **S.** *cod.* v°, 1400 s. — T. (87-97), v° *Rescision*, 1 s. — V. aussi **N. C. civ. ann.**, t. 2, art. 887, n° 1 s.

Art. 888. L'action en rescision est admise contre tout acte qui a pour objet de faire cesser l'indivision entre cohéritiers, encore qu'il fût qualifié de vente, d'échange et de transaction, ou de toute autre manière.

Mais après le partage, ou l'acte qui en tient lieu, l'action en rescision n'est plus admissible contre la transaction faite sur les difficultés réelles que présentait le premier acte, même quand il n'y aurait eu à ce sujet de procès commencé. — *Civ.* 889 s., 1304, 1313, 1676 s., 2044 s., 2048 s.

R. v° *Success.*, 2223 s. — **S.** *cod.* v°, 1432 s. — T. (87-97), v° *Rescision*, 1 s. — V. aussi **N. C. civ. ann.**, t. 2, art. 888, n° 1 s.

Art. 889. L'action n'est pas admise contre une vente de droits successifs faite sans fraude à l'un des cohéritiers, à ses risques et périls, par ses autres cohéritiers, ou par l'un d'eux. — *Civ.* 780, 841.

R. v° *Success.*, 2270 s. — **S.** *cod.* v°, 1438 s. — V. aussi **N. C. civ. ann.**, t. 2, art. 889, n° 1 s.

Art. 890. Pour juger s'il y a eu lésion, on estime les objets suivant leur valeur à l'époque du partage. — *Civ.* 1675.

R. v° *Success.*, 2202. — **S.** *cod.* v°, 1440.

Art. 891. Le défendeur à la demande en rescision peut en arrêter le cours et empêcher un nouveau partage, en offrant et en fournissant au demandeur le supplément de sa portion héréditaire, soit en numéraire, soit en nature. — *Civ.* 1681 s.

R. v° *Success.*, 2334 s. — **S.** *cod.* v°, 1461 s.

Art. 892. Le cohéritier qui a aliéné son lot en tout ou partie, n'est plus recevable à intenter l'action en rescision pour dol ou violence, si l'aliénation qu'il a faite est postérieure à la découverte du dol, ou à la cessa-

de la violence. — *Cir.* 887. 1115, 1304. 1338.
V° *Success.*, 2300 s. — S. *cod.* r°, 1757 s.
a loi du 20 février 1901 (D. P. 1901. 4. 30), *portant on du budget général des dépenses et des recettes de cice* 1901 (*régime fiscal des successions et de plu-droits de mutation par décès*), *art. 2 s.*, *complète s lois de finances du 30 mars* 1902 (D. P. 1902. 4. 60), *mars* 1903 (D. P. 1903. 4. 17), *du 30 décembre 1903* 1904. 4. 9), *du 17 avril 1906, art.* 7 (D. P. 1906. 4. 85) *30 janvier 1907, art.* 4 (D. P. 1907. 4. 21).

TITRE DEUXIÈME.

Des donations entre vifs et des testaments.

rête le 13 flor. an XI (3 mai 1803), et promulgué le 23 flor. an XI (13 mai 1803).

CHAPITRE PREMIER.

Dispositions générales.

rt. 893. On ne pourra disposer de ses s, à titre gratuit, que par donation entre ou par testament, dans les formes ci-s établies. — *Civ.* 711, 894 s., 931 s., s., 1081 s., 1091 s., 1121, 1282 s., 1973.
* *Disp. entre vifs*, 85 s.

rt. 894. La donation entre vifs est un par lequel le donateur se dépouille ac-ement et irrévocablement de la chose ée, en faveur du donataire qui l'accepte. *iv.* 711, 901, 931 s., 938 s., 912, 953 s., s., 1087, 1091 s., 1096.
v° *Disp. entre vifs*, 1280 s. - S. *cod.* r°, 336 s. aussi N. C. civ. ann., t. 2, art. 894, n° 1 s.

rt. 895. Le testament est un acte par le testateur dispose, pour le temps n'existera plus, de tout ou partie de ses s, et qu'il peut révoquer. — *Civ.* 711, ., 913 s., 967 s., 981 s., 1002 s., 1035 s., , 1097 s.
* *Disp. entre vifs*, 2001 s. — S. *cod.* r°. 610 s. (87-97), v° *Testament.* 1 s.

rt. 896. Les substitutions sont prohi-

ute disposition par laquelle le donataire, itier institué, ou le légataire, sera chargé onserver et de rendre à un tiers, sera , même à l'égard du donataire, de l'hé-t institué, ou du légataire.
brogé par les lois des 13 mai 1835 et ai 1849 qui ont aboli les majorats.) *Néan-s les biens libres formant la dotation titre héréditaire que le Roi aurait érigé aveur d'un prince ou d'un chef de fa-e, pourront être transmis héréditaire-t, ainsi qu'il est réglé par l'acte du ars 1806 et par celui du 14 août suivant.* iv. 897 s., 911, 919. 1049, 1048 s., 1100.
v° *Substitut.*, 26 s. — S. *cod.* r°, 12 s. — 7-97), cod. r°, 1 s. — V. aussi N. C. civ. ann., art. 896, n° 1 s.

rt. 897. Sont exceptées des deux pré-s paragraphes de l'article précédent les ositions permises aux pères et mères et frères et sœurs au chapitre 6 du présent

rt. 898. La disposition par laquelle un s serait appelé à recueillir le don, l'héri-e, le legs, dans le cas où le donataire, itier institué ou le légataire, ne le re-llerait pas, ne sera pas regardée comme substitution, et sera valable. — *Civ.* 899, 1082, 1088.
v° *Substitut.*, 94 s. — S. *cod.* r°, 66 s. — ussi N. C. civ. ann., t. 2, art. 897-898, n° 1 s.

rt. 899. Il en sera de même de la dis-tion entre vifs ou testamentaire par la-le l'usufruit sera donné à l'un, et la nue riété à l'autre. — *Civ.* 578 s., 949.
v° *Substitut.*, 162 s. — S. *cod.* r°, 101 s. — ussi N. C. civ. ann., t. 2, art. 897-898, n° 1 s.

Art. 900. Dans toute disposition entre vifs ou testamentaire. les conditions impos-sibles, celles qui seront contraires aux lois ou aux mœurs, seront réputées non écrites.
— *Civ.* 6, 815, 1133, 1172, 1387 s.
R. v° *Disp. entre vifs*, 88 s. — S. *cod.* r°, 21 s. — T. (87-97), v° *Condition*, 1 s. — V. aussi N. C. civ. ann., t. 2, art. 900, n° 1 s.
V. *la loi du 15 novembre 1887, sur la liberté des funé-railles* (D. P. 87. 4. 104 ; C. ad., t. 2, v° *Sépulture*, p. 411).

CHAPITRE II.

De la capacité de disposer ou de recevoir par donation entre vifs ou par testament.

Art. 901. Pour faire une donation entre vifs ou un testament, il faut être sain d'esprit.
— *Civ.* 489, 499, 502, 513, 891 s., 1109 s.
R. v° *Disp. entre vifs*, 102 s. — S. *cod.* r°, 74 s. — T. (87-97), cod. r°, 1 s. — V. aussi N. C. civ. ann., t. 2, art. 901, n° 1 s.

Art. 902. Toutes personnes peuvent dis-poser et recevoir, soit par donation entre vifs, soit par testament, excepté celles que la loi en déclare incapables. — *Civ.* 25, 28, 463, 489, 499, 502 s., 513, 725, 727, 903 s., 997, 1422, 1555 s.
R. v° *Disp. entre vifs*, 190, 263 s., 481 s. — S. *cod.* r°, 89 s. 169 s. — T. (87-97). V° *Cassation*, 307 s.; *Disp. entre vifs*, 1 s. — V. aussi N. C. civ. ann., t. 2, art. 902, n° 1 s.

Art. 903. Le mineur âgé de moins de seize ans ne pourra aucunement disposer, sauf ce qui est réglé au chapitre 9 du présent titre. — *Civ.* 389, 450, 484, 904, 1095, 1309 s. 1398.
R. v° *Disp. entre vifs*, 273 s., 782 s. — S. *cod.* r°, 93 s., 186 s.

Art. 904. Le mineur parvenu à l'âge de seize ans ne pourra disposer que par testa-ment, et jusqu'à concurrence seulement de la moitié des biens dont la loi permet au majeur de disposer. — *Civ.* 484, 907, 913 s., 1095.
R. v° *Disp. entre vifs*, 275 s., 782 s. — S. *cod.* r°, 93 s., 186 s.

Art. 905. La femme mariée ne pourra donner entre vifs sans l'assistance ou le con-sentement spécial de son mari, ou sans y être autorisée par la justice, conformément à ce qui est prescrit par les articles 217 et 219, au titre *Du mariage*.
Elle n'aura besoin ni de consentement du mari, ni d'autorisation de la justice, pour disposer par testament. — *Civ.* 222, 226, 934. 1029, 1091 s., 1096, 1389, 1449, 1555.
R. v° *Disp. entre vifs*, 292 s., 408 s. — S. *cod.* r°, 97.

Art. 906. Pour être capable de recevoir entre vifs, il suffit d'être conçu au moment de la donation.
Pour être capable de recevoir par testa-ment, il suffit d'être conçu à l'époque du dé-cès du testateur.
Néanmoins la donation ou le testament n'auront leur effet qu'autant que l'enfant sera né viable. — *Civ.* 135, 312, 314, 725, 902. 1048 s., 1081.
R. v° *Disp. entre vifs*, 313 s., 483 s., 3105 s. — S. *cod.* r°, 100 s., 169 s., 837 s. — C. ad., t. 2. v° *Culte*, p. 185. n°° 1443 s. — V. aussi N. C. civ. ann., t. 2, art. 906, n°° 1 s.

Art. 907. Le mineur, quoique parvenu à l'âge de seize ans, ne pourra, même par testament, disposer au profit de son tuteur.
Le mineur, devenu majeur, ne pourra dis-poser, soit par donation entre vifs, soit par testament, au profit de celui qui aura été son tuteur, si le compte définitif de la tutelle n'a été préalablement rendu et apuré.
Sont exceptés, dans les deux cas ci-dessus, les ascendants des mineurs, qui sont ou qui ont été leurs tuteurs. — *Civ.* 402 s., 450, 471 s., 904, 1095; *Pr.* 527 s.
R. v° *Disp. entre vifs*, 337 s. — S. *cod.* r°, 111 s.

Art. 908. (L. 25 mars 1896.) Les enfants naturels légalement reconnus ne pourront

rien recevoir par donation entre vifs au delà de ce qui leur est accordé au titre *Des suc-cessions*. Cette incapacité ne pourra être in-voquée que par les descendants du donateur, par ses ascendants, par ses frères et sœurs, et les descendants légitimes de ses frères et sœurs.
Le père ou la mère qui les ont reconnus pourront leur léguer tout ou partie de la quotité disponible, sans toutefois qu'en aucun cas, lorsqu'ils se trouvent en concours avec des descendants légitimes, un enfant naturel puisse recevoir plus qu'une part d'enfant lé-gitime le moins prenant.
Les enfants adultérins ou incestueux ne pourront rien recevoir par donation entre vifs ou par testament, au delà de ce qui leur est accordé par les articles 762, 763 et 764. — *Civ.* 334 s., 723, 756 s., 1338.

§ 1. LÉGISLATION ANTÉRIEURE A' LA LOI DU 25 MARS 1896 : R. v° *Disp. entre vifs*, 401 s. — S. *cod.* r°, 133 s.
§ 2. LOI DU 25 MARS 1896 : N. C. civ. ann., t. 2. art. 908. — D. P. 96. 4. 26.

Art. 909. Les docteurs en médecine ou en chirurgie, les officiers de santé et les pharmaciens qui auront traité une personne pendant la maladie dont elle meurt, ne pour-ront profiter des dispositions entre vifs ou testamentaires qu'elle aurait faites en leur faveur pendant le cours de cette maladie.
Sont exceptés : 1° Les dispositions rému-nératoires faites à titre particulier, en égard aux facultés du disposant et aux services rendus ;
2° Les dispositions universelles, dans le cas de parenté jusqu'au quatrième degré in-clusivement, pourvu toutefois que le décédé n'ait pas d'héritiers en ligne directe ; à moins que celui au profit de qui la disposition a été faite, ne soit lui-même du nombre de ces héritiers.
Les mêmes règles seront observées à l'égard du ministre du culte. — *Civ.* 735 s., 911. 1002 s., 1010, 1014.
R. v° *Disp. entre vifs*, 337 s. — S. *cod.* r°, 115 s. — V. aussi N. C. civ. ann., t. 2. art. 909, n°° 1 s.

Art. 910. Les dispositions entre vifs ou par testament, au profit des hospices, des pauvres d'une commune, ou d'établissements d'utilité publique, n'auront leur effet qu'au-tant qu'elles seront autorisées par une ordon-nance royale [*un décret du président de la République*]. — *Civ.* 537, 891 s., 902, 937, 910, 2015-3°.
R. v° *Disp. entre vifs*, 324 s., 412 s. — S. *cod.* r°, 101 s., 138 s. — T. (87-97), cod. r°, 32 s. — V. aussi N. C. civ. ann., t. 2, art. 910, n°° 1 s. — C. ad., t. 1. v° *Département*, p. 382. n°° 1896 s.; *Commune*, p. 626, n°° 6360 s.; t. 2, v° *Culte*, p. 136, n°° 3035 s.; p. 204 , n°° 4029 s.; p. 248, n°° 4094 s.; p. 274, n°° 4670 s.; p. 280, n°°7096 s.; p. 285. n°° 7122 s.; p. 297, n°° 7397 s.; p. 308, n°° 7670 s.; p. 333, n° 8684; *Enseignement*, p. 550, n°° 1471 s.; p. 670, n° 3009; p. 776, n° 3771 s.; p. 889, L. 31 déc. 1846, art. 3; *Établiss. de bienf. et de prévoy.*, p. 1033, n°° 1884 s.; p. 1088, n°° 3491 s.; p. 1130, n°° 4583 s.; p. 1194, n°° 6029 s.; *Ordres civ. et milit.*, p. 1269, n° 330; *Dons et legs*, p. 1240 s.
V. *infra*, *Appendice, la loi du 4 février 1901, sur la tutelle administrative en matière de dons et legs ; la loi du 1er juillet 1901 (modifiée par celles du 4 décembre 1902 et du 17 juillet 1903), relative au Contrat d'association.*
V. *la loi du 2 janvier 1817, sur les donations et legs aux établissements ecclésiastiques* (R. v° *Culte*, p. 712 — et N. C. civ. ann., t. 2, p. 322); *l'ordonnance du 2 avril 1817, qui détermine les règles à suivre pour l'acceptation et l'emploi des dons et legs qui peuvent être faits en faveur tant des établissements ecclésiastiques que de tous autres établissements d'utilité publique, en vertu de la loi du 2 janvier 1817 et du Code civil* (R. v° *Culte*, p. 712; — et N. C. civ. ann., t. 2, p. 379); *la loi du 24 mai 1825, relative à l'autorisation et à l'existence légale des congrégations et communautés reli-gieuses de femmes* (R. v° *Culte*, p. 717; — et N. C. civ. ann., t. 2, p. 379 ; *l'ordonnance du 14 janvier 1831, rela-tive aux dons et legs, acquisitions et aliénations de biens concernant les établissements ecclésiastiques et les com-munautés religieuses de femmes* (R. v° *Culte*, p. 718; — et N. C. civ. ann., t. 2, p. 379); *la loi du 5 juin 1851*; art. 10, *relative aux caisses d'épargne* (N. C. civ. ann., t. 2, p. 370); *l'ordonnance du 24 mai 1844, portant règlement pour l'organisation du culte israélite* (R. v° *Culte*, p. 770; — et N. C. civ. ann., t. 2, p. 397); *le décret du 15 fé-*

vrier 1862, relatif à l'acceptation des dons et legs faits aux fabriques des églises (D. P. 63. 4. 61; — cł N. C. civ. ann., t. 2, p. 379); *la loi du 10 août 1871, art. 46 et 53, relative aux conseils généraux* (D. P. 72. 4. 102; — et N. C. civ. ann., t. 2, p. 379), *modifiée par la loi du 4 février 1901, sur la tutelle administrative en matière de dons et legs* (D. P. 1901. 4. 14; — et N. C. civ. ann., t. 2, p. 380); *la loi du 23 mars 1884, art. 6 et 7, relative à la création des syndicats professionnels* (D. P. 84. 4. 129; — et N. C. civ. ann., t. 2, p. 379); *la loi du 5 avril 1884, art. 61, 68, 111, 112 et 113, sur l'organisation municipale* (D. P. 84. 4. 57; — et N. C. civ. ann., t. 2, p. 380), *modifiée et remplacée en ce qui concerne les art. 111 et 112 par la loi du 4 février 1901, sur la tutelle administrative en matière de dons et legs* (D. P. 1901. 4. 14; — et N. C. civ. ann., t. 2, p. 380); *la loi du 15 juillet 1893, art. 10 et 11, sur l'assistance médicale gratuite* (D. P. 94. 4. 27; — et N. C. civ. ann., t. 2, p. 380); *le décret du 1er février 1890, relatif à la procédure à suivre en matière de legs concernant les établissements publics reconnus d'utilité publique et les associations religieuses autorisées* (D. P. 90. 4. 104; — et N. C. civ. ann., t. 2, p. 380); *modifié dans son art. 1er par le décret du 24 décembre 1901* (D. P. 1902. 4. 23); *la loi du 1er avril 1898, relative aux sociétés de secours mutuels* (D. P. 99. 4. 27; — et N. C. civ. ann., t. 2, p. 380); *la loi du 4 février 1901, sur la tutelle administrative en matière de dons et legs* (D. P. 1901. 4. 14; — et N. C. civ. ann., t. 2, p. 380); *la loi du 1er juillet 1901, relative au contrat d'association* (D. P. 1901. 4. 105; — et N. C. civ. ann., t. 2, p. 381).

Art. 911. Toute disposition au profit d'un incapable sera nulle, soit qu'on la déguise sous la forme d'un contrat onéreux, soit qu'on la fasse sous le nom de personnes interposées.

Seront réputées personnes interposées les père et mère, les enfants et descendants, et l'époux de la personne incapable. — *Civ.* 902, 906 s., 1099 s., 1106, 1350, 1352, 1396.

R. v° *Disp. entre vifs*, 432 s. — S. *cod.* v°, 133 s. — V. aussi N. C. civ. ann., t. 2, art. 911, n° 1 s.

V. aussi, *infra*, Appendice, *la loi du 1er juillet 1901, relative au Contrat d'association*.

Art. 912. *Abrogé par L. 14 juillet 1819.*

CHAPITRE III.
De la portion de biens disponible, et de la réduction.

SECTION PREMIÈRE.
De la portion de biens disponible.

Art. 913. Les libéralités, soit par actes entre vifs, soit par testament, ne pourront excéder la moitié des biens du disposant, s'il ne laisse à son décès qu'un enfant légitime; le tiers, s'il laisse deux enfants; le quart, s'il en laisse trois ou un plus grand nombre. *(L. 25 mars 1896.)* L'enfant naturel légalement reconnu a droit à une réserve. Cette réserve est une quotité de celle qu'il aurait eue s'il eût été légitime, calculée en observant la proportion qui existe entre la portion attribuée à l'enfant naturel au cas de succession *ab intestat* et celle qu'il aurait eue dans le même cas s'il eût été légitime.

Sont compris dans le présent article, sous le nom d'enfants, les descendants en quelque degré que ce soit. Néanmoins, ils ne sont comptés que pour l'enfant qu'ils représentent dans la succession du disposant. — *Civ.* 739 s., 914 s., 920 s., 1004, 1090, 1094 s., 1488, 1525.

§ 1. LÉGISLATION ANTÉRIEURE A LA LOI DU 25 MARS 1896 : R. v° *Disp. entre vifs*, 496 s., 733 s.; *Success.*, 307 s. — S. v° *Disp. entre vifs*, 175 s., 177 s.; *Success.*, 178 s. — T. (87-97), v° *Portion disponible*, 1 s.

§ 2. LOI DU 25 MARS 1896 : N. C. civ. ann., t. 2, art. 913, n° 1 s. — D. P. 96. 4. 26.

Art. 914. *(L. 25 mars 1896.)* Les libéralités, par actes entre vifs ou par testament, ne pourront excéder la moitié des biens, si, à défaut d'enfant, le défunt laisse un ou plusieurs ascendants dans chacune des lignes paternelle et maternelle, et les trois quarts, s'il ne laisse d'ascendants que dans une ligne.

Les biens ainsi réservés au profit des ascendants seront par eux recueillis dans l'ordre où la loi les appelle à succéder; ils auront

seuls droit à cette réserve, dans tous les cas où un partage en concurrence avec des collatéraux ne leur donnerait pas la quotité de biens à laquelle elle est fixée. — *Civ.* 731, 733, 736 s., 746 s., 753, 844 s., 904, 907 s., 916, 1094.

R. v° *Disp. entre vifs*, 765 s.; *Success.*, 385. — S. v° *Disp. entre vifs*, 184 s.; *Success.*, 218. — *Loi du 25 mars 1896* : N. C. civ. ann., t. 2, art. 914, n° 1 s. — D. P. 96. 4. 26.

Art. 915. *(L. 25 mars 1896.)* Lorsque, à défaut d'enfants légitimes, le défunt laisse à la fois un ou plusieurs enfants naturels et des ascendants dans les deux lignes ou dans une seule, les libéralités par actes entre vifs et par testament ne pourront excéder la moitié des biens du disposant s'il n'y a qu'un enfant naturel, le tiers s'il y en a deux, le quart s'il y en a trois ou un plus grand nombre. Les biens ainsi réservés seront recueillis par les ascendants jusqu'à concurrence d'un huitième de la succession, et le surplus par les enfants naturels.

Loi du 25 mars 1896 : N. C. civ. ann., t. 2, art. 915, n° 1 s. — D. P. 96. 4. 26.

Art. 916. 'A défaut d'ascendants et de descendants, les libéralités par actes entre vifs ou testamentaires pourront épuiser la totalité des biens.

R. v° *Disp. entre vifs*, 734, 741.

Art. 917. Si la disposition par acte entre vifs ou par testament est d'un usufruit ou d'une rente viagère dont la valeur excède la quotité disponible, les héritiers au profit desquels la loi fait une réserve, auront l'option, ou d'exécuter cette disposition, ou de faire l'abandon de la propriété de la quotité disponible. — *Civ.* 578 s., 610 s., 899, 918, 919 s., 1015, 1020, 1094, 1969 s.

R. v° *Disp. entre vifs*, 823 s., 963 s. — S. *cod.* v°, 196 s., 217 s. — T. (87-97), v° *Portion disponible*, 23 s.

Art. 918. La valeur en pleine propriété des biens aliénés, soit à charge de rente viagère, soit à fonds perdu, ou avec réserve d'usufruit, à l'un des successibles en ligne directe, sera imputée sur la portion disponible; et l'excédent, s'il y en a, sera rapporté à la masse. Cette imputation et ce rapport ne pourront être demandés par ceux des autres successibles en ligne directe qui auraient consenti à ces aliénations, ni, dans aucun cas, par les successibles en ligne collatérale. — *Civ.* 736 s., 745 s., 791, 829, 843 s., 949, 1130, 1340, 1968 s.

R. v° *Disp. entre vifs*, 980 s. — S. *cod.* v°, 236 s. — V. aussi N. C. civ. ann., t. 2, art. 918, n° 1 s.

Art. 919. *(L. 24 mars 1898.)* La quotité disponible pourra être donnée en tout ou en partie, soit par acte entre vifs, soit par testament, aux enfants ou autres successibles du donateur, sans être sujette au rapport par le donataire ou le légataire venant à la succession, pourvu qu'en ce qui touche les dons la disposition ait été faite expressément à titre de préciput et hors part.

La déclaration que le don est à titre de préciput et hors part pourra être faite, soit par l'acte qui contiendra la disposition, soit postérieurement dans la forme des dispositions entre vifs ou testamentaires. — *Civ.* 843 s., 931 s., 969 s., 931 s.

§ 1. LÉGISLATION ANTÉRIEURE A LA LOI DU 24 MARS 1898 : R. v° *Disp. entre vifs*, 1025 s. — S. *cod.* v°, 268 s. — T. (87-97), v° *Portion disponible*, 28 s.

§ 2. LOI DU 24 MARS 1898 : N. C. civ. ann., t. 2, art. 919, n° 1 s. — D. P. 98. 4. 18.

SECTION II.
De la réduction des donations et legs.

Art. 920. Les dispositions soit entre vifs, soit à cause de mort, qui excéderont la quotité disponible, seront réductibles à cette quotité lors de l'ouverture de la succession.

— *Civ.* 718, 894 s., 913 s., 921 s., 1000, 1496, 1527, 1970, 1973.

R. v° *Disp. entre vifs*, 1162 s. — S. *cod.* v°, 302 s. — T. (87-97), v° *Portion disponible*, 35 s.

Art. 921. La réduction des dispositions entre vifs ne pourra être demandée que par ceux au profit desquels la loi fait la réserve, par leurs héritiers ou ayants cause : les donataires, les légataires, ni les créanciers du défunt, ne pourront demander cette réduction, ni en profiter. — *Civ.* 756, 857, 878, 908, 913 s., 925, 1166 s.

R. v° *Disp. entre vifs*, 862 s., 1175 s. — S. *cod.* v°, 215 s., 308 s. — T. (87-97), v° *Portion disponible*, 48 s. — V. aussi N. C. civ. ann., t. 2, art. 921, n° 1 s.

Art. 922. La réduction se détermine en formant une masse de tous les biens existants au décès du donateur ou testateur. On y réunit fictivement ceux dont il a été disposé par donations entre vifs, d'après leur état à l'époque des donations et leur valeur au temps du décès du donateur. On calcule sur tous ces biens, après en avoir déduit les dettes, quelle est, eu égard à la qualité des héritiers qu'il laisse, la quotité dont il a pu disposer. — *Civ.* 829 s., 844 s., 861 s., 868, 870 s.

R. v° *Disp. entre vifs*, 1039 s. — S. *cod.* v°, 285 s. — T. (87-97), v° *Portion disponible*, 35 s. — V. aussi N. C. civ. ann., t. 2, art. 922, n° 1 s.

Art. 923. Il n'y aura jamais lieu à réduire les donations entre vifs, qu'après avoir épuisé la valeur de tous les biens compris dans les dispositions testamentaires; et lorsqu'il y aura lieu à cette réduction, elle se fera en commençant par la dernière donation, et ainsi de suite en remontant des dernières aux plus anciennes. — *Civ.* 891, 925 s.

R. v° *Disp. entre vifs*, 1201 s. — S. *cod.* v°, 310 s.

Art. 924. Si la donation entre vifs réductible a été faite à l'un des successibles, il pourra retenir, sur les biens donnés, la valeur de la portion qui lui appartiendrait, comme héritier, dans les biens non disponibles, s'ils sont de la même nature. — *Civ.* 832, 859, 866 s.

R. v° *Disp. entre vifs*, 1050 s., 1240 s. — S. *cod.* v°, 282 s., 325 s.

Art. 925. Lorsque la valeur des donations entre vifs excédera ou égalera la quotité disponible, toutes les dispositions testamentaires seront caduques. — *Civ.* 824 s., 923, 1039 s.

Art. 926. Lorsque les dispositions testamentaires excéderont, soit la quotité disponible, soit la portion de cette quotité qui resterait après avoir déduit la valeur des donations entre vifs, la réduction sera faite au marc le franc, sans aucune distinction entre les legs universels et les legs particuliers. — *Civ.* 824 s., 844, 870, 913 s., 927, 1002 s., 1009 s., 1024.

Art. 927. Néanmoins dans tous les cas où le testateur aura expressément déclaré qu'il entend que tel legs soit acquitté de préférence aux autres, cette préférence aura lieu; et le legs qui en sera l'objet, ne sera réduit qu'autant que la valeur des autres ne remplirait pas la réserve légale.

R. v° *Disp. entre vifs*, 1224 s. — S. *cod.* v°, 323 s.

Art. 928. Le donataire restituera les fruits de ce qui excédera la portion disponible, à compter du jour du décès du donateur, si la demande en réduction a été faite dans l'année; sinon, du jour de la demande. — *Civ.* 519 s., 583 s., 856, 958, 962, 1005, 1153 s.

R. v° *Disp. entre vifs*, 1267 s. — S. *cod.* v°, 330 s. — T. (87-97), v° *Portion disponible*, 30 s.

Art. 929. Les immeubles à recouvrer par l'effet de la réduction, le seront sans charge de dettes ou hypothèques créées par le donataire. — *Civ.* 865, 930, 2125.

R. v° *Disp. entre vifs*, 1273 s. — S. *cod.* v°, 332.

rt. 930. L'action en réduction ou re-lication pourra être exercée par les héri-s contre les tiers détenteurs des immeubles nt partie des donations et aliénés par ionataires, de la même manière et dans même ordre que contre les donataires mêmes, et discussion préalablement faite urs biens. Cette action devra être exer-suivant l'ordre des dates des aliénations, ommençant par la plus récente. — *Civ.* s., 923, 1626 s., 2021 s., 2262, 2265 s.
v° *Disp. entre vifs, 1247 s. — S. eod. v°, 327 s.*

CHAPITRE IV.
Des donations entre vifs.

SECTION PREMIÈRE.
De la forme des donations entre vifs.

rt. 931. Tous actes portant donation e vifs seront passés devant notaires, dans rme ordinaire des contrats; et il en res-minute, sous peine de nullité. — *Civ.* 948, 949, 1339, 1340.
v° *Disp. entre vifs, 1400 s., 1459 s., 1733 s. —* d. v°, 357 s., 456 s., 477. — T. (87-97), v° *Do-*n, 16 s. — V. aussi N. C. civ. ann., t. 2, 31, n° 1 s.

rt. 932. La donation entre vifs n'en-ra le donateur, et ne produira aucun , que du jour qu'elle aura été acceptée rmes exprès.
acceptation pourra être faite du vivant onateur, par un acte postérieur et au-tique, dont il restera minute; mais alors onation n'aura d'effet, à l'égard du do-ur, que du jour où l'acte qui constatera acceptation lui aura été notifié. — *Civ.* 933 s., 942, 948, 1084 s., 1317, 1690.
v° *Disp. entre vifs, 1383 s., 1433 s., 1680 s. —* d. v°, 355 s., 363 s. — T. (87-97), v° *Donation,* — C. ad., t. 1, v° *Commune,* p. 626, n° 6377 s. aussi N. C. civ. ann., t. 2, art. 932, n° 1 s.

rt. 933. Si le donataire est majeur, eptation doit être faite par lui, ou, en nom, par la personne fondée de sa pro-tion, portant pouvoir d'accepter la do-n faite, ou un pouvoir général d'accep-es donations qui auraient été ou qui raient être faites.
tte procuration devra être passée devant ires; et une expédition devra en être exée à la minute de la donation, ou à la ute de l'acceptation qui serait faite par séparé. — *Civ.* 488, 935, 1317, 1985, 1987.
v° *Disp. entre vifs, 1457 s. — S. eod. v°, 370.*

rt. 934. La femme mariée ne pourra pter une donation sans le consentement on mari, ou, en cas de refus du mari, autorisation de la justice, conformé-t à ce qui est prescrit par les articles 217 9, au titre *Du mariage.* — *Civ.* 222 s., 940, 942, 1029, 1087, 1125; *Pr.* 861 s.
v° *Disp. entre vifs, 1463 s. — S. eod. v°, 371.* (87-97), v° *Donation, 30 s. — V. aussi N. C.* ann., t. 2, art. 934, n° 1 s.

rt. 935. La donation faite à un mineur émancipé ou à un interdit, devra être ptée par son tuteur, conformément à cle 463, au titre *De la minorité, de la lle et de l'émancipation.*
e mineur émancipé pourra accepter avec istance de son curateur.
éanmoins les père et mère du mineur ncipé ou non émancipé, ou les autres ndants, même du vivant des père et e, quoiqu'ils ne soient ni tuteurs ni cura-s du mineur, pourront accepter pour lui. *Civ.* 388, 476 s., 489, 509, 940, 942, 1087, 5, 1305, 1314.
v° *Disp. entre vifs, 1471 s. — S. eod. v°, 372 s.* (87-97), v° *Donation, 30 s. — V. aussi N. C.* ann., t. 2, art. 935, n° 1 s.

Art. 936. Le sourd-muet qui saura écrire, pourra accepter lui-même ou par un fondé de pouvoir.
S'il ne sait pas écrire, l'acceptation doit être faite par un curateur nommé à cet effet, suivant les règles établies au titre *De la mi-norité, de la tutelle et de l'émancipation.* — *Civ.* 406, 979, 1317; *Instr.* 333.
R. v° *Disp. entre vifs, 1492 s. — S. eod. v°, 380.*

Art. 937. Les donations faites au profit d'hospices, des pauvres d'une commune, ou d'établissements d'utilité publique, seront acceptées par les administrateurs de ces communes ou établissements, après y avoir été dûment autorisés. — *Civ.* 910, 940 s.
R. v° *Disp. entre vifs, 1496 s. — S. eod. v°, 381.* — C. ad., t. 1, v° *Département,* p. 359, n° 2004 s.; *Commune,* p. 626, n° 6350 s.; t. 2, v° *Etabliss. de bienf. et de prévoy.,* p. 1036, n° 1962 s.; p. 1090, n° 3877; *Dons et legs,* p. 1246 s. — V. aussi N. C. civ. ann., t. 2, art. 937, n° 1 s.
V. infra, Appendice, *la loi du 1 février 1901, art. 8,* sur la tutelle administrative en matière de dons et legs.

Art. 938. La donation dûment acceptée sera parfaite par le seul consentement des parties; et la propriété des objets donnés sera transférée au donataire, sans qu'il soit besoin d'autre tradition. — *Civ.* 711, 894, 932, 939 s., 1108 s., 1138, 1141, 1339 s.
R. v° *Disp. entre vifs, 1310 s., 1607 s. — S. eod. v°,* 340 s., 467 s. — V. aussi N. C. civ. ann., t. 2, art. 938, n° 1 s.

Art. 939. Lorsqu'il y aura donation de biens susceptibles d'hypothèques, la trans-cription des actes contenant la donation et l'acceptation, ainsi que la notification de l'acceptation qui aurait eu lieu par acte sé-paré, devra être faite aux bureaux des hypo-thèques dans l'arrondissement desquels les biens sont situés. — *Civ.* 940 s., 938, 1069 s., 2108, 2114, 2118, 2181; *Pr.* 834 s.
R. v° *Disp. entre vifs, 1539 s. — S. eod. v°, 392 s.* T. (87-97), v° *Transcript. des donations.*

Art. 940. Cette transcription sera faite à la diligence du mari, lorsque les biens au-ront été donnés à sa femme; et si le mari ne remplit pas cette formalité, la femme pourra y faire procéder sans autorisation.
Lorsque la donation sera faite à des mi-neurs, à des interdits, ou à des établisse-ments publics, la transcription sera faite à la diligence des tuteurs, curateurs ou adminis-trateurs. — *Civ.* 213 s., 388 s., 450, 480 s., 489, 497, 509, 910, 934 s., 941, 1069 s., 1428, 1531, 1536, 1549, 1986 s.
R. v° *Disp. entre vifs, 1582 s. — S. eod. v°, 407 s.*

Art. 941. Le défaut de transcription pourra être opposé par toutes personnes ayant intérêt, excepté toutefois celles qui sont char-gées de faire faire la transcription, ou leurs ayants cause, et le donateur. — *Civ.* 938 s., 1070 s., 2136 s.
R. v° *Disp. entre vifs, 1558 s., 1590 s. — S. eod. v°,* 397 s., 415 s. — V. aussi N. C. civ. ann., t. 2, art. 941, n° 1 s.

Art. 942. Les mineurs, les interdits, les femmes mariées, ne seront point restitués contre le défaut d'acceptation ou de trans-cription des donations; sauf leur recours contre leurs tuteurs ou maris, s'il y échet, et sans que la restitution puisse avoir lieu, dans le cas même où lesdits tuteurs et maris se trouveraient insolvables. — *Civ.* 213, 450, 469, 489, 509, 932 s., 1070 s., 1073 s., 1382 s., 1428, 1531, 1536, 1549, 1576 s.
R. v° *Disp. entre vifs, 1508 s., 1585 s. — S. eod. v°,* 382 s., 413 s.

Art. 943. La donation entre vifs ne pourra comprendre que les biens présents du donateur; si elle comprend des biens à venir, elle sera nulle à cet égard. — *Civ.* 894, 900, 947, 1076, 1082 s., 1093 s., 1130.
R. v° *Disp. entre vifs, 1336 s. — S. eod. v°, 344 s.* — T. (87-97), v° *Donation, 1 s. — V. aussi N. C.* civ. ann., t. 2, art. 943, n° 1 s.

Art. 944. Toute donation entre vifs faite sous des conditions dont l'exécution dépend de la seule volonté du donateur, sera nulle. — *Civ.* 900, 945, 947, 1086, 1170, 1174.
R. v° *Disp. entre vifs, 1357 s. — S. eod. v°, 346 s.* — T. (87-97), v° *Donation, 1 s. — V. aussi N. C.* civ. ann., t. 2, art. 944, n° 1 s.

Art. 945. Elle sera pareillement nulle, si elle a été faite sous la condition d'acquit-ter d'autres dettes ou charges que celles qui existaient à l'époque de la donation, ou qui seraient exprimées, soit dans l'acte de dona-tion, soit dans l'état qui devrait y être annexé. — *Civ.* 900, 947, 1084, 1086.
R. v° *Disp. entre vifs, 1870 s., 1714 s. — S. eod. v°,* 349 s., 471 s. — T. (87-97), v° *Donation, 1 s. —* V. aussi N. C. civ. ann., t. 2, art. 945, n° 1 s.

Art. 946. En cas que le donateur se soit réservé la liberté de disposer d'un effet com-pris dans la donation, ou d'une somme fixe sur les biens donnés, s'il meurt sans en avoir disposé, ledit effet ou ladite somme appar-tiendra aux héritiers du donateur, nonob-stant toutes clauses et stipulations à ce con-traires. — *Civ.* 6, 724, 900, 924, 947, 1086.
R. v° *Disp. entre vifs, 1380 s. — S. eod. v°, 351.*

Art. 947. Les quatre articles précédents ne s'appliquent point aux donations dont est mention aux chapitres 8 et 9 du présent titre. — *Civ.* 1081 s., 1091 s.

Art. 948. Tout acte de donation d'effets mobiliers ne sera valable que pour les effets dont un état estimatif, signé du donateur, et du donataire, ou de ceux qui acceptent pour lui, aura été annexé à la minute de la dona-tion. — *Civ.* 527 s., 535 s., 868, 932 s., 943, 1084 s., 2279.
R. v° *Disp. entre vifs, 1516 s., 1600 s. — S. eod. v°,* 344 s. — T. (87-97), v° *Donation, 47 s. —* V. aussi N. C. civ. ann., t. 2, art. 948, n° 1 s.

Art. 949. Il est permis au donateur de faire la réserve à son profit, ou de disposer au profit d'un autre, de la jouissance ou de l'usufruit des biens meubles ou immeubles donnés. — *Civ.* 578, 896, 899, 950.
R. v° *Disp. entre vifs, 1323 s. — S. eod. v°, 342 s.* — T. (87-97), v° *Donation, 11 s.*

Art. 950. Lorsque la donation d'effets mobiliers aura été faite avec réserve d'usu-fruit, le donataire sera tenu, à l'expiration de l'usufruit, de prendre les effets donnés qui se trouveront en nature, dans l'état où ils seront; et il aura action contre le dona-teur ou ses héritiers, pour raison des objets non existants, jusqu'à concurrence de la va-leur qui leur aura été donnée dans l'état estimatif. — *Civ.* 589, 600, 615 s., 617.
R. v° *Disp. entre vifs, 1335; Usufr.,* 199. — S. v° *Disp. entre vifs, 343.*

Art. 951. Le donateur pourra stipuler le droit de retour des objets donnés, soit pour le cas du prédécès du donataire seul, soit pour le cas du prédécès du donataire et de ses descendants.
Ce droit ne pourra être stipulé qu'au pro-fit du donateur seul. — *Civ.* 351, 747, 766, 896, 900, 952, 1088 s., 1093.
R. v° *Disp. entre vifs, 1737 s. — S. eod. v°, 478 s.* — T. (87-97), v° *Donation, 61 s. — V. aussi N. C.* civ. ann., t. 2, art. 951, n° 1 s.

Art. 952. L'effet du droit de retour sera de résoudre toutes les aliénations des biens donnés, et de faire revenir ces biens au do-nateur, francs et quittes de toutes charges et hypothèques, sauf néanmoins l'hypothèque de la dot et des conventions matrimoniales, si les autres biens de l'époux donataire ne suffisent pas, et dans le cas seulement où la donation lui aura été faite par le même con-trat de mariage duquel résultent ces droits et hypothèques. — *Civ.* 747, 865, 929, 954, 963, 1167, 1183, 1387, 2114, 2121, 2125.
R. v° *Disp. entre vifs, 1774 s. — S. eod. v°, 489 s.* — V. aussi N. C. civ. ann., t. 2, art. 952, n° 1 s.

42 CODE CIVIL, LIV. III, TIT. II. — DES DONATIONS ENTRE VIFS ET DES TESTAMENTS.

SECTION II.

Des exceptions à la règle de l'irrévocabilité des donations entre vifs.

Art. 953. La donation entre vifs ne pourra être révoquée que pour cause d'inexécution des conditions sous lesquelles elle aura été faite, pour cause d'ingratitude, et pour cause de survenance d'enfants. — *Civ.* 894, 934 s., 959, 1096, 1134, 1175, 1184.

R. v° *Disp. entre vifs*, 1737 s., 1788 s. — S. eod. v°, 493 s. — T. (87-97), v° *Donation*, 61 s.

Art. 954. Dans le cas de la révocation pour cause d'inexécution des conditions, les biens rentreront dans les mains du donateur, libres de toutes charges et hypothèques du chef du donataire; et le donateur aura, contre les tiers détenteurs des immeubles donnés, tous les droits qu'il aurait contre le donataire lui-même. — *Civ.* 900, 929, 944, 952, 956, 1046, 2125.

R. v° *Disp. entre vifs*, 1788 s. — S. eod. v°, 495 s. — T. (87-97), v° *Donation*, 61 s. — V. aussi N. C. civ. ann., t. 2, art. 954, n° 1 s.

Art. 955. La donation entre vifs ne pourra être révoquée pour cause d'ingratitude que dans les cas suivants :
1° Si le donataire a attenté à la vie du donateur ;
2° S'il s'est rendu coupable envers lui de sévices, délits ou injures graves;
3° S'il lui refuse des aliments. — *Civ.* 205, 208 s., 231, 299 s., 727-1°-2°, 936 s., 1046 s.

R. v° *Disp. entre vifs*, 1823 s. — S. eod. v°, 504 s. — T. (87-97), v° *Donation*, 107 s. — V. aussi N. C. civ. ann., t. 2, art. 955, n° 1 s.

Art. 956. La révocation pour cause d'inexécution des conditions, ou pour cause d'ingratitude, n'aura jamais lieu de plein droit. — *Civ.* 957 s., 1088, 1181, 1656, 2262.

R. v° *Disp. entre vifs*, 1801 s. — S. eod. v°, 497 s.

Art. 957. La demande en révocation pour cause d'ingratitude devra être formée dans l'année, à compter du jour du délit imputé par le donateur au donataire, ou du jour que le délit aura pu être connu par le donateur.

Cette révocation ne pourra être demandée par le donateur contre les héritiers du donataire, ni par les héritiers du donateur contre le donataire, à moins que, dans ce dernier cas, l'action n'ait été intentée par le donateur, ou qu'il ne soit décédé dans l'année du délit. — *Civ.* 1047; *Pr.* 59, 61, 69.

R. v° *Disp. entre vifs*, 1853 s. — S. eod. v°, 513 s. — T. (87-97), v° *Donation*, 107 s. — V. aussi N. C. civ. ann., t. 2, art. 957, n° 1 s.

Art. 958. La révocation pour cause d'ingratitude ne préjudiciera ni aux aliénations faites par le donataire, ni aux hypothèques et autres charges réelles qu'il aura pu imposer sur l'objet de la donation, pourvu que le tout soit antérieur à l'inscription qui aurait été faite de l'extrait de la demande en révocation, en marge de la transcription prescrite par l'article 939.

Dans le cas de révocation, le donataire sera condamné à restituer la valeur des objets aliénés, eu égard au temps de la demande, et les fruits, à compter du jour de cette demande. — *Civ.* 549 s., 928, 952, 963, 1153, 2125.

R. v° *Disp. entre vifs*, 1847 s. — S. eod. v°, 512 s.

Art. 959. Les donations en faveur de mariage ne seront pas révocables pour cause d'ingratitude. — *Civ.* 299 s., 947, 1081 s., 1091 s., 1518.

R. v° *Disp. entre vifs*, 1823 s., 1970. — S. eod. v°, 504.

Art. 960. Toutes donations entre vifs faites par personnes qui n'avaient point d'enfants ou de descendants actuellement vivants dans le temps de la donation, de quelque valeur que ces donations puissent être, et à quelque titre qu'elles aient été faites, et encore qu'elles fussent mutuelles ou rémunératoires, même celles qui auraient été faites en faveur de mariage par autres que par les ascendants aux conjoints, ou par les conjoints l'un à l'autre, demeureront révoquées de plein droit par la survenance d'un enfant légitime du donateur, même d'un posthume, ou par la légitimation d'un enfant naturel par mariage subséquent, s'il est né depuis la donation. — *Civ.* 331 s., 953, 961 s., 1081 s., 1091, 1096.

R. v° *Disp. entre vifs*, 1891 s. — S. eod. v°, 526 s. — V. aussi N. C. civ. ann., t. 2, art. 960, n° 1 s.

Art. 961. Cette révocation aura lieu, encore que l'enfant du donateur ou de la donatrice fût conçu au temps de la donation.

R. v° *Disp. entre vifs*, 1895 s.

Art. 962. La donation demeurera pareillement révoquée, lors même que le donataire serait entré en possession des biens donnés, et qu'il y aurait été laissé par le donateur depuis la survenance de l'enfant; sans néanmoins que le donataire soit tenu de restituer les fruits par lui perçus, de quelque nature qu'ils soient, si ce n'est du jour que la naissance de l'enfant ou sa légitimation par mariage subséquent lui aura été notifiée par exploit ou autre acte en bonne forme; et ce, quand même la demande pour rentrer dans les biens donnés n'aurait été formée que postérieurement à cette notification. — *Civ.* 549 s., 583 s., 928, 958.

Art. 963. Les biens compris dans la donation révoquée de plein droit, rentreront dans le patrimoine du donateur, libres de toutes charges et hypothèques du chef du donataire, sans qu'ils puissent demeurer affectés, même subsidiairement, à la restitution de la dot de la femme de ce donataire, ni ses reprises ou autres conventions matrimoniales; ce qui aura lieu quand même la donation aurait été faite en faveur du mariage du donataire et insérée dans le contrat, et que le donateur se serait obligé comme caution, par la donation, à l'exécution du contrat de mariage. — *Civ.* 952, 954, 958, 2125.

R. v° *Disp. entre vifs*, 1926 s. — S. eod. v°, 532 s.

Art. 964. Les donations ainsi révoquées ne pourront revivre ou avoir de nouveau leur effet, ni par la mort de l'enfant du donateur, ni par aucun acte confirmatif; et si le donateur veut donner les mêmes biens au même donataire, soit avant ou après la mort de l'enfant par la naissance duquel la donation avait été révoquée, il ne le pourra faire que par une nouvelle disposition. — *Civ.* 931 s., 1339.

R. v° *Disp. entre vifs*, 1919 s.

Art. 965. Toute clause ou convention par laquelle le donateur aurait renoncé à la révocation de la donation pour survenance d'enfant, sera regardée comme nulle, et ne pourra produire aucun effet. — *Civ.* 6, 900, 946, 1133.

R. v° *Disp. entre vifs*, 1914 s. — S. eod. v°, 531.

Art. 966. Le donataire, ses héritiers ou ayants cause, ou autres détenteurs des choses données, ne pourront opposer la prescription pour faire valoir la donation révoquée par la survenance d'enfant, qu'après une possession de trente années, qui ne pourront commencer à courir que du jour de la naissance du dernier enfant du donateur, même posthume; et ce, sans préjudice des interruptions, telles que de droit. — *Civ.* 2242 s., 2251 s., 2262.

R. v° *Disp. entre vifs*, 1935 s.

CHAPITRE V.

Des dispositions testamentaires.

SECTION PREMIÈRE.

Des règles générales sur la forme des testaments.

Art. 967. Toute personne pourra disposer par testament, soit sous le titre d'institution d'héritier, soit sous le titre de legs, soit sous toute autre dénomination propre à manifester sa volonté. — *Civ.* 226, 895 s., 901 s., 913 s., 920 s., 968 s., 1002 s., 1010 s., 1025 s., 1035 s., 1048 s., 1075 s., 1081 s., 1091 s., 1098 s.

V. *infra*, art. 1002, *et les renvois.*

Art. 968. Un testament ne pourra être fait dans le même acte par deux ou plusieurs personnes, soit au profit d'un tiers, soit à titre de disposition réciproque et mutuelle. — *Civ.* 1097.

R. v° *Disp. entre vifs*, 2370 s. — S. eod. v°, 638 s. — T. (87-97), v° *Testament*, 18.

Art. 969. Un testament pourra être olographe, ou fait par acte public ou dans la forme mystique. — *Civ.* 970 s., 980, 1001.

R. v° *Disp. entre vifs*, 2480 s. — S. eod. v°, 611 s. — T. (87-97), v° *Testament*, 4 s. — V. aussi N. C. civ. ann., t. 2, art. 969, n° 1 s.

Art. 970. Le testament olographe ne sera point valable, s'il n'est écrit en entier, daté et signé de la main du testateur : il n'est assujetti à aucune autre forme. — *Civ.* 999, 1001, 1007 s., 1323 s., 1328; *Pr.* 916 s., 919 s.

R. v° *Disp. entre vifs*, 2586 s. — S. eod. v°, 631 s. — T. (87-97), v° *Testament*, 17 s. — V. aussi N. C. civ. ann., t. 2, art. 970, n° 1 s.

Art. 971. Le testament par acte public est celui qui est reçu par deux notaires, en présence de deux témoins, ou par un notaire, en présence de quatre témoins. — *Civ.* 972 s., 980, 1001.

R. v° *Disp. entre vifs*, 2785 s. — S. eod. v°, 702 s. — T. (87-97), v° *Testament*, 61 s. — V. aussi N. C. civ. ann., t. 2, art. 971, n° 1 s.

Art. 972. Si le testament est reçu par deux notaires, il leur est dicté par le testateur, et il doit être écrit par l'un de ces notaires, tel qu'il est dicté.

S'il n'y a qu'un notaire, il doit également être dicté par le testateur, et écrit par ce notaire.

Dans l'un et l'autre cas, il doit en être donné lecture au testateur, en présence des témoins.

Il est fait du tout mention expresse. — *Civ.* 931, 973, 980, 1001.

R. v° *Disp. entre vifs*, 2840 s. — S. eod. v°, 716 s. — T. (87-97), v° *Testament*, 61 s. — V. aussi N. C. civ. ann., t. 2, art. 972, n° 1 s.

Art. 973. Ce testament doit être signé par le testateur : s'il déclare qu'il ne peut signer, il sera fait dans l'acte mention expresse de sa déclaration, ainsi que de la cause qui l'empêche de signer. — *Civ.* 1001.

R. v° *Disp. entre vifs*, 3005 s. — S. eod. v°, 734 s. — V. aussi N. C. civ. ann., t. 2, art. 973, n° 1 s.

Art. 974. Le testament devra être signé par les témoins; et néanmoins dans les campagnes, il suffira qu'un des deux témoins signe, si le testament est reçu par deux notaires, et que deux des quatre témoins signent, s'il est reçu par un notaire. — *Civ.* 975, 980, 1001.

R. v° *Disp. entre vifs*, 3105 s.

Art. 975. Ne pourront être pris pour témoins du testament par acte public, ni les légataires, à quelque titre qu'ils soient, ni leurs parents ou alliés jusqu'au quatrième degré inclusivement, ni les clercs des notaires par lesquels les actes seront reçus. — *Civ.* 735 s., 980, 1001 s., 1010 s., 1014 s.

R. v° *Disp. entre vifs*, 3175 s. — S. eod. v°, 763 s. — V. aussi N. C. civ. ann., t. 2, art. 975, n° 1 s.

Art. 976. Lorsque le testateur voudra faire un testament mystique ou secret, il sera tenu de signer ses dispositions, soit qu'il les ait écrites lui-même, ou qu'il les ait fait écrire par un autre. Sera le papier qui contiendra ses dispositions, ou le papier qui servira d'enveloppe, s'il y en a une, clos et scellé. Le testateur le présentera ainsi clos et scellé au notaire, et à six témoins au moins, ou il le fera clore et sceller en leur pré-

ce ; et il déclarera que le contenu en ce ier est son testament écrit et signé de ou écrit par un autre et signé de lui : le aire en dressera l'acte de suscription, qui a écrit sur ce papier ou sur la feuille qui tira d'enveloppe ; cet acte sera signé tant le testateur que par le notaire, ensemble les témoins. Tout ce que dessus sera fait suite et sans divertir à autres actes ; et cas que le testateur, par un empêchement venu depuis la signature du testament, puisse signer l'acte de suscription, il sera mention de la déclaration qu'il en aura e, sans qu'il soit besoin, en ce cas, d'aug- iter le nombre des témoins. — *Civ.* 895, 977 s., 980, 1001, 1007 s. ; *Pr.* 916.
v. *Disp. entre vifs*, 3238 s. — S. *cod.* r°, 778 s. r., aussi N. C. civ. ann., t. 2, art. 976. n° 1 s.

Art. 977. Si le testateur ne sait signer, s'il n'a pu le faire lorsqu'il a fait écrire dispositions, il sera appelé à l'acte de cription un témoin, outre le nombre porté l'article précédent, lequel signera l'acte c les autres témoins ; et il y sera fait men- a de la cause pour laquelle ce témoin aura appelé. — *Civ.* 980, 1001.
v. *Disp. entre vifs*, 3326 s.

Art. 978. Ceux qui ne savent ou ne vent lire, ne pourront faire de disposi- ns dans la forme du testament mystique.
v° *Disp. entre vifs*, 3221 s. — S. *cod.* v°, 771 s.

Art. 979. En cas que le testateur ne sse parler, mais qu'il puisse écrire, il rra faire un testament mystique, à la charge e le testament sera entièrement écrit, daté signé de sa main, qu'il le présentera au aire et aux témoins, et qu'au haut de ce, que le papier qu'il présente est son ament : après quoi le notaire écrira l'acte suscription, dans lequel il sera fait men- n que le testateur a écrit ces mots en pré- ce du notaire et des témoins ; et sera, au plus, observé tout ce qui est prescrit par l'icle 976. — *Civ.* 936, 970, 980, 1001.
, v° *Disp. entre vifs*, S. *cod.* r°, 771 s.

Art. 980. (*L.* 7 *décembre* 1897.) Les noins appelés pour être présents aux tes- nents devront être majeurs, Français, sans tinction de sexe. Toutefois le mari et la nme ne pourront être témoins ensemble ns le même testament. — *Civ.* 13, 25, 28, 488, 895, 971, 975 s., 1001 ; *Pén.* 28, 31, ; *Instr.* 633.
1. LÉGISLATION ANTÉRIEURE A LA LOI DU ÉCEMBRE 1897 : R. v° *Disp. entre vifs*, 3126 s. 4 s. — S. *cod.* r°, 753 s., 770.
2. LOI DU 7 DÉCEMBRE 1897 : N. C. civ. ann., , art. 980, n° 1 s. — D. P. 97. 4. 133.

SECTION II.
Des règles particulières sur la forme de certains testaments.

Art. 981. (*L.* 17 *mai* 1900.) Les testa- nts des militaires, des marins de l'Etat et personnes employées à la suite des ar- es pourront être reçus, dans les cas et ditions prévus à l'article 93, soit par un cier supérieur ou médecin militaire d'un ade correspondant, en présence de deux noins ; soit par deux fonctionnaires des noins ; soit par un de ces fonctionnaires ou officiers ; t par un de ces fonctionnaires ou officiers, présence de deux témoins ; soit, enfin, ns un détachement isolé, par l'officier com- ndant ce détachement, assisté de deux noins, s'il n'existe pas dans le détache- nt d'officier supérieur ou médecin mili- re d'un grade correspondant, de fonction- re de l'intendance ou d'officier du com- ssariat.
Le testament de l'officier commandant un tachement isolé pourra être reçu par l'of- er qui vient après lui dans l'ordre du vice.

La faculté de tester dans les conditions prévues au présent article s'étendra aux pri- sonniers chez l'ennemi.

Art. 982. (*L.* 17 *mai* 1900.) Les testa- ments mentionnés à l'article précédent pour- ront encore, si le testateur est malade ou blessé, être reçus, dans les hôpitaux ou les formations sanitaires militaires, telles que les définissent les règlements de l'armée, par le médecin chef, quel que soit son grade, as- sisté de l'officier d'administration gestion- naire.
A défaut de cet officier d'administration, la présence de deux témoins sera nécessaire. — *Civ.* 983 s., 998, 1001.

Art. 983. (*L.* 8 *juin* 1893.) Dans tous les cas, il sera fait un double original des testa- ments mentionnés aux deux articles précé- dents.
Si cette formalité n'a pu être remplie à raison de l'état de santé du testateur, il sera dressé une expédition du testament pour te- nir lieu du second original ; cette expédition sera signée par les témoins et par les offi- ciers instrumentaires. Il y sera fait mention des causes qui ont empêché de dresser le second original.
Dès que la communication sera possible, et dans le plus bref délai, les deux origi- naux ou l'original et l'expédition du testa- ment seront adressés, séparément et par courriers différents, sous pli clos et cacheté, au ministre de la guerre ou de la marine, pour être déposés chez le notaire indiqué par le testateur ou, à défaut d'indication, chez le président de la chambre des notaires de l'ar- rondissement du dernier domicile.

Art. 984. (*L.* 8 *juin* 1893.) Le testament fait dans la forme ci-dessus établie sera nul six mois après que le testateur sera venu dans un lieu où il aura la liberté d'employer les formes ordinaires, à moins que, avant l'expiration de ce délai, il n'ait été de nou- veau placé dans une des situations spéciales prévues à l'article 93. Le testament sera alors valable pendant la durée de cette situation spéciale et pendant un nouveau délai de six mois après son expiration.
§ 1. LÉGISLATION ANTÉRIEURE A LA LOI DU 8 JUIN 1893 : R. v° *Disp. entre vifs*. 3352 s. S. *cod.* r°, 799 s.
§ 2. LOI DU 8 JUIN 1893 : N. C. civ. ann., t. 2 art. 981 à 988. — D. P. 97. 4. 4.

Art. 985. Les testaments faits dans un lieu avec lequel toute communication sera interceptée à cause de la peste ou autre ma- ladie contagieuse, pourront être faits devant le juge de paix, ou devant l'un des officiers municipaux de la commune, en présence de deux témoins. — *Civ.* 895, 980, 986 s., 998, 1001.

Art. 986. Cette disposition aura lieu, tant à l'égard de ceux qui seraient attaqués de ces maladies, que de ceux qui seraient dans les lieux qui en sont infectés, encore qu'ils ne fussent pas actuellement malades. — *Civ.* 987, 998, 1001.

Art. 987. Les testaments mentionnés aux deux précédents articles deviendront nuls six mois après que les communications auront été rétablies dans le lieu où le testa- teur se trouve, ou six mois après qu'il aura passé dans un lieu où elles ne seront point interrompues.
R. v° *Disp. entre vifs*, 3369 s.

Art. 988. (*L.* 8 *juin* 1893.) Au cours d'un voyage maritime, soit en route, soit pendant un arrêt dans un port, lorsqu'il y aura impossibilité de communiquer avec la terre ou lorsqu'il n'existera pas dans le port, si l'on est à l'étranger, d'agent diplomatique ou consulaire français investi des fonctions de notaire, les testaments des personnes présentes à bord seront reçus, en présence de deux témoins : sur les bâtiments de l'Etat, par l'officier d'administration ou, à son dé-

faut, par le commandant ou celui qui en remplit les fonctions, et sur les autres bâti- ments, par le capitaine, maître ou patron, assisté du second du navire, ou, à leur dé- faut, par ceux qui les remplacent.
L'acte indiquera celle des circonstances ci-dessus prévues dans laquelle il aura été reçu. — *Civ.* 59, 86, 980, 989 s., 996, 998, 1001.

Art. 989. (*L.* 8 *juin* 1893.) Sur les bâti- ments de l'Etat, le testament de l'officier d'administration sera, dans les circonstances prévues à l'article précédent, reçu par les fonctions, et, s'il n'y a pas d'officier d'ad- ministration, le testament du commandant sera reçu par celui qui vient après lui dans l'ordre du service.
Sur les autres bâtiments, le testament du capitaine, maître ou patron, ou celui du second, seront, dans les mêmes circons- tances, reçus par les personnes qui viennent après eux dans l'ordre du service. — *Civ.* 990 s., 996 s., 1001.

Art. 990. (*L.* 8 *juin* 1893.) Dans tous les cas, il sera fait un double original des testaments mentionnés aux deux articles pré- cédents.
Si cette formalité n'a pu être remplie à raison de l'état de santé du testateur, il sera dressé une expédition du testament pour tenir lieu du second original ; cette expédi- tion sera signée par les témoins et par les officiers instrumentaires. Il y sera fait men- tion des causes qui ont empêché de dresser le second original.

Art. 991. (*L.* 8 *juin* 1893.) Au premier arrêt dans un port étranger où se trouve un agent diplomatique ou consulaire français, il sera fait remise, sous pli clos et cacheté, de l'un des originaux ou de l'expédition du testament entre les mains de ce fonction- naire, qui l'adressera au ministre de la ma- rine afin que le dépôt puisse en être effectué comme il est dit à l'article 983. — *Civ.* 60, 87, 102, 110, 1001.

Art. 992. (*L.* 8 *juin* 1893.) A l'arrivée du bâtiment dans un port de France, les deux originaux du testament, ou l'original et son expédition, ou l'original qui reste, en cas de transmission ou de remise effec- tuée pendant le cours du voyage, seront dé- posés, sous pli clos et cacheté, pour les bâtiments de l'Etat, au bureau des arme- ments, et pour les autres bâtiments, au bu- reau de l'inscription maritime. Chacune de ces pièces sera adressée, séparément et par courriers différents, au ministre de la ma- rine, qui en opérera la transmission comme il est dit à l'article 983. — *Civ.* 60 s.

Art. 993. (*L.* 8 *juin* 1893.) Il sera fait mention sur le rôle du bâtiment, en regard du nom du testateur, de la remise des ori- ginaux ou expédition du testament faite, au consulat, au bureau des arme- ments ou au bureau de l'inscription maritime. — *Civ.* 60 s., 991 s.

Art. 994. (*L.* 8 *juin* 1893.) Le testament fait au cours d'un voyage maritime, dans la forme prescrite par les articles 988 et sui- vants, ne sera valable qu'autant que le tes- tateur mourra à bord ou dans les six mois après qu'il sera débarqué dans un lieu où il aura pu le refaire dans les formes ordinaires.
Toutefois, si le testateur entreprend un nouveau voyage maritime avant l'expiration de ce délai, le testament sera valable pen- dant la durée de ce voyage et pendant un nouveau délai de six mois après que le testateur sera de nouveau débarqué. — *Civ.* 895, 969 s., 999 s.

Art. 995. (*L.* 8 *juin* 1893.) Les disposi- tions insérées dans un testament fait, au cours d'un voyage maritime, au profit des officiers du bâtiment autres que ceux qui seraient parents ou alliés du testateur, seront nulles et non avenues.

Il en sera ainsi, que le testament soit fait en la forme olographe ou qu'il soit reçu conformément aux articles 988 et suivants. — *Civ.* 988.

Art. 996. (*L. 8 juin* 1893.) Il sera donné lecture au testateur, en présence des témoins, des dispositions de l'article 984, 987 ou 994, suivant les cas, et mention de cette lecture sera faite dans le testament.

Art. 997. (*L. 8 juin* 1893.) Les testaments compris dans les articles ci-dessus de la présente section seront signés par le testateur, par ceux qui les auront reçus et par les témoins.

Art. 998. (*L. 8 juin* 1893.) Si le testateur déclare qu'il ne peut ou ne sait signer, il sera fait mention de sa déclaration, ainsi que de la cause qui l'empêche de signer.

Dans les cas où la présence de deux témoins est requise, le testament sera signé au moins par l'un d'eux, et il sera fait mention de la cause pour laquelle l'autre n'aura pas signé. — *Civ.* 973 s., 980 s., 995, 1001.

§ 1. LÉGISLATION ANTÉRIEURE A LA LOI DU 8 JUIN 1893 : R. v° *Disp. entre vifs*, 3379 s. — S. *eod.* v°, 804 s.

§ 2. LOI DU 8 JUIN 1893 : N. C. civ. ann., t. 2, art. 998. — D. P. 94. 4. 4.

Art. 999. Un Français qui se trouvera en pays étranger, pourra faire ses dispositions testamentaires par acte sous signature privée, ainsi qu'il est prescrit en l'article 970, ou par acte authentique, avec les formes usitées dans le lieu où cet acte sera passé. — *Civ.* 3, 11, 47 s., 170, 969 s., 981, 994, 1000, 1317.

R. v° *Disp. entre vifs*, 3408 s. — S. *eod.* v°, 810 s.

Art. 1000. Les testaments faits en pays étranger ne pourront être exécutés sur les biens situés en France, qu'après avoir été enregistrés au bureau du domicile du testateur, s'il en a conservé un, sinon au bureau de son dernier domicile connu en France; et dans le cas où le testament contiendrait des dispositions d'immeubles qui y seraient situés, il devra être, en outre, enregistré au bureau de la situation de ces immeubles, sans qu'il puisse être exigé un double droit. — *Civ.* 102 s., 110.

R. v° *Disp. entre vifs*, 3445 s.

Art. 1001. Les formalités auxquelles les divers testaments sont assujettis par les dispositions de la présente section et de la précédente, doivent être observées à peine de nullité. — *Civ.* 970 s., 988 s., 998.

R. v° *Disp. entre vifs*, 2487, 2575, 2825. — S. *eod.* v°, 611, 730, 805.

SECTION III.
Des institutions d'héritier, et des legs en général.

Art. 1002. Les dispositions testamentaires sont ou universelles, ou à titre universel, ou à titre particulier.

Chacune de ces dispositions, soit qu'elle ait été faite sous la dénomination d'institution d'héritier, soit qu'elle ait été faite sous la dénomination de legs, produira son effet suivant les règles ci-après établies pour les legs universels, pour les legs à titre universel et pour les legs particuliers. — *Civ.* 711, 893, 895, 967, 1003 s., 1010 s.

R. v° *Disp. entre vifs*, 3417 s., 3678 s. — S. *eod.* v°, 819 s., 929 s. — T. (87-97), v° *Legs*, 1 s. — V. aussi N. C. civ. ann., t. 2, art. 1002, n° 1 s.

SECTION IV.
Du legs universel.

Art. 1003. Le legs universel est la disposition testamentaire par laquelle le testateur donne à une ou plusieurs personnes l'universalité des biens qu'il laissera à son décès. — *Civ.* 610, 793 s., 895, 1002, 1004, 1009; *Pr.* 912.

R. v° *Disp. entre vifs*, 3567 s. — S. *eod.* v°, 684 s. — T. (87-97), v° *Legs*, 134 s. — V. aussi N. C. civ. ann., t. 2, art. 1003, n° 1 s.

Art. 1004. Lorsqu'au décès du testateur il y a des héritiers auxquels une quotité de ses biens est réservée par la loi, ces héritiers sont saisis de plein droit, par sa mort, de tous les biens de la succession; et le légataire universel est tenu de leur demander la délivrance des biens compris dans le testament. — *Civ.* 724, 904, 913 s., 1005 s., 1011, 1025 s.

Art. 1005. Néanmoins, dans les mêmes cas, le légataire universel aura la jouissance des biens compris dans le testament, à compter du jour du décès, si la demande en délivrance a été faite dans l'année, depuis cette époque; sinon, cette jouissance ne commencera que du jour de la demande formée en justice, ou du jour que la délivrance aurait été volontairement consentie. — *Civ.* 138, 549 s., 928.

Art. 1006. Lorsqu'au décès du testateur il n'y aura pas d'héritiers auxquels une quotité de ses biens soit réservée par la loi, le légataire universel sera saisi de plein droit par la mort du testateur, sans être tenu de demander la délivrance. — *Civ.* 724, 916, 1008, 1026 s., 1122.

R. v° *Disp. entre vifs*, 3612 s. — S. *eod.* v°, 901 s. — T. (87-97), v° *Legs*, 160 s.

Art. 1007. Tout testament olographe sera, avant d'être mis à exécution, présenté au président du tribunal de première instance de l'arrondissement dans lequel la succession est ouverte. Ce testament sera ouvert, s'il est cacheté. Le président dressera procès-verbal de la présentation, de l'ouverture et de l'état du testament, dont il ordonnera le dépôt entre les mains du notaire par lui commis.

(*L. 25 mars* 1899.) « Dans les colonies françaises et les pays de protectorat, le testament olographe des personnes ayant conservé leur domicile en France ou dans une autre colonie sera présenté au président du tribunal de première instance du lieu du décès ou au président du tribunal le plus voisin. Ce magistrat procédera à l'ouverture du testament et en constatera l'état dans un procès-verbal.

« Le greffier dressera une copie figurée du testament et la déposera dans les minutes du greffe. Le testament et une expédition du procès-verbal d'ouverture seront ensuite transmis, sous pli scellé, au président du tribunal du domicile du défunt, qui se conformera, pour l'ouverture et le dépôt, aux prescriptions contenues dans le paragraphe 1er. Les mêmes règles s'appliqueront au décès, en France, des personnes ayant leur domicile dans les colonies. »

Si le testament est dans la forme mystique, sa présentation, son ouverture, sa description et son dépôt, seront faits de la même manière; mais l'ouverture ne pourra se faire qu'en présence de ceux des notaires et des témoins, signataires de l'acte de souscription, qui se trouveront sur les lieux, ou eux appelés.

R. v° *Disp. entre vifs*, 3347 s., 3641 s. — S. *eod.* v°, 693 s., 791, 798, 911 s.

Loi du 25 mars 1899 : D. P. 99. 4. 17.

Art. 1008. Dans le cas de l'article 1006, si le testament est olographe ou mystique, le légataire universel sera tenu de se faire envoyer en possession, par une ordonnance du président, mise au bas d'une requête à laquelle sera joint l'acte de dépôt. — *Civ.* 724, 970, 976 s.

R. v° *Disp. entre vifs*, 3645 s. — S. *eod.* v°, 912 s. — T. (87-97), v° *Legs*, 195 s. — V. aussi N. C. civ. ann., t. 2, art. 1008, n° 1 s.

Art. 1009. Le légataire universel qui sera en concours avec un héritier auquel la loi réserve une quotité des biens, sera tenu des dettes et charges de la succession du testateur, personnellement pour sa part et portion, et hypothécairement pour le tout; et il sera tenu d'acquitter tous les legs, sauf le cas de réduction, ainsi qu'il est expliqué aux articles 926 et 927. — *Civ.* 610 s., 724, 802 s., 870 s., 913 s., 926 s., 1012 s., 1020, 1024, 1220, 2114 s.

R. v° *Disp. entre vifs*, 3678 s. — S. *eod.* v°, 929 s. — T. (87-97), v° *Legs*, 176 s.

SECTION V.
Du legs à titre universel.

Art. 1010. Le legs à titre universel est celui par lequel le testateur lègue une quote-part des biens dont la loi lui permet de disposer, telle qu'une moitié, un tiers, ou tous ses immeubles, ou tout son mobilier, ou une quotité fixe de tous ses immeubles ou de tout son mobilier.

Tout autre legs ne forme qu'une disposition à titre particulier. — *Civ.* 610, 612, 1002, 1011 s., 1014 s.; *Pr.* 942.

R. v° *Disp. entre vifs*, 3697 s. — S. *eod.* v°, 940 s. — T. (87-97), v° *Legs*, 187 s. — V. aussi N. C. civ. ann., t. 2, art. 1010, n° 1 s.

Art. 1011. Les légataires à titre universel seront tenus de demander la délivrance aux héritiers auxquels une quotité des biens est réservée par la loi; à leur défaut, aux légataires universels; et à défaut de ceux-ci, aux héritiers appelés dans l'ordre établi au titre *Des successions*. — *Civ.* 724, 731 s., 913 s., 1003 s.

R. v° *Disp. entre vifs*, 3714 s. — S. *eod.* v°, 945 s.

Art. 1012. Le légataire à titre universel sera tenu, comme le légataire universel, des dettes et charges de la succession du testateur, personnellement pour sa part et portion, et hypothécairement pour le tout. — *Civ.* 610 s., 724, 870 s., 926, 1009, 1013, 1017, 1020, 1024, 1220, 2114 s.

R. v° *Disp. entre vifs*, 3735 s. — S. *eod.* v°, 950 s.

Art. 1013. Lorsque le testateur n'aura disposé que d'une quotité de la portion disponible, et qu'il l'aura fait à titre universel, ce légataire sera tenu d'acquitter les legs particuliers par contribution avec les héritiers naturels. — *Civ.* 724, 870 s., 913 s., 1017, 1220.

R. v° *Disp. entre vifs*, 3741 s. — S. *eod.* v°, 955.

SECTION VI.
Des legs particulier.

Art. 1014. Tout legs pur et simple donnera au légataire, du jour du décès du testateur, un droit à la chose léguée, droit transmissible à ses héritiers ou ayants cause.

Néanmoins le légataire particulier ne pourra se mettre en possession de la chose léguée, ni en prétendre les fruits ou intérêts, qu'à compter du jour de sa demande en délivrance, formée suivant l'ordre établi par l'article 1011, ou du jour auquel cette délivrance lui aurait été volontairement consentie. — *Civ.* 549 s., 583 s., 724, 1002, 1005, 1010 s., 1015 s., 1038 s., 1122, 1153 s.; *Pr.* 57 s.

R. v° *Disp. entre vifs*, 3745 s. — S. *eod.* v°, 956 s. — T. (87-97), v° *Legs*, 195 s. — V. aussi N. C. civ. ann., t. 2, art. 1014, n° 1 s.

Art. 1015. Les intérêts ou fruits de la chose léguée courront au profit du légataire, dès le jour du décès, et sans qu'il ait formé sa demande en justice :

1° Lorsque le testateur aura expressément déclaré sa volonté, à cet égard, dans le testament;

2° Lorsqu'une rente viagère ou une pen-

ra été léguée à titre d'aliments. —
3 s., 610, 1968 s.; *Pr.* 581-4°, 582.
Disp. entre vifs, 3810 s. — T. (87-97),
, 193 s.

1016. Les frais de la demande en
nce seront à la charge de la succes-
ans néanmoins qu'il puisse en résul-
réduction de la réserve légale.
lroits d'enregistrement seront dus par
faire.
ut, s'il n'en a été autrement ordonné
testament.
ue legs pourra être enregistré sépa-
, sans que cet enregistrement puisse
r à aucun autre qu'au légataire ou à
nts cause. — *Civ.* 913 s., 1011, 1248.
Disp. entre vifs, 3870 s. — S. *eod. v*, 977.

1017. Les héritiers du testateur,
res débiteurs d'un legs, seront per-
sement tenus de l'acquitter, chacun au
a de la part et portion dont ils profite-
ans la succession.
u seront tenus hypothécairement pour
jusqu'à concurrence de la valeur des
bles de la succession dont ils seront
eurs. — *Civ.* 610, 724, 802, 870, 873,
012 s., 1020, 1024, 2111, 2114 s.
Disp. entre vifs, 3860 s., 3888 s. — S. *cod. v*,

1018. La chose léguée sera déli-
vec les accessoires nécessaires, et dans
où elle se trouvera au jour du décès
lateur. — *Civ.* 522 s., 546 s., 1019,
1042, 1064, 1245, 1615, 1692.
Disp. entre vifs, 3911 s. — S. *eod. v*, 989 s.

1019. Lorsque celui qui a légué
riété d'un immeuble, l'a ensuite aug-
e par des acquisitions, ces acquisitions,
-elles contiguës, ne seront pas cen-
sans une nouvelle disposition, faire
du legs.
l sera autrement des embellissements,
constructions nouvelles faites sur le
légué, ou d'un enclos dont le testateur
augmenté l'enceinte. — *Civ.* 1018.
Disp. entre vifs, 3960 s. — S. *eod. v*, 994.

1020. Si, avant le testament ou
la chose léguée a été hypothéquée
une dette de la succession, ou même
a dette d'un tiers, ou si elle est grevée
sufruit, celui qui doit acquitter le legs
oint tenu de la dégager, à moins qu'il
té chargé de le faire par une disposi-
xpresse du testateur. — *Civ.* 579, 610 s.,
71, 874, 1038, 1220 s., 1423, 2114 s.,
2178.
Disp. entre vifs, 3978 s.

1021. Lorsque le testateur aura
la chose d'autrui, le legs sera nul, soit
testateur ait connu ou non qu'elle ne
partenait pas. — *Civ.* 1423, 1599, 1935.
Disp. entre vifs, 3757 s. — S. *eod. v*, 965 s.

1022. Lorsque le legs sera d'une
indéterminée, l'héritier ne sera pas
de la donner de la meilleure qualité,
e pourra l'offrir de la plus mauvaise.
. 1129, 1190, 1246.
Disp. entre vifs, 3926 s. — S. *eod. v*, 991.

1023. Le legs fait au créancier ne
as censé en compensation de sa créance,
legs fait au domestique en compensa-
e ses gages. — *Civ.* 1234, 1289 s., 1350,
1780 s., 2101.
Disp. entre vifs, 3797 s. — T. (87-97),
s, 211.

1024. Le légataire à titre particu-
e sera point tenu des dettes de la suc-
n, sauf la réduction du legs ainsi qu'il
t ci-dessus, et sauf l'action hypothé-
des créanciers. — *Civ.* 611, 809, 871,
20 s., 1221, 1251, 2114 s.
* *Disp. entre vifs*, 4003 s. — S. *eod. v*, 996 s.
87-97), v* *Legs*, 212 s.

SECTION VII.
Des exécuteurs testamentaires.

Art. 1025. Le testateur pourra nommer
un ou plusieurs exécuteurs testamentaires.
R. v* *Disp. entre vifs*, 4022 s. — S. *eod. v*, 998 s.

Art. 1026. Il pourra leur donner la saisine du tout, ou seulement d'une partie de
son mobilier; mais elle ne pourra durer au
delà de l'an et jour à compter de son décès.
S'il ne la leur a pas donnée, ils ne pourront l'exiger. — *Civ.* 535, 724, 1004, 1006, 1027.
R. v* *Disp. entre vifs*, 4037 s. — S. *eod. v*,
1003 s.

Art. 1027. L'héritier pourra faire cesser
la saisine, en offrant de remettre aux exécuteurs testamentaires somme suffisante pour
le payement des legs mobiliers, ou en justifiant de ce payement. — *Civ.* 535, 1014.
R. v* *Disp. entre vifs*, 4060 s.

Art. 1028. Celui qui ne peut s'obliger,
ne peut pas être exécuteur testamentaire. —
Civ. 513, 1029 s., 1124, 1990.
R. v* *Disp. entre vifs*, 4035 s. - · S. *eod. v*, 1001.

Art. 1029. La femme mariée ne pourra
accepter l'exécution testamentaire qu'avec
le consentement de son mari.
Si elle est séparée de biens, soit par contrat de mariage, soit par jugement, elle le
pourra avec le consentement de son mari, ou,
à son refus, autorisée par la justice, conformément à ce qui est prescrit par les articles
217 et 219, au titre *Du mariage*. — *Civ.* 213 s.,
1124, 1529, 1536 s., 1990.
R. v* *Disp. entre vifs*, 4037 s.

Art. 1030. Le mineur ne pourra être
exécuteur testamentaire, même avec l'autorisation de son tuteur ou curateur. — *Civ.*
450, 476 s., 1028, 1124, 1990.
R. v* *Disp. entre vifs*, 4044. — S. *eod. v*, 1001.

Art. 1031. Les exécuteurs testamentaires feront apposer les scellés, s'il y a des
héritiers mineurs, interdits ou absents.
Ils feront faire, en présence de l'héritier
présomptif, ou lui dûment appelé, l'inventaire des biens de la succession.
Ils provoqueront la vente du mobilier, à
défaut de deniers suffisants pour acquitter
les legs.
Ils veilleront à ce que le testament soit
exécuté; et ils pourront, en cas de contestation sur son exécution, intervenir pour en
soutenir la validité.
Ils devront, à l'expiration de l'année du
décès du testateur, rendre compte de leur
gestion. — *Civ.* 112 s., 135, 388 s., 489 s.,
724, 815, 1034; *Pr.* 126, 132, 339 s., 527 s.,
617 s., 907 s., 928 s., 941 s.
R. v* *Disp. entre vifs*, 4066 s. — S. *eod. v*, 1005.
— T. (87-97), v* *Exécuteur testamentaire*, 1 s. —
V. aussi N. C. civ. ann., t. 2, art. 1031, n** 1 s.

Art. 1032. Les pouvoirs de l'exécuteur
testamentaire ne passeront point à ses héritiers. — *Civ.* 724, 2003, 2010.
R. v* *Disp. entre vifs*, 4120 s. — S. *eod. v*,
1009 s.

Art. 1033. S'il y a plusieurs exécuteurs
testamentaires qui aient accepté, un seul
pourra agir au défaut des autres; et ils seront solidairement responsables du compte
du mobilier qui leur a été confié, à moins
que le testateur n'ait divisé leurs fonctions,
et que chacun d'eux ne se soit renfermé
dans celle qui lui était attribuée. — *Civ.*1200 s.,
1995; *Pr.* 527 s.
R. v* *Disp. entre vifs*, 4055, 4102 s. — S. *eod. v*,
1002.

Art. 1034. Les frais faits par l'exécuteur testamentaire pour l'apposition des scellés, l'inventaire, le compte et les autres
frais relatifs à ses fonctions, seront à la
charge de la succession. — *Civ.* 797, 799, 2101.
R. v* *Disp. entre vifs*, 4029, 4114 s.

SECTION VIII.
De la révocation des testaments, et de leur caducité.

Art. 1035. Les testaments ne pourront
être révoqués, en tout ou en partie, que par
un testament postérieur, ou par un acte devant notaires, portant déclaration du changement de volonté. — *Civ.* 895, 967 s., 1317.
R. v* *Disp. entre vifs*, 4134 s. — T. (87-97),
v* *Révoc. et caduc. de testaments*, 1 s. — V. aussi
N. C. civ. ann., t. 2, art. 1035, n** 1 s.

Art. 1036. Les testaments postérieurs
qui ne révoqueront pas d'une manière
expresse les précédents, n'annuleront, dans
ceux-ci, que celles des dispositions y contenues qui se trouveront incompatibles avec
les nouvelles, ou qui seront contraires.
R. v* *Disp. entre vifs*, 4195 s. — S. *eod. v*,
1022 s. — V aussi N. C. civ. ann., t. 2, art. 1036,
n** 1 s.

Art. 1037. La révocation faite dans un
testament postérieur aura tout son effet,
quoique ce nouvel acte reste sans exécution
par l'incapacité de l'héritier institué ou du
légataire, ou par leur refus de recueillir.
— *Civ.* 724, 784, 906 s., 1039 s., 1157.
R. v* *Disp. entre vifs*, 4174 s. — S. *eod. v*,
1017 s.

Art. 1038. Toute aliénation, celle même
par vente avec faculté de rachat ou par
échange, que fera le testateur de tout ou de
partie de la chose léguée, emportera la révocation du legs pour tout ce qui a été aliéné,
encore que l'aliénation postérieure soit nulle,
et que l'objet soit rentré dans la main du
testateur. — *Civ.* 1018 s., 1658 s., 1702 s.
R. v* *Disp. entre vifs*, 4239 s. — S. *eod. v*,
1041 s. — V. aussi N. C. civ. ann., t. 2, art. 1038,
n** 1 s.

Art. 1039. Toute disposition testamentaire sera caduque, si celui en faveur de qui
elle est faite, n'a pas survécu au testateur.
— *Civ.* 25, 135, 720 s., 925, 1040 s., 1088 s.
R. v* *Disp. entre vifs*, 4316 s. — S. *cod. v*, 1071 s.

Art. 1040. Toute disposition testamentaire faite sous une condition dépendante
d'un événement incertain, et telle, que, dans
l'intention du testateur, cette disposition ne
doive être exécutée qu'autant que l'événement arrivera ou n'arrivera pas, sera caduque,
si l'héritier institué ou le légataire décède
avant l'accomplissement de la condition. —
Civ. 900, 1168 s., 1175, 1179, 1183.

Art. 1041. La condition qui, dans l'intention du testateur, ne fait que suspendre
l'exécution de la disposition, n'empêchera
pas l'héritier institué, ou le légataire, d'avoir
un droit acquis et transmissible à ses héritiers. — *Civ.* 1014, 1168, 1179, 1181 s., 1185 s.
R. v* *Disp. entre vifs*, 4329 s. — S. *eod. v*, 1075.
— V. aussi N. C. civ. ann., t. 2, art. 1040-1041,
n** 1 s.

Art. 1042. Le legs sera caduc, si la
chose léguée a totalement péri pendant la
vie du testateur.
Il en sera de même, si elle a péri depuis
sa mort, sans le fait et la faute de l'héritier,
quoique celui-ci ait été mis en retard de la
délivrer, lorsqu'elle eût également dû périr
entre les mains du légataire. — *Civ.* 617,
1138 s., 1148, 1194 s., 1234, 1302 s., 1382 s.
R. v* *Disp. entre vifs*, 4339 s. — S. *eod. v*, 1076 s.
— V. aussi N. C. civ. ann., t. 2, art. 1042, n** 1 s.

Art. 1043. La disposition testamentaire
sera caduque, lorsque l'héritier institué ou
le légataire la répudiera, ou se trouvera incapable de la recueillir. — *Civ.* 25, 724 s.,
775, 784, 906 s., 954 s., 1046.
R. v* *Disp. entre vifs*, 3552 s., 4304 s. —
S. *eod. v*, 877 s., 1078 s. — V. aussi N. C. civ. ann.,
t. 2, art. 1043, n** 1 s.

Art. 1044. Il y aura lieu à accroissement au profit des légataires, dans le cas où
le legs sera fait à plusieurs conjointement.

Le legs sera réputé fait conjointement, lorsqu'il le sera par une seule et même disposition, et que le testateur n'aura pas assigné la part de chacun des colégataires dans la chose léguée. — *Civ.* 786, 1015, 1330, 1332.

Art. 1045. Il sera encore réputé fait conjointement, quand une chose qui n'est pas susceptible d'être divisée sans détérioration, aura été donnée par le même acte à plusieurs personnes, même séparément. — *Civ.* 572 s., 1044, 1217 s., 1330, 1332.

R. v⁰ *Disp. entre vifs,* 4373 s., 1395 s., 1419 s. — S. *eod.* v⁰, 1082 v. — V. aussi N. C. civ. ann., t. 2, art. 1044-1045, n⁰ 1 s.

Art. 1046. Les mêmes causes qui, suivant l'article 954 et les deux premières dispositions de l'article 955, autoriseront la demande en révocation de la donation entre vifs, seront admises pour la demande en révocation des dispositions testamentaires. — *Civ.* 721, 895, 956 s., 1017.

Art. 1047. Si cette demande est fondée sur une injure grave faite à la mémoire du testateur, elle doit être intentée dans l'année, à compter du jour du délit. — *Civ.* 955 s.

R. v⁰ *Disp. entre vifs,* 3531 s., 4202 s. — S. *eod.* v⁰, 872 s., 1060 s. — V aussi N. C. civ. ann., t. 2, art. 1016-1017, n⁰ 1 s.

CHAPITRE VI.

Des dispositions permises en faveur des petits-enfants du donateur ou testateur, ou des enfants de ses frères et sœurs.

Art. 1048. Les biens dont les pères et mères ont la faculté de disposer, pourront être par eux donnés, en tout ou en partie, à un ou plusieurs de leurs enfants, par actes entre vifs ou testamentaires, avec la charge de rendre ces biens aux enfants nés et à naître, au premier degré seulement, desdits donataires. — *Civ.* 894 s., 913 s., 1049 s., 1075 s.

R. v⁰ *Substit.,* 291 s. — S. *eod.* v⁰, 206 s. — T. (87-97), *eod.* v⁰, 56 s.

Art. 1049. Sera valable, en cas de mort sans enfants, la disposition que le défunt aura faite par acte entre vifs ou testamentaire, au profit d'un ou plusieurs de ses frères ou sœurs, de tout ou partie des biens qui ne sont point réservés par la loi dans sa succession, avec la charge de rendre ces biens aux enfants nés et à naître, au premier degré seulement, desdits frères ou sœurs donataires. — *Civ.* 894 s., 897, 900, 913 s., 1081, 1098.

R. v⁰ *Substit.,* 295 s. — S. *eod.* v⁰, 212 s.

Art. 1050. Les dispositions permises par les deux articles précédents, ne seront valables qu'autant que la charge de restitution sera au profit de tous les enfants nés et à naître du grevé, même sans exception ni préférence d'âge ou de sexe. — *Civ.* 896.

R. v⁰ *Substit.,* 306 s. — S. *eod.* v⁰, 223.

Art. 1051. Si, dans les cas ci-dessus, le grevé de restitution au profit de ses enfants, meurt, laissant des enfants au premier degré et des descendants d'un enfant prédécédé, ces derniers recueilleront, par représentation, la portion de l'enfant prédécédé. — *Civ.* 723, 739 s., 745.

R. v⁰ *Substit.,* 313 s. — S. *eod.* v⁰, 224 s.

Art. 1052. Si l'enfant, le frère ou la sœur auxquels des biens auraient été donnés par acte entre vifs, sans charge de restitution, acceptent une nouvelle libéralité faite par acte entre vifs ou testamentaire, sous la condition que les biens précédemment donnés demeureront grevés de cette charge, il ne leur est plus permis de diviser les deux dispositions faites à leur profit, et de renoncer à la seconde pour s'en tenir à la première, quand même ils offriraient de rendre

les biens compris dans la seconde disposition. — *Civ.* 932 s., 1119, 1121, 1131.

R. v⁰ *Substit.,* 316 s. — S. *eod.* v⁰, 227 s.

Art. 1053. Les droits des appelés seront ouverts à l'époque où, par quelque cause que ce soit, la jouissance de l'enfant, du frère ou de la sœur, grevés de restitution, cessera : l'abandon anticipé de la jouissance au profit des appelés, ne pourra préjudicier aux créanciers du grevé antérieurs à l'abandon. — *Civ.* 618, 622, 788, 1037 s., 1166 s., 1161, 2225.

R. v⁰ *Substit.,* 393 s. — S. *eod.* v⁰, 298 s. — V. aussi N. C. civ. ann., t. 2, art. 1053, n⁰ 1 s.

Art. 1054. Les femmes des grevés ne pourront avoir, sur les biens à rendre, de recours subsidiaire, en cas d'insuffisance des biens libres, que pour le capital des deniers dotaux, et dans le cas seulement où le testateur l'aurait expressément ordonné. — *Civ.* 932, 951, 963, 1131, 1495, 1531, 1540, 1564, 1572, 2121 s., 2125, 2135.

R. v⁰ *Substit.,* 432 s. — S. *eod.* v⁰, 326 s.

Art. 1055. Celui qui fera les dispositions autorisées par les articles précédents, pourra, par le même acte, ou par un acte postérieur, en forme authentique, nommer un tuteur chargé de l'exécution de ces dispositions ; ce tuteur ne pourra être dispensé que pour une des causes exprimées à la section 6 du chapitre 2 du titre *De la minorité, de la tutelle et de l'émancipation.* — *Civ.* 427 s., 450, 894 s., 1073, 1180, 1317.

Art. 1056. A défaut de ce tuteur, il en sera nommé un à la diligence du grevé, ou de son tuteur s'il est mineur, dans le délai d'un mois, à compter du jour du décès du donateur ou testateur, ou du jour que, depuis cette mort, l'acte contenant la disposition aura été connu. — *Civ.* 405 s., 606 s., 1055, 1057 s., 1074 ; *Pr.* 882 s.

R. v⁰ *Substit.,* 352 s. — S. *eod.* v⁰, 257 s. — T. (87-97), *eod.* v⁰, 56 s.

Art. 1057. Le grevé qui n'aura pas satisfait à l'article précédent, sera déchu du bénéfice de la disposition ; et dans ce cas, le droit pourra être déclaré ouvert au profit des appelés, à la diligence, soit des appelés s'ils sont majeurs, soit de leur tuteur ou curateur s'ils sont mineurs ou interdits, soit de tout parent des appelés majeurs, mineurs ou interdits, soit d'office, à la diligence du procureur du Roi [*du procureur de la République*] près le tribunal de première instance du lieu où la succession est ouverte. — *Civ.* 110, 388, 450, 509, 1053 ; *Pr.* 59.

R. v⁰ *Substit.,* 361 s. — S. *eod.* v⁰, 263 s.

Art. 1058. Après le décès de celui qui aura disposé à la charge de restitution, il sera procédé, dans les formes ordinaires, à l'inventaire de tous les biens et effets qui composeront sa succession, excepté néanmoins le cas où il ne s'agirait que d'un legs particulier. Cet inventaire contiendra la prisée à juste valeur des meubles et effets mobiliers. — *Civ.* 451, 825, 1011, 1059 s. ; *Pr.* 912 s.

Art. 1059. Il sera fait à la requête du grevé de restitution, et dans le délai fixé au titre *Des successions,* en présence du tuteur nommé pour l'exécution. Les frais seront pris sur les biens compris dans la disposition. — *Civ.* 795 s., 1055 s., 1058, 1060 s.

R. v⁰ *Substit.,* 371 s. — S. *eod.* v⁰, 279 s.

Art. 1060. Si l'inventaire n'a pas été fait à la requête du grevé dans le délai ci-dessus, il y sera procédé dans le mois suivant, à la diligence du tuteur nommé pour l'exécution, en présence du grevé ou de son tuteur. — *Civ.* 1055 s., 1058 s., 1061 ; *Pr.* 942 s.

R. v⁰ *Substit.,* 373 s. — S. *eod.* v⁰, 281 s.

Art. 1061. S'il n'a point été satisfait aux deux articles précédents, il sera procédé au même inventaire, à la diligence des personnes désignées en l'article 1057, en y ap-

pelant le grevé ou son tuteur, et le tuteur nommé pour l'exécution. — *Civ.* 1055 s. ; *Pr.* 912 s.

R. v⁰ *Substit.,* 366 s. — S. *eod.* v⁰, 277 s.

Art. 1062. Le grevé de restitution sera tenu de faire procéder à la vente, par affiches et enchères, de tous les meubles et effets compris dans la disposition, à l'exception néanmoins de ceux dont il est mention dans les deux articles suivants. — *Civ.* 452 ; 617 s., 915 s.

Art. 1063. Les meubles meublants et autres choses mobilières qui auraient été compris dans la disposition, à la condition expresse de les conserver en nature, seront rendus dans l'état où ils se trouveront lors de la restitution. — *Civ.* 527 s., 534 s., 589, 1062, 1131.

Art. 1064. Les bestiaux et ustensiles servant à faire valoir les terres, seront censés compris dans les donations entre vifs et testamentaires desdites terres ; et le grevé sera seulement tenu de les faire priser, pour en rendre une égale valeur lors de la restitution. — *Civ.* 522, 524, 1062, 1330, 1332.

R. v⁰ *Substit.,* 376 s. — S. *eod.* v⁰, 284 s.

Art. 1065. Il sera fait par le grevé, dans le délai de six mois, à compter du jour de la clôture de l'inventaire, un emploi des deniers comptants, de ceux provenant du prix des meubles et effets qui auront été vendus, et de ce qui aura été reçu des effets actifs.

Ce délai pourra être prolongé, s'il y a lieu. — *Civ.* 455 s., 1066 s.

Art. 1066. Le grevé sera pareillement tenu de faire emploi des deniers provenant des effets actifs qui seront recouvrés et du remboursements des rentes ; cet emploi, trois mois au plus tard après qu'il aura reçu ces deniers. — *Civ.* 530, 1065, 1067 s., 1911.

Art. 1067. Cet emploi sera fait conformément à ce qui aura été ordonné par l'auteur des effets dans lesquels l'emploi doit être fait ; sinon, il ne pourra l'être qu'en immeubles, ou avec privilège sur des immeubles. — *Civ.* 517 s., 1065 s., 1133, 2094 s., 2103, 2114.

R. v⁰ *Substit.,* 383 s. — S. *eod.* v⁰, 289 s.

Art. 1068. L'emploi et les ventes des articles précédents sera fait en présence et à la diligence du tuteur nommé pour l'exécution. — *Civ.* 1055 s.

R. v⁰ *Substit.,* 389 s. — S. *eod.* v⁰, 296.

Art. 1069. Les dispositions par actes entre vifs ou testamentaires, à charge de restitution, seront, à la diligence, soit du grevé, soit du tuteur nommé pour l'exécution, rendues publiques, quant aux immeubles, par la transcription des actes sur les registres du bureau des hypothèques du lieu de la situation ; et quant aux sommes colloquées avec privilège sur des immeubles, par l'inscription sur les biens affectés au privilège. — *Civ.* 939 s., 1055 s., 1070 s., 2106, 2134, 2146 s., 2148.

R. v⁰ *Substit.,* 330 s. — S. *eod.* v⁰, 241 s.

Art. 1070. Le défaut de transcription de l'acte contenant la disposition, pourra être opposé par les créanciers et tiers acquéreurs, même aux mineurs et aux interdits, sauf le recours contre le grevé et contre le tuteur à l'exécution, et sans que les mineurs ou interdits puissent être restitués contre ce défaut de transcription, quand même le grevé et le tuteur se trouveraient insolvables. — *Civ.* 388, 489, 940 s., 1071, 1074, 2146.

R. v⁰ *Substit.,* 342 s. — S. *eod.* v⁰, 246 s.

Art. 1071. Le défaut de transcription ne pourra être suppléé ni regardé comme couvert par la connaissance que les créanciers ou les tiers acquéreurs pourraient avoir e de la disposition par d'autres voies que les de la transcription). — *Civ.* 911, 1069 s. — v° *Substit.*, 349.

Art. 1072. Les donataires, les légataires, ni même les héritiers légitimes de ui qui aura fait la disposition, ni pareillement leurs donataires, légataires ou héritiers, ne pourront, en aucun cas, opposer à appelés au défaut de transcription ou cription. — *Civ.* 724, 894 s., 941, 1002, 9 s.; *Pr.* 173 s. — v° *Substit.*, 346 s. — S. *cod.* v°, 251 s.

Art. 1073. Le tuteur nommé pour l'exécution sera personnellement responsable, ne s'est pas, en tout point, conformé aux règles ci-dessus établies pour constater les uns, pour la vente du mobilier, pour l'emploi des deniers, pour la transcription et scription, et, en général, s'il n'a pas fait les les diligences nécessaires pour que la arge de restitution soit bien et fidèlement uittée. — *Civ.* 745, 941 s., 1055 s., 1074; 126, 132.

Art. 1074. Si le grevé est mineur, il pourra, dans le cas même de l'insolvabilité de son tuteur, être restitué contre l'inexécution des règles qui lui sont prescrites par articles du présent chapitre. — *Civ.* 388, , 912, 1055 s., 1070.

à ce qui concerne la loi du 17 mai 1826, sur les substitutions (R. v° *Substit.*, p. 2, note 1), abrogée par les art. 3 de la loi du 7 mai 1819 sur les majorats et les substituts (D. P. 49. 4. 91), V. N. C. civ. ann., t. 2, Appendix au liv. III, tit. 2, chap. 6.

CHAPITRE VII.

s partages faits par père, mère, u autres ascendants, entre leurs escendants.

Art. 1075. Les père et mère et autres endants pourront faire, entre leurs enfants et descendants, la distribution et le tage de leurs biens. — *Civ.* 745, 914, 968, 6 s.

— v° *Disp. entre vifs*, 4453 s. — S. *cod.* v°, 3 s. — T. (87-97), v° *Partage d'ascendant*, 1 s. '. aussi N. C. civ. ann., t. 2, art. 1075, n° 1 s.

Art. 1076. Ces partages pourront être s par actes entre vifs ou testamentaires, c les formalités, conditions et règles prescrites pour les donations entre vifs et testaments.

es partages faits par actes entre vifs ne urront avoir pour objet que les biens présents. — *Civ.* 893 s., 931 s., 913, 967 s., 2 s., 1130, 1600. — v° *Disp. entre vifs*, 4500 s. — S. *cod.* v°, 0 s. — T. (87-97), v° *Partage d'ascendant*, 7 s. '. aussi N. C. civ. ann., t. 2, art. 1076, n° 1 s.

Art. 1077. Si tous les biens que l'ascendant laissera au jour de son décès n'ont é été compris dans le partage, ceux de ces ns qui n'y auront pas été compris, seront tagés conformément à la loi. — *Civ.* 723 s., s., 887 s. — v° *Disp. entre vifs*, 4483. — S. *cod.* v°, 1102 s.

Art. 1078. Si le partage n'est pas fait ve tous les enfants qui existeront à l'époque décès et les descendants de ceux prédécédés, le partage sera nul pour le tout. Il pourra être provoqué un nouveau dans la ue légale, soit par les enfants ou les descendants qui n'auront reçu aucune part, soit me par ceux entre qui le partage aurait été . — *Civ.* 723 s., 815 s., 818, 1084 s. — v° *Disp. entre vifs*, 4460 s., 4479 s., 4581 s. — *cod.* v°, 1100 s., 1112 s., 1114 s.

Art. 1079. Le partage fait par l'ascendant pourra être attaqué pour cause de lésion plus du quart : il pourra l'être aussi dans cas où il résulterait du partage et des dispositions faites par préciput, que l'un des partagés aurait un avantage plus grand que

la loi ne le permet. — *Civ.* 853, 887 s., 913 s., 1080, 1118, 1304 s., 1313, 1674 s.

R. v° *Disp. entre vifs*, 4575 s., 4597 s. — S. *cod.* v°, 1130 s. — T. (87-97), v° *Partage d'ascendant*, 27 s. — V. aussi N. C. civ. ann., t. 2, art. 1079, n° 1 s.

Art. 1080. L'enfant qui, pour une des causes exprimées en l'article précédent, attaquera le partage fait par l'ascendant, devra faire l'avance des frais de l'estimation; et il les supportera en définitif, ainsi que les dépens de la contestation, si la réclamation n'est pas fondée. — *Civ.* 1677 s.; *Pr.* 130 s., 302 s.

R. v° *Disp. entre vifs*, 4625 s. — S. *cod.* v°, 1161, 1187. — T. (87-97), v° *Partage d'ascendant*, 43 s.

CHAPITRE VIII.

Des donations faites par contrat de mariage aux époux, et aux enfants à naître du mariage.

Art. 1081. Toute donation entre vifs de biens présents, quoique faite par contrat de mariage aux époux, ou à l'un d'eux, sera soumise aux règles générales prescrites pour les donations faites à ce titre.

Elle ne pourra avoir lieu au profit des enfants à naître, quoiqu'ils ne soient que dans les cas énoncés au chapitre 6 du présent titre. — *Civ.* 894, 896 s., 901 s., 913 s., 920 s., 931 s., 953 s., 1048 s., 1087 s., 1090, 1387 s.

R. v° *Disp. entre vifs*, 1939 s. — S. *cod.* v°, 535 s. — T. (87-97), v° *Donat. par contr. de mariage*, 1 s. — V. aussi N. C. civ. ann., t. 2, art. 1081, n° 1 s.

Art. 1082. Les pères et mères, les autres ascendants, les parents collatéraux des époux, et même les étrangers, pourront, par contrat de mariage, disposer de tout ou partie des biens qu'ils laisseront au jour de leur décès, tant au profit desdits époux, qu'au profit des enfants à naître de leur mariage, dans le cas où le donateur survivrait à l'époux donataire.

Pareille donation, quoique faite au profit seulement des époux ou de l'un d'eux, sera toujours, dans ledit cas de survie du donateur, présumée faite au profit des enfants et descendants à naître du mariage. — *Civ.* 898, 943, 947, 959 s., 1048 s., 1083 s., 1350, 1352.

R. v° *Disp. entre vifs*, 1972 s. — S. *cod.* v°, 539 s. — T. (87-97), v° *Donat. par contr. de mariage*, 6 s. — V. aussi N. C. civ. ann., t. 2, art. 1082, n° 1 s.

Art. 1083. La donation, dans la forme portée à l'article précédent sera irrévocable, en ce sens seulement que le donateur ne pourra plus disposer, à titre gratuit, des objets compris dans la donation, si ce n'est pour sommes modiques, à titre de récompense ou autrement. — *Civ.* 894, 1093.

R. v° *Disp. entre vifs*, 2099 s. — S. *cod.* v°, 557 s. — V. aussi N. C. civ. ann., t. 2, art. 1083, n° 1 s.

Art. 1084. La donation par contrat de mariage pourra être faite cumulativement des biens présents et à venir, en tout ou partie, à la charge qu'il sera annexé à l'acte un état des dettes et charges du donateur existantes au jour de la donation; auquel cas, il sera libre au donataire, lors du décès du donateur, de s'en tenir aux biens présents, en renonçant au surplus des biens du donateur. — *Civ.* 943, 947, 1082, 1085, 1093.

R. v° *Disp. entre vifs*, 2125 s. — S. *cod.* v°, 569 s. — T. (87-97), v° *Donat. par contr. de mariage*, 13 s. — V. aussi N. C. civ. ann., t. 2, art. 1084, n° 1 s.

Art. 1085. Si l'état dont est mention au précédent article n'a point été annexé à l'acte contenant donation des biens présents et à venir, le donataire sera obligé d'accepter ou de répudier cette donation pour le tout. En cas d'acceptation, il ne pourra réclamer que les biens qui se trouveront existants au jour du décès du donateur, et il sera soumis au payement de toutes les dettes

et charges de la succession. — *Civ.* 724, 938 s., 948, 1009.

R. v° *Disp. entre vifs*, 2180 s. — V. aussi N. C. civ. ann., t. 2, art. 1085, n° 1 s.

Art. 1086. La donation par contrat de mariage en faveur des époux et des enfants à naître de leur mariage, pourra encore être faite, à condition de payer indistinctement toutes les dettes et charges de la succession du donateur, ou sous d'autres conditions dont l'exécution dépendrait de sa volonté, par quelque personne que la donation soit faite : le donataire sera tenu d'accomplir ces conditions, s'il n'aime mieux renoncer à la donation; et en cas que le donateur, par contrat de mariage, se soit réservé la liberté de disposer d'un effet compris dans la donation de ses biens présents, ou d'une somme fixe à prendre sur ces mêmes biens, l'effet ou la somme, s'il meurt sans en avoir disposé, seront censés compris dans la donation, et appartiendront au donataire ou à ses héritiers. — *Civ.* 943 s., 959 s., 1093, 1170, 1174.

R. v° *Disp. entre vifs*, 2192 s. — S. *cod.* v°, 578 s. — T. (87-97), *Donat. por contr. de mariage*, 18 s. — V. aussi N. C. civ. ann., t. 2, art. 1086, n° 1 s.

Art. 1087. Les donations faites par contrat de mariage ne pourront être attaquées, ni déclarées nulles, sous prétexte de défaut d'acceptation. — *Civ.* 932 s., 1081, 1086, 1088 s.

R. v° *Disp. entre vifs*, 1960, 2218 s. — S. *cod.* v°, 336, 581 s.

Art. 1088. Toute donation faite en faveur du mariage sera caduque, si le mariage ne s'ensuit pas. — *Civ.* 96, 1039 s., 1081 s., 1081, 1080, 1181.

R. v° *Disp. entre vifs*, 1962 s., 2258 s. — S. *cod.* v°, 537 s.

Art. 1089. Les donations faites à l'un des époux, dans les termes des articles 1082, 1084 et 1086 ci-dessus, deviendront caduques, si le donateur survit à l'époux donataire et à sa postérité. — *Civ.* 747, 1039 s., 1092 s.

R. v° *Disp. entre vifs*, 2115 s., 2234 s. — S. *cod.* v°, 567 s.

Art. 1090. Toutes donations faites aux époux par leur contrat de mariage, seront, lors de l'ouverture de la succession du donateur, réductibles à la portion dont la loi lui permettait de disposer. — *Civ.* 908, 913 s., 920 s., 923, 1094, 1098, 1525.

R. v° *Disp. entre vifs*, 2225 s.

CHAPITRE IX.

Des dispositions entre époux, soit par contrat de mariage, soit pendant le mariage.

Art. 1091. Les époux pourront, par contrat de mariage, se faire réciproquement, ou l'un des deux à l'autre, telle donation qu'ils jugeront à propos, sous les modifications ci-après exprimées. — *Civ.* 894, 931, 1081 s., 1092 s., 1480, 1525, 1527.

R. v° *Disp. entre vifs*, 2235 s., 2349 s. — S. *cod.* v°, 584 s., 592 s. — T. (87-97), v° *Donat. entre époux*, 1 s.

Art. 1092. Toute donation entre vifs de biens présents, faite entre époux par contrat de mariage, ne sera point censée faite sous la condition de survie du donataire, si cette condition n'est formellement exprimée; et elle sera soumise à toutes les règles et formes ci-dessus prescrites pour ces sortes de donations. — *Civ.* 894, 1081 s., 1339 s., 1398.

R. v° *Disp. entre vifs*, 2294 s. — S. *cod.* v°, 587 s.

Art. 1093. La donation de biens à venir, ou de biens présents et à venir, faite entre époux par contrat de mariage, soit simple, soit réciproque, sera soumise aux règles établies par le chapitre précédent, à l'égard des donations pareilles qui leur seront faites par un tiers; sauf qu'elle ne sera point transmissible aux enfants issus du mariage, en cas de décès de l'époux donataire avant l'époux donateur. — *Civ.* 299, 959 s., 1081 s.

R. v° *Disp. entre vifs*, 2317 s. — S. cod. v°, 300 s.

Art. 1094. (*L. 14 février* 1900.) L'époux pourra, soit par contrat de mariage, soit pendant le mariage, *pour le cas où il ne laisserait point d'enfants ni descendants, disposer en faveur de l'autre époux, en propriété, de tout ce dont il pourrait disposer en faveur d'un étranger.

Et pour le cas où l'époux donateur laisserait des enfants ou descendants, il pourra donner à l'autre époux, ou un quart en propriété et un autre quart en usufruit, ou la moitié de tous ses biens en usufruit seulement. — *Civ.* 578 s., 913 s., 915, 1098 s.

R. v° *Disp. entre vifs*, 796 s. — S. *eod.* v°, 190 s.
— V. aussi N. C. civ. ann., t. 2, art. 1094, n° 1 s.
Loi du 14 février 1900 : D. P. 1900. 4. 25.

Art. 1095. Le mineur ne pourra, par contrat de mariage, donner à l'autre époux, soit par donation simple, soit par donation réciproque, qu'avec le consentement et l'assistance de ceux dont le consentement est requis pour la validité de son mariage; et, avec ce consentement, il pourra donner tout ce que la loi permet à l'époux majeur de donner à l'autre conjoint. — *Civ.* 148 s., 160, 406 s., 903 s., 1309, 1398.

R. v° *Disp. entre vifs*, 275 s., 1955, 2282. — S. *eod.* v°, 93 s.

Art. 1096. Toutes donations faites entre époux, pendant le mariage, quoique qualifiées entre vifs, seront toujours révocables.

La révocation peut être faite par la femme, sans y être autorisée par le mari ni par justice.

Ces donations ne seront point révoquées par la survenance d'enfants. — *Civ.* 894, 905, 953, 960.

R. v° *Disp. entre vifs*, 2277 s. — S. cod. v°, 586, 594 s. — T. (87-97), v° *Donat. entre époux*, 14 s. — V. aussi N. C. civ. ann., t. 2, art. 1096, n° 1 s.

Art. 1097. Les époux ne pourront, pendant le mariage, se faire, ni par acte entre vifs, ni par testament, aucune donation mutuelle et réciproque par un seul et même acte. — *Civ.* 968.

R. v° *Disp. entre vifs*, 2436 s. — S. cod. v°, 608 s.

Art. 1098. L'homme ou la femme qui, ayant des enfants d'un autre lit, contractera un second ou subséquent mariage, ne pourra donner à son nouvel époux qu'une part d'enfant légitime le moins prenant, et, sans que, dans aucun cas, ces donations puissent excéder le quart des biens. — *Civ.* 147, 228, 386, 913, 920, 1099 s., 1496, 1527.

R. v° *Disp. entre vifs*, 867 s. — S. cod. v°, 218 s. — V. aussi N. C. civ. ann., t. 2, art. 1098, n° 1 s.

Art. 1099. Les époux ne pourront se donner indirectement au delà de ce qui leur est permis par les dispositions ci-dessus.

Toute donation, ou déguisée, ou faite à personnes interposées, sera nulle. — *Civ.* 911, 1094, 1096, 1098, 1100, 1496, 1527.

R. v° *Disp. entre vifs*, 936 s. — S. cod. v°, 232 s. — T. (87-97), v° *Portion disp.*, 14 s. — V. aussi N. C. civ. ann., t. 2, art. 1099, n° 1 s.

Art. 1100. Seront réputées faites à personnes interposées, les donations de l'un des époux aux enfants ou à l'un des enfants de l'autre époux issus d'un autre mariage, et celles faites par le donateur aux parents dont l'autre époux sera héritier présomptif au jour de la donation, encore que ce dernier n'ait point survécu à son parent donateur. — *Civ.* 911, 1099, 1113, 1353.

R. v° *Disp. entre vifs*, 955 s. — S. cod. v°, 245 s.

TITRE TROISIÈME.

Des contrats ou des obligations conventionnelles en général.

Décrété le 11 pluv., an XII (7 février 1804), et promulgué le 27 pluv. an XII (17 février 1804).

CHAPITRE PREMIER.

Dispositions préliminaires.

Art. 1101. Le contrat est une convention par laquelle une ou plusieurs personnes s'obligent, envers une ou plusieurs autres, à donner, à faire ou à ne pas faire quelque chose. — *Civ.* 711, 1126 s., 1134 s., 1234 s., 1315 s., 1370 s.

R. v° *Obligat.*, 1 s., 34 s. — S. cod. v°, 1 s., 6 s. — T. (87-97), cod. v°, 1 s.

Art. 1102. Le contrat est *synallagmatique* ou *bilatéral* lorsque les contractants s'obligent réciproquement les uns envers les autres. — *Civ.* 1184, 1325, 1341, 1582 s., 1702 s., 1708 s., 1832 s.

R. v° *Obligat.*, 59 s. — S. cod. v°, 7 s. — T. (87-97), cod. v°, 1 s.

Art. 1103. Il est *unilatéral* lorsqu'une ou plusieurs personnes sont obligées envers une ou plusieurs autres, sans que de la part de ces dernières il y ait d'engagement. — *Civ.* 893, 1326 s., 1892 s., 1905 s.

R. v° *Obligat.*, 64. — S. cod. v°, 8 s.

Art. 1104. Il est *commutatif* lorsque chacune des parties s'engage à donner ou à faire une chose qui est regardée comme l'équivalent de ce qu'on lui donne, ou de ce qu'on fait pour elle.

Lorsque l'équivalent consiste dans la chance de gain ou de perte pour chacune des parties, d'après un événement incertain, le contrat est *aléatoire*. — *Civ.* 1582, 1702 s., 1104 s., 1832 s., 1964 s., 1968 s.; *Com.* 311 s., 332 s.

R. v° *Obligat.*, 65 s. — S. cod. v°, 12. — T. (87-97), cod. v°, 1 s.

Art. 1105. Le contrat de *bienfaisance* est celui dans lequel l'une des parties procure à l'autre un avantage purement gratuit. — *Civ.* 711, 893 s., 931, 957, 1874 s., 1915 s., 1984 s., 2011 s., 2077, 2090.

R. v° *Obligat.*, 70 s. — S. cod. v°, 13.

Art. 1106. Le contrat à *titre onéreux* est celui qui assujettit chacune des parties à donner ou à faire quelque chose. — *Civ.* 1136 s., 1142 s., 1146 s., 1582 s., 1702 s., 1708, 1882, 1905.

R. v° *Obligat.*, 72. — S. cod. v°, 13.

Art. 1107. Les contrats, soit qu'ils aient une dénomination propre, soit qu'ils n'en aient pas, sont soumis à des règles générales, qui sont l'objet du présent titre.

Les règles particulières à certains contrats sont établies sous les titres relatifs à chacun d'eux; et les règles particulières aux transactions commerciales sont établies par les lois relatives au commerce.

R. v° *Obligat.*, 73 s. — S. cod. v°, 14 s.

CHAPITRE II.

Des conditions essentielles pour la validité des conventions.

Art. 1108. Quatre conditions sont essentielles pour la validité d'une convention :
Le consentement de la partie qui s'oblige;
Sa capacité de contracter;
Un objet certain qui forme la matière de l'engagement;
Une cause licite dans l'obligation. — *Civ.* 1101, 1109, 1123 s., 1130 s.

R. v° *Obligat.*, 83 s.

Art. 1109. Il n'y a point de consentement valable, si le consentement n'a été donné que par erreur, ou s'il a été extorqué par violence ou surpris par dol. — *Civ.* 180, 783, 887 s., 1110 s., 1304 s., 1356, 1376, 1641 s., 2053.

R. v° *Obligat.*, 88 s. — S. cod. v°, 16 s. — T. (87-97) cod. v°, 21 s.

Art. 1110. L'erreur n'est une cause de nullité de la convention que lorsqu'elle tombe sur la substance même de la chose qui en est l'objet.

Elle n'est point une cause de nullité, lorsqu'elle ne tombe que sur la personne avec laquelle on a intention de contracter, à moins que la considération de cette personne ne soit la cause principale de la convention. — *Civ.* 180 s., 894, 1117, 1304 s., 1356, 1376 s., 1641 s., 2052 s., 2058; *Pr.* 541.

R. v° *Obligat.*, 110 s. — S. cod. v°. 32 s. — T. (87-97), cod. v°, 27 s. — V. aussi N. C. civ. ann. t. 2, art. 1110, n° 1 s.

Art. 1111. La violence exercée contre celui qui a contracté l'obligation, est une cause de nullité, encore qu'elle ait été exercée par un tiers autre que celui au profit duquel la convention a été faite. — *Civ.* 180 s., 887 s., 1112 s., 1304, 1356 s., 2053, 2233; *Pén.* 400.

Art. 1112. Il y a violence, lorsqu'elle est de nature à faire impression sur une personne raisonnable, et qu'elle peut lui inspirer la crainte d'exposer sa personne ou sa fortune à un mal considérable et présent.

On a égard, en cette matière, à l'âge, au sexe et à la condition des personnes. — *Civ.* 1113, 1353.

Art. 1113. La violence est une cause de nullité du contrat, non seulement lorsqu'elle a été exercée sur la partie contractante, mais encore lorsqu'elle l'a été sur son époux ou sur son épouse, sur ses descendants ou ses ascendants.

R. v° *Obligat.*, 168 s. — S. cod. v°, 51 s. — T. (87-97), cod. v°, 27 s.

Art. 1114. La seule crainte révérencielle envers le père, la mère, ou autre ascendant, sans qu'il y ait eu de violence exercée, ne suffit point pour annuler le contrat.

R. v° *Obligat.*, 187 s. — S. cod. v°, 37.

Art. 1115. Un contrat ne peut plus être attaqué pour cause de violence, si, depuis que la violence a cessé, ce contrat a été approuvé soit expressément, soit tacitement, soit en laissant passer le temps de la restitution fixé par la loi. — *Civ.* 892, 1117, 1304, 1338.

R. v° *Obligat.*, 197.

Art. 1116. Le dol est une cause de nullité de la convention lorsque les manœuvres pratiquées par l'une des parties sont telles, qu'il est évident que, sans ces manœuvres, l'autre partie n'aurait pas contracté.

Il ne se présume pas, et doit être prouvé. — *Civ.* 1117, 2268; *Pr.* 480-10; *Pén.* 405, 423.

R. v° *Obligat.*, 198 s. — S. cod. v°, 62 s. — T. (87-97), cod. v°, 27 s. — V. aussi N. C. civ. ann., t. 2, art. 1116, n° 1 s.

Art. 1117. La convention contractée par erreur, violence ou dol, n'est point nulle de plein droit; elle donne seulement lieu à une action en nullité ou en rescision, dans les cas et de la manière expliqués à la section 7 du chapitre 5 du présent titre. — *Civ.* 1115, 1304 s., 1338, 2268.

R. v° *Obligat.*, 226 s. — S. cod. v°, 69.

Art. 1118. La lésion ne vicie les conventions que dans certains contrats ou à l'égard de certaines personnes, ainsi qu'il

xpliqué en la même section. — *Civ.*
7 s., 1079, 1301 s., 1313 s., 1674 s., 2052.

Obligat., 237 s. — S. *cod.* v°, 70.

1119. On ne peut, en général,
ger, ni stipuler en son propre nom,
our soi-même. — *Civ.* 1120 s., 1165,
1375 s., 2014, 2077, 2090.

* *Obligat.*, 241 s. — S. *cod.* v°, 71 s. —
97), *cod.* v°, 76 s.

1120. Néanmoins on peut se por-
t pour un tiers, en promettant le fait
i-ci ; sauf l'indemnité contre celui qui
orté fort ou qui a promis de faire ra-
si le tiers refuse de tenir l'engage-
— *Civ.* 1121, 1142, 1146 s., 1165, 1226 s.,
1375, 1998.

Obligat., 254 s. — S. *cod.* v°, 73 s. —
7), *cod.* v°, 76 s. — V. aussi N. C. civ. ann.,
t. 1120, n°° 1 s.

1121. On peut pareillement stipu-
profit d'un tiers, lorsque telle est la
ion d'une stipulation que l'on fait pour
me ou d'une donation que l'on fait à
re. Celui qui a fait cette stipulation
ut la révoquer, si le tiers a déclaré
° en profiter. — *Civ.* 894, 1134, 1168 s.,
973, 2014.

* *Obligat.*, 260 s. — S. *cod.* v°, 83 s. —
7), *cod.* v°, 76 s. — V. aussi N. C. civ. ann.,
t. 1121, n°° 1 s.

Assurances sur la vie.

qui concerne les assurances sur la vie, V. R.
mces terrestres, 810 s., S. *cod.* v°, 272 s. ; T. (87-97.)
454 s.; N. C. civ. ann., Appendice au Titre XII
rais aléatoires) — V., au Titre XIII, Appendice,
8 décembre 1904 interdisant en France l'assurance
e décès des enfants de moins de douze ans.

1122. On est censé avoir stipulé
t pour ses héritiers et ayants cause,
s que le contraire ne soit exprimé ou
ulte de la nature de la convention. —
4, 1009, 1012, 1082, 1166, 1221-4°, 1879,
167, 2235, 2237.

Obligat., 314 s., 1087 s. — S. *cod.* v°, 100 s.,
- V. aussi N. C. civ. ann., t. 2, art. 1122.

SECTION II.

a capacité des parties contractantes.

1123. Toute personne peut contrac-
celle n'en est pas déclarée incapable
loi. — *Civ.* 1101, 1108, 1124 s., 1925.

Obligat., 330 s. — S. *cod.* v°, 107 s. — T. (87-97),
105 s. — V. aussi N. C. civ. ann., t. 2, art. 1123.

1124. Les incapables de contracter

personnes capables de s'engager ne
nt opposer l'incapacité du mineur, de
dit ou de la femme mariée, avec qui
nt contracté. — *Civ.* 225, 1117 s., 1124,
, 1338, 1926.

Obligat., 359 s. — S. *cod.* v°, 112 s. —
97), *cod.* v°, 106 s.

SECTION III.

l'objet et de la matière des contrats.

1126. Tout contrat a pour objet
hose qu'une partie s'oblige à donner,

---

ou qu'une partie s'oblige à faire ou à ne pas
faire. — *Civ.* 1101, 1108, 1127 s., 1134 s.

R. v° *Obligat.*, 405 s., 482 s.

Art. 1127. Le simple usage ou la simple
possession d'une chose peut être, comme la
chose même, l'objet du contrat. — *Civ.* 578 s.,
625, 636, 690 s., 1709 s., 1713 s., 1874 s.,
1915, 2071 s., 2121 s., 2228.

R. v° *Obligat.*, 405 s.

Art. 1128. Il n'y a que les choses qui
sont dans le commerce qui puissent être
l'objet des conventions. — *Civ.* 538 s., 650,
711, 1130, 1303, 1598, 2226.

R. v° *Obligat.*, 465 s. — S. *cod.* v°, 139 s.

Art. 1129. Il faut que l'obligation ait
pour objet une chose au moins déterminée
quant à son espèce.

La quotité de la chose peut être incertaine,
pourvu qu'elle puisse être déterminée. —
Civ. 1022, 1101, 1108, 1126, 1131, 1246, 1601.

R. v° *Obligat.*, 462 s. — S. *cod.* v°, 138.

Art. 1130. Les choses futures peuvent
être l'objet d'une obligation.

On ne peut cependant renoncer à une succession non ouverte, ni faire aucune stipulation sur une pareille succession, même
avec le consentement de celui de la succession duquel il s'agit. — *Civ.* 6, 761, 791, 918,
1082, 1081, 1086, 1091, 1093, 1172, 1389, 1600.

R. v° *Obligat.*, 408 s. — S. *cod.* v°. 127 s. —
V. aussi N. C. civ. ann., t. 2, art. 1130, n°° 1 s.

SECTION IV.

De la cause.

Art. 1131. L'obligation sans cause, ou
sur une fausse cause, ou sur une cause illicite, ne peut avoir aucun effet. — *Civ.* 6,
1101, 1108, 1133, 1235, 1377 s.

R. v° *Obligat.*, 498 s. — S. *cod.* v°, 146 s. —
T. (87-97), *cod.* v°, 120 s. —V. aussi N. C. civ. ann.,
t. 2, art. 1131, n°° 1 s.

Art. 1132. La convention n'est pas
moins valable, quoique la cause n'en soit
pas exprimée. — *Civ.* 1315 ; *Com.* 110-5°,
337, 188.

R. v° *Obligat.*, 498 s., 514 s. — S. *cod.* v°, 150 s.
— T. (87-97), *cod.* v°, 141 s. — V. aussi N. C. civ. ann.,
t. 2, art. 1133, n°° 1 s.

Art. 1133. La cause est illicite, quand
elle est prohibée par la loi, quand elle est
contraire aux bonnes mœurs ou à l'ordre
public. — *Civ.* 6, 686, 815, 900, 946, 1172,
1174, 1387, 1390, 1965, 2063, 2078, 2088,
2140, 2220.

R. v° *Obligat.*, 550 s. — S. *cod.* v°, 157 s. —
T. (87-97), *cod.* v°, 141 s. — V. aussi N. C. civ. ann.,
t. 2, art. 1133, n°° 1 s.

CHAPITRE III.

De l'effet des obligations.

SECTION PREMIÈRE.

Dispositions générales.

Art. 1134. Les conventions légalement
formées tiennent lieu de loi à ceux qui les
ont faites.

Elles ne peuvent être révoquées que de
leur consentement mutuel, ou pour les
causes que la loi autorise.

Elles doivent être exécutées de bonne foi.
— *Civ.* 711, 953, 1101, 1108 s., 1121, 1135 s.,
1141 s., 1147 s., 1152, 1234 s., 1865-5°,
2007, 2268.

R. v° *Obligat.*, 651 s., 848 s. — S. *cod.* v°, 193 s.,
275 s. — T. (87-97), *cod.* v°, 163 s. — V. aussi N. C.
civ. ann., t. 2, art. 1134, n°° 1 s.

Art. 1135. Les conventions obligent
non seulement à ce qui y est exprimé, mais
encore à toutes les suites que l'équité, l'usage
ou la loi donnent à l'obligation d'après sa
nature. — *Civ.* 1134, 1156 s., 1159 s., 2007 s.

R. v° *Obligat.*, 668 s. — S. *cod.* v°, 190.

SECTION II.

De l'obligation de donner.

Art. 1136. L'obligation de donner emporte celle de livrer la chose et de la conserver jusqu'à la livraison, à peine de dommages et intérêts envers le créancier. — *Civ.*
1004, 1011 s., 1137 s., 1146 s., 1302 s., 1604 s.,
1621, 1689 s.

R. v° *Obligat.*, 673 s. — S. *cod.* v°, 197 s. —
T. (87-97), *cod.* v°, 190 s.

Art. 1137. L'obligation de veiller à la
conservation de la chose, soit que la convention n'ait pour objet que l'utilité de l'une
des parties, soit qu'elle ait pour objet leur
utilité commune, soumet celui qui en est
chargé à y apporter tous les soins d'un bon
père de famille.

Cette obligation est plus ou moins étendue
relativement à certains contrats, dont les
effets, à cet égard, sont expliqués sous les
titres qui les concernent. — *Civ.* 601 s., 804,
1146 s., 1182, 1372, 1374, 1728 s., 1788 s.,
1874 s., 1880, 1882, 1915 s., 1927 s., 1962, 2072.

R. v° *Obligat.*, 680 s. — S. *cod.* v°, 199 s.

Art. 1138. L'obligation de livrer la
chose est parfaite par le seul consentement
des parties contractantes.

Elle rend le créancier propriétaire et met
la chose à ses risques dès l'instant où elle a
dû être livrée, encore que la tradition n'en
ait point été faite, à moins que le débiteur
ne soit en demeure de la livrer ; auquel cas
la chose reste aux risques de ce dernier. —
Civ. 711, 929, 938, 1108 s., 1139 s., 1146 s.,
1302, 1583, 1589, 1606 s., 1656 s., 1703, 1788 s.,
1921, 2241 s.

R. v° *Obligat.*, 687 s. — S. *cod.* v°, 201 s. —
T. (87-97), *cod.* v°, 196 s. — V. aussi N. C. civ. ann.,
t. 2, art. 1138, n°° 1 s.

Art. 1139. Le débiteur est constitué en
demeure, soit par une sommation ou par
autre acte équivalent, soit par l'effet de la
convention, lorsqu'elle porte que, sans qu'il
soit besoin d'acte et par la seule échéance
du terme, le débiteur sera en demeure. —
Civ. 1145 s., 1230, 1656, 1929.

R. v° *Obligat.*, 731 s. — S. *cod.* v°, 221 s. —
V. aussi N. C. civ. ann., t. 2, art. 1139, n°° 1 s.

Art. 1140. Les effets de l'obligation de
donner ou de livrer un immeuble sont réglés
au titre *De la vente* et au titre *Des privilèges et hypothèques.* — *Civ.* 938, 941, 1583,
1604 s., 2092 s., 2114, 2166 s., 2182.

Art. 1141. Si la chose qu'on s'est obligé
de donner ou de livrer à deux personnes
successivement, est purement mobilière,
celle des deux qui en a été mise en possession réelle est préférée et en demeure propriétaire, encore que son titre soit postérieur en date, pourvu toutefois que la possession soit de bonne foi. — *Civ.* 1606 s.,
1689 s., 2228, 2233, 2268, 2279.

R. v° *Obligat.*, 695 s. — S. *cod.* v°, 203 s.

SECTION III.

De l'obligation de faire ou de ne pas faire.

Art. 1142. Toute obligation de faire ou
de ne pas faire se résout en dommages et
intérêts, en cas d'inexécution de la part du
débiteur. — *Civ.* 1126, 1134 s., 1146 s.,
1236 s., 1382 s.; *Pr.* 126-1°, 128, 523 s.

R. v° *Obligat.*, 702 s. — S. *cod.* v°, 207 s. —
T. (87-97), *cod.* v°, 199 s. — V. aussi N. C. civ. ann.,
t. 2, art. 1142, n°° 1 s.

Art. 1143. Néanmoins le créancier a le
droit de demander que ce qui aurait été fait
par contravention à l'engagement, soit détruit ; et il peut se faire autoriser à le détruire
aux dépens du débiteur, sans préjudice des
dommages et intérêts, s'il y a lieu. — *Civ.*
1146 s.; *Pr.* 126-1°, 128, 523 s.

R. v° *Obligat.*, 709 s. — S. *cod.* v°, 209 s.

Art. 1144. Le créancier peut aussi, en cas d'inexécution, être autorisé à faire exécuter lui-même l'obligation aux dépens du débiteur. — *Civ.* 1142 s.

R. v° *Obligat.*, 700 s. -- S *cod.* r°, 209 s.

Art. 1145. Si l'obligation est de ne pas faire, celui qui y contrevient doit des dommages et intérêts par le seul fait de la contravention. — *Civ.* 1139, 1116 s.

R. v° *Obligat.*, 717 s. - S. *cod.* r°, 210 s.

SECTION IV.
Des dommages et intérêts résultant de l'inexécution de l'obligation.

Art. 1146. Les dommages et intérêts ne sont dus que lorsque le débiteur est en demeure de remplir son obligation, excepté néanmoins lorsque la chose que le débiteur s'était obligé de donner ou de faire ne pouvait être donnée ou faite que dans un certain temps qu'il a laissé passer. — *Civ.* 1136, 1139, 1142 s., 1145, 1226, 1302, 1382 s., 1611, 1656 s., 1771, 1788 s., 1936, 1996; *Pr.* 126, 128, 523 s.

R. v° *Obligat.*, 722 s.; *Responsab.*, 239. S. v° *Obligat.*, 213 s.; *Responsab.*, 264 s. — T. (87-97), v° *Obligat.*, 209 s.

Art. 1147. Le débiteur est condamné, s'il y a lieu, au payement de dommages et intérêts, soit à raison de l'inexécution de l'obligation, soit à raison du retard dans l'exécution, toutes les fois qu'il ne justifie pas que l'inexécution provient d'une cause étrangère qui ne peut lui être imputée, encore qu'il n'y ait aucune mauvaise foi de sa part. — *Civ.* 1134, 1229, 1315. 1382, 1807 s., 2080.

R. v° *Obligat.*, 723 s. — S. *cod.* r°, 213 s.

Art. 1148. Il n'y a lieu à aucuns dommages et intérêts lorsque, par suite d'une force majeure ou d'un cas fortuit, le débiteur a été empêché de donner ou de faire ce à quoi il était obligé, ou a fait ce qui lui était interdit. — *Civ.* 607, 855, 1302 s., 1348, 1631, 1617, 1722, 1730, 1733, 1772 s., 1784, 1881 s., 1929; *Com.* 97, 241, 277, 310, 324.

R. v° *Forc. maj.*, 1 s., 15 s.; *Obligat.*, 739 s. — S. v° *Forc. maj.*, 1 s., 29 s.; *Obligat.*, 216 s. — V. aussi N. C. civ. ann., t. 2, art. 1148, n° 1 s.

Art. 1149. Les dommages et intérêts dus au créancier sont, en général, de la perte qu'il a faite et du gain dont il a été privé, sauf les exceptions et modifications ci-après. — *Pr.* 128, 523 s.

R. v° *Obligat.*, 770 s.; *Responsab.*, 230 s. — S. v° *Obligat.*, 237 s.; *Responsab.*, 258 s.—V. aussi N. C. civ. ann., t. 2, art. 1149, n° 1 s.

Art. 1150. Le débiteur n'est tenu que des dommages et intérêts qui ont été prévus ou qu'on a pu prévoir lors du contrat, lorsque ce n'est point par son dol que l'obligation n'est point exécutée. — *Civ.* 1109, 1116 s., 1151, 1304, 1633 s.

R. v° *Obligat.*, 789 s. - S. *cod.* r°, 246 s.

Art. 1151. Dans le cas même où l'inexécution de la convention résulte du dol du débiteur, les dommages et intérêts ne doivent comprendre, à l'égard de la perte éprouvée par le créancier et du gain dont il a été privé, que ce qui est une suite immédiate et directe de l'inexécution de la convention. — *Civ.* 1109, 1116, 1150.

R. v° *Obligat.*, 789 s. — S. v° *Obligat.*, 246 s.; *Responsab.*, 267 s.

Art. 1152. Lorsque la convention porte que celui qui manquera de l'exécuter payera une certaine somme à titre de dommages-intérêts, il ne peut être alloué à l'autre partie une somme plus forte, ni moindre. — *Civ.* 1134 s., 1226 s., 1229 s., 1231, 2047.

R. v° *Obligat.*, 831 s. — S. *cod.* r°, 246 s.

Art. 1153. (*L.* 7 avril 1900.) Dans les obligations qui se bornent au payement d'une certaine somme, les dommages et intérêts résultant du retard dans l'exécution ne con-

sistent jamais que dans la condamnation aux intérêts fixés par la loi; sauf les règles particulières au commerce et au cautionnement. Ces dommages et intérêts sont dus sans que le créancier soit tenu de justifier d'aucune perte.

Ils ne sont dus que du jour de la sommation de payer, excepté dans les cas où la loi les fait courir de plein droit.

Le créancier auquel son débiteur en retard a causé, par sa mauvaise foi, un préjudice indépendant de ce retard, peut obtenir des dommages et intérêts distincts des intérêts moratoires de la créance. — *Civ.* 455 s., 474, 586, 609, 612, 856, 928, 1139, 1145 s., 1152, 1207, 1440, 1473, 1548, 1579, 1620, 1652, 1846, 1904, 1907, 1996, 2001, 2028; *Pr.* 57; *Com.* 178 s., 184 s.

§ 1. LÉGISLATION ANTÉRIEURE A LA LOI DU 7 AVRIL 1900 : R. v° *Obligat.*, 839 s.; *Prêt à intér.*, 17 s.; *Responsab.*, 239 s. — S. v° *Obligat.*, 270 s.; *Prêt à intér.*, 24 s.; *Responsab.*, 265 s. — T. (87-97). v° *Intér. de capit.*, 1 s. — V. aussi C. ad., t. 1, v° *Conseil d'État*, p. 250. n° 2533 s.
§ 2. LOI DU 7 AVRIL 1900 : N. C. civ ann., t. 2, art. 1153, n° 1 s — D. P. 1900. 4. 43.

Art. 1154. Les intérêts échus des capitaux peuvent produire des intérêts, ou par une demande judiciaire, ou par une convention spéciale, soit dans la convention, il s'agisse d'intérêts dus au moins pour une année entière. — *Civ.* 1134; *Pr.* 59, 61, 69.

R. v° *Prêt à intér.*, 126 s. — S. *cod.* r°, 97 s. — T. (87-97), v° *Intér. de capit.*, 51 s. — V. aussi N. C. civ. ann., t. 2, art. 1154, n° 1 s.

Art. 1155. Néanmoins les revenus échus, tels que fermages, loyers, arrérages de rentes perpétuelles ou viagères, produisent intérêt du jour de la demande ou de la convention.

La même règle s'applique aux restitutions de fruits, et aux intérêts payés par un tiers aux créanciers en acquit du débiteur. — *Civ.* 583 s., 1131, 1154; *Pr.* 59, 61, 69, 129, 526.

R. v° *Prêt à intér.*, 135 s. - S. *cod.* r°, 112 s.

SECTION V.
De l'interprétation des conventions.

Art. 1156. On doit dans les conventions rechercher quelle a été la commune intention des parties contractantes, plutôt que de s'arrêter au sens littéral des termes. — *Civ.* 1435, 1175, 1602, 2048.

R. v° *Obligat.*, 848 s. — S. *cod.* r°, 273 s. — T. (87-97), *cod.* r°, 226 s.— V. aussi N. C. civ. ann., t. 2, art. 1156, n° 1 s.

Art. 1157. Lorsqu'une clause est susceptible de deux sens, on doit plutôt l'entendre dans celui avec lequel elle peut avoir quelque effet, que dans le sens avec lequel elle n'en pourrait produire aucun.

R. v° *Obligat.*, 860 s.

Art. 1158. Les termes susceptibles de deux sens doivent être pris dans le sens qui convient le plus à la matière du contrat.

R. v° *Obligat.*, 5 — S. *cod.* r°, 282.

Art. 1159. Ce qui est ambigu s'interprète par ce qui est d'usage dans le pays où le contrat est passé. — *Civ.* 590, 608, 645, 674, 1648, 1753, 1757 s., 1777.

R. v° *Obligat.*, 864 s. — S. *cod.* r°, 283 s.

Art. 1160. On doit suppléer dans le contrat les clauses qui y sont d'usage, quoiqu'elles n'y soient pas exprimées. — *Civ.* 1435, 1159, 1620.

R. v° *Obligat.*, 866. — S. *cod.* r°, 264.

Art. 1161. Toutes les clauses des conventions s'interprètent les unes par les autres, en donnant à chacune le sens qui résulte de l'acte entier.

R. v° *Obligat.*, 867 s. — S. *cod.* r°, 285.

Art. 1162. Dans le doute, la convention s'interprète contre celui qui a stipulé

et en faveur de celui qui a contracté l'obligation. — *Civ.* 1602.

R. v° *Obligat.*, 871 s. - S. *cod.* r°, 289.

Art. 1163. Quelque généraux que soient les termes dans lesquels une convention est conçue, elle ne comprend que les choses sur lesquelles il paraît que les parties se sont proposé de contracter. — *Civ.* 2048 s.

R. v° *Obligat.*, 873 s.

Art. 1164. Lorsque dans un contrat on a exprimé un cas pour l'explication de l'obligation, on n'est pas censé avoir voulu par là restreindre l'étendue que l'engagement reçoit de droit aux cas non exprimés.

SECTION VI.
De l'effet des conventions à l'égard des tiers.

Art. 1165. Les conventions n'ont d'effet qu'entre les parties contractantes; elles ne nuisent point au tiers, et elles ne lui profitent que dans le cas prévu par l'article 1121. — *Civ.* 1134, 1166 s., 1321, 1351, 1599, 2005, 2009, 2051; *Pr.* 166, 174.

R. v° *Obligat.*, 877 s. — S. *cod.* r°, 287 s. — T. (87-97), *cod.* r°, 244 s. — V. aussi N. C. civ. ann. t. 2, art. 1165, n° 1 s.

Art. 1166. Néanmoins les créanciers peuvent exercer tous les droits et actions de leur débiteur, à l'exception de ceux qui sont exclusivement attachés à la personne. — *Civ.* 406, 421, 618, 631, 634, 788, 820, 841, 857, 865, 877 s., 921, 1033, 1446 s., 1464, 1466, 1666, 2078, 2081, 2085, 2092 s., 2205, 2225; *Pr.* 339 s., 466, 557 s., 778, 871, 873, 909 s., 930 s., 941; *Com.* 413, 471, 484 s. 490, 507 s., 532 s., 570, 581 s.

R. v° *Obligat.*, 888 s. — S. *cod.* r°, 292 s. — T. (87-97), *cod.* r°. 251 s.— V. aussi N. C. civ. ann. t. 2, art. 1166, n° 1 s.

Art. 1167. Ils peuvent aussi, en leur nom personnel, attaquer les actes faits par leur débiteur en fraude de leurs droits.

Ils doivent néanmoins, quant à leurs droits énoncés au titre *Des successions* et au titre *Du contrat de mariage et des droits respectifs des époux*, se conformer aux règles qui y sont prescrites. — *Civ.* 180 s., 225, 618, 622, 788, 857, 865, 878, 882, 921, 957, 1005 s. 1410, 1447, 1464, 2005, 2103, 2225; *Pr.* 466, 474 s.: *Com.* 66, 196, 212, 357, 446 s., 512, 518, 523 s., 525, 598.

R. v° *Obligat.*, 954 s. — S. *cod.* r°, 320 s. — T. (87-97), v° *Condition*, 1 s. — V. aussi N. C. civ. ann., t. 3, art. 1167, n° 1 s.

CHAPITRE IV.
Des diverses espèces d'obligations.

SECTION PREMIÈRE.
Des obligations conditionnelles.

§ 1. — De la condition en général, et de ses diverses espèces.

Art. 1168. L'obligation est conditionnelle lorsqu'on la fait dépendre d'un événement futur et incertain, soit en la suspendant jusqu'à ce que l'événement arrive, soit en la résiliant, selon que l'événement arrivera ou n'arrivera pas. — *Civ.* 1040 s., 1181 s., 1183 s., 2125, 2257.

R. v° *Obligat.*, 1018 s., 1099 s. — S. *cod.* r°, 380 s., 411 s. — T. (87-97), v° *Condition*, 1 s. — V. aussi N. C. civ. ann., t. 3, art. 1168, n° 1 s.

Art. 1169. La condition casuelle est celle qui dépend du hasard, et qui n'est nullement au pouvoir du créancier ni du débiteur. — *Civ.* 1148, 1306.

R. v° *Obligat.*, 1145 s.

Art. 1170. La condition *potestative* est celle qui fait dépendre l'exécution de la con-

n. d'un événement qu'il est au pouvoir ne ou de l'autre des parties contrac- de faire arriver ou d'empêcher. — 44, 1086, 1174.

* *Obligat.*, 1117 s. - - S. *cod.* r°, 130 s. - 97), v° *Condition*, 74 s.

. 1171. La condition *mixte* est celle pend tout à la fois de la volonté d'une arties contractantes. et de la volonté iers.

* *Obligat.*, 1163. — S. *cod.* v°, 430 s. - 97), v° *Condition*, 74 s.

. 1172. Toute condition d'une chose sible, ou contraire aux bonnes mœurs. ohibée par la loi. est nulle. et rend la convention qui en dépend. — *Civ.* ., 815, 900, 916, 965, 1133, 1173 s.. *Obligat.*, 1121 s. - S. *cod.* r°, 419 s.

. 1173. La condition de ne pas faire hose impossible ne rend pas nulle ation contractée sous cette condition.

* *Obligat.*, 1121 s. - S. *cod.* v°, 419 s. - ▪ N. C. civ. ann., t. 3, art. 1173. n°° 1 s.

. 1174. Toute obligation est nulle 'elle a été contractée sous une condi- otestative de la part de celui qui s'oblige. ▪, 944, 1086, 1170, 1178, 1659 s.

* *Obligat.*, 1147 s. - S. *cod.* v°, 431 s. - 97). v° *Condition*, 74 s.: *Théâtre spectacle*. - V. aussi N. C. civ. ann., t. 3, art. 1174,

▪. 1175. Toute condition doit être plie de la manière que les parties ont nblablement voulu et entendu qu'elle — *Civ.* 1135, 1156 s., 1176 s., 1602.

Obligat., 1229 s. - S. *cod.* r°, 186 s.

▪. 1176. Lorsqu'une obligation est ctée sous la condition qu'un événe- arrivera dans un temps fixe, cette con- est censée défaillie lorsque le temps piré sans que l'événement soit arrivé. 'y a point de temps fixe, la condition toujours être accomplie; et elle n'est e défaillie que lorsqu'il est devenu cer- ue l'événement n'arrivera pas. — *Civ.* ▪, 1177, 1350, 1352.

* *Obligat.*, 1241 s. - S. *cod.* r°, 490 s.

. 1177. Lorsqu'une obligation est ctée sous la condition qu'un événe- n'arrivera pas dans un temps fixe, cette tion est accomplie lorsque ce temps est ▪ sans que l'événement soit arrivé : elle galement, si avant le terme il est cer- ue l'événement n'arrivera pas; et s'il pas de temps déterminé. elle n'est ac- ie que lorsqu'il est certain que l'évé- nt n'arrivera pas. — *Civ.* 1176.

* *Obligat.*, 1283 s. - S. *cod.* v°, 408 s.

. 1178. La condition est réputée plie lorsque c'est le débiteur, obligé ▪ette condition. qui a empêché l'ac- lissement. — *Civ.* 1174, 1350, 1352,

* *Obligat.*, 1211 s. - S. *cod.* r°, 490 s.

1. 1179. La condition accomplie a un rétroactif au jour auquel l'engagement contracté. Si le créancier est mort avant mplissement de la condition, ses droits nt à son héritier. — *Civ.* 721, 1040 s.. 1181 s.

▪° *Obligat.*, 1185 s. — S. *cod.* v°, 444, 451 s.

▪t. 1180. Le créancier peut, avant que ndition soit accomplie, exercer tous les conservatoires de son droit. — *Civ.* 820 s., 1166, 1324, 1423, 1454, 2134, *Pr.*, 125; 193; *Com.* 490.

* *Obligat.*, 1169 s. — S. *cod.* v°, 445.

§ 2. — De la condition suspensive.

▪t. 1181. L'obligation contractée sous condition suspensive est celle qui dépend

---

ou d'un événement futur et incertain. ou d'un événement actuellement arrivé, mais encore inconnu des parties.

Dans le premier cas. l'obligation ne peut être exécutée qu'après l'événement.

Dans le second cas. l'obligation a son effet du jour où elle a été contractée. — *Civ.* 1168. 1178 s.. 1182. 1185 s., 1258-5°, 1584, 1588, 2125. 2257.

R. v° *Obligat.*. 1161 s. — S. *cod.* r°, 410 s.

Art. 1182. Lorsque l'obligation a été contractée sous une condition suspensive, la chose qui fait la matière de la convention demeure aux risques du débiteur qui ne s'est obligé de la livrer que dans le cas de l'évé- nement de la condition.

Si la chose est entièrement périe sans la faute du débiteur, l'obligation est éteinte.

Si la chose s'est détériorée sans la faute du débiteur, le créancier a le choix ou de résoudre l'obligation, ou d'exiger la chose dans l'état où elle se trouve, sans diminu- tion du prix.

Si la chose s'est détériorée par la faute du débiteur, le créancier a le droit ou de résoudre l'obligation, ou d'exiger la chose dans l'état où elle se trouve, avec des dommages et intérêts. — *Civ.* 1134, 1136, 1146 s., 1149. 1179. 1181, 1184, 1234, 1302 s., 1383, 1614 s.; *Pr.* 128.

R. v° *Obligat.*, 1177 s. — S. *cod.* r°, 419 s.

§ 3. — De la condition résolutoire.

Art. 1183. La condition résolutoire est celle qui, lorsqu'elle s'accomplit, opère la révocation de l'obligation, et qui remet les choses au même état que si l'obligation n'avait pas existé.

Elle ne suspend point l'exécution de l'obli- gation; elle oblige seulement le créancier à restituer ce qu'il a reçu, dans le cas où l'événement prévu par la condition arrive. — *Civ.* 1176 s., 1234-8°, 1584, 1610, 1654 s., 2125.

R. v° *Obligat.*, 1191 s. — S. *cod.* r°, 456 s. — T. (87-97). v° *Condition*, 86 s. — V. aussi N. C. civ. ann., t. 3, art. 1183, n°° 1 s.

Art. 1184. La condition résolutoire est toujours sous-entendue dans les contrats synallagmatiques, pour le cas où l'une des deux parties ne satisfera point à son enga- gement.

Dans ce cas, le contrat n'est point résolu de plein droit. La partie envers laquelle l'en- gagement n'a point été exécuté, a le choix ou de forcer l'autre à l'exécution de la con- vention lorsqu'elle est possible, ou d'en demander la résolution avec dommages et intérêts.

La résolution doit être demandée en jus- tice, et il peut être accordé au défendeur un délai selon les circonstances. — *Civ.* 954, 956, 1102, 1139, 1142, 1146 s., 1176 s., 4185 s., 1211, 1610, 1654 s., 1741.

R. v° *Obligat.*, 1196 s. — S. *cod.* r°, 459 s. — T. (87-97), v° *Condition*, 86 s. — V. aussi N. C. civ. ann., t. 3, art. 1184, n°° 1 s.

SECTION II.

Des obligations à terme.

Art. 1185. Le terme diffère de la con- dition, en ce qu'il ne suspend point l'exécu- tion. — *Civ.* 1101, 1134, 1168 s., 1181 s., 1230, 1244, 1258-4°, 1292, 1888 s., 1899, 1902, 2257.

R. v° *Obligat.*, 1268 s. — S. *cod.* r°, 500 s. — T. (87-97), v° *Obligat. à terme*, 1 s.

Art. 1186. Ce qui n'est dû qu'à terme, ne peut être exigé avant l'échéance du terme; mais ce qui a été payé d'avance, ne peut être répété. — *Civ.* 1134, 1180, 1235, 1753, 1888, 1899. 1902, 1944, 1980; *Pr.* 820; *Com.* 446.

R. v° *Obligat.*, 1273 s. — S. *cod.* v°, 510 s. — T. (87-97), v° *Obligat. à terme*, 1 s.

Art. 1187. Le terme est toujours pré- sumé stipulé en faveur du débiteur, à moins qu'il ne résulte de la stipulation, ou des cir- constances, qu'il a été aussi convenu en faveur du créancier. — *Civ.* 1156 s., 1258-1°, 1911, 1914, 1991; *Com.* 144, 148, 187.

R. v° *Obligat.*, 1296 s. — S. *cod.* r°, 506 s. — T. (87-97), v° *Obligat. à terme*, 1 s.

Art. 1188. Le débiteur ne peut plus réclamer le bénéfice du terme lorsqu'il a fait faillite, ou lorsque par son fait il a diminué les sûretés qu'il avait données par le contrat à son créancier. — *Civ.* 1244, 1383, 1613, 1913. 2032-2°, 2037, 2166; *Pr.* 124; *Com.* 437. 444.

R. v° *Obligat.*, 1283 s. — S. *cod.* v°, 515 s. — T. (87-97), v° *Obligat. à terme*, 10 s. — V. aussi N. C. civ. ann., t. 3, art. 1188, n° 1 s.

SECTION III.

Des obligations alternatives.

Art. 1189. Le débiteur d'une obligation alternative est libéré par la délivrance de l'une des deux choses qui étaient comprises dans l'obligation. — *Civ.* 1129, 1190 s.

Art. 1190. Le choix appartient au débi- teur, s'il n'a pas été expressément accordé au créancier. — *Civ.* 1134, 1162, 1196, 1602.

Art. 1191. Le débiteur peut se libérer en délivrant l'une des deux choses promises; mais il ne peut forcer le créancier à recevoir une partie de l'une et une partie de l'autre. — *Civ.* 1220 s., 1243 s., 1604 s.

Art. 1192. L'obligation est pure et simple, quoique contractée d'une manière alternative, si l'une des deux choses pro- mises ne pouvait être le sujet de l'obligation. — *Civ.* 1128.

Art. 1193. L'obligation alternative de- vient pure et simple, si l'une des choses promises périt et ne peut plus être livrée, même par la faute du débiteur. Le prix de cette chose ne peut pas être offert à sa place.

Si toutes deux sont péries, et que le débi- teur soit en faute à l'égard de l'une d'elles, il doit payer le prix de celle qui a péri la dernière. — *Civ.* 1042, 1302 s., 1383, 1601.

Art. 1194. Lorsque, dans les cas pré- vus par l'article précédent, le choix avait été déféré par la convention au créancier.

Ou l'une des choses seulement est périe; et alors, si c'est sans la faute du débiteur, le créancier doit avoir celle qui reste; si le débiteur est en faute, le créancier peut demander la chose qui reste, ou le prix de celle qui est péri;

Ou les deux choses sont péries; et alors, si le débiteur est en faute à l'égard des deux, ou même à l'égard de l'une d'elles seule- ment, le créancier peut demander le prix de l'une ou de l'autre à son choix. — *Civ.* 1302 s., 1382 s.

Art. 1195. Si les deux choses sont péries sans la faute du débiteur, et avant qu'il soit en demeure, l'obligation est éteinte, confor- mément à l'article 1302. — *Civ.* 1139, 1302 s., 1382 s.

Art. 1196. Les mêmes principes s'ap- pliquent au cas où il y a plus de deux choses comprises dans l'obligation alternative.

R. v° *Obligat.*, 1313 s. — S. *cod.* v°, 532 s. — T. (87-97), v° *Obligat. alternative*, 1 s.

SECTION IV.

Des obligations solidaires.

§ 1. — De la solidarité entre les créanciers.

Art. 1197. L'obligation est solidaire entre plusieurs créanciers lorsque le titre donne expressément à chacun d'eux le droit de demander le payement du total de la créance, et que le payement fait à l'un d'eux libère le débiteur, encore que le bénéfice de l'obligation soit partageable et divisible entre les divers créanciers. — *Civ.* 1134, 1198 s., 1200 s., 1224 s., 1431.

R. v° *Obligat.*, 1335 s., 1365 s. — S. *cod.* v°, 516 s. — T. (87-97), v° *Obligat. solidaire*, 1 s.

Art. 1198. Il est au choix du débiteur de payer à l'un ou l'autre des créanciers solidaires, tant qu'il n'a pas été prévenu par les poursuites de l'un d'eux.

Néanmoins la remise qui n'est faite que par l'un des créanciers solidaires, ne libère le débiteur que pour la part de ce créancier. — *Civ.* 1224, 1282 s., 1365.

R. v° *Obligat.*, 1374 s. — S. *cod.* v°, 549 s.

Art. 1199. Tout acte qui interrompt la prescription à l'égard de l'un des créanciers solidaires, profite aux autres créanciers. — *Civ.* 710, 1206, 1212, 2249.

R. v° *Obligat.*, 1382 s. — S. *cod.* v°, 554.

§ 2. — De la solidarité de la part des débiteurs.

Art. 1200. Il y a solidarité de la part des débiteurs, lorsqu'ils sont obligés à une même chose, de manière que chacun puisse être contraint pour la totalité, et que le payement fait par un seul libère les autres envers le créancier. — *Civ.* 1197, 1219, 1222 s., 1280, 1284 s., 1294, 1301, 1365, 2002, 2249.

R. v° *Obligat.*, 1386 s. — S. *cod.* v°, 555. — T. (87-97), v° *Obligat. solidaire*, 14 s.

Art. 1201. L'obligation peut être solidaire quoique l'un des débiteurs soit obligé différemment de l'autre au payement de la même chose; par exemple, si l'un n'est obligé que conditionnellement, tandis que l'engagement de l'autre est pur et simple, ou si l'un a pris un terme qui n'est point accordé à l'autre. — *Civ.* 1168 s., 1185 s.

R. v° *Obligat.*, 1365 s., 1387.

Art. 1202. La solidarité ne se présume point; il faut qu'elle soit expressément stipulée.

Cette règle ne cesse que dans les cas où la solidarité a lieu de plein droit, en vertu d'une disposition de la loi. — *Civ.* 395 s., 1033 s., 1219, 1222 s., 1442, 1487, 1734, 1862, 1887, 1995, 2002, 2021, 2055, 2030; *Com.* 22 s., 28, 118, 120, 140, 142, 187; *Pén.* 55.

R. v° *Obligat.*, 1382 s., 1465 s.; *Responsab.*, 243 s. — S. v° *Obligat.*, 538 s., 587 s.; *Responsab.*, 320 s. — T. (87-97), v° *Obligat. solidaire*, 1 s. — V. aussi N. C. civ. ann., t. 3, art. 1202, n° 1 s.

Art. 1203. Le créancier d'une obligation contractée solidairement peut s'adresser à celui des débiteurs qu'il veut choisir, sans que celui-ci puisse lui opposer le bénéfice de division. — *Civ.* 1212, 1225, 2021 s.

Art. 1204. Les poursuites faites contre l'un des débiteurs n'empêchent pas le créancier d'en exercer de pareilles contre les autres. — *Civ.* 1198, 1209.

R. v° *Obligat.*, 1397 s — S. *cod.* v°, 562 s.

Art. 1205. Si la chose due a péri par la faute ou pendant la demeure de l'un ou de plusieurs des débiteurs solidaires, les autres codébiteurs ne sont point déchargés de l'obligation de payer le prix de la chose; mais ceux-ci ne sont point tenus des dommages et intérêts.

Le créancier peut seulement répéter les dommages et intérêts tant contre les débiteurs par la faute desquels la chose a péri, que contre ceux qui étaient en demeure. — *Civ.* 1138, 1146 s., 1182, 1232, 1302 s., 1383; *Pr.* 126, 128.

R. v° *Obligat.*, 1411 s. — S. *cod.* v°, 564.

Art. 1206. Les poursuites faites contre l'un des débiteurs solidaires interrompent la prescription à l'égard de tous. — *Civ.* 1197, 1199, 1212, 2242 s., 2249.

R. v° *Obligat.*, 1403 s.

Art. 1207. La demande d'intérêts formée contre l'un des débiteurs solidaires fait courir les intérêts à l'égard de tous. — *Civ.* 1153, 1201, 1206, 1905, 1907.

R. v° *Obligat.*, 1409 s. — S. *cod.* v°, 564.

Art. 1208. Le codébiteur solidaire poursuivi par le créancier peut opposer toutes les exceptions qui résultent de la nature de l'obligation, et toutes celles qui lui sont personnelles, ainsi que celles qui sont communes à tous les codébiteurs.

Il ne peut opposer les exceptions qui sont purement personnelles à quelques-uns des autres codébiteurs. — *Civ.* 1109, 1131 s., 1166, 1225 s., 1280 s., 1294, 1301, 1365, 2012, 2036; *Com.* 545.

R. v° *Obligat.*, 1414 s. — S. *cod.* v°, 565 s.

Art. 1209. Lorsque l'un des débiteurs devient héritier unique du créancier, ou lorsque le créancier devient l'unique héritier de l'un des débiteurs, la confusion n'éteint la créance solidaire que pour la part et portion du débiteur ou du créancier. — *Civ.* 724, 870, 873, 1294, 1300 s., 2035.

R. v° *Obligat.*, 1395, 2787 s. — S. *cod.* v°, 568, 1221 s.

Art. 1210. Le créancier qui consent à la division de la dette à l'égard de l'un des codébiteurs, conserve son action solidaire contre les autres, mais sous la déduction de la part du débiteur qu'il a déchargé de la solidarité. — *Civ.* 1211, 1224, 1285, 1863, 2025 s.

R. v° *Obligat.*, 1413 s. — S. *cod.* v°, 582.

Art. 1211. Le créancier qui reçoit divisément la part de l'un des débiteurs, sans réserver dans la quittance la solidarité ou ses droits en général, ne renonce à la solidarité qu'à l'égard de ce débiteur.

Le créancier n'est pas censé remettre la solidarité au débiteur lorsqu'il reçoit de lui une somme égale à la portion dont il est tenu, si la quittance ne porte pas que c'est *pour sa part*.

Il en est de même de la simple demande formée contre l'un des codébiteurs *pour sa part*, si celui-ci n'a pas acquiescé à la demande, ou s'il n'est pas intervenu un jugement de condamnation. — *Civ.* 1210, 1350, 1352.

R. v° *Obligat.*, 1445 s. — S. *cod.* v°, 582 s.

Art. 1212. Le créancier qui reçoit divisément et sans réserve la portion de l'un des codébiteurs dans les arrérages ou intérêts de la dette, ne perd la solidarité que pour les arrérages ou intérêts échus, et non pour ceux à échoir, ni pour le capital, à moins que le payement divisé n'ait été continué pendant dix ans consécutifs. — *Civ.* 584 s., 1211, 1350, 1352.

R. v° *Obligat.*, 1454 s. — S. *cod.* v°, 583.

Art. 1213. L'obligation contractée solidairement envers le créancier se divise de plein droit entre les débiteurs, qui n'en sont tenus entre eux que chacun pour sa part et portion. — *Civ.* 875, 1217 s., 1251-3°, 2249.

Art. 1214. Le codébiteur d'une dette solidaire, qui l'a payée en entier, ne peut répéter contre les autres que leur part et portion de chacun d'eux.

Si l'un d'eux se trouve insolvable, la perte qu'occasionne son insolvabilité, se répartit, par contribution, entre tous les autres codébiteurs solvables et celui qui a fait le payement. — *Civ.* 875 s., 885 s., 1213, 1215 s., 2026.

R. v° *Obligat.*, 1432 s. — S. *cod.* v°, 573 s.

Art. 1215. Dans le cas où le créancier a renoncé à l'action solidaire envers l'un des débiteurs, si l'un ou plusieurs des autres codébiteurs deviennent insolvables, la portion des insolvables sera contributoirement répartie entre tous les débiteurs, même entre ceux précédemment déchargés de la solidarité par le créancier. — *Civ.* 876, 2027.

R. v° *Obligat.*, 1446 s. — S. *cod.* v°, 583.

Art. 1216. Si l'affaire pour laquelle dette a été contractée solidairement ne concernait que l'un des coobligés solidaires, celui-ci serait tenu de toute la dette vis-vis des autres codébiteurs, qui ne seraient considérés par rapport à lui que comme cautions. — *Civ.* 1431 s., 2028 s., 2033.

R. v° *Obligat.*, 1442. — S. *cod.* v°, 575.

SECTION V.

Des obligations divisibles et indivisibles.

Art. 1217. L'obligation est divisible ou indivisible selon qu'elle a pour objet ou u chose qui dans sa livraison, ou un fait qui dans l'exécution, est ou n'est pas susceptible de division, soit matérielle, soit intellectuelle. — *Civ.* 700, 1213, 1220 s., 1668, 2083, 2090, 2114, 2249.

R. v° *Obligat.*, 1500 s. — S. *cod.* v°, 602 s. — T. (87-97), v° *Obligat. ou indivis.*, 1 s.

Art. 1218. L'obligation est indivisible quoique la chose ou le fait qui en est l'objet, soit divisible par sa nature, si le rapport sous lequel elle est considérée dans l'obligation ne la rend pas susceptible d'exécution partielle. — *Civ.* 1221-2°, 2083.

R. v° *Obligat.*, 1315 s. — S. *cod.* v°, 610 s.

Art. 1219. La solidarité stipulée donne point à l'obligation le caractère d'indivisibilité. — *Civ.* 1197 s.

§ 1. — Des effets de l'obligation divisible.

Art. 1220. L'obligation qui est susceptible de division, doit être exécutée entre créancier et le débiteur comme si elle était indivisible. La divisibilité n'a d'application qu'à l'égard de leurs héritiers, qui ne peuvent demander la dette ou qui ne sont tenus de la payer que pour les parts dont ils se saisis ou dont ils sont tenus comme représentant le créancier ou le débiteur. — *Civ.* 724, 870 s., 1009, 1012, 1033, 1122, 1221, 1233, 1244, 1668 s., 1939, 2083.

R. v° *Obligat.*, 1502 s., 1328 s. — S. *cod.* v°, 617 — T. (87-97), v° *Obligat. divis. ou indiv.*, 1 s. V. aussi N. C. civ. ann., t. 3, art. 1220, n° 1 s.

Art. 1221. Le principe établi dans l'article précédent reçoit exception à l'égard d héritiers du débiteur :

1° Dans le cas où la dette est hypothécaire;

2° Lorsqu'elle est d'un corps certain;

3° Lorsqu'il s'agit de la dette alternative de choses au choix du créancier, dont l'u est indivisible;

4° Lorsque l'un des héritiers est chargé seul par le titre, de l'exécution de l'obligation;

5° Lorsqu'il résulte, soit de la nature de l'engagement, soit de la chose qui en fa l'objet, soit de la fin qu'on s'est proposé dans le contrat, que l'intention des contractants a été que la dette ne pût s'acquitter partiellement.

Dans les trois premiers cas, l'héritier q possède la chose due ou le fonds hypothqué à la dette, peut être poursuivi pour tout sur la chose due ou sur le fonds hypthéqué, sauf le recours contre ses cohéritiers. Dans le quatrième cas, l'héritier se chargé de la dette, et dans le cinquième cas, chaque héritier, peut aussi être poursuivi pour le tout; sauf son recours contre ses cohéritiers. — *Civ.* 872 s., 1020, 1134 1156, 1175, 1189 s., 1218, 1222 s., 1233, 124 1302 s., 1939, 2083, 2103-3°, 2114.

R. v° *Obligat.*, 1533 s. — S. *cod.* v°, 615 s. — V. aussi N. C. civ. ann., t. 3, art. 1221, n° 1 s.

§ 2. — Des effets de l'obligation indivisible

Art. 1222. Chacun de ceux qui ont contracté conjointement une dette indivisible, en est tenu pour le total, encore qu

igation n'ait pas été contractée solidai-
ment. — *Civ.* 709, 1200 s., 1232, 1668,
, 2083, 2114, 2249.

rt. 1223. Il en est de même à l'égard
héritiers de celui qui a contracté une
ille obligation. — *Civ.* 721, 872 s., 1122,

rt. 1224. Chaque héritier du créan-
peut exiger en totalité l'exécution de
igation indivisible.
ne peut seul faire la remise de la tota-
de la dette ; il ne peut recevoir seul le
au lieu de la chose. Si l'un des héri-
a seul remis la dette ou reçu le prix
a chose, son cohéritier ne peut deman-
la chose indivisible qu'en tenant compte
a portion du cohéritier qui a fait la re-
ou qui a reçu le prix. — *Civ.* 1197 s.,
, 1210 s., 1282 s., 1669, 1939.

rt. 1225. L'héritier du débiteur, assi-
pour la totalité de l'obligation, peut
ander un délai pour mettre en cause ses
éritiers, à moins que la dette ne soit de
re à ne pouvoir être acquittée que par
itier assigné, qui peut alors être con-
né seul, sauf son recours en indemnité
re ses cohéritiers. — *Civ.* 870, 873,
s., 1232, 1670 ; *Pr.* 186. .

Vᵉ *Obligat.*, 1550 s. — S. *eod.* vᵗ, 629 s. -
7-97), Vᵉ *Obligat. divis. ou indivis.*, 1 s.

SECTION VI.

Des obligations avec clauses pénales.

rt. 1226. La clause pénale est celle
laquelle une personne, pour assurer
cution d'une convention, s'engage à
que chose en cas d'inexécution. — *Civ.*
, 1146 s., 1152, 1227 s., 2047.

Vᵉ *Obligat.*, 1385 s. — S. *eod.* vᵗ, 639 s. -
7-97), Vᵉ *Obligat. avec clause pénale*, 1 s.

rt. 1227. La nullité de l'obligation
cipale entraîne celle de la clause pénale.
a nullité de celle-ci n'entraîne point
e de l'obligation principale. — *Civ.* 1120,
s.

Vᵉ *Obligat.*, 1590 s. - S. *eod.* vᵗ, 647 s.

rt. 1228. Le créancier, au lieu de
ander la peine stipulée contre le débi-
qui est en demeure, peut poursuivre
cution de l'obligation principale. — *Civ.*
, 1141.

Vᵉ *Obligat.*, 1608 s. — S. *eod.* vᵗ, 633.

rt. 1229. La clause pénale est la com-
sation des dommages et intérêts que le
ncier souffre de l'inexécution de l'obli-
on principale.
ne peut demander en même temps le
cipal et la peine, à moins qu'elle n'ait
stipulée pour le simple retard. — *Civ.*
s., 1146 s., 1152, 1382, 1610, 2047.

Vᵉ *Obligat.*, 1611 s. — S. *eod.* vᵗ, 636 s.

rt. 1230. Soit que l'obligation primi-
contienne, soit qu'elle ne contienne pas
terme dans lequel elle doive être accom-
, la peine n'est encourue que lorsque
qui s'est obligé soit à livrer, soit à
ndre, soit à faire, est en demeure. —
Obligat. 1145 s., 1153, 1185 s.

Vᵉ *Obligat.*, 1613 s. - S. *eod.* vᵗ, 639 s.

rt. 1231. La peine peut être modifiée
le juge lorsque l'obligation principale a
exécutée en partie. — *Civ.* 1152, 1214.

Vᵉ *Obligat.*, 1619 s. – S. *eod.* vᵗ, 666 s.

rt. 1232. Lorsque l'obligation primi-
contractée avec une clause pénale est
e chose indivisible, la peine est encou-
par la contravention d'un seul des héri-
s du débiteur, et elle peut être deman-
, soit en totalité contre celui qui a fait
contravention, soit contre chacun des
éritiers pour leur part et portion, et hypo-
cairement pour le tout, sauf leur recours

contre celui qui a fait encourir la peine. —
Civ. 721, 870 s., 1205, 1222 s., 1382 s., 2114 s.
R. vᵉ *Obligat.*, 1625 s. -- S. *eod.* vᵗ, 671.

Art. 1233. Lorsque l'obligation primitive contractée sous une peine est divisible,
la peine n'est encourue que par celui des
héritiers du débiteur qui contrevient à cette
obligation, et pour la part seulement dont
il était tenu dans l'obligation principale, sans
qu'il y ait d'action contre ceux qui l'ont
exécutée.
Cette règle reçoit exception lorsque la
clause pénale ayant été ajoutée dans l'intention que le payement ne pût se faire partiellement, un cohéritier a empêché l'exécution
de l'obligation pour la totalité. En ce cas, la
peine entière peut être exigée contre lui, et
contre les autres cohéritiers pour leur portion seulement, sauf leur recours. — *Civ.*
1218, 1220 s., 1221-5°.

R. vᵉ *Obligat.*, 1629 s. — S. *eod.* vᵗ, 671.

CHAPITRE V.
De l'extinction des obligations.

Art. 1234. Les obligations s'éteignent :
Par le payement,
Par la novation,
Par la remise volontaire,
Par la compensation,
Par la confusion,
Par la perte de la chose,
Par la nullité ou la rescision,
Par l'effet de la condition résolutoire, qui
a été expliquée au chapitre précédent,
Et par la prescription, qui fera l'objet d'un
titre particulier. — *Civ.* 1183 s., 1235 s.,
1271 s., 1282 s., 1289 s., 1300 s. 2219 s.

R. vᵉ *Obligat.*, 1632 s. — S. *eod.* vᵗ, 672 s.

SECTION PREMIÈRE.
Du payement.

§ 1. — Du payement en général.

Art. 1235. Tout payement suppose une
dette : ce qui a été payé sans être dû, est
sujet à répétition.
La répétition n'est pas admise à l'égard
des obligations naturelles qui ont été volontairement acquittées. — *Civ.* 1131 s., 1183,
1186, 1214, 1340, 1376 s., 1488 s., 1569, 1705,
1967, 2030 ; *Com.* 515, 604, 608.

R. vᵉ *Obligat.*, 1046 s., 1641 s. — S. *eod.* vᵗ, 381 s.,
673 s. — T. (87-97), Vᵉ *Obligat. naturelle*, 1 s.; *Payement*, 1 s. — V. aussi N. C. civ. ann., t. 3, art. 1235,
nᵒˢ 1 s.

Art. 1236. Une obligation peut être acquittée par toute personne qui y est intéressée, telle qu'un coobligé ou une caution.
L'obligation peut même être acquittée par
un tiers qui n'y est point intéressé, pourvu
que ce tiers agisse au nom et en l'acquit du
débiteur, ou que, s'il agit en son nom
propre, il ne soit pas subrogé aux droits du
créancier. — *Civ.* 1119 s., 1165, 1214, 1237,
1249 s., 1372 s., 2014, 2028 ; *Com.* 158 s.

R. vᵉ *Obligat.*, 1650 s. — S. *eod.* vᵗ, 675 s. —
V. aussi N. C. civ. ann., t. 3, art. 1236, nᵒˢ 1 s.

Art. 1237. L'obligation de faire ne peut
être acquittée par un tiers contre le gré du
créancier, lorsque ce dernier a intérêt qu'elle
soit remplie par le débiteur lui-même. —
Civ. 1134, 1142 s., 1763 s., 1795.

R. vᵉ *Obligat.*, 1659 s. — S. *eod.* vᵗ, 677.

Art. 1238. Pour payer valablement, il
faut être propriétaire de la chose donnée en
payement, et capable de l'aliéner.
Néanmoins le payement d'une somme en
argent ou autre chose qui se consomme par
l'usage, ne peut être répété contre le créancier qui l'a consommée de bonne foi, quoique
le payement en ait été fait par celui qui
n'en était pas propriétaire ou qui n'était pas

capable de l'aliéner. — *Civ.* 587, 1123 s.,
1138, 1240, 1376 s., 1532, 1878, 1892, 2268, 2279.

R. vᵉ *Obligat.*, 1659 s. – S. *eod.* vᵗ, 684 s. —
T. (87-97), Vᵉ *Payement*, 1 s. — V. aussi N. C. civ.
ann., t. 3, art. 1238, nᵒˢ 1 s.

Art. 1239. Le payement doit être fait
au créancier, ou à quelqu'un ayant pouvoir
de lui, ou qui soit autorisé par justice ou
par la loi à recevoir pour lui.
Le payement fait à celui qui n'aurait pas
pouvoir de recevoir pour le créancier, est
valable, si celui-ci le ratifie, ou s'il en a
profité. — *Civ.* 389, 450, 509, 1121, 1240 s.,
1257 s., 1338, 1421 s., 1428, 1531, 1549, 1937,
1984 s.

R. vᵉ *Obligat.*, 1679 s. — S. *eod.* vᵗ, 691 s. —
V. aussi N. C. civ. ann., t. 3, art. 1239, nᵒˢ 1 s.

Art. 1240. Le payement fait de bonne
foi à celui qui est en possession de la créance,
est valable, encore que le possesseur en soit
par la suite évincé. — *Civ.* 1239, 1377 s.,
1626 s.

R. vᵉ *Obligat.*, 1733 s. — S. *eod.* vᵗ, 709 s.

Art. 1241. Le payement fait au créancier n'est point valable s'il était incapable de
le recevoir, à moins que le débiteur ne
prouve que la chose payée a tourné au profit
du créancier. — *Civ.* 225, 450, 482 s., 499,
509 s., 513, 1123 s., 1238, 1306, 1312, 1428,
1449, 1531, 1549, 1549.

R. vᵉ *Obligat.*, 1685 s. — S. *eod.* vᵗ, 693.

Art. 1242. Le payement fait par le débiteur à son créancier, au préjudice d'une
saisie ou d'une opposition, n'est pas valable
à l'égard des créanciers saisissants ou opposants : ceux-ci peuvent, selon leur droit, le
contraindre à payer de nouveau, sauf, en ce
cas seulement, son recours contre le créancier. — *Civ.* 1298, 1911, 2093 ; *Pr.* 577 s.

R. vᵉ *Obligat.*, 1691 s. – S. *eod.* vᵗ, 694.

Art. 1243. Le créancier ne peut être
contraint de recevoir une autre chose que
celle qui lui est due, quoique la valeur de
la chose offerte soit égale ou même plus
grande. — *Civ.* 1134, 1379, 1471, 1875, 1895,
1932, 2038 ; *Com.* 143.

R. vᵉ *Obligat.*, 1739 s. — S. *eod.* vᵗ, 712 s. —
T. (87-97), Vᵉ *Payement*, 9 s. — V. aussi N. C. civ.
ann., t. 3, art. 1243, nᵒˢ 1 s.

V. le décret du 1ᵉʳ juillet 1809 (R. vᵉ *Obligat.*, 1752), contenant la retenue qui se fait dans le commerce sous le
nom de passe de sacs, et le décret du 17 novembre 1852
(D. P. 52. 4. 211) qui réduit à 10 centimes par sac le prélèvement fait sous ce nom ; V. aussi l'art. 18 août 1810,
art. 2 (R. vᵉ *Monnaie*, p. 383) qui énonce que la monnaie de cuivre et de billon de fabrication française, ne
pourra être employée dans les payements si ce n'est de gré
à gré, que pour l'appoint de la pièce de cinq francs ; la
loi du 12 août 1870 (D. P. 70. 4. 76). relative au cours légal
des billets de la Banque de France.

Art. 1244. Le débiteur ne peut point
forcer le créancier à recevoir en partie le
payement d'une dette, même divisible.
Les juges peuvent néanmoins, en considération de la position du débiteur, et en
usant de ce pouvoir avec une grande réserve,
accorder des délais modérés pour le payement, et surseoir à l'exécution des poursuites, toutes choses demeurant en état. —
Civ. 1185 s., 1217 s., 1258-3°, 1900, 2212;
Pr. 122 s., 127; *Com.* 157, 187.

R. vᵉ *Obligat.*, 1762 s. — S. *eod.* vᵗ, 723 s. —
V. aussi N. C. civ. ann., t. 3, art. 1244, nᵒˢ 1 s.

Art. 1245. Le débiteur d'un corps certain et déterminé est libéré par la remise de
la chose en l'état où elle se trouve lors de
la livraison, pourvu que les détériorations
qui y sont survenues ne viennent point de
son fait ou de sa faute, ni de celle des personnes dont il est responsable, ou qu'avant
ces détériorations il ne fût pas en demeure.
— *Civ.* 1018, 1136 s., 1148, 1247, 1264, 1302 s.,
1379, 1382 s., 1614, 1933.

R. vᵉ *Obligat.*, 1760.

Art. 1246. Si la dette est d'une chose
qui ne soit déterminée que par son espèce,
le débiteur ne sera pas tenu, pour être libéré;

8

de la donner de la meilleure espèce; mais il ne pourra l'offrir de la plus mauvaise. — *Civ.* 1022, 1134.

R. v° *Obligat.*, 1761.

Art. 1247. Le payement doit être exécuté dans le lieu désigné par la convention. Si le lieu n'y est pas désigné, le payement, lorsqu'il s'agit d'un corps certain et déterminé, doit être fait dans le lieu où était, au temps de l'obligation, la chose qui en fait l'objet.

Hors ces deux cas, le payement doit être fait au domicile du débiteur. — *Civ.* 102, 1134, 1258-6°, 1264, 1296, 1609, 1651, 1742, 1942 s.; *Pr.* 59, 420; *Com.* 110.

R. v° *Obligat.*, 1779 s., 1805 s. — S. *eod.* v°, 732 s., 739 s. — T. (87-97), v° *Payement*, 11 s. — V. aussi N. C. civ. ann., t. 3, art. 1247, n° 1 s.

Art. 1248. Les frais du payement sont à la charge du débiteur. — *Civ.* 1260, 1593, 1608, 1912.

R. v° *Obligat.*, 1804 s. — S. *eod.* v°, 736 s.

§ 2. - - Du payement avec subrogation.

Art. 1249. La subrogation dans les droits du créancier au profit d'une tierce personne qui le paye, est ou conventionnelle ou légale. — *Civ.* 874 s., 1236, 1250 s., 1689 s., 2029, 2037; *Pr.* 769; *Com.* 159, 187.

R. v° *Obligat.*, 1813 s. — S. *eod.* v°, 744 s. — T. (87-97), v° *Subrogation*, 1 s.

Art. 1250. Cette subrogation est conventionnelle :

1° Lorsque le créancier recevant son payement d'une tierce personne la subroge dans ses droits, actions, privilèges ou hypothèques contre le débiteur : cette subrogation doit être expresse et faite en même temps que le payement;

2° Lorsque le débiteur emprunte une somme à l'effet de payer sa dette, et de subroger le prêteur dans les droits du créancier. Il faut, pour que cette subrogation soit valable, que l'acte d'emprunt et la quittance soient passés devant notaires; que dans l'acte d'emprunt il soit déclaré que la somme a été empruntée pour faire le payement, et que dans la quittance il soit déclaré que le payement a été fait des deniers fournis à cet effet par le nouveau créancier. Cette subrogation s'opère sans le concours de la volonté du créancier. — *Civ.* 874, 1236 s., 1251 s., 1256, 1690 s., 2103-2°-5°, 2112.

R. v° *Obligat.*, 1838 s. — S. *eod.* v°, 746 s. — T. (87-97), v° *Subrogat.*, 1 s. — V. aussi N. C. civ. ann., t. 3, art. 1250, n° 1 s.

Art. 1251. La subrogation a lieu de plein droit :

1° Au profit de celui qui, étant lui-même créancier, paye un autre créancier qui lui est préférable à raison de ses privilèges ou hypothèques;

2° Au profit de l'acquéreur d'un immeuble, qui emploie le prix de son acquisition au payement des créanciers auxquels cet héritage était hypothéqué;

3° Au profit de celui qui, étant tenu avec d'autres ou par d'autres au payement de la dette, avait intérêt de l'acquitter;

4° Au profit de l'héritier bénéficiaire qui a payé de ses deniers les dettes de la succession. — *Civ.* 611, 802 s., 873 s., 1200, 1214 s., 1419, 1424, 1431 s., 1437, 1470, 1493, 1852, 2028 s., 2095, 2114, 2134, 2166, 2178, 2191; *Pr.* 996; *Com.* 91, 159, 167, 187, 313.

R. v° *Obligat.*, 1900 s. — S. *eod.* v°, 773 s. — T. (87-97), v° *Subrogat.*, 16 s. — V. aussi N. C. civ. ann., t. 3, art. 1251, n° 1 s.

Art. 1252. La subrogation établie par les articles précédents a lieu tant contre les cautions que contre les débiteurs : elle ne peut nuire au créancier lorsqu'il n'a été payé qu'en partie; en ce cas, il peut exercer ses droits, pour ce qui lui reste dû, par préfé-

rence à celui dont il n'a reçu qu'un payement partiel. — *Civ.* 2011 s.

R. v° *Obligat.*, 1983 s. — S. *eod.* v°, 827 s. — T. (87-97), v° *Subrogat.*, 38 s. — V. aussi N. C. civ. ann., t. 3, art. 1252, n° 1 s.

§ 3. — De l'imputation des payements.

Art. 1253. Le débiteur de plusieurs dettes a le droit de déclarer, lorsqu'il paye, quelle dette il entend acquitter. — *Civ.* 1254 s., 1848 s., 1906, 2081, 2085.

Art. 1254. Le débiteur d'une dette qui porte intérêt ou produit des arrérages, ne peut point, sans le consentement du créancier, imputer le payement qu'il fait sur le capital par préférence aux arrérages ou intérêts : le payement fait sur le capital et intérêts, mais qui n'est point intégral, s'impute d'abord sur les intérêts. — *Civ.* 1134, 1905 s., 2081, 2085.

Art. 1255. Lorsque le débiteur de diverses dettes a accepté une quittance par laquelle le créancier a imputé ce qu'il a reçu sur l'une de ces dettes spécialement, le débiteur ne peut plus demander l'imputation sur une dette différente, à moins qu'il n'y ait eu dol ou surprise de la part du créancier. — *Civ.* 1109 s., 1116 s.

Art. 1256. Lorsque la quittance ne porte aucune imputation, le payement doit être imputé sur la dette que le débiteur avait pour lors le plus d'intérêt d'acquitter entre celles qui sont pareillement échues; sinon, sur la dette échue, quoique moins onéreuse que celles qui ne le sont point.

Si les dettes sont d'égale nature, l'imputation se fait sur la plus ancienne : toutes choses égales, elle se fait proportionnellement. — *Civ.* 1297, 1848.

R. v° *Obligat.*, 2005 s. — S. *eod.* v°, 844 s. — T. (87-97), v° *Imputation*, 1 s. — V. aussi N. C. civ. ann., t. 3, art. 1253-1256.

§ 4. — Des offres de payement, et de la consignation.

Art. 1257. Lorsque le créancier refuse de recevoir son payement, le débiteur peut lui faire des offres réelles, et, au refus du créancier de les accepter, consigner la somme ou la chose offerte.

Les offres réelles suivies d'une consignation libèrent le débiteur; elles tiennent lieu à son égard de payement, lorsqu'elles sont valablement faites, et la chose ainsi consignée demeure aux risques du créancier. — *Civ.* 1258 s., 1961, 2186; *Pr.* 494, 542, 590, 657, 812 s.; *Com.* 146, 161, 209, 489, 566.

R. v° *Obligat.*, 2047 s. — S. *eod.* v°, 870 s. — T. (87-97), v° *Offres réelles*, 1 s. — V. aussi N. C. civ. ann., t. 3, art. 1257, n° 1 s.

Art. 1258. Pour que les offres réelles soient valables, il faut :

1° Qu'elles soient faites au créancier ayant la capacité de recevoir, ou à celui qui a pouvoir de recevoir pour lui;

2° Qu'elles soient faites par une personne capable de payer;

3° Qu'elles soient de la totalité de la somme exigible, des arrérages ou intérêts dus, des frais liquidés, et d'une somme pour les frais non liquidés, sauf à la parfaire;

4° Que le terme soit échu, s'il a été stipulé en faveur du créancier;

5° Que la condition sous laquelle la dette a été contractée soit arrivée;

6° Que les offres soient faites au lieu dont on est convenu pour le payement, et que, s'il n'y a pas de convention spéciale sur le lieu du payement, elles soient faites ou à la personne du créancier, ou à son domicile, ou au domicile élu pour l'exécution de la convention;

7° Que les offres soient faites par un officier ministériel ayant caractère pour ces sortes d'actes. — *Civ* 102 s., 111, 1134,

1168 s., 1181, 1186 s., 1220 s., 1235 s., 1243, 1247, 1261, 1606 s., 1609; *Pr.* 352, 812 s.

R. v° *Obligat.*, 2072 s. — S. *eod.* v°, 881 s. — T. (87-97), v° *Offres réelles*, 7 s. — V. aussi N. C. civ. ann., t. 3, art. 1258, n° 1 s.

Art. 1259. Il n'est pas nécessaire, pour la validité de la consignation, qu'elle ait été autorisée par le juge; il suffit :

1° Qu'elle ait été précédée d'une sommation signifiée au créancier, et contenant l'indication du jour, de l'heure et du lieu où la chose offerte sera déposée;

2° Que le débiteur se soit dessaisi de la chose offerte, en la remettant dans le dépôt indiqué par la loi pour recevoir les consignations, avec les intérêts jusqu'au jour du dépôt;

3° Qu'il y ait eu procès-verbal dressé par l'officier ministériel, de la nature des espèces offertes, du refus qu'a fait le créancier de les recevoir, ou de sa non-comparution au dépôt;

4° Qu'en cas de non-comparution de la part du créancier, le procès-verbal du dépôt lui ait été signifié avec sommation de retirer la chose déposée. — *Pr.* 812 s., 816.

R. v° *Obligat.*, 2101 s. — S. *eod.* v°, 927 s. — V. aussi N. C. civ. ann., t. 3, art. 1259, n° 1 s.

Art. 1260. Les frais des offres réelles et de la consignation sont à la charge du créancier, si elles sont valables. — *Civ.* 1248; *Pr.* 130 s., 525.

R. v° *Obligat.*, 2149 s., 2252 s. — S. *eod.* v°, 914.

Art. 1261. Tant que la consignation n'a point été acceptée par le créancier, le débiteur peut la retirer; et s'il la retire, ses codébiteurs ou ses cautions ne sont point libérés. — *Civ.* 1121, 1200, 1211 s., 1262 s., 2011, 2034 s.

R. v° *Obligat.*, 2237 s. — S. *eod.* v°, 933 s.

Art. 1262. Lorsque le débiteur a lui-même obtenu un jugement passé en force de chose jugée, qui a déclaré ses offres et sa consignation bonnes et valables, il ne peut plus, même du consentement du créancier, retirer sa consignation au préjudice de ses codébiteurs ou de ses cautions. — *Civ.* 1200 s., 1351, 2034, 2036.

R. v° *Obligat.*, 2246 s. — S. *eod.* v°, 938 s.

Art. 1263. Le créancier qui a consenti que le débiteur retirât sa consignation après qu'elle a été déclarée valable par un jugement qui a acquis force de chose jugée, ne peut plus, pour le payement de sa créance, exercer les privilèges ou hypothèques qui y étaient attachés : il n'a plus d'hypothèque que du jour où l'acte par lequel la consignation fût retirée aura été revêtu des formes requises pour emporter l'hypothèque. — *Civ.* 1271 s., 1278, 1351, 2127 s., 2134.

R. v° *Obligat.*, 2248 s. — S. *eod.* v°, 939.

Art. 1264. Si la chose due est un corps certain qui doit être livré au lieu où il se trouve, le débiteur doit faire sommation au créancier de l'enlever, par acte notifié à sa personne ou à son domicile, ou au domicile élu pour l'exécution de la convention. Cette sommation faite, si le créancier n'enlève pas la chose, et que le débiteur ait besoin du lieu dans lequel elle est placée, celui-ci pourra obtenir de la justice la permission de la mettre en dépôt dans quelque autre lieu. — *Civ.* 1147, 1258, 1609, 1961 s.

R. v° *Obligat.*, 2258 s. — S. *eod.* v°, 940.

§ 5. — De la cession de biens.

Art. 1265. La cession de biens est l'abandon qu'un débiteur fait de tous ses biens à ses créanciers, lorsqu'il se trouve hors d'état de payer ses dettes. — *Civ.* 631, 634, 1166, 1206 s., 1945 s.; *Pr.* 800-3°, 898 s., 905; *Com.* 541.

Art. 1266. La cession de biens est volontaire ou judiciaire.

rt. 1267. La cession de biens volon-
e est celle que les créanciers acceptent
niairement, et qui n'a d'effet que celui
iltant des stipulations mêmes du contrat
sé entre eux et le débiteur. — *Civ.* 1131;
t. 507 s.

rt. 1268. La cession judiciaire est un
fice que la loi accorde au débiteur mal-
eux et de bonne foi, auquel il est per-
, pour avoir la liberté de sa personne,
faire en justice l'abandon de tous ses
s à ses créanciers, nonobstant toute sti-
ation contraire. — *Civ.* 6. 1133, 1945,
, s., 2268; *Pr.* 898 s., 905; *Com.* 541.
*contrainte par corps en matière civile, commerciale
ntre les étrangers, a été supprimée par la loi du
llet 1867 (D. F. 67. 4. 75).*

rt. 1269. La cession judiciaire ne con-
point la propriété aux créanciers; elle
donne seulement le droit de faire vendre
bies à leur profit, et d'en percevoir les
nus jusqu'à la vente. — *Civ.* 2092 s.;
617 s., 689, 904, 915, 953 s., 989 s.

rt. 1270. Les créanciers ne peuvent
ser la cession judiciaire, si ce n'est dans
as exceptés par la loi.
le opère la décharge de la contrainte par
s.
surplus, elle ne libère le débiteur que
ju'à concurrence de la valeur des biens
donnés; et dans le cas où ils auraient
nsuffisants, s'il lui en survient d'autres,
t obligé de les abandonner jusqu'au par-
payement. — *Civ.* 1945, 2059; *Pr.* 800-3°,
Com. 537 s., 541.
v° *Obligat.*, 2268 s. — S. cod. v°, 941 s.

SECTION II.
De la novation.

rt. 1271. La novation s'opère de trois
ières
Lorsque le débiteur contracte envers
créancier une nouvelle dette qui est
tituée à l'ancienne, laquelle est éteinte;
Lorsqu'un nouveau débiteur est substi-
à l'ancien qui est déchargé par le créan-

Lorsque, par l'effet d'un nouvel enga-
ent, un nouveau créancier est substitué
ncien, envers lequel le débiteur se trouve
argé. — *Civ.* 879, 1250, 1263, 1272 s.,
, 1281, 1372 s., 1689 s.
v° *Obligat.*, 2358 s., 2394 s. — S. cod. v°, 951 s.
—T. (87-97), v° *Novation*, 1 s. — V. aussi
civ. ann., t. 3, art. 1271, n° 1 s.

rt. 1272. La novation ne peut s'opé-
ju'entre personnes capables de contrac-
— *Civ.* 1123 s.
v° *Obligat.*, 2382 s. — S. cod. v°, 960 s.

rt. 1273. La novation ne se présume
; il faut que la volonté de l'opérer ré-
clairement de l'acte. — *Civ.* 1134, 1277.
v° *Obligat.*, 2390 s., 2432 s., 2500 s. — S. cod. v°,
1012 s., 1041 s.

rt. 1274. La novation par la substitu-
d'un nouveau débiteur, peut s'opérer
le concours du premier débiteur. —
1121, 1236, 1279 s.
v° *Obligat.*, 2247 s. — S. cod. v°, 1011 s.

rt. 1275. La délégation par laquelle
débiteur donne au créancier un autre
teur qui s'oblige envers le créancier,
ère point de novation, si le créancier
expressément déclaré qu'il entendait dé-
ger son débiteur qui a fait la délégation.
iv. 1250, 1690, 2112, 2212.
v° *Obligat.*, 2467 s. — S. cod. v°, 1024 s. —
ssi N. C. civ. ann., t. 3, art. 1275, n° 1 s.

rt. 1276. Le créancier qui a déchargé
biteur par qui a été faite la délégation,
point de recours contre ce débiteur, si
élégué devient insolvable, à moins que
e n'en contienne une réserve expresse,
ue le délégué ne fût déjà en faillite ou-

verte, ou tombé en déconfiture au moment
de la délégation. — *Civ.* 1446, 1613, 1693 s.,
1865, 2003, 2032; *Com.* 437, 446.
R. v° *Obligat.*, 2526 s. — S. cod. v°, 1055 s.

Art. 1277. La simple indication faite,
par le débiteur, d'une personne qui doit
payer à sa place, n'opère point novation.
Il en est de même de la simple indication
faite, par le créancier, d'une personne qui
doit recevoir pour lui. — *Civ.* 1236, 1250,
1689 s., 2112.
R. v° *Obligat.*, 2496 s. — S. cod. v°, 1038 s.

Art. 1278. Les privilèges et hypothèques
de l'ancienne créance ne passent point à
celle qui lui est substituée, à moins que le
créancier ne les' ait expressément réservés.
— *Civ.* 1131, 1279, 1299, 2095, 2114.
R. v° *Obligat.*, 2508 s. — S. cod. v°, 1044 s.

Art. 1279. Lorsque la novation s'opère
par la substitution d'un nouveau débiteur,
les privilèges et hypothèques primitifs de la
créance ne peuvent point passer sur les biens
du nouveau débiteur. — *Civ.* 1278, 1280 s.,
2095, 2114.
R. v° *Obligat.*, 2522 s. — S. cod. v°, 1033 s.

Art. 1280. Lorsque la novation s'opère
entre le créancier et l'un des débiteurs solidaires, les privilèges et hypothèques de l'ancienne créance ne peuvent être réservés que
sur les biens de celui qui contracte la nouvelle dette. — *Civ.* 1200, 1208 s., 1278 s.
R. v° *Obligat.*, 2518 s. — S. cod. v°, 1049 s.

Art. 1281. Par la novation faite entre
le créancier et l'un des débiteurs solidaires,
les codébiteurs sont libérés.
La novation opérée à l'égard du débiteur
principal libère les cautions.
Néanmoins, si le créancier a exigé, dans
le premier cas, l'accession des codébiteurs,
ou, dans le second, celle des cautions, l'ancienne créance subsiste, si les codébiteurs
ou les cautions refusent d'accéder au nouvel
arrangement. — *Civ.* 1200 s., 1280, 1284,
2034, 2037.
R. v° *Obligat.*, 2389, 2508, 2518 s. — S. cod. v°,
1049 s.

SECTION III
De la remise de la dette.

Art. 1282. La remise volontaire du titre
original sous signature privée, par le créan-
cier au débiteur, fait preuve de la libération.
— *Civ.* 1134, 1138, 1317 s., 1322 s., 1350, 1352.
R. v° *Obligat.*, 2543 s. — S. cod. v°, 1064 s. —
T. (87-97), v° *Remise de dette.* 1. s. — V. aussi
N. C. civ. ann., t. 3, art. 1282, n° 1 s.

Art. 1283. La remise volontaire de la
grosse du titre fait présumer la remise de la
dette ou le payement, sans préjudice de la
preuve contraire. — *Civ.* 1282, 1315, 1334,
1350, 1352; *Pr.* 834.
R. v° *Obligat.*, 2581 s. — S. cod. v°, 1092 s. —
T. (87-97), v° *Remise de dette*, 1 s.

Art. 1284. La remise du titre original
sous signature privée, ou de la grosse du
titre, à l'un des débiteurs solidaires, a le
même effet au profit de ses codébiteurs. —
Civ. 1208, 1282 s.

Art. 1285. La remise conventionnelle au profit de l'un des codébiteurs
solidaires, libère tous les autres, à moins
que le créancier n'ait expressément réservé
ses droits contre ces derniers.
Dans ce dernier cas, il ne peut plus répéter la dette que déduction faite de la part
de celui auquel il a fait la remise. — *Civ.*
1208, 1210, 1213, 1294, 1301, 1365.

Art. 1286. La remise de la chose donnée en nantissement ne suffit point pour
faire présumer la remise de la dette. — *Civ.*
2071 s., 2076.

Art. 1287. La remise ou décharge conventionnelle accordée au débiteur principal
libère les cautions;

Celle accordée à la caution ne libère pas
le débiteur principal;
Celle accordée à l'une des cautions ne
libère pas les autres. — *Civ.* 1288, 1294,
1365, 2025, 2033, 2083; *Com.* 515.

Art. 1288. Ce que le créancier a reçu
d'une caution pour la décharge de son cautionnement, doit être imputé sur la dette,
et tourner à la décharge du débiteur principal et des autres cautions. — *Civ.* 1236, 1287.
R. v° *Obligat.*, 2397 s. — S. cod. v°, 1102 s.

SECTION IV.
De la compensation.

Art. 1289. Lorsque deux personnes se
trouvent débitrices l'une envers l'autre, il
s'opère entre elles une compensation qui
éteint les deux dettes, de la manière et dans
les cas ci-après exprimés. — *Civ.* 1023, 1290 s.,
1623, 1765, 1769, 1850, 1885, 2089; *Pr.* 131,
464.
R. v° *Obligat.*, 2612 s., 2670 s. · S. cod. v°, 1110 s.,
1110 s. — T. (87-97), v° *Compensation.* 1 s. —
V. aussi N. C. civ. ann., t. 3, art. 1289, n° 1 s.

Art. 1290. La compensation s'opère de
plein droit par la seule force de la loi,
même à l'insu des débiteurs; les deux dettes
s'éteignent réciproquement, à l'instant où
elles se trouvent exister à la fois, jusqu'à
concurrence de leurs quotités respectives.
— *Civ.* 1220; *Pr.* 464.
R. v° *Obligat.*, 2736 s. — S. cod. v°, 1170 s.

Art. 1291. La compensation n'a lieu
qu'entre deux dettes qui ont également pour
objet une somme d'argent, ou une certaine
espèce de choses fongibles de la même
espèce et qui sont également liquides et exigibles.
Les prestations en grains ou denrées, non
contestées, et dont le prix est réglé par les
mercuriales, peuvent se compenser avec des
sommes liquides et exigibles. — *Civ.* 587.
R. v° *Obligat.*, 2616 s. — S. cod v°, 1111 s. —
T. (87-97), v° *Compensation*, 1 s. — V. aussi N. C.
civ. ann., t. 3, art. 1291, n° 1 s.

Art. 1292. Le terme de grâce n'est
point un obstacle à la compensation. — *Civ.*
1244, 1900, 2212; *Pr.* 122.
R. v° *Obligat.*, 2665.

Art. 1293. La compensation a lieu,
quelles que soient les causes de l'une ou
l'autre des dettes, excepté dans le cas :
1° De la demande en restitution d'une
chose dont le propriétaire a été injustement
dépouillé;
2° De la demande en restitution d'un dépôt et du prêt à usage;
3° D'une dette qui a pour cause des aliments déclarés insaisissables. - - *Civ.* 1871 s.,
1885, 1915 s., 1932, 2233; *Pr.* 581 s.
R. v° *Obligat.*, 2718 s., 2772 s. — S. cod. v°, 1171 s.,
1200 s. — V. aussi N. C. civ. ann., t. 3, art. 1293,
n° 1 s.

Art. 1294. La caution peut opposer la
compensation de ce que le créancier doit au
débiteur principal;
Mais le débiteur principal ne peut opposer la compensation de ce que le créancier
doit à la caution.
Le débiteur solidaire ne peut pareillement
opposer la compensation de ce que le créancier doit à son codébiteur. — *Civ.* 1200 s.,
1208, 1285, 1287, 1301, 2021, 2036.
R. v° *Obligat.*, 2686 s. — S. cod. v°, 1155 s.

Art. 1295. Le débiteur qui a accepté
purement et simplement la cession qu'un
créancier a faite de ses droits à un tiers,
ne peut plus opposer au cessionnaire la compensation qu'il eût pu, avant l'acceptation,
opposer au cédant.
À l'égard de la cession qui n'a point été
acceptée par le débiteur, mais qui lui a été
signifiée, elle n'empêche que la compensa-

tion des créances postérieures à cette notification. — *Civ.* 1275 s., **1289, 1689 s.**

R. v° *Obligat.*, 2695 s. — S. *eod.* v°, 1163 s.

Art. 1296. Lorsque les deux dettes ne sont pas payables au même lieu, on n'en peut opposer la compensation qu'en faisant raison des frais de la remise. — *Civ.* 1247 s.

R. v° *Obligat.*, 2635. — S. *eod.* v°, 1117.

Art. 1297. Lorsqu'il y a plusieurs dettes compensables dues par la même personne, on suit, pour la compensation, les règles établies pour l'imputation par l'article 1256

R. v° *Obligat.*, 2770 s. — S. *eod.* v°, 1109.

Art. 1298. La compensation n'a pas lieu au préjudice des droits acquis à un tiers. Ainsi celui qui, étant débiteur, est devenu créancier depuis la saisie-arrêt faite par un tiers entre ses mains, ne peut, au préjudice du saisissant, opposer la compensation. — *Civ.* 1242; *Pr.* 557 s.

R. v° *Obligat.*, 2757 s. — S. *eod.* v°, 1189 s. — V. aussi N. C. civ. ann., t. 3, art. 1298, n°° 1 s.

Art. 1299. Celui qui a payé une dette qui était, de droit, éteinte par la compensation, ne peut plus, en exerçant la créance dont il n'a point opposé la compensation, se prévaloir, au préjudice des tiers, des privilèges ou hypothèques qui y étaient attachés, à moins qu'il n'ait eu une juste cause d'ignorer la créance qui devait compenser sa dette. — *Civ.* 1271, 1278, 1290, 2095 s., 2114 s., 2180-1°.

R. v° *Obligat.*, 2753 s. — S. *eod.* v°, 1186 s.

SECTION V.
De la confusion.

Art. 1300. Lorsque les qualités de créancier et de débiteur se réunissent dans la même personne, il se fait une confusion de droit qui éteint les deux créances. — *Civ.* 617, 625, 705, 1209, 1301, 1946, 2035.

Art. 1301. La confusion qui s'opère dans la personne du débiteur principal, profite à ses cautions;

Celle qui s'opère dans la personne de la caution, n'entraîne point l'extinction de l'obligation principale;

Celle qui s'opère dans la personne du créancier, ne profite à ses codébiteurs solidaires que pour la portion dont il était débiteur. — *Civ.* 802, 878, 1200, 1208 s., 1220, 1285, 1287, 1294, 2035 s.

R. v° *Obligat.*, 2787 s. — S. *eod.* v°, 1221 s.

SECTION VI.
De la perte de la chose due.

Art. 1302. Lorsque le corps certain et déterminé qui était l'objet de l'obligation, vient à périr, est mis hors du commerce, ou se perd de manière qu'on en ignore absolument l'existence, l'obligation est éteinte si la chose a péri ou a été perdue sans la faute du débiteur et avant qu'il fût en demeure.

Lors même que le débiteur est en demeure, et s'il ne s'est pas chargé des cas fortuits, l'obligation est éteinte dans le cas où la chose fût également périe chez le créancier si elle lui eût été livrée.

Le débiteur est tenu de prouver le cas fortuit qu'il allègue.

De quelque manière que la chose volée ait péri ou ait été perdue, sa perte ne dispense pas celui qui l'a soustraite, de la restitution du prix. — *Civ.* 617, 623 s., 703, 855, 1042, 1136 s., 1148 s., 1193 s., 1245, 1303, 1382 s., 1601, 1733, 1741, 1788, 1808, 1810, 1882, 2279 s.; *Com.* 258, 298 s., 324 s.; *Pén.* 379.

R. v° *Obligat.*, 2822 s. — S. *eod.* v°, 1239 s. — V. aussi N. C. civ. ann., t. 3, art. 1302, n°° 1 s.

Art. 1303. Lorsque la chose est périe, mise hors du commerce ou perdue, sans la faute du débiteur, il est tenu, s'il y a quelques droits ou actions en indemnité par rapport

à cette chose, de les céder à son créancier. — *Civ.* 1302, 1382, 1934; *Com.* 575.

R. v° *Obligat.*, 2837 s. — S. *eod.* v°, 1255 s.

SECTION VII.
De l'action en nullité ou en rescision des conventions.

Art. 1304. Dans tous les cas où l'action en nullité ou en rescision d'une convention n'est pas limitée à un moindre temps par une loi particulière, cette action dure dix ans.

Ce temps ne court, dans le cas de violence, que du jour où elle a cessé; dans le cas d'erreur ou de dol, du jour où ils ont été découverts; et pour les actes passés par les femmes mariées non autorisées, du jour de la dissolution du mariage.

Le temps ne court, à l'égard des actes faits par les interdits, que du jour où l'interdiction est levée; et à l'égard de ceux faits par les mineurs, que du jour de la majorité. — *Civ.* 181, 183, 185, 388 s., 488 s., 499, 512 s., 1108 s., 1124 s., 1305 s., 1338 s., 1663, 1676, 2219 s., 2265 s., 2271 s.; *Pr.* 480 s.

R. v°° *Nullité*, 2 s.; *Obligat.*, 2848 s., 2927 s. — S. v° *Obligat.*, 1260 s., 1313 s. — T. (87-97), v° *Nullité*, 1 s. — V. aussi N. C. civ. ann., t. 3, art. 1304, n°° 1 s.

Art. 1305. La simple lésion donne lieu à la rescision en faveur du mineur non émancipé, contre toutes sortes de conventions; et en faveur du mineur émancipé, contre toutes conventions qui excèdent les bornes de sa capacité, ainsi qu'elle est déterminée au titre *De la minorité, de la tutelle et de l'émancipation.* — *Civ.* 450, 457 s., 481 s., 487, 783, 840, 912, 1074, 1118, 1125, 1306 s., 1674 s., 1684; *Pr.* 481, 484.

R. v° *Obligat.*, 2903 s. — S. *eod.* v°, 1296 s. — V. aussi N. C. civ. ann., t. 3, art. 1305, n°° 1 s.

Art. 1306. Le mineur n'est pas restituable pour cause de lésion, lorsqu'elle ne résulte que d'un événement casuel et imprévu. — *Civ.* 1148, 1169.

R. v° *Obligat.*, 2911 s. — S. *eod.* v°, 1302 s.

Art. 1307. La simple déclaration de majorité, faite par le mineur, ne fait point obstacle à sa restitution. — *Civ.* 488, 1310.

R. v° *Obligat.*, 2917 s. — S. *eod.* v°, 1306.

Art. 1308. Le mineur commerçant, banquier ou artisan, n'est point restituable contre les engagements qu'il a pris à raison de son commerce ou de son art. — *Civ.* 487; *Com.* 1, 2, 3, 6.

R. v° *Obligat.*, 2918 s. — S. *eod.* v°, 1308.

Art. 1309. Le mineur n'est point restituable contre les conventions portées en son contrat de mariage, lorsqu'elles ont été faites avec le consentement et l'assistance de ceux dont le consentement est requis pour la validité de son mariage. — *Civ.* 148 s., 160, 1095, 1398.

R. v° *Obligat.*, 2923 s. — S. *eod.* v°, 1309 s.

Art. 1310. Il n'est point restituable contre les obligations résultant de son délit ou quasi-délit. — *Civ.* 1382 s.; *Instr.* 340; *Pén.* 66 s.

R. v° *Obligat.*, 2933 s. — S. *eod.* v°, 1309 s.

Art. 1311. Il n'est plus recevable à revenir contre l'engagement qu'il avait souscrit en minorité, lorsqu'il l'a ratifié en majorité, soit que cet engagement fût nul en la forme, soit qu'il fût seulement sujet à restitution. — *Civ.* 1338.

R. v° *Obligat.*, 2966 s. — S. *eod.* v°, 1346 s.

Art. 1312. Lorsque les mineurs, les interdits ou les femmes mariées sont admis, en ces qualités, à se faire restituer contre leurs engagements, le remboursement de ce qui aurait été, en conséquence de ces engagements, payé pendant la minorité, l'interdiction ou le mariage, ne peut en être exigé,

à moins qu'il ne soit prouvé que ce qui a été payé a tourné à leur profit. — *Civ.* 1241, 1315 s., 1926, 1990; *Com.* 111.

R. v° *Obligat.*, 2970 s. — S. *eod.* v°, 1337 s. — V. aussi N. C. civ. ann., t. 3, art. 1312, n°° 1 s.

Art. 1313. Les majeurs ne sont restitués pour cause de lésion que dans les cas et sous les conditions spécialement exprimés dans le présent Code. — *Civ.* 783, 887, 1079, 1674.

Art. 1314. Lorsque les formalités requises à l'égard des mineurs ou des interdits, soit pour aliénation d'immeubles, soit dans un partage de succession, ont été remplies, ils sont, relativement à ces actes, considérés comme s'ils les avaient faits en majorité ou avant l'interdiction. — *Civ.* 450 s., 481 s., 509 s., 817 s., 840, 1095, 1309, 1398, 2052; *Pr.* 954 s., 966 s.

R. v° *Obligat.*, 2920.

CHAPITRE VI.
De la preuve des obligations, et de celle du payement.

Art. 1315. Celui qui réclame l'exécution d'une obligation doit la prouver.

Réciproquement, celui qui se prétend libéré, doit justifier le payement ou le fait qui a produit l'extinction de son obligation. — *Civ.* 1101, 1134, 1234, 1282 s., 1316 s., 1350 s., 1908.

R. v° *Preuve*, 116 s. — S. *eod.* v°, 1 s. — V. aussi N. C. civ. ann., t. 3, art. 1315, n°° 2 s.

Art. 1316. Les règles qui concernent la preuve littérale, la preuve testimoniale, les présomptions, l'aveu de la partie et le serment, sont expliquées dans les sections suivantes. — *Civ.* 45 s., 1282 s., 1317 s., 1341 s., 1349 s., 1354 s., 1357 s.

V. N. C. civ. ann., t. 3, art. 1316, n°° 2 s.

SECTION PREMIÈRE.
De la preuve littérale.

§ 1. — Du titre authentique.

Art. 1317. L'acte authentique est celui qui a été reçu par officiers publics ayant le droit d'instrumenter dans le lieu où l'acte a été rédigé, et avec les solennités requises. — *Civ.* 1318 s.; *Pr.* 54, 146, 545.

R. v° *Obligat.*, 2992 s. — S. *eod.* v°, 1382 s. — T. (87-97), v° *Preuve littérale*, 1 s. — V. aussi N. C. civ. ann., t. 3, art. 1317, n°° 1 s.

V. *infra*, Appendice, la loi du 25 ventôse an XI (16 mars 1803), contenant organisation du notariat, modifiée par les lois du 21 juin 1843 et du 12 août 1902. — *En ce qui concerne les dispositions de la loi du 25 ventôse an XI, qui se rattachent au droit civil et particulièrement aux actes notariés considérés comme actes authentiques, V. le commentaire, R. v° Notaire.* — et N. C. civ. ann., t. 3, Appendice à l'art. 1317.

Art. 1318. L'acte qui n'est point authentique par l'incompétence ou l'incapacité de l'officier, ou par un défaut de forme, vaut comme écriture privée, s'il a été signé des parties. — *Civ.* 1322 s., 1325 s.; *Pr.* 54, 841 s.

R. v° *Obligat.*, 3781 s. — S. *eod.* v°, 1540 s. — T. (87-97), v° *Preuve littérale*, 59 s. — V. aussi N. C. civ. ann., t. 3, art. 1318, n°° 1 s.

Art. 1319. L'acte authentique fait pleine foi de la convention qu'il renferme entre les parties contractantes et leurs héritiers ou ayants cause.

Néanmoins, en cas de plaintes en faux principal, l'exécution de l'acte argué de faux sera suspendue par la mise en accusation; et, en cas d'inscription de faux faite incidemment, les tribunaux pourront, suivant les circonstances, suspendre provisoirement l'exécution de l'acte. — *Civ.* 724, 1122, 1134, 1165, 1282 s., 1319 s.; *Pr.* 135, 214 s., 448; *Instr.* 448 s.; *Pén.* 145 s.

R. v° *Obligat.*, 3076 s., 3157 s. — S. *eod.* v°, 1570 s., 1397 s. — T. (87-97), v° *Preuve littérale*, 670 s. — V. aussi N. C. civ. ann., t. 3, art. 1319, n°° 1 s.

t. 1320. L'acte, soit authentique, sous seing privé, fait foi entre les parmême de ce qui n'y est exprimé qu'en es énonciatifs, pourvu que l'énonciation in rapport direct à la disposition. Les ciations étrangères à la disposition ne ent servir que d'un commencement de ve. — *Civ.* 1317, 1322, 1341, 1347.

Obligat., 3425 s. — S. *cod.* v*, 1387 s. — ssi N. C. civ. ann., t. 3, art. 1320, n** 1 s.

t. 1321. Les contre-lettres ne peuvent leur effet qu'entre les parties contrac- s : elles n'ont point d'effet contre les — *Civ.* 1165, 1394 s.

Obligat., 3175 s. — S. *cod.* v*, 1402 s. — -97), v* *Preuve littérale.* 28 s. — V. aussi civ. ann., t. 3, art. 1321, n** 1 s.

§ 2. — **De l'acte sous seing privé.**

t. 1322. L'acte sous seing privé, nu par celui auquel on l'oppose, ou ont tenu pour reconnu, a, entre ceux 'ont souscrit et entre leurs héritiers et s cause, la même foi que l'acte authen-, — *Civ.* 1122, 1134, 1282 s., 1317 s., 1582, 2123; *Pr.* 54, 194, 199; *Com.* 109.

Obligat., 3810 s. — S. *cod.* v*, 1571. s. — -97), v* *Preuve littérale*, 66 s. — V. aussi civ. ann., t. 3, art. 1322, n** 1 s.

t. 1323. Celui auquel on oppose un sous seing privé, est obligé d'avouer ou esavouer formellement son écriture ou gnature.

s héritiers ou ayants cause peuvent se nter de déclarer qu'ils ne connaissent l'écriture ou la signature de leur ar. — *Civ.* 721, 1122, 1324; *Pr.* 193 s.

t. 1324. Dans le cas où la partie 'oue son écriture ou sa signature, et le cas où ses héritiers ou ayants cause rent ne la point connaître, la vérifica-en est ordonnée en justice. — *Pr.* 49-7°, 193 s., 200+2°, 214.

Obligat., 3859 s.; *Vérific. d'écrit.*, 7 s. — *Obligat.*, 1588 s.; *Vérific. d'écrit.*, 5 s. — -97), v* *Vérific. d'écrit.*, 1 s.

t. 1325. Les actes sous seing privé contiennent des conventions synallag- ques, ne sont valables qu'autant qu'ils té faits en autant d'originaux qu'il y a arties ayant un intérêt distinct.

suffit d'un original pour toutes les per- es ayant le même intérêt.

aque original doit contenir la mention ombre des originaux qui en ont été

 anmoins le défaut de mention que les naux ont été faits doubles, triples, etc., eut être opposé par celui qui a exécuté à part la convention portée dans l'acte. iv. 1102, 1184, 1318, 1320, 1338, 1347; , 39, 109, 282.

v* *Obligat.*, 3859 s. — S. *cod.* v*, 1645 s. — -7-97), v* *Preuve littérale*, 87 s. — V. aussi civ. ann., t. 3, art. 1325, n** 1 s.

rt. 1326. Le billet ou la promesse seing privé par lequel une seule partie gage envers l'autre à lui payer une ne d'argent ou une chose appréciable. être écrit en entier de la main de celui le souscrit; ou du moins il faut qu'outre gnature, il ait écrit de sa main un *bon* n *approuvé*, portant en toutes lettres mme ou la quantité de la chose.

cepté dans le cas où l'acte émane de chands, artisans, laboureurs, vignerons, s de journée et de service. — *Civ.* 1103, , 1347; *Com.* 1 s., 109.

v* *Obligat.*, 4083 s. — S. *cod.* v*, 1687 s. — -7-97), v* *Preuve littérale*, 100 s. — V. aussi civ. ann., t. 3, art. 1326, n** 1 s.

rt. 1327. Lorsque la somme expri- au corps de l'acte est différente de celle imée au *bon*, l'obligation est présumée re que de la somme moindre, lors même l'acte ainsi que le *bon* sont écrits en

entier de la main de celui qui s'est obligé, à moins qu'il ne soit prouvé de quel côté est l'erreur. — *Civ.* 1103, 1162, 1326, 1431, 1350, 1352

R. v* *Obligat.*, 4162 s. — S. *eod.* v*, 1732.

Art. 1328. Les actes sous seing privé n'ont de date contre les tiers que du jour où ils ont été enregistrés, du jour de la mort de celui ou de l'un de ceux qui les ont sous-crits, ou du jour où leur substance est cons-tatée dans des actes dressés par des officiers publics, tels que procès-verbaux de scellé ou d'inventaire. — *Civ.* 1322, 1410, 1743, 1750, 2102-1°.

R. v* *Obligat.*, 3879 s. — S. *eod.* v*, 1593 s. — T. (87-97), v* *Preuve littérale*, 80 s. — V. aussi N. C. civ. ann., t. 3, art. 1328, n** 1 s.

Art. 1329. Les registres des marchands ne font point, contre les personnes non mar-chandes, preuve des fournitures qui y sont portées, sauf ce qui sera dit à l'égard du serment. — *Civ.* 1330, 1357 s., 2275; *Com.* 8 s., 12 s.

R. v* *Obligat.*, 4190 s. — S. *eod.* v*, 1742 s. — T. (87-97), v* *Preuve littérale*, 112 s.

Art. 1330. Les livres des marchands font preuve contre eux; mais celui qui en veut tirer avantage, ne peut les diviser ce qu'ils contiennent de contraire à sa pré-tention. — *Civ.* 1329, 1356; *Com.* 8 s., 12 s., 109.

R. v* *Obligat.*, 4199 s. — S. *eod.* v*, 1756 s. — T. (87-97), v* *Preuve littérale*, 112 s.

Art. 1331. Les registres et papiers domestiques ne font point un titre pour celui qui les a écrits. Ils font foi contre lui : 1° dans tous les cas où ils énoncent formellement un payement reçu; 2° lorsqu'ils contiennent la mention expresse que la note a été faite pour suppléer le défaut du titre en faveur de celui au profit duquel ils énoncent une obligation. — *Civ.* 46, 324, 1235, 1348, 1354, 1415.

R. v* *Obligat.*, 4223 s. — S. *eod.* v*, 1752 s. — T. (87-97), v* *Preuve littérale*, 133 s. — V. aussi N. C. civ. ann., t. 3, art. 1331, n** 1 s.

Art. 1332. L'écriture mise par le créan-cier à la suite, en marge ou au dos d'un titre qui est toujours resté en sa possession, fait foi, quoique non signée ni datée par lui, lorsqu'elle tend à établir la libération du débiteur

Il en est de même de l'écriture mise par le créancier au dos ou en marge, ou à la suite du double d'un titre ou d'une quittance, pourvu que ce double soit entre les mains du débiteur. — *Civ.* 1282, 1284, 1350, 1352, 1354 s.

R. v* *Obligat.*, 4246 s. — S. *eod.* v*, 1771 s.

§ 3. — **Des tailles.**

Art. 1333. Les tailles corrélatives à leurs échantillons font foi entre les personnes qui sont dans l'usage de constater ainsi les four-nitures qu'elles font ou reçoivent en détail. — *Civ.* 1350 s.

R. v* *Obligat.*, 4262 s. — S. *eod.* v*, 1783 s.

§ 4. — **Des copies des titres.**

Art. 1334. Les copies, lorsque le titre original subsiste, ne font foi que de ce qui est contenu au titre, dont la représentation peut toujours être exigée. — *Civ.* 45, 1317, 1322; *Pr.* 839 s.; *L.* 25 vent. an XI art. 21 et s.

R. v* *Obligat.*, 4266 s. — S. *eod.* v*, 1790 s. — T. (87-97), v* *Preuve littérale*, 135 s.

Art. 1335. Lorsque le titre original n'existe plus, les copies font foi d'après les distinctions suivantes :

1° Les grosses ou premières expéditions font la même foi que l'original : il en est de même des copies qui ont été tirées par l'autorité du magistrat, parties présentes et dûment appelées, ou de celles qui ont été

tirées en présence des parties et de leur consentement réciproque.

2° Les copies qui, sans l'autorité du ma-gistrat, ou sans le consentement des parties, et depuis la délivrance des grosses ou pre-mières expéditions, auront été tirées sur la minute de l'acte par le notaire qui l'a reçu, ou par l'un de ses successeurs, ou par officiers publics qui, en cette qualité, sont dépositaires des minutes, peuvent, au cas de perte de l'original, faire foi quand elles sont anciennes.

Elles sont considérées comme anciennes quand elles ont plus de trente ans;

Si elles ont moins de trente ans, elles ne peuvent servir que de commencement de preuve par écrit.

3° Lorsque les copies tirées sur la minute d'un acte ne l'auront pas été par le notaire qui l'a reçu, ou par l'un de ses successeurs, ou par officiers publics qui, en cette qualité, sont dépositaires des minutes, elles ne pour-ront servir, quelle que soit leur ancienneté, que de commencement de preuve par écrit.

4° Les copies de copies pourront, suivant les circonstances, être considérées comme simples renseignements. — *Civ.* 1347; *Pr.* 844, 852 s.

R. v* *Obligat.*, 4277 s. — S. *eod.* v*, 1792 s. — T. (87-97), v* *Preuve littérale*, 135 s. — V. aussi N. C. civ. ann., t. 3, art. 1335, n** 1 s.

Art. 1336. La transcription d'un acte sur les registres publics ne pourra servir que de commencement de preuve par écrit; il faudra même pour cela :

1° Qu'il soit constant que toutes les mi-nutes du notaire, de l'année dans laquelle l'acte paraît avoir été fait, soient perdues, ou que l'on prouve que la perte de la minute de cet acte a été faite par un accident par-ticulier;

2° Qu'il existe un répertoire en règle du notaire, qui constate que l'acte a été fait à la même date.

Lorsqu'au moyen du concours de ces deux circonstances la preuve par témoins sera admise, il sera nécessaire que ceux qui ont été témoins de l'acte, s'ils existent encore, soient entendus. — *Civ.* 939 s., 1069 s., 1335+4°, 1341, 1347, 2108, 2181; *Pr.* 252 s.

R. v* *Obligat.*, 4399 s. — S. *eod.* v*, 1811 s.

§ 5. — **Des actes récognitifs et confirmatifs.**

Art. 1337. Les actes récognitifs ne dis-pensent point de la représentation du titre primordial, à moins que sa teneur n'y soit spécialement relatée.

Ce qu'ils contiennent de plus que le titre primordial, ou ce qui s'y trouve de différent, n'a aucun effet.

Néanmoins, s'il y avait plusieurs recon-naissances conformes, soutenues de la pos-session, et dont l'une eût trente ans de date, le créancier pourrait être dispensé de repré-senter le titre primordial. — *Civ.* 695, 1334, 1338 s., 2228, 2263.

R. v* *Obligat.*, 4439 s. — S. *eod.* v*, 1810 s. — T. (87-97), v* *Ratification*, 1 s. — V. aussi N. C. civ. ann., t. 3, art. 1337, n** 1 s.

Art. 1338. L'acte de confirmation ou ratification d'une obligation contre laquelle la loi admet l'action en nullité ou en resci-sion, n'est valable que lorsqu'on y trouve la substance de cette obligation, la mention du motif de l'action en rescision, et l'intention de réparer le vice auquel cette action est fondée.

A défaut d'acte de confirmation ou ratifi-cation, il suffit que l'obligation soit exécu-tée volontairement après l'époque à laquelle l'obligation pouvait être valablement confir-mée ou ratifiée.

La confirmation, ratification, ou exécution volontaire des formes et à l'époque dé-terminées par la loi, emporte la renoncia-tion aux moyens et exceptions que l'on pouvait opposer contre cet acte, sans préjudice néanmoins du droit des tiers. — *Civ.* 1115 s., 1120, 1311, 1998, 2054, 2225.

R. v° *Obligat.*, 4408 s. — S. *eod.* v°, 1826 s. — T. (87-97), v° *Ratification*, 1 s. — V. aussi N. C. civ. ann., t. 3, art. 1338, n° 1 s.

Art. 1339. Le donateur ne peut réparer par aucun acte confirmatif les vices d'une donation entre vifs; nulle en la forme, il faut qu'elle soit refaite en la forme légale. — *Civ.* 931 s., 943 s., 960, 961, 1081, 1092, 1340.

R. v° *Disp. entre vifs*, 1408 s.; *Obligat.*, 4576 s. — S. v° *Disp. entre vifs*, 380; *Obligat.*, 1877 s.

Art. 1340. La confirmation ou ratification, ou exécution volontaire d'une donation par les héritiers ou ayants cause du donateur, après son décès, emporte leur renonciation à opposer soit les vices de forme, soit toute autre exception. — *Civ.* 721, 961, 966, 1122.

R. v° *Disp. entre vifs*, 2542 s.; *Obligat.*, 4387 s. — S. v° *Disp. entre vifs*, 624 s.; *Obligat.*, 1885 s. — T. (87-97), v° *Ratification*, 1 s. — V. aussi N. C. civ. ann., t. 3, art. 1340, n° 1 s.

SECTION II.
De la preuve testimoniale.

Art. 1341. Il doit être passé acte devant notaires ou sous signature privée, de toutes choses excédant la somme ou valeur de cent cinquante francs, même pour dépôts volontaires; et il n'est reçu aucune preuve par témoins contre et outre le contenu aux actes, ni sur ce qui serait allégué avoir été dit avant, lors ou depuis les actes, encore qu'il s'agisse d'une somme ou valeur moindre de cent cinquante francs;

Le tout sans préjudice de ce qui est prescrit dans les lois relatives au commerce. — *Civ.* 46, 1315 s., 1319, 1322, 1342 s., 1582, 1715, 1831, 1923 s., 1950, 1985; *Pr.* 252 s., 2044, 2074; *Com.* 39 s., 49, 109 s., 273, 282, 311, 332.

R. v° *Obligat.*, 4601 s. — S. *eod.* v°, 1802 s. — T. (87-97), v° *Preuve testimoniale*, 1 s. — V. aussi N. C. civ. ann., t. 3, art. 1341, n° 1 s.

Art. 1342. La règle ci-dessus s'applique au cas où l'action contient, outre la demande du capital, une demande d'intérêts qui, réunis au capital, excèdent la somme de cent cinquante francs. — *Civ.* 1905, 1907.

R. v° *Obligat.*, 4683 s.

Art. 1343. Celui qui a formé une demande excédant cent cinquante francs, ne peut plus être admis à la preuve testimoniale, même en restreignant sa demande primitive.

R. v° *Obligat.*, 4689 s. — S. *eod.* v°, 1910. — T. (87-97) v° *Preuve testimoniale*, 10 s.

Art. 1344. La preuve testimoniale, sur la demande d'une somme même moindre de cent cinquante francs, ne peut être admise lorsque cette somme est déclarée être le restant ou faire partie d'une créance plus forte qui n'est point prouvée par écrit.

R. v° *Obligat.*, 4693 s. — S. *eod.* v°, 1917 s.

Art. 1345. Si dans la même instance une partie fait plusieurs demandes dont il n'y ait point de titre par écrit, et que, jointes ensemble, elles excèdent la somme de cent cinquante francs, la preuve par témoins n'en peut être admise, encore que la partie allègue que ces créances proviennent de différentes causes, et qu'elles se soient formées en différents temps, si ce n'était que ces droits procédassent, par succession, donation ou autrement, de personnes différentes. — *Civ.* 1346.

R. v° *Obligat.*, 4700. — S. *eod.* v°, 1924 s.

Art. 1346. Toutes les demandes, à quelque titre que ce soit, qui ne seront pas entièrement justifiées par écrit, seront formées par un même exploit, après lequel les autres

---

demandes dont il n'y aura point de preuves par écrit ne seront pas reçues. — *Civ.* 1315.

R. v° *Obligat.*, 4704 s. — S. *eod.* v°, 1930 s.

Art. 1347. Les règles ci-dessus reçoivent exception lorsqu'il existe un commencement de preuve par écrit.

On appelle ainsi tout acte par écrit qui est émané de celui contre lequel la demande est formée, ou de celui qu'il représente, et qui rend vraisemblable le fait allégué. — *Civ.* 323 s., 341, 1320, 1335 s., 1360.

R. v° *Obligat.*, 4741 s. — S. *eod.* v°, 1932 s. — T. (87-97), *Preuve testimoniale*, 37 s. — V. aussi N. C. civ. ann., t. 3, art. 1347, n° 1 s.

Art. 1348. Elles reçoivent encore exception toutes les fois qu'il n'a pas été possible au créancier de se procurer une preuve littérale de l'obligation qui a été contractée envers lui.

Cette seconde exception s'applique :

1° Aux obligations qui naissent des quasi-contrats et des délits ou quasi-délits;

2° Aux dépôts nécessaires faits en cas d'incendie, ruine, tumulte ou naufrage, et à ceux faits par les voyageurs en logeant dans une hôtellerie, le tout suivant la qualité des personnes et les circonstances du fait;

3° Aux obligations contractées en cas d'accidents imprévus, où l'on ne pourrait pas avoir fait des actes par écrit;

4° Au cas où le créancier a perdu le titre qui lui servait de preuve littérale, par suite d'un cas fortuit, imprévu et résultant d'une force majeure. — *Civ.* 46, 1116, 1148, 1371 s., 1382 s., 1782, 1949 s.; *Pén.* 1.

R. v° *Obligat.*, 4051 s., 4872 s. — S. *eod.* v°, 1904 s., 1988 s. — T. (87-97), v° *Preuve testimoniale*, 87 s. — V. aussi N. C. civ. ann., t. 3, art. 1348, n° 1 s.

SECTION III.
Des présomptions.

Art. 1349. Les présomptions sont des conséquences que la loi ou le magistrat tire d'un fait connu à un fait inconnu. — *Civ.* 1315 s., 1350 s.

R. v° *Obligat.*, 4976 s. — S. *eod.* v°, 2040.

§ 1. — Des présomptions établies par la loi.

Art. 1350. La présomption légale est celle qui est attachée par une loi spéciale à certains actes ou à certains faits : tels sont :

1° Les actes que la loi déclare nuls, comme présumés faits en fraude de ses dispositions, d'après leur seule qualité;

2° Les cas dans lesquels la loi déclare la propriété ou la libération résulter de certaines circonstances déterminées;

3° L'autorité que la loi attribue à la chose jugée;

4° La force que la loi attache à l'aveu de la partie ou à son serment. — *Civ.* 1, 220, 312, 340, 525, 553, 567, 569, 573, 653 s., 666 s., 720 s., 785, 811, 883, 911, 1064, 1082, 1282 s., 1327, 1351, 1354 s., 1402, 1434 s., 1731 s.; *Pr.* 159, 556; *Com.* 5, 117, 194, 446 s., 559, 632 s.; *Instr.* 41, 66.

R. v° *Obligat.*, 4980 s. — S. *eod.* v°, 2041 s.

Art. 1351. L'autorité de la chose jugée n'a lieu qu'à l'égard de ce qui a fait l'objet du jugement. Il faut que la chose demandée soit la même; que la demande soit fondée sur la même cause; que la demande soit entre les mêmes parties, et formée par elles et contre elles en la même qualité. — *Civ.* 800, 877, 1119 s., 1165 s., 1197 s., 1205 s., 1222 s., 1365, 2051, 2056, 2157, 2215, 2249 s.; *Pr.* 174, 362, 469, 474 s.

R. v° *Chose jugée*, 1 s. — S. *eod.* v°, 1 s. — T. (87-97), *eod.* v°, 1 s. — V. aussi N. C. civ. ann., t. 3, art. 1351, n° 1 s.; C. ad., t. 1, v° *Conflit*, p. 134, n° 116 s.; p. 150, n° 304 s.; *Conseil d'État*, p. 196, n° 934 s.; p. 228, n° 1867 s.

Art. 1352. La présomption légale dispense de toute preuve celui au profit duquel elle existe.

Nulle preuve n'est admise contre la présomption de cette présomption, elle annule certains actes ou dénie l'action en justice, à moins qu'elle n'ait réservé la preuve contraire, et sauf ce qui sera dit sur le serment et l'aveu judiciaires. — *Civ.* 312 s., 911, 1099 s., 1282, 1350 s., 2262

R. v° *Obligat.*, 4998 s. — S. *eod.* v°, 2042 s.

§ 2. — Des présomptions qui ne sont point établies par la loi.

Art. 1353. Les présomptions qui ne sont point établies par la loi, sont abandonnées aux lumières et à la prudence du magistrat qui ne doit admettre que des présomptions graves, précises et concordantes, et dans le cas seulement où la loi admet les preuves testimoniales, à moins que l'acte ne soit attaqué pour cause de fraude ou de dol. — *Civ.* 1019, 1023, 1109, 1116 s., 1202, 1273, 1341 s., 1348, 2015; *Pr.* 389; *Com.* 109.

R. v° *Obligat.*, 5009 s. — S. *eod.* v°, 2048 s. — V. aussi N. C. civ. ann., t. 3, art. 1353, n° 1 s.

SECTION IV.
De l'aveu de la partie.

Art. 1354. L'aveu qui est opposé à une partie, est ou extrajudiciaire ou judiciaire. — *Civ.* 1355 s.

R. v° *Obligat.*, 5055 s. — S. *eod.* v°, 2062 s. — T. (87-97), v° *Aveu*, 1 s.

Art. 1355. L'allégation d'un aveu extrajudiciaire purement verbal est inutile toutes les fois qu'il s'agit d'une demande dont la preuve testimoniale ne serait point admissible. — *Civ.* 1341 s., 1347.

R. v° *Obligat.*, 5151 s. — S. *eod.* v°, 2145 s.

Art. 1356. L'aveu judiciaire est la déclaration que fait en justice la partie ou son fondé de pouvoir spécial.

Il fait pleine foi contre celui qui l'a fait.

Il ne peut être divisé contre lui.

Il ne peut être révoqué, à moins qu'on ne prouve qu'il a été la suite d'une erreur de fait. Il ne pourrait être révoqué sous prétexte d'une erreur de droit. — *Civ.* 1109 s., 1330 s., 2052 s.; *Pr.* 321 s., 352 s.

R. v° *Obligat.*, 5063 s. — S. *eod.* v°, 2009 s. — T. (87-97), v° *Aveu*, 1 s. — V. aussi N. C. civ. ann., t. 3, art. 1356, n° 1 s.

SECTION V.
Du serment.

Art. 1357. Le serment judiciaire est de deux espèces :

1° Celui qu'une partie défère à l'autre pour en faire dépendre le jugement de la cause : il est appelé *décisoire*;

2° Celui qui est déféré d'office par le juge à l'une ou à l'autre des parties. — *Civ.* 1315 s., 1358 s., 1366; *Pr.* 55, 120 s., 1035; *Com.* 17; *Pén* 366.

R. v° *Obligat.*, 5178 s. — S. *eod.*, 21 s. — S v° *Obligat.*, 2155 s.; *Serment*, 3 s.

§ 1. — Du serment décisoire.

Art. 1358. Le serment décisoire peut être déféré sur quelque espèce de contestation que ce soit. — *Civ.* 1715, 1924, 2275; *Pr.* 55, 120 s., 1035; *Com.* 189-2°; *Pén.* 366.

R. v° *Obligat.*, 5182 s., 5223 s. — S. *eod.* v°, 2185 s., 2173 s. — T. (87-97), v° *Serment décisoire et suppléctoire*, 1 s. — V. aussi N. C. civ. ann., t. 3, art. 1358, n° 1 s.

Art. 1359. Il ne peut être déféré que sur un fait personnel à la partie à laquelle on le défère. — *Civ.* 1362; *Pr.* 120.

R. v° *Obligat.*, 5200 s. — S. *eod.* v°, 2170 s.

Art. 1360. Il peut être déféré en tout état de cause, et encore qu'il n'existe aucun commencement de preuve de la demande ou 'exception sur laquelle il est provoqué. — Civ. 1347, 1364.

V° Obligat., 5237 s. — S. cod. v°, 2178 s.

rt. 1361. Celui auquel le serment est ré, qui le refuse ou ne consent pas à le rer à son adversaire, ou l'adversaire à il a été référé et qui le refuse, doit suc- ber dans sa demande ou dans son excep- . — Civ. 1368.

V° Obligat., 5248 s. — S. cod. v°, 2183 s.

rt. 1362. Le serment ne peut être ré quand le fait qui en est l'objet n'est t celui des deux parties, mais est pure- t personnel à celui auquel le serment t été déféré. - - Civ. 1359.

V° Obligat., 5219.

rt. 1363. Lorsque le serment déféré éféré a été fait, l'adversaire n'est point able à en prouver la fausseté. — Civ. , 1352; Pén. 366.

v° Obligat., 5262 s., 5372 s. — S. cod. v°, 2193 s., s.

rt. 1364. La partie qui a déféré ou ré le serment, ne peut plus se rétracter que l'adversaire a déclaré qu'il est prêt re ce serment. — Civ. 1121, 1134.

V° Obligat., 5236 s. — S. cod. v°, 2186 s.

rt. 1365. Le serment fait ne forme ve qu'au profit de celui qui l'a déféré ou re lui, et au profit de ses héritiers et ts cause ou contre eux.

anmoins le serment déféré par l'un des nciers, solidaires au débiteur ne libère i -ci que pour la part de ce créancier; e serment déféré au débiteur principal re également les cautions;

lui déféré à l'un des débiteurs solidaires te aux codébiteurs;

celui déféré à la caution profite au teur principal.

ns ces deux derniers cas, le serment du biteur déféré ou prêté ne profite aux autres codébiteurs ou au débiteur cipal que lorsqu'il a été déféré sur la e, et non sur le fait de la solidarité ou cautionnement. — Civ. 724, 1122, 1165. s., 1200, 1208 s., 1284 s., 1291, 1301, , 2034 s.

V° Obligat., 5262 s. — S. cod. v°, 2193 s.

§ 2. — Du serment déféré d'office.

rt. 1366. Le juge peut déférer à l'une parties le serment, ou pour en faire ndre la décision de la cause, ou seule- t pour déterminer le montant de la damnation. — Civ. 1329, 1367 s., 1716, , 1924; Pr. 120 s., 671; Com. 17.

rt. 1367. Le juge ne peut déférer ice le serment, soit sur la demande, soit l'exception qui y est opposée, que sous deux conditions suivantes : il faut :

Que la demande ou l'exception ne soit pleinement justifiée;

Qu'elle ne soit pas totalement dénuée reuves.

ors ces deux cas, le juge doit ou adjuger rejeter purement et simplement la de- nde.

rt. 1368. Le serment déféré d'office à l'une des parties, ne peut être elle référé à l'autre. — Civ. 1361 s.

V° Obligat., 5281 s. — S. cod. v°, 2204 s. — ussi N. C. civ. ann., t. 3, art. 1366 à 1368.

rt. 1369. Le serment sur la valeur de hose demandée, ne peut être déféré par uge au demandeur que lorsqu'il est d'ail- rs impossible de constater autrement cette eur.

e juge doit même, en ce cas, déterminer somme jusqu'à concurrence de laquelle le mandeur en sera cru sur son serment. — . 1366; Pr. 120 s.

v° Obligat., 5332 s. — S. cod. v°. 2225 s.

TITRE QUATRIÈME.

Des engagements qui se forment sans convention.

Décrété le 19 pluv. au XII (9 février 1804), et promulgué le 29 pluv. au XII (19 février 1804).

Art. 1370. Certains engagements se forment sans qu'il intervienne aucune con- vention, ni de la part de celui qui s'oblige, ni de la part de celui envers lequel il est obligé.

Les uns résultent de l'autorité seule de la loi ; les autres naissent d'un fait personnel à celui qui se trouve obligé.

Les premiers sont les engagements formés involontairement, tels que ceux entre pro- priétaires voisins, ou ceux des tuteurs et des autres administrateurs qui ne peuvent refuser la fonction qui leur est déférée.

Les engagements qui naissent d'un fait personnel à celui qui se trouve obligé, résultent ou des quasi-contrats, ou des délits ou quasi-délits; ils font la matière du présent titre. — Civ. 203 s., 211, 371, 419, 450, 639 s., 650 s., 1101, 1108, 1371 s., 1382 s.

R. v° Obligat., 5381.

CHAPITRE PREMIER.
Des quasi-contrats.

Art. 1371. Les quasi-contrats sont les faits purement volontaires de l'homme, dont il résulte un engagement quelconque envers un tiers, et quelquefois un engagement réci- proque des deux parties. — Civ. 1372 s., 1376 s.

R. v° Obligat., 5382 s. — S. cod. v°, 2244 s. — V. aussi C. ad., t. 1. V° Sép. des pour., p. 85, n° 440 s.; p. 88, n° 519 s.

Art. 1372. Lorsque volontairement on gère l'affaire d'autrui, soit que le propriétaire connaisse la gestion, soit qu'il l'ignore, celui qui gère contracte l'engagement tacite de continuer la gestion qu'il a commencée, et de l'achever jusqu'à ce que le propriétaire soit en état d'y pourvoir lui-même; il doit se charger également de toutes les dépen- dances de cette même affaire.

Il se soumet à toutes les obligations qui résulteraient d'un mandat exprès que lui aurait donné le propriétaire. — Civ. 1137, 1373 s., 1984 s., 1991 s., 2029.

R. v° Obligat., 5386 s. — S. cod. v°, 2246 s. — T. (87-97), V° Gestion d'affaires, 1 s. — V. aussi N. C. civ. ann., t. 3, art. 1372, n° 1 s.

Art. 1373. Il est obligé de continuer sa gestion, encore que le maître vienne à mou- rir avant que l'affaire soit consommée, jus- qu'à ce que l'héritier ait pu en prendre la direction. — Civ. 1991, 2010.

R. v° Obligat., 5495.

Art. 1374. Il est tenu d'apporter à la gestion de l'affaire tous les soins d'un bon père de famille.

Néanmoins les circonstances qui l'ont con- duit à se charger de l'affaire, peuvent auto- riser le juge à modérer les dommages et intérêts qui résulteraient des fautes ou de la négligence du gérant. — Civ. 1137, 1146 s., 1149, 1382, 1991 s.

R. v° Obligat., 5427 s. — S. cod. v°, 2270 s.

Art. 1375. Le maître dont l'affaire a été bien administrée, doit remplir les enga- gements que le gérant a contractés en son nom, l'indemniser de tous les engagements personnels qu'il a pris, et lui rembourser toutes les dépenses utiles ou nécessaires qu'il a faites. — Civ. 861 s., 1153, 1381, 1998 s., 2175.

R. v° Obligat., 5451 s. — S. cod. v°, 2279 s. — V. aussi N. C. civ. ann., t. 3, art. 1375, n° 1 s.

Art. 1376. Celui qui reçoit par erreur ou sciemment ce qui ne lui est pas dû,

s'oblige à le restituer à celui de qui il l'a indûment reçu. — Civ. 1109 s., 1131, 1235 s., 1304, 1377, 1381, 1906.

R. v° Obligat., 5482 s. — S. cod. v°, 2306 s. — T. (87-97), v° Répétition, 1 s.

Art. 1377. Lorsqu'une personne qui, par erreur, se croyait débitrice, a acquitté une dette, elle a le droit de répétition contre le créancier.

Néanmoins ce droit cesse dans le cas où le créancier a supprimé son titre par suite du payement, sauf le recours de celui qui a payé contre le véritable débiteur. - Civ. 1235 s., 1376, 1906, 1967.

R. v° Obligat., 5482 s. — S. cod. v°, 2306 s. — V. aussi N. C. civ. ann., t. 3, art. 1377, n° 1 s.

Art. 1378. S'il y a eu mauvaise foi de la part de celui qui a reçu, il est tenu de restituer, tant le capital que les intérêts ou les fruits, du jour du payement. — Civ. 549 s., 583 s., 801, 1116, 1153, 1379, 1381, 1635, 1907, 2262, 2268; Pr. 523 s.

R. v° Obligat., 5578 s. — S. cod. v°, 2331 s.

Art. 1379. Si la chose indûment reçue est un immeuble ou un meuble corporel, celui qui l'a reçue s'oblige à la restituer en nature, si elle existe, ou sa valeur, si elle est périe ou détériorée par sa faute; il est même garant de sa perte par cas fortuit, s'il l'a reçue de mauvaise foi. — Civ. 1116, 1148, 1302, 1382.

R. v° Obligat., 5561 s., 5382 s. — S. cod. v°, 2355 s.

Art. 1380. Si celui qui a reçu de bonne foi, a vendu la chose, il ne doit restituer que le prix de la vente. — Civ. 1138, 1238, 1240, 1935, 2268.

R. v° Obligat., 5567 s. — S. cod. v°, 2332 s.

Art. 1381. Celui auquel la chose est restituée, doit tenir compte, même au pos- sesseur de mauvaise foi, de toutes les dépenses nécessaires et utiles qui ont été faites pour la conservation de la chose. — Civ. 1375, 1886, 1890, 2102-3°.

R. v° Obligat., 5584 s. — S. cod. v°, 2358 s.

CHAPITRE II.
Des délits et des quasi-délits.

Art. 1382. Tout fait quelconque de l'homme, qui cause à autrui un dommage, oblige celui par la faute duquel il est arrivé, à le réparer. — Civ. 1310, 1318-1°, 1424 s.; Pr. 1, 73 s.; Instr. 1 s., 637 s., 640.

Art. 1383. Chacun est responsable du dommage qu'il a causé non seulement par son fait, mais encore par sa négligence ou par son imprudence. — Civ. 1382, 1792, 2270; Pén. 244, 319 s., 405, 407, 471, 475, 479 s.

R. v° Responsabilité, 1 s. — S. cod. v°, 1 s. — T. (87-97), cod. v°, 1 s. — V. aussi N. C. civ. ann., t. 3, art. 1382-1383; C. ad., t. 1, v° Commune, p. 479, n° 1533 s.; p. 504, n° 4300 s.; p. 619, n° 6161 s.; p. 624, n° 6310 s.

V. infra, Appendice, la loi du 9 avril 1898, concer- nant les responsabilités des accidents dont les ouvriers sont victimes dans leur travail (modifiée par les lois du 22 mars 1902 et du 31 mars 1905). — V. aussi, ibid., la loi du 30 juin 1899, concernant les accidents causés dans les exploitations agricoles par l'emploi de machines mues par des moteurs inanimés; la loi du 12 avril 1906 étendant à toutes les exploitations commerciales les dispositions de la loi du 9 avril 1898; et la loi du 18 juillet 1907 ayant pour objet la faculté d'adhésion à la législation des accidents du travail.

Art. 1384. On est responsable non seu- lement du dommage que l'on cause par son propre fait, mais encore de celui qui est causé par le fait des personnes dont on doit répondre, ou des choses que l'on a sous sa garde.

Le père, et la mère après le décès du mari, sont responsables du dommage causé par leurs enfants mineurs habitant avec eux;

Les maîtres et les commettants, du dommage causé par leurs domestiques et préposés dans les fonctions auxquelles ils les ont employés;

Les instituteurs et les artisans, du dommage causé par leurs élèves et apprentis pendant le temps qu'ils sont sous leur surveillance.

La responsabilité ci-dessus a lieu, à moins que les père et mère, instituteurs et artisans, ne prouvent qu'ils n'ont pu empêcher le fait qui donne lieu à cette responsabilité.

(*L. 20 juillet 1899.*) Toutefois la responsabilité civile de l'État est substituée à celle des membres de l'enseignement public. — *Civ.* 372, 1797, 1953 s.; *Com.* 216 s.; *Pén.* 73 s.; *For.* 72, 206.

R. v° *Responsabilité*, 402 s. — S. *cod.* v°, 677 s. — T. (87-97), *cod.* v°, 842 s. — V. aussi N. C. civ. ann., t. 3, art. 1384, n°° 1 s.; C. ad., t. 1, v° *Sép. des pouv.*, p. 89, n°° 553 s.; t. 4, v° *Comptabilité publique.*
Loi du 20 juillet 1899 : D. P. 99. 4. 88.

Art. 1385. Le propriétaire d'un animal, ou celui qui s'en sert, pendant qu'il est à son usage, est responsable du dommage que l'animal a causé, soit que l'animal fût sous sa garde, soit qu'il fût égaré ou échappé. — *Civ.* 1383; *Pén.* 471-14°, 475-3°, 4°, 7°, 479-2°.

R. v° *Responsabilité*, 714 s. — S. *cod.* v°, 907 s. — T. (87-97), *cod.* v°, 1024 s. — V. aussi N. C. civ. ann., t. 3, art. 1383, n°° 1 s.
V. *infra, Code rural, les lois du 4 avril 1889, et du 21 juin 1898, art. 15 à 17.*
En ce qui concerne la compétence sur les demandes relatives à la réparation des dommages causés aux récoltes par le gibier, V. *infra,* Appendice, *la loi du 15 avril 1901.*

Art. 1386. Le propriétaire d'un bâtiment est responsable du dommage causé par sa ruine, lorsqu'elle est arrivée par une suite du défaut d'entretien ou par le vice de sa construction. — *Civ.* 1773; *Pén.* 471-5°, 479-4°.

R. v° *Responsabilité*, 749 s. — S. *cod.* v°, 948 s. — T. (87-97), *cod.* v°, 1067 s. — V. aussi N. C. civ. ann., t. 3, art. 1386, n°° 1 s.; C. ad., t. 1, v° *Sép. des pouvoirs*, p. 85, n°° 443.

TITRE CINQUIÈME.
Du contrat de mariage et des droits respectifs des époux.

Décrété le 20 pluv. an XII (10 février 1804), et promulgué le 30 pluv. an XII (20 février 1804).

CHAPITRE PREMIER.
Dispositions générales.

Art. 1387. La loi ne régit l'association conjugale, quant aux biens, qu'à défaut de conventions spéciales, que les époux peuvent faire comme ils le jugent à propos, pourvu qu'elles ne soient pas contraires aux bonnes mœurs, et, en outre, sous les modifications qui suivent. — *Civ.* 6, 900, 947, 1081 s., 1091 s., 1133, 1172, 1388 s., 1497 s., 1527, 1837, 2140.

R. v° *Contr. de mar.*, 80 s. — S. *cod.* v°, 8 s. — T. (87-97), *cod.* v°, 1 s.

Art. 1388. Les époux ne peuvent déroger ni aux droits résultant de la puissance maritale sur la personne de la femme et des enfants, ou qui appartiennent au mari comme chef, ni aux droits conférés au survivant des époux par le titre *De la puissance paternelle* et par le titre *De la minorité, de la tutelle et de l'émancipation*, ni aux dispositions prohibitives du présent Code. — *Civ.* 212 s., 371 s., 388 s., 476 s., 1389 s., 1595, 2253.

R. v° *Contr. de mar.*, 92 s. — S. *cod.* v°, 13 s.

Art. 1389. Ils ne peuvent faire aucune convention ou renonciation dont l'objet serait de changer l'ordre légal des successions, soit par rapport à eux-mêmes dans la succession de leurs enfants ou descendants, soit par rapport à leurs enfants entre eux; sans préjudice des donations entre vifs ou testamentaires qui pourront avoir lieu selon les formes et dans les cas déterminés par le présent Code. — *Civ.* 723 s., 731 s., 1081 s., 1091 s., 1130, 1497, 1527, 1600.

R. v° *Contr. de mar.*, 135 s. — S. *cod.* v°, 25 s.

Art. 1390. Les époux ne peuvent plus stipuler d'une manière générale que leur association sera réglée par l'une des coutumes, lois ou statuts locaux qui régissaient ci-devant les diverses parties du territoire français, et qui sont abrogés par le présent Code. — *Civ.* 1391 s., 1497, 1527.

R. v° *Contr. de mar.*, 132 s. — S. *cod.* v°, 28.

Art. 1391. Ils peuvent cependant déclarer, d'une manière générale, qu'ils entendent se marier ou sous le régime de la communauté, ou sous le régime dotal.

Au premier cas, et sous le régime de la communauté, les droits des époux et de leurs héritiers seront réglés par les dispositions du chapitre 2 du présent titre.

Au deuxième cas, et sous le régime dotal, leurs droits seront réglés par les dispositions du chapitre 3.

(*L. 10 juillet 1850.*) Toutefois, si l'acte de célébration du mariage porte que les époux se sont mariés sans contrat, la femme sera réputée, à l'égard des tiers, capable de contracter dans les termes du droit commun, à moins que, dans l'acte qui contiendra son engagement, elle n'ait déclaré avoir fait un contrat de mariage. — *Civ.* 1393 s., 1399 s., 1540 s.

R. v° *Contr. de mar.*, 139 s. — S. *cod.* v°, 29 s. — T. (87-97), *cod.* v°, 17 s.
Loi du 10 juillet 1850 : D. P. 50. 4. 150.

Art. 1392. La simple stipulation que la femme se constitue ou qu'il lui est constitué des biens en dot, ne suffit pas pour soumettre ces biens au régime dotal, s'il n'y a dans le contrat de mariage une déclaration expresse à cet égard.

La soumission au régime dotal ne résulte pas non plus de la simple déclaration faite par les époux, qu'ils se marient sans communauté, ou qu'ils seront séparés de biens. — *Civ.* 1529 s., 1536 s., 1540 s.

R. v° *Contr. de mar.*, 163 s., 3162 s. — S. *cod.* v°, 20 s., 1131 s.

Art. 1393. A défaut de stipulations spéciales qui dérogent au régime de la communauté ou le modifient, les règles établies dans la première partie du chapitre 2 formeront le droit commun de la France. — *Civ.* 1399 s.

R. v° *Contr. de mar.*, 192 s. — S. *cod.* v°, 37 s.

Art. 1394. Toutes conventions matrimoniales seront rédigées, avant le mariage, par acte devant notaire.

(*L. 10 juillet 1850.*) Le notaire donnera lecture aux parties du dernier alinéa de l'article 1391, ainsi que du dernier alinéa du présent article. Mention de cette lecture sera faite dans le contrat, à peine de 10 francs d'amende contre le notaire contrevenant.

Le notaire délivrera aux parties, au moment de la signature du contrat, un certificat sur papier libre et sans frais, énonçant ses noms et lieu de résidence, les noms, prénoms, qualités et demeures des futurs époux, ainsi que la date du contrat. Ce certificat indiquera qu'il doit être remis à l'officier de l'état civil avant la célébration du mariage. — *Civ.* 1081 s., 1091 s., 1317; *Com.* 67 s.

R. v° *Contr. de mar.*, 214 s., 488 s. — S. *cod.* v°, 51 s., 147 s. — T. (87-97), *cod.* v°, 21 s. — V. aussi N. C. civ. ann., t. 3, art. 1394, n°° 1 s.
Loi du 10 juillet 1850 : D. P. 50. 4. 150.

Art. 1395. Elles ne peuvent recevoir aucun changement après la célébration du mariage. — *Civ.* 1396, 1451, 1538, 1543; *Com.* 564.

R. v° *Contr. de mar.*, 317 s. — S. *cod.* v°, 76 s. — T. (87-97), *cod.* v°, 31 s. — V. aussi N. C. civ. ann., t. 3, art. 1395, n°° 1 s.

Art. 1396. Les changements qui y seraient faits avant cette célébration, doivent être constatés par acte passé dans la même forme que le contrat de mariage.

Nul changement ou contre-lettre n'est, au surplus, valable sans la présence et le con-

sentement simultané de toutes les personnes qui ont été parties dans le contrat de mariage. — *Civ.* 1317, 1321, 1397 s., 1451.

R. v° *Contr. de mar.*, 392 s. — S. *cod.* v°, 90 s. — T. (87-97), *cod.* v°, 31 s. — V. aussi N. C. civ. ann., t. 3, art. 1396, n°° 1 s.

Art. 1397. Tous changements et contre-lettres, même revêtus des formes prescrites par l'article précédent, seront sans effet à l'égard des tiers, s'ils n'ont été rédigés à la suite de la minute du contrat de mariage; et le notaire ne pourra, à peine des dommages et intérêts des parties, et sous plus grande peine s'il y a lieu, délivrer ni grosse ni expéditions du contrat de mariage sans transcrire à la suite le changement ou la contre-lettre. — *Civ.* 1149, 1321, 1335, 1396.

R. v° *Contr. de mar.*, 433 s. — S. *cod.* v°, 113 s.

Art. 1398. Le mineur habile à contracter mariage est habile à consentir toutes les conventions dont ce contrat est susceptible; et les conventions et donations qu'il y a faites, sont valables, pourvu qu'il ait été assisté, dans le contrat, des personnes dont le consentement est nécessaire pour la validité du mariage. — *Civ.* 144 s., 388, 1093, 1309 s.

R. v° *Contr. de mar.*, 439 s. — S. *cod.* v°, 116 s. — V. aussi N. C. civ. ann., t. 3, art. 1398, n°° 1 s.

CHAPITRE II.
Du régime en communauté.

Art. 1399. La communauté, soit légale, soit conventionnelle, commence du jour du mariage contracté devant l'officier de l'état civil : on ne peut stipuler qu'elle commencera à une autre époque. — *Civ.* 75, 1399, 1400 s., 1441 s., 1451.

R. v° *Contr. de mar.*, 511 s. — S. *cod.* v°, 168 s. — T. (87-97), v° *Communauté*, 1 s.

PREMIÈRE PARTIE.
De la communauté légale.

Art. 1400. La communauté qui s'établit par la simple déclaration qu'on se marie sous le régime de la communauté, ou à défaut de contrat, est soumise aux règles expliquées dans les six sections qui suivent.

R. v° *Contr. de mar.*, 571 s. — S. *cod.* v°, 172 s.

SECTION PREMIÈRE.
De ce qui compose la communauté activement et passivement.

§ 1. — De l'actif de la communauté.

Art. 1401. La communauté se compose activement :

1° De tout le mobilier que les époux possédaient au jour de la célébration du mariage, ensemble de tout le mobilier qui leur échoit pendant le mariage à titre de succession ou même de don, si le donateur n'a expressément le contraire;

2° De tous les fruits, revenus, intérêts et arrérages, de quelque nature qu'ils soient, échus ou perçus pendant le mariage, et provenant des biens qui appartenaient aux époux lors de sa célébration, ou de ceux qui leur sont échus pendant le mariage à quelque titre que ce soit;

3° De tous les immeubles qui sont acquis pendant le mariage. — *Civ.* 527 s., 583 s., 718 s., 1402 s., 1409 s., 1497 s.

R. v° *Contr. de mar.*, 574 s. — S. *cod.* v°, 173 s. — T. (87-97), v° *Communauté*, 22 s. — N. C. civ. ann., t. 3, art. 1401, n°° 1 s.

Art. 1402. Tout immeuble est réputé acquêt de communauté, s'il n'est prouvé que l'un des époux en avait la propriété ou possession légale antérieurement au mariage, ou qu'il lui est échu depuis à titre de suc-

sion ou donation. — *Civ.* 1161-3°, 1164 s.,
0, 2228 s.
v° *Contr. de mar.*, 715 s. — S. cod. v°, 224 s.

rt. 1403. Les coupes de bois et les
uits des carrières et mines tombent dans
ommunauté pour tout ce qui en est consi-
é comme usufruit, d'après les règles expli-
es au titre *De l'usufruit, de l'usage et de
l'habitation.*

les coupes de bois qui, en suivant ces
es, pouvaient être faites durant la com-
auté, ne l'ont point été, il en sera dû
ompense à l'époux non propriétaire du
ls ou à ses héritiers.

les carrières et mines ont été ouvertes
dant le mariage, les produits n'en tombent
s la communauté que sauf récompense
indemnité à celui des époux à qui elle
rra être due. — *Civ.* 521, 552, 590 s.,
, 716, 1437, 1468 s.
v° *Contr. de mar.*, 692 s. — S. cod. v°, 215 s.

rt. 1404. Les immeubles que les
ux possèdent au jour de la célébration du
iage, ou qui leur échoient pendant son
rs à titre de succession, n'entrent point
communauté.

éanmoins, si l'un des époux avait acquis
immeuble depuis le contrat de mariage.
enant stipulation de communauté, et
la célébration du mariage, l'immeuble
is dans cet intervalle entrera dans la
munauté, à moins que l'acquisition n'ait
faite en exécution de quelque clause du
iage, auquel cas elle serait réglée sui-
la convention. — *Civ.* 1396, 1399, 1401 s.,
, 1493, 1497-3°, 1505.
v° *Contr. de mar.*, 737 s. — S. cod. v°, 234 s.
. aussi N. C. civ. ann., t. 3, art. 1404, n° 1 s.

rt. 1405. Les donations d'immeubles
ne sont faites pendant le mariage qu'à
des deux époux, ne tombent point en
mmunauté, et appartiennent au donataire
, à moins que la donation ne contienne
ressément que la chose donnée appar-
dra à la communauté. — *Civ.* 1131, 1401 s.,
, 1493.
v° *Contr. de mar.*, 766 s. — S. cod. v°, 242 s.

rt. 1406. L'immeuble abandonné ou
é par père, mère ou autre ascendant, à l'un
deux époux, soit pour le remplir de ce qu'il
doit, soit à la charge de payer les dettes
donateur à des étrangers, n'entre point
ommunauté ; sauf récompense ou indem-
. — *Civ.* 1075 s., 1081 s., 1433, 1437, 1473.
v° *Contr. de mar.*, 792 s. — S. cod. v°, 251 s.
. (87-97), v° *Communauté*, 2 s.

rt. 1407. L'immeuble acquis pendant
mariage à titre d'échange contre l'im-
ible appartenant à l'un des deux époux.
tre point en communauté, et est subrogé
u lieu et place de celui qui a été aliéné ;
f la récompense s'il y a soulte. — *Civ.*
4 s., 1468 s., 1493, 1702 s.
v° *Contr. de mar.*, 802 s. — S. cod. v°, 254 s.

rt. 1408. L'acquisition faite pendant
mariage, à titre de licitation ou autrement,
portion d'un immeuble dont l'un des
ux était propriétaire par indivis, ne forme
nt un conquêt ; sauf à indemniser l'époux
nauté de la somme qu'elle a fournie pour
e acquisition.

ans le cas où le mari deviendrait seul.
en son nom personnel, acquéreur ou ad-
icataire de portion ou de la totalité d'un
meuble appartenant par indivis à la femme,
le-ci, lors de la dissolution de la commu-
ité, a le choix ou d'abandonner l'effet à la
mmunauté, laquelle devient alors débitrice
ers la femme de la portion appartenant
elle-ci dans le prix, ou de retirer l'im-
uble, en remboursant à la communauté
prix de l'acquisition. — *Civ.* 815 s., 883,
5, 1437, 1468 s., 1493, 1686 s.
. v° *Contr. de mar.*, 811 s. — S. cod. v°, 259 s.

— T. (87-97), v° *Communauté*, 2 s. — V. aussi
N. C. civ. ann., t. 3, art. 1408, n° 1 s.

**§ 2. — Du passif de la communauté, et des
actions qui en résultent contre la communauté.**

Art. 1409. La communauté se compose
passivement :
1° De toutes les dettes mobilières dont les
époux étaient grevés au jour de la célébration de leur mariage, ou dont se trouvent
chargées les successions qui leur échoient
durant le mariage, sauf la récompense pour
celles relatives aux immeubles propres à
l'un ou à l'autre des époux ;
2° Des dettes, tant en capitaux qu'arrérages ou intérêts, contractées par le mari
pendant la communauté, ou par la femme
du consentement du mari, sauf la récompense dans le cas où elle a lieu ;
3° Des arrérages et intérêts seulement des
rentes ou dettes passives qui sont personnelles aux deux époux ;
4° Des réparations usufructuaires des immeubles qui n'entrent point en communauté ;
5° Des aliments des époux, de l'éducation
et entretien des enfants, et de toute autre
charge du mariage. — *Civ.* 203 s., 527 s.,
605 s., 612, 1401, 1410 s., 1419 s., 1437 s.,
1473, 1510 s., 1905.
R. v° *Contr. de mar.*, 840 s. — S. cod. v°, 266 s.
— T. (87-97), v° *Communauté*, 21 s. — V. aussi
N. C. civ. ann., t. 3, art. 1409, n° 1 s.

Art. 1410. La communauté n'est tenue
des dettes mobilières contractées avant le
mariage par la femme, qu'autant qu'elles
résultent d'un acte authentique antérieur au
mariage, ou ayant reçu avant la même époque
une date certaine, soit par l'enregistrement,
soit par le décès d'un ou plusieurs signataires
dudit acte.
Le créancier de la femme, en vertu d'un
acte n'ayant pas de date certaine avant le
mariage, ne peut en poursuivre contre elle
le payement que sur la nue propriété de ses
immeubles personnels.
Le mari qui prétendrait avoir payé pour
sa femme une dette de cette nature, n'en
peut demander la récompense ni à sa femme.
ni à ses héritiers. — *Civ.* 1233, 1317, 1328,
1413, 1417, 1424, 1426, 1485.
R. v° *Contr. de mar.*, 901 s. — S. cod. v°, 297 s.

Art. 1411. Les dettes des successions
purement mobilières qui sont échues aux
époux pendant le mariage, sont pour le tout
à la charge de la communauté. — *Civ.* 724,
870, 1409-1°, 1414 s., 1498, 1510 s.
R. v° *Contr. de mar.*, 930 s. — S. cod. v°, 304 s.

Art. 1412. Les dettes d'une succession
purement immobilière qui échoit à l'un des
époux pendant le mariage, ne sont point à
la charge de la communauté ; sauf le droit
qu'ont les créanciers de poursuivre leur payement sur les immeubles de ladite succession.
Néanmoins, si la succession est échue au
mari, les créanciers de la succession peuvent
poursuivre leur payement, soit sur tous les
biens propres au mari, soit même sur ceux
de la communauté ; sauf, dans ce second cas,
la récompense due à la femme ou à ses héritiers. — *Civ.* 878, 1413 s., 1437, 1470, 1493.
R. v° *Contr. de mar.*, 931 s., 955 s. — S. cod. v°,
305, 313 s.

Art. 1413. Si la succession purement
immobilière est échue à la femme, et que
celle-ci l'ait acceptée du consentement de
son mari, les créanciers de la succession
peuvent poursuivre leur payement sur tous
les biens personnels de la femme ; mais, si
la succession n'a été acceptée par la femme
que comme autorisée en justice au refus du
mari, les créanciers, en cas d'insuffisance
des immeubles de la succession, ne peuvent
se pourvoir que sur la nue propriété des

autres biens personnels de la femme. — *Civ.*
217, 219, 776, 1416 s., 1424, 1426.
R. v° *Contr. de mar.*, 958 s. — S. cod. v°, 313 s.

Art. 1414. Lorsque la succession échue
à l'un des époux est en partie mobilière et
en partie immobilière, les dettes dont elle
est grevée ne sont à la charge de la communauté que jusqu'à concurrence de la portion
contributoire du mobilier dans les dettes, eu
égard à la valeur de ce mobilier comparée à
celle des immeubles.
Cette portion contributoire se règle d'après
l'inventaire auquel le mari doit faire procéder, soit de son chef, si la succession le concerne personnellement, soit comme dirigeant
et autorisant les actions de sa femme, s'il
s'agit d'une succession à elle échue. — *Civ.*
795 s., 1411 s., 1415 s., *Pr.* 941 s.
R. v° *Contr. de mar.*, 932 s. — S. cod. v°, 305.

Art. 1415. A défaut d'inventaire, et dans
tous les cas où ce défaut préjudicie à la
femme, elle ou ses héritiers peuvent, lors
de la dissolution de la communauté, poursuivre les récompenses de droit, et même
faire preuve, tant par titres et papiers domestiques que par témoins, et au besoin par
la commune renommée, de la consistance et
valeur du mobilier non inventorié.
Le mari n'est jamais recevable à faire cette
preuve. — *Civ.* 1411 s., 1418, 1442, 1499,
1504 ; *Com.* 558, 560.
R. v° *Contr. de mar.*, 940 s. — S. cod. v°, 307 s.

Art. 1416. Les dispositions de l'article 1414 ne font point obstacle à ce que les
créanciers d'une succession en partie mobilière et en partie immobilière poursuivent
leur payement sur les biens de la communauté, soit que la succession soit échue au
mari, soit qu'elle soit échue à la femme
lorsque celle-ci l'a acceptée du consentement de son mari ; le tout sauf les récompenses respectives.
Il en est de même si la succession n'a été
acceptée par la femme que comme autorisée
en justice, et que néanmoins le mobilier en
ait été confondu dans celui de la communauté sans un inventaire préalable. — *Civ.*
219, 1414, 1417 s., 1437, 1470, 1493, 1510,
1519, 1524.
R. v° *Contr. de mar.*, 960 s. — S. cod. v°, 310 s.

Art. 1417. Si la succession n'a été acceptée par la femme que comme autorisée en
justice au refus du mari, les créanciers ne peuvent poursuivre
leur payement que sur les biens tant mobi-
liers qu'immobiliers de ladite succession, et,
en cas d'insuffisance, sur la nue propriété
des autres biens personnels de la femme.
R. v° *Contr. de mar.*, 955 s., 960 s. — S. cod. v°,
316 s.

Art. 1418. Les règles établies par les
articles 1411 et suivants régissent les dettes
dépendantes d'une donation, comme celles
résultant d'une succession. — *Civ.* 894 s.
R. v° *Contr. de mar.*, 920.

Art. 1419. Les créanciers peuvent poursuivre le payement des dettes que la femme
a contractées avec le consentement du mari,
tant sur tous les biens de la communauté,
que sur ceux du mari ou de la femme ; sauf
la récompense due à la communauté, ou
l'indemnité due au mari. — *Civ.* 217, 1401,
1409-2°, 1426, 1436 s., 1470, 1493, 2208.
R. v° *Contr. de mar.*, 995 s. — S. cod. v°, 324 s.
— T. (87-97), v° *Communauté*, 28 s.

Art. 1420. Toute dette qui n'est contractée par la femme qu'en vertu de la procuration générale ou spéciale du mari, est à
la charge de la communauté ; et le créancier
n'en peut poursuivre le payement ni contre
la femme ni sur ses biens personnels. —
Civ. 1409-2°, 1431, 1984 s., 1990.
R. v° *Contr. de mar.*, 1002 s. — S. cod. v°, 329 s.
— T. (87-97), v° *Communauté*, 26 s. — V. aussi
N. C. civ. ann., t. 3, art. 1420, n° 1 s.

SECTION II.
De l'administration de la communauté, et de l'effet des actes de l'un ou l'autre époux relativement à la société conjugale.

Art. 1421. Le mari administre seul les biens de la communauté.

Il peut les vendre, aliéner et hypothéquer sans le concours de la femme. — *Civ.* 818, 1401 s., 1422 s., 1428 s., 1531, 1549, 2121, 2208.

R. v° *Contr. de mar.*, 1110 s. — S. *eod.* v°, 376 s. — T. (87-97), v° *Communauté*, 72 s. — V. aussi N. C. civ. ann., t. 3, art. 1421, n° 1 s.

Art. 1422. Il ne peut disposer entre vifs à titre gratuit des immeubles de la communauté, ni de l'universalité ou d'une quotité du mobilier, si ce n'est pour l'établissement des enfants communs.

Il peut néanmoins disposer des effets mobiliers à titre gratuit et particulier, au profit de toutes personnes, pourvu qu'il ne s'en réserve pas l'usufruit. — *Civ.* 203 s., 578, 894, 1081 s., 1439, 1469.

R. v° *Contr. de mar.*, 1163 s. — S. *eod.* v°, 402 s. — T. (87-97), v° *Communauté*, 72 s. — V. aussi N. C. civ. ann., t. 3, art. 1422, n° 1 s.

Art. 1423. La donation testamentaire faite par le mari ne peut excéder sa part dans la communauté.

S'il a donné en cette forme un effet de la communauté, le donataire ne peut le réclamer en nature, qu'autant que l'effet, par l'événement du partage, tombe au lot des héritiers du mari : si l'effet ne tombe point au lot de ces héritiers, le légataire a la récompense de la valeur totale de l'effet donné, sur la part des héritiers du mari dans la communauté et sur les biens personnels de ce dernier. — *Civ.* 1021, 1467 s.

R. v° *Contr. de mar.*, 1186 s. — S. *eod.* v°, 423 s.

Art. 1424. Les amendes encourues par le mari pour crime n'emportant pas *mort civile*, peuvent se poursuivre sur les biens de la communauté, sauf la récompense due à la femme ; celles encourues par la femme ne peuvent s'exécuter que sur la nue propriété de ses biens personnels, tant que dure la communauté. — *Civ.* 23, 25, 1409 s., 1425 s., 1437 ; *Pén.* 18 ; *L.* 31 mai 1854.

R. v° *Contr. de mar.*, 974 s. ; *Responsab.*, 592 s. — S. v° *Contr. de mar.*, 319 s. ; *Responsab.*, 742 s.

Art. 1425. *Abrogé par L. 31 mai 1854.*

Art. 1426. Les actes faits par la femme sans le consentement du mari, et même avec l'autorisation de la justice, n'engagent point les biens de la communauté, si ce n'est lorsqu'elle contracte comme marchande publique et pour le fait de son commerce. — *Civ.* 217 s., 225, 1113, 1116 s., 1127, 1900 ; *Com.* 4, 5, 7, 323 s., 351 s.

R. v° *Contr. de mar.*, 982 s., 1007 s. — S. *eod.* v°, 323 s., 351 s.

Art. 1427. La femme ne peut s'obliger ni engager les biens de la communauté, même pour tirer son mari de prison, ou pour l'établissement de ses enfants en cas d'absence du mari, qu'après y avoir été autorisée par justice. — *Civ.* 203 s., 217 s., 1535, 1538, 1555 s.

R. v° *Contr. de mar.*, 1007 s. — S. *eod.* v°, 351 s.

Art. 1428. Le mari a l'administration de tous les biens personnels de la femme.

Il peut exercer seul toutes les actions mobilières et possessoires qui appartiennent à la femme.

Il ne peut aliéner les immeubles personnels de sa femme sans son consentement.

Il est responsable de tout dépérissement des biens personnels de sa femme, causé par défaut d'actes conservatoires. — *Civ.* 213, 818, 1137, 1382, 1421, 1429 s., 1531, 1536, 1549, 1562, 1576, 2254 s. ; *Pr.* 3, 23 s.

R. v° *Contr. de mar.*, 1135 s., 1287 s. — S. *eod.* v°, 392 s., 471 s. — T. (87-97), v° *Communauté*, 98 s. — V. aussi N. C. civ. ann., t. 3, art. 1428, n° 1 s.

Art. 1429. Les baux que le mari seul a faits des biens de sa femme pour un temps qui excède neuf ans, ne sont, en cas de dissolution de la communauté, obligatoires vis-à-vis de la femme ou de ses héritiers que pour le temps qui reste à courir soit de la première période de neuf ans, si les parties s'y trouvent encore, soit de la seconde, et ainsi de suite, de manière que le fermier n'ait que le droit d'achever la jouissance de la période de neuf ans où il se trouve. — *Civ.* 595, 1430, 1709 s., 1718.

R. v° *Contr. de mar.*, 1364 s. — S. *eod.* v°, 491 s.

Art. 1430. Les baux de neuf ans ou au-dessous que le mari seul a passés ou renouvelés des biens de sa femme, plus de trois ans avant l'expiration du bail courant s'il s'agit de biens ruraux, et plus de deux ans avant la même époque s'il s'agit de maisons, sont sans effet, à moins que leur exécution n'ait commencé avant la dissolution de la communauté. — *Civ.* 1429.

R. v° *Contr. de mar.*, 1364 s. — S. *eod.* v°, 491 s.

Art. 1431. La femme qui s'oblige solidairement avec son mari pour les affaires de la communauté ou du mari, n'est réputée, à l'égard de celui-ci, s'être obligée que comme caution ; elle doit être indemnisée de l'obligation qu'elle a contractée. — *Civ.* 1200 s., 1432, 1438, 1478, 1182 s., 1487, 1494 s., 2011 s.

R. v° *Contr. de mar.*, 1051 s. — S. *eod.* v°, 343 s.

Art. 1432. Le mari qui garantit solidairement ou autrement la vente que sa femme a faite d'un immeuble personnel, a pareillement un recours contre elle, soit sur sa part dans la communauté, soit sur ses biens personnels, s'il en est inquiété. — *Civ.* 1431.

Art. 1433. S'il est vendu un immeuble appartenant à l'un des époux, de même que si l'on s'est rédimé en argent de services fonciers dus à des héritages propres à l'un d'eux, et que le prix en ait été versé dans la communauté, le tout sans remploi, il y a lieu au prélèvement de ce prix sur la communauté, au profit de l'époux qui était propriétaire, soit de l'immeuble vendu, soit des services rachetés. — *Civ.* 637 s., 686 s., 1434 s., 1437, 1470, 1473, 1493.

R. v° *Contr. de mar.*, 1487 s. — S. *eod.* v°, 556 s. — T. (87-97), v° *Communauté*, 93 s.

Art. 1434. Le remploi est censé fait à l'égard du mari, toutes les fois que, lors d'une acquisition, il a déclaré qu'elle était faite des deniers provenus de l'aliénation de l'immeuble qui lui était personnel, et pour lui tenir lieu de remploi. — *Civ.* 1435 s., 1553, 1595.

R. v° *Contr. de mar.*, 1390 s. — S. *eod.* v°, 507 s. — T. (87-97), v° *Remploi*, 1 s. — V. aussi N. C. civ. ann., t. 3, art. 1434, n° 1 s.

Art. 1435. La déclaration du mari que l'acquisition est faite des deniers provenus de l'immeuble vendu par la femme et pour lui servir de remploi, ne suffit point, si ce remploi n'a été formellement accepté par la femme : si elle ne l'a pas accepté, elle a simplement droit, lors de la dissolution de la communauté, à la récompense du prix de son immeuble vendu. — *Civ.* 1407 s., 1437, 1470, 1493, 1559, 1595.

R. v° *Contr. de mar.*, 1413 s. — S. *eod.* v°, 515 s. — V. aussi N. C. civ. ann., t. 3, art. 1435, n° 1 s.

Art. 1436. La récompense du prix de l'immeuble appartenant au mari ne s'exerce que sur la masse de la communauté ; celle du prix de l'immeuble appartenant à la femme s'exerce sur les biens personnels du mari, en cas d'insuffisance des biens de la communauté. Dans tous les cas, la récompense n'a lieu que sur le pied de la vente, quelque allégation qui soit faite touchant la valeur de l'immeuble aliéné. — *Civ.* 1437, 1468 s.

R. v° *Contr. de mar.*, 1487 s. — S. *eod.* v°, 556 s.

Art. 1437. Toutes les fois qu'il est pris sur la communauté une somme soit pour acquitter les dettes ou charges personnelles à l'un des époux, telles que le prix ou partie du prix d'un immeuble à lui propre ou le rachat de services fonciers, soit pour le recouvrement, la conservation ou l'amélioration de ses biens personnels, et généralement toutes les fois que l'un des deux époux a tiré un profit personnel des biens de la communauté, il en doit la récompense. — *Civ.* 1403, 1406 s., 1412, 1415 s., 1419, 1423 s., 1431, 1433 s., 1468 s., 1473.

R. v° *Contr. de mar.*, 960 s., 1511 s. — S. *eod.* v°, 318, 567 s. — T. (87-97), v° *Communauté*, 110 s. — V. aussi N. C. civ. ann., t. 3, art. 1437, n° 1 s.

Art. 1438. Si le père et la mère ont doté conjointement l'enfant commun, sans exprimer la portion pour laquelle ils entendaient y contribuer, ils sont censés avoir doté chacun pour moitié, soit que la dot ait été fournie ou promise en effets de la communauté, soit qu'elle l'ait été en biens personnels à l'un des deux époux.

Au second cas, l'époux dont l'immeuble ou l'effet personnel a été constitué en dot, a, sur les biens de l'autre, une action en indemnité pour la moitié de ladite dot, eu égard à la valeur de l'effet donné, au temps de la donation. — *Civ.* 203 s., 1081 s., 1422, 1431, 1469, 1514 s.

R. v° *Contr. de mar.*, 1194 s. — S. *eod.* v°, 429 s. — T. (87-97), v° *Communauté*, 81 s. — V. aussi N. C. civ. ann., t. 3, art. 1438, n° 1 s.

Art. 1439. La dot constituée par le mari seul à l'enfant commun, en effets de la communauté, est à la charge de la communauté ; et, dans le cas où la communauté est acceptée par la femme, celle-ci doit supporter la moitié de la dot, à moins que le mari n'ait déclaré expressément qu'il s'en chargeait pour le tout, ou pour une portion plus forte que la moitié. — *Civ.* 1422, 1427, 1438.

R. v° *Contr. de mar.*, 1194 s. — S. *eod.* v°, 429 s. — T. (87-97), v° *Communauté*, 81 s.

Art. 1440. La garantie de la dot est due par toute personne qui l'a constituée ; et ses intérêts courent du jour du mariage, encore qu'il y ait terme pour le payement, s'il n'y a stipulation contraire. — *Civ.* 75, 1153 s., 1186 s., 1547 s., 1570, 1626 s., 1907.

R. v° *Contr. de mar.*, 1233 s. — S. *eod.* v°, 447 s. — T. (87-97), v° *Communauté*, 81 s. — V. aussi N. C. civ. ann., t. 3, art. 1440, n° 1 s.

SECTION III.
De la dissolution de la communauté, et de quelques-unes de ses suites.

Art. 1441. La communauté se dissout : 1° par la mort naturelle ; 2° par la mort civile ; 3° par le divorce ; 4° par la séparation de corps ; 5° par la séparation de biens. — *Civ.* 23 s., 121, 129 s., 227, 311, 1413 s. ; *Com.* 557 s. ; *L.* 31 mai 1854.

R. v° *Contr. de mar.*, 1551 s. — S. *eod.* v°, 586. — T. (87-97), v° *Communauté*, 125 s.

Art. 1442. Le défaut d'inventaire après la mort naturelle ou civile de l'un des époux, ne donne pas lieu à la continuation de la communauté ; sauf les poursuites des parties intéressées, relativement à la consistance des biens et effets communs, dont la preuve pourra être faite tant par titre que par la commune renommée.

S'il y a des enfants mineurs, le défaut d'inventaire fait perdre en outre à l'époux survivant la jouissance de leurs revenus ; et le subrogé tuteur qui ne l'a point obligé à faire inventaire, est solidairement tenu avec lui de toutes les condamnations qui peuvent être prononcées au profit des mineurs. — *Civ.* 384 s., 420, 451, 795, 1415, 1442 s., 1504 ; *Pr.* 941 s. ; *L.* 31 mai 1854.

R. v° *Contr. de mar.*, 1563 s. — S. *eod.* v°, 587 s. — T. (87-97), v° *Communauté*, 125 s. — V. aussi N. C. civ. ann., t. 3, art. 1442, n° 1 s.

rt. 1443. La séparation de biens ne être poursuivie qu'en justice par la ne dont la dot est mise en péril, et que le désordre des affaires du mari e lieu de craindre que les biens de -ci ne soient point suffisants pour rem- les droits et reprises de la femme. ute séparation volontaire est nulle. — 5, 311, 1133, 1172, 1387 s., 1395, 1444 s., ; Pr. 49-7°, 865 s.; Com. 65 s., 557 s. v° Contr. de mar., 1625 s. — S. cod. r°. 398 s. (87-97). v° Séparat. de biens, 2 s. — V. aussi civ. ann., t. 3. art. 1443, n° 1 s.

rt. 1444. La séparation de biens, que prononcée en justice, est nulle si n'a point été exécutée par le payement des droits et reprises de la femme. ué par acte authentique, jusqu'à con- ence des biens du mari, ou au moins des poursuites commencées dans la zaine qui a suivi le jugement, et non rompues depuis. — Civ. 1595-1°; Pr. ~ Contr. de mar., 1794 s. — S. cod. r°. 616 s. (87-97), v° Séparat. de biens, 34 s. — V. aussi civ. ann., t. 3, art. 1444, n° 1 s. s.

rt. 1445. Toute séparation de biens avant son exécution, être rendue pu- e par l'affiche sur un tableau à ce des- dans la principale salle du tribunal de ière instance, et de plus, si le mari est hand, banquier ou commerçant, dans du tribunal de commerce du lieu de son cile; et ce, à peine de nullité de l'exé- n. jugement qui prononce la séparation de , remonte, quant à ses effets, au jour demande. — Pr. 866 s., 872 s.; Com. 70. ~ Contr. de mar., 1768 s. — 1912 s. — S. cod. r°. , 673 s. — T. (87-97). v° Séparat. de biens. — V. aussi N. C. civ. ann., t. 3, art. 1445, s.

rt. 1446. Les créanciers personnels de mme ne peuvent, sans son consentement, nder la séparation de biens. annois, en cas de faillite ou de décon- du mari, ils peuvent exercer les droits eur débiteur jusqu'à concurrence du eur et de leurs créances. — Civ. 1166, 1449, 1461; Com. 557 s. ~ Contr. de mar., 1682 s. — S. cod. r°. 649 s.

rt. 1447. Les créanciers du mari ent se pourvoir contre la séparation de s prononcée et même exécutée en fraude urs droits; ils peuvent même intervenir l'instance sur la demande en séparation la contester. — Civ. 1166 s., 1461; Pr. , 474 s., 871 s. ~ Contr. de mar., 1872 s. — S. cod. r°. 664 s.

rt. 1448. La femme qui a obtenu la ation de biens, doit contribuer. propor- ellement à ses facultés et à celles du , tant aux frais du ménage qu'à ceux cation des enfants communs. e doit supporter entièrement ces frais, e reste rien au mari. — Civ. 203, 212. 1575. ~ Contr. de mar., 1947 s. — S. cod. r°. 685 s.

rt. 1449. La femme séparée soit de s et de biens, soit de biens seulement. prend la libre administration. e peut disposer de son mobilier, et ner. le ne peut aliéner ses immeubles sans le entement du mari, ou sans être auto- en justice à son refus. — Civ. 215, s., 311, 1124, 1421, 1450 s., 1536 s., v° Contr. de mar., 1904 s. — S. cod. r°. 692 s. , aussi N. C. civ. ann., t. 3, art. 1449, n° 1 s. près l'article 311 nouveau, la femme séparée de corps nd le plein exercice de sa capacité civile.

rt. 1450. Le mari n'est point garant éfaut d'emploi ou de remploi du prix de neuble que la femme séparée a aliéné

---

sous l'autorisation de la justice, à moins qu'il n'ait concouru au contrat, ou qu'il ne soit prouvé que les deniers ont été reçus par lui, ou ont tourné à son profit. Il est garant du défaut d'emploi ou de rem- ploi, si la vente a été faite en sa présence et de son consentement : il ne l'est point de l'utilité de cet emploi. — Civ. 1126 s. R. v° Contr. de mar., 2026 s. — S. cod. v°, 722 s.

Art. 1451. La communauté dissoute par la séparation soit de corps et de biens, soit de biens seulement, peut être rétablie du consentement des deux parties. Elle ne peut l'être que par un acte passé devant notaires et avec minute, dont une expédition doit être affichée dans la forme de l'article 1445. En ce cas, la communauté rétablie reprend son effet du jour du mariage; les choses sont remises au même état que s'il n'y avait point eu de séparation, sans préjudice néanmoins de l'exécution des actes qui, dans cet inter- valle, ont pu être faits par la femme en con- formité de l'article 1449. Toute convention par laquelle les époux rétabliraient leur communauté sous des con- ditions différentes de celles qui la réglaient antérieurement, est nulle. — Civ. 6, 309, 900, 1133, 1172, 1317, 1394 s., 1443 s. R. v° Contr. de mar., 2075 s. — S. cod. v°, 733 s. D'après l'article 311 nouveau, la femme séparée de corps reprend le plein exercice de sa capacité civile.

Art. 1452. La dissolution de la commu- nauté opérée par le divorce ou par la sépa- ration soit de corps et de biens, soit de biens seulement, ne donne pas ouverture aux droits de survie de la femme; mais celle-ci con- serve la faculté de les exercer lors de la mort naturelle ou civile de son mari. — Civ. 299, 311, 1518; Pén. 18; L. 31 mai 1854. R. v° Contr. de mar., 2058 s. — S. cod. v°, 730 s.

SECTION IV.
De l'acceptation de la communauté, et de la renonciation qui peut y être faite, avec les conditions qui y sont relatives.

Art. 1453. Après la dissolution de la communauté, la femme ou ses héritiers et ayants cause ont la faculté de l'accepter ou d'y renoncer : toute convention contraire est nulle. — Civ. 1163, 1166, 1492, 1520, 1524. R. v° Contr. de mar., 2134 s. — S. cod. v°, 748 s.

Art. 1454. La femme qui s'est immiscée dans les biens de la communauté, ne peut y renoncer. Les actes purement administratifs ou con- servatoires n'emportent point immixtion. — Civ. 778 s., 1463, 2236. R. v° Contr. de mar., 2095 s. — S. cod. v°, 739 s.

Art. 1455. La femme majeure qui a pris dans un acte la qualité de commune, ne peut plus y renoncer ni se faire restituer contre cette qualité, quand même elle l'aurait prise avant d'avoir fait inventaire, s'il n'y a eu dol de la part des héritiers du mari. — Civ. 488, 776, 778, 783, 1116, 1304. R. v° Contr. de mar., 2115 s. — S. cod. v°, 743 s.

Art. 1456. La femme survivante qui veut conserver la faculté de renoncer à la communauté, doit, dans les trois mois du jour du décès du mari, faire faire un inven- taire fidèle et exact de tous les biens de la communauté, contradictoirement avec les hé- ritiers du mari, ou eux dûment appelés. Cet inventaire doit être par elle affirmé sincère et véritable, lors de sa clôture, devant l'officier public qui l'a reçu. — Civ. 793 s., 1463, 1482; Pr. 174, 942 s.

Art. 1457. Dans les trois mois et qua- rante jours après le décès du mari, elle doit faire sa renonciation au greffe du tribunal de première instance dans l'arrondissement du- quel le mari avait son domicile; cet acte doit être inscrit sur le registre établi pour rece-

---

voir les renonciations à succession. — Civ. 102, 110, 784, 793, 795 s., 1458 s., 1492 s.; Pr. 174, 874, 997.

Art. 1458. La veuve peut, suivant les circonstances, demander au tribunal de pre- mière instance une prorogation du délai pres- crit par l'article précédent pour sa renoncia- tion; cette prorogation est, s'il y a lieu, prononcée contradictoirement avec les héri- tiers du mari, ou eux dûment appelés. — Civ. 798 s., 1461 s.; Pr. 174.

Art. 1459. La veuve qui n'a point fait sa renonciation dans le délai ci-dessus pres- crit, n'est pas déchue de la faculté de re- noncer si elle ne s'est point immiscée et qu'elle ait fait inventaire; elle peut seule- ment être poursuivie comme commune jus- qu'à ce qu'elle ait renoncé, et elle doit les frais faits contre elle jusqu'à sa renoncia- tion. Elle peut également être poursuivie après l'expiration des quarante jours depuis la clô- ture de l'inventaire, s'il a été clos avant les trois mois. — Civ. 789, 794 s., 797, 800, 1454, 1456; Pr. 174, 187. R. v° Contr. de mar., 2145 s., 2184 s. — S. cod. v°. 753 s.

Art. 1460. La veuve qui a diverti ou recélé quelques effets de la communauté, est déclarée commune, nonobstant sa renoncia- tion; il en est de même à l'égard de ses héri- tiers. — Civ. 792, 801, 1477. R. v° Contr. de mar., 2193 s. — S. cod. v°. 702 s.

Art. 1461. Si la veuve meurt avant l'ex- piration des trois mois sans avoir fait ou ter- miné l'inventaire, les héritiers auront, pour faire ou pour terminer l'inventaire, un nou- veau délai de trois mois, à compter du décès de la veuve, et de quarante jours pour dé- libérer, après la clôture de l'inventaire. Si la veuve meurt ayant terminé l'inven- taire, ses héritiers auront, pour délibérer. un nouveau délai de quarante jours à compter de son décès. Ils auront, au surplus, pour délibérer la com- munauté dans les formes établies ci-dessus; et les articles 1458 et 1459 leur sont appli- cables. — Civ. 784, 1454, 1457, 1466, 1475. 1491; Pr. 417, 997. R. v° Contr. de mar., 2230 s. — S. cod. v°. 780 s.

Art. 1462. Abrogé par L. 31 mai 1854.

Art. 1463. La femme divorcée ou sé- parée de corps, qui n'a point, dans les trois mois et quarante jours après le divorce ou la séparation définitivement prononcés, ac- cepté la communauté, est censée y avoir renoncé, à moins qu'étant encore dans le délai, elle n'en ait obtenu la prorogation en justice, contradictoirement avec le mari, ou lui dûment appelé. — Civ. 311, 1444, 1456 s., 1518; Pr. 174, 874. R. v° Contr. de mar., 2121 s., 2233 s. — S. cod. v°; 740 s., 783 s. — V. aussi N. C. civ. ann., t. 3. art. 1463, n° 1 s.

Art. 1464. Les créanciers de la femme peuvent attaquer la renonciation qui aurait été faite par elle ou par ses héritiers en fraude de leurs créances, et accepter la communauté de leur chef. — Civ. 788, 1166 s., 1446 s., 2225. R. v° Contr. de mar., 2253 s. — S. cod. v°, 789.

Art. 1465. La veuve, soit qu'elle ac- cepte, soit qu'elle renonce, a droit, pendant les trois mois et quarante jours qui lui sont accordés pour faire inventaire et délibérer, de prendre sa nourriture et celle de ses do- mestiques sur les provisions existantes, et, à défaut, par emprunt au compte de la masse commune, à la charge d'en user mo- dérément. Elle ne doit aucun loyer à raison de l'ha- bitation qu'elle a pu faire, pendant ces délais, dans une maison dépendante de la commu- nauté ou appartenant aux héritiers du mari; et si la maison qu'habitaient les époux à l'époque de la dissolution de la communauté, était tenue par eux à titre de loyer, la femme ne contribuera point, pendant les mêmes délais, au payement dudit loyer, lequel sera pris sur la masse. — *Civ.* 1109-5°, 1495, 1570.

R. v° *Contr. de mar.*, 2262 s. — S. *cod.* v°, 790 s.

Art. 1466. Dans le cas de dissolution de la communauté par la mort de la femme, ses héritiers peuvent renoncer à la communauté dans les délais et dans les formes que la loi prescrit à la femme survivante. — *Civ.* 724, 781, 1453, 1456 s., 1460 s., 1461, 1475, 1491; *Pr.* 997.

R. v°. *Contr. de mar.*, 2233 s. — S. *cod.* v°, 781 s.

SECTION V.
Du partage de la communauté après l'acceptation.

Art. 1467. Après l'acceptation de la communauté par la femme ou ses héritiers, l'actif se partage, et le passif est supporté de la manière ci-après déterminée. — *Civ.* 815 s., 1401, 1409, 1453, 1468 s.

R. v° *Contr. de mar.*, 2200 s. — S. *cod.* v°, 798 s.

§ 1. — Du partage de l'actif.

Art. 1468. Les époux ou leurs héritiers rapportent à la masse des biens existants, tout ce dont ils sont débiteurs envers la communauté à titre de récompense ou d'indemnité, d'après les règles ci-dessus prescrites, à la section 2 de la première partie du présent chapitre. — *Civ.* 829, 843 s., 858, 1406 s., 1412, 1419, 1421 s., 1437.

R. v° *Contr. de mar.*, 2332 s. — S. *cod.* v°, 811 s.

Art. 1469. Chaque époux ou son héritier rapporte également les sommes qui ont été tirées de la communauté, ou la valeur des biens que l'époux y a pris pour doter un enfant d'un autre lit, ou pour doter personnellement l'enfant commun. — *Civ.* 829 s., 1081 s., 1422, 1438 s., 1544.

R. v° *Contr. de mar.*, 2341 s. — S. *cod.* v°, 821 s.

Art. 1470. Sur la masse des biens, chaque époux ou son héritier prélève :

1° Ses biens personnels qui ne sont point entrés en communauté, s'ils existent en nature, ou ceux qui ont été acquis en remploi;

2° Le prix de ses immeubles qui ont été aliénés pendant la communauté, et dont il n'a point été fait remploi;

3° Les indemnités qui lui sont dues par la communauté. — *Civ.* 1403 s., 1419, 1431 s., 1471; *Com.* 557 s.

R. v° *Contr. de mar.*, 2368 s. — S. *cod.* v°, 834 s.

Art. 1471. Les prélèvements de la femme s'exercent avant ceux du mari.

Ils s'exercent pour les biens qui existent plus en nature, d'abord sur l'argent comptant, ensuite sur le mobilier, et subsidiairement sur les immeubles de la communauté : dans ce dernier cas, le choix des immeubles est déféré à la femme et à ses héritiers. — *Civ.* 1436, 2093, 2121; *Com.* 557 s.

R. v° *Contr. de mar.*, 2378 s., 2404 s. — S. *cod.* v°, 835 s., 838 s. — V. aussi N. C. civ. ann., t. 3, art. 1471, n° 1 s.

Art. 1472. Le mari ne peut exercer ses reprises que sur les biens de la communauté.

La femme et ses héritiers, en cas d'insuffisance de la communauté, exercent leurs reprises sur les biens personnels du mari. — *Civ.* 1421, 1436, 1495, 2135; *Com.* 557 s.

R. v° *Contr. de mar.*, 2380 s., 2417 s. — S. *cod.* v°, 868 s.

Art. 1473. Les remplois et récompenses dus par la communauté aux époux, et les récompenses et indemnités par eux dues à la communauté, emportent les intérêts de plein droit du jour de la dissolution de la communauté. — *Civ.* 1153 s., 1440 s., 1479, 1905 s.

R. v° *Contr. de mar.*, 2357 s. — S. *cod.* v°, 830 s.

Art. 1474. Après que tous les prélèvements des deux époux ont été exécutés sur la masse, le surplus se partage par moitié entre les époux ou ceux qui les représentent. — *Civ.* 1476, 1482 1509.

R. v° *Contr. de mar.*, 2425.

Art. 1475. Si les héritiers de la femme sont divisés, en sorte que l'un ait accepté la communauté à laquelle l'autre a renoncé, celui qui a accepté ne peut prendre que sa portion virile et héréditaire dans les biens qui échoient au lot de la femme.

Le surplus reste au mari, qui demeure chargé, envers l'héritier renonçant, des droits que la femme aurait pu exercer en cas de renonciation, mais jusqu'à concurrence seulement de la portion virile héréditaire du renonçant. — *Civ.* 782, 870, 873, 1466, 1491, 1495.

R. v° *Contr. de mar.*, 2426 s. — S. *cod.* v°, 870.

Art. 1476. Au surplus, le partage de la communauté, pour tout ce qui concerne ses formes, la licitation des immeubles quand il y a lieu, les effets du partage, la garantie qui en résulte, et les soultes, sont soumis à toutes les règles qui sont établies au titre *Des successions* pour les partages entre cohéritiers. — *Civ.* 815 s., 883 s., 2103-3°, 2109; *Pr.* 953 s., 966 s.

R. v° *Contr. de mar.*, 2300 s. — S. *cod.* v°, 801 s.

Art. 1477. Celui des époux qui aurait diverti ou recélé quelques effets de la communauté, est privé de sa portion dans lesdits effets. — *Civ.* 792, 801, 1460.

R. v° *Contr. de mar.*, 2104 s., 2429 s. — S. *cod.* v°, 762 s. 871 s. — V. aussi N. C. civ. ann., t. 3, art. 1477, n° 1 s.

Art. 1478. Après le partage consommé, si l'un des deux époux est créancier personnel de l'autre, comme lorsque le prix de son bien a été employé à payer une dette personnelle de l'autre époux, ou pour toute autre cause, il exerce sa créance sur la part qui est échue à celui-ci dans la communauté ou sur ses biens personnels. — *Civ.* 1432, 1479 s., 1511, 1513.

R. v° *Contr. de mar.*, 2438 s. — S. *cod.* v°, 880.

Art. 1479. Les créances personnelles que les époux ont à exercer l'un contre l'autre, ne portent intérêt que du jour de la demande en justice. — *Civ.* 1153, 1440, 1473, 1512, 1570.

R. v° *Contr. de mar.*, 2362 s. — S. *cod.* v°, 831 s.

Art. 1480. Les donations que l'un des époux a pu faire à l'autre, ne s'exécutent que sur la part du donateur dans la communauté, et sur ses biens personnels. — *Civ.* 1091, 1438 s., 1478, 1483.

R. v° *Contr. de mar.*, 2447. — S. *cod.* v°, 882.

Art. 1481. Le deuil de la femme est aux frais des héritiers du mari prédécédé.

La valeur de ce deuil est réglée selon la fortune du mari.

Il est dû même à la femme qui renonce à la communauté. — *Civ.* 1465, 1492, 1570; *Pr.* 997.

R. v° *Contr. de mar.*, 2278 s. — S. *cod.* v°, 795 s.

§ 2. — Du passif de la communauté, et de la contribution aux dettes.

Art. 1482. Les dettes de la communauté sont pour moitié à la charge de chacun des époux ou de leurs héritiers : les frais de scellé, inventaire, vente de mobilier, liquidation, licitation et partage, font partie de ces dettes. — *Civ.* 1409 s., 1414, 1490, 1510; *Pr.* 907 s., 913.

R. v° *Contr. de mar.*, 2449 s., 2511 s., 2517 s. — S. *cod.* v°, 863 s., 912 s., 915 s.

Art. 1483. La femme n'est tenue des dettes de la communauté, soit à l'égard du mari, soit à l'égard des créanciers, que jusqu'à concurrence de son émolument, pourvu qu'il y ait eu bon et fidèle inventaire, et en

rendant compte tant du contenu de cet inventaire que de ce qui lui est échu par le partage. — *Civ.* 1456, 1474, 1486, 1510 s.

R. v° *Contr. de mar.*, 2457 s. — S. *cod.* v°, 889 s. — V. aussi N. C. civ. ann., t. 3, art. 1483, n° 1 s.

Art. 1484. Le mari est tenu, pour la totalité, des dettes de la communauté par lui contractées; sauf son recours contre la femme ou ses héritiers pour la moitié desdites dettes. — *Civ.* 1478, 1482, 1486.

R. v° *Contr. de mar.*, 2452 s. — S. *cod.* v°, 885 s.

Art. 1485. Il n'est tenu que pour moitié, de celles personnelles à la femme et qui étaient tombées à la charge de la communauté. — *Civ.* 1410, 1413.

R. v° *Contr. de mar.*, 2455 s. — S. *cod.* v°, 887 s.

Art. 1486. La femme peut être poursuivie pour la totalité des dettes qui procèdent de son chef et étaient entrées dans la communauté, sauf son recours contre le mari ou son héritier, pour la moitié desdites dettes. — *Civ.* 1478, 1484, 1490.

R. v° *Contr. de mar.*, 2463. — S. *cod.* v°, 904.

Art. 1487. La femme, même personnellement obligée pour une dette de communauté, ne peut être poursuivie que pour la moitié de cette dette, à moins que l'obligation ne soit solidaire. — *Civ.* 1200, 1431, 1489.

R. v° *Contr. de mar.*, 2486 s. — S. *cod.* v°, 901 s.

Art. 1488. La femme qui aurait payé une dette de la communauté au delà de sa moitié, n'a point de répétition contre le créancier pour l'excédent, à moins que la quittance n'exprime que ce qu'elle a payé était pour sa moitié. — *Civ.* 1235, 1377, 1410.

R. v° *Contr. de mar.*, 2491 s. — S. *cod.* v°, 907 s.

Art. 1489. Celui des deux époux qui, par l'effet de l'hypothèque exercée sur l'immeuble à lui échu en partage, se trouve poursuivi pour la totalité d'une dette de communauté, a de droit son recours pour la moitié de cette dette contre l'autre époux ou ses héritiers. — *Civ.* 873, 1489, 2114.

R. v° *Contr. de mar.*, 2500 s. — S. *cod.* v°, 910.

Art. 1490. Les dispositions précédentes ne font point obstacle à ce que, le partage, l'un ou l'autre des copartageants soit chargé de payer une quotité de dettes autre que la moitié, même de les acquitter entièrement.

Toutes les fois que l'un des copartageants a payé les dettes de la communauté au delà de la portion dont il était tenu, il y a lieu au recours de celui qui a trop payé contre l'autre. — *Civ.* 1484, 1486.

R. v° *Contr. de mar.*, 2519 s. — S. *cod.* v°, 916 s.

Art. 1491. Tout ce qui est dit ci-dessus à l'égard du mari ou de la femme, a lieu à l'égard des héritiers de l'un ou de l'autre; et ces héritiers exercent les mêmes droits et sont soumis aux mêmes actions que le conjoint qu'ils représentent. — *Civ.* 724, 1461, 1466, 1475, 1495, 1566.

R. v° *Contr. de mar.*, 2580.

SECTION VI.
De la renonciation à la communauté, et de ses effets.

Art. 1492. La femme qui renonce, perd toute espèce de droit sur les biens de la communauté, et même sur le mobilier qui y est entré de son chef.

Elle retire seulement les linges et hardes à son usage. — *Civ.* 1451, 1457, 1493 s., 1495-2°, 1566-2°; *Com.* 460, 469.

R. v° *Contr. de mar.*, 2526 s. — S. *cod.* v°, 921 s.

Art. 1493. La femme renonçante a le droit de reprendre :

1° Les immeubles à elle appartenant, lorsqu'ils existent en nature, ou l'immeuble qui a été acquis en remploi;

2° Le prix de ses immeubles aliénés dont le remploi n'a pas été fait et accepté comme est dit ci-dessus;

3° Toutes les indemnités qui peuvent lui être dues par la communauté. — *Civ.* 1404 s., 1433 s., 1470; *Com.* 570.

R. v° *Contr. de mar.,* 2530.

Art. 1494. La femme renonçante est déchargée de toute contribution aux dettes de la communauté, tant à l'égard du mari qu'à l'égard des créanciers. Elle reste néanmoins tenue envers ceux-ci lorsqu'elle s'est obligée conjointement avec son mari, ou lorsque la dette, devenue dette de la communauté, provenait originairement de son chef; le tout sauf son recours contre le mari et ses héritiers. — *Civ.* 1431, 1482, 1487.

R. v° *Contr. de mar.,* 2541 s. — S. *eod.* v°, 929 s.

Art. 1495. Elle peut exercer toutes les actions et reprises ci-dessus détaillées, tant sur les biens de la communauté que sur les biens personnels du mari.

Ses héritiers le peuvent de même, sauf en ce qui concerne le prélèvement des linges et hardes, ainsi que le logement et la nourriture pendant le délai donné pour faire inventaire et délibérer; lesquels droits sont purement personnels à la femme survivante. — *v.* 1054, 1465, 1492, 1514.

R. v° *Contr. de mar.,* 2531 s.

DISPOSITION

RELATIVE A LA COMMUNAUTÉ LÉGALE, LORSQUE L'UN DES ÉPOUX OU TOUS DEUX ONT DES ENFANTS DE PRÉCÉDENTS MARIAGES.

Art. 1496. Tout ce qui est dit ci-dessus, sera observé même lorsque l'un des époux ou tous deux auront des enfants de précédents mariages.

Si toutefois la confusion du mobilier et des dettes opérait, au profit de l'un des époux, un avantage supérieur à celui qui est autorisé par l'article 1098, au titre *Des donations entre vifs et des testaments,* les enfants du premier lit de l'autre époux auront l'action en retranchement. — *Civ.* 1098, 1401, 1527.

R. v° *Contr. de mar.,* 2554, 3054 s. — S. *eod.* v°, 5, 1086 s.

—DEUXIÈME PARTIE.

De la communauté conventionnelle, et des conventions qui peuvent modifier ou même exclure la communauté légale.

Art. 1497. Les époux peuvent modifier la communauté légale par toute espèce de conventions non contraires aux articles 1387, 1388, 1389 et 1390.

Les principales modifications sont celles qui ont lieu en stipulant de l'une ou de l'autre des manières qui suivent; savoir:

1° Que la communauté n'embrassera que les acquêts;

2° Que le mobilier présent ou futur n'entrera point en communauté, ou n'y entrera que pour une partie;

3° Qu'on y comprendra tout ou partie des immeubles présents ou futurs, par la voie de l'ameublissement;

4° Que les époux payeront séparément leurs dettes antérieures au mariage;

5° Qu'en cas de renonciation, la femme pourra reprendre ses apports francs et quittes;

6° Que le survivant aura un préciput;

7° Que les époux auront des parts inégales;

8° Qu'il y aura entre eux communauté à titre universel. — *Civ.* 1387 s., 1498, 1500 s., 1510, 1514, 1520 s.

R. v° *Contr. de mar.,* 2555 s. — S. *eod.* v°, 930 s.

SECTION PREMIÈRE.

De la communauté réduite aux acquêts.

Art. 1498. Lorsque les époux stipulent qu'il n'y aura entre eux qu'une communauté

d'acquêts, ils sont censés exclure de la communauté et les dettes de chacun d'eux actuelles et futures, et leur mobilier respectif présent et futur.

En ce cas, et après que chacun des époux a prélevé ses apports dûment justifiés, le partage se borne aux acquêts faits par les époux ensemble ou séparément durant le mariage, et provenant tant de l'industrie commune que des économies faites sur les fruits et revenus des biens des deux époux. — *Civ.* 1404 s., 1581.

R. v° *Contr. de mar.,* 2580 s. — S. *eod.* v°, 938 s. — V. aussi N. C. **civ.** ann., t. 3, art. 1498, n°° 1 s.

Art. 1499. Si le mobilier existant lors du mariage, ou échu depuis, n'a pas été constaté par inventaire ou état en bonne forme, il est réputé acquêt. — *Civ.* 527 s., 535, 1402, 1415, 1504, 1581; *Pr.* 943.

R. v° *Contr. de mar.,* 2613 s. — S. *eod.* v°, 978 s.

SECTION II.

De la clause qui exclut de la communauté le mobilier en tout ou partie.

Art. 1500. Les époux peuvent exclure de leur communauté tout leur mobilier présent et futur.

Lorsqu'ils stipulent qu'ils en mettront réciproquement dans la communauté jusqu'à concurrence d'une somme ou d'une valeur déterminée, ils sont, par cela seul, censés se réserver le surplus. — *Civ.* 1401, 1421 s., 1503 s.

R. v° *Contr. de mar.,* 2663 s. — S. *eod.* v°, 1005 s. — V. aussi N. C. **civ.** ann., t. 3, art. 1500, n°° 1 s.

Art. 1501. Cette clause rend l'époux débiteur envers la communauté, de la somme qu'il a promis d'y mettre, et l'oblige à justifier de cet apport. — *Civ.* 1315, 1468, 1502 s., 1511, 1845 s.

R. v° *Contr. de mar.,* 2736.

Art. 1502. L'apport est suffisamment justifié, quant au mari, par la déclaration portée au contrat de mariage que son mobilier est de telle valeur.

Il est suffisamment justifié, à l'égard de la femme, par la quittance que le mari lui donne, ou à ceux qui l'ont dotée. — *Civ.* 1501, 1504.

R. v° *Contr. de mar.,* 2731 s. — S. *eod.* v°, 1020 s.

Art. 1503. Chaque époux a le droit de reprendre et de prélever, lors de la dissolution de la communauté, la valeur de ce dont le mobilier qu'il a apporté lors du mariage, ou qui lui est échu depuis, excédait sa mise en communauté. — *Civ.* 1428, 1470, 1498, 1531 s.

R. v° *Contr. de mar.,* 2743. — S. *eod.* v°, 1020.

Art. 1504. Le mobilier qui échoit à chacun des époux pendant le mariage, doit être constaté par un inventaire.

A défaut d'inventaire du mobilier échu au mari, ou d'un titre propre à justifier de sa consistance et valeur, déduction faite des dettes, le mari ne peut en exercer la reprise.

Si le défaut d'inventaire porte sur un mobilier échu à la femme, celle-ci ou ses héritiers sont admis à faire preuve, soit par titres, soit par témoins, soit même par commune renommée, de la valeur de ce mobilier. — *Civ.* 1415, 1442, 1499; *Pr.* 252 s., 943.

R. v° *Contr. de mar.,* 2627, 2728, 2743. — S *eod.* v°, 968 s., 1020.

SECTION III.

De la clause d'ameublissement.

Art. 1505. Lorsque les époux ou l'un d'eux font entrer en communauté tout ou partie de leurs immeubles présents ou futurs, cette clause s'appelle *ameublissement.* — *Civ.* 1401 s., 1497-3°, 1506 s.

R. v° *Contr. de mar.,* 2744 s. — S. *eod.* v°, 1022 s.

Art. 1506. L'ameublissement peut être déterminé ou indéterminé.

Il est déterminé quand l'époux a déclaré ameublir et mettre en communauté un tel immeuble en tout ou jusqu'à concurrence d'une certaine somme.

Il est indéterminé quand l'époux a simplement déclaré apporter en communauté ses immeubles, jusqu'à concurrence d'une certaine somme. — *Civ.* 1507 s.

R. v° *Contr. de mar.,* 2755 s. — S. *eod.* v°, 1027.

Art. 1507. L'effet de l'ameublissement déterminé est de rendre l'immeuble ou les immeubles qui en sont frappés, biens de la communauté comme les meubles mêmes.

Lorsque l'immeuble ou les immeubles de la femme sont ameublis en totalité, le mari en peut disposer comme des autres effets de la communauté, et les aliéner en totalité.

Si l'immeuble n'est ameubli que pour une certaine somme, le mari ne peut l'aliéner qu'avec le consentement de la femme; mais il peut l'hypothéquer sans son consentement, jusqu'à concurrence seulement de la portion ameublie. — *Civ.* 1401 s., 1421 s.

R. v° *Contr. de mar.,* 2767 s. — S. *eod.* v°, 1028 s.

Art. 1508. L'ameublissement indéterminé ne rend point la communauté propriétaire des immeubles qui en sont frappés; son effet se réduit à obliger l'époux qui l'a consenti, à comprendre dans la masse, lors de la dissolution de la communauté, quelques-uns de ses immeubles jusqu'à concurrence de la somme par lui promise.

Le mari ne peut, comme en l'article précédent, aliéner en tout ou en partie, sans le consentement de sa femme, les immeubles sur lesquels est établi l'ameublissement indéterminé; mais il peut les hypothéquer jusqu'à concurrence de cet ameublissement. — *Civ.* 1421, 1426, 1428, 2125.

R. v° *Contr. de mar.,* 2775 s. — S. *eod.* v°, 1031 s.

Art. 1509. L'époux qui a ameubli un héritage, a, lors du partage, la faculté de le retenir en le précomptant sur sa part pour le prix qu'il vaut alors; et ses héritiers ont le même droit. — *Civ.* 724, 1474.

R. v° *Contr. de mar.,* 2785 s. — S. *eod.* v°, 1034.

SECTION IV.

De la clause de séparation des dettes.

Art. 1510. La clause par laquelle les époux stipulent qu'ils payeront séparément leurs dettes personnelles, les oblige à se faire, lors de la dissolution de la communauté, respectivement raison des dettes qui sont justifiées avoir été acquittées par la communauté à la décharge de celui des époux qui en était débiteur.

Cette obligation est la même, soit qu'il y ait eu inventaire ou non: mais, si le mobilier apporté par les époux n'a pas été constaté par un inventaire ou état authentique fait à l'avance, les créanciers de l'un et de l'autre des époux peuvent, sans avoir égard à aucune des distinctions qui seraient réclamées, poursuivre leur payement sur le mobilier non inventorié, comme sur tous les autres biens de la communauté.

Les créanciers ont le même droit sur le mobilier qui serait échu aux époux pendant la communauté, s'il n'a pas été pareillement constaté par un inventaire ou état authentique. — *Civ.* 1166, 1409 s., 1437, 1473, 1478 s., 1482 s., 1497-4°, 1511 s.; *Pr.* 943.

R. v° *Contr. de mar.,* 2793 s. — S. *eod.* v°, 1035 s.

Art. 1511. Lorsque les époux apportent dans la communauté une somme certaine ou un corps certain, cet apport emporte la convention tacite qu'il n'est point grevé de dettes antérieures au mariage, et il doit être fait raison par l'époux débiteur à l'autre, de

9

toutes celles qui diminueraient l'apport promis. — *Civ.* 1437, 1478 s., 1501, 1503.

R. v° *Contr. de mar.*, 2690, 2729, 2795 s. — S. *eod.* v°, 1019, 1035.

Art. 1512. La clause de séparation des dettes n'empêche point que la communauté ne soit chargée des intérêts et arrérages qui ont couru depuis le mariage. — *Civ.* 612, 1154, 1409-2°, 3°, 1478, 1907.

R. v° *Contr. de mar.*, 2608. — S. *eod.* v°, 1039 s.

Art. 1513. Lorsque la communauté est poursuivie pour les dettes de l'un des époux, déclaré, par contrat, franc et quitte de toutes dettes antérieures au mariage, le conjoint a droit à une indemnité qui se prend soit sur la part de communauté revenant à l'époux débiteur, soit sur les biens personnels dudit époux; et, en cas d'insuffisance, cette indemnité peut être poursuivie par voie de garantie contre le père, la mère, l'ascendant ou le tuteur qui l'auraient déclaré franc et quitte.

Cette garantie peut même être exercée par le mari durant la communauté, si la dette provient du chef de la femme; sauf, en ce cas, le remboursement dû par la femme ou ses héritiers aux garants, après la dissolution de la communauté. — *Civ.* 1382 s., 1410 s., 1437, 1441, 1478.

R. v° *Contr. de mar.*, 2626 s. — S. *eod.* v°, 1043.

SECTION V.
De la faculté accordée à la femme de reprendre son apport franc et quitte.

Art. 1514. La femme peut stipuler qu'en cas de renonciation à la communauté, elle reprendra tout ou partie de ce qu'elle y aura apporté, soit lors du mariage, soit depuis; mais cette stipulation ne peut s'étendre au delà des choses formellement exprimées, ni au profit des personnes autres que celles désignées.

Ainsi la faculté de reprendre le mobilier que la femme a apporté lors du mariage, ne s'étend point à celui qui serait échu pendant le mariage.

Ainsi la faculté accordée à la femme ne s'étend point aux enfants; celle accordée à la femme et aux enfants ne s'étend point aux héritiers ascendants ou collatéraux.

Dans tous les cas, les apports ne peuvent être repris par déduction faite des dettes personnelles à la femme, et que la communauté aurait acquittées. — *Civ.* 1401, 1500 s., 1511, 1513, 1525, 1845 s., 1855; *Com.* 557 s.

R. v° *Contr. de mar.*, 2846 s. — S. *eod.* v°, 1046 s. — V. aussi N. C. civ. ann., t. 3, art. 1514, n° 1 s.

SECTION VI.
Du préciput conventionnel.

Art. 1515. La clause par laquelle l'époux survivant est autorisé à prélever, avant tout partage, une certaine somme ou une certaine quantité d'effets mobiliers en nature, ne donne droit à ce prélèvement, au profit de la femme survivante, que lorsqu'elle accepte la communauté, à moins que le contrat de mariage ne lui ait réservé ce droit, même en renonçant.

Hors le cas de cette réserve, le préciput ne s'exerce que sur la masse partageable, et non sur les biens personnels de l'époux prédécédé. — *Civ.* 1394, 1401, 1470 s., 1497-6°, 1516 s.

R. v° *Contr. de mar.*, 2901 s. — S. *eod.* v°, 1053 s.

Art. 1516. Le préciput n'est point regardé comme un avantage sujet aux formalités des donations, mais comme une convention de mariage. — *Civ.* 931, 1091, 1387, 1394, 1525, 1527.

R. v° *Contr. de mar.*, 2906 s. — S. *eod.* v°, 1053.

Art. 1517. La mort naturelle *ou civile* donne ouverture au préciput. — *Civ.* 23, 25, 227, 1441; *Pén.* 12, 18; *L.* 31 mai 1854.

R. v° *Contr. de mar.*, 2922 s. — S. *eod.* v°, 1057.

Art. 1518. Lorsque la dissolution de la communauté s'opère par le divorce ou par la séparation de corps, il n'y a pas lieu à la délivrance actuelle du préciput; mais l'époux qui a obtenu soit le divorce, soit la séparation de corps, conserve ses droits au préciput en cas de survie. Si c'est la femme, la somme ou la chose qui constitue le préciput reste toujours provisoirement au mari, à la charge de donner caution. — *Civ.* 299 s., 306, 311, 1452, 2011; *Pr.* 518 s.

R. v° *Contr. de mar.*, 2928 s. — S. *eod.* v°, 1058 s.

Art. 1519. Les créanciers de la communauté ont toujours le droit de faire vendre les effets compris dans le préciput, sauf le recours de l'époux, conformément à l'article 1515. — *Civ.* 1116, 1515.

R. v° *Contr. de mar.*, 2943 s. — S. *eod.* v°, 1062 s.

SECTION VII.
Des clauses par lesquelles on assigne à chacun des époux des parts inégales dans la communauté.

Art. 1520. Les époux peuvent déroger au partage égal établi par la loi, soit en ne donnant à l'époux survivant ou à ses héritiers, dans la communauté, qu'une part moindre que la moitié, soit en ne lui donnant qu'une somme fixe pour tout droit de communauté, soit en stipulant que la communauté entière, en certains cas, appartiendra à l'époux survivant, ou à l'un d'eux seulement. — *Civ.* 1474, 1497-7°, 1521 s., 1524 s.

R. v° *Contr. de mar.*, 2953 s. — S. *eod.* v°, 1064.

Art. 1521. Lorsqu'il a été stipulé que l'époux ou ses héritiers n'auront qu'une certaine part dans la communauté, comme le tiers ou le quart, l'époux ainsi réduit ou ses héritiers ne supportent les dettes de la communauté que proportionnellement à la part qu'ils prennent dans l'actif.

La convention est nulle si elle oblige l'époux ainsi réduit ou ses héritiers à supporter une plus forte part, ou si elle les dispense de supporter une part dans les dettes égale à celle qu'ils prennent dans l'actif. — *Civ.* 6, 870, 900, 1133, 1172, 1387, 1811, 1855.

R. v° *Contr. de mar.*, 2962 s. — S. *eod.* v°, 1065 s.

Art. 1522. Lorsqu'il est stipulé que l'un des époux ou ses héritiers ne pourront prétendre qu'une certaine somme pour tout droit de communauté, la clause est un forfait qui oblige l'autre époux ou ses héritiers à payer la somme convenue, soit que la communauté soit bonne ou mauvaise, suffisante ou non pour acquitter la somme. — *Civ.* 1131, 1523 s.

R. v° *Contr. de mar.*, 2966 s. — S. *eod.* v°, 1069.

Art. 1523. Si la clause n'établit le forfait qu'à l'égard des héritiers de l'époux, celui-ci, dans le cas où il survit, a droit au partage légal par moitié. — *Civ.* 1474 s.

R. v° *Contr. de mar.*, 2984 s.

Art. 1524. Le mari ou ses héritiers qui retiennent, en vertu de la clause énoncée en l'article 1520, la totalité de la communauté, sont obligés d'en acquitter toutes les dettes.

Les créanciers n'ont, en ce cas, aucune action contre la femme ni contre ses héritiers.

Si c'est la femme survivante qui a, moyennant une somme convenue, le droit de retenir toute la communauté contre les héritiers du mari, elle a le choix ou de leur payer cette somme, en demeurant obligée à toutes les dettes, ou de renoncer à la communauté, et d'en abandonner aux héritiers du mari les

biens et les charges. — *Civ.* 1453, 1483 s., 1492 s.

R. v° *Contr. de mar.*, 2972 s. — S. *eod.* v°, 1069.

Art. 1525. Il est permis aux époux de stipuler que la totalité de la communauté appartiendra au survivant ou à l'un d'eux seulement, sauf aux héritiers de l'autre à faire la reprise des apports et capitaux tombés dans la communauté, du chef de leur auteur.

Cette stipulation n'est pas réputée un avantage sujet aux règles relatives aux donations, soit quant au fond, soit quant à la forme, mais simplement une convention de mariage et entre associés. — *Civ.* 931, 1091 s., 1394, 1516, 1527.

R. v° *Contr. de mar.*, 2989 s. — S. *eod.* v°, 1070 s. — V. aussi N C. civ. ann., t. 3, art. 1525, n° 1 s.

SECTION VIII.
De la communauté à titre universel.

Art. 1526. Les époux peuvent établir par leur contrat de mariage une communauté universelle de leurs biens tant meubles qu'immeubles, présents et à venir, ou de tous leurs biens présents seulement, ou de tous leurs biens à venir seulement. — *Civ.* 1401, 1509, 1837.

R. v° *Contr. de mar.*, 3030 s. — S. *eod.* v°, 1082 s.

Dispositions communes aux huit sections ci-dessus.

Art. 1527. Ce qui est dit aux huit sections ci-dessus, ne limite pas à leurs dispositions précises les stipulations dont est susceptible la communauté conventionnelle.

Les époux peuvent faire toutes autres conventions, ainsi qu'il est dit à l'article 1387, et sauf les modifications portées par les articles 1388, 1389 et 1390.

Néanmoins, dans le cas où il y aurait des enfants d'un précédent mariage, toute convention qui tendrait dans ses effets à donner à l'un des époux au delà de la portion réglée par l'article 1098, au titre *Des donations entre vifs et des testaments*, sera sans effet pour tout l'excédent de cette portion; mais les simples bénéfices résultant des travaux communs et des économies faites sur les revenus respectifs, quoique inégaux, des deux époux, ne sont pas considérés comme un avantage fait au préjudice des enfants du premier lit. — *Civ.* 1098, 1387, 1496, 1516, 1525.

R. v° *Contr. de mar.*, 3054 s. — S. *eod.* v°, 1086 s. — V. aussi N. C. civ. ann., t. 3, art. 1527, n° 1 s.

Art. 1528. La communauté conventionnelle reste soumise aux règles de la communauté légale, pour tous les cas auxquels il n'y a pas été dérogé implicitement ou explicitement par le contrat. — *Civ.* 1400 s., 1497 s.

SECTION IX.
Des conventions exclusives de la communauté.

Art. 1529. Lorsque, sans se soumettre au régime dotal, les époux déclarent qu'ils se marient sans communauté, ou qu'ils seront séparés de biens, les effets de cette stipulation sont réglés comme il suit. — *Civ.* 1387, 1392, 1530 s., 1536 s.

R. v° *Contr. de mar.*, 3076 s. — S. *eod.* v°, 1092 s.

§ 1. — De la clause portant que les époux se marient sans communauté.

Art. 1530. La clause portant que les époux se marient sans communauté, ne donne point à la femme le droit d'administrer ses biens, ni d'en percevoir les fruits: ces fruits sont censés apportés au mari pour soutenir les charges du mariage. — *Civ.* 203, 214, 1421, 1531 s., 1540, 1549.

Art. 1531. Le mari conserve l'administration des biens meubles et immeubles de mme, et, par suite, le droit de percetout le mobilier qu'elle apporte en dot, ui lui échoit pendant le mariage, sauf stitution qu'il en doit faire après la dision du mariage, ou après la séparation iens qui serait prononcée par justice. — 227, 311, 1121 s., 1128, 1143 s.

rt. **1532.** Si, dans le mobilier apporté ot par la femme, ou qui lui échoit pendle mariage, il y a des choses dont on cut faire usage sans les consommer, il oit être joint un état estimatif au conde mariage, ou il doit en être fait invenlors de l'échéance, et le mari en doit re le prix d'après l'estimation. — *Civ.* 587, 589, 600, 943, 950, 1502 s., 1551.

rt. **1533.** Le mari est tenu de toutes charges de l'usufruit. — *Civ.* 585 s., s., 1401-2°, 1550, 1562 s., 1571, 1580.

rt. **1534.** La clause énoncée au préparagraphe ne fait point obstacle à ce soit convenu que la femme touchera ellement, sur ses seules quittances, cerportion de ses revenus pour son entreet ses besoins personnels. — *Civ.* 1530, 1549.

rt. **1535.** Les immeubles constitués ot, dans le cas du présent paragraphe, point inaliénables.
nmoins ils ne peuvent être aliénés sans nsentement du mari, et, à son refus, l'autorisation de la justice. — *Civ.* 217 s., 1426, 1554 s., 1557.
Contr. de mar., 3090 s. — S. *eod.* v°, 1003 s.

— De la clause de séparation de biens.

rt. **1536.** Lorsque les époux ont stipar leur contrat de mariage qu'ils ont séparés de biens, la femme conserve re administration de ses biens meubles mmeubles, et la jouissance libre de ses us. — *Civ.* 217, 219, 1449 s., 1537 s.,
v° *Contr. de mar.*, 3121 s. — S. *eod.* v°, 1104 s.

rt. **1537.** Chacun des époux contribue charges du mariage, suivant les convens contenues en leur contrat; et, s'il n'en e point à cet égard, la femme contribue s charges jusqu'à concurrence du tiers es revenus. — *Civ.* 203, 214, 1131, 1418, 1575.
v° *Contr. de mar.*, 3134 s. — S. *eod.* v°, 1111 s.

rt. **1538.** Dans aucun cas, ni à la r d'aucune stipulation, la femme ne aliéner ses immeubles sans le consenspécial de son mari, ou, à son refus, être autorisée par justice.
ute autorisation générale d'aliéner les eubles donnée à la femme, soit par conde mariage, soit depuis, est nulle. — 6, 217 s., 223, 1133, 1172, 1388, 1419 s., ; *Com.* 7.
v° *Contr. de mar.*, 3126 s. — S. *eod.* v°, 1106 s.

rt. **1539.** Lorsque la femme séparée ssé la jouissance de ses biens à son mari, i-ci n'est tenu, soit sur la demande que mme pourrait lui faire, soit à la dissoon du mariage, qu'à la représentation fruits existants, et il n'est point comp-e de ceux qui ont été consommés juslors. — *Civ.* 1577 s.
v° *Contr. de mar.*, 3111 s. — S. *eod.* v°, 1111 s.

CHAPITRE III.
Du régime dotal.

rt. **1540.** La dot, sous ce régime me sous celui du chapitre 2, est le bien la femme apporte au mari pour suppores charges du mariage. — *Civ.* 1391 s., s., 1502, 1530 s., 1541 s.; *Pr.* 83-6°.
v° *Contr. de mar.*, 3145 s. — S. *eod.* v°, 1120 s.

Art. 1541. Tout ce que la femme se constitue ou qui lui est donné en contrat de mariage, est dotal, s'il n'y a stipulation contraire. — *Civ.* 1081 s., 1392, 1512 s., 1574 s.
R. v° *Contr. de mar.*, 3170 s. — S. *eod.* v°, 1139 s.
— V. aussi N. C. civ. ann., t. 3, art. 1541, n° 1 s.

SECTION PREMIÈRE.
De la constitution de dot.

Art. 1542. La constitution de dot peut frapper tous les biens présents et à venir de la femme, ou tous ses biens présents seulement, ou une partie de ses biens présents et à venir, ou même un objet individuel.
La constitution, en termes généraux, de tous les biens de la femme, ne comprend pas les biens à venir. — *Civ.* 1162, 1511, 1574.
R. v° *Contr. de mar.*, 3218 s. — S. *eod.* v°, 1139 s.
— V. aussi N. C. civ. ann., t. 3, art. 1542, n° 1 s.

Art. 1543. La dot ne peut être constituée ni même augmentée pendant le mariage. — *Civ.* 1394 s.
R. v° *Contr. de mar.*, 3211 s. — S. *eod.* v°, 1153 s.

Art. 1544. Si les père et mère constituent conjointement une dot, sans distinguer la part de chacun, elle sera censée constituée par portions égales.
Si la dot est constituée par le père seul pour droits paternels et maternels, la mère, quoique présente au contrat, ne sera point engagée, et la dot demeurera en entier à la charge du père. — *Civ.* 203 s., 1438 s., 1553 s.
R. v° *Contr. de mar.*, 3218 s. — S. *eod.* v°, 1171 s.

Art. 1545. Si le survivant des père ou mère constitue une dot pour biens paternels et maternels, sans spécifier les portions, la dot se prendra d'abord sur les droits du futur époux dans les biens du conjoint prédécédé, et le surplus sur les biens du constituant. — *Civ.* 1438 s., 1516.
R. v° *Contr. de mar.*, 3272 s. — S. *eod.* v°, 1171 s.

Art. 1546. Quoique la fille dotée par ses père et mère ait des droits à elle propres dont ils jouissent, la dot sera prise sur les biens des constituants, s'il n'y a stipulation contraire. — *Civ.* 384, 476, 1023, 1131.
R. v° *Contr. de mar.*, 3208 s. — S. *eod.* v°, 1171 s.

Art. 1547. Ceux qui constituent une dot, sont tenus à la garantie des objets constitués. — *Civ.* 1440, 1625 s.
R. v° *Contr. de mar.*, 1233 s., 3289 s. — S. *eod.* v°, 447 s.

Art. 1548. Les intérêts de la dot courent de plein droit, du jour du mariage, contre ceux qui l'ont promise, encore qu'il y ait terme pour le payement, s'il n'y a stipulation contraire. — *Civ.* 1154, 1186, 1440, 1570, 1907 s.
R. v° *Contr. de mar.*, 1254 s., 3293 s. — S. *eod.* v°, 451 s.

SECTION II.
Des droits du mari sur les biens dotaux, et de l'inaliénabilité du fonds dotal.

Art. 1549. Le mari seul a l'administration des biens dotaux pendant le mariage.
Il a seul le droit d'en poursuivre les débiteurs et détenteurs, d'en percevoir les fruits et les intérêts, et de recevoir le remboursement des capitaux.
Cependant il peut être convenu, par le contrat de mariage, que la femme touchera annuellement, sur ses seules quittances, une partie de ses revenus pour son entretien et ses besoins personnels. — *Civ.* 818, 1121, 1428, 1531 s., 1558 s., 2121, 2135.
R. v° *Contr. de mar.*, 3295 s. — S. *eod.* v°, 1176 s.
— V. aussi N. C. civ. ann., t. 3, art. 1549, n° 1 s.

Art. 1550. Le mari n'est pas tenu de fournir caution pour la réception de la dot, s'il n'y a pas été assujetti par le contrat de mariage. — *Civ.* 601, 1502, 2011; *Pr.* 518.
R. v° *Contr. de mar.*, 3298 s.

Art. 1551. Si la dot ou partie de la dot consiste en objets mobiliers mis à prix par le contrat, sans déclaration que l'estimation n'en fait pas vente, le mari en devient propriétaire et n'est débiteur que du prix donné au mobilier. — *Civ.* 1527 s., 1552, 1564 s.
R. v° *Contr. de mar.*, 3389 s. — S. *eod.* v°, 1221 s.

Art. 1552. L'estimation donnée à l'immeuble constitué en dot n'en transporte point la propriété au mari, s'il n'y en a déclaration expresse. — *Civ.* 1551, 1564, 1630.
R. v° *Contr. de mar.*, 3380 s. — S. *eod.* v°, 1221 s.

Art. 1553. L'immeuble acquis des deniers dotaux n'est pas dotal, si la condition de l'emploi n'a été stipulée par le contrat de mariage.
Il en est de même de l'immeuble donné en payement de la dot constituée en argent. — *Civ.* 1435, 1558 s., 1595-3°.
R. v° *Contr. de mar.*, 3340 s., 3948 s. — S. *eod.* v°, 1196 s., 1411 s. — V. aussi N. C. civ. ann., t. 3, art. 1550, n° 1 s.

Art. 1554. Les immeubles constitués en dot ne peuvent être aliénés ou hypothéqués pendant le mariage, ni par le mari, ni par la femme, ni par les deux conjointement, sauf les exceptions qui suivent. — *Civ.* 1421, 1428, 1535, 1538, 1555 s., 1560 s., 1572, 1576, 2121; *Com.* 7.
R. v° *Contr. de mar.*, 3381 s., 3408 s., 3536 s. — S. *eod.* v°, 1195 s., 1227 s., 1271 s. — V. aussi N. C. civ. ann., t. 3, art. 1554, n° 1 s.

Art. 1555. La femme peut, avec l'autorisation de son mari, ou, sur son refus, avec permission de justice, donner ses biens dotaux pour l'établissement des enfants qu'elle aurait d'un mariage antérieur; mais, si elle n'est autorisée que par justice, elle doit réserver la jouissance à son mari. — *Civ.* 203 s., 217 s., 578 s., 1427, 1438 s., 1544 s., 1556.

Art. 1556. Elle peut aussi, avec l'autorisation de son mari, donner ses biens dotaux pour l'établissement de leurs enfants communs. — *Civ.* 217, 1427, 1544 s.
R. v° *Contr. de mar.*, 3578 s. — S. *eod.* v°, 1289 s. — V. aussi N. C. civ. ann., t. 3, art. 1555-1556, n° 1 s.

Art. 1557. L'immeuble dotal peut être aliéné lorsque l'aliénation en a été permise par le contrat de mariage. — *Civ.* 1134, 1387, 1552, 1554.
R. v° *Contr. de mar.*, 3549 s. — S. *eod.* v°, 1276 s. — V. aussi N. C. civ. ann., t. 3, art. 1557, n° 1 s.

Art. 1558. L'immeuble dotal peut encore être aliéné avec permission de justice, et aux enchères, après trois affiches:
Pour tirer de prison le mari ou la femme;
Pour fournir des aliments à la famille, dans les cas prévus par les articles 203, 205 et 206, au titre *Du mariage*;
Pour payer les dettes de la femme ou de ceux qui ont constitué la dot, lorsque ces dettes ont une date certaine antérieure au contrat de mariage;
Pour faire de grosses réparations indispensables pour la conservation de l'immeuble dotal;
Enfin lorsque cet immeuble se trouve indivis avec des tiers, et qu'il est reconnu impartageable.
Dans tous ces cas, l'excédent du prix de la vente au-dessus des besoins reconnus restera dotal, et il en sera fait emploi comme tel au profit de la femme. — *Civ.* 606, 815, 827, 1317, 1328, 1387, 1427, 1552, 1554, 1562, 1595, 1686; *Pr.* 798, 800, 956 s.; *Com.* 7.
R. v° *Contr. de mar.*, 3616 s., 3730 s., 3978 s. — S. *eod.* v°, 1303 s., 1352 s., 1418 s. — V. aussi N. C. civ. ann., t. 3, art. 1558, n° 1 s.

Art. 1559. L'immeuble dotal peut être échangé, mais avec le consentement de la femme, contre un autre immeuble de même valeur, pour les quatre cinquièmes au moins, en justifiant de l'utilité de l'échange, en obtenant l'autorisation en justice, et d'après une estimation par experts nommés d'office par le tribunal.

Dans ce cas, l'immeuble reçu en échange sera dotal; l'excédent du prix, s'il y en a, le sera aussi, et il en sera fait emploi comme tel au profit de la femme. — *Civ.* 219, 1702 s.; *Pr.* 955 s.

R. v⁹ *Contr. de mar.*, 3706 s., 3978 s. — S. *cod.* v⁹, 1345 s., 1418 s.

Art. 1560. Si, hors les cas d'exception qui viennent d'être expliqués, la femme ou le mari, ou tous les deux conjointement, aliènent le fonds dotal, la femme ou ses héritiers pourront faire révoquer l'aliénation après la dissolution du mariage, sans qu'on puisse leur opposer aucune prescription pendant sa durée : la femme aura le même droit après la séparation de biens.

Le mari lui-même pourra faire révoquer l'aliénation pendant le mariage, en demeurant néanmoins sujet aux dommages et intérêts de l'acheteur, s'il n'a pas déclaré dans le contrat que le bien vendu était dotal. — *Civ.* 225, 1125, 1149, 1304, 1312, 1338, 1549, 1554 s., 1561, 1599, 2059, 2255 s.

R. v⁹ *Contr. de mar.*, 3788 s. — S. *cod.* v⁹, 1367 s. — V. aussi N. C. civ. ann., t. 3, art. 1560, n⁹⁹ 1 s.

Art. 1561. Les immeubles dotaux non déclarés aliénables par le contrat de mariage, sont imprescriptibles pendant le mariage, à moins que la prescription n'ait commencé auparavant.

Ils deviennent néanmoins prescriptibles après la séparation de biens, quelle que soit l'époque à laquelle la prescription a commencé. — *Civ.* 311, 1441, 1443 s., 1554, 1560, 1562 s., 2255 s.

R. v⁹ *Contr. de mar.*, 3919 s. — S. *cod.* v⁹, 1405 s.

Art. 1562. Le mari est tenu, à l'égard des biens dotaux, de toutes les obligations de l'usufruitier.

Il est responsable de toutes prescriptions acquises et détériorations survenues par sa négligence. — *Civ.* 600 s., 614, 1382 s., 1533, 1550, 1567 s., 1580, 1732.

R. v⁹ *Contr. de mar.*, 3374 s. — S. *cod.* v⁹, 1216 s.

Art. 1563. Si la dot est mise en péril, la femme peut poursuivre la séparation de biens, ainsi qu'il est dit aux articles 1443 et suivants. — *Civ.* 1443 s.

R. v⁹ *Contr. de mar.*, 3499 s., 3948 s. — S. *cod.* v⁹, 1258 s., 1411 s. — V. aussi N. C. civ. ann., t. 3, art. 1563, n⁹⁹ 1 s.

SECTION III.
De la restitution de la dot.

Art. 1564. Si la dot consiste en immeubles,

Ou en meubles non estimés par le contrat de mariage, ou bien mis à prix, avec déclaration que l'estimation n'en ôte pas la propriété à la femme,

Le mari ou ses héritiers peuvent être contraints de la restituer sans délai, après la dissolution du mariage. — *Civ.* 227, 1551 s., 1565 s.

R. v⁹ *Contr. de mar.*, 4082 s. — S. *cod.* v⁹, 1408 s.

Art. 1565. Si elle consiste en une somme d'argent,

Ou en meubles mis à prix par le contrat, sans déclaration que l'estimation n'en rend pas le mari propriétaire,

La restitution n'en peut être exigée qu'un an après la dissolution. — *Civ.* 227, 1532, 1551 s., 1570.

R. v⁹ *Contr. de mar.*, 4122 s. — S. *cod.* v⁹, 1486 s.

Art. 1566. Si les meubles dont la propriété reste à la femme ont dépéri par l'usage et sans la faute du mari, il ne sera tenu de rendre que ceux qui resteront et dans l'état où ils se trouveront.

Et, néanmoins, la femme pourra, dans tous les cas, retirer les linges et hardes à son usage actuel, sauf à précompter leur valeur,

lorsque ces linges et hardes auront été primitivement constitués avec estimation. — *Civ.* 589, 1382 s., 1492, 1495, 1551; *Com.* 560.

R. v⁹ *Contr. de mar.*, 4109 s. — S. *cod.* v⁹, 1477 s.

Art. 1567. Si la dot comprend des obligations ou constitutions de rente qui ont péri, ou souffert des retranchements qu'on ne puisse imputer à la négligence du mari, il n'en sera point tenu, et il en sera quitte en restituant les contrats. — *Civ.* 530, 588, 1383, 1562, 1909 s.

R. v⁹ *Contr. de mar.*, 4113 s. — S. *cod.* v⁹, 1482 s.

Art. 1568. Si un usufruit a été constitué en dot, le mari ou ses héritiers ne sont obligés, à la dissolution du mariage, que de restituer le droit d'usufruit, et non les fruits échus durant le mariage. — *Civ.* 578, 586, 588, 1562.

R. v⁹ *Contr. de mar.*, 4119 s. — S. *cod.* v⁹, 1485 s.

Art. 1569. Si le mariage a duré dix ans depuis l'échéance des termes pris pour le payement de la dot, la femme ou ses héritiers pourront la répéter contre le mari après la dissolution du mariage, sans être tenus de prouver qu'il l'a reçue, à moins qu'il ne justifiât de diligences inutilement par lui faites pour s'en procurer le payement. — *Civ.* 1350, 1352, 1562, 1567.

R. v⁹ *Contr. de mar.*, 4139 s. — S. *cod.* v⁹, 1402 s.

Art. 1570. Si le mariage est dissous par la mort de la femme, l'intérêt et les fruits de la dot à restituer courent de plein droit au profit de ses héritiers depuis le jour de la dissolution.

Si c'est par la mort du mari, la femme a le choix d'exiger les intérêts de sa dot pendant l'an du deuil, ou de se faire fournir des aliments pendant ledit temps aux dépens de la succession du mari; mais, dans les deux cas, l'habitation durant cette année, et les habits de deuil, doivent lui être fournis sur la succession, et sans imputation sur les intérêts à elle dus. — *Civ.* 1153 s., 1440, 1465 s., 1481, 1495, 1548, 1566, 1907.

R. v⁹ *Contr. de mar.*, 4185 s., 4203 s. — S. *cod.* v⁹, 1501 s., 1506 s. — V. aussi N. C. civ. ann., t. 3, art. 1570, n⁹⁹ 1 s.

Art. 1571. A la dissolution du mariage, les fruits des immeubles dotaux se partagent entre le mari et la femme ou leurs héritiers, à proportion du temps qu'il a duré, pendant la dernière année.

L'année commence à partir du jour où le mariage a été célébré. — *Civ.* 227, 585 s., 1401-2⁹, 1474.

R. v⁹ *Contr. de mar.*, 4192 s. — S. *cod.* v⁹, 1503 s.

Art. 1572. La femme et ses héritiers n'ont point de privilège pour la répétition de la dot sur les créanciers antérieurs à elle en hypothèque. — *Civ.* 954, 958, 963, 1054, 2095, 2114, 2121, 2134 s.

R. v⁹ *Contr. de mar.*, 4223 s. — S. *cod.* v⁹, 1311 s.

Art. 1573. Si le mari était déjà insolvable, et n'avait ni art ni profession lorsque le père a constitué une dot à sa fille, celle-ci ne sera tenue de rapporter à la succession du père que l'action qu'elle a contre celle de son mari, pour s'en faire rembourser.

Mais si le mari n'est devenu insolvable que depuis le mariage,

Ou s'il avait un métier ou une profession qui lui tenait lieu de bien,

La perte de la dot tombe uniquement sur la femme. — *Civ.* 843 s., 855, 1302 s., 1563, 1568 s.

R. v⁹ *Contr. de mar.*, 4240 s. — S. *cod.* v⁹, 1513 s.

SECTION IV.
Des biens paraphernaux.

Art. 1574. Tous les biens de la femme qui n'ont pas été constitués en dot sont paraphernaux. — *Civ.* 1536 s., 1540 s., 2066.

R. v⁹ *Contr. de mar.*, 4244. — S. *cod.* v⁹, 1517.

Art. 1575. Si tous les biens de la femme sont paraphernaux, et s'il n'y a pas de convention dans le contrat pour lui faire supporter une portion des charges du mariage, la femme y contribue jusqu'à concurrence du tiers de ses revenus. — *Civ.* 203 s., 1448, 1530, 1537.

R. v⁹ *Contr. de mar.*, 4254 s. — S. *cod.* v⁹, 1521 s.

Art. 1576. La femme a l'administration et la jouissance de ses biens paraphernaux;

Mais elle ne peut les aliéner ni paraître en jugement à raison desdits biens, sans l'autorisation du mari, ou, à son refus, sans la permission de la justice. — *Civ.* 215 s., 1536, 1538, 1555 s.

R. v⁹ *Contr. de mar.*, 4245 s. — S. *cod.* v⁹, 1518 s.

Art. 1577. Si la femme donne une procuration au mari pour administrer ses biens paraphernaux, avec charge de lui rendre compte des fruits, il sera tenu vis-à-vis d'elle comme tout mandataire. — *Civ.* 1984, 1991 s.; *Pr.* 527 s.

Art. 1578. Si le mari a joui des biens paraphernaux de sa femme, sans mandat, et néanmoins sans opposition de sa part, il n'est tenu, à la dissolution du mariage, ou à la première demande de la femme, qu'à la représentation des fruits existants, et il n'est point comptable de ceux qui ont été consommés jusqu'alors. — *Civ.* 578, 1539, 1579 s.

Art. 1579. Si le mari a joui des biens paraphernaux malgré l'opposition constatée de la femme, il est comptable envers elle de tous les fruits tant existants que consommés. — *Civ.* 1578; *Pr.* 527.

Art. 1580. Le mari qui jouit des biens paraphernaux, est tenu de toutes les obligations de l'usufruitier. — *Civ.* 600 s., 1533, 1562.

R. v⁹ *Contr. de mar.*, 4257 s. — S. *cod.* v⁹, 1323 s.

Disposition particulière.

Art. 1581. En se soumettant au régime dotal, les époux peuvent néanmoins stipuler une société d'acquêts, et les effets de cette société sont réglés comme il est dit aux articles 1498 et 1499. — *Civ.* 1387, 1497.

R. v⁹ *Contr. de mar.*, 4271 s. — S. *cod.* v⁹, 1526 s.

V. *infra*, Appendice, la loi du 13 juillet 1907 relative au libre salaire de la femme mariée et à la contribution des époux aux charges du ménage.

TITRE SIXIÈME.
De la vente.

Décrété le 15 vent. an XII (6 mars 1804), et promulgué le 25 vent. an XII (16 mars 1804).

CHAPITRE PREMIER.
De la nature et de la forme de la vente.

Art. 1582. La vente est une convention par laquelle l'un s'oblige à livrer une chose, et l'autre à la payer.

Elle peut être faite par acte authentique ou sous seing privé. — *Civ.* 1317 s., 1322, 1354 s.; *Com.* 109.

R. v⁹ *Vente*, 1, 36 s., 106 s. — S. *cod.* v⁹, 40 s. — V. aussi N. C. civ. ann., t. 4, art. 1582, n⁹⁹ 1 s.

Art. 1583. Elle est parfaite entre les parties, et la propriété est acquise de droit à l'acheteur à l'égard du vendeur, dès qu'on est convenu de la chose et du prix, quoique la chose n'ait pas encore été livrée ni le prix payé. — *Civ.* 711, 1108 s., 1138, 1585 s.

R. v⁹ *Vente*, 150 s. — S. *cod.* v⁹, 55 s.

Art. 1584. La vente peut être faite purement et simplement, ou sous une condition soit suspensive, soit résolutoire.

Elle peut aussi avoir pour objet deux ou plusieurs choses alternatives.

s tous ces cas, son effet est réglé par
rincipes généraux des conventions. —
168 s., 1181 s., 1221.
• *Vente*, 181 s. — S. *eod.* v*, 65 s. — V. aussi
iv. ann., t. 4, art. 1384, n° 1 s.

t. 1585. Lorsque des marchandises
nt pas vendues en bloc, mais au poids,
mpte ou à la mesure, la vente n'est
parfaite, en ce sens que les choses
es sont aux risques du vendeur jusqu'à
elles soient pesées, comptées ou mesu-
mais l'acheteur peut en demander ou
ivrance ou des dommages-intérêts, s'il
eu, en cas d'inexécution de l'engage-
— *Civ.* 1136 s., 1142 s., 1147 s., 1182,
s., 1610 s.

t. 1586. Si, au contraire, les mar-
dises ont été vendues en bloc, la vente
rfaite, quoique les marchandises n'aient
icore été pesées, comptées ou mesurées.
v. 1585, 1587.
• *Vente*, 265 s. — S. *eod.* v*, 85 s.

t. 1587. A l'égard du vin, de l'huile,
autres choses que l'on est dans l'usage
ûter avant d'en faire l'achat, il n'y a
de vente tant que l'acheteur ne les a
oûtées et agréées. — *Civ.* 1585 s.
• *Vente*, 233 s. — S. *eod.* v*, 75 s.

t. 1588. La vente faite à l'essai se
rs présumée faite sous une condition
nsive. — *Civ.* 1181 s., 1584.
• *Vente*, 250 s. — S. *eod.* v*, 80 s.

t. 1589. La promesse de vente vaut
lorsqu'il y a consentement réciproque
eux parties sur la chose et sur le prix.
v. 1583, 1590 s.
• *Vente*, 285 s. — S. *eod.* v*, 124 s. — V. aussi
iv. ann., t. 4, art. 1589, n° 1 s.

t. 1590. Si la promesse de vendre a
te avec des arrhes, chacun des contrac-
est maître de s'en départir,
ui qui les a données, en les perdant,
elui qui les a reçues, en restituant le
. — *Civ.* 1589, 1715.
• *Vente*, 330 s. — S. *eod.* v*, 148 s.

t. 1591. Le prix de la vente doit être
ininé et désigné par les parties. — *Civ.*
1592.
• *Vente*„338 s. — S. *eod.* v*, 151 s. — V. aussi
iv. ann., t. 4, art. 1591, n° 1 s.

t. 1592. Il peut cependant être laissé
bitrage d'un tiers : si le tiers ne veut
peut faire l'estimation, il n'y a point
nte. — *Civ.* 1854.
• *Vente*, 376 s. — S. *eod.* v*, 160 s.

t. 1593. Les frais d'actes et autres
soires à la vente sont à la charge de
teur. — *Civ.* 1248, 1608, 1630-3°-4°,
• *Vente*, 1098 s. — S. *eod.* v*, 482 s.

CHAPITRE II.

Qui peut acheter ou vendre.

t. 1594. Tous ceux auxquels la loi ne
dit pas, peuvent acheter ou vendre. —
28, 450, 537, 1123 s., 1507 s., 1554 s.,
1595 s., 1860; *Pr.* 686 s.; *Com.* 443, 447;
175 s.; *For.* 21, 101.
• *Vente*, 399 s.

t. 1595. Le contrat de vente ne peut
lieu entre époux que dans les trois cas
nts :
Celui où l'un des deux époux cède des
à l'autre, séparé judiciairement d'avec
en payement de ses droits;
Celui en ce sens que le mari fait à sa
e, même non séparée, a une cause lé-
e, telle que le remploi de ses immeubles
s, ou de deniers à elle appartenant, si
meubles ou deniers ne tombent pas en
unauté;
Celui où la femme cède des biens à son

mari en payement d'une somme qu'elle lui
aurait promise en dot, et lorsqu'il y a exclusion de communauté;
Sauf, dans ces trois cas, les droits des héritiers des parties contractantes, s'il y a avantage indirect. — *Civ.* 913 s., 1094 s., 1098 s.,
1433 s., 1441, 1443 s., 1496, 1527.
R. v° *Vente*, 415 s. — S. *eod.* v*, 169 s.

Art. 1596. Ne peuvent se rendre adjudicataires, sous peine de nullité, ni par eux-
mêmes, ni par personnes interposées :
Les tuteurs, des biens de ceux dont ils ont
la tutelle;
Les mandataires, des biens qu'ils sont chargés de vendre;
Les administrateurs, de ceux des communes ou des établissements publics confiés
à leurs soins;
Les officiers publics, des biens nationaux
dont les ventes se font par leur ministère. —
Civ. 450, 911, 1991 s.; *Pr.* 711; *Pén.* 175;
For. 21, 101.
R. v° *Vente*, 443 s.; *Minor.-tutelle*, 564 s. —
S. v° *Vente*, 182 s.; *Minor.-tutelle*, 585 s. — V.
aussi N. C. civ. ann., t. 4, art. 1596, n° 1 s.

Art. 1597. Les juges, leurs suppléants,
les magistrats remplissant le ministère public,
les greffiers, huissiers, avoués, *défenseurs
officieux* et notaires, ne peuvent devenir cessionnaires des procès, droits et actions litigieux qui sont de la compétence du tribunal
dans le ressort duquel ils exercent leurs
fonctions, à peine de nullité, et des dépens,
dommages et intérêts. — *Civ.* 1699; *Pr.* 711.
R. v° *Vente*, 1985 s. — S. *eod.* v*, 867 s.

CHAPITRE III.

Des choses qui peuvent être vendues.

Art. 1598. Tout ce qui est dans le commerce, peut être vendu, lorsque des lois
particulières n'en ont pas prohibé l'aliénation. — *Civ.* 538, 540, 541, 1128, 1554, 1600,
2226; *Pén.* 314, 318.
R. v° *Vente*, 471 s.; *Dom. de l'Etat*, 103 s.;
Dom. publ., 43 s. — S. v° *Vente*, 202 s.; *Dom. de
l'Etat*, 16 s.; *Dom. publ.*, 29 s. — V. aussi N. C.
civ. ann., t. 4, art. 1598, n° 1 s.; C. ad., t. 1, v° *Sép.
de pouvoirs*, p. 85, n° 454 s.; *Commune*, p. 464,
n° 801 s.; p. 564, n° 4300 s.; p. 680, n° 7744 s., t. 3,
v° *Domaine*, p. 247, n° 512 s.; p. 258, n° 772 s.
*En ce qui concerne la cession à titre onéreux et la trans-
mission à titre gratuit des offices,* V. *le commentaire et
la jurisprudence de la loi du 28 avril 1816, art. 91,* N. C.
civ. ann., Appendice à l'art. 1598. — V. *infra, Appendice, le texte de cet article.*

Art. 1599. La vente de la chose d'autrui est nulle : elle peut donner lieu à des
dommages-intérêts lorsque l'acheteur a
ignoré que la chose fût à autrui. — *Civ.* 1021,
1141, 1304, 1603, 1635, 1653, 1704, 2265 s.;
Pr. 686, 725, 727 s.; *Com.* 210.
R. v° *Vente*, 488 s. — S. *eod.* v*, 224 s. — V. aussi
N. C. civ. ann., t. 4, art. 1599, n° 1 s.

Art. 1600. On ne peut vendre la succession d'une personne vivante, même du
son consentement. — *Civ.* 791, 1130, 1389.
R. v° *Vente*, 537 s. — S. *eod.* v*, 250 s.

Art. 1601. Si au moment de la vente
la chose vendue était périe en totalité, la
vente serait nulle.
Si une partie seulement de la chose est
périe, il est au choix de l'acquéreur d'abandonner la vente, ou de demander la partie
conservée, en faisant déterminer le prix par
la ventilation. — *Civ.* 1193 s., 1302 s., 1636.
R. v° *Vente*, 553 s. — S. *eod.* v*, 255.

CHAPITRE IV.

Des obligations du vendeur.

SECTION PREMIÈRE.

Dispositions générales.

Art. 1602. Le vendeur est tenu d'expliquer clairement ce à quoi il s'oblige.

Tout pacte obscur ou ambigu s'interprète
contre le vendeur. — *Civ.* 1156 s., 1162 s.,
1190.
R. v° *Vente*, 563 s. — S. *eod.* v*, 256 s. — T (87-97),
eod. v*, 134 s.

Art. 1603. Il y a deux obligations principales, celle de délivrer et celle de garantir
la chose qu'il vend. — *Civ.* 1136 s., 1604 s.,
1625 s.

SECTION II.

De la délivrance.

Art. 1604. La délivrance est le transport de la chose vendue en la puissance et
possession de l'acheteur. — *Civ.* 1136 s.,
1582 s., 1605 s.

Art. 1605. L'obligation de délivrer les
immeubles est remplie de la part du vendeur
lorsqu'il a remis les clefs, s'il s'agit d'un
bâtiment, ou lorsqu'il a remis les titres de
propriété. — *Civ.* 1606 s.

Art. 1606. La délivrance des effets mobiliers s'opère :
Ou par la tradition réelle,
Ou par la remise des clefs des bâtiments
qui les contiennent,
Ou même par le seul consentement des
parties, si le transport ne peut pas s'en faire
au moment de la vente, ou si l'acheteur les
avait déjà en son pouvoir à un autre titre. —
Civ. 727 s., 1138 s.
R. v° *Vente*, 600 s. — S. *eod.* v*, 271 s. — T. (87-97),
eod. v*, 141 s.

Art. 1607. La tradition des droits incorporels se fait, ou par la remise des titres,
ou par l'usage que l'acquéreur en fait du consentement du vendeur. — *Civ.* 1689 s., 2075.
R. v° *Vente*, 619.

Art. 1608. Les frais de la délivrance
sont à la charge du vendeur, et ceux de l'enlèvement à la charge de l'acheteur, s'il n'y a
eu stipulation contraire. — *Civ.* 1248.
R. v° *Vente*, 620 s. — S. *eod.* v*, 278.

Art. 1609. La délivrance doit se faire
au lieu où était, au temps de la vente, la
chose qui en a fait l'objet, s'il n'en a été autrement convenu. — *Civ.* 1247, 1264, 1651.
R. v° *Vente*, 625 s. — S. *eod.* v*, 276 s.

Art. 1610. Si le vendeur manque à faire
la délivrance dans le temps convenu entre
les parties, l'acquéreur pourra, à son choix,
demander la résolution de la vente, ou sa
mise en possession, si le retard ne vient que
du fait du vendeur. — *Civ.* 1142, 1184, 1621.
1654 s.
R. v° *Vente*, 681 s. — S. *eod.* v*, 317 s. — T. (87-97),
eod. v*, 171 s.

Art. 1611. Dans tous les cas, le vendeur doit être condamné aux dommages et
intérêts, s'il résulte un préjudice pour l'acquéreur, du défaut de délivrance au terme
convenu. — *Civ.* 1142, 1146 s., 1184, 1610.
R. v° *Vente*, 697 s. — S. *eod.* v*, 340 s.

Art. 1612. Le vendeur n'est pas tenu
de délivrer la chose, si l'acheteur n'en paye
pas le prix, et que le vendeur ne lui ait pas
accordé un délai pour le payement. — *Civ.*
1186, 1650 s., 2102-4°.
R. v° *Vente*, 699 s. — S. *eod.* v*, 344 s.

Art. 1613. Il ne sera pas non plus
obligé à la délivrance, quand même il aurait
accordé un délai pour le payement, si, depuis la vente, l'acheteur est tombé en faillite
ou en état de déconfiture, en sorte que le
vendeur se trouve en danger imminent de
perdre le prix; à moins que l'acheteur ne
lui donne caution de payer au terme. — *Civ.*
1188, 1653, 2011 s.; *Pr.* 124, 517 s.; *Com.* 437 s.
R. v° *Vente*, 706 s. — S. *eod.* v*, 346 s.

Art. 1614. La chose doit être délivrée
en l'état où elle se trouve au moment de la
vente.

Depuis ce jour, tous les fruits appartiennent à l'acquéreur. — *Civ.* 547 s., 583 s., 604, 1137 s., 1182, 1583, 1682.

R. v° *Vente*, 632 s. — S. *cod.* v°, 282 s. — T. (87-97), *cod.* v°, 134 s.

Art. 1615. L'obligation de délivrer la chose comprend ses accessoires et tout ce qui a été destiné à son usage perpétuel. — *Civ.* 522 s., 546 s., 551 s., 1018 s., 1692.

R. v° *Vente*, 642 s. — S. *cod.* v°, 290 s. — T. (87-97), *cod.* v°, 154 s. — V. aussi N. C. civ. ann., t. 4, art. 1615, n° 1 s.

Art. 1616. Le vendeur est tenu de délivrer la contenance telle qu'elle est portée au contrat, sous les modifications ci-après exprimées. — *Civ.* 1617 s., 1765.

R. v° *Vente*, 713 s. — S. *cod.* v°, 351 s.

Art. 1617. Si la vente d'un immeuble a été faite avec indication de la contenance, à raison de tant la mesure, le vendeur est obligé de délivrer à l'acquéreur, s'il l'exige, la quantité indiquée au contrat;

Et si la chose ne lui est pas possible, ou si l'acquéreur ne l'exige pas, le vendeur est obligé de souffrir une diminution proportionnelle du prix. — *Civ.* 1134, 1618, 1622, 1641, 1765.

R. v° *Vente*, 719 s. — S. *cod.* v°, 353.

Art. 1618. Si, au contraire, dans le cas de l'article précédent, il se trouve une contenance plus grande que celle exprimée au contrat, l'acquéreur a le choix de fournir le supplément du prix, ou de se désister du contrat, si l'excédent est d'un vingtième au-dessus de la contenance déclarée. — *Civ.* 1622, 1681 s.

R. v° *Vente*, 723 s. — S. *cod.* v°, 354.

Art. 1619. Dans tous les autres cas,

Soit que la vente soit faite d'un corps certain et limité,

Soit qu'elle ait pour objet des fonds distincts et séparés,

Soit qu'elle commence par la mesure, ou par la désignation de l'objet vendu suivie de la mesure,

L'expression de cette mesure ne donne lieu à aucun supplément de prix, en faveur du vendeur, pour l'excédent de mesure, ni en faveur de l'acquéreur, à aucune diminution du prix pour moindre mesure, qu'autant que la différence de la mesure réelle à celle exprimée au contrat est d'un vingtième en plus ou en moins, eu égard à la valeur de la totalité des objets vendus, s'il n'y a stipulation contraire. — *Civ.* 1215, 1617 s., 1623.

R. v° *Vente*, 731 s. — S. *cod.* v°, 355 s.

Art. 1620. Dans le cas où, suivant l'article précédent, il y a lieu à augmentation de prix pour excédent de mesure, l'acquéreur a le choix ou de se désister du contrat ou de fournir le supplément du prix, et ce, avec les intérêts s'il a gardé l'immeuble. — *Civ.* 1618, 1652, 1681 s.

R. v° *Vente*, 750 s. — S. *cod.* v°, 355 s.

Art. 1621. Dans tous les cas où l'acquéreur a le droit de se désister du contrat, le vendeur est tenu de lui restituer, outre le prix, s'il l'a reçu, les frais de ce contrat. — *Civ.* 1608, 1618 s., 1630.

R. v° *Vente*, 734.

Art. 1622. L'action en supplément de prix de la part du vendeur, et celle en diminution de prix ou en résiliation du contrat de la part de l'acquéreur, doivent être intentées dans l'année, à compter du jour du contrat, à peine de déchéance. — *Civ.* 1617 s.

R. v° *Vente*, 702 s. — S. *cod.* v°, 360 s.

Art. 1623. S'il a été vendu deux fonds par le même contrat, et pour un seul et même prix, avec désignation de la mesure de chacun, et qu'il se trouve moins de contenance en l'un et plus en l'autre, on fait compensation jusqu'à due concurrence; et l'action, soit en supplément, soit en diminution du prix, n'a lieu que suivant les règles ci-dessus établies. — *Civ.* 1289 s., 1617 s.

R. v° *Vente*, 757 s.

Art. 1624. La question de savoir sur lequel, du vendeur ou de l'acquéreur, doit tomber la perte ou la détérioration de la chose vendue avant la livraison, est jugée d'après les règles prescrites au titre *Des contrats ou des obligations conventionnelles en général.* — *Civ.* 1137 s., 1148, 1182, 1183, 1302 s., 1617.

R. v° *Vente*, 777. — S. *cod.* v°, 367 s. — T. (87-97). *cod.* v°, 176 s.

SECTION III.
De la garantie.

Art. 1625. La garantie que le vendeur doit à l'acquéreur, a deux objets : le premier est la possession paisible de la chose vendue ; le second, les défauts cachés de cette chose ou les vices rédhibitoires. — *Civ.* 1603, 1126 s., 1641 s.

R. v° *Vente*, 778 s. — S. *cod.* v°, 378. — T. (87-97), v° *Garantie*, 8 s.

§ 1. — De la garantie en cas d'éviction.

Art. 1626. Quoique lors de la vente il n'ait été fait aucune stipulation sur la garantie, le vendeur est obligé de droit à garantir l'acquéreur de l'éviction qu'il souffre dans la totalité ou partie de l'objet vendu, ou des charges prétendues sur cet objet, et non déclarées lors de la vente. — *Civ.* 884 s., 1599, 1681, 1705, 1815, 2178, 2191 s.; *Pr.* 175 s.

R. v° *Vente*, 778 s., 912 s., 1046 s. — S. *cod.* v°, 379 s., 421 s., 464 s. — T. (87-97), v° *Garantie*, 8 s. — V. aussi N. C. civ. ann., t. 4, art. 1626, n° 1 s.

Art. 1627. Les parties peuvent, par des conventions particulières, ajouter à cette obligation de droit ou en diminuer l'effet ; elles peuvent même convenir que le vendeur ne sera soumis à aucune garantie. — *Civ.* 1134, 1613, 1628 s., 1693.

R. v° *Vente*, 799 s., 905 s. — S. *cod.* v°, 408 s. — T. (87-97), v° *Garantie*, 43 s.

Art. 1628. Quoiqu'il soit dit que le vendeur ne sera soumis à aucune garantie, il demeure cependant tenu de celle qui résulte d'un fait qui lui est personnel : toute convention contraire est nulle. — *Civ.* 6, 1382 s., 1622, 1693.

R. v° *Vente*, 894 s. — S. *cod.* v°, 413 s. — T. (87-97), v° *Garantie*, 43 s.

Art. 1629. Dans le même cas de stipulation de non-garantie, le vendeur, en cas d'éviction, est tenu à la restitution du prix, à moins que l'acquéreur n'ait connu lors de la vente le danger de l'éviction, ou qu'il n'ait acheté à ses périls et risques. — *Civ.* 1138, 1599, 1612, 1693.

R. v° *Vente*, 799 s., 905 s. — S. *cod.* v°, 418 s. — T. (87-97), v° *Garantie*, 43 s.

Art. 1630. Lorsque la garantie a été promise, ou qu'il n'a rien été stipulé à ce sujet, si l'acquéreur est évincé, il a droit de demander contre le vendeur :

1° La restitution du prix ;

2° Celle des fruits, lorsqu'il est obligé de les rendre au propriétaire qui l'évince ;

3° Les frais faits sur la demande en garantie de l'acheteur, et ceux faits par le demandeur originaire ;

4° Enfin les dommages et intérêts, ainsi que les frais et loyaux coûts du contrat. — *Civ.* 519 s., 1149 s., 1593, 1614, 1621, 1616, 1632, 1673, 1682, 1699, 2188; *Pr.* 130, 183.

R. v° *Vente*, 977 s., 998 s. — S. *cod.* v°, 412 s., 430 s. — T. (87-97), v° *Garantie*, 49 s.

Art. 1631. Lorsqu'à l'époque de l'éviction, la chose vendue se trouve diminuée de valeur, ou considérablement détériorée, soit par la négligence de l'acheteur, soit par des accidents de force majeure, le vendeur n'en est pas moins tenu de restituer la totalité du prix. — *Civ.* 1382 s., 1632, 2175.

R. v° *Vente*, 981 s. — S. *cod.* v°, 415 s.

Art. 1632. Mais si l'acquéreur a tiré profit des dégradations par lui faites, le vendeur a droit de retenir sur le prix une somme égale à ce profit. — *Civ.* 2175.

R. v° *Vente*, 985. — S. *cod.* v°, 445.

Art. 1633. Si la chose vendue se trouve avoir augmenté de prix à l'époque de l'éviction, indépendamment même du fait de l'acquéreur, le vendeur est tenu de lui payer ce qu'elle vaut au-dessus du prix de la vente. — *Civ.* 1150, 1637, 2175.

R. v° *Vente*, 1015 s. — S. *cod.* v°, 433 s.

Art. 1634. Le vendeur est tenu de rembourser ou de faire rembourser à l'acquéreur ou par celui qui l'évince, toutes les réparations et améliorations utiles qu'il aura faites au fonds. — *Civ.* 599, 861 s., 867, 1437, 2175.

Art. 1635. Si le vendeur avait vendu de mauvaise foi le fonds d'autrui, il sera obligé de rembourser à l'acquéreur toutes les dépenses, même voluptuaires ou d'agrément que celui-ci aura faites au fonds. — *Civ.* 549 s., 1119 s., 1599 s., 1615, 1935, 2236 s. 2208.

R. v° *Vente*, 1019 s. — S. *cod.* v°, 435 s.

Art. 1636. Si l'acquéreur n'est évincé que d'une partie de la chose, et qu'elle soit de telle conséquence, relativement au tout que l'acquéreur n'eût point acheté sans la partie dont il a été évincé, il peut faire résilier la vente. — *Civ.* 1112, 1637 s.

R. v° *Vente*, 1032 s. — S. *cod.* v°, 458 s.

Art. 1637. Si, dans le cas de l'éviction d'une partie du fonds vendu, la vente n'est pas résiliée, la valeur de la partie dont l'acquéreur se trouve évincé, lui est remboursée suivant l'estimation à l'époque de l'éviction et non proportionnellement au prix total de la vente, soit que la chose vendue ait augmenté ou diminué de valeur. — *Civ.* 1617, 1633, 1636.

R. v° *Vente*, 1034 s. — S. *cod.* v°, 458 s.

Art. 1638. Si l'héritage vendu se trouve grevé, sans qu'il en ait été fait de déclaration, de servitudes non apparentes, et qu'elles soient de telle importance qu'il y ait lieu de présumer que l'acquéreur ne l'aurait pas acheté s'il en avait été instruit, il peut demander la résiliation du contrat, si mieux il n'aime se contenter d'une indemnité. — *Civ.* 637, 689 s., 1611 s.

R. v° *Vente*, 1046 s. — S. *cod.* v°, 464 s. — T. (87-97), v° *Garantie*, 53 s. — V. aussi N. C. civ. ann., t. 4, art. 1638, n° 1 s.

Art. 1639. Les autres questions auxquelles peuvent donner lieu les dommages et intérêts résultant pour l'acquéreur de l'inexécution de la vente, doivent être décidées suivant les règles générales établies au titre *Des contrats ou des obligations conventionnelles en général.* — *Civ.* 1134, 1136 s., 1142 s., 1146 s., 1156 s., 1182 s., 1184, 1226 s.

R. v° *Vente*, 1027.

Art. 1640. La garantie pour cause d'éviction cesse lorsque l'acquéreur s'est laissé condamner par un jugement en dernier ressort, ou dont l'appel n'est plus recevable, sans appeler son vendeur, si celui-ci prouve qu'il existait des moyens suffisants pour faire rejeter la demande. — *Civ.* 1351; *Pr.* 175 s., 413 s.

R. v° *Vente*, 960 s. — S. *cod.* v°, 433 s.

§ 2. — De la garantie des défauts de la chose vendue.

Art. 1641. Le vendeur est tenu de la garantie à raison des défauts cachés de la chose vendue qui la rendent impropre à l'usage auquel on la destine, ou qui diminuent tellement cet usage, que l'acheteur 'aurait pas acquise, ou n'en aurait donné un moindre prix, s'il les avait connus. — 1110 ; 1625, 1638 s., 1642 s., 1891.

V° *Vices rédhib.*, 27 s. — S. *eod.* r°, 7 s. — (87-97), v° *Garantie*, 66 s. — V. aussi N. C. civ. , t. 4, art. 1641, n° 1 s.

Art. 1642. Le vendeur n'est pas tenu vices apparents et dont l'acheteur a pu convaincre lui-même. — *Civ.* 1629, 1641.

V° *Vices rédhib.*, 54 s., 72 s. — S. *eod.* r°, , 64. — T. (87-97), v° *Garantie*, 66 s., 96 s.

Art. 1643. Il est tenu des vices cachés, 1643, lesquels le choix de rendre la se et de se faire restituer le prix, ou de de la chose et de se faire rendre une tie du prix, telle qu'elle sera arbitrée par erts. — *Civ.* 1617, 1638; *Pr.* 302 s.

V° *Vices rédhib.*, 145 s. — S. *eod.* v°, 44 s.

Art. 1645. Si le vendeur connaissait les s de la chose, il est tenu, outre la restitu- du prix qu'il en a reçu, de tous les dom- ges et intérêts envers l'acheteur. — *Civ.* , 1151, 1382, 1630 s., 1635, 1891; *Pén.* 423.

V° *Vices rédhib.*, 158 s. — S. *eod.* v°, 49.

Art. 1646. Si le vendeur ignorait les s de la chose, il ne sera tenu qu'à la itution du prix, et à rembourser à l'ac- reur les frais occasionnés par la vente. Civ. 1150, 1593, 1630.

V° *Vices rédhib.*, 154 s. — S. *eod.* r°, 46 s.

Art. 1647. Si la chose qui avait des s a péri par suite de sa mauvaise qua- , la perte est pour le vendeur, qui sera envers l'acheteur à la restitution du , et aux autres dédommagements expli- s dans les deux articles précédents, ais la perte arrivée par cas fortuit sera r le compte de l'acheteur. — *Civ* 1148 s., 2 s., 1303.

V° *Vices rédhib.*, 136 s. — S. *eod.* r°, 51.

Art. 1648. L'action résultant des vices hibitoires doit être intentée par l'acque- r, dans un bref délai, suivant la nature vices rédhibitoires, et l'usage du lieu où ente a été faite. — *Civ.* 1159.

V° *Vices rédhib.*, 163 s. — S. *eod.* y° 53 s.

Art. 1649. Elle n'a pas lieu dans les tes faites par autorité de justice. — *Civ.* 4 ; *Pr.* 715, 966 s. ; *For.* 17 s., 100.

V° *Vices rédhib.*, 117 s. — S. *eod.* v°, 38.

r les vices rédhibitoires dans les ventes et échanges, nfra, Appendice, Code rural, les lois du 2 jail- 881, art. 13, sur la police sanitaire des animaux, et août 1884, modifiées par les lois du 31 juillet 1895 et 3 février 1905, et la loi du 21 juin 1898, art. 41, sur le rural (police rurale). — V. le commentaire de ces N. C. civ. ann., t. 4, Appendice aux art. 1641 à 1649. . aussi T. (87-97), v° *Garantie*, 96 s.

CHAPITRE V.

Des obligations de l'acheteur.

Art. 1650. La principale obligation de heteur est de payer le prix au jour et au x réglés par la vente. — *Civ.* 1235 s., 1247, 42 s., 1591 s., 1612 s., 1651 s., 2102-4°, 03-1°; *Com.* 576 s.

. v° *Vente*, 1091 s. — S. *eod.* v°, 481 s. — T. (87-97), . v°, 181 s.

Art. 1651. S'il n'a rien été réglé à cet ard lors de la vente, l'acheteur doit payer lieu et dans le temps où doit se faire la livrance. — *Civ.* 1247, 1264, 1609, 1612.

. v° *Vente*, 1118 s. — S. *eod.* v°, 490 s. — T. (87-97), . v°, 181 s.

Art. 1652. L'acheteur doit l'intérêt du ix de la vente jusqu'au payement du capi- , dans les trois cas suivants : S'il a été ainsi convenu lors de la vente ;

Si la chose vendue et livrée produit des fruits ou autres revenus ; Si l'acheteur a été sommé de payer. Dans ce dernier cas, l'intérêt ne court que depuis la sommation. — *Civ.* 520, 583 s., 1139, 1153, 1611, 1082, 1905, 1907.

R. v° *Vente*, 1138 s. — S. *eod.* r°, 505 s.

Art. 1653. Si l'acheteur est troublé ou a juste sujet de craindre d'être troublé par une action, soit hypothécaire, soit en reven- dication, il peut suspendre le payement du prix jusqu'à ce que le vendeur ait fait ces- ser le trouble, si mieux n'aime celui-ci donner caution, ou à moins qu'il n'ait été stipulé que, nonobstant le trouble, l'ache- teur payera. — *Civ.* 1612 s., 1704, 1725 s., 2040.

R. v° *Vente*, 1170 s. — S. *eod.* v°, 314 s. — T. (87-97). *eod.* r°, 189 s. — V. aussi N. C. civ. ann., t. 4, art. 1653, n° 1 s.

Art. 1654. Si l'acheteur ne paye pas le prix, le vendeur peut demander la résolu- tion de la vente. — *Civ.* 1184, 1234, 1610, 1655 s., 1978, 2102-4° 2103-1°; *Pr.* 692; *Com.* 576 s.

R. v° *Vente*, 1230 s., 1275 s. — S. *eod.* r°, 534 s., 555 s. — T. (87-97), *eod.* v°, 193 s. — V. aussi N. C. civ. ann., t. 4, art. 1634, n° 1 s.

Art. 1655. La résolution de la vente d'immeubles est prononcée de suite, si le vendeur est en danger de perdre la chose et le prix. Si ce danger n'existe pas, le juge peut accorder à l'acquéreur un délai plus ou moins long suivant les circonstances. Ce délai passé sans que l'acquéreur ait payé, la résolution de la vente sera pronon- cée. — *Civ.* 1244, 1656.

R. v° *Vente*, 1257 s. — S. *eod.* v°, 516 s.

Art. 1656. S'il a été stipulé lors de la vente d'immeubles, que, faute du payement du prix dans le terme convenu, la vente serait résolue de plein droit, l'acquéreur peut néanmoins payer après l'expiration du délai, tant qu'il n'a pas été mis en demeure par une sommation : mais, après cette som- mation, le juge ne peut pas lui accorder de délai. — *Civ.* 1139, 1184, 1655.

R. v° *Vente*, 1265 s., 1324 s. — S. *eod.* v°, 551 s., 567 s. — T. (87-97), *eod.* v°, 193 s.

Art. 1657. En matière de vente de denrées et effets mobiliers, la résolution de la vente aura lieu de plein droit et sans sommation, au profit du vendeur, après l'expiration du terme convenu pour l'enlève- ment. — *Civ.* 1184, 1585 s., 1905, 2102-4°; *Com.* 576 s.

R. v° *Vente*, 1393 s. — S. *eod.* v°, 593 s. — T. (87-97), *eod.* v°, 209 s.

CHAPITRE VI.

De la nullité et de la résolution de la vente.

Art. 1658. Indépendamment des causes de nullité ou de résolution déjà expliquées dans ce titre, et de celles qui sont com- munes à toutes les conventions, le contrat de vente peut être résolu par l'exercice de la faculté de rachat et par la vileté du prix. — *Civ.* 1183 s., 1234, 1304 s., 1610, 1618 s., 1626, 1644 s., 1554 s., 1674 s.

R. v° *Vente*, 1412 s. — S. *eod.* v°, 611 s. — T. (87-97), *eod.* v°, 214 s.

SECTION PREMIÈRE.

De la faculté de rachat.

Art. 1659. La faculté de rachat ou de réméré est un pacte par lequel le vendeur se réserve de reprendre la chose vendue, moyennant la restitution du prix principal,

---

et le remboursement dont il est parlé à l'ar- ticle 1673. — *Civ.* 1582, 1660 s., 1751, 2085 s.

R. v° *Vente*, 1438 s. — S. *eod.* v°, 622 s. — T. (87-97), *eod.* r°, 237 s.

Art. 1660. La faculté de rachat ne peut être stipulée pour un terme excédant cinq années.

Si elle a été stipulée pour un terme plus long, elle est réduite à ce terme. — *Civ.* 6, 1662.

R. v° *Vente*, 1475 s. — S. *eod.* r°, 637 s.

Art. 1661. Le terme fixé est de rigueur, et ne peut être prolongé par le juge. — *Civ.* 1655 s.

R. v° *Vente*, 1496 s. — S. *eod.* r°, 640 s.

Art. 1662. Faute par le vendeur d'avoir exercé son action de réméré dans le terme prescrit, l'acquéreur demeure propriétaire irrévocable. — *Civ.* 1751, 2088.

R. v° *Vente*, 1496 s. — S. *eod.* v°, 640 s.

Art. 1663. Le délai court contre toutes personnes, même contre le mineur, sauf, s'il y a lieu, le recours contre qui de droit. — *Civ.* 1304, 1676, 2252, 2278.

R. v° *Vente*, 1456 s., 1495.

Art. 1664. Le vendeur à pacte de rachat peut exercer son action contre un second acquéreur, quand même la faculté de réméré n'aurait pas été déclarée dans le second con- trat. — *Civ.* 1165, 1183. 1599.

R. v° *Vente*, 1524 s.

Art. 1665. L'acquéreur à pacte de rachat exerce tous les droits de son vendeur ; il peut prescrire tant contre le véritable maître que contre ceux qui prétendraient des droits ou hypothèques sur la chose vendue. — *Civ.* 1583, 1659, 1673, 1751, 2229, 2235, 2262 s., 2265 s.

R. v° *Vente*, 1462 s. — S. *eod.* v°, 627 s.

Art. 1666. Il peut opposer le bénéfice de la discussion aux créanciers de son ven- deur. — *Civ.* 1166, 2021 s., 2170 s.

R. v° *Vente*, 1474. — S. *eod.* v°, 635.

Art. 1667. Si l'acquéreur à pacte de réméré d'une partie indivise d'un héritage, s'est rendu adjudicataire de la totalité sur une licitation provoquée contre lui, il peut obliger le vendeur à retirer le tout lorsque celui-ci veut user du pacte. — *Civ.* 1686 s.

R. v° *Vente*, 1519.

Art. 1668. Si plusieurs ont vendu con- jointement, et par un seul contrat, un héri- tage commun entre eux, chacun ne peut exercer l'action en réméré que pour la part qu'il y avait. — *Civ.* 815, 1217 s., 1667, 1670 s.

Art. 1669. Il en est de même, si celui qui a vendu seul un héritage a laissé plu- sieurs héritiers. Chacun de ces cohéritiers ne peut user de la faculté de rachat que pour la part qu'il prend dans la succession. — *Civ.* 724, 870, 1220 s., 1670 s., 1685.

Art. 1670. Mais, dans le cas des deux articles précédents, l'acquéreur peut exiger que tous les covendeurs ou tous les cohéri- tiers soient mis en cause, afin de se conci- lier entre eux pour la reprise de l'héritage entier ; et, s'ils ne se concilient pas, il sera renvoyé de la demande. — *Civ.* 1225, 1671.

Art. 1671. Si la vente d'un héritage appartenant à plusieurs n'a pas été faite conjointement et de tout l'héritage ensemble ; et que chacun n'ait vendu que la part qu'il y avait, ils peuvent exercer séparément l'ac- tion en réméré sur la portion qui leur appar- tenait ; Et l'acquéreur ne peut forcer celui qui l'exercera de cette manière, à retirer le tout. — *Civ.* 1667 s.

Art. 1672. Si l'acquéreur a laissé plu- sieurs héritiers, l'action en réméré ne peut être exercée contre chacun d'eux que pour sa part, dans le cas où elle est encore indivise, et dans celui où la chose vendue a été partagée entre eux.

Mais s'il y a eu partage de l'élirédité, et que la chose vendue soit échue au lot de l'un des héritiers, l'action en réméré peut être intentée contre lui pour le tout. — *Civ.* 883 s., 1220 s., 1669, 1685.

Art. 1673. Le vendeur qui use du pacte de rachat, doit rembourser non seulement le prix principal, mais encore les frais et loyaux coûts de la vente, les réparations nécessaires, et celles qui ont augmenté la valeur du fonds, jusqu'à concurrence de cette augmentation. Il ne peut entrer en possession qu'après avoir satisfait à toutes ces obligations.

Lorsque le vendeur rentre dans son héritage par l'effet du pacte de rachat, il le reprend exempt de toutes les charges et hypothèques dont l'acquéreur l'aurait grevé : il est tenu d'exécuter les baux faits sans fraude par l'acquéreur. — *Civ.* 865, 952, 963, 1183 s., 1429, 1630-4°, 1659, 1751, 2125.

R. v° *Vente*, 1511 s. — S. *cod.* v°, 645 s.

SECTION II.
De la rescision de la vente pour cause de lésion.

Art. 1674. Si le vendeur a été lésé de plus de sept douzièmes dans le prix d'un immeuble, il a le droit de demander la rescision de la vente, quand même il aurait expressément renoncé dans le contrat à la faculté de demander cette rescision, et qu'il aurait déclaré donner la plus-value. — *Civ.* 6, 887 s., 1079, 1118, 1234 s., 1304 s., 1313, 1658, 1675 s., 1684, 1706.

R. v° *Vente*, 1553 s. — S. *cod.* v°, 653 s. — T. (87-97), v° *Rescision*, 13 s. — V. aussi N. C. civ. ann., t. 4, art. 1674, n° 1 s.

Art. 1675. Pour savoir s'il y a lésion de plus de sept douzièmes, il faut estimer l'immeuble suivant son état et sa valeur au moment de la vente. — *Civ.* 890.

R. v° *Vente*, 1638 s. — S. *cod.* v°, 670 s.

Art. 1676. La demande n'est plus recevable après l'expiration de deux années, à compter du jour de la vente.

Ce délai court contre les femmes mariées, et contre les absents, les interdits, et les mineurs venant du chef d'un majeur qui a vendu.

Ce délai court aussi et n'est pas suspendu pendant la durée du temps stipulé pour le pacte du rachat. — *Civ.* 1304, 1306 s., 1314, 1659 s., 2252 s.

R. v° *Vente*, 1599 s. — S. *cod.* v°, 661 s.

Art. 1677. La preuve de la lésion ne pourra être admise que par jugement, et dans le cas seulement où les faits articulés seraient assez vraisemblables et assez graves pour faire présumer la lésion.

Art. 1678. Cette preuve ne pourra se faire que par un rapport de trois experts, qui seront tenus de dresser un seul procès-verbal commun, et de ne former qu'un seul avis à la pluralité des voix. — *Civ.* 1679 s. ; *Pr.* 302 s., 1034 s.

Art. 1679. S'il y a des avis différents, le procès-verbal en contiendra les motifs, sans qu'il soit permis de faire connaître de quel avis chaque expert a été. — *Pr.* 210, 318.

Art. 1680. Les trois experts seront nommés d'office, à moins que les parties ne se soient accordées pour les nommer tous les trois conjointement. — *Pr.* 196, 305 s.

R. v° *Vente*, 1620 s. — S *cod.* v°, 669. — T. (87-97), v° *Rescision*, 15 s.

Art. 1681. Dans les cas où l'action en rescision est admise, l'acquéreur a le choix ou de rendre la chose en retirant le prix qu'il en a payé, ou de garder le fonds en payant le supplément du juste prix, sous la déduction du dixième du prix total.

Le tiers possesseur a le même droit, sauf sa garantie contre son vendeur. — *Civ.* 891, 1601, 1617 s., 1621, 1630 s., 1682.

R. v° *Vente*, 1648 s   S. *cod.* v°, 573 s.

Art. 1682. Si l'acquéreur préfère garder la chose en fournissant le supplément réglé par l'article précédent, il doit l'intérêt du supplément, du jour de la demande en rescision.

S'il préfère la rendre et recevoir le prix, il rend les fruits du jour de la demande.

L'intérêt du prix qu'il a payé, lui est aussi compté du jour de la même demande, ou du jour du payement, s'il n'a touché aucuns fruits. — *Civ.* 549, 1153 s., 1614, 1652, 1907 ; *Pr.* 129, 526.

R. v° *Vente*, 1682 s. — S. *cod.* v°, 675 s.

Art. 1683. La rescision pour lésion n'a pas lieu en faveur de l'acheteur. — *Civ.* 1674.

R. v° *Vente*, 1603 s. — S. *cod.* v°, 666.

Art. 1684. Elle n'a pas lieu en toutes ventes qui, d'après la loi, ne peuvent être faites que d'autorité de justice. — *Civ.* 1649 ; *Pr.* 953 s., 966, 970, 972 ; *For.* 17, 100.

R. v° *Vente*, 1580 s.

Art. 1685. Les règles expliquées dans la section précédente pour les cas où plusieurs ont vendu conjointement ou séparément, et pour celui où le vendeur ou l'acheteur a laissé plusieurs héritiers, sont pareillement observées pour l'exercice de l'action en rescision. — *Civ.* 1668 s.

R. v° *Vente*, 1603 s. — S. *eod.* v°, 668.

CHAPITRE VII.
De la licitation.

Art. 1686. Si une chose commune à plusieurs ne peut être partagée commodément et sans perte ;

Ou si, dans un partage fait de gré à gré de biens communs, il s'en trouve quelques-uns qu'aucun des copartageants ne puisse ou ne veuille prendre.

La vente s'en fait aux enchères, et le prix en est partagé entre les copropriétaires. — *Civ.* 575, 815 s., 827, 838, 1687 s., 2109 ; *Pr.* 617 s., 953 s., 966 s. ; *Com.* 220.

R. v° *Vente*, 1066 s. ; *Success.*, 1723 s. — S. v° *Vente*, 681 ; *Success.*, 1100 s.

Art. 1687. Chacun des copropriétaires est le maître de demander que les étrangers soient appelés à la licitation : ils sont nécessairement appelés, lorsqu'un des copropriétaires est mineur. — *Civ.* 459 s., 838 ; *Pr.* 984 s.

R. v° *Vente*, 1073.

Art. 1688. Le mode et les formalités à observer pour la licitation sont expliquées au titre *Des successions* et au Code de procédure. — *Civ.* 815 s. ; *Pr.* 966 s.

R. v° *Vente*, 1075.

CHAPITRE VIII.
Du transport des créances et autres droits incorporels.

Art. 1689. Dans le transport d'une créance, d'un droit ou d'une action sur un tiers, la délivrance s'opère entre le cédant et le cessionnaire par la remise du titre. — *Civ.* 1249 s., 1275, 1607 s., 1690 s., 2112 s.

R. v° *Vente*, 1676 s. — S. *cod.* v°, 682 s. — T. (87-97), v° *Transport-cession*, 1 s. — V. aussi N. C. civ. ann., t. 4, art. 1689, n° 1 s.

Art. 1690. Le cessionnaire n'est saisi à l'égard des tiers que par la signification du transport faite au débiteur.

Néanmoins le cessionnaire peut être également saisi par l'acceptation du transport faite par le débiteur dans un acte authentique. — *Civ.* 1250, 1275, 1277, 1295, 2214 ; *Com.* 35, 136, 187.

R. v° *Vente*, 1723 s. — S. *cod.* v°, 716 s. — T. (87-97), v° *Transport-cession*, 10 s. — V. aussi N. C. civ. ann., t. 4, art. 1690, n° 1 s.

Art. 1691. Si, avant que le cédant ou le cessionnaire eût signifié le transport au débiteur, celui-ci avait payé le cédant, il sera valablement libéré. — *Civ.* 1240, 1242, 1277, 1295.

R. v° *Vente*, 1743 s.

Art. 1692. La vente ou cession d'une créance comprend les accessoires de la créance, tels que caution, privilège et hypothèque. — *Civ.* 1018, 1249 s., 1615, 2103, 2112.

R. v° *Vente*, 1713, 1834 s. — S. *cod.* v°, 808 s.

Art. 1693. Celui qui vend une créance ou autre droit incorporel, doit en garantir l'existence au temps du transport, quoiqu'il soit fait sans garantie. — *Civ.* 1626 s., 1694 s.

R. v° *Vente*, 1841 s. — S. *cod.* v°, 814 s. — T. (87-97), v° *Transport-cession*, 29 s. — V. aussi N. C. civ. ann., t. 4. art. 1693, n° 1 s.

Art. 1694. Il ne répond de la solvabilité du débiteur que lorsqu'il s'y est engagé, et jusqu'à concurrence seulement du prix qu'il a retiré de la créance. — *Civ.* 866, 1276, 1695.

R. v° *Vente*, 1887 s. — S. *cod.* v°, 828 s. — T. (87-97), v° *Transport-cession*, 29 s.

Art. 1695. Lorsqu'il a promis la garantie de la solvabilité du débiteur, cette promesse ne s'entend que de la solvabilité actuelle, et ne s'étend pas au temps à venir, si le cédant ne l'a expressément stipulé. — *Civ.* 1276.

R. v° *Vente*, 1887 s. — S. *cod.* v°, 828 s. — T. (87-97), v° *Transport-cession*, 29 s.

Art. 1696. Celui qui vend une hérédité sans en spécifier en détail les objets, n'est tenu de garantir que sa qualité d'héritier. — *Civ.* 780, 841, 889, 1693 s., 1697 s.

R. v° *Vente*, 1914 s. — S. *cod.* v°, 848 s. — T. (87-97), v° *Transport-cession*, 33 s. — V. aussi N. C. civ. ann., t. 4, art. 1696, n° 1 s.

Art. 1697. S'il avait déjà profité des fruits de quelque fonds, ou reçu le montant de quelque créance appartenant à cette hérédité, ou vendu quelques effets de la succession, il est tenu de les rembourser à l'acquéreur, s'il ne les a expressément réservés lors de la vente. — *Civ.* 1698.

R. v° *Vente*, 1934 s. — S. *cod.* v°, 852 s.

Art. 1698. L'acquéreur doit de son côté rembourser au vendeur ce que celui-ci a payé pour les dettes et charges de la succession, et lui faire raison de tout ce dont il était créancier, s'il n'y a stipulation contraire. — *Civ.* 1697.

R. v° *Vente*, 1966 s. — S *cod.* v°, 658 s.

Art. 1699. Celui contre lequel on a cédé un droit litigieux peut s'en faire tenir quitte par le cessionnaire, en lui remboursant le prix réel de la cession avec les frais et loyaux coûts, et avec les intérêts à compter du jour où le cessionnaire a payé le prix de la cession à lui faite. — *Civ.* 841, 1597, 1630, 1700 s.

R. v° *Vente*, 2012 s. — S. *cod.* v°, 875 s. — T. (87-97), v° *Transport-cession*, 60 s.

Art. 1700. La chose est censée litigieuse dès qu'il y a procès et contestation sur le fond du droit. — *Civ.* 1699.

S. v° *Vente*, 2048 s. — S. *cod.* v°, 897 s. — T. (87-97), v° *Transport-cession*, 60 s. — V. aussi N. C. civ. ann., t. 4, art. 1700, n° 1 s.

Art. 1701. La disposition portée en l'article 1699 cesse :

1° Dans le cas où la cession a été faite à un cohéritier ou copropriétaire du droit cédé ;

2° Lorsqu'elle a été faite à un créancier en payement de ce qui lui est dû ;

Lorsqu'elle a été faite au possesseur de l'héritage sujet au droit litigieux.

v° *Vente*, 2027 s. — S. *eod.* v°, 882 s. — T. (87-97), *transport-cession*, 60 s.

TITRE SEPTIÈME.

De l'échange.

(Décrété le 16 vent. an XII (7 mars 1804), et promulgué le 26 vent. an XII (17 mars 1804).)

Art. 1702. L'échange est un contrat par lequel les parties se donnent respectivement une chose pour une autre. — *Civ.* 1136 s., s.

v° *Echange*, 6 s. — S. *cod.* v°, 4 s. — T. (87-97), v°, 1 s. — V. aussi C. ad., t. 1, v°° *Sép. des noirs*, p. 86, n° 469 s.; *Commune*, p. 454-455, 01 s., 835 s.; p. 682, n° 7703 s.; t. 3, v° *Doe*, p. 255, n° 737 s.; p. 260, n° 833 s.

ce qui concerne les droits fiscaux à percevoir sur les ges d'immeubles ruraux, V. les lois du 3 novembre D. P. 65. 4. 17), et du 22 avril 1905, art. 3 (D. P. 1905.).

Art. 1703. L'échange s'opère par le seul consentement, de la même manière que la vente. — *Civ.* 1138, 1582 s., 1589, 1707.

v° *Echange*, 14 s. — S. *cod.* v°, 8 s. — T. (87-97). v°, 1 s.

Art. 1704. Si l'un des copermutants a reçu la chose à lui donnée en échange, et qu'il prouve ensuite que l'autre contractant n'est pas propriétaire de cette chose, il ne peut pas être forcé à livrer celle qu'il a promise en contre-échange, mais seulement à rendre celle qu'il a reçue. — *Civ.* 1599, s., 1653.

v° *Echange*, 17 s. — S. *cod.* v°, 15 s.

Art. 1705. Le copermutant qui est évincé de la chose qu'il a reçue en échange, a le choix de conclure à des dommages et intérêts, ou de répéter sa chose. — *Civ.* s., 1184, 1610, 1626 s.

v° *Echange*, 39 s. — S. *eod.* v°, 31.

Art. 1706. La rescision pour cause de lésion n'a pas lieu dans le contrat d'échange. *Civ.* 1674 s.

v° *Echange*, 51 s. — S. *cod.* v°, 32.

Art. 1707. Toutes les autres règles prescrites pour le contrat de vente s'appliquent d'ailleurs à l'échange. — *Civ.* 1582.

TITRE HUITIÈME.

Du contrat de louage.

(Décrété le 16 vent. an XII (7 mars 1804), et promulgué le 26 vent. an XII (17 mars 1804).)

CHAPITRE PREMIER.

Dispositions générales.

Art. 1708. Il y a deux sortes de contrats de louage :
Celui des choses,
Celui d'ouvrage. — *Civ.* 1709 s., 1779 s.

v° *Louage*, 1.

Art. 1709. Le louage des choses est un contrat par lequel l'une des parties s'oblige à faire jouir l'autre d'une chose pendant un certain temps, et moyennant un certain prix que celle-ci s'oblige de lui payer. — 1127, 1711 s.

v° *Louage*, 1, 20 s., 80 s. — S. *cod.* v°, 14 s., 59.

Art. 1710. Le louage d'ouvrage est un contrat par lequel l'une des parties s'engage à faire quelque chose pour l'autre, moyennant un prix convenu entre elles. — *Civ.* s., 1711, 1779 s.

v°° *Louage*, 1 et 2; *Louage d'ouvr.*, 1 s. — *Louage d'ouvr.*, 10 s.

Art. 1711. Ces deux genres de louage se subdivisent encore en plusieurs espèces particulières :
On appelle *bail à loyer*, le louage des maisons et celui des meubles ;
Bail à ferme, celui des héritages ruraux ;
Loyer, le louage du travail ou du service ;
Bail à cheptel, celui des animaux dont le profit se partage entre le propriétaire et celui à qui il les confie.
Les *devis*, *marché* ou *prix fait*, pour l'entreprise d'un ouvrage moyennant un prix déterminé, sont aussi un louage, lorsque la matière est fournie par celui pour qui l'ouvrage se fait.
Ces trois dernières espèces ont des règles particulières. — *Civ.* 1711 s., 1752 s., 1763 s., 1779 s., 1787 s., 1800 s.; *Com.* 273 s.

R. v° *Louage*, 596 s. — S. *eod.* v°, 340 s.

En ce qui concerne les baux à cens, à champart, à complant, à convenant ou à domaine congéable, emphytéotique, à culture perpétuelle ou à locatairie perpétuelle, à rente, à nourriture de personnes, de pâturage et nourriture d'animaux, etc., V. R. et S. v°° Louage à col. perp., Louage à compl., Louage à dom. cong., Louage emphyt., Louage hérèd., Louage jud., Louage à locat. perp., Louage à nourr. de pers., Louage à nourr. d'anim. — V. aussi N. C. civ. ann., t. 4, Appendice au liv. III, tit. VIII; T. (87-97), cité. v°.

V. les lois du 8 février 1897, sur les domaines congéables (D. P. 97. 4. 13); du 8 mars 1898, sur les vignes à complant (D. P. 98. 4. 35); et infra, Code rural, la loi du 25 juin 1902, sur le bail emphytéotique.

Art. 1712. Les baux des biens nationaux, des biens des communes et des établissements publics, sont soumis à des règlements particuliers. — *Civ.* 537.

R. v° *Commune*, 2520 s.; *Dom. de l'Et.*, 54 s., 84 s.; *Louage administratif; Organ. admin.*, 278, 306, 705. — S. v°° *Commune*, 1234 s.; *Dom. de l'Et.*, 10 s.; *Louage administratif.*

En ce qui concerne les biens : 1° des communes, V. la loi du 5 avril 1884, art. 68 (D. P. 84. 4. 25; — et C. ad., t. 1, v° Commune, p. 452, n° 786 s.); 2° des départements, V. la loi du 10 août 1871, art. 46 (D. P. 71. 4. 102; — et C. ad., t. 1, v° Département, p. 351, n° 1898 s.); 3° des hospices et établissements publics, V. la loi du 25 mai 1835 (R. v° Hospices, p. 75); et v° Etat, V. la loi du 6 décembre 1897, art. 7 (D. P. 98. 4. 16).

CHAPITRE II.

Du louage des choses.

Art. 1713. On peut louer toutes sortes de biens meubles ou immeubles — *Civ.* 581 s., 631, 634, 1127 s., 1709.

R. v° *Louage*, 34 s. — S. *cod.* v°, 23 s. — V. aussi N. C. civ. ann., t. 4, art. 1713, n°° 1 s.; C. ad., t. 1, v°° *Sép. des pouv.*, p. 83, n° 405 s.; p. 86, n° 410 s.; *Commune*, p. 453, n°° 787 s.; p. 682, n° 7801 s.; t. 3, v° *Domaine*, p. 244, n° 424 s.

SECTION PREMIÈRE.

Des règles communes aux baux des maisons et des biens ruraux.

Art. 1714. On peut louer ou par écrit, ou verbalement. — *Civ.* 1582, 1715 s., 1736, 1758, 1774, 2102-1°

R. v° *Louage*, 113 s. — S. *eod.* v°, 68 s. — T. (87-97), *eod.* v°, 8 s.

Art. 1715. Si le bail fait sans écrit n'a encore reçu aucune exécution, et que l'une des parties le nie, la preuve ne peut être reçue par témoins, quelque modique qu'en soit le prix, et quoiqu'on allègue qu'il y a eu des arrhes données.
Le serment peut seulement être déféré à celui qui nie le bail. — *Civ.* 1341 s., 1347, 1357 s., 1363 s., 1716, 1736, 1758, 1774.

R. v° *Louage*, 121 s., 606 s. — S. *eod.* v°, 74 s., 307 s. — T. (87-97), *eod.* v°, 8 s.

Art. 1716. Lorsqu'il y aura contestation sur le prix du bail verbal dont l'exécution a commencé, et qu'il n'existera point de quittance, le propriétaire en sera cru sur son serment, si mieux n'aime le locataire demander l'estimation par experts; auquel cas les frais de l'expertise restent à sa charge,

si l'estimation excède le prix qu'il a déclaré. *Civ.* 1357 s., 1366 s.; *Pr.* 130, 302 s.

R. v° *Louage*, 121, 136 s. — S. *cod.* v°, 78 s. — T. (87-97), *eod.* v°, 8 s.

Art. 1717. Le preneur a le droit de sous-louer, et même de céder son bail à un autre, si cette faculté ne lui a pas été interdite.
Elle peut être interdite pour le tout ou partie.
Cette clause est toujours de rigueur. — *Civ.* 595, 631, 634, 1735, 1753, 1763.

R. v° *Louage*, 422 s. — S. *eod.* v°, 218 s. — T. (87-97), *eod.* v°, 160 s. — V. aussi N. C. civ. ann., t. 4, art. 1717, n°° 1 s.

Art. 1718. Les articles du titre *Du contrat de mariage et des droits respectifs des époux*, relatif aux baux des biens des femmes mariées, sont applicables aux baux des biens des mineurs. — *Civ.* 450, 481, 509, 595, 1429 s.

R. v° *Louage*, 56 s. — S. *eod.* v°, 41 s.

Art. 1719. Le bailleur est obligé, par la nature du contrat, et sans qu'il soit besoin d'aucune stipulation particulière :
1° De délivrer au preneur la chose louée;
2° D'entretenir cette chose en état de servir à l'usage pour lequel elle a été louée ;
3° D'en faire jouir paisiblement le preneur pendant la durée du bail. — *Civ.* 600 s., 1136 s., 1604 s., 1720 s., 1880 s.

R. v° *Louage*, 148 s., 223 s. — S. *cod.* v°, 83 s., 124 s. — T. (87-97), *eod.* v°, 24 s. — V. aussi N. C. civ. ann., t. 4, art. 1719, n°° 1 s.

Art. 1720. Le bailleur est tenu de délivrer la chose en bon état de réparations de toute espèce.
Il doit y faire, pendant la durée du bail, toutes les réparations qui peuvent devenir nécessaires, autres que les locatives. — *Civ.* 600 s., 1719-2°, 1724, 1731, 1754 s.

R. v° *Louage*, 160 s. — S. *eod.* v°, 98 s. — T. (87-97), *eod.* v°, 32 s.

Art. 1721. Il est dû garantie au preneur pour tous les vices ou défauts de la chose louée qui en empêchent l'usage, quand même le bailleur ne les aurait pas connus lors du bail.
S'il résulte de ces vices ou défauts quelque perte pour le preneur, le bailleur est tenu de l'indemniser. — *Civ.* 1382, 1625 s., 1641 s., 1724 s., 1891.

R. v° *Louage*, 185 s. — S. *eod.* v°, 104 s. — T. (87-97), *eod.* v°, 52 s.

Art. 1722. Si, pendant la durée du bail, la chose louée est détruite en totalité par cas fortuit, le bail est résilié de plein droit; si elle n'est détruite qu'en partie, le preneur peut, suivant les circonstances, demander ou une diminution du prix, ou la résiliation même du bail. Dans l'un et l'autre cas, il n'y a lieu à aucun dédommagement. — *Civ.* 617, 1148, 1302 s., 1724, 1730, 1735, 1741, 1769, 1882 s.; *Com.* 300, 302 s.

R. v° *Louage*, 198 s. — S. *eod.* v°, 109 s. — T. (87-97), *eod.* v°, 73 s. — V. aussi N. C. civ. ann., t. 4, art. 1722, n°° 1 s.

Art. 1723. Le bailleur ne peut, pendant la durée du bail, changer la forme de la chose louée. — *Civ.* 1719-3°, 1728 s.

R. v° *Louage*, 227 s. — S. *eod.* v°, 125 s. — T. (87-97), *eod.* v°, 78 s.

Art. 1724. Si, durant le bail, la chose louée a besoin de réparations urgentes et qui ne puissent être différées jusqu'à sa fin, le preneur doit les souffrir, quelque incommodité qu'elles lui causent, et quoiqu'il soit privé, pendant qu'elles se font, d'une partie de la chose louée.
Mais, si ces réparations durent plus de quarante jours, le prix du bail sera diminué à proportion du temps et de la partie de la chose louée dont il aura été privé.
Si les réparations sont de telle nature qu'elles rendent inhabitable ce qui est né-

cessaire au logement du preneur et de sa famille, celui-ci pourra faire résilier le bail. — *Civ.* 1148, 1382, 1720 s.; *Pr.* 135-2°; *Com.* 296.

R. v° *Louage*, 169 s. — S. *eod.* v°, 98 s. — T. (87-97), *eod.* v°, 32 s.

Art. 1725. Le bailleur n'est pas tenu de garantir le preneur du trouble que des tiers apportent par voies de fait à sa jouissance, sans prétendre d'ailleurs aucun droit sur la chose louée; sauf au preneur à les poursuivre en son nom personnel. — *Civ.* 1726 s.

R. v° *Louage*, 238 s. — S. *eod.* v°, 149 s. — T. (87-97), *eod.* v°, 99 s.

Art. 1726. Si, au contraire, le locataire ou le fermier ont été troublés dans leur jouissance par suite d'une action concernant la propriété du fonds, ils ont droit à une diminution proportionnée sur le prix du bail à loyer ou à ferme, pourvu que le trouble et l'empêchement aient été dénoncés au propriétaire. — *Civ.* 1630, 1640, 1721, 1727, 1768; *Pr.* 175 s.

R. v° *Louage*, 244 s. — S. *eod.* v°, 151 s. — T. (87-97), *eod.* v°, 78 s.

Art. 1727. Si ceux qui ont commis les voies de fait, prétendent avoir quelque droit sur la chose louée, ou si le preneur est lui-même cité en justice pour se voir condamner au délaissement de la totalité ou de partie de cette chose, ou à souffrir l'exercice de quelque servitude, il doit appeler le bailleur en garantie, et doit être mis hors d'instance, s'il l'exige, en nommant le bailleur pour lequel il possède. — *Civ.* 614, 1725 s., 1768; *Pr.* 175 s.

R. v° *Louage*, 244 s. — S. *eod.* v°, 151 s.

Art. 1728. Le preneur est tenu de deux obligations principales :

1° D'user de la chose louée en bon père de famille, et suivant la destination qui lui a été donnée par le bail, ou suivant celle présumée d'après les circonstances, à défaut de convention;

2° De payer le prix du bail aux termes convenus. — *Civ.* 601, 1134, 1137, 1719-2°, 1723, 1729 s., 1741, 1806, 1880; *Pr.* 819 s.

R. v° *Louage*, 93 s., 267 s. — S. *eod.* v°, 64 s., 161 s. — T. (87-97), *eod.* v°, 111 s. — V. aussi N. C. civ. ann., t. 4, art. 1726, n° 1 s.

Art. 1729. Si le preneur emploie la chose louée à un autre usage que celui auquel elle a été destinée, ou dont il puisse résulter un dommage pour le bailleur, celui-ci peut, suivant les circonstances, faire résilier le bail. — *Civ.* 618, 1184, 1719-2°, 1721, 1723, 1728-1°, 1741, 1760, 1766, 1881

R. v° *Louage*, 267 s. — S. *eod.* v°, 161 s. — T. (87-97), *eod.* v°, 111 s.

Art. 1730. S'il a été fait un état des lieux entre le bailleur et le preneur, celui-ci doit rendre la chose telle qu'il l'a reçue, suivant cet état, excepté ce qui a péri ou a été dégradé par vétusté ou force majeure. — *Civ.* 607, 1148, 1234, 1302, 1722, 1735, 1741, 1755, 1769, 1882 s.

R. v° *Louage*, 340 s., 356 s. — S. *eod.* v°, 199 s., 318 s. — T. (87-97), *eod.* v°, 125 s., 240 s.

Art. 1731. S'il n'a pas été fait d'état des lieux, le preneur est présumé les avoir reçus en bon état de réparations locatives, et doit les rendre tels, sauf la preuve contraire. — *Civ.* 1720, 1735, 1754 s.

R. v° *Louage*, 340 s. — S. *eod.* v°, 199 s.

Art. 1732. Il répond des dégradations ou des pertes qui arrivent pendant sa jouissance, à moins qu'il ne prouve qu'elles ont eu lieu sans sa faute. — *Civ.* 1382, 1728, 1735.

R. v° *Louage*, 289 s., 873. — S. *eod.* v°, 178.

Art. 1733. Il répond de l'incendie, à moins qu'il ne prouve :

Que l'incendie est arrivé par cas fortuit ou force majeure, ou par vice de construction,

Ou que le feu a été communiqué par une maison voisine. — *Civ.* 607, 855, 1148, 1302, 1384 s., 1722, 1730, 1734 s., 1755, 1882, 1929.

R. v° *Louage*, 362 s. — S. *eod.* v°, 212 s. — T. (87-97), *eod.* v°, 138 s. — V. aussi N. C. civ. ann., t. 4, art. 1733, n° 1 s.

Art. 1734. (*L.* 5 *janvier* 1883.) S'il y a plusieurs locataires, tous sont responsables de l'incendie, proportionnellement à la valeur locative de la partie de l'immeuble qu'ils occupent;

À moins qu'ils ne prouvent que l'incendie a commencé dans l'habitation de l'un d'eux, auquel cas celui-là seul en est tenu;

Ou que quelques-uns ne prouvent que l'incendie n'a pu commencer chez eux, auquel cas ceux-là n'en sont pas tenus.

§ 1. LÉGISLATION ANTÉRIEURE A LA LOI DU 5 JANVIER 1883 : R. v° *Louage*, 409 s. — S. *eod.* v°, 236 s.

§ 2. LOI DU 5 JANVIER 1883 : S. v°, *Louage*, 236 s. — T. (87-97), *eod.* v°, 138 s. — D. P. 83. 4. 17.

Art. 1735. Le preneur est tenu des dégradations et des pertes qui arrivent par le fait des personnes de la maison ou de ses sous-locataires. — *Civ.* 1382 s., 1717, 1732, 1953; *Com.* 99.

R. v° *Louage*, 523 s. — S. *eod.* v°, 201, 218.

Art. 1736. Si le bail a été fait sans écrit, l'une des parties ne pourra donner congé à l'autre qu'en observant les délais fixés par l'usage des lieux. — *Civ.* 1159 s., 1714 s., 1737 s., 1748, 1757 s., 1774 s.

R. v° *Louage*, 525 s., 671. — S. *eod.* v°, 299 s., 336 s. — T. (87-97), *eod.* v°, 207 s., 255 s. — V. aussi N. C. civ. ann., t. 4, art. 1736, n° 1 s.

Art. 1737. Le bail cesse de plein droit à l'expiration du terme fixé, lorsqu'il a été fait par écrit, sans qu'il soit nécessaire de donner congé. — *Civ.* 1139, 1736 1762, 1775; *Pr.* 135-3°.

R. v° *Louage*, 525 s. — S. *eod.* v°, 299 s. — T. (87-97), *eod.* v°, 207 s.

Art. 1738. Si, à l'expiration des baux écrits, le preneur reste et est laissé en possession, il s'opère un nouveau bail dont l'effet est réglé par l'article relatif aux locations faites sans écrit. — *Civ.* 1715 s., 1736, 1739 s., 1759, 1776.

R. v° *Louage*, 564 s., 881 s. — S. *eod.* v°, 326 s., 432.

Art. 1739. Lorsqu'il y a un congé signifié, le preneur, quoiqu'il ait continué sa jouissance, ne peut invoquer la tacite réconduction. — *Civ.* 1736 s., 1762.

R. v° *Louage*, 573 s. — S. *eod.* v°, 331 s.

Art. 1740. Dans le cas des deux articles précédents, la caution donnée pour le bail ne s'étend pas aux obligations résultant de la prolongation. — *Civ.* 2015, 2034, 2039, 2102-1°, 2127.

R. v° *Louage*, 588 s. — S. *eod.* v°, 337.

Art. 1741. Le contrat de louage se résout par la perte de la chose louée, et par le défaut respectif du bailleur et du preneur, de remplir leurs engagements. — *Civ.* 607, 617, 1148, 1184, 1234, 1302 s., 1722, 1730, 1735, 1760, 1769, 1881 s.

R. v° *Louage*, 332 s., 515 s. — S. *eod.* v°, 194, 311 s. — V. aussi N. C. civ. ann., t. 4, art. 1741, n° 1 s.

Art. 1742. Le contrat de louage n'est point résolu par la mort du bailleur, ni par celle du preneur. — *Civ.* 617, 724, 1122, 1795, 1879, 2236 s.

R. v° *Louage*, 525 s. — S. *eod.* v°, 290.

Art. 1743. Si le bailleur vend la chose louée, l'acquéreur ne peut expulser le fermier ou le locataire qui a un bail authentique ou dont la date est certaine, à moins qu'il ne se soit réservé ce droit par le contrat de bail. — *Civ.* 621, 1328, 1719, 1744 s., 1761.

R. v° *Louage*, 482 s. — S. *eod.* v°, 262 s. — T. (87-97), *eod.* v°, 203 s.

Art. 1744. S'il a été convenu, lors du bail, qu'en cas de vente l'acquéreur pourrait expulser le fermier ou locataire, et qu'il n'ait été fait aucune stipulation sur les dommages et intérêts, le bailleur est tenu d'indemniser le fermier ou le locataire de la manière suivante. — *Civ.* 1119, 1382, 1745 s.

R. v° *Louage*, 510 s. — S. *eod.* v°, 293 s.

Art. 1745. S'il s'agit d'une maison, appartement ou boutique, le bailleur paye, à titre de dommages et intérêts, au locataire évincé, une somme égale au prix du loyer, pendant le temps qui, suivant l'usage des lieux, est accordé entre le congé et la sortie. — *Civ.* 1149, 1159, 1736, 1748 s.

R. v° *Louage*, 515.

Art. 1746. S'il s'agit de biens ruraux, l'indemnité que le bailleur doit payer au fermier, est du tiers du prix du bail pour tout le temps qui reste à courir.

R. v° *Louage*, 515 s.

Art. 1747. L'indemnité se réglera par experts, s'il s'agit de manufactures, usines, ou autres établissements qui exigent de grandes avances. — *Pr.* 302 s.

R. v° *Louage*, 515; *Expropr. publ.*, 608.

Art. 1748. L'acquéreur qui veut user de la faculté réservée par le bail, d'expulser le fermier ou locataire en cas de vente, est, en outre, tenu d'avertir le locataire au temps d'avance usité dans le lieu pour les congés.

Il doit aussi avertir le fermier de biens ruraux, au moins un an à l'avance. — *Civ.* 1159, 1736, 1774.

R. v° *Louage*, 494 s. — S. *eod.* v°, 292.

Art. 1749. Les fermiers ou les locataires ne peuvent être expulsés qu'ils ne soient payés par le bailleur, ou, à son défaut, par le nouvel acquéreur, des dommages et intérêts ci-dessus expliqués. — *Civ.* 1745 s.

R. v° *Louage*, 520.

Art. 1750. Si le bail n'est pas fait par acte authentique, ou n'a point de date certaine, l'acquéreur n'est tenu d'aucuns dommages et intérêts. — *Civ.* 1328, 1743 s.

R. v° *Louage*, 493 s. — S. *eod.* v°, 292.

Art. 1751. L'acquéreur à pacte de rachat ne peut user de la faculté d'expulser le preneur, jusqu'à ce que, par l'expiration du délai fixé pour le réméré, il devienne propriétaire incommutable. — *Civ.* 1659 s., 1743 s.

R. v° *Louage*, 522 s. — S. *eod.* v°, 298.

SECTION II.
Des règles particulières aux baux à loyer.

Art. 1752. Le locataire qui ne garnit pas la maison de meubles suffisants, peut être expulsé, à moins qu'il ne donne des sûretés capables de répondre du loyer. — *Civ.* 1741, 1760, 1766, 2011, 2073, 2102-1°.

R. v° *Louage*, 596 s. — S. *eod.* v°, 340 s. — T (87-97), *eod.* v°, 243 s.

Art. 1753. Le sous-locataire n'est tenu envers le propriétaire que jusqu'à concurrence du prix de sa sous-location dont il peut être débiteur au moment de la saisie, et sans qu'il puisse opposer des payements faits par anticipation.

Les payements faits par le sous-locataire, soit en vertu d'une stipulation portée en son bail, soit en conséquence de l'usage des lieux, ne sont pas réputés faits par anticipation. — *Civ.* 1717, 1735, 1763.

R. v° *Louage*, 422 s. — S. *eod.* v°, 248 s. — T. (87-97), *eod.* v°, 189 s.

Art. 1754. Les réparations locatives ou de menu entretien dont le locataire est tenu, s'il n'y a clause contraire, sont celles désignées comme telles par l'usage des lieux, et, entre autres, les réparations à faire

Aux âtres, contre-cœurs, chambranles et tablettes des cheminées;

Au recrépiment du bas des murailles des appartements et autres lieux d'habitation, à la hauteur d'un mètre;

pavés et carreaux des chambres, lors-s qu'en a seulement quelques-uns de s;

vitres, à moins qu'elles ne soient cas-ar la grêle, ou autres accidents extraor-es et de force majeure, dont le loca-ne peut être tenu;

portes, croisées, planches de cloison fermeture de boutiques, gonds, tar-et serrures. — *Civ.* 606, 1720, 1731 s., s., 2102-1°; *Pr.* 3-3°.

* *Louage*, 616 s. — S. *cod.* r*, 347 s. — V. aussi iv. ann., t. 4, art. 1754, n° 1 s.

t. 1755. Aucune des réparations ré-s locatives n'est à la charge des loca-, quand elles ne sont occasionnées que tusté ou force majeure. — *Civ.* 1754-1°.

* *Louage*, 620 s. — S. *cod.* v*, 348 s.

t. 1756. Le curement des puits et des fosses d'aisances sont à la charge illeur, s'il n'y a clause contraire.

* *Louage*, 645.

t. 1757. Le bail des meubles fournis garnir une maison entière, un corps is entier, une boutique, ou tous autres tements, est censé fait pour la durée aire des baux de maison, corps de logis, jues ou autres appartements, selon e des lieux. — *Civ.* 1736 s.

* *Louage*, 678 s. — S. *cod.* v*, 430 s.

t. 1758. Le bail d'un appartement lé est censé fait à l'année, quand il a it à tant par an; mois, quand il a été fait à tant par

jour, quand il a été fait à tant par jour. ien ne constate que le bail soit fait à ar an, par mois ou par jour, la loca-st censé faite suivant l'usage des lieux. *v.* 1159, 1736 s.

* *Louage*, 715 s. — S. *cod.* v*, 373 s.

t. 1759. Si le locataire d'une maison un appartement continue sa jouissance l'expiration du bail par écrit, sans op-on de la part du bailleur, il sera censé cuper aux mêmes conditions, pour le bail suivant l'usage des lieux, et ne pourra n sortir ni en être expulsé qu'après un donné suivant le délai fixé par l'usage eux. — *Civ.* 1159, 1738, 1776.

* *Louage*, 721 s. — S. *cod.* v*, 377.

t. 1760. En cas de résiliation par le du locataire, celui-ci est tenu de payer x du bail pendant le temps nécessaire elocation, sans préjudice des dommages érêts qui ont pu résulter de l'abus. — 149, 1382, 1728 s., 1752.

* *Louage*, 726. — S. *cod.* v*, 378 s.

t. 1761. Le bailleur ne peut résoudre cation, encore qu'il déclare vouloir oc-par lui-même la maison louée, s'il n'y convention contraire. — *Civ.* 1134, 1743, 1889.

* *Louage*, 727 s. — S. *cod.* v*, 380.

t. 1762. S'il a été convenu, dans le at de louage, que le bailleur pourrait occuper la maison, il est tenu de signi-avance un congé aux époques détermi-par l'usage des lieux. — *Civ.* 1736 s., 1748.

* *Louage*, 730. — S. *cod.* v*, 380.

SECTION III.

règles particulières aux baux à ferme.

t. 1763. Celui qui cultive sous la tion d'un partage de fruits avec le bail-ne peut ni sous-louer ni céder, si la té ne lui en a été expressément accor-ar le bail. — *Civ.* 1237, 1717, 1764 s., s.

* v* *Louage*, 435; *Louage à col. part..* 1 s. — *Louage à col. part..*, 1 s. — V. aussi N. C. civ. t. 4, art. 1763, n° 4 s.

nfrà, Appendice, *Code rural, la loi du 18 juil-*49, *relative au bail à colonat partiaire.*

Art. 1764. En cas de contravention, le propriétaire a droit de rentrer en jouissance, et le preneur est condamné aux dommages-intérêts résultant de l'inexécution du bail. — *Civ.* 1142, 1146 s., 1741.

Art. 1765. Si, dans un bail à ferme, on donne aux fonds une contenance moindre ou plus grande que celle qu'ils ont réelle-ment, il n'y a lieu à augmentation ou dimi-nution de prix pour le fermier, que dans les cas et suivant les règles exprimées au titre *De la vente.* — *Civ.* 1617 s.

R. v* *Louage*, 737 s. — S. *cod.* v*, 381 s.

Art. 1766. Si le preneur d'un héritage rural ne le garnit pas des bestiaux et des ustensiles nécessaires à son exploitation, s'il abandonne la culture, s'il ne cultive pas en bon père de famille, s'il emploie la chose louée à un autre usage que celui auquel elle a été destinée, ou, en général, s'il n'exécute pas les clauses du bail, et qu'il en résulte un dommage pour le bailleur, celui-ci peut, suivant les circonstances, faire résilier le bail.

En cas de résiliation provenant du fait du preneur, celui-ci est tenu des dommages et intérêts, ainsi qu'il est dit en l'article 1764. — *Civ.* 1142, 1184, 1729, 1741, 1752, 1764, 2102-1°.

R. v* *Louage*, 741 s. — S. *cod.* r*, 383 s. — V. aussi N. C. civ. ann., t. 4, art. 1766, n° 1 s.

Art. 1767. Tout preneur de bien rural est tenu d'engranger dans les lieux à ce des-tinés d'après le bail. — *Civ.* 1777 s., 2102-1°.

R. v* *Louage*, 759. — S. *cod.* v*, 391.

Art. 1768. Le preneur d'un bien rural est tenu, sous peine de tous dépens, dom-mages et intérêts, d'avertir le propriétaire des usurpations qui peuvent être commises sur les fonds.

Cet avertissement doit être donné dans le même délai que celui qui est réglé en cas d'assignation suivant la distance des lieux. — *Civ.* 614, 1142, 1726 s.; *Pr.* 72, 175 s., 1033.

R. v* *Louage*, 263 s., 760. — S. *cod.* v*, 392.

Art. 1769. Si le bail est fait pour plu-sieurs années, et que, pendant la durée du bail, la totalité ou la moitié d'une récolte au moins soit enlevée par des cas fortuits, le fermier peut demander une remise du prix de sa location, à moins qu'il ne soit indem-nisé par les récoltes précédentes.

S'il n'est pas indemnisé, l'estimation de la remise ne peut avoir lieu qu'à la fin du bail, auquel temps il se fait une compensation de toutes les années de jouissance;

Et cependant le juge peut provisoirement dispenser le preneur de payer une partie du prix en raison de la perte soufferte. — *Civ.* 1148, 1231, 1302, 1722, 1770 s.; *Pr.* 3-4°.

Art. 1770. Si le bail n'est que d'une année, et que la perte soit de la totalité des fruits, ou au moins de la moitié, le preneur sera déchargé d'une partie proportionnelle du prix de la location.

Il ne pourra prétendre aucune remise, si la perte est moindre de moitié. — *Civ.* 1769, 1771 s.

R. v* *Louage*, 775 s. — S. *cod.* v*, 394 s. — T. (87-97), *cod.* v*, 263 s. — V. aussi N. C. civ. ann., t. 4, art. 1769-1770, n° 1 s.

Art. 1771. Le fermier ne peut obtenir de remise, lorsque la perte des fruits arrive après qu'ils sont séparés de la terre, à moins que le bail ne donne au propriétaire une quotité de la récolte en nature; auquel cas le propriétaire doit supporter sa part de la perte, pourvu que le preneur ne fût pas en demeure de lui délivrer sa portion de ré-colte.

Le fermier ne peut également demander une remise, lorsque la cause du dommage était existante et connue à l'époque où le bail a été passé. — *Civ.* 520, 1138 s., 1302, 1769 s.

R. v* *Louage*, 813 s. — S. *cod.* v*, 404 s.

Art. 1772. Le preneur peut être chargé des cas fortuits par une stipulation expresse. — *Civ.* 1134, 1148, 1302, 1773.

Art. 1773. Cette stipulation ne s'en-tend que des cas fortuits ordinaires, tels que grêle, feu du ciel, gelée ou coulure.

Elle ne s'entend pas des cas fortuits extraor-dinaires, tels que les ravages de la guerre, ou une inondation, auxquels le pays n'est pas ordinairement sujet, à moins que le pre-neur n'ait été chargé de tous les cas fortuits prévus ou imprévus. — *Civ.* 1772.

R. v* *Louage*, 822 s. — S. *cod.* v*, 407. — T. (87-97), *cod.* v*, 268 s.

Art. 1774. Le bail, sans écrit, d'un fonds rural, est censé fait pour le temps qui est nécessaire afin que le preneur recueille tous les fruits de l'héritage affermé.

Ainsi le bail à ferme d'un pré, d'une vigne, et de tout autre fonds dont les fruits se re-cueillent en entier dans le cours de l'année, est censé fait pour un an.

Le bail des terres labourables, lorsqu'elles se divisent par soles ou saisons, est censé fait pour autant d'années qu'il y a de soles. — *Civ.* 1736.

R. v* *Louage*, 825 s. — S. *cod.* v*, 408 s.

Art. 1775. Le bail des héritages ru-raux, quoique fait sans écrit, cesse de plein droit à l'expiration du temps pour lequel il est censé fait, selon l'article précédent. — *Civ.* 1737, 1774, 1776.

R. v* *Louage*, 325 s., 831. — S. *cod.* v*, 290 s.

Art. 1776. Si, à l'expiration des baux ruraux écrits, le preneur reste et est laissé en possession, il s'opère un nouveau bail dont l'effet est réglé par l'article 1774. — *Civ.* 1738 s., 1759, 1775 s.

R. v* *Louage*, 833 s. — S. *cod.* v*, 412.

Art. 1777. Le fermier sortant doit lais-ser à celui qui lui succède dans la culture, les logements convenables et autres facilités pour les travaux de l'année suivante; et réciproquement, le fermier entrant doit pro-curer à celui qui sort les logements conve-nables et autres facilités pour la consom-mation des fourrages, et pour les récoltes restant à faire.

Dans l'un et l'autre cas, on doit se con-former à l'usage des lieux. — *Civ.* 1767, 1778.

R. v* *Louage*, 848 s. — S. *cod.* v*, 413.

Art. 1778. Le fermier sortant doit aussi laisser les pailles et engrais de l'année, s'il les a reçus lors de son entrée en jouissance; et quand même il ne les aurait pas reçus, le propriétaire pourra les retenir suivant l'estimation. — *Civ.* 524, 1767, 1777, 2012-1°.

R. v* *Louage*, 856 s. — S. *cod.* v*, 414 s.

CHAPITRE III.
Du louage d'ouvrage et d'industrie.

Art. 1779. Il y a trois espèces princi-pales de louage d'ouvrage et d'industrie :

1° Le louage des gens de travail qui s'en-gagent au service de quelqu'un;

2° Celui des voituriers, tant par terre que par eau, qui se chargent du transport des personnes ou des marchandises;

3° Celui des entrepreneurs d'ouvrages par suite de devis ou marchés. — *Civ.* 1710 s., 1780 s., 1787 s.; *Com.* 91 s., 265 s.

R. v* *Louage d'ouvr.*, 13 s. — S. *cod.* v*, 17 s.

SECTION PREMIÈRE.
Du louage des domestiques et ouvriers.

Art. 1780. On ne peut engager ses ser-vices qu'à temps, ou pour une entreprise déterminée.

(*L.* 27 décembre 1890.) Le louage de ser-vice, fait sans détermination de durée, peut toujours cesser par la volonté d une des parties contractantes.

Néanmoins, la résiliation du contrat par la volonté d'un seul des contractants peut donner lieu à des dommages-intérêts.

Pour la fixation de l'indemnité à allouer, le cas échéant, il est tenu compte des usages, de la nature des services engagés, du temps écoulé, des retenues opérées et des versements effectués en vue d'une pension de retraite, et, en général, de toutes les circonstances qui peuvent justifier l'existence et déterminer l'étendue du préjudice causé.

Les parties ne peuvent renoncer à l'avance au droit éventuel de demander des dommages-intérêts en vertu des dispositions ci-dessus.

Les contestations auxquelles pourra donner lieu l'application des paragraphes précédents, lorsqu'elles seront portées devant les tribunaux civils et devant les cours d'appel, seront instruites comme affaires sommaires et jugées d'urgence.

§ 1. LÉGISLATION ANTÉRIEURE A LA LOI DU 27 DÉCEMBRE 1890 : R. v⁰ *Louage d'ouvr.*, 21 s.; *Obligat.*, 604; *Ouvrier*, 4 s.; *Théâtre*, 187 s. — S. v⁰ˢ *Louage d'ouvr.*, 19 s.; *Théâtre*; *Travail*, 79 s. 111 s. — T. (87-97), *Louage d'ouvr.*, 1 s.

§ 2. LOI DU 27 DÉCEMBRE 1890 : S. v⁰ *Louage d'ouvr.*, 19 s. — T. (87-97), v⁰ *Louage d'ouvr.*, 1 s. — D. P. 91. 4. 33. — V. aussi N. C. civ. ann., t. 4, art. 1780, n⁰ 2 s.

V. infra, Appendice, *la loi du 18 juillet 1901, garantissant leur travail et leur emploi aux réservistes et aux territoriaux appelés à leur première période d'instruction militaire; — et la loi du 21 mars 1905 attribuant aux tribunaux ordinaires l'appréciation des difficultés qui peuvent s'élever entre l'administration des chemins de fer de l'État et ses employés à l'occasion du contrat de travail.*

Art. 1781. *Abrogé par L. 2 août 1868.*

SECTION II.
Des voituriers par terre et par eau.

Art. 1782. Les voituriers par terre et par eau sont assujettis, pour la garde et la conservation des choses qui leur sont confiées, aux mêmes obligations que les aubergistes, dont il est parlé au titre *Du dépôt et du séquestre*. — Civ. 1137, 1348, 1783 s., 1952 s., 1984 s., 2102-6⁰; *Com.* 91, 98 s., 103 s., 222 s., 285; *Pén.* 386-4⁰, 387, 475 s.

R. v⁰ *Louage d'ouvr.*, 70 s. — S. v⁰ *Commissionnaire*, 93 s. — T. (87 97), v⁰ *Commissionnaire*, 16 s.

Art. 1783. Ils répondent non seulement de ce qu'ils ont déjà reçu dans leur bâtiment ou voiture, mais encore de ce qui leur a été remis sur le port ou dans l'entrepôt, pour être placé dans leur bâtiment ou voiture. — Civ. 1302, 1384 s., 1952 s.

R. v⁰ *Louage d'ouvr.*, 73 s. — S. v⁰ *Commissionnaire*, 93 s.

Art. 1784. Ils sont responsables de la perte et des avaries des choses qui leur sont confiées, à moins qu'ils ne prouvent qu'elles ont été perdues et avariées par cas fortuit ou force majeure. — Civ. 1148, 1302 s., 1382 s.

R. v⁰ *Louage d'ouvr.*, 75 s. — S. v⁰ *Commissionnaire*, 93 s.

Art. 1785. Les entrepreneurs de voitures publiques par terre et par eau, et ceux des roulages publics, doivent tenir registre de l'argent, des effets et des paquets dont ils se chargent. — Civ. 1331, 1348, 1950; *Pén.* 475-4⁰.

R. v⁰ *Louage d'ouvr.*, 82 s.

Art. 1786. Les entrepreneurs et directeurs de voitures et roulages publics, les maîtres de barques et navires, sont en outre assujettis à des règlements particuliers, qui font la loi entre eux et les autres citoyens. — *Pén.* 386-4⁰, 387, 475-3⁰-4⁰.

R. v⁰ *Louage d'ouvr*, 84.

SECTION III.
Des devis et des marchés.

Art. 1787. Lorsqu'on charge quelqu'un de faire un ouvrage, on peut convenir qu'il fournira seulement son travail ou son industrie, ou bien qu'il fournira aussi la matière. — Civ. 572 s., 1711, 1779, 1788 s.

R. v⁰ *Louage d'ouvr.*, 85 s. — S. eod. v⁰, 56 s. — T. (87-97), v⁰ *Louage d'ouvr.*, 112 s.; *Travaux publics*, 25 s.

Art. 1788. Si, dans le cas où l'ouvrier fournit la matière, la chose vient à périr, de quelque manière que ce soit, avant d'être livrée, la perte en est pour l'ouvrier, à moins que le maître ne fût en demeure de recevoir la chose. — Civ. 1136 s., 1146, 1182, 1302 s., 1606 s., 1789.

R. v⁰ *Louage d'ouvr.*, 123 s. — S. eod. v⁰, 60 s.

Art. 1789. Dans le cas où l'ouvrier fournit seulement son travail ou son industrie, si la chose vient à périr, l'ouvrier n'est tenu que de sa faute. — Civ. 1302, 1382 s., 1788, 1790.

R. v⁰ *Louage d'ouvr.*, 125 s. — S. eod. v⁰, 60 s.

Art. 1790. Si, dans le cas de l'article précédent, la chose vient à périr, quoique sans aucune faute de la part de l'ouvrier, avant que l'ouvrage ait été reçu et sans que le maître fût en demeure de le vérifier, l'ouvrier n'a point de salaire à réclamer, à moins que la chose n'ait péri par le vice de la matière. — Civ. 1139, 1788, 1792.

R. v⁰ *Louage d'ouvr.*, 123 s. — S. eod. v⁰, 68.

Art. 1791. S'il s'agit d'un ouvrage à plusieurs pièces ou à la mesure, la vérification peut s'en faire par parties : elle est censée faite pour toutes les parties payées, si le maître paye l'ouvrier en proportion de l'ouvrage fait.

R. v⁰ *Louage d'ouvr.*, 134 s. — S. eod. v⁰, 76.

Art. 1792. Si l'édifice construit à prix fait, périt en tout ou en partie par le vice de la construction, même par le vice du sol, les architecte et entrepreneur en sont responsables pendant dix ans. — Civ. 1302, 1793 s., 2103-4⁰-5⁰, 2110, 2270.

R. v⁰ *Louage d'ouvr.*, 106 s.; *Trav. publ.*, 553 s. — S. v⁰ˢ *Louage d'ouvr.*, 106 s.; *Trav. publ.*, 812 s. — T. (87-97), v⁰ˢ *Louage d'ouvr.*, 139 s.; *Trav. publ.*, 315 s. — V. aussi N. C. civ. ann., t. 4, art. 1792, n⁰ˢ 1 s.; C. ad., t. 3, v⁰ *Trav. publ.*, p. 683, n⁰ˢ 10399 s.

Art. 1793. Lorsqu'un architecte ou un entrepreneur s'est chargé de la construction à forfait d'un bâtiment, d'après un plan arrêté et convenu avec le propriétaire du sol, il ne peut demander aucune augmentation de prix, ni sous le prétexte de l'augmentation de la main-d'œuvre ou des matériaux, ni sous celui de changements ou d'augmentations faits sur ce plan, si ces changements ou augmentations n'ont pas été autorisés par écrit, et le prix convenu avec le propriétaire. — Civ. 1134, 2013-4⁰, 2110.

R. v⁰ *Louage d'ouvr.*, 102 s.; *Architecte*, 10 s. — S. v⁰ *Louage d'ouvr.*, 88 s.

Art. 1794. Le maître peut résilier, par simple volonté, le marché à forfait, quoique l'ouvrage soit déjà commencé, en dédommageant l'entrepreneur de toutes ses dépenses, de tous ses travaux, et de tout ce qu'il aurait pu gagner dans cette entreprise. — Civ. 1149, 1382.

R. v⁰ *Louage d'ouvr.*, 94, 160 s. — S. eod. v⁰, 78.

Art. 1795. Le contrat de louage d'ouvrage est dissous par la mort de l'ouvrier, de l'architecte ou entrepreneur. — Civ. 1122, 1237, 1742, 1796, 2003, 2010.

R. v⁰ˢ *Louage d'ouvr.*, 170 s.; *Trav. publ.*, 723 s. — S. v⁰ *Louage d'ouvr.*, 79; *Trav. publ.*, 1096 s.

Art. 1796. Mais le propriétaire est tenu de payer en proportion du prix porté par la convention, à leur succession, la valeur des ouvrages faits et celle des matériaux préparés, lors seulement que ces travaux ou ces matériaux peuvent lui être utiles. — Civ. 724, 1999.

R. v⁰ *Louage d'ouvr.*, 176 s. — S. eod. v⁰, 79.

Art. 1797. L'entrepreneur répond du fait des personnes qu'il emploie. — Civ. 1384, 1994.

R. v⁰ *Louage d'ouvr.*, 98.

Art. 1798. Les maçons, charpentiers et autres ouvriers qui ont été employés à la construction d'un bâtiment ou d'autres ouvrages faits à l'entreprise, n'ont d'action contre celui pour lequel les ouvrages ont été faits, que jusqu'à concurrence de ce dont il se trouve débiteur envers l'entrepreneur, au moment où leur action est intentée. — Civ. 1166, 1799, 2103-4⁰-5⁰, 2110, 2270; *Pr.* 59 61, 69.

R. v⁰ˢ *Louage d'ouvr.*, 116 s.; *Trav. publ.*, 679 s. — S. v⁰ˢ *Louage d'ouvr.*, 93 s. — V. aussi N. C. civ. ann., t. 4, art. 1798, n⁰ˢ 1 s.

Art. 1799. Les maçons, charpentiers serruriers et autres ouvriers qui font directement des marchés à prix fait, sont astreints aux règles prescrites dans la présente section : ils sont entrepreneurs dans la partie qu'ils traitent. — Civ. 1798.

R. v⁰ *Louage d'ouvr.*, 89. — S. eod. v⁰, 121.

CHAPITRE IV.
Du bail à cheptel.

SECTION PREMIÈRE.
Dispositions générales.

Art. 1800. Le bail à cheptel est un contrat par lequel l'une des parties donne à l'autre un fonds de bétail pour le garder, le nourrir et le soigner, sous les conditions convenues entre elles. — Civ. 522-2⁰, 1711, 1801 s.

Art. 1801. Il y a plusieurs sortes de cheptels :

Le cheptel simple ou ordinaire,

Le cheptel à moitié,

Le cheptel donné au fermier ou au colon partiaire.

Il y a encore une quatrième espèce de contrat improprement appelée *cheptel*. — Civ. 1804 s., 1818 s., 1821 s., 1827 s., 1831.

Art. 1802. On peut donner à cheptel toute espèce d'animaux susceptibles de croît ou de profit pour l'agriculture ou le commerce.

Art. 1803. A défaut de conventions particulières, ces contrats se règlent par les principes qui suivent. — Civ. 1814 s., 1827 s., 1831.

R. v⁰ *Louage à cheptel*, 1 s. — S. eod. v⁰, 1 s.

SECTION II.
Du cheptel simple.

Art. 1804. Le bail à cheptel simple est un contrat par lequel on donne à un autre des bestiaux à garder, nourrir et soigner, à condition que le preneur profitera de la moitié du croît, et qu'il supportera aussi la moitié de la perte. — Civ. 1711, 1800 s., 1805 s., 1853.

Art. 1805. L'estimation donnée au cheptel dans le bail n'en transporte pas la propriété au preneur; elle n'a d'autre objet que de fixer la perte ou le profit qui pourra se trouver à l'expiration du bail. — Civ. 1810, 1815 s., 1822.

Art. 1806. Le preneur doit les soins d'un bon père de famille à la conservation du cheptel. — Civ. 601, 1137, 1728, 1809 s., 1880.

Art. 1807. Il n'est tenu du cas fortuit que lorsqu'il a été précédé de quelque faute de sa part, sans laquelle la perte ne serait pas arrivée. — Civ. 1148, 1302, 1382, 1772 s., 1804, 1808 s., 1884.

Art. 1808. En cas de contestation, le preneur est tenu de prouver le cas fortuit, bailleur est tenu de prouver la faute imputée au preneur. — *Civ.* 1315 s., s.; *Pr.* 252 s.

rt. 1809. Le preneur qui est déchargé le cas fortuit, est toujours tenu de rendre ote des peaux de bêtes. — *Civ.* 616, 1993.

rt. 1810. Si le cheptel périt en entier la faute du preneur, la perte en est pour illeur.

l n'en périt qu'une partie, la perte est ortée en commun, d'après le prix de mation originaire, et celui de l'estima- à l'expiration du cheptel. — *Civ.* 615 s., s., 1382, 1805, 1807, 1811, 1817, 1825, 1827.

rt. 1811. On ne peut stipuler : e le preneur supportera la perte totale heptel, quoique arrivée par cas fortuit uns sa faute,

l qu'il supportera, dans la perte, une plus grande que dans le profit, que le bailleur prélèvera, à la fin du , quelque chose de plus que le cheptel a fourni.

ute convention semblable est nulle.

preneur profite seul des laitages, du ier et du travail des animaux donnés à tel.

laine et le croît se partagent. — *Civ.* 83, 1804, 1817, 1819, 1828, 1855.

rt. 1812. Le preneur ne peut disposer cune bête du troupeau, soit du fonds, du croît, sans le consentement du bail- qui ne peut lui-même en disposer sans nsentement du preneur. — *Civ.* 1804 s., s.; *Pén.* 408.

rt. 1813. Lorsque le cheptel est donné ermier d'autrui, il doit être notifié au riétaire de qui ce fermier tient; sans il peut le saisir et le faire vendre pour ue son fermier lui doit. — *Civ.* 2102-1°; 819 s.

rt. 1814. Le preneur ne pourra tondre en prévenir le bailleur. — *Civ.* 1811.

rt. 1815. S'il n'y a pas de temps fixé la convention pour la durée du cheptel, t censé fait pour trois ans. — *Civ.* 1774, s.

rt. 1816. Le bailleur peut en deman- plus tôt la résolution, si le preneur ne plit pas ses obligations. — *Civ.* 1142, , 1741, 1760, 1865-5°, 1871.

rt. 1817. A la fin du bail, ou lors de ésolution il se fait une nouvelle estima- du cheptel.

bailleur peut prélever des bêtes de ue espèce, jusqu'à concurrence de la nière estimation; l'excédent se partage. n'existe pas assez de bêtes pour remplir remière estimation, le bailleur prend ce reste, et les parties se font raison de la c. — *Civ.* 1805, 1810, 1826, 1853.

v° *Louage à cheptel*, 11 s. — S. *eod.* v°, 2 s.

SECTION III.
Du cheptel à moitié.

rt. 1818. Le cheptel à moitié est une été dans laquelle chacun des contractants nit la moitié des bestiaux, qui demeurent muns pour le profit ou pour la perte. — 1800 s., 1819 s., 1832, 1853.

rt. 1819. Le preneur profite seul, me dans le cheptel simple, des laitages, 'umier et des travaux des bêtes.

bailleur n'a droit qu'à la moitié des es et du croît.

oute convention contraire est nulle, à ns que le bailleur ne soit propriétaire de nétairie, dont le preneur est fermier ou n partiaire. — *Civ.* 6, 1804, 1811, 1823, ; 1855.

rt. 1820. Toutes les autres règles du ptel simple s'appliquent au cheptel à tié. — *Civ.* 1805 s.

V° *Louage à cheptel*, 61 s.

SECTION IV.
Du cheptel donné par le propriétaire à son fermier ou colon partiaire.

§ 1. — Du cheptel donné au fermier.

Art. 1821. Ce cheptel (aussi appelé *cheptel de fer*) est celui par lequel le pro- priétaire d'une métairie la donne à ferme, à la charge qu'à l'expiration du bail, le fer- mier laissera des bestiaux d'une valeur égale au prix de l'estimation de ceux qu'il aura reçus. — *Civ.* 1800 s., 1822 s.

Art. 1822. L'estimation du cheptel donné au fermier ne lui en transfère pas la propriété, mais néanmoins le met à ses risques. — *Civ.* 1805, 1826, 1883.

Art. 1823. Tous les profits appar- tiennent au fermier pendant la durée de son bail, s'il n'y a convention contraire. — *Civ.* 582 s., 1811, 1819, 1824 s.

Art. 1824. Dans les cheptels donnés au fermier, le fumier n'est point dans les pro- fits personnels des preneurs, mais appartient à la métairie, à l'exploitation de laquelle il doit être uniquement employé. — *Civ.* 524, 1767, 1778, 1823.

Art. 1825. La perte, même totale et par cas fortuit, est en entier pour le fermier, s'il n'y a convention contraire. — *Civ.* 616, 1302 s., 1807, 1810 s., 1818, 1822 s., 1827 s.

Art. 1826. A la fin du bail, le fermier ne peut retenir le cheptel en en payant l'es- timation originaire; il doit en laisser un de valeur pareille à celui qu'il a reçu.

S'il y a du déficit, il doit le payer; et c'est seulement l'excédent [qui lui appartient. — *Civ.* 1817, 1821 s., 1829.

R. v° *Louage à cheptel*, 71 s. — S. *eod.* v°, 10 s.

§ 2. — Du cheptel donné au colon partiaire.

Art. 1827. Si le cheptel périt en entier cans la faute du colon, la perte est pour le bailleur. — *Civ.* 615 s., 1302 s., 1382, 1807 s., 1810, 1825, 1828.

Art. 1828. On peut stipuler que le colon délaissera au bailleur sa part de la toison à un prix inférieur à la valeur ordi- naire;

Que le bailleur aura une plus grande part du profit;

Qu'il aura la moitié des laitages;

Mais on ne peut pas stipuler que le colon sera tenu de toute la perte. — *Civ.* 6, 1811, 1819, 1853 s.

Art. 1829. Ce cheptel finit avec le bail à métairie. — *Civ.* 1737 s., 1774 s., 1815.

Art. 1830. Il est d'ailleurs soumis à toutes les règles du cheptel simple. — *Civ.* 1803 s.

R. v° *Louage à cheptel*, 88 s.

SECTION V.
Du contrat improprement appelé cheptel.

Art. 1831. Lorsqu'une ou plusieurs vaches sont données pour les loger et les nourrir, le bailleur en conserve la propriété : il a seulement le profit des veaux qui en naissent.

R. v° *Louage à cheptel*, 100 s.

TITRE NEUVIÈME.
Du contrat de société.

Décrété le 17 vent. an XII (8 mars 1804), et promulgué le 27 vent. an XII (18 mars 1804).

CHAPITRE PREMIER.
Dispositions générales.

Art. 1832. La société est un contrat par lequel deux ou plusieurs personnes con-

viennent de mettre quelque chose en com- mun, dans la vue de partager le bénéfice qui pourra en résulter. — *Civ.* 1101 s., 1833 s., 1853 s., 1873; *Com.* 18 s.

R. v° *Société*, 69 s. — S. *eod.* v°, 73 s. — T. (87-97), *eod.* v°, 3 s. — V. aussi N. C. civ. ann., t. 4, art. 1832, n° 1 s.

Art. 1833. Toute société doit avoir un objet licite, et être contractée pour l'intérêt commun des parties.

Chaque associé doit y apporter ou de l'ar- gent, ou d'autres biens, ou son industrie. — *Civ.* 6, 1108, 1126 s., 1133, 1172, 1845 s., 1855.

R. v° *Société*, 84 s., 140 s. — S. *eod.* v°, 89 s., 109 s. — T. (87-97), *eod.* v°, 3 s. — V. aussi N. C. civ. ann., t. 4, art. 1833, n° 1 s.

Art. 1834. Toutes sociétés doivent être rédigées par écrit, lorsque leur objet est d'une valeur de plus de cent cinquante francs.

La preuve testimoniale n'est point admise contre et outre le contenu en l'acte de so- ciété, ni sur ce qui serait allégué avoir été dit avant, lors et depuis cet acte, encore qu'il s'agisse d'une somme ou valeur moindre de cent cinquante francs. — *Civ.* 1325, 1341, 1347, 1354 s., 1358 s., 1866; *Com.* 39 s., 49 s.

R. v° *Société*, 249 s. — S. *eod.* v°, 161 s.

CHAPITRE II.
Des diverses espèces de sociétés.

Art. 1835. Les sociétés sont universelles ou particulières. — *Civ.* 1836 s., 1841 s.

R. v° *Société*, 275.

SECTION PREMIÈRE.
Des sociétés universelles.

Art. 1836. On distingue deux sortes de sociétés universelles, la société de tous biens présents, et la société universelle de gains. — *Civ.* 1837 s.

R. v° *Société*, 276 s.

Art. 1837. La société de tous biens pré- sents est celle par laquelle les parties mettent en commun tous les biens meubles et im- meubles qu'elles possèdent actuellement, et les profits qu'elles pourront en tirer.

Elles peuvent aussi y comprendre toute autre espèce de gains; mais les biens qui pourraient leur avenir par succession, dona- tion ou legs, n'entrent dans cette société que pour la jouissance : toute stipulation tendant à y faire entrer la propriété de ces biens est prohibée, sauf entre époux, et conformément à ce qui est réglé à leur égard. — *Civ.* 1130, 1133, 1172, 1401 s., 1409 s., 1499, 1505, 1526, 1542.

R. v° *Société*, 288 s. — S. *eod.* v°, 169 s.

Art. 1838. La société universelle de gains renferme tout ce que les parties ac- querront par leur industrie, à quelque titre que ce soit, pendant le cours de la société; les meubles que chacun des associés possède au temps du contrat, y sont aussi compris ; mais leurs immeubles personnels n'y entrent que pour la jouissance seulement. — *Civ.* 1402, 1499, 1837, 1847, 1853.

R. v° *Société*, 306 s. — S. *eod.* v°, 171 s.

Art. 1839. La simple convention de société universelle, faite sans autre explica- tion, n'emporte que la société universelle de gains. — *Civ.* 1838.

R. v° *Société*, 278 s.

Art. 1840. Nulle société universelle ne peut avoir lieu qu'entre personnes respecti- vement capables de se donner ou de recevoir l'une de l'autre, et auxquelles il n'est point défendu de s'avantager au préjudice d'autres personnes. — *Civ.* 854, 906 s., 911, 913 s., 1098 s., 1496, 1527.

R. v° *Société*, 280 s.

SECTION II.
De la société particulière.

Art. 1841. La société particulière est celle qui ne s'applique qu'à certaines choses déterminées, ou à leur usage, ou aux fruits à en percevoir. — *Civ.* 1126 s., 1835, 1842.

Art. 1842. Le contrat par lequel plusieurs personnes s'associent, soit pour une entreprise désignée, soit pour l'exercice de quelque métier ou profession, est aussi une société particulière. — *Civ.* 1841; *Com.* 18 à 64.

R. v° *Société*, 318 s.

CHAPITRE III.
Des engagements des associés entre eux et à l'égard des tiers.

SECTION PREMIÈRE.
Des engagements des associés entre eux.

Art. 1843. La société commence à l'instant même du contrat, s'il ne désigne une autre époque. — *Civ.* 1831.

R. v° *Société*, 321 s.

Art. 1844. S'il n'y a pas de convention sur la durée du contrat, elle est censée contractée pour toute la vie des associés, sous la modification portée en l'article 1869; ou, s'il s'agit d'une affaire dont la durée soit limitée, pour tout le temps que doit durer cette affaire. — *Civ.* 815, 1865 s.

R. v° *Société*, 326.

Art. 1845. Chaque associé est débiteur envers la société, de tout ce qu'il a promis d'y apporter.

Lorsque cet apport consiste en un corps certain, et que la société en est évincée, l'associé en est garant envers la société, de la même manière qu'un vendeur l'est envers son acheteur. — *Civ.* 1136 s., 1626 s., 1725 s., 1833, 1851 s., 1867.

R. v° *Société*, 328 s. — S. *cod.* v°, 105 s. — V. aussi N. C. civ. ann., t. 4, art. 1845, n° 1 s.

Art. 1846. L'associé qui devait apporter une somme dans la société, et qui ne l'a point fait, devient, de plein droit et sans demande, débiteur des intérêts de cette somme, à compter du jour où elle devait être payée.

Il en est de même à l'égard des sommes qu'il a prises dans la caisse sociale, à compter du jour où il les en a tirées pour son profit particulier;

Le tout sans préjudice de plus amples dommages-intérêts, s'il y a lieu. — *Civ.* 1140, 1149, 1153 s., 1907.

R. v° *Société*, 338 s., 530 s. — S. *cod.* v°, 121 s., 234 s.

Art. 1847. Les associés qui se sont soumis à apporter leur industrie à la société, lui doivent compte de tous les gains qu'ils ont faits par l'espèce d'industrie qui est l'objet de cette société. — *Civ.* 1838, 1845 s., 1853 s.

R. v° *Société*, 378 s., 539 s.

Art. 1848. Lorsque l'un des associés est, pour son compte particulier, créancier d'une somme exigible envers une personne qui se trouve aussi devoir à la société une somme également exigible, l'imputation de ce qu'il reçoit de ce débiteur doit se faire sur la créance de la société et sur la sienne dans la proportion des deux créances, encore qu'il eût par sa quittance dirigé l'imputation intégrale sur sa créance particulière; mais s'il a exprimé dans sa quittance que l'imputation serait faite en entier sur la créance de la société, cette stipulation sera exécutée. — *Civ.* 1215, 1253 s., 1889.

R. v° *Société*, 543 s.

Art. 1849. Lorsqu'un des associés a reçu sa part entière de la créance commune, et que le débiteur est depuis devenu insolvable, cet associé est tenu de rapporter à la masse commune ce qu'il a reçu, encore qu'il

eût spécialement donné quittance *pour sa part*. — *Civ.* 1214 s., 1848.

R. v° *Société*, 533 s.

Art. 1850. Chaque associé est tenu envers la société, des dommages qu'il lui a causés par sa faute, sans pouvoir compenser avec ces dommages les profits que son industrie lui aurait procurés dans d'autres affaires. — *Civ.* 1137, 1291 s., 1382 s.

R. v° *Société*, 562 s. — S. *cod.* v°, 237 s.

Art. 1851. Si les choses dont la jouissance seulement a été mise dans la société sont des corps certains et déterminés, qui ne se consomment point par l'usage, elles sont aux risques de l'associé propriétaire.

Si ces choses se consomment, si elles se détériorent en les gardant, si elles ont été destinées à être vendues, ou si elles ont été mises dans la société sur une estimation portée par un inventaire, elles sont aux risques de la société.

Si la chose a été estimée, l'associé ne peut répéter que le montant de son estimation. — *Civ.* 543, 578, 587, 1138, 1245, 1302 s., 1532, 1551 s., 1845, 1867.

R. v° *Société*, 352 s.

Art. 1852. Un associé a action contre la société, non seulement à raison des sommes qu'il a déboursées pour elle, mais encore à raison des obligations qu'il a contractées de bonne foi pour les affaires de la société, et des risques inséparables de sa gestion. — *Civ.* 1215, 1375, 1816, 1998 s.

R. v° *Société*, 570 s. — S. *cod.* v°, 239 s.

Art. 1853. Lorsque l'acte de société ne détermine point la part de chaque associé dans les bénéfices ou pertes, la part de chacun est en proportion de sa mise dans le fonds de la société.

A l'égard de celui qui n'a apporté que son industrie, sa part dans les bénéfices ou dans les pertes est réglée comme si sa mise eût été égale à celle de l'associé qui a le moins apporté. — *Civ.* 870, 1863.

R. v° *Société*, 383 s. — S. *cod.* v°, 180 s. — T. (87-97), *eod.* v°, 106 s.

Art. 1854. Si les associés sont convenus de s'en rapporter à l'un d'eux ou à un tiers pour le règlement des parts, ce règlement ne peut être attaqué s'il n'est évidemment contraire à l'équité.

Nulle réclamation n'est admise à ce sujet, s'il s'est écoulé plus de trois mois depuis que la partie qui se prétend lésée a eu connaissance du règlement, ou si ce règlement a reçu de sa part un commencement d'exécution. — *Civ.* 1592.

R. v° *Société*, 404 s. — S. *cod.* v°, 190 s.

Art. 1855. La convention qui donnerait à l'un des associés la totalité des bénéfices, est nulle.

Il en est de même de la stipulation qui affranchirait de toute contribution aux pertes, les sommes ou effets mis dans le fonds de la société par un ou plusieurs des associés. — *Civ.* 6, 1133, 1172, 1811, 1819, 1823, 1825, 1828, 1853.

R. v° *Société*, 406 s. — S. *cod.* v°, 193 s.

Art. 1856. L'associé chargé de l'administration par une clause spéciale du contrat de société, peut faire, nonobstant l'opposition des autres associés, tous les actes qui dépendent de son administration, pourvu que ce soit sans fraude.

Ce pouvoir ne peut être révoqué sans cause légitime, tant que la société dure; mais s'il n'a été donné que par acte postérieur au contrat de société, il est révocable comme un simple mandat. — *Civ.* 1857 s., 1988 s., 2003.

R. v° *Société*, 435 s. — S. *cod.* v°, 207 s. — T. (87-97), *eod.* v°, 113. — V. aussi N.C. civ. ann., t. 4, art. 1856, n° 1 s.

Art. 1857. Lorsque plusieurs associés sont chargés d'administrer, sans que leurs

fonctions soient déterminées, ou sans qu'il ait été exprimé que l'un ne pourrait agir sans l'autre, ils peuvent faire chacun séparément tous les actes de cette administration. — *Civ.* 1859-1°, 1995.

R. v° *Société*, 451 s.

Art. 1858. S'il a été stipulé que l'un des administrateurs ne pourra rien faire sans l'autre, un seul ne peut, sans une nouvelle convention, agir en l'absence de l'autre, lors même que celui-ci serait dans l'impossibilité actuelle de concourir aux actes d'administration. — *Civ.* 1862, 1989.

R. v° *Société*, 454 s.

Art. 1859. A défaut de stipulations spéciales sur le mode d'administration, l'on suit les règles suivantes :

1° Les associés sont censés s'être donné réciproquement le pouvoir d'administrer l'un pour l'autre. Ce que chacun fait, est valable même pour la part de ses associés, sans qu'il ait pris leur consentement; sauf le droit qu'ont ces derniers, ou l'un d'eux, de s'opposer à l'opération avant qu'elle soit conclue;

2° Chaque associé peut se servir des choses appartenant à la société, pourvu qu'il les emploie à leur destination fixée par l'usage, et qu'il ne s'en serve pas contre l'intérêt de la société, ou de manière à empêcher ses associés d'en user selon leur droit;

3° Chaque associé a le droit d'obliger ses associés à faire avec lui les dépenses qui sont nécessaires pour la conservation des choses de la société;

4° L'un des associés ne peut faire d'innovations sur les immeubles dépendant de la société, même quand il les soutiendrait avantageuses à cette société, si les autres associés n'y consentent. — *Civ.* 1375, 1381, 1856 s., 1988.

R. v° *Société*, 503 s. — S. *cod.* v°, 228 s.

Art. 1860. L'associé qui n'est point administrateur, ne peut aliéner ni engager les choses même mobilières qui dépendent de la société. — *Civ.* 1594, 1856, 1859-4°.

R. v° *Société*, 558 s.

Art. 1861. Chaque associé peut, sans le consentement de ses associés, s'associer une tierce personne relativement à la part qu'il a dans la société : il ne peut pas, sans ce consentement, l'associer à la société, même qu'il en aurait l'administration. — *Civ.* 1859-4°.

R. v° *Société*, 583 s. — S. *cod.* v°, 242 s.

SECTION II.
Des engagements des associés à l'égard des tiers.

Art. 1862. Dans les sociétés autres que celles de commerce, les associés ne sont pas tenus solidairement des dettes sociales, et l'un des associés ne peut obliger les autres si ceux-ci ne lui en ont conféré le pouvoir. — *Civ.* 1200 s., 1858 s., 1989; *Com.* 22 s., 28.

R. v° *Société*, 602 s. — S. *cod.* v°, 244 s. — T. (87-97), *eod.* v°, 116 s.

Art. 1863. Les associés sont tenus envers le créancier avec lequel ils ont contracté, chacun pour une somme et part égales, encore que la part de l'un d'eux dans la société fût moindre, si l'acte n'a pas spécialement restreint l'obligation de celui-ci sur le pied de cette dernière part. — *Civ.* 873.

R. v° *Société*, 620 s. — S. *cod.* v°, 286 s.

Art. 1864. La stipulation que l'obligation est contractée pour le compte de la société, ne lie que l'associé contractant et non les autres, à moins que ceux-ci ne lui aient donné pouvoir, ou que la chose n'ait tourné au profit de la société. — *Civ.* 1165 s., 1375, 1856 s., 1862, 1984 s.

R. v° *Société*, 604, 610 s. — S. *cod.* v°, 247.

CHAPITRE IV.
s différentes manières dont finit
la société.

rt. 1865. La société finit :
Par l'expiration du temps pour lequel a été contractée ;
Par l'extinction de la chose, ou la consommation de la négociation ;
Par la mort naturelle de quelqu'un des iés ;
Par *la mort civile*, l'interdiction ou la ofiture de l'un d'eux ;
Par la volonté qu'un seul ou plusieurs ment de n'être plus en société. — *Civ.* 5, 509, 513, 1234, 1844, 1867 s.; *Com.* s.; *Pén.* 18; *L. 31 mai 1854.*
v° *Société*, 637 s. — S. eod. v°, 261 s. — -97), eod. v°, 129 s. — V. aussi N. C. civ. ann., art. 1865, n° 1 s.

rt. 1866. La prorogation d'une société nps limité ne peut être prouvée que par écrit revêtu des mêmes formes que le at de société. — *Civ.* 1834; *Com.* 46, 49.
v° *Société*, 645 s. — S. eod. v°, 266. — T. (87-97), v°, 129 s.

rt. 1867. Lorsque l'un des associés a mis de mettre en commun la propriété e chose, la perte survenue avant que la en soit effectuée, opère la dissolution de ciété par rapport à tous les associés.
société est également dissoute dans tous as par la perte de la chose, lorsque la sance seule a été mise en commun, et la propriété en est restée dans la main associé.
is la société n'est pas rompue par la e de la chose dont la propriété a déjà été rtée à la société. — *Civ.* 1138, 1182, s., 1601, 1722, 1849, 1851, 1865-2°.
v° *Société*, 679 s.

rt. 1868. S'il a été stipulé qu'en cas ort de l'un des associés, la société conerait avec son héritier, ou seulement e les associés survivants, ces dispositions nt suivies : au second cas, l'héritier du lé n'a droit qu'au partage de la société, gard à la situation de cette société lors éces, et ne participe aux droits ultés qu'autant qu'ils sont une suite nécesde ce qui s'est fait avant la mort de cié auquel il succède. — *Civ.* 724, 1122, -3°, 1872, 2010.
v° *Société*, 692 s. — S. eod. v°, 274 s.

rt. 1869. La dissolution de la société volonté de l'une des parties ne s'ape qu'aux sociétés dont la durée est illie, et s'opère par une renonciation notià tous les associés, pourvu que cette nciation soit de bonne foi, et non faite itre-temps. — *Civ.* 1844, 1865-5°, 1870 s.
v° *Société*, 734 s. — S. eod. v°, 291 s. — 7-97), eod. v°, 129 s.

rt. 1870. La renonciation n'est pas de de foi lorsque l'associé renonce pour roprier à lui seul le profit que les asss'étaient proposé de retirer en commun.
le est faite à contre-temps lorsque les es ne sont plus entières, et qu'il importe société que sa dissolution soit différée.
v° *Société*, 739 s. — S. eod. v°, 296.

rt. 1871. La dissolution des sociétés me ne peut être demandée par l'un des ciés avant le terme convenu, qu'autant y en a de justes motifs, comme lorsn autre associé manque à ses engagets, ou qu'une infirmité habituelle le rend ble aux affaires de la société, ou autres semblables, dont la légitimité et la grasont laissées à l'arbitrage des juges. — 1142, 1146, 1184, 1865-1°, 1869.
v° *Société*, 653 s. — S. eod. v°, 263 s.

rt. 1872. Les règles concernant le age des successions, la forme de ce par-

tage, et les obligations qui en résultent entre les cohéritiers, s'appliquent aux partages entre associés. — *Civ.* 815 s., 870 s., 883 s., 887 s., 1686 s., 2103-3°, 2109 ; *Pr.* 966 s.
R. v° *Société*, 765 s. — S. eod. v°, 296 s. — T. (87-97), eod. v°, 142 s. — V. aussi N. C. civ. ann., t. 4, art. 1872, n° 1 s.

Disposition relative aux sociétés
de commerce.

Art. 1873. Les dispositions du présent titre ne s'appliquent aux sociétés de commerce que dans les points qui n'ont rien de contraire aux lois et usages du commerce. — *Com.* 14, 18 à 64, 438.
R. v° *Société*, 801.
V. *infrà*, Appendice, *la loi du 1er juillet 1901, relative au contrat d'association, modifiée par les lois du 4 décembre 1902 et du 17 juillet 1903.*

TITRE DIXIÈME.
Du prêt.
Décrété le 18 vent. an XII (9 mars 1804), et promulgué le 26 vent. an XII (19 mars 1804).

Art. 1874. Il y a deux sortes de prêts :
Celui des choses dont on peut user sans les détruire,
Et celui des choses qui se consomment par l'usage qu'on en fait.
La première espèce s'appelle *prêt à usage,* ou *commodat* ;
La deuxième s'appelle *prêt de consommation,* ou simplement *prêt.* — *Civ.* 1875 s., 1892 s.
R. v° *Prêt*, 1.

CHAPITRE PREMIER.
Du prêt à usage, ou commodat.

SECTION PREMIÈRE.
De la nature du prêt à usage.

Art. 1875. Le prêt à usage ou commodat est un contrat par lequel l'une des parties livre une chose à l'autre pour s'en servir, à la charge par le preneur de la rendre après s'en être servi. — *Civ.* 1243 s., 1885.
R. v° *Prêt*, 10 s. — S. eod. v°, 5. — T. (87-97), v° *Prêt*. — V. aussi N. C. civ. ann., t. 4, art. 1875, n° 1 s.

Art. 1876. Ce prêt est essentiellement gratuit. — *Civ.* 1105.
R. v° *Prêt*, 22 s.

Art. 1877. Le prêteur demeure propriétaire de la chose prêtée. — *Civ.* 1893.
R. v° *Prêt*, 23, 39 s.

Art. 1878. Tout ce qui est dans le commerce, et qui ne se consomme pas par l'usage, peut être l'objet de cette convention. — *Civ.* 1128, 1892, 1894.
R. v° *Prêt*, 33 s. — S. eod. v°, 7.

Art. 1879. Les engagements qui se forment par le commodat, passent aux héritiers de celui qui prête, et aux héritiers de celui qui emprunte.
Mais si l'on n'a prêté qu'en considération de l'emprunteur, et à lui personnellement, alors ses héritiers ne peuvent continuer de jouir de la chose prêtée. — *Civ.* 724, 1122.
R. v° *Prêt*, 31 s. — S. eod. v°, 6.

SECTION II.
Des engagements de l'emprunteur.

Art. 1880. L'emprunteur est tenu de veiller, en bon père de famille, à la garde et à la conservation de la chose prêtée. Il ne peut s'en servir qu'à l'usage déterminé par sa nature ou par la convention ; le tout

à peine de dommages-intérêts, s'il y a lieu. — *Civ.* 1137, 1149, 1723, 1728 s., 1927.
R. v° *Prêt*, 63 s. — S. eod. v°, 12.

Art. 1881. Si l'emprunteur emploie la chose à un autre usage, ou pour un temps plus long qu'il ne le devait, il sera tenu de la perte arrivée, même par cas fortuit. — *Civ.* 618, 1139, 1147 s., 1245, 1302 s., 1729, 1880, 1883, 1930.
R. v° *Prêt*, 74 s. — S. eod. v°, 13 s.

Art. 1882. Si la chose prêtée périt par cas fortuit dont l'emprunteur aurait pu la garantir en employant la sienne propre, ou si, ne pouvant conserver que l'une des deux, il a préféré la sienne, il est tenu de la perte de l'autre. — *Civ.* 1137, 1147 s., 1927.
R. v° *Prêt*, 83 s. — S. eod. v°, 14 s.

Art. 1883. Si la chose a été estimée en la prêtant, la perte qui arrive, même par cas fortuit, est pour l'emprunteur, s'il n'y a convention contraire. — *Civ.* 1134, 1148, 1551, 1822, 1851, 1877.
R. v° *Prêt*, 90 s. — S. eod. v°, 16.

Art. 1884. Si la chose se détériore par le seul effet de l'usage pour lequel elle a été empruntée, et sans aucune faute de la part de l'emprunteur, il n'est pas tenu de la détérioration. — *Civ.* 589, 607, 1245, 1382 s., 1730, 1732.
R. v° *Prêt*, 94 s.

Art. 1885. L'emprunteur ne peut pas retenir la chose par compensation de ce que le prêteur lui doit. — *Civ.* 1243 s. 1291, 1293-2°, 1890 s., 1948, 2102-3°.
R. v° *Prêt*, 117 s. — S. eod. v°, 21.

Art. 1886. Si, pour user de la chose, l'emprunteur a fait quelque dépense, il ne peut pas la répéter. — *Civ.* 1136 s., 1876, 1890.
R. v° *Prêt*, 133 s.

Art. 1887. Si plusieurs ont conjointement emprunté la même chose, ils en sont solidairement responsables envers le prêteur. — *Civ.* 1200, 1202, 1221-2°-5°, 1222, 1225.
R. v° *Prêt*, 97 s.

SECTION III.
Des engagements de celui qui prête
à usage.

Art. 1888. Le prêteur ne peut retirer la chose prêtée qu'après le terme convenu, ou, à défaut de convention, qu'après qu'elle a servi à l'usage pour lequel elle a été empruntée. — *Civ.* 1134, 1185 s., 1188, 1889, 1899; *Com.* 444.
R. v° *Prêt*, 96, 99 s., 123 s., 131 s. — S. eod. v°, 17.

Art. 1889. Néanmoins, si, pendant ce délai, ou avant que le besoin de l'emprunteur ait cessé, il survient au prêteur un besoin pressant et imprévu de sa chose, le juge peut, suivant les circonstances, obliger l'emprunteur à la lui rendre. — *Civ.* 1186, 1761 s.
R. v° *Prêt*, 105 s. — S. eod. v°, 18.

Art. 1890. Si, pendant la durée du prêt, l'emprunteur a été obligé, pour la conservation de la chose, à quelque dépense extraordinaire, nécessaire, et tellement urgente qu'il n'ait pas pu en prévenir le prêteur, celui-ci sera tenu de la lui rembourser. —*Civ.* 1136 s., 1375, 1381, 1877, 1886, 1947, 2103-3°.
R. v° *Prêt*, 135 s. — S. eod. v°, 25.

Art. 1891. Lorsque la chose prêtée a des défauts tels, qu'elle puisse causer du préjudice à celui qui s'en sert, le prêteur est responsable, s'il connaissait les défauts et n'en a pas averti l'emprunteur. — *Civ.* 1382 s., 1641 s., 1721, 1898.
R. v° *Prêt*, 127 s. — S. eod. v°, 23 s.

CHAPITRE II.
Du prêt de consommation, ou simple prêt.

SECTION PREMIÈRE.
De la nature du prêt de consommation.

Art. 1892. Le prêt de consommation est un contrat par lequel l'une des parties livre à l'autre une certaine quantité de choses qui se consomment par l'usage, à la charge par cette dernière de lui en rendre autant de même espèce et qualité. — *Civ.* 587, 1874, 1980 s.

R. v° *Prêt*, 138 s. — S. *cod.* v°, 26 s.

Art. 1893. Par l'effet de ce prêt, l'emprunteur devient le propriétaire de la chose prêtée; et c'est pour lui qu'elle périt, de quelque manière que cette perte arrive. — *Civ.* 1238, 1877, 1894, 1938, 2279.

R. v° *Prêt*, 152 s., 195 s. — S. *cod.* v°, 31 s., 41 s.

Art. 1894. On ne peut pas donner à titre de prêt de consommation, des choses qui, quoique de même espèce, diffèrent dans l'individu, comme les animaux : alors c'est un prêt à usage. — *Civ.* 1878, 1896 s.

R. v° *Prêt*, 174 s.

Art. 1895. L'obligation qui résulte d'un prêt en argent, n'est toujours que de la somme numérique énoncée au contrat.

S'il y a eu augmentation ou diminution d'espèces avant l'époque du payement, le débiteur doit rendre la somme numérique prêtée, et ne doit rendre que cette somme dans les espèces ayant cours au moment du payement. — *Civ.* 1896 s.

R. v° *Prêt*, 201 s. — S. *cod.* v°, 41 s.

Art. 1896. La règle portée en l'article précédent n'a pas lieu, si le prêt a été fait en lingots.

R. v° *Prêt*, 206. — S. *cod.* v°, 42.

Art. 1897. Si ce sont des lingots ou des denrées qui ont été prêtés, quelle que soit l'augmentation ou la diminution de leur prix, le débiteur doit toujours rendre la même quantité et qualité, et ne doit rendre que cela. — *Civ.* 1243 s., 1246 s.

R. v° *Prêt*, 205 s. — S. *cod.* v°, 42.

SECTION II.
Des obligations du prêteur.

Art. 1898. Dans le prêt de consommation, le prêteur est tenu de la responsabilité établie par l'article 1891 pour le prêt à usage.

R. v° *Prêt*, 178 s. — S *cod.* v°, 35 s.

Art. 1899. Le prêteur ne peut pas redemander les choses prêtées, avant le terme convenu. — *Civ.* 1185 s., 1244, 1888 s., 1902 s.; *Com.* 444.

R. v° *Prêt*, 184 s. — S. *cod.* v°, 35 s.

Art. 1900. S'il n'a pas été fixé de terme pour la restitution, le juge peut accorder à l'emprunteur un délai suivant les circonstances. — *Civ.* 1185 s., 1244, 1888, 1901, 1913; *Pr.* 122 s.

R. v° *Prêt*, 186 s. — S. *cod.* v°, 38.

Art. 1901. S'il a été seulement convenu que l'emprunteur payerait quand il le pourrait, ou quand il en aurait les moyens, le juge lui fixera un terme de payement suivant les circonstances. — *Civ.* 1244; *Pr.* 122 s.

R. v° *Prêt*, 191 s. — S. *cod.* v°, 38 s.

SECTION III.
Des engagements de l'emprunteur.

Art. 1902. L'emprunteur est tenu de rendre les choses prêtées, en même quantité et qualité, et au terme convenu. — *Civ.* 587, 1185 s., 1246 s., 1892, 1895 s., 1903.

R. v° *Prêt*, 194 s. — S. *cod.* v°, 44.

Art. 1903. S'il ne peut l'impossibilité d'y satisfaire, il est tenu d'en payer la valeur eu égard au temps et au lieu où la chose devait être rendue d'après la convention.

Si ce temps et ce lieu n'ont pas été réglés, le payement se fait au prix du temps et du lieu où l'emprunt a été fait. — *Civ.* 1247 s., 1904.

R. v° *Prêt*, 211 s. — S. *cod.* v°, 45 s.

Art. 1904. (*L.* 7 *avril* 1900.) Si l'emprunteur ne rend pas les choses prêtées ou leur valeur au terme convenu, il en doit l'intérêt du jour de la sommation ou de la demande en justice. — *Civ.* 1149, 1153 s., 1905 s.

§ 1. Législation antérieure a la loi du 7 avril 1900 : R. v° *Prêt*, 214 s. — S. *cod.* v°, 94.
§ 2. Loi du 7 avril 1900 : D. P. 1900. 4. 43.

CHAPITRE III.
Du prêt à intérêt.

Art. 1905. Il est permis de stipuler des intérêts pour simple prêt, soit d'argent, soit de denrées, ou autres choses mobilières. — *Civ.* 1152 s., 1906 s.

R. v° *Prêt à intér.*, 1 s., 16 s., 124 s., 164 s., 214; *Compte cour.*, 70 s. — S. v° *Prêt à intér.*, 1 s., 24 s., 94 s., 114 s.; *Compte cour.*, 42 s.

Art. 1906. L'emprunteur qui a payé des intérêts qui n'étaient pas stipulés, ne peut ni les répéter ni les imputer sur le capital. — *Civ.* 1235, 1251, 1376.

R. v° *Prêt à intér.*, 200. — S. *cod.* v°, 137 s.

Art. 1907. L'intérêt est légal ou conventionnel. L'intérêt légal est fixé par la loi. L'intérêt conventionnel peut excéder celui de la loi, toutes les fois que la loi ne le prohibe pas.

Le taux de l'intérêt conventionnel doit être fixé par écrit. — *Civ.* 1153 s.

R. v° *Prêt à intér.*, 2 s., 21 s., 165, 178. — S. *cod.* v°, 2 s., 24 s., 114.

V. *infra*, Appendice, la loi du 3 septembre 1807, sur le taux de l'intérêt de l'argent, modifiée par la loi du 19 décembre 1850, et la loi du 7 avril 1900, sur le taux de l'intérêt légal de l'argent.

Art. 1908. La quittance du capital donnée sans réserve des intérêts, en fait présumer le payement, et en opère la libération.

R. v° *Prêt à intér.*, 189 s. — S. *cod.* v°, 134 s.

Art. 1909. On peut stipuler un intérêt moyennant un capital que le prêteur s'interdit d'exiger.

Dans ce cas, le prêt prend le nom de *constitution de rente.*

R. v° *Rentes constit.*, 6 s. — S. *cod.* v°, 12 s. — T. (87-97), v° *Rente*, 1 s. — V. aussi N C. civ. ann., l. 4, art. 1909, n° 1 s.

Art. 1910. Cette rente peut être constituée de deux manières, en perpétuel ou en viager.

R. v° *Rentes viag.*, 6 s. — S. *cod.* v°, 10 s.

Art. 1911. La rente constituée en perpétuel est essentiellement rachetable.

Les parties peuvent seulement convenir que le rachat ne sera pas fait avant un délai qui ne pourra excéder dix ans, ou sans avoir averti le créancier au terme d'avance qu'elles auront déterminé. — *Civ.* 530, 1134, 1187.

R. v° *Rentes constit.*, 58 s., 115 s. — S. *cod.* v°, 30 s.

Art. 1912. Le débiteur d'une rente constituée en perpétuel peut être contraint au rachat :

1° S'il cesse de remplir ses obligations pendant deux années;

2° S'il manque à fournir au prêteur les sûretés promises par le contrat. — *Civ.* 1184, 1977.

R. v° *Rentes constit.*, 15, 48 s., 150 s. — S. *cod.* v°, 38 s. — V. aussi N. C. civ. ann., t. 4, art. 1912, n° 1 s.

Art. 1913. Le capital de la rente constituée en perpétuel devient aussi exigible en cas de faillite ou de déconfiture du débiteur. — *Civ.* 1184, 1188; *Pr.* 124; *Com.* 444.

R. v° *Rentes constit.*, 215 s. — S. *eod.* v°, 63 s.

Art. 1914. Les règles concernant les rentes viagères sont établies au titre *Des contrats aléatoires.* — *Civ.* 1910, 1964, 1968 s.

R. v° *Rentes viag.*, 6 s. — S. *eod.* v°, 10 s. — T. (87-97), v° *Rente*, 5 s.

TITRE ONZIÈME.
Du dépôt et du séquestre.

Décrété le 23 vent. an XII (14 mars 1804), et promulgué le 3 germ. an XII (24 mars 1804).

CHAPITRE PREMIER.
Du dépôt en général, et de ses diverses espèces.

Art. 1915. Le dépôt, en général, est un acte par lequel on reçoit la chose d'autrui, à la charge de la garder et de la restituer en nature. — *Civ.* 1127, 1137, 1932, 2236; *Pén.* 169, 408.

R. v° *Dépôt*, 8 s.; *Abus de conf.*, 101 s. — S. v° *Dépôt*, 7 s.; *Abus de conf.*, 91 s.

Art. 1916. Il y a deux espèces de dépôts : le dépôt proprement dit, et le séquestre. — *Civ.* 1917 s., 1955 s.

CHAPITRE II.
Du dépôt proprement dit.

SECTION PREMIÈRE.
De la nature et de l'essence du contrat de dépôt.

Art. 1917. Le dépôt proprement dit est un contrat essentiellement gratuit. — *Civ.* 1105, 1928 - 2°, 1936, 1957.

Art. 1918. Il ne peut avoir pour objet que des choses mobilières. — *Civ.* 527 s., 1959.

Art. 1919. Il n'est parfait que par la tradition réelle ou feinte de la chose déposée.

La tradition feinte suffit, quand le dépositaire se trouve déjà nanti, à quelque autre titre, de la chose que l'on consent à lui laisser à titre de dépôt. — *Civ.* 1604 s.

Art. 1920. Le dépôt est volontaire ou nécessaire. — *Civ.* 1921 s., 1949 s.

R. v° *Dépôt*, 8 s. — S. *eod.* v°, 7 s.

SECTION II.
Du dépôt volontaire.

Art. 1921. Le dépôt volontaire se forme par le consentement réciproque de la personne qui fait le dépôt et de celle qui le reçoit. — *Civ.* 1108 s., 1919, 1949.

Art. 1922. Le dépôt volontaire ne peut régulièrement être fait que par le propriétaire de la chose déposée, ou de son consentement exprès ou tacite. — *Civ.* 1938.

Art. 1923. Le dépôt volontaire doit être prouvé par écrit. La preuve testimoniale n'en est point reçue pour valeur excédant cent cinquante francs. — *Civ.* 1326, 1341 s. 1347 s., 1924, 1950; *Pén.* 408.

Art. 1924. Lorsque le dépôt, étant audessus de cent cinquante francs, n'est point prouvé par écrit, celui qui est attaqué comme dépositaire, en est cru sur sa déclaration, soit pour le fait même du dépôt, soit pour la chose qui en faisait l'objet, soit pour le fait

restitution. — *Civ.* 1354 s., 1357 s.;
Pén. 408.

t. 1925. Le dépôt volontaire ne peut lieu qu'entre personnes capables de acter.

inmoins, si une personne capable de acter accepte le dépôt fait par une per- incapable, elle est tenue de toutes les tions d'un véritable dépositaire; elle être poursuivie par le tuteur ou admi- teur de la personne qui a fait le dépôt. *v.* 1108, 1123 s., 1926, 1940 s.

t. 1926. Si le dépôt a été fait par une une capable à une personne qui ne l'est a personne qui a fait le dépôt n'a que >n en revendication de la chose déposée, qu'elle existe dans la main du déposi- ou une action en restitution jusqu'à rrence de ce qui a tourné au profit de nier. — *Civ.* 1123 s., 1241 1365 1312, *Pr.* 826 s.
» *Dépôt,* 29 s., 126 s. — S. *eod. v',* 15 s., 53 s.

SECTION III.
Des obligations du dépositaire.

t. 1927. Le dépositaire doit apporter, a garde de la chose déposée, les mêmes qu'il apporte dans la garde des choses i appartiennent. — *Civ.* 1137, 1880 s.,

t. 1928. La disposition de l'article pré- t doit être appliquée avec plus de ri- : 1° si le dépositaire s'est offert lui- pour recevoir le dépôt; 2° s'il a stipulé laire pour la garde du dépôt; 3° s'il a a été fait uniquement pour l'intérêt du itaire; 4° s'il a été convenu expressé- que le dépositaire répondrait de toute e de faute. — *Civ.* 1382, 1917.

t. 1929. Le dépositaire n'est tenu, en cas, des accidents de force majeure, sa qu'il n'ait été mis en demeure do ier la chose déposée. — *Civ.* 1139, ., 1302 s., 1881 s., 1934.

t. 1930. Il ne peut se servir de la déposée, sans la permission expresse ésumée du déposant. — *Civ.* 1881 s.; 169 s., 408.

t. 1931. Il ne doit point chercher à ltre quelles sont les choses qui lui ont posées, si elles lui ont été confiées dans ifre fermé ou sous une enveloppe ca- e.

t. 1932. Le dépositaire doit rendre quement la chose même qu'il a reçue. si, le dépôt de sommes monnayées doit ∘ndu dans les mêmes espèces qu'il a t, soit dans le cas d'augmentation, soit le cas de diminution de leur valeur. — .293, 1895 s., 1933 s.

t. 1933. Le dépositaire n'est tenu de e la chose déposée que dans l'état où e trouve au moment de la restitution. étériorations qui ne sont pas survenues on fait, sont à la charge du déposant. — .245, 1302, 1929.

t. 1934. Le dépositaire auquel la chose enlevée par une force majeure, et qui u un prix ou quelque chose à la place, stituer ce qu'il a reçu en échange. — 303, 1929, 1935.

t. 1935. L'héritier du dépositaire, qui lu de bonne foi la chose dont il ignorait pôt, n'est tenu que de rendre le prix a reçu, ou de céder son action contre teur, s'il n'a pas touché le prix. — *Civ.* ., 1599, 2268, 2279.

t. 1936. La chose déposée a pro- les fruits qui aient été perçus par le itaire, il est obligé de les restituer. Il it aucun intérêt de l'argent déposé, si st du jour où il a été mis en demeure ıre la restitution. — *Civ.* 549, 1139, 1932.

Art. 1937. Le dépositaire ne doit resti- tuer la chose déposée, qu'à celui qui la lui a confiée, ou à celui au nom duquel le dépôt a été fait, ou à celui qui a été indiqué pour le recevoir. — *Civ.* 1239, 1938.

Art. 1938. Il ne peut pas exiger de celui qui a fait le dépôt, la preuve qu'il était pro- priétaire de la chose déposée.

Néanmoins, s'il découvre que la chose a été volée, et quel en est le véritable proprié- taire, il doit dénoncer à celui-ci le dépôt qui lui a été fait, avec sommation de le ré- clamer dans un délai déterminé et suffisant. Si celui auquel la dénonciation a été faite, néglige de réclamer le dépôt, le dépositaire est valablement déchargé par la tradition qu'il en fait à celui duquel il l'a reçu. — *Civ.* 1922, 1937, 1941, 2279 s.; *Pén.* 62, 379.

Art. 1939. En cas de mort naturelle ou *civile* de la personne qui a fait le dépôt, la chose déposée ne peut être rendue qu'à son héritier.

S'il y a plusieurs héritiers, elle doit être rendue à chacun d'eux pour leur part et por- tion.

Si la chose déposée est indivisible, les hé- ritiers doivent s'accorder entre eux pour la recevoir. — *Civ.* 23, 25, 724, 873, 1122, 1217, 1220 s.; *Pén.* 18; *L.* 31 *mai* 1851.

Art. 1940. Si la personne qui a fait le dépôt, a changé d'état; par exemple, si la femme, libre au moment où le dépôt a été fait, s'est mariée depuis et se trouve en puis- sance de mari; si le majeur déposant se trouve frappé d'interdiction; dans tous ces cas et autres de même nature, le dépôt ne peut être restitué qu'à celui qui a l'administration des droits et des biens du déposant. — *Civ.* 1925, 1941.

Art. 1941. Si le dépôt a été fait par un tuteur, par un mari ou par un administra- teur, dans l'une de ces qualités, il ne peut être restitué qu'à la personne que ce tuteur, ce mari ou cet administrateur représentaient, si leur gestion ou leur administration est finie. — *Civ.* 1925, 1940.

Art. 1942. Si le contrat de dépôt désigne le lieu dans lequel la restitution doit être faite, le dépositaire est tenu d'y porter la chose déposée. S'il y a des frais de transport, ils sont à la charge du déposant. — *Civ.* 1247 s., 1608, 1943.

Art. 1943. Si le contrat ne désigne point le lieu de la restitution, elle doit être faite dans le lieu même du dépôt. — *Civ.* 1247, 1609, 1942.

Art. 1944. Le dépôt doit être remis au déposant aussitôt qu'il le réclame, lors même que le contrat aurait fixé un délai déterminé pour la restitution; à moins qu'il n'existe, entre les mains du dépositaire, une saisie- arrêt ou une opposition à la restitution et au déplacement de la chose déposée. — *Civ.* 1139, 1186, 1242, 1888 s., 1960; *Pr.* 557 s.

Art. 1945. Le dépositaire infidèle n'est point admis au bénéfice de cession. — *Civ.* 1265 s.; *Pr.* 898 s.; *Pén.* 169 s., 408.

Art. 1946. Toutes les obligations du dépositaire cessent, s'il vient à découvrir et à prouver qu'il est lui-même propriétaire de la chose déposée. — *Civ.* 1300 s., 2279 s.
R. v° *Dépôt,* 45 s. — S. *eod. v',* 19 s. — T. (87-97), *eod. v',* 1 s.

SECTION IV.
Des obligations de la personne par laquelle le dépôt a été fait.

Art. 1947. La personne qui a fait le dépôt, est tenue de rembourser au déposi- taire les dépenses qu'il a faites pour la con- servation de la chose déposée, et de l'indem- niser de toutes les pertes que le dépôt peut lui avoir occasionnées. — *Civ.* 1137, 1375, 1381, 1886, 1890, 1948, 2080, 2102-3°.

Art. 1948. Le dépositaire peut retenir le dépôt jusqu'à l'entier payement de ce qui lui est dû à raison du dépôt. — *Civ.* 1293-2°, 2073 s., 2082.
R. v° *Dépôt,* 113 s. — S. *eod. v',* 47 s.

SECTION V.
Du dépôt nécessaire.

Art. 1949. Le dépôt nécessaire est celui qui a été forcé par quelque accident, tel qu'un incendie, une ruine, un pillage, un naufrage ou autre événement imprévu. — *Civ.* 1920, 1950 s.

Art. 1950. La preuve par témoins peut être reçue pour le dépôt nécessaire, même quand il s'agit d'une valeur au-dessus de cent cinquante francs. — *Civ.* 1341, 1348-2°, 1923.

Art. 1951. Le dépôt nécessaire est d'ail- leurs régi par toutes les règles précédem- ment énoncées. — *Civ.* 1927 s.
R. v° *Dépôt,* 148 s. — S. *eod. v',* 59 s.

Art. 1952. Les aubergistes ou hôteliers sont responsables, comme dépositaires, des effets apportés par le voyageur qui loge chez eux; le dépôt de ces sortes d'effets doit être regardé comme un dépôt nécessaire. — *Civ.* 1384, 1782 s., 2102-5°; *Pr.* 73, 386-4°, 475-2°.
R. v° *Dépôt,* 157 s. — S. *eod. v',* 63 s., 73 s. — T. (87-97), *eod. v',* 12 s. — V. aussi N. C. civ. ann., t. 4, art. 1952, n° 1 s.
V. *infra*, Appendice, la loi du 31 mars 1896, relative à la vente des objets abandonnés ou laissés en gage par les voyageurs aux aubergistes ou hôteliers.

Art. 1953. Ils sont responsables du vol ou du dommage des effets du voyageur, soit que le vol ait été fait ou que le dommage ait été causé par les domestiques et préposés de l'hôtellerie, ou par des étrangers allant et venant dans l'hôtellerie.
(*L.* 18 *avril* 1889.) Cette responsabilité est limitée à mille francs (1,000 fr.), pour les espèces monnayées, les valeurs ou titres au porteur de toute nature non déposés réellement entre les mains des aubergistes ou hôteliers. — *Civ.* 1384; *Pén.* 73, 386-4°, 475-2°.
R. v° *Dépôt,* 182 s. — S. *eod. v',* 70 s.
Loi du 18 avril 1889: D. P. 89. 4. 47.

Art. 1954. Ils ne sont pas responsables des vols faits avec force armée ou autre force majeure. — *Civ.* 1148; *Pén.* 381 s.
R. v° *Dépôt,* 165, 186 s. — S. *eod. v',* 65 s., 73 s.

CHAPITRE III.
Du séquestre.

SECTION PREMIÈRE.
Des diverses espèces de séquestre.

Art. 1955. Le séquestre est ou conven- tionnel ou judiciaire. — *Civ.* 1956 s.
R. v° *Dépôt,* 192 s.

SECTION II.
Du séquestre conventionnel.

Art. 1956. Le séquestre conventionnel est le dépôt fait par une ou plusieurs per- sonnes, d'une chose contentieuse, entre les mains d'un tiers qui s'oblige de la rendre, après la contestation terminée, à la personne qui sera jugée devoir l'obtenir. — *Civ.* 602; *Pr.* 135-4°, 550.

Art. 1957. Le séquestre peut n'être pas gratuit. — *Civ.* 1917.

Art. 1958. Lorsqu'il est gratuit, il est soumis aux règles du dépôt proprement dit, sauf les différences ci-après énoncées. — *Civ.* 1919 s.

11

Art. 1959. Le séquestre peut avoir pour objet, non seulement des effets mobiliers, mais même des immeubles. — *Civ.* 1918.

Art. 1960. Le dépositaire chargé du séquestre ne peut être déchargé avant la contestation terminée, que du consentement de toutes les parties intéressées, ou pour une cause jugée légitime. — *Civ.* 1944.

R. v° *Dépôt*, 195 s. — S. *cod.* v°, 80.

SECTION III.
Du séquestre ou dépôt judiciaire.

Art. 1961. La justice peut ordonner le séquestre :

1° Des meubles saisis sur un débiteur ;

2° D'un immeuble ou d'une chose mobilière dont la propriété ou la possession est litigieuse entre deux ou plusieurs personnes ;

3° Des choses qu'un débiteur offre pour sa libération. — *Civ.* 603, 1257 s., 1264 ; *Pr.* 583 s., 596, 628, 688, 821, 823, 830 ; *Com.* 106, 200.

Art. 1962. L'établissement d'un gardien judiciaire produit, entre le saisissant et le gardien, des obligations réciproques. Le gardien doit apporter, pour la conservation des effets saisis, les soins d'un bon père de famille.

Il doit le représenter, soit à la décharge du saisissant pour la vente, soit à la partie contre laquelle les exécutions ont été faites, en cas de mainlevée de la saisie.

L'obligation du saisissant consiste à payer au gardien le salaire fixé par la loi. — *Civ.* 1137 s., 1927 s., 1947 s. ; *Pr.* 603 s.

Art. 1963. Le séquestre judiciaire est donné, soit à une personne dont les parties intéressées sont convenues entre elles, soit à une personne nommée d'office par le juge.

Dans l'un et l'autre cas, celui auquel la chose a été confiée, est soumis à toutes les obligations qu'emporte le séquestre conventionnel. — *Civ.* 1925, 1956 s. ; *Pr.* 596.

R. v° *Dépôt*, 209 s. — S. *cod.* v°, 81 s.

TITRE DOUZIÈME.

Des contrats aléatoires.

Décrété le 19 vent. an XII (10 mars 1804), et promulgué le 29 vent. an XII (20 mars 1804.)

Art. 1964. Le contrat aléatoire est une convention réciproque dont les effets, quant aux avantages et aux pertes, soit pour toutes les parties, soit pour l'une ou plusieurs d'entre elles, dépendent d'un événement incertain.

Tels sont :

Le contrat d'assurance,

Le prêt à grosse aventure,

Le jeu et le pari,

Le contrat de rente viagère.

Les deux premiers sont régis par les lois maritimes. — *Civ.* 1104-2°, 1965 s., 1968 s. ; *Com.* 331 s., 332 s.

R. v° *Contr. aléat.*, 1 s. — S. *eod.* v°, 1 s.

CHAPITRE PREMIER.
Du jeu et du pari.

Art. 1965. La loi n'accorde aucune action pour une dette du jeu ou pour le payement d'un pari. — *Civ.* 1967 ; *Com.* 585-2° ; *Pén.* 410, 410 s., 475-5°, 477-1°.

R. v°° *Jeu-pari*, 11 s. ; *Obligat.*, 585 ; *Trés. publ.*, 1289 s. — S. v° *Jeu-pari*, 12 s. ; *Trés. publ.*, 913 s. — T. (87-97), v°° *Jeu-pari*, 1 s. ; *Effets publics*, 84 s. — V. aussi N. C. civ. ann., t. 4, art. 1965, n° 1 s.

V. *infra*, Appendice, la loi du 28 mars 1885, sur les marchés à terme ; et la loi du 12 mars 1900), ayant pour objet de réprimer les abus commis en matière de vente à crédit des valeurs de bourse.

Art. 1966. Les jeux propres à exercer au fait des armes, les courses à pied ou à cheval, les courses de chariot, le jeu de paume et autres jeux de même nature qui tiennent à l'adresse et à l'exercice du corps, sont exceptés de la disposition précédente.

Néanmoins, le tribunal peut rejeter la demande, quand la somme lui paraît excessive.

R. v° *Jeu-pari*, 11 s. — S. *eod.* v°, 12 s. — T. (87-97), *eod.* v°, 4 s.

V. *infra*, Appendice, la loi du 2 juin 1891, art. 4 et suivants, ayant pour objet de réglementer l'autorisation et le fonctionnement des courses de chevaux, modifiée dans son article 4, paragraphe 2, par les lois des 1er avril 1900 et 4 juin 1909 ; — et la loi du 15 juin 1907, réglementant le jeu dans les cercles et casinos des stations balnéaires, thermales ou climatériques.

Art. 1967. Dans aucun cas, le perdant ne peut répéter ce qu'il a volontairement payé, à moins qu'il n'y ait eu, de la part du gagnant, dol, supercherie ou escroquerie. — *Civ.* 1109, 1116 s., 1233, 1378 s. ; *Pén.* 405, 408.

R. v° *Jeu-pari*, 32 s. — S. *eod.* v°, 36 s. — V. aussi N. C. civ. ann., t. 4, art. 1967, n°° 1 s.

CHAPITRE II.
Du contrat de rente viagère.

SECTION PREMIÈRE.
Des conditions requises pour la validité du contrat.

Art. 1968. La rente viagère peut être constituée à titre onéreux, moyennant une somme d'argent, ou pour une chose mobilière appréciable, ou pour un immeuble. — *Civ.* 520, 588, 1104, 1106, 1909 s., 1964 ; *Pr.* 636 s.

R. v° *Rente viag.*, 6 s. — S. *eod.* v°, 10 s. — T. (87-97), v° *Rente*, 5 s.

Art. 1969. Elle peut être aussi constituée, à titre purement gratuit, par donation entre vifs ou par testament. Elle doit être alors revêtue des formes requises par la loi. — *Civ.* 610, 893 s., 931 s., 967, 1015-2°, 1091 s., 1970 s., 1981.

R. v° *Rente viag.*, 18 s. — S. *eod.* v°, 11, 19 s.

Art. 1970. Dans le cas de l'article précédent, la rente viagère est réductible, si elle excède ce dont il est permis de disposer ; elle est nulle, si elle est au profit d'une personne incapable de recevoir. — *Civ.* 725 s., 913 s., 906 s., 913 s., 917 s., 920 s., 1098 s.

R. v°° *Disp. entre vifs*, 963 s., 980 s. ; *Rente viag.*, 22 s. — S. v°° *Disp. entre vifs*, 247 s., 256 s. ; *Rentes viag.*, 34 s.

Art. 1971. La rente viagère peut être constituée, soit sur la tête de celui qui en fournit le prix, soit sur la tête d'un tiers, qui n'a aucun droit d'en jouir.

Art. 1972. Elle peut être constituée sur une ou plusieurs têtes.

Art. 1973. Elle peut être constituée au profit d'un tiers, quoique le prix en soit fourni par une autre personne.

Dans ce dernier cas, quoiqu'elle ait les caractères d'une libéralité, elle n'est point assujettie aux formes requises pour les donations ; sauf les cas de réduction et de nullité énoncés dans l'article 1970. — *Civ.* 1121, 1969, 1981.

Art. 1974. Tout contrat de rente viagère créé sur la tête d'une personne qui était morte au jour du contrat, ne produit aucun effet. — *Civ.* 1040, 1131.

Art. 1975. Il en est de même du contrat par lequel la rente a été créée sur la tête d'une personne atteinte de la maladie dont elle est décédée dans les vingt jours de la date du contrat. — *Civ.* 1974.

Art. 1976. La rente viagère peut être constituée au taux qu'il plaît aux parties contractantes de fixer. — *Civ.* 1905, 1907.

R. v° *Rente viag.*, 26 s. — S. *eod.* v°, 26 s.

SECTION II.
Des effets du contrat entre les parties contractantes.

Art. 1977. Celui au profit duquel rente viagère a été constituée moyennant u prix, peut demander la résiliation du contra si le constituant ne lui donne pas les sûret stipulées pour son exécution. — *Civ.* 118 1188, 2131.

R. v° *Rente viag.*, 109 s. — S. *eod.* v°, 52 s.

Art. 1978. Le seul défaut de payeme des arrérages de la rente n'autorise poi celui en faveur de qui elle est constituée, demander le remboursement du capital, c à rentrer dans le fonds par lui aliéné : il n que le droit de saisir et de faire vendre l biens de son débiteur, et de faire ordonn ou consentir, sur le produit de la vente l'emploi d'une somme suffisante pour le ser vice des arrérages. — *Civ.* 1144, 1184, 165-1912 s., 2092 s., 2204 s.

R. v°° *Rente viag.*, 95 s., 131 s. ; *Privil. hypoth.*, 2303 s. — S. v°° *Rentes viag.*, 67 s. ; *Pr vil. et hypoth.*, 1420 s. — V. aussi N. C. civ. ann t. 4, art. 1978, n°° 1 s.

Art. 1979. Le constituant ne peut libérer du payement de la rente, en offra de rembourser le capital, et en renonça à la répétition des arrérages payés ; il est ten de servir la rente pendant toute la vie de personne ou des personnes sur la tête des quelles la rente a été constituée, quelle q soit la durée de la vie de ces personnes, quelque onéreux qu'ait pu devenir le servi de la rente. — *Civ.* 1134, 1911, 1912, 196

R. v° *Rente viag.*, 150 s. — S. *eod.* v°, 126 s.

Art. 1980. La rente viagère n'est acqui au propriétaire que dans la proportion d nombre de jours qu'il a vécu.

Néanmoins, s'il a été convenu qu'elle ser payée d'avance, le terme qui a dû être pay est acquis du jour où le payement a dû être fait. — *Civ.* 586, 588, 1186.

R. v° *Rente viag.*, 180 s. — S. *eod.* v°, 141 s.

Art. 1981. La rente viagère ne pe être valablement insaisissable, que lorsqu'elle a été constituée à titre gratuit. — *Civ.* 1969 s 2092 ; *Pr.* 581 s., 636 s.

R. v° *Rente viag.*, 78 s. — S. *eod.* v°, 62 s.

Art. 1982. *Abrogé par L. 31 mai 185*

R. v° *Rente viag.*, 150 s. — S. *eod.* v°, 144 s.

Art. 1983. Le propriétaire d'une rent viagère n'en peut demander les arrérage qu'en justifiant de son existence, ou de cel de la personne sur la tête de laquelle elle été constituée. — *Civ.* 135, 1315, 2277 s.

R. v° *Rente viag.*, 152 s. ; *Certific. de vie*, 7 13 s. — S. v°° *Rentes viag.*, 154 s. ; *Certific. de vi* 1 s.

Assurances terrestres.

En ce qui concerne : 1° *les contrats d'assurances te restres*, V°. R. et S. v° *Assurances terrestres*,1 s.; N. C. civ des assurances ; — Appendice au titre XII (*Des contrats d'assurance* T. (87-97), v° *Assurances terrestres*, 1 s., et notre Petit Cod des assurances ; — 2° *les caisses d'assurances pour les a cidents*, V. C. travail, v° *Caisses d'assurances et de retrai ouvrières.*

TITRE TREIZIÈME.

Du mandat.

Décrété le 19 vent. an XII (10 mars 1804), et promulgué le 29 vent. an XII (20 mars 1804).

CHAPITRE PREMIER.
De la nature et de la forme du mandat.

Art. 1984. Le mandat ou procuration est un acte par lequel une personne donn à une autre le pouvoir de faire quelqu chose pour le mandant et en son nom.

Le contrat ne se forme que par l'accepta

du mandataire. — *Civ.* 1101 s., 1108 s.,
9 s., 1372 s.: *Com.* 91 s.

V° *Mandat*, 1 s., 179 s. — S. *eod.* v°, 1 s., 72.
(87-97). *eod.* v°, 1 s., 71 s. — V. aussi N. C. civ.
, t. 4, art. 1984, n° 1 s.

Art. 1985. Le mandat peut être donné
par acte public, ou par écrit sous seing
privé, même par lettre. Il peut aussi être
donné verbalement ; mais la preuve testimoniale n'en est reçue que conformément au
titre *Des contrats ou des obligations conven-
nelles en général.*

L'acceptation du mandat peut n'être que
tacite, et résulter de l'exécution qui lui a
été donnée par le mandataire. — *Civ.* 1325
s., 1311 s., 1347, 2004.

infra, Appendice, le *décret du 29 décembre* 1835,
*relatif à la légalisation de la signature des notaires sur
les certificats de vie.*

V° *Mandat*, 66 s. — S. *eod.* v°, 50 s. —
(87-97). *eod.* v°, 52 s. — V. aussi N. C. civ. ann.,
art. 1985, n° 1 s.

Art. 1986. Le mandat est gratuit, s'il
n'y a convention contraire. — *Civ.* 1710,
1 s.-2°.

V° *Mandat*, 66 s. — S. *eod.* v°, 38 s. — T. (87-97),
v°, 21 s.

Art. 1987. Il est ou spécial et pour une
affaire ou certaines affaires seulement, ou
général et pour toutes les affaires du mandant. — *Civ.* 1988 s.

V° *Mandat*, 70 s. — S. *eod.* v°, 45 s. — T. (87-97),
v°, 36 s.

Art. 1988. Le mandat conçu en termes
généraux n'embrasse que les actes d'administration.

S'il s'agit d'aliéner ou hypothéquer, ou
quelque autre acte de propriété, le mandat doit être exprès. — *Civ.* 933, 1239, 1258,
1 s., 2129 ; *Pr.* 559 s.

V° *Mandat*, 77 s. — S. *eod.* v°, 46.

Art. 1989. Le mandataire ne peut rien
faire au delà de ce qui est porté dans son
mandat : le pouvoir de transiger ne renferme
pas celui de compromettre. — *Civ.* 1372
s., 1998, 2003 s., 2011; *Pr.* 1003 s.

V° *Mandat*, 162 s. — S. *eod.* v°, 47 s. — V. aussi
civ. ann., t. 4, art. 1989, n° 1 s.

Art. 1990. Les femmes et les mineurs
émancipés peuvent être choisis pour mandataires ; mais le mandant n'a d'action contre
le mandataire mineur que d'après les règles
générales relatives aux obligations des mineurs, et contre la femme mariée et qui a
accepté le mandat sans autorisation de son
mari, que d'après les règles établies au titre
*du contrat de mariage et des droits respec-
tifs des époux.* — *Civ.* 217, 219, 481 s.,
s., 1124 s., 1305 s., 1312, 1420 s., 1426.
V° *Mandat*, 57 s. — S. *eod.* v°, 33 s.

CHAPITRE II.
Des obligations du mandataire.

Art. 1991. Le mandataire est tenu d'accomplir le mandat tant qu'il en demeure
chargé, et répond des dommages - intérêts
qui pourraient résulter de son inexécution.

Il est tenu de même d'achever la chose
commencée au décès du mandant, s'il y a
péril en la demeure. — *Civ.* 1142, 1146 s.,
s., 1372 s., 2003-3°, 2007 s.

V° *Mandat*, 187 s. — S. *eod.* v°, 73 s. — T. (87-97),
v°, 75 s. — V. aussi N. C. civ. ann., t. 4,
1991, n° 1 s.

Art. 1992. Le mandataire répond non
seulement du dol, mais encore des fautes
qu'il commet dans sa gestion.

Néanmoins la responsabilité relative aux
fautes est appliquée moins rigoureusement
à celui dont le mandat est gratuit qu'à celui
qui reçoit un salaire. — *Civ.* 1116, 1374,
3, 1596, 1850, 1928; *Pén.* 408.

V° *Mandat*, 213 s. — S. *eod.* v°, 77 s. — T. (87-97),
v°, 75 s. — V. aussi N. C. civ ann., t. 4,
1992, n° 1 s.

Art. 1993. Tout mandataire est tenu de
rendre compte de sa gestion, et de faire
raison au mandant de tout ce qu'il a reçu
en vertu de sa procuration, quand même ce
qu'il aurait reçu n'eût point été dû au mandant. — *Civ.* 1376, 1996; *Pr.* 527 s.

R. V° *Mandat*, 231 s. — S. *eod.* v°, 80 s. — T. (87-97).
eod. v°, 97 s. — V. aussi N. C. civ. ann., t. 4,
art. 1993, n° 1 s.

Art. 1994. Le mandataire répond de
celui qu'il s'est substitué dans la gestion :
1° quand il n'a pas reçu le pouvoir de se
substituer quelqu'un : 2° quand ce pouvoir
lui a été conféré sans désignation d'une personne, et que celle dont il a fait choix était
notoirement incapable ou insolvable.

Dans tous les cas, le mandant peut agir
directement contre la personne que le mandataire s'est substituée. — *Civ.* 1384, 1735,
1798; *Com.* 99.

R. V° *Mandat*, 250 s. — S. *eod.* v°, 106 s. —
T. (87-97). *eod.* v°, 106 s.

Art. 1995. Quand il y a plusieurs fondés
de pouvoir ou mandataires établis par le
même acte, il n'y a de solidarité entre eux
qu'autant qu'elle est exprimée. — *Civ.* 1033,
1202, 2002.

R. V° *Mandat*, 260 s. — S. *eod.* v°, 96 s. — T. (87-97),
eod. v°, 103 s.

Art. 1996. Le mandataire doit l'intérêt
des sommes qu'il a employées à son usage,
à dater de cet emploi ; et de celles dont il
est reliquataire, à compter du jour qu'il est
mis en demeure. — *Civ.* 1139, 1153, 1907,
1993, 2001; *Pén.* 408.

R. V° *Mandat*, 266 s. — S. *eod.* v°, 96 s. — T. (87-97),
eod. v°, 103 s.

Art. 1997. Le mandataire qui a donné
à la partie avec laquelle il contracte en cette
qualité, une suffisante connaissance de ses
pouvoirs, n'est tenu d'aucune garantie pour
ce qui a été fait au delà, s'il ne s'y est
personnellement soumis. — *Civ.* 1120, 1989,
1998; *Pr.* 352 s.

R. V° *Mandat*, 302 s. — S. *eod.* v°, 110 s. —
T. (87-97). *eod.* v°, 112 s. — V. aussi N. C. civ. ann.,
t. 4, art. 1997, n° 1 s.

CHAPITRE III.
Des obligations du mandant.

Art. 1998. Le mandant est tenu d'exécuter les engagements contractés par le mandataire, conformément au pouvoir qui lui a
été donné.

Il n'est tenu de ce qui a pu être fait au
delà, qu'autant qu'il l'a ratifié expressément
ou tacitement. — *Civ.* 1120, 1338, 1375, 1989.
1997; *Pr.* 352 s.

R. V° *Mandat*, 303 s. — S. *eod.* v°, 130 s. —
T. (87-97). *eod.* v°, 139 s. — V. aussi N. C. civ. ann.,
t. 4, art. 1998, n° 1 s.

Art. 1999. Le mandant doit rembourser
au mandataire les avances et frais que celui-
ci a faits pour l'exécution du mandat, et lui
payer ses salaires lorsqu'il en a été promis.

S'il n'y a aucune faute imputable au mandataire, le mandant ne peut se dispenser de
faire ces remboursement et payement, lors
même que l'affaire n'aurait pas réussi, ni
faire réduire le montant des frais et avances
sous le prétexte qu'ils pouvaient être moindres.
— *Civ.* 1375, 1383, 1992, 2102-3°.

R. V° *Mandat*, 318 s. — S. *eod.* v°, 122 s. —
T. (87-97). *eod.* v°, 130 s. — V. aussi N. C. civ. ann.,
t. 4, art. 1999, n° 1 s.

Art. 2000. Le mandant doit aussi indemniser le mandataire des pertes que celui-ci
a essuyées à l'occasion de sa gestion, sans
imprudence qui lui soit imputable. — *Civ.*
1375, 1947.

R. V° *Mandat*, 364 s. — S. *eod.* v°, 131.

Art. 2001. L'intérêt des avances faites
par le mandataire lui est dû par le mandant,

à dater du jour des avances constatées. —
Civ. 1153 s., 1996.

R. V° *Mandat*, 349 s. — S. *eod.* v°, 129 s.

Art. 2002. Lorsque le mandataire a été
constitué par plusieurs personnes pour une
affaire commune, chacune d'elles est tenue
solidairement envers lui de tous les effets
du mandat. — *Civ.* 1200 s., 1222 s. 1995,
2030.

R. V° *Mandat*, 373 s. — S. *eod.* v°, 152 s.

CHAPITRE IV.
Des différentes manières dont le mandat finit.

Art. 2003. Le mandat finit :
Par la révocation du mandataire.
Par la renonciation de celui-ci au mandat,
Par la mort naturelle *ou civile*, l'interdic-
tion ou la déconfiture, soit du mandant, soit
du mandataire. — *Civ.* 23, 25, 489, 1375,
1850, 1991, 2005 s., 2007 s.: *Pr.* 342 s.;
Com. 487 s.; *Pén.* 18 s.; *L.* 31 *mai* 1854.

R. V° *Mandat*, 418 s. — S. *eod.* v°, 191 s. —
T. (87-97). *eod.* v°, 157 s. — V. aussi N. C. civ. ann.,
t. 4. art. 2003, n° 1 s.

Art. 2004. Le mandant peut révoquer
sa procuration quand bon lui semble, et
contraindre, s'il y a lieu, le mandataire à
lui remettre, soit l'écrit sous seing privé qui
le contient, soit l'original de la procuration,
si elle a été délivrée en brevet, soit l'expédition, s'il en a été gardé minute. — *Civ.*
1282 s.

R. V° *Mandat*, 423 s. — S. *eod.* v°, 163 s. —
T. (87-97). *eod.* v°, 157 s. — V. aussi N. C. civ. ann.,
t. 4. art. 2004, n° 1 s.

Art. 2005. La révocation notifiée au
seul mandataire ne peut être opposée aux
tiers qui ont traité dans l'ignorance de cette
révocation, sauf au mandant son recours
contre le mandataire. — *Civ.* 1165, 1991;
Pr. 75, 344 s.

R. V° *Mandat*, 431, 432, 436 s. — S. *eod.* v°, 176.

Art. 2006. La constitution d'un nouveau mandataire pour la même affaire, vaut
révocation du premier, à compter du jour
où elle a été notifiée à celui-ci. — *Civ.*
2005 ; *Pr.* 75.

R. V° *Mandat*, 435 s. — S. *eod.* v°, 173.

Art. 2007. Le mandataire peut renoncer au mandat, en notifiant au mandant sa
renonciation.

Néanmoins, si cette renonciation préjudicie au mandant, il devra en être indemnisé
par le mandataire, à moins que celui-ci ne
se trouve dans l'impossibilité de continuer
le mandat sans en éprouver lui-même un
préjudice considérable. — *Civ.* 1149 s., 1372 s.,
1382, 1991, 2010.

R. V° *Mandat*, 480 s. — S. *eod.* v°, 192 s.

Art. 2008. Si le mandataire ignore la
mort du mandant ou l'une des autres causes
qui font cesser le mandat, ce qu'il a fait
dans cette ignorance est valide. — *Civ.* 1991,
2010.

R. V° *Mandat*, 466 s. — S. *eod.* v°, 178 s.

Art. 2009. Dans les cas ci-dessus, les
engagements du mandataire sont exécutés à
l'égard des tiers qui sont de bonne foi. —
Civ. 2005.

R. V° *Mandat*, 470 s. — S. *eod.* v°, 180.

Art. 2010. En cas de mort du mandataire, ses héritiers doivent en donner avis
au mandant, et pourvoir, en attendant, à
ce que les circonstances exigent pour l'intérêt de celui-ci. — *Civ.* 419, 724, 1373, 1991;
Pr. 344 s.

R. V° *Mandat*, 488 s. — S. *eod.* v°, 195.

TITRE QUATORZIÈME.

Du cautionnement.

Décrété le 24 plur. an XII (14 février 1804), et promulgué le 4 vent. an XII (24 février 1804).

CHAPITRE PREMIER.

De la nature et de l'étendue du cautionnement.

Art. 2011. Celui qui se rend caution d'une obligation, se soumet envers le créancier à satisfaire à cette obligation, si le débiteur n'y satisfait pas lui-même. — *Civ.* 963, 1105, 2021 s., 2049 s.

R. v⁰ *Cautionn.*, 14 s. — S. *eod. v*, 3 s. — T. (87-97), v⁰ *Caution*, 1 s. — V. aussi N. C. civ. ann., t. 4, art. 2011, n⁰ 1 s.

Art. 2012. Le cautionnement ne peut exister que sur une obligation valable.

On peut néanmoins cautionner une obligation, encore qu'elle pût être annulée par une exception purement personnelle à l'obligé; par exemple, dans le cas de minorité. — *Civ.* 225, 1124 s., 1208, 2036.

R. v⁰ *Cautionn.*, 50 s. — S. *eod. v*, 14 s. — T. (87-97), v⁰ *Caution*, 6.

Art. 2013. Le cautionnement ne peut excéder ce qui est dû par le débiteur, ni être contracté sous des conditions plus onéreuses.

Il peut être contracté pour une partie de la dette seulement, et sous des conditions moins onéreuses.

Le cautionnement qui excède la dette, ou qui est contracté sous des conditions plus onéreuses, n'est point nul : il est seulement réductible à la mesure de l'obligation principale. — *Civ.* 1152.

R. v⁰ *Cautionn.*, 73 s. — S. *eod. v*, 22 s. — T. (87-97), v⁰ *Caution*, 7 s.

Art. 2014. On peut se rendre caution sans ordre de celui pour lequel on s'oblige, et même à son insu.

On peut aussi se rendre caution, non seulement du débiteur principal, mais encore de celui qui l'a cautionné. — *Civ.* 1105, 2120 s., 1236, 2028 s., 2043.

R. v⁰ *Cautionn.*, 14 s. — S. *eod. v*, 3 s.

Art. 2015. Le cautionnement ne se présume point; il doit être exprès, et on ne peut pas l'étendre au delà des limites dans lesquelles il a été contracté. — *Civ.* 1315, 1341 s., 1353, 1740, 2013.

R. v⁰ *Cautionn.*, 22, 37 s., 90 s., 150 s. — S. *eod. v*, 9 s., 23 s., 35 s. — T. (87-97), v⁰ *Caution*, 16 s.

Art. 2016. Le cautionnement indéfini d'une obligation principale s'étend à tous les accessoires de la dette, même aux frais de la première demande, et à tous ceux postérieurs à la dénonciation qui en est faite à la caution. — *Civ.* 1740, 1615, 1692, 2013, 2015, 2025 s.

R. v⁰ *Cautionn.*, 95 s. — S. *eod. v*, 25 s. — T. (87-97), v⁰ *Caution*, 7 s.

Art. 2017. Les engagements des cautions passent à leurs héritiers, *à l'exception de la contrainte par corps*, si l'engagement était tel que la caution y fût obligée. — *Civ.* 724, 873, 1122, 1220 s., 2040, 2060-5⁰, 2063.

La contrainte par corps, en matière civile, commerciale et contre les étrangers, a été supprimée par la loi du 22 juillet 1867 (D. P. 67. 4. 75).

R. v⁰ *Cautionn.*, 123 s.

Art. 2018. Le débiteur obligé à fournir une caution doit en présenter une qui ait la capacité de contracter, qui ait un bien suffisant pour répondre de l'objet de l'obligation, et dont le domicile soit dans le ressort de la cour royale [*la cour d'appel*] où elle doit être donnée. — *Civ.* 2019 s., 2023, 2040; *Pr.* 517 s.

R. v⁰ *Cautionn.*, 125 s.; *Surench.*, 128 s. — S. v⁰⁰ *Cautionn.*, 29 s.; *Surench.*, 116 s.

Art. 2019. La solvabilité d'une caution ne s'estime qu'eu égard à ses propriétés fon-

cières, excepté en matière de commerce, ou lorsque la dette est modique.

On n'a point égard aux immeubles litigieux, ou dont la discussion deviendrait trop difficile par l'éloignement de leur situation. — *Civ.* 2018, 2021 s., 2040; *Pr.* 517 s.; *Com.* 141 s.

R. v⁰⁰ *Cautionn.*, 130 s.; *Surench.*, 128 s. — S. v⁰⁰ *Cautionn.*, 31 s.; *Surench.*, 116 s. — V. aussi N. C. civ. ann., t. 4, art. 2019, n⁰⁰ 1 s.

Art. 2020. Lorsque la caution reçue par le créancier, volontairement ou en justice, est ensuite devenue insolvable, il doit en être donné une autre.

Cette règle reçoit exception dans le cas seulement où la caution n'a été donnée qu'en vertu d'une convention par laquelle le créancier a exigé une telle personne pour caution. — *Civ.* 1134, 1276, 2131.

R. v⁰ *Cautionn.*, 133 s. — S. *eod. v*, 32 s.

CHAPITRE II.

De l'effet du cautionnement.

SECTION PREMIÈRE.

De l'effet du cautionnement entre le créancier et la caution.

Art. 2021. La caution n'est obligée envers le créancier à le payer qu'à défaut du débiteur, qui doit être préalablement discuté dans ses biens, à moins que la caution n'ait renoncé au bénéfice de discussion, ou à moins qu'elle ne se soit obligée solidairement avec le débiteur; auquel cas l'effet de son engagement se règle par les principes qui ont été établis pour les dettes solidaires. — *Civ.* 930, 1200 s., 1216, 1066, 2022 s., 2042 s., 2170 s.

R. v⁰ *Cautionn.*, 103 s. — S. *eod. v*, 42 s. — T. (87-97), v⁰ *Caution*, 26 s.

Art. 2022. Le créancier n'est obligé de discuter le débiteur principal que lorsque la caution le requiert, sur les premières poursuites dirigées contre elle. — *Civ.* 2023 s.; *Pr.* 166 s.

R. v⁰ *Cautionn.*, 178 s. — S. *eod. v*, 46 s.

Art. 2023. La caution qui requiert la discussion, doit indiquer au créancier les biens du débiteur principal, et avancer les deniers suffisants pour faire la discussion.

Elle ne doit indiquer ni des biens du débiteur principal situés hors de l'arrondissement de la cour royale [*la cour d'appel*], du lieu où le payement doit être fait, ni des biens litigieux, ni ceux hypothéqués à la dette qui ne sont plus en la possession du débiteur. — *Civ.* 1247, 2019-2⁰, 2034, 2170 s.

R. v⁰ *Cautionn.*, 190 s. — S. *eod. v*, 47 s.

Art. 2024. Toutes les fois que la caution a fait l'indication de biens autorisée par l'article précédent, et qu'elle a fourni les deniers suffisants pour la discussion, le créancier est, jusqu'à concurrence des biens indiqués, responsable, à l'égard de la caution, de l'insolvabilité du débiteur principal survenue par le défaut de poursuites. — *Civ.* 2026 s.

R. v⁰ *Cautionn.*, 197 s.

Art. 2025. Lorsque plusieurs personnes se sont rendues cautions d'une même dette pour un même débiteur, elles sont obligées chacune à toute la dette. — *Civ.* 1200 s., 1287, 2026 s., 2033.

R. v⁰ *Cautionn.*, 203. — S. *eod. v*, 50.

Art. 2026. Néanmoins chacune d'elles peut, à moins qu'elle n'ait renoncé au bénéfice de division, exiger que le créancier divise préalablement son action, et la réduise à la part et portion de chaque caution.

Lorsque, dans le temps où une des cautions a fait prononcer la division, il y en

avait d'insolvables, cette caution est tenue proportionnellement de ces insolvabilités; mais elle ne peut plus être recherchée à raison des insolvabilités survenues depuis la division. — *Civ.* 1203, 1210, 1217, 1220 s., 2020, 2027; *Pr.* 166 s.

R. v⁰ *Cautionn.*, 204 s. — S. *eod. v*, 51 s.

Art. 2027. Si le créancier a divisé lui-même et volontairement son action, il ne peut revenir contre cette division, quoiqu'il y eût, même antérieurement au temps où il l'a ainsi consentie, des cautions insolvables. — *Civ.* 1210 s., 2020, 2024, 2026.

R. v⁰ *Cautionn.*, 227 s.

SECTION II.

De l'effet du cautionnement entre le débiteur et la caution.

Art. 2028. La caution qui a payé, a son recours contre le débiteur principal, soit que le cautionnement ait été donné au su ou à l'insu du débiteur.

Ce recours a lieu tant pour le principal que pour les intérêts et les frais; néanmoins la caution n'a de recours que pour les frais par elle faits depuis qu'elle a dénoncé au débiteur principal les poursuites dirigées contre elle.

Elle a aussi recours pour les dommages et intérêts, s'il y a lieu. — *Civ.* 1236, 1251 s., 1375, 1999 s., 2014, 2016, 2031 s.

R. v⁰ *Cautionn.*, 228 s. — S. *eod. v*, 54 s. — T. (87-97), v⁰ *Caution*, 26 s.

Art. 2029. La caution qui a payé la dette, est subrogée à tous les droits qu'avait le créancier contre le débiteur. — *Civ.* 1236, 1251-3⁰, 1252, 2028, 2037.

R. v⁰⁰ *Cautionn.*, 243 s.; *Obligat.*, 1939 s. — S. v⁰⁰ *Cautionn.*, 59 s.; *Obligat.*, 815. — T. (87-97), v⁰ *Caution*, 26 s.

Art. 2030. Lorsqu'il y avait plusieurs débiteurs principaux solidaires d'une même dette, la caution qui les a tous cautionnés a, contre chacun d'eux, le recours pour la répétition du total de ce qu'elle a payé. — *Civ.* 1200, 1203, 1214, 2002, 2025, 2033.

R. v⁰ *Cautionn.*, 256 s. — S. *eod. v*, 63 s.

Art. 2031. La caution qui a payé la première fois, n'a point de recours contre le débiteur principal qui a payé une seconde fois, lorsqu'elle ne l'a point averti du payement par elle fait; sauf son action en répétition contre le créancier.

Lorsque la caution aura payé sans être poursuivie et sans avoir averti le débiteur principal, elle n'aura point de recours contre lui dans le cas où, au moment du payement, ce débiteur aurait eu des moyens pour faire déclarer la dette éteinte; sauf son action en répétition contre le créancier. — *Civ.* 1235, 1377 s.

R. v⁰ *Cautionn.*, 258 s. — S. *eod. v*, 64 s.

Art. 2032. La caution, même avant d'avoir payé, peut agir contre le débiteur, pour être par lui indemnisée :

1⁰ Lorsqu'elle est poursuivie en justice pour le payement;

2⁰ Lorsque le débiteur a fait faillite, ou est en déconfiture;

3⁰ Lorsque le débiteur s'est obligé de lui rapporter sa décharge dans un certain temps;

4⁰ Lorsque la dette est devenue exigible par l'échéance du terme sous lequel elle avait été contractée;

5⁰ Au bout de dix années, lorsque l'obligation principale n'a point de terme fixe d'échéance, à moins que l'obligation principale, telle qu'une tutelle, ne soit pas de nature à pouvoir être éteinte avant un temps déterminé. — *Civ.* 508, 1185 s., 1188, 2039; *Pr.* 175 s.; *Com.* 155, 384, 437 s.

R. v⁰ *Cautionn.*, 260 s. — S. *eod. v*, 68 s. — T. (87-97), v⁰ *Caution*, 26 s.

SECTION III.
De l'effet du cautionnement entre les cofidéjusseurs.

rt. 2033. Lorsque plusieurs personnes cautionné un même débiteur pour une ne dette, la caution qui a acquitté la e, a recours contre les autres cautions, une pour sa part et portion; ais ce recours n'a lieu que lorsque la ion a payé dans l'un des cas énoncés au icle précédent. — *Civ.* 1200 s., 1211, -3°, 1252, 2025 s., 2032.

v° *Cautionn.,* 265 s. — S. *eod.* v°, 71 s. — 7-97), v° *Caution,* 32 s.

CHAPITRE III.
e l'extinction du cautionnement.

rt. 2034. L'obligation qui résulte du ionnement, s'éteint par les mêmes causes les autres obligations. — *Civ.* 1234 s., , 1287 s., 1294, 1301, 1365, 2250; *Com.* 384.

v° *Cautionn.,* 297 s., 360 s. — S. *eod.* v°, 75 s., — T. (87-97), v° *Caution,* 33 s.

rt. 2035. La confusion qui s'opère la personne du débiteur principal et de caution, lorsqu'ils deviennent héritiers de l'autre, n'éteint point l'action du ncier contre celui qui s'est rendu cau- de la caution. — *Civ.* 724, 1234, 1300 s., , 2043.

v° *Cautionn.,* 322 s.

rt. 2036. La caution peut opposer au ncier toutes les exceptions qui appar- nent au débiteur principal, et qui sont rentes à la dette; ais elle ne peut opposer les exceptions sont purement personnelles au débiteur. iv. 1124, 1166, 1208, 1287 s., 1294 s., 1365, 2012 s.; *Com.* 520, 545.

v° *Cautionn.,* 328 s. — S. *eod.* v°, 85.

rt. 2037. La caution est déchargée, que la subrogation aux droits, hypo- ues et privilèges du créancier, ne peut s'opérer en faveur de cette caution, par le fait de ce créancier, s'opérer en r de la caution. — *Civ.* 1231-3°, 1382,

v° *Cautionn.,* 332 s.; *Effets de com.,* 405 s.; , 1459 s. — S. v° *Cautionn.,* 80 s.; *Effets m.,* 205; *Obligat.,* 386. — T. (87-97), v° *Cau- 33* s. — V. aussi N. C. civ. ann., t. 4, art. 2037,

rt. 2038. L'acceptation volontaire que éancier a faite d'un immeuble ou d'un quelconque en payement de la dette cipale, décharge la caution, encore que éancier vienne à en être évincé. — *Civ.* 1238, 1243, 1271-1°, 1599, 1626.

v° *Cautionn.,* 304 s. — S. *eod.* v°, 101 s. — 7-97), v° *Caution,* 54 s.

rt. 2039. La simple prorogation de e, accordée par le créancier au débiteur cipal, ne décharge point la caution, qui en ce cas, poursuivre le débiteur pour rcer au payement. — *Civ.* 1185 s., 1740, -4°, 2037.

v° *Cautionn.,* 369 s. — S. *eod.* v°, 105.

CHAPITRE IV.
la caution légale et de la caution judiciaire.

rt. 2040. Toutes les fois qu'une per- est obligée, par la loi ou par une con- tion, à fournir une caution, la caution e doit remplir les conditions prescrites es articles 2018 et 2019.

rsqu'il s'agit d'un cautionnement judi- la caution doit, en outre, être suss- ble de contrainte par corps. — *Civ.* 16, 123 s., 601, 626, 771, 807, 1518, 1653, ; *Pr.* 17, 135, 155, 166 s., 417, 423, 517 s.,

542, 832, 992 s.; *Com.* 120, 151, 231, 346, 384, 444; *Instr.* 114 s.; *Pén.* 273.

R. v° *Cautionn.,* 372 s. — S. *eod.* v°, 106.

Art. 2041. Celui qui ne peut pas trou- ver une caution, est reçu à donner à sa place un gage en nantissement suffisant. — *Civ.* 2072 s.

R. v° *Cautionn.,* 377 s.; *Surench.,* 172 s. — S. v° *Cautionn.,* 107; *Surench.,* 135 s.

Art. 2042. La caution judiciaire ne peut point demander la discussion du débiteur principal. — *Civ.* 2021 s., 2043.

Art. 2043. Celui qui a simplement cau- tionné la caution judiciaire, ne peut deman- der la discussion du débiteur principal et de la caution. — *Civ.* 2014, 2021, 2035.

R. v° *Cautionn.,* 382.

TITRE QUINZIÈME.

Des transactions.

Décrété le 29 vent. an XII (20 mars 1804), et promulgué le 9 germ. an XII (30 mars 1804).

Art. 2044. La transaction est un con- trat par lequel les parties terminent une contestation née, ou préviennent une contes- tation à naître.

Ce contrat doit être rédigé par écrit. — *Civ.* 888, 1102, 1104, 1106, 1325, 1341, 1347, 1348; *Pr.* 1003 s.

R. v° *Transact.,* 14 s.; *Enregistr.,* 1049 s.; *Transcript. hyp.,* 196 s. — S. v° *Transact.,* 4 s.; *Enregistr.,* 635 s.; *Transcript. hyp.,* 69 s. — T. (87-97), v° *Transact.,* 1 s. — V. aussi N. C. civ. ann., t. 4, art. 2044, n° 1 s.

Art. 2045. Pour transiger, il faut avoir la capacité de disposer des objets compris dans la transaction.

Le tuteur ne peut transiger pour le mineur ou l'interdit que conformément à l'article 467 au titre *De la minorité, de la tutelle et de l'émancipation;* et il ne peut transiger avec le mineur devenu majeur, sur le compte de tutelle, que conformément à l'article 472 au même titre.

Les communes et établissements publics ne peuvent transiger qu'avec l'autorisation ex- presse du *Roi.* — *Civ.* 128, 217 s., 467, 472, 481 s., 484, 487, 499, 502, 509, 513, 1123 s., 1449, 1536, 1554, 1576, 1595, 1989; *Pr.* 1003 s.; *Com.* 487, 535.

R. v° *Transact.,* 42 s. — S. *eod.* v°, 27 s. — V. aussi C. ad., t. 1, v° *Département,* p. 333, n° 1887 s.; *Commune,* p. 453, n° 863 s.; t. 2, v° *Culte,* p. 211, n° 5197 s.

En ce qui concerne les transactions: 1° *des départe- ments,* V. *la loi du 10 août 1871, art. 46-16° (D. P. 71. 4. 102); — et* C. ad., t. 1, v° *Département,* p. 353, n° 1887 s.; 2° *des communes,* V. *la loi du 5 avril 1884, art. 68-4° (D. P. 84. 4. 25); — et* C. ad., t. 1, v° *Commune,* p. 455, n° 863 s.; 3° *de l'Administration des postes,* V. *la loi du 4 juin 1859, art. 7 (D. P. 59. 4. 58);* 4° *de l'Administration des forêts,* V. C. for. ann., *art. 159, modifié par la loi du 18 juin 1859.* — V. *ces lois rapportées et commentées aux renvois ci- dessus.*

Art. 2046. On peut transiger sur l'inté- rêt civil qui résulte d'un délit.

La transaction n'empêche pas la poursuite du ministère public. — *Civ.* 6; *Instr.* 1, 4.

R. v° *Transact.,* 70 s. — S. *eod.* v°, 43 s. — T. (87-97), *eod.* v°, 9 s. — V. aussi N. C. civ. ann., t. 4, art. 2046, n° 1 s.

Art. 2047. On peut ajouter à une tran- saction la stipulation d'une peine contre celui qui manquera de l'exécuter. — *Civ.* 1226 s.

R. v° *Transact.,* 110 s. — S. *eod.* v,* 80 s.

Art. 2048. Les transactions se ren- ferment dans leur objet: la renonciation qui y est faite à tous droits, actions et préten- tions, ne s'entend que de ce qui est relatif au différend qui y a donné lieu. — *Civ.* 1156, 1163, 2049, 2057.

R. v° *Transact.,* 125 s. — S. *eod.* v°, 85 s. — T. (87-97), *eod.* v°, 20 s.

Art. 2049. Les transactions ne règlent que les différends qui s'y trouvent compris, soit que les parties aient manifesté leur in- tention par des expressions spéciales ou géné- rales, soit qu'on le reconnaisse cette inten- tion par une suite nécessaire de ce qui est exprimé. — *Civ.* 1156, 1175, 2048, 2057.

R. v° *Transact.,* 125 s. — S. *eod.* v°, 85 s.

Art. 2050. Si celui qui avait transigé sur un droit qu'il avait de son chef, acquiert ensuite un droit semblable du chef d'une autre personne, il n'est point, quant au droit nouvellement acquis, lié par la transaction antérieure.

R. v° *Transact.,* 101. — S. *eod.* v°, 69.

Art. 2051. La transaction faite par l'un des intéressés ne lie point les autres intéres- sés, et ne peut être opposée par eux. — *Civ.* 1121, 1165 s., 1208, 1285, 2036.

R. v° *Transact.,* 102 s. — S. *eod.* v°, 71 s.

Art. 2052. Les transactions ont, entre les parties, l'autorité de la chose jugée en dernier ressort.

Elles ne peuvent être attaquées pour cause d'erreur de droit, ni pour cause de lésion. — *Civ.* 888, 1110, 1118, 1304 s., 1313, 1351, 2053 s., 2056.

R. v° *Transact.,* 98 s., 136 s. — S. *eod.* v°, 66 s.; 93 s. — V. aussi N. C. civ. ann., t. 4, art. 2052, n° 1 s.

Art. 2053. Néanmoins une transaction peut être rescindée, lorsqu'il y a erreur dans la personne ou sur l'objet de la contesta- tion.

Elle peut l'être dans tous les cas où il y a dol ou violence. — *Civ.* 1109 s., 1116 s., 1304 s., 2057 s.; *Pén.* 400.

R. v° *Transact.,* 144 s. — S. *eod.* v°, 97 s. — T. (87-97), *eod.* v°, 24 s.

Art. 2054. Il y a également lieu à l'ac- tion en rescision contre une transaction, lorsqu'elle a été faite en exécution d'un titre nul, à moins que les parties n'aient expres- sément traité de la nullité. — *Civ.* 1110, 1131, 1338.

R. v° *Transact.,* 150 s. — S. *eod.* v°, 102 s. — T. (87-97), *eod.* v°, 24 s.

Art. 2055. La transaction faite sur pièces qui depuis ont été reconnues fausses, est entièrement nulle. — *Civ.* 1131, 2053, 2057; *Pr.* 214 s., 249, 480-9°; *Instr.* 448 s.

R. v° *Transact.,* 160 s. — S. *eod.* v°, 109 s.

Art. 2056. La transaction sur un pro- cès terminé par un jugement passé en force de chose jugée, dont les parties ou l'une d'elles n'avaient point connaissance, est nulle.

Si le jugement ignoré des parties était sus- ceptible d'appel, la transaction sera valable. — *Civ.* 1110, 1131, 1331, 2053; *Pr.* 443 s., 480 s.

R. v° *Transact.,* 167 s. — S. *eod.* v°, 112 s.

Art. 2057. Lorsque les parties ont tran- sigé généralement sur toutes les affaires qu'elles pouvaient avoir ensemble, les titres qui leur étaient alors inconnus, et qui au- raient été postérieurement découverts, ne sont point une cause de rescision, à moins qu'ils n'aient été retenus par le fait de l'une des parties;

Mais la transaction serait nulle si elle n'avait qu'un objet sur lequel il serait cons- taté, par des titres nouvellement découverts, que l'une des parties n'avait aucun droit. — *Civ.* 1382, 2055; *Pr.* 448, 480-9°-10°, 488.

R. v° *Transact.,* 170.

Art. 2058. L'erreur de calcul dans une transaction doit être réparée. — *Civ.* 2053; *Pr.* 541.

R. v° *Transact.,* 171 s. — S. *eod.* v°, 114.

TITRE SEIZIÈME.

De la contrainte par corps en matière civile.

Décrété le 23 plûv. an XII (13 février 1804), et promulgué le 3 vent. au XII (23 février 1804).

Art. 2059 à 2070. *Abrogés par L. 22 juillet 1867.*

TITRE DIX-SEPTIÈME.

Du nantissement.

Décrété le 25 germ. an XII (16 mars 1804), et promulgué le 5 germ. an XII (26 mars 1804).

Art. 2071. Le nantissement est un contrat par lequel un débiteur remet une chose à son créancier pour sûreté de la dette. — *Civ.* 1915, 2011, 2077.

R. v° *Nantiss.*, 38 s. — S. *eod. v*, 20 s. — T. (87-97), *eod. v*, 2 s.

Art. 2072. Le nantissement d'une chose mobilière s'appelle *gage*.

Celui d'une chose immobilière s'appelle *antichrèse*. — *Civ.* 2073 s., 2085 s.

CHAPITRE PREMIER.

Du gage.

Art. 2073. Le gage confère au créancier le droit de se faire payer sur la chose qui en est l'objet, par privilège et préférence aux autres créanciers. — *Civ.* 2079, 2095, 2102-2°; *Pén.* 411.

R. v° *Nantiss.*, 50 s., 209 s. — S. *eod. v*, 29 s., 120 s. — T. (87-97), *eod. v*, 4 s.

Art. 2074. Ce privilège n'a lieu qu'autant qu'il y a un acte public ou sous seing privé, dûment enregistré, contenant la déclaration de la somme due, ainsi que l'espèce et la nature des choses remises en gage, ou un état annexé de leurs qualité, poids et mesure.

La rédaction de l'acte par écrit et son enregistrement ne sont néanmoins prescrits qu'en matière excédant la valeur de cent cinquante francs. — *Civ.* 1315, 1317, 1325, 1328, 1341 s., 1347, 2075 s.; *Com.* 91 s.

R. v° *Nantiss.*, 75 s. — S. *eod. v*, 40 s. — T. (87-97), *eod. v*, 16 s.

Art. 2075. Le privilège énoncé en l'article précédent ne s'établit sur les meubles incorporels, tels que les créances mobilières, que par acte public ou sous seing privé, aussi enregistré, et signifié au débiteur de la créance donnée en gage.

(Abrogé par L. 17 mars 1909.) — (L. 1er mars 1898.) Tout nantissement d'un fonds de commerce devra, à peine de nullité vis-à-vis des tiers, être inscrit sur un registre public tenu au greffe du tribunal de commerce dans le ressort duquel le fonds est exploité. — Civ. 1315, 2317 s., 1325, 1607, 1690, 2076, 2081.

R. v° *Nantiss.*, 97 s. — S. *eod. v*, 44 s. — T. (87-97), *eod. v*, 16 s. — V. aussi N. C. civ. ann., t. 4, art. 2075', n° 1 s.

V. infra, **Appendice,** 1° la loi du 17 mars 1909, relative à la vente et au nantissement des fonds de commerce ; — et 2° la loi du 30 avril 1906 sur les warants agricoles.

Art. 2076. Dans tous les cas, le privilège ne subsiste sur le gage qu'autant que ce gage a été mis et est resté en la possession du créancier, ou d'un tiers convenu entre les parties. — *Civ.* 1286 1606 s., 1689, 2102-1°-2-3e-5e, 2119, 2279.

R. v° *Nantiss.*, 119 s. — S. *eod. v*, 71 s. — T. (87-97), *eod. v*, 42 s.

Art. 2077. Le gage peut être donné par un tiers pour le débiteur. — *Civ.* 1119 s., 1236, 1249 s., 1271-2°, 1372 s., 2014, 2090.

R. v° *Nantiss.*, 50 s. — S. *eod. v*, 29 s.

Art. 2078. Le créancier ne peut, à défaut de payement, disposer du gage ; sauf à lui à faire ordonner en justice que ce gage lui demeurera en payement et jusqu'à due concurrence, d'après une estimation faite par experts, ou qu'il sera vendu aux enchères.

Toute clause qui autoriserait le créancier à s'approprier le gage ou à en disposer sans les formalités ci-dessus, est nulle. — *Civ.* 6, 1133, 1172, 2079, 2087 s.; *Pr.* 302 s., 557 s., 617 s., 636 s.; *Pén.* 408.

R. v° *Nantiss.*, 150 s. — S. *eod. v*, 99 s. — T. (87-97), *eod. v*, 87 s.

V. infra, **Appendice,** *la loi du 31 mars 1896, relative à la vente des objets abandonnés ou laissés en gage par les voyageurs aux aubergistes ou hôteliers ; et la loi du 31 décembre 1903, relative à la vente des objets abandonnés chez les ouvriers et industriels, modifiée dans son art. 5 par la loi du 7 mars 1905.*

Art. 2079. Jusqu'à l'expropriation du débiteur, s'il y a lieu, il reste propriétaire du gage, qui n'est, dans la main du créancier, qu'un dépôt assurant le privilège de celui-ci. — *Civ.* 1915 s., 2088, 2102-2°.

R. v° *Nantiss.*, 150 s.

Art. 2080. Le créancier répond, selon les règles établies au titre *Des contrats ou des obligations conventionnelles en général*, de la perte ou détérioration du gage qui serait survenue par sa négligence.

De son côté, le débiteur doit tenir compte au créancier des dépenses utiles et nécessaires que celui-ci a faites pour la conservation du gage. — *Civ.* 1137, 1245, 1302 s., 1375, 1381, 1383, 1728 s., 1880 s., 1890, 1927 s., 1947, 2086, 2102-3°.

R. v° *Nantiss.*, 163 s. — S. *eod. v*, 111 s.

Art. 2081. S'il s'agit d'une créance donnée en gage, et que cette créance porte intérêts, le créancier impute ces intérêts sur ceux qui peuvent lui être dus.

Si la dette pour sûreté de laquelle la créance a été donnée en gage, ne porte point elle-même intérêts, l'imputation se fait sur le capital de la dette. — *Civ.* 1254, 1907, 1936, 2075, 2083.

R. v° *Nantiss.*, 190 s. — S. *eod. v*, 113 s.

Art. 2082. Le débiteur ne peut, à moins que le détenteur du gage n'en abuse, en réclamer la restitution qu'après avoir entièrement payé, tant en principal qu'intérêts et frais, la dette pour sûreté de laquelle le gage a été donné.

S'il existait de la part du même débiteur, envers le même créancier, une autre dette contractée postérieurement à la mise en gage, et devenue exigible avant le payement de la première dette, le créancier ne pourra être tenu de se dessaisir du gage avant d'être entièrement payé de l'une et de l'autre dette, lors même qu'il n'y aurait eu aucune stipulation pour affecter le gage au payement de la seconde. — *Civ.* 618, 1948, 2074, 2087, 2102-2°.

R. v° *Nantiss.*, 197 s. — S. *eod. v*, 113 s.

Art. 2083. Le gage est indivisible nonobstant la divisibilité de la dette entre les héritiers du débiteur ou ceux du créancier.

L'héritier du débiteur, qui a payé sa portion de la dette, ne peut demander la restitution de sa portion dans le gage, tant que la dette n'est pas entièrement acquittée.

Réciproquement, l'héritier du créancier, qui a reçu sa portion de la dette, ne peut remettre le gage au préjudice de ceux de ses cohéritiers qui ne sont pas payés. — *Civ.* 870, 883, 1257 s., 2090, 2114.

R. v° *Nantiss.*, 40 s. — S. *eod. v*, 22.

Art. 2084. Les dispositions ci-dessus ne sont pas applicables ni aux matières de commerce, ni aux maisons de prêt sur gage autorisées, et à l'égard desquelles on suit les lois et règlements qui les concernent. — *Com.* 91 s., 109, 490 s., 546 s., *Pén.* 411.

R. v° *Nantiss.*, 109 s., 213 s.; *Commission.*, 143 s.; *Mont-de-piété*, p. 397, 2° col. in medio, 52 s. — V. aussi C. ad., t. 2, v° *Établiss. de bienf. et de prévoy.*, p. 1180, n° 5905 s.

CHAPITRE II.

De l'antichrèse.

Art. 2085. L'antichrèse ne s'établit que par écrit.

Le créancier n'acquiert par ce contrat que la faculté de percevoir les fruits de l'immeuble, à la charge de les imputer annuellement sur les intérêts, s'il lui en est dû, et ensuite sur le capital de sa créance. — *Civ.* 578 s., 1254, 1317 s., 1225, 1341, 1347 s., 1936, 2071 s., 2081, 2089; *Com.* 446.

R. v° *Nantiss.*, 210 s. — S. *eod. v*, 123 s. — T. (87-97), *eod. v*, 84 s. — V. aussi N. C. civ. ann., t. 4, art. 2085, n° 1 s.

Art. 2086. Le créancier est tenu, s'il n'en est autrement convenu, de payer les contributions et les charges annuelles de l'immeuble qu'il tient en antichrèse.

Il doit également, sous peine de dommages et intérêts, pourvoir à l'entretien et aux réparations utiles et nécessaires de l'immeuble, sauf à prélever sur les fruits toutes les dépenses relatives à ces divers objets. — *Civ.* 600 s., 1137 s., 1149, 1375, 1380 s., 2080 s., 2087.

R. v° *Nantiss.*, 251 s., 277 s.

Art. 2087. Le débiteur ne peut, avant l'entier acquittement de sa dette, réclamer la jouissance de l'immeuble qu'il a remis en antichrèse.

Mais le créancier qui veut se décharger des obligations exprimées en l'article précédent, peut toujours, à moins qu'il n'ait renoncé à ce droit, contraindre le débiteur à reprendre la jouissance de son immeuble. — *Civ.* 618, 2078, 2082, 2168 s.

R. v° *Nantiss.*, 282 s. — S. *eod. v*, 139.

Art. 2088. Le créancier ne devient point propriétaire de l'immeuble par le seul défaut de payement au terme convenu ; toute clause contraire est nulle : en ce cas, il peut poursuivre l'expropriation de son débiteur par les voies légales. — *Civ.* 2078, 2093, 2169 s., 2204 s.; *Pr.* 551, 673 s.

R. v° *Nantiss.*, 202 s. — S. *eod. v*, 135 s.

Art. 2089. Lorsque les parties ont stipulé que les fruits se compenseront avec les intérêts ou, totalement, ou jusqu'à une certaine concurrence, cette convention s'exécute comme toute autre qui n'est point prohibée par les lois. — *Civ.* 1289 s., 1907, 2085.

R. v° *Nantiss.*, 239 s. — S. *eod. v*, 134.

Art. 2090. Les dispositions des articles 2077 et 2083 s'appliquent à l'antichrèse comme au gage.

R. v° *Nantiss.*, 230.

Art. 2091. Tout ce qui est statué au présent chapitre ne préjudicie point aux droits que des tiers pourraient avoir sur le fonds de l'immeuble remis à titre d'antichrèse.

Si le créancier, muni à ce titre, a d'ailleurs, sur le fonds, des privilèges ou hypothèques légalement établis et conservés, il les exerce à son ordre et comme tout autre créancier. — *Civ.* 1165, 2094 s., 2103 s., 2114 s.; *Com.* 446.

R. v° *Nantiss.*, 210 s. — S. *eod. v*, 125 s.

TITRE DIX-HUITIÈME.

Des privilèges et hypothèques.

Décrété le 28 vent. an XII (19 mars 1804), et promulgué le 8 germ. an XII (29 mars 1804).

CHAPITRE PREMIER.

Dispositions générales.

Art. 2092. Quiconque s'est obligé personnellement, est tenu de remplir son engagement sur tous ses biens mobiliers et immo-

présents et à venir. — *Civ.* 2093, 2206 s., 2209, 2212; *Pr.* 580, 592 s.

2093. Les biens du débiteur sont le commun de ses créanciers; et le prix s'distribue entre eux par contribution, à qu'il n'y ait entre les créanciers des légitimes de préférence. — *Civ.* 1166 s., 2201 s., 2218; *Pr.* 655 s., 749 s.; *Com.* 565 s.

Priv. et hyp., 112 s. — S. *eod. v°,* 26 s.

-4, *Appendice, la loi du 12 juillet 1909 sur la stion d'un bien de famille insaisissable.*

2094. Les causes légitimes de pré-c sont les privilèges et hypothèques. — 55, 867, 1612 s., 1673, 1948, 2073, , 2114 s., 2175.

* *Priv. et hyp.,* 121; *Rétent.,* 1 s. — *Priv. et hyp.,* 29; *Rétent.,* 1 s. — V. aussi v. ann., t. 4, art. 2094, n° 1 s.

CHAPITRE II.
Des privilèges.

2095. Le privilège est un droit que lité de la créance donne à un créan-'être préféré aux autres créanciers, hypothécaires. — *Civ.* 2073, 2096 s., 2166, 2180; *Com.* 445 s., 448, 501, 508.
Priv. et hyp., 122 s. — S. *eod. v°,* 30.

2096. Entre les créanciers privi-la préférence se règle par les diffé-qualités des privilèges. — *Civ.* 2097, , 2105.

2097. Les créanciers privilégiés nt dans le même rang, sont payés par 'rence. — *Civ.* 2096; *Pr.* 656 s.
Priv. et hyp., 384 s. — S. *eod. v°,* 310 s. — 97), v° *Privilège,* 131 s.

2098. Le privilège, à raison des du trésor royal [*public*], et l'ordre dans il s'exerce, sont réglés par les lois qui icernent.

résor royal [*public*] ne peut cependant de privilège au préjudice des droits urement acquis à des tiers. — *Civ.* 7°, 2121; *Com.* 461.

Priv. et hyp., 532 s. — S. *eod. v°,* 283 s. — 97), v° *Privilège,* 115 s. — V. aussi C. ad., *Contributions directes.*

2099. Les privilèges peuvent être s meubles ou sur les immeubles. — 100 s., 2103 s.
Priv. et hyp., 127.

SECTION PREMIÈRE.
Des privilèges sur les meubles.

2100. Les privilèges sont ou géné-ou particuliers sur certains meubles. ., 2099, 2101 s.

§ 1. — Des privilèges généraux sur les meubles.

2101. Les créances privilégiées sur éralité des meubles sont celles ci-après nées, et s'exercent dans l'ordre suivant : les frais de justice;
es frais funéraires;
L. 30 novembre 1892.) « Les frais quel-es de la dernière maladie, quelle qu'en ¦ la terminaison, concurremment entre i qui ils sont dus »;
es salaires des gens de service, pour e échue et ce qui est dû sur l'année te;
es fournitures de subsistances faites au ur et à sa famille; savoir, pendant les erniers mois, par les marchands en il , tels que boulangers, bouchers et ; et pendant la dernière année, par les es de pension et marchands en gros.
L. 9 avril 1898.) La créance de la vic-

time de l'accident ou de ses ayants droit rela-tive aux frais médicaux, pharmaceutiques et funéraires, ainsi qu'aux indemnités allouées à la suite de l'incapacité temporaire de tra-vail, *est garantie par le privilège de l'ar-ticle 2101 du Code civil et y sera inscrite sous le n° 6.* — *Civ.* 516, 527-332, 2096 s., 2104 s., 2107, 2271 s.; *Pr.* 537, 662, 714, 819 s.; *Com.* 161, 549, 565; *L.* 27 *déc.* 1895, *art.* 4.

V. *la loi du 23 décembre 1874, relative à la protection des enfants du premier âge, et, en particulier, des nour-rissons; qui énonce dans son art. 14 que* « les mois de nourrice dus par les parents ou par toute autre personne font partie des créances privilégiées et prennent rang entre les n°s 3 et 4 de l'art. 2101 du Code civil ».

V. *aussi l'article 549 du Code de commerce, modifié par les lois du 5 mars 1889 et du 6 février 1895, qui admet les ouvriers et les commis attachés à une ou plusieurs mai-sons de commerce, pour le payement de leur salaire, au même rang que les gens de service.*

R. v° *Priv. et hyp.,* 127 s. — S. *eod. v°,* 32 s. — T. (87-97), *eod. v°,* 6 s. — V. aussi N. C. civ. ann., t. 4, art. 2101, n° 1 s.
Loi du 30 nov. 1892 : D. P. 93. 4. 8.

§ 2. — Des privilèges sur certains meubles.

Art. 2102. Les créances privilégiées sur certains meubles sont :

1° Les loyers et fermages des immeubles, sur les fruits de la récolte de l'année, et sur le prix de tout ce qui garnit la maison louée ou la ferme, et de tout ce qui sert à l'exploi-tation de la ferme; savoir, pour tout ce qui est échu, et pour tout ce qui est à échoir, si les baux sont authentiques, ou si, étant sous signature privée, ils ont une date certaine; et, dans ces deux cas, les autres créanciers ont le droit de relouer la maison ou la ferme pour le restant du bail, et de faire leur pro-fit des baux ou fermages, à la charge toute-fois de payer au propriétaire tout ce qui lui serait encore dû;

Et, à défaut de baux authentiques, ou lorsque étant sous signature privée ils n'ont pas une date certaine, pour une année à par-tir de l'expiration de l'année courante;

Le même privilège a lieu pour les répara-tions locatives, et pour tout ce qui concerne l'exécution du bail;

Néanmoins les sommes dues pour les se-mences ou pour les frais de la récolte de l'année, sont payées sur le prix de la récolte, et celles dues pour les ustensiles, sur le prix de ces ustensiles, par préférence au proprié-taire, dans l'un et l'autre cas;

Le propriétaire peut saisir les meubles qui garnissent sa maison ou sa ferme, lorsqu'ils ont été déplacés sans son consentement, et il conserve sur eux son privilège, pourvu qu'il ait fait la revendication; savoir, lors-qu'il s'agit du mobilier qui garnissait une ferme, dans le délai de quarante jours; et dans celui de quinzaine, s'il s'agit des meubles garnissant une maison;

2° La créance sur le gage dont le créancier est saisi;

3° Les frais faits pour la conservation de la chose;

4° Le prix d'effets mobiliers non payés, s'ils sont encore en la possession du débi-teur, soit qu'il ait acheté à terme ou sans terme;

Si la vente a été faite sans terme, le ven-deur peut même revendiquer ces effets tant qu'ils sont en la possession de l'acheteur, et en empêcher la revente, pourvu que la re-vendication soit faite dans la huitaine de la livraison; et que les effets se trouvent dans le même état dans lequel cette livraison a été faite;

Le privilège du vendeur ne s'exerce toute-fois qu'après celui du propriétaire de la mai-son ou de la ferme, à moins qu'il ne soit prouvé que le propriétaire avait connaissance que les meubles et autres objets garnissant sa maison ou sa ferme n'appartenaient pas au locataire;

Il n'est rien innové aux lois et usages du commerce sur la revendication;

5° Les fournitures d'un aubergiste, sur les effets du voyageur qui ont été transportés dans son auberge;

6° Les frais de voiture et les dépenses accessoires, sur la chose voiturée;

7° Les créances résultant d'abus et préva-rications commis par les fonctionnaires pu-blics dans l'exercice de leurs fonctions, sur les fonds de leur cautionnement, et sur les intérêts qui en peuvent être dus. — *Civ.* 540, 1137, 1166, 1184, 1250, 1317 s., 1322, 1328, 1650, 1657, 1714 s.; *Pr.* 583 s., 609, 626 s., 661 s.

R. v° *Priv. et hyp.,* 218 s.; *Cautionn. de fonct.,* 31 s.; *Office,* 316 s.; *Commission.,* 437 s. — S. v° *Priv. et hyp.,* 71 s.; *Cautionn. de fonct.,* 7 s.; *Office,* 68 s.; *Commission.,* 282 s. — T. (87-97), v° *Privilège,* 39 s. — V. aussi N. C. civ. ann., t. 4, art. 2102, n° 1 s.

V. *infrà,* Code rural, *la loi du 18 juillet 1889, relative au bail à colonat partiaire, art. 10.* — V. *aussi, infrà,* Appendice, *la loi du 19 février 1889, relative à la restric-tion du privilège du bailleur d'un fonds rural et à l'attri-bution des indemnités dues par suite d'assurance.*

L'*art. 2102 a été modifié, quant au privilège du bailleur, en cas de faillite du locataire, par la loi du 12 février 1872* (D. P. 72. 4. 81) *portant modification des art. 450 et 550 du Code de commerce.*

Les lois du 25 ventôse an XI, art. 33, contenant organi-sation du notariat, (V. *infrà,* Appendice), *et du 25 nivôse an XIII, contenant des mesures relatives au remboursement des cautionnements fournis par les agents de change, courtiers de commerce, etc.* (R. v° *Cautionn. de fonct.,* p. 9), *complètent la disposition de l'art.* 2102-7°.

SECTION II.
Des privilèges sur les immeubles.

Art. 2103. Les créanciers privilégiés sur les immeubles sont :

1° Le vendeur, sur l'immeuble vendu, pour le payement du prix;

S'il y a plusieurs ventes successives dont le prix soit dû en tout ou en partie, le premier vendeur est préféré au second, le deuxième au troisième, et ainsi de suite;

2° Ceux qui ont fourni les deniers pour l'acquisition d'un immeuble, pourvu qu'il soit authentiquement constaté, par l'acte d'emprunt, que la somme était destinée à cet emploi, et, par la quittance du vendeur, que ce payement a été fait des deniers em-pruntés;

3° Les cohéritiers, sur les immeubles de la succession, pour la garantie des partages faits entre eux, et de la soulte ou retour de lots;

4° Les architectes, entrepreneurs, maçons et autres ouvriers employés pour édifier, re-construire ou réparer des bâtiments, canaux, ou autres ouvrages quelconques, pourvu néanmoins que, par un expert nommé d'of-fice par le tribunal de première instance dans le ressort duquel les bâtiments sont situés, il ait été dressé préalablement un procès-verbal, à l'effet de constater l'état des lieux relativement aux ouvrages que le pro-priétaire déclarera avoir dessein de faire, et que les ouvrages aient été, dans les six mois au plus tard de leur perfection, reçus par un expert également nommé d'office;

Mais le montant du privilège ne peut ex-céder les valeurs constatées par le second procès-verbal, et il se réduit à la plus-value existante à l'époque de l'aliénation de l'im-meuble et résultant des travaux qui y ont été faits;

5° Ceux qui ont prêté les deniers pour payer ou rembourser les ouvriers, jouissent du même privilège, pourvu que cet emploi soit authentiquement constaté par l'acte d'em-prunt, et par la quittance des ouvriers, ainsi qu'il a été dit ci-dessus pour ceux qui ont prêté les deniers pour l'acquisition d'un immeuble. — *Civ.* 815, 833 s., 883 s., 1250, 1650, 1792 s., 2108 s., 2270.

R. v° *Priv. et hyp.,* 410 s. — S. *eod. v°,* 196 s. — T. (87-97), *eod. v°,* 85 s. — V. aussi N. C. civ. ann., t. 4, art. 2103, n°s 1 s.

SECTION III.

Des privilèges qui s'étendent sur les meubles et les immeubles.

Art. 2104. Les privilèges qui s'étendent sur les meubles et les immeubles sont, ceux énoncés en l'article 2101. — *Civ.* 2101, 2105. 2107.

Art. 2105. Lorsqu'à défaut de mobilier les privilégiés énoncés en l'article précédent se présentent pour être payés sur le prix d'un immeuble en concurrence avec les créanciers privilégiés sur l'immeuble, les payements se font dans l'ordre qui suit :
1° Les frais de justice et autres énoncés en l'article 2101 ;
2° Les créances désignées en l'article 2103.

R. v° *Priv. et hyp.*, 495 s. — S. cod. v°, 257 s.

SECTION IV.

Comment se conservent les privilèges.

Art. 2106. Entre les créanciers, les privilèges ne produisent d'effet à l'égard des immeubles qu'autant qu'ils sont rendus publics par inscription sur les registres du conservateur des hypothèques, de la manière déterminée par la loi, et à compter de la date de cette inscription, sous les seules exceptions qui suivent. — *Civ.* 2107 s., 2113, 2116 s., 2166 s., 2196 s.

R. v° *Privil. et hyp.*, 626 s. — S. eod. v°, 335 s. — T. (87-97), eod. v°, 139 s.

Art. 2107. Sont exceptées de la formalité de l'inscription les créances énoncées en l'article 2101.

R. v° *Priv. et hyp.*, 628. — S. eod. v°, 337.

Art. 2108. Le vendeur privilégié conserve son privilège par la transcription du titre qui a transféré la propriété à l'acquéreur, et qui constate que la totalité ou partie du prix lui est due ; à l'effet de quoi la transcription du contrat faite par l'acquéreur vaudra inscription pour le vendeur et pour le prêteur qui lui aura fourni les deniers payés, et qui sera subrogé aux droits du vendeur par le même contrat : sera néanmoins le conservateur des hypothèques tenu, sous peine de tous dommages et intérêts envers les tiers, de faire d'office l'inscription sur son registre, des créances résultant de l'acte translatif de propriété, tant en faveur du vendeur qu'en faveur des prêteurs, qui pourront aussi faire faire, si elle ne l'a été, la transcription du contrat de vente, à l'effet d'acquérir l'inscription de ce qui leur est dû sur le prix. — *Civ.* 939 s., 1069 s., 1184, 1654 s., 2103-1°-2°, 2155, 2181, 2196 s.; *Pr.* 692, 834 s.

R. v°° *Priv. et hyp.*, 630 s.; *Transcript. hyp.*, 547 s. — S. v° *Priv. et hyp.*, 338 s.; *Transcript. hyp.*, 240 s. — T. (87-97), v° *Privilège*, 139 s. — V. aussi N. C. civ. ann., t. 4, art. 2108, n°° 1 s.

Art. 2109. Le cohéritier ou copartageant conserve son privilège sur les biens de chaque lot ou sur le bien licité, pour les soulte et retour de lots, ou pour le prix de la licitation, par l'inscription faite à sa diligence, dans soixante jours, à dater de l'acte de partage ou de l'adjudication par licitation; durant lequel temps aucune hypothèque ne peut avoir lieu sur le bien chargé de soulte ou adjugé par licitation, au préjudice du créancier de la soulte ou du prix. — *Civ.* 815, 833 s., 883 s., 1686, 2103-3°, 2163 s.; *Pr.* 834 s., 966 s.

R. v°° *Priv. et hyp.*, 679 s.; *Transcript. hyp.*, 547 s. — S. v° *Priv. et hyp.*, 372 s. — T. (87-97), v° *Privilège*, 159 s. — V. aussi N. C. civ. ann., t. 4, art. 2109, n°° 1 s.

Art. 2110. Les architectes, entrepreneurs, maçons et autres ouvriers employés pour édifier, reconstruire ou réparer des bâtiments, canaux, ou autres ouvrages, et ceux qui ont, pour les payer et rembourser,

prêté les deniers dont l'emploi a été constaté, conservent, par la double inscription faite, 1° du procès-verbal qui constate l'état des lieux, 2° du procès-verbal de réception, leur privilège à la date de l'inscription du premier procès-verbal. — *Civ.* 1792 s., 2103-4°-5°.

R. v°° *Priv. et hyp.*, 697 s.; *Transcript. hyp.*, 566 s. — S. v° *Priv. et hyp.*, 384 s.

Art. 2111. Les créanciers et légataires qui demandent la séparation du patrimoine du défunt, conformément à l'article 878, au titre *Des successions*, conservent, à l'égard des créanciers des héritiers ou représentants du défunt, leur privilège sur les immeubles de la succession, par les inscriptions faites sur chacun de ces biens, dans les six mois à compter de l'ouverture de la succession.

Avant l'expiration de ce délai, aucune hypothèque ne peut être établie avec effet sur ces biens par les héritiers ou représentants au préjudice de ces créanciers ou légataires. — *Civ.* 878, 1017; *Pr.* 834.

R. v°° *Priv. et hyp.*, 704 s.; *Success.*, 1395 s.; *Transcript. hyp.*, 574 s. — S. v°° *Priv. et hyp.*, 389 s.; *Success.*, 928 s. — T. (87-97), v° *Sépar. de patrimoines.*—V. aussi N. C. civ. ann., t. 4, art. 2111, n°° 1 s.

Art. 2112. Les cessionnaires de ces diverses créances privilégiées exercent les mêmes droits que les cédants, en leur lieu et place. — *Civ.* 1249 s., 1295, 1689 s., 2152, 2214.

R. v° *Priv. et hyp.*, 720 s., 251 s.

Art. 2113. Toutes créances privilégiées soumises à la formalité de l'inscription, à l'égard desquelles les conditions ci-dessus prescrites pour conserver le privilège n'ont pas été accomplies, ne cessent pas néanmoins d'être hypothécaires; mais l'hypothèque ne date, à l'égard des tiers, que de l'époque des inscriptions qui auront dû être faites ainsi qu'il sera ci-après expliqué. — *Civ.* 2106 s., 2114 s., 2131, 2146 s., 2154.

CHAPITRE III.

Des hypothèques.

Art. 2114. L'hypothèque est un droit réel sur les immeubles affectés à l'acquittement d'une obligation.

Elle est, de sa nature, indivisible, et subsiste en entier sur tous les immeubles affectés, sur chacun et sur chaque portion de ces immeubles.

Elle les suit dans quelques mains qu'ils passent. — *Civ.* 1217 s., 1222 s., 2093 s., 2166 s., 2180.

R. v° *Priv. et hyp.*, 721 s. — S. cod. v°, 412 s. — T. (87-97), v° *Hypothèque*, 4 s.

Art. 2115. L'hypothèque n'a lieu que dans les cas et suivant les formes autorisées par la loi.

Art. 2116. Elle est ou légale, ou judiciaire, ou conventionnelle. — *Civ.* 2117, 2121 s., 2123 s., 2135 s.

R. v° *Priv. et hyp.*, 746, 844 s. — S. eod. v°, 448 s.

Art. 2117. L'hypothèque légale est celle qui résulte de la loi.

L'hypothèque judiciaire est celle qui résulte des jugements ou actes judiciaires.

L'hypothèque conventionnelle est celle qui dépend des conventions, et de la forme extérieure des actes et des contrats. — *Civ.* 1017, 2121 s., 2123 s., 2135 s.; *Com.* 490.

R. v° *Priv. et hyp.*, 845, 1099 s., 1186. — S. eod. v°, 727 s.

Art. 2118. Sont seuls susceptibles d'hypothèques :
1° Les biens immobiliers qui sont dans le commerce, et leurs accessoires réputés immeubles ;
2° L'usufruit des mêmes biens et accessoires pendant le temps de sa durée. — *Civ.*

517 s., 526, 551 s., 578 s., 1128, 2133 s. 2204.

R. v° *Priv. et hyp.*, 751 s. — S. eod. v°, 422 s. — T. (87-97), v° *Hypothèque*, 4 s. — V. aussi N C civ. ann., t. 4, art. 2118, n°° 1 s.

Art. 2119. Les meubles n'ont pas de suite par hypothèque.— *Civ.* 527 s., 2279.

R. v° *Priv. et hyp.*, 752 s. — S. cod. v°, 422.

Art. 2120. Il n'est rien innové en le présent Code aux dispositions des lois maritimes concernant les navires et bâtiments de mer. — *Com.* 190 à 196.

R. v° *Priv. et hyp.*, 700.

V. la loi du 10 juillet 1885 qui modifie celle du 10 décembre 1874 sur l'hypothèque maritime (D. P. 86. 4. 17)

SECTION PREMIÈRE.

Des hypothèques légales.

Art. 2121. Les droits et créances auxquels l'hypothèque légale est attribuée, sont ;
Ceux des femmes mariées, sur les biens de leur mari ;
Ceux des mineurs et interdits, sur les biens de leur tuteur ;
Ceux de l'État, des communes et des établissements publics, sur les biens des receveurs et administrateurs comptables. — *Civ.* 389, 396, 417, 450, 409 s., 489, 509, 573, 1017, 1421 s., 1472, 1495, 1503, 1510, 1514 s., 1520 s., 1531, 1549 s., 1564 s., 1579, 2098, 2134 s., 2153 s., 2193 s.; *Com.* 563 s.

R. v° *Priv. et hyp.*, 928 s., 1044 s. — S. eod. v°, 501 s., 698 s. — T. (87-97), v° *Hypoth. légale*, 43 s., 93 s.

SECTION II.

Des hypothèques judiciaires.

Art. 2122. Le créancier qui a une hypothèque légale peut exercer son droit sur tous les immeubles appartenant à son débiteur, et sur ceux qui pourront lui appartenir dans la suite, sous les modifications qui seront ci-après exprimées. — *Civ.* 2129, 2140, 2161; *Com.* 563.

Art. 2123. L'hypothèque judiciaire résulte des jugements, soit contradictoires, soit par défaut, définitifs ou provisoires, en faveur de celui qui les a obtenus. Elle résulte aussi des reconnaissances ou vérifications, faites en jugement, des signatures apposées à un acte obligatoire sous seing privé.

Elle peut s'exercer sur les immeubles actuels du débiteur et sur ceux qu'il pourra acquérir, sauf aussi les modifications qui seront ci-après exprimées.

Les décisions arbitrales n'emportent hypothèque qu'autant qu'elles sont revêtues de l'ordonnance judiciaire d'exécution.

L'hypothèque ne peut pareillement résulter des jugements rendus en pays étranger, qu'autant qu'ils ont été déclarés exécutoires par un tribunal français; sans préjudice des dispositions contraires qui peuvent être dans les lois politiques ou dans les traités. — *Civ.* 1332 s., 2117, 2122, 2128 s., 2134, 2148, 2161 s.; *Pr.* 193 s., 546, 834 s., 1020 s.; *Instr.* 121.

R. v° *Priv. et hyp.*, 1096 s. — S. eod. v°, 727 s. — T. (87-97), v° *Hypoth. judic.*, 1 s. — V. aussi N. C. civ. ann., t. 4, art. 2123, n°° 1 s.

V. infra, Appendice, la loi du 3 septembre 1807, relative aux inscriptions hypothécaires en vertu de jugements rendus sur des demandes en reconnaissance d'obligation sous seing privé; et la loi du 22 juillet 1889, art. 49, sur la procédure à suivre devant les conseils de préfecture.

SECTION III

Des hypothèques conventionnelles.

Art. 2124. Les hypothèques conventionnelles ne peuvent être consenties que par ceux qui ont la capacité d'aliéner les imbles qu'ils y soumettent. — *Civ.* 128, 457, 484, 509, 513, 1108, 1123 s., 1305, , 1428, 1449, 1507 s., 1535, 1538, 1554, , 1598, 1988, 2117, 2125 s.; *Com.* 6 s., 446. v° *Priv. et hyp.*, 1186 s. — *S. cod.* v°, 775 s. (87-97), v° *Hypoth. convent.*, 1 s.

rt. 2125. Ceux qui n'ont sur l'im-ble qu'un droit suspendu par une con-n, ou résoluble dans certains cas, ou t à rescision, ne peuvent consentir qu'une othèque soumise aux mêmes conditions à la même rescision. — *Civ.* 865, 929, s., 963, 1181, 1183, 1304, 1654, 1659, 1674, , 2148-4°, 2163.

v° *Priv. et hyp.*, 1197 s. — *S. eod.* v°, 781.

rt. 2126. Les biens des mineurs, des rdits, et ceux des absents, tant que la ession n'en est déférée que provisoire-t, ne peuvent être hypothéqués que pour causes et dans les formes établies par la ou en vertu de jugements. — *Civ.* 128, 484, 499, 509, 513, 2123; *Com.* 6 s. v° *Priv. et hyp.*, 1209 s. — *S. eod.* v°, 813.

rt. 2127. L'hypothèque convention-e ne peut être consentie que par acte é en forme authentique devant deux ires, ou devant un notaire et deux oins. — *Civ.* 1317 s.; *Pr.* 834 s.

v° *Priv. et hyp.*, 1240 s. — *S. eod.* v°, 839 s. (87-97), v° *Hypoth. convent.*, 4 s. — V. aussi . civ. ann., t. 4, art. 2127, n° 1 s.

infrà, Appendice, *la loi du 24 juillet 1867, sur les és, art. 69, ajouté par la loi du 1er août 1893.*

rt. 2128. Les contrats passés en pays nger ne peuvent donner d'hypothèque sur biens de France, s'il n'y a des disposi-s contraires à ce principe dans les lois tiques ou dans les traités. — *Civ.* 11; ; *Pr.* 546.

v° *Priv. et hyp.*, 1279 s. — *S. eod.* v°, 862 s.

rt. 2129. Il n'y a d'hypothèque con-tionnelle valable que celle qui, soit dans tre authentique constitutif de la créance, dans un acte authentique postérieur, are spécialement la nature et la situation chacun des immeubles actuellement ap-enant au débiteur, sur lesquels il con-l'hypothèque de la créance. Chacun de s ses biens présents peut être nominati-ent soumis à l'hypothèque.

e biens à venir ne peuvent pas être hypo-ués. — *Civ.* 1130, 2122 s., 2130, 2161. v° *Priv. et hyp.*, 1286 s. — *S. eod.* v°, 867 s. (87-97), v° *Hypoth. convent.*, 7 s.

rt. 2130. Néanmoins, si les biens pré-et libres du débiteur sont insuffisants r la sûreté de la créance, il peut, en imant cette insuffisance, consentir que un des biens qu'il acquerra par la suite meure affecté à mesure des acquisitions. *Civ.* 1130, 2129, 2161.

v° *Priv. et hyp.*, 1302 s. — *S. eod.* v°, 875 s. . (67-97), v° *Hypoth. convent.*, 12.

rt. 2131. Pareillement, en cas que meuble ou les immeubles présents, assu-à l'hypothèque, eussent péri, ou éprouvé dégradations, de manière qu'ils fussent nus insuffisants pour la sûreté du créan-, celui-ci pourra ou poursuivre dès à sent son remboursement, ou obtenir un plément d'hypothèque. — *Civ.* 1184, 1188, .

v° *Priv. et hyp.*, 1329 s. — *S. eod.* v°, 896 s.

rt. 2132. L'hypothèque convention-e n'est valable qu'autant que la somme r laquelle elle est consentie, est certaine déterminée par l'acte : si la créance résul-de l'obligation est conditionnelle pour existence, ou indéterminée dans sa va-, le créancier ne pourra requérir l'ins- otion dont il sera parlé ci-après, que jus-concurrence d'une valeur estimative par déclarée expressément, et que le débiteur

---

aura droit de faire réduire, s'il y a lieu. — *Civ.* 1168 s., 2125, 2148-4°, 2153-3°, 2163, 2165.

R. v° *Priv. et hyp.*, 1312 s. — *S. eod.* v°, 883 s. — T. (87-97), v° *Hypoth. convent.*, 13 s.

Art. 2133. L'hypothèque acquise s'étend à toutes les améliorations survenues à l'im-meuble hypothéqué. — *Civ.* 546, 551 s., 1018 s., 2118-1°.

R. v° *Priv. et hyp.*, 1350 s. — *S. eod.* v°, 907 s. — T. (87-97), v° *Hypothèque*, 11 s.

SECTION IV.
Du rang que les hypothèques ont entre elles.

Art. 2134. Entre les créanciers, l'hypo-thèque, soit légale, soit judiciaire, soit con-ventionnelle, n'a de rang que du jour de l'inscription prise par le créancier sur les registres du conservateur, dans la forme et de la manière prescrites par la loi, sauf les exceptions portées en l'article suivant. — *Civ.* 2106, 2113, 2116, 2135, 2146; *Pr.* 834; *Com.* 490; *Instr.* 121.

R. v° *Priv. et hyp.*, 1357 s., 2262 s. — *S. eod.* v°, 938 s., 1412 s. — T. (87-97), v° *Inscript. hypoth.*, 1 s.; *Hypothèque*, 36 s. — V. aussi N. C. civ. ann., t. 4, art. 2134, n° 1 s.

Art. 2135. L'hypothèque existe, indé-pendamment de toute inscription :

1° Au profit des mineurs et interdits, sur les immeubles appartenant à leur tuteur, à raison de sa gestion, du jour de l'acceptation de la tutelle ;

2° Au profit des femmes, pour raison de leurs dot et conventions matrimoniales, sur les immeubles de leur mari, et à compter du jour du mariage.

La femme n'a hypothèque pour les sommes dotales qui proviennent de successions à elle échues, ou de donations à elle faites pen-dant le mariage, qu'à compter de l'ouverture des successions ou du jour que les donations ont eu leur effet.

Elle n'a hypothèque pour l'indemnité des dettes qu'elle a contractées avec son mari, et pour le remploi de ses propres aliénés, qu'à compter du jour de l'obligation ou de la vente.

Dans aucun cas, la disposition du présent article ne pourra préjudicier aux droits acquis à des tiers avant la publication du présent titre. — *Civ.* 2, 450, 469, 509, 1392, 1421 s., 1470 s., 1542, 2121, 2134, 2136 s., 2153, 2193 s., *Com.* 563.

R. v° *Priv. et hyp.*, 840 s., 1006 s. — *S. eod.* v°, 448 s., 684 s. — T. (87-97), v° *Hypoth. légale*, 2 s., 92 s. — V. aussi N. C. civ. ann., t. 4, art. 2135, n° 1 s.

Art. 2136. Sont toutefois les maris et les tuteurs tenus de rendre publiques les hypothèques dont leurs biens sont grevés, et, à cet effet, de requérir eux-mêmes, sans aucun délai, inscription aux bureaux à ce établis, sur les immeubles à eux appartenant, et sur ceux qui pourront leur appartenir par la suite.

Les maris et les tuteurs qui, ayant man-qué de requérir et de faire faire les ins-criptions ordonnées par le présent article, auraient consenti ou laissé prendre des pri-vilèges ou des hypothèques sur leurs im-meubles, sans déclarer expressément que lesdits immeubles étaient affectés à l'hypo-thèque légale des femmes et des mineurs, seront réputés stellionataires, et, comme tels, contraignables par corps. — *Civ.* 1142, 2059, 2066, 2135, 2137 s., 2146 s., 2193 s.; *Pr.* 126, 132.

R. v° *Priv. et hyp.*, 1375 s. — T. (87-97), v° *Ins-cript. hypoth.*, 55 s.

La loi du 22 juillet 1867 (D. P. 67, 4, 75) *a supprimé la contrainte par corps en matière civile, commerciale et contre les étrangers.*

Art. 2137. Les subrogés tuteurs seront tenus, sous leur responsabilité personnelle, et sous peine de tous dommages et intérêts,

---

de veiller à ce que les inscriptions soient prises sans délai sur les biens du tuteur, pour raison de sa gestion, même de faire faire lesdites inscriptions. — *Civ.* 420 s., 1142, 2135 s., 2142, 2146 s., 2194 s.; *Pr.* 126, 132.

R. v° *Priv. et hyp.*, 1379 s. — T. (87-97), v° *Ins-cript. hypoth.*, 55 s.

Art. 2138. A défaut par les maris, tu-teurs, subrogés tuteurs, de faire faire les inscriptions ordonnées par les articles précé-dents, elles seront requises par le procureur du Roi [*le procureur de la République*] près le tribunal de première instance du domicile des biens. — *Civ.* 102 s., 2136 s.; *Pr.* 83-6°.

Art. 2139. Pourront les parents, soit du mari, soit de la femme, et les parents du mineur, ou, à défaut de parents, ses amis requérir lesdites inscriptions ; elles pourront aussi être requises par la femme et par les mineurs. — *Civ.* 2135 s., 2146 s., 2193 s.

R. v° *Priv. et hyp.*, 1383 s.

Art. 2140. Lorsque, dans le contrat de mariage, les parties majeures seront con-venues qu'il ne sera pris d'inscription que sur un ou certains immeubles du mari, les immeubles qui ne seraient pas indiqués pour l'inscription resteront libres et affranchis de l'hypothèque pour la dot de la femme et pour ses reprises et conventions matrimoniales. Il ne pourra être convenu qu'il ne sera pris aucune inscription. — *Civ.* 1387 s., 2121 s., 2141 s., 2161.

R. v° *Priv. et hyp.*, 2590 s. — *S. cod.* v°, 1545 s. — T. (87-97), v° *Réduct. des hypoth.*, 1 s.

Art. 2141. Il en sera de même pour les immeubles du tuteur, lorsque les parents, en conseil de famille, auront été d'avis qu'il ne soit pris d'inscription que sur certains immeubles. — *Civ.* 407 s., 2121 s., 2142 s., 2161 ; *Pr.* 882 s.

R. v° *Priv. et hyp.*, 2628 s. — *S. eod.* v°, 1582 s.

Art. 2142. Dans les deux cas des articles précédents, le mari, le tuteur et le subrogé tuteur, ne seront tenus de requérir inscrip-tion que sur les immeubles indiqués.

Art. 2143. Lorsque l'hypothèque n'aura pas été restreinte par l'acte de nomination du tuteur, celui-ci pourra, dans le cas où l'hy-pothèque générale sur ses immeubles excéde-rait notoirement les sûretés suffisantes pour sa gestion, demander que cette hypothèque soit restreinte aux immeubles suffisants pour opérer une pleine garantie en faveur du mineur.

La demande sera formée contre le subrogé tuteur, et elle devra être précédée d'un avis de famille. — *Civ.* 407 s., 420 s., 2121 s., 2140 s., 2144 s.; *Pr.* 882 s.

R. v° *Priv. et hyp.*, 2628 s. — *S. eod.* v°, 1582 s.

Art. 2144. Pourra pareillement le mari, du consentement de sa femme, et après avoir pris l'avis des quatre plus proches parents d'icelle, réunis en assemblée de famille, demander que l'hypothèque générale sur ses immeubles, pour raison de la dot, des reprises et conventions matrimoniales, soit restreinte aux immeubles suffisants pour la conservation entière des droits de la femme. — *Civ.* 406 s., 2121 s., 2140 s., 2145 ; *Pr.* 882.

Art. 2145. Les jugements sur les de-mandes des maris et des tuteurs ne seront rendus qu'après avoir entendu le procureur du Roi [*le procureur de la République*], et contradictoirement avec lui.

Dans les cas où le tribunal prononcera la réduction de l'hypothèque à certains im-meubles, les inscriptions prises sur tous les autres seront rayées. — *Civ.* 2157 s.; *Pr.* 83-6°, 112, 885 s.

R. v° *Priv. et hyp.*, 2602 s., 2753 s. — *S. eod.* v°, 1557 s., 1680 s. — T. (87-97), v° *Réduct. des hypoth.*, 1 s.

CHAPITRE IV.
Du mode de l'inscription des privilèges et hypothèques.

Art. 2146. Les inscriptions se font au bureau de conservation des hypothèques dans l'arrondissement duquel sont situés les biens soumis au privilège ou à l'hypothèque. Elles ne produisent aucun effet si elles sont prises dans le délai pendant lequel les actes faits avant l'ouverture des faillites sont déclarés nuls.

Il en est de même entre les créanciers d'une succession, si l'inscription n'a été faite par l'un d'eux que depuis l'ouverture, et dans le cas où la succession n'est acceptée que par bénéfice d'inventaire. — Civ. 793 s., 2106 s., 2111, 2134 s., 2157 s., 2166 s., 2196 s., 2203 s.; Pr. 834, 986; Com. 446 s., 490, 571 s.

R. v° Priv. et hyp., 1398 s., 1407 s. — S. cod. v°, 938 s. — V. aussi N. C. civ. ann., t. 4, art. 2146.

Art. 2147. Tous les créanciers inscrits le même jour exercent en concurrence une hypothèque de la même date, sans distinction entre l'inscription du matin et celle du soir, quand cette différence serait marquée par le conservateur. — Civ. 2134, 2200, 2260.

R. v° Priv. et hyp., 1396 s. — S. cod. v°, 945.

Art. 2148. Pour opérer l'inscription, le créancier représente, soit par lui-même, soit par un tiers, au conservateur des hypothèques, l'original en brevet ou une expédition authentique du jugement ou de l'acte qui donne naissance au privilège ou à l'hypothèque.

Il y joint deux bordereaux écrits sur papier timbré, dont l'un peut être porté sur l'expédition du titre; ils contiennent:

1° (L. 17 juin 1907.) « Les nom, prénoms, domicile du créancier, sa profession s'il en a une, et l'élection d'un domicile pour lui dans un lieu quelconque du ressort du tribunal civil de première instance de la situation des biens; »

2° Les nom, prénoms, domicile du débiteur, sa profession s'il en a une connue, ou une désignation individuelle et spéciale, telle que le conservateur puisse reconnaître et distinguer dans tous les cas l'individu grevé d'hypothèque;

3° La date et la nature du titre;

4° Le montant du capital des créances exprimées dans le titre, ou évaluées par l'inscrivant, pour les rentes et prestations, ou pour les droits éventuels, conditionnels ou indéterminés, dans les cas où cette évaluation est ordonnée; comme aussi le montant des accessoires de ces capitaux, et l'époque de l'exigibilité;

5° L'indication de l'espèce et de la situation des biens sur lesquels il entend conserver son privilège ou son hypothèque.

Cette dernière disposition n'est pas nécessaire dans le cas des hypothèques légales ou judiciaires: à défaut de convention, une seule inscription, pour ces hypothèques, frappe tous les immeubles compris dans l'arrondissement du bureau. — Civ. 111, 1168 s., 2108, 2121 s., 2129, 2132, 2149 s., 2163 s., 2196 s., 2200; Pr. 59.

R. v° Priv. et hyp., 1447 s. — S. cod. v°, 995 s. — T. (87-97), v° Inscrip. hypoth., 3 s. — V. aussi N. C. civ. ann., t. 4, art. 2148, n° 1 s.

Les bordereaux prescrits par l'art. 2148 peuvent être sur papier libre (L. 27 juill. 1900, art. 1er-2°).

Art. 2149. Les inscriptions à faire sur les biens d'une personne décédée, pourront être faites sur la simple désignation du défunt, ainsi qu'il est dit au n° 2 de l'article précédent. — Civ. 877, 2148; Pr. 447.

R. v° Priv. et hyp., 1489 s., 1510 s. — S. cod. v°, 1028.

Art. 2150. Le conservateur fait mention, sur son registre, du contenu aux bordereaux, et remet aux requérants, tant le titre ou l'expédition du titre, que l'un des bordereaux, au pied duquel il certifie avoir fait l'inscription. — Civ. 2197, 2202 s.

R. v° Priv. et hyp., 1434 s. — S. eod. v°, 999.

Art. 2151. (L. 17 juin 1893.) Le créancier privilégié dont le titre a été inscrit ou transcrit, ou le créancier hypothécaire inscrit pour un capital produisant intérêts ou arrérages, a le droit d'être colloqué pour trois années seulement au même rang que le principal, sans préjudice des inscriptions particulières à prendre, portant hypothèque à compter de leur date pour les intérêts et arrérages autres que ceux conservés par la transcription ou l'inscription primitive. — Civ. 581, 2168; Pr. 751 s.

§ 1. LÉGISLATION ANTÉRIEURE A LA LOI DU 17 JUIN 1893 : R. v° Priv. et hyp., 420, 2388 s. — S. cod. v°, 210, 1468 s. — T. (87-97), v° Hypothèque, 66 s.

§ 2. LOI DU 17 JUIN 1893: S. v° Priv. et hyp., 1468 s. — D. P. 93. 4. 107.

Art. 2152. Il est loisible à celui qui a requis une inscription, ainsi qu'à ses représentants, ou cessionnaires par acte authentique, de changer sur le registre des hypothèques le domicile par lui élu, à la charge d'en choisir et indiquer un autre dans le même arrondissement. — Civ. 111, 1092, 2148-1°, 2156; Pr. 59.

R. v° Priv. et hyp., 1530 s., 2761 s. — S. cod. v°, 1039, 1685 s.

Art. 2153. Les droits d'hypothèque purement légale de l'État, des communes et des établissements publics sur les biens des comptables, ceux des mineurs et interdits sur les biens des tuteurs, des femmes mariées sur leurs époux, seront inscrits sur la représentation de deux bordereaux, contenant seulement:

1° Les nom, prénom, profession et domicile réel du créancier, et le domicile qui sera par lui, ou pour lui, élu dans l'arrondissement;

2° Les nom, prénom, profession, domicile, ou désignation précise du débiteur;

3° La nature des droits à conserver, et le montant de leur valeur quant aux objets déterminés, sans être tenu de le fixer quant à ceux qui sont conditionnels, éventuels ou indéterminés. — Civ. 102, 111, 1168 s., 2121, 2125, 2132, 2148, 2152, 2163; Pr. 59.

R. v° Priv. et hyp., 1566 s., 1579 s. — S. cod. v°, 1054. — T. (87-97), v° Inscript. hypoth., 55 s.

Art. 2154. Les inscriptions conservent l'hypothèque et le privilège pendant dix années, à compter du jour de leur date; leur effet cesse, si ces inscriptions n'ont été renouvelées avant l'expiration de ce délai. — Civ. 2146 s.

R. v° Priv. et hyp., 1629 s. — S. cod. v°, 1064 s. — T. (87-97), v° Inscript. hypoth., 28 s. — V. aussi N. C. civ. ann., t. 4, art. 2151, n° 1 s.

V. l'avis du Conseil d'État du 22 janvier 1808 (R. v° Priv. et hyp., p. 41), sur la durée des inscriptions hypothécaires prises soit d'office, soit par les femmes, les mineurs et le Trésor public, sur les biens des maris, des tuteurs et des comptables.

V. aussi le décret du 28 février 1852, art. 14 (D. P. 52. 4. 102), qui énonce : « Les inscriptions hypothécaires prises au profit des sociétés de Crédit foncier sont dispensées, pendant toute la durée du prêt, du renouvellement décennal prescrit par l'article 2154 du Code civil. »

Art. 2155. Les frais des inscriptions sont à la charge du débiteur, s'il n'y a stipulation contraire; l'avance en est faite par l'inscrivant, si ce n'est quant aux hypothèques légales, pour l'inscription desquelles le conservateur a son recours contre le débiteur. Les frais de la transcription, qui peut être requise par le vendeur, sont à la charge de l'acquéreur. — Civ. 1248 1593, 2108, 2121.

R. v° Priv. et hyp., 2441 s. — S. eod. v°, 1503 s.

Art. 2156. Les actions auxquelles les inscriptions peuvent donner lieu contre les créanciers, seront intentées devant le tribunal compétent, par exploits faits à leur personne, ou au dernier des domiciles élus sur le registre, et ce, nonobstant le décès soit des créanciers, soit de ceux chez lesquels ils

auront fait élection de domicile. — Civ. 111, 2148 s., 2152, 2159; Pr. 59.

R. v° Priv. et hyp., 2761 s. — S. cod. v°, 1685 s.

CHAPITRE V.
De la radiation et réduction des inscriptions.

Art. 2157. Les inscriptions sont rayées du consentement des parties intéressées et ayant capacité à cet effet, ou en vertu d'un jugement en dernier ressort ou passé en force de chose jugée. — Civ. 1109 s., 1123 s., 1351, 2158 s., 2180; Pr. 518 s.

R. v° Priv. et hyp., 2001 s. — S. cod. v°, 1601 s. — T. (87-97), v° Radiat. hypoth., 1 s. — V. aussi N. C. civ. ann., t. 4, art. 2157, n° 1 s.

Art. 2158. Dans l'un et l'autre cas, ceux qui requièrent la radiation déposent au bureau du conservateur l'expédition de l'acte authentique portant consentement, ou celle du jugement. — Civ. 2121, 2156; Pr. 518.

R. v° Priv. et hyp., 2703 s. — S. cod. v°, 1641 s.

Art. 2159. La radiation non consentie est demandée au tribunal dans le ressort duquel l'inscription a été faite, si ce n'est lorsque cette inscription a eu lieu pour sûreté d'une condamnation éventuelle ou indéterminée, sur l'exécution ou liquidation de laquelle le débiteur et le créancier prétendu sont en instance ou doivent être jugés dans un autre tribunal; auquel cas la demande en radiation doit y être portée ou renvoyée.

Cependant la convention faite par le créancier et le débiteur, de porter, en cas de contestation, la demande à un tribunal qu'ils auraient désigné, recevra son exécution entre eux. — Civ. 2132, 2156; Pr. 518.

R. v° Priv. et hyp., 2783 s. — S. cod. v°, 1689 s.

Art. 2160. La radiation doit être ordonnée par les tribunaux, lorsque l'inscription a été faite sans titre ni sans loi, ni sur un titre soit irrégulier, soit éteint ou soldé, ou lorsque les droits de privilège ou d'hypothèque sont effacés par les voies légales. — Civ. 1234, 2151, 2157, 2180 s.; Pr. 771.

R. v° Priv. et hyp., 2724 s. — S. cod. v°, 1650 s.

Art. 2161. Toutes les fois que les inscriptions prises par un créancier ont, d'après la loi, aurait droit de prendre sur les biens présents ou sur les biens à venir d'un débiteur, sans limitation convenue, seront portées sur plus de domaines différents qu'il n'est nécessaire à la sûreté des créances, l'action en réduction des inscriptions, ou en radiation d'une partie en ce qui excède la proportion convenable, est ouverte au débiteur. On y suit les règles de compétence établies dans l'article 2159.

La disposition du présent article ne s'applique pas aux hypothèques conventionnelles. — Civ. 2121 s., 2131, 2143 s., 2162 s.

Art. 2162. Sont réputées excessives les inscriptions qui frappent sur plusieurs domaines, lorsque la valeur d'un seul ou de quelques-uns d'entre eux excède de plus d'un tiers en fonds libres le montant des créances en capital et accessoires légaux. — Civ. 2143 s., 2164.

Art. 2163. Peuvent aussi être réduites comme excessives, les inscriptions prises d'après l'évaluation faite par le créancier, des créances qui, en ce qui concerne l'hypothèque à établir pour leur sûreté, n'ont pas été réglées par la convention, et qui, par leur nature, sont conditionnelles, éventuelles ou indéterminées. — Civ. 1168, 2125, 2132, 2148-4°, 2153, 2164.

Art. 2164. L'excès, dans ce cas, est arbitré par les juges, d'après les circonstances, les probabilités des chances et les présomptions de fait, de manière à concilier les droits vraisemblables du créancier avec l'indu crédit raisonnable à conserver au [leur]; sans préjudice des nouvelles ins-[c]ions à prendre avec hypothèque du jour [s]ur date, lorsque l'événement aura porté [ses] créances indéterminées à une somme plus [...]. — *Civ.* 1353, 2146 s.

[A]rt. 2165. La valeur des immeubles dont [c]omparaison est à faire avec celle des [créan]ces et le tiers en sus, est déterminée [à] quinze fois la valeur du revenu déclaré [à] la matrice du rôle de la contribution [fonci]ère, ou indiqué par la cote de contri-[buti]on sur le rôle, selon la proportion qui [s]e dans les communes de la situation [de] cette matrice ou cette cote et le revenu, [pour] les immeubles non sujets à dépérisse-[ment], et dix fois cette valeur pour ceux qui [y] sujets. Pourront néanmoins les juges [ordonn]er, en outre, des éclaircissements qui [peuv]ent résulter des baux non suspects, des [procès]-verbaux d'estimation qui ont pu être [faits] précédemment à des époques rap-[proch]ées, et autres actes semblables, et [tir]er le revenu au taux moyen entre les [ré]sultats de ces divers renseignements. — 2162 s.

v* *Priv. et hyp.*, 2637 s. — S. *cod.* v*, 1387 s. (87-97), v* *Réduct. des hypoth.*, 13 s.

CHAPITRE VI.

[De l'eff]et des priviléges et hypothèques contre les tiers détenteurs.

[A]rt. 2166. Les créanciers ayant privi-[lége] ou hypothèque inscrite sur un immeuble, [su]ivent en quelques mains qu'il passe, [pour] être colloqués et payés suivant l'ordre [de l]eurs créances ou inscriptions. — *Civ.* [2095] s., 2106 s., 2114, 2134 s., 2146 s., 2167 s.; *Pr.* 692, 749 s., 834 s., 991.

v* *Priv. et hyp.*, 1698 s., 1736 s. — S. *cod.* v*. s. — T. (87-97), v* *Hypothèque*, 25 s. — [au]ssi N. C. civ. ann., t. 4, art. 2166, n** 1 s.

[A]rt. 2167. Si le tiers détenteur ne rem-[plit] pas les formalités qui seront ci-après [établi]es, pour purger sa propriété, il de-[meur]e, par l'effet seul des inscriptions, [char]gé comme détenteur à toutes les dettes [hypoth]écaires, et jouit des termes et délais [accor]dés au débiteur originaire. — *Civ.* 1251, [2181] s., 2181 s., 2193 s.

[A]rt. 2168. Le tiers détenteur est tenu, [en] la même cause, ou de payer tous les in-[térêts] et capitaux exigibles, à quelque somme [qu'ils] puissent monter, ou de délaisser l'im-[meu]ble hypothéqué, sans aucune réserve. — 2151, 2169 s., 2178.

[A]rt. 2169. Faute par le tiers détenteur [de s]atisfaire pleinement à l'une de ces obli-[gati]ons, chaque créancier hypothécaire a [le dro]it de faire vendre sur lui l'immeuble [hypoth]équé, trente jours après commande-[men]t fait au débiteur originaire, et somma-[tion] faite au tiers détenteur de payer la dette [exig]ible ou de délaisser l'héritage. — *Civ.* [...], 2170, 2172 s., 2183, 2201 s.; *Pr.* 673 s.

v* *Priv. et hyp.*, 1778 s.; *Vente publ. d'imm.*, [...]. — S. v** *Priv. et hyp.*, 1188 s.; *Vente publ.* [im]m., 00 s. — T. (87-97), v* *Hypothèque*, [...]. — V. aussi N. C. civ. ann., t. 4, art. 2168-[...], n** 1 s.

[A]rt. 2170. Néanmoins le tiers détenteur [n']est pas personnellement obligé à la [dette], peut s'opposer à la vente de l'héritage [hyp]othéqué qui lui a été transmis, s'il est [dem]euré d'autres immeubles hypothéqués à [la m]ême dette dans la possession du princi-[pal] ou des principaux obligés, et en requérir [la di]scussion préalable selon la forme réglée [au ti]tre *Du cautionnement* : pendant cette [discu]ssion, il est sursis à la vente de l'héri-[tage] hypothéqué. — *Civ.* 1370 s., 2021 s., [...].

[A]rt. 2171. L'exception de discussion ne [peut] être opposée au créancier privilégié ou

ayant hypothèque spéciale sur l'immeuble. — *Civ.* 2103 s., 2129, 2170, 2206 s.

R. v* *Priv. et hyp.*, 1912 s. — S. *cod.* v*, 1231 s.

Art. 2172. Quant au délaissement par hypothèque, il peut être fait par tous les tiers détenteurs qui ne sont pas personnel-lement obligés à la dette, et qui ont la capa-cité d'aliéner. — *Civ.* 1123 s., 2092, 2173 s.

R. v* *Priv. et hyp.*, 1828 s. — S. *cod.* v*, 1197 s. — V. aussi N. C. civ. ann., t. 4, art. 2172, n** 1 s.

Art. 2173. Il peut l'être même après que le tiers détenteur a reconnu l'obligation ou subi condamnation en cette qualité seule-ment : le délaissement n'empêche pas que, jusqu'à l'adjudication, le tiers détenteur ne puisse reprendre l'immeuble en payant toute la dette et les frais. — *Civ.* 2168 s., 2174; *Pr.* 706.

R. v* *Priv. et hyp.*, 1856, 1882 s. — S. *cod.* v*, 1212 s.

Art. 2174. Le délaissement par hypo-thèque se fait au greffe du tribunal de la si-tuation des biens; et il en est donné acte par ce tribunal.

Sur la pétition du plus diligent des inté-ressés, il est créé à l'immeuble délaissé un curateur sur lequel la vente de l'immeuble est poursuivie dans les formes prescrites pour les expropriations. — *Civ.* 812, 2204 s., 2218; *Pr.* 551, 673 s.

R. v* *Priv. et hyp.*, 1869 s. — S. *cod.* v*, 1205 s.

Art. 2175. Les détériorations qui pro-cèdent du fait ou de la négligence du tiers détenteur, au préjudice des créanciers hypo-thécaires ou privilégiés, donnent lieu contre lui à une action en indemnité; mais il ne peut répéter ses impenses et améliorations que jusqu'à concurrence de la plus-value résultant de l'amélioration. — *Civ.* 861 s., 1245, 1382 s., 1631 s., 2103 s., 2114.

R. v* *Priv. et hyp.*, 1890 s., 1945 s. — S. *cod.* v*, 1222 s., 1242 s.

Art. 2176. Les fruits de l'immeuble hypothéqué ne sont dus par le tiers déten-teur qu'à compter du jour de la sommation de payer ou de délaisser, et, si les pour-suites commencées ont été abandonnées pen-dant trois ans, à compter de la nouvelle sommation qui sera faite. — *Civ.* 549 s., 2169, 2217; *Pr.* 397 s., 551, 687.

R. v* *Priv. et hyp.*, 1894 s. — S. *cod.* v*, 1218 s.

Art. 2177. Les servitudes et droits réels que le tiers détenteur avait sur l'immeuble avant sa possession, renaissent après le dé-laissement ou après l'adjudication faite sur lui.

Ses créanciers personnels, après tous ceux qui sont inscrits sur les précédents proprié-taires, exercent leur hypothèque à leur rang, sur le bien délaissé ou adjugé. — *Civ.* 637 s., 703 s., 1166 s., 1300, 1626, 2131, 2172 s.

R. v* *Priv. et hyp.*, 1904 s. — S. *cod.* v*, 1225.

Art. 2178. Le tiers détenteur qui a payé la dette hypothécaire, ou délaissé l'immeuble hypothéqué, ou subi l'expropriation de cet immeuble, a le recours en garantie, tel que de droit, contre le débiteur principal. — *Civ.* 611, 874, 1020, 1024, 1251, 1625 s., 2033.

R. v* *Priv. et hyp.*, 1907 s. — S. *cod.* v*, 1226 s.

Art. 2179. Le tiers détenteur qui veut purger sa propriété en payant le prix, observe les formalités qui sont établies dans le cha-pitre 8 du présent titre. — *Civ.* 2167, 2180-3°, 2181 s., 2193 s.

CHAPITRE VII.

De l'extinction des priviléges et hypothèques.

Art. 2180. Les priviléges et hypothèques s'éteignent :

1° Par l'extinction de l'obligation princi-pale;

2° Par la renonciation du créancier à l'hy-pothèque;

3° Par l'accomplissement des formalités et conditions prescrites aux tiers détenteurs pour purger les biens par eux acquis;

4° Par la prescription.

La prescription est acquise au débiteur, quant aux biens qui sont dans ses mains, par le temps réglé pour la prescription des ac-tions qui donnent l'hypothèque ou le privilège.

Quant aux biens qui sont dans la main d'un tiers détenteur, elle lui est acquise par la prescription de la pro-priété à son profit : dans le cas où la pres-cription suppose un titre, elle ne commence à courir que du jour où il a été transcrit sur les registres du conservateur.

Les inscriptions prises par le créancier n'interrompent pas le cours de la prescrip-tion établie par la loi en faveur du débiteur ou du tiers détenteur. — *Civ.* 1119, 1166, 1231, 1249 s., 1278 s., 1299, 2106, 2146, 2154, 2157 s., 2167, 2181 s., 2193 s., 2262, 2265 s.

R. v* *Priv. et hyp.*, 2454 s. — S. *cod.* v*, 1509 s. — T. (87-97), v* *Hypothèque*, 77 s. — V. aussi N. C. civ. ann., t. 4, art. 2180, n** 1 s.

CHAPITRE VIII.

Du mode de purger les propriétés des priviléges et hypothèques.

Art. 2181. Les contrats translatifs de la propriété d'immeubles ou droits réels immo-biliers, que les tiers détenteurs voudront purger de priviléges et hypothèques, seront transcrits en entier par le conservateur des hypothèques dans l'arrondissement duquel les biens sont situés.

Cette transcription se fera sur un registre à ce destiné, et le conservateur sera tenu d'en donner reconnaissance au requérant. — *Civ.* 939 s., 1069 s., 2108, 2118, 2180-3°, 2182 s., 2193 s., 2196 s.; *Pr.* 834.

R. v* *Priv. et hyp.*, 1696 s., 2056 s. — S. *cod.* v*, 1308 s.

Art. 2182. La simple transcription des titres translatifs de propriété sur le registre du conservateur, ne purge pas les hypo-thèques et priviléges établis sur l'immeuble.

Le vendeur ne transmet à l'acquéreur que la propriété et les droits qu'il avait lui-même sur la chose vendue : il les transmet sous l'affectation des mêmes priviléges et hypo-thèques dont il était chargé. — *Civ.* 1122, 1138, 1140, 1583, 2114, 2166, 2181; *Pr.* 834.

R. v* *Priv. et hyp.*, 2056 s. — S. *cod.* v*, 1308 s.

Art. 2183. Si le nouveau propriétaire veut se garantir de l'effet des poursuites au-torisées dans le chapitre 6 du présent titre, il est tenu, soit avant les poursuites, soit dans le mois, au plus tard, à compter de la première sommation qui lui est faite, de notifier aux créanciers, aux domiciles par eux élus dans leurs inscriptions :

1° Extrait de son titre, contenant seulement la date et la qualité de l'acte, le nom et la désignation précise du vendeur ou du dona-teur, la nature et la situation de la chose vendue ou donnée; et, s'il s'agit d'un corps de biens, la dénomination générale seule-ment du domaine et des arrondissements dans lesquels il est situé, le prix et les charges faisant partie du prix de la vente, ou l'évaluation de la chose, si elle a été donnée;

2° Extrait de la transcription de l'acte de vente;

3° Un tableau sur trois colonnes, dont la première contiendra la date des hypothèques et celle des inscriptions; la seconde, le nom des créanciers; la troisième, le montant des créances inscrites. — *Civ.* 2148-1°, 2166 s., 2169, 2181, 2184 s., 2192 s., 2196; *Pr.* 832 s.

R. v* *Priv. et hyp.*, 2008 s. — S. *cod.* v*, 1204 s. — T. (67-97), v* *Purge des hypothèques.* — V. aussi N. C. civ. ann., t. 4, art. 2163, n** 1 s.

Art. 2184. L'acquéreur ou le donataire déclarera, par le même acte, qu'il est prêt à acquitter, sur-le-champ, les dettes et charges hypothécaires, jusqu'à concurrence seulement du prix, sans distinction des dettes exigibles ou non exigibles. — *Civ.* 2167 s., 2183, 2185; *Pr.* 835.

R. v° *Priv. et hyp.,* 2144 s. — S. *eod.* v°, 1342 s.

Art. 2185. Lorsque le nouveau propriétaire a fait cette notification dans le délai fixé, tout créancier dont le titre est inscrit, peut requérir la mise de l'immeuble aux enchères et adjudications publiques; à la charge:

1° Que cette réquisition sera signifiée au nouveau propriétaire dans quarante jours, au plus tard, du jour de la notification faite à la requête de ce dernier, en y ajoutant *deux* jours par cinq myriamètres de distance entre le domicile élu et le domicile réel de chaque créancier requérant;

2° Qu'elle contiendra soumission du requérant, de porter ou faire porter le prix à un dixième en sus de celui qui aura été stipulé dans le contrat, ou déclaré par le nouveau propriétaire;

3° Que la même signification sera faite dans le même délai au précédent propriétaire, débiteur principal;

4° Que l'original et les copies de ces exploits seront signés par le créancier requérant, ou par son fondé de procuration expresse, lequel, en ce cas, est tenu de donner copie de sa procuration;

5° Qu'il offrira de donner caution jusqu'à concurrence du prix et des charges.

Le tout à peine de nullité. — *Civ.* 1984 s., 2011 s., 2040 s., 2148-1°, 2183 s., 2186 s.; *Pr.* 708 s., 832 s., 1033; *Com.* 573.

L'article 2185, § 1°, est modifié par l'article 1033 nouveau du Code de procédure civile (L. 3 mai 1862) *qui porte le délai de distance à un jour par cinq myriamètres.*

R. v° *Surench.,* 12 s. — S. *eod.* v°, 20 s. — T. (87-97), v° *Purge des hyp.,* 47 s.; *Surench.,* 1 s. — V. aussi N. C. civ. ann., t. 4, art. 2185, n° 1 s.

Art. 2186. A défaut, par les créanciers, d'avoir requis la mise aux enchères dans le délai et les formes prescrites, la valeur de l'immeuble demeure définitivement fixée au prix stipulé dans le contrat, ou déclaré par le nouveau propriétaire, lequel est, en conséquence, libéré de tout privilège et hypothèque, en payant ledit prix aux créanciers qui seront en ordre de recevoir, ou en le consignant. — *Civ.* 1257 s., 2180-3°, 2184 s.; *Pr.* 657, 770 s., 773 s., 812 s., 835.

R. v° *Priv. et hyp.,* 2152 s. — S. *eod.* v°, 1333 s. — V. aussi N. C. civ. ann., t. 4, art. 2186, n° 1 s.

Art. 2187. En cas de revente sur enchères, elle aura lieu suivant les formes établies pour les expropriations forcées, à la diligence soit du créancier qui l'aura requise, soit du nouveau propriétaire.

Le poursuivant énoncera dans les affiches le prix stipulé dans le contrat, ou déclaré, et la somme en sus à laquelle le créancier s'est obligé de la porter ou faire porter. — *Civ.* 2184, 2185-2°, 2204 s.; *Pr.* 673 s., 708 s., 832 s., 836 s.; *Com.* 573.

R. v° *Surench.,* 226 s. — S. *eod.* v°, 168 s.

Art. 2188. L'adjudicataire est tenu, au delà du prix de son adjudication, de restituer à l'acquéreur ou au donataire dépossédé les frais et loyaux coûts de son contrat, ceux de la transcription sur les registres du conservateur, ceux de notification, et ceux faits par lui pour parvenir à la revente. — *Civ.* 1630, 1699.

R. v° *Vente publ. d'imm.,* 2144 s. — S. *eod.* v°, 489 s.

Art. 2189. L'acquéreur ou le donataire qui conserve l'immeuble mis aux enchères, en se rendant dernier enchérisseur, n'est pas tenu de faire transcrire le jugement d'adjudication. — *Civ.* 2181, 2183 s.

R. v° *Surench.,* 269 s.; *Vente publ. d'imm.,* 2158. — S. v° *Surench.,* 189 s.; *Vente publ. d'imm.,* 490.

Art. 2190. Le désistement du créancier requérant la mise aux enchères, ne peut, même quand ce créancier payerait le montant de la soumission, empêcher l'adjudication publique, si ce n'est du consentement exprès de tous les autres créanciers hypothécaires.

R. v° *Surench.,* 258 s. — S. *eod.* v°, 184 s.

Art. 2191. L'acquéreur qui se sera rendu adjudicataire aura son recours tel que de droit contre le vendeur, pour le remboursement de ce qui excède le prix stipulé par son titre, et pour l'intérêt de cet excédent, à compter du jour de chaque payement. — *Civ.* 1625 s., 2178, 2192.

R. v° *Vente publ. d'imm.,* 2160 s. — S. *eod.* v°, 490 s.

Art. 2192. Dans le cas où le titre du nouveau propriétaire comprendrait des immeubles et des meubles, ou plusieurs immeubles, les uns hypothéqués, les autres non hypothéqués, situés dans le même ou dans divers arrondissements de bureaux, aliénés pour un seul et même prix, ou pour des prix distincts et séparés, soumis ou non à la même exploitation, le prix de chaque immeuble frappé d'inscriptions particulières et séparées, sera déclaré dans la notification du nouveau propriétaire, par ventilation, s'il y a lieu, du prix total exprimé dans le titre.

Le créancier surenchérisseur ne pourra, en aucun cas, être contraint d'étendre sa soumission ni sur le mobilier, ni sur d'autres immeubles que ceux qui sont hypothéqués à sa créance et situés dans le même arrondissement; sauf le recours du nouveau propriétaire contre ses auteurs, pour l'indemnité du dommage qu'il éprouverait, soit de la division des objets de son acquisition, soit de celle des exploitations. — *Civ.* 2183 s., 2211.

R. v° *Priv. et hyp.,* 2120 s.; *Ordre entre créanc.,* 534 s.; *Surench.,* 39 s. — S. v° *Priv. et hyp.,* 1336 s.; *Ordre entre créanc.,* 65 s.; *Surench.,* 38 s. — T. (87-97), v° *Purge des hypoth.,* 43 s.

CHAPITRE IX.

Du mode de purger les hypothèques, quand il n'existe pas d'inscription sur les biens des maris et des tuteurs.

Art. 2193. Pourront les acquéreurs d'immeubles appartenant à des maris ou à des tuteurs, lorsqu'il n'existera pas d'inscription sur lesdits immeubles à raison de la gestion du tuteur, ou des dot, reprises et conventions matrimoniales de la femme, purger les hypothèques qui existeraient sur les biens par eux acquis. — *Civ.* 2121 s., 2135 s., 2153, 2181, 2194 s.

R. v° *Priv. et hyp.,* 2196 s. — S. *eod.* v°, 1371 s. — T. (87-97), v° *Purge des hypoth.,* 51 s.

Art. 2194. A cet effet, ils déposeront copie dûment collationnée du contrat translatif de propriété au greffe du tribunal civil du lieu de la situation des biens, et ils certifieront par acte signifié, tant à la femme ou au subrogé-tuteur, qu'au procureur du Roi [*au procureur de la République*] près le tribunal, le dépôt qu'ils auront fait. Extrait de ce contrat, contenant sa date, les noms, prénoms, professions et domiciles des contractants, la désignation de la nature et de la situation des biens, le prix et les autres charges de la vente, sera et restera affiché pendant deux mois dans l'auditoire du tribunal; pendant lequel temps, les femmes, les maris, tuteurs, subrogés tuteurs, mineurs, interdits, parents ou amis, et le procureur du Roi [*le procureur de la République*], seront reçus à requérir s'il y a lieu, et à faire faire au bureau du conservateur des hypothèques, des inscriptions sur l'immeuble aliéné, qui auront le même effet que si elles avaient été prises le jour du contrat de ma-

riage, ou le jour de l'entrée en gestion d tuteur; sans préjudice des poursuites qu pourraient avoir lieu contre les maris et le tuteurs, ainsi qu'il a été dit ci-dessus, pou hypothèques par eux consenties au profit d tierces personnes sans leur avoir déclaré qu les immeubles étaient déjà grevés d'hypo thèques, en raison du mariage ou de la tu telle. — *Civ.* 2059, 2135 s., 2145 s., 2183 s 2195.

R. v° *Priv. et hyp.,* 2234 s. — S. *eod.* v°, 1378 s

Art. 2195. Si, dans le cours des deu mois de l'exposition du contrat, il n'a pa été fait d'inscription du chef des femmes mineurs ou interdits, sur les immeuble vendus, ils passent à l'acquéreur sans aucun charge, à raison des dot, reprises et conven tions matrimoniales de la femme, ou de l gestion du tuteur, et sauf le recours, s'il y lieu, contre le mari et le tuteur.

S'il a été pris des inscriptions du chef des dites femmes, mineurs ou interdits, et s'i existe des créanciers antérieurs qui absorben le prix en totalité ou en partie, l'acquéreu est libéré du prix ou de la portion du prix par lui payé aux créanciers placés en ordr utile; et les inscriptions du chef des femmes mineurs ou interdits, seront rayées, ou e totalité, ou jusqu'à due concurrence.

Si les inscriptions du chef des femmes mineurs ou interdits, sont les plus anciennes l'acquéreur ne pourra faire aucun payemen du prix au préjudice desdites inscriptions qui auront toujours, ainsi qu'il a été dit ci dessus, la date du contrat de mariage, ou de l'entrée en gestion du tuteur; et, dans ce cas, les inscriptions des autres créanciers qu ne viennent pas en ordre utile, seront rayées — *Civ.* 2134 s., 2146 s., 2157, 2194; *Pr.* 759 765, 835.

R. v° *Priv. et hyp.,* 2216 s., 2325 s.; *Surench.,* 80 s. — S. v° *Priv. et hyp.,* 1420 s.; *Surench.,* 87 s — T. (87-97), v° *Purge des hyp.,* 51 s. — V. auss N. C. civ. ann., t. 4, art. 2195, n° 1 s.

CHAPITRE X.

De la publicité des registres, et de la responsabilité des conservateurs.

Art. 2196. Les conservateurs des hypothèques sont tenus de délivrer à tous ceux qui le requièrent, copie des actes transcrits sur leurs registres et celle des inscriptions subsistantes, ou certificat qu'il n'en existe aucune. — *Civ.* 2150, 2183, 2197 s., 2202.

R. v° *Priv. et hyp.;* *Organ. des colon.,* 489 s., 558, 658, 713, 893. — S. v° *Priv. et hyp.,* 1697 s. — V. aussi N. C. civ. ann., t. 4, art. 2196, n° 1 s.

Art. 2197. Ils sont responsables du préjudice résultant:

1° De l'omission, sur leurs registres, des transcriptions d'actes de mutation, et des inscriptions requises en leurs bureaux;

2° Du défaut de mention, dans leurs certificats, d'une ou de plusieurs des inscriptions existantes, à moins, dans ce dernier cas, que l'erreur ne provînt de désignations insuffisantes qui ne pourraient leur être imputées. — *Civ.* 1382 s., 2102-7°, 2108, 2146 s., 2181, 2194, 2198 s., 2202 s.

R. v° *Priv. et hyp.,* 2960 s. — S. *eod.* v°, 1779 s. T. (87-97), v° *Conservateur des hypoth.,* 14 s. — V. aussi N. C. civ. ann., t. 4, art. 2197, n° 1 s.

Art. 2198. L'immeuble à l'égard duquel le conservateur aurait omis dans ses certificats une ou plusieurs des charges inscrites, en demeure, sauf la responsabilité du conservateur, affranchi dans les mains du nouveau possesseur, pourvu qu'il ait requis le certificat depuis la transcription de son titre; sans préjudice néanmoins du droit des créanciers de se faire colloquer suivant l'ordre qui leur appartient, tant que le prix n'a pas été payé par l'acquéreur, ou tant que l'ordre fait

es créanciers n'a pas été homologué.
— 1382 s., 2114, 2134 s., 2166, 2218;
s., 834.

Priv. et hyp., 2089 s., 2979 s. — S. *eod. v*,
67.

2199. Dans aucun cas, les conser-
ne peuvent refuser ni retarder la
iption des actes de mutation, l'ins-
a des droits hypothécaires, ni la déli-
des certificats requis, sous peine des
ges et intérêts des parties; à l'effet de
rocès-verbaux des refus ou retarde-
seront, à la diligence des requérants,
sur-le-champ, soit par un juge de
oit par un huissier audiencier du tri-
sisté par un autre huissier ou un no-
sisté de deux témoins. — *Civ.* 1149,
2196 s., 2202 s.

Priv. et hyp., 1462 s., 2938 s. — S. *eod. v*,
- T. (87-97), v* *Conservateur des hypoth.*,

2200. (*L. 5 janvier* 1875.) Néan-
es conservateurs seront tenus d'avoir
stre sur lequel ils inscriront, jour par
ar ordre numérique, les remises qui
ront faites d'actes de mutation et de
nmobilière, pour être transcrits, de
aux, pour être inscrits, d'actes, expé-
ou extraits d'actes contenant subroga-
a antériorité et de jugements pro-
la résolution, la nullité ou la resci-
actes transcrits, pour être mention-

nneront aux requérants, par chaque
par chaque bordereau à transcrire,
re ou à mentionner, une reconnais-
ur papier timbré, qui rappellera le
du registre sur lequel la remise aura
rite, et ils ne pourront transcrire la
e mutation et de saisie immobilière,
ire les bordereaux ou mentionner les
ontenant subrogation ou antériorité,
ugements portant résolution, nullité
ision d'actes transcrits sur les registres
estinés, qu'à la date ou dans l'ordre
rises qui leur auront été faites.
egistre prescrit par le conservateur
nu double, et l'un des doubles sera
sans frais, et dans les trente jours qui
t sa clôture, au greffe du tribunal civil
rondissement autre que celui où réside
ervateur.

Priv. et hyp., 2880 s. — S. *eod. v*, 1744 s.
5 *janvier* 1875 : D. P. 75. 4. 83.

2201. Tous les registres des con-
urs sont en papier timbré, cotés et pa-
chaque page par première et dernière,
n des juges du tribunal dans le res-
quel le bureau est établi. Les registres
arrêtés chaque jour comme ceux d'en-
ement des actes. — *Civ.* 41.

Priv. et hyp., 2880 s. — S. *eod. v*, 1744.

2202. Les conservateurs sont tenus
conformer, dans l'exercice de leurs
ns, à toutes les dispositions du pré-
iapitre, à peine d'une amende de deux
à mille francs pour la première con-
tion, et de destitution pour la seconde;
réjudice des dommages et intérêts des
, lesquels seront payés avant l'amende.
. 1149, 1382 s., 2102-7°, 2196 s., 2203.

Priv. et hyp., 2953 s., 3000.

2203. Les mentions de dépôts, les
otions et transcriptions, sont faites par
gistres, de suite, sans aucun blanc ni
gne, à peine, contre le conservateur,
ille à deux mille francs d'amende,
s dommages et intérêts des parties,

---

payables aussi par préférence à l'amende. —
Civ. 2201 s.

R. v* *Priv. et hyp.*, 2957, 3000.

*En ce qui concerne : 1º les priviléges établis par des lois
ou règlements spéciaux ; 2º les priviléges et hypothèques
légales au profit du Trésor ; 3º la transcription hypothécaire ; 4º la société de Crédit foncier, V. N. C. civ. ann.,
Appendice au liv. 3, tit. 18.*

TITRE DIX-NEUVIÈME.

De l'expropriation forcée et des ordres entre les créanciers.

Décrété le 26 vent. an XII (19 mars 1804),
et promulgué le 6 germ. an XII (29 mars 1804).

CHAPITRE PREMIER.
De l'expropriation forcée.

Art. 2204. Le créancier peut poursuivre
l'expropriation : 1° des biens immobiliers et
de leurs accessoires réputés immeubles appartenant en propriété à son débiteur; 2° de
l'usufruit appartenant au débiteur sur les
biens de même nature. — *Civ.* 517, 522, 552,
578, 2092, 2118; *Pr.* 551, 673 s.; *Com.* 571 s.

R. v* *Vente publ. d'imm.*, 88 s. — S. *eod. v*, 9 s.
— V. aussi N. C. civ. ann., t. 4, art. 2204, nº 1 s.

Art. 2205. Néanmoins, la part indivise
d'un cohéritier dans les immeubles d'une
succession ne peut être mise en vente par
ses créanciers personnels, avant le partage
ou la licitation qu'ils peuvent provoquer s'ils
le jugent convenable, ou dans lesquels ils
ont le droit d'intervenir conformément à l'article 882, au titre *Des successions*. — *Civ.*
820, 882 s., 1166, 2103, 2109.

R. v* *Vente publ. d'imm.*, 93 s. — S. *eod. v*, 21 s.
— V. aussi N. C. civ. ann., t. 4, art. 2205, nº 1 s.

Art. 2206. Les immeubles d'un mineur,
même émancipé, ou d'un interdit, ne peuvent
être mis en vente avant la discussion du mobilier. — *Civ.* 457, 476, 482 s., 1596, 1666,
2021, 2170 s.

R. v* *Vente publ. d'imm.*, 124 s., 280 s. —
S. *eod. v*, 53 s.

Art. 2207. La discussion du mobilier
n'est pas requise avant l'expropriation des
immeubles possédés par indivis entre un
majeur et un mineur ou interdit, si la dette
leur est commune, ni dans le cas où les
poursuites ont été commencées contre un majeur, ou avant l'interdiction. — *Civ.* 815, 1666.

R. v* *Vente publ. d'imm.*, 124 s., 260 s. —
S. *eod. v*, 53 s.

Art. 2208. L'expropriation des immeubles qui font partie de la communauté,
se poursuit contre le mari débiteur, seul,
quoique la femme soit obligée à la dette.

Celle des immeubles de la femme qui ne
sont point entrés en communauté, se poursuit contre le mari et la femme, laquelle, au
refus du mari de procéder avec elle, ou si le
mari est mineur, peut être autorisée en justice.

En cas de minorité du mari et de la femme,
ou de minorité de la femme seule, si son
mari majeur refuse de procéder avec elle, il
est nommé par le tribunal un tuteur à la
femme, contre lequel la poursuite est exercée. — *Civ.* 217 s., 450, 476, 480, 482, 1421 s.;
Pr. 861 s.; *Com.* 5, 7.

R. v* *Vente publ. d'imm.*, 288 s. — S. *eod. v*,
55 s.

Art. 2209. Le créancier ne peut poursuivre la vente des immeubles qui ne lui
sont pas hypothéqués, que dans le cas d'insuffisance des biens qui lui sont hypothéqués.
— *Civ.* 2114, 2204, 2211.

R. v* *Vente publ. d'imm.*, 179 s.

Art. 2210. La vente forcée des biens
situés dans différents arrondissements ne
peut être provoquée que successivement, à

---

moins qu'ils ne fassent partie d'une seule et
même exploitation.

Elle est suivie dans le tribunal dans le
ressort duquel se trouve le chef-lieu de l'exploitation, ou à défaut de chef-lieu, la partie
de biens qui présente le plus grand revenu,
d'après la matrice du rôle. — *Civ.* 2192, 2211.

R. v* *Vente publ.*, 195 s.

*L'article 2210 a été modifié et complété par la loi du
14 novembre 1808, relative à la saisie immobilière des
biens d'un débiteur situés dans plusieurs arrondissements.
V. infra, Appendice, le texte de cette loi.*

Art. 2211. Si les biens hypothéqués au
créancier, et les biens non hypothéqués, ou
les biens situés dans divers arrondissements,
font partie d'une seule et même exploitation,
la vente des uns et des autres se poursuit
ensemble, si le débiteur le requiert; et ventilation se fait du prix de l'adjudication, s'il
y a lieu. — *Civ.* 1601, nº 2, 2192, 2210; *Pr.* 675.

R. v* *Vente publ. d'imm.*, 202 s.

Art. 2212. Si le débiteur justifie, par
baux authentiques, que le revenu net et libre
de ses immeubles pendant une année, suffit
pour le payement de la dette en capital, intérêts et frais, et s'il en offre la délégation
au créancier, la poursuite peut être suspendue par les juges, sauf à être reprise s'il
survient quelque opposition ou obstacle au
payement. — *Civ.* 1244, 1275, 1317, 1711,
1714 s.

R. v* *Vente publ. d'imm.*, 167 s. — S. *eod. v*, 36.

Art. 2213. La vente forcée des immeubles ne peut être poursuivie qu'en vertu
d'un titre authentique et exécutoire, pour
une dette certaine et liquide. Si la dette est
en espèces non liquidées, la poursuite est
valable; mais l'adjudication ne pourra être
faite qu'après la liquidation. — *Civ.* 820,
1291, 1317, 2127; *Pr.* 545 s., 551, 559, 675.

R. v* *Vente publ. d'imm.*, 137 s., 210 s., 227 s.,
262 s. — S. *eod. v*, 30 s., 40 s., 45 s., 47 s. —
V. aussi N. C. civ. ann., t. 4, art. 2213, nº 1 s.

Art. 2214. Le cessionnaire d'un titre
exécutoire ne peut poursuivre l'expropriation
qu'après que la signification du transport a
été faite au débiteur. — *Civ.* 877, 1249, 1295,
1689, 2112, 2204.

R. v* *Vente publ. d'imm.*, 137 s., 231 s. —
S. *eod. v*, 30 s.

Art. 2215. La poursuite peut avoir lieu
en vertu d'un jugement provisoire ou définitif,
exécutoire par provision, nonobstant appel;
mais l'adjudication ne peut se faire qu'après
un jugement définitif en dernier ressort, ou
passé en force de chose jugée.

La poursuite peut s'exercer en vertu de
jugements rendus par défaut durant le délai
de l'opposition. — *Civ.* 1350 s.; *Pr.* 12, 20,
135, 155 s., 159, 435 s., 458 s., 548 s.; *Com.* 643.

R. v* *Vente publ. d'imm.*, 240 s. — S. *eod. v*,
46 s.

Art. 2216. La poursuite ne peut être
annulée sous prétexte que le créancier l'aurait commencée pour une somme plus forte
que celle qui lui est due.

R. v* *Vente publ. d'imm.*, 209. — S. *eod. v*, 44.

Art. 2217. Toute poursuite en expropriation d'immeubles doit être précédée d'un
commandement de payer, fait, à la diligence
et requête du créancier, à la personne du
débiteur ou à son domicile, par le ministère
d'un huissier.

Les formes du commandement et celles de
la poursuite sur l'expropriation sont réglées
par les lois sur la procédure. — *Pr.* 548 s.,
551, 583 s., 673 s., 718 s.

R. v* *Vente publ. d'imm.*, 142.

CHAPITRE II.
De l'ordre et de la distribution du prix
entre les créanciers.

Art. 2218. L'ordre de la distribution du
prix des immeubles, et la manière d'y pro-

céder, sont réglées par les lois sur la procédure. — *Pr.* 656 s., 749 s.

TITRE VINGTIÈME.

De la prescription.

Décrété le 24 vent. an XII (15 mars 1804), et promulgué le 4 germ. an XII (25 mars 1804).

CHAPITRE PREMIER.

Dispositions générales.

Art. 2219. La prescription est un moyen d'acquérir ou de se libérer par un certain laps de temps, et sous les conditions déterminées par la loi. — *Civ.* 712, 1234, 1350-2°, 2180, 2228 s., 2260 s.

R. v° *Prescript. civ.*, 1 s. — S. *cod.* v°, 1 s.

Art. 2220. On ne peut, d'avance, renoncer à la prescription : on peut renoncer à la prescription acquise. — *Civ.* 1130, 2222, 2224 s.

R. v° *Prescript. civ.*, 47 s. — S. *cod.* v°, 10 s. — T. (87-97), *eod.* v°, 2 s.

Art. 2221. La renonciation à la prescription est expresse ou tacite : la renonciation tacite résulte d'un fait qui suppose l'abandon du droit acquis. — *Civ.* 778, 1353, 2222.

R. v° *Prescript. civ.*, 55 s. — S. *cod.* v°, 15 s. — T. (87-97), *eod.* v°, 2 s. — V. aussi N. C. civ. ann., t. 4, art. 2221, n° 1 s.

Art. 2222. Celui qui ne peut aliéner, ne peut renoncer à la prescription acquise. — *Civ.* 128, 217, 457, 484, 513, 1124 s., 1121 s., 1426, 1449, 1554 s., 1988; *Com.* 416 s.

R. v° *Prescript. civ.*, 85 s. — S. *cod.* v°, 38 s.

Art. 2223. Les juges ne peuvent pas suppléer d'office le moyen résultant de la prescription.

R. v° *Prescript. civ.*, 90 s. — S. *cod.* v°, 43 s. — T. (87-97), *eod.* v°, 8 s.

Art. 2224. La prescription peut être opposée en tout état de cause, même devant la cour royale [*la cour d'appel*], à moins que la partie qui n'aurait pas opposé le moyen de la prescription ne doive, par les circonstances, être présumée y avoir renoncé. — *Civ.* 1353, 2221; *Pr.* 464 s.

R. v° *Prescript. civ.*, 111 s. — S. *cod.* v°, 50 s.

Art. 2225. Les créanciers, ou toute autre personne ayant intérêt à ce que la prescription soit acquise, peuvent l'opposer, encore que le débiteur ou le propriétaire y renonce. — *Civ.* 622, 788, 1166 s., 1464, 2221.

R. v° *Prescript. civ.*, 130 s. — S. *cod.* v°, 61 s.

Art. 2226. On ne peut prescrire le domaine des choses qui ne sont point dans le commerce. — *Civ.* 328, 537 s., 1128, 1598.

R. v° *Prescript. civ.*, 143 s. — S. *cod.* v°, 68 s. — T. (87-97), *eod.* v°, 13 s. — V. aussi N. C. civ. ann., t. 4, art. 2226, n° 1 s.

Art. 2227. L'État, les établissements publics et les communes sont soumis aux mêmes prescriptions que les particuliers, et peuvent également les opposer. — *Civ.* 537 s., 560, 573, 2264; *Pr.* 398.

R. v° *Prescript. civ.*, 213 s. — S. *eod.* v°, 85.

CHAPITRE II.

De la possession.

Art. 2228. La possession est la détention ou la jouissance d'une chose ou d'un droit que nous tenons ou que nous exerçons par nous-mêmes, ou par un autre qui la tient ou qui l'exerce en notre nom. —

Civ. 549 s., 1127, 2229 s., 2236, 2279; *Pr.* 3-2°, 23 s.

R. v° *Prescript. civ.*, 235 s. — S. *cod.* v°, 118 s. — T. (87-97), v° *Posses.*, 60 s.; *Prescript. civ.*, 22 s. — V. aussi N. C. civ. ann., t. 4, art. 2228, n° 1 s.

Art. 2229. Pour pouvoir prescrire, il faut une possession continue et non interrompue, paisible, publique, non équivoque, et à titre de propriétaire. — *Civ.* 688, 690 s., 1350, 1352, 2230 s., 2235 s., 2242 s.; *Pr.* 23.

R. v° *Prescript. civ.*, 302 s. — S. *eod.* v°, 192 s. — T. (87-97), v° *Prescript.*, 91 s. — V. aussi N. C. civ. ann., t. 4, art. 2229, n° 1 s.

Art. 2230. On est toujours présumé posséder pour soi, et à titre de propriétaire, s'il n'est prouvé qu'on a commencé à posséder pour un autre. — *Civ.* 1350, 1352, 2229, 2231, 2236, 2243 s.

R. v° *Prescript. civ.*, 348. — S. *cod.* v°, 280 s.

Art. 2231. Quand on a commencé à posséder pour autrui, on est toujours présumé posséder au même titre, s'il n'y a preuve du contraire. — *Civ.* 1350, 1352, 2229, 2231, 2236 s., 2240 s.

R. v° *Prescript. civ.*, 350. — S. *cod.* v°, 262.

Art. 2232. Les actes de pure faculté et ceux de simple tolérance ne peuvent fonder ni possession ni prescription. — *Civ.* 2229.

R. v° *Prescript. civ.*, 155 s. — S. *cod.* v°, 81 s.

Art. 2233. Les actes de violence ne peuvent fonder non plus une possession capable d'opérer la prescription.

La possession utile ne commence que lorsque la violence a cessé. — *Civ.* 1109, 1111 s., 1304, 2229; *Pr.* 400.

R. v° *Prescript. civ.*, 360 s. — S. *cod.* v°, 237 s.

Art. 2234. Le possesseur actuel qui prouve avoir possédé anciennement, est présumé avoir possédé dans le temps intermédiaire, sauf la preuve contraire. — *Civ.* 1350, 1352, 2229 s.

R. v° *Prescript. civ.*, 315 s. — S. *eod.* v°, 199 s.

Art. 2235. Pour compléter la prescription, on peut joindre à sa possession celle de son auteur, de quelque manière qu'on lui ait succédé, soit à titre universel ou particulier, soit à titre lucratif ou onéreux. — *Civ.* 724, 1122, 2237 s.

R. v° *Prescript. civ.*, 381 s. — S. *eod.* v°, 246 s.

CHAPITRE III.

Des causes qui empêchent la prescription.

Art. 2236. Ceux qui possèdent pour autrui, ne prescrivent jamais, par quelque laps de temps que ce soit.

Ainsi, le fermier, le dépositaire, l'usufruitier, et tous autres qui détiennent précairement la chose du propriétaire, ne peuvent la prescrire. — *Civ.* 578, 1605, 1709, 1915, 2071 s., 2229 s.; *Com.* 450.

R. v° *Prescript. civ.*, 399 s. — S. *cod.* v°, 258 s. — T. (87-97), *eod.* v°, 26 s. — V. aussi N. C. civ. ann., t. 4, art. 2236, n° 1 s.

Art. 2237. Les héritiers de ceux qui tenaient la chose à quelqu'un des titres désignés par l'article précédent, ne peuvent non plus prescrire. — *Civ.* 724, 1122, 2235.

R. v° *Prescript. civ.*, 427 s.

Art. 2238. Néanmoins, les personnes énoncées dans les articles 2236 et 2237 peuvent prescrire, si le titre de leur possession se trouve interverti, soit par une cause venant d'un tiers, soit par la contradiction qu'elles ont opposée au droit du propriétaire. — *Civ.* 2240 s.

R. v° *Prescript. civ.*, 435 s. — S. *eod.* v°, 283 s. — T. (87-97), *eod.* v°, 29 s. — V. aussi N. C. civ. ann., t. 4, art. 2238, n° 1 s.

Art. 2239. Ceux à qui les fermiers, dépositaires et autres détenteurs précaires ont transmis la chose par un titre translatif

de propriété, peuvent la prescrire. — *C* 2236, 2262, 2265 s.

R. v° *Prescript. civ.*, 451 s. — S. *eod.* v°, 273 s

Art. 2240. On ne peut pas prescrire contre son titre, en ce sens que l'on ne pe point se changer à soi-même la cause et principe de sa possession. — *Civ.* 2231, 22

R. v° *Prescript. civ.*, 151 s. — S. *cod.* v°, 301 s.

Art. 2241. On peut prescrire contre s titre, en ce sens que l'on prescrit la libé tion de l'obligation que l'on a contractée. *Civ.* 1234, 2240.

R. v° *Prescript. civ.*, 460 s. — S. *eod.* v°, 306 s

CHAPITRE IV.

Des causes qui interrompent ou q suspendent le cours de la prescri tion.

SECTION PREMIÈRE.

Des causes qui interrompent la prescription.

Art. 2242. La prescription peut ê interrompue ou naturellement ou civileme — *Civ.* 2229, 2243 s.

R. v° *Prescript. civ.*, 465.

Art. 2243. Il y a interruption naturel lorsque le possesseur est privé, pendant p d'un an, de la jouissance de la chose, s par l'ancien propriétaire, soit même par tiers. — *Pr.* 23 s.

R. v° *Prescript. civ.*, 460 s. — S. *eod.* v°, 308 s

Art. 2244. Une citation en justice, commandement ou une saisie, signifiés celui qu'on veut empêcher de prescri forment l'interruption civile. — *Civ.* 2245 2271-2°; *Pr.* 1 s., 59 s., 583, 626, 636, 673 *Com.* 198.

R. v° *Prescript. civ.*, 475 s. — S. *eod.* v°, 310 — T. (87-97), *eod.* v°, 37 s. — V. aussi N. C ann., t. 4, art. 2244, n° 1 s.

Art. 2245. La citation en concilia devant le bureau de paix, interrompt prescription, du jour de sa date, lorsqu' est suivie d'une assignation en justice donn dans les délais de droit. — *Civ.* 2246 s.; *I* 48 s., 57, 59 s.

R. v° *Prescript. civ.*, 527 s. — S. *eod.* v°, 344 s

Art. 2246. La citation en justice, do née même devant un juge incompétent, i terrompt la prescription.

R. v° *Prescript. civ.*, 510 s. — S. *eod.* v°, 348 s

Art. 2247. Si l'assignation est nulle p défaut de forme,

Si le demandeur se désiste de sa demand

S'il laisse périmer l'instance,

Ou si sa demande est rejetée,

L'interruption est regardée comme n avenue. — *Civ.* 1350-3°, 1351, 2241; *Pr.* 1 59 s., 173, 397 s., 402 s., 1029 s.

R. v° *Prescript. civ.*, 543 s. — S. *cod.* v°, 351 s

Art. 2248. La prescription est inte rompue par la reconnaissance que le débiteu ou le possesseur fait du droit de celui cont lequel il prescrivait. — *Civ.* 1337 s., 1354 s Pr. 324 s., 352 s.

R. v° *Prescript. civ.*, 571 s. — S. *cod.* v°, 372 — T. (87-97), *eod.* v°, 44 s. — V. aussi N. C. c ann., t. 4, art. 2248, n° 1 s.

Art. 2249. L'interpellation faite, co formément aux articles ci-dessus, à l'un d débiteurs solidaires, ou sa reconnaissanc interrompt la prescription contre tous l autres, même contre leurs héritiers.

L'interpellation faite à l'un des héritie d'un débiteur solidaire, ou la reconnaissanc de cet héritier, n'interrompt pas la prescri tion à l'égard des autres cohéritiers, quan même la créance serait hypothécaire, si l'obl gation n'est indivisible.

Cette interpellation ou cette reconnaissanc n'interrompt la prescription, à l'égard de res codébiteurs, que pour la part dont héritier est tenu.

our interrompre la prescription pour le t, à l'égard des autres codébiteurs, il faut terpellation faite à tous les héritiers du iteur décédé, ou la reconnaissance de s ces héritiers. — Civ. 709, 1199 s., 1206, 2 s., 1217 s., 1222 s., 2250.

V° Prescript. civ., 618 s. — S. cod. v°, 407 s. °. aussi N. C. civ. ann., t. 4, art. 2249, n° 1 s.

Art. 2250. L'interpellation faite au dé- ur principal, ou sa reconnaissance, inter- pt la prescription contre la caution. — . 2011 s., 2031 s.

V° Prescript. civ., 639 s., 674 s. — S. cod. v°, 439 s.

SECTION II.
Des causes qui suspendent le cours de la prescription.

Art. 2251. La prescription court contre es personnes, à moins qu'elles ne soient s quelque exception établie par une loi. Civ. 709 s., 2233, 2252 s.

V° Prescript. civ., 684 s. — S. cod. v°, 451 s.

Art. 2252. La prescription ne court pas tre les mineurs et les interdits, sauf ce est dit à l'article 2278, et à l'exception autres cas déterminés par la loi. — Civ. s., 509 s., 709 s., 912, 1125, 1304-2°, 3, 1676, 2271 s., 2278; Pr. 398, 444, 481.

V° Prescript. civ., 686 s. — S. cod. v°, 458 s. . (87-97), cod. v°, 83 s. — V. aussi N. C. civ. . t. 4, art. 2252, n° 1 s.

Art. 2253. Elle ne court point entre . — Civ. 1096, 1099, 1595, 2254 s.

V° Prescript. civ., 708 s. — S. cod. v°, 466 s.

Art. 2254. La prescription court contre emme mariée, encore qu'elle ne soit point arée par contrat de mariage ou en justice, gard des biens dont le mari a l'administra- ion, saut son recours contre le mari. — . 1421, 1428, 1443 s., 1531, 1536, 1549, 2, 2253, 2255 s.

V° Prescript. civ., 710 s. — S. cod. v°, 469.

Art. 2255. Néanmoins elle ne court nt, pendant la durée, à l'égard de l'alié- ion d'un fonds constitué selon le régime contrat de mariage et des droits respec- des époux. — Civ. 1560 s., 2254, 2256.

V° Prescript. civ., 710 s.

Art. 2256. La prescription est pareille- nt suspendue pendant le mariage :

° Dans le cas où l'action de la femme ne rrait être exercée qu'après une option ire sur l'acceptation ou la renonciation à communauté ;

° Dans le cas où le mari, ayant vendu le propre de la femme sans son consen- ment, est garant de la vente, et dans tous autres cas où l'action de la femme réflé- rait contre le mari. — Civ. 1428, 1453 s., 1, 1535, 1538, 1554 s., 1561 s., 1576, 1599, 6 s., 2257.

V° Prescript. civ., 717 s. — S. cod. v°, 451.

Art. 2257. La prescription ne court nt :

l'égard d'une créance qui dépend d'une dition, jusqu'à ce que la condition arrive ; l'égard d'une action en garantie, jusqu'à que l'éviction ait lieu ; l'égard d'une créance à jour fixe, jusqu'à que ce jour soit arrivé. — Civ. 1181 s., 5 s., 1626 s.

. V° Prescript. civ., 750 s. — S. cod. v°, 477. — 87-97), cod. v°, 53 s. — V. aussi N. C. civ. ann. , art. 2257, n° 1 s.

. la loi du 20 décembre 1879, relative au délai légal prescriptions et péremptions en matière civile (D. P. . 72).

Art. 2258. La prescription ne court pas tre l'héritier bénéficiaire, à l'égard des ances qu'il a contre la succession.

Elle court contre une succession vacante, quoique non pourvue de curateur. — Civ. 462, 724, 790, 802-2°, 811 s. ; Pr. 986, 996, 998 s.

R. v° Prescript. civ., 770 s. — S. cod. v°, 478.

Art. 2259. Elle court encore pendant les trois mois pour faire inventaire, et les quarante jours pour délibérer. — Civ. 779, 795 s., 1457 s. ; Pr. 174, 187.

R. v° Prescript. civ., 781.

CHAPITRE V.
Du temps requis pour prescrire.

SECTION PREMIÈRE.
Dispositions générales.

Art. 2260. La prescription se compte par jours, et non par heures. — Civ. 2219, 2261 ; Com. 436.

Art. 2261. Elle est acquise lorsque le dernier jour du terme est accompli. — Com. 132.

R. v° Prescript. civ., 816 s.

SECTION II.
De la prescription trentenaire.

Art. 2262. Toutes les actions, tant réelles que personnelles, sont prescrites par trente ans, sans que celui qui allègue cette prescription soit obligé d'en rapporter un titre, ou qu'on puisse lui opposer l'excep- tion déduite de la mauvaise foi. — Civ. 617, 625, 706, 712, 789, 966, 1231, 2228, 2268, 2281.

R. v° Prescript. civ., 823 s. — S. cod. v°, 513 s. — T. (87-97), cod. v°, 61 s. — V. aussi N. C. civ. ann., t. 4, art. 2262, n° 1 s.

Art. 2263. Après dingt-huit ans de la date du dernier titre, le débiteur d'une rente peut être contraint à fournir à ses frais un titre nouvel à son créancier ou à ses ayants cause. — Civ. 877, 1122, 1337 s., 1909 s., 2248 s.

R. v° Prescript. civ., 847 s., 869 s. — S. cod. v°, 521 s.

Art. 2264. Les règles de la prescription sur d'autres objets que ceux mentionnés dans le présent titre, sont expliquées dans les titres qui leur sont propres. — Civ. 32, 181, 183, 185, 316 s., 328, 330, 475, 559 s., 617, 619, 641 s., 685, 690 s., 695, 706 s., 789 s., 809, 815, 877 s., 886, 957, 966, 1047, 1304, 1456, 1461 s., 1560 s., 1622, 1648, 1660 s., 1676 s., 1854, 2111 s., 2180-4° ; Com. 64, 108, 155, 189, 212, 430 s. ; Instr. 2, 635 s.

R. v° Prescript. civ., 912.

SECTION III.
De la prescription par dix et vingt ans.

Art. 2265. Celui qui acquiert de bonne foi et par juste titre un immeuble, en pres- crit la propriété par dix ans, si le véritable propriétaire habite dans le ressort de la cour royale [la cour d'appel] dans l'étendue de laquelle l'immeuble est situé ; et par vingt ans, s'il est domicilié hors dudit ressort. — Civ. 550, 2266 s.

R. v° Prescript. civ., 877 s. — S. cod. v°, 525 s. — T. (87-97), cod. v°, 78 s. — V. aussi N. C. civ. ann., t. 4, art. 2265, n° 1 s.

Art. 2266. Si le véritable propriétaire a eu son domicile en différents temps, dans le ressort et hors du ressort, il faut, pour compléter la prescription, ajouter à ce qui manque aux dix ans de présence, un nombre d'années d'absence double de celui qui manque, pour compléter les dix ans de pré- sence. — Civ. 2265.

R. v° Prescript. civ., 943 s. — S. cod. v°, 559 s.

Art. 2267. Le titre nul par défaut de forme, ne peut servir de base à la prescrip- tion de dix et vingt ans. — Civ. 550, 2265.

R. v° Prescript. civ., 897 s. — S. cod. v°, 538 s.

Art. 2268. La bonne foi est toujours présumée, et c'est à celui qui allègue la mauvaise foi à la prouver. — Civ. 550, 1116, 2269.

R. v° Prescript. civ., 913 s. — S. cod. v°, 546 s. — T. (87-97), cod. v°, 78 s.

Art. 2269. Il suffit que la bonne foi ait existé au moment de l'acquisition. — Civ. 550, 2231, 2268.

R. v° Prescript. civ., 913 s. — S. cod. v°, 346 s.

Art. 2270. Après dix ans, l'architecte et les entrepreneurs sont déchargés de la garantie des gros ouvrages qu'ils ont faits ou dirigés. — Civ. 1304, 1792 s., 1798.

R. v° Prescript. civ., 966 s. ; Travaux publics, 553 s. — S. v° Travaux publics, 812 s. — T. (87-97), v° Louage d'ouvr., 143 s. — C. ad., t. 3, v° Tra- vaux publics, p. 683, n° 10399 s.

SECTION IV.
De quelques prescriptions particulières.

Art. 2271. L'action des maîtres et insti- tuteurs des sciences et arts, pour les leçons qu'ils donnent au mois ;

Celle des hôteliers et traiteurs, à raison du logement et de la nourriture qu'ils four- nissent ;

Celle des ouvriers et gens de travail, pour le payement de leurs journées, fournitures et salaires,

Se prescrivent par six mois. — Civ. 1710, 1779 s., 1799, 2101-4-5°, 2102-5°, 2260 s., 2274 s., 2278.

R. v° Prescript. civ., 971 s. — S. cod. v°, 567 s. — T. (87-97), cod. v°, 94 s.

Art. 2272. (L. 30 novembre 1892.) L'ac- tion des huissiers, pour le salaire des actes qu'ils signifient, et des commissions qu'ils exécutent ;

Celle des marchands, pour les marchan- dises qu'ils vendent aux particuliers non marchands ;

Celle des maîtres de pension, pour le prix de pension de leurs élèves ; et des autres maîtres, pour le prix de l'apprentissage ;

Celle des domestiques qui se louent à l'an- née, pour le payement de leur salaire,

Se prescrivent par un an.

L'action des médecins, chirurgiens, chi- rurgiens-dentistes, sages-femmes et phar- maciens, pour leurs visites, opérations et médicaments, se prescrit par deux ans. — Civ. v° Prescript. civ., 902 s. — S. cod. v°, 375 s. — T. (87-97), cod. v°, 106 s.

Loi du 30 novembre 1892 : D. P. 93. 4. 8.

Art. 2273. L'action des avoués, pour le payement de leurs frais et salaires, se pres- crit par deux ans, à compter du jugement des procès, ou de la conciliation des parties, ou depuis la révocation desdits avoués. A l'égard des affaires non terminées, ils ne peuvent former de demandes pour leurs frais et salaires qui remonteraient à plus de cinq ans. — Civ. 2274 s., 1020 s. — S. cod. v°, 587 s. — T. (87-97), cod. v°, 118 s.

V. infra, Appendice, la loi du 24 mars 1897, relative au recouvrement des frais dus aux notaires, avoués et huis- siers.

Art. 2274. La prescription, dans les cas ci-dessus, a lieu, quoiqu'il y ait eu con- tinuation de fournitures, livraisons, services et travaux.

Elle ne cesse de courir que lorsqu'il y a eu compte arrêté, cédule ou obligation, ou citation en justice non périmée. — Civ. 2244, 2271 s., 2275, 2278 ; Pr. 15, 57 156, 397 s., 469.

R. v° Prescript. civ., 1036 s. — S. cod. v°, 593 s. — T. (87-97), cod. v°, 121 s.

Art. 2275. Néanmoins, ceux auxquels ces prescriptions seront opposées, peuvent déférer le serment à ceux qui les opposent, sur la question de savoir si la chose a été réellement payée.

Le serment pourra être déféré aux veuves et héritiers, ou aux tuteurs de ces derniers, s'ils sont mineurs, pour qu'ils aient à déclarer s'ils ne savent pas que la chose soit due. — Civ. 724, 1358 s., 2271 s., 2278 ; Com. 189 ; Pén. 366.

R. v⁰ Prescript. civ., 1036 s. ; Obligat., 3220 s. — S. v¹ˢ Prescript. civ., 502 s. ; Obligat., 2172.

Art. 2276. Les juges et avoués sont déchargés des pièces cinq ans après le jugement des procès.

Les huissiers, après deux ans, depuis l'exécution de la commission, ou la signification des actes dont ils étaient chargés, en sont pareillement déchargés. — Civ. 2272 s., 2278.

R. v⁰ Prescript. civ., 1030 s., 1048 s. — S. eod. v⁰, 608.

Art. 2277. Les arrérages de rentes perpétuelles et viagères ;

Ceux des pensions alimentaires ;

Les loyers des maisons, et le prix de ferme des biens ruraux ;

Les intérêts des sommes prêtées, et généralement tout ce qui est payable par année, ou à des termes périodiques plus courts,

Se prescrivent par cinq ans. — Civ. 529 s., 584, 1015-2⁰, 1728, 1905 s., 1909, 1968 s., 2278.

R. v⁰ Prescript. civ., 1051 s. — S. eod. v⁰, 609 s. — T. (87-97), eod. v⁰, 125 s. — V. aussi N. C. civ ann., t. 4, art. 2277, n⁰ˢ 1 s.

Art. 2278. Les prescriptions dont il s'agit dans les articles de la présente section, courent contre les mineurs et les interdits ; sauf leur recours contre leurs tuteurs. — Civ. 1382, 1663, 1670, 2252 ; Pr. 398, 411, 484.

Art. 2279. En fait de meubles, la possession vaut titre.

Néanmoins celui qui a perdu ou auquel il a été volé une chose, peut la revendiquer pendant trois ans, à compter du jour de la perte ou du vol, contre celui dans les mains duquel il la trouve ; sauf à celui-ci son recours contre celui duquel il la tient. — Civ. 527 s., 549 s., 717, 1141, 1293-1⁰, 1302, 1382, 1926, 1935, 2102-4⁰, 2119, 2226, 2280 ; Pr. 826 s. ; Com. 574 s. ; Pén. 379, 408.

R. v⁰ Prescript civ., 264 s. — S. eod. v⁰, 127 s. — T. (87-97), v⁰ Possession, 1 s. — V. aussi N. C. civ. ann., t. 4, art. 2279, n⁰ˢ 1 s.

Art. 2280. Si le possesseur actuel de la chose volée ou perdue l'a achetée dans une foire ou dans un marché, ou dans une vente publique, ou d'un marchand vendant des choses pareilles, le propriétaire originaire ne peut se la faire rendre qu'en remboursant au possesseur le prix qu'elle lui a coûté.

(L. 11 juillet 1892.) Le bailleur qui revendique, en vertu de l'article 2102, les meubles déplacés sans son consentement et qui ont été achetés dans les mêmes conditions, doit également rembourser à l'acheteur le prix qu'ils lui ont coûté. — Civ. 2279.

R. v⁰ Prescript. civ., 292 s. — S. eod. v⁰, 180 s. Loi du 11 juillet 1892 ; D. P. 92, 4. 8.

Art. 2281. Les prescriptions commencées à l'époque de la publication du présent titre seront réglées conformément aux lois anciennes.

Néanmoins les prescriptions alors commencées à l'époque de la publication du présent, suivant les anciennes lois, plus de trente ans à compter de la même époque, seront accomplies par ce laps de trente ans. — Civ. 2, 691, 2227, 2262 s.

R. v⁰ Prescript. civ., 1111 s. — V. aussi N. C. civ ann., t. 4, art. 2281, n⁰ˢ 1 s.

FIN DU CODE CIVIL.

CODE

DE

PROCÉDURE CIVILE[1]

PREMIÈRE PARTIE.

PROCÉDURE DEVANT LES TRIBUNAUX

LIVRE PREMIER.

DE LA JUSTICE DE PAIX.

Décrété le 14 avril 1806, et promulgué le 24 avril 1806.

V. *infrà,* **Appendice,** les lois du 25 mai 1838 et du 12 juillet 1905, *sur les justices de paix.*

TITRE PREMIER.

Des citations.

Art. 1er. Toute citation devant les juges de paix contiendra la date des jours, mois et ans, les noms, profession et domicile du demandeur, les noms, demeure et immatricule de l'huissier, les noms et demeure du défendeur ; elle énoncera sommairement l'objet et les moyens de la demande, et indiquera le juge de paix qui doit connaître de la demande, et le jour et l'heure de la comparution. — Pr. 4 s., 59 s., 1030.

v *Exploit,* 660 s. — **S.** *eod.* v°, 226 s. — V. **C. pr. civ. ann.,** et son **Suppl.,** art. 1er; **C. ad.,** v° *Commune,* p. 610, n° 5941 s.; *Élections,* § , n° 4259 s.; t. 5, v° *Organisation militaire,* , n° 5770 s.

Art. 2. En matière purement personnelle et mobilière, la citation sera donnée devant le juge du domicile du défendeur; s'il n'a pas de domicile, devant le juge de sa résidence. — . 50-1°, 59, 69-8°; Civ. 102, 111.

Art. 3. Elle le sera devant le juge de la situation de l'objet litigieux, lorsqu'il s'agira : Des actions pour dommages aux champs, fruits et récoltes ;

Des déplacements de bornes, des usurpations de terres, arbres, haies, fossés et autres clôtures, commis dans l'année ; des entreprises sur les cours d'eau, commises également dans l'année, et de toutes autres actions possessoires ;

Des réparations locatives ;

Des indemnités prétendues par le fermier ou locataire pour non-jouissance, lorsque le droit ne sera pas contesté, et les dégradations alléguées par le propriétaire. — Pr. ; Civ. 645 s., 666 s., 1721, 1731 s., 1754, 2228 s., 2243.

Art. 4. La citation sera notifiée par l'huissier de la justice de paix du domicile du défendeur ; en cas d'empêchement, par celui qui sera commis par le juge : copie en sera laissée à la partie ; s'il ne se trouve personne à son domicile, la copie sera laissée au maire ou adjoint de la commune, qui visera l'original sans frais.

La dernière édition officielle du Code de procédure est du 8 octobre 1849 ; c'est celle dont nous donnons le texte.

L'huissier de la justice de paix ne pourra instrumenter pour ses parents en ligne directe, ni pour ses frères, sœurs, et alliés au même degré. — Pr. 52, 61 s., 66, 68, 1039; Civ. 735 s.

R. v° *Exploit,* 669 s.

Art. 5. Il y aura un jour au moins entre celui de la citation et le jour indiqué pour la comparution, si la partie citée est domiciliée dans la distance de trois myriamètres.

Si elle est domiciliée au delà de cette distance, il sera ajouté un jour par trois myriamètres.

Dans le cas où les délais n'auront point été observés, si le défendeur ne comparaît pas, le juge ordonnera qu'il sera réassigné, et les frais de la première citation seront à la charge du demandeur. — Pr. 8 s., 19 s., 72 s., 173, 1033; Civ. 102.

L'art. 5 est modifié par l'art. 1033 nouveau (L. 3 mai 1862), qui porte le délai de distance à un jour par cinq myriamètres.

R. v° *Exploit,* 671 s.

Art. 6. Dans les cas urgents, le juge donnera une cédule pour abréger les délais, et pourra permettre de citer, même dans le jour et à l'heure indiqués. — Pr. 63, 72, 808; *Instr.* 146.

R. v° *Exploit,* 678 s.

Art. 7. Les parties pourront toujours se présenter volontairement devant un juge de paix ; auquel cas il jugera leur différend, soit en dernier ressort, si la loi ou les parties l'y autorisent, soit à la charge de l'appel, encore qu'il ne fût le juge naturel des parties, ni à raison du domicile du défendeur, ni à raison de la situation de l'objet litigieux.

La déclaration des parties qui demanderont jugement sera signée par elles, ou mention sera faite si elles ne peuvent signer. — Pr. 1003.

R. v° *Compét. civ. des trib. de paix,* 318 s. — S. *eod.* v°, 135 s.

TITRE DEUXIÈME.

Des audiences du juge de paix et de la comparution des parties.

Art. 8. Les juges de paix indiqueront au moins deux audiences par semaine : ils

pourront juger tous les jours, même ceux de dimanches et fêtes, le matin et l'après-midi.

Ils pourront donner audience chez eux, en tenant les portes ouvertes. — Pr. 87, 1037.

R. v° *Organ. jud.,* 469 s.

Art. 9. Au jour fixé par la citation, ou convenu entre les parties, elles comparaîtront en personne ou par leurs fondés de pouvoir, sans qu'elles puissent faire signifier aucune défense. — Pr. 53, 421.

R. v° *Défense,* 252 s. — S. *eod.* v°, 74. — T. (87-97), v° *Comparution personnelle,* 1 s.; *Tribunaux,* 9 s.

Art. 10. Les parties seront tenues de s'expliquer avec modération devant le juge, et de garder en tout le respect qui est dû à la justice : si elles y manquent, le juge les y rappellera d'abord par un avertissement ; en cas de récidive, elles pourront être condamnées à une amende qui n'excédera pas la somme de dix francs, avec affiches du jugement, dont le nombre n'excédera pas celui des communes du canton. — Pr. 11 s., 85, 88 s.; *Instr.* 504; *Pén.* 222.

Art. 11. Dans le cas d'insulte ou irrévérence grave envers le juge, il en dressera procès-verbal, et pourra condamner à un emprisonnement de trois jours au plus. — Pr. 85, 88 s.; *Instr.* 181, 504; *Pén.* 222, 226; 228.

R. v° *Organ. jud.,* 471 s. — S. *eod.* v°, 256 s. — T. (87-97), v° *Audience,* 1 s.

Art. 12. Les jugements, dans les cas prévus par les précédents articles, seront exécutoires par provision. — Pr. 17 s.

Art. 13. Les parties ou leurs fondés de pouvoir seront entendus contradictoirement. La cause sera jugée sur-le-champ, ou à la première audience ; le juge, s'il le croit nécessaire, se fera remettre les pièces. — Pr. 19 s.

Art. 14. Lorsqu'une des parties déclarera vouloir s'inscrire en faux, déniera l'écriture, ou déclarera ne pas la reconnaître, le juge lui en donnera acte : il parafera la pièce, et renverra la cause devant les juges qui doivent en connaître. — Pr. 193, 214, 427, 1015; Civ. 1319, 1324.

R. v° *Compét. civ. des trib. de paix,* 317; *Faux incid.* 44, 124; *Vérif. d'écrit.,* 38 s. — S. v° *Compét. civ. des trib. de paix,* 134; *Vérif. d'écrit.,* 19.

13

Art. 15. Dans les cas où un interlocutoire aurait été ordonné, la cause sera jugée définitivement, au plus tard, dans le délai de quatre mois du jour du jugement interlocutoire : après ce délai, l'instance sera périmée de droit ; le jugement qui serait rendu sur le fond sera sujet à l'appel, même dans les matières dont le juge de paix connaît en dernier ressort, et sera annulé, sur la réquisition de la partie intéressée.

Si l'instance est périmée par la faute du juge, il sera passible des dommages et intérêts. — *Pr.* 397 s., 443 s., 452, § 2, 473, 505, § 3, 509, 1029 s.

R. v^o *Péremptt.*, 302 s. — S. *eod.* v^o, 121 s. — T. (87-97), *cod.* v^o, 39 s.

Sur ce qu'il faut entendre par jugement interlocutoire, V. *infrà, art.* 452.

Art. 16. L'appel des jugements de la justice de paix ne sera pas recevable après les trois mois, à dater du jour de la signification faite par l'huissier de la justice de paix, ou tel autre commis par le juge. — *Pr.* 443 s.

Art. 17. Les jugements des justices de paix, jusqu'à concurrence de trois cents francs, seront exécutoires par provision, nonobstant l'appel, et sans qu'il soit besoin de fournir caution : les juges de paix pourront, dans les autres cas, ordonner l'exécution provisoire de leurs jugements, mais à la charge de donner caution. — *Pr.* 135.

Art. 18. Les minutes de tout jugement seront portées par le greffier sur la feuille d'audience, et signées par le juge qui aura tenu l'audience et par le greffier. — *Pr.* 30, 138 s., 545.

R. v^o *Greffe*, 103 s. — S. *cod.* v^o, 83 s.

TITRE TROISIÈME.

Des jugements par défaut, et des oppositions à ces jugements.

Art. 19. Si au jour indiqué par la citation, l'une des parties ne comparaît pas, la cause sera jugée par défaut, sauf la réassignation dans le cas prévu dans le dernier alinéa de l'article 5. — *Pr.* 150 s., 434 s.; *Com.* 643; *Instr.* 119 s., 186, 244, 465.

R. v^o *Jug. par déf.*, 23 s.

Art. 20. La partie condamnée par défaut pourra former opposition, dans les trois jours de la signification faite par l'huissier du juge de paix, ou autre qu'il aura commis.

L'opposition contiendra sommairement les moyens de la partie, et assignation au prochain jour d'audience, en observant toutefois les délais prescrits pour les citations ; elle indiquera les jour et heure de la comparution, et sera notifiée ainsi qu'il est ci-dessus. — *Pr.* 4 s., 156 s., 435 s., 550.

R. v^o *Jug. par déf.*, 311 s. — S. *cod.* v^o, 98 s., 135 s. — T. (87-97), *cod.* v^o, 130 s.

Art. 21. Si le juge de paix sait par lui-même, ou par les représentations qui lui seraient faites à l'audience par les proches, voisins ou amis du défendeur, que celui-ci n'a pu être instruit de la procédure, il pourra, en adjugeant le défaut, fixer, pour le délai de l'opposition, le temps qui lui paraîtra convenable ; et, dans le cas où la prorogation n'aurait été ni accordée d'office ni demandée, le défaillant pourra être relevé de la rigueur du délai, et admis à opposition, en justifiant qu'à raison d'absence ou de maladie grave, il n'a pu être instruit de la procédure.

R. v^o *Jug. par déf.*, 317 s.

Art. 22. La partie opposante qui se laisserait juger une seconde fois par défaut ne sera plus reçue à former une nouvelle opposition. — *Pr.* 165.

TITRE QUATRIÈME.

Des jugements sur les actions possessoires.

Art. 23. Les actions possessoires ne seront recevables qu'autant qu'elles auront été formées, dans l'année du trouble, par ceux qui, depuis une année au moins, étaient en possession paisible par eux ou les leurs, à titre non précaire. — *Pr.* 3-2°; *Civ.* 2228 s., 2236, 2243.

R. v^o *Act. poss.*, 25 s. — S. *eod.* v^o, 8 s. — T. (87-97), *cod.* v^o, 1 s. — V. aussi C. pr. civ. ann., art. 23, n°s 1 s.; et son Suppl., n°s 350 s.; C. ad., t. 1, v^o *Séparation des pouvoirs*, p. 80, n°s 289 s.; *Département*, p. 360, n°s 2101 s.; *Commune*, p. 683, n°s 7827 s.; p. 685, n°s 7013 s.; p. 697, n°s 8254 s.; p. 699, n°s 8331 s.; p. 704, n°s 8369; t. 2, v^o *Culte*, p. 220, n°s 5457 s., 5479; t. 3, v^o *Eaux minérales et thermales*, p. 95, n°s 2113; *Voirie*, p. 1108, n°s 1870 s.; p. 1145, n°s 2942 s.; p. 1149, n°s 2975 s.; p. 1190, n°s 4283 s.; p. 1200, n°s 4635 s.; p. 1212, n°s 5193 s.; p. 1326, n°s 7741 s.; p. 1163, n°s 11185 s.

Art. 24. Si la possession ou le trouble sont déniés, l'enquête qui sera ordonnée ne pourra porter sur le fond du droit. — *Pr.* 34 s.

R. v^o *Act. poss.*, 644 s. — S. *cod.* v^o, 175 s. — T. (87-97), *cod.* v^o, 134.

Art. 25. Le possessoire et le pétitoire ne seront jamais cumulés. — *Pr.* 24.

R. v^o *Act. poss.*, 644 s. — S. *cod.* v^o, 183 s. — T. (87-97), *cod.* v^o, 135 s. — V. aussi C. pr. civ. ann., art. 25, n°s 1 s.; et son Suppl., n°s 729 s.; C. ad., t. 1, v^o *Conflit*, p. 132, n°s 78 s.

Art. 26. Le demandeur au pétitoire ne sera plus recevable à agir au possessoire. — *Pr.* 23 s.

R. v^o *Act. poss.*, 618 s. — S. *cod.* v^o, 168 s. — T. (87-97), *cod.* v^o, 130 s.

Art. 27. Le défendeur au possessoire ne pourra se pourvoir au pétitoire qu'après que l'instance sur le possessoire aura été terminée : il ne pourra, s'il a succombé, se pourvoir qu'après qu'il aura pleinement satisfait aux condamnations prononcées contre lui.

Si néanmoins la partie qui les a obtenues était en retard de les faire liquider, le juge du pétitoire pourra fixer, pour cette liquidation, un délai, après lequel l'action au pétitoire sera reçue. — *Pr.* 128, 497, 523 s.

R. v^o *Act. poss.*, 636 s., 612 s. — S. *cod.* v^o, 174, 176 s. — V. aussi C. pr. civ. ann., art. 27, n°s 1 s.; et son Suppl., n°s 857 s.

TITRE CINQUIÈME.

Des jugements qui ne sont pas définitifs, et de leur exécution.

Art. 28. Les jugements qui ne seront pas définitifs ne seront point expédiés, quand ils auront été rendus contradictoirement et prononcés en présence des parties. Dans le cas où le jugement ordonnerait une opération à laquelle les parties devraient assister, il indiquera le lieu, le jour et l'heure, et la prononciation vaudra citation. — *Pr.* 29, 31, 34 s., 41 s., 407.

R. v^o *Enquête*, 646 s. — S. *cod.* v^o, 304. — T. (87-97), *cod.* v^o, 61 s.

Art. 29. Si le jugement ordonne une opération par des gens de l'art, le juge délivrera, à la partie requérante, cédule de citation pour appeler les experts ; elle fera mention du lieu, du jour, de l'heure, et contiendra le fait, les motifs et la disposition du jugement relative à l'opération ordonnée.

Si le jugement ordonne une enquête, la cédule de citation fera mention de la date du jugement, du lieu, du jour et de l'heure. — *Pr.* 6, 34 s., 41 s.

R. v^o *Enquête*, 651 s. — S. *cod.* v^o, 304.

Sur les visites des lieux et expertises devant la justice de paix, V. *infrà, art.* 42.

Art. 30. Toutes les fois que le juge de paix se transportera sur le lieu contentieux soit pour en faire la visite, soit pour entendre les témoins, il sera accompagné du greffier qui apportera la minute du jugement préparatoire. — *Pr.* 18, 28 s., 31 s., 41, 295.

Art. 31. Il n'y aura lieu à l'appel des jugements préparatoires qu'après le jugement définitif et conjointement avec l'appel de jugement ; mais l'exécution des jugements préparatoires ne portera aucun préjudice aux droits des parties sur l'appel, sans qu'elles soient obligées de faire à cet égard aucune protestation ni réserve.

L'appel des jugements interlocutoires est permis avant que le jugement définitif ait été rendu.

Dans ce cas, il sera donné expédition du jugement interlocutoire. — *Pr.* 16, 28, 41, 401, 451 s., 154, 456.

TITRE SIXIÈME.

De la mise en cause des garants.

Art. 32. Si, au jour de la première comparution, le défendeur demande à mettre garant en cause, le juge accordera délai suffisant en raison de la distance à domicile du garant : la citation donnée au garant sera libellée, sans qu'il soit besoin de lui notifier le jugement qui ordonne mise en cause. — *Pr.* 59, 175, 186, 103 Civ. 102.

Art. 33. Si la mise en cause n'a pas été demandée à la première comparution, ou si la citation n'a pas été faite dans le délai fixé, il sera procédé, sans délai, au jugement de l'action principale, sauf à statuer séparément sur la demande en garantie. *Pr.* 178, 179.

R. v^o *Except.*, 418 s.

TITRE SEPTIÈME.

Des enquêtes.

Art. 34. Si les parties sont contraires en faits de nature à être constatés par témoins, et dont le juge de paix trouvera la vérification utile et admissible, il ordonnera preuve et en fixera précisément l'objet. *Pr.* 28 s., 252, 407, 412; *Civ.* 1341 s.

R. v^o *Enquête*, 643 s. — S. *cod.* v^o, 299 s. — T. (87-97), *eod.* v^o, 61 s.

Art. 35. Au jour indiqué, les témoins, après avoir dit leurs noms, profession, âge et demeure, feront le serment de dire vérité et déclareront s'ils sont parents ou alliés des parties et à quel degré, et s'ils sont leurs serviteurs ou domestiques. — *Pr.* 262, 282 Civ. 735 s.; *Instr.* 75 s., 155 s., 189, 317, 322.

R. v^o *Enquête*, 653 s. — S. *cod.* v^o, 306 s.

Art. 36. Ils seront entendus séparément en présence des parties, si elles comparaissent ; elles seront tenues de fournir leurs reproches avant la déposition, et de les signer si elles ne le savent ou ne le peuvent, il en sera fait mention : les reproches ne pourront être reçus après la déposition commencée, qu'autant qu'ils seront justifiés par écrit. — *Pr.* 35, 262, 270, 283, 287, 413; *Instr.* 413.

R. v^o *Enquête*, 655 s. — S. *cod.* v^o, 308.

Art. 37. Les parties n'interrompront point les témoins : après la déposition, le juge pourra, sur la réquisition des parties et même d'office, faire aux témoins les interpellations convenables. — *Pr.* 273, 276.

Art. 38. Dans tous les cas où la vue du lieu peut être utile pour l'intelligence des dépositions, et spécialement dans les actions déplacement de bornes, usurpations de , arbres, haies, fossés ou autres clô-, et pour entreprises sur les cours d'eau, e de paix se transportera, s'il le croit saire, sur le lieu, et ordonnera que les us y seront entendus. — *Pr.* 30, 41.

* *Enquête*, 647, 664 ; *Bornage*, 31 s.

t. 39. Dans les causes sujettes à l'ap-le greffier dressera procès-verbal de ion des témoins : cet acte contiendra noms, âge, profession et demeure, leur nt de dire vérité, leur déclaration s'ils parents, alliés, serviteurs ou domestiques rties, et les reproches qui auraient été is contre eux. Lecture de ce procès-l sera faite à chaque témoin pour la qui le concerne ; il signera sa déposi-u mention sera faite qu'il ne sait ou ut signer. Le procès-verbal sera, en , signé par le juge et le greffier. Il sera lé immédiatement au jugement, ou au ard, à la première audience. — *Pr.* 15 s., i, 411 s.

* *Enquête*, 665 s. — **S.** *cod.* v*, 313.

t. 40. Dans les causes de nature à être s en dernier ressort, il ne sera point à de procès-verbal ; mais le jugement cera les noms, âge, profession et demeure moins, leur serment, leur déclaration sont parents, alliés, serviteurs ou do-ques des parties, les reproches, et le al des dépositions. — *Pr.* 28, 35, 43 453 s.

* *Enquête*, 666 s.

TITRE HUITIÈME.

Des visites des lieux, et des appréciations.

t. 41. Lorsqu'il s'agira, soit de cons-l'état des lieux, soit d'apprécier la valeur

des indemnités et dédommagements deman-dés, le juge de paix ordonnera que le lieu contentieux sera visité par lui, en présence des parties. — *Pr.* 28 s., 38, 295 s.

R. v* *Desc. sur les lieux*. 57 s. — **S.** *cod.* v*, 15 s. — **T.** (87-97), *cod.* v*, 1 s.

Art. 42. Si l'objet de la visite ou de l'appréciation exige des connaissances qui soient étrangères au juge, il ordonnera que les gens de l'art, qu'il nommera par le même jugement, feront la visite avec lui et donne-ront leur avis : il pourra juger sur le lieu même, sans désemparer. Dans les causes sujettes à l'appel, procès-verbal de la visite sera dressé par le greffier, qui constatera le serment prêté par les experts. Le procès-verbal sera signé par le juge, par le greffier et par les experts ; et si les experts ne savent ou ne peuvent signer, il en sera fait men-tion. — *Pr.* 15 s., 28 s., 31, 39, 302, 404, 103 i.

R. v* *Desc. sur les lieux*, 57 s. ; *Expert.*, 317 s. — **S.** v* *Desc. sur les lieux*, 15 s. ; *Expert.*, 118 s.

Art. 43. Dans les causes non sujettes à l'appel, il ne sera point dressé de procès-verbal ; mais le jugement énoncera les noms des experts, la prestation de leur serment, et le résultat de leur avis. — *Pr.* 40.

R v* *Desc. sur les lieux*, 62 ; *Expert.*, 360. — **S.** v* *Desc sur les lieux*, 18.

TITRE NEUVIÈME.

De la récusation des juges de paix.

Art. 44. Les juges de paix pourront être récusés : 1° quand ils auront intérêt person-nel à la contestation ; 2° quand ils seront parents ou alliés d'une des parties, jusqu'au degré de cousin germain inclusivement ; 3° si, dans l'année qui a précédé la récusation,

il y a eu procès criminel entre eux et l'une des parties ou son conjoint, ou ses parents et alliés en ligne directe ; 4° s'il y a procès civil existant entre eux et l'une des parties, ou son conjoint ; 5° s'ils ont donné un avis écrit dans l'affaire. — *Pr.* 378 s.; *Civ.* 735 s.; *Instr.* 542 s.

R. v* *Récusation*, 86 s. — **S.** *cod.* v*, 53 s. — **T.** (87-97), *cod.* v*, 13 s. — **C.** ad., t. 1, v* *Élec-tions*, p. 1038, n** 4248 s.

Art. 45. La partie qui voudra récuser un juge de paix sera tenue de former la ré-cusation et d'en exposer les motifs par un acte qu'elle fera signifier, par le premier huissier requis, au greffier de la justice de paix, qui visera l'original. L'exploit sera signé, sur l'original et la copie, par la partie ou son fondé de pouvoir spécial. La copie sera déposée au greffe, et communiquée immé-diatement au juge par le greffier. — *Pr.* 380, 381, 1039 ; *Civ.* 1987.

R. v* *Récusation*, 133 s. — **S.** *cod.* v*, 110 s.

Art. 46. Le juge sera tenu de donner au bas de cet acte, dans le délai de deux jours, sa déclaration par écrit, portant, ou son acquiescement à la récusation, ou son refus de s'abstenir, avec ses réponses aux moyens de récusation. — *Pr.* 386.

R. v* *Récusation*, 133 s.

Art. 47. Dans les trois jours de la ré-ponse du juge qui refuse de s'abstenir, ou faute par lui de répondre, expédition de l'acte de récusation et de la déclaration du juge, s'il y en a, sera envoyée par le greffier, sur la réquisition de la partie la plus diligente, au procureur du Roi [*au procureur de la République*] près le tribunal de première instance dans le ressort duquel la justice de paix est située : la récusation y sera jugée en dernier ressort dans la huitaine, sur les con-clusions du procureur du Roi [*du procureur de la République*], sans qu'il soit besoin d'appeler les parties. — *Pr.* 83 s., 112, 365.

R. v* *Récusation*, 133 s.

LIVRE DEUXIÈME.

DES TRIBUNAUX INFÉRIEURS.

Suite du décret du 14 avril 1806.

TITRE PREMIER.

De la conciliation.

t. 48. Aucune demande principale uctive d'instance entre parties capables nsiger, sur des objets qui peuvent a matière d'une transaction, ne sera dans les tribunaux de première ins-que le défendeur n'ait été préalable-appelé en conciliation devant le juge ix, ou que les parties n'y aient volon-ent comparu. — *Pr.* 49, 1003 s.; *Civ.* s., 2045.

* *Conciliat.*, 37 s. — **S.** *cod.* v*, 4 s. — -97), *cod.* v*, 1 s. — **V.** aussi **C.** pr. civ. art. 48, n* 1 s.; et son Suppl., n** 897 s.

t. 49. Sont dispensées du préliminaire conciliation :
Les demandes qui intéressent l'État et maine, les communes, les établisse-s publics, les mineurs, les interdits, les eurs aux successions vacantes ;
Les demandes qui requièrent célérité ;
Les demandes en intervention ou en tie ;

4° Les demandes en matière de commerce ;
5° Les demandes en mise en liberté, celles en mainlevée de saisie ou opposition, en payement de loyers, fermages ou arrérages de rentes ou pensions, celles des avoués en payement de frais ;
6° Les demandes formées contre plus de deux parties, encore qu'elles aient le même intérêt ;
7° Les demandes en vérification d'écritures, en désaveu, en règlement de juges, en ren-voi, en prise à partie ; les demandes contre un tiers saisi, et en général sur les saisies, sur les offres réelles, sur la remise des titres, sur leur communication, sur les séparations de biens, sur les tutelles et curatelles ; et enfin toutes les causes exceptées par les lois. — *Pr.* 23 s., 60, 175, 189 s., 320, 339 s., 345, 352, 363, 368, 401, 406, 415, 466, 505, 566 s., 570 s., 637, 718, 794, 815, 839, 856, 865, 998 s.; *Civ.* 388 s., 489 s., 811 s., 1625 ; *Com.* 631 s.

R. v* *Conciliation*, 74 s., 116 s. — **S.** *cod.* v*, 12 s., 34 s. — **T.** (87-97), *cod.* v*, 3 s. — **V.** aussi **C.** pr. civ. ann., art. 49, n** 1 s.; et son Suppl., n** 926 s.; **C.** ad., t. 1, v** *Département*, p. 381, n** 2142 s.; *Commune*, p. 704, n** 8514 s.; t. 2, v* *Culte*, p. 223, n* 5580.

Art. 50. Le défendeur sera cité en con-ciliation :
1° En matière personnelle et réelle, devant le juge de paix de son domicile ; s'il y a deux défendeurs, devant le juge de l'un d'eux, au choix du demandeur ;
2° En matière de société autre que celle de commerce, tant qu'elle existe, devant le juge du lieu où elle est établie ;
3° En matière de succession, sur les demandes entre héritiers, jusqu'au partage inclusivement ; sur les demandes qui seraient intentées par les créanciers du défunt, avant le partage ; sur les demandes relatives à l'exé-cution des dispositions à cause de mort, jus-qu'au jugement définitif, devant le juge de paix du lieu où la succession est ouverte. — *Pr.* 49-4°, 59 s., 69-6° ; *Civ.* 102, 110, 718, 815, 822, 1832 ; *Com.* 19 s.

R. v* *Conciliation*, 238 s. — **S.** *cod.* v*, 51 s.

Art. 51. Le délai de la citation sera de trois jours au moins. — *Pr.* 5, 72 s., 1033.

R. v* *Conciliation*, 261 s. — **S.** *cod.* v*, 63 s.

Art. 52. La citation sera donnée par un huissier de la justice de paix du défendeur ;

elle énoncera sommairement l'objet de la conciliation. — *Pr.* 1, 4, 58, 61 s.

R. vᵒ *Conciliation*, 261 s. — S. *eod.* vᵒ, 63 s.

Art. 53. Les parties comparaîtront en personne; en cas d'empêchement, par un fondé de pouvoir. — *Pr.* 9 s.; *Civ.* 1987 s.

R. vᵒ *Conciliation*, 283 s. — S. *eod.* vᵒ, 71 s.

Art. 54. Lors de la comparution, le demandeur pourra expliquer, même augmenter sa demande, et le défendeur former celles qu'il jugera convenables : le procès-verbal qui en sera dressé contiendra les conditions de l'arrangement, s'il y en a; dans le cas contraire, il fera sommairement mention que les parties n'ont pu s'accorder.

Les conventions des parties, insérées au procès-verbal, ont force d'obligation privée. — *Pr.* 10, 65; *Civ.* 1134, 1317 s., 1322 s., 1356, 2123.

R. vᵒ *Conciliation*, 333 s., 349 s. — S. *eod.* vᵒ, 81, 83 s.

Art. 55. Si l'une des parties défère le serment à l'autre, le juge de paix lui en fera mention du refus de le prêter. — *Civ.* 1358 s.

R. vᵒ *Conciliation*, 339 s. — S. *eod.* vᵒ, 82.

Art. 56. Celle des parties qui ne comparaîtra pas sera condamnée à une amende de 10 francs, et toute audience lui sera refusée jusqu'à ce qu'elle ait justifié de la quittance. — *Pr.* 58, 1029.

R. vᵒ *Conciliation*, 304 s. — S. *eod.* vᵒ, 78 s.

Art. 57. La citation en conciliation interrompra la prescription, et fera courir les intérêts; le tout, pourvu que la demande soit formée dans le mois, à dater du jour de la non-comparution ou de la non-conciliation. — *Pr.* 59, 61, 66; *Civ.* 1153 s., 1907 s., 2245, 2271.

R. vᵒ *Conciliation*, 370 s. — S. *eod.* vᵒ, 88 s.

Art. 58. En cas de non-comparution de l'une des parties, il en sera fait mention sur le registre du greffier de la justice de paix, et sur l'original ou la copie de la citation, sans qu'il soit besoin de dresser procès-verbal. — *Pr.* 52, 65.

R. vᵒ *Conciliation*, 304 s. — S. *eod.* vᵒ, 78 s.

TITRE DEUXIÈME.

Des ajournements.

Art. 59. En matière personnelle, le défendeur sera assigné devant le tribunal de son domicile; s'il n'a pas de domicile, devant le tribunal de sa résidence.

S'il y a plusieurs défendeurs, devant le tribunal du domicile de l'un d'eux, au choix du demandeur;

En matière réelle, devant le tribunal de la situation de l'objet litigieux;

En matière mixte, devant le juge de la situation, ou devant le juge du domicile du défendeur;

En matière de société, tant qu'elle existe, devant le juge du lieu où elle est établie;

En matière de succession, 1° sur les demandes entre héritiers, jusqu'au partage inclusivement; 2° sur les demandes qui seraient intentées par des créanciers du défunt, avant le partage; 3° sur les demandes relatives à l'exécution des dispositions à cause de mort, jusqu'au jugement définitif, devant le tribunal du lieu où la succession est ouverte;

En matière de faillite, devant le juge du domicile du failli;

En matière de garantie, devant le juge où la demande originaire sera pendante;

Enfin, en cas d'élection de domicile pour l'exécution d'un acte, devant le tribunal du domicile élu, ou devant le tribunal du domicile réel du défendeur, conformément à l'article 111 du Code civil. — *Pr.* 2, 49 s., 60, 64, 69, 181, 356, 365, 420, 472, 475, 490, 493, 527, 553 s., 567, 794, 986, 997, 1003; *Civ.* 14 s., 110 s., 822, 1625, 1641 s., 1832 s.; *Com.* 18 s., 437 s.

R. vᵒ *Action*, 67 s.; *Compét. civ. des trib. d'arr.*, 11 s., 22 s. — S. vᵒ *Action*, 2 s.; *Compét. civ. des trib. d'arr.*, 3 s., 7 s. — T. (87-97), vᵒ *Compét. civ.*, 1 s., 15 s. — V. aussi C. pr. civ. ann., art. 59, nᵒˢ 1 s.; et son Suppl., nᵒˢ 1017 s.; C. ad., t. 1, vᵒ *Commune*, p. 683, nᵒˢ 7827 s.; t. 2, vᵒ *Culte*, p. 219, nᵒˢ 3440 s.; p. 271, nᵒˢ 6783 s.; p. 274, nᵒˢ 6870 s.; *Sépulture*, p. 436, nᵒˢ 1776 s.; *Établissement public*, p. 1240, nᵒˢ 358 s.; t. 3, vᵒ *Mines*, p. 893, nᵒˢ 658 s.; p. 938, nᵒˢ 1950 s.

V. *infrà*, Appendice, *la loi du 14 novembre 1808, art. 4, relative à la saisie immobilière des biens d'un débiteur situés dans plusieurs arrondissements; et la loi du 2 janvier 1902, relative à la compétence en matière d'assurances.*

Art. 60. Les demandes formées pour frais par les officiers ministériels seront portées au tribunal où les frais ont été faits. — *Pr.* 49-5°, 59, 101, 543 s.; *Civ.* 2272 s.

R. vᵒ *Compét. cir. des trib. d'arr.*, 137 s.; *Compét. comm.*, 370 s. — S. vᵒ *Compét. cir. des trib. d'arr.*, 160 s. — V. aussi C. pr. civ. ann., art. 60, nᵒˢ 1 s., et son Suppl., nᵒˢ 1195 s.

Art. 61. L'exploit d'ajournement contiendra :

1° La date des jours, mois et an, les noms, profession et domicile du demandeur, la constitution de l'avoué qui occupera pour lui, et chez lequel l'élection de domicile sera de droit, à moins d'une élection contraire par le même exploit;

2° Les noms, demeure et immatricule de l'huissier, les noms et demeure du défendeur, et mention de la personne à laquelle copie de l'exploit sera laissée;

3° L'objet de la demande, l'exposé sommaire des moyens;

4° L'indication du tribunal qui doit connaître de la demande, et du délai pour comparaître : le tout à peine de nullité. — *Pr.* 1, 68, 71, 75 s., 1029, 1033; *Civ.* 102.

R. vᵒ *Exploit*, 19 s., 44 s., 510 s., 615 s. — S. *eod.* vᵒ, 17 s., 29 s., 180 s., 206 s. — T. (87-97), *eod.* vᵒ, 1 s. — V. aussi C. pr. civ. ann., art 61, nᵒˢ 1 s.; et son Suppl., nᵒˢ 1430 s.

Art. 62. Dans le cas du transport d'un huissier, il ne lui sera payé pour tous frais de déplacement qu'une journée au plus. — *Pr.* 62, 67, 71.

Art. 63. Aucun exploit ne sera donné un jour de fête légale, si ce n'est en vertu de permission du président du tribunal. — *Pr.* 781-2°, 808, 828, 1037; *Com.* 162; *Pén.* 25.

Sur la délivrance des exploits les jours fériés, V. infrà, art. 1037.

Art. 64. En matière réelle ou mixte, les exploits énonceront la nature de l'héritage, la commune et, autant qu'il est possible, la partie de la commune où il est situé, et deux au moins des tenants et aboutissants; s'il s'agit d'un domaine, corps de ferme ou métairie, il suffira de désigner le nom et la situation : le tout à peine de nullité. — *Pr.* 59, 627, 1029.

R. vᵒ *Exploit*, 589 s. — S. *eod.* vᵒ, 201 s.

Art. 65. Il sera donné, avec l'exploit, copie du procès-verbal de non-conciliation, ou copie de la mention de non-comparution, à peine de nullité; sera aussi donnée copie des pièces ou de la partie des pièces sur lesquelles la demande est fondée : à défaut de ces copies, celles que le demandeur sera tenu de donner dans le cours de l'instance n'entreront pas en taxe. — *Pr.* 48, 54, 58, 1029, 1031.

R. vᵒ *Exploit*, 600 s.; *Copie de pièces*, 2 s. — S. vᵒ *Exploit*, 203 s.; *Copie de pièces*, 2 s.

Art. 66. L'huissier ne pourra instrumenter pour ses parents et alliés et ceux de sa femme, en ligne directe à l'infini, ni pour ses parents et amis collatéraux, jusqu'au degré de cousin issu de germain inclusivement : le tout à peine de nullité. — *Pr.* 71, 1029, 1031; *Civ.* 735 s.

R. vᵒˢ *Huissier*, 81 s.; *Parenté*, 23. — S. vᵒ *Huissier*, 36 s.

Art. 67. Les huissiers seront tenus mettre, à la fin de l'original et de la copie de l'exploit, le coût d'icelui, à peine de 5 francs d'amende, payables à l'instant de l'enregistrement. — *Pr.* 62, 104, 657, 1034.

R. vᵒ *Exploit*, 151 s. — S. *eod.* vᵒ, 46 s.

Art. 68. (*L.* 15 *février* 1899.) Tous exploits seront faits à personne ou domicile de la partie, ni aucun de ses parents ou serviteurs, il remettra de suite la copie à voisin, qui signera l'original; si ce voisin ne peut ou ne veut signer, l'huissier remettra la copie au maire ou adjoint de la commune, lequel visera l'original sans frais.

Lorsque la copie sera remise à toute autre personne que la partie elle-même ou le procureur de la République, elle sera délivrée sous enveloppe fermée, ne portant d'autre indication, d'un côté, que les nom et demeure de la partie, et, de l'autre, que le cachet de l'étude de l'huissier apposé sur la fermeture du pli.

L'huissier fera mention du tout, tant sur l'original que sur la copie. — *Pr.* 4, 61, 69, 73, 419, 1029, 1039; *Civ.* 102 s., 111; *Com.* 173.

V. la loi du 14 juin 1813, art. 43 (R. vᵒ *Huissier*, p. qui oblige l'huissier à remettre lui-même à personne domicile l'exploit et les copies de pièces qu'il est chargé de signifier. — V. aussi l'art. 35 de la loi du 30 juin (R. vᵒ *Aliéné*, p. 451), relatif aux significations à faire aux aliénés pourvus d'un administrateur provisoire.

T. (87-97), *eod.* vᵒ, 39 s. — V. aussi C. pr. civ. ann., art. 68, nᵒˢ 1 s.; et son Suppl., nᵒˢ 1382 s.

Loi du 15 février 1899 : D. P. 99. 4. 9.

Art. 69. Seront assignés :

1° L'État, lorsqu'il s'agit de domaines ou droits domaniaux, en la personne ou au domicile du préfet du département ou siège du tribunal devant lequel doit être portée la demande en première instance;

2° Le Trésor public, en la personne de l'agent;

3° Les administrations ou établissements publics, en leur bureau, dans les lieux où réside le siège de l'administration; dans les autres lieux, en la personne et au bureau leur préposé;

4° *Le Roi pour ses domaines, en la personne du procureur du Roi de l'arrondissement (modifié par la loi du 2 mars 1849 sur la Liste civile, art. 27; et par le sénatus-consulte du 12 décembre 1852, art. 20)*

5° Les communes, en la personne ou domicile du maire; à Paris, en la personne ou au domicile du préfet :

Dans les cas ci-dessus, l'original sera visé de celui à qui copie de l'exploit sera laissée en cas d'absence ou de refus, le visa sera donné, soit par le juge de paix, soit par le procureur du Roi [*le procureur de la République*] près le tribunal de première instance auquel, en ce cas, la copie sera laissée;

6° Les sociétés de commerce, tant qu'elles existent, en leur maison sociale, et s'il n'y en a pas, en la personne ou au domicile de l'un des associés;

7° Les unions et directions de créanciers, en la personne ou au domicile de l'un des syndics ou directeurs;

8° Ceux qui n'ont aucun domicile connu en France, au lieu de leur résidence actuelle; si le lieu n'est pas connu, l'exploit sera affiché à la principale porte de l'auditoire du tribunal où la demande est portée; une seconde copie sera donnée au procureur du Roi [*au procureur de la République*], lequel visera l'original;

9° (*L.* 11 *mai* 1900.) « Ceux qui habitent le territoire français, hors de l'Europe et de déric, et ceux qui sont établis dans les placés sous le protectorat de la France, es que la Tunisie, au parquet du procu- de la République près le tribunal ou la ande est portée, lequel visera l'original averra directement la copie au chef du ice judiciaire dans la colonie ou le pays protectorat;

» « Ceux qui habitent à l'étranger, au ne parquet qui, dans les mêmes condi- s, enverra la copie au ministre des affaires ngères ou à toute autre autorité déter- ée par les conventions diplomatiques. »

Vᵉ *Exploit*, 408 s. — S. cod. vᵗ, 130 s. — 87-97), eod. vᵗ, 86 s. — V. aussi C. pr. civ. art. 69, nᵒˢ 1 s.; et son Suppl., nᵒˢ 1593 s.; s, t. 1, vᵒ *Département*, p. 360, nᵒˢ 2099 s.; 4, nᵒˢ 458 s.; *Commune*, p. 684, nᵒˢ 7867 s. i du 11 mai 1900 : D. P. 1900. 4. 46.

rt. 70. Ce qui est prescrit par les deux des précédents sera observé à peine de ité. — *Pr.* 173, 1029.

Vᵉ *Exploit*, 394 s. — S. eod. vᵗ, 124 s. — 87-97), cod. vᵗ, 83 s.

rt. 71. Si un exploit est déclaré nul par ait de l'huissier, il pourra être condamné frais de l'exploit et de la procédure an- e, sans préjudice des dommages et inté- de la partie, suivant les circonstances. *r.* 132, 173, 360, 1029 s.; *Civ.* 1382.

Vᵒ *Huissier*, 97 s.; *Responsab.*, 460 s. — " *Huissier*, 46 s.; *Responsab.*, 699 s. — 87-97), vᵒ *Responsab.*, 800 s.

rt. 72. Le délai ordinaire des ajourne- ts, pour ceux qui sont domiciliés en nce, sera de huitaine.

ans les cas qui requerront célérité, le ident pourra, par ordonnance rendue requête, permettre d'assigner à bref i. — *Pr.* 5, 51, 73, 76, 345, 401 s., 417, , 795, 802, 839, 1033; *Com.* 617.

Vᵉˢ *Exploit*, 536 s.; *Délai*, 102 s. — S. vᵒ *loit*, 189 s.; *Délai*, 54 s. — T. (87-97). *Exploit*, 134 s.; *Délai*, 14.

rt. 73. (L. 3 mai 1862.) Si celui qui assigné demeure hors de la France con- nale, le délai sera :

Pour ceux qui demeurent en Corse, en rie, dans les îles Britanniques, en Italie, s le royaume des Pays-Bas et dans les s ou Confédérations limitrophes de la nce, d'un mois;

Pour ceux qui demeurent dans les autres s, soit de l'Europe, soit du littoral de la iterranée et de celui de la mer Noire, de x mois;

Pour ceux qui demeurent hors d'Europe, deçà des détroits de Malacca et de la lc, et en deçà du cap Horn, de trois s;

Pour ceux qui demeurent au delà des oits de Malacca et de la Sonde et au delà cap Horn, de quatre mois.

es délais ci-dessus seront doublés pour pays d'outre-mer, en cas de guerre mari- ².

Vᵉ *Exploit*, 555 s. — S. cod. vᵗ, 103 s.

rt. 74. Lorsqu'une assignation à une ie domiciliée hors de la France sera don- à sa personne en France, elle n'empor- que les délais ordinaires, sauf au tri- al à les prolonger s'il y a lieu.

Vᵉ *Exploit*, 551.

TITRE TROISIÈME.

onstitution d'avoués, et défenses.

rt. 75. Le défendeur sera tenu, dans délais de l'ajournement, de constituer ué; ce qui se fera par acte signifié d'avoué voué. Le défendeur ni le demandeur ne rront révoquer leur avoué sans en conser- er un autre. Les procédures faites et

jugements obtenus contre l'avoué révoqué et non remplacé, seront valables. — *Pr.* 61, 76 s., 85, 149 s., 312 s., 352 s., 529, 700, 1031, 1038.

R. vᵉ *Avoué*, 78 s., 135 s. — S. cod. vᵗ, 16 s., 31 s. — T. (87-97), eod. vᵗ, 12 s.

Art. 76. Si la demande a été formée à bref délai, le défendeur pourra, au jour de l'échéance, faire présenter à l'audience un avoué, auquel il sera donné acte de sa cons- titution; ce jugement ne sera point levé : l'avoué sera tenu de réitérer, dans le jour, sa constitution par acte; faute par lui de le faire, le jugement sera levé à ses frais. — *Pr.* 72, 1031.

R. vᵉ *Avoué*, 132 s.

Art. 77. Dans la quinzaine du jour de la constitution, le défendeur fera signifier ses défenses, signées de son avoué; elles contiendront offre de communiquer les pièces à l'appui ou à l'amiable, d'avoué à avoué, ou par la voie du greffe. — *Pr.* 81, 97, 104, 141 s., 188 s.

Art. 78. Dans la huitaine suivante, le demandeur fera signifier sa réponse aux dé- fenses. — *Pr.* 75, 77, 81.

Art. 79. Si le défendeur n'a point fourni ses défenses dans le délai de quinzaine, le demandeur poursuivra l'audience sur un simple acte d'avoué à avoué. — *Pr.* 80.

Art. 80. Après l'expiration du délai accordé au demandeur pour faire signifier sa réponse, la partie la plus diligente pourra poursuivre l'audience sur un simple acte d'avoué à avoué; pourra même le deman- deur poursuivre l'audience, après la signifi- cation des défenses, et sans y répondre. — *Pr.* 75, 78, 154.

Art. 81. Aucunes autres écritures ni significations n'entreront en taxe. — *Pr.* 105, 1031.

R vᵉ *Instr. civ.*, 30 s. — S. eod. vᵗ, 4 s.

Art. 82. Dans tous les cas où l'audience peut être poursuivie sur un acte d'avoué à avoué, il n'en sera admis en taxe qu'un seul pour chaque partie. — *Pr.* 75, 79 s., 154, 1031.

R. vᵉ *Exploit*, 642 s. — S. cod. vᵗ, 216 s. — T. (87-97), eod. vᵗ, 156 s.

En ce qui concerne la distribution et l'instruction des affaires, V. C. pr. civ. ann., p. 168 s.; et son Suppl., p. 59.

TITRE QUATRIÈME.

De la communication au ministère public.

Art. 83. Seront communiquées au pro- cureur du Roi [au procureur de la Répu- blique] les causes suivantes :

1º Celles qui concernent l'ordre public, l'État, le domaine, les communes, les éta- blissements publics, les dons et legs au pro- fit des pauvres;

2º Celles qui concernent l'état des per- sonnes et les tutelles;

3º Les déclinatoires sur incompétence;

4º Les règlements de juges, les récusations et renvois pour parenté et alliance;

5º Les prises à partie;

6º Les causes des femmes non autorisées par leurs maris, ou même autorisées, lors- qu'il s'agit de leur dot, et qu'elles sont ma- riées sous le régime dotal; les causes des mineurs, et généralement toutes celles où l'une des parties est défendue par un cura- teur;

7º Les causes concernant ou intéressant les personnes présumées absentes.

Le procureur du Roi [le procureur de la République] pourra néanmoins prendre com-

munication de toutes les autres causes dans lesquelles il croira son ministère nécessaire; le tribunal pourra même l'ordonner d'office. — *Pr.* 44, 49, 363 s., 368, 378 s., 480-8º, 498, 862 s.; *Civ.* 99, 114, 199, 937.

R. vᵉ *Min. publ.*, 114 s. — S. eod. vᵗ, 94 s.

Art. 84. En cas d'absence ou empêche- ment des procureurs du Roi [des procureurs de la République] et de leurs substituts, ils seront remplacés par l'un des juges ou sup- pléants. — *Pr.* 118.

R. vᵉ *Min. publ.*, 11 s. — S. cod. vᵗ, 3 s. — V. aussi C. pr. civ. ann., p. 177 s.; et son Suppl., p. 62 s.

En ce qui concerne les attributions du ministère public en matière civile; l'indivisibilité, l'indépendance et la res- ponsabilité du ministère public, V. C. pr. civ. ann, p. 178 s.; et son Suppl., p. 63 s.

TITRE CINQUIÈME.

Des audiences, de leur publicité et de leur police.

Art. 85. Pourront les parties, assistées de leurs avoués, se défendre elles-mêmes; le tribunal cependant aura la faculté de leur interdire ce droit, s'il reconnaît que la pas- sion ou l'inexpérience les empêche de discu- ter leur cause avec la décence convenable ou la clarté nécessaire pour l'instruction des juges. — *Pr.* 10, 75 s., 86.

R. vᵉ *Défense*, 192 s. — S. cod. vᵗ, 61 s.

Art. 86. Les parties ne pourront charger de leur défense, soit verbale, soit par écrit, même à titre de consultation, les juges en activité de service, procureurs généraux, avocats généraux, procureurs du Roi [pro- cureurs de la République], substituts des procureurs généraux et du Roi [et de la République], même dans les tribunaux autres que ceux près desquels ils exercent leurs fonctions : pourront néanmoins les juges, procureurs généraux, avocats généraux, pro- cureurs du Roi [procureurs de la République] et substituts des procureurs généraux et du Roi [et de la République] plaider, dans tous les tribunaux, leurs causes personnelles, et celles de leurs femmes, parents ou alliés en ligne directe, et de leurs pupilles. — *Pr.* 85, 378-8º, 1010; *Civ.* 450, 735 s., 1597.

R. vᵉ *Défense*, 75, 203 s. — S. cod. vᵗ, 61.

Art. 87. Les plaidoiries seront publiques, excepté dans le cas où la loi ordonne qu'elles seront secrètes. Pourra cependant le tribu- nal ordonner qu'elles se feront à huis clos, si la discussion publique devait entraîner un scandale ou des inconvénients graves; mais, dans ce cas, le tribunal sera tenu d'en déli- bérer, et de rendre compte de sa délibéra- tion au procureur général près la cour royale [la cour d'appel]; et si la cause est pendante dans une cour royale [une cour d'appel], au ministre de la justice. — *Pr.* 8, 85, 111 s., 141, 342; *Instr.* 153, 171, 190, 210; *Pén.* 377.

R. vᵉ *Jugement*, 175.

Art. 88. Ceux qui assisteront aux au- diences se tiendront découverts, dans le res- pect et le silence : tout ce que le président ordonnera pour le maintien de l'ordre sera exécuté ponctuellement et à l'instant.

La même disposition sera observée dans les lieux où, soit les juges, soit les procu- reurs du Roi [les procureurs de la Répu- blique], exerceront des fonctions de leur état. — *Pr.* 10 s., 89, 276, 1036; *Instr.* 34, 181, 267, 501 s.; *Pén.* 222 s.

R. vᵉ *Organ. judic.*, 137 s., 301 s. — S. eod. vᵗ, 127, 188 s. — V. aussi C. pr. civ. ann., p. 185 s.

14

Art. 89. Si un ou plusieurs individus, quels qu'ils soient, interrompent le silence, donnent des signes d'approbation ou d'improbation, soit à la défense des parties, soit aux discours des juges ou du ministère public, soit aux interpellations, avertissements ou ordres du président, juge-commissaire ou procureur du Roi [*procureur de la République*], soit aux jugements ou ordonnances, causent ou excitent du tumulte de quelque manière que ce soit, et si, après l'avertissement des huissiers, ils ne rentrent pas dans l'ordre sur-le-champ, il leur sera enjoint de se retirer, et les résistants seront saisis et déposés à l'instant dans la maison d'arrêt pour vingt-quatre heures : ils y seront reçus sur l'exhibition de l'ordre du président, qui sera mentionné au procès-verbal de l'audience. — *Pr.* 10, 90, 781-4°; *Instr.* 34, 267, 501 s.

R. v° *Organ. judic.*, 307 s. — S. eod. v°, 189 s.

Art. 90. Si le trouble est causé par un individu remplissant une fonction près le tribunal, il pourra, outre la peine ci-dessus, être suspendu de ses fonctions; la suspension, pour la première fois, ne pourra excéder le terme de trois mois. Le jugement sera exécuté par provision, ainsi que dans le cas de l'article précédent. — *Pr.* 512, 1036.

Art. 91. Ceux qui outrageraient ou menaceraient les juges ou les officiers de justice dans l'exercice de leurs fonctions seront, de l'ordonnance du président, du juge-commissaire ou du procureur du Roi [*du procureur de la République*], chacun dans le lieu dont la police lui appartient, saisis et déposés à l'instant dans la maison d'arrêt, interrogés dans les vingt-quatre heures, et condamnés par le tribunal, sur le vu du procès-verbal qui constatera le délit, à une détention qui ne pourra excéder le mois, et à une amende qui ne pourra être moindre de vingt-cinq francs, ni excéder trois cents francs.

Si le délinquant ne peut être saisi à l'instant, le tribunal prononcera contre lui, dans les vingt-quatre heures, les peines ci-dessus, sauf l'opposition que le condamné pourra former dans les dix jours du jugement, en se mettant en état de détention. — *Pr.* 11, 88; *Instr.* 181, 501; *Pén.* 222 s.

R. v° *Organ. judic.*, 316 s. — S. eod. v°, 189 s.

Art. 92. Si les délits commis méritaient peine afflictive ou infamante, le prévenu sera envoyé en état de mandat de dépôt devant le tribunal compétent, pour être poursuivi et puni suivant les règles établies par le Code d'instruction criminelle. — *Instr.* 91, 291 s., 506 s.; *Pén.* 7 s.

Sur le règlement des audiences du tribunal; les assemblées générales, la chambre des vacations et la chambre du conseil, V. C. pr. civ. ann., p. 187 s.; et son Suppl., p. 96.

TITRE SIXIÈME.

Des délibérés et instructions par écrit.

Art. 93. Le tribunal pourra ordonner que les pièces seront mises sur le bureau, pour en être délibéré au rapport d'un juge nommé par le jugement, avec indication du jour auquel le rapport sera fait. — *Pr.* 94 s., 394, 405, 428, 539, 668, 762, 859, 863, 885, 891, 981, 987; *Com.* 441, 452, 462, 467, 472, 527.

R. v° *Instr. par écrit*, 11 s. — S. eod. v°, 3 s.

Art. 94. Les parties et leurs défenseurs seront tenus d'exécuter le jugement qui ordonnera le délibéré, sans qu'il soit besoin de le lever ni signifier, et sans sommation; si l'une des parties ne remet point ses pièces, la cause sera jugée sur les pièces de l'autre. — *Pr.* 98 s.

R. v° *Instr. par écrit*, 30 s. — S. eod. v°, 7 s.

Art. 95. Si une affaire ne paraît pas susceptible d'être jugée sur plaidoirie ou délibéré, le tribunal ordonnera qu'elle sera instruite par écrit, pour en être fait rapport par l'un des juges, nommé par le jugement.

Aucune cause ne peut être mise en rapport qu'à l'audience et à la pluralité des voix. — *Pr.* 336, 341, 350 s., 461.

R. v° *Instr. par écrit*, 47 s.

Art. 96. Dans la quinzaine de la signification du jugement, le demandeur fera signifier une requête contenant ses moyens; elle sera terminée par un état des pièces produites au soutien.

Le demandeur sera tenu, dans les vingt-quatre heures qui suivront cette signification, de produire au greffe et de faire signifier l'acte de produit. — *Pr.* 970; *Pén.* 402.

R. v° *Instr. par écrit*, 77 s.

Art. 97. Dans la quinzaine de la production du demandeur au greffe, le défendeur en prendra communication et fera signifier sa réponse avec état au bas des pièces au soutien; dans les vingt-quatre heures de cette signification, il rétablira au greffe la production par lui prise en communication, fera la sienne, et en signifiera l'acte.

Dans le cas où il y aurait plusieurs défendeurs, s'ils ont tout à la fois des avoués et des intérêts différents, ils auront chacun les délais ci-dessus fixés pour prendre communication, répondre et produire : la communication leur sera donnée successivement, à commencer par le plus diligent. — *Pr.* 50, 59, 77, 100, 106, 189, 524.

R. v° *Instr. par écrit*, 77 s.

Art. 98. Si le demandeur n'avait pas produit dans le délai ci-dessus fixé, le défendeur mettra sa production au greffe, ainsi qu'il a été dit ci-dessus : le demandeur aura que huitaine pour en prendre communication et contredire; ce délai passé, il sera procédé au jugement, sur la production du défendeur. — *Pr.* 99 s., 113, 189, 524.

R. v° *Inst. par écrit*, 97 s.

Art. 99. Si c'est le défendeur qui ne produit pas dans le délai qui lui est accordé, il sera procédé au jugement, sur la production du demandeur. — *Pr.* 113.

R. v° *Instr. par écrit*, 106.

Art. 100. Si l'un des délais fixés expire sans qu'aucun des défendeurs ait pris communication, il sera procédé au jugement sur ce qui aura été produit. — *Pr.* 97 s., 113.

Art. 101. Faute par le demandeur de produire, le défendeur le plus diligent mettra sa production au greffe; et l'instruction sera continuée ainsi qu'il est dit ci-dessus. — *Pr.* 96 s.

Art. 102. Si l'une des parties veut produire de nouvelles pièces, elle le fera au greffe, avec acte de produit contenant état desdites pièces, lequel sera signifié à avoué, sans requête de production nouvelle ni écritures, à peine de rejet de la taxe, lors même que l'état des pièces contiendrait de nouvelles conclusions. — *Pr.* 104 s., 1031.

R. v° *Instr. par écrit*, 85 s.

Art. 103. L'autre partie aura huitaine pour prendre communication et fournir sa réponse, qui ne pourra excéder six rôles. — *Pr.* 106.

R. v° *Instr. par écrit*, 90 s.

Art. 104. Les avoués déclareront au bas des originaux et des copies de toutes leurs requêtes et écritures, le nombre des rôles, qui sera aussi énoncé dans l'acte de produit, à peine de rejet lors de la taxe. — *Pr.* 67, 102, 105, 133, 1031.

R. v° *Instr. par écrit*, 69.

Art. 105. Il ne sera passé en taxe que les écritures et significations énoncées au présent titre. — *Pr.* 102, 104, 1131.

R. v° *Instr. par écrit*, 70.

Art. 106. Les communications seront prises sur les récépissés des avoués qui en contiendront la date. — *Pr.* 97 s., 107, 189; *Pén.* 409.

R. v° *Instr. par écrit*, 81.

Art. 107. Si les avoués ne rétablissent dans les délais ci-dessus fixés, les productions par eux prises en communication, sera, sur le certificat du greffier, et sur le simple acte pour venir plaider, rendu jugement à l'audience, qui les condamnera personnellement, et sans appel, à ladite remise, en dix francs au moins de dommages-intérêts par chaque jour de retard.

Si les avoués ne rétablissent les productions dans la huitaine de la signification dudit jugement, le tribunal pourra prononcer, sans appel, de plus forts dommages-intérêts, même condamner l'avoué par corps, et l'interdire pour le temps qu'il estimera convenable.

Lesdites condamnations pourront être prononcées sur la demande des parties, sans qu'elles aient besoin d'avoués, et sur le simple mémoire qu'elles remettront ou adresseront au président, ou au rapporteur, ou au procureur du Roi [*au procureur de la République*]. — *Pr.* 96 s., 191, 536; *Civ.* 1149, 1382.

R. v° *Instr. par écrit*, 89 s.

Art. 108. Il sera tenu au greffe un registre sur lequel seront portées toutes les productions, suivant leur ordre de dates : ce registre, divisé en colonnes, contiendra la date de la production, les noms des parties, de leurs avoués et du rapporteur; il sera laissé une colonne en blanc. — *Pr.* 109.

R. v° *Instr. par écrit*, 75.

Art. 109. Lorsque toutes les parties auront produit, ou après l'expiration des délais ci-dessus fixés, le greffier, sur la réquisition de la partie la plus diligente remettra les pièces au rapporteur, qui s'en chargera, en signant sur la colonne laissée en blanc au registre des productions. — *Pr.* 111.

R. v° *Instr. par écrit*, 107 s.

Art. 110. Si le rapporteur décède, ou démet ou ne peut faire le rapport, il en sera commis un autre, sur requête, par ordonnance du président, signifiée à partie ou à son avoué trois jours au moins avant le rapport.

R. v° *Instr. par écrit*, 111.

Art. 111. Tous rapports, même sur délibérés, seront faits à l'audience; le rapporteur résumera le fait et les moyens sans ouvrir son avis : les défenseurs n'auront sous aucun prétexte, la parole après le rapport : ils pourront seulement remettre sur-le-champ au président de simples notes énonciatives des faits sur lesquels ils prétendraient que le rapport a été incomplet ou inexact. — *Pr.* 85.

R. v° *Instr. par écrit*, 40 s., 107 s. — S. eod. v° 5.

Art. 112. Si la cause est susceptible de communication, le procureur du Roi [*le procureur de la République*] sera entendu à ses conclusions à l'audience. — *Pr.* 83 s.

R. v° *Instr. par écrit*, 118 s.

Art. 113. Les jugements rendus sur les pièces de l'une des parties, faute par l'autre d'avoir produit, ne seront point susceptibles d'opposition. — *Pr.* 98 s., 343, 350 s., 809, 1016.

R. v° *Instr. par écrit*, 120 s.

Art. 114. Après le jugement, le rapporteur remettra les pièces au greffe; et il en déchargé par la seule radiation de sa ¦ature sur le registre des productions. — 108 s., 115; Civ. 2276.

vᵉ Instr. par écrit. 122 s.

rt. 115. Les avoués, en retirant leurs ¦es, émargeront le registre: cet émarge-¦t servira de décharge au greffier. — 111.

vᵉ Instr. par écrit, 125 s.

TITRE SEPTIÈME.

Des jugements.

rt. 116. Les jugements seront rendus ¦ pluralité des voix, et prononcés sur-le-¦mp : néanmoins les juges pourront se ¦er dans la chambre du conseil pour y ¦cillir les avis; ils pourront aussi conti-¦ la cause à une des prochaines audiences, ¦ prononcer le jugement. — Instr. 153.

vᵉ Jugement, 7 s. 73 s. — S. cod. rᵗ, 7 s. — T. (87-97), cod. rᵗ, 31 s. — V. aussi ᵗ. civ. ann., art. 116. nᵒˢ 1 et son Suppl., 401 s.

ce qui concerne la capacité des juges, leur nombre, empêchement en cas d'empêchement et l'incompati-pour parenté ou alliance, V. C. pr. civ. ann., ᵃˢˢ et son Suppl., p. 70 s.

rt. 117. S'il se forme plus de deux ¦ions, les juges plus faibles en nombre ¦nt tenus de se réunir à l'une des deux ¦ions qui auront été émises par le plus ¦d nombre; toutefois ils ne seront tenus ¦ y réunir qu'après que les voix auront ¦ecueillies une seconde fois. — Pr. 118 s.

s.

vᵉ Jugement, 89 s. — S. cod. rᵗ, 47 s.

rt. 118. En cas de partage, on appel-¦ pour le vider un juge : à défaut de juge. ¦uppléant; à son défaut, un avocat atta-¦au barreau, et à son défaut, un avoué: ¦ appelés selon l'ordre du tableau : l'af-¦ sera de nouveau plaidée. — Pr. 81. ¦1012-3ᵉ, 1017.

vᵉ Jugement, 98 s. — S. cod. rᵗ, 47 s.

rt. 119. Si le jugement ordonne la ¦parution des parties, il indiquera le jour ¦ a comparution. — Pr. 9 s., 327; Instr.

vᵉ Jugement, 93 s. — S. cod. rᵗ, 23 s. — ¦ 7-97), vᵉ Comparution personnelle, 1 s.

rt. 120. Tout jugement qui ordonnera ¦ serment énoncera les faits sur lesquels il ¦ reçu. — Pr. 121. 207, 1035; Civ. 1350-4ᵒ. ¦ , 1357 s.; Pén. 366.

rt. 121. Le serment sera fait par la ¦ie, en personne. et à l'audience. Dans ¦as d'un empêchement légitime et dûment ¦.. le serment pourra être prêté devant ¦ıge que le tribunal aura commis, et qui ¦transportera chez la partie, assisté du ¦fier.

la partie à laquelle le serment est déféré ¦trop éloignée, le tribunal pourra ordon-¦ qu'elle prêtera le serment devant le tri-¦ du lieu de sa résidence.

ans tous les cas, le serment sera fait en ¦ence de l'autre partie, ou elle dûment ¦lée par acte d'avoué à avoué, et, s'il n'y ¦us d'avoué constitué. par exploit conte-¦ l'indication du jour de la prestation. —¦ 120, 1035; Civ. 1357 s.; Pén. 366.

vᵉ Obligat., 3349 s. — S. cod. rᵗ, 2231 s.

rt. 122. Dans les cas où les tribunaux ¦vent accorder des délais pour l'exécution ¦ eurs jugements, ce délai sera fixé par le juge-¦t même qui statuera sur la contestation, ¦ui énoncera les motifs du délai. — Pr. ¦ s., 133; Civ. 1184, 1188, 1214, 1900, ¦2; Com. 157.

vᵉ Jugement, 435 s.

Art. 123. Le délai courra du jour du jugement, s'il est contradictoire. et de celui de la signification, s'il est par défaut. — Civ. 147, 149, 1033.

R. vᵉ Jugement, 456 s.

Art. 124. Le débiteur ne pourra obtenir un délai, ni jouir du délai qui lui aura été accordé, si ses biens sont vendus à la requête d'autres créanciers, s'il est en état de faillite, de contumace, ou s'il est constitué prisonnier. ni enfin lorsque, par son fait, il aura diminué les sûretés qu'il avait données par le contrat à son créancier. — Pr. 557 s., 673 s.: Civ. 1188, 1382, 1613, 1913, 2032, 2059; Com. 437 s., 444.

R. vᵉ Jugement, 460.

Art. 125. Les actes conservatoires seront valables, nonobstant le délai accordé. — Pr. 122; Civ. 779, 1180, 1454.

R. vᵉ Acte conservatoire; Jugement, 460.

Art. 126. La contrainte par corps ne sera prononcée que dans les cas prévus par la loi : il sera néanmoins laissé à la prudence des juges de la prononcer :

1ᵒ Pour dommages et intérêts en matière civile, au-dessus de la somme de 300 francs;

2ᵒ Pour reliquats de comptes de tutelle, curatelle, d'administration de corps et communauté, établissements publics, ou de toute administration confiée par justice, et pour toutes restitutions à faire par suite desdits comptes.

Art. 127. Pourront les juges, dans les cas énoncés en l'article précédent, ordonner qu'il sera sursis à l'exécution de la contrainte par corps. pendant le temps qu'ils fixeront; après lequel elle sera exercée sans nouveau jugement. Ce sursis ne pourra être accordé que par le jugement qui statuera sur la contestation, et qui énoncera les motifs de délai.

La contrainte par corps, en matière civile, commerciale et entre étrangers, a été supprimée par la loi du 22 juillet 1867 (D. P. 67 4. 15).

Art. 128. Tous jugements qui condamneront en des dommages et intérêts, en contiendront la liquidation, ou ordonneront qu'ils seront prononcés par état. — Pr. 126, 137, 523 s., 543 s.; Civ. 1146 s.

R. vᵉ Obligat., 800 s. — S. cod. rᵗ, 956 s.

Art. 129. Les jugements qui condamneront à une restitution de fruits, ordonneront qu'elle sera faite en nature pour la dernière année ; et pour les années précédentes, suivant les mercuriales du marché le plus voisin, eu égard aux saisons et aux prix communs de l'année; sinon à dire d'experts, à défaut de mercuriales. Si la restitution en nature pour la dernière année est impossible, elle se fera comme pour les années précédentes. — Pr. 302 s., 526 : Civ. 583 s.

R. vᵉ Propriété, 307 s. — S. cod. rᵗ, 131 s.

Art. 130. Toute partie qui succombera sera condamnée aux dépens. — Pr. 131 s., 137, 166, 185, 192 s., 316, 338, 401, 403, 525, 543 s., 662, 714, 1031; Civ. 441, 1260, 1459, 2101-1ᵒ, 2104 s.; Instr. 162, 194, 368.

R. vᵉ Frais et dépens, 28 s. — S. cod. rᵗ, 9 s. — T. (87-97), cod. rᵗ, 4 s. — V. aussi C. pr. civ. ann., art. 130, nᵒ 1 s. et son Suppl., nᵒˢ 2046 s.

Art. 131. Pourront néanmoins les dépens être compensés en tout ou partie entre conjoints, ascendants, descendants, frères et sœurs ou alliés au même degré : les juges pourront aussi compenser les dépens en tout ou en partie, si les parties succombent respectivement sur quelques chefs.

R. vᵉ Frais et dépens, 74 s. — S. cod. rᵗ, 49 s.

Art. 132. Les avoués et huissiers qui auront excédé les bornes de leur ministère, les tuteurs, curateurs, héritiers bénéficiaires ou autres administrateurs qui auront compromis les intérêts de leur administration, pourront être condamnés aux dépens, en leur nom et sans répétition, même aux dommages et intérêts s'il y a lieu ; sans préjudice de l'interdiction contre les avoués et huissiers, et de la destitution contre les tuteurs et autres, suivant la gravité des circonstances. — Pr. 71, 360, 411, 523 s.; Civ. 450 s., 509, 515, 803, 814, 1382, 1428 s., 1531, 1549, 1577, 1856, 1961; Com. 22, 24 s.

R. vᵉ Frais et dépens, 33 s. — S. cod. rᵗ, 29 s.

Sur les condamnations encourues par les officiers ministériels à raison d'actes irréguliers, mais lieu de frustratoires, V. supra, art. 71; et infra, art. 1030 et 1031.

Art. 133. Les avoués pourront demander la distraction des dépens à leur profit, en affirmant, lors de la prononciation du jugement, qu'ils ont fait la plus grande partie des avances. La distraction des dépens ne pourra être prononcée que par le jugement qui en portera la condamnation : dans ce cas, la taxe sera poursuivie et l'exécutoire délivré au nom de l'avoué, sans préjudice de l'action contre sa partie. — Pr. 104, 137, 191 s., 1031.

R. vᵉ Frais et dépens, 119 s. — S. cod. rᵗ, 101 s. — T. (87-97), cod. rᵗ, 115 s. — V. aussi C. pr. civ. ann., art. 133, nᵒˢ 1 s.

Art. 134. S'il a été formé une demande provisoire, et que la cause soit en état sur le provisoire et sur le fond. les juges seront tenus de prononcer sur le tout par un seul jugement. — Pr. 135, 117, 172, 288, 338, 473.

R. vᵉ Jug. d'ex. dire droit, 71 s. — S. cod. rᵗ, 20.

Art. 135. L'exécution provisoire sans caution sera ordonnée, s'il y a titre authentique, promesse reconnue, ou condamnation précédente par jugement dont il n'y ait point d'appel.

L'exécution provisoire pourra être ordonnée, avec ou sans caution, lorsqu'il s'agira :

1ᵒ D'apposition et levée de scellés, ou confection d'inventaire;

2ᵒ De réparations urgentes ;

3ᵒ D'expulsion des lieux, lorsqu'il n'y a pas de bail, ou que le bail est expiré,

4ᵒ De séquestres, commissaires et gardiens ;

5ᵒ De réception de caution et certificateurs;

6ᵒ De nomination de tuteurs, curateurs et autres administrateurs, et de reddition de compte;

7ᵒ De pensions ou provisions alimentaires. — Pr. 17, 89, 90, 137, 155, 174 s., 312, 439, 521, 809, 821, 810, 848, 882 s., 907 s., 911, 986, 1024; Civ. 203, 610, 793 s., 819, 1456, 1721, 1737, 1743, 1955 s., 2011 s.

R. vᵉ Jugement, 367 s. — S. cod. vᵗ, 302 s. — T. (87-97), vᵉ Exécution provisoire, 1 s. — V. aussi C. pr. civ. ann. art. 135, nᵒˢ 1 s.; et son Suppl., nᵒ 2172 s.

Art. 136. Si les juges ont omis de prononcer l'exécution provisoire, ils ne pourront l'ordonner par un second jugement, sauf aux parties à la demander sur l'appel. — Pr. 122, 135, 443 s., 457 s.

R. vᵉ Jugement, 385 s. — S. cod. rᵗ, 502 s.

Art. 137. L'exécution provisoire ne pourra être ordonnée pour les dépens, quand même ils seraient adjugés pour tenir lieu de dommages et intérêts. — Pr. 130, 459; Civ. 1449 s., 1382.

Art. 138. Le président et le greffier signeront la minute de chaque jugement aussitôt qu'il sera rendu : il sera fait mention, en marge de la feuille d'audience, des juges et du procureur du Roi [du procureur de la République] qui y auront assisté; cette mention sera également signée par le président et le greffier. — Pr. 18, 141.

R. vᵉ Jugement, 35 s., 202 s. — S. cod. vᵗ, 24 s., 120 s. — T. (87-97), cod. vᵗ, 31 s. — V. aussi C. pr. civ. ann., p. 333 s.; et son Suppl., p. 77 s.

Art. 139. Les greffiers qui délivreront expédition d'un jugement avant qu'il ait été signé seront poursuivis comme faussaires.

— *Pr.* 138, 1029 s.; *Instr.* 196, 448 s.; *Pén.* 145 s.

En ce qui concerne les greffiers des tribunaux, V. C. pr. civ. ann., p. 239 s.; et son Suppl., p. 78 s.

Art. 140. Les procureurs du Roi [*les procureurs de la République*] et généraux se feront représenter tous les mois les minutes des jugements, et vérifieront s'il a été satisfait aux dispositions ci-dessus; en cas de contravention ils en dresseront procès-verbal, pour être procédé ainsi qu'il appartiendra. — *Instr.* 196.

Art. 141. La rédaction des jugements contiendra les noms des juges, du procureur du Roi [*du procureur de la République*], s'il a été entendu, ainsi que des avoués; les noms, professions et demeures des parties, leurs conclusions, l'exposition sommaire des points de fait et de droit, les motifs et le dispositif des jugements. — *Pr.* 83, 142 s., 433; *Instr.* 196.

R. vᵒ *Jugement,* 260 s., 947 s. — S. eod. vᵗ, 209 s., 690 s. — T. (87-97), eod. vᵗ, 166 s. — V. aussi C. pr. civ. ann., p. 241 s.; et son Suppl., p. 79 s.; C ad., t. 1, Vᵉ *Élections,* p. 1012, nᵒˢ 1307 s.

Art. 142. La rédaction sera faite sur les qualités signifiées entre les parties : en conséquence, celle qui voudra lever un jugement contradictoire sera tenu de signifier à l'avoué de son adversaire les qualités contenant les noms, professions et demeures des parties, les conclusions, et les points de fait et de droit. — *Pr.* 75, 141, 149 s.

R. vᵒ *Jugement,* 232 s. — S. eod. vᵗ, 149 s.

Art. 143. L'original de cette signification restera pendant vingt-quatre heures entre les mains des huissiers audienciers.

R. vᵒ *Jugement,* 242 s. — S. eod. vᵗ, 149 s.

Art. 144. L'avoué qui voudra s'opposer soit aux qualités, soit à l'exposé des points de fait et de droit, le déclarera à l'huissier, qui sera tenu d'en faire mention.

R. vᵒ *Jugement,* 242 s. — S. eod. vᵗ, 149 s.

Art. 145. Sur un simple acte d'avoué à avoué, les parties seront réglées sur cette opposition par le juge qui aura présidé; en cas d'empêchement, par le plus ancien, suivant l'ordre du tableau. — *Pr.* 75.

R. vᵒ *Jugement,* 242 s. — S. eod. vᵗ, 149 s. — T. (87-97). eod. vᵗ, 59 s. — V. aussi C. pr. civ. ann., art. 145, nᵒˢ 1 s.; et son Suppl., nᵒˢ 2658 s.

Art. 146. Les expéditions des jugements seront intitulées et terminées au nom *du Roi, conformément à l'article 48 de la Charte constitutionnelle.*

V. le décret du 2 septembre 1871, art. 2, relatif à la formule exécutoire des arrêts, jugements, etc. (modifié par les décrets du 11 août 1873 et du 6 avril 1876).

Art. 147. S'il y a avoué en cause, le jugement ne pourra être exécuté qu'après avoir été signifié à avoué, à peine de nullité; les jugements provisoires et définitifs qui prononceront des condamnations seront en outre signifiés à la partie, à personne ou domicile, et il y sera fait mention de la signification à l'avoué. — *Pr.* 61, 75, 122, 155, 164, 442, 449, 497, 528, 548 s., 1029, 1037 s.; *Civ.* 877.

R. vᵒ *Jugement,* 470 s. — S. eod. vᵗ, 429 s. — V. aussi C. pr. civ. ann., art. 147, nᵒˢ 1 s.; et son : appl., nᵒˢ 2744 s.

Art. 148. Si l'avoué est décédé, ou a cessé de postuler, la signification à partie suffira ; mais il y sera fait mention du décès ou de la cessation des fonctions de l'avoué. — *Pr.* 61, 69, 75, 147, 162, 342 s.

En ce qui concerne : 1ᵒ *les effets légaux des jugements;* 2ᵒ *la rétractation des jugements;* 3ᵒ *la rectification des jugements pour omission ou erreurs matérielles ;* 4ᵒ *l'interprétation des jugements,* V. C. pr. civ. ann., p. 264 s.; et son Suppl., p. 97 s.

TITRE HUITIÈME.
Des jugements par défaut et oppositions.

Art. 149. Si le défendeur ne constitue pas avoué, ou si l'avoué constitué ne se présente pas au jour indiqué pour l'audience, il sera donné défaut. — *Pr.* 19 s., 75 s., 150, 179, 194, 349 s., 431 s., 470, 542; *Com.* 643, 645; *Instr.* 91, 149 s., 186 s., 165 s.

R. vᵒ *Jugement par défaut,* 5 s. — S. eod. vᵗ, 3 s. — T. (87-97), eod. vᵗ, 1 s.

Art. 150. Le défaut sera prononcé à l'audience, sur l'appel de la cause; et les conclusions de la partie qui le requiert seront adjugées, si elles se trouvent justes et bien vérifiées : pourront néanmoins les juges faire mettre les pièces sur le bureau, pour prononcer le jugement à l'audience suivante. — *Pr.* 19 s., 431.

R. vᵒ *Jugement par défaut,* 32 s.

Art. 151. Lorsque plusieurs parties auront été citées pour le même objet, à différents délais, il ne sera pris défaut contre aucune d'elles qu'après l'échéance du plus long délai. — *Pr.* 152 s.

R. vᵒ *Jugement par défaut,* 52 s.

Art. 152. Toutes les parties appelées et défaillantes seront comprises dans le même défaut; et s'il en est pris contre chacune d'elles séparément, les frais desdits défauts n'entreront point en taxe, et resteront à la charge de l'avoué, sans qu'il puisse les répéter contre la partie. — *Pr.* 132, 151, 1031.

R. vᵒ *Jugement par défaut,* 52 s.

Art. 153. Si de deux ou de plusieurs parties assignées l'une fait défaut et l'autre comparaît, le profit du défaut sera joint, et le jugement de jonction sera signifié à la partie défaillante par un huissier commis : la signification contiendra assignation au jour auquel la cause sera appelée; il sera statué par un seul jugement, qui ne sera pas susceptible d'opposition. — *Pr.* 59 s., 72, 150 s., 156, 165.

R. vᵒ *Jugement par défaut,* 52 s. — S. eod. vᵗ, 48 s. — T. (87-97), eod. vᵗ, 31 s. — V. aussi C. pr. civ. ann., art. 153, nᵒˢ 1 s.; et son Suppl., nᵒˢ 2645 s.

Art. 154. Le défendeur qui aura constitué avoué pourra, sans avoir fourni de défenses, suivre l'audience par un seul acte, et prendre défaut contre le demandeur qui ne comparaîtrait pas. — *Pr.* 75, 80, 82, 149, 434, 470.

R. vᵒ *Jugement par défaut,* 15 s. — S. eod. vᵗ, 42 s.

Art. 155. Les jugements par défaut ne seront pas exécutés avant l'échéance de la huitaine de la signification à avoué, s'il y a eu constitution d'avoué, et de la signification à personne ou domicile, s'il n'y a pas eu constitution d'avoué ; à moins qu'en cas d'urgence l'exécution n'en ait été ordonnée avant l'expiration de ce délai, dans les cas prévus par l'article 135.

Pourront aussi les juges, dans le cas seulement où il y aurait péril dans la demeure, ordonner l'exécution nonobstant l'opposition, avec ou sans caution; ce qui ne pourra se faire que par le même jugement. — *Pr.* 75, 134, 136, 159, 164, 449 s., 517 s., 806; *Civ.* 2011 s.

R. vᵒ *Jugement,* 418 s., 587 s., 600 s. — S. eod. vᵗ, 502 s., 505 s. — T. (87-97), vᵉ *Jugement par défaut,* 57 s.

Art. 156. Tous jugements par défaut contre une partie qui n'a pas constitué d'avoué seront signifiés par un huissier commis, soit par le tribunal, soit par le juge du domicile du défaillant que le tribunal aura désigné; ils seront exécutés dans les six mois de leur obtention, sinon seront réputés non

---

avenus. — *Pr.* 15, 155, 158, 358, 397 s., 435, 1029 s.; *Civ.* 2247; *Com.* 643.

R. vᵒ *Jugement par défaut,* 228 s., 354 s. — S. eod. vᵗ, 76 s., 132 s. — T. (87-97), eod. vᵗ, 57 s. — V. aussi C. pr. civ. ann., art. 156, nᵒˢ 1 s.; son Suppl., nᵒˢ 2882 s.

Art. 157. Si le jugement est rendu contre une partie ayant un avoué, l'opposition ne sera recevable que pendant huitaine à compter du jour de la signification à avoué. — *Pr.* 75, 113, 160 s., 165, 351, 436, 809.

R. vᵒ *Jugement par défaut,* 163 s., 332 s. — S. eod. vᵗ, 83 s., 139 s. — V. aussi C. pr. civ. ann., art. 157, nᵒˢ 1 s.; et son Suppl., nᵒˢ 2922 s.

Art. 158. S'il est rendu contre une partie qui n'a pas d'avoué, l'opposition sera recevable jusqu'à l'exécution du jugement. — *Pr.* 113, 156, 159, 162, 165; *Com.* 643.

R. vᵒ *Jugement par défaut,* 143, 211 s. — S. eod. vᵗ, 96 s. — T. (87-97), eod. vᵗ, 96 s.

L'art. 158 est applicable aux jugements par défaut rendus par les tribunaux de commerce, V. infrà, art. 436.

Art. 159. Le jugement sera exécuté, lorsque les meubles saisis ont été vendus, ou que le condamné a été emprisonné ou recommandé, ou que la saisie d'un ou d'plusieurs de ses immeubles lui a été notifiée ou que les frais ont été payés, ou enfin lorsqu'il y a quelque acte duquel il résulte nécessairement que l'exécution du jugement été connue de la partie défaillante : l'opposition formée dans les délais ci-dessus et dans les formes ci-après prescrites suspend l'exécution, si elle n'a pas été ordonné nonobstant opposition. — *Pr.* 135, 155 s., 517 s., 545 s.; *Civ.* 1338, 2215; *Com.* 643.

R. vᵒ *Jugement par défaut,* 115 s. — S. eod. vᵗ 103 s. — T. (87-97), eod. vᵗ, 96 s. — V. aussi C. pr. civ. ann., art. 159, nᵒˢ 1 s.; et son Suppl. nᵒˢ 2958 s.

Art. 160. Lorsque le jugement aura été rendu contre une partie ayant avoué, l'opposition ne sera recevable qu'autant qu'elle aura été formée par requête d'avoué à avoué. — *Pr.* 75, 157, 161 s., 163, 165.

R. vᵒ *Jugement par défaut,* 268 s. — S. eod. vᵗ, 121 s.

Art. 161. La requête contiendra les moyens d'opposition, à moins que des moyens de défense n'aient été signifiés avant le jugement, auquel cas il suffira de déclarer qu'on les emploie comme moyens d'opposition : l'opposition qui ne sera pas signifiée dans cette forme, n'arrêtera pas l'exécution : elle sera rejetée sur un simple acte, sans qu'il soit besoin d'aucune autre instruction. — *Pr.* 77, 157, 162 s., 437, 1029.

R. vᵒ *Jugement par défaut,* 279 s. — S. eod. vᵗ, 133 s.

Art. 162. Lorsque le jugement aura été rendu contre une partie n'ayant pas d'avoué l'opposition pourra être formée, soit par acte extra-judiciaire, soit par déclaration sur les commandements, procès-verbaux de saisie ou d'emprisonnement, ou tout autre acte d'exécution, à la charge par l'opposant de réitérer avec constitution d'avoué, par requête, dans la huitaine; passé lequel temps elle ne sera plus recevable, et l'exécution sera continuée, sans qu'il soit besoin de la faire ordonner.

Si l'avoué de la partie qui a obtenu le jugement est décédé ou ne peut plus postuler, elle fera notifier une nouvelle constitution d'avoué au défaillant, lequel sera tenu, dans les délais ci-dessus, à compter de la signification, de réitérer son opposition par requête, avec constitution d'avoué.

Dans aucun cas, les moyens d'opposition fournis postérieurement à la requête n'entreront en taxe. — *Pr.* 148, 156, 158 s., 165, 312 s., 438, 1031.

R. vᵒ *Jugement par défaut,* 235 s., 289 s. — S. eod. vᵗ, 125 s.

Art. 163. Il sera tenu au greffe un registre sur lequel l'avoué de l'opposant fera

tion sommaire de l'opposition, en énon-
les noms des parties et de leurs avoués,
ates du jugement et de l'opposition : il
era dû de droit d'enregistrement que
le cas où il en serait délivré expédition.
r. 164.

rt. 164. Aucun jugement par défaut
era exécuté à l'égard d'un tiers que sur
ertificat du greffier, constatant qu'il n'y
cune opposition portée sur le registre.
r. 163, 548 s.

rt. 165. L'opposition ne pourra jamais
reçue contre un jugement qui aurait
uté d'une première opposition. — *Pr.* 22.
ʳ Jugement par défaut, 191 s. — *S. eod. rʳ,*

TITRE NEUVIÈME.

Des exceptions.

**§ 1. — De la caution à fournir
par les étrangers.**

rt. 166. Tous étrangers, demandeurs
cipaux ou intervenants, seront tenus, si
fendeur le requiert, avant toute excep-
de fournir caution de payer les frais et
mages-intérêts auxquels ils pourraient
condamnés. — *Pr.* 130, 167, 423, 518 s.;
16, 2040 s.

rt. 167. Le jugement qui ordonnera
ution fixera la somme jusqu'à concur-
de laquelle elle sera fournie : le deman-
qui consignera cette somme ou qui jusque ses immeubles situés en France
suffisants pour en répondre sera dis-
de fournir caution. — *Pr.* 166, *Civ.* 16,

§ 2. — Des renvois.

rt. 168. La partie qui aura été appelée
nt un tribunal autre que celui qui doit
aître de la contestation pourra demander
renvoi devant les juges compétents. —
169 s., 186, 368 s.; *Instr.* 542 s.

rt. 169. Elle sera tenue de former
demande préalablement à toutes autres
ptions et défenses. — *Pr.* 166, 173, 186.

rt. 170. Si néanmoins le tribunal était
mpétent à raison de la matière, le ren-
pourra être demandé en tout état de
e; et si le renvoi n'était pas demandé,
ribunal sera tenu de renvoyer d'office
nt qui de droit. — *Pr.* 83-3ᵉ, 124, 454;
. 647; *Instr.* 539.

rt. 171. S'il a été formé précédem-
t, ou un autre tribunal, une demande
r le même objet, ou si la contestation
onnexe à une cause déjà pendante en un
e tribunal, le renvoi pourra être demandé
rdonné. — *Pr.* 83-4ᵒ, 363 s.

rt. 172. Toute demande en renvoi sera
ée sommairement, sans qu'elle puisse être

réservée ni jointe au principal — *Pr.* 404 s.,
463.

§ 3. — Des nullités.

Art. 173. Toute nullité d'exploit ou d'acte
de procédure est couverte, si elle n'est proposée avant toute défense ou exception autre
que les exceptions d'incompétence. — *Pr.*
71, 169 s., 186, 399, 1029 s.

§ 4. — Des exceptions dilatoires.

Art. 174. L'héritier, la veuve, la femme
divorcée ou séparée de biens, assignée comme
commune, auront trois mois, du jour de
l'ouverture de la succession ou dissolution
de la communauté, pour faire inventaire, et
quarante jours pour délibérer; si l'inventaire
a été fait avant les trois mois, le délai de
quarante jours commencera du jour qu'il
aura été parachevé.

Art. 175. Celui qui prétendra avoir droit
d'appeler en garantie sera tenu de le faire
dans la huitaine du jour de la demande originaire, outre un jour pour trois myriamètres.

Art. 176. Si le garant prétend avoir
droit d'en appeler à un autre en sous-garantie.

Art. 177. Si néanmoins le défendeur
originaire est assigné dans les délais pour
faire inventaire et délibérer.

Art. 178. Il n'y aura pas d'autre délai
pour appeler garant, en quelque matière
que ce soit.

Art. 179. Si les délais des assignations
en garantie ne sont échus en même temps
que celui de la demande originaire.

lai, il aura déclaré, par acte d'avoué à avoué,
qu'il a formé sa demande en garantie; sauf,
si le défendeur, après l'échéance du délai
pour appeler le garant, ne justifie pas de la
demande en garantie, à faire droit sur la
demande originaire.

Art. 180. Si le demandeur originaire
soutient qu'il n'y a lieu au délai pour appeler
garant, l'incident sera jugé sommairement.
— *Pr.* 337 s., 404 s.

Art. 181. Ceux qui seront assignés en
garantie seront tenus de procéder devant le
tribunal où la demande originaire sera pendante.

Art. 182. En garantie formelle, pour
les matières réelles ou hypothécaires.

Art. 183. En garantie simple, le garant
pourra seulement intervenir.

Art. 184. Si les demandes originaires
et en garantie sont en état d'être jugées en
même temps.

Art. 185. Les jugements rendus contre
les garants formels seront exécutoires contre
les garantis.

Art. 186. Les exceptions dilatoires seront
proposées conjointement et avant toutes défenses au fond. — *Pr.* 166, 169, 173, 187,
337 s.

Art. 187. L'héritier, la veuve et la
femme divorcée ou séparée, pourront ne proposer leurs exceptions dilatoires qu'après
l'échéance des délais pour faire inventaire et
délibérer. — *Pr.* 174.

§ 5. — De la communication des pièces.

Art. 188. Les parties pourront respectivement demander, par un simple acte, communication des pièces employées contre elles, dans les trois jours où lesdites pièces auront été signifiées ou employées. — *Pr.* 77, 97, 189 s., 519.

R. vᵉ *Except.*, 484 s. — S. *cod.* rᵉ, 175 s. — T. (87-97), *cod.* cᵉ, 89 s.

Art. 189. La communication sera faite entre avoués, sur récépissé, ou par dépôt au greffe; les pièces ne pourront être déplacées, si ce n'est qu'il y en ait minute, ou que la partie y consente — *Pr.* 196.

R. vᵉ *Except.*, 512 s.

Art. 190. Le délai de la communication sera fixé, ou par le récépissé de l'avoué, ou par le jugement qui l'aura ordonnée : s'il n'était pas fixé, il sera de trois jours.

R. vᵉ *Except.*, 518.

Art. 191. Si, après l'expiration du délai, l'avoué n'a pas rétabli les pièces, il sera, sur simple requête, et même sur simple mémoire de la partie, rendu ordonnance portant qu'il sera contraint à ladite remise, incontinent et par corps; même à payer 3 francs de dommages-intérêts à l'autre partie par chaque jour de retard, du jour de la signification de ladite ordonnance, outre les frais desdites requêtes et ordonnances, qu'il ne pourra répéter contre son constituant. — *Pr.* 107, 132, 1029, 1031; *Civ.* 1147, 1149.

La contrainte par corps, en matière civile, commerciale et contre les étrangers, a été supprimée par la loi du 22 juillet 1867 (D. P. 67. 4. 75).

vᵉ *Except.*, 519 s.; *Avoué*, 237.

Art. 192. En cas d'opposition, l'incident sera réglé sommairement : si l'avoué succombe, il sera condamné personnellement aux dépens de l'incident, même en tous autres dommages-intérêts et peines qu'il appartiendra, suivant la nature des circonstances. — *Pr.* 191, 404 s.

R. vᵉ *Except.*, 526 s.

En ce qui concerne les fins de non-recevoir, V. C. pr. civ. ann., p. 356 s.; et son Suppl., p. 115.

TITRE DIXIÈME.
De la vérification des écritures.

Art. 193. Lorsqu'il s'agira de reconnaissance et vérification d'écritures privées, le demandeur pourra, avec permission du juge, faire assigner à trois jours pour avoir acte de la reconnaissance, ou pour faire tenir l'écrit pour reconnu.

Si le défendeur ne dénie pas la signature, tous les frais relatifs à la reconnaissance ou à la vérification, même ceux de l'enregistrement de l'écrit, seront à la charge du demandeur. — *Pr.* 14, 49-7°, 130, 194 s., 337, 406, 1033; *Civ.* 1322 à 1324, 2123.

R. vᵉ *Vérif. d'écrit.*, 7 s. — S. *cod.* rᵉ, 5 s. — T. (87-97), *cod.* rᵉ, 1 s.

V. infra, Appendice, *la loi du 3 septembre 1807*, art. 1 et 2, relative aux inscriptions hypothécaires en vertu de jugements rendus sur des demandes en reconnaissance d'obligations sous seing privé.

Art. 194. Si le défendeur ne comparaît pas, il sera donné défaut, et l'écrit sera tenu pour reconnu : si le défendeur reconnaît l'écrit, le jugement en donnera acte au demandeur. — *Pr.* 149, 214, 252, 434.

R. vᵉ *Vérif. d'écrit.*, 50 s. — S. *cod.* rᵉ, 21 s.

Art. 195. Si le défendeur dénie la signature à lui attribuée, ou déclare ne pas reconnaître celle attribuée à un tiers, la vérification en pourra être ordonnée tant par titres que par experts et par témoins. — *Pr.* 14, 196 s., 214 s., 252 s., 302 s., 427.

R. vᵉ *Vérif. d'écrit.*, 60 s. — S. *cod.* rᵉ, 25 s.

Art. 196. Le jugement qui autorisera la vérification ordonnera qu'elle sera faite par trois experts, et les nommera d'office, à moins que les parties ne se soient accordées pour les nommer. Le même jugement commettra le juge devant qui la vérification se fera; il portera aussi que la pièce à vérifier sera déposée au greffe, après que son état aura été constaté et qu'elle aura été signée et paraphée par le demandeur ou son avoué, et par le greffier, lequel dressera du tout un procès-verbal. — *Pr.* 219 s., 225 s., 302 s., 1031 s.; *Instr.* 448.

R. vᵉ *Vérif. d'écrit.*, 90 s. — S. *cod.* rᵉ, 39 s.

Art. 197. En cas de récusation contre le juge-commissaire ou les experts, il sera procédé ainsi qu'il est prescrit aux titres XIV et XXI du présent livre. — *Pr.* 237, 308 s., 378 s.

R. vᵉ *Vérif. d'écrit.*, 96; *Expert.*, 124 s.; *Récusat.*, 27 s.

Art. 198. Dans les trois jours du dépôt de la pièce, le défendeur pourra en prendre communication au greffe sans déplacement : lors de ladite communication, la pièce sera paraphée par lui, ou par son avoué, ou par son fondé de pouvoir spécial; et le greffier en dressera procès-verbal. — *Pr.* 189, 228, 1033; *Civ.* 1987; *Pén.* 251 s.

R. vᵉ *Vérif. d'écrit.*, 98 s. — S. *cod.* rᵉ, 42 s.

Art. 199. Au jour indiqué par l'ordonnance du juge-commissaire, et sur la sommation de la partie la plus diligente, signifiée à avoué s'il en a été constitué, sinon à domicile, par un huissier commis par ladite ordonnance, les parties seront tenues de comparaître devant ledit commissaire, pour convenir de pièces de comparaison : si le demandeur en vérification ne comparaît pas, la pièce sera rejetée; si c'est le défendeur, le juge pourra tenir la pièce pour reconnue. Dans les deux cas, le jugement sera rendu à la prochaine audience, sur le rapport du juge-commissaire, sans acte à venir plaider : il sera susceptible d'opposition. — *Pr.* 82, 157 s., 191, 200 s.

R. vᵉ *Vérif. d'écrit.*, 102 s. — S. *cod.* rᵉ, 48 s.

Art. 200. Si les parties ne s'accordent pas sur les pièces de comparaison, le juge ne pourra recevoir comme telles :

1° Que les signatures apposées aux actes par-devant notaires, ou celles apposées aux actes judiciaires, en présence du juge et du greffier, ou enfin les pièces écrites et signées par celui dont il s'agit de comparer l'écriture, en qualité de juge, greffier, notaire, avoué, huissier, ou comme faisant, à tout autre titre, fonction de personne publique;

2° Les écritures et signatures privées, reconnues par celui à qui est attribuée la pièce à vérifier, mais non celles déniées ou non reconnues par lui, encore qu'elles eussent été précédemment vérifiées et reconnues être de lui.

Si la dénégation ou méconnaissance ne porte que sur la partie de la pièce à vérifier, le juge pourra ordonner que le surplus de ladite pièce servira de pièce de comparaison. — *Pr.* 201 s., 236; *Civ.* 1317, 1322.

R. vᵉ *Vérif. d'écrit.*, 111 s. — S. *cod.* rᵉ, 51 s.

Art. 201. Si les pièces de comparaison sont entre les mains des dépositaires publics ou autres, le juge-commissaire ordonnera qu'aux jour et heure par lui indiqués les détenteurs desdites pièces les apporteront au lieu où se fera la vérification ; à peine, contre les dépositaires publics, d'être contraints par corps, et les autres par les voies ordinaires, sauf même à prononcer contre ces derniers la contrainte par corps, s'il y échet. — *Pr.* 107, 126 s., 202 s., 221, 245; *Civ.* 2060-6°, 2063; *Instr.* 454 s.

La contrainte par corps, en matière civile, commerciale et contre les étrangers, a été supprimée par la loi du 22 juillet 1867 (D. P. 67. 4. 75).

R. vᵉ *Vérif. d'écrit.*, 126 s. — S. *cod.* rᵉ, 65 s.

Art. 202. Si les pièces de comparaison ne peuvent être déplacées, ou si les détenteurs sont trop éloignés, il est laissé à la prudence du tribunal d'ordonner, sur le rapport du procureur du Roi [*le procureur de la République*], que la vérification se fera dans le lieu de la demeure des dépositaires, ou dans le lieu le plus proche, ou que, dans un délai déterminé, les pièces seront envoyées au greffe par les voies que le tribunal indiquera par son jugement. — *Pr.* 83 s., 203 s., 222.

R. vᵉ *Vérif. d'écrit.*, 132 s. — S. *cod.* rᵉ, 69.

Art. 203. Dans ce dernier cas, si le dépositaire est personne publique, il fera préalablement expédition ou copie collationnée à la minute ou original par le président du tribunal de son arrondissement, qui en dressera procès-verbal : ladite expédition ou copie mise par le dépositaire au rang de se minutes, pour en tenir lieu jusqu'au renvoi des pièces; et il pourra en délivrer de grosses ou expéditions, en faisant mention du procès-verbal qui aura été dressé.

Le dépositaire sera remboursé de ses frais par le demandeur en vérification, qui en aura fait la taxe par le juge qui aura dressé le procès-verbal, d'après lequel sera délivré exécutoire. — *Pr.* 130, 205, 209, 245; *Civ.* 1335, 2101-1°; *Instr.* 455.

R. vᵉ *Vérif. d'écrit.*, 136 s. — S. *cod.* rᵉ, 70

Art. 204. La partie la plus diligente fera sommer par exploit les experts et les dépositaires de se trouver aux lieu, jour et heure indiqués par l'ordonnance du juge-commissaire; les experts, à l'effet de prêter serment et de procéder à la vérification, et les dépositaires, à l'effet de représenter les pièces de comparaison : il sera fait sommation à la partie d'être présente, par acte d'avoué à avoué. Il sera dressé du tout procès-verbal : il en sera donné aux dépositaires copie pour extrait, en ce qui les concerne ainsi que du jugement. — *Pr.* 199 s., 201 205 s., 313, 1033 s.

R. vᵉ *Vérif. d'écrit.*, 142 s.

Art. 205. Lorsque les pièces seront représentées par les dépositaires, il est laissé à la prudence du juge-commissaire d'ordonner qu'ils seront présents à la vérification pour la garde desdites pièces, et qu'ils les retireront et représenteront à chaque vacation, ou d'ordonner qu'elles seront déposées ès mains du greffier, qui s'en chargera par procès-verbal. Le dépositaire, s'il est personne publique, pourra en faire expédition, ainsi qu'il est dit par l'article 203; et ce, encore que le lieu où se fait la vérification soit hors de l'arrondissement dans lequel le dépositaire a le droit d'instrumenter. — *Pr.* 202, 222, 245; *Instr.* 455.

R. vᵉ *Vérif. d'écrit.*, 147 s.

Art. 206. A défaut ou en cas d'insuffisance des pièces de comparaison, le juge-commissaire pourra ordonner qu'il sera fait un corps d'écritures, lequel sera dicté par les experts, le demandeur présent ou appelé. — *Instr.* 461.

R. vᵉ *Vérif. d'écrit.*, 150 s. — S. *cod.* rᵉ, 71 s.

Art. 207. Les experts ayant prêté serment, les pièces leur étant communiquées, ou le corps d'écritures fait, les parties se retireront, après avoir fait, sur le procès-verbal du juge-commissaire, telles réquisitions et observations qu'elles aviseront.

R. vᵉ *Vérif. d'écrit.*, 156 s.

Art. 208. Les experts procéderont conjointement à la vérification, au greffe, devant le greffier ou devant le juge, s'il l'a ainsi ordonné; et s'ils ne peuvent terminer le ne jour, ils remettront à jour et heure ains indiqués le juge ou par le pref- — *Pr.* 236, 317, 1034.

v° *Vérif. d'écrit.* 158 s. — S. *cod.* r°, 73 s.

rt. 209. Leur rapport sera annexé à la ute du procès-verbal du juge-commiss- e, qui qu'il soit besoin de l'affirmer; pièces seront remises aux dépositaires, en déchargeront le greffier sur le procès- bal.

a taxe des journées et vacations des experts faite sur le procès-verbal, et il en sera vré exécutoire contre le demandeur en fication. — *Pr.* 130, 210, 318; *Civ.* 2101-1°; *r.* 163.

v° *Vérif. d'écrit.*, 164 s.

rt. 210. Les trois experts seront tenus dresser un rapport commun et motivé, et ne former qu'un seul avis à la pluralité des

il y a des avis différents, le rapport en tiendra les motifs, sans qu'il soit permis faire connaître l'avis particulier des rts. — *Pr.* 318, 322 s.

v° *Vérif. d'écrit.*, 163.

rt. 211. Pourront être entendus comme oins, ceux qui auront vu écrire ou signer 'it en question, ou qui auront connais- ce de faits pouvant servir à découvrir la té. — *Pr.* 212, 260 s., 408 s.

v° *Vérif. d'écrit.*, 168 s. — S. *cod.* c°, 76 s.

rt. 212. En procédant à l'audition des oins, les pièces déniées ou méconnues seront représentées, et seront par eux fées; il en sera fait mention, ainsi que eur refus; seront, au surplus, observées ègles ci-après prescrites pour les enquêtes. *Pr.* 231, 252 s., 260; *Instr.* 457.

v° *Vérif. d'écrit.*, 179 s.

rt. 213. S'il est prouvé que la pièce écrite ou signée par celui qui l'a déniée, sera condamné à 150 francs d'amende ors le domaine, outre les dépens, dom- ges et intérêts de la partie, et pourra être damné par corps même pour le principal. *r.* 125 s., 130, 246, 543, 1029 ; *Civ.* 1149. 2, 2060, 2063.

contrainte par corps, en matière civile, commerciale ntre les étrangers, a été supprimée par la loi du iillet 1867 (D. P. 67. 4. 73).

v° *Vérif. d'écrit.*, 181 s. — S. *cod.* r°, 84.

TITRE ONZIÈME.

Du faux incident civil.

rt. 214. Celui qui prétend qu'une pièce ifiée, communiquée ou produite dans le rs de la procédure, est fausse ou falsi- , peut, s'il y échet, être reçu à s'inscrire faux, encore que ladite pièce ait été véri- , soit avec le demandeur, soit avec le ndeur en faux, à d'autres fins que celles ne poursuite de faux principal ou inci- t, et qu'en conséquence il soit intervenu jugement sur le fondement de ladite pièce me véritable. — *Pr.* 11, 193 s., 215 s., s., 405,,127, 1015; *Civ.* 1330-3°, 1351 ; tr. 458 s.; *Pén.* 145 s.

v° *Faux incid.* 11 s. — S. *cod.* r°, 5 s. — 87-97), *cod.* r°, 1 s. — V. aussi C. pr. civ. ann., 214, n° 1 s.; et son Suppl., n°ˢ 3348 s.

rt. 215. Celui qui voudra s'inscrire faux sera tenu préalablement de sommer tre partie, par acte d'avoué à avoué, de larer si elle veut ou non se servir de la ce, avec déclaration que, dans le cas où s'en servirait, il s'inscrira en faux. — 214, 216 s.; *Instr.* 438 s.

v° *Faux incid.*, 103 s. — S. *cod.* v°, 49 s. — 87-97), *cod.* v°, 17 s.

rt. 216. Dans les huit jours, la partie nmée doit faire signifier, par acte d'avoué,

sa déclaration, signée d'elle ou du porteur de sa procuration spéciale et authentique, dont copie sera donnée, si elle entend ou non se servir de la pièce arguée de faux. — *Pr.* 215, 217, 1033; *Civ.* 1317, 1987; *Instr.* 158.

R. v° *Faux incid.*, 20, 113 s. — S. *cod.* r°, 53 s.

Art. 217. Si le défendeur à cette som- mation ne fait cette déclaration, ou s'il dé- clare qu'il ne veut pas se servir de la pièce, le demandeur pourra se pourvoir à l'audience sur un simple acte, pour faire ordonner que la pièce maintenue fausse sera rejetée par rapport au défendeur; sauf au demandeur à en tirer telles inductions ou conséquences qu'il jugera à propos, ou à former telles demandes qu'il s'avisera, pour ses dommages et intérêts. — *Pr.* 218 s., 231 ; *Civ.* 1382; *Instr.* 459.

R. v° *Faux incid.*, 126 s. — S. *cod.* v°, 58 s.

Art. 218. Si le défendeur déclare qu'il veut se servir de la pièce, le demandeur déclarera par acte au greffe, signé de lui ou de son fondé de pouvoir spécial et authen- tique, qu'il entend s'inscrire en faux ; il poursuivra l'audience sur un simple acte, à l'effet de faire admettre l'inscription, et de faire nommer le commissaire devant lequel elle sera poursuivie. — *Pr.* 231, 427; *Civ.* 1317, 1987; *Instr.* 459.

R. v° *Faux incid.*, 131 s. — S. *cod.* r°. 63 s.

Art. 219. Le défendeur sera tenu de remettre la pièce arguée de faux, au greffe, dans les trois jours de la signification du jugement qui aura admis l'inscription et nommé le commissaire, et de signifier l'acte de mise au greffe dans les trois jours sui- vants. — *Pr.* 196 s., 220 s., 1033.

R. v° *Faux incid.*, 131 s. — S. *cod.* r°, 76 s.

Art. 220. Faute par le défendeur de satisfaire, dans ledit délai, à ce qui est pres- crit par l'article précédent, le demandeur pourra se pourvoir à l'audience, pour faire statuer sur le rejet de ladite pièce, suivant ce qui est porté en l'article 217 ci-dessus; si mieux il n'aime demander qu'il lui soit permis de faire remettre ladite pièce, au greffe, à ses frais, dont il sera remboursé par le défendeur comme de frais préjudiciaux; à l'effet de quoi il lui en sera délivré exécu- toire. — *Pr.* 130, 217 s.; *Civ.* 2101-1°.

R. v° *Faux incid.*, 150. — S. *cod.* v°, 75.

Art. 221. En cas qu'il y ait minute de la pièce arguée de faux, il sera ordonné, s'il y a lieu, par le juge-commissaire, sur la requête du demandeur, que le défendeur sera tenu, dans le temps qui lui sera prescrit, de faire apporter ladite minute au greffe, et que les dépositaires d'icelle y seront con- traints, les fonctionnaires publics par corps. et ceux qui ne le sont pas, par voie de saisie, amende, et même par corps, s'il y échet. — *Pr.* 126 s., 201 ; *Civ.* 2060, 2063.

La contrainte par corps, en matière civile, commerciale et contre les étrangers, a été supprimée par la loi du 22 juillet 1867 (D. P. 67. 4. 73).

R. v° *Faux incid.*, 157 s. — S. *cod.* v°, 76 s.

Art. 222. Il est laissé à la prudence du tribunal d'ordonner, sur le rapport du juge- commissaire, qu'il sera procédé à la conti- nuation de la poursuite du faux, sans attendre l'apport de la minute; comme aussi de sta- tuer ce qu'il appartiendra, en cas que ladite minute ne pût être rapportée, ou qu'il fût suffisamment justifié qu'elle a été soustraite ou qu'elle est perdue. — *Pr.* 202.

R. v° *Faux incid.*, 163 s. — S. *cod.* v°, 79 s.

Art. 223. Le délai pour l'apport de la minute court du jour de la signification de l'ordonnance ou du jugement au domicile de ceux qui l'ont en leur possession. — *Pr.* 59, 224, 1033.

R. v° *Faux incid.*, 164 s.

Art. 224. Le délai qui aura été prescrit au défendeur pour faire apporter la minute

courra du jour de la signification de l'ordon- nance ou du jugement à son avoué; et, faute par le défendeur d'avoir fait les diligences nécessaires pour l'apport de ladite minute dans ce délai, le demandeur pourra se pour- voir à l'audience, ainsi qu'il est dit article 217.

Les diligences ci-dessus prescrites au dé- fendeur seront remplies en signifiant par lui aux dépositaires, dans le délai qui aura été prescrit, copie de la signification qui lui aura été faite de l'ordonnance ou du jugement ordonnant l'apport de ladite minute: sans qu'il soit besoin, par lui, de lever expédition de ladite ordonnance ou dudit jugement. — *Pr.* 59, 147, 217, 223, 1033.

R. v° *Faux incid.*, 104 s. — S. *cod.* r°, 80 s.

Art. 225. La remise de ladite pièce pré- tendue fausse étant faite au greffe, l'acte en sera signifié à l'avoué du demandeur, avec sommation d'être présent au procès-verbal; et trois jours après cette signification, il sera dressé procès-verbal de l'état de la pièce.

Si c'est le demandeur qui a fait faire la remise, ledit procès-verbal sera fait dans les trois jours de ladite remise, sommation préa- lablement faite au défendeur d'y être pré- sent. — *Pr.* 196, 198, 219; 227, 1033; *Instr.* 418 s.

R. v° *Faux incid.*, 104 s. — S. *cod.* c°, 80 s.

Art. 226. S'il a été ordonné que les minutes seraient apportées, le procès-verbal sera dressé conjointement, tant desdites minutes que des expéditions arguées de faux, dans les délais ci-dessus : pourra néanmoins le tribunal ordonner, suivant l'exigence des cas, qu'il sera d'abord dressé procès-verbal de l'état desdites expéditions, sans attendre l'apport desdites minutes, de l'état desquelles il sera, en ce cas, dressé procès-verbal sépa- rément. — *Pr.* 196, 221; *Instr.* 418.

Art. 227. Le procès-verbal contiendra mention et description des ratures, sur- charges, interlignes et autres circonstances du même genre ; il sera dressé par le juge- commissaire, en présence du procureur du Roi (du procureur de la République), du demandeur et du défendeur, ou de leurs fon- dés de procurations authentiques et spé- ciales : lesdites pièces et minutes seront parafées par le juge-commissaire et le pro- cureur du Roi (le procureur de la Répu- blique), par le défendeur et le demandeur, s'ils peuvent ou veulent les parafer; sinon il en sera fait mention. Dans le cas de non- comparution de l'une ou de l'autre des parties, il sera donné défaut et passé outre au procès-verbal. — *Pr.* 112, 149, 199, 251; *Instr.* 448 s.

R. v° *Faux incid.*, 174 s. — S. *cod.* r°, 82.

Art. 228. Le demandeur en faux, ou son avoué, pourra prendre communication, en tout état de cause, des pièces arguées de faux, par les mains du greffier, sans dépla- cement et sans retard. — *Pr.* 180, 198.

R. v° *Faux incid.*, 178 s. — S. *cod.* v°, 83 s.

Art. 229. Dans les huit jours qui sui- vront ledit procès-verbal, le demandeur sera tenu de signifier au défendeur ses moyens de faux, lesquels contiendront les faits, circon- stances et preuves par lesquels il prétend établir le faux ou la falsification ; sinon le demandeur se pourvoir à l'audience pour faire ordonner, s'il y échet, que ledit demandeur demeurera déchu de son inscrip- tion en faux. — *Pr.* 217, 230 s., 247, 1033.

R. v° *Faux incid.* 181 s. — S. *cod.* v°, 85 s.

Art. 230. Sera tenu le défendeur, dans les huit jours de la signification des moyens de faux, d'y répondre par écrit; sinon le demandeur pourra se pourvoir à l'audience pour faire statuer sur le rejet de la pièce, suivant ce qui est prescrit article 217 ci- dessus. — *Pr.* 75, 77, 217, 231, 1033.

R. v° *Faux incid.*, 203 s. — S. *cod.* v°, 86 s.

Art. 231. Trois jours après lesdites réponses, la partie la plus diligente pourra poursuivre l'audience; et les moyens de faux seront admis ou rejetés, en tout ou en partie: il sera ordonné, s'il y échet, que lesdits moyens ou aucuns d'eux demeureront joints, soit à l'incident en faux, si quelques-uns desdits moyens ont été admis, soit à la cause ou au procès principal; le tout suivant la qualité desdits moyens et l'exigence des cas. — *Pr.* 246, 251, 1033 s.

R. vᵉ *Faux incid.*, 206 s. — S. eod. vᵉ, 90 s.

Art. 232. Le jugement ordonnera que les moyens seront prouvés, tant par titres que par témoins, devant le juge commis, sauf au défendeur la preuve contraire, et qu'il sera procédé à la vérification des pièces arguées de faux par trois experts écrivains, qui seront nommés d'office par le même jugement. — *Pr.* 195, 252 s., 302 s.

R. vᵉ *Faux incid.*, 210 s. — S. eod. vᵉ, 93 s.

Art. 233. Les moyens de faux qui seront déclarés pertinents et admissibles seront énoncés expressément dans le dispositif du jugement qui permettra d'en faire preuve; et il ne sera fait preuve d'aucun autre moyen. Pourront néanmoins les experts faire telles observations dépendantes de leur art qu'ils jugeront à propos, sur les pièces prétendues fausses, sauf aux juges à y avoir tel égard que de raison. — *Pr.* 232, 252, 323.

R. vᵉ *Faux incid.*, 210 s. — S. eod. vᵉ, 93 s.

Art. 234. En procédant à l'audition des témoins, seront observées les formalités ci-après prescrites pour les enquêtes: les pièces prétendues fausses leur seront représentées, et parafées d'eux, s'ils peuvent ou veulent les parafer; sinon il en sera fait mention. À l'égard des pièces de comparaison et autres qui doivent être représentées aux experts, elles pourront l'être aussi aux témoins, en tout ou en partie, si le juge-commissaire l'estime convenable; auquel cas elles seront par lui parafées, ainsi qu'il est ci-dessus prescrit. — *Pr.* 207, 211 s., 235, 252 s., 260 s.; *Instr.* 457.

R. vᵉ *Faux incid.*, 220 s. — S. eod. vᵉ, 96 s.

Art. 235. Si les témoins représentent quelques pièces lors de leur déposition, elles y demeureront jointes, après avoir été parafées, tant par le juge-commissaire, que par lesdits témoins, s'ils peuvent ou veulent le faire; sinon il en sera fait mention: et, si lesdites pièces font preuve du faux ou de la vérité des pièces arguées, elles seront représentées aux autres témoins qui en auraient connaissance; et elles seront par eux parafées, ainsi que ci est ci-dessus prescrit. — *Pr.* 212, 236; *Instr.* 457.

R. vᵉ *Faux incid.*, 224 s.

Art. 236. La preuve par expert se fera en la forme suivante:

1° Les pièces de comparaison seront convenues entre les parties, ou indiquées par le juge, ainsi qu'il est dit à l'article 200, titre *De la vérification des écritures;*

2° Seront remis aux experts, le jugement qui aura admis l'inscription de faux; les pièces prétendues fausses; le procès-verbal de l'état d'icelles; le jugement qui aura admis les moyens de faux et ordonné le rapport d'experts; les pièces de comparaison, lorsqu'il en aura été fourni; le procès-verbal de présentation d'icelles, et le jugement par lequel elles auront été reçues: les experts mentionneront dans leur rapport la remise de toutes les pièces susdites, et l'examen auquel ils auront procédé, sans pouvoir en dresser aucun procès-verbal; ils paraferont les pièces prétendues fausses. Dans le cas où les témoins auraient joint des pièces à leur déposition, la partie pourra requérir et le juge-commissaire ordonner qu'elles seront représentées aux experts;

3° Seront, au surplus, observées audit rapport les règles prescrites au titre *De la vérification des écritures.* — *Pr.* 207 s., 302 s., 1031.

R. vᵉ *Faux incid.*, 227 s. — S. eod. vᵉ, 98.

Art. 237. En cas de récusation, soit contre le juge-commissaire, soit contre les experts, il y sera procédé ainsi qu'il est prescrit aux titres XIV et XXI du présent livre. — *Pr.* 197, 308 s., 378 s.

Art. 238. Lorsque l'instruction sera achevée, le jugement sera poursuivi sur un simple acte. — *Pr.* 82, 337 s.

R. vᵉ *Faux incid.*, 235.

Art. 239. S'il résulte, de la procédure, des indices de faux ou de falsification, et que les auteurs ou complices soient vivants, et la poursuite du crime non éteinte par la prescription, d'après les dispositions du Code pénal, le président délivrera mandat d'amener contre les prévenus, et remplira, à cet égard, les fonctions d'officier de police judiciaire. — *Pr.* 150, 240, 250; *Instr.* 2, 3, 40, 59 s., 460, 462, 637 s.

R. vᵉ *Faux incid.*, 236 s.

Art. 240. Dans le cas de l'article précédent, il sera sursis à statuer sur le civil jusqu'après le jugement sur le faux. — *Pr.* 250; *Civ.* 1319; *Instr.* 3, 460.

R. vᵉ *Faux incid.*, 16 s., 239 s. — S. eod. vᵉ, 5 s.

Art. 241. Lorsqu'en statuant sur l'inscription de faux, le tribunal aura ordonné la suppression, la lacération, ou la radiation en tout ou partie, même la réformation ou le rétablissement des pièces déclarées fausses, il sera sursis à l'exécution de ce chef du jugement, tant que le condamné sera dans le délai de se pourvoir par appel, requête civile ou cassation, ou qu'il n'aura pas formellement et valablement acquiescé au jugement. — *Pr.* 82 s., 443 s., 480; *Civ.* 1338, 1351; *Instr.* 463.

R. vᵉ *Faux incid.*, 241 s. — S. eod. vᵉ, 99 s.

Art. 242. Par le jugement qui interviendra sur le faux, il sera statué, ainsi qu'il appartiendra, sur la remise des pièces, soit aux parties, soit aux témoins qui les auront fournies ou représentées; ce qui aura lieu même à l'égard des pièces prétendues fausses, lorsqu'elles ne seront pas jugées telles : à l'égard des pièces qui auront été tirées d'un dépôt public, elles seront ordonné qu'elles seront remises aux dépositaires, ou renvoyées aux greffiers de la manière prescrite par le tribunal; le tout sans qu'il soit rendu séparément un autre jugement sur la remise des pièces, laquelle, néanmoins, ne pourra être faite qu'après le délai prescrit par l'article précédent. — *Pr.* 209, 211, 243 s.

R. vᵉ *Faux incid.*, 243 s. — S. eod. vᵉ, 102 s.

Art. 243. Il sera sursis, pendant ledit délai, à la remise des pièces de comparaison ou autres, si ce n'est qu'il en soit autrement ordonné par le tribunal, sur la requête des dépositaires desdites pièces, ou des parties qui auraient intérêt de le demander.

R. vᵉ *Faux incid.*, 262 s.

Art. 244. Il est enjoint aux greffiers de se conformer exactement aux articles précédents, en ce qui les regarde, à peine d'interdiction, d'amende qui ne pourra être moindre de cent francs, et des dommages-intérêts des parties, même d'être procédé extraordinairement s'il y échet. — *Pr.* 128, 241 s., 245; *Civ.* 1149, 1382.

R. vᵉ *Faux incid.*, 265.

Art. 245. Pendant que lesdites pièces demeureront au greffe, les greffiers ne pourront délivrer aucune copie ni expédition des pièces prétendues fausses; à ce n'est en vertu d'un jugement; à l'égard des actes dont les originaux ou minutes auront été remis au greffe, et notamment des registres sur lesquels il y aurait des actes non argués de faux, lesdits greffiers pourront en délivrer des expéditions aux parties qui auront droit d'en demander, sans qu'ils puissent prendre de plus grands droits que ceux qui seraient dus aux dépositaires desdits originaux ou minutes : et sera le présent article exécuté sous les peines portées par l'article précédent.

S'il a été fait par les dépositaires des minutes desdites pièces des expéditions pour tenir lieu desdites minutes, en exécution de l'article 203 du titre *De la vérification des écritures*, lesdits actes ne pourront être expédiés que par lesdits dépositaires. — *Pr.* 128, 203, 205, 228, 241.

R. vᵉ *Faux incid.*, 231.

Art. 246. Le demandeur en faux qui succombera sera condamné à une amende qui ne pourra être moindre de trois cents francs, et à tels dommages et intérêts qu'il appartiendra. — *Pr.* 128, 130, 213, 247 s., 250, 1029; *Civ.* 1149, 1382.

Art. 247. L'amende sera encourue toutes les fois que l'inscription en faux aura été faite au greffe, et la demande à fin de s'inscrire admise, le demandeur s'en sera désisté volontairement ou aura succombé, ou que les parties auront été mises hors de procès, soit par le défaut de moyens ou de preuves suffisantes, soit faute d'avoir satisfait, de la part du demandeur, aux diligences et formalités ci-dessus prescrites; ce qui aura lieu, en quelques termes que la prononciation soit conçue, et encore que le jugement ne portât point condamnation d'amende : le tout, quand même le demandeur offrirait de poursuivre le faux par la voie extraordinaire. — *Pr.* 229, 240, 248, 250, 1029.

Art. 248. L'amende ne sera pas encourue lorsque la pièce, ou une des pièces arguées de faux, aura été déclarée fausse en tout ou en partie, ou lorsqu'elle aura été rejetée de la cause ou du procès, comme aussi lorsque la demande à fin de s'inscrire en faux n'aura pas été admise; et ce, de quelques termes que les juges se soient servis pour rejeter ladite demande, ou pour n'y avoir pas d'égard.

R. vᵉ *Faux incid.*, 240 s. — S. eod. vᵉ, 103 s.

Art. 249. Aucune transaction sur la poursuite du faux incident ne pourra être exécutée, si elle n'a été homologuée en justice, après avoir été communiquée au ministère public, lequel pourra faire, à ce sujet, telles réquisitions qu'il jugera à propos. — *Pr.* 83 s., 112, 251; *Civ.* 2016; *Instr.* 4.

R. vᵉ *Faux incid.*, 97 s. — S. eod. vᵉ, 45 s.

Art. 250. Le demandeur en faux pourra toujours se pourvoir, par la voie criminelle, en faux principal; et, dans ce cas, il sera sursis au jugement de la cause, à moins que les juges n'estiment que le procès puisse être jugé indépendamment de la pièce arguée de faux. — *Pr.* 240 s., 247, 448, 480; *Instr.* 3 s., 448 s.

R. vᵉ *Faux incid.*, 11 s. — S. eod. vᵉ, 5 s.

Art. 251. Tout jugement d'instruction ou définitif, en matière de faux, ne pourra être rendu que sur les conclusions du ministère public. — *Pr.* 83 s., 112, 249.

R. vᵉ *Faux incid.*, 143, 243.

TITRE DOUZIÈME.
Des enquêtes.

Art. 252. Les faits dont une partie demandera à faire preuve seront articulés succinctement par un simple acte de conclusion, sans écriture ni requête.

Ils seront, également par un simple acte, déniés ou reconnus dans les trois jours; sinon ils pourront être tenus pour confessés véres. — *Pr.* 34, 253 s., 337 s., 406 s., 432.

v* *Enquête*, 2 s., 33 s. — S. *eod.* v*, 1 s., 6 s. (87-97), *eod.* v*, 1 s.

rt. 253. Si les faits sont admissibles, s soient déniés, et que la loi n'en dé- e pas la preuve, elle pourra être ordon- — *Pr.* 254 s.; *Civ.* 1341.

v* *Enquête*, 51 s. — S. *eod.* v*, 15 s.

rt. 254. Le tribunal pourra aussi or- ner d'office la preuve des faits qui lui ltront concluants, si la loi ne le défend — *Pr.* 255 s.; *Civ.* 1341

rt. 255. Le jugement qui ordonnera la .ve contiendra : Les faits à prouver; La nomination du juge devant qui l'en- e sera faite. les témoins sont trop éloignés, il pourra ordonné que l'enquête sera faite devant uge commis par un tribunal désigné à effet. — *Pr.* 1035.

v* *Enquête*, 72 s. — S. *eod.* v*, 27 s. — 7-97], *eod.* v*, 14 s.

rt. 256. La preuve contraire sera de t : la preuve du demandeur et la preuve raire seront commencées et terminées s les délais fixés par les articles suivants.

v* *Enquête*, 114 s. — S. *eod.* v*, 41 s.

rt. 257. Si l'enquête est faite au même où le jugement a été rendu, ou dans la ance de trois myriamètres, elle sera con- cée dans la huitaine du jour de la signi- ion à avoué; si le jugement est rendu u une partie qui n'avait point d'avoué, élai courra du jour de la signification à .onne au domicile; ces délais courent ement contre celui qui a signifié le juge- t : le tout à peine de nullité. le jugement est susceptible d'opposition, élai courra du jour de l'expiration des is de l'opposition. — *Pr.* 75, 117, 156 s., 278, 292, 1029, 1033.

v* *Enquête*, 123 s., 179 s. — S. *eod.* v*, 48 s., — T. (87-97], *eod.* v*, 20 s. — V. aussi C. pr. ann., art. 257, n° 1 s.; et son Suppl., n° 3570 s.

rt. 258. Si l'enquête doit être faite à plus grande distance, le jugement fixera élai dans lequel elle sera commencée. — 259, 278, 1033.

v* *Enquête*, 162 s. — S. *eod.* v*, 64 s.

rt. 259. L'enquête est censée com- cée, pour chacune des parties respecti- ent, par l'ordonnance qu'elle obtient du e-commissaire, à l'effet d'assigner les oins au jour et heure par lui indiqués. n conséquence, le juge-commissaire ou- s les procès-verbaux respectifs par la ation de la réquisition et de la délivrance son ordonnance.

v* *Enquête*, 188 s. — S. *eod.* v*, 70 s.

rt. 260. Les témoins seront assignés ersonne ou domicile : ceux domiciliés s l'étendue de trois myriamètres du lieu se fait l'enquête, le seront au moins un r avant l'audition; il sera ajouté un jour trois myriamètres pour ceux domiciliés ne plus grande distance. Il sera donné ie à chaque témoin, du dispositif du ju- ient, seulement en ce qui concerne les s admis, et de l'ordonnance du juge- mmissaire : le tout à peine de nullité sur les ositions des témoins envers lesquels les nalités ci-dessus n'auraient pas été ob- vées. — *Pr.* 59 s., 68, 267, 408, 413, 1033. *art.*260 est modifié par l'art.1033 nouveau (L.3 mai 1862), *porte le délai de distance à un jour par cinq myria- res.*

, v* *Enquête*, 268 s. — S. *eod.* v*, 96 s. — 87-97], v* *Témoin*, 10 s.

Art. 261. La partie sera assignée pour e présente à l'enquête, au domicile de son ué; si elle en a constitué, sinon à son

domicile : le tout trois jours au moins avant l'audition. Les noms, professions et demeures des témoins à produire contre elle, lui seront notifiés : le tout à peine de nullité, comme ci-dessus. — *Pr.* 59, 61, 267, 275, 413, 1033.

R. v* *Enquête*, 205 s. — S. *eod.* v*, 74 s. — — T. (87-97], *eod.* v*, 27. — V. aussi C. pr. civ. ann., art. 261, n° 1 s.; et son Suppl., n° 3601 s.

Art. 262. Les témoins seront entendus séparément, tant en présence qu'en l'absence des parties.

Chaque témoin, avant d'être entendu, dé- clarera ses nom, profession, âge et demeure, s'il est parent ou allié de l'une des parties, à quel degré. s'il est serviteur ou domestique de l'une d'elles; il fera serment de dire vé- rité : le tout à peine de nullité. — *Pr.* 35, 268, 271, 275, 1029; *Instr.* 73, 75, 317; *Pén.* 363.

R. v* *Enquête*, 277 s., 295 s. — S. *eod.* v*, 101 s., 108 s. — T. (87-97], v* *Enquête*, 28 s.; *Témoin*, 47 s. — V. aussi C. pr. civ. ann., art. 262 n° 1 s.; et son Suppl., n° 3612 s.

Art. 263. Les témoins défaillants seront condamnés, par ordonnance du juge-com- missaire qui seront exécutoires, nonobstant opposition ou appel, à une somme qui ne pourra être moindre de dix francs, au profit de la partie, à titre de dommages et intérêts; ils pourront de plus être condamnés, par la même ordonnance, à une amende qui ne pourra excéder la somme de cent francs.

Les témoins défaillants seront réassignés à leurs frais. — *Pr.* 264, 413, 1029; *Instr.* 80 s., 157 s., 304, 355 s.

R. v* *Enquête*, 304 s., 329 s. — S. *eod.* v*, 110, 119 s.

Art. 264. Si les témoins réassignés sont encore défaillants, ils seront condamnés, et par corps, à une amende de 100 francs; le juge-commissaire pourra même décerner contre eux un mandat d'amener.

La contrainte par corps, en matière civile, commerciale et contre les étrangers, a été supprimée par la loi du 22 juillet 1867 (D. P. 67. 4. 75).

R. v* *Enquête*, 341 s. — S. *eod.* v*, 120.

Art. 265. Si le témoin justifie qu'il n'a pu se présenter au jour indiqué, le juge- commissaire le déchargera, après sa déposi- tion, de l'amende et des frais de réassigna- tion. — *Pr.* 266, 1029; *Instr.* 81, 158, 356.

R. v* *Enquête*, 346 s.

Art. 266. Si le témoin justifie qu'il est dans l'impossibilité de se présenter au jour indiqué, le juge-commissaire lui accordera un délai suffisant, qui néanmoins ne pourra excéder celui fixé pour l'enquête, ou se trans- portera pour recevoir la déposition. Si le témoin est éloigné, le juge-commissaire ren- verra devant le président du tribunal du lieu, qui entendra le témoin ou commettra un juge : le greffier de ce tribunal fera parvenir de suite la minute du procès-verbal au greffe du tribunal où le procès est pendant, sauf à lui à prendre exécutoire pour les frais contre la partie à la requête de qui le témoin aura été entendu. — *Pr.* 412, 1033, 1035; *Instr.* 831.

R. v* *Enquête*, 352 s. — S. *eod.* v*, 124.

Art. 267. Si les témoins ne peuvent être entendus le même jour, le juge-commissaire remettra à jour et heure certains; et il ne sera donné nouvelle assignation ni aux té- moins, ni à la partie, encore qu'elle n'ait pas comparu. — *Instr.* 260, 269.

R. v* *Enquête*, 328.

Art. 268. Nul ne pourra être assigné comme témoin, s'il est parent ou allié en ligne directe de l'une des parties, ou son conjoint même divorcé. — *Pr.* 270, 282 s., 413 s.; *Civ.* 735 s.; *Instr.* 156, 322.

R. v* *Enquête*, 236 s. — S. *eod.* v*, 92 s.

Art. 269. Les procès-verbaux d'enquête contiendront la date des jour et heure, les comparutions ou défauts des parties et té-

moins, la représentation des assignations, les remises à autres jour et heure, si elles sont ordonnées; à peine de nullité. — *Pr.* 275, 1029.

R. v* *Enquête*, 393 s. — S. *eod.* v*, 142 s.

Art. 270. Les reproches seront proposés par la partie ou par son avoué avant la dé- position du témoin, qui sera tenu de s'ex- pliquer sur iceux : ils seront circonstanciés et pertinents, et non en termes vagues et généraux. Les reproches et les explications du témoin seront consignés dans le procès- verbal. — *Pr.* 36, 268, 275, 282, 287, 413; *Instr.* 156, 322 s.

R. v* *Enquête*, 437, 345 s. — S. *eod.* v*, 101 s., 249 s. — T. (87-97], v* *Enquête*, 28 s.; *Témoin*, 42 s.

Art. 271. Le témoin déposera sans qu'il lui soit permis de lire aucun projet écrit. Sa déposition sera consignée sur le procès- verbal; elle lui sera lue, et il lui sera de- mandé s'il y persiste : le tout à peine de nullité. Il lui sera demandé aussi s'il requiert taxe. — *Pr.* 262, 275, 277, 292 s., 333 s., 1029; *Instr.* 327.

R. v* *Enquête*, 300 s. — S. *eod.* v*, 111.

Art. 272. Lors de la lecture de sa dépo- sition, le témoin pourra faire tels change- ments et additions que bon lui semblera : ils seront écrits à la suite ou à la marge de sa déposition; il lui en sera donné lecture, ainsi que de la déposition, et mention en sera faite : le tout à peine de nullité. — *Pr.* 271, 273, 292 s., 334, 1029; *Instr.* 76.

R. v* *Enquête*, 320 s.

Art. 273. Le juge-commissaire pourra, soit d'office, soit sur la réquisition des parties ou de l'une d'elles, faire au témoin les inter- pellations qu'il croira convenables pour éclaircir sa déposition : les réponses du té- moin seront signées de lui, après lui avoir été lues, ou mention sera faite s'il ne veut ou ne peut signer; elles seront également signées du juge et du greffier : le tout à peine de nullité. — *Pr.* 37, 275, 292 s., 413, 1029; *Instr.* 76.

R. v* *Enquête*, 320 s. — S. *eod.* v*, 112.

Art. 274. La déposition du témoin, ainsi que les changements et additions qu'il pourra y faire, seront signés par lui, le juge et le greffier; et si le témoin ne veut ou ne peut signer, il en sera fait mention : le tout à peine de nullité. Il sera fait mention de la taxe, s'il la requiert, ou de son refus. — *Pr.* 275 277, 292 s., 1029; *Instr.* 76.

R. v* *Enquête*, 322 s. — S. *eod.* v*, 115 s.

Art. 275. Les procès-verbaux feront mention de l'observation des formalités pres- crites par les articles 261, 262, 269, 270, 271, 272, 273 et 274 ci-dessus : ils seront signés, à la fin, par le juge et le greffier, et par les parties si elles le veulent ou le peuvent; en cas de refus, il en sera fait mention : le tout à peine de nullité. — *Pr.* 259, 292 s., 1029.

Art. 276. La partie ne pourra, ni inter- rompre le témoin dans sa déposition, ni lui faire aucune interpellation directe, mais sera tenue de s'adresser au juge-commissaire, à peine de dix francs d'amende, et de plus forte amende, même d'exclusion, en cas de récidive; ce qui sera prononcé par le juge- commissaire. Ses ordonnances seront exécu- toires nonobstant appel ou opposition. — *Pr.* 37, 88 s., 1029.

R. v* *Enquête*, 344.

Art. 277. Si le témoin requiert taxe, elle sera faite par le juge-commissaire sur la copie de l'assignation, et elle vaudra exé- cutoire : le juge fera mention de la taxe sur son procès-verbal. — *Pr.* 271, 274 s., 281.

R. v* *Enquête*, 327 s. — S. *eod.* v*, 117.

Art. 278. L'enquête sera respectivement parachevée dans la huitaine de l'audition des premiers témoins, à peine de nullité, si le jugement qui l'a ordonnée n'a fixé un plus long délai. — *Pr.* 262, 279, 292, 1029, 1031, 1033.

R. vᵒ *Enquête*, 355 s. — S. *cod.* vᵗ, 125 s. — T. (87-97), *cod.* vᵗ, 35 s.

Art. 279. Si néanmoins l'une des parties demande prorogation dans le délai fixé pour la confection de l'enquête, le tribunal pourra l'accorder. — *Pr.* 280, 409.

R. vᵒ *Enquête*, 363 s. — S. *cod.* vᵗ, 129 s. — T. (87-97), *cod.* vᵗ, 35 s.

Art. 280. La prorogation sera demandée sur le procès-verbal du juge-commissaire, et ordonnée sur le référé qu'il en fera à l'audience, au jour indiqué par son procès-verbal, sans sommation ni avenir, si les parties ou leurs avoués ont été présents : il ne sera accordé qu'une seule prorogation, à peine de nullité. — *Pr.* 275, 279, 292 s., 1029.

R. vᵒ *Enquête*, 381 s. — S. *cod.* vᵗ, 134 s.

Art. 281. La partie qui aura fait entendre plus de cinq témoins sur un même fait ne pourra répéter les frais des autres dépositions. — *Pr.* 271, 274, 277, 413, 1031.

R. vᵒ *Enquête*, 232 s. — S. *cod.* vᵗ, 92 s.

Art. 282. Aucun reproche ne sera proposé après la déposition, s'il n'est justifié par écrit. — *Pr.* 37, 270, 283, 289, 413.

R. vᵒ *Enquête*, 515 s. — S. *cod.* vᵗ, 249 s. — T. (87-97), Vᵗ *Témoin*, 12 s.

Art. 283. Pourront être reprochés, les parents ou alliés de l'une ou de l'autre des parties jusqu'au degré de cousin issu de germain inclusivement; les parents et alliés des conjoints au degré ci-dessus, si le conjoint est vivant, ou si la partie ou le témoin en a des enfants vivants : en cas que le conjoint soit décédé, et qu'il n'ait pas laissé de descendants, pourront être reprochés les parents et alliés en ligne directe, les frères, beaux-frères, sœurs et belles-sœurs.

Pourront aussi être reprochés, le témoin héritier présomptif ou donataire; celui qui aura bu ou mangé avec la partie, et à ses frais, depuis la prononciation du jugement qui a ordonné l'enquête; celui qui aura donné des certificats sur les faits relatifs au procès; les serviteurs et domestiques; le témoin en état d'accusation; celui qui aura été condamné à une peine afflictive ou infamante, ou même à une peine correctionnelle pour cause de vol. — *Pr.* 268, 284, 287, 289, 310, 378; *Instr.* 156, 322; *Pén.* 7, 8, 28, 31, 42-8ᵒ, 379, 400.

R. vᵒ *Enquête*, 455 s. — S. *cod.* vᵗ, 176 s. — T. (87-97), Vᵗ *Témoin*, 10 s. — V. aussi C. pr. civ. ann., art. 283, nᵒˢ 1 s.; et son Suppl., nᵒˢ 3061 s.

Art. 284. Le témoin reproché sera entendu dans sa déposition. — *Pr.* 287, 291.

R. vᵒ *Enquête*, 288.

Art. 285. Pourront les individus âgés de moins de quinze ans révolus être entendus, sauf à avoir à leurs dépositions tel égard que de raison. — *Pr.* 413; *Instr.* 79.

R. vᵒ *Enquête*, 265.

Art. 286. Le délai pour faire enquête étant expiré, la partie la plus diligente fera signifier à avoué copie des procès-verbaux, et poursuivra l'audience sur un simple acte. — *Pr.* 82, 270, 278 s., 337 s.

R. vᵒ *Enquête*, 499 s. — S. *cod.* vᵗ, 147 s. — T. (87-97), *cod.* vᵗ, 43 s.

Art. 287. Il sera statué sommairement sur les reproches. — *Pr.* 270, 283, 288, 290 s., 404.

R. vᵒ *Enquête*, 561 s. — S. *cod.* vᵗ, 257 s.

Art. 288. Si néanmoins le fond de la cause était en état, il pourra être prononcé sur le tout par un seul jugement. — *Pr.* 134, **338**, 473.

R. vᵒ *Enquête*, 575 s. — S. *cod.* vᵗ, 259 s.

Art. 289. Si les reproches proposés avant la déposition ne sont justifiés par écrit, la partie sera tenue d'en offrir la preuve, et de désigner les témoins; autrement elle n'y sera plus reçue : le tout sans préjudice des réparations, dommages et intérêts qui pourraient être dus au témoin reproché. — *Pr.* 282, 287, 290, 314, 1029; *Civ.* 1149, 1382.

R. vᵒ *Enquête*, 531 s. — S. *cod.* vᵗ, 235 s.

Art. 290. La preuve, s'il y échet, sera ordonnée par le tribunal, sauf la preuve contraire, et sera faite dans la forme ci-après réglée pour les enquêtes sommaires. Aucun reproche ne pourra y être proposé, s'il n'est justifié par écrit. — *Pr.* 256, 282, 287, 407 s.

R. vᵒ *Enquête*, 531 s. — S. *cod.* vᵗ, 235 s.

Art. 291. Si les reproches sont admis, la déposition du témoin reproché ne sera point lue. — *Pr.* 284, 288, 294.

R. vᵒ *Enquête*, 571 s. — S. *cod.* vᵗ, 261 s.

Art. 292. L'enquête ou la déposition déclarée nulle par la faute du juge-commissaire sera recommencée à ses frais; les délais de la nouvelle enquête ou de la nouvelle audition de témoins courront du jour de la signification du jugement qui l'aura ordonnée : la partie pourra faire entendre les mêmes témoins; et si quelques-uns ne peuvent être entendus, les juges auront tel égard que de raison aux dépositions par eux faites dans la première enquête. — *Pr.* 147, 257 s., 260 s., 271 s., 278, 293 s., 1029; *Civ.* 1382.

R. vᵒ *Enquête*, 429 s. — S. *cod.* vᵗ, 166 s.

Art. 293. L'enquête déclarée nulle par la faute de l'avoué, ou par celle de l'huissier, ne sera pas recommencée; mais la partie pourra en répéter les frais contre eux, même des dommages et intérêts, en cas de manifeste négligence; ce qui est laissé à l'arbitrage du juge. — *Pr.* 71, 132, 292, 294, 360, 1030 s.; *Civ.* 1149, 1382 s.

R. vᵒ *Enquête*, 445 s. — S. *cod.* vᵗ, 166 s.

Art. 294. La nullité d'une ou de plusieurs dépositions n'entraîne pas celle de l'enquête. — *Pr.* 262, 291, 1030.

R. vᵒ *Enquête*, 415 s. — S. *cod.* vᵗ, 130 s. — T. (87-97), *cod.* vᵗ, 43 s.

TITRE TREIZIÈME.

Des descentes sur les lieux.

Art. 295. Le tribunal pourra, dans les cas où il le croira nécessaire, ordonner que l'un des juges se transportera sur les lieux; mais il ne pourra l'ordonner dans les matières où il n'échoit qu'un simple rapport d'experts, s'il n'en est requis par l'une ou par l'autre partie. — *Pr.* 30, 41 s., 296, 302 s., 1035.

R. vᵒ *Desc. sur les lieux*, 7 s. — S. *cod.* vᵗ, 3 s. — T. (87-97), *cod.* vᵗ, 1 s.

Art. 296. Le jugement commettra l'un des juges qui y auront assisté. — *Pr.* 295, 297, 1035.

R. vᵒ *Desc. sur les lieux*, 25 s. — S. *cod.* vᵗ, 10.

Art. 297. Sur la requête de la partie la plus diligente, le juge-commissaire rendra une ordonnance qui fixera les lieu, jour et heure de la descente; la signification en sera faite d'avoué à avoué, et vaudra sommation. — *Pr.* 75, 299.

R. vᵒ *Desc. sur les lieux*, 41 s.

Art. 298. Le juge-commissaire fera mention, sur la minute de son procès-verbal, des jours employés au transport, séjour et retour. — *Pr.* 301.

R. vᵒ *Desc. sur les lieux*, 47 s. — S. *cod.* vᵗ, 11 s.

Art. 299. L'expédition du procès-verbal sera signifiée par la partie la plus diligente aux avoués des autres parties; et, trois jours après, elle pourra poursuivre l'audience sur un simple acte. — *Pr.* 92, 286, 297.

R. vᵒ *Enquête*, 52 s.

Art. 300. La présence du ministère public ne sera nécessaire que dans le cas où il sera lui-même partie. — *Pr.* 83, 112.

R. vᵒ *Desc. sur les lieux*, 46.

Art. 301. Les frais de transport seront avancés par la partie requérante, et par elle consignés au greffe. — *Pr.* 130, 298, 319, 852.

R. vᵒ *Desc. sur les lieux*, 56 s.

TITRE QUATORZIÈME.

Des rapports d'experts.

Art. 302. Lorsqu'il y aura lieu à un rapport d'experts, il sera ordonné par un jugement, lequel énoncera clairement les objets de l'expertise. — *Pr.* 42, 204, 208 s., 236, 295, 303 s., 955, 971, 1034; *Civ.* 126, 453, 821, 1539, 1678 s., 1716; *Com.* 414.

R. vᵒ *Expert.*, 1 s., 19 s. — S. *cod.* vᵗ, 1 s., 4 s. — T. (87-97), *cod.* vᵗ, 2 s. — V. aussi C. pr. civ. ann., art. 302, nᵒˢ 1 s.; et son Suppl., nᵒˢ 3810 s.; C. ad., t. 1, vᵗ *Département*, p. 316, nᵒˢ 570 s.

Art. 303. L'expertise ne pourra se faire que par trois experts, à moins que les parties ne consentent qu'il soit procédé par un seul. — *Pr.* 196, 232 s., 304 s., 429, 935, 955 s., 969.

R. vᵒ *Expert.*, 72 s. — S. *cod.* vᵗ, 14 s. — T. (87-97), *cod.* vᵗ, 2 s.

Art. 304. Si, lors du jugement qui ordonne l'expertise, les parties se sont accordées pour nommer les experts, le même jugement leur donnera acte de la nomination. — *Pr.* 305 s.

R. vᵒ *Expert.*, 90 s. — S. *cod.* vᵗ, 20 s.

Art. 305. Si les experts ne sont pas convenus par les parties, le jugement ordonnera qu'elles seront tenues de les nommer dans les trois jours de la signification; sinon, qu'il sera procédé à l'opération par les experts qui seront nommés d'office par le même jugement.

Ce même jugement nommera le juge-commissaire, qui recevra le serment des experts convenus ou nommés d'office : pourra néanmoins le tribunal ordonner que les experts prêteront leur serment devant le juge de paix du canton où ils procéderont. — *Pr.* 306 s., 1033, 1035.

R. vᵒ *Expert.*, 90 s. — S. *cod.* vᵗ, 20 s. — T. (87-97), *cod.* vᵗ, 2 s.

Art. 306. Dans le délai ci-dessus, les parties qui se seront accordées pour la nomination des experts en feront leur déclaration au greffe. — *Pr.* 304.

R. vᵒ *Expert.*, 111.

Art. 307. Après l'expiration du délai ci-dessus, la partie la plus diligente prendra l'ordonnance du juge, et fera sommation aux experts nommés par les parties ou d'office, pour faire leur serment, sans qu'il soit nécessaire que les parties y soient présentes. — *Pr.* 305, 315 s., 1035.

R. vᵒ *Expert.*, 103 s. — S. *cod.* vᵗ, 35 s. — V. aussi C. ad., t. 1, vᵗ *Département*, p. 320, nᵒ 962 s.

Art. 308. Les récusations ne pourront être proposées que contre les experts nommés d'office, à moins que les causes n'en soient survenues depuis la nomination et avant le serment. — *Pr.* 197, 237, 283, 309, 430.

R. vᵒ *Expert.*, 131 s. — S. *cod.* vᵗ, 32.

t. 309. La partie qui aura des moyens de récusation à proposer sera tenue de le faire dans les trois jours de la nomination, ou simple acte signé d'elle ou de son mandataire spécial, contenant les causes de récusation, et les preuves, si elle en a, ou la demande de les vérifier par témoins ; le délai proposé, et l'expert prêtera serment au jour indiqué par la sommation. — *Pr.* 252 s., 383, 1033 ; *Civ.* 1987.

Expert., 124 s. — S. *cod.* v³, 27 s.

t. 310. Les experts pourront être récusés par les motifs pour lesquels les témoins peuvent être reprochés. — *Pr.* 283 s., 311 s.,

Expert., 124 s. — S. *cod.* v³, 27 s.

t. 311. La récusation contestée sera sommairement à l'audience, sur un acte, et sur les conclusions du ministère public ; les juges pourront ordonner la preuve par témoins, laquelle sera faite dans la forme ci-après prescrite pour les matières sommaires. — *Pr.* 83 s., 112, 252, 330, 405 s.

Expert., 116 s.

t. 312. Le jugement sur la récusation sera exécutoire, nonobstant l'appel. — *Pr.* 391, 443 s., 457.

Expert., 155 s.

t. 313. Si la récusation est admise, il sera d'office, par le même jugement, nommé un nouvel expert ou de nouveaux experts à la place de celui ou de ceux récusés. — *Pr.* 305.

Expert., 162.

t. 314. Si la récusation est rejetée, la partie qui l'aura faite sera condamnée en dommages et intérêts qu'il appartiendra, même envers l'expert, s'il le requiert ; mais, en ce dernier cas, il ne pourra demeurer juge. — *Pr.* 128, 390, 513 ; *Civ.* 1146 s.

Expert., 133 s.

t. 315. Le procès-verbal de prestation de serment contiendra indication, par experts, du lieu et des jour et heure de l'opération.

en cas de présence des parties ou de leurs experts, cette indication vaudra sommation.

Pour d'absence, il sera fait sommation aux parties, par acte d'avoué, de se trouver aux lieu et heure que les experts auront indiqués. — *Pr.* 204, 307, 316, 319, 955, 1034.

Expert., 181 s. — S. *cod.* v³, 42 s. — -97), *cod.* c³, 31 s.

t. 316. Si quelque expert n'accepte pas la nomination, ou ne se présente point, soit pour le serment, soit pour l'expertise, aux lieu et heure indiqués, les parties s'accorderont sur-le-champ pour en nommer un autre à sa place ; sinon, la nomination en sera faite d'office par le tribunal.

L'expert qui, après avoir prêté serment, ne remplira pas sa mission, pourra être condamné par le tribunal qui l'avait commis, aux frais frustratoires, et même aux dommages-intérêts, s'il y échet. — *Pr.* 128, 304 s., 315, 320, 1031 ; *Civ.* 1146, 1382.

Expert., 114 s., 159 s. — S. *cod.* v³, 26, 34. 87-97), *cod.* v³, 30 s.

t. 317. Le jugement qui aura ordonné le rapport, et les pièces nécessaires, seront remis aux experts ; les parties pourront faire leurs dires et réquisitions qu'elles jugeront convenables : il en sera fait mention dans le rapport ; il sera rédigé sur le lieu contentieux, ou dans le lieu et aux jour et heure seront indiqués par les experts.

La rédaction sera écrite par un des experts désignée par tous : s'ils ne savent pas tous écrire, elle sera écrite et signée par le greffier de la justice de paix du lieu où ils auront procédé. — *Pr.* 207, 236, 956.

R. v³ *Expert.*, 193 s., 231 s. — S. *cod.* v³, 44 s., 68 s. — T. (87-97), *cod.* v³, 49 s., 59 s.

Art. 318. Les experts dresseront un seul rapport ; ils ne formeront qu'un seul avis à la pluralité des voix.

Ils indiqueront néanmoins, en cas d'avis différents, les motifs des divers avis, sans faire connaître quel a été l'avis personnel de chacun d'eux. — *Pr.* 210, 322 s., 956 ; *Civ.* 1679.

R. v³ *Expert.*, 193 s., — S. *cod.* v³, 44 s., 63 s. — T. (87-97), *cod.* v³, 59 s.

Art. 319. La minute du rapport sera déposée au greffe du tribunal qui aura ordonné l'expertise, sans nouveau serment de la part des experts : leurs vacations seront taxées par le président au bas de la minute ; et il en sera délivré exécutoire contre la partie qui aura requis l'expertise, ou qui l'aura poursuivie si elle a été ordonnée d'office. — *Pr.* 130, 209, 277, 301, 431, 956.

R. v³ *Expert.*, 249 s. — S. *cod.* v³, 74 s. — T. (87-97), *cod.* v³, 59 s.

Art. 320. En cas de retard ou de refus de la part des experts de déposer leur rapport, ils pourront être assignés à trois jours, sans préliminaire de conciliation, par-devant le tribunal qui les aura commis, pour se voir condamner, même par corps s'il y échet, à faire ledit dépôt ; il y sera statué sommairement et sans instruction. — *Pr.* 49-7°, 126, 316, 404 s., 463, 1033.

La contrainte par corps, en matière civile, commerciale et contre les étrangers, a été supprimée par la loi du 22 juillet 1867 (D P. 67. 4. 75).

R. v³ *Expert.*, 114 s. — S. *cod.* v³, 26.

Art. 321. Le rapport sera levé et signifié à avoué par la partie la plus diligente ; l'audience sera poursuivie sur un simple acte. — *Pr.* 82, 286, 299.

R. v³ *Expert.*, 269 s. — S. *cod.* v³, 87 s.

Art. 322. Si les juges ne trouvent point dans le rapport les éclaircissements suffisants, ils pourront ordonner d'office une nouvelle expertise, par un ou plusieurs experts qu'ils nommeront également d'office, et qui pourront demander aux précédents experts les renseignements qu'ils trouveront convenables. — *Pr.* 303, 323.

R. v³ *Expert.*, 294 s. — S. *cod.* v³, 102 s. — T. (87-97), *cod.* v³, 68 s.

Art. 323. Les juges ne sont point astreints à suivre l'avis des experts, si leur conviction s'y oppose. — *Pr.* 322.

R. v³ *Expert.*, 276 s. — S. *cod.* v³, 94 s.

TITRE QUINZIÈME.

De l'interrogatoire sur faits et articles.

Art. 324. Les parties peuvent, en toutes matières et en tout état de cause, demander de se faire interroger respectivement sur faits et articles pertinents concernant seulement la matière dont est question, sans retard de l'instruction ni du jugement. — *Pr.* 9, 119, 325 s., 428, 1035.

R. v³ *Interrog. sur faits et art.*, 1 s. — S. *cod.* v³, 1 s. — T. (87-97), *cod.* v³, 1 s. — V. aussi C. pr. civ. ann., art. 324, n° 1 s., et son Suppl., n° 3977 s.

Art. 325. L'interrogatoire ne pourra être ordonné que sur requête contenant les faits et par jugement rendu à l'audience : il y sera procédé, soit devant le président, soit devant un juge par lui commis. — *Pr.* 326 ; *Civ.* 79.

R. v³ *Interrog. sur faits et art.*, 51 s. — S. *cod.* v³, 24 s. — T. (87-97), *cod.* v³, 1 s.

Art. 326. En cas d'éloignement, le président pourra commettre le président du tribunal dans le ressort duquel la partie réside, ou le juge de paix du canton de cette résidence. — *Pr.* 327 s., 1035.

R. v³ *Interrog. sur faits et art.*, 71 s. — S. *cod.* v³, 30 s.

Art. 327. Le juge commis indiquera, au bas de l'ordonnance qui l'aura nommé, les jour et heure de l'interrogatoire ; le tout, sans qu'il soit besoin de procès-verbal contenant réquisition, ou délivrance de son ordonnance.

R. v³ *Interrog. sur faits et art.*, 73 s. — S. *cod.* v³, 32 s.

Art. 328. En cas d'empêchement légitime de la partie, le juge se transportera au lieu où elle est retenue. — *Pr.* 266, 332 s.

R. v³ *Interrog. sur faits et art.*, 81 s.

Art. 329. Vingt-quatre heures au moins avant l'interrogatoire, seront signifiées par le même exploit, à personne ou domicile, la requête et les ordonnances du tribunal, du président ou du juge qui devra procéder à l'interrogatoire, avec assignation donnée par un huissier, qu'il aura commis à cet effet. — *Pr.* 1033.

R. v³ *Interrog. sur faits et art.*, 75 s. — S. *cod.* v³, 34 s.

Art. 330. Si l'assigné ne comparaît pas ou refuse de répondre après avoir comparu, il en sera dressé procès-verbal sommaire, et les faits pourront être tenus pour avérés. — *Pr.* 191, 252, 331, 333, 336 ; *Civ.* 1353.

R. v³ *Interrog. sur faits et art.*, 81 s., 107 s. — S. *cod.* v³, 59 s.

Art. 331. Si, ayant fait défaut sur l'assignation, il se présente avant le jugement, il sera interrogé, en payant les frais du premier procès-verbal et de la signification, sans répétition. — *Pr.* 1382.

R. v³ *Interrog. sur faits et art.*, 101 s. — S. *cod.* v³, 37 s.

Art. 332. Si, au jour de l'interrogatoire, la partie assignée justifie d'empêchement légitime, le juge indiquera un autre jour pour l'interrogatoire, sans nouvelle assignation. — *Pr.* 328.

R. v³ *Interrog. sur faits et art.*, 81 s.

Art. 333. La partie répondra en personne, sans pouvoir lire aucun projet de réponse par écrit, et sans assistance de conseil, aux faits contenus en la requête, même à ceux sur lesquels le juge l'interrogera d'office ; les réponses seront précises et pertinentes sur chaque fait, et sans aucun terme calomnieux ni injurieux : celui qui aura requis l'interrogatoire ne pourra y assister. — *Pr.* 271, 324.

R. v³ *Interrog. sur faits et art.*, 87 s.

Art. 334. L'interrogatoire achevé sera lu à la partie, avec interpellation de déclarer si elle a dit vérité et persiste : si elle ajoute, l'addition sera rédigée en marge ou à la suite de l'interrogatoire ; elle lui sera lue, et il lui sera fait la même interpellation : elle signera l'interrogatoire et les additions ; et si elle ne sait ou ne veut signer, il en sera fait mention. — *Pr.* 272.

R. v³ *Interrog. sur faits et art.*, 99 s.

Art. 335. La partie qui voudra faire usage de l'interrogatoire le fera signifier, sans qu'il puisse être un sujet d'écritures de part ni d'autre. — *Pr.* 75, 1031.

R. v³ *Interrog. sur faits et art.*, 105 s. — S. *cod.* v³, 39.

Art. 336. Seront tenues les administrations d'établissements publics de nommer un administrateur ou agent pour répondre sur les faits et articles qui leur auront été communiqués : elles donneront, à cet effet, un pouvoir spécial dans lequel les réponses seront expliquées et affirmées véritables, sinon les faits pourront être tenus pour avérés ; sans préjudice de faire interroger les administrateurs et agents sur les faits qui leur seront personnels, pour y avoir, par le tribunal, tel égard que de raison. — *Pr.* 330, 333, 1032; *Civ.* 1053, 1987.

R. vᵉ *Interrog. sur faits et art.*, 89 s.

TITRE SEIZIÈME.

Des incidents.

§ 1ᵉʳ. — Des demandes incidentes.

Art. 337. Les demandes incidentes seront formées par un simple acte contenant les moyens et les conclusions, avec offre de communiquer les pièces justificatives sur récépissé, ou par dépôt au greffe.

Le défendeur à l'incident donnera sa réponse par un simple acte. — *Pr.* 75, 82, 338 s., 406, 443, 475 s., 493, 718 s., 1031.

R. vᵉ *Incident*, 16 s. — S. *cod.* vᵉ, 3 s. — T. (87-97), *cod.* vᵉ, 1 s. — V. aussi C. pr. civ. ann., art. 337, nᵒˢ 1 s.; et son **Suppl.**, nᵒˢ 4001 s.

Art. 338. Toutes demandes incidentes seront formées en même temps; les frais de celles qui seraient proposées postérieurement, et dont les causes auraient existé à l'époque des premières, ne pourront être répétés.

Les demandes incidentes seront jugées par préalable, s'il y a lieu; et, dans les affaires sur lesquelles il aura été ordonné une instruction par écrit, l'incident sera porté à l'audience, pour être statué ce qu'il appartiendra. — *Pr.* 93, 131, 186, 288, 341, 473, 1031.

R. vᵉ *Incident*, 30 s. — S *cod.* vᵉ, 12.

§ 2. — De l'intervention.

Art. 339. L'intervention sera formée par requête qui contiendra les moyens et conclusions, dont il sera donné copie, ainsi que des pièces justificatives. — *Pr.* 49-3ᵒ, 166, 182, 340, 406, 466, 871; *Civ.* 865, 882, 1031, 1066, 1447, 2205; *Com.* 158; *Instr.* 67.

R. vᵉ *Intervention*, 1 s., 12 s., 112 s. — S. *cod.* vᵉ, 1 s., 5 s., 52 s. — T. (87-97), *cod.* vᵉ, 1 s. — V. aussi C. pr. civ. ann., art. 339, nᵒˢ 1 s.; et son **Suppl.**, nᵒˢ 4023 s.; C. ad., 1 s.; V *Commune*, p. 690, nᵒˢ 8059 s.; p. 696, nᵒˢ 8760; p. 700, nᵒˢ 8380 s.; p. 701, nᵒ 8467; *Elections*, p. 1038, nᵒˢ 4240 s.

Art. 340. L'intervention ne pourra retarder le jugement de la cause principale, quand elle sera en état. — *Pr.* 343.

R. vᵉ *Intervention*, 102 s., 124 s. — S. *cod.* vᵉ, 50 s., 59 s. — T. (87-97), *cod.* vᵉ, 71 s., 80 s.

Art. 341. Dans les affaires sur lesquelles il aura été ordonné une instruction par écrit, si l'intervention est contestée par l'une des parties, l'incident sera porté à l'audience. — *Pr.* 93, 340, 911, 338.

En ce qui concerne l'intervention forcée, ou assignation en déclaration de jugement commun, V. R. vᵉ Intervention, 142 s.; S. cod. vᵉ 63 s.; C. pr. civ. ann., p. 431; et son Suppl., p. 143-144.

TITRE DIX-SEPTIÈME.

Des reprises d'instance, et constitutions de nouvel avoué.

Art. 342. Le jugement de l'affaire qui sera en état ne sera différé, ni par le changement d'état des parties, ni par la cessation des fonctions dans lesquelles elles procédaient, ni par leur mort, ni par les décès, démissions, interdictions ou destitutions de leurs avoués. — *Pr.* 75, 148, 162, 343, 397, 426, 1038.

R. vᵉ *Reprise d'instance*, 1 s. — S. *cod.* vᵉ, 1 s. — T. (87-97), *cod.* vᵉ, 1 s.

Art. 343. L'affaire sera en état, lorsque la plaidoirie sera commencée; la plaidoirie sera réputée commencée, quand les conclusions auront été contradictoirement prises à l'audience.

Dans les affaires qui s'instruisent par écrit, la cause sera en état quand l'instruction sera complète, ou quand les délais pour les productions et réponses seront expirés. — *Pr.* 61-3ᵒ, 77, 87, 93 s., 314, 369, 382.

R. vᵉ *Reprise d'instance*, 6 s. – S. *cod.* vᵉ, 6 s.

Art. 344. Dans les affaires qui ne seront pas en état, toutes procédures faites postérieurement à la notification de la mort de l'une des parties seront nulles : il ne sera pas besoin de signifier les décès, démissions, interdictions ni destitutions des avoués; les poursuites faites et les jugements obtenus depuis seront nuls, s'il n'y a constitution de nouvel avoué. — *Pr.* 75, 148, 162, 342, 316 s., 355, 447, 1029, 1038; *Civ.* 2003, 2008, 2010.

R. vᵉ *Reprise d'instance*, 21 s., 36 s. — S. *cod.* vᵉ, 13 s.

Art. 345. Ni le changement d'état des parties, ni la cessation des fonctions dans lesquelles elles procédaient, n'empêcheront la continuation des procédures.

Néanmoins, le défendeur qui n'aura pas constitué avoué avant le changement d'état ou le décès du demandeur sera assigné de nouveau à un délai de huitaine, pour voir adjuger les conclusions, et sans qu'il soit besoin de conciliation préalable. — *Pr.* 49, 59, 61, 69, 72, 75, 312, 346, 1033, 1038.

R. vᵉ *Reprise d'instance*, 22 s., 58 s. — S. *cod.* vᵉ, 26 s.

Art. 346. L'assignation en reprise ou en constitution sera donnée aux délais fixés au titre *Des ajournements*, avec indication des noms des avoués qui occupaient et du rapporteur, s'il y en a. — *Pr.* 72 s., 93, 345.

R. vᵉ *Reprise d'instance* 62 s., 74 s. — S. *cod.* vᵉ, 35 s., 48 s.

Art. 347. L'instance sera reprise par acte d'avoué à avoué. — *Pr.* 75.

R. vᵉ *Reprise d'instance*, 88 s. — S. *cod.* vᵉ, 54 s.

Art. 348. Si la partie assignée en reprise conteste, l'incident sera jugé sommairement. — *Pr.* 337, 404 s.

R. vᵉ *Reprise d'instance*, 104 s. — S. *cod.* vᵉ, 86 s.

Art. 349. Si, à l'expiration du délai, la partie assignée en reprise ou en constitution ne comparaît pas, il sera rendu jugement qui tiendra la cause pour reprise, et ordonnera qu'il sera procédé suivant les derniers errements, et sans qu'il puisse y avoir d'autres délais pour ceux qui restaient à courir. — *Pr.* 119 s., 375.

R. vᵉ *Reprise d'instance*, 96 s. — S. *cod.* vᵉ, 58 s.

Art. 350. Le jugement rendu par défaut contre une partie, sur la demande en reprise d'instance ou en constitution de nouvel avoué, sera signifié par un huissier commis : si l'affaire est en rapport, la signification énoncera le nom du rapporteur. — *Pr.* 95, 156, 351.

R. vᵉ *Reprise d'instance*, 104 s., 62 s.

Art. 351. L'opposition à ce jugement sera portée à l'audience, même dans les affaires en rapport. — *Pr.* 95, 157 s., 165.

R. vᵉ *Reprise d'instance*, 107 s. — S. *cod.* vᵉ, 64 s.

TITRE DIX-HUITIÈME.

Du désaveu.

Art. 352. Aucunes offres, aucun aveu ou consentement, ne pourront être faits, donnés ou acceptés sans un pouvoir spécial, à peine de désaveu. — *Pr.* 132, 353 s., 402 s., 556, 707, 812 s.; *Civ.* 1109, 1257 s., 1356, 1987.

R. vᵉ *Acquiescement*, 119 s., 700 s.; *Avoué*, 138 s.; *Désaveu*, 1 s. — S. vᵉ *Acquiescement*, 17 s.; *Avoué*, 31 s.; *Désaveu*, 1 s. — T. (87-97), vᵉ *Désaveu*, 1 s. — V. aussi C. pr. civ. ann., art. 382, nᵒˢ 1 s.; et son **Suppl.**, nᵒˢ 4146 s.

Art. 353. Le désaveu sera fait au gre du tribunal qui devra en connaître, par acte signé de la partie, ou du porteur de procuration spéciale et authentique : l'a contiendra les moyens, conclusions, et cor titution d'avoué. — *Pr.* 49-7ᵒ, 75, 354 370, 384; *Civ.* 1317, 1987.

R. vᵉ *Désaveu*, 92 s. — S. *cod.* vᵉ, 19.

Art. 354. Si le désaveu est formé da le cours d'une instance encore pendante, sera signifié, sans autre demande, par ac d'avoué, tant à l'avoué contre lequel le dés veu est dirigé, qu'aux autres avoués de cause ; et ladite signification vaudra sor mation de défendre au désaveu. — *Pr.* 8 355.

R. vᵉ *Désaveu*, 96 s. — S. *cod.* vᵉ, 20.

Art. 355. Si l'avoué n'exerce plus s fonctions, le désaveu sera signifié par explo à son domicile ; s'il est mort, le désaveu sera signifié à ses héritiers, avec assignatio au tribunal où l'instance est pendante, notifié aux parties de l'instance, par ac d'avoué à avoué. — *Pr.* 59 s., 69, 75, 8 148, 312, 356, 1038; *Civ.* 102 s., 724.

R. vᵉ *Désaveu*, 96 s.

Art. 356. Le désaveu sera toujours por au tribunal devant lequel la procédure dés vouée aura été instruite, encore que l'in tance dans le cours de laquelle il est form soit pendante en un autre tribunal ; le dés veu sera dénoncé aux autres parties de l'instan principale, qui seront appelées dans l'ins ce du désaveu. — *Pr.* 49, 59 s., 339, 358, 103 de *Désaveu*, 101 s. — S. *cod.* vᵉ, 22.

Art. 357. Il sera sursis à toute procé dure et au jugement de l'instance principal jusqu'à celui du désaveu, à peine de nullit sauf, cependant, à ordonner que le désa vouant fera juger le désaveu dans un dél fixe, sinon qu'il sera fait droit. — *Pr.* 1029 30 s.

R. vᵉ *Désaveu*, 114 s., 124 s. — S. *cod.* vᵉ, 30 s.

Art. 358. Lorsque le désaveu concer nera un acte sur lequel il n'y a point ins tance, la demande sera portée au tribun du défendeur. — *Pr.* 59, 61, 69, 356.

R. vᵉ *Désaveu*, 101. — S. *cod.* vᵉ, 22.

Art. 359. Toute demande en désave sera communiquée au ministère public. — *Pr.* 83 s., 112.

R. vᵉ *Désaveu*, 111.

Art. 360. Si le désaveu est déclar valable, le jugement, ou les dispositions d jugement relatives aux chefs qui ont donn lieu au désaveu, demeureront annulés e comme non avenus : le désavoué sera con damné, envers le demandeur et les autre parties, en tous dommages-intérêts, mêm puni d'interdiction, ou poursuivi extraordi nairement, suivant la gravité du cas et l nature des circonstances. — *Pr.* 132, 355 1029, 1031; *Civ.* 1149, 1382.

R. vᵉ *Désaveu*, 141 s. — S. *cod.* vᵉ, 33. — T. (87-97), *cod.* vᵉ, 1 s.

Art. 361. Si le désaveu est rejeté, i sera fait mention du jugement de rejet e marge de l'acte de désaveu, et le demandeu pourra être condamné, envers le désavou et les autres parties, en tels dommages e réparations qu'il appartiendra. — *Pr.* 360 *Civ.* 1149, 1382.

R. vᵉ *Désaveu*, 147 s.

Art. 362. Si le désaveu est formé à l'oc casion d'un jugement qui aura acquis forc de chose jugée, il ne pourra être reçu aprè la huitaine, à dater du jour où le jugemen devra être réputé exécuté, aux termes de l'article 159 ci-dessus. — *Pr.* 356; *Civ.* 1350-3ᵒ, 1351.

R. vᵉ *Désaveu*, 119 s. — S. *cod.* vᵉ, 26 s. — T. (87-97), *cod.* vᵉ, 10 s.

TITRE DIX-NEUVIÈME.

Des règlements de juges.

rt. 363. Si un différend est porté à
ou à plusieurs tribunaux de paix ressor-
nt au même tribunal, le règlement de
s sera porté à ce tribunal.

les tribunaux de paix relèvent de tri-
ux différents, le règlement de juges
porté à la cour royale [la cour d'appel].
ces tribunaux ne ressortissent pas à la
e cour royale [cour d'appel], le règle-
. sera porté à la cour de cassation.

un différend est porté à deux ou plu-
's tribunaux de première instance res-
ssant à la même cour royale [cour d'ap-
le règlement de juges sera porté à cette
: il sera porté à la cour de cassation,
s tribunaux ne ressortissent pas tous à
ême cour royale [cour d'appel], ou si
nflit existe entre une ou plusieurs cours.
ʳ. 49-7⁰, 83-4⁰, 112, 171, 361 s., 368 s.,
Instr. 525 s.

vᵉ Règlement de juges, 1 s., 4 s. 8 s. —
d. v⁴, 1 s., 6 s. — T. (87-97), eod. v⁴, 1 s. —
assi C. pr. civ. ann., art. 363, nᵒˢ 1 s.; et son
., nᵒ⁴ 4205 s.

'ordonnance du Roi du 1ᵉʳ juin 1828, relative aux
s d'attribution entre les tribunaux et l'autorité ad-
trative. (R. vᵉ Conflit, p. 110 s.; — C. ad., t. 1, vᵉ Con-
130 s)

rt. 364. Sur le vu des demandes for-
s dans différents tribunaux, il sera rendu,
requête, jugement portant permission
igner en règlement, et les juges pour-
ordonner qu'il sera sursis à toutes pro-
es dans lesdits tribunaux. — Pr. 365 s.,
s., 491; Instr. 528 s.

vᵉ Règlement de juges, 96 s. — S. cod. v⁴,
— T. (87-97), eod. v⁴, 52 s.

rt. 365. Le demandeur signifiera le
ment et assignera les parties au domi-
de leurs avoués.

délai pour signifier le jugement et pour
ner sera de quinzaine, à compter du
du jugement.

délai pour comparaître sera celui des
nements, en comptant les distances
ès le domicile respectif des avoués. —
59, 61, 69, 72, 75, 366, 492, 669 s.,
1033.

vᵉ Règlement de juges, 106 s., 133 s. —
d. v⁴, 47 s., 60 s.

rt. 366. Si le demandeur n'a pas assi-
dans les délais ci-dessus, il demeurera
u du règlement de juges, sans qu'il soit
in de le faire ordonner; et les pour-
es pourront être continuées dans le tri-
l saisi par le défendeur en règlement.
ʳ. 365, 1029.

vᵉ Règlement de juges, 108 s. — S. cod. v⁴,

rt. 367. Le demandeur qui succom-
pourra être condamné aux dommages-
réts envers les autres parties. — Pr. 128,
; Civ. 1149 s., 1382; Instr. 541.

vᵉ Règlement de juges, 112 s. — S. eod. v⁴,

ce qui concerne les règlements de juges devant la
de cassation, V. C. pr. civ. ann., p. 473 s.; et son
ol., p. 149 s.

TITRE VINGTIÈME.

Du renvoi à un autre tribunal
pour parenté ou alliance.

art. 368. Lorsqu'une partie aura deux
ents ou alliés, jusqu'au degré de cousin
a de germain inclusivement, parmi les
es d'un tribunal de première instance,
trois parents ou alliés au même degré
s une cour royale [une cour d'appel]; ou
qu'elle aura un parent audit degré parmi

les juges du tribunal de première instance,
ou deux parents dans la cour royale [la cour
d'appel], et qu'elle-même sera membre du
tribunal ou de cette cour, l'autre partie
pourra demander le renvoi. — Pr. 172, 363,
369 s., 378; Civ. 735 s.; Instr. 542 s.

R. vᵉ Renvoi, 3 s. — S. eod. v⁴, 5 s. — T. (87-97),
eod. v⁴, 1 s.

Art. 369. Le renvoi sera demandé avant
le commencement de la plaidoirie; et, si
l'affaire est en rapport, avant que l'instruction soit achevée, ou que les délais soient
expirés; sinon il ne sera plus reçu. — Pr.
95, 98 s., 343, 382, 1029; Instr. 543.

R. vᵉ Renvoi, 29 s. — S. eod. v⁴, 20 s.

Art. 370. Le renvoi sera proposé par
acte au greffe, lequel contiendra les moyens,
et sera signé de la partie ou de son fondé de
procuration spéciale et authentique. — Pr.
353, 371, 384; Civ. 1317, 1987.

R. vᵉ Renvoi, 35 s. — S. eod. v⁴, 24.

Art. 371. Sur l'expédition dudit acte.
présentée avec les pièces justificatives, il sera
rendu jugement qui ordonnera :

1⁰ La communication aux juges à raison
desquels le renvoi est demandé, pour faire,
dans un délai fixe, leur déclaration au bas
de l'expédition du jugement;

2⁰ La communication au ministère public;

3⁰ Le rapport, à jour indiqué, par l'un
des juges nommé par ledit jugement. — Pr.
49-7⁰, 83 s., 95, 112, 385 s.; Instr. 546.

R. vᵉ Renvoi, 39 s. — S. eod. v⁴, 24 s.

Art. 372. L'expédition de l'acte à fin de
renvoi, les pièces y annexées, et le jugement mentionné en l'article précédent, seront
signifiés aux autres parties. — Pr. 147.

R. vᵉ Renvoi, 44 s. — S. eod. v⁴, 27 s.

Art. 373. Si les causes de la demande
en renvoi sont avouées ou justifiées dans un
tribunal de première instance, le renvoi sera
fait à l'un des autres tribunaux ressortissant
en la même cour royale [cour d'appel]; et,
si c'est dans une cour royale [cour d'appel],
le renvoi sera fait à l'une des trois cours les
plus voisines. — Pr. 375.

R. vᵉ Renvoi, 49 s.

Art. 374. Celui qui succombera sur sa
demande en renvoi, sera condamné à une
amende qui ne pourra être moindre de cinquante francs, sans préjudice des dommages-
intérêts de la partie, s'il y a lieu. — Pr.
128, 130, 367, 390, 1029; Civ. 1149, 1382.

R. vᵉ Renvoi, 53. — S. eod. v⁴, 31 s.

Art. 375. Si le renvoi est prononcé,
qu'il n'y ait pas d'appel, ou que l'appelant
ait succombé, la contestation sera portée
devant le tribunal qui devra en connaître,
sur simple assignation; et la procédure y
sera continuée suivant ses derniers errements. — Pr. 349, 373, 376.

R. vᵉ Renvoi, 60 s. — S. eod. v⁴, 42 s.

Art. 376. Dans tous les cas, l'appel du
jugement de renvoi sera suspensif. — Pr.
377, 413, 457; Instr. 550.

R. vᵉ Renvoi, 54 s. — S. eod. v⁴, 34 s.

Art. 377. Sont applicables audit appel,
les dispositions des articles 392, 393, 394,
395, titre De la récusation, ci-après.

En ce qui concerne le renvoi à un autre tribunal pour
cause de suspicion, de sûreté publique, pour insuffisance
de juges ou d'avoués, et le renvoi après cassation, V. C. pr.
civ. ann., p. 478 s.; et son Suppl., p. 150 s.

TITRE VINGT-UNIÈME.

De la récusation.

Art. 378. Tout juge peut être récusé
pour les causes ci-après :

1⁰ S'il est parent ou allié des parties, ou

de l'une d'elles, jusqu'au degré de cousin
issu de germain inclusivement;

2⁰ Si la femme du juge est parente ou
alliée de l'une des parties, ou si le juge est
parent ou allié de la femme de l'une des
parties, au degré ci-dessus, lorsque la
femme est vivante, ou qu'étant décédée, il en
existe des enfants : si elle est décédée et
qu'il n'y ait point d'enfant, le beau-père,
le gendre ni les beaux-frères ne pourront
être juges;

La disposition relative à la femme décédée
s'appliquera à la femme divorcée, s'il existe
des enfants du mariage dissous;

3⁰ Si le juge, sa femme, leurs ascendants
et descendants, ou alliés dans la même ligne,
ont un différend sur pareille question que
celle dont il s'agit entre les parties;

4⁰ S'ils ont un procès en leur nom dans
un tribunal où l'une des parties sera juge;
s'ils sont créanciers ou débiteurs d'une des
parties;

5⁰ Si, dans les cinq ans qui ont précédé
la récusation, il y a eu procès criminel entre
eux et l'une des parties, ou son conjoint, ou
ses parents ou alliés en ligne directe;

6⁰ S'il y a procès civil entre le juge, sa
femme, leurs ascendants et descendants, ou
alliés dans la même ligne, et l'une des parties, et que ce procès, s'il a été intenté par
la partie, l'ait été avant l'instance dans
laquelle la récusation est proposée; si, ce
procès étant terminé, il ne l'a été que dans
les six mois précédant la récusation;

7⁰ Si le juge est tuteur, subrogé-tuteur ou
curateur, héritier présomptif ou donataire,
maître ou commensal de l'une des parties;
s'il est administrateur de quelque établissement, société ou direction, partie dans la
cause; si l'une des parties est sa présomptive
héritière;

8⁰ Si le juge a donné conseil, plaidé ou
écrit sur le différend; s'il en a précédemment
connu comme juge ou comme arbitre; s'il a
sollicité, recommandé ou fourni aux frais du
procès; s'il a déposé comme témoin; si, depuis le commencement du procès, il a bu ou
mangé avec l'une ou l'autre des parties dans
leur maison, ou reçu d'elle des présents;

S'il y a inimitié capitale entre lui et l'une
des parties;

S'il y a eu, de sa part, agressions, injures
ou menaces, verbalement ou par écrit, depuis
l'instance ou dans les six mois précédant la
récusation proposée. — Pr. 44 s., 197, 237,
283, 308 s., 368 s., 379 s., 430, 505 s., 1014;
Civ. 420, 450, 480, 735 s.; Instr. 332, 399 s.

R. vᵉ Récusation, 1 s., 7 s. — S. eod. v⁴, 6 s. —
T. (87-97), eod. v⁴, 1 s. — V. aussi C. pr. civ. ann.,
art. 378, nᵒˢ 1 s.; et son Suppl., nᵒˢ 4335 s.; C. ad.,
t. 1, vᵉ Conseil d'État, p. 204, nᵒ 1097 s.; Département, p. 322, nᵒ 1042 s.; Elections, p. 1037,
nᵒ⁴ 4246 s.

Art. 379. Il n'y aura pas lieu à récusation, dans les cas où le juge serait parent
du tuteur ou du curateur de l'une des deux
parties, ou des membres ou administrateurs
d'un établissement, société, direction ou
union, partie dans la cause, à moins que
lesdits tuteurs, administrateurs ou intéressés,
n'aient un intérêt distinct ou personnel. —
Pr. 378-7⁰.

R. vᵉ Récusation, 39. — S. eod. v⁴, 22.

Art. 380. Tout juge qui saura cause de
récusation en sa personne sera tenu de la
déclarer à la chambre, qui décidera s'il doit
s'abstenir. — Pr. 45 s., 368, 1012, 1014.

R. vᵉ Récusation, 167 s. — S. eod. v⁴ 125 s. —
T. (87-97), eod. v⁴, 1 s.

Art. 381. Les causes de récusation relatives aux juges sont applicables au ministère
public lorsqu'il est partie jointe; mais il
n'est récusable lorsqu'il est partie principale. — Pr. 33 s., 112.

Art. 382. Celui qui voudra récuser devra
le faire avant le commencement de la plaidoirie; et, si l'affaire est en rapport, avant

15

que l'instruction soit achevée, ou que les délais soient expirés, à moins que les causes de la récusation ne soient survenues postérieurement. — *Pr.* 87, 95 s., 98 s., 343, 369, 1029.

R. v° *Récusation*, 97 s. — S. *eod.* v°, 62 s.

Art. 383. La récusation contre les juges commis aux descentes, enquêtes et autres opérations, ne pourra être proposée que dans les trois jours, qui courront, 1° si le jugement est contradictoire, du jour du jugement ; 2° si le jugement est par défaut et qu'il n'y ait pas d'opposition, du jour de l'expiration de la huitaine de l'opposition ; 3° si le jugement a été rendu par défaut et qu'il y ait eu opposition, du jour du débouté d'opposition, même par défaut. — *Pr.* 116, 155, 157 s., 165, 1029, 1033.

R. v° *Récusation*, 97 s. — S. *eod.* v°, 62 s.

Art. 384. La récusation sera proposée par un acte au greffe, qui en contiendra les moyens, et sera signé de la partie, ou du fondé de sa procuration authentique et spéciale, laquelle sera annexée à l'acte. — *Pr.* 353, 370, 386, 392 ; *Civ.* 1317, 1987.

R. v° *Récusation*, 112 s. — S. *eod.* v°, 73 s.

Art. 385. Sur l'expédition de l'acte de récusation, remise dans les vingt-quatre heures au greffier au président du tribunal, il sera, sur le rapport du président et les conclusions du ministère public, rendu jugement qui, si la récusation est inadmissible, la rejettera ; et, si elle est admissible, ordonnera, 1° la communication au juge récusé, pour s'expliquer en termes précis sur les faits, dans le délai qui sera fixé par le jugement ; 2° la communication au ministère public, et indiquera le jour où le rapport sera fait par l'un des juges nommé par ledit jugement. — *Pr.* 47, 83 s., 112, 311, 371, 381, 386 ; *Instr.* 510.

R. v° *Récusation*, 115 s. — S. *eod.* v°, 77 s.

Art. 386. Le juge récusé fera sa déclaration au greffe, à la suite de la minute de l'acte de récusation. — *Pr.* 384.

R. v° *Récusation*, 99 s., 123 s.

Art. 387. A compter du jour du jugement qui ordonnera la communication, tous jugements et opérations seront suspendus : si cependant l'une des parties prétend que l'opération est urgente et qu'il y a péril dans le retard, l'incident sera porté à l'audience sur un simple acte, et le tribunal pourra ordonner qu'il sera procédé par un autre juge. — *Pr.* 82, 116, 337 s., 391, 406, 806.

R. v° *Récusation*, 125 s. — S. *eod.* v°, 82 s.

Art. 388. Si le juge récusé convient des faits qui ont motivé sa récusation, ou si ces faits sont prouvés, il sera ordonné qu'il s'abstiendra. — *Pr.* 45 s., 380, 1012, 1011.

Art. 389. Si le récusant n'apporte preuve par écrit ou commencement de preuve des causes de la récusation, il est laissé à la prudence du tribunal de rejeter la récusation sur la simple déclaration du juge, ou d'ordonner la preuve testimoniale. — *Pr.* 252 s. ; *Civ.* 1317 s.

R. v° *Récusation*, 127 s. — S. *eod.* v°, 84.

Art. 390. Celui dont la récusation aura été déclarée non admissible, ou non recevable, sera condamné à telle amende qu'il plaira au tribunal, laquelle ne pourra être moindre de cent francs, et sans préjudice, s'il y a lieu, de l'action du juge en réparation et dommages et intérêts, auquel cas il ne pourra demeurer juge. — *Pr.* 128, 314, 374, 513, 1029 ; *Civ.* 1149, 1382.

R. v° *Récusation*, 131 s. — S. *eod.* v°, 86 s.

Art. 391. Tout jugement sur récusation, même dans les matières où le tribunal de première instance juge en dernier ressort, sera susceptible d'appel : si néanmoins la partie soutient qu'attendu l'urgence il est

nécessaire de procéder à une opération sans attendre que l'appel soit jugé, l'incident sera porté à l'audience sur un simple acte ; et le tribunal pourra rejeter la récusation pourra ordonner qu'il sera procédé à l'opération par un autre juge. — *Pr.* 82, 337 s., 376, 387, 392 s., 406, 441, 457, 806.

R. v° *Récusation*, 139 s. — S. *eod.* v°, 97 s.

Art. 392. Celui qui voudra appeler sera tenu de le faire dans les cinq jours du jugement, par un acte au greffe, lequel sera motivé et contiendra l'énonciation du dépôt au greffe des pièces au soutien. — *Pr.* 377, 384, 391, 393 s., 444, 457, 1029, 1033.

R. v° *Récusation*, 145 s. — S. *eod.* v°, 102 s.

Art. 393. L'expédition de l'acte de récusation, de la déclaration du juge, du jugement, de l'appel, et les pièces jointes seront envoyées sous trois jours par le greffier, à la requête et aux frais de l'appelant, au greffier du tribunal d'appel. — *Pr.* 130, 1033.

Art. 394. Dans les trois jours de la remise au greffier du tribunal d'appel, celui-ci présentera lesdites pièces au tribunal, lequel indiquera le jour du jugement, et commettra l'un des juges ; sur son rapport et sur les conclusions du ministère public, il sera rendu à l'audience jugement, sans qu'il soit nécessaire d'appeler les parties. — *Pr.* 83 s., 95, 112, 116, 1033.

Art. 395. Dans les vingt-quatre heures de l'expédition du jugement, le greffier du tribunal d'appel renverra les pièces à lui adressées, au greffier du tribunal de première instance. — *Pr.* 1033.

Art. 396. L'appelant sera tenu, dans le mois du jour du jugement de première instance qui aura rejeté sa récusation, de signifier aux parties le jugement sur l'appel, ou certificat du greffier du tribunal d'appel, contenant que l'appel n'est pas jugé, et l'indication du jour déterminé par le tribunal : sinon le jugement qui aura rejeté la récusation sera exécuté par provision ; et ce qui sera fait en conséquence sera valable, encore que la récusation fût admise sur l'appel. — *Pr.* 116, 147, 376, 457.

R. v° *Récusation*, 147 s. — S. *eod.* v°, 106.

TITRE VINGT-DEUXIÈME.

De la péremption.

Art. 397. Toute instance, encore qu'il n'y ait pas eu constitution d'avoué, sera éteinte par discontinuation de poursuites pendant trois ans.

Ce délai sera augmenté de six mois, dans tous les cas où il y aura lieu à demande en reprise d'instance, ou constitution de nouvel avoué. — *Pr.* 15, 156, 342 s., 398 s., 469 s. ; *Civ.* 330., 2246 s., 2260 ; *Com.* 643.

R. v° *Péremption*, 1 s. — S. *eod.* v°, 1 s. — T. (87-97), *eod.* v°, 1 s. — V. aussi C. pr. civ. ann., art. 397, n° 1 s. ; et son Suppl., n° 4383 s.

Art. 398. La péremption courra contre l'État, les établissements publics, et toutes personnes, même mineures, sauf leur recours contre les administrateurs et tuteurs. — *Civ.* 388, 450, 509, 1382, 2227, 2278.

R. v° *Péremption*, 64 s. — S. *eod.* v°, 20 s. — V. aussi C. pr. civ. ann., art. 398, n° 1 s.

Art. 399. La péremption n'aura pas lieu de droit ; elle se couvrira par les actes valables faits par l'une ou l'autre des parties avant la demande en péremption. — *Pr.* 173, 400 s.

R. v° *Péremption*, 12 s., 174 s. — S. *eod.* v°, 37 s., 50 s. — V. aussi C. pr. civ. ann., art. 399, n° 1 s. ; et son Suppl., n° 4411 s.

Art. 400. Elle sera demandée par requête d'avoué à avoué, à moins que l'avoué ne soit décédé, ou interdit, ou suspendu,

depuis le moment où elle a été acquise. — *Pr.* 82, 118, 162. 312 s.

R. v° *Péremption*. 264 s. — S. *eod.* v°, 87 s. — V. aussi C. pr. civ. ann., art. 400, n° 1 s.

Art. 401. La péremption n'éteint pa l'action ; elle emporte seulement extinction de la procédure, sans qu'on puisse, dan aucun cas, opposer aucun des actes de l procédure éteinte, ni s'en prévaloir.

En cas de péremption, le demandeur prin cipal est condamné à tous les frais de l procédure périmée. — *Pr.* 130, 469, 543 s. 1029 ; *Civ.* 2247.

R. v° *Péremption*, 304 s. — S. *eod.* v°, 95 s. – V. aussi C. pr. civ. ann., art. 401, n° 1 s. ; et son Suppl., n° 4453 s.

TITRE VINGT-TROISIÈME.

Du désistement.

Art. 402. Le désistement peut être fait et accepté par de simples actes signés de parties ou de leurs mandataires, et signifié d'avoué à avoué. — *Pr.* 75, 352 s., 433 ; *Civ.* 1987, 2247 ; *Instr.* 4.

R. v° *Désistement*, 5 s. — S. *eod.* v°, 2 s. – T. (87-97), *eod.* v°, 1 s. — V. aussi C. pr. civ. ann. art. 402, n° 1 s. ; et son Suppl., n° 4473 s.

Art. 403. Le désistement, lorsqu'il aur été accepté, emportera de plein droit con sentement que les choses soient remises d part et d'autre au même état qu'elles étaien avant la demande.

Il emportera également soumission d payer les frais, au payement desquels l partie qui se sera désistée sera contrainte sur simple ordonnance du président mise au bas de la taxe, parties présentes, ou appelées par acte d'avoué à avoué.

Cette ordonnance, si elle émane d'un tri bunal de première instance, sera exécuté nonobstant opposition ou appel ; elle sera exécutée nonobstant opposition, si elle émane d'une cour royale (*cour d'appel*). — *Pr.* 130 402, 543 s. ; *Civ.* 1350, 1352, 1356.

R. v° *Désistement*, 61 s., 103 s. — S. *eod.* v°, 40 s. — T. (87-97), *eod.* v°, 1 s. — V. aussi C. pr. civ. ann., art. 403, n° 1 s. ; et son Suppl., n° 4493 s. *En ce qui concerne l'acquiescement*, V. C. pr. civ. ann. p. 521 s. ; et son Suppl., p. 157 s. — V. aussi R. et S. v° *Acquiescement*, 1 s. ; T. (87-97), *eod.* v°, 1 s.

TITRE VINGT-QUATRIÈME.

Des matières sommaires.

Art. 404. Seront réputés matières sommaires, et instruits comme tels :

Les appels des juges de paix ;

Les demandes purement personnelles, à quelque somme qu'elles puissent monter, quand il y a titre, pourvu qu'il ne soit pas contesté ;

Les demandes formées sans titres, lorsqu'elles n'excèdent pas mille francs ;

Les demandes provisoires, ou qui requièrent célérité ;

Les demandes en payement de loyers et fermages et arrérages de rentes. — *Pr.* 34 s., 172, 180, 191 s., 287, 290, 311, 320, 348, 405 s., 463, 521, 538, 543, 608, 669, 795, 809, 823, 832. 839 s., 847, 883 ; *Civ.* 584,1711, 1728 – 2°, 1909, 2102 - 1°, 2277 s. ; *Com.* 648.

L'art. 404 *a été modifié et complété par l'art.* 1er *de la loi du 11 avril 1838, portant que les actions personnelles et mobilières jusqu'à la valeur de 1500 fr. de principal, et les actions immobilières jusqu'à 60 fr. de revenu déterminé, seront instruites et jugées comme matières sommaires.*

R. v° *Matières sommaires*, 7 s. — S. *eod.* v°, 9 s. — T. (87-97), *eod.* v°, 1 s. — V. aussi C. pr. civ. ann., art. 404, n° 1 s. ; et son Suppl., n° 4732 s.

Art. 405. Les matières sommaires seront jugées à l'audience, après les délais de la on échus, sur un simple acte, sans es procédures ni formalités. — *Pr.* 82, 543, 1033.

vᵒ *Matières sommaires*, 64 s. — S. cod. vᵗ,

rt. 406. Les demandes incidentes et nterventions seront formées par requête ué, qui ne pourra contenir que des usions motivées. — *Pr.* 75, 337 s., 1031.

vᵉ *Matières sommaires*, 67.

rt. 407. S'il y a lieu à enquête, le nent qui l'ordonnera contiendra les faits qu'il soit besoin de les articuler préament, et fixera les jour et heure où les ins seront entendus à l'audience. — *Pr.* , 252 s., 408 s., 432.

vᵉ *Enquête*, 588 s. — S. *cod. v*ᵗ, 267 s. — *-97*), *cod. v*ᵗ, 48 s.

rt. 408. Les témoins seront assignés oins un jour avant celui de l'audition. *r.* 260, 410, 432.

vᵉ *Enquête*, 602. — S. cod. vᵗ, 278.

rt. 409. Si l'une des parties demande ogation, l'incident sera jugé sur-le-p. — *Pr.* 279, 337 s., 405.

vᵉ *Enquête*, 636 s. — S. cod. vᵗ, 295 s. — *-97*), *cod. v*ᵗ, 48 s.

rt. 410. Lorsque le jugement ne sera susceptible d'appel, il ne sera point sé procès-verbal de l'enquête; il sera ment fait mention, dans le jugement, oms des témoins, et du résultat de leurs sitions. — *Pr.* 40, 269, 411 s., 432, 443 s.

vᵉ *Enquête*, 617 s. — S. cod. vᵗ, 285.

rt. 411. Si le jugement est susceptible pel, il sera dressé procès-verbal, qui endra les serments des témoins, leur aration s'ils sont parents, alliés, serviou domestiques des parties, les rehes qui auraient été formés contre eux, resultat de leurs depositions. — *Pr.* 30, ., 275, 412, 432.

vᵉ *Enquête*, 621 s. — S. cod. vᵗ, 290 s.

rt. 412. Si les témoins sont éloignés mpêchés, le tribunal pourra commettre ibunal ou le juge de paix de leur résie : dans ce cas, l'enquête sera rédigée écrit; il en sera dressé procès-verbal. *r.* 266, 1035.

vᵉ *Enquête*, 597, 632. — S. cod. vᵗ, 294.

rt. 413. Seront observées, en la confecdes enquêtes sommaires, les dispositions artte XII, *Des enquêtes*, relatives aux alités ci-après :

copie aux témoins, du dispositif du ment par lequel ils sont appelés; pie à la partie, des noms des témoins; amende et les peines contre les témoins llants;

prohibition d'entendre les conjoints des ns, les parents et alliés en ligne directe; es reproches par la partie présente, la ière de les juger, les interpellations aux oins, la taxe;

nombre de témoins dont les voyages ent en taxe;

faculté d'entendre les individus âgés de ns de quinze ans révolus. — *Pr.* 260 s., s., 432.

vᵉ *Enquête*, 603 s. — S. cod. vᵗ, 279 s.

TITRE VINGT-CINQUIÈME.

Procédure devant les tribunaux de commerce.

Art. 414. La procédure devant les tribuax de commerce se fait sans le ministère oué. — *Pr.* 75, 415 s.; *Com.* 615 s., 642 s.

vᵉ *Défense*, 272 s. — S. cod. vᵗ, 76.

Art. 415. Toute demande doit y être formée par exploit d'ajournement, suivant les formalités ci-dessus prescrites au titre *Des ajournements*. — *Pr.* 49-4ᵒ, 59 s., 416 s.

Art. 416. Le délai sera au moins d'un jour. — *Pr.* 72, 1033.

R. vᵗ *Exploit*, 680 s. — S. vᵗ *Procédure devant les tribunaux de commerce*, 16 s., 34 s.

Art. 417. Dans les cas qui requerront célérité, le président du tribunal pourra permettre d'assigner, même de jour à jour et d'heure à heure, et de saisir les effets mobiliers : il pourra, suivant l'exigence des cas, assujettir le demandeur à donner caution, ou à justifier de solvabilité suffisante. Ses ordonnances seront exécutoires nonobstant opposition ou appel. — *Pr.* 49-2ᵒ, 72, 418, 443 s., 457, 806 s.; *Civ.* 2040 s.; *Com.* 172, 187.

R. vᵗ *Exploit*, 680 s.; *Saisie conservatoire*, 1 s. — S. vᵗ *Saisie conservatoire*, 1 s.

Art. 418. Dans les affaires maritimes où il existe des parties non domiciliées, et dans celles où il s'agit d'agrès, victuailles, équipages et radoubs de vaisseaux prêts à mettre à la voile, et autres matières urgentes et provisoires, l'assignation de jour à jour, ou d'heure à heure, pourra être donnée sans ordonnance, et le défaut pourra être jugé sur-le-champ. — *Pr.* 149, 417, 419, 808.

Art. 419. Toutes assignations données à bord à la personne assignée seront valables. — *Pr.* 59, 61, 68 s.

R. vᵗ *Exploit*, 213. — S. vᵗ *Procédure devant les tribunaux de commerce*, 28 s.

Art. 420. Le demandeur pourra assigner, à son choix,

Devant le tribunal du domicile du défendeur;

Devant celui dans l'arrondissement duquel la promesse a été faite et la marchandise livrée;

Devant celui dans l'arrondissement duquel le payement devait être effectué. — *Pr.* 59, 61, 69; *Civ.* 102, 1247 s., 1589, 1609.

R. vᵉ *Compétence commerciale*, 403 s. — S. vᵗ *Compétence commerciale*, 122 s.; *Procédure devant les tribunaux de commerce*, 8 s. — T. (87-97), vᵗ *Compétence commerciale*, 97 s. — V. aussi C. pr. civ. ann., art. 59, nᵒˢ 1 s.; et son Suppl., nᵒ 4786 s.

Art. 421. Les parties seront tenues de comparaître en personne, ou par le ministère d'un fondé de procuration spéciale. — *Pr.* 9 s., 85 s., 422, 428; *Civ.* 1987; *Com.* 627.

R. vᵗ *Compétence commerciale*, 39.

Sur l'obligation, pour le représentant d'une partie devant le tribunal de commerce, d'être assisté par celle partie au munit d'une procuration spéciale, et sur la défense faite aux avoués et huissiers de représenter les parties devant cette juridiction, V. C. com. ann., art. 627. — V. aussi S. vᵉ *Procédure devant les tribunaux de commerce*, 37 s.

Art. 422. Si les parties comparaissent, et qu'à la première audience il n'intervienne pas jugement définitif, les parties non domiciliées dans le lieu où siège le tribunal seront tenues d'y faire élection d'un domicile.

L'élection de domicile doit être mentionnée sur la pluralité de l'audience; à défaut de cette élection, toute signification, même celle du jugement définitif, sera faite valablement au greffe du tribunal. — *Civ.* 111; *Instr.* 68.

R. vᵗ *Domicile élu*, 23. — S. cod. vᵗ, 11 s.

Art. 423. *Abrogé par L. 5 mars 1895.*

Art. 424. Si le tribunal est incompétent à raison de la matière, il y renverra les parties, encore que le déclinatoire n'ait pas été proposé.

Le déclinatoire pour toute autre cause ne pourra être proposé que préalablement à toute autre défense. — *Pr.* 169 s., 186, 425.

R. vᵗ *Compétence commerciale*, 39.

Art. 425. Le même jugement pourra, en rejetant le déclinatoire, statuer sur le fond, mais par deux dispositions distinctes : l'une sur la compétence, l'autre sur le fond; les dispositions sur la compétence pourront

toujours être attaquées par la voie de l'appel. — *Pr.* 134, 172, 288, 443, 454, 473.

R. vᵗ *Exception*, 240 s., 353 s. — S. cod. vᵗ, 113 s. — T. (87-97), cod. vᵗ, 16 s.

Art. 426. Les veuves et héritiers des justiciables du tribunal de commerce y seront assignés en reprise, ou par action nouvelle; sauf, si les qualités sont contestées, à les renvoyer aux tribunaux ordinaires pour y être réglés, et ensuite être jugés sur le fond au tribunal de commerce. — *Pr.* 69, 174, 187, 342 s.

R. vᵉ *Compétence commerciale*, 523 s. — S. cod. vᵗ, 97.

Art. 427. Si une pièce produite est méconnue, déniée ou arguée de faux, et que la partie persiste à s'en servir, le tribunal renverra devant les juges qui doivent en connaître, et il sera sursis au jugement de la demande principale.

Néanmoins, si la pièce n'est relative qu'à un des chefs de la demande, il pourra être passé outre au jugement des autres chefs. — *Pr.* 14, 170, 195, 214 s.

R. vᵗ *Compétence commerciale*, 363 s.; *Faux incid.*, 43 s., 88 s.; *Intervention*, 112; *Vérif. d'écrit.*, 30 s. — S. vᵗ *Compétence commerciale*, 112 s.; *Faux incid.*, 21 s.; *Vérif. d'écrit.*, 15 s.

Art. 428. Le tribunal pourra, dans tous les cas, ordonner, même d'office, que les parties seront entendues en personne à l'audience ou dans la chambre, et, s'il y a empêchement légitime, commettre un des juges, ou même un juge de paix pour les entendre, lequel dressera procès-verbal de leurs déclarations. — *Pr.* 9 s., 85 s., 119, 324 s. 330, 421 s., 1035.

R. vᵗ *Instruct. civ.*, 93 s.; *Interrog. sur faits et art.*, 49 s. — S. vᵗ *Instruct. civ.*, 93 s.; *Interrog. sur faits et art.*, 22.

Art. 429. S'il y a lieu à renvoyer les parties devant des arbitres, pour examen de comptes, pièces et registres, il sera nommé un ou trois arbitres pour entendre les parties, et les concilier, si faire se peut, sinon donner leur avis.

S'il y a lieu à visite ou estimation d'ouvrages ou marchandises, il sera nommé un ou trois experts.

Les arbitres et les experts seront nommés d'office par le tribunal, à moins que les parties n'en conviennent à l'audience. — *Pr.* 302 s., 430 s.; *Com.* 51 s.

R. vᵉ *Expert.*, 323 s. — S. cod. vᵗ, 107 s. — T. (87-97), cod. vᵗ, 80 s.

Art. 430. La récusation ne pourra être proposée que dans les trois jours de la nomination. — *Pr.* 308 s., 1029, 1033.

R. vᵉ *Expert.*, 194 s., 332 s. — S. cod. vᵗ, 97 s.

Art. 431. Le rapport des arbitres et experts sera déposé au greffe du tribunal. — *Pr.* 319; *Com.* 61.

R. vᵉ *Expert.*, 338, 345.

Art. 432. Si le tribunal ordonne la preuve par témoins, il y sera procédé dans les formes ci-dessus prescrites pour les enquêtes sommaires. Néanmoins, dans les causes sujettes à appel, les dépositions seront rédigées par écrit par le greffier, et signées par le témoin; en cas de refus, mention en sera faite. — *Pr.* 34 s., 252 s., 407 s., 413, 443 s.; *Civ.* 1341 s.; *Com.* 109, 498.

R. vᵉ *Enquête*, 588 s. — S. cod. vᵗ, 267 s. — T. (87-97), cod. vᵗ, 16 s.

Art. 433. Seront observées, dans la rédaction et l'expédition des jugements, les formes prescrites dans les articles 141 et 146 pour les tribunaux de première instance. — *Pr.* 545 s.

Art. 434. Si le demandeur ne se présente pas, le tribunal donnera défaut, et renverra le défendeur de la demande.

Si le défendeur ne comparaît pas, il sera donné défaut, et les conclusions du demandeur seront adjugées si elles se trouvent justes et bien vérifiées. — *Pr.* 80, 82, 149 s., 154, 435 s.; *Com.* 643, 645.

R. vᵉ *Jugement par défaut*, 5 s., 75 s. — S. *eod.* v', 14.

Art. 435. Aucun jugement par défaut ne pourra être signifié que par un huissier commis à cet effet par le tribunal; la signification contiendra, à peine de nullité, élection de domicile dans la commune où elle se fait, si le demandeur n'y est domicilié.

Le jugement sera exécutoire un jour après la signification et jusqu'à l'opposition. — *Pr.* 156, 422, 436 s., 1029, 1033; *Civ.* 102, 111.

R. vᵉ *Jugement par défaut*, 228 s. — S. *cod.* v', 76 s. — T. (87-97), *eod.* v', 20 s., 57 s.

Art. 436. L'opposition ne sera plus recevable après la huitaine du jour de la signification. — *Pr.* 157 s., 435, 437 s., 1029, 1033; *Com.* 643.

L'art. 436 c. pr. civ. a été modifié par l'art. 643 c. com.

R. vᵉ *Jugement par défaut*, 321 s. — S. *eod.* v', 24 s., 90 s. — T. (87-97), *eod.* v', 96 s.

Art. 437. L'opposition contiendra les moyens de l'opposant, et assignation dans

le délai de la loi; elle sera signifiée au domicile élu. — *Pr.* 20, 59, 61, 68 s., 161, 416, 435, 438, 1033; *Civ.* 111.

Art. 438. L'opposition faite à l'instant de l'exécution, par déclaration sur le procès-verbal de l'huissier, arrêtera l'exécution; à la charge, par l'opposant, de la réitérer dans les trois jours, par exploit contenant assignation; passé lequel délai, elle sera censée non avenue. — *Pr.* 156, 162, 1029, 1033.

R. vᵉ *Jugement par défaut*, 328 s. — S. *eod.* v', 128 s., 139 s. — T. (87-97), *eod.* v', 130 s., 137 s.

Art. 439. Les tribunaux de commerce pourront ordonner l'exécution provisoire de leurs jugements, nonobstant l'appel, et sans caution, lorsqu'il y aura titre non attaqué, ou condamnation précédente dont il n'y aura pas d'appel; dans les autres cas, l'exécution provisoire n'aura lieu qu'à la charge de donner caution, ou de justifier de solvabilité suffisante. — *Pr.* 135 s., 417 s., 449, 457 s.; *Civ.* 2011, 2019, 2040 s.; *Com.* 580.

R. vᵉ *Jugement*, 655 s. — S. *eod.* v', 542 s. — T. (87-97), vᵉ *Exécution provisoire*, 18.

Art. 440. La caution sera présentée par

acte signifié au domicile de l'appelant, s'il demeure dans le lieu où siège le tribunal, sinon à domicile par lui élu en exécution de l'article 42 avec sommation à jour et heure fixes de se présenter au greffe pour prendre communication sans déplacement, des titres de la caution s'il est ordonné qu'elle en fournira, et à l'audience, pour voir prononcer sur l'admission en cas de contestation. — *Pr.* 59, 61, 68 s. 441, 458, 518; *Civ.* 102, 111, 2018, 2040 s.

Art. 441. Si l'appelant ne comparaît pas, ou ne conteste point la caution, elle sera soumission au greffe; s'il conteste, il sera statué au jour indiqué par la sommation dans tous les cas, le jugement sera exécutoire nonobstant opposition ou appel. — *Pr.* 82, 440, 519 s.

R. vᵉ *Cautionnement*, 425 s.

Art. 442. Les tribunaux de commerce ne connaîtront point de l'exécution de leurs jugements. — *Pr.* 433, 472, 553.

R. vᵉ *Compétence commerciale*, 378 s. — S. *eod.* v 113 s.

V. *infrà*, Appendice, la loi du 27 mars 1907, concernant les conseils de prud'hommes.

LIVRE TROISIÈME.

DES TRIBUNAUX D'APPEL.

Décrété le 17 avril 1806, et promulgué le 27 du même mois.

TITRE UNIQUE.

De l'appel, et de l'instruction sur l'appel.

Art. 443. (*L.* 3 *mai* 1862.) Le délai pour interjeter appel sera de deux mois; il courra, pour les jugements contradictoires, du jour de la signification à personne ou domicile;

Pour les jugements par défaut, du jour où l'opposition ne sera plus recevable.

L'intimé pourra néanmoins interjeter incidemment appel en tout état de cause, quand même il aurait signifié le jugement sans protestation. — *Pr.* 68 s., 147, 157 s., 444 s., 480 s.

R. vᵗ *Appel civil*, 66 s., 121 s., 430 s., 780 s.; *Appel incident*, 1 s. — S. vᵗ *Appel civil*, 1 s., 8 s., 72 s., 160 s.; *Appel incident*, 1 s. — T. (87-97), vᵗ *Appel civil*, 1 s.; *Appel incident*, 1 s. — V. aussi C. pr. civ. ann., art. 443, nᵒˢ 1 s.; et son Suppl., nᵒˢ 4998 s.

Art. 444. Ces délais emporteront déchéance : ils courront contre toutes parties, sauf le recours contre qui de droit; mais ils ne courront contre le mineur non émancipé que du jour où le jugement aura été signifié tant au tuteur qu'au subrogé tuteur, encore que ce dernier n'ait pas été en cause. — *Pr.* 49, 83, 132, 178, 285, 398, 481, 484, 1029; *Civ.* 388, 420, 450, 2252.

R. vᵗ *Appel civil*, 480 s., 909 s. — S. *eod.* v', 90 s., 183 s. — T. (87-97), *eod.* v', 22 s., 81 s. — V. aussi C. pr. civ. ann., art. 444, nᵒˢ 1 s.; et son Suppl., nᵒˢ 5215 s.

Art. 445. (*L.* 3 *mai* 1862.) Ceux qui demeurent hors de la France continentale auront, pour interjeter appel, outre le délai de deux mois depuis la signification du jugement, le délai des ajournements réglé par l'article 73 ci-dessus. — *Pr.* 443, 446 s., 486, 1029, 1033.

R. vᵗ *Appel civil*, 812, 889 s.

Art. 446. (*L.* 3 *mai* 1862.) Ceux qui sont absents du territoire européen de l'empire

[*de la République*] ou du territoire de l'Algérie pour cause de service public, auront, pour interjeter appel, outre le délai de deux mois, depuis la signification du jugement, le délai de huit mois. Il en sera de même en faveur des gens de mer absents pour cause de navigation. — *Pr.* 485.

R. vᵗ *Appel civil*, 893 s.

Art. 447. Les délais de l'appel seront suspendus par la mort de la partie condamnée.

Ils ne reprendront leur cours qu'après la signification du jugement faite au domicile du défunt, avec les formalités prescrites en l'article 61, et à compter de l'expiration des délais pour faire inventaire et délibérer, si le jugement a été signifié avant que ces derniers délais fussent expirés.

Cette signification pourra être faite aux héritiers collectivement, et sans désignation des noms et qualités. — *Pr.* 174, 187, 344, 487; *Civ.* 724, 1122.

R. vᵗ *Appel civil*, 1017 s.

Art. 448. Dans le cas où le jugement aurait été rendu sur une pièce fausse, ou si la partie aurait été condamnée faute de représenter une pièce décisive qui était retenue par son adversaire, les délais de l'appel ne courront que du jour où le faux aura été reconnu ou juridiquement constaté, ou que la pièce aura été recouvrée, pourvu que, dans ce dernier cas, il y ait preuve par écrit du jour où la pièce a été recouvrée, et non autrement. — *Pr.* 214 s., 480-9ᵒ, 10ᵉ, 488; *Civ.* 1317 s., 1322, 1350 s.; *Instr.* 448 s.; *Pén.* 132 s.

R. vᵗ *Appel civil*, 896 s. — S. *eod.* v', 168 s. — T (87-97), *eod.* v', 81 s.

Art. 449. Aucun appel d'un jugement non exécutoire par provision ne pourra être interjeté dans la huitaine, à dater du jour du jugement; les appels interjetés dans ce délai seront déclarés non recevables, sauf à l'appelant à les réitérer, s'il est encore dans

le délai. — *Pr.* 135 s., 443, 450, 455, 809 1029, 1033.

R. vᵗ *Appel civil*, 836 s., 903 s. — S. *eod.* v 153 s., 171. — T. (87-97), *eod.* v', 81 s.

Art. 450. L'exécution des jugements non exécutoires par provision sera suspendue pendant ladite huitaine. — *Instr.* 203.

R. vᵗ *Jugement*, 413 s.

Art. 451. L'appel d'un jugement préparatoire ne pourra être interjeté qu'après le jugement définitif et conjointement avec l'appel de ce jugement, et le délai de l'appel ne courra que du jour de la signification définitif : cet appel sera recevable encore que le jugement préparatoire ait été exécuté sans réserve.

L'appel d'un jugement interlocutoire pourra être interjeté avant le jugement définitif : il en sera de même des jugements qui auraient accordé une provision. — *Pr.* 31, 452, 457 473.

R. vᵗ *Appel civil*, 272 s., 1105 s. — S. *eod.* v 30 s., 200 s.

Art. 452. Sont réputés préparatoires les jugements rendus pour l'instruction de la cause, et qui tendent à mettre le procès en état de recevoir jugement définitif.

Sont réputés interlocutoires les jugements rendus lorsque le tribunal ordonne, avant dire droit, une preuve, une vérification, ou une instruction qui préjuge le fond. — *Pr.* 31, 196, 231, 253 s., 302, 451, 457.

R. vᵗ *Appel civil*, 1105 s.; *Jugement*, 12 s. *Jugement d'av. dire droit*, 1 s. — S. vᵗ *Appel civil*, 200 s.; *Jugement*, 17 s.; *Jugement d'av. dire droit*, 1 s. — T. (87-97), vᵗ *Jugement préparatoire*, 1 s. — V. aussi C. pr. civ. ann., art. 452, nᵒˢ 1 s.; et son Suppl., nᵒ 5257 s.

Art. 453. Seront sujets à l'appel les jugements en dernier ressort, lorsqu'ils auront été rendus par des juges qui ne pouvaient prononcer qu'en première instance.

Ne seront recevables les appels des juge-

rendus sur des matières dont la con-
nce en dernier ressort appartient aux
ers juges, mais qu'ils auraient omis de
er, ou qu'ils auraient qualifiés en pre-
essort. — *Pr.* 454, 457.

Appel civil, 160 s. — S. *eod.* vᵉ, 16 s. —
97), *cod.* vᵉ, 1 s.
qui concerne: 1ᵒ la compétence civile des cours
V. C. pr. civ. ann., p. 621 s.; et son Suppl.,
2ᵒ les jugements rendus en premier ou en dernier
V. C. pr. civ. ann., p. 622 s.; et son Suppl., p. 181.
ssi R. et S. vᵉ Degré de juridiction : T. (87-97),

. 454. Lorsqu'il s'agira d'incompé-
l'appel sera recevable, encore que le
ent ait été qualifié en dernier ressort.
168, 170, 425, 453, 457.

Appel civil, 160 s. — S. *eod.* vᵉ, 16 s. —
97), *eod.* vᵉ, 1 s.

. 455. Les appels des jugements sus-
les d'opposition ne seront point rece-
pendant la durée du délai pour l'op-
on. — *Pr.* 20, 155 s., 165, 419, 809.

Appel civil, 226 s. — S. *eod.* vᵉ, 24 s.

. 456. L'acte d'appel contiendra assi-
n dans les délais de la loi, et sera
é à personne ou domicile, à peine de
. — *Pr.* 59, 61, 68 s. 72 s., 584, 1029,

Appel civil, 635 s.; *Domicile élu*, 92 s.,
Exploit, 19 s., 408 s., 506 s. — S. vᵈ Appel
133 s.; *Exploit*, 17 s., 130 s., 180 s. —
-97), vᵈ *Appel civil*, 73 s.; *Exploit*, 1 s.,
s., 124 s. — V. aussi C. pr. civ. ann., art. 456,
; et son Suppl., nᵒˢ 5067 s.

. 457. L'appel des jugements défini-
u interlocutoires sera suspensif, si le
ent ne prononce pas l'exécution provi-
dans les cas où elle est autorisée.

écution des jugements mal à propos
és en dernier ressort ne pourra être
que en vertu de défenses obtenues
ppelant, à l'audience du tribunal d'ap-
ur assignation à bref délai.
égard des jugements non qualifiés, ou
és en dernier ressort, et dans lesquels
ges étaient autorisés à prononcer en
r ressort, l'exécution provisoire pourra
e ordonnée par le tribunal d'appel, à
nce et sur un simple acte. — *Pr.* 17 s.,
, 82, 135, 376, 396, 453 s., 458 s., 460,

Appel civil, 1203 s.; *Jugement*, 670 s. —
Appel civil, 214 s. — T. (87-97), *eod.* vᵉ,

. 458. Si l'exécution provisoire n'a
é prononcée dans les cas où elle est
sée, l'intimé pourra, sur un simple
a faire ordonner à l'audience du tri-
ent de l'appel. — *Pr.* 17, 82, 135 s.,
457, 472.

Jugement, 670 s.

. 459. Si l'exécution provisoire a été
née hors des cas prévus par la loi, l'ap-
pourra obtenir des défenses à l'au-
, sur assignation à bref délai, sans
uisse en être accordé sur requête non
uniquée. — *Pr.* 72 s., 76, 82, 135, 457,

Appel civil, 1241 s.; *Jugement*, 670 s. —
ppel civil, 226 s.

. 460. En aucun autre cas, il ne
être accordé des défenses, ni être
aucun jugement tendant à arrêter di-
ent ou indirectement l'exécution du

jugment, à peine de nullité. — *Pr.* 478,
497, 1029; *Com.* 647.

R. vᵉ *Jugement*, 436 s., 670 s.

Art. 461. Tout appel, même de jugement rendu sur instruction par écrit, sera
porté à l'audience; sauf au tribunal à ordonner l'instruction par écrit, s'il y a lieu.
— *Pr.* 95 s., 470, 809.

R. vᵉ *Appel civil*, 1269 s.

Art. 462. Dans la huitaine de la constitution d'avoué par l'intimé, l'appelant signifiera
ses griefs contre le jugement. L'intimé répondra dans la huitaine suivante. L'audience
sera poursuivie sans autre procédure. — *Pr.*
75 s., 85 s., 1031 s.

R. vᵉ *Appel civil*, 1280 s.

En ce qui concerne : 1ᵒ la distribution et l'instruction
des affaires, V. C. pr. civ. ann., p. 688 s.; et son Suppl.,
p. 198 ; 2ᵒ les audiences solennelles des cours d'appel,
V. C. pr. civ. ann., p. 689 s.; et son Suppl., p. 198 s.;
3ᵒ les assemblées générales, V. C. pr. civ. ann., p. 694 s.;
et son Suppl., p. 201; 4ᵒ les chambres des vacations,
V. C. pr. civ. ann., p. 695 s.; et son Suppl., p. 201 s.;
5ᵒ la chambre temporaire et la chambre correctionnelle
jugeant en matière civile, V. C. pr. civ. ann., p. 695 s.;
et son Suppl., p. 203.

Art. 463. Les appels de jugements rendus en matière sommaire seront portés à
l'audience sur simple acte, et sans autre
procédure. Il en sera de même de l'appel
des autres jugements, lorsque l'intimé
n'aura pas comparu. — *Pr.* 82, 87, 149 s.,
404 s.; *Com.* 648.

R. vᵉ *Appel civil*, 1276 s., 1286.

Art. 464. Il ne sera formé, en cause
d'appel, aucune nouvelle demande, à moins
qu'il ne s'agisse de compensation, ou que la
demande nouvelle ne soit la défense à l'action principale.

Pourront aussi les parties demander des
intérêts, arrérages, loyers et autres accessoires échus depuis le jugement de première
instance, et les dommages et intérêts pour
le préjudice souffert depuis ledit jugement.
— *Pr.* 465, 732; *Civ.* 1149, 1289, 1382,
1728-2ᵒ, 1907, 1909, 2102-1ᵒ.

R. vᵉ *Demande nouvelle*, 1 s. — S. *eod.* vᵉ, 1 s.
— T. (87-97), *cod.* vᵉ, 1 s. — V. aussi C. pr. civ.
ann., art. 464, nᵒˢ 1 s.; et son Suppl., nᵒˢ 5872 s.

Art. 465. Dans les cas prévus par l'article précédent, les nouvelles demandes et
les exceptions du défendeur ne pourront être
formées que par de simples actes de conclusions motivées.

Il en sera de même dans les cas où les
parties voudraient changer ou modifier leurs
conclusions.

Toute pièce d'écriture qui ne sera que la
répétition des moyens ou exceptions déjà
employés par écrit, soit en première instance,
soit sur l'appel, ne passera point en taxe.

Si la même pièce contient à la fois et de
nouveaux moyens ou exceptions, et la répétition des anciens, on n'allouera en taxe que
la partie relative aux nouveaux moyens ou
exceptions. — *Pr.* 1031.

R. vᵉ *Appel civil*, 1269; *Demande nouvelle*, 6.

Art. 466. Aucune intervention ne sera
reçue, si ce n'est de la part de ceux qui
auraient droit de former tierce opposition. —
Pr. 339 s., 406, 474 s.

R. vᵉ *Intervention*, 63 s. — S. *eod.* vᵉ, 22 s. —
T. (87-97), *eod.* vᵉ, 22 s. — V. aussi C. pr. civ. ann.,
art. 466, nᵒˢ 1 s.; et son Suppl., nᵒˢ 6007 s.

Art. 467. S'il se forme plus de deux opinions, les juges plus faibles en nombre seront

tenus de se réunir à l'une des deux opinions
qui auront été émises par le plus grand
nombre. — *Pr.* 117, 468.

En ce qui concerne la capacité requise chez les magistrats des cours d'appel, V. C. pr. civ. ann., p. 722; et
son Suppl., p. 70; 2ᵒ le nombre des conseillers, V. C. pr.
civ. ann., p. 722; et son Suppl., p. 211; 3ᵒ le remplacement des conseillers en cas d'empêchement, V. C. pr.
civ. ann., p. 723 s.; et son Suppl., p. 212; 4ᵒ les présidents
et leur remplacement, V. C. pr. civ. ann., p. 724 s.

Art. 468. En cas de partage dans une
cour royale [une cour d'appel], on appellera,
pour le vider, un au moins ou plusieurs des
juges qui n'auront pas connu de l'affaire, et
toujours en nombre impair, en suivant l'ordre
du tableau : l'affaire sera de nouveau plaidée,
ou de nouveau rapportée, s'il s'agit d'une
instruction par écrit.

Dans le cas où tous les juges auraient connu
de l'affaire, il sera appelé, pour le jugement,
trois anciens jurisconsultes. — *Pr.* 118,
1012-3ᵒ, 1017 s.

R. vᵉ *Jugement*, 98 s. — S. *eod.* vᵉ, 47 s.

Art. 469. La péremption en cause d'appel aura l'effet de donner au jugement dont
est appel la force de chose jugée. — *Pr.* 397 s.;
Civ. 1351.

R. vᵉ *Péremption*, 320 s. — S. *eod.* vᵉ, 101 s.

Art. 470. Les autres règles établies pour
les tribunaux inférieurs seront observées dans
les tribunaux d'appel.

R. vᵉ *Appel civil*, 1269 s.; *Jugement*, 73, 475,
287, 414, 475.

Art. 471. L'appelant qui succombera sera
condamné à une amende de cinq francs, s'il
s'agit du jugement d'un juge de paix, et de
dix francs sur l'appel d'un jugement de tribunal de première instance ou de commerce.
— *Pr.* 246, 374, 390, 479, 494, 500, 513, 516,
1025, 1029.

R. vᵉ *Appel civil*, 1325 s. — S. *eod.* vᵉ, 233 s.

Art. 472. Si le jugement est confirmé,
l'exécution appartiendra au tribunal dont est
appel: si le jugement est infirmé, l'exécution,
entre les mêmes parties, appartiendra à la
cour royale [la cour d'appel] qui aura prononcé, ou à un autre tribunal qu'elle aura
indiqué par le même arrêt; sauf les cas de
la demande en nullité d'emprisonnement, en
expropriation forcée, et autres dans lesquels
la loi attribue juridiction. — *Pr.* 442, 528,
545, 1020 s.; *Civ.* 2210.

R. vᵉ *Jugement*, 547 s. — S. *eod.* vᵉ, 14 s. —
T. (87-97), *eod.* vᵉ, 14 s. — V. aussi C. pr. civ.
ann., art. 472, nᵒˢ 1 s.; et son Suppl., nᵒˢ 6133 s.

Art. 473. Lorsqu'il y aura appel d'un
jugement interlocutoire, si le jugement est
infirmé, et que la matière soit disposée à
recevoir une décision définitive, les cours
royales [les cours d'appel] et autres tribunaux d'appel pourront statuer en même temps
sur le fond définitivement, par un seul et
même jugement.

Il en sera de même dans le cas où les
cours royales [les cours d'appel] et autres
tribunaux d'appel infirmeraient, soit pour
vice de forme, soit pour toute autre cause,
des jugements définitifs. — *Pr.* 134, 288, 338,
451 s., 457.

R. vᵉ *Appel civil*, 1165 s., 1305 s.; *Degré de
jurid.*, 325 s. — S. vᵈ *Appel civil*, 205 s.; *Degré
de jurid.*, 183 s. — T. (87-97), vᵈ *Appel civil*,
107 s.; *Degré de jurid.*, 228 s. — V. aussi C. pr.
civ. ann., art. 473, nᵒˢ 1 s.; et son Suppl., nᵒˢ 6196 s.

V. *infra*, Appendice, la loi du 27 mars 1907, concernant les conseils de prud'hommes.

LIVRE QUATRIÈME.

DES VOIES EXTRAORDINAIRES POUR ATTAQUER LES JUGEMENTS.

Suite du décret du 17 avril 1806, promulguée le 27 du même mois.

TITRE PREMIER.

De la tierce opposition.

Art. 474. Une partie peut former tierce opposition à un jugement qui préjudicie à ses droits, et lors duquel, ni elle ni ceux qu'elle représente n'ont été appelés. — *Pr.* 466, 475 s., 873, 868, 1022; *Civ.* 51, 100, 1165 s., 1351, 1447; *Com.* 60, 580.

R. vᵒ *Tierce oppos.*, 1 s. — S. *cod.* vᵒ, 1 s. — T. (87-97), *cod.* rᵒ, 1 s. — V. aussi C. pr. civ. ann., art. 474, nᵒˢ 1 s.; et son Suppl., nᵒ 6325 s.

Art. 475. La tierce opposition formée par action principale sera portée au tribunal qui aura rendu le jugement attaqué.

La tierce opposition incidente à une contestation dont un tribunal est saisi sera formée par requête à ce tribunal, s'il est égal ou supérieur à celui qui a rendu le jugement. — *Pr.* 337 s., 406, 472, 490, 493.

Art. 476. S'il n'est égal ou supérieur, la tierce opposition incidente sera portée, par action principale, au tribunal qui aura rendu le jugement.

R. vᵒ *Tierce oppos.*, 230 s. — S. *cod.* vᵒ, 120 s.

Art. 477. Le tribunal devant lequel le jugement attaqué aura été produit pourra, suivant les circonstances, passer outre ou surseoir. — *Pr.* 364, 478, 491, 900.

Art. 478. Les jugements passés en force de chose jugée, portant condamnation à délaisser la possession d'un héritage, seront exécutés contre les parties condamnées, nonobstant la tierce opposition et sans y préjudicier.

Dans les autres cas, les juges pourront, suivant les circonstances, suspendre l'exécution du jugement. — *Pr.* 477, 497; *Civ.* 1351, 2061.

R. vᵒ *Tierce oppos.*, 242 s. — S. *cod.* vᵒ, 126 s.

Art. 479. La partie dont la tierce opposition sera rejetée sera condamnée à une amende qui ne pourra être moindre de cinquante francs, sans préjudice des dommages et intérêts de la partie, s'il y a lieu. — *Pr.* 128, 471, 1029; *Civ.* 1146 s.

R. vᵒ *Tierce oppos.*, 257 s. — S. *cod.* vᵒ, 136 s. — T. (87-97), *cod.* vᵒ, 35 s.

TITRE DEUXIÈME.

De la requête civile.

Art. 480. Les jugements contradictoires rendus en dernier ressort par les tribunaux de première instance et d'appel, et les jugements par défaut rendus aussi en dernier ressort, et qui ne sont plus susceptibles d'opposition, pourront être rétractés, sur la requête de ceux qui y auront été parties ou dûment appelés, pour les causes ci-après :

1° S'il y a eu dol personnel;

2° Si les formes prescrites à peine de nullité ont été violées, soit avant, soit lors des jugements, pourvu que la nullité n'ait pas été couverte par les parties;

3° S'il a été prononcé sur choses non demandées;

4° S'il a été adjugé plus qu'il n'a été demandé;

5° S'il a été omis de prononcer sur l'un des chefs de demande;

6° S'il y a contrariété de jugements en dernier ressort, entre les mêmes parties, et sur les mêmes moyens, dans les mêmes cours ou tribunaux;

7° Si, dans un même jugement, il y a des dispositions contraires;

8° Si, dans les cas où la loi exige la communication au ministère public, cette communication n'a pas eu lieu, et que le jugement ait été rendu contre celui pour qui elle était ordonnée;

9° Si l'on a jugé sur pièces reconnues ou déclarées fausses depuis le jugement;

10° Si, depuis le jugement, il a été recouvré des pièces décisives, et qui avaient été retenues par le fait de la partie. — *Pr.* 83 s.; 119 s., 173, 453, 481 s., 488 s., 1010, 1026 s., 1029; *Civ.* 1116, 1350 s., 1382, 2057.

R. vᵒ *Requête civile*, 1 s. — S. *cod.* vᵒ, 1 s. — T. (87-97); *cod.* vᵒ, 1 s. — V. aussi C. pr. civ. ann., art. 480, nᵒ 1 s.; et son Suppl., nᵒ 6407 s.

Art. 481. L'État, les communes, les établissements publics et les mineurs, encore reçus à se pourvoir, s'ils n'ont été défendus, ou s'ils ne l'ont été valablement. — *Pr.* 49, 83, 480, 494; *Civ.* 1305, 2227.

R. vᵒ *Requête civile*, 156 s. — S. *cod.* vᵒ, 82 s.

Art. 482. S'il n'y a ouverture que contre un chef de jugement, il sera seul rétracté, à moins que les autres n'en soient dépendants.

R. vᵒ *Requête civile*, 29 s., 90, 98.

Art. 483. (L. 3 mai 1862.) La requête civile sera signifiée avec assignation, dans les deux mois, à l'égard des majeurs, du jour de la signification à personne ou domicile, du jugement attaqué. — *Pr.* 59, 61, 68 s., 147, 443, 492, 1030, 1033.

Art. 484. (L. 3 mai 1862.) Le délai de deux mois ne courra contre les mineurs que du jour de la signification du jugement, faite depuis leur majorité, à personne ou domicile. — *Pr.* 49, 68, 83, 117, 398, 444, 481.

V. la loi du 30 juin 1838, art. 35, sur les aliénés (R. vᵒ *Aliéné*, p. 446 s.).

Art. 485. (L. 3 mai 1862.) Lorsque le demandeur sera absent du territoire de l'Empire [*de la République*] ou du territoire de l'Algérie pour cause de service public, il aura, outre le délai ordinaire de deux mois depuis la signification du jugement, le délai de huit mois.

Il en sera de même en faveur des gens de mer absents pour cause de navigation. — *Pr.* 73, 446, 1033.

Art. 486. (L. 3 mai 1862.) Ceux qui demeurent hors de la France continentale auront, outre le délai de deux mois depuis la signification du jugement, les délais des ajournements réglés par l'article 73 ci-dessus. — *Pr.* 445, 1033.

Art. 487. Si la partie condamnée est décédée dans les délais ci-dessus fixés pour se pourvoir, ce qui en restera à courir ne commencera, contre la succession, que dans les délais et de la manière prescrits en l'article 447 ci-dessus. — *Pr.* 344.

Art. 488. Lorsque les ouvertures de requête civile seront le faux, le dol, ou découverte de pièces nouvelles, les délais courront que du jour où, soit le faux, le dol, auront été reconnus ou les pièces découvertes; pourvu que, dans ces deux cas, il y ait preuve par écrit du jour et non autrement. — *Pr.* 448, 480-1°-9°- *Civ.* 1304, 2057.

Art. 489. S'il y a contrariété de jugements, le délai courra du jour de la signification du dernier jugement. — *Pr.* 480- 483, 501, 504.

R. vᵒ *Requête civile*, 172 s. — S. *cod.* vᵒ, 80

Art. 490. La requête civile sera portée au même tribunal où le jugement attaqué aura été rendu; il pourra y être statué les mêmes juges. — *Pr.* 475, 493, 502, 1

R. vᵒ *Requête civile*, 192 s. — S. *cod.* vᵒ, 98.

Art. 491. Si une partie veut attaquer par la requête civile un jugement produit dans une cause pendante en un tribunal autre que celui qui l'a rendu, elle se pourvoira devant le tribunal qui a rendu le jugement attaqué; et le tribunal saisi de la cause dans laquelle il est produit pourra, suivant les circonstances, passer outre ou surseoir. — *Pr.* 477.

R. vᵒ *Requête civile*, 200, 243.

Art. 492. La requête civile sera formée par assignation au domicile de l'avoué de la partie qui a obtenu le jugement attaqué, si elle est formée dans les six mois de la date du jugement; après ce délai, l'assignation sera donnée au domicile de la partie. — 59 s., 261, 305, 483, 732, 1033, 1036; C. 102, 111.

R. vᵒ *Requête civile*, 220 s. — S. *cod.* vᵒ, 10

Art. 493. Si la requête civile est formée incidemment devant un tribunal compétent pour en connaître, elle le sera par requête d'avoué à avoué; mais si elle est incidente à une contestation portée dans un autre tribunal que celui qui a rendu le jugement, elle sera formée par assignation devant les juges qui ont rendu le jugement. — *Pr.* 61, 337 s., 475, 496, 502.

R. vᵒ *Requête civile*, 243 s.

Art. 494. La requête civile d'aucune partie autre que celles qui stipulent les intérêts de l'État ne sera reçue si, avant que cette requête ait été présentée, il n'a consigné une somme de trois cents francs pour amende, et cent cinquante francs pour les dommages-intérêts de la partie, sauf préjudice de plus amples dommages-intérêts s'il y a lieu : la consignation sera de moitié si le jugement est par défaut ou par forclusion, et du quart s'il s'agit de jugements rendus par les tribunaux de première instance. — *Pr.* 495, 500; *Civ.* 1382.

R. vᵒ *Requête civile*, 208 s. — S. *cod.* vᵒ, 100

Art. 495. La quittance du receveur sera signifiée en tête de la demande, ainsi qu'une consultation de trois avocats exerçant depuis dix ans au moins près des tribunaux du ressort de la cour royale [*la cour d'appel*] dans lequel le jugement a été rendu.

La consultation contiendra déclaration qu'ils sont d'avis de la requête civile, et elle e

cera aussi les ouvertures ; sinon la
Me ne sera pas reçue. — *Pr.* 199; *Civ.*

¹ Requête civile, 201 s. — S. *eod.* vˢ, 99.

¹t. 496. Si la requête civile est signifiées dans les six mois de la date du juge-
, l'avoué de la partie qui a obtenu le
ment sera constitué de droit sans nou-
pouvoir. — *Pr.* 75, 192, 1638.

¹t. 497. La requête civile n'empêchera
exécution du jugement attaqué ; nulles
ses ne pourront être accordées : celui
ura été condamné à délaisser un héri-
ne sera reçu à plaider sur la requête
qu'en rapportant la preuve de l'exécu-
du jugement au principal. — *Pr.* 27,
478 ; *Civ.* 1351, 2061.

¹⁰ Requête civile, 243 s. — S. *eod.* vˢ, 116.

¹t. 498. Toute requête civile sera com-
quée au ministère public. — *Pr.* 83,
480-8°.

⁹ Requête civile, 234. — S. *eod.* vˢ, 107.

¹t. 499. Aucun moyen autre que les
tures et la requête civile énoncées en la
ltation, ne sera discuté à l'audience ni
crit. — *Pr.* 495.

⁹ Requête civile, 228 s. — S. *eod.* vˢ, 105 s.

¹t. 500. Le jugement qui rejettera la
te civile condamnera le demandeur
mende et aux dommages-intérêts ci-
s fixés, sans préjudice de plus amples
mages-intérêts, s'il y a lieu. — *Pr.* 128,
501, 1029 ; *Civ.* 1149, 1382.

¹t. 501. Si la requête civile est admise,
ement sera rétracté, et les parties seront
ses au même état où elles étaient avant
gement ; les sommes consignées seront
ies, et les objets des condamnations qui
été perçus en vertu du jugement
été seront restitués.
'sque la requête civile aura été entéri-
our raison de contrariété de jugements,
ement qui entérinera la requête civile,
nera que le premier jugement sera exé-
selon sa forme et teneur. — *Pr.* 480-8°,
604 ; *Civ.* 1350 s.

⁹ Requête civile, 240 s. — S. *eod.* vˢ, 117 s.

¹t. 502. Le fond de la contestation
aquelle le jugement rétracté aura été
i sera porté au même tribunal qui aura
à sur la requête civile. — *Pr.* 472, 475,
493.

⁹⁹ Requête civile, 198 s., 235 s., 238 s. —
. vˢ, 108 s., 114.

¹t. 503. Aucune partie ne pourra se
oir en requête civile, soit contre le
nent déjà attaqué par cette voie, soit
e le jugement qui l'aura rejeté, soit
e celui rendu sur le rescisoire, à peine
llité et de dommages-intérêts, même
e l'avoué qui, ayant occupé sur la pre-
e demande, occuperait sur la seconde.
¹, 1029 ; *Civ.* 1149, 1382.

⁹ Requête civile, 32 s. — S. *eod.* vˢ, 22.

Art. 504. La contrariété de jugements
rendus en dernier ressort entre les mêmes
parties et sur les mêmes moyens en différents
tribunaux, donne ouverture à cassation ; et
l'instance est formée et jugée conformément
aux lois qui sont particulières à la Cour de
cassation. — *Pr.* 480-6°, 501 ; *Civ.* 1351.

R. vˢ *Cassat.,* 1507 s. — S. *eod.* vˢ, 324.

Le règlement du 28 juin 1738 (R. vˢ *Cassat.,* p. 5 s.) *sur
la procédure du conseil du roi, suivi en plusieurs de ses
parties devant la Cour de cassation, contient un titre relatif aux contrariétés d'arrêts. Ce titre est-il encore en vigueur? La jurisprudence ne paraît pas avoir en à statuer
sur cette question. Dans le doute, nous croyons devoir
y renvoyer.
Sur l'organisation de la Cour de cassation et les pourvois devant cette juridiction,* V. C. pr. civ. ann., p. 786 s.;
et son Suppl., p. 226 s.—V. en outre R. et S. vˢ *Cassation.*

TITRE TROISIÈME.
De la prise à partie.

Art. 505. Les juges peuvent être pris à
partie dans les cas suivants :
1° S'il y a dol, fraude ou concussion, qu'on
prétendrait avoir été commis, soit dans le
cours de l'instruction, soit lors des jugements ;
2° Si la prise à partie est expressément
prononcée par la loi ;
3° Si la loi déclare les juges responsables,
à peine de dommages et intérêts ;
4° S'il y a déni de justice. — *Pr.* 15, 49-7°,
83-5°, 506 ; *Civ.* 4, 1116, 2063 ; *Instr.* 77, 112,
161, 271, 370, 483 s. ; *Pén.* 185.

R. vˢ *Prise à partie,* 1 s. — S. *eod.* vˢ, 1 s. —
V. aussi C. pr. civ. ann., art. 505, nˢ 1 s. ; et son
Suppl., nˢ 6482 s.

Art. 506. Il y a déni de justice lorsque
les juges refusent de répondre les requêtes,
ou négligent de juger les affaires en état et
en tour d'être jugées. — *Pr.* 505-4°, 507 s. ;
Civ. 4 ; *Pén.* 185.

R. vˢ *Déni de justice,* 1 s. — S. *eod.* vˢ, 1 s.

Art. 507. Le déni de justice sera constaté par deux réquisitions faites aux juges,
en la personne des greffiers, et signifiées de
trois en trois jours au moins pour les juges
de paix et de commerce, et de huitaine en
huitaine au moins pour les autres juges :
tout huissier requis sera tenu de faire ces
réquisitions, à peine d'interdiction. — *Pr.*
506, 1029.

R. vˢ *Déni de justice,* 21 s. — S. *eod.* vˢ, 12 s.

Art. 508. Après les deux réquisitions,
le juge pourra être pris à partie. — *Pr.*
509 s.; *Instr.* 479 s., 483 s.

R. vˢ *Déni de justice,* 24 s. — S. *eod.* vˢ, 13 s.

Art. 509. La prise à partie contre les
juges de paix, contre les tribunaux de commerce ou de première instance, ou contre
quelqu'un de leurs membres, et la prise à
partie contre un conseiller à une cour royale
[*une cour d'appel*] ou à une cour d'assises,
seront portées à la cour royale [*la cour d'appel*] du ressort.

La prise à partie contre les cours d'assises,
contre les cours royales [*les cours d'appel*]
ou l'une de leurs sections, sera portée à la
haute-cour, conformément à l'article 101 de
l'acte du 18 mai 1804. — *Pr.* 510; *Instr.*
479 s., 483 s.

L'attribution conférée par l'art. 509 *à la haute-cour
appartient actuellement à la Cour de cassation* (L. 27 ventôse an VIII, art. 60).

Art. 510. Néanmoins aucun juge ne
pourra être pris à partie, sans permission
préalable du tribunal devant lequel la prise
à partie sera portée. — *Pr.* 511 s.

Art. 511. Il sera présenté, à cet effet,
une requête signée de la partie, ou de son
fondé de procuration authentique et spéciale,
laquelle procuration sera annexée à la requête, ainsi que les pièces justificatives s'il
y en a, à peine de nullité. — *Pr.* 510, 1029;
Civ. 1317, 1987.

Art. 512. Il ne pourra être employé
aucun terme injurieux contre les juges, ni
partie, contre la partie, de telle amende, et
contre son avoué, de telle injonction ou suspension qu'il appartiendra. — *Pr.* 1036.

Art. 513. Si la requête est rejetée, la
partie sera condamnée à une amende qui ne
pourra être moindre de cent cinquante francs,
sans préjudice des dommages et intérêts
envers les parties, s'il y a lieu. — *Pr.* 216,
314, 390, 471, 494, 516, 1029; *Civ.* 1149,
1382.

Art. 514. Si la requête est admise, elle
sera signifiée dans trois jours au juge pris à
partie, qui sera tenu de fournir ses défenses
dans la huitaine.
Il s'abstiendra de la connaissance du différend ; il s'abstiendra même, jusqu'au jugement définitif de la prise à partie, de toutes
les causes que la partie, ou ses parents en
ligne directe, ou son conjoint, pourront
avoir dans son tribunal, à peine de nullité
des jugements. — *Pr.* 77 s., 378, 385 s.,
1029.

R. vˢ *Prise à partie,* 43 s. — S. *eod.* vˢ, 40 s.

Art. 515. La prise à partie sera portée
à l'audience sur un simple acte, et sera
jugée par une autre section que celle qui
l'aura admise : si la cour royale [*la cour
d'appel*] n'est pas composée que d'une section,
le jugement de la prise à partie sera renvoyé
à la cour royale [*la cour d'appel*] la plus
voisine par la Cour de cassation.

R. vˢ *Prise à partie,* 43 s. — S. *eod.* vˢ, 40 s. —
T. (87-97), *eod.* vˢ, 1 s.

Art. 516. Si le demandeur est débouté,
il sera condamné à une amende qui ne
pourra être moindre de trois cents francs
sans préjudice des dommages-intérêts envers
les parties, s'il y a lieu. — *Pr.* 513; *Civ.*
1149, 1382.

R. vˢ *Prise à partie,* 71 s. — S. *eod.* vˢ, 70 s.

*Sur les voies extraordinaires pour attaquer les jugements
(Organisation de la Cour de cassation, Pourvoi en cassation en matière civile),* V. C. pr. civ. ann., p. 786 s.; et
son Suppl., p. 226 s. — V. en outre R. et S. vˢ *Cassation.*

V. *infrà,* Appendice, la loi du 2 juin 1862, concernant
les délais des pourvois devant la Cour de cassation, en
matière civile.

LIVRE CINQUIÈME.

DE L'EXÉCUTION DES JUGEMENTS.

Décrété le 21 avril 1806, et promulgué le 1ᵉʳ mai 1806.

TITRE PREMIER.

Des réceptions de cautions.

Art. 517. Le jugement qui ordonnera de fournir caution fixera le délai dans lequel elle sera présentée, et celui dans lequel elle sera acceptée ou contestée. — *Pr.* 17, 135, 155, 417, 439, 542, 832, 992, 1035; *Civ.* 16, 120, 2011 s., 2040 s.; *Com.* 120, 151, 361, 472; *Instr.* 114, 117 s.

Art. 518. La caution sera présentée par exploit signifié à la partie, si elle n'a point d'avoué, et par acte d'avoué si elle en a constitué, avec copie de l'acte de dépôt qui sera fait au greffe, des titres qui constatent la solvabilité de la caution, sauf le cas où la loi n'exige pas que la solvabilité soit établie par titres. — *Pr.* 189, 440, 993.

Art. 519. La partie pourra prendre au greffe communication des titres; si elle accepte la caution, elle le déclarera par un simple acte : dans ce cas, ou si la partie ne conteste pas dans le délai, la caution fera au greffe sa soumission, qui sera exécutoire sans jugement, même par la contrainte par corps, s'il y a lieu à contrainte. — *Pr.* 126, 189.

La contrainte par corps, en matière civile, commerciale et contre les étrangers, a été supprimée par la loi du 22 juillet 1867 (D. P. 67, 4, 73.)

Art. 520. Si la partie conteste la caution dans le délai fixé par le jugement, l'audience sera poursuivie sur un simple acte. *Pr.* 82, 993, 994.

Art. 521. Les réceptions de caution seront jugées sommairement, sans requête ni écritures; le jugement sera exécuté nonobstant appel. — *Pr.* 404, 413, 457, 463, 1035.

Art. 522. Si la caution est admise, elle fera sa soumission, conformément à l'article 519 ci-dessus. — *Civ.* 2040.

R. vᵒ *Cautionnement*, 388 s. — S. eod. vᵒ, 108.

TITRE DEUXIÈME.

De la liquidation des dommages-intérêts.

Art. 523. Lorsque l'arrêt ou le jugement n'aura pas fixé les dommages-intérêts, la déclaration en sera signifiée à l'avoué du défendeur, s'il en a été constitué; et les pièces seront communiquées sur récépissé de l'avoué, ou par la voie du greffe. — *Pr.* 126, 126, 188, 464, 543 s.; *Civ.* 1144, 1146.

Art. 524. Le défendeur sera tenu, dans le délai fixé par les articles 97 et 98, et sous les peines y portées, de remettre lesdites pièces, et, huitaine après l'expiration desdits délais, de faire ses offres au demandeur, de la somme qu'il avisera pour les dommages-intérêts; sinon, la cause sera portée sur un simple acte à l'audience, et sera condamné à payer le montant de la déclaration, si elle est trouvée juste et bien vérifiée. — *Pr.* 82, 107, 191; *Civ.* 1257 s.

Art. 525. Si les offres contestées sont jugées suffisantes, le demandeur sera con-

damné aux dépens, du jour des offres. *Pr.* 130, 1260.

R. vᵒ *Obligat.*, 809 s. — S. eod. vᵒ, 256 s.

TITRE TROISIÈME.

De la liquidation des fruits.

Art. 526. Celui qui sera condamné à restituer des fruits, en rendra compte dans la forme ci-après; et il sera procédé comme sur les autres comptes rendus en justice. — *Pr.* 129, 527 s., 640; *Civ.* 547 s., 583 s.

R. vᵒ *Compte*, 18.

TITRE QUATRIÈME.

Des redditions de comptes.

Art. 527. Les comptables commis par justice seront poursuivis devant les juges qui les auront commis; les tuteurs, devant les juges du lieu où la tutelle a été déférée; tous autres comptables, devant les juges de leur domicile. — *Pr.* 59, 472, 528 s., 995; *Civ.* 108, 450 s., 471 s., 803.

R. vᵒˢ *Compét. civ. des trib. d'arr.*, 167 s.; *Compte*, 20 s. — S. vᵒˢ *Compét. civ. des trib. d'arr.*, 115 s.; *Compte*, 2 s. — V. aussi **C. pr. civ. ann.**, art. 527, nᵒˢ 1 s.; et son **Suppl.**, nᵒˢ 7613 s.

Art. 528. En cas d'appel d'un jugement qui aurait rejeté une demande en reddition de compte, l'arrêt infirmatif renverra, pour la reddition et le jugement du compte, au tribunal où la demande avait été formée, ou à un autre tribunal de première instance que l'arrêt indiquera.

Si le compte a été rendu et jugé en première instance, l'exécution de l'arrêt infirmatif appartiendra à la cour qui l'aura rendu, ou à un autre tribunal qu'elle aura indiqué par le même arrêt. — *Pr.* 472 s.

R. vᵒ *Compte*, 71 s., 139 s. — S. eod. vᵒ, 18 s. — T. (87-97), eod. vᵒ, 1 s.

Art. 529. Les oyants qui auront le même intérêt nommeront un seul avoué : faute de s'accorder sur le choix, le plus ancien occupera, et néanmoins chacun des oyants pourra constituer un; mais les frais occasionnés par cette constitution particulière, et faits tant activement que passivement, seront supportés par l'oyant. — *Pr.* 130, 536, 760, 932, 1031.

R. vᵒ *Compte*, 48.

Art. 530. Tout jugement portant condamnation de rendre compte, fixera le délai dans lequel le compte sera rendu, et commettra un juge. — *Pr.* 196, 219, 259, 295, 305, 1035.

R. vᵒ *Compte*, 57 s. — S. eod. vᵒ, 15 s. — T. (87-97), eod. vᵒ, 1 s.

Art. 531. Si le préambule du compte, en y comprenant la mention de l'acte ou du jugement qui aura commis le rendant, et du jugement qui aura ordonné le compte, excède six rôles, l'excédent ne passera point en taxe. — *Pr.* 1031.

R. vᵒ *Compte*, 75 s. — S. eod. vᵒ, 22 s.

Art. 532. Le rendant n'emploiera pour dépenses communes que les frais de voyage s'il y a lieu, les vacations de l'avoué qui aura mis en ordre les pièces du compte, les grosses et copies, les frais de présentation et affirmation.

R. vᵒ *Compte*, 94 s. — S. eod. vᵒ, 25.

Art. 533. Le compte contiendra la recette et dépense effectives; il sera terminé par la récapitulation de la balance desdite recette et dépense, sauf à faire un chapitre particulier des objets à recouvrer.

R. vᵒ *Compte*, 75 s., 200 s. — S. eod. vᵒ, 22 s 69 s.

Art. 534. Le rendant présentera et affirmera son compte en personne ou par procureur spécial, dans le délai fixé, et au jour indiqué par le juge-commissaire, les oyants présents, ou appelés à personne ou domicile s'ils n'ont point d'avoués, et par acte d'avoué, s'ils en ont constitué.

Le délai passé, le rendant y sera contraint par saisie et vente de ses biens jusqu'à concurrence d'une somme que le tribunal arbitrera; il pourra même y être contraint par corps, si le tribunal l'estime convenable. — *Pr.* 126, 535 s., 583 s., 673 s.; *Civ.* 2063, 2204

La contrainte par corps, en matière civile, commercial et contre les étrangers, a été supprimée par la loi du 22 juillet 1867 (D. P. 67, 4, 73.)

R. vᵒ *Compte*, 99 s. — S. eod. vᵒ, 26 s. — T. (87-97), eod. vᵒ, 20 s.

Art. 535. Le compte présenté et affirmé si la recette excède la dépense, l'oyant pourra requérir du juge-commissaire exécutoire de l'excédent, sans approbation du compte.

R. vᵒ *Compte*, 109 s., vᵒ, 28 s.

Art. 536. Après la présentation et affirmation, le compte sera signifié à l'avoué de l'oyant : les pièces justificatives seront cotées et parafées par l'avoué du rendant; si elles sont communiquées sur récépissé, elles seront rétablies dans le délai qui sera fixé par le juge-commissaire, sous les peines portées par l'article 107.

Si les oyants ont constitué avoués différents, la copie et la communication ci-dessus seront données à l'avoué plus ancien seulement, s'ils ont le même intérêt, et à chaque avoué, s'ils ont des intérêts différents.

S'il y a des créanciers intervenants, ils n'auront tous ensemble qu'une seule communication, tant du compte que des pièces justificatives, par les mains du plus ancien des avoués qu'ils auront constitués. — *Pr.* 189 s., 339, 529.

R. vᵒ *Compte*, 115 s.

Art. 537. Les quittances de fournisseurs, ouvriers, maîtres de pension, et autres de même nature, produites comme pièces justificatives du compte, sont dispensées de l'enregistrement. — *Civ.* 1333.

R. vᵒ *Compte*, 117 s.

Art. 538. Aux jour et heure indiqués par le commissaire, les parties se présenteront devant lui pour fournir débats, soutènements et réponses sur son procès-verbal : si les parties ne se présentent pas, l'affaire sera portée à l'audience sur un simple acte. — *Pr.* 539 s.

Art. 539. Si les parties ne s'accordent pas, le commissaire ordonnera qu'il en sera par lui fait rapport à l'audience, au jour

'il indiquera ; elles seront tenues de s'y trou-
r, sans aucune sommation. — *Pr.* 542, 1031.
ª. vᵉ *Compte*, 110 s. — S. *eod.* vᵗ, 30 s. —
(87-97), *eod.* vᵗ, 22 s.

Art. 540. Le jugement qui interviendra
r l'instance de compte contiendra le calcul
la recette et des dépenses, et fixera le
liquat précis, s'il y en a aucun.
ª. vᵉ *Compte*, 127 s. — S. *eod.* vᵗ, 32 s.

Art. 541. Il ne sera procédé à la revi-
n d'aucun compte, sauf aux parties, s'il
a erreurs, omissions, faux ou doubles em-
ois, à en former leurs demandes devant
ª mêmes juges. — *Civ.* 2058.
ª. vᵉ *Compte*, 149 s. — S. *eod.* vᵗ, 37 s. —
(87-97), *cod.* vᵗ, 24 s. — V. aussi **C.** pr. civ. ann.,
. 541, n°ˢ 1 s.; et son **Suppl.**, n°ˢ 7679 s.

Art. 542. Si l'oyant est défaillant, le
mmissaire fera son rapport au jour par lui
liqué : les articles seront alloués, s'ils sont
tifiés ; le rendant, s'il est reliquataire,
rdera les fonds, sans intérêts ; et s'il ne
git point d'un compte de tutelle, le comp-
le donnera caution, si mieux il n'aime
nsigner. — *Pr.* 126, 149 s., 517 s., 539 s.;
v. 474, 2040 s.
ª. vᵉ *Compte*, 143 s.

TITRE CINQUIÈME.

e la liquidation des dépens et frais.

Art. 543. La liquidation des dépens et
is sera faite, en matière sommaire, par le
gement qui les adjugera. — *Pr.* 130 s., 137,
8 s., 544, 766 ; *Civ.* 2101, 2104 s.

Art. 544. La manière de procéder à la
uidation des dépens et frais dans les autres
atières sera déterminée par un ou plusieurs
glements d'administration publique, qui
ont exécutoires le même jour que le pré-
t Code, et qui, après trois ans au plus
d, seront présentés en forme de loi au
rps législatif avec les changements dont
auront paru susceptibles.

TITRE SIXIÈME.

gles générales sur l'exécution forcée
des jugements et actes.

Art. 545. Nul jugement ni acte ne pour-
nt être mis à exécution, s'ils ne portent le
ême intitulé que les lois, et ne sont ter-
inés par un mandement aux officiers de
stice, ainsi qu'il est dit article 146. — *Pr.*
5 s., 159, 164, 433, 435, 442, 449 s., 457,
2, 528, 1020, 1021, 1024 ; *Civ.* 820, 1317 s.,
13.
R. vᵉ *Jugement*, 344 s.

Art. 546. Les jugements rendus par les
ibunaux étrangers, et les actes reçus par
s officiers étrangers, ne seront susceptibles
exécution en France, que de la manière et
ns les cas prévus par les articles 2123 et
28 du Code civil.
R. vᵉˢ *Droits civils*, 416 s. — S. *eod.* vᵗ, 236 s. —
(87-97), *eod.* vᵗ, 163 s.

Art. 547. Les jugements rendus et les
ctes passés en France seront exécutoires
ns tout le Royaume [*toute la République*]
ns *visa* ni *pareatis*, encore que l'exécu-
on ait lieu hors du ressort du tribunal par
quel les jugements ont été rendus, ou dans
territoire duquel les actes ont été passés.
— *Pr.* 146, 433.
R. vᵉ *Jugement*, 402 s.

Art. 548. Les jugements qui pronon-
ont une mainlevée, une radiation d'ins-
iption hypothécaire, un payement, ou
uelque autre chose à faire par un tiers ou
sa charge, ne seront exécutoires par les

---

tiers ou contre eux, même après les délais
de l'opposition ou de l'appel, que sur le certificat de l'avoué de la partie poursuivante,
contenant la date de la signification du jugement faite au domicile de la partie condamnée, et sur l'attestation du greffier constatant
qu'il n'existe contre le jugement ni opposition ni appel. — *Pr.* 147, 157 s., 163 s.,
549 s., 759, 770 ; *Civ.* 1351, 2157.

Art. 549. A cet effet, l'avoué de l'appelant
fera mention de l'appel, dans la forme et sur
le registre prescrit par l'article 163. — *Pr.* 164.

Art. 550. Sur le certificat qu'il n'existe
aucune opposition ni appel sur ce registre,
les séquestres, conservateurs, et tous autres,
seront tenus de satisfaire au jugement. —
Pr. 548 s. ; *Civ.* 1956, 2157 s.
R. vᵉ *Jugement*, 517 s. — S. *eod.* vᵗ, 402 s.

Art. 551. Il ne sera procédé à aucune
saisie mobilière ou immobilière qu'en vertu
d'un titre exécutoire, et pour choses liquides
et certaines : si la dette exigible n'est pas
d'une somme en argent, il sera sursis, après
la saisie, à toutes poursuites ultérieures,
jusqu'à ce que l'appréciation en ait été faite.
— *Pr.* 545, 552, 559, 583 s., 626, 673 s. ;
Civ. 2213.
R. vᵉ *Jugement*, 309 s. — S. *eod.* vᵗ, 402 s.

Art. 552. La contrainte par corps, pour
objet susceptible de liquidation, ne pourra
être exécutée qu'après que la liquidation aura
été faite en argent.
*La contrainte par corps, en matière civile, commerciale
et contre les étrangers, a été supprimée par la loi du
22 juillet 1867 (D. P. 67. 4. 75).*

Art. 553. Les contestations élevées sur
l'exécution des jugements des tribunaux de
commerce seront portées au tribunal de première instance du lieu où l'exécution se
poursuivra. — *Pr.* 442, 472.
R. vᵉˢ *Compét. des trib. d'arr.*, 176 s.; *Compét.
comm.*, 378 s.; *Jugement*, 547 s. — S. vᵗ *Compét.
civ. des trib. d'arr.*, 116 s.; *Compét. comm.*, 115 s.;
Jugement, 470 s. — T. (87-97), vᵗ *Compét. comm.*,
91 s.

Art. 554. Si les difficultés élevées sur
l'exécution des jugements ou actes requièrent
célérité, le tribunal du lieu statuera provisoirement, et renverra la connaissance du
fond au tribunal d'exécution. — *Pr.* 49-2º,
72, 404, 417, 442, 472, 794, 805 s.
R. vᵉ *Jugement*, 534 s.

Art. 555. L'officier insulté dans l'exercice de ses fonctions dressera procès-verbal
de rébellion ; et il sera procédé suivant les
règles établies par le Code d'instruction criminelle. — *Pr.* 785 ; *Pén.* 209 s.
R. vᵉ *Jugement*, 526 s.
Sur le crime ou délit de rébellion, V. C. pén. ann., et son
Suppl., art. 209 s. — *Sur les outrages et violences envers
les officiers ministériels ou agents dépositaires de la force
publique,* V. C. pén. ann., et son **Suppl.,** art. 222 s.

Art. 556. La remise de l'acte ou jugement à l'huissier vaudra pouvoir pour toutes
exécutions autres que la saisie immobilière
et l'emprisonnement, pour lesquels il sera
besoin d'un pouvoir spécial.
R. vᵉˢ *Jugement*, 541; *Vente publ. d'imm.*, 451 s.
— S. vᵉ *Vente publ. d'imm.*, 92 s.

TITRE SEPTIÈME.

Des saisies-arrêts ou oppositions.

Art. 557. Tout créancier peut, en vertu
de titres authentiques ou privés, saisir-arrêter entre les mains d'un tiers les sommes et
effets appartenant à son débiteur, ou s'opposer à leur remise. — *Pr.* 49-7º, 417, 558 s.,
568, 636, 806 s., 826 s. ; *Civ.* 808, 1242, 1298,
1317, 1318, 1322, 1690, 1944 ; *Com.* 149.
R. vᵉ *Saisie-arrêt*, 1 s. — S. *eod.* vᵗ, 1 s. —
T. (87-97), *eod.* vᵗ, 1 s.

Art. 558. S'il n'y a pas de titre, le juge
du domicile du débiteur, et même celui du

---

domicile du tiers saisi, pourront, sur requête,
permettre la saisie-arrêt ou opposition. —
Pr. 1040.
R. vᵉ *Saisie-arrêt*, 108 s. — S. *eod.* vᵗ, 46 s. —
T. (87-97), *eod.* vᵗ, 1 s.

Art. 559. Tout exploit de saisie-arrêt
ou opposition, fait en vertu d'un titre, contiendra l'énonciation du titre et de la somme
pour laquelle elle est faite : si l'exploit est
fait en vertu de la permission du juge, l'ordonnance énoncera la somme pour laquelle
la saisie-arrêt ou opposition est faite, et il
sera donné copie de l'ordonnance en tête de
l'exploit.

Si la créance pour laquelle on demande la
permission de saisir-arrêter n'est pas liquide,
l'évaluation provisoire en sera faite par le juge.

L'exploit contiendra aussi élection de domicile dans le lieu où demeure le tiers saisi,
si le saisissant n'y demeure pas : le tout à
peine de nullité. — *Pr.* 59, 61, 68, 69 ; *Civ.*
102, 111, 1318, 1322.
R. vᵉ *Saisie-arrêt*, 63 s., 202 s. — S. *eod.* vᵗ,
32 s., 87 s.

Art. 560. La saisie-arrêt ou opposition
entre les mains de personnes non demeurant
en France sur le continent ne pourra point
être faite au domicile des procureurs du Roi
[*des procureurs de la République*] ; elle
devra être signifiée à personne ou à domicile. — *Pr.* 68, 69-9º, 73, 639.
R. vᵉ *Saisie-arrêt*, 222 s.

Art. 561. La saisie-arrêt ou opposition
formée entre les mains des receveurs, dépositaires ou administrateurs de caisses ou
deniers publics, en cette qualité, ne sera
point valable, si l'exploit n'est fait à la personne préposée pour le recevoir, et s'il n'est
visé par elle sur l'original, ou, en cas de
refus, par le procureur du Roi [*le procureur
de la République*]. — *Pr.* 569, 580, 1039.
L'art. 561 *a été complété par de nombreux textes rapportés* C. pr. civ. ann., p. 914 s.
R. vᵉˢ *Cautionn. de fonct.*, 97 s.; *Saisie-arrêt*,
232 s.; *Trésor publ.*, 597 s. — S. vᵉˢ *Cautionn. de
fonct.*, 23 s.; *Saisie-arrêt*, 87 s.; *Trésor publ.*, 356 s.

Art. 562. L'huissier qui aura signé la
saisie-arrêt ou opposition sera tenu, s'il en
est requis, de justifier de l'existence du saisissant à l'époque où le pouvoir de saisir a
été donné, à peine d'interdiction, et des
dommages et intérêts des parties. — *Pr.* 71,
1029, 1031 ; *Civ.* 1382.
R. vᵉ *Saisie-arrêt*, 229 s.

Art. 563. Dans la huitaine de la saisie-
arrêt ou opposition, outre un jour pour trois
myriamètres de distance entre le domicile
du tiers saisi et celui du saisissant, et un jour
pour trois myriamètres de distance entre le
domicile de ce dernier et celui du débiteur
saisi, le saisissant sera tenu de dénoncer la
saisie-arrêt ou opposition au débiteur saisi,
et de l'assigner en validité. — *Pr.* 59, 61, 69,
565, 641, 831, 1033 ; *Civ.* 102 s.
L'art. 563 *est modifié par l'art.* 1033 *nouveau* (L. 3 mai 1862),
*qui porte le délai de distance à un jour par cinq myria-
mètres.*
R. vᵉ *Saisie-arrêt*, 238 s. — S. *eod.* vᵗ, 90 s.

Art. 564. Dans un pareil délai, outre
celui en raison des distances, à compter du
jour de la demande en validité, cette demande
sera dénoncée, à la requête du saisissant,
au tiers saisi, qui ne sera tenu de faire aucune déclaration avant que cette dénonciation lui ait été faite.
. vᵉ *Saisie-arrêt*, 305 s. — S. *eod.* vᵗ, 117 s.

Art. 565. Faute de demande en validité,
la saisie ou opposition sera nulle: faute de
dénonciation de cette demande au tiers saisi,
les payements par lui faits jusqu'à la dénonciation seront valables. — *Pr.* 563, 568 s.,
573, 577, 1033.
R. vᵉ *Saisie-arrêt*, 253 s., 306 s., 304 s. —
S. *eod.* vᵗ, 96 s., 117 s., 138 s.

Art. 566. En aucun cas il ne sera nécessaire de faire précéder la demande en

validité par une citation en conciliation. — *Pr.* 48, 49, 570.

R. vᵉ *Saisie-arrêt*, 268 s. — S. eod. vᵉ, 103.

Art. 567. (*L.* 17 juillet 1907.) La demande en validité, et la demande en mainlevée formée par la partie saisie, seront portées devant le tribunal du domicile de la partie saisie.

En tout état de cause, et quel que soit l'état de l'affaire, la partie saisie-arrêtée pourra se pourvoir en référé afin d'obtenir l'autorisation de toucher du tiers saisi, nonobstant l'opposition, à la condition de verser à la caisse des dépôts et consignations, ou aux mains d'un tiers commis à cet effet, somme suffisante, arbitrée par le juge des référés, pour répondre éventuellement des causes de la saisie-arrêt, dans le cas où le saisi se reconnaîtrait ou serait jugé débiteur.

Le dépôt ainsi ordonné sera affecté spécialement aux mains du tiers détenteur à la garantie des créances pour sûreté desquelles la saisie-arrêt aura été opérée, et privilège exclusif de tout autre leur sera attribué sur ledit dépôt.

À partir de l'exécution de l'ordonnance de référé, le tiers saisi sera déchargé et les effets de la saisie-arrêt transportés sur le tiers détenteur. — *Pr.*, 59, 570; *Civ.* 102.

R. vᵉ *Saisie-arrêt*, 275 s. — S. eod. vᵉ, 105 s. — T. (87-97), eod. rᵗ, 146 s.

Loi du 17 juillet 1907 : D. P. 1907. 4ᵉ partie.

Art. 568. Le tiers saisi ne pourra être assigné en déclaration, s'il n'y a titre authentique, ou jugement qui ait déclaré la saisie-arrêt ou opposition valable. — *Pr.* 569 s.; *Civ.* 1317, 1350, 1351.

R. vᵉ *Saisie-arrêt*, 314 s. — S. eod. vᵉ, 119 s.

Art. 569. Les fonctionnaires publics dont il est parlé article 561 ne seront point assignés en déclaration ; mais ils délivreront un certificat constatant s'il est dû à la partie saisie, et énonçant la somme, si elle est liquide. — *Pr.* 561, 573.

R. vᵉ *Saisie-arrêt*, 393; *Trésor public*, 617 s. — S. vᵉ *Trésor public*, 374 s.

Art. 570. Le tiers saisi sera assigné sans citation préalable de conciliation, devant le tribunal qui doit connaître de la saisie; sauf à lui, si la déclaration est contestée, à demander un renvoi devant son juge — *Pr.* 48, 49, 59, 168, 566, 567, 638.

R. vᵉ *Saisie-arrêt*, 376 s. — S. eod. vᵉ, 132 s.

Art. 571. Le tiers saisi assigné fera sa déclaration, et l'affirmera au greffe, s'il est sur les lieux; sinon, devant le juge de paix de son domicile, s'il soit besoin, dans ce cas, de réitérer l'affirmation au greffe. — *Pr.* 564, 572 s., 577, 638; *Civ.* 102.

Art. 572. La déclaration et l'affirmation pourront être faites par procuration spéciale. — *Pr.* 571, 573, 574, 638; *Civ.* 1987.

R. vᵉ *Saisie-arrêt*, 325 s. — S. eod. vᵉ, 124 s.

Art. 573. La déclaration énoncera les causes et le montant de la dette ; les payements à compte, si aucuns ont été faits ; l'acte ou les causes de libération, si le tiers saisi n'est plus débiteur ; et, dans tous les cas, les saisies-arrêts ou oppositions formées entre ses mains. — *Pr.* 564, 569, 571, 572, 574, 638.

R. vᵉ *Saisie-arrêt*, 343 s. — S. eod. vᵉ, 127 s.

Art. 574. Les pièces justificatives de la déclaration seront annexées à cette déclaration ; le tout sera déposé au greffe, et l'acte de dépôt sera signifié par un seul acte contenant constitution d'avoué. — *Pr.* 75, 189, 638.

R. vᵉ *Saisie-arrêt*, 330 s. — S. eod. vᵉ, 124 s.

Art. 575. S'il survient de nouvelles saisies-arrêts ou oppositions, le tiers saisi les dénoncera à l'avoué du premier saisissant, par extrait contenant les noms et élection de domicile des saisissants, et les causes des saisies-arrêts ou oppositions. — *Pr.* 563, 638, 817 ; *Civ.* 111.

R. vᵉ *Saisie-arrêt*, 332 s.

Art. 576. Si la déclaration n'est pas contestée, il ne sera fait aucune autre procédure, ni de la part du tiers saisi, ni contre lui. — *Pr.* 638, 1031.

R. vᵉ *Saisie-arrêt*, 391.

Art. 577. Le tiers saisi qui ne fera pas sa déclaration ou qui ne fera pas les justifications ordonnées par les articles ci-dessus sera déclaré débiteur pur et simple des causes de la saisie. — *Pr.* 571 s., 638.

R. vᵉ *Saisie-arrêt*, 337 s. — S. eod. vᵉ, 126 s. — T. (87-97), eod. rᵗ, 135 s.

Art. 578. Si la saisie-arrêt ou opposition est formée sur effets mobiliers, le tiers saisi sera tenu de joindre à sa déclaration un état détaillé desdits effets. — *Civ.* 588.

R. vᵉ *Saisie-arrêt*, 344.

Art. 579. Si la saisie-arrêt ou opposition est déclarée valable, il sera procédé à la vente et distribution du prix, ainsi qu'il sera dit au titre *De la distribution par contribution.* — *Pr.* 656 s.; *Civ.* 2093.

R. vᵉ *Saisie-arrêt*, 443 s. — S. eod. vᵉ, 135 s. — T. (87-97). eod. rᵗ, 204 s.

Art. 580. Les traitements et pensions dus par l'État ne pourront être saisis que pour la portion déterminée par les lois ou par ordonnances royales. — *Pr.* 581, 569.

R. vᵉ *Saisie-arrêt*, 163 s. — S. eod. vᵉ, 69 s.

Art. 581. Seront insaisissables, 1° les choses déclarées insaisissables par la loi; 2° les provisions alimentaires adjugées par justice; 3° les sommes et objets disponibles déclarés insaisissables par le testateur ou donateur; 4° les sommes et pensions pour aliments, encore que le testament ou l'acte de donation ne les déclare pas insaisissables. — *Pr.* 582, 592 s.; *Civ.* 205 s., 259, 268, 301, 1981.

Art. 582. Les provisions alimentaires ne pourront être saisies que pour cause d'aliments : les objets mentionnés aux nᵒˢ 3 et 4 du précédent article pourront être saisis par des créanciers postérieurs à l'acte de donation ou à l'ouverture du legs ; et ce, en vertu de la permission du juge, et pour la portion qu'il déterminera. — *Pr.* 592, 593.

R. vᵉ *Saisie-arrêt*, 153 s., 182 s.; *Trésor public*, 1133 s. — S. vᵉ *Saisie-arrêt*, 67 4., 79 s.; *Trésor public*, 753 s.

V. *infrà*, **Appendice**, *la loi du 12 janvier 1895, relative à la saisie-arrêt sur les salaires et petits traitements des ouvriers et employés; — et la loi du 12 juillet 1905, concernant la signification d'oppositions et de cessions faites entre les mains des comptables de deniers publics et des préposés de la caisse des dépôts et consignations.*

TITRE HUITIÈME.

Des saisies-exécutions.

Art. 583. Toute saisie-exécution sera précédée d'un commandement à la personne ou au domicile du débiteur, fait au moins un jour avant la saisie, et contenant notification du titre, s'il n'a déjà été notifié. — *Pr.* 49-7°, 68, 146, 545, 551, 584 s., 626, 636 s., 673 s., 806 s., 819 s., 1021, 1038; *Civ.* 1317, 2092 s., 2217; *Com.* 198.

R. vᵉ *Saisie-exécution*, 1 s. — S. eod. vᵉ, 1 s. — T. (87-97), eod. vᵉ, 1 s.

Art. 584. Il contiendra élection de domicile, jusqu'à la fin de la poursuite, dans la commune où doit se faire l'exécution, si le créancier n'y demeure ; et le débiteur pourra faire à ce domicile élu toutes significations, même d'offres réelles et d'appel. — *Pr.* 812 s.; *Civ.* 111, 1258.

R. vᵉ *Domicile élu*, 20 s.; *Saisie-exécution*, 39 s. — S. vᵉ *Domicile élu*, 8 s.; *Saisie-exécution*, 28 s. — T. (87-97), vᵉ *Domicile élu*, 1 s.

Art. 585. L'huissier sera assisté de deux témoins. Français, majeurs, non parents ni alliés des parties ou de l'huissier, jusqu'au degré de cousin issu de germain inclusivement, ni leurs domestiques ; il énoncera sur le procès-verbal leurs noms, professions et demeures : les témoins signeront l'original et les copies. La partie poursuivante ne pourra être présente à la saisie. — *Civ.* 37, 980.

R. vᵉ *Saisie-exécution*, 70 s., 113 s. — S. eod. vᵉ, 39 s.

Art. 586. Les formalités des exploits seront observées dans les procès-verbaux de saisie-exécution ; ils contiendront itératif commandement, si la saisie est faite en la demeure du saisi. — *Pr.* 61 s., 551, 583, 601, 602 ; *Civ.* 1317.

R. vᵉ *Saisie-exécution*, 79 s., 110 s. — S. eod. vᵉ, 44 s.

Art. 587. Si les portes sont fermées, ou si l'ouverture en est refusée, l'huissier pourra établir gardien aux portes pour empêcher le divertissement : il se retirera sur-le-champ sans assignation, devant le juge de paix, ou à son défaut, devant le commissaire de police, et dans les communes où il n'y en a pas, devant le maire, et, à son défaut, devant l'adjoint, en présence desquels l'ouverture des portes, même celle des meubles fermants sera faite, au fur et à mesure de la saisie. L'officier qui se transportera ne dressera point de procès-verbal ; mais il signera sur celui de l'huissier, lequel ne pourra dresser de tout qu'un seul et même procès-verbal. — *Pr.* 591, 829, 921.

R. vᵉ *Saisie-exécution*, 84 s. — S. eod. vᵉ, 47 s.

Art. 588. Le procès-verbal contiendra la désignation détaillée des objets saisis : s'il y a des marchandises, elles seront pesées, mesurées ou jaugées, suivant leur nature. — *Pr.* 578, 627, 675, 924.

Art. 589. L'argenterie sera spécifiée par pièces et poinçons, et elle sera pesée.—*Pr.* 621.

R. vᵉ *Saisie-exécution*, 139. — S. eod. vᵉ, 63.

Art. 590. S'il y a des deniers comptants, il sera fait mention du nombre et de la qualité des espèces; l'huissier les déposera au lieu établi pour les consignations ; à moins que le saisissant et la partie saisie, ensemble les opposants, s'il y en a, ne conviennent d'un autre dépositaire. — *Civ.* 1134, 1956, 1961 s.

R. vᵉ *Saisie-exécution*, 140 s. — S. eod. vᵉ, 63 s.

Art. 591. Si le saisi est absent, et qu'il y ait refus d'ouvrir aucune pièce ou meuble, l'huissier en requerra l'ouverture ; et s'il se trouve des papiers, il requerra l'apposition des scellés par l'officier appelé pour l'ouverture. — *Pr.* 587, 907 s.

R. vᵉ *Saisie-exécution*, 114, 115, 123, 143 s. — S. eod. vᵉ, 64.

Art. 592. Ne pourront être saisis : 1° Les objets que la loi déclare immeubles par destination ; 2° Le coucher nécessaire des saisis, ceux de leurs enfants vivant avec eux, les habits dont les saisis sont vêtus et couverts ; 3° Les livres relatifs à la profession du saisi, jusqu'à la somme de 300 francs, à son choix ; 4° Les machines et instruments servant à l'enseignement pratique ou exercice des sciences et arts, jusqu'à concurrence de la même somme, et au choix du saisi ; 5° Les équipements des militaires, suivant l'ordonnance et le grade ; 6° Les outils des artisans, nécessaires à leurs occupations personnelles ; 7° Les farines et menues denrées nécessaires à la consommation du saisi et de sa famille pendant un mois ; 8° Enfin, une vache ou trois brebis, ou deux chèvres, au choix du saisi, avec les pailles, fourrages et grains nécessaires pour la litière et la nourriture desdits animaux pendant un mois. — *Pr.* 581 s., 593 ; *Civ.* 517 s.

Art. 593. Lesdits objets ne pourront être saisis pour aucune créance, même celle

État, si ce n'est pour aliments fournis
partie saisie, ou sommes dues aux fabri-
ou vendeurs desdits objets, ou à celui
aura prêté pour les acheter, fabriquer
réparer; pour fermages et moissons des
s à la culture desquelles ils sont em-
s; loyers des manufactures, moulins,
soirs, usines dont ils dépendent, et
s des lieux servant à l'habitation person-
du débiteur.

s objets spécifiés sous le nᵉ 2 du précé-
article, ne pourront être saisis pour
ne créance. — *Civ.* 2102.

.ᵉ *Saisie-exécution*, 152 s. — S. eod. vᵉ, 68 s.
(87-97), eod. vᵉ, 18 s.

'rt. 594. En cas de saisie d'animaux et
usiles servant à l'exploitation des terres,
ge de paix pourra, sur la demande du
ssant, le propriétaire et le saisi enten-
ou appelés, établir un gérant à l'exploi-
1. — *Pr.* 592, 598; *Civ.* 1137, 1961 s.

.ᵉ *Saisie-exécution*, 253 s. — S. eod. vᵉ, 110 s.

'rt. 595. Le procès-verbal contiendra
ation du jour de la vente. — *Pr.* 601 s.,
.., 1034.

.ᵉ *Saisie-exécution*, 146. — S. eod. vᵉ, 66.

'rt. 596. Si la partie saisie offre un
.en solvable, et qui se charge volontai-
ent et sur-le-champ, il sera établi par
ssicr. — *Pr.* 598, 603 s., 628, 821, 823, 830.

.ᵉ *Saisie-exécution*, 204 s. — S. eod. vᵉ, 95 s.

'rt. 597. Si le saisi ne présente gardien
ble et de la qualité requise, il en sera
i un par l'huissier. — *Pr.* 596, 603 s.

.ᵉ *Saisie-exécution*, 204, 210 s. —, S. eod. vᵉ,

'rt. 598. Ne pourront être établis gar-
, le saisissant, son conjoint, ses parents
liés jusqu'au degré de cousin issu de
ain inclusivement, et ses domestiques;
le saisi, son conjoint, ses parents.
s et domestiques, pourront être établis
iens, de leur consentement et de celui
aisissant. — *Pr.* 585, 728, 821, 823, 830.

.ᵉ *Saisie-exécution*, 212 s. — S. eod. vᵉ, 96 s.

'rt. 599. Le procès-verbal sera fait sans
.ccer; il sera signé par le gardien en
ginal et la copie : s'il ne sait signer, il
era fait mention; et il lui sera laissé
 du procès-verbal. — *Pr.* 601 s., 611,

.ᵉ *Saisie-exécution*, 109 s. — S. eod. vᵉ, 55 s.

'rt. 600. Ceux qui, par voie de fait.
écheraient l'établissement du gardien,
.uj enlèveraient et détourneraient des
s saisis, seront poursuivis conformément
.ode d'instruction criminelle. — *Pr.* 555.
Pén. 209 s., 400 s.

.ᵉ *Saisie-exécution*, 217.

'rt. 601. Si la saisie est faite au domi-
de la partie, copie lui sera laissée, sur-
.hamp, du procès-verbal, signée des
.onnes qui auront signé l'original; si la
.ie est absente, copie sera remise au
.le refus de recevoir, aura fait faire ouver-
, et qui visera l'original. — *Pr.* 586 s.,
623, 1039.

.ᵉ *Saisie-exécution*, 128 s. — S. eod. vᵉ, 57 s.

'rt. 602. Si la saisie est faite hors du
.icile et en l'absence du saisi, copie lui
notifiée dans le jour, outre un jour pour
. myriamètres; sinon les frais de garde
. délai pour la vente ne courront que du
. de la notification. — *Pr.* 586, 623, 1033.

rt. 602 est modifié par l'art. 1033 nouveau (L. 3 mai 1862),
orte le délai de distance à un jour pour cinq myria-
es.

.ᵉ *Saisie-exécution*, 133 s., 240 s. — S. eod. vᵉ,
109.

Art. 603. Le gardien ne peut se servir
choses saisies, les louer ou prêter, à
.ne de privation des frais de garde, et de
mmages-intérêts, au payement desquels

il sera contraignable par corps. — *Pr.* 128,
601 s.; *Civ.* 1137, 1382, 1930, 1961 s., 2060 s.;
Pén. 400, 408.

*La contrainte par corps, en matière civile, commerciale
et contre les étrangers, a été supprimée par la loi du
22 juillet 1867 (D. P. 67. 4. 73). — Le gardien n'est donc
plus passible de cette mesure de coercition sauf si une condamnation pénale est prononcée contre lui.*

R. vᵉ *Saisie-exécution*, 218 s. — S. eod. vᵉ, 102.

Art. 604. Si les objets saisis ont produit
quelques profits ou revenus, il est tenu d'en
compter, même par corps. — *Pr.* 527 s., 603;
Civ. 1137, 1382, 1930, 1936, 1962, 2060 s.

*La contrainte par corps, en matière civile, commerciale
et contre les étrangers, a été supprimée par la loi du
22 juillet 1867 (D. P. 67. 4. 73.)*

R. vᵉ *Saisie-exécution*, 218 s. — S. eod. vᵉ, 102.

Art. 605. Il peut demander sa décharge,
si la vente n'a pas été faite au jour indiqué
par le procès-verbal, sans qu'elle ait été
empêchée par quelque obstacle; et, en cas
d'empêchement, la décharge peut être demandée deux mois après la saisie, sauf au
saisissant à faire nommer un autre gardien.
— *Pr.* 595, 606, 613.

Art. 606. La décharge sera demandée
contre le saisissant et le saisi, par une assignation en référé devant le juge du lieu de
la saisie : si elle est accordée, il sera préalablement procédé au récolement des effets
saisis, parties appelées. — *Pr.* 3. S. eod. vᵉ, 108.

R. vᵉ *Saisie-exécution*, 234 s. — S. eod. vᵉ, 108.

Art. 607. Il sera passé outre, nonobstant
toutes réclamations de la part de la partie saisie, sur lesquelles il sera statué en référé. —
Pr. 806 s.

R. vᵉ *Saisie-exécution*, 260 s. — S. eod. vᵉ, 114 s.

Art. 608. Celui qui se prétendra propriétaire des objets saisis, ou de partie
d'iceux, pourra s'opposer à la vente par un
exploit signifié au gardien, et dénoncé au
saisissant et au saisi, contenant assignation
libellée et l'énonciation des preuves de propriété, à peine de nullité : il y sera statué
par le tribunal du lieu de la saisie, comme
en matière sommaire.

Le réclamant qui succombera sera condamné, s'il y échet, aux dommages et intérêts du saisissant. — *Pr.* 128, 404 s., 474,
826 s., 1029; *Civ.* 1926, 2102, 2279.

R. vᵉ *Saisie-exécution*, 273 s. — S. eod. vᵉ, 120 s.
— T. (87-97), eod. vᵉ, 93 s.

Art. 609. Les créanciers du saisi, pour
quelque cause que ce soit, même pour loyers,
ne pourront former opposition que sur le
prix de la vente : leurs oppositions en contiendront les causes; elles seront signifiées
au saisissant et à l'huissier ou autre officier
chargé de la vente, avec élection de domicile
dans le lieu où la saisie est faite, l'opposant n'y est pas domicilié : le tout à peine de
nullité des oppositions, et des dommages-
intérêts contre l'huissier, s'il y a lieu. — *Pr.*
71, 128, 132, 610, 622, 1029; *Civ.* 102, 111,
1031, 1382, 2092 s., 2102.

R. vᵉ *Saisie-exécution*, 339 s. — S. eod. vᵉ, 158 s.
— T. (87-97), eod. vᵉ, 18 s.

Art. 610. Le créancier opposant ne
pourra faire aucune poursuite, si ce n'est
contre la partie saisie, et pour obtenir condamnation : il n'en sera fait aucune contre
lui, sauf à discuter les causes de son opposition lors de la distribution des deniers. —
Pr. 550 s., 656, 1031.

R. vᵉ *Saisie-exécution*, 339 s. — S. eod. vᵉ, 158 s.
— T. (87-97), eod. vᵉ, 34 s.

Art. 611. L'huissier qui, se présentant
pour saisir, trouverait une saisie déjà faite et
un gardien établi, ne pourra pas saisir de
nouveau; mais il pourra procéder au récolement des meubles et effets sur le procès-
verbal, que le gardien sera tenu de lui représenter : il saisira les effets omis, et fera
sommation au premier saisissant de vendre
le tout dans la huitaine; le procès-verbal de
récolement vaudra opposition sur les deniers
de la vente. — *Pr.* 616, 653, 679 s., 719.

R. vᵉ *Saisie-exécution*, 100 s. — S. eod. vᵉ, 53 s.

Art. 612. Faute par le saisissant de faire
vendre dans le délai ci-après fixé, tout opposant ayant titre exécutoire pourra, sommation préalablement faite au saisissant, et sans
former aucune demande en subrogation, faire
procéder au récolement des effets saisis, que
la copie du procès-verbal de saisie, que le
gardien sera tenu de représenter, et de suite
à la vente. — *Pr.* 611, 616, 721 s.; *Civ.*
1317.

R. vᵉ *Saisie-exécution*, 349 s. — S. eod. vᵉ, 160.

Art. 613. Il y aura au moins huit jours
entre la signification de la saisie au débiteur
et la vente. — *Pr.* 595, 602, 610, 611, 1033.

R. vᵉ *Saisie-exécution*, 304 s. — S. eod. vᵉ, 145.

Art. 614. Si la vente se fait à un jour
utre que celui indiqué par la signification,
la partie sera appelée, avec un jour d'intervalle, outre un jour pour trois myriamètres
en raison de la distance du domicile du saisi,
et du lieu où les effets seront vendus. — *Pr.*
595, 613, 1033.

*L'art. 614 est modifié par l'art. 1033 nouveau (L. 3 mai 1862),
qui porte le délai de distance à un jour par cinq myriamètres.*

R. vᵉ *Saisie-exécution*, 318. — S. eod. vᵉ, 132.

Art. 615. Les opposants ne seront point
appelés. — *Pr.* 609.

R. vᵉ *Saisie-exécution*, 318.

Art. 616. Le procès-verbal de récolement qui précédera la vente, ne contiendra
aucune énonciation des effets saisis, mais
seulement ceux en déficit, s'il y en a. —
Pr. 606, 611, 612.

R. vᵉ *Saisie-exécution*, 101, 320 s. — S. eod. vᵉ,
153.

Art. 617. La vente sera faite au plus
prochain marché public, aux jour et heure
ordinaires des marchés, ou un jour de dimanche :
pourra néanmoins le tribunal per-
mettre de vendre les effets sur un autre lieu
plus avantageux. Dans tous les cas, elle sera
annoncée un jour auparavant par quatre placards au moins, affichés, l'un au lieu où
sont les effets, l'autre à la porte de la maison commune, le troisième au marché du
lieu, et, s'il n'y en a pas, au marché voisin,
le quatrième à la porte de l'auditoire de la
justice de paix; et si la vente se fait dans un
lieu autre que le marché ou le lieu où sont
les effets, un cinquième placard sera apposé
au lieu où se fera la vente. La vente sera en
outre annoncée par la voie des journaux,
dans les villes où il y en a. — *Pr.* 618 s.,
629, 632, 699, 945.

R. vᵉ *Saisie-exécution*, 304 s. — S. eod. vᵉ, 145 s.
— T. (87-97), eod. vᵉ, 34 s.

Art. 618. Les placards indiqueront les
lieu, jour et heure de la vente, et la nature
des effets saisis sans détail particulier. — *Pr.* 630,
701, 836, 961.

Art. 619. L'apposition sera constatée par
exploit, auquel sera annexé un exemplaire
du placard. — *Pr.* 631.

Art. 620. S'il s'agit de barques, chaloupes et autres bâtiments de mer du port
de dix tonneaux et au-dessous, bacs, ga-
liotes, bateaux et autres bâtiments de rivière,
moulins et autres édifices mobiles, assis sur
bateaux ou autrement, il sera procédé à leur
adjudication sur les ports, gares ou quais où
ils se trouvent : il sera affiché quatre placards
au moins, conformément à l'article précédent; et à trois divers jours
consécutifs, trois publications au lieu où sont
lesdits objets : la première publication ne
sera faite que huit jours au moins après la
signification de la saisie. Dans les villes où
il s'imprime des journaux, il sera suppléé à
ces trois publications par l'insertion qui sera
faite au journal, de l'annonce de ladite vente,
laquelle annonce sera répétée trois fois, dans
le cours du mois précédant la vente. — *Pr.*
613, 1033; *Civ.* 531; *Com.* 207 s.

Art. 621. La vaisselle d'argent, les bagues et joyaux de la valeur de trois cents francs au moins, ne pourront être vendus qu'après placards apposés en la forme ci-dessus, et trois expositions, soit au marché, soit dans l'endroit où sont lesdits effets; sans que néanmoins, dans aucun cas, lesdits objets puissent être vendus au-dessous de leur valeur réelle, s'il s'agit de vaisselle d'argent, ni au-dessous de l'estimation qui en aura été faite par des gens de l'art, s'il s'agit de bagues et joyaux.

Dans les villes où il s'imprime des journaux, les trois publications seront suppléées, comme il est dit en l'article précédent. — *Pr.* 589.

R. v° *Saisie-exécution*, 310 s., 326.

Art. 622. Lorsque la valeur des effets saisis excédera le montant des causes de la saisie et des oppositions, il ne sera procédé qu'à la vente des objets suffisant à fournir somme nécessaire pour le payement des créances et frais. — *Civ.* 2101-5°.

R. v° *Saisie-exécution*, 330 s. — S. eod. v°, 155.

Art. 623. Le procès-verbal constatera la présence ou le défaut de comparution de la partie saisie.

R. v° *Saisie-exécution*, 334.

Art. 624. L'adjudication sera faite au plus offrant, en payant comptant : faute de payement, l'effet sera revendu sur-le-champ à la folle enchère de l'adjudicataire. — *Pr.* 710, 713, 733 s., 740.

R. v° *Saisie-exécution*, 325 s.

Art. 625. Les commissaires-priseurs et huissiers seront personnellement responsables du prix des adjudications, et feront mention, dans leurs procès-verbaux, des noms et domiciles des adjudicataires : ils ne pourront recevoir d'eux aucune somme au-dessus de l'enchère, à peine de concussion. — *Pén.* 174.

R. v° *Commissaire-priseur*, 38 s.; *Saisie-exécution*, 337 s. — S. v° *Commissaire-priseur*, 19 s. — T. (87-97), eod. v°, 34 s.

V. infrá, **Appendice**, la loi du 31 décembre 1903, relative à la vente des objets abandonnés chez les ouvriers et industriels.

TITRE NEUVIÈME.

De la saisie des fruits pendants par racines, ou de la saisie-brandon.

Art. 626. La saisie-brandon ne pourra être faite que dans les six semaines qui précéderont l'époque ordinaire de la maturité des fruits; elle sera précédée d'un commandement, avec un jour d'intervalle. — *Pr.* 551, 583, 636, 673, 681, 682 s., 819 s., 1033; *Civ.* 520, 2102-1°, 2217; *Com.* 198.

R. v° *Saisie-brandon*, 1 s. — S. eod. v°, 1 s.

Art. 627. Le procès-verbal de saisie contiendra l'indication de chaque pièce, sa contenance et sa situation, et deux, au moins, de ses tenants et aboutissants, la nature des fruits. — *Pr.* 64, 675.

R. v° *Saisie-brandon*, 30 s. — S. eod. v°, 26 s.

Art. 628. Le garde champêtre sera établi gardien, à moins qu'il ne soit compris dans l'exclusion portée par l'article 598; s'il n'est présent, la saisie lui sera signifiée : il sera aussi laissé copie au maire de la commune de la situation, et l'original sera visé par lui.

Si les communes sur lesquelles les biens sont situés sont contiguës ou voisines, il sera établi un gardien, autre néanmoins qu'un garde champêtre : le visa sera donné par le maire de la commune du chef-lieu de l'exploitation; et, s'il n'y en a pas, par le maire de la commune où est située la majeure partie des biens. — *Pr.* 596 s., 1039; *Civ.* 1961 s.

R. v° *Saisie-brandon*, 34 s. — S. eod. v°, 32 s.

Art. 629. La vente sera annoncée par placards affichés, huitaine au moins avant la vente, à la porte du saisi, à celle de la maison commune, et s'il n'y en a pas, au lieu où s'apposent les actes de l'autorité publique; au principal marché du lieu, et s'il n'y en a pas, au marché le plus voisin, et à la porte de l'auditoire de la justice de paix. — *Pr.* 617 s., 630 s.

Art. 630. Les placards désigneront les jour, heure et lieu de la vente; les noms et demeures du saisi et du saisissant, la quantité d'hectares et la nature de chaque espèce de fruits, la commune où ils sont situés, sans autre désignation. — *Pr.* 618, 627.

Art. 631. L'apposition des placards sera constatée ainsi qu'il est dit au titre *Des saisies-exécutions*. — *Pr.* 619.

Art. 632. La vente sera faite un jour de dimanche ou de marché. — *Pr.* 617.

Art. 633. Elle pourra être faite sur les lieux ou sur la place de la commune où est située la majeure partie des objets saisis.

La vente pourra aussi être faite sur le marché du lieu, et s'il n'y en a pas, sur le marché le plus voisin. — *Pr.* 617.

Art. 634. Seront, au surplus, observées les formalités prescrites au titre *Des saisies-exécutions*. — *Pr.* 583 s., 625.

R. v° *Saisie-brandon*, 49 s. — S. eod. v°, 38 s. — T. (87-97), eod. v°, 1 s.

Art. 635. Il sera procédé à la distribution du prix de la vente ainsi qu'il sera dit au titre *De la distribution par contribution*. — *Pr.* 656 s.; *Civ.* 2093.

TITRE DIXIÈME.

De la saisie des rentes constituées sur particuliers.
(L. 24 mai 1842.)

Art. 636. La saisie d'une rente constituée en perpétuel ou en viager, moyennant un capital déterminé, ou pour prix de la vente d'un immeuble, ou de la cession de fonds immobiliers, ou à tout autre titre onéreux ou gratuit, ne peut avoir lieu qu'en vertu d'un titre exécutoire. Elle sera précédée d'un commandement fait à la personne ou au domicile de la partie obligée ou condamnée, au moins un jour avant la saisie, et contenant notification du titre, si elle n'a déjà été faite. — *Pr.* 545 s., 583 s., 655, 673 s., 1033; *Civ.* 529 s., 1909 s., 1968 s., 1981.

R. v° *Saisie des ventes*, 1 s. — S. eod. v°, 1 s.

Art. 637. La rente sera saisie entre les mains de celui qui la doit, par exploit contenant, outre les formalités ordinaires, l'énonciation du titre constitutif de la rente, de sa quotité, de son capital, s'il y en a un, et du titre de la créance du saisissant; les noms, profession et demeure de la partie saisie; élection de domicile chez un avoué près le tribunal devant lequel la vente sera poursuivie, et assignation au tiers saisi en déclaration devant le même tribunal. — *Pr.* 557, 655, 675.

R. v° *Saisie des rentes*, 10 s. — S. eod. v°, 15 s.

Art. 638. Les dispositions contenues aux articles 570, 571, 572, 573, 574, 575 et 576, relatives aux formalités que doit remplir le tiers saisi, seront observées par le débiteur de la rente.

Si ce débiteur ne fait pas sa déclaration, s'il la fait tardivement, ou s'il ne fait pas les justifications ordonnées, il pourra, selon les cas, être condamné à servir la rente faute d'avoir justifié de sa libération, ou à des dommages-intérêts résultant, soit de son

silence, soit du retard apporté à faire sa déclaration, soit de la procédure à laquelle aura donné lieu. — *Pr.* 577; *Civ.* 1382.

R. v° *Saisie des rentes*, 34 s.

Art. 639. La saisie entre les mains personnes non demeurant en France sur continent sera signifiée à personne ou domicile; et seront observés, pour la citation, délais prescrits par l'article 73. — *Pr.* 56 655.

Art. 640. L'exploit de saisie vaudra jours saisie-arrêt des arrérages échus et échoir jusqu'à la distribution.

Art. 641. Dans les trois jours de la saisie, outre un jour par cinq myriamètres distance entre le domicile du débiteur de rente et celui du saisissant, et pareil délai en raison de la distance entre le domicile ce dernier et celui de la partie saisie, le saisissant sera tenu de la dénoncer à la partie saisie et lui notifier le jour de la publication du cahier des charges.

Lorsque le débiteur de la rente sera domicilié hors du continent de la France, le délai pour la dénonciation ne courra que du jour de l'échéance de la citation au tiers saisi. *Pr.* 563, 655, 691, 1029, 1033.

R. v° *Saisie des rentes*, 37 s. — S. eod. v°, 18

Art. 642. Dix jours au plus tôt, quinze jours au plus tard, après la dénonciation la partie saisie, outre le délai des distances tel qu'il est réglé par l'article 641, le saisissant déposera au greffe du tribunal devant lequel se poursuit la vente le cahier des charges contenant les noms, profession demeure du saisissant, de la partie saisie et du débiteur de la rente, la nature de cette rente, sa quotité, celle du capital, s'il y en a un, la date et l'énonciation du titre en vertu duquel elle est constituée, l'énonciation l'inscription, si le titre contient hypothèque et si cette hypothèque a été inscrite pour sûreté de la rente; les noms et demeure l'avoué du poursuivant, les conditions l'adjudication et la mise à prix, avec indication du jour de la publication du cahier de charges. — *Pr.* 655, 690, 958 s., 1029.

Art. 643. Dix jours au plus tôt, vingt jours au plus tard, après le dépôt au greffe du cahier des charges, il sera fait, à l'audience et au jour indiqué, lecture et publication de ce cahier des charges; le tribunal en donnera acte au poursuivant. — *Pr.* 655 691, 1029.

Art. 644. Le tribunal statuera immédiatement sur les dires et observations qui auront été insérés au cahier des charges, fixera les jour et heure où il procédera à l'adjudication; le délai entre la publication et l'adjudication sera de dix jours au moins et de vingt jours au plus. Le jugement sera porté à la suite de la mise à prix ou des dires des parties. — *Pr.* 650, 655, 1029.

Art. 645. Après la publication du cahier des charges, et huit jours au moins avant l'adjudication, un extrait de ce cahier, contenant, outre les renseignements énoncés à l'article 642, l'indication du jour de l'adjudication, sera affiché : 1° à la porte du domicile du saisi; 2° à la porte du domicile du débiteur de la rente; 3° à la principale porte du tribunal; 4° à la principale place du lieu où la vente se poursuit. — *Pr.* 617 s., 655 699, 1029.

Art. 646. Pareil extrait sera inséré, dans le même délai, au journal indiqué pour recevoir les annonces judiciaires, conformément à l'article 696. — *Pr.* 617 s., 655, 699 1029.

Art. 647. Il sera justifié des affiches et de l'insertion au journal conformément aux articles 698 et 699, et il pourra être passé taxe un plus grand nombre d'affiches et d'insertions aux journaux, dans les cas prévus par les articles 697 et 700.

Art. 648. Les règles et formalités prescrites, au titre de la saisie immobilière, par articles 701, 702, 703, 704, 705, 706, 707, 712, 713, 714 et 741, seront observées r l'adjudication des rentes.

Art. 649. Faute par l'adjudicataire d'exécuter les clauses de l'adjudication, la rente a vendue à sa folle enchère, et il sera cédé ainsi qu'il est dit aux articles 734, 736, 738, 739 et 740. Néanmoins le délai re les nouvelles affiches et l'adjudication a de cinq jours au moins et de dix jours plus, et la signification prescrite par l'article 736 précédera de cinq jours au moins ur de la nouvelle adjudication.

Art. 650. La partie saisie sera tenue de poser ses moyens de nullité, contre la cédure antérieure à la publication du ier des charges, un jour au moins avant our fixé pour cette publication, et contre procédure postérieure, un jour au moins ant la publication : le tout à peine de déance. Il sera statué par le tribunal, sur simple acte d'avoué, et si les moyens sont tés il sera immédiatement procédé, soit publication du cahier des charges, soit à judication.

Art. 651. Aucun jugement ou arrêt par aut, en matière de saisie de rentes conses sur particuliers, ne sera sujet à oppon. L'appel des jugements qui statueront au fond, ou sur d'autres incidents, et qui ont relatifs à la procédure antérieure à la lication du cahier des charges, sera conré comme non avenu, s'il est interjeté s les huit jours, à compter de la signifion à avoué, ou, s'il n'y a pas d'avoué, mpter de la signification à personne ou omicile, soit réel, soit élu; et la partie ie ne pourra, sur l'appel, proposer des ens autres que ceux qui auront été présés en première instance.

'appel sera signifié au domicile de l'avoué, 'il n'y a pas d'avoué, au domicile réel ou de l'intimé. Il sera notifié en même temps greffier du tribunal et visé par lui. L'acte pel énoncera les griefs. — *Pr.* 147, 443 s., 728, 732, 1029.

Art. 652. Ne pourront être attaqués par oie de l'appel : 1° les jugements qui, sans uer sur des incidents, donneront acte de 'ublication du cahier des charges, ou qui nonceront l'adjudication; 2° ceux qui staront sur des nullités postérieures à la puation du cahier des charges. — *Pr.* 643,

Art. 653. Si la rente a été saisie par x créanciers, la poursuite appartiendra à ui qui, le premier, aura dénoncé; en cas concurrence, au porteur du titre le plus ien; et si les titres sont de même date, avoué le plus ancien. — *Pr.* 611, 667, 680, s. 967.

Art. 654. La distribution du prix sera e ainsi qu'il sera prescrit au titre *De la ribution par contribution*, sans préjudice nmoins des hypothèques établies antéırement à la loi du 11 brumaire an VII novembre 1798). — *Pr.* 656 s.

Art. 655. Les formalités prescrites par articles 636, 637, 639, 641, 642, 643, 644, 646 et 651, seront observées à peine de lité.

v^e *Saisie des rentes*, 40 s. — S. cod. v^t, 22 s.

TITRE ONZIÈME.

e la distribution par contribution.

Art. 656. Si les deniers arrêtés ou le prix ventes ne suffisent pas pour payer les anciers, le saisi et les créanciers seront tenus, dans le mois, de convenir de la distribution par contribution. — *Pr.* 557 s., 579, 635, 749.

R. v^e *Distrib. par contrib.*, 1 s. — S. cod. v^t, 1 s. — T. (87-97), cod. v^t, 1 s.

Art. 657. Faute par le saisi et les créanciers de s'accorder dans ledit délai, l'officier qui aura fait la vente sera tenu de consigner, dans la huitaine suivante, et à la charge de toutes les oppositions, le montant de la vente, déduction faite de ses frais d'après la taxe qui aura été faite par le juge sur la minute du procès-verbal : il sera fait mention de cette taxe dans les expéditions. — *Pr.* 662; *Civ.* 2101-1°.

R. v^e *Distrib. par contrib.*, 38 s., 45 s. — S. cod. v^t, 12, 13 s.

Art. 658. Il sera tenu au greffe un registre des contributions, sur lequel un juge sera commis par le président, sur la réquisition du saisissant, ou, à son défaut, de la partie la plus diligente; cette réquisition sera faite par simple note portée sur le registre. — *Pr.* 750 s.

R. v^e *Distrib. par contrib.*, 53 s.

Art. 659. Après l'expiration des délais portés aux articles 656 et 657, et en vertu de l'ordonnance du juge commis, les créanciers seront sommés de produire, et la partie saisie de prendre communication des pièces produites, et de contredire, s'il y échet. — *Pr.* 189 s., 752 s.

R. v^e *Distrib. par contrib.*, 65 s. — S. cod. v^t, 16 s.

Art. 660. Dans le mois de la sommation, les créanciers opposants, soit entre les mains du saisissant, soit en celles de l'officier qui aura procédé à la vente, produiront, à peine de forclusion, leurs titres ès mains du juge commis, avec acte contenant demande en collocation et constitution d'avoué. — *Pr.* 75, 189, 664, 754, 1029, 1033.

R. v^e *Distrib. par contrib.*, 69 s., 82 s. — S. cod. v^t, 23 s. — T. (87-97), cod. v^t, 17 s.

Art. 661. Le même acte contiendra la demande à fin de privilège : néanmoins le propriétaire pourra appeler la partie saisie et l'avoué le plus ancien en référé devant le juge-commissaire, pour faire statuer préliminairement sur son privilège pour raison des loyers à lui dus. — *Pr.* 806 s., 819 s.; *Civ.* 2095, 2101 s.

R. v^e *Distrib. par contrib.*, 74 s. — S. cod. v^t, 19 s.

Art. 662. Les frais de poursuite seront prélevés, par privilège, avant toute créance autre que celle pour loyers dus au propriétaire. — *Pr.* 714, 819; *Civ.* 2101-1°, 2102.

R. v^e *Distrib. par contrib.*, 80 s. — S. cod. v^t, 22.

Art. 663. Le délai ci-dessus fixé expiré, et même auparavant, si les créanciers ont produit, le commissaire dressera ensuite de son procès-verbal l'état de distribution sur les pièces produites; le poursuivant dénoncera, par acte d'avoué, la clôture du procès-verbal aux créanciers produisants et à la partie saisie, avec sommation d'en prendre communication, et de contredire sur le procès-verbal du commissaire dans la quinzaine. — *Pr.* 189 s., 753.

R. v^e *Distrib. par contrib.*, 103 s., 112 s. — S. cod. v^t, 32 s., 34 s. — T. (87-97), cod. v^t, 35 s.

Art. 664. Faute par les créanciers et la partie saisie de prendre communication ès mains du juge-commissaire dans ledit délai, ils demeureront forclos, sans nouvelle sommation ni jugement; il ne sera fait aucun dire, s'il n'y a lieu à contester. — *Pr.* 600, 756 s.

R. v^e *Distrib. par contrib.*, 115 s. — S. cod. v^t, 37 s.

Art. 665. S'il n'y a point de contestation, le juge-commissaire clora son procès-verbal, arrêtera la distribution des deniers, et or-

donnera que le greffier délivrera mandement aux créanciers, en affirmant par eux la sincérité de leurs créances. — *Pr.* 670, 759, 771.

R. v^e *Distrib. par contrib.*, 173 s. — S. cod. v^t, 59 s.

Art. 666. S'il s'élève des difficultés, le juge-commissaire renverra à l'audience; elle sera poursuivie par la partie la plus diligente, sur un simple acte d'avoué à avoué, sans autre procédure. — *Pr.* 405, 758, 761, 1031.

Art. 667. Le créancier contestant, celui contesté, la partie saisie, et l'avoué le plus ancien des opposants, seront seuls en cause; le poursuivant ne pourra être appelé en cette qualité. — *Pr.* 652, 760.

Art. 668. Le jugement sera rendu sur le rapport du juge-commissaire et les conclusions du ministère public. — *Pr.* 83, 95, 112.

R. v^e *Distrib. par contrib.*, 122 s. — S. cod. v^t, 42 s. — T. (87-97), cod. v^t, 31 s.

Art. 669. L'appel de ce jugement sera interjeté dans les dix jours de la signification à avoué : l'acte d'appel sera signifié au domicile de l'avoué; il contiendra citation et énonciation des griefs; il y sera statué comme en matière sommaire.

Ne pourront être intimés sur ledit appel que les parties indiquées par l'article 667. — *Pr.* 147, 404 s., 763 s.

R. v^e *Distrib. par contrib.*, 141 s., 144 s. — S. cod. v^t, 50 s. — T. (87-97), cod. v^t, 37 s.

Art. 670. Après l'expiration du délai fixé pour l'appel, et en cas d'appel, après la signification de l'arrêt au domicile de l'avoué, le juge-commissaire clora son procès-verbal, ainsi qu'il est prescrit par l'article 665. — *Pr.* 767.

R. v^e *Distrib. par contrib.*, 173 s.

Art. 671. Huitaine après la clôture du procès-verbal, le greffier délivrera les mandements aux créanciers, en affirmant par eux la sincérité de leur créance par-devant lui. — *Pr.* 665, 771.

R. v^e *Distrib. par contrib.*, 173 s.

Art. 672. Les intérêts des sommes admises en distribution cesseront du jour de la clôture du procès-verbal de distribution, s'il ne s'élève pas de contestation; en cas de contestation, du jour de la signification du jugement qui aura statué; en cas d'appel, quinzaine après la signification du jugement sur appel. — *Pr.* 665, 669 s., 766 s.

R. v^e *Distrib. par contrib.*, 190 s.

TITRE DOUZIÈME.

De la saisie immobilière.

(L. 2 juin 1841.)

Art. 673. La saisie immobilière sera précédée d'un commandement à personne ou à domicile, en tête de cet acte, il sera donné copie entière du titre en vertu duquel elle est faite. Le commandement contiendra élection de domicile dans le lieu où siège le tribunal qui devra connaître de la saisie, si le créancier n'y demeure pas; il énoncera que, faute de payement, il sera procédé à la saisie des immeubles du débiteur; l'huissier ne se fera pas assister de témoins; il fera, dans le jour, viser l'original par le maire du lieu où le commandement sera signifié. — *Pr.* 68, 555, 583, 626, 636, 674 s., 715, 718, 1029, 1039; *Civ.* 111, 2092 s., 2204, 2217 s., 2244.

R. v^e *Vente publ. d'imm.*, 332 s., 1024 s. — S. cod. v^t, 64 s., 230 s. — T. (87-97), v^e *Saisie immobilière*, 9 s., 100 s. — V. aussi C. pr. civ. ann., art. 673 s.; et son suppl., n^{ie} 8379 s.

Art. 674. La saisie immobilière ne pourra être faite que trente jours après le commandement; si le créancier laisse écouler plus de quatre-vingt-dix jours entre le commandement et la saisie, il sera tenu de le réitérer avec les formes et avec les délais ci-dessus. — *Pr.* 673, 681, 690, 715, 1029, 1033.

R. v° *Vente publ. d'imm.*, 428 s. — S. *cod.* v°, 84 s. — T. (87-97), v° *Saisie immobilière*, 38 s.

Art. 675. Le procès-verbal de saisie contiendra, outre toutes les formalités communes à tous les exploits.

1° L'énonciation du titre exécutoire en vertu duquel la saisie est faite ;

2° La mention du transport de l'huissier sur les biens saisis ;

3° L'indication des biens saisis, savoir :

Si c'est une maison, l'arrondissement, la commune, la rue, le numéro s'il y en a, et, dans le cas contraire, deux au moins des tenants et aboutissants ;

Si ce sont des biens ruraux, la désignation des bâtiments quand il y en aura, la nature et la contenance approximative de chaque pièce, le nom du fermier ou colon s'il y en a, l'arrondissement et la commune où les biens sont situés ;

4° La copie littérale de la matrice du rôle de la contribution foncière pour les articles saisis ;

5° L'indication du tribunal où la saisie sera portée ;

6° Et enfin constitution d'avoué chez lequel le domicile du saisissant sera élu de droit. — *Pr.* 59, 61, 64, 627, 673, 715.

R. v° *Vente publ. d'imm.*, 583 s. — S. *cod.* v°, 95 s. — V. aussi C. pr. civ. ann., art. 675, n° 1 s. ; et son Suppl., n° 8431 s.

Art. 676. Le procès-verbal de saisie sera visé, avant l'enregistrement, par le maire de la commune dans laquelle sera situé l'immeuble saisi ; et, si la saisie comprend des biens situés dans plusieurs communes, le visa sera donné successivement par chacun des maires à la suite de la partie du procès-verbal relative aux biens situés dans sa commune. — *Pr.* 675, 715, 1039 ; *Civ.* 2210.

R. v° *Vente publ. d'imm.*, 583 s. — S. *cod.* v°, 105 s. — T. (87-97), v° *Saisie immobilière*, 48 s.

V. *infra*, Appendice, la loi du 14 novembre 1808, relative à la saisie des biens situés dans plusieurs arrondissements.

Art. 677. La saisie immobilière sera dénoncée au saisi dans les quinze jours qui suivront celui de la clôture du procès-verbal, outre un jour par cinq myriamètres de distance entre le domicile du saisi et le lieu où siège le tribunal qui doit connaître de la saisie. L'original sera visé, dans le jour, par le maire du lieu où l'acte de dénonciation aura été signifié. — *Pr.* 715, 1031, 1033, 1039.

R. v° *Vente publ. d'imm.*, 597 s. — S. *cod.* v°, 108 s.

Art. 678. La saisie immobilière et l'exploit de dénonciation seront transcrits, au plus tard, dans les quinze jours qui suivront celui de la dénonciation, sur le registre à ce destiné au bureau des hypothèques de la situation des biens, pour la publicité des objets saisis qui se trouvent dans l'arrondissement. — *Pr.* 675 s., 685 s., 715, 1029 ; *Civ.* 2200.

R. v° *Vente publ. d'imm.*, 625 s. — S. *cod.* v°, 111 s. — T. (87-97), v° *Saisie immobilière*, 52.

Art. 679. Si le conservateur ne peut procéder à la transcription de la saisie à l'instant où elle lui est présentée, il fera mention, sur l'original qui lui sera laissé, des heure, jour, mois et an auxquels il aura été remis, et, en cas de concurrence, le premier présenté sera transcrit. — *Pr.* 680, 719 s. ; *Civ.* 2200.

Art. 680. S'il y a eu précédente saisie, le conservateur constatera son refus en marge de la seconde ; il énoncera la date de la précédente saisie, les noms, demeures et pro-

fessions du saisissant et du saisi, l'indication du tribunal où la saisie est portée, le nom de l'avoué du saisissant et la date de la transcription. — *Pr.* 611, 679, 719 s.

R. v° *Vente publ. d'imm.*, 635 s.

Art. 681. Si les immeubles saisis ne sont pas loués ou affermés, le saisi restera en possession jusqu'à la vente, comme séquestre judiciaire, à moins que, sur la demande d'un ou plusieurs créanciers, il n'en soit autrement ordonné par le président du tribunal, dans la forme des ordonnances sur référé.

Les créanciers pourront néanmoins, après y avoir été autorisés par ordonnance du président rendue dans la même forme, faire procéder à la coupe et à la vente, en tout ou en partie, des fruits pendants par les racines.

Les fruits seront vendus aux enchères ou de toute autre manière autorisée par le président, dans le délai qu'il aura fixé, et le prix sera déposé à la Caisse des dépôts et consignations. — *Pr.* 621, 682 s., 807 ; *Civ.* 520, 1137, 1257, 1961 s. ; *Pén.* 400.

R. v° *Vente publ. d'imm.*, 662 s. — S. *cod.* v°, 130 s.

Art. 682. Les fruits naturels et industriels recueillis postérieurement à la transcription, ou le prix qui en proviendra, seront immobilisés pour être distribués avec le prix de l'immeuble par ordre d'hypothèque. — *Pr.* 685, 718 ; *Civ.* 520, 526 s., 517, 583, 2118, 2133 s.

R. v° *Vente publ. d'imm.*, 720 s. — S. *cod.* v°, 139 s. — T. (87-97), v° *Saisie immobilière*, 55 s.

Art. 683. La saisie ne pourra faire aucune coupe de bois ni dégradation, à peine de dommages-intérêts auxquels il sera contraint par corps, sans préjudice, s'il y a lieu, des peines portées dans les articles 400 et 434 du Code pénal. — *Pr.* 681, 780 s. ; *Civ.* 1149, 1382, 2059, 2063.

La contrainte par corps, en matière civile, commerciale et contre les étrangers, a été supprimée par la loi du 22 juillet 1867 (D. P. 67. 4. 75).

R. v° *Vente publ. d'imm.*, 607 s.

Art. 684. Les baux qui n'auront pas acquis date certaine avant le commandement pourront être annulés, si les créanciers ou l'adjudicataire le demandent. — *Pr.* 591, 673, 681, 685, 718 ; *Civ.* 1328, 1714, 1743 s.

R. v° *Vente publ. d'imm.*, 727 s., 1776 s. — S. *cod.* v°, 115 s., 384 s.

Art. 685. Les loyers et fermages seront immobilisés à partir de la transcription de la saisie, pour être distribués avec le prix de l'immeuble par ordre d'hypothèque. Un simple acte d'opposition à la requête du poursuivant ou de tout autre créancier vaudra saisie-arrêt entre les mains des fermiers et locataires, qui ne pourront se libérer qu'en exécution de mandements de collocation, ou par le versement de loyers ou fermages à la Caisse des consignations ; ce versement aura lieu à leur réquisition, ou sur la simple sommation des créanciers. A défaut d'opposition, les payements faits au débiteur seront valables, et celui-ci sera comptable, comme séquestre judiciaire, des sommes qu'il aura reçues. — *Pr.* 557 s., 678, 718 ; *Civ.* 584 s., 1242, 1257 s., 1961, 2134.

R. v° *Vente publ. d'imm.*, 740 s. — S. *cod.* v°, 146 s. — T (87-97), v° *Saisie immobilière*, 55 s.

Art. 686. La partie saisie ne peut, à compter du jour de la transcription de la saisie, aliéner les immeubles saisis, à peine de nullité, et sans qu'il soit besoin de le faire prononcer. — *Pr.* 678, 687 s., 748, 1029 ; *Civ.* 1131, 1594, 1599.

R. v° *Vente publ. d'imm.*, 642 s. — S. *cod.* v°, 114 s.

Art. 687. Néanmoins l'aliénation ainsi faite aura son exécution si, avant le jour

fixé pour l'adjudication, l'acquéreur consigne comme suffisante pour acquitter en principal, intérêts et frais, ce qui est dû aux créanciers inscrits, ainsi qu'au saisissant, et s'il leur signifie l'acte de consignation. — *Pr.* 688 s. 738., 817 s. ; *Civ.* 1257 s.

R. v° *Vente publ. d'imm.*, 672 s. — S. *cod.* v° 126 s.

Art. 688. Si les deniers ainsi déposés ont été empruntés, les prêteurs n'auront d'hypothèques que postérieurement aux créanciers inscrits lors de l'aliénation. — *Civ.* 1250 s., 2111 s., 2124 s., 2134.

R. v° *Vente publ. d'imm.*, 678.

Art. 689. A défaut de consignation avant l'adjudication, il ne pourra être accordé, sous aucun prétexte, de délai pour l'effectuer. — *Pr.* 727 ; *Civ.* 1244, 2212.

R. v° *Vente publ. d'imm.*, 683 s.

Art. 690. Dans les vingt jours, au plus tard, après la transcription, le poursuivant déposera au greffe du tribunal le cahier des charges, contenant :

1° L'énonciation du titre exécutoire en vertu duquel la saisie a été faite, du commandement, du procès-verbal de saisie ainsi que des autres actes et jugements intervenus postérieurement ;

2° La désignation des immeubles, telle qu'elle a été insérée dans le procès-verbal ;

3° Les conditions de la vente ;

4° Une mise à prix de la part du poursuivant. — *Pr.* 551, 643, 673, 675, 691 s. 696, 712, 715, 957 s., 972 s., 1029, 1031.

R. v° *Vente publ. d'imm.*, 750 s. — S. *cod.* v° 164 s. — T. (87-97), v° *Saisie immobilière*, 71 s.

Art. 691. Dans les huit jours, au plus tard, après la saisie au greffe, outre un jour par cinq myriamètres de distance entre le domicile du saisi et le lieu où siège le tribunal, sommation sera faite au saisi, à personne ou domicile, de prendre communication du cahier des charges, de fournir ses dires et observations, et d'assister à la lecture et publication qui en sera faite, ainsi qu'à la fixation du jour de l'adjudication. Cette sommation indiquera le jour, lieu et heure de la publication. — *Pr.* 639, 677, 692 s., 695, 715, 751, 1029, 1031, 1033.

Art. 692. (L. 21 mai 1858.) Pareille sommation sera faite, dans le même délai de huitaine, outre un jour par cinq myriamètres :

1° Aux créanciers inscrits sur les biens saisis, aux domiciles élus dans les inscriptions. Si, parmi les créanciers inscrits, se trouve le vendeur de l'immeuble saisi, la sommation à ce créancier sera faite, à défaut de domicile élu par lui, à son domicile réel pourvu qu'il soit fixé en France. Elle portera, qu'à défaut de former sa demande en résolution et de la notifier au greffe avant l'adjudication, il sera définitivement déchu, à l'égard de l'adjudicataire, du droit de la faire prononcer.

2° A la femme du saisi, aux femmes des précédents propriétaires, au subrogé tuteur des mineurs ou interdits, ou aux mineurs devenus majeurs, si, dans l'un ou l'autre cas, le mariage et la tutelle sont connus du poursuivant, d'après son titre. Cette sommation contiendra, en outre, l'avertissement que, pour conserver les hypothèques légales sur l'immeuble exproprié, il sera nécessaire de les faire inscrire avant la transcription du jugement d'adjudication.

Copie sera notifiée au procureur impérial (*au procureur de la République*) de l'arrondissement où les biens sont situés, lequel sera tenu de requérir l'inscription des hypothèques légales existant du chef du saisi seulement sur les biens compris dans la saisie. — *Pr.* 687, 691, 693, 715, 717, 743,

834, 1029; *Civ.* 1184, 1654 s., 2103-1º, s., 2183.

" *Vente publ. d'imm.*, 796 s. — S. *cod. v*,
—T. (87-97), vª *Saisie immobilière*, 73 s.

t. 693. Mention de la notification faite par les deux articles précédents sera dans les huit jours de la date du der-exploit de notification, en marge de la cription de la saisie au bureau des hy-ques.

jour de cette mention, la saisie ne 'a plus être rayée que du consentement créanciers inscrits, ou en vertu des juge-s rendus contre eux.

2 juin 1841.) Toutefois, la saisie in-lière transcrite cesse de plein droit de aire son effet, si, dans les dix ans de inscription, il n'est pas intervenu une ication mentionnée en marge de cette cription, conformément à l'article 746 ode de procédure civile.

le dernière disposition ne sera exécu-que six mois après la promulgation. — 78, 715 s., 724, 1029, 1031.

" *Vente publ. d'imm.*, 837 s. — S. *cod. v*,
— T. (87-97), vª *Saisie immobilière*, 73 s. du 2 juin 1841 : D. P. 82. 4. 30.

t. 694. Trente jours au plus tôt et nte jours au plus tard après le dépôt ahier des charges, il sera fait à l'au-e, et au jour indiqué, publication et 'e du cahier des charges.

-is jours au plus tard avant la publica-le poursuivant, la partie saisie et les ciers inscrits seront tenus de faire in-, à la suite de la mise à prix, leurs et observations, ayant pour objet d'in-ire des modifications dans ledit cahier.

ce délai, ils ne seront plus recevables poser de changements, dires ou obser-s. — *Pr.* 643, 664, 695, 715, 756, 1031, 1033.

" *Vente publ. d'imm.*, 849 s., 805 s. — ', vⁱ, 100 s., 207 s. — T. (87-97), vⁱ *Saisie ilière*, 85 s., 101 s.

t. 695. Au jour indiqué par la som-n faite au saisi et aux créanciers, le nal donnera acte au poursuivant des et publication du cahier des charges, ra sur les dires et observations qui y a été insérés, et fixera les jour et heure procédera à l'adjudication. Le délai la publication et l'adjudication sera de e jours au moins et de soixante au plus. jugement sera porté sur le cahier des es à la suite de la mise à prix ou des des parties. — *Pr.* 690 s., 712, 728 s., 1033.

" *Vente publ. d'imm.*, 863 s. — S. *cod. v*,
— T. (87-97), vª *Saisie immobilière*, 101 s.

t. 696. (*L.* 21 mai 1858.) Quarante au plus tôt et vingt jours au plus tard l'adjudication, l'avoué du poursuivant nsérer, dans un journal publié dans le lement où sont situés les biens, un t signé de lui et contenant :

La date de la saisie et de sa transcrip-

Les noms, professions, demeures du du saisissant et de l'avoué de ce der-

La désignation des immeubles, telle e a été insérée dans le procès-verbal; La mise à prix;

L'indication du tribunal où la saisie se suit, et des jour, lieu et heure de l'ad-ation.

sera, en outre, déclaré dans l extrait, tous ceux du chef desquels il pourrait pris inscription pour raison d'hypo-es légales devront requérir cette ins-on avant la transcription du jugement d'adjudication.

tes les annonces judiciaires relatives à me saisie seront insérées dans le même journal. — *Pr.* 617 s., 645 s., 690, 697 s., 702 s., 709, 715, 960 s., 1029, 1031.

Les annonces judiciaires sont régies actuellement par le décret du 28 décembre 1870 (D. *F.* 71. 4. 14.) *qui énonce :* « Provisoirement et jusqu'à ce qu'il en ait été autrement décidé, les annonces judiciaires et légales pourront être insérées, au choix des parties, dans l'un des journaux publiés en langue française dans le département. Néan-moins, toutes les annonces judiciaires relatives à une procédure de vente seront insérées dans le même jour-nal. »

R. vª *Vente publ. d'imm.*, 884 s. — S. *cod. v*, 213 s. — T. (87-97), vª *Saisie immobilière*, 105.

Art. 697. Lorsque, indépendamment des insertions prescrites par l'article précédent, le poursuivant, le saisi, ou l'un des créan-ciers inscrits, estimera qu'il y aurait lieu de faire d'autres annonces de l'adjudication par la voie des journaux, le président du tribu-nal devant lequel se poursuit la vente pourra, si l'importance des biens paraît l'exiger, au-toriser cette insertion extraordinaire. Les frais n'entreront en taxe que dans le cas où cette autorisation aurait été accordée. L'ordon-nance du président ne sera soumise à aucun recours. — *Pr.* 698, 700 s., 703, 809, 961.

R. vª *Vente publ. d'imm.*, 911 s.

Art. 698. Il sera justifié de l'insertion aux journaux par un exemplaire de la feuille, contenant l'extrait énoncé en l'article précé-dent ; cet exemplaire portera la signature de l'imprimeur, légalisée par le maire. — *Pr.* 647, 715, 868, 960.

R. vª *Vente publ. d'imm.*, 914 s.

Art. 699. Extrait pareil à celui qui est prescrit par l'article 696 sera imprimé en forme de placard et affiché, dans le même délai :

1º A la porte du domicile du saisi;

2º A la porte principale des édifices saisis;

3º A la principale place de la commune où le saisi est domicilié, ainsi qu'à la principale place de la commune où les biens sont situés, et de celle où siège le tribunal devant lequel se poursuit la vente;

4º A la porte extérieure des mairies du domicile du saisi et des communes de la si-tuation des biens;

5º Au lieu où se tient le principal marché de chacune de ces communes et, lorsqu'il n'y en a pas, au lieu où se tient le principal marché de chacune des deux communes les plus voisines dans l'arrondissement;

6º A la porte de l'auditoire du juge de paix de la situation des bâtiments, et, s'il n'y a pas de bâtiments, à la porte de l'auditoire de la justice de paix où se trouve la majeure partie des biens saisis;

7º Aux portes extérieures des tribunaux du domicile du saisi, de la situation des biens et de la vente.

L'huissier attestera, par un procès-verbal rédigé sur un exemplaire du placard, que l'apposition a été faite aux lieux déterminés par la loi, sans les détailler.

Le procès-verbal sera visé par le maire de chacune des communes dans lesquelles l'ap-position aura été faite. — *Pr.* 617 s., 629, 645, 700, 704, 709, 715, 735, 836, 958 s., 1029, 1039.

R. vª *Vente publ. d'imm.*, 920 s. — S. *cod. v*, 230. — V. aussi C. pr. civ. ann., art. 699, nⁱ 1 s.; et son Suppl., nⁱ 6526 s.

Art. 700. Selon la nature et l'importance des biens, il pourra être passé en taxe jus-qu'à 500 exemplaires des placards, non com-pris le nombre d'affiches prescrit par l'ar-ticle 699. — *Pr.* 697, 701, 961.

Art. 701. Les frais de la poursuite se-ront taxés par le juge, et il ne pourra être rien exigé au delà du montant de la taxe. Toute stipulation contraire, quelle qu'en soit la forme, sera nulle de droit.

Le montant de la taxe sera publiquement annoncé avant l'ouverture des enchères, et il en sera fait mention dans le jugement d'adjudication. — *Pr.* 838, 964, 988, 1029, 1031; *Civ.* 6.

R. vª *Vente publ. d'imm.*, 1062.

Art. 702. Au jour indiqué pour l'adju-dication, il y sera procédé sur la demande du poursuivant, et, à son défaut, sur celle de l'un des créanciers inscrits. — *Pr.* 612, 692 s., 703 s., 709, 722, 838, 988.

R. vª *Vente publ. d'imm.*, 1010 s., 1030 s. — S. *cod. vⁱ*, 332 s., 306 s. — T. (87-97), vª *Saisie im-mobilière*, 194 s.

Art. 703. Néanmoins l'adjudication pourra être remise sur la demande du pour-suivant, ou de l'un des créanciers inscrits, ou de la partie saisie, mais seulement pour causes graves et dûment justifiées.

· Le jugement qui prononcera la remise fixera de nouveau le jour de l'adjudication, qui ne pourra être éloigné de moins de quinze jours, ni de plus de soixante.

Ce jugement ne sera susceptible d'aucun recours. — *Pr.* 704 s., 737, 741.

R. vª *Vente publ. d'imm.*, 1303 s. — S. *cod. vⁱ*, 300 s. — T. (87-97), vª *Saisie immobilière*, 147 s. — V. aussi C. pr. civ. ann., art. 703, nⁱ 1 s.

Art. 704. Dans ce cas, l'adjudication sera annoncée huit jours au moins à l'avance par des insertions et de placards, confor-mément aux articles 696 et 699. — *Pr.* 715, 741.

R. vª *Vente publ. d'imm.*, 1363 s. — S. *cod. vⁱ*, 303.

Art. 705. Les enchères sont faites par le ministère d'avoués et à l'audience. Aussi-tôt que les enchères seront ouvertes, il sera allumé successivement des bougies préparées de manière que chacune ait une durée d'en-viron une minute.

L'enchérisseur cesse d'être obligé si son enchère est couverte par une autre, lors même que cette dernière serait déclarée nulle. — *Pr.* 706, 715, 739, 834, 964, 988; *Pén.* 412:

R. vª *Vente publ. d'imm.*, 1659, 1671 s. — S. *cod. vⁱ*, 367.

Art. 706. L'adjudication ne pourra être faite qu'après l'extinction de trois bougies allumées successivement.

S'il ne survient pas d'enchères pendant la durée de ces bougies, le poursuivant sera déclaré adjudicataire pour la mise à prix.

Si, pendant la durée d'une des trois pre-mières bougies, il survient des enchères, l'adjudication ne pourra être faite qu'après l'extinction de deux bougies sans nouvelle enchère survenue pendant leur durée. — *Pr.* 707, 715, 739, 838, 964, 988; *Pén.* 412.

R. vª *Vente publ. d'imm.*, 1684 s. — S. *cod. vⁱ*, 368 s.

Art. 707. L'avoué dernier enchérisseur sera tenu, dans les trois jours de l'adjudica-tion, de déclarer l'adjudicataire et de fournir son acceptation, sinon de représenter son pouvoir, lequel demeurera annexé à la mi-nute de sa déclaration ; faute de ce faire, il sera réputé adjudicataire en son nom, sans préjudice des dispositions de l'article 711. — *Pr.* 556, 733 s., 739, 838, 964, 988.

R. vª *Vente publ. d'imm.*, 1699 s. — S. *cod. vⁱ*, 370 s. — T. (87-97), vª *Saisie immobilière*, 204.

Art. 708. Toute personne pourra, dans les huit jours qui suivront l'adjudication, faire, par le ministère d'un avoué, une sur-enchère, pourvu qu'elle soit du sixième au moins du prix principal de la vente. — *Pr.* 709, 711, 715, 963, 973; *Civ.* 1596 s.

R. vª *Surenchère*, 275 s. — S. *cod. vⁱ*, 197 s. — T. (87-97), *cod. vⁱ*, 80 s.

Art. 709. La surenchère sera faite au greffe du tribunal qui a prononcé l'adjudica-tion : elle contiendra constitution d'avoué et ne pourra être rétractée ; elle devra être dé-noncée par le surenchérisseur, dans les trois jours, aux avoués de l'adjudicataire, du pour-suivant, et de la partie saisie, si celle a cons-titué avoué, sans néanmoins qu'il soit néces-saire de faire cette dénonciation à la personne ou au domicile de la partie saisie qui n'au-rait pas d'avoué.

La dénonciation sera faite par un simple acte, contenant avenir pour l'audience qui suivra l'expiration de la quinzaine, sans autre procédure.

L'indication du jour de cette adjudication sera faite de la manière prescrite par les articles 696 et 699.

Si le surenchérisseur ne dénonce pas la surenchère dans le délai ci-dessus fixé, le poursuivant ou tout créancier inscrit, ou le saisi, pourra le faire dans les trois jours qui suivront l'expiration de ce délai ; faute de quoi la surenchère sera nulle de droit, et sans qu'il soit besoin de faire prononcer la nullité. — *Pr.* 75, 82, 696 s., 710, 715; *Com.* 573.

R. vᵉ *Surenchère*, 336 s., 345 s. — S. eod. vᵗ, 231 s., 240 s. — T. (87-97), cod. vᵗ, 41 s.

Art. 710. Au jour indiqué il sera ouvert de nouvelles enchères, auxquelles toute personne pourra concourir; s'il ne se présente pas d'enchérisseurs, le surenchérisseur sera déclaré adjudicataire : en cas de folle enchère, il sera tenu par corps de la différence entre son prix et celui de la vente.

Lorsqu'une seconde adjudication aura eu lieu, après la surenchère du saisi, aucune autre surenchère des mêmes biens ne pourra être reçue. — *Pr.* 733 s., 739; *Civ.* 2187.

La contrainte par corps en matière civile, commerciale et contre les étrangers, a été supprimée par la loi du 22 juillet 1867 (D. P. 67. 4. 75).

R. vᵉ *Surenchère*, 391 s. — S. eod. vᵗ, 280 s. — T. (87-97), cod. vᵗ, 44 s.

Art. 711. Les avoués ne pourront enchérir pour les membres du tribunal devant lequel se poursuit la vente, à peine de nullité de l'adjudication ou de la surenchère et de dommages-intérêts.

Ils ne pourront, sous les mêmes peines, enchérir pour le saisi ni pour les personnes notoirement insolvables. L'avoué poursuivant ne pourra se rendre personnellement adjudicataire ni surenchérisseur sous peine de nullité de l'adjudication ou de la surenchère, et de dommages-intérêts envers toutes les parties. — *Pr.* 705 s., 739; *Civ.* 1382, 1596 s.

R. vᵗˢ *Surenchère*, 292 s.; *Vente publ. d'imm.*, 1625 s. — S. vᵗˢ *Surenchère*, 210 s.; *Vente publ. d'imm.*, 354 s. — T. (87-97), vᵗ *Surenchère*, 31 s.; *Saisie immobilière*, 194 s. — V. aussi C. pr. civ. ann., art. 711, nᵒˢ 1 s.; et son Suppl., nᵒ 8581 s.

Art. 712. Le jugement d'adjudication ne sera autre que la copie du cahier des charges rédigé ainsi qu'il est dit en l'article 690; il sera revêtu de l'intitulé des jugements et du mandement qui les termine, avec injonction à la partie saisie de délaisser la possession aussitôt après la signification du jugement, sous peine d'y être contrainte même par corps. — *Pr.* 146, 545, 690 s., 702 s., 717; *Civ.* 2061 s., 2215.

La contrainte par corps, en matière civile, commerciale et contre les étrangers, a été supprimée par la loi du 22 juillet 1867 (D. P. 67. 4. 75.)

R. vᵗˢ *Référé*, 195 et 196; *Vente publ. d'imm.*, 1086 s., 1605 s. — S. vᵗ *Vente publ.*, 369.

Art. 713. Le jugement d'adjudication ne sera délivré à l'adjudicataire qu'à la charge, par lui, de rapporter au greffier quittance des frais ordinaires de poursuite, et la preuve qu'il a satisfait aux conditions du cahier des charges qui doivent être exécutées avant cette délivrance. La quittance et les pièces justificatives demeureront annexées à la minute du jugement, et seront copiées à la suite de l'adjudication. Faute par l'adjudicataire de faire ces justifications dans les vingt jours de l'adjudication, il y sera contraint par la voie de la folle enchère, ainsi qu'il sera dit ci-après, sans préjudice des autres voies de droit. — *Pr.* 733 s., 964, 986; *Civ.* 1184, 1248, 1593, 1634, 1649, 1654.

R. vᵉ *Vente publ. d'imm.*, 1720 s., 1826 s. — S. cod. vᵗ, 374, 415 s. — T. (87-97), vᵉ *Folle enchère*, 1 s.

Art. 714. Les frais extraordinaires de poursuite seront payés par privilège sur le prix,

lorsqu'il en aura été ainsi ordonné par jugement. — *Pr.*, 662, 701, 723, 759; *Civ.* 2101-1ᵒ.

R. vᵉ *Vente publ. d'imm.*, 1725 s.

Art. 715. Les formalités et délais prescrits par les articles 673, 674, 675, 676, 677, 678, 690, 691, 692, 693, 694, 696, 698, 699, 704, 705, 706, 709, §§ 1 et 3, seront observés à peine de nullité.

La nullité prononcée pour défaut de désignation de l'un ou de plusieurs des immeubles compris dans la saisie n'entraînera pas nécessairement la nullité de la poursuite en ce qui concerne les autres immeubles.

Les nullités prononcées par le présent article pourront être proposées par tous ceux qui y auront intérêt. — *Pr.* 629, 728 s., 1029, 1031.

R. vᵉ *Vente publ. d'imm.*, 1265 s. — S. eod. vᵗ, 294 s.

Art. 716. Le jugement d'adjudication ne sera signifié qu'à la personne ou au domicile de la partie saisie.

Mention sommaire du jugement d'adjudication sera faite en marge de la transcription de la saisie, à la diligence de l'adjudicataire. — *Pr.* 678, 693, 748.

R. vᵉ *Vente publ. d'imm.*, 1730 s. — S. eod. vᵗ, 375 s.

Art. 717. L'adjudication ne transmet à l'adjudicataire d'autres droits à la propriété que ceux appartenant au saisi.

Néanmoins l'adjudicataire ne pourra être troublé dans sa propriété par aucune demande en résolution fondée sur le défaut de payement du prix des anciennes aliénations, à moins qu'avant l'adjudication la demande n'ait été notifiée au greffe du tribunal où se poursuit la vente.

Si la demande a été notifiée en temps utile, il sera sursis à l'adjudication, et le tribunal, sur la réclamation du poursuivant ou de tout créancier inscrit, fixera le délai dans lequel le vendeur sera tenu de mettre à fin l'instance en résolution.

Le poursuivant pourra intervenir dans cette instance.

Ce délai expiré sans que la demande en résolution ait été définitivement jugée, il sera passé outre à l'adjudication, à moins que, pour des causes graves et dûment justifiées, le tribunal n'ait accordé un nouveau délai pour le jugement de l'action en résolution.

Si, faute par le vendeur de se conformer aux prescriptions du tribunal, l'adjudication avait eu lieu avant le jugement de la demande en résolution, l'adjudicataire ne pourrait pas être poursuivi à raison des droits des anciens vendeurs, sauf à ceux-ci à faire valoir, s'il y avait lieu, leurs titres de créances, dans l'ordre et distribution du prix de l'adjudication.

(*L.* 21 mai 1858.) Le jugement d'adjudication dûment transcrit purge toutes les hypothèques, et les créanciers n'ont plus d'action que sur le prix. Les créanciers à hypothèques légales, qui n'ont pas fait inscrire leur hypothèque avant la transcription du jugement d'adjudication, ne conservent de droit de préférence sur le prix qu'à la condition de produire, avant l'expiration du délai fixé par l'article 754, dans le cas où l'ordre se règle judiciairement, et de faire valoir leurs droits avant la clôture, si l'ordre se règle amiablement, conformément aux articles 751 et 752. — *Pr.* 339 s., 692, 702, 718, 741 s., 749 s., 838.

En ce qui concerne la saisie immobilière pratiquée par le Crédit foncier, V. C. pr. civ. ann., p. 1023 s.; et son Suppl., nᵒ 296 s. — V. aussi R. vᵒ *Société du Crédit foncier*, 186 s.; S. cod. vᵗ, 69 s.

Art. 718. Toute demande incidente à une poursuite en saisie immobilière sera formée par un simple acte d'avoué à avoué contenant les moyens et conclusions. Cette demande sera formée contre toute partie n'ayant pas d'avoué en cause, par exploit d'ajournement à huit jours, sans augmentation de délai à raison des distances, si ce n'est dans le cas de l'article 726, et sans préliminaire de conciliation. Ces demandes seront instruites et jugées comme affaire sommaire. Tout jugement qui interviendra ne pourra être rendu que sur les conclusions du ministère public. — *Pr.* 49, 68, 75, 82 s. 337 s., 404 s., 673 s., 713 s., 725, 733, 743.

R. vᵗ *Vente publ. d'imm.*, 996 s., 1446 s. — S. cod. vᵗ, 221 s., 320 s. — T. (87-97), vᵉ *Saisie immobilière*, 106 s.

Art. 719. Si deux saisissants ont fait transcrire deux saisies de biens différents poursuivies devant le même tribunal, elles seront réunies sur la requête de la partie la plus diligente, et seront continuées par le premier saisissant. La jonction sera ordonnée, encore que l'une des saisies soit plus ample que l'autre; mais elle ne pourra, en aucun cas, être demandée après le dépôt du cahier des charges : en cas de concurrence la poursuite appartiendra à l'avoué porteur du titre le plus ancien, et, si les titres sont de la même date, à l'avoué le plus ancien — *Pr.* 611, 635, 690.

R. vᵉ *Vente publ. d'imm.*, 1046 s. — S. cod. vᵗ 235 s.

Art. 720. Si une seconde saisie, présentée à la transcription, est plus ample que la première, elle sera transcrite pour les objets non compris dans la première saisie et le second saisissant sera tenu de dénoncer la saisie au premier saisissant, qui poursuivra sur les deux saisies, si elles sont au même état; sinon, il surseoira à la première et suivra sur la deuxième jusqu'à ce qu'elle soit au même degré : elles seront alors réunies en une seule poursuite, qui sera portée devant le tribunal de la première saisie. — *Pr.* 678 s., 721 s.

R. vᵉ *Vente publ. d'imm.*, 1038 s. — S. cod. vᵗ 241 s.

Art. 721. Faute par le premier saisissant d'avoir poursuivi sur la seconde saisie à lui dénoncée, conformément à l'article ci-dessus, le second saisissant pourra, par un simple acte, demander la subrogation. — *Pr.* 82, 612, 722 s., 833, 838.

Art. 722. La subrogation pourra être également demandée s'il y a collusion, fraude ou négligence, sous la réserve, en cas de collusion ou fraude, des dommages-intérêts envers qui il appartiendra.

Il y a négligence lorsque le poursuivant n'a pas rempli une formalité ou n'a pas fait un acte de procédure dans les délais prescrits. — *Pr.* 723, 833, 838.

R. vᵉ *Vente publ. d'imm.*, 1070 s. — S. cod. vᵗ, 243 s.

Art. 723. La partie qui succombera sur la demande en subrogation sera condamnée personnellement aux dépens.

Le poursuivant contre lequel la subrogation aura été prononcée sera tenu de remettre les pièces de la poursuite au subrogé sur son récépissé; il ne sera payé de ses frais de poursuites qu'après l'adjudication, soit sur le prix, soit par l'adjudicataire. — *Pr.* 130, 701, 730-1ᵒ.

R. vᵉ *Vente publ. d'imm.*, 1109 s. — S. cod. vᵗ, 252

Art. 724. Lorsqu'une saisie immobilière aura été rayée, le plus diligent des saisis-

its postérieurs pourra poursuivre sur sa sie, encore qu'il ne se soit pas présenté premier à la transcription. — *Pr.* 693.
s. vᵉ *Vente publ. d'imm.*, 1049.

Art. 725. La demande en distraction de at ou partie des objets saisis sera formée, at contre le saisissant que contre la partie sie ; elle sera formée aussi contre le cancier premier inscrit et au domicile élu ns l'inscription.
Si le saisi n'a pas constitué avoué durant poursuite, le délai prescrit pour la com-ution sera augmenté d'un jour par cinq riamètres de distance entre son domicile le lieu où siège le tribunal, sans que ce ai puisse être augmenté à l'égard de la rtie qui serait domiciliée hors du territoire atinental du Royaume [*de la République*]. *Pr.* 608, 717, 726 s., 1033.
s. vᵉ *Vente publ. d'imm.*, 1125 s. — S. *eod. v*, s. — T. (87-97), vᵉ *Saisie immobilière*, 116 s.

Art. 726. La demande en distraction atiendra l'énonciation des titres justifica-s qui seront déposés au greffe, et la copie l'acte de dépôt. — *Pr.* 608, 725, 727, 826 s.
s. vᵉ *Vente publ. d'imm.*, 1163 s. — S. cod. vᵉ, 251.

Art. 727. Si la distraction demandée st que d'une partie des objets saisis, il 'a passé outre, nonobstant cette demande, 'adjudication du surplus des objets saisis. urront néanmoins les juges, sur la demande s parties intéressées, ordonner le sursis ur le tout.
Si la distraction partielle est ordonnée, le ursuivant sera admis à changer la mise à x portée au cahier des charges. — *Pr.* 9 s., 717, 725, 741.
v. vᵉ *Vente publ. d'imm.*, 1166 s., 1950 s. — eod. vᵉ, 262 s., 397 s.

Art. 728. Les moyens de nullité, tant la forme qu'au fond, contre la procédure i précède la publication du cahier des arges, devront être proposés, à peine de chéance, trois jours au plus tard avant te publication.
S'ils sont admis, la poursuite pourra être prise à partir du dernier acte valable, et s délais pour accomplir les actes suivants urront à dater du jugement ou arrêt qui ra définitivement prononcé sur la nullité.
S'ils sont rejetés, il sera donné acte, par le ème jugement, de la lecture et publication cahier des charges, conformément à l'ar-le 695. — *Pr.* 173, 690 s., 694, 715, 729 s., 6, 1029.
s. vᵉ *Vente publ. d'imm.*, 1212 s. — S. *cod. vᵉ*, s s. — T. (87-97), vᵉ *Saisie immobilière*, 133 s. V. aussi C. pr. civ. ann., art. 728, nᵒˢ 1 s.; et son ppl., nᵒˢ 8607 s.

Art. 729. Les moyens de nullité contre procédure postérieure à la publication du hier des charges seront proposés, sous la ème peine de déchéance, au plus tard, ois jours avant l'adjudication.
Au jour fixé pour l'adjudication, et immé-ement avant l'ouverture des enchères, il ra statué sur les moyens de nullité.
S'ils sont admis, le tribunal annulera la ursuite, à partir du jugement de publica-n, en autorisera la reprise à partir de ce gement, et fixera de nouveau le jour de adjudication.
S'ils sont rejetés, il sera passé outre aux chères et à l'adjudication. — *Pr.*173, 694 s., 04, 715, 728, 730-3ᵉ, 739, 838, 1029.
R. vᵉ *Vente publ. d'imm.*, 1257 s. — S. cod. vᵉ, ٩١ s. — T. (87-97), vᵉ *Saisie immobilière*, 133 s.

Art. 730. Ne pourront être attaqués par voie de l'appel : 1ᵒ les jugements qui statuc-ont sur la demande en subrogation contre e poursuivant, à moins qu'elle n'ait été in-entée pour collusion ou fraude; 2ᵒ ceux qui, ans statuer sur des incidents, donneront cte de la publication du cahier des charges ı prononceront l'adjudication, soit avant,

soit après surenchère; 3ᵒ ceux qui statueront sur des nullités postérieures à la publication du cahier des charges. — *Pr.* 652, 695, 706, 710, 712, 721 s., 729, 731 s., 739, 746, 838, 973.
R. vᵉ *Vente publ. d'imm.*, 881 s., 1496 s., 1468 s., 1603 s., 1608, 1609 s., 1734 s. — S. *cod. vᵉ*, 209 s., 322 s., 324 s., 350 s., 377 s. — T. (87-97), vᵉ *Saisie immobilière*, 158 s.

Art. 731. L'appel de tous autres juge-ments sera considéré comme non avenu, s'il est interjeté après les dix jours à compter de la signification à avoué, ou, s'il n'y a point d'avoué, à compter de la signification à per-sonne ou au domicile, soit réel, soit élu.
Ce délai sera augmenté d'un jour par cinq myriamètres de distance, conformément à l'article 725, dans le cas où le jugement aura été rendu sur une demande en distraction.
Dans les cas où il y aura lieu à l'appel, la cour royale [*la cour d'appel*] statuera dans la quinzaine. Les arrêts rendus par défaut ne seront pas susceptibles d'opposition. — *Pr.* 147, 149, 157 s., 443 s., 456, 732, 1033.
R. vᵉ *Vente publ. d'imm.*, 1478 s., 1490 s., 1390 s. — S. *eod. vᵉ*, 337 s., 348 s. — T. (87-97), vᵉ *Saisie immobilière*, 166 s. — V. aussi C. pr. civ. ann., art. 731, nᵒ 1 s.; et son Suppl., nᵒ 8702 s.

Art. 732. L'appel sera signifié au domi-cile de l'avoué, et, s'il n'y a pas d'avoué, au domicile réel ou élu de l'intimé; il sera noti-fié en même temps au greffier du tribunal et visé par lui. La partie saisie ne pourra, sur l'appel, proposer des moyens autres que ceux qui auront été présentés en première instance. L'acte d'appel énoncera les griefs : le tout à peine de nullité. — *Pr.* 456, 464, 739, 838, 1029, 1039.
R. vᵉ *Vente publ. d'imm.*, 1483 s., 1528 s., 1544 s., 1565 s. — S. *cod. vᵉ*, 336, 341 s., 344, 345 s. — T. (87-97), vᵉ *Saisie immobilière*, 183 s. — V. aussi C. pr. civ. ann., art. 732, nᵒ 1 s.; et son Suppl., nᵒ 8724 s.

Art. 733. Faute par l'adjudicataire d'exé-cuter les clauses de l'adjudication, l'immeuble sera vendu à sa folle enchère. — *Pr.* 624, 710, 712 s., 734 s., 838, 964, 988; *Civ.* 1184.
R. vᵉ *Vente publ. d'imm.*, 1830 s. — S. *eod. vᵉ*, 417 s. — T. (87-97), vᵉ *Folle enchère*, 1 s.

Art. 734. Si la folle enchère est pour-suivie avant la délivrance du jugement d'ad-judication, celui qui poursuivra la folle en-chère se fera délivrer par le greffier un cer-tificat constatant que l'adjudicataire n'a point justifié de l'acquit des conditions exigibles de l'adjudication.
S'il y a eu opposition à la délivrance du certificat, il sera statué, à la requête de la partie la plus diligente, par le président du tribunal, en état de référé. — *Pr.* 713, 735 s., 806 s., 838, 964, 988.
R. vᵉˢ *Référé*, 193 s.; *Vente publ. d'imm.*, 1844, 1855 s., 1872 s. — S. *eod. vᵉ*, 474, 428.

Art. 735. Sur ce certificat, et sans autre procédure ni jugement, ou si la folle enchère est poursuivie après la délivrance du juge-ment d'adjudication, trois jours après la signification du bordereau de collocation avec commandement, il sera apposé de nouveaux placards et inséré de nouvelles annonces dans la forme ci-dessus prescrite.
Ces placards et annonces indiqueront, en outre, les noms et demeure du fol enchéris-seur, le montant de l'adjudication, une mise à prix par le poursuivant, dont il fixe auquel aura lieu, sur l'ancien cahier des charges, la nouvelle adjudication.
Le délai entre les nouvelles affiches et annonces et l'adjudication sera de quinze jours au moins et de trente jours au plus. — *Pr.* 690, 696 s., 739, 964, 988, 1033.
R. vᵉ *Vente publ. d'imm.*, 1830 s., 1855 s. — S. *cod. vᵉ*, 417 s., 424 s. — T. (87-97), vᵉ *Folle enchère*, 5 s.

Art. 736. Quinze jours au moins avant l'adjudication, signification sera faite des

jour et heure de cette adjudication à l'avoué de l'adjudicataire, et à la partie saisie au domicile de son avoué, et, si elle n'en a pas, à son domicile. — *Pr.* 739, 964, 988.
R. vᵉ *Vente publ. d'imm.*, 1890 s. — S. *eod. vᵉ*, 427.

Art. 737. L'adjudication pourra être re-mise, conformément à l'article 703, mais seulement sur la demande du poursuivant. — *Pr.* 703 s., 739, 964, 988.
R. vᵉ *Vente publ. d'imm.*, 1874 s., 1876 s., 1898. — S. *eod. vᵉ*, 433.

Art. 738. Si le fol enchérisseur justifiait de l'acquit des conditions de l'adjudication et de la consignation d'une somme réglée par le président du tribunal pour les frais de folle enchère, il ne serait pas procédé à l'ad-judication. — *Pr.* 687 s., 733 s., 964, 988; *Civ.* 1257 s., 2101-1ᵒ.
R. vᵉ *Vente publ. d'imm.*, 1899 s. — S. *eod. vᵉ*, 431 s.

Art. 739. Les formalités et délais pres-crits par les articles 734, 735, 736, 737, seront observés à peine de nullité.
Les moyens de nullité seront proposés et jugés comme il est dit en l'article 729.
Aucune opposition ne sera reçue contre les jugements par défaut en matière de folle enchère, et les jugements qui statueront sur les nullités pourront seuls être attaqués par la voie de l'appel dans les délais et suivant les formes prescrites par les articles 731 et 732.
Seront présentés, lors de l'adjudication sur folle enchère, les articles 705, 706, 707 et 711. — *Pr.* 715, 730 s., 964, 988, 1029.
R. vᵉ *Vente publ. d'imm.*, 1879 s., 1886 s., 1898 s. — S. *eod. vᵉ*, 430 s.

Art. 740. Le fol enchérisseur est tenu, par corps, de la différence entre son prix et celui de la revente sur folle enchère, sans pouvoir réclamer l'excédant, s'il y en a : cet excédant sera payé aux créanciers, ou, si les créanciers sont désintéressés, à la partie saisie. — *Pr.* 810, 904, 988; *Civ.* 2062, 2191.
La contrainte par corps, en matière civile, commerciale et contre les étrangers, a été supprimée par la loi du 22 juillet 1867 (D. P. 67. 4. 75).
R. vᵉ *Vente publ. d'imm.*, 1905 s. — S. *eod. vᵉ*, 434 s. — T. (87-97), vᵉ *Folle enchère*, 13 s.

Art. 741. Lorsque, à raison d'un inci-dent ou pour tout autre motif légal, l'adjudication aura été retardée, il sera apposé de nouvelles affiches et fait de nouvelles an-nonces dans les délais fixés par l'article 704. — *Pr.* 696 s., 704, 719, 964, 988.
R. vᵉ *Vente publ. d'imm.*, 1313 s.

Art. 742. Toute convention portant qu'à défaut d'exécution des engagements pris en-vers lui, le créancier aura le droit de faire vendre les immeubles de son débiteur sans remplir les formalités prescrites pour la sai-sie immobilière, est nulle et non avenue. — *Pr.* 964, 988; *Civ.* 6, 1133, 2078, 2088.
R. vᵉ *Vente publ. d'imm.*, 325 s. — S. *eod. vᵉ*, 6f s.

Art. 743. Les immeubles appartenant à des majeurs maîtres de disposer de leurs droits ne pourront, à peine de nullité, être mis aux enchères en justice lorsqu'il ne s'agira que de ventes volontaires.
Néanmoins, lorsqu'un immeuble aura été saisi réellement, et lorsque la saisie aura été transcrite, il sera libre aux intéressés, s'ils sont tous majeurs, et maîtres de leurs droits, de demander que l'adjudication soit faite aux enchères, devant notaire ou en justice, sans autres formalités et conditions que celles qui sont prescrites aux articles 958, 959, 960, 961, 962, 964 et 965, pour la vente des biens im-meubles appartenant à des mineurs.
Seront regardés comme seuls intéressés, avant la sommation aux créanciers prescrite par l'article 692, le poursuivant et le saisi, et après cette sommation, ces derniers et tous les créanciers inscrits.
Si une partie seulement des biens dépen-dants d'une même exploitation avait été sai-

17

sie, le débiteur pourra demander que le surplus soit compris dans la même adjudication. — *Pr.* 744 s., 985, 1003, 1029; *Civ.* 819, 1686 s., 1123 s., 2211.

R/ v° *Vente publ. d'imm.*, 1367 s., 1955 s. — S *cod.* v°, 304 s., 445 s. — T. (87-97), v° *Saisie immobilière*, 152 s.

Art. 744. Pourront former les mêmes demandes ou s'y adjoindre :

Le tuteur du mineur ou interdit, spécialement autorisé par un avis de parents;

Le mineur émancipé, assisté de son curateur;

Et généralement tous les administrateurs légaux des biens d'autrui. — *Pr.* 745 s., 882 s., 968; *Civ.* 405 s., 509, 517; 2206.

R v° *Vente publ. d'imm.*, 1362 s. — S cod. v°, 307.

Art. 745. Les demandes autorisées par les articles 743, § 2, et 744, seront formées par une simple requête présentée au tribunal saisi de la poursuite : cette requête sera signée par les avoués de toutes les parties.

Elle contiendra une mise à prix qui servira d'estimation. — *Pr.* 690-4°, 718, 746 s., 832 s., 963.

R v° *Vente publ. d'imm.*, 1394 s. — S. cod. v°, 308.

Art. 746. Le jugement sera rendu sur le rapport d'un juge et sur les conclusions du ministère public.

Si la demande est admise, le tribunal fixera le jour de la vente et renverra, pour procéder à l'adjudication, soit devant un notaire, soit devant un juge du siège ou devant un juge de tout autre tribunal.

Le jugement ne sera pas signifié, et ne sera susceptible ni d'opposition ni d'appel. — *Pr.* 83, 702, 705, 730, 747 s., 954, 969.

R v° *Vente publ. d'imm.*, 1395 s. — S. cod. v°, 309 s.

Art. 747. Si, après le jugement, il survient un changement dans l'état des parties, soit par décès ou faillite, soit autrement, ou si les parties sont représentées par des mineurs, des héritiers bénéficiaires ou autres incapables, le jugement continuera à recevoir sa pleine et entière exécution. — *Pr.* 342 s.; *Com.* 437 s.

R v° *Vente publ. d'imm.*, 1285 s.

Art. 748. Dans la huitaine du jugement de conversion, mention sommaire en sera faite, à la diligence du poursuivant, en marge de la transcription de la saisie.

Les fruits immobilisés en exécution des dispositions de l'article 682 conserveront ce caractère, sans préjudice du droit qui appartient au poursuivant de se conformer, pour les loyers et fermages, à l'article 685.

Sera également maintenue la prohibition d'aliéner faite par l'article 686. — *Pr.* 678.

R v° *Vente publ. d'imm.*, 1408 s. — S. cod. v°, 314 s.

TITRE QUATORZIÈME.

De l'ordre.

(L. 21 mai 1858.)

Art. 749. Dans les tribunaux où les besoins du service l'exigent, il est désigné, par décret impérial *(du président de la République)*, un ou plusieurs juges spécialement chargés du règlement des ordres. Ils peuvent être choisis parmi les juges suppléants, et sont désignés pour une année au moins et trois années au plus.

En cas d'absence ou d'empêchement, le président, par ordonnance inscrite sur un registre spécial tenu au greffe, désigne d'autres juges pour les remplacer.

Les juges désignés par décret impérial *(du président de la République)*, ou nommés par le président, doivent, toutes les fois qu'ils en sont requis, rendre compte à leurs tribunaux

respectifs, au premier président et au procureur général, de l'état des ordres qu'ils sont chargés de régler.

Les juges suppléants peuvent être chargés des ordres; mais les juges suppléants officiers ministériels ne peuvent être appelés à ce service (Décr. 19 mars 1852, D. P. 52.4.86).

R. v° *Ordre*, 24 s. — S. cod. v°, 6 s.

Art. 750. L'adjudicataire est tenu de faire transcrire le jugement d'adjudication dans les quarante-cinq jours de sa date, et, en cas d'appel, dans les quarante-cinq jours de l'arrêt confirmatif, sous peine de revente sur folle enchère.

Le saisissant, dans la huitaine après la transcription, et, à son défaut, après ce délai, le créancier le plus diligent, la partie saisie ou l'adjudicataire, dépose au greffe l'état des inscriptions, requièrent l'ouverture du procès-verbal d'ordre, et, s'il y a lieu, la nomination d'un juge commissaire.

Cette nomination est faite par le président, à la suite de la réquisition inscrite par le poursuivant sur le registre des adjudications tenu à cet effet au greffe du tribunal. — *Pr.* 657, 713, 733 s.; *Civ.* 2186.

R. v° *Ordre*, 62 s. — S. cod. v°, 9 s.

Art. 751. Le juge-commissaire, dans les huit jours de sa nomination, ou le juge spécial, dans les trois jours de la réquisition, convoque les créanciers inscrits, afin de se régler amiablement sur la distribution du prix.

Cette convocation se fait par lettres chargées à la poste, expédiées par le greffier et adressées tant aux créanciers élus par les créanciers dans les inscriptions qu'à leur domicile réel en France; les frais en sont avancés par le requérant.

La partie saisie et l'adjudicataire sont également convoqués.

Le délai pour comparaître est de dix jours au moins entre la date de la convocation et le jour de la réunion.

Le juge dresse procès-verbal de la distribution du prix par règlement amiable; il ordonne la délivrance des bordereaux aux créanciers utilement colloqués et la radiation des inscriptions des créanciers non admis en ordre utile.

Les inscriptions sont rayées sur la présentation d'un extrait, délivré par le greffier, de l'ordonnance du juge.

Les créanciers non comparants sont condamnés à une amende de vingt-cinq francs. — *Pr.* 656, 752, 773, 994; *Civ.* 2193 s.

R. v° *Ordre*, 51 s., 149 s., 202 s., 224 s., 277 s. — S. cod. v°, 18, 49 s., 22 s., 25 s. — V. aussi C. pr. civ. ann., art. 751, n° 1 s.; et son Suppl., n° 8803 s.

Art. 752. A défaut de règlement amiable dans le délai d'un mois, le juge constate sur le procès-verbal que les créanciers n'ont pu se régler entre eux, et prononce l'amende contre ceux qui n'ont pas comparu. Il déclare l'ordre ouvert et commet un ou plusieurs huissiers à l'effet de sommer les créanciers de produire. Cette partie du procès-verbal ne peut être expédiée ni signifiée. — *Pr.* 750 s., 753 s.

R. v° *Ordre*, 224 s., 320 s. — S. cod. v°, 22 s. — T. (87-97), cod. v°, 17 s.

Art. 753. Dans les huit jours de l'ouverture de l'ordre, sommation de produire est faite aux créanciers, par acte signifié aux domiciles élus dans leurs inscriptions ou à celui de leurs avoués, s'il y en a de constitués, et au vendeur à son domicile réel situé en France, à défaut de domicile élu par lui ou de constitution d'avoué.

La sommation contient l'avertissement que, faute de produire dans les quarante jours, le créancier sera déchu.

L'ouverture de l'ordre est en même temps dénoncée à l'avoué de l'adjudicataire. Il n'est fait qu'une seule dénonciation à l'avoué qui représente plusieurs adjudicataires.

Dans les huit jours de la sommation par lui faite aux créanciers inscrits, le poursui-

vant en remet l'original au juge, qui en fait mention sur le procès-verbal. — *Pr.* 659.

R. v° *Ordre*, 336 s. — S cod. v°, 33 s. — T. (87-97) cod. v°, 50.

Art. 754. Dans les quarante jours de cette sommation, tout créancier est tenu de produire ses titres avec acte de produit signé de son avoué et contenant demande en collocation. Le juge fait mention de la remise sur le procès-verbal. — *Pr.* 660.

R. v° *Ordre*, 405 s. — S. cod. v°, 44 s. — T. (87-97) cod. v°, 31 s.

Art. 755. L'expiration du délai de quarante jours ci-dessus fixé emporte de plein droit déchéance contre les créanciers non produisants. Le juge la constate immédiatement et d'office sur le procès-verbal, et dresse l'état de collocation sur les pièces produites.

Cet état est dressé au plus tard dans les vingt jours qui suivent l'expiration du délai ci-dessus.

Dans les dix jours de la confection de l'état de collocation, le poursuivant la dénonce, par acte d'avoué à avoué, aux créanciers produisants et à la partie saisie, avec sommation d'en prendre communication, et de contredire, s'il y échet, sur le procès-verbal, dans le délai de trente jours. — *Pr.* 660, 663, 754, 756 s., 776.

R. v° *Ordre*, 403 s., 519 s., 638 s., 663 s. — S. cod. v°, 44 s., 79 s., 82, 83 s. — T. (87-97), cod. v°, 51 s., n° 1 s.; — V. aussi C pr. civ. ann., art. 755, n° 1 s.; et son Suppl., n° 8835 s.

Art. 756. Faute par les créanciers produisants et la partie saisie de prendre communication de l'état de collocation et de contredire dans ledit délai, ils demeurent forclos, sans nouvelle sommation ni jugement; il n'est fait aucun dire, s'il n'y a contestation. — *Civ.* 664, 755, 758 s., 775.

R. v° *Ordre*, 702 s. — S. cod. v°, 96 s. — T. (87-97), cod. v°, 53 s. — V. aussi C pr. civ. ann., art. 756, n° 1 s.; et son Suppl., n° 8852 s.

Art. 757. Lorsqu'il y a lieu à ventilation du prix de plusieurs immeubles vendus collectivement, le juge, sur la réquisition des parties ou d'office, par ordonnance inscrite sur le procès-verbal, nomme un ou trois experts, fixe le jour où ils recevront leur serment et le délai dans lequel ils devront déposer leur rapport.

Cette ordonnance est dénoncée aux experts par le poursuivant; la prestation du serment est mentionnée sur le procès-verbal d'ordre auquel est annexé le rapport des experts, qui ne peut être levé ni signifié.

En établissant l'état de collocation provisoire, le juge prononce sur la ventilation. — *Pr.* 302 s.; *Civ.* 2110.

R. v° *Ordre*, 534 s. — S. cod. v°, 65 s.

Art. 758. Tout contestant doit motiver son dire et produire toutes pièces à l'appui; le juge renvoie les contestants à l'audience qu'il désigne, et commet en même temps l'avoué chargé de suivre l'audience.

Néanmoins, il arrête l'ordre et ordonne la délivrance des bordereaux de collocation pour les créances antérieures à celles contestées; il peut même arrêter l'ordre pour les créances postérieures, en réservant somme suffisante pour désintéresser les créanciers contestés. — *Pr.* 666 s., 767, 771 s.

R. v° *Ordre*, 686 s., 766 s., 1025 s. — S cod. v°, 92 s.; V° cod. v°, 17 s. (87-97), cod. v°.

Art. 759. S'il ne s'élève aucune contestation, le juge est tenu, dans les quinze jours qui suivent l'expiration du délai pour prendre communication et contredire, de faire la clôture de l'ordre; il liquide les frais de radiation et de poursuite d'ordre qui sont colloqués par préférence à toutes autres créances; il liquide, en outre, les frais de chaque créancier colloqué en rang utile, et ordonne la délivrance des bordereaux de collocation aux créanciers utilement colloqués, et la radia-

n des inscriptions de ceux non utilement
colloqués. Il est fait distraction, en faveur de
l'avoué radiateur, sur le montant de chaque
bordereau, des frais de radiation de l'inscrip-
on. — *Pr.* 133, 605, 753, 765, 771, 777.
R. v° *Ordre*, 1018 s., 1129 s. — S. cod. v°, 149 s.,
4 s. — T. (87-97), *cod.* v°, 139 s.

Art. 760. Les créanciers postérieurs en
dre d'hypothèque aux collocations contes-
es sont tenus, dans la huitaine après la
ente jours accordés pour contredire, de
entendre entre eux sur le choix d'un avoué;
on ils sont représentés par l'avoué du der-
er créancier colloqué. L'avoué poursuivant
e peut, en cette qualité, être appelé dans la
ntestation. — *Civ.* 667 s., 761.
R. v° *Ordre*, 801 s. — S. *cod.* v°, 108 s.

Art. 761. L'audience est poursuivie, à la
ligence de l'avoué commis, sur un simple
enté contenant avenir pour l'audience fixée
onformément à l'article 758. L'affaire est
gée comme sommaire, sans autre procé-
ure que de produire des conclusions moti-
és de la part
s contestés, et le jugement contient liqui-
ation des frais. S'il est produit de nouvelles
èces, 'toute partie contestante ou contestée
t tenue de les remettre au greffe trois jours
 moins avant cette audience; il en est fait
ention sur le procès-verbal. Le tribunal
atue sur les pièces produites; néanmoins,
peut, mais seulement pour causes graves
 dûment justifiées, accorder un délai pour
 produire d'autres; le jugement qui pro-
once la remise fixe le jour de l'audience; il
est ni levé ni signifié. La disposition du
gement qui accorde ou refuse un délai n'est
sceptible d'aucun recours. — *Pr.* 405, 666,
8.
R. v° *Ordre*, 782 s. — S. cod. v°, 110 s.

Art. 762. Les jugements sur les inci-
ents et sur le fond sont rendus sur le rap-
ort du juge et sur les conclusions du
ministère public.
Le jugement sur le fond est signifié dans
s trente jours de sa date à avoué seulement,
n'est pas susceptible d'opposition.
La signification à avoué fait courir le délai
appel contre toutes les parties à l'égard des
ues des autres.
L'appel est interjeté dans les dix jours de
signification du jugement à avoué, outre
 jour par cinq myriamètres de distance
tre le siège du tribunal et le domicile réel
 l'appelant; l'acte d'appel est signifié au
micile de l'avoué, et au domicile réel du
isi, s'il n'a pas d'avoué. Il contient assi-
ation et l'énonciation des griefs, à peine
 nullité.
L'appel est recevable que si la somme
ntestée excède celle de 1500 francs, quel
ue soit d'ailleurs le montant des créances
s contestants et des sommes à distribuer.
Pr. 83, 443 s., 456, 666, 668 s., 1033.
R. v° *Ordre*, 801 s., 824 s., 854 s. — S. cod. v°,
4 s., 116 s., 120 s.— T. (87-97), *cod.* v°, 97 s. —
aussi C. pr. civ. ann., art. 762, n⁰ 1 s.; et son
ppl., n⁰⁵ 8595 s.

Art. 763. L'avoué du créancier dernier
lloqué peut être intimé s'il y a lieu.
L'audience est poursuivie et l'affaire in-
uite conformément à l'article 761, sans autre
océdure que des conclusions motivées de
part des intimés. — *Pr.* 667, 761.
R. v° *Ordre*, 918 s., 994 s. — S. cod. v°, 132 s. —
— aussi C. pr. civ. ann., art. 763, n⁰ 1 s.; et son
ppl., n⁰⁵ 8944 s.

Art. 764. La cour statue sur les conclu-
ons du ministère public. L'arrêt contient
quidation des frais; il est signifié dans les
inze jours de sa date à avoué seulement,
'n'est pas susceptible d'opposition. La signi-
ication à avoué fait courir les délais du pour-
oi en cassation. — *Pr.* 83, 117, 762.
R. v° *Ordre*, 1003 s., 1007 s. — S. cod. v°, 143,
4 s. — T. (87-97), *cod.* v°, 124 s.

Art. 765. Dans les huit jours qui suivent
l'expiration du délai d'appel, et en cas d'appel
dans les huit jours de la signification de l'arrêt, le juge arrête définitivement l'ordre des
créances contestées et des créances postérieures, conformément à l'article 759.
Les intérêts et arrérages des créanciers
utilement colloqués cessent à l'égard de la
partie saisie. — *Pr.* 670, 672.
R. v° *Ordre*, 1020 s. — S. cod. v°, 149 s. —
T. (87-97), *cod.* v°, 126 s.

Art. 766. Les dépens des contestations
ne peuvent être pris sur les deniers provenant de l'adjudication.
Toutefois, le créancier dont la collocation
rejetée d'office, malgré une production suffisante, a été admise par le tribunal sans être
contestée par aucun créancier, peut employer
ses dépens sur le prix au rang de sa créance.
Les frais de l'avoué qui a représenté les
créanciers postérieurs en ordre d'hypothèque
aux collocations contestées peuvent être prélevés sur ce qui reste de deniers à distribuer,
déduction faite de ceux qui ont été employés
à payer les créanciers antérieurs. Le jugement qui autorise l'emploi des frais prononce la subrogation au profit du créancier
sur lequel les fonds manquent ou de la partie saisie. L'exécuteur énoncera cette disposition et indiquera la partie qui doit en profiter.
Le contestant ou le contesté qui a mis de
la négligence dans la production des pièces
peut être condamné aux dépens, même en
obtenant gain de cause.
Lorsqu'un créancier condamné aux dépens
des contestations a été colloqué en rang utile,
les frais mis à sa charge font, par une disposition spéciale du règlement d'ordre, prélevés sur le montant de sa collocation au
profit de la partie qui a obtenu la condamnation. — *Pr.* 759, 771; *Civ.* 1251, 2101-1°.
R. v° *Ordre*, 1129 s. — S. cod. v°, 164 s. —
T. (8.-9.), cod. v°, 136 s.

Art. 767. Dans les trois jours de l'ordonnance de clôture, l'avoué poursuivant la
dénonce par un simple acte d'avoué à avoué.
En cas d'opposition à cette ordonnance par
un créancier, par l'adjudicataire ou la partie
saisie, cette opposition est formée, à peine
de nullité, dans la huitaine de la dénonciation, et portée dans la huitaine suivante à
l'audience du tribunal, même en vacation,
par un simple acte d'avoué contenant moyens
et conclusions; et, à l'égard de la partie
saisie n'ayant pas d'avoué en cause, par exploit d'ajournement à huit jours. La cause
est instruite et jugée conformément aux articles 761, 762 et 764, même en ce qui concerne l'appel du jugement. — *Pr.* 82 s., 1029.
R. v° *Ordre*, 1048 s. — S. cod. v°, 151 s. —
T. (87-97). cod. v°, 126 s. — V. aussi C. pr. civ. ann.,
art. 767, n⁰ 1 s. et son Suppl., n⁰⁵ 8973 s.

Art. 768. Le créancier sur lequel les
fonds manquent, et la partie saisie, ont leur
recours contre ceux qui ont succombé, pour
les intérêts et arrérages qui n'ont couru pendant les contestations. — *Pr.* 760, 765 s., 769.
R. v° *Ordre*, 1157 s.

Art. 769. Dans les dix jours, à partir de
celui où l'ordonnance de clôture ne peut
plus être attaquée, le greffier délivre un extrait de l'ordonnance du juge pour être déposé
à l'avoué poursuivant au bureau des hypothèques. Le conservateur, sur la présentation
de cet extrait, fait la radiation des inscriptions
des créanciers non colloqués. — *Civ.* 2157 s.
R. v° *Ordre*, 1186 s.

Art. 770. Dans le même délai, le greffier délivre à chaque créancier colloqué un
bordereau de collocation exécutoire contre
l'adjudicataire ou contre la Caisse des consignations.
Le bordereau des frais de l'avoué poursuivant ne peut être délivré que sur la remise

des certificats de radiation des inscriptions
des créanciers non colloqués. Ces certificats
demeurent annexés au procès-verbal. — *Pr.*
548, 671, 769, 771 s.
R. v° *Ordre*, 1173 s. — S. cod. v°, 171 s. —
T. (87-97), *cod.* v°, 160 s.

Art. 771. Le créancier colloqué, en donnant quittance du montant de sa collocation,
consent la radiation de son inscription. Au
fur et à mesure du payement des collocations,
le conservateur des hypothèques, sur la représentation du bordereau et de la quittance
du créancier, décharge d'office l'inscription
jusqu'à concurrence de la somme acquittée.
L'inscription d'office est rayée définitivement, sur la justification faite par l'adjudicataire du payement de la totalité du prix,
soit aux créanciers colloqués, soit à la partie
saisie. — *Civ.* 2108, 2157 s.
R. v° *Ordre*, 1210 s.

Art. 772. Lorsque l'aliénation n'a pas
lieu sur expropriation forcée, l'ordre est provoqué par le créancier le plus diligent ou par
l'acquéreur.
Il peut être aussi provoqué par le vendeur,
mais seulement lorsque le prix est exigible.
Dans tous les cas, l'ordre n'est ouvert
qu'après l'accomplissement des formalités
prescrites pour la purge des hypothèques.
Il est introduit et réglé dans les formes
établies par le présent titre.
Les créanciers à hypothèques légales qui
n'ont pas fait inscrire leurs hypothèques dans
le délai fixé par l'article 2195 du Code civil,
ne peuvent exercer de droit de préférence
sur le prix qu'autant qu'un ordre est ouvert
dans les trois mois qui suivent l'expiration
de ce délai et sous les conditions déterminées
par la dernière disposition de l'article 717. —
Pr. 953 s., 966 s.; *Civ.* 2183 s., 2193 s.
R. v° *Ordre*, 124 s. — S. cod. v°, 14 s.

Art. 773. Quel que soit le mode d'aliénation, l'ordre ne peut être provoqué s'il y a
moins de quatre créanciers inscrits.
Après l'expiration des délais établis par les
articles 750 et 772, la partie qui veut poursuivre l'ordre présente requête au juge spécial, et, s'il n'y en a pas, au président du tribunal, à l'effet de faire procéder au préliminaire de règlement amiable dans les formes
et délais établis en l'article 751.
A défaut de règlement amiable, la distribution du prix est réglée par le tribunal,
jugeant comme en matière sommaire, sur
assignation signifiée à personne ou à domicile, à la requête de la partie la plus diligente, sans autre procédure que des conclusions motivées. Le jugement est signifié à
avoué seulement, s'il y a avoué constitué.
En cas d'appel, il est procédé comme aux
articles 763 et 764. — *Pr.* 147.
R. v° *Ordre*, 1231 s. — S. cod. v°, 179 s. —
T. (87-97), *cod.* v°, 177 s.

Art. 774. L'acquéreur est employé par
préférence pour le coût de l'extrait des inscriptions et des dénonciations aux créanciers
inscrits. — *Civ.* 2101-1°-4°, 2183.
R. v° *Ordre*, 434 s., 624 s.

Art. 775. Tout créancier peut prendre
inscription pour conserver les droits de son
débiteur; mais le montant de la collocation
du créancier est distribué, comme chose mobilière, entre tous les créanciers inscrits ou
opposants avant la clôture de l'ordre. —
Pr. 656 s.; *Civ.* 1166, 2093 s.
R. v° *Ordre*, 1300 s. — S. cod. v°, 189 s. —
T. (87-97), *cod.* v°, 184 s.

Art. 776. En cas d'inobservation des formalités et délais prescrits par les articles 753,
755, §.2, et 769, l'avoué poursuivant est déchu
de la poursuite, sans sommation ni jugement.
Le juge pourvoit à son remplacement, d'office
ou sur la réquisition d'une partie, par ordonnance inscrite sur le procès-verbal; cette
ordonnance n'est susceptible d'aucun recours.

Il en est de même à l'égard de l'avoué commis qui n'a pas rempli les obligations à lui imposées par les articles 758 et 761.

L'avoué déchu de la poursuite est tenu de remettre immédiatement les pièces sur le récépissé de l'avoué qui le remplace, et n'est payé de ses frais qu'après la clôture de l'ordre. — *Pr.* 721 s., 724, 1031.

R. vᵒ *Ordre*, 1233 s. — S. eod. vᵗ, 178.

Art. 777. L'adjudicataire sur expropriation forcée qui veut faire prononcer la radiation des inscriptions avant la clôture de l'ordre doit consigner son prix et les intérêts échus, sans offres réelles préalables.

Si l'ordre n'est pas ouvert, il doit en requérir l'ouverture après l'expiration du délai fixé par l'article 750. Il dépose à l'appui de sa réquisition le récépissé de la Caisse des consignations, et déclare qu'il entend faire prononcer la validité de la consignation et la radiation des inscriptions.

Dans les huit jours qui suivent l'expiration du délai pour produire, fixé par l'article 754, il fait sommation par acte d'avoué à avoué, et par exploit à la partie saisie, si elle n'a pas avoué constitué, de prendre communication de sa déclaration, et de la contester dans les quinze jours, s'il y a lieu. A défaut de contestation dans ce délai, le juge, par ordonnance, sur le procès-verbal d'avoué, déclare la consignation valable et prononce la radiation de toutes les inscriptions existantes, avec maintien de leur effet sur le prix. En cas de contestation, il est statué par le tribunal sans retard des opérations de l'ordre.

Si l'ordre est ouvert, l'adjudicataire, après la consignation, fait sa déclaration sur le procès-verbal par un dire signé de son avoué, en y joignant le récépissé de la Caisse des consignations. Il est procédé comme il est dit ci-dessus, après l'échéance du délai des productions.

En cas d'aliénation, autre que celle sur expropriation forcée, l'acquéreur qui, après avoir rempli les formalités de la purge, veut obtenir la libération définitive de tous privilèges et hypothèques par la voie de la consignation, opère cette consignation sans offres réelles préalables. A cet effet, il somme le vendeur de lui rapporter, dans la quinzaine, l'état des inscriptions existantes, et lui fait connaître le montant des sommes en capital et intérêts qu'il se propose de consigner. Ce délai expiré, la consignation est réalisée, et, dans les trois jours suivants, l'acquéreur ou adjudicataire requiert l'ouverture de l'ordre, en déposant le récépissé de la Caisse des consignations. Il est procédé sur sa réquisition conformément aux dispositions ci-dessus. — *Pr.* 778; *Civ.* 1257 s.

R. vᵒ *Ordre*, 562 s. — S. eod. vᵗ, 68 s.

Art. 778. Toute contestation relative à la consignation du prix est formée sur le procès-verbal par un dire motivé, à peine de nullité; le juge renvoie les contestants devant le tribunal.

L'audience est poursuivie sur un simple acte d'avoué à avoué, sans autre procédure que des conclusions motivées; il est procédé ainsi qu'il est dit aux articles 761, 763 et 764.

Le prélèvement des frais sur le prix peut être provoqué par le vendeur, l'adjudicataire ou acquéreur. — *Pr.* 82, 666 s.

R. vᵒ *Ordre*, 597 s.

Art. 779. L'adjudication sur folle enchère intervenant dans le cours de l'ordre, et même après le règlement définitif, la délivrance des bordereaux ne donne pas lieu à une nouvelle procédure. Le juge modifie l'état de collocation suivant les résultats de l'adjudication, et rend les bordereaux exécutoires contre le nouvel adjudicataire. — *Pr.* 733.

R. vᵒ *Ordre*, 1351 s. — S. eod. vᵗ, 196 s. — **T.** (87-97), eod. vᵗ, 190 s.

TITRE QUINZIÈME.
De l'emprisonnement.

[*La contrainte par corps, en matière civile, commerciale et contre les étrangers, ayant été supprimée par la loi du 22 juillet 1867* (D. P. 67, 4, 73; et infrà, Appendice), *nous nous bornons à reproduire ici le texte des articles du Code de procédure relatifs à l'emprisonnement et dont le commentaire a été présenté*, R. vᵒ *Contrainte par corps*. — *Toutefois, en ce qui concerne la contrainte par corps en matière criminelle, correctionnelle et de police, maintenue par la loi de 1867 et rétablie pour les frais de justice criminelle par la loi du 19 décembre 1871* (D. P. 71, 4, 167), V. *pour le commentaire de ces dispositions notre* C. pén. ann., *p. 74 s.; et son Suppl.*, p. 46 s.; *et* S. vᵉ *Contrainte par corps*, 92 s.]

Art. 780. Aucune contrainte par corps ne pourra être mise à exécution qu'un jour après la signification, avec commandement, du jugement qui l'a prononcée.

Cette signification sera faite par un huissier commis par ledit jugement par le président du tribunal de première instance du lieu où se trouve le débiteur.

La signification contiendra aussi élection de domicile dans la commune où siége le tribunal qui a rendu ce jugement, si le créancier n'y demeure pas.

Art. 781. Le débiteur ne pourra être arrêté,

1º Avant le lever ou après le coucher du soleil;

2º Les jours de fête légale;

3º Dans les édifices consacrés au culte, et pendant les exercices religieux seulement;

4º Dans le lieu et pendant la tenue des séances des autorités constituées;

5º Dans une maison quelconque, même dans son domicile, à moins qu'il n'eût été ainsi ordonné par le juge de paix du lieu, lequel juge de paix devra, dans ce cas, se transporter dans la maison avec l'officier ministériel « ou déléguer un commissaire de police (*L.* 26 mars 1855) ».

Art. 782. Le débiteur ne pourra non plus être arrêté, lorsque appelé comme témoin devant un juge d'instruction ou devant un tribunal de première instance, ou une cour royale [*une cour d'appel*] ou d'assises, il sera porteur d'un sauf-conduit.

Le sauf-conduit pourra être accordé par le juge d'instruction, par le président du tribunal ou de la cour où les témoins devront être entendus. Les conclusions du ministère public seront nécessaires.

Le sauf-conduit réglera la durée de son effet, à peine de nullité.

En vertu du sauf-conduit, le débiteur ne pourra être arrêté, ni le jour fixé pour sa comparution, ni pendant le temps nécessaire pour aller et pour revenir.

Art. 783. Le procès-verbal d'emprisonnement contiendra, outre les formalités ordinaires des exploits, 1º itératif commandement; 2º élection de domicile dans la commune où le débiteur est détenu, si le créancier n'y demeure pas: l'huissier sera assisté de deux recors.

Art. 784. S'il s'est écoulé une année entière depuis le commandement, il sera fait un nouveau commandement par un huissier commis à cet effet.

Art. 785. En cas de rébellion, l'huissier pourra établir garnison aux portes pour empêcher l'évasion et requérir la force armée; et le débiteur sera poursuivi conformément aux dispositions du Code d'instruction criminelle.

Art. 786. Si le débiteur requiert qu'il en soit référé, il sera conduit sur-le-champ devant le président du tribunal de première instance du lieu où l'arrestation aura été faite, lequel statuera en état de référé: si l'arrestation est faite hors des heures de l'audience, le débiteur sera conduit chez le président.

Art. 787. L'ordonnance sur référé sera consignée sur le procès-verbal de l'huissier, et sera exécutée sur-le-champ.

Art. 788. Si le débiteur ne requiert pas qu'il en soit référé, ou si, en cas de référé, le président ordonne qu'il soit passé outre, le débiteur sera conduit dans la prison du lieu; et s'il n'y en a pas, dans celle du lieu le plus voisin; l'huissier et tous autres qui conduiraient, recevraient ou retiendraient le débiteur dans un lieu de détention non légalement désigné comme tel, seront poursuivis comme coupables du crime de détention arbitraire.

Art. 789. L'écrou du débiteur énoncera, 1º le jugement; 2º les noms et domicile du créancier; 3º l'élection de domicile, s'il ne demeure pas dans la commune; 4º les noms, demeure et profession du débiteur; 5º la consignation d'un mois d'aliments au moins; 6º enfin, mention de la copie qui sera laissée au débiteur, parlant à sa personne, tant du procès-verbal d'emprisonnement que de l'écrou. Il sera signé de l'huissier.

Art. 790. Le gardien ou geôlier transcrira sur son registre le jugement qui autorise l'arrestation: faute par l'huissier de représenter ce jugement, le geôlier refusera de recevoir le débiteur et de l'écrouer.

Art. 791. Le créancier sera tenu de consigner les aliments d'avance. Les aliments ne pourront être retirés, lorsqu'il y aura recommandation, si ce n'est du consentement du recommandant.

Art. 792. Le débiteur pourra être recommandé par ceux qui auraient le droit d'exercer contre lui la contrainte par corps. Celui qui est arrêté comme prévenu d'un délit peut aussi être recommandé; et il sera retenu par l'effet de la recommandation, encore que son élargissement ait été prononcé et qu'il ait été acquitté du délit.

Art. 793. Seront observées, pour les recommandations, les formalités ci-dessus prescrites pour l'emprisonnement: néanmoins l'huissier ne sera pas assisté de recors, et le recommandant sera dispensé de consigner les aliments, qui sont déjà consignés.

Le créancier qui a fait emprisonner, pourra se pourvoir contre le recommandant, devant le tribunal du lieu où le débiteur est détenu, pour le faire contribuer au payement des aliments par portion égale.

Art. 794. A défaut d'observation des formalités ci-dessus prescrites, le débiteur pourra demander la nullité de l'emprisonnement, et la demande sera portée au tribunal du lieu où il est détenu: si la demande en nullité est fondée sur des moyens du fond, elle sera portée devant le tribunal de l'exécution du jugement.

Art. 795. Dans tous les cas, la demande pourra être formée à bref délai, en vertu de permission du juge, et l'assignation donnée par huissier commis au domicile élu par l'écrou: la cause sera jugée sommairement, sur les conclusions du ministère public.

Art. 796. La nullité de l'emprisonnement, pour quelque cause qu'elle soit prononcée, n'emporte point la nullité des recommandations.

Art. 797. Le débiteur dont l'emprisonnement est déclaré nul ne peut être arrêté pour la même dette qu'un jour au moins après sa sortie.

Art. 798. Le débiteur sera mis en liberté, en consignant entre les mains du geôlier de la prison les causes de son emprisonnement et les frais de la capture.

Art. 799. Si l'emprisonnement est déclaré nul, le créancier pourra être condamné en des dommages-intérêts envers le débiteur.

Art. 800. Le débiteur légalement incarcéré obtiendra son élargissement,

1º Par le consentement du créancier qui

...it incarcérer, et des recommandants, ... en a ;

Par le payement ou la consignation des ...mes dues tant au créancier qui a fait ...risonner qu'au recommandant, des inté-...échus, des frais liquidés, de ceux d'em-...onnement, et de la restitution des aliments ...ignés ;

Par le bénéfice de cession ;

A défaut par les créanciers d'avoir con-...é d'avance les aliments ;

Et enfin, si le débiteur a commencé sa ...nte-dixième année, et si, dans ce der-...cas, il n'est pas stellionataire.

rt. 801. Le consentement à la sortie ...ébiteur pourra être donné, soit devant ...ire, soit sur le registre d'écrou.

rt. 802. La consignation de la dette ...faite entre les mains du geôlier, sans ...soit besoin de la faire ordonner ; si le ...er refuse, il sera assigné à bref délai ...nt le tribunal du lieu, en vertu de per-...ion : l'assignation sera donnée par huis-...commis.

rt. 803. L'élargissement, faute de con-...tion d'aliments, sera ordonné sur le ...ficat de non-consignation, délivré par ...eôlier, et annexé à la requête présentée ...résident du tribunal, sans sommation ...table.

...ependant le créancier en retard de con-...er les aliments fait la consignation avant ...le débiteur ait formé sa demande en ...issement, cette demande ne sera plus ...able.

rt. 804. Lorsque l'élargissement aura ...rdonné faute de consignation d'aliments, ...éancier ne pourra de nouveau faire em-...onner le débiteur, qu'en lui remboursant ...rais par lui faits pour obtenir son élar-...ment, ou les consignant, à son refus,

ès mains du greffier, et en consignant aussi d'avance six mois d'aliments : on ne sera point tenu de recommencer les formalités préalables à l'emprisonnement, s'il a lieu dans l'année du commandement.

Art. 805. Les demandes en élargissement seront portées au tribunal dans le ressort duquel le débiteur est détenu. Elles seront formées à bref délai, au domicile élu par l'écrou, en vertu de permission du juge, sur requête présentée à cet effet : elles seront communiquées au ministère public, et jugées, sans instruction, à la première audience, préférablement à toutes autres causes, sans remise ni tour de rôle.

TITRE SEIZIÈME.
Des référés.

Art. 806. Dans tous les cas d'urgence, ou lorsqu'il s'agira de statuer provisoirement sur les difficultés relatives à l'exécution d'un titre exécutoire ou d'un jugement, il sera procédé ainsi qu'il va être réglé ci-après. — *Pr.* 72, 76, 606 s., 661, 681, 734, 786, 807 s., 829, 843, 845, 852, 921 s., 944, 948, 1040; *Civ.* 1319.

R. vᵉ *Référé*, 2 s., 11 s., 95 s., 165 s., 173 s., 217 s. — S. *eod.* vᵗ, 1, 3, 21 s., 52, 53, 56 s. — T. (87-97), *eod.* vᵗ, 1 s. — V. aussi C. pr. civ. ann., art. 806 s., nᵒˢ 1 s.; et son Suppl., nᵒˢ 9069 s.

Art. 807. La demande sera portée à une audience tenue à cet effet par le président du tribunal de première instance, ou par le juge qui le remplace, aux jour et heure indiqués par le tribunal.

R. vᵉ *Référé*, 19 s., 36 s. — S. *eod.* vᵗ, 4 s., 6 s.

Art. 808. Si néanmoins le cas requiert célérité, le président, ou celui qui le représentera, pourra permettre d'assigner, soit à l'audience, soit à son hôtel, à heure indiquée, même les jours de fêtes ; et, dans ce cas, l'assignation ne pourra être donnée qu'en vertu de l'ordonnance du juge, qui commettra un huissier à cet effet. — *Pr.* 49-2ᵒ, 63, 72, 554, 828, 1037.

R. vᵉ *Référé*, 50 s. — S. *eod.* vᵗ, 8 s.

Art. 809. Les ordonnances sur référé ne feront aucun préjudice au principal ; elles seront exécutoires par provision, sans caution, si le juge n'a pas ordonné qu'il en serait fourni une.

Elles ne seront pas susceptibles d'opposition.

Dans les cas où la loi autorise l'appel, cet appel pourra être interjeté, même avant le délai de huitaine, à dater du jugement ; et il ne sera point recevable s'il a été interjeté après la quinzaine, à dater du jour de la signification du jugement.

L'appel sera jugé sommairement et sans procédure. — *Pr.* 135, 449, 457 s., 811, 1040.

R. vᵉ *Appel civil*, 370 s.; *Référé*, 61 s., 217 s. — S. vᵗ *Appel civil*, 56; *Référé*, 11 s., 56 s. — T. (87-97), vᵉ *Référé*, 1 s. — V. aussi C. pr. civ. ann., art. 809, nᵒˢ 1 s.; et son Suppl., nᵒˢ 9188 s.

Art. 810. Les minutes des ordonnances sur référé seront déposées au greffe. — *Pr.* 922, 944, 1041.

R. vᵉ *Référé*, 51.

Art. 811. Dans les cas d'absolue nécessité, le juge pourra ordonner l'exécution de son ordonnance sur la minute. — *Pr.* 545, 554.

R. vᵉˢ *Jugement*, 377 s.; *Référé*, 61 s. — S. vᵗ *Jugement*, 413 s.; *Référé*, 11 s.

En ce qui concerne les ordonnances sur requête, V. C. pr. civ. ann., p. 1182 s.; et son Suppl., p. 318.

SECONDE PARTIE.
PROCÉDURES DIVERSES.

LIVRE PREMIER.
Décrété le 22 avril 1806, et promulgué le 2 mai suivant.

TITRE PREMIER.
Des offres de payement et de la consignation.

rt. 812. Tout procès-verbal d'offres ...gnera l'objet offert, de manière qu'on ne ...se y en substituer un autre ; et si ce sont ...espèces, il en contiendra l'énumération ...qualité. — *Pr.* 352; *Civ.* 1257, 1264.

vᵗ *Obligat.*, 2059 s., 2133 s., 2265. — S. *eod.* vᵗ, ..., 910 s., 940. — T. (87-97), vᵗ *Offres réelles;*

rt. 813. Le procès-verbal fera mention ...a réponse, du refus ou de l'acceptation ...créancier, et s'il a signé, refusé ou déclaré ...ouvoir signer.

vᵗ *Obligat.*, 2133 s. — S. *eod.* vᵗ, 910 s.

Art. 814. Si le créancier refuse les offres, le débiteur peut, pour se libérer, consigner la somme ou la chose offerte, en observant les formalités prescrites par l'article 1259 du Code civil. — *Pr.* 657, 816.

R. vᵉ *Obligat.*, 2140 s., 2152 s. — S. *eod.* vᵗ, 910 s., 916 s.

Art. 815. La demande qui pourra être intentée, soit en validité, soit en nullité des offres ou de la consignation, sera formée d'après les règles établies pour les demandes principales : si elle est incidente, elle le sera par requête. — *Pr.* 49-7ᵒ, 59 s., 337 s., 1406; *Civ.* 1258.

R. vᵉ *Obligat.*, 2066 s., 2124 s. — S. *eod.* vᵗ, 878 s., 906 s.

Art. 816. Le jugement qui déclarera les offres valables ordonnera, dans le cas où la

consignation n'aurait pas encore eu lieu, que, faute par le créancier d'avoir reçu la somme ou la chose offerte, elle sera consignée ; il prononcera la cessation des intérêts, du jour de la réalisation. — *Civ.* 1259.

R. vᵉ *Obligat.*, 2191 s., 2119 s., 2223 s. — S. *eod.* vᵗ, 927 s., 930 s., 932 s.

Art. 817. La consignation volontaire ou ordonnée sera toujours à la charge des oppositions, s'il en existe, et en les dénonçant au créancier. — *Pr.* 557 s.

R. vᵉ *Obligat.*, 2250 s.

Art. 818. Le surplus est réglé par les dispositions du Code civil, relatives aux offres de payement et à la consignation. — *Civ.* 1257 à 1264.

R. vᵉ *Obligat.*, 2047 s. — S. *eod.* vᵗ, 870 s.

TITRE DEUXIÈME.

Du droit des propriétaires sur les meubles, effets et fruits de leurs locataires et fermiers, ou de la saisie-gagerie et de la saisie-arrêt sur débiteurs forains.

Art. 819. Les propriétaires et principaux locataires de maisons ou biens ruraux, soit qu'il y ait bail, soit qu'il n'y en ait pas, peuvent, un jour après le commandement, et sans permission du juge, faire saisir-gager, pour loyers et fermages échus, les effets et fruits étant dans lesdites maisons ou bâtiments ruraux, et sur les terres.

Ils peuvent même faire saisir-gager à l'instant, en vertu de la permission qu'ils en auront obtenue, sur requête, du président du tribunal de première instance.

Ils peuvent aussi saisir les meubles qui garnissaient la maison ou la ferme, lorsqu'ils ont été déplacés sans leur consentement; et ils conservent sur eux leur privilège, pourvu qu'ils en aient fait la revendication, conformément à l'article 2102 du Code civil. — *Pr.* 551, 583 s., 592 s., 609 s., 626, 636, 661 s., 673; *Civ.* 1709, 1728, 2102.

R. vᵒ *Saisie-gagerie*, 1 s. — S. *eod.* vᵗ, 1 s. — T. (87-97), *eod.* vᵗ, 1 s.

Art. 820. Peuvent les effets des sous-fermiers et sous-locataires, garnissant les lieux par eux occupés, et les fruits des terres qu'ils sous-louent, être saisis-gagés pour les loyers et fermages dus par le locataire ou fermier de qui ils tiennent; mais ils obtiendront mainlevée en justifiant qu'ils ont payé sans fraude, et sans qu'ils puissent opposer des payements faits par anticipation. — *Civ.* 1717, 1753, 2102-1ᵒ.

R. vᵒ *Saisie-gagerie*, 21 s. — S. *eod.* vᵗ, 12 s.

Art. 821. La saisie-gagerie sera faite en la même forme que la saisie-exécution; le saisi pourra être constitué gardien; et s'il y a des fruits, elle sera faite dans la forme établie par le titre IX du livre précédent. — *Pr.* 583 s., 596 s., 626 s., 823, 830.

R. vᵗˢ *Référé*, 100 s.; *Saisie-gagerie*, 28, 35 s. — S. vᵗ *Saisie-gagerie*, 14 s.

Art. 822. Tout créancier, même sans titre, peut, sans commandement préalable, mais avec permission du président du tribunal de première instance et même du juge de paix, faire saisir les effets trouvés en la commune qu'il habite, appartenant à son débiteur forain. — *Pr.* 558, 823.

R. vᵒ *Saisie foraine*, 1 s. — S. *eod.* vᵗ, 1 s.

Art. 823. Le saisissant sera gardien des effets, s'ils sont en ses mains; sinon il sera établi un gardien. — *Pr.* 596 s., 821.

R. vᵒ *Saisie foraine*, 9 s. — S. *eod.* vᵗ, 8.

Art. 824. Il ne pourra être procédé à la vente sur les saisies énoncées au présent titre, qu'après qu'elles auront été déclarées valables: le saisi, dans le cas de l'article 821, le saisissant, dans le cas de l'article 823, ou le gardien, s'il en a été établi, seront condamnés par corps à la représentation des effets. — *Pr.* 126, 603, 613 s., 780 s., 831; *Civ.* 2059 s.

R. vᵗˢ *Saisie foraine*, 13 s.; *Saisie-gagerie*, 43 s. — S. vᵗˢ *Saisie foraine*, 10; *Saisie-gagerie*, 28 s.

Art. 825. Seront, au surplus, observées les règles ci-devant prescrites pour la saisie-exécution, la vente et la distribution des deniers. — *Pr.* 583 s., 617, 656.

TITRE TROISIÈME.

De la saisie-revendication.

Art. 826. Il ne pourra être procédé à aucune saisie-revendication qu'en vertu d'ordonnance du président du tribunal de première instance rendue sur requête; et ce, à peine de dommages-intérêts tant contre la partie que contre l'huissier qui aura procédé à la saisie. — *Pr.* 71, 132, 558, 608, 727 s., 822, 827 s.; *Civ.* 1926, 2102-1ᵒ-4ᵒ, 2279 s.; *Com.* 574 s.

R. vᵒ *Saisie-revendication*, 1 s. — S. *eod.* vᵗ, 1 s.

Art. 827. Toute requête à fin de saisie-revendication désignera sommairement les effets. — *Pr.* 608, 726.

R. vᵒ *Saisie-revendication*, 23. — S. *eod.* vᵗ, 8.

Art. 828. Le juge pourra permettre la saisie-revendication, même les jours de fête légale. — *Pr.* 8, 63, 681, 808, 1037.

R. vᵒ *Saisie-revendication*, 26.

Art. 829. Si celui chez lequel sont les effets qu'on veut revendiquer refuse les portes ou s'oppose à la saisie, il en sera référé au juge; et cependant il sera sursis à la saisie, sauf au requérant à établir garnison aux portes. — *Pr.* 587, 806 s.

R. vᵒ *Saisie-revendication*, 30 s.

Art. 830. La saisie-revendication sera faite en la même forme que la saisie-exécution, si ce n'est que celui chez qui elle est faite pourra être constitué gardien. — *Pr.* 583, 586 s., 596, 688, 806 s., 821.

R. vᵒ *Saisie-revendication*, 32 s. — S. *eod.* vᵗ, 12 s.

Art. 831. La demande en validité de la saisie sera portée devant le tribunal du domicile de celui sur qui elle est faite; et si elle est connexe à une instance déjà pendante, elle le sera au tribunal saisi de cette instance. — *Pr.* 49-7ᵒ, 171, 824.

R. vᵒ *Saisie-revendication*, 35 s. — S. *eod.* vᵗ, 15.

TITRE QUATRIÈME.

De la surenchère sur aliénation volontaire.

Art. 832. (*L. 2 juin 1841.*) Les notifications et réquisitions prescrites par les articles 2183 et 2185 du Code civil seront faites par un huissier commis à cet effet, sur simple requête, par le président du tribunal de première instance de l'arrondissement où elles auront lieu; elles contiendront constitution d'avoué près le tribunal où la surenchère et l'ordre devront être portés.

L'acte de réquisition de mise aux enchères contiendra, avec l'offre et l'indication de la caution, assignation à trois jours devant le tribunal, pour la réception de cette caution, à laquelle il sera procédé comme en matière sommaire. Cette assignation sera notifiée au domicile de l'avoué constitué; il sera donné copie, en même temps, de l'acte de soumission de la caution et du dépôt au greffe des titres qui constatent sa solvabilité.

Dans le cas où le surenchérisseur donnerait un nantissement en argent ou en rente sur l'État, à défaut de caution, conformément à l'article 2041 du Code civil, il fera notifier avec son assignation copie de l'acte constatant la réalisation de ce nantissement.

Si la caution est rejetée, la surenchère sera déclarée nulle et l'acquéreur maintenu, à moins qu'il n'ait été fait d'autres surenchères par d'autres créanciers. — *Pr.* 404 s., 517 s., 708 s., 838, 953, 1030; *Civ.* 2040, 2183 s., 2185, 2192.

V. la loi du 21 février 1837, qui dispense le Trésor royal d'offrir et de donner caution lorsque, dans le cas prévu par les articles 2185 du Code civil et 832 du Code de procédure civile, la mise aux enchères est requise au nom de l'État.

R. vᵗ *Surenchère*, 95 s. — S. *eod.* vᵗ, 97 s. — T. (87-97), *eod.* vᵗ, 11 s.

Art. 833. (*L. 2 juin 1841.*) Lorsqu'une surenchère aura été notifiée avec assignation dans les termes de l'article 832 ci-dessus, chacun des créanciers inscrits aura le droit de se faire subroger à la poursuite, si le surenchérisseur ou le nouveau propriétaire donne pas suite à l'action dans le mois de surenchère.

La subrogation sera demandée par simple requête en intervention, et signifiée par d'avoué à avoué.

Le même droit de subrogation reste ouvert au profit des créanciers inscrits, lorsque dans le cours de la poursuite, il y a collusion, fraude ou négligence de la part du poursuivant.

Dans tous les cas ci-dessus, la subrogation aura lieu aux risques et périls du surenchérisseur, sa caution continuant à être obligée. — *Pr.* 339 s., 721 s., 730-1ᵒ, 776.

R. vᵗ *Surenchère*, 241 s. — S. *eod.* vᵗ, 155, 173 s.

Art. 834. *Abrogé par L.* 23 *mars 18*..

Art. 835. *Abrogé par L.* 23 *mars 18*..

Art. 836. (*L. 2 juin 1841.*) Pour parvenir à la revente surenchère prévue par l'article 2187 du Code civil, le poursuivant fera imprimer des placards qui contiendront,

1ᵒ La date et la nature de l'acte d'aliénation sur lequel la surenchère a été faite, nom du notaire qui l'a reçu ou de toute autre autorité appelée à sa confection;

2ᵒ Le prix énoncé dans l'acte, s'il s'agit d'une vente, ou l'évaluation donnée aux immeubles dans la notification aux créanciers inscrits, s'il s'agit d'un échange ou d'une donation;

3ᵒ Le montant de la surenchère;

4ᵒ Les noms, professions, domiciles du précédent propriétaire, de l'acquéreur donataire, du surenchérisseur, et du créancier qui lui est subrogé dans le cas de l'article 833;

5ᵒ L'indication sommaire de la nature de la situation des biens aliénés;

6ᵒ Le nom et la demeure de l'avoué constitué pour le poursuivant;

7ᵒ L'indication du tribunal où la surenchère se poursuit, ainsi que des jour, lieu et heure de l'adjudication.

Ces placards seront apposés, quinze jours au moins et trente jours au plus avant l'adjudication, à la porte du domicile de l'ancien propriétaire et aux lieux désignés dans l'article 699 du présent Code.

Dans le même délai, l'insertion des énonciations qui précèdent sera faite dans le journal désigné en exécution de l'article 696, le tout sera constaté comme il est dit aux articles 698 et 699.

Art. 837. (*L. 2 juin 1841.*) Quinze jours au moins et trente jours au plus avant l'adjudication, sommation sera faite à l'ancien et au nouveau propriétaire d'assister à cette adjudication, aux lieu, jour et heure indiqués. Pareille sommation sera faite au créancier surenchérisseur, si c'est le nouveau propriétaire ou un autre créancier subrogé qui poursuit.

Dans le même délai, l'acte d'aliénation sera déposé au greffe et tiendra lieu de minute d'enchère.

Le prix porté dans l'acte ou la valeur déclarée et le montant de la surenchère tiendront lieu d'enchère. — *Pr.* 790.

R. vᵒ *Surenchère*, 226 s. — S. *eod.* vᵗ, 168 s.

Art. 838. (*L. 21 mai 1858.*) Le surenchérisseur, même en cas de subrogation, ou le poursuite, sera déclaré adjudicataire si, au jour fixé pour l'adjudication, il ne se présente pas d'autre enchérisseur.

applicables au cas de surenchère les s 701, 702, 705, 706, 707, 711, 712, 713, 31, 732, 733 du présent Code, ainsi que icles 734 et suivants, relatifs à la folle 'e.

formalités prescrites par les articles 705 , 832, 836 et 837, seront observées à de nullité.

nullités devront être proposées, à peine héance, savoir : celles qui concerneront aration de surenchère et l'assignation.

le jugement qui doit statuer sur la ion de la caution; celles qui seront es aux formalités de la mise en vente. ours au moins avant l'adjudication; il atué sur les premières par le jugement eption de la caution, et sur les autres l'adjudication, et, autant que possible, jugement même de cette adjudica-

un jugement ou arrêt par défaut en de surenchère sur aliénation volon-ne sera susceptible d'opposition.

jugements qui statueront sur les nul-térieures à la réception de la caution, la réception même de cette caution, x qui prononceront sur la demande en ation intentée pour collusion ou fraude, seuls susceptibles d'être attaqués par de l'appel.

judication par suite de surenchère sur ion volontaire ne pourra être frappée ne autre surenchère.

effets de l'adjudication à la suite de hère sur aliénation volontaire seront l'égard du vendeur et de l'adjudica-par les dispositions de l'article 717 ci-; néanmoins, après le jugement d'ad-ion par suite de surenchère, la purge pothèques légales, qui n'a pas eu e fait comme au cas d'aliénation vo-'e, et les droits des créanciers à hypo-s légales sont régis par le dernier de l'article 772. — *Pr*. 517 s., 692, 739, 772, 833, 965, 973, 1029.

* *Surenchèra*, 226 s.; *Vente publ. d'imm*..
— S. vᵗ *Surenchère*, 168 s.; *Vente publ*. 469 s. — T. (87-97), vᵗ *Surenchère*, 21 s.

TITRE CINQUIÈME.

oies à prendre pour avoir expé-on ou copie d'un acte, ou pour aire réformer.

. **839.** Le notaire ou autre déposi-ui refusera de délivrer expédition ou d'un acte aux parties intéressées en irect, héritiers ou ayants droit, y sera mué, et par corps, sur assignation à élai, donnée en vertu de permission ésident du tribunal de première ins-sans préliminaire de conciliation. — *Pr*. 1334.

ntrainte par corps, en matière civile, commerciale e les étrangers a été supprimée par la loi du 1867 (D. P. 67. 4. 75).
loi du 25 ventôse an XI, art. 23, contenant orga-da notarial (R. vᵗ *Notaire*, p. 576 s.), et la loi du 1824, art. 10, relative au droit d'enregistrement et re (R. vᵗ *Enregistrement*, p. 42).
* *Obligat*., 4432 s.

840. L'affaire sera jugée sommai-t, et le jugement exécuté nonobstant ition ou appel. — *Pr*. 135, 404, 463,

* *Obligat*., 4443.

841. La partie qui voudra obtenir d'un acte non enregistré ou même resté fait présenter sa requête au président bunal de première instance, sauf l'exé-ides lois et règlements relatifs à l'en-rement.
* *Obligat*., 4411 s. — S. eod. vᵗ, 1815.

Art. 842. La délivrance sera faite, s'il y a lieu, en exécution de l'ordonnance mise ensuite de la requête; et il en sera fait men-tion au bas de la copie délivrée.
R. vᵗ *Obligat*., 4415; *Référé*, 117.

Art. 843. En cas de refus de la part du notaire ou dépositaire, il en sera référé au président du tribunal de première instance. — *Pr*. 806; *Civ*. 1334 s.
R. vᵗ *Obligat*., 4415.

Art. 844. La partie qui voudra se faire délivrer une seconde grosse, soit d'une mi-nute d'acte, soit par forme d'ampliation sur une grosse déposée, présentera, à cet effet, requête au président du tribunal de première instance : en vertu de l'ordonnance qui inter-viendra, elle fera sommation au notaire pour faire la délivrance à jour et heure indiqués, et aux parties intéressées pour y être pré-sentes; mention sera faite de cette ordonnance au bas de la seconde grosse, ainsi que de la somme pour laquelle on pourra exécuter, si la créance est acquittée ou cédée en partie. — *Pr*. 850, 854.
R. vᵗ *Obligat*., 4417 s.

Art. 845. En cas de contestation, les parties se pourvoiront en référé. — *Pr*. 806, 852.
R. vᵗ *Obligat*., 4423 s.

Art. 846. Celui qui, dans le cours d'une instance, voudra se faire délivrer expédition ou extrait d'un acte dans lequel il n'aura pas été partie, se pourvoira ainsi qu'il va être réglé. — *Pr*. 847, 853.
R. vᵗ *Compulsoire*, 1 s., 3 s. — S. eod. vᵗ, 1 s. — T. (87-97), cod. vᵗ, 1.

Art. 847. La demande à fin de compul-soire sera formée par requête d'avoué à avoué : elle sera portée à l'audience sur un simple acte, et jugée sommairement sans aucune procédure. — *Pr*. 404 s.

Art. 848. Le jugement sera exécutoire, nonobstant appel ou opposition. — *Pr*. 135, 840.

Art. 849. Les procès-verbaux de com-pulsoire ou collation seront dressés et l'expé-dition ou copie délivrée par le notaire ou dépositaire, à moins que le tribunal qui l'aura ordonnée n'ait commis un de ses membres, ou tout autre juge du tribunal de première instance, ou un autre notaire. — *Pr*. 1035, 1040.

Art. 850. Dans tous les cas, les parties pourront assister au procès-verbal, et y insé-rer tels dires qu'elles aviseront.

Art. 851. Si les frais et déboursés de la minute de l'acte sont dus au dépositaire, il pourra refuser l'expédition tant qu'il ne sera pas payé desdits frais, outre ceux d'expédi-tion. — *Civ*. 2101-1°, 2102-2°.

Art. 852. Les parties pourront colla-tionner l'expédition ou copie à la minute, dont lecture sera faite par le dépositaire : si elles prétendent qu'elles ne sont pas con-formes; il en sera référé à jour indiqué par le procès-verbal, au président du tribunal, lequel fera la collation; à cet effet, le dépo-sitaire sera tenu d'apporter la minute.
R. vᵗ *Compulsoire*, 32 s.

Art. 853. Les greffiers et dépositaires des registres publics en délivreront, sans ordonnance de justice, expédition, copie ou extrait à tous requérants, à la charge de leurs droits, à peine de dépens, dommages et intérêts. — *Civ*. 45.
R. vᵗ *Compulsoire*, 9 s.; *Greffe*, 62 s.; *Obligat*., 4436 s. — S. vᵗ *Greffe*, 16 s.

Art. 854. Une seconde expédition exé-cutoire d'un jugement ne sera délivrée à la même partie qu'en vertu d'ordonnance du président du tribunal où il aura été rendu.

Seront observées les formalités prescrites pour la délivrance des secondes grosses des actes devant notaires. — *Pr*. 844 s.
R. vᵗ *Greffe*, 76; *Jugement*, 380. — S. vᵗ *Juge-ment*, 428.

Art. 855. Celui qui voudra faire ordon-ner la rectification d'un acte de l'état civil présentera requête au président du tribunal de première instance. — *Pr*. 856 s.; *Civ*. 99 s.
R. vᵗ *Acte de l'état civil*, 453 s. — S. eod. vᵗ, 118 s.

Art. 856. Il y sera statué sur rapport, et sur les conclusions du ministère public. Les juges ordonneront, s'ils l'estiment con-venable, que les parties intéressées seront appelées, et que le conseil de famille sera préalablement convoqué.

S'il y a lieu d'appeler les parties intéres-sées, la demande sera formée par exploit, sans préliminaire de conciliation.

Elle le sera par acte d'avoué, si les parties sont en instance. — *Pr*. 49, 83 s., 882 s.; *Civ*. 406 s.
R. vᵗ *Acte de l'état civil*, 453 s. — S. eod. vᵗ, 118 s.

Art. 857. Aucune rectification, aucun changement, ne pourront être faits sur l'acte; mais les jugements de rectification seront inscrits sur les registres par l'officier de l'état civil, aussitôt qu'ils lui auront été remis : mention en sera faite en marge de l'acte ré-formé; et l'acte ne sera plus délivré qu'avec les rectifications ordonnées, à peine de tous dommages-intérêts contre l'officier qui l'au-rait délivré. — *Pr*. 49, 99, 101.
R. vᵗ *Acte de l'état civil*, 473 s.

Art. 858. Dans le cas où il n'y aurait d'autre partie que le demandeur en rectifi-cation, et où il croirait avoir à se plaindre du jugement, il pourra, dans les trois mois depuis la date de ce jugement, se pourvoir à la cour royale [*la cour d'appel*], en présen-tant au président une requête, sur laquelle sera indiqué un jour auquel il sera statué à l'audience sur les conclusions du ministère public. — *Pr*. 83 s., 112, 443, 1033; *Civ*. 54.
R. vᵗ *Acte de l'état civil*, 463 s.

TITRE SIXIÈME.

De quelques dispositions relatives à l'envoi en possession des biens d'un absent.

Art. 859. Dans le cas prévu par l'ar-ticle 112 du Code civil, et pour y faire sta-tuer, il sera présenté requête au président du tribunal. Sur cette requête, à laquelle seront joints les pièces et documents, le président commettra un juge pour faire le rapport au jour indiqué; et le jugement sera prononcé après avoir entendu le procureur du Roi [*le procureur de la République*]. — *Pr*. 83 s., 111; *Civ*. 114.

Art. 860. Il sera procédé de même dans le cas où il s'agirait de l'envoi en possession provisoire autorisé par l'article 120 du Code civil.
R. vᵗ *Absence*, 57 s., 203 s. — S. eod. vᵗ, 9 s., 19 s.

TITRE SEPTIÈME.

Autorisation de la femme mariée.

Art. 861. La femme qui voudra se faire autoriser à la poursuite de ses droits, après avoir fait une sommation à son mari, et sur le refus par lui fait, présentera requête au président, qui rendra ordonnance portant permission de citer le mari, à jour indiqué, à la chambre du conseil, pour déduire les causes de son refus. — *Pr.* 461, 875; *Civ.* 215, 218 s., 1427, 1535, 1538, 1555 s., 1576.

Art. 862. Le mari entendu, ou faute par lui de se présenter, il sera rendu, sur les conclusions du ministère public, jugement qui statuera sur la demande de la femme. — *Pr.* 83, 112, 149.

Art. 863. Dans le cas de l'absence présumée du mari, ou lorsqu'elle aura été déclarée, la femme qui voudra se faire autoriser à la poursuite de ses droits présentera également requête au président du tribunal, qui ordonnera la communication au ministère public, et commettra un juge pour faire son rapport à jour indiqué. — *Pr.* 83, 95, 111 s.; *Civ.* 115, 119, 124, 222.

Art. 864. La femme de l'interdit se fera autoriser en la forme prescrite par l'article précédent; elle joindra à sa requête le jugement d'interdiction. — *Civ.* 222, 224, 489, 501.

R. vᵉ *Mariage,* 883 s. — S. *eod.* vᵉ, 396 s.

TITRE HUITIÈME.

Des séparations de biens.

Art. 865. Aucune demande en séparation de biens ne pourra être formée sans une autorisation préalable, que le président du tribunal devra donner sur la requête qui lui sera présentée à cet effet. Pourra néanmoins le président, avant de donner l'autorisation, faire les observations qui lui paraîtront convenables. — *Pr.* 49-7ᵒ, 866, 875; *Civ.* 311, 1443, 1563; *Com.* 65.

R. vᵉ *Contrat de mariage,* 1714 s. — S. *eod.* vᵉ, 625 s.

Art. 866. Le greffier du tribunal inscrira, sans délai, dans un tableau placé à cet effet dans l'auditoire, un extrait de la demande en séparation, laquelle contiendra :

1ᵒ La date de la demande;
2ᵒ Les noms, prénoms, profession et demeure des époux;
3ᵒ Les noms et demeure de l'avoué constitué, qui sera tenu de remettre, à cet effet, ledit extrait au greffier, dans les trois jours de la demande. — *Pr.* 867 s.

Art. 867. Pareil extrait sera inséré dans des tableaux placés, à cet effet, dans l'auditoire du tribunal de commerce, dans les chambres d'avoués de première instance et dans celles de notaires, le tout dans les lieux où il y en a : lesdites insertions seront certifiées par les greffiers et par les secrétaires des chambres. — *Pr.* 868 s.

Art. 868. Pareil extrait sera inséré, à la poursuite de la femme, dans l'un des journaux qui s'impriment dans le lieu où siège le tribunal; et s'il n'y en a pas, dans l'un de ceux établis dans le département; s'il y en a.

Ladite insertion sera justifiée ainsi qu'il est dit au titre *De la saisie immobilière,* article 696.

Art. 869. Il ne pourra être, sauf les actes conservatoires, prononcé sur la demande en séparation, aucun jugement qu'un mois après l'observation des formalités ci-dessus prescrites, et qui seront observées à peine de nullité, laquelle pourra être opposée par le mari ou par ses créanciers. — *Pr.* 125, 871, 1029, 1033; *Civ.* 1447.

Art. 870. L'aveu du mari ne fera pas preuve, lors même qu'il n'y aurait pas de créanciers. — *Pr.* 307; *Civ.* 1443, 1447; *Com.* 65.

R. vᵉ *Contrat de mariage,* 1732 s., 1743 s. — S. *eod.* vᵉ, 630, 631.

Art. 871. Les créanciers du mari pourront, jusqu'au jugement définitif, sommer

l'avoué de la femme, par acte d'avoué à avoué, de leur communiquer la demande en séparation et les pièces justificatives, même intervenir pour la conservation de leurs droits, sans préliminaire de conciliation. — *Pr.* 49, 189, 339 s., 873; *Civ.* 1166, 1447; *Com.* 65.

R. vᵉ *Contrat de mariage,* 1728 s. — S. *eod.* vᵉ, 626 s.

Art. 872. Le jugement de séparation sera lu publiquement, l'audience tenante, au tribunal de commerce du lieu, s'il y en a : extrait de ce jugement, contenant la date, la désignation du tribunal où il a été rendu, les noms, prénoms, profession et demeure des époux, sera inséré sur un tableau à ce destiné et exposé pendant un an, dans l'auditoire des tribunaux de première instance et de commerce du domicile du mari, même lorsqu'il ne sera pas négociant, et s'il n'y a pas de tribunal de commerce, dans la principale salle de la maison commune du domicile du mari. Pareil extrait sera inséré au tableau exposé en la chambre des avoués et notaires, s'il y en a. La femme ne pourra commencer l'exécution du jugement que du jour où les formalités ci-dessus auront été remplies, sans que néanmoins il soit nécessaire d'attendre l'expiration du susdit délai d'un an.

Le tout sans préjudice des dispositions portées en l'article 1445 du Code civil. — *Pr.* 880; *Civ.* 1443, 1445; *Com.* 65, 67.

R. vᵉ *Contrat de mariage,* 1764 s. — S. *eod.* vᵉ, 637 s.

Art. 873. Si les formalités prescrites au présent titre ont été observées, les créanciers du mari ne seront plus reçus, après l'expiration du délai dont il s'agit dans l'article précédent, se pourvoir par tierce opposition contre le jugement de séparation. — *Pr.* 474 s.; *Civ.* 1167, 1447; *Com.* 65, 67.

R. vᵉ *Contrat de mariage,* 1872 s. — S. *eod.* vᵉ, 665 s.

Art. 874. La renonciation de la femme à la communauté sera faite au greffe du tribunal saisi de la demande en séparation. — *Pr.* 997; *Civ.* 1453, 1457; *Com.* 65, 67.

R. vᵉ *Contrat de mariage,* 2134 s. — S. *eod.* vᵉ, 748 s.

TITRE NEUVIÈME.

De la séparation de corps et du divorce.

Art. 875. L'époux qui voudra se pourvoir en séparation de corps sera tenu de présenter au président du tribunal de son domicile, requête contenant sommairement les faits; il y joindra les pièces à l'appui, s'il y en a. — *Pr.* 865; *Civ.* 236, 306 s., 311.

Art. 876. La requête sera répondue d'une ordonnance portant que les parties comparaîtront devant le président au jour qui sera indiqué par ladite ordonnance. — *Pr.* 119, 877 s.; *Civ.* 238.

[*Les règles relatives à la procédure en matière de divorce et de séparation de corps ont été déterminées par la loi du 18 avril 1886 (D. P. 86. 4. 27 ; — et C. civ. art. 234 à 252, et 307) qui a modifié les art. 234 à 252, et l'art. 307 du C. civ.; mais le nouvel art. 234 c. civ. n'est pas déclaré applicable à la demande de séparation de corps par l'art. 307; cette demande reste donc régie par les articles 875 et 876 du Code de procédure civile.*]

R. vᵉ *Sépar. de corps,* 90 s. — S. vᵉ *Div. et sépar. de corps,* 132 s.

Art. 877. Les parties seront tenues de comparaître en personne, sans pouvoir se faire assister d'avoués ni de conseils. — *Civ.* 238.

R. vᵉ *Sépar. de corps,* 96 s. — S. vᵉ *Div. et sépar. de corps,* 155 s.

Art. 878. Le président fera aux deux époux les représentations qu'il croira propres à opérer un rapprochement; s'il ne peut y parvenir, il rendra, ensuite de la première

ordonnance, une seconde portant qu'att[e] qu'il n'a pu concilier les parties, il les voie à se pourvoir, sans citation préala[au bureau de conciliation; il autorisera la même ordonnance les époux à proc[sur la demande, et à se retirer provise[ment dans telle maison dont les partie ront convenues, ou qu'il indiquera d'of[que les effets à l'usage jou[lier de la femme lui seront remis. Les mandes en provision seront portées à dience. — *Pr.* 49, 861; *Civ.* 209, 259, 2[

R. vᵉ *Sépar. de corps,* 107 s., 120 s.; R[133 s. — S. vᵉ *Div. et sépar. de corps,* 177 s.,

Art. 879. La cause sera instruite les formes établies pour les autres deman[et jugée sur les conclusions du mini[public. — *Pr.* 83; 112; *Civ.* 307.

R. vᵉ *Sépar. de corps,* 114 s., 236 s., 265 s., — S. vᵉ *Div. et sépar. de corps,* 220 s., 411 s., 4 488 s.

Art. 880. Extrait du jugement qui noncera la séparation sera inséré aux[bleaux exposés tant dans l'auditoire des bunaux que dans les chambres d'avou[notaires, ainsi qu'il est dit article 87[*Pr.* 872 s.; *Civ.* 311; *Com.* 66.

R. vᵉ *Sépar. de corps,* 115. — S. vᵉ *Div. et s[de corps,* 523.

Art. 881. *Abrogé par L. 18 avr.* [

TITRE DIXIÈME.

Des avis de parents.

Art. 882. Lorsque la nomination tuteur n'aura pas été faite en sa prése[elle lui sera notifiée, à la diligence membre de l'assemblée qui aura été dé[par elle; ladite notification sera faite les trois jours avant la délibération, outre jour par trois myriamètres de distance e[le lieu où s'est tenue l'assemblée et le d[cile du tuteur. — *Pr.* 895, 968, 1033; 406 s., 438 s.

L'article 882 est modifié par l'article 1033 nou[(L.3 mai 1862) qui porte le délai de distance à un[cinq myriamètres.

R. vᵉ *Minorité,* 743 s. — S. *eod.* vᵉ, 673 s.

Art. 883. Toutes les fois que les d[rations du conseil de famille ne seront unanimes, l'avis de chacun des membres [le composent sera mentionné dans le pro[verbal.

Le tuteur, subrogé tuteur ou curat[même les membres de l'assemblée, pour[se pourvoir contre la délibération; ils for[ront leur demande contre les membres [auront été d'avis de la délibération, [qu'il soit nécessaire d'appeler en concilia[— *Pr.* 49-7ᵒ, 888; *Civ.* 405, 415.

Art. 884. La cause sera jugée som[rement. — *Pr.* 404 s., 543.

R. vᵉ *Minorité,* 225 s., 743 s. — S. *eod.* vᵉ, 1[673 s.

Art. 885. Dans tous les cas où il s[d'une délibération sujette à homologat[une expédition de la délibération sera [sentée au président, lequel, par ordonna[au bas de ladite délibération, ordonner[communication au ministère public, et [mettra un juge pour en faire le rappo[jour indiqué. — *Pr.* 83, 954; *Civ.* 458,[

Art. 886. Le procureur du Roi [*le* cureur de la République*]* donnera ses c[clusions au bas de ladite ordonnance minute du jugement d'homologation [mise à la suite desdites conclusions, s[même cahier. — *Civ.* 448, 457 s., 483.

Art. 887. Si le tuteur, ou autre cha[de poursuivre l'homologation, ne le fait [le délai fixé par la délibération, ou, à dé[de fixation, dans le délai de quinzaine, [

es membres de l'assemblée pourra pour-
ivre l'homologation contre le tuteur, et aux
ais de celui-ci, sans répétition. — *Pr.* 132,
29.

Art. 888. Ceux des membres de l'assem-
ée qui croiront devoir s'opposer à l'homo-
gation, le déclareront, par acte extra-judi-
aire, à celui qui est chargé de la pour-
ivre; et s'ils n'ont pas été appelés, ils
urront former opposition au jugement. —
r. 883, 889.

Art. 889. Les jugements rendus sur dé-
ération du conseil de famille seront sujets
l'appel. — *Pr.* 443; *Civ.* 448.

R. v° *Minorité*, 263 s. — S. *eod.* v°, 189 s.

TITRE ONZIÈME.
De l'interdiction.

Art. 890. Dans toute poursuite d'inter-
ction, les faits d'imbécillité, de démence
a de fureur, seront énoncés dans la requête
ésentée au président du tribunal; on y
indra les pièces justificatives, et l'on indi-
uera les témoins — *Pr.* 49-1°, 252; *Civ.*
9 s., 493.

R. v° *Interdiction*, 52 s. — S. *eod.* v°, 38 s.

Art. 891. Le président du tribunal or-
onnera la communication de la requête au
inistère public, et commettra un juge pour
ire rapport à jour indiqué. — *Pr.* 83, 885,
2 s.; Civ. 515.

R. v° *Interdiction*, 62 s. — S. *eod.* v°, 46 s.

Art. 892. Sur le rapport du juge et les
onclusions du procureur du Roi [*du procu-
eur de la République*], le tribunal ordon-
era que le conseil de famille, formé selon
mode déterminé par le Code civil, sec-
on IV du chapitre II, au titre *De la mino-
té, de la tutelle et de l'émancipation*,
onnera son avis sur l'état de la personne
ont l'interdiction est demandée. — *Pr.* 883 s.;
iv. 406 s., 494 s.

R. v° *Interdiction*, 66 s. — S. *eod.* v°, 49 s.

Art. 893. La requête et l'avis du conseil
e famille seront signifiés au défendeur avant
u'il soit procédé à son interrogatoire.
Si l'interrogatoire et les pièces produites
ont insuffisants, et si les faits peuvent être
ustifiés par témoins, le tribunal ordonnera,
il y a lieu, l'enquête, qui se fera en la
rme ordinaire.
Il pourra ordonner, si les circonstances
exigent, que l'enquête sera faite hors de la
ésence du défendeur; mais, dans ce cas,

son conseil pourra le représenter.—*Pr.* 252 s.;
Civ. 496.

R. v° *Interdiction*, 86 s. — S. *eod.* v°, 70 s.

Art. 894. L'appel interjeté par celui
dont l'interdiction aura été prononcée sera
dirigé contre le provoquant.
L'appel interjeté par le provoquant, ou par
un des membres de l'assemblée, le sera contre
celui dont l'interdiction aura été provoquée.
En cas de nomination de conseil, l'appel
de celui auquel il aura été donné sera dirigé
contre le provoquant. — *Pr.* 443 s.; *Civ.*
500, 513.

R. v° *Interdiction*, 134 s. — S. *eod.* v°, 102 s.

Art. 895. S'il n'y a pas d'appel du jugement d'interdiction, ou s'il est confirmé sur
l'appel, il sera pourvu à la nomination d'un
tuteur et d'un subrogé tuteur à l'interdit,
suivant les règles prescrites au titre *Des avis
de parents*.
L'administrateur provisoire nommé en exécution de l'article 497 du Code civil cessera
ses fonctions, et rendra compte au tuteur,
s'il ne l'est pas lui-même. — *Pr.* 527 s., 882 s.;
Civ. 405 s., 420 s., 427 s., 505.

R. v° *Interdiction*, 145 s. — S. *eod.* v°, 118 s.

Art. 896. (*L.* 16 *mars* 1893.) Le jugement qui prononcera défense de plaider,
transiger, emprunter, recevoir un capital
mobilier, ou en donner décharge, aliéner ou
hypothéquer sans assistance de conseil, sera
affiché et inscrit au greffe dans la forme
prescrite par l'article 501 du Code civil.

§ 1. LÉGISLATION ANTÉRIEURE A LA LOI DU
16 MARS 1893 : R. v° *Interdiction*, 236 s. —
S. *eod.* v°, 184 s.
§ 2. LOI DU 16 MARS 1893 : D. P. 93. 4. 38.

Art. 897. (*L.* 16 *mars* 1893.) Les demandes en mainlevée d'interdiction ou de
conseil judiciaire seront soumises, quant à
l'instruction et au jugement, et quant à la
publicité de la décision, aux mêmes règles
que les demandes en interdiction ou nomination de conseil.

Loi du 16 *mars* 1893 : D. P. 93. 4. 38.
*Sur la publicité à donner aux décisions prononçant une
interdiction ou nommant un conseil judiciaire, V. le décret du 9 mai 1893 (D. P. 93. 4. 51).*

TITRE DOUZIÈME.
Du bénéfice de cession.

[*Par suite de l'abolition de la contrainte par corps en
matière civile et commerciale, en vertu de la loi du 22 juillet 1867 (D. P. 67. 4. 75), la cession de biens judiciaire n'a
plus lieu que dans des cas exceptionnels.*]

Art. 898. Les débiteurs qui seront dans
le cas de réclamer la cession judiciaire ac-

cordée par l'article 1268 du Code civil seront
tenus, à cet effet, de déposer au greffe du tribunal où la demande sera portée, leur bilan,
leurs livres, s'ils en ont, et leurs titres actifs.
— *Pr.* 800-3°; *Civ.* 1265, 1945; *Com.* 541.

Art. 899. Le débiteur se pourvoira devant le tribunal de son domicile. — *Com.*
59, 61.

Art. 900. La demande sera communiquée au ministère public; elle ne suspendra
l'effet d'aucune poursuite, sauf aux juges à
ordonner, parties appelées, qu'il sera sursis
provisoirement. — *Pr.* 83 s.

Art. 901. Le débiteur admis au bénéfice de cession sera tenu de réitérer sa cession en personne, et non par procureur, ses
créanciers appelés, à l'audience du tribunal
de commerce de son domicile; et s'il n'y en
a pas, à la maison commune, un jour de
séance : la déclaration du débiteur sera constatée, dans ce dernier cas, par procès-verbal
de l'huissier, qui sera signé par le maire. —
Pr. 1039; *Civ.* 1270; *Com.* 635.

Art. 902. Si le débiteur est détenu, le
jugement qui l'admettra au bénéfice de cession ordonnera son extraction, avec les précautions, en tel cas requises et accoutumées,
à l'effet de faire sa déclaration conformément
à l'article précédent. — *Pr.* 800-3°, 901;
Civ. 1270.

Art. 903. Les nom, prénoms, profession
et demeure du débiteur, seront insérés dans
un tableau placé à ce destiné, placé dans
l'auditoire du tribunal de commerce de son
domicile, ou du tribunal de première instance qui en fait les fonctions, et dans le lieu
des séances de la maison commune. — *Pr.*
867, 872.

Art. 904. Le jugement qui admettra au
bénéfice de cession, vaudra pouvoir aux
créanciers, à l'effet de faire vendre les biens
meubles et immeubles du débiteur; et il sera
procédé à cette vente dans les formes prescrites pour les héritiers sous bénéfice d'inventaire. — *Pr.* 617, 945, 953, 987; *Civ.* 1269.

Art. 905. Ne pourront être admis au
bénéfice de cession, les étrangers, les stellionataires, les banqueroutiers frauduleux, les
personnes condamnées pour cause de vol ou
d'escroquerie, ni les personnes comptables;
tuteurs, administrateurs et dépositaires. —
Civ. 1268, 1945, 2059; *Com.* 541, 591, 612;
Pén. 379, 401 s., 405.

Art. 906. Il n'est au surplus rien pré-
jugé, par les dispositions du présent titre, à
l'égard du commerce, aux usages duquel il
n'est, quant à présent, rien innové. — *Com.*
539, 541.

R. v° *Obligat.*, 2319 s.

LIVRE DEUXIÈME.

PROCÉDURES RELATIVES A L'OUVERTURE D'UNE SUCCESSION.

Décrété le 26 avril 1806, et promulgué le 6 mai suivant.

TITRE PREMIER.
De l'apposition des scellés après décès.

Art. 907. Lorsqu'il y aura lieu à l'apposition des scellés après décès, elle sera faite
par les juges de paix, et, à leur défaut, par
leurs suppléants.
(*L.* 2 *juillet* 1909.) En cas d'empêchement ou d'urgence, le juge de paix pourra déléguer le greffier pour des opérations de scel-

lés. Cette délégation n'est susceptible d'aucun
recours et sera affranchie de l'enregistrement. — *Pr.* 135-1°, 591, 912, 924 s., 928;
Civ. 270, 451, 601, 769, 810, 819, 1031,
1034; *Com.* 455 s.; *Pén.* 249 s.

R. v° *Scellés et invent.*, 13 s., 63 s. — S. *eod.* v°,
2 s., 34. — D. P. 1904, 4° partie; Bull. Dalloz,
1909.
V. 1° le décret du 31 décembre 1886, relatif à l'apposition
des scellés lors du décès d'un officier de la marine en
activité de service (D. P. 87. 4. 62); 2° le décret du 22 janvier 1880, réglant les conditions dans lesquelles peuvent

être apposés les scellés au décès des officiers de l'armée de
terre (D. P. 91. 4. 18).

Art. 908. Les juges de paix et leurs
suppléants se serviront d'un sceau particulier, qui restera entre leurs mains, et dont
l'empreinte sera déposée au greffe du tribunal de première instance.

R. v° *Scellés et invent.*, 67.

Art. 909. L'apposition des scellés pourra
être requise :

1° Par tous ceux qui prétendront droit dans la succession ou dans la communauté;

2° Par tous créanciers fondés en titre exécutoire, ou autorisés par une permission, soit du président du tribunal de première instance, soit du juge de paix du canton où le scellé doit être apposé;

3° Et en cas d'absence, soit du conjoint, soit des héritiers, ou de l'un d'eux, par les personnes qui demeuraient avec le défunt, et par ses serviteurs et domestiques. — *Pr.* 930; *Civ.* 819 s., 1166.

R. v° *Scellés et invent.*, 28 s. — S. *eod.* v°, 14 s. — T. (87-97), *cod.* v°, 1 s.

Art. 910. Les prétendants droit et les créanciers mineurs émancipés pourront requérir l'apposition des scellés sans l'assistance de leur curateur.

S'ils sont mineurs non émancipés, et s'ils n'ont pas de tuteur, ou s'il est absent, elle pourra être requise par l'un d'eux parents. — *Pr.* 929; *Civ.* 405 s., 481.

R. v° *Scellés et invent.*, 47 s.

Art. 911. Le scellé sera apposé, soit à la diligence du ministère public, soit sur la déclaration du maire ou adjoint de la commune, et même d'office par le juge de paix :

1° Si le mineur est sans tuteur, et que le scellé ne soit pas requis par un parent;

2° Si le conjoint, ou si les héritiers ou l'un d'eux, sont absents;

3° Si le défunt était dépositaire public; auquel cas le scellé ne sera apposé que pour raison de ce dépôt et sur les objets qui le composent. — *Pr.* 83 s., 112, 914-4°, 929.

R. v° *Scellés et invent.*, 15 s., 30 s.; *Succession*, 1639 s. — S. v° *Scellés et invent.*, 2.

Art. 912. Le scellé ne pourra être apposé que par le juge de paix des lieux ou par ses suppléants. — *Pr.* 907, 911.

R. v° *Scellés et invent.*, 15, 63 s. — S. *eod.* v°, 34.

Art. 913. Si le scellé n'a pas été apposé avant l'inhumation, le juge constatera, par son procès-verbal, le moment où il a été requis de l'apposer, et les causes qui ont retardé soit la réquisition, soit l'apposition. — *Pr.* 914.

R. v° *Scellés et invent.*, 53 s. — S. *eod.* v°, 31 s.

Art. 914. Le procès-verbal d'apposition contiendra :

1° La date des an, mois, jour et heure;

2° Les motifs de l'apposition;

3° Les noms, profession et demeure du requérant, s'il y en a, et son élection de domicile dans la commune où le scellé est apposé, s'il n'y demeure;

4° S'il n'y a pas de partie requérante, le procès-verbal énoncera que le scellé a été apposé d'office sur le réquisitoire ou sur la déclaration de l'un des fonctionnaires dénommés dans l'article 911;

5° L'ordonnance qui permet le scellé, s'il en a été rendu;

6° Les comparutions et dires des parties;

7° La désignation des lieux, bureaux, coffres, armoires, sur les ouvertures desquels le scellé a été apposé;

8° Une description sommaire des effets qui ne sont pas mis sous les scellés;

9° Le serment, lors de la clôture de l'apposition, par ceux qui demeurent dans le lieu, qu'ils n'ont rien détourné, vu ni su qu'il ait été rien détourné directement ni indirectement;

10° L'établissement du gardien présenté, s'il a les qualités requises; sauf, s'il ne les a pas, ou s'il n'en est pas présenté, à en établir un d'office par le juge de paix. — *Pr.* 596, 924, 943-8°; *Civ.* 792, 801, 1357, 1460, 1477.

V. le décret du 10 brumaire an XIV, qui prescrit les formalités pour les procès-verbaux de scellés, d'inventaire, etc. (R. v° *Scellés et invent.*, p. 705.)

R. v° *Scellés et invent.*, 67 s.

Art. 915. Les clefs des serrures sur lesquelles le scellé a été apposé resteront, jusqu'à sa levée, entre les mains du greffier de la justice de paix, lequel fera mention, sur le procès-verbal, de la remise qui lui en aura été faite; et ne pourront le juge ni le greffier aller, jusqu'à la levée, dans la maison où est le scellé, à peine d'interdiction, à moins qu'ils n'en soient requis, ou que leur transport n'ait été précédé d'une ordonnance motivée.

Art. 916. Si, lors de l'apposition, il est trouvé un testament ou autres papiers cachetés, le juge de paix en constatera la forme extérieure, le sceau et la suscription, s'il y en a, parafera l'enveloppe avec les parties présentes, si elles le savent ou le peuvent, et indiquera les jour et heure où le paquet sera par lui présenté au président du tribunal de première instance : il fera mention du tout sur son procès-verbal, lequel sera signé des parties, sinon mention sera faite de leur refus. — *Pr.* 914, 917 s.; 920; *Civ.* 970, 976, 1007.

Art. 917. Sur la réquisition de toute partie intéressée, le juge de paix fera, avant l'apposition du scellé, la perquisition du testament dont l'existence sera annoncée; et, s'il le trouve, il procédera ainsi qu'il est dit ci-dessus. — *Pr.* 916, 920.

Art. 918. Aux jour et heure indiqués, sans qu'il soit besoin d'aucune assignation, les paquets trouvés cachetés seront présentés par le juge de paix au président du tribunal de première instance, lequel en fera l'ouverture, en constatera l'état, et en ordonnera le dépôt si le contenu concerne la succession. — *Pr.* 916, 920; *Civ.* 1007.

Art. 919. Si les paquets cachetés paraissent, par leur suscription, ou par quelque autre preuve écrite, appartenir à des tiers, le président du tribunal ordonnera que ces tiers seront appelés dans un délai qu'il fixera, pour qu'ils puissent assister à l'ouverture : il la fera au jour indiqué, en leur présence, ou à leur défaut; et si les paquets sont étrangers à la succession, il les leur remettra sans en faire connaître le contenu, ou les cachettera de nouveau pour leur être remis à leur première réquisition. — *Pr.* 939.

Art. 920. Si un testament est trouvé ouvert, le juge de paix en constatera l'état, et observera ce qui est prescrit en l'article 916.

Art. 921. Si les portes sont fermées, s'il se rencontre des obstacles à l'apposition des scellés, s'il s'élève, soit avant, soit pendant le scellé, des difficultés, il y sera statué en référé par le président du tribunal. A cet effet, il sera sursis, et établi par le juge de paix garnison extérieure, même intérieure, si le cas y échet; et il en référera sur-le-champ au président du tribunal.

Pourra néanmoins le juge de paix, s'il y a péril dans le retard, statuer par provision, sauf à en référer ensuite au président du tribunal. — *Pr.* 587, 806 s., 829, 922.

Art. 922. Dans tous les cas où il sera référé par le juge de paix au président du tribunal, soit en matière de scellé, soit en autre matière, ce qui sera fait et ordonné sera constaté sur le procès-verbal dressé par le juge de paix; le président signera ses ordonnances sur ledit procès-verbal. — *Pr.* 135-2°, 809, 811, 914 s.

R. v° *Scellés et invent.*, 74 s.; *Référé*, 125 s. — S. v° *Scellés et invent.*, 36 s.

Art. 923. Lorsque l'inventaire sera parachevé, les scellés ne pourront être apposés, à moins que l'inventaire ne soit attaqué, et qu'il ne soit ainsi ordonné par le président du tribunal.

Si l'apposition des scellés est requise pendant le cours de l'inventaire, les scellés ne seront apposés que sur les objets non inventoriés. — *Pr.* 944 s.

R. v° *Scellés et invent.*, 25, 58.

Art. 924. S'il n'y a aucun effet mobilier, le juge de paix dressera un procès-verbal de carence.

S'il y a des effets mobiliers, qui soient nécessaires à l'usage des personnes qui restent dans la maison, ou sur lesquels le scellé ne puisse être mis, le juge de paix fera un procès-verbal contenant description sommaire desdits effets. — *Pr.* 588, 627, 675; 914-8°.

R. v° *Scellés et invent.*, 71.

Art. 925. Dans les communes où la population est de vingt mille âmes et au-dessus, il sera tenu au greffe du tribunal de première instance, un registre d'ordre pour les scellés, sur lequel seront inscrits, d'après la déclaration que les juges de paix de l'arrondissement seront tenus d'y faire parvenir dans les vingt-quatre heures de l'apposition : 1° les noms et demeures des personnes sur les effets desquelles le scellé aura été apposé; 2° le nom et la demeure du juge qui a fait l'apposition; 3° le jour où elle a été faite.

R. v° *Scellés et invent.*, 72. — S. *eod.* v°, 354.

TITRE DEUXIÈME.

Des oppositions aux scellés.

Art. 926. Les oppositions aux scellés pourront être faites, soit par une déclaration sur le procès-verbal de scellés, soit par exploit signifié au greffier du juge de paix. — *Pr.* 68, 912, 931 s., 1039; *Civ.* 821.

Art. 927. Toutes oppositions à scellés contiendront, à peine de nullité, outre les formalités communes à tout exploit :

1° Election de domicile dans la commune ou dans l'arrondissement de la justice de paix où le scellé est apposé, si l'opposant n'y demeure pas;

2° L'énonciation précise de la cause de l'opposition. — *Pr.* 61 s.

R. v° *Scellés et invent.*, 85 s.; *Référé*, 126. — S. v° *Scellés et invent.*, 41 s.

TITRE TROISIÈME.

De la levée du scellé.

Art. 928. Le scellé ne pourra être et l'inventaire fait que trois jours après l'inhumation, s'il a été apposé auparavant, et trois jours après l'apposition, si elle a été faite depuis l'inhumation, à peine de nullité des procès-verbaux de levée de scellés et inventaire, et des dommages et intérêts contre ceux qui les auront faits et requis : le tout, à moins que, pour des causes urgentes, et dont il sera fait mention dans son ordonnance, il n'en soit autrement ordonné par le président du tribunal de première instance. Dans ce cas, si les parties qui ont droit d'assister à la levée ne sont pas présentes, il sera appelé pour elles, tant à la levée qu'à l'inventaire, un notaire nommé d'office par le président. — *Pr.* 135, 806, 936, 940; *Com.* 479.

Art. 929. Si les héritiers ou quelques-uns d'eux sont mineurs non émancipés, il ne sera pas procédé à la levée des scellés, qu'ils n'aient été, ou préalablement pourvus de tuteurs, ou émancipés. — *Pr.* 882. s., 911; *Civ.* 405 s., 476 s., 509.

Art. 930. Tous ceux qui ont droit de faire apposer les scellés pourront en requérir la levée, excepté ceux qui ne les ont fait apposer qu'en exécution de l'article 909, n° 3 ci-dessus. — *Pr.* 910 s., 940; *Com.* 479.

Art. 931. Les formalités pour parvenir à la levée des scellés seront :

1° Une réquisition à cet effet consignée sur procès-verbal du juge de paix;

2° Une ordonnance du juge, indicative des jour et heure où la levée sera faite;

3° Une sommation d'assister à cette levée, faite au conjoint survivant, aux présomptifs héritiers, à l'exécuteur testamentaire, aux légataires universels et à titre universel, s'ils sont connus, et aux opposants.

Il ne sera pas besoin d'appeler les intéressés demeurant hors de la distance de cinq myriamètres; mais on appellera pour eux, la levée et à l'inventaire, un notaire nommé d'office par le président du tribunal de première instance.

Les opposants seront appelés aux domiciles par eux élus. — *Pr.*, 927, 936, 942, 947; *iv.* 113, 724, 1003 s., 1010 s., 1025 s.

Art. 932. Le conjoint, l'exécuteur testamentaire, les héritiers, les légataires universels, et ceux à titre universel, pourront assister à toutes les vacations de la levée du scellé et de l'inventaire, en personne ou par un mandataire.

Les opposants ne pourront assister, soit en personne, soit par un mandataire, qu'à la première vacation : ils seront tenus de se faire représenter, aux vacations suivantes, par un seul mandataire pour tous, dont ils conviendront; sinon il sera nommé d'office par le juge.

Si, parmi ces mandataires, se trouvent des fondés du tribunal de première instance du ressort, ils justifieront de leurs pouvoirs par la représentation du titre de leur partie; et avoué le plus ancien, suivant l'ordre du tableau, des créanciers fondés en titres authentiques, assistera de droit pour tous les opposants : si aucun des créanciers n'est fondé en titre authentique, l'avoué le plus ancien des opposants fondés en titre privé assistera. L'ancienneté sera définitivement réglée à la première vacation. — *Pr.*, 529, 936, 934.

Art. 933. Si l'un des opposants avait des intérêts différents de ceux des autres, ou des intérêts contraires, il pourra assister en personne, ou par un mandataire particulier, à ses frais.

Art. 934. Les opposants pour la conservation des droits de leur débiteur ne pourront assister à la première vacation, ni concourir au choix d'un mandataire commun pour les autres vacations. — *Pr.*, 775, 932; *iv.* 1166 s.

Art. 935. Le conjoint commun en biens, les héritiers, l'exécuteur testamentaire, et les légataires universels ou à titre universel, pourront convenir du choix d'un ou deux notaires, et d'un ou deux commissaires-priseurs ou experts; s'ils n'en conviennent pas, il sera procédé, suivant la nature des objets, par un ou deux notaires, commissaires-priseurs, ou experts, nommés d'office par le président du tribunal de première instance.

Les experts prêteront serment devant le juge de paix. — *Pr.*, 305 s.

Art. 936. Le procès-verbal de levée contiendra : 1° la date; 2° les nom, profession, demeure et élection de domicile du requérant; 3° l'énonciation de l'ordonnance délivrée pour la levée; 4° l'énonciation de la sommation prescrite par l'article 931, ci-dessus; 5° les comparutions et dires des parties; 6° la nomination des notaires, commissaires-priseurs et experts qui doivent opérer; 7° la reconnaissance des scellés, s'ils sont sains et entiers; s'ils ne le sont pas, l'état des altérations, sauf à se pourvoir ainsi qu'il appartiendra pour raison desdites altérations; 8° les réquisitions à fin de perquisitions, et toutes autres demandes sur lesquelles il y aura lieu de statuer. — *Pr.*, 914, 17, 930 s., 937 s.; *Pén.* 249 s.

Art. 937. Les scellés seront levés successivement, et au fur et à mesure de la confection de l'inventaire : ils seront réapposés à la fin de chaque vacation. — *Pr.*, 941 s.; *Com.* 480.

Art. 938. On pourra réunir les objets de même nature, pour être inventoriés successivement suivant leur ordre; ils seront, dans ce cas, replacés sous les scellés.

Art. 939. S'il est trouvé des objets et papiers étrangers à la succession et réclamés par des tiers, ils seront remis à qui il appartiendra; s'ils ne peuvent être remis à l'instant, et qu'il soit nécessaire d'en faire la description, elle sera faite sur le procès-verbal des scellés, et non sur l'inventaire. — *Pr.*, 914, 919, 943.

Art. 940. Si la cause de l'apposition des scellés cesse avant qu'ils soient levés, ou pendant le cours de leur levée, ils seront levés sans description. — *Pr.* 907 s., 928 s.

R. v° *Scellés et invent.*, 94 s., 180 s., 247; *Référé*, 128 s. — S. v° *Scellés et invent.*, 43 s., 68 s. — T. (87-97), *eod.* v°, 11 s.

TITRE QUATRIÈME.

De l'inventaire.

Art. 941. L'inventaire peut être requis par ceux qui ont droit de requérir la levée du scellé. — *Pr.* 909 s., 930, 942.

R. v° *Scellés et invent.*, 196 s. — S. cod. v°, 71 s. — T. (87-97), v° *Inventaire*, 1 s.

Art. 942. Il doit être fait en présence : 1° du conjoint survivant; 2° des héritiers présomptifs; 3° de l'exécuteur testamentaire si le testament est connu; 4° des donataires, et légataires universels ou à titre universel, soit en propriété, soit en usufruit, ou avec dûment appelés, s'ils demeurent dans la distance de cinq myriamètres : s'ils demeurent au delà, il sera appelé, pour tous les absents, un seul notaire, nommé par le président du tribunal de première instance, pour représenter les parties appelées et défaillantes. — *Pr.* 931-3°, 936, 947; *Civ.* 113.

R. v° *Scellés et invent.*, 201 s. — S. cod. v°, 73 s.

Art. 943. Outre les formalités communes à tous les actes devant notaires, l'inventaire contiendra :

1° Les noms, professions et demeures des requérants, des comparants, des défaillants et des absents, s'ils sont connus, du notaire appelé pour les représenter, des commissaires-priseurs et experts; et la mention de l'ordonnance qui commet le notaire pour les absents et défaillants;

2° L'indication des lieux où l'inventaire est fait;

3° La description et estimation des effets, laquelle sera faite à juste valeur et sans crue;

4° La désignation des qualités, poids et titre de l'argenterie;

5° La désignation des espèces en numéraire;

6° Les papiers seront cotés par première et dernière; ils seront parafés de la main d'un des notaires; s'il y a des livres et registres de commerce, l'état en sera constaté, les feuillets en seront pareillement cotés et parafés s'ils ne le sont; s'il y a des blancs dans les pages écrites, ils seront bâtonnés;

7° La déclaration des titres actifs et passifs;

8° La mention du serment prêté, lors de la clôture de l'inventaire, par ceux qui ont été en possession des objets avant l'inventaire ou qui ont habité la maison dans laquelle sont lesdits objets, qu'ils n'en ont détourné, vu détourner ni su qu'il en ait été détourné aucun;

9° La remise des effets et papiers, s'il y a lieu, entre les mains de la personne dont on conviendra, ou qui, à défaut, sera nommée par le président du tribunal. — *Pr.* 588 s., 914, 936.

R. v° *Scellés et invent.*, 143, 181, 193, 201 s., 222 s. — S. cod. v°, 73 s., 76 s.

V. le décret du 10 brumaire an XIV, qui prescrit les formalités pour les procès-verbaux de scellés, d'inventaire, etc. (R. v° *Scellés et invent.*, p. 709).

Art. 944. Si, lors de l'inventaire, il s'élève des difficultés, ou s'il est formé des réquisitions pour l'administration de la communauté ou de la succession, ou pour autres objets, et qu'il n'y soit déféré par les autres parties, les notaires délaisseront les parties à se pourvoir en référé devant le président du tribunal de première instance; ils pourront en référer eux-mêmes, s'ils résident dans le canton où siège le tribunal : dans ce cas, le président mettra son ordonnance sur la minute du procès-verbal. — *Pr.* 806 s.

R. v° *Scellés et invent.*, 274 s., 283 s.; *Référé*, 115 s. — S. v° *Scellés et invent.*, 82 s., 86 s.

TITRE CINQUIÈME.

De la vente du mobilier.

Art. 945. Lorsque la vente des meubles dépendants d'une succession aura lieu en exécution de l'article 826 du Code civil, cette vente sera faite dans les formes prescrites au titre *Des saisies-exécutions*. — *Pr.* 617, 919 s., 989, 1000; *Civ.* 452, 796, 806, 815, 826.

Art. 946. Il y sera procédé sur la réquisition de l'une des parties intéressées, en vertu de l'ordonnance du président du tribunal de première instance, et par un officier public. — *Pr.* 910, 986, 989.

Art. 947. On appellera les parties ayant droit d'assister à l'inventaire, et qui demeureront ou auront élu domicile dans la distance de cinq myriamètres : l'acte sera signifié au domicile élu. — *Pr.* 931, 942, 950.

Art. 948. S'il s'élève des difficultés, il pourra être statué provisoirement en référé par le président du tribunal de première instance. — *Pr.* 806.

Art. 949. La vente se fera dans le lieu où sont les effets, s'il n'en est autrement ordonné. — *Pr.* 617, 620 s.

Art. 950. La vente sera faite tant en absence que présence, sans appeler personne pour les non-comparants. — *Pr.* 947, 951.

Art. 951. Le procès-verbal fera mention de la présence ou de l'absence du requérant. — *Pr.* 950.

Art. 952. Si toutes les parties sont majeures, présentes et d'accord, et qu'il n'y ait aucun tiers intéressé, elles ne seront obligées à aucune des formalités ci-dessus. — *Pr.* 953, 985.

R. v° *Vente publ. de meubles*, 72 s. — S. cod. v°, 57 s. — T. (87-97), *eod.* v°, 1 s.

En ce qui concerne : 1° la vente publique de meubles, V. C. pr. civ. ann., p. 1186 s.; et son Suppl., p. 334 s.; R. et S. v° *l'vente publique de meubles*, 1 s.; 2° la vente publique de récoltes, V. C. pr. civ. ann., p. 1193; et son Suppl., p. 335 s., R. et S. v° *Vente publique de récoltes*, 1 s.

TITRE SIXIÈME.

De la vente des biens immeubles appartenant à des mineurs.

(L. 2 juin 1841.)

Art. 953. La vente des immeubles appartenant à des mineurs ne pourra être ordonnée que d'après un avis de parents énonçant la nature des biens et leur valeur approximative.

Cet avis ne sera pas nécessaire si les biens appartiennent en même temps à des majeurs, et si la vente est poursuivie par eux. Il sera procédé alors conformément au titre *Des partages et licitations*. — *Pr.* 882 s., 966 s.; *Civ.* 405 s., 457 s.

Art. 954. Lorsque le tribunal homologuera cet avis, il déclarera, par le même jugement, que la vente aura lieu soit devant l'un des juges du tribunal à l'audience des criées, soit devant un notaire à cet effet commis.

Si les immeubles sont situés dans plusieurs arrondissements, le tribunal pourra commettre un notaire dans chacun de ces arrondissements, et même donner commission rogatoire à chacun des tribunaux de la situation de ces biens. — *Pr.* 743, 746, 957 s., 969, 1035; *Civ.* 457 s.

Art. 955. Le jugement qui ordonnera la vente déterminera la mise à prix de chacun des immeubles objet de la vente. Cette mise à prix sera réglée, soit d'après l'avis des parents, soit d'après les titres de propriété, soit d'après les baux authentiques ou sous seing privé ayant date certaine, et, à défaut de baux, d'après le rôle de la contribution foncière.

Néanmoins le tribunal pourra, suivant les circonstances, faire procéder à l'estimation totale ou partielle des immeubles.

Cette estimation aura lieu, selon l'importance et la nature des biens, par un ou trois experts que le tribunal commettra à cet effet. — *Pr.* 302 s., 997.

Art. 956. Si l'estimation a été ordonnée, l'expert ou les experts, après avoir prêté serment, soit devant le président du tribunal, soit devant un juge de paix commis par lui, rédigeront leur rapport, qui indiquera sommairement les bases de l'estimation, sans entrer dans le détail descriptif des biens à vendre.

La minute du rapport sera déposée au greffe du tribunal. Il n'en sera pas délivré d'expédition. — *Pr.* 307, 315, 318 s., 971.

R. vᵗ *Vente publ. d'imm.*, 1963 s. — S. *eod.* vᵗ, 448 s.

Art. 957. Les enchères seront ouvertes sur un cahier des charges déposé par l'avoué au greffe du tribunal, ou dressé par le notaire commis, et déposé dans son étude, si la vente doit avoir lieu devant notaire.

Ce cahier contiendra:

1° L'énonciation du jugement qui a autorisé la vente;

2° Celle des titres qui établissent la propriété;

3° L'indication de la nature ainsi que de la situation des biens à vendre, celle des corps d'héritage, de leur contenance approximative et de deux des tenants et aboutissants;

4° L'énonciation du prix auquel les enchères seront ouvertes, et les conditions de la vente. — *Pr.* 675, 690, 743, 958; *Civ.* 459.

R. vᵗ *Vente publ. d'imm.*, 2008 s. — S. *eod.* vᵗ, 458 s.

Art. 958. Après le dépôt du cahier des charges, il sera rédigé et imprimé des placards qui contiendront:

1° L'énonciation du jugement qui aura autorisé la vente;

2° Les noms, professions et domiciles du mineur, de son tuteur et de son subrogé tuteur;

3° La désignation des biens, telle qu'elle a été insérée dans le cahier des charges;

4° Le prix auquel seront ouvertes les enchères sur chacun des biens à vendre;

5° Les jour, lieu et heure de l'adjudication, ainsi que l'indication, soit du notaire et de sa demeure, soit du tribunal devant lequel l'adjudication aura lieu, et, dans tous les cas, de l'avoué du vendeur. — *Pr.* 699 s., 743, 836, 955, 964; *Civ.* 459.

Art. 959. Les placards seront affichés quinze jours au moins, trente jours au plus avant l'adjudication aux lieux désignés dans l'article 699, et, en outre, à la porte du no-

taire qui procédera à la vente; ce dont il sera justifié conformément au même article. — *Pr.* 713 s., 960.

Art. 960. Copie de ces placards sera insérée, dans le même délai, au journal indiqué par l'article 696, et dans celui qui aura été désigné par l'arrondissement où se poursuit la vente, si ce n'est pas l'arrondissement de la situation des biens.

Il en sera justifié conformément à l'article 698. — *Pr.* 743, 961.

Art. 961. Selon la nature et l'importance des biens, il pourra être donné à la vente une plus grande publicité, conformément aux articles 697 et 700.

R. vᵗ *Vente publ. d'imm.*, 2038 s. — S. *eod.* vᵗ, 465 s.

Art. 962. Le subrogé tuteur du mineur sera appelé à la vente, ainsi que le prescrit l'article 459 du Code civil; à cet effet, le jour, le lieu et l'heure de l'adjudication lui seront notifiés un mois d'avance, avec avertissement qu'il y sera procédé tant en son absence qu'en sa présence. — *Pr.* 743, 958-2°.

R. vᵗ *Vente publ. d'imm.*, 2033 s. — S. *eod.* vᵗ, 403 s.

Art. 963. Si, au jour indiqué pour l'adjudication, les enchères ne s'élèvent pas à la mise à prix, le tribunal pourra ordonner, sur simple requête en la chambre du conseil, que les biens seront adjugés au-dessous de l'estimation; l'adjudication sera remise à un délai fixé par le jugement, et qui ne pourra être moindre de quinzaine.

Cette adjudication sera encore indiquée par des placards et des insertions dans les journaux, comme il est dit ci-dessus, huit jours au moins avant l'adjudication. — *Pr.* 704, 737, 832, 959 s., 973, 988; *Pén.* 412.

R. vᵗ *Vente publ. d'imm.*, 2090 s. — S. *eod.* vᵗ, 475 s.

Art. 964. Sont déclarés communs au présent titre les articles 701, 705, 706, 707, 711, 712, 713, 733, 734, 735, 736, 737, 738, 739, 740, 741 et 742.

Néanmoins, si les enchères sont reçues par un notaire, elles pourront être faites par toutes personnes sans ministère d'avoué.

Dans le cas de vente devant notaire, s'il y a lieu à folle enchère, la poursuite sera portée devant le tribunal. Le certificat constatant que l'adjudicataire n'a pas justifié de l'acquit des conditions sera délivré par le notaire. Le procès-verbal d'adjudication sera déposé au greffe, pour servir d'enchère. — *Pr.* 838, 973, 988.

R. vᵗ *Vente publ. d'imm.*, 2069 s., 2081 s., 2089 s., 2116 s., 2126 s., 2172 s. — S. *eod.* vᵗ, 470 s., 473 s., 475 s., 481 s., 483 s.

Art. 965. Dans les huit jours qui suivront l'adjudication, toute personne pourra faire une surenchère du sixième, en se conformant aux formalités et délais réglés par les articles 708, 709 et 710 ci-dessus.

Lorsqu'une seconde adjudication aura eu lieu après la surenchère ci-dessus, aucune autre surenchère des mêmes biens ne pourra être reçue. — *Pr.* 832, 838, 973, 988.

R. vᵗ *Surenchère*, 29 s. — S. *eod.* vᵗ, 26 s.

TITRE SEPTIÈME.

Des partages et licitations.

Art. 966. Dans les cas des articles 823 et 838 du Code civil, lorsque le partage doit être fait en justice, la partie la plus diligente se pourvoira. — *Civ.* 465, 815, 817, 822 s., 882 s., 1314, 1467, 1672, 1686, 1872, 2205.

Art. 967. Entre deux demandeurs, la poursuite appartiendra à celui qui aura fait viser le premier l'original de son exploit par

le greffier du tribunal : ce visa sera daté du jour et de l'heure. — *Pr.* 1039.

Art. 968. Le tuteur spécial et particulier qui doit être donné à chaque mineur ayant des intérêts opposés sera nommé suivant les règles contenues au titre *Des avis de parents*. — *Pr.* 882 s.; *Civ.* 406 s., 838 s.

Art. 969. (*L.* 2 juin 1841.) Le jugement qui prononcera sur la demande en partage commettra, s'il y a lieu, un juge, conformément à l'article 823 du Code civil, et en même temps un notaire.

Si, dans le cours des opérations, le juge ou le notaire est empêché, le président du tribunal pourvoira au remplacement par une ordonnance sur requête, laquelle ne sera susceptible ni d'opposition ni d'appel. — *Pr.* 954 s., 1035.

Art. 970. (*L.* 2 juin 1841.) En prononçant sur cette demande, le tribunal ordonnera par le même jugement le partage, s'il peut avoir lieu, ou la vente par licitation, qui sera faite devant un membre du tribunal ou devant un notaire, conformément à l'article 954.

Le tribunal pourra, soit qu'il ordonne le partage, soit qu'il ordonne la licitation, déclarer qu'il y sera immédiatement procédé sans expertise préalable, même lorsqu'il y aura des mineurs en cause; dans le cas de licitation, le tribunal déterminera la mise à prix, conformément à l'article 955. — *Pr.* 977 s.; *Civ.* 1686 s.

Art. 971. (*L.* 2 juin 1841.) Lorsque le tribunal ordonnera l'expertise, il pourra commettre un ou trois experts, qui prêteront serment comme il est dit en l'article 956.

Les nominations et rapports d'experts seront faits suivant les formalités prescrites au titre *Des rapports d'experts*.

Les rapports d'experts présenteront sommairement les bases de l'estimation sans entrer dans le détail descriptif des biens à partager ou à liciter.

Le poursuivant demandera l'entérinement du rapport par un simple acte de conclusions d'avoué à avoué. — *Pr.* 302 s., 978, 1034 s.

Art. 972. (*L.* 2 juin 1841.) On se conformera, pour la vente, aux formalités prescrites dans le titre *De la vente des biens immeubles appartenant à des mineurs*, en ajoutant dans le cahier des charges:

Les noms, demeure et profession du poursuivant, les noms et demeure de son avoué;

Les noms, demeures et professions des colicitants et de leurs avoués. — *Pr.* 953 s., 957 s., 973; *Civ.* 102.

Art. 973. (*L.* 2 juin 1841.) Dans la huitaine du dépôt du cahier des charges au greffe ou chez le notaire, sommation sera faite, par un simple acte, aux colicitants, en l'étude de leurs avoués, d'en prendre communication.

S'il s'élève des difficultés sur le cahier des charges, elles seront vidées à l'audience, sans aucune requête, et sur un simple acte d'avoué à avoué.

Le jugement qui interviendra ne pourra être attaqué que par la voie de l'appel, dans les formes et délais prescrits par les articles 731 et 732 du présent Code.

Tout autre jugement sur les difficultés relatives aux formalités postérieures à la sommation de prendre communication du cahier des charges ne pourra être attaqué ni par opposition, ni par appel.

Si, au jour indiqué pour l'adjudication, les enchères ne couvrent pas la mise à prix, il sera procédé comme il est dit en l'article 963.

Dans les huit jours de l'adjudication, toute personne pourra surenchérir d'un sixième du prix principal, en se conformant aux conditions et aux formalités prescrites par les articles 708, 709 et 710. Cette surenchère produira le même effet que dans les ventes

s de mineurs. — *Pr.* 958 s., 965, 977;
2 s.

. 974. Lorsque la situation des im-
es aura exigé plusieurs expertises dis-
, et que chaque immeuble aura été
impartageable, il n'y aura cependant
u à licitation, s'il résulte du rappro-
nt des rapports que la totalité des
bles peut se partager commodément.
82 s., 832 s.

. 975. (*L. 2 juin* 1841.) Si la de-
en partage n'a pour objet que la divi-
n ou plusieurs immeubles sur les-
les droits des intéressés soient déjà
, les experts, en procédant à l'esti-
, composeront les lots ainsi qu'il est
t par l'article 466 du Code civil; et,
que leur rapport aura été entériné, les
ont tirés au sort, soit devant le juge-
saire, soit devant le notaire déjà
s par le tribunal, aux termes de l'ar-
9. — *Pr.* 978; *Civ.* 828.

. 976. (*L. 2 juin* 1841.) Dans les
cas, et notamment lorsque le tribunal
rdonné le partage sans faire procéder
apport d'experts, le poursuivant fera
r les copartageants de comparaître, au
adiqué, devant le notaire commis à
le procéder aux compte, rapport, for-
de masse, prélèvements, composition
ts et fournissements, ainsi qu'il est
é par le Code civil, article 828.
a sera de même après qu'il aura été
é à la licitation, si le prix de l'adju-
n doit être confondu avec d'autres
dans une masse commune de partage
ormer la balance entre les divers lots.
969 s.

. 977. Le notaire commis procédera
 sans l'assistance d'un second notaire
témoins : si les parties se font assister
 de lui d'un conseil, les honoraires de
seil n'entreront point dans les frais
tage, et seront à leur charge.
as de l'article 837 du Code civil, le
 rédigera en un procès-verbal séparé
cultés et dires des parties : ce procès-
sera, par lui, remis au greffe, et y sera

juge-commissaire renvoie les parties
ience, l'indication du jour où elles
t comparaître leur tiendra lieu d'ajour-
t.

c sera fait aucune sommation pour
raître soit devant le juge, soit à l'au-
. — *Pr.* 970, 972 s., 981.

. 978. Lorsque la masse du partage,
ports et prélèvements à faire par cha-
les parties intéressées, auront été éta-
ar le notaire, suivant les articles 829,
831 du Code civil, les lots seront faits
n des cohéritiers, s'ils sont tous ma-
s'ils s'accordent sur le choix, et si
qu'ils auront choisi accepte la commis-
dans le cas contraire, le notaire, sans
oit besoin d'aucune autre procédure,
ra les parties devant le juge-commis-
et celui-ci en nommera un expert. —
2, 975 s.; *Civ.* 834 s.

. 979. Le cohéritier choisi par les
s, ou l'expert nommé pour la forma-
es lots, en établira la composition par
pport qui sera reçu et rédigé par le
e à la suite des opérations précédentes.
. 978, 980 s.

. 980. Lorsque les lots auront été
et que les contestations sur leur for-
n, s'il y en a eu, auront été jugées, le
uivant fera sommer les copartageants
e se trouver, à jour indiqué, en
e du notaire, pour assister à la clôture
 procès-verbal, en entendre lecture,
signer avec lui, s'ils le peuvent et le
t. — *Civ.* 822, 835.

. 981. Le notaire remettra l'expédi-
u procès-verbal de partage à la partie

la plus diligente pour en poursuivre l'homologation par le tribunal : sur le rapport du
juge-commissaire, le tribunal homologuera
le partage, s'il y a lieu, les parties présentes,
ou appelées si toutes n'ont pas comparu à la
clôture du procès-verbal, et sur les conclusions du procureur du Roi [*du procureur de
la République*], dans le cas où la qualité des
parties requerra son ministère. — *Pr.* 83 s.;
Civ. 838.

Art. 982. Le jugement d'homologation
ordonnera le tirage des lots, soit devant le
juge-commissaire, soit devant le notaire,
lequel en fera la délivrance aussitôt après le
tirage. — *Pr.* 834, 842.

Art. 983. Soit le greffier, soit le notaire,
seront tenus de délivrer tels extraits, en tout
ou en partie, du procès-verbal de partage
que les parties intéressées requerront. —
Pr. 839 s.

Art. 984. Les formalités ci-dessus seront
suivies dans les licitations et partages tendant
à faire cesser l'indivision, lorsque des mineurs ou autres personnes non jouissant de
leurs droits civils y auront intérêt. — *Civ.*
819, 838, 1686 s.

Art. 985. Au surplus, lorsque tous les
copropriétaires ou cohéritiers seront majeurs,
jouissant de leurs droits civils, présents ou
dûment représentés, ils pourront s'abstenir
des voies judiciaires, ou les abandonner en
tout état de cause, et s'accorder pour procéder de telle manière qu'ils aviseront. — *Pr.*
952; *Civ.* 819.

R. vᵒ *Succession*, 1639 s.; *Vente publ. d'imm.*,
1994 s., 2007 s., 2057 s., 2068 s. — S. vᵒ *Succession*, 1054 s.; *Vente publ. d'imm.*, 453 s., 438 s.,
470 s.

TITRE HUITIÈME.
Du bénéfice d'inventaire.

Art. 986. Si l'héritier veut, avant de
prendre qualité, et conformément au Code
civil, se faire autoriser à procéder à la vente
d'effets mobiliers dépendants de la succession, il présentera, à cet effet, requête au
président du tribunal de première instance
dans le ressort duquel la succession est
ouverte.
La vente en sera faite par un officier public, après les affiches et publications ci-
dessus prescrites pour la vente du mobilier.
— *Pr.* 174, 617 s., 945 s., 1000; *Civ.* 796, 805.

Art. 987. (*L. 2 juin* 1841.) S'il y a lieu
à vendre des immeubles dépendant de la succession, l'héritier bénéficiaire présentera au
président du tribunal de première instance
du lieu de l'ouverture de la succession une
requête dans laquelle ces immeubles seront
désignés sommairement. Cette requête sera
communiquée au ministère public; ses conclusions et le rapport du juge nommé à
cet effet, il sera rendu jugement qui autorisera la vente et fixera la mise à prix, qui
ordonnera préalablement que les immeubles
seront vus et estimés par un expert nommé
d'office.
Dans ce dernier cas, le rapport de l'expert
sera entériné sur requête par le tribunal, et
sur les conclusions du ministère public le
tribunal ordonnera la vente. — *Pr.* 83, 112,
209, 302, 955 s., 991; *Civ.* 806; *Pén.* 412.

Art. 988. (*L. 2 juin* 1841.) Il sera procédé à la vente, dans chacun des cas ci-
dessus prévus, suivant les formalités prescrites
au titre *De la vente des biens immeubles
appartenant à des mineurs.*
Sont déclarés communs au présent titre,
les articles 701, 702, 705, 706, 707, 711, 712,
713, 733, 734, 735, 736, 737, 738, 739, 740,
741, 742, les deux derniers paragraphes de
l'article 964 et l'article 965 du présent Code.

L'héritier bénéficiaire sera réputé héritier
pur et simple, s'il a vendu des immeubles
sans se conformer aux règles prescrites par
le présent titre. — *Pr.* 953; *Civ.* 778, 796,
800 s., 806.

Art. 989. S'il y a lieu à faire procéder
à la vente du mobilier et des rentes dépendant de la succession, la vente sera faite suivant les formes prescrites pour la vente de
ces sortes de biens, à peine contre l'héritier
bénéficiaire d'être réputé héritier pur et
simple. — *Pr.* 643 s., 945; *Civ.* 796, 805 s.

Art. 990. Le prix de la vente du mobilier sera distribué par contribution entre les
créanciers opposants, suivant les formalités
indiquées au titre *De la distribution par
contribution.* — *Pr.* 656 s.; *Civ.* 808 s.

Art. 991. Le prix de la vente des immeubles sera distribué suivant l'ordre des
privilèges et hypothèques. — *Pr.* 749 s., 773;
Civ. 806, 2166.

Art. 992. Le créancier ou autre partie
intéressée qui voudra obliger l'héritier bénéficiaire à donner caution, lui fera faire sommation, à cet effet, par acte extrajudiciaire
signifié à personne ou domicile. — *Pr.* 517 s.;
Civ. 807, 2040 s.

Art. 993. Dans les trois jours de cette
sommation, outre un jour par trois myriamètres de distance entre le domicile de l'héritier et la commune où siège le tribunal, il
sera tenu de présenter caution au greffe du
tribunal de l'ouverture de la succession, dans
la forme prescrite pour les réceptions de
caution. — *Pr.* 518, 1033; *Civ.* 807.

L'article 993 est modifié par l'article 1033 *nouveau*
(L. 3 mai 1862), *qui porte le délai de distance à un jour
par cinq myriamètres.*

Art. 994. S'il s'élève des difficultés relativement à la réception de la caution, les
créanciers provoquants seront représentés
par l'avoué le plus ancien. — *Pr.* 520 s., 653,
661, 667, 719.

Art. 995. Seront observées pour la reddition du compte du bénéfice d'inventaire,
les formes prescrites au titre *Des redditions
de comptes.* — *Pr.* 527 s.; *Civ.* 803, 809.

Art. 996. Les actions à intenter par
l'héritier bénéficiaire contre la succession
seront intentées contre les autres héritiers;
et s'il n'y en a pas, ou qu'elles soient intentées par tous, elles le seront contre un curateur au bénéfice d'inventaire, nommé en la
même forme que le curateur à la succession
vacante. — *Pr.* 998 s.; *Civ.* 802, 812, 2258.

R. vᵒ *Succession*, 703 s. — S. eod. vᵒ, 575 s.

TITRE NEUVIÈME.
De la renonciation à la communauté,
de la vente des immeubles dotaux et
de la renonciation à la succession.
(*L. 2 juin* 1841.)

Art. 997. Les renonciations à communauté ou à succession seront faites au greffe
du tribunal dans l'arrondissement duquel la
dissolution de la communauté ou l'ouverture
de la succession se sera opérée, sur le registre prescrit par l'article 784 du Code civil,
et en conformité de l'article 1457 du même
Code, sans qu'il soit besoin d'autre formalité.
Lorsqu'il y aura lieu de vendre des immeubles dotaux dans les cas prévus par
l'article 1558 du Code civil, la vente sera
préalablement autorisée sur requête, par
jugement rendu en audience publique.
Seront, au surplus, applicables les articles 955, 956 et suivants du titre *De la
vente des biens immeubles appartenant à
des mineurs.* — *Pr.* 874; *Civ.* 1453, 1461,
1463, 1466.

TITRE DIXIÈME.

Du curateur à une succession vacante.

Art. 998. Lorsqu'après l'expiration des délais pour faire inventaire et pour délibérer, il ne se présente personne qui réclame une succession, qu'il n'y a pas d'héritiers connus, ou que les héritiers connus y ont renoncé, cette succession est réputée vacante; elle est pourvue d'un curateur, conformément à l'article 812 du Code civil. — *Civ.* 539, 723, 2258.

Art. 999. En cas de concurrence entre deux ou plusieurs curateurs, le premier nommé sera préféré sans qu'il soit besoin de jugement. — *Pr.* 967.

Art. 1000. Le curateur est tenu, avant tout, de faire constater l'état de la succession par un inventaire, si fait n'a été, et de faire vendre les meubles suivant les formalités prescrites aux titres *De l'inventaire* et *De la vente du mobilier.* — *Pr.* 941 s., 945 s.; *Civ.* 813 s.

Art. 1001. Il ne pourra être proce la vente des immeubles et rentes que vant les formes qui ont été prescrit titre *Du bénéfice d'inventaire.* — *Pr.* 9 989; *Civ.* 805, 813.

Art. 1002. Les formalités presc pour l'héritier bénéficiaire s'appliqu également au mode d'administration compte à rendre par le curateur à la cession vacante. — *Pr.* 986; *Civ.* 803, 8
R. v^o *Success.*, 976 s. — S. eod. v^o, 717 .T. (87-97), v^o *Success. vacante*, 1 s.

LIVRE TROISIÈME.

Décrété le 29 avril 1806, et promulgué le 9 mai suivant

TITRE UNIQUE.

Des arbitrages.

Art. 1003. Toutes personnes peuvent compromettre sur les droits dont elles ont la libre disposition. — *Civ.* 128, 217, 499, 513, 1124, 1449, 1538, 1554, 1576, 1989, 2044 s.; *Com.* 51, 63.
R. v^o *Arbitrage*, 45 s., 219 s. — S. eod. e^o, 7 s., 26 s. — T. (87-97), eod. v^o, 1 s. — V. aussi C. pr. civ. ann., art. 1003, n°s 1 s.; et son Suppl., n°s 9737 s.; C. ad., 4. 1, v^o *Commune*, p. 456, n°s 886 s.; 4. 2, v^o *Culte*, p. 211, n° 3211.

Art. 1004. On ne peut compromettre sur les dons et legs d'aliments, logement et vêtements; sur les séparations d'entre mari et femme, divorces, questions d'état, ni sur aucune des contestations qui seraient sujettes à communication au ministère public. — *Pr.* 83, 581 s.; *Civ.* 306, 467, 610, 1015, 1443, 1989.
R. v^o *Arbitrage*, 301 s. — S. eod. v^o, 31 s. — T. (87-97), eod. v^o, 11 s.

Art. 1005. Le compromis pourra être fait par procès-verbal devant les arbitres choisis, ou par acte devant notaire, ou sous signature privée. — *Pr.* 54; *Civ.* 1317 s.; 1989; *Com.* 53.
R. v^o *Arbitrage*, 365 s. — S. eod. v^o, 40 s. — T. (87-97), eod. v^o, 14 s.

Art. 1006. Le compromis désignera les objets en litige et les noms des arbitres, à peine de nullité. — *Pr.* 1027-2°, 1028-5°, 1029.
R. v^o *Arbitrage*, 328 s., 431 s., 494 s. — S. eod. v^o, 36 s., 46 s., 55 s. — T. (87-97), eod. v^o, 14 s. — V. aussi C. pr. civ. ann., art. 1006, n°s 1 s.; et son Suppl., n°s 9770 s.

Art. 1007. Le compromis sera valable, encore qu'il ne fixe pas de délai; et, en ce cas, la mission des arbitres ne durera que trois mois, du jour du compromis. — *Pr.* 1012, 1018, 1028, 1033; *Com.* 54.
R. v^o *Arbitrage*, 682 s. — S. eod. v^o, 68 s. — T. (87-97), eod. v^o, 37 s.

Art. 1008. Pendant le délai de l'arbitrage, les arbitres ne pourront être révoqués que du consentement unanime des parties. — *Pr.* 1014; *Civ.* 1134.
R. v^o *Arbitrage*, 564 s., 676 s. — S. eod. v^o, 56.

Art. 1009. Les parties et des arbitres suivront, dans la procédure, les délais et les formes établis pour les tribunaux, si les parties n'en sont autrement convenues. — *Pr.* 1027, 1033; *Civ.* 1134.
R. v^o *Arbitrage*, 694 s. — S. eod. v^o, 87 s.

Art. 1010. Les parties pourront, lors et depuis le compromis, renoncer à l'appel.

Lorsque l'arbitrage sera sur appel ou sur requête civile, le jugement arbitral sera définitif et sans appel. — *Pr.* 1023 s., 1028; *Com.* 52, 63.
R. v^o *Arbitrage*, 1267 s. — S. eod. v^o, 116 s.

Art. 1011. Les actes de l'instruction, et les procès-verbaux du ministère des arbitres, seront faits par tous les arbitres, si le compromis ne les autorise à commettre l'un d'eux. — *Pr.* 1009, 1027.
R. v^o *Arbitrage*, 903 s., 946.

Art. 1012. Le compromis finit: 1° par le décès, refus, déport ou empêchement d'un des arbitres, s'il n'y a clause qu'il sera passé outre, ou que le remplacement sera au choix des parties ou au choix de l'arbitre ou des arbitres restants; 2° par l'expiration du délai stipulé, ou de celui de trois mois s'il n'a pas été réglé; 3° par le partage, si les arbitres n'ont pas le pouvoir de prendre un tiers arbitre. — *Pr.* 118, 1007, 1014, 1017, 1028; *Civ.* 1134; *Com.* 54, 55, 59 s.
R. v^o *Arbitrage*, 578 s., 682 s., 935 s. — S. eod. v^o, 57 s.

Art. 1013. Le décès, lorsque tous les héritiers sont mineurs, n'a mettra pas fin au compromis: le délai pour instruire et juger sera suspendu pendant celui pour faire inventaire et délibérer. — *Pr.* 1007; *Civ.* 795 s., 1122, 1456 s.
R. v^o *Arbitrage*, 571, 584, 593 s. — S. eod. v^o, 57.

Art. 1014. Les arbitres ne pourront se déporter si leurs opérations sont commencées: ils ne pourront être récusés ce n'est pour cause survenue depuis le compromis. — *Pr.* 44 s., 197, 308 s., 378 s., 430; *Civ.* 1012.
R. v^o *Arbitrage*, 614 s., 642 s. — S. eod. v^o, 59 s., 64 s.

Art. 1015. S'il est formé inscription de faux, même purement civile, ou s'il s'élève quelque incident criminel, les arbitres délaisseront les parties à se pourvoir, et les délais de l'arbitrage continueront à courir du jour du jugement de l'incident. — *Pr.* 214, 427, 1007, 1013; *Instr.* 448.
R. v^o *Arbitrage*, 697 s., 949 s.

Art. 1016. Chacune des parties sera tenue de produire ses défenses et pièces, quinzaine au moins avant l'expiration du délai du compromis; et seront tenus les arbitres de juger sur ce qui aura été produit.
Le jugement sera signé par chacun des arbitres; et dans le cas où il y aurait plus de deux arbitres, si la minorité refusait de le signer, les autres arbitres en feraient mention, et le jugement aura le même effet que s'il avait été signé par chacun des arbitres.
Un jugement arbitral ne sera, dans aucun cas, sujet à l'opposition. — *Pr.* 116, 1020 s., 1028; *Com.* 56 s.
R. v^o *Arbitrage*, 928 s., 940 s., 4032 s. — S. eo 100 s. — T. (87-97), eod. v^o, 65 s.

Art. 1017. En cas de partage, les bitres autorisés à nommer un tiers-a nonce le partage; s'ils ne peuvent en venir, ils le déclareront sur le procès-ve et le tiers sera nommé par le présider décision arbitrale.
Il sera, à cet effet, présenté requête la partie la plus diligente.
Dans les deux cas, les arbitres divise ront tenus de rédiger leur avis distin motivé, soit dans le même procès-ve soit dans des procès-verbaux séparés. — 1005, 1007, 1012 s., 1020; *Com.* 60.
R. v^o *Arbitrage*, 742 s. — S. eod. v^o, 78 s.

Art. 1018. Le tiers arbitre sera ten juger dans le mois du jour de son acce tion, à moins que ce délai n'ait été prol par l'acte de la nomination: il ne pou prononcer qu'après avoir conféré avec arbitres divisés, qui seront sommés d réunir à cet effet.
Si les arbitres ne se réunissent le tiers arbitre prononcera seul; et n moins il sera tenu de se conformer à des avis des autres arbitres. — *Pr.* 1013, 1017, 1028; *Civ.* 1134.
R. v^o *Arbitrage*, 807 s. — S. eod. v^o, 60 T. (87-97), eod. v^o, 82 s. — V. aussi C. pr ann., art. 1018, n°s 1 s.; et son Suppl., n°s 9893

Art. 1019. Les arbitres et tiers arb décideront d'après les règles du droi moins que le compromis ne leur donne voir de prononcer comme amiables con siteurs.
R. v^o *Arbitrage*, 957 s., 1348 s. — S. eod. v^o, 126 s. — V. aussi C. pr. civ. ann., art. 1019, n^o et son Suppl., n°s 9902 s.

Art. 1020. Le jugement arbitral rendu exécutoire par une ordonnance président du tribunal de première inst dans le ressort duquel il a été rendu: à effet, la minute du jugement sera dép dans les trois jours, par l'un des arbi au greffe du tribunal.
S'il avait été compromis sur l'appel jugement, la décision arbitrale sera dép au greffe du tribunal d'appel, et l'ord nance rendue par le président de ce tribu
Les poursuites pour les frais du dép des droits d'enregistrement ne pourront faites que contre les parties. — *Pr.* 130 545, 1016 s., 1028; *Civ.* 2123; *Com.* 61.
R. v^o *Arbitrage*, 1146 s. — S. eod. v^o, 105 s.

1021. Les jugements arbitraux, ceux préparatoires, ne pourront être és qu'après l'ordonnance qui sera ac-, à cet effet, par le président du tri-, au bas ou en marge de la minute, u'il soit besoin d'en communiquer au ère public; et sera ladite ordonnancée en suite de l'expédition de la déci-

onnaissance de l'exécution du jugement ient au tribunal qui a rendu l'ordon- — *Pr.* 412, 472, 545; *Civ.* 2123; 61.

Arbitrage, 1069 s., 1163 s. — S. *cod.* v.

1022. Les jugements arbitraux ne ont, en aucun cas, être opposés à des — *Pr.* 474 s.; *Civ.* 1165 s., 1351.

Arbitrage, 1110 s. — S. *cod.* v, 104.

1023. L'appel des jugements arbi-sera porté, savoir : devant les tribu-le première instance, pour les matières 'il n'y eût point eu d'arbitrage, eussent oit en premier, soit en dernier ressort, compétence des juges de paix; et des es cours royales [*les cours d'appel*], es matières qui eussent été, soit en er, soit en dernier ressort, de la com-e des tribunaux de première instance. 1010, 1026, 1028.

Arbitrage, 1253 s., 1292 s. — S. *cod.* v, 120.

1024. Les règles sur l'exécution oire des jugements des tribunaux sont ables aux jugements arbitraux. — *Pr.* , 155, 457 s., 551, 806.

Arbitrage, 1203 s.

1025. Si l'appel est rejeté, l'appe-era condamné à la même amende que d'un jugement des tribunaux ires. — *Pr.* 471, 1010, 1023.

Arbitrage, 1252.

1026. La requête civile pourra être contre les jugements arbitraux, dans las, formes et cas ci-devant désignés es jugements des tribunaux ordinaires. sera portée devant le tribunal qui eût mpétent pour connaître de l'appel. — 0, 1028.

Arbitrage, 1283 s. — S. *cod.* v, 421.

1027. Ne pourront cependant être ées pour ouvertures : 'inobservation des formes ordinaires, parties n'en étaient autrement conve-ainsi qu'il est dit en l'article 1009; e moyen résultant de ce qu'il aura été ncé sur choses non demandées, sauf ouvrir en nullité, suivant l'article ci- — *Pr.* 480.

Arbitrage, 1268.

1028. Il ne sera pas besoin de se oir par appel ni requête civile dans les ivants : i le jugement a été rendu sans com-s, ou hors des termes du compro-

'il l'a été sur compromis nul ou expiré; 'il n'a été rendu que par quelques ar-non autorisés à juger en l'absence des

'il a été par un tiers sans en avoir 'é avec les arbitres partagés; nfin, s'il a été prononcé sur choses non ndées. se pourra, dans ces cas, les parties se pourvoi-par opposition à l'ordonnance d'exécu-devant le tribunal qui l'aura rendue. manderont la nullité de l'acte qualifié ent arbitral. se pourra y avoir recours en cassation contre les jugements des tribunaux,

rendus soit sur requête civile, soit sur appel d'un jugement arbitral. — *Pr.* 1009, 1012, 1018, 1026, 1029.

R. v° *Arbitrage,* 1241 s., 1299 s. — S. *cod.* v, 119 s., 123 s. — V. aussi C. pr. civ. ann., art. 1028, n° 1 s.; et son Suppl., n° 9984 s.

V. *infra,* Appendice, la loi du 27 décembre 1892, sur la conciliation et l'arbitrage facultif en matière de différends collectifs entre patrons et ouvriers ou employés.

DISPOSITIONS GÉNÉRALES.

Art. 1029. Aucune des nullités, amendes et déchéances prononcées dans le présent Code, n'est comminatoire. — *Pr.* 10, 15, 56, 61, 64, 65, 66, 67, 68, 69, 70, 147, 156, 173, 191, 213, 257, 260 s., 269, 271, 276, 278, 280, 344, 357, 360, 366, 374, 390, 397 s., 444, 456, 471, 479, 480, 503, 511, 514, 516, 608, 655, 664, 707, 709, 711, 715, 728, 739, 743, 794, 838, 869, 873, 1006, 1030, 1039.

R. v° *Délai,* 55 s. — S. *cod.* v, 37 s.

Art. 1030. Aucun exploit ou acte de pro-cédure ne pourra être déclaré nul, si la nul-lité n'en est pas formellement prononcée par la loi.
Dans les cas où la loi n'aurait pas prononcé la nullité, l'officier ministériel pourra, soit pour émission, soit pour contravention, être condamné à une amende, qui ne sera pas moindre de cinq francs et n'excédera pas cent francs. — *Pr.* 1029.

R. v° *Exploit,* 394 s.; *Nullité,* 16, 34. — S. v° *Exploit,* 124 s.

Art. 1031. Les procédures et les actes nuls ou frustratoires, et les actes qui auront donné lieu à une condamnation d'amende, seront à la charge des officiers ministériels qui les auront faits, lesquels, suivant l'exi-gence des cas, seront en outre passibles des dommages et intérêts de la partie, et pour-ront même être suspendus de leurs fonc-tions. — *Pr.* 63, 66, 71, 81, 82, 102, 105, 132, 152, 191, 281, 293, 338, 360, 405, 529, 531, 562, 609, 624, 667, 707, 711, 799; *Civ.* 1149, 1382; *Instr.* 415.

R. v° *Avoué,* 237 s.; *Frais et dépens,* 336 s., 598 s. — S. v° *Avoué,* 82 s.; *Frais et dépens,* 509 s.

Art. 1032. Les communes et les établis-sements publics seront tenus, pour former une demande en justice, de se conformer aux lois administratives. — *Pr.* 49, 69, 336.

C. ad., t. 1, v° *Département,* p. 208, n° 2099 s.; *Commune,* p. 686, n° 7933 s.

Art. 1033. (*L. 3 mai* 1862.) Le jour de la signification et celui de l'échéance ne sont point comptés dans le délai général fixé pour les ajournements, les citations, sommations et autres actes faits à personne ou domicile. Ce délai sera augmenté d'un jour à raison de cinq myriamètres de distance.
Il en sera de même dans tous les cas pré-vus, en matière civile et commerciale, lors-qu'en vertu des lois, décrets ou ordonnances, il y a lieu d'augmenter un délai à raison des distances.
Les fractions de moins de quatre myria-mètres ne seront pas comptées; les fractions de quatre myriamètres et au-dessus augmen-teront le délai d'un jour entier.
(*L. 13 avril* 1895.) Toutes les fois que le dernier jour d'un délai quelconque de pro-cédure, franc ou non, est un jour férié, ce délai sera prorogé jusqu'au lendemain.

R. v° *Délai,* 3 s., 22 s., 55 s., 71 s.; *Domicile élu,* 19; *Exploit,* 544 s.; *Jour férié,* 43 s. — S. v° *Délai,* 2 s., 7 s., 27 s., 42 s.; *Exploit,* 190 s.; *Jour férié,* 14. — T. (87-97), v° *Délai,* 1 s.; *Exploit,*

134 s. — V. aussi C. pr. civ. ann., art. 1033, n° 1 s.; et son Suppl., n° 9985 s.

V. *le décret du 24 juin 1930 relatif au délai des ajour-nements devant les tribunaux de l'Algérie.*

Art. 1034. Les sommations pour être présent aux rapports d'experts, ainsi que les assignations données en vertu du jugement de jonction, indiqueront seulement le lieu, le jour et l'heure de la première vacation ou de la première audience; elles n'auront pas besoin d'être réitérées, quoique la vacation ou l'audience ait été continuée à un autre jour. — *Pr.* 153, 315.

R. v° *Expert,* 212 s.

Art. 1035. Quand il s'agira de recevoir un serment, une caution, de procéder à une enquête, à un interrogatoire sur faits et ar-ticles, de nommer des experts, et générale-ment de faire une opération quelconque en vertu d'un jugement, et que les parties, ou les lieux contentieux, seront trop éloignés, les juges pourront commettre un tribunal voisin, un juge, ou même un juge de paix, suivant l'exigence des cas; ils pourront même autoriser un tribunal à nommer, soit un de ses membres, soit un juge de paix, pour procéder aux opérations ordonnées. — *Pr.* 121, 255, 266, 526, 412, 426, 517; *Com.* 16; *Instr.* 90.

R. v° *Instr. civ.,* 76 s. — S. *cod.* v, 17 s.

Art. 1036. Les tribunaux, suivant la gravité des circonstances, pourront, dans les causes dont ils seront saisis, prononcer, même d'office, des injonctions, supprimer des écrits, les déclarer calomnieux, et ordonner l'im-pression et l'affiche de leurs jugements. — *Pr.* 88, 90, 512; *Instr.* 504.

Sur le droit de suppression des discours ou écrits inju-rieux, outrageants ou diffamatoires, V. C. pén. ann., Appendice, v° *Presse,* p. 236 s.; et son Suppl., p. 438.

R. v° *Affiche,* 84 s. — S. *cod.* v, 10. — C. ad., t. 1, v° *Conseil d'État,* p. 257, n° 2791 s.

Art. 1037. Aucune signification ni exé-cution ne pourra être faite, depuis le 1er oc-tobre jusqu'au 31 mars, avant six heures du matin et après six heures du soir; et depuis le 1er avril jusqu'au 30 septembre, avant quatre heures du matin et après neuf heures du soir; non plus que les jours de fête légale, si ce n'est en vertu de permission du juge, dans le cas où il y aurait péril en la de-meure. — *Pr.* 8, 63, 781, 808, 828; *Com.* 134, 162, 187; *Pén.* 25.

R. v° *Exploit,* 351 s.; *Jour férié,* 17 s., 22 s. — S. v° *Jour férié,* 10 s., 12 s. — V. aussi C. pr. civ. ann., art. 1037, n° 1 s.; et son Suppl., n° 10075 s.; C. ad., t. 2, v° *Culte,* p. 111 et 120.

Art. 1038. Les avoués qui ont occupé dans les causes où il est intervenu des juge-ments définitifs seront tenus d'occuper sur l'exécution de ces jugements, sans nouveaux pouvoirs, pourvu qu'elle ait lieu dans l'année de la prononciation des jugements. — *Pr.* 61, 75, 162, 342 s., 496.

R. v° *Avoué,* 162 s. — S. *cod.* v, 41.

Art. 1039. Toutes significations faites à des personnes publiques préposées pour les recevoir seront visées par elles sans frais sur l'original.
En cas de refus, l'original sera visé par le procureur du Roi [*le procureur de la Répu-blique*] près le tribunal de première instance de leur domicile. Les refusants pourront être condamnés, sur les conclusions du ministère public, à une amende, qui ne pourra être moindre de cinq francs. — *Pr.* 4, 45, 68 s., 561, 601, 628, 673, 676, 677, 901, 926, 1027, 1029.

R. v° *Exploit,* 459 s. — S. *cod.* v, 169 s.

Art. 1040. Tous actes et procès-verbaux du ministère du juge seront faits au lieu où siège le tribunal; le juge y sera toujours assisté du greffier, qui gardera les minutes et délivrera les expéditions , en cas d'ur-gence, le juge pourra répondre en sa de-meure les requêtes qui lui seront présentées;

le tout, sauf l'exécution des dispositions portées au titre *Des référés.* — *Pr.* 8, 265, 328, 428, 806.

R. v° *Jugement*, 726 s.

Art. 1041. Le présent Code sera exécuté à dater du 1ᵉʳ janvier 1807 : en consé-quence, tous procès qui seront intentés depuis cette époque, seront instruits conformément à ses dispositions. Toutes lois, coutumes, usages et règlements relatifs à la procédure civile, seront abrogés.

Art. 1042. Avant cette époque, il sera fait, tant pour la taxe des frais que pour la police et discipline des tribunaux, des règlements d'administration publique.

Dans trois ans, au plus tard, les dispositions de ces règlements qui contiendraie des mesures législatives, seront présenté au Corps législatif en forme de loi.

FIN DU CODE DE PROCÉDURE CIVILE.

CODE DE COMMERCE[1]

LIVRE PREMIER.

DU COMMERCE EN GÉNÉRAL.

Titres I à V, et VII, loi décrétée le 10 septembre 1807 et promulguée le 20. — Titre VI, loi du 23 mai 1863, promulguée le 29. — Titre VIII, loi décrétée le 11 septembre 1807, promulguée le 21.

TITRE PREMIER.

Des commerçants.

rt. 1er. Sont commerçants ceux qui ¹ent des actes de commerce, et en font ¹ profession habituelle. — *Com.* 85, 632 ; ¹17-3°, 215, 220, 487, 1308, 1426, 2019 ; ¹437.

v" *Commerçant*, 1 s.; *Industrie et comm.*, 1 ∙ — S. v" *Commerçant*, 1 s.; *Industrie et* ∙, 1, 2 s. — T. (87-97), v" *Commerçant*, 1 s.; ¹té du comm. et de l'industrie, 1 s. — V. aussi ¹m. ann., art. 1", n" 1 s.; et son Suppl., n° 1 s.

rt. 2. Tout mineur émancipé de l'un ¹ l'autre sexe, âgé de dix-huit ans accom-qui voudra profiter de la faculté que lui ¹de l'article 487 du Code civil, de faire le ¹merce, ne pourra en commencer les opé-¹ns, ni être réputé majeur, quant aux ¹^^^^^^ pas lui continuent cette commerce, 1° s'il a été préalablement auto-¹par son père, ou par sa mère, en cas de ¹s, interdiction ou absence du père, ou, ¹aut du père et de la mère, par une déli-¹ion du conseil de famille, homologuée ¹e tribunal civil; 2° si, en outre, l'acte ¹orisation n'a été enregistré et affiché au ¹nal de commerce du lieu où le mineur ¹établir son domicile. — *Com.* 3, 6, 63, *Civ.* 406 s., 487, 1308 ; *Pr.* 885 s.

rt. 3. La disposition de l'article précé-¹est applicable aux mineurs même non ¹merçants, à l'égard de tous les faits qui ¹déclarés faits de commerce par les dis-¹ions des articles 632 et 633. — *Com.* 114.

v" *Commerçant*, 126 s. — S. *eod.* v", 43 s.

rt. 4. La femme ne peut être mar-¹de publique sans le consentement de ¹mari. — *Com.* 5, 7, 113, 557 s.; *Civ.* 220, 1125, 1426.

rt. 5. La femme, si elle est marchande ¹ique, peut, sans l'autorisation de son ¹, s'obliger pour ce qui concerne son ¹ce; et, audit cas, elle oblige aussi son ¹, s'il y a communauté entre eux.

¹e n'est pas réputée marchande publique, ¹e ne fait que détailler les marchandises ¹ommerce de son mari; elle n'est réputée ¹que lorsqu'elle fait un commerce séparé. ¹om. 4, 7, 65 s.; *Civ.* 220, 1399, 1426.

¹" *Commerçant*, 160 s.; *Contr. de mar.*, 1028 s. ¹v" *Commerçant*, 79 s.; *Contr. de mar.*, 340 s. ¹(87-97), v" *Commerçant*, 32 s.

rt. 6. Les mineurs marchands, autorisés ¹me il est dit ci-dessus, peuvent engager ¹ypothéquer leurs immeubles.

¹ peuvent même les aliéner, mais en sui-¹les formalités prescrites par les articles ¹ et suivants du Code civil. — *Com.* 2,

La dernière édition officielle du Code de commerce ¹u 31 janvier 1841 ; c'est celle dont nous donnons ici ¹té.

114; *Civ.* ,460, 484, 1124 s., 2085 s., 2114, 2126 ; *Pr.* 954 s.

R. v" *Commerçant*, 150 s. — S. *eod.* v", 68 s.

Art. 7. Les femmes marchandes publiques peuvent également engager, hypothéquer et aliéner leurs immeubles.

Toutefois leurs biens stipulés dotaux, quand elles sont mariées sous le régime dotal, ne peuvent être hypothéqués ni aliénés que dans les cas déterminés, et avec les formes réglées par le Code civil.—*Com.* 65 s., 557 s., 561 ; *Civ.* 217, 220, 223, 1426, 1449, 1535, 1554 s., 1568.

R. v" *Commerçant*, 196 s.; *Contr. de mar.*, 3424 s. — S. v" *Commerçant*, 96 s.; *Contr. de mar.*, 1230 s.

TITRE DEUXIÈME.

Des livres de commerce.

Art. 8. Tout commerçant est tenu d'avoir un livre-journal qui présente, jour par jour, ses dettes actives et passives, les opérations de son commerce, ses négociations, accepta-tions ou endossements d'effets, et générale-ment tout ce qu'il reçoit et paye, à quelque titre que ce soit; et qui énonce, mois par mois, les sommes employées à la dépense de sa maison: le tout indépendamment des autres livres usités en commerce, mais qui ne sont pas indispensables.

Il est tenu de mettre en liasse les lettres missives qu'il reçoit, et de copier sur un registre celles qu'il envoie. — *Com.* 84, 96, 102, 109, 224, 458, 484, 586-6°, 591 ; *Civ.* 1329 s.; *Pr.* 898.

Art. 9. Il est tenu de faire, tous les ans, sous seing privé, un inventaire de ses effets mobiliers et immobiliers, et de ses dettes actives et passives, et de le copier, année par année, sur un registre spécial à ce destiné.—*Com.* 586-6°, 591 ; *Pr.* 943.

Art. 10. Le livre-journal et le livre des inventaires seront parafés et visés une fois par année.

Le livre de copies de lettres ne sera pas soumis à cette formalité.

Tous seront tenus par ordre de dates, sans blancs, lacunes ni transports en marge.

Art. 11. Les livres dont la tenue est or-donnée par les articles 8 et 9 ci-dessus, seront cotés, parafés et visés, soit par un des juges des tribunaux de commerce, soit par le maire ou un adjoint, dans la forme ordi-naire et sans frais. Les commerçants seront tenus de conserver ces livres pendant dix ans. — *Com.* 84.

Les livres des commerçants doivent être écrits en langue française (Décr. 2 prair. an II; L. 24 prair. an XI).

R. v" *Commerçant*, 225 s. — S. *eod.* v", 112 s.

Art. 12. Les livres de commerce, régu-lièrement tenus, peuvent être admis par le

juge pour faire preuve entre commerçants pour faits de commerce. — *Com.* 109, 632; *Civ.* 1329 s.

Art. 13. Les livres que les individus fai-sant le commerce sont obligés de tenir, et pour lesquels ils n'auront pas observé les formalités ci-dessus prescrites, ne pourront être représentés ni faire foi en justice, au profit de ceux qui les auront tenus; sans préjudice de ce qui sera réglé au livre 3, *Des faillites et des banqueroutes.* — *Com.* 109, 584 s., 591 ; *Civ.* 1329-1330.

R. v" *Commerçant*, 255 s.; *Obligat.*, 4192 s. — S. v" *Commerçant*, 123 s.; *Obligat.*, 1742 s.

Art. 14. La communication des livres et inventaires ne peut être ordonnée en justice que dans les affaires de succession, commu-nauté, partage de société, et en cas de fail-lite. ⫿⫿⫿⫿ *Com.* 18 s., 51 s., 437 s., 471 ; *Civ.* 815, 1476, 1686, 1872.

Art. 15. Dans le cours d'une contesta-tion, la représentation des livres peut être ordonnée par le juge, même d'office, à l'effet d'en extraire ce qui concerne le différend.—*Com.* 109; *Civ.* 1330 s.; *Instr.* 87.

Art. 16. En cas que les livres dont la représentation est offerte, requise ou or-donnée, soient dans des lieux éloignés du tribunal saisi de l'affaire, les juges peuvent adresser une commission rogatoire au tri-bunal de commerce du lieu, ou déléguer un juge de paix pour en prendre connaissance, dresser un procès-verbal du contenu, et l'envoyer au tribunal saisi de l'affaire. — *Pr.* 1035.

Art. 17. Si la partie aux livres de laquelle on offre d'ajouter foi, refuse de les repré-senter, le juge peut déférer le serment à l'autre partie. — *Com.* 12; *Civ.* 1366; *Pr.* 120 s.; *Pén.* 366.

R. v" *Commerçant*, 258 s. — S. *eod.* v", 128 s. — T. (87-97), *eod.* v", 42 s.

TITRE TROISIÈME.

Des sociétés.

SECTION PREMIÈRE.

Des diverses sociétés, et de leurs règles.

V. *infrà*, *Appendice*, *la loi du 24 juillet 1867, modi-fiée par celles du 1er août 1893 et du 16 novembre 1893, sur les sociétés.*

Art. 18. Le contrat de société se règle par le droit civil, par les lois particulières au commerce, et par les conventions des parties. — *Com.* 631, 632; *Civ.* 1107, 1134, 1832 s., 1873 ; *Pr.* 59, 69-6°.

R. v" *Société*, 197 s., 801 s. — S. *eod.* v", 334 s.

Art. 19. La loi reconnaît trois espèces de sociétés commerciales:

19

La société en nom collectif;
La société en commandite;
La société anonyme. — *Com.* 20 s., 39 s., 42 s.
R. v° *Société*, 801 s. — S. *eod.* v°, 492 s. —
T. (87-97), *cod.* v°, 151 s.

Art. 20. La société *en nom collectif* est celle que contractent deux personnes ou un plus grand nombre, et qui a pour objet de faire le commerce sous une raison sociale. — *Com.* 24, 39, 42 s., 46, 438, 458.
R. v° *Société*, 802 s. — S. *eod.* v°, 492 s. —
T. (87-97), *cod.* v°, 151 s.

Art. 21. Les noms des associés peuvent seuls faire partie de la raison sociale. — *Com.* 25.
R. v° *Société*, 803 s. — S. *eod.* v°, 494 s.

Art. 22. Les associés en nom collectif, indiqués dans l'acte de société, sont solidaires pour tous les engagements de la société, encore qu'un seul des associés ait signé, pourvu que ce soit sous la raison sociale. — *Com.* 20, 26, 39, 41; *Civ.* 1260 s., 1862.
R. v° *Société*, 885 s., 903 s. — S. *eod.* v°, 500 s., 515 s. — T. (87-97), *cod.* v°, 159 s.

Art. 23. La *société en commandite* se contracte entre un ou plusieurs associés, responsables et solidaires, et un ou plusieurs associés, simples bailleurs de fonds, que l'on nomme *commanditaires* ou *associés en commandite*.
Elle est régie sous un nom social, qui doit être nécessairement celui d'un ou plusieurs des associés responsables et solidaires. — *Com.* 26, 38 s., 46; *Civ.* 1200 s., 1856, 1998 s., 2022, 2024.
R. v° *Société*, 1083 s. — S. *eod.* v°, 658 s. —
T. (87-97), *cod.* v°, 234 s.
V. *infra*, Appendice, la loi du 24 juillet 1867 (art. 1er à 26), modifiée par les lois du 1er août 1893 et du 16 novembre 1903, sur les sociétés.

Art. 24. Lorsqu'il y a plusieurs associés solidaires et en nom, soit que tous gèrent ensemble, soit qu'un ou plusieurs gèrent pour tous, la société est, à la fois, société en nom collectif à leur égard, et société en commandite à l'égard des simples bailleurs de fonds. — *Com.* 20.

Art. 25. Le nom d'un associé commanditaire ne peut faire partie de la raison sociale. — *Com.* 21, 23, 25 s.
R. v° *Société*, 1287 s. — S. *eod.* v°, 677 s. —
T. (87-97), *cod.* v°, 234 s.

Art. 26. L'associé commanditaire n'est passible des pertes que jusqu'à concurrence des fonds qu'il a mis ou dû mettre dans la société. — *Com.* 33, 75; *Civ.* 1862 s.
R. v° *Société*, 1324 s. — S. *eod.* v°, 710 s.

Art. 27. (L. 6 mai 1863.) L'associé commanditaire ne peut faire aucun acte de gestion, même en vertu de procuration. — *Com.* 28.

Art. 28. (L. 6 mai 1863.) En cas de contravention à la prohibition mentionnée dans l'article précédent, l'associé commanditaire est obligé, solidairement avec les associés en nom collectif, pour les dettes et engagements de la société qui dérivent des actes de gestion qu'il a faits, et il peut, suivant le nombre ou la gravité de ces actes, être déclaré solidairement obligé pour tous les engagements de la société ou pour quelques-uns seulement.
Les avis et conseils, les actes de contrôle et de surveillance, n'engagent point l'associé commanditaire. — *Com.* 27; *Civ.* 1200 s.
R. v° *Société*, 1350 s. — S. *eod.* v°, 747 s. —
T. (87-97), *cod.* v°, 234 s., 625 s.
Loi du 6 mai 1863 : D. P. 63. 4. 52.

Art. 29. La *société anonyme* n'existe point sous un nom social : elle n'est désignée par le nom d'aucun des associés. — *Com.* 19, 30 s., 37, 40, 45.
V. *infra*, Appendice, L. 24 juillet 1867 (art. 21 à 47), modifié par L. 1er août 1893; sur les sociétés.

Art. 30. Elle est qualifiée par la désignation de l'objet de son entreprise.
R. v° *Société*, 1441 s. — S. *eod.* v°, 1163 s.

Art. 31. *Abrogé par L.* 24 juillet 1867.

Art. 32. Les administrateurs ne sont responsables que de l'exécution du mandat qu'ils ont reçu.
Ils ne contractent, à raison de leur gestion, aucune obligation personnelle ni solidaire relativement aux engagements de la société. — *Civ.* 1991, 1995 s.
R. v° *Société*, 1582 s. — S. *eod.* v°, 1809 s.

Art. 33. Les associés ne sont passibles que de la perte du montant de leur intérêt dans la société. — *Com.* 26; *Civ.* 1862 s.
R. v° *Société*, 1554 s.

Art. 34. (L. 16 novembre 1903.) Le capital social des sociétés par actions se divise en actions et même en coupons d'actions d'une valeur nominale égale.
Toute société par actions peut, par délibération de l'assemblée générale constituée dans les conditions prévues par l'article 31 de la loi du 24 juillet 1867, créer des actions de priorité, jouissant de certains avantages sur les autres actions ou conférant des droits d'antériorité, soit sur les bénéfices, soit sur l'actif social, soit sur les deux, si les statuts n'interdisent point, par une prohibition directe et expresse, la création d'actions de cette nature.
Sauf dispositions contraires des statuts, les actions de priorité et les autres actions ont, dans les assemblées, un droit de vote égal.
Dans le cas où une décision de l'assemblée générale comporterait une modification dans les droits attachés à une catégorie d'actions, cette décision ne sera définitive qu'après avoir été ratifiée par une assemblée spéciale des actionnaires de la catégorie visée.
Cette assemblée spéciale, pour délibérer valablement, doit réunir au moins la moitié du capital représenté par les actions dont il s'agit, à moins que les statuts ne prescrivent un minimum plus élevé.
Loi du 16 novembre 1903 ; D. P. 1903. 4. 80.

Art. 35. L'action peut être établie sous la forme d'un titre au porteur.
Dans ce cas, la cession s'opère par la tradition du titre. — *Civ.* 1607, 1689 s.

Art. 36. La propriété des actions peut être établie par une inscription sur les registres de la société.
Dans ce cas, la cession s'opère par une déclaration de transfert inscrite sur les registres, et signée de celui qui fait le transport ou d'un fondé de pouvoir. — *Civ.* 1689.
R. v° *Société*, 1495 s. — S. *eod.* v°, 835 s. —
T. (87-97), *cod.* v°, 251 s.

Art. 37. *Abrogé par L.* 24 juillet 1867.
Art. 38. Le capital des sociétés en commandite pourra être aussi divisé en actions, sans aucune autre dérogation aux règles établies pour ce genre de société. — *Com.* 33, 34 s.
R. v° *Société*, 1098 s., 1139 s. — S. *eod.* v°, 835 s.

Art. 39. Les sociétés en nom collectif ou en commandite doivent être constatées par des actes publics ou sous signature privée, en se conformant, pour ce dernier cas, à l'article 1325 du Code civil. — *Com.* 20, 28, 41 s., 49; *Civ.* 1317, 1325, 1341, 1834.
R. v° *Société*, 812 s., 1122 s. — S. *eod.* v°, 497 s., 608 s. — T. (87-97), *cod.* v°, 151 s.

Art. 40. *Abrogé par L.* 24 juillet 1867.
Art. 41. Aucune preuve par témoins ne peut être admise contre et outre le contenu dans les actes de société, ni sur ce qui serait allégué avoir été dit avant l'acte, lors de l'acte ou depuis, encore qu'il s'agisse

d'une somme au-dessous de 150 francs. — *Civ.* 1341, 1347, 1831, 1866.
R. v° *Société*, 812 s. — S. *eod.* v°, 413 s.

Art. 42 à 46. *Abrogés par L.* 24 juillet 1867.
Les articles 42 à 46 sont abrogés et remplacés par les articles 55 à 65 de la loi du 24 juillet 1867, où le régime de la publicité des sociétés commerciales a été complètement réorganisé. — V. *infra*, Appendice, L. 24 juill. 1867, art. 55 à 65.

Art. 47. Indépendamment des trois espèces de sociétés ci-dessus, la loi reconnaît les associations commerciales en participation. — *Com.* 19, 48 s.

Art. 48. Ces associations sont relatives à une ou plusieurs *opérations de commerce*; elles ont lieu pour les objets, dans les formes, avec les proportions d'intérêt et aux conditions convenues entre les participants. — *Civ.* 1134, 1841 s., 1858, 1862.
R. v° *Société*, 1596 s. — S. *eod.* v°, 1965 s. —
T. (87-97), *cod.* v°, 1167 s.

Art. 49. Les associations en participation peuvent être constatées par la représentation des livres, de la correspondance, ou par la preuve testimoniale, si le tribunal juge qu'elle peut être admise. — *Com.* 39 s., 109; *Civ.* 1353.

Art. 50. Les associations commerciales en participation ne sont pas sujettes aux formalités prescrites pour les autres sociétés. — *Com.* 42, 460.
R. v° *Société*, 1630 s. — S. *eod.* v°, 2010 s.

SECTION II.
Des contestations entre associés, et de la manière de les décider.

Art. 51 à 63. *Abrogés par L.* 17 juillet 1856.
Les articles 51 à 63 sont abrogés par la loi du 17 juillet 1856 (D. P. 56. 4. 113), qui a aboli l'arbitrage forcé.

Art. 64. Toutes actions contre les associés non liquidateurs et leurs veuves, héritiers ou ayants cause, sont prescrites cinq ans après la fin ou la dissolution de la société, si l'acte de société qui en énonce la durée, ou l'acte de dissolution, a été affiché et enregistré conformément aux articles 42, 43, 44 et 46, et si, depuis cette formalité à leur égard, par aucune poursuite judiciaire. — *Civ.* 2219, 2242 s., 2251 s.
R. v° *Société*, 957 s., 997 s., 1419 s., 1686 s. — S. *eod.* v°, 545 s., 585 s., 795 s., 2076 s.
En ce qui concerne, 1° les sociétés anonymes étrangères, V. *infra*, Appendice, la loi du 30 mai 1857, qui autorise les sociétés anonymes et autres associations commerciales industrielles en France; modifiée par la loi du 24 juillet 1867 sur les sociétés, modifiée par les lois du 1er août 1893 et du 16 novembre 1903; 3° la surveillance et le contrôle des sociétés d'assurances sur la vie, V. *infra*, Appendice, la loi du 17 mars 1905; 4° les titres perdus ou volés, V. *infra*, Appendice, la loi du 15 juin 1872, modifiée par la loi du 8 février 1902.

TITRE QUATRIÈME.
Des séparations de biens.

Art. 65. Toute demande en séparation de biens sera poursuivie, instruite et jugée conformément à ce qui est prescrit au Code civil, livre 3, titre 5, chapitre 2, section 3, au Code de procédure civile, 2e partie, livre 1, titre 8. — *Com.* 4, 5, 7, 557 s.; *Civ.* 311, 1029; *Pr.* 497 s., 865 s.

Art. 66. Tout jugement qui prononcera une séparation de corps ou un divorce entre mari et femme, dont l'un serait commerçant, sera soumis aux formalités prescrites par l'article 872 du Code de procédure civile; à défaut de quoi, les créanciers seront toujours admis à s'y opposer, pour ce qui touche leurs intérêts, et à contredire toute dation qui en aurait été la suite. — *Civ.* 1445, 1447.

rt. 67. Tout contrat de mariage entre x dont l'un sera commerçant, sera mis par extrait, dans le mois de sa , aux greffes et chambres désignés par cle 872 du Code de procédure civile, être exposé au tableau, conformément ême article.

L'extrait annoncera si les époux sont és en communauté, s'ils sont séparés de , ou s'ils ont contracté sous le régime . — *Com.* 1, 68 s.; *Civ.* 1391, 1394, 1399, 1540.

rt. 68. Le notaire qui aura reçu le te de mariage sera tenu de faire la se ordonnée par l'article précédent, sous e de *cent francs* d'amende, et même de tution et de responsabilité envers les ciers, s'il est prouvé que l'omission soit ite d'une collusion. — *Civ.* 1382, 1394, — 79.

oi du 16 juin 1824, art. 10, a réduit l'amende à cs.

rt. 69. (*L. 28 mai 1838.*) Tout époux é de biens ou marié sous le régime , qui embrasserait la profession de merçant postérieurement à son mariage, tenu de faire pareille remise dans le du jour où il aura ouvert son com- ; à défaut de cette remise, il pourra en cas de faillite, condamné comme uecourir simple. — *Com.* 7, 586 s.; *Civ.* 1510; *Pr.* 872 s.- *Pén.* 402.

rt. 70. La même remise sera faite, sous êmes peines, dans l'année de la publi- n de la présente loi, par tout époux sé- de biens, ou marié sous le régime , qui, au moment de la publication, erait la profession de commerçant. — 72.

Commerçant, 269 s.; Contr. de mar., 274 s., . — S. v° Commerçant, 134; Contr. de mar. 629 s.; Divorce et sépar. de corps, 514 s., — T. (87-97), v° Contr. de mar., 26 s.

TITRE CINQUIÈME.

es bourses de commerce, agents de change et courtiers.

SECTION PREMIÈRE.

Des bourses de commerce.

rt. 71. La bourse de commerce est le ion qui a lieu, sous l'autorité du Roi *Gouvernement*), des commerçants, capi- de navire, agents de change et cour- — *Com.* 607, 613.

a loi du 28 ventôse an IX, relative à l'établissement ourses de commerce (R. v° Bourse de commerce,); l'arrêté du 29 germinal an IX, relatif à la dési- des villes où devront être établies des bourses de rce, à l'organisation et à la police de ces bourses d. v°, p. 415); l'arrêté du 27 prairial an X, concer- es bourses de commerce (R. eod. v°, p. 416); la loi mars 1885, sur les marchés à terme (infra, Append.); décret du 7 octobre 1890, v° Bourse de commerce, infrà, Append.); le décret du 7 octobre 1890, por- règlement d'administration publique pour l'exécu- la loi du u 1885, sur les marchés à terme, art. 77 à 80 (D. P.).

rt. 72. Le résultat des négociations et transactions qui s'opèrent dans la bourse rmine le cours du change, des marchan- , des assurances, du fret ou nolis, du des transports par terre ou par eau, des publics et autres dont le cours est eptible d'être coté. — *Com.* 76, 78.

rt. 73. Ces divers cours sont constatés les agents de change et courtiers, dans rme prescrite par les règlements de po- généraux ou particuliers. — *Com.* 74 s.; , 404.

v° Bourse de commerce, 1 s., 131 s. — S. eod. v°,

SECTION II.

Des agents de change et courtiers.

Art. 74. (*L. 2 juillet 1862.*) La loi recon- naît, pour les actes de commerce, des agents intermédiaires, savoir: les agents de change et les courtiers.

Il y en a dans toutes les villes qui ont une bourse de commerce.

Ils sont nommés par le Gouvernement. — *Com.* 71, 78, 81, 83, 486, 632; *Pén.* 404.

R. v° *Bourse de commerce*, 182 s. — S. *eod. v°*, 32 s.

Loi du 2 juillet 1862 : D. P. 62. 4. 71.

V. *infrà, Appendice, la loi du 28 mars 1885, sur les marchés à terme; et la loi du 12 mars 1900, ayant pour objet de réprimer les abus commis en matière de vente à crédit des valeurs de bourse.*

V. *le décret du 1er octobre 1862 (D. P. 62. 4. 122), con- cernant les agents de change. — V. aussi le décret du 7 octobre 1890 (D. P. 91. 4. 77), portant règlement d'ad- ministration publique pour l'exécution de l'art. 90 du Code de commerce et de la loi du 28 mars 1885 (D. P. 85. 4. 25); sur les marchés à terme; la loi du 28 avril 1893, 29 juin 1898 (D. P. 98. 4. 149); la loi du 28 avril 1893, portant fixation du budget général des dépenses et des recettes de l'exercice 1893, art. 28 à 35 (perception des droits de timbre) (D. P. 93. 4. 80); le décret du 20 mai 1893, portant règlement d'administration publique pour l'exé- cution des art. 30 et 31 de la loi de finances du 28 avril 1893, relatifs au droit de timbre des bordereaux d'opérations de bourse (D. P. 93. 4. 101); le décret du 17 novembre 1894, qui fixe les droits de courtage à percevoir par les agents de change en exercice près les bourses de commerce non pourvues de parquets, pour les négociations des effets pu- blics (D. P. 96. 4. 24); le décret du 28 mai 1896, qui auto- rise les agents de change près les bourses départementales pourvues de parquets à certifier les transferts d'inscrip- tions nominatives du fonds 3 °/₀ (D. P. 97. 4. 106); le décret du 24 décembre 1896, relatif à l'extension de la compétence des agents de change près les bourses départementales (D. P. 97. 4. 107); la loi du 13 avril 1898, portant fixation du budget général des dépenses et des recettes de l'exer- cice 1898, art. 14 (qui modifie L. 28 avril 1893), art. 29, ac- quittement des droits de timbre) (D. P. 98. 4. 98); le décret du 12 juillet 1901, fixant le courtage des négociations à la Bourse de Paris (Journ. off. du 14 juill. 1901).*

Art. 75. (*L. 2 juillet 1862.*) Les agents de change près des bourses pourvues d'un par- quet pourront s'adjoindre des bailleurs de fonds intéressés, participant aux bénéfices et aux pertes résultant de l'exploitation de l'of- fice et de la liquidation de sa valeur. Ces bailleurs de fonds ne seront passibles des pertes que jusqu'à concurrence des capitaux qu'ils auront engagés.

Le titulaire de l'office doit toujours être propriétaire en son nom personnel du quart au moins de la somme représentant le prix de l'office et le montant du cautionnement.

L'extrait de l'acte et les modifications qui pourront intervenir seront publiés, à peine de nullité, à l'égard des intéressés, afin que ceux-ci puissent opposer aux tiers le défaut de publication.

R. v° *Bourse de commerce*, 201 s. — S. *eod. v°*, 112 s.

Loi du 2 juillet 1862 : D. P. 62. 4. 71.

Art. 76. Les agents de change, consti- tués de la manière prescrite par la loi, ont seuls le droit de faire les négociations des effets publics et autres susceptibles d'être cotés; de faire pour le compte d'autrui les négociations des lettres de change ou billets, et de tous papiers commerçables, et d'en constater le cours.

Les agents de change pourront faire, con- curremment avec les courtiers de marchan- dises, les négociations et le courtage des ventes ou achats des matières métalliques. Ils ont seuls le droit d'en constater le cours. — *Com.* 73, 81, 109.

R. v° *Bourse de commerce*, 329 s.; *Trésor pu- blic*, 1093 s. — S. v° *Bourse de commerce*, 57 s.; *Trésor public*, 677 s. — T. (87-97), v° *Agent de change*, 7 s.

Art. 77. Il y a des courtiers de marchan- dises,

Des courtiers d'assurances,

Des courtiers interprètes et conducteurs de navires,

Des courtiers de transport par terre et par eau. — *Com.* 81, 83.

R. v° *Bourse de commerce*, 449 s. — S. *eod. v°*, 233 s.

Art. 78. Les courtiers de marchandises, constitués de la manière prescrite par la loi, ont seuls le droit de faire le courtage des marchandises, d'en constater le cours; ils exercent, concurremment avec les agents de change, le courtage des matières métalliques. — *Com.* 84 s.; *Civ.* 1992.

Les dispositions de l'article 78 c. com. ont été remplacées par la loi du 18 juillet 1866 (D. P. 66. 4. 118), modifiée dans son art. 3 par la loi du 22 mars 1882 (D. P. 84. 4. 63), sur les courtiers de marchandises, qui a décrété la liberté du courtage.

R. v° *Bourse de commerce*, 456. — S. *eod. v°*, 305 s., 334 s.

Art. 79. Les courtiers d'assurances ré- digent les contrats ou polices d'assurances concurremment avec les notaires; ils en attestent la vérité par leur signature, certi- fient le taux des primes pour tous les voyages de mer ou de rivière. — *Com.* 81, 332 s.

R. v° *Bourse de commerce*, 465 s. — S. *eod. v°*, 247 s.

Art. 80. Les courtiers interprètes et con- ducteurs de navires font le courtage des affrétements: ils ont, en outre, seuls le droit de traduire, en cas de contestations portées devant les tribunaux, les déclarations, chartes-parties, connaissements, contrats, et tous actes de commerce dont la traduction serait nécessaire; enfin, de constater le cours du fret ou du nolis.

Dans les affaires contentieuses de com- merce, et pour le service des douanes, ils serviront seuls de truchement à tous étran- gers, maîtres de navire, marchands, équi- pages de vaisseau et autres personnes de mer. — *Com.* 273 s., 416.

R. v° *Bourse de commerce*, 471 s. — S. *eod. v°* 401 s. (87-97), v° *Courtier*, 34 s.

Art. 81. Le même individu peut, si l'acte du Gouvernement qui l'institue l'y autorise, cumuler les fonctions d'agent de change, de courtier de marchandises ou d'assurances, et de courtier interprète et conducteur de na- vires. — *Com.* 77.

Le courtage des marchandises, devenu libre depuis la loi du 18 juillet 1866, est permis, sans autorisation expresse, aux courtiers privilégiés comme aux simples particuliers. Le courtage des marchandises autorisé à cumuler le courtage des marchandises aux fonctions de courtiers privilégiés, conservent leur caractère d'officiers publics pour ces fonctions annexes (L. 18 juillet 1866, art. 13). — L'autorisation du cumul peut-elle être accordée aux courtiers de transport? V. infrà, art. 82.

Art. 82. Les courtiers de transport par terre et par eau, constitués selon la loi, ont seuls, dans les lieux où ils sont établis, le droit de faire le courtage des transports par terre et par eau: ils ne peuvent cumuler, dans aucun cas et sous aucun prétexte, les fonctions de courtiers de marchandises, d'as- surances, ou de courtiers conducteurs de navires, désignées aux articles 78, 79 et 80. — *Com.* 96 s., 103 s.

L'existence dans toutes les places de commerce de com- missionnaires de transports par terre, fleuves ou rivières, canaux, que régissent les art. 96 à 102 c. com., et dont la profession est libre, comme celle des entrepreneurs de trans- ports maritimes, a rendu inutile l'institution des courtiers de transports par terre et par eau de l'art. 82 c. com.

Art. 83. Ceux qui ont fait faillite ne peuvent être agents de change ni courtiers, s'ils n'ont été réhabilités. — *Com.* 89, 437, 604 s., 613.

R. v° *Bourse de commerce*, 186 s. — S. *eod. v°*, 43.

Art. 84. Les agents de change et cour- tiers sont tenus d'avoir un livre revêtu des formes prescrites par l'article 11.

Ils sont tenus de consigner dans ce livre, jour par jour, et par ordre de dates, sans ratures, interlignes ni transpositions, et sans abréviations ni chiffres, toutes les conditions des ventes, achats, assurances, négociations, et en général de toutes les opérations faites par leur ministère.

R. v° *Bourse de commerce*, 329 s. — S. cod. v°, 146 s.

Art. 85. Un agent de change ou courtier ne peut, dans aucun cas et sous aucun prétexte, faire des opérations de commerce ou de banque pour son compte.

Il ne peut s'intéresser directement ni indirectement, sous son nom, ou sous un nom interposé, dans aucune entreprise commerciale.

(Abrogé par L. 28 mars 1885.) *Il ne peut recevoir ni payer pour le compte de ses commettants.* — Com. 87, 632 s.

Les prohibitions écrites dans les paragraphes 1 et 2 de l'art. 85 sont inapplicables aux courtiers de marchandises, depuis la loi du 18 juillet 1866.

R. v° *Bourse de commerce*, 361 s. — S. cod. v°, 412 s. — T. (87-97), v° *Agent de change*, 28 s. *Loi du 28 mars 1885* : D. P. 85. 4. 25.

Art. 86. *Abrogé par L. 28 mars 1885.*

Art. 87. Toute contravention aux dispositions énoncées dans les deux articles précédents entraîne la peine de destitution, et une condamnation d'amende, qui sera prononcée par le tribunal de police correctionnelle, et qui ne peut être au-dessus de 3,000 francs, sans préjudice de l'action des parties en dommages-intérêts. — Civ. 1382.

R. v° *Bourse de commerce*, 429 s. — S. cod. v°, 218 s. — T. (87-97), v° *Agent de change*, 28 s.

Art. 88. Tout agent de change ou courtier destitué en vertu de l'article précédent ne peut être réintégré dans ses fonctions.

R. v° *Bourse de commerce*, 186 s. — S. cod. v°, 43.

Art. 89. En cas de faillite, tout agent de change ou courtier est poursuivi comme banqueroutier. — Com. 437 s., 584 s., 591 s. ; *Pén.* 404.

L'art. 89 est inapplicable aux courtiers de marchandises (L. 18 juill. 1866, art. 2).

R. v° *Bourse de commerce*, 430 s. — S. cod. v°, 311.

Art. 90. (*L. 2 juillet* 1862.) Il sera pourvu par des règlements d'administration publique à ce qui est relatif : 1° aux taux des cautionnements, sans que le maximum puisse dépasser deux cent cinquante mille francs ; 2° à la négociation et à la transmission de la propriété des effets publics, et généralement à l'exécution des dispositions contenues au présent titre.

R. v° *Bourse de commerce*, 206 s., 385 s. ; *Cautionn. de fonct.*, 51 s., 97 s., 131 s. — S. v° *Bourse de commerce*, 48 ; *Cautionn. de fonct.*, 3 s., 7 s., 28. — V. aussi C. com. ann., art. 90, n° 1 s. ; et son Suppl., n° 6051 s.
Loi du 2 juillet 1862: D. P. 62. 4. 71.

TITRE SIXIÈME.

Du gage et des commissionnaires.
Loi des 23-29 mai 1863.

SECTION PREMIÈRE.
Du gage.

Art. 91. (*L. 23 mai* 1863.) Le gage constitué soit par un commerçant, soit par un individu non commerçant, pour un acte de commerce, se constate à l'égard des tiers, comme à l'égard des parties contractantes, conformément aux dispositions de l'article 109 du Code de commerce.

Le gage, à l'égard des valeurs négociables, peut aussi être établi par un endossement régulier, indiquant que les valeurs ont été remises en garantie.

À l'égard des actions, des parts d'intérêts et des obligations nominatives des sociétés financières, industrielles, commerciales ou civiles, dont la transmission s'opère par un transfert sur les registres de la société, le gage peut également être établi par un transfert, à titre de garantie, inscrit sur lesdits registres.

Il n'est pas dérogé aux dispositions de l'article 2075 du Code civil en ce qui concerne les créances mobilières, dont le cessionnaire ne peut être saisi à l'égard des tiers que par la signification du transport faite au débiteur.

Les effets de commerce donnés en gage sont recouvrables par le créancier gagiste. — Com. 136, 446 s., 546 ; Civ. 2073 s., 2084.

R. v° *Nantissement*, 50 s. — S. cod. v°, 29 s. — T. (87-97), cod. v°, 4 s. — V. aussi C. com. ann., art. 91, n°° 1 s. ; et son Suppl., n°° 7002 s.

V. *la loi du 1er mars 1858, sur le nantissement des fonds de commerce* (C. civ., art. 2075 nouveau ; — et D. P. 98. 4. 20).

Art. 92. (*L. 23 mai* 1863.) Dans tous les cas, le privilège ne subsiste sur le gage qu'autant que ce gage a été mis et est resté en la possession du créancier ou d'un tiers convenu entre les parties.

Le créancier est réputé avoir les marchandises en sa possession, lorsqu'elles sont à sa disposition dans ses magasins ou navires, à la Douane ou dans un dépôt public, ou si, avant qu'elles soient arrivées, il en est saisi par un connaissement ou par une lettre de voiture. — Com. 576 s. ; Civ. 1606 s., 1690-2076.

R. v° *Nantissement*, 119 s. — S. cod. v°, 71 s. — T. (87-97), cod. v°, 42 s. — V. aussi C. com. ann., art. 92, n°° 1 s. ; et son Suppl., n°° 7121 s.

Art. 93. (*L. 23 mai* 1863.) À défaut de payement à l'échéance, le créancier peut, huit jours après une simple signification faite au débiteur et au tiers bailleur de gage, s'il y en a un, faire procéder à la vente publique des objets donnés en gage.

Les ventes autres que celles dont les agents de change peuvent seuls être chargés sont faites par le ministère des courtiers. Toutefois, sur la requête des parties, le président du tribunal de commerce peut désigner, pour y procéder, une autre classe d'officiers publics. Dans ce cas, l'officier public, quel qu'il soit, chargé de la vente, est soumis aux dispositions qui régissent les courtiers relativement aux formes, aux tarifs et à la responsabilité.

Les dispositions des articles 2 à 7 inclusivement de la loi du 28 mai 1858 sur les ventes publiques, sont applicables aux ventes prévues par le paragraphe précédent.

Toute clause qui autoriserait le créancier à s'approprier le gage ou à en disposer sans les formalités ci-dessus prescrites, est nulle. — Civ. 2078.

R. v° *Nantissement*, 151 s. — S. cod. v°, 99 s. — T. (87-97), cod. v°, 77 s. — V. aussi C. com. ann., art. 93, n°° 1 s. ; et son Suppl., n° 7198 s.

SECTION II.
Des commissionnaires en général.

Art. 94. (*L. 23 mai* 1863.) Le commissionnaire est celui qui agit en son propre nom ou sous un nom social pour le compte d'un commettant.

Les devoirs et les droits du commissionnaire qui agit au nom d'un commettant sont déterminés par le Code civil, livre III, titre XIII. — Civ. 1782, 1984 s.

R. v° *Commissionnaire*, 1 s., 220 s. — S. cod. v°, 1 s., 56 s. — V. aussi C. com. ann., art. 94, n°° 1 s. ; et son Suppl., n°° 7249 s.

Art. 95. (*L. 23 mai* 1863.) Tout commissionnaire a privilège sur la valeur des marchandises à lui expédiées, déposées ou consignées, par le fait seul de l'expédition, du dépôt ou de la consignation, pour tous les prêts, avances ou payements faits par lui, soit avant la réception des marchandises, soit pendant le temps qu'elles sont en sa possession.

Ce privilège ne subsiste que sous la con[di]tion prescrite par l'article 92 qui précède[.]

Dans la créance privilégiée du commi[s]sionnaire sont compris, avec le principal, [les] intérêts, commissions et frais.

Si les marchandises ont été vendues[et] livrées pour le compte du commettant, [le] commissionnaire se rembourse, sur le p[ro]duit de la vente, du montant de sa créan[ce] par préférence aux créanciers du comm[et]tant. — Com. 92, 576.

R. v° *Commissionnaire*, 127 s., 219 s. — S. cod. [v°] 42 s., 56 s. — V. aussi C. com. ann., art. 95, n°° [1 s.] et son Suppl., n°° 7373 s.

SECTION III.
Des commissionnaires pour les transpor[ts] par terre et par eau.

Art. 96. Le commissionnaire qui charge d'un transport par terre ou par [eau] est tenu d'inscrire sur son livre-journa[l la] déclaration de la nature et de la quanti[té des] marchandises, et, s'il en est requis, de [leur] valeur. — Civ. 1785.

R. v° *Commissionnaire*, 298 s. — S. cod. v°, [...] — T. (87-97), cod. v°, 13 s. — V. aussi C. c[om.] ann., art. 96, n°° 1 s. ; et son Suppl., n°° 7529 s.

Art. 97. Il est garant de l'arrivée [des] marchandises et effets dans le délai dét[er]miné par la lettre de voiture, hors les cas [de] la force majeure légalement constatée.
Com. 104, 108 ; Civ. 1784 ; *Pén.* 386.

R. v° *Commissionnaire*, 360 s. ; *Voirie par ch[em.]* de fer, 416 s. — S. v° *Commissionnaire*, 170 [s. ;] *Voirie par chem. de fer*, 589 s. — V. aussi C. c[om.] ann., art. 97, n°° 1 s. ; et son Suppl., n°° 7644 s.

Art. 98. Il est garant des avaries [ou] pertes de marchandises et effets, s'il n'[y a] stipulation contraire dans la lettre de v[oi]ture, ou force majeure. — Com. 103, 1[...] Civ. 1784.

R. v° *Commissionnaire*, 328 s. ; *Voirie par ch[em.]* de fer, 432 s. ; *Louage d'ouvrage*, 70 s. — S. [v°] *Commissionnaire*, 116 s. ; *Voirie par chem. [de]* 626 s. — T. (87-97), v° *Commissionnaire*, 2[...] — V. aussi C. com. ann., art. 98, n°° 1 s. ; [et son] Suppl., n°° 7702 s.

Art. 99. Il est garant des faits du co[m]missionnaire intermédiaire auquel il adre[sse] les marchandises. — Com. 108 ; Civ. 199[8]

R. v° *Commissionnaire*, 387 s. ; *Voirie par ch[em.]* de fer, 462 s. — S. v° *Commissionnaire*, 204 s. [—] T. (87-97), v° *Commissionnaire*, 186 s. [—] V. aussi C. com. ann., art. 99, n°° 1 s. ; et son Supp[l.] n°° 8106 s.

Art. 100. La marchandise sortie du m[a]gasin du vendeur ou de l'expéditeur voya[ge] s'il n'y a convention contraire, aux risq[ues] et périls de celui à qui elle appartient, s[auf] son recours contre le commissionnaire et [le] voiturier chargés du transport. — Com. 1[...] Civ. 1382, 1784, 1937.

R. v° *Commissionnaire*, 430 s. — S. cod. [...] 277 s.

Art. 101. La lettre de voiture forme [un] contrat entre l'expéditeur et le voiturier, [ou] entre l'expéditeur, le commissionnaire et [le] voiturier.

Art. 102. La lettre de voiture doit [être] datée.

Elle doit exprimer

La nature et le poids ou la contenance [des] objets à transporter,

Le délai dans lequel le transport doit [être] effectué.

Elle indique

Le nom et le domicile du commissionna[ire] par l'entremise duquel le transport s'opè[re] s'il y en a un[,]

Le nom de celui à qui la marchandise [est] adressée,

Le nom et le domicile du voiturier[.]

Elle énonce

Le prix de la voiture[,]

L'indemnité due pour cause de retard.

lle est signée par l'expéditeur ou le commissionnaire.

lle présente en marge les marques et néros des objets à transporter.

a lettre de voiture est copiée par le commissionnaire sur un registre coté et parafé, à intervalle et de suite. — Com. 8, 224, ; Civ. 1785.

v° *Commissionnaire*, 309 s. — S. *eod. v°*, 99 s.

SECTION IV.
Du voiturier.

rt. 103. Le voiturier est garant de la ...e des objets à transporter, hors les cas ...a force majeure.

...est garant des avaries autres que celles proviennent du vice propre de la chose ...le la force majeure.

...L. 17 mars 1905.) Toute clause contraire ...rée dans toute lettre de voiture, tarif ou ...re pièce quelconque est nulle. — Com. 98; , 1784.

...i du 17 mars 1903 : D. P. 1905. 4. 98.
« *la responsabilité du voiturier au cas où la chose ...'est chargé de transporter a subi des avaries ou des ...s*, V. *supra, art.* 98.

rt. 104. Si, par l'effet de la force ma...e, le transport n'est pas effectué dans le ...i convenu, il n'y a pas lieu à indemnité ...tre le voiturier pour cause de retard. — ...t. 97.

« *la responsabilité du voiturier en cas de retard dans ...iée de la chose transportée,* V. *supra, art.* 97.

rt. 105. (*L.* 11 *avril* 1888.) La récep...des objets transportés et le payement du ... de la voiture éteignent toute action ...tre le voiturier pour avarie ou perte par...e, si, dans les trois jours, non compris ...jours fériés, qui suivent celui de cette ...eption et de ce payement, le destinataire ...pas notifié au voiturier, par acte extra...iciaire ou par lettre recommandée, sa pro...ation motivée.

...outes stipulations contraires sont nulles et ...nul effet. Cette dernière disposition n'est ...applicable aux transports internationaux.

1. LÉGISLATION ANTÉRIEURE A LA LOI DU ...AVRIL 1888 : R. v° *Commissionnaire*, 461 s.; ...rie par chem. de fer, 470 s. — S. v° *Commis...naire*, 280 s.; *Voirie par chem. de fer*, 698 s. 2. LOI DU 11 AVRIL 1888 : D. P. 88. 4. 17. — ...87-97), v° *Commissionnaire*, 212 s. — V. aussi ...l. au C. com. ann., art. 105.

rt. 106. En cas de refus ou contesta...pour la réception des objets transportés, ...r état est vérifié et constaté par des experts ...mmés par le président du tribunal de com...rce, ou, à son défaut, par le juge de paix, ...ar ordonnance au pied d'une requête.

...e dépôt ou séquestre, et ensuite le transport ...s un dépôt public, peut en être ordonné.

...a vente peut en être ordonnée en faveur ...voiturier, jusqu'à concurrence du prix de ...oiture. — Com. 95; Civ. 1961, s., 2102-6°.

v° *Commissionnaire*, 268 s., 462 s.; *Expert*, ...s.; *Voirie par chem. de fer*, 478 s. — S. v° ...missionnaire*, 316 s.; *Expert*, 107 s.; *Voirie ...chem. de fer*, 698 s. — T. (87-97), v° *Commis...naire*, 212 s. — V. aussi C. com. ann., art. 106, ...s.; et son Suppl., n° 8512 s.

rt. 107. Les dispositions contenues dans ...résent titre sont communes aux maîtres ...bateaux, entrepreneurs de diligences et ...ures publiques. — Civ. 1782 s.

rt. 108. (*L.* 11 *avril* 1888.) Les actions ...r avaries, pertes ou retard, auxquelles ...t donner lieu contre le voiturier le con...de transport, sont prescrites dans le ...ai d'un an, sans préjudice des cas de ...de ou d'infidélité.

...outes les autres actions auxquelles ce ...trat peut donner lieu, tant contre le voi...ier ou le commissionnaire que contre ...péditeur ou le destinataire, aussi bien ... celles qui naissent des dispositions de ...ticle 541 du Code de procédure civile, sont ...scrites dans le délai de cinq ans.

Le délai de ces prescriptions est compté, dans le cas de perte totale, du jour où la remise de la marchandise aurait dû être effectuée, et, dans tous les autres cas, du jour où la marchandise aura été remise ou offerte au destinataire.

Le délai pour intenter chaque action récursoire est d'un mois. Cette prescription ne court que du jour de l'exercice de l'action contre le garanti.

Dans le cas de transports faits pour le compte de l'État, la prescription ne commence à courir que du jour de la notification de la décision ministérielle emportant liquidation ou ordonnancement définitif.

§ 1. LÉGISLATION ANTÉRIEURE A LA LOI DU 11 AVRIL 1888 : R. v° *Commissionnaire*, 481 s.; *Voirie par chem. de fer*, 483. — S. v° *Commissionnaire*, 320 s.; *Voirie par chem. de fer*, 698 s.
§ 2. LOI DU 11 AVRIL 1888 : D. P. 88. 4. 17. — T. (87-97), v° *Commissionnaire*, 279 s. — V. aussi Suppl. au C. com. ann., n° 8572 s.

En ce qui concerne l'exploitation commerciale des chemins de fer, V. C. com. ann., p. 223 s.; et son Suppl., p. 281 s.; R. v° *Voirie par chem. de fer*, 298 s.; S. eod. v°, 281 s. — Sur : l'organisation et l'administration des chemins de fer, V. C. ad., t. 3, v° *Voirie* (*Chemins de fer*), p. 1414 s.; n°° 10367 s.; 2° les contraventions à la police des chemins de fer, V. ibid.; — et C. pén. ann., Appendice, v° *Chemins de fer*, p. 7 s. — V. aussi le décret du 1°° mars 1901 (D. P. 1901. 4. 22 et 97), modifiant l'ordonnance du 15 novembre 1846, sur la police, la sûreté et l'exploitation des chemins de fer.

TITRE SEPTIÈME

Des achats et ventes.

Art. 109. Les achats et les ventes se constatent,

Par actes publics,

Par actes sous signature privée,

Par le bordereau ou arrêté d'un agent de change ou courtier, dûment signé par les parties;

Par une facture acceptée,

Par la correspondance

Par les livres des parties,

Par la preuve testimoniale, dans le cas où le tribunal croira devoir l'admettre. — Com. 8 s., 12, 49, 76, 78, 80, 82, 84, 91, 152, 250, 273, 286, 339, 415; Civ. 1317 s., 1322, 1341, 1352, 1357 s.

V. C. com. ann., art. 109, n° 1 s.; et son Suppl., n°° 9400 s. — V. aussi R. v° *Compte courant*, 1 s.; *Obligat.*, 4958 s. — S. v° *Compte courant*, 1 s.; *Obligat.*, 2033 s. — T. (87-97), v° *Compte courant*, 1 s.

TITRE HUITIÈME.

De la lettre de change, du billet à ordre et de la prescription.

Décrété le 11 septembre 1807, et promulgué le 21.

SECTION PREMIÈRE.

De la lettre de change.

§ 1°. — De la forme de la lettre de change.

Art. 110. (*L.* 7 *juin* 1894.) « La lettre de change est tirée soit d'un lieu sur un autre, soit d'un lieu sur le même lieu. »

Elle est datée.

Elle énonce

La somme à payer,

Le nom de celui qui doit payer,

L'époque et le lieu où le payement doit s'effectuer,

La valeur fournie en espèces, en marchandises, en compte, ou de toute autre manière.

Elle est à l'ordre d'un tiers, ou à l'ordre du tireur lui-même.

Si elle est par première, deuxième, troi-

---

sième, quatrième, etc., elle l'exprime. — Com. 111 s., 444, 449, 471, 542, 574, 585-3°, 636 s.

R. v° *Effets de commerce*, 1, 36 s., 876 à 943. — S. *eod. v°*, 1, 14 s., 389 à 427. — T. (87-97), *eod. v°*, 2 s. — V. aussi C. com. ann., art. 110, n° 1 s.; et son Suppl., n°° 9590 s.

Loi du 7 juin 1894 : D. P. 94. 4. 54.

En ce qui concerne le chèque, V. la loi du 14 juin 1865 (D. P. 65. 4. 55) modifiée par celle du 19 février 1874 (D. P. 74. 4. 45). — R. v° *Warrants et chèques*, 70 s.; S. eod. v°, 61 s.; T. (87-97), v° *Chèque*, 1 s.

Art. 111. Une lettre de change peut être tirée sur un individu, et payable au domicile d'un tiers.

Elle peut être tirée par ordre et pour le compte d'un tiers.

R. v° *Effets de commerce*, 117 s., 159.

Art. 112. (*L.* 7 *juin* 1894.) Sont réputées simples promesses toutes lettres de change contenant supposition soit de nom, soit de qualité. — Com. 110, 168, 189, 636, 637; *Pén.* 147, 148.

R. v° *Effets de commerce*, 123 s. — S. eod. v°, 47 s.

Loi du 7 juin 1894 : D. P. 94. 4. 54.

Art. 113. La signature des femmes et des filles non négociantes ou marchandes publiques sur lettres de change ne vaut, à leur égard, que comme simple promesse. — Com. 4, 5, 7, 637; Civ. 217, 220, 1426, 2066.

Art. 114. Les lettres de change souscrites par des mineurs non négociants sont nulles à leur égard, sauf les droits respectifs des parties, conformément à l'article 1312 du Code civil. — Com. 2, 3, 6.

R. v° *Effets de commerce*, 153 s., 930. — S. eod. v°, 54 s.

§ 2. — De la provision.

Art. 115. (*L.* 19 *mars* 1817.) La provision doit être faite par le tireur, ou par celui pour le compte de qui la lettre de change sera tirée, sans que le tireur pour compte d'autrui cesse d'être personnellement obligé envers les endosseurs et le porteur seulement. — Com. 111, 116, 140.

Art. 116. Il y a provision, si, à l'échéance de la lettre de change, celui sur qui elle est fournie est redevable au tireur, ou à celui pour compte de qui elle est tirée, d'une somme au moins égale au montant de la lettre de change. — Com. 111, 170.

Art. 117. L'acceptation suppose la provision.

Elle en établit la preuve à l'égard des endosseurs.

Soit qu'il y ait ou non acceptation, le tireur seul est tenu de prouver, en cas de dénégation, que ceux sur qui la lettre était tirée avaient provision à l'échéance : sinon il est tenu de la garantir, quoique le protêt ait été fait après les délais fixés. — Com. 115 s., 170, 173, 185, 189.

R. v° *Effets de commerce*, 203 s. — S. eod. v°, 72 s. — T. (87-97), eod. v°, 20 s. — V. aussi C. com. ann., 116-117; et son Suppl., *ibid.*

§ 3. — De l'acceptation.

Art. 118. Le tireur et les endosseurs d'une lettre de change sont garants de l'acceptation et du payement à l'échéance. — Com. 117, 119 s., 136 s., 140, 143 s., 167, 444; Civ. 1249 s.

R. v° *Effets de commerce*, 275 s. — S. eod. v°, 103 s. — T. (87-97), eod. v°, 29 s. — V. aussi C. com. ann., art. 118, n° 1 s.; et son Suppl., n°° 9856 s.

Art. 119. Le refus d'acceptation est constaté par un acte que l'on nomme *protêt faute d'acceptation*. — Com. 120, 126 s., 162, 163, 173 s., 444.

R. v° *Effets de commerce*, 348 s. — S. eod. v°, 133 s.

Art. 120. Sur la notification du protêt faute d'acceptation, les endosseurs et le tireur sont respectivement tenus de donner caution pour assurer le payement de la lettre de change à son échéance, ou d'en effectuer le remboursement avec les frais de protêt et de rechange.

La caution, soit du tireur, soit de l'endosseur, n'est solidaire qu'avec celui qu'elle a cautionné. — *Com.* 118 s., 173 s., 177 s.; *Civ.* 2010, 2041; *Pr.* 68, 517 s.

R. v° *Effets de commerce*, 276 s. — S. *eod.* v°, 103 s.

Art. 121. Celui qui accepte une lettre de change contracte l'obligation d'en payer le montant.

L'accepteur n'est pas restituable contre son acceptation, quand même le tireur aurait failli à son insu avant qu'il eût accepté. — *Com.* 140, 148 s., 163, 437, 449; *Civ.* 1291.

R. v° *Effets de commerce*, 330 s., 885 s. — S. *eod.* v°, 129 s., 393 s. — T. (87-97), *eod.* v°, 29 s.

Art. 122. L'acceptation d'une lettre de change doit être signée.

L'acceptation est exprimée par le mot *accepté*.

Elle est datée, si la lettre est à un ou plusieurs jours ou mois de vue;

Et, dans ce dernier cas, le défaut de date de l'acceptation rend la lettre exigible au terme y exprimé, à compter de sa date. — *Com.* 123, 129 s., 131, 141 s.; *Civ.* 1120.

R. v° *Effets de commerce*, 300 s. — S. *eod.* v°, 114 s. — T. (87-97), *eod.* v°. — V. aussi C. com. ann., art. 122, n° 1 s.; et son Suppl., n° 9899 s.

Art. 123. L'acceptation d'une lettre de change payable dans un autre lieu que celui de la résidence de l'accepteur, indique le domicile où le payement doit être effectué ou les diligences faites. — *Com.* 173.

R. v° *Effets de commerce*, 303. — S. *eod.* v°, 113.

Art. 124. L'acceptation ne peut être conditionnelle; mais elle peut être restreinte quant à la somme acceptée.

Dans ce cas, le porteur est tenu de faire protester la lettre de change pour le surplus. — *Com.* 156, 173; *Civ.* 1168.

R. v° *Effets de commerce*, 327 s. — S. *eod.* v°, 126.

Art. 125. Une lettre de change doit être acceptée à sa présentation, ou, au plus tard, dans les vingt-quatre heures de la présentation.

Après les vingt-quatre heures, si elle n'est pas rendue acceptée ou non acceptée, celui qui l'a retenue est passible de dommages-intérêts envers le porteur. — *Civ.* 1382.

R. v° *Effets de commerce*, 295.

§ 4. — De l'acceptation par intervention.

Art. 126. Lors du protêt faute d'acceptation, la lettre de change peut être acceptée par un tiers intervenant pour le tireur ou pour l'un des endosseurs.

L'intervention est mentionnée dans l'acte du protêt; elle est signée par l'intervenant. — *Com.* 128, 158 s.; *Civ.* 1236.

Art. 127. L'intervenant est tenu de notifier sans délai son intervention à celui pour qui il est intervenu.

Art. 128. Le porteur de la lettre de change conserve tous ses droits contre le tireur et les endosseurs, à raison du défaut d'acceptation par celui sur qui la lettre était tirée, nonobstant toutes acceptations par intervention. — *Com.* 118.

R. v° *Effets de commerce*, 351 s. — S. *eod.* v°, 135 s.

§ 5. — De l'échéance.

Art. 129. Une lettre de change peut être tirée à vue,
à un ou plusieurs jours
à un ou plusieurs mois } de vue,
à une ou plusieurs usances

à un ou plusieurs jours
à un ou plusieurs mois } de date,
à une ou plusieurs usances
à jour fixe ou à jour déterminé, en foire. — *Com.* 110, 122, 131, 161.

Art. 130. La lettre de change à vue est payable à sa présentation. — *Com.* 160 s.

Art. 131. L'échéance d'une lettre de change
à un ou plusieurs jours
à un ou plusieurs mois } de vue,
à une ou plusieurs usances
est fixée par la date de l'acceptation, ou par celle du protêt faute d'acceptation. — *Com.* 118, 122, 126, 174 s.

Art. 132. L'usance est de trente jours, qui courent du lendemain de la date de la lettre de change.

Les mois sont tels qu'ils sont fixés par le calendrier grégorien. — *Com.* 129, 131, 161.

Art. 133. Une lettre de change payable en foire est échue la veille du jour fixé pour la clôture de la foire, ou le jour de la foire si elle ne dure qu'un jour. — *Com.* 129, 161 s.

Art. 134. (*L.* 28 mars 1904.) Si l'échéance d'une lettre de change est à un jour férié légal, elle est payable le premier jour ouvrable qui suit.

Il en est de même des billets à ordre et de tous autres effets de commerce. — *Com.* 162; *Pr.* 63, 808, 828, 1037.

R. v° *Effets de commerce*, 359 s., 887 s. — S. *eod.* v°, 130 s., 399. — *Loi* du 28 mars 1904: D. P. 1904. 4. 26. V. *infrà*, Appendice, LL. 23 déc. 1904; 13 juill. 1905 et 20 déc. 1906.

Art. 135. Tous les délais de grâce, de faveur, d'usage ou d'habitude locale, pour le payement des lettres de change, sont abrogés. — *Com.* 157, 161; *Civ.* 1244.

V. *infrà*, art. 157.

§ 6. — De l'endossement.

Art. 136. La propriété d'une lettre de change se transmet par la voie de l'endossement. — *Com.* 110, 118, 137 s., 140, 154, 161, 181, 187, 281, 313, 542.

Art. 137. L'endossement est daté.

Il exprime la valeur fournie.

Il énonce le nom de celui à l'ordre de qui il est passé. — *Com.* 138 s.

R. v° *Effets de commerce*, 366 s. — S. *eod.* v°, 146 s. — T. (87-97), *eod.* v°, 35 s. — V. aussi C. com. ann., art. 136-137, n° 1 s.; et son Suppl., n° 9935 s.

Art. 138. Si l'endossement n'est pas conforme aux dispositions de l'article précédent, il n'opère pas le transport; il n'est qu'une procuration. — *Civ.* 1328.

R. v° *Effets de commerce*, 447 s., 883 s. — S. *eod.* v°, 173 s., 393. — T. (87-97), *eod.* v°, 61 s. — V. aussi C. com. ann., art. 138, n° 1 s.; et son Suppl., n° 10023 s.

Art. 139. Il est défendu d'antidater les ordres, à peine de faux. — *Pén.* 147.

R. v° *Effets de commerce*, 366 s. — S. *eod.* v°, 153 s.

§ 7. — De la solidarité.

Art. 140. Tous ceux qui ont signé, accepté ou endossé une lettre de change, sont tenus à la garantie solidaire envers le porteur. — *Com.* 118, 121, 136, 160 s., 187, 542; *Civ.* 1200 s., 1693.

R. v° *Effets de commerce*, 489 s. — S. *eod.* v°, 200 s.

§ 8. — De l'aval.

Art. 141. Le payement d'une lettre de change, indépendamment de l'acceptation et de l'endossement, peut être garanti par un aval. — *Com.* 116, 187.

Art. 142. Cette garantie est fournie par un tiers, sur la lettre même ou par acte séparé.

Le donneur d'aval est tenu solidairement et par les mêmes voies que les tireurs et endosseurs, sauf les conventions différentes des parties. — *Com.* 140; *Civ.* 1200, 2011 s., 2021 s.

R. v° *Effets de commerce*, 500 s. — S. *eod.* v°,

206 s. — T. (87-97), *eod.* v°, 61 s. — V. aussi C. com. ann., art. 141-142, n° 1 s.; et son Suppl., n° 10090 s.

§ 9. — Du payement.

Art. 143. Une lettre de change doit être payée dans la monnaie qu'elle indique. — *Com.* 187; *Civ.* 1243.

R. v° *Effets de commerce*, 573 s. — S. *eod.* v°, 241 s. — V. aussi C. com. ann., art. 143, n° 1 s.; et son Suppl., n° 10121 s.

V. *infrà*, Appendice, le décret du 6 thermidor an III, qui autorise le dépôt du montant des billets à ordre ou autres effets négociables dont le porteur ne se sera pas présenté dans les trois jours qui suivront l'échéance.

V. aussi la loi du 5 avril 1870 (D. P. 79. 4. 33; — C. ad., t. 3, p. 1293), concernant le recouvrement des effets de commerce, factures, valeurs commerciales, par la poste, modifiée dans son article 6 par la loi budgétaire du 26 janvier 1892, art. 29 (D. P. 92. 4. 9 s.); la loi du 17 juillet 1880 (D. P. 81. 4. 113; — C. ad., t. 5, p. 1228), qui, 1° autorise le recouvrement par la poste des effets de commerce, valeurs, soumis au protêt; 2° abaisse le droit proportionnel d'encaissement; 3° réduit le droit d'abonnement pour l'intermédiaire de la poste; le décret du 15 février 1881 (D. P. 82. 4. 22; — C. ad., t. 5, p. 1228), qui détermine les règles à suivre pour le recouvrement des effets de commerce confiés à la poste, en cas de protêt.

Art. 144. Celui qui paye une lettre de change avant son échéance est responsable de la validité du payement. — *Com.* 146, 161; *Civ.* 1186 s.

Art. 145. Celui qui paye une lettre de change à son échéance et sans opposition est présumé valablement libéré. — *Com.* 149, 161.

R. v° *Effets de commerce*, 560 s. 800 s., 870. — S. *eod.* v°, 242 s., 376 s., 382 s. — T. (87-97), *eod.* v°, 97 s. — V. aussi C. com. ann., art. 144-145, n° 1 s.; et son Suppl., n° 10135 s.

Art. 146. Le porteur d'une lettre de change ne peut être contraint d'en recevoir le payement avant l'échéance. — *Com.* 144; *Civ.* 1187, 1258-4°.

R. v° *Effets de commerce*, 560 s., 860 s. — S. *eod.* v°, 242 s., 376 s.

Art. 147. Le payement d'une lettre de change fait sur une seconde, troisième, quatrième, etc., est valable, lorsque la seconde, troisième, quatrième, etc., porte que ce payement annule l'effet des autres. — *Com.* 110, 150 s.

Art. 148. Celui qui paye une lettre de change sur une seconde, troisième, quatrième, etc., sans retirer celle sur laquelle se trouve son acceptation, n'opère point sa libération à l'égard du tiers porteur de son acceptation. — *Com.* 110, 118, 121, 150 s. — S. *eod.* v°, 228, 242 s.

Art. 149. Il n'est admis d'opposition au payement qu'en cas de perte de la lettre de change, ou de la faillite du porteur. — *Com.* 145, 437.

R. v° *Effets de commerce*, 577. — S. *eod.* v°, 237, 245.

Art. 150. En cas de perte d'une lettre de change non acceptée, celui à qui elle appartient peut en poursuivre le payement sur une seconde, troisième, quatrième, etc. — *Com.* 175.

Art. 151. Si la lettre de change perdue est revêtue de l'acceptation, le payement ne peut en être exigé sur une seconde, troisième, quatrième, etc., que par ordonnance du juge, et en donnant caution. — *Com.* 120; *Civ.* 2040 s.; *Pr.* 517.

Art. 152. Si celui qui a perdu la lettre de change, qu'elle soit acceptée ou non, ne peut représenter la seconde, troisième, quatrième, etc., il peut demander le payement de la lettre de change perdue, et l'obtenir par l'ordonnance du juge, en justifiant de sa propriété par ses livres, et en donnant caution. — *Com.* 150 s.; *Civ.* 2040, 2041; *Pr.* 517, 224 s.

Art. 153. En cas de refus de payement, sur la demande formée en vertu des deux

cles précédents, le propriétaire de la
re de change perdue, conserve tous ses
its par un acte de protestation.

Cet acte doit être fait le lendemain de
chéance de la lettre de change perdue.

Il doit être notifié aux tireur et endosseurs,
as les formes et délais prescrits ci-après
ar la notification du protêt. — Com. 162 s.,
; Pr. 68.

v° Effets de commerce, 514 s. — S. cod. e*, 231.

Art. 154. Le propriétaire de la lettre
change égarée doit, pour s'en procurer
seconde, s'adresser à son endosseur im-
diat, qui est tenu de lui prêter son nom
ses soins pour agir envers son propre
osseur, et ainsi en remontant d'endos-
r en endosseur jusqu'au tireur de la lettre.

propriétaire de la lettre de change égarée
portera les frais.

v° Effets de commerce, 556. — S. cod. e*, 930 s.

Art. 155. L'engagement de la caution,
ntionné dans les articles 151 et 152, est
nt après trois ans, si, pendant ce temps,
'y a eu ni demandes ni poursuites juri-
ues. — Com. 189; Civ. 2249, 2244.

v° Effets de commerce, 518 s. — S. cod. e*,
s.

Art. 156. Les payements faits à compte
le montant d'une lettre de change sont
charge des tireur et endosseurs.

Le porteur est tenu de faire protester la
re de change pour le surplus. — Com.
140, 173; Civ. 1244.

v° Effets de commerce, 557, 582 s. — S. cod. e*,

Art. 157. Les juges ne peuvent accorder
un délai pour le payement d'une lettre de
nge. — Com. 138, 161, 1244.

v° Effets de commerce, 578 s. — S. cod. e*, 240.

§ 10. — Du payement par intervention.

Art. 158. Une lettre de change protes-
peut être payée par tout intervenant pour
ireur ou pour l'un des endosseurs.

L'intervention et le payement seront cons-
és dans l'acte de protêt ou à la suite de
te. — Com. 171; Civ. 1236.

Art. 159. Celui qui paye une lettre de
nge par intervention est subrogé aux
its du porteur, et tenu des mêmes devoirs
er les formalités à remplir.

S'il est fait pour un endosseur, tous les
osseurs subséquents sont libérés.

S'il y a concurrence pour le payement
ue lettre de change par intervention, celui
opère le plus de libérations est préféré.

i celui sur qui la lettre était originaire-
nt tirée, et sur qui a été fait le protêt
te d'acceptation, se présente pour la payer,
sera préféré à tous autres. — Com. 140;
». 1259, 1264.

v° Effets publics, 389 s. — S. cod. e*, 253 s.

§ 11. — Des droits et devoirs du porteur.

Art. 160. (L. 3 mai 1862.) Le porteur
ne lettre de change tirée du continent et
s îles de l'Europe ou de l'Algérie, et
able dans les possessions européennes de
France ou de l'Algérie, soit à vue, soit à
ou plusieurs jours, mois ou usances de
, doit en exiger le payement ou l'accep-
ion dans les trois mois de sa date, sous
ne de perdre son recours sur les endos-
rs et même sur le tireur, si celui-ci a
provision.

Ce délai est de quatre mois pour les lettres
change tirées des États du littoral de la
diterranée et du littoral de la mer Noire
les possessions européennes de France,
réciproquement du continent et des îles
de l'Europe sur les établissements français
de la Méditerranée et de la mer Noire.

Le délai est de six mois pour les lettres
de change tirées des États d'Afrique en deçà
du cap de Bonne-Espérance et des États
d'Amérique en deçà du cap Horn, sur les
possessions européennes de la France, et réciproquement du continent et des îles de
l'Europe sur les possessions françaises ou
établissements français dans les États d'Afrique
en deçà du cap de Bonne-Espérance, et dans
les États d'Amérique en deçà du cap Horn.

Le délai est d'un an pour les lettres de
change tirées de toute autre partie du monde
sur les possessions européennes de la France,
et réciproquement du continent et des îles
de l'Europe sur les possessions françaises ou
les établissements français dans toute autre
partie du monde.

La même déchéance aura lieu contre le
porteur d'une lettre de change à vue, à un
ou plusieurs jours, mois ou usances de vue,
tirée de la France, des possessions ou établissements français et payable dans les pays
étrangers, qui n'en exigera le payement
ou l'acceptation dans les délais ci-dessus
prescrits pour chacune des distances respectives. Les délais ci-dessus seront doublés en
temps de guerre maritime pour les pays
d'outre-mer.

Les dispositions ci-dessus ne préjudicieront
néanmoins pas aux stipulations contraires
qui pourraient intervenir entre le preneur,
le tireur et même les endosseurs. — Com.
129, 140.

R. v° Effets de commerce, 611 s., 705 s. —
S. cod. e*, 262 s., 302 s. — T. (87-97), cod. e*,
103 s.

Loi du 3 mai 1862 : D.P. 62. 4. 43.

V. infrà, Appendice, le décret du 6 thermidor an III,
qui autorise le dépôt du montant du billet à ordre ou autres
effets négociables, dont le porteur ne se sera pas présenté
dans les trois jours qui suivront celui de l'échéance.

Art. 161. Le porteur d'une lettre de
change doit en exiger le payement le jour
de son échéance. — Com. 129 s.

R. v° Effets de commerce, 613. — S. cod. e*, 264.

Art. 162. Le refus de payement doit être
constaté, le lendemain du jour de l'échéance,
par un acte que l'on nomme protêt faute de
payement.

Si ce jour est un jour férié légal, le protêt
est fait le jour suivant. — Com. 130, 173,
181; Pr. 63; 1037.

R. v° Effets de commerce, 614 s., 744 s. —
S. cod. e*, 243 s., 317 s. — V. aussi C. com. ann.,
art. 162, nᵒ 1 s.; et son Suppl., nᵒ 10261 s.

L'avis du conseil d'État du 13 mai 1810, approuvé le 20
du même mois, considère le 1er janvier comme un jour
férié auquel s'applique l'article 162.

Art. 163. Le porteur n'est dispensé du
protêt faute de payement, ni par le protêt
faute d'acceptation, ni par la mort ou faillite
de celui sur qui la lettre de change est tirée.

Dans le cas de faillite de l'accepteur avant
l'échéance, le porteur peut faire protester,
et exercer son recours. — Com. 119, 444;
Civ. 1693.

R. v° Effets de commerce, 654 s., 670 s. —
S. cod. e*, 278 s., 290 s. — T. (87-97), cod. e*,
105 s.

Art. 164. Le porteur d'une lettre de
change protestée faute de payement peut
exercer son action en garantie, ou individuellement contre le tireur et chacun des
endosseurs, ou collectivement contre les endosseurs et le tireur.

La même faculté existe pour chacun des
endosseurs, à l'égard du tireur et des endosseurs qui le précèdent. — Com. 140; Civ.
1200, 1251, 1377; Pr. 59, 181, 184, 426.

R. v° Effets de commerce, 240 s., 678 s., 860 s. —
S. cod. e*, 92 s., 292 s., 376 s. — V. aussi C. com.
ann., art. 164, nᵒ 1 s.; et son Suppl., nᵒ 10310 s.

Art. 165. Si le porteur exerce le recours
individuellement contre son cédant, il doit
lui en faire notifier le protêt, et, à défaut de
remboursement, le faire citer en jugement
dans les quinze jours qui suivent la date du
protêt, si celui-ci réside dans la distance de
cinq myriamètres.

Ce délai, à l'égard du cédant domicilié à
plus de cinq myriamètres de l'endroit où la
lettre de change était payable, sera augmenté
d'un jour par deux myriamètres et demi
excédant les cinq myriamètres. — Com.
166 s., 173; Pr. 59, 61, 68, 426, 1033.

L'art. 165 est modifié par l'art. 1033 nouveau du Code de
procédure (L. 3 mai 1862), qui porte le délai de distance
à un jour par cinq myriamètres.

Art. 166. (L. 3 mai 1862.) Les lettres
de change tirées de France et payables hors
du territoire continental de la France en
Europe étant protestées, les tireurs et endosseurs résidant en France seront poursuivis
dans les délais ci-après :

D'un mois pour celles qui étaient payables
en Corse, en Algérie, dans les îles Britanniques, en Italie, dans le royaume des Pays-
Bas et dans les États ou Confédérations limitrophes de la France;

De deux mois pour celles qui étaient
payables dans les autres États, soit de l'Europe, soit du littoral de la Méditerranée et
de celui de la mer Noire;

De cinq mois pour celles qui étaient
payables hors d'Europe en deçà des détroits
de Malacca et de la Sonde et en deçà du cap
Horn;

De huit mois pour celles qui étaient
payables au delà des détroits de Malacca et
de la Sonde et au delà du cap Horn. Ces
délais seront observés dans les mêmes proportions pour le recours à exercer contre les
tireurs et endosseurs résidant dans les possessions françaises hors de la France continentale.

Les délais ci-dessus seront doublés pour
les pays d'outre-mer, en cas de guerre maritime. — Com. 160; Pr. 73, 74.

Art. 167. Si le porteur exerce son recours collectivement contre les endosseurs et
le tireur, il jouit, à l'égard de chacun d'eux,
du délai déterminé par les articles précédents.

Chacun des endosseurs a le droit d'exercer
le même recours, ou individuellement, ou
collectivement, dans le même délai.

À leur égard, le délai court du lendemain
de la date de la citation en justice. — Com.
161 s., 189, 631; Pr. 59, 61, 68 s.

R. v° Effets de commerce, 678 s., 893 s. —
S. cod. e*, 292 s., 400. — V. aussi C. com. ann.,
art. 167, nᵒ 1 s.; et son Suppl., nᵒ 10319 s.

Art. 168. Après l'expiration des délais
ci-dessus,

Pour la présentation de la lettre de change
à vue, ou à un ou plusieurs jours ou mois
ou usances de vue,

Pour le protêt faute de payement,

Pour l'exercice de l'action en garantie,

Le porteur de la lettre de change est déchu
de tous droits contre les endos-eurs. — Com.
129 s., 140, 160 s., 161, 173, 189; Civ. 1692.

Art. 169. Les endosseurs sont également
déchus de toute action en garantie contre
leurs cédants, après les délais ci-dessus prescrits, chacun en ce qui le concerne. —
Com. 161.

R. v° Effets de commerce, 233 s., 705 s. —
S. cod. e*, 302 s., 402 s. — V. aussi C. com. ann.,
art. 168-169, nᵒ 1 s.; et son Suppl., nᵒ 10310 s.

Art. 170. La même déchéance a lieu
contre le porteur et les endosseurs, à l'égard
du tireur lui-même, si ce dernier justifie
qu'il y avait provision à l'échéance de la lettre
de change.

Le porteur, en ce cas, ne conserve d'action
que contre celui sur qui la lettre était tirée.
— Com. 115 s., 160, 189.

R. v° Effets de commerce, 202 s., 727 s. —
S. cod. e*, 72 s., 310 s.

Art. 171. Les effets de la déchéance prononcée par les trois articles précédents cessent

en faveur du porteur, contre le tireur, ou contre celui des endosseurs qui, après l'expiration des délais fixés pour le protêt, la notification du protêt ou la citation en jugement, a reçu par compte, compensation ou autrement, les fonds destinés au payement de la lettre de change. — *Civ.* 1289.

R. v° *Effets de commerce*, 717 s., 736.

Art. 172. Indépendamment des formalités prescrites pour l'exercice de l'action en garantie, le porteur d'une lettre de change protestée faute de payement peut, en obtenant la permission du juge, saisir conservatoirement les effets mobiliers des tireur; accepteurs et endosseurs. — *Com.* 164 ; *Pr.* 417, 557.

R. v° *Effets de commerce*, 704 ; *Saisie conservatoire*, 3 s. — S. v° *Saisie conservatoire*, 2 s.

§ 12. — Des protêts.

Art. 173. Les protêts faute d'acceptation ou de payement sont faits par deux notaires, ou par un notaire et deux témoins, ou par un huissier et deux témoins.

Le protêt doit être fait :

Au domicile de celui qui la lettre de change était payable, ou à son dernier domicile connu,

Au domicile des personnes indiquées par la lettre de change pour la payer au besoin,

Au domicile du tiers qui a accepté par intervention ;

Le tout par un seul et même acte.

En cas de fausse indication de domicile, le protêt est précédé d'un acte de perquisition. — *Com.* 119, 126, 156, 161 s., 181, 184, 187, 189 ; *Civ.* 102 s. ; *Pr.* 69-8°, 1031.

R. v° *Effets de commerce*, 737 s. — S. *eod.* v°, 313 s. — T. (87-97), *eod.* v°, 128 s. — V. aussi C. com. ann., art. 173, n°° 1 s. ; et son Suppl. ; n°° 10369 s.

Un décret du 23 mars 1848 (D. P. 48. 4. 57) dispense les officiers ministériels de se faire assister par des témoins dans la confection des protêts.

Art. 174. L'acte de protêt contient :

La transcription littérale de la lettre de change, de l'acceptation, des endossements, et des recommandations qui y sont indiquées,

La sommation de payer le montant de la lettre de change.

Il énonce

La présence ou l'absence de celui qui doit payer,

Les motifs du refus de payer, et l'impuissance ou le refus de signer.

R. v° *Effets de commerce*, 742, 767.s. — S. *eod.* v°, 326 s.

Art. 175. Nul acte, de la part du porteur de la lettre de change, ne peut suppléer l'acte de protêt, hors le cas prévu par les articles 150 et suivants, touchant la perte de la lettre de change.

R. v° *Effets de commerce*, 770 s. — S. *eod.* v°, 329.

Art. 176. Les notaires et les huissiers sont tenus, à peine de destitution, dépens, dommages-intérêts envers les parties, de laisser copie exacte des protêts, et de les inscrire en entier jour par jour et par ordre de dates, dans un registre particulier, coté, parafé, et tenu dans les formes prescrites pour les répertoires.

(*L.* 22 *décembre* 1906.) Ils sont tenus, en outre, à peine de dommages-intérêts, lorsque l'effet indiquera les noms et domicile du tireur de la lettre de change ou du premier endosseur du billet à ordre, de prévenir ceux-ci, dans les quarante-huit heures qui suivent l'enregistrement, par la poste et par lettre recommandée, des motifs du refus de payer. Cette lettre donnera lieu, au profit du notaire ou de l'huissier, à un honoraire de vingt-cinq centimes (0 fr. 25) en sus des frais d'affranchissement et de recommandation. — *Com.* 173 ; *Civ.* 1149, 1382 ; *Pr.* 71, 132, 1031.

R. v° *Effets de commerce*, 772 s.
Loi du 22 décembre 1906 : D. P. 1907. 4. 61.

§ 13. — Du rechange.

Art. 177. Le rechange s'effectue par une retraite.

Art. 178. La retraite est une nouvelle lettre de change, au moyen de laquelle le porteur se rembourse sur le tireur, ou sur l'un des endosseurs, du principal de la lettre protestée, de ses frais, et du nouveau change qu'il paye. — *Com.* 110, 136 s., 140.

Art. 179. Le rechange se règle, à l'égard du tireur, par le cours du change du lieu où la lettre de change était payable sur le lieu d'où elle a été tirée.

Il se règle, à l'égard des endosseurs, par le cours du change du lieu où la lettre de change a été remise ou négociée par eux, sur le lieu où le remboursement s'effectue. — *Com.* 72, 110.

Art. 180. La retraite est accompagnée d'un compte de retour.

Art. 181. Le compte de retour comprend :

Le principal de la lettre de change protestée,

Les frais de protêt et autres frais légitimes, tels que commission de banque, courtage, timbre et ports de lettres.

Il énonce le nom de celui sur qui la retraite est faite, et le prix du change auquel elle est négociée.

Il est certifié par un agent de change.

Dans les lieux où il n'y a pas d'agent de change, il est certifié par deux commerçants.

Il est accompagné de la lettre de change protestée, du protêt, ou d'une expédition de l'acte de protêt.

Dans le cas où la retraite est faite sur l'un des endosseurs, elle est accompagnée, en outre, d'un certificat qui constate le cours du change du lieu où la lettre de change était payable, sur le lieu d'où elle a été tirée. — *Com.* 72.

Art. 182. Il ne peut être fait plusieurs comptes de retour sur une même lettre de change.

Ce compte de retour est remboursé d'endosseur à endosseur respectivement, et définitivement par le tireur.

Art. 183. Les rechanges ne peuvent être cumulés.

Chaque endosseur n'en supporte qu'un seul, ainsi que le tireur.

Art. 184. L'intérêt du principal de la lettre de change protestée faute de payement

est dû à compter du jour du protêt. — *Com.* 162, 173 ; *Civ.* 1153.

Art. 185. L'intérêt des frais de protêt rechange et autres frais légitimes n'est dû qu'à compter du jour de la demande en justice. — *Com.* 162, 173 ; *Civ.* 1151 ; *L.* 7 *avr.* 1900.

Art. 186. Il n'est point dû de rechange si le compte de retour n'est pas accompagné des certificats d'agents de change ou de commerçants, prescrits par l'article 181.

V. *infrà*, Appendice - *le décret du 24 mars 1848, qu modifie provisoirement les articles 178 et 179 du Code d commerce.*

R. v° *Effets de commerce*, 778 s. — S. *eod.* v° 332 s.

SECTION II.

Du billet à ordre.

Art. 187. Toutes les dispositions relatives aux lettres de change, et concernant

L'échéance,

L'endossement,

La solidarité,

L'aval,

Le payement,

Le payement par intervention,

Le protêt,

Les devoirs et droits du porteur,

Le rechange ou les intérêts,

Sont applicables aux billets à ordre, san préjudice des dispositions relatives aux ca prévus aux articles 636, 637 et 638. — *Com.* 130 s., 136 s., 140 s., 158 s., 160 s. 173 s., 177 s., 189 s. ; *Civ.* 1326.

Art. 188. Le billet à ordre est daté.

Il énonce

La somme à payer,

Le nom de celui à l'ordre de qui il es souscrit,

L'époque à laquelle le payement doit s'effectuer,

La valeur qui a été fournie en espèces, e marchandises, en compte, ou de toute autr manière. — *Com.* 110.

V. C. com. ann., et son Suppl., art. 187 et 188. T. (87-97), v° *Effets de commerce*, 10 s.

SECTION III.

De la prescription.

Art. 189. Toutes actions relatives au lettres de change, et à ceux des billets ordre souscrits par des négociants, marchands ou banquiers, ou pour faits de commerce, se prescrivent par cinq ans, à compter du jour du protêt, ou de la dernière poursuite juridique, s'il n'y a eu condamnation, ou si la dette n'a été reconnue par acte séparé.

Néanmoins les prétendus débiteurs seron tenus, s'ils en sont requis, d'affirmer, sous serment, qu'ils ne sont plus redevables ; e leurs veuves, héritiers ou ayants cause, qu'ils estiment de bonne foi qu'il n'est plus rien dû. — *Com.* 155, 173 ; *Civ.* 1234, 1238, 1357 2219, 2275 ; *Pén.* 366.

R. v° *Effets de commerce*, 896 s. — S. *eod.* v 345 s. — T. (87-97), *eod.* v°, 130 s. — V. auss C. com. ann., art. 189, n°° 1 s. ; et son Suppl. n°° 10469 s.

LIVRE DEUXIÈME.

DU COMMERCE MARITIME.

Décrété le 15 septembre 1807 et promulgué le 25.

TITRE PREMIER.

Des navires et autres bâtiments de mer.

Art. 190. Les navires et autres bâtiments de mer sont meubles. Néanmoins, ils sont affectés aux dettes du vendeur, et spécialement à celles que la loi déclare privilégiées. — *Com.* 197, 280; *Civ.* 531, 2095, 2120; 520.

R. v° *Droit maritime*, 55 s.; *Organ. maritime*, — S. v° *Droit maritime*, 47 s.; *Organ. maritime*, 119 s. — V. aussi C. com. ann., art. 190, s.; et son Suppl., n° 10544 s.

Art. 191. Sont privilégiées, et dans l'ordre où elles sont rangées, les dettes ci-désignées :

Les frais de justice et autres, faits pour parvenir à la vente et à la distribution du prix; (*L.* 11 avril 1906.) « Les droits de pilotage, remorquage, tonnage, cale, amarrage de bassin ou avant-bassin »;

Les gages du gardien, et frais de garde du bâtiment, depuis son entrée dans le port jusqu'à la vente;

Le loyer des magasins où se trouvent déposés les agrès et les apparaux;

Les frais d'entretien du bâtiment et de ses agrès et apparaux, depuis son dernier voyage et son entrée dans le port;

Les gages et loyers du capitaine et autres gens de l'équipage employés au dernier voyage;

Les sommes prêtées au capitaine pour les besoins du bâtiment pendant le dernier voyage, et remboursement du prix des marchandises par lui vendues pour le même objet;

Les sommes dues au vendeur, aux fournisseurs et ouvriers employés à la construction, si le navire n'a point encore fait de voyage; et les sommes dues aux créanciers pour fournitures, travaux, main-d'œuvre, pour radoub, victuailles, armement et équipement, avant le départ du navire, s'il a déjà navigué; (Abrogé par L. 10 juillet 1885.) *Les sommes prêtées à la grosse sur le corps, quille, agrès, apparaux, pour radoub, victailles, armement et équipement avant le départ du navire ;*

Le montant des primes d'assurances dues sur le corps, quille, agrès, apparaux, armement et équipement du navire, pour le dernier voyage ;

Les dommages-intérêts dus aux affréteurs, pour le défaut de délivrance des marchandises qu'ils ont chargées, ou pour remboursement des avaries souffertes par lesdites marchandises par la faute du capitaine ou de l'équipage.

Les créanciers compris dans chacun des numéros du présent article viendront en concurrence, et au marc le franc, en cas d'insuffisance du prix.

(*L.* 10 juillet 1885.) Les créanciers hypothécaires sur le navire viennent dans leur rang d'inscription, après les créanciers privilégiés. — *Com.* 271, 311, 315, 320, 332 s.; 1798, 2093, 2097, 2101.

V° *Droit maritime*, 229 s. — S. eod. v°, 333 s. (67-97), v° *Navire*, 10 s. — V. aussi C. com. art. 191, n° 1 s.; et son Suppl., n° 10713 s. — 1907. 4. 17.

a loi du 10 juillet 1885, qui modifie celle du 10 décembre 1874 sur l'hypothèque maritime (D. P. 86. 4. 17); loi du 23 avril 1906, créant des sociétés de crédit maritime (D. P. 1907. 4. 14).

Art. 192. Le privilège accordé aux dettes énoncées dans le précédent article ne peut être exercé qu'autant qu'elles seront justifiées dans les formes suivantes :

1° Les frais de justice seront constatés par les états de frais arrêtés par les tribunaux compétents;

2° Les droits de tonnage et autres, par les quittances légales des receveurs;

3° Les dettes désignées par les n°s 1, 3, 4 et 5 de l'article 191, seront constatées par des états arrêtés par le président du tribunal de commerce;

4° Les gages et loyers de l'équipage, par les rôles d'armement et désarmement arrêtés dans les bureaux de l'inscription maritime;

5° Les sommes prêtées et la valeur des marchandises vendues pour les besoins du navire pendant le dernier voyage, par des états arrêtés par le capitaine et les procès-verbaux signés par le capitaine et les principaux de l'équipage, constatant la nécessité des emprunts;

6° La vente du navire par un acte ayant date certaine, et les fournitures pour l'armement, équipement et victuailles du navire, seront constatées par les mémoires, factures ou états visés par le capitaine et arrêtés par l'armateur, dont un double sera déposé au greffe du tribunal de commerce avant le départ du navire, ou, au plus tard, dans les dix jours après son départ;

7° (Abrogé par L. 10 juillet 1885.) *Les sommes prêtées à la grosse sur le corps, quille, agrès, apparaux, armement et équipement, avant le départ du navire, seront constatées par des contrats passés devant notaires, ou sous signatures privées, dont les expéditions ou doubles seront déposés au greffe du tribunal de commerce dans les dix jours de leur date;*

8° Les primes d'assurances seront constatées par les polices ou par les extraits des livres des courtiers d'assurances;

9° Les dommages-intérêts dus aux affréteurs seront constatés par les jugements, ou par les décisions arbitrales qui seront intervenues. — *Com.* 250, 311, 332; *Civ.* 1317 s., 1328; *Pr.* 128, 1020.

R. v° *Droit maritime*, 277 s. — S. eod. v°, 407 s. Loi du 10 juillet 1885 : D. P. 86. 4. 17.

Art. 193. Les privilèges des créanciers seront éteints,

Indépendamment des moyens généraux d'extinction des obligations,

Par la vente en justice faite dans les formes établies par le titre suivant;

Ou lorsqu'après une vente volontaire, le navire aura fait un voyage en mer sous le nom et aux risques de l'acquéreur, et sans opposition de la part des créanciers du vendeur. — *Com.* 194, 197 à 215; *Civ.* 1234.

R. v° *Droit maritime*, 283 s. — S. eod. v°, 423 s.

Art. 194. Un navire est censé avoir fait un voyage en mer,

Lorsque son départ et son arrivée auront été constatés dans deux ports différents et trente jours après le départ;

Lorsque, sans être arrivé dans un autre port, il s'est écoulé plus de soixante jours entre le départ et le retour dans le même port, ou lorsque le navire, parti pour un voyage de long cours, a été plus de soixante

jours en voyage, sans réclamation de la part des créanciers du vendeur.

R. v° *Droit maritime*, 293 s. — S. eod. v°, 432 s.

Art. 195. La vente volontaire d'un navire doit être faite par écrit, et peut avoir lieu par acte public, ou par acte sous signature privée.

Elle peut être faite pour le navire entier, ou pour une portion du navire,

Le navire étant dans le port ou en voyage. — *Com.* 196; *Civ.* 1317 s.

R. v° *Droit maritime*, 89 s. — S. eod. v°, 154 s. — V. aussi C. com. ann., art. 195, n°s 1 s.; et son Suppl., n° 11102 s.

En ce qui concerne la vente des navires, V. le décret du 27 vendémiaire an II (R. v° Organ. marit., p. 1665 s.), modifié par la loi du 23 novembre 1897 (D. P. 97. 4. 132). — V. aussi le décret du 8 mai 1861 (D. P. 61. 4. 61); et la loi du 7 avril 1902, art. 22, sur la marine marchande (D. P. 1902. 4. 93).

Art. 196. La vente volontaire d'un navire en voyage ne préjudicie pas aux créanciers du vendeur.

En conséquence, nonobstant la vente, le navire ou son prix continue d'être le gage desdits créanciers, qui peuvent même, s'ils le jugent convenable, attaquer la vente pour cause de fraude. — *Com.* 190 s.; *Civ.* 1167.

R. v° *Droit maritime*, 298 s. — S. eod. v°, 438 s.

TITRE DEUXIÈME.

De la saisie et vente des navires.

Art. 197. Tous bâtiments de mer peuvent être saisis et vendus par autorité de justice; et le privilège des créanciers sera purgé par les formalités suivantes. — *Com.* 190 s., 215; *Civ.* 2120; *Pr.* 620.

R. v° *Droit maritime*, 98 s. — S. eod. v°, 208 s. — T. (87-97), v° *Navire*, 2 s.

Art. 198. Il ne pourra être procédé à la saisie que vingt-quatre heures après le commandement de payer. — *Pr.* 551, 583, 1033.

R. v° *Droit maritime*, 114 s. — S. eod. v°, 229 s.

Art. 199. Le commandement devra être fait à la personne du propriétaire ou à son domicile, s'il s'agit d'une action générale à exercer contre lui.

Le commandement pourra être fait au capitaine du navire, si la créance est du nombre de celles qui sont susceptibles de privilège sur le navire, aux termes de l'article 191. — *Pr.* 583.

R. v° *Droit maritime*, 116 s. — S. eod. v°, 230.

Art. 200. L'huissier énonce dans le procès-verbal,

Les nom, profession et demeure du créancier pour qui il agit;

Le titre en vertu duquel il procède;

La somme dont il poursuit le payement;

L'élection de domicile faite par le créancier dans le lieu où siège le tribunal devant lequel la vente doit être poursuivie, et dans le lieu où le navire saisi est amarré;

Les noms du propriétaire et du capitaine;

Le nom, l'espèce et le tonnage du bâtiment.

Il fait l'énonciation et la description des chaloupes, canots, agrès, ustensiles, armes, munitions et provisions.

154 CODE DE COMMERCE, LIV. II, TIT. IV. — DU CAPITAINE.

Il établit un gardien. — *Civ.* 111, 1962; *Pr.* 586 s.

R. v° *Droit maritime*, 119 s. — S. cod. v°, 231 s.

Art. 201 à 207. *Abrogés par L. 10 juillet 1885.*

[Les art. 201 à 207 inclusivement ont été remplacés par les art. 23 à 32 de la loi du 10 juillet 1885 et abrogés formellement par l'art. 39 de la même loi.]

Art. 208. L'adjudication du navire fait cesser les fonctions du capitaine; sauf à lui à se pourvoir en dédommagement contre qui de droit. — *Com.* 218, 219; *Civ.* 1382.

Art. 209. *Les adjudicataires des navires de tout tonnage seront tenus de payer le prix de leur adjudication dans le délai de vingt-quatre heures, ou de le consigner, sans frais, au greffe du tribunal de commerce, à peine d'y être contraints par corps.*

À défaut de payement ou de consignation, le bâtiment sera remis en vente, et adjugé trois jours après une nouvelle publication et affiche unique, à la folle enchère des adjudicataires, qui seront également contraints par corps pour le payement du déficit, des dommages, des intérêts et des frais. — *Pr.* 624; *Civ.* 1382.

La disposition du 1er alinéa de l'art. 209 a été implicitement abrogée par l'art. 30 de la loi du 10 juillet 1885; mais le second alinéa, qui réglemente la folle enchère, est resté en vigueur.

La contrainte par corps, en matière commerciale, civile et contre les étrangers, a été supprimée par la loi du 22 juillet 1867 (Tr. C. et 4. 75).

Art. 210. Les demandes en distraction seront formées et notifiées au greffe du tribunal, avant l'adjudication.

Si les demandes en distraction ne sont formées qu'après l'adjudication, elles seront converties, de plein droit, en oppositions à la délivrance des sommes provenant de la vente. — *Pr.* 557, 608, 656, 725 s.

Art. 211. Le demandeur ou l'opposant aura trois jours pour fournir ses moyens.

Le défendeur aura trois jours pour contredire.

La cause sera portée à l'audience sur une simple citation. — *Com.* 210, 2125; *Pr.* 82.

Art. 212. Pendant trois jours après celui de l'adjudication, les oppositions à la délivrance du prix seront reçues; passé ce temps, elles ne seront plus admises. — *Com.* 210; *Pr.* 556 s.

Art. 213. Les créanciers opposants sont tenus de produire au greffe leurs titres de créance, dans les trois jours qui suivent la sommation qui leur en est faite par le créancier poursuivant ou par le tiers saisi; faute de quoi il sera procédé à la distribution du prix de la vente, sans qu'ils y soient compris. — *Com.* 210; *Pr.* 656.

Art. 214. La collocation des créanciers et la distribution de deniers sont faites entre les créanciers privilégiés, dans l'ordre prescrit par l'article 191; et entre les autres créanciers, au marc le franc de leurs créances.

Tout créancier colloqué l'est tant pour son principal que pour les intérêts et frais.

R. v° *Droit maritime*, 144 s. — S. cod. v°, 231 s.

Art. 215. Le bâtiment prêt à faire voile n'est pas saisissable, si ce n'est à raison de dettes contractées pour le voyage qu'il va faire; et même, dans ce dernier cas, le cautionnement de ces dettes empêche la saisie.

Le bâtiment est censé prêt à faire voile lorsque le capitaine est muni de ses expéditions pour son voyage. — *Com.* 231.

R. v° *Droit maritime*, 96 s. — S. cod. v°, 208 s.

TITRE TROISIÈME.

Des propriétaires de navires.

Art. 216. (*L. 12 août 1885.*) Tout propriétaire de navire est civilement responsable des faits du capitaine, et tenu des engagements contractés par ce dernier, pour ce qui est relatif au navire et à l'expédition.

Il peut, dans tous les cas, s'affranchir des obligations ci-dessus par l'abandon du navire et du fret.

Toutefois, la faculté de faire abandon n'est point accordée à celui qui est en même temps capitaine et propriétaire ou copropriétaire du navire. Lorsque le capitaine ne sera que copropriétaire, il ne sera responsable des engagements contractés par lui, pour ce qui est relatif au navire et à l'expédition, que dans la proportion de son intérêt.

En cas de naufrage du navire dans un port de mer ou havre, dans un port maritime ou dans les eaux qui leur servent d'accès, comme aussi en cas d'avaries causées par le navire aux ouvrages d'un port, le propriétaire du navire peut se libérer, même envers l'État, de toutes dépenses d'extraction ou de réparation, ainsi que de tous dommages-intérêts, par l'abandon du navire et du fret des marchandises à bord.

La même faculté appartient au capitaine qui est propriétaire ou copropriétaire du navire, à moins qu'il ne soit prouvé que l'accident a été occasionné par sa faute. — *Com.* 221 s., 234, 298, 353, 369 s., 403, 407, 410; *Civ.* 1384, 1998.

La loi du 12 août 1885 (D. P. 86. 4. 22) modificative de l'art 216 c. com., a été rendue applicable aux colonies par un décret du 2 sept. 1887.

R. v° *Droit maritime*, 172 s. — S. cod. v°, 269 s. — T. (87-97), v° *Capitaine de navire*, 27 s.; *Charte-partie*, 48 s. — V. aussi C. com. ann., art. 216, n°° 1 s.; et son Suppl., n°° 11212 s.

Art. 217. Les propriétaires des navires équipés en guerre ne seront toutefois responsables des délits et déprédations commis en mer par les gens de guerre qui sont sur leurs navires, ou par les équipages, que jusqu'à concurrence de la somme pour laquelle ils auront donné caution, à moins qu'ils n'en soient participants ou complices.

L'art. 217 est devenu sans objet depuis la déclaration du 16 avril 1856, approuvée par décret du 28, qui a suivi le traité de Paris du 30 mars de la même année, et d'après laquelle la course est et demeure abolie (D. P. 56. 4. 51); — C. ad., t. 2, p. 706, n° 2765 s.).

Art. 218. Le propriétaire peut congédier le capitaine.

Il n'y a pas lieu à indemnité, s'il n'y a convention par écrit. — *Com.* 208, 219, 221.

R. v° *Droit maritime*, 585 s. — S. cod. v°, 729 s.

Art. 219. Si le capitaine congédié est copropriétaire du navire, il peut renoncer à la copropriété, et exiger le remboursement du capital qui le représente.

Le montant de ce capital est déterminé par des experts convenus, ou nommés d'office. — *Com.* 216, 218; *Pr.* 302 s.

R. v° *Droit maritime*, 593 s. — S. cod. v°, 728 s.

Art. 220. En tout ce qui concerne l'intérêt commun des propriétaires d'un navire, l'avis de la majorité est suivi.

La majorité se détermine par une portion d'intérêt dans le navire, excédant la moitié de sa valeur.

La licitation du navire ne peut être accordée que sur la demande des propriétaires, formant ensemble la moitié de l'intérêt total dans le navire, s'il n'y a, par écrit, convention contraire. — *Com.* 410; *Civ.* 815, 1686 s.

R. v° *Droit maritime*, 171 s. — S. cod. v°, 269.

TITRE QUATRIÈME.

Du capitaine.

Art. 221. Tout capitaine, maître ou patron, chargé de la conduite d'un navire ou autre bâtiment, est garant de ses fautes, même légères, dans l'exercice de ses fonc-

tions. — *Com.* 191-11°, 216, 230, 293, 4 407; *Civ.* 1382 s., 1992.

R. v° *Droit maritime*, 301 s. — S. cod. v°, 57 — T. (87-97), v° *Capitaine de navire*, 1 s. V. aussi C. com. ann., art. 221, n° 1 s. Suppl., n° 11359 s.

V. l'ordonnance du 29 octobre 1833 (R. v° Cons p. 363.), sur les fonctions des consuls dans leurs rapp avec la marine marchande; — et le décret du 22 tembre 1851 (D. P. 51. 4. 128), relatif aux attributions agents, vice-consuls de France.

V. en outre le décret du 18 septembre 1893, relatif conditions d'admission au commandement des navires commerce et à la création d'un diplôme d'élèves d marine marchande (D. P. 95. 4. 4; — et Suppl. C. com. ann., p. 367 s.); le décret du 10 avril 1895 (Su au C. com. ann., p. 388), relatif aux conditions d'ad cret du 7 mars 1896 (Journ. off. 14 mars 1896), substitu aux titres de capitaine de la marine marchande de de 1re classe ceux de capitaine au long cours et de ré taine au long cours avec brevet supérieur; le décret 18 janvier 1899 (D. P. 1900. 4. 22), portant modificat au décret du 18 septembre 1893, sur le recrutement navires de commerce; le décret du 9 octobre 1899 (Jou off. 15 oct. 1899), sur les conditions d'admission au c mandement des navires de commerce.

Art. 222. Il est responsable des m chandises dont il se charge.

Il en fournit une reconnaissance.

Cette reconnaissance se nomme connaiss ment. — *Com.* 228 s., 281 s., 293, 4 *Civ.* 1782 s., 1991.

R. v° *Droit maritime*, 391 s. — S. cod. v°, 62 Suppl. au C. com. ann., p. 304 (D. P. 93. 4. 21.) tation de l'arrimage des marchandises à bord des nav de commerce.

Art. 223. Il appartient au capitaine former l'équipage du vaisseau, et de cho et louer les matelots et autres gens de l'éc page; ce qu'il fera néanmoins de conc avec les propriétaires, lorsqu'ils seront dan lieu de leur demeure. — *Com.* 221, 25

R. v° *Droit maritime*, 376 s. — S. cod. v°, 6

Art. 224. Le capitaine tient un regi coté et parafé par l'un des juges du tribu de commerce, ou par le maire ou son joint, dans les lieux où il n'y a pas de bunal de commerce.

Ce registre contient

Les résolutions prises pendant le voya

La recette et la dépense concernant navire, et généralement tout ce qui conce le fait de sa charge, et tout ce qui p donner lieu à un compte à rendre, ou demande à former. — *Com.* 228, 242.

R. v° *Droit maritime*, 420 s. — S. cod. v°, 63

Art. 225. Le capitaine est tenu, av de prendre charge, de faire visiter son nav aux termes et dans les formes prescrites les règlements.

Le procès-verbal de visite est déposé greffe du tribunal de commerce; il en délivré extrait au capitaine. — *Com.* 228, 2 620 s., 701 s.

R. v° *Droit maritime*, 382 s., 522 s. — S. cod.

Art. 226. Le capitaine est tenu d'av à bord

L'acte de propriété du navire,

L'acte de francisation,

Le rôle d'équipage,

Les connaissements et chartes-parties,

Les procès-verbaux de visite,

Les acquits de payement ou à caution d douanes. — *Com.* 195, 228, 250, 273 281 s., 286 s.

R. v° *Droit maritime*, 403 s.; *Douanes*, 299 634 s.; *Organ. maritime*, 507 s., 943 s.; *Salubr publique*, 80 s. — S. v°° *Droit maritime*, 635 *Douanes*, 168 s., 405 s.; *Organ. maritime*, 181 276; *Salubrité publique*, 41 s. — V. aussi C. c ann., art. 226, n° 1 s.; et son Suppl., n° 11467 s

V. le décret du 19 mars 1852 (D. P. 52. 4. 111) nant le rôle d'équipage et les indications des bâtiments embarcations exerçant une navigation maritime.

Art. 227. Le capitaine est tenu d'être personne dans son navire à l'entrée et à sortie des ports, havres ou rivières. — *Co* 228, 241.

R. v° *Droit maritime*, 433 s. — S. cod. v°, 651

Art. 228. En cas de contravention a obligations imposées par les quatre artic cédents, le capitaine est responsable de s les événements envers les intéressés au ire et au chargement. — *Civ.* 1382.

v° *Droit maritime*, 435 s. — S. *eod.* v°, 594 s.,

Art. 229. Le capitaine répond également tout le dommage qui peut arriver aux rchandises qu'il aurait chargées sur le ic de son vaisseau sans le consentement écrit du chargeur.

ette disposition n'est point applicable au it cabotage. — *Com.* 222, 421; *Civ.* 1382.

v° *Droit maritime*, 395 s. — S. *eod.* v°, 630 s. °. (87-97), v° *Charte-partie*, 19 s.

Art. 230. La responsabilité du capitaine cesse que par la preuve d'obstacles de ce majeure. — *Civ.* 1148, 1302, 1303, 1784.

v° *Droit maritime*, 329 s. — S. *eod.* v°, 590 s.

Art. 231. *Abrogé implicitement par* 22 juillet 1807.

Art. 232. Le capitaine, dans le lieu de demeure des propriétaires ou de leurs dés de pouvoir, ne peut, sans leur autotion spéciale, faire travailler au radoub bâtiment, acheter des voiles, cordages et res choses pour le bâtiment, prendre à effet de l'argent sur le corps du navire, réter le navire. — *Com.* 236, 321.

v° *Droit maritime*, 360 s. — S. *eod.* v°, 606 s.

Art. 233. (*L.* 10 juillet 1885.) Si le bâti-nt est frété du consentement des proprié-res et que quelques-uns fassent refus de tribuer aux frais nécessaires pour l'expé-on, le capitaine peut, en ce cas, vingt-tre heures après sommation faite aux re-nts de fournir leur contingent, emprunter othécairement pour leur compte, sur leur t dans le navire, avec l'autorisation du juge. .u cas où la part serait déjà hypothéquée, saisie pourra être autorisée par le juge , la vente poursuivie devant le tribunal , comme il est dit ci-dessus.

1. LÉGISLATION ANTÉRIEURE A LA LOI DU 10 JUIL-1885 : R. v° *Droit maritime*, 368 s. — S. *cod.* v°, s.
2. LOI DU 10 JUILLET 1885 : S. v° *Droit mari-*, 612 s. — D. P. 85. 4. 17.
r du 10 décembre 1874 : D. P. 75. 4. 65.

Art. 234. Si, pendant le cours du age, il y a nécessité de radoub, ou d'achat victuailles, le capitaine, après l'avoir staté par un procès-verbal signé des prin-aux de l'équipage, pourra, en se faisant oriser en France par le tribunal de com-rce, ou, à défaut, par le juge de paix, z l'étranger par le consul français, ou , à ut, par le magistrat des lieux, emprun-sur le corps et quille du vaisseau, mettre gage ou vendre des marchandises, jusqu'à currence de la somme que les besoins statés exigent.

es propriétaires, ou le capitaine qui les présente, tiendront compte des marchan-es vendues, d'après le cours des marchan-es de même nature et qualité dans le lieu la décharge du navire, à l'époque de son rivée.

L. 14 juin 1841.) L'affréteur unique ou les rgeurs divers qui seront tous d'accord, rront s'opposer à la vente ou à la mise gage de leurs marchandises, en les dé-argeant, et en payant le fret en proportion ce que le voyage est avancé. A défaut de sentement d'une partie des chargeurs, ui qui voudra user de la faculté de dé-argement sera tenu du fret entier sur ses marchandises. — *Com.* 191, 216, 236, 298, 2 s., 400.

A. v° *Droit maritime*, 426 s. — S. *eod.* v°, 650 s. V. aussi C. com. ann., art. 234, n° 1 s.; et son ppl., n° 11563 s.

. le décret du 22 septembre 1851 (D. P. 51. 4 158). rela-aux attributions des agents vice-consuls de France.

Art. 235. Le capitaine, avant son départ un port étranger ou des colonies françaises ur revenir en France, sera tenu d'envoyer

à ses propriétaires ou à leurs fondés de pou-voir un compte signé de lui, contenant l'état de son chargement, le prix des marchandises de sa cargaison, les sommes par lui emprun-tées, les noms et demeures des prêteurs. — *Civ.* 1993.

R. v° *Droit maritime*, 466 s. — S. *eod.* v°, 673.

Art. 236. Le capitaine qui aura, sans nécessité, pris de l'argent sur le corps, avi-taillement ou équipement du navire, engagé ou vendu des marchandises ou des victuailles, ou qui aura employé dans ses comptes des avaries et des dépenses supposées, sera res-ponsable envers l'armement, et personnelle-ment tenu du remboursement de l'argent ou du payement des objets, sans préjudice de la poursuite criminelle, s'il y a lieu. — *Com.* 234.

R. v° *Droit maritime*, 463 s. — S. *eod.* v°, 672.

Art. 237. Hors le cas d'innavigabilité légalement constatée, le capitaine ne peut, à peine de nullité de la vente, vendre le na-vire sans un pouvoir spécial des propriétaires.

R. v° *Droit maritime*, 468 s. — S. *eod.* v°, 674 s.

Art. 238. Tout capitaine de navire, en-gagé pour un voyage, est tenu de l'achever, à peine de tous dépens, dommages et inté-rêts envers les propriétaires et les affréteurs.

— *Com.* 241, 252 s.; *Civ.* 1382.

R. v° *Droit maritime*, 473 s. — S. *eod.* v°, 680 s.

Art. 239. Le capitaine qui navigue à profit commun sur le chargement ne peut faire aucun trafic ni commerce pour son compte particulier, s'il n'y a convention con-traire. — *Com.* 240, 251.

Art. 240. En cas de contravention aux dispositions mentionnées dans l'article pré-cédent, les marchandises embarquées par le capitaine pour son compte particulier sont confisquées au profit des autres intéressés.

R. v° *Droit maritime*, 478 s. — S. *eod.* v°, 684 s.

Art. 241. Le capitaine ne peut aban-donner son navire pendant le voyage, pour quelque danger que ce soit, sans l'avis des officiers et principaux de l'équipage; et, en ce cas, il est tenu de sauver avec lui l'argent et ce qu'il pourra de marchandises les plus précieuses de son chargement, sous peine d'en répondre en son propre nom.

Si les objets ainsi tirés du navire sont per-dus par quelque cas fortuit, le capitaine en demeurera déchargé. — *Com.* 227, 410 s.

R. v° *Droit maritime*, 484 s. — S. *eod.* v°, 689 s.

Art. 242. Le capitaine est tenu, dans les vingt-quatre heures de son arrivée, de faire viser son registre, et de faire son rapport.

Le rapport doit énoncer

Le lieu et le temps de son départ,

La route qu'il a tenue,

Les hasards qu'il a courus,

Les désordres arrivés dans le navire, et toutes les circonstances remarquables de son voyage.

Art. 243. Le rapport est fait au greffe, devant le président du tribunal de commerce.

Dans les lieux où il n'y a pas de tribunal de commerce, le rapport est fait au juge de paix de l'arrondissement.

Le juge de paix a reçu le rapport est tenu de l'envoyer, sans délai, au président du tribunal de commerce le plus voisin.

Dans l'un et l'autre cas, le dépôt en est fait au greffe du tribunal de commerce.

Art. 244. Si le capitaine aborde dans un port étranger, il est tenu de se présenter au consul de France, de lui faire un rap-port, et de prendre un certificat constatant l'époque de son arrivée et de son départ, l'état et la nature de son chargement.

R. v° *Droit maritime*, 522 s. — S. *eod.* v°, 704 s.

Art. 245. Si, pendant le cours du voyage, le capitaine est obligé de relâcher dans un port français, il est tenu de déclarer au pré-sident du tribunal de commerce du lieu les causes de sa relâche.

Dans les lieux où il n'y a pas de tribunal de commerce, la déclaration est faite au juge de paix du canton.

Si la relâche forcée a lieu dans un port étranger, la déclaration est faite au consul de France, ou, à son défaut, au magistrat du lieu.

R. v° *Droit maritime*, 428 s., 489 s.; *Organ. maritime*, 717. — S. v° *Droit maritime*, 683, 691 s.

Art. 246. Le capitaine qui a fait nau-frage, et qui s'est sauvé seul ou avec partie de son équipage, est tenu de se présenter devant le juge du lieu, ou, à défaut de juge, devant toute autre autorité civile, d'y faire son rapport, de le faire vérifier par ceux de son équipage qui se seraient sauvés et se trouveraient avec lui, et d'en lever expédi-tion. — *Com.* 410; *Pén.* 363.

R. v° *Droit maritime*, 330 s.; *Organ. maritime*, 639 s. — S. v° *Droit maritime*, 709 s.; *Organ. maritime*, 202 s. — V. aussi C. com. ann., art. 246, n° 1 s.; et son Suppl., n° 11642 s.

Art. 247. Pour vérifier le rapport du capitaine, le juge reçoit l'interrogatoire des gens de l'équipage, et, s'il est possible, des passagers, sans préjudice des autres preuves.

Les rapports non vérifiés ne sont point admis à la décharge du capitaine, et ne font point foi en justice, excepté dans le cas où le capitaine naufragé s'est sauvé seul dans le lieu où il a fait son rapport.

La preuve des faits contraires est réservée aux parties. — *Pr.* 256.

R. v° *Droit maritime*, 540 s. — S. *eod.* v°, 710 s. — T. [87-97], v° *Capitaine de navire*, 3 s.

Art. 248. Hors les cas de péril immi-nent, le capitaine ne peut décharger aucune marchandise avant d'avoir fait son rapport, à peine de poursuites extraordinaires contre lui. — *Com.* 242.

R. v° *Droit maritime*, 568 s. — S. *eod.* v°, 715.

Art. 249. Si les victuailles du bâtiment manquent pendant le voyage, le capitaine, en prenant l'avis des principaux de l'équi-page, pourra contraindre ceux qui auront des vivres en particulier de les mettre en commun, à la charge de leur en payer la valeur. — *Com.* 191-7°.

R. v° *Droit maritime*, 496 s. — S. *eod.* v°, 695.

TITRE CINQUIÈME.

De l'engagement et des loyers des matelots et gens de l'équipage

Art. 250. Les conditions d'engagement du capitaine et des hommes d'équipage d'un navire sont constatées par le rôle d'équipage, ou par les conventions des parties. — *Com.* 191-6°, 192-4°, 218, 221, 226, 433, 434, 633.

R. v° *Droit maritime*, 356 s., 630 s.; *Organ. maritime*, 170 s., 273 s., 390 s., 1083 s. — S. v° *Droit maritime*, 760 s.; *Organ. maritime*, 65 s., 96 s., 119 s., 181 s., 291 s. — T. (87-97), v° *Marine marchande*, 27 s. — V. aussi C. com. ann., art. 250, n° 1 s.; et son Suppl., n° 11690 s.

V. *la loi du 10 mars* 1891 (D. P. 91. 4. 38; — et Suppl. au C. com. ann., n° 405 s.), *sur les accidents et collisions en mer*; *le décret du 22 septembre* 1891 (D. P. 92. 4. 57; — et Suppl. au C. com. ann., n° 401 s.), *sur le rapatriement et la conduite de retour des gens de mer.*

V. aussi *le décret du 24 mars* 1852 (D. P. 52. 4. 127), *qui déclare les dispositions de l'ordonnance du 1er no-vembre 1745 applicables à tout marin faisant partie de l'équipage d'un navire de commerce.*

Art. 251. Le capitaine et les gens de l'équipage ne peuvent, sous aucun prétexte, charger dans le navire aucune marchandise pour leur compte sans la permission des propriétaires, et sans en payer le fret, s'ils n'y sont autorisés par l'engagement. — *Com.* 239, 240.

R. v° *Droit maritime*, 649 s. — S. *eod.* v°, 751 s.

Art. 252. Si le voyage est rompu par le fait des propriétaires, capitaine ou affréteurs, avant le départ du navire, les matelots loués au voyage ou au mois sont payés des journées par eux employées à l'équipement du navire. Ils retiennent pour indemnités les avances reçues.

Si les avances ne sont pas encore payées, ils reçoivent, pour indemnité, un mois de leurs gages convenus.

Si la rupture arrive après le voyage commencé, les matelots loués au voyage sont payés en entier aux termes de leur convention.

Les matelots loués au mois reçoivent leurs loyers stipulés pour le temps qu'ils ont servi, et, en outre, pour indemnité, la moitié de leurs gages pour le reste de la durée présumée du voyage pour lequel ils étaient engagés.

Les matelots loués au voyage ou au mois reçoivent, en outre, leur conduite de retour jusqu'au lieu du départ du navire, à moins que le capitaine, les propriétaires ou affréteurs, ou l'officier d'administration, ne leur procurent leur embarquement sur un autre navire revenant audit lieu de leur départ. — Com. 257 s., 265, 271, 304.

Art. 253. S'il y a interdiction de commerce avec le lieu de la destination du navire, ou si le navire est arrêté par ordre du Gouvernement avant le voyage commencé, il n'est dû aux matelots que les journées employées à équiper le bâtiment. — Com. 272, 276 s., 299 s.

Art. 254. Si l'interdiction de commerce ou l'arrêt du navire arrivent pendant le cours du voyage,

Dans le cas d'interdiction, les matelots sont payés à proportion du temps qu'ils auront servi;

Dans le cas de l'arrêt, le loyer des matelots engagés au mois court pour moitié pendant le temps de l'arrêt.

Le loyer des matelots engagés au voyage est payé au terme de leur engagement. — Civ. 272.

Art. 255. Si le voyage est prolongé, le prix des loyers des matelots engagés au voyage est augmenté à proportion de la prolongation. — Com. 257, 272.

Art. 256. Si la décharge du navire se fait volontairement dans un lieu plus rapproché que celui qui est désigné par l'affrétement, il ne leur est fait aucune diminution.

Art. 257. Si les matelots sont engagés au profit du fret, il ne leur est dû aucun dédommagement ni journées pour la rupture, le retardement ou la prolongation de voyage occasionnés par force majeure.

Si la rupture, le retardement ou la prolongation arrivent par le fait des chargeurs, les gens de l'équipage ont part aux indemnités qui sont adjugées au navire.

Ces indemnités sont partagées entre les propriétaires du navire et les gens de l'équipage, dans la même proportion que l'aurait été le fret.

Si l'empêchement arrive par le fait du capitaine ou des propriétaires, ils sont tenus des indemnités dues aux gens de l'équipage. — Civ. 1382.

R. v° *Droit maritime*, 641 s., 694 s. — S. *eod. v°*, 785 s. — T. (87-97), v° *Marine marchande*, 28 s.

Art. 258. (*L. 12 août 1885.*) En cas de prise, naufrage ou déclaration d'innavigabilité, les matelots engagés au voyage ou au mois sont payés de leurs loyers jusqu'au jour de la cessation de leurs services, à moins qu'il ne soit prouvé, soit que la perte du navire est le résultat de leur faute ou de leur négligence, soit qu'ils n'ont pas fait tout ce qui était en leur pouvoir pour sauver le navire, les passagers et les marchandises, ou pour recueillir les débris.

Dans ce cas, il appartient aux tribunaux de statuer sur la suppression ou la réduction du loyer qu'ils ont encourue.

Ils ne sont jamais tenus de rembourser ce qui leur a été avancé sur leurs loyers.

En cas de perte sans nouvelles, les héritiers ou représentants des matelots engagés au mois auront droit aux loyers échus jusqu'aux dernières nouvelles et à un mois en sus. Dans le cas d'engagement au voyage, il sera dû à la succession des matelots moitié des loyers du voyage.

Si l'engagement avait pour objet un voyage d'aller et retour, il sera payé un quart de l'engagement total, si le navire a péri en allant; trois quarts, s'il a péri dans le retour; le tout, sans préjudice des conventions contraires.

Dans tous les cas, le rapatriement des gens de l'équipage est à la charge de l'armement, mais seulement jusqu'à concurrence de la valeur du navire et des débris, et du montant du fret des marchandises sauvées, sans préjudice du droit de préférence, qui appartient à l'équipage pour le payement de ses loyers.

§ 1. LÉGISLATION ANTÉRIEURE A LA LOI DU 12 AOUT 1885 : R. v° *Droit maritime*, 722 s. — S. *eod. v°*, 803 s.

§ 2. LOI DU 12 AOUT 1885 : S. v° *Droit maritime*, 803 s. — V. aussi Suppl. au C. com. ann., art. 258. — D. P. 86. 4. 22.

Art. 259. *Abrogé par L. 12 août 1885.*

Art. 260. Les matelots engagés au fret sont payés de leurs loyers seulement sur le fret, à proportion de celui que reçoit le capitaine. — Com. 286.

Art. 261. De quelque manière que les matelots soient loués, ils sont payés des journées par eux employées à sauver les débris et les effets naufragés. — Com. 258.

R. v° *Droit maritime*, 730 s. — S. *eod. v°*, 817 s.

Art. 262. (*L. 12 août 1885.*) Le matelot est payé de ses loyers, traité et pansé aux frais du navire, s'il tombe malade pendant le voyage, ou s'il est blessé au service du navire.

Si le matelot a dû être laissé à terre, il est rapatrié aux dépens du navire; toutefois, le capitaine peut se libérer de tous frais de traitement ou de rapatriement en versant entre les mains de l'autorité française une somme à déterminer d'après un tarif qui sera arrêté par un règlement d'administration publique, lequel devra être revisé tous les trois ans.

Les loyers du matelot laissé à terre lui sont payés jusqu'à ce qu'il ait contracté un engagement nouveau ou qu'il ait été rapatrié. S'il a été rapatrié avant son rétablissement, il est payé de ses loyers jusqu'à ce qu'il soit rétabli. Toutefois, la période durant laquelle les loyers du matelot lui sont alloués ne pourra dépasser, en aucun cas, quatre mois à dater du jour où il a été laissé à terre.

§ 1. LÉGISLATION ANTÉRIEURE A LA LOI DU 12 AOUT 1885 : R. v° *Droit maritime*, 735 s. — S. *eod. v°*, 819 s.

§ 2. LOI DU 12 AOUT 1885 : S. v° *Droit maritime*, 819 s. — V. aussi Suppl. au C. com. ann., art. 262. — D. P. 86. 4. 22. — T. (87-97), v° *Marine marchande*, 27 s.

Art. 263. (*L. 12 août 1885.*) Le matelot est traité, pansé et rapatrié de la manière indiquée en l'article précédent, aux dépens du navire et du chargement, s'il est blessé en combattant contre les ennemis et les pirates.

§ 1. LÉGISLATION ANTÉRIEURE A LA LOI DU 12 AOUT 1885 : R. v° *Droit maritime*, 743 s. — S. *eod. v°*, 833 s.

§ 2. LOI DU 12 AOUT 1885 : S. v° *Droit maritime*, 833 s. — V. aussi Suppl. au C. com. ann., art. 263. — D. P. 86. 4. 22.

Art. 264. Si le matelot, sorti du navire sans autorisation, est blessé à terre, les frais de ses pansement et traitement sont à sa charge : il pourra même être congédié par le capitaine.

Ses loyers, en ce cas, ne lui seront payés qu'à proportion du temps qu'il aura servi. — Com. 272.

R. v° *Droit maritime*, 743 s. — S. *eod. v°*, 836 s.

Art. 265. (*L. 12 août 1885.*) En cas d mort d'un matelot pendant le voyage, si l matelot est engagé au mois, ses loyers son dus à sa succession jusqu'au jour de son décès.

Si le matelot est engagé au voyage, au pro fit ou au fret et pour un voyage d'aller seu lement, le total de ses loyers ou de sa par est dû, s'il meurt après le voyage commencé si l'engagement avait pour objet un voyag d'aller et retour, la moitié des loyers de l part du matelot est due s'il meurt en allan ou au port d'arrivée; la totalité est due s'i meurt en revenant.

Pour les opérations de la grande pêche, l moitié de ses loyers ou de sa part est due s'i meurt pendant la première moitié de la cam pagne; la totalité est due s'il meurt pendan la seconde moitié.

Les loyers du matelot tué en défendant l navire sont dus en entier pour tout le voyag si le navire arrive à bon port, et, en cas d prise, naufrage ou déclaration d'innavigabi lité, jusqu'au jour de la cessation des ser vices de l'équipage.

§ 1. LÉGISLATION ANTÉRIEURE A LA LOI D 12 AOUT 1885 : R. v° *Droit maritime*, 750 s. — S. *eod. v°*, 838 s.

§ 2. LOI DU 12 AOUT 1885 : S. v° *Droit maritime*, 838 s. — V. aussi Suppl. au C. com. ann., art. 265 — D. P. 86. 4. 22.

Art. 266. Le matelot pris dans le navire et fait esclave ne peut rien prétendre contr le capitaine, les propriétaires ni les affréteurs pour le payement de son rachat.

Il est payé de ses loyers jusqu'au jour o il est pris et fait esclave.

Art. 267. Le matelot pris et fait esclave s'il a été envoyé en mer ou à terre pour l service du navire, a droit à l'entier payemen de ses loyers.

Il a droit au payement d'une indemni pour son rachat, si le navire arrive à bo port. — Com. 272.

Art. 268. L'indemnité est due par le propriétaire du navire, si le matelot a été envoyé en mer ou à terre pour le service d navire.

L'indemnité est due par les propriétaires du navire et du chargement, si le matelot a été envoyé en mer ou à terre pour le service du navire et du chargement.

Art. 269. Le montant de l'indemnité est fixé à 600 francs.

Le recouvrement et l'emploi en seront fait suivant les formes déterminées par le Gouvernement, dans un règlement relatif au rachat des captifs.

Art. 270. Tout matelot qui justifie qu'il est congédié sans cause valable a droit à une indemnité contre le capitaine.

L'indemnité est fixée au tiers des loyers, s le congé a lieu avant le voyage commencé.

L'indemnité est fixée à la totalité des loyers et aux frais de retour, si le congé a lieu pendant le cours du voyage.

Le capitaine ne peut, dans aucun cas ci-dessus, répéter le montant de l'indemnité contre les propriétaires du navire.

Il n'y a pas lieu à indemnité, si le matelot est congédié avant la clôture du rôle d'équipage.

Dans aucun cas, le capitaine ne peut congédier un matelot dans les pays étrangers. — Com. 223, 252 s.

R. v° *Droit maritime*, 760 s. — S. *eod. v°*, 848 s.

Art. 271. Le navire et le fret sont spécialement affectés aux loyers des matelots. — Com. 191-6°, 280, 286, 307, 428, 433.

R. v° *Droit maritime*, 681 s. — S. *eod. v°*, 766 s.

Art. 272. Toutes les dispositions concernant les loyers, pansements et rachats des matelots, sont communes aux officiers et à tous autres gens de l'équipage.

R. v° *Droit maritime*, 611 s., 683 s. — S. *eod. v°*, 738 s.

TITRE SIXIÈME.

es chartes-parties, affrètements ou nolissements.

rt. 273. Toute convention pour louage vaisseau, appelée *charte-partie, affrè- nt* ou *nolissement*, doit être rédigée par

le énonce
 nom et le tonnage du navire,
 nom du capitaine,
es noms du fréteur et de l'affréteur,
 lieu et le temps convenus pour la charge
our la décharge,
 prix du fret ou nolis,
l'affrètement est total ou partiel,
 indemnité convenue pour les cas de re-
— Com. 80, 226, 286 s., 633.
v* *Droit maritime*, 782 s. — S. eod. v*, 858 s.
(87-97), v* *Charte-partie*, 1 s. — V. aussi
om. ann., art. 273, n** 1 s.; et son Suppl.,
2021 s.

rt. 274. Si le temps de la charge et de
écharge du navire n'est point fixé par les
entions des parties, il est réglé suivant
ge des lieux.
v* *Droit maritime*, 816 s. — S. eod. v*, 893 s.
(87-97), v* *Charte-partie*, 51 s. — V. aussi
om. ann., art. 274, n** 1 s.; et son Suppl.,
252 s.

rt. 275. Si le navire est frété au mois,
'il n'y a convention contraire, le fret
t du jour où le navire a fait voile. —
. 300,
v* *Droit maritime*, 795 s.

rt. 276. Si, avant le départ du navire,
a interdiction de commerce avec le pays
 lequel il est destiné, les conventions
résolues sans dommages-intérêts de part
'autre.
 chargeur est tenu des frais de la charge
e la décharge de ses marchandises. —
. 253, 388.

rt. 277. S'il existe une force majeure
n'empêche que pour un temps la sortie
avire, les conventions subsistent, et il
 pas lieu à dommages-intérêts à raison
etard.
les subsistent également, et il n'y a lieu
cune augmentation de fret, si la force
eure arrive pendant le voyage. — Com. 300.

rt. 278. Le chargeur peut, pendant
êt du navire, faire décharger ses mar-
dises à ses frais, à condition de les re-
ger ou d'indemniser le capitaine.

rt. 279. Dans le cas de blocus du port
 lequel le navire est destiné, le capi-
e est tenu, s'il n'a des ordres contraires,
rendre dans un des ports voisins de la
e puissance où il lui sera permis
order.
v* *Droit maritime*, 910 s. — S. eod. v*, 1010 s.

rt. 280. Le navire, les agrès et appa-
, le fret et les marchandises chargées,
respectivement affectés à l'exécution des
entions des parties. — Com. 191,
315.
v* *Droit maritime*, 938. — S. eod. v*, 294 s.,
s.

TITRE SEPTIÈME.

Du connaissement.

rt. 281. Le connaissement doit expri-
la nature et la quantité ainsi que les
ces ou qualités des objets à transporter.
indique
 nom du chargeur,
 nom et l'adresse de celui à qui l'expé-
 n est faite,
 nom et le domicile du capitaine,

Le nom et le tonnage du navire,
Le lieu du départ et celui de la destina-
tion.
Il énonce le prix du fret.
Il présente en marge les marques et numéros des objets à transporter.
Le connaissement peut être à ordre, ou au
porteur, ou à personne dénommée. — *Com.*
93, 136 s., 222, 226, 229, 344, 345, 418, 420.
R. v* *Droit maritime*, 831 s. — S. eod. v*, 920 s.
— T. (87-97), v* *Charte-partie*, 3 s. — V. aussi
C. com. ann., art. 281, n** 1 s.; et son Suppl.,
n** 12375 s.
*Pour les chargements faits sur les barques ou petits
bâtiments, on délivre, au lieu de connaissement, une
simple lettre de voiture commune aux divers chargeurs;
cette lettre a alors les effets d'un connaissement. — La loi
du 30 mars 1872, art. 3 (D. P. 72. 4. 77), dispose toutefois
que « tout transport par mer et sur fleuves, rivières et
canaux dans le rayon de l'inscription maritime doit être
accompagné de connaissements ». Cette disposition n'a
qu'un but purement fiscal.*
V. la loi du 30 mars 1872 concernant... 3° la perception
du droit de timbre des connaissements (D. P. 72. 4. 77).

Art. 282. Chaque connaissement est fait
en quatre originaux au moins,
Un pour le chargeur,
Un pour celui à qui les marchandises sont
adressées,
Un pour le capitaine,
Un pour l'armateur du bâtiment.
Les quatre originaux sont signés par le
chargeur et par le capitaine, dans les vingt-
quatre heures après le chargement.
Le chargeur est tenu de fournir au capi-
taine, dans le même délai, les acquits des
marchandises chargées. — *Com.* 226; *Civ.* 1325.
R. v* *Droit maritime*, 865 s. — S. eod. v*, 941 s.
— V. aussi C. com. ann., art. 282, n** 1 s.; et son
Suppl., n** 12456 s.

Art. 283. Le connaissement rédigé dans
la forme ci-dessus prescrite fait foi entre
toutes les parties intéressées au chargement,
et entre elles et les assureurs.
R. v* *Droit maritime*, 877 s. — S. eod. v*, 948 s.
— T. (87-97), v* *Charte-partie*, 3 s.

Art. 284. En cas de diversité entre les
connaissements d'un même chargement, celui
qui sera entre les mains du capitaine fera
foi, s'il est rempli de la main du chargeur,
ou de celle de son commissionnaire; et celui
qui est présenté par le chargeur ou le consignataire sera suivi, s'il est rempli de la main
du capitaine.
R. v* *Droit maritime*, 881 s. — S. eod. v*, 954,
976 s.

Art. 285. Tout commissionnaire ou consignataire qui aura reçu les marchandises
mentionnées dans les connaissements ou
chartes-parties sera tenu d'en donner reçu
au capitaine qui le demandera, à peine de
tous dépens, dommages-intérêts, même de
ceux de retardement. — *Com.* 91 s., 305;
Civ. 1382.
R. v* *Droit maritime*, 933 s. — S. eod. v*, 1036.
— T. (87-97), v* *Capitaine de navire*, 31 s.

TITRE HUITIÈME.

Du fret ou nolis.

Art. 286. Le prix du loyer d'un navire
ou autre bâtiment de mer est appelé fret ou
nolis.
Il est réglé par les conventions des parties.
Il est constaté par la charte-partie ou par
le connaissement.
Il a lieu pour la totalité ou pour partie du
bâtiment, pour un voyage entier ou pour un
temps limité, au tonneau, au quintal, à forfait, ou à cueillette, avec désignation du tonnage du vaisseau. — *Com.* 72, 80, 259, 260,
273, 281 s., 347, 386, 433, 434, 633; *Civ.* 1709.
R. v* *Droit maritime*, 791 s. — S. eod. v*, 866 s.,
1017, 1050 s. — T. (87-97), v* *Charte-partie*, 97 s.
— V. aussi C. com. ann., art. 286, n** 1 s.; et son
Suppl., n** 12535 s.

*Un décret du 25 août 1861 (D. P. 61. 4. 118) a fixé d'une
façon uniforme pour tous les ports la composition du
tonneau; selon la catégorie de marchandises, le tonneau
est de 150 à 1 000 kilogr. — Le tableau annexé à la loi du
13 juin 1866 sur les usages commerciaux, 1** part., VII,
(D. P. 66. 4. 70) a décidé que le tonneau de mer s'entend
du tonneau d'affrètement qu'il est réglé par le décret
de 1861.*

Art. 287. Si le navire est loué en totalité, et que l'affréteur ne lui donne pas toute
sa charge, le capitaine ne peut prendre
d'autres marchandises sans le consentement
de l'affréteur.
L'affréteur profite du fret des marchandises
qui complètent le chargement du navire qu'il
a entièrement affrété. — *Com.* 251.
R. v* *Droit maritime*, 884 s. — S. eod. v*, 983 s.

Art. 288. L'affréteur qui n'a pas chargé
la quantité de marchandises portée par la
charte-partie est tenu de payer le fret en entier, et pour le chargement complet auquel
il s'est engagé.
S'il en charge davantage, il paye le fret de
l'excédent sur le prix réglé par la charte-
partie.
Si cependant l'affréteur, sans avoir rien
chargé, rompt le voyage avant le départ, il
payera en indemnité, au capitaine, la moitié
du fret convenu par la charte-partie pour la
totalité du chargement qu'il devait faire.
Si le navire a reçu une partie de son chargement, et qu'il parte à non-charge, le fret
entier sera dû au capitaine. — *Com.* 252,
291, 294.
R. v* *Droit maritime*, 994 s. — S. eod. v*, 1098 s.

Art. 289. Le capitaine qui a déclaré le
navire d'un plus grand port qu'il n'est, est
tenu des dommages-intérêts envers l'affréteur. — *Com.* 221, 273; *Civ.* 1382.

Art. 290. N'est réputé y avoir erreur en
la déclaration du tonnage du navire, si
l'erreur n'excède pas un quarantième, ou si la
déclaration est conforme au certificat de
jauge.
R. v* *Droit maritime*, 890 s. — S. eod. v*, 989 s.

Art. 291. Si le navire est chargé à
cueillette, soit au quintal, au tonneau
ou à forfait, le chargeur peut retirer ses
marchandises, avant le départ du navire, en
payant le demi-fret.
Il supportera les frais de charge, ainsi que
ceux de décharge et de rechargement des
autres marchandises qu'il faudrait déplacer,
et ceux du retardement. — *Com.* 266, 293.
R. v* *Droit maritime*, 1003 s. — S. eod. v*, 1107 s.

Art. 292. Le capitaine peut faire mettre
à terre, dans le lieu du chargement, les marchandises trouvées dans son navire, si elles
ne lui ont point été déclarées, ou en prendre
le fret au plus haut prix qui sera payé dans
le même lieu pour des marchandises de même
nature. — *Com.* 72, 80.
R. v* *Droit maritime*, 902 s. — S. eod. v*, 999.

Art. 293. Le chargeur qui retire ses
marchandises pendant le voyage est tenu de
payer le fret en entier et tous les frais de
déplacement occasionnés par le déchargement; si les marchandises sont retirées pour
cause des faits ou des fautes du capitaine,
celui-ci est responsable de tous les frais. —
Com. 221 s.; *Civ.* 1382.
R. v* *Droit maritime*, 1007 s. — S. eod. v*, 1110 s.

Art. 294. Si le navire est arrêté au départ, pendant la route, ou au lieu de sa
décharge, par le fait de l'affréteur, les frais
du retardement sont dus par l'affréteur.
Si, ayant été frété pour l'aller et le retour,
le navire fait son retour sans chargement ou
avec un chargement incomplet, le fret entier
est dû au capitaine, ainsi que l'intérêt du
retardement. — *Civ.* 1382.
R. v* *Droit maritime*, 951 s. — S. eod. v*, 1069 s.

Art. 295. Le capitaine est tenu des
dommages-intérêts envers l'affréteur, si, par
son fait, le navire a été arrêté ou retardé au

départ, pendant sa route, ou au lieu de sa décharge.

Ces dommages-intérêts sont réglés par des experts. — *Com.* 106 s., 414; *Civ.* 1382; *Pr.* 302 s.

R. v° *Droit maritime*, 969 s. — S. *cod.* v°, 1076 s.

Art. 296. Si le capitaine est contraint de faire radouber le navire pendant le voyage, l'affréteur est tenu d'attendre, ou de payer le fret en entier.

Dans le cas où le navire ne pourrait être radoubé, le capitaine est tenu d'en louer un autre.

Si le capitaine n'a pu louer un autre navire, le fret n'est dû qu'à proportion de ce que le voyage est avancé. — *Com.* 297 s., 391.

R. v° *Droit maritime*, 973 s. — S. *cod.* v°, 1079 s.

Art. 297. Le capitaine perd son fret, et répond des dommages-intérêts de l'affréteur, si celui-ci prouve que, lorsque le navire a fait voile, il était hors d'état de naviguer.

La preuve est admissible nonobstant et contre les certificats de visite au départ. — *Com.* 225; *Civ.* 1382.

R. v° *Droit maritime*, 963 s. — S. *cod.* v°, 1093 s. — T. (87-97), v° *Charte-partie*, 106 s.

Art. 298. Le fret est dû pour les marchandises que le capitaine a été contraint de vendre pour subvenir aux victuailles, radoub et autres nécessités pressantes du navire, en tenant par lui compte de leur valeur au prix que le reste ou autre pareille marchandise de même qualité sera vendu au lieu de la décharge, si le navire arrive à bon port.

Si le navire se perd, le capitaine tiendra compte des marchandises sur le pied qu'il les aura vendues, en retenant également le fret porté aux connaissements.

(*L.* 14 juin 1841.) Sauf, dans ces deux cas, le droit réservé aux propriétaires du navire par le paragraphe 2 de l'article 216.

Lorsque l'exercice de ce droit résultera d'une perte pour ceux dont les marchandises auront été vendues ou mises en gage, elle sera répartie, au marc le franc, sur la valeur de ces marchandises et de toutes celles qui sont arrivées à leur destination, ou qui ont été sauvées du naufrage postérieurement aux événements de mer qui ont nécessité la vente ou la mise en gage. — *Com.* 234, 236.

R. v° *Droit maritime*, 1009 s. — S. *cod.* v°, 1118 s.

Art. 299. S'il arrive interdiction de commerce avec le pays pour lequel le navire est en route, et qu'il soit obligé de revenir avec son chargement, il n'est dû au capitaine que le fret de l'aller, quoique le vaisseau ait été affrété pour l'aller et le retour. — *Com.* 253, 276 s., 300, 350, 369, 387.

R. v° *Droit maritime*, 1017 s. — S. *cod.* v°, 1126 s.

Art. 300. Si le vaisseau est arrêté dans le cours de son voyage par l'ordre d'une puissance,

Il n'est dû aucun fret pour le temps de sa détention, si le navire est affrété au mois; ni augmentation de fret, s'il est loué au voyage.

La nourriture et les loyers de l'équipage pendant la détention du navire sont réputés avaries. — *Com.* 258.

R. v° *Droit maritime*, 992 s. — S. *cod.* v°, 1097.

Art. 301. Le capitaine est payé du fret des marchandises jetées à la mer pour le salut commun, à la charge de contribution. — *Com.* 400-2°, 410 s.

R. v° *Droit maritime*, 1021 s. — S. *cod.* v°, 1124 s.

Art. 302. Il n'est dû aucun fret pour les marchandises perdues par naufrage ou échouement, pillées par des pirates ou prises par les ennemis.

Le capitaine est tenu de restituer le fret qui lui aura été avancé, s'il n'y a convention contraire. — *Com.* 258, 327.

R. v° *Droit maritime*, 1023 s. — S. *cod.* v°, 1128 s. — T. (87-97), v° *Charte-partie*, 154 s.

Art. 303. Si le navire et les marchandises sont rachetés, ou si les marchandises sont sauvées du naufrage, le capitaine est payé du fret jusqu'au lieu de la prise ou du naufrage.

Il est payé du fret entier en contribuant au rachat, s'il conduit les marchandises au lieu de leur destination.

R. v° *Droit maritime*, 1026 s. — S. *cod.* v°, 1133 s.

Art. 304. La contribution pour le rachat se fait sur le prix courant des marchandises au lieu de leur décharge, déduction faite des frais, et sur la moitié du navire et du fret.

Les loyers des matelots n'entrent point en contribution. — *Com.* 250, 258 s.

R. v° *Droit maritime*, 1034.

Art. 305. Si le consignataire refuse de recevoir les marchandises, le capitaine peut, par autorité de justice, en faire vendre pour le payement de son fret, et faire ordonner le dépôt du surplus.

S'il y a insuffisance, il conserve son recours contre le chargeur. — *Com.* 106.

R. v° *Droit maritime*, 954 s. — S. *cod.* v°, 1005 s.

Art. 306. Le capitaine ne peut retenir les marchandises dans son navire faute de payement de son fret;

Il peut, dans le temps de la décharge, demander le dépôt en mains tierces jusqu'au payement de son fret. — *Civ.* 1961 s.

R. v° *Droit maritime*, 951 s. — S. *cod.* v°, 1001 s.

Art. 307. Le capitaine est préféré, pour son fret, sur les marchandises de son chargement, pendant quinzaine après leur délivrance, si elles n'ont passé en mains tierces. — *Com.* 190 s., 286; *Civ.* 2095, 2102-6°.

R. v° *Droit maritime*, 1035 s. — S. *cod.* v°, 1110 s.

Art. 308. En cas de faillite des chargeurs ou réclamateurs avant l'expiration de la quinzaine, le capitaine est privilégié sur tous les créanciers pour le payement de son fret et des avaries qui lui sont dues. — *Com.* 286, 305, 397, 437.

R. v° *Droit maritime*, 1040. — S. *cod.* v°, 1146 s.

Art. 309. En aucun cas, le chargeur ne peut demander de diminution sur le prix du fret. — *Civ.* 1134.

Art. 310. Le chargeur ne peut abandonner pour le fret les marchandises diminuées de prix, ou détériorées par leur vice propre ou par cas fortuit.

Si toutefois des futailles contenant vin, huile, miel et autres liquides, ont tellement coulé qu'elles soient vides ou presque vides, lesdites futailles pourront être abandonnées pour le fret. — *Com.* 369 s.; *Civ.* 1302.

R. v° *Droit maritime*, 939 s. — S. *cod.* v°, 1039 s.

TITRE NEUVIÈME.

Des contrats à la grosse.

Art. 311. Le contrat à la grosse est fait devant notaire, ou sous signature privée.

Il énonce

Le capital prêté et la somme convenue pour le profit maritime,

Les objets sur lesquels le prêt est affecté,

Les noms du navire et du capitaine,

Ceux du prêteur et de l'emprunteur,

Si le prêt a lieu pour un voyage,

Pour quel voyage, et pour quel temps;

L'époque du remboursement. — *Com.* 191-9°, 192-7°, 347, 432, 633; *Civ.* 1137 s., 1322 s., 1964.

R. v° *Droit maritime*, 1237 s., 4379 s. — S. *cod.* v°, 1297 s., 1500 s. — V. aussi C. com. ann., art. 311, n° 1 s.; et son Suppl., n° 17797 s.

Les lois des 10 décembre 1874 (D. P. 75, 4, 66) et 19 juillet 1885 (D. P. 86, 4, 17), sur l'hypothèque maritime, en abrogeant le paragraphe 9 de l'article 191 c. com. et supprimant ainsi le privilège du prêteur à la grosse sur le corps

et sur quille avant le départ, ont rendu pour ainsi dire impossible l'emprunt par le propriétaire sur son navire.

Art. 312. Tout prêteur à la grosse, en France, est tenu de faire enregistrer son contrat au greffe du tribunal de commerce, dans les dix jours de la date, à peine de perdre son privilège;

Et si le contrat est fait à l'étranger, il est soumis aux formalités prescrites à l'article 234. — *Com.* 191-9°, 192-7°.

R. v° *Droit maritime*, 1265 s. — S. *cod.* v°, 1419 s.

Art. 313. Tout acte de prêt à la grosse peut être négocié par la voie de l'endossement, s'il est à ordre.

En ce cas, la négociation de cet acte a les mêmes effets et produit les mêmes actions en garantie que celle des autres effets de commerce. — *Com.* 136 s.

R. v° *Droit maritime*, 1273 s. — S. *cod.* v°, 1429 s.

Art. 314. La garantie de payement ne s'étend pas au profit maritime, à moins que le contraire n'ait été expressément stipulé. — *Com.* 318.

R. v° *Droit maritime*, 1280.

Art. 315. (*L.* 12 août 1885.) Les emprunts à la grosse peuvent être affectés : sur le navire et ses accessoires, sur l'armement et ses victuailles, sur le fret, sur le chargement, sur le profit espéré du chargement sur la totalité de ces objets conjointement ou sur une partie déterminée de chacun d'eux.

§ 1. LÉGISLATION ANTÉRIEURE A LA LOI DU 12 AOÛT 1885 : R. v° *Droit maritime*, 1283 s. — S. *cod.* v°, 1436 s.

§ 2. LOI DU 12 AOÛT 1885 : S. v° *Droit maritime*, 1283 s. — V. aussi Suppl. au C. com. ann., art. 315. — D. P. 86, 4. 22.

Art. 316. Tout emprunt à la grosse, fait pour une somme excédant la somme des objets sur lesquels il est affecté, peut être déclaré nul, à la demande du prêteur, s'il est prouvé qu'il y a fraude de la part de l'emprunteur. — *Com.* 336; *Civ.* 1116 s.

R. v° *Droit maritime*, 1304 s. — S. *cod.* v°, 1451 s.

Art. 317. S'il n'y a fraude, le contrat est valable jusqu'à concurrence de la valeur des effets affectés à l'emprunt, d'après l'estimation qui en est faite ou convenue.

Le surplus de la somme empruntée est remboursé avec intérêt au cours de la place. — *Com.* 319.

R. v° *Droit maritime*, 1312 s. — S. *cod.* v°, 1464 s.

Art. 318. *Abrogé par L.* 12 août 1885.

Art. 319. Nul prêt à la grosse ne peut être fait aux matelots ou gens de mer sur leurs loyers ou voyages.

R. v° *Droit maritime*, 1298 s. — S. *cod.* v°, 1448.

Art. 320. Le navire, les agrès et les apparaux, l'armement et les victuailles, même le fret acquis, sont affectés par privilège au capital et intérêts de l'argent donné à la grosse sur le corps et quille du vaisseau.

Le chargement est également affecté au capital et intérêts de l'argent donné à la grosse sur le chargement.

Si l'emprunt a été fait sur un objet particulier du navire ou du chargement, le privilège n'a lieu que sur l'objet, et dans la proportion de la quotité affectée à l'emprunt. — *Com.* 191-9°, 192-7°, 315.

R. v° *Droit maritime*, 1382 s. — S. *cod.* v°, 1509 s.

Art. 321. Un emprunt à la grosse fait par le capitaine dans le lieu de la demeure des propriétaires du navire, sans leur autorisation authentique ou leur intervention dans l'acte, ne donne action et privilège sur le chargement que le capitaine peut avoir sur le navire et au fret. — *Com.* 232, 235.

R. v° *Droit maritime*, 1355 s. — S. *cod.* v°, 1485 s.

Art. 322. Sont affectées aux sommes empruntées, même dans le lieu de la demeure des intéressés, pour radoub et victuailles, les parts et portions des proprié-

s qui n'auraient pas fourni leur contin-
pour mettre le bâtiment en état, dans
ngt-quatre heures de la sommation qui
en sera faite. — *Com.* 233.

Droit maritime, 1363 s. — S. *cod. v*, 1493 s.

t. 323. Les emprunts faits pour le
er voyage du navire sont remboursés
référence aux sommes prêtées pour un
dent voyage, quand même il serait dé-
qu'elles sont laissées par continuation
nouvellement.

s sommes empruntées pendant le voyage
préférées à celles qui auraient été em-
dées avant le départ du navire ; et s'il y
sieurs emprunts faits pendant le même
ge, le dernier emprunt sera toujours
ré à celui qui l'aura précédé.

Droit maritime, 1390 s. — S. *cod. v*, 1520.

t. 324. Le prêteur à la grosse sur
handises chargées dans un navire dési-
u contrat, ne supporte pas la perte des
handises, même par fortune de mer, si
ont été chargées sur un autre navire, à
s qu'il ne soit légalement constaté que
argement a eu lieu par force majeure.
* m.* 350.

Droit maritime, 1342 s. — S. *cod. v*, 1481.

t. 325. Si les effets sur lesquels le
à la grosse a eu lieu sont entièrement
is, et que la perte soit arrivée par cas
t, dans le temps et dans le lieu des
es, la somme prêtée ne peut être récla-
— *Civ.* 1964.

Droit maritime, 1304 s., 1399 s. — S. *cod. v*,
., 1524 s.

t. 326. Les déchets, diminution et
s qui arrivent par le vice propre de la
, et les dommages causés par le fait de
runteur, ne sont point à la charge du
ur. — *Com.* 103 ; *Civ.* 1382.

Droit maritime, 1320 s. — S. *cod. v*, 1471 s.

t. 327. En cas de naufrage, le paye-
des sommes empruntées à la grosse
éduit à la valeur des effets sauvés et
au contrat, déduction faite des frais
uvetage.— *Com.* 331, 350, 369, 386, 417.

Droit maritime, 1403 s. — S. *cod. v*, 1528 s.

t. 328. Si le temps des risques n'est
déterminé par le contrat, il court, à
d du navire, des agrès, apparaux,
ment et victuailles, du jour que le na-
narré au port au lieu de sa destination.
égard des marchandises, le temps des
es court du jour qu'elles ont été char-
les navire, ou dans les gabares pour
porter, jusqu'au jour où elles sont déli-
à terre. — *Com.* 215, 341.

Droit maritime, 1326 s., 1951 s. — S. *cod. v*,
., 1987 s.

t. 329. Celui qui emprunte à la grosse
les marchandises n'est point libéré par
rte du navire et du chargement, s'il ne
ie qu'il y avait, pour son compte, des
s jusqu'à la concurrence de la somme
untée. — *Com.* 316, 324 s.

Droit maritime, 1409 s. — S. *cod. v*, 1533.

t. 330. Les prêteurs à la grosse con-
ent, à la décharge des emprunteurs,
avaries communes.

s avaries simples sont aussi à la charge
rêteurs, s'il n'y a convention contraire.
om. 397 s. ; *Pr.* 656 s.

Droit maritime, 1412 s. — S. *cod. v*, 1534 s.

rt. 331. S'il y a contrat à la grosse et
rance sur le même navire ou sur le même
gement, le produit des effets sauvés du
rage est partagé entre le prêteur à la
se, pour son capital seulement, et l'as-
ur, pour les sommes assurées, au marc
anc de leur intérêt respectif, sans pré-

judice des privilèges établis à l'article 191. —
Com. 259, 347.

R. v* *Droit maritime*, 1418 s. — S. *cod. v*, 1538 s.

TITRE DIXIÈME.

Des assurances.

SECTION PREMIÈRE.

Du contrat d'assurance, de sa forme
et de son objet.

Art. 332. Le contrat d'assurance est rédigé par écrit.

Il est daté du jour auquel il est souscrit.
Il y est énoncé si c'est avant ou après
midi.

Il peut être fait sous signature privée.
Il ne peut contenir aucun blanc.
Il exprime
Le nom et le domicile de celui qui fait
assurer, sa qualité de propriétaire ou de
commissionnaire,
Le nom et la désignation du navire,
Le nom du capitaine,
Le lieu où les marchandises ont été ou
doivent être chargées,
Le port d'où ce navire a dû ou doit partir,
Les ports ou rades dans lesquels il doit
charger ou décharger,
Ceux dans lesquels il doit entrer,
La nature et la valeur ou l'estimation des
marchandises ou objets que l'on fait assurer,
Le temps auxquels les risques doivent
commencer et finir,
La somme assurée,
La prime ou le coût de l'assurance,
La soumission des parties à des arbitres,
en cas de contestation, si elle a été con-
venue,
Et généralement toutes les autres conditions dont les parties sont convenues. — *Com.*
72, 77, 79, 191-10°, 192-8°, 432, 435 s., 576,
633 ; *Civ.* 1165, 1338, 1964.

R. v* *Droit maritime*, 1426 s. — S. *cod. v*, 1344 s.
— T. (87-97), v* *Assurances maritimes*, 2 s. —
V. aussi C. com. ann., art. 332, n° 1 s.; et son
Suppl., n° 13134 s.

V. la loi du 5 juin 1850 (D. P. 50. 4. 128), relative au
timbre... des polices d'assurances; la loi du 28 avril 1871
(D. P. 71. 4. 54), qui établit des augmentations d'impôts
et des impôts nouveaux relatifs à l'enregistrement et au
timbre; le décret du 25 novembre 1871 (Bull. des lois, 1874,
2e série, n° 713), portant règlement d'administration publique pour la perception de la taxe établie par la précédente loi.

Art. 333. La même police peut contenir
plusieurs assurances, soit à raison des marchandises, soit à raison du taux de la prime,
soit à raison de différents assureurs.

R. v** *Droit maritime*, 1538 s. ; *Commissionnaire*,
241 s. — S. v** *Droit maritime*, 1661 s.; *Commissionnaire*, 69 s.

Art. 334. (*L. 12 août 1885.*) Toute personne intéressée peut faire assurer le navire
et ses accessoires, les frais d'armement, les
victuailles, les loyers des gens de mer, le
fret net, les sommes prêtées à la grosse et
le profit maritime, les marchandises chargées
à bord et le profit espéré de ces marchandises, le coût de l'assurance et généralement
toutes choses estimables à prix d'argent
sujettes aux risques de la navigation.

Toute assurance cumulative est interdite.
Dans tous les cas d'assurances cumula-
tives, s'il y a eu dol ou fraude de la part de
l'assuré, l'assurance est nulle à l'égard de
l'assuré seulement; s'il n'y a eu ni dol, ni
fraude, l'assurance sera réduite de toute la
valeur de l'objet deux fois assuré. S'il y a eu
deux ou plusieurs assurances successives, la
réduction portera sur la plus récente.

§ 1. LÉGISLATION ANTÉRIEURE A LA LOI DU
12 AOUT 1885 : R. v* *Droit maritime*, 1565 s. —
S. *cod. v*, 1663 s.

§ 2. LOI DU 12 AOUT 1885 : S. v* *Droit maritime*,

1663 s. — V. aussi Suppl. au C. com. ann., n° 13416 s.
— D. P. 86. 4. 22.

Art. 335. L'assurance peut être faite sur
le tout ou sur une partie desdits objets, conjointement ou séparément.

Elle peut être faite en temps de paix ou en
temps de guerre, avant ou pendant le voyage
du vaisseau.

Elle peut être faite pour l'aller et le retour,
ou seulement pour l'un des deux, pour le
voyage entier ou pour un temps limité ;

Pour tous voyages et transports par mer,
rivières et canaux navigables.

R. v* *Droit maritime*, 1606 s. — S. *cod. v*, 1700 s.
— V. aussi Suppl. au C. com. ann., n° 13481 s.

Art. 336. En cas de fraude dans l'estimation des effets assurés, en cas de supposition ou de falsification, l'assureur peut faire
procéder à la vérification et estimation des
objets, sans préjudice de toutes autres poursuites, soit civiles, soit criminelles. — *Com.*
316, 348, 357 s., 380, 411.

R. v* *Droit maritime*, 1630 s. — S. *cod. v*, 1722 s.

Art. 337. Les chargements faits aux
échelles du Levant, aux côtes d'Afrique et
autres parties du monde, pour l'Europe,
peuvent être assurés, sur quelque navire
qu'ils aient lieu, sans désignation du navire
ni du capitaine.

Les marchandises elles-mêmes peuvent, en
ce cas, être assurées sans désignation de
leur nature et espèce.

Mais la police doit indiquer celui à qui
l'expédition est faite ou doit être consignée,
s'il n'y a convention contraire dans la police
d'assurance. — *Com.* 332.

R. v* *Droit maritime*, 1604 s. — S. *cod. v*, 1622 s.

Art. 338. Tout effet dont le prix est
stipulé dans le contrat en monnaie étrangère
est évalué au prix que la monnaie stipulée
vaut en monnaie de France, suivant le cours
à l'époque de la signature de la police. —
Com. 72.

R. v* *Droit maritime*, 1644 s. — S. *cod. v*, 1732 s.

Art. 339. Si la valeur des marchandises n'est pas fixée par le contrat, elle peut
être justifiée par les factures ou par les
livres : à défaut, l'estimation en est faite suivant le prix courant au temps et au lieu du
chargement, y compris tous les droits payés
et les frais faits jusqu'à bord. — *Com.* 109, 414.

R. v* *Droit maritime*, 1637 s. — S. *cod. v*, 1735.

Art. 340. Si l'assurance est faite sur le
retour d'un pays où le commerce ne se fait
que par troc, et que l'estimation des marchandises ne soit pas faite par la police, elle
sera réglée au pied de la valeur de celles
qui ont été données en échange, en y joignant
les frais de transport. — *Com.* 332.

R. v* *Droit maritime*, 1649 s.

Art. 341. Si le contrat d'assurance ne
règle point le temps des risques, les risques
commencent et finissent dans le temps réglé
par l'article 328 pour les contrats à la grosse.
— *Com.* 332.

R. v* *Droit maritime*, 1931 s. — S. *cod. v*, 1987 s.

Art. 342. L'assureur peut faire réassurer
par d'autres les effets qu'il a assurés.

L'assuré peut faire assurer le coût de l'assurance.

La prime de réassurance peut être moindre
ou plus forte que celle de l'assurance. —
Com. 347, 357.

R. v* *Droit maritime*, 1592 s. — S. *cod. v*, 1686 s.

Art. 343. L'augmentation de prime qui
aura été stipulée en temps de paix pour le
temps de guerre qui pourrait survenir, et
dont la quotité n'aura pas été déterminée
par les contrats d'assurance, est réglée par
les tribunaux, en ayant égard aux risques,
aux circonstances et aux stipulations de
chaque police d'assurance.

R. v* *Droit maritime*, 1705 s. — S. *cod. v*, 1797 s.

Art. 344. En cas de perte des marchandises assurées et chargées pour le compte du capitaine sur le vaisseau qu'il commande, le capitaine est tenu de justifier aux assureurs l'achat des marchandises, et d'en fournir un connaissement signé par deux des principaux de l'équipage. — *Com.* 222, 281.

R. vᵉ *Droit maritime*, 1764 s. — S. *cod.* vᵉ, 1840 s.

Art. 345. Tout homme de l'équipage et tout passager qui apportent des pays étrangers des marchandises assurées en France sont tenus d'en laisser un connaissement dans les lieux où le chargement s'effectue, entre les mains du consul de France, et, à défaut, entre les mains d'un Français notable négociant, ou du magistrat du lieu. — *Com.* 281 s.

R. vᵉ *Droit maritime*, 1768 s.

Art. 346. Si l'assureur tombe en faillite lorsque le risque n'est pas encore fini, l'assuré peut demander caution, ou la résiliation du contrat.

L'assureur a le même droit en cas de faillite de l'assuré. — *Com.* 384, 437 s., 443 s.; *Civ.* 1184, 1188, 2040, 2041; *Pr.* 517 s.

R. vᵉ *Droit maritime*, 1738 s., 1977 s. — S. *eod.* vᵉ, 1811 s., 2009 s.

Art. 347. (L. 12 août 1885.) Le contrat d'assurance est nul s'il a pour objet des sommes empruntées à la grosse.

§ 1. LÉGISLATION ANTÉRIEURE À LA LOI DU 12 AOUT 1885 : R. vᵉ *Droit maritime*, 1565 s. — S. *cod.* vᵉ, 1663 s.

§ 2. LOI DU 12 AOUT 1885 : S. vᵉ *Droit maritime*, 1663 s. — T. (87-97), vᵉ *Assurances maritimes*, 12 s. — V. aussi Suppl. au C. com. ann., nᵒˢ 13695 s. — D. P. 86. 4. 22.

Art. 348. Toute réticence, toute fausse déclaration de la part de l'assuré, toute différence entre le contrat d'assurance et le connaissement, qui diminueraient l'opinion du risque ou en changeraient le sujet, annulent l'assurance.

L'assurance est nulle, même dans le cas où la réticence, la fausse déclaration ou la différence, n'auraient pas influé sur le dommage ou la perte de l'objet assuré. — *Com.* 316, 336, 357 s., 365, 380; *Pén.* 405.

R. vᵉ *Droit maritime*, 1678 s. — S. *eod.* vᵉ, 1758 s. — T. (87-97), vᵉ *Assurances maritimes*, 5 s. — V. aussi C. com. ann., art. 348, nᵒˢ 1 s.; et son Suppl., nᵒ 13702 s.

SECTION II.
Des obligations de l'assureur et de l'assuré.

Art. 349. Si le voyage est rompu avant le départ du vaisseau, même par le fait de l'assuré, l'assurance est annulée; l'assureur reçoit, à titre d'indemnité, demi pour cent de la somme assurée. — *Com.* 252, 288 s.; *Civ.* 1382.

R. vᵉ *Droit maritime*, 1513 s., 1704 s., 1733 s., 1774 s. — S. *cod.* vᵉ, 1638, 1796, 1845 s. — T. (87-97), vᵉ *Assurances maritimes*, 30 s.

Art. 350. Sont aux risques des assureurs, toutes pertes et dommages qui arrivent aux objets assurés, par tempête, naufrage, échouement, abordage fortuit, changements forcés de route, de voyage ou de vaisseau, par jet, feu, prise, pillage, arrêt par ordre de puissance, déclaration de guerre, représailles, et généralement par toutes les autres fortunes de mer. — *Com.* 328, 355, 369, 397, 403 s., 407, 435 s.

R. vᵉ *Droit maritime*, 1817 s. — S. *cod.* vᵉ, 1870 s. — T. (87-97), vᵉ *Assurances maritimes*, 30 s. — V. aussi C. com. ann., art. 350, nᵒˢ 1 s.; et son Suppl., nᵒˢ 13822 s.

Art. 351. Tout changement de route, de voyage ou de vaisseau, et toutes pertes et dommages provenant du fait de l'assuré, ne sont point à la charge de l'assureur; et même la prime lui est acquise, s'il a com-

mencé à courir les risques. — *Com.* 349, 361, 364, 391 s.; *Civ.* 1382.

R. vᵉ *Droit maritime*, 1807 s. — S. *cod.* vᵉ, 1921 s. — T. (87-97), vᵉ *Assurances maritimes*, 30 s. — V. aussi C. com. ann., art. 351, nᵒ 1 s.; et son Suppl., nᵒ 13941 s.

Art. 352. Les déchets, diminutions et pertes qui arrivent par le vice propre de la chose, et les dommages causés par le fait et faute des propriétaires, affréteurs ou chargeurs, ne sont point à la charge des assureurs. — *Com.* 326, 334.

R. vᵉ *Droit maritime*, 1905 s. — S. *cod.* vᵉ, 1943 s. — T. (87-97), vᵉ *Assurances maritimes*, 30 s. — V. aussi C. com. ann., art. 352, nᵒ 1 s.; et son Suppl., nᵒ 13963 s.

Art. 353. L'assureur n'est point tenu des prévarications et fautes du capitaine et de l'équipage, connues sous le nom de *baraterie de patron*, s'il n'y a convention contraire. — *Com.* 216, 221 s.

R. vᵉ *Droit maritime*, 1918 s. — S. *cod.* vᵉ, 1964 s. — T. (87-97), vᵉ *Assurances maritimes*, 30 s. — V. aussi C. com. ann., art. 353, nᵒ 1 s.; et son Suppl., nᵒ 14057 s.

Art. 354. L'assureur n'est point tenu du pilotage, touage et lamanage, ni d'aucune espèce de droits imposés sur le navire et les marchandises.

R. vᵉ *Droit maritime*, 1938 s. — S. *cod.* vᵉ, 1983 s.

Art. 355. Si l'assureur fait désignation, dans la police, des marchandises sujettes, par leur nature, à détérioration particulière ou diminution, comme blés ou sels, ou marchandises susceptibles de coulage; sinon les assureurs ne répondront point des dommages ou pertes qui pourraient arriver à ces mêmes denrées, si ce n'est toutefois que l'assuré eût ignoré la nature du chargement lors de la signature de la police.

R. vᵉ *Droit maritime*, 1534.

Art. 356. Si l'assurance a pour objet des marchandises pour l'aller et le retour, et si, le vaisseau étant parvenu à sa première destination, il ne se fait point de chargement en retour, ou s'il le chargement en retour n'est pas complet, l'assureur reçoit seulement les deux tiers proportionnels de la prime convenue, s'il n'y a stipulation contraire.

R. vᵉ *Droit maritime*, 1794 s. — S. *eod.* vᵉ, 1832 s.

Art. 357. Un contrat d'assurance ou de réassurance consenti pour une somme excédant la valeur des objets chargés est nul à l'égard de l'assuré seulement, s'il est prouvé qu'il y a dol ou fraude de sa part. — *Com.* 336, 380; *Civ.* 1116.

R. vᵉ *Droit maritime*, 1652 s. — S. *eod.* vᵉ, 1736 s.

Art. 358. S'il n'y a ni dol ni fraude, le contrat est valable jusqu'à concurrence de la valeur des effets chargés, d'après l'estimation qui en est faite ou convenue.

En cas de pertes, les assureurs sont tenus d'y contribuer chacun à proportion des sommes par eux assurées.

Ils ne reçoivent pas la prime de cet excédent de valeur, mais seulement l'indemnité de demi pour cent.

R. vᵉ *Droit maritime*, 1663 s. — S. *cod.* vᵉ, 1743 s.

Art. 359. S'il existe plusieurs contrats d'assurance faits sans fraude sur le même chargement, et que le premier contrat assure l'entière valeur des effets chargés, il subsistera seul.

Les assureurs qui ont signé les contrats subséquents sont libérés; ils ne reçoivent que demi pour cent de la somme assurée.

Si l'entière valeur des effets chargés n'est pas assurée par le premier contrat, les assureurs qui ont signé les contrats subséquents répondent de l'excédent, en suivant l'ordre de la date des contrats. — *Com.* 335, 357 s.

R. vᵉ *Droit maritime*, 1666 s. — S. *cod.* vᵉ, 1745 s.

Art. 360. S'il y a des effets chargés pour le montant des sommes assurées, en cas de

perte d'une partie, elle sera payée par les assureurs de ces effets, au marc le franc de leur intérêt. — *Com.* 358, 401.

R. vᵉ *Droit maritime*, 1671 s. — S. *cod.* vᵉ, 1752

Art. 361. Si l'assurance a été divisée pour des marchandises qui doivent être chargées sur plusieurs vaisseaux distincts avec énonciation de la somme assurée sur chacun, et si le chargement entier est mis sur un seul vaisseau, ou sur un moindre nombre qu'il n'en est désigné dans le contrat, l'assureur n'est tenu que de la somme qu'il a assurée sur le vaisseau ou sur les vaisseaux qui ont reçu le chargement, nonobstant la perte de tous les vaisseaux désignés; et il recevra néanmoins demi pour cent des sommes dont les assurances se trouvent annulées. — *Com.* 390 s.

R. vᵉ *Droit maritime*, 1510 s., 1897 s.

Art. 362. Si le capitaine a la liberté d'entrer dans différents ports pour compléter ou échanger son chargement, l'assureur court les risques des effets assurés que les qu'ils sont à bord, s'il n'y a convention contraire.

R. vᵉ *Droit maritime*, 1936 s. — S. *cod.* vᵉ, 1997

Art. 363. Si l'assurance est faite pour un temps limité, et l'expiration du temps, et l'assuré peut faire assurer les nouveaux risques.

R. vᵉ *Droit maritime*, 1971 s. — S. *cod.* vᵉ, 2002

Art. 364. L'assureur est déchargé des risques, et la prime lui est acquise, si l'assuré envoie le vaisseau en un lieu plus éloigné que celui qui est désigné par le contrat, quoique sur la même route.

L'assurance a son entier effet, si le voyage est raccourci. — *Com.* 351 s., 356, 391 s.

R. vᵉ *Droit maritime*, 1889 s. — S. *eod.* vᵉ, 1930

Art. 365. Toute assurance faite après perte de l'objet assuré est nulle s'il y a présomption qu'avant la signature du contrat l'assuré a pu être informé de perte, ou l'assureur de l'arrivée des objets assurés. — *Com.* 348, 368; *Civ.* 1131, 117

Art. 366. La présomption existe, si, en comptant trois quarts de myriamètre (une lieue et demie) par heure, sans préjudice des autres preuves, il paraît que du lieu de l'arrivée ou de la perte du vaisseau, ou du lieu où la première nouvelle en est arrivée, elle a pu être portée dans le lieu où le contrat d'assurance a été passé, avant signature du contrat. — *Com.* 368; *C.* 1350, 1352.

Art. 367. Si cependant l'assurance est faite sur bonnes ou mauvaises nouvelles, présomption mentionnée dans les articles précédents n'est point admise.

Le contrat n'est annulé que sur la preuve que l'assuré savait la perte, ou l'assureur l'arrivée du navire, avant la signature contrat.

Art. 368. En cas de preuve contre l'assuré, celui-ci paye à l'assureur une double prime.

En cas de preuve contre l'assureur, celui-ci paye à l'assuré une somme double de la prime convenue.

Celui d'entre eux contre qui la preuve est faite est poursuivi correctionnellement. — *Com.* 3, 651.

R. vᵉ *Droit maritime*, 1801 s. — S. *cod.* vᵉ, 1857

SECTION III.
Du délaissement.

Art. 369. Le délaissement des objets assurés peut être fait,

En cas de prise,
De naufrage,
D'échouement avec bris,
D'innavigabilité par fortune de mer,
En cas d'arrêt d'une puissance étrangère

cas de perte ou détérioration des effets és, si la détérioration ou la perte va au s à trois quarts.

peut être fait, en cas d'arrêt de la part gouvernement, après le voyage commé. — *Com.* 216, 310, 372 s., 387, 389, 394.

* *Droit maritime*, 1980 s. — S. *eod. v°*, 2013 s. (87-97), V° *Assurances maritimes*, 51 s. — ssi C. com. ann., art. 369, n° 4 s.; et son , n° 14228 s.

t. 370. Il ne peut être fait avant le e commencé.

* *Droit maritime*, 2017 s., 2043. — S. *eod. v°*, , 2141 s.

t. 371. Tous autres dommages sont és avaries, et se règlent, entre les assuet les assurés, à raison de leurs intérêts, *om.* 191-11°, 330, 393, 397 s., 401 s., 436.

* *Droit maritime*, 2203 s. — S. *eod. v°*, 2164 s. aussi C. com. ann., art. 371, n° 4 s.; et son , n° 14375 s.

t. 372. Le délaissement des objets és ne peut être partiel ni conditionnel. e s'étend qu'aux effets qui sont l'objet ssurance et du risque.

* *Droit maritime*, 2132 s. — S. *eod. v°*, 2124 s.

t. 373. (*L.* 3 *mai* 1862.) Le délaissedoit être fait aux assureurs dans le e de six mois, à partir du jour de la tion de la nouvelle de la perte arrivée orts ou côtes d'Europe, ou sur celles e et d'Afrique, dans la Méditerranée, ou en cas de prise, de la réception de de la conduite du navire dans l'un des ou lieux situés aux côtes ci - dessus lonnées;

as le délai d'un an après la réception nouvelle ou de la perte arrivée, ou de se conduite en Afrique au delà du cap onne-Espérance, ou en Amérique en du cap Horn;

as le délai de dix-huit mois après la elle des pertes arrivées ou des prises nites dans toutes les autres parties du le;

ces délais passés, les assurés ne seront recevables à faire le délaissement. — 375 s., 385 s., 431.

* *Droit maritime*, 2155 s. — S. *eod. v°*, 2141 s. *du 3 mai* 1862 : D. P. 62. 4. 43.

t. 374. Dans le cas où le délaissement être fait, en cas de tous s accidents au risque des assureurs, ré est tenu de signifier à l'assureur les qu'il a reçus.

signification doit être faite dans les trois de la réception de l'avis. — *Com.* 378, 390.; *Pr.* 1033.

r Droit maritime, 1742 s. — S. *eod. v°*, 1817 s.

rt. 375. (*L.* 3 *mai* 1862.) Si, après six expirés, à compter du jour du départ avire ou du jour auquel se rapportent dernières nouvelles reçues, pour les ges ordinaires;

rès un an, pour les voyages de long s, l'assuré déclare n'avoir reçu aucune elle de son navire, il peut faire le ssement à l'assureur et demander le ment de l'assurance, sans qu'il soit n d'attestation de la perte. Après l'expin des six mois que l'assuré a agir les délais établis par l'article 373. om. 377.

* *du 3 mai* 1862 : D. P. 62. 4. 43.

rt. 376. Dans le cas d'une assurance temps limité, après l'expiration des s établis, comme ci-dessus, pour les ges ordinaires et pour ceux de long s, la perte du navire est présumée arrivée le temps de l'assurance. — *Com.* 332, 375.; *Civ.* 1350, 1352.

rt. 377. (*L.* 14 *juin* 1854.) Sont réputés ges de long cours ceux qui se font au des limites ci-après déterminées :

Au Sud, le 30e degré de latitude nord ;
Au Nord, le 72e degré de latitude nord ;
A l'Ouest, le 15e degré de longitude du méridien de Paris ;
A l'Est, le 44e degré de longitude du méridien de Paris. — *Com.* 375.

R. v° *Droit maritime*, 74, 303 s., 2044 s.; *Organ. maritime*, 567 s. — S. v° *Droit maritime*, 576 s., 2063 s.
Loi du 14 *juin* 1854 : D. P. 54. 4. 113.

Art. 378. L'assuré peut, par la signification mentionnée en l'article 374, ou faire le délaissement avec sommation à l'assureur de payer la somme assurée dans le délai fixé par le contrat, ou se réserver de faire le délaissement dans les délais fixés par la loi.

Art. 379. L'assuré est tenu, en faisant le délaissement, de déclarer toutes les assurances qu'il a faites ou fait faire, même celles qu'il a ordonnées, et l'argent qu'il a pris à la grosse, soit sur le navire, soit sur les marchandises; faute de quoi, le délai du payement, qui doit commencer à courir du jour du délaissement, sera suspendu jusqu'au jour où il fera notifier ladite déclaration, sans qu'il en résulte aucune prorogation du délai établi pour former l'action en délaissement. — *Com.* 359.

Art. 380. En cas de déclaration frauduleuse, l'assuré est privé des effets de l'assurance; il est tenu de payer les sommes empruntées, nonobstant la perte ou la prise du navire. — *Com.* 336, 348, 357 s.

R. v° *Droit maritime*, 2173 s. — S. *eod. v°*, 2147 s.

Art. 381. En cas de naufrage ou d'échouement avec bris, l'assuré doit, sans préjudice du délaissement à faire en temps et lieu, travailler au recouvrement des effets naufragés.

Sur son affirmation, les frais de recouvrement lui sont alloués jusqu'à concurrence de la valeur des effets recouvrés. — *Com.* 261, 393 ; *Civ.* 2102-3°.

R. v° *Droit maritime*, 2103 s. — S. *eod. v°*, 2101 s.

Art. 382. Si l'époque du payement n'est point fixée par le contrat, l'assureur est tenu de payer l'assurance trois mois après la signification du délaissement. — *Com.* 373.

R. v° *Droit maritime*, 2188 s. — S. *eod. v°*, 2153 s. — T. (87-97), v° *Assurances maritimes*, 66 s.

Art. 383. Les actes justificatifs du chargement et de la perte sont signifiés à l'assureur avant qu'il puisse être poursuivi pour le payement des sommes assurées. — *Com.* 222, 246 s.

R. v° *Droit maritime*, 1750 s., 2056 s., 2223 s. — S. *eod. v°*, 1829 s., 2091 s., 2179 s. — V. aussi C. com. ann., art. 383, n° 4 s.; et son Suppl., n° 14663 s.

Art. 384. L'assureur est admis à la preuve des faits contraires à ceux qui sont consignés dans les attestations.

L'admission à la preuve ne suspend pas les condamnations de l'assureur au payement provisoire de la somme assurée, à la charge par l'assuré de donner caution.

L'engagement de la caution est éteint après quatre années révolues, s'il n'y a pas eu de poursuite. — *Civ.* 2040 s.; *Pr.* 517 s.

R. v° *Droit maritime*, 1760 s., 2096 s. — S. *eod. v°*, 1835 s., 2097 s.

Art. 385. Le délaissement signifié et accepté ou jugé valable, les effets assurés appartiennent à l'assureur, à partir de l'époque du délaissement.

L'assureur ne peut, sous prétexte du retour du navire, se dispenser de payer la somme assurée.

R. v° *Droit maritime*, 2191 s. — S. *eod. v°*, 2158 s.

Art. 386. *Abrogé par L.* 12 *août* 1885.

Art. 387. En cas d'arrêt de la part d'une puissance, l'assuré est tenu de faire la signification à l'assureur, dans les trois jours de la réception de la nouvelle.

Le délaissement des objets arrêtés ne peut

être fait qu'après un délai de six mois de la signification, si l'arrêt a eu lieu dans les mers d'Europe, dans la Méditerranée, ou dans la Baltique;

Qu'après le délai d'un an, si l'arrêt a eu lieu en pays plus éloigné.

Ces délais ne courent que du jour de la signification de l'arrêt.

Dans le cas où les marchandises arrêtées seraient périssables, les délais ci-dessus mentionnés sont réduits à un mois et demi pour le premier cas, et à trois mois pour le second cas. — *Com.* 369, 373.

Art. 388. Pendant les délais portés par l'article précédent, les assurés sont tenus de faire toutes diligences qui peuvent dépendre d'eux, à l'effet d'obtenir la mainlevée des effets arrêtés.

Pourront, de leur côté, les assureurs, ou de concert avec les assurés, ou séparément, faire toutes démarches à même fin.

Art. 389. Le délaissement à titre d'innavigabilité ne peut être fait, si le navire échoué peut être relevé, réparé, et mis en état de continuer sa route pour le lieu de sa destination.

Dans ce cas, l'assuré conserve son recours sur les assureurs, pour les frais et avaries occasionnés par l'échouement. — *Com.* 237; 290, 297, 408-8°.

Art. 390. Si le navire a été déclaré innavigable, l'assuré sur le chargement est tenu d'en faire la notification dans le délai de trois jours de la réception de la nouvelle. — *Com.* 237, 369, 374.

Art. 391. Le capitaine est tenu, dans ce cas, de faire toutes diligences pour se procurer un autre navire à l'effet de transporter les marchandises au lieu de leur destination. — *Com.* 237 s., 241, 296.

Art. 392. L'assureur court les risques des marchandises chargées sur un autre navire, dans le cas prévu par l'article précédent, jusqu'à leur arrivée et leur déchargement. — *Com.* 332, 350 s., 361.

Art. 393. L'assureur est tenu en outre, des avaries, frais de déchargement, magasinage, rembarquement, de l'excédent du fret, et de tous autres frais qui auront été faits pour sauver les marchandises, jusqu'à concurrence de la somme assurée. — *Com.* 371, 381.

Art. 394. Si, dans les délais prescrits par l'article 387, le capitaine n'a pu trouver de navire pour recharger les marchandises et les conduire au lieu de leur destination, l'assuré peut en faire le délaissement. — *Com.* 369 s., 391.

Art. 395. En cas de prise, si l'assuré n'a pu en donner avis à l'assureur, il peut racheter les effets sans attendre son ordre.

L'assuré est tenu de signifier à l'assureur la composition qu'il aura faite, aussitôt qu'il en aura les moyens. — *Com.* 369, 400.

Art. 396. L'assureur a le choix de prendre la composition à son compte, ou d'y renoncer ; il est tenu de notifier son choix à l'assuré, dans les vingt-quatre heures qui suivent la signification de la composition.

S'il déclare prendre la composition à son profit, il est tenu de contribuer, sans délai, au payement du rachat dans les termes de la convention, et à proportion de son intérêt; et il continue des risques du voyage, conformément au contrat d'assurance.

S'il déclare renoncer au profit de la composition, il est tenu au payement de la somme assurée, sans pouvoir rien prétendre aux effets rachetés.

Lorsque l'assureur n'a pas notifié son choix dans le délai susdit, il est censé avoir renoncé au profit de la composition.

R. v° *Droit maritime*, 2112 s. — S. *eod. v°*, 2108 s. *En ce qui concerne les droits de timbre auxquels sont soumises les polices d'assurances*, V. 1° *la loi du* 5 *juin* 1850

21

(art. 33, 35, 36, 42, 44, 45, 48) (D. P. 50. 4. 114); 2° *la loi du 2 juillet 1862* (art. 18) (D. P. 62. 4. 60); 3° *la loi du 23 août 1871* (art. 6 et s.); 4° *le décret du 25 novembre 1871* (Bull. des lois, 1871, 12e série, n° 713).

TITRE ONZIÈME.

Des avaries.

Art. 397. Toutes dépenses extraordinaires faites pour le navire et les marchandises, conjointement ou séparément,

Tout dommage qui arrive au navire et aux marchandises, depuis leur chargement et départ jusqu'à leur retour et déchargement,

Sont réputés avaries. — Com. 191-11°, 308, 330, 371, 393, 403, 435 s.

R. v° *Droit maritime*, 1062 s. — S. *eod.* v°, 1176 s. — T. (87-97), v° *Avaries*, 1 s.

Art. 398. A défaut de conventions spéciales entre toutes les parties, les avaries sont réglées conformément aux dispositions ci-après.

R. v° *Droit maritime*, 1065. — S. *eod.* v°, 1181 s.

Art. 399. Les avaries sont de deux classes, avaries grosses ou communes, et avaries simples ou particulières. — Com. 400, 403, 408.

R. v° *Droit maritime*, 1060 s. — S. *eod.* v°, 1183 s.

Art. 400. Sont avaries communes :

1° Les choses données par composition et à titre de rachat du navire et des marchandises ;

2° Celles qui sont jetées à la mer ;

3° Les câbles ou mâts rompus ou coupés ;

4° Les ancres et autres effets abandonnés pour le salut commun ;

5° Les dommages occasionnés par le jet aux marchandises restées dans le navire ;

6° Le pansement et nourriture des matelots blessés en défendant le navire, les loyer et nourriture des matelots pendant la détention, quand le navire est arrêté en voyage par ordre d'une puissance, et pendant les réparations des dommages volontairement soufferts pour le salut commun, si le navire est affrété au mois ;

7° Les frais du déchargement pour alléger le navire et entrer dans un havre ou dans une rivière, quand le navire est contraint de le faire par tempête ou par la poursuite de l'ennemi ;

8° Les frais faits pour remettre à flot le navire échoué dans l'intention d'éviter la perte totale ou la prise ;

Et, en général, les dommages soufferts volontairement et les dépenses faites d'après délibérations motivées, pour le bien et salut commun du navire et des marchandises, depuis leur chargement et départ jusqu'à leur retour et déchargement. — Com. 262 s., 300, 408, 410 s.

R. v° *Droit maritime*, 1069 s. — S. *eod.* v°, 1185 s. — T. (87-97), v° *Avaries*, 1 s. — V. aussi C. com. ann., art. 400, n° 1 s.; et son Suppl., n° 14760 s.

Art. 401. Les avaries communes sont supportées par les marchandises et par la moitié du navire et du fret, au marc le franc de la valeur. — Com. 369, 371, 408.

Art. 402. Le prix des marchandises est établi par leur valeur au lieu du déchargement. — Com. 72, 106, 109, 414, 417.

. *Sur la contribution du navire et des marchandises au montant des avaries communes*, V. infrà, art. 417.

Art. 403. Sont avaries particulières,

1° Le dommage arrivé aux marchandises par leur vice propre, par tempête, prise, naufrage ou échouement ;

2° Les frais faits pour les sauver ;

3° La perte des câbles, ancres, voiles, mâts, cordages, causée par la tempête ou autre accident de mer ;

Les dépenses résultant de toutes relâches occasionnées soit par la perte fortuite de ces

objets, soit par le besoin d'avitaillement, soit par voie d'eau à réparer ;

4° La nourriture et le loyer des matelots pendant la détention, quand le navire est arrêté en voyage par ordre d'une puissance, et pendant les réparations qu'on est obligé d'y faire, si le navire est affrété au voyage ;

5° La nourriture et le loyer des matelots pendant la quarantaine, que le navire soit loué au voyage ou au mois ;

Et, en général, les dépenses faites et le dommage souffert par le navire seul, ou pour les marchandises seules, depuis leur chargement et départ jusqu'à leur retour et déchargement. — Com. 350, 399, 408.

R. v° *Droit maritime*, 1114 s. — S. *eod.* v°, 1242 s. — T. (87-97), v° *Avaries*, 20 s. — V. aussi C. com. ann., art. 403, n° 1 s.; et son Suppl., n° 14862 s.

Art. 404. Les avaries particulières sont supportées et payées par le propriétaire de la chose qui a essuyé le dommage ou occasionné la dépense. — Com. 408.

Art. 405. Les dommages arrivés aux marchandises, faute par le capitaine d'avoir bien fermé les écoutilles, amarré le navire, fourni de bons guindages, et par tous autres accidents provenant de la négligence du capitaine ou de l'équipage, sont également des avaries particulières supportées par le propriétaire des marchandises, mais pour lesquelles il a son recours contre le capitaine, le navire et le fret. — Com. 222, 435 s.; Civ. 1382 s.

R. v° *Droit maritime*, 1132 s. — S. *eod.* v°, 1150 s.

Art. 406. Les lamanages, touages, pilotages, pour entrer dans les havres ou rivières, ou pour en sortir, les droits de congés, visites, rapports, tonnes, balises, ancrages et autres droits de navigation, ne sont point avaries ; mais ils sont de simples frais à la charge du navire.

R. v° *Droit maritime*, 1132 s. — S. *eod.* v°, 1177 s.

Art. 407. En cas d'abordage de navires, si l'événement a été purement fortuit, le dommage est supporté, sans répétition, par celui des navires qui l'a éprouvé.

Si l'abordage a été fait par la faute de l'un des capitaines, le dommage est payé par celui qui l'a causé.

S'il y a doute dans les causes de l'abordage, le dommage est réparé à frais communs, et par égale portion, par les navires qui l'ont fait et souffert.

Dans ces deux derniers cas, l'estimation du dommage est faite par experts.

(*L.* 14 décembre 1897.) En cas d'abordage, le demandeur pourra, à son choix, assigner devant le tribunal du domicile du défendeur ou devant celui du port français dans lequel, en premier lieu, soit l'un, soit l'autre des deux navires s'est réfugié.

Si l'abordage est survenu dans la limite des eaux soumises à la juridiction française, l'assignation pourra également être donnée devant le tribunal dans le ressort duquel la collision s'est produite. — Com. 216, 221, 350, 435 s.; Civ. 1148, 1149, 1382.

R. v° *Droit maritime*, 1136 s. — S. *eod.* v°, 1252 s. — T. (87-97), v° *Avaries*, 20 s. — V. aussi C. com. ann., art. 407, n° 1 s.; et son Suppl., n° 14943 s.

Loi du 14 décembre 1897 : D. P. 98. 4. 10.

V. *le décret du 21 février 1897, ayant pour objet de prévenir les abordages en mer* (D. P. 1001. 4. 70).

Art. 408. Une demande pour avaries n'est point recevable, si l'avarie commune n'excède pas 1 pour 100 de la valeur cumulée du navire et des marchandises, et si l'avarie particulière n'excède pas aussi 1 pour 100 de la valeur de la chose endommagée.—Com. 400, 403.

R. v° *Droit maritime*, 2207 s. — S. *eod.* v°, 2167 s.

Art. 409. La clause *franc d'avaries* affranchit les assureurs de toutes avaries, soit communes, soit particulières, excepté dans les cas qui donnent ouverture au dé-

laissement; et, dans ces cas, les assurés ont l'option entre le délaissement et l'exercice d'action d'avarie. — Com. 369, 371.

R. v° *Droit maritime*, 1940 s., 2207 s. — S. *eod.* v° 1981 s., 2167 s. — T. (87-97), v° *Assurances maritimes*, 51 s.

TITRE DOUZIÈME.

Du jet et de la contribution.

Art. 410. Si, par tempête ou par la chasse de l'ennemi, le capitaine se croit obligé, pour le salut du navire, de jeter en mer une partie de son chargement, de couper ses mâts ou d'abandonner ses ancres, prend l'avis des intéressés au chargement qui se trouvent dans le vaisseau, et des principaux de l'équipage.

S'il y a diversité d'avis, celui du capitaine et des principaux de l'équipage sera suivi. — Com. 220, 241, 301, 400.

R. v° *Droit maritime*, 1080 s., 1147 s. — S. *eod.* v° 1207 s.

Art. 411. Les choses les moins nécessaires, les plus pesantes et de moindre prix sont jetées les premières, et ensuite les marchandises du premier pont au choix du capitaine, et par l'avis des principaux de l'équipage. — Com. 241.

R. v° *Droit maritime*, 1153 s. — S. *eod.* v°, 1209.

Art. 412. Le capitaine est tenu de rédiger par écrit la délibération, aussitôt qu'il en a les moyens.

La délibération exprime

Les motifs qui ont déterminé le jet,

Les objets jetés ou endommagés.

Elle présente la signature des délibérants ou les motifs de leur refus de signer.

Elle est transcrite sur le registre. — Com. 224, 242, 246.

R. v° *Droit maritime*, 1153 s. — S. *eod.* v°, 110

Art. 413. Au premier port où le navire abordera, le capitaine est tenu, dans le vingt-quatre heures de son arrivée, d'affirmer les faits contenus dans la délibération transcrite sur le registre. — Com. 246.

R. v° *Droit maritime*, 1158 s. — S. *eod.* v°, 110

Art. 414. L'état des pertes et dommages est fait dans le lieu du déchargement du navire, à la diligence du capitaine et par experts.

Les experts sont nommés par le tribunal de commerce, si le déchargement se fait dans un port français.

Dans les lieux où il n'y a pas de tribunal de commerce, les experts sont nommés par le juge de paix.

Ils sont nommés par le consul de France et, à son défaut, par le magistrat du lieu, si la décharge se fait dans un port étranger.

Les experts prêtent serment avant d'opérer. — Com. 106.

R. v° *Droit maritime*, 1197 s. — S. *eod.* v°, 1340 s.

Art. 415. Les marchandises jetées sont estimées suivant le prix courant du lieu du déchargement; leur qualité est constatée par la production des connaissements, et des factures s'il y en a. — Com. 281, 418.

R. v° *Droit maritime*, 1208 s. — S. *eod.* v°, 1377 s.

Art. 416. Les experts nommés en vertu de l'article précédent font la répartition des pertes et dommages.

La répartition est rendue exécutoire par l'homologation du tribunal.

Dans les ports étrangers, la répartition est rendue exécutoire par le consul de France ou, à son défaut, par tout tribunal compétent sur les lieux. — Com. 414.

R. v° *Droit maritime*, 1226 s. — S. *eod.* v°, 1340 s.

Art. 417. La répartition pour le payement des pertes et dommages est faite sur les effets jetés et sauvés, et sur la moitié du

re et du fret, à proportion de leur va-
au lieu du déchargement. — *Com.* 327,
401, 423, 427.

v° Droit maritime, 1177 s., 1213 s. — S. *eod. v°,*
s., 1366 s. — T. (87-97), V° *Avaries,* 40 s. —
ussi C. com. ann., art. 417, n° 1 s.; et son Suppl.,
3250 s.

rt. 418. Si la qualité des marchan-
s a été déguisée par le connaissement, et
lles se trouvent d'une plus grande va-
, elles contribuent sur le pied de leur
nation, si elles sont sauvées ;
les sont payées d'après la qualité désig-
* par le connaissement, si elles sont per-
,
les marchandises déclarées sont d'une
ité inférieure à celle qui est indiquée
le connaissement, elles contribuent
rès la qualité indiquée par le connaisse-
t, si elles sont sauvées ;
les sont payées sur le pied de leur va-
, si elles sont jetées ou endommagées.
Com. 281, 415.

v° *Droit maritime*, 1220. — S. *eod. v°*, 1369 s.

rt. 419. Les munitions de guerre et
ouche, et les hardes des gens de l'équi-
, ne contribuent point au jet; la valeur
elles qui auront été jetées sera payée par
ribution sur tous les autres effets.

v° *Droit maritime*, 1178 s. — S. *eod. v°*, 1335 s.

rt. 420. Les effets dont il n'y a pas de
aissement ou déclaration du capitaine
ont pas payés s'ils sont jetés ; ils contri-
t s'ils sont sauvés. — *Com.* 281, 415, 418.

v° *Droit maritime*, 1184 s. — S. *eod. v°*, 1337.

rt. 421. Les effets chargés sur le tillac
avire contribuent s'ils sont sauvés.
ils sont jetés ou endommagés par le jet,
ropriétaire n'est point admis à former
demande en contribution : il ne peut
cer son recours que contre le capitaine.
Com. 229.

v° *Droit maritime*, 1190 s. — S. *eod. v°*, 1337 s.

rt. 422. Il n'y a lieu à contribution
* raison du dommage arrivé au navire
dans le cas où le dommage a été fait
* faciliter le jet. — *Com.* 426.

V° *Droit maritime*, 1087, 1163.

rt. 423. Si le jet ne sauve le navire,
y a lieu à aucune contribution.
s marchandises sauvées ne sont point
es du payement ni du dédommagement
elles qui ont été jetées ou endommagées.
Com. 427.

rt. 424. Si le jet sauve le navire, et si
avire, en continuant sa route, vient à se
re,
s effets sauvés contribuent au jet sur le
de leur valeur en l'état où ils se trouvent,
action faite des frais de sauvetage.

Art. 425. Les effets jetés ne contribuent
en aucun cas au payement des dommages
arrivés depuis le jet aux marchandises sauvées.
Les marchandises ne contribuent point au
payement du navire perdu, ou réduit à l'état
d'innavigabilité.

Art. 426. Si, en vertu d'une délibération, le navire a été ouvert pour en extraire
les marchandises, elles contribuent à la réparation du dommage causé au navire. — *Com.*
211, 410, 422.

R. v° *Droit maritime*, 1164 s. — S. *eod. v°*, 1321 s.

Art. 427. En cas de perte des marchandises mises dans des barques pour alléger le
navire entrant dans un port ou dans une
rivière, la répartition en est faite sur le navire et son chargement en entier.
Si le navire périt avec le reste de son
chargement, il n'est fait aucune répartition
sur les marchandises mises dans les allèges,
quoiqu'elles arrivent à bon port. — *Com.* 423.

R. v° *Droit maritime*, 1173 s. — S. *eod. v°*, 1221 s.

Art. 428. Dans tous les cas ci-dessus
exprimés, le capitaine et l'équipage sont privilégiés sur les marchandises ou le prix en
provenant pour le montant de la contribution. — *Com.* 191, 192, 259, 271 s., 307 s.

R. v° *Droit maritime*, 1228 s. — S. *eod. v°*, 1327 s.,
1345, 1354 s., 1380 s.

Art. 429. Si, depuis la répartition, les
effets jetés sont recouvrés par les propriétaires, ils sont tenus de rapporter au capitaine et aux intéressés ce qu'ils ont reçu
dans la contribution, déduction faite des
dommages causés par le jet et des frais de
recouvrement.

R. v° *Droit maritime*, 1232 s.

TITRE TREIZIÈME.

Des prescriptions.

Art. 430. Le capitaine ne peut acquérir
la propriété du navire par voie de prescription. — *Civ.* 2236, 2238.

Art. 431. L'action en délaissement est
prescrite dans les délais exprimés par l'article 373.

Art. 432. Toute action dérivant d'un
contrat à la grosse, ou d'une police d'assurance, est prescrite, après cinq ans, à compter de la date du contrat. — *Com.* 311 s.,
332 s., 434.

Art. 433. Sont prescrites :
Toutes actions en payement, pour fret de
navire, gages et loyers des officiers, matelots
et autres gens de l'équipage, un an après le
voyage fini ;

Pour nourriture fournie aux matelots par
l'ordre du capitaine, un an après la livraison ;
Pour fourniture de bois et autres choses
nécessaires aux constructions, équipement
et avitaillement du navire, un an après ces
fournitures faites ;
Pour salaires d'ouvriers, et pour ouvrages
faits, un an après la réception des ouvrages ;
(*L. 14 décembre* 1897.) Toute demande en
délivrance de marchandises, ou en dommages-intérêts pour avaries ou retard dans
leur transport, un an après l'arrivée du
navire.
La même prescription est opposable à l'action des passagers contre le capitaine et les
propriétaires du navire ayant pour cause un
dommage ou retard éprouvé pendant le
voyage. — *Com.* 250 s., 272, 286.

Art. 434. La prescription ne peut avoir
lieu s'il y a cédule, obligation, arrêté de
compte ou interpellation judiciaire. — *Civ.*
2244, 2248, 2274.

R. v° *Droit maritime*, 2368 s. — S. *eod. v°*, 2208 s.
— T. (87-97), v° *Marine marchande*, 43 s.
Loi du 14 décembre 1897 : D. P. 98. 4. 10.

TITRE QUATORZIÈME.

Fins de non-recevoir.

Art. 435. (*L.* 24 *mars* 1891.) Sont non
recevables :
Toutes actions contre le capitaine et les
assureurs, pour dommage arrivé à la marchandise, si elle a été reçue sans protestation ;
Toutes actions contre l'affréteur, pour avaries, si le capitaine a livré les marchandises
et reçu son fret sans avoir protesté ;
Ces protestations sont nulles si elles ne
sont faites et signifiées dans les vingt-quatre
heures et si, dans le mois de leur date, elles
ne sont suivies d'une demande en justice.

Art. 436. (*L.* 24 *mars* 1891.) Toutes
actions en indemnité pour dommage provenant d'abordage sont non recevables si elles
n'ont été intentées dans le délai d'un an à
compter du jour de l'abordage.

§ 1. LÉGISLATION ANTÉRIEURE A LA LOI DU
24 MARS 1891 : R. v° *Droit maritime*, 2275 s. —
S. *eod. v°*, 2239 s. — T. (87-97), v° *Assurances maritimes*, 82 s.
§ 2. LOI DU 24 MARS 1891 : S. v° *Droit maritime*,
2239 s. — T. (87-97), v° *Assurances maritimes*,
62 s. — V. aussi Suppl. au C. com. ann., n° 16429 s.
— D. P. 91. 4. 41.
V. les lois du 30 janvier 1893 (D. P. 93. 4. 60), du 7 avril
1902 (D. P. 1902. 4. 53) et du 10 avril 1906 (D. P. 1907. 4. 41)
sur la marine marchande.

LIVRE TROISIÈME.

DES FAILLITES ET BANQUEROUTES.

Loi du 28 mai 1838, promulguée le 8 juin 1838.

TITRE PREMIER.
De la faillite.

DISPOSITIONS GÉNÉRALES.

Art. 437. Tout commerçant qui cesse ses payements est en état de faillite.

La faillite d'un commerçant peut être déclarée après son décès, lorsqu'il est mort en état de cessation de payements.

La déclaration de la faillite ne pourra être, soit prononcée d'office, soit demandée par les créanciers, que dans l'année qui suivra le décès. — *Com.* 1, 478, 481, 614.

R. v° *Faillite*, 45 s. — S. *cod.* v°, 187 s., 1509 s. — T. (87-97), *eod.* v°, 113 s. — V. aussi C. com. ann., art. 437, n° 1 s.; et son Suppl., n° 15616 s.

CHAPITRE PREMIER.
De la déclaration de faillite et de ses effets.

Art. 438. (*L. 4 mars 1889.*) « Tout failli sera tenu, dans les quinze jours de la cessation de ses payements, d'en faire la déclaration au greffe du tribunal de commerce de son domicile. Le jour de la cessation de payements sera compris dans les quinze jours. »

En cas de faillite d'une société en nom collectif, la déclaration contiendra le nom et l'indication du domicile de chacun des associés solidaires. Elle sera faite au greffe du tribunal dans le ressort duquel se trouve le siège du principal établissement de la société. — *Com.* 20 s., 456, 531, 586-4°.

§ 1. LÉGISLATION ANTÉRIEURE A LA LOI DU 4 MARS 1889 ; R. v° *Faillite*, 77 s. — S. *cod.* v°, 294 s.

§ 2. LOI DU 4 MARS 1889 : S. v° *Faillite*, 291 s. — V. aussi Suppl. au C. com. ann., n° 15918 s. — D. P. 89. 4. 9.

Art. 439. La déclaration du failli devra être accompagnée du dépôt du bilan, ou contenir l'indication des motifs qui empêcheraient le failli de le déposer. Le bilan contiendra l'énumération et l'évaluation de tous les biens mobiliers et immobiliers du débiteur, l'état des dettes actives et passives, le tableau des profits et pertes, le tableau des dépenses ; il devra être certifié véritable, daté et signé par le débiteur. — *Com.* 456, 476 s., 494, 510, 586-4°, 591 ; *Pr.* 898.

R. v° *Faillite*, 98 s. — S. *cod.* v°, 294 s.

Art. 440. La faillite est déclarée par jugement du tribunal de commerce, rendu, soit sur la déclaration du failli, soit à la requête d'un ou de plusieurs créanciers, soit d'office. Ce jugement sera exécutoire provisoirement. — *Com.* 580 s.

R. v° *Faillite*, 77 s. — S. *cod.* v°, 207 s. — V. aussi C. com. ann., art. 440, n° 1 s.; et son Suppl., n° 15935 s.

Art. 441. Par le jugement déclaratif de la faillite, ou par jugement ultérieur rendu sur le rapport du juge-commissaire, le tribunal déterminera, soit d'office, soit sur la poursuite de toute partie intéressée, l'époque à laquelle a eu lieu la cessation de payements. A défaut de détermination spéciale, la cessation de payements sera réputée avoir eu lieu à partir du jugement déclaratif de la faillite. — *Com.* 437, 580 s.

R. v° *Faillite*, 122 s. — S. *eod.* v°, 322 s.

Art. 442. Les jugements rendus en vertu des deux articles précédents seront affichés et insérés par extrait dans les journaux, tant du lieu où la faillite aura été déclarée que de tous les lieux où le failli aura des établissements commerciaux, suivant le mode établi par l'article 42 du présent Code. — *Com.* 461, 522, 580, 600.

R. v° *Faillite*, 131 s. — S. *eod.* v° 355 s.

Art. 443. Le jugement déclaratif de la faillite emporte de plein droit, à partir de sa date, dessaisissement pour le failli de l'administration de tous ses biens, même de ceux qui peuvent lui échoir tant qu'il est en état de faillite.

A partir de ce jugement, toute action mobilière ou immobilière ne pourra être suivie ou intentée que contre les syndics.

Il en sera de même de toute voie d'exécution tant sur les meubles que sur les immeubles.

Le tribunal, lorsqu'il le jugera convenable, pourra recevoir le failli partie intervenante. — *Com.* 430, 455, 460 s., 473 s., 476 s., 484, 486 s., 490 s., 494, 512, 527 s., 532, 580, 586 s. ; *Pr.* 69-7°, 339.

R. v° *Faillite*, 167 s., 178 s. — S. *eod.* v°, 371 s., 1518 s. — T. (87-97), *eod.* v°, 170 s. — V. aussi C. com. ann., art. 443, n° 1 s.; et son Suppl., n° 16166 s.

Art. 444. Le jugement déclaratif de faillite rend exigibles, à l'égard du failli, les dettes passives non échues.

En cas de faillite du souscripteur d'un billet à ordre, de l'accepteur d'une lettre de change ou du tireur à défaut d'acceptation, les autres obligés seront tenus de donner caution pour le payement à l'échéance, s'ils n'aiment mieux payer immédiatement. — *Com.* 110, 118 s., 140, 187, 419, 471, 542 ; *Civ.* 1188 ; *Pr.* 517 s.

R. v° *Faillite*, 244 s. — S. *eod.* v° 531 s. — V. aussi C. com. ann., art. 444, n° 1 s.; et son Suppl., n° 16572 s.

Art. 445. Le jugement déclaratif de faillite arrête, à l'égard de la masse seulement, le cours des intérêts de toute créance non garantie par un privilège, par un nantissement ou par une hypothèque.

Les intérêts des créances garanties ne pourront être réclamés que sur les sommes provenant des biens affectés au privilège, à l'hypothèque ou au nantissement. — *Com.* 501, 508, 540 s., 571.

R. v° *Faillite*, 262 s. — S. *eod.* v°, 557 s. — T. (87-97), *eod.* v°, 223 s. — V. aussi C. com. ann., art. 445, n° 1 s.; et son Suppl., n° 16620 s.

Art. 446. Sont nuls et sans effet, relativement à la masse, lorsqu'ils auront été faits par le débiteur depuis l'époque déterminée par le tribunal comme étant celle de la cessation de ses payements, ou dans les dix jours qui auront précédé cette époque :

Tous actes translatifs de propriétés mobilières ou immobilières à titre gratuit ;

Tous payements, soit en espèces, soit par transport, vente, compensation ou autrement, pour dettes non échues, et pour dettes échues, tous payements faits autrement qu'en espèces ou effets de commerce ;

Toute hypothèque conventionnelle ou judiciaire, et tous droits d'antichrèse ou de nantissement constitués sur les biens du débiteur pour dettes antérieurement contractées. — *Com.* 441, 448 ; *Civ.* 1167, 1290, 1350, 2123 s., 2146.

Art. 447. Tous autres payements faits par le débiteur pour dettes échues, et tous autres actes à titre onéreux par lui passés après la cessation de ses payements, et avant le jugement déclaratif de faillite, pourront être annulés si, de la part de ceux qui ont reçu du débiteur ou qui ont traité avec lui, ils ont eu lieu avec connaissance de la cessation de ses payements. — *Civ.* 1167, 1350, 1382.

Art. 448. Les droits d'hypothèque et de privilège valablement acquis pourront être inscrits jusqu'au jour du jugement déclaratif de la faillite.

Néanmoins les inscriptions prises après l'époque de la cessation de payements, ou dans les dix jours qui précèdent, pourront être déclarées nulles, s'il s'est écoulé plus de quinze jours entre la date de l'acte constitutif de l'hypothèque ou du privilège et celle de l'inscription.

Ce délai sera augmenté d'un jour à raison de cinq myriamètres de distance entre le lieu où le droit d'hypothèque aura été acquis et le lieu où l'inscription sera prise. — *Com.* 445, 490-3°, 517 ; *Civ.* 2124 ; *Pr.* 1033.

Art. 449. Dans le cas où des lettres de change auraient été payées après l'époque fixée comme étant celle de la cessation de payements et avant le jugement déclaratif de faillite, l'action en rapport ne pourra être intentée que contre celui pour le compte duquel la lettre de change aura été fournie.

S'il s'agit d'un billet à ordre, l'action ne pourra être exercée que contre le premier endosseur.

Dans l'un et l'autre cas, la preuve que celui à qui on demande le rapport avait connaissance de la cessation de payements à l'époque de l'émission du titre devra être fournie. — *Com.* 110 s., 136 s., 287, 447.

R. v° *Faillite*, 266 s. — S. *eod.* v°, 574 s. — T. (87-97), *eod.* v°, 239 s. — V. aussi C. com. ann., art. 446 à 449; et son Suppl., *ibid.*

Art. 450. (*L. 12 février 1872.*) Les syndics auront, pour les baux des immeubles affectés à l'industrie ou au commerce du failli y compris les locaux dépendant de ces immeubles et servant à l'habitation du failli ou de sa famille, huit jours, à partir de l'expiration du délai accordé par l'article 492 du Code de commerce, aux créanciers domiciliés en France, pour la vérification de leurs créances, pendant lesquels ils pourront notifier au propriétaire leur intention de continuer le bail, à la charge de satisfaire à toutes les obligations du locataire.

Cette notification ne pourra avoir lieu qu'avec l'autorisation du juge-commissaire et le failli entendu.

Jusqu'à l'expiration de ces huit jours, toutes voies d'exécution sur les effets mobiliers servant à l'exploitation du commerce ou de l'industrie du failli, et toutes actions en résiliation du bail seront suspendues, sans préjudice de toutes mesures conservatoires et du droit qui serait acquis au propriétaire de reprendre possession des lieux loués. Dans ce cas, la suspension des voies

...ution établie au présent article cessera ...in droit.

...bailleur devra, dans les quinze jours ...uivront la notification qui lui serait par les syndics, former sa demande en ...tion.

...te par lui de l'avoir formée dans ledit ... il sera réputé avoir renoncé à se pré- ... des causes de résiliation déjà exis- ... à son profit. — Com. 550; Cir. 2102-1°.

* Faillite, 231 s. — S. cod. v°, 1108 s.
du 12 février 1872: D. P. 72. 4. 31.

CHAPITRE II.
De la nomination du juge-commissaire.

t. 451. Par le jugement qui déclarera ...illite, le tribunal de commerce dési- ... l'un de ses membres pour juge-com- ...ire. — Com. 462 s., 471 s, 485 s., ..., 503 s., 519, 522, 527 s., 517, 551, 566, ..69, 572, 578, 579, 583.

t. 452. Le juge-commissaire sera ...é spécialement d'accélérer et de sur- ... les opérations et la gestion de la ...e.

...era au tribunal de commerce le rap- ...le toutes les contestations que la faillite ... à faire naître, et qui seront de la com- ...ce de ce tribunal. — Com. 514, 538.

t. 453. Les ordonnances du juge-...issaire ne seront susceptibles de recours ...dans les cas prévus par la loi. Ces ...rs seront portés devant le tribunal de ...erce. — Com. 466, 471, 530 s., 567, ...°.

t. 454. Le tribunal de commerce ...a, à toutes les époques, remplacer le ...commissaire de la faillite par un autre ... membres. — Com. 583-1°.

* Faillite, ... s. — S. cod. v° 761 s. ...
...), cod. v°, 319 s.

CHAPITRE III.
...apposition des scellés, et des pre-...ères dispositions à l'égard de la ...sonne du failli.

t. 455. Par le jugement qui déclarera ...illite, le tribunal ordonnera l'apposition ...cellés et le dépôt de la personne du ...dans la maison d'arrêt pour cause, ou ...rde de sa personne par un officier de ... ou de justice, ou par un gendarme.

...anmoins, si le juge-commissaire estime ...'actif du failli peut être inventorié en un ...our, il ne sera point apposé de scellés, ...devra être immédiatement procédé à ...ntaire.

...e pourra, en cet état, être reçu, contre ...lli, d'écrou ou recommandation pour ...e espèce de dettes. — Com. 460, 468 s., ..., 488, 539; Pr. 907 s., 913 s.

t. 456. Lorsque le failli se sera con-...aux articles 438 et 439, et ne sera ... au moment de la déclaration, incar-...pour dettes ou pour autre cause, le tri-... pourra l'affranchir du dépôt ou de la ... de sa personne.

...disposition du jugement qui affranchi-...e failli du dépôt ou de la garde de sa ...nne pourra toujours, suivant les cir-...ances, être ultérieurement rapportée par ...bunal de commerce, même d'office. — ... 472 s., 488, 505.

t. 457. Le greffier du tribunal de ...merce adressera, sur-le-champ, au juge ...ix, avis de la disposition du jugement ...ura ordonné l'apposition des scellés.

...juge de paix pourra, même avant ce ...ment, apposer les scellés, soit d'office, ...sur la réquisition d'un ou plusieurs ...ciers, mais seulement dans le cas de ...disparition du débiteur ou de détournement de tout ou partie de son actif. — Com. 468 s.

Art. 458. Les scellés seront apposés sur les magasins, comptoir, caisses, portefeuilles, livres, papiers, meubles et effets du failli.

En cas de faillite d'une société en nom collectif, les scellés seront apposés, non seulement dans le siège principal de la so- ciété, mais encore dans le domicile séparé de chacun des associés solidaires.

Dans tous les cas, le juge de paix donnera, sans délai, au président du tribunal de com- merce, avis de l'apposition des scellés. — Com. 8 s., 20 s., 468 s., 479, 480, 483, 484.

Art. 459. Le greffier du tribunal de commerce adressera, dans les vingt-quatre heures, au procureur du Roi [au procureur de la République] du ressort, extrait des jugements déclaratifs de faillite, mentionnant les principales indications et dispositions qu'ils contiennent. — Com. 482 s., 602.

V. le décret du 25 mars 1889, portant qu'il sera tenu au greffe de chaque tribunal de commerce et de chaque tri- bunal civil jugeant commercialement un registre sur lequel seront inscrits pour chaque faillite les actes rela- tifs à la gestion des syndics (D. P. 60. 4. 83).

Art. 460. Les dispositions qui ordonne- ront le dépôt de la personne du failli dans une maison d'arrêt pour dettes, ou la garde de sa personne, seront exécutés à la dili- gence, soit du ministère public, soit des syndics de la faillite. — Com. 455, 456.

Art. 461. Lorsque les deniers appar- tenant à la faillite ne pourront suffire immé- diatement aux frais du jugement de déclara- tion de la faillite, d'affiche et d'insertion de ce jugement dans les journaux, d'apposition des scellés, d'arrestation et d'incarcération du failli, l'avance de ces frais sera faite, sur ordonnance du juge-commissaire, par le trésor public, qui en sera remboursé par privilège sur les premiers recouvrements, sans préjudice du privilège du propriétaire.

Com. 500 ... ...

R. v° Faillite, 358 s. — S. cod. v°, 765 s. — T. (87-97), cod. v°, 327 s.

CHAPITRE IV.
De la nomination et du remplacement des syndics provisoires.

Art. 462. Par le jugement qui déclarera la faillite, le tribunal de commerce nommera un ou plusieurs syndics provisoires.

Le juge-commissaire convoquera immé- diatement les créanciers présumés à se réunir dans un délai qui n'excédera pas quinze jours. Il consultera les créanciers présents à cette réunion, tant sur la composition de l'état des créanciers présumés que sur la nomination de nouveaux syndics. Il aura dressé procès-verbal de leurs dires et obser- vations, lequel sera représenté au tribunal.

Sur le vu de ce procès-verbal et de l'état des créanciers présumés, et sur le rapport du juge-commissaire, le tribunal nommera de nouveaux syndics, ou continuera les pre- miers dans leurs fonctions.

Les syndics ainsi institués sont définitifs; cependant ils peuvent être remplacés par le tribunal de commerce, dans les cas et sui- vant les formes qui seront déterminés.

Le nombre des syndics pourra être, à toute époque, porté jusqu'à trois; ils pourront être choisis parmi les personnes étrangères à la masse, et recevoir, quelle que soit leur qua- lité, après avoir rendu compte de leur ges- tion, une indemnité que le tribunal arbitrera sur le rapport du juge-commissaire. (V. infra, L. 4 mars 1889, art. 15 et 20.) — Com. 465 s., 492, 506, 512, 519, 522, 524, 529, 532, 536 s., 583-1°.

Art. 463. Aucun parent ou allié du failli, jusqu'au quatrième degré inclusivement, ne pourra être nommé syndic.

Art. 464. Lorsqu'il y aura lieu de pro- céder à l'adjonction ou au remplacement d'un ou plusieurs syndics, il en sera référé par le juge-commissaire au tribunal de com- merce, qui procédera à la nomination sui- vant les formes établies par l'article 462. — Com. 583-1°.

Art. 465. S'il a été nommé plusieurs syndics, ils ne pourront agir que collective- ment; néanmoins le juge-commissaire peut donner à un ou plusieurs d'entre eux des autorisations spéciales à l'effet de faire sépa- rément certains actes d'administration. Dans ce dernier cas, les syndics autorisés seront seuls responsables. — Civ. 1202, 1382 s.

Art. 466. S'il s'élève des réclamations contre quelqu'une des opérations des syndics, le juge-commissaire statuera dans le délai de trois jours, sauf recours devant le tribunal de commerce.

Les décisions du juge-commissaire sont exécutoires par provision. — Com. 583-5°.

Art. 467. Le juge-commissaire pourra, soit sur les réclamations à lui adressées par le failli ou par des créanciers, soit même d'office, proposer la révocation d'un ou plu- sieurs des syndics.

Si, dans les huit jours, le juge-commis- saire n'a pas fait droit aux réclamations qui lui ont été adressées, ces réclamations pour- ront être portées devant le tribunal.

Le tribunal, en chambre du conseil, en- tendra le rapport du juge-commissaire et les explications des syndics, et prononcera à l'audience sur la révocation. — Com. 583-1°.

R. v° Faillite, 404 s., 499 s. — S. cod. v°, 779 s., 823 s. — T. (87-97), cod. v°, 329 s.

CHAPITRE V.
Des fonctions des syndics.

SECTION PREMIÈRE.
Dispositions générales.

Art. 468. Si l'apposition des scellés n'avait point eu lieu avant la nomination des syndics, ils requerront le juge de paix d'y procéder. — Com. 455, 458, 522; Pr. 907 s.

Art. 469. Le juge-commissaire pourra également, sur la demande des syndics, les dispenser de faire placer sous les scellés, ou les autoriser à en faire extraire:

1° Les vêtements, hardes, meubles et effets nécessaires au failli et à sa famille, et dont la délivrance sera autorisée par le juge-com- missaire, sur l'état que lui en soumettront les syndics;

2° Les objets sujets à dépérissement pro- chain ou à dépréciation imminente;

3° Les objets servant à l'exploitation du fonds de commerce, lorsque cette exploita- tion ne pourrait être interrompue sans pré- judice pour les créanciers.

Les objets compris dans les deux para- graphes précédents seront de suite inven- toriés avec prisée par les syndics, en pré- sence du juge de paix, qui signera le procès- verbal. — Com. 479 s.

Art. 470. La vente des objets sujets à dépérissement ou à dépréciation imminente, ou dispendieux à conserver, et l'exploitation du fonds de commerce, auront lieu à la dili- gence des syndics, sur l'autorisation du juge- commissaire. — Com. 486.

Art. 471. Les livres seront extraits des scellés et remis par le juge de paix aux syndics, après avoir été arrêtés par lui; il constatera sommairement, par son procès- verbal, l'état dans lequel ils se trouveront.

Les effets de portefeuille à courte échéance ou susceptibles d'acceptation, ou pour les- quels il faudra faire des actes conservatoires, seront aussi extraits des scellés par le juge de paix, décrits et remis aux syndics pour en faire le recouvrement. Le bordereau en sera remis au juge-commissaire.

Les autres créances seront recouvrées par

22

les syndics sur leurs quittances. Les lettres adressées au failli seront remises aux syndics, qui les ouvriront ; il pourra, s'il est présent, assister à l'ouverture. — *Com.* 443, 490.

Art. 472. Le juge-commissaire, d'après l'état apparent des affaires du failli, pourra proposer sa mise en liberté avec sauf-conduit provisoire de sa personne. Si le tribunal accorde le sauf-conduit, il pourra obliger le failli à fournir caution de se représenter, sous peine de payement d'une somme que le tribunal arbitrera, et qui sera dévolue à la masse. — *Com.* 455, 488, 503, 583-2°, 586-5°.

Art. 473. A défaut, par le juge-commissaire, de proposer un sauf-conduit pour le failli, ce dernier pourra présenter sa demande au tribunal de commerce, qui statuera, en audience publique. après avoir entendu le juge-commissaire. — *Com.* 583-2°.

Art. 474. Le failli pourra obtenir pour lui et sa famille, sur l'actif de sa faillite, des secours alimentaires, qui seront fixés, sur la proposition des syndics, par le juge-commissaire, sauf appel au tribunal en cas de contestation. — *Com.* 453, 530, 565, 583-5°.

Art. 475. Les syndics appelleront le failli auprès d'eux pour clore et arrêter les livres en sa présence.

S'il ne se rend pas à l'invitation, il sera sommé de comparaître dans les quarante-huit heures au plus tard.

Soit qu'il ait ou non obtenu un sauf-conduit, il pourra comparaître par fondé de pouvoirs, s'il justifie de causes d'empêchement reconnues valables par le juge-commissaire. — *Com.* 505, 586-5°.

Art. 476. Dans le cas où le bilan n'aurait pas été déposé par le failli, les syndics le dresseront immédiatement à l'aide des livres et papiers du failli, et des renseignements qu'ils se procureront, et ils le déposeront au greffe du tribunal de commerce. — *Com.* 439.

Art. 477. Le juge-commissaire est autorisé à entendre le failli, ses commis et employés, et toute autre personne, tant sur ce qui concerne la formation du bilan que sur les causes et les circonstances de la faillite.

Art. 478. Lorsqu'un commerçant aura été déclaré en faillite après son décès, ou lorsque le failli viendra à décéder après la déclaration de la faillite, sa veuve, ses enfants, ses héritiers, pourront se présenter ou se faire représenter pour le suppléer dans la formation du bilan. ainsi que dans toutes les autres opérations de la faillite. — *Com.* 437, 439, 481.

R. v° *Faillite*, 362 s., 404 s., 420 s. — S. *eod.* v°, 774 s., 779 s., 797 s. — T. (87-97), *eod.* c°, 329 s. — V. aussi C. com. ann., art. 468 à 478 ; et son Suppl., *ibid.*

SECTION II.
De la levée des scellés, et de l'inventaire.

Art. 479. Dans les trois jours, les syndics requerront la levée des scellés et procéderont à l'inventaire des biens du failli, lequel sera présent ou dûment appelé. — *Com.* 443, 455, 468 s. ; *Pr.* 928 s., 941 s.

Art. 480. L'inventaire sera dressé en double minute par les syndics, à mesure que les scellés seront levés, et en présence du juge de paix, qui le signera à chaque vacation. L'une de ces minutes sera déposée au greffe du tribunal de commerce, dans les vingt-quatre heures ; l'autre restera entre les mains des syndics.

Les syndics seront libres de se faire aider, pour sa rédaction comme pour l'estimation des objets, par qui ils le jugeront convenable.

Il sera récolement des objets qui, conformément à l'article 469, n'auraient pas été mis sous les scellés, et auraient déjà été inventoriés et prisés. — *Pr.* 937.

Art. 481. En cas de déclaration de faillite après décès, lorsqu'il n'aura point été fait d'inventaire antérieurement à cette déclaration, ou en cas de décès du failli avant l'ouverture de l'inventaire, il y sera procédé immédiatement, dans les formes du précédent article, et en présence des héritiers, ou eux dûment appelés. — *Com.* 437, 478 ; *Pr.* 942.

Art. 482. En toute faillite, les syndics, dans la quinzaine de leur entrée ou de leur maintien en fonctions, seront tenus de remettre au juge-commissaire un mémoire ou compte sommaire de l'état apparent de la faillite, de ses principales causes et circonstances, et des caractères qu'elle paraît avoir.

Le juge-commissaire transmettra immédiatement les mémoires, avec ses observations, au procureur du Roi [*au procureur de la République*]. S'ils ne lui ont pas été remis dans les délais prescrits, il devra en prévenir le procureur du Roi [*le procureur de la République*] et lui indiquer les causes du retard.

Art. 483. Les officiers du ministère public pourront se transporter au domicile du failli et assister à l'inventaire.

Ils auront, à toute époque, le droit de requérir communication de tous les actes, livres ou papiers relatifs à la faillite. — *Com.* 459 s., 602 s.

R. v° *Faillite*, 437 s. — S. *eod.* v°, 801 s.

SECTION III.
De la vente des marchandises et meubles, et des recouvrements.

Art. 484. L'inventaire terminé, les marchandises, l'argent, les titres actifs, les livres et papiers, meubles et effets du débiteur, seront remis aux syndics, qui s'en chargeront au bas dudit inventaire. — *Com.* 471 ; *Pr.* 943.

Art. 485. Les syndics continueront de procéder, sous la surveillance du juge-commissaire, au recouvrement des dettes actives. — *Com.* 471, 490.

R. v° *Faillite*, 472 s. — S. *eod.* v°, 804 s.

Art. 486. Le juge-commissaire pourra, le failli entendu ou dûment appelé, autoriser les syndics à procéder à la vente des effets mobiliers ou marchandises.

Il décidera si la vente se fera soit à l'amiable, soit aux enchères publiques, par l'entremise de courtiers ou de tous autres officiers publics préposés à cet effet.

Les syndics choisiront dans la classe d'officiers publics désignés par le juge-commissaire celui dont ils voudront employer le ministère. — *Com.* 470, 534, 583-3° ; *Pr.* 617 s., 945 s.

R. v° *Faillite*, 477 s. — S. *eod.* v°, 805 s. — T. (87-97), v° *Faillite*, 331 s. ; *Vente publique de meubles*, *Vente publique de marchandises en gros*.

Art. 487. Les syndics pourront, avec l'autorisation du juge-commissaire, et le failli dûment appelé, transiger sur toutes contestations qui intéressent la masse, même sur celles qui sont relatives à des droits et actions immobiliers.

Si l'objet de la transaction est d'une valeur indéterminée ou qui excède 300 francs, la transaction ne sera obligatoire qu'après avoir été homologuée, savoir : par le tribunal de commerce pour les transactions relatives à des droits mobiliers, et par le tribunal civil pour les transactions relatives à des droits immobiliers.

Le failli sera appelé à l'homologation ; il aura, dans tous les cas, la faculté de s'y opposer. Son opposition suffira pour empêcher la transaction, si elle a pour objet des biens immobiliers. — *Com.* 500, 535 ; *Civ.* 2044 s.

R. v° *Faillite*, 523 s. — S. *eod.* v°, 835 s.

Art. 488. Si le failli a été affranchi du dépôt, ou s'il a obtenu un sauf-conduit, les syndics pourront l'employer pour faciliter éclairer leur gestion ; le juge-commissaire fixera les conditions de son travail. — *Com.* 456, 460, 472 s., 475.

R. v° *Faillite*, 489.

Art. 489. Les deniers provenant des ventes et des recouvrements seront, sous déduction des sommes arbitrées par le juge-commissaire, pour le montant des dépenses et frais, versés immédiatement à la Caisse des dépôts et consignations. Dans les trois jours des recettes, il sera justifié au juge-commissaire desdits versements ; en cas de retard, les syndics devront les intérêts des sommes qu'ils n'auront point versées.

Les deniers versés par les syndics, et les autres consignés par des tiers, pour compte de la faillite, ne pourront être retirés qu'en vertu d'une ordonnance du juge-commissaire. S'il existe des oppositions, les syndics devront préalablement en obtenir la main-levée.

Le juge-commissaire pourra ordonner que le versement sera fait par la caisse directement entre les mains des créanciers de la faillite, sur un état de répartition dressé par les syndics et ordonnancé par lui. — *Com.* 565, 568.

R. v° *Faillite*, 570 s. — S. *eod.* v°, 846 s.

SECTION IV.
Des actes conservatoires.

Art. 490. A compter de leur entrée en fonctions, les syndics seront tenus de faire tous actes pour la conservation des droits du failli contre ses débiteurs.

Ils seront aussi tenus de requérir l'inscription aux hypothèques sur les immeubles des débiteurs du failli, si elle n'a pas été requise par lui ; l'inscription sera prise au nom de la masse par les syndics, qui joindront leurs bordereaux un certificat constatant la nomination.

Ils seront tenus aussi de prendre inscription, au nom de la masse des créanciers, sur les immeubles du failli dont ils connaîtront l'existence. L'inscription sera reçue sur un simple bordereau énonçant qu'il y a faillite, et relatant la date du jugement par lequel ils auront été nommés. — *Com.* 485, 517 ; *Civ.* 2146 s.

R. v° *Faillite*, 490 s. — S. *eod.* v°, 813 s.

SECTION V.
De la vérification des créances.

Art. 491. A partir du jugement déclaratif de la faillite, les créanciers pourront remettre au greffier leurs titres, avec un bordereau indicatif des sommes par eux réclamées. Le greffier devra leur en donner récépissé.

Il ne sera responsable des titres que pendant cinq années, à partir du jour de l'ouverture du procès-verbal de vérification. — *Com.* 522 s. ; *Civ.* 2276.

L'art. 11 de la loi du 5 mars 1889, sur la liquidation judiciaire, est applicable à la faillite (V. art. 20, ci-dessous loi).

R. v° *Faillite*, 571 s. — S. *eod.* v°, 850 s. — T. (87-97), *eod.* v°, 354 s.

Art. 492. Les créanciers qui, à l'époque du maintien ou du remplacement des syndics en exécution du troisième paragraphe de l'article 462, n'auront pas remis leurs titres seront immédiatement avertis, par les insertions dans les journaux et par lettres du greffier, qu'ils doivent se présenter en personne ou par fondés de pouvoirs, dans le délai de vingt jours, à partir desdites insertions, au syndic de la faillite, et leur remettre leurs titres accompagnés d'un bordereau indicatif sommes par eux réclamées, si mieux ils iment en faire le dépôt au greffe du tribunal de commerce; il leur en sera donné récépissé.

A l'égard des créanciers domiciliés en France, hors du lieu où siège le tribunal saisi de l'instruction de la faillite, ce délai a augmenté d'un jour par cinq myriamètres de distance entre le lieu où siège le tribunal et le domicile du créancier.

A l'égard des créanciers domiciliés hors du territoire continental de la France, ce délai a augmenté conformément aux règles de l'article 73 du Code de procédure civile. — m. 522 s.; Pr. 1033.

A. v° Faillite, 579 s. — S. eod. v°, 830 s.

Art. 493. La vérification des créances commencera dans les trois jours de l'expiration des délais déterminés par les premier deuxième paragraphes de l'article 492. e sera continuée sans interruption. Elle se a aux lieu, jour et heure indiqués par le proce-commissaire. L'avertissement aux créanciers ordonné par l'article précédent contiendra mention de cette indication. Néanmoins les créanciers seront de nouveau convoqués à cet effet, tant par lettres du greffier e par insertions dans les journaux. Les créances des syndics seront vérifiées r le juge-commissaire; les autres le seront tradictoirement entre le créancier ou son dé de pouvoirs et les syndics, en présence juge-commissaire, qui en dressera procès-bal.

A. v° Faillite 589 s. — S. eod. v°, 861 s. — (87-97), eod. v°, 354 s.

Art. 494. Tout créancier vérifié ou porté bilan pourra assister à la vérification des ances, et fournir des contredits aux vérifications faites et à faire. Le failli aura le même droit.

A. v° Faillite, 594 s. — S. eod. v°, 867 s. — (87-97), eod. v°, 384 s. — V. aussi 0. com. ann., 491, n° 1 s.; et son Suppl., n° 17323 s.

Art. 495. Le procès-verbal de vérification indiquera le domicile des créanciers et leurs fondés de pouvoirs.

Il contiendra la description sommaire des res, mentionnera les surcharges, ratures et erlignes, et exprimera si la créance est mise ou contestée. — Com. 569, 603.

A. v° Faillite, 599 s. — S. eod. v°, 865.

Art. 496. Dans tous les cas, le juge-commissaire pourra, même d'office, ordonner représentation des livres du créancier, ou mander, en vertu d'un compulsoire, qu'il soit rapporté un extrait fait par les juges lieu. — Com. 14 s., 458.

A. v° Faillite, 620 s.

Art. 497. Si la créance est admise, les ndics signeront, sur chacun des titres, la claration suivante:

Admis au passif de la faillite de... pour la omme de... le...

Le juge-commissaire visera la déclaration.

Chaque créancier, dans la huitaine au plus d, après que sa créance aura été vérifiée, ra tenu d'affirmer, entre les mains du ge-commissaire, que ladite créance est icère et véritable. — Com. 504 s., 532, 581, 3-2°.

R. v° Faillite, 626 s. — S. eod. v°, 874 s. — (87-97), eod. v°, 354 s.

Art. 498. Si la créance est contestée, le ge-commissaire pourra, sans qu'il soit soin de citation, renvoyer à bref délai vant le tribunal de commerce, qui jugera r son rapport.

Le tribunal de commerce pourra ordonner qu'il soit fait, devant le juge-commissaire, quête sur les frais, et que les personnes qui pourront fournir des renseignements

soient, à cet effet, citées par-devant lui. — Com. 477; Pr. 407 s., 414 s.

R. v° Faillite, 632 s. — S. eod. v°, 891 s. — T. (87-97), eod. v°, 354 s.

Art. 499. Lorsque la contestation sur l'admission d'une créance aura été portée devant le tribunal de commerce, ce tribunal, si la cause n'est point en état de recevoir jugement définitif avant l'expiration des délais fixés, à l'égard des personnes domiciliées en France, par les articles 492 et 497, ordonnera, selon les circonstances, qu'il sera sursis ou passé outre à la convocation de l'assemblée pour la formation du concordat.

Si le tribunal ordonne qu'il sera passé outre, il pourra décider par provision que le créancier contesté sera admis dans les délibérations pour une somme que le même jugement déterminera. — Com. 501, 516, 583-1°.

R. v° Faillite, 635 s. — S. eod. v°, 892. — T. (87-97), eod. v°, 354 s.

Art. 500. Lorsque la contestation sera portée devant un tribunal civil, ce tribunal de commerce décidera s'il sera sursis ou passé outre; dans ce dernier cas, le tribunal civil saisi de la contestation jugera, à bref délai, sur requête des syndics, signifiée au créancier contesté, et sans autre procédure, si la créance sera admise par provision, et pour quelle somme.

Dans le cas où une créance serait l'objet d'une instruction criminelle ou correctionnelle, le tribunal de commerce pourra également prononcer le sursis; s'il ordonne de passer outre, il ne pourra accorder l'admission par provision, et le créancier contesté ne pourra prendre part aux opérations de la faillite tant que les tribunaux compétents n'auront pas statué. — Com. 512, 516, 583-4°.

R. v° Faillite, 639 s.

Art. 501. Le créancier dont le privilège ou l'hypothèque seulement serait contesté sera admis dans les délibérations de la faillite comme créancier ordinaire. — Com. 445, 508, 518, 532, 554 s.

R. v° Faillite, 645 s.

Art. 502. A l'expiration des délais déterminés par les articles 492 et 497, à l'égard des personnes domiciliées en France, il sera passé outre à la formation du concordat et à toutes les opérations de la faillite, sous l'exception portée aux articles 567 et 568 en faveur des créanciers domiciliés hors du territoire continental de la France. — Com. 501 s., 507 s.

R. v° Faillite, 648.

Art. 503. A défaut de comparution et affirmation dans les délais qui leur sont applicables, les défaillants connus ou inconnus ne seront pas compris dans les répartitions à faire; toutefois, la voie de l'opposition leur sera ouverte jusqu'à la distribution des deniers inclusivement; les frais de l'opposition demeureront toujours à leur charge.

Leur opposition ne pourra suspendre l'exécution des répartitions ordonnancées par le juge-commissaire; mais il est procédé à des répartitions nouvelles avant qu'il ait été statué sur leur opposition, ils seront compris pour la somme qui sera provisoirement déterminée par le tribunal, et qui sera tenue en réserve jusqu'au jugement de leur opposition.

S'ils se font ultérieurement reconnaître créanciers, ils ne pourront rien réclamer sur les répartitions ordonnancées par le juge-commissaire; mais ils auront le droit de prélever, sur l'actif non encore réparti, les dividendes afférents à leurs créances dans les premières répartitions. — Com. 524, 542 s., 553, 565 s.; Pr. 604.

R. v° Faillite, 649 s.

CHAPITRE VI
Du concordat et de l'union.

SECTION PREMIÈRE
De la convocation et de l'assemblée des créanciers.

Art. 504. Dans les trois jours qui suivront les délais prescrits pour l'affirmation, le juge-commissaire fera convoquer par le greffier, à l'effet de délibérer sur la formation du concordat, les créanciers dont les créances auront été vérifiées et affirmées, ou admises par provision. Les inscriptions indiqueront l'objet de l'assemblée. — Com. 497 s., 522, 529 s., 570.

R. v° Faillite, 655 s. — S. eod. v°, 894 s. — T. (87-97), eod. v°, 367 s.

Au même jour et heure qui seront fixés par le juge-commissaire, l'assemblée se formera sous sa présidence; les créanciers vérifiés et affirmés, ou admis par provision, s'y présenteront en personne ou par fondés de pouvoirs.

Le failli sera appelé à cette assemblée; il devra s'y présenter en personne, s'il a été dispensé de la mise en dépôt, ou s'il a obtenu un sauf-conduit, et il ne pourra s'y faire représenter que pour des motifs valables, et approuvés par le juge-commissaire. — Com. 455, 460, 472, 473, 475, 478, 488, 493, 497, 499, 500.

R. v° Faillite, 658 s. — S. eod. v°, 897 s.

Art. 506. Les syndics feront à l'assemblée un rapport sur l'état de la faillite, sur les formalités qui auront été remplies et les opérations qui auront eu lieu; le failli sera entendu.

Le rapport des syndics sera remis, signé d'eux, au juge-commissaire, qui dressera procès-verbal de ce qui aura été dit et décidé dans l'assemblée. — Com. 452, 478, 519.

R. v° Faillite, 669 s. — S. eod. v°, 904.

SECTION II.
Du concordat.

§ 1er. — De la formation du concordat.

Art. 507. Il ne pourra être consenti de traité entre les créanciers délibérants et le débiteur failli qu'après l'accomplissement des formalités ci-dessus prescrites.

Ce traité ne s'établira que par le concours d'un nombre de créanciers formant la majorité, et représentant, en outre, les trois quarts de la totalité des créances vérifiées et affirmées, ou admises par provision, conformément à la section 5 du chapitre 5: le tout à peine de nullité. — Com. 499, 584 s.

D'après l'art. 15, § 1er, de la loi du 4 mars 1889, applicable à la faillite (V. art. 20, même loi), le traité entre les créanciers et le débiteur ne peut s'établir que s'il est consenti par la majorité de tous les créanciers vérifiés et affirmés ou admis par provision, représentant en outre les deux tiers de la totalité des créances vérifiées et affirmées ou admises par provision. Le tout à peine de nullité. »

R. v° Faillite, 672 s. — S. eod. v°, 905 s. — T. (87-97), eod. v°, 367 s. — v. aussi C. com. ann., art. 507, n° 1 s.; et son Suppl., n° 17439 s.

Art. 508. Les créanciers hypothécaires inscrits ou dispensés d'inscription, et les créanciers privilégiés ou nantis d'un gage, n'auront pas voix dans les opérations relatives au concordat pour lesdites créances, et elles n'y seront comptées que s'ils renoncent à leurs hypothèques, gages ou privilèges.

Le vote au concordat emportera de plein droit cette renonciation. — Com. 445, 501, 517, 546, 552 s.

R. v° Faillite, 691 s. — S. eod. v°, 912 s. — T. (87-97), eod. v°, 387 s. — V. aussi C. com. ann., art. 508, n° 1 s.; et son Suppl., n° 17514 s.

Art. 509. (L. 28 mars 1906.) Le concordat sera, à peine de nullité, signé séance tenante. S'il est consenti seulement par la majorité en nombre ou par la majorité des trois quarts en sommes, la délibération sera continuée à huitaine pour tout délai.

Dans ce cas, les créanciers présents ou légalement représentés, ayant signé le procès-verbal de la première assemblée, ne sont pas tenus d'assister à la deuxième assemblée; les résolutions par eux prises et les adhésions données restent définitivement acquises, s'ils ne sont venus les modifier dans cette dernière réunion. — *Com.* 529.

R. v° *Faillite*, 703 s. — S. *eod.* v°, 622 s. — T. (87-97), *eod.* v°, 387 s.

Art. 510. Si le failli a été condamné comme banqueroutier frauduleux, le concordat ne pourra être formé.

Lorsqu'une instruction en banqueroute frauduleuse aura été commencée, les créanciers seront convoqués à l'effet de décider s'ils se réservent de délibérer sur un concordat, en cas d'acquittement, et si, en conséquence, ils sursoient à statuer jusqu'après l'issue des poursuites.

Ce sursis ne pourra être prononcé qu'à la majorité en nombre et en somme déterminée par l'article 507. Si, à l'expiration du sursis, il y a lieu à délibérer sur le concordat, les règles établies par le précédent article seront applicables aux nouvelles délibérations. — *Com.* 520 s., 583-4°, 591 s.

Art. 511. Si le failli a été condamné comme banqueroutier simple, le concordat pourra être formé. Néanmoins, en cas de poursuites commencées, les créanciers pourront surseoir à délibérer jusqu'après l'issue des poursuites, en se conformant aux dispositions de l'article précédent. — *Com.* 584 s.

R. v° *Faillite*, 708 s.

Art. 512. Tous les créanciers ayant eu droit de concourir au concordat, ou dont les droits auront été reconnus depuis, pourront y former opposition.

L'opposition sera motivée, et devra être signifiée aux syndics et au failli, à peine de nullité, dans les huit jours qui suivront le concordat; elle contiendra assignation à la première audience du tribunal de commerce.

S'il n'a été nommé qu'un seul syndic et s'il se rend opposant au concordat, il devra provoquer la nomination d'un nouveau syndic, vis-à-vis duquel il sera tenu de remplir les formes prescrites au présent article.

Si le jugement de l'opposition est subordonné à la solution de questions étrangères, à raison de la matière, à la compétence du tribunal de commerce, ce tribunal sursoira à prononcer jusqu'après la décision de ces questions.

Il fixera un bref délai dans lequel le créancier opposant devra saisir les juges compétents et justifier de ses diligences.

R. v° *Faillite*, 727 s. — S. *eod.* v°, 926 s. — T. (87-97), *eod.* v°, 387 s. — V. aussi C. com. ann., art. 512, n° 1 s.; et son Suppl., n° 17573 s.

Art. 513. L'homologation du concordat sera poursuivie devant le tribunal de commerce, à la requête de la partie la plus diligente; le tribunal ne pourra statuer avant l'expiration du délai de huitaine, fixé par l'article précédent.

Si, pendant ce délai, il a été formé des oppositions, le tribunal statuera sur ces oppositions et sur l'homologation par un seul et même jugement.

Si l'opposition est admise, l'annulation du concordat sera prononcée à l'égard de tous les intéressés. — *Com.* 518 s.

R. v° *Faillite*, 735 s. — S. *eod.* v°, 930 s.

Art. 514. Dans tous les cas, avant qu'il soit statué sur l'homologation, le juge-commissaire fera au tribunal de commerce un rapport sur les caractères de la faillite et sur l'admissibilité du concordat. — *Com.* 452.

R. v° *Faillite*, 704 s. — S. *eod.* v°, 932 s.

Art. 515. En cas d'inobservation des règles ci-dessus prescrites, ou lorsque des motifs tirés, soit de l'intérêt public, soit de l'intérêt des créanciers, paraîtront de nature

à empêcher le concordat, le tribunal en refusera l'homologation.

R. v° *Faillite*, 706 s. — S. *eod.* v°, 934 s. — V. aussi C. com. ann., art. 515, n° 1 s.; et son Suppl., n° 17604 s.

§ 2. — Des effets du concordat.

Art. 516. L'homologation du concordat le rendra obligatoire pour tous les créanciers portés ou non portés au bilan, vérifiés ou non vérifiés, et même pour les créanciers domiciliés hors du territoire continental de la France, ainsi que pour ceux qui, en vertu des articles 499 et 500, auraient été admis par provision à délibérer, quelle que soit la somme que le jugement définitif leur attribuerait ultérieurement.—*Com.* 439, 491 s., 522.

R. v° *Faillite*, 782 s. — S. *eod.* v°, 939 s. — T. (87-97), *eod.* v°, 419 s. — V. aussi C. com. ann., art. 516, n° 1 s.; et son Suppl., n° 17619 s.

Art. 517. L'homologation conservera à chacun des créanciers, sur les immeubles du failli, l'hypothèque inscrite en vertu du troisième paragraphe de l'article 490. A cet effet, les syndics feront inscrire aux hypothèques le jugement d'homologation, à moins qu'il n'en ait été décidé autrement par le concordat. — *Civ.* 2146.

R. v° *Faillite*, 838 s.

Art. 518. Aucune action en nullité du concordat ne sera recevable, après l'homologation, que pour cause de dol découvert depuis cette homologation, et résultant, soit de la dissimulation de l'actif, soit de l'exagération du passif. — *Com.* 593, 594.

R. v° *Faillite*, 886 s. — S. *eod.* v°, 964 s. — T. (87-97), *eod.* v°, 426 s.

Art. 519. Aussitôt après que le jugement d'homologation sera passé en force de chose jugée, les fonctions des syndics cesseront.

Les syndics rendront au failli leur compte définitif, en présence du juge-commissaire; ce compte sera débattu et arrêté. Ils remettront au failli l'universalité de ses biens, livres, papiers et effets. Le failli en donnera décharge.

Il sera dressé de tout procès-verbal par le juge-commissaire, dont les fonctions cesseront.

En cas de contestation, le tribunal de commerce prononcera. — *Com.* 443, 451, 452, 458, 462.

R. v° *Faillite*, 809 s., 844 s. — S. *eod.* v°, 940 s., 963 s. — V. aussi C. com. ann., art. 519, n° 1 s.; et son Suppl., n° 17672 s.

§ 3. — De l'annulation ou de la résolution du concordat.

Art. 520. L'annulation du concordat, soit pour dol, soit par suite de condamnation pour banqueroute frauduleuse intervenue après son homologation, libère de plein droit ses cautions.

En cas d'inexécution, par le failli, des conditions de son concordat, la résolution pourra être poursuivie contre lui devant le tribunal de commerce, en présence des cautions, s'il en existe, ou elles dûment appelées.

La résolution du concordat ne libérera pas les cautions qui y seront intervenues pour en garantir l'exécution totale ou partielle. — *Com.* 510, 518, 591 s.

R. v° *Faillite*, 856 s. — S. *eod.* v°, 964 s.

Art. 521. Lorsque, après l'homologation du concordat, le failli sera poursuivi pour banqueroute frauduleuse, et placé sous mandat de dépôt ou d'arrêt, le tribunal de commerce pourra prescrire telles mesures conservatoires qu'il appartiendra. Ces mesures cesseront de plein droit du jour de la déclaration qu'il n'y a lieu à suivre, de l'ordon-

nance d'acquittement ou de l'arrêt d'absolution.

R. v° *Faillite*, 882 s.

Art. 522. Sur le vu de l'arrêt de condamnation pour banqueroute frauduleuse ou par le jugement qui prononcera, soit l'annulation, soit la résolution du concordat le tribunal de commerce nommera un juge-commissaire et un ou plusieurs syndics.

Ces syndics pourront faire apposer les scellés.

Ils procéderont, sans retard, avec l'assistance du juge de paix, sur l'ancien inventaire, au récolement des valeurs, actions et des papiers, et procéderont, s'il y a lieu, à un supplément d'inventaire.

Ils dresseront un bilan supplémentaire.

Ils feront immédiatement afficher et insérer dans les journaux à ce destinés, avec un extrait du jugement qui les nomme, invitation aux créanciers nouveaux, s'il en existe, de produire, dans le délai de vingt jours, leurs titres de créances à la vérification. Cette invitation sera faite aussi par lettres du greffier, conformément aux articles 492 et 493. — *Com.* 439, 442, 443, 451, 454 s., 462, 476 s., 480 s., 491 s., 494, 497, 499, 504, 507, 583, 591 s., 600.

R. v° *Faillite*, 883 s.

Art. 523. Il sera procédé, sans retard, à la vérification des titres de créances produits en vertu de l'article précédent.

Il n'y aura pas lieu à nouvelle vérification des créances antérieurement admises et affirmées, sans préjudice néanmoins du rejet ou de la réduction de celles qui depuis auraient été payées en tout ou en partie.—*Com.* 491 s.

R. v° *Faillite*, 890 s.

Art. 524. Ces opérations mises à fin, s'il n'intervient pas de nouveau concordat, les créanciers seront convoqués à l'effet de donner leur avis sur le maintien ou le remplacement des syndics.

Il ne sera procédé aux répartitions qu'après l'expiration, à l'égard des créanciers nouveaux, des délais accordés aux personnes domiciliées en France, par les articles 492 et 497. — *Com.* 462, 503, 565 s.

R. v° *Faillite*, 893 s. — S. *eod.* v°, 973.

Art. 525. Les actes faits par le failli postérieurement au jugement d'homologation, et antérieurement à l'annulation ou à la résolution du concordat, ne seront annulés qu'en cas de fraude aux droits des créanciers. — *Com.* 509; *Civ.* 1167.

R. v° *Faillite*, 896 s. — S. *eod.* v°, 974 s.

Art. 526. Les créanciers antérieurs au concordat rentreront dans l'intégralité de leurs droits à l'égard du failli seulement; mais ils ne pourront figurer dans la masse que pour les proportions suivantes, savoir : s'ils n'ont touché aucune part du dividende, pour l'intégralité de leurs créances; s'ils ont reçu une partie du dividende, pour la portion de leurs créances primitives correspondante à la portion de dividende promis qu'ils n'auront pas touchée.

Les dispositions du présent article seront applicables lorsqu'une seconde faillite viendra à s'ouvrir sans qu'il y ait eu préalablement annulation ou résolution du concordat.

R. v° *Faillite*, 864 s., 878 s. — S. *eod.* v°, 974 s.

SECTION III.
De la clôture en cas d'insuffisance de l'actif.

Art. 527. Si, à quelque époque que ce soit, avant l'homologation du concordat ou la formation de l'union, le cours des opérations de la faillite se trouve arrêté par insuffisance de l'actif, le tribunal de commerce pourra, sur le rapport du juge-commissaire, noncer, même d'office, la clôture des ·ations de la faillite.

e jugement fera rentrer chaque créancier s l'exercice de ses actions individuelles, contre les biens que contre la personne ·ailli.

endant un mois, à partir de sa date, écution de ce jugement sera suspendue. .om. 443, 461.

V° *Faillite*, 905 s. — S. *eod.* v°, 1027 s. — 47-97], *eod.* v°, 413 s. — V. aussi C. com. ann., 527, n° 1 s.; et son Suppl., n° 17718 s.

rt. 528. Le failli, ou tout autre inté-·é, pourra, à toute époque, le faire rap-·er par le tribunal, en justifiant qu'il e des fonds pour faire face aux frais des ·ations de la faillite, ou en faisant consi-· entre les mains des syndics somme suf-nte pour y pourvoir.

ans tous les cas, les frais des poursuites cées en vertu de l'article précédent de-·t être préalablement acquittés.

V° *Faillite*, 914 s. — S. *eod.* v°, 1043 s.

SECTION IV.
De l'union des créanciers.

rt. 529. S'il n'intervient point de con-·lat, les créanciers seront de plein droit ·tat d'union.

e juge-commissaire les consultera immé-·ment, tant sur les faits de la gestion sur l'utilité du maintien ou du rempla-·ent des syndics. Les créanciers privilé-·, hypothécaires ou nantis d'un gage, ·nt admis à cette délibération.

sera dressé procès-verbal des dires et ·rvations des créanciers et, sur le vu de ·e pièce, le tribunal de commerce sta-·a comme il est dit à l'article 462.

es syndics qui ne seraient pas maintenus ·ont rendre leur compte aux nouveaux ·ics, en présence du juge-commissaire, ·illi dûment appelé. — *Com.* 462, 536 s., 570.

V° *Faillite*, 916 s. — S. *eod.* v°, 1046 s.

rt. 530. Les créanciers seront consul-·ur la question de savoir si un secours ·rra être accordé au failli sur l'actif de la ·ite.

·orsque la majorité des créanciers présents ·ura consenti, une somme pourra être ·rdée au failli, à titre de secours, sur ·if de la faillite. Les syndics en propose-·la quotité, qui sera fixée par le juge-·missaire, sauf recours au tribunal de ·merce, de la part des syndics seulement. ·om. 474, 583.

V° *Faillite*, 933 s. — S. *eod.* v°, 1049.

rt. 531. Lorsqu'une société de com-·ce sera en faillite, les créanciers pour-·t ne consentir de concordat qu'en faveur ·1 ou de plusieurs des associés.

·n ce cas, tout l'actif social demeurera ·s le régime de l'union. Les biens person-· de ceux avec lesquels le concordat aura ·consenti en seront exclus, et le traité ·iculier passé avec eux ne pourra conte-·l'engagement de payer un dividende que · des valeurs étrangères à l'actif social.

·associé qui aura obtenu un concordat ·iculier sera déchargé de toute solidarité. ·om. 438, 458, 586-4°, 604; Civ. 1200 s.

V° *Faillite*, 939 s. — S. *eod.* v°, 997 s.

rt. 532. Les syndics représentent la ·sse des créanciers et sont chargés de pro-·er à la liquidation.

·éanmoins les créanciers pourront leur ·ner mandat pour continuer l'exploitation ·l'actif.

·a délibération qui leur conférera ce man-·en déterminera la durée et l'étendue, et ·ra les sommes qu'ils pourront garder ·re leurs mains, à l'effet de pourvoir aux ·s et dépenses. Elle ne pourra être prise

qu'en présence du juge-commissaire, et à la majorité des trois quarts des créanciers en nombre et en somme.

La voie de l'opposition sera ouverte contre cette délibération au failli et aux créanciers dissidents.

Cette opposition ne sera pas suspensive de l'exécution. — *Com.* 443, 507.

R. V° *Faillite*, 946 s. — S. *eod.* r°, 1050 s. — T. [87-97], *eod.* v°, 446 s.

Art. 533. Lorsque les opérations des syndics entraîneront des engagements qui excéderaient l'actif de l'union, les créanciers qui auront autorisé ces opérations seront seuls tenus personnellement au delà de leur part dans l'actif, mais seulement dans les limites du mandat qu'ils auront donné; ils contribueront au prorata de leurs créances. — *Civ.* 1997 s.

R. V° *Faillite*, 954 s. — S. *eod.* v°, 1055 s.

Art. 534. Les syndics sont chargés de poursuivre la vente des immeubles, mar-chandises et effets mobiliers du failli, et la liquidation de ses dettes actives et passives, le tout sous la surveillance du juge-commis-saire, et sans qu'il soit besoin d'appeler le failli. — *Com.* 486 s., 571 s.

R. V° *Faillite*, 936 s. — S. *eod.* v°, 1057 s.

Art. 535. Les syndics pourront, en se conformant aux règles prescrites par l'ar-ticle 487, transiger sur toute espèce de droits appartenant au failli, nonobstant toute oppo-sition de sa part.

R. V° *Faillite*, 959 s. — S. *eod.* v°, 1060.

Art. 536. Les créanciers en état d'union seront convoqués au moins une fois dans la première année, et; s'il y a lieu, dans les années suivantes, par le juge-commissaire.

Dans ces assemblées, les syndics devront rendre compte de leur gestion.

Ils seront continués ou remplacés dans l'exercice de leurs fonctions, suivant les formes prescrites par les articles 462 et 529.

L'art. 15, § 3 et 4, de la loi du 4 mars 1889, est appli-cable à la faillite (V. art. 20, même loi).

R. V° *Faillite*, 963 s. — S. *eod.* v°, 1061.

Art. 537. Lorsque la liquidation de la faillite sera terminée, les créanciers seront convoqués par le juge-commissaire.

Dans cette dernière assemblée, les syndics rendront leur compte. Le failli sera présent ou dûment appelé.

Les créanciers donneront leur avis sur l'excusabilité du failli. Il sera dressé, à cet effet, un procès-verbal dans lequel chacun des créanciers pourra consigner ses dires et observations.

Après la clôture de cette assemblée, l'union sera dissoute de plein droit.

L'art. 15, § 3 et 4, de la loi du 4 mars 1889, est appli-cable à la faillite (V. art. 20, même loi).

R. V° *Faillite*, 967 s. — S. *eod.* r°, 1062 s.

Art. 538. Le juge-commissaire présen-tera au tribunal la délibération des créan-ciers relative à l'excusabilité du failli, et un rapport sur les caractères et les circonstances de la faillite.

Le tribunal prononcera si le failli est ou non excusable. — *Com.* 452.

Art. 539. Si le failli n'est pas déclaré excusable, les créanciers rentreront dans l'exercice de leurs actions individuelles, tant contre sa personne que sur ses biens.

S'il est déclaré excusable, il demeurera affranchi de la contrainte par corps à l'égard des créanciers de sa faillite, et ne pourra plus être poursuivi par eux que sur ses biens, sauf les exceptions prononcées par les lois spéciales. — *Com.* 443, 455.

Art. 540. Ne pourront être déclarés excusables : les banqueroutiers frauduleux, les stellionataires, les personnes condamnées pour vol, escroquerie ou abus de confiance,

les comptables de deniers publics. — *Com.* 591, 612; *Pén.* 379 s., 402 s.

La déclaration d'excusabilité a perdu presque toute son efficacité et n'a plus guère qu'une valeur morale depuis l'abolition de la contrainte par corps en matière civile, commerciale et contre les étrangers (L. 22 juillet 1867, D. P. 67. 4. 75). — Toutefois, le failli a encore intérêt à s'en prévaloir dans les cas particuliers où la contrainte par corps reste susceptible d'être exceptionnellement exercée.

R. V° *Faillite*, 967 s., 977 s. — S. *eod.* v°, 1002 s., 1072 s.

Art. 541. (*L.* 17 juillet 1856.) Aucun dé-biteur commerçant n'est recevable à deman-der son admission au bénéfice de cession de biens.

Néanmoins, un concordat par abandon total ou partiel de l'actif du failli peut être formé, suivant les règles prescrites par la section 2 du présent chapitre.

Ce concordat produit les mêmes effets que les autres concordats; il est annulé ou résolu de la même manière.

La liquidation de l'actif abandonné est faite conformément aux paragraphes 2, 3 et 4 de l'article 529, aux articles 532, 533, 534, 535 et 536, et aux paragraphes 1 et 2 de l'ar-ticle 537.

Le concordat par abandon est assimilé à l'union pour la perception des droits d'enre-gistrement. — *Civ.* 1265 s.

R. V° *Faillite*, 977 s.; *Obligat.*, 2312. — S. V° *Faillite*, 978 s.
Loi du 17 juillet 1856 : D. P. 56. 4. 113.

CHAPITRE VII.
Des différentes espèces de créanciers, et de leurs droits en cas de faillite.

SECTION PREMIÈRE.
Des coobligés et des cautions.

Art. 542. Le créancier porteur d'enga-gements souscrits, endossés ou garantis soli-dairement par le failli et d'autres coobligés qui sont en faillite, participera dans toutes les masses, et y figurera pour la valeur nominale de son titre jusqu'à parfait payement. — *Com.* 140, 187, 444; *Civ.* 1200 s.

R. V° *Faillite*, 992 s. — S. *eod.* v°, 1076 s. — T. [87-97], *eod.* v°, 463 s. — V. aussi C com. ann., art. 542, n° 1 s.; et son Suppl., n° 17873 s.

Art. 543. Aucun recours, pour raison des dividendes payés, n'est ouvert aux fail-lites des coobligés les uns contre les autres, si ce n'est lorsque la réunion des dividendes que donneraient ces faillites excéderait le montant total de la créance, en principal et accessoires, auquel cas cet excédent sera dé-volu, suivant l'ordre des engagements, à ceux des coobligés qui auraient les autres pour garants. — *Com.* 503.

R. V° *Faillite*, 1008 s. — S. *eod.* v°, 1086 s. — V. aussi C com. ann., art. 543, n° 1 s.; et son Suppl., n° 17894 s.

Art. 544. Si le créancier porteur d'en-gagements solidaires entre le failli et d'autres coobligés a reçu, avant la faillite, un à-compte sur sa créance, il ne sera compris dans la masse que sous la déduction de cet à-compte, et conservera, pour ce qui lui res-tera dû, ses droits contre le coobligé ou la caution.

Le coobligé ou la caution qui aura fait le payement partiel sera compris dans la même masse pour tout ce qu'il aura payé à la dé-charge du failli. — *Com.* 542 s., 565; *Civ.* 1210, 1251-3°.

R. V° *Faillite*, 1008 s. — S. *eod.* v°, 1060 s.

Art. 545. Nonobstant le concordat, les créanciers conservent leur action pour la totalité de leur créance contre les coobligés du failli.

R. V° *Faillite*, 828 s. — S. *eod.* v°, 1090 s.

SECTION II.

Des créanciers nantis de gages, et des créanciers privilégiés sur les biens meubles.

Art. 546. Les créanciers du failli qui seront valablement nantis de gages ne seront inscrits dans la masse que pour mémoire. — *Com.* 445, 508; *Civ.* 2071 s.

R. v° *Faillite*, 1028 s. — 6. *cod.* v°, 1094 s. — T. (87-97), *cod.* v°, 468 s.

Art. 547. Les syndics pourront, à toute époque, avec l'autorisation du juge-commissaire, retirer les gages au profit de la faillite, en remboursant la dette. — *Civ.* 2082 s.

Art. 548. Dans le cas où le gage ne sera pas retiré par les syndics, s'il est vendu par le créancier moyennant un prix qui excède la créance, le surplus sera recouvré par les syndics ; si le prix est moindre que la créance, le créancier nanti viendra à contribution pour le surplus, dans la masse, comme créancier ordinaire.

R. v° *Faillite*, 1031 s. — S. *cod.* v°, 1106 s. — T. (87-97), *cod.* v°, 468 s.

Art. 549. (*L.* 4 *mars* 1889.) « Le salaire acquis aux ouvriers directement employés par le débiteur, pendant les trois mois qui ont précédé l'ouverture de la liquidation judiciaire ou la faillite, est admis au nombre des créances privilégiées, au même rang que le privilège établi par l'article 2101 du Code civil pour le salaire des gens de service. »

(*L.* 6 *février* 1895.) « Le même privilège est accordé aux commis attachés à une ou plusieurs maisons de commerce, sédentaires ou voyageurs, savoir :

« S'il s'agit d'appointements fixes, pour les salaires qui leur sont dus durant les six mois antérieurs à la déclaration de la liquidation judiciaire ou de la faillite ;

« Et, s'il s'agit de remises proportionnelles allouées à titre d'appointements ou de suppléments d'appointements, pour toutes les commissions qui leur sont définitivement acquises dans les trois derniers mois précédant le jugement déclaratif, alors même que la cause de ces créances remonterait à une époque antérieure. »

§ 1. LÉGISLATION ANTÉRIEURE AUX LOIS DE 1889 ET DE 1895 : R. v° *Faillite*, 1050 s. — S. *cod.* v°, 1098 s.

§ 2. LOI DU 4 MARS 1889 : S. v° *Faillite*, 1098. — V. aussi Suppl. au C. com. ann., n° 17027 s. — D. P. 89. 4. 9.

§ 3. LOI DU 6 FÉVRIER 1895 : Suppl. au C. com. ann., n° 17027 s. — D. P. 95. 4. 34.

Art. 550. (*L.* 12 *février* 1872.) Si le bail est résilié, le propriétaire d'immeubles affectés à l'industrie ou au commerce du failli, aura privilège pour les deux dernières années de location échues avant le jugement déclaratif de faillite, pour l'année courante, pour tout ce qui concerne l'exécution du bail et pour les dommages-intérêts qui pourront lui être alloués par les tribunaux.

Au cas de non-résiliation, le bailleur, une fois payé de tous les loyers échus, ne pourra pas exiger le payement des loyers en cours ou à échoir, si les sûretés qui lui ont été données lors du contrat sont maintenues, ou si celles qui lui ont été fournies depuis la faillite sont jugées suffisantes.

Lorsqu'il y aura vente et enlèvement des meubles garnissant les lieux loués, le bailleur pourra exercer son privilège comme au cas de résiliation ci-dessus, et, en outre, pour une année à échoir à partir de l'expiration de l'année courante, que le bail ait ou non date certaine.

Les syndics pourront continuer ou céder le bail pour tout le temps restant à courir, à la charge par eux ou leurs cessionnaires de maintenir dans l'immeuble gage suffisant, et d'exécuter, au fur et à mesure des échéances, toutes les obligations résultant du droit ou de la convention, mais sans que la destination des lieux loués puisse être changée.

Dans le cas où le bail contiendrait interdiction de céder le bail ou de sous-louer, les créanciers ne pourront faire leur profit de la location que pour le temps à raison duquel le bailleur aurait touché ses loyers par anticipation, et toujours sans que la destination des lieux puisse être changée.

Le privilège et le droit de revendication établis par le n° 4 de l'article 2102 du Code civil, au profit du vendeur d'effets mobiliers, ne peuvent être exercés contre la faillite.

§ 1. LÉGISLATION ANTÉRIEURE A LA LOI DU 12 FÉVRIER 1872 : R. v° *Faillite*, 1040 s. — S. *cod.* v°, 1108 s.

§ 2. LOI DU 12 FÉVRIER 1872 : S. v° *Faillite*, 1108 s. — T. (87-97), *cod.* v°, 468 s. — V. aussi C. com. ann., art. 550, n° 1 s. ; et son Suppl., n° 18000 s. — D. P. 72. 4. 35.

Art. 551. Les syndics présenteront au juge-commissaire l'état des créanciers se prétendant privilégiés sur les biens meubles, et le juge-commissaire autorisera, s'il y a lieu, le payement de ces créanciers sur les premiers deniers rentrés.

Si le privilège est contesté, le tribunal prononcera. — *Com.* 635.

R. v° *Faillite*, 1061 s.

SECTION III.

Des droits des créanciers hypothécaires et privilégiés sur les immeubles.

Art. 552. Lorsque la distribution du prix des immeubles sera faite antérieurement à celle du prix des biens meubles, ou simultanément, les créanciers privilégiés ou hypothécaires, non remplis sur le prix des immeubles, concourront, à proportion de ce qui leur restera dû, avec les créanciers chirographaires, sur les deniers appartenant à la masse chirographaire pourvu toutefois que leurs créances aient été vérifiées et affirmées suivant les formes ci-dessus établies. — *Com.* 491 s., 501.

Art. 553. Si une ou plusieurs distributions de deniers mobiliers précèdent la distribution du prix des immeubles, les créanciers privilégiés et hypothécaires vérifiés et affirmés concourront aux répartitions dans la proportion de leurs créances totales, et sauf, le cas échéant, les distractions dont il sera parlé ci-après. — *Com.* 491 s., 565 s.

Art. 554. Après la vente des immeubles et le règlement définitif de l'ordre entre les créanciers hypothécaires et privilégiés, ceux d'entre eux qui viendront en ordre utile sur le prix des immeubles pour la totalité de leur créance ne toucheront le montant de leur collocation hypothécaire que sous la déduction des sommes par eux perçues dans la masse chirographaire.

Les sommes ainsi déduites ne resteront point dans la masse hypothécaire, mais retourneront à la masse chirographaire, au profit de laquelle il en sera fait distraction. — *Com.* 501.

Art. 555. A l'égard des créanciers hypothécaires qui ne seront colloqués que partiellement dans la distribution du prix des immeubles, il sera procédé de la manière qui suit : leurs droits sur la masse chirographaire seront définitivement réglés d'après les sommes dont ils resteront créanciers après leur collocation immobilière, et les deniers qu'ils auront touchés au delà de cette proportion, dans la distribution antérieure, leur seront retenus sur le montant de leur collocation hypothécaire, et reversés dans la masse chirographaire. — *Com.* 501.

Art. 556. Les créanciers qui ne viennent point en ordre utile seront considérés comme chirographaires, et soumis comme tels aux effets du concordat et de toutes les opérations de la masse chirographaire. — *Com.* 516 s.

R. v° *Faillite*, 1065 s. — S. *cod.* v°, 1134 s. — T. (87-97), *cod.* v°, 497 s.

SECTION IV.

Des droits des femmes.

Art. 557. En cas de faillite du mari, la femme dont les apports en immeubles ne se trouveraient pas mis en communauté reprendra en nature lesdits immeubles et ceux qui lui seront survenus par succession ou par donation entre vifs ou testamentaire. — *Com.* 67, 69 ; *Civ.* 1394, 1554 s., 1562.

Art. 558. La femme reprendra pareillement les immeubles acquis par elle et en son nom des deniers provenant desdites successions et donations, pourvu que la déclaration d'emploi soit expressément stipulée au contrat d'acquisition, et que l'origine des deniers soit constatée par inventaire ou tout autre acte authentique. — *Civ.* 1433 s., 149

Art. 559. Sous quelque régime qu'ait été formé le contrat de mariage, hors le cas prévu par l'article précédent, la présomption légale est que les biens acquis par la femme du failli appartiennent à son mari, ont été payés de ses deniers, et doivent être réunis à la masse de son actif, sauf à la femme fournir la preuve du contraire. — *Civ.* 135 1352, 1391 s., 1404, 1553.

Art. 560. La femme pourra reprendre en nature les effets mobiliers qu'elle s'e constitués par contrat de mariage, ou qui l sont advenus par succession, donation ent vifs ou testamentaire, et qui ne seront pa entrés en communauté, toutes les fois qu l'identité en sera prouvée par inventaire o tout autre acte authentique.

A défaut, pour la femme, de faire cet preuve, tous les effets mobiliers, tant l'usage du mari qu'à celui de la femme, sou quelque régime qu'ait été contracté le m riage, seront acquis aux créanciers, sauf a syndics à lui remettre, avec l'autorisation juge-commissaire, les habits et linge néce saires à son usage. — *Com.* 1317, 1350, 135

Art. 561. L'action en reprise résultar des dispositions des articles 557 et 558 sera exercée par la femme qu'à la charg des dettes et hypothèques dont le biens so légalement grevés, soit que la femme s'y obligée volontairement, soit qu'elle y ait é condamnée.

Art. 562. Si la femme a payé des dett pour son mari, la présomption légale es qu'elle l'a fait des deniers de celui-ci, et el ne pourra, en conséquence, exercer aucur action dans la faillite, sauf la preuve con traire, comme il est dit à l'article 559. — *Civ.* 1350, 1352.

Art. 563. Lorsque le mari sera com merçant au moment de la célébration d mariage, ou lorsque, n'ayant pas alors d'autr profession déterminée, il sera devenu com merçant dans l'année, les immeubles qui l appartiendraient à l'époque de la célébratio du mariage, ou qui lui seraient advenus de puis, soit par succession, soit par donatio entre vifs ou testamentaire, seront seuls sou mis à l'hypothèque de la femme :

1° Pour les deniers et effets mobiliers qu'elle aura apportés en dot, ou qui lui seront advenus depuis le mariage par suc cession ou donation entre vifs ou testamen taire, et dont elle prouvera la délivrance o le payement par acte ayant date certaine 2° pour le remploi de ses biens aliénés pen dant le mariage ; 3° pour l'indemnité de dettes par elle contractées avec son mari. — *Civ.* 1431, 2121, 2135-2°.

Art. 564. La femme dont le mari éta commerçant à l'époque de la célébration d mariage, ou dont le mari, n'ayant pas alor d'autre profession déterminée, sera deven commerçant dans l'année qui suivra cett célébration, ne pourra exercer dans la fail lite aucune action en raison des avantage portés au contrat de mariage, et, dans c cas, les créanciers ne pourront, de leur côt

valoir des avantages faits par la femme ri dans ce même contrat.
* *Faillite*, 1076 s. — S. *cod.* c⁴, 1111 s. — 97), *cod.* v⁴, 311 s. — V. aussi C. com. ann., 7 à 564; et son Suppl., *ibid.*

CHAPITRE VIII.
répartition entre les créanciers, de la liquidation du mobilier.

{. 565. Le montant de l'actif mobilistraction faite des frais et dépenses de nistration de la faillite, des secours raient été accordés au failli ou à sa e, et des sommes payées aux créanprivilégiés, sera réparti entre tous les tiers au marc le franc de leurs créances es et affirmées. — *Com.* 491 s., 524, 52 s.

{. 566. A cet effet, les syndics remettous les mois, au juge-commissaire, un e situation de la faillite et des deniers 3s à la Caisse des dépôts et consignale juge-commissaire ordonnera, s'il eu, une répartition entre les créanen fixera la quotité, et veillera à ce us les créanciers en soient avertis. — 489.

{. 567. Il ne sera procédé à aucune ition entre les créanciers domiciliés en e, qu'après la mise en réserve de la orrespondante aux créances pour less les créanciers domiciliés hors du tercontinental de la France, seront portés bilan.
sque ces créances ne paraîtront pas es sur le bilan d'une manière exacte, re-commissaire pourra décider que la e sera augmentée, sauf aux syndics à uvoir contre cette décision devant le al de commerce. — *Com.* 492.

{. 568. Cette part sera mise en réot demeurera à la Caisse des dépôts et mations jusqu'à l'expiration du délai niné par le dernier paragraphe de l'ar-492; elle sera répartie entre les créanreconnus, si les créanciers domiciliés s étranger n'ont pas fait vérifier leurs ces, conformément aux dispositions de sente loi.
e pareille réserve sera faite pour raison éances sur l'admission desquelles il ait pas été statué définitivement. — 489.

{. 569. Nul payement ne sera fait par ndics que sur la représentation du titre tutif de la créance.
syndics mentionneront sur le titre la e payée par eux ou ordonnancée conment à l'article 489.
nmoins, en cas d'impossibilité de répré-e le titre, le juge-commissaire pourra iser le payement sur le vu du proces-l de vérification.
ns tous les cas, le créancier donnera la ance en marge de l'état de répartition. *m.* 495.

{. 570. L'union pourra se faire autopar le tribunal de commerce, le failli nt appelé, à traiter à forfait de tout ou a des droits et actions dont le recouvren'aurait pas été opéré, et à les aliéner ; e cas, les syndics feront tous les actes saires.
t créancier pourra s'adresser au jugenissaire pour provoquer une délibéra-de l'union à cet égard. — *Com.* 487, ., 535.
* *Faillite*, 1046 s., 1120 s., 1130 s. - *S. cod.* v⁴, ., 1189 s. — T. (87-97), *cod.* v⁴, 527 s.

CHAPITRE IX.
a vente des immeubles du failli.

rt. 571. A partir du jugement qui déra la faillite, les créanciers ne pourront

poursuivre l'expropriation des immeubles sur lesquels ils n'auront pas d'hypothèques. — *Com.* 443, 534 ; *Pr.* 673 s.

Art. 572. S'il n'y a pas de poursuite en expropriation des immeubles commencée avant l'époque de l'union, les syndics seuls seront admis à poursuivre la vente ; ils seront tenus d'y procéder dans la huitaine, sous l'autorisation du juge-commissaire, suivant les formes prescrites pour la vente des biens des mineurs. — *Pr.* 956 s.

Art. 573. La surenchère, après adjudication des immeubles du failli sur la poursuite des syndics, n'aura lieu qu'aux conditions et dans les formes suivantes :
La surenchère devra être faite dans la quinzaine.
Elle ne pourra être au-dessous du dixième du prix principal de l'adjudication. Elle sera faite au greffe du tribunal civil, suivant les formes prescrites par les articles 710 et 711 (708 et 709 nouveaux) du Code de procédure civile ; toute personne sera admise à surenchérir.
Toute personne sera également admise à concourir à l'adjudication par suite de surenchère. Cette adjudication demeurera définitive et ne pourra être suivie d'aucune autre surenchère. — *Civ.* 2185.
R. v⁴ *Faillite*, 1148 s. — S. *cod.* v⁴, 1208 s. — T. (87-97), v⁴ *Faillite*, 497 s., 532 s.; *Surenchère*, 52 s. — V. aussi C. com. ann., art. 571 à 573; et son Suppl., *ibid.*

CHAPITRE X.
De la revendication.

Art. 574. Pourront être revendiquées, en cas de faillite, les remises en effets de commerce ou autres titres non encore payés, et qui se trouveront en nature dans le portefeuille du failli à l'époque de sa faillite, lorsque ces remises auront été faites par le propriétaire, avec le simple mandat d'en faire le recouvrement et d'en garder la valeur à sa disposition, ou lorsqu'elles auront été, de sa part, spécialement affectées à des payements déterminés. — *Com.* 550.
R. v⁴ *Faillite*, 1175 s. — S. *cod.* v⁴, 1231 s. — T. (87-97), *cod.* v⁴, 554 s. — V. aussi C. com. ann., art. 574, n⁰⁵ 1 s.; et son Suppl., n⁰⁵ 18206 s.

Art. 575. Pourront être également revendiquées, aussi longtemps qu'elles existeront en nature, en tout ou en partie, les marchandises consignées au failli à titre de dépôt, ou pour être vendues pour le compte du propriétaire.
Pourra même être revendiqué le prix ou la partie du prix desdites marchandises qui n'aura été ni payé, ni réglé en valeur, ni en compte courant entre le failli et l'acheteur. — *Com.* 91 s.
R. v⁴ *Faillite*, 1200 s. — S. *cod.* v⁴, 1242 s. — T. (87-97), *cod.* v⁴, 554 s. — V. aussi C. com. ann., art. 575, n⁰⁵ 1 s.; et son Suppl., n⁰⁵ 18231 s.

Art. 576. Pourront être revendiquées les marchandises expédiées au failli, tant que la tradition n'en aura point été effectuée dans ses magasins, ou dans ceux du commissionnaire chargé de les vendre pour le compte du failli.
Néanmoins la revendication ne sera pas recevable si, avant leur arrivée, les marchandises ont été vendues sans fraude, sur factures et connaissements ou lettres de voiture signées par l'expéditeur.
Le revendiquant sera tenu de rembourser à la masse les acomptes par lui reçus, ainsi que toutes avances faites pour fret ou voiture, commission, assurances, ou autres frais, et de payer les sommes qui seraient pour mêmes causes. — *Com.* 91 s.; *Civ.* 1650, 1651, 2102-4⁰.
R. v⁴ *Faillite*, 1228 s. — S. *cod.* v⁴, 1256 s. — T. (87-97), *cod.* v⁴, 554 s. — V. aussi C. com. ann., art. 576, n⁰⁴ 1 s.; et son Suppl., n⁰⁵ 18280 s.

Art. 577. Pourront être retenues par le vendeur les marchandises, par lui vendues, qui ne seront pas délivrées au failli, ou qui n'auront pas encore été expédiées, soit à lui, soit à un tiers pour son compte. — *Civ.* 1606, 1613.
R. v⁴ *Faillite*, 1286 s. — S. *cod.* v⁴, 1299 s., 1300 s. — T. (87-97), *cod.* v⁴, 554 s.

Art. 578. Dans le cas prévu par les deux articles précédents, et sous l'autorisation du juge-commissaire, les syndics auront la faculté d'exiger la livraison des marchandises, en payant au vendeur le prix convenu entre lui et le failli. — *Com.* 443; *Civ.* 1650.
R. v⁴ *Faillite*, 1289 s. — S. *cod.* v⁴, 1306 s. — T. (87-97), *cod.* v⁴, 554 s.

Art. 579. Les syndics pourront, avec l'approbation du juge-commissaire, admettre les demandes en revendication: s'il y a contestation, le tribunal prononcera après avoir entendu le juge-commissaire. — *Com.* 443, 635.
R. v⁴ *Faillite*, 1293 s.

CHAPITRE XI.
Des voies de recours contre les jugements rendus en matière de faillite.

Art. 580. Le jugement déclaratif de la faillite, et celui qui fixera à une date antérieure l'époque de la cessation de payements, seront susceptibles d'opposition, de la part du failli, dans la huitaine, et de la part de toute autre partie intéressée, pendant un mois. Ces délais courront à partir des jours où les formalités de l'affiche et de l'insertion énoncées dans l'article 442 auront été accomplies. — *Com.* 440, 441, 443.

Art. 581. Aucune demande des créanciers tendant à faire fixer la date de la cessation des payements à une époque autre que celle qui résulterait du jugement déclaratif de faillite, ou d'un jugement postérieur, ne sera recevable après l'expiration des délais pour la vérification et l'affirmation des créances. Ces délais expirés, l'époque de la cessation de payements demeurera irrévocablement déterminée à l'égard des créanciers. — *Com.* 440, 441, 491 s.

Art. 582. Le délai d'appel, pour tout jugement rendu en matière de faillite, sera de quinze jours seulement à compter de la signification.
Ce délai sera augmenté à raison d'un jour par cinq myriamètres pour les parties qui seront domiciliées à une distance excédant cinq myriamètres du lieu où siège le tribunal. — *Pr.* 443, 1033.

Art. 583. Ne seront susceptibles ni d'opposition, ni d'appel, ni de recours en cassation :
1⁰ Les jugements relatifs à la nomination ou au remplacement du juge-commissaire, à la nomination ou à la révocation des syndics ;
2⁰ Les jugements qui statuent sur les demandes de sauf-conduit et sur celles de secours pour le failli et sa famille ;
3⁰ Les jugements qui autorisent à vendre les effets ou marchandises appartenant à la faillite ;
4⁰ Les jugements qui prononcent sursis ou concordat, ou admission provisionnelle de créanciers contestés ;
5⁰ Les jugements par lesquels le tribunal de commerce statue sur les recours formés contre les ordonnances rendues par le juge-commissaire dans les limites de ses attributions. — *Com.* 451, 453 s., 456, 462, 464, 466 s., 470, 472 s., 486 s., 499 s., 510, 512, 522, 530, 567.
R. v⁴ *Faillite*, 1331 s. — S. *cod.* v⁴, 1334 s. — T. (87-97), *cod.* v⁴, 598 s. — V. aussi C. com. ann., art. 580 à 583; et son Suppl., *ibid.*

TITRE DEUXIÈME.
Des banqueroutes.

—

CHAPITRE PREMIER.
De la banqueroute simple.

Art. 584. Les cas de banqueroute simple seront punis des peines portées au Code pénal, et jugés par les tribunaux de police correctionnelle, sur la poursuite des syndics, de tout créancier, ou du ministère public. — *Com.* 69, 511, 601 s., 612; *Pén.* 402.

Art. 585. Sera déclaré banqueroutier simple tout commerçant failli qui se trouvera dans un des cas suivants :

1° Si ses dépenses personnelles ou les dépenses de sa maison sont jugées excessives ;

2° S'il a consommé de fortes sommes, soit à des opérations de pur hasard, soit à des opérations fictives de bourse ou sur marchandises ;

3° Si, dans l'intention de retarder sa faillite, il a fait des achats pour revendre au-dessous du cours; si, dans la même intention, il s'est livré à des emprunts, circulation d'effets, ou autres moyens ruineux de se procurer des fonds ;

4° Si, après cessation de ses payements, il a payé un créancier au préjudice de la masse.

Art. 586. Pourra être déclaré banqueroutier simple tout commerçant failli qui se trouvera dans un des cas suivants :

1° S'il a contracté, pour le compte d'autrui, sans recevoir des valeurs en échange, des engagements jugés trop considérables eu égard à sa situation lorsqu'il les a contractés;

2° S'il est de nouveau déclaré en faillite sans avoir satisfait aux obligations d'un précédent concordat ;

3° Si, étant marié sous le régime dotal, ou séparé de biens, il ne s'est pas conformé aux articles 69 et 70 ;

4° (*L.* 4 mars 1889.) « Si, dans les quinze jours de la cessation de ses payements, il n'a pas fait au greffe la déclaration exigée par les articles 438 et 439, ou si cette déclaration ne contient pas les noms de tous les associés solidaires; »

5° Si, sans empêchement légitime, il ne s'est pas présenté en personne aux syndics dans les cas et dans les délais fixés, ou si, après avoir obtenu un sauf-conduit, il ne s'est pas représenté à justice ;

6° S'il n'a pas tenu de livres et fait exactement inventaire ; si ses livres ou inventaires sont incomplets ou irrégulièrement tenus, ou s'ils n'offrent pas la véritable situation active ou passive, sans néanmoins qu'il y ait fraude. — *Com.* 8 s., 458, 472, 475, 479 s., 505, 520 s.; *Civ.* 1536 s., 1540 s.

Art. 587. Les frais de poursuites en banqueroute simple intentée par le ministère public ne pourront, en aucun cas, être mis à la charge de la masse.

En cas de concordat, le recours du Trésor public contre le failli pour ses frais ne pourra être exercé qu'après l'expiration des termes accordés par ce traité. — *Com.* 461, 592.

Art. 588. Les frais de poursuites intentées par les syndics, au nom des créanciers, seront supportés, s'il y a acquittement, par la masse, et s'il y a condamnation, par le Trésor public sauf son recours contre le failli, conformément à l'article précédent. — *Com.* 589.

Art. 589. Les syndics ne pourront intenter de poursuite en banqueroute simple, ni se porter partie civile au nom de la masse, qu'après y avoir été autorisés par une délibération prise à la majorité individuelle des créanciers présents.

Art. 590. Les frais de poursuite intentée par un créancier seront supportés, s'il y a condamnation, par le Trésor public ; s'il y a acquittement, par le créancier poursuivant.

R. v° *Faillite*, 1383 s., 1408 s. — S. *cod.* v°, 1394 s., 1408 s. — T. (87-97), *cod.* v°, 641 s. — V. aussi C. com. ann., art. 584 à 590; et son Suppl., *ibid.*

CHAPITRE II.
De la banqueroute frauduleuse.

Art. 591. Sera déclaré banqueroutier frauduleux, et puni des peines portées au Code pénal, tout commerçant failli qui aura soustrait ses livres, détourné ou dissimulé une partie de son actif, ou qui, soit dans ses écritures, soit par des actes publics ou des engagements sous signature privée, soit par son bilan, se sera frauduleusement reconnu débiteur de sommes qu'il ne devait pas. — *Com.* 89, 437, 439, 458, 510, 520 s., 601 s., 612 s.; *Pén.* 402 s.

Art. 592. Les frais de poursuite en banqueroute frauduleuse ne pourront, en aucun cas, être mis à la charge de la masse.

Si un ou plusieurs créanciers se sont rendus parties civiles en leur nom personnel, les frais, en cas d'acquittement, demeureront à leur charge. — *Com.* 588 s., 590.

R. v° *Faillite*, 1383 s., 1448 s. — S. *cod.* v°, 1394 s., 1437 s. — V. aussi C. com. ann., art. 591-592; et son Suppl., *ibid.*

CHAPITRE III.
Des crimes et des délits commis dans les faillites par d'autres que par le failli.

Art. 593. Seront condamnés aux peines de la banqueroute frauduleuse :

1° Les individus convaincus d'avoir, dans l'intérêt du failli, soustrait, recélé ou dissimulé tout ou partie de ses biens, meubles ou immeubles; le tout sans préjudice des autres cas prévus par l'article 60 du Code pénal ;

2° Les individus convaincus d'avoir frauduleusement présenté dans la faillite et affirmé, soit en leur nom, soit par interposition de personnes, des créances supposées ;

3° Les individus qui, faisant le commerce sous le nom d'autrui ou sous un nom supposé, se sont rendus coupables de faits prévus en l'article 591. — *Com.* 497; *Pén.* 402 s., 463.

Art. 594. Le conjoint, les descendants ou les ascendants du failli, ou ses alliés aux mêmes degrés, qui auraient détourné, diverti ou recélé des effets appartenant à la faillite, sans avoir agi de complicité avec le failli, seront punis des peines du vol. — *Pén.* 380.

Art. 595. Dans les cas prévus par les articles précédents, la cour ou le tribunal saisis statueront, lors même qu'il y aurait acquittement : 1° d'office sur la réintégration à la masse des créanciers de tous biens, droits ou actions frauduleusement soustraits; 2° sur les dommages-intérêts qui seraient demandés, et que le jugement ou l'arrêt arbitrera. — *Instr.* 191, 358.

Art. 596. Tout syndic qui se sera rendu coupable de malversation dans sa gestion sera puni correctionnellement des peines portées en l'article 406 du Code pénal.

Art. 597. Le créancier qui aura stipulé, soit avec le failli, soit avec toutes autres personnes, des avantages particuliers à raison de son vote dans les délibérations de la faillite, ou qui aura fait un traité particulier duquel résulterait en sa faveur un avantage à la charge de l'actif du failli, sera puni correctionnellement d'un emprisonnement qui ne pourra excéder une année, et d'une amende qui ne pourra être au-dessus de 2000 francs.

L'emprisonnement pourra être porté à deux ans si le créancier est syndic de la faillite.

Art. 598. Les conventions seront, outre, déclarées nulles à l'égard de toutes personnes, et même à l'égard du failli.

Le créancier sera tenu de rapporter à qui de droit les sommes ou valeurs qu'il aura reçues en vertu des conventions annulées.

Art. 599. Dans le cas où l'annulation des conventions serait poursuivie par la voie civile, l'action sera portée devant les tribunaux de commerce. — *Com.* 635.

Art. 600. Tous arrêts et jugements de condamnation rendus, tant en vertu du présent chapitre que des deux chapitres précédents, seront affichés et publiés suivant les formes établies par l'article 42 du Code de commerce, aux frais des condamnés. *Com.* 442.

R. v° *Faillite*, 1463 s. — S. *cod.* v°, 1448 s. T. (87-97), *cod.* v°, 644 s. — V. aussi C. com. ann., art. 593 à 600; et son Suppl., *ibid.*

CHAPITRE IV.
De l'administration des biens en cas de banqueroute.

Art. 601. Dans tous les cas de poursuite et de condamnation pour banqueroute simple ou frauduleuse, les actions civiles autres que celles dont il est parlé dans l'article 595 resteront séparées, et toutes les dispositions relatives aux biens, prescrites pour la faillite, seront exécutées sans qu'elles puissent être attribuées ni évoquées aux tribunaux de police correctionnelle, ni aux cours d'assises. — *Com.* 584 s., 591 s., 612, 634, 635.

Art. 602. Seront cependant tenus, les syndics de la faillite, de remettre au ministère public les pièces, titres, papiers et renseignements qui leur seront demandés. *Com.* 459, 483.

Art. 603. Les pièces, titres et papiers délivrés par les syndics seront, pendant cours de l'instruction, tenus en état de communication par la voie du greffe; cette communication aura lieu sur la réquisition des syndics, qui pourront y prendre des extraits privés, ou en requérir d'authentiques, qui leur seront expédiés par le greffier.

Les pièces, titres et papiers dont le dépôt judiciaire n'aurait pas été ordonné seront, après l'arrêt ou le jugement, remis aux syndics, qui en donneront décharge. — *Com.* 491; *Pr.* 189, 853.

R. v° *Faillite*, 1532 s.

TITRE TROISIÈME.
De la réhabilitation.

[V. *infrà*, **Appendice**, *les lois du 30 décembre 1903 du 23 mars 1908, relatives à la réhabilitation des faill*

Art. 604. (*L.* 30 décembre 1903.) réhabilité de droit le failli qui aura intégralement acquitté les sommes par lui dues capital, intérêts et frais, sans toutefois qu les intérêts puissent être réclamés au de de cinq ans.

Pour être réhabilité de droit, l'associé d'une maison de commerce tombée en faillite doit justifier qu'il a acquitté dans les mêmes conditions toutes les dettes de la société lors même qu'un concordat particulier lui aurait été consenti.

En cas de disparition d'absence ou de refus de recevoir d'un ou de plusieurs créanciers, la somme due est déposée à la Caisse des dépôts et consignations, et la justification du dépôt vaut quittance.

t. 605. (*L. 23 mars* 1908.) Peut obtenir réhabilitation, en cas de probité reconnue :

Le failli qui, ayant obtenu un concordat, aura intégralement payé les dividendes dus. Cette disposition est applicable au chef d'une maison de commerce tombée en faillite qui a obtenu des créanciers un concordat particulier;

Celui qui justifie de la remise entière de ses dettes par ses créanciers ou de leur consentement unanime à sa réhabilitation.

Lorsqu'il s'est écoulé dix ans depuis la décision de faillite ou de liquidation judiciaire, le failli non banqueroutier et le liquidé judiciaire sont réhabilités de droit sans remise, aucune des formalités prévues par les articles 604 à 611 inclus du Code de commerce.

La réhabilitation ne peut porter aucune atteinte aux fonctions des syndics ou liquidateurs si leur mandat n'est pas terminé, ni aux droits des créanciers au cas où leurs débiteurs ne seraient pas intégralement libérés.

t. 606. (*L. 31 mars* 1906.) Toute demande en réhabilitation sera adressée au procureur de la République de l'arrondissement dans lequel la faillite a été prononcée, avec les quittances et pièces qui la justifient.

Ce magistrat communiquera toutes les pièces au président du tribunal de commerce qui a déclaré la faillite et au procureur de la République du domicile du demandeur, qui se chargeront de recueillir tous les renseignements qu'ils pourront se procurer sur la vérité des faits exposés.

La production des quittances et autres pièces justificatives de la réhabilitation n'en rendra pas, elle-même, l'enregistrement obligatoire.

t. 607. (*L. 23 mars* 1908.) Avis de la demande sera donné par lettres recommandées, par les soins du greffier du tribunal de commerce, à chacun des créanciers vérifiés à la faillite, ou reconnus par décision judiciaire postérieure, qui n'auront pas été intégralement payés dans les conditions de l'article 604.

Art. 608. (*L. 23 mars* 1908.) Tout créancier non intégralement payé dans les conditions des paragraphes 1er et 2 de l'article 605 pourra, pendant le délai d'un mois à partir de cet avis, faire opposition à la réhabilitation par simple acte au greffe, appuyé des pièces justificatives. Le créancier opposant pourra par requête, présentée au tribunal et notifiée au débiteur, intervenir dans la procédure de réhabilitation.

Art. 609. (*L. 30 décembre* 1903.) Après l'expiration du délai, le résultat des enquêtes prescrites ci-dessus et les oppositions formées par les créanciers seront communiqués au procureur de la République saisi de la demande, et transmis par lui, avec son avis motivé, au président du tribunal de commerce.

Art. 610. (*L. 30 décembre* 1903.) Le tribunal appellera, s'il y a lieu, le demandeur et les opposants et les entendra contradictoirement en chambre du conseil. Le demandeur pourra se faire assister d'un conseil.

Dans le cas de l'article 604, il se bornera à constater la sincérité des justifications produites, et, si elles sont conformes à la loi, il prononcera la réhabilitation.

Dans celui de l'article 605, il appréciera les circonstances de la cause.

Le jugement sera rendu en audience publique.

Il pourra être frappé d'appel, tant par le demandeur que par le procureur de la République et les créanciers opposants, dans le délai d'un mois à partir de l'avis qui leur aura été donné par lettres recommandées.

Les créanciers opposants seront également avisés du jugement. Ils pourront exercer leur droit d'opposition devant la cour d'appel.

La cour d'appel statuera après examen et suivant les formes ci-dessus prescrites.

Art. 611. (*L. 30 décembre* 1903.) Si la demande est rejetée, elle ne pourra être reproduite qu'après une année d'intervalle.

Si elle est admise, le jugement ou l'arrêt sera transcrit sur le registre du tribunal de commerce du lieu de la faillite et de celui du domicile du demandeur.

Il sera, en outre, adressé au procureur de la République qui aura reçu la demande et, par les soins de ce dernier, au procureur de la République du lieu de naissance du demandeur, qui, en fera mention en regard de la déclaration de faillite sur le casier judiciaire.

Art. 612. (*L. 23 mars* 1908.) Ne sont point admis à la réhabilitation commerciale : les banqueroutiers frauduleux, les personnes condamnées pour vols, escroqueries ou abus de confiance, à moins qu'ils n'aient été réhabilités conformément aux articles 619 et suivants du Code d'instruction criminelle et 10 de la loi du 5 août 1899.

Art. 613. Nul commerçant failli ne pourra se présenter à la Bourse, à moins qu'il n'ait obtenu sa réhabilitation. — *Com.* 71, 83.

Art. 614. Le failli pourra être réhabilité après sa mort. — *Com.* 437, 478.

R. vᵒ *Faillite*, 1538 s. — S. *eod.* vᵒ, 1465 s.
Loi du 30 décembre 1903 : D. P. 1904. 4. 1. — *Loi du* 31 mars 1906 : D. P. 1907. 4. 59. — *Loi du* 23 mars 1908 : D. P. 1908. 4. 25; Bull. Dalloz, 1908, p. 147.

V. infrà, **Appendice**, *la loi du 4 mars* 1889, *portant modification à la législation des faillis, modifiée dans son article 5 par la loi du 4 avril* 1890.

LIVRE QUATRIÈME.

DE LA JURIDICTION COMMERCIALE.

Loi du 14 septembre 1807, promulguée le 24.

TITRE PREMIER.

De l'organisation des tribunaux de commerce.

t. 615. Un règlement d'administration publique déterminera le nombre des tribunaux de commerce, les villes qui seront susceptibles d'en recevoir par l'étendue de commerce et de leur industrie. — *Com.* , 610 s.

décret du 6 octobre 1809, *concernant l'organisation des tribunaux de commerce* (R. vᵒ *Organisation judiciaire*, 1 — *Un décret du* 20 août 1889 (D. P. 90. 4. 57) *a dit que le tribunal de commerce de la Seine serait composé d'un président, de vingt et un juges titulaires et et un juges suppléants.*

t. 616. L'arrondissement de chaque tribunal de commerce sera le même que celui du tribunal civil dans le ressort duquel il a placé; et s'il se trouve plusieurs tribunaux de commerce dans le ressort d'un tribunal civil, il leur sera assigné des arrondissements particuliers.

t. 617. (*L. 18 juill.* 1889.) Chaque tribunal de commerce sera composé d'un président, de juges et de juges suppléants. Le nombre des juges ne peut être inférieur à deux, non compris le président. Un règlement d'administration publique fixera pour chaque tribunal le nombre des juges et juges suppléants.

Rᵒ Organ. judic., 473 s.; Min. publ., 221 s., vᵒ Organ. judic., 261 s.; Min. publ., 137 s.
du 18 juillet 1889 : D. P. 89. 4. 57.

t. 618 à 622. *Abrogés par L. 8 décembre* 1883.

Art. 623. (*L. 17 juillet* 1908.) Le président et les juges sortant d'exercice après deux années pourront être réélus sans interruption pour deux autres périodes de deux années chacune. Ces trois périodes expirées, ils ne seront éligibles qu'après un an d'intervalle.

Tout membre élu en remplacement d'un autre par suite de décès ou de toute autre cause, ne demeurera en exercice que pendant la durée du mandat confié à son prédécesseur.

Toutefois, le président, quel que soit, au moment de son élection, le nombre de ses années de judicature comme juge titulaire, pourra toujours être élu pour deux années, à l'expiration desquelles il pourra être réélu pour deux autres périodes de deux années chacune.

R. vᵒ Organ. judic., 496 s. — S. eod. vᵒ, 306 s.
Loi du 17 juillet 1908, D. P. 1908. 4. 62. — Bull. Dalloz, 1908.

Art. 624. Il y aura près de chaque tribunal un greffier et des huissiers nommés par le Roi [*le président de la République*] : leurs droits, vacations et devoirs, seront fixés par un règlement d'administration publique.

R. vᵒ Greffe-greffier, 159 s.; Huissier, 138 s., 137 s. — S. vᵒ Greffe-greffier, 76 s.; Huissier, 66, 70.

Art. 625. *Abrogé implicitement par L.* 22 juillet 1867.

Art. 626. *Abrogé implicitement par L.* 8 décembre 1883.

Art. 627. Le ministère des avoués est interdit dans les tribunaux de commerce, conformément à l'article 414 du Code de procédure civil; nul ne pourra plaider pour une partie devant ces tribunaux, si la partie présente à l'audience ne l'autorise, ou s'il n'est muni d'un pouvoir spécial. Ce pouvoir, qui pourra être donné au bas de l'original ou de la copie de l'assignation, sera exhibé au greffier avant l'appel de la cause, et par lui visé sans frais.

(*L.* 3 mars 1840.) « Dans les causes portées devant les tribunaux de commerce, aucun huissier ne pourra, ni assister comme conseil, ni représenter les parties en qualité de procureur fondé, à peine d'une amende de 25 à 50 francs, qui sera prononcée, sans appel, par le tribunal, sans préjudice des peines disciplinaires contre les huissiers contrevenants.

« Cette disposition n'est pas applicable aux huissiers qui se trouveront dans l'un des cas prévus par l'article 86 du Code de procédure civile. »

R. vᵒˢ Agent d'affaires, 26; Agréé, 23 s.; Défense, 273 s.; Organ. judic., 518 s. — S. vᵗˢ Agréé, 2 s.; Défense, 76; Organ. judic., 374 s. — V. aussi C. comᵗ ann., art. 627, nᵒˢ 1 s.; et son Suppl., nᵒˢ 19391 s.

Art. 628. Les fonctions des juges de commerce sont seulement honorifiques.

Art. 629. Ils prêtent serment avant d'entrer en fonctions, à l'audience de la cour royale [*la cour d'appel*], lorsqu'elle siège dans l'arrondissement communal où le tribunal de commerce est établi ; dans le cas contraire, la cour royale [*la cour d'appel*] commet, si les juges de commerce le demandent, le tribunal civil de l'arrondissement pour recevoir leur serment; et, dans ce cas, le tribunal en dresse procès-verbal, et l'envoie à la cour royale [la cour d'appel], qui en ordonne l'insertion dans ses registres. Ces formalités sont remplies sur les conclusions du ministère public et sans frais.

R. v° Organ. judic., 494, 521.

Art. 630. Les tribunaux de commerce sont dans les attributions et sous la surveillance du ministre de la justice.

R. v° Organ. judic., 523 s. — S. eod. v°, 373.

TITRE DEUXIÈME.

De la compétence des tribunaux de commerce.

Art. 631. (L. 17 juillet 1856.) Les tribunaux de commerce connaîtront, 1° des contestations relatives aux engagements et transactions entre négociants, marchands et banquiers; 2° des contestations entre associés, pour raison d'une société de commerce; 3° de celles relatives aux actes de commerce entre toutes personnes. — Com. 1, 632 s.

R. v° Compét. comm., 13 s., 107 s., 290 s., 333 s., 365 s.; Société, 1669 s. — S. v° Compét. comm., 3 s., 11 s., 93 s., 102 s., 112 s.; Société, 2212 s. — V. aussi C. com. ann., art. 631, n° 1 s.; et son Suppl., n° 19418 s.
Loi du 17 juillet 1856 : D. P. 56. 4. 113.

Art. 632. La loi répute actes de commerce :
Tout achat de denrées et marchandises pour les revendre, soit en nature, soit après les avoir travaillées et mises en œuvre, ou même pour en louer simplement l'usage;
Toute entreprise de manufactures, de commission, de transport par terre ou par eau ;
Toute entreprise de fournitures, d'agence, bureaux d'affaires, établissements de ventes à l'encan, de spectacles publics;
Toute opération de change, banque et courtage;
Toutes les opérations des banques publiques;
Toutes obligations entre négociants, marchands et banquiers;
(L. 7 juin 1894.) Entre toutes personnes, les lettres de change. — Com. 636 s.; Pr. 170, 424.

R. v° Acte de commerce, 1 s.; Compét. comm., 44 s., 170 s. — S. v° Acte de comm., 1 s.; Compét. comm., 14 s., 68 s. — V. aussi C. com. ann., art. 632, n° 1 s.; et son Suppl., n° 19521 s.
Loi du 7 juin 1894 : D. P. 94. 4. 51.

Art. 633. La loi répute pareillement actes de commerce :
Toute entreprise de construction, et tous achats, ventes et reventes de bâtiments pour la navigation intérieure et extérieure;
Toutes expéditions maritimes;
Tout achat ou vente d'agrès, apparaux et avitaillements;
Tout affrètement ou nolissement, emprunt ou prêt à la grosse;
Toutes assurances et autres contrats concernant le commerce de mer;
Tous accords et conventions pour salaires et loyers d'équipages;
Tous engagements de gens de mer, pour le service de bâtiments de commerce. — Com. 190 s., 221 s., 250 s., 273 s., 286 s., 311 s., 332 s.

R. v° Acte de commerce, 293 s. — S. eod. v°, 844 s.

Art. 634. Les tribunaux de commerce connaîtront également :
1° Des actions contre les facteurs, commis des marchands ou leurs serviteurs, pour le fait seulement du trafic du marchand auquel ils sont attachés ;
2° Des billets faits par les receveurs, payeurs, percepteurs ou autres comptables des deniers publics. — Com. 636 s., 638.

R. v° Compét. comm., 143 s. — S. eod. v°, 51 s.

Art. 635. (L. 28 mai 1838.) Les tribunaux de commerce connaîtront de tout ce qui concerne les faillites, conformément à ce qui est prescrit au livre 3 du présent Code.

R. v° Compét. comm., 240 s.; Faillite, 1209 s. — S. v° Compét. comm., 82 s.; Faillite, 1315 s. — V. aussi C. com. ann., art. 635, n° 1 s.; et son Suppl., n° 20083 s.

Art. 636. Lorsque les lettres de change ne seront réputées que simples promesses, aux termes de l'article 112, ou lorsque les billets à ordre ne porteront pas des signatures d'individus non négociants, et n'auront pas pour occasion des opérations de commerce, trafic, change, banque ou courtage, le tribunal de commerce sera tenu de renvoyer au tribunal civil, s'il en est requis par le défendeur. — Pr. 168 s.

Art. 637. Lorsque ces lettres de change et ces billets à ordre porteront en même temps des signatures d'individus négociants et d'individus non négociants, le tribunal de commerce en connaîtra; mais il ne pourra prononcer la contrainte par corps contre les individus non négociants, à moins qu'ils ne se soient engagés à l'occasion d'opérations de commerce, trafic, change, banque ou courtage. — Com. 632 s.

La contrainte par corps, en matière commerciale, civile et contre les étrangers, a été supprimée par la loi du 22 juillet 1857 (D. P. 57. 4. 75).

R. v° Acte de commerce, 259 s.; Compét. comm., 170 s., 198 s. — S. v° Acte de commerce, 296 s.; Compét. comm., 68 s., 71 s.

Art. 638. Ne seront point de la compétence des tribunaux de commerce les actions intentées contre un propriétaire, cultivateur ou vigneron, pour vente de denrées provenant de son cru, les actions intentées contre un commerçant, pour payement de denrées et marchandises achetées pour son usage particulier.
Néanmoins les billets souscrits par un commerçant seront censés faits pour son commerce, et ceux des receveurs, payeurs, percepteurs ou autres comptables de deniers publics, seront censés faits pour leur gestion, lorsqu'une autre cause n'y sera point énoncée.

R. v° Acte de commerce, 369 s. — S. eod. v°, 445 s. — V. aussi C. com. ann., art. 638, n° 1 s.; et son Suppl., n° 20434 s.

Art. 639. (L. 3 mars 1840.) Les tribunaux de commerce jugeront en dernier ressort :
1° Toutes les demandes dont la valeur n'excédera pas 1 500 francs;
2° Toutes les demandes reconventionnelles ou en compensation, lors même que, réunies à la demande principale, elles excéderaient 1 500 francs.
Si l'une des demandes principale ou reconventionnelle s'élève au-dessus des limites ci-dessus indiquées, le tribunal ne prononcera sur toutes qu'en premier ressort.
Néanmoins il sera statué en dernier ressort sur les demandes en dommages-intérêts, lorsqu'elles seront fondées exclusivement sur la demande principale elle-même. — Com. 646; Pr. 453.

Art. 640. Dans les arrondissements (il n'y aura pas de tribunaux de commerce les juges du tribunal civil exerceront les fonctions et connaîtront des matières attribuées aux juges de commerce par la présente loi.

Art. 641. L'instruction, dans ce cas, aura lieu dans la même forme que devant les tribunaux de commerce, et les jugements produiront les mêmes effets.

R. v° Degré de juridiction. — S. cod. v°, T. (87-97), cod. v°.

TITRE TROISIÈME.

De la forme de procéder devant les tribunaux de commerce.

Art. 642. La forme de procéder devant les tribunaux de commerce sera suivie telle qu'elle a été réglée par le titre 25 du livre de la première partie du Code de procédure civile.

Art. 643. Néanmoins les articles 156, 158 et 159 du même Code, relatifs aux jugements par défaut rendus par les tribunaux inférieurs, seront applicables aux jugements par défaut rendus par les tribunaux de commerce.

Art. 644. Les appels des jugements des tribunaux de commerce seront portés par devant les cours dans le ressort desquelles ces tribunaux sont situés.

TITRE QUATRIÈME.

De la forme de procéder devant les cours royales [d'appel].

Art. 645. (L. 3 mai 1862.) Le délai pour interjeter appel des jugements des tribunaux de commerce sera de deux mois, à compter du jour de la signification du jugement, pour ceux qui auront été rendus contradictoirement, et du jour de l'expiration du délai de l'opposition, pour ceux qui auront été rendus par défaut : l'appel pourra être interjeté le jour même du jugement. — Pr. 443 s., 453.

Art. 646. (L. 3 mars 1840.) Dans les limites de la compétence fixée par l'article 639 pour le dernier ressort, l'appel ne sera pas reçu, encore que le jugement n'énonce pas qu'il est rendu en dernier ressort, même quand il énoncerait qu'il est rendu à la charge d'appel. — Pr. 453.

Art. 647. Les cours royales [les cours d'appel] ne pourront, en aucun cas, à peine de nullité, et même des dommages et intérêts des parties, s'il y a lieu, accorder de défenses ni surseoir à l'exécution des jugements des tribunaux de commerce, quand même ils seraient attaqués d'incompétence; mais elles pourront, suivant l'exigence des cas, accorder la permission de citer extraordinairement à jour et heure fixes, pour plaider sur l'appel. — Pr. 439, 459.

Art. 648. Les appels des jugements des tribunaux de commerce seront instruits et jugés dans les cours, comme appels de jugements rendus en matière sommaire. La procédure, jusques et y compris l'arrêt définitif, sera conforme à celle qui est prescrite, pour les causes d'appel en matière civile, au livre 3 de la première partie du Code de procédure civile. — Pr. 404 s., 443 s.

FIN DU CODE DE COMMERCE.

CODE
D'INSTRUCTION CRIMINELLE[(1)]

DISPOSITIONS PRÉLIMINAIRES.

Loi décrétée le 17 novembre 1808, promulguée le 27 du même mois.

Art. 1er. L'action pour l'application des nes n'appartient qu'aux fonctionnaires auxquels elle est confiée par la loi.

'action en réparation du dommage causé un crime, par un délit ou par une convention, peut être exercée par tous ceux ont souffert de ce dommage. — *Instr.* 19, 145, 163, 167, 182, 217, 273, 373; *Civ.* 1382.

Vᵉ *Instr. crim.*, 2 s. — S. vᵉ *Proc. crim.*, — V. aussi C. instr. crim. ann., art. 1ᵉʳ, nᵒ 1 s.

Art. 2. L'action publique pour l'application de la peine s'éteint par la mort du prévenu.

L'action civile pour la réparation du dommage peut être exercée contre le prévenu et tre ses représentants.

'une et l'autre action s'éteignent par la scription, ainsi qu'il est réglé au livre II. ¿ VII, chapitre V. *De la prescription.* — ᵗr. 635 à 643; *Civ.* 1382 à 1386; *L.* 29 *juill.* 1, art. 44; *L.* 16 *mars* 1893.

Vᵉ *Instr. crim.*, 202 s. — S. vᵉ *Proc. crim.*, 33ᵉ s.

Art. 3. L'action civile peut être poursuie en même temps et devant les mêmes ¡es que l'action publique.

lle peut aussi l'être séparément : dans ce , l'exercice en est suspendu tant qu'il n'a été prononcé définitivement sur l'action lique intentée avant ou pendant la poure de l'action civile. — *Instr.* 60 à 68, 182, 258, 479, 483; *Civ.* 295, 327; *L.* uill. 1881, art. 45.

Vᵉ *Instr. crim.*, 138 s. — S. vᵉ *Proc. crim.*, s. — V. aussi C. instr. crim. ann., art. 3, nᵒ 1 s. ce qui concerne les questions préjudicielles, V. C. crim. ann., p. 49 s. — V. aussi R. vᵉ *question pré-* ! s.; S. cod. vᵉ, 1 s.; T. (87-97), cod. vᵉ, 1 s.

Art. 4. La renonciation à l'action civile

ne peut arrêter ni suspendre l'exercice de l'action publique. — *Cir.* 2046; *Pr.* 249.

R. vᵉ *Instr. crim.*, 133, 515 s. — S. vᵉ *Proc. crim.*, 276 s.

Art. 5. (*L.* 27 *juin* 1866.) Tout Français qui, hors du territoire de la France, s'est rendu coupable d'un crime puni par la loi française, peut être poursuivi et jugé en France.

Tout Français qui, hors du territoire de France, s'est rendu coupable d'un fait qualifié délit par la loi française, peut être poursuivi et jugé en France, si le fait est puni par la législation du pays où il a été commis.

(*L.* 3 *avril* 1903.) « Toutefois, qu'il s'agisse d'un crime ou d'un délit, aucune poursuite n'a lieu si l'inculpé justifie qu'il a été jugé définitivement à l'étranger et, en cas de condamnation, qu'il a subi ou prescrit sa peine ou obtenu sa grâce. »

En cas de délit commis contre un particulier français ou étranger, la poursuite ne peut être intentée qu'à la requête du ministère public; elle doit être précédée d'une plainte de la partie offensée ou d'une dénonciation officielle à l'autorité française par l'autorité du pays où le délit a été commis.

Aucune poursuite n'a lieu avant le retour de l'inculpé en France, si ce n'est pour les crimes énoncés en l'article 7 ci-après. — *Instr.* 24; *Civ.* 3.

Art. 6. (*L.* 27 *juin* 1866.) La poursuite est intentée à la requête du ministère public du lieu où réside le prévenu ou du lieu où il peut être trouvé.

Néanmoins, la cour de cassation peut, sur la demande du ministère public ou des parties, renvoyer la connaissance de l'affaire

devant une cour ou un tribunal plus voisin du lieu du crime ou du délit; — *Instr.* 24.

Art. 7. (*L.* 27 *juin* 1866.) Tout étranger qui, hors du territoire de la France, se sera rendu coupable, soit comme auteur, soit comme complice, d'un crime attentatoire à la sûreté de l'État, ou de contrefaçon du sceau de l'État, de monnaies nationales ayant cours, de papiers nationaux, de billets de banque autorisés par la loi, pourra être poursuivi et jugé d'après les dispositions des lois françaises, s'il est arrêté en France, ou si le Gouvernement obtient son extradition.

(*L.* 3 *avril* 1903.) Aucune poursuite ne peut être dirigée contre un étranger pour crime ou délit commis en France, si l'inculpé justifie qu'il a été jugé définitivement à l'étranger et, en cas de condamnation, qu'il a subi ou prescrit sa peine, ou obtenu sa grâce. — *Pén.* 76 s., 132 s., 139 s.

R. vᵉ *Agent diplomatique*, 126 s.; *Compét. crim.*, 161 s.; *Conseils*, 58, 59 s.; *Instr. crim.*, 199 s. — S. vᵉ *Agent diplomatique*, 39; *Compét. crim.*, 58 s.; *Conseils*, 33 s.; *Proc. crim.*, 314 s. — T. (87-97), vᵉ *Action publique*, 9 s., 17 s. — V. aussi C. instr. crim. ann., 117, 447, nᵒ 1 s.

Loi du 27 juin 1866 : D. P. 66, 4. 73.

Loi du 3 avril 1903 : D. P. 1903, 4. 52.

I. — Contraventions et délits spéciaux commis par des Français à l'étranger.

V. la loi du 27 juin 1866, concernant les crimes, les délits et les contraventions commis à l'étranger (D. P. 66, 4. 75 : — et infrà), Appendice]

II. — Extradition.

En ce qui concerne la doctrine et la jurisprudence en matière d'extradition : 1º les traités d'extradition conclus par la France et les conventions échangées par elle avec les nations qui ne lui sont pas liées par des traités, V. C. instr. crim. ann., p. 79 s. — V. aussi R. vᵉ *Traité international*, 263 s.; S. cod. vᵉ, 33 s.; T. (87-97), vᵉ *Extradition*, 1 s.

LIVRE PREMIER.

DE LA POLICE JUDICIAIRE, ET DES OFFICIERS DE POLICE QUI L'EXERCENT.

Suite de la loi du 17 novembre 1808.

CHAPITRE PREMIER.

De la police judiciaire.

Art. 8. La police judiciaire recherche les nes, les délits et les contraventions, en semble les preuves et en livre les auteurs tribunaux chargés de les punir.

Vᵉ *Instr. crim.*, 520 s.

(1) La dernière édition officielle du Code d'instruction lquelle est du 30 avril 1832) c'est celle dont nous donici le texte.

Art. 9. La police judiciaire sera exercée, sous l'autorité des cours royales [*des cours d'appel*], et suivant les distinctions qui vont être établies.

Par les gardes champêtres et les gardes forestiers.

Par les commissaires de police.

Par les maires et les adjoints de maire.

Par les procureurs du Roi [*les procureurs de la République*] et leurs substituts,

Par les juges de paix.

Par les officiers de gendarmerie.

Par les commissaires généraux de police.

Et par les juges d'instruction. — *Instr.* 11, 14,

16, 22, 48, 49, 50, 55, 59, 61, 235, 279; *For.* 160.

R. vᵉ *Instr. crim.*, 237 s. — S. vᵉ *Proc. crim.*, 370 s. — V. aussi C. instr. crim. ann., 237 s., nᵒ 1 s.

Art. 10. Les préfets des départements, et le préfet de police à Paris, pourront faire personnellement, ou requérir les officiers de police judiciaire, chacun en ce qui le concerne, de constater les crimes, délits et contraventions, et d'en livrer les auteurs aux tribunaux chargés de les punir, conformément à l'article 8 ci-dessus.

R. vᵉ *Instr. crim.*, 232 s. — S. vᵉ *Proc. crim.*, 383 s. — T. (87-97), vᵉ *Instr. crim.*, 1 s.

CHAPITRE II.
Des maires, des adjoints de maire et des commissaires de police.

Art. 11. Les commissaires de police, et, dans les communes où il n'y en a point, les maires, au défaut de ceux-ci les adjoints de maire, rechercheront les contraventions de police, même celles qui sont sous la surveillance spéciale des gardes forestiers et champêtres, à l'égard desquels ils auront concurrence et même prévention.

Ils recevront les rapports, dénonciations et plaintes qui seront relatifs aux contraventions de police.

Ils consigneront, dans les procès-verbaux qu'ils rédigeront à cet effet, la nature et les circonstances des contraventions, le temps et le lieu où elles auront été commises, les preuves ou indices à la charge de ceux qui en seront présumés coupables. — *Instr.* 16, 20, 48 s., 154, 279.

Art. 12. Dans les communes divisées en plusieurs arrondissements, les commissaires de police exerceront ces fonctions dans toute l'étendue de la commune où ils sont établis, sans pouvoir alléguer que les contraventions ont été commises hors de l'arrondissement particulier auquel ils sont préposés.

Ces arrondissements ne limitent ni ne circonscrivent leurs pouvoirs respectifs, mais indiquent seulement les termes dans lesquels chacun d'eux est plus spécialement astreint à un exercice constant et régulier de ses fonctions.

Art. 13. Lorsque l'un des commissaires de police d'une même commune se trouvera légitimement empêché, celui de l'arrondissement voisin est tenu de le suppléer, sans qu'il puisse retarder le service pour lequel il sera requis, sous prétexte qu'il n'est pas le plus voisin du commissaire empêché, ou que l'empêchement n'est pas légitime ou n'est pas prouvé.

Art. 14. Dans les communes où il n'y a qu'un commissaire de police, s'il se trouve légitimement empêché, le maire, ou, au défaut de celui-ci, l'adjoint de maire, le remplacera tant que durera l'empêchement. — *Instr.* 9, 11.

Art. 15. Les maires ou adjoints de maire remettront à l'officier par qui sera rempli le ministère public près le tribunal de police, toutes les pièces et renseignements, dans les trois jours au plus tard, y compris celui où ils ont reconnu le fait sur lequel ils ont procédé. — *Instr.* 18, 20, 144.

R. v° *Instr. crim.*, 280 s. — S. v° *Proc. crim.*, 411 s.

CHAPITRE III.
Des gardes champêtres et forestiers.

Art. 16. Les gardes champêtres et les gardes forestiers, considérés comme officiers de police judiciaire, sont chargés de rechercher, chacun dans le territoire pour lequel ils auront été assermentés, les délits et les contraventions de police qui auront porté atteinte aux propriétés rurales et forestières.

Ils dresseront des procès-verbaux à l'effet de constater la nature, les circonstances, le temps, le lieu des délits et des contraventions, ainsi que les preuves et les indices qu'ils auront pu en recueillir.

Ils suivront les choses enlevées dans les lieux où elles auront été transportées, et les mettront en séquestre : ils ne pourront néanmoins s'introduire dans les maisons, ateliers, bâtiments, cours adjacentes et enclos, si ce n'est en présence, soit du juge de paix, soit de son suppléant, soit du commissaire de police, soit du maire du lieu, soit de son adjoint; et le procès-verbal qui devra en être dressé sera signé par celui en présence duquel il aura été fait.

Ils arrêteront et conduiront devant le juge de paix ou devant le maire tout individu qu'ils auront surpris en flagrant délit ou qui sera dénoncé par la clameur publique, lorsque ce délit emportera la peine d'emprisonnement ou une peine plus grave.

Ils se feront donner, pour cet effet, main-forte par le maire ou par l'adjoint du maire du lieu, qui ne pourra s'y refuser. — *Instr.* 9, 11, 17, 154; *Pén.* 181; *For.* 5, 160, 188.

R. v° *Garde champêtre*, 1 s.; *Instr. crim.*, 290 s.; *Procès-verbal*, 572 s. — S. v° *Garde champêtre*, 1 s.; *Proc. crim.*, 427 s.; *Procès-verbal*, 137 s. — V. aussi C. instr. crim. ann., art. 16-17, n° 1 s.

Art. 17. Les gardes champêtres et forestiers sont, comme officiers de police judiciaire, sous la surveillance du procureur du Roi [du procureur de la République], sans préjudice de leur subordination à l'égard de leurs supérieurs dans l'Administration. — *Instr.* 9;

R. v° *Garde champêtre*, 13 s. — S. cod. v°, 13.

Art. 18. Les gardes forestiers de l'Administration, des communes et des établissements publics, remettront leurs procès-verbaux au conservateur, inspecteur ou sous-inspecteur forestier, dans le délai fixé par l'article 15.

L'officier qui aura reçu l'affirmation sera tenu, dans la huitaine, d'en donner avis au procureur du Roi [du procureur de la République]. — *Instr.* 15, 22, 182; *For.* 170.

R. v° *Procès-verbal*, 572 s. — S. cod. v°, 137 s.

Art. 19. (L. 31 décembre 1906.) Le conservateur, inspecteur ou inspecteur adjoint, fera citer les prévenus ou les personnes civilement responsables devant le tribunal correctionnel ou le tribunal de simple police. — *Instr.* 179, 182; *For.* 159, 206.

Loi du 31 décembre 1906 : D. P. 1907. 4. 116.

Art. 20. Les procès-verbaux des gardes champêtres des communes, et ceux des gardes champêtres et forestiers des particuliers, seront, lorsqu'il s'agira de simples contraventions, remis par eux, dans le délai fixé par l'article 15, au commissaire de police de la commune chef-lieu de la justice de paix, ou au maire dans les communes où il n'y a point de commissaire de police; et lorsqu'il s'agira d'un délit de nature à mériter une peine correctionnelle, la remise sera faite au procureur du Roi [au procureur de la République]. — *Instr.* 22, 144, 182.

R. v° *Procès-verbal*, 280.

Art. 21. Si le procès-verbal a pour objet une contravention de police, il sera procédé par le commissaire de police de la commune chef-lieu de la justice de paix, par le maire, ou, à son défaut, par l'adjoint de maire, dans les communes où il n'y a point de commissaire de police, ainsi qu'il sera réglé au chapitre Ier, titre Ier, du livre II du présent Code. — *Instr.* 32, 46, 47, 51.

Sur les formes de procéder visées par l'art. 21, V. infrà, art. 137 s.

CHAPITRE IV.
Des procureurs du Roi [des procureurs de la République] et de leurs substituts.

SECTION PREMIÈRE.
De la compétence des procureurs du Roi [des procureurs de la République] relativement à la police judiciaire.

Art. 22. Les procureurs du Roi [les procureurs de la République] sont chargés de la recherche et de la poursuite de tous les délits dont la connaissance appartient aux tribunaux de police correctionnelle ou aux cours d'assises. — *Instr.* 32, 46, 47, 51.

R. v° *Instr. crim.*, 309 s. — S. v° *Proc. crim.*, 453 s.

Art. 23. Sont également compétents pour remplir les fonctions déléguées par l'article précédent, le procureur du Roi [le

procureur de la République] du lieu du crime ou délit, celui de la résidence du prévenu et celui du lieu où le prévenu pourra être trouvé. — *Instr.* 29, 63, 69.

R. v° *Compét. crim.*, 69; *Instr. crim.*, 312.

Art. 24. Ces fonctions, lorsqu'il s'agira de crimes ou de délits commis hors du territoire français, dans les cas énoncés aux articles 5, 6 et 7, seront remplies par le procureur du Roi [le procureur de la République] du lieu où il pourra être trouvé ou par celui de sa dernière résidence connue. — *Instr.* 5, 6, 7.

R. v° *Instr. crim.*, 312 s. — S. v° *Compét. crim.* 127; *Proc. crim.*, 495.

Art. 25. Les procureurs du Roi [les procureurs de la République] et tous autres officiers de police judiciaire auront, en l'exercice de leurs fonctions, le droit de requérir directement la force publique. — *Instr.* 8, 99, 108, 376.

R. v° *Instr. crim.*, 267, 315, 316. — S. v° *Instr. crim.*, 403, 458.

Art. 26. Le procureur du Roi [le procureur de la République] sera, en cas d'empêchement, remplacé par son substitut, ou s'il y a plusieurs substituts, par le plus ancien. S'il n'a pas de substitut, il sera remplacé par un juge commis à cet effet par le président. — *Pr.* 84.

R. v° *Instr. crim.*, 317; *Ministère public*, 23 s. — V. aussi C. instr. crim. ann., p. 124.

L'article 26 a été modifié et complété par le décret du 18 août 1810, contenant règlement sur l'organisation des tribunaux de première instance et de cour d'appel : art. 17 à 22 (R. v° Organ. judic., p. 1501); et la loi du 19 décembre 1850, qui supprime les juges auditeurs, les conseillers auditeurs et statue sur les juges suppléants art. 3 (R. v° Organ. judic., p. 1500).

Art. 27. Les procureurs du Roi [les procureurs de la République] seront tenus aussitôt que des délits parviendront à leur connaissance, d'en donner avis au procureur général près la cour royale [la cour d'appel] et d'exécuter ses ordres relativement à tous actes de police judiciaire. — *Instr.* 249, 250, 274, 275.

R. v° *Instr. crim.*, 319 s.

Art. 28. Ils pourvoiront à l'envoi, à la notification et à l'exécution des ordonnances qui seront rendues par le juge d'instruction d'après les règles qui seront ci-après établies au chapitre *Des juges d'instruction*. — *Instr.* 59 à 90.

R. v° *Instr. crim.*, 319 s. — S. v° *Proc. crim.*, 458

SECTION II.
Mode de procéder des procureurs du Roi [des procureurs de la République] dans l'exercice de leurs fonctions.

Art. 29. Toute autorité constituée, tout fonctionnaire ou officier public, qui, dans l'exercice de ses fonctions, acquerra la connaissance d'un crime ou d'un délit, sera tenu d'en donner avis sur-le-champ au procureur du Roi [au procureur de la République] près le tribunal dans le ressort duquel ce crime ou délit aura été commis ou dans lequel le prévenu pourrait être trouvé, et de transmettre à ce magistrat tous les renseignements, procès-verbaux et actes qui y sont relatifs. — *Instr.* 30, 358; *Pr.* 505, 509 s.; *Pén.* 373.

R. v° *Instr. crim.*, 457 s. — S. v° *Proc. crim.*, 511

Art. 30. Toute personne qui aura été témoin d'un attentat, soit contre la sûreté publique, soit contre la vie ou la propriété d'un individu, sera pareillement tenue d'en donner avis au procureur du Roi [au procureur de la République] soit du lieu du crime ou délit, soit du lieu où le prévenu pourra être trouvé. — *Instr.* 323, 358; *Civ.* 727; *Pén.* 373.

R. v° *Instr. crim.*, 466 s. — S. cod. v°, 652 s.

31. Les dénonciations seront rédigées par les dénonciateurs, ou par leurs de procuration spéciale, ou par le eur du Roi [*le procureur de la République*] s'il en est requis; elles seront tousignées par le procureur du Roi [*le eur de la République*] à chaque feuillet, les dénonciateurs ou par leurs fondés voir.

es dénonciateurs ou leurs fondés de r ne savent ou ne veulent pas signer, era fait mention.

ocuration demeurera toujours annexée nonciation; et le dénonciateur pourra e délivrer, mais à ses frais, une copie ténonciation. — *Instr.* 63, 65, 358, 359. *Instr. crim.*, 470 s. — **S.** v° *Proc. crim.*, 652 s.

32. Dans tous les cas de flagrant lorsque le fait sera de nature à entrune peine afflictive ou infamante, le eur du Roi [*le procureur de la Répu-* se transportera sur le lieu, sans au-ard, pour y dresser les procès-verbaux ires à l'effet de constater le corps du on état, l'état des lieux, et pour rece-s déclarations des personnes qui au-été présentes, ou qui auraient des ren-nents à donner.

rocureur du Roi [*le procureur de la igue*] donnera avis de son transport d'instruction, sans être toutefois tenu endre pour procéder, ainsi qu'il est présent chapitre. — *Instr.* 11, 46, 60; 8.

Instr. crim., 322 s. — **S.** v° *Proc. crim.*, 99.

d, **Appendice**, *la loi du 20 mai 1863, sur l'ins-dés flagrants délits devant les tribunaux correc-*

33. Le procureur du Roi [*le pro-de la République*] pourra aussi, dans de l'article précédent, appeler à son verbal les parents, voisins ou domes-présumés en état de donner des éclair-nts sur ce fait; il recevra leurs décla-, qu'ils signeront : les déclarations en conséquence du présent article et rédent seront signées par les , ou, en cas de refus, il en sera fait n. — *Instr.* 42, 60.

Instr. crim., 333; *Serment*, 163; *Témoin*, **S.** v° *Proc. crim.*, 403 s.

34. Il pourra défendre que qui que sorte de la maison, ou s'éloigne du usqu'après la clôture de son procès-

contrevenant à cette défense sera, s'il ce saisi, déposé dans la maison d'arrêt : e encourue pour la contravention sera cée par le juge d'instruction, sur les sions du procureur du Roi [*du pro-de la République*], après que le con-t aura été cité et entendu, ou par s'il ne comparaît pas, sans autre for-ni délai, et sans opposition ni appel. eine ne pourra excéder dix jours d'em-32, 46, 504; *Pr.* 88.

Instr. crim., 334 s., 360.

35. Le procureur du Roi [*le pro-de la République*] se saisira des et de tout ce qui paraîtra avoir servi et été destiné à commettre le crime délit, ainsi que tout ce qui paraîtra en été le produit, enfin de tout ce qui servir à la manifestation de la vérité ; rpellera le prévenu de s'expliquer sur ses saisies qui lui seront représentées; ssera du tout un procès-verbal, qui gné par le prévenu, ou mention sera à son refus. — *Instr.* 38, 46, 89, 134. *Instr. crim.*, 336. — **S.** v° *Proc. crim.*, 470.

36. Si la nature du crime ou du st telle, que la preuve puisse vraisem-nent être acquise par les papiers ou pièces et effets en la possession du

prévenu, le procureur du Roi [*le procureur de la République*] se transportera de suite dans le domicile du prévenu, pour y faire la perquisition des objets qu'il jugera utiles à la manifestation de la vérité. — *Instr.* 37, 89; *Pén.* 184.

R. v° *Instr. crim.*, 337 s. — **S.** v° *Proc. crim.*, 466 s.

Art. 37. S'il existe, dans le domicile du prévenu, des papiers ou effets qui puissent servir à conviction ou à décharge, le procureur du Roi [*le procureur de la République*] en dressera procès-verbal, et se saisira des-dits effets ou papiers. — *Instr.* 38, 89, 190, 329, 474.

R. v° *Instr. crim.*, 344 s. — **S.** v° *Proc. crim.*, 470 s.

Art. 38. Les objets saisis seront clos et cachetés, si faire se peut; ou s'ils ne sont pas susceptibles de recevoir des caractères d'écri-ture, ils seront mis dans un vase ou dans un sac, sur lequel le procureur du Roi [*le pro-cureur de la République*] attachera une bande de papier qu'il scellera de son sceau. — *Instr.* 35, 39, 89.

R. v° *Instr. crim.*, 331.

Art. 39. Les opérations prescrites par les articles précédents seront faites en pré-sence du prévenu, s'il a été arrêté; et s'il ne veut ou ne peut y assister, en présence d'un fondé de pouvoir qu'il pourra nommer. Les objets saisis seront présentés à l'effet de les reconnaître et de les parapher, s'il y a lieu; et, au cas de refus, il en sera fait mention au procès-verbal. — *Instr.* 35 à 38, 89.

R. v° *Instr. crim.*, 352 s.

Art. 40. Le procureur du Roi [*le pro-cureur de la République*], audit cas de fla-grant délit, et lorsque le fait sera de nature à entraîner peine afflictive ou infamante, fera saisir les prévenus présents contre les-quels il existerait des indices graves.

Si le prévenu n'est pas présent, le procu-reur du Roi [*le procureur de la République*] rendra une ordonnance à l'effet de le faire comparaître ; cette ordonnance s'appelle *mandat d'amener*.

La dénonciation seule ne constitue pas une présomption suffisante pour décerner cette ordonnance contre un individu ayant domicile.

Le procureur du Roi [*le procureur de la République*] interrogera sur-le-champ le prévenu amené devant lui. — *Instr.* 30, 32, 34, 45, 46, 91 ; *L.* 20 mai 1863, art. 1er.

R. v° *Instr. crim.*, 357 s., 611 s. — **S.** v° *Proc. crim.*, 461, 478 s., 499.

Art. 41. Le délit qui se commet actuel-lement, ou qui vient de se commettre, est un flagrant délit.

Seront aussi réputés flagrant délit, le cas où le prévenu est poursuivi par la clameur publique, et celui où le prévenu est trouvé saisi d'effets, armes, instruments ou papiers faisant présumer qu'il est auteur ou com-plice, pourvu que ce soit dans un temps voi-sin du délit. — *Instr.* 46.

R. v° *Instr. crim.*, 323 s. — **S.** v° *Proc. crim.*, 460 s.

V. *infrà*, **Appendice**, *la loi du 20 mai 1863*, *sur l'ins-truction des flagrants délits.*

Art. 42. Les procès-verbaux du procu-reur du Roi [*du procureur de la République*], en exécution des articles précédents, seront faits et rédigés en la présence et revêtus de la signature du commissaire de police de la commune dans laquelle le crime ou le délit aura été commis, ou du maire, ou de l'ad-joint du maire, ou de deux citoyens domici-liés dans la même commune.

Pourra néanmoins le procureur du Roi [*le procureur de la République*] dresser les procès-verbaux sans assistance de témoins, lorsqu'il n'y aura pas possibilité de s'en pro-curer tout de suite.

Chaque feuillet du procès-verbal sera signé par le procureur du Roi [*le procureur de la République*] et par les personnes qui y au-

ront assisté : en cas de refus ou d'impossi-bilité de signer de la part de celles-ci, il en sera fait mention.

R. v° *Instr. crim.*, 363 s.

Art. 43. Le procureur du Roi [*le procu-reur de la République*] se fera accompagner, au besoin, d'une ou de deux personnes pré-sumées, par leur art ou profession, capables d'apprécier la nature et les circonstances du crime ou délit. — *Instr.* 44.

Art. 44. S'il s'agit d'une mort violente, ou d'une mort dont la cause soit inconnue et suspecte, le procureur du Roi [*le procureur de la République*] se fera assister d'un ou de deux officiers de santé, qui feront leur rap-port sur les causes de la mort et sur l'état du cadavre.

Les personnes appelées, dans les cas du présent article et de l'article précédent, prê-teront devant le procureur du Roi [*le procu-reur de la République*] le serment de faire leur rapport et de donner leur avis en leur honneur et conscience.

R. v° *Expert*, 396 s.; *Instr. crim.*, 366 s.; *Ser-ment*, 101 s. — **S.** v° *Expert*, 181 s.; *Proc. crim.*, 460 s.; *Serment*, 23 s. — **V.** aussi **C.** instr. crim. ann., art. 43-44, n°° 1 s.

Art. 45. Le procureur du Roi [*le procu-reur de la République*] transmettra sans dé-lai au juge d'instruction les procès-verbaux, actes, pièces et instruments dressés ou saisis en conséquence des articles précédents, pour être procédé ainsi qu'il sera dit au chapitre *Des juges d'instruction*; et cependant le pré-venu restera sous la main de la justice en état de mandat d'amener. — *Instr.* 60.

R. v° *Instr. crim.*, 372.

Art. 46. Les attributions faites ci-dessus au procureur du Roi [*au procureur de la République*] pour les cas de flagrant délit auront lieu aussi toutes les fois que, s'agis-sant d'un crime ou délit, même non flagrant, commis dans l'intérieur d'une maison, le chef de cette maison requerra le procureur du Roi [*le procureur de la République*] de le constater. — *Instr.* 32 s., 49, 52; *Pén.* 184.

R. v° *Instr. crim.*, 373 s. — **S.** v° *Proc. crim.*, 481.

Art. 47. Hors les cas énoncés dans les articles 32 et 46, le procureur du Roi [*le pro-cureur de la République*] instruit, soit par une dénonciation, soit par toute autre voie, qu'il a été commis dans son arrondissement un crime ou un délit, ou qu'une personne qui en est prévenue se trouve dans son arrondissement, il (sic) aussi tenu de requé-rir le juge d'instruction d'ordonner qu'il en soit informé, même de se transporter, s'il est besoin, sur les lieux, à l'effet d'y dresser tous les procès-verbaux nécessaires, ainsi qu'il sera dit au chapitre *Des juges d'instruc-tion*. — *Instr.* 22, 29, 61.

R. v° *Instr. crim.*, 63, 240, 322, 477, 550; *Minis-tère public*, 200. — **S.** v° *Ministère public*, 187; *Proc. crim.*, 552 s., 655.

CHAPITRE V.

Des officiers de police auxiliaires du procureur du Roi [*du procureur de la République*].

Art. 48. Les juges de paix, les officiers de gendarmerie, les commissaires généraux de police, recevront les dénonciations de crimes ou délits commis dans les lieux où ils exercent leurs fonctions habituelles. — *Instr.* 30, 31, 49.

R. v° *Instr. crim.*, 380 s. — **S.** v° *Proc. crim.*, 496 s.

Art. 49. Dans le cas de flagrant délit, ou dans le cas de réquisition de la part d'un chef de maison, ils dresseront les procès-verbaux, recevront les déclarations des té-moins, feront les visites et les autres actes qui sont, auxdits cas, de la compétence des procureurs du Roi [*des procureurs de la*

République], le tout dans les formes et suivant les règles établies au chapitre *Des procureurs du Roi* [*Des procureurs de la République*]. — *Instr.* 32 à 46, 50, 51.

R. v° *Commissaire de police*, 52; *Instr. crim.*, 322 s. — S. v° *Proc. crim.*, 463 s., 497.

Art. 50. Les maires, adjoints de maire, et les commissaires de police, recevront également les dénonciations et feront les actes énoncés en l'article précédent, en se conformant aux mêmes règles. — *Instr.* 30, 31, 32 à 46, 49, 51.

R. v° *Instr. crim.*, 380. — S. v° *Proc. crim.*, 406 s.

Art. 51. Dans les cas de concurrence entre les procureurs du Roi [*les procureurs de la République*] et les officiers de police énoncés aux articles précédents, le procureur du Roi [*le procureur de la République*] fera les actes attribués à la police judiciaire : s'il a été prévenu, il pourra continuer la procédure, et autoriser l'officier qui l'aura commencée à la suivre. — *Instr.* 22.

R. v° *Instr. crim.*, 382 s. — S. v° *Proc. crim.*, 501 s.

Art. 52. Le procureur du Roi [*le procureur de la République*], exerçant son ministère dans les cas des articles 32 et 46, pourra, s'il le juge utile et nécessaire, charger un officier de police auxiliaire de partie des actes de sa compétence. — *Instr.* 483.

R. v° *Instr. crim.*, 384 s. — S. v° *Proc. crim.*, 501 s.

Art. 53. Les officiers de police auxiliaires renverront sans délai les dénonciations, procès-verbaux et autres actes par eux faits dans les cas de leur compétence, au procureur du Roi [*au procureur de la République*], qui sera tenu d'examiner sans retard les procédures, et de les transmettre, avec les réquisitions qu'il jugera convenables, au juge d'instruction. — *Instr.* 61, 64.

Art. 54. Dans le cas de dénonciation de crimes ou délits autres que ceux qu'ils sont directement chargés de constater, les officiers de police judiciaire transmettront aussi sans délai au procureur du Roi [*au procureur de la République*] les dénonciations qui leur auront été faites; et le procureur du Roi [*le procureur de la République*] les remettra au juge d'instruction, avec son réquisitoire. — *Instr.* 30, 48-50.

R. v° *Instr. crim.*, 387 s., 484. — S. v° *Proc. crim.*, 500.

CHAPITRE VI.
Des juges d'instruction.

SECTION PREMIÈRE.
Du juge d'instruction.

Art. 55. (*L. 17 juillet 1856.*) Il y aura, dans chaque arrondissement, un juge d'instruction, nommé pour trois ans, par décret impérial [*du président de la République*] ; il pourra être continué plus longtemps, et conservera séance au jugement des affaires civiles, suivant le rang de sa réception.

Il pourra être établi plusieurs juges d'instruction dans les arrondissements où les besoins du service l'exigeront.

R. v° *Instr. crim.*, 389 s. — S. v° *Proc. crim.*, 508 s.
Loi du 17 juillet 1856 : D. P. 56. 4. 123.

Art. 56. (*L. 17 juillet 1856.*) Les juges d'instruction seront pris parmi les juges titulaires ; ils pourront aussi être pris parmi les juges suppléants.

Dans les tribunaux où le service l'exigera, un juge suppléant pourra, par décret impérial [*du président de la République*], être temporairement chargé de l'instruction, concurremment avec le juge d'instruction titulaire.

S. v° *Proc. crim.*, 508 s.
Loi du 17 juillet 1856 : D. P. 56. 4. 123.
V. aussi *l'ordonnance du 16 oct. 1822, art. 7, sur le traitement des juges suppléants chargés de l'instruction* (R. v° *Organisation judiciaire*, p. 1505).

Art. 57. Les juges d'instruction seront, quant aux fonctions de police judiciaire, sous la surveillance du procureur général près la cour royale [*la cour d'appel*]. — *Instr.* 279, 280, 483.

R. v° *Instr. crim.*, 406 s. — S. v° *Proc. crim.*, 515 s.

Art. 58. Dans les villes où il n'y a qu'un juge d'instruction, s'il est absent, malade ou autrement empêché, le tribunal de première instance désignera l'un des juges de ce tribunal pour le remplacer. — *Instr.* 56.

R. v° *Instr. crim.*, 399 s. — S. v° *Proc. crim.*, 511 s.

SECTION II.
Fonctions du juge d'instruction.

DISTINCTION PREMIÈRE.
Des cas de flagrant délit.

Art. 59. Le juge d'instruction, dans tous les cas réputés flagrant délit, peut faire directement et par lui-même tous les actes attribués au procureur du Roi [*au procureur de la République*], en se conformant aux règles établies au chapitre *Des procureurs du Roi* [*Des procureurs de la République* et *de leurs substituts*. Le juge d'instruction peut requérir la présence du procureur du Roi [*du procureur de la République*], sans aucun retard néanmoins des opérations prescrites dans ledit chapitre. — *Instr.* 32 à 40, 41, 46.

R. v° *Instr. crim.*, 424 s. — S. v° *Proc. crim.*, 543 s.
V. *infra*, **Appendice**, la loi du 20 mai 1863, sur l'instruction des flagrants délits.

Art. 60. Lorsque le flagrant délit aura déjà été constaté, et que le procureur du Roi [*le procureur de la République*] transmettra les actes et pièces au juge d'instruction, celui-ci sera tenu de faire sans délai l'examen de la procédure.

Il peut refaire les actes ou ceux des actes qui ne lui paraîtraient pas complets. — *Instr.* 45, 59, 61.

V. *infra*, **Appendice**, la loi du 8 décembre 1897, sur l'instruction contradictoire.

DISTINCTION II.
De l'instruction.

§ 1er. — Dispositions générales.

Art. 61. (*L. 17 juillet 1856.*) Hors les cas de flagrant délit, le juge d'instruction ne fait aucun acte d'instruction ou de poursuite qu'il n'ait donné communication de la procédure au procureur impérial [*au procureur de la République*], qui pourra, en outre, requérir cette communication à toutes les époques de l'information, à la charge de rendre les pièces dans les vingt-quatre heures.

Néanmoins, le juge d'instruction délivrera, s'il y a lieu, le mandat d'amener ou même le mandat de dépôt, sans que ces mandats doivent être précédés des conclusions du procureur impérial [*du procureur de la République*]. — *Instr.* 47, 70, 91, 94.

R. v° *Instr. crim.*, 424 s., 440 s. — S. v° *Proc. crim.*, 543 s.
Loi du 17 juillet 1856 : D. P. 56. 4. 123.

Art. 62. Lorsque le juge d'instruction se transportera sur les lieux, il sera toujours accompagné du procureur du Roi [*du procureur de la République*] et du greffier du tribunal. — *Instr.* 59, 87.

R. v° *Instr. crim.*, 555 s. — S. v° *Proc. crim.*, 781 s.

§ 2. — Des plaintes.

Art. 63. Toute personne qui se prétendra lésée par un crime ou délit, pourra en rendre plainte et se constituer partie civile devant le juge d'instruction, soit du lieu du crime ou délit, soit du lieu de la résidence du prévenu, soit du lieu où il pourra trouvé. — *Instr.* 23, 64, 69.

R. v° *Compét. crim.*, 68 s.; *Instr. crim.*, 488 s. — S. v° *Compét. crim.*, 21 s.; *Proc. crim.*, 533 s., 561 s. — T. (87-97), v° *Compét. crim.*, — V. aussi C. instr. crim. ann., art. 63, n° 1 s.

Art. 64. Les plaintes qui auraient adressées au procureur du Roi [*au procureur de la République*] seront par lui transmises au juge d'instruction avec son réquisitoire; celles qui auraient été présentées aux officiers auxiliaires de police, seront envoyées au procureur du Roi [*au procureur de la République*], et transmises lui au juge d'instruction, aussi avec son réquisitoire.

Dans les matières du ressort de la police correctionnelle, la partie lésée pourra s'adresser directement au tribunal correctionnel dans la forme qui sera réglée *Instr.* 47, 61, 63, 70, 182, 272.

R. v° *Instr. crim.*, 488 s. — S. v° *Proc. crim.*,

Art. 65. Les dispositions de l'article concernant les dénonciations seront communes aux plaintes.

R. v° *Instr. crim.*, 489. — S. v° *Proc. crim.*,

Art. 66. Les plaignants ne seront réputés partie civile, s'ils ne le déclarent formellement, soit par la plainte, soit par acte subséquent, ou s'ils ne prennent, par l'un ou l'autre, des conclusions en dommages-intérêts : ils pourront se départir dans les vingt-quatre heures ; dans le cas du désistement, ils ne sont pas tenus des frais depuis cet acte signifié, sans préjudice néanmoins des dommages-intérêts des prévenus, s'il y lieu. — *Instr.* 1, 4, 63, 67, 358.

R. v° *Instr. crim.*, 497 s. — S. v° *Proc. crim.*, — V. aussi C. instr. crim. ann., art. 66, n° 1 s.

Art. 67. Les plaignants pourront se porter partie civile en tout état de cause jusqu'à la clôture des débats : mais en aucun cas leur désistement après le jugement ne être valable, quoiqu'il ait été donné dans vingt-quatre heures de leur déclaration qu'ils se portent partie civile. — *Instr.* 1, 3, 335, 359.

R. v° *Instr. crim.*, 512 s. — S. v° *Proc. crim.*,

Art. 68. Toute partie civile qui ne incurra pas dans l'arrondissement comm où se fait l'instruction, sera tenue d'y é domicile par acte passé au greffe du tribu.

À défaut d'élection de domicile par la p tie civile, elle ne pourra opposer le dé de signification contre les actes qui aura dû lui être signifiés aux termes de la loi *Instr.* 118, 187, 355 ; *Pr.* 61.

R. v° *Instr. crim.*, 538 s. — S. v° *Proc. crim.*, 73

Art. 69. Dans le cas où le juge d'instr tion ne serait ni celui du lieu du crime délit, ni celui de la résidence du prévenu celui du lieu où il pourra être trouvé renverra la plainte devant le juge d'insti tion qui pourrait en connaître. — *Instr.* 23, 63.

R. v° *Instr. crim.*, 495. — S. v° *Proc. crim.*, 537

Art. 70. Le juge d'instruction compétent pour connaître de la plainte en donnera la communication au procureur Roi [*au procureur de la République*] pour être par lui requis ce qu'il appartiendra *Instr.* 47, 61.

R. v° *Instr. crim.*, 496, 556. — S. v° *Proc. crim.*,

§ 3. — De l'audition des témoins.

Art. 71. Le juge d'instruction fera c devant lui les personnes qui auront été i quées par la dénonciation, par la plain par le procureur du Roi [*le procureur de République*] ou autrement, comme ay connaissance, soit du crime ou délit, soit ses circonstances. — *Instr.* 72 à 86, 1 315, 510.

Art. 72. Les témoins seront cités par un ssier, ou par un agent de la force publique, à la requête du procureur du Roi « *procureur de la République*]. — *Instr.* 170, 324.

Art. 73. Ils seront entendus séparément, lors de la présence du prévenu, par le e d'instruction, assisté de son greffier. — *tr.* 62, 75, 317; *Pr.* 262.

Art. 74. Ils représenteront, avant d'être endus, la citation qui leur aura été donpour déposer; et il en sera fait mention s le procès-verbal. — *Instr.* 72, 77, 324.

Art. 75. Les témoins prêteront serment dire toute la vérité, rien que la vérité; le e d'instruction leur demandera leurs noms, noms, âge, état, profession, demeure, s'ils t domestiques, parents ou alliés des parties, quel degré : il sera fait mention de la de-de, et des réponses des témoins. — *Instr.* 79, 135, 317, 322; *Pr.* 262.

Art. 76. Les dépositions seront signées juge, du greffier, et du témoin, après que ure lui en aura été faite et qu'il aura laré y persister : si le témoin ne veut ou peut signer, il en sera fait mention. haque page du cahier d'information sera ée par le juge et par le greffier. — *Instr. Pr.* 274.

rt. 77. Les formalités prescrites par les s articles précédents seront remplies, à ne de cinquante francs d'amende contre greffier, même, s'il y a lieu, de prise à ie contre lui juge d'instruction. — *Instr.* 164; *Pr.* 509 *à* 516.

Art. 78. Aucune interligne ne pourra faite : les ratures et les renvois seront rouvés et signés par le juge d'instruction, le greffier et par le témoin, sous les nes portées en l'article précédent. Les rlignes, ratures et renvois non approu-seront réputés non avenus. — *Instr.* , 195, 196, 211, 242, 312, 337, 347, , 395.

Art. 79. Les enfants de l'un et de l'autre , au-dessous de l'âge de quinze ans, ront être entendus, par forme de décla-on et sans prestation de serment.—*Instr.* 155, 189, 211!, 317.

Art. 80. Toute personne citée pour être endue en témoignage sera tenue de com-aître et de satisfaire à la citation : sinon, pourra y être contrainte par le juge struction, qui, à cet effet, sur les con-sions du procureur du Roi [*du procureur la République*], sans autre formalité ni i, et sans appel, prononcera une amende n'excédera pas cent francs, et pourra onner que la personne citée sera con-te par corps à venir donner son témoi-ge. — *Instr.* 81, 86, 92, 157, 189, 304, 355, ; *Pr.* 263, 264.

rt. 81. Le témoin ainsi condamné à ende sur le premier défaut, et qui, sur conde citation, produira devant le juge struction des excuses légitimes, pourra, les conclusions du procureur du Roi [*le procureur de la République*], être dé-gé de l'amende. — *Instr.* 158, 189, 359; . 378; *Pr.* 265.

rt. 82. Chaque témoin qui demandera indemnité, sera taxé par le juge d'ins-ction.

rt. 83. Lorsqu'il sera constaté, par le ificat d'un officier de santé, que des oins se trouvent dans l'impossibilité de paraître sur la citation qui leur aura été née, le juge d'instruction se transportera leur demeure, quand ils habiteront dans canton de la justice de paix du domicile juge d'instruction.

i les témoins habitent hors du canton, le e d'instruction pourra commettre le juge paix de leur habitation à l'effet de rece-: leur déposition, et il enverra au juge de

paix des notes et instructions qui feront con-naître les faits sur lesquels les témoins de-vront déposer. — *Pr.* 266.

Art. 84. Si les témoins résident hors de l'arrondissement du juge d'instruction, celui-ci requerra le juge d'instruction de l'arron-dissement dans lequel les témoins sont rési-dants de se transporter auprès d'eux pour recevoir leurs dépositions.

Dans le cas où les témoins n'habiteraient pas le canton du juge d'instruction ainsi requis, il pourra commettre le juge de paix de leur habitation, à l'effet de recevoir leurs dépositions, ainsi qu'il est dit dans l'article précédent. — *Instr.* 83, 303.

Art. 85. Le juge qui aura reçu les dépo-sitions en conséquence des articles 83 et 84 ci-dessus, les enverra closes et cachetées au juge d'instruction du tribunal saisi de l'af-faire. — *Instr.* 26, 103.

Art. 86. Si le témoin auprès duquel le juge se sera transporté dans les cas prévus par les trois articles précédents, n'était pas dans l'impossibilité de comparaître sur la citation qui lui avait été donnée, le juge décernera un mandat de dépôt contre le témoin et l'officier de santé qui aura délivré le certificat ci-dessus mentionné.

La peine portée en pareil cas sera pro-noncée par le juge d'instruction du même lieu, et sur la réquisition du procureur du Roi [*du procureur de la République*], en la forme prescrite par l'article 80. — *Pén.* 160, 236.

R. v° *Témoin*, 282 s. — S. cod. r°, 97 s.

§ 4. — Des preuves par écrit et des pièces de conviction.

Art. 87. Le juge d'instruction se trans-portera, s'il en est requis, et pourra même se transporter d'office dans le domicile du prévenu, pour y faire la perquisition des papiers, effets, et généralement de tous les effets qui seront jugés utiles à la manifesta-tion de la vérité. — *Instr.* 36, 62, 88.

Art. 88. Le juge d'instruction pourra pareillement se transporter dans les autres lieux où il présumerait qu'on aurait caché les objets dont il est parlé dans l'article pré-cédent. — *Instr.* 36, 37.

Art. 89. Les dispositions des articles 35, 36, 37, 38 et 39, concernant la saisie des objets dont la perquisition peut être faite par le procureur du Roi [*le procureur de la République*], dans les cas de flagrant délit, sont communes au juge d'instruction.

Art. 90. Si les papiers ou les effets dont il y aura lieu de faire la perquisition sont hors de l'arrondissement du juge d'instruc-tion, il requerra le juge d'instruction du lieu où l'on peut les trouver, de procéder aux opérations prescrites par les articles précé-dents. — *Instr.* 84, 103, 404, 464.

R. v° *Instr. crim.*, 559 s. — S. v° *Proc. crim.*, 786 s.

Commissions rogatoires.

V. R. v° *Instr. crim.*, 570 s.; S. v° *Proc. crim.*, 797 s. — V. aussi C. instr. crim. ann., p. 191 s.

CHAPITRE VII.

Des mandats de comparution, de dépôt, d'amener et d'arrêt.

Art. 91. (*L.* 14 *juillet* 1865.) En matière criminelle ou correctionnelle, le juge d'ins-truction pourra ne décerner qu'un mandat de comparution, sauf à convertir ce mandat, après l'interrogatoire, en tel autre mandat qu'il appartiendra.

Si l'inculpé fait défaut, le juge d'instruc-tion décernera contre lui un mandat d'amener.

R. v° *Instr. crim.*, 599 s. — S. v° *Proc. crim.*, 806 s. Loi du 14 *juillet* 1865 : D. P. 65. 4. 145.

Art. 92. Il peut aussi donner des man-dats d'amener contre les témoins qui re-

fusent de comparaître sur la citation à eux donnée, conformément à l'article 80, et sans préjudice de l'amende portée en cet article. — *Instr.* 80.

Sur le cas prévu par cet article, V. *suprà*, art. 80.

Art. 93. (*L.* 8 *décembre* 1897.) Dans le cas de mandat de comparution, il interrogera de suite; dans le cas de mandat d'amener, dans les vingt-quatre heures au plus tard de l'entrée de l'inculpé dans la maison de dépôt ou d'arrêt.

A l'expiration de ce délai, l'inculpé sera conduit, d'office et sans aucun nouveau dé-lai, par les soins du gardien-chef, devant le procureur de la République, qui requerra du juge d'instruction l'interrogatoire immédiat. En cas de refus, d'absence ou d'empêche-ment dûment constaté du juge d'instruction, l'inculpé sera interrogé sans retard, sur les réquisitions du ministère public, par le pré-sident du tribunal ou par le juge qu'il dési-gnera; à défaut de quoi le procureur de la République ordonnera la mise en liberté immédiate de l'inculpé.

Tout inculpé arrêté en vertu d'un mandat d'amener qui, en violation du paragraphe précédent, aura été maintenu pendant plus de vingt-quatre heures dans la maison de dépôt ou d'arrêt sans avoir été interrogé par le juge d'instruction ou conduit, comme il vient d'être dit, devant le procureur de la République, sera considéré comme arbitrai-rement détenu.

Tous gardiens-chefs de maisons de dépôt ou d'arrêt, tous procureurs de la République qui ne se seront pas conformés aux disposi-tions du paragraphe 2 précédent seront pour-suivis comme coupables d'attentats à la liberté et punis, savoir : les procureurs de la République ou autres officiers du ministère public, des peines portées en l'article 119 du Code pénal, et les gardiens-chefs des peines portées en l'article 120 du même Code. Le tout sans préjudice des sanctions édictées par l'article 112 contre le greffier, le juge d'ins-truction et le procureur de la République. — *Instr.* 40, 91, 132.

§ 1. LÉGISLATION ANTÉRIEURE A LA LOI DU 8 DÉCEMBRE 1897 : R. v° *Instr. crim.*, 618 s. — S. v° *Proc. crim.*, 820 s.

§ 2. LOI DU 8 DÉCEMBRE 1897 : C. instr. crim. ann., art. 93 n° 1 s. — D. P. 97. 4. 113.

Art. 94. (*L.* 14 *juillet* 1865.) Après l'in-terrogatoire, ou en cas de fuite de l'inculpé, le juge pourra décerner un mandat de dépôt ou d'arrêt, si le fait emporte la peine de l'emprisonnement, ou une autre peine plus grave.

Il ne pourra décerner le mandat d'arrêt qu'après avoir entendu le procureur impérial [*le procureur de la République*].

Dans le cours de l'instruction, il pourra, sur les conclusions conformes du procureur impérial [*du procureur de la République*], et quelle que soit la nature de l'inculpation, donner mainlevée de tout mandat de dépôt ou d'arrêt, à la charge, par l'inculpé, de se représenter à tous les actes de la procédure et pour l'exécution du jugement lorsqu'il en sera requis.

L'ordonnance de mainlevée ne pourra être attaquée par voie d'opposition.

§ 1. LÉGISLATION ANTÉRIEURE A LA LOI DU 14 JUILLET 1865 : R. v° *Instr. crim.*, 624 s.

§ 2. LOI DU 14 JUILLET 1865 : S. v° *Proc. crim.*, 826 s.; C. instr. crim. ann., art. 94, n° 1 s. — D. P. 65. 4. 145.

Art. 95. Les mandats de comparution, d'amener et de dépôt, seront signés par celui qui les aura décernés, et munis de son sceau.

Le prévenu y sera nommé ou désigné le plus clairement qu'il sera possible. — *Instr.* 112, 617.

Art. 96. Les mêmes formalités seront observées dans le mandat d'arrêt; ce mandat contiendra de plus l'énonciation du fait pour lequel il est décerné, et la citation de la loi qui déclare que ce fait est un crime ou délit. — *Instr.* 95, 112.

R. v° *Instr. crim.*, 645 s. — S. v° *Proc. crim.*, 848 s.

Art. 97. Les mandats de comparution, d'amener, de dépôt ou d'arrêt, seront notifiés par un huissier ou par un agent de la force publique, lequel en fera l'exhibition au prévenu, et lui en délivrera copie.

Le mandat d'arrêt sera exhibé au prévenu, lors même qu'il serait déjà détenu, et il lui en sera délivré copie. — *Instr.* 105, 109, 112.

R. v° *Instr. crim.*, 658 s. — S. v° *Proc. crim.*, 851 s.

Art. 98. Les mandats d'amener, de comparution, de dépôt et d'arrêt, seront exécutoires dans toute l'étendue du royaume [*de la République*].

Si le prévenu est trouvé hors de l'arrondissement de l'officier qui a délivré le mandat de dépôt ou d'arrêt, il sera conduit devant le juge de paix ou son suppléant, et, à leur défaut, devant le maire ou l'adjoint de maire, ou le commissaire de police du lieu, lequel visera le mandat, sans pouvoir en empêcher l'exécution. — *Instr.* 28, 100, 112,

R. v° *Instr. crim.*, 658 s., 687 s.

Art. 99. Le prévenu qui refusera d'obéir au mandat d'amener, ou qui, après avoir déclaré qu'il est prêt à obéir, tentera de s'évader, devra être contraint.

Le porteur du mandat d'amener emploiera, au besoin, la force publique du lieu le plus voisin : elle sera tenue de marcher, sur la réquisition contenue dans le mandat d'amener. — *Instr.* 25, 108 ; *Pén.* 209.

R. v° *Instr. crim.*, 665 s. — S. v° *Proc. crim.*, 852 s.

Art. 100. Néanmoins, lorsqu'après plus de deux jours depuis la date du mandat d'amener, le prévenu aura été trouvé hors de l'arrondissement de l'officier qui a délivré ce mandat, et à une distance de plus de cinq myriamètres du domicile de cet officier, ce prévenu pourra n'être pas contraint de se rendre au mandat ; mais alors le procureur du Roi [*le procureur de la République*] de l'arrondissement où il aura été trouvé, et devant lequel il sera conduit, décernera un mandat de dépôt en vertu duquel il sera retenu dans la maison d'arrêt.

Le mandat d'amener devra être pleinement exécuté, si le prévenu a été trouvé muni d'effets, de papiers ou d'instruments qui feront présumer qu'il est auteur ou complice du délit pour raison duquel il est recherché, quels que soient le délai et la distance dans lesquels il aura été trouvé. — *Instr.* 95, 98, 101, 603, 608.

Art. 101. Dans les vingt-quatre heures de l'exécution du mandat d'amener, le procureur du Roi [*le procureur de la République*] qui l'aura délivré, en donnera avis, et transmettra les procès-verbaux, s'il en a été dressé, à l'officier qui a décerné le mandat d'amener. — *Instr.* 100, 102.

Art. 102. L'officier qui a délivré le mandat d'amener, et auquel les pièces sont ainsi transmises, communiquera le tout dans un pareil délai au juge d'instruction près duquel il exerce ; ce juge se conformera aux dispositions de l'article 90.

Art. 103. Le juge d'instruction saisi de l'affaire directement ou par renvoi en exécution de l'article 90 transmettra, sous cachet, au juge d'instruction du lieu où le prévenu a été trouvé, les pièces, notes et renseignements relatifs au délit, afin de faire subir interrogatoire à ce prévenu.

Toutes les pièces seront ensuite également renvoyées, avec l'interrogatoire, au juge saisi de l'affaire. — *Instr.* 85.

R. v° *Instr. crim.*, 675 s. — S. v° *Proc. crim.*, 860 s.
V. *infra*, Appendice, la loi du 8 décembre 1897, art 6, sur l'instruction contradictoire.
Les articles 4, 5 et 6 de la loi du 8 décembre 1897 mo-

difient profondément la procédure organisée par les articles 100, 101, 102 et 103 du présent Code vis-à-vis des inculpés arrêtés en vertu d'un mandat d'amener à une certaine distance du chef-lieu d'arrondissement où réside l'officier qui a délivré le mandat (Circ. min. just. du 10 déc. 1897, § 2, n° 2, D. P. 97. 4. 130).

Sur le transfèrement de l'inculpé qui est trouvé à une distance supérieure à dix myriamètres du lieu où réside l'officier qui a délivré le mandat d'amener, V. Circ. min. just. du 10 déc. 1897, § 2, n° 2, D. P. 97. 4. 130.

Depuis la loi du 8 décembre 1897, et d'après les termes de l'article 6 de cette loi, le juge d'instruction, qui doit statuer immédiatement sur le transfert de l'inculpé, n'a plus la faculté, inscrite dans l'article 103, de renvoyer les pièces à son collègue du lieu de l'arrestation, en le chargeant de procéder à une enquête complémentaire (Circ. min. just. du 10 déc. 1897, § 2, n° 1, D. P. 97. 4. 130).

Art. 104. (*L.* 17 *juillet* 1856.) Si, dans le cours de l'instruction, le juge saisi de l'affaire décerne un mandat d'arrêt, il pourra ordonner, par ce mandat, que le prévenu sera transféré dans la maison d'arrêt du lieu où se fait l'instruction.

S'il n'est pas exprimé dans le mandat d'arrêt que le prévenu sera ainsi transféré, il restera en la maison d'arrêt de l'arrondissement dans lequel il aura été trouvé, jusqu'à ce qu'il ait été statué par le juge d'instruction, conformément aux articles 127, 128, 129, 130, 131, 132 et 133 ci-après. — *Instr.* 94, 110.

R. v° *Instr. crim.*, 677 s. — S. v° *Proc. crim.*, 800.
Loi du 17 *juillet* 1856 : D. P. 56. 4. 123.

Art. 105. Si le prévenu contre lequel il a été décerné un mandat d'amener, ne peut être trouvé, ce mandat sera exhibé au maire ou à l'adjoint, ou au commissaire de police de la commune de la résidence du prévenu.

Le maire, l'adjoint ou le commissaire de police, mettra son visa sur l'original de l'acte de notification. — *Instr.* 91, 92, 97, 98, 109 ; *Pr.* 68, 69.

R. v° *Instr. crim.*, 679 s. — S. v° *Proc. crim.*, 851 s.

Art. 106. Tout dépositaire de la force publique, et même toute personne, sera tenu de saisir le prévenu surpris en flagrant délit, ou poursuivi, soit par la clameur publique, soit dans les cas assimilés au flagrant délit, et de le conduire devant le procureur du Roi [*le procureur de la République*], sans qu'il soit besoin de mandat d'amener, si le crime ou délit emporte peine afflictive ou infamante. — *Instr.* 16, 30, 40, 41 ; *Pén.* 7, 8, 475-12°.

R. v° *Instr. crim.*, 682 s. — S. v° *Proc. crim.*, 896 s.

Art. 107. Sur l'exhibition du mandat de dépôt, le prévenu sera reçu et gardé dans la maison d'arrêt établie près le tribunal correctionnel ; et le gardien remettra à l'huissier ou à l'agent de la force publique chargé de l'exécution du mandat une reconnaissance de la remise du prévenu. — *Instr.* 110, 111, 603, 608, 613.

R. v° *Instr. crim.*, 629, 689.

Art. 108. L'officier chargé de l'exécution d'un mandat de dépôt ou d'arrêt sera accompagné d'une force suffisante pour que le prévenu ne puisse se soustraire à la loi.

Cette force sera prise dans le lieu le plus à portée de celui où le mandat d'arrêt ou de dépôt devra s'exécuter ; et elle est tenue de marcher, sur la réquisition directement faite au commandant et contenue dans le mandat. — *Instr.* 25, 99, 617.

R. v° *Instr. crim.*, 688.

Art. 109. Si le prévenu ne peut être saisi, le mandat d'arrêt sera notifié à sa dernière habitation, et il sera dressé procès-verbal de perquisition.

Ce procès-verbal sera dressé en présence des deux plus proches voisins du prévenu que le porteur du mandat d'arrêt pourra trouver : ils le signeront ; ou s'ils ne savent ou ne veulent pas signer, il en sera fait mention, ainsi que de l'interpellation qui en aura été faite.

Le porteur du mandat d'arrêt fera ensuite viser son procès-verbal par le juge de paix

ou son suppléant, ou, à son défaut, par le maire, l'adjoint, ou le commissaire de police du lieu, et lui en laissera copie.

Le mandat d'arrêt et le procès-verbal seront ensuite remis au greffe du tribunal. — *Instr.* 105.

R. v° *Instr. crim.*, 694 s.

Art. 110. Le prévenu saisi en vertu d'un mandat d'arrêt ou de dépôt, sera conduit sans délai dans la maison d'arrêt indiquée par le mandat. — *Instr.* 104, 603, 604, 608.

R. v° *Instr. crim.*, 689 ; *Prisons*, 17.

Art. 111. L'officier chargé de l'exécution du mandat d'arrêt ou de dépôt remettra le prévenu au gardien de la maison d'arrêt qui lui en donnera décharge ; le tout dans la forme prescrite par l'article 107.

Il portera ensuite au greffe du tribunal correctionnel les pièces relatives à l'arrestation, et en prendra une reconnaissance.

Il exhibera ces décharge et reconnaissance dans les vingt-quatre heures, savoir : à l'un des juges d'instruction : celui-ci mettra sur l'une et sur l'autre son *vu*, qu'il datera et signera. — *Instr.* 607, 608, 609.

R. v° *Instr. crim.*, 690.

Art. 112. L'inobservation des formalités prescrites pour les mandats de comparution, de dépôt, d'amener et d'arrêt, sera toujours punie d'une amende de cinquante francs à moins contre le greffier, et, s'il y a lieu d'injonctions au juge d'instruction et au procureur du Roi [*au procureur de la République*], même de prise à partie s'il y échet. — *Instr.* 95, 96, 161, 483.

R. v° *Instr. crim.*, 650 s. — S. v° *Proc. crim.*, 849 s.

CHAPITRE VIII.
De la liberté provisoire et du cautionnement.
(Loi du 14 juillet 1865.)

Art. 113. (*L.* 14 *juillet* 1865.) En toute matière, le juge d'instruction pourra, sur la demande de l'inculpé et sur les conclusions du procureur impérial [*du procureur de la République*], ordonner que l'inculpé sera mis provisoirement en liberté, à charge, par celui-ci, de prendre l'engagement de se représenter à tous les actes de la procédure et pour l'exécution du jugement aussitôt qu'il en sera requis.

En matière correctionnelle, la mise en liberté sera de droit, cinq jours après l'interrogatoire, en faveur du prévenu domicilié, quand le maximum de la peine prononcée par la loi sera inférieur à deux ans d'emprisonnement.

La disposition qui précède ne s'appliquera ni aux prévenus déjà condamnés pour crime ni à ceux déjà condamnés à un emprisonnement de plus d'une année.

Art. 114. (*L.* 14 *juillet* 1865.) La mise en liberté provisoire pourra, dans les cas où elle n'est pas de droit, être subordonnée à l'obligation de fournir un cautionnement dans les termes prévus par l'article 120.

Ce cautionnement garantit :

1° La représentation de l'inculpé à tous les actes de la procédure et pour l'exécution du jugement ;

2° Le payement dans l'ordre suivant :
1° Des frais faits par la partie publique ;
2° De ceux avancés par la partie civile ;
3° Des amendes.

L'ordonnance de mise en liberté déterminera la somme affectée à chacune des deux parties du cautionnement.

Art. 115. (*L.* 14 *juillet* 1865.) La mise en liberté aura lieu sans préjudice du droit que conserve le juge d'instruction, dans la suite de l'information, de décerner un nouveau mandat d'amener, d'arrêt ou de dépôt, des circonstances nouvelles et graves dent cette mesure nécessaire.

outefois, si la liberté provisoire avait été ordée par la chambre des mises en accusion réformant l'ordonnance du juge d'instion, le juge d'instruction ne pourrait erner un nouveau mandat qu'autant que cour, sur les réquisitions du ministère lic, aurait retiré à l'inculpé le bénéfice a décision.

.rt. 116. (*L.* 14 *juillet* 1865.) La mise liberté provisoire peut être demandée en état de cause : à la chambre des mises accusation, depuis l'ordonnance du juge struction jusqu'à l'arrêt de renvoi devant our d'assises; au tribunal correctionnel, affaire y a été renvoyée; à la cour impé- e [*la cour d'appel*] (chambre des appels cectionnels), si appel a été interjeté du ement sur le fond.

orsque le condamné, pour rendre son voi admissible, conformément à l'artie 421, voudra réclamer sa mise en liberté, ortera sa demande devant la cour ou ant le tribunal qui aura prononcé la peine. **.rt. 117.** (*L.* 14 *juillet* 1865.) Dans tous cas prévus par l'article précédent, il sera ué sur simple requête, en chambre du seil, le ministère public entendu.

inculpé pourra fournir à l'appui de sa iête des observations écrites.

rt. 118. (*L.* 14 *juillet* 1865.) La ande en liberté provisoire sera notifiée partie civile, à son domicile, ou à celui lle aura élu. Elle pourra, dans le délai ingt-quatre heures, à partir du jour de la iotification, présenter des observations tes.

.rt. 119. (*L.* 14 *juillet* 1865.) L'opposiou appel devra être formé dans un délai ingt-quatre heures, qui courra, contre le cureur impérial [*le procureur de la République*], à compter du jour de l'ordonnance du jugement, et contre l'inculpé ou la ie civile, à compter du jour de la notifion.

opposition ou appel sera consigné sur un stre tenu au greffe à cet effet.

e procureur général aura le droit d'opposon dans les formes et les délais prescrits les trois derniers paragraphes de l'ar- 135.

.rt. 120. (*L.* 14 *juillet* 1865.) Dans le où la liberté provisoire aura été subornée au cautionnement, il sera fourni en ces, soit par un tiers, soit par l'inculpé, e montant en acte, suivant la nature de aire, déterminé par le juge d'instruction, ribunal ou la cour.

oute tierce personne solvable pourra égaet être admise à prendre l'engagement aire représenter l'inculpé à toute réquiside justice, ou, à défaut de présenter au sor la somme déterminée.

.rt. 121. (*L.* 14 *juillet* 1865.) Si le cauinement consiste en espèces, il sera versé re les mains du receveur de l'enregistret, et le ministère public, sur le vu du épissé, fera exécuter l'ordonnance de mise liberté.

'il résulte de l'engagement d'un tiers, la e en liberté sera ordonnée sur le vu de l'acte de soumission reçu au greffe.

réalablement à la mise en liberté avec ou s cautionnement, le demandeur devra acte reçu au greffe, élire domicile, s'il inculpé, dans le lieu où siège le juge astruction; s'il est prévenu ou accusé, as celui où siège la juridiction saisie du d de l'affaire.

Art. 122. (*L.* 14 *juillet* 1865.) Les obliions résultant du cautionnement cessent l'inculpé se présente à tous les actes de la cédure et pour l'exécution du jugement. a première partie du cautionnement est uise à l'État, du moment que l'inculpé,

sans motif légitime d'excuse, est constitué en défaut de se présenter à quelque acte de la précédure ou pour l'exécution du jugement.

Néanmoins, en cas de renvoi des poursuites, d'absolution ou d'acquittement, le jugement ou l'arrêt pourra ordonner la restitution de cette partie du cautionnement.

Art. 123. (*L.* 14 *juillet* 1865.) La seconde partie du cautionnement est toujours restituée en cas d'acquittement, d'absolution ou de renvoi des poursuites.

En cas de condamnation, elle est affectée aux frais et à l'amende dans l'ordre énoncé dans l'article 114 : le surplus s'il y en a, est restitué.

Art. 124. (*L.* 14 *juillet* 1865.) Le ministère public, soit d'office, soit sur la provocation de la partie civile, est chargé de produire à l'administration de l'enregistrement, soit un certificat de greffe constatant, d'après les pièces officielles, la responsabilité encourue dans le cas de l'article 122, soit l'extrait du jugement dans le cas prévu par l'article 123, paragraphe 2.

Si les sommes dues ne sont pas déposées, l'administration de l'enregistrement en poursuit le recouvrement par voie de contrainte.

La Caisse des dépôts et consignations est chargée de faire, sans délai, aux ayants droit, la distribution des sommes déposées ou recouvrées.

Toute contestation sur ces divers points est vidée sur requête, en chambre du conseil, comme incident de l'exécution du jugement.

Art. 125. (*L.* 14 *juillet* 1865.) Si, après avoir obtenu sa liberté provisoire, l'inculpé cité ou ajourné ne comparaît pas, le juge d'instruction, le tribunal ou la cour, selon les cas, pourront décerner contre lui un mandat d'arrêt ou de dépôt, ou une ordonnance de prise de corps.

Art. 126. (*L.* 14 *juillet* 1865.) L'inculpé renvoyé devant la cour d'assises sera mis en état d'arrestation, en vertu de l'ordonnance de prise de corps contenue dans l'arrêt de la chambre des mises en accusation, nonobstant la mise en liberté provisoire.

§ 1. LÉGISLATION ANTÉRIEURE A LA LOI DU 14 JUILLET 1865 : R. V⁰ *Instr. crim.*, 607.
§ 2. LOI DU 14 JUILLET 1865 : S. V⁰ *Proc. crim.*, 804 s. — T. (87-97), V⁰ *Liberté provisoire*, 1 s. — D. P. 65. 4. 145.

CHAPITRE IX.
Des ordonnances du juge d'instruction quand la procédure est complète.
(Loi du 17 juillet 1856.)

Art. 127. (*L.* 17 *juillet* 1856.) Aussitôt que la procédure sera terminée, le juge d'instruction la communiquera au procureur impérial [*au procureur de la République*], qui devra lui adresser ses réquisitions dans les trois jours au plus tard.

R. V⁰ *Instr. crim.*, 783 s. — S. V⁰ *Proc. crim.*, 931 s. — V. aussi C. instr. crim., ann., art. 127, n° 1 s.
Loi du 17 *juillet* 1856 : D. P. 56. 4. 125.

Art. 128. (*L.* 17 *juillet* 1856.) Si le juge d'instruction est d'avis que le fait ne présente ni crime, ni délit, ni contravention, ou qu'il n'existe aucune charge contre l'inculpé, il déclarera, par une ordonnance, qu'il n'y a pas lieu à poursuivre, et, si l'inculpé avait été arrêté, il sera mis en liberté.

R. V⁰ *Instr. crim.*, 816. — S. V⁰ *Chose jugée*, 231 s.; *Proc. crim.*, 947 s. — T. (87-97), V⁰ *Compét. crim.*, 59 s.
Loi du 17 *juillet* 1856 : D. P. 56. 4. 125.

Art. 129. (*L.* 17 *juillet* 1856.) S'il est d'avis que le fait n'est qu'une simple contravention de police, il renverra l'inculpé devant le tribunal de police, et ordonnera sa mise en liberté s'il est arrêté.

Les dispositions du présent article et de l'article précédent ne pourront préjudicier

aux droits de la partie civile ou de la partie publique, ainsi qu'il sera expliqué ci-après.
R. V⁰ *Instr. crim.*, 817. — S. V⁰ *Proc. crim.*, 949.
Loi du 17 *juillet* 1856 : D. P. 56. 4. 125.

Art. 130. (*L.* 17 *juillet* 1856.) Si le délit est reconnu de nature à être puni par des peines correctionnelles, le juge d'instruction renverra le prévenu au tribunal de police correctionnelle.

Si, dans ce cas, le délit peut entraîner la peine d'emprisonnement, le prévenu, s'il est en arrestation, y demeurera provisoirement. — *Instr.* 230.

R. V⁰ *Instr. crim.*, 818 s. — S. V⁰ *Proc. crim.*, 950.
Loi du 17 *juillet* 1856 : D. P. 56. 4. 125.

Art. 131. Si le délit ne doit pas entraîner la peine d'emprisonnement, le prévenu sera mis en liberté, à la charge de se représenter, à jour fixe, devant le tribunal compétent.

R. V⁰ *Instr. crim.*, 821 s. — S. V⁰ *Proc. crim.*, 951 s., 1096.

Art. 132. (*L.* 17 *juillet* 1856.) Dans tous les cas de renvoi, soit à la police municipale, soit à la police correctionnelle, le procureur impérial [*le procureur de la République*] est tenu d'envoyer, dans les quarante-huit heures au plus tard, au greffe du tribunal qui doit prononcer, toutes les pièces, après les avoir cotées.

Dans le cas de renvoi à la police correctionnelle, il est tenu, dans le même délai, de faire donner assignation au prévenu pour l'une des plus prochaines audiences, en observant les détails prescrits par l'article 184.

R. V⁰ *Instr. crim.*, 826 s.: *Organ. judic.*, 389. — S. V⁰ *Proc. crim.*, 953 s., 1096.
Loi du 17 *juillet* 1856 : D. P. 56. 4. 125.

Art. 133. (*L.* 17 *juillet* 1856.) Si le juge d'instruction estime que le fait est de nature à être puni de peines afflictives ou infamantes, et que la prévention contre l'inculpé est suffisamment établie, il ordonnera que les pièces d'instruction, le procès-verbal constatant le corps du délit, et un état des pièces servant à conviction, soient transmis, sans délai, par le procureur impérial [*le procureur de la République*] au procureur général près la cour impériale [*la cour d'appel*], pour être procédé ainsi qu'il sera dit au chapitre des mises en accusation.

Les pièces de conviction resteront au tribunal d'instruction, sauf ce qui sera dit aux articles 228 et 291.

R. V⁰ *Instr. crim.*, 827 s. — S. V⁰ *Proc. crim.*, 954 s.
Loi du 17 *juillet* 1856 : D. P. 56. 4. 125.

Art. 134. (*L.* 17 *juillet* 1856.) Dans le cas de l'article 133, le mandat d'arrêt ou de dépôt décerné contre le prévenu conservera sa force exécutoire jusqu'à ce qu'il ait été statué par la cour impériale [*la cour d'appel*].

Les ordonnances rendues par le juge d'instruction en vertu des dispositions des articles 128, 129, 130, 131 et 133, seront inscrites à la suite du réquisitoire du procureur impérial [*du procureur de la République*]. Elles contiendront les nom, prénoms, âge, lieu de naissance, domicile et profession du prévenu, l'exposé sommaire et la qualification légale du fait qui lui est imputé, et la déclaration qu'il existe ou qu'il n'existe pas de charges suffisantes.

R. V⁰ *Instr. crim.*, 837 s. — S. V⁰ *Proc. crim.*, 954, 957 s.
Loi du 17 *juillet* 1856 : D. P. 56. 4. 125.

Art. 135. (*L.* 17 *juillet* 1856.) Le procureur impérial [*le procureur de la République*] pourra former opposition, dans tous les cas, aux ordonnances du juge d'instruction.

La partie civile pourra former opposition aux ordonnances rendues dans les cas prévus par les articles 114, 128, 129, 131 et 539 du présent Code, et à toute ordonnance faisant grief à ses intérêts civils.

24

Le prévenu ne pourra former opposition qu'aux ordonnances rendues en vertu de l'article 114, et dans le cas prévu par l'article 539.

L'opposition devra être formée dans un délai de vingt-quatre heures, qui courra : contre le procureur impérial [*le procureur de la République*], à compter du jour de l'ordonnance ; contre la partie civile et contre le prévenu non détenu, à compter de la signification qui leur est faite de l'ordonnance au domicile par eux élu dans le lieu où siège le tribunal ; contre le prévenu détenu, à compter de la communication qui lui est donnée de l'ordonnance par le greffier.

La signification et la communication prescrites par le paragraphe précédent seront faites dans les vingt-quatre heures de la date de l'ordonnance.

L'opposition sera portée devant la chambre des mises en accusation de la cour impériale [*la cour d'appel*], qui statuera toute affaire cessante.

Les pièces seront transmises ainsi qu'il est dit à l'article 133.

Le prévenu détenu gardera prison jusqu'à ce qu'il ait été statué sur l'opposition, et, dans tous les cas, jusqu'à l'expiration du délai d'opposition.

Dans tous les cas, le droit d'opposition appartiendra au procureur général près la cour impériale [*la cour d'appel*].

Il devra notifier son opposition dans les dix jours qui suivent l'ordonnance du juge d'instruction.

Néanmoins, la disposition de l'ordonnance qui prononce la mise en liberté du prévenu sera provisoirement exécutée.

R. v⁰ *Appel criminel*, 23 s. ; *Instr. crim.*, 840 — S. v⁰ *Appel criminel*, 7 s. ; *Proc. crim.*, 569 — V. aussi C. instr. crim. ann., art. 135, n⁰ˢ 1 s. *Loi du 17 juillet* 1856 : D. P. 56. 4. 125.

Art. 136. La partie civile qui succombera dans son opposition sera condamnée aux dommages-intérêts envers le prévenu.

R. v⁰ *Appel criminel*, 58 s. — S. cod. v⁰, 13 s.

Sur les formes spéciales de l'instruction préparatoire en cas de délit flagrant, V. la loi du 20 mai 1863, art. 1ᵉʳ, et 7 (C. instr. crim. ann., p. 469-470 ; — et infrà, Appendice). — V. aussi, infrà, Appendice, la loi du 8 décembre 1897, ayant pour objet de modifier certaines règles de l'instruction préalable en matière de crimes et délits.

LIVRE DEUXIÈME.

DE LA JUSTICE.

TITRE PREMIER.

Des tribunaux de police.

Loi décrétée le 18 novembre 1808, promulguée le 29 du même mois.

CHAPITRE PREMIER.

Des tribunaux de simple police.

Art. 137. Sont considérés comme contraventions de police simple, les faits qui, d'après les dispositions du quatrième livre du Code pénal, peuvent donner lieu, soit à quinze francs d'amende ou au-dessous, soit à cinq jours d'emprisonnement ou au-dessous, qu'il y ait ou non confiscation des choses saisies, et quelle qu'en soit la valeur. — *Instr.* 138, 179 ; *Pén.* 1, 464 à 482.

R. v⁰ *Compét. crim.*, 230 s. — S. eod. v⁰, 131 s.

Art. 138. (L. 27 janv. 1873.) La connaissance des contraventions de police est attribuée exclusivement au juge de paix du canton dans l'étendue duquel elles ont été commises.

§ 1. LÉGISLATION ANTÉRIEURE A LA LOI DU 27 JANVIER 1873 : S. v⁰ *Compét. crim.*, 230 s.
§ 2. LOI DU 27 JANVIER 1873 : S. v⁰ *Compét. crim.*, 151 s. — V. aussi C. instr. crim. ann., art. 137, n⁰ˢ 1 s. — D. P. 73. 4. 21.

§ 1ᵉʳ. — Du tribunal du juge de paix comme juge de police.

Art. 139. *Abrogé par* L. 27 janvier 1873.
Art. 140. *Abrogé par* L. 27 janvier 1873.
Art. 141. Dans les communes dans lesquelles il n'y a qu'un juge de paix, il connaîtra seul les affaires attribuées à son tribunal ; les greffiers et les huissiers de la justice de paix feront le service pour les affaires de police.

R. v⁰ˢ *Huissiers*, 164 ; *Organ. judic.*, 538 s.

Art. 142. Dans les communes divisées en deux justices de paix ou plus, le service au tribunal de police sera fait successivement par chaque juge de paix, en commençant par le plus ancien : il y aura, dans ce cas, un greffier particulier pour le tribunal de police. — *Instr.* 141, 143.

Art. 143. Il pourra aussi, dans le cas de l'article précédent, y avoir deux sections dans la police : chaque section sera tenue par un juge de paix ; et le greffier aura un commis

assermenté pour le suppléer. — *Instr.* 142.

R. v⁰ˢ *Organ. judic.*, 541 s. ; *Greffe-greffier*, 188 s. — S. v⁰ *Greffe-greffier*, 92 s.

Art. 144. (L. 31 décembre 1906.) Les fonctions du ministère public, pour les faits de police, seront remplies par le commissaire du lieu où siégera le tribunal.

S'il y a plusieurs commissaires de police au lieu où siège le tribunal, le procureur général près la cour d'appel nommera celui ou ceux d'entre eux qui feront le service.

En cas d'empêchement du commissaire de police du chef-lieu, ou s'il n'en existe point, les fonctions du ministère public seront remplies, soit par un commissaire résidant ailleurs qu'au chef-lieu, soit par un suppléant du juge de paix, soit par le maire ou l'adjoint du chef-lieu, soit par un des maires ou adjoints d'une autre commune du canton, lequel sera désigné à cet effet par le procureur général pour une année entière et sera, en cas d'empêchement, remplacé par le maire, par l'adjoint ou par un conseiller municipal du chef-lieu de canton.

Dans le cas où des infractions forestières seront poursuivies devant le tribunal de simple police, les fonctions du ministère public seront remplies soit par un agent forestier, soit par un préposé désigné par le conservateur des forêts. — *Instr.* 15, 167.

Art. 145. (L. 31 décembre 1906.) Les citations pour contraventions de police seront faites à la requête du ministère public ou de la partie qui réclame, et, en matière forestière, à la requête des agents forestiers.

Elles seront notifiées par un huissier ; il en sera laissé copie au prévenu ou à la personne civilement responsable. — *Instr.* 147, 169 ; *Pén.* 74 ; *Civ.* 1382.

R. v⁰ˢ *Compét. crim.*, 286 s. ; *Exploit*, 667 s. ; *Ministère public*, 11 s. ; *Organ. judic.*, 538 s. — S. v⁰ˢ *Compét. crim.*, 175 s. ; *Exploit*, 231 s. ; *Ministère public*, 3 s. ; *Organ. judic.*, 379 s. ; *Proc. crim.*, 997 s. — T. (87-97) v⁰ *Ministère public*, 1 s. — V. aussi C. instr. crim. ann., art. 144 et 145. — D. P. 1907. 4. 116.

Art. 146. La citation ne pourra être donnée à un délai moindre que vingt-quatre heures, outre un jour par trois myriamètres, à peine de nullité tant de la citation que du jugement qui serait rendu par défaut. Néanmoins cette nullité ne pourra être proposée qu'à la première audience, avant toute exception et défense.

Dans les cas urgents, les délais pourront

être abrégés et les parties citées à comparaître même dans le jour, et à heure indiquée en vertu d'une cédule délivrée par le juge de paix. — *Pr.* 1037.

R. v⁰ˢ *Exploit*, 701, 712, *Jour férié*, 37 s. — S. v⁰ *Exploit*, 233.

Art. 147. Les parties pourront comparaître volontairement et sur un simple avertissement, sans qu'il soit besoin de citation. — *Instr.* 15, 167.

R. v⁰ *Compét. crim.*, 286. — S. v⁰ *Compét. crim.*, 175 s. ; *Proc. crim.*, 1001.

Art. 148. Avant le jour de l'audience, le juge de paix pourra, sur la réquisition du ministère public ou de la partie civile, estimer ou faire estimer les dommages, dresser ou faire dresser les procès-verbaux, faire ou ordonner tous actes requérant célérité.

S. v⁰ *Proc. crim.*, 1015.
V. infrà, Code rural, la loi du 4 avril 1889, article 1 qui permet au juge de paix d'ordonner, avant l'audience, la vente des animaux trouvés en contravention et mis en fourrière.

Art. 149. Si la personne citée ne comparaît pas au jour et à l'heure fixés par la citation, elle sera jugée par défaut. — *Instr.* 186 185 s.

R. v⁰ *Jugement par défaut*, 431 s. — S. cod. v⁰ 185 s.

Art. 150. La personne condamnée par défaut ne sera plus recevable à s'opposer à l'exécution du jugement, si elle ne se présente à l'audience indiquée par l'article suivant ; sauf ce qui sera ci-après réglé pour l'appel et le recours en cassation.

Art. 151. L'opposition au jugement par défaut pourra être faite par déclaration en réponse au bas de l'acte de signification, ou par acte notifié dans les trois jours de la signification, outre un jour par trois myriamètres.

L'opposition emportera de droit citation à la première audience après l'expiration des délais, et sera réputée non avenue si l'opposant ne comparaît pas. — *Instr.* 185.

R. v⁰ *Jugement par défaut*, 411 s. — S. eod. v⁰ 203 s.

Art. 152. La personne citée comparaîtra par elle-même, ou par un fondé de procuration spéciale. — *Instr.* 185.

R. v⁰ˢ *Défense*, 59 s. ; *Désaveu*, 91 ; *Instr. crim.*, 870 s. ; *Jugement par défaut*, 434 s. — S. v⁰ *Jugement par défaut*, 191 s. ; *Proc. crim.*, 1013.

Art. 153. L'instruction de chaque affaire sera publique, à peine de nullité.

Elle se fera dans l'ordre suivant :

es procès-verbaux, s'il y en a, seront lus le greffier;

es témoins, s'il en a été appelé par le istère public ou la partie civile, seront ndus s'il y a lieu; la partie civile prenses conclusions;

personne citée proposera sa défense, et entendre ses témoins, si elle en a amené fait citer, et si, aux termes de l'article ant, elle est recevable à les produire;

» ministère public résumera l'affaire et iera ses conclusions : la partie citée ra proposer ses observations.

tribunal de police prononcera le juget dans l'audience où l'instruction aura terminée, et, au plus tard, dans l'auce suivante. — *Instr.* 190.

v** *Instr. crim.,* 874 s.; *Jugement,* 807 s.; ein, 336 s. — S. v** *Jugement,* 631 s.; *Proc.* , 1016 s.; *Témoin,* 103 s. — T. (87-97), v** *Ju-* l, 227 s. — V. aussi C. instr. crim. ann., 53, n** 1 s.

rt. 154. Les contraventions seront vées, soit par procès-verbaux ou raps, soit par témoins à défaut de rapports ocès-verbaux, ou à leur appui.

al ne sera admis, à peine de nullité, à preuve par témoins contre ou contre le enu aux procès-verbaux ou rapport des iers de police ayant reçu de la loi le oir de constater les délits ou les contraions jusqu'à inscription de faux. Quant procès-verbaux et rapports faits par des ts, préposés ou officiers auxquels la loi pas accordé le droit d'en être crus jusinscription de faux, ils pourront être ttus par des preuves contraires, soit es, soit testimoniales, si le tribunal à propos de les admettre. — *Instr.* 9, 16, 35, 189, 342; *For.* 175, 176; *L.* vr. 1829, *art.* 52, 53; *L.* 3 *mai* 1844, 21, 22.

v** *Instr. crim.,* 889 s.; *Preuve,* 73 s.; *Pro-* rbal, 7 s., 131 s. —. v** *Descente sur les* , 19 s.; *Preuve,* 52 s.; *Proc. crim.,* 1045 s.; es-verbal, 31 s. — T. (87-97), v** *Instr. crim.,* —. V. aussi C. instr. crim. ann., art. 154, n** 1 s.

rt. 155. Les témoins feront à l'aucce, sous peine de nullité, le serment de toute la vérité, rien que la vérité; et le ier en tiendra note, ainsi que de leurs s, prénoms, âge, profession et demeure, leurs principales déclarations. — *Instr.* 89, 317; *Pén.* 364.

v** *Serment,* 195 s.; *Témoin,* 366 s. — S. v** ent, 63 s.; *Témoin,* 112 s. — T. (87-97), v** ment, 240 s.; *Serment,* 40 s. — V. aussi C. instr. ann., art. 155, n** 1 s.

rt. 156. Les ascendants ou descens de la personne prévenue, ses frères et es ou alliés en pareil degré, la femme ou mari, même après le divorce prononcé, eront ni appelés ni reçus en témoignage; néanmoins que l'audition des personnes essus désignées puisse opérer une nullorsque, soit le ministère public, soit la ie civile, soit le prévenu, ne se sont pas sés à ce qu'elles soient entendues. — ., 189, 322; *Pr.* 283.

v** *Témoin,* 90 s. — S. cod. v**, 36 s.

rt. 157. Les témoins qui ne satisferont à la citation, pourront y être contraints le tribunal, qui, à cet effet et sur la ré-ition du ministère public, prononcera » la même audience, sur le premier dé-l'amende, et en cas d'un second défaut, ontrainte par corps. — *Instr.* 80, 170; , 236; *Pr.* 264.

rt. 158. Le témoin ainsi condamné à ende sur le premier défaut et, qui, sur conde citation, produira devant le tri-al des excuses légitimes, pourra, sur les lusions du ministère public, être dé-gé de l'amende.

le témoin n'est pas cité de nouveau, il ra volontairement comparaître, par lui ar un fondé de procuration spéciale, à

l'audience suivante, pour présenter ses excuses, et obtenir, s'il y a lieu, décharge de l'amende. — *Instr.* 81, 187, 356.

R. v** *Témoin,* 336 s. — S. cod. v**, 105 s.

Art. 159. Si le fait ne présente ni délit ni contravention de police, le tribunal annulera la citation et tout ce qui aura suivi, et statuera par le même jugement sur les demandes en dommages-intérêts. — *Instr.* 191, 212, 366.

R. v** *Compét. crim.,* 307 s. — S. v** *Compét. crim.,* 208 s.; *Proc. crim.,* 1075 s.

Art. 160. Si le fait est un délit qui emporte une peine correctionnelle ou plus grave, le tribunal renverra les parties devant le procureur du Roi [le *procureur de la République*]. — *Instr.* 22, 179.

R. v** *Compét. crim.,* 302 s., 578 s.; *Instr. crim.,* 908. — S. v** *Compét. crim.,* 195 s.; 244 s.; *Proc. crim.,* 1072. — V. aussi C. instr. crim. ann., art. 160.

Art. 161. Si le prévenu est convaincu de contravention de police, le tribunal prononcera la peine, et statuera par le même jugement sur les demandes en restitution et en dommages-intérêts. — *Instr.* 189.

R. v** *Affiche,* 92 s.; *Compét. crim.,* 307 s., 367 s., 411 s.; *Instr. crim.,* 984 s.; *Responsabilité,* 66. — S. v** *Affiche,* 11 s.; *Compét. crim.,* 268 s., 250; *Proc. crim.,* 1079 s.; *Responsabilité,* 316. — C. ad., t. 3, v** *Salubrité publique,* p. 62, n** 1444 s.; *Voirie,* p. 1338, n** 8651 s. — V. aussi C. instr. crim. ann., art. 161, n** 1 s.

Art. 162. La partie qui succombera sera condamnée aux frais, même envers la partie publique.

Les dépens seront liquidés par le jugement. — *Instr.* 194, 366.

R. v** *Frais et dépens,* 906 s. — S. cod. v**, 577 s. —. V. aussi C. instr. crim. ann., art. 162.

Art. 163. Tout jugement définitif de condamnation sera motivé, et les termes de la loi appliqué y seront insérés, à peine de nullité.

Il y sera fait mention s'il est rendu en dernier ressort ou en première instance. — *Instr.* 195, 369, 408.

R. v** *Jugement,* 782 s. — S. cod. v**, 615 s.

Art. 164. La minute du jugement sera signée par le juge qui aura tenu l'audience, dans les vingt-quatre heures au plus tard, à peine de vingt-cinq francs d'amende contre le greffier, et de prise à partie, s'il y a lieu, tant contre le greffier que contre le président. — *Instr.* 196, 234, 370; *Pr.* 139, 505.

R. v** *Jugement,* 633 s. — S. cod. v**, 658 s.

. Art. 165. Le ministère public et la partie civile poursuivront l'exécution du jugement, chacun en ce qui le concerne. — *Instr.* 197.

R. v** *Compét. crim.,* 261; *Jugement,* 836 s. — S. v** *Compét. crim.,* 271; *Jugement,* 686 s.

§ 2. — De la juridiction des maires comme juges de police.

Art. 166 à 171. Abrogés par *L.* 27 *janvier* 1873.

§ 3. — De l'appel des jugements de police.

Art. 172. (*L.* 31 *décembre* 1906.) Les jugements rendus en matière de police pour-ront être attaqués par la voie de l'appel lorsqu'ils prononceront un emprisonnement ou lorsque les amendes, restitutions et autres réparations civiles excéderont la somme de cinq francs (5 fr.), sans les dépens.

Dans les affaires forestières poursuivies à la requête des agents de l'administration, l'appel sera toujours possible de la part de toutes les parties, quelles que soient la nature et l'importance des condamnations. — *Instr.* 192, 505.

R. v** *Acquiescement,* 873 s.; *Appel criminel,* 16 s. — S. v** *Acquiescement,* 117; *Appel criminel,* 16 s. — V. aussi C. instr. crim. ann., art. 172, n** 1 s.

Art. 173. L'appel sera suspensif. — *Instr.* 203.

R. v** *Appel criminel,* 112 s.

Art. 174. (*L.* 31 *décembre* 1906.) L'appel des jugements de simple police sera porté au tribunal correctionnel; cet appel sera interjeté par déclaration au greffe du tribunal qui a rendu le jugement, dans les dix jours, au plus tard, après celui où il a été prononcé; et, si le jugement est par défaut, dans les dix jours, au plus tard, de la signification de la sentence à personne ou à domicile. Il sera suivi et jugé dans la même forme que les appels des sentences des justices de paix.

Dans les affaires forestières poursuivies à la requête de l'administration, le délai ci-des-sus sera porté à quinze jours pour l'appel interjeté par les agents forestiers. — *Instr.* 176, 203.

R. v** *Appel crim. nat,* 93 s. — S. v** cod. v**, 25 s. Loi du 31 décembre 1906 : D. P. 1907. 4. 116.

Art. 175. Lorsque, sur l'appel, le procureur du Roi [le *procureur de la République*] ou l'une des parties le requerra, les témoins pourront être entendus de nouveau, et il pourra même en être entendu d'autres. — *Instr.* 153 s.

R. v** *Appel criminel,* 116 s., 322 s.; *Témoin,* 398 s. — S. v** *Témoin,* 126 s.

Art. 176. Les dispositions des articles précédents sur la solennité de l'instruction, la nature des preuves, la forme, l'authenti-cité et la signature du jugement définitif, la condamnation aux frais, ainsi que les peines que ces articles prononcent, seront com-munes aux jugements rendus, sur l'appel, par les tribunaux correctionnels. — *Instr.* 153 s.

R. v** *Appel criminel,* 122 s. — S. v** *Frais et dépens,* 623 s.

Art. 177. Le ministère public et les par-ties pourront, s'il y a lieu, se pourvoir en cas-sation contre les jugements rendus en dernier ressort par le tribunal de police ou contre les jugements rendus par le tribunal correc-tionnel, sur l'appel des jugements de police.

Le recours aura lieu dans la forme et dans les délais qui seront prescrits. — *Instr.* 216, 373, 413, 417, 427.

R. v** *Cassation,* 180 s., 385 s., 564 s., 817 s. — S. eod. v**, 50, 94 s., 128 s., 175 s.

Art. 178. (*L.* 27 *janvier* 1873.) Au com-mencement de chaque trimestre, les juges de paix transmettront au procureur de la République l'extrait des jugements de police qui auront été rendus dans le trimestre pré-cédent, et qui auront prononcé la peine d'emprisonnement. Cet extrait sera délivré sans frais par le greffier.

Le procureur de la République le déposera au greffe du tribunal correctionnel.

Il en rendra un compte sommaire au procu-reur général près la cour d'appel. — *Instr.* 198.

Loi du 31 décembre 1906 : D. P. 1907. 4. 116.

CHAPITRE II.
Des tribunaux en matière correctionnelle.

Art. 179. (*L.* 31 *décembre* 1906.) Les tribunaux de première instance en matière civile connaîtront en outre, sous le titre de tribunaux correctionnels, de tous les délits forestiers poursuivis à la requête de l'admi-nistration, sauf réserve des infractions défé-rées aux juges de paix en vertu de l'article 171 du Code forestier et de tous les délits dont la peine excède cinq jours d'emprisonnement et quinze francs (15 fr.) d'amende. — *Instr.* 130, 137, 174; *Pén.* 68; *For.* 159, 171, 190.

R. v** *Compét. crim.,* 50 s., 413 s. — S. eod. v**, 4 s., 251 s. — V. aussi C. instr. crim. ann., art. 179.

Art. 180. Ces tribunaux pourront, en matière correctionnelle, prononcer au nombre de trois juges.

R. v** *Greffier,* 34 s.; *Jugement,* 736 s.; *Organ. judic.,* 126, 376, 358 s. — S. v** *Jugement,* 594 s.; *Ministère public,* 7; *Organ. judic.,* 142 s.

Art. 181. S'il se commet un délit cor-rectionnel dans l'enceinte et pendant la durée de l'audience, le président dressera procès-verbal du fait, entendra le prévenu et les témoins, et le tribunal appliquera, sans désemparer, les peines prononcées par la loi.

Cette disposition aura son exécution pour les délits correctionnels commis dans l'enceinte et pendant la durée des audiences de nos cours, et même des audiences du tribunal civil, sans préjudice de l'appel de droit des jugements rendus dans ces cas par les tribunaux civils ou correctionnels. — *Instr.* 504 s.; *Pr.* 10 s., 88 s.

R. v^s *Compét. crim.*, 434; *Organ. judic.*, 301 s.; *Presse*, 1420 s. — S. v^s *Organ.judic.*, 188 s.; *Presse*, 1010 s. — T. (87-97), v^s *Audience*, 1 s.

Art. 182. Le tribunal sera saisi, en matière correctionnelle, de la connaissance des délits de sa compétence, soit par le renvoi qui lui en sera fait d'après les articles 130 et 160 ci-dessus, soit par la citation donnée directement au prévenu et aux personnes civilement responsables du délit par la partie civile, et, à l'égard des délits forestiers, par le conservateur, inspecteur ou sous-inspecteur forestier, ou par les gardes généraux, et, dans tous les cas, par le procureur du Roi [*le procureur de la République*]. — *Instr.* 64, 145, 230; *For.* 171 s.

R. v^s *Compét. crim.*, 273 s.; *Exploit*, 687 s.; *Instr. crim.*, 913 s. — S. v^s *Compét. crim.*, 480 s.; *Exploit*, 231 s.; *Proc. crim.*, 1080 s. — T. (87-97), v^s *Exploit*, 166 s.; *Instr. crim.*, 36 s. — V. aussi C. instr. crim. ann., art. 182, n^s 1 s.

Art. 183. La partie civile fera, par l'acte de citation, élection de domicile dans la ville où siège le tribunal : la citation énoncera les faits, et tiendra lieu de plainte. — *Instr.* 66, 68, 145, 182.

R. v^s *Exploit*, 714 s.; *Instr. crim.*, 497 s. — S. v^s *Exploit*, 237 s.; *Proc. crim.*, 679 s.

Art. 184. Il y aura au moins un délai de trois jours, outre un jour par trois myriamètres, entre la citation et le jugement, à peine de nullité de la condamnation qui serait prononcée par défaut contre la personne citée.

Néanmoins cette nullité ne pourra être proposée qu'à la première audience, et avant toute exception ou défense. — *Instr.* 146; *Pr.* 72, 173, 1033.

R. v^s *Exploit*, 783 s. — T. (87-97), eod. v^s, 160 s.

Art. 185. Dans les affaires relatives à des délits qui n'entraîneront pas la peine d'emprisonnement, le prévenu pourra se faire représenter par un avoué; le tribunal pourra néanmoins ordonner sa comparution en personne. — *Instr.* 152.

R. v^s *Défense*, 68 s.; *Instr. crim.*, 934 s.; *Jugement par défaut*, 461 s. — V. v^s *Défense*, 19 ; *Jugement par défaut*, 228 s.; *Proc. crim.*, 1110 s. — T. (87-97), v^s *Instr. crim.*, 36 s. — V. aussi C. instr. crim. ann., art. 185, n^s 1 s.

En ce qui concerne la défense en matière correctionnelle, V. C. instr. crim. ann., p. 370 s. — V. aussi V^s *Défense*, 68 s., 91 s.; *Instr. crim.*, 941 s.; S. v^s *Défense*, 19, 24 s.; *Proc. crim.*, 1127 s.

Sur la comparution de la partie civile et de la partie civilement responsable devant le tribunal correctionnel, V. C. instr. crim. ann., p. 372. — V. aussi R. v^s *Instr. crim.*, 342, 938; S. v^s *Proc. crim.*, 694, 1126 s.

Art. 186. Si le prévenu ne comparaît pas, il sera jugé par défaut. — *Instr.* 149, 187.

R. v^s *Jugement par défaut*, 448 s. — S. eod. v^s, 212 s. — T. (87-97), eod. v^s, 145 s. — V. aussi C. instr. crim. ann., art. 186, n^s 1 s.

Art. 187. (*L. 27 juin 1856.*) La condamnation par défaut sera comme non avenue, si dans les cinq jours de la signification qui en aura été faite au prévenu ou à son domicile, outre un jour par cinq myriamètres, celui-ci forme opposition à l'exécution du jugement et notifie son opposition tant au ministère public qu'à la partie civile.

Les frais de l'expédition, de la signification du jugement par défaut et de l'opposition pourront être laissés à la charge du prévenu.

Toutefois, si la signification n'a pas été faite à personne, ou s'il ne résulte pas d'actes

---

d'exécution du jugement que le prévenu en a eu connaissance, l'opposition sera recevable jusqu'à l'expiration des délais de la prescription de la peine. — *Instr.* 68, 150, 478.

R. v^s *Jugement par défaut*, 468 s. — S. eod. v^s, 230 s. — T. (87-97), eod. v^s, 165 s. — V. aussi C. instr. crim. ann., art. 187, n^s 1 s.

Loi du 27 juin 1856 : D. P. 66. 4. 75.

Art. 188. L'opposition emportera de droit citation à la première audience : elle sera non avenue, si l'opposant n'y comparaît pas; et le jugement que le tribunal aura rendu sur l'opposition ne pourra être attaqué par la partie qui l'aura formée, si ce n'est par appel, ainsi qu'il sera dit ci-après.

Le tribunal pourra, s'il y échet, accorder une provision, et cette disposition sera exécutoire nonobstant l'appel. — *Instr.* 151.

R. v^s *Jugement par défaut*, 482 s.; *Tierce-opposition*, 311 s. — S. v^s *Jugement par défaut*, 272 s.; *Tierce-opposition*, 166 s.

Art. 189. (*L. 13 juin 1856.*) La preuve des délits correctionnels se fera de la manière prescrite aux articles 154, 155 et 156 ci-dessus, concernant les contraventions de police. Le greffier tiendra note des déclarations des témoins et des réponses du prévenu. Les notes du greffier seront visées par le président, dans les trois jours de la prononciation du jugement. Les dispositions des articles 157, 158, 159, 160 et 161 sont communes aux tribunaux en matière correctionnelle.

R. v^s *Instr. crim.*, 941 s.; *Preuve*, 73 s. — S. v^s *Preuve*, 52 s.; *Proc. crim.*, 1135 s. — V. aussi C. instr. crim. ann., art. 189, n^s 1 s.

Loi du 13 juin 1856 : D. P. 56. 4. 63.

Art. 190. L'instruction sera publique, à peine de nullité.

Le procureur du Roi [*le procureur de la République*], la partie civile ou son défenseur, et, à l'égard des délits forestiers, le conservateur, inspecteur ou sous-inspecteur forestier, ou, à leur défaut, le garde général, exposeront l'affaire : les procès-verbaux ou rapports, s'il en a été dressé, seront lus par le greffier; les témoins pour et contre seront entendus, s'il y a lieu, et les reproches proposés et jugés; les pièces pouvant servir à conviction ou à décharge seront représentées aux témoins et aux parties; le prévenu sera interrogé; le prévenu et les personnes civilement responsables proposeront leur défense : le procureur du Roi [*le procureur de la République*] résumera l'affaire et donnera ses conclusions; le prévenu et les personnes civilement responsables du délit pourront répliquer.

Le jugement sera prononcé de suite, ou, au plus tard, à l'audience qui suivra celle où l'instruction aura été terminée. — *Instr.* 153.

R. v^s *Défense*, 143 s.; *Instr. crim.*, 941 s.; *Jour férié*, 32 s.; *Jugement*, 772 s.; *Témoins*, 336 s. — S. v^s *Défense*, 48 s.; *Jugement*, 611 s.; *Proc. crim.*, *Témoins*, 105 s. — T. (87-97), v^s *Instr. crim.*, 36 s.; *Jugement*, 227 s. — V. aussi C. instr. crim. ann., art. 190, n^s 1 s.

Art. 191. Si le fait n'est réputé ni délit ni contravention de police, le tribunal annulera l'instruction, la citation et tout ce qui aura suivi, renverra le prévenu, et statuera sur les demandes en dommages-intérêts. — *Instr.* 152, 219, 359, 366.

R. v^s *Compét. crim.*, 513 s.; *Instr. crim.*, 978 s. — S. v^s *Compét. crim.*, 297 s.; *Proc. crim.*, 1179 s. — V. aussi C. instr. crim. ann., art. 191, n^s 1 s.

Art. 192. Si le fait n'est qu'une contravention de police, et si la partie publique ou la partie civile n'a pas demandé le renvoi, le tribunal appliquera la peine, et statuera, s'il y a lieu, sur les dommages-intérêts.

Dans ce cas, son jugement sera en dernier ressort. — *Instr.* 137, 174, 213, 230, 365.

R. v^s *Appel criminel*, 80 s.; *Compét. crim.*, 534 s. — S. v^s *Appel criminel*, 21 s.; *Compét. crim.*, 310 s. — T. (87-97), v^s *Degré de juridiction*, 281.

Art. 193. Si le fait est de nature à mériter une peine afflictive ou infamante, le tribunal pourra décerner de suite le mandat de dépôt ou le mandat d'arrêt; et il renverra le prévenu devant le juge d'instruction compétent. — *Instr.* 160, 211.

R. v^s *Compét. crim.*, 547 s. — S. eod. v^s, 314 s.

Art. 194. Tout jugement de condamnation rendu contre le prévenu et contre les personnes civilement responsables du délit ou contre la partie civile, les condamnera aux frais, même envers la partie publique.

Les frais seront liquidés par le même jugement. — *Instr.* 162, 368.

R. v^s *Frais et dépens*, 966 s. — S. eod. v^s, 537 s.

Art. 195. Dans le dispositif de tout jugement de condamnation seront énoncés les faits dont les personnes citées seront jugées coupables ou responsables, la peine et les condamnations civiles.

Le texte de la loi dont on fera l'application sera lu à l'audience par le président; il sera fait mention de cette lecture dans le jugement, et le texte de la loi y sera inséré sous peine de cinquante francs d'amende contre le greffier. — *Instr.* 163, 369, 408.

R. v^s *Jugement*, 782 s. — S. eod. v^s, 615 s.

Art. 196. La minute du jugement sera signée au plus tard dans les vingt-quatre heures par les juges qui l'auront rendu.

Les greffiers qui délivreront expédition d'un jugement avant qu'il ait été signé, seront poursuivis comme faussaires.

Les procureurs du Roi [*les procureurs de la République*] se feront représenter, tous les mois, les minutes des jugements; et, en cas de contravention au présent article, en dresseront procès-verbal pour être procédé ainsi qu'il appartiendra. — *Instr.* 370; *Pr.* 138, 139, 140.

R. v^s *Jugement*, 834 s. — S. eod. v^s, 674 s.

Art. 197. Le jugement sera exécuté à la requête du procureur du Roi [*du procureur de la République*] et de la partie civile chacun en ce qui le concerne.

Néanmoins les poursuites pour le recouvrement des amendes et confiscation seront faites, au nom du procureur du Roi [*du procureur de la République*], par le directeur de la régie des droits d'enregistrement et domaines. — *Instr.* 165, 376.

R. v^s *Compét. crim.*, 479; *Jugement*, 856 s.; *Ministère public*, 279 s. — S. v^s *Compét. crim.*, 274; *Jugement*, 680 s.; *Ministère public*, 222 s. — T. (87-97), v^s *Exécution des jugements*, 30 s. — V. aussi C. instr. crim. ann., art. 197, n^s 1 s.

Art. 198. Le procureur du Roi [*le procureur de la République*] sera tenu, dans les quinze jours qui suivront la prononciation du jugement, d'en envoyer un extrait au procureur général près la cour royale [*la cour d'appel*]. — *Instr.* 178.

R. v^s *Appel criminel*, 183; *Greffe*, 80.

Art. 199. Les jugements rendus en matière correctionnelle pourront être attaqués par la voie de l'appel. — *Instr.* 172, 192.

R. v^s *Appel criminel*, 129 s.; *Degré de juridiction*, 659 s. — S. v^s *Appel criminel*, 31 s.; *Degré de juridiction*, 234 s.

Art. 200. Abrogé par L. 13 juin 1856.

Art. 201. (*L. 13 juin 1856.*) L'appel sera porté à la cour impériale [*la cour d'appel*]. — *Instr.* 180.

R. v^s *Appel criminel*, 1 s.; *Organ. judic.*, 50. — S. v^s *Appel criminel*, 1 s.

Loi du 13 juin 1856 : D. P. 56. 4. 63.

Art. 202. (*L. 13 juin 1856.*) La faculté d'appeler appartiendra :

1° Aux parties prévenues ou responsables;

2° A la partie civile quant à ses intérêts civils seulement;

3° A l'Administration forestière;

4° Au procureur impérial [*au procureur de la République*] près le tribunal de première instance;

Au procureur général près la cour impériale [la cour d'appel]. — Instr. 199.

V° Appel criminel, 157 s., 295 s., 336 s. — d. v°, 35 s., 74 s., 95 s. — T. (87-97), cod. v°, — V. aussi C. instr. crim., art. 202, n° 1 s.

i du 13 juin 1856 : D. P. 56. 4. 63.

rt. 203. Il y aura, sauf l'exception ée en l'article 205 ci-après, déchéance appel, si la déclaration d'appeler n'a pas faite au greffe du tribunal qui a rendu le ment, dix jours au plus tard après celui l a été prononcé, et, si le jugement est du par défaut, dix jours, au plus tard es celui de la signification qui en aura été à la partie condamnée ou à son domi-, outre un jour par trois myriamètres.

endant ce délai et pendant l'instance pel, il sera sursis à l'exécution du juge-. — Instr. 174.

rt. 203 c. instr. crim. est applicable à la procédure el en matière de contributions indirectes. — L., 6 août art. 27, D. P. 1906. 4. 46.

V° Appel criminel, 200 s., 237 s.; Appel inci-, 162 s. — S. V° Appel criminel, 44 s., 60 s.; l incident; 30 s. — T. (87-97), V° Appel cor-onnel et de police, 16 s.; Appel incident, 17 s. . aussi C. instr. crim. ann., art. 203, n° 1 s.

rt. 204. (L. 13 juin 1856.) La requête tenant les moyens d'appel pourra être ise dans le même délai au même greffe; sera signée de l'appelant ou d'un avoué, le tout autre fondé de pouvoir spécial.

ans ce dernier cas, le pouvoir sera an-à la requête.

tte requête pourra aussi être remise di-ement au greffe de la cour impériale [la d'appel].

V° Appel criminel, 267 s. — S. eod. v°, 69.

i du 13 juin 1856 : D. P. 56. 4. 63.

rt. 205. (L. 13 juin 1856.) Le procu-général près la cour impériale [la cour appel] devra notifier son recours, soit au enu, soit à la personne civilement res-sable du délit, dans les deux mois à pter du jour de la prononciation du juge-t, ou, si le jugement lui a été légalement ifié par l'une des parties, dans le mois du de cette notification, sinon il sera déchu.

V° Appel criminel, 226 s., 282 s. — S. eod. v°, , 70 s.

i du 13 juin 1856 : D. P. 56. 4. 63.

rt. 206. (L. 13 juillet 1909.) Seront, obstant appel, mis en liberté, immédia-ent après le jugement, le prévenu qui a été acquitté ou condamné soit à l'em-sonnement avec sursis, soit à l'amende, aussitôt après l'accomplissement de sa ne, le prévenu condamné à une peine mprisonnement qui se trouvera accom-avant l'expiration du délai d'appel du curcur général.

i du 13 juillet 1909 : D. P. 1909, 4° partie ; — Dalloz, 1909.

rt. 207. (L. 13 juin 1856.) La requête, lle a été remise au greffe du tribunal de mière instance, et la déclaration, seront en-ies par le procureur impérial [le procu- de la République] au greffe de la cour, s les vingt-quatre heures après la décla-i celui contre lequel le jugement a été u est en état d'arrestation, il sera, dans même délai et par ordre du procureur érial [du procureur de la République], sféré dans la maison d'arrêt du lieu où e la cour impériale [la cour d'appel]. — r. 233, 243.

V° Appel criminel, 238, 305; Instr. crim., ; Ministère public, 283.

i du 13 juin 1856 : D. P. 56. 4. 63.

rt. 208. (L. 13 juin 1856.) Les arrêts dus par défaut, sur l'appel, pourront être qués par la voie de l'opposition, dans la ne forme et dans les mêmes délais que jugements par défaut rendus par les tri-aux correctionnels.

L'opposition emportera de droit citation à la première audience; elle sera comme non avenue, si l'opposant n'y comparaît pas. L'arrêt qui interviendra sur l'opposition ne pourra être attaqué par la partie qui l'aura formée, si ce n'est devant la cour de cassation. — Instr. 150, 151, 177, 187, 188, 216.

R. V° Appel crim., 211 s., 335; Jugement par défaut, 448 s. — S. V° Appel criminel, 47 s.; Ju-gement par défaut, 212 s.

Loi du 13 juin 1856 : D. P. 56. 4. 63.

Art. 209. (L. 13 juin 1856.) L'appel sera jugé à l'audience, dans le mois, sur le rap-port d'un conseiller.

Art. 210. (L. 13 juin 1856.) A la suite du rapport, et avant que le rapporteur et les conseillers émettent leur opinion, le prévenu, soit qu'il ait été acquitté, soit qu'il ait été condamné, les personnes civilement respon-sables du délit, la partie civile et le procu-reur général, seront entendus dans la forme et dans l'ordre prescrits par l'article 190. — Instr. 190.

R. V° Appel criminel, 305 s.; Instr. crim., 996 s. — S. V° Appel crim., 79 s., 94; Proc. crim., 1185 s., 1210.

Loi du 13 juin 1856 : D. P. 56. 4. 63.

Art. 211. (L. 13 juin 1856.) Les dispo-sitions des articles précédents sur la solen-nité de l'instruction, la nature des preuves, la forme, l'authenticité et la signature du jugement définitif de première instance, la condamnation aux frais, ainsi que les peines que ces articles prononcent, seront com-munes aux arrêts rendus sur l'appel. — Instr. 189, 190, 194, 195, 196.

R. V° Appel criminel, 318 s.; Frais et dépens, 1638 s.; Témoins, 396 s. — S. V° Appel criminel, 90 s.; Frais et dépens, 623 s.; Témoins, 126 s. — V. aussi C. instr. crim. ann., art. 211, n° 1 s.

Loi du 13 juin 1856 : D. P. 56. 4. 63.

Art. 212. (L. 13 juin 1856.) Si le juge-ment est réformé parce que le fait n'est ré-puté délit ni contravention de police par aucune loi, la cour renverra le prévenu, et statuera, s'il y a lieu, sur ses dommages-intérêts. — Instr. 159, 171, 229, 366.

R. V° Appel criminel, 339 s.; Compét. crim., 534 s. — S. V° Appel criminel, 95; Compét. crim., 310 s.

Loi du 13 juin 1856 : D. P. 56. 4. 63.

Art. 213. (L. 13 juin 1856.) Si le juge-ment est annulé parce que le fait ne présente qu'une contravention de police, et si la partie publique et la partie civile n'ont pas demandé le renvoi, la cour prononcera la peine, et statuera également, s'il y a lieu, sur les dom-mages-intérêts. — Instr. 192.

R. V° Appel criminel, 341 s., 357 s.; Compét. crim., 536 s., 556 s.; Instr. crim., 1026 s.; Renvoi, 194 s. — S. V° Appel criminel, 106 s.; Compét. crim., 310 s., 322 s.

Loi du 13 juin 1856 : D. P. 56. 4. 63.

Art. 214. (L. 13 juin 1856.) Si le juge-ment est annulé parce que le fait est de nature à mériter une peine afflictive ou infa-mante, la cour décernera, s'il y a lieu, le mandat de dépôt ou même le mandat d'arrêt, et renverra le prévenu devant le fonctionnaire public compétent, autre toutefois que celui qui aura rendu le jugement ou fait l'instruc-tion. — Instr. 160, 193, 431.

R. V° Appel criminel, 346 s.; Compét. crim., 565 s.; Degré de juridiction, 95 s.; Instr. crim., 1029. — S. V° Appel criminel, 93 s.; Degré de ju-ridiction, 229 s.; Proc. crim., 1215. — T. (87-97), V° Degré de juridiction, 282 s. — V. aussi C. instr. crim. ann., art. 215, n° 1 s.

Loi du 13 juin 1856 : D. P. 56. 4. 63.

Art. 215. (L. 13 juin 1856.) Si le juge-ment est annulé pour violation ou omission non réparée de formes prescrites par la loi à peine de nullité, la cour statuera sur le fond. — Instr. 172, 174.

Art. 216. (L. 13 juin 1856.) La partie civile, le prévenu, la partie publique, les personnes civilement responsables du délit, pourront se pourvoir en cassation contre l'arrêt. — Instr. 177, 373, 407, 413, 427.

R. V° Cassation, 353 s., 385, 417 s., 564, 948. — S. eod. v°, 92, 97, 128, 195.

Loi du 13 juin 1856 : D. P. 56. 4. 63.

Sur les règles spéciales de l'instruction préparatoire, de la saisine et de la procédure à l'audience en cas de délit flagrant, V. infra, Appendice, la loi du 20 mai 1863, sur l'instruction des flagrants délits devant les tribunaux correctionnels.

TITRE DEUXIÈME.

Des affaires qui doivent être soumises au jury.

Loi décrétée le 9 décembre 1808, promulguée le 19 du même mois.

CHAPITRE PREMIER.

Des mises en accusation.

Art. 217. Le procureur général près la cour royale [la cour d'appel] sera tenu de mettre l'affaire en état dans les cinq jours de la réception des pièces qui lui auront été transmises en exécution de l'article 133 ou de l'article 135, et de faire son rapport dans les cinq jours suivants, au plus tard.

Pendant ce temps, la partie civile et le prévenu pourront fournir les mémoires qu'ils estimeront convenables, sans que le rapport puisse être retardé.

R. V° Instr. crim., 1030 s. — S. V° Proc. crim., 1218 s.

Art. 218. (L. 17 juillet 1856.) Une section de la cour impériale [la cour d'appel], spé-cialement formée à cet effet, sera tenue de se réunir, sur la convocation de son prési-dent, et sur la demande du procureur gé-néral, toutes les fois qu'il sera nécessaire, pour entendre le rapport de ce magistrat et statuer sur ses réquisitions.

A défaut de demande expresse du procu-reur général, elle se réunira au moins une fois par semaine.

§ 1. LÉGISLATION ANTÉRIEURE A LA LOI DU 17 JUILLET 1856 : R. V° Instr. crim., 1046 s.

§ 2. LOI DU 17 JUILLET 1856 : S. V° Proc. crim., 1227 s. — D. P. 56. 4. 125.

Art. 219. (L. 17 juillet 1856.) Le pré-sident sera tenu de faire prononcer la section immédiatement après le rapport du procu-reur général; en cas d'impossibilité, la sec-tion devra prononcer au plus tard dans les trois jours.

R. V° Instr. crim., 1050 s. — S. V° Proc. crim., 1230 s.

Loi du 17 juillet 1856 : D. P. 56. 4. 125.

Art. 220. Si l'affaire est de la nature de celles qui sont réservées à la haute cour ou à la cour de cassation, le procureur général est tenu d'en requérir la suspension et le renvoi, et la section de l'ordonner. — Instr. 481, 482, 485 à 503.

R. V° Instr. crim., 1058 s.

La haute cour de justice a été abolie par le décret du 4 novembre 1870 (D. P. 70. 4. 101); mais une haute cour de justice a été rétablie par les lois constitutionnelles des 24 février 1875, art. 9 (D. P. 75. 4. 28; — et C. ad., t. 1, V° Lois constitutionnelles, n° 40), et 16 juillet 1875, art. 12 (D. P. 75. 4. 117; — et C. ad., t. 1, V° Lois constitutionnelles, t. 57, n° 713 s.).

La loi du 10 avril 1889 (D. P. 89. 4. 35) a réglé la procé-dure à suivre devant le haut cour pour juger toute personne inculpée d'attentat commis contre la sûreté de l'État.

Art. 221. Hors le cas prévu par l'article précédent, les juges examineront s'il existe contre le prévenu des preuves ou des indices d'un fait qualifié crime par la loi, et si ces preuves ou indices sont assez graves pour que la mise en accusation soit prononcée.

R. V° Instr. crim., 1060 s. — S. V° Proc. crim., 1232 s.

Art. 222. Le greffier donnera aux juges, en présence du procureur général, lecture de toutes les pièces du procès; elles seront ensuite laissées sur le bureau, ainsi que les mémoires que la partie civile et le prévenu auront fournis.

Art. 223. La partie civile, le prévenu, les témoins, ne paraîtront point.

Art. 224. Le procureur général, après avoir déposé sur le bureau sa réquisition écrite et signée, se retirera ainsi que le greffier. — *Instr.* 276.

Art. 225. Les juges délibéreront entre eux sans désemparer, et sans communiquer avec personne.

R. V⁰ *Instr. crim.*, 1019 s., 1126.

Art. 226. La cour statuera par un seul et même arrêt sur les délits connexes dont les pièces se trouveront en même temps produites devant elle. — *Instr.* 308, 433, 526, 540.

R. V⁰ *Compét. crim.*, 140 s.; *Instr. crim.*, 1102 s. — S. V⁰ *Compét. crim.*, 105 s. — T. (87-97), *eod.* v⁰, 40 s. — V. aussi C. instr. crim. ann., art. 226, n⁰ˢ 1 s.

Art. 227. Les délits sont connexes, soit lorsqu'ils ont été commis en même temps par plusieurs personnes réunies, soit lorsqu'ils ont été commis par différentes personnes, en même temps et en divers lieux, mais par suite d'un concert formé à l'avance, entre elles, soit lorsque les coupables ont commis les uns pour se procurer les moyens de commettre les autres, pour en faciliter, pour en consommer l'exécution, ou pour en assurer l'impunité. — *Instr.* 308.

R. V⁰ *Compét. crim.*, 147 s.; *Instr. crim.*, 1102 s. — S. V⁰ *Compét. crim.*, 108 s.

Art. 228. Les juges pourront ordonner, s'il y échet, des informations nouvelles.

Ils pourront également ordonner, s'il y a lieu, l'apport des pièces servant à conviction qui seront restées déposées au greffe du tribunal de première instance.

Le tout dans le plus court délai. — *Instr.* 87, 235, 236, 250.

R. V⁰ *Instr. crim.*, 1051 s. — S. V⁰ *Proc. crim.*, 1231.

Art. 229. (*L. 17 juillet 1856.*) Si la cour n'aperçoit aucune trace d'un délit prévu par la loi, ou si elle ne trouve pas des indices suffisants de culpabilité, elle ordonnera la mise en liberté du prévenu; ce qui sera exécuté sur-le-champ, s'il n'est retenu pour autre cause.

Dans le même cas, lorsque la cour statuera sur une opposition à la mise en liberté du prévenu prononcée par ordonnance du juge d'instruction, elle confirmera cette ordonnance; ce qui sera exécuté comme il est dit au précédent paragraphe. — *Instr.* 128, 135, 159, 191, 212, 492.

§ 1. LÉGISLATION ANTÉRIEURE A LA LOI DU 17 JUILLET 1856 : R. V⁰ *Instr. crim.*, 1072 s.

§ 2. LOI DU 17 JUILLET 1856 : S. V⁰ *Proc. crim.*, 1236 s. — D. P. 56. 4. 125.

Art. 230. (*L. 17 juillet 1856.*) Si la cour estime que le prévenu doit être renvoyé à un tribunal de simple police ou à un tribunal de police correctionnelle, elle prononcera le renvoi devant le tribunal compétent; dans le cas de renvoi à un tribunal de simple police, le prévenu sera mis en liberté. — *Instr.* 130, 131.

§ 1. LÉGISLATION ANTÉRIEURE A LA LOI DU 17 JUILLET 1856 : R. V⁰ *Instr. crim.*, 1131 s. — § 2. LOI DU 17 JUILLET 1856 : S. V⁰ *Proc. crim.*, 1095, 1229 s. — D. P. 56. 4. 125.

Art. 231. (*L. 17 juillet 1856.*) Si le fait est qualifié crime par la loi, et que la cour trouve des charges suffisantes pour motiver la mise en accusation, elle ordonnera le renvoi du prévenu aux assises.

Dans tous les cas, quelle que soit l'ordonnance du juge d'instruction, la cour sera tenue, sur les réquisitions du procureur général, de statuer, à l'égard de chacun des prévenus renvoyés devant elle, sur tous les chefs de crimes, de délits ou de contraventions résultant de la procédure.

§ 1. LÉGISLATION ANTÉRIEURE A LA LOI DU 17 JUILLET 1856 : R. V⁰ *Compét. crim.*, 506 s.; 645 s.; *Instr. crim.*, 1090 s., 1132 s.

§ 2. LOI DU 17 JUILLET 1856 : S. V⁰ *Compét. crim.*, 364 s.; *Proc. crim.*, 1232 s. — D. P. 56. 4. 125.

Art. 232. (*L. 17 juillet 1856.*) Lorsque la cour prononcera une mise en accusation, elle décernera contre l'accusé une ordonnance de prise de corps.

Cette ordonnance contiendra les nom, prénoms, âge, lieu de naissance, domicile et profession de l'accusé; elle contiendra, en outre, à peine de nullité, l'exposé sommaire et la qualification légale du fait objet de l'accusation.

§ 1. LÉGISLATION ANTÉRIEURE A LA LOI DU 17 JUILLET 1856 : R. V⁰ *Instr. crim.*, 837 s., 1099 s.

§ 2. LOI DU 17 JUILLET 1856 : S. V⁰ *Proc. crim.*, 878, 1243, 1253. — T. (87-97), v⁰ *Instr. crim.*, 28 s. — D. P. 56. 4. 125.

Art. 233. (*L. 17 juillet 1856.*) L'ordonnance de prise de corps sera insérée dans l'arrêt de mise en accusation, lequel contiendra l'ordre de conduire l'accusé dans la maison de justice établie près la cour où il sera renvoyé. — *Instr.* 292.

R. V⁰ *Instr. crim.*, 1100 s.
Loi du 17 juillet 1856 : D. P. 56. 4. 125.

Art. 234. Les arrêts seront signés par chacun des juges qui les auront rendus; il y sera fait mention, à peine de nullité, tant de la réquisition du ministère public, que du nom de chacun des juges. — *Instr.* 161, 299.

R. V⁰ *Instr. crim.*, 108 s.

Art. 235. Dans toutes les affaires, les cours d'appel, tant qu'elles n'auront pas décidé s'il y a lieu de prononcer la mise en accusation, pourront d'office, soit qu'il y ait ou non une instruction commencée par les premiers juges, ordonner des poursuites, se faire apporter les pièces, informer ou faire informer, et statuer ensuite ce qu'il appartiendra. — *Instr.* 228, 250.

R. V⁰ *Instr. crim.*, 1100 s. — S. V⁰ *Proc. crim.*, 1260 s. — V. aussi C. instr. crim. ann., p. 499 s.

Art. 236. Dans le cas du précédent article, un des membres de la section dont il est parlé en l'article 218 fera les fonctions de juge instructeur. — *Instr.* 55.

R. V⁰ *Instr. crim.*, 1156 s.

Art. 237. Le juge entendra les témoins, ou commettra pour recevoir leurs dépositions, un des juges du tribunal de première instance dans le ressort duquel ils demeurent, interrogera le prévenu, fera constater par écrit toutes les preuves ou indices qui pourront être recueillis, et décernera, suivant les circonstances, les mandats d'amener, de dépôt ou d'arrêt.

R. V⁰ *Instr. crim.*, 1158 s.

Art. 238. Le procureur général fera son rapport dans les cinq jours de la remise que le juge instructeur lui aura faite des pièces. — *Instr.* 217.

R. V⁰ *Instr. crim.*, 1163.

Art. 239. (*L. 17 juillet 1856.*) S'il résulte de l'examen qu'il y a lieu de renvoyer le prévenu à la cour d'assises, la cour prononcera ainsi qu'il a été dit aux articles 231, 232 et 233 ci-dessus.

S'il y a lieu à renvoi en police correctionnelle, la cour se conformera aux dispositions de l'article 230.

Si, dans ce cas, le prévenu a été arrêté, et si le délit peut entraîner la peine d'emprisonnement, il gardera prison jusqu'au jugement.

R. V⁰ *Instr. crim.*, 1169, 1163.
Loi du 17 juillet 1856 : D. P. 56. 4. 125.

Art. 240. Seront, au surplus, observées les autres dispositions du présent Code qui ne sont point contraires aux cinq articles précédents.

Art. 241. Dans tous les cas où le prévenu sera renvoyé à la cour d'assises, le procureur général sera tenu de rédiger un acte d'accusation.

L'acte d'accusation exposera : 1⁰ la nature du délit qui forme la base de l'accusation; 2⁰ le fait et toutes les circonstances qui peuvent aggraver ou diminuer la peine; le prévenu y sera dénommé et clairement désigné.

L'acte d'accusation sera terminé par le résumé suivant : « En conséquence, N... est accusé d'avoir commis tel meurtre, tel vol, ou tel autre crime, avec telle et telle circonstance. » — *Instr.* 271.

R. V⁰ *Instr. crim.*, 1185 s. — S. V⁰ *Proc. crim.*, 1276 s.

Art. 242. L'arrêt de renvoi et l'acte d'accusation seront signifiés à l'accusé et lui sera laissé copie du tout.

R. V⁰ *Instr. crim.*, 1209 s. — S. V⁰ *Contumace*, 5 s.; *Proc. crim.*, 1279 s. — V. aussi C. instr. crim. ann., art. 242, n⁰ 1 s.

Art. 243. Dans les vingt-quatre heures qui suivront cette signification, l'accusé sera transféré de la maison d'arrêt dans la maison de justice établie près la cour où il doit être jugé. — *Instr.* 207.

R. V⁰ *Instr. crim.*, 1232.

Art. 244. Si l'accusé ne peut être saisi ou ne se présente point, on procédera contre lui par contumace, ainsi qu'il sera réglé ci-après au chapitre II du titre IV du présent livre.

Sur la procédure de contumace, V. *infrà*, art. 465 à 478.

Art. 245. Le procureur général donnera avis de l'arrêt de renvoi à la cour d'assises, tant au maire du lieu du domicile de l'accusé, s'il est connu, qu'à celui du lieu où le délit a été commis.

R. V⁰ *Instr. crim.*, 1135.

Art. 246. Le prévenu à l'égard duquel la cour royale [*la cour d'appel*] aura décidé qu'il n'y a pas lieu au renvoi à la cour d'assises, ne pourra plus y être traduit à raison du même fait, à moins qu'il ne survienne de nouvelles charges. — *Instr.* 300.

Art. 247. Sont considérés comme charges nouvelles les déclarations de témoins, pièces et procès-verbaux qui, n'ayant pu être soumis à l'examen de la cour royale [*la cour d'appel*], sont cependant de nature, soit à fortifier les preuves que la cour aurait trouvées trop faibles, soit à donner aux faits de nouveaux développements utiles à la manifestation de la vérité.

R. V⁰ *Chose jugée*, 425 s.; *Instr. crim.*, 1105 s. — S. V⁰ *Chose jugée*, 251 s.; *Proc. crim.*, 1269 s.

Art. 248. En ce cas, l'officier de police judiciaire, ou le juge d'instruction, adressera sans délai copie des pièces et charges au procureur général [près la cour royale [*la cour d'appel*]; et sur la réquisition du procureur général, le président de la section criminelle indiquera le juge devant lequel il sera, à la poursuite de l'officier du ministère public, procédé à une nouvelle instruction, conformément à ce qui a été prescrit.

Pourra toutefois le juge d'instruction décerner, s'il y a lieu, sur les nouvelles charges, et avant leur envoi au procureur général, un mandat de dépôt contre le prévenu qui aurait été déjà mis en liberté d'après les dispositions de l'article 229.

R. V⁰ *Instr. crim.*, 1178 s. — T. (87-97), *eod.* v⁰, 35.

Art. 249. Le procureur du Roi [*le procureur de la République*] enverra, tous les huit jours, au procureur général, une notice de toutes les affaires criminelles, et police correctionnelle ou de simple police, qui seront survenues. — *Instr.* 27, 287, 290.

Art. 250. Lorsque, dans la notice des causes de police correctionnelle ou de simple ce, le procureur général trouvera qu'elles sentent des caractères plus graves, il pra ordonner l'apport des pièces dans la nzaine seulement de la réception de la ce, pour ensuite être par lui fait dans autre délai de quinzaine du jour de la ption des pièces, telles réquisitions qu'il nera convenables, et par la cour être onné dans le délai de trois jours ce qu'il artiendra.

v' *Instr. crim.*, 1145 s.

CHAPITRE II.
la formation des cours d'assises.

rt. 251. Il sera tenu des assises dans que département, pour juger les indivi- que la cour royale [*la cour d'appel*] y a renvoyés. — *Instr.* 133, 231, 252, 258, 500.

rt. 252. (*L. 25 février* 1901.) Dans s les départements, les assises seront es par un conseiller de la cour d'appel gué à cet effet, qui sera président, et par « juges pris, soit parmi les conseillers a cour d'appel, soit parmi les présidents juges du tribunal de première instance lieu de la tenue des assises.

es présidents ou juges du tribunal de pre- ere instance du lieu de la tenue des ses, appelés à faire partie de la cour sises, seront désignés par le premier ident, qui prendra préalablement l'avis procureur général.

es désignations seront faites et publiées n la forme et dans les délais déterminés les articles 79 et 80 du décret du 6 juil- 1810.

partir du jour de l'ouverture de la ses- , le président des assises pourvoira au placement des assesseurs régulièrement échés et désignera, s'il y a lieu, les sseurs supplémentaires.

rt. 253. (*L. 25 février* 1901.) Dans les artements où siègent les cours d'appel, fonctions du ministère public auprès de our d'assises seront remplies, soit par le rcureur général, soit par un des avocats éraux, soit par un des substituts du pro- eur général. Le greffier de la cour y cera ses fonctions par lui-même ou par des ses commis assermentés.

ans les autres départements, les fonc- s du ministère public auprès de la cour sises seront remplies par le procureur de République près le tribunal ou par l'un ses substituts, sans préjudice des dispo- ns contenues dans les articles 205, 271 84. Le greffier du tribunal y exercera ses tions par lui-même ou par l'un de ses mis assermentés.

1. LÉGISLATION ANTÉRIEURE A LA LOI DU ÉVRIER 1901 : R. v" *Greffe*, 33 ; *Jugement*, s. ; *Ministère public*, 23 s., 46 s. ; *Organ. ju- 626 s.* — S. v" *Jugement*, 594 s. ; *Ministère* ic, 26 s. ; *Organ. judic.*, 393 s.
2. LOI DU 25 FÉVRIER 1901 : D. P. 1901. 4. 58.

rt. 254. *Abrogé par L.* 4 mars 1831.
rt. 255. *Abrogé par L.* 4 mars 1831.
rt. 256. *Abrogé par L.* 10 déc. 1830.
rt. 257. Les membres de la cour royale *cour d'appel*] qui auront voté sur la mise accusation ne pourront, dans la même re, ni présider les assises, ni assister le ident, à peine de nullité.

Il en sera de même à l'égard du juge d'in- tion. — *Instr.* 55 ; 218 ; L. 8 déc. 1897, 1er.

v' *Organ. judic.*, 681 s. — S. *eod. v'*, 408 s.

rt. 258. Les assises se tiendront ordi- ement dans le chef-lieu de chaque dé- ement.

a cour royale [*la cour d'appel*] pourra nmoins désigner un tribunal autre que l du chef-lieu.

v' *Organ. judic.*, 606 s. — S. *eod. v'*, 392.

Art. 259. La tenue des assises aura lieu tous les trois mois.

Elles pourront se tenir plus souvent si le besoin l'exige.

R. v" *Organ. judic.*, 615 s. — V. aussi C. instr. crim. ann., p. 527 s.

Art. 260. Le jour où les assises doivent s'ouvrir sera fixé par le président de la cour d'assises.

Les assises ne seront closes qu'après que toutes les affaires criminelles qui étaient en état lors de leur ouverture, y auront été por- tées. — *Instr.* 172.

R. v" *Organ. judic.*, 615 s. — V. aussi C. instr. crim. ann., p. 529 s.

Art. 261. Les accusés qui ne seront arrivés dans la maison de justice qu'après l'ouverture des assises, ne pourront y être jugés que lorsque le procureur général l'aura requis, lorsque les accusés y auront con- senti, et lorsque le président l'aura ordonné.

En ce cas, le procureur général et les accusés seront considérés comme ayant re- noncé à la faculté de se pourvoir en nullité contre l'arrêt portant renvoi à la cour d'as- sises. — *Instr.* 253, 296, 543.

R. v" *Instr. crim.*, 1333 s. — S. *eod. v'*, 1405 s.

Art. 262. Les arrêts de la cour d'assises ne pourront être attaqués que par la voie de la cassation et dans les formes déterminées par la loi. — *Instr.* 299, 373, 407, 476.

R. v" *Cassation*, 196 s.; *Jugement par défaut*, 492 s. — S. v" *Cassation*, 61 s.; *Jugement par dé- faut*, 282 s.

Art. 263. Si, depuis la notification faite aux jurés en exécution de l'article 389 du présent Code, le président de la cour d'as- sises se trouve dans l'impossibilité de rem- plir ses fonctions, il sera remplacé par le plus ancien des autres juges de la cour royale [*la cour d'appel*] ou délégués pour l'assister ; et, s'il n'a pour assesseur aucun juge de la cour royale [*la cour d'ap- pel*], par le président du tribunal de pre- mière instance. — *Instr.* 253.

R. v" *Organ. judic.*, 647 s. — S. *eod. v'*, 395.

Art. 264. Les juges de la cour royale [*la cour d'appel*] seront, en cas d'absence ou de tout autre empêchement, remplacés par d'autres juges de la même cour, et, à leur défaut, par des juges de première instance ; ceux de première instance le seront par des suppléants.

(*Abrogé par L.* 10 décembre 1830.) *Les juges auditeurs qui seront présents et au- ront l'âge requis concourront pour le rem- placement avec les juges de première in- stance, suivant l'ordre de leur réception.*

R. v" *Organ. judic.*, 661 s. — S. *eod. v'*, 397 s.

Art. 265. Le procureur général pourra, même étant présent, déléguer ses fonctions à l'un de ses substituts.

Cette disposition est commune à la cour royale [*la cour d'appel*] et à la cour d'assises. — *Instr.* 252, 271.

§ 1. — Fonctions du président.

Art. 266. Le président est chargé : 1° d'entendre l'accusé lors de son arrivée dans la maison de justice ; 2° de convoquer les jurés et de les tirer au sort.

Il pourra déléguer ces fonctions à l'un des juges. — *Instr.* 293, 306, 389, 399.

Art. 267. Il sera de plus chargé per- sonnellement de diriger les jurés dans l'exer- cice de leurs fonctions, de leur exposer l'af- faire sur laquelle ils auront à délibérer, même de leur rappeler leur devoir, de pré- sider à toute l'instruction et de déterminer l'ordre entre ceux qui demanderont à parler.

Il aura la police de l'audience. — *Instr.* 327; Pr. 88.

Art. 268. Le président est investi d'un pouvoir discrétionnaire, en vertu duquel il

pourra prendre sur lui tout ce qu'il croira utile pour découvrir la vérité ; et la loi charge son honneur et sa conscience d'employer tous ses efforts pour en favoriser la mani- festation. — *Instr.* 477.

R. v" *Instr. crim.*, 2140 s. — S. v" *Proc. crim.*, 1680 s. — T. (87-97), v" *Cour d'assises*, 71 s. — V. aussi C. instr. crim. ann., art. 268, n" 1 s.

Art. 269. Il pourra, dans le cours des débats, appeler, même par mandat d'ame- ner, et entendre toutes personnes, ou se faire apporter toutes nouvelles pièces qui lui pa- raîtraient, d'après les nouveaux développe- ments donnés à l'audience, soit par les accu- sés, soit par les témoins, pouvoir répandre un jour utile sur le fait contesté.

Les témoins ainsi appelés ne prêteront point serment, et leurs déclarations ne seront considérées que comme renseigne- ments.

R. v" *Instr. crim.*, 2154 s.; *Témoins*, 385 s. — S. v" *Proc. crim.*, 1696 s.; *Témoins*, 178 s. — T. (87-97), v" *Témoin*, 76 s. — V. aussi C. instr. crim. ann., art. 269, n" 1 s.

Art. 270. Le président devra rejeter tout ce qui tendrait à prolonger les débats sans donner lieu d'espérer plus de certitude dans les résultats.

R. v" *Instr. crim.*, 2155

En ce qui concerne le logement du président de la cour d'assises, les honneurs qui sont dus à ce magistrat et ses frais de voyage et de séjour, V. C. instr. crim. ann., p. 554.

§ 2. — Fonctions du procureur général près la cour royale [la cour d'appel]

Art. 271. Le procureur général près la cour royale [*la cour d'appel*] poursuivra, soit par lui-même, soit par son substitut, toute personne mise en accusation suivant les formes prescrites au chapitre premier du présent titre. Il ne pourra porter à la cour aucune autre accusation, à peine de nullité, et, s'il y a lieu, de prise à partie. — *Instr.* 231, 241; *Pén.* 122.

R. v" *Instr. crim.*, 1194, 1232; *Ministère public*, 89 s., 288 s.; *Organ. judic.*, 708 s. — S. v" *Minis- tère public*, 54 s., 228 s.; *Organ. judic.*, 419 s. — T. (87-97), v" *Ministère public*, 19 s. — V. aussi C. instr. crim. ann., p. 355 s.

Art. 272. Aussitôt que le procureur gé- néral ou son substitut aura reçu les pièces, il apportera tous les soins à ce que les actes préliminaires soient faits et que tout soit en état, pour que les débats puissent commen- cer à l'époque de l'ouverture des assises. — *Instr.* 217, 242, 243, 291, 303.

R. v" *Ministère public*, 288 s. — S. *eod. v'*, 228 s.

Art. 273. Il assistera aux débats ; il requerra l'application de la peine ; il sera présent à la prononciation de l'arrêt. — *Instr.* 153, 190, 252, 265, 362.

R. v" *Instr. crim.*, 882 s., 964 s., 2196; *Ministère public*, 61 s., 303. — S. v" *Ministère public*, 34 s., 239; *Proc. crim.*, 1031 s., 1152 s.

Art. 274. Le procureur général, soit d'office, soit par les ordres du ministre de la justice, charge le procureur royal [*le procu- reur de la République*] de poursuivre les délits dont il a connaissance. — *Instr.* 27, 249, 250, 287.

R. v" *Instr. crim.*, 37 s. — S. v" *Proc. crim.*, 63 s.

Art. 275. Il reçoit les dénonciations et les plaintes qui lui sont adressées directe- ment, soit par la cour royale [*la cour d'ap- pel*], soit par un fonctionnaire public, soit par un simple citoyen, et il en tient registre. Il les transmet au procureur du Roi [*au procureur de la République*]. — *Instr.* 63, 64.

R. v" *Instr. crim.*, 437 s. — S. v" *Proc. crim.*, 642 s.

Art. 276. Il fait, au nom de la loi, toutes les réquisitions qu'il juge utiles ; la cour est tenue de lui en donner acte et d'en délibérer. — *Instr.* 219, 224, 408.

R. v" *Ministère public*, 295 s. — S. *eod. v'*, 234 s.

Art. 277. Les réquisitions du procureur général doivent être de lui signées; celles faites dans le cours d'un débat seront retenues par le greffier sur son procès-verbal; et elles seront aussi signées par le procureur général : toutes les décisions auxquelles auront donné lieu ces réquisitions, seront signées par le juge qui aura présidé et par le greffier. — *Instr.* 370.

R. v° *Instr. crim.*, 3619 s.; *Jugement*, 815 s.; *Ministère public*, 208 s. — S. v° *Jugement*, 674 s.; *Ministère public*, 235 s.; *Proc. crim.*, 2299 s.

Art. 278. Lorsque la cour ne déférera pas à la réquisition du procureur général, l'instruction ni le jugement ne seront arrêtés ni suspendus, sauf après l'arrêt, s'il y a lieu, le recours en cassation par le procureur général. — *Instr.* 416.

R. v° *Cassation*, 196 s. — S. *eod.* v°, 61 s.

Art. 279. Tous les officiers de police judiciaire, même les juges d'instruction, sont soumis à la surveillance du procureur général.

Tous ceux qui, d'après l'article 9 du présent Code, sont, à raison de fonctions, même administratives, appelés par la loi à faire quelques actes de la police judiciaire, sont, sous ce rapport seulement, soumis à la même surveillance. — *Instr.* 9, 57.

R. v° *Discipline judiciaire*, 218 s.; *Instr. crim.*, 250 s. — S. v° *Proc. crim.*, 381 s.

Art. 280. En cas de négligence des officiers de police judiciaire et des juges d'instruction, le procureur général les avertira : cet avertissement sera consigné sur lui sur un registre tenu à cet effet.

Art. 281. En cas de récidive, le procureur général les dénoncera à la cour.

Sur l'autorisation de la cour, le procureur général les fera citer à la chambre du conseil.

La cour leur enjoindra d'être plus exacts à l'avenir, et les condamnera aux frais tant de la citation que de l'expédition et de la signification de l'arrêt. — *Instr.* 415.

Art. 282. Il y aura récidive, lorsque le fonctionnaire sera repris, pour quelque affaire que ce soit, avant l'expiration d'une année, à compter du jour de l'avertissement consigné sur le registre.

R. v° *Discipline judiciaire*, 218 s.

Art. 283. Dans tous les cas où les procureurs du Roi [*les procureurs de la République*] et les présidents seront autorisés à remplir les fonctions d'officier de police judiciaire ou de juge d'instruction, ils pourront déléguer au procureur du Roi [*au procureur de la République*], au juge d'instruction, et au juge de paix, même d'un arrondissement communal voisin du lieu du délit, les fonctions qui leur sont respectivement attribuées, autres que le pouvoir de délivrer les mandats d'amener, de dépôt et d'arrêt contre les prévenus. — *Instr.* 83, 84, 303, 431, 484, 488.

R. v° *Instr. crim.*, 570 s. — S. *eod.* v°, 797 s.

§ 3. — Fonctions du procureur du Roi au criminel.

Plusieurs dispositions de ce paragraphe sont sans objet depuis la loi du 25 décembre 1815, qui supprime les procureurs au criminel (Note du Bulletin des lois sous l'ordonnance du 28 avril 1832 contenant le texte officiel du Code d'instruction criminelle).

Art. 284. *Le procureur du Roi au criminel, dont il est parlé en l'article 253, remplacera près la cour d'assises le procureur général dans les départements autres que celui où siège la cour royale; sans préjudice de la faculté que le procureur général aura toujours de s'y rendre lui-même pour y exercer ses fonctions.*

Art. 285. *Le substitut résidera dans le chef-lieu du département.*

Art. 286. *Si les assises se tiennent dans une autre ville que le chef-lieu, il s'y transportera.*

Art. 287. *Le procureur du Roi au criminel remplira aussi les fonctions du ministère public dans l'instruction et dans le jugement des appels de police correctionnelle.*

Art. 288. *En cas d'empêchement momentané, il sera remplacé par le procureur du Roi près le tribunal de première instance du chef-lieu.*

Art. 289. *Il surveillera les officiers de police judiciaire du département.*

Art. 290. *Il rendra compte au procureur général, une fois tous les trois mois, et plus souvent s'il en est requis, de l'état de la justice du département, en matière criminelle, de police correctionnelle et de simple police.*

CHAPITRE III.
De la procédure devant la cour d'assises.

Art. 291. Quand l'accusation aura été prononcée, si l'affaire ne doit pas être jugée dans le lieu où siège la cour royale [*la cour d'appel*], le procès sera, par les ordres du procureur général, dans les vingt-quatre heures, au greffe du tribunal de première instance du chef-lieu du département, ou au greffe du tribunal qui pourrait avoir été désigné.

Dans tous les cas, les pièces servant à conviction qui seront restées déposées au greffe du tribunal d'instruction, ou qui auraient été apportées à celui de la cour royale [*la cour d'appel*], seront réunies dans le même délai au greffe où doivent être remises les pièces du procès. — *Instr.* 133.

Art. 292. Les vingt-quatre heures courront du moment de la signification, faite à l'accusé, de l'arrêt de renvoi devant la cour d'assises.

L'accusé, s'il est détenu, sera, dans le même délai, envoyé dans la maison de justice du lieu où doivent se tenir les assises. — *Instr.* 242.

R. v° *Instr. crim.*, 1218 s. — S. v° *Proc. crim.*, 1353 s.

Art. 293. Vingt-quatre heures au plus tard après la remise des pièces au greffe et l'arrivée de l'accusé dans la maison de justice, celui-ci sera interrogé par le président de la cour d'assises, ou par le juge qu'il aura délégué. — *Instr.* 93, 266.

R. v° *Instr. crim.*, 1250 s. — S. v° *Proc. crim.*, 1357 s. — T. (87-97), v° *Instr. crim.*, 51 s. — V. aussi C. instr. crim. ann., art. 293, n° 1 s.

Art. 294. L'accusé sera interpellé de déclarer le choix qu'il aura fait d'un conseil pour l'aider dans sa défense; sinon le juge lui en désignera un sur-le-champ, à peine de nullité de tout ce qui suivra.

Cette désignation sera comme non avenue, et la nullité ne sera pas prononcée, si l'accusé choisit un conseil. — *Instr.* 311, 335, 468.

R. v° *Défense*, 31 s.; *Instr. crim.*, 1267 s. — S. v° *Défense*, 11 s.; *Proc. crim.*, 1381 s. — V. aussi C. instr. crim. ann., art. 294, n° 1 s.

Art. 295. Le conseil de l'accusé ne pourra être choisi par lui ou désigné par le juge que parmi les avocats ou avoués de la cour royale [*la cour d'appel*] ou de son ressort, à moins que l'accusé n'obtienne du président de la cour d'assises la permission de prendre pour conseil un de ses parents ou amis.

R. v° *Défense*, 31 s. — S. *eod.* v°, 11 s.

Art. 296. Le juge avertira de plus l'accusé que, dans le cas où il se croirait fondé à former une demande en nullité, il doit faire sa déclaration dans les cinq jours suivants, et qu'après l'expiration de ce délai il n'y sera plus recevable.

L'exécution du présent article et des deux précédents sera constatée par un procès-

verbal, que signeront l'accusé, le juge et le greffier ; si l'accusé ne sait ou ne veut pas signer, le procès-verbal en fera mention. — *Instr.* 261.

R. v° *Cassation*, 166 s., 550 s.; *Instr. crim.* 1307 s. — S. v° *Cassation*, 55 s., 124 s.; *Proc. crim.*, 1393 s. — T. (87-97), v° *Cassation*, 67 s. — V. aussi C. instr. crim. ann., art. 296, n° 1 s.

En ce qui concerne le procès-verbal de l'interpellation de l'interrogation à l'accusé prescrite par l'article 294 et l'avertissement relatif au délai du pourvoi, V. C. instr. crim. ann., p. 989 s. — V. aussi R. v° *Instr. crim.*, 1263 s. — S. v° *Proc. crim.*, 1369 s.

Art. 297. Si l'accusé n'a point été averti conformément au précédent article, la nullité ne sera pas couverte par son silence : ses droits seront conservés, sauf à les faire valoir après l'arrêt définitif.

R. v° *Instr. crim.* — S. v° *Proc. crim.*, 1399

Art. 298. Le procureur général est tenu de faire sa déclaration dans le même délai à compter de l'interrogatoire, et sous la même peine de déchéance portée en l'article 296.

R. v° *Cassation*, 166 s., 404, 550 s. — S. *eod.* v° 55 s., 124 s.

Art. 299. (*L.* 10 juin 1853.) La demande en nullité ne peut être formée que contre l'arrêt de renvoi et dans les quatre cas suivants :

1° Pour cause d'incompétence;

2° Si le fait n'est pas qualifié crime par la loi;

3° Si le ministère public n'a pas été entendu;

4° Si l'arrêt n'a pas été rendu par le nombre de juges fixé par la loi.

R. v° *Cassation*, 166 s., 925; *Instr. crim.*, 1307 s. — S. v° *Cassation*, 55 s.; *Proc. crim.*, 1259 s. — T. (87-97), v° *Cassation*, 595 s.

Art. 300. La déclaration doit être faite au greffe.

Aussitôt qu'elle aura été reçue par le greffier, l'expédition de l'arrêt sera transmise par le procureur général près la cour royale [*la cour d'appel*] au procureur général près la cour de cassation, laquelle sera tenue de prononcer, toutes affaires cessantes. — *Instr.* 417, 425, 429.

R. v° *Cassation*, 817, 840 s.

Art. 301. (*L.* 10 juin 1853.) Nonobstant la demande en nullité, l'instruction est continuée jusqu'aux débats exclusivement.

Mais, si la demande est faite après l'accomplissement des formalités et l'expiration du délai qui sont prescrits par l'article 296, il est procédé à l'ouverture des débats et au jugement. La demande en nullité et les moyens sur lesquels elle est fondée ne sont soumis à la cour de cassation qu'après l'arrêt définitif de la cour d'assises.

Il en est de même à l'égard de tout pourvoi formé, soit après l'expiration du délai légal, soit pendant le cours du délai après le tirage du jury, pour quelque cause que ce soit.

R. v° *Instr. crim.*, 1342 s.

Art. 302. Le conseil pourra communiquer avec l'accusé après son interrogatoire.

Il pourra prendre communication de toutes les pièces, sans déplacement et sans retarder l'instruction.

R. v° *Défense*, 91 s.; *Instr. crim.*, 1270 s., 1273 s. — S. v° *Défense*, 24 s.; *Proc. crim.*, 1385 s., 1387 s. — V. aussi C. instr. crim. ann., art. 302, n° 3 s.

Art. 303. S'il y a de nouveaux témoins à entendre, et qu'ils résident hors du lieu où se tient la cour d'assises, le président, ou le juge qui le remplace, pourra commettre, pour recevoir leurs dépositions, le juge d'instruction de l'arrondissement où ils résident, ou même d'un autre arrondissement : celui-ci, après les avoir reçues, les enverra closes et cachetées au greffier qui doit exercer ses ions à la cour d'assises. — *Instr.* 83, 84, 83, 431, 433.

« *Instr. crim.*, 1345 s. — S. V° *Proc. crim.*, s. — T. (87-97), v° *Instr. crim.*, 70 s. — «si C. instr. crim. ann., art. 303, n°° 1 s.

t. 304. Les témoins qui n'auront pas aru sur la citation du président ou du commis par lui, et qui n'auront pas ié qu'ils en étaient légitimement empê-on qui refuseront de faire leurs dépo-s, seront jugés par la cour d'assises et « conformément à l'article 80. — *Instr.* 80.
« *Instr. crim.*, 491, 493, 507; *Témoignage* 21; *Témoin*, 306, 402.

t. 305. Les conseils des accusés pour-prendre ou faire prendre, à leurs frais. s de telles pièces du procès qu'ils juge-utiles à leur défense.
le sera délivré gratuitement aux accu-en quelque nombre qu'ils puissent être, ns tous les cas, qu'une seule copie des s-verbaux constatant le délit, et des rations écrites des témoins.
présidents, les juges et le procureur al, sont tenus de veiller à l'exécution ésent article.
* *Instr. crim.*, 1275 s. — S. V° *Proc. crim.*, s. — V. aussi C. instr. crim. ann., art. 305, s.

t. 306. Si le procureur général ou sé ont des motifs pour demander que re ne soit pas portée à la première ablée du jury, ils présenteront au pré-t de la cour d'assises une requête en gation de délai.
président décidera si cette prorogation être accordée; il pourra aussi, d'office, ger le délai. — *Instr.* 266, 354.
* *Instr. crim.*, 1999 s. — S. V° *Proc. crim.*,

t. 307. Lorsqu'il aura été formé à i du même délit plusieurs actes d'accu-contre différents accusés, le procureur al pourra en requérir la jonction, et le lent pourra l'ordonner, même d'office. *str.* 226.
* *Instr. crim.*, 1350 s. — S. v° *Proc. crim.*,

t. 308. Lorsque l'acte d'accusation endra plusieurs délits non connexes, le reur général pourra requérir que les s ne soient mis en jugement, quant à nt, que sur l'un ou quelques-uns de élits, et le président pourra l'ordonner e. — *Instr.* 227, 526.
* *Instr. crim.*, 1365 s. — S. v° *Proc. crim.*,

t. 309. Au jour fixé pour l'ouverture ssises, la cour ayant pris séance, douze se placeront, dans l'ordre désigné par i, sur des sièges séparés du public, des s et des témoins, en face de celui qui stiné à l'accusé. — *Instr.* 405.
* *Instr. crim.*, 1961 s.

CHAPITRE IV.
De l'examen, du jugement, et de l'exécution.

SECTION PREMIÈRE.
De l'examen.

t. 310. L'accusé comparaîtra libre, et ment accompagné de gardes pour l'em-r de s'évader. Le président lui deman-son nom, ses prénoms, son âge, sa pro-, sa demeure et le lieu de sa naissance. *str.* 294.
icle 310 a été complété par les art. 8 à 12 de la loi *ptembre* 1835, sur *les cours d'assises* (R. v° *Instr.* . 340; — et *infrà*, Appendice). *e qui concerne l'interrogatoire de l'accusé*, V. C. crim. ann., p. 306 s. — V. aussi R. v° *Instr. crim.*, ; S. v° *Proc. crim.*, 1741 s.

t. 311. Le président avertira le con-le l'accusé qu'il ne peut rien dire contre

sa conscience ou contre le respect dû aux lois, et qu'il doit s'exprimer avec décence et modération. — *Instr.* 294.
R. v° *Instr. crim.*, 2221.

Art. 312. Le président adressera aux jurés, debout et découverts, le discours sui-vant : — « Vous jurez et promettez devant Dieu et devant les hommes d'examiner avec l'attention la plus scrupuleuse les charges qui seront portées contre *N...*; de ne trahir ni les intérêts de l'accusé, ni ceux de la so-ciété qui l'accuse; de ne communiquer avec personne jusqu'après votre déclaration; de n'écouter ni la haine ou la méchanceté, ni la crainte ou l'affection; de vous décider d'après les charges et les moyens de défense, suivant votre conscience et votre intime con-viction, avec l'impartialité et la fermeté qui conviennent à un homme probe et libre. »
Chacun des jurés, appelé individuellement par le président, répondra, en levant la main, *Je le jure*; à peine de nullité.
R. v° *Instr. crim.*, 1914 s. — S. v° *Proc. crim.*, 1806 s. — T. (87-97), v° *Serment*, 22 s.

Art. 313. Immédiatement après, le pré-sident avertira l'accusé d'être attentif à ce qu'il va entendre.
Il ordonnera au greffier de lire l'arrêt de la cour royale [*la cour d'appel*] portant ren-voi à la cour d'assises, et l'acte d'accusation.
Le greffier fera cette lecture à haute voix.
R. v° *Instr. crim.*, 2222 s. — S. v° *Proc. crim.*, 1731 s.

Art. 314. Après cette lecture, le prési-dent rappellera à l'accusé ce qui est contenu en l'acte d'accusation, et lui dira : « Voilà de quoi vous êtes accusé; vous allez en-tendre les charges qui seront produites contre vous. »
R. v° *Instr. crim.*, 2225 s. — S. v° *Proc. crim.*, 1734.

Art. 315. Le procureur général expo-sera le sujet de l'accusation; il présentera ensuite la liste des témoins qui devront être entendus, soit à sa requête, soit à la requête de la partie civile, soit à celle de l'accusé.
Cette liste sera lue à haute voix par le greffier.
Elle ne pourra contenir que les témoins dont les noms, profession et résidence auront été notifiés, vingt-quatre heures au moins avant l'examen de ces témoins, à l'accusé, par le procureur général ou la partie civile, et au procureur général ou à l'accusé; sans préjudice de la faculté accordée au président par l'article 269.
L'accusé et le procureur général pourront, en conséquence, s'opposer à l'audition d'un témoin qui n'aurait pas été indiqué ou qui n'aurait pas été clairement désigné dans l'acte de notification.
La cour statuera de suite sur cette oppo-sition.
R. v° *Instr. crim.*, 2227 s.; *Témoins*, 419 s. — S. v° *Proc. crim.*, 1735 s.; *Témoins*, 134 s. — T. (87-97), v° *Témoins*, 76 s. — V. aussi C. instr. crim. ann., art. 315, n°° 1 s.

Art. 316. Le président ordonnera aux témoins de se retirer dans la chambre qui leur sera destinée. Ils n'en sortiront que pour déposer. Le président prendra des précau-tions, s'il en est besoin, pour empêcher les témoins de conférer entre eux du délit et de l'accusé, avant leur déposition.
R. v° *Instr. crim.*, 2224 s.; *Témoins*, 507 s. — S. v° *Proc. crim.*, 1739 s.; *Témoins*, 134 s. — T. (87-97), v° *Témoins*, 76 s. — V. aussi C. instr. crim. ann., art. 316, n°° 1 s.

Art. 317. Les témoins déposeront sépa-rément l'un de l'autre, dans l'ordre établi par le procureur général. Avant de déposer, ils prêteront, à peine de nullité, le serment de parler sans haine ni sans crainte, de dire toute la vérité et rien que la vérité.
Le président leur demandera leurs noms,

prénoms, âge, profession, leur domicile ou résidence, s'ils connaissaient l'accusé avant le fait mentionné dans l'acte d'accusation, s'ils sont parents ou alliés, soit de l'accusé, soit de la partie civile, et à quel degré; il leur demandera encore s'ils ne sont pas atta-chés au service de l'un ou de l'autre : cela fait, les témoins déposeront oralement. — *Instr.* 75, 155, 156, 189, 477, 510; *Pr.* 262.
R. v° *Serment*, 132 s.; *Témoins*, 10 s., 324 s. — S. v°° *Serment*, 35 s.; *Témoins*, 21 s., 159 s. — T. (87-97), v° *Témoin*, 76 s. — V. aussi C. instr. crim. ann., art. 317, n°° 1 s.

Art. 318. Le président fera tenir note, par le greffier, des additions, changements ou variations qui pourraient exister entre la déposition d'un témoin et ses précédentes déclarations.
Le procureur général et l'accusé pourront requérir le président de faire tenir les notes de ces changements, additions et variations. — *Instr.* 372.
R. v° *Témoins*, 571 s. — S. cod. v°, 172 s.

Art. 319. Après chaque déposition, le président demandera au témoin si c'est de l'accusé présent qu'il a entendu parler; il demandera ensuite à l'accusé s'il veut ré-pondre à ce qui vient d'être dit contre lui.
Le témoin ne pourra être interrompu : l'accusé ou son conseil pourront le question-ner par l'organe du président, après sa dé-position, et dire, tant contre lui que contre son témoignage, tout ce qui pourra être utile à la défense de l'accusé.
Le président pourra également demander au témoin et à l'accusé tous les éclaircisse-ments qu'il croira nécessaires à la manifesta-tion de la vérité.
Les juges, le procureur général et les jurés auront la même faculté, en demandant la parole au président. La partie civile ne pourra faire de questions, soit au témoin, soit à l'accusé, que par l'organe du président.
R. v° *Instr. crim.*, 2233 s.; *Témoins*, 242 s., 360 s. — S. v°° *Proc. crim.*, 1738; *Témoins*, 87 s., 168 s. — T. (87-97), v° *Cour d'assises*, 77 s. — V. aussi C. instr. crim. ann., art. 319, n°° 1 s.

Art. 320. Chaque témoin, après sa dé-position, restera dans l'auditoire, si le pré-sident n'en a ordonné autrement, jusqu'à ce que les jurés se soient retirés pour donner leur déclaration.
R. v° *Témoins*, 577. — S. eod. v°, 177.

Art. 321. Après l'audition des témoins produits par le procureur général et par la partie civile, l'accusé fera entendre ceux dont il aura notifié la liste, soit sur les faits mentionnés dans l'acte d'accusation, soit pour attester qu'il est homme d'honneur, de pro-bité, et d'une conduite irréprochable.
Les citations faites à la requête des accu-sés seront à leurs frais, ainsi que les salaires des témoins cités, s'ils en requièrent; sauf au procureur général à faire citer à sa re-quête les témoins qui lui seront indiqués par l'accusé, dans le cas où il jugerait que leur déclaration pût être utile pour la découverte de la vérité.
R. v° *Témoins*, 242, 270 s., 413, 421 s., 480 s., 524 s. — S. eod. v°, 133 s., 143 s., 159 s.

Art. 322. Ne pourront être reçues les dépositions :
1° Du père, de la mère, de l'aïeul, de l'aïeule, ou de tout autre ascendant de l'ac-cusé, ou de l'un des accusés présents et sou-mis au même débat;
2° Du fils, fille, petit-fils, petite-fille, ou de tout autre descendant;
3° Des frères et sœurs;
4° Des alliés aux mêmes degrés;
5° Du mari et de la femme, même après le divorce prononcé;
6° Des dénonciateurs dont la dénonciation est récompensée pécuniairement par la loi;
Sans néanmoins que l'audition des per-sonnes ci-dessus désignées puisse opérer une

nullité, lorsque, soit le procureur général, soit la partie civile, soit les accusés, ne se sont pas opposés à ce qu'elles soient entendues. — *Instr.* 156, 358.

R. v° *Témoin*, 90 s., 634 s., 656. — S. eod. v°, 36 s., 192 s., 195. — T. (87-97), v° *Témoin*, 53 s. — V. aussi C. instr. crim. ann., art. 322, n° 1 s.

Art. 323. Les dénonciateurs autres que ceux récompensés pécuniairement par la loi pourront être entendus en témoignage ; mais le jury sera averti de leur qualité de dénonciateurs. — *Instr.* 30.

R. v° *Témoins*, 150 s. — S. cod. v°, 53 s. — T. (87-97), cod. v°, 62 s.

Art. 324. Les témoins produits par le procureur général ou par l'accusé seront entendus dans le débat, même lorsqu'ils n'auraient pas préalablement déposé par écrit, lorsqu'ils n'auraient reçu aucune assignation, pourvu, dans tous les cas, que ces témoins soient portés sur la liste mentionnée dans l'article 315. — *Instr.* 72, 74, 315.

Art. 325. Les témoins, par quelque partie qu'ils soient produits, ne pourront jamais s'interpeller entre eux.

R. v° *Témoins*, 281, 386, 566.

Art. 326. L'accusé pourra demander, après qu'ils auront déposé, que ceux qu'il désignera se retirent de l'auditoire, et qu'un ou plusieurs d'entre eux soient introduits et entendus de nouveau, soit séparément, soit en présence les uns des autres.

Le procureur général aura la même faculté.

Le président pourra aussi l'ordonner d'office.

R. v° *Témoins*, 20 s., 531 s. — S. eod. v°, 104.

Art. 327. Le président pourra, avant, pendant ou après l'audition d'un témoin, faire retirer un ou plusieurs accusés, et les examiner séparément sur quelques circonstances du procès ; mais il aura soin de ne reprendre la suite des débats généraux qu'après avoir instruit chaque accusé de ce qui se sera fait en son absence, et de ce qui en sera résulté. — *Instr.* 267.

R. v° *Instr. crim.*, 2239 s. ; *Témoins*, 540 s. — S. v°° *Proc. crim.*, 1741 s. ; *Témoin*, 157 s. — T. (87-97), v° *Cour d'assises*, 84 s. — V. aussi C. instr. crim. ann., art. 327, n° 1 s.

Art. 328. Pendant l'examen, les jurés, le procureur général et les juges pourront prendre note de ce qui leur paraîtra important, soit dans les dépositions des témoins, soit dans la déclaration de l'accusé, pourvu que la discussion n'en soit pas interrompue. — *Instr.* 372.

Art. 329. Dans le cours ou à la suite des dépositions, le président fera représenter à l'accusé toutes les pièces relatives au délit et pouvant servir à conviction ; il l'interpellera de répondre personnellement s'il les reconnaît ; le président les fera aussi représenter aux témoins, s'il y a lieu. — *Instr.* 35, 37, 38, 87.

R. v°° *Instr. crim.*, 2263 s. ; *Témoin*, 570. — S. v°° *Témoins*, 1754 s. — T. (87-97), v° *Cour d'assises*, 96 s. — V. aussi C. instr. crim. ann., art. 328-329, n° 1 s.

Art. 330. Si, d'après les débats, la déposition d'un témoin paraît fausse, le président pourra, sur la réquisition, soit du procureur général, soit de la partie civile, soit de l'accusé, et même d'office, faire sur-le-champ mettre le témoin en état d'arrestation. Le procureur général et le président, ou l'un des juges par lui commis, rempliront à son égard, le premier, les fonctions d'officier de police judiciaire ; le second, les fonctions attribuées aux juges d'instruction dans les autres cas.

Les pièces d'instruction seront ensuite transmises à la cour royale [*la cour d'appel*], pour y être statué sur la mise en accusation. — *Instr.* 443 ; *Pén.* 361.

R. v° *Témoignage faux*, 76 s. — S. eod. v°, 22 s. — T. (87-97), eod. v°, 1 s.

Art. 331. Dans le cas de l'article précédent, le procureur général, la partie civile ou l'accusé, pourront immédiatement requérir, et la cour ordonner, même d'office, le renvoi de l'affaire à la prochaine session. — *Instr.* 300, 354, 406.

R. v°° *Instr. crim.*, 2026 s. ; *Témoignage faux*, 99 s. — S. v°° *Proc. crim.*, 1638 s. ; *Témoignage faux*, 27 s. — V. aussi C. instr. crim. ann., art. 331, n° 1 s.

Art. 332. Dans le cas où l'accusé, les témoins ou l'un d'eux, ne parleraient pas la même langue ou le même idiome, le président nommera d'office, à peine de nullité, un interprète âgé de vingt et un ans au moins, et lui fera, sous la même peine, prêter serment de traduire fidèlement les discours à transmettre entre ceux qui parlent des langages différents.

L'accusé et le procureur général pourront récuser l'interprète, en motivant leur récusation.

La cour prononcera.

L'interprète ne pourra, à peine de nullité, même du consentement de l'accusé ou du procureur général, être pris parmi les témoins, les juges et les jurés.

R. v° *Instr. crim.*, 2308 s. — S. v° *Proc. crim.*, 1770 s. — T. (87-97), v° *Interprète*, 1 s. — V. aussi C. instr. crim. ann., art. 332, n° 1 s.

Art. 333. Si l'accusé est sourd-muet et ne sait pas écrire, le président nommera d'office pour son interprète la personne qui aura le plus d'habitude de converser avec lui.

Il en sera de même à l'égard du témoin sourd-muet.

Le surplus des dispositions du précédent article sera exécuté.

Dans le cas où le sourd-muet saurait écrire, le greffier écrira les questions ou observations qui lui seront faites ; elles seront remises à l'accusé ou au témoin, qui donneront par écrit leurs réponses ou déclarations. Il sera fait lecture du tout par le greffier.

R. v° *Instr. crim.*, 2370 s. — S. v° *Proc. crim.*, 1800 s.

Art. 334. Le président déterminera celui des accusés qui devra être soumis le premier aux débats, en commençant par le principal accusé, s'il y en a un.

Il se fera ensuite un débat particulier sur chacun des autres accusés.

R. v° *Instr. crim.*, 2217 s. — S. v° *Proc. crim.*, 1728 s.

Art. 335. A la suite des dépositions des témoins, et des dires respectifs auxquels elles auront donné lieu, la partie civile ou son conseil et le procureur général seront entendus, et développeront les moyens qui appuient l'accusation.

L'accusé et son conseil pourront leur répondre.

La réplique sera permise à la partie civile et au procureur général ; mais l'accusé ou son conseil auront toujours la parole les derniers.

Le président déclarera ensuite que les débats sont terminés. — *Instr.* 153, 190, 271, 294.

R. v°° *Défense*, 91 s. ; *Instr. crim.*, 2384 s. ; *Ministère public*, 312 s. — S. v°° *Défense*, 21 s. ; *Ministère public*, 244 s. ; *Proc. crim.*, 1802 s. — T. (87-97), v°° *Cour d'assises*, 77 s. ; *Ministère public*, 19 s. — V. aussi C. instr. crim. ann., art. 335, n° 1 s.

Art. 336. (L. 19 juin 1881.) Le président, après la clôture des débats, ne pourra, à peine de nullité, résumer les moyens de l'accusation et de la défense.

Il rappellera aux jurés les fonctions qu'ils auront à remplir et il posera les questions, ainsi qu'il sera dit ci-après.

§ 1. LÉGISLATION ANTÉRIEURE A LA LOI DU 19 JUIN 1881 : R. v° *Instr. crim.*, 2303 s., 2927 s.

§ 2. LOI DU 19 JUIN 1881 : S. v° *Proc. crim.*, 1807 s., 2088 s. — T. (87-97), v° *Cour d'assises*, 144 s. — D. P. 84, 4. 20.

Art. 337. La question résultant de l'a d'accusation sera posée en ces termes :

« L'accusé est-il coupable d'avoir comm tel meurtre, tel vol ou tel autre crime, a toutes les conséquences comprises dans résumé de l'acte d'accusation ? »

R. v°° *Instr. crim.*, 2405 s., 2481 s. — S. v° *Pr* crim., 1812 s., 1834 s. — T. (87-97), v° *Cour d* sises, 109 s. — V. aussi C. instr. crim. ann., art. n° 1 s.

Art. 338. S'il résulte des débats une plusieurs circonstances aggravantes, n mentionnées dans l'acte d'accusation, le p sident ajoutera la question suivante : « L' cusé a-t-il commis le crime avec telle telle circonstance ? »

R. v°° *Instr. crim.*, 2503 s., 2510 s., 2608 s. S. v°° *Proc. crim.*, 1839 s., 1841 s., 1860 s. T. (87-97), v° *Cour d'assises*, 123 s. — V. at C. instr. crim. ann., art. 338, n° 1 s.

Art. 339. (L. 28 avril 1832.) l'accusé aura proposé pour excuse un admis comme tel par la loi, le président vra, à peine de nullité, poser la quest ainsi qu'il suit : « Tel fait est-il établi ? — *Pén.* 321, 326.

R. v°° *Instr. crim.*, 2860 s. — S. v° *Proc. cr* 1856 s. — V. aussi C. instr. crim. ann., art. 3 n° 1 s.

Art. 340. (L. 12 avril 1906.) Si l'accus moins de dix-huit ans, le président posera à peine de nullité, cette question : « L'acc a-t-il agi avec discernement ? » — *Pén.*

R. v° *Instr. crim.*, 2570 s. — S. v° *Proc. cr* 1839 s.

Art. 341. (L. 9 juin 1853.) En toute r tière criminelle, même en cas de récidive, président, après avoir posé les questions sultant de l'acte d'accusation et des déba avertit le jury, à peine de nullité, que pense, à la majorité, qu'il existe, en fave d'un ou de plusieurs accusés reconnus ce pables, des circonstances atténuantes ; il on fera la déclaration en ces termes : « A majorité, il y a des circonstances atténuan en faveur de l'accusé. » Ensuite le présid remet les questions écrites aux jurés, av la personne du chef du jury ; il y joint l'a d'accusation, les procès-verbaux qui co statent les délits, et les pièces du pro autres que les déclarations écrites par moins.

Le président avertit le jury que tout c doit avoir lieu au scrutin secret. Il fait re rer l'accusé de l'auditoire.

R. v° *Instr. crim.*, 2631 s., 2930 s. — S. v° *Pr* crim., 1883 s., 2093 s. — T. (87-97), v° *Cour d* sises, 144 s. — V. aussi C. instr. crim. ann., art. 3

Art. 342. Les questions étant posées remises aux jurés, ils se rendront dans la chambre pour y délibérer.

Leur chef sera le premier juré sorti par sort, ou celui qui sera désigné par eux du consentement de l'accusé.

Avant de commencer la délibération, chef des jurés leur fera lecture de l'instru tion suivante, qui sera, en outre, affichée gros caractères dans le lieu le plus appar de leur chambre : « La loi ne demande « compte aux jurés des moyens par lesqu « ils se sont convaincus ; elle ne leur pr « crit point de règles desquelles ils doive « faire particulièrement dépendre la plén « tude et la suffisance d'une preuve ; « leur prescrit de s'interroger eux-mêm « dans le silence et le recueillement, et « chercher, dans la sincérité de leur co « science, quelle impression ont faites s « leur raison les preuves rapportées con « l'accusé et les moyens de sa défense. « loi ne leur dit point : Vous tiendrez po « vrai tout fait attesté par tel ou tel nomb « de témoins ; elle ne leur dit pas non pl « Vous ne regarderez pas comme suffisam « ment établie toute preuve qui ne sera p « formée de tel procès-verbal, de tel

*pièces, de tant de témoins ou de tant
d'indices; elle ne leur fait que cette seule
question, qui renferme toute la mesure de
leurs devoirs : Avez-vous une intime conviction ?*

Ce qu'il est bien essentiel de ne pas
perdre de vue, c'est que toute la délibération du jury porte sur l'acte d'accusation;
c'est aux faits qui le constituent et qui en
dépendent, qu'ils doivent uniquement s'attacher; et ils manquent à leur premier
devoir, lorsque, pensant aux dispositions
des lois pénales, ils considèrent les suites
que pourra avoir, par rapport à l'accusé, la
déclaration qu'ils ont à faire. Leur mission
n'a pas pour objet la poursuite ni la punition des délits; ils ne sont appelés que
pour décider si l'accusé est, ou non, coupable du crime qu'on lui impute. » —
tr. 267.

V° *Instr. crim.*, 1814 s.. 2405 s.. 2996 s.;
urs, 81 s. — S. V° *Proc. crim.*, 1559 s.. 1812 s.,
s. — V. aussi C. instr. crim. ann., art. 342,
4 s.

Art. 343. (*L.* 10 décembre 1908.) Les
és ne pourront sortir de leur chambre
après avoir formé leur déclaration.

Nul n'y pourra pénétrer pendant la délibération, pour quelque cause que ce soit,
us une autorisation écrite du président;
vi-ci ne devra y pénétrer que s'il est
pelé par le chef du jury et accompagné
défenseur de l'accusé, du ministère public et du greffier. Mention de l'incident sera
au procès-verbal.

Le président est tenu de donner au chef
la gendarmerie de service l'ordre spécial
par écrit de faire garder les issues de la
ambre du jury : ce chef sera dénommé et
alifié dans l'ordre.

La cour pourra punir le juré contrevenant
ne amende de cinq cents francs au plus.
Et autre qui aura enfreint l'ordre, ou celui
ne l'aura pas fait exécuter, pourra être
ni d'un emprisonnement de vingt-quatre
res. — *Instr.* 353.

Art. 344. Les jurés délibéreront sur le
t principal, et ensuite sur chacune des
constances.

Art. 345. (*L.* 9 septembre 1835.) Le chef
jury lira successivement chacune des
estions posées comme il est dit en l'article 336, et le vote aura lieu ensuite au
rutin secret, tant sur le fait principal et
circonstances aggravantes que sur l'existence des circonstances atténuantes.

, v° *Instr. crim.*, 2996 s. — S. v° *Proc. crim.,*
4 s. — T. (87-97), v° *Cour d'assises*, 103 s. —
aussi C. instr. crim. ann.. art. 343 à 345; — et
810 s. — D. P. 1909. 4. 35; — Bull. Dalloz, 1909.
190.

*Infrà, Appendice, la loi du 18 mai 1836, sur le mode
vote du jury au scrutin secret.*

Art. 346. (*L.* 9 septembre 1853.) Il sera
cédé de même, et au scrutin secret, sur
questions qui seraient posées dans les cas
évus par les articles 339 et 340.

Art. 347. (*L.* 9 juin 1853.) La décision
jury, tant contre l'accusé que sur les circonstances atténuantes, se forme à la majorité. La déclaration du jury constate cette
ajorité, sans que le nombre de voix puisse
être exprimé; le tout à peine de nullité.

S. v° *Instr. crim.*, 3047 s.; 3148 s. — S. v° *Proc.*
m., 2137 s., 2174. s. — V. aussi C. instr. crim.
n., art. 347, n° 1 s. — D. P. 53. 4. 98.

Art. 348. Les jurés rentreront ensuite
ns l'auditoire et reprendront leur place.
Le président leur demandera quel est le
sultat de leur délibération.

Le chef du jury se lèvera, et, la main
acée sur son cœur, il dira : « Sur mon
nneur et ma conscience, devant Dieu et
vant les hommes, la déclaration du jury
t: Oui, l'accusé, etc.; Non, l'accusé, etc. »
R. v° *Instr. crim.*, 3054 s., 3072 s., 3098 s. —

S. v° *Proc. crim.,* 2138 s., 2140 s., 2153 s. —
V. aussi C. instr. crim. ann., art. 348, n° 1 s.

Art. 349. La déclaration du jury sera
signée par le chef et remise par lui au président, le tout en présence des jurés.

Le président la signera et la fera signer
par le greffier.

R. v° *Instr. crim.,* 3108 s. — S. v° *Proc. crim.,*
2154 s.

*En ce qui concerne les ratures, renvois, interlignes et
surcharges dans la déclaration écrite du jury,* V. C. instr.
crim. ann., p. 834 s. — V. aussi R. v° *Instr. crim.,* 3126 s.;
S. v° *Proc. crim.,* 2164 s.

Art. 350. La déclaration du jury ne
pourra jamais être soumise à aucun recours.
— *Instr.* 360.

R. v° *Instr. crim.,* 3234 s. — S. v° *Proc. crim.,*
2189 s. — V. aussi C. instr. crim. ann., art. 350,
n° 1 s.

Art. 351. *Abrogé par L.* 4 mars 1831.

Art. 352. (*L.* 9 juin 1853.) Dans le cas
où l'accusé est reconnu coupable, et si la
cour est convaincue que les jurés, tout en
observant les formes, se sont trompés au
fond, elle déclare qu'il est sursis au jugement et renvoie l'affaire à la session suivante,
pour y être soumise à un nouveau jury, dont
ne peut faire partie aucun des jurés qui ont
pris part à la déclaration annulée.

Nul n'a le droit de provoquer cette mesure.
La cour ne peut l'ordonner que d'office,
immédiatement après que la déclaration du
jury a été prononcée publiquement.

Après la déclaration du second jury, la
cour ne peut ordonner un nouveau renvoi,
même quand cette déclaration serait conforme à la première.

§ 1. LÉGISLATION ANTÉRIEURE A LA LOI DU
9 JUIN 1853 : R. v° *Instr. crim.,* 2049 s.
§ 2. LOI DU 9 JUIN 1853 : S. v° *Proc. crim.,* 1642 s.
— D. P. 53. 4. 96.

Art. 353. L'examen et les débats une
fois entamés, devront être continués sans
interruption, et sans aucune espèce de communication au dehors, jusqu'après la déclaration du jury inclusivement. Le président
ne pourra les suspendre que pendant les
intervalles nécessaires pour le repos des
juges, des jurés, des témoins et des accusés.
— *Instr.* 312, 343.

R. v° *Instr. crim.,* 1939 s., 1967 s., 2078 s. —
S. v° *Proc. crim.,* 1606 s., 1609 s., 1647 s. —
T. (87-97), v° *Cour d'assises,* 64 s. — V. aussi
C. instr. crim. ann., art. 353, n° 1 s.

Art. 354. Lorsqu'un témoin qui aura été
cité ne comparaîtra pas, la cour pourra, sur
la réquisition du procureur général et avant
que les débats soient ouverts par la déposition du premier témoin inscrit sur la liste,
renvoyer l'affaire à la prochaine session. —
Instr. 406.

R. v° *Instr. crim.,* 2011 s.; *Témoin,* 486. —
S. v° *Proc. crim.,* 1624 s.; *Témoin,* 345 s. —
T. (87-97), v° *Cour d'assises,* 64 s. — V. aussi
C. instr. crim. ann., art. 354, n° 1 s.

Art. 355. Si, à raison de la non-comparution du témoin, l'affaire est renvoyée à
la session suivante, tous les frais de citation, actes, voyages de témoins, et autres,
ayant pour objet de faire juger l'affaire,
seront à la charge de ce témoin, et il y sera
contraint, même par corps, sur la réquisition du procureur général, par l'arrêt qui
renversa les débats à la session suivante.

Le même arrêt ordonnera, de plus, que ce
témoin sera amené par la force publique
devant la cour pour y être entendu.

Et néanmoins, dans tous les cas, le témoin
qui ne comparaîtra pas, ou qui refusera soit
de prêter serment, soit de faire sa déposition, sera condamné à la peine portée en
l'article 80. — *Instr.* 80, 157; *Pr.* 264; *L.*
22 juillet 1867, art. 18.

R. v° *Contrainte par corps,* 657 s.; *Témoin,*
489 s.

Art. 356. La voie de l'opposition sera
ouverte contre ces condamnations, dans les

dix jours de la signification qui en aura été
faite au témoin condamné ou à son domicile,
outre un jour par cinq myriamètres; et
l'opposition sera reçue s'il prouve qu'il a
été légitimement empêché, ou que l'amende
contre lui prononcée doit être modérée.

R. v° *Témoin,* 492 s.

SECTION II.

Du jugement et de l'exécution.

Art. 357. Le président fera comparaître
l'accusé, et le greffier lira en sa présence la
déclaration du jury. — *Instr.* 310.

R. v° *Instr. crim.,* 3089 s. — S. v° *Proc. crim.,*
2151 s. — T. (87-97), v° *Cour d'assises,* 104 s.

Art. 358. Lorsque l'accusé aura été déclaré non coupable, le président prononcera
qu'il est acquitté de l'accusation, et ordonnera qu'il soit mis en liberté, s'il n'est
retenu pour autre cause.

La cour statuera ensuite sur les dommages-intérêts respectivement prétendus, après que
les parties auront proposé leurs fins de non-recevoir ou leurs défenses, et que le procureur général aura été entendu.

La cour pourra néanmoins, si elle le juge
convenable, commettre l'un des juges pour
entendre les parties, prendre connaissance
des pièces, et faire son rapport à l'audience,
où les parties pourront encore présenter
leurs observations, et où le ministère public
sera entendu de nouveau.

L'accusé acquitté pourra aussi obtenir des
dommages-intérêts contre ses dénonciateurs
pour fait de calomnie; sans néanmoins que
les membres des autorités constituées puissent
être ainsi poursuivis à raison des avis qu'ils
sont tenus de donner, concernant les délits
dont ils ont cru acquérir la connaissance
dans l'exercice de leurs fonctions, et sauf
contre eux la demande en prise à partie, s'il
y a lieu.

Le procureur général sera tenu, sur la réquisition de l'accusé, de lui faire connaître
ses dénonciateurs. — *Instr.* 30, 31, 66, 161,
191, 195, 364. 409, 412; *Pén.* 10, 51, 373; *L.*
29 juillet 1881, art. 58.

R. v° *Compét. crim.,* 601 s.; *Dénonc. calomnieuse,* 119 s.; *Instr. crim.,* 515 s., 3724 s. —
S. v° *Compét. crim.,* 336 s.; *Dénonc. calomnieuse,*
57; *Proc. crim.,* 732 s. — T. (87-97), v° *Cour d'assises,* 164 s. — V. aussi C. instr. crim. ann., art. 358,
n° 1 s.

Art. 359. Les demandes en dommages-intérêts, formées soit par l'accusé contre ses
dénonciateurs ou la partie civile, soit par la
partie civile contre l'accusé ou le condamné,
seront portées à la cour d'assises.

La partie civile est tenue de former sa
demande en dommages-intérêts avant le
jugement; plus tard, elle sera non recevable.

Il en est de même de l'accusé, s'il a connu
son dénonciateur.

Dans le cas où l'accusé n'aurait connu son
dénonciateur que depuis le jugement, mais
avant la fin de la session, il sera tenu, sous
peine de déchéance, de porter sa demande
à la cour d'assises; s'il ne l'a connu qu'après
la clôture de la session, sa demande sera
portée au tribunal civil.

A l'égard des tiers qui n'auraient pas été
partie au procès, ils s'adresseront au tribunal
civil. — *Instr.* 63, 66, 338, 366.

R. v° *Dénonc. calomnieuse,* 119 s.; *Instr. crim.,*
197 s.; *Jugement,* 747 s. — V. v° *Compét. crim.,*
338 s.; *Dénonc. calomnieuse,* 57; *Proc. crim.*
676 s.

Art. 360. Toute personne acquittée légalement ne pourra plus être reprise ni accusée
à raison du même fait. — *Instr.* 246, 350.

R. v° *Chose jugée,* 394 s. — S. cod. s°, 234 s. —
V. aussi C. instr. crim. ann., art. 360, n° 1 s.

Art. 361. Lorsque, dans le cours des
débats, l'accusé aura été inculpé sur un

autre fait, soit par des pièces, soit par les dépositions des témoins, le président, après avoir prononcé qu'il est acquitté de l'accusation, ordonnera qu'il soit poursuivi à raison du nouveau fait; en conséquence, il le renverra en état de mandat de comparution ou d'amener, suivant les distinctions établies par l'article 91, et même en état de mandat d'arrêt, s'il y échet, devant le juge d'instruction de l'arrondissement où siège la cour, pour être procédé à fin de poursuite.

Cette disposition ne sera toutefois exécutée que dans le cas où, avant la clôture des débats, le ministère public aura fait des réserves à fin de poursuite. — *Instr.* 273, 379.

R. v° *Instr. crim.*, 3748; *Ministère public*, 310 s. — S. v° *Proc. crim.*, 534.

Art. 362. Lorsque l'accusé aura été déclaré coupable, le procureur général fera sa réquisition à la cour pour l'application de la loi.

La partie civile fera la sienne pour restitution et dommages-intérêts. — *Instr* 273, 359.

R. v° *Instr. crim.*, 3502; *Ministère public*, 323. — S. v° *Proc. crim.*, 2270. — T. (87-97), v° *Cour d'assises*, 177 s.

Art. 363. Le président demandera à l'accusé s'il n'a rien à dire pour sa défense.

L'accusé ni son conseil ne pourront plus plaider que le fait est faux, mais seulement qu'il n'est pas défendu ou qualifié délit par la loi, ou qu'il ne mérite pas la peine dont le procureur général a requis l'application, ou qu'il n'emporte pas de dommages-intérêts au profit de la partie civile, ou enfin que celle-ci élève trop haut les dommages-intérêts qui lui sont dus.

R. v° *Instr. crim.*, 3363 s. — S. v° *Proc. crim.*, 2270 s.

Art. 364. La cour prononcera l'absolution de l'accusé, si le fait dont il est déclaré coupable n'est pas défendu par une loi pénale. — *Instr.* 229, 409, 410, 429.

R. v° *Instr. crim.*, 3724 s. — S. v° *Proc. crim.*, 2347 s.

Art. 365. Si ce fait est défendu, la cour prononcera la peine établie par la loi, même dans le cas où, d'après les débats, il se trouverait n'être plus de la compétence de la cour d'assises.

En cas de conviction de plusieurs crimes ou délits, la peine la plus forte sera seule prononcée. — *Instr.* 192.

R. v° *Instr. crim.*, 652 s.; *Peine*, 122 s. — S. v° *Peine*, 117 s.; *Proc. crim.*, 368 s. — T. (87-97), v° *Peine*, 66 s. — V. aussi C. instr. crim. ann., art. 365, n° 1 s.

Art. 366. Dans le cas d'absolution comme dans celui d'acquittement ou de condamnation, la cour statuera sur les dommages-intérêts prétendus par la partie civile ou par l'accusé; elle les liquidera par le même arrêt, ou commettra l'un des juges pour entendre les parties, prendre connaissance des pièces et faire du tout son rapport, ainsi qu'il est dit article 358.

La cour ordonnera aussi que les effets pris seront restitués au propriétaire.

Néanmoins, s'il y a eu condamnation, cette restitution ne sera faite qu'en justifiant, par le propriétaire, que le condamné a laissé passer les délais sans se pourvoir en cassation, ou, s'il s'est pourvu, que l'affaire est définitivement terminée. — *Instr.* 159, 191, 212, 358, 412, 474; *Pén.* 10, 51.

R. v° *Compét. crim.*, 601 s. — S. v° *Compét. crim.*, 338 s.; *Proc. crim.*, 678.

Art. 367. Lorsque l'accusé aura été déclaré excusable, la cour prononcera conformément au Code pénal. — *Pén.* 65 s., 321 s.

Sur la position au jury des questions d'excuses, V. supra, art. 389.

Art. 368. L'accusé ou la partie civile qui succombera, sera condamné aux frais envers l'État et envers l'autre partie.

(L. 28 avril 1832.) « Dans les affaires soumises au jury, la partie civile qui n'aura pas succombé, ne sera jamais tenue des frais.

« Dans le cas où elle en aura consigné, en exécution du décret du 18 juin 1811, ils lui seront restitués. » — *Instr.* 162, 194, 436, 478.

R. v° *Frais et dépens*, 966 s. — S. *cod.* v°, 537 s. — V. aussi C. instr. crim. ann., art. 368, n° 1 s.

Art. 369. Les juges délibéreront et opineront à voix basse; ils pourront, pour cet effet, se retirer dans la chambre du conseil: mais l'arrêt sera prononcé à haute voix par le président, en présence du public et de l'accusé.

Avant de le prononcer, le président est tenu de lire le texte de la loi sur laquelle il est fondé.

Le greffier écrira l'arrêt; il y insérera le texte de la loi appliquée, sous peine de cent francs d'amende. — *Instr.* 163, 195, 411.

R. v° *Instr. crim.*, 3588 s. — S. v° *Proc. crim.*, 2284 s. — V. aussi C. instr. crim. ann., art. 369, n° 1 s.

Art. 370. La minute de l'arrêt sera signée par les juges qui l'auront rendu, à peine de cent francs d'amende contre le greffier, et, s'il y a lieu, de prise à partie tant contre le greffier que contre les juges.

Elle sera signée dans les vingt-quatre heures de la prononciation de l'arrêt. — *Instr.* 164, 196, 450.

R. v° *Instr. crim.*, 3619 s. — S. v° *Proc. crim.*, 2999 s.

Art. 371. Après avoir prononcé l'arrêt, le président pourra, selon les circonstances, exhorter l'accusé à la fermeté, à la résignation, ou à réformer sa conduite.

Il l'avertira de la faculté qui lui est accordée de se pourvoir en cassation, et du terme dans lequel l'exercice de cette faculté est circonscrit.

R. v° *Instr. crim.*, 3603 s. — S. v° *Proc. crim.*, 2289 s.

Art. 372. (L. 28 avril 1832.) Le greffier dressera un procès-verbal de la séance, à l'effet de constater que les formalités prescrites ont été observées.

Il ne sera fait mention au procès-verbal, ni des réponses des accusés, ni du contenu aux dépositions, sans préjudice toutefois de l'exécution de l'article 318 concernant les changements, variations et contradictions dans les déclarations des témoins.

Le procès-verbal sera signé par le président et le greffier, et ne pourra être imprimé à l'avance.

Les dispositions du présent article seront exécutées à peine de nullité.

Le défaut de procès-verbal et l'inexécution des dispositions du paragraphe 3 qui précède seront punis de 500 francs d'amende contre le greffier. — *Instr.* 277, 450.

R. v° *Instr. crim.*, 3633 s. — S. v° *Proc. crim.*, 2302 s. — V. aussi C. instr. crim. ann., art. 372, n° 1 s.

Art. 373. Le condamné aura trois jours francs après celui où son arrêt lui aura été prononcé, pour déclarer au greffe qu'il se pourvoit en cassation.

Le procureur général pourra, dans le même délai, déclarer au greffe qu'il demande la cassation de l'arrêt.

La partie civile aura aussi le même délai; mais elle ne pourra se pourvoir que quant aux dispositions relatives à ses intérêts civils.

Pendant ces trois jours, et s'il y a eu recours en cassation, jusqu'à la réception de l'arrêt de la cour de cassation, il sera sursis à l'exécution de l'arrêt de la cour. — *Instr.* 417, 425.

R. v° *Cassation*, 524 s., 948 s. — S. *cod.* v°, 119 s., 195 s. — T. (87-97), cod. v°, 595 s., 623. — V. aussi C. instr. crim. ann., art. 373, n° 1 s.

Art. 374. Dans les cas prévus par les articles 409 et 412 du présent Code, le procureur général ou la partie civile n'auront

que vingt-quatre heures pour se pourvoir. — *Instr.* 409, 412.

R. v° *Cassation*, 539 s. — S. *cod.* v°, 123.

Art. 375. La condamnation sera exécutée dans les vingt-quatre heures qui suivront les délais mentionnés en l'article 373 s'il n'y a point de recours en cassation; ou en cas de recours, dans les vingt-quatre heures de la réception de l'arrêt de la cour de cassation qui aura rejeté la demande. — *Instr.* 43.

R. v° *Cassation*, 979; *Jugement*, 856 s.; *Peine* 201 s. — S. v° *Jugement*, 686 s.; *Peine*, 165 s.

Art. 376. La condamnation sera exécutée par les ordres du procureur général il aura le droit de requérir directement, pour cet effet, l'assistance de la force publique. — *Instr.* 24, 99, 108, 197; *Pén.* 26.

R. v° *Compét. crim.*, 619; *Frais et dépens*, 1172, 1184; *Jugement*, 883 s.; *Ministère public*, 253, 255 s.; *Peine* 255, 257.

Art. 377. Si le condamné veut faire une déclaration, elle sera reçue par un des juges du lieu de l'exécution, assisté du greffier.

R. v° *Greffe*, 45; *Frais et dépens*, 1168; *Peine* 582 s.

Art. 378. Le procès-verbal d'exécution sera, sous peine de 100 francs d'amende dressé par le greffier, et transcrit par lui dans les vingt-quatre heures, au pied de la minute de l'arrêt. La transcription sera signée par lui; et il fera mention du tout, sous la même peine, en marge du procès-verbal. Cette mention sera également signée et la transcription fera preuve comme le procès-verbal même. — *Civ.* 83.

R. v° *Jugement*, 894 s.

Art. 379. Lorsque, pendant les débats qui auront précédé l'arrêt de condamnation l'accusé aura été inculpé, soit par des pièces, soit par des dépositions de témoins, sur d'autres crimes que ceux dont il était accusé si ces crimes nouvellement manifestés méritent une plus grave ou une plus ample restauration, la cour ordonnera qu'il soit pour suivi à raison de ces nouveaux faits, suivant les formes prescrites par le présent Code.

Dans ces deux cas, le procureur général sursoira à l'exécution de l'arrêt qui a prononcé la première condamnation, jusqu'à ce qu'il ait été statué sur le second procès. — *Instr.* 365.

R. v° *Jugement*, 873; *Peine*, 124, 184 s. — S. v° *Peine*, 170.

Art. 380. Toutes les minutes des arrêts rendus aux assises seront réunies et déposées au greffe du tribunal de première instance du chef-lieu du département.

Sont exceptées les minutes des arrêts rendus par la cour d'assises du département où siège la cour royale [la cour d'appel], lesquelles resteront déposées au greffe de ladite cour.

CHAPITRE V.

Du jury et de la manière de le former.

SECTION PREMIÈRE.

Du jury.

V. infra, Appendice, la loi du 21 novembre 1872 sur le jury, qui a abrogé implicitement les articles 381 et suivants du Code d'instruction criminelle.

Art. 381 à 388. *Abrogés implicitement par L.* 21 novembre 1872.

Art. 389. La liste entière ne sera point envoyée aux citoyens qui la composent; mais le préfet notifiera à chacun d'eux l'extrait de la liste qui constate que son nom y est porté. Cette notification leur sera faite dix jours au moins avant celui où la liste doit servir.

le jour sera mentionné dans la notification, laquelle contiendra aussi une sommation de se trouver au jour indiqué, sous les peines portées au présent Code.

A défaut de notification à la personne, elle sera faite à son domicile, ainsi qu'à celui du maire ou de l'adjoint du lieu; celui-ci est tenu de lui en donner connaissance.

R. v° *Instr. crim.*, 1903 s. — S. v° *Proc. crim.*, 4 s.

Art. 390. Si parmi les quarante individus désignés par le sort il s'en trouve un ou plusieurs qui, depuis la formation de la liste arrêtée en exécution de l'article 387, soient décédés, ou aient été légalement privés des capacités exigées pour exercer les fonctions de juré, ou aient accepté un emploi incompatible avec ces fonctions, la cour, après avoir entendu le procureur général, procédera, séance tenante, à leur remplacement.

Ce remplacement aura lieu dans la forme déterminée par l'article 388. — V. *infrà*, L. *novembre* 1872, art. 19.

v° *Instr. crim.*, 1511 s., 1514 s. — S. v° *Proc. crim.*, 1472, 1473.

Art. 391. La liste des jurés sera comme non avenue après le service pour lequel elle a été formée.

Hors les cas d'assises extraordinaires, les individus qui auront satisfait aux réquisitions inscrites par l'article 389, ne pourront être forcés plus d'une fois dans la même année à la liste formée en exécution de l'article 387.

Dans les cas d'assises extraordinaires, ils pourront être placés sur cette liste plus de deux fois dans la même année.

Ne seront pas considérés comme ayant satisfait auxdites réquisitions, ceux qui auront, avant l'ouverture de la session, fait mettre des excuses dont la cour d'assises aura jugé les causes temporaires.

Leurs noms, et ceux des jurés condamnés à l'amende pour la première ou deuxième fois, seront, immédiatement après la session, adressés au premier président de la cour royale [*la cour d'appel*], qui les reportera sur la liste formée en exécution de l'article 387; et s'il ne reste plus de tirage à faire pour la même année, ils seront ajoutés à la liste de l'année suivante. — V. *infrà*, L. *novembre* 1872, art. 18.

v° *Instr. crim.*, 1531 s. — S. v° *Proc. crim.*, 2 s.

Art. 392. Nul ne peut être juré dans la même affaire où il aura été officier de police judiciaire, témoin, interprète, expert ou partie, à peine de nullité.

v° *Instr. crim.*, 1456 s. — S. v° *Proc. crim.*, 5 s.

Infrà, Appendice, la loi du 21 novembre 1872, sur *Jury.*

SECTION II.
De la manière de former et de convoquer le jury.

Art. 393. (*L. 28 avril 1832.*) Au jour indiqué pour le jugement de chaque affaire, s'il y a moins de trente jurés présents, le nombre sera complété par les jurés suppléants mentionnés en l'article 388, lesquels seront appelés dans l'ordre de leur inscription sur la liste formée en vertu dudit article.

En cas d'insuffisance, le président désignera, en audience publique et par la voie du sort, les jurés qui devront compléter le nombre de trente.

Ils seront pris parmi ceux des individus inscrits sur la liste dressée en exécution de l'article 387 qui résideront dans la ville où tiendront les assises, et subsidiairement parmi les autres habitants de cette ville qui seront compris dans les listes prescrites par l'article 382.

Les dispositions de l'article 391 ne s'appliquent pas aux remplacements opérés en vertu du présent article.

Cet article se combine avec les dispositions des articles 15 et 19 de la loi du 21 novembre 1872.

R. v° *Instr. crim.*, 1552 s. — S. v° *Proc. crim.*, 1489 s.

Art. 394. (*L. 28 avril 1832.*) Le nombre de douze jurés est nécessaire pour former un jury.

Lorsqu'un procès criminel paraîtra de nature à entraîner de longs débats, la cour d'assises pourra ordonner, avant le tirage de la liste des jurés, qu'indépendamment des douze jurés il en sera tiré au sort un ou deux autres qui assisteront aux débats.

Dans le cas où l'un ou deux des douze jurés seraient empêchés de suivre les débats jusqu'à la déclaration définitive du jury, ils seront remplacés par les jurés suppléants.

Le remplacement se fera suivant l'ordre dans lequel les jurés suppléants auront été appelés par le sort.

R. v° *Instr. crim.*, 1781 s. — S. v° *Proc. crim.*, 1531 s. — V. aussi C. instr. crim. ann., art. 394, n° 1 s.

Art. 395. (*L. 2 mai 1827.*) La liste des jurés sera notifiée à chaque accusé la veille du jour déterminé pour la formation du tableau: cette notification sera nulle, ainsi que tout ce qui aura suivi, si elle est faite plus tôt ou plus tard.

R. v° *Instr. crim.*, 1611 s. — S. v° *Proc. crim.*, 1499 s. — T. (87-97), v° *Cour d'assises*, 32 s. — V. aussi C. instr. crim. ann., art. 395, n° 1 s.

Sur les règles spéciales à la notification des jurés en matière de presse, V. C. instr. crim. ann., p. 1016 s.

Art. 396. (*L. 2 mai 1827.*) Tout juré qui ne se sera pas rendu à son poste sur la citation qui lui aura été notifiée, sera condamné par la cour d'assises à une amende, laquelle sera, — pour la première fois, de cinq cents francs; — pour la seconde, de mille francs; — et pour la troisième, de quinze cents francs.

Cette dernière fois, il sera de plus déclaré incapable d'exercer à l'avenir les fonctions de juré.

L'arrêt sera imprimé et affiché à ses frais.

L'article 396 a été modifié par l'article 20 de la loi du 21 novembre 1872.

R. v° *Instr. crim.*, 1903 s. — S. v° *Proc. crim.*, 1586 s.

Art. 397. Seront exceptés ceux qui justifieront qu'ils étaient dans l'impossibilité de se rendre au jour indiqué.

La cour prononcera sur la validité de l'excuse. — *Pén.* 236.

R. v° *Instr. crim.*, 1920 s. — S. v° *Proc. crim.*, 1590 s.

Art. 398. Les peines portées en l'article 396 sont applicables à tout juré qui, même s'étant rendu à son poste, se retirerait avant l'expiration de ses fonctions, sans une excuse valable, qui sera également jugée par la cour.

R. v° *Instr. crim.*, 1909 s. — S. v° *Proc. crim.*, 1588 s.

Art. 399. (*L. 28 avril 1832.*) Au jour indiqué, et pour chaque affaire, l'appel des jurés non excusés et non dispensés sera fait avant l'ouverture de l'audience, en leur présence, et en présence de l'accusé et du procureur général.

Le nom de chaque juré répondant à l'appel sera déposé dans une urne.

L'accusé premièrement ou son conseil, et le procureur général, récuseront tels jurés qu'ils jugeront à propos, à mesure que leurs noms sortiront de l'urne, sauf la limitation exprimée ci-après.

L'accusé, son conseil, ni le procureur général, ne pourront exposer leurs motifs de récusation.

Le jury de jugement sera formé à l'instant où il sera sorti de l'urne douze noms de jurés non récusés.

R. v° *Instr. crim.*, 1730 s. — S. v° *Proc. crim.*,

1536 s. — T. (87-97), v° *Cour d'assises*, 42 s. — V. aussi C. instr. crim. ann., art. 399, n° 1 s.

En ce qui concerne le procès-verbal du tirage du jury, V. C. instr. crim. ann., p. 1031 s. — V. aussi R. v° *Instr. crim.*, 1890 s.; S. v° *Proc. crim.*, 1516 s.; T. (87-97), v° *Cour d'assises*, 42 s.

Art. 400. Les récusations que pourront faire l'accusé et le procureur général, s'arrêteront lorsqu'il ne restera que douze jurés.

Art. 401. L'accusé et le procureur général pourront exercer un égal nombre de récusations; et cependant, si les jurés sont en nombre impair, les accusés pourront exercer une récusation de plus que le procureur général.

R. v° *Instr. crim.*, 1832 s. — S. v° *Proc. crim.*, 1567 s.

Art. 402. S'il y a plusieurs accusés, ils pourront se concerter pour exercer leurs récusations; ils pourront les exercer séparément.

Dans l'un et l'autre cas, ils ne pourront excéder le nombre de récusations déterminé pour un seul accusé par les articles précédents.

R. v° *Instr. crim.*, 1881 s. — S. v° *Proc. crim.*, 1575.

Art. 403. Si les accusés ne se concertent pas pour récuser, le sort réglera entre eux le rang dans lequel ils feront les récusations. Dans ce cas, les jurés récusés par un seul, et dans cet ordre, le seront pour tous, jusqu'à ce que le nombre des récusations soit épuisé.

R. v° *Instr. crim.*, 1881 s.

Art. 404. Les accusés pourront se concerter pour exercer une partie des récusations, sauf à exercer le surplus suivant le rang fixé par le sort.

Art. 405. L'examen de l'accusé commencera immédiatement après la formation du tableau. — *Instr.* 309.

R. v° *Instr. crim.*, 2066 s. — S. v° *Proc. crim.*, 1644 s.

Art. 406. Si, par quelque événement, l'examen des accusés sur les délits ou sur quelques-uns des délits compris dans l'acte ou dans les actes d'accusation, est renvoyé à la session suivante, il sera fait une autre liste; il sera procédé à de nouvelles récusations, et à la formation d'un nouveau tableau de douze jurés, d'après les règles prescrites ci-dessus, à peine de nullité. — *Instr.* 306, 331, 353.

R. v° *Instr. crim.*, 1802 s., 2011 s. — S. v° *Proc. crim.*, 1557 s., 1624 s.

En ce qui concerne la publicité des débats, V. la loi du 20 avril 1810, sur l'organisation de l'ordre judiciaire et l'administration de la justice, art. 7 (R. v° *Organ. judic.*, p. 1497). — V. aussi R. v° *Instr. crim.*, 2106 s.; *Jugement*, 807 s. — S. v° *Jugement*, 531 s.; *Proc. crim.*, 1652 s. — V. aussi C. instr. crim. ann., p. 1038 s.

TITRE TROISIÈME.

Des manières de se pourvoir contre les arrêts ou jugements.

Loi décrétée le 10 décembre 1808, et promulguée le 20 du même mois.

CHAPITRE PREMIER.
Des nullités de l'instruction et du jugement.

Art. 407. Les arrêts et jugements rendus en dernier ressort, en matière criminelle, correctionnelle ou de police, ainsi que l'instruction et les poursuites qui les auront précédés, pourront être annulés dans les cas suivants, et sur les recours dirigés d'après les distinctions qui vont être établies. — *Instr.* 177, 216, 473.

R. v° *Cassation*, 132 s., 353 s. — C. cod. v°, 49 s., 92 s. — T. (87-97), cod. v°, 562 s. — V. aussi C. instr. crim. ann., art. 407, n° 1 s.

§ 1. — Matières criminelles.

Art. 408. Lorsque l'accusé aura subi une condamnation, et que, soit dans l'arrêt de la cour royale [*la cour d'appel*] qui aura ordonné son renvoi devant une cour d'assises, soit dans l'instruction et la procédure qui auront été faites devant cette dernière cour, soit dans l'arrêt même de condamnation, il y aura eu violation ou omission de quelques-unes des formalités que le présent Code prescrit sous peine de nullité, cette omission ou violation donnera lieu, sur la poursuite de la partie condamnée ou du ministère public, à l'annulation de l'arrêt de condamnation et de ce qui l'a précédé, à partir du plus ancien acte nul.

Il en sera de même, tant dans les cas d'incompétence que lorsqu'il aura été omis ou refusé de prononcer, soit sur une ou plusieurs demandes de l'accusé, soit sur une ou plusieurs réquisitions du ministère public, tendant à user d'une faculté ou d'un droit accordé par la loi, bien que la peine de nullité ne fût pas textuellement attachée à l'absence de la formalité dont l'exécution aura été demandée ou requise. — *Instr.* 276, 278, 415, 416, 429, 470, 539.

R. v⁰ *Cassation*, 1297 s., 1913 s.; *Excès de pouvoir*, 1 s. — S. v⁰ *Cassation*, 275 s., 450 s.; *Excès de pouvoir*, 1 s. — V. aussi C. instr. crim. ann., art. 408, n⁰⁸ 1 s.

Art. 409. Dans le cas d'acquittement de l'accusé, l'annulation de l'ordonnance qui l'aura prononcé et de ce qui l'aura précédée ne pourra être poursuivie par le ministère public que dans l'intérêt de la loi et sans préjudicier à la partie acquittée. — *Instr.* 360, 374, 441, 442.

R. v⁰ *Cassation*, 204 s. — S. *eod.* v⁰, 62.

Art. 410. Lorsque la nullité procédera de ce que l'arrêt aura prononcé une peine autre que celle appliquée par la loi à la nature du crime, l'annulation de l'arrêt pourra être poursuivie tant par le ministère public que par la partie condamnée.

La même action appartiendra au ministère public contre les arrêts d'absolution mentionnés en l'article 364, si l'absolution a été prononcée sur le fondement de la non-existence d'une loi pénale qui pourtant aurait existé. — *Instr.* 408, 434.

R. v⁰ *Cassation*, 204 s., 1457; *Instr. crim.,* 3749 s. — S. v⁰ *Cassation*, 62.

Art. 411. Lorsque la peine prononcée sera la même que celle portée par la loi qui s'applique au crime, nul ne pourra demander l'annulation de l'arrêt, sous le prétexte qu'il y aurait erreur dans la citation du texte de la loi. — *Instr.* 314.

R. v⁰ *Cassation*, 1448 s.; *Jugement*, 800 s. — S. v⁰ *Cassation*, 104 s., 1045 s.; *Jugement*, 625 s.

Art. 412. Dans aucun cas la partie civile ne pourra poursuivre l'annulation d'une ordonnance d'acquittement ou d'un arrêt d'absolution; mais, si l'arrêt a prononcé contre elle des condamnations civiles, supérieures aux demandes de la partie acquittée ou absoute, cette disposition de l'arrêt pourra être annulée sur la demande de la partie civile. — *Instr.* 358, 366, 374, 419, 429.

R. v⁰ *Cassation*, 170, 421 s. — S. *eod.* v⁰, 98.

§ 2. — Matières correctionnelles et de police.

Art. 413. Les voies d'annulation exprimées en l'article 408 sont, en matière correctionnelle et de police, respectivement ouvertes à la partie poursuivie pour un délit ou une contravention, au ministère public, et à la partie civile, s'il y en a une, contre tous arrêts ou jugements en dernier ressort, sans distinction de ceux qui ont prononcé le renvoi de la partie ou sa condamnation.

Néanmoins, lorsque le renvoi de cette partie aura été prononcé, nul ne pourra se prévaloir contre elle de la violation ou omission des formes prescrites pour assurer sa défense. — *Instr.* 177, 216, 416, 426, 427.

R. v⁰ *Cassation*, 1336, 1348, 1362, 1471 s., 1482 s., 1913 s.; *Jugement*, 747 s., 1053 s. — S. v⁰ *Cassation*, 264, 308 s., 319 s., 450 s.; *Jugement*, 790 s. — T. (87-97), v⁰ *Cassation*, 638 s. — V. aussi C. instr. crim. ann., art. 413, n⁰⁸ 1 s.

V. la loi du 29 avril 1806, qui prescrit des mesures relatives en matière criminelle et correctionnelle, art. 2.

Art. 414. La disposition de l'article 411 est applicable aux arrêts et jugements en dernier ressort rendus en matière correctionnelle et de police. — *Instr.* 411.

R. v⁰ *Cassation*, 1456.

§ 3. — Disposition commune aux deux paragraphes précédents.

Art. 415. Dans le cas où, soit la cour de cassation, soit une cour royale [*une cour d'appel*], annulera une instruction, elle pourra ordonner que les frais de la procédure à recommencer seront à la charge de l'officier ou juge instructeur qui aura commis la nullité.

Néanmoins la présente disposition n'aura lieu que pour des fautes très graves, et à l'égard seulement des nullités qui seront commises deux ans après la mise en activité du présent Code. — *Instr.* 281, 408.

R. v⁰ *Greffier*, 129; *Huissier*, 103; *Instr. crim.,* 1653, 1706, 3126; *Responsabilité*, 288, 470, 1698. —S. v⁰ *Frais et dépens*, 608.

CHAPITRE II.
Des demandes en cassation.

Art. 416. Le recours en cassation contre les arrêts préparatoires et d'instruction ou les jugements en dernier ressort de cette qualité, ne sera ouvert qu'après l'arrêt ou jugement définitif: l'exécution volontaire de tels arrêts ou jugements préparatoires ne pourra, en aucun cas, être opposée comme fin de non-recevoir.

La présente disposition ne s'applique point aux arrêts ou jugements rendus sur la compétence. — *Instr.* 177, 278, 408.

R. v⁰ *Cassation*, 156 s.; *Jugem. d'av. dire droit*, 86 s. — S. v⁰ *Cassation*, 52 s.; *Jugem. d'av. dire droit*, 50 s. — T. (87-97), v⁰ *Cassation*, 362 s.

Art. 417. La déclaration de recours sera faite au greffier par la partie condamnée, et signée d'elle et du greffier; et si le déclarant ne peut ou ne veut signer, le greffier en fera mention.

Cette déclaration pourra être faite, dans la même forme, par l'avoué de la partie condamnée ou par un fondé de pouvoir spécial; dans ce dernier cas, le pouvoir demeurera annexé à la déclaration.

Elle sera inscrite sur un registre à ce destiné; ce registre sera public, et toute personne aura le droit de s'en faire délivrer des extraits. — *Instr.* 177, 216, 373.

R. v⁰ *Cassation*, 817 s. — S. *eod.* v⁰, 175 s. — T. (87-97), *eod.* v⁰, 612 s.

Art. 418. Lorsque le recours en cassation contre un arrêt ou jugement en dernier ressort, rendu en matière criminelle, correctionnelle ou de police, sera exercé soit par la partie civile, s'il y en a une, soit par le ministère public, ce recours, outre l'inscription énoncée dans l'article précédent, sera notifié à la partie contre laquelle il sera dirigé, dans le délai de trois jours.

Lorsque cette partie sera actuellement détenue, l'acte contenant la déclaration de recours lui sera par le greffier: elle le signera; et si elle ne le peut ou ne le veut, le greffier en fera mention.

Lorsqu'elle sera en liberté, le demandeur en cassation lui notifiera son recours, par le ministère d'un huissier, soit à sa personne, soit au domicile par elle élu: le délai sera,

en ce cas, augmenté d'un jour par chaque distance de trois myriamètres. — *Instr.* 39?

R. v⁰ *Cassation*, 850 s. — S. *eod.* v⁰, 180 s.

Art. 419. La partie civile qui se sera pourvue en cassation est tenue de joindre aux pièces une expédition authentique de l'arrêt.

Elle est tenue, à peine de déchéance, de consigner une amende de 150 francs, ou de la moitié de cette somme, si l'arrêt a été rendu par contumace ou par défaut. *Instr.* 412, 436.

R. v⁰ *Cassation*, 887 s. — S. *eod.* v⁰, 183.

Art. 420. (*L. 28 juin 1877.*) Sont dispensés de l'amende: 1⁰ les condamnés en matière criminelle; 2⁰ les agents publics pour affaires qui concernent directement l'Administration et les domaines de l'État.

A l'égard de toutes autres personnes, l'amende sera encourue par celles qui succomberont dans leurs recours. Seront néanmoins dispensées de la consigner: 1⁰ les condamnés en matière correctionnelle et de police à une peine emportant privation de liberté; 2⁰ les personnes qui joindront à leur demande en cassation: premièrement, un extrait du rôle des contributions constatant qu'elles payent moins de 6 francs, ou un certificat du percepteur de leur commune portant qu'elles ne sont point imposées; deuxièmement, un certificat constatant qu'elles sont, à raison de leur indigence, dans l'impossibilité de consigner l'amende. Ce certificat leur sera délivré par le maire de la commune de leur domicile ou par son adjoint approuvé par le sous-préfet de l'arrondissement ou, dans l'arrondissement du chef-lieu du département, par le préfet.

§ 1. LÉGISLATION ANTÉRIEURE A LA LOI I 28 JUIN 1877. — R. v⁰ *Cassation*, 697 s.
§ 2. LOI DU 28 JUIN 1877 : S. v⁰ *Cassation*, 137 — T. (87-97), *eod.* v⁰, 603 s. — D. P. 77. 4. 51. — V. aussi C. instr. crim. ann., art. 420, n⁰⁸ 1 s.

Art. 421. (*L. 28 juin 1877.*) Seront déclarés déchus de leur pourvoi en cassation les condamnés à une peine emportant privation de la liberté pour une durée de plus de six mois, qui ne seront pas en état ou qui n'auront pas été mis en liberté provisoire avec ou sans caution.

L'acte de leur écrou ou de leur mise en liberté sera produit devant la cour de cassation, au plus tard au moment où l'affaire y sera appelée.

Il suffira au demandeur, pour que son recours soit reçu, de justifier qu'il s'est actuellement constitué dans la maison de justice du lieu où siège la cour de cassation le gardien de cette maison pourra le recevoir sur la représentation de sa demande adressée au procureur général près cette cour et visée par ce magistrat.

§ 1. LÉGISLATION ANTÉRIEURE A LA LOI D 28 JUIN 1877. — R. v⁰ *Cassation*, 714 s.
§ 2. LOI DU 28 JUIN 1877: S. v⁰ *Cassation*, 166 s — D. P. 77. 4. 51.

Art. 422. Le condamné ou la partie civile, soit en faisant sa déclaration, soit dans les dix jours suivants, pourra déposer au greffe de la cour ou du tribunal qui aura rendu l'arrêt ou le jugement attaqué, une requête contenant ses moyens de cassation. Le greffier lui en donnera reconnaissance et remettra sur-le-champ cette requête au magistrat chargé du ministère public.

R. v⁰ *Cassation*, 921 s.

Art. 423. (*L. 19 avril 1900.*) Après les dix jours qui suivront la déclaration, ce magistrat transmettra au procureur général près la cour de cassation les pièces du procès et les requêtes des parties, si elles en ont déposé.

Le greffier de la cour ou du tribunal qui aura rendu l'arrêt ou le jugement attaqué, rédigera sans frais et joindra un inventaire des pièces, sous peine de 100 francs d'amende.

uelle sera prononcée par la cour de cassation. — *Instr.* 450.

1. LÉGISLATION ANTÉRIEURE A LA LOI DU AVRIL 1900 : R. V* *Cassation*, 887 s.
2. LOI DU 19 AVRIL 1900 : D. P. 1900. 4. 31.

Art. 424. (*L. 19 avril* 1900.) Les connés pourront aussi transmettre directement au greffe de la cour de cassation, soit rs requêtes, soit les expéditions ou copies rifiées tant de l'arrêt ou du jugement que leurs demandes en cassation; néanmoins, artie civile ne pourra user du bénéfice la présente disposition sans le ministère a avocat à la cour de cassation. — *Instr.* 425.

1. LÉGISLATION ANTÉRIEURE A LA LOI DU VRIL 1900 : R. v* *Cassation*, 842, 1181.
. *God. v*, 177, 185.
2. LOI DU 19 AVRIL 1900 : D. P. 1900. 4. 31.

Art. 425. La cour de cassation, en toute ire criminelle, correctionnelle ou de ce, pourra statuer sur le recours en cason, aussitôt après l'expiration des délais nt, pourra annuler l'arrêt ou le jugement, s le mois au plus tard, à compter du jour ces délais seront expirés.

v* *Cassation*, 1123, 1181 s., 1276. — S. *cod.* v*, s.

Art. 426. La cour de cassation rejettera emande en cassation ou le le juge-nt, sans qu'il soit besoin d'un arrêt préa-e d'admission.

V* *Cassation*, 1224 s., 1259 s., 1745 s., 2112 s.
. *cod.* v*, 413 s. — V. aussi C. instr. crim. ann., 426, n° 1 s.

Art. 427. Lorsque la cour de cassation ulera un arrêt rendu en jugement rendu en matière correctionnelle, soit en ma-e de police, elle renverra le procès et le ies devant une cour ou un tribunal de ne qualité que celui qui aura rendu rêt ou le jugement annulé. — *Instr.* 177, 413, 429.

v* *Cassation*, 2071 s., 2131 s., 2187 s. — s. *cod.* v*, 405 s., 470 s., 488 s. — T. (87-97), *cod.* v*, s. — V. aussi C. instr. crim. ann., art. 427, 429, n° 1 s.

Art. 428. Lorsque la cour de cassation ulera un arrêt rendu en matière crimi-e, il sera procédé comme il est dit aux x articles suivants.

Art. 429. La cour de cassation pronon-e le renvoi des parties, savoir:

evant une cour royale [*une cour d'appel*] re que celle qui aura réglé la compétence prononcé la mise en accusation, si l'arrêt annulé pour l'une des causes exprimées l'article 299;

evant une cour d'assises autre que celle aura rendu l'arrêt, si l'arrêt et l'instruc-a sont annulés pour cause de nullités mises à la cour d'assises;

evant un tribunal de première instance re que celui auquel aura appartenu le e d'instruction, si l'arrêt et l'instruction t annulés aux chefs seulement qui con-nent les intérêts civils: dans ce cas, le unal sera saisi sans citation préalable en ciliation.

si l'arrêt et la procédure sont annulés r cause d'incompétence, la cour de cas-ion renverra le procès devant les juges doivent en connaître; et les désignera : tefois, si la compétence se trouvait appar-ir au tribunal de première instance ou ge le juge qui aurait fait la première ins-ction, le renvoi sera fait à un autre tri-al de première instance.

orsque l'arrêt sera annulé parce que le t qui aura donné lieu à une condamna-n se trouvera n'être pas un délit qualifié la loi, le renvoi, s'il y a une partie. ile, sera fait devant un tribunal de pre-ère instance autre que celui auquel aura partenu le juge d'instruction; et, s'il n'y

a pas de partie civile, aucun renvoi ne sera prononcé. — *Instr.* 299, 364, 408, 412.

R. v* *Cassation*, 2071 s., 2122 s., 2187 s., 2228 s., 2238 s. — S. cod. v*, 466 s., 470 s., 488 s., 493 s., 497 s. — T. (87-97), *cod.* v*, 687 s., 693 s. — V. aussi C. instr. crim. ann., art. 429, n° 1 s.

Art. 430. Dans tous les cas où la cour de cassation est autorisée à choisir une cour ou un tribunal pour le jugement d'une affaire renvoyée, ce choix ne pourra résulter que d'une délibération spéciale, prise en la chambre du conseil immédiatement après la prononciation de l'arrêt de cassation, et dont il sera fait mention expresse dans cet arrêt. — *Instr.* 214.

R. v* *Cassation*, 2122 s. — S. *cod.* v*, 470 s.

Art. 431. Les nouveaux juges d instruc-tion auxquels il pourrait être fait des délé-gations pour compléter l'instruction des affaires renvoyées, ne pourront être pris parmi les juges d'instruction établis dans le ressort de la cour dont l'arrêt aura été an-nulé. — *Instr.* 84, 90, 214, 283, 303.

R. v* *Cassation*, 2147; *Renvoi*, 211.

Art. 432. Lorsque le renvoi aura été fait à une cour royale [*une cour d'appel*], celle-ci, après avoir réparé l'instruction en ce qui la concerne, désignera, dans son res-sort, la cour d'assises par laquelle le procès devra être jugé.

R. v* *Cassation*, 2148 s., 2194 s. — S. *cod.* v*, 490.

Art. 433. Lorsque le procès aura été renvoyé devant une cour d'assises, et qu'il y aura des complices qui ne seront pas en état d'accusation, cette cour commettra un juge d'instruction, et le procureur général l'un de ses substituts, pour faire, chacun en ce qui le concerne, l'instruction, dont les pièces seront ensuite adressées à la cour royale [*la cour d'appel*], qui prononcera s'il y a lieu ou non, à la mise en accusation. — *Instr*; 226, 271, 283, 305, 501.

R. v* *Cassation*, 2194 s.; *Instr. crim.*, 1184.

Art. 434. Si l'arrêt a été annulé pour avoir prononcé une peine autre que celle que la loi applique à la nature du crime, la cour d'assises à qui le procès sera renvoyé rendra son arrêt sur la déclaration déjà faite par le jury.

Si l'arrêt a été annulé pour autre cause, il sera procédé à de nouveaux débats devant la cour d'assises à laquelle le procès sera renvoyé.

La cour de cassation n'annulera qu'une partie de l'arrêt, lorsque la nullité ne viciera qu'une ou quelques-unes de ses dispositions. — *Instr.* 410.

R. v* *Cassation*, 2003 s., 2071 s., 2194 s., 2218 s. — S. *cod.* v*, 466, 490 s.

Art. 435. L'accusé dont la condamna-tion aura été annulée, et qui devra subir un nouveau jugement au criminel, sera traduit, soit en état d'arrestation, soit en exécution de l'ordonnance de prise de corps, devant la cour royale [*la cour d'appel*] ou d'assises à qui son procès sera renvoyé.

R. v* *Cassation*, 2049 s., 2116 s., 2135, 2225 s.

Art. 436. La partie civile qui succombera dans son recours, soit en matière criminelle, soit en matière correctionnelle ou de police, sera condamnée à une indemnité de 150 francs; et aux frais envers la partie acquittée, absoute ou renvoyée : la partie civile sera de plus condamnée envers l'État, à une amende de 150 francs, ou de 75 francs seulement, si l'arrêt ou le jugement a été rendu par con-tumace ou par défaut.

Les Administrations ou Régies de l'État et les agents publics qui succomberont, ne seront condamnés qu'aux frais et à l'indem-nité. — *Instr.* 368, 412, 478.

R. v* *Cassation*, 738 s. — S. v** *Cassation*, 167 s.; *Frais et dépens*, 626 s.

Art. 437. Lorsque l'arrêt ou le juge-ment aura été annulé, l'amende consignée sera rendue sans aucun délai, en quelques termes que soit conçu l'arrêt qui aura statué sur le recours, et quand même il aurait omis d'en ordonner la restitution.

R. v* *Cassation*, 769 s. — S. *cod.* v*, 169.

Art. 438. Lorsqu'une demande en cas-sation aura été rejetée, la partie qui l'avait formée ne pourra plus se pourvoir en cassa-tion contre le même arrêt ou jugement, sous quelque prétexte et par quelque moyen que ce soit.

R. v* *Cassation*, 1957 s. — S. *cod.* v*, 455.

Art. 439. (*L. 19 avril* 1900.) L'arrêt qui aura rejeté la demande en cassation sera délivré dans les trois jours au procureur général près la cour de cassation, par simple extrait signé du greffier, lequel sera adressé au magistrat chargé du ministère public près la cour ou le tribunal qui aura rendu l'arrêt ou le jugement attaqué.

§ 1. LÉGISLATION ANTÉRIEURE A LA LOI DU 19 AVRIL 1900 : R. v* *Cassation*, 1190.
§ 2. LOI DU 19 AVRIL 1900 : D. P. 1900. 4. 31.

Art. 440. Lorsque, après une première cassation, le second arrêt ou jugement sur le fond sera attaqué par les mêmes moyens, il sera procédé selon les formes prescrites par la loi du 16 septembre 1807.

La loi du 16 septembre 1807 a été abrogée par la loi du 30 juillet 1828, laquelle a été abrogée elle-même par la loi du 1er avril 1837 rapportée, infrà, Appendice.

R. v* *Cassation*, 220 s., 2101 s., 2228 s. — S. *cod.* v*, 495 s. — T. (87-97), *cod.* v*, 633 s.

Art. 441. Lorsque, sur l'exhibition d'un ordre formel à lui donné par le ministre de la justice, le procureur général près la cour de cassation dénoncera à la section criminelle des actes judiciaires, arrêts ou jugements contraires à la loi, ces actes, arrêts ou juge-ments pourront être annulés, et les officiers de police ou les juges poursuivis, s'il y a lieu, de la manière exprimée au chapitre 3 du titre 4 du présent livre. — *Instr.* 479, 483.

R. v* *Cassation*, 1950 s. — S. *cod.* v*, 208 s., 403.

Art. 442. Lorsqu'il aura été rendu par une cour royale [*une cour d'appel*] ou d'as-sises, ou par un tribunal correctionnel ou de police, un arrêt ou jugement en dernier ressort, sujet à cassation, et contre lequel néanmoins aucune des parties n'aurait ré-clamé dans le délai déterminé, le procureur général près la cour de cassation pourra aussi d'office, et nonobstant l'expiration du délai, en donner connaissance à la cour de cassation: l'arrêt ou le jugement sera cassé, sans que les parties puissent s'en prévaloir pour s'opposer à son exécution. — *Instr.* 409.

R. v* *Cassation*, 985 s. — S. *cod.* v*, 199 s.

CHAPITRE III.

Modifié par la loi du 8 juin 1895.

Des demandes en revision et des in-demnités aux victimes d'erreurs ju-diciaires.

Art. 443. (*L. 8 juin* 1895.) La revision pourra être demandée en matière criminelle ou correctionnelle, quelles que soient la juridiction qui ait statué et la peine qui ait été prononcée.:

1° Lorsque, après une condamnation pour homicide, des pièces seront représentées propres à faire naître de suffisants indices sur l'existence de la prétendue victime de l'homicide ;.

2° Lorsque, après une condamnation pour crime ou délit, un nouvel arrêt ou jugement aura condamné pour le même fait un autre accusé ou prévenu et que, les deux condam-nations ne pouvant se concilier, leur contra-diction sera la preuve de l'innocence de l'un ou de l'autre condamné.;

3° Lorsqu'un des témoins entendus aura été, postérieurement à la condamnation, poursuivi et condamné pour faux témoignage contre l'accusé ou le prévenu ; le témoin ainsi condamné ne pourra pas être entendu dans les nouveaux débats ;

4° Lorsque, après une condamnation, un fait viendra à se produire ou à se révéler, ou lorsque des pièces inconnues lors des débats seront représentées, de nature à établir l'innocence du condamné.

§ 1. Législation antérieure a la loi du 8 juin 1895 · R. v° *Cassation*, 1525 s. — S. eod. v°, 326 s.

§ 2. Loi du 8 juin 1895 : D. P. 95. 4. 80. — V. aussi C. instr. crim. ann., art. 443, n°· 1 s.

Art. 444. (*L.* 8 *juin* 1895.) Le droit de demander la revision appartiendra dans les trois premiers cas :

1° Au ministre de la justice ;

2° Au condamné ou, en cas d'incapacité, à son représentant légal ;

3° Après la mort ou l'absence déclarée du condamné, à son conjoint, à ses enfants, à ses parents, à ses légataires universels ou à titre universel, à ceux qui en ont reçu de lui la mission expresse.

Dans le quatrième cas, au ministre de la justice seul, qui statuera, après avoir pris l'avis d'une commission composée des directeurs de son ministère et de trois magistrats de la cour de cassation annuellement désignés par elle et pris en dehors de la chambre criminelle.

La cour de cassation, chambre criminelle, sera saisie par son procureur général, en vertu de l'ordre exprès que le ministre de la justice aura donné soit d'office, soit sur la réclamation des parties indiquant un des trois premiers cas.

La demande sera non recevable si elle n'a été inscrite au ministère de la justice ou introduite par le ministre sur la demande des parties dans le délai d'un an à dater du jour où celles-ci auront connu le fait donnant ouverture à revision.

Si l'arrêt ou le jugement de condamnation n'a pas été exécuté, l'exécution sera suspendue de plein droit à partir de la transmission de la demande par le ministre de la justice à la cour de cassation.

Si le condamné est en état de détention, l'exécution pourra être suspendue, sur l'ordre du ministre de la justice, jusqu'à ce que la cour de cassation ait prononcé, et ensuite, s'il y a lieu, par l'arrêt de cette cour statuant sur la recevabilité.

§ 1. Législation antérieure a la loi du 8 juin 1895 : R. v° *Cassation*, 1547, 1560 s. — S. eod. v°, 335.

§ 2. Loi du 8 juin 1895 : D. P. 95. 4. 80.

Art. 445. (*L.* 8 *juin* 1895.) En cas de recevabilité, si l'affaire n'est pas en état, la cour procédera directement ou par commissions rogatoires à toutes enquêtes sur le fond, confrontations, reconnaissances d'identité, interrogatoires et moyens propres à mettre la vérité en évidence.

Lorsque l'affaire sera en état, si la cour reconnaît qu'il peut être procédé à de nouveaux débats contradictoires, elle annulera les jugements ou arrêts et tous actes qui feraient obstacle à la revision ; elle fixera les questions qui devront être posées et renverra les accusés ou prévenus, selon les cas, devant une cour ou un tribunal autre que ceux qui auront primitivement connu de l'affaire.

Dans les affaires qui devront être soumises au jury, le procureur général près la cour de renvoi dressera un nouvel acte d'accusation.

Lorsqu'il ne pourra être procédé de nouveau à des débats oraux contre toutes les parties, notamment en cas de décès, de contumace ou de défaut d'un ou de plusieurs condamnés, d'irresponsabilité pénale ou d'excusabilité, en cas de prescription de l'action ou de celle de la peine, la cour de cassation, après avoir constaté expressément cette impossibilité, statuera au fond sans cassation préalable ni renvoi, en présence des parties civiles, s'il y en a au procès, et des curateurs nommés par elle à la mémoire de chacun des morts ; dans ce cas, elle annulera seulement celle des condamnations qui avait été injustement prononcée et déchargera, s'il y a lieu, la mémoire des condamnés morts.

Si l'annulation de l'arrêt à l'égard d'un condamné vivant ne laisse rien subsister qui puisse être qualifié crime ou délit, aucun renvoi ne sera prononcé.

§ 1. Législation antérieure a la loi du 8 juin 1895 : R. v° *Cassation*, 1556 s. — S. eod. v°, 336 s.

§ 2. Loi du 8 juin 1895 : D. P. 95. 4. 80.

Art. 446. (*L.* 8 *juin* 1895.) L'arrêt ou le jugement de revision d'où résultera l'innocence d'un condamné pourra, sur sa demande, lui allouer des dommages-intérêts, à raison du préjudice que lui aura causé la condamnation.

Si la victime de l'erreur judiciaire est décédée, le droit de demander des dommages-intérêts appartiendra, dans les mêmes conditions, à son conjoint, à ses ascendants et descendants.

Il n'appartiendra aux parents d'un degré plus éloigné qu'autant qu'ils justifieront d'un préjudice matériel résultant pour eux de la condamnation.

La demande sera recevable en tout état de la procédure en revision.

Les dommages-intérêts alloués seront à la charge de l'État, sauf son recours contre la partie civile, le dénonciateur ou le faux témoin par la faute desquels la condamnation aura été prononcée. Ils seront payés comme frais de justice criminelle.

Les frais de l'instance en revision seront avancés par le demandeur jusqu'à l'arrêt de recevabilité ; pour les frais postérieurs à cet arrêt, l'avance sera faite par le Trésor.

Si l'arrêt ou le jugement définitif de revision prononce une condamnation, il mettra à la charge du condamné le remboursement des frais envers l'État et envers les demandeurs en revision, s'il y a lieu.

Le demandeur en revision qui succombera dans son instance sera condamné à tous les frais.

L'arrêt ou jugement de revision d'où résulte l'innocence d'un condamné sera affiché dans la ville où a été prononcée la condamnation, dans celle où siège la juridiction de revision, dans la commune du lieu où le crime ou le délit aura été commis, dans celle du domicile des demandeurs en revision et au dernier domicile de la victime de l'erreur judiciaire, si elle est décédée. Il sera inséré d'office au *Journal officiel*, et sa publication dans cinq journaux, au choix du demandeur, sera en outre ordonnée, s'il le requiert.

Les frais de la publicité ci-dessus prévue seront à la charge du Trésor.

Loi du 8 juin 1895 : D. P. 95. 4. 80.

Art. 447. (*L.* 8 *juin* 1895.) Dans tous les cas où la connaissance des parties de la condamnation ou des faits donnant ouverture à revision serait antérieure à la présente loi, les délais fixés pour l'introduction de la demande courront à partir de sa promulgation.

Loi du 8 juin 1895 : D. P. 95. 4. 80.

TITRE QUATRIÈME.

De quelques procédures particulières.

Chap. I-IV. Loi décrétée le 12 décembre 1808, promulguée le 22 du même mois.
Chap. VI et VII. Loi décrétée le 13 décembre 1808, promulguée le 23 du même mois.

CHAPITRE PREMIER.
Du faux.

Art. 448. Dans tous les procès pour faux en écriture, la pièce arguée de faux, aussitôt qu'elle aura été produite, sera déposée au greffe, signée et paraphée à toutes les pages par le greffier, qui dressera un procès-verbal détaillé de l'état matériel de la pièce et par la personne qui l'aura déposée, si elle sait signer, ce dont il sera fait mention ; le tout à peine de 50 francs d'amende contre le greffier qui l'aura reçue sans que cette formalité ait été remplie. — *Instr.* 196 ; *Pén.* 132, 145 ; *Pr.* 225.

R. v° *Faux*, 463 s. — S. eod. v°, 393 s.

Art. 449. Si la pièce arguée de faux est tirée d'un dépôt public, le fonctionnaire qui s'en dessaisira, la signera aussi et la paraphera, comme il vient d'être dit, sous peine d'une pareille amende.

R. v° *Faux*, 471.

Art. 450. La pièce arguée de faux sera de plus signée par l'officier de police judiciaire, et par la partie civile si son aveu, si ceux-ci se présentent.

Elle le sera également par le prévenu, au moment de sa comparution.

Si ces comparants, ou quelques-uns d'entre eux, ne peuvent pas ou ne veulent pas signer, le procès-verbal en fera mention.

En cas de négligence ou d'omission, le greffier sera puni de 50 francs d'amende. — *Instr.* 369, 370, 423, 474.

R. v° *Faux*, 472 s. — S. eod. v°, 401.

Art. 451. Les plaintes et dénonciations en faux pourront toujours être suivies, de même que les pièces qui en sont l'objet auraient servi de fondement à des actes judiciaires ou civils. — *Instr.* 63 ; *Pr.* 214.

R. v° *Faux*, 476 s. — S. eod. v°, 407.

Art. 452. Tout dépositaire public ou particulier des pièces arguées de faux, est tenu, sous peine d'y être contraint par corps de les remettre, sur l'ordonnance donnée par l'officier du ministère public ou par le juge d'instruction.

Cette ordonnance et l'acte de dépôt lui serviront de décharge envers tous ceux qui auront intérêt à la pièce. — *Instr.* 522 *Civ.* 2060.

R. v° *Faux*, 479 s. — S. eod. v°, 395 s.

Art. 453. Les pièces qui seront fournies pour servir de comparaison seront signées et parafées, comme il est dit aux trois premiers articles du présent chapitre pour la pièce arguée de faux, et sous les mêmes peines. — *Pr.* 200.

R. v° *Faux*, 483 s. — S. eod. v°, 403.

Art. 454. Tous dépositaires publics pourront être contraints, même par corps, à fournir les pièces de comparaison qui sont en leur possession : l'ordonnance par écrit et l'acte de dépôt leur serviront de décharge envers ceux qui pourraient avoir intérêt à ces pièces. — *Civ.* 2060 ; *Pr.* 201, 221.

R. v° *Faux*, 492 s.

Art. 455. S'il est nécessaire de déplacer une pièce authentique, il en sera laissé au dépositaire une copie collationnée, laquelle sera vérifiée sur la minute ou l'expédition par le président du tribunal de son arrondissement, qui en dressera procès-verbal ; et si dépositaire est une personne publique, tte copie sera par lui mise au rang de ses inutes, pour en tenir lieu jusqu'au renvoi la pièce, et il pourra en délivrer des osses ou expéditions, en faisant mention t procès-verbal.

Néanmoins, si la pièce se trouve faire rtie d'un registre, de manière à ne pouvoir être momentanément distraite, le tribunal urra, en ordonnant l'apport du registre, spenser de la formalité établie par le pré- nt article. — *Instr.* 245; *Pr.* 203.

R. v⁴ *Faux*, 494.

Art. 456. Les écritures privées peuvent ssi être produites pour pièces de compa- ison, et être admises à ce titre, si les parties téressées les reconnaissent.

Néanmoins, les particuliers qui, même de ur aveu, en sont possesseurs, ne peuvent re immediatement contraints à les remettre; ais si, après avoir été cités devant le tri- nal saisi pour faire cette remise, ou dé- aire les motifs de leur refus, ils succombent, rrêt ou le jugement pourra ordonner qu'ils seront contraints par corps. — *Pr.* 200.

R. v⁴ *Faux*, 495 s. — S. *cod.* v⁴, 403 s.

Art. 457. Lorsque les témoins s'explique- nt sur une pièce du procès, ils la para- ront et la signeront; et s'ils ne peuvent gner, le procès-verbal en fera mention. — r. 212, 234.

R. v⁴ *Faux*, 498 s. — S. *eod.* v⁴, 401 s.

Art. 458. Si, dans le cours d'une ins- uction ou d'une procédure, une pièce pro- ite est arguée de faux par l'une des parties, le sommera l'autre de déclarer si elle entend servir de la pièce. — *Pr.* 214, 215, 216.

Art. 459. La pièce ayant rejetée du procès, la partie déclare qu'elle ne veut pas s'en rvir, ou si, dans le délai de huit jours, elle e fait aucune déclaration; et il sera passé tre à l'instruction et au jugement.

Si la partie déclare qu'elle entend se servir ux la pièce, l'instruction sur le faux aura ivie incidemment devant la cour ou le tri- nal saisi de l'affaire principale. — *Pr.* 215, 7, 218.

Art. 460. Si la partie qui a argué de ux la pièce soutient que celui qui l'a pro- uite est l'auteur ou le complice du faux, ou l résulte de la procédure que l'auteur ou complice du faux soit vivant, et la pour- ite du crime non éteinte par la prescrip- on, l'accusation sera suivie criminellement ans les formes ci-dessus prescrites.

Si le procès est engagé au civil, il sera ursis au jugement jusqu'à ce qu'il ait été rononcé sur le faux.

S'il s'agit de crimes, délits ou contraven- ons, la cour ou le tribunal saisi est tenu décider préalablement, et après avoir ntendu l'officier chargé du ministère public, il y a lieu ou non à surseoir. — *Instr.* 39, 240.

R. v⁴ *Faux incident*, 206 s. — S. *cod.* v⁴, 117 s. - V. aussi C. instr. crim. ann., art. 458-460, n⁰⁴ 1 s.

En ce qui concerne le faux incident en matière de uanes, de contributions indirectes, etc... V. R. v⁴ *Faux* cident, 273 s. — S. *cod.* v⁴, 133 s. — S. aussi C. instr. im. ann., p. 1132 s.

Art. 461. Le prévenu ou l'accusé pourra re requis de produire et de former un orps d'écriture; en cas de refus ou de lence, le procès-verbal en fera mention. — r. 206.

R. v⁴ *Faux*, 501 s.

Art. 462. Si une cour ou un tribunal rouve dans la visite d'un procès, même civil, es indices sur un faux et sur la personne ui l'a commis, l'officier chargé du minis- ère public ou le président transmettra les ièces au substitut du procureur général rès le juge d'instruction, soit du lieu où le élit paraîtra avoir été commis, soit du lieu

ou le prévenu pourra être saisi, et il pourra même délivrer le mandat d'amener. — *Pr.* 230.

R. v⁴ *Faux incident*, 236 s.

Art. 463. Lorsque des actes authentiques auront été déclarés faux en tout ou en partie, la cour ou le tribunal qui aura connu du faux, ordonnera qu'ils soient rétablis, rayés ou réformés, et du tout il sera dressé procès- verbal.

Les pièces de comparaison seront ren- voyées dans les dépôts d'où elles auront été tirées, ou seront remises aux personnes qui les auront communiquées; le tout dans le délai de quinzaine à compter du jour de l'arrêt ou du jugement, à peine d'une amende de 50 francs contre le greffier. — *Pr.* 241, 242.

R. v⁴ *Faux*, 503 s. — S. *cod.* v⁴, 406.

Art. 464. Le surplus de l'instruction sur le faux se fera comme sur les autres dé- lits, sauf l'exception suivante.

Les présidents des cours d'assises, les pro- cureurs généraux ou leurs substituts, les juges d'instruction et les juges de paix, pourront continuer, hors de leur ressort, les visites nécessaires chez les personnes soup- connées d'avoir fabriqué, introduit, distribué de faux papiers nationaux, de faux billets de la Banque de France ou des banques de dé- partements.

La présente disposition a lieu également pour le crime de fausse monnaie, ou de con- trefaçon du sceau de l'État. — *Pén.* 132 s.

R. v⁴ *Faux*, 504. — S. *cod.* v⁴, 398.

Sur la compétence en matière de faux, V. C. instr. crim. ann., p. 1160. — V. aussi R. v⁴ *Faux*, 444 s.; S. *cod.* r⁰, 392.

CHAPITRE II.
Des contumaces.

Art. 465. Lorsque, après un arrêt de mise en accusation, l'accusé n'aura pu être saisi, ou ne se présentera pas dans les dix jours de la notification qui en aura été faite à son domicile, ou lorsque, après s'être pré- senté ou avoir été saisi, il se sera évadé, le président de la cour d'assises, ou, en son absence, le président du tribunal de pre- mière instance, à défaut de l'un et de l'autre, le plus ancien juge de ce tribunal, rendra une ordonnance portant qu'il sera tenu de se représenter dans un nouveau délai de dix jours; sinon, qu'il sera déclaré rebelle à la loi, qu'il sera suspendu de l'exer- cice des droits de citoyen, que ses biens se- ront séquestrés pendant l'instruction de la contumace, que toute action en justice lui sera interdite pendant le même temps, qu'il sera procédé contre lui, et que toute per- sonne est tenue d'indiquer le lieu où il se trouve.

Cette ordonnance fera de plus mention du crime et de l'ordonnance de prise de corps. — *Instr.* 224, 641.

R. v⁴ *Contumax*, 11 s. — S. *eod.* v⁴, 5 s.

Art. 466. Cette ordonnance sera publiée à son de trompe ou de caisse, le dimanche suivant, et affichée à la porte du domicile de l'accusé, à celle du maire et à celle de l'auditoire de la cour d'assises.

Le procureur général ou son substitut adressera aussi cette ordonnance au direc- teur des domaines et droits d'enregistrement du domicile du contumax. — *Instr.* 271.

R. v⁴ *Contumax*, 11 s. — S. *eod.* v⁴, 3 s.

Art. 467. Après un délai de dix jours, il sera procédé au jugement de la contumace.

R. v⁴ *Contumax*, 21. — S. *cod.* v⁴, 21.

Art. 468. Aucun conseil, aucun avoué, ne pourra se présenter pour défendre l'ac- cusé contumax.

Si l'accusé est absent du territoire euro- péen de la France, ou s'il est dans l'impos- sibilité absolue de se rendre, ses parents ou

ses amis pourront présenter son excuse et en plaider la légitimité. — *Instr.* 294.

R. v⁴ *Contumax*, 24 s. — S. *eod.* v⁴, 23 s.

Art. 469. Si la cour trouve l'excuse lé- gitime, elle ordonnera qu'il sera sursis au jugement de l'accusé et au séquestre de ses biens pendant un temps qui sera fixé, eu égard à la nature de l'excuse et à la distance des lieux.

R. v⁴ *Contumax*, 25 s. — S. *eod.* v⁴, 24.

Art. 470. Hors ce cas, il sera procédé de suite à la lecture de l'arrêt de renvoi à la cour d'assises, de l'acte de notification de l'ordonnance ayant pour objet la represen- tation du contumax et des procès-verbaux dressés pour en constater la publication et l'affiche.

Après cette lecture, la cour, sur les con- clusions du procureur général ou de son substitut, prononcera sur la contumace.

Si l'instruction n'est pas conforme à la loi, la cour la déclarera nulle, et ordonnera qu'il sera recommencée, à partir du plus ancien acte illégal.

Si l'instruction est régulière, la cour pro- noncera sur l'accusation et statuera sur les intérêts civils, le tout sans assistance ni in- tervention de jurés. — *Instr.* 408, 519.

R. v⁴ *Contumax*, 32 s. — S. *eod.* v⁴, 25 s.

Art. 471. Si le contumax est condamné, ses biens seront, à partir de l'exécution de l'arrêt, considérés et régis comme biens d'absent; et le compte du séquestre sera rendu à qui il appartiendra, après que la condamnation sera devenue irrévocable par l'expiration du délai donné pour purger la contumace. — *Civ.* 26, 27, 28.

R. v⁴ *Contumax*, 41, 48, 60 s. — S. *cod.* v⁴, 42 s. - V. aussi C. instr. crim. ann., art. 471.

Art. 472. (*L.* 2 janvier 1850.) Extrait du jugement de condamnation sera, dans les huit jours de la prononciation, à la dili- gence du procureur général ou de son subs- titut, inséré dans l'un des journaux du dé- partement du dernier domicile du condamné.

Il sera affiché, en outre : 1⁰ à la porte de ce dernier domicile; 2⁰ de la maison com- mune du chef-lieu d'arrondissement où le crime a été commis; 3⁰ du prétoire de la cour d'assises.

Pareil extrait sera, dans le même délai, adressé au directeur de l'administration de l'enregistrement et des domaines du domi- cile du contumax.

Les effets que la loi attache à l'exécution par effigie seront produits à partir de la date du dernier procès-verbal, constatant l'ac- complissement de la formalité de l'affiche prescrite par le présent article. — *Civ.* 26.

R. v⁴ *Contumax*, 53 s. — S. *cod.* v⁴, 40 s. *Loi du 2 janvier 1850* : D. P. 50. 4. 5.

Art. 473. Le recours en cassation ne sera ouvert contre les jugements de contu- mace qu'au procureur général et à la partie civile en ce qui la regarde. — *Instr.* 271.

R. v⁴ *Contumax*, 48 s. — S. *cod.* v⁴, 34 s.

Art. 474. En aucun cas la contumace d'un accusé ne suspendra ni ne retardera de plein droit l'instruction à l'égard de ses coaccusés présents.

La cour pourra ordonner, après le juge- ment de ceux-ci, la remise des effets déposés au greffe comme pièces de conviction, lors- qu'ils seront réclamés par les propriétaires ou ayants droit. Elle pourra aussi les or- donner qu'à charge de représenter, s'il y a lieu.

Cette remise sera précédée d'un procès- verbal de description dressé par le greffier, à peine de 100 francs d'amende. — *Instr.* 37, 366, 450.

R. v⁴ *Contumax*, 43 s.

Art. 475. Durant le séquestre, il peut être accordé des secours à la femme, aux enfants,

26

au père ou à la mère de l'accusé, s'ils sont dans le besoin.

Ces secours seront réglés par l'autorité administrative. — *Civ.* 28, 33.

R. v° *Contumax*, 61, 69.

Art. 476. Si l'accusé se constitue prisonnier, ou s'il est arrêté avant que la peine soit éteinte par prescription, le jugement rendu par contumace et les procédures faites contre lui depuis l'ordonnance de prise de corps ou de se représenter, seront anéantis de plein droit, et il sera procédé à son égard dans la forme ordinaire.

Si cependant la condamnation par contumace était de nature à emporter la *mort civile*, et si l'accusé n'a été arrêté ou ne s'est représenté qu'après les cinq ans qui ont suivi l'exécution du jugement de contumace, ce jugement, conformément à l'article 30 du Code civil, conservera, pour le passé, les effets que la *mort civile* aurait produits dans l'intervalle écoulé depuis l'expiration des cinq ans jusqu'au jour de la comparution de l'accusé en justice. — *Instr.* 635, 641; *Civ.* 27, 29, 30.

La mort civile a été abolie par la loi du 31 mai 1854.

R. v° *Contumax*, 84 s., 107 s. — S. *eod.* v°, 95 s., 415. — V. aussi C. *instr. crim. ann.*, art. 476, n°° 1 s.

Art. 477. Dans les cas prévus par l'article précédent, si, pour quelque cause que ce soit, des témoins ne peuvent être produits aux débats, leurs dépositions écrites et les réponses écrites des autres accusés du même délit seront lues à l'audience : il en sera de même de toutes les autres pièces qui seront jugées par le président être de nature à répandre la lumière sur le délit et les coupables. — *Instr.* 268, 317, 512.

R. v° *Contumax*, 112 s. — S. *eod.* v°, 116 s.

Art. 478. Le contumax qui, après s'être représenté, obtiendrait son renvoi de l'accusation, sera toujours condamné aux frais occasionés par sa contumace. — *Instr.* 162, 194, 368, 436; *Civ.* 31.

R. v° *Contumax*, 122 s. — S. *eod.* v°, 69.

CHAPITRE III.

Des crimes commis par des juges, hors de leurs fonctions et dans l'exercice de leurs fonctions.

SECTION PREMIÈRE.

De la poursuite et instruction contre des juges, pour crimes et délits par eux commis hors de leurs fonctions.

Art. 479. Lorsqu'un juge de paix, un membre du tribunal correctionnel ou de première instance, ou un officier chargé du ministère public près l'un de ces tribunaux, sera prévenu d'avoir commis hors de ses fonctions un délit emportant une peine correctionnelle, le procureur général près la cour royale [*la cour d'appel*] le fera citer devant cette cour, qui prononcera sans qu'il puisse y avoir appel. — *Instr.* 271.

L'article 479 a été complété par la loi du 20 avril 1810, art. 10, 11 et 18, sur l'organisation judiciaire (R. V° *Organ. judic.*, p. 1496); *le décret du 6 juillet 1810, art. 4, contenant règlement sur l'organisation et le service des cours Impériales* (R. V° *Organ. judic.*, p. 1498); *le décret du 15 novembre 1811, art. 160, concernant le régime de l'Université* (R. V° *Organ. de l'enser. public que*, p. 1542).

R. v° *Mise en jugement*, 252 s., 365 s. — S. *eod.* v°, 17 s., 62 s. — T. (87-97), v° *Fonctionnaire public*, 92 s. — V. aussi C. *instr. crim. ann.*, art. 479, n°° 1 s.

Art. 480. S'il s'agit d'un crime emportant peine afflictive ou infamante, le procureur général près la cour royale [*la cour d'appel*] et le premier président de cette cour désigneront, le premier, le magistrat qui exercera les fonctions d'officier de police judiciaire, et le second, le magistrat qui exercera les fonctions de juge d'instruction. — *Instr.* 55, 271.

R. v° *Mise en jugement*, 281 s. — S. *eod.* v°, 31 s.

Art. 481. Si c'est un membre de cour royale [*de cour d'appel*] ou un officier exerçant près d'elle le ministère public, qui soit prévenu d'avoir commis un délit ou un crime, hors de ses fonctions, l'officier qui aura reçu les dénonciations ou les plaintes sera tenu d'en envoyer de suite des copies au ministre de la justice, sans aucun retard de l'instruction, qui sera continuée comme il est précédemment réglé, et il adressera pareillement au ministre une copie des pièces.

R. v° *Mise en jugement*, 291 s. — S. *eod.* v°, 35 s.

Art. 482. Le ministre de la justice transmettra les pièces à la cour de cassation qui renverra l'affaire, s'il y a lieu, soit à un tribunal de police correctionnelle, soit à un juge d'instruction, soit à l'un et l'autre hors du ressort de la cour à laquelle appartient le membre inculpé.

S'il s'agit de prononcer la mise en accusation, le renvoi sera fait à une autre cour royale [*cour d'appel*].

R. v° *Mise en jugement*, 291 s. — S. *eod.* v°, 35 s.

SECTION II.

De la poursuite et instruction contre des juges et tribunaux autres que les membres de la cour de cassation, les cours royales [*les cours d'appel*] et les cours d'assises, pour forfaiture et autres crimes ou délits relatifs à leurs fonctions.

Art. 483. Lorsqu'un juge de paix ou de police, ou un juge faisant partie d'un tribunal de commerce, un officier de police judiciaire, un membre de tribunal correctionnel ou de première instance, ou un officier chargé du ministère public près l'un de ces juges ou tribunaux, sera prévenu d'avoir commis, dans l'exercice de ses fonctions, un délit emportant une peine correctionnelle, ce délit sera poursuivi et jugé comme il est dit à l'article 479. — *Instr.* 112, 441; *Pén.* 184.

R. v° *Mise en jugement*, 208 s. — S. *eod.* v°, 41 s. — T. (87-97), v° *Fonctionnaire public*, 92 s. — V. aussi C. *instr. crim. ann.*, art. 483, n°° 1 s.

Art. 484. Lorsque des fonctionnaires de la qualité exprimée en l'article précédent seront prévenus d'avoir commis un crime emportant la peine de forfaiture ou autre plus grave, les fonctions ordinairement dévolues au juge d'instruction et au procureur du Roi [*au procureur de la République*] seront immédiatement remplies par le premier président et le procureur général près la cour royale [*la cour d'appel*], chacun en ce qui le concerne, ou par tels autres officiers qu'ils auront respectivement et spécialement à cet effet.

Jusqu'à cette délégation, et dans le cas où il existerait un corps de délit, il pourra être constaté par tout officier de police judiciaire ; pour le surplus de la procédure, on suivra les dispositions générales du présent Code. — *Instr.* 283; *Pén.* 122, 183.

R. v° *Mise en jugement*, 299 s. — S. *eod.* v°, 41 s.

Art. 485. Lorsque le crime commis dans l'exercice des fonctions et emportant la peine de forfaiture ou autre plus grave, sera imputé soit à un tribunal entier de commerce, correctionnel ou de première instance, soit individuellement à un ou plusieurs membres des cours royales [*des cours d'appel*] et aux procureurs généraux et substituts près ces cours, il sera procédé comme il suit.

Art. 486. Le crime sera dénoncé au ministre de la justice, qui donnera, s'il y a lieu, ordre au procureur général près la cour de cassation, de le poursuivre sur la dénonciation.

Le crime pourra aussi être dénoncé directement à la cour de cassation par les personnes qui se prétendront lésées, mais seulement lorsqu'elles demanderont à prendre le tribunal ou le juge à partie, ou lorsque

la dénonciation sera incidente à une affaire pendante à la cour de cassation. — *Instr.* 30.

Art. 487. Si le procureur général près la cour de cassation ne trouve pas dans les pièces à lui transmises par le ministre de la justice ou produites par les parties, tous les renseignements qu'il jugera nécessaires, il sera, sur son réquisitoire, désigné par le premier président de cette chambre l'un de ses membres pour l'audition des témoins, et tous autres actes d'instruction qu'il peut y avoir lieu de faire dans la ville où siège la cour de cassation. — *Instr.* 55, 228.

Art. 488. Lorsqu'il y aura des témoins à entendre ou des actes d'instruction à faire hors de la ville où siège la cour de cassation, le premier président de cette cour fera à ce sujet toutes délégations nécessaires à un juge d'instruction, même d'un département ou d'un arrondissement autres que ceux du tribunal ou du juge prévenu. — *Instr.* 283, 511.

Art. 489. Après avoir entendu les témoins et terminé l'instruction qui lui aura été déléguée, le juge d'instruction mentionné dans l'article précédent renverra les procès-verbaux et les autres actes clos et cachetés au premier président de la cour de cassation. — *Instr.* 512, 516.

Art. 490. Sur le vu, soit des pièces qui auront été transmises par le ministre de la justice, ou produites par les parties, soit des renseignements ultérieurs qu'il se sera procurés, le premier président décernera, s'il y a lieu, le mandat de dépôt.

Ce mandat désignera la maison d'arrêt dans laquelle le prévenu devra être déposé.

Art. 491. Le premier président de la cour de cassation ordonnera de suite la communication de la procédure au procureur général, qui, dans les cinq jours suivants, adressera à la section des requêtes son réquisitoire contenant la dénonciation du prévenu.

Art. 492. Soit que la dénonciation portée à la section des requêtes ait été ou non précédée d'un mandat de dépôt, cette section y statuera, toutes affaires cessantes.

Si elle la rejette, elle ordonnera la mise en liberté du prévenu.

Si elle l'admet, elle renverra le tribunal ou le juge prévenu, devant les juges de la section civile, qui prononcera sur la mise en accusation. — *Instr.* 229 s.

Art. 493. La dénonciation incidente à une affaire pendante à la cour de cassation, sera portée devant la section saisie de l'affaire; et si elle est admise, elle sera renvoyée de la section criminelle ou de celle des requêtes à la section civile, et de la section civile à celle des requêtes.

Art. 494. Lorsque, dans l'examen d'une demande en crime à partie ou de toute autre affaire, et sans qu'il y ait de dénonciation directe ni incidente, l'une des sections de la cour de cassation apercevra quelque délit de nature à faire poursuivre criminellement un tribunal ou un juge de la qualité exprimée en l'article 479, elle pourra d'office ordonner le renvoi, conformément à l'article précédent.

Art. 495. Lorsque l'examen d'une affaire portée devant les sections réunies donnera lieu au renvoi d'office exprimé dans l'article qui précède, ce renvoi sera fait à la section civile.

Art. 496. Dans tous les cas, la section à laquelle sera fait le renvoi sur dénonciation ou d'office, prononcera sur la mise en accusation.

Son président remplira les fonctions que la loi attribue au juge d'instruction.

Art. 497. Ce président pourra déléguer l'audition des témoins et l'interrogatoire des prévenus à un autre juge d'instruction pris

e hors de l'arrondissement et du dé-
ement où se trouvera le prévenu.

rt. 498. Le mandat d'arrêt que déli-
e le président, désignera la maison d'ar-
dans laquelle le prévenu devra être
uit.

rt. 499. La section de la cour de cas-
n, saisie de l'affaire, délibérera sur la
en accusation, en séance non publique;
ges devront être en nombre impair.

la majorité des juges trouve que la mise
ccusation ne doit pas avoir lieu, la dé-
iation sera rejetée par un arrêt, et le
arcur général fera mettre le prévenu
berté.

rt. 500. Si la majorité des juges est
la mise en accusation, cette mise en
ccusation sera prononcée par un arrêt, qui
era en même temps ordonnance de prise
orps.

exécution de cet arrêt, l'accusé sera
féré dans la maison de justice de la cour
ises qui sera désignée par celle de cas-
n, dans l'arrêt même. — *Instr.* 603.

rt. 501. L'instruction ainsi faite de-
la cour de cassation, ne pourra être
uée quant à la forme.

e sera commune aux complices du tri-
l ou du juge poursuivi, lors même qu'ils
rcceraient point de fonctions judiciaires.
astr. 433; *Pén.* 59 s.

rt. 502. Seront au surplus observées
autres dispositions du présent Code qui
ont pas contraires aux formes de pro-
r prescrites par le présent chapitre.

rt. 503. Lorsqu'il se trouvera, dans la
on criminelle saisie du recours en cas-
n dirigé contre l'arrêt de la cour d'as-
à laquelle l'affaire aura été renvoyée,
uges qui auront concouru à la mise en
sation dans l'une des autres sections,
abstiendront.

néanmoins, dans le cas d'un second
urs qui donnera lieu à le réunion des
ons, tous les juges pourront en connaître.
r. Mise en jugement, 332 s. — S. *eod. v°,* 60 s.

CHAPITRE IV.

**es délits contraires au respect
dû aux autorités constituées.**

rt. 504. Lorsqu'à l'audience ou en tout
e lieu où se fait publiquement une instion judiciaire, l'un ou plusieurs des
tants donneront des signes publics soit
probation, soit d'improbation, ou exci-
it du tumulte, de quelque manière que
oit, le président ou le juge les fera ex-
er; s'ils résistent à ses ordres, ou s'ils
rent, le président ou le juge ordonnera
es arrêter et conduire dans la maison
êt : il sera fait mention de cet ordre
le procès-verbal; et sur l'exhibition
en sera faite au gardien de la maison
êt, les perturbateurs y seront reçus et
nus pendant vingt-quatre heures. —
r. 181; *Pén.* 222; *Pr.* 10, 11, 8⁰.

rt. 505. Lorsque le tumulte aura été
mpagné d'injures ou voies de fait don-
. lieu à l'application ultérieure de peines
ectionnelles ou de police, ces peines
ront être, séance tenante et immédiate-
t après que les faits auront été constatés,
oncées, savoir :

elles de simple police, sans appel, de
que tribunal ou juge qu'elles émanent;
. celles de police correctionnelle, à la
ge de l'appel, si la condamnation a été
ée par un tribunal sujet à appel, ou par
juge seul. — *Instr.* 172, 199; *Pén.* 222;

rt. 506. S'il s'agit d'un crime commis
audience d'un juge seul ou d'un tribunal
t à appel, le juge ou le tribunal, après
. fait arrêter le délinquant et dressé

procès-verbal des faits, enverra les pièces et
le prévenu devant les juges compétents. —
Pr. 92.

Art. 507. A l'égard des voies de fait
qui auraient dégénéré en crime, ou de tous
autres crimes flagrants et commis à l'audience
de la cour de cassation, d'une cour royale
[*d'une cour d'appel*] ou d'une cour d'assises,
la cour procédera au jugement du fait et
sans désemparer.

Elle entendra les témoins, le délinquant
et le conseil qu'il aura choisi ou qui lui aura
été désigné par le président; et, après avoir
constaté les faits et oui le procureur général
ou son substitut, le tout publiquement, elle
appliquera la peine par un arrêt qui sera
motivé.

Art. 508. Dans le cas de l'article précédent, si les juges présents à l'audience
sont au nombre de cinq ou de six, il faudra
quatre voix pour opérer la condamnation.

S'ils sont au nombre de sept, il faudra
cinq voix pour condamner.

Au nombre de huit et au delà, l'arrêt de
condamnation sera prononcé aux trois quarts
des voix, de manière toutefois que, dans le
calcul de ces trois quarts, les fractions, s'il
s'en trouve, soient appliquées en faveur de
l'absolution.

Art. 509. Les préfets, sous-préfets,
maires et adjoints, officiers de police administrative ou judiciaire, lorsqu'ils rempliront
publiquement quelques actes de leur ministère, exerceront dans les fonctions de police
réglées par l'article 504; et, après avoir fait
saisir les perturbateurs, ils dresseront procès-
verbal du délit, et enverront ce procès-verbal,
s'il y a lieu, ainsi que les prévenus, devant
les juges compétents.
R. v° *Organisation judiciaire,* 307 s. — S. *eod. v°,*
189 s.

CHAPITRE V.

**De la manière dont seront reçues, en
matière criminelle, correctionnelle
et de police, les dépositions des
princes et de certains fonctionnaires de l'État.**

Art. 510. *Les princes ou princesses du
sang royal, les grands dignitaires* et le ministre de la justice, ne pourront jamais être
cités comme témoins, même pour les débats
qui ont lieu en présence du jury, si ce n'est
dans le cas où le *Roi,* sur la demande d'une
partie ou le rapport du ministre de la justice,
aurait, par une ordonnance spéciale, autorisé
cette comparution. — *Instr.* 71, 317.

*Cette disposition a été complétée par le décret du
1 mai 1812, relatif au cas de citation en témoignage des
ministres, des grands officiers de l'empire et autres principaux fonctionnaires de l'État* (R. v° *Témoin,* p. 102).

Art. 511. Les dépositions des personnes
de cette qualité seront, sauf l'exception ci-
dessus prévue, rédigées par écrit et reçues
par le premier président de la cour royale
[*la cour d'appel*], si les personnes dénommées en l'article précédent résident ou se
trouvent au chef-lieu d'une cour royale [*cour
d'appel*]; sinon par le président du tribunal
de première instance de l'arrondissement
dans lequel elles auraient leur domicile, ou
se trouveraient accidentellement.

Il sera, il est effet, adjourné la cour ou
le juge d'instruction saisi de l'affaire, au
président ci-dessus nommé, un état des faits,
demandes et questions, sur lesquels le témoignage est requis.

Ce président se transportera aux demeures
des personnes dont il s'agit, pour recevoir
leurs dépositions. — *Instr.* 83, 488.

Art. 512. Les dépositions ainsi reçues
seront immédiatement remises au greffe, ou
envoyées closes et cachetées à celui de la cour
ou du juge requérant, et communiquées sans
délai à l'officier chargé du ministère public.

Dans l'examen devant le jury, elles seront
lues publiquement aux jurés et soumises aux
débats, sous peine de nullité. — *Instr.* 341, 489.

Art. 513. Dans le cas où le *Roi* aurait
ordonné ou autorisé la comparution de quelques-unes des personnes ci-dessus désignées
devant le jury, l'ordonnance désignera le
cérémonial à observer à leur égard.

Art. 514. A l'égard des ministres autres
que le ministre de la justice, des grands officiers de la couronne, conseillers d'État
chargés d'une partie dans l'administration
publique, généraux en chef actuellement
en service, ambassadeurs ou autres agents
du *Roi* accrédités près des cours étrangères,
il sera procédé comme suit :

Si leur déposition est requise devant la
cour d'assises, ou devant le juge d'instruction
du lieu de leur résidence ou de celui où ils
se trouveraient accidentellement, ils devront
la fournir dans les formes ordinaires.

S'il s'agit d'une déposition relative à une
affaire poursuivie hors du lieu où ils résident
pour l'exercice de leur fonctions et de celui
où ils se trouveraient accidentellement, et si
cette déposition n'est pas requise devant le
jury, le président ou le juge d'instruction
saisi de l'affaire adressera à celui du lieu où
résident ces fonctionnaires à raison de leurs
fonctions, un état des faits, demandes et
questions, sur lesquels leur témoignage est
requis.

S'il s'agit du témoignage d'un agent résidant auprès d'un gouvernement étranger,
cet état sera adressé au ministre de la justice,
qui en fera le renvoi aux lieux, et désignera la personne qui recevra la déposition.
— *Instr.* 317.

*Cette disposition a été complétée par le décret du
1 mai 1812.*
R. v° *Témoins,* 227 s.

Art. 515. Le président ou le juge d'instruction auquel sera adressé l'état mentionné
en l'article précédent, fera assigner le fonctionnaire devant lui, et recevra sa déposition
par écrit.

Art. 516. Cette déposition sera envoyée
close et cachetée au greffe de la cour ou du
juge requérant, communiquée et lue, comme
il est dit en l'article 512, et sous les mêmes
peines. — *Instr.* 489.

Art. 517. Si les fonctionnaires de la
qualité exprimée dans l'article 514 sont cités
à comparaître comme témoins devant un jury
assemblé hors du lieu où ils résident pour
l'exercice de leurs fonctions, ou de celui où
ils se trouveraient accidentellement, ils pourront en être dispensés par une ordonnance
du *Roi.*

Dans ce cas, ils déposeront par écrit, et
l'on observera les dispositions prescrites par
les articles 514, 515 et 516.

CHAPITRE VI.

**De la reconnaissance de l'identité des
individus condamnés, évadés et repri-
pris.**

Art. 518. La reconnaissance de l'identité d'un individu condamné, évadé et repris,
sera faite par la cour qui aura prononcé sa
condamnation.

Il en sera de même de l'identité d'un individu condamné à la déportation ou au bannissement, qui aura enfreint son ban et sera
repris; et la cour, en prononçant l'identité,
lui appliquera, de plus, la peine attachée
par la loi à son infraction. — *Pén.* 33.

Art. 519. Tous ces jugements seront
rendus sans assistance de jurés, après que
la cour aura entendu les témoins appelés
tant à la requête du procureur général qu'à
celle de l'individu repris, si ce dernier en
a fait citer.

L'audience sera publique, et l'individu repris sera présent, à peine de nullité. — *Instr.* 153, 190, 470.

Art. 520. Le procureur général et l'individu repris pourront se pourvoir en cassation, dans la forme et dans le délai déterminés par le présent Code, contre l'arrêt rendu sur la poursuite en reconnaissance d'identité. — *Instr.* 408 s.

R. v* *Évasion*, 64 s. — S. *eod.* v*, 84 s.

CHAPITRE VII.
Manière de procéder en cas de destruction ou d'enlèvement des pièces ou du jugement d'une affaire.

Art. 521. Lorsque, par l'effet d'un incendie, d'une inondation ou de toute autre cause extraordinaire, des minutes d'arrêts rendus en matière criminelle ou correctionnelle et non encore exécutés, ou des procédures encore indécises, auront été détruites, enlevées, ou se trouveront égarées, et qu'il n'aura pas été possible de les rétablir, il sera procédé ainsi qu'il suit. — *Pén.* 254.

Art. 522. S'il existe une expédition ou copie authentique de l'arrêt, elle sera considérée comme minute, et en conséquence remise dans le dépôt destiné à la conservation des arrêts.

A cet effet, tout officier public ou tout individu dépositaire d'une expédition ou d'une copie authentique de l'arrêt est tenu, sous peine d'y être contraint par corps, de la remettre au greffe de la cour qui l'a rendu, sur l'ordre qui en sera donné par le président de cette cour.

Cet ordre lui servira de décharge envers ceux qui auront intérêt à la pièce.

Le dépositaire de l'expédition ou copie authentique de la minute détruite, enlevée ou égarée, aura la liberté de la remettant dans le dépôt public, de s'en faire délivrer une expédition sans frais. — *Instr.* 452.

Art. 523. Lorsqu'il n'existera plus, en matière criminelle, d'expédition ni de copie authentique de l'arrêt, si la déclaration du jury existe encore en minute ou en copie authentique, on procédera, d'après cette déclaration, à un nouveau jugement.

Art. 524. Lorsque la déclaration du jury ne pourra plus être représentée, ou lorsque l'affaire aura été jugée sans jurés, et qu'il n'en existera aucun acte par écrit, l'instruction sera recommencée, à partir du point où les pièces se trouveront manquer tant en minute qu'en expédition ou copie authentique.

R. v⁰ *Instr. crim.*, 1164; *Jugement*, 636.

TITRE CINQUIÈME.
Des règlements de juges, et des renvois d'un tribunal à un autre.

Loi décrétée le 14 décembre 1808, promulguée le 24 du même mois.

CHAPITRE PREMIER.
Des règlements de juges.

Art. 525. Toutes demandes en règlement de juges seront instruites et jugées sommairement et sur simples mémoires. — *Pr.* 363.

R. v* *Règlement de juges*, 200, 211, 212. — S. *eod.* v*, 77 s., 83.

Art. 526. Il y aura lieu à être réglé de juges par la cour de cassation, en matière criminelle, correctionnelle ou de police, lorsque des cours, tribunaux ou juges d'instruction, ne ressortissant point les uns aux

autres, seront saisis de la connaissance du même délit ou de délits connexes, ou de la même contravention. — *Instr.* 226, 308.

R. v* *Règlement de juges*, 154 s. — S. *eod.* v*, 69 s. — T. (87-97), *cod.* v*, 68 s. — V. aussi C. instr. crim. ann., art. 526, n⁰⁵ 1 s.

Art. 527. Il y aura lieu également à être réglé de juges par la cour de cassation, lorsqu'un tribunal militaire ou maritime, ou un officier de police militaire, ou tout autre tribunal d'exception, d'une part, une cour royale [une *cour d'appel*] ou d'assises, un tribunal jugeant correctionnellement, un tribunal de police ou un juge d'instruction, d'autre part, seront saisis de la connaissance du même délit, ou de délits connexes, ou de la même contravention.

R. v* *Règlement de juges*, 154 s. — S. *eod.* v*, 60 s.

Art. 528. Sur la vu de la requête et des pièces, la cour de cassation, section criminelle, ordonnera que le tout soit communiqué aux parties, ou statuera définitivement, sauf l'opposition. — *Instr.* 515; *Pr.* 364.

Art. 529. Dans le cas où la communication serait ordonnée sur le pourvoi en conflit du prévenu, de l'accusé ou de la partie civile, l'arrêt enjoindra à l'un et à l'autre des officiers chargés du ministère public près les autorités judiciaires concurremment saisies, de transmettre les pièces du procès et leur avis motivé sur le conflit. — *Instr.* 516.

Art. 530. Lorsque la communication sera ordonnée sur le pourvoi de l'un de ces officiers, l'arrêt ordonnera à l'autre de transmettre les pièces et son avis motivé.

Art. 531. L'arrêt de *soit communiqué* fera mention sommaire des actes d'où naîtra le conflit, et fixera, selon la distance des lieux, le délai dans lequel les pièces et les avis motivés seront apportés au greffe.

La notification qui sera faite de cet arrêt aux parties, emportera de plein droit sursis au jugement du procès, et, en matière criminelle, à la mise en accusation, ou, si elle a déjà été prononcée, à la formation du jury dans les cours d'assises, mais non aux actes et aux procédures conservatoires ou d'instruction.

Le prévenu ou l'accusé, et la partie civile, pourront présenter leurs moyens sur le conflit, dans la forme réglée par le chapitre 2 du titre 3 du présent livre, pour le recours en cassation. — *Instr.* 516.

Art. 532. (*L.* 19 *avril* 1900.) Lorsque, sur la simple requête, il sera intervenu arrêt qui a statué sur la demande en règlement de juges, cet arrêt sera, à la diligence du procureur général près la cour de cassation, notifié à l'officier chargé du ministère public près la cour, le tribunal ou le magistrat dessaisi.

Il sera notifié de même au prévenu ou à l'accusé, et à la partie civile, s'il y en a une. — *Instr.* 548.

Art. 533. Le prévenu ou l'accusé et la partie civile pourront former opposition à l'arrêt dans le délai de trois jours, et dans les formes prescrites par le chapitre 2 du titre 3 du présent livre, pour le recours en cassation.

Art. 534. L'opposition dont il est parlé au précédent article, entraînera de plein droit sursis au jugement du procès, comme il est dit en l'article 531.

Art. 535. Le prévenu qui ne sera point en arrestation, l'accusé qui ne sera pas retenu dans la maison de justice, et la partie civile, ne seront point admis au bénéfice de l'opposition, s'ils n'ont antérieurement, ou dans le délai fixé par l'article 533, élu domicile dans le lieu où siège l'une des autorités judiciaires en conflit.

A défaut de cette élection, ils ne pourront non plus exciper de ce qu'il ne leur aurait été fourni aucune communication, dont le pour-

suivant sera dispensé à leur égard. — *Instr.* 68, 116.

Art. 536. La cour de cassation, en ju[geant] le conflit, statuera sur tous les acte[s] qui pourraient avoir été faits par la cour[s] le tribunal ou le magistrat qu'elle dessaisira[.]

Art. 537. Les arrêts rendus sur les con[flits] ne pourront pas être attaqués par l[a] voie de l'opposition, lorsqu'ils auront ét[é] précédés d'un arrêt de *soit communiqué* dûment exécuté.

Art. 538. L'arrêt rendu, ou sur u[n] *soit communiqué*, ou sur une oppositio[n] sera notifié aux mêmes parties et dans [la] même forme que l'arrêt qui l'aura précéd[é]

Art. 539. Lorsque le prévenu ou l'ac[-]cusé, l'officier chargé du ministère public ou la partie civile, aura excipé de l'incom[-]pétence d'un tribunal de première instanc[e] ou d'un juge d'instruction, ou proposé u[n] déclinatoire, soit que l'exception ait été ad[-]mise ou rejetée, nul ne pourra recourir à [la] cour de cassation pour être réglé de juges[,] sauf à se pourvoir devant la cour royale [l[a] *cour d'appel*] contre la décision portée p[ar] le tribunal de première instance ou le jug[e] d'instruction, et à se pourvoir en cassation[,] s'il y a lieu, contre l'arrêt rendu par la cou[r] royale [la *cour d'appel*]. — *Instr.* 408; *Pr.* 170[.]

Art. 540. Lorsque deux juges d'instruc[-]tion ou deux tribunaux de première instanc[e] établis dans le ressort de la même cour roya[le] [*cour d'appel*], seront saisis de la connai[s-]sance du même délit ou de délits connexe[s] les parties seront réglées de juges par cett[e] cour, suivant la forme prescrite au présen[t] chapitre; sauf le recours, s'il y a lieu, à [la] cour de cassation.

Lorsque deux tribunaux de police simpl[e] seront saisis de la connaissance de la mêm[e] contravention, ou de contraventions connexe[s] les parties seront réglées de juges par le tr[i-]bunal auquel ils ressortissent l'un et l'autr[e] et s'ils ressortissent à différents tribunaux[,] elles seront réglées par la cour royale [l[a] *cour d'appel*], sauf le recours, s'il y a lie[u] à la cour de cassation. — *Instr.* 226.

Art. 541. La partie civile, le préven[u] ou l'accusé qui succombera dans la demand[e] en règlement de juges qu'il aura introduit[e] pourra être condamné à une amende qui tout[e-]fois n'excédera point la somme de 300 franc[s]

R. v* *Règlement de juges*, 202 s. — S. *eod.* v*, 81 [s.] Loi *du* 19 *avril* 1900 : D. *P.* 1900. 4. 31.

CHAPITRE II.
Des renvois d'un tribunal à un autre

Art. 542. En matière criminelle, cor[-]rectionnelle et de police, la cour de cassa[-]tion peut, sur la réquisition du procureu[r] général près cette cour, renvoyer la connai[s-]sance d'une affaire, d'une cour royale [d'un[e] *cour d'appel*] ou d'assises à une autre, d'u[n] tribunal correctionnel ou de police à un autr[e] d'instruction à un autre juge d'instruction, pa[r] cause de sûreté publique ou par suspicio[n] légitime.

Ce renvoi peut aussi être ordonné sur la[ ] réquisition des parties intéressées, mais seu[-]lement pour cause de suspicion légitime. — *Pr.* 368.

Art. 543. La partie intéressée qui aur[a] procédé volontairement sur une cour, u[n] tribunal ou un juge d'instruction, ne ser[a] reçue à demander le renvoi qu'à raison de[s] circonstances survenues depuis, lorsqu'elle[s] seront de nature à faire naître une suspicio[n] légitime. — *Instr.* 261 ; *Pr.* 369.

Art. 544. Les officiers chargés du mi[-]nistère public pourront se pourvoir immé[-]diatement devant la cour de cassation, pou[r] demander le renvoi pour cause de suspicio[n]

Art. 545. Sur le vu de la requête et des pièces, la cour de cassation, section criminelle, statuera définitivement, sauf l'opposition, ou ordonnera que le tout soit communiqué. — *Instr.* 528.

Art. 546. Lorsque le renvoi sera demandé par le prévenu, l'accusé ou la partie civile, et que la cour de cassation ne jugera propos ni d'accueillir ni de rejeter cette demande sur-le-champ, l'arrêt en ordonnera communication à l'officier chargé du ministère public près la cour, le tribunal ou le juge d'instruction saisi de la connaissance du délit, et enjoindra à cet officier de transmettre les pièces avec son avis motivé sur la demande en renvoi; l'arrêt ordonnera de plus, s'il y a lieu, que la communication sera faite à l'autre partie. — *Instr.* 529.

Art. 547. Lorsque la demande en renvoi sera formée par l'officier chargé du ministère public, et que la cour de cassation n'y statuera point définitivement, elle ordonnera, s'il y a lieu, que la communication en sera faite aux parties, ou prononcera telle autre disposition préparatoire qu'elle jugera nécessaire.

Art. 548. Tout arrêt qui, sur le vu de la requête et des pièces, aura définitivement statué sur une demande en renvoi, sera, à la diligence du procureur général près la cour de cassation, et par l'intermédiaire du ministre de la justice, notifié soit à l'officier chargé du ministère public près la cour, le tribunal ou le juge d'instruction dessaisi, soit à la partie civile, au prévenu ou à l'accusé en personne ou au domicile élu. — *Instr.* 532.

Art. 549. L'opposition ne sera pas reçue si elle n'est pas formée d'après les règles et dans le délai fixé au chapitre 1er du présent titre.

Art. 550. L'opposition reçue emporte de plein droit sursis au jugement du procès, comme il est dit en l'article 531.

Art. 551. Les articles 525, 530, 531, 534, 535, 536, 537, 538 et 541 seront communs aux demandes en renvoi d'un tribunal à un autre.

Art. 552. L'arrêt qui aura rejeté une demande en renvoi, n'exclura pas une nouvelle demande en renvoi fondée sur des faits survenus depuis.

R. v° *Renvoi*, 114 s. — S. *cod.* v°, 67 s.

Sur les récusations des juges et des jurés, et sur l'impossibilité pour le tribunal de se constituer, V. C. instr. 'im. ann., p. 1215 s. — V. aussi R. v° *Récusation*, 97 s.; *Renvoi*, 114 s.; S. v° *Récusation*, 62 s.; *Renvoi*, 67 s.; . (87-91), *cod.* r°, 1 s.

TITRE SIXIÈME.

Des cours spéciales.

Loi décrétée le 16 décembre 1808, promulguée le 25 du même mois.

[*Ce titre est devenu sans objet par suite de l'abolition des cours spéciales par la Charte de 1830, art. 54.*]

Art. 553 à 599.

(Abrogés.)

TITRE SEPTIÈME.

De quelques objets d'intérêt public et de sûreté générale.

Loi décrétée le 16 décembre 1808, promulguée le 26 du même mois.

CHAPITRE PREMIER.

Du dépôt général de la notice des jugements.

Art. 600. Les greffiers des tribunaux correctionnels et des cours d'assises seront tenus de consigner, par ordre alphabétique, sur un registre particulier, les noms, prénoms, professions, âge et résidences de tous les individus condamnés à un emprisonnement correctionnel ou à une plus forte peine : ce registre contiendra une notice sommaire de chaque affaire et de la condamnation, à peine de 50 francs d'amende pour chaque omission.

Art. 601. Tous les trois mois, les greffiers enverront, sous peine de 100 francs d'amende, copie de ces registres au ministre de la justice et à celui de la police générale.

Art. 602. Ces deux ministres feront tenir dans la même forme un registre général composé de ces diverses copies.

R. v° *Organ. judic.*, 800 s. — S. *eod.* v°, 449 s.

V. *infrà*, Appendice, *la loi du 5 août 1899, sur le casier judiciaire et sur la réhabilitation de droit, modifiée par la loi du 11 juillet 1900.*

CHAPITRE II.

Des prisons, maisons d'arrêt et de justice.

Art. 603. Indépendamment des prisons établies pour peines, il y aura dans chaque arrondissement, près du tribunal de première instance, une maison d'arrêt pour y retenir les prévenus; et, près de chaque cour d'assises, une maison de justice pour y retenir ceux contre lesquels il aura été rendu une ordonnance de prise de corps. — *Instr.* 100, 104, 107, 110, 490, 500; *Pén.* 122, 237.

Art. 604. Les maisons d'arrêt et de justice seront entièrement distinctes des prisons établies pour peines.

Art. 605. Les préfets veilleront à ce que ces différentes maisons soient non seulement sûres, mais propres, et telles que la santé des prisonniers ne puisse être aucunement altérée.

Art. 606. Les gardiens de ces maisons seront nommés par les préfets.

Art. 607. Les gardiens des maisons d'arrêt, des maisons de justice et des prisons, seront tenus d'avoir un registre.

Ce registre sera signé et paraphé à toutes les pages, par le juge d'instruction, pour les maisons d'arrêt; par le président de la cour d'assises, ou, en son absence, par le président du tribunal de première instance, pour les maisons de justice; et par le préfet, pour les prisons pour peines. — *Pén.* 120.

Art. 608. Tout exécuteur de mandat d'arrêt, d'ordonnance de prise de corps, d'arrêt ou de jugement de condamnation, est tenu, avant de remettre au gardien la personne qu'il conduira, de faire inscrire sur le registre l'acte dont il sera porteur; l'acte de remise sera écrit devant lui.

Le tout sera signé tant par lui que par le gardien.

Le gardien lui en remettra une copie signée de lui, pour sa décharge. — *Instr.* 100, 104, 107, 110.

Art. 609. Nul gardien ne pourra, à peine d'être poursuivi et puni comme coupable de détention arbitraire, recevoir ni retenir aucune personne qu'en vertu soit d'un mandat de dépôt, soit d'un mandat d'arrêt décerné selon les formes prescrites par la loi, soit d'un arrêt de renvoi devant une cour d'assises, d'un décret d'accusation ou d'un arrêt ou jugement de condamnation à peine afflictive ou à un emprisonnement, et sans que la transcription en ait été faite sur son registre. — *Instr.* 91, 618; *Pén.* 119, 120.

Art. 610. Le registre ci-dessus mentionné contiendra également, en marge de l'acte de remise, la date de la sortie du prisonnier, ainsi que l'ordonnance, l'arrêt ou le jugement en vertu duquel elle aura lieu.

Art. 611. Le juge d'instruction est tenu de visiter, au moins une fois par mois, les personnes retenues dans la maison d'arrêt de l'arrondissement.

Une fois au moins dans le cours de chaque session de la cour d'assises, le président de cette cour est tenu de visiter les personnes retenues dans la maison de justice.

Le préfet est tenu de visiter, au moins une fois par an, toutes les maisons de justice et prisons, et tous les prisonniers du département.

Art. 612. Indépendamment des visites ordonnées par l'article précédent, le maire de chaque commune où il y aura soit une maison d'arrêt, soit une maison de justice, soit une prison, et dans les communes où il y aura plusieurs maires, le préfet de police ou le commissaire général de police, est tenu de faire, au moins une fois par mois, la visite de ces maisons.

Art. 613. (L. 14 juillet 1865.) Le préfet de police à Paris, le préfet dans les villes où il remplit les fonctions de préfet de police, et le maire dans les autres villes ou communes, veilleront à ce que la nourriture des prisonniers soit suffisante et saine; la police de ces maisons leur appartiendra.

Le juge d'instruction et le président des assises pourront néanmoins donner respectivement tous les ordres qui devront être exécutés dans les maisons d'arrêt et de justice, et qu'ils croiront nécessaires, soit pour l'instruction, soit pour le jugement.

Lorsque le juge d'instruction croira devoir prescrire, à l'égard d'un inculpé, une interdiction de communiquer, il ne pourra le faire que par une ordonnance qui sera transcrite sur le registre de la prison. Cette interdiction ne pourra s'étendre au delà de dix jours; elle pourra toutefois être renouvelée. Il en sera rendu compte au procureur général.

L'article 613 a été modifié de nouveau par l'article 8 de la loi du 8 décembre 1897, rapportée, infrà, Appendice.

Art. 614. Si quelque prisonnier use de menaces, injures ou violences, soit à l'égard du gardien ou de ses préposés, soit à l'égard de qui il appartiendra, il sera, sur les ordres de qui il appartiendra, resserré plus étroitement, enfermé seul, même mis aux fers en cas de fureur ou de violence grave, sans préjudice des poursuites auxquelles il pourrait avoir donné lieu. — *Pén.* 219, 220.

R. v° *Prisons*, 1 s. — S. *eod.* v°, 1 s.

CHAPITRE III.

Des moyens d'assurer la liberté individuelle contre les détentions illégales ou d'autres actes arbitraires.

Art. 615. En exécution des articles 77, 78, 79, 80, 81 et 82 de l'acte des constitutions du 22 frimaire an VIII, quiconque aura connaissance qu'un individu est détenu dans un lieu qui n'a pas été destiné à servir de maison d'arrêt, de justice ou de prison, est tenu d'en donner avis au juge de paix, au procureur du Roi [au *procureur de la République*] ou à son substitut, ou au juge d'instruction, ou au procureur général près la cour royale [*la cour d'appel*]. — *Pén.* 114, 119, 122, 341; *Pr.* 788.

Art. 616. Tout juge de paix, tout officier chargé du ministère public, tout juge d'instruction, est tenu d'office, ou sur l'avis qu'il en aura reçu, sous peine d'être poursuivi comme complice de détention arbitraire, de s'y transporter aussitôt, et de faire mettre en liberté la personne détenue, ou, s'il est allégué quelque cause légale de détention, de la faire conduire sur-le-champ devant le magistrat compétent.

Il dressera du tout son procès-verbal.

Art. 617. Il rendra, au besoin, une ordonnance, dans la forme prescrite par l'article 95 du présent Code.

En cas de résistance, il pourra se faire assister de la force nécessaire; et toute personne requise est tenue de prêter main-forte.

Art. 618. Tout gardien qui aura refusé, ou de montrer au porteur de l'ordre de l'officier civil ayant la police de la maison d'arrêt, de justice, ou de la prison, la personne du détenu, sur la réquisition qui en sera faite, ou de montrer l'ordre qui le lui défend, ou de faire au juge de paix l'exhibition de ses registres, ou de lui laisser prendre telle copie que celui-ci croira nécessaire de partie de ses registres, sera poursuivi comme coupable ou complice de détention arbitraire. — *Instr.* 607, 609, 613; *Pén.* 120, 341.

CHAPITRE IV
De la réhabilitation des condamnés.

Loi du 5 juillet 1852, promulguée le 6 du même mois.

Art. 619. (*L.* 10 mars 1898.) Tout condamné à une peine afflictive ou infamante, ou à une peine correctionnelle, peut être réhabilité.

§ 1. LÉGISLATION ANTÉRIEURE A LA LOI DU 10 MARS 1898: R. v° *Réhabilitation*, 1 s. — S. cod. v°, 1 s. — T. (87-97), cod. v°, 1 s.

§ 2. LOI DU 10 MARS 1898: D. P. 98. 4. 36.

V. infra, Appendice, la loi du 19 mars 1804, *qui étend aux notaires, aux greffiers et aux officiers ministériels destitués, le bénéfice de la loi du 3 juillet 1852, sur la réhabilitation.*

Sur la réhabilitation disciplinaire, V. C. instr. crim. ann., p. 1244.

Art. 620. (*L.* 3 juillet 1852.) La demande en réhabilitation pour les condamnés à une peine afflictive ou infamante ne peut être formée que cinq ans après le jour de leur libération.

Néanmoins, ce délai court, au profit des condamnés à la dégradation civique, du jour où la condamnation est devenue irrévocable, ou de celui de l'expiration de la peine de l'emprisonnement, si elle a été prononcée.

Il court, au profit du condamné *à la surveillance de la haute police* prononcée comme peine principale, du jour où la condamnation est devenue irrévocable.

Le délai est réduit à trois ans pour les condamnés à une peine correctionnelle. — *L.* 27 mai 1885, *art.* 19.

S. v° *Réhabilitation*, 33 s.

Art. 621. (*L.* 3 juillet 1852.) Le condamné à une peine afflictive ou infamante ne peut être admis à demander sa réhabilitation s'il n'a résidé dans le même arrondissement depuis cinq ans, et, pendant les deux dernières années, dans la même commune.

Le condamné à une peine correctionnelle ne peut être admis à demander sa réhabilitation s'il n'a résidé dans le même arrondissement depuis trois années, et, pendant les deux dernières, dans la même commune.

(*L.* 14 août 1885.) « Les condamnés qui ont passé tout ou partie de ce temps sous les drapeaux, ceux que leur profession oblige à des déplacements inconciliables avec une résidence fixe, pourront être affranchis de cette condition s'ils justifient, les premiers, d'attestations satisfaisantes de leurs chefs militaires; les seconds, de certificats de leurs patrons ou chefs d'administration constatant leur bonne conduite.

« Ces attestations et certificats sont délivrés dans les conditions de l'article 624. »

S. v° *Réhabilitation*, 46 s.
Loi du 14 août 1885 : D. P. 85. 4. 60.

Art. 622. (*L.* 3 juillet 1852.) Le condamné adresse la demande en réhabilitation au procureur impérial [*au procureur de la République*] de l'arrondissement, en faisant connaître : 1° la date de sa condamnation; 2° les lieux où il a résidé depuis sa libération, s'il s'est écoulé après cette époque un temps plus long que celui fixé par l'article 620.

S. v° *Réhabilitation*, 46 s.

Art. 623. (*L.* 14 août 1885.) Il doit, sauf le cas de prescription, justifier du payement des frais de justice, de l'amende et des dommages-intérêts, ou de la remise qui lui en a été faite.

A défaut de cette justification, il doit établir qu'il a subi le temps de contrainte par corps déterminé par la loi, ou que la partie lésée a renoncé à ce moyen d'exécution.

S'il est condamné pour banqueroute frauduleuse, il doit justifier du payement du passif de la faillite en capital, intérêts et frais, ou de la remise qui lui en a été faite.

Néanmoins, si le demandeur justifie qu'il est hors d'état de se libérer des frais de justice, la cour peut accorder la réhabilitation, même dans les cas où ces frais n'auraient pas été payés ou ne l'auraient été qu'en partie.

En cas de condamnation solidaire, la cour fixe la part des frais de justice, des dommages-intérêts ou du passif que doit être payée par le demandeur.

Si la partie lésée ne peut être retrouvée, ou si elle refuse de recevoir, il est fait dépôt de la somme due à la Caisse des dépôts et consignations, dans la forme des articles 812 et suivants du Code de procédure civile; la partie ne se présente pas dans un délai de cinq ans, pour se faire attribuer la somme consignée, cette somme est restituée au déposant sur sa simple demande.

S. v° *Réhabilitation*, 19 s., 49 s.
Loi du 14 août 1885 : D. P. 85. 4. 60.

Art. 624. (*L.* 14 août 1885.) Le procureur de la République provoque des attestations des maires des communes où le condamné a résidé, faisant connaître :

1° La durée de sa résidence dans chaque commune, avec indication du jour où elle a commencé et de celui où elle a fini;

2° Sa conduite pendant la durée de son séjour;

3° Ses moyens d'existence pendant le même temps.

Ces attestations doivent contenir la mention expresse qu'elles ont été rédigées pour servir à l'appréciation de la demande en réhabilitation.

Le procureur de la République prend, en outre, l'avis des juges de paix des cantons et celui des sous-préfets des arrondissements où le condamné a résidé.

S. v° *Réhabilitation*, 55.
Loi du 14 août 1885 : D. P. 85. 4. 60.

Art. 625. (*L.* 3 juillet 1852.) Le procureur impérial [*le procureur de la République*] se fait délivrer : 1° une expédition de l'arrêt de condamnation; 2° un extrait des registres des lieux de détention où la peine a été subie, constatant quelle a été la conduite du condamné.

Il transmet les pièces avec son avis au procureur général.

R. v° *Réhabilitation*, 53 s.

Art. 626. (*L.* 3 juillet 1852.) La cour dans le ressort de laquelle réside le condamné est saisie de la demande.

Les pièces sont déposées au greffe de cette cour par les soins du procureur général.

Art. 627. (*L.* 3 juillet 1852.) Dans les deux mois du dépôt, l'affaire est rapportée à la chambre d'accusation; le procureur général donne ses conclusions motivées et par écrit.

Il peut requérir en tout état de cause, et la cour peut ordonner, même d'office, de nouvelles informations, sans qu'il puisse en résulter un retard de plus de six mois.

S. v° *Réhabilitation*, 55 s.

Art. 628. (*L.* 14 août 1885.) La cour, le procureur général et la partie ou son conseil entendus, statue sur la demande.

S. v° *Réhabilitation*, 55 s.
Loi du 14 août 1885 : D. P. 85. 4. 60.

Art. 629. (*L.* 14 août 1885.) En cas de rejet, une nouvelle demande ne peut être formée avant l'expiration d'un délai de deux années.

S. v° *Réhabilitation*, 60.
Loi du 14 août 1885 : D. P. 85. 4. 60.

Art. 630 à 632. *Abrogés par L. 14 août 1885.*

Art. 633. (*L.* 14 août 1885.) Si la réhabilitation est prononcée, un extrait de l'arrêt est adressé par le procureur général à la cour ou au tribunal qui a prononcé la condamnation, pour être transcrit en marge de la minute de l'arrêt ou du jugement.

Mention en est faite au casier judiciaire.

Les extraits délivrés aux parties ne doivent pas relever la condamnation.

La réhabilitation peut se faire délivrer une expédition de la réhabilitation et un extrait du casier judiciaire, sans frais.

S. v° *Réhabilitation*, 58 s.
Loi du 14 août 1885 : D. P. 85. 4. 60.

Art. 634. (*L.* 10 mars 1898.) La réhabilitation efface la condamnation et fait cesser pour l'avenir toutes les incapacités qui en résultent.

(Abrogé par L. 30 décembre 1903.) *Les interdictions prononcées par l'article 612 du Code de commerce sont maintenues, nonobstant la réhabilitation obtenue en vertu des dispositions qui précèdent.*

Les individus qui sont en état de récidive légale, ceux qui, après avoir obtenu la réhabilitation, auront encouru une nouvelle condamnation, ceux qui, condamnés contradictoirement ou par contumace à une peine afflictive ou infamante, ont prescrit contre l'exécution de la peine, ne seront admis au bénéfice des dispositions qui précèdent qu'après un délai de dix années écoulées depuis leur libération ou depuis la prescription.

Néanmoins, les récidivistes qui n'auront subi aucune peine afflictive ou infamante et les réhabilités qui n'auront encouru qu'une condamnation à une peine correctionnelle seront admis au bénéfice des dispositions qui précèdent après un délai de six années écoulées depuis leur libération.

Seront également admis au bénéfice des dispositions qui précèdent, après un délai de six années écoulées depuis la prescription, les condamnés contradictoirement ou par défaut à une peine correctionnelle qui auront prescrit contre l'exécution de la peine.

Les condamnés contradictoirement, les condamnés par contumace ou par défaut qui ont prescrit contre l'exécution de la peine, seront tenus, pour être admis au bénéfice des dispositions ci-dessus énoncées, de justifier qu'ils n'ont encouru, pendant les délais de la prescription, aucune condamnation pour faits qualifiés crimes ou délits et qu'ils ont eu une conduite irréprochable.

§ 1. LÉGISLATION ANTÉRIEURE A LA LOI DU 10 MARS 1898 : S. v° *Réhabilitation*, 62 s.
§ 2. LOI DU 10 MARS 1898 : D. P. 98. 4. 36.

Sur la réhabilitation de droit, V. infra, Appendice, la loi du 5 août 1899, modifiée par la loi du 11 juillet 1900, sur le casier judiciaire et la réhabilitation de droit, art. 10.

CHAPITRE V.
De la prescription.

Art. 635. Les peines portées par les arrêts ou jugements rendus en matière criminelle se prescriront par vingt années révolues, à compter de la date des arrêts ou jugements.

Néanmoins, le condamné ne pourra résider dans le département où demeureraient, soit celui sur lequel ou contre la propriété duquel le crime aurait été commis, soit ses héritiers directs.

Le Gouvernement pourra assigner au condamné le lieu de son domicile. — *Pén.* 229 ; S. 32.

Vᵉ *Prescript. crim.*, 30 s. — S. *eod.* vᵉ, 12 s.

Art. 636. Les peines portées par les arrêts ou jugements rendus en matière correctionnelle se prescriront par cinq années révolues, à compter de la date de l'arrêt ou du jugement rendu en dernier ressort; et à l'égard des peines prononcées par les tribunaux de première instance, à compter du jour où ils ne pourront plus être attaqués par la voie de l'appel. — *Instr.* 194, 203, 210, 211.

Vᵉ *Prescript. crim.* 30 s., 103 s. — S. *eod.* vᵉ, 185 s.

Art. 637. L'action publique et l'action civile résultant d'un crime de nature à entraîner la peine de mort ou des peines afflictives perpétuelles, ou de tout autre crime emportant peine afflictive ou infamante, se prescriront après dix années révolues, à compter du jour où le crime aura été commis, si, dans cet intervalle, il n'a été fait aucun acte d'instruction ni de poursuite.

S'il a été fait, dans cet intervalle, des actes d'instruction ou de poursuite non suivis de jugement, l'action publique et l'action civile ne se prescriront qu'après dix années révolues, à compter du dernier acte, à l'égard même des personnes qui ne seraient pas impliquées dans cet acte d'instruction ou de poursuite. — *Instr.* 2 ; *Civ.* 2244 ; *Pr.* 239.

Art. 638. Dans les deux cas exprimés en l'article précédent, et suivant les distinctions d'époques qui y sont établies, la durée de la prescription sera réduite à trois années révolues, s'il s'agit d'un délit de nature à être puni correctionnellement.

R. vᵉ *Prescript. crim.*, 18 s. — S. *eod.* vᵉ, 4 s. — T. (87-97), *eod.* vᵉ, 1 s.

Art. 639. Les peines portées par les jugements rendus pour contravention de police seront prescrites après deux années révolues, savoir : pour les peines prononcées par arrêt ou jugement en dernier ressort, à compter du jour de l'arrêt ; et, à l'égard des peines prononcées par les tribunaux de première instance, à compter du jour où ils ne pourront plus être attaqués par la voie de l'appel. — *Instr.* 172, 174.

Art. 640. L'action publique et l'action civile pour une contravention de police, seront prescrites après une année révolue, à compter du jour où elle aura été commise, même lorsqu'il y aura eu procès-verbal, saisie, instruction ou poursuite, si, dans cet intervalle, il n'est point intervenu de condamnation ; s'il y a eu un jugement définitif de première instance, de nature à être attaqué par la voie de l'appel, l'action publique et l'action civile se prescriront après une année révolue, à compter de la notification de l'appel qui en aura été interjeté.

R. vᵉ *Prescript. crim.*, 77 s., 151 s. — S. *eod.* vᵉ, 41 s., 158 s. — T. (87-97) ; *eod.* vᵉ, 23 s.

Art. 641. En aucun cas, les condamnés par défaut ou par contumace, dont la peine est prescrite, ne pourront être admis à se présenter pour purger le défaut ou la contumace. — *Instr.* 149, 186, 465, 470 ; *Civ.* 32.

R. vᵉ *Prescript. crim.*, 39. — S. *eod.* vᵉ, 205.

Art. 642. Les condamnations civiles portées par les arrêts ou par les jugements rendus en matière criminelle, correctionnelle ou de police, et devenus irrévocables, se prescriront d'après les règles établies par le Code civil. — *Civ.* 2219, 2262.

R. vᵉ *Prescript. crim.*, 41 s., 98. — S. *eod.* vᵉ, 24 s.

Art. 643. Les dispositions du présent chapitre ne dérogent point aux lois particulières relatives à la prescription des actions résultant de certains délits ou de certaines contraventions. — *Pén.* 484.

R. vᵉ *Prescript. crim.*, 180 s. — S. *eod.* vᵉ, 214 s.

FIN DU CODE D'INSTRUCTION CRIMINELLE.

CODE PÉNAL[(1)]

DISPOSITIONS PRÉLIMINAIRES.

Loi décrétée le 12 février 1810, promulguée le 22 du même mois.

Art. 1er. L'infraction que les lois punissent de peines de police est une *contravention*.

L'infraction que les lois punissent de peines correctionnelles est un *délit*.

L'infraction que les lois punissent d'une peine afflictive ou infamante est un *crime*. — *Pén.* 2, 6, 7, 40 s., 464; *Instr.* 137, 179.

R. vᵒ *Délit*, 1 s.; *Peine*, 1 s. — S. vᵒ *Délit*, 1 s.; *Peine*, 1 s. — V. aussi C. pén. ann., art. 1ᵉʳ, nᵒˢ 1 s.; et son Suppl., nᵒˢ 1 s.

Art. 2. (*L. 28 avril 1832.*) Toute tentative de crime qui aura été manifestée par un commencement d'exécution, si elle n'a été suspendue ou si elle n'a manqué son effet que par des circonstances indépendantes de la volonté de son auteur, est considérée comme le crime même.

R. vᵉ *Tentative*, 1 s. — S. eod. vᵉ, 1 s. — T. (87-97),

eod. vᵉ, 1 s. — V. aussi C. pén. ann., art. 2, nᵒˢ 1 s.; et son Suppl., nᵒˢ 116 s.

Depuis la loi du 9 juin 1857 (C. just. mil.), art. 202 (D. P. 57. 4. 129), et la loi du 4 juin 1858 (C. just. mar.), art. 260 (D. P. 58. 4. 103), l'art. 2 C. pén. est applicable devant les tribunaux militaires et les tribunaux maritimes comme devant tous autres tribunaux de répression, sauf les dérogations prévues par lesdites lois.

Art. 3. Les tentatives de *délits* ne sont considérées comme délits que dans les cas déterminés par une disposition spéciale de la loi. — *Pén.* 179, 241, 245, 388, 401, 405, 414, 415.

R. vᵉ *Tentative*, 30 s., 106 s. — S. eod. vᵉ, 21 s.

Art. 4. Nulle contravention, nul délit, nul crime, ne peuvent être punis de peines qui n'étaient pas prononcées par la loi avant qu'ils fussent commis. — *Civ.* 2.

R. vᵉ *Lois*, 365 s. — S. eod. vᵉ, 222 s.

Art. 5. Les dispositions du présent Code ne s'appliquent pas aux contraventions, délits et crimes militaires.

Les art. 204 et suiv. du Code de justice militaire sont consacrés à la définition des crimes et délits militaires et à la détermination des peines qui leur sont applicables; les art. 271 et suiv. s'occupent des contraventions. — V. texte de ces articles, D. P. 57. 4. 115, et le commentaire des diverses dispositions de ce Code, R. vᵒ Organisation militaire, 728 s.

Les art. 257 et suiv. du Code de justice militaire maritime (art. 258 modifié par L. 9 avr. 1895, D. P. 95. 4. 75) indiquent les peines applicables aux marins de l'État en cas de crimes et délits; les art. 399 et suiv. sont relatifs aux contraventions. — V. le texte de ces articles, D. P. 58. 4. 90; — et le commentaire, R. vᵒ Organisation maritime, 583 s.

V. aussi le décret-loi disciplinaire du 24 mars 1852, pour la marine marchande (D. P. 52. 4. 127), modifié par les lois du 15 avril 1898 (D. P. 99. 4. 19) et du 31 juillet 1902 (D. P. 1903. 4. 5.); — et la loi du 10 mars 1891, sur les collisions en mer (D. P. 91. 4. 38).

LIVRE PREMIER.

DES PEINES EN MATIÈRE CRIMINELLE ET CORRECTIONNELLE, ET DE LEURS EFFETS.

Suite de la loi du 12 février 1810.

Art. 6. Les peines en matière criminelle sont ou afflictives et infamantes, ou seulement infamantes. — *Pén.* 7, 8, 11.

R. vᵉ *Peine*, 31 s., 41 s. — S. eod. vᵉ, 42 s., 47 s.

Art. 7. (*L. 28 avril 1832.*) Les peines afflictives et infamantes sont :

1º La mort;
2º Les travaux forcés à perpétuité;
3º La déportation;
4º Les travaux forcés à temps;
5º La détention;
6º La réclusion. — *Pén.* 12, 14, 15, 16, 17, 18, 19, 20, 21, 22, 23, 25, 26, 27, 28, 31, 34, 36, 47.

R. vᵉ *Peine*, 61 s., 577 s. — S. eod. vᵉ, 53 s., 594 s.

Depuis l'abolition de la peine de mort en matière politique, la peine de mort n'est plus applicable que dans treize cas (art. 228, 230, 233, 302, 303, 304, § 1 et 2, 316, 344, 361, 365, 434, 435 et 437 C. pén.).

V. infra, Appendice, la loi du 30 mai 1854, sur l'exécution des travaux forcés.

En ce qui concerne la déportation dans une enceinte fortifiée, V. infra, art. 17; V. aussi la loi du 8 juin 1850, sur la déportation (D. P. 50. 4. 129), et la loi du 23 mars 1872 (D. P. 72. 4. 73), modifiée par celle du 9 février 1895 (D. P. 95. 4. 36), qui désigne les nouveaux lieux de déportation.

La détention est spécialement réservée aux crimes politiques (V. infra, art. 20).

Depuis la loi du 27 mai 1885, qui a remplacé la surveillance de la haute police par l'interdiction de séjour, la réclusion emporte l'interdiction de séjour pour vingt ans, sauf dispense ou réduction.

Art. 8. (*L. 28 avril 1832.*) Les peines infamantes sont :

1º Le bannissement;
2º La dégradation civique. — *Pén.* 28, 32, 34, 36, 48.

R. vᵉ *Peine*, 60 s., 647 s. — S. eod. vᵉ, 53 s., 645 s.

En ce qui concerne le bannissement des membres des familles ayant régné sur la France, V. infra, art. 32.

(1) La dernière édition officielle du Code pénal est du 28 avril 1832; c'est celle dont nous donnons ici le texte.

La dégradation civique fonctionne rarement comme peine principale. Elle est appliquée à un petit nombre de crimes politiques de gravité secondaire (C. pén., art. 111, 114, 119, 122, 126, 127, 130) et à quelques crimes de droit commun (dégradation et perte de forfaiture (art. 107 et 183); certains cas de corruption de fonctionnaires (art. 177, 179); les coups portés à un ministre d'un culte dans ses fonctions (art. 263).

Art. 9. Les peines en matière correctionnelle sont :

1º L'emprisonnement à temps dans un lieu de correction;
2º L'interdiction à temps de certains droits civiques, civils ou de famille;
3º L'amende. — *Pén.* 40, 42, 52, 55, 58.

En ce qui concerne: l'emprisonnement, V. infra, art. 40; l'interdiction de certains droits civiques, civils et de famille, V. infra, art. 42 et 43; et l'amende, V. R. vᵉ Peine, 783 s.; S. eod. vᵉ, 726 s.

Art. 10. La condamnation aux peines établies par la loi est toujours prononcée sans préjudice des restitutions et dommages-intérêts qui peuvent être dus aux parties. — *Pén.* 51; *Instr.* 2, 3, 66, 161, 191, 358, 362.

Relativement aux restitutions et aux dommages-intérêts prononcés au profit des parties lésées, V. infra, art. 51 s.

Art. 11. Le renvoi sous la surveillance spéciale de la haute police, l'amende et la confiscation spéciale, soit du corps du délit, quand la propriété en appartient au condamné, soit des choses produites par le délit, soit de celles qui ont servi ou qui ont été destinées à le commettre, sont des peines communes aux matières criminelles et correctionnelles. — *Pén.* 51, 180, 464, 470, 477, 481; *Instr.* 635.

La surveillance de la haute police a été supprimée par l'art. 19 de la loi sur les récidivistes du 27 mai 1885 et remplacée par la peine nouvelle de l'interdiction de séjour.

R. vᵉ *Peine*, 826 s. — S. eod. vᵉ, 783 s. — T. (87-97), eod. vᵉ, 24 s.

CHAPITRE PREMIER.

Des peines en matière criminelle.

Art. 12. Tout condamné à mort aura la tête tranchée. — *Pén.* 13, 14, 36; *Instr.* 377.

R. vᵉ *Peine*, 210 s., 577 s. — S. eod. vᵉ, 176 s.; 594 s.

L'exécution au moyen d'une guillotine a été fixée par le décret du 20 mars 1792 encore en vigueur (R. vᵉ Peine, p. 849).

Art. 13. (*L. 28 avril 1832.*) Le coupable condamné à mort pour parricide sera conduit sur le lieu de l'exécution, en chemise, nu-pieds, et la tête couverte d'un voile noir.

Il sera exposé sur l'échafaud pendant qu'un huissier fera au peuple lecture de l'arrêt de condamnation, et il sera immédiatement exécuté à mort. — *Pén.* 86, 299, 302.

R. vᵉ *Peine*, 377 s. — S. eod. vᵉ, 594 s.

Art. 14. Les corps des suppliciés seront délivrés à leurs familles, si elles les réclament, à la charge par elles de les faire inhumer sans aucun appareil.

R. vᵉ *Peine*, 585. — S. eod. vᵉ, 178.

Art. 15. Les hommes condamnés aux travaux forcés seront employés aux travaux les plus pénibles; ils traîneront à leurs pieds un boulet, ou seront attachés deux à deux avec une chaîne, lorsque la nature du travail auquel ils seront employés le permettra. — *Pén.* 16, 18, 19, 22, 23, 28, 31, 34, 47, 70.

V. infra, Appendice, la loi du 30 mai 1854, sur l'exécution de la peine des travaux forcés.

*V. le décret du 13 janvier 1885, réglant le mode de consignation de la présence des libérés tenus de résider dans les colonies pénitentiaires (D. P. 88. 4. 13; — et Suppl. au C. pén. ann., p. 16), complété par celui du 20 septembre 1890 (D. P. 91. 4. 104); — et Suppl. au C. pén.

p. 16) ; le décret du 30 juin 1891, qui fixe les éléments
utifs du délit d'évasion commis par les reclusion-
coloniaux (**D. P.** 92. 4. 30), *rendu applicable par*
du 25 avril 1893, aux transportés libérés des tra-
forcés ayant à subir des peines d'emprisonnement
reclusion (**D. P.** 94. 4. 111) ; *le décret du 22 sep-*
1893, qui organise dans la colonie pénitentiaire de
yane, une surveillance spéciale à la sortie des na-
en vue d'empêcher les évasions des transportés,
légués et des reclusionnaires coloniaux (**D. P.** 95.
— et **Suppl. au C. pén. ann.**, p. 17), *suivi de l'ar-*
i gouverneur de la Guyane, en date du 30 jan-
95, approuvé par le décret du 29 mai 1895 (**D. P.**
*; — et **Suppl. au C. pén. ann.**, p. 17) ; *le décret*
ctobre 1889, constituant les tribunaux maritimes
x dans les colonies affectées à la transportation
dividus condamnés aux travaux forcés (**D. P.** 90.
— et **Suppl. au C. pén. ann.**, p. 17), *modifié dans*
. 3 et 4 par le décret du 24 avril 1897 (Journ. off.
avril 1897) ; *le décret du 5 octobre 1889* (véritable
des Bagnes), *qui décide que les lois pénales en*
r dans chaque colonie pénitentiaire seront appli-
aux condamnés aux travaux forcés subissant leur
sous les réserves spécifiées au présent décret (**D. P.**
*) ; — et **Suppl. au C. pén. ann.**, p. 16) ; *le décret*
eptembre 1891, relatif au régime disciplinaire des
sements de travaux forcés aux colonies, qui a abrogé
u 18 juin 1880 (**Suppl. au C. pén. ann.**, p. 19),
é dans son art. 9 par le décret du 26 février 1907
. off. du 5 mars 1907) *et dans ses articles 16 et 28*
décret du 31 juillet 1903 (Journ. off. du 5 août 1903) ;
et du 13 décembre 1894, sur l'emploi de la main-
e des condamnés aux travaux forcés (**Suppl.** au
. ann., p. 14), *modifié successivement par les décrets*
oût 1898 (Journ. off. du 2 sept. 1898), *du 29 mars*
Journ. off. du 5 avr. 1901) *et du 13 janvier 1903*
. off. du 18 janv. 1903) ; *le décret du 9 octobre 1901,*
çant celui du 18 janvier 1895, sur le régime des con-
s à accorder aux condamnés aux travaux forcés et
bérés (Journ. off. du 24 oct. 1901) ; *le décret du*
mbre 1902, édictant certaines pénalités dans le cas
ication et de falsification de pièces d'identité des
ortés, relégués et libérés en Nouvelle-Calédonie, à
ane et à Madagascar (Journ. off. du 10 janv. 1903).

termes d'un décret du 30 juin 1891 (**D. P.** 92. 4. 30),
les éléments constitutifs du délit d'évasion commis
reclusionnaires coloniaux, on doit réputer en état
on les individus transportés dans les colonies péni-
res pour y subir la peine de la reclusion, confor-
t au décret du 20 août 1853, qui sont restés pen-
ouze heures éloignés du lieu où ils sont détenus ou
és, ou sont parvenus à se soustraire à la surveil-
les agents préposés à leur garde.

t. 16. Les femmes et les filles con-
écs aux travaux forcés n'y seront em-
es que dans l'intérieur d'une maison de
— *Pén.* 15.

frà, **Appendice**, *la loi du 30 mai 1854, sur l'exé-*
de la peine des travaux forcés.

t. 17. (*L.* 9 *septembre* 1835.) La peine
déportation consistera à être transpor-
à demeurer à perpétuité dans un lieu
miné par la loi, hors du territoire con-
tal du royaume [*de la République*].
le déporté rentre sur le territoire du
me [*de la République*], il sera, sur la
preuve de son identité, condamné aux
ux forcés à perpétuité.
déporté qui ne sera pas rentré sur le
oire du royaume [*de la République*],
qui sera saisi dans les pays occupés
es armées françaises, sera conduit dans
u de sa déportation.
t qu'il n'aura pas été établi un lieu de
tation, le condamné subira à perpétuité
ine de la détention, soit dans une pri-
lu royaume [*de la République*], soit
une prison située hors du territoire
nental, dans l'une des possessions fran-
s, qui sera déterminée par la loi, selon
les juges l'auront expressément décidé
'arrêt de condamnation.
sque les communications seront inter-
ues entre la métropole et le lieu de l'exécu-
le la peine, l'exécution aura lieu provi-
ment en France. — *Pén.* 18, 20, 36, 70.

frà, **Appendice**, *la loi du 8 juin 1850, sur la dé-*
ion ; et la loi du 23 mars 1872, qui désigne de nou-
lieux de déportation, modifiée par celle du 9 fé-
895.

décret du 31 mars 1872, portant règlement d'admi-
ion publique sur le régime de police et de surveil-
auquel les condamnés à la déportation dans une
e fortifiée sont assujettis (**D. P.** 72. 4. 72).

ssi le décret du 4 septembre 1879, concernant la
lle d'office pour la gestion des successions et biens
s des déportés et des transportés en cours de peine
80. 4. 61 ; — et **Suppl. au C. pén. ann.**, p. 23).

rt. 18. (L. 28 avril 1832.) *Les condam-*
ns aux travaux forcés à perpétuité et
déportation emporteront mort civile.
anmoins, le Gouvernement pourra ac-
r au condamné à la déportation l'exer-
cice des droits civils ou de quelques-uns de ces droits.

L'art. 18, modifié par la loi du 28 avril 1832, a été abrogé implicitement par la loi du 31 mai 1854, art. 1er, qui a aboli la mort civile.

Art. 19. La condamnation à la peine des travaux forcés à temps sera prononcée pour cinq ans au moins, et vingt ans au plus. — *Pén.* 7, 47, 56, 70, 72.

R. vº *Peine*, 588 s. — S. *eod. vº*, 604 s.

V. *infrà*, **Appendice**, *la loi du 30 mai 1854, sur l'exécution de la peine des travaux forcés.*

Art. 20. (*L.* 28 *avril* 1832.) Quiconque aura été condamné à la détention sera renfermé dans l'une des forteresses, situées sur le territoire continental du royaume [*de la République*], qui auront été déterminées par une ordonnance du Roi [*par un décret du président de la République*] rendue dans la forme des règlements d'administration publique.

Il communiquera avec les personnes placées dans l'intérieur du lieu de la détention ou avec celles du dehors, conformément aux règlements de police établis par une ordonnance du Roi [*par un décret du président de la République*].

La détention ne peut être prononcée pour moins de cinq ans, ni pour plus de vingt ans, sauf le cas prévu par l'article 33.

R. vº *Peine*, 622 s. — S. *eod. vº*, 629 s.

Art. 21. Tout individu de l'un ou l'autre sexe, condamné à la peine de la reclusion, sera renfermé dans une maison de force, et employé à des travaux dont le produit pourra être en partie appliqué à son profit, ainsi qu'il sera réglé par le Gouvernement.

La durée de cette peine sera au moins de cinq années, et de dix ans au plus. — *Pén.* 7, 22, 46, 71.

R. vis *Peine*, 625 s. ; *Prisons*, 10 s., 81 s. — S. vis *Peine*, 632 s. ; *Prisons*, 12 s., 45 s.

La reclusion entraîne la dégradation civique, l'interdiction légale et l'interdiction de séjour pour vingt ans sauf dispense ou réduction.

V. l'arrêté ministériel du 15 avril 1882, relatif à la réglementation du travail dans les maisons centrales et les prisons (**Suppl. au C. pén. ann.**, p. 25).

Art. 22. (L. 28 avril 1832.) *Quiconque aura été condamné à l'une des peines des travaux forcés à perpétuité, des travaux forcés à temps ou de la reclusion, avant de subir sa peine, demeurera durant une heure exposé aux regards du peuple sur la place publique. Au-dessus de sa tête sera placé un écriteau portant, en caractères gros et lisibles, ses noms, sa profession, son domicile, sa peine et la cause de sa condamnation.*

En cas de condamnation aux travaux forcés à temps ou à la reclusion, la cour d'assises pourra ordonner par son arrêt que le condamné, s'il n'est pas en état de récidive, ne subira pas l'exposition publique.

Néanmoins, l'exposition publique ne sera jamais prononcée à l'égard des mineurs de dix-huit ans et des septuagénaires.

La peine de l'exposition publique a été supprimée par le décret du 12 avril 1848 (**D. P.** 48. 4. 67).

Art. 23. (*L.* 15 *novembre* 1892.) La durée de toute peine privative de la liberté compte du jour où le condamné est détenu en vertu de la condamnation, devenue irrévocable, qui prononce la peine. — *Pén.* 24, 40, 226.

§ 1. Législation antérieure à la loi du 15 novembre 1892 : R. vº *Peine*, 228 s.

§ 2. Loi du 15 novembre 1892 : S. vº *Peine*, 187 s. — T. (87-97), *eod. vº*, 110 s. — D. P. 93. 4. 1.

Art. 24. (*L.* 15 *novembre* 1892.) Quand il y aura eu détention préventive, cette détention sera intégralement déduite de la durée de la peine qu'aura prononcée le jugement ou l'arrêt de condamnation, à moins que le juge n'ait ordonné, par disposition spéciale et motivée, que cette imputation n'aura pas lieu ou qu'elle n'aura lieu que pour partie.

En ce qui concerne la détention préventive comprise entre la date du jugement ou de l'arrêt et le moment où la condamnation devient irrévocable, elle sera toujours imputée dans les deux cas suivants :

1º Si le condamné n'a point exercé de recours contre le jugement ou l'arrêt ;

2º Si, ayant exercé un recours, sa peine a été réduite sur son appel ou à la suite de son pourvoi.

§ 1. Législation antérieure a la loi du 15 novembre 1892 : R. vº *Peine*, 228 s.

§ 2. Loi du 15 novembre 1892 : S. vº *Peine*, 187 s. — T. (87-97), *eod. vº*, 110 s. — D. P. 93. 4. 1.

Art. 25. Aucune condamnation ne pourra être exécutée les jours de fêtes nationales ou religieuses, ni les dimanches. — *Pén.* 260 ; *Instr.* 375 ; *Pr.* 63, 731, 828, 1037.

R. vº *Peine*, 207.

Sur les jours qui doivent être considérés comme jours de fête légale, V. **C. pr. civ. ann.**, art. 1037, nos 5 s. ; et son **Suppl.**, nos 10077 s.

Art. 26. L'exécution se fera sur l'une des places publiques du lieu qui sera indiqué par l'arrêt de condamnation. — *Pén.* 475-12 ; *Instr.* 376, 472.

R. vº *Peine*, 210 s. — S. *eod. vº*, 179 s.

Art. 27. Si une femme condamnée à mort se déclare et s'il est vérifié qu'elle est enceinte, elle ne subira la peine qu'après sa délivrance.

R. vº *Peine*, 579 s. — S. *eod. vº*, 600.

Art. 28. (*L.* 28 *avril* 1832.) La condamnation à la peine des travaux forcés à temps, de la détention, de la reclusion ou du bannissement, emportera la dégradation civique.

La dégradation civique sera encourue du jour où la condamnation sera devenue irrévocable, et, en cas de condamnation par contumace, du jour de l'exécution par effigie. — *Pén.* 7, 8 ; *Instr.* 472.

R. vº *Peine*, 668. — S. *eod. vº*, 657 s. — **C. ad.**, t. 1, vº *Elections*, p. 1005, nos 3214 s.

Art. 29. (*L.* 28 *avril* 1832.) Quiconque aura été condamné à la peine des travaux forcés à temps, de la détention ou de la reclusion, sera, de plus, pendant la durée de sa peine, en état d'interdiction légale ; il lui sera nommé un tuteur et un subrogé tuteur pour gérer et administrer ses biens, dans les formes prescrites pour les nominations des tuteurs et subrogés tuteurs aux interdits. — *Pén.* 30, 31 ; *Civ.* 405 s.

R. vis *Droits civils*, 621 s., 763 s. ; *Peine*, 719 s. — S. vis *Droits civils*, 346 s., 379 s. ; *Peine*, 718 s.

L'interdiction légale est aujourd'hui l'accessoire obligé de toute condamnation contradictoire à une peine afflictive et infamante temporaire (C. pén., art. 29), *ou perpétuelle* (L. 31 mai 1854, art. 2). *En d'autres termes, elle est entraînée par les peines suivantes : mort, déportation, travaux forcés à perpétuité ou à temps, détention, reclusion, mais non par le bannissement, qui est une peine infamante seulement.*

L'interdiction légale ne fait pas obstacle au mariage.

Art. 30. (*L.* 28 *avril* 1832.) Les biens du condamné lui seront remis après qu'il aura subi sa peine, et le tuteur lui rendra compte de son administration. — *Civ.* 469.

Art. 31. Pendant la durée de la peine, il ne pourra lui être remis aucune somme, aucune provision, aucune portion de ses revenus.

R. vis *Droits civils*, 619 s., 771 s. ; *Peine*, 726 s. — S. vis *Droits civils*, 340 s., 379 s. ; *Peine*, 722.

Art. 32. Quiconque aura été condamné au bannissement sera transporté, par ordre du Gouvernement, hors du territoire du royaume [*de la République*].

La durée du bannissement sera au moins de cinq années, et de dix ans au plus. — *Pén.* 8, 28, 36, 48, 56.

R. vº *Peine*, 647 s. — S. *eod. vº*, 645 s.

En ce qui concerne le bannissement politique, V. *la loi du 22 juin 1886* (**D. P.** 86. 4. 57 ; — **C. ad.**, t. 1er, vº *Elections*, p. 900).

Art. 33. (*L.* 28 *avril* 1832.) Si le banni, avant l'expiration de sa peine, rentre sur le territoire du royaume [*de la République*], il sera, sur la seule preuve de son identité, condamné à la détention pour un temps au moins égal à celui qui restait à courir jusqu'à l'expiration du bannissement; et qui ne pourra excéder le double de ce temps. — *Instr.* 518.

R. v° *Peine*, 655 s. — S. cod. v°, 645-s.

Art. 34. (*L. 28 avril 1832.*) La dégradation civique consiste :

1° Dans la destitution et l'exclusion des condamnés de toutes fonctions, emplois ou offices publics ;

2° Dans la privation du droit de vote, d'élection, d'éligibilité, et en général de tous les droits civiques et politiques, et du droit de porter aucune décoration ;

3° Dans l'incapacité d'être juré-expert, d'être employé comme témoin dans des actes, et de déposer en justice autrement que pour y donner de simples renseignements ;

4° Dans l'incapacité de faire partie d'aucun conseil de famille, et d'être tuteur, curateur, subrogé tuteur ou conseil judiciaire, si ce n'est de ses propres enfants, et sur l'avis conforme de la famille ;

5° Dans la privation du droit de port d'armes, du droit de faire partie de la garde nationale, de servir dans les armées françaises, de tenir école, ou d'enseigner et d'être employé dans aucun établissement d'instruction, à titre de professeur, maître ou surveillant.

R. v° *Peine*, 661 s. — S. cod. v°, 650 s.

En ce qui concerne l'exclusion de l'armée, la disposition de l'art. 34 a été corrigée par la loi sur le recrutement du 21 mars 1905, art. 4 et 5 (D. P. 1905. 4. 41).

Art. 35. (*L. 28 avril 1832.*) Toutes les fois que la dégradation civique sera prononcée comme peine principale, elle pourra être accompagnée d'un emprisonnement dont la durée, fixée par l'arrêt de condamnation, n'excédera pas cinq ans.

Si le coupable est un étranger ou un Français ayant perdu la qualité de citoyen, la peine de l'emprisonnement devra toujours être prononcée.

R. v° *Peine*, 668 s. — S. cod. v°, 658.

Art. 36. (*L. 28 avril 1832.*) Tous arrêts qui porteront la peine de mort, des travaux forcés à perpétuité et à temps, la déportation, la détention, la reclusion, la dégradation civique et le bannissement, seront imprimés par extrait.

Ils seront affichés dans la ville centrale du département, dans celle où l'arrêt aura été rendu, dans la commune du lieu où le délit aura été commis, dans celle où se fera l'exécution, et dans celle du domicile du condamné.

R. v° *Peine*, 227, 864. — S. cod. v°, 818 s.

Art. 37 à 39. *Abrogés par Charte 1830, art. 57.*

CHAPITRE II.

Des peines en matière correctionnelle.

Art. 40. Quiconque aura été condamné à la peine d'emprisonnement sera renfermé dans une maison de correction : il y sera employé à l'un des travaux établis dans cette maison, selon son choix.

La durée de cette peine sera au moins de six jours, et de cinq années au plus ; sauf les cas de récidive ou autres où la loi aura déterminé d'autres limites.

La peine à un jour d'emprisonnement est de vingt-quatre heures ;

Celle à un mois est de trente jours. — *Pén.* 9, 57 s., 463.

V. la loi du 5 juin 1875, sur le régime des prisons départementales (D. P. 76. 4. 79); et la loi du 4 février 1893 (D. P. 93. 4. 49), relative à la réforme des prisons pour courtes peines.

Le travail dans les prisons correctionnelles comme dans les maisons centrales est réglementé par l'arrêté ministériel du 15 avril 1882 (Suppl. au C. pén. ann., p. 25).

L'organisation du personnel des prisons et établissements pénitentiaires est réglementée par un décret du 21 décembre 1899 (D. P. 70. 4. 23 ; — et Suppl. au C. pén. ann., p. 38).

Le service et le régime des prisons à courtes peines affectées à l'emprisonnement en commun (maisons d'arrêt, de justice et de correction) sont aujourd'hui réglés par le décret du 11 novembre 1885 (D. P. 86. 4. 75 ; — et Suppl. au C. pén. ann., p. 34), qui remplace celui du 30 octobre 1841.

V. le décret du 28 juin 1887, portant réglementation des prisons du département de la Seine (D. P. 87. 4. 98 ; — Suppl. au C. pén. ann., p. 37 ; — et C. ad., t. 1er, v° Département de la Seine, nos 212 et suiv.) ; le décret du 26 janvier 1882 ; qui fixe la composition du conseil supérieur des prisons (D. P. 83. 4. 18 ; — et Suppl. au C. pén. ann., p. 38).

Art. 41. Les produits du travail de chaque détenu pour délit correctionnel seront appliqués partie aux dépenses communes de la maison, partie à lui procurer quelques adoucissements, s'il les mérite, partie à former pour lui, au temps de sa sortie, un fonds de réserve ; le tout ainsi qu'il sera ordonné par des règlements d'administration publique. — *Ord.* 2 avr. 1817 ; 27 déc. 1843 ; *L.* 19 juill. 1845.

R. v° *Peine*, 592 ; *Prisons*, 86 s. — S. v° *Prisons*, 43 s.

V. le décret du 23 novembre 1893, qui fixe la portion accordée sur le produit de leur travail aux condamnés détenus dans les maisons d'arrêt, de justice et de correction (*prisons départementales*) (D. P. 95. 4. 7 ; — et Suppl. au C. pén. ann., p. 30).

Art. 42. Les tribunaux jugeant correctionnellement pourront, dans certains cas, interdire, en tout ou en partie, l'exercice des droits civiques, civils et de famille suivants :

1° De vote et d'élection ;

2° D'éligibilité ;

3° D'être appelé ou nommé aux fonctions de juré ou autres fonctions publiques, ou aux emplois de l'Administration, ou d'exercer ces fonctions ou emplois ;

4° Du port d'armes ;

5° De vote et de suffrage dans les délibérations de famille ;

6° D'être tuteur, curateur, si ce n'est de ses enfants et sur l'avis seulement de la famille ;

7° D'être expert ou employé comme témoin dans les actes ;

8° De témoignage en justice, autrement que pour y faire de simples déclarations. — *Pén.* 9, 28, 34.

R. v° *Peine* 714 s. — S. cod. v°, 711 s.

Art. 43. Les tribunaux ne prononceront l'interdiction mentionnée dans l'article précédent, que lorsqu'elle aura été autorisée ou ordonnée par une disposition particulière de la loi. — *Pén.* 4.

R. v° *Peine*, 717 s. — S. cod. v°, 712 s.

CHAPITRE III.

Des peines et des autres condamnations qui peuvent être prononcées pour crimes ou délits.

Art. 44. *Abrogé par L. 27 mai 1885.*

Art. 45. (*L. 28 avril 1832.*) En cas de désobéissance aux dispositions prescrites par l'article précédent, l'individu mis sous la surveillance de la haute police sera condamné, par les tribunaux correctionnels, à un emprisonnement qui ne pourra excéder cinq ans. — *Pén.* 40 et s., 58 ; *L.* 27 mai 1885, art. 19.

R. v° *Peine*, 701 s. — S. cod. v°, 703 s.

Art. 46. (*L. 23 janvier 1874.*) En aucun cas, la durée de *la surveillance* ne pourra excéder vingt années.

Les coupables condamnés aux travaux forcés à temps, à la détention et à la reclusion, seront de plein droit, après qu'ils auront subi leur peine et pendant vingt années, sous *la surveillance de la haute police*.

Néanmoins, l'arrêt ou le jugement de con-

---

damnation pourra réduire la durée de *surveillance* ou même déclarer que les condamnés n'y seront pas soumis.

Tout condamné à des peines perpétuelles qui obtiendra commutation ou remise de peine, sera, s'il n'en est autrement disposé par la décision gracieuse, de plein droit sous *la surveillance de la haute police* pendant vingt ans. — *L.* 27 mai 1885, art. 19.

§ 1. LÉGISLATION ANTÉRIEURE A LA LOI DU 23 JANVIER 1874 : R. v° *Peine*, 672 s.

§ 2. LOI DU 23 JANVIER 1874 : S. v° *Peine*, 680

Les articles 108, 138, 144 du Code pénal, qui prononçaient la surveillance à vie, sont implicitement abrogés par les dispositions de l'article 46, § 1. — Il existe cependant aujourd'hui la relégation et l'interdiction de séjour à l'égard de c'est celui qui a été créé par l'article 8 de la loi du 27 mai 1885, pour remplacer la relégation à l'égard des récidivistes qui auraient dépassé soixante ans à l'époque de la peine principale.

Art. 47. (*L. 23 janvier 1874.*) Les coupables condamnés au bannissement sont de plein droit sous la même *surveillance* pendant un temps égal à la durée de la peine qu'ils auront subie, à moins qu'il n'en ait été disposé autrement par l'arrêt ou le jugement de condamnation.

Dans les cas prévus par le présent article et par les paragraphes 2 et 3 de l'article précédent, si l'arrêt ou le jugement ne contient pas dispense ou réduction de *la surveillance*, mention sera faite, à peine de nullité, qu'en a été délibéré. — *L.* 27 mai 1885, art. 1

§ 1. LÉGISLATION ANTÉRIEURE A LA LOI DU 23 JANVIER 1874 : R. v° *Peine*, 681 s.

§ 2. LOI DU 23 JANVIER 1874 : S. v° *Peine*, 685

Art. 48. (*L. 23 janvier 1874.*) La surveillance pourra être remise ou réduite par voie de grâce.

Elle pourra être suspendue par mesure administrative.

La prescription de la peine ne relève pas le condamné de *la surveillance* à laquelle il est soumis.

En cas de prescription d'une peine perpétuelle, le condamné sera de plein droit sous *la surveillance de la haute police* pendant vingt années.

La surveillance ne produit son effet qu'à du jour où la prescription est accomplie. — *L.* 27 mai 1885, art. 19.

§ 1. LÉGISLATION ANTÉRIEURE A LA LOI DU 23 JANVIER 1874 : R. v° *Peine*, 681 s.

§ 2. LOI DU 23 JANVIER 1874 : S. v° *Peine*, 698

Art. 49. Devront être renvoyés sous la même *surveillance* ceux qui auront été condamnés pour crimes ou délits qui intéressent la sûreté intérieure ou extérieure de l'État. — *Pén.* 11., 75 s. ; *L.* 27 mai 1885, art. 19.

R. v° *Peine*, 685. — S. cod. v°, 675.

Art. 50. Hors les cas déterminés par les articles précédents, les condamnés seront placés *sous la surveillance de la haute police* de l'État que dans le cas où une disposition particulière de la loi l'aura permis. — *Pén.* 4, 47, 58, 67, 100, 108, 138, 142, 144, 156, 174, 221, 228, 246, 251, 271, 282, 305, 315, 317, 320, 335, 343, 387, 388, 400, 401, 415, 418, 419, 444, 452 ; *L.* 27 mai 1885 art. 19.

R. v° *Peine*, 686 s. — S. cod. v°, 676 s.

Art. 51. (*L. 28 avril 1832.*) Quand il aura lieu à restitution, le coupable pourra être condamné, en outre, envers la partie lésée, si elle le requiert, à des indemnités dont la détermination est laissée à la justice de la cour ou du tribunal, lorsque la loi ne les aura pas réglées, sans que la cour ou le tribunal puisse, du consentement même de ladite partie, en prononcer l'application une œuvre quelconque. — *Instr.* 1 s., 66, 161, 194, 358, 366 ; *Pén.* 10, 52, 54, 73, 429 ; *Civ.* 1149, 1382.

R. v° *Peine*, 854 s. — S. cod. v°, 806 s.

Art. 52. L'exécution des condamnations à l'amende, aux restitutions, aux dommages-intérêts et aux frais, pourra être poursuivie la voie de la contrainte par corps. — 467, 469 ; *For.* 211 s.

rt. 53. Lorsque des amendes et des seront prononcés au profit de l'État, si, s l'expiration de la peine afflictive ou nante, l'emprisonnement du condamné, l'acquit de ces condamnations pécunies, a duré une année complète, il ra, sur la preuve acquise par les voies oit, de son absolue insolvabilité, obtenir berté provisoire.

durée de l'emprisonnement sera réduite mois, s'il s'agit d'un délit; sauf, dans les cas, à reprendre la contrainte par s, s'il survient au condamné quelque en de solvabilité. — *Pén.* 467, 469.

nfrà, Appendice, la loi du 22 juillet 1867, relative ontrainte par corps; et la loi du 19 décembre 1871, contrainte par corps en matière de frais de justice selle.

rt. 54. (L. 28 avril 1832.) En cas de urrence de l'amende avec les restitutions s dommages-intérêts, sur les biens insuf-ts du condamné, ces dernières condam-ns obtiendront la préférence.

v⁰ Frais et dépens, 1040; Obligat., 1465 s.; 768 s.; Responsab., 72 s. — S. v⁰ Frais et s., 538 s.; Obligat., 589 s.; Peine, ; Responsab., 30 s. — T. (87-97), v⁰ Peine, V. aussi C. pén. ann., art. 55, nᵒˢ 1 s.; et appl., nᵒˢ 1091 s.

nfrà, Appendice, la loi du 26 mars 1891, sur l'at-on et l'aggravation des peines.

CHAPITRE IV.
Des peines de la récidive pour crimes et délits.

rt. 56. (L. 28 avril 1832.) Quiconque, été condamné à une peine afflictive ou nante, aura commis un second crime rtant, comme peine principale, la dé-tion civique, sera condamné à la peine annissement.

le second crime emporte la peine du issement, il sera condamné à la peine détention.

le second crime emporte la peine de la sion, il sera condamné à la peine des ux forcés à temps.

Si le second crime emporte la peine de la détention, il sera condamné au maximum de la même peine, laquelle pourra être éle-vée jusqu'au double.

Si le second crime emporte la peine des travaux forcés à temps, il sera condamné au maximum de la même peine, laquelle pourra être élevée jusqu'au double.

Si le second crime emporte la peine de la déportation, il sera condamné aux travaux forcés à perpétuité.

Quiconque, ayant été condamné aux tra-vaux forcés à perpétuité, aura commis un second crime emportant la même peine, sera condamné à la peine de mort.

Toutefois, l'individu condamné par un tri-bunal militaire ou maritime ne sera, en cas de crime ou délit postérieur, passible des peines de la récidive qu'autant que la pre-mière condamnation aurait été prononcée pour des crimes ou délits punissables d'après les lois pénales ordinaires. — *Pén.* 463.

R. v⁰ Peine, 243 s. — S. v⁰ Récid.-rvlég., 26 s. — T. (87-97), cod. v⁰, 1 s. — V. aussi C. pén. ann., art. 56, nᵒˢ 1 s.; et son Suppl., nᵒˢ 1317 s.

Art. 57. (L. 26 mars 1891.) Quiconque, ayant été condamné pour crime à une peine supérieure à une année d'emprisonnement, aura, dans un délai de cinq années après l'expiration de cette peine ou sa prescription, commis un délit ou un crime qui devra être puni de la peine de l'emprisonnement, sera condamné au maximum de la peine portée par la loi, et cette peine pourra être élevée jusqu'au double.

Défense pourra être faite, en outre, au condamné de paraître, pendant cinq ans au moins et dix ans au plus, dans les lieux dont l'interdiction lui sera signifiée par le Gou-vernement avant sa libération.

Art. 58. (L. 26 mars 1891.) Il en sera de même pour les condamnés à un emprison-nement de plus d'une année pour délit qui, dans le même délai, seraient reconnus cou-pables du même délit ou d'un crime devant être puni de l'emprisonnement.

Ceux qui, ayant été antérieurement con-damnés à une peine d'emprisonnement de moindre durée, commettraient le même dé-lit dans les mêmes conditions de temps, seront condamnés à une peine d'emprison-nement qui ne pourra être inférieure au double de celle précédemment prononcée, sans toutefois qu'elle puisse dépasser le double du maximum de la peine encourue.

Les délits de vol, escroquerie et abus de confiance seront considérés comme étant, au point de vue de la récidive, un même délit.

Il en sera de même des délits de vagabon-dage et de mendicité.

§ 1. LÉGISLATION ANTÉRIEURE A LA LOI DU 26 MARS 1891 : R. v⁰ Peine, 315 s.

§ 2. LOI DU 26 MARS 1891 : S. v⁰ Récid.-relég., 54 s. — T. (87-97), cod. v⁰, 30 s. — D. P. 91. 4. 24. — V. aussi C. pén. ann., art. 57-58, nᵒˢ 1 s.; et son Suppl., nᵒˢ 1398 s.

V. infrà, Appendice, la loi du 27 mai 1885, sur les ré-cidivistes, modifiée par les lois des 10 juillet 1901, 8 avril 1903, 31 mars 1904 et 19 juillet 1907.

La loi du 18 décembre 1893, modifiant les art. 265 s. C. pén., a créé un cas facultatif de relégation, introduit dans le nouvel art. 266 C. pén. Après avoir puni de la peine des travaux forcés à temps quiconque se sera affilié à une association formée ou aura participé à une entente établie dans le but de préparer ou de commettre des crimes contre les personnes ou les propriétés, elle permet en outre de prononcer la relégation sans préjudice de l'ap-plication des dispositions de la loi du 30 mai 1854, sur l'exécution de la peine des travaux forcés. — V. aussi la loi du 28 juillet 1894, sur la répression des menées anar-chistes, qui énonce dans son art. 3 que « la relégation acces-soire de la relégation pourra être prononcée contre les individus condamnés en vertu des articles 1er et 2 de la présente loi à une peine supérieure à une année d'em-prisonnement et ayant encouru, dans une période de moins de dix ans, soit une condamnation à plus de trois mois d'emprisonnement pour les faits spécifiés auxdits articles, soit une condamnation à la peine des travaux forcés, de la reclusion ou de plus de trois mois d'em-prisonnement pour crime ou délit de droit commun ».

En ce qui concerne la relégation, V. en outre le décret du 26 novembre 1887, portant organisation de la réléga-tion individuelle aux colonies (D. P. 88. 4. 21; — et Suppl. C. pén. ann., p. 67); le décret du 18 février 1888, por-tant organisation des groupes et détachements de rélé-gués à titre collectif (D. P. 88. 4. 51; — et Suppl. au C. pén. ann., p. 67); le décret du 5 septembre 1887, con-cernant l'organisation des dépôts de relégués aux colonies (D. P. 88. 4. 6; — et Suppl. au C. pén. ann., p. 68); le décret du 22 août 1887, portant organisation du régime disciplinaire des relégués collectifs aux colonies (D. P. 88. 4. 5; — et Suppl. au C. pén. ann., p. 68), modifié dans ses art. 13 et 15 par le décret du 27 juin 1904 (Journ. off. du 2 juill. 1904); le décret du 26 novembre 1888, relatif à la situation, au point de vue militaire, des individus con-damnés à la relégation (D. P. 89. 4. 34); — et Suppl. au C. pén. ann., p. 76). — V. encore le décret du 11 no-vembre 1887, réglant les formes à remplir pour le ma-riage des condamnés à la relégation aux colonies fran-çaises (D. P. 88. 4. 16; — et Suppl. C. pén. ann., p. 80); le décret du 9 juillet 1892, déterminant les formes et les conditions dans lesquelles peut s'opérer le trans-fert à l'État des demandes des relégués tendant à se faire relever de la relégation (Suppl. au C. pén. ann., p. 80); le décret du 5 janvier 1899, portant détermination des lieux dans lesquels la relégation collective subissent la relégation et relatif au délit d'évasion commis par les relégués de cette catégorie (Journ. off. du 1er janv. 1899); le décret du 8 mai 1899, portant règlement d'administration publique sur le régime des concessions de ter-rains à accorder aux relégués dans les colonies péni-tentiaires (Journ. off. du 11 mai 1899); le décret du 23 février 1900, déterminant les conditions des engage-ments de travail à exiger des relégués collectifs (Journ. off. du 4 mars 1900), modifié dans son art. 15 par le décret du 31 juillet 1904 (Journ. off. du 4 août 1904).

V. infrà, Appendice, la loi du 14 août 1885, sur les moyens de prévenir la récidive (libération conditionnelle, patronage, réhabilitation).

LIVRE DEUXIÈME.

DES PERSONNES PUNISSABLES, EXCUSABLES OU RESPONSABLES POUR CRIMES OU POUR DÉLITS.

Loi décrétée le 13 février 1810 et promulguée le 23 du même mois.

CHAPITRE UNIQUE.

rt. 59. Les complices d'un crime ou délit seront punis de la même peine les auteurs mêmes de ce crime ou de ce , sauf les cas où la loi en aurait disposé ement. — *Pén.* 463.

rt. 60. Seront punis comme complices e action qualifiée crime ou délit, ceux par dons, promesses, menaces, abus orité ou de pouvoir, machinations ou ices coupables, auront provoqué à cette on, ou donné des instructions pour la mettre;

aux qui auront procuré des armes, des ruments, ou tout autre moyen qui aura

---

servi à l'action, sachant qu'ils devaient y servir;

Ceux qui, avec connaissance, aidé ou assisté l'auteur ou les auteurs de l'action, dans les faits qui l'auront préparée ou faci-lité, ou dans ceux qui l'auront consommée, sans préjudice des peines qui seront spécia-lement portées par le présent Code contre les auteurs de complots ou de provocations attentatoires à la sûreté intérieure ou exté-rieure de l'État, même dans le cas où le crime qui était l'objet des conspirateurs ou des provocateurs n'aurait pas été commis. — *Pén.* 324, 399, 403.

R. v⁰ Compl.-complic., 52 s., —S. cod. v⁰, 83 s. — T. (67-97), cod. v⁰, 1 s. — V. aussi C. pén. ann., art. 59-60, nᵒˢ 1 s.; et son Suppl., nᵒˢ 1849 s.

Art. 61. Ceux qui, connaissant la con-duite criminelle des malfaiteurs exerçant des brigandages ou des violences contre la sûreté de l'État, la paix publique, les personnes ou les propriétés, leur fournissent habituelle-ment logement, lieu de retraite ou de réu-nion, seront punis comme leurs complices. — *Pén.* 59, 73, 83, 99, 248, 268.

R. v⁰ Compl.-complic., 185 s. — S. cod. v⁰, 186 s.

Art. 62. Ceux qui sciemment auront re-célé, en tout ou en partie, des choses enle-vées, détournées ou obtenues à l'aide d'un crime ou d'un délit, seront aussi punis comme complices de ce crime ou délit. — *Pén.* 59, 63, 380.

R. v⁰ Compl.-complic., 203 s. — S. cod. v⁰, 199 s.

Art. 63. (*L. 28 avril 1832.*) Néanmoins, la peine de mort, lorsqu'elle sera applicable aux auteurs des crimes, sera remplacée, à l'égard des receleurs, par celle des travaux forcés à perpétuité.

Dans tous les cas, les peines des travaux forcés à perpétuité ou de la déportation, lorsqu'il y aura lieu, ne pourront être prononcées contre les receleurs qu'autant qu'ils seront convaincus d'avoir eu, au temps du recelé, connaissance des circonstances auxquelles la loi attache les peines de mort, des travaux forcés à perpétuité et de la déportation; sinon ils ne subiront que la peine des travaux forcés à temps. — *Pén.* 59 s.

R. Vᵒ *Compl.-complic.*, 245 s. — S. *cod.* vᵒ, 227.

Art. 64. Il n'y a ni crime ni délit, lorsque le prévenu était en état de démence au temps de l'action, ou lorsqu'il a été contraint par une force à laquelle il n'a pu résister. — *Instr.* 339.

R. Vᵉ *Peine*, 368. — S. *cod.* vᵒ, 324 s. — T. (87-97), Vᵉ *Excuse*, 1 s. — V. aussi C. pén. ann., art. 64, nᵒˢ 1 s.; et son Suppl., nᵒˢ 2094 s.

Art. 65. Nul crime ou délit ne peut être excusé, ni la peine mitigée, que dans les cas et dans les circonstances où la loi déclare le fait excusable, ou permet de lui appliquer une peine moins rigoureuse. — *Pén.* 66 s., 463; *Instr.* 339.

R. Vᵉ *Peine*, 350 s. — S. *cod.* vᵒ, 493 s.

Art. 66. (*L. 12 avril 1906.*) Lorsque le prévenu ou l'accusé aura moins de dix-huit ans, s'il est décidé qu'il a agi *sans discernement*, il sera acquitté; mais il sera, selon les circonstances, remis à ses parents, ou conduit dans une colonie pénitentiaire pour y être élevé et détenu pendant le nombre d'années que le jugement déterminera et qui, toutefois, ne pourra excéder l'époque où il aurait atteint sa majorité. — *Pén.* 67-69, 271, 463; *Instr.* 194, 340, 358.

R. Vᵉ *Peine*, 421 s. — S. Vᵒˢ *Enfant*, 1 s.; *Peine*, 433 s.; *Protection de l'enfance*, 1 s. — T. (87-97), Vᵉ *Peine*, 127 s.

V. *infrà*, Appendice, la loi du 11 avril 1908, concernant la prostitution des mineurs.

Art. 67. (*L. 12 avril 1906.*) S'il est décidé qu'un mineur de seize ans a agi *avec discernement*, les peines seront prononcées ainsi qu'il suit :

S'il a encouru la peine de mort, des travaux forcés à perpétuité, de la déportation, il sera condamné à la peine de dix à vingt ans d'emprisonnement dans une colonie correctionnelle.

S'il a encouru la peine des travaux forcés à temps, de la détention ou de la réclusion, il sera condamné à être enfermé dans une colonie correctionnelle ou une colonie pénitentiaire pour un temps égal au tiers au moins et à la moitié au plus de celui pour lequel il aurait pu être condamné à l'une de ces peines.

Dans tous les autres cas, il pourra lui être fait défense de paraître, pendant cinq ans au moins et dix ans au plus, dans les lieux dont l'interdiction lui sera signifiée par le Gouvernement.

S'il a encouru la peine de la dégradation civique ou le bannissement, il sera condamné à être enfermé, d'un an à cinq ans, dans une colonie pénitentiaire ou une colonie correctionnelle. — *Pén.* 8 s., 40 s.; *L. 27 mai 1885, art.* 19.

R. Vᵉ *Peine*, 422 s. — S. *cod.* vᵒ, 445 s.

Art. 68. (*L. 28 avril 1832.*) L'individu, âgé de moins de seize ans, qui n'aura pas de complices présents au-dessus de cet âge, et qui sera prévenu de crimes autres que ceux que la loi punit de la peine de mort, ou celle des travaux forcés à perpétuité, de la peine de la déportation ou de celle de la détention, sera jugé par les tribunaux correctionnels, qui se conformeront aux deux articles ci-dessus.

R. Vᵉ *Peine*, 480 s. — S. *cod.* vᵒ, 411 s., 485.

Art. 69. (*L. 28 avril 1832.*) Dans tous les cas où le mineur de seize ans n'aura commis qu'un simple délit, la peine qui sera prononcée contre lui ne pourra s'élever au-dessus de la moitié de celle à laquelle il aurait pu être condamné s'il avait eu seize ans.

R. Vᵉ *Peine*, 423 s. — S. *cod.* vᵒ, 478 s.

Art. 70. Les peines *des travaux for-* à perpétuité, de la déportation *et des t* vaux forcés à temps ne seront prononc contre aucun individu âgé de soixante-ans accomplis au moment du jugement.

V. *infrà*, Appendice, la loi du 30 mai 1854, art. 5, l'exécution de la peine des travaux forcés.

Art. 71. (*L. 28 avril 1832.*) Ces pe seront remplacées, à leur égard, savoi celle de la déportation, par la détenti à perpétuité; et les autres, par celle de réclusion, soit à perpétuité, soit à temps selon la durée de la peine qu'elle rempl cera.

Art. 72. *Abrogé par L. 30 mai 1854.*

Art. 73. Les aubergistes et hôteli convaincus d'avoir logé, plus de vingt-qua heures, quelqu'un qui, pendant son séjo aurait commis un crime ou un délit, seront civilement responsables des restitutions, indemnités et des frais adjugés à ceux à ce crime ou ce délit aurait causé quelq dommage, faute par eux d'avoir inscrit s leur registre le nom, la profession et le d micile du coupable; sans préjudice de l responsabilité dans le cas des articles 19 et 1953 du Code civil. — *Pén.* 61, 99, 1 268, 386-4ᵒ, 475-2ᵒ; *Civ.* 1382.

Art. 74. Dans les autres cas de respo sabilité civile qui pourront se présenter da les affaires criminelles, correctionnelles de police, les cours et tribunaux devant c ces affaires seront portées se conformer aux dispositions du Code civil, livre l titre IV, chapitre II. — *Instr.* 2, 161, 19 *Civ.* 1383, 1384.

En ce qui concerne les moyens de prévenir la conti nation ou d'en faire cesser les effets, 1ᵒ par l'amnis V. C. pén. ann., p. 179 s.; et son Suppl., p. 101 V. aussi R. vᵗ *Amnistie*, 1 s.; S. *cod.* vᵒ, 1 s.; T. 1 *cod.* vᵒ, 1 s.; — 2ᵉ par la grâce et commutation de pe V. C. pén. ann., p. 180 s.; et son Suppl., p. 104 V. aussi R. vᵗ *Grâce et commutation de pei* S. *cod.* vᵒ, 1 et s.; — 3ᵉ par la réhabilitation, V. C. in crim., art. 619 et suivants; — 4ᵉ par la prescripti V. C. Instr. crim., art. 635 et suivants.

LIVRE TROISIÈME.

DES CRIMES, DES DÉLITS ET DE LEUR PUNITION.

TITRE PREMIER.

Crimes et délits contre la chose publique.

CHAPITRES Iᵉʳ-II. — Loi décrétée le 15 février 1820, promulguée le 23 du même mois.
CHAPITRE III. — Loi décrétée le 16 février 1810, promulguée le 26 du même mois.

CHAPITRE PREMIER.

Crimes et délits contre la sûreté de l'État.

SECTION PREMIÈRE.

Des crimes et délits contre la sûreté extérieure de l'État.

Art. 75. Tout Français qui aura porté les armes contre la France sera puni de mort. — *Avis Cons. d'Ét. 21 janv. 1812.*

La peine de mort, quoiqu'elle n'ait pas disparu du texte de l'article 75, non plus que des autres dispositions du même chapitre, à l'exception des seuls articles 86 et 87, est, depuis l'abolition de cette peine en matière politique, implicitement remplacée, dans toutes ces dispositions, par la peine de la déportation dans une enceinte fortifiée (Constit. 4 nov. 1848, art. 5, 15, P, 48, 4, 215; L. 8 juin 1850, art. 1ᵉʳ).

Art. 76. Quiconque aura pratiqué des machinations ou entretenu des intelligences avec les puissances étrangères ou leurs agents, pour les engager à commettre des hostilités ou à entreprendre la guerre contre la France, ou pour leur en procurer les moyens, sera puni de *mort.*

Cette disposition aura lieu dans le cas même où lesdites machinations ou intelligences n'auraient pas été suivies d'hostilités.—*Pén.*7, 12, 36, 64, 66 s. — V. la *note, suprà, art.* 75.

Art. 77. Sera également puni de *mort*, quiconque aura pratiqué des manœuvres ou entretenu des intelligences avec les ennemis de l'État, à l'effet de faciliter leur entrée sur le territoire et dépendances du royaume [*de la République*], ou de leur livrer des villes, forteresses, places, postes, ports, magasins, arsenaux, vaisseaux ou bâtiments appartenant à la France, ou de fournir aux ennemis des secours en soldats, hommes, argent, vivres, ou munitions, ou de seconder les progrès de leurs armes sur les possessions ou contre les forces françaises de terre ou de mer, soit en ébranlant la fidélité des officiers, soldats, matelots ou autres, envers le *Roi* [*ou l'État*], soit de toute autre manière. — *Pén.* 7, 12, 64, 66, 67. — V. la *note, suprà, art.* 75.

Art. 78. (*L. 28 avril 1832.*) Si la correspondance avec les sujets d'une puissance ennemie, sans avoir pour objet l'un de crimes énoncés en l'article précédent, a néan moins eu pour résultat de fournir au ennemis des instructions nuisibles à la si tuation militaire ou politique de la Franc ou de ses alliés, ceux qui auront entreten cette correspondance seront punis de l détention sans préjudice de plus forte pein dans le cas où ces instructions auraient ét la suite d'un concert constituant un fait d'es pionnage. — *Pén.* 20, 28.

Art. 79. Les peines exprimées aux ar ticles 76 et 77 seront les mêmes, soit que le machinations ou manœuvres énoncées en ce articles aient été commises envers la France soient qu'elles l'aient été envers les alliés d la France, agissant contre l'ennemi commun

Art. 80. Sera puni des peines exprimée en l'article 76, tout fonctionnaire public tout agent du Gouvernement, ou toute autr personne qui, chargée ou instruite officielle ment, ou à raison de son état, du secret d'un négociation ou d'une expédition, l'aura livr aux agents d'une puissance étrangère ou d l'ennemi.

Art. 81. (*L. 28 avril 1832.*) Tout fonc tionnaire public, tout agent, tout préposé d Gouvernement, chargé, à raison de ses fonc ns, du dépôt des plans de fortifications, enaux, ports ou rades, qui aura livré ces de l'un de ces plans à l'ennemi ou aux ents de l'ennemi, sera puni de *mort*.

l sera puni de la détention, s'il a livré plans aux agents d'une puissance étrangère neutre ou alliée. — *Pén.* 23, 28 s., 34, — V. *la note, suprà, art.* 75.

Art. 82. Toute autre personne qui, étant rvenue, par corruption, fraude ou violence, oustraire lesdits plans, les aura livrés ou l'ennemi ou aux agents d'une puissance angère, sera punie comme le fonctionnaire agent mentionné dans l'article précédent, selon les distinctions qui y sont établies. i lesdits plans se trouvaient, sans le préble emploi de mauvaises voies, entre les ins de la personne qui les a livrés, la ins de la personne qui les a livrés, la ticle 81, la déportation; Et au second cas du même article, un mprisonnement de deux à cinq ans.

Art. 83. Quiconque aura recélé ou aura recéler les espions ou les soldats ennemis voyés à la découverte et qu'il aura connus ir tels, sera condamné à la détention. — *Pén.* 12, 62, 63. — V. *la note, suprà*, . 75.

. v⁰ *Délit politique,* 1 s.; *Crimes et délits tre la sûreté de l'État,* 1 s. — S v⁰ *Délit politi-se,* 1 s.; *Crimes et délits contre la sûreté de at,* 1 s.

. *infrà*, Appendice, la loi du 18 avril 1886, établis-, des pénalités contre l'espionnage; et la loi du 1ᵉʳ juil-901, relative au contrat d'association, art. 12.

Art. 84. Quiconque aura, par des actions stiles, non approuvées par le Gouvernement, exposé l'État à une déclaration de erre, sera puni du bannissement; et, si la erre s'en est suivie, de la déportation. — n. 17, 28, 32, 48.

Art. 85. Quiconque aura, par des actes a approuvés par le Gouvernement, exposé s Français à éprouver des représailles, a puni du bannissement. — *Pén.* 28, s., 48.

. v⁰ *Crimes et délits contre l'État*, 67 s. — od. v⁰, 24 s.

SECTION II.
Des crimes contre la sûreté intérieure de l'État.

1ᵉʳ. — Des attentats et complots dirigés contre « l'empereur et sa famille ».

Art. 86. (*L.* 10 *juin* 1853.) L'attentat utre la vie ou contre la personne de l'em-*reur* est puni de la peine du parricide.

L'attentat contre la vie des membres de la *nille impériale* est puni de la peine de ort.

L'attentat contre la personne des membres la *famille impériale* est puni de la peine la déportation dans une enceinte fortifiée.

Toute offense commise publiquement envers personne de l'*empereur* est punie d'un mprisonnement de deux à cinq ans et d'une amende de 500 francs à 10000 francs. Le coupable peut, en outre, être interdit tout ou partie des droits mentionnés en rticle 42, pendant un temps égal à celui l'emprisonnement auquel il a été condmné. Ce temps court à compter du jour il a subi sa peine.

Toute offense commise publiquement envers s membre de la *famille impériale* est nie d'un emprisonnement d'un mois à is ans et d'une amende de 100 francs à 00 francs. — *Pén.* 13, 299, 302, 323.

es dispositions de l'article 86 du Code pénal, relatives empereur et aux membres de la famille impériale, sont devenues implicitement par l'effet de l'avénement du ime républicain; le président de la République et les mbres de sa famille sont, en ce qui touche les attentats tre la vie ou contre la personne, protégés uniquement le droit commun.

uant à l'offense au président de la République, et on comprend sous cette dénomination l'outrage, la diffama-tion et l'injure, elle est aujourd'hui punie par l'article 26 de la loi sur la presse du 29 juillet 1881.

Art. 87. (*L.* 10 *juin* 1853.) L'attentat dont le but est, soit de détruire ou de changer le Gouvernement ou l'ordre de *successibilité au trône*, soit d'exciter les citoyens ou habitants à s'armer contre l'*autorité impériale*, est puni de la peine de la déportation dans une enceinte fortifiée.

Bien que l'article 87 se réfère au régime monarchique, il est applicable à l'attentat commis contre le gouverne-ment républicain.

Art. 88. (*L.* 28 *avril* 1832.) L'exécution ou la tentative constitueront seules l'attentat.

Art. 89. (*L.* 28 *avril* 1832.) Le complot ayant pour but les crimes mentionnés aux articles 86 et 87, s'il a été suivi d'un acte commis ou commencé pour en préparer l'exécution, sera puni de la déportation.

S'il n'a été suivi d'aucun acte commis ou commencé pour en préparer l'exécution, la peine sera celle de la détention.

Il y a complot dès que la résolution d'agir est concertée et arrêtée entre deux ou plusieurs personnes.

S'il y a eu proposition faite et non agréée de former un complot pour arriver aux crimes mentionnés dans les articles 86 et 87, celui qui aura fait une telle proposition sera puni d'un emprisonnement d'un an à cinq ans. Le coupable pourra de plus être interdit, en tout ou en partie, des droits mentionnés en l'article 42.

Art. 90. (*L.* 28 *avril* 1832.) Lorsqu'un individu aura formé seul la résolution de commettre l'un des crimes prévus par l'ar-ticle 86, et qu'un acte pour en préparer l'exé-cution aura été commis ou commencé par lui seul et sans assistance, la peine sera celle de la détention. — *Pén.* 20, 28, 49.

R. v⁰ *Crimes et délits contre la sûreté de l'État*, 75 s. — S. *cod.* v⁰, 35 s.

Loi du 10 juin 1853 : D. P. 53 4. 111.

§ 2. — Des crimes tendant à troubler l'État par la guerre civile, l'illégal emploi de la force armée, la dévastation et le pillage publics.

Art. 91. (*L.* 28 *avril* 1832.) L'attentat dont le but sera, soit d'exciter la guerre civile en armant ou en portant les citoyens ou ha-bitants à s'armer les uns contre les autres, soit de porter la dévastation, le massacre et le pillage, dans une ou plusieurs communes, sera puni de *mort*.

Le complot ayant pour but l'un des crimes prévus au présent article, et la proposition de former un tel complot, seront punis des peines portées en l'article 89, suivant les distinctions qui y sont établies. — V. *la note, suprà, art.* 75.

Art. 92. Seront punis de *mort*, ceux qui auront levé ou fait lever des troupes armées, engagé ou enrôlé, fait engager ou enrôler des soldats, ou leur auront fourni ou procuré des armes ou munitions, sans ordre ou autori-sation du pouvoir légitime. — V. *la note, suprà, art.* 75.

Art. 93. Ceux qui, sans droit ou motif légitime, auront pris le commandement d'un corps d'armée, d'une troupe, d'une flotte, d'une escadre, d'un bâtiment de guerre, d'une place forte, d'un poste, d'un port, d'une ville;

Ceux qui auront retenu, contre l'ordre du Gouvernement, un commandement mili-taire quelconque;

Les commandants qui auront tenu leur armée ou troupe rassemblée, après que le licenciement ou la séparation en auront été ordonnés,

Seront punis de la peine de *mort*. — *Pén.* 7, 12, 94. — V. *la note, suprà, art.* 75.

Art. 94. Toute personne qui, pouvant disposer de la force publique, en aura requis ou ordonné, fait requérir ou ordonner l'action ou l'emploi contre la levée des gens de guerre

légalement établie, sera punie de la déporta-tion.

Si cette réquisition ou cet ordre ont été suivis de leur effet, le coupable sera puni de *mort*. — V. *la note, suprà, art.* 75.

Il convient de rapprocher des articles 93 et 94 l'article 25 de la loi du 29 juillet 1881 (infrà, Appendice), aux termes duquel toute provocation adressée à des militaires des armées de terre et de mer dans le but de les détourner de leurs devoirs militaires et de l'obéissance qu'ils doivent à leurs chefs est punie d'un emprisonnement d'un à six mois et d'une amende de 16 à 100 francs.

Art. 95. Tout individu qui aura incendié ou détruit, par l'explosion d'une mine, des édifices, magasins, arsenaux, vaisseaux, ou autres propriétés appartenant à l'État sera puni de *mort*. — *Pén.* 434 s. — V. *la note, suprà, art.* 75.

Art. 96. Quiconque, pour envahir des domaines, propriétés ou deniers publics, places, villes, forteresses, postes, magasins, ar-senaux, ports, vaisseaux ou bâtiments appar-tenant à l'État, soit pour piller ou partager des propriétés publiques ou nationales, ou celles d'une généralité de citoyens, soit enfin pour faire attaque ou résistance envers la force publique agissant contre les auteurs de ces crimes, se sera mis à la tête de bandes armées, ou y aura exercé une fonction ou commandement quelconque, sera puni de *mort*.

Les mêmes peines seront appliquées à ceux qui auront dirigé l'association, levé ou fait lever, organisé ou fait organiser les bandes, ou leur auront, sciemment et volontairement, fourni ou procuré des armes, munitions et instruments de crime, ou envoyé des convois de subsistances, ou qui auront de toute autre manière pratiqué des intelligences avec les directeurs ou commandants des bandes. — *Pén.* 209, 210, 265, 267, 313, 440. — V. *la note, suprà, art.* 75.

Art. 97. Dans le cas où l'un ou plusieurs des crimes mentionnés aux articles 86, 87 et 91 auront été exécutés ou simplement tentés par une bande, la peine de *mort* sera appli-quée, sans distinction de grades, à tous les individus faisant partie de la bande et qui auront été saisis sur le lieu de la réunion séditieuse.

Sera puni des mêmes peines, quoique non saisi sur le lieu, quiconque aura dirigé la sédition, ou aura exercé dans la bande un emploi ou commandement quelconque. — V. *la note, suprà, art.* 75.

Art. 98. Hors le cas où la réunion sédi-tieuse aurait eu pour objet ou résultat l'un ou plusieurs des crimes énoncés aux articles 86, 87 et 91, les individus faisant partie des bandes dont il est parlé ci-dessus, sans y exercer aucun commandement ni emploi, et qui auront été saisis sur les lieux, seront punis de la déportation. — *Pén.* 17.

Art. 99. Ceux qui, connaissant le but et le caractère desdites bandes, leur auront, sans contrainte, fourni des logements, lieux de retraite ou de réunion, seront condamnés à la peine des travaux forcés à temps. — *Pén.* 47, 61, 73, 268.

Art. 100. Il ne sera prononcé aucune peine, pour le fait de sédition, contre ceux qui, ayant fait partie de ces bandes sans y exercer aucun commandement et sans y rem-plir aucun emploi ni fonctions, se seront retirés au premier avertissement des auto-rités civiles ou militaires, ou même depuis, lorsqu'ils n'auront été saisis que hors des lieux de la réunion séditieuse, sans opposer de résistance et sans armes.

Ils ne seront punis, dans ces cas, que des crimes particuliers qu'ils auraient person-nellement commis; et néanmoins ils pour-ront être renvoyés, pour cinq ans ou au plus jusqu'à dix, *sous la surveillance spéciale de la haute police*. — *Pén.* 11, 44, 45, 49, 65, 213, 434, 441; *L.* 27 *mai* 1885, art. 19.

Art. 101. Sont compris dans le mot *armes*, toutes machines, tous instruments ou ustensiles tranchants, perçants ou contondants.

Les couteaux et ciseaux de poche, les cannes simples, ne seront réputés armes qu'autant qu'il en aura été fait usage pour tuer, blesser ou frapper. — *Pén.* 212, 314, 315, 381, 385.

R. v° *Crimes et délits contre la sûreté de l'État*, 120 s. — S. *eod.* v°, 40 s.

Disposition commune aux deux paragraphes de la présente section.

Art. 102. *Abrogé par L. 17 mai 1819.*

SECTION III.

De la révélation et de la non-révélation des crimes qui compromettent la sûreté intérieure ou extérieure de l'État.

Art. 103 à 107. *Abrogés par L. 28 avril 1832.*

Art. 108. (*L. 28 avril 1832.*) Seront exemptés des peines prononcées contre les auteurs de complots ou d'autres crimes attentatoires à la sûreté intérieure ou extérieure de l'État, ceux des coupables qui, avant toute exécution ou tentative de ces complots ou de ces crimes, et avant toutes poursuites commencées, auront les premiers donné au Gouvernement ou aux autorités administratives ou de police judiciaire, connaissance de ces complots ou crimes, et de leurs auteurs ou complices, ou qui, même depuis le commencement des poursuites, auront procuré l'arrestation desdits auteurs ou complices.

Les coupables qui auront donné ces connaissances ou procuré ces arrestations, pourront néanmoins être condamnés à rester pour la vie ou à temps sous la surveillance de la haute police. — *Pén.* 11, 41, 45, 49, 50, 59 s., 86 s., 91 s., 138, 144.

Le dernier paragraphe de l'article 108 se trouve abrogé implicitement par la disposition de l'article 46, § 1, suivant laquelle, « en aucun cas, la durée de la surveillance de la haute police (interdiction de séjour) ne pourra excéder vingt années. »

R. v° *Crimes et délits contre la sûreté de l'État*, 164 s.

CHAPITRE II.

Crimes et délits contre la Charte constitutionnelle [*la Constitution*].

SECTION PREMIÈRE.

Des crimes et délits relatifs à l'exercice des droits civiques.

Art. 109. Lorsque par attroupement, voies de fait ou menaces, on aura empêché un ou plusieurs citoyens d'exercer leurs droits civiques, chacun des coupables sera puni d'un emprisonnement de six mois au moins et de deux ans au plus, et de l'interdiction du droit de voter et d'être éligible pendant cinq ans au moins et dix ans au plus.

Art. 110. Si ce crime a été commis par suite d'un plan concerté pour être exécuté soit dans tout le royaume [*toute la République*], soit dans un ou plusieurs départements, soit dans un ou plusieurs arrondissements communaux, la peine sera le bannissement.

Art. 111. (*L. 28 avril 1832.*) Tout citoyen qui, étant chargé, dans un scrutin, du dépouillement des billets contenant les suffrages des citoyens, sera surpris falsifiant ces billets, ou en soustrayant de la masse, ou y en ajoutant, ou inscrivant sur les billets des votants non lettrés des noms autres que ceux qui lui auraient été déclarés, sera puni de la peine de la dégradation civique.

Art. 112. Toutes autres personnes coupables des faits énoncés dans l'article précédent, seront punies d'un emprisonnement de six mois au moins et de deux ans au plus, et de l'interdiction du droit de voter et d'être

éligibles pendant cinq ans au moins et dix ans au plus.

Art. 113. Tout citoyen qui aura, dans les élections, acheté ou vendu un suffrage à un prix quelconque, sera puni d'interdiction des droits de citoyen et de toute fonction ou emploi public pendant cinq ans au moins et dix ans au plus.

Seront en outre, le vendeur et l'acheteur du suffrage, condamnés chacun à une amende double de la valeur des choses reçues ou promises.

V. *infrà*, Appendice, le décret organique du 2 février 1832, pour l'élection des députés au corps législatif, art. 31 à 53 et *supra*, Lois constitutionnelles, la loi organique du 2 août 1875, sur les élections des sénateurs, art. 19, modifié par la loi du 9 décembre 1884, art. 27; et la loi organique du 30 novembre 1875, sur l'élection des députés, art. 3 et 22.

SECTION II

Attentats à la liberté.

Art. 114. Lorsqu'un fonctionnaire public, un agent ou un préposé du Gouvernement, aura ordonné ou fait quelque acte arbitraire ou attentatoire soit à la liberté individuelle, soit aux droits civiques d'un ou de plusieurs citoyens, soit à la Charte [*à la Constitution*], il sera condamné à la peine de la dégradation civique.

Si néanmoins il justifie qu'il a agi par ordre de ses supérieurs pour des objets du ressort de ceux-ci, sur lesquels il leur était dû l'obéissance hiérarchique, il sera exempt de la peine, laquelle sera, dans ce cas, appliquée seulement aux supérieurs qui auront donné l'ordre. — *Pén.* 64, 190, 341.

Art. 115. Si c'est un ministre qui a ordonné ou fait les actes ou l'un des actes mentionnés en l'article précédent, et si, après les invitations mentionnées dans les articles 63 et 67 du sénatus-consulte du 28 floréal an XII, il a refusé ou négligé de faire réparer ces actes dans les délais fixés par ledit acte, il sera puni du bannissement. — *Pén.* 8, 28, 32, 36, 48.

Art. 116. Si les ministres prévenus d'avoir ordonné ou autorisé l'acte contraire à la Charte [*à la Constitution*], prétendent que la signature à eux imputée leur a été surprise, ils seront tenus, en faisant cesser l'acte, de dénoncer celui qu'ils déclareront auteur de la surprise; sinon ils seront poursuivis personnellement.

Art. 117. Les dommages-intérêts qui pourraient être prononcés à raison des attentats exprimés dans l'article 114, seront demandés, soit sur la poursuite criminelle, soit par la voie civile, et seront réglés, eu égard aux personnes, aux circonstances et au préjudice souffert, sans qu'en aucun cas, et quel que soit l'individu lésé, lesdits dommages-intérêts puissent être au-dessous de 25 francs pour chaque jour de détention illégale et arbitraire pour chaque individu. — *Pén.* 10, 51 s.; *Instr.* 1 s.; *Civ.* 1382; *Pr.* 128.

Art. 118. Si l'acte contraire à la Charte [*à la Constitution*] a été fait d'après une fausse signature du nom d'un ministre ou d'un fonctionnaire public, les auteurs du faux et ceux qui en auront sciemment fait usage, seront punis des travaux forcés à temps, dont le *maximum* sera toujours appliqué dans ce cas. — *Pén.* 7, 19, 145, 147, 148.

Art. 119. Les fonctionnaires publics chargés de la police administrative ou judiciaire, qui auront refusé ou négligé de déférer à une réclamation légale tendant à constater les détentions illégales et arbitraires, soit dans les maisons destinées à la garde des détenus, soit partout ailleurs, et qui ne justifieront pas les avoir dénoncées à l'autorité supérieure, seront punis de la dégradation civique, et tenus des dommages-intérêts, lesquels seront réglés comme il est dit dans l'article 117. — *Pén.* 10, 51 s.; *Instr.* 1 s., 615, 616; *Civ.* 1382; *Pr.* 128.

Art. 120. Les gardiens et concierges des maisons de dépôt, d'arrêt, de justice ou de peine, qui auront reçu un prisonnier sans mandat ou jugement, ou sans ordre provisoire du Gouvernement; ceux qui l'auront retenu, ou auront refusé de le représenter à l'officier de police, ou au porteur de ses ordres, sans justifier de la défense du procureur du Roi [*du procureur de la République*] ou du juge; ceux qui auront refusé d'exhiber leurs registres à l'officier de police, seront, comme coupables de détention arbitraire, punis de six mois à deux ans d'emprisonnement, et d'une amende de 16 francs à 200 francs. — *Pén.* 9, 40 s.; *Instr.* 609, 618.

Art. 121. Seront, comme coupables de forfaiture, punis de la dégradation civique tout officier de police judiciaire, tous procureurs généraux ou du Roi [*de la République*] tous substituts, tous juges, qui auront provoqué, donné ou signé un jugement, une ordonnance ou un mandat tendant à la poursuite personnelle ou accusation, soit d'un ministre, soit d'un membre de la Chambre des pairs [*du Sénat*], de la Chambre des députés ou du Conseil d'État, sans les autorisations prescrites par les lois de l'État; ou qui, hors le cas de flagrant délit ou de clameur publique, auront, sans les mêmes autorisations, donné l'ordre ou le mandat de saisir ou arrêter un ou plusieurs ministres, ou membres de la Chambre des pairs [*du Sénat*], de la Chambre des députés ou du Conseil d'État. — *Pén.* 8, 34, 36, 126, 129, 166, 167; *Instr.* 484 s.; *L.* 16 juillet 1875, art. 14.

Art. 122. Seront aussi punis de la dégradation civique les procureurs généraux ou du Roi [*de la République*], les substituts, les juges ou les officiers publics qui auront retenu ou fait retenir un individu hors des lieux déterminés par le Gouvernement ou par l'administration publique, ou qui auront traduit un citoyen devant une cour d'assises, sans qu'il ait été préalablement mis légalement en accusation. — *Pén.* 8, 34, 127, 341; *Instr.* 271, 603, 615 s.

R. v° *Liberté individuelle*, 1 s. — S. *eod.* v°, 1 s. — V. aussi C. ad., t. 1°°, v° *Lois constitutionnelles*, p. 59, n°° 785 s.

La responsabilité des ministres pour crimes commis dans l'exercice de leurs fonctions est aujourd'hui expressément consacrée par l'article 13 de la loi constitutionnelle du 16 juillet 1875, aux termes duquel les ministres peuvent être mis en accusation par la Chambre des députés et jugés par le Sénat, constitué à cet effet en Haute cour de justice, aux termes de l'article 9 de la loi du 24 février 1871. — Une loi du 10 avril 1889 a réglé la procédure à suivre lorsque le Sénat pour juger toute personne inculpée d'attentat commis contre la sûreté de l'État; mais la procédure ordinaire est, dans le cas où le Sénat serait appelé à juger les ministres accusés de crimes commis dans l'exercice de leurs fonctions, soit le président de la République, soit réservée pour faire l'objet d'une loi ultérieure.

SECTION III.

Coalition des fonctionnaires.

Art. 123. Tout concert de mesures contraires aux lois, pratiqué soit par la réunion d'individus ou de corps dépositaires de quelque partie de l'autorité publique, soit par députation ou correspondance entre eux, sera puni d'un emprisonnement de deux mois au moins et de six mois au plus, contre chaque coupable, qui pourra de plus être condamné à l'interdiction des droits civiques, et de tout emploi public, pendant dix ans au plus. — *Pén.* 9, 40 s.

Art. 124. Si, par l'un des moyens exprimés ci-dessus, il a été concerté des mesures contre l'exécution des lois ou contre les ordres du Gouvernement, la peine sera le bannissement.

Si ce concert a eu lieu entre les autorités civiles et les corps militaires ou leurs chefs, ceux qui en seront les auteurs ou provocateurs seront punis de la déportation; les autres coupables seront bannis. — *Pén.* 7, 8, 17, 28, 32-34, 36, 48.

rt. 125. Dans le cas où ce concert aucu pour objet ou résultat un complot tatoire à la sûreté intérieure de l'État, oupables seront punis de *mort*. — *Pén.* , 86, 89, 91. — V. *la note, suprà, art.* 75.

rt. 126. Seront coupables de forfaiture, mis de la dégradation civique : s fonctionnaires publics qui auront, par ération, arrêté de donner des démissions l'objet ou l'effet serait d'empêcher ou ispendre soit l'administration de la jussoit l'accomplissement d'un service quelue. — *Pén.* 8, 34, 36, 127, 166.
r Forfaiture et délits de fonctionnaires, 9 s. *cod.* v', 12.

SECTION IV.
piètement des autorités administratives et judiciaires.

rt. 127. Seront coupables de forfaiture, mis de la dégradation civique :
Les juges, les procureurs généraux ou roi [*de la République*], ou leurs subs-, les officiers de police, qui se seront iscés dans l'exercice du pouvoir législ, soit par des règlements contenant des ositions législatives, soit en arrêtant ou suspendant l'exécution d'une ou de plu-s lois, soit en délibérant sur le point voir si les lois seront publiées ou exé-s;
Les juges, les procureurs généraux ou roi [*de la République*], ou leurs subs-, les officiers de police judiciaire, qui ient excédé leur pouvoir, en s'immisçant les matières attribuées aux autorités inistratives, soit en faisant des règlets sur ces matières, soit en défendant cuter les ordres émanés de l'Adminison, ou qui, ayant permis ou ordonné de des administrateurs. pour raison de rcice de leurs fonctions, auraient persisté l'exécution de leurs jugements ou ormances, nonobstant l'annulation qui en ait été prononcée ou le conflit qui leur it été notifié. — *Pén.* 8, 34, 36, 128 s.; 5.

rt. 128. Les juges qui, sur la revention formellement faite par l'autorité adistrative d'une affaire portée devant eux, mt néanmoins procédé au jugement avant écision de l'autorité supérieure, seront chacun d'une amende de 16 francs au ns et de 150 francs au plus.
des officiers du ministère public qui auront des réquisitions ou donné des conclusions r ledit jugement, seront punis de la même c. — *Pén.* 9; *Instr.* 483.

rt. 129. La peine sera d'une amende .00 francs au moins et de 500 francs au contre chacun des juges qui, après une mation légale des parties intéressées ou l'autorité administrative, auront, sans risation du Gouvernement, rendu des mnances ou décerné des mandats contre agents ou préposés, prévenus de crimes délits commis dans l'exercice de leurs ctions.
a même peine sera appliquée aux officiers ministère public ou de police qui auront ais lesdites ordonnances ou mandats. — . 9, 121; *Instr.* 1.

rt. 130. Les préfets, sous-préfets, res et autres administrateurs qui se se-t immiscés dans l'exercice du pouvoir slatif, comme il est dit au n° 1er de l'e 127, ou qui se seront ingérés de prendre arrêtés généraux tendant à intimer des res ou des défenses quelconques à des rs ou tribunaux, seront punis de la dé-dation civique. — *Pén.* 8, 34, 36.

rt. 131. Lorsque ces administrateurs reprendront sur les fonctions judiciaires s'ingérant de connaître de droits et inté-s privés du ressort des tribunaux, et après la réclamation des parties ou de

l'une d'elles, ils auront néanmoins décidé l'affaire avant que l'autorité supérieure ait prononcé, ils seront punis d'une amende de 16 francs au moins et de 150 francs au plus.

L'article 129 ci-dessus ne peut plus avoir d'application depuis le décret du 19 septembre 1870, qui a abrogé l'article 75 de la Constitution de l'an VIII, et permis de poursuivre à l'avenir les fonctionnaires sans autorisation du Gouvernement.
R. v° *Forfaiture et délits de fonctionnaires,* 21 s. — S. *cod.* v', 13 s.

CHAPITRE III.
Crimes et délits contre la paix publique.

SECTION PREMIÈRE.
Du faux.

§ 1er. — Fausse monnaie.

Art. 132. (*L.* 13 *mai* 1863.) Quiconque aura contrefait ou altéré les monnaies d'or ou d'argent ayant cours légal en France, ou participé à l'émission ou exposition desdites monnaies contrefaites ou altérées, ou à leur introduction sur le territoire français, sera puni des travaux forcés à perpétuité.
Celui qui aura contrefait ou altéré des monnaies de billon ou de cuivre ayant cours légal en France, ou participé à l'émission ou exposition desdites monnaies contrefaites ou altérées, ou à leur introduction sur le territoire français, sera puni des travaux forcés à temps. — *Pén.* 7, 15, 16, 34 s., 163, 164; *Instr.* 5, 7.
§ 1. LÉGISLATION ANTÉRIEURE A LA LOI DU 13 MAI 1863 : R. v° *Fausse monnaie,* 17 s.
§ 2. LOI DU 13 MAI 1863 : S. v° *Faux et fausse monnaie,* 8 s. — D. P. 63. 4. 79.

Art. 133. (*L.* 13 *mai* 1863.) Tout individu qui aura, en France, contrefait ou altéré des monnaies étrangères, ou participé à l'émission, exposition ou introduction en France de monnaies étrangères contrefaites ou altérées, sera puni des travaux forcés à temps. — *Pén.* 7, 15, 16, 34, 47, 163, 164.
§ 1 LÉGISLATION ANTÉRIEURE A LA LOI DU 13 MAI 1863 : R. v° *Faux et fausse monnaie,* 47 s.
§ 2. LOI DU 13 MAI 1863 : S. v° *Faux et fausse monnaie,* 36 s. — T. (87-97); cod. v', 1 s. — D. P. 63. 4. 79.

Art. 134. (*L.* 13 *mai* 1863.) Sera puni d'un emprisonnement de six mois à trois ans quiconque aura coloré des monnaies ayant cours légal en France ou les monnaies étrangères, dans le but de tromper sur la nature du métal, ou les aura émises ou introduites sur le territoire français.
Seront punis de la même peine ceux qui auront participé à l'émission ou à l'introduction des monnaies ainsi colorées. — *Pén.* 9, 24, 40.
§ 1. LÉGISLATION ANTÉRIEURE A LA LOI DU 13 MAI 1863 : R. v° *Faux et fausse monnaie,* 47 s.
§ 2. LOI DU 13 MAI 1863 : S. v° *Faux et fausse monnaie,* 43 s. — D. P. 63. 4. 79.

Art. 135. (*L.* 13 *mai* 1863.) La participation énoncée aux précédents articles ne s'applique point à ceux qui, ayant reçu pour bonnes des pièces de monnaie contrefaites, altérées ou colorées, les ont remises en circulation.
Toutefois, celui qui aura fait usage desdites pièces, après en avoir vérifié ou fait vérifier les vices, sera puni d'une amende triple au moins et sextuple au plus de la somme représentée par les pièces qu'il aura rendues à la circulation, sans que cette amende puisse, en aucun cas, être inférieure à 16 francs. — *Pén.* 9, 52 s., 132, 163.
§ 1. LÉGISLATION ANTÉRIEURE A LA LOI DU 13 MAI 1863 : R. v° *Faux et fausse monnaie,* 52 s.
§ 2. LOI DU 13 MAI 1863 : S. v° *Faux et fausse monnaie,* 46 s. — D. P. 63. 4. 79.
V. *le décret du 11 mai 1807, qui prohibe l'introduction des monnaies de cuivre et de billon de fabrique étrangère* (C. ad., t. 4, v° *Monnaie publique,* p. 655, n°° 9079 s.); *et la loi du 30 novembre 1896, complétant ce décret* (R. v° *Monnaie,* p. 383).

Art. 136 et **137.** *Abrogés par* L. 28 *avril* 1832.

Art. 138. (*L.* 13 *mai* 1863.) Les personnes coupables des crimes mentionnés en l'article 132 seront exemptes de peine, si, avant la consommation de ces crimes et avant toutes poursuites, elles en ont donné connaissance et révélé les auteurs aux autorités constituées, ou si, même après les poursuites commencées, elles ont procuré l'arrestation des autres coupables.
Elles pourront néanmoins être mises; pour la vie ou à temps, sous la surveillance spéciale de la haute police. — *Pén.* 11, 44 s., 65, 108, 144.
Le dernier paragraphe de l'article 138 se trouve implicitement abrogé par la disposition de l'article 46, § 1, suivant laquelle, «en aucun cas, la durée de la surveillance de la haute police (interdiction de séjour) ne pourra excéder vingt années. »

§ 2.. — Contrefaçon des sceaux de l'État, des billets de banque, des effets publics, et des poinçons, timbres et marques.

Art. 139. (*L.* 28 *avril* 1832.) Ceux qui auront contrefait le sceau de l'État ou fait usage du sceau contrefait,
Ceux qui auront contrefait ou falsifié, soit des effets émis par le Trésor public avec son timbre, soit des billets de banques autorisées par la loi, ou qui auront fait usage de ces effets et billets contrefaits ou falsifiés, ou qui les auront introduits dans l'enceinte du territoire français,
Seront punis des travaux forcés à perpétuité. — *Pén.* 144, 163, 164; *Instr.* 7.
R. v° *Faux et fausse monnaie,* 72 s. — S. *cod.* v', 69 s.
V. *infra,* Appendice, *le décret du 25 septembre 1870, relatif au sceau de l'État; et la loi du 11 juillet 1885, qui interdit de fabriquer, vendre, colporter ou distribuer tous imprimés ou formules simulant les billets de banque et autres valeurs fiduciaires, modifiée dans son art.* 1er *par la loi de finances du 30 mars* 1902, art. 57 (D. P. 1902. 4. 69).

Art. 140. Ceux qui auront contrefait ou falsifié, soit un ou plusieurs timbres nationaux, soit les marteaux de l'État servant aux marques forestières, soit le poinçon ou les poinçons servant à marquer les matières d'or ou d'argent, ou qui auront fait usage des papiers, effets, timbres, marteaux ou poinçons falsifiés ou contrefaits, seront punis des travaux forcés à temps, dont le *maximum* sera toujours appliqué dans ce cas. — *Pén.* 163, 463.
R. v° *Faux et fausse monnaie,* 80 s. — S. *cod.* v', 83 s.

Art. 141. Sera puni de la réclusion, quiconque, s'étant indûment procuré les vrais timbres, marteaux ou poinçons ayant l'une des destinations exprimées en l'article 140, en aura fait une application ou usage préjudiciable aux droits ou intérêts de l'État. — *Pén.* 163 s.
R. v° *Faux et fausse monnaie,* 87 s. — S. *cod.* v', 91.

Art. 142. (*L.* 13 *mai* 1863.) Ceux qui auront contrefait les marques destinées à être apposées, au nom du Gouvernement, sur les diverses espèces de denrées ou de marchandises, ou qui auront fait usage de ces fausses marques; ceux qui auront contrefait le sceau, timbre ou marque d'une autorité quelconque, ou qui auront fait usage des sceaux, timbres ou marques contrefaits; ceux qui auront contrefait les timbres-poste ou fait usage sciemment de timbres-poste contrefaits, seront punis d'un emprisonnement de deux ans au moins et de cinq ans au plus.
Les coupables pourront, en outre, être privés des droits mentionnés en l'article 42 du présent Code pendant cinq ans au moins et dix ans au plus, à compter du jour où ils auront subi leur peine.
Ils pourront aussi être mis, par l'arrêt ou

le jugement, *sous la surveillance de la haute police* pendant le même nombre d'années.

Les dispositions qui précèdent seront applicables aux tentatives de ces mêmes délits. — *Pén.* 9, 40, 44 s., 163; *L.* 27 *mai* 1885, *art.* 19.

§ 1. LÉGISLATION ANTÉRIEURE A LA LOI DU 13 MAI 1863 : R. v° *Faux et fausse monnaie*, 91 s.
§ 2. LOI DU 13 MAI 1863 : R. v° *Faux et fausse monnaie*, 92 s. — D. P. 63. 4. 79.

Art. 143. (*L.* 13 *mai* 1863.) Quiconque, s'étant indûment procuré les vrais sceaux, timbres ou marques ayant l'une des destinations exprimées en l'article 142, en aura fait ou tenté de faire une application ou un *usage préjudiciable* aux droits ou intérêts de l'État, ou d'une autorité quelconque, sera puni d'un emprisonnement de six mois à trois ans.

Les coupables pourront, en outre, être privés des droits mentionnés en l'article 42 du présent Code, pendant cinq ans au moins et dix au plus, à compter du jour où ils auront subi leur peine.

Ils pourront aussi être mis, par l'arrêt ou le jugement, *sous la surveillance de la haute police* pendant le même nombre d'années. — *Pén.* 9, 40, 44 s., 141, 163, 164; *L.* 27 *mai* 1885, *art.* 19.

§ 1. LÉGISLATION ANTÉRIEURE A LA LOI DE 1863 : R. v° *Faux et fausse monnaie*, 98 s.
§ 2. LOI DU 13 MAI 1863 : S. v° *Faux et fausse monnaie*, 102 s. — D. P. 63. 4. 79.

V. *la loi du* 16 octobre 1849 (D. P. 49. 4. 132), *qui prononce des peines contre les individus qui feraient usage de timbres - poste ayant déjà servi à l'affranchissement des lettres, modifié par la loi de finances du* 11 *juin* 1859, *art.* 21.

Art. 144. (*L.* 28 *avril* 1832.) Les dispositions de l'article 138 sont applicables aux crimes mentionnés dans l'article 139.

§ 3. — Des faux en écriture publique ou authentique, et de commerce ou de banque.

Art. 145. Tout fonctionnaire ou officier public qui, dans l'exercice de ses fonctions, aura commis un faux,

Soit par fausses signatures,

Soit par altération des actes, écritures ou signatures,

Soit par supposition de personnes,

Soit par les écritures faites ou intercalées sur des registres ou d'autres actes publics, depuis leur confection ou clôture,

Sera puni des travaux forcés à perpétuité. — *Pén.* 2, 7, 15, 36, 59, 163, 164, 405; *Instr.* 448; *Civ.* 1317.

Art. 146. Sera aussi puni des travaux forcés à perpétuité, tout fonctionnaire ou officier public qui, en rédigeant des actes de son ministère, en aura frauduleusement dénaturé la substance ou les circonstances, soit en écrivant des conventions autres que celles qui auraient été tracées ou dictées par les parties, soit en constatant comme vrais des faits faux, ou comme avoués des faits qui ne l'étaient pas. — *Pén.* 7, 15, 19, 36, 47, 59, 162; *Instr.* 448.

R. v° *Faux et fausse monnaie*, 100 s. — S. *eod.* v°, 106 s. — T. (87-97), *eod.* v°, 1. — V. aussi C. pén. ann., art. 146, n° 1 s.; et son Suppl., n° 2605 s.

Art. 147. Seront punies des travaux forcés à temps, toutes autres personnes qui auront commis un faux en écriture authentique et publique, ou en écriture de commerce ou de banque,

Soit par contrefaçon ou altération d'écritures ou de signatures,

Soit par fabrication de conventions, dispositions, obligations ou décharges, ou par leur insertion après coup dans ces actes,

Soit par addition ou altération de clauses, de déclarations ou de faits que ces actes avaient pour objet de recevoir et de constater. — *Pén.* 7, 15, 28, 47, 118, 164; *Instr.* 448.

R. v° *Faux et fausse monnaie*, 125 s., 228 s., 267 s. — S. *eod.* v°, 237 s., 269 s. — T. (87-97),

v° *Faux*, 2 s. — V. aussi C. pén. ann., art. 147, n° 1 s.; et son Suppl., n° 2929 s.

V. *infrà*, **Appendice**, *la loi du* 11 *juillet* 1900, *portant modification de la loi du 5 août 1899 sur le casier judiciaire et sur la réhabilitation de droit, art.* 11 *et* 12 (de la loi du 5 août 1899).

Art. 148. Dans tous les cas exprimés au présent paragraphe, celui qui aura fait usage des actes faux sera puni des travaux forcés à temps. — *Pén.* 7, 15, 19, 36, 47, 147, 163 s.; *Instr.* 458, 459.

R. v° *Faux et fausse monnaie*, 405 s. — S. *eod.* v°, 300 s.

Art. 149. (*L.* 13 *mai* 1863.) Sont exceptés des dispositions ci-dessus, les faux commis dans les passeports, feuilles de route et permis de chasse, sur lesquels il sera particulièrement statué ci-après.—*Pén.* 153 s.

§ 1. LÉGISLATION ANTÉRIEURE A LA LOI DU 13 MAI 1863 : R. v° *Faux et fausse monnaie*, 353 s.
§ 2. LOI DU 13 MAI 1863 : S. v° *Faux et fausse monnaie*, 323 s. — D. P. 63. 4. 79.

§ 4. — Du faux en écriture privée.

Art. 150. Tout individu qui aura, de l'une des manières exprimées en l'article 147, commis un faux en écriture privée, sera puni de la réclusion. — *Pén.* 7, 21, 28, 36, 47, 163, 164, 405, 407; *Instr.* 448.

R. v° *Faux et fausse monnaie*, 332 s. — S. *eod.* v°, 311 s.

Art. 151. Sera puni de la même peine celui qui aura fait usage de la pièce fausse. — *Pén.* 7, 21, 28, 36, 47, 148, 163.

R. v° *Faux et fausse monnaie*, 406 s. — S. *eod.* v°, 300 s.

Art. 152. Sont exceptés des dispositions ci-dessus, les faux certificats de l'espèce dont il sera ci-après parlé. — *Pén.* 159 s.

§ 5. — Des faux commis dans les passeports, « permis de chasse (L. 13 mai 1863), » feuilles de route et certificats.

Art. 153. (*L.* 13 *mai* 1863.) Quiconque fabriquera un faux passeport ou un faux permis de chasse, ou falsifiera un passeport ou un permis de chasse originairement véritable, ou fera usage d'un passeport ou d'un permis de chasse fabriqué ou falsifié; sera puni d'un emprisonnement de six mois au moins et de trois ans au plus. — *Pén.* 9, 40, 163, 281.

Art. 154. (*L.* 13 *mai* 1863.) Quiconque prendra, dans un passeport ou dans un permis de chasse, un faux nom, ou aura concouru comme témoin à faire délivrer le passeport sous le nom supposé, sera puni d'un emprisonnement de trois mois à un an.

La même peine sera applicable à tout individu qui aura fait usage d'un passeport ou d'un permis de chasse délivré sous un autre nom que le sien.

Les logeurs et aubergistes qui, sciemment, inscriront sur leurs registres, sous des noms faux ou supposés, les personnes logées chez eux, ou qui, de connivence avec elles, auront omis de les inscrire, seront punis d'un emprisonnement de six jours au moins et de trois mois au plus. — *Pén.* 9, 40, 73, 281, 475 - 2°.

Art. 155. (*L.* 13 *mai* 1863.) Les officiers publics qui délivreront ou feront délivrer un passeport à une personne qu'ils ne connaîtront pas personnellement, sans avoir fait attester ses noms et qualités par deux citoyens à eux connus, seront punis d'un emprisonnement d'un mois à six mois.

Si l'officier public, instruit de la supposition du nom, a néanmoins délivré ou fait délivrer le passeport sous le nom supposé, il sera puni d'un emprisonnement d'une année au moins et de quatre ans au plus.

Le coupable pourra, en outre, être privé des droits mentionnés en l'article 42 du pré-

sent Code pendant cinq ans au moins et dix ans au plus, à compter du jour où il aura subi sa peine. — *L.* 23 *déc.* 1874, *art.* 8.

Art. 156. (*L.* 13 *mai* 1863.) Quiconque fabriquera une fausse feuille de route, o falsifiera une feuille de route originairement véritable, ou fera usage d'une feuille de rout fabriquée ou falsifiée, sera puni, savoir :

D'un emprisonnement de six mois au moins et de trois ans au plus, si la fausse feuill de route n'a eu pour objet que de tromp la surveillance de l'autorité publique;

D'un emprisonnement d'une année a moins et de quatre ans au plus, si le Tréso public a payé au porteur de la fausse feuill des frais de route qui ne lui étaient pas du ou qui excédaient ceux auxquels il pouva avoir droit, le tout néanmoins au-dessou de 100 francs,

Et d'un emprisonnement de deux ans a moins et de cinq ans au plus, si les somme indûment perçues par le porteur de la faux s'élèvent à 100 francs et au delà.

Dans ces deux derniers cas, les coupable pourront, en outre, être privés des droit mentionnés en l'article 42 du présent Cod pendant cinq ans au moins et dix ans au plus à compter du jour où ils auront subi leu peine.

Ils pourront aussi être mis, par l'arrêt o le jugement, *sous la surveillance de la haut police* pendant le même nombre d'années — *Pén.* 9, 40, 44, 163; *L.* 27 *mai* 1885, *art.* 19

Art. 157. (*L.* 13 *mai* 1863.) Les peine portées en l'article précédent seront appli quées, selon les distinctions qui y sont éta blies, à toute personne qui se sera fait déli vrer par l'officier public une feuille de rout sous un nom supposé ou qui aura fait usag d'une feuille de route délivrée sous un autr nom que le sien.

Art. 158. (*L.* 13 *mai* 1863.) Si l'officie public était instruit de la supposition d nom, lorsqu'il a délivré la feuille de route il sera puni, savoir :

Dans le premier cas posé par l'article 156 d'un emprisonnement d'une année au moins et de quatre ans au plus;

Dans le second cas du même article, d'un emprisonnement de deux ans au moins et d cinq ans au plus;

Dans le troisième cas, de la réclusion;

Dans les deux premiers cas, il pourra, en outre, être privé des droits mentionnés en l'article 42 du présent Code pendant cinq an au moins et dix ans au plus, à compter d jour où il aura subi sa peine. — *Pén.* 7, 9, 42.

Art. 159. (*L.* 13 *mai* 1863.) Toute per sonne qui, pour se rédimer elle-même ou affranchir une autre d'un service public quel conque, fabriquera, sous le nom d'un mé decin, chirurgien ou autre officier de santé un certificat de maladie ou d'infirmité, sera punie d'un emprisonnement d'une année au moins et de trois ans au plus. — *Pén.* 9, 24, 162, 163.

Art. 160. (*L.* 13 *mai* 1863.) Tout mé decin, chirurgien ou autre officier de santé qui, pour favoriser quelqu'un, certifiera faus sement des maladies ou infirmités propres à dispenser d'un service public, sera puni d'un emprisonnement d'une année au moins et de trois ans au plus.

S'il y a été mû par dons ou promesses, la peine de l'emprisonnement sera d'une année au moins et de quatre ans au plus.

Dans ce dernier cas, le coupable pourra, en outre, être privé des droits mentionnés en l'article 42 du présent Code pendant cinq ans au moins et dix ans au plus, à compter du jour où il aura subi sa peine.

Dans le deuxième cas, les corrupteurs se ront punis des mêmes peines que le médecin, chirurgien ou officier de santé qui aura dé livré le faux certificat. — *Pén.* 9, 40, 163, 177, 179.

t. 161. Quiconque fabriquera, sous m d'un fonctionnaire ou officier public, erlificat de bonne conduite, indigence ltres circonstances propres à appeler la eillance du Gouvernement ou des pers sur la personne y désignée, et à lui rer places, crédit ou secours, sera puni emprisonnement de six mois à deux ans.
même peine sera appliquée : 1° à celui lsifiera un certificat de cette espèce, airement véritable, pour l'approprier à personne autre que celle à laquelle il primitivement délivré; 2° à tout indiqui se sera servi du certificat ainsi faé ou falsifié.
13 mai 1863.) Si ce certificat est fabriious le nom d'un simple particulier, la ation et l'usage seront punis de quinze à six mois d'emprisonnement. — *Pén.*
, 148, 151, 162, 163, 181.

t. 162. Les faux certificats de toute nature, et d'où il pourrait résulter, ésion envers les tiers, soit préjudice s le Trésor royal [*public*], seront puselon qu'il y aura lieu, d'après les disons des paragraphes 3 et 4 de la présection.

— Législation antérieure a la loi du 1863 : R. v° *Faux et fausse monnaie*, 323 s. Loi du 13 mai 1863 : S. v° *Faux et fausse* aie, 323 s. — D. P. 63. 4. 79.

frà, Appendice, *la loi du 23 décembre 1901, ré- il les fraudes dans les examens et concours publics.*

Dispositions communes.

t. 163. L'application des peines pontre ceux qui ont fait usage de mon-, billets, sceaux, timbres, marteaux, ons, marques et écrits faux, contrefaits, iués ou falsifiés, cessera toutes les fois e faux n'aura pas été connu de la perqui aura fait usage de la chose fausse. m. 40, 132, 148, 153, 156, 161, 162.
° *Faux et fausse monnaie*, 411 s. — S. cod. v°,

t. 164. (*L. 13 mai 1863.*) Il sera pro- contre les coupables une amende dont inimum sera de 100 francs, et le maxi- de 3 000 francs, l'amende pourra ceant être portée jusqu'au quart du bénélégitime que le faux aura procuré ou destiné à procurer aux auteurs du crime délit, à leurs complices ou à ceux qui t usage de la pièce fausse. — *Pén.* 9,

Législation antérieure a la loi du 1863 : R. v° *Faux et fausse monnaie*, 426 s. Loi du 13 mai 1863 : S. v° *Faux et fausse* aie, 363 s. — D. P. 63. 4. 79.

t. 165. *Abrogé par Décr.* 12 avr. 1848.

SECTION II.

a forfaiture et des crimes et délits des ctionnaires publics dans l'exercice de rs fonctions.

t. 166. Tout crime commis par un ionnaire public dans l'exercice de ses ions est une forfaiture. — *Pén.* 121, 126, 167 s.; *Instr.* 48 s.

t. 167. Toute forfaiture pour laquelle e ne prononce pas de peines plus graves unie de la dégradation civique. — *Pén.* , 36, 198, 462.

t. 168. Les simples délits ne consti- pas les fonctionnaires en forfaiture.
° *Forfaiture et délits de fonctionnaires,* 7 s. cod. v°, 9 s.

1°°. — Des soustractions commises par les dépositaires publics.

rt. 169. Tout percepteur, tout commis e perception, dépositaire ou comptable ic, qui aura détourné ou soustrait des rs publics ou privés, ou effets actifs en

tenant lieu, ou des pièces, titres, actes, effets mobiliers qui étaient entre ses mains en vertu de ses fonctions, sera puni des travaux forcés à temps, si les choses détournées ou soustraites sont d'une valeur au-dessus de 3 000 francs. — *Pén.* 7, 19, 28 s., 47, 172, 408.

Art. 170. La peine des travaux forcés à temps aura lieu également, quelle que soit la valeur des deniers ou des effets détournés ou soustraits, si cette valeur égale ou excède, soit le tiers de la recette ou du dépôt, s'il s'agit de deniers ou effets une fois reçus ou déposés, soit le cautionnement, s'il s'agit d'une recette ou d'un dépôt attaché à une place sujette à cautionnement; soit enfin le tiers du produit commun de la recette pendant un mois, s'il s'agit d'une recette composée de rentrées successives et non sujettes à cautionnement. — *Pén.* 7, 9, 28 s., 47, 172, 408.

Art. 171. Si les valeurs détournées ou soustraites sont au-dessous de 3 000 francs, et, en outre, inférieures aux mesures exprimées en l'article précédent, la peine sera un emprisonnement de deux ans au moins et de cinq ans au plus, et le condamné sera de plus déclaré à jamais incapable d'exercer aucune fonction publique. — *Pén.* 9, 10, 42, 172.

Art. 172. Dans les cas exprimés aux trois articles précédents, il sera toujours prononcé contre le condamné une amende dont le *maximum* sera le quart des restitutions et indemnités, et le *minimum* le douzième. — *Pén.* 9, 10, 52 s.

Art. 173. Tout juge, administrateur, fonctionnaire ou officier public qui aura détruit, supprimé, soustrait ou détourné les actes et titres dont il était dépositaire ou cette qualité, ou qui lui auront été remis ou communiqués à raison de ses fonctions, sera puni des travaux forcés à temps.
Tous agents, préposés ou commis, soit du Gouvernement, soit des dépositaires publics, qui se seront rendus coupables des mêmes soustractions, seront soumis à la même peine. — *Pén.* 7, 19, 28 s., 47; *Instr.* 484 s.
R. v° *Forfaiture et délits de fonctionnaires,* 28 s. — S. cod. v°, 17 s.

§ 2. — Des concussions commises par les fonctionnaires publics.

Art. 174. (*L. 13 mai 1863.*) Tous fonctionnaires, tous officiers publics, leurs commis ou préposés, tous percepteurs des droits, taxes, contributions, deniers, revenus publics ou communaux, et leurs commis ou préposés, qui se seront rendus coupables du crime de concussion, en ordonnant de percevoir ou en exigeant ou en recevant ce qu'ils savaient n'être pas dû ou excéder ce qui était dû pour droits, taxes, contributions, deniers ou revenus, ou pour salaires et traitements, seront punis, savoir : les fonctionnaires ou les officiers publics, de la peine de la reclusion, et leurs commis ou préposés, d'un emprisonnement de deux ans au moins et de cinq ans au plus, lorsque la totalité des sommes indûment exigées ou reçues, ou dont la perception a été ordonnée, a été supérieure à 300 francs.
Toutes les fois que la totalité de ces sommes n'excédera pas 300 francs, les fonctionnaires ou les officiers publics ci-dessus désignés à cinq ans d'un emprisonnement de deux à cinq ans, et leurs commis ou préposés d'un emprisonnement d'une année au moins et de quatre ans au plus.
La tentative de ce délit sera punie comme le délit lui-même.
Dans tous les cas où la peine d'emprisonnement sera prononcée, les coupables pourront, en outre, être privés des droits mentionnés en l'article 42 du présent Code, pendant cinq ans au moins et dix ans au plus, à compter du jour où ils auront subi leur

peine; ils pourront aussi être mis, par l'arrêt ou le jugement, *sous la surveillance de la haute police,* pendant le même nombre d'années.
Dans tous les cas prévus par le présent article, les coupables seront condamnés à une amende dont le *maximum* sera le quart des restitutions et des dommages-intérêts, et le *minimum* le douzième.
Les dispositions du présent article sont applicables aux greffiers et officiers ministériels, lorsque le fait a été commis à l'occasion des recettes dont ils sont chargés par la loi. — *Pén.* 2, 3, 7, 9, 11, 40 s.; *L.* 27 mai 1885, *art.* 19.
R. v° *Forfaiture et délits de fonctionnaires,* 58 s. — S. eod. v°, 40 s. — T. (87-97), v° *Concussion,* 1 s.; *Fonct. public,* 25 s.
Loi du 13 mai 1863 : D. P. 63. 4. 79.

§ 3. — Des délits de fonctionnaires qui se seront ingérés dans des affaires ou commerces incompatibles avec leur qualité.

Art. 175. Tout fonctionnaire, tout officier public, tout agent du Gouvernement, qui, soit ouvertement, soit par actes simulés, soit par interposition de personnes, aura pris ou reçu quelque intérêt que ce soit dans les actes, adjudications, entreprises ou régies dont il a ou avait, au temps de l'acte, en tout ou en partie, l'administration ou la surveillance, sera puni d'un emprisonnement de six mois au moins et de deux ans au plus, et sera condamné à une amende qui ne pourra excéder le quart des restitutions et des indemnités, ni être au-dessous du douzième.
Il sera de plus déclaré à jamais incapable d'exercer aucune fonction publique.
La présente disposition est applicable à tout fonctionnaire ou agent du Gouvernement qui aura pris un intérêt quelconque dans une affaire dont il était chargé d'ordonnancer le payement ou de faire la liquidation. — *Pén.* 9, 40, 52 s.; *Civ.* 1596, 2102-7°; *Com.* 85 s.; *For.* 21, 101.
R. v° *Forfaiture et délits de fonctionnaires,* 82 s. — S. eod. v°, 58 s. — T. (87-97), v° *Fonctionnaire public,* 25 s.

Art. 176. Tout commandant des divisions militaires, des départements ou des places et villes, tout préfet ou sous-préfet, qui aura, dans l'étendue des lieux où il a le droit d'exercer son autorité, fait ouvertement, ou par des actes simulés, ou par interposition de personnes, le commerce de grains, grenailles, farines, substances farineuses, vins ou boissons, autres que ceux provenant de ses propriétés, sera puni d'une amende de 500 francs au moins, de 10 000 francs au plus, et de la confiscation des denrées appartenant à ce commerce. — *Pén.* 9, 11, 52 s.
R. v° *Forfaiture et délits de fonctionnaires,* 97. — S. eod. v°, 62.

§ 4. — De la corruption des fonctionnaires publics.

Art. 177. (*L.* 13 mai 1863.) « Tout fonctionnaire public de l'ordre administratif ou judiciaire, tout agent ou préposé d'une administration publique, qui aura agréé des offres ou promesses, ou reçu des dons ou présents, pour faire un acte de sa fonction ou de son emploi, même juste, mais non sujet à salaire, sera puni de la dégradation civique, et condamné à une amende double de la valeur des promesses agréées ou des choses reçues, sans que ladite amende puisse être inférieure à 200 francs.
La présente disposition est applicable à tout fonctionnaire, agent ou préposé de la qualité ci-dessus exprimée, qui, par offres ou promesses agréées, dons ou présents reçus, se sera abstenu de faire un acte qui rentrait dans l'ordre de ses devoirs.

28

Sera puni de la même peine tout arbitre ou expert nommé, soit par le tribunal, soit par les parties, qui aura agréé des offres ou promesses, ou reçu des dons ou présents, pour rendre une décision ou donner une opinion favorable à l'une des parties. »

(L. 4 juillet 1889.) « Sera punie des mêmes peines toute personne investie d'un mandat électif, qui aura agréé des offres ou promesses, reçu des dons ou présents pour faire obtenir ou tenter de faire obtenir des décorations, médailles, distinctions ou récompenses, des places, fonctions ou emplois, des faveurs quelconques, accordées par l'autorité publique, des marchés, entreprises, ou autres bénéfices résultant de traités conclus également avec l'autorité publique, et aura ainsi abusé de l'influence réelle ou supposée, que lui donne son mandat.

Toute autre personne qui se sera rendue coupable de faits semblables sera punie d'un emprisonnement d'un an au moins et de cinq ans au plus, et d'une amende égale à celle prononcée au premier paragraphe du présent article.

Les coupables pourront en outre être interdits des droits mentionnés dans l'article 42 du présent Code, pendant cinq ans au moins et dix ans au plus, à compter du jour où ils auront subi leur peine. » — Pén. 8, 11, 52, 113, 174, 181; Instr. 483 s.

§ 1. LÉGISLATION ANTÉRIEURE AUX LOIS DU 13 MAI 1863 ET DU 4 JUILLET 1889 : R. vᵉ Forfaiture et délits de fonctionnaires, 96 s.

§ 2. LOI DU 13 MAI 1863 : S. vᵉ Forfaiture et délits de fonctionnaires, 63 s. — D. P. 63. 4. 79.

§ 3. LOI DU 4 JUILLET 1889 : S. vᵉ Forfaiture et délits de fonctionnaires, 63 s. — T. (87-97), vᵉ Corruption, 1 s. — D. P. 90. 4. 56.

Art. 178. (L. 28 avril 1832.) Dans le cas où la corruption aurait pour objet un fait criminel emportant une peine plus forte que celle de la dégradation civique, cette peine plus forte sera appliquée aux coupables.

R. vᵉ Forfaiture et délits de fonctionnaires, 130 s. — S. eod. vᵗ, 75.

Art. 179. (L. 13 mai 1863.) Quiconque aura contraint ou tenté de contraindre, par voies de fait ou menaces, corrompu ou tenté de corrompre par promesses, offres, dons ou présents, l'une des personnes de la qualité exprimée en l'article 177, pour obtenir, soit une opinion favorable, soit des procès-verbaux, états, certificats ou estimations contraires à la vérité, soit des places, emplois, adjudications, entreprises ou autres bénéfices quelconques, soit tout autre acte du ministère du fonctionnaire, agent ou préposé, soit enfin l'abstention d'un acte qui rentrait dans l'exercice de ses devoirs, sera puni des mêmes peines que la personne corrompue.

Toutefois, si les tentatives de contrainte ou corruption n'ont eu aucun effet, les auteurs de ces tentatives seront simplement punis d'un emprisonnement de trois ans au moins et de six mois au plus, et d'une amende de 100 francs à 300 francs. — Pén. 2 s., 9, 24, 40, 52 s., 177.

R. vᵉ Forfaiture et délits de fonctionnaires, 147 s. — S. eod. vᵗ, 77 s. — T. (87-97), vᵉ Corruption, 1 s.

Loi du 13 mai 1863 : D. P. 63. 4. 79.

Art. 180. Il ne sera jamais fait au corrupteur restitution des choses par lui livrées, ni de leur valeur : elles seront confisquées au profit des hospices des lieux où la corruption aura été commise. — Pén. 11, 177 s.

R. vᵉ Forfaiture et délits de fonctionnaires, 147 s. — S. eod. vᵗ, 77 s.

Art. 181. Si c'est un juge prononçant en matière criminelle, ou un juré qui s'est laissé corrompre, soit en faveur, soit au préjudice de l'accusé, il sera puni de la réclusion, outre l'amende ordonnée par l'article 177. — Pén. 7, 9, 21 s., 47.

Art. 182. Si, par l'effet de la corruption, il y a eu condamnation à une peine

supérieure à celle de la réclusion, cette peine, quelle qu'elle soit, sera appliquée au juge ou juré coupable de corruption. — Pén. 181.

R. vᵉ Forfaiture et délits de fonctionnaires, 130 s. — S. eod. vᵗ, 75 s.

Art. 183. Tout juge ou administrateur qui se sera décidé par faveur pour une partie, ou par inimitié contre elle, sera coupable de forfaiture et puni de la dégradation civique. — Pén. 8, 34, 166 s.; Instr. 484.

R. vᵉ Forfaiture et délits de fonctionnaires, 136 s. — S. eod. vᵗ, 76.

§ 5. — Des abus d'autorité.

PREMIÈRE CLASSE.
Des abus d'autorité contre les particuliers.

Art. 184. (L. 28 avril 1832.) Tout fonctionnaire de l'ordre administratif ou judiciaire, tout officier de justice ou de police, tout commandant ou agent de la force publique, qui, agissant en sadite qualité, se sera introduit dans le domicile d'un citoyen contre le gré de celui-ci, hors les cas prévus par la loi, et sans les formalités qu'elle a prescrites, sera puni d'un emprisonnement de six jours à un an, et d'une amende de 16 francs à 500 francs, sans préjudice de l'application du second paragraphe de l'article 114.

Tout individu qui se sera introduit à l'aide de menaces ou de violences dans le domicile d'un citoyen, sera puni d'un emprisonnement de six jours à trois mois et d'une amende de 16 francs à 200 francs. — Pén. 9, 40, 52, 176; Instr. 36, 40, 87; Pr. 587, 588.

R. vᵉ Lib. individuelle, 51 s. — S. eod. vᵗ, 17 s. — T. (87-97), vᵉ Violation de domicile, 1 s.

Art. 185. Tout juge ou tribunal, tout administrateur ou autorité administrative, qui, sous quelque prétexte que ce soit, même du silence ou de l'obscurité de la loi, aura dénié de rendre la justice qu'il doit aux parties, après en avoir été requis, et qui aura persévéré dans son déni, après avertissement ou injonction de ses supérieurs, pourra être poursuivi, et sera puni d'une amende de 200 francs au moins, et de 500 francs au plus, et de l'interdiction de l'exercice des fonctions publiques depuis cinq ans jusqu'à vingt. — Pén. 9, 42, 52, 127; Instr. 483; Civ. 4; Pr. 506.

R. vᵉ Déni de justice, 1 s. — S. eod. vᵗ, 1 s.

Art. 186. Lorsqu'un fonctionnaire ou un officier public, un administrateur, un agent ou un préposé du Gouvernement ou de la police, un exécuteur des mandats de justice ou jugements, un commandant en chef ou en sous-ordre de la force publique, aura, sans motif légitime, usé ou fait user de violences envers les personnes, dans l'exercice ou à l'occasion de l'exercice de ses fonctions, il sera puni selon la nature et la gravité de ces violences, et en élevant la peine suivant la règle posée par l'article 198 ci-après. — Pén. 309 s.

R. vᵉ Liberté individuelle, 5⁹ s.

Art. 187. (L. 28 avril 1832.) Toute suppression, toute ouverture de lettres confiées à la poste, commise ou facilitée par un fonctionnaire ou un agent du Gouvernement ou de l'administration des postes, sera punie d'une amende de 16 francs à 500 francs, et d'un emprisonnement de trois mois à cinq ans. Le coupable sera, de plus, interdit de toute fonction ou emploi public pendant cinq ans au moins et dix ans au plus. — Pén. 9, 169, 318.

R. vᵉ Postes et télégraphes, 137 s. — S. eod. vᵗ, 165 s. — T. (87-97), vᵉ Poste aux lettres, 266 s.

DEUXIÈME CLASSE.
Des abus d'autorité contre la chose publique

Art. 188. Tout fonctionnaire public, agent ou préposé du Gouvernement, de quelque

état et grade qu'il soit, qui aura acquis ou ordonné, fait requérir ou ordonner l'action d'une contribution légale, ou contre l'exécution d'une loi ou contre la perception d'une contribution légale, ou contre l'exécution soit d'une ordonnance ou mandat de justice, soit de tout autre ordre émané de l'autorité légitime, sera puni de la réclusion. — Pén. 123 s., 189, 209.

Art. 189. (L. 28 avril 1832.) Si cette réquisition ou cet ordre ont été suivis de leur effet, la peine sera le maximum de la réclusion. — Pén. 188, 190 s.

Art. 190. Les peines énoncées aux articles 188 et 189 ne cesseront d'être applicables aux fonctionnaires ou préposés qui auraient agi par ordre de leurs supérieurs qu'autant que cet ordre aura été donné par ceux-ci pour des objets de leur ressort, et sur lesquels il leur était dû obéissance hiérarchique ; dans ce cas, les peines portées ci-dessus ne seront appliquées qu'aux seuls supérieurs qui les premiers auront donné cet ordre. — Pén. 64, 114 s.

Art. 191. Si, par suite desdits ordres ou réquisitions, il survient d'autres crimes punissables de peines plus fortes que celles exprimées aux articles 188 et 189, ces peines plus fortes seront appliquées aux fonctionnaires, agents ou préposés, coupables d'avoir donné lesdits ordres ou fait lesdites réquisitions. — Pén. 216, 264.

R. vᵉ Forfaiture et délits de fonctionnaires, 158 s. — S. eod. vᵗ, 86.

§ 6. — De quelques délits relatifs à la tenue des actes de l'état civil.

Art. 192. Les officiers de l'état civil qui auront inscrit leurs actes sur de simples feuilles volantes, seront punis d'un emprisonnement d'un mois au moins et de trois mois au plus, et d'une amende de 16 francs à 200 francs. — Pén. 9, 40, 52.

R. vᵉ Acte de l'état civil, 486 s.

Art. 193. Lorsque, pour la validité d'un mariage, la loi prescrit le consentement des père, mère ou autres personnes, et que l'officier de l'état civil ne se sera pas assuré de l'existence de ce consentement, il sera puni d'une amende de 16 francs à 300 francs, et d'un emprisonnement de six mois au moins et d'un an au plus. — Pén. 9, 40 s.; Civ. 73, 76, 156, 157, 160.

R. vᵉ Mariage, 191 s. — S. eod. vᵗ, 91 s.

Art. 194. L'officier de l'état civil sera aussi puni de 16 francs à 300 francs d'amende, lorsqu'il aura reçu, avant le temps prescrit par l'article 228 du Code civil, l'acte de mariage d'une femme ayant déjà été mariée. — Pén. 9, 52 s., 145, 146, 177, 340.

R. vᵉ Mariage, 963 s.

Art. 195. Les peines portées aux articles précédents contre les officiers de l'état civil leur seront appliquées, sans même que la nullité de leurs actes n'aurait pas été demandée ou aurait été couverte ; le tout sans préjudice des peines plus fortes prononcées en cas de collusion, et sans préjudice aussi des autres dispositions pénales du titre V du livre Iᵉʳ du Code civil. — Pén. 145, 146, 177; Civ. 156, 157, 192, 193.

R. vᵉ Acte de l'état civil, 486 s.

§ 7. — De l'exercice de l'autorité publique illégalement anticipé ou prolongé.

Art. 196. Tout fonctionnaire public qui sera entré en exercice de ses fonctions sans avoir prêté le serment, pourra être poursuivi, et sera puni d'une amende de 16 francs à 150 francs. — Pén. 258.

Art. 197. Tout fonctionnaire public révoqué, destitué, suspendu ou interdit légalement, qui, après en avoir eu la connaissance officielle, aura continué l'exercice de ses tions, ou qui, étant électif ou temporaire, aura exercées après avoir été remplacé, a puni d'un emprisonnement de six mois moins et de deux ans au plus, et d'une ende de 100 francs à 500 francs. Il sera erdit de l'exercice de toute fonction pu- que pour une durée au moins et dix ans au s, à compter du jour où il aura subi sa ne : le tout sans préjudice des peines portées contre les officiers ou les com- odants militaires par l'article 93 du pré- t Code. — *Pén.* 9, 40 s.

vᵉ *Forfaiture et délits de fonctionnaires,* s. — S. eod. vᵉ, 87 s.

Dispositions particulières.

Art. 198. (*L.* 28 avril 1832.) Hors les où la loi règle spécialement les peines ourues pour crimes ou délits commis par fonctionnaires ou officiers publics, ceux tre eux qui auront participé à d'autres nes ou délits qu'ils étaient chargés de veiller ou de réprimer, seront punis comme uit :
'il s'agit d'un délit de police correction- le, ils subiront toujours le *maximum* de eine attachée à l'espèce de délit ;
t s'il s'agit de crime, ils seront condam- , savoir : à la reclusion, si le crime em- te contre tout autre coupable la peine du nissement ou de la dégradation civique.
ux travaux forcés à temps, si le crime orte contre tout autre coupable la peine la reclusion ou de la détention.
t aux travaux forcés à perpétuité, lorsque rime emportera contre tout autre cou- le la peine de la déportation ou celle des aux forcés à temps.
u delà des cas qui.viennent d'être expri- s, la peine commune sera appliquée sans ravation. — *Pén.* 7, 19, 21, 28, 186, , 462.

vᵉ *Forfaiture et délits de fonctionnaires,* s. — S. cod. vᵉ, 92 s.

SECTION III

s troubles apportés à l'ordre public par les inistres des cultes dans l'exercice de leur inistère.

§ 1ᵉʳ. — **Des contraventions propres comprometire l'état civil des personnes.**

Art. 199. Tout ministre d'un culte qui ocèdera aux cérémonies religieuses d'un riage, sans qu'il lui ait été justifié d'un de mariage préalablement reçu par les ciers de l'état civil, sera, pour la première s, puni d'une amende de 16 francs à 100 ncs. — *Pén.* 9, 52 s., 200 ; *Civ.* 76, 165.
Art. 200. (*L.* 28 avril 1832.) En cas de velles contraventions de l'espèce expri- e en l'article précédent, le ministre du culte i les aura commises sera puni, savoir :
Pour la première récidive, d'un emprison- ment de deux à cinq ans ;
Pour la seconde, de la détention. — *Pén.* 20, 28 s., 34, 36, 47, 56 s.
ᴸ. vᵉ *Culte*, 293 s. — S. eod. vᵉ, 185 s.
nr la *célébration religieuse d'un mariage sans justifi- ion préalable d'un mariage civil.* V. C. ad., t. 2, *Culte*, p. 94, nᵒˢ 1758 s.

2. — **Des critiques, censures ou provoca- ions dirigées contre l'autorité publique aus un discours pastoral prononcé publi- quement.**

Art. 201. (Abrogé par L. 9 décembre 05.) *Les ministres des cultes qui pronon- ront, dans l'exercice de leur ministère, et assemblée publique, un discours conte- nt la critique ou censure du Gouverne- ent, d'une loi, d'une ordonnance royale de tout autre acte de l'autorité publique,*

seront punis d'un emprisonnement de trois mois à deux ms.
Art. 202. (Abrogé par L. 9 décembre 1905.) *Si le discours contient une provocation directe à la désobéissance aux lois ou autres actes de l'autorité publique, ou s'il tend à soulever ou armer une partie des citoyens contre les autres, le ministre du culte qui l'aura prononcé sera puni d'un emprison- nement de deux à cinq ans, si la provoca- tion n'a été suivie d'aucun effet; et du bannissement, si elle a donné lieu à la déso- béissance, autre toutefois que celle qui aurait dégénéré en sédition ou révolte.*
Art. 203. (Abrogé par L. 9 décembre 1905.) *Lorsque la provocation aura été sui- vie d'une sédition ou révolte dont la nature donnera lieu contre l'un ou plusieurs des coupables à une peine plus forte que celle du bannissement, cette peine, quelle qu'elle soit, sera appliquée au ministre coupable de la provocation.*

§ 3. — **Des critiques, censures ou provoca- tions dirigées contre l'autorité publique dans un écrit pastoral.**

Art. 204. (Abrogé par L. 9 décembre 1905.) *Tout écrit contenant des instructions pastorales, en quelque forme que ce soit, et dans lequel un ministre du culte se sera ingéré de critiquer ou censurer, soit le Gou- vernement, soit tout acte de l'autorité publique, emportera la peine du bannisse- ment contre le ministre qui l'aura publié.*
Art. 205. (Abrogé par L. 9 décembre 1905.) *Si l'écrit mentionné en l'article pré- cédent contient une provocation directe à la désobéissance aux lois ou autres actes de l'autorité publique, ou s'il tend à soulever ou armer une partie des citoyens contre les autres, le ministre qui l'aura publié sera puni de la détention.*
Art. 206. (Abrogé par L. 9 décembre 1905.) *Lorsque la provocation contenue dans l'écrit pastoral aura été suivie d'une sédition ou révolte dont la nature donnera lieu contre l'un ou plusieurs des coupables à une peine plus forte que celle de la dé- portation, cette peine, quelle qu'elle soit, sera appliquée au ministre coupable de la provocation.*

§ 4. — **De la correspondance des ministres des cultes avec des cours ou puissances étrangères, sur des matières de religion.**

Art. 207. (Abrogé par L. 9 décembre 1905.) *Tout ministre d'un culte qui aura, sur des questions ou matières religieuses, entretenu une correspondance avec une cour ou puissance étrangère, sans en avoir préa- lablement informé le ministre du Roi chargé de la surveillance des cultes, et sans avoir obtenu son autorisation, sera, pour ce seul fait, puni d'une amende de 100 francs à 500 francs, et d'un emprisonnement d'un mois à deux ans.*
Art. 208. (Abrogé par L. 9 décembre 1905.) *Si la correspondance mentionnée en l'article précédent a été accompagnée du sui- vie d'autres faits contraires aux dispositions formelles d'une loi ou d'une ordonnance du Roi, le coupable sera puni du bannisse- ment, à moins que la peine résultant de la nature de ces faits ne soit plus forte, auquel cas cette peine plus forte sera seule appli- quée.*

SECTION IV.
Résistance, désobéissance et autres manquements envers l'autorité publique.

§ 1ᵉʳ. — **Rébellion.**

Art. 209. Toute attaque, toute résis- tance avec violences et voies de fait envers

les officiers ministériels, les gardes cham- pètres ou forestiers, la force publique, les préposés à la perception des taxes et des contributions, les porteurs de contraintes, les préposés des douanes, les séquestres, les officiers ou agents de la police administra- tive, ou judiciaire, agissant pour l'exécution des lois, des ordres ou ordonnances de l'au- torité publique, des mandats de justice ou jugements, est qualifiée, selon les circon- stances, crime ou délit de rébellion. — *Pén.* 96, 98, 188, 230, 234.

R. vᵉ *Rébellion*, 1 s. — S. eod. vᵉ, 1 s.

Art. 210. Si elle a été commise par plus de vingt personnes armées, les coupables seront punis des travaux forcés à temps ; et, s'il n'y a pas eu port d'armes, ils seront pu- nis de la reclusion. — *Pén.* 7, 15, 21, 101.
Art. 211. Si la rébellion a été commise par une réunion armée de trois personnes ou plus jusqu'à vingt inclusivement, la peine sera la reclusion ; s'il n'y a pas eu port d'armes, la peine sera un emprisonnement de six mois au dessus et de deux ans au plus. — *Pén.* 7, 9, 21, 28, 40, 218.
Art. 212. Si la rébellion n'a été com- mise que par une ou deux personnes, avec armes, elle sera punie d'un emprisonnement de six mois à deux ans, et, si elle a eu lieu sans armes, d'un emprisonnement de six jours à six mois. — *Pén.* 9, 40, 101, 209, 218.
Art. 213. En cas de rébellion avec bande ou attroupement, l'article 100 du présent Code sera applicable aux rebelles sans fonc- tions ni emplois dans la bande, qui se se- ront retirés au premier avertissement de l'autorité publique, ou même depuis, s'ils n'ont été saisis que hors du lieu de la rébel- lion, et sans nouvelle résistance et sans armes. — *Pén.* 91, 410 ; *Instr.* 339.
Art. 214. Toute réunion d'individus pour un crime ou un délit, est réputée réu- nion armée, lorsque plus de deux personnes portent des armes ostensibles. — *Pén.* 101, 215 s.
Art. 215. Les personnes qui se trouve- raient munies d'armes cachées, et qui au- raient fait partie d'une troupe ou réunion non réputée armée, seront individuellement punies comme si elles avaient fait partie d'une troupe ou réunion armée. — *Pén.* 101, 210 s.
Art. 216. Les auteurs des crimes et dé- lits commis pendant le cours et à l'occasion d'une rébellion, seront punis des peines pro- noncées contre chacun de ces crimes, si elles sont plus fortes que celles de la rébellion. — *Pén.* 191, 210 s. ; *Instr.* 365.
Art. 217. *Abrogé par L.* 17 mai 1819.
Art. 218. Dans tous les cas où il sera prononcé, pour fait de rébellion, une simple peine d'emprisonnement, les coupables pour- ront être condamnés en outre à une amende de 16 francs à 200 francs. — *Pén.* 9, 40, 52 s., 211, 212.
Art. 219. Seront punies comme réu- nions de rebelles, celles qui auront été for- mées avec ou sans armes, et accompagnées de violences ou de menaces contre l'autorité administrative, les officiers et les agents de police, ou contre la force publique :
1ᵒ Par les ouvriers ou journaliers dans les ateliers publics ou manufactures ;
2ᵒ Par les individus admis dans les hos- pices ;
3ᵒ Par les prisonniers prévenus, accusés ou condamnés. — *Pén.* 210 s., 220 s., 415 s. ; *Instr.* 614 s.
Art. 220. La peine appliquée pour ré- bellion à des prisonniers prévenus, accusés ou condamnés relativement à d'autres crimes ou délits, sera par eux subie, savoir :
Par ceux qui, à raison des crimes ou délits qui ont causé leur détention, sont ou seraient condamnés à une peine non capitale ni per-

pétuelle, immédiatement après l'expiration de cette peine ;

Et par les autres, immédiatement après l'arrêt ou jugement en dernier ressort qui les aura acquittés ou renvoyés absous du fait pour lequel ils étaient détenus. — *Pén.* 219, 254 ; *Instr.* 361, 364, 365, 614.

Art. 221. Les chefs d'une rébellion, et ceux qui l'auront provoquée, pourront être condamnés à rester, après l'expiration de leur peine, *sous la surveillance spéciale de la haute police* pendant cinq ans au moins et dix ans au plus. — *Pén.* 11, 44 s. ; *L.* 27 mai 1885, *art.* 19.

R. v° *Rébellion,* 43 s. — V. aussi C. pén. ann., art. 209-221 ; et son Suppl., n° 3468 s.

§ 2. — Outrages et violences envers les dépositaires de l'autorité et de la force publique.

Art. 222. (*L.* 13 *mai* 1863.) Lorsqu'un ou plusieurs magistrats de l'ordre administratif ou judiciaire, lorsqu'un ou plusieurs jurés auront reçu, dans l'exercice de leurs fonctions ou à l'occasion de cet exercice, quelque outrage par paroles, par écrit ou dessin non rendus publics, tendant, dans ces divers cas, à inculper leur honneur ou leur délicatesse, celui qui leur aura adressé cet outrage sera puni d'un emprisonnement de quinze jours à deux ans.

Si l'outrage par paroles a eu lieu à l'audience d'une cour ou d'un tribunal, l'emprisonnement sera de deux à cinq ans. — *Pén.* 9, 11, 40, 226 ; *Instr.* 181, 504 ; *Pr.* 10, 11, 88, 91.

Art. 223. (*L.* 13 *mai* 1863.) L'outrage fait par gestes ou menaces à un magistrat ou à un juré, dans l'exercice ou à l'occasion de l'exercice de ses fonctions, sera puni d'un mois à six mois d'emprisonnement ; et si l'outrage a eu lieu à l'audience d'une cour ou d'un tribunal, il sera puni d'un emprisonnement d'un mois à deux ans. — *Pén.* 9, 11, 40, 91, 226 ; *Instr.* 181, 504.

§ 1. LÉGISLATION ANTÉRIEURE A LA LOI DU 13 MAI 1863 : R. v° *Fonctionnaire public,* 126 s. ; *Presse-outrage,* 675 s. — V. aussi C. pén. ann., art. 222-223, n° 1 s. ; et son Suppl., n° 3493 s.

§ 2. LOI DU 13 MAI 1863 : S. v° *Fonction. publ.,* 28 s. ; *Presse-outrage,* 715 s. — T. (87-97), v° *Presse-outrage,* 106 s. — V. aussi Suppl. au C. pén. ann., n° 3493 s. — D. P. 63. 4. 79.

Art. 224. (*L.* 13 *mai* 1863.) L'outrage fait par paroles, gestes ou menaces à tout officier ministériel ou agent dépositaire de la force publique, et à tout citoyen chargé d'un ministère de service public, dans l'exercice ou à l'occasion de l'exercice de ses fonctions, sera puni d'un emprisonnement de six jours à un mois et d'une amende de 16 francs à 200 francs, ou de l'une de ces deux peines seulement. — *Pén.* 9, 40, 52 s., 209, 222, 227.

§ 1. LÉGISLATION ANTÉRIEURE A LA LOI DU 13 MAI 1863 : R. v° *Presse-outrage,* 743 s., 780 s. — V. aussi C. pén. ann., art. 224, n° 1 s. ; et son Suppl., n° 3681 s.

§ 2. LOI DU 13 MAI 1863 : S. v° *Presse-outrage,* 766 s., 778 s. — T. (87-97), *eod.* v°, 106 s. — D. P. 63. 4. 79. — V. aussi Suppl. au C. pén. ann., n° 3681 s.

Art. 225. (*L.* 13 *mai* 1863.) L'outrage mentionné en l'article précédent, lorsqu'il aura été dirigé contre un commandant de la force publique, sera puni d'un emprisonnement de quinze jours à trois mois, et pourra l'être aussi d'une amende de 16 francs à 500 francs. — *Pén.* 9, 40, 52, 226.

§ 1. LÉGISLATION ANTÉRIEURE A LA LOI DU 13 MAI 1863 : R. v° *Presse-outrage,* 748 s.

§ 2. LOI DU 13 MAI 1863 : S. v° *Presse-outrage,* 769 s. — D. P. 63. 4. 79.

Art. 226 et 227. *Abrogés par L.* 28 *décembre* 1894.

Art. 228. (*L.* 13 *mai* 1863.) Tout individu qui, même sans armes et sans qu'il en soit résulté de blessures, aura frappé un ma-

gistrat dans l'exercice de ses fonctions, ou à l'occasion de cet exercice, ou commis toute autre violence ou voie de fait envers lui dans les mêmes circonstances, sera puni d'un emprisonnement de deux à cinq ans.

Le *maximum* de cette peine sera toujours prononcé si la voie de fait a eu lieu à l'audience d'une cour ou d'un tribunal.

Le coupable pourra, en outre, dans les deux cas, être privé des droits mentionnés en l'article 42 du présent Code pendant cinq ans au moins et dix ans au plus, à compter du jour où il aura subi sa peine, et être placé *sous la surveillance de la haute police* pendant le même nombre d'années. — *Pén.* 9, 40, 42, 44, 231 ; *L.* 27 mai 1885, *art.* 19.

Art. 229. Dans l'un et l'autre des cas exprimés en l'article précédent, le coupable pourra de plus être condamné à s'éloigner, pendant cinq à dix ans, du lieu où siège le magistrat, et d'un rayon de deux myriamètres.

Cette disposition aura son exécution à dater du jour où le condamné aura subi sa peine.

Si le condamné enfreint cet ordre avant l'expiration du temps fixé, il sera puni du bannissement. — *Pén.* 8, 28, 32, 44, 48 ; *Instr.* 635.

Art. 230. (*L.* 13 *mai* 1863.) Les violences ou voies de fait de l'espèce exprimée en l'article 228, dirigées contre un officier ministériel, un agent de la force publique, ou un citoyen chargé d'un ministère de service public, si elles ont eu lieu pendant qu'ils exerçaient leur ministère ou à cette occasion, seront punies d'un emprisonnement d'un mois au moins et de trois ans au plus, et d'une amende de 16 francs à 500 francs. — *Pén.* 9, 11, 209.

Art. 231. (*L.* 28 *avril* 1832.) Si les violences exercées contre les fonctionnaires et agents désignés aux articles 228 et 230, ont été la cause d'effusion de sang, blessures ou maladie, la peine sera la réclusion ; si la mort s'en est suivie dans les quarante jours, le coupable sera puni des travaux forcés à perpétuité. — *Pén.* 7, 21, 47, 209, 309.

Art. 232. Dans le cas même où ces violences n'auraient pas causé d'effusion de sang, blessures ou maladie, les coups seront punis de la réclusion, s'ils ont été portés avec préméditation ou guet-apens. — *Pén.* 7, 21, 297, 298.

Art. 233. (*L.* 28 *avril* 1832.) Si les coups ont été portés ou les blessures faites à un des fonctionnaires ou agents désignés aux articles 228 et 230, dans l'exercice ou à l'occasion de l'exercice de leurs fonctions avec intention de donner la mort, le coupable sera puni de mort. — *Pén.* 295.

R. v° *Fonctionn. publ.,* 126 s. — S. *eod.* v°, 28 s. Loi du 13 mai 1863 : D. P. 63. 4. 79.

§ 3. — Refus d'un service dû légalement.

Art. 234. Tout commandant, tout officier ou sous-officier de la force publique qui, après en avoir été légalement requis par l'autorité civile, aura refusé de faire agir la force à ses ordres, sera puni d'un emprisonnement d'un mois à trois mois, sans préjudice des réparations civiles qui pourraient être dues aux termes de l'article 10 du présent Code. — *Pén.* 9, 40 s., 475-12° ; *Instr.* 25, 376 ; *Civ.* 1382.

R. v° *Forfaiture,* 181 s.

Art. 235. Les lois pénales et règlements relatifs à la conscription militaire continueront de recevoir leur exécution.

V. la loi du 21 mars 1905, sur le recrutement de l'armée (D. P. 1905. 4. 41.).

Art. 236. Les témoins et jurés qui auront allégué une excuse reconnue fausse, seront condamnés, outre les amendes pro-

noncées pour la non-comparution, à un emprisonnement de six jours à deux mois. — *Pén.* 7, 9, 21, 28, 40, 47, 159, 241 ; *Instr.* 80 157, 355, 396.

R v° *Témoin,* 317, 351..

§ 4. — Évasion de détenus, recèlement de criminels.

Art. 237. Toutes les fois qu'une évasion de détenus aura lieu, les huissiers, les commandants en chef ou en sous-ordre, soit de la gendarmerie, soit de la force armée servant d'escorte ou garnissant les postes, les concierges, gardiens, geôliers, et tous les autres préposés à la conduite, au transport ou à la garde des détenus, seront punis ainsi qu'il suit.

Art. 238. (*L.* 13 *mai* 1863.) Si l'évadé était prévenu de délits de police ou de crime simplement infamants, ou condamné pour l'un de ces crimes, s'il était prisonnier de guerre, les préposés à sa garde ou conduite seront punis, en cas de négligence, d'un emprisonnement de six jours à deux mois ; et en cas de connivence, d'un emprisonnement de six mois à deux ans.

Ceux qui, n'étant pas chargés de la garde ou de la conduite du détenu, auront procuré ou facilité son évasion, seront punis de six jours à trois mois d'emprisonnement. — *Pén.* 8, 9, 49, 241.

Art. 239. Si les détenus évadés, ou l'un d'eux, étaient prévenus ou accusés d'un crime de nature à entraîner une peine afflictive temps, ou condamnés pour l'un de ces crimes la peine sera, contre les préposés à la garde ou conduite, en cas de négligence, un emprisonnement de deux mois à six mois ; et cas de connivence, la réclusion.

Les individus non chargés de la garde de détenus, qui auront procuré ou facilité l'évasion, seront punis d'un emprisonnement de deux mois à deux ans. — *Pén.* 7, 9, 21, 28 40, 47, 241.

Art. 240. Si les évadés, ou l'un d'eux sont prévenus ou accusés de crimes de nature à entraîner la peine de mort ou des peines perpétuelles, ou s'ils sont condamnés à l'une de ces peines, leurs conducteurs ou gardiens seront punis d'un an à deux ans d'emprisonnement, en cas de négligence, et des travaux forcés à temps, en cas de connivence.

Les individus non chargés de la conduite ou de la garde, qui auront facilité ou procuré l'évasion, seront punis d'un emprisonnement d'un an au moins et de cinq ans au plus. — *Pén.* 7, 9, 40, 47, 241.

Art. 241. (*L.* 13 *mai* 1863.) Si l'évasion a eu lieu ou a été tentée avec violence ou bris de prison, les peines contre ceux qui l'auront favorisée en fournissant des instruments propres à l'opérer, seront :

Si le détenu qui s'est évadé se trouve dans le cas prévu par l'article 238, trois mois à deux ans d'emprisonnement ; au cas de l'article 239, un an à quatre ans d'emprisonnement ; et au cas de l'article 240, deux ans à cinq ans de la même peine et une amende de 50 francs à 2000 francs.

Dans ce dernier cas, les coupables pourront, en outre, être privés des droits mentionnés en l'article 42 du présent Code pendant cinq ans au moins et dix ans au plus, à compter du jour où ils auront subi leur peine. — *Pén.* 9, 11, 40, 246.

Art. 242. Dans tous les cas ci-dessus, lorsque les tiers qui auront procuré ou facilité l'évasion y seront parvenus en corrompant les gardiens ou geôliers, ou de connivence avec eux, ils seront punis des mêmes peines que lesdits gardiens et geôliers. — *Pén.* 55, 179, 238 s.

Art. 243. Si l'évasion avec bris ou violence a été favorisée par transmission d'armes, les gardiens et conducteurs qui y auront par-

pé seront punis des travaux forcés à per-
uité ; les autres personnes, des travaux
cés à temps. — *Pén.* 7, 15, 28, 47, 101.

Art. 244. Tous ceux qui auront connivé
évasion d'un détenu seront solidairement
idamnés, à titre de dommages-intérêts, à
t ce que la partie civile du détenu aurait
droit d'obtenir contre lui. — *Pén.* 10, 52,
; *Civ.* 1382.

; v° *Évasion*, 1 s. — S. *eod.* v°, 1 s.
oi du 13 mai 1863 : D. P. 63. 4. 79.

Art. 245. A l'égard des détenus qui se
ont évadés ou qui auront tenté de s'évader
: bris de prison ou par violence, ils seront,
ır ce seul fait, punis de six mois à un an
mprisonnement, et subiront cette peine
médiatement après l'expiration de celle
ils auront encourue pour le crime ou dé-
à raison duquel ils étaient détenus, ou
médiatement après l'arrêt ou jugement
: les aura acquittés ou renvoyés absous
iit crime ou délit ; le tout sans préjudice
plus fortes peines qu'ils auraient pu en-
ırir pour d'autres crimes qu'ils auraient
nmis dans leurs violences. — *Pén.* 9, 40,
; 246.

. v° *Évasion*, 7 s. — S. *eod.* v°, 11 s. — T. (87-97),
v°, 1 s.
. le décret du 30 juin 1891 (D. P. 92. 4. 30), fixant les
ments constitutifs du délit d'évasion commis par les
asionnaires coloniaux, complété par le décret du
vril 1893 (D. P. 94. 4. 111).

Art. 246. Quiconque sera condamné,
ır avoir favorisé ou tenté une ou des ten-
ives d'évasion, à un emprisonnement de
is de six mois, pourra, en outre, être mis
ıs la surveillance spéciale de la haute
ice, pour un intervalle de cinq à dix ans.
Pén. 11, 44 s. ; *L.* 27 mai 1885, art. 19.

a. v° *Évasion*, 3 s. — S. *eod.* v°, 8 s.

Art. 247. Les peines d'emprisonnement
-dessus établies contre les conducteurs ou
gardiens, en cas de négligence seule-
ent, cesseront lorsque les évadés seront
pris ou représentés, pourvu que ce soit dans
quatre mois de l'évasion, et qu'ils ne
ent pas arrêtés pour d'autres crimes ou
its commis postérieurement.

A. v° *Évasion*, 39 s. — S. *eod.* v°, 59 s.

Art. 248. Ceux qui auront recélé ou fait
celer des personnes qu'ils savaient avoir
mmis des crimes emportant peine afflic-
e, seront punis de trois mois d'emprison-
ment au moins et de deux ans au plus.
Sont exceptés de la présente disposition les
cendants ou descendants, époux ou épouse
ème divorcés, frères ou sœurs des crimi-
ls recélés, ou leurs alliés aux mêmes de-
és. — *Pén.* 7, 9, 40 s., 62.

A. v° *Évasion*, 59 s. — S. *eod.* v°, 75 s.

**§ 5. — Bris de scellés et enlèvement
de pièces dans les dépôts publics.**

Art. 249. Lorsque des scellés apposés,
: par ordre du Gouvernement, soit par
ite d'une ordonnance de justice rendue ou
elque matière que ce soit, auront été bri-
s, les gardiens seront punis, pour simple
gligence, de deux ans à six mois d'empri-
nnement. — *Pén.* 9, 40 s. ; *Pr.* 907 s.

Art. 250. Si le bris de scellés s'ap-
ique à des papiers et effets d'un individu
évenu ou accusé d'un crime emportant la
ine de mort, des travaux forcés à perpé-
ité, ou de la déportation, ou qui soit con-
mné à l'une de ces peines, le gardien né-
igent sera puni de six mois à deux ans
emprisonnement. — *Pén.* 9, 40 s., 251.

Art. 251. (*L.* 13 mai 1863.) Quiconque
ira, à dessein, brisé ou tenté de briser des
cellés apposés sur les papiers ou effets de la
ıalité énoncée dans l'article précédent, ou
articipé au bris des scellés ou à la tentative
: bris de scellés, sera puni d'un emprison-
ement d'un an à trois ans.

Si c'est le gardien lui-même qui a brisé les
scellés ou participé au bris des scellés, il
sera puni d'un emprisonnement de deux à
cinq ans.

Dans l'un et l'autre cas, le coupable sera
condamné à une amende de 50 francs à
2 000 francs.

Il pourra, en outre, être privé des droits
mentionnés en l'article 42 du présent Code
pendant cinq ans au moins et dix ans au
plus, à compter du jour où il aura subi sa
peine ; il pourra aussi être placé, pendant le
même nombre d'années, *sous la surveillance
de la haute police.* — *Pén.* 9, 40, 52 s. ;
L. 27 mai 1885, art. 19.

Art. 252. A l'égard de tous autres bris
de scellés, les coupables seront punis de six
mois à deux ans d'emprisonnement ; et, si
c'est le gardien lui-même, il sera puni de
deux à cinq ans de la même peine. — *Pén.*
9, 40 s.

Art. 253. Tout vol commis à l'aide d'un
bris de scellés, sera puni comme vol commis
à l'aide d'effraction. — *Pén.* 384.

R. v° *Scellés*, 1, 153 s. — S. *eod.* v°, 64 s. —
T. (87-97), *eod.* v°, 14 s.

Art. 254. Quant aux soustractions, destructions et enlèvements de pièces ou de
procédures criminelles, ou d'autres papiers,
registres, actes et effets, contenus dans les
archives, greffes ou dépôts publics, ou remis
à un dépositaire public en cette qualité, les
peines seront, contre les greffiers, archivistes,
notaires ou autres dépositaires négligents, de
trois mois à un an d'emprisonnement, et
d'une amende de 100 francs à 300 francs. —
Pén. 9, 40, 52, 108, 255, 408.

Art. 255. Quiconque se sera rendu coupable des soustractions, enlèvements ou destructions mentionnés dans l'article précédent,
sera puni de la réclusion.

Si le crime est l'ouvrage du dépositaire lui-
même, il sera puni des travaux forcés à
temps. — *Pén.* 7, 15, 28, 47, 173, 408, 439.

Art. 256. Si le bris de scellés, les soustractions, enlèvements ou destructions de
pièces ont été commis avec violences envers
les personnes, la peine sera, contre toute
personne, celle des travaux forcés à temps,
sans préjudice de peines plus fortes, s'il y a
lieu, d'après la nature des violences et des
autres crimes qui y seraient joints. — *Pén.*
7, 15, 28, 47, 408.

R. v° *Abus de confiance*, 131 s. ; *Bibliothèque*,
80 s. — S. v° *Bibliothèque*, 51.

§ 6. — Dégradation de monuments.

Art. 257. Quiconque aura détruit, abattu,
mutilé ou dégradé des monuments, statues
et autres objets destinés à l'utilité ou à la
décoration publique, et élevés par l'autorité
publique ou avec son autorisation, sera puni
d'un emprisonnement d'un mois à deux ans,
et d'une amende de 100 francs à 500 francs.
— *Pén.* 9, 40, 440, 448.

R v° *Dommage-destruction*, 143 s. ; *Monument*,
1 s. — S. v° *Dommage-destruction*, 83 s. ; *Monument*, 1 s. — T. (87-97), v° *Destruction*, 1 s.

§ 7. — Usurpation de titres ou fonctions.

Art. 258. Quiconque, sans titre, se sera
immiscé dans des fonctions publiques, civiles
ou militaires, ou aura fait des actes d'une de
ces fonctions, sera puni d'un emprisonnement de deux à cinq ans, sans préjudice de
la peine de faux, si l'acte porte le caractère
de ce crime. — *Pén.* 9, 40, 93, 127, 130,
196, 197, 344 ; *Com.* 80.

R. v° *Fonctionn. publ.*, 118 s. — S. *eod.* v°, 24 s.
— T. (87-97), v° *Usurpation de fonctions*, 1 s.

V. *infrà*, Appendice, la loi du 30 avril 1886, rela-

tive à l'usurpation des médailles et récompenses industrielles.

Art. 259. (*L.* 28 mai 1858.) Toute personne qui aura publiquement porté un
costume, un uniforme ou une décoration
qui ne lui appartiendrait pas, sera punie
d'un emprisonnement de six mois à deux
ans.

Sera puni d'une amende de 500 francs à
10 000 francs, quiconque, sans droit et en
vue de s'attribuer une distinction honori-
fique, aura publiquement pris un titre,
changé, altéré ou modifié le nom que lui
assignent les actes de l'état civil.

Le tribunal ordonnera la mention du
jugement en marge des actes authentiques
ou des actes de l'état civil dans lesquels le
titre aura été pris indûment ou le nom altéré.

Dans les cas prévus dans le présent
article, le tribunal pourra ordonner l'insertion intégrale ou par extrait du jugement
dans les journaux qu'il désignera.

Le tout aux frais du condamné — *Pén.* 9,
40, 344, 381-1°.

R. v° *Fonctionn. publ.*, 118 s. ; *Nom-prénom*,
1 s. ; *Ordres civ. et milit.*, 1 s. ; *Usurpat. de costume*, 1 s. — S. v° *Fonctionn. publ.*, 24 s. ; *Nom-
prénom*, 1 s. ; *Ordres civ. et milit.*, 1 s. ; *Usurpat.
de costume*, 1 s. — T. (87-97), v° *Nom*, 1 s. ; *Noblesse*, 1 s. — V. aussi C. pén. ann., art. 259, n° 1 s. ;
et son Suppl., n°s 3916 s.
Loi du 28 mai 1388 : D. P. 58. 4. 58.

V. *infrà*, Appendice, le décret du 24 novembre 1852,
sur la discipline des membres de la Légion d'honneur, et
sur les décorés de la médaille militaire, art. 9 ; et le décret
du 13 juin 1853, relatif aux décorations étrangères.

En ce qui concerne le costume ecclésiastique en lui-
même, V. C.ad., t. 2, v° Culte, p. 112, n° 2230 s.

En ce qui concerne l'usurpation du nom d'un commerçant ou de sa raison sociale, V. Appendice au C. com.
ann., v° *Propriété industrielle (Noms commerciaux)*, n°s 95 s.,
116 s. ; et son Suppl., n°s 22035 s., 22050 s.

**§ 8. — Entraves au libre exercice
des cultes.**

Art. 260. (Abrogé par *L.* 9 décembre
1905.) *Tout particulier qui, par des voies
de fait ou des menaces, aura contraint ou
empêché une ou plusieurs personnes d'exercer l'un des cultes autorisés, d'assister à
l'exercice de ce culte, de célébrer certaines
fêtes, d'observer certains jours de repos, et,
en conséquence, d'ouvrir ou de fermer leurs
ateliers, boutiques ou magasins, et de faire
ou quitter certains travaux, sera puni, pour
ce seul fait, d'une amende de 16 francs à 200
francs, et d'un emprisonnement de six jours
à deux ans.*

Art. 261. (Abrogé par *L.* 9 décembre
1905.) *Ceux qui auront empêché, retardé ou
interrompu les exercices d'un culte par des
troubles ou désordres causés dans le temple
ou autre lieu destiné ou servant actuellement à ces exercices, seront punis d'une
amende de 16 francs à 300 francs, et
d'un emprisonnement de six jours à trois
mois.*

Art. 262. (Abrogé par *L.* 9 décembre
1905.) *Toute personne qui aura, par paroles
ou gestes, outragé les objets d'un culte dans
les lieux destinés ou servant actuellement à
son exercice, ou les ministres de ce culte
dans leurs fonctions, sera punie d'une
amende de 16 francs à 500 francs, et d'un
emprisonnement de quinze jours à six
mois.*

Art. 263. (Abrogé par *L.* 9 décembre
1905.) *Quiconque aura frappé le ministre
d'un culte dans ses fonctions, sera puni de
la dégradation civique.*

Art. 264. (Abrogé par *L.* 9 décembre
1905.) *Les dispositions du présent paragraphe
ne s'appliquent qu'aux troubles, outrages*

ou voies de fait dont la nature ou les circonstances ne donneront pas lieu à de plus fortes peines, d'après les autres dispositions du présent Code.

SECTION V.
Associations de malfaiteurs, vagabondage et mendicité.

§ 1er. — Associations de malfaiteurs.

Art. 265. (*L.* 18 *décembre* 1893.) Toute association formée, quelle que soit sa durée ou le nombre de ses membres, toute entente établie dans le but de préparer ou de commettre des crimes contre les personnes ou les propriétés, constituent un crime contre la paix publique.

Art. 266. (*L.* 18 *décembre* 1893.) Sera puni de la peine des travaux forcés à temps, quiconque se sera affilié à une association formée ou aura participé à une entente établie dans le but spécifié à l'article précédent.

La peine de la relégation pourra en outre être prononcée, sans préjudice de l'application des dispositions de la loi du 30 mai 1854 sur l'exécution de la peine des travaux forcés.

Les personnes qui se seront rendues coupables du crime mentionné dans le présent article seront exemptes de peine si, avant toute poursuite, elles ont révélé aux autorités constituées l'entente établie ou fait connaître l'existence de l'association.

Art. 267. (*L.* 18 *décembre* 1893.) Sera puni de la réclusion quiconque aura sciemment et volontairement favorisé les auteurs des crimes prévus à l'article 265, en leur fournissant des instruments de crime, moyens de correspondance, logement ou lieu de réunion.

Le coupable pourra en outre être frappé, pour la vie ou à temps, de l'interdiction de séjour établie par l'article 19 de la loi du 27 mai 1885.

Seront, toutefois, applicables au coupable des faits prévus par le présent article les dispositions contenues dans le paragraphe 3 de l'article 266.

§ 1. LÉGISLATION ANTÉRIEURE A LA LOI DU 18 DÉCEMBRE 1893 : R. v° *Associat. de malf.*, 1 s. — S. *eod.* v°, 1 s.

§ 2. LOI DU 18 DÉCEMBRE 1893 : Suppl. au C. pén. ann., art. 265-267. — D. P. 94. 4. 11.

Art. 268. *Abrogé par L.* 18 *décembre* 1893.

§ 2. — Vagabondage.

Art. 269. Le vagabondage est un délit.

Art. 270. Les vagabonds ou gens sans aveu sont ceux qui n'ont ni domicile certain, ni moyens de subsistance, et qui n'exercent habituellement ni métier, ni profession.

R. v° *Vagabondage*, 1 s. — S. *eod.* v°, 1 s. — T. (87-97), *cod.* v°, 1 s.

V. *infrà*, Appendice, *la loi du 27 mai 1885, sur les récidivistes*, art. 4, in fine, *modifiée par la loi du 3 avril 1903*.

Art. 271. (*L.* 28 *avril* 1832.) Les vagabonds ou gens sans aveu qui auront été légalement déclarés tels seront, pour ce seul fait, punis de trois à six mois d'emprisonnement. Ils seront renvoyés, après avoir subi leur peine, *sous la surveillance de la haute police* pendant cinq ans au moins et dix ans au plus.

Néanmoins les vagabonds âgés de moins de seize ans ne pourront être condamnés à la peine d'emprisonnement; mais, sur la preuve des faits de vagabondage, ils seront renvoyés *sous la surveillance de la haute police* jusqu'à l'âge de vingt ans accomplis, à moins qu'avant cet âge ils n'aient contracté un engagement régulier dans les armées de terre ou de mer. — *Pén.* 9, 11, 40, 44, 66, 463; *L.* 27 mai 1885, art. 19.

R. v° *Vagabondage*, 74 s. — S. *eod.* v°, 2 s., 31 s. — T. (87-97), *eod.* v°, 1 s.

Art. 272. Les individus déclarés vagabonds par jugement pourront, s'ils sont étrangers, être conduits, par les ordres du Gouvernement, hors du territoire du royaume [*de la République*].

R. v° *Vagabondage*, 80 s. — S. *eod.* v°, 34.

Art. 273. Les vagabonds nés en France pourront, après un jugement même passé en force de chose jugée, être réclamés par délibération du conseil municipal de la commune où ils sont nés, ou cautionnés par un citoyen solvable.

Si le Gouvernement accueille la réclamation ou agrée la caution, les individus ainsi réclamés ou cautionnés seront, par ses ordres, renvoyés ou conduits dans la commune qui les aura réclamés, ou dans celle qui leur sera assignée pour résidence, sur la demande de la caution. — *Civ.* 2040.

R. v° *Vagabondage*, 83 s.

§ 3. — Mendicité.

Art. 274. Toute personne qui aura été trouvée mendiant dans un lieu pour lequel il existera un établissement public organisé afin d'obvier à la mendicité, sera punie de trois à six mois d'emprisonnement, et, après l'expiration de sa peine, conduite au dépôt de mendicité. — *Pén.* 9, 40 s., 282.

R. v° *Vagabondage-mendicité*, 90 s. — S. *eod.* v°, 30 s. — T. (87-97), v° *Mendicité*, 1 s.

Art. 275. Dans les lieux où il n'existe point encore de tels établissements, les mendiants d'habitude valides seront punis d'un mois à trois mois d'emprisonnement.

S'ils ont été arrêtés hors du canton de leur résidence, ils seront punis d'un emprisonnement de six mois à deux ans. — *Pén.* 9, 40 s.

R. v° *Vagabondage-mendicité*, 90 s. — S. *eod.* v°, 36 s.

Art. 276. Tous mendiants, même invalides, qui auront usé de menaces ou seront entrés, sans permission du propriétaire ou des personnes de sa maison, soit dans une habitation, soit dans un enclos en dépendant,

Ou qui feindront des plaies ou infirmités,

Ou qui mendieront en réunion, à moins que ce ne soient le mari et la femme, le père ou la mère et leurs jeunes enfants, l'aveugle et son conducteur,

Seront punis d'un emprisonnement de six mois à deux ans. — *Pén.* 9, 40 s., 278.

R. v° *Vagabondage-mendicité*, 117 s.

V. *infrà*, Appendice, *la loi du 7 décembre 1874, relative à la protection des enfants employés dans les professions ambulantes*, art. 3.

En ce qui concerne *la déchéance de la puissance paternelle*, V. *infrà*, Appendice, *la loi du 24 juillet 1889.*

Dispositions communes aux vagabonds et mendiants.

Art. 277. Tout mendiant ou vagabond qui aura été saisi travesti d'une manière quelconque,

Ou porteur d'armes, bien qu'il n'en ait ni usé ni menacé,

Ou muni de limes, crochets ou autres instruments propres, soit à commettre des vols, ou d'autres délits, soit à lui procurer les moyens de pénétrer dans les maisons,

Sera puni de six mois à deux ans d'emprisonnement. — *Pén.* 9, 40, 101, 262.

Art. 278. Tout mendiant ou vagabond qui sera trouvé porteur d'un ou de plusieurs effets d'une valeur supérieure à 100 francs, et qui ne justifiera point d'où ils lui proviennent, sera puni de la peine portée en l'article 276.

Art. 279. (*L.* 13 mai 1863.) Tout mendiant ou vagabond qui aura exercé ou tenté d'exercer quelque acte de violence que ce soit envers les personnes sera puni d'un emprisonnement de deux à cinq ans, sans préjudice de peines plus fortes, s'il y a lieu, à

raison du genre et des circonstances de violence.

Si le mendiant ou le vagabond qui a exercé ou tenté d'exercer des violences se trouvait en outre, dans l'une des circonstances exprimées par l'article 277, il sera puni de la réclusion. — *Pén.* 7, 9, 40, 282.

Art. 280. *Abrogé par L.* 28 *avril* 1832.

Art. 281. Les peines établies par le présent Code contre les individus porteurs de faux certificats, faux passeports ou fausses feuilles de route, seront toujours, dans l'espèce, portées au *maximum*, quand elles seront appliquées à des vagabonds ou mendiants. — *Pén.* 153, 161.

Art. 282. (*L.* 28 *avril* 1832.) Les mendiants qui auront été condamnés aux peines portées par les articles précédents seront renvoyés, après l'expiration de leur peine, *sous la surveillance de la haute police* pour cinq ans au moins et dix ans au plus. — *Pén.* 271, 463; *L.* 25 mai 1885, art. 19.

R. v° *Vagabondage-mendicité*, 122 s. — S. *eod.* v°, 142 s.

SECTION VI.
Délits commis par la voie d'écrits, images ou gravures distribués sans noms d'auteur, imprimeur ou graveur.

Art. 283. Toute publication ou distribution d'ouvrages, écrits, avis, bulletins, affiches, journaux, feuilles périodiques ou autres imprimés, dans lesquels on ne trouvera pas l'indication vraie des noms, profession et demeure de l'auteur ou de l'imprimeur, sera, pour ce seul fait, punie d'un emprisonnement de six jours à six mois contre toute personne qui aura sciemment contribué à la publication ou distribution. — *Pén.* 9, 40 s., 284 s.

Art. 284. Cette disposition sera réduite à des peines de simple police :

1° A l'égard des crieurs, afficheurs, vendeurs ou distributeurs qui auront fait connaître la personne de laquelle ils tiennent l'écrit imprimé;

2° A l'égard de quiconque aura fait connaître l'imprimeur;

3° A l'égard même de l'imprimeur qui aura fait connaître l'auteur. — *Pén.* 286, 289, 464 s., 475-13°, 477-3°; *L.* 29 juill. 1881, art. 2.

Art. 285. Si l'écrit imprimé contient quelques provocations à des crimes ou délits, les crieurs, afficheurs, vendeurs et distributeurs seront punis comme complices des provocateurs, à moins qu'ils n'aient fait connaître ceux dont ils tiennent l'écrit contenant la provocation.

En cas de révélation, ils n'encourront qu'un emprisonnement de six jours à trois mois et la peine de complicité ne restera applicable qu'à ceux qui n'auront point fait connaître les personnes dont ils auront reçu l'écrit imprimé, et à l'imprimeur s'il est connu. — *Pén.* 9, 40, 59, 286, 289, 293, 319; *L.* 29 juill. 1881, art. 42, 43, 48, 68.

Art. 286. Dans tous les cas ci-dessus, il y aura confiscation des exemplaires saisis. — *Pén.* 11.

Art. 287. Toute exposition ou distribution de chansons, pamphlets, figures ou images contraires aux bonnes mœurs, sera punie d'une amende de 16 francs à 500 francs et d'un emprisonnement d'un mois à un an, et de la confiscation des planches et des exemplaires imprimés ou gravés de chansons, figures ou autres objets du délit. — *Pén.* 9, 11, 40 s., 288 s., 477-3°; *L.* 2 août 1882, *modifié par L.* 16 mars 1898.

R. v° *Presse-outrage*, 166 s., 213 s., 471 s. — S. *eod.* v°, 29, 70 s., 662 s., 1302.

La loi du 29 juillet 1881 n'a pas abrogé les articles 283 à 286 du Code pénal.

V. *aussi infrà*, Appendice, *la loi du 29 juillet 1881 sur la presse, et la loi du 28 juillet 1894, ayant pour objet de réprimer les menées anarchistes.*

t. 288. La peine d'emprisonnement
~~mende prononcées par l'article précé-~~
seront réduites de moitié des peines de simple

'A l'égard des crieurs, vendeurs ou dis-
~~teurs~~ qui auront fait connaître la per-
~~c~~ qui leur a remis l'objet du délit;
~~À~~ l'égard de quiconque aura fait con-
~~e~~ l'imprimeur ou le graveur;
~~À~~ l'égard même de l'imprimeur ou du
~~ur~~ qui auront fait connaître l'auteur ou
~~rsonne~~ qui les aura chargés de l'impres-
~~ou~~ de la gravure. — *Pén.* 284, 289,
~~,~~ 473-3°, 475-13°.

t. 289. Dans tous les cas exprimés en
~~sente~~ section, et où l'auteur sera connu,
~~sira~~ le *maximum* de la peine attachée
~~pèce~~ du délit.

*articles 288 et 289 doivent être considérés comme
~~s~~ soit par la loi du 29 juillet 1881, soit par celle du
1882, modifiée elle-même par celle du 16 mars 1898,
sont inconciliables avec leurs dispositions.*

Disposition particulière.

t. 290. *Abrogé par L. 10 décembre 1830
16 février 1834.*

*ticle 290 a été abrogé par les lois des 10 dé-
~~s~~ 1830 et 16 février 1834, qui ont réglementé de nou-
~~a~~ profession de crieur et d'afficheur.*

SECTION VII.

~~es~~ associations ou réunions illicites.

t. 291 à 294. *Abrogés par L. 1ᵉʳ juill-
~~01.~~*

*~~nfrà,~~ Appendice , la loi du 1ᵉʳ juillet 1901, relative
~~tirat~~ d'association, dans son article 16
loi du 4 décembre 1902, et dans son article 18 par
~~du~~ 17 juillet 1903.
~~ussi~~ infrà, Appendice , la loi du 30 juin 1881, sur
~~nions~~ publiques, modifiée par la loi du 28 mars 1907 ;
~~à~~ du 21 mars 1884, sur les syndicats professionnels.*

TITRE DEUXIÈME.

~~mes~~ et délits contre les particuliers.

CHAP. Iᵉʳ. — Loi décrétée le 17 février 1810,
promulguée le 27 du même mois.
CHAP. II. — Loi décrétée le 19 février 1810,
promulguée le 1ᵉʳ mars suivant.

CHAPITRE PREMIER.

Des crimes et délits contre
les personnes.

SECTION PREMIÈRE.

~~tres~~ et autres crimes capitaux, menaces
d'attentat contre les personnes.

~~1ᵉ~~. — Meurtre, assassinat, parricide,
infanticide, empoisonnement.

t. 295. L'homicide commis volontai-
~~nt~~ est qualifié meurtre. — *Pén.* 319,
324 s.

*v Crimes et délits contre les personnes, 1 s.
cod. v, 1 s. — V. aussi C. pén. ann., art. 295,
~~s.~~; et son Suppl., nᵒˢ 4328 s.*

t. 296. Tout meurtre commis avec
~~éditation~~ est qualifié assassinat. — *Pén.* 297, 298, 302 s.

*v Crimes et délits contre les personnes, 41 s.
cod. v, 36 s.*

t. 297. La préméditation consiste dans
~~ssein~~ formé, avant l'action, d'attenter à
~~ersonne~~ ou d'un individu déterminé, ou
~~ne~~ de celui qui sera trouvé ou rencontré,
~~ad~~ même ce dessein serait dépendant de
~~que~~ circonstance ou de quelque condi-

*v Crimes et délits contre les personnes, 44 s.
cod. v, 38 s.*

t. 298. Le guet-apens consiste à
~~dre~~ plus ou moins de temps, dans un
~~divers~~ lieux, un individu, soit pour lui

---

donner la mort, soit pour exercer sur lui des
actes de violence. — *Pén.* 296, 310 s.

R. vᵉ *Crimes et délits contre les personnes,* 51 s.
— S. eod. rᵉ, 48 s.

Art. 299. Est qualifié parricide le
meurtre des pères ou mères légitimes, naturels ou adoptifs, ou de tout autre ascendant
légitime. — *Pén.* 13, 86, 302, 312, 323.

R. vᵉ *Crimes et délits contre les personnes,* 56 s.
— S. eod. vᵉ, 52 s.

Art. 300. (*L. 21 novembre 1901.*) L'infanticide est le meurtre ou l'assassinat d'un
enfant nouveau-né. — *Pén.* 295, 302;
Instr. 360.

R. vᵉ *Crimes et délits contre les personnes,* 78 s.
— S. eod. vᵉ, 71 s.
Loi du 21 novembre 1901 : D. P. 1902. 4. 17.

Art. 301. Est qualifié empoisonnement
tout attentat à la vie d'une personne, par
l'effet de substances qui peuvent donner la
mort plus ou moins promptement, de quelque
manière que ces substances aient été employées ou administrées, et quelles qu'en
aient été les suites. — *Pén.* 302, 317, 318,
319, 452.

R. vᵉ *Crimes et délits contre les personnes,* 94 s.
— S. eod. vᵉ, 86 s.

Art. 302. (*L. 21 novembre 1901.*) Tout
coupable d'assassinat, de parricide et d'empoisonnement, sera puni de mort, sans préjudice de la disposition particulière contenue
en l'article 13 relativement au parricide.

Toutefois la mère, auteur principal ou
complice de l'assassinat ou du meurtre de
son enfant nouveau-né, sera punie, dans le
premier cas, des travaux forcés à perpétuité,
et dans le second cas, des travaux forcés à
temps, mais sans que cette disposition puisse
s'appliquer à ses coauteurs ou à ses complices. — *Pén.* 7, 12, 13, 36, 67, 69, 296 s.

R. vᵉ *Crimes et délits contre les personnes,* 53 s.,
74 s., 93 s. — S. eod. vᵉ, 50, 64 s., 85 s
Loi du 21 novembre 1901 : D. P. 1902. 4. 17.

Art. 303. Seront punis comme coupables
d'assassinat, tous malfaiteurs, quelle que soit
leur dénomination, qui, pour l'exécution de
leurs crimes, emploient des tortures ou com-
mettent des actes de barbarie. — *Pén.*
302, 344.

R. vᵉ *Crimes et délits contre les personnes,* 51 s.
— S. eod. vᵉ, 51.

Art. 304. (*L. 28 avril 1832.*) Le meurtre
emportera la peine de mort, lorsqu'il aura
précédé, accompagné ou suivi un autre
crime.

Le meurtre emportera également la peine
de mort, lorsqu'il aura eu pour objet, soit de
préparer, faciliter ou exécuter un délit, soit
de favoriser la fuite ou d'assurer l'impunité
des auteurs ou complices de ce délit.

En tout autre cas, le coupable de meurtre
sera puni des travaux forcés à perpétuité. —
Pén. 7, 12, 16.

R. vᵉ *Crimes et délits contre les personnes,* 28 s.
— S. eod. vᵉ, 14 s.

§ 2. — Menaces.

Art. 305. (*L. 13 mai 1863.*) Quiconque
aura menacé, par écrit anonyme ou signé,
d'assassinat, d'empoisonnement, ou de tout
autre attentat contre les personnes, qui serait punissable de la peine de mort, des travaux forcés à perpétuité ou de la déportation,
sera, dans le cas où la menace aurait été
faite avec ordre de déposer une somme d'argent dans un lieu indiqué, ou de remplir
toute autre condition, puni d'un emprisonnement de deux ans à cinq ans et d'une
amende de 150 francs à 1000 francs.

Le coupable pourra, en outre, être privé
des droits mentionnés en l'article 42 du présent Code pendant cinq ans au moins et dix
ans au plus, à compter du jour où il aura
subi sa peine.

Le coupable pourra être mis aussi *sous la
surveillance de la haute police* pendant cinq
ans au moins et dix ans au plus, à dater du
jour où il aura subi sa peine. — *Pén.* 9, 11,
40, 313, 344-2°, 436; *L.* 27 mai 1885, *art.* 19.

Art. 306. (*L. 13 mai 1863.*) Si cette
menace n'a été accompagnée d'aucun ordre
ou condition, la peine sera d'un emprisonnement d'une année au moins et de trois ans
au plus, et d'une amende de 100 francs à
600 francs.

Dans ce cas, comme dans celui de l'article
précédent, la peine *de la surveillance* pourra
être prononcée contre le coupable. — *Pén.* 9,
11, 40, 436; *L.* 27 mai 1885, *art.* 19.

Art. 307. (*L. 13 mai 1863.*) Si la menace faite avec ordre ou sous condition a été
verbale, le coupable sera puni d'un emprisonnement de six mois à deux ans, et d'une
amende de 25 francs à 300 francs.

Dans ce cas, comme dans celui des précédents articles, la peine *de la surveillance*
pourra être prononcée contre le coupable. —
Pén. 9, 11, 40, 436; *L.* 27 mai 1885, *art.* 19.

Art. 308. (*L. 13 mai 1863.*) Quiconque
aura menacé verbalement ou par écrit de
voies de fait ou violences non prévues par
l'article 305, si la menace a été faite avec
ordre ou sous condition, sera puni d'un emprisonnement de six jours à trois mois et
d'une amende de 16 francs à 100 francs ou de
l'une de ces deux peines seulement. — *Pén.*
9, 11, 40; *L.* 15 juill. 1845, *art.* 18.

§ 1. LÉGISLATION ANTÉRIEURE A LA LOI DU
13 MAI 1863 : R. vᵉ *Crimes et délits contre les personnes,* 110 s.
§ 2. LOI DU 13 MAI 1863 : S. vᵉ *Crimes et délits
contre les personnes,* 106 s. — T. (87-97), vᵉ *Menaces,* 1 s. — D. P. 63. 4. 79.

SECTION II.

Blessures et coups volontaires non qualifiés
meurtre, et autres crimes et délits volontaires.

Art. 309. (*L. 13 mai 1863.*) Tout individu qui, volontairement, aura fait des blessures ou porté des coups, ou commis toute
autre violence ou voie de fait, s'il en résulté
de ces sortes de violences une maladie ou
incapacité de travail personnel pendant plus
de vingt jours, sera puni d'un emprisonnement de deux ans à cinq ans, et d'une amende
de 16 francs à 2000 francs.

Il pourra, en outre, être privé des droits
mentionnés en l'article 42 du présent Code
pendant cinq ans au moins et dix ans au
plus, à compter du jour où il aura subi sa
peine.

Quand les violences ci-dessus exprimées
auront été suivies de mutilation, amputation
ou privation de l'usage d'un membre, cécité,
perte d'un œil, ou autres infirmités permanentes, le coupable sera puni de la réclusion.

Si les coups portés ou les blessures faites
volontairement, mais sans intention de donner la mort, l'ont pourtant occasionnée, le
coupable sera puni de la peine des travaux
forcés à temps. — *Pén.* 7, 9, 28, 40, 186,
321, 437.

§ 1. LÉGISLATION ANTÉRIEURE A LA LOI DU
13 MAI 1863 : R. vᵉ *Crimes et délits contre les personnes,* 134 s. — V. aussi C. pén. ann., art. 309,
nᵒˢ 1 s.
§ 2. LOI DU 13 MAI 1863 : S. vᵉ *Crimes et délits
contre les personnes,* 134 s. — D. P. 63. 4. 79. —
V. aussi C. pén. ann., art. 309, nᵒˢ 1 s.; et son
Suppl., nᵒˢ 4535 s.

Art. 310. (*L. 13 mai 1863.*) Lorsqu'il y
aura eu préméditation ou guet-apens, la
peine sera, si la mort s'en est suivie, celle
des travaux forcés à perpétuité; si les violences ont été suivies de mutilation, amputation ou privation de l'usage d'un membre,
cécité, perte d'un œil ou autres infirmités
permanentes, la peine sera celle des travaux
forcés à temps; dans le cas prévu par le pre-

mier paragraphe de l'article 309, la peine sera celle de la reclusion. — *Pén.* 7, 15, 28, 297, 298.

§ 1. LÉGISLATION ANTÉRIEURE A LA LOI DU 13 MAI 1863 : R. vᵒ *Crimes et délits contre les personnes*, 177 s.

§ 2. LOI DU 13 MAI 1863 : S. vᵒ *Crimes et délits contre les personnes*, 205 s. — D. P. 63. 4. 79.

Art. 311. (*L.* 13 *mai* 1863.) Lorsque les blessures ou les coups, ou autres violences ou voies de fait n'auront occasioné aucune maladie ou incapacité de travail personnel de l'espèce mentionnée en l'article 309, le coupable sera puni d'un emprisonnement de six jours à deux ans et d'une amende de 16 francs à 200 francs, ou de l'une de ces deux peines seulement.

S'il y a eu préméditation ou guet-apens, l'emprisonnement sera de deux ans à cinq ans, et l'amende de 50 francs à 500 francs. — *Pén.* 9, 40, 186, 263, 315, 321, 327.

§ 1. LÉGISLATION ANTÉRIEURE A LA LOI DU 13 MAI 1863 : R. vᵒ *Crimes et délits contre les personnes*, 164 s.

§ 2. LOI DU 13 MAI 1863 : S. vᵒ *Crimes et délits contre les personnes*, 175 s. — T. (87-97), vᵒ *Voies de fait*, 1 s. — D. P. 63. 4. 79. — V. aussi C. pén. ann., p. 436 s.; et son Suppl., p. 192 s.

V. *infrà*, Appendice, *Code des délits et des peines du 3 brumaire an IV*, art. 605 et 606.

Art. 312. (*L.* 13 *mai* 1863.) L'individu qui aura volontairement fait des blessures ou porté des coups à ses père ou mère légitimes, naturels ou adoptifs, ou autres ascendants légitimes, sera puni ainsi qu'il suit :

De la reclusion, si les blessures ou les coups n'ont occasioné aucune maladie ou incapacité de travail personnel de l'espèce mentionnée en l'article 309;

Du maximum de la reclusion, s'il y a eu incapacité de travail pendant plus de vingt jours, ou préméditation, ou guet-apens;

Des travaux forcés à temps, lorsque l'article auquel le cas se référera prononcera la peine de la reclusion;

Des travaux forcés à perpétuité, si l'article prononce la peine des travaux forcés à temps.

(*L.* 19 *avril* 1898.) « Quiconque aura volontairement fait des blessures ou porté des coups à un enfant au-dessous de l'âge de quinze ans accomplis, ou qui l'aura volontairement privé d'aliments ou de soins au point de compromettre sa santé, sera puni d'un emprisonnement d'un an à trois ans et d'une amende de 16 francs à 1 000 francs.

« S'il est résulté des blessures, des coups ou de la privation d'aliments ou de soins une maladie ou incapacité de travail de plus de vingt jours, ou s'il y a eu préméditation ou guet-apens, la peine sera de deux ans à cinq ans d'emprisonnement, et de 16 francs à 2 000 francs d'amende, et le coupable pourra être privé des droits mentionnés en l'article 42 du présent Code pendant cinq ans au moins et dix ans au plus à compter du jour où il aura subi sa peine.

« Si les coupables sont les père et mère légitimes, naturels ou adoptifs, ou autres ascendants légitimes, ou toutes autres personnes ayant autorité sur l'enfant ou ayant sa garde, les peines seront celles portées au paragraphe précédent, s'il n'y a eu ni maladie ou incapacité de travail de plus de vingt jours, ni préméditation ou guet-apens, et celle de la reclusion dans le cas contraire.

« Si les blessures, les coups ou la privation d'aliments ou de soins ont été suivis de mutilation, d'amputation ou de privation de l'usage d'un membre, de cécité, perte d'un œil ou autres infirmités permanentes, ou s'ils ont occasioné la mort sans intention de la donner, la peine sera celle des travaux forcés à temps, et si les coupables sont les personnes désignées dans le paragraphe précédent, celle des travaux forcés à perpétuité.

« Si des sévices ont été habituellement pratiqués avec intention de provoquer la mort, les auteurs seront punis comme coupables d'assassinat ou de tentative de ce crime. » — *Pén.* 7, 15, 28, 36; 297, 298, 321, 327.

§ 1. LÉGISLATION ANTÉRIEURE AUX LOIS DU 13 MAI 1863 ET DU 19 AVRIL 1898 : R. vᵒ *Crimes et délits contre les personnes*, 177 s.

§ 2. LOI DU 13 MAI 1863 : S. vᵒ *Crimes et délits contre les personnes*, 211 s. — D. P. 63. 4. 79.

§ 3. LOI DU 19 AVRIL 1898 : D. P. 98. 4. 41.

Art. 313. Les crimes et les délits prévus dans la présente section et dans la section précédente, s'ils sont commis en réunion séditieuse, avec rébellion ou pillage, sont imputables aux chefs, auteurs, instigateurs et provocateurs de ces réunions, rébellions ou pillages, qui seront punis comme coupables de ces crimes ou de ces délits, et condamnés aux mêmes peines que ceux qui les auront personnellement commis. — *Pén.* 96, 100, 209, 213, 315, 440.

R. vᵒ *Crimes et délits contre les personnes*, 189 s. —S. cod. vᵒ, 223.

Art. 314. Tout individu qui aura fabriqué ou débité des stylets, tromblons ou quelque espèce que ce soit d'armes prohibées par la loi ou par des règlements d'administration publique, sera puni d'un emprisonnement de six jours à six mois.

Celui qui sera porteur desdites armes sera puni d'une amende de 16 francs à 200 francs.

Dans l'un et l'autre cas. les armes seront confisquées.

Le tout sans préjudice de plus forte peine, s'il y échet, en cas de complicité de crime. — *Pén.* 9, 11, 40, 101.

R. vᵒ *Arme*, 1 s. — S. cod. vᵒ. 1 s.

V. *infrà*, Appendice, la loi du 24 mai 1834, sur le détenteurs d'armes ou munitions de guerre; et l'ordonnance du 23 février 1837, portant prohibition des pistolets de poche. — V. aussi la loi du 14 juillet 1860, sur la fabrication et le commerce des armes de guerre (D. P. 60. 4. 86); la loi du 19 juin 1871 (D. P. 71. 4. 101), qui abroge le décret du 4 septembre 1870, sur la fabrication des armes de guerre; la loi du 8 mars 1875, relative à la poudre dynamite (D. P. 75. 4. 97); la loi du 14 août 1885, sur la fabrication et le commerce des armes et des munitions non chargées (D. P. 85. 4. 77); la loi du 18 décembre 1893, portant modification et addition à l'article 3 de la loi du 19 juin 1871 (D. P. 94. 4. 13); la loi du 13 avril 1895, modifiant les conditions dans lesquelles le ministre de la guerre peut interdire l'exportation des armes, pièces d'armes et munitions de toute espèce (D. P. 95. 4. 71).

V. le décret du 28 octobre 1882 (D. P. 83. 4. 56), qui a ajouté une nouvelle réglementation à celle du décret du 24 août 1875, rendu pour l'exécution de la loi du 8 mars 1875 ci-dessus visée. — V. enfin, le décret du 21 mai 1896 (D. P. 97. 4. 38), relatif à l'exportation des poudres, modifié par le décret du 6 avril 1897 (Journ. off. du 14 avril); et le décret du 26 juillet 1890 (D. P. 91. 4. 93), relatif à la vente des cartouches de dynamite.

Art. 315. Outre les peines correctionnelles mentionnées dans les articles précédents, les tribunaux pourront prononcer le renvoi *sous la surveillance de la haute police* depuis deux ans jusqu'à dix ans. — *Pén.* 11, 44; *L.* 27 *mai* 1885, art. 19.

R. vᵒ *Crimes et délits contre les personnes*, 172.

Art. 316. Toute personne coupable du crime de castration subira la peine des travaux forcés à perpétuité.

Si la mort en est résultée avant l'expiration des quarante jours qui auront suivi le crime, le coupable subira la peine de mort. — *Pén.* 7, 12, 325.

R. vᵒ *Crimes et délits contre les personnes*, 191 s. — S. cod. vᵒ, 225 s.

Art. 317. (*L.* 28 *avril* 1832.) Quiconque, par aliments, breuvages, médicaments, violences, ou par tout autre moyen, aura procuré l'avortement d'une femme enceinte, soit qu'elle y ait consenti ou non, sera puni de la reclusion.

La même peine sera prononcée contre la femme qui se sera procuré l'avortement à elle-même, ou qui aura consenti à faire usage des moyens à elle indiqués ou administrés à cet effet, si l'avortement s'en est suivi.

Les médecins, chirurgiens et autres officiers de santé, ainsi que les pharmaciens qui auront indiqué ou administré ces moyens, seront condamnés à la peine des travaux forcés à temps, dans le cas où l'avortement aurait eu lieu.

Celui qui aura occasionné à autrui u maladie ou incapacité de travail personn en lui administrant volontairement, de quelq manière que ce soit, des substances q sans être de nature à donner la mort, so nuisibles à la santé, sera puni d'un emp sonnement d'un mois à cinq ans, et d' amende de 16 francs à 500 francs ; il pour de plus être renvoyé *sous la surveillance la haute police* pendant deux ans au mo et dix ans au plus.

Si la maladie ou incapacité de travail p sonnel a duré plus de vingt jours, la pe sera celle de la reclusion.

Si le coupable a commis, soit le délit, s le crime, spécifiés aux deux paragraphes dessus, envers un de ses ascendants, tels qu'ils sont désignés en l'article 312, il se puni, au premier cas, de la reclusion, et, second cas, des travaux forcés à temps. *Pén.* 7, 11, 160, 301, 452 ; *L.* 27 *mai* 18 art. 19.

R. vᵛ *Avortement*, 1 s. ; *Crimes et délits con les personnes*, 195 s. — S. vᵛ *Avortement*, 1 *Crimes et délits contre les personnes*, 227 s. — V. aussi C. pén. ann., art. 317, nᵒˢ 1 s.; Suppl., nᵒˢ 4804 s.

Art. 318. *Abrogé par L.* 5 *mai* 1855

SECTION III.

Homicide, blessures et coups involontair crimes et délits excusables, et cas où ne peuvent être excusés; homicide, bl sures et coups qui ne sont ni crimes délits.

§ 1ᵉʳ. — Homicide, blessures et coups involontaires.

Art. 319. Quiconque, par maladress imprudence, inattention, négligence ou ine servation des règlements, aura commis in lontairement un homicide, ou en aura involontairement la cause, sera puni d' emprisonnement de trois mois à deux ar et d'une amende de 50 francs à 600 franc — *Pén.* 9, 40, 295, 327, 328 ; *Civ.* 1382, 13

Art. 320. (*L.* 13 *mai* 1863.) S'il n' résulté du défaut d'adresse ou de précau que des blessures ou coups, le coupable s puni de six jours à deux mois d'emprison ment et d'une amende de 16 francs à (francs, ou de l'une de ces deux peines se lement. — *Pén.* 9, 40.

R. vᵒ *Crimes et délits contre les personnes*, 19 — S. cod. vᵒ, 233 s. — V. aussi C. pén. ann., art. 320, nᵒˢ 1 s.; et son Suppl., nᵒˢ 4827 s.

§ 2. — Crimes et délits excusables, et ca où ils ne peuvent être excusés.

Art. 321. Le meurtre ainsi que les ble sures et les coups sont excusables, s'ils c été provoqués par des coups ou violence graves envers les personnes. — *Pén.* 65, 18 295 s., 329 ; *Instr.* 339, 367.

R. vᵒ *Peine*, 461 s. — S. cod. vᵒ, 509 s. — V. au C. pén. ann., art. 321, nᵒˢ 1 s.; et son Suppl. nᵒˢ 4904 s.

Art. 322. Les crimes et délits mentio nés au précédent article sont également excusables, s'ils ont été commis en repou sant pendant le jour l'escalade ou l'effracti des clôtures, murs ou entrée d'une maison ou d'un appartement habité ou de leurs d pendances.

Si le fait est arrivé pendant la nuit, ce c est réglé par l'article 329. — *Pén.* 326, 39 393 s., 397.

R. vᵒ *Peine*, 495 s. — S. cod. vᵒ, 526.

Art. 323. Le parricide n'est jamais e cusable. — *Pén.* 13, 64, 86, 299, 302.

R. vᵒ *Crimes et délits contre les personnes*, 7 *Peine*, 473 s. — S. vᵒ *Crimes et délits contre l personnes*, 69 s.; *Peine*, 532 s.

Art. 324. Le meurtre commis par l'épou sur l'épouse, ou par celle-ci sur son époux n'est pas excusable, si la vie de l'époux o l'épouse qui a commis le meurtre n'a pas mise en péril dans le moment même où meurtre a eu lieu.

Néanmoins, dans le cas d'adultère, prévu par l'article 336, le meurtre commis par l'oux sur son épouse, ainsi que sur le complice, à l'instant où il les surprend en flagrant délit dans la maison conjugale, est [ex]cusable. — *Pén.* 65, 295, 337, 339.

V° *Peine*, 476 s., 500 s. — S. *eod. v°*, 524, 527 s.

Art. 325. Le crime de castration, s'il a été immédiatement provoqué par un outrage violent à la pudeur, sera considéré comme [meur]tre ou blessures excusables. — *Pén.* 316.

V° *Peine*, 492 s. — S. *eod. v°*, 325.

Art. 326. Lorsque le fait d'excuse sera [prou]vé,

[S']il s'agit d'un crime emportant la peine [de] mort, ou celle des travaux forcés à perpétuité, ou celle de la déportation, la peine [sera] réduite à un emprisonnement d'un an [ci]nq ans;

[S']il s'agit de tout autre crime, elle sera [rédu]ite à un emprisonnement de six mois à [si]x ans.

[D]ans ces deux premiers cas, les coupables [pour]ront de plus être mis par l'arrêt ou le [jug]ement *sous la surveillance de la haute* [poli]ce pendant cinq ans au moins et dix ans [p]lus;

[S']il s'agit d'un délit, la peine sera réduite [à un] emprisonnement de six jours à six mois. — *Pén.* 9, 11, 40, 44; *Instr.* 339; *L.* 27 *mai* [1863], *art.* 19.

V° *Peine*, 480 s. — S. *eod. v°*, 533 s.

§ 3. — Homicide, blessures et coups non qualifiés crimes ni délits.

Art. 327. Il n'y a ni crime ni délit, [lors]que l'homicide, les blessures et les coups [s]ont ordonnés par la loi et commandés par l'autorité légitime. — *Pén.* 64, 295, 309.

V° *Crimes et délits contre les personnes*, [215] s. — S. *eod. v°*, 300 s.

Art. 328. Il n'y a ni crime ni délit, [lors]que l'homicide, les blessures et les coups [o]nt commandés par la nécessité actuelle [d'une] légitime défense de soi-même ou d'au[trui]. — *Pén.* 295, 309, 329.

V° *Crimes et délits contre les personnes*, 220 s. — S. *eod. v°*, 314 s.

Art. 329. Sont compris dans les cas de [nécess]ité actuelle de défense, les deux cas [suiv]ants :

[1]° Si l'homicide a été commis, si les blessures ont été faites, ou si les coups ont été [por]tés en repoussant pendant la nuit l'esca[lade] ou l'effraction des clôtures, murs ou [entr]ée d'une maison ou d'un appartement [habit]é ou de leurs dépendances;

[2]° Si le fait a eu lieu en se défendant [con]tre les auteurs de vols ou de pillages exé[cut]és avec violence. — *Pén.* 295, 309, 322, [3]93, 397, 440.

V° *Crimes et délits contre les personnes*, 233 s. S. *eod. v°*, 341 s.

SECTION IV.
Attentat aux mœurs.

Art. 330. (*L.* 13 *mai* 1863.) Toute per[son]ne qui aura commis un outrage public à [la] pudeur sera punie d'un emprisonnement [de] trois mois à deux ans, et d'une amende [de] 16 francs à 200 francs. — *Pén.* 9, 40, 287.

1. LÉGISLATION ANTÉRIEURE A LA LOI DU [13] MAI 1863 : R. V° *Attentat aux mœurs*, 1 s. — [V.] aussi C. pén. ann., art. 330, n° 1 s.; et son [Sup]pl., n° 5036 s.
2. LOI DU 13 MAI 1863 : S. V° *Attentat aux [mœ]urs*, 1 s. — T. (87-97), *eod. v°*, 1 s. — D. P. [n°] 79. — V. aussi Suppl. au C. pén. ann., [n°] 5036 s.
[De]puis 1882, *le délit d'outrage aux bonnes mœurs est [puni], tantôt par l'article 28 de la loi du 29 juillet 1881*

(V. *infra*, Appendice, *L.* 29 *juillet* 1881, *art.* 28), *tantôt par la loi du 2 août* 1882, *modifiée elle-même par la loi du* 16 *mars* 1898 (V. *ibid.*).

Art. 331. (*L.* 13 *mai* 1863.) Tout attentat à la pudeur consommé ou tenté sans violence sur la personne d'un enfant de l'un ou de l'autre sexe, âgé de moins de treize ans, sera puni de la même peine l'attentat à la pudeur que tout ascendant sur la personne d'un mineur, même âgé de plus de treize ans, mais non émancipé par le mariage. — *Pén.* 7, 21, 28.

§ 1. LÉGISLATION ANTÉRIEURE A LA LOI DU 13 MAI 1863 : R. V° *Attentat aux mœurs*, 33 s. — V. aussi C. pén. ann., art. 331, n° 1 s.; et son Suppl., n° 5075 s.
§ 2. LOI DU 13 MAI 1863 : S V° *Attentat aux mœurs*, 26 s. — D. P. 63. 4. 79. — V. aussi Suppl. au C. pén. ann., n° 5075 s.

Art. 332. (*L.* 28 *avril* 1832.) Quiconque aura commis le crime de viol sera puni des travaux forcés à temps.

Si le crime a été commis sur la personne d'un enfant au-dessous de l'âge de quinze ans accomplis, le coupable subira le *maximum* de la peine des travaux forcés à temps.

Quiconque aura commis un attentat à la pudeur, consommé ou tenté avec violence contre des individus de l'un ou de l'autre sexe, sera puni de la réclusion.

Si le crime a été commis sur la personne d'un enfant au-dessous de l'âge de quinze ans accomplis, le coupable subira la peine des travaux forcés à temps. — *Pén.* 7, 15, 21, 28.

R. V° *Attentat aux mœurs*, 52 s. — S. *eod. v°*, 35 s. — V. aussi C. pén. ann., art. 332, n° 1 s.; et son Suppl., n° 5084 s.

Art. 333. (*L.* 13 *mai* 1863.) Si les coupables sont les ascendants de la personne sur laquelle a été commis l'attentat, s'ils sont de la classe de ceux qui ont autorité sur elle, s'ils sont ses instituteurs ou ses serviteurs à gages, ou serviteurs à gages des personnes ci-dessus désignées, s'ils sont fonctionnaires ou ministres d'un culte, ou si le coupable, quel qu'il soit, a été aidé dans son crime par une ou plusieurs personnes, la peine sera celle des travaux forcés à temps, dans le cas prévu par le paragraphe 1er de l'article 331, et des travaux forcés à perpétuité, dans les cas prévus par l'article précédent. — *Pén.* 7, 15, 28.

§ 1. LÉGISLATION ANTÉRIEURE A LA LOI DU 13 MAI 1863 : R. V° *Attentat aux mœurs*, 94 s. — V. aussi C. pén. ann., art. 333, n° 1 s.; et son Suppl., n° 5101.
§ 2. LOI DU 13 MAI 1863 : S. V° *Attentat aux mœurs*, 46 s. — D. P. 63. 4. 79. — V. aussi Suppl. au C. pén. ann., n° 5118 s.

Art. 334. (*L.* 3 *avril* 1903.) Sera puni d'un emprisonnement de six mois à trois ans et d'une amende de 50 francs à 5 000 francs :

1° Quiconque aura attenté aux mœurs en excitant, favorisant ou facilitant habituellement la débauche ou la corruption de la jeunesse de l'un ou de l'autre sexe au-dessous de l'âge de vingt et un ans;

2° Quiconque, pour satisfaire les passions d'autrui, aura embauché, entraîné ou détourné, même avec son consentement, une femme ou fille mineure en vue de la débauche;

3° Quiconque, pour satisfaire les passions d'autrui, aura, par fraude ou à l'aide de violences, menaces, abus d'autorité ou tout autre moyen de contrainte, embauché, entraîné ou détourné une femme ou une fille majeure en vue de la débauche;

4° Quiconque aura, par les mêmes moyens, retenu contre son gré, même pour cause de dettes contractées, une personne, même majeure, dans une maison de débauche, ou l'aura contrainte à se livrer à la prostitution.

Si les délits ci-dessus ont été excités, favorisés ou facilités par les père, mère, tuteur

ou les autres personnes énumérées en l'article 333, la peine d'emprisonnement sera de trois à cinq ans.

Ces peines seront prononcées alors même que les divers actes qui sont les éléments constitutifs des infractions auraient été accomplis dans des pays différents. — *Pén.* 9, 40 s.

R. v° *Attentat aux mœurs*, 136 s. — S. *eod. v°*, 62 s. — T. (87-97), *eod. v°*, 10 s.
Loi du 3 avril 1903 : D. P. 1903. 4. 52.
V. *infra*, **Appendice**, *la loi du 24 juillet* 1889, *sur la protection des enfants maltraités ou moralement abandonnés, art.* 1er, § 1.

Art. 335. (*L.* 3 *avril* 1903.) Les coupables d'un des délits mentionnés au précédent article seront interdits de toute tutelle et curatelle, et de toute participation aux conseils de famille, savoir : les individus auxquels s'appliquent les paragraphes 1er, 2e, 3e et 4e de cet article, pendant deux ans au moins et cinq ans au plus, et ceux dont il est parlé dans le paragraphe suivant, pendant dix ans au moins et vingt ans au plus.

Si le délit a été commis par le père ou la mère, le coupable sera de plus privé des droits et avantages à lui accordés sur la personne et les biens de l'enfant par le Code civil, livre 1er, titre IX, *De la puissance paternelle*.

Dans tous les cas, les coupables pourront en outre être mis, par l'arrêt ou le jugement, en état d'interdiction de séjour en observant, pour la durée de l'interdiction, ce qui vient d'être établi par le premier paragraphe du présent article. — *Pén.* 11, 42, 44 s.; *Civ.* 371 s., 443 s.

R. v° *Attentat aux mœurs*, 161 s.
Loi du 3 avril 1903 : D. P. 1903. 4. 52.
V. *infra*, **Appendice**, *la loi du 24 juillet* 1889, *sur la protection des enfants maltraités ou moralement abandonnés, art.* 1er, § 2.

Art. 336. L'adultère de la femme ne pourra être dénoncé que par le mari; cette faculté même cessera s'il est dans le cas prévu par l'article 339. — *Pén.* 324; *Instr.* 1, 3; *Civ.* 229, 308.

R. v° *Adultère*, 1 s. — S. *eod. v°*, 1 s. — T. (87-97), *eod. v°*, 1 s.

Art. 337. La femme convaincue d'adultère subira la peine de l'emprisonnement pendant trois mois au moins et deux ans au plus.

Le mari restera le maître d'arrêter l'effet de cette condamnation, en consentant à reprendre sa femme. — *Pén.* 9, 40 s.; *Civ.* 308, 309.

R. v° *Adultère*, 116 s. — S. *eod. v°*, 87 s.

Art. 338. Le complice de la femme adultère sera puni de l'emprisonnement pendant le même espace de temps, et, en outre, d'une amende de 100 francs à 2 000 francs.

Les seules preuves qui pourront être admises contre le prévenu de complicité seront, outre le flagrant délit, celles résultant de lettres ou autres pièces écrites par le prévenu. — *Pén.* 9, 40, 52; *Instr.* 41.

R. v° *Adultère*, 96 s., 116 s. — S. *eod. v°*, 75 s., 87. — T. (87-97), *eod. v°*, 5 s. — V. aussi C. pén. ann., art. 338, n° 1 s.; et son Suppl., n° 5201 s.

Art. 339. Le mari qui aura entretenu une concubine dans la maison conjugale, et qui aura été convaincu sur la plainte de la femme, sera puni d'une amende de 100 francs à 2 000 francs. — *Pén.* 9, 52, 336; *Civ.* 108, 230.

R. v° *Adultère*, 10 s., 62 s. — S. *eod. v°*, 7 s., 45 s. — V. aussi C. pén. ann., art. 339, n° 1 s.; et son Suppl., n° 5230 s.

Art. 340. Quiconque étant engagé dans les liens du mariage en aura contracté un autre avant la dissolution du précédent, sera puni de la peine des travaux forcés à temps.

L'officier public qui aura prêté son ministère à ce mariage, connaissant l'existence du précédent, sera condamné à la même peine. — *Pén.* 7, 194 ; *Civ.* 139, 147, 188, 189.

R. v° *Bigamie*, 1 s. — S. *eod.* v°, 1 s. — V. aussi C. pén. ann., art. 340, n° 1 s. ; et son Suppl., n° 5202 s.

SECTION V.

Arrestations illégales et séquestrations de personnes.

Art. 341. Seront punis de la peine des travaux forcés à temps ceux qui, sans ordre des autorités constituées et hors les cas où la loi ordonne de saisir des prévenus, auront arrêté, détenu ou séquestré des personnes quelconques.

Quiconque aura prêté un lieu pour exécuter la détention ou séquestration, subira la même peine. — *Pén.* 7, 15, 114, 122, 342 ; *Instr.* 615.

Art. 342. Si la détention ou séquestration a duré plus d'un mois, la peine sera celle des travaux forcés à perpétuité. — *Pén.* 7, 15, 16.

Art. 343. La peine sera réduite à l'emprisonnement de deux ans à cinq ans, si les coupables des délits mentionnés en l'article 341, non encore poursuivis de fait, ont rendu la liberté à la personne arrêtée, séquestrée ou détenue, avant le dixième jour accompli depuis celui de l'arrestation, détention ou séquestration. Ils pourront néanmoins être renvoyés *sous la surveillance de la haute police*, depuis cinq ans jusqu'à dix ans. — *Pén.* 9, 11, 40, 44 ; *L. 27 mai* 1885, *art.* 19.

Art. 344. (*L. 28 avril* 1832.) Dans chacun des deux cas suivants :

1° Si l'arrestation a été exécutée avec le faux costume, sous un faux nom, ou sur un faux ordre de l'autorité publique ;

2° Si l'individu arrêté, détenu ou séquestré, a été menacé de la mort,

Les coupables seront punis des travaux forcés à perpétuité.

Mais la peine sera celle de la mort, si les personnes arrêtées, détenues ou séquestrées, ont été soumises à des tortures corporelles. — *Pén.* 7, 12, 15, 259, 303, 305.

R. v° *Liberté individuelle*, 63 s. — S. *eod.* v°, 23 s.

SECTION VI.

Crimes et délits tendant à empêcher ou détruire la preuve de l'état civil d'un enfant, ou à compromettre son existence ; enlèvement de mineurs ; infractions aux lois sur les inhumations.

§ 1er. — Crimes et délits envers l'enfant.

Art. 345. (*L. 13 mai* 1863.) Les coupables d'enlèvement, de recélé ou de suppression d'un enfant, de substitution d'un enfant à un autre, ou de supposition d'un enfant à une femme qui ne sera pas accouchée, seront punis de la réclusion.

S'il est établi que l'enfant ait vécu, la peine sera d'un mois à cinq ans d'emprisonnement.

S'il est établi que l'enfant n'a pas vécu, la peine sera de six jours à deux mois d'emprisonnement.

Seront punis de la réclusion ceux qui, étant chargés d'un enfant, ne le représenteront point aux personnes qui ont droit de le réclamer. — *Pén.* 7, 9, 28, 40, 147, 354 ; *Civ.* 193, 326.

§ 1. LÉGISLATION ANTÉRIEURE A LA LOI DU 13 MAI 1863 : R. v° *Crimes et délits contre les personnes*, 243 s. — V. aussi C. pén. ann., art. 345, n° 1 s. ; et son Suppl., n° 5306 s.

§ 2. LOI DU 13 MAI 1863 : S. v° *Crimes et délits contre les personnes*, 350 s. — D. P. 63. 4. 79. — V. aussi Suppl. au C. pén. ann., n° 5306 s.

Art. 346. Toute personne qui, ayant assisté à un accouchement, n'aura pas fait la déclaration à elle prescrite par l'article 56 du Code civil, et dans les délais fixés par l'ar-

ticle 55 du même Code, sera punie d'un emprisonnement de six jours à six mois, et d'une amende de 16 francs à 300 francs. — *Pén.* 9, 40, 347 ; *Civ.* 56 ; *L. 23 déc.* 1874, *art.* 8.

R. v° *Acte de l'état civil*, 207 s., 510 ; *Crimes et délits contre les personnes*, 255 s. — S. v° *Acte de l'état civil*, 53 s.

Art. 347. Toute personne qui, ayant trouvé un enfant nouveau-né, ne l'aura pas remis à l'officier de l'état civil, ainsi qu'il est prescrit par l'article 58 du Code civil, sera punie des peines portées au précédent article.

La présente disposition n'est point applicable à celui qui aurait consenti à se charger de l'enfant, ou qui aurait fait sa déclaration à cet égard devant la municipalité du lieu où l'enfant a été trouvé. — *Pén.* 346.

R. v° *Acte de l'état civil*, 207 s. ; *Crimes et délits contre les personnes*, 260 s.

Art. 348. Ceux qui auront porté à un hospice un enfant au-dessous de l'âge de sept ans accomplis, qui leur aurait été confié afin qu'ils en prissent soin ou pour toute autre cause, seront punis d'un emprisonnement de six semaines à six mois, et d'une amende de 16 francs à 50 francs.

Toutefois, aucune peine ne sera prononcée, s'ils n'étaient pas tenus ou ne s'étaient pas obligés de pourvoir gratuitement à la nourriture et à l'entretien de l'enfant, et si personne n'y avait pourvu. — *Pén.* 9, 12, 40, 345.

R. v° *Crimes et délits contre les personnes*, 253 s. — S. *eod.* v°, 386.

Art. 349. (*L. 19 avril* 1898.) Ceux qui auront exposé ou fait exposer, délaissé ou fait délaisser, en un lieu solitaire, un enfant ou un incapable, hors d'état de se protéger eux-mêmes, à raison de leur état physique ou mental, seront, pour ce seul fait, condamnés à un emprisonnement de un an à trois ans, et à une amende de 16 francs à 1 000 francs.

Art. 350. (*L. 19 avril* 1898.) La peine portée au précédent article sera de deux ans à cinq ans, et l'amende de 50 francs à 500 francs contre les ascendants ou toutes autres personnes ayant autorité sur l'enfant ou l'incapable, ou en ayant la garde. — *Pén.* 9, 40, 351, 353.

Art. 351. (*L. 19 avril* 1898.) S'il est résulté de l'exposition ou du délaissement une maladie ou incapacité de plus de vingt jours, le maximum de la peine sera appliqué.

Si l'enfant ou l'incapable est demeuré mutilé ou estropié, ou s'il est resté atteint d'une infirmité permanente, les coupables subiront la peine de la réclusion.

Si les coupables sont les personnes mentionnées à l'article 350, la peine sera celle de la réclusion dans le cas prévu au paragraphe 1er du présent article, et celle des travaux forcés à temps au cas prévu au paragraphe 2 ci-dessus dudit article.

Lorsque l'exposition ou le délaissement dans un lieu solitaire aura occasionné la mort, l'action sera considérée comme meurtre.

Art. 352. (*L. 19 avril* 1898.) Ceux qui auront exposé ou fait exposer, délaissé ou fait délaisser en un lieu non solitaire un enfant ou un incapable hors d'état de se protéger eux-mêmes à raison de leur état physique ou mental, seront, pour ce seul fait, condamnés à un emprisonnement de trois mois à un an, et à une amende de 16 francs à 1 000 francs.

Si les coupables sont les personnes mentionnées à l'article 350, la peine sera de six mois à deux ans d'emprisonnement, et de 25 francs à 200 francs d'amende. — *Pén.* 9, 40 s., 349, 353.

Art. 353. (*L. 19 avril* 1898.) S'il est résulté de l'exposition ou du délaissement une maladie ou incapacité de plus de vingt jours,

ou une des infirmités prévues par l'article 309, paragraphe 3, les coupables subiront un emprisonnement de un an à cinq ans, et une amende de 16 francs à 2 000 francs.

Si la mort a été occasionnée sans intention de la donner, la peine sera celle des travaux forcés à temps.

Si les coupables sont les personnes mentionnées à l'article 350, la peine sera, dans le premier cas, celle de la réclusion, et, dans le second, celle des travaux forcés à perpétuité. — *Pén.* 9, 40 s.

§ 1. LÉGISLATION ANTÉRIEURE A LA LOI DU 19 AVRIL 1898 : R. v° *Crimes et délits contre les personnes*, 262 s.

§ 2. LOI DU 19 AVRIL 1898 : *Crimes et délits contre les personnes*, 263 s. — S. v° *id.*, ann., art. 349-353. — D. P. 98. 4. 41.

V. *infra*, Appendice, la loi du 19 avril 1898, sur la répression des violences, voies de fait, actes de cruauté et attentats commis envers les enfants.

§ 2. — Enlèvement de mineurs.

Art. 354. Quiconque aura, par fraude ou violence, enlevé ou fait enlever des mineurs, ou les aura entraînés, détournés ou déplacés, ou les aura fait entraîner, détourner ou déplacer des lieux où ils étaient mis par ceux à l'autorité ou à la direction desquels ils étaient soumis ou confiés, subira la peine de la réclusion. — *Pén.* 7, 21, 28, 47, 355 ; *Instr.* 406.

Art. 355. Si la personne ainsi enlevée ou détournée est une fille au-dessous de seize ans accomplis, la peine sera celle des travaux forcés à temps. — *Pén.* 7, 15, 354.

Art. 356. Quand la fille au-dessous de seize ans aurait consenti à son enlèvement ou suivi volontairement le ravisseur, si celui-ci était majeur de vingt-un ans ou au-dessus, il sera condamné aux travaux forcés à temps.

Si le ravisseur n'avait pas encore vingt-un ans, il sera puni d'un emprisonnement de deux à cinq ans. — *Pén.* 7, 9, 19, 28.

Art. 357. Dans le cas où le ravisseur aurait épousé la fille qu'il a enlevée, il ne pourra être poursuivi que sur la plainte des personnes qui, d'après le Code civil, ont le droit de demander la nullité du mariage, ni condamné qu'après que la nullité du mariage aura été prononcée.

(*L. 5 décembre* 1901.) Quand il aura été statué sur la garde d'un enfant par décision de justice provisoire ou définitive, au cours ou à la suite d'une instance de séparation de corps ou de divorce, ou dans les circonstances prévues par les lois des 24 juillet 1889 et 19 avril 1898, le père ou la mère qui ne représentera pas ce mineur à ceux qui ont le droit de le réclamer ou qui, même sans fraude ou violence, l'enlèvera ou le détournera ou le fera enlever ou détourner des mains de ceux auxquels sa garde aura été confiée, ou des lieux où ces derniers l'auront placé, sera puni d'un emprisonnement d'un mois à un an, et d'une amende de 16 francs à 5 000 francs. Si le coupable a été déchu de la puissance paternelle, l'emprisonnement pourra être élevé jusqu'à trois ans. — *Civ.* 180 s., 340.

R. v° *Crimes et délits contre les personnes*, 285 s. — S. *eod.* v°, 404 s.

Loi du 5 décembre 1901 : D. P. 1902. 4. 19.

§ 3. — Infraction aux lois sur les inhumations.

Art. 358. Ceux qui, sans l'autorisation préalable de l'officier public, dans le cas où elle est prescrite, auront fait inhumer un individu décédé, seront punis de six jours à deux mois d'emprisonnement, et d'une amende de 16 francs à 50 francs ; sans préjudice de la poursuite des crimes dont les auteurs de ce délit pourraient être prévenus dans cette circonstance.

La même peine aura lieu contre ceux qui auront contrevenu, de quelque manière que ce soit, à la loi et aux règlements relatifs aux mations précipitées. — *Pén.* 9, 40, 373 ; ·. 161, 191, 195, 364 ; *Civ.* 77.

rt. 359. Quiconque aura recélé ou ca- le cadavre d'une personne homicidée ou c des suites de coups ou blessures, sera d'un emprisonnement de six mois à ans, et d'une amende de 50 francs à 400 cs ; sans préjudice de peines plus graves, , participé au crime. — *Pén.* 9, 40 s., ; *Instr.* 358, 366.

rt. 360. Sera puni d'un emprisonne- le trois mois à un an, et de 16 francs à 0 francs d'amende, quiconque se sera u coupable de violation de tombeaux ou épultures ; sans préjudice des peines re les crimes ou les délits qui seraient s à celui-ci. — *Pén.* 9, 40.

v° *Culte*, 739 s. — S. *eod.* v°, 814 s.

SECTION VII.

aux témoignage, calomnie, injures, révélation de secrets.

§ 1er. — Faux témoignage.

rt. 361. (*L.* 13 mai 1863.) Quiconque coupable de faux témoignage en matière inelle, soit contre l'accusé, soit en sa ur, sera puni de la peine de la reclusion. néanmoins l'accusé a été condamné à peine plus forte que celle de la reclu- le faux témoin qui a déposé contre lui ra la même peine. — *Pén.* 7, 21 ; *Instr.* 330, 445.

. LÉGISLATION ANTÉRIEURE A LA LOI DU AI 1863 : R. v° *Témoignage faux*, 1 s. — ussi C. pén. ann., art. 361, nos 1 s.; et son ., nos 5472 s.

. LOI DU 13 MAI 1863 : S. v° *Témoignage faux*, —. T. (87-97), *eod.* v°, 1 s. — D. P. 63. 4. 79. aussi Suppl. au C. pén. ann., nos 5472 s.

rt. 362. (*L.* 13 mai 1863.) Quiconque coupable de faux témoignage en matière ectionnelle, soit contre le prévenu, soit a faveur, sera puni d'un emprisonne- de deux ans au moins et de cinq ans lus, et d'une amende de 50 francs à francs.

néanmoins le prévenu a été condamné 1s de cinq années d'emprisonnement, le témoin qui a déposé contre lui subira ême peine.

iconque sera coupable de faux témoi- e en matière de police, soit contre le enu, soit en sa faveur, sera puni d'un risonnement d'un an au moins et de ans au plus, et d'une amende de ancs à 500 francs.

ns ces deux cas, les coupables pour- , en outre, être privés des droits men- nés en l'article 42 du présent Code, pen- cinq ans au moins et dix ans au plus, mpter du jour où ils auront subi leur , et être placés *sous la surveillance de* aute police pendant le même nombre nées. — *Pén.* 9, 11, 40, 364 ; *L.* 27 mai 1885, *art.* 19.

1. LÉGISLATION ANTÉRIEURE A LA LOI DU AI 1863 : R. v° *Témoignage faux*, 110 s. . LOI DU 13 MAI 1863 : S. v° *Témoignage faux*, — D. P. 63. 4. 79.

rt. 363. (*L.* 13 mai 1863.) Le coupable aux témoignage, en matière civile, sera i d'un emprisonnement de deux à cinq , et d'une amende de 50 francs à 2 000 cs. Il pourra l'être aussi des peines acces- es mentionnées dans l'article précédent. *Pén.* 9, 11, 40 ; *Pr.* 262.

1. LÉGISLATION ANTÉRIEURE A LA LOI DU AI 1863 : R. v° *Témoignage faux*, 45 s. . LOI DU 13 MAI 1863 : S. v° *Témoignage faux*, — D. P. 63. 4. 79.

rt. 364. (*L.* 13 mai 1863.) Le faux té- n en matière criminelle, qui aura reçu l'argent, une récompense quelconque ou promesses, sera puni des travaux forcés emps, sans préjudice de l'application du xième paragraphe de l'article 361.

Le faux témoin, en matière correctionnelle ou civile, qui aura reçu de l'argent, une récompense quelconque ou des promesses, sera puni de la reclusion.

Le faux témoin, en matière de police, qui aura reçu de l'argent, une récompense quel- conque ou des promesses, sera puni d'un emprisonnement de deux à cinq ans, et d'une amende de 50 francs à 3 000 francs.

Il pourra l'être aussi des peines acces- soires mentionnées en l'article 362.

Dans tous les cas, ce que le faux témoin aura reçu sera confisqué. — *Pén.* 7, 9, 11 s.

§ 1. LÉGISLATION ANTÉRIEURE A LA LOI DU 13 MAI 1863 : R. v° *Témoignage faux*, 156 s.

§ 2. LOI DU 13 MAI 1863 : D. P. 63. 4. 79.

Art. 365. (*L.* 28 avril 1832.) Le cou- pable de subornation de témoins sera pas- sible des mêmes peines que le faux témoin, selon les distinctions contenues dans les ar- ticles 361, 362, 363 et 364.

R. v° *Témoignage faux*, 53 s. — S. *eod.* v°, 19 s.

Art. 366. (*L.* 13 mai 1863.) Celui à qui le serment aura été déféré en matière civile, et qui aura fait un faux serment, sera puni d'un emprisonnement d'une année au moins et de cinq ans au plus, et d'une amende de 100 francs à 3 000 francs.

Il pourra en outre être privé des droits mentionnés en l'article 42 du présent Code pendant cinq ans au moins et dix ans au plus, à compter du jour où il aura subi sa peine, et être placé *sous la surveillance de la haute police* pendant le même nombre d'années. — *Pén.* 9, 11, 40 ; *Pr.* 120 ; *L.* 27 mai 1885, *art.* 19.

§ 1. LÉGISLATION ANTÉRIEURE A LA LOI DU 13 MAI 1863 : R. v° *Obligations*, 5372 s.

§ 2. LOI DU 13 MAI 1863 : S. v° *Obligations*, 2238 s. — D. P. 63. 4. 79.

§ 2. — Calomnies, injures, révélation de secrets.

Art. 367 à 372. *Abrogés par L.* 17 mai 1819.

Ces articles, qui prévoyaient et punissaient le délit de calomnie, ont été abrogés par la loi du 17 mai 1819 qui, dans ses articles 13 à 18, l'a remplacé par le délit de dif- famation, aujourd'hui prévu et puni par les articles 29, 30, 31, 32, 34 et 35 de la loi du 29 juillet 1881, sur la presse. — V. *infra*, Appendice, la loi du 29 juillet 1881, art. 29, 30, 31, 32, 34, 35.

Art. 373. Quiconque aura fait par écrit une dénonciation calomnieuse contre un ou plusieurs individus, aux officiers de justice ou de police administrative ou judiciaire, sera puni d'un emprisonnement d'un mois à un an, et d'une amende de 100 francs à 3 000 francs. — *Pén.* 9, 40 s. ; *Instr.* 358, 359.

R. v° *Dénonciation calomnieuse*, 1 s. — S. *eod.* v°, 1 s. — T. (87-97), *eod.* v°, 1 s. — V. aussi C. pén. ann., art. 373, nos 1 s. et son Suppl., no 5930 s.

Art. 374 à 377. *Abrogés par L.* 17 mai 1819.

Art. 378. Les médecins, chirurgiens *et autres officiers de santé*, ainsi que les phar- maciens, les sages-femmes et toutes autres personnes dépositaires, par état ou profes- sion, des secrets qu'on leur confie, qui, hors le cas où la loi les oblige à se porter dénon- ciateurs, auront révélé ces secrets, seront punis d'un emprisonnement d'un mois à six mois, et d'une amende de 100 francs à 500 francs. — *Pén.* 9, 40, 187, 418.

R. v° *Révélation de secrets*, 1 s. — S. *eod.* v°, 1 s. — T. (87-97), *eod.* v°, 1 s. — V. aussi C. pén. ann., art. 378, no 1 s. ; et son Suppl., no 3050 s.

CHAPITRE II.

Crimes et délits contre les propriétés.

Loi décrétée le 19 février 1810, promulguée le 20 mars suivant.

SECTION PREMIÈRE.

Vols.

Art. 379. Quiconque a soustrait fraudu- leusement une chose qui ne lui appartient

pas est coupable de vol. — *Pén.* 253, 401 ; *Civ.* 1293-1°, 1302, 2279, 2280 ; *Pr.* 905 ; *Com.* 612.

R. v° *Vol et escroquerie*, 1 s. — S. *eod.* v°, 1 s. — T. (87-97), *eod.* v°, 1 s. — V. aussi C. pén. ann., art. 379, no 1 s.; et son Suppl., no 5712 s.

Art. 380. Les soustractions commises par des maris au préjudice de leurs femmes, par des femmes au préjudice de leurs maris, par un veuf ou une veuve quant aux choses qui avaient appartenu à l'époux décédé, par des enfants ou autres descendants au préju- dice de leurs pères ou mères ou autres as- cendants, par des pères et mères ou autres ascendants, au préjudice de leurs enfants ou autres descendants, ou par des alliés aux mêmes degrés, ne pourront donner lieu qu'à des réparations civiles.

A l'égard de tous autres individus qui au- raient recélé ou appliqué à leur profit tout ou partie des objets volés, ils seront punis comme coupables de vol. — *Pén.* 59 s., 62, 381 s. ; *Civ.* 792, 801, 1149, 1382, 1460, 1477 ; *Com.* 594.

R. v° *Vol et escroquerie*, 130 s. — C. *eod.* v°, 37 s. — V. aussi C. pén. ann., art. 380, no 1 s.; et son Suppl., no 5805 s.

Art. 381. (*L.* 28 avril 1832.) Seront pu- nis des travaux forcés à perpétuité les indi- vidus coupables de vol commis avec la réu- nion des cinq circonstances suivantes :

1° Si le vol a été commis la nuit ;

2° S'il a été commis par deux ou plusieurs personnes ;

3° Si les coupables ou l'un d'eux étaient porteurs d'armes apparentes ou cachées ;

4° S'ils ont commis le crime, soit à l'aide d'effraction extérieure, ou d'escalade, ou de fausses clefs, dans une maison, appartement, chambre ou logement habités ou servant à l'habitation, ou leurs dépendances, soit en prenant le titre d'un fonctionnaire public ou d'un officier civil ou militaire, ou après s'être revêtus de l'uniforme ou du costume du fonc- tionnaire ou de l'officier, ou en alléguant un faux ordre de l'autorité civile ou militaire ;

5° S'ils ont commis le crime avec violence ou menace de faire usage de leurs armes. — *Pén.* 7, 15, 101, 258, 259, 305 s., 382, 390, 393 s., 398.

R. v° *Vol et escroquerie*, 471 s. — S. *eod.* v°, 79 s. — V. aussi C. pén. ann., art. 381, no 1 s.; et son Suppl., no 5820 s.

Art. 382. (*L.* 13 mai 1863.) Sera puni de la peine des travaux forcés à temps tout individu coupable de vol commis à l'aide de violence.

Si la violence à l'aide de laquelle le vol a été commis a laissé des traces de blessures ou de contusions, cette circonstance suffira pour que la peine des travaux forcés à per- pétuité soit prononcée. — *Pén.* 7, 15, 28.

§ 1. LÉGISLATION ANTÉRIEURE A LA LOI DU 13 MAI 1863 : R. v° *Vol et escroquerie*, 587 s.

§ 2. LOI DU 13 MAI 1863 : S. v° *Vol et escroque- rie*, 187 s. — D. P. 63. 4. 79.

Art. 383. (*L.* 28 avril 1832.) Les vols commis sur les chemins publics emporteront la peine des travaux forcés à perpétuité, lorsqu'ils auront été commis avec deux des circonstances prévues par l'article 381.

Ils emporteront la peine des travaux forcés à temps, lorsqu'ils auront été commis avec une seule de ces circonstances.

Dans les autres cas, la peine sera celle de la reclusion. — *Pén.* 7, 15, 28.

R. v° *Vol et escroquerie*, 357 s. — S. *eod.* v°, 58 s.

Art. 384. Sera puni de la peine des tra- vaux forcés à temps, tout individu coupable de vol commis à l'aide des moyens énoncés dans le n° 4 de l'article 381, même quoique l'effraction, l'escalade et l'usage des fausses clefs ait eu lieu dans des édifices, parcs ou enclos non servant à l'habitation et non dépendants des maisons habitées, et lors même que l'effraction n'aurait été qu'intérieure. — *Pén.* 7, 15, 28, 390, 393 s., 398.

R. v° *Vol et escroquerie*, 483 s. — S. cod. v°, 81 s.

Art. 385. (*L.* 13 *mai* 1863.) Sera également puni de la peine des travaux forcés à temps tout individu coupable de vol commis avec deux des trois circonstances suivantes :

1° Si le vol a été commis la nuit;

2° S'il a été commis dans une maison habitée, ou dans un des édifices consacrés aux cultes légalement établis en France;

3° S'il a été commis par deux ou plusieurs personnes;

Et si, en outre, le coupable ou l'un des coupables était porteur d'armes apparentes ou cachées. — *Pén.* 7, 15, 101, 381, 386.

§ 1. LÉGISLATION ANTÉRIEURE A LA LOI DU 13 MAI 1863 : R. v° *Vol et escroquerie*, 302 s., 461 s., 471 s.
§ 2. LOI DU 13 MAI 1863 : S. v° *Vol et escroquerie*, 52 s., 77 s., 79 s. — D. P. 63. 4. 79.

Art. 386. (*L.* 28 *avril* 1832.) Sera puni de la peine de la reclusion tout individu coupable de vol commis dans l'un des cas ci-après :

1° Si le vol a été commis la nuit, et par deux ou plusieurs personnes, ou s'il a été commis avec une de ces deux circonstances seulement, mais en même temps dans un lieu habité ou servant à l'habitation, ou dans les édifices consacrés aux cultes légalement établis en France;

2° Si le coupable ou l'un des coupables était porteur d'armes apparentes ou cachées, même quoique le lieu où le vol a été commis ne fût ni habité ni servant à l'habitation, et encore quoique le vol ait été commis le jour et par une seule personne;

3° Si le voleur est un domestique ou un homme de service à gages, même lorsqu'il aura commis le vol envers des personnes qu'il ne servait pas, mais qui se trouvaient, soit dans la maison de son maître, soit dans celle où il l'accompagnait; ou si c'est un ouvrier, compagnon ou apprenti, dans la maison, l'atelier ou le magasin de son maître; ou un individu travaillant habituellement dans l'habitation où il aura volé;

4° Si le vol a été commis par un aubergiste, un hôtelier, un voiturier, un batelier ou un de leurs préposés, lorsqu'ils auront volé tout ou partie des choses qui leur étaient confiées à ce titre. — *Pén.* 7, 21, 28, 381, 387, 390.

R. v° *Vol et escroquerie*, 184 s. — S. cod. v°, 41 s. — V. aussi C. pén. ann., art. 386, n° 1 s.; et son Suppl., n° 5861 s.

V. infra, Appendice, la loi du 18 avril 1889, qui a limité à 1000 francs la responsabilité civile des aubergistes ou hôteliers pour les espèces monnayées et les valeurs ou titres au porteur de toute nature non déposés réellement entre leurs mains.

Art. 387. (*L.* 13 *mai* 1863.) Les voituriers, bateliers ou leurs préposés qui auront altéré ou tenté d'altérer des vins ou toute autre espèce de liquides ou marchandises dont le transport leur avait été confié, et qui auront commis ou tenté de commettre cette altération par le mélange de substances malfaisantes, seront punis d'un emprisonnement de deux à cinq ans et d'une amende de 25 francs à 500 francs.

Ils pourront, en outre, être privés des droits mentionnés en l'article 42 du présent Code pendant cinq ans au moins et dix ans au plus; ils pourront aussi être mis, par l'arrêt ou le jugement, *sous la surveillance de la haute police* pendant le même nombre d'années.

S'il n'y a pas eu mélange de substances malfaisantes, la peine sera un emprisonnement d'un mois à un an, et une amende de 16 francs à 100 francs. — *Pén.* 9, 11, 40, 44, 318; *L.* 27 *mai* 1885, *art.* 19.

R. v° *Vol et escroquerie*, 289 s.
Loi du 13 mai 1863 : D. P. 63. 4. 79.

Art. 388. (*L.* 28 *avril* 1832.) Quiconque aura volé ou tenté de voler dans les champs, des chevaux ou bêtes de charge, de voiture ou de monture, gros et menus bestiaux, ou des instruments d'agriculture, sera puni d'un emprisonnement d'un an au moins et de cinq ans au plus, et d'une amende de 16 francs à 500 francs.

Il en sera de même à l'égard des vols de bois dans les ventes, et de pierres dans les carrières, ainsi qu'à l'égard du vol de poisson en étang, vivier ou réservoir.

Quiconque aura volé ou tenté de voler, dans les champs, des récoltes ou autres productions utiles de la terre, déjà détachées du sol, ou des meules de grains faisant partie de récoltes, sera puni d'un emprisonnement de quinze jours à deux ans, et d'une amende de 16 francs à 200 francs.

Si le vol a été commis, soit la nuit, soit par plusieurs personnes, soit à l'aide de voitures ou d'animaux de charge, l'emprisonnement sera d'un an à cinq ans, et l'amende de 16 francs à 500 francs.

Lorsque le vol ou la tentative de vol de récoltes ou autres productions utiles de la terre, qui, avant d'être soustraites, n'étaient pas encore détachées du sol, aura eu lieu, soit avec des paniers ou des sacs ou autres objets équivalents, soit la nuit, soit à l'aide de voitures ou d'animaux de charge, soit par plusieurs personnes, la peine sera d'un emprisonnement de quinze jours à deux ans, et d'une amende de 16 francs à 200 francs.

Dans tous les cas spécifiés au présent article, les coupables pourront, indépendamment de la peine principale, être interdits de tout ou partie des droits mentionnés en l'article 42 pendant cinq ans au moins et dix ans au plus, à compter du jour où ils auront subi leur peine. Ils pourront aussi être mis, par l'arrêt ou le jugement, *sous la surveillance de la haute police* pendant le même nombre d'années. — *Pén.* 9, 11, 40, 44, 444, 452, 457, 471-9°, 475 ; *L.* 27 *mai* 1885, *art.* 19.

R. v° *Vol et escroquerie*, 380 s. — S. cod. v°, 61 s. — T. *Vol et escroquerie*, 302 s., 18 s. — V. aussi C. pén. ann., art. 388, n° 1 s.; et son Suppl., n° 5913 s.

Art. 389. (*L.* 13 *mai* 1863.) Tout individu qui, pour commettre un vol, aura enlevé ou tenté d'enlever des bornes servant de séparation aux propriétés, sera puni d'un emprisonnement de deux ans à cinq ans et d'une amende de 16 francs à 500 francs.

Le coupable pourra, en outre, être privé des droits mentionnés en l'article 42, pendant cinq ans au moins et dix ans au plus, à compter du jour où il aura subi sa peine; il pourra aussi être mis, par l'arrêt ou le jugement, *sous la surveillance de la haute police pendant le même nombre d'années. — Pén.* 9, 11, 40, 44, 456; *L.* 27 *mai* 1885, *art.* 19.

§ 1. LÉGISLATION ANTÉRIEURE A LA LOI DU 13 MAI 1863 : R. v° *Vol et escroquerie*, 453 s.
§ 2. LOI DU 13 MAI 1863 : S. v° *Contravention*, 118 s., 241 s.; *Droit rural*, 210 s.; *Régime forestier*, 268 s., 323 s.; *Dommage-destruction*, 131 s. — D. P. 63. 4. 79.

Art. 390. Est réputée *maison habitée*, tout bâtiment, logement, loge, cabane, même mobile, qui, sans être actuellement habité, est destiné à l'habitation, et tout ce qui en dépend, comme cours, basses-cours, granges, écuries, édifices qui y sont enfermés, quel qu'en soit l'usage, et quand même ils auraient une clôture particulière dans la clôture ou enceinte générale. — *Pén.* 381, 382, 386-1°, 392.

R. v° *Vol et escroquerie*, 302 s. — S. cod. v°, 52 s.

Art. 391. Est réputé *parc ou enclos*, tout terrain environné de fossés, de pieux, de claies, de planches, de haies vives ou sèches, ou de murs de quelque espèce que matériaux que ce soit, quelles que soient la hauteur, la profondeur, la vétusté, la dégra-

dation de ces diverses clôtures, quand il n'y aurait pas de porte fermant à clef ou autrement, ou quand la porte serait à claire-voie et ouverte habituellement. — *Pén.* 384, 392, 451.

R. v° *Vol et escroquerie*, 329 s.

Art. 392. Les parcs mobiles destinés à contenir du bétail dans la campagne, de quelque matière qu'ils soient faits, sont aussi réputés enclos; et, lorsqu'ils tiennent aux cabanes mobiles ou autres abris destinés aux gardiens, ils sont réputés dépendants de maison habitée. — *Pén.* 390 s., 451.

R. v° *Vol et escroquerie*, 332.

Art. 393. Est qualifiée *effraction*, tout forcement, rupture, dégradation, démolition enlèvement de murs, toits, planchers, portes fenêtres, serrures, cadenas, ou autres ustensiles ou instruments servant à fermer ou à empêcher le passage, et de toute espèce de clôture, quelle qu'elle soit. — *Pén.* 322, 384, 394, 394 s.

Art. 394. Les effractions sont extérieures ou intérieures.

Art. 395. Les effractions extérieures sont celles à l'aide desquelles on peut s'introduire dans les maisons, cours, basses-cours, enclos et dépendances, ou dans les appartements ou logements particuliers.

Art. 396. Les effractions intérieures sont celles qui, après l'introduction dans les lieux mentionnés en l'article précédent, sont faites aux portes ou clôtures du dedans, ainsi qu'aux armoires ou autres meubles fermés.

Est compris dans la classe des effractions intérieures, le simple enlèvement des caisses boîtes, ballots sous toile et corde, et autres meubles fermés, qui contiennent des effets quelconques, bien que l'effraction n'ait pas été faite sur le lieu.

R. v° *Vol et escroquerie*, 483 s. — S. cod. v°, 81 s.

Art. 397. Est qualifiée *escalade*, toute entrée dans les maisons, bâtiments, cours, basses-cours, édifices quelconques, jardins, parcs et enclos, exécutée par-dessus les murs, portes, toitures ou toute autre clôture.

L'entrée par une ouverture souterraine autre que celle qui a été établie pour servi d'entrée, constitue une circonstance de même gravité que l'escalade. — *Pén.* 322, 381, 384.

R. v° *Vol et escroquerie*, 533 s. — S. cod. v°, 84 s.

Art. 398. Sont qualifiés *fausses clefs* tous crochets, rossignols, passe-partout clefs imitées, contrefaites, altérées, ou qui n'ont pas été destinées par le propriétaire, locataire, aubergiste ou logeur, aux serrures, cadenas, ou aux fermetures quelconques auxquelles le coupable les aura employées. — *Pén.* 381, 384, 399.

R. v° *Vol et escroquerie*, 568 s. — S. cod. v°, 85.

Art. 399. (*L.* 13 *mai* 1863.) Quiconque aura contrefait ou altéré des clefs sera condamné à un emprisonnement de trois mois à deux ans et à une amende de 25 francs à 150 francs.

Si le coupable est un serrurier de profession, il sera puni d'un emprisonnement de deux ans à cinq ans et d'une amende de 500 francs à 500 francs.

Il pourra, en outre, être privé de tout ou partie des droits mentionnés en l'article 42 pendant cinq ans au moins et dix ans au plus, à compter du jour où il aura subi sa peine; il pourra aussi être mis, par l'arrêt ou le jugement, *sous la surveillance de la haute police* pendant le même nombre d'années.

Le tout, sans préjudice de plus fortes peines, s'il y échet, en cas de complicité de crime. — *Pén.* 9, 11, 40, 44.

R. v° *Vol et escroquerie*, 579 s.
Loi du 13 mai 1863 : D. P. 63. 4. 79.

Art. 400. (*L.* 13 *mai* 1863.) Quiconque aura extorqué par force, violence ou con-

e, la signature ou la remise d'un écrit,
acte, d'un titre, d'une pièce quelconque
ant ou opérant obligation. disposition
charge, sera puni de la peine des tra-
forcés à temps.

conque, à l'aide de la menace, écrite
rbale, de révélations ou d'imputations
natoires, aura extorqué ou tenté d'extor-
soit la remise de fonds ou valeurs, soit
nature ou remise des écrits énumérés
ssus, sera puni d'un emprisonnement
an à cinq ans et d'une amende de
ncs à 3000 francs.

saisi qui aura détruit, détourné ou tenté
ruire ou de détourner des objets saisis
ui et confiés à sa garde, sera puni des
s portées en l'article 406.

sera puni des peines portées en l'ar-
401, si la garde des objets saisis et qu'il
détruits ou détournés ou tenté de dé-
ou de détourner avait été confiée à un

peines de l'article 401 seront également
ables à tout débiteur, emprunteur ou
tonneur de gage qui aura détruit, dé-
é ou tenté de détruire ou de détourner
bjets par lui donnés à titre de gages.
u qui aura recélé sciemment les objets
rués, le conjoint, les ascendants et des-
nts du saisi, du débiteur, de l'emprun-
ou tiers donneur de gage qui l'auront
dans la destruction, le détournement ou
a tentative de destruction ou de détour-
nt de ces objets, seront punis d'une
égale à celle qu'il aura encourue. —
7, 9, 28, 40, 44, 62, 380; Civ. 1112; Pr.
Com. 594.

LÉGISLATION ANTÉRIEURE A LA LOI DU
1863 : R. v° Vol et escroquerie. 387 s., 674 s.
ussi C. pén. ann., art. 400; n°¹ 1 s.; et son
n°¹ 6000 s.
LOI DU 13 MAI 1863 : S. v° Vol et escroque-
⸳ s., 104 s. — T. (87-97), eod. v°. 26 s. —
63. 4. 79. — V. aussi Suppl. au C. pén. ann.,
0 s.

t. 401. Les autres vols non spécifiés
la présente section, les larcins et filou-
, ainsi que les tentatives de ces mêmes
, seront punis d'un emprisonnement
au moins et de cinq ans au plus,
rront même l'être d'une amende qui
le 16 francs au moins et de 500 francs
os.

coupables pourront encore être inter-
es droits mentionnés en l'article 42 du
t Code, pendant cinq ans au moins et
us au plus, à compter du jour où ils
t subi leur peine.
pourront aussi être mis, par l'arrêt ou
ement, sous la surveillance de la haute
* pendant le même nombre d'années.
26 juillet 1873.) Quiconque, sachant
dans l'impossibilité absolue de payer,
ra fait servir des boissons ou des ali-
s qu'il aura consommés, en tout ou en
e, dans des établissements à ce desti-
sera puni d'un emprisonnement de six
au moins et de six mois au plus, et
e amende de 16 francs au moins et de
ancs au plus. — Pén. 3, 9, 11, 40, 44,
380, 388, 463; L. 27 mai 1885, art. 19.
* Vol et escroquerie, 659 s. — S. eod. v°; 99 s.
du 26 juillet 1873 : D. P. 73. 4. 94.

SECTION II.

queroutes, escroqueries, et autres espèces
de fraudes.

1°°. — Banqueroute et escroquerie.

t. 402. Ceux qui, dans les cas prévus
e Code de commerce, seront déclarés
ables de banqueroute, seront punis ainsi

s banqueroutiers frauduleux seront punis
peine des travaux forcés à temps;
s banqueroutiers simples seront punis

d'un emprisonnement d'un mois au moins et
de deux ans au plus. — Pén. 7, 9, 28, 40 ;
Com. 584, 585 s., 591 s.

Art. 403. Ceux qui, conformément au
Code de commerce, seront déclarés complices
de banqueroute frauduleuse, seront punis de
la même peine que les banqueroutiers frauduleux. — Pén. 59 s.; Com. 593 s.

Art. 404. Les agents de change et courtiers qui auront fait faillite, seront punis de
la peine des travaux forcés à temps ; s'ils
sont convaincus de banqueroute frauduleuse, la peine sera celle des travaux forcés
à perpétuité. — Pén. 7, 15, 28 ; Com. 74 s.,
89, 591.

R. v° Faillite, 1383 s. — S. eod. v°. 1394 s.

Art. 405. (L. 13 mai 1863.) Quiconque,
soit en faisant usage de faux noms ou de
fausses qualités, soit en employant des manœuvres frauduleuses pour persuader l'existence de fausses entreprises, d'un pouvoir ou
d'un crédit imaginaire, ou pour faire naître
l'espérance ou la crainte d'un succès, d'un
accident ou de tout autre événement chimé-
rique, se sera fait remettre ou délivrer, ou
aura tenté de se faire remettre ou délivrer
des fonds, des meubles ou des obligations,
dispositions, billets, promesses, quittances
ou décharges, et aura, par un de ces moyens,
escroqué ou tenté d'escroquer la totalité ou
partie de la fortune d'autrui, sera puni d'un
emprisonnement d'un an au moins et de
cinq ans au plus, et d'une amende de 50 francs
au moins et de 3000 francs au plus.
Le coupable pourra être, en outre, à
compter du jour où il aura subi sa peine,
interdit, pendant cinq ans au moins et dix
ans au plus, des droits mentionnés en l'article 42 du présent Code; le tout, sauf les
peines plus graves s'il y a un crime de faux.
— Pén. 9, 40, 147 s., 165.

§ 1. LÉGISLATION ANTÉRIEURE A LA LOI DU
13 MAI 1863 : R. v° Vol et escroquerie, 710 s.
— V. aussi C. pén. ann., art. 405, n°¹ 1 s.; et son
Suppl., n°¹ 6100 s.
§ 2. LOI DU 13 MAI 1863 : S. v° Vol et escroquerie,
117 s. — D. P. 63. 4. 79. — V. aussi Suppl. au
C. pén. ann., n°¹ 6100 s.

§ 2. — Abus de confiance.

Art. 406. Quiconque aura abusé des
besoins, des faiblesses ou des passions d'un
mineur, pour lui faire souscrire, à son préjudice, des obligations, quittances ou décharges, pour prêt d'argent ou de choses
mobilières, ou d'effets de commerce ou de
tous autres effets obligatoires, sous quelque
forme que cette négociation ait été faite ou
déguisée, sera puni d'un emprisonnement de
deux mois au moins, de deux ans au plus, et
d'une amende qui ne pourra excéder le quart
des restitutions et des dommages-intérêts
qui seront dus aux parties lésées, ni être
moindre de 25 francs.
La disposition portée au second paragraphe
de l'article précédent, pourra de plus être
appliquée. — Pén. 9, 40, 42, 405; Civ. 1149.

R. v° Abus de confiance, 4 s. — S. eod. v°, 4 s.
— T. (87-97), eod. v°, 1 s. — V. aussi C. pén.
ann., 406, n°¹ 1 s.; et son Suppl., n°¹ 6329 s.

Art. 407. Quiconque, abusant d'un blanc-
seing qui lui aura été confié, aura frauduleusement écrit au-dessus une obligation
ou décharge, ou tout autre acte pouvant
compromettre la personne ou la fortune du
signataire, sera puni des peines portées en
l'article 405.
Dans le cas où le blanc-seing ne lui aurait
pas été confié, il sera poursuivi comme faus-
saire et puni comme tel. — Pén. 145, 151.

R. v° Abus de confiance, 22 s. — S. eod. v°, 11 s.
— V. aussi C. pén. ann., art. 407, n°¹ 1 s.; et son
Suppl., n°¹ 6347 s.

Art. 408. (L. 13 mai 1863.) Quiconque
aura détourné ou dissipé, au préjudice des

propriétaires, possesseurs ou détenteurs, des
effets, deniers, marchandises, billets, quittances ou tous autres écrits contenant ou
opérant obligation ou décharge, qui ne lui
auraient été remis qu'à titre de louage, de
dépôt, de mandat, de nantissement, de prêt
à usage, ou pour un travail salarié ou non
salarié, à la charge de les rendre ou représenter, ou d'en faire un usage ou un emploi
déterminé, sera puni des peines portées en
l'article 406.
Si l'abus de confiance prévu et puni par le
précédent paragraphe a été commis par un
officier public ou ministériel, ou par un
domestique, homme de service à gages,
élève, clerc, commis, ouvrier, compagnon ou
apprenti, au préjudice de son maître, la peine
sera celle de la reclusion.
Le tout, sans préjudice de ce qui est dit
aux articles 254, 255 et 256, relativement aux
soustractions et enlèvements de deniers,
effets ou pièces, commis dans les dépôts
publics. — Pén. 7, 9, 21, 28, 40, 254 s., 386.

§ 1. LÉGISLATION ANTÉRIEURE A LA LOI DU
13 MAI 1863 : R. v° Abus de confiance, 59 s. —
V. aussi C. pén. ann., art. 408, n°¹ 1 s.; et son
Suppl., n°¹ 6368 s.
§ 2. LOI DU 13 MAI 1863 : S. v° Abus de confiance,
19 s. — D. P. 63. 4. 79. — V. aussi Suppl. au
C. pén. ann., n°¹ 6368 s.

Art. 409. Quiconque, après avoir produit, dans une contestation judiciaire, quelque
titre, pièce ou mémoire, l'aura soustrait de
quelque manière que ce soit, sera puni d'une
amende de 25 francs à 300 francs.
Cette peine sera prononcée par le tribunal
saisi de la contestation. — Pén. 9, 52; Instr.
504, 505; Pr. 188 s.

R. v° Abus de confiance, 219 s.

§ 3. — Contravention aux règlements sur les
maisons de jeux, les loteries et les maisons
de prêt sur gage.

Art. 410. Ceux qui auront tenu une
maison de jeux de hasard, et y auront admis
le public, soit librement, soit sur la présentation des intéressés ou affiliés, les banquiers
de cette maison, tous ceux qui auront établi
ou tenu des loteries non autorisées par la
loi, tous administrateurs, préposés ou agents
de ces établissements, seront punis d'un
emprisonnement de deux mois au moins et
de six mois au plus, et d'une amende de
100 francs à 6000 francs.
Les coupables pourront être de plus, à
compter du jour où ils auront subi leur peine,
interdits, pendant cinq ans au moins et dix ans
au plus, des droits mentionnés en l'article 42
du présent Code.
Dans tous les cas, seront confisqués tous
les fonds ou effets qui seront trouvés exposés
au jeu ou mis à la loterie, les meubles, instruments, ustensiles, appareils employés ou
destinés au service des jeux ou des loteries,
les meubles et les effets mobiliers dont les
lieux seront garnis ou décorés. — Pén. 9, 11,
40, 475-5°, 477.

R. v° Jeu-pari, 1, 63 s. — S. eod. v°, 57 s.

V. infra, Appendice, la loi du 21 mai 1836., portant
prohibition des loteries; et la loi du 2 juin 1891, ayant
pour objet de réglementer l'autorisation et le fonctionnement des courses de chevaux, modifiée dans son article 4
par la loi du 1er avril 1900. — V. aussi l'ordonnance du
29 mai 1844, concernant les loteries d'objets mobiliers,
exclusivement destinées à des actes de bienfaisance ou à
l'encouragement des arts.
Une circulaire du ministre de la police, en date du
15 novembre 1852, a décidé que les préfets ne doivent
pas, sans en avoir référé au ministre, autoriser les
loteries dont le montant des billets à émettre dépasserait
5000 francs. — Cette même circulaire a décidé qu'en règle
générale, et à moins d'une autorisation spéciale du ministre de l'intérieur, on ne doit émettre, colporter et
placer les billets d'une loterie que dans le département
où doit se faire le tirage.

V. encore infra, Appendice, la loi du 15 juin 1907 réglementant le jeu dans les cercles et casinos des stations balnéaires, thermales ou climatériques.

Art. 411. Ceux qui auront établi ou tenu
des maisons de prêt sur gages ou nantisse-

ment sans autorisation légale, où qui, ayant une autorisation, n'auront pas tenu un registre conforme aux règlements, contenant de suite, sans aucun blanc ni interligne, les sommes ou les objets prêtés, les noms, domicile et profession des emprunteurs, la nature, la qualité, la valeur des objets mis en nantissement, seront punis d'un emprisonnement de quinze jours au moins, de trois mois au plus, et d'une amende de 100 à 2000 francs. — *Pén.* 9, 40; *Civ.* 2084.

R. v° *Prêts sur gages*, 1 s. — S. cod. v°, 1 s.

§ 4. — Entraves apportées à la liberté des enchères.

Art. 412. Ceux qui, dans les adjudications de la propriété, de l'usufruit ou de la location des choses mobilières ou immobilières, d'une entreprise, d'une fourniture, d'une exploitation ou d'un service quelconque, auront entravé ou troublé la liberté des enchères ou des soumissions, par voies de fait, violences ou menaces, soit avant, soit pendant les enchères ou les soumissions, seront punis d'un emprisonnement de quinze jours au moins, de trois mois au plus, et d'une amende de 100 francs au moins, et 5000 francs au plus.

La même peine aura lieu contre ceux qui, par dons ou promesses, auront écarté les enchérisseurs. — *Pén.* 9, 40, 60; *Pr.* 624, 707, 961; *For.* 22.

R. v° *Vente publique d'immeubles*, 2213 s. — S. eod. v°, 309.

§ 5. — Violation des règlements relatifs aux manufactures, au commerce et aux arts.

Art. 413. Toute violation des règlements d'administration publique relatifs aux produits des manufactures françaises qui s'exporteront à l'étranger, et qui ont pour objet de garantir la bonne qualité, les dimensions et la nature de la fabrication, sera punie d'une amende de 200 francs au moins, de 3000 francs au plus, et de la confiscation des marchandises. Ces deux peines pourront être prononcées cumulativement ou séparément, selon les circonstances. — *Pén.* 9, 11.

R. v° *Industrie et commerce*, 39, 251.

Art. 414. (*L.* 25 mai 1864.) Sera puni d'un emprisonnement de six jours à trois ans et d'une amende de 16 francs à 3000 francs, ou de l'une de ces deux peines seulement, quiconque, a l'aide de violences, voies de fait, menaces ou manœuvres frauduleuses, aura amené ou maintenu, tenté d'amener ou de maintenir une cessation concertée de travail, dans le but de forcer la hausse ou la baisse des salaires ou de porter atteinte au libre exercice de l'industrie ou du travail. — *Pén.* 9, 40, 415 s.

Art. 415. (*L.* 25 mai 1864.) Lorsque les faits punis par l'article précédent auront été commis par suite d'un plan concerté, les coupables pourront être mis, par l'arrêt ou le jugement, *sous la surveillance de la haute police* pendant deux ans au moins à cinq ans au plus. — *Pén.* 40, 416; *L.* 27 mai 1885, *art.* 19.

R. v° *Industrie et commerce*, 381 s.; *Ouvriers*, 135 s. — S. v° *Travail*, 619 s.

V. aussi, infra, **Appendice,** la loi du 21 mars 1884, sur les syndicats professionnels; et la loi du 27 décembre 1892, organisant des moyens de conciliation et d'arbitrage entre patrons et ouvriers.

Art. 416. *Abrogé par L.* 21 mars 1884.

Art. 417. Quiconque, dans la vue de nuire à l'industrie française, aura fait passer en pays étranger des directeurs, commis ou des ouvriers d'un établissement, sera puni d'un emprisonnement de six mois à deux ans, et d'une amende de 50 francs à 300 francs. — *Pén.* 9, 40 s., 52 s.

Art. 418. (*L.* 13 mai 1863.) Tout directeur, commis, ouvrier de fabrique, qui aura

---

communiqué ou tenté de communiquer à des étrangers ou à des Français résidant en pays étrangers des secrets de la fabrique où il est employé, sera puni d'un emprisonnement de deux ans à cinq ans et d'une amende de 500 à 20000 francs.

Il pourra, en outre, être privé des droits mentionnés à l'article 42 du présent Code, pendant cinq ans au moins et dix ans au plus à compter du jour où il aura subi sa peine. Il pourra aussi être mis *sous la surveillance de la haute police* pendant le même nombre d'années.

Si ces secrets ont été communiqués à des Français, résidant en France, la peine sera d'un emprisonnement de trois mois à deux ans et d'une amende de 16 francs à 200 francs.

Le maximum de la peine prononcée par les paragraphes 1er et 3 du présent article sera nécessairement appliqué s'il s'agit de secrets de fabrique d'armes et munitions de guerre appartenant à l'Etat. — *Pén.* 9, 40, 44, 378; *L.* 27 mai 1885, *art.* 19.

R. v° *Industrie et commerce*, 68, 77, 80, 146 s.; *Ouvriers*, 252. — S. v° *Travail*, 44, 47.

Art. 419. Tous ceux qui, par des faits faux ou calomnieux semés à dessein dans le public, par des suroffres faites aux prix que demandaient les vendeurs eux-mêmes, par réunion ou coalition entre les principaux détenteurs d'une même marchandise ou denrée, tendant à ne la pas vendre ou à ne la vendre qu'à un certain prix, ou qui, par des voies ou moyens frauduleux quelconques, auront opéré la hausse ou la baisse du prix des denrées ou marchandises ou des papiers et effets publics au-dessus ou au-dessous des prix qu'aurait déterminés la concurrence naturelle et libre du commerce, seront punis d'un emprisonnement d'un mois au moins, d'un an au plus, et d'une amende de 500 francs à 10000 francs.

Les coupables pourront de plus être mis, par l'arrêt ou le jugement, *sous la surveillance de la haute police* pendant deux ans au moins et cinq ans au plus. — *Pén.* 9, 11, 44, 420; *L.* 27 mai 1885, *art.* 19.

Art. 420. La peine sera d'un emprisonnement de deux mois au moins et de deux ans au plus, et d'une amende de 1000 francs à 20000 francs, si ces manœuvres ont été pratiquées sur grains, grenailles, farines, substances farineuses, pain, vin ou toute autre boisson.

La mise en *surveillance* qui pourra être prononcée sera de cinq ans au moins et dix ans au plus. — *Pén.* 9, 11, 40, 44; *L.* 27 mai 1885, *art.* 19.

R. v° *Industrie et commerce*, 410 s. — S. eod. v°, 530 s. — V. aussi Suppl. au C. pén. ann., p. 272 s.

V. infra, **Appendice,** la loi du 3 févr. 1893, ayant pour objet de compléter les articles 419 et 420 du Code pénal.

Art. 421 et **422.** *Abrogés par L.* 28 mars 1885.

V. infra, **Appendice,** la loi du 28 mars 1885, sur les marchés à terme.

Art. 423. *Abrogé par L.* 1er août 1905.

En ce qui concerne les falsifications, V. infra, **Appendice,** la loi du 1er août 1905, sur la répression des fraudes dans la vente des marchandises et des falsifications des denrées alimentaires et des produits agricoles; la loi du 4 février 1888, complétée par la loi du 8 juillet 1907, concernant la répression des fraudes dans le commerce des engrais; la loi du 14 août 1889, ayant pour objet d'indiquer au consommateur la nature du produit tiré de la consommation sous le nom de vin et de prévenir les fraudes dans la vente de ce produit; la loi du 11 juillet 1891, tendant à réprimer les fraudes dans la vente des vins; la loi du 24 juillet 1894, relative aux fraudes commises dans la vente des vins, alcoolisation et mouillage; la loi du 6 avril 1897, concernant la fabrication, la circulation et la vente des vins artificiels; la loi du 16 avril 1897, concernant la répression de la fraude dans le commerce du beurre et la fabrication de la margarine; la loi du 29 juin 1907, tendant à prévenir le mouillage des vins et les abus du sucrage; la loi du 15 juillet 1907, concernant la mouillage et la circulation des vins et le régime des spiritueux. — V. aussi le décret du 9 novembre 1897 (D. P. 98, 4. 8), portant règlement d'administration publique pour l'application de la loi du 16 avril 1897, précitée, modifié par le décret du

---

29 août 1907 (D. P. 1907. 4. 132); la loi du 28 janvier 1904, art. 32 et 33 (emploi du glucose dans la vinification) (D. P. 4. 17), modifiée par la loi du 29 juin 1907, précitée; la loi du 6 août 1905, relative à la répression de la fraude sur les vins et au régime des spiritueux (D. P. 1906. 4. modifiée par la loi de finances du 30 janvier 1907, art. (D. P. 1907. 4. 21), et par la loi du 29 juin 1907, précitée (D. P. 1907. 4. 101), portant règlement d'administration d loi du 1er août précitée; le décret du 3 septembre (D. P. 1907. 4. 101), portant règlement d'administra publique pour l'application de la loi du 1er août 1905, la répression des fraudes dans la vente des marchand et des falsifications des denrées alimentaires et des p duits agricoles ... en ce qui concerne les vins, les moussaux et les eaux-de-vie et spiritueux; le décret du 11 mars 1908 ... en ce qui concerne les graisses et les comestibles (D. P. 1908. 4. 41; -- Bull. Dallos, 1 140); le décret du 5 juin 1908 ... en ce qui concerne les denrées et boissons servant à l'alimentation de l'homme de terre et de mer (Bull. Dallos, 1908, p. 286; -- Jo aff. du 6 juin 1908) ... et en ce qui concerne les bières, les cidres et poirés, les vinaigres, les liqueurs et les sirops (D. 1re partie; année off. du 7 août 1908).

Art. 424. Si le vendeur et l'acheteur sont servis, dans leurs marchés, d'aut poids ou d'autres mesures que ceux qui été établis par les lois de l'Etat, l'achete sera privé de toute action contre le vende qui l'aura trompé par l'usage de poids ou mesures prohibés; sans préjudice de l'acti publique pour la punition, tant de ce fraude que de l'emploi même des poids mesures prohibés.

La peine, en cas de fraude, sera c portée par l'article précédent.

La peine, pour l'emploi des mesures et po prohibés, sera déterminée par le livre IV présent Code, contenant les peines de sim police. — *Pén.* 479-6°, 480-2°, 481-1°.

R. v° *Poids et mesures*, 83 s. — S. cod. 46 s.

Art. 425. Toute édition d'écrits, de position musicale, de dessin, de peint ou de toute autre production, imprimée gravée en entier ou en partie, au mép des lois et règlements relatifs à la propri des auteurs, est une contrefaçon; et tou contrefaçon est un délit.

R. v° *Propriété littéraire et artistique*, 330 s. S. cod. v°, 104 s. — V. aussi C. pén. ann., art. 49 n°° 1 s.; et son Suppl., n°° 7130 s.

En ce qui concerne la propriété littéraire en elle-mêi ainsi que le droit de reproduction et les droits d'aute V. **Appendice** au C. com. ann., v° *Propriété littéraire artistique*; et son Suppl., n°° 22285 s.

Art. 426. Le débit d'ouvrages contr faits, l'introduction sur le territoire franç d'ouvrages qui, après avoir été imprimés France, ont été contrefaits chez l'étrange sont un délit de la même espèce.

R. v° *Propriété littéraire et artistique*, 330 s. S. eod. v°, 104 s.

V. infra, **Appendice,** le décret du 28 mars 1852, sur contrefaçon d'ouvrages étrangers.

Art. 427. La peine contre le contrefa teur ou contre l'introducteur sera une amen de 100 francs au moins et de 2000 francs plus, et contre le débitant une amende 25 francs au moins et de 500 francs plus.

La confiscation de l'édition contrefaite pronon cée tant contre le contrefacteur q contre l'introducteur et le débitant.

Les planches, moules ou matrices d objets contrefaits, seront aussi confisqués.

R. v° *Propriété littéraire et artistique*, 481 s. S. eod. v°, 134 s.

Art. 428. Tout directeur, tout entrepr neur de spectacles, toute association d'ar tistes, qui aura fait représenter sur so théâtre des ouvrages dramatiques au mép des lois et règlements relatifs à la propri des auteurs, sera puni d'une amende de 50 francs au moins, de 500 francs au plus et de la confiscation des recettes.

R. v° *Propriété littéraire et artistique*, 160 s. — S. eod. v°, 56 s.

En ce qui concerne la représentation des œuvres dra

...nes et musicales, V. Appendice au **C. com. ann.,** *propriété littéraire et artistique*; et son **Suppl.,** nos 23044 s.

rt. 429. Dans les cas prévus par les re articles précédents, le produit des iscations, ou les recettes confisquées, nt remises au propriétaire, pour l'indem-r d'autant du préjudice qu'il aura souf-le surplus de l'indemnité, ou l'en-indemnité, s'il n'y a eu ni vente d'objets isqués, ni saisie de recettes, sera réglé es voies ordinaires.

v° *Propriété littéraire et artistique*, 484 s. — d. v°, 136.

§ 6. — Délits des fournisseurs.

rt. 430. Tous individus chargés, comme bres de compagnie ou individuellement, urnitures, d'entreprises ou régies pour ompte des armées de terre et de mer, sans y avoir été contraints par une force ure, auront fait manquer le service dont nt chargés, seront punis de la peine de clusion et d'une amende qui ne pourra der le quart des dommages-intérêts, ni au-dessous de 500 francs; le tout sans idice de peines plus fortes en cas d'in-gence avec l'ennemi. — *Pén.* 7-6°, 11, 28, 47.

rt. 431. Lorsque la cessation du ser-proviendra du fait des agents des four-eurs, les agents seront condamnés aux es portées par le précédent article. s fournisseurs et leurs agents seront ment condamnés, lorsque les uns et autres auront participé au crime. — 59 s.

rt. 432. Si des fonctionnaires publics es agents, préposés ou salariés du Gou-ement, ont aidé les coupables à faire quer le service, ils seront punis de la e des travaux forcés à temps, sans pré-e de peines plus fortes en cas d'intelli-e avec l'ennemi. — *Pén.* 7, 15, 47.

rt. 433. Quoique le service n'ait pas qué, si, par négligence, les livraisons et ravaux ont été retardés, ou s'il y a eu le sur la nature, la qualité ou la quantité ravaux ou main-d'œuvre ou des choses ries, les coupables seront punis d'un risonnement de six mois au moins et de ans au plus, et d'une amende qui ne ra excéder le quart des dommages-inté-ni être moindre de 100 francs. ns les divers cas prévus par les articles osant le présent paragraphe, la pour-ne pourra être faite que sur la dénon-on du Gouvernement. — *Pén.* 9, 24, 40.

v° *Marché de fournitures*, 72 s. — S. eod. v°.

SECTION III.

estructions, dégradations, dommages.

rt. 434. (*L. 13 mai 1863.*) Quiconque volontairement mis le feu à des édifices, res, bateaux, magasins, chantiers, quand nt habités ou servent à l'habitation, et ralement aux lieux habités ou servant abitation, qu'ils appartiennent ou n'ap-ennent pas à l'auteur du crime, sera de mort.

ra puni de la même peine quiconque volontairement mis le feu, soit à des res ou wagons contenant des personnes, à des voitures ou wagons ne contenant des personnes, mais faisant partie d'un oi qui en contient.

iconque aura volontairement mis le feu s édifices, navires, bateaux, magasins, tiers, lorsqu'ils ne sont ni habités, ni ant à l'habitation, ou à des forêts, bois s ou récoltes sur pied, lorsque ces ns ne lui appartiennent pas, sera puni peine des travaux forcés à perpétuité. lui qui, en mettant ou en faisant mettre eu à l'un des objets énumérés dans le paragraphe précédent et à lui-même apper-tenant, aura volontairement causé un préju-dice quelconque à autrui, sera puni des tra-vaux forcés à temps.

Sera puni de la même peine celui qui aura mis le feu sur l'ordre du propriétaire.

Quiconque aura volontairement mis le feu, soit à des pailles ou récoltes en tas ou en meules, soit à des bois disposés en tas ou en stères, soit à des voitures ou wagons chargés ou non chargés de marchandises, ou autres objets mobiliers ne faisant point partie d'un convoi contenant des personnes, si ces objets ne lui appartiennent pas, sera puni des tra-vaux forcés à temps.

Celui qui, en mettant ou en faisant mettre le feu à l'un des objets énumérés dans le paragraphe précédent, et à lui-même apper-tenant, aura volontairement causé un pré-judice quelconque à autrui, sera puni de la reclusion.

Sera puni de la même peine celui qui aura mis le feu sur l'ordre du propriétaire.

Celui qui aura communiqué l'incendie à l'un des objets énumérés dans les précédents paragraphes, en mettant volontairement le feu à des objets quelconques appartenant soit à lui, soit à autrui, et placés de manière à communiquer ledit incendie, sera puni de la même peine que s'il avait directement mis le feu à l'un desdits objets.

Dans tous les cas, si l'incendie a occasionné la mort d'une ou de plusieurs personnes se trouvant dans les lieux incendiés au moment où il a éclaté, la peine sera la mort.

§ 1. LÉGISLATION ANTÉRIEURE A LA LOI DU 13 MAI 1863 : R. v° *Dommage-destruction*, 5 s. — V. aussi **C. pén. ann.,** art. 434, n° 1 s.; et son **Suppl.,** n°s 7190 s.

§ 2. LOI DU 13 MAI 1863 : S. v° *Dommage-des-truction*, 14 s. — D. P. 63. 4. 79. — V. aussi **Suppl.** au **C. pén. ann.,** n°s 7190 s.

Art. 435. (*L. 2 avril 1892.*) La peine sera la même, d'après les distinctions faites dans l'article précédent, contre ceux qui auront détruit volontairement en tout ou en partie ou tenté de détruire par l'effet d'une mine ou de toute substance explosible les édifices, habitations, digues, chaussées, navires, ba-teaux, véhicules de toutes sortes, magasins ou chantiers, ou leurs dépendances, ponts, voies publiques ou privées et généralement tous objets mobiliers ou immobiliers de quelque nature qu'ils soient.

Le dépôt, dans une intention criminelle, sur une voie publique ou privée, d'un engin explosif sera assimilé à la tentative de meurtre préméditée.

Les personnes coupables des crimes men-tionnés dans le présent article seront exemptes de peine si, avant la consommation de ces crimes et avant toutes poursuites, elles en ont donné connaissance et révélé les auteurs aux autorités constituées, ou si, même après les poursuites commencées, elles ont procuré l'arrestation des autres coupables.

Elles pourront néanmoins être frappées, pour la vie ou à temps, de l'interdiction de séjour établie par l'article 19 de la loi du 27 mai 1885. — *Pén.* 95.

§ 1. LÉGISLATION ANTÉRIEURE A LA LOI DU 2 AVRIL 1892 : R. v° *Dommage-destruction*, 112 s. — S. eod. v°, 64 s.

§ 2. LOI DU 2 AVRIL 1892 : **Suppl.** au **C. pén. ann.,** art. 435. — D. P. 92. 4. 42.

Art. 436. (*L. 2 avril 1892.*) La menace d'incendier ou de détruire, par l'effet d'une mine ou de toute substance explosible, les objets compris dans l'énumération de l'ar-ticle 435 du Code pénal sera punie de la peine portée contre la menace d'assassinat, et d'après les distinctions établies par les articles 305, 306 et 307.

§ 1. LÉGISLATION ANTÉRIEURE A LA LOI DU 2 AVRIL 1892 : R. v° *Dommage-destruction*, 121 s. — S. eod. v°, 70 s.

§ 2. LOI DU 2 AVRIL 1892 : **Suppl.** au **C. pén. ann.,** art. 436. — D. P. 92. 4. 42.

Art. 437. (*L. 13 mai 1863.*) Quiconque, volontairement, aura détruit ou renversé, par quelque moyen que ce soit, en tout ou en partie, des édifices, des ponts, digues ou chaussées ou autres constructions qu'il savait appartenir à autrui, ou causé l'explosion d'une machine à vapeur, sera puni de la reclusion, et d'une amende qui ne pourra excéder le quart des restitutions et indem-nités, ni être au-dessous de 100 francs.

S'il y a eu homicide ou blessures, le cou-pable sera, dans le premier cas, puni de mort, et, dans le second, puni de la peine des travaux forcés à temps. — *Pén.* 7, 12, 15, 28, 257, 451, 456.

§ 1. LÉGISLATION ANTÉRIEURE A LA LOI DU 13 MAI 1863 : R. v° *Dommage-destruction*, 162 s.

§ 2. LOI DU 13 MAI 1863 : S. v° *Dommage-des-truction*, 93 s. — D. P. 63. 4. 79.

Art. 438. Quiconque, par des voies de fait, se sera opposé à la confection de travaux autorisés par le Gouvernement, sera puni d'un emprisonnement de trois mois à deux ans, et d'une amende qui ne pourra excéder le quart des dommages-intérêts ni être au-dessous de 16 francs.

Les moteurs subiront le maximum de la peine. — *Pén.* 7, 12, 15, 28, 257, 451, 456.

R.v°*Dommage-destruction*, 175 s.— S. eod. v°,100 s.

Art. 439. Quiconque aura volontaire-ment brûlé ou détruit, d'une manière quel-conque, des registres, minutes ou actes ori-ginaux de l'autorité publique, des titres, bil-lets, lettres de change, effets de commerce ou de banque, contenant ou opérant obligation, disposition ou décharge, sera puni ainsi qu'il suit :

Si les pièces détruites sont des actes de l'autorité publique, ou des effets de commerce ou de banque, la peine sera la reclusion ;

S'il s'agit de toute autre pièce, le coupable sera puni d'un emprisonnement de deux à cinq ans, et d'une amende de 100 francs à 300 francs. — *Pén.* 7, 9, 28, 40, 47, 173, 255, 400.

R.v°*Dommage-destruction*, 184 s.-- S. eod. v°, 109 s.

Art. 440. Tout pillage, tout dégât de denrées ou marchandises, effets, propriétés mobilières, commis en réunion ou bande et à force ouverte, sera puni des travaux forcés à temps ; chacun des coupables sera de plus condamné à une amende de 200 francs à 5000 francs.

R.v°*Dommage-destruction*, 207 s.— S. eod. v°, 119 s.

Art. 441. Néanmoins, ceux qui prouve-ront avoir été entraînés par des provocations ou sollicitations à prendre part à ces vio-lences, pourront n'être punis que de la peine de la reclusion.

R.v°*Dommage-destruction*, 221 s. — S. eod.v°, 121 s.

Art. 442. Si les denrées pillées ou dé-truites sont des grains, grenailles ou farines, substances farineuses, pain, vin ou autre boisson, la peine sera subie par les chefs, instigateurs ou provocateurs seulement, sera le maximum des travaux forcés, et celui de l'amende prononcée par l'article 440.

R. v°*Dommage-destruction*, 224 s.—S. eod. v°, 123.

Art. 443. (*L. 13 mai 1863.*) Quiconque, à l'aide d'une liqueur corrosive ou par tout autre moyen, aura volontairement détérioré des marchandises, matières ou instruments quelconques servant à la fabrication, sera puni d'un emprisonnement d'un mois à deux ans, et d'une amende qui ne pourra excéder le quart des dommages-intérêts, ni être moindre de 16 francs.

Si le délit a été commis par un ouvrier de la fabrique ou par un commis de la maison de commerce, l'emprisonnement sera de deux à cinq ans, sans préjudice de l'amende, ainsi qu'il vient d'être dit.

§ 1. LÉGISLATION ANTÉRIEURE A LA LOI DU 13 MAI 1863 : R. v° *Dommage-destruction*, 229 s.

§ 2. LOI DU 13 MAI 1863 : S. v° *Dommage-des-truction*, 124 s. — D. P. 63. 4. 79.

Art. 444. Quiconque aura dévasté des récoltes sur pied ou des plants venus naturellement ou faits de main d'homme, sera puni d'un emprisonnement de deux ans au moins, de cinq ans au plus.

Les coupables pourront de plus être mis, par l'arrêt ou le jugement, *sous la surveillance de la haute police* pendant cinq ans au moins et dix ans au plus. — *Pén.* 9, 11, 40 s., 388, 455 ; *L.* 27 mai 1885, *art.* 29.

R. v° *Dommage-destruction*, 235 s. — S. cod. v°, 129 s.

Art. 445. Quiconque aura abattu un ou plusieurs arbres qu'il savait appartenir à autrui, sera puni d'un emprisonnement qui ne sera pas au-dessous de six jours, ni au-dessus de six mois, à raison de chaque arbre, sans que la totalité puisse excéder cinq ans. — *Pén.* 9, 40, 448, 455.

Art. 446. Les peines seront les mêmes à raison de chaque arbre mutilé, coupé ou écorcé de manière à le faire périr. — *Pén.* 44, 450, 455.

R. v° *Dommage-destruction*, 241 s. — S. cod. v°, 131 s.

Art. 447. S'il y a eu destruction d'une ou de plusieurs greffes, l'emprisonnement sera de six jours à deux mois, à raison de chaque greffe, sans que la totalité puisse excéder deux ans. — *Pén.* 9, 24, 40, 445, 448, 455.

R. v° *Dommage-destruction*, 241 s. — S. cod. v°, 139.

Art. 448. Le minimum de la peine sera de vingt jours dans les cas prévus par les articles 445 et 446, et de six jours dans le cas prévu par l'article 447, si les arbres étaient plantés sur les places, routes, chemins, rues ou voies publiques ou vicinales ou de traverse. — *Pén.* 9, 24, 40, 455.

R. v° *Dommage-destruction*, 234 s. — S. cod. v°, 140 s.

Art. 449. Quiconque aura coupé des grains ou des fourrages qu'il savait appartenir à autrui, sera puni d'un emprisonnement qui ne sera pas au-dessous de six jours ni au-dessus de deux mois. — *Pén.* 9, 24, 40, 388, 444, 450, 455, 471-9°.

Art. 450. L'emprisonnement sera de vingt jours au moins et de quatre mois au plus, s'il a été coupé du grain en vert.

Dans les cas prévus par le présent article et les six précédents, si le fait a été commis en haine d'un fonctionnaire public et à raison de ses fonctions, le coupable sera puni du maximum de la peine établie par l'article auquel le cas se référera.

Il en sera de même, quoique cette circonstance n'existe point, si le fait a été commis pendant la nuit. — *Pén.* 9, 24, 40, 455, 462.

Art. 451. Toute rupture, toute destruction d'instruments d'agriculture, de parcs de bestiaux, de cabanes de gardiens, sera punie d'un emprisonnement de deux ans au moins, d'un an au plus. — *Pén.* 9, 40, 455.

R. v° *Dommage-destruction*, 265 s. — S. cod. v°, 145 s.

Art. 452. Quiconque aura empoisonné des chevaux ou autres bêtes de voiture, de monture ou de charge, des bestiaux à cornes, des moutons, chèvres ou porcs, ou des poissons dans des étangs, viviers ou réservoirs, sera puni d'un emprisonnement d'un an à cinq ans, et d'une amende de 16 francs à 300 francs.

Les coupables pourront être mis, par l'arrêt ou le jugement, *sous la surveillance de la haute police* pendant deux ans au moins et cinq ans au plus. — *Pén.* 9, 11, 24, 40, 44, 52, 301, 387, 455, 479-2° ; *L.* 27 mai 1885, *art.* 19.

Art. 453. Ceux qui, sans nécessité, auront tué l'un des animaux mentionnés au précédent article, seront punis ainsi qu'il suit :

Si le délit a été commis dans les bâtiments, enclos et dépendances ou sur les terres dont le maître de l'animal tué était propriétaire, locataire, colon ou fermier, la peine sera un emprisonnement de deux mois à six mois ;

S'il a été commis dans les lieux dont le coupable était propriétaire, locataire, colon ou fermier, l'emprisonnement sera de six jours à un mois ;

S'il a été commis dans tout autre lieu, l'emprisonnement sera de quinze jours à six semaines.

Le maximum de la peine sera toujours prononcé en cas de violation de clôture. — *Pén.* 9, 24, 40, 455, 479-2°.

Art. 454. Quiconque aura, sans nécessité, tué un animal domestique dans un lieu dont celui à qui cet animal appartient est propriétaire, locataire, colon ou fermier, sera puni d'un emprisonnement de six jours au moins et de six mois au plus.

S'il y a eu violation de clôture, le maximum de la peine sera prononcé. — *Pén.* 9, 40, 455.

Art. 455. Dans les cas prévus par les articles 444 et suivants jusqu'au précédent article inclusivement, il sera prononcé une amende qui ne pourra excéder le quart des restitutions et dommages-intérêts, ni être au-dessous de 16 francs. — *Pén.* 9, 52 s.

R. v° *Dommage-destruction*, 270 s. — S. cod. v°, 147 s.

V. *infrà*, Appendice, *la loi du 2 juillet 1850, relative aux mauvais traitements exercés envers les animaux domestiques.*

Art. 456. Quiconque aura, en tout ou en partie, comblé des fossés, détruit des clôtures, de quelques matériaux qu'elles soient faites, coupé ou arraché des haies vives ou sèches ; quiconque aura déplacé ou supprimé des bornes ou pieds corniers, ou autres arbres plantés ou reconnus pour établir les limites entre différents héritages, sera puni d'un emprisonnement qui ne pourra être au-dessous d'un mois ni excéder une année, et d'une amende égale au quart des restitutions et des dommages-intérêts, qui, dans aucun cas, ne pourra être au-dessous de 50 francs. — *Pén.* 9, 24, 40 s., 389, 462.

R. v° *Dommage-destruction*, 297 s. — S. cod. v°, 160 s.

Art. 457. Seront punis d'une amende qui ne pourra excéder le quart des restitutions et des dommages-intérêts, ni être au-dessous de 50 francs, les propriétaires ou fermiers, ou toute personne jouissant de moulins, usines ou étangs, qui, par l'élévation du déversoir de leurs eaux au-dessus de la hauteur déterminée par l'autorité compétente, auront inondé les chemins ou les propriétés d'autrui.

S'il est résulté du fait quelques dégradations, la peine sera, outre l'amende, un emprisonnement de six jours à un mois. — *Pén.* 9, 24, 40, 462.

R. v° *Dommage-destruction*, 324 s. — S. cod. v°, 187 s. — V aussi C. ad., t. 3, v° *Eaux*, p. 134, n° 2988 s.

Art. 458. L'incendie des propriétés mobilières ou immobilières d'autrui, qui aura été causé par la vétusté ou le défaut soit de réparation, soit de nettoyage des fours, cheminées, forges, maisons ou usines prochaines, ou par des feux allumés dans les champs à moins de cent mètres des maisons, édifices, forêts, bruyères, bois, vergers, plantations, haies, meules, tas de grains, pailles, foins, fourrages, ou tout autre dépôt de matières combustibles, ou par des feux ou lumières portés ou laissés sans précaution suffisante, ou par des pièces d'artifice allumées ou tirées par négligence ou imprudence, sera puni d'une amende de 50 francs au moins et de 500 francs au plus. — *Pén.* 9, 52 s., 471-1°, 2°, 475-12°, 479-4° ; *For.* 38, 42, 148.

R. v° *Dommage-destruction*, 132 s. — S. cod. v°, 77 s.

Art. 459 à 461. *Abrogés par L.* 21 *juillet* 1881.

En ce qui concerne les dispositions relatives aux épizooties et à la police sanitaire des animaux qui faisaient l'objet des articles 459 et 461, elles sont aujourd'hui réglementées par la loi du 21 juillet 1881 (D. P. 82. 4. 32), modifiée par la loi du 31 juillet 1895 (D. P. 95. 4. 126). — V., pour le commentaire de cette loi, C. ad., t. 3, v° Agriculture (Épizootie). — V. aussi S. v° Salubrité publique, 65 s.

Art. 462. Si les délits de police correctionnelle dont il est parlé au présent chapitre ont été commis par des gardes champêtres ou forestiers, ou par des officiers de police, quelque titre que ce soit, la peine d'emprisonnement sera d'un mois au moins, et d'un tiers au plus en sus de la peine la plus fort qui serait appliquée à un autre coupable du même délit. — *Pén.* 198 ; *L.* 3 mai 1844, *art.* 12 ; *L.* 21 *juill.* 1881, *art.* 35.

R. v°° *Dommage-destruction*, 3 ; *Forfaiture*, 188 s.

DISPOSITIONS GÉNÉRALES.

Art. 463. (*L.* 13 mai 1863.) « Les peines prononcées par la loi contre celui ou ceux des accusés reconnus coupables, en faveur de qui le jury aura déclaré les circonstances atténuantes, seront modifiées ainsi qu'il suit :

« Si la peine prononcée par la loi est la mort, la cour appliquera la peine des travaux forcés à perpétuité ou celle des travaux forcés à temps ;

« Si la peine est celle des travaux forcés à perpétuité, la cour appliquera la peine de travaux forcés à temps ou celle de la réclusion ;

« Si la peine est celle de la déportation dans une enceinte fortifiée, la cour appliquera celle de la déportation simple ou celle de la détention ; mais, dans les cas prévus par les articles 96 et 97, la peine de la déportation simple sera seule appliquée ;

« Si la peine est celle de la déportation, la cour appliquera la peine de la détention ou celle du bannissement ;

« Si la peine est celle des travaux forcés à temps, la cour appliquera la peine de la réclusion ou les dispositions de l'article 401 sans toutefois pouvoir réduire la durée de l'emprisonnement au-dessous de deux ans ;

« Si la peine est celle de la réclusion, de la détention, du bannissement ou de la dégradation civique, la cour appliquera les dispositions de l'article 401, sans toutefois pouvoir réduire la durée de l'emprisonnement au-dessous d'un an.

« Dans le cas où le Code prononce le *maximum* d'une peine afflictive, s'il existe des circonstances atténuantes, la cour appliquera le *minimum* de la peine ou même la peine inférieure. »

(*Décr.* 27 novembre 1870.) « Dans tous les cas où la peine de l'emprisonnement et celle de l'amende sont prononcées par le Code pénal, si les circonstances paraissent atténuantes, les tribunaux correctionnels sont autorisés, même en cas de récidive, à réduire l'emprisonnement même au-dessous de six jours et l'amende même au-dessous de 16 francs.

« Ils pourront aussi prononcer séparément l'une ou l'autre de ces peines, et même substituer l'amende à l'emprisonnement, sans qu'en aucun cas elle puisse être au-dessous des peines de simple police. »

(*L.* 26 *octobre* 1888.) « Dans le cas où l'amende est substituée à l'emprisonnement, si la peine de l'emprisonnement est seule prononcée par l'article dont il est fait application, le maximum de cette amende sera de 3000 francs. »

R. v° *Peine*, 508 s. — S. cod. v°, 538 s. — V. aussi C. pén. ann., *art.* 463, n°° 1 s. ; et son Suppl., n°° 7482 s.

Loi du 13 mai 1863 : D. P. 63. 4. 105.
Décret du 27 novembre 1870 : D. P. 71. 4. 9.
Loi du 26 octobre 1888 : D. P. 89. 4. 3.

LIVRE QUATRIÈME.

CONTRAVENTIONS DE POLICE ET PEINES.

Loi décrétée le 20 février 1810, promulguée le 2 mars suivant.

CHAPITRE PREMIER.
Des peines.

Art. 464. Les peines de police sont :
l'emprisonnement,
l'amende,
et la confiscation de certains objets saisis.
— *Pén.* 465 s., 470 ; *Instr.* 137.
*la loi du 5 avril 1884, sur l'organisation municipale,
97 à 99* (D. P. 84. 4. 25 - 52 ; — et C. ad., t. 1, v° Com-
,)l. 504 s.).

Art. 465. L'emprisonnement, pour convention de police, ne pourra être moindre
de 1 jour, ni excéder cinq jours, selon les
classes, distinctions et cas ci-après spécifiés.
Les jours d'emprisonnement sont des jours
complets de vingt-quatre heures. — *Pén.* 40,
469 s.

Art. 466. Les amendes pour contravention pourront être prononcées depuis 1 franc
jusqu'à 15 francs inclusivement, selon les
distinctions et classes ci - après spécifiées, et
seront appliquées au profit de la commune
où la contravention aura été commise. —
P. 467 s., 471 s.

Art. 467. La contrainte par corps a lieu
pour le payement de l'amende.
Néanmoins, le condamné ne pourra être,
pour cet objet, détenu plus de quinze jours,
s'il justifie de son insolvabilité. — *L.* 22 juill.
7, art. 2 s., 9 s.

Art. 468. En cas d'insuffisance des biens,
les restitutions et les indemnités dues à la
partie lésée, sont préférées à l'amende. —
P. 10, 54, 469 ; *Instr.* 161.

Art. 469. Les restitutions, indemnités et
frais entraîneront la contrainte par corps, et
le condamné gardera prison jusqu'à parfait
payement : néanmoins, si ces condamnations
sont prononcées au profit de l'Etat, les condamnés pourront jouir de la faculté accordée
par l'article 467, dans le cas d'insolvabilité
prévu par cet article. — *Pén.* 52, 53, 467 ;
2 juill. 1867, *art.* 2 s., 9 s. ; *L.* 19 déc. 1871.

Art. 470. Les tribunaux de police pourront aussi, dans les cas déterminés par la
loi, prononcer la confiscation, soit des choses
saisies en contravention, soit des choses produites par la contravention, soit des matières
ou des instruments qui ont servi ou étaient
destinés à la commettre. — *Pén.* 11, 52,
470, 472, 477, 481.
        v° Contravention-contraventions de police,
        — 5. *eod.* t°, 1 s.
la loi de finances du 26 décembre 1890, art. 11 (D. P.
. 90), (attribution du produit des amendes et condamnations pécuniaires prononcées par les tribunaux répres-
sifs, dont le recouvrement est confié aux percepteurs par
les lois du 29 déc. 1873), modifiée, en ce qui concerne cet
article, par les lois de finances du 28 avril 1893, art. 45
D. P., 93. 4. 79) et du 13 avril 1898, art. 81 (D. P. 98. 4. 97).

CHAPITRE II.
Contraventions et peines.
SECTION PREMIÈRE.
Première classe.

Art. 471. Seront punis d'amende, depuis
1 franc jusqu'à 5 francs inclusivement :
1° Ceux qui auront négligé d'entretenir,
de réparer ou de nettoyer les fours, cheminées ou
usines où l'on fait usage du feu ;
2° Ceux qui auront violé la défense de
tirer, dans les lieux, des pièces d'artifice ;
3° Les aubergistes et autres qui, obligés à
l'éclairage, l'auront négligé ; ceux qui auront
négligé de nettoyer les rues ou passages,
dans les communes où ce soin est laissé à la
charge des habitants ;

4° Ceux qui auront embarrassé la voie
publique, en y déposant ou y laissant sans
nécessité des matériaux ou des choses quelconques qui empêchent ou diminuent la
liberté ou la sûreté du passage ; ceux qui, en
contravention aux lois et règlements, auront
négligé d'éclairer les matériaux par eux
entreposés ou les excavations par eux faites
dans les rues et places ;
5° Ceux qui auront négligé ou refusé d'exécuter les règlements ou arrêtés concernant
la petite voirie, ou d'obéir à la sommation
émanée de l'autorité administrative, de réparer ou démolir les édifices menaçant ruine ;
6° Ceux qui auront jeté ou exposé au-
devant de leurs édifices des choses de nature
à nuire par leur chute ou par des exhalai-
sons insalubres ;
7° Ceux qui auront laissé dans les rues,
chemins, places, lieux publics, ou dans les
champs, des coutres de charrue, pinces,
barres, barreaux, ou autres machines, ou
instruments, ou armes, dont puissent abuser
les voleurs et autres malfaiteurs ;
8° Ceux qui auront négligé d'écheniller
dans les campagnes ou jardins où ce soin est
prescrit par la loi ou les règlements ;
9° Ceux qui, sans autre circonstance prévue par les lois, auront cueilli ou mangé,
sur le lieu même, des fruits appartenant à
autrui ;
10° Ceux qui, sans autre circonstance,
auront glané, râtelé ou grappillé dans les
champs non encore entièrement dépouillés
et vidés de leurs récoltes, ou avant le moment
du lever ou après celui du coucher du soleil) ;
11° Ceux qui, sans avoir été provoqués,
auront proféré contre quelqu'un des injures,
autres que celles prévues depuis l'article 367
jusques et y compris l'article 378 (*Sur la
contravention d'injure non publique,* V. *infrà,*
Appendice, *L.* 29 juillet 1881, *art.* 29 *et*
33, § 3) ;
12° Ceux qui imprudemment auront jeté
des immondices sur quelque personne ;
13° Ceux qui, n'étant ni propriétaires, ni
usufruitiers, ni locataires, ni fermiers, ni
jouissant d'un terrain ou d'un droit de passage, ou qui, n'étant agents ni préposés d'aucune de ces personnes, seront entrés et
auront passé sur ce terrain, ou sur partie
de ce terrain, s'il est préparé ou ensemencé ;
14° Ceux qui auront laissé passer leurs
bestiaux ou leurs bêtes de trait, de charge
ou de monture, sur le terrain d'autrui, avant
l'enlèvement de la récolte ;
15° (*L.* 28 avril 1832.) « Ceux qui auront
contrevenu aux règlements légalement faits
par l'autorité administrative, et ceux qui ne
se seront pas conformés aux règlements ou
arrêtés publiés par l'autorité municipale, en
vertu des articles 3 et 4, titre 11, de la loi
des 16-24 août 1790 (*art.* 3 *abrogé par L.*
5 *avril* 1884, *art.* 108), et de l'article 46,
titre 1er, de la loi du 19-22 juillet 1791 (*remplacé par L.* 5 *avril* 1884, *art.* 94). » — *Pén.*
319, 320.

R. v° *Contravention-contraventions de police,*
23 s., 71 s. ; — V. v° *Contravention-
contraventions de police,* 27 s., 52 s. ; *Peine,* 60 s.
— V. aussi C. pén. ann., art. 471, n°s 1 s. ; et son
Suppl., n° 7604 s.

En ce qui concerne les règlements de police et les matières sur lesquelles s'exerce la police municipale, V. le
Commentaire très développé, C. ad., t. 1, v° *Commune,*
p. 467, n°s 1603 s., p. 490, n°s 1916 s. ; p. 494, n°s 2073 s. ;
p. 505, n°s 2597 s. ; p. 582 , n°s 4939 s. ; p. 602 , n°s 5582 s. —
V. encore C. ad., t. 3, v° *Voirie,* p. 1331, n°s 7886 s. ; p. 1357,
n°s 8453 s. ; p. 1368, n°s 8929 s.

Art. 472. Seront en outre confisqués,
les pièces d'artifice saisies dans le cas n° 2
de l'article 471, les coutres, les instruments
et les armes mentionnés dans le n° 7 du
même article. — *Pén.* 11, 464, 470, 477, 481.
        R. v° *Contravention-contraventions de police.*
        88, 173.

Art. 473. La peine d'emprisonnement
pendant trois jours au plus pourra de plus
être prononcée, selon les circonstances,
contre ceux qui auront tiré des pièces d'artifice ; contre ceux qui auront glané, râtelé
ou grappillé en contravention au n° 10 de
l'article 471. — *Pén.* 464, 476, 480.
        R. v° *Contravention-contraventions de police,*
        88, 178.

Art. 474. La peine d'emprisonnement
contre toutes les personnes mentionnées en
l'article 471 aura toujours lieu, en cas de récidive, pendant trois jours au plus. — *Pén.*
465, 478, 483.
        R. v° *Contravention-contraventions de police,*
        60 s.

SECTION II.
Deuxième classe.

Art. 475. Seront punis d'amende, depuis
6 francs jusqu'à 10 francs inclusivement :
1° Ceux qui auront contrevenu aux bans
de vendanges ou autres bans autorisés par
les règlements ;
2° Les aubergistes, hôteliers, logeurs ou
loueurs de maisons garnies, qui auront négligé d'inscrire de suite et sans aucun blanc,
sur un registre tenu régulièrement, les noms,
qualités, domicile habituel, dates d'entrée et
de sortie de toute personne qui aurait couché
ou passé une nuit dans leurs maisons ; ceux
d'entre eux qui auraient manqué à représenter ce registre aux époques déterminées
par les règlements, ou lorsqu'ils en auraient
été requis, aux maires, adjoints, officiers ou
commissaires de police, ou aux citoyens
commis à cet effet : le tout sans préjudice
des cas de responsabilité mentionnés en l'article 73 du présent Code, concernant les
crimes ou aux délits de ceux qui, ayant logé
ou séjourné chez eux, n'auraient pas été régulièrement inscrits ;
3° Les rouliers, charretiers, conducteurs
de voitures quelconques ou de bêtes de
charge, qui auraient contrevenu aux règlements par lesquels ils sont obligés de se
tenir constamment à portée de leurs chevaux, bêtes de traits ou de charge et de
leurs voitures, et en état de les guider et
conduire ; d'occuper un seul côté des rues,
chemins ou voies publiques ; de se détourner
ou ranger devant toutes autres voitures, et, à
leur approche, de leur laisser libre au moins la
moitié des rues, chaussées, routes et chemins ;
4° Ceux qui auront fait ou laissé courir les
chevaux, bêtes de trait, de charge ou de
monture, dans l'intérieur d'un lieu habité,
ou violé les règlements contre le chargement, la rapidité ou la mauvaise direction
des voitures ;
(*L.* 28 avril 1832.) « Ceux qui contreviendront aux dispositions des ordonnances et
règlements ayant pour objet :
La solidité des voitures publiques ;
Leur poids ;
Le mode de leur chargement ;
Le nombre et la sûreté des voyageurs,
L'indication, dans l'intérieur des voitures,
des places qu'elles contiennent et du prix
des places ;

30

L'indication, à l'extérieur, du nom du propriétaire ; »

5° Ceux qui auront établi ou tenu dans les rues, chemins, places ou lieux publics, des jeux de loterie ou d'autres jeux de hasard ;

6° *Abrogé par L. 5 mai 1855.*

7° Ceux qui auraient laissé divaguer des fous ou des furieux étant sous leur garde, ou des animaux malfaisants ou féroces ; ceux qui auront excité ou n'auront pas retenu leurs chiens, lorsqu'ils attaquent ou poursuivent les passants, quand même il n'en serait résulté aucun mal ni dommage ;

8° Ceux qui auraient jeté des pierres ou d'autres corps durs ou des immondices contre les maisons, édifices et clôtures d'autrui, ou dans les jardins ou enclos, et ceux aussi qui auraient volontairement jeté des corps durs ou des immondices sur quelqu'un ;

9° Ceux qui, n'étant propriétaires, usufruitiers ni jouissant d'un terrain ou d'un droit de passage, y sont entrés et y ont passé dans le temps où ce terrain était chargé de grains ou tuyau, de raisins ou autres fruits mûrs ou voisins de la maturité ;

10° Ceux qui auraient fait ou laissé passer des bestiaux, animaux de trait, de charge ou de monture, sur le terrain d'autrui, ensemencé ou chargé d'une récolte, en quelque saison que ce soit, *ou dans un bois taillis appartenant à autrui* ;

11° Ceux qui auraient refusé de recevoir les espèces et monnaies nationales, non fausses ni altérées, selon la valeur pour laquelle elles ont cours ;

12° Ceux qui, le pouvant, auront refusé ou négligé de faire les travaux, le service, ou de prêter le secours dont ils auront été requis, dans les circonstances d'accidents, tumultes, naufrage, inondation, incendie ou autres calamités, ainsi que dans les cas de brigandages, pillages, flagrant délit, clameur publique ou d'exécution judiciaire ;

13° Les personnes désignées aux articles 284 et 288 du présent Code ;

14° *Abrogé par L. 27 mars 1851.*

15° (L. 28 avril 1832.) « Ceux qui déroberont, sans aucune des circonstances prévues en l'article 388, des récoltes ou autres productions utiles de la terre, qui, avant d'être soustraites, n'étaient pas encore détachées du sol. » — *Pén.* 132, 151, 234, 318, 410, 440, 458, 471-6°, 9°, 10°, 11°, 12°, 13°, 479-2°, 10° ; *Instr.* 46, 106, 376 ; *For.* 147, 149, 199.

R. v° *Contravention-contraventions de police,* 246 s. — S. *eod.* v°, 160 s. — V. aussi C. pén. ann., art. 475, n° 1 s. ; et son Suppl., n° 7523 s. — V. encore C. ad., t. 1, v° *Commune,* p. 488, n°° 1816 s. ; p. 524, n°° 2952 s. ; p. 530, n°° 3178 s. ; p. 540, n°° 3392 s. ; p. 552, n°° 3932 s. ; p. 565, n°° 4338 s. ; p. 586, n°° 5060 s. ; p. 593, n°° 5361 s., et 3372 s. ; t. 2, v° *Etablissements de bienfaisance (aliénés),* p. 990, n°° 729 s. ; t. 3, v° *Agriculture,* p. 180, n°° 1057 s. ; *Voirie,* p. 1049, n°° 9836 s.

Art. 476. (L. 28 avril 1832.) Pourra, suivant les circonstances, être prononcé, outre l'amende portée en l'article précédent, l'emprisonnement pendant trois jours au plus, contre les rouliers, charretiers, voituriers et conducteurs en contravention ; contre ceux qui auront contrevenu aux règlements ayant pour objet, soit la rapidité, la mauvaise direction ou le chargement des voitures ou des animaux, soit la solidité des voitures publiques, leur poids, le mode de leur chargement, le nombre et la sûreté des voyageurs ; *contre les vendeurs et débitants de boissons falsifiées ;* contre ceux qui auraient jeté des corps durs ou des immondices. — *Pén.* 465, 475-3°, 4°, 6°, 8°, 477, 478, 483.

La disposition relative aux vendeurs et débitants de boissons falsifiées a été abrogée par la loi du 5 mai 1855, et remplacée par l'article 1er de la loi du 1er août 1905. — V. *infra,* Appendice, la loi du 1er août 1905, art. 1er.

Art. 477. (L. 28 avril 1832.) Seront saisis et confisqués, 1° les tables, instruments, appareils des jeux des loteries établis dans

les rues, chemins et voies publiques, ainsi que les enjeux, les fonds, denrées, objets ou lots proposés aux joueurs, objets de l'article 476 ; 2° (abrogé par L. 1er août 1905) *les boissons falsifiées, trouvées appartenir au vendeur et débitant : ces boissons seront répandues ;* 3° les écrits ou gravures contraires aux mœurs : ces objets seront mis sous le pilon ; 4° les comestibles gâtés, corrompus ou nuisibles : ces comestibles seront détruits. — *Pén.* 170, 284, 287, 288, 470, 475-5°, 6°, 13°, 14°, 481.

C'est par suite d'une erreur que le texte de l'article 477 renvoie à l'article 476 ; il y a lieu de substituer à ce dernier article l'article 475. § 5.

Art. 478. (L. 28 avril 1832.) La peine de l'emprisonnement pendant cinq jours au plus sera toujours prononcée, en cas de récidive, contre toutes les personnes mentionnées dans l'article 475.

Les individus mentionnés au n° 5 du même article qui seraient repris pour le même fait en état de récidive, seront traduits devant le tribunal de police correctionnelle, et punis d'un emprisonnement de six jours à un mois, et d'une amende de 16 francs à 200 francs. — *Pén.* 9, 40, 475, 483.

R. v° *Contravention-contraventions de police,* 60 s. ; *Peine,* 311 ; *Jeu-pari,* 103.

SECTION III.
Troisième classe.

Art. 479. (L. 28 avril 1832.) Seront punis d'une amende de 11 à 15 francs inclusivement :

1° Ceux qui, hors le cas prévus depuis l'article 434 jusques et compris l'article 462, auront volontairement causé du dommage aux propriétés mobilières d'autrui ;

2° Ceux qui auront occasionné la mort ou la blessure des animaux ou bestiaux appartenant à autrui, par l'effet de la divagation des fous ou furieux, ou d'animaux malfaisants ou féroces, ou par la rapidité ou la mauvaise direction ou le chargement excessif des voitures, chevaux, bêtes de trait, de charge ou de monture ;

3° Ceux qui auront occasionné les mêmes dommages par l'emploi ou l'usage d'armes sans précaution ou avec maladresse, ou par jet de pierres ou d'autres corps durs ;

4° Ceux qui auront causé les mêmes accidents par la vétusté, la dégradation, le défaut de réparation ou d'entretien des maisons ou édifices, ou par l'encombrement ou l'excavation, ou telles autres œuvres, dans ou près les rues, chemins, places ou voies publiques, sans les précautions ou signaux ordonnés ou d'usage ;

5° *Abrogé par L. 27 mars 1851.*

6° Ceux qui emploieront des poids ou des mesures différents de ceux qui sont établis par les lois en vigueur ;

Les boulangers et bouchers qui vendront le pain ou la viande au delà du prix fixé par la taxe légalement faite et publiée ;

7° Les gens qui font métier de deviner et pronostiquer, ou d'expliquer les songes ;

8° Les auteurs ou complices de bruits ou tapages injurieux ou nocturnes, troublant la tranquillité des habitants ;

9° *Abrogé par L. 29 juillet 1881.*

10° Ceux qui mèneront sur le terrain d'autrui des bestiaux, de quelque nature qu'ils soient, et notamment dans les prairies artificielles, dans les vignes, oseraies, dans les plants de câpriers, dans ceux d'oliviers, de mûriers, de grenadiers, d'orangers, et d'arbres du même genre, dans tous les plants ou pépinières d'arbres fruitiers ou autres, faits de main d'homme ;

11° Ceux qui auront dégradé ou détérioré, de quelque manière que ce soit, les chemins publics, ou usurpé sur leur largeur ;

12° Ceux qui, sans y être dûment autorisés,

auront enlevé des chemins publics les gazons, terres ou pierres, ou qui, dans les lieux appartenant aux communes, auraient enlevé les terres ou matériaux, à moins qu'il n'existe un usage général qui l'autorise. — *Pén.* 423, 452, 458, 471-1° s., 475-7°, 8°, 10°, 480 s.

R. v° *Contravention-contraventions de police,* 414 s. ; *Tapage et bruits injurieux et noct.,* 1 s. ; *Voirie par terre,* 1064 s., 1123 s., 1160 s. — S. v° *Contravention-contraventions de police,* 246 s. ; *Tapage et bruits injurieux et noct.,* 1 s. ; *Voirie par terre,* 304 s., 308 s., 318 s. — V. aussi C. pén. ann., art. 479, n° 1 s. ; et son Suppl., n° 7977 s. — V. encore C. ad., t. 1er, v° *Commune,* p. 458, n°° 944 s. ; p. 523, n°° 2998 s. ; p. 577, n°° 4754 s. t. 3, v° *Voirie,* p. 1332, n°° 7886 s. ; p. 1346, n°° 8314 s.

Art. 480. (L. 28 avril 1832.) Pourra, selon les circonstances, être prononcée la peine d'emprisonnement pendant cinq jours au plus,

1° Contre ceux qui auront occasionné la mort ou la blessure des animaux ou bestiaux appartenant à autrui, dans les cas prévus par le n° 3 du précédent article ;

2° (Abrogé implicitement par L. 27 mars 1851.) *Contre les possesseurs de faux poids et des fausses mesures ;*

3° Contre ceux qui emploient des poids ou des mesures différents de ceux que la loi en vigueur a établis ; contre les boulangers et bouchers dans les cas prévus par le paragraphe 6 de l'article précédent ;

4° Contre les interprètes de songes ;

5° Contre les auteurs ou complices de bruits ou tapages injurieux ou nocturnes. — *Pén.* 423, 424, 465, 473, 476, 479-3°, 5°, 6°, 7°, 8°.

Art. 481. Seront, de plus, saisis ou confisqués :

1° *Les faux poids, les fausses mesures,* ainsi que les poids et les mesures différents de ceux que la loi a établis ;

2° Les instruments, ustensiles et costumes servant ou destinés à l'exercice du métier de devin, pronostiqueur, ou interprète de songes. — *Pén.* 11, 423, 470, 472, 477, 479-5°, 6°, 7°.

En ce qui regarde la saisie et la confiscation des faux poids et des fausses mesures, le paragraphe 1er de l'article 481 du Code pénal est aujourd'hui remplacé par l'article 6 de la loi du 1er août 1905.

Art. 482. La peine d'emprisonnement pendant cinq jours aura toujours lieu, pour récidive, contre les personnes et dans les cas mentionnés en l'article 479. — *Pén.* 474, 478, 483.

DISPOSITIONS COMMUNES
AUX TROIS SECTIONS CI-DESSUS.

Art. 483. (L. 28 avril 1832.) Il y a récidive dans tous les cas prévus dans ce livre, lorsqu'il a été rendu contre le contrevenant, dans les douze mois précédents, un premier jugement pour contravention de police commise dans le ressort du même tribunal.

L'article 463 du présent Code est applicable à toutes les contraventions ci-dessus indiquées. — *Pén.* 56 s., 58, 474, 478, 482.

R. v° *Contravention-contraventions de police,* 54 s. — S. *eod.* v°, 41 s.

DISPOSITION GÉNÉRALE.

Art. 484. Dans toutes les matières qui n'ont pas été réglées par le présent Code et qui sont régies par des lois et règlements particuliers, les cours et les tribunaux continueront de les observer. — *Av. Cons. d'Et.* 4-8 *févr.* 1812.

FIN DU CODE PÉNAL.

CODE FORESTIER [(1)]

Loi du 21 mai 1827, promulguée le 31 juillet suivant.

TITRE PREMIER.

Du régime forestier.

rt. 1er. Sont soumis au régime forestier, ront administrés conformément aux dis- ions de la présente loi.

Les bois et forêts qui font partie du do- 1e de l'État;

Ceux qui font partie du domaine de la onne;

Ceux qui sont possédés à titre d'apanage a majorats réversibles à l'État;

Les bois et forêts des communes et des ons de commune;

Ceux des établissements publics;

Les bois et forêts dans lesquels l'État, ouronne, les communes ou les établisse- ts publics ont des droits de propriété ris avec des particuliers. — *For.* 8 s., , 89, 90 s., 113 s.; *O. for.* 57 s., 124, s., 128 s., 147 s.

v** *Domaine apanager*, 1 s.; *Domaine de la onne*, 3 s.; *Domaines engagés*, 14 s., 61 s.; *aine de l'État*, 23 s.; *Forêts*, 1 s., 141 s., 970; *rat*, 3 s. — **S.** v** *Domaine apanager*, 1 s.; *aine de la couronne*, 1 s.; *Domaines engagés*, 8 s.; *Domaine de l'État*, 6 s., 18 s.; *Régime tier*, 1 s., 25 s., 1372 s. — V. aussi **C. for. ann.**, ", n** 1 s.

uis la promulgation de la République en 1870, il e plus de domaine de la couronne; les forêts qui ent partie de ce domaine ont été réunies au domaine les R. v° État (Décret 6 sept. 1870, D. P. 70. 4. 80; . 1870, D. P. 70. 4. 103). — D'autre part, il n'existe e bois possédés à titre d'apanage et de bois possédés e de majorats réversibles (R. v° Forêts, 148). — Les oumis au régime forestier sont donc actuellement : bois et forêts qui font partie du domaine de l'État; bois et forêts des communes et des sections de com- ; 3° les bois des établissements publics; 4° les bois s dans lesquels l'État, les communes et les éta- ments publics ont des droits de propriété indivis avec articuliers.

rt. 2. Les particuliers exercent sur s bois tous les droits résultant de la pro- té, sauf les restrictions qui seront spé- dans la présente loi. — *For.* 1, 113 s., s., 136 s., 188, 215, 219 s.; *O. for.* 150, 151.

v° *Forêts*, 151.

TITRE DEUXIÈME.

De l'administration forestière.

rt. 3. Nul ne peut exercer un emploi stier, s'il n'est âgé de vingt-cinq ans mplis; néanmoins, les élèves sortant de ole forestière pourront obtenir des dis- d'âge.—*For.* 4, 5; *O. for.* 2 s., 40 s., 50 s.

v° *Forêts*, 152 s. — **S.** v° *Régime forestier*, 1 s.

a constitution de l'Administration des forêts a sou- arié. Les modifications qu'ont subies les articles 1er de l'ordonnance du 1er août 1827, qui s'occupent de nisation intérieure de cette Administration, sont in- es. R. v° Forêts, 5 s., 137, 152 s.; S. v° Régime fores- n 36 s. — V. aussi C. for. ann., art. 3, n° 1 s.

rt. 4. Les emplois de l'administration stière sont incompatibles avec toutes res fonctions, soit administratives, soit iciaires. — *For.* 21; *O. for.* 31, 32, 33.

v° *Forêts*, 194 s. — **S.** v° *Régime forestier*, . — V. aussi **C. for. ann.**, art. 4, n** 1 s.

. V. l'ordonnance du 1er août 1827 pour l'exécution du forestier (R. v° Forêts, p. 111).

Art. 5. Les agents et préposés de l'admi- nistration forestière ne pourront entrer en fonctions qu'après avoir prêté serment devant le tribunal de première instance de leur ré- sidence, et avoir fait enregistrer leur com- mission et l'acte de prestation de leur ser- ment au greffe des tribunaux dans le ressort desquels ils devront exercer leurs fonctions.

Dans le cas d'un changement de résidence qui les placerait dans un autre ressort en la même qualité, il n'y aura pas lieu à une autre prestation de serment. — *For.* 3, 31, 87, 99, 117, 160; *Instr.* 16 s.; *Pén.* 196.

R. v° *Forêts*, 202 s. — **S.** v° *Régime forestier*, 57 s. — V. aussi **C. for. ann.**, art. 5, n** 1 s.

Art. 6. Les gardes sont responsables des délits, dégâts, abus et abroutissements qui ont lieu dans leurs triages, et passibles des amendes et indemnités encourues par les délinquants, lorsqu'ils n'ont pas dûment constaté les délits. — *For.* 31, 45, 134, 143, 159, 160, 165 à 167, 170, 171, 175 à 178, 186, 191, 207; *O. for.* 7, 8, 34, 39; *Civ.* 1383, 1384; *Instr.* 179, 182, 479, 483, 484.

R. v° *Forêts*, 178 s. — **S.** v° *Régime forestier*, 52 s. — V. aussi **C. for. ann.**, art. 6, n** 1 s.

Art. 7. L'empreinte de tous les marteaux dont les agents et les gardes forestiers font usage, tant pour la marque des bois de délit et des chablis que pour les opérations de ba- livage et de martelage, est déposée au greffe des tribunaux, savoir :

Celle des marteaux particuliers dont les agents et gardes sont pourvus, aux greffes des tribunaux de première instance dans le ressort desquels ils exercent leurs fonctions;

Celle du marteau royal uniforme, aux greffes des tribunaux de première instance et des cours royales [*des cours d'appel*]. — *For.* 17, 32, 200; *O. for.* 36, 37, 79, 95; *Pén.* 140, 141. 439.

R. v° *Forêts*, 206 s. — **S.** v° *Régime forestier*, 60 s. — V. aussi **C. for. ann.**, art. 7, n** 1 s.

TITRE TROISIÈME.

Des bois et forêts qui font partie du domaine de l'État.

SECTION PREMIÈRE.

De la délimitation et du bornage.

Art. 8. La séparation entre les bois et forêts de l'État et les propriétés riveraines pourra être requise, soit par l'administration forestière, soit par les propriétaires riverains. — *For.* 1, 9 s., 68, 89, 90, § 3, 113, 115; *O. for.* 57 s., 124, 125, 129; *Civ.* 646, 815.

Art. 9. L'action en séparation sera in- tentée, soit par l'État, soit par les proprié- taires riverains, dans les formes ordinaires.

Toutefois, il sera sursis à statuer sur les actions partielles, si l'administration fores- tière offre d'y faire droit dans le délai de six mois, en procédant à la délimitation géné- rale de la forêt. — *For.* 6; *O. for.* 57, 58; *Pr.* 49-1°, 59, 69-1°.

R. v° *Forêts*, 224 s. — **S.** v° *Régime forestier*, 67 s. — V. aussi **C. for. ann.**, art. 8-9, n** 1 s.

Art. 10. Lorsqu'il y aura lieu d'opérer la délimitation générale et le bornage d'une forêt de l'État, cette opération sera annoncée deux mois d'avance par un arrêté du préfet, qui sera publié et affiché dans les communes limitrophes, et signifié au domicile des pro- priétaires riverains ou à celui de leurs fer- miers, gardes ou régisseurs.

Après ce délai, les agents de l'adminis- tration forestière procéderont à la délimi- tation, en présence ou en l'absence des pro- priétaires riverains. — *For.* 12, 90; *O. for.* 59, 60, 61, 129 s.; *Pr.* 1033.

R. v° *Forêts*, 237, 261 s. — **S.** v° *Régime fores- tier*, 70 s. — V. aussi **C. for. ann.**, art. 10, n** 1 s.

Art. 11. Le procès-verbal de la délimi- tation sera immédiatement déposé au secré- tariat de la préfecture, et par extrait au se- crétariat de la sous-préfecture, en ce qui concerne chaque arrondissement. Il en sera donné avis par un arrêté du préfet, publié et affiché dans les communes limitrophes.

Les intéressés pourront en prendre connais- sance, et former leur opposition dans le délai d'une année, à dater du jour où l'arrêté aura été publié.

Dans le même délai, le Gouvernement dé- clarera s'il approuve ou s'il refuse d'ho- mologuer ce procès-verbal en tout ou en partie.

Sa déclaration sera rendue publique de la même manière que le procès-verbal de déli- mitation. — *For.* 10, 12, 13, 90; *O. for.* 62 à 65, 131.

R. v° *Forêts*, 271 s. — **S.** v° *Régime forestier*, 87 s. — V aussi **C. for. ann.**, art. 11, n** 1 s.

Art. 12. Si, à l'expiration de ce délai, il n'a été élevé aucune réclamation par les propriétaires riverains contre le procès-verbal de délimitation, et si le Gouvernement n'a pas déclaré son refus d'homologuer, l'opé- ration sera définitive.

Les agents de l'administration forestière procéderont, dans le mois suivant, au bor- nage, en présence des parties intéressées, ou elles dûment appelées par un arrêté du préfet, ainsi qu'il est prescrit par l'article 10. — *For.* 10, 11, 13, 14, 90; *O. for.* 60, 65, 129.

R. v° *Forêts*, 281 s. 285 s. — **S.** v° *Régime fores- tier*, 90 s. — V. aussi **C. for. ann.**, art. 12, n** 1 s.

Art. 13. En cas de contestations éle- vées, soit pendant les opérations, soit par suite d'oppositions formées par les riverains, en vertu de l'article 11, elles seront portées par les parties intéressées devant les tribu- naux compétents, et il sera sursis à l'abor- nement jusqu'après leur décision.

Il y aura également lieu au recours devant les tribunaux de la part des propriétaires riverains, si, dans le cas prévu par l'article 11, les agents forestiers se refusaient à pro- céder au bornage. — *For.* 11, 12, 90; *O. for.* 61, 129, 132.

R. v° *Forêts*, 281 s. — **S.** v° *Régime forestier*, 95.

Art. 14. Lorsque la séparation ou déli- mitation sera effectuée par un simple bor- nage, elle sera faite à frais communs.

Lorsqu'elle sera effectuée par des fossés de clôture, ils seront exécutés aux frais de la partie requérante, et pris en entier sur son

terrain. — *For.* 8 s., 90; *O. for.* 66, 129, 133;
Civ. 646, 666 s.

R. v⁣ *Forêts*, 292 s. — S. v⁣ *Régime forestier*,
101 s. — V. aussi C. for. ann., art. 14, n⁣⁣ 1 s.

SECTION II.
De l'aménagement.

Art. 15. Tous les bois et forêts du domaine de l'État sont assujettis à un aménagement réglé par des ordonnances royales
[*des décrets du président de la République*].
— *For.* 16, 88 à 90, 113; *O. for.* 67 à 70,
134 s.

R. v⁣ *Forêts*, 300 s. — S. v⁣ *Régime forestier*,
109 s. — V. aussi C. for. ann., art. 15, n⁣⁣ 1 s.

Art. 16. Il ne pourra être fait dans les
bois de l'État aucune coupe extraordinaire
quelconque, ni aucune coupe de quarts en
réserve ou de massifs réservés par l'aménagement pour croître en futaie, sans une ordonnance spéciale du roi [*un décret spécial
du président de la République*], à peine de
nullité des ventes; sauf le recours des adjudicataires, s'il y a lieu, contre les fonctionnaires ou agents qui auraient ordonné ou
autorisé ces coupes.
Cette ordonnance spéciale [*ce décret spécial*] sera insérée au Bulletin des lois. —
For. 15, 88 à 90, 93, 113, 114; *O. for.* 71, 73.

R. v⁣ *Forêts*, 300 s.

SECTION III.
Des adjudications des coupes.

Art. 17. Aucune vente ordinaire ou extraordinaire ne pourra avoir lieu dans les
bois de l'État que par voie d'adjudication
publique, laquelle devra être annoncée, au
moins quinze jours d'avance, par des affiches
apposées dans le chef-lieu du département,
dans le lieu de la vente, dans la commune
de la situation des bois et dans les communes
environnantes. — *For.* 16, 18, 90, 100, 205;
O. for. 73 à 85, 101; *Décr.* 29 *juill.* 1884;
Décr. 25 *févr.* 1886; *Décr.* 30 *mars* 1886;
Décr. 19 *mars* 1891.

R. v⁣ *Forêts*, 993 s. — S. v⁣ *Régime forestier*,
380 s. — V. aussi C. for. ann., art. 17, n⁣⁣ 1 s.

Art. 18. Toute vente faite autrement que
par adjudication publique sera considérée
comme vente clandestine, et déclarée nulle.
Les fonctionnaires et agents qui auraient
ordonné ou effectué la vente seront condamnés solidairement à une amende de
3000 francs au moins et de 6000 francs au
plus, et l'acquéreur sera puni d'une amende
égale à la valeur des bois vendus. — *For.* 17,
19, 53, 203, 205, 207; *Civ.* 1149, 1200.

R. v⁣ *Forêts*, 1071 s.

Art. 19. Sera de même annulée, quoique
faite par adjudication publique, toute vente
qui n'aura point été précédée des publications et affiches prescrites par l'article 17,
ou qui aura été effectuée dans d'autres lieux
ou à un autre jour que ceux qui auront été
indiqués par les affiches ou les procès-verbaux de remise de vente.
Les fonctionnaires ou agents qui auraient
contrevenu à ces dispositions, seront condamnés solidairement à une amende de 1000
à 3000 francs; et une amende pareille sera
prononcée contre les adjudicataires, en cas
de complicité. — *For.* 17, 18, 53, 186, 203,
205, 207; *O. for.* 86; *Pén.* 59 s.; *Décr.*
25 *févr.* 1888.

R. v⁣ *Forêts*, 1012 s., 1071 s.

Art. 20. (*L.* 4 *mai* 1837.) Toutes les
contestations qui pourront s'élever pendant
les opérations d'adjudication, soit sur la validité desdites opérations, soit sur la solvabilité de ceux qui auront fait des offres et de

leurs cautions, seront décidées immédiatement par le fonctionnaire qui présidera la
séance d'adjudication. — *For.* 19, 21; *O. for.*
86; *Pr.* 711.

Art. 21. Ne pourront prendre part aux
ventes, ni par eux-mêmes, ni par personnes
interposées, directement ou indirectement,
soit comme parties principales, soit comme
associés ou cautions :
1º Les agents et gardes forestiers et les
agents forestiers de la marine dans toute
l'étendue du royaume [*de la République*];
les fonctionnaires chargés de présider ou de
concourir aux ventes, et les receveurs du
produit des coupes, dans toute l'étendue du
territoire où ils exercent leurs fonctions;
En cas de contravention, ils seront punis
d'une amende qui ne pourra excéder le quart
ni être moindre du douzième du montant de
l'adjudication, et ils seront, en outre, passibles de l'emprisonnement et de l'interdiction qui sont prononcés par l'article 175 du
Code pénal;
2º Les parents et alliés en ligne directe,
les frères et beaux-frères, oncles et neveux
des agents et gardes forestiers et des agents
forestiers de la marine, dans toute l'étendue
du territoire pour lequel ces agents ou gardes
sont commissionnés;
En cas de contravention, ils seront punis
d'une amende égale à celle qui est prononcée
par le paragraphe précédent;
3º Les conseillers de préfecture, les juges,
officiers du ministère public et greffiers des
tribunaux de première instance, dans tout
l'arrondissement de leur ressort;
En cas de contravention, ils seront passibles
de tous dommages-intérêts.
Toute adjudication qui serait faite en contravention aux dispositions du présent article,
sera déclarée nulle. — *For.* 4, 21, 101, 205;
Pén. 31, 32; *Civ.* 1596, 1597; *Pr.* 711.

R. v⁣ *Forêts*, 1077 s. — V. aussi C. for. ann.,
art. 21, n⁣⁣ 1 s.

Art. 22. Toute association secrète ou
manœuvre entre les marchands de bois ou
autres, tendant à nuire aux enchères, à les
troubler ou à établir des bois à plus bas prix,
donnera lieu à l'application des peines portées par l'article 412 du Code pénal, indépendamment de tous dommages-intérêts, et
si l'adjudication a été faite au profit de l'association secrète ou des auteurs desdites manœuvres, elle sera déclarée nulle. — *For.*
203, 204, 205; *Pén.* 412, 463.

R. v⁣ *Forêts*, 1096 s.

Art. 23. Aucune déclaration de command ne sera admise, si elle n'est faite immédiatement après l'adjudication et séance
tenante. — *For.* 20; *Pr.* 797.

R. v⁣ *Forêts*, 1021 s.

Art. 24. (*L.* 18 *juillet* 1906.) Faute par
l'adjudicataire de fournir les cautions exigées
par le cahier des charges dans le délai prescrit, il sera déclaré déchu de l'adjudication
par un arrêté du préfet, et il sera procédé,
dans les formes ci-dessus prescrites, à une
nouvelle adjudication de la coupe à sa folle
enchère.
L'adjudicataire déchu sera tenu de la différence entre son prix et celui de la revente,
sans pouvoir réclamer l'excédent, s'il y en a.
— *For.* 28, 46, 206; *Civ.* 2063; *Pr.* 126,
733, 737, 740.

R. v⁣ *Forêts*, 1029 s.

Art. 25. (*L.* 4 *mai* 1837.) Toute adjudication sera définitive du moment où elle sera
prononcée, sans que, dans aucun cas, il
puisse y avoir lieu à surenchère. — *For.*
26, 100.

R. v⁣ *Forêts*, 1014 s.

Art. 26. (*L.* 4 *mai* 1837.) Les divers
modes d'adjudication seront déterminés par

une ordonnance royale [*un décret du prés-
dent de la République*] : ces adjudication
auront toujours lieu avec publicité et lib
concurrence. — *For.* 17, 90, 100; *O. for.* 8⁣
88, 89; *Ordon.* 26 *nov.* 1836.

R. v⁣ *Forêts*, 1014 s.

Art. 27. (*L.* 4 *mai* 1837.) Les adjud
cataires sont tenus, au moment de l'adju
dication, d'élire domicile dans le lieu o
l'adjudication aura été faite; à défaut c
quoi, tous actes postérieurs leur seront vala
blement signifiés au secrétariat de la sous
préfecture.

R. v⁣ *Forêts*, 1023 s.

Art. 28. (*L.* 18 *juillet* 1906.) Tout pr
cès-verbal d'adjudication emporte exécutio
parée contre les adjudicataires, leurs asso
ciés et cautions, tant pour le payement d
prix principal de l'adjudication que pou
accessoires et frais.
Les cautions sont en outre solidairemen
tenues du payement des dommages, restit
tions et amendes qu'aurait encouru l'adju
dicataire. — *For.* 24, 45, 46, 211 s.; *O. fo*
90, 91; *Civ.* 2060-3º, 2067.

R. v⁣ *Forêts*, 1027 s., 1029 s. — S. v⁣ *Régin
forestier*, 391 s. — V. aussi C. for. ann., art. 2⁣
n⁣⁣ 1 s.

SECTION IV.
Des exploitations.

Art. 29. Après l'adjudication, il ne pour
être fait aucun changement à l'assiette de
coupes, et il n'y sera ajouté aucun arbre o
portion de bois, sous quelque prétexte qu
ce soit, à peine, contre l'adjudicataire, d'un
amende égale au triple de la valeur des boi
non compris dans l'adjudication, et sans pré
judice de la restitution de ces mêmes boi
ou de leur valeur.
Si les bois sont de meilleure nature o
qualité, ou plus âgés que ceux de la vente
il payera l'amende comme pour bois coup
en délit, et une somme double à titre d
dommages-intérêts.
Les agents forestiers qui auraient permi
ou toléré ces additions ou changements
seront punis de pareille amende, sauf l'ap
plication, s'il y a lieu, de l'article 20
de la présente loi. — *For.* 17, 33, 34, 19
à 194, 198, 201, 202, 207; *O. for.* 73 s., 88
89.

R. v⁣ *Forêts*, 1166 s., 182 s. — S. v⁣ *Régim
forestier*, 421 s. — V. aussi C. for. ann., art. 29
n⁣⁣ 1 s.

Art. 30. Les adjudicataires ne pour
ront commencer l'exploitation de leur
coupes avant d'avoir obtenu, par écrit, d
l'agent forestier local, le permis d'exploite
à peine d'être poursuivis comme délin
quants pour les bois qu'ils auraient coupés
— *For.* 82, 112, 192 à 194, 198, 202; *O. for*
92, 93.

R. v⁣ *Forêts*, 1169 s., 1139 s. — S. v⁣ *Régim
forestier*, 413 s. — V. aussi C. for. ann., art. 30
n⁣⁣ 1 s.

Art. 31. (*L.* 18 *juillet* 1906.) Chaqu
adjudicataire pourra avoir un facteur ou
garde-vente, qui sera agréé par l'agent fores
tier local et assermenté devant le juge de
paix.
Ce garde-vente sera autorisé à dresse
des procès-verbaux dans les limites de l
coupe. Les procès-verbaux seront soumis
aux mêmes formalités que ceux des gardes
forestiers, et feront foi jusqu'à preuve con
traire. — *For.* 5, 6, 44 à 46, 165 à 170, 177
188; *O. for.* 94.

R. v⁣ *Forêts*, 1120 s. — S. v⁣ *Régime forestier*
415 s.

Art. 32. *Abrogé par L.* 21 *juin*
1898.

Art. 33. L'adjudicataire sera tenu de ecter tous les arbres marqués ou désignés : demeurer en réserve, quelle que soit qualification, en vertu de l'article précédent, xcéderait celui qui est porté au procès-otre, en compensation d'arbres coupés contravention, d'autres arbres non ré-és que l'adjudicataire aurait laissés sur. — *For.* 34, 122 s., 203; *O. for.* 79, 80, 105.

Art. 34. Les amendes encourues par les dicataires, en vertu de l'article précédent, abatage ou déficit d'arbres réservés, nt du tiers en sus de celles qui sont dé-inées par l'article 192, toutes les fois que ence et la circonférence des arbres pour-être constatées.

, à raison de l'enlèvement des arbres et eurs souches, ou de toute autre circons-e, il y a impossibilité de constater l'es-e et la dimension des arbres, l'amende ourra être moindre de 50 francs ni ex-r 200 francs.

ns tous les cas, il y aura lieu à la resti-n des arbres, ou, s'ils ne peuvent être éserités, de leur valeur, qui sera estimée e somme égale à l'amende encourue; ns préjudice des dommages-intérêts. — 33, 45, 46, 192, 198, 202.

v° *Forêts*, 1165 s. — S. v° *Régime forestier*. — V. aussi C. for. ann., art. 33-34, n°° 1 s.

Art. 35. Les adjudicataires ne pourront tuer aucune coupe ni enlèvement de avant le lever ni après le coucher du l, à peine de 100 francs d'amende. — 201.

v° *Forêts*, 1212 s.

Art. 36. Il leur est interdit, à moins que ocès-verbal d'adjudication n'en contienne orisation expresse, de peler ou d'écorcer pied aucun des bois de leurs ventes, sous e de 50 à 500 francs d'amende; et il y lieu à la saisie des écorces et bois écor-comme garantie des dommages-intérêts, le montant ne pourra être inférieur à leur des arbres indûment pelés ou écor-— *For.* 37, 196.

v° *Forêts*, 1213 s. — S. v° *Régime forestier*, 436.

Art. 37. Toute contravention aux clauses nditions du cahier des charges, relati-ent au mode d'abatage des arbres et au oicment des coupes, sera punie d'une nde qui ne pourra être moindre de ancs ni excéder 500 francs, sans préju-des dommages-intérêts. — *For.* 17, 29, 40, 41, 202; *O. for.* 82.

v° *Forêts*, 1222 s. — S. v° *Régime forestier*. — V. aussi C. for. ann., art. 37, n°° 1 s.

Art. 38. Les agents forestiers indique-par écrit, aux adjudicataires, les lieux il pourra être établi des fosses ou four-ux pour charbon, des loges ou des ateliers; en pourra être placé ailleurs, sous peine, tre l'adjudicataire, d'une amende de francs pour chaque fosse ou fourneau, e ou atelier établi en contravention à e disposition. — *For.* 42.

v° *Forêts*, 1246 s.

Art. 39. La traite des bois se fera par chemins désignés au cahier des charges, s peine, contre ceux qui en pratiqueraient nouveaux, d'une amende dont le mini-m sera de 50 francs et le maximum de francs, outre les dommages-intérêts. — . 37, 147, 202.

v° *Forêts*, 1256 s. — S. v° *Régime forestier*, s. — V. aussi C. for. ann., art. 39, n°° 1 s.

Art. 40. La coupe des bois et la vidange ventes seront faites dans les délais fixés le cahier des charges, à moins que les udicataires n'aient obtenu de l'adminis-ion forestière une prorogation de délai;

à peine d'une amende de 50 à 500 francs, et, en outre, des dommages-intérêts, dont le montant ne pourra être inférieur à la valeur estimative des bois restés sur pied ou gisant sur les coupes.

Il y aura lieu à la saisie de ces bois, à titre de garantie, pour les dommages-intérêts. — *For.* 41, 46, 202; *O. for.* 96; *Décr.* 31 mai 1850.

R. v° *Forêts*, 1262 s. — S. v° *Régime forestier*, 443 s. — V. aussi C. for. ann., art. 40, n°° 1 s.

Art. 41. A défaut, par les adjudicataires, d'exécuter, dans les délais fixés par le cahier des charges, les travaux que ce cahier leur impose, tant pour relever et faire façonner les ramiers et pour nettoyer les coupes des épines, ronces et arbustes nuisibles, selon le mode prescrit à cet effet, que pour les réparations des chemins de vidange, fossés, repiquement de places à charbon et autres ouvrages à leur charge, ces travaux seront exécutés à leurs frais, à la diligence des agents forestiers, et sur l'autorisation du pré-fet, qui arrêtera ensuite le mémoire des frais et le rendra exécutoire contre les adjudica-taires pour le payement. — *For.* 40, 140, 222; *O. for.* 82, 105.

R. v° *Forêts*, 1145 s. — S. v° *Régime forestier*, 419.

Art. 42. Il est défendu à tous adjudica-taires, leurs facteurs et ouvriers, d'allumer du feu ailleurs que dans leurs loges ou ate-liers, à peine d'une amende de 10 à 100 fr., sans préjudice de la réparation du dommage qui pourrait résulter de cette contravention. — *For.* 38, 148, 202; *O. for.* 105.

R. v° *Forêts*, 1253.

Art. 43. Les adjudicataires ne pourront déposer dans leurs ventes d'autres bois que ceux qui en proviendront, sous peine d'une amende de 100 à 1 000 francs. — *For.* 154 s., 202.

R. v° *Forêts*, 1260 s. — S. v° *Régime forestier*, 440.

Art. 44. Si, dans le cours de l'exploi-tation ou de la vidange, il était dressé des procès-verbaux de l'emploi ou vices d'exploi-tation, il pourra y être donné suite, sans attendre l'époque du récolement.

Néanmoins, en cas d'insuffisance d'un pre-mier procès-verbal sur lequel il ne sera pas intervenu de jugement, les agents forestiers pourront, lors du récolement, constater, par un procès-verbal, les délits et contraventions. — *For.* 6, 47 s., 134, 143, 159 s., 185.

R. v° *Forêts*, 1317 s.

Art. 45. (L. 18 juillet 1906.) Les adjudi-cataires, à dater du permis d'exploiter, et jusqu'à ce qu'ils aient obtenu leur décharge, sont responsables de tout délit forestier commis dans leurs ventes; si leurs facteurs ou gardes-ventes n'en font leurs rapports, lesquels doivent être remis à l'agent fores-tier dans le délai de cinq jours. — *For.* 6, 28, 30, 31, 33, 34, 46, 51, 185, 206; *O. for.* 93, 99.

R. v° *Forêts*, 1268 s. — S. v° *Régime forestier*, 449 s. — V. aussi C. for. ann., art. 45, n°° 1 s.

Art. 46. (L. 18 juillet 1906.) Les adju-dicataires et leurs cautions seront respon-sables du payement des amendes et restitu-tions encourues pour délits et contraventions dans la vente, par les facteurs, gardes-ventes, ouvriers, bûcherons, voituriers et tous autres employés par les adjudicataires. — *For.* 28, 31, 33, 34, 40, 45, 206; *Civ.* 1384; *Pén.* 52.

R. v° *Forêts*, 1312 s. — S. v° *Régime forestier*, 457.

SECTION V.
Des réarpentages et récolements.

Art. 47. Il sera procédé au réarpentage et au récolement de chaque vente dans les

trois mois qui suivront le jour de l'expira-tion des délais accordés pour la vidange des coupes.

Ces trois mois écoulés, les adjudicataires pourront mettre en demeure l'Administration par acte extrajudiciaire signifié à l'agent fo-restier local; et si, dans le mois après la signification de cet acte, l'Administration n'a pas procédé au réarpentage et au récolement, l'adjudicataire demeurera libéré. — *For.* 45, 46, 48 s., 88, 90, 113, 185; *O. for.* 97, 98.

Art. 48. L'adjudicataire ou son cession-naire sera tenu d'assister au récolement; et il lui sera, à cet effet, signifié, au moins dix jours d'avance, un acte contenant l'indi-cation des jours où se feront le réarpentage et le récolement : faute par lui de se trouver sur les lieux ou de s'y faire représenter, les procès-verbaux de réarpentage et de récole-ment seront réputés contradictoires. — *For.* 27, 44, 50, 104; *O. for.* 98.

Art. 49. Les adjudicataires auront le droit d'appeler un arpenteur de leur choix pour assister aux opérations du réarpentage à défaut par eux d'user de ce droit, les procès-verbaux de réarpentage n'en seront pas moins réputés contradictoires. — *For.* 27, 50; *O. for.* 97; *Décr.* 30 mars 1886.

Art. 50. Dans le délai d'un mois après la clôture des opérations, l'Administration et l'adjudicataire pourront requérir l'annulation du procès-verbal pour défaut de forme ou pour fausse énonciation.

Ils se pourvoiront, à cet effet, devant le conseil de préfecture, qui statuera.

En cas d'annulation du procès-verbal, l'Ad-ministration pourra, dans le mois qui suivra, y faire suppléer par un nouveau procès-verbal. — *For.* 47 s., 51 , 185.

R. v° *Forêts*, 1365 s. — S. v° *Régime forestier*, 462. — V. aussi C. for. ann., art. 47-50, n°° 1 s.

Art. 51. A l'expiration des délais fixés par l'article 50, et, si l'Administration n'a élevé aucune contestation, le préfet délivrera à l'adjudicataire la décharge d'exploitation. — *For.* 45, 46, 185; *O. for.* 99.

R. v° *Forêts*, 1300 s.

Art. 52. Les arpenteurs seront passibles de tous dommages-intérêts, par suite des erreurs qu'ils auront commises, lorsqu'il en résultera une différence d'un vingtième de l'étendue de la coupe;

Sans préjudice de l'application, s'il y a lieu, des dispositions de l'article 207. — *For.* 29, 49, 207; *O. for.* 97.

R. v° *Forêts*, 1354 s.

SECTION VI.
Des adjudications de glandée, panage et paisson.

Art. 53. Les formalités prescrites par la section 3 du présent titre, pour les adjudi-cations des coupes de bois, seront observées pour les adjudications de glandée, panage et paisson.

Toutefois, dans les cas prévus par les ar-ticles 18 et 19, l'amende infligée aux fonc-tionnaires et agents sera de 100 francs au moins et de 1 000 francs au plus, et celle qui aura été encourue par l'acquéreur sera égale au montant du prix de la vente. — *For.* 17 s., 54 s., 90, 100, 144, 205; *O. for.* 84, 85, 87, 90, 91, 100 à 104, 134, 139, 174; *Ordon.* 23 juin 1830; 10 mars 1831; 4 déc. 1844; *Décr.* 17 févr. 1888; 25 févr. 1888.

R. v° *Forêts*, 1393 s. — S. v° *Régime forestier*, 464. — V. aussi C. for. ann., art. 53, n°° 1 s.

Art. 54. (L. 18 juillet 1906.) Les adjudi-cataires ne pourront introduire dans les forêts un plus grand nombre de porcs que celui qui sera déterminé par l'acte d'adjudi-cation, sous peine du maximum de l'amende prononcée par l'article 199. — *For.* 53, 55, 56, 77, 199, 202.

R. v° *Forêts,* 712 s. — S. v° *Régime forestier,* 291 s.

Art. 55. (*L. 18 juillet 1906.*) Les adjudicataires seront tenus de faire marquer les porcs d'un fer chaud, sous peine d'une amende de 50 centimes par chaque porc qui ne serait point marqué.

Ils devront déposer l'empreinte de cette marque au greffe du tribunal, et le fer servant à la marque, au bureau de l'agent forestier local, sous peine de 50 francs d'amende. — *For.* 54, 73, 74.

Art. 56. Si les porcs sont trouvés hors des cantons désignés par l'acte d'adjudication, ou des chemins indiqués pour s'y rendre, il y aura lieu, contre l'adjudicataire, aux peines prononcées par l'article 199. En cas de récidive, outre l'amende encourue par l'adjudicataire, le pâtre sera condamné à un emprisonnement de cinq à quinze jours. — *For.* 54, 76, 199, 203.

Art. 57. (*L. 18 juin 1859.*) Il est défendu aux adjudicataires d'abattre, de ramasser ou d'emporter des glands, faînes ou autres fruits, semences ou productions des forêts, sous peine d'une amende double de celle prononcée par l'article 144.

Il pourra, en outre, être prononcé un emprisonnement de trois jours au plus. — *For.* 53 s., 85, 120, 144, 198, 202; *Ordon.* 10 mars 1831; 4 déc. 1844.

V. C. for. ann., p. 140 s.

SECTION VII.
Des affectations à titre particulier dans les bois de l'État.

Art. 58. Les affectations de coupes de bois ou délivrances, soit par stères, soit par pieds d'arbre, qui ont été concédées à des communes, à des établissements industriels ou à des particuliers, sous les prohibitions établies par les lois et les ordonnances alors existantes, continueront d'être exécutées jusqu'à l'expiration du terme fixé par les actes de concession, s'il ne s'étend pas au delà du 1er septembre 1837.

Les affectations faites au préjudice des mêmes prohibitions, soit à perpétuité, soit sans indication de terme, ou à des termes plus éloignés que le 1er septembre 1837, cesseront à cette époque d'avoir aucun effet.

Les concessionnaires de ces dernières affectations qui prétendraient que leur titre n'est pas atteint par les prohibitions ci-dessus rappelées, et qu'il leur confère des droits irrévocables, devront, pour le faire statuer, se pourvoir devant les tribunaux dans l'année qui suivra la promulgation de la présente loi, sous peine de déchéance.

Si leur prétention est rejetée, ils jouiront néanmoins des effets de la concession jusqu'au terme fixé par le second paragraphe du présent article.

Dans le cas où leur titre serait reconnu valable par les tribunaux, le Gouvernement, quelles que soient là nature et la durée de l'affectation, aura la faculté d'en affranchir les forêts de l'État, moyennant un cantonnement qui sera réglé de gré à gré, ou, en cas de contestation, par les tribunaux, pour tout le temps que devait durer la concession. L'action en cantonnement ne pourra pas être exercée par les concessionnaires. — *For.* 8, 63; *O. for.* 109 à 111.

R. v° *Forêts,* 1629 s. — V. aussi C. for. ann., art. 58, n° 1 s.

Art. 59. Les affectations faites pour le service d'une usine cesseront en entier, de plein droit et sans retour, si le roulement de l'usine est arrêté pendant deux années consécutives, sauf les cas d'une force majeure dûment constatée. — *Civ.* 703, 704, 1148.

R. v° *Forêts,* 1668 s. — S. v° *Régime forestier,* 642.

Art. 60. A l'avenir, il ne sera fait dans les bois de l'État aucune affectation ou concession de la nature de celles dont il est question dans les deux articles précédents. — *For.* 62, 89.

SECTION VIII.
Des droits d'usage dans les bois de l'État.

Art. 61. Ne seront admis à exercer un droit d'usage quelconque dans les bois de l'État, que ceux dont les droits auront été, au jour de la promulgation de la présente loi, reconnus fondés, soit par des actes du Gouvernement, soit par des jugements ou arrêts définitifs, ou seront reconnus tels par suite d'instances administratives ou judiciaires actuellement engagées, ou qui seraient intentées devant les tribunaux ou l'administration dans le délai de deux ans, à dater du jour de la promulgation de la présente loi, par des usagers actuellement en jouissance. — *For.* 62, 88, 89, 112, 113, 118 s., 144 s., 149.

R. v° *Usage-usage forestier,* 80 s. — S. v° *Régime forestier,* 469 s. — V. aussi C. for. ann., art. 61, n° 1 s.

Art. 62. Il ne sera plus fait, à l'avenir, dans les forêts de l'État, aucune concession de droit d'usage, de quelque nature et sous quelque prétexte que ce puisse être. — *For.* 61, 88, 89, 112, 113.

R. v° *Usage-usage forestier,* 243, 267. 276.

Art. 63. Le Gouvernement pourra affranchir les forêts de l'État de tout droit d'usage en bois, moyennant un cantonnement qui sera réglé de gré à gré, et, en cas de contestation, par les tribunaux.

L'action en affranchissement d'usage par voie de cantonnement n'appartiendra qu'au Gouvernement, et non aux usagers. — *For.* 8, 64, 65, 111, 118; *O. for.* 112 s.; *Décr.* 12 avr. 1854; 19 mai 1857.

R. v° *Usage-usage forestier,* 461 s., 475 s. — S. v° *Régime forestier,* 580 s. — V. aussi C. for. ann., art. 63, n° 1 s.

Art. 64. Quant aux autres droits d'usage quelconques et aux pâturage, panage et glandée dans les mêmes forêts, ils ne pourront être convertis en cantonnement; mais ils pourront être rachetés moyennant des indemnités qui seront réglées de gré à gré, ou, en cas de contestation, par les tribunaux.

Néanmoins le rachat ne pourra être requis par l'Administration dans les lieux où l'exercice du droit de pâturage est devenu d'une absolue nécessité pour les habitants d'une ou de plusieurs communes. Si cette nécessité est contestée par l'administration forestière, les parties se pourvoiront devant le conseil de préfecture, qui, après une enquête de *commodo* et *incommodo,* statuera, sauf le recours au conseil d'État. — *For.* 63, 112, 120; *O. for.* 116; *Décr.* 12 avr. 1854.

R. v° *Usage-usage forestier,* 580 s. — S. v° *Régime forestier,* 624 s. — V. aussi C. for. ann., art. 64, n° 1 s.

Art. 65. Dans toutes les forêts de l'État qui ne seront pas affranchies au moyen du cantonnement ou de l'indemnité, conformément aux articles 63 et 64 ci-dessus, l'exercice des droits d'usage pourra toujours être réduit par l'Administration, suivant l'état et la possibilité des forêts, et n'aura lieu que conformément aux dispositions contenues aux articles suivants.

En cas de contestation sur la possibilité et l'état des forêts, il y aura lieu à recours au conseil de préfecture. — *For.* 53, 64, 66 s., 112, 119; *O. for.* 117, 119; *Civ.* 630.

R. v° *Usage-usage forestier,* 343 s. — S. v° *Régime forestier,* 522 s. — V. aussi C. for. ann., art. 65, n° 1 s.

Art. 66. La durée de la glandée et du panage ne pourra excéder trois mois.

L'époque de l'ouverture en sera fixée chaque année par l'administration forestière. — *For.* 65, 67 s., 112, 120; *O. for.* 119.

R. v° *Forêts,* 1847 s.

Art. 67. Quels que soient l'âge ou l'essence des bois, les usagers ne pourront exercer leurs droits de pâturage et de panage que dans les cantons qui auront été déclarés défensables par l'administration forestière, sauf le recours au conseil de préfecture, et ce nonobstant toutes possessions contraires. — *For.* 65, 76, 112, 119, 199; *O. for.* 117.

R. v° *Forêts,* 1420 s. — S. v° *Régime forestier,* 320 s. — V. aussi C. for. ann., art. 67, n° 1 s.

Art. 68. L'administration forestière fixera, d'après les droits des usagers, le nombre des porcs qui pourront être mis en panage et des bestiaux qui pourront être admis au pâturage. — *For.* 51, 77, 112, 113, 199; *O. for.* 118, 119.

R. v° *Forêts,* 1512 s. — S. v° *Régime forestier,* 354 s.

Art. 69. (*L. 18 juillet 1906.*) Chaque année, avant le 1er mars pour le pâturage, et un mois avant l'époque fixée par l'administration forestière pour l'ouverture de la glandée et du panage, les agents forestiers feront connaître aux communes et aux particuliers jouissant des droits d'usage les cantons déclarés défensables, ainsi que des bestiaux qui seront admis au pâturage et au panage.

Les maires seront tenus de faire la publication dans les communes usagères et de dresser, s'il y a lieu, dans un délai de quinze jours, un état de répartition entre les usagers du nombre des bestiaux admis. — *For.* 67, 68, 112, 113; *O. for.* 118, 119.

R. v° *Forêts,* 1516 s.

Art. 70. (*L. 18 juillet 1906.*) Les usagers ne pourront jouir de leur droit de pâturage et de panage que pour le bestiaux à leur propre usage, et non pour ceux dont ils font commerce, à peine du maximum de l'amende prononcée par l'article 199. — *For.* 72, 112, 120, 199; *O. for.* 118.

R. v° *Forêts,* 1472 s.

Art. 71. Les chemins par lesquels les bestiaux devront passer pour aller au pâturage ou au panage et en revenir, seront désignés par les agents forestiers.

Si ces chemins traversent des taillis ou des recrûs de futaies non défensables, il pourra être fait, à frais communs entre les usagers et l'Administration, et d'après l'indication des agents forestiers, des fossés suffisamment larges et profonds, ou toute autre clôture, pour empêcher les bestiaux de s'introduire dans les bois. — *For.* 56, 76, 112, 119, 147.

R. v° *Forêts,* 1477 s. — S. v° *Régime forestier,* 539 s.

Art. 72. (*L. 18 juillet 1906.*) Le troupeau de chaque commune ou section de commune devra être conduit par un ou plusieurs pâtres communs, choisis par l'autorité municipale : en conséquence, les habitants usagères ne pourront ni conduire eux-mêmes, ni faire conduire leurs bestiaux à garde séparée, sous peine de 50 centimes d'amende par tête de bétail.

Toutefois, s'il existe dans une commune des groupes d'habitations trop éloignés de l'agglomération principale pour que les bestiaux puissent se joindre au troupeau commun, le préfet pourra, sur la demande du conseil municipal et l'avis conforme du conservateur des forêts, les autoriser à avoir des troupeaux particuliers dont les pâtres seront choisis, comme ceux du troupeau commun, par l'autorité municipale. S'il y a désaccord entre le préfet et le conservateur, il en sera référé au ministre de l'agriculture qui statuera définitivement.

Les porcs ou bestiaux de chaque commune, section de commune ou groupe d'habitants autorisé à avoir un troupeau distinct, formeront un troupeau particulier et sans mélange de bestiaux d'une autre commune ou

on ou d'un autre groupe, sous peine e amende de 5 à 10 francs contre le e, et d'un emprisonnement de cinq à ours en cas de récidive.

s communes et sections de commune t responsables des condamnations pécu-es qui pourront être prononcées contre s pâtres et gardiens, tant pour les délits ntraventions prévus par le présent titre, pour les autres délits forestiers commis ux pendant le temps de leur service et les limites du parcours. — *For.* 82, 112, 201, 206; *O. for.* 120; *Civ.* 1384; *Instr. ém.* 74.

R^e *Forêts*, 1488 s. — S. v^e *Régime forestier*, — V. aussi C. for. ann., art. 72, n°s 1 s.

t. 73. (L. 18 *juillet* 1906.) Les porcs et ux seront marqués d'une marque spéciale. aux Forêts devra être différente pour e commune ou section de commune re.

aura lieu, par chaque tête de porc ou étail non marqué, à une amende de ntimes. — *For.* 55, 71, 112, 120.

^o *Forêts*, 1501 s. — S. v^e *Régime forestier*, 519 s.

t. 74. L'usager sera tenu de déposer reinte de la marque au greffe du tri-l de première instance, et le fer servant , le tout sous peine de 50 francs d'amende. r. 55, 73, 112, 120; *O. for.* 131.

^o *Forêts*, 1501 s. — S. v^e *Régime forestier*, 551 s.

t. 75. (Abrogé par L. 18 juillet 1906.) *sagers mettront des clochettes au cou de les animaux admis au pâturage, sous e de 2 francs d'amende par chaque bête erait trouvée sans clochette dans les forêts.*

t. 76. Lorsque les porcs et bestiaux sagers seront trouvés hors des cantons rés défensables ou désignés pour le pa-, ou hors des chemins indiqués pour s'y re, il y aura lieu contre le pâtre à une nde de 3 à 30 francs. En cas de récidive, tre pourra être condamné en outre à un isonnement de cinq à quinze jours. — 56, 67, 69, 71, 72, 112, 120, 147, 199, 201.

^o *Forêts*, 1507 s. — S. v^e *Régime forestier*, — V. aussi C. for. ann., art. 76, n°s 1 s.

t. 77. Si les usagers introduisent au rage un plus grand nombre de bestiaux, panage un plus grand nombre de porcs celui qui aura été fixé par l'Adminis-on conformément à l'article 68, il y aura pour l'excédent, à l'application des s prononcées par l'article 199. — *For.* 58, 112, 120, 199.

^o *Forêts*, 1512 s. — S. v^e *Régime forestier*, 554 s.

t. 78. (L. 18 *juillet* 1906.) il est dé-u à tous usagers, nonobstant tous titres ssessions contraires, de conduire ou de conduire des chèvres, brebis ou mou-dans les forêts ou sur les terrains qui épendent, à peine, contre les proprié-s, du maximum de l'amende prononcée l'article 199, et contre les pâtres et ber-, de 15 francs d'amende. En cas de réci-le pâtre sera condamné, outre l'amende, emprisonnement de cinq à quinze jours. ux qui prétendraient avoir joui du pa-ci-dessus en vertu de titres valables ou e possession équivalente à titre, pourront, y a lieu, réclamer une indemnité, qui réglée de gré à gré, ou, en cas de con-tion, par les tribunaux.

pacage des moutons pourra néanmoins autorisé, dans certaines localités, par et du président de la République. — 110, 120, 199, 201, 218.

v^e *Forêts*, 1525 s. — S. v^e *Régime forestier*, — T. (87-97), v^e *Forêts*, 16 s. — V. aussi r. ann., art. 78; n°s 1 s.

rt. 79. Les usagers qui ont droit à des aisons de bois, de quelque nature que ce

soit, ne pourront prendre ces bois qu'après que la délivrance leur en aura été faite par les agents forestiers, sous les peines portées par le titre 12, pour les bois coupés en délit. — *For.* 103 s., 112, 120, 192 à 198; *O. for.* 122, 123, 146.

R. v^e *Forêts*, 1551 s. — S. v^e *Régime forestier*, 567 s. — V. aussi C. for. ann., art. 79, n°s 1 s.

Art. 80. Ceux qui n'ont d'autre droit que celui de prendre le bois mort, sec et gisant, ne pourront, pour l'exercice de ce droit, se servir de crochets ou ferrements d'aucune espèce, sous peine de 3 francs d'amende. — *For.* 79, 112, 120.

R. v^e *Forêts*, 1593 s.; *Usage-usage forestier*, 378 s. — S. v^e *Régime forestier*, 576.

Art. 81. Si les bois de chauffage se dé-livrent par coupe, l'exploitation en sera faite, aux frais de l'usager, par un entrepreneur spécial nommé par eux et agréé par l'admi-nistration forestière.

Aucun bois ne sera partagé sur pied ni abattu par les usagers individuellement, et les lots ne pourront être faits qu'après l'en-tière exploitation de la coupe, à peine de confiscation de la portion de bois abattu affé-rente à chacun des contrevenants.

Les fonctionnaires ou agents qui auraient permis ou toléré la contravention seront pas-sibles d'une amende de 50 francs, et demeu-reront en outre personnellement respon-sables, et sans aucun recours, de la mauvaise exploitation et de tous les délits qui pour-raient avoir été commis. — *For.* 79, 103 s., 112; *O. for.* 122.

R. v^e *Forêts*, 1598 s., 1871 s. — S. v^e *Régime fo-restier*, 577. — V. aussi C. for. ann., art. 81, n°s 1 s.

Art. 82. Les entrepreneurs de l'exploi-tation des coupes délivrées aux usagers se conformeront à tout ce qui est prescrit aux adjudicataires pour l'usance et la vidange des ventes; ils seront soumis à la même responsabilité et passibles des mêmes peines en cas de délits ou contraventions.

Les usagers ou communes usagères seront garants solidaires des condamnations pro-noncées contre lesdits entrepreneurs. — *For.* 29 à 52, 72, 112, 185; *O. for.* 92 à 99.

R. v^e *Forêts*, 1611 s., 1879 s. — S. v^e *Régime fo-restier*, 577. — V. aussi C. for. ann., art. 82, n°s 1 s.

Art. 83. Il est interdit aux usagers de vendre ou d'échanger les bois qui leur sont délivrés, et de les employer à aucune autre destination que celle pour laquelle le droit d'usage a été accordé.

S'il s'agit de bois de chauffage, la contra-vention donnera lieu à une amende de 10 à 100 francs.

S'il s'agit de bois à bâtir ou de tout autre bois non destiné au chauffage, il y aura lieu à une amende double de la valeur des bois, sans que cette amende puisse être au-dessous de 50 francs. — *For.* 79, 102, 120; *O. for.* 123.

R. v^e *Forêts*, 1576 s. — S. v^e *Régime forestier*, 571 s. — V. aussi C. for. ann., art. 83, n°s 1 s.

Art. 84. L'emploi des bois de construc-tion devra être fait dans un délai de deux ans, lequel néanmoins pourra être prorogé par l'administration forestière. Ce délai ex-piré, elle pourra disposer des arbres non employés. — *For.* 83, 112, 161.

R. v^e *Forêts*, 1621 s. — S. v^e *Régime forestier*, 578.

Art. 85. Les défenses prononcées par l'article 57 sont applicables à tous usagers quelconques, et sous les mêmes peines. — *For.* 57, 112, 120, 144.

R. v^e *Forêts*, 1628.

TITRE QUATRIÈME.
Des bois et forêts qui font partie du domaine de la Couronne.

Art. 86. Les bois et forêts qui font par-tie du domaine de la Couronne sont exclusi-vement régis et administrés par le ministre

de la maison du Roi, conformément aux dispositions de la loi du 8 novembre 1814. — *For.* 1, 87, 88; *O. for.* 124.

Art. 87. Les agents et gardes des forêts de la Couronne sont en tout assimilés aux agents et gardes de l'administration fores-tière, tant pour l'exercice de leurs fonctions que pour la poursuite des délits et contra-ventions. — *For.* 3 s., 159 s.

Art. 88. Toutes les dispositions de la présente loi qui sont applicables aux bois et forêts du domaine de l'État, le sont égale-ment aux bois et forêts qui font partie du domaine de la Couronne, sauf les excep-tions qui résultent de l'article 86 ci-dessus. — *For.* 1, 8 s.

Les articles 86 à 88 sont abrogés implicitement depuis l'établissement de la République.

TITRE CINQUIÈME.
Des bois et forêts qui sont possédés à titre d'apanage ou de majorats réver-sibles à l'État.

Art. 89. Les bois et forêts qui sont pos-sédés par les princes à titre d'apanage, ou par des particuliers à titre de majorats ré-versibles à l'État, sont soumis au régime forestier, quant à la propriété du sol et à l'aménagement des bois. En conséquence, les agents de l'administration forestière y seront chargés de toutes les opérations relatives à la délimitation, au bornage et à l'aména-gement, conformément aux dispositions des sections 1 et 2 du titre 3 de la présente loi. Les articles 60 et 62 sont également appli-cables à ces bois et forêts.

L'administration forestière y fera faire les visites et opérations qu'elle jugera nécessaires pour s'assurer que l'exploitation est conforme à l'aménagement, et que les autres disposi-tions du présent titre sont exécutées. — *For.* 1, 8 à 16, 60, 62, 159; *O. for.* 125 à 127.

TITRE SIXIÈME.
Des bois des communes et des établissements publics.

Art. 90. Sont soumis au régime fores-tier, d'après l'article 1er de la présente loi, les bois taillis ou futaies appartenant aux communes et aux établissements publics, qui auront été reconnus susceptibles d'aménage-ment ou d'une exploitation régulière, par l'autorité administrative, sur la proposition de l'administration forestière, et d'après l'avis des conseils municipaux ou des administra-teurs des établissements publics.

Il sera procédé dans les mêmes formes à tout changement qui pourrait être demandé, soit de l'aménagement, soit du mode d'ex-ploitation.

En conséquence, toutes les dispositions des deux premières sections du titre 3 leur sont applicables, sauf les modifications et excep-tions portées au présent titre.

Lorsqu'il s'agira de la conversion en bois et de l'aménagement de terrains en pâturage, la proposition de l'administration forestière sera communiquée au maire ou aux admi-nistrateurs des établissements publics. Le conseil municipal ou ces administrateurs seront appelés à en délibérer; en cas de contestation, il sera statué par le conseil de préfecture, sauf le pourvoi au conseil d'État. (L. 18 juillet 1906.) « Par dérogation aux prescriptions de l'article 16 du présent code, dans les bois des communes et des établis-sements publics, sont exceptionnellement autorisées, par décision du ministre de l'a-griculture :

« 1° Les coupes portant sur la réserve dis-ponible dans les bois aménagés en futaie ;

« 2° Les coupes portant sur les quarts en

réserve, dans les bois aménagés en taillis simple ou en taillis composé, quand l'âge du peuplement aura atteint ou dépassé le terme d'exploitabilité des coupes ordinaires. — *For.* 1, 8 *à* 57, 91 s.; *O. for.* 128 *à* 136, 138, 139; *Décr.* 25 *mars* 1852, *art.* 3; *L.* 10 *août* 1871.

R. v° *Forêts*, 1706 s. — S. v° *Régime forestier*, 661 s. — V. aussi **C. for. ann.**, art. 90, n° 1 s.

Art. 91. Les communes et établissements publics ne peuvent faire aucun défrichement de leurs bois, sans une autorisation expresse et spéciale du Gouvernement; ceux qui l'auraient ordonné ou effectué sans cette autorisation, seront passibles des peines portées au titre **15** contre les particuliers pour les contraventions de même nature. — *For.* 185, 221.

Art. 92. La propriété des bois communaux ne peut jamais donner lieu à partage entre les habitants.

Mais, lorsque deux ou plusieurs communes possèdent un bois par indivis, chacune conserve le droit d'en provoquer le partage. — *For.* 105; *Civ.* 815.

Art. 93. Un quart des bois appartenant aux communes et aux établissements publics sera toujours mis en réserve, lorsque ces communes ou établissements posséderont au moins 10 hectares de bois réunis ou divisés.

Cette disposition n'est pas applicable aux bois peuplés totalement en arbres résineux. — *O. for.* 137, 140.

R. v° *Forêts*, 1735 s. — S. v° *Régime forestier*, 675 s. — V. aussi **C. for. ann.**, art. 91 à 93.

Art. 94. Les communes et établissements publics entretiendront, pour la conservation de leurs bois, le nombre de gardes particuliers qui sera déterminé par le maire et les administrateurs des établissements, sauf l'approbation du préfet, sur l'avis de l'administration forestière. — *For.* 3, 95 *à* 99.

Art. 95 et 96. *Abrogés par Décr.* 25 *mars* 1852.

Art. 97. Si l'administration forestière et les communes ou établissements publics jugent convenable de confier à un même individu la garde d'un canton de bois appartenant à des communes ou établissements publics, et d'un canton de bois de l'État, la nomination du garde appartient à cette administration seule. Son salaire sera payé proportionnellement par chacune des parties intéressées. — *For.* 98, 99.

Art. 98. L'administration forestière peut suspendre de leurs fonctions les gardes des bois des communes et des établissements publics; s'il y a lieu à destitution, le préfet la prononcera, après avoir pris l'avis du conseil municipal ou des administrateurs des établissements propriétaires, ainsi que de l'administration forestière.

Le salaire de ces gardes est réglé par le préfet, sur la proposition du conseil municipal ou des établissements propriétaires. — *For.* 108, 109, 207; *O. for.* 38.

Art. 99. Les gardes des bois des communes et des établissements publics sont en tout assimilés aux gardes des bois de l'État, et soumis à l'autorité des mêmes agents; ils prêtent serment dans les mêmes formes, et leurs procès-verbaux font également foi en justice pour constater les délits et contraventions commis même dans les bois soumis au régime forestier autres que ceux dont la garde leur est confiée. — *For.* 5, 160 s., 176 s.

R. v° *Forêts*, 1917 s. — S. v° *Régime forestier*, 730 s.

Art. 100. Les ventes des coupes, tant ordinaires qu'extraordinaires, seront faites à la diligence des agents forestiers, dans les mêmes formes que pour les bois de l'État, et en présence du maire ou d'un adjoint pour les bois des communes, et d'un des administrateurs pour ceux des établissements publics; sans toutefois que l'absence des maires ou administrateurs, dûment appelés, entraîne la nullité des opérations.

Toute vente ou coupe effectuée, par l'ordre des maires des communes ou des administrateurs des établissements publics, en contravention au présent article, donnera lieu contre eux à une amende qui ne pourra être au-dessous de 300 francs, ni excéder 6000 francs; sans préjudice des dommages-intérêts qui pourraient être dus aux communes ou établissements propriétaires.

Les ventes ainsi effectuées seront déclarées nulles. — *For.* 17 *à* 19, 53 s., 90, 101 s., 205; *O. for.* 82, 84 *à* 87, 89, 104, 134, 137 *à* 140, 169; *Ordon.* 10 *mars* 1831, *art.* 2; 15 *oct.* 1834; 15 *sept.* 1838; 10 *juin* 1840; 24 *août* 1840; 3 *oct.* 1841; 13 *janv.* 1847; *Décr.* 25 *mars* 1852, *art.* 3.

R. v° *Forêts*, 1749 s. — S. v° *Régime forestier*, 679 s. — V. aussi **C. for. ann.**, art. 100, n° 1 s.

Art. 101. Les incapacités et défenses prononcées par l'article 21 sont applicables aux maires, adjoints et receveurs des communes, ainsi qu'aux administrateurs et receveurs des établissements publics, pour les ventes des bois des communes et établissements dont l'administration leur est confiée.

En cas de contravention, ils seront passibles des peines prononcées par le paragraphe premier de l'article précité, sans préjudice des dommages-intérêts, s'il y a lieu; et les ventes seront déclarées nulles. — *For.* 21, 205; *Civ.* 1149, 1382, 1596.

R. v° *Forêts*, 1758 s.

Art. 102. Lors des adjudications des coupes ordinaires et extraordinaires des bois des établissements publics, il sera fait réserve en faveur de ces établissements, et suivant les formes qui seront prescrites par l'autorité administrative, de la quantité de bois, tant de chauffage que de construction, nécessaire pour leur propre usage.

Les bois ainsi délivrés ne pourront être employés qu'à la destination pour laquelle ils auront été réservés, et ne pourront être vendus ni échangés sans l'autorisation du préfet. Les administrateurs qui auraient consenti de pareilles ventes ou échanges seront passibles d'une amende égale à la valeur de ces bois, et de la restitution, au profit de l'établissement public de ces mêmes bois ou de leur valeur. Les ventes ou échanges seront de outre déclarés nuls. — *For.* 83, 104, 112, 205; *O. for.* 142.

R. v° *Forêts*, 1921 s.

Art. 103. (*L.* 21 *juin* 1898.) Les coupes des bois communaux destinées à être partagées en nature pour l'affouage des habitants ne pourront avoir lieu qu'après que la délivrance en aura été préalablement faite par les agents forestiers.

L'exploitation sera effectuée par un entrepreneur spécial nommé par le conseil municipal et agréé par l'administration forestière et en suivant les formes prescrites par l'article 81, le tout sous les peines portées par ledit article.

Toutefois, le préfet pourra, sur la demande du conseil municipal et l'avis conforme du conservateur des forêts, autoriser le partage sur pied desdites coupes. S'il y a désaccord entre le conservateur et le préfet, il en sera référé au ministre de l'agriculture qui statuera définitivement.

Lorsque le partage sur pied aura été autorisé, l'exploitation aura lieu sous la garantie de trois habitants solvables choisis par le conseil municipal, agréés par l'administration forestière, et soumis solidairement à la responsabilité déterminée par l'article 82 du Code forestier. — *For.* 79, 81, 82.

§ 1. LÉGISLATION ANTÉRIEURE A LA LOI DU 21 JUIN 1898 : R. v° *Forêts*, 1855 s., 1871 s. — V. aussi **C. for. ann.**, art. 100, n° 1 s.

§ 2. LOI DU 21 JUIN 1898 : D. P. 99. 4. 4.

Art. 104. Les actes relatifs aux coupes et arbres délivrés en nature, en exécution

des deux articles précédents, seront visés pour timbre et enregistrés en débet, et i n'y aura lieu à la perception des droits que dans le cas de poursuites devant les tribunaux. — *For.* 102, 103.

R. v° *Enregistrement*, 4875 s.

Art. 105. (*L.* 26 *mars* 1908.) S'il n'y a titre contraire, le partage de l'affouage, s'il s'agisse des bois de chauffage ou des bois de construction, se fera de l'une des trois manières suivantes :

1° Ou bien par feu, c'est-à-dire par che de famille ou de ménage ayant domicile réel et fixe dans la commune avant la publication du rôle;

2° Ou bien moitié par chef de famille ou d ménage et moitié par tête d'habitant remplissant les mêmes conditions de domicile;

Sera, dans les deux cas précédents, considéré comme chef de famille ou de ménage, l'individu ayant réellement et effectivement la charge ou la direction d'une famille, ou possédant un ménage distinct où il demeure et où il prépare et prend sa nourriture

3° Ou bien par tête d'habitant ayant domicile réel et fixe dans la commune avant la publication du rôle.

Chaque année, dans la session de mai, le conseil municipal déterminera lequel de ce trois modes de partage sera appliqué.

Il pourra aussi décider la vente de tout o partie de l'affouage au profit de la caisse communale. Dans ce dernier cas, la vente au lieu par voie d'adjudication publique par le soins de l'administration forestière.

En cas de partage par feu ou par tête, o seulement en cas de partage par tête, le conse municipal aura la faculté de décider que pour avoir droit de participer au partage pa tête de l'affouage, il sera nécessaire d'avoir au m ment de la publication du rôle, de posséde depuis un temps qu'il déterminera mais qu n'excédera pas six mois, un domicile réel e fixe dans la commune.

Les usages contraires à ces modes de pa tage sont et demeurent abolis.

Les étrangers qui remplissent les condi tions ci-dessus indiquées ne pourront être appelés au partage qu'après avoir été auto risés, conformément à l'article 13 du Cod civil, à établir leur domicile en France.

§ 1. LÉGISLATION ANTÉRIEURE A LA LOI D 26 MARS 1908 : R. v° *Forêts*, 1761 s. — S. v° *Régime forestier*, 681 s. — V. aussi **C. for. ann.**, art. 10 n° 1 s.

§ 2. LOI DU 19 AVRIL 1901 : D. P. 1901. 4. 78.

§ 3. LOI DU 26 MARS 1908 : D. P. 1908. 4. 49; Bull. Dalloz, 1908, p. 30.

Art. 106. Modifié par *L.* 25 *juin* 1841 *art.* 5; 19 *juill.* 1845, *art.* 6; *Ordon.* 5 *fév* 1846; *L.* 14 *juill.* 1856, *art.* 14; *L.* 29 *mar* 1897, *art.* 11.

Art. 107. Moyennant les perception ordonnées par l'article précédent, toutes le opérations de conservation et de régie de les bois des communes et des établissement publics seront faites par les agents et préposé de l'administration forestière sans aucuns frais

Les poursuites, dans l'intérêt des commune et des établissements publics, pour délits o contraventions commis dans leurs bois, et l perception des restitutions et dommages intérêts prononcés en leur faveur, seron effectuées sans frais par les agents du Gou vernement, en même temps que celles qu ont pour objet le recouvrement des amende dans l'intérêt de l'État.

En conséquence, il n'y aura lieu à exige à l'avenir des communes et établissement publics, ni aucun droit de vacation, d'arpen tage, de réarpentage, de décime, de prélè vement quelconque, pour les agents et pré posés de l'administration forestière, ni au remboursement soit des frais des instance dans lesquelles l'Administration succombe rait, soit de ceux qui tomberaient en nonpar l'insolvabilité des condamnés. — 106, 109, 159, 210; *O. for*. 35.

Forêts, 1928 s. — S. v° *Régime forestier*, 736.

t. 108. Le salaire des gardes particu-restera à la charge des communes et des ssements publics. — *For*. 94, 98, 109.

* *Forêts*, 1928 s. — V. aussi **C. for. ann.**, s, n° 1 s.

t. 109. Les coupes ordinaires et extra-aires sont principalement affectées au ent des frais de garde, de la contribu-ncière et des sommes qui reviennent ésor en exécution de l'article 106.

es coupes sont délivrées en nature pour age, et que les communes n'aient pas es ressources, il sera distrait une por-uffisante des coupes, pour être vendue nchères avant toute distribution, et le n être employé au payement desdites es. — *For*. 98, 100, 105, 106, 108; *O. for*. .. 17 août 1828.

Forêts, 1060 s. — S. v° *Régime forestier*, V. aussi **C. for. ann.**, art. 100, n° 1 s.

t. 110. (*L.* 18 *juillet* 1906.) Dans cas et sous aucun prétexte, les habi-des communes et les administrateurs uployés des établissements publics ne nt introduire, ni faire introduire dans is appartenant à ces communes ou éta-nents publics des chèvres, brebis ou ns, sous les peines prononcées par l'ar-99 contre ceux qui auraient introduit mis d'introduire ces animaux, et par e 78 contre les pâtres ou gardiens.

tefois, le ministre de l'agriculture autoriser par des décisions spéciales age des brebis ou moutons dans cer-forêts. — *For*. 78, 112, 120, 218.

Forêts, 1934 s. — S. v° *Régime forestier*, V. aussi **C. for. ann.**, art. 110, n° 1 s.

t. 111. La faculté accordée au Gou-nent par l'article 63, d'affranchir les de l'Etat de tous droits d'usage en bois, plicable, sous les mêmes conditions, mmunes et aux établissements publics, es bois qui leur appartiennent. — *For*. , 118; *O. for*. 145.

Usage, 500.

** 112.** Toutes les dispositions de la ne section du titre 3, sur l'exercice du d'usage dans les bois de l'Etat, sont ables à la jouissance des communes et blissements publics dans leurs propres ainsi qu'aux droits d'usage dont ces s bois pourraient être grevés; sauf les cations résultant du présent titre, et eption des articles 61, 73, 74, 83 et 84.

°. 62 à 72, 75 à 82, 85, 102, 103, 110, 20; *O. for*. 145, 146.

Forêts, 1942 s.; *Usage*, 580, 616. — S. v° *Ré-restier*, 712, 738. — V. aussi **C. for. ann.**, , n° 1 s.

TITRE SEPTIÈME.
ois et forêts indivis qui sont soumis au régime forestier.

t. 113. Toutes les dispositions de la te loi relatives à la conservation et à e des bois qui font partie du domaine at, ainsi qu'à la poursuite des délits et ventions commis dans ces bois, sont ables aux bois indivis mentionnés à e 1er, paragraphe 6, de la présente loi, s modifications portées par le titre 6, es bois des communes et des établis-ts publics. — *For*. 1 s., 144 s., 159 s.; , 147 s.

t. 114. Aucune coupe ordinaire ou rdinaire. exploitation ou vente, ne à être faite par les possesseurs copro-ires, sous peine d'une amende égale à ur de la totalité des bois abattus et

vendus ; toutes ventes ainsi faites seront dé-clarées nulles. — *For*. 17 s., 29 s., 100 s., 205 ; *O. for*. 73 s., 92 s., 137 s.

Art. 115. Les frais de délimitation, d'arpentage et de garde, seront supportés par le Domaine et les copropriétaires, chacun dans la proportion de ses droits.

L'administration forestière nommera les gardes, réglera leur salaire, et aura seule le droit de les révoquer. — *For*. 3, 14, 94 s., 108, 117.

Art. 116. Les copropriétaires auront dans les restitutions et dommages-intérêts la même part que dans le produit des ventes, chacun dans la proportion de ses droits. — *For*. 204.

R. v° *Forêts*, 141 s. — S. v° *Régime forestier*, 25 s. — V. aussi **C. for. ann.**, art. 113 à 116, n° 1 s.

TITRE HUITIÈME.
Des bois des particuliers.

Art. 117. Les propriétaires qui voudront avoir, pour la conservation de leurs bois, des gardes particuliers, devront les faire agréer par le sous-préfet de l'arrondissement, sauf le recours au préfet, en cas de refus.

Ces gardes ne pourront exercer leurs fonc-tions qu'après avoir prêté serment devant le tribunal de première instance. — *For*. 2, 5, 94 à 99, 188, 191; *O. for*. 150; *Instr*. 16, 20; *L.* 12 *avr*. 1892.

R. v° *Forêts*, 1674 s. — S. v° *Régime forestier*, 643 s. — V. aussi **C. for. ann.**, art. 117, n° 1 s.

Art. 118. Les particuliers jouiront, de la même manière que le Gouvernement et sous les conditions déterminées par l'article 63, de la faculté d'affranchir leurs forêts de tous droits d'usage en bois. — *For*. 58, 63, 111.

R. v° *Usage-usage forestier*, 500 s. — S. v° *Ré-gime forestier*, 585 s.

Art. 119. Les droits de pâturage, par-cours, panage et glandée dans les bois des particuliers, ne pourront être exercés que dans les parties de bois déclarées défensables par l'administration forestière, et suivant l'état et la possibilité des forêts; reconnus et cons-tatés de la même administration.

Les chemins par lesquels les bestiaux de-vront passer pour aller au pâturage et pour en revenir seront désignés par le proprié-taire. — *For*. 65 à 67, 71 ; *O. for*. 151.

R. v° *Forêts*, 1441 s., 1485 s., 1506 s., 1536 s., 1565 s. — S. v° *Régime forestier*, 529 s., 540, 551 s., 562 s., 569 s. — V. aussi **C. for. ann.**, art. 119, n° 1 s.

Art. 120. Toutes les dispositions conte-nues dans les articles 64, 66, paragraphe 1 ; 70, 72, 73, 75, 76, 78, paragraphes 1 et 2; 79, 80, 83 et 85 de la présente loi, sont appli-cables à l'exercice des droits d'usage dans les bois des particuliers, lesquels y exercent, à cet effet, les mêmes droits et la même sur-veillance que les agents du Gouvernement dans les forêts soumises au régime forestier. — *For*. 57, 64 s., 117 s., 144, 199.

V. **C. for. ann.**, art. 120, n° 1 s.

Art. 121. En cas de contestation entre le propriétaire et l'usager, il sera statué par les tribunaux. — *For*. 64 s., 171.

TITRE NEUVIÈME
Affectations spéciales des bois à des services publics.

SECTION PREMIÈRE.
Des bois destinés au service de la marine.

Art. 122. Dans tous les bois soumis au régime forestier, lorsque des coupes devront y avoir lieu, le département de la marine

pourra faire choisir et marteler par ses agents les arbres propres aux constructions navales, parmi ceux qui n'auront pas été marqués en réserve par les agents forestiers. — *O. for*. 152 s.

Art. 123. Les arbres ainsi marqués se-ront compris dans les adjudications et livrés par les adjudicataires à la marine, aux con-ditions qui seront indiquées ci-après.

Art. 124. Pendant dix ans, à compter de la promulgation de la présente loi, le dépar-tement de la marine exercera le droit de choix et de martelage sur les bois des parti-culiers, futaies, arbres de réserve, avenues, lisières et arbres épars.

Ce droit ne pourra être exercé que sur les arbres en essence de chêne, qui seront des-tinés à être coupés, et dont la circonférence, mesurée à 1 mètre du sol, sera de 15 déci-mètres au moins.

Les arbres qui existeront dans les lieux clos attenant aux habitations, et qui ne sont point aménagés en coupes réglées, ne seront point assujettis au martelage. — *For*. 135, 193.

Art. 125. Tous les propriétaires seront tenus, sauf l'exception énoncée en l'article précédent, et hors le cas de besoins person-nels pour réparations et constructions, de faire, six mois d'avance, à la sous-préfecture, la déclaration des arbres qu'ils ont l'inten-tion d'abattre, et les lieux où ils sont situés.

Le défaut de déclaration sera puni d'une amende de 18 francs par mètre de tour pour chaque arbre susceptible d'être déclaré. — *For*. 130, 131, 133, 135.

Art. 126. Les particuliers pourront dis-poser librement des arbres déclarés, si la marine ne les a pas fait marquer pour son service dans les six mois à compter du jour de l'enregistrement de la déclaration à la sous-préfecture.

Les agents de la marine seront tenus, à peine de nullité de leur opération, de dres-ser des procès-verbaux de martelage des arbres dans les bois de l'Etat, des communes, des établissements publics et des particuliers, de faire viser ces procès-verbaux par le maire dans la huitaine, et d'en déposer immédia-tement une expédition à la mairie de la commune où le martelage aura eu lieu.

Aussitôt après ce dépôt, les adjudicataires, communes, établissements ou propriétaires, pourront disposer des bois qui n'auront pas été marqués. — *For*. 128.

Art. 127. Les adjudicataires des bois soumis au régime forestier, les maires des communes, ainsi que les administrateurs des établissements publics, pour les exploitations faites sans adjudication, et les particuliers, traiteront de gré à gré du prix de leurs bois avec la marine.

En cas de contestation, le prix sera réglé par experts nommés contradictoirement, et, s'il y a partage entre les experts, il en sera nommé un d'office par le président du tri-bunal de première instance, à la requête de la partie la plus diligente; les frais de l'ex-pertise seront supportés en commun. — *For*. 141.

Art. 128. Les adjudicataires des bois soumis au régime forestier, les maires des communes, ainsi que les administrateurs des établissements publics, pour les exploitations faites sans adjudication, et les particuliers, pourront disposer librement des arbres mar-qués pour la marine, si, dans les trois mois après qu'ils en auront fait notifier à la sous-préfecture l'abatage, la marine n'a pas pris livraison de la totalité des arbres marqués appartenant au même propriétaire, et n'en a pas acquitté le prix. — *For*. 126.

Art. 129. La marine aura, jusqu'à l'abatage des arbres, la faculté d'annuler les martelages opérés pour son service; mais, conformément à l'article précédent, elle de-vra prendre tous les arbres marqués qui auront été abattus, ou les abandonner en totalité. — *For.* 141 ; *O. for.* 162, 164.

Art. 130. Lorsque les propriétaires de bois n'auront pas fait abattre les arbres déclarés, dans le délai d'un an, à dater du jour de la déclaration, elle sera considérée comme non avenue, et ils seront tenus d'en faire une nouvelle. — *For.* 125.

Art. 131. Ceux qui, dans les cas de besoins personnels pour réparations ou constructions, voudront faire abattre des arbres sujets à déclaration, ne pourront procéder à l'abatage qu'après avoir fait préalablement constater ces besoins par le maire de la commune.

Tout propriétaire convaincu d'avoir, sans motifs valables, donné, en tout ou en partie, à ces arbres une destination autre que celle qui aura été énoncée dans le procès-verbal constatant les besoins personnels, sera passible de l'amende portée par l'article 125 pour défaut de déclaration. — *For.* 83, 125, 133 ; *O. for.* 159.

Art. 132. Le Gouvernement déterminera les formalités à remplir, tant pour les déclarations de volonté d'abattre, que pour constater, soit les besoins, dans le cas prévu par l'article précédent, soit les martelages et les abatages. Ces formalités seront remplies sans frais. — *O. for.* 154, 159.

Art. 133. Les arbres qui auront été marqués pour le service de la marine dans les bois soumis au régime forestier, comme sur toute propriété privée, ne pourront être distraits de leur destination, sous peine d'une amende de 45 francs par mètre de tour de chaque arbre, sauf néanmoins les cas prévus par les articles 126 et 128. Les arbres marqués pour le service de la marine ne pourront être équarris avant la livraison, ni détériorés par ses agents avec des haches, scies, sondes ou autres instruments, à peine de la même amende. — *For.* 131.

Art. 134. Les délits et contraventions concernant le service de la marine seront constatés dans tous les bois, par procès-verbaux, soit des agents et gardes forestiers, soit des maîtres, contremaîtres et aides-contremaîtres assermentés de la marine : en conséquence, les procès-verbaux de ces maîtres, contremaîtres et aides-contremaîtres feront foi en justice comme ceux des gardes forestiers, pourvu qu'ils soient dressés et affirmés dans les mêmes formes et dans les mêmes délais. — *For.* 159 s., 165 s., 175 s., 188 s.

Art. 135. Les dispositions du présent titre ne sont applicables qu'aux localités où le droit de martelage sera jugé indispensable pour le service de la marine, et pourra être utilement exercé par elle.

Le Gouvernement fera dresser et publier l'état des départements, arrondissements et cantons qui ne seront pas soumis à l'exercice de ce droit.

La même publicité sera donnée au rétablissement de cet exercice dans les localités exceptées, lorsque le Gouvernement jugera ce rétablissement nécessaire. — *O. for.* 161 ; *Décr.* 16 oct. 1858.

R. v° *Forêts*, 1965 s. — S. v° *Régime forestier*, 741 s. — V. aussi C. for. ann., p. 309 s.

SECTION II.

Des bois destinés au service des ponts et chaussées pour les travaux du Rhin.

Art. 136. Dans tous les cas où les travaux d'endiguage ou de fascinage sur le Rhin exigeront une prompte fourniture de bois ou oseraies, le préfet, en constatant l'urgence, pourra en requérir la délivrance, d'abord dans les bois de l'État, en cas d'insuffisance de ces bois, dans ceux des communes et des établissements publics, et, subsidiairement enfin, dans ceux des particuliers : le tout à

la distance de 5 kilomètres des bords du fleuve. — *For.* 141 ; *O. for.* 162, 164.

Art. 137. En conséquence, tous particuliers propriétaires de bois taillis ou autres, dans les îles, sur les rives et à une distance de 5 kilomètres des bords du fleuve, seront tenus de faire, trois mois d'avance, à la sous-préfecture, une déclaration des coupes qu'ils se proposeront d'exploiter.

Si, dans le délai de trois mois, les bois ne sont pas requis, le propriétaire pourra en disposer librement. — *For.* 125 ; *O. for.* 154, 163.

Art. 138. Tout propriétaire qui, hors les cas d'urgence, effectuerait la coupe de ses bois sans avoir fait la déclaration prescrite par l'article précédent sera condamné à une amende de 1 franc par are de bois ainsi exploité.

L'amende sera de 4 francs par are contre tout propriétaire qui, après que la réquisition de ces bois lui aura été notifiée, les détournerait de la destination pour laquelle ils auraient été requis. — *For.* 125, 143 ; *O. for.* 159, 167.

Art. 139. Dans les bois soumis au régime forestier, l'exploitation des bois requis sera faite par les entrepreneurs des travaux des ponts et chaussées, d'après les indications et sous la surveillance des agents forestiers. Ces entrepreneurs seront, dans ce cas, soumis aux mêmes obligations et à la même responsabilité que les adjudicataires des coupes des bois de l'État. — *For.* 29 s., 45, 46 ; *O. for.* 165.

Art. 140. Dans les bois des particuliers, l'exploitation des bois requis sera faite également, et sous la même responsabilité, par les entrepreneurs des travaux, si mieux n'aime le propriétaire faire exploiter lui-même ; ce qu'il devra déclarer aussitôt que la réquisition lui aura été notifiée.

À défaut par le propriétaire d'effectuer l'exploitation dans le délai fixé par la réquisition, il y sera procédé à ses frais, sur l'autorisation du préfet. — *For.* 41, 222 ; *O. for.* 166.

Art. 141. Le prix des bois et oseraies requis en exécution de l'article 136 sera payé par les entrepreneurs des travaux à l'État et aux communes ou établissements publics, comme aux particuliers, dans le délai de trois mois après l'abatage constaté, et d'après le même mode d'expertise déterminé par l'article 127 de la présente loi pour les arbres marqués par la marine.

Les communes et les particuliers seront indemnisés, de gré à gré ou à dire d'experts, du tort qui pourrait être résulté pour eux de coupes exécutées hors des saisons convenables. — *For.* 127 ; *O. for.* 168.

Art. 142. Le Gouvernement déterminera les formalités qui devront être observées pour la réquisition des bois, les déclarations et notifications, en conséquence de ce qui est prescrit par les articles précédents. — *For.* 166.

Art. 143. Les contraventions et délits en cette matière seront constatés par procès-verbaux des agents et gardes forestiers, des conducteurs des ponts et chaussées et des officiers de police assermentés, qui devront observer à cet égard les formalités et délais prescrits au titre 11, section 1re, pour les procès-verbaux dressés par les gardes de l'administration forestière. — *For.* 6, 44, 87, 99, 134, 159, 160 s., 170, 175 s.

R. v° *Forêts*, 1071 s.

En ce qui concerne les bois destinés au service de la Guerre, V. C. for. ann., p. 373 s.

TITRE DIXIÈME.

Police et conservation des bois et forêts.

SECTION PREMIÈRE.

Dispositions applicables à tous les bois et forêts en général.

Art. 144. (*L. 18 juillet* 1906.) Tou[t] extraction ou enlèvement non autorisé pierres, sable, minerai, terre ou gazo tourbe, bruyères, genêts, herbages, feuil[les] vertes ou mortes, engrais existant sur sol des forêts, donnera lieu à des amende de deux à cinq francs (2 à 5 fr.) par bê[te] attelée, d'un franc à deux francs cinquant[e] centimes (1 fr. à 2 fr. 50) par bête somme et d'un franc (1 fr.) par charg[e] d'homme.

L'extraction ou l'enlèvement non autori[sé] de glands, faînes et autres fruits et s[e]mences des bois et forêts donnera lie[u] [au] maximum des amendes prévues au par[a]graphe précédent. — *For.* 57, 85, 112, 1[?] mences des bois et forêts ..., *O. for.* 109 ; *Ordon.* 4 de 1844, *art.* 2.

R. v° *Forêts*, 604 s. — S. v° *Régime foresti[er]* 268 s. — V. aussi C. for. ann., art. 144, n° 1 s.

Art. 145. Il n'est point dérogé au dr[oit] conféré à l'administration des ponts et cha[us]sées, d'indiquer les lieux où doivent ê[tre] faites les extractions de matériaux pour [les] travaux publics ; néanmoins les entrep[reneurs] seront tenus envers l'État, les co[m]munes et établissements publics, com[me] envers les particuliers, de payer toutes [les] indemnités de droit, et d'observer toutes [les] formes prescrites par les lois et règleme[nt] en cette matière. — *For.* 144 ; *O. for.* 17[0] 175 ; *Ordon.* 8 août 1845.

R. v° *Forêts*, 637 s. — S. v° *Régime foresti[er]* 262 s. — V. aussi C. for. ann., art. 145, n° 1 s.

Art. 146. (*Abrogé par L. 18 juillet* 190[?]) *Quiconque sera trouvé dans les bois et rêts, hors des routes et chemins ordinair[es] avec serpes, cognées, haches, scies et aut[res] instruments de même nature, sera co[n]damné à une amende de 10 francs et [à] confiscation desdits instruments.* — *For.* 1[?] 147, 161, 192, 194 s., 198.

Art. 147. Ceux dont les voitures, be[s]tiaux, animaux de charge ou de montur[e] seront trouvés dans les forêts, hors des rout[es] et chemins ordinaires, seront condamné[s] savoir :

Par chaque voiture, à une amende [de] 10 francs pour le bois de dix ans et a[u] dessus, et de 20 francs pour les bois au-de[s]sous de cet âge ;

Par chaque tête ou espèce de bestiaux n[on] attelés, aux amendes fixées pour délit [de] pâturage par l'article 199 :

Le tout sans préjudice des dommages-inté[rêts]. — *For.* 37, 39, 71, 76, 199, 202 ; *P.* 475-10°.

R. v° *Forêts*, 692 s. — S. v° *Régime foresti[er]* 268 s. — V. aussi C. for. ann., art. 147, n° 1 s.

Art. 148. Il est défendu de porter o[u] allumer du feu dans l'intérieur et à la di[s]tance de 200 mètres des bois et forêts, so[us] peine d'une amende de 20 à 100 francs ; sa[ns] préjudice, en cas d'incendie, des peines po[r]tées par le Code pénal, et de tous dommag[es]-intérêts, s'il y a lieu. — *For.* 38, 42, 151, 20[?] *Pén.* 434 s., 458.

R. v° *Forêts*, 755 s. — S. v° *Régime foresti[er]* 302 s. — V. aussi C. for. ann., art. 148, n° 1 s.

En ce qui concerne les mesures à prendre contre l'incendie, V. la loi du 13 décembre 1902 (D. P. 1903. 4. 13[?])

Art. 149. Tous usagers qui, en cas d'in[cendie], refuseront de porter les secours dan[s] les bois soumis à leur droit d'usage, seron[t] traduits en police correctionnelle, privés [de] ce droit pendant un an au moins et cinq an[s]

lus, et condamnés en outre aux peines
ées en l'article 475 du Code pénal. —
61, 148, 171 ; *Pén.* 475-12°.

v⁺ *Forêts*, 778 s.

rt. 150. Les propriétaires riverains des
et forêts ne peuvent se prévaloir de l'ar-
672 du Code civil pour l'élagage des
res desdits bois et forêts, si ces arbres
sière ont plus de trente ans.

ut élagage qui serait exécuté sans l'au-
ation des propriétaires des bois et forêts
nera lieu à l'application des peines por-
par l'article 196. — *For.* 196 ; *O. for.*
Civ. 671 à 673.

v⁺ *Forêts*, 780 s. — S. v⁺ *Régime forestier*,
. — V. aussi C. for. ann., art. 150, n⁺⁺ 1 s.

SECTION II.

ositions spéciales applicables seulement
x bois et forêts soumis au régime fores-
r.

rt. 151. Aucun four à chaux ou à
re, soit temporaire, soit permanent, au-
e briqueterie et tuilerie, ne pourront être
lis dans l'intérieur et à moins d'un kilo-
des forêts, sans l'autorisation du Gou-
ement, à peine d'une amende de 100 à
francs et de démolition des établisse-
ts. — *For.* 148, 153, 157 ; *O. for.* 177 ;
Décr. 25 *mars* 1852, *art.* 3.

v⁺ *Forêts*, 876 s. — S. v⁺ *Régime forestier*,
. — V. aussi C. for. ann., art. 151, n⁺⁺ 1 s.

rt. 152. Il ne pourra être établi aucune
orisation du Gouvernement, sous quelque
exte que ce soit, aucune maison sur
hes, loge, baraque ou hangar, dans l'en-
à moins d'un kilomètre des bois et
ts, sous peine de 50 francs d'amende, et
à démolition dans le mois, à dater du
du jugement qui l'aura ordonnée. — *For.*
, *O. for.* 177, 179 ; *Décr.* 25 *mars* 1852,
3.

v⁺ *Forêts*, 893 s. — S. v⁺ *Régime forestier*,
. — V. aussi C. for. ann., art. 152, n⁺⁺ 1 s.

rt. 153. *Abrogé par L. 21 juin 1898.*

rt. 154. (*L.* 21 *juin* 1898.) Nul indi-
habitant les maisons ou fermes actuel-
existantes à la distance de 500 mètres
bois et forêts soumis au régime forestier
qui seront construites à l'avenir dans ce
n, ne pourra établir dans lesdites mai-
ou fermes aucun atelier à façonner le
, aucun chantier ou magasin pour faire le
merce de bois, sans la permission spé-
e du préfet, sous peine de 50 francs
ende et de la confiscation des bois.

rsque les individus qui auront obtenu
e permission auront subi une condamna-
pour délit forestier, le préfet pourra leur
er ladite permission. — *For.* 156, 157 ;
or. 177 ; *Décr.* 25 *mars* 1852, *art.* 3.

1. LÉGISLATION ANTÉRIEURE A LA LOI DU
UIN 1898 : R. v⁺ *Forêts*, 923 s. — S. v⁺ *Régime*
tier, 359 s.

2. LOI DU 21 JUIN 1898 : D. P. 99. 4. 3.

rt. 155. Aucune usine à scier le bois
pourra être établie dans l'enceinte et à
ns de 2 kilomètres de distance des bois
forêts qu'avec l'autorisation du Gouverne-
t, sous peine d'une amende de 100 à
francs, et de la démolition dans le mois,
ater du jugement qui l'aura ordonnée. —
. 156, 157, 158 ; *O. for.* 177, 179, 180.

v⁺ *Forêts*, 934 s. — S. v⁺ *Régime forestier*,
s. — V. aussi C. for. ann., art. 155, n⁺⁺ 1 s.

Art. 156. Sont exceptées des disposi-
s des trois articles précédents les maisons
s usines qui font partie de villes, vil-
es ou hameaux formant une population
lomérée, bien qu'elles se trouvent dans
distances ci-dessus fixées des bois et forêts.
 — *For.* 153, 154, 155, 158 ; *O. for.* 179.
. v⁺ *Forêts*, 960 s. — S. v⁺ *Régime forestier*,
s.

Art. 157. Les usines, hangars et autres
établissements autorisés en vertu des articles 151, 152, 154 et 155, seront soumis aux
visites des agents et gardes forestiers, qui
pourront y faire toutes perquisitions sans
l'assistance d'un officier public, pourvu qu'ils
se présentent au nombre de deux au moins,
ou que l'agent ou garde forestier soit accompagné de deux témoins domiciliés dans la
commune. — *For.* 161, 162 ; *Instr.* 16.

R. v⁺ *Forêts*, 964 s. — S. v⁺ *Régime forestier*, 371.

Art. 158. Aucun arbre, bille ou tronce
ne pourra être reçu dans les scieries dont il
est fait mention à l'article 155, sans avoir été
préalablement reconnu par le garde forestier du canton et marqué de son marteau ;
ce qui devra avoir lieu dans les cinq jours de
la déclaration qui en aura été faite, sous
peine, contre les exploitants desdites scieries,
d'une amende de 50 à 300 francs. En cas de
récidive, l'amende sera double, et la suppression de l'usine pourra être ordonnée par
le tribunal. — *For.* 7, 155, 201 ; *O. for.* 180.
. R. v⁺ *Forêts*, 949 s. — S. v⁺ *Régime forestier*,
307. — V. aussi C. for. ann., art. 158, n⁺⁺ 1 s.

TITRE ONZIÈME.

Des poursuites en réparation de délits et contraventions.

SECTION PREMIÈRE

De la poursuite des délits et contraventions
commis dans les bois soumis au régime
forestier (*L.* 18 *juin* 1859).

Art. 159. (*L.* 31 *décembre* 1906.) L'administration forestière est chargée, tant dans
l'intérêt de l'Etat que dans celui des autres
propriétaires de bois et forêts soumis au régime forestier, des poursuites en réparation
de tous délits et contraventions commis dans
ces bois et forêts.

Elle est également chargée de la poursuite
en réparation des délits et contraventions
spécifiés aux articles 134, 143 et 219.

Les actions et poursuites seront exercées
par les agents forestiers, au nom de l'administration forestière, sans préjudice du droit
qui appartient au ministère public près les
tribunaux de première instance et les cours
d'appel.

L'administration des forêts est autorisée à
transiger, avant jugement définitif, sur la
poursuite des délits et des contraventions
mentionnés aux deux premiers paragraphes
du présent article. Après jugement définitif
la transaction ne peut porter que sur les
peines et réparations pécuniaires. — *For.*
87, 134, 143, 183, 219 ; *O. for.* 7, n° 11, 187 ;
Instr. 19, 22, 23, 24, 179, 182, 190 ; *L.*
27 *juin* 1886, *art.* 2 ; *Décr.* 22 *déc.* 1879.

R. v⁺ *Forêts*, 949 s. — S. v⁺ *Régime forestier*,
400 s. — V. aussi C. for. ann., art. 159, n⁺⁺ 1 s.

Art. 160. Les agents, arpenteurs et
gardes forestiers rechercheront et constateront
par procès-verbaux les délits et contraventions, savoir : les agents et arpenteurs, dans
toute l'étendue du territoire pour lequel ils
sont commissionnés ; et les gardes, dans
l'arrondissement du tribunal auquel ils
sont assermentés. — *For.* 6, 6, 159, 161 s.,
176 s. ; *O. for.* 11, 24 s., 181.

Art. 161. Les gardes sont autorisés à
saisir les bestiaux trouvés en délit, et les
instruments, voitures et attelages des délinquants, et à les mettre en séquestre. Ils suivront les objets enlevés et les délinquants
jusque dans les lieux où ils auront été transportés, et les mettront en séquestre.

Ils ne pourront néanmoins s'introduire
dans les maisons, bâtiments, cours adjacentes et enclos, si ce n'est en présence soit
du juge de paix ou de son suppléant, soit du

maire du lieu ou de son adjoint, soit du commissaire de police. — *For.* 36, 40, 81, 84, 146,
154, 157, 162, 168, 169, 173, 189, 198 ; *O. for.*
182 ; *Instr.* 16 ; *Pén.* 184.

Art. 162. Les fonctionnaires dénommés
en l'article précédent ne pourront se refuser
à accompagner sur-le-champ les gardes, lorsqu'ils en seront requis par eux pour assister
à des perquisitions.

Ils seront tenus, en outre, de signer le
procès-verbal du séquestre ou de la perquisition faite en leur présence ; sauf au garde,
en cas de refus de leur part, à en faire mention au procès-verbal. — *For.* 161, 189 ;
O. for. 182.

Art. 163. Les gardes arrêteront et conduiront devant le juge de paix ou devant le
maire tout inconnu qu'ils auront surpris en
flagrant délit. — *For.* 160, 189 ; *Instr.* 16,
41, 106.

Art. 164. Les agents et les gardes de
l'administration des forêts ont le droit de
requérir directement la force publique pour
la répression des délits et contraventions en
matière forestière, ainsi que pour la recherche
et la saisie des bois coupés en délits, vendus
ou achetés en fraude. — *For.* 161, 163, 192,
208 ; *Instr.* 16 ; *Pén.* 234.

Art. 165. Les gardes écriront eux-mêmes
leurs procès-verbaux ; ils les signeront, et
les affirmeront, au plus tard le lendemain de
la clôture desdits procès-verbaux, par-devant
le juge de paix du canton ou l'un de ses suppléants, ou par-devant le maire ou l'adjoint,
soit de la commune de leur résidence, soit
de celle où le délit a été commis ou constaté ;
le tout sous peine de nullité.

Toutefois, si, par suite d'un empêchement
quelconque, le procès-verbal est seulement
signé par le garde, mais non écrit en entier
de sa main, l'officier public qui en recevra
l'affirmation devra lui en donner préalablement lecture, et faire ensuite mention de
cette formalité ; le tout sous peine de nullité
du procès-verbal. — *For.* 160, 166, 176, 189 ;
O. for. 26, 181, 182 ; *Instr.* 16, 18.

Art. 166. Les procès-verbaux que les
agents forestiers, les gardes généraux et les
gardes à cheval dresseront, soit isolément,
soit avec le concours d'un garde, ne seront
point soumis à l'affirmation. — *For.* 176, 177 ;
O. for. 181.

R. v⁺ *Forêts*, 385 s. ; *Procès-verbal*, 37 s., 100 s.,
538 s., 572 s., 581 s. — S. v⁺ *Procès-verbal*, 9 s.,
27 s., 146 s., 157 s. ; 148 s. ; *Régime forestier*, 118 s.
— V. aussi C. for. ann., art. 160-166.

Art. 167. Dans les cas où le procès-
verbal portera saisie, il en sera fait, aussitôt
après l'affirmation, une expédition qui sera
déposée dans les vingt-quatre heures au
greffe de la justice de paix, pour qu'il en
puisse être donné communication à ceux qui
réclameraient les objets saisis. — *For.* 161,
169, 189 ; *O. for.* 183.

R. v⁺ *Procès-verbal*, 568, 576. — S. eod. v⁺, 134.

Art. 168. Les juges de paix pourront
donner mainlevée provisoire des objets saisis,
à la charge du payement des frais de saisie,
et moyennant une bonne et valable caution.
En cas de contestation sur la solvabilité de
la caution, il sera statué par le juge de paix.
— *For.* 161, 189 ; *O. for.* 184.

R. v⁺ *Procès-verbal*, 570 s.

Art. 169. Si les bestiaux saisis ne sont
pas réclamés dans les cinq jours qui suivront
le séquestre, ou s'il n'est pas fourni bonne et
valable caution, le juge de paix en ordonnera
la vente à l'enchère, au marché le plus voisin. Il y sera procédé à la diligence du receveur des domaines, qui la fera publier vingt-
quatre heures d'avance.

Les frais de séquestre et de vente seront
taxés par le juge de paix, et prélevés sur le
produit de la vente ; le surplus restera déposé entre les mains du receveur des do-

maines, jusqu'à ce qu'il ait été statué en dernier ressort sur le procès-verbal.

Si la réclamation n'a lieu qu'après la vente des bestiaux saisis, le propriétaire n'aura droit qu'à la restitution du produit net de la vente, tous frais déduits, dans le cas où cette restitution serait ordonnée par le jugement. — *For.* 161, 189.

R. vᵉ *Procès-verbal,* 570 s.

Art. 170. Les procès-verbaux seront, sous peine de nullité, enregistrés dans les quatre jours qui suivront celui de l'affirmation, ou celui de la clôture du procès-verbal, s'il n'est pas sujet à l'affirmation.

L'enregistrement s'en fera en débet, lorsque les délits ou contraventions intéresseront l'État, le domaine de la Couronne, ou les communes et les établissements publics.

R. vᵉ *Procès-verbal,* 629 s.

Art. 171. (*L.* 31 décembre 1906.) Les actions et poursuites exercées au nom de l'administration des forêts et à la requête de ses agents, en réparation de délits ou contraventions en matière forestière, sont portées devant les tribunaux correctionnels.

Toutefois, lorsque les peines encourues n'excèdent pas cinq jours d'emprisonnement et quinze francs d'amende et qu'il n'existe aucune des circonstances aggravantes prévues par l'article 201 du présent Code, les poursuites exercées en vertu des articles 144, 192, 194 et 199 du même Code sont portées devant les tribunaux de simple police. Dans ce cas, un avertissement préalable et sans frais sera donné devant le tribunal de simple police aux personnes poursuivies ou civilement responsables. Les jugements rendus par ces tribunaux sont susceptibles d'appel, quel que soit le montant des condamnations. Cet appel est porté devant les tribunaux correctionnels; il est interjeté et jugé dans les formes et conditions établies par le paragraphe 3, chapitre 1ᵉʳ, titre I, livre deuxième du Code d'instruction criminelle. — *For.* 159, 190; *O. for.* 187; *Instr.* 19, 23, 63, 69, 137, 138, 179, 182.

R. vᵉ *Forêts,* 469 s. — S. vᵉ *Régime forestier,* 201 s.

Art. 172. L'acte de citation doit, à peine de nullité, contenir la copie du procès-verbal et de l'acte d'affirmation. — *For.* 165, 173, 187, 189; *Instr.* 145 s., 182.

Art. 173. Les gardes de l'administration forestière pourront, dans les actions et poursuites exercées en son nom, faire toutes citations et significations d'exploits, sans pouvoir procéder aux saisies-exécutions.

Leurs rétributions pour les actes de ce genre seront taxées comme pour les actes faits par les huissiers des juges de paix. — *For.* 172, 187; *O. for.* 26, 186; *Pr.* 61 s., 583 s.; *Instr.* 19, 22, 182 s.

R. vᵉ *Forêts,* 493 s.; *Procès-verbal,* 637 s. — S. vᵉ *Régime forestier,* 219 s.

Art. 174. (*L.* 31 décembre 1906.) Les agents forestiers ont le droit d'exposer l'affaire devant le tribunal, et sont entendus à l'appui de leurs conclusions.

Dans les affaires portées devant le tribunal de simple police, les agents forestiers peuvent faire présenter leurs conclusions par un préposé de l'administration désigné par le conservateur des forêts. — *Instr.* 190; *O. for.* 185.

R. vᵉ *Forêts,* 540 s. — S. vᵉ *Régime forestier,* 226 s.

Art. 175. Les délits ou contraventions en matière forestière seront prouvés, soit par procès-verbaux, soit par témoins à défaut de procès-verbaux, ou en cas d'insuffisance de ces actes. — *For.* 178, 189; *Instr.* 154, 155, 176, 189, 211

R. vᵉ *Forêts,* 398 s. — S. vᵉ *Régime forestier,* 159.

Art. 176. Les procès-verbaux, revêtus

de toutes les formalités prescrites par les articles 165 et 170, et qui sont dressés et signés par deux agents ou gardes forestiers, font preuve, jusqu'à inscription de faux, des faits matériels relatifs aux délits et contraventions qu'ils constatent, quelles que soient les condamnations auxquelles ces délits et contraventions peuvent donner lieu.

Il ne sera, en conséquence, admis aucune preuve outre ou contre le contenu de ces procès-verbaux, à moins qu'il n'existe une cause légale de récusation contre l'un des signataires. — *For.* 165, 170, 177, 179, 188; *Instr.* 154 s., 189.

R. vᵉ *Procès-verbal,* 642 s. — S. cod. vᵉ, 469 s.

Art. 177. Les procès-verbaux, revêtus de toutes les formalités prescrites, mais qui ne seront dressés et signés que par un seul agent ou garde, feront de même preuve suffisante jusqu'à inscription de faux, mais seulement lorsque le délit ou la contravention n'entraînera pas une condamnation de plus de 100 francs, tant pour amende que pour dommages-intérêts.

Lorsqu'un de ces procès-verbaux constatera à la fois contre divers individus des délits ou contraventions distincts et séparés, il n'en fera pas moins foi, aux termes du présent article, pour chaque délit ou contravention qui n'entraînerait pas une condamnation de plus de 100 francs, tant pour amende que pour dommages-intérêts, quelle que soit la quotité à laquelle pourraient s'élever toutes les condamnations réunies. — *For.* 165, 170, 179, 181, 188, 202; *Instr.* 154 s., 189.

R. vᵉ *Procès-verbal,* 695 s. — S. cod. vᵉ 476 s.

Art. 178. Les procès-verbaux qui, d'après les dispositions qui précèdent, ne font point foi et preuve suffisante jusqu'à inscription de faux, peuvent être corroborés et combattus par toutes les preuves légales, conformément à l'article 154 du Code d'instruction criminelle. — *For.* 31, 175 s., 188; *Instr.* 154, 189.

Art. 179. Le prévenu qui voudra s'inscrire en faux contre le procès-verbal sera tenu d'en faire, par écrit et en personne, ou par un fondé de pouvoirs spécial par acte notarié, la déclaration au greffe du tribunal, avant l'audience indiquée par la citation.

Cette déclaration sera reçue par le greffier du tribunal; elle sera signée par le prévenu ou son fondé de pouvoir, et, dans le cas où il ne saurait ou ne pourrait signer, il en sera fait mention expresse.

Au jour indiqué pour l'audience, le tribunal donnera acte de la déclaration, et fixera un délai de trois jours au moins et de huit jours au plus, pendant lequel le prévenu sera tenu de faire au greffe le dépôt des moyens de faux, et des noms, qualités et demeures des témoins qu'il voudra faire entendre.

A l'expiration de ce délai, et sans qu'il soit besoin d'une citation nouvelle, le tribunal admettra les moyens de faux, s'ils sont de nature à détruire l'effet du procès-verbal, et il sera procédé sur le faux conformément aux lois.

Dans le cas contraire, ou faute par le prévenu d'avoir rempli toutes les formalités ci-dessus prescrites, le tribunal déclarera qu'il n'y a lieu à admettre les moyens de faux, et ordonnera qu'il soit passé outre au jugement. — *For.* 176, 177, 180, 181; *Pr.* 214 s.; *Instr.* 448 s., 458 s.; *Pén.* 145 s.

R. vᵉ *Faux incident,* 322 s.; *Forêts,* 552 s.; *Procès-verbal,* 200 s. — S. vᵉ *Faux incident,* 146 s.; *Procès-verbal,* 57 s.

Art. 180. Le prévenu contre lequel aura été rendu un jugement par défaut, sera encore admissible à faire sa déclaration d'inscription de faux pendant le délai qui lui est accordé par la loi pour se présenter à l'au-

dience sur l'opposition par lui formée. — *For.* 179, 187; *Instr.* 151, 186 s.

R. vᵉ *Faux incident,* 322; *Procès-verbal,* 553.

Art. 181. Lorsqu'un procès-verbal sera rédigé contre plusieurs prévenus, et qu'un ou quelques-uns d'entre eux seulement s'inscriront en faux, le procès-verbal continuera de faire foi à l'égard des autres, à moins que le fait sur lequel portera l'inscription de faux ne soit indivisible et commun aux autres prévenus. — *For.* 177.

R. vᵉ *Faux incident,* 322; *Procès-verbal,* 647.

Art. 182. Si, dans une instance en réparation de délit ou de contravention, le prévenu excipe d'un droit de propriété ou autre droit réel, le tribunal saisi de la plainte statuera sur l'incident en se conformant aux règles suivantes :

L'exception préjudicielle ne sera admise qu'autant qu'elle sera fondée, soit sur un titre apparent, soit sur des faits de possession équivalents, personnels au prévenu et par lui articulés avec précision; et si le titre produit ou les faits articulés sont de nature dans le cas où ils seraient reconnus par l'autorité compétente, à ôter au fait qui sert de base aux poursuites tout caractère de délit ou de contravention.

Dans le cas de renvoi à fins civiles, le jugement fixera un bref délai dans lequel la partie qui aura élevé la question préjudicielle devra saisir les juges compétents de la connaissance du litige, et justifier de ses diligences; sinon il sera passé outre. Toutefois, en cas de condamnation, il sera sursis à l'exécution du jugement, sous le rapport de l'emprisonnement, s'il était prononcé; le montant des amendes, restitutions et dommages-intérêts, sera versé à la Caisse de dépôts et consignations, pour être remis qui il sera ordonné par le tribunal qui statuera sur le fond du droit. — *For.* 189 *Instr.* 3.

R. vᵉ *Forêts,* 553; *Question préjudicielle,* 1 — S. vᵉ *Question préjudicielle,* 1 s.

Art. 183. Les agents de l'administration des forêts peuvent, en son nom, interjeter appel des jugements, et se pourvoir contre les arrêts et jugements en dernier ressort; mais ils ne peuvent se désister de leurs appels sans une autorisation spéciale. — *For.* 184, 187; *Instr.* 199, 201 s., 216, 407 s.

Art. 184. Le droit attribué à l'administration des forêts et à ses agents de se pourvoir contre les jugements et arrêts, par appel ou par recours en cassation, est indépendant de la même faculté qui est accordée par la loi au ministère public, lequel peut toujours user, même lorsque l'Administration o ses agents auraient acquiescé aux jugement et arrêts. — *For.* 172 s., 202, 205 216, 407 s.

R. vᵉˢ *Appel criminel,* 429 s.; *Cassation,* 133 140 s., 430 s., 564 s., 602 s., 714, 758 s., 766 s., 817 s. 965 s.; *Forêts,* 561 s. — S. vᵉˢ *Appel criminel,* 31 s. *Cassation,* 49, 50, 128 s., 137 s., 150 s., 167 s. 175 s., 199 s.; *Régime forestier,* 234 s.

Art. 185. Les actions en réparation de délits et contraventions en matière forestière se prescrivent par trois mois, à compter du jour où les délits et contraventions ont été constatés, lorsque les prévenus sont désignés dans les procès-verbaux. Dans le cas contraire, le délai de prescription est de six mois, à compter du même jour.

Sans préjudice de l'égard des adjudicataires et entrepreneurs des coupes, des dispositions contenues aux articles 45, 47, 50, 51 et 82 de la présente loi. — *For.* 45, 47, 50, 82, 186 189, 206, 225; *Instr.* 636, 638.

R. vᵉ *Forêts,* 486 s.; *Prescript. crim.,* 45 s. S. vᵉˢ *Prescript. crim.,* 26 s.; *Régime forestier,* 209 s.

Art. 186. Les dispositions de l'article précédent ne sont point applicables aux contraventions, délits et malversations commis par des agents, préposés ou gardes de l'admiation forestière dans l'exercice de leurs ions; les délais de prescription à l'égard es préposés et de leurs complices seront êmes qui sont déterminés par le Code truction criminelle. — *For.* 6, 207; *r.* 39, *Instr.* 637, 638, 640; *Pén.* 198. — *Forêts*, 466 s. — S. v° *Régime forestier*,

t. 187. Les dispositions du Code d'instion criminelle sur la poursuite des délits ntraventions, sur les citations et délais, les défauts, oppositions, jugements, ls et recours en cassation, sont et eurent applicables à la poursuite des s et contraventions spécifiés par le pré- loi, sauf les modifications qui résultent résent titre. — *For.* 159, 171 à 174, 180, 184, 189, 208; *Instr.* 127 s., 137, 145 s., s., 153 s., 172 s., 177, 179 s., 182 s., ., 190 s., 199 s., 216, 413 s., 416 s. v° *Forêts*, 330, 403 s. — S. v° *Régime fores-* 19 s. — V. aussi C. for. ann., art. 187, n°s 1 s.

SECTION II.

à poursuite des délits et contraventions omis dans les bois non soumis au ré- ne forestier (*L. 18 juin 1859*).

t. 188. (*L. 18 juin 1859.*) Les délits ntraventions commis dans les bois non is au régime forestier sont recherchés nstatés tant par les gardes des bois et s des particuliers que par les gardes pêtres des communes, les gendarmes, en général, par tous officiers de police iaire chargés de rechercher et de cons- les délits ruraux.

s procès-verbaux feront foi jusqu'à preuve aire.

s procès-verbaux, à l'exception de ceux sés par les gardes particuliers, sont gistrés en débet. — *For.* 117, 160, 170, 189, 191; *Instr.* 9 s., 16 s., 154, 189
v° *Procès-verbal*, 539 s., 707 s. — S. eod. v°, 146 s., — V. aussi C. for. ann., art. 188, n°s 1 s.
du 18 juin 1859 : D. P. 59. 4. 98.

t. 189. (*L. 18 juin 1859.*) Les dispons contenues aux articles 161, 162, 163, 168, 169, 170, paragraphe 1er, 182, 185 87 ci-dessus, sont applicables à la pour- des délits et contraventions commis dans ois non soumis au régime forestier.

utefois, dans les cas prévus par l'ar- 169, lorsqu'il y aura lieu à effectuer la e des bestiaux saisis, le produit net de la a sera versé à la Caisse des dépôts et con- ations.

s dispositions de l'article 165 sont appli- à la rédaction des procès-verbaux sés par les gardes des bois et forêts des culiers. — *For.* 161, 162, 163, 167, 168, 170, § 1er, 182, 185, 187; *Instr.* 16.
v° *Forêts*, 1089 s.; *Procès-verbal*, 707 s. — S. v° és-verbal, 178; *Régime forestier*, 653 s. — ssi C. for. ann., art. 189, n°s 1 s.
du 18 juin 1859 : D. P. 59. 4. 98.

rt. 190. Il n'est rien changé aux dis- tions du Code d'instruction criminelle ivement à la compétence des tribunaux, statuer sur les délits et contraventions mis dans les bois et forêts qui appar- nent aux particuliers. — *For.* 117, 171, s.; *Instr.* 20, 137, 138, 139, 179; *Pén.* 9 , 464 s.
v° *Forêts*, 469 s. — S. v° *Régime forestier*.

rt. 191. Les procès-verbaux dressés les gardes des bois des particuliers seront, s le délai d'un mois, à dater de l'affirma- , remis au procureur du Roi [*au procu- de la République*] ou au juge de paix, ant leur compétence respective. — *For.* 185, 188 s.; *Instr.* 20, 21, 144.
v° *Procès-verbal*, 715. — S. v° *Régime fo-* er, 178.

TITRE DOUZIÈME.

Des peines et condamnations pour tous les bois et forêts en général.

Art. 192. (*L. 18 juillet 1906.*) La coupe ou l'enlèvement d'arbres ayant 2 décimètres de tour et au-dessus donnera lieu à des amendes qui seront déterminées dans les proportions suivantes. d'après l'essence et la circonférence des arbres.

Les arbres sont divisés en deux classes.

La première comprend les chênes, ormes, frênes, érables, châtaigniers et noyers.

La seconde se compose de toutes les espèces non comprises dans la première classe.

Si les arbres de la première classe ont 2 décimètres de tour, l'amende sera de cinquante centimes (0 fr. 50) par chacun de ces 2 décimètres, et s'accroîtra ensuite progressivement de cinq centimes (0 fr. 05) par chacun des autres décimètres.

Si les arbres de la seconde classe ont 2 décimètres de tour, l'amende sera de vingt-cinq centimes (0 fr. 25) par chacun de ces 2 décimètres, et s'accroîtra ensuite progressivement de vingt-cinq millimes (0 fr. 025) par chacun des autres décimètres.

Le tout, conformément au tableau annexé à la présente loi.

La circonférence sera mesurée à 1 mètre du sol. — *For.* 29, 34, 146, 193, 194, 198, 202, 211 à 214; *Pén.* 388, 401, 444 s., 475-15°.

Tarif des amendes à prononcer par arbre, d'après sa grosseur et son essence (art. 192).

ARBRES DE PREMIÈRE CLASSE			ARBRES DE SECONDE CLASSE		
Circonférence.	Amende par décimètre.	Amende par arbre.	Circonférence.	Amende par décimètre.	Amende par arbre.
décimètres.	fr. c.	fr. c.	décimètres.	fr. c.	fr. c.
1	» »	» »	1	» »	» »
2	0 50	1 00	2	0 250	0 50
3	0 55	1 65	3	0 275	0 80
4	0 60	2 40	4	0 300	1 20
5	0 65	3 25	5	0 325	1 62
6	0 70	4 20	6	0 350	2 10
7	0 75	5 25	7	0 375	2 62
8	0 80	6 40	8	0 400	3 20
9	0 85	7 65	9	0 425	3 82
10	0 90	9 00	10	0 450	4 50
11	0 95	10 45	11	0 475	5 22
12	1 00	12 00	12	0 500	6 00
13	1 05	13 65	13	0 525	6 40
14	1 10	15 40	14	0 550	7 50
15	1 15	17 25	15	0 575	8 62
16	1 20	19 20	16	0 600	9 60
17	1 25	21 25	17	0 625	10 62
18	1 30	23 40	18	0 650	11 70
19	1 35	25 65	19	0 675	12 82
20	1 40	28 00	20	0 700	14 00
21	1 45	30 45	21	0 725	15 22
22	1 50	33 00	22	0 750	16 50
23	1 55	35 65	23	0 775	17 82
24	1 60	38 40	24	0 800	19 20
25	1 65	41 25	25	0 825	20 62
26	1 70	44 20	26	0 850	22 10
27	1 75	47 25	27	0 875	23 62
28	1 80	50 40	28	0 900	25 20
29	1 85	53 65	29	0 925	26 80
30	1 90	57 00	30	0 950	28 50
31	1 95	60 45	31	0 975	30 22
32	2 00	64 00	32	1 000	32 00

R. v° *Forêts*, 806 s. — S. v° *Régime forestier*, 323 s. — V. aussi C. for. ann., art. 192, n°s 1 s.

Art. 193. Si les arbres auxquels s'applique le tarif établi par l'article précédent ont été enlevés et façonnés, le tour en sera mesuré sur la souche; et si la souche a été également enlevée, le tour sera calculé dans la proportion d'un cinquième en sus de la dimension totale des quatre faces de l'arbre équarri.

Lorsque l'arbre et la souche auront disparu, l'amende sera calculée suivant la grosseur de l'arbre arbitrée par le tribunal d'après les documents du procès. — *For.* 34, 192.

R. v° *Forêts*, 824 s.

Art. 194. (*L. 18 juin 1859.*) L'amende, pour coupe ou enlèvement de bois qui n'auront pas 2 décimètres de tour, sera, pour chaque charretée, de bois par bête attelée, de 5 francs par charge de bête de somme, et de 2 francs par fagot, foulé ou charge d'homme.

Il pourra, en outre, être prononcé un emprisonnement de cinq jours au plus.

S'il s'agit d'arbres semés ou plantés dans les forêts depuis moins de cinq ans, la peine sera d'une amende de 3 francs par chaque arbre, quelle qu'en soit la grosseur, et, en outre, un emprisonnement d'un mois au plus. — *For.* 144, 146, 192, 195 à 198; *Pén.* 388, 444 s.

R. v° *Forêts*, 831 s. — S. v° *Régime forestier*, 334 s. — V. aussi C. for. ann., art. 194, n°s 1 s.
Loi du 18 juin 1859 : D. P. 59. 4. 98.

Art. 195. (*L. 18 juin 1859.*) Quiconque arrachera des plants dans les bois et forêts sera puni d'une amende qui ne pourra être moindre de 10 francs. ni excéder 300 francs.

Il pourra, en outre, être prononcé un emprisonnement de cinq jours au plus.

Si le délit a été commis dans un semis ou plantation exécutés de main d'homme, il sera prononcé, outre l'amende, un emprisonnement de quinze jours à un mois. — *For.* 150, 194, 198, 202; *Pén.* 444, 456.

R. v° *Forêts*, 851 s. — S. v° *Régime forestier*, 339. — V. aussi C. for. ann., art. 195, n°s 1 s.
Loi du 18 juin 1859 : D. P. 59. 4. 98.

Art. 196. Ceux qui, dans les bois et forêts, auront échoupé, écorcé ou mutilé des arbres, ou qui en auront coupé les princi- pales branches, seront punis comme s'ils les avaient abattus au pied. — *For.* 36, 150, 192, 193, 194; *Pén.* 446.

R. v° *Forêts*, 857 s. — S. v° *Régime forestier*, 340 s. — V. aussi C. for. ann., art. 196, n°s 1 s.

Art. 197. Quiconque enlèvera des chablis et bois de délit sera condamné aux mêmes amendes et restitutions que s'il les avait abattus sur pied. — *For.* 144, 192, 193, 194, 198, 202; *O. for.* 26, 101 s.

R. v° *Forêts*, 869 s. — S. v° *Régime forestier*, 343 s. — V. aussi C. for. ann., art. 197, n°s 1 s.

Art. 198. Dans le cas d'enlèvement frau- duleux de bois et d'autres productions du sol des forêts, il y aura toujours lieu, outre les amendes, à la restitution des objets enlevés ou de leur valeur, et, de plus, selon les circonstances, à des dommages-intérêts.

Les scies, haches, serpes, cognées et autres instruments de même nature dont les délinquants et leurs complices seront trouvés munis, seront confisqués. — *For.* 34, 81, 112, 144, 146, 154, 161, 192 s., 201, 202, 204 ; *Pén.* 11, 51 s., 470.

R. v° *Forêts,* 340 s., 426 s. — S. v° *Régime forestier,* 133 s., 172. — V. aussi C. for. ann., art. 198, n° 1 s.

Art. 199. (*L. 18 juillet 1906.*) Les propriétaires d'animaux trouvés de jour en délit dans les bois de dix ans et au-dessus seront condamnés à une amende de :

Vingt centimes à un franc (0 fr. 20 à 1 fr.) pour un cochon, une bête à laine ou un veau,

Quarante centimes à deux francs (0 fr. 40 à 2 fr.) pour un bœuf, une vache, une chèvre ou une bête de somme.

Si les bois ont moins de dix ans, l'amende sera de :

Quarante centimes à deux francs (0 fr. 40 à 2 fr.) pour un cochon, une bête à laine ou un veau,

Quatre-vingts centimes à quatre francs (0 fr. 80 à 4 fr.) pour un bœuf, une vache, une chèvre ou une bête de somme.

Le tout sans préjudice, s'il y a lieu, des dommages-intérêts. — *For.* 54, 56, 70 à 78, 110, 112, 119, 120, 147, 198, 202 ; *Pén.* 475-10°.

R. v° *Forêts,* 712 s. — S. v° *Régime forestier,* 291 s. — V. aussi C. for. ann., art. 199, n° 1 s.

Art. 200. (*L. 18 juin 1859.*) Ceux qui auront contrefait ou falsifié les marteaux des particuliers servant aux marques forestières, ou qui auront fait usage de marteaux contrefaits ou falsifiés, ceux qui, s'étant indûment procuré les vrais marteaux, en auront fait une application ou un usage préjudiciable aux intérêts ou aux droits des particuliers, seront punis d'un emprisonnement de trois mois à deux ans. — *For.* 7, 117, 188, 203 ; *Pén.* 140, 141, 439.

R. v° *Forêts,* 348 s. — S. v° *Régime forestier,* 8 s., 64 s. — V. aussi C. for. ann., art. 200, n° 1 s. *Loi du 18 juin 1859 :* D. P. 59. 4. 99.

Art. 201. (*L. 18 juin 1859.*) Dans le cas de récidive, la peine sera toujours doublée. Il y a récidive lorsque, dans les douze mois précédents, il a été rendu, contre le délinquant ou contrevenant, un premier jugement pour délit ou contravention en matière forestière.

Les peines seront également doublées lorsque les délits ou contraventions auront été commis la nuit, ou que les délinquants auront fait usage de la scie pour couper les arbres sur pied. — *For.* 35, 56, 72, 70, 78, 158, 198, 202, 213 ; *Pén.* 58, 474, 483.

R. v° *Forêts,* 347 s. — S. v° *Régime forestier,* 8 s., 137 s. — V. aussi C. for. ann., art. 201, n° 1 s. *Loi du 18 juin 1859 :* D. P. 59. 4. 99.

Art. 202. Dans tous les cas où il y aura lieu à adjuger des dommages-intérêts, ils ne pourront être inférieurs à l'amende simple prononcée par le jugement. — *For.* 34, 40, 147, 198, 199, 204, 210 ; *Pén.* 10, 51 s.

R. v° *Forêts,* 420 s. — S. v°. *Régime forestier,* 173 s. — V. aussi C. for. ann., art. 202, n° 1 s.

Art. 203. Les tribunaux ne pourront appliquer aux matières réglées par le présent Code les dispositions de l'article 463 du Code pénal. — *For.* 208 ; *Pén.* 463.

R. v° *Forêts,* 316 s., 346. — S. v° *Régime forestier,* 115 s., 135 s. — V. aussi C. for. ann., art. 203, n° 1 s.

Art. 204. Les restitutions et dommages-intérêts appartiennent au propriétaire ; les amendes et confiscations appartiennent tou-

jours à l'État. — *For.* 116, 198, 202, 208, 211 s.; *Instr.* 165, 197 ; *Pén.* 51 à 54.

R. v° *Forêts,* 434. — V. aussi C. for. ann., art. 204, n° 1 s.

Art. 205. Dans tous les cas où les ventes et adjudications seront déclarées nulles pour cause de fraude ou collusion, l'acquéreur ou adjudicataire, indépendamment des amendes et dommages-intérêts prononcés contre lui, sera condamné à restituer les bois déjà exploités, ou à en payer la valeur sur le pied du prix d'adjudication ou de vente. — *For.* 18, 19, 21, 22, 53, 100, 114.

V. C. for. ann., art. 205, n° 1 s.

Art. 206. Les maris, pères, mères et tuteurs, et en général tous maîtres et commettants, seront civilement responsables des délits et contraventions commis par leurs femmes, enfants mineurs et pupilles, demeurant avec eux et non mariés, ouvriers, voituriers et autres subordonnés, sauf tout recours de droit.

Cette responsabilité sera réglée conformément au paragraphe dernier de l'article 1384 du Code civil, et s'étendra aux restitutions, dommages-intérêts et frais ; sans pouvoir toutefois donner lieu à la contrainte par corps, si ce n'est dans le cas prévu par l'article 46. — *For.* 6, 45 s., 72, 82, 112, 147, 199, 211 ; *Civ.* 1384 ; *Pén.* 74 ; *L.* 22 juill. 1867.

R. v° *Forêts,* 431 s. — V. aussi C. for. ann., art. 206, n° 1 s.

Art. 207. Les peines que la présente loi prononce, dans certains cas spéciaux, contre des fonctionnaires ou contre des agents et préposés de l'administration forestière, sont indépendantes des poursuites et peines dont ces fonctionnaires, agents ou préposés seraient passibles d'ailleurs, pour malversation, concussion ou abus de pouvoir.

Il en est de même quant aux poursuites qui pourraient être dirigées, aux termes des articles 179 et 180 du Code pénal, contre tous délinquants ou contrevenants, pour fait de tentative de corruption envers des fonctionnaires publics et des agents et préposés de l'administration forestière. — *For.* 18, 19, 21, 29, 52, 53, 81, 98, 100 à 102, 110, 186, 187, 208 ; *O. for.* 7-3°, 37 à 39 ; *Instr.* 365 ; *Pén.* 169 s., 174, 175, 177 s., 183, 184, 186, 188 s., 196 s., 462.

R. v° *Forêts,* 372 s. — S. v° *Régime forestier,* 143 s. — V. aussi C. for. ann., art. 207, n° 1 s.

Art. 208. Il y aura lieu à l'application des dispositions du même Code dans tous les cas non spécifiés par la présente loi. — *For.* 187, 203 ; *Pén.* 1 s., 55, 59, 60, 62, 66 s., 140, 141, 166 s., 386, 412, 434, 411, 414 s., 456, 458, 475-12°.

R. v° *Forêts,* 316 s. — S. v° *Régime forestier,* 115 s. — V. aussi C. for. ann., art. 208, n° 1 s.

TITRE TREIZIÈME.

De l'exécution des jugements.

SECTION PREMIÈRE.

De l'exécution des jugements concernant les délits et contraventions commis dans les bois soumis au régime forestier (*L. 18 juin 1859*).

Art. 209. Les jugements rendus à la requête de l'administration forestière, ou sur la poursuite du ministère public, seront signifiés par simple extrait, qui contiendra le nom des parties et le dispositif du jugement.

Cette signification fera courir les délais de l'opposition et de l'appel des jugements par défaut. — *For.* 183, 184, 187, 210 ; *O. for.* 188, 189 ; *Instr.* 151, 174, 187, 203.

R. v° *Forêts,* 578 s. — S. v° *Régime forestier,* 239 s.

Art. 210. (*L. 18 juin 1859.*) Le recouvrement de toutes les amendes forestières est confié aux receveurs de l'enregistrement des domaines.

Ces receveurs sont également chargés du recouvrement des restitutions, frais et dommages et intérêts résultant des jugements rendus pour délits et contraventions dans les bois soumis au régime forestier.

L'Administration pourra admettre les délinquants insolvables à se libérer des amendes, réparations civiles et frais, au moyen de prestations en nature consistant en travaux d'entretien et d'amélioration dans les forêts ou sur les chemins vicinaux.

Le conseil général fixera, par commune, la valeur de la journée de prestation.

La prestation pourra être fournie en tâche.

Si les prestations ne sont pas fournies dans le délai fixé par les agents forestiers, il sera passé outre à l'exécution des poursuites.

Un règlement d'administration publique déterminera l'attribution aux ayants droit des prestations autorisées par le présent article. — *For.* 204, 215 ; *O. for.* 188 s. *Instr.* 197 ; *Pén.* 51 ; *Décr.* 21 déc. 1859 *L.* 29 déc. 1873, *art.* 25.

R. v° *Forêts,* 578 s. — S. v° *Régime forestier,* 239 s. — V. aussi C. for. ann., art. 210, n° 1 s. *Loi du 18 juin 1859 :* D. P. 59. 4. 99.

Art. 211. Les jugements portant condamnation à des amendes, restitutions, dommages-intérêts et frais, sont exécutoires par la voie de la contrainte par corps, et l'exécution pourra en être poursuivie cinq jours après un simple commandement fait aux condamnés.

En conséquence, et sur la demande du receveur de l'enregistrement et des domaines, le procureur du Roi [le procureur de la République] adressera les réquisitions nécessaires aux agents de la force publique chargés de l'exécution des mandements de justice. — *For.* 24, 28, 45, 209 s.; *O. for.* 188 s.; *Pén.* 52, 467, 469 ; *L.* 22 juill. 1867, *art.* 3 s.

R. v° *Forêts,* 583 s. — S. v° *Régime forestier,* 251 s. — V. aussi C. for. ann., art. 211, n° 1 s.

Art. 212. Les individus contre lesquels la contrainte par corps aura été prononcée pour raison des amendes et autres condamnations et réparations pécuniaires, subiront l'effet de cette contrainte, jusqu'à ce qu'ils aient payé le montant desdites condamnations, ou fourni une caution admise par le receveur des domaines, ou, en cas de contestation de sa part, déclarée bonne et valable par le tribunal de l'arrondissement. — *For.* 46, 211, 217 ; *L.* 22 juill. 1867, *art.* 9, 11, 12, 18.

R. v° *Forêts,* 590 s.

Art. 213. Néanmoins, les condamnés qui justifieront de leur insolvabilité, suivant le mode prescrit par l'article 420 du Code d'instruction criminelle, seront mis en liberté après avoir subi quinze jours de détention, lorsque l'amende et les autres condamnations pécuniaires n'excéderont pas 15 francs.

La détention ne cessera qu'au bout d'un mois, lorsque ces condamnations s'élèveront ensemble de 15 à 50 francs.

Elle ne durera que deux mois, quelle que soit la quotité desdites condamnations.

En cas de récidive, la durée de la détention sera double de ce qu'elle eût été sans cette circonstance. — *For.* 201, 211, 217 ; *O. for.* 191 ; *Instr.* 420 ; *Pén.* 53, 463, 467, 469 ; *L.* 22 juill. 1867, art. 10, 12 à 17.

R. v° *Forêts,* 590 s. — S. v° *Régime forestier,* 258 s.

Art. 214. Dans tous les cas, la détention employée comme moyen de contrainte est indépendante de la peine d'emprisonnement prononcée contre les condamnés pour tous les cas où la loi l'inflige. — *For.* 21, 22, 56 s.,

76, 78, 110, 114, 192, 194, 195, 200, ., 22 juill. 1867.

SECTION II.

xécution des jugements concernant élits et contraventions commis dans »ois non soumis au régime forestier à juin 1859.)

. 215. (*L. 18 juin* 1859.) Les juge-contenant des condamnations en faveur rticuliers, pour réparation des délits atraventions commis dans leurs bois, à leur diligence, signifiés et exécutés t les mêmes formes et voies de con-que les jugements rendus à la requête ministration des forêts.

ecouvrement des amendes prononcées mêmes jugements sera opéré par les irs de l'enregistrement et des domaines. délinquants insolvables pourront être à se libérer comme il est dit au para-3 de l'article 210, mais seulement en concerne les amendes et les frais qui été avancés par l'Etat.

e cas, les prestations en nature devront écutées sur les chemins vicinaux dé-t de la commune sur le territoire de c le délit aura été commis. — *For.* 04, 209 s., 216, 217; *L.* 22 juill. 1867, 5, 15, 18; *Décr.* 21 déc. 1859.

Forêts, 598 s. — S. v° *Régime forestier*, - V. aussi C. for. ann., art. 215, n°° 1 s. u 18 juin 1859 : D. P. 59. 4. 99.

. 216. Toutefois, les propriétaires tenus de pourvoir à la consignation ants prescrite par le Code de procédure lorsque la détention aura lieu à leur e et dans leur intérêt. — *Pr.* 789, 791, *L.* 22 juill. 1867, *art.* 6 s., 18.

Forêts, 598 s.

. 217. La mise en liberté des con-s ainsi détenus, à la requête et dans t des particuliers, ne pourra être éc, en vertu des articles 212 et 213, ant que la validité des cautions ou abilité des condamnés aura été, en cas atestation de la part desdits proprié-jugée contradictoirement entre eux. — 2, 213; *L.* 22 juill. 1867, *art.* 11, 18.

Forêts, 598 s.

TITRE QUATORZIÈME.

Disposition générale.

. 218. Sont et demeurent abrogés. avenir, toutes lois, ordonnances, édits arations, arrêts du conseil, arrêtés et décrets, et tous règlements intervenus, à quelque époque que ce soit, sur les matières réglées par le présent Code, en tout ce qui concerne les forêts.

Mais les droits acquis antérieurement au présent Code seront jugés, en cas de contestation, d'après les lois, ordonnances, édits et déclarations, arrêts du conseil, arrêtés, décrets et règlements ci-dessus mentionnés. — *For.* 58, 61, 67, 78, 110, 119, 151 s.; *O. for.* 179; *Civ.* 2.

TITRE QUINZIÈME.

Défrichement des bois des particuliers.

Loi du 18 juin 1859, promulguée le 19 décembre suivant.

Art. 219. (*L. 18 juin* 1859.) Aucun particulier ne peut user du droit d'arracher ou défricher ses bois qu'après en avoir fait la déclaration à la sous-préfecture, au moins quatre mois d'avance, durant lesquels l'Administration peut faire signifier au propriétaire son opposition au défrichement. Cette déclaration contient élection de domicile dans le canton de la situation des bois.

Avant la signification de l'opposition, et huit jours au moins après avertissement donné à la partie intéressée, l'inspecteur ou le sous-inspecteur, ou un des gardes généraux de la circonscription, procède à la reconnaissance de l'état et de la situation des bois et en dresse un procès-verbal détaillé, lequel est notifié à la partie, avec invitation de présenter ses observations.

Le préfet, en conseil de préfecture, donne son avis sur cette opposition.

L'avis est notifié à l'agent forestier du département, ainsi qu'au propriétaire des bois, et transmis au ministre des finances, qui prononce administrativement, la section des finances du conseil d'Etat préalablement entendue.

Si, dans les six mois qui suivront la signification de l'opposition, la décision du ministre n'est pas rendue et signifiée au propriétaire des bois, le défrichement peut être effectué. — *For.* 91, 159, 223; *O. for.* 192 à 197; *Décr.* 22 nov. 1859.

Art. 220. (*L. 18 juin* 1859.) L'opposition au défrichement ne peut être formée que pour les bois dont la conservation est reconnue nécessaire :

1° Au maintien des terres sur les montagnes ou sur les pentes;

2° A la défense du sol contre les érosions et les envahissements des fleuves, rivières ou torrents;

3° A l'existence des sources et cours d'eau;

4° A la protection des dunes et des côtes contre les érosions de la mer et l'envahissement des sables;

5° A la défense du territoire, dans la partie de la zone frontière qui sera déterminée par un règlement d'administration publique;

6° A la salubrité publique.

Art. 221. (*L. 18 juin* 1859.) En cas de contravention à l'article 219. le propriétaire est condamné à une amende. calculée à raison de 500 francs au moins et de 1 500 francs au plus par hectare de bois défriché. Il doit, en outre, s'il en est ainsi ordonné par le ministre des finances, rétablir les lieux défrichés, en nature de bois, dans un délai qui ne peut excéder trois années. — *For.* 91, 159, 160, 163, 219, 223; *O. for.* 198, 199; *Décr.* 22 nov. 1859.

Art. 222. (*L. 18 juin* 1859.) Faute par le propriétaire d'effectuer la plantation ou le semis dans le délai prescrit par la décision ministérielle, il y est pourvu à ses frais par l'administration forestière, sur l'autorisation préalable du préfet, qui arrête le mémoire des travaux faits et le rend exécutoire contre le propriétaire. — *For.* 15, 41, 140. 221.

Art. 223. (*L. 18 juin* 1859.) Les dispositions des quatre articles qui précèdent sont applicables aux semis et plantations exécutés, par suite de la décision ministérielle, en remplacement des bois défrichés. — *For.* 219 s., 224.

Art. 224. (*L. 18 juin* 1859.) Sont exceptés des dispositions de l'article 219 :

1° Les jeunes bois pendant les vingt premières années après leur semis ou plantation, sauf le cas prévu par l'article précédent;

2° Les parcs ou jardins clos ou attenant aux habitations;

3° Les bois non clos, d'une étendue au-dessous de dix hectares, lorsqu'ils ne font pas partie d'un autre bois qui compléterait une contenance de dix hectares. ou qu'ils ne sont pas situés sur le sommet ou la pente d'une montagne. — *For.* 219, 223.

Art. 225. (*L. 18 juin* 1859.) Les actions ayant pour objet des défrichements commis en contravention à l'article 219 se prescrivent par deux ans à dater de l'époque où le défrichement aura été consommé. — *For.* 185, 187, 221.

Art. 226. (*L. 18 juin* 1859.) Les semis et plantations de bois sur le sommet et le penchant des montagnes, sur les dunes et dans les landes, seront exempts de tout impôt pendant trente ans. — *For.* 194, 195, 219 s.; *L.* 28 mars 1897, *art.* 3.

R. v° *Forêts*, 1976 s. — S. v° *Régime forestier*, 750 s. — V. aussi C. for. ann., art. 219-226, n°° 1 s.
Loi du 18 *juin* 1859 : D. P. 59. 4. 100.

FIN DU CODE FORESTIER.

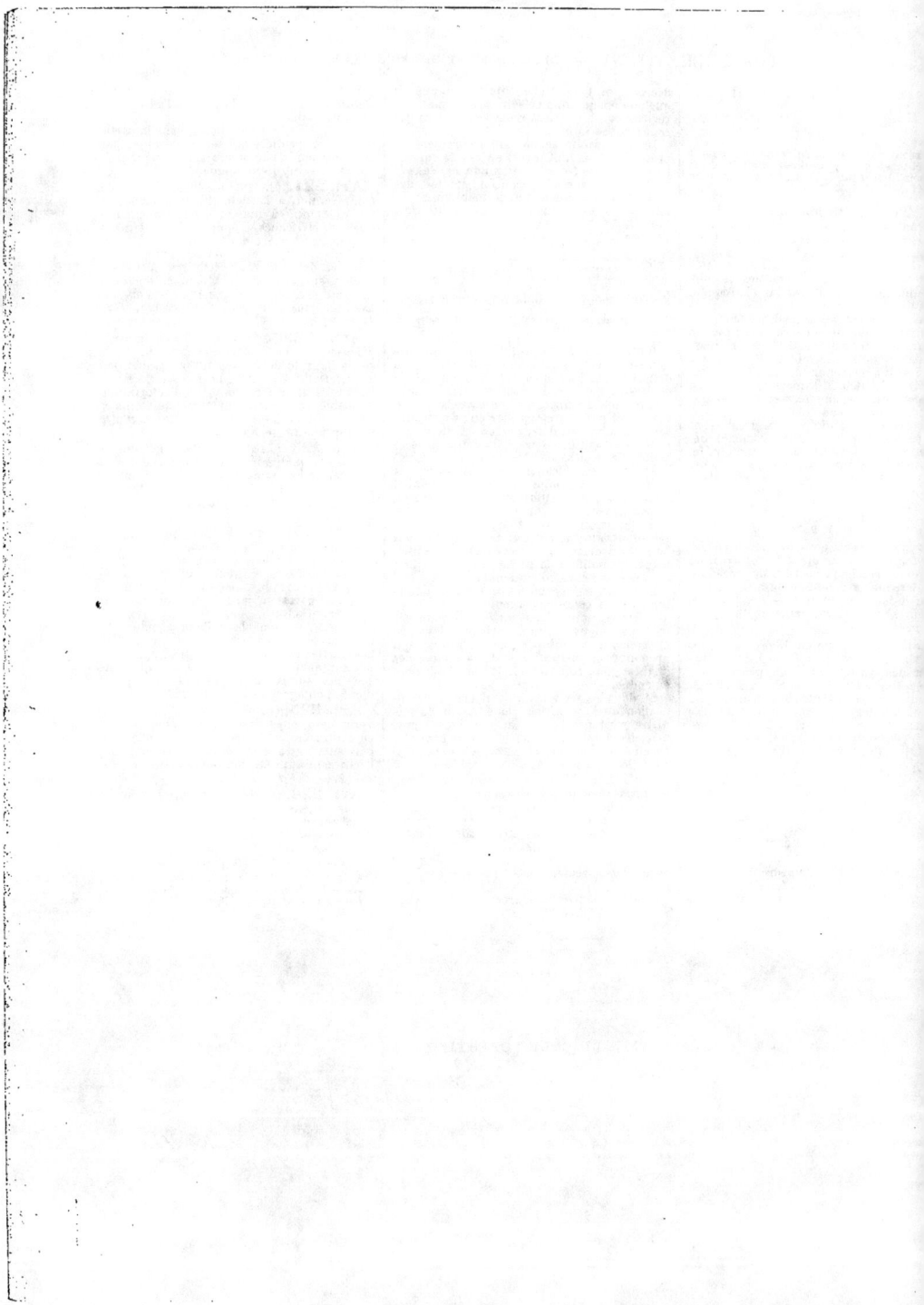

CODE RURAL

DIVISION

DISPOSITIONS GÉNÉRALES (non votées).

LIVRE PREMIER. — Du régime du sol.

LIVRE PREMIER.

DU RÉGIME DU SOL.

TITRE PREMIER.

emins ruraux ; chemins et sentiers d'exploitation.

(L. 20 août 1881 : D. P. 82. 4. 1.)

SECTION PREMIÈRE.

Chemins ruraux.

.rt. 1ᵉʳ. Les chemins ruraux sont les .mins appartenant aux communes, affectés t s'établir notamment par la destination usage du public, qui n'ont pas été classés ıme chemins vicinaux.

.rt. 2. L'affectation à l'usage du public t s'établir notamment par la destination chemin, jointe soit au fait d'une circu- .on générale et continue, soit à des actes .érés de surveillance et de voirie de l'au- té municipale.

.rt. 3. Tout chemin affecté à l'usage du .lic est présumé, jusqu'à preuve contraire, .artenir à la commune sur le territoire de .uelle il est situé.

.rt. 4. Le conseil municipal, sur la pro- .ition du maire, déterminera ceux des .mins ruraux qui devront être l'objet d'ar- .s de reconnaissance, dans les formes et .c les conséquences énoncées par la pré- .te loi.

Ces arrêtés seront pris par la commission départementale, sur la proposition du préfet, après enquête publique dans les formes prescrites par l'ordonnance des 23 août, 9 septembre 1835, et sur l'avis du conseil municipal.

Ils désigneront, d'après l'état des lieux, au moment de l'opération, la direction des chemins ruraux, leur longueur sur le territoire de la commune et leur largeur sur les différents points.

Ils devront être affichés dans la commune, et notifiés par voie administrative à chaque riverain, en ce qui concerne sa propriété.

Un plan sera annexé à l'état de reconnaissance.

Les dispositions de l'article 88 de la loi du 10 août 1871, relatives aux droits d'appel devant le conseil général et de recours devant le conseil d'État, sont applicables aux arrêtés de reconnaissance.

Art. 5. Ces arrêtés vaudront prise de possession, sans préjudice des droits antérieurement acquis à la commune, conformément à l'article 23 du Code de procédure. Cette possession pourra être contestée dans l'année de la notification.

Art. 6. Les chemins ruraux qui ont été l'objet d'un arrêté de reconnaissance deviennent imprescriptibles.

Art. 7. Les contestations qui peuvent être élevées par toute partie intéressée sur la propriété ou sur la possession totale ou partielle des chemins ruraux sont jugées par les tribunaux ordinaires.

Art. 8. Pour assurer l'exécution de la présente loi, le préfet de chaque département fera un règlement général sur les chemins ruraux reconnus.

Ce règlement sera communiqué au conseil général et transmis, avec ses observations, au ministre de l'intérieur pour être approuvé s'il y a lieu.

Art. 9. L'autorité municipale est chargée de la police et de la conservation des chemins ruraux.

Art. 10. Elle pourvoit à l'entretien des chemins ruraux reconnus, dans la mesure des ressources dont elle peut disposer.

En cas d'insuffisance des ressources ordinaires, les communes sont autorisées à pourvoir aux dépenses des chemins ruraux reconnus, à l'aide soit d'une journée de prestation, soit de centimes extraordinaires en addition au principal des quatre contributions directes.

Les dispositions des articles 5 et 7 de la loi du 24 juillet 1867 seront applicables lorsque l'imposition extraordinaire excédera trois centimes.

32

Art. 11. Toutes les fois qu'un chemin rural reconnu, entretenu à l'état de viabilité, sera habituellement ou temporairement dégradé par des exploitations de mines, de carrières, de forêts ou de toute autre entreprise industrielle appartenant à des particuliers, à des établissements publics ou à l'État, il pourra y avoir lieu à imposer aux entrepreneurs ou propriétaires, suivant que l'exploitation ou les transports auront lieu pour les uns ou les autres, des subventions spéciales, dont la quotité sera proportionnée à la dégradation extraordinaire qui devra être attribuée aux exploitations.

Ces subventions pourront, au choix des subventionnaires, être acquittées en argent ou en prestations en nature, et seront exclusivement affectées à ceux des chemins qui y auront donné lieu.

Elles seront réglées annuellement, sur la demande des communes, ou, à leur défaut, à la demande des syndicats, par les conseils de préfecture, après des expertises contradictoires, et recouvrées comme en matière de contributions directes.

Les experts seront nommés d'après l'article 17 de la loi du 21 mai 1836.

Ces subventions pourront aussi être déterminées par abonnement; les traités devront être approuvés par la commission départementale.

Art. 12. Le maire accepte les souscriptions volontaires et en dresse l'état qui est rendu exécutoire par le préfet.

Si les souscriptions ont été faites en journées de prestation, elles seront, après mise en demeure restée sans effet, converties en argent, conformément au tarif adopté pour la prestation de la commune.

Le conseil de préfecture statuera sur les réclamations des souscripteurs.

Art. 13. L'ouverture, le redressement, la fixation de la largeur et de la limite des chemins ruraux sont prononcés par la commission départementale conformément aux dispositions des cinq derniers paragraphes de l'article 4.

A défaut du consentement des propriétaires, l'occupation des terrains nécessaires pour l'exécution des travaux d'ouverture, de redressement ou d'élargissement, ne peut avoir lieu qu'après une expropriation poursuivie conformément aux dispositions des paragraphes 2 et suivants de l'article 16 de la loi du 21 mai 1836.

Quand il y a lieu à l'occupation, soit des maisons, soit de cours ou jardins y attenant, soit de terrains clos de murs ou de haies vives, la déclaration d'utilité publique devra être prononcée par un décret, le conseil d'État entendu, et l'expropriation sera poursuivie comme il est dit dans le paragraphe précédent.

La commune ne pourra prendre possession des terrains expropriés avant le payement de l'indemnité.

Art. 14. Lorsque des extractions de matériaux, des dépôts ou enlèvements de terres ou des occupations temporaires de terrains sont nécessaires pour les travaux de réparation ou d'entretien des chemins ruraux, effectués par les communes, il est procédé à la désignation et à la délimitation des lieux et à la fixation de l'indemnité, conformément à l'article 17 de la loi du 21 mai 1836.

Art. 15. L'action en indemnité, dans les cas prévus par les deux articles précédents, se prescrit par le laps de deux ans, conformément à l'article 18 de la même loi.

Art. 16. Les arrêtés portant reconnaissance, ouverture ou redressement, peuvent être rapportés dans les formes prescrites par l'article 4 ci-dessus.

Lorsqu'un chemin rural cesse d'être affecté à l'usage du public, la vente peut en être autorisée par un arrêté du préfet, rendu

conformément à la délibération du conseil municipal, et après une enquête précédée de trois publications faites à quinze jours d'intervalle. L'aliénation n'est point autorisée, si, dans le délai de trois mois, les intéressés formés en syndicat, conformément aux articles 19 et suivants, consentent à se charger de l'entretien.

Art. 17. Lorsque l'aliénation est ordonnée, les propriétaires riverains sont mis en demeure d'acquérir les terrains attenant à leurs propriétés, par un avertissement qui leur est notifié en la forme administrative. En ce cas, le prix est réglé à l'amiable, ou fixé par deux experts, dont l'un sera nommé par la commune, l'autre par le riverain; à défaut d'accord entre eux, un tiers expert sera nommé par ces deux experts. S'il n'y a pas entente pour cette désignation, le tiers expert sera nommé par le juge de paix. Si, dans le délai d'un mois à dater de l'avertissement, les propriétaires riverains n'ont pas fait leur soumission, il est procédé à l'aliénation des terrains selon les règles suivies pour la vente des propriétés communales.

Art. 18. Les plans, procès-verbaux, certificats, significations, jugements, contrats, marchés, adjudications de travaux, quittances et autres actes ayant pour objet exclusif la construction, l'entretien et la réparation des chemins ruraux, seront enregistrés moyennant le droit de 1 franc 50 centimes.

Les actions civiles intentées par les communes ou dirigées contre elles, relativement à leurs chemins, seront jugées comme affaires sommaires et urgentes, conformément à l'article 405 du Code de procédure civile.

R. v° *Voirie par terre*, 1309 s. — S. cod. v°, 358 s. — C. ad., t. 3, v° *Voirie*, p. 1185, n°° 4074 s. — T. (87-97), cod. v°, 312 s. — D. P. 1898 et suiv., 3° partie, v° *Chemins ruraux et d'exploitation*, 1 s.

SECTION II.

Des syndicats pour l'ouverture, le redressement, l'élargissement, la réparation et l'entretien des chemins ruraux.

Art. 19. Lorsque l'ouverture, le redressement ou l'élargissement a été régulièrement autorisé conformément à l'article 13, et que les travaux ne sont pas exécutés, ou lorsqu'un chemin reconnu n'est pas entretenu par la commune, le maire peut d'office, ou doit, sur la demande qui lui est faite par trois intéressés au moins, convoquer individuellement ces intéressés. Il les invite à délibérer sur la nécessité des travaux à faire et à se charger de leur exécution, tous les droits de la commune restant réservés.

Le maire recueille les suffrages, constate le vote des personnes présentes qui ne savent signer et mentionne les adhésions envoyées par écrit.

Art. 20. Si la moitié plus un des intéressés représentant au moins les deux tiers de la superficie des propriétés desservies par le chemin, ou si les deux tiers des intéressés représentant plus de la moitié de la superficie, consentent à se charger des travaux nécessaires pour mettre ou maintenir la voie en état de viabilité, l'association est constituée.

Elle existe même à l'égard des intéressés qui n'ont pas donné leur adhésion.

Pour les travaux d'amélioration et d'élargissement partiel, l'assentiment de la moitié plus un des intéressés, représentant les trois quarts de la superficie des propriétés desservies, ou des trois quarts des intéressés représentant plus de la moitié de la superficie, sera exigé.

Pour les travaux d'ouverture, de redressement et d'élargissement d'ensemble, le consentement unanime des intéressés sera nécessaire.

Art. 21. Le maire dresse un procès-verbal et constate la formation de l'association,

tion, en spécifie le but, fait connaître sa durée, le mode d'administration qui a été adopté, le nombre des syndics, l'étendue de leurs pouvoirs, et enfin les voies et moyens qui ont été votés.

Art. 22. Ce procès-verbal est transmis au préfet par le maire, avec son avis et l'avis du conseil municipal.

Le préfet, après avoir constaté l'observation des formalités exigées par la loi, autorise l'association, s'il y a lieu.

Si la commune a consenti à contribuer aux travaux, le préfet approuve, dans son arrêté, le mode et le montant de la subvention promise par le conseil municipal.

Art. 23. Un extrait du procès-verbal constatant la constitution de l'association et l'arrêté du préfet en cas d'approbation, ou, en cas de refus, l'arrêté du préfet, sont affichés dans la commune où le chemin est situé et publiés dans le recueil des actes de la préfecture.

Art. 24. Les syndics de l'association sont élus en assemblée générale.

Si la commune a accordé une subvention, le maire nomme un nombre de syndics proportionné à la part que la subvention représente dans l'ensemble de l'entreprise.

Les autres syndics sont nommés par le préfet, dans le cas où l'assemblée générale, après deux convocations, ne se serait pas réunie ou n'aurait pas procédé à leur élection.

Art. 25. Les associations ainsi constituées peuvent ester en justice par leurs syndics; elles peuvent emprunter. Elles peuvent aussi acquérir les parcelles de terrain nécessaires pour l'amélioration, l'élargissement, le redressement ou l'ouverture du chemin régulièrement entrepris; les terrains réunis à la voie publique deviennent la propriété de la commune.

Art. 26. Le syndicat détermine le mode d'exécution des travaux, soit en nature, soit en taxe; il répartit les charges entre les associés proportionnellement à leur intérêt; il règle l'accomplissement des travaux en nature ou le recouvrement des taxes en un ou plusieurs exercices.

Art. 27. Les rôles pour le recouvrement de la taxe due par chaque intéressé sont dressés par le syndicat, approuvés, s'il y a lieu, et rendus exécutoires par le préfet, qui peut ordonner préalablement la vérification des travaux.

Ces rôles sont recouvrés, dans la forme des contributions directes, par le receveur municipal.

Dans ces rôles seront compris les frais de perception, dont le taux sera déterminé par le préfet, sur l'avis du trésorier-payeur général.

Art. 28. Dans le cas où l'exécution des travaux entrepris par l'association syndicale exige l'expropriation de terrains, il y est procédé conformément à l'article 13 ci-dessus.

Art. 29. A défaut par une association d'entreprendre les travaux pour lesquels elle a été autorisée, le préfet rapportera, s'il y a lieu, et après mise en demeure, l'arrêté d'autorisation.

Dans le cas où l'interruption ou le défaut d'entretien des travaux entrepris par une association pourrait avoir des conséquences nuisibles à l'intérêt public, le préfet, après mise en demeure, pourra faire procéder d'office à l'exécution des travaux nécessaires pour obvier à ces conséquences.

Art. 30. Les intéressés et les tiers peuvent déférer au ministre de l'intérieur, dans le délai d'un mois, à partir de l'affiche, les arrêtés qui autorisent ou refusent d'autoriser les associations syndicales.

Le recours est déposé à la préfecture et transmis avec le dossier au ministre dans le délai de quinze jours.

est statué par un décret rendu en con-
d'État.

rt. 31. Toutes contestations relatives
.éfaut de convocation d'une partie inté-
.ée, à l'absence ou au défaut d'intérêt des
onnes appelées à l'association, ou au dé-
d'intérêt des associés. ainsi qu'à la ré-
.ition. à la perception et à l'accomplisse-
ent des taxes et prestations, à la nomina-
n des syndics. à l'exécution des travaux
ux mesures ordonnées par le préfet en
u du dernier paragraphe de l'article 29
essus. sont jugées par le conseil de pré-
.re, sauf recours au conseil d'État.
est procédé à l'apurement des comptes
association selon les règles établies pour
.omptes des receveurs municipaux.

rt. 32. Nulle personne comprise dans
.ociation ne pourra contester sa qualité
.ocié ou la validité de l'acte d'association,
.s le délai de trois mois à partir de la
.ication du premier rôle des taxes ou pres-
.ns.

v⁰ *Associations syndicales*, 4 s.; *Voirie par*
., 479 s. — D. ad., t. 3. v⁰ *Travaux publics*,
.5, n⁰¹ 10844 s. — T. (87-97), v⁰ *Associations*
.icales, 1 s. — D. P. 1898 et suiv., 5ᵉ partie,
.¹, 1 s.

SECTION III.

Des chemins et sentiers d'exploitation.

.rt. 33. Les chemins et sentiers d'ex-
.itation sont ceux qui servent exclusive-
.t à la communication entre divers héri-
.s, ou à leur exploitation. Ils sont, en
.sence de titre, présumés appartenir aux
.priétaires riverains, chacun en droit soi;
.s l'usage en est commun à tous les inté-
.ssés.
usage de ces chemins peut être interdit
.ublic.

.rt. 34. Tous les propriétaires dont ils
.servent les héritages sont tenus les uns
.ers les autres de contribuer. dans la pro-
.ion de leur intérêt, aux travaux néces-
.s à leur entretien et à leur mise en état
.abilité.

.rt. 35. Les chemins et sentiers d'ex-
.tation ne peuvent être supprimés que du
.sentement de tous les propriétaires qui
.t le droit de s'en servir.

.rt. 36. Toutes les contestations relatives
.propriété et à la suppression de ces che-
.s et sentiers sont jugées par les tribunaux
.me en matière sommaire.
.e juge de paix statue. sauf appel. s'il y a
., sur toutes les difficultés relatives aux
.aux prévus par l'article 34.

.rt. 37. Dans les cas prévus par l'ar-
. 34. les intéressés pourront toujours
.ranchir de toute contribution en renon-
.t à leurs droits, soit d'usage. soit de pro-
.été, soit par les chemins d'exploitation.

v⁰ *Voirie par terre*, 1457 s. — S. cod. v⁰, 487 s.
V. ad., t. 3. v⁰ *Voirie*. p. 1209. n⁰ 4050 s. —
87-97), cod. v⁰, 441 s. — D. P. 1898 et suiv.,
.rtie. v⁰ *Chemins ruraux d'exploitation*, 1 s.
.la discussion de ce titre à la Chambre des députés et
.énat, D. P. 82. 4. 1 s.

TITRES DEUXIÈME ET TROISIÈME.

rcours, vaine pâture, ban de ven-
lange, vente des blés en vert. —
Durée du louage des domestiques et
ouvriers ruraux.

(L. 9 juillet **1869** : D. P. 90. 4. 20.
.difiée par L. 22 juin 1890 : D. P. 90. 4. 445.)

Art. 1ᵉʳ. Le droit de parcours est aboli.
. suppression de ce droit ne donne lieu à
. .emnité que s'il a été acquis à titre oné-
.ux. Le montant de l'indemnité est réglé

par le conseil de préfecture. sauf renvoi aux
tribunaux ordinaires en cas de contestation
sur le titre.

Art. 2. (L. 22 *juin* 1890.) Le droit de
vaine pâture. appartenant à la généralité des
habitants et s'appliquant en même temps à
la généralité du territoire d'une commune
ou d'une section de commune. cessera de
plein droit un an après la promulgation de
la présente loi.
Toutefois, dans l'année de cette promulgation, le maintien du droit de vaine pâture,
fondé sur une ancienne loi ou coutume, sur
un usage immémorial ou sur un titre. pourra
être réclamé au profit d'une commune ou
d'une section de commune. soit par délibération du conseil municipal, soit par requête d'un ou plusieurs ayants droit adressée
au préfet.
En cas de réclamation particulière. le conseil municipal sera mis en demeure de
donner son avis dans les six mois, à défaut
de quoi il sera passé outre.
Si la réclamation. de quelque façon qu'elle
se soit produite. n'a pas été. dans l'année
de la promulgation, l'objet d'une décision.
conformément au paragraphe 1ᵉʳ de l'article 3 de la loi du 9 juillet
1889. la vaine pâture continuera à être exercée
jusqu'à ce que cette décision soit intervenue.

Art. 3. La demande de maintien, qu'elle
émane d'un conseil municipal ou qu'elle
émane d'un ou de plusieurs ayants droit.
sera soumise au conseil général. dont la délibération sera définitive si elle est conforme
à la délibération du conseil municipal. S'il y
a divergence, la question sera tranchée par
décret rendu en conseil d'État.
Si le droit de vaine pâture a été maintenu,
le conseil municipal pourra seul ultérieurement. après enquête *de commodo et incommodo*, en proposer la suppression. sur
laquelle il sera statué dans les formes ci-
dessus indiquées.

Art. 4. La vaine pâture s'exercera soit
par troupeau séparé. soit au moyen du troupeau en commun. conformément aux usages
locaux. sans qu'il puisse être dérogé aux
dispositions des articles 647 et 648 du Code
civil et aux règles expressément établies par
la présente loi.

Art. 5. (L. 22 *juin* 1890.) Dans aucun
cas et dans aucun temps. la vaine pâture ne
peut s'exercer sur les prairies artificielles.
Le rétablissement de la vaine pâture sur
les prairies naturelles. supprimée de plein
droit par la loi du 9 juillet 1889. pourra être
réclamé dans les conditions où elle s'exerçait
antérieurement à cette loi, en se conformant aux dispositions édictées par les articles
précédents. Elle ne peut avoir lieu sur aucune terre ensemencée ou couverte d'une
production quelconque faisant l'objet d'une
récolte, tant que la récolte n'est pas enlevée.

Art. 6. Le droit de vaine pâture. établi
comme il est dit en l'article 2. ne fait jamais
obstacle à la faculté que conserve tout propriétaire. soit d'user d'un nouveau mode
d'assolement ou de culture. soit de se clore.
Tout terrain clos est affranchi de la vaine
pâture.
Est réputé clos tout terrain entouré soit
par une haie vive, soit par un mur. une palissade. un treillage. une baie sèche d'une
hauteur d'un mètre au moins. soit par un
fossé d'un mètre vingt centimètres à l'ouverture et de cinquante centimètres de profondeur, soit par des traverses en fer ou par des
fils métalliques distants entre eux de trente-
trois centimètres au plus et s'élevant à un
mètre de hauteur. soit par toute autre clôture
continue et équivalente faisant obstacle à l'introduction des animaux.

Art. 7. L'usage du troupeau en commun
n'est pas obligatoire.
Tout ayant droit peut renoncer à cette com-

munauté et faire garder par troupeau séparé
le nombre de têtes de bétail qui lui est attribué par la répartition générale.

Art. 8. La quantité de bétail proportionnée à l'étendue du terrain de chacun est
fixée dans chaque commune ou section de
commune entre tous les propriétaires ou
fermiers exploitants. domiciliés ou non domiciliés. à tant de têtes par hectare. d'après
les règlements et usages locaux. En cas de
difficulté. il y est pourvu par délibération
du conseil municipal soumise à l'approbation
du préfet.

Art. 9. Tout chef de famille domicilié
dans la commune, alors même qu'il n'est ni
propriétaire ni fermier d'une parcelle quelconque des terrains soumise à la vaine pâture,
peut mettre sur lesdits terrains. soit par
troupeau séparé. soit dans le troupeau commun. six bêtes à laine et une vache avec son
veau. sans préjudice des plus grands droits
qui lui seraient accordés par l'usage local ou
le titre.

Art. 10. Le droit de vaine pâture doit
être exercé directement par les ayants droit
et ne peut être cédé à personne.

Art. 11. Les conseils municipaux peuvent
toujours. conformément aux articles 68 et
69 de la loi du 5 avril 1884. prendre des arrêtés pour réglementer le droit de vaine pâture, notamment pour en suspendre l'exercice
en cas d'épizootie, de dégel ou de pluies tor-
rentielles. pour cantonner les troupeaux de
différents propriétaires ou les animaux d'espèces différentes. pour interdire la présence
des animaux dangereux ou malades dans les
troupeaux.

Art. 12. (L. 22 *juin* 1890.) Néanmoins,
la vaine pâture fondée sur un titre et établie
sur un héritage déterminé. soit au profit d'un
ou de plusieurs particuliers. soit au profit de
la généralité des habitants d'une commune,
est maintenue et continuera à s'exercer conformément aux droits acquis. Mais le propriétaire de l'héritage grevé pourra toujours
s'affranchir. soit moyennant une indemnité
à dire d'experts, soit par voie de cantonnement.

Art. 13. Le ban des vendanges ne pourra
être établi ou même maintenu que dans les
communes où le conseil municipal l'aura
ainsi décidé par délibération soumise au conseil général et approuvée par lui.
S'il est établi ou maintenu. il est réglé
chaque année par arrêté du maire.
Les prescriptions de cet arrêté ne sont pas
applicables aux vignobles clos de la manière
indiquée par l'article 6.

Art. 14. La loi du 6 messidor an III.
relative à la vente des blés en vert est
abrogée.

Art. 15. La durée du louage des domestiques et des ouvriers ruraux est. sauf preuve
d'une convention contraire. réglée suivant
l'usage des lieux.

V. *le discussion de ce titre à la Chambre des députés et
au Sénat*, D. P. 90. 4. 20 s.: — et 90. 4. 175 s.
V. aussi N. C. civ. ann., art. 648. n⁰ 1 s. — T.
S. v⁰ *Droit rural*. 1 s.; *Louage d'ouvrage et d'industrie*. 4 s.: *Servitude*. 305 s.; T. (87-97);
v⁰ *Voine pâture et parcours*, 4 s.

TITRE QUATRIÈME.

Bail à colonat partiaire.

(L. 18 juillet 1889 : D. P. 90. 4. 22.)

Art. 1ᵉʳ. Le bail à colonat partiaire ou
métayage est le contrat par lequel le possesseur d'un héritage rural le remet pour un
certain temps à un preneur qui s'engage à le
cultiver, sous la condition d'en partager les
produits avec le bailleur.

Art. 2. Les fruits et produits se partagent par moitié, s'il n'y a stipulation ou usage contraire.

Art. 3. Le bailleur est tenu à la délivrance et à la garantie des objets compris au bail. Il doit faire aux bâtiments toutes les réparations qui peuvent devenir nécessaires. Toutefois, les réparations locatives ou de menu entretien qui ne sont occasionnées ni par la vétusté, ni par force majeure, demeurent, à moins de stipulation ou d'usage contraire, à la charge du colon.

Art. 4. Le preneur est tenu d'user de la chose louée en bon père de famille, en suivant la destination qui lui a été donnée par le bail; il est également tenu des obligations spécifiées pour le fermier par les articles 1730, 1731 et 1768 du Code civil.

Il répond de l'incendie, des dégradations et des pertes arrivées pendant la durée du bail, à moins qu'il ne prouve qu'il a veillé à la garde et à la conservation de la chose en bon père de famille.

Il doit se servir des bâtiments d'exploitation et résider dans ceux qui sont affectés à l'habitation.

Art. 5. Le bailleur a la surveillance des travaux et la direction générale de l'exploitation, soit pour le mode de culture, soit pour l'achat et la vente des bestiaux. L'exercice de ce droit est déterminé, quant à son étendue, par la convention ou, à défaut de convention, par l'usage des lieux.

Les droits de chasse et de pêche restent au propriétaire.

Art. 6. La mort du bailleur de la métairie ne résout pas le bail à colonat.

Ce bail est résolu par la mort du preneur; la jouissance des héritiers cesse à l'époque consacrée par l'usage des lieux pour l'expiration des baux annuels.

Art. 7. S'il a été convenu qu'en cas de vente l'acquéreur pourrait résilier, cette résiliation ne peut avoir lieu qu'à la charge par l'acquéreur de donner congé suivant l'usage des lieux.

Dans ce cas, comme dans celui qui est prévu par le dernier paragraphe de l'article précédent, le colon a droit à une indemnité pour les impenses extraordinaires qu'il a faites, jusqu'à concurrence du profit qu'il aurait pu en tirer pendant la durée de son bail : la résiliation, en cas de vente, est régie au surplus par les articles 1743, 1749, 1750 et 1751 du Code civil.

Art. 8. Si, pendant la durée du bail, les objets qui y sont compris sont détruits en totalité par cas fortuit, le bail est résilié de plein droit. S'ils ne sont détruits qu'en partie, le bailleur peut se refuser à faire les réparations et les dépenses nécessaires pour les remplacer ou les rétablir. Le preneur et le bailleur peuvent, dans ce cas, suivant les circonstances, demander la résiliation.

Si la résiliation est prononcée à la requête du bailleur, le juge appréciera l'indemnité qui pourrait être due au preneur, conformément au deuxième paragraphe de l'article 7 de la présente loi.

Art. 9. Si, dans le cours de la jouissance du colon, la totalité ou une partie de la récolte est enlevée par cas fortuit, il n'a pas d'indemnité à réclamer du bailleur. Chacun d'eux supporte sa portion correspondante dans la perte commune.

Art. 10. Le bailleur exerce le privilège de l'article 2102 du Code civil sur les meubles, effets, bestiaux et portions de récolte appartenant au colon, pour le payement du reliquat du compte à rendre par celui-ci.

Art. 11. Chacune des parties peut demander le règlement annuel du compte d'exploitation.

Le juge de paix prononce sur les difficultés relatives aux articles du compte, lorsque les obligations résultant du contrat ne sont pas contestées, sans appel lorsque l'objet de la contestation ne dépasse pas le taux de sa compétence générale en dernier ressort, et à charge d'appel à quelque somme qu'il puisse s'élever.

Le juge statue sur le vu des registres des parties; il peut même admettre la preuve testimoniale s'il le juge convenable.

Art. 12. Toute action résultant du bail à colonat partiaire se prescrit par cinq ans, à partir de la sortie du colon.

Art. 13. Les dispositions de la section première du titre du louage contenues dans l'article 1718 et dans les articles 1736 à 1741 inclusivement, et celles de la section III du même titre, contenues dans les articles 1766, 1777 et 1778, sont applicables aux baux à colonat partiaire. Ces baux sont en outre régis, pour le surplus, par l'usage des lieux.

V. *la discussion de ce titre à la Chambre des députés et au Sénat*, D. P. 90. 4. 22 s.

V. aussi S. v° *Louage à colonage partiaire*, 1 s.; T. (87-97), v° *Louage à colonage*, 1 s.

TITRE CINQUIÈME.

Bail emphytéotique.

(L. 25 juin 1902 : D. P. 1903. 4. 1.)

Art. 1er. Le bail emphytéotique de biens immeubles confère un droit réel susceptible d'hypothèque; ce droit peut être cédé et saisi dans les formes prescrites pour la saisie immobilière.

Ce bail doit être consenti pour plus de dix-huit années et ne peut dépasser quatre-vingt-dix-neuf ans; il ne peut se prolonger par tacite reconduction.

Art. 2. Le bail emphytéotique ne peut être valablement consenti que par ceux qui ont le droit d'aliéner, et sous les mêmes conditions, comme dans les mêmes formes.

Les immeubles appartenant aux mineurs ou interdits pourront être donnés à bail emphytéotique en vertu d'une délibération du conseil de famille homologuée par le tribunal.

Le mari pourra aussi donner à bail emphytéotique les immeubles dotaux avec le consentement de la femme et l'autorisation de justice.

Art. 3. La preuve du contrat d'emphytéose s'établira conformément aux règles du Code civil en matière de baux.

À défaut de conventions contraires, il sera régi par les dispositions suivantes :

Art. 4. Le preneur ne peut demander la réduction de la redevance pour cause de perte partielle du fonds, ni pour cause de stérilité ou de privation de toute récolte à la suite de cas fortuits.

Art. 5. À défaut de payement de deux années consécutives, le bailleur est autorisé, après une sommation restée sans effet, à faire prononcer en justice la résolution de l'emphytéose.

La résolution peut également être demandée par le bailleur en cas d'inexécution des conditions du contrat ou si le preneur a commis sur le fonds des détériorations graves.

Néanmoins les tribunaux peuvent accorder un délai suivant les circonstances.

Art. 6. Le preneur ne peut se libérer de la redevance, ni se soustraire à l'exécution des conditions du bail emphytéotique en délaissant le fonds.

Art. 7. Le preneur ne peut opérer dans le fonds aucun changement qui en diminue la valeur.

Si le preneur a fait des améliorations ou des constructions qui augmentent la valeur du fonds, il ne peut les détruire, ni réclamer à cet égard aucune indemnité.

Art. 8. Le preneur est tenu de toutes les contributions et charges de l'héritage.

En ce qui concerne les constructions existant au moment du bail et celles qui auront été élevées en exécution de la convention, il est tenu des réparations de toute nature mais il n'est pas obligé de reconstruire les bâtiments, s'il prouve qu'ils ont été détruits par cas fortuit, par force majeure, ou qu'ils ont péri par le vice de la construction antérieure au bail.

Il répond de l'incendie, conformément à l'article 1733 du Code civil.

Art. 9. L'emphytéote peut acquérir au profit du fonds des servitudes actives, et le grever, par titres, de servitudes passives pour un temps qui n'excédera pas la durée du bail et à charge d'avertir le propriétaire.

Art. 10. L'emphytéote profite du droit d'accession pendant la durée de l'emphytéose.

Art. 11. En cas d'expropriation pour cause d'utilité publique, le bailleur devra faire connaître le droit de l'emphytéote, conformément aux dispositions de l'article 21 de la loi du 3 mai 1841. Des indemnités distinctes sont accordées au bailleur ou au preneur.

Art. 12. Le preneur a seul le droit de chasse et de pêche et exerce à l'égard des mines, minières, carrières et tourbières tous les droits de l'usufruitier.

Art. 13. Les articles 1er, 9, 11 sont applicables aux emphytéoses antérieurement établies, si le contrat ne contient pas de stipulations contraires.

Art. 14. L'acte constitutif de l'emphytéose n'est assujetti qu'aux droits d'enregistrement et de transcription établis pour les baux à ferme ou à loyer d'une durée limitée.

Les mutations de toute nature ayant pour objet, soit le droit du bailleur, soit le droit du preneur, sont soumises aux dispositions de la loi du 22 frimaire an VII et des lois subséquentes concernant les transmissions de propriété d'immeubles. Le droit est liquidé sur la valeur vénale déterminée par une déclaration estimative des parties.

V. *la discussion de ce titre à la Chambre des députés et au Sénat*, D. P. 1903. 4. 1 s.

TITRE SIXIÈME.

Des animaux employés à l'exploitation des propriétés rurales.

(L. 4 avril 1889 : D. P. 89. 4. 39.)

SECTION PREMIÈRE.

Des bestiaux et des chèvres.

Art. 1er. Lorsque des animaux non gardés ou dont le gardien est inconnu ont causé du dommage, le propriétaire lésé a le droit de les conduire sans retard au lieu de dépôt désigné par le maire, qui, s'il connaît la personne responsable du dommage, aux termes de l'article 1385 du Code civil, lui en donnera immédiatement avis.

Si les animaux ne sont pas réclamés, et si le dommage n'est pas payé dans la huitaine du jour où il a été commis, il est procédé à la vente sur ordonnance du juge de paix qui évalue les dommages.

Cette ordonnance sera affichée sur papier libre et sans frais à la porte de la mairie.

Le montant des frais et des dommages sera prélevé sur le produit de la vente. En ce qui concerne la fixation du dommage, l'ordonnance ne deviendra définitive, à l'égard du propriétaire de l'animal, que s'il n'a pas formé opposition par simple avertissement dans la huitaine de la vente.

Cette opposition sera même recevable après le délai de huitaine, si le juge de paix reconnaît qu'il y a lieu, en raison des circons-

s, de relever l'opposant de la rigueur
élai.

t. 2. Les préfets peuvent, après avoir
l'avis des conseils généraux et des con-
d'arrondissement, déterminer par des
és les conditions sous lesquelles les
'es peuve.t être conduites et tenues au
'age.

t. 3. Les propriétaires de chèvres con-
s en commun sont solidairement res-
ables des dommages qu'elles causent.
' *Droit rural,* 102 s.

SECTION II.

es animaux de basse-cour, pigeons,
abeilles et vers à soie.

rt. 4. Celui dont les volailles passent
la propriété voisine et y causent des
mages, est tenu de réparer ces dom-
s. Celui qui les a soufferts peut même
les volailles, mais seulement sur le lieu,
.oment du dégât, et sans pouvoir se les
oprier.

rt. 5. Les volailles et autres animaux
asse-cour qui s'enfuient dans les pro-
és voisines ne cessent pas d'appartenir
r maitre quoiqu'il les ait perdus de vue.
.anmoins, celui-ci ne pourra plus les
mer un mois après la déclaration qui
a été faite à la mairie par les personnes
lesquelles ces animaux se seront enfuis.

rt. 6. Les préfets, après avis des con-
généraux, déterminent chaque année,
tout le département, ou séparément
chaque commune s'il y a lieu, l'époque
uverture et de la clôture des colombiers.

rt. 7. Pendant le temps de la clôture
colombiers, les propriétaires et les fer-
s peuvent tuer et s'approprier les pigeons
seraient trouvés sur leurs fonds, indé-
amment des dommages-intérêts et des
es de police encourues par les proprié-
s des pigeons.

tout autre temps, les propriétaires et
iers peuvent exercer, à l'occasion des
ons trouvés sur leurs fonds, les droits
minés par l'article 4 ci-dessus.

rt. 8. Les préfets déterminent, après
des conseils généraux, la distance à ob-
er des ruches d'abeilles et les pro-
és voisines ou la voie publique, sauf, en
cas, l'action en dommage, s'il y a lieu.

rt. 9. Le propriétaire d'un essaim a le
 de le réclamer et de s'en ressaisir,
qu'il n'a point cessé de le suivre; autre-
' l'essaim appartient au propriétaire du
in sur lequel il s'est fixé.

rt. 10. Dans le cas où les ruches à miel
raient être saisies séparément du fonds
uel elles sont attachées, elles ne peuvent
déplacées que pendant les mois de dé-
bre, janvier et février.

rt. 11. Les vers à soie ne peuvent être
s pendant leur travail. Il en est de même
feuilles de mûrier qui leur sont néces-
s.
v° *Droit rural,* 102 s.
*a discussion de ce titre à la Chambre des députés et
nat,* D. P. 89. 4. 34 s.

TITRE SEPTIÈME.

Police sanitaire des animaux.

(L. 21 juillet 1881 : D. P. 82. 4. 32,
ifiée par L. 31 juillet 1895 : D. P. 95. 4. 126.)

TITRE PREMIER.

ladies contagieuses des animaux
: mesures sanitaires qui leur sont
applicables.

rt. 1ᵉʳ. Les maladies des animaux qui
réputées contagieuses et qui donnent

lieu à l'application des dispositions de la présente loi sont :
La peste bovine dans toutes les espèces de
ruminants;
La péripneumonie contagieuse dans l'espèce bovine;
La clavelée et la gale dans les espèces ovine
et caprine;
La fièvre aphteuse dans les espèces bovine,
ovine, caprine et porcine;
La morve, le farcin, la dourine dans les
espèces chevaline et asine;
La rage et le charbon dans toutes les espèces.

Art. 2. Un décret du président de la République, rendu sur le rapport du ministre
de l'agriculture et du commerce, après avis
du comité consultatif des épizooties, pourra
ajouter à la nomenclature des maladies réputées contagieuses dans chacune des espèces
d'animaux énoncées ci-dessus, toutes autres
maladies contagieuses, dénommées ou non,
qui prendraient un caractère dangereux.
Les dispositions de la présente loi pourront
être étendues, par un décret rendu dans la
même forme, aux animaux d'espèces autres
que celles ci-dessus désignées.

Art. 3. Tout propriétaire, toute personne
ayant, à quelque titre que ce soit, la charge
des soins ou la garde d'un animal atteint ou
soupçonné d'être atteint d'une maladie contagieuse, dans les cas prévus par les articles 1ᵉʳ et 2, est tenu d'en faire sur-le-
champ la déclaration au maire de la commune où se trouve cet animal.
Sont également tenus de faire cette déclaration tous les vétérinaires qui seraient appelés à le soigner.
L'animal atteint ou soupçonné d'être atteint
de l'une des maladies spécifiées dans l'article 1ᵉʳ devra être immédiatement, et avant
même que l'autorité administrative ait répondu à l'avertissement, séquestré, séparé
et maintenu isolé autant que possible des
autres animaux susceptibles de contracter
cette maladie.
Il est interdit de le transporter avant que
le vétérinaire délégué par l'Administration
l'ait examiné. La même interdiction est applicable à l'enfouissement, à moins que le
maire, en cas d'urgence, n'en ait donné
l'autorisation spéciale.

Art. 4. Le maire devra, dès qu'il aura
été prévenu, s'assurer de l'accomplissement
des prescriptions contenues dans l'article précédent et y pourvoir d'office, s'il y a lieu.
Aussitôt que la déclaration prescrite par le
paragraphe 1ᵉʳ de l'article précédent a été
faite, ou, à défaut de déclaration, dès qu'il
a connaissance de la maladie, le maire fait
procéder sans retard à la visite de l'animal
malade ou suspect par le vétérinaire chargé
de ce service.
Ce vétérinaire constate et, au besoin,
prescrit la complète exécution des dispositions du troisième alinéa de l'article 3 et les
mesures de désinfection immédiatement nécessaires.
Dans le plus bref délai, il adresse son rapport au préfet.

Art. 5. Après la constatation de la maladie, le préfet statue sur les mesures à
mettre à exécution dans le cas particulier.
Il prend, s'il est nécessaire, un arrêté portant déclaration d'infection.
Cette déclaration peut entraîner, dans les
localités qu'elle détermine, l'application des
mesures suivantes :
1° L'isolement, la séquestration, la visite,
le recensement et la marque des animaux et
troupeaux dans les localités infectées;
2° L'interdiction de ces localités;
3° L'interdiction momentanée ou la réglementation des foires et marchés, du transport
et la circulation du bétail;
4° La désinfection des écuries, étables,

voitures ou autres moyens de transport, la
désinfection ou même la destruction des objets à l'usage des animaux malades ou qui
ont été souillés par eux, et généralement des
objets quelconques pouvant servir de véhicule
à la contagion.
Un règlement d'administration publique
déterminera celles de ces mesures qui seront
applicables suivant la nature des maladies.

Art. 6. Lorsqu'un arrêté du préfet a constaté l'existence de la peste bovine dans une
commune, les animaux qui en sont atteints
et ceux de l'espèce bovine qui auraient été
contaminés, alors même qu'ils ne présenteraient aucun signe apparent de maladie,
sont abattus par ordre du maire, conformément à la proposition du vétérinaire délégué
et après évaluation.
Il est interdit de suspendre l'exécution desdites mesures pour traiter les animaux malades, sauf les cas et sous les conditions qui
seraient spécialement déterminés par le
ministre de l'agriculture et du commerce,
sur l'avis du comité consultatif des épizooties.

Art. 7. Dans le cas prévu par l'article
précédent, les animaux malades sont abattus
sur place, sauf le cas où le transport du cadavre au lieu de l'enfouissement sera déclaré
par le vétérinaire plus dangereux que celui
de l'animal vivant; le transport en vue de
l'abatage peut être autorisé par le maire conformément à l'avis du vétérinaire délégué,
pour ceux qui ont été seulement contaminés.
Les animaux des espèces ovine et caprine
qui ont été exposés à la contagion sont isolés
et soumis aux mesures sanitaires déterminées
par le règlement d'administration publique
rendu pour l'exécution de la loi.

Art. 8. Dans le cas de morve constatée,
et dans le cas de farcin, de charbon, si la
maladie est jugée incurable par le vétérinaire
délégué, les animaux doivent être abattus
sur l'ordre du maire.
Quand il y a contestation sur la nature ou
le caractère incurable de la maladie entre le
vétérinaire délégué et le vétérinaire que le
propriétaire aurait fait appeler, le préfet désigne un troisième vétérinaire, conformément
au rapport duquel il est statué.

Art. 9. Dans le cas de péripneumonie
contagieuse, le préfet devra ordonner l'abatage,
dans le délai de deux jours, des animaux
reconnus atteints de cette maladie par le vétérinaire délégué, et l'inoculation des animaux d'espèce bovine, dans les localités reconnues infectées de cette maladie.
Le ministre de l'agriculture aura le droit
d'ordonner l'abatage des animaux d'espèce
bovine ayant été dans la même étable, ou
dans le même troupeau, ou en contact avec
les animaux atteints de péripneumonie contagieuse.

Art. 10. La rage, lorsqu'elle est constatée chez les animaux de quelque espèce
qu'ils soient, entraîne l'abatage, qui ne peut
être différé sous aucun prétexte.
Les chiens et les chats suspects de rage
doivent être immédiatement abattus. Le propriétaire de l'animal suspect est tenu, même
en l'absence d'un ordre des agents de l'Administration, de pourvoir à l'accomplissement de cette prescription.

Art. 11. Dans les épizooties de clavelée,
le préfet peut, par arrêté pris sur l'avis du
comité consultatif des épizooties, ordonner
la clavelisation des troupeaux infectés.
La clavelisation ne devra pas être exécutée
sans autorisation du préfet.

Art. 12. L'exercice de la médecine vétérinaire dans les maladies contagieuses des
animaux est interdit à quiconque n'est pas
pourvu du diplôme de vétérinaire.
Le Gouvernement, sur la demande des
conseils généraux, pourra ajourner, par décret, dans les départements, l'exécution de
cette mesure, pendant une période de six

années à partir de la promulgation de la présente loi.

Art. 13. La vente ou la mise en vente des animaux atteints ou soupçonnés d'être atteints de maladies contagieuses est interdite.

Le propriétaire ne peut s'en dessaisir que dans les conditions déterminées par le règlement d'administration publique prévu à l'article 5.

Ce règlement fixera, pour chaque espèce d'animaux et de maladie, le temps pendant lequel l'interdiction de vente s'appliquera aux animaux qui ont été exposés à la contagion.

(*L.* 31 *juillet* 1895.) « Et si la vente a eu lieu, elle est nulle de droit, que le vendeur ait connu ou ignoré l'existence de la maladie dont son animal était atteint ou suspect.

« Néanmoins, aucune réclamation de la part de l'acheteur, pour raison de ladite nullité, ne sera recevable, lorsqu'il se sera écoulé plus de quarante-cinq jours depuis le jour de la livraison, s'il n'y a poursuite du ministère public.

« Si l'animal a été abattu, le délai est réduit à dix jours à partir du jour de l'abatage, sans que toutefois l'action puisse jamais être introduite après l'expiration du délai de quarante-cinq jours. En cas de poursuite du ministère public, la prescription ne sera opposable à l'action civile, comme au paragraphe précédent, que conformément aux règles du droit commun.

« Toutefois, en ce qui concerne la tuberculose dans l'espèce bovine, la vente ne sera nulle que lorsqu'il s'agira d'un animal soumis à la séquestration ordonnée par les autorités compétentes. »

Art. 14. La chair des animaux morts de maladies contagieuses quelles qu'elles soient, ou abattus comme atteints de la peste bovine, de la morve, du farcin, du charbon et de la rage, ne peut être livrée à la consommation.

Les cadavres ou débris des animaux morts de la peste bovine et du charbon, ou ayant été abattus comme atteints de ces maladies, devront être enfouis avec leur peau tailladée, à moins qu'ils ne soient envoyés à un atelier d'équarrissage régulièrement autorisé.

Les conditions dans lesquelles devront être exécutés le transport, l'enfouissement ou la destruction des cadavres, seront déterminées par le règlement d'administration publique prévu à l'article 5.

Art. 15. La chair des animaux abattus comme ayant été en contact avec des animaux atteints de la peste bovine peut être livrée à la consommation; mais leurs peaux, abats et issues ne peuvent être sortis du lieu de l'abatage qu'après avoir été désinfectés.

Art. 16. Tout entrepreneur de transport par terre ou par eau qui aura transporté des bestiaux devra, en tout temps, désinfecter, dans les conditions prescrites par le règlement d'administration publique, les véhicules qui auront servi à cet usage.

R. v° *Salubrité publique*, 103 s. — S. *eod.* v°, .08 s. — C. ad., t. 3, v° *Agriculture*, p. 170, n°° 876 s.

TITRE II.
Indemnités.

Art. 17. Il est alloué aux propriétaires des animaux abattus pour cause de peste bovine, en vertu de l'article 7, une indemnité des trois quarts de leur valeur avant la maladie.

Il est alloué aux propriétaires d'animaux abattus pour cause de péripneumonie contagieuse ou morts par suite de l'inoculation en vertu de l'article 9, une indemnité ainsi réglée :

La moitié de leur valeur avant la maladie, s'ils en sont reconnus atteints;

Les trois quarts, s'ils ont seulement été contaminés;

La totalité, s'ils sont morts des suites de l'inoculation et de la péripneumonie contagieuse.

L'indemnité à accorder ne peut dépasser la somme de 400 francs pour la moitié de la valeur de l'animal, celle de 600 francs pour les trois quarts, et celle de 800 francs pour la totalité de sa valeur.

Art. 18. Il n'est alloué aucune indemnité aux propriétaires d'animaux importés des pays étrangers, abattus pour cause de péripneumonie contagieuse dans les trois mois qui ont suivi leur introduction en France.

Art. 19. Lorsque l'emploi des débris d'un animal abattu pour cause de peste bovine ou de péripneumonie contagieuse a été autorisé pour la consommation ou un usage industriel, le propriétaire est tenu de déclarer le produit de la vente de ces débris.

Ce produit appartient au propriétaire; s'il est supérieur à la portion de valeur laissée à sa charge, l'indemnité due par l'État est réduite de l'excédent.

Art. 20. Avant l'exécution de l'ordre d'abatage, il est procédé à une évaluation des animaux, par le vétérinaire délégué et un expert désigné par la partie.

À défaut par la partie de désigner un expert, le vétérinaire délégué opère seul.

Il est dressé un procès-verbal de l'expertise; le maire et le juge de paix le contresignent et donnent leur avis.

Art. 21. La demande d'indemnité doit être adressée au ministre de l'agriculture et du commerce, dans le délai de trois mois, à dater du jour de l'abatage, sous peine de déchéance.

Le ministre peut ordonner la revision des évaluations faites en vertu de l'article 20, par une commission dont il désigne les membres.

L'indemnité est fixée par le ministre, sauf recours au conseil d'État.

Art. 22. Toute infraction aux dispositions de la présente loi ou des règlements rendus pour son exécution peut entraîner la perte de l'indemnité prévue par l'article 17.

La décision appartient au ministre, sauf recours au conseil d'État.

Art. 23. Il n'est alloué aucune indemnité aux propriétaires des animaux abattus par suite de maladies contagieuses, autres que la peste bovine, et de la péripneumonie contagieuse dans les conditions spéciales indiquées dans l'article 9.

R. v° *Salubrité publique*, 89 s. — C ad., t. 3, v° *Agriculture*, p. 162, n°° 1148 s.

TITRE III.
Importation et exportation
des animaux.

Art. 24. Les animaux des espèces chevaline, asine, bovine, ovine, caprine et porcine sont soumis, en tout temps, aux frais des importateurs, à une visite sanitaire au moment de leur entrée en France, soit par terre, soit par mer.

La même mesure peut être appliquée aux animaux des autres espèces, lorsqu'il y a lieu de craindre, par suite de leur introduction, l'invasion d'une maladie contagieuse.

Art. 25. Les bureaux de douane et ports de mer, ouverts à l'importation des animaux soumis à la vente, sont déterminés par décret.

Art. 26. Le Gouvernement peut prohiber l'entrée en France, ou ordonner la mise en quarantaine des animaux susceptibles de communiquer une maladie contagieuse, ou de tous les objets pouvant présenter le même danger.

Il peut, à la frontière, prescrire l'abatage sans indemnité, des animaux malades ou ayant été exposés à la contagion, et enfin prendre toutes les mesures que la crainte de l'invasion d'une maladie rendrait nécessaire.

Art. 27. Les mesures sanitaires à prendre à la frontière sont ordonnées par les maires dans les communes rurales, par les commissaires de police dans les gares frontière et dans les ports de mer, conformément à l'avis du vétérinaire désigné par l'Administration pour la visite du bétail.

En attendant l'intervention de ces autorités les agents des douanes peuvent être requis de prêter main-forte.

Art. 28. Les municipalités des ports de mer ouverts à l'importation du bétail devront fournir des quais spéciaux de débarquement munis des agrès nécessaires, ainsi qu'un bâtiment destiné à recevoir, à mesure du débarquement, les animaux mis en quarantaine par mesure sanitaire.

Les locaux devront être préalablement agréés par le ministre de l'agriculture et du commerce

Pour se rembourser de leurs frais, les municipalités pourront établir des taxes spéciales sur les animaux importés.

Art. 29. Le Gouvernement est autorisé à prescrire à la sortie les mesures nécessaires pour empêcher l'exportation des animaux atteints de maladies contagieuses.

S. v° *Salubrité publique*, 93 s. — C. ad., t. 3, v° *Agriculture*, p. 153, n° 1175 s.

TITRE IV.
Pénalités.

Art. 30. Toute infraction aux dispositions des articles 3, 5, 6, 9, 10, 11, paragraphe 2, et 12 de la présente loi, sera punie d'un emprisonnement de six jours à un mois et d'une amende de 16 francs à 400 francs.

Art. 31. Seront punis d'un emprisonnement de deux mois à six mois et d'une amende de 100 francs à 2000 francs :

1° Ceux qui, au mépris des défenses de l'Administration, auront laissé des animaux infectés communiquer avec d'autres;

2° Ceux qui auraient vendu ou mis en vente des animaux qu'ils savaient atteints ou soupçonnés d'être atteints de maladies contagieuses;

3° Ceux qui, sans permission de l'autorité auront déterré ou sciemment acheté des cadavres ou débris des animaux morts de maladies contagieuses quelles qu'elles soient ou abattus comme atteints de la peste bovine du charbon, de la morve, du farcin et de la rage;

4° Ceux qui, même avant l'arrêté d'interdiction, auront importé en France des animaux qu'ils savaient atteints de maladie contagieuses ou avoir été exposés à la contagion.

Art. 32. Seront punis d'un emprisonnement de six mois à trois ans et d'une amende de 100 francs à 2000 francs :

1° Ceux qui auront vendu ou mis en vente de la viande provenant d'animaux qu'ils savaient morts de maladies contagieuses, quelles qu'elles soient, ou abattus comme atteints de la peste bovine, du charbon, de la morve, du farcin et de la rage;

2° Ceux qui se seront rendus coupables des délits prévus par les articles précédents, s'il est résulté de ces délits une contagion parmi les autres animaux.

Art. 33. Tout entrepreneur de transports qui aura contrevenu à l'obligation de désinfecter son matériel sera passible d'une amende de 100 francs à 1000 francs.

sera puni d'un emprisonnement de six
s à deux mois, s'il est résulté de cette
action une contagion parmi les autres
neux.

rt. 34. Toute infraction aux disposi-
s de la présente loi, non spécifiée dans
articles ci-dessus, sera punie de 16 francs
0 francs d'amende. Les contraventions
dispositions du règlement d'adminis-
ion publique rendu pour l'exécution de
résente loi seront, suivant les cas, pu-
es d'une amende de 1 franc à 200 francs,
sera prononcée par le juge de paix du
on.

rt. 35. Si la condamnation pour in-
tion à l'une des dispositions de la pré-
e loi remonte à moins d'une année, ou si
infraction a été commise par des vété-
ires délégués, des gardes champêtres,
gardes forestiers, des officiers de police
lque titre que ce soit, les peines peuvent
portées au double du maximum fixé par
précédents articles.

rt. 36. L'article 463 du Code pénal est
licable dans tous les cas prévus par les
cles du présent titre.

v° *Salubrité publique*, 1ol s. — C. ad., u. s.
procédure, p. 154, 1° 1157 s.

TITRE V.
Dispositions générales.

rt. 37. Les frais d'abatage, d'enfouis-
ent, de transport, de quarantaine, de
nfection, ainsi que tous autres frais aux-
s peut donner lieu l'exécution des me-
es prescrites en vertu de la présente loi,
t à la charge des propriétaires ou con-
teurs d'animaux.

u cas de refus des propriétaires ou con-
teurs d'animaux de se conformer aux
nctions de l'autorité administrative, il y
pourvu d'office à leur compte.

es frais de ces opérations seront recouvrés
un état dressé par le maire et rendu
écutoire par le sous-préfet. Les oppositions
nt portées devant le juge de paix.

a désinfection des wagons de chemins de
prescrite par l'article 16, a lieu par les
es des compagnies; les frais de cette dé-
ection sont fixés par le ministre des tra-
x publics, les compagnies entendues.

rt. 38. Un service des épizooties est
bli dans chacun des départements, en vue
surer l'exécution de la présente loi.

es frais de ce service seront compris parmi
dépenses obligatoires à la charge des
gets départementaux et assimilés aux
enses classées sous les paragraphes 1° à
e l'article 60 de la loi du 10 août 1871.

rt. 39. Les communes où il existe des
es et marchés aux chevaux ou aux bes-
x seront tenues de préposer, à leurs frais,
sauf à se rembourser par l'établissement
ne taxe sur les animaux amenés, un vété-
aire pour l'inspection sanitaire des ani-
aux conduits à ces foires et marchés.
Cette dépense sera obligatoire pour la com-
e.

e Gouvernement pourra, sur l'avis des
seils généraux, ajourner par décret, dans
départements, l'exécution de cette mesure
idant une période de six années à partir
jour de la promulgation de cette loi.

Art. 40. Le règlement d'administration
blique rendu pour l'exécution de la pré-
te loi déterminera l'organisation du comité
sultatif des épizooties institué auprès du
nistre de l'agriculture et du commerce.

es renseignements recueillis par le mi-

nistre au sujet des épizooties sont communiqués au comité, qui donne son avis sur les
mesures que peuvent exiger ces maladies.

Art. 41. Sont et demeurent abrogés les
articles 459, 460 et 461 du Code pénal,
toutes lois et ordonnances, tous arrêts du
conseil, arrêtés, décrets et règlements intervenus, à quelque titre que ce soit, sur la
police sanitaire des animaux.

V. la discussion de ce titre à la Chambre des députés et
au Sénat, D. P. 82, 4. 22 s.; — et 85, 4. 126 s.

V. le décret du 22 juin 1882, portant règlement d'administration publique pour l'exécution de la loi du 21 juillet 1881, sur la police sanitaire des animaux, modifié
par son art. 83 par le décret du 5 décembre 1902 (D. P.
85, 4. 11).

TITRE HUITIÈME.
Des vices rédhibitoires dans les ventes
et échanges d'animaux domestiques.

(L. 2 août 1884 : D. P. 84, 4. 124.
modifiée par L. 23 février 1905 : D. P. 1905, 4. 45.)

Art. 1er. L'action en garantie dans les
ventes ou échanges d'animaux domestiques
sera régie, à défaut de conventions contraires, par les dispositions suivantes, sans
préjudice des dommages et intérêts qui
peuvent être dus s'il y a dol.

Art. 2. (L. 23 février 1905.) Sont réputés vices rédhibitoires, et donneront seuls ouverture aux actions résultant des articles 1641
et suivants du Code civil, sans distinction
des localités où les ventes et les échanges
auront lieu, les maladies ou défauts ci-après,
savoir :

« Pour le cheval, l'âne et le mulet :

« L'immobilité, l'emphysème pulmonaire,
le cornage chronique, le tic proprement dit,
avec ou sans usure des dents, les boiteries
anciennes intermittentes, la fluxion périodique des yeux.

« Pour l'espèce porcine : la ladrerie. »

Art. 3. L'action en réduction de prix,
autorisée par l'article 1644 du Code civil, ne
pourra être exercée dans les ventes et échanges
d'animaux énoncés à l'article précédent
lorsque le vendeur offrira de reprendre l'animal vendu, en restituant le prix et en remboursant à l'acquéreur les frais occasionnés
par la vente.

Art. 4. Aucune action en garantie, même
en réduction de prix, ne sera admise pour
les ventes ou pour les échanges d'animaux
domestiques, si le prix en cas de vente, ou
la valeur en cas d'échange, ne dépasse pas
100 francs.

Art. 5. Le délai pour intenter l'action
rédhibitoire sera de neuf jours francs, non
compris le jour fixé pour la livraison, excepté
pour la fluxion périodique, pour laquelle ce
délai sera de trente jours francs, non compris le jour fixé pour la livraison.

Art. 6. Si la livraison de l'animal a été
effectuée hors du lieu du domicile du vendeur ou si, après la livraison et dans le délai
ci-dessus, l'animal a été conduit hors du lieu
du domicile du vendeur, le délai pour intenter l'action sera augmenté à raison de la
distance, suivant les règles de la procédure
civile.

Art. 7. Quel que soit le délai pour intenter l'action, l'acheteur, à peine d'être non
recevable, devra provoquer, dans les délais
de l'article 5, la nomination d'experts, chargés de dresser procès-verbal; la requête sera
présentée, verbalement ou par écrit, au juge
de paix du lieu où se trouve l'animal; ce juge
constatera dans son ordonnance la date de
la requête et nommera immédiatement un

ou trois experts qui devront opérer dans le
plus bref délai.

Ces experts vérifieront l'état de l'animal,
recueilleront tous les renseignements utiles,
donneront leur avis et, à la fin de leur procès-verbal, affirmeront, par serment, la sincérité de leurs opérations.

Art. 8. Le vendeur sera appelé à l'expertise, à moins qu'il n'en soit autrement ordonné par le juge de paix, à raison de l'urgence et de l'éloignement.

La citation à l'expertise devra être donnée
au vendeur dans les délais déterminés par
les articles 5 et 6; elle énoncera qu'il sera
procédé même en son absence.

Si le vendeur a été appelé à l'expertise, la
demande pourra être signifiée dans les trois
jours à compter de la clôture du procès-
verbal, dont copie sera signifiée en tête de
l'exploit.

Si le vendeur n'a pas été appelé à l'expertise, la demande devra être faite dans les
délais fixés par les articles 5 et 6.

Art. 9. La demande est portée devant les
tribunaux compétents, suivant les règles
ordinaires du droit.

Elle est dispensée de tout préliminaire de
conciliation, et, devant les tribunaux civils,
elle est instruite et jugée comme matière
sommaire.

Art. 10. Si l'animal vient à périr, le
vendeur ne sera pas tenu de la garantie, à
moins que l'acheteur n'ait intenté une action
régulière dans le délai légal, et ne prouve
que la perte de l'animal provient de l'une des
maladies spécifiées dans l'article 2.

Art. 11. Le vendeur sera dispensé de la
garantie résultant de la morve ou du farcin
pour le cheval, l'âne et le mulet, et de la
clavelée pour l'espèce ovine, s'il prouve que
l'animal, depuis la livraison, a été mis en
contact avec des animaux atteints de ces maladies.

Art. 12. Sont abrogés tous règlements
imposant une garantie exceptionnelle aux
vendeurs d'animaux destinés à la boucherie.

Sont également abrogées la loi du 20 mai
1838 et toutes les dispositions contraires à la
présente loi.

V. v° *Vices rédhibitoires*, 64 s. — T. 157-373.
v° *Garantie*, 65 s. — D. P. 1524 et suiv. 3e partie.
v° *Garantie*.

V. la discussion de ce titre à la Chambre des députés et
au Sénat, D. P. 84, 4. 124 s.; — et 1904, 4. 46.

TITRE NEUVIÈME.
Des animaux nuisibles à l'agriculture.

(Non voté.)

TITRE COMPLÉMENTAIRE.

Portant modification des articles du
Code civil relatifs à la mitoyenneté
des clôtures, aux plantations et aux
droits de passage en cas d'enclave.

(L. 20 août 1881 : D. P. 82. 4. 1.)

Article unique. Sont modifiés ainsi
qu'il suit les articles 666, 667, 668, 669, 670,
671, 672, 673, 682, 683, 684 et 685 du Code
civil : — V. ces articles au C. civ.

R. v° *Servitude*, 871 s. — S. ccd. t°, 207 s. —
T. 157-97), etc, t°, 201 s. — V. aussi N. C. civ.,
ann., art. 666 s.

LIVRE DEUXIÈME.

DU RÉGIME DES EAUX.

TITRE PREMIER.

Eaux pluviales et sources.

(L. 8 avril 1898 : D. P. 98. 4. 136.)

Art. 1er. Les articles 641, 642 et 643 du Code civil sont remplacés par les dispositions suivantes : — V. ces articles au **C. civ.**

Pour le commentaire de ces articles, avec la doctrine et la jurisprudence, V. N. C. civ. ann., t. 1, art. 641-643.

TITRE DEUXIÈME.

Cours d'eau non navigables et non flottables.

(L. 8 avril 1898 : D. P. 98. 4. 136.)

CHAPITRE PREMIER.

Des droits des riverains.

Art. 2. Les riverains n'ont le droit d'user de l'eau courante qui borde ou qui traverse leurs héritages que dans les limites déterminées par la loi. Ils sont tenus de se conformer, dans l'exercice de ce droit, aux dispositions des règlements et des autorisations émanées de l'Administration.

Art. 3. Le lit des cours d'eau non navigables et non flottables appartient aux propriétaires des deux rives.

Si les deux rives appartiennent à des propriétaires différents, chacun d'eux a la propriété de la moitié du lit, suivant une ligne que l'on suppose tracée au milieu du cours d'eau, sauf titre ou prescription contraire.

Chaque riverain a le droit de prendre, dans la partie du lit qui lui appartient, tous les produits naturels et d'en extraire de la vase, du sable et des pierres, à la condition de ne pas modifier le régime des eaux et d'en exécuter le curage conformément aux règles établies par le chapitre III du présent titre.

Sont et demeurent réservés les droits acquis par les riverains ou autres intéressés sur les parties des cours d'eau qui servent de voie d'exploitation pour la desserte de leurs fonds.

Art. 4. Lorsque le lit d'un cours d'eau est abandonné, soit naturellement, soit par suite de travaux légalement exécutés, chaque riverain en reprend la libre disposition suivant les limites déterminées par l'article précédent.

Art. 5. Lorsqu'un cours d'eau non navigable et non flottable abandonne naturellement son lit, les propriétaires des fonds sur lesquels le nouveau lit s'établit sont tenus de souffrir le passage des eaux sans indemnité; mais ils peuvent, dans l'année qui suit le changement de lit, prendre les mesures nécessaires pour rétablir l'ancien cours des eaux.

Les propriétaires riverains du lit abandonné jouissent de la même faculté et peuvent, dans l'année, poursuivre l'exécution des travaux nécessaires au rétablissement du cours primitif.

Art. 6. Lorsque, par suite de travaux légalement ordonnés, il y a lieu d'élargir le lit ou d'en ouvrir un nouveau, les propriétaires des terrains occupés ont droit à une indemnité à titre de servitude de passage.

Pour la fixation de cette indemnité, il sera tenu compte de la situation respective de chacun des riverains par rapport à l'axe du nouveau lit, la limite des héritages demeurant fixée conformément aux dispositions du paragraphe 2 de l'article 3 ci-dessus, à moins de stipulations contraires.

Les bâtiments, cours et jardins attenant aux habitations sont exempts de la servitude de passage.

Les contestations auxquelles peuvent donner lieu l'application du paragraphe 2 du présent article et le règlement des indemnités sont jugées en dernier ressort par le juge de paix du canton.

S'il y a lieu à expertise, il peut, dans tous les cas, n'être nommé qu'un seul expert.

Art. 7. La propriété des alluvions, relais, atterrissements, îles et flots qui se forment dans les cours d'eau non navigables et non flottables est et demeure régie par les dispositions des articles 556, 557, 559, 561 et 562 du Code civil.

CHAPITRE II.

Police et conservation des eaux.

Art. 8. L'autorité administrative est chargée de la conservation et de la police des cours d'eau non navigables et non flottables.

Art. 9. Des décrets rendus après enquête dans la forme des règlements d'administration publique fixent, s'il y a lieu, le régime général de ces cours d'eau, de manière à concilier les intérêts de l'agriculture et de l'industrie avec le respect dû à la propriété et aux droits et usages antérieurement établis.

Art. 10. Le propriétaire riverain d'un cours d'eau non navigable et non flottable ne peut exécuter des travaux au-dessus de ce cours d'eau ou le joignant, qu'à la condition de ne pas préjudicier à l'écoulement et de ne causer aucun dommage aux propriétés voisines.

Art. 11. Aucun barrage, aucun ouvrage destiné à l'établissement d'une prise d'eau, d'un moulin ou d'une usine ne peut être entrepris dans un cours d'eau non navigable et non flottable sans l'autorisation de l'Administration.

Art. 12. Les préfets statuent après enquête sur les demandes ayant pour objet :

1° L'établissement d'ouvrages intéressant le régime ou le mode d'écoulement des eaux ;

2° La régularisation de l'existence des usines et ouvrages établis sans permission et n'ayant pas de titre légal ;

3° La révocation ou la modification des permissions précédemment accordées.

La forme de l'instruction qui doit précéder les arrêtés des préfets est déterminée par un règlement d'administration publique.

Art. 13. S'il y a réclamation des parties intéressées contre l'arrêté du préfet, il est statué par un décret rendu sur l'avis du conseil d'État, sans préjudice du recours contentieux en cas d'excès de pouvoir.

Art. 14. Les permissions peuvent être révoquées ou modifiées sans indemnité, soit dans l'intérêt de la salubrité publique, soit pour prévenir ou faire cesser les inondations, soit enfin dans le cas de la réglementation générale prévue par l'article 9.

Dans tous les autres cas, elles ne peuvent être révoquées ou modifiées que moyennant indemnité.

Art. 15. Les propriétaires ou fermiers de moulins et usines, même autorisés ou ayant une existence légale, sont garants des dommages causés aux chemins et aux propriétés.

Art. 16. Les maires peuvent, sous l'autorité des préfets, prendre toutes les mesures nécessaires pour la police des cours d'eau.

Art. 17. Dans tous les cas, les droits des tiers sont et demeurent réservés.

CHAPITRE III.

Curages, élargissements et redressements.

Art. 18. Le curage comprend tous les travaux nécessaires pour rétablir les cours d'eau dans sa largeur et sa profondeur naturelles, sans préjudice de ce qui est réglé à l'égard des alluvions par les articles 556 et 557 du Code civil.

Art. 19. Il est pourvu au curage des cours d'eau non navigables et non flottables et à l'entretien des ouvrages qui s'y rattachent de la manière prescrite par les anciens règlements ou d'après les usages locaux.

Les préfets sont chargés, sous l'autorité du ministre compétent, de prendre les dispositions nécessaires pour l'exécution de ces règlements et usages.

Art. 20. A défaut d'anciens règlements ou usages locaux, ou si l'application des règlements et l'exécution du mode de curage consacré par l'usage présentent des difficultés, ou bien encore si les changements survenus exigent des dispositions nouvelles, il est procédé en conformité de la loi des 21 juin 1865-22 décembre 1888 sur les associations syndicales.

Art. 21. Dans le cas où les tentatives faites en vue d'arriver à la constitution d'une association syndicale libre ou autorisée n'aboutiraient pas, il est statué par un décret délibéré en conseil d'État ; chaque décret est précédé d'une enquête et d'une instruction dont les formes sont déterminées par un règlement d'administration publique.

Art. 22. Le décret règle le mode d'exécution des travaux, détermine la zone dans laquelle les propriétaires intéressés, riverains ou non riverains et usiniers peuvent être appelés à y contribuer, et arrête, s'il y a lieu, les bases générales de la répartition de la dépense d'après le degré d'intérêt de chacun à l'exécution des travaux.

Art. 23. Dans tous les cas, les rôles de répartition des sommes nécessaires au payement des travaux de curage ou d'entretien des ouvrages sont dressés sous la surveillance du préfet et rendus exécutoires par lui.

Le recouvrement est fait dans les mêmes formes et avec les mêmes garanties qu'en matière de contributions directes.

Le privilège ainsi créé prendra rang immédiatement après celui du Trésor public.

Art. 24. Toutes contestations relatives à l'exécution des travaux, à la répartition de la dépense et aux demandes en réduction ou décharge formées par les imposés sont portées devant le conseil de préfecture, sauf recours au conseil d'État.

rt. 25. Les travaux d'élargissement, de larisation et de redressement des cours u non navigables et non flottables, qui nt jugés nécessaires pour compléter les ux de curage, sont assimilés à ces ders, et leur exécution est poursuivie en u des articles précédents.

rt. 26. S'il s'agit de terrains exceptés .a servitude de passage et si, à défaut cord, il est nécessaire de recourir à l'exriation, il est procédé à cette expropriaet au règlement des indemnités conforrent aux dispositions combinées de la loi 4 mai 1841 et des paragraphes 2 et suis de l'article 16 de la loi du 21 mai 1836.

rt. 27. Pendant la durée des travaux, ropriétaires sont tenus de laisser passer leurs terrains les fonctionnaires et agents -gés de la surveillance, ainsi que les enreneurs et ouvriers.

e droit devra s'exercer autant que pos- e en suivant la rive du cours d'eau.

rt. 28. Si les travaux de curage, d'élarement, de régularisation et de redresse- t intéressent la salubrité publique, le et ou l'arrêté qui les ordonne peut, après du conseil général et des conseils muni- ux intéressés, mettre une partie de la nse à la charge des communes dont le toire est assaini.

ns ce cas, le décret ou l'arrêté déter- e quelles sont les communes intéressées ce la part que chacune d'elles doit sup- r dans la dépense.

rt. 29. La loi du 14 floréal an XI est gée.

a discussion de la loi du 8 avril 1898 à la Chambre députés et au Sénat, D. P. 98. 4. 136 s. — Pour le entaire, avec la doctrine et la jurisprudence, V. ., t. 5, Additions complémentaire, v° Eaux, p. 1313, 73 s. e décret du 14 novembre 1899, relatif à l'application loi du 8 avril 1898 sur le régime des eaux.

TITRE TROISIÈME.
rivières flottables à bûches perdues.
(L. 8 avril 1898 : D. P. 98. 4. 136.)

rt. 30. Les rivières et cours d'eau flot- s à bûches perdues sont soumis aux dis- tions contenues dans le titre précédent ux dispositions spéciales suivantes.

rt. 31. Le flottage à bûches perdues ne être établi sur les cours d'eau où il iste pas actuellement, que par un décret u après enquête et avis des conseils raux des départements traversés par ces s d'eau. Ce décret sera inséré au Bulle- des lois.

e décret détermine les servitudes néces- es pour l'exercice du flottage et règle les gations respectives des propriétaires rive- s, des usiniers et des flotteurs.

rt. 32. L'indemnité due à raison de servitudes est fixée en premier ressort le juge de paix du canton.

est tenu compte, dans le règlement de e indemnité, des avantages qui peuvent lter de l'établissement du flottage.

rt. 33. Sont maintenus, tant qu'ils ront pas révisés conformément aux ositions des articles 31 et 32 ci-dessus, s les règlements spéciaux relatifs aux ri- es et cours d'eau sur lesquels se pratique lottage à bûches perdues.

la discussion de la loi du 8 avril 1898 à la Chambre députés et au Sénat, D. P. 98. 4. 136 s. — Pour le mentaire de cette loi, avec la doctrine, V. C. ad., Additions complémentaires, v° Eaux, p. 1303, n°s 289 s.

TITRE QUATRIÈME.
Des fleuves et rivières navigables ou flottables.
(L. 8 avril 1898 : D. P. 98. 4. 136.)

CHAPITRE PREMIER.
Des droits du Domaine et des riverains.

Art. 34. Les fleuves et les rivières navi- gables ou flottables avec bateaux, trains ou radeaux, font partie du domaine public de- puis le point où ils commencent à être navi- gables ou flottables jusqu'à leur embouchure. Font également partie du domaine public :

1° Les bras même non navigables et non flottables, lorsqu'ils prennent naissance au- dessous du point où les fleuves et rivières commencent à être navigables ou flottables ;

2° Les noues et boires qui tirent leurs eaux des mêmes fleuves et rivières.

Art. 35. Les dérivations ou prises d'eau artificielles établies dans des propriétés par- ticulières ne font pas partie du domaine pu- blic, à moins qu'elles n'aient été pratiquées par l'Etat, dans l'intérêt de la navigation ou du flottage.

Ces dérivations sont régies par les dispo- sitions des actes qui les ont autorisées.

Art. 36. Des arrêtés préfectoraux ren- dus après enquête, sous l'approbation du ministre des travaux publics, fixeront les limites des fleuves et rivières navigables et flottables, ces limites étant déterminées par la hauteur des eaux coulant à pleins bords, avant de déborder.

Les arrêtés de délimitation pourront être l'objet d'un recours contentieux. Ils seront toujours pris sous la réserve des droits de propriété.

Art. 37. L'article 563 du Code civil est abrogé et remplacé par les dispositions sui- vantes : — V. C. civ., art. 563.

Art. 38. Lorsque, à la suite de travaux légalement exécutés, des portions de l'ancien lit cesseront de faire partie du domaine pu- blic, les propriétaires riverains pourront exercer le droit de préemption, conformé- ment à l'article 37 qui précède.

Art. 39. La propriété des alluvions, re- lais, atterrissements, îlots et îlots qui se forment naturellement dans les fleuves et rivières faisant partie du domaine public, est et demeure réglée par les dispositions des articles 556, 557, 560 et 562 du Code civil.

CHAPITRE II.
Des concessions et autorisations.

Art. 40. Aucun travail ne peut être exé- cuté et aucune prise d'eau ne peut être pra- tiquée dans les fleuves et rivières navigables ou flottables sans autorisation de l'Adminis- tration.

Art. 41. Les préfets statuent, après en- quête et sur l'avis des ingénieurs, et sauf recours au ministre, sur les demandes ayant pour objet de faire des prises d'eau au moyen de machines, lorsqu'il est constaté que, eu égard au volume des cours d'eau, elles n'au- ront pas pour effet d'en altérer le régime.

Art. 42. Ils statuent également, sur l'avis des ingénieurs, sauf recours au ministre, sur les demandes en autorisation d'établisse- ments temporaires sur les cours d'eau navi- gables ou flottables, alors même que ces éta- blissements auraient pour effet de modifier le régime ou le niveau des eaux.

Ils fixent, dans ce cas, la durée de l'auto- risation, qui ne devra jamais dépasser deux ans.

Art. 43. Toutes autres autorisations ne peuvent être accordées que par décrets rendus, après enquête, sur l'avis du conseil d'Etat.

Art. 44. Les concessionnaires sont assu- jettis à payer une redevance à l'Etat, d'après les bases qui seront fixées par un règlement d'administration publique.

Art. 45. Les prises d'eau et autres éta- blissements créés sur les cours d'eau navi- gables ou flottables, même avec autorisation, peuvent toujours être modifiés ou supprimés. Une indemnité n'est due que lorsque les prises d'eau ou établissements dont la modi- fication ou la suppression est ordonnée ont une existence légale.

Toutefois, aucune suppression ou modifi- cation ne pourra être prononcée que suivant les formes et avec les garanties établies par les articles précédents.

CHAPITRE III.
Des servitudes.

Art. 46. Les propriétaires riverains des fleuves et rivières navigables ou flottables sont tenus, dans l'intérêt du service de la navigation et partout où il existe un chemin de halage, de laisser le long des bords des- dits fleuves et rivières, ainsi que sur les îles où il en est besoin, un espace libre de 7 mètres 80 de largeur.

Ils ne peuvent planter d'arbres ni se clore par haies ou autrement qu'à une distance de 9 mètres 75 du côté où les bateaux se tirent et de 3 mètres 25 sur le bord où il n'existe pas de chemin de halage.

Art. 47. Lorsque l'intérêt du service de la navigation le permettra, les distances fixées par l'article précédent seront réduites par un arrêté ministériel.

Art. 48. Les propriétaires riverains qui veulent faire des constructions, plantations ou clôtures le long des fleuves ou rivières navigables ou flottables peuvent, au préa- lable, demander à l'Administration de recon- naître la limite de la servitude.

Si, dans les trois mois à compter de la demande, l'Administration n'a pas fixé la limite, les constructions, plantations ou clô- tures faites par les riverains ne peuvent plus être supprimées que moyennant indemnité.

Art. 49. Lorsqu'une rivière ou partie de rivière est rendue navigable ou flottable et que ce fait a été déclaré par un décret, les propriétaires riverains sont soumis aux ser- vitudes établies par l'article 46 ; mais il leur est dû une indemnité proportionnée au dom- mage qu'ils éprouvent, en tenant compte des avantages que l'établissement de la naviga- tion ou du flottage peut leur procurer.

Les propriétaires riverains d'une rivière navigable ou flottable auront également droit à indemnité lorsque, pour les besoins de la navigation, la servitude de halage sera éta- blie sur une rive où cette servitude n'existait pas.

Art. 50. Les contestations relatives à l'indemnité due aux propriétaires, à raison de l'établissement de la servitude de halage, seront portées en premier ressort par le juge de paix du canton.

S'il y a expertise, il peut n'être nommé qu'un seul expert.

Art. 51. Dans le cas où l'Administration juge que la servitude de halage est insuffi- sante et veut établir le long du fleuve ou de la rivière un chemin dans des conditions constantes de viabilité, elle doit, à défaut du consentement exprès des riverains, acquérir le terrain nécessaire à l'établissement du chemin, en se conformant aux lois sur l'ex- propriation pour cause d'utilité publique.

Art. 52. Il est interdit d'extraire, sans autorisation spéciale, des terres, sables et autres matières à une distance moindre de 11 mètres 70 de la limite des fleuves et rivières navigables ou flottables.

Art. 53. Le curage des cours d'eau navigables ou flottables et de leurs dépendances faisant partie du domaine public est à la charge de l'État; néanmoins, un règlement d'administration publique peut, les parties intéressées entendues, appeler à contribuer au curage les communes, les usiniers, les concessionnaires des prises d'eau et les propriétaires voisins qui, par l'usage exceptionnel et spécial qu'ils font des eaux, rendent les frais de curage plus considérables.

V. la discussion de la loi du 8 avril 1898 à la Chambre des députés et au Sénat, **D.** P. 98. 4. 136 s. — *Pour le commentaire de cette loi, avec la doctrine et la jurisprudence,* V. C. sd., t.5, *Additions complémentaires,* v° *Eaux,* p. 1301, n°° 133 s.

LIVRE TROISIÈME.

DE LA POLICE RURALE.

TITRE PREMIER.

De la police rurale concernant les personnes, les animaux et les récoltes.

(L. 21 juin 1898 : D. P. 98. 4. 125.)

Art. 1er. Les maires sont chargés, sous la surveillance de l'Administration supérieure, d'assurer, conformément à la loi du 5 avril 1884, le maintien du bon ordre, de la sécurité et de la salubrité publiques, sauf dans les cas où cette attribution appartient aux préfets. Ils sont également chargés de l'exécution des actes de l'autorité supérieure relatifs à la police rurale.

CHAPITRE PREMIER.
De la sécurité publique.

Art. 2. Les maires veillent à tout ce qui intéresse et garantit la sécurité publique.

Ils doivent, par des précautions convenables, prévenir les accidents et les fléaux calamiteux, pourvoir d'urgence à toutes les mesures d'assistance et de secours et, s'il y a lieu, provoquer l'intervention de l'Administration supérieure.

Art. 3. Le maire peut prescrire la réparation ou la démolition des murs, bâtiments ou édifices quelconques longeant la voie ou la place publique, lorsqu'ils menacent ruine et qu'ils pourraient, par leur effondrement, compromettre la sécurité

Art. 4. Dans les cas prévus par l'article 3, l'arrêté prescrivant la réparation ou la démolition du bâtiment menaçant ruine est notifié au propriétaire, avec sommation d'avoir à effectuer les travaux dans un délai déterminé et, s'il conteste le péril, de faire commettre un expert chargé de procéder contradictoirement, et au jour fixé par l'arrêté, à la constatation de l'état du bâtiment et de dresser rapport.

Si, au jour indiqué, le propriétaire n'a point fait cesser le péril et s'il n'a pas cru devoir désigner un expert, il sera passé outre à la visite par l'expert seul nommé par l'Administration.

L'arrêté et les rapports d'experts sont transmis immédiatement au conseil de préfecture. Dans les huit jours qui suivent le dépôt au greffe, le conseil, s'il y a désaccord entre les deux experts, désigne un homme de l'art pour procéder à la même opération.

Dans le cas d'une constatation unique, le conseil de préfecture peut ordonner telles vérifications qu'il croit nécessaires.

Le conseil de préfecture, après avoir entendu les parties dûment convoquées conformément à la loi, statue sur le litige de l'expertise, fixe, s'il y a lieu, le délai pour l'exécution des travaux ou pour la démolition; il peut autoriser le maire à y faire procéder d'office et aux frais du propriétaire, si cette exécution n'a pas eu lieu à l'époque prescrite.

Notification de l'arrêté du conseil est faite au propriétaire par la voie administrative.

Recours contre la décision peut être porté devant le conseil d'État.

Art. 5. En cas de péril imminent, le maire, après avertissement adressé au propriétaire, provoque la nomination, par le juge de paix, d'un homme de l'art, qui est chargé d'examiner l'état des bâtiments dans les vingt-quatre heures qui suivent sa nomination.

Si le rapport de cet expert constate l'urgence ou le péril grave et imminent, le maire ordonne les mesures provisoires nécessaires pour garantir la sécurité.

Dans le cas où ces mesures n'auraient point été exécutées dans le délai imparti par la sommation, le maire a le droit de faire exécuter d'office, et aux frais du propriétaire, les mesures indispensables.

Il est ensuite procédé conformément aux dispositions édictées dans l'article précédent.

Art. 6. Lorsqu'à défaut du propriétaire, le maire a dû prescrire l'exécution des travaux, ainsi qu'il a été prévu aux articles 4 et 5, le montant des frais est avancé par la commune; il est recouvré comme en matière de contributions directes.

Art. 7. Dans le cas de danger grave et imminent, comme inondation, rupture de digues, incendie d'une forêt, avalanche, éboulements de terres ou de rochers, ou tout autre accident naturel, le maire prescrit l'exécution des mesures de sûreté exigées par les circonstances. Il informe d'urgence le préfet et lui fait connaître les mesures qu'il a prescrites.

Art. 8. Le maire prescrit que le ramonage des fours, fourneaux et cheminées des maisons, des usines, etc., doit être effectué au moins une fois chaque année.

Il ordonne, s'il y a lieu, la réparation ou, en cas de nécessité, la démolition des fours, fourneaux et cheminées dont l'état de délabrement ferait craindre un incendie ou d'autres accidents.

Les règles prescrites par les articles 4, 5 et 6 sont applicables en cas de réparation ou de démolition.

Art. 9. Le préfet, sur l'avis conforme du conseil général, peut interdire, dans l'étendue du département, l'emploi de certains matériaux pour la construction des bâtiments ou celle des toitures, ou prescrire les précautions qui devront être adoptées pour cette construction.

Art. 10. Le préfet, sur l'avis du conseil général et des chambres consultatives d'agriculture, prescrit les précautions nécessaires pour écarter les dangers d'incendie et, notamment, l'interdiction d'allumer des feux dans les champs à moins d'une distance déterminée des bâtiments, vignes, vergers, haies, bois, bruyères, meules de grains, de paille, des dépôts régulièrement autorisés de bois et autres matières inflammables appartenant à autrui.

Il peut, sur l'avis du maire, lever temporairement l'interdiction, afin de permettre ou de faciliter certains travaux.

Art. 11. Les maires peuvent prescrire que les meules de grains, de paille, de fourrage, etc., seront placées à une distance déterminée des habitations et de la voie publique.

Art. 12. Le préfet, après avis du conseil général et des chambres consultatives d'agriculture, détermine les mesures à prendre dans toute exploitation agricole où il est fait usage constant ou momentané d'appareils mécaniques, afin d'éviter les dangers spéciaux pouvant résulter de ces appareils, dangers d'incendie ou dangers concernant les personnes.

Art. 13. Le maire peut prescrire aux propriétaires, usufruitiers, usagers, fermiers ou à tous autres possesseurs ou exploitants d'entourer d'une clôture suffisante les puits et les excavations présentant un danger pour la sécurité publique.

Art. 14. Les animaux dangereux doivent être tenus enfermés, attachés, enchaînés et de manière qu'ils ne puissent causer aucun accident soit aux personnes, soit aux animaux domestiques.

Art. 15. Lorsque des animaux errants sans gardien, ou dont le gardien refuse de se faire connaître, sont trouvés pacageant sur des terrains appartenant à autrui, sur les accotements ou dépendances des routes, canaux, chemins ou sur les terrains communaux, le propriétaire lésé ou son représentant a le droit de les conduire ou de les faire conduire immédiatement au lieu de dépôt désigné par l'autorité municipale.

Le maire, s'il connaît le propriétaire responsable du dommage, lui en donne avis. Dans le cas contraire, il est procédé à la vente de ces animaux, conformément aux dispositions de l'article 1er du titre VI, livre 1er, du Code rural.

Lorsque les animaux errants qui causent le dommage sont des volailles, des oiseaux de basse-cour de quelque espèce que ce soit,

s pigeons, le propriétaire, fermier ou
er du champ envahi pourra les tuer,
seulement sur le lieu, au moment où
ont causé le dégât et sans pouvoir se
proprier.
près un délai de vingt-quatre heures,
auquel appartiennent les volailles tuées
a pas enlevées, le propriétaire, fer-
u métayer du champ envahi est tenu
enfouir sur place.

. 16. Les maires prennent toutes les
es propres à empêcher la divagation
iens ; ils peuvent ordonner que les
seront tenus en laisse ou muselés. Ils
ivent que les chiens errants et tous
qui seraient trouvés sur la voie pu-
ou dans les champs non munis d'un
portant le nom et le domicile de leur
e seront conduits à la fourrière et abat-
rés un délai de quarante-huit heures
nt point été réclamés et si le proprié-
este inconnu.
délai est porté à huit jours francs pour
ens avec collier ou portant la marque
r maître.
propriétaires, fermiers ou métayers
droit de saisir ou de faire saisir par
le champêtre ou tout autre agent de la
ublique les chiens que leurs maîtres
t divaguer dans les bois, les vignes ou
coltes. Les chiens saisis sont conduits
à du dépôt désigné par l'autorité com-
e, et si, dans les délais ci-dessus fixés.
iens n'ont point été réclamés et si les
ages et les autres frais ne sont point
ils peuvent être abattus sur l'ordre du

. 17. Les maires prescrivent aux pro-
res de ruches toutes les mesures qui
assurer la sécurité des personnes,
aimaux, et aussi la préservation des
es et des fruits.
faut de l'arrêté préfectoral prévu par
e 8 du livre Iᵉʳ, titre IV, du Code rural,
ires déterminent à quelle distance des
ions, des routes, des voies publiques
chers découverts doivent être établis.
tefois, ne sont assujetties à aucune pres-
n de distance les ruches isolées des
étés voisines ou des chemins publics
s mur ou une palissade en planches
à hauteur de clôture.

CHAPITRE II.
De la salubrité publique.

. 18. Les maires sont chargés de
à tout ce qui intéresse la salubrité
ue.
assurent l'exécution des dispositions
s et réglementaires qui ont pour but
évenir les maladies contagieuses ou
tiques.
doivent donner avis d'urgence au pré-
tout cas d'épidémie, de tout cas d'épi-
qui leur seraient signalés dans le ter-
e de la commune.
euvent prendre les mesures provisoires
jugent utiles pour arrêter la propaga-
u mal.

SECTION PREMIÈRE.
Police sanitaire.

. 19. En cas d'insalubrité constatée
e conseil d'hygiène et de salubrité de
ndissement, le maire ordonne la sup-
on des fosses à purin non étanches et
rds d'absorption.
l'avis du même conseil, le maire peut
ire les dépôts de vidange ou de gadoue
eraient de nature à compromettre la
rité publique.

Il détermine les mesures à prendre pour
empêcher l'écoulement sur la voie publique
des liquides provenant des dépôts de fumiers
et des étables.
Les décisions des maires peuvent toujours
être l'objet d'un recours au préfet.

Art. 20. Il est interdit de laisser écouler,
de répandre ou de jeter soit sur les places
et voies publiques, soit dans les fontaines,
dans les mares et abreuvoirs, soit sur les
lieux de marchés ou de rassemblements
d'hommes ou d'animaux, des substances susceptibles de nuire à la salubrité publique.

Art. 21. Les maires surveillent, au point
de vue de la salubrité, l'état des ruisseaux,
rivières, étangs, mares ou amas d'eau. Les
questions relatives à la police des eaux restent
réglées par les dispositions des titres II et V
du livre II du Code rural sur le régime des
eaux.

Art. 22. Le maire doit ordonner les mesures nécessaires pour assurer l'assainisse-
ment et, s'il y a lieu, après avis du conseil
municipal, la suppression des mares communales placées dans l'intérieur des villages
ou dans le voisinage des habitations, toutes
les fois que ces mares compromettent la salubrité publique.
A défaut du maire, le préfet peut, sur l'avis
du conseil d'hygiène et après enquête de
commodo et incommodo, décider la suppression immédiate de ces mares, ou prescrire,
aux frais de la commune, les travaux reconnus utiles.
La dépense est comprise parmi les dépenses obligatoires prévues à l'article 136 de
la loi du 5 avril 1884.

Art. 23. Le maire prescrit aux propriétaires de mares ou fossés à eau stagnante
établis dans le voisinage des habitations
d'avoir soit à les supprimer, soit à exécuter
les travaux, ou à prendre les mesures nécessaires pour faire cesser toutes causes d'insalubrité.
En cas de refus ou de négligence, le maire
dénonce à l'administration préfectorale l'état
d'insalubrité constaté.
Le préfet, après avis du conseil d'hygiène
et du service hydraulique, peut ordonner la
suppression de la mare dangereuse ou prescrire que les travaux reconnus nécessaires
seront exécutés d'office aux frais du propriétaire, après mise en demeure préalable.
Le montant de la dépense est recouvré
comme en matière de contributions directes,
sur un rôle rendu exécutoire par le préfet.

Art. 24. Le préfet peut interdire la vidange des étangs et autres amas d'eau non
courante dans les cas et dans les lieux où
cette opération serait de nature à compromettre la salubrité publique.

Art. 25. Il est interdit de faire rouir du
chanvre ou du lin, ou toutes autres plantes
textiles, dans les abreuvoirs et lavoirs publics.
Le préfet peut réglementer ou même interdire le rouissage des plantes textiles dans les
eaux courantes et dans les étangs. Cette interdiction n'est prononcée qu'après avis du
conseil d'hygiène et de salubrité.
Les routoirs agricoles, c'est-à-dire ceux
exclusivement destinés à l'usage des cultiva-
teurs, ne sont point, comme les routoirs
industriels, assujettis aux prescriptions des
décrets des 15 octobre 1810 et 31 décembre
1866, relatifs aux établissements insalubres.
Toutefois, le préfet peut ordonner, sur la
demande du conseil municipal ou des propriétaires voisins, la suppression de tout
routoir établi à proximité des habitations et
dont l'insalubrité serait constatée.
Le maire peut désigner, par un arrêté, les
lieux où les routoirs publics seront établis,
ainsi que la distance à observer dans le choix
des emplacements destinés au séchage des
plantes textiles après le rouissage.

Art. 26. Le président de la République
peut, par décret rendu en la forme des règlements d'administration publique, interdire
les cultures qui pourraient être nuisibles
à l'hygiène et à la salubrité publiques, ou ne
les autoriser que dans des conditions déterminées.

Art. 27. La chair des animaux morts
d'une maladie quelle qu'elle soit ne peut être
vendue et livrée à la consommation.
Tout propriétaire d'un animal mort de
maladie non contagieuse est tenu, soit de le
faire transporter dans les vingt-quatre heures
à un atelier d'équarrissage régulièrement autorisé, soit, dans le même délai, de le détruire
par un procédé chimique ou par combustion,
soit de le faire enfouir dans une fosse située
autant que possible à 100 mètres des habitations, et de telle sorte que le cadavre soit
recouvert d'une couche de terre ayant au
moins un mètre d'épaisseur.
Il est défendu de jeter des bêtes mortes
dans les bois, dans les rivières, dans les
mares ou à la voirie, et de les enterrer dans
les étables, dans les cours attenant à une
habitation ou à proximité des puits, des fontaines et des abreuvoirs publics.

Art. 28. Le maire fait livrer à un atelier
d'équarrissage régulièrement autorisé, ou
enfouir, ou détruire par un procédé chimique, ou par combustion, le corps de tout
animal trouvé mort sur le territoire de la
commune et dont le propriétaire, après un
délai de douze heures, reste inconnu.

SECTION II.
Police sanitaire des animaux.

Art. 29. Les maladies réputées contagieuses et qui donnent lieu à déclaration et
à l'application des mesures de police sanitaire
ci-après, sont :
La rage dans toutes les espèces ;
La peste bovine dans toutes les espèces de
ruminants ;
La péripneumonie contagieuse, le charbon
emphysémateux ou symptomatique et la tuberculose dans l'espèce bovine ;
La clavelée et la gale dans les espèces ovine
et caprine ;
La fièvre aphteuse dans les espèces bovine,
ovine, caprine et porcine ;
La morve et le farcin, la dourine dans les
espèces chevaline, asine et leurs croisements ;
La fièvre charbonneuse ou sang de rate
dans les espèces chevaline, bovine, ovine et
caprine ;
Le rouget, la pneumo-entérite infectieuse
dans l'espèce porcine.

Art. 30. Un décret du président de la
République, rendu sur le rapport du ministre
de l'agriculture après avis du comité consultatif des épizooties, pourra ajouter à la nomenclature des maladies réputées contagieuses
dans chacune des espèces d'animaux énoncées
ci-dessus toutes autres maladies contagieuses
dénommées ou non qui prendraient un
caractère dangereux.
Les mesures de police sanitaire pourront
être étendues, par un décret rendu dans la
même forme, aux animaux d'espèces autres
que celles ci-dessus désignées.

Art. 31. Tout propriétaire, toute personne ayant, à quelque titre que ce soit, la
charge des soins ou la garde d'un animal
atteint ou soupçonné d'être atteint de l'une
des maladies contagieuses prévues par les
articles 29 ou 30, est tenu d'en faire immédiatement la déclaration au maire de la commune où se trouve l'animal.
L'animal atteint ou soupçonné d'être atteint
d'une maladie contagieuse doit être immédiatement, et avant même que l'autorité
administrative ait répondu à l'avertissement,
séquestré, séparé et maintenu isolé autant

que possible des autres animaux susceptibles de contracter cette maladie.

La déclaration et l'isolement sont obligatoires pour tout animal mort d'une maladie contagieuse ou soupçonnée contagieuse, ainsi que pour tout animal abattu, en dehors des cas prévus par le présent livre, qui, à l'ouverture du cadavre, est reconnu atteint ou suspect d'une maladie contagieuse.

Sont également tenus de faire la déclaration tous vétérinaires appelés à visiter l'animal vivant ou mort.

Il est interdit de transporter l'animal ou le cadavre avant que le vétérinaire sanitaire l'ait examiné. La même interdiction est applicable à l'enfouissement, à moins que le maire, en cas d'urgence, n'en ait donné l'autorisation spéciale.

Art. 32. Le maire doit, dès qu'il a été prévenu, s'assurer de l'accomplissement des prescriptions contenues dans l'article précédent et y pourvoir d'office, s'il y a lieu.

Aussitôt que la déclaration prescrite par l'article précédent a été faite, ou, à défaut de déclaration, dès qu'il a connaissance de la maladie, le maire fait procéder sans retard par le vétérinaire sanitaire à la visite de l'animal ou à l'autopsie du cadavre.

Ce vétérinaire constate et au besoin prescrit la complète exécution des dispositions de l'article 31 et les mesures de désinfection immédiatement nécessaires.

Il donne d'urgence communication au maire des mesures qu'il a prescrites, et, dans le plus bref délai, il adresse son rapport au préfet.

Art. 33. Après la constatation de la maladie, le préfet statue sur les mesures à mettre à exécution dans le cas particulier.

Il prend, s'il est nécessaire, un arrêté portant déclaration d'infection.

Cette déclaration peut entraîner, dans le périmètre qu'elle détermine, l'application des mesures suivantes :

1° L'isolement, la séquestration, la visite, le recensement et la marque des animaux et troupeaux dans ce périmètre ;

2° La mise en interdit de ce même périmètre ;

3° L'interdiction momentanée ou la réglementation des foires et marchés, du transport et de la circulation du bétail ;

4° La désinfection des écuries, étables, voitures ou autres moyens de transport, la désinfection ou même la destruction des objets à l'usage des animaux malades ou qui ont été souillés par eux, et généralement des objets quelconques pouvant servir de véhicules à la contagion.

Un règlement d'administration publique détermine celles de ces mesures qui sont applicables suivant la nature des maladies.

Art. 34. Lorsqu'un arrêté du préfet a constaté l'existence de la peste bovine dans une commune, les animaux qui en sont atteints et ceux de l'espèce bovine qui auraient été contaminés, alors même qu'ils ne présenteraient aucun signe apparent de maladie, sont abattus par ordre du maire, conformément à la proposition du vétérinaire sanitaire et après évaluation.

Il est interdit de suspendre l'exécution desdites mesures pour traiter les animaux malades, sauf dans les cas et sous les conditions qui seraient spécialement déterminées par le ministère de l'agriculture, sur l'avis du comité consultatif des épizooties.

Art. 35. Dans le cas prévu par l'article précédent, les animaux malades sont abattus sur place, ou sur le lieu d'enfouissement, si le transport du cadavre est déclaré par le vétérinaire plus dangereux que celui de l'animal vivant ; le transport en vue de l'abatage peut être autorisé par le maire, conformément à l'avis du vétérinaire sanitaire pour ceux qui ont été seulement contaminés.

Les animaux des espèces ovine et caprine qui ont été exposés à la contagion sont isolés et soumis aux mesures sanitaires déterminées par le règlement d'administration publique rendu pour l'exécution de la loi.

Art. 36. Dans les cas de morve et de farcin, de tuberculose dûment constatés, les animaux doivent être abattus sur ordre du maire.

Quand il y a contestation sur la nature de la maladie entre le vétérinaire sanitaire et le vétérinaire que le propriétaire aurait fait appeler, le préfet désigne un troisième vétérinaire, conformément au rapport duquel il est statué.

Art. 37. Dans le cas de péripneumonie contagieuse, le préfet ordonne, dans le délai de deux jours après la constatation de la maladie par le vétérinaire dûment délégué, l'abatage des animaux malades et l'inoculation des animaux d'espèce bovine dans le périmètre déclaré infecté.

L'inoculation n'est pas obligatoire pour les animaux que le propriétaire prend l'engagement de livrer à la boucherie dans un délai maximum de vingt et un jours à partir de la date de l'arrêté de déclaration d'infection.

Le ministre de l'agriculture a le droit d'ordonner l'abatage des animaux d'espèce bovine ayant été dans la même étable, ou dans le même troupeau, ou en contact avec des animaux atteints de péripneumonie contagieuse.

Art. 38. La rage, lorsqu'elle est constatée chez les animaux de quelque espèce qu'ils soient, entraîne l'abatage qui ne peut être différé sous aucun prétexte.

Les chiens et les chats suspects de rage doivent être immédiatement abattus. Le propriétaire de l'animal suspect est tenu, même en l'absence d'un ordre des agents de l'Administration, de pourvoir à l'accomplissement de cette prescription.

Art. 39. Dans les épizooties de clavelée, lorsque le propriétaire d'un troupeau infecté ne fera pas clavéliser les animaux de ce troupeau, le préfet pourra, par arrêté pris sur l'avis du vétérinaire délégué, ordonner l'exécution de cette mesure.

En dehors des cas d'épizootie, la clavelisation des troupeaux sains ne doit pas être exécutée sans autorisation du préfet, qui prend alors un arrêté de déclaration d'infection.

Art. 40. L'exercice de la médecine vétérinaire est interdit à quiconque n'est pas pourvu du diplôme de vétérinaire.

Art. 41. L'exposition, la vente ou la mise en vente des animaux atteints ou soupçonnés d'être atteints de maladies contagieuses sont interdites.

Le propriétaire ne peut s'en dessaisir que dans les conditions déterminées par le règlement d'administration publique prévu à l'article 33.

Ce règlement fixera, pour chaque espèce d'animaux et de maladies, le temps pendant lequel l'interdiction de vente s'appliquera aux animaux qui ont été exposés à la contagion. (V. *infrà,* L. 23 févr. 1905, art. 1er.)

Art. 42. La chair des animaux morts de maladies contagieuses quelles qu'elles soient, ou abattus comme atteints de la peste bovine, de la morve ou farcin, des maladies charbonneuses, du rouget et de la rage, ne peut être livrée à la consommation.

Les cadavres des animaux morts ou abattus comme atteints de maladies contagieuses doivent, au plus tard dans les vingt-quatre heures, être détruits par un procédé chimique ou par combustion, ou enfouis préalablement recouverts de chaux vive, et de telle sorte que la couche de terre au-dessus du cadavre ait au moins un mètre d'épaisseur.

Les cadavres des animaux morts de ma-

ladies charbonneuses, ceux des anima[ux] morts ou ayant été abattus comme attei[nts] de peste bovine, ne peuvent être enfo[uis] qu'avec la peau tailladée.

Les conditions dans lesquelles devr[ont] être exécutés le transport, la destruction l'enfouissement des cadavres sont déter[mi]nées par le règlement d'administration [pu]blique prévu à l'article 33.

Art. 43. Lorsque des animaux ont dû ê[tre] abattus comme atteints de péripneumo[nie] contagieuse, de tuberculose et de pneum[o] entérite infectieuse, la chair ne pourra ê[tre] livrée à la consommation qu'en vertu d'u[ne] autorisation spéciale du maire, sur l['avis] conforme, écrit et motivé, délivré par [le] vétérinaire sanitaire.

Toutefois, les poumons et autres viscè[res] de ces animaux devront être détruits [ou] enfouis, en observant les précautions ord[on]nées par l'article précédent.

Le maire adresse immédiatement au pr[éfet] copie de l'autorisation qu'il a accordée [et] y joint un duplicata de l'avis formulé par [le] vétérinaire sanitaire et l'attestation que [les] poumons et autres viscères ont été détr[uits] ou enfouis en sa présence ou en présence [de] son délégué.

Le règlement prévu par l'article 33 spé[ci]fiera les cas dans lesquels la chair des a[ni]maux atteints des maladies ci-dessus pou[rra] être livrée à la consommation.

Art. 44. La chair des animaux abat[tus] comme ayant été en contact avec des anim[aux] atteints de la peste bovine ne peut être liv[rée] à la consommation que sur l'avis du vété[ri]naire sanitaire ; dans tous les cas, leurs pe[aux] abats et issues ne peuvent être enlevés [du] lieu de l'abatage qu'après avoir été désinfec[tés] dans les conditions prescrites par le règ[le]ment d'administration publique.

Art. 45. Tout entrepreneur de transp[ort] par terre ou par eau qui aura transporté [des] animaux est tenu, en tout temps, de dés[in]fecter, dans les conditions prescrites par [le] règlement d'administration publique, [les] véhicules qui auront servi à cet usage, ai[nsi] que les étables, les écuries, quais et cou[rs] où les animaux ont séjourné.

Art. 46. Il est alloué aux propriétaires des animaux abattus pour cause de pe[ste] bovine, en vertu de l'article 34, une indemnité des trois quarts de leur valeur avant [la] maladie.

Il est alloué aux propriétaires des anim[aux] abattus pour cause de péripneumonie conta[gieuse, ou morts par suite de l'inoculatio[n] dans les conditions prévues par l'article [34,] une indemnité ainsi réglée :

La moitié de leur valeur avant la malad[ie] s'ils en sont reconnus atteints ;

Les trois quarts, s'ils ont seulement [été] contaminés ;

La totalité, s'ils sont morts des suites [de] l'inoculation.

L'indemnité à accorder ne peut dépasser [la] somme de 400 francs pour la moitié [de la] valeur de l'animal, celle de 600 francs po[ur] les trois quarts, et celle de 800 francs po[ur] la totalité de sa valeur.

Art. 47. Il n'est alloué aucune indemn[ité] aux propriétaires d'animaux importés [de] pays étrangers, abattus pour cause de pé[ri]pneumonie contagieuse dans les trois m[ois] qui ont suivi leur introduction en France.

Art. 48. Lorsque l'emploi des débris d'[un] animal mort pour cause de peste bovine [ou] de péripneumonie contagieuse a été, conf[or]mément à l'article 43 ou à l'article 44, aut[o]risé pour la consommation ou un usa[ge] industriel, le propriétaire est tenu de décla[rer] le produit de la vente de ces débris.

Ce produit appartient au propriétaire ; [s'il] est supérieur à la portion de la valeur laiss[ée] à sa charge, l'indemnité due par l'État [est] réduite de l'excédent.

Art. 49. Avant l'exécution de l'ordre d'abatage, il est procédé à une évaluation des animaux par le vétérinaire délégué et un expert désigné par la partie.

A défaut, par la partie, de désigner un expert, le vétérinaire délégué opère seul.

Il est dressé un procès-verbal de l'expertise ; le maire le contresigne et donne son avis.

Art. 50. La demande d'indemnité doit être adressée au ministre de l'agriculture, dans le délai de trois mois à dater du jour de l'abatage, sous peine de déchéance.

Le ministre peut ordonner la revision des évaluations faites en vertu des articles 46 et 49, par une commission dont il désigne les membres.

L'indemnité est fixée par le ministre, sauf recours au conseil d'Etat.

Art. 51. Toute infraction aux dispositions relatives à la police sanitaire prescrites par le présent titre et aux règlements rendus pour leur exécution peut entraîner la perte de l'indemnité, prévue par l'article 46.

La décision appartient au ministre, sauf recours au conseil d'Etat.

Art. 52. Il n'est alloué aucune indemnité aux propriétaires d'animaux abattus par suite de maladie contagieuse autre que la peste bovine ou la péripneumonie contagieuse, dans les conditions spéciales visées aux articles 34 et 37, et la tuberculose bovine dans les conditions ci-dessous :

Dans le cas de la saisie de viande pour cause de tuberculose, des indemnités seront accordées aux propriétaires qui se seront conformés aux prescriptions des lois et règlements sur la police sanitaire.

Le montant de cette indemnité sera réglé conformément aux proportionnalités établies dans la loi de finances de l'exercice 1898.

Art. 53. En cas d'épizooties, et à défaut des propriétaires, le maire désigne un enclos dans lequel devront être portés et enfouis, dans les conditions prescrites par les deuxième et troisième paragraphes de l'article 42, tous les cadavres des animaux contaminés.

Art. 54. Il est défendu de faire paître aucun animal sur le terrain d'enfouissement affecté aux cadavres des animaux morts de maladie contagieuse ou de livrer à la consommation les fourrages qui pourraient y être récoltés.

SECTION III.

Importation et exportation des animaux.

Art. 55. Les animaux des espèces chevaline, asine, bovine, ovine, caprine et porcine sont soumis, en tout temps, aux frais des importateurs, à une visite sanitaire au moment de leur entrée en France, soit par terre, soit par mer.

La même visite pourra être appliquée aux animaux des autres espèces, lorsqu'il y a lieu de craindre, par suite de leur introduction, l'invasion d'une maladie contagieuse.

Art. 56. Les bureaux de douane et ports de mer ouverts à l'importation des animaux admis à la visite sont déterminés par décret.

Art. 57. Le Gouvernement peut prohiber l'entrée en France, ou ordonner la mise en quarantaine des animaux susceptibles de communiquer une maladie contagieuse, ou tous les objets pouvant présenter le même danger.

Il peut, à la frontière, prescrire l'abatage, sans indemnité, des animaux malades ou ayant été exposés à la contagion, et, enfin, prendre toutes les mesures que la crainte d'invasion d'une maladie rendrait nécessaires.

Art. 58. Les mesures sanitaires à prendre à la frontière sont ordonnées par les maires dans les communes rurales, par les commissaires de police dans les gares frontières et

dans les ports de mer, conformément à l'avis du vétérinaire désigné par l'Administration pour la visite du bétail.

En attendant l'intervention de ces autorités, les agents des douanes peuvent être requis de prêter main-forte.

Art. 59. Dans les ports de mer ouverts à l'importation du bétail, il sera établi de quais spéciaux de débarquement, munis des agrès nécessaires, ainsi que des locaux destinés à recevoir les animaux mis en quarantaine par mesure sanitaire.

Les installations prévues au paragraphe précédent seront préalablement soumises à l'agrément du ministre de l'agriculture.

Pour couvrir les dépenses de ces installations, il pourra être perçu des taxes spéciales sur les animaux importés.

Art. 60. Le Gouvernement est autorisé à prescrire à la sortie les mesures nécessaires pour empêcher l'exportation des animaux atteints de maladies contagieuses.

Art. 61. Les frais d'abatage, d'enfouissement, de transport, de quarantaine, de désinfection, ainsi que tous autres frais auxquels peut donner lieu l'exécution des mesures sanitaires prescrites, sont à la charge des propriétaires ou conducteurs d'animaux.

En cas de refus des propriétaires ou conducteurs d'animaux de se conformer aux injonctions de l'autorité administrative, il y est pourvu d'office à leur compte.

Les frais de ces opérations seront recouvrés sur un état dressé par le maire et rendu exécutoire par le préfet. Les oppositions seront portées devant le juge de paix.

La désinfection des wagons de chemins de fer, prescrite par l'article 45, a lieu par les soins des compagnies ; les frais de cette désinfection sont fixés par le ministre des travaux publics, les compagnies entendues.

Art. 62. Un service des épizooties est établi dans chacun des départements, en vue d'assurer l'exécution de toutes les prescriptions de police sanitaire des animaux.

Les frais de ce service seront compris parmi les dépenses obligatoires à la charge des budgets départementaux et assimilés aux dépenses classées sous les paragraphes 1 à 4 de l'article 60 de la loi du 10 août 1871.

Art. 63. Les communes dans lesquelles il existe des foires et marchés aux chevaux ou aux bestiaux, des abattoirs ou des clos d'équarrissage, seront tenues de préposer, à leurs frais, et sauf à se rembourser par l'établissement d'une taxe sur les animaux amenés, un ou plusieurs vétérinaires pour l'inspection sanitaire des animaux qui y sont conduits.

Cette dépense est obligatoire pour la commune.

Art. 64. Un règlement d'administration publique détermine l'organisation du comité consultatif des épizooties institué auprès du ministre de l'agriculture.

Les renseignements recueillis par le ministre, au sujet des épizooties, sont communiqués au comité, qui donne son avis sur les mesures que peuvent exiger ces maladies.

CHAPITRE III.

De la protection des animaux domestiques.

Art. 65. Il est interdit d'exercer abusivement des mauvais traitements envers les animaux domestiques.

Art. 66. Tout entrepreneur de transport par terre ou par eau doit pourvoir, toutes les douze heures au moins, à l'abreuvement et à l'alimentation des animaux confiés à sa garde.

Si les animaux transportés sont accompagnés d'un gardien, l'entrepreneur est tenu

de fournir gratuitement les seaux, auges et autres ustensiles pour permettre l'alimentation et l'abreuvement et aussi l'eau nécessaire.

Les transports par chemins de fer restent d'ailleurs soumis aux règlements arrêtés par le ministre des travaux publics, après avis du ministre de l'agriculture, les compagnies entendues. Ces règlements déterminent les obligations des compagnies et la rémunération qui peut leur être due.

Art. 67. Indépendamment des mesures locales prises par les maires, le préfet prescrit, pour l'ensemble des communes du département, les précautions à prendre pour la conduite et le transport à l'abattoir ou pour l'abatage des animaux.

Art. 68. Les maires veillent à ce que, aussitôt après chaque tenue de foire ou de marché, le sol des halles, des marchés, des champs de foire, celui des hangars et étables, des parcs de comptage, la plateforme des ponts à bascule et tous autres emplacements où les bestiaux ont stationné, ainsi que les lisses, les boucles d'attachement et toutes parties en élévation qu'ils ont pu souiller, soient nettoyés et désinfectés.

Art. 69. Les marchés, halles, stations d'embarquement ou de débarquement, les auberges, écuries, vacheries, bergeries, chenils et autres lieux ouverts au public, gratuitement ou non, pour la vente, l'hébergement, le stationnement ou le transport des animaux domestiques, sont soumis à l'inspection du vétérinaire sanitaire.

A cet effet, tous propriétaires, locataires ou exploitants, ainsi que tous régisseurs ou préposés à la garde et à la surveillance de ces établissements, sont tenus de laisser pénétrer le vétérinaire sanitaire en vue d'y faire telles constatations qu'il juge nécessaires.

Dans la visite a lieu entre le lever et le coucher du soleil, le vétérinaire sanitaire devra être accompagné du maire ou du représentant de la police locale.

Un arrêté du ministre des travaux publics, après entente avec le ministre de l'agriculture, fixera les conditions dans lesquelles devra s'effectuer, dans les gares des chemins de fer, la surveillance du service sanitaire.

Art. 70. Le vétérinaire sanitaire, au cas où il trouve les locaux insalubres pour les animaux domestiques, indique les mesures à prendre ; en cas d'inexécution, il adresse au maire et au préfet un rapport dans lequel il fait connaître les mesures de désinfection et de nettoyage qu'il a recommandées et qu'il juge utiles pour y remédier.

Le préfet peut ordonner aux frais de qui de droit, et dans un délai qu'il détermine, l'exécution de ces mesures.

En cas d'urgence, le maire peut prescrire des mesures provisoires.

Art. 71. Lorsqu'un champ de foire ou un autre emplacement communal destiné à l'exposition en vente des bestiaux aura été reconnu insalubre, le vétérinaire délégué adresse un rapport au maire et au préfet, et le maire prescrit l'exécution des mesures de nettoyage et de désinfection indiquées.

A défaut du maire, le préfet peut, après mise en demeure, conformément à l'article 99 de la loi municipale, ordonner l'interdiction du champ de foire, ou prescrire, aux frais de la commune, les mesures indispensables à faire cesser les causes d'insalubrité pour les animaux domestiques.

Le préfet invite le conseil municipal à voter la dépense nécessitée par l'exécution de ces mesures. Il peut, s'il y a lieu, inscrire d'office au budget communal un crédit d'égale somme.

Art. 72. A dater du jour où l'arrêté du préfet ou du maire est signifié à la partie intéressée jusqu'à celui où les mesures prescrites sont exécutées, l'usage des locaux dont l'insalubrité a été constatée est interdit.

33

CHAPITRE IV.

De la police rurale concernant les récoltes.

Art. 73. Les maires sont chargés de la police rurale concernant les récoltes.

Ils assurent l'exécution des prescriptions relatives à la destruction des animaux, des insectes et des végétaux nuisibles à l'agriculture.

Ils font constater par les gardes champêtres et tous autres agents sous leurs ordres les délits et les contraventions aux lois et aux règlements ayant pour but la protection des récoltes.

Art. 74. Il est défendu de supprimer, de déplacer les bornes, les pieds corniers ou autres arbres plantés ou reconnus pour établir les limites entre les héritages; de recombler les fossés séparatifs, de dégrader les clôtures et les haies limitant la propriété d'autrui.

Il est interdit, sur la propriété d'autrui, de couper des branches dans les haies vives, d'enlever les bois secs des haies, de couper, de mutiler, de détériorer ou d'écorcer les arbres plantés dans les champs, dans les vignes, dans les bois, ou le long des routes et des chemins, de détruire les greffes des arbres fruitiers.

Il est interdit de dégrader les chemins, de déclore les héritages et de passer à travers les récoltes, de quelque nature qu'elles soient.

Art. 75. Le glanage, le grappillage, même dans les contrées où les usages locaux les ont établis, sont interdits dans tout enclos.

Les grappilleurs ou les glaneurs ne peuvent entrer dans les vignes et dans les champs ouverts que pendant le jour et après complet enlèvement des récoltes.

Art. 76. Les préfets prescrivent les mesures nécessaires pour arrêter ou prévenir les dommages causés à l'agriculture par les insectes, les cryptogames ou autres végétaux nuisibles, lorsque ces dommages prennent ou peuvent prendre un caractère envahissant ou calamiteux.

L'arrêté n'est pris par le préfet qu'après avis du conseil général du département et de la chambre consultative d'agriculture, à moins qu'il ne s'agisse de mesures urgentes et temporaires.

Il détermine l'époque à laquelle il devra être procédé à l'exécution des mesures, les localités dans lesquelles elles seront applicables, ainsi que les modes spéciaux à employer.

L'arrêté n'est exécutoire, dans tous les cas, qu'après l'approbation du ministre de l'agriculture, qui prend, sur les procédés à appliquer, l'avis de la commission technique.

Art. 77. Les propriétaires, les fermiers, les colons ou métayers, ainsi que les usufruitiers et les usagers, sont tenus d'exécuter, sur les immeubles qu'ils possèdent ou dont ils ont la jouissance et l'usage, les mesures prescrites par l'arrêté préfectoral. Toutefois, dans les bois et forêts, ces mesures ne sont applicables qu'à une lisière de 30 mètres.

Ils doivent ouvrir leurs terrains, pour permettre la vérification ou la destruction, à la réquisition des agents.

L'État, les départements, les communes sont astreints, pour leur domaine public et privé, aux mêmes obligations que les particuliers.

Il en est de même des établissements publics, pour leurs propriétés.

Art. 78. En cas d'inexécution, par des particuliers ou des établissements publics, dans les délais fixés, des mesures prescrites, procès-verbal est dressé par le maire, l'officier de gendarmerie, le commissaire de police, le garde forestier ou le garde champêtre, et le contrevenant est cité devant le juge de paix.

La citation sera donnée par lettre recommandée ou par le garde champêtre.

Les parties pourront comparaître volontairement et sur un simple avertissement du juge de paix.

Les délais fixés par l'article 146 du Code d'instruction criminelle seront observés.

Le juge de paix pourra ordonner l'exécution provisoire de son jugement, nonobstant opposition ou appel sur minute et avant enregistrement.

Art. 79. A défaut d'exécution dans le délai imparti par le jugement, il est procédé à l'exécution d'office, aux frais des contrevenants, par les soins du maire ou du commissaire de police.

Le recouvrement des dépenses ainsi faites est opéré comme en matière de contributions directes, sur un rôle rendu exécutoire par le préfet.

Art. 80. Lorsque l'échenillage ou la destruction des insectes nuisibles et la destruction des cryptogames et végétaux nuisibles doivent être opérés sur les biens appartenant à l'État, aux départements ou aux communes et ne l'ont pas été dans les délais imposés, il est procédé d'office, aux frais de qui il appartient, par les ordres du préfet.

Art. 81. L'entrée en France des végétaux, fleurs, feuilles, terres, composts et objets quelconques susceptibles de servir à l'introduction d'animaux, de larves, de plantes ou de cryptogames reconnus dangereux, peut être interdite par décret.

L'interdiction peut être étendue à la détention et au transport de ces animaux, larves, plantes ou cryptogames.

Les dispositions des lois et règlements spéciaux concernant la destruction du phylloxera et celle du doryphora restent d'ailleurs maintenues.

Art. 82. Des arrêtés du ministre de l'agriculture règlent les conditions sous lesquelles peuvent entrer et circuler en France les végétaux, fleurs, feuilles, terres, composts et objets soupçonnés dangereux, et provenant des pays étrangers ou des parties du territoire français déjà envahies et auxquelles ne s'appliquent pas les décrets d'interdiction.

V. *la discussion de cette loi à la Chambre des députés et au Sénat, D. P. 98. 4. 123 s.*

TITRE DEUXIÈME.

Attributions des fonctionnaires et agents préposés à la police rurale.

(Non voté.)

TITRE TROISIÈME.

Contraventions et délits ruraux.

(Non voté.)

FIN DU CODE RURAL.

APPENDICE.

LOIS, ORDONNANCES ET DÉCRETS
SE RATTACHANT AUX CODES.

Décret du 13 janvier 1791,
tif aux spectacles (R. v° *Prop. litt. et artist.*,
p. 444).

.rt. 3. . . . . Les ouvrages des auteurs vivants ne
.ront être représentés sur aucun théâtre public,
toute l'étendue de la France, sans le consen-
.nt formel et par écrit des auteurs, sous peine
.onfiscation du produit total des représentations
.rofit des auteurs.

. La disposition de l'article 3 s'applique aux
.ages déjà représentés, quels que soient les
.ens règlements ; néanmoins, les actes qui au-
.t été passés entre des comédiens et des auteurs
.nts, ou des auteurs morts depuis moins de cinq
. seront exécutés.

C. com. ann., p. 963 s.; et son Suppl., p. 814 s.
. aussi *Propriété littéraire et artistique*, 160 s.;
.od. v°, 56 s.; T. (87-97), *cod. v°*, 43 s.; D. P.
. artic., années 1897 et s., *cod. v°*, 1 s.

Décret du 19 juillet 1791,
tif aux spectacles (R. v° *Prop. litt. et artist.*,
p. 444).

.rt. 1er. Conformément aux dispositions des ar-
.s 3 et 4 du décret du 13 janvier dernier, concer-
.les spectacles, les ouvrages des auteurs vivants,
.que, soit qu'ils fussent ou non gravés ou impri-
. dre, faire vendre, distribuer leurs ouvrages dans
.ic, dans toute l'étendue du royaume, sans le
.entement formel et par écrit des auteurs, ou
. celui de leurs héritiers ou cessionnaires pour
.ouvrages des auteurs morts depuis moins de
. ans, sous peine de la confiscation du produit total
. représentations au profit de l'auteur ou de ses
.tiers ou cessionnaires.

. La convention entre les auteurs et les entre-
.neurs des spectacles sera parfaitement libre, et
. officiers municipaux, ni aucun autre fonctionnaire
.ic, ne pourront taxer lesdits ouvrages, ni mo-
. dre, ni augmenter le prix convenu ; et la rétribution
. auteurs, convenue entre eux ou leurs ayants
.se et les entrepreneurs de spectacle, ne pourra
. saisie ni arrêtée par les créanciers des entrepre-
.rs de spectacles.

. , les renvois, *suprà*, Décr. 13 janv. 1791.

Décret du 19 juillet 1793,
ative aux droits de propriété des auteurs d'écrits
n tous genres, compositeurs de musique, pein-
res et dessinateurs (R. v° *Prop. litt. et artist.*,
. 444).

.rt. 1er. Les auteurs d'écrits en tout genre, les
.mpositeurs de musique (*L. 11 mars 1902*) « les ar-
.iectes, les statuaires », les peintres et dessina-
.rs qui feront graver des tableaux ou dessins,
.rout durant leur vie entière du droit exclusif de
.té en tout genre, pendant dix années.

L. 11 mars 1902.) « Le même droit appartiendra
.x sculpteurs et dessinateurs d'ornements, quels
. soient le mérite et la destination de l'œuvre. »

2. Leurs héritiers ou concessionnaires jouiront du
même droit durant l'espace de dix ans après la mort
des auteurs.

3. Les officiers de paix seront tenus de faire con-
fisquer, à la réquisition et au profit des auteurs,
compositeurs, peintres ou dessinateurs et autres,
leurs héritiers ou cessionnaires, tous les exemplaires
des éditions imprimées ou gravées sans la permission formelle et par écrit des auteurs. (V. *infrà*,
Décr. 25 prairial an III.)

4. Tout contrefacteur sera tenu de payer au véritable propriétaire une somme équivalente au prix de
trois mille exemplaires de l'édition originale.

5. Tout débitant d'édition contrefaite, s'il n'est pas
reconnu contrefacteur, sera tenu de payer au véritable propriétaire une somme équivalente au prix de
cinq cents exemplaires de l'édition originale.

6. Tout citoyen qui mettra au jour un ouvrage,
soit de littérature ou de gravure, dans quelque genre
que ce soit, sera obligé d'en déposer deux exemplaires à la bibliothèque nationale ou au cabinet des
estampes de la République, dont il recevra un reçu
signé par le bibliothécaire ; faute de quoi il ne pourra
être admis en justice pour la poursuite des contrefacteurs.

7. Les héritiers de l'auteur d'un ouvrage de littérature ou de gravure, ou de toute autre production
de l'esprit ou du génie, qui appartient aux beaux-arts,
en auront la propriété exclusive pendant dix années.

V. C. com. ann., p. 947 s.; et son Suppl., p. 800 s.
— R. v° *Propriété littéraire et artistique*, 1 s. —
S. *cod. v°*, 1 s. — T. (87-97), *cod. v°*, 1 s. — D. P.
5° partie, années 1897 et s., *cod. v°*, 1 s.

Décret du 6 thermidor an III,
Qui autorise le dépôt du montant des billets à
ordre ou autres effets négociables dont le por-
teur ne se sera pas présenté dans les trois jours
qui suivront l'échéance (R. v° *Effets de com-*
merce, p. 50).

Art. 1er. Tout débiteur de billet à ordre, lettre de
change, billet au porteur ou autre effet négociable,
dont le porteur ne se sera pas présenté dans les trois
jours qui suivront celui de l'échéance, est autorisé à
déposer la somme portée au billet, aux mains du
receveur de l'enregistrement dans l'arrondissement
duquel l'effet est payable.

2. L'acte de dépôt contiendra la date du billet,
celle de l'échéance, et le nom de celui au bénéfice
duquel il aura été originairement fait.

3. Le dépôt seulement du billet ne sera tenu
qu'à remettre l'acte du dépôt en échange du billet.

4. La somme déposée sera remise à celui qui représentera l'acte de dépôt, sans autre formalité que
celle de la remise d'icelui, et de la signature du porteur sur le registre du receveur.

5. Si le porteur ne sait pas écrire, il en sera fait
mention sur le registre.

6. Les droits attribués aux receveurs de l'enregistrement pour les présents dépôts, sont fixés à
1 pour 100. Ils sont dus par le porteur du billet.

R. v° *Effets de commerce*, 573 s. — S. *cod. v°*, 244 s.

Décret du 25 prairial an III,
Interprétative de celle du 19 juillet 1793, qui assure
aux auteurs et artistes la propriété de leurs
ouvrages (R. v° *Prop. litt. et artist.*, p. 445).

Art. 1er. Les fonctions attribuées aux officiers de
paix par l'article 3 de la loi du 19 juillet 1793 seront
à l'avenir exercées par les commissaires de police,
et par les juges de paix dans les lieux où il n'y a
pas de commissaire de police.

Code des délits et des peines du 3 brumaire an IV
(R. v° *Lois codifiées*, p. 239).

Art. 605. Sont punis des peines de simple police...,
8° Les auteurs de... voies de fait et violences légères,
pourvu qu'ils n'aient blessé ni frappé personne, et
qu'ils ne soient pas notés, d'après les dispositions de
la loi du 19 juillet 1791, comme *gens sans aveu*,
suspects ou malintentionnés, auxquels cas ils ne
peuvent être jugés que par le tribunal correctionnel.

606. Crimes et délits contre les personnes, 164 s.
— S. *eod. v°*, 175 s. — T. (87-97). v° *Voies de fait*,
1 s. — V. aussi C. pén. ann., p. 438 s.; et son Suppl.,
p. 192.

Loi du 25 ventôse an XI (16 mars 1803),
Contenant organisation du notariat
(R. v° *Notaire*, p. 576 s.).

TITRE I. — DES NOTAIRES ET DES ACTES
NOTARIÉS.

SECTION I. — DES FONCTIONS, RESSORTS
ET DEVOIRS DES NOTAIRES.

Art. 1er. Les notaires sont les fonctionnaires publics établis pour recevoir tous les actes et contrats
auxquels les parties doivent ou veulent faire donner
le caractère d'authenticité attaché aux actes de l'autorité publique, et pour en assurer la date, en conserver le dépôt, en délivrer des grosses et expéditions.

2. Ils sont institués à vie.

3. Ils sont tenus de prêter leur ministère lorsqu'ils
en sont requis.

4. Chaque notaire devra résider dans le lieu qui
lui sera fixé par le Gouvernement. En cas de contravention, le notaire sera considéré comme démissionnaire ; en conséquence, le grand-juge, ministre
de la justice, après avoir pris l'avis du tribunal,
pourra proposer au Gouvernement le remplacement.

5. (*L. 12 août 1902.*) Les notaires exercent leurs
fonctions, savoir :

Ceux des villes où est établi un tribunal d'appel,
dans l'étendue du ressort de ce tribunal ; ceux des
villes où il n'y a qu'un tribunal de première instance,
dans l'étendue du ressort de ce tribunal ; ceux des
autres communes, dans le ressort du tribunal de paix.

Toutefois, les notaires des communes où il y a plusieurs justices de paix exercent leurs fonctions concurremment dans toute l'étendue de la commune.

Les notaires ayant actuellement le droit d'instrumenter dans plusieurs cantons, en vertu des lois antérieures spéciales, conserveront leur ressort actuel.

Dans tout canton où il n'y a qu'un seul notaire, les notaires des cantons limitrophes appartenant au même ressort de cour d'appel, auront le droit d'instrumenter dans ce canton, mais seulement en ce qui concerne les testaments, les donations entre époux et les donations à titre de partage anticipé. A titre de réciprocité, le notaire unique au canton aura le droit d'instrumenter pour les mêmes actes dans lesdits cantons limitrophes (V. *infrà*, L. 29 mars 1907).

6. Il est défendu à tout notaire d'instrumenter hors de son ressort, à peine d'être suspendu de ses fonctions pendant trois mois, d'être destitué en cas de récidive, et de tous dommages-intérêts.

7. Les fonctions de notaires sont incompatibles avec celles de juges, commissaires du Gouvernement près les tribunaux, leurs substituts, greffiers, avoués, huissiers, préposés à la recette des contributions directes et indirectes, juges, greffiers et huissiers des justices de paix, commissaires de police et commissaires aux ventes.

SECTION II. — DES ACTES, DE LEUR FORME, DES MINUTES, GROSSES, EXPÉDITIONS ET RÉPERTOIRES.

8. Les notaires ne pourront recevoir des actes dans lesquels leurs parents ou alliés, en ligne directe, à tous les degrés, et en collatérale jusqu'au degré d'oncle ou de neveu inclusivement, seraient parties, ou qui contiendraient quelque disposition en leur faveur.

9. (*L.* 12 *août* 1902.) Les actes notariés pourront être reçus par un seul notaire, sauf les exceptions ci-après :

1° Les testaments et les notifications d'actes respectueux resteront soumis aux règles spéciales du Code civil;

2° Les actes contenant donation entre vifs ou donation entre époux autres que celles insérées dans un contrat de mariage, acceptation de donation, révocation de testament ou de donation, reconnaissance d'enfant naturel, et les procuration ou autorisation pour consentir ces divers actes seront, à peine de nullité, reçus par deux notaires ou par un notaire assisté de deux témoins.

La présence du second notaire ou des deux témoins n'est requise qu'au moment de la lecture de l'acte par le notaire et de la signature des parties ou de leur déclaration de ne savoir ou de ne pouvoir signer, et la mention en sera faite dans l'acte, à peine de nullité;

3° Les actes dans lesquels les parties ou l'une d'elles ne sauront ou ne pourront signer seront soumis à la signature d'un second notaire ou de deux témoins.

Dans le cas ci-dessus prévu, paragraphe 2, les témoins instrumentaires devront être Français et majeurs, savoir signer et avoir la jouissance de leurs droits civils. Ils pourront être de l'un ou de l'autre sexe, mais le mari et la femme ne pourront être témoins ensemble dans le même acte.

10. Deux notaires parents ou alliés au degré prohibé par l'article 8 ne pourront concourir au même acte.

Les parents, alliés, soit du notaire, soit des parties contractantes, au degré prohibé par l'article 8, leurs clercs et leurs serviteurs ne pourront être témoins.

11. (*L.* 12 *août* 1902.) Le nom, l'état et la demeure des parties, devront être connus des notaires, ou leur être attestés dans l'acte par deux personnes majeures connues d'eux, sachant signer, ayant les mêmes qualités que celles requises pour être témoins instrumentaires.

12. Tous les actes doivent énoncer les nom et lieu de résidence du notaire qui les reçoit, à peine de cent francs d'amende contre le notaire contrevenant.

Ils doivent également énoncer les noms des témoins instrumentaires, leur demeure, le lieu, l'année et le jour où les actes sont passés, sous les peines prononcées par l'article 68 ci-après, et même de faux, si le cas y échoit.

13. Les actes de notaires seront écrits en un seul et même contexte, lisiblement, sans abréviation, blanc, lacune et intervalle; ils contiendront les noms, prénoms, qualités et demeures des parties, ainsi que des témoins qui seraient appelés dans le cas de l'article 11; ils énonceront en toutes lettres les sommes et les dates; les procurations des contractants seront annexées à la minute, qui fera mention que lecture de l'acte a été faite aux parties : le tout à peine de cent francs d'amende contre le notaire contrevenant.

14. Les actes seront signés par les parties, les témoins et les notaires, qui doivent en faire mention à la fin de l'acte.

Quant aux parties qui ne savent ou ne peuvent signer, le notaire doit faire mention, à la fin de l'acte, de leurs déclarations à cet égard.

15. Les renvois et apostilles ne pourront, sauf l'exception ci-après, être écrits qu'en marge; ils seront signés ou parafés, tant par les notaires que par les autres signataires, à peine de nullité des renvois et apostilles. Si la longueur du renvoi exige qu'il soit transporté à la fin de l'acte, il devra être non seulement signé ou parafé comme les renvois écrits en marge, mais encore expressément approuvé par les parties, à peine de nullité du renvoi.

16. Il n'y aura ni surcharge, ni interligne, ni addition dans le corps de l'acte; et les mots surchargés, interlignés ou ajoutés seront nuls. Les mots qui devront être rayés le seront de manière que le nombre puisse en être constaté à la marge de leur page correspondante, ou à la fin de l'acte, et approuvé de la même manière que les renvois écrits en marge; le tout à peine d'une amende de cinquante francs contre le notaire, ainsi que de tous dommages-intérêts, même de destitution en cas de fraude.

17. Le notaire qui contreviendra aux lois et aux arrêtés du Gouvernement, concernant les noms et qualifications supprimés, les clauses et expressions féodales, les mesures et l'annuaire de la République, ainsi que la numération décimale, sera condamné à une amende de cent francs, qui sera double en cas de récidive.

18. Le notaire tiendra exposé, dans son étude, un tableau sur lequel il inscrira les noms, prénoms, qualités et demeures des personnes qui, dans l'étendue du ressort où il peut exercer, sont interdites et assistées d'un conseil judiciaire, ainsi que la mention des jugements relatifs; le tout immédiatement après la notification qui en aura été faite, et à peine des dommages-intérêts des parties.

19. Tous actes notariés feront foi en justice, et seront exécutoires dans toute l'étendue de la République.

Néanmoins, en cas de plainte en faux principal, l'exécution de l'acte argué de faux sera suspendue par la déclaration du jury d'accusation, prononçant *qu'il y a lieu à accusation* : en cas d'inscription de faux faite incidemment, les tribunaux pourront, suivant la gravité des circonstances, suspendre provisoirement l'exécution de l'acte.

20. Les notaires seront tenus de garder minute de tous les actes qu'ils recevront.

Ne sont néanmoins compris dans la présente disposition, les certificats de vie, procurations, actes de notoriété, quittances de fermages, de loyers, de salaires, arrérages de pensions et rentes, et autres actes simples qui, d'après les lois, peuvent être délivrés en brevet.

21. Le droit de délivrer des grosses et des expéditions n'appartiendra qu'au notaire possesseur de la minute; et, néanmoins, tout notaire pourra délivrer copie d'un acte qui lui aura été déposé pour minute.

22. Les notaires ne pourront se dessaisir d'aucune minute, si ce n'est dans les cas prévus par la loi, et en vertu d'un jugement.

Avant de s'en dessaisir, ils en dresseront et signeront une copie figurée, qui, après avoir été certifiée par le président et le commissaire du tribunal civil de leur résidence, sera substituée à la minute, dont elle tiendra lieu jusqu'à sa réintégration.

23. Les notaires ne pourront également, sans l'ordonnance du président du tribunal de première instance, délivrer expédition ni donner connaissance des actes à d'autres qu'aux personnes intéressées en nom direct, héritiers ou ayants droit, à peine des dommages-intérêts, d'une amende de cent francs, et d'être, en cas de récidive, suspendus de leurs fonctions pendant trois mois, sauf néanmoins l'exécution des lois et règlements sur le droit d'enregistrement, et de celles relatives aux actes qui doiven être publiés dans les tribunaux.

24. En cas de compulsoire, le procès-verbal ser dressé par le notaire dépositaire de l'acte, à moin que le tribunal qui l'ordonne ne commette un de se membres, ou tout autre juge, ou un autre notair

25. Les grosses seules seront délivrées en form exécutoire; elles seront intitulées et terminées dan les mêmes termes que les jugements des tribu naux.

26. Il doit être fait mention, sur la minute, de l délivrance d'une première grosse faite à chacune de parties intéressées; il ne peut lui en être délivr d'autre, à peine de destitution, sans une ordonnanc du président du tribunal de première instance, la quelle demeurera jointe à la minute.

27. Chaque notaire sera tenu d'avoir un cachet o sceau particulier, portant ses nom, qualité et rési dence, et, d'après un modèle uniforme, le type d la République française.

Les grosses et expéditions des actes porteron l'empreinte de ce cachet.

28. Les actes notariés seront légalisés, savoir ceux des notaires à la résidence des tribunaux d'ap pel, lorsqu'on s'en servira hors de leur ressort; e ceux des autres notaires, lorsqu'on s'en servira hor de leur département.

La légalisation sera faite par le président du tri bunal de première instance de la résidence du no taire, ou du lieu où sera délivré l'acte ou l'expédition

29. Les notaires tiendront répertoires de tous le actes qu'ils recevront.

30. Les répertoires seront visés, cotés et parafé par le président, ou, à son défaut, par un autre jug du tribunal civil de la résidence : ils contiendront l date, la nature et l'espèce de l'acte, les noms de parties, et la relation de l'enregistrement.

TITRE II. — RÉGIME DU NOTARIAT.

SECTION I. — NOMBRE, PLACEMENT ET CAUTIONNEMENT DES NOTAIRES

31. (*L.* 12 *août* 1902.) Le nombre des notaire pour chaque département, leurs placement et rési dence seront déterminés par le Gouvernement, d manière : 1° que, dans les villes de 100 000 habi tants et au-dessus, il y ait un notaire au plus pa 6 000 habitants; 2° que, dans les autres communes il y ait un notaire au moins par canton.

Toutefois, en cas de décès ou d'empêchemen justifié du titulaire, le président du tribunal pourra à la requête du procureur de la République ou du titulaire empêché, désigner comme suppléant un notaire d'un des ressorts de justice de paix limitrophes du même arrondissement.

32. (*L.* 12 *août* 1902.) Les suppressions d'offic ne seront effectuées que par mort, démission ou destitution, ou à la suite d'un accord intervenu entre les parties intéressées, et après avis de la chambre de discipline et du tribunal.

En cas de démission du titulaire, avec présentation d'un successeur, le Gouvernement pourra toujours refuser la nomination, si la suppression du titre est jugée nécessaire, après avis de la chambre et du tribunal.

L'indemnité due après suppression d'un office, en cas de mort ou de démission, sera convenue entre les intéressés, sous le contrôle du Gouvernement, ou fixée par le décret prononçant la suppression, après avis de la chambre des notaires et du tribunal.

Dans tous les cas, elle sera mise à la charge des notaires qui devront bénéficier de la suppression, quelle que soit leur résidence.

La répartition en sera faite par le garde des sceaux, sur la proposition de la chambre des notaires de l'arrondissement auquel appartient l'office supprimé.

33. Les notaires exercent sans patentes; mais ils sont assujettis à un cautionnement fixé par le Gouvernement, d'après les bases ci-après, et qui sera spécialement affecté à la garantie des condamnations prononcées contre eux, par suite de l'exercice de leurs fonctions.

Lorsque, par l'effet de cette garantie, le montant du cautionnement aura été employé en tout ou en partie, le notaire sera suspendu de ses fonctions ce que le cautionnement ait été entièrement ; et, faute par lui de rétablir, dans les six l'intégralité du cautionnement ; il sera consiomme démissionnaire, et remplacé.

Le cautionnement sera fixé par le Gouvernement en raison combinée des ressort et résidence que notaire, d'après un *minimum* et un *maximum* suivant le tableau ci-après, savoir...

cautionnements seront versés, remboursés, et frêts payés conformément aux lois sur les nements, sous la déduction de tous versoantérieurs.

ION II. — CONDITIONS POUR ÊTRE ADMIS, T MODE DE NOMINATION AU NOTARIAT.

(*L.* 12 *août* 1902.) Pour être admis aux fonce notaire, il faudra : 1° jouir de l'exercice des de citoyen ; 2° avoir satisfait aux lois sur le ment de l'armée ; 3° être âgé de vingt-cinq ans ijlis ; 4° justifier du temps de travail prescrit articles suivants ; 5° et avoir subi avec succamen professionnel prescrit par les articles 42 i-après.

(*L.* 12 *août* 1902.) Le temps de travail ou de cera, sauf les exceptions ci-après, de six annières et non interrompues, dont deux au en qualité de premier clerc. Une de ces deux devra être accomplie dans un office d'une au moins égale à celle de l'office dont le tituera à remplacer.

emps de stage ne sera que de quatre années, ne au moins en qualité de premier clerc, si le titulaire du diplôme de docteur ou de licencié it, ou du certificat d'élève diplômé d'une école ariat reconnue par l'État.

(*L.* 12 *août* 1902.) Les membres des tribuurra ou des cours ayant au moins deux ans ctions, les avoués et les avocats ayant au deux ans d'inscription au tableau, les receet les agents supérieurs de l'administration de istrement, les greffiers en chef des cours et aux civils, licenciés en droit, ayant exercé onctions pendant cinq ans au moins, pourront dmis aux fonctions de notaire en vertu d'une se expresse du garde des sceaux, en justifiant année de stage dans une étude de notaire classe égale à celle à laquelle aspire le canet après avoir subi avec succès l'examen presr les articles 42 et 43 ci-après.

(*L.* 12 *août* 1902.) Le notaire en exercice besoin d'aucune nouvelle justification pour dmis à une place de notaire vacante, même ine classe supérieure à celle à laquelle il apt.

(*L.* 12 *août* 1902.) Nul ne sera admis à l'insn de stage, s'il ne justifie qu'il est âgé de pt ans accomplis et s'il ne produit un certificat nes vie et mœurs.

(*L.* 12 *août* 1902.) L'aspirant au notariat ndra un avancement de grade que sur la pron d'un certificat délivré par le notaire chez il travaillera.

ertificat renfermera des renseignements précis uillés sur les aptitudes, la capacité et la mora-l'aspirant.

a mutation de grade s'effectue dans une autre issement que celui où l'aspirant était déjà insielui-ci devra joindre au certificat ci-dessus rtificat de capacité et de moralité délivré par nbre de discipline dans le ressort de laquelle aillait.

(*L.* 12 *août* 1902.) Aucun aspirant au notariat i être admis à prendre l'inscription de pre-clerc, s'il n'a préalablement subi avec succès, i la chambre, dans le ressort de laquelle il lle, un examen après lequel il sera déclaré i ces fonctions.

xamen comprendra une épreuve écrite et une ve orale. La délibération motivée qui sera prise chambre visera la capacité et la moralité du lat.

. (*L.* 12 *août* 1902.) L'aspirant qui voudra être i des fonctions de notaire produira, avec le ne d'aptitude, un avis de la chambre de disci-du ressort dans lequel il se propose d'exercer, certificat de chaque chambre dans le ressort

de laquelle il aura travaillé, constatant la durée de son stage et sa moralité.

Aucun aspirant ne sera admis aux fonctions de notaire s'il ne justifie avoir subi avec succès un examen professionnel.

Cet examen comprendra deux épreuves : l'une écrite, dans laquelle l'aspirant rédigera au moins deux formules d'actes ; l'autre orale, qui portera sur l'ensemble des connaissances juridiques nécessaires à l'exercice du notariat.

Les épreuves orales seront subies publiquement. L'examen sera passé au chef-lieu du département dans lequel l'aspirant sera au stage, devant une commission spéciale réunie, sur la convocation du président de la chambre des notaires du chef-lieu composée de cinq membres au moins, et comprenant :

Le président ou le syndic de la chambre des notaires du chef-lieu du département, qui en aura la présidence, et un ou plusieurs notaires délégués par chacune des chambres du département;

Et un agent supérieur de l'enregistrement désigné par la direction.

43. (*L.* 12 *août* 1902.) L'examen devra être passé avant tout traité de cession d'office ; mais le diplôme d'aptitude ne sera délivré par le secrétariat de la chambre dépositaire du rapport de la commission d'examen qu'au moment de la confection, par le parquet, du dossier de présentation du candidat.

A Paris, la chambre des notaires fera fonctions de commission spéciale ; il lui sera adjoint un agent supérieur de l'enregistrement désigné par le directeur.

Il en sera de même dans les départements où il n'existerait qu'une seule chambre des notaires.

Tout candidat dont l'insuffisance aura été constatée dans l'une et l'autre des deux épreuves sera ajourné et ne pourra subir un nouvel examen avant le délai d'un an.

44. (*L.* 12 *août* 1902.) Il est établi, au profit des bourses communes, des droits d'inscription et d'examen.

Ces droits sont fixés ainsi qu'il suit :

Pour chaque inscription sur le registre du stage, cinq francs (5 fr.);

Pour l'examen du premier clerc, vingt francs (20 fr.);

Pour l'examen d'aptitude aux fonctions de notaire, quarante francs (40 fr.).

45. Les notaires seront nommés par le premier consul, et obtiendront de lui une commission qui énoncera le lieu fixe de la résidence.

46. Les commissions de notaires seront, dans leur intitulé, adressées au tribunal de première instance dans le ressort duquel le pourvu aura sa résidence.

47. Dans les deux mois de sa nomination, et à peine de déchéance, le pourvu sera tenu de prêter, à l'audience du tribunal auquel la commission aura été adressée, le serment que la loi exige de tout fonctionnaire public, ainsi que celui de remplir ses fonctions avec exactitude et probité.

Il ne sera admis à prêter serment qu'en représentant l'original de sa commission et la quittance du droit de son cautionnement.

Il sera tenu de faire enregistrer le procès-verbal de prestation de serment au secrétariat de la municipalité du lieu où il devra résider, et aux greffes de tous les tribunaux dans le ressort desquels il doit exercer.

48. Il n'aura le droit d'exercer qu'à compter du jour où il aura prêté serment.

49. Avant d'entrer en fonctions, les notaires devront déposer au greffe de chaque tribunal de première instance de leur département, et au secrétariat de la municipalité de leur résidence, leur signature et paraphe.

Les notaires à la résidence des tribunaux d'appel feront, en outre, ce dépôt au greffe des autres tribunaux de première instance de leur ressort.

SECTION III. — CHAMBRE DE DISCIPLINE.

50. Les chambres qui seront établies pour la discipline intérieure des notaires seront organisées par des règlements.

51. Les honoraires et vacations des notaires seront réglés, à l'amiable, entre eux et les parties ; sinon, par le tribunal civil de la résidence du notaire, sur

l'avis de la chambre et sur simples mémoires, sans frais.

52. Tout notaire suspendu, destitué ou remplacé, devra, aussitôt après la notification qui lui aura été faite de sa suspension, de sa destitution, ou de son remplacement, cesser l'exercice de son état, à peine de tous dommages et intérêts, et des autres condamnations prononcées par les lois contre tout fonctionnaire suspendu ou destitué qui continue l'exercice de ses fonctions.

Le notaire suspendu ne pourra les reprendre, sous les mêmes peines, qu'après la cessation du temps de la suspension.

53. Toutes suspensions, destitutions, condamnations d'amende et dommages-intérêts, seront prononcées contre les notaires par le tribunal civil de leur résidence, à la poursuite des parties intéressées, ou d'office à la poursuite et diligence du commissaire du Gouvernement.

Ces jugements seront sujets à l'appel, et exécutoires par provision, excepté quant aux condamnations pécuniaires.

SECTION IV. — GARDE, TRANSMISSION, TABLES DES MINUTES, ET RECOUVREMENTS.

54. Les minutes et répertoires d'un notaire remplacé ou dont la place aura été supprimée, pourront être remis par lui ou par ses héritiers à l'un des notaires résidant dans la même commune, ou à l'un des notaires résidant dans le même canton, si le remplacé était le seul notaire établi dans la commune.

55. Si la remise des minutes et répertoires du notaire remplacé n'a pas été effectuée, conformément à l'article précédent, dans le mois, à compter du jour de la prestation de serment du successeur, la remise en sera faite à celui-ci.

56. Lorsque la place de notaire sera supprimée, le titulaire ou ses héritiers seront tenus de remettre les minutes et répertoires, dans le délai de deux mois, du jour de la suppression, à l'un des notaires de la commune, ou à l'un des notaires du canton, conformément à l'article 54.

57. Le commissaire du Gouvernement près le tribunal de première instance est chargé de veiller à ce que les remises ordonnées par les articles précédents soient effectuées, et dans le cas de suppression de la place, si le titulaire ou ses héritiers n'ont pas fait choix, dans les délais prescrits, du notaire à qui les minutes et répertoires devront être remis, le commissaire indiquera celui qui en demeurera dépositaire.

Le titulaire ou ses héritiers en retard de satisfaire aux dispositions des articles 55 et 56, seront condamnés à cent francs d'amende par chaque mois de retard, à compter du jour de la sommation qui leur aura été faite d'effectuer la remise.

58. Dans tous les cas, il sera dressé un état sommaire des minutes remises, et le notaire qui les recevra, s'en chargera au pied de cet état, dont un double sera remis à la chambre de discipline.

59. Le titulaire ou ses héritiers et le notaire qui recevra les minutes, aux termes des articles 54, 55 et 56, traiteront, de gré à gré, des recouvrements, à raison des actes dont les honoraires sont encore dus, et du bénéfice des expéditions.

S'ils ne peuvent s'accorder, l'appréciation en sera faite par deux notaires dont les parties conviendront, ou qui seront nommés d'office parmi les notaires de la même résidence, ou, à leur défaut, parmi ceux de la résidence la plus voisine.

60. Tous dépôts de minutes, sous la dénomination de *chambres de contrats, bureaux de tabellionnage*, et autres, sont maintenus à la garde de leurs possesseurs actuels. Les grosses et expéditions ne pourront en être délivrées que par un notaire de la résidence des dépôts, ou, à défaut, par un notaire de la résidence la plus voisine.

Néanmoins, si lesdits dépôts de minutes ont été remis au greffe d'un tribunal, les grosses et expéditions pourront, dans ce cas seulement, être délivrées par le greffier.

61. Immédiatement après le décès du notaire ou autre possesseur de minutes, les minutes et répertoires seront mis sous les scellés par le juge de paix de la résidence, jusqu'à ce qu'un autre notaire en

34

ait été provisoirement chargé par ordonnance du président du tribunal de la résidence.

. . . .

DISPOSITIONS GÉNÉRALES.

68. Tout acte fait en contravention aux dispositions contenues aux articles 6, 8, 9, 10, 14, 20, 52, 64, 65, 66 et 67, est nul, s'il n'est pas revêtu de la signature de toutes les parties; et lorsque l'acte sera revêtu de la signature de toutes les parties contractantes, il ne voudra que comme écrit sous signature privée : sauf, dans les deux cas, s'il y a lieu, les dommages-intérêts contre le notaire contrevenant.

R. v° *Notaire*, 1 s. — S. *eod.* v°, 1 s. — T. (87-97), *eod.* v°, 1 s.; *Discipline*, 1 s. — V. aussi N. C. civ. ann., t. 3, Appendice à l'art. 1317; Suppl. au C. pr. civ. ann., p. 368.

———

Décret du 1er germinal an XIII,

Concernant les droits des propriétaires d'ouvrages posthumes (R. v° *Prop. litt. et artist.*, p. 445).

Article unique. Les propriétaires, par succession ou à autre titre, d'un ouvrage posthume, ont les mêmes droits que l'auteur, et les dispositions des lois sur la propriété exclusive des auteurs et sur sa durée leur sont applicables; toutefois à la charge d'imprimer séparément les œuvres posthumes, et sans les joindre à une nouvelle édition des ouvrages déjà publiés et devenus propriété publique.

V. C. com. ann., p. 903 s.; et son Suppl., p. 813 s. — V. aussi R. v° *Prop. litt. litt. et artist.*, 146 s.; S. *eod.* v°, 114 s.

———

Décret impérial du 8 juin 1806,

Concernant les théâtres (R. v° *Théâtre*, p. 295).

Art. 10. Les auteurs et les entrepreneurs sont libres de déterminer entre eux, par des conventions mutuelles, les rétributions dues aux premiers par somme fixe ou autrement.

11. Les autorités locales veilleront strictement à l'exécution de ces conventions.

12. Les propriétaires d'ouvrages dramatiques posthumes ont les mêmes droits que l'auteur, et les dispositions sur la propriété des auteurs et sa durée leur sont applicables ainsi qu'il est dit au décret du 1er germinal an XIII.

V. les renvois, *supra*, Décr. 1er germinal an XIII.

———

Loi du 3 septembre 1807,

ur le taux de l'intérêt de l'argent (R. v° *Prêt à intérêt*, p. 804).

Art. 1er. L'intérêt conventionnel ne pourra excéder, en matière civile, 5 pour 100, ni en matière de commerce, 6 pour 100, le tout sans retenue.

2. L'intérêt légal sera, en matière civile, de 5 pour 100, et en matière de commerce, de 6 pour 100 aussi sans retenue (V. *infra*, L. 7 avr. 1900).

3. Lorsqu'il sera prouvé que le prêt conventionnel a été fait à un taux excédant celui qui est fixé par l'article 1er, le prêteur sera condamné, par le tribunal saisi de la contestation, à restituer cet excédant, s'il l'a reçu, ou à souffrir la réduction sur le principal de la créance, et pourra même être renvoyé, s'il y a lieu, devant le tribunal correctionnel, pour y être jugé conformément à l'article suivant.

5. Il n'est rien innové aux stipulations d'intérêt par contrats ou autres actes faits jusqu'au jour de la publication de la présente loi.

R. v° *Prêt à intérêt*, 1 s., 164 s. — S. *eod.* v°, 134 s. — T. (87-97), v° *Intérêts de capitaux*, 50 s.; *Usure*, 1 s. — V. aussi N. C. civ. ann., Appendice à l'art. 1907; C. pén. ann., Appendice v° *Usure*; et son Suppl., *ibid.*

———

Loi du 3 septembre 1807,

Relative aux inscriptions hypothécaires en vertu de jugements rendus sur des demandes en reconnaissance d'obligation sous-seing privé (R. v° *Priv. et hyp.*, p. 4).

Art. 1er. Lorsqu'aura été rendu un jugement sur une demande en reconnaissance d'obligation sous seing privé, formée avant l'échéance ou l'exigibilité de ladite obligation, il ne pourra être pris aucune inscription hypothécaire en vertu de ce jugement qu'à défaut de payement de l'obligation après son échéance ou son exigibilité, à moins qu'il n'y ait eu stipulation contraire.

2. Les frais relatifs à ce jugement ne pourront être répétés contre le débiteur que dans le cas où il aura dénié sa signature.

Les frais d'enregistrement seront à la charge du débiteur, tant dans le cas dont il vient d'être parlé que lorsqu'il aura refusé de se libérer après l'échéance ou l'exigibilité de la dette.

R. v° *Priv. et hyp.*, 1096 s. — S. *eod.* v°, 727 s. — T. (87-97), v° *Hypoth. judic.*, 1 s.

———

Loi du 14 novembre 1808,

Relative à la saisie immobilière des biens d'un débiteur situés dans plusieurs arrondissements (R. v° *Vente publique d'immeubles*, p. 554).

Art. 1er. La saisie immobilière des biens d'un débiteur situés dans plusieurs arrondissements pourra être faite simultanément, toutes les fois que la valeur totale desdits biens sera inférieure au montant réuni des sommes dues tant aux saisissants qu'aux autres créanciers inscrits.

2. La valeur des biens sera établie d'après les derniers baux authentiques, sur le pied du denier vingt-cinq.

A défaut de baux authentiques, elle sera calculée d'après le rôle des contributions, sur le pied du denier trente.

3. Le créancier qui voudra user de la faculté accordée par l'article 1er, sera tenu de présenter requête au président du tribunal de l'arrondissement où le débiteur a son domicile, et d'y joindre : 1° copie en forme des baux authentiques, ou, à leur défaut, copie également en forme du rôle de la contribution foncière; 2° l'extrait des inscriptions prises sur le débiteur dans les divers arrondissements où les biens sont situés, ou le certificat qu'il n'en existe aucune.

La requête sera communiquée au ministère public, et répondue d'une ordonnance portant permis de faire la saisie de tous les biens situés dans les arrondissements et départements désignés.

4. Les procédures relatives tant à l'expropriation forcée qu'à la distribution du prix des immeubles, seront portées devant les tribunaux respectifs de la situation des biens.

5. Toutes dispositions contraires à la présente loi sont abrogées.

R. v° *Distrib. par contr.*, 41 s.; *Ordre*, 291 s.; *Vente publ. d'imm.*, 195 s., 1003. — S. v° *Distrib. par contr.*, 12. — V. aussi C. pr. civ. ann., p. 123 s.; et son Suppl., p. 49.

———

Loi du 28 avril 1816,

Sur les finances (R. v° *Office*, p. 110).

Art. 91. Les avocats à la cour de cassation, notaires, avoués, greffiers, huissiers, agents de change, courtiers, commissaires-priseurs, pourront présenter à l'agrément de Sa Majesté des successeurs, pourvu qu'ils réunissent les qualités exigées par les lois. Cette faculté n'aura pas lieu pour les titulaires destitués.

Il sera statué, par une loi particulière, sur l'exécution de cette disposition, et sur les moyens d'en faire jouir les héritiers ou ayants cause desdits officiers.

Cette faculté de présenter des successeurs ne déroge point, au surplus, au droit de Sa Majesté de réduire le nombre desdits fonctionnaires, notamment celui des notaires, dans les cas prévus par la loi du 25 ventôse an XI sur le notariat.

V. le commentaire de ce texte, N. C. civ. ann., Appendice à l'art. 1598.

———

Loi du 15 avril 1829,

Relative à la pêche fluviale (R. v° *Pêche fluviale*, p. 443). — V. *infrà*, L. 31 mai 1865.

TITRE 1er. — DU DROIT DE PÊCHE.

Art. 1er. Le droit de pêche sera exercé au profit de l'État; — 1° Dans tous les fleuves, rivières, canaux et contre-fossés navigables ou flottables avec bateaux, trains ou radeaux, et dont l'entretien à la charge de l'État ou de ses ayants cause;

2° Dans les bras, noues, boires et fossés qui leurs eaux des fleuves et rivières navigables ou flottables dans lesquels on peut en tout temps passer ou pénétrer librement en bateau de pêcheur, et l'entretien est également à la charge de l'État.

Sont toutefois exceptés les canaux et fossés existants, ou qui seraient creusés dans les propriétés particulières, et entretenus aux frais des propriétaires.

2. Dans toutes les rivières et canaux autres que ceux qui sont désignés dans l'article précédent, propriétaires riverains auront, chacun de son côté le droit de pêche jusqu'au milieu du cours de l'eau sans préjudice des droits contraires établis par possession ou titres.

3. Des ordonnances royales, insérées au *Bulletin des lois*, détermineront, après une enquête de *commodo et incommodo*, quelles sont les parties des fleuves et rivières et quels sont les canaux désignés dans les deux premiers paragraphes de l'article 1er où le droit de pêche sera exercé au profit de l'État.

De semblables ordonnances fixeront les limites entre la pêche fluviale et la pêche maritime dans les fleuves et rivières affluant à la mer. Ces limites seront les mêmes que celles de l'inscription maritime; mais la pêche qui se fera au-dessus du point où des eaux cesseront d'être salées sera soumise aux règles de police et de conservation établies pour la pêche fluviale.

Dans les cas où les cours d'eau seraient rendus déclarés navigables ou flottables, les propriétaires seront privés du droit de pêche auront droit à une indemnité préalable, qui sera réglée selon les formes prescrites par les articles 16, 17 et 18 de la loi du 8 mars 1810, compensation faite des avantages qu'ils pourraient retirer de l'établissement par le Gouvernement.

4. Les contestations entre l'Administration et les adjudicataires relatives à l'interprétation et à l'exécution des conditions des baux et adjudications, toutes celles qui s'élèveraient entre l'Administration ou ses ayants cause et des tiers intéressés à raison de leurs droits ou de leurs propriétés, seront portées devant les tribunaux.

5. Tout individu qui se livrera à la pêche sur les fleuves et rivières navigables ou flottables, canaux ruisseaux ou cours d'eau quelconques, sans la permission de celui à qui le droit de pêche appartient, sera condamné à une amende de 20 francs au moins et de 100 francs au plus, indépendamment des dommages-intérêts.

Il y aura lieu, en outre, à la restitution du prix du poisson qui aura été pêché en délit; et la confiscation des filets et engins de pêche pourra être prononcée.

Néanmoins il est permis à tout individu de pêcher à la ligne flottante tenue à la main, dans les fleuves rivières et canaux désignés dans les deux premiers paragraphes de l'article 1er de la présente loi, temps de frai excepté.

TITRE II. — DE L'ADMINISTRATION ET DE LA RÉGIE DE LA PÊCHE.

6. (*Art. 3 C. for.*) « Nul ne peut exercer le droit de garde-pêche, s'il n'est âgé de vingt-cinq ans accomplis. »

7. (*Art. 5 C. for.*) « Les préposés chargés de la surveillance de la pêche ne pourront entrer en fonctions qu'après avoir prêté serment devant le tribunal de première instance de leur résidence, et avoir fait enregistrer leur commission et l'acte de prestation de leur serment au greffe des tribunaux dans le ressort desquels ils devront exercer leurs fonctions.

Dans le cas d'un changement de résidence qui le

serait dans un autre ressort où la même qualité, y aura pas lieu à une nouvelle prestation de serment. »

3. Les gardes-pêche pourront être déclarés responsables des délits commis dans leurs cantonnements, et passibles des amendes et indemnités encourues par les délinquants, lorsqu'ils n'auront pas rient constaté de délits.

4. L'empreinte des fers, dont les gardes-pêche usage pour la marque des filets, sera déposée au fe des tribunaux de première instance.

*art. 9 a été abrogé implicitement par l'art. 9 a loi du 31 mai 1865.

TITRE III. — DES ADJUDICATIONS DES CANTONNEMENTS DE PÊCHE.

10. (L. 6 juin 1840.) La pêche au profit de l'État a exploitée, soit par voie d'adjudication publique, par concession de licences à prix d'argent.

e mode de concessions par licences ne sera employé que lorsque l'adjudication aura été tentée sans ès.

outes les fois que l'adjudication d'un cantonnement de pêche n'aura pu avoir lieu, il sera fait ation, dans le procès-verbal de la séance, des ures qui auront été prises pour donner toute la ilicité possible à la mise en adjudication, et des onstances qui se seront opposées à la loca-

. 20 janvier 1902.) Il peut être dérogé, au titre des sociétés de pêcheurs à la ligne, au principe 'adjudication dans les conditions déterminées par 'èglement d'administration publique.

1. L'adjudication publique devra être annoncée moins quinze jours à l'avance par des affiches osées dans le chef lieu du département, dans communes riveraines du cantonnement et dans communes environnantes.

2. (Art. 18 C. for.) « Toute location faite autrement que par adjudication publique sera considérée me clandestine et déclarée nulle. Les fonctionnes et agents qui l'auraient ordonnée ou effectuée, ont condamnés solidairement à une amende égale double du fermage annuel du cantonnement de ne. »

ont exceptées les locations par voie de licence.
3. (Art. 19 C. for.) « Sera de même annulée e adjudication qui n'aura point été précédée des lications et affiches prescrites par l'article 11, ou aura été effectuée dans d'autres lieux, à autres et heure que ceux qui auront été indiqués par affiches ou procès-verbaux de remise en loca-

es fonctionnaires ou agents qui auraient contrevu à ces dispositions seront condamnés solidairet à une amende égale à la valeur annuelle du tonnement de pêche; et une amende pareille sera roncée contre les adjudicataires en cas de conité. »

4. (L. 6 juin 1840.) Toutes les contestations qui vront s'élever pendant les opérations d'adjudica-, soit sur la validité desdites opérations, soit sur solvabilité de ceux qui auront fait des offres et de s cautions, seront décidées immédiatement par onctionnaire qui présidera la séance d'adjudica-

'article 14 est conforme à l'article 20 C. for. difié par la loi du 4 mai 1837.

5. (Art. 21 C. for.) « Ne pourront prendre part adjudications, ni par eux-mêmes, ni par pernes interposées, directement ou indirectement, comme parties principales, soit comme associés cautions :

* Les agents et gardes forestiers et les gardesbe, dans toute l'étendue du royaume; les foncnaires chargés de présider ou de concourir aux udications et les receveurs du produit de la pêche, is toute l'étendue du territoire où ils exercent leurs ctions;

cas de contravention, ils seront punis d'une ende qui ne pourra excéder le quart ni être indre du douzième du montant de l'adjudication; ils seront, en outre, passibles de l'emprisonneent et de l'interdiction qui sont prononcés par l'arle 175 du Code pénal;

* Les parents et alliés en ligne directe, les frères

et beaux-frères, oncles et neveux des agents, et gardes forestiers et gardes-pêche, dans toute l'étendue du territoire pour lequel ces agents ou gardes sont commissionnés;

En cas de contravention, ils seront punis d'une amende égale à celle qui est prononcée par le paragraphe précédent;

3° Les conseillers de préfecture, les juges, officiers du ministère public et greffiers des tribunaux de première instance, dans tout l'arrondissement de leur ressort.

En cas de contravention, ils seront passibles de tous dommages-intérêts, s'il y a lieu.
Toute adjudication qui serait faite en contravention aux dispositions du présent article sera déclarée nulle. »

16. (L. 6 juin 1840.) Toute association secrète, toute manœuvre entre les pêcheurs ou autres, tendant à nuire aux adjudications, à les troubler ou à obtenir les cantonnements de pêche à plus bas prix, donnera lieu à l'application des peines portées par l'article 412 du Code pénal, indépendamment de tous dommages-intérêts; et si l'adjudication a été faite au profit de l'association secrète ou des auteurs desdites manœuvres, elle sera déclarée nulle.

17. (Art. 23 C. for.) « Aucune déclaration de command ne sera admise, si elle n'est faite immédiatement après l'adjudication et séance tenante. »

18. (Art. 24 C. for.) « Faute par l'adjudicataire de fournir les cautions exigées par le cahier des charges dans le délai prescrit, il sera déclaré déchu de l'adjudication par un arrêté du préfet, et il sera procédé, dans les formes ci-dessus prescrites, à une nouvelle adjudication du cantonnement de pêche, à sa folle enchère.

L'adjudicataire déchu sera tenu, par corps, de la différence entre son prix et celui de la nouvelle adjudication, sans pouvoir réclamer l'excédent, s'il y en a. »

19. (L. 6 juin 1840.) Toute adjudication sera définitive du moment où elle sera prononcée, sans que, dans aucun cas, il puisse y avoir lieu à surenchère.

20. (L. 6 juin 1840.) Les divers modes d'adjudication seront déterminés par une ordonnance royale.
Les adjudications auront toujours lieu avec publicité et concurrence.

21. (L. 6 juin 1840.) Les adjudicataires seront tenus d'élire domicile dans le lieu où l'adjudication aura été faite; à défaut de quoi, tous actes postérieurs leur seront valablement signifiés au secrétariat de la sous-préfecture.

L'article 21, modifié par la loi du 6 juin 1840, reproduit identiquement les dispositions de l'article 27 C. for., modifié par la loi du 4 mai 1837.

22. (Art. 28 C. for.) « Tout procès-verbal d'adjudication emporte exécution parée et contrainte par corps contre les adjudicataires, leurs associés et cautions, tant pour le payement du prix principal de l'adjudication que pour ses accessoires et frais.

Les cautions sont en outre contraignables solidairement et par les mêmes voies au payement des dommages, restitutions et amendes qu'aurait encourues l'adjudicataire. »

TITRE IV. — CONSERVATION ET POLICE DE LA PÊCHE.

23. Nul ne pourra exercer le droit de pêche dans les fleuves et rivières navigables ou flottables, les canaux, ruisseaux et cours d'eau quelconques, qu'en se conformant aux dispositions suivantes.

24. Il est interdit de placer dans les rivières navigables ou flottables, canaux et ruisseaux, aucun barrage, appareil ou établissement quelconque de pêcherie ayant pour objet d'empêcher entièrement le passage du poisson.

Les délinquants seront condamnés à une amende de 50 francs à 500 francs, et, en outre, aux dommages-intérêts; et les appareils ou établissements de pêche seront saisis et détruits.

25. (L. 18 novembre 1898.) Quiconque aura jeté dans les eaux des drogues ou appâts qui sont de nature à enivrer le poisson ou à le détruire, sera puni d'une amende de 30 francs à 100 francs, et d'un emprisonnement d'un mois à trois mois.

Ceux qui se sont servis de la dynamite ou d'autres produits de même nature, seront passibles d'une

amende de 200 à 500 francs, et d'un emprisonnement de trois mois à un an.

26. Des ordonnances royales détermineront :

1° Les temps, saisons et heures pendant lesquels la pêche sera interdite dans les rivières et cours d'eau quelconques;

2° Les procédés et modes de pêche qui, étant de nature à nuire au repeuplement des rivières, doivent être prohibés;

3° Les filets, engins et instruments de pêche qui seront défendus comme étant aussi de nature à nuire au repeuplement des rivières;

4° Les dimensions de ceux dont l'usage sera permis dans les divers départements pour la pêche des différentes espèces de poissons;

5° Les dimensions au-dessous desquelles les poissons de certaines espèces, qui seront désignées ne pourront être pêchés et devront être rejetés en rivière;

6° Les espèces de poissons avec lesquelles il sera défendu d'appâter les hameçons, nasses, filets ou autres engins.

V. infrà, le décret du 5 septembre 1897, portant règlement général sur la pêche fluviale.

27. Quiconque se livrera à la pêche pendant les temps, saisons et heures prohibés par les ordonnances, sera puni d'une amende de 30 à 200 francs.

28. Une amende de 30 à 100 francs sera prononcée contre ceux qui feront usage, en quelque temps et en quelque fleuve, rivière, canal ou ruisseau que ce soit, de l'un des procédés ou modes de pêche ou de l'un des instruments ou engins de pêche prohibés par les ordonnances.

Si le délit a eu lieu pendant le temps du frai, l'amende sera de 60 à 200 francs.

29. Les mêmes peines sont prononcées contre ceux qui, soit seulement, pour une autre pêche, de filets permis seulement pour celle du poisson de petite espèce.

Ceux qui seront trouvés porteurs ou munis, hors de leur domicile, d'engins ou instruments de pêche prohibés, pourront être condamnés à une amende qui n'excédera pas 20 francs, et à la confiscation des engins ou instruments de pêche, à moins que ces engins ou instruments ne soient destinés à la pêche dans des étangs ou réservoirs.

30. Quiconque pêchera, colportera ou débitera des poissons qui n'auront point les dimensions déterminées par les ordonnances, sera puni d'une amende de 20 à 50 francs, et de la confiscation desdits poissons.

Sont néanmoins exceptées de cette disposition les ventes de poisson provenant des étangs ou réservoirs.
Sont considérés comme des étangs ou réservoirs les fossés et canaux appartenant à des particuliers, dès que leurs eaux cessent naturellement de communiquer avec les rivières.

31. La même peine sera prononcée contre les pêcheurs qui appâteront leurs hameçons, nasses, filets ou autres engins, avec des poissons des espèces prohibées que seront désignées par les ordonnances.

V. infrà, le décret du 5 septembre 1897.

32. Les fermiers de la pêche et porteurs de licences, leurs associés, compagnons et gens à gages, ne pourront faire usage d'aucun filet ou engin quelconque, qu'après qu'il aura été plombé ou marqué par les agents de l'administration de la police de la pêche.

La même obligation s'étendra à tous autres pêcheurs compris dans les limites de l'inscription maritime, pour les engins et filets dont ils feront usage dans les cours d'eau désignés par les paragraphes 1 et 2 de l'article 1er de la présente loi.

Les délinquants seront punis d'une amende de 20 francs pour chaque filet ou engin non plombé ou marqué.

L'article 32, en ce qui concerne la marque ou le plombage des filets, a été formellement abrogé par l'article 19 de la loi du 31 mai 1865.

33. Les contremaîtres, les employés du balisage et les mariniers qui fréquentent les fleuves, rivières et canaux navigables ou flottables, ne pourront avoir dans leurs bateaux ou équipages aucun filet ou engin de pêche, même non prohibé, sous peine d'une amende de 50 francs, et de la confiscation des filets.

A cet effet, ils seront tenus de souffrir la visite, sur leurs bateaux et équipages, des agents chargés de la police de la pêche, aux lieux où ils aborderont.

La même amende sera prononcée contre ceux qui s'opposeront à cette visite.

34. Les fermiers de la pêche et les porteurs de licences, et tous pêcheurs en général, dans les rivières et canaux désignés par les deux premiers paragraphes de l'article 1er de la présente loi, seront tenus d'amener leurs bateaux, et de faire l'ouverture de leurs loges et hangars, bannetons, huches et autres réservoirs et boutiques à poisson, sur leurs cantonnements, à toute réquisition des agents et préposés de l'administration de la pêche, à l'effet de constater les contraventions qui pourraient être par eux commises aux dispositions de la présente loi.

Ceux qui s'opposeront à la visite ou refuseront l'ouverture de leurs boutiques à poisson, seront, pour ce seul fait, punis d'une amende de 50 francs.

35. Les fermiers et porteurs de licences ne pourront user, sur les fleuves, rivières et canaux navigables, que du chemin de halage; sur les rivières et cours d'eau flottables, que du marchepied. Ils traiteront de gré à gré avec les propriétaires riverains pour l'usage des terrains dont ils auront besoin pour retirer et asséner leurs filets.

TITRE V. — DES POURSUITES EN RÉPARATION DE DÉLITS.

SECTION Ire. — DES POURSUITES EXERCÉES AU NOM DE L'ADMINISTRATION.

36. Le Gouvernement exerce la surveillance et la police de la pêche dans l'intérêt général.

En conséquence, les agents spéciaux par lui institués à cet effet, ainsi que les gardes champêtres, éclusiers des canaux et autres officiers de police judiciaire, sont tenus de constater les délits qui sont spécifiés au titre 4 de la présente loi, en quelques lieux qu'ils soient commis; et lesdits agents spéciaux exerceront, conjointement avec les officiers du ministère public, toutes les poursuites et actions en réparation de ces délits.

Les mêmes agents et gardes de l'Administration, les gardes champêtres, les éclusiers, les officiers de police judiciaire, pourront constater également le délit spécifié en l'article 5, et ils transmettront leurs procès-verbaux au procureur du Roi [*au procureur de la République*].

37. Les gardes-pêche nommés par l'Administration sont assimilés aux gardes forestiers royaux.

38. Ils recherchent et constatent par procès-verbaux les délits dans l'arrondissement du tribunal près duquel ils sont assermentés.

39. (*Art.* 161 *C. for.*) « Ils sont autorisés à saisir les filets et autres instruments de pêche prohibés, ainsi que le poisson pêché en délit. »

40. Les gardes-pêche ne pourront, sous aucun prétexte, s'introduire dans les maisons et enclos y attenants pour la recherche des filets prohibés.

41. Les filets et engins de pêche qui auront été saisis comme prohibés, ne pourront, dans aucun cas, être remis sous caution. Ils seront déposés au greffe, et y demeureront jusqu'après le jugement pour être ensuite détruits.

Les filets non prohibés, dont la confiscation aurait été prononcée en exécution de l'article 5, seront vendus au profit du Trésor.

En cas de refus, de la part des délinquants, de remettre immédiatement le filet déclaré prohibé après la sommation du garde-pêche, ils seront condamnés à une amende de 50 francs.

42. Quant au poisson saisi pour cause de délit, il sera vendu sans délai dans la commune la plus voisine du lieu de la saisie, à son de trompe et aux enchères publiques, en vertu d'ordonnance du juge de paix ou de ses suppléants, si la vente a lieu dans un chef-lieu de canton, ou, dans le cas contraire, d'après l'autorisation du maire de la commune : ces ordonnances ou autorisations seront délivrées sur la requête des agents ou gardes qui auront opéré la saisie, et sur la présentation du procès-verbal régulièrement dressé et affirmé par eux.

Dans tous les cas, la vente aura lieu en présence du receveur des domaines, et, à son défaut, du maire ou adjoint de la commune ou du commissaire de police.

43. Les gardes-pêche ont le droit de requérir directement la force publique pour la répression des délits en matière de pêche, ainsi que pour la saisie des filets prohibés et du poisson pêché en délit.

44. (*Art.* 165 *C. for.*) « Ils écriront eux-mêmes leurs procès-verbaux; ils les signeront, et les affirmeront, au plus tard, le lendemain de la clôture desdits procès-verbaux, par-devant le juge de paix du canton ou l'un de ses suppléants, ou par-devant le maire ou l'adjoint, soit de la commune de leur résidence, soit de celle où le délit a été commis ou constaté; le tout sous peine de nullité.

« Toutefois, si, par suite d'un empêchement quelconque, le procès-verbal est seulement signé par le garde-pêche, mais non écrit en entier de sa main, l'officier public qui en recevra l'affirmation devra lui en donner préalablement lecture, et faire ensuite mention de cette formalité; le tout sous peine de nullité du procès-verbal. »

45. (*Art.* 166 *C. for.*) « Les procès-verbaux dressés par les agents forestiers, les gardes généraux et les gardes à cheval, soit isolément, soit avec le concours des gardes-pêche royaux et des gardes champêtres, ne seront point soumis à l'affirmation. »

46. Dans le cas où le procès-verbal portera saisie, il en sera fait une expédition qui sera déposée dans les vingt-quatre heures au greffe de la justice de paix, pour qu'il en puisse être donné communication à ceux qui réclameraient les objets saisis.

Le délai ne courra que du moment de l'affirmation pour les procès-verbaux qui sont soumis à cette formalité.

47. (*Art.* 170 *C. for.*) « Les procès-verbaux seront, sous peine de nullité, enregistrés dans les quatre jours qui suivront celui de l'affirmation, ou celui de la clôture du procès-verbal, s'il n'est pas sujet à l'affirmation.

L'enregistrement s'en fera en débet. »

48. Toutes les poursuites exercées en réparation de délits pour fait de pêche, seront portées devant les tribunaux correctionnels.

49. (*Art.* 172 *C. for.*) « L'acte de citation doit, à peine de nullité, contenir la copie du procès-verbal et de l'acte d'affirmation. »

50. (*Art.* 173 *C. for.*) « Les gardes de l'Administration chargés de la surveillance de la pêche pourront, dans les actions et poursuites exercées en son nom, faire toutes citations et significations d'exploits, sans pouvoir procéder aux saisies-exécutions.

Leurs rétributions pour les actes de ce genre seront taxées comme pour les actes faits par les huissiers des juges de paix. »

51. (*Art.* 174 *C. for.*) « Les agents de cette Administration ont le droit d'exposer l'affaire devant le tribunal, et sont entendus à l'appui de leurs conclusions. »

52. Les délits en matière de pêche seront prouvés, soit par procès-verbaux, soit par témoins à défaut de procès-verbaux ou en cas d'insuffisance de ces actes.

53. Les procès-verbaux revêtus de toutes les formalités prescrites par les articles 44 et 47 ci-dessus, et qui sont dressés et signés par deux agents ou gardes-pêche, font preuve, jusqu'à inscription de faux, des faits matériels relatifs aux délits qu'ils constatent, quelles que soient les condamnations auxquelles ces délits peuvent donner lieu.

Il ne sera, en conséquence, admis aucune preuve outre ou contre le contenu de ces procès-verbaux, à moins qu'il n'existe une cause légale de récusation contre l'un des signataires.

54. Les procès-verbaux, revêtus de toutes les formalités prescrites, mais qui ne seront dressés et signés que par un seul agent ou garde-pêche, feront de même preuve suffisante jusqu'à inscription de faux, mais seulement lorsque le délit n'entraînera pas une condamnation de plus de 50 francs, tant pour amende que pour dommages-intérêts

55. (*Art.* 178 *C. for.*) « Les procès-verbaux qui, d'après les dispositions qui précèdent, ne font point foi et preuve suffisante jusqu'à inscription de faux peuvent être corroborés et combattus par toutes les preuves légales, conformément à l'article 154 du Code d'instruction criminelle. »

56. Le prévenu qui voudra s'inscrire en faux contre le procès-verbal, sera tenu d'en faire par écrit et en personne, ou par un fondé de pouvoir spécial par acte notarié, la déclaration au greffe du tribunal, avant l'audience indiquée par la citation.

Cette déclaration sera reçue par le greffier du tribunal; elle sera signée par le prévenu ou son fondé de pouvoir; et dans le cas où il ne saurait ou ne pourrait signer, il en sera fait mention expresse.

Au jour indiqué pour l'audience, le tribunal donnera acte de la déclaration, et fixera un délai de huit jours au moins et de quinze jours au plus, pendant lequel le prévenu sera tenu de faire au greffe le dépôt des moyens de faux, et des noms, qualités et demeures des témoins qu'il voudra faire entendre.

A l'expiration de ce délai et sans qu'il soit besoin d'une citation nouvelle, le tribunal admettra les moyens de faux, s'ils sont de nature à détruire l'effet du procès-verbal, et il sera procédé sur le faux conformément aux lois.

Dans le cas contraire, et faute par le prévenu d'avoir rempli toutes les formalités ci-dessus prescrites, le tribunal déclarera qu'il n'y a lieu à admettre les moyens de faux, et ordonnera qu'il soit passé outre au jugement.

57. (*Art.* 180 *C. for.*) « Le prévenu contre lequel aura été rendu un jugement par défaut, sera encore admissible à faire sa déclaration d'inscription de faux pendant le délai qui lui est accordé par la loi pour se présenter à l'audience sur l'opposition par lui formée. »

58. (*Art.* 181 *C. for.*) « Lorsqu'un procès-verbal sera rédigé contre plusieurs prévenus, et qu'un ou quelques-uns d'entre eux seulement s'inscriront en faux, le procès-verbal continuera de faire foi à l'égard des autres, à moins que le fait sur lequel portera l'inscription de faux ne soit indivisible et commun aux autres prévenus. »

59. Si, dans une instance en réparation de délits, le prévenu excipe d'un droit de propriété ou tout autre droit réel, le tribunal saisi de la plainte statuera sur l'incident.

L'exception préjudicielle ne sera admise qu'autant qu'elle sera fondée, soit sur un titre apparent, soit sur des faits de possession équivalents, articulés avec précision, et si le titre produit ou les faits articulés sont de nature, dans le cas où ils seraient reconnus par l'autorité compétente, à ôter au fait qui sert de base aux poursuites tout caractère de délit.

Dans le cas de renvoi à fins civiles, le jugement fixera un bref délai dans lequel la partie qui aura élevé la question préjudicielle devra saisir les juges compétents de la connaissance du litige et justifier de ses diligences; sinon il sera passé outre. Toutefois, en cas de condamnation, il sera sursis à l'exécution du jugement sous le rapport de l'emprisonnement, s'il était prononcé, et le montant des amendes, restitutions et dommages-intérêts, sera versé à la Caisse des dépôts et consignations, pour être remis à qui il sera ordonné par le tribunal qui statuera sur le fond de droit.

60. (*Art.* 183 *C. for.*) « Les agents de l'Administration chargés de la surveillance de la pêche peuvent, en son nom, interjeter appel des jugements et se pourvoir contre les arrêts et jugements en dernier ressort; mais ils ne peuvent se désister de leurs appels sans son autorisation spéciale. »

61. (*Art.* 184 *C. for.*) « Le droit attribué à l'Administration et à ses agents de se pourvoir contre les jugements et arrêts par appel ou par recours en cassation, est indépendant de la même faculté qui est accordée par la loi au ministère public, lequel peut toujours en user, même lorsque l'Administration ou ses agents auraient acquiescé aux jugements et arrêts. »

62. (*L.* 18 *novembre* 1898.) Les actions en réparation de délits en matière de pêche se prescrivent par trois mois à compter du jour où les délits ont été constatés.

63. Les dispositions de l'article précédent ne sont pas applicables aux délits et malversations commis par les agents ou gardes de l'Administration dans l'exercice de leurs fonctions; les délais de prescription à l'égard de ces préposés et de leurs complices seront les mêmes que ceux qui sont déterminés par le Code d'instruction criminelle.

64. Les dispositions du Code d'instruction criminelle sur les poursuites des délits, sur défauts, oppositions, jugements, appels et recours en cassation, sont et demeurent applicables à la poursuite des dé-

spécifiés par la présente loi, sauf les modifications qui résultent du présent titre.

75. Les délits qui portent préjudice aux fermiers de la pêche, aux porteurs de licences et aux propriétaires riverains, seront constatés par leurs gardes, lesquels sont assimilés aux gardes-bois des particuliers.

76. (Art. 188 C. for.) « Les procès-verbaux dressés par ces gardes feront foi jusqu'à preuve contraire. »

77. Les poursuites et actions seront exercées au nom et à la diligence des parties intéressées.

78. Les dispositions contenues aux articles 38, 40, 41, 42, 43, 44, 45, 46, 47, § 1ᵉ, 49, 52, 62 et 64 de la présente loi, sont applicables aux poursuites exercées au nom et dans l'intérêt des parties et des fermiers de la pêche, pour les délits à leur préjudice.

RE VI. — DES PEINES ET CONDAMNATIONS.

79. Dans le cas de récidive, la peine sera toujours doublée.

Il y a récidive, lorsque, dans les douze mois précédents, il a été rendu contre le délinquant un premier jugement pour délit en matière de pêche.

70. Les peines seront également doublées, lorsque les délits auront été commis la nuit.

71. (Art. 202 C. for.) « Dans tous les cas où il y aura lieu à adjuger des dommages-intérêts, ils ne pourront être inférieurs à l'amende simple prononcée par le jugement. »

72. Dans tous les cas prévus par la présente loi, le préjudice causé n'excède pas 25 francs, et si circonstances paraissent atténuantes, les tribunaux sont autorisés à réduire l'emprisonnement même au-dessous de six jours, et l'amende même au-dessous de 16 francs : ils pourront aussi prononcer séparément l'une ou l'autre de ces peines, sans qu'en aucun cas elle puisse être au-dessous des peines de simple police.

73. (Art. 204 C. for.) « Les restitutions et dommages-intérêts appartiennent aux fermiers; porteurs licences et propriétaires riverains, si le délit est commis à leur préjudice; mais, lorsque le délit a été commis par eux-mêmes au détriment de l'intérêt général, ces dommages-intérêts appartiennent à l'État.

Appartiennent également à l'État toutes les amendes et confiscations.

74. Les maris, pères, mères, tuteurs, fermiers et porteurs de licences, ainsi que tous propriétaires, maîtres et commettants, seront civilement responsables des délits en matière de pêche commis par leurs femmes, enfants mineurs, pupilles, bateliers et compagnons, et tous autres subordonnés, sauf tout recours de droit.

Cette responsabilité sera réglée conformément à l'article 1384 du Code civil.

TITRE VII. — DE L'EXÉCUTION DES JUGEMENTS.

CTION 1ʳᵉ. — DE L'EXÉCUTION DES JUGEMENTS RENDUS A LA REQUÊTE DE L'ADMINISTRATION OU DU MINISTÈRE PUBLIC.

75. (Art. 209 C. for.) « Les jugements rendus à la requête de l'Administration chargée de la police de la pêche, ou sur la poursuite du ministère public, sont signifiés par simple extrait qui contiendra le nom des parties et le dispositif du jugement.

« Cette signification fera courir les délais de l'opposition et de l'appel des jugements par défaut. »

76. Le recouvrement de toutes les amendes pour délit de pêche est confié aux receveurs de l'enregistrement et des domaines.

Ces receveurs sont également chargés du recouvrement des restitutions, frais et dommages-intérêts résultant des jugements rendus en matière de pêche.

77. (Art. 211 C. for.) « Les jugements portant condamnation à des amendes, restitutions, dommages-intérêts et frais, sont exécutoires par la voie

de la contrainte par corps; et l'exécution pourra en être poursuivie cinq jours qu'ils aient payé le commandement fait au condamné.

« En conséquence, et sur la demande du receveur de l'enregistrement et des domaines, le procureur du Roi [le procureur de la République] adressera les réquisitions nécessaires aux agents de la force publique chargés de l'exécution des mandements de justice. »

78. (Art. 212 C. for.) « Les individus contre lesquels la contrainte par corps aura été prononcée pour raison des amendes et autres condamnations et réparations pécuniaires, subiront l'effet de cette contrainte jusqu'à ce qu'ils aient payé le montant desdites condamnations, ou fourni une caution admise par le receveur des domaines, ou, en cas de contestation de sa part, déclarée bonne et valable par le tribunal de l'arrondissement. »

79. (Art. 213 C. for.) « Néanmoins, les condamnés qui justifieront de leur insolvabilité, suivant le mode prescrit par l'article 420 du Code d'instruction criminelle, seront mis en liberté après avoir subi quinze jours de détention, lorsque l'amende et les autres condamnations pécuniaires n'excéderont pas 15 francs.

« La détention ne cessera qu'au bout d'un mois, lorsque les condamnations s'élèveront ensemble de 15 à 50 francs.

« Elle ne durera que deux mois, quelle que soit la quotité desdites condamnations.

« En cas de récidive, la durée de la détention sera double de ce qu'elle eût été sans cette circonstance. »

80. (Art. 214 C. for.) « Dans tous les cas, la détention employée comme moyen de contrainte est indépendante de la peine d'emprisonnement prononcée contre les condamnés, pour tous les cas où la loi l'inflige. »

SECTION II. — DE L'EXÉCUTION DES JUGEMENTS RENDUS DANS L'INTÉRÊT DES FERMIERS DE LA PÊCHE ET DES PARTICULIERS.

81. Les jugements contenant des condamnations en faveur des fermiers de la pêche, des porteurs de licences et des particuliers, pour réparation des délits commis à leur préjudice, seront, à leur diligence, signifiés et exécutés suivant les mêmes formes et voies de contrainte que les jugements rendus à la requête de l'Administration chargée de la surveillance de la pêche.

Le recouvrement des amendes prononcées par les mêmes jugements sera opéré par les receveurs de l'enregistrement et des domaines.

82. La mise en liberté des condamnés détenus par voie de contrainte par corps, à la requête et dans l'intérêt des particuliers, ne pourra être accordée, en vertu des articles 78 et 79, qu'autant que la validité des cautions ou la solvabilité des condamnés aura été, en cas de contestation de la part desdits propriétaires, jugée contradictoirement entre eux.

TITRE VIII.

DISPOSITIONS GÉNÉRALES.

83. Sont et demeurent abrogées toutes lois, ordonnances, édits et déclarations, arrêts du conseil, arrêtés et décrets, et tous règlements intervenus, à quelque époque que ce soit, sur les matières réglées par la présente loi, en tout ce qui concerne la pêche.

Mais les droits acquis antérieurement à la présente loi seront jugés, en cas de contestation, d'après les lois existant avant sa promulgation.

DISPOSITIONS TRANSITOIRES.

84. Les prohibitions portées par les articles 6, 8 et 10, et la prohibition de pêcher à autres heures que depuis le lever du soleil jusqu'à son coucher, portée par l'article 5 du titre 31 de l'ordonnance de 1669, continueront à être exécutées jusqu'à la promulgation des ordonnances royales qui, aux termes de l'article 26 de la présente loi, détermineront les temps où la pêche sera interdite dans tous les cours d'eau, ainsi que les filets et instruments de pêche dont l'usage sera prohibé.

Toutefois, les contraventions aux articles ci-dessus énoncés de l'ordonnance de 1669 seront punies conformément aux dispositions de la présente loi, ainsi

que tous les délits qui y sont prévus, à dater de sa publication.

R. vᵃ Forêts, 152 s., 202 s., 385 s., 398 s., 409 s., 493 s., 555 s., 578 s., 1008 s., 1029 s., 1047 s., 1071 s.; Pêche fluviale, 1 s. — S. vᵃ Pêche fluviale, 1 s.; Régime forestier, 32 s., 148 s., 160 s., 219 s., 231 s., 239 s., 391 s., 404 s. — T. (87-97), vᵃ Pêche fluviale, 1 s. — V. aussi R. vⁱˢ Appel criminel, 129 s.; Cassation, 132 s., 564 s., 597 s.; Faux incident, 322 s.; Procès-verbal, 37 s., 538 s., S. vⁱˢ Appel criminel, 31 s.; Cassation, 49 s., 128 s., 137 s.; Faux incident, 146 s.; Procès-verbal, 9 s., 146 s. — V. encore Appendice au C. for. ann., p. 670 s.
Loi du 18 nov. 1898 : D. P. 99. 4. 15.
Loi du 20 janv. 1902 : D. P. 1902. 4. 91.

Loi du 24 mai 1834,

Sur les détenteurs d'armes ou de munitions de guerre (R. vᵉ Arme, p. 252, note 5).

Art. 1ᵉʳ. Tout individu qui aura fabriqué, débité ou distribué des armes prohibées par la loi ou par des règlements d'administration publique, sera puni d'un emprisonnement d'un mois à un an, et d'une amende de 16 francs à 500 francs.

Celui qui sera porteur desdites armes sera puni d'un emprisonnement de six jours à six mois, et d'une amende de 16 francs à 200 francs.

2. Tout individu qui, sans y être légalement autorisé, aura fabriqué, débité ou distribué de la poudre, ou sera détenteur d'une quantité quelconque de poudre de guerre, ou de plus de deux kilogrammes de toute autre poudre, sera puni d'un emprisonnement d'un mois à deux ans, sans préjudice des autres peines portées par les lois.

3. Tout individu qui, sans y être légalement autorisé, aura fabriqué ou confectionné, débité ou distribué des armes de guerre, cartouches ou munitions de guerre, ou sera détenteur d'armes de guerre, cartouches ou munitions de guerre, ou d'un dépôt d'armes quelconques, sera puni d'un emprisonnement d'un mois à deux ans, et d'une amende de 16 francs à 1 000 francs.

La présente disposition n'est point applicable aux professions d'armurier et de fabricant d'armes de commerce, lesquelles resteront seulement assujetties aux lois et règlements particuliers qui les concernent.

4. Les infractions prévues par les articles précédents seront jugées par les tribunaux de police correctionnelle.

Les armes et munitions fabriquées, débitées, distribuées ou possédées sans autorisation, seront confisquées.

Les condamnés pourront, en outre, être placés *sous la surveillance de la haute police* pendant un temps qui ne pourra excéder deux ans.

En cas de récidive, les peines pourront être élevées jusqu'au double.

5. Seront punis de la détention les individus qui, dans un mouvement insurrectionnel, auront porté soit des armes apparentes ou cachées, ou des munitions, soit un uniforme ou costume, ou autres insignes civils ou militaires.

Si les individus porteurs d'armes apparentes ou cachées, ou de munitions, étaient revêtus d'un uniforme, d'un costume ou d'autres insignes civils ou militaires, ils seront punis de la déportation.

Les individus qui auront fait usage de leurs armes seront punis de mort.

6. Seront punis des travaux forcés à temps les individus qui, dans un mouvement insurrectionnel, se seront emparés d'armes ou de munitions de toutes espèces, soit à l'aide de violences ou de menaces, soit par le pillage de boutiques, postes, magasins, arsenaux et autres établissements publics, soit par le désarmement des agents de la force publique; chacun des coupables sera, de plus, condamné à une amende de 200 francs à 5 000 francs.

7. Seront punis de la même peine les individus qui, dans un mouvement insurrectionnel, auront envahi, à l'aide de violences ou menaces, une maison habitée ou servant à l'habitation.

8. Seront punis de la détention les individus qui, dans un mouvement insurrectionnel, auront, pour faire attaque ou résistance envers la force publique, envahi ou occupé des édifices, postes et autres établissements publics.

La peine sera la même à l'égard de ceux qui, dans le même but, auront occupé une maison habitée ou non habitée, avec le consentement du propriétaire ou du locataire, ou à l'égard du propriétaire ou du locataire qui, connaissant le but des insurgés, leur aura procuré sans contrainte l'entrée de ladite maison.

9. Seront punis de la détention les individus qui, dans un mouvement insurrectionnel, auront fait ou aidé à faire des barricades, des retranchements, ou tous autres travaux ayant pour objet d'entraver ou d'arrêter l'exercice de la force publique;

Ceux qui auront empêché, à l'aide de violences ou de menaces, la convocation ou la réunion de la force publique, ou qui auront provoqué ou facilité le rassemblement des insurgés, soit par la distribution d'ordres ou de proclamations, soit par le port de drapeaux ou autres signes de ralliement, soit par tout autre moyen d'appel;

Ceux qui auront brisé ou détruit un ou plusieurs télégraphes, ou qui auront envahi, à l'aide de violences ou de menaces, un ou plusieurs postes télégraphiques, ou qui auront intercepté, par tout autre moyen, avec violences ou menaces, les communications ou la correspondance entre les divers dépositaires de l'autorité publique.

10. Les peines portées par la présente loi seront prononcées sans préjudice de celles que les coupables auraient pu encourir comme auteurs ou complices de tous autres crimes. Dans le cas du concours de deux peines, la plus grave seule sera appliquée.

11. Dans tous les cas prévus par la présente loi, s'il existe des circonstances atténuantes, il sera fait application de l'article 463 du Code pénal.

Néanmoins, les condamnés pourront toujours être placés sous la surveillance de la haute police, pendant un temps qui ne pourra excéder le *maximum* de la durée de l'emprisonnement prononcé par la loi.

R. v* *Arme*, 1 s. — S. *cod*, v*. 1 s. — V. aussi C. pén. ann., p. 447 s., et son Suppl., p. 194 s.

Loi du 9 septembre 1835,

Sur les cours d'assises (R. v* *Instr. crim.*, p. 340).

Art. 2. Le ministre de la justice pourra ordonner qu'il soit formé autant de sections de cours d'assises que le besoin du service l'exigera, pour procéder simultanément au jugement des prévenus.

8. Au jour indiqué pour la comparution à l'audience, si les prévenus ou quelques-uns d'entre eux refusent de comparaître, sommation d'obéir à justice leur sera faite au nom de la loi, par un huissier commis à cet effet par le président de la cour d'assises, et assisté de la force publique. L'huissier dressera procès-verbal de la sommation et de la réponse des prévenus.

9. Si les prévenus n'obtempèrent point à la sommation, le président pourra ordonner qu'ils soient amenés par la force devant la cour; il pourra également, après lecture faite à l'audience du procès-verbal constatant leur résistance, ordonner que, nonobstant leur absence, il soit passé outre aux débats.

Après chaque audience, il sera, par le greffier de la cour d'assises, donné lecture aux prévenus qui n'auront point comparu du procès-verbal des débats, et il leur sera signifié copie des réquisitoires du ministère public ainsi que des arrêts rendus par la cour, qui seront tous réputés contradictoires.

10. La cour pourra faire retirer de l'audience et reconduire en prison tout prévenu qui, par des clameurs ou par tout autre moyen propre à causer du tumulte, mettrait obstacle au libre cours de la justice, et, dans ce cas, il sera procédé aux débats et au jugement comme il est dit aux deux articles précédents.

11. Tout prévenu ou toute personne présente à l'audience d'une cour d'assises, qui causerait du tumulte pour empêcher le cours de la justice, sera, audience tenante, déclaré coupable de rébellion et puni d'un emprisonnement qui n'excédera pas deux ans, sans préjudice des peines portées au Code pénal contre les outrages et violences envers les magistrats.

12. Les dispositions des articles 8, 9, 10 et 11 s'appliquent au jugement de tous les crimes et délits devant toutes les juridictions.

R. v* *Instr. crim.*, 2297 s. — S. v* *Proc. crim.*, 1717 s. — T. (87-97), v* *Cour d'assises*, 81 s. — V. aussi C. instr. crim. ann., p. 601 s.

Loi du 13 mai 1836,

Sur le mode du vote du jury au scrutin secret (R. v* *Instr. crim.*, p. 341).

Art. 1er. Le jury votera par bulletins écrits et par scrutins distincts et successifs, sur le fait principal d'abord, et, s'il y a lieu, sur chacune des circonstances aggravantes, sur chacun des faits d'excuse légale, sur la question du discernement, et enfin sur la question des circonstances atténuantes, que le chef du jury aura tenu de poser toutes les fois que la culpabilité de l'accusé aura été reconnue.

2. A cet effet, chacun des jurés, appelé par le chef du jury, recevra de lui un bulletin ouvert, marqué du timbre de la cour d'assises, et portant ces mots : *Sur mon honneur et ma conscience, ma déclaration est...*

Il écrira à la suite, ou fera écrire secrètement, par un juré de son choix, le mot *oui* ou le mot *non*, sur une table disposée de manière à ce que personne ne puisse voir le vote inscrit au bulletin.

Il remettra le bulletin écrit et fermé au chef du jury, qui le déposera dans une urne ou boîte destinée à cet usage.

3. (*Modifié par L.* 9 juin 1853.) Le chef du jury dépouille chaque scrutin en présence des jurés, qui peuvent vérifier les bulletins. Il constate sur-le-champ le résultat du vote en marge ou à la suite de la question résolue. La déclaration du jury, en ce qui concerne les circonstances atténuantes, n'est exprimée que si le résultat du scrutin est affirmatif.

4. S'il arrivait que dans le nombre des bulletins, il s'en trouvât qui lussent aucun vote ne fût exprimé, ils seraient comptés comme portant une réponse favorable à l'accusé. Il en serait de même des bulletins que six jurés au moins auraient déclarés illisibles.

5. Immédiatement après le dépouillement de chaque scrutin, les bulletins seront brûlés en présence du jury.

6. La présente loi sera affichée, en gros caractères, dans la chambre des délibérations du jury.

R. v* *Instr. crim.*, 2996 s. — S. v* *Proc. crim.*, 2121 s. — T. (87-97), v* *Cour d'assises*, 164 s. — V. aussi C. instr. crim. ann., art. 345, n° 1 s. ; — et p. 619 s.

Loi du 21 mai 1836,

Portant prohibition des loteries (R. v* *Loterie*, p. 260).

Art. 1er. Les loteries de toute espèce sont prohibées.

2. Sont réputées loteries et interdites comme telles, Les ventes d'immeubles, de meubles ou de marchandises effectuées par la voie du sort, ou auxquelles auraient été réunies des primes ou autres bénéfices dus au hasard, et généralement toutes opérations offertes au public pour faire naître l'espérance d'un gain qui serait acquis par la voie du sort.

3. La contravention à ces prohibitions sera punie des peines portées à l'article 410 du Code pénal.

S'il s'agit de loteries d'immeubles, la confiscation prononcée par ledit article sera remplacée, à l'égard du propriétaire de l'immeuble mis en loterie, par une amende qui pourra s'élever jusqu'à la valeur estimative de cet immeuble.

En cas de seconde ou ultérieure condamnation, l'emprisonnement et l'amende portés en l'article 410 pourront être élevés au double du maximum.

Il pourra, dans tous les cas, être fait application de l'article 463 du Code pénal.

4. Ces peines seront encourues par les auteurs, entrepreneurs ou agents des loteries françaises ou étrangères, ou des opérations qui leur sont assimilées.

Ceux qui auront colporté ou distribué les billets, ceux qui, par des avis, annonces, affiches, ou par tout autre moyen de publication, auront fait connaître l'existence des loteries ou facilité l'émission des billets, seront punis des peines portées en l'article 414 du Code pénal; il sera fait application, s'il

y a lieu, des deux dernières dispositions de l'article précédent.

5. Sont exceptées des dispositions des articles 1er et 2 ci-dessus les loteries d'objets mobiliers exclusivement destinées à des actes de bienfaisance ou à l'encouragement des arts, lorsqu'elles auront été autorisées dans les formes qui seront déterminées par des règlements d'administration publique.

R. v* *Loterie*, 1 s. — S. *cod.* v*, 1 s. — T. (87-97), *cod.* v*, 1 s. — V. aussi C. pén. ann., p. 772 s., et son Suppl., p. 266 s.

Ordonnance du 23 février 1837,

Portant prohibition des pistolets de poche.

ARTICLE UNIQUE. Les pistolets de poche sont prohibés. (*Un décret du 26 août 1865 exempte de la prohibition prononcée par l'ordonnance du 23 février 1837 les pistolets de poche, revolvers ou autres, fabriqués pour l'exportation.*)

Loi du 1er avril 1837,

Relative à l'autorité des arrêts rendus par la cour de cassation après deux pourvois (R. v* *Lois*, p. 191).

Art. 1er. Lorsqu'après la cassation d'un premier arrêt ou jugement rendu en dernier ressort, le deuxième arrêt ou jugement rendu dans la même affaire, entre les mêmes parties, procédant en la même qualité, sera attaqué par les mêmes moyens que le premier, la cour de cassation prononcera, toutes chambres réunies.

2. Si le deuxième arrêt ou jugement est cassé pour les mêmes motifs que le premier, la cour royale ou le tribunal auquel l'affaire est renvoyée se conformera à la décision de la cour de cassation sur le point de droit jugé par cette cour.

3. La cour royale statuera en audience ordinaire, à moins que la nature de l'affaire n'exige qu'elle soit jugée en audience solennelle.

4. La loi du 30 juillet 1828 est abrogée.

R. v* *Cassation*, 220 s., 2101 s., 2228 s. — S. *cod.* v*, 495 s. — T. (87-97), *cod.* v*, 633 s.

Loi du 25 mai 1838,

Sur les justices de paix (R. v* *Compét. civ. des trib. de paix*, p. 110).

Art. 1er. (Abrogé par L. 12 juillet 1905.) *Les juges de paix connaissent de toutes actions purement personnelles ou mobilières, en dernier ressort, jusqu'à la valeur de 100 francs, et, à charge d'appel, jusqu'à la valeur de 200 francs.*

2. (Abrogé par L. 12 juillet 1905.) *Les juges de paix prononcent, sans appel, jusqu'à la valeur de 100 francs, et, à charge d'appel, jusqu'au taux de la compétence, en dernier ressort, des tribunaux de première instance :*

Sur les contestations entre les hôteliers, aubergistes ou logeurs, et les voyageurs ou locataires en garni, pour dépense d'hôtellerie et pour avarie d'effets déposés dans l'auberge ou dans l'hôtel;

Entre les voyageurs et les voituriers ou bateliers, pour retards, frais de route et perte ou avarie d'effets accompagnant les voyageurs;

Entre les voyageurs et les carrossiers ou autres ouvriers, pour fournitures, salaires et réparations faites aux voitures de voyage.

3. (Abrogé par L. 12 juillet 1905.) *Les juges de paix connaissent, sans appel, jusqu'à la valeur de 100 francs, et, à charge d'appel, à quelque valeur que la demande puisse s'élever :*

Des actions en payement de loyers ou fermages; des congés; des demandes en résiliation de baux, fondées sur le seul défaut de payement des loyers ou fermages; des expulsions de lieux et des demandes en validité de saisie-gagerie : le tout, lorsque les locations verbales ou par écrit n'excèdent pas annuellement 400 francs.

Si le prix principal du bail consiste en denrées ou prestations en nature, appréciables d'après les mercuriales, l'évaluation sera faite sur celles du jour de l'échéance, lorsqu'il s'agira du payement des fermages. Dans tous les autres cas, elle aura lieu suivant les mercuriales du mois qui aura précédé la demande.

le prix principal du bail consiste en prestations appréciables d'après les mercuriales, ou s'ils'agit aux à colons partiaires, le juge de paix déter-era la compétence, en prenant pour base du nu de la propriété le principal de la contribu- foncière de l'année courante, multiplié par

(Abrogé par L. 12 juillet 1905.) *Les juges de connaissent, sans appel, jusqu'à la valeur de francs, et, à charge d'appel, jusqu'au taux de ompétence en dernier ressort des tribunaux remière instance :*

Des indemnités réclamées, par le locataire ou ier, pour non-jouissance provenant du fait du riétaire, lorsque le droit à une indemnité n'est contesté;

Des dégradations et pertes, dans les cas pré- par les articles 1732 et 1735 du Code civil. éanmoins, le juge de paix ne connaît des pertes ées par incendie ou inondation que dans les tes posées par l'article 1er de la présente loi.

(Abrogé par L. 12 juillet 1905.) *Les juges de connaissent également, sans appel, jusqu'à aleur de 100 francs, et, à charge d'appel, à que valeur que la demande puisse s'élever :*

Des actions pour dommages faits aux champs, ts et récoltes, soit par l'homme, soit par les ani- x, et de celles relatives à l'élagage des arbres ou s, et au curage, soit des fossés, soit des canaux ant à l'irrigation des propriétés ou au mouve- t des usines, lorsque les droits de propriété ou ervitude ne sont pas contestés;

Des réparations locatives des maisons ou es, mises par la loi à la charge du locataire;

Des contestations relatives aux engagements ectifs des gens de travail au jour, au mois et nnée, et de ceux qui les emploient; des maîtres s domestiques ou gens de service à gages; des res et de leurs ouvriers ou apprentis, sans moins qu'il soit dérogé aux lois et règlements ifs à la juridiction des prud'hommes;

Des contestations relatives au payement des rices, sauf ce qui est prescrit par les lois et ements d'administration publique, à l'égard des aux de nourrices de la ville de Paris et de es les autres villes;

Des actions civiles pour diffamation verbale our injures publiques ou non publiques, ver- s ou par écrit, autrement que par la voie de la se; des mêmes actions pour rixes ou voies de le tout, lorsque les parties ne se sont pas rvues par la voie criminelle.

(Abrogé par L. 12 juillet 1905.) *Les juges de connaissent, en outre, à charge d'appel :*

Des entreprises commises, dans l'année, sur les s d'eau servant à l'irrigation des propriétés et ouvement des usines et moulins, sans préjudice attributions de l'autorité administrative dans as déterminés par les lois et par les règle- ts; des dénonciations de nouvel œuvre, com- ntes, actions en réintégrande et autres actions essoires fondées sur des faits également com- dans l'année;

Des actions en bornage et de celles relatives à stance prescrite par la loi, les règlements par- tiers et l'usage des lieux, pour les plantations bres ou de haies, lorsque la propriété ou les s qui l'établissent ne sont pas contestés;

Des actions relatives aux constructions et tra- x énoncés dans l'article 674 du Code civil, que la propriété ou la mitoyenneté du mur ne pas contestées;

Des demandes en pension alimentaire n'excé- t pas 150 francs par an, et seulement lors- lles seront formées en vertu des articles 205, et 207 du Code civil.

(Abrogé par L. 12 juillet 1905.) *Les juges de connaissent de toutes les demandes reconven- nelles ou en compensation qui, par leur na- ou leur valeur, sont dans les limites de leur pétence, alors même que, dans les cas prévus l'article 1er, ces demandes, réunies à la demande cipale, s'élèveraient au-dessus de 200 francs. connaissent, en outre, à quelque somme qu'elles sent monter, des demandes reconventionnelles dommages-intérêts fondées exclusivement sur emande principale elle-même.*

8. (Abrogé par L. 12 juillet 1905.) *Lorsque chacune des demandes principales, reconventionnelles ou en compensation, sera dans les limites de la compétence du juge de paix en dernier ressort, il prononcera sans qu'il y ait lieu à appel.*

Si l'une de ces demandes n'est susceptible d'être jugée qu'à charge d'appel, le juge de paix ne prononcera, sur toutes, qu'en premier ressort.

Si la demande reconventionnelle ou en compensation excède les limites de sa compétence, il pourra, soit retenir le jugement de la demande principale, soit renvoyer, sur le tout, les parties à se pourvoir devant le tribunal de première instance, sans préliminaire de conciliation.

9. (Abrogé par L. 12 juillet 1905.) *Lorsque plusieurs demandes formées par la même partie seront réunies dans une même instance, le juge de paix ne prononcera qu'en premier ressort, si leur valeur totale s'élève au-dessus de 100 francs, lors même que quelqu'une de ces demandes serait inférieure à cette somme. Il sera incompétent sur le tout, si ces demandes excèdent, par leur réunion, les limites de sa juridiction.*

10. (Abrogé par L. 12 juillet 1905.) *Dans les cas où la saisie-gagerie ne peut avoir lieu qu'en vertu de permission de justice, cette permission sera accordée par le juge de paix du lieu où la saisie devra être faite, toutes les fois que les causes rentreront dans sa compétence.*

S'il y a opposition de la part des tiers, pour des causes et pour des sommes qui, réunies, excéderaient cette compétence, le jugement sera déféré aux tribunaux de première instance.

11. L'exécution provisoire des jugements sera ordonnée dans tous les cas où il y a titre authentique, promesse reconnue ou condamnation précédente dont il n'y a point eu appel.

Dans tous les autres cas, le juge pourra ordonner l'exécution provisoire, nonobstant appel, sans caution, lorsqu'il s'agira de pension alimentaire ou lorsque la somme n'excédera pas 300 francs, et avec caution, au-dessus de cette somme.

La caution sera reçue par le juge de paix.

12. S'il y a péril en la demeure, l'exécution provisoire pourra être ordonnée, sur la minute du jugement avec ou sans caution, conformément aux dispositions de l'article précédent.

13. L'appel des jugements des juges de paix ne sera recevable ni avant les trois jours qui suivront celui de la prononciation des jugements, à moins qu'il n'y ait lieu à exécution provisoire, ni après les trente jours qui suivront la signification à l'égard des personnes domiciliées dans le canton.

Les personnes domiciliées hors du canton auront, pour interjeter appel, outre le délai de trente jours, le délai réglé par les articles 73 et 1033 du Code de procédure civile.

14. Ne sera pas recevable l'appel des jugements mal à propos qualifiés en premier ressort, ou qui, étant en dernier ressort, n'auraient point été qualifiés.

Seront sujets à l'appel les jugements qualifiés en dernier ressort, s'ils ont statué, soit sur des questions de compétence, soit sur des matières dont le juge de paix ne pouvait connaître qu'en premier ressort.

Néanmoins, si le juge de paix s'est déclaré compétent, l'appel ne pourra être interjeté qu'après le jugement définitif.

15. Les jugements rendus par les juges de paix ne pourront être attaqués, par la voie du recours en cassation, que pour excès de pouvoir.

16. Tous les huissiers d'un même canton auront le droit de donner toutes les citations et de faire tous les actes devant la justice de paix. Dans les villes où il y a plusieurs justices de paix, les huissiers exploitent concurremment dans le ressort de la juridiction assignée à leur résidence. Tous les huissiers du même canton seront tenus de faire le service des audiences et d'assister le juge de paix toutes les fois qu'ils en seront requis; les juges de paix choisiront leurs huissiers audienciers.

17. (*L. 2 mai 1855.*) Dans toutes les causes, excepté celles qui requièrent célérité, et celles dans lesquelles le défendeur serait domicilié hors du canton ou des cantons de la même ville, il est interdit aux huissiers de donner aucune citation en justice, sans qu'au préalable le juge de paix n'ait appelé les parties devant lui, au moyen d'un avertissement sur papier non timbré, rédigé et délivré par le greffier, au nom et sous la surveillance du juge de paix, et expédié par la poste, sous bande simple scellée du sceau de la justice de paix, avec affranchissement.

A cet effet, il sera tenu par le greffier un registre sur papier non timbré, constatant l'envoi et le résultat des avertissements; ce registre sera coté et parafé par le juge de paix. Le greffier recevra pour tout droit, et par chaque avertissement, une rétribution de 25 centimes, y compris l'affranchissement, qui sera, dans tous les cas, de 10 *centimes*. [*L'affranchissement, fixé à 10 centimes dans le canton, a été élevé par l'article 5 du décret du 24 nov. 1871 à 15 centimes, taxe qui est également appliquée au dehors du canton.*]

S'il y a conciliation, le juge de paix, sur la demande de l'une des parties, peut dresser procès-verbal des conditions de l'arrangement; ce procès-verbal aura force d'obligation privée.

Dans les cas qui requièrent célérité, il ne sera remis de citation non précédée d'avertissement qu'en vertu d'une permission donnée sans frais, par le juge de paix, sur l'original de l'exploit.

En cas d'infraction aux dispositions ci-dessus de la part de l'huissier, il supportera, sans répétition, les frais de l'exploit.

18. Dans les causes portées devant la justice de paix, aucun huissier ne pourra ni assister comme conseil ni représenter les parties en qualité de procureur fondé, à peine d'une amende de 25 à 50 francs, qui sera prononcée, sans appel, par le juge de paix.

Ces dispositions ne seront pas applicables aux huissiers qui se trouveront dans l'un des cas prévus par l'article 86 du Code de procédure civile.

19. En cas d'infraction aux dispositions des articles 16, 17 et 18, le juge de paix pourra défendre aux huissiers du canton, de citer devant lui, pendant un délai de quinze jours à trois mois, sans appel et sans préjudice de l'action disciplinaire des tribunaux et des dommages-intérêts des parties, s'il y a lieu.

20. Les actions concernant les brevets d'invention seront portées, s'il s'agit de nullité ou de déchéance des brevets, devant les tribunaux civils de première instance; s'il s'agit de contrefaçon, devant les tribunaux correctionnels.

21. Toutes les dispositions des lois antérieures, contraires à la présente loi, sont abrogées.

22. Les dispositions de la présente loi ne s'appliqueront pas aux demandes introduites avant sa promulgation.

R. v° *Appel civil*, 121 s.; *Cassation*, 104 s., 1026 s., 1039 s., 1471 s.; *Caution*, 419 s.; *Compét. civ. des trib. de paix*, 1 s.; *Conciliation*, 149 s., 261 s.; *Défense*, 252 s.; *Degré de juridiction*, 21 s.; *Huissiers*, 159 s.; *Jugement*, 653. — S. v° *Appel civil*, 8 s.; *Cassation*, 203, 205 s., 308 s.; *Compét. civ. des trib. de paix*, 1 s.; *Conciliation*, 31 s., 63 s.; *Défense*, 74 s.; *Degré de juridiction*, 11 s. — T. (87-97), v° *Appel civil*, 1 s.; *Cassation*, 18 s.; *Compét. civ. des juges de paix*, 1 s. — V. aussi C. com. ann., p. 880 s.; et son Suppl., p. 720 s.

Loi du 30 juin 1838,

Sur les aliénés (R. v° *Aliéné*, p. 450).

. . . .

SECTION IV. — DISPOSITIONS COMMUNES A TOUTES LES PERSONNES PLACÉES DANS LES ÉTABLISSEMENTS D'ALIÉNÉS.

29. Toute personne placée ou retenue dans un établissement d'aliénés, son tuteur, si elle est mineure, son curateur, tout parent ou ami, pourront, à quelque époque que ce soit, se pourvoir devant le tribunal du lieu de la situation de l'établissement, qui, après les vérifications nécessaires, ordonnera, s'il y a lieu, la sortie immédiate.

Les personnes qui auront demandé le placement, et le procureur du Roi, d'office, pourront se pourvoir aux mêmes fins.

Dans le cas d'interdiction, cette demande ne pourra être formée que par le tuteur de l'interdit.

La décision sera rendue, sur simple requête, en chambre du conseil et sans délai; elle ne sera point motivée.

La requête, le jugement et les autres actes auxquels la réclamation pourrait donner lieu, seront visés pour timbre et enregistrés en débet.

Aucunes requêtes, aucunes réclamations adressées, soit à l'autorité judiciaire, soit à l'autorité administrative, ne pourront être supprimées ou retenues par les chefs d'établissements, sous les peines portées au titre III ci-après.

30. Les chefs, directeurs ou préposés responsables, ne pourront, sous les peines portées par l'article 120 du Code pénal, retenir une personne placée dans un établissement d'aliénés, dès que sa sortie aura été ordonnée par le préfet, aux termes des articles 16, 20 et 23, ou par le tribunal, aux termes de l'article 29, ni lorsque cette personne se trouvera dans les cas énoncés aux articles 13 et 14.

31. Les commissions administratives ou de surveillance des hospices ou établissements publics d'aliénés exerceront, à l'égard des personnes non interdites qui y seront placées, les fonctions d'administrateurs provisoires. Elles désigneront un de leurs membres pour les remplir : l'administrateur, ainsi désigné, procédera au recouvrement des sommes dues à la personne placée dans l'établissement, et à l'acquittement de ses dettes; passera des baux qui ne pourront excéder trois ans, et pourra même, en vertu d'une autorisation spéciale accordée par le président du tribunal civil, faire vendre le mobilier.

Les sommes provenant, soit de la vente, soit des autres recouvrements, seront versées directement dans la caisse de l'établissement, et seront employées, s'il y a lieu, au profit de la personne placée dans l'établissement.

Le cautionnement du receveur sera affecté à la garantie desdits deniers, par privilège aux créances de toute autre nature.

Néanmoins les parents, l'époux ou l'épouse des personnes placées dans des établissements d'aliénés dirigés ou surveillés par des commissions administratives, ces commissions elles-mêmes, ainsi que le procureur du Roi, pourront toujours recourir aux dispositions des articles suivants.

32. Sur la demande des parents, de l'époux ou de l'épouse, sur celle de la commission administrative ou sur la provocation, d'office, du procureur du Roi, le tribunal civil du lieu du domicile pourra, conformément à l'article 497 du Code civil, nommer, en chambre du conseil, un administrateur provisoire aux biens de toute personne non interdite placée dans un établissement d'aliénés. Cette nomination n'aura lieu qu'après délibération du conseil de famille, et sur les conclusions du procureur du Roi. Elle ne sera pas sujette à l'appel.

33. Le tribunal, sur la demande de l'administrateur provisoire, ou à la diligence du procureur du Roi, désignera un mandataire spécial à l'effet de représenter en justice tout individu non interdit et placé ou retenu dans un établissement d'aliénés, qui serait engagé dans une contestation judiciaire au moment du placement, ou contre lequel une action serait intentée postérieurement.

Le tribunal pourra aussi, dans le cas d'urgence, désigner un mandataire spécial à l'effet d'intenter, au nom des mêmes individus, une action mobilière ou immobilière. L'administrateur provisoire pourra, dans les deux cas, être désigné pour mandataire spécial.

34. Les dispositions du Code civil, sur les causes qui dispensent de la tutelle, sur les incapacités, les exclusions ou les destitutions des tuteurs, sont applicables aux administrateurs provisoires nommés par le tribunal.

Sur la demande des parties intéressées, ou sur celle du procureur du Roi, le jugement qui nommera l'administrateur provisoire pourra en même temps constituer sur ses biens une hypothèque générale ou spéciale, jusqu'à concurrence d'une somme déterminée par ledit jugement. Le procureur du Roi devra, dans le délai de quinzaine, faire inscrire cette hypothèque au bureau de la conservation : elle ne datera que du jour de l'inscription.

35. Dans le cas où un administrateur provisoire aura été nommé par jugement, les significations à faire à la personne placée dans un établissement d'aliénés seront faites à cet administrateur.

Les significations faites au domicile pourront, suivant les circonstances, être annulées par les tribunaux.

Il n'est point dérogé aux dispositions de l'article 173 du Code de commerce.

36. A défaut d'administrateur provisoire, le président, à la requête de la partie la plus diligente, commettra un notaire pour représenter les personnes non interdites placées dans les établissements d'aliénés, dans les inventaires, comptes, partages et liquidations dans lesquels elles seraient intéressées.

37. Les pouvoirs conférés en vertu des articles précédents cesseront de plein droit dès que la personne placée dans un établissement d'aliénés n'y sera plus retenue.

Les pouvoirs conférés par le tribunal en vertu de l'article 32 cesseront de plein droit à l'expiration d'un délai de trois ans : ils pourront être renouvelés.

Cette disposition n'est pas applicable aux administrateurs provisoires qui seront donnés aux personnes entretenues par l'Administration dans des établissements privés.

38. Sur la demande de l'intéressé, de l'un de ses parents, de l'époux ou de l'épouse, d'un ami, ou sur la provocation d'office du procureur du Roi, le tribunal pourra nommer, en chambre du conseil, par jugement non susceptible d'appel, en outre de l'administrateur provisoire, un curateur à la personne de tout individu non interdit placé dans un établissement d'aliénés, lequel devra veiller : 1° à ce que ses revenus soient employés à adoucir son sort et à accélérer sa guérison; 2° à ce que ledit individu soit rendu au libre exercice de ses droits aussitôt que sa situation le permettra.

Ce curateur ne pourra pas être choisi parmi les héritiers présomptifs de la personne placée dans un établissement d'aliénés.

39. Les actes faits par une personne placée dans un établissement d'aliénés, pendant le temps qu'elle y aura été retenue, sans que son interdiction ait été prononcée ni provoquée, pourront être attaqués pour cause de démence, conformément à l'article 1304 du Code civil.

Les dix ans de l'action en nullité courront, à l'égard de la personne retenue qui aura souscrit les actes, à dater de la signification qui lui en aura été faite, ou de la connaissance qu'elle en aura eue après sa sortie définitive de la maison d'aliénés;

Et, à l'égard de ses héritiers, à dater de la signification qui leur en aura été faite, ou de la connaissance qu'ils en auront eue, depuis la mort de leur auteur. Lorsque les dix ans auront commencé de courir contre celui-ci, ils continueront de courir contre les héritiers.

40. Le ministère public sera entendu dans toutes les affaires qui intéresseront les personnes placées dans un établissement d'aliénés, lors même qu'elles ne seraient pas interdites.

V. le texte et le commentaire de cette loi, N. C. civ. ann., t. 1, p. 804 s. — V. aussi R. v° *Aliénés*, 240 s.; S. *eod. v°*, 111 s.

Loi du 3 mai 1841,

Sur l'expropriation pour cause d'utilité publique
(R. v° *Expropriation publique*, p. 512).

TITRE Ier. — DISPOSITIONS PRÉLIMINAIRES.

Art. 1er. L'expropriation pour cause d'utilité publique s'opère par autorité de justice.

2. Les tribunaux ne peuvent prononcer l'expropriation qu'autant que l'utilité en a été constatée et déclarée dans les formes prescrites par la présente loi.

Ces formes consistent :

1° Dans la loi ou l'ordonnance royale qui autorise l'exécution des travaux pour lesquels l'expropriation est requise;

2° Dans l'acte du préfet qui désigne les localités ou territoires sur lesquels les travaux doivent avoir lieu, lorsque cette désignation ne résulte pas de la loi ou de l'ordonnance royale;

3° Dans l'arrêté ultérieur par lequel le préfet détermine les propriétés particulières auxquelles l'expropriation est applicable.

Cette application ne peut être faite à aucune propriété particulière qu'après que les parties intéressées ont été mises en état d'y fournir leurs contredits, selon les règles exprimées au titre II.

3. Tous grands travaux publics, routes royales, canaux, chemins de fer, canalisation des rivières, bassins et docks, entrepris par l'État, les départements, les communes, ou par compagnies particulières, avec ou sans péages, avec ou sans subside du Trésor, avec ou sans aliénation du domaine public, ne pourront être exécutés qu'en vertu d'une loi, qui ne sera rendue qu'après une enquête administrative.

Une ordonnance royale suffira pour autoriser l'exécution des routes départementales, celle des canaux et chemins de fer d'embranchement de moins de 20000 mètres de longueur, des ponts et de tous autres travaux de moindre importance.

Cette ordonnance devra également être précédée d'une enquête.

Ces enquêtes auront lieu dans les formes déterminées par un règlement d'administration publique.

TITRE II. — DES MESURES D'ADMINISTRATION RELATIVES A L'EXPROPRIATION.

4. Les ingénieurs ou autres gens de l'art chargés de l'exécution des travaux lèvent, pour la partie qui s'étend sur chaque commune, le plan parcellaire des terrains ou des édifices dont la cession leur paraît nécessaire.

5. Le plan desdites propriétés particulières, indicatif des noms de chaque propriétaire, tels qu'ils sont inscrits sur la matrice des rôles, reste déposé, pendant huit jours, à la mairie de la commune où les propriétés sont situées, afin que chacun puisse en prendre connaissance.

6. Le délai fixé à l'article précédent ne court qu'à dater de l'avertissement, qui est donné collectivement aux parties intéressées, de prendre communication du plan déposé à la mairie.

Cet avertissement est publié à son de trompe ou de caisse dans la commune, et affiché tant à la principale porte de l'église du lieu qu'à celle de la maison commune.

Il est en outre inséré dans l'un des journaux publiés dans l'arrondissement, ou, s'il n'en existe aucun, dans l'un des journaux du département.

7. Le maire certifie ces publications et affiches; il mentionne sur un procès-verbal qu'il ouvre à cet effet, et que les parties qui comparaissent sont requises de signer, les déclarations et réclamations qui lui ont été faites verbalement, et y annexe celles qui lui sont transmises par écrit.

8. A l'expiration du délai de huitaine prescrit par l'article 5, une commission se réunit au chef-lieu de la sous-préfecture.

Cette commission, présidée par le sous-préfet de l'arrondissement, sera composée de quatre membres du conseil général du département ou du conseil de l'arrondissement désignés par le préfet, du maire de la commune où les propriétés sont situées, et de l'un des ingénieurs chargés de l'exécution des travaux.

La commission ne peut délibérer valablement qu'autant que cinq de ses membres au moins sont présents.

Dans le cas où le nombre des membres présents serait de six, et où il y aurait partage d'opinions, la voix du président sera prépondérante.

Les propriétaires qu'il s'agit d'exproprier ne peuvent être appelés à faire partie de la commission.

9. La commission reçoit, pendant huit jours, les observations des propriétaires.

Elle les appelle toutes les fois qu'elle le juge convenable. Elle donne son avis.

Ses opérations doivent être terminées dans le délai de dix jours, après quoi le procès-verbal est adressé immédiatement par le sous-préfet au préfet.

Dans le cas où lesdites opérations n'auraient pas été mises à fin dans le délai ci-dessus, le sous-préfet devra, dans les trois jours, transmettre au préfet son procès-verbal et les documents recueillis.

10. Si la commission propose quelque changement au tracé indiqué par les ingénieurs, le sous-préfet devra, dans la forme indiquée par l'article 6, en donner immédiatement avis aux propriétaires que ces changements pourront intéresser. Pendant huitaine, à dater de cet avertissement, le procès-verbal et les pièces resteront déposés à la sous-préfecture; les parties intéressées pourront en prendre communication sans déplacement et sans frais, et fournir leurs observations écrites.

ans les trois jours suivants, le sous-préfet trans-tra toutes les pièces à la préfecture.

1. Sur le vu du procès-verbal et des documents nnexés, le préfet détermine, par un arrêté motivé, propriétés qui doivent être cédées, et indique oque à laquelle il sera nécessaire d'en prendre session. Toutefois, dans le cas où il résulterait de is de la commission qu'il y aurait lieu de modifier racé des travaux ordonnés, le préfet surseoira u'à ce qu'il ait été prononcé par l'Administration érieure.

'Administration supérieure pourra, suivant les onstances, ou statuer définitivement, ou ordonner soit procédé de nouveau à tout ou partie des nalités prescrites par les articles précédents.

2. Les dispositions des articles 8, 9 et 10 ne point applicables au cas où l'expropriation serait andée par une commune, et dans un intérêt ement communal, non plus qu'aux travaux d'ou-ure ou de redressement des chemins vicinaux.

ans ce cas, le procès-verbal prescrit par l'article 7 transmis, avec l'avis du conseil municipal, par naire au sous-préfet, qui l'adressera au préfet ses observations.

préfet, en conseil de préfecture, sur le vu de rocès-verbal, et sauf l'approbation de l'Adminis-on supérieure, prononcera comme il est dit en icle précédent.

RE III. — DE L'EXPROPRIATION ET DE SES UITES, QUANT AUX PRIVILÈGES, HYPOTHÈQUES T AUTRES DROITS RÉELS.

3. Si des biens de mineurs, d'interdits, d'ab-s, ou autres incapables, sont compris dans les s déposés en vertu de l'article 5, ou dans les ifications admises par l'Administration supé-e, aux termes de l'article 11 de la présente loi, uteurs, ceux qui ont été envoyés en possession isoire, et tous représentants des incapables, ent, après autorisation du tribunal donnée sur le requête, en la chambre du conseil, le minis-public entendu, consentir amiablement à l'alié-n desdits biens.

tribunal ordonne les mesures de conservation e remploi qu'il juge nécessaires.

s dispositions sont applicables aux immeubles ux et aux majorats.

s préfets pourront, dans le même cas, aliéner biens des départements, s'ils y sont autorisés par bération du conseil général; les maires ou admi-ateurs pourront aliéner les biens des communes établissements publics, s'ils y sont autorisés par bération du conseil municipal ou du conseil d'ad-istration, approuvée par le préfet en conseil de ecture.

ministre des finances peut consentir à l'aliéna-des biens de l'État, ou de ceux qui font partie a dotation de la Couronne, sur la proposition de endant de la liste civile.

défaut de conventions amiables, soit avec les riétaires des terrains ou bâtiments dont la ces-est reconnue nécessaire, soit avec ceux qui les ésentent, le préfet transmet au procureur du Roi s le ressort duquel les biens sont situés la loi ou onnance qui autorise l'exécution des travaux, et été mentionné en l'article 11.

4. Dans les trois jours, et sur la production des es constatant que les formalités prescrites par icle 2 du titre Ier, et par le titre II de la présente ont été remplies, le procureur du Roi requiert et ibunal prononce l'expropriation pour cause d'uti-publique des terrains ou bâtiments indiqués dans été du préfet.

, dans l'année de l'arrêté du préfet, l'Administra-n'a pas poursuivi l'expropriation, tout proprié-e dont les terrains sont compris audit arrêté peut senter requête au tribunal. Cette requête sera muniquée par le procureur du Roi au préfet, qui ra, dans le plus bref délai, envoyer les pièces, e tribunal statuera dans les trois jours.

e même jugement commet un des membres du unal pour remplir les fonctions attribuées par le IV, chapitre II, au magistrat directeur du jury rgé de fixer l'indemnité, et désigne un autre nbre pour le remplacer au besoin.

n cas d'absence ou d'empêchement de ces deux magistrats, il sera pourvu à leur remplacement par une ordonnance sur requête du président du tribunal civil.

Dans le cas où les propriétaires à exproprier consentiraient à la cession, mais où il n'y aurait point accord sur le prix, le tribunal donnera acte du consentement, et désignera le magistrat directeur du jury, sans qu'il soit besoin de rendre le jugement d'expropriation, ni de s'assurer que les formalités prescrites par le titre II ont été remplies.

15. Le jugement est publié et affiché, par extrait, dans la commune de la situation des biens, de la manière indiquée en l'article 6. Il est en outre inséré dans l'un des journaux publiés dans l'arrondissement, ou, s'il n'en existe aucun, dans l'un de ceux du département.

Cet extrait, contenant les noms des propriétaires, les motifs et le dispositif du jugement, leur est notifié au domicile qu'ils auront élu dans l'arrondissement de la situation des biens, par une déclaration faite à la mairie de la commune où les biens sont situés; et, dans le cas où cette élection de domicile n'aurait pas eu lieu, la notification de l'extrait sera faite en double copie au maire et au fermier, locataire, gardien ou régisseur de la propriété.

Toutes les autres notifications prescrites par la présente loi seront faites dans la forme ci-dessus indiquée.

16. Le jugement sera, immédiatement après l'accomplissement des formalités prescrites par l'article 15 de la présente loi, transcrit au bureau de la conservation des hypothèques de l'arrondissement, conformément à l'article 2181 du Code civil.

17. Dans la quinzaine de la transcription, les privilèges et les hypothèques conventionnelles, judiciaires ou légales, seront inscrits.

A défaut d'inscription dans ce délai, l'immeuble exproprié sera affranchi de tous privilèges et hypothèques, de quelque nature qu'ils soient, sans préjudice des droits des femmes, mineurs ou interdits, sur le montant de l'indemnité, tant qu'elle n'a pas été payée ou que l'ordre n'a pas été réglé définitivement entre les créanciers.

Les créanciers inscrits n'auront, dans aucun cas, la faculté de surenchérir; mais ils pourront exiger que l'indemnité soit fixée conformément au titre IV.

18. Les actions en résolution, en revendication et toutes autres actions réelles, ne pourront arrêter l'expropriation ni en empêcher l'effet. Le droit des réclamants sera transporté sur le prix, et l'immeuble en demeurera affranchi.

19. Les règles posées dans le premier paragraphe de l'article 15 et dans les articles 16, 17 et 18, sont applicables dans le cas de conventions amiables passées entre l'Administration et les propriétaires.

Cependant l'Administration peut, sauf les droits des tiers, et sans accomplir les formalités ci-dessus tracées, payer le prix des acquisitions dont la valeur ne s'élèverait pas au-dessus de 500 francs.

Le défaut d'accomplissement des formalités de la purge des hypothèques n'empêche pas l'expropriation d'avoir son cours; sauf, pour les parties intéressées, à faire valoir leurs droits ultérieurement, dans les formes déterminées par le titre IV de la présente loi.

20. Le jugement ne pourra être attaqué que par la voie du recours en cassation, et seulement pour incompétence, excès de pouvoir ou vices de forme du jugement.

Le pourvoi aura lieu, au plus tard, dans les trois jours, à dater de la notification du jugement, par déclaration au greffe du tribunal. Il sera notifié dans la huitaine, soit à la partie, au domicile indiqué par l'article 15, soit au préfet ou au maire, suivant la nature des travaux; le tout à peine de déchéance.

Dans la quinzaine de la notification du pourvoi, les pièces seront adressées à la chambre civile de la Cour de cassation, qui statuera dans le mois suivant.

L'arrêt, s'il est rendu par défaut, à l'expiration de ce délai, ne sera pas susceptible d'opposition.

TITRE IV. — DU RÈGLEMENT DES INDEMNITÉS.

CHAPITRE Ier. — MESURES PRÉPARATOIRES.

21. Dans la huitaine qui suit la notification prescrite par l'article 15, le propriétaire est tenu d'appeler et de faire connaître à l'Administration les fermiers, locataires, ceux qui ont des droits d'usufruit, d'habitation ou d'usage tels qu'ils sont réglés par le Code civil, et ceux qui peuvent réclamer des servitudes résultant des titres mêmes du propriétaire ou d'autres actes dans lesquels il serait intervenu; sinon il restera seul chargé envers eux des indemnités que ces derniers pourront réclamer.

Les autres intéressés seront en demeure de faire valoir leurs droits par l'avertissement énoncé en l'article 6, et tenus de se faire connaître à l'Administration dans le même délai de huitaine, à défaut de quoi ils seront déchus de tous droits à l'indemnité.

22. Les dispositions de la présente loi relatives aux propriétaires et à leurs créanciers sont applicables à l'usufruitier et à ses créanciers.

23. L'Administration notifie aux propriétaires et à tous autres intéressés qui auront été désignés ou qui seront intervenus dans le délai fixé par l'article 21, les sommes qu'elle offre pour indemnités.

Ces offres sont, en outre, affichées et publiées conformément à l'article 6 de la présente loi.

24. Dans la quinzaine suivante, les propriétaires et autres intéressés sont tenus de déclarer leur acceptation, ou, s'ils n'acceptent pas les offres qui leur sont faites, d'indiquer le montant de leurs prétentions.

25. Les femmes mariées sous le régime dotal, assistées de leurs maris, les tuteurs, ceux qui ont été envoyés en possession provisoire des biens d'un absent, et autres personnes qui représentent les incapables, peuvent valablement accepter les offres énoncées en l'article 23, s'ils y sont autorisés dans les formes prescrites par l'article 13.

26. Le ministre des finances, les préfets, maires ou administrateurs, peuvent accepter les offres d'indemnité pour expropriation des biens appartenant à l'État, à la Couronne, aux départements, communes ou établissements publics, dans les formes et avec les autorisations prescrites par l'article 13.

27. Le délai de quinzaine, fixé par l'article 24, sera d'un mois dans les cas prévus par les articles 25 et 26.

28. Si les offres de l'Administration ne sont pas acceptées dans les délais prescrits par les articles 24 et 27, l'Administration citera devant le jury, qui sera convoqué à cet effet, les propriétaires et tous autres intéressés qui auront été désignés, ou qui seront intervenus, pour qu'il soit procédé au règlement des indemnités de la manière indiquée au chapitre suivant. La citation contiendra l'énonciation des offres qui auront été refusées.

CHAPITRE II. — DU JURY SPÉCIAL CHARGÉ DE RÉGLER LES INDEMNITÉS.

29. Dans sa session annuelle, le conseil général du département désigne, pour chaque arrondissement de sous-préfecture, tant sur la liste des électeurs que sur la seconde partie de la liste du jury, trente-six personnes au moins, et soixante-douze au plus, qui ont leur domicile réel dans l'arrondissement, parmi lesquelles sont choisis, jusqu'à la session suivante ordinaire du conseil général, les membres du jury spécial appelé, le cas échéant, à régler les indemnités dues par suite d'expropriation pour cause d'utilité publique.

Le nombre des jurés désignés pour le département de la Seine sera de six cents. — V. *infrà*, *L.* 3 *juillet* 1880.

30. Toutes les fois qu'il y a lieu de recourir à un jury spécial, la première chambre de la cour royale, dans les départements qui sont le siége d'une cour royale, et, dans les autres départements, la première chambre du tribunal du chef-lieu judiciaire, choisit en la chambre du conseil, sur la liste dressée en vertu de l'article précédent pour l'arrondissement dans lequel ont lieu les expropriations, seize personnes qui formeront le jury spécial chargé de fixer définitivement le montant de l'indemnité, et, en outre, quatre jurés supplémentaires; pendant les vacances, ce choix est déféré à la chambre de la cour ou du tribunal chargés du service des vacations. En cas d'abstention ou de récusation des membres du tribunal, le choix du jury est déféré à la cour royale.

Ne peuvent être choisis :

1° Les propriétaires, fermiers, locataires des terrains et bâtiments désignés en l'arrêté du préfet pris en vertu de l'article 11, et qui restent à acquérir ;

2° Les créanciers ayant inscription sur lesdits immeubles ;

3° Tous autres intéressés désignés ou intervenants en vertu des articles 21 et 22.

Les septuagénaires seront dispensés, s'ils le requièrent, des fonctions de juré.

31. La liste des seize jurés et des quatre jurés supplémentaires est transmise par le préfet au sous-préfet, qui, après s'être concerté avec le magistrat directeur du jury, convoque les jurés et les parties, en leur indiquant, au moins huit jours à l'avance, le lieu et le jour de la réunion. La notification aux parties leur fait connaître les noms des jurés.

32. Tout juré qui, sans motifs légitimes, manque à l'une des séances ou refuse de prendre part à la délibération, encourt une amende de 100 francs au moins et de 300 francs au plus.

L'amende est prononcée par le magistrat directeur du jury.

Il statue en dernier ressort sur l'opposition qui serait formée par le juré condamné.

Il prononce également sur les causes d'empêchement que les jurés proposent, ainsi que sur les exclusions ou incompatibilités dont les causes ne seraient survenues ou n'auraient été connues que postérieurement à la désignation faite en vertu de l'article 30.

33. Ceux des jurés qui se trouvent rayés de la liste par suite des empêchements, exclusions ou incompatibilités prévus à l'article précédent, sont immédiatement remplacés par les jurés supplémentaires, que le magistrat directeur du jury appelle dans l'ordre de leur inscription.

En cas d'insuffisance, le magistrat directeur du jury choisit, sur la liste dressée en vertu de l'article 29, les personnes nécessaires pour compléter le nombre des seize jurés.

34. Le magistrat directeur du jury est assisté, auprès du jury spécial, du greffier ou commis-greffier du tribunal, qui appelle successivement les causes sur lesquelles le jury doit statuer, et tient procès-verbal de ses opérations.

Lors de l'appel, l'Administration a le droit d'exercer deux récusations péremptoires ; la partie adverse a le même droit.

Dans le cas où plusieurs intéressés figurent dans la même affaire, ils s'entendent pour l'exercice du droit de récusation, sinon le sort désigne ceux qui doivent en user.

Si le droit de récusation n'est point exercé, ou s'il ne l'est que partiellement, le magistrat directeur du jury procède à la réduction des jurés au nombre de douze, en retranchant les derniers noms inscrits sur la liste.

35. Le jury spécial n'est constitué que lorsque les douze jurés sont présents.

Les jurés ne peuvent délibérer valablement qu'au nombre de neuf au moins.

36. Lorsque le jury est constitué, chaque juré prête serment de remplir ses fonctions avec impartialité.

37. Le magistrat directeur met sous les yeux du jury :

1° Le tableau des offres et demandes notifiées en exécution des articles 23 et 24 ;

2° Les plans parcellaires et les titres ou autres documents produits par les parties à l'appui de leurs offres et demandes.

Les parties ou leurs fondés de pouvoir peuvent présenter sommairement leurs observations.

Le jury peut entendre toutes les personnes qu'il croira pouvoir l'éclairer.

Il pourra également se transporter sur les lieux, ou déléguer à cet effet un ou plusieurs de ses membres.

La discussion est publique ; elle peut être continuée à une autre séance.

38. La clôture de l'instruction est prononcée par le magistrat directeur du jury.

Les jurés se retirent immédiatement dans leur chambre pour délibérer, sans désemparer, sous la présidence de l'un d'eux, qu'ils désignent à l'instant même.

La décision du jury fixe le montant de l'indemnité ; elle est prise à la majorité des voix.

En cas de partage, la voix du président du jury est prépondérante.

39. Le jury prononce des indemnités distinctes en faveur des parties qui les réclament à des titres différents, comme propriétaires, fermiers, locataires, usagers et autres intéressés dont il est parlé à l'article 21.

Dans le cas d'usufruit, une seule indemnité est fixée par le jury, eu égard à la valeur totale de l'immeuble ; le nu-propriétaire et l'usufruitier exercent leurs droits sur le montant de l'indemnité au lieu de les exercer sur la chose.

L'usufruitier sera tenu de donner caution ; les père et mère ayant l'usufruit légal des biens de leurs enfants en seront seuls dispensés.

Lorsqu'il y a litige sur le fond du droit ou sur la qualité des réclamants, et toutes les fois qu'il s'élève des difficultés étrangères à la fixation du montant de l'indemnité, le jury règle l'indemnité indépendamment de ces litiges et difficultés, sur lesquels les parties sont renvoyées à se pourvoir devant qui de droit.

40. L'indemnité allouée par le jury ne peut, en aucun cas, être inférieure aux offres de l'Administration, ni supérieure à la demande de la partie intéressée.

Si l'indemnité réglée par le jury ne dépasse pas l'offre de l'Administration, les parties qui l'auront refusée seront condamnées aux dépens.

Si l'indemnité est égale à la demande des parties, l'Administration sera condamnée aux dépens.

Si l'indemnité est à la fois supérieure à l'offre de l'Administration, et inférieure à la demande des parties, les dépens seront compensés de manière à être supportés par les parties et l'Administration, dans les proportions de leur offre ou de leur demande avec la décision du jury.

Tout indemnitaire qui ne se trouvera pas dans le cas des articles 25 et 26 sera condamné aux dépens, quelle que soit l'estimation ultérieure du jury, s'il a omis de se conformer aux dispositions de l'article 24.

41. La décision du jury, signée des membres qui y ont concouru, est remise par le président au magistrat directeur du jury, qui la déclare exécutoire, statue sur les dépens, et envoie l'Administration en possession de la propriété, à la charge par elle de se conformer aux dispositions des articles 53, 54 et suivants.

Ce magistrat taxe les dépens, dont le tarif est déterminé par un règlement d'administration publique.

La taxe ne comprendra que les actes faits postérieurement à l'offre de l'Administration ; les frais des actes antérieurs demeurent, dans tous les cas, à la charge de l'Administration.

42. La décision du jury et l'ordonnance du magistrat directeur ne peuvent être attaquées que par la voie du recours en cassation, et seulement pour violation du premier paragraphe de l'article 30, de l'article 34, des deuxième et quatrième paragraphes de l'article 34, et des articles 35, 36, 37, 38, 39 et 40.

Le délai sera de quinze jours pour ce recours, qui sera d'ailleurs formé, notifié et jugé comme il est dit en l'article 26 ; il courra à partir du jour de la décision.

43. Lorsqu'une décision du jury aura été cassée, l'affaire sera renvoyée devant un nouveau jury, choisi dans le même arrondissement.

Néanmoins la Cour de cassation pourra, suivant les circonstances, renvoyer l'appréciation de l'indemnité à un jury choisi dans un des arrondissements voisins, quand même il appartiendrait à un autre département.

Il sera procédé, à cet effet, conformément à l'article 30.

44. Le jury ne connaît que des affaires dont il a été saisi au moment de sa convocation, et statue successivement sur chacune sans interruption que dans le cours de ces affaires. Il ne peut se séparer qu'après avoir réglé toutes les indemnités dont la fixation lui a été ainsi déférée.

45. Les opérations commencées par un jury, et qui ne sont pas encore terminées au moment du renouvellement annuel de la liste générale mentionnée en l'article 29, sont continuées, jusqu'à conclusion définitive, par le même jury.

46. Après la clôture des opérations du jury, les minutes de ses décisions et les autres pièces qui se rattachent auxdites opérations sont déposées au greffe du tribunal civil de l'arrondissement.

Les noms des jurés qui auront fait le service d'une session ne pourront être portés sur le tableau dressé par le conseil général pour l'année suivante.

CHAPITRE III. — DES RÈGLES A SUIVRE POUR LA FIXATION DES INDEMNITÉS.

48. Le jury est juge de la sincérité des titres et de l'effet des actes qui seraient de nature à modifier l'évaluation de l'indemnité.

49. Dans le cas où l'Administration contesterait au détenteur exproprié le droit à une indemnité, le jury, sans s'arrêter à la contestation, dont il renvoie le jugement devant qui de droit, fixe l'indemnité comme si elle était due, et le magistrat directeur du jury en ordonne la consignation, pour, ladite indemnité, rester déposée jusqu'à ce que les parties se soient entendues ou que le litige soit vidé.

50. Les bâtiments dont il est nécessaire d'acquérir une portion pour cause d'utilité publique seront achetés en entier, si les propriétaires le requièrent par une déclaration formelle adressée au magistrat directeur du jury, dans les délais énoncés aux articles 24 et 27.

Il en sera de même de toute parcelle de terrain qui, par suite du morcellement, se trouvera réduite au quart de la contenance totale, si toutefois le propriétaire ne possède aucun terrain immédiatement contigu, et si la parcelle ainsi réduite est inférieure à dix ares.

51. Si l'exécution des travaux doit procurer une augmentation de valeur immédiate et spéciale au restant de la propriété, cette augmentation sera prise en considération dans l'évaluation du montant de l'indemnité.

52. Les constructions, plantations et améliorations ne donneront lieu à aucune indemnité, lorsque, à raison de l'époque où elles auront été faites ou de toutes autres circonstances dont l'appréciation lui est abandonnée, le jury acquiert la conviction qu'elles ont été faites dans la vue d'obtenir une indemnité plus élevée.

TITRE V. — DU PAYEMENT DES INDEMNITÉS.

53. Les indemnités réglées par le jury seront, préalablement à la prise de possession, acquittées entre les mains des ayants droit.

S'ils se refusent à les recevoir, la prise de possession aura lieu après offres réelles et consignation.

S'il s'agit de travaux exécutés pour l'État ou les départements, les offres réelles pourront s'effectuer au moyen d'un mandat égal au montant de l'indemnité réglée par le jury : ce mandat, délivré par l'ordonnateur compétent, et qui sera payeur, sera payable sur la caisse publique qui y sera désignée. Si les ayants droit refusent de recevoir le mandat, la prise de possession aura lieu après la consignation en espèces.

54. Il ne sera pas fait d'offres réelles toutes les fois qu'il existera des inscriptions sur l'immeuble exproprié ou d'autres obstacles au versement des deniers entre les mains des ayants droit ; dans ce cas, il suffira que les sommes dues par l'Administration soient consignées, pour être ultérieurement distribuées ou remises, selon les règles du droit commun.

55. Si, dans les six mois du jugement d'expropriation, l'Administration ne poursuit pas la fixation de l'indemnité, les parties pourront exiger qu'il soit procédé à ladite fixation.

Quand l'indemnité aura été réglée, si elle n'est ni acquittée ni consignée dans les six mois de la décision du jury, les intérêts courront de plein droit à l'expiration de ce délai.

TITRE VI. — DISPOSITIONS DIVERSES.

56. Les contrats de vente, quittances et autres actes relatifs à l'acquisition des terrains, peuvent être passés dans la forme des actes administratifs ; la minute restera déposée au secrétariat de la préfecture : expédition en sera transmise à l'administration des Domaines.

57. Les significations et notifications mentionnées en la présente loi sont faites à la diligence du préfet du département de la situation des biens.

lles peuvent être faites tant par huissier que par agent de l'Administration dont les procès-verbaux font foi en justice.

8. Les plans, procès-verbaux, certificats, significations, jugements, contrats, quittances et autres actes faits en vertu de la présente loi, seront visés pour timbre et enregistrés gratis, lorsqu'il y aura lieu à la formalité de l'enregistrement.

Il ne sera perçu aucuns droits pour la transcription des actes au bureau des hypothèques.

Les droits perçus sur les acquisitions amiables faites antérieurement aux arrêtés du préfet seront restitués, lorsque, dans le délai de deux ans, à partir de la perception, il sera justifié que les immeubles qui sont compris dans ces arrêtés. La restitution des droits ne pourra s'appliquer qu'à la portion des meubles qui aura été reconnue nécessaire à l'exécution des travaux.

9. Lorsqu'un propriétaire aura accepté les offres de l'Administration, le montant de l'indemnité devra, si l'exige et s'il n'y a pas eu contestation de la part des tiers dans les délais prescrits par les articles 24 et 7, être versé à la Caisse des dépôts et consignations, pour être remis ou distribué à qui de droit, selon les règles du droit commun.

0. Si les terrains acquis pour les travaux d'utilité publique ne reçoivent pas cette destination, les anciens propriétaires ou leurs ayants droit peuvent en demander la remise.

Le prix des terrains rétrocédés est fixé à l'amiable, ou s'il n'y a pas accord, par le jury, dans les formes dessus prescrites. La fixation par le jury ne peut, aucun cas, excéder la somme moyennant laquelle terrains ont été acquis.

1. Un avis, publié de la manière indiquée en article 6, fait connaître les terrains que l'Administration est dans le cas de revendre. Dans les trois mois de cette publication, les anciens propriétaires qui veulent réacquérir la propriété desdits terrains sont tenus de le déclarer; et, dans le mois de la déclaration du prix, soit amiable, soit judiciaire, ils peuvent passer le contrat de rachat et payer le prix : tout à peine de déchéance du privilège que leur accorde l'article précédent.

2. Les dispositions des articles 60 et 61 ne sont applicables aux terrains qui auront été acquis sur la réquisition du propriétaire, en vertu de l'article 50, et qui resteraient disponibles après l'exécution des travaux.

3. Les concessionnaires des travaux publics exerceront tous les droits conférés à l'Administration, et seront soumis à toutes les obligations qui sont imposées par la présente loi.

4. — Aujourd'hui sans application.

TITRE VII. — DISPOSITIONS EXCEPTIONNELLES.

CHAPITRE PREMIER.

5. Lorsqu'il y aura urgence de prendre possession des terrains non bâtis qui seront soumis à l'expropriation, l'urgence sera spécialement déclarée une ordonnance royale.

6. En ce cas, après le jugement d'expropriation, l'ordonnance qui déclare l'urgence et le jugement ont notifiés, conformément à l'article 15, aux propriétaires et aux détenteurs, avec assignation devant tribunal civil. L'assignation sera donnée à trois jours au moins; elle énoncera la somme offerte par l'administration.

7. Au jour fixé, le propriétaire et les détenteurs sont tenus de déclarer la somme dont ils demandent la consignation avant l'envoi en possession.

A défaut par eux de comparaître, il sera procédé en leur absence.

8. Le tribunal fixe le montant de la somme à consigner.

Le tribunal peut se transporter sur les lieux, ou commettre un juge pour visiter les terrains, recueillir tous les renseignements propres à en déterminer la valeur, et en dresser, s'il y a lieu, un procès-verbal descriptif. Cette opération devra être terminée dans les cinq jours, à dater du jugement qui aura ordonnée.

Dans les trois jours de la remise de ce procès-verbal au greffe, le tribunal déterminera la somme à consigner.

9. La consignation doit comprendre, outre le principal, la somme nécessaire pour assurer, pendant deux ans, le payement des intérêts à 5 pour 100.

70. Sur le vu du procès-verbal de consignation, et sur une nouvelle assignation à deux jours de délai au moins, le président ordonne la prise de possession.

71. Le jugement du tribunal et l'ordonnance du président sont exécutoires sur minute et ne peuvent être attaqués que par opposition ni par appel.

72. Le président taxera les dépens, qui seront supportés par l'Administration.

73. Après la prise de possession, il sera, à la poursuite de la partie la plus diligente, procédé à la fixation définitive de l'indemnité, en exécution du titre IV de la présente loi.

74. Si cette fixation est supérieure à la somme qui a été déterminée par le tribunal, le supplément doit être consigné dans la quinzaine de la notification de la décision du jury, et, à défaut, le propriétaire peut s'opposer à la continuation des travaux.

CHAPITRE II.

75. Les formalités prescrites par les titres I et II de la présente loi ne sont applicables ni aux travaux militaires ni aux travaux de la marine royale.

Pour ces travaux, une ordonnance royale déterminera les terrains qui sont soumis à l'expropriation.

76. L'expropriation ou l'occupation temporaire, en cas d'urgence, des propriétés privées qui seront jugées nécessaires pour les travaux de fortification, continueront d'avoir lieu conformément aux dispositions prescrites par la loi du 30 mars 1831.

Toutefois, lorsque les propriétaires ou autres intéressés n'auront pas accepté les offres de l'Administration, le règlement définitif des indemnités aura lieu conformément aux dispositions du titre IV ci-dessus.

Seront également applicables aux expropriations poursuivies en vertu de la loi du 30 mars 1831, les articles 16, 17, 18, 19 et 20, ainsi que le titre VI de la présente loi.

TITRE VIII. — DISPOSITIONS FINALES.

77. Les lois des 8 mars 1810 et 7 juillet 1833 sont abrogées.

R. v° *Expropriation publique*, 1 s. — S. eod. v°, 1 s. — T. (87-97), eod. v°, 1 s. — V. aussi C. ad., t. 3, v° *Travaux publics*, p. 370, n°° 1793 s.

Loi du 25 juin 1841,

Sur les ventes aux enchères de marchandises neuves R. v° *Vente publ. de march. neuves*, p. 993). — V. infrà, L. 30 déc. 1906.

Art. 1er. Sont interdites les ventes en détail des marchandises neuves, à cri public, soit aux enchères, soit au rabais, soit à prix fixe proclamé avec ou sans l'assistance des officiers ministériels.

2. Ne sont pas comprises dans cette défense les ventes prescrites par la loi, ou faites par autorité de justice, non plus que les ventes après décès, faillite ou cessation de commerce, ou dans tous les autres cas de nécessité dont l'appréciation sera soumise au tribunal de commerce.

Sont également exceptées les ventes à cri public de comestibles et objets de peu de valeur, connus dans le commerce sous le nom de menue mercerie.

3. Les ventes publiques et en détail de marchandises neuves qui auront lieu après décès ou par autorité de justice seront faites selon les formes prescrites par la loi, et par les officiers ministériels préposés pour la vente forcée du mobilier, conformément aux articles 625 et 945 du Code de procédure civile.

4. Les ventes de marchandises après faillite seront faites, conformément à l'article 486 du Code de commerce, par la voie publique de la classe que le juge-commissaire aura déterminée.

Quant au mobilier du failli, il ne pourra être vendu aux enchères que par le ministère des commissaires-priseurs, notaires, huissiers ou greffiers de justice de paix, conformément aux lois et règlements qui déterminent les attributions de ces différents officiers.

5. Les ventes publiques et par enchères après cessation de commerce, ou dans les autres cas de nécessité prévus par l'article 2 de la présente loi, ne pourront avoir lieu qu'autant qu'elles auront été préa-

lablement autorisées par le tribunal de commerce, sur la requête du commerçant propriétaire, à laquelle sera joint un état détaillé des marchandises.

Le tribunal constatera, par son jugement, le fait qui donne lieu à la vente; il indiquera le lieu de son arrondissement où se fera la vente; il pourra même ordonner que les adjudications n'auront lieu que par lots dont il fixera l'importance.

Il décidera, d'après les lois et règlements d'attribution, qui, des courtiers ou des commissaires-priseurs et autres officiers publics, sera chargé de la réception des enchères.

L'autorisation ne pourra être accordée pour cause de nécessité qu'au marchand sédentaire, ayant depuis un an au moins son domicile réel dans l'arrondissement où la vente doit être opérée.

Des affiches apposées à la porte du lieu où se fera la vente énonceront le jugement qui l'aura autorisée.

6. Les ventes publiques aux enchères de marchandises en gros continueront à être faites par le ministère des courtiers, dans les cas, aux conditions et selon les formes réglées par les décrets des 22 novembre 1811, 17 avril 1812, la loi du 13 mai 1818, et les ordonnances des 1er juillet 1818 et 9 avril 1819 (V. infrà, L. 28 mai 1858).

7. Toute contravention aux dispositions ci-dessus sera punie de la confiscation des marchandises mises en vente, et, en outre, d'une amende de 50 à 3 000 francs, qui sera prononcée solidairement, tant contre le vendeur que contre l'officier public qui l'aura assisté, sans préjudice des dommages-intérêts, s'il y a lieu.

Ces condamnations seront prononcées par les tribunaux correctionnels.

8. Seront passibles des mêmes peines les vendeurs ou officiers publics qui comprendraient sciemment dans les ventes faites par autorité de justice, sur saisie, après décès, faillite, cessation de commerce, ou dans les autres cas de nécessité prévus par l'article 2 de la présente loi, des marchandises neuves ne faisant pas partie du fonds ou mobilier mis en vente.

9. Dans tous les cas ci-dessus où les ventes publiques seront faites par le ministère des courtiers, ils se conformeront aux lois qui les régissent, tant pour les formes de la vente que pour les droits de courtage.

10. Dans les lieux où il n'y aura point de courtiers de commerce, les commissaires-priseurs, les notaires, huissiers et greffiers de justice de paix feront les ventes ci-dessus, selon les droits qui leur sont respectivement attribués par les lois et règlements.

Ils seront, pour lesdites ventes, soumis aux formes et conditions et tarifs imposés aux courtiers.

V. C. com. ann., p. 1007 s.; et son Suppl., p. 833 s. — V. aussi R. v° *Vente publique de marchandises neuves*, 1 s.; S. eod. v°, 1 s.; T. (87-97), eod. v°, 1 s.; D. P. années 1897 et suiv., 5e partie, eod. v°.

Loi du 21 juin 1843,
Sur la forme des actes notariés (R. v° *Obligations*, p. 58).

Art. 1er. Les actes notariés passés depuis la promulgation de la loi du 25 ventôse an XI ne peuvent être annulés par le motif que le notaire en second ou les deux témoins instrumentaires n'auraient pas été présents à la réception desdits actes. — V. la loi du 12 août 1902, qui abroge les art. 2, 3 et 4 de cette loi.

Loi du 3 mai 1844,
Sur la police de la chasse (R. v° *Chasse*, p. 108).

SECTION Ire. — DE L'EXERCICE DU DROIT DE CHASSE.

Art. 1er. Nul ne pourra chasser, sauf les exceptions ci-après, si la chasse n'est pas ouverte, et s'il n'a pas été délivré un permis de chasse par l'autorité compétente.

Nul n'aura la faculté de chasser sur la propriété d'autrui sans le consentement du propriétaire ou de ses ayants droit.

2. Le propriétaire ou possesseur peut chasser ou faire chasser en tout temps, sans permis de chasse, dans ses possessions attenant à une habitation et entourées d'une clôture continue faisant obstacle à toute communication avec les héritages voisins.

3. (*L. 22 janvier 1874.*) Les préfets détermineront, par des arrêtés publiés au moins dix jours à l'avance, les époques des ouvertures et celles des clôtures des chasses, soit à tir, soit à courre, à cor et à cris, dans chaque département.

(*L.* 16 *février* 1898.) Ils pourront, dans le même délai, sur l'avis du conseil général, retarder la date de l'ouverture et avancer la date de la clôture de la chasse à l'égard d'une espèce de gibier déterminé.

4. Dans chaque département, il est interdit de mettre en vente, de vendre, d'acheter, de transporter et de colporter du gibier pendant le temps où la chasse n'y est pas permise.

En cas d'infraction à cette disposition, le gibier sera saisi, et immédiatement livré à l'établissement de bienfaisance le plus voisin, en vertu, soit d'une ordonnance du juge de paix, si la saisie a eu lieu au chef-lieu du canton, soit d'une autorisation du maire, si le juge de paix est absent, ou si la saisie a été faite dans une commune autre que celle du chef-lieu. Cette ordonnance ou cette autorisation sera délivrée sur la requête des agents ou gardes qui auront opéré la saisie, et sur la présentation du procès-verbal régulièrement dressé.

La recherche du gibier ne pourra être faite à domicile que chez les aubergistes, chez les marchands de comestibles et dans les lieux ouverts au public.

Il est interdit de prendre ou de détruire, sur le terrain d'autrui, des œufs et des couvées de faisans, de perdrix et de cailles.

5. Les permis de chasse seront délivrés, sur l'avis du maire et du sous-préfet, par le préfet du département dans lequel celui qui en fera la demande aura sa résidence ou son domicile.

La délivrance des permis de chasse donnera lieu au payement d'un droit de 15 francs au profit de l'État, et de 10 francs au profit de la commune, dont le maire aura donné l'avis énoncé au paragraphe précédent.

Les permis de chasse seront personnels; ils seront valables pour tout le royaume, et pour un an seulement.

6. Le préfet pourra refuser le permis de chasse :

1° À tout individu qui ne sera point personnellement inscrit, ou dont le père ou la mère ne serait pas inscrit au rôle des contributions;

2° À tout individu qui, par une condamnation judiciaire, a été privé de l'un ou de plusieurs des droits énumérés dans l'article 42 du Code pénal, autres que le droit de port d'armes;

3° À tout condamné à un emprisonnement de plus de six mois pour rébellion ou violence envers les agents de l'autorité publique;

4° À tout condamné pour délit d'association illicite, de fabrication, débit, distribution de poudre, armes ou autres munitions de guerre; de menaces écrites ou de menaces verbales avec ordre ou sous condition; d'entraves à la circulation des grains; de dévastation d'arbres ou de récoltes sur pied, de plants venus naturellement ou faits de main d'homme;

5° À ceux qui auront été condamnés pour vagabondage, mendicité, vol, escroquerie ou abus de confiance.

La faculté de refuser le permis de chasse aux condamnés dont il est question dans les paragraphes 3, 4 et 5 cessera cinq ans après l'expiration de la peine.

7. Le permis de chasse ne sera pas délivré :

1° Aux mineurs qui n'auront pas seize ans accomplis;

2° Aux mineurs de seize à vingt et un ans, à moins que le permis ne soit demandé pour eux par leur père, mère, tuteur ou curateur, porté au rôle des contributions;

3° Aux interdits;

4° Aux gardes champêtres ou forestiers des communes et établissements publics, ainsi qu'aux gardes forestiers de l'État et aux gardes-pêche.

8. Le permis de chasse ne sera pas accordé :

1° À ceux qui, par suite de condamnations, sont privés du droit de port d'armes;

2° À ceux qui n'auront pas exécuté les condamna-

tions prononcées contre eux pour l'un des délits prévus par la présente loi;

3° À tout condamné placé *sous la surveillance de la haute police.*

9. (*L. 22 janvier 1874.*) Dans le temps où la chasse est ouverte, le permis donne à celui qui l'a obtenu le droit de chasser le jour, soit à tir, soit à courre, à cor et à cris, suivant les distinctions établies par les arrêtés préfectoraux, sur ses propres terres et sur les terres d'autrui, avec le consentement de celui à qui le droit de chasse appartient.

Tous les autres moyens de chasse, à l'exception des furets et des bourses destinés à prendre les lapins, sont formellement prohibés.

Néanmoins, les préfets des départements, sur l'avis des conseils généraux, prendront des arrêtés pour déterminer :

1° L'époque de la chasse des oiseaux de passage, autres que la caille, la nomenclature des oiseaux et les modes et procédés de chasse pour les diverses espèces;

2° Le temps pendant lequel il sera permis de chasser le gibier d'eau dans les marais, sur les étangs, fleuves et rivières;

3° Les espèces d'animaux malfaisants ou nuisibles que le propriétaire, possesseur ou fermier, pourra, en tout temps, détruire sur ses terres, et les conditions de l'exercice de ce droit, sans préjudice du droit appartenant au propriétaire ou au fermier de repousser ou de détruire, même avec des armes à feu, les bêtes fauves qui porteraient dommage à ses propriétés.

Ils pourront prendre également des arrêtés :

1° Pour prévenir la destruction des oiseaux ou pour favoriser leur repeuplement;

2° Pour autoriser l'emploi des chiens lévriers pour la destruction des animaux malfaisants ou nuisibles;

3° Pour interdire la chasse pendant les temps de neige.

V. *infrà, la loi du 19 avril 1901, relative à la réparation des dommages causés aux récoltes par le gibier.*

10. Des ordonnances royales détermineront la gratification qui sera accordée aux gardes et gendarmes rédacteurs des procès-verbaux ayant pour objet de constater les délits.

SECTION II. — DES PEINES.

11. Seront punis d'une amende de 16 à 100 francs :

1° Ceux qui auront chassé sans permis de chasse;

2° Ceux qui auront chassé sur le terrain d'autrui sans le consentement du propriétaire.

L'amende pourra être portée au double, si le délit a été commis sur des terres non dépouillées de leurs fruits, ou s'il a été commis sur un terrain entouré d'une clôture continue faisant obstacle à toute communication avec les héritages voisins, mais non attenant à une habitation.

Pourra ne pas être considéré comme délit de chasse le fait du passage des chiens courants sur l'héritage d'autrui, lorsque ces chiens seront à la suite d'un gibier lancé sur la propriété de leurs maîtres, sauf l'action civile, s'il y a lieu, en cas de dommage;

3° Ceux qui auront contrevenu aux arrêtés des préfets concernant les oiseaux de passage, le gibier d'eau, la chasse en temps de neige, l'emploi des chiens lévriers, ou aux arrêtés concernant la destruction des oiseaux et celle des animaux nuisibles ou malfaisants;

4° Ceux qui auront pris ou détruit, sur le terrain d'autrui, des œufs ou couvées de faisans, de perdrix ou de cailles;

5° Les fermiers de la chasse, soit dans les bois soumis au régime forestier, soit sur les propriétés dont la chasse est louée au profit des communes ou établissements publics, qui auront contrevenu aux clauses et conditions de leurs cahiers de charges relatives à la chasse.

12. Seront punis d'une amende de 50 à 200 francs, et pourront, en outre, l'être d'un emprisonnement de six jours à deux mois :

1° Ceux qui auront chassé en temps prohibé;

2° Ceux qui auront chassé pendant la nuit ou à l'aide d'engins et instruments prohibés, ou par d'autres moyens que ceux qui sont autorisés par l'article 9;

3° Ceux qui seront détenteurs ou ceux qui seront trouvés munis ou porteurs, hors de leur domicile, de filets, engins ou autres instruments de chasse prohibés;

4° Ceux qui, en temps où la chasse est prohibée, auront mis en vente, vendu, acheté, transporté ou colporté du gibier;

5° Ceux qui auront employé des drogues ou appâts qui sont de nature à enivrer le gibier ou à le détruire;

6° Ceux qui auront chassé avec appeaux, appelants ou chanterelles.

Les peines déterminées par le présent article pourront être portées au double contre ceux qui auront chassé pendant la nuit sur le terrain d'autrui, ou par l'un des moyens spécifiés au paragraphe 2, si les chasseurs étaient munis d'une arme apparente ou cachée.

Les peines déterminées de l'article 11 et par le présent article seront toujours portées au maximum, lorsque les délits auront été commis par les gardes champêtres ou forestiers des communes, ainsi que par les gardes forestiers de l'État et des établissements publics.

13. Celui qui aura chassé sur le terrain d'autrui sans son consentement, si ce terrain est attenant à une maison habitée ou servant à l'habitation, et s'il est entouré d'une clôture continue faisant obstacle à toute communication avec les héritages voisins, sera puni d'une amende de 50 à 300 francs, et pourra l'être d'un emprisonnement de six jours à trois mois.

Si le délit a été commis pendant la nuit, le délinquant sera puni d'une amende de 100 francs à 1 000 francs, et pourra l'être d'un emprisonnement de trois mois à deux ans, sans préjudice, dans l'un et l'autre cas, s'il y a lieu, de plus fortes peines prononcées par le Code pénal.

14. Les peines déterminées par les trois articles qui précèdent pourront être portées au double si le délinquant était en état de récidive, et s'il était déguisé ou masqué, s'il a pris un faux nom, s'il a usé de violence envers les personnes, ou s'il a fait des menaces, sans préjudice, s'il y a lieu, de plus fortes peines prononcées par la loi.

Lorsqu'il y aura récidive, dans les cas prévus en l'article 11, la peine de l'emprisonnement de six jours à trois mois pourra être appliquée, si le délinquant n'a pas satisfait aux condamnations précédentes.

15. Il y a récidive lorsque, dans les douze mois qui ont précédé l'infraction, le délinquant a été condamné en vertu de la présente loi.

16. Tout jugement de condamnation prononcera la confiscation des filets, engins et autres instruments de chasse. Il ordonnera, en outre, la destruction des instruments de chasse prohibés.

Il prononcera également la confiscation des armes, excepté dans le cas où le délit aura été commis par un individu muni d'un permis de chasse, dans le temps où la chasse est autorisée.

Si les armes, filets, engins ou autres instruments de chasse n'ont pas été saisis, le délinquant sera condamné à les représenter ou à en payer la valeur, suivant la fixation qui en sera faite par le jugement, sans qu'elle puisse être au-dessous de 50 francs.

Les armes, engins ou autres instruments de chasse, abandonnés par les délinquants restés inconnus, seront saisis et déposés au greffe du tribunal compétent. La confiscation, et, s'il y a lieu, la destruction en seront ordonnées sur le vu du procès-verbal.

Dans tous les cas, la quotité des dommages-intérêts est laissé à l'appréciation des tribunaux.

17. En cas de conviction de plusieurs délits prévus par la présente loi, par le Code pénal ordinaire ou par les lois spéciales, la peine la plus forte sera seule prononcée.

Les peines encourues pour des faits postérieurs à la déclaration du procès-verbal de contravention pourront être cumulées, s'il y a lieu, sans préjudice des peines de la récidive.

18. En cas de condamnation pour délits prévus par la présente loi, les tribunaux pourront priver le délinquant du droit d'obtenir un permis de chasse pour un temps qui n'excédera pas cinq ans.

19. La gratification mentionnée en l'article 10 sera prélevée sur le produit des amendes.

Le surplus desdites amendes sera attribué aux

unes sur le territoire desquelles les infractions
t été commises.

. L'article 463 du Code pénal ne sera pas ap-
le aux délits prévus par la présente loi.

SECTION III.
DE LA POURSUITE ET DU JUGEMENT.

. Les délits prévus par la présente loi seront
és, soit par procès-verbaux ou rapports, soit
émoins, à défaut de rapports et procès-ver-
, ou à leur appui.

. Les procès-verbaux des maires et adjoints,
issaires de police, officier, maréchal des logis
igadier de gendarmerie, gendarmes, gardes fo-
rs, gardes-pêche, gardes champêtres, ou gardes
mentés des particuliers, feront foi jusqu'à preuve
aire.

. Les procès-verbaux des employés des contri-
ns indirectes et des octrois feront également foi
'à preuve contraire, lorsque, dans la limite de
attributions respectives, ces agents recherche-
et constateront les délits prévus par le para-
e 1er de l'article 4.

. Dans les vingt-quatre heures du délit, les
s-verbaux des gardes seront, à peine de nul-
affirmés par les rédacteurs devant le juge de
ou l'un des suppléants, ou devant le maire
adjoint, soit de la commune de leur résidence,
e celle où le délit aura été commis.

. Les délinquants ne pourront être saisis ni
més; néanmoins, s'ils sont déguisés ou mas-
s'ils refusent de faire connaître leurs noms,
ls n'ont pas de domicile connu, ils seront con-
immédiatement devant le maire ou le juge de
lequel s'assurera de leur individualité.

. Tous les délits prévus par la présente loi
t poursuivis d'office par le ministère public,
préjudice du droit conféré aux parties lésées
article 182 du Code d'instruction criminelle.

nmoins, dans le cas de chasse sur le terrain
ui sans le consentement du propriétaire, la
uite d'office ne pourra être exercée par le mi-
e public, sans une plainte de la partie intéres-
qu'autant que le délit aura été commis dans un
n clos, suivant les termes de l'article 2, et
ant à une propriété non close, ou sur des terres non
e dépouillées de leurs fruits.

. Ceux qui auront commis conjointement les
de chasse seront condamnés solidairement aux
des, dommages-intérêts et frais.

. Le père, la mère, le tuteur, les maîtres et
mettants sont civilement responsables des délits
asse commis par leurs enfants mineurs non
es, pupilles demeurant avec eux, domestiques
éposés, sauf tout recours de droit.

te responsabilité sera réglée conformément à
cle 1384 du Code civil, et ne s'appliquera qu'aux
mages-intérêts et frais, sans pouvoir toutefois
er lieu à la contrainte par corps.

. Toute action relative aux délits prévus par
ésente loi sera prescrite par le laps de trois
, à compter du jour du délit.

SECTION IV. — DISPOSITIONS GÉNÉRALES.

. Les dispositions de la présente loi relatives
xercice du droit de chasse ne sont pas appli-
s aux propriétés de la Couronne. Ceux qui com-
raient des délits de chasse dans ces propriétés
t poursuivis et punis conformément aux sec-
2 et 3.

. Le décret du 4 mai 1812 et la loi du
ril 1790 sont abrogés.

nt et demeurent également abrogés les lois, or-
, décrets et ordonnances intervenus sur les ma-
s réglées par la présente loi, en tout ce qui est
aire à ses dispositions.

Chasse, 1 s. — S. *cod.* v', 1 s. — T. (87-97),
v', 1 s. — V. aussi Appendice au C. for. ann.,
7 s.

Loi du 5 juillet 1844,
Sur les brevets d'invention (R. v' *Brevets
d'invention*, p. 562).

TITRE 1er. — DISPOSITIONS GÉNÉRALES.

rt. 1er. Toute nouvelle découverte ou invention
tous les genres d'industrie, confère à son au-

teur, sous les conditions et pour le temps ci-après
déterminés, le droit exclusif d'exploiter à son profit
ladite découverte ou invention.

Ce droit est constaté par des titres délivrés par le
Gouvernement, sous le nom de *brevets d'invention*.

2. Seront considérées comme inventions ou découvertes nouvelles :

L'invention de nouveaux produits industriels;

L'invention de nouveaux moyens ou l'application
nouvelle de moyens connus, pour l'obtention d'un
résultat ou d'un produit industriel.

3. Ne sont pas susceptibles d'être brevetés :

1° Les compositions pharmaceutiques ou remèdes
de toute espèce, lesdits objets demeurant soumis aux
lois et règlements spéciaux sur la matière, et notamment au décret du 18 août 1810, relatifs aux remèdes
secrets;

2° Les plans et combinaisons de crédit ou de finances.

4. La durée des brevets sera de cinq, dix ou
quinze années.

Chaque brevet donnera lieu au payement d'une
taxe qui est fixée ainsi qu'il suit, savoir :

500 francs pour un brevet de cinq ans;
1,000 francs pour un brevet de dix ans;
1,500 francs pour un brevet de quinze ans.

Cette taxe sera payée par annuités de 100 francs,
sous peine de déchéance, si le breveté laisse écouler
un terme sans l'acquitter.

TITRE II. — DES FORMALITÉS RELATIVES
A LA DÉLIVRANCE DES BREVETS.

SECTION Ire. — DES DEMANDES DE BREVETS.

5. Quiconque voudra prendre un brevet d'invention
devra déposer, sous cachet, au secrétariat de la préfecture, dans le département où il est domicilié, ou
dans tout autre département, en y élisant domicile :

1° Sa demande au ministre de l'agriculture et du
commerce;

2° Une description de la découverte, invention ou
application faisant l'objet du brevet demandé;

3° Les dessins ou échantillons qui seraient nécessaires pour l'intelligence de la description;

4° un bordereau des pièces déposées

6. La demande sera limitée à un seul objet principal, avec les objets de détail qui le constituent et
les applications qui auront été indiquées.

Elle mentionnera les demandeurs en-
tendent assigner à leur brevet dans les limites fixées
par l'article 4, et ne contiendra ni restrictions, ni
conditions, ni réserves.

Elle indiquera un titre renfermant la désignation
sommaire et précise de l'objet de l'invention.

La description ne pourra être écrite en langue
étrangère. Elle devra être sans altération ni surcharges. Les mots rayés comme nuls seront comptés
et constatés, les pages et les renvois paraphés. Elle
ne devra contenir aucune dénomination de poids ou
de mesures autres que celles qui sont portées au
tableau annexé à la loi du 4 juillet 1837.

Les dessins seront tracés à l'encre et d'après une
échelle métrique.

Un duplicata de la description et des dessins sera
joint à la demande.

Toutes les pièces seront signées par le demandeur,
ou par un mandataire dont le pouvoir restera annexé
à la demande.

7. Aucun dépôt ne sera reçu que sur la production d'un récépissé constatant le versement d'une
somme de 100 francs à valoir sur le montant de la
taxe du brevet.

Un procès-verbal dressé sans frais par le secrétaire général de la préfecture, sur un registre à ce
destiné, et signé par le demandeur, constatera chaque
dépôt, en énonçant le jour et l'heure de la remise
des pièces.

Une expédition dudit procès-verbal sera remise au
déposant, moyennant le remboursement des frais de
timbre.

8. La durée du brevet courra du jour du dépôt
prescrit par l'article 5.

SECTION II. — DE LA DÉLIVRANCE DES BREVETS.

9. Aussitôt après l'enregistrement des demandes,
et dans les cinq jours de la date du dépôt, les préfets transmettront les pièces, sous le cachet de l'inventeur, au ministre de l'agriculture et du commerce,

'en y joignant une copie certifiée du procès-verbal de
dépôt, le récépissé constatant le versement de la taxe,
et, s'il y a lieu, le pouvoir mentionné dans l'article 6.

10. A l'arrivée des pièces au ministère de l'agriculture et du commerce, il sera procédé à l'ouverture, à l'enregistrement des demandes et à l'expédition des brevets, dans l'ordre de la réception desdites
demandes.

11. (*L. 7 avril* 1902.) Les brevets dont la demande aura été régulièrement formée seront délivrés
sans examen préalable, aux risques et périls des demandeurs, et sans garantie soit de la réalité, de la
nouveauté ou du mérite de l'invention, soit de la fidélité ou de l'exactitude de la description.

Un arrêté du ministre, constatant la régularité de
la demande, sera délivré au demandeur et constituera
le brevet d'invention.

A cet arrêté sera joint un exemplaire imprimé de
la description et des dessins mentionnés dans l'article 24, après que la conformité avec l'expédition
originale en aura été reconnue et établie au besoin.

La première expédition des brevets sera délivrée
sans frais.

Toute expédition ultérieure, demandée par le breveté ou ses ayants cause, donnera lieu au payement
d'une taxe de 25 francs.

Les frais de dessin, s'il y a lieu, demeureront à la
charge de l'impétrant.

La délivrance n'aura lieu qu'un an après le jour
du dépôt de la demande, si ladite demande renferme
une réquisition expresse à cet effet.

Le bénéfice de la disposition qui précède ne pourra,
être réclamé par ceux qui auraient déjà profité des
délais de priorité accordés par des traités de réciprocité, notamment par l'article 4 de la convention
internationale pour la protection de la propriété industrielle du 20 mars 1883.

12. Toute demande dans laquelle n'auraient pas
été observées les formalités prescrites par les n° 2
et 3 de l'article 5, et par l'article 6, sera rejetée. La
moitié de la somme versée restera acquise au Trésor,
mais il sera tenu compte de la totalité de cette somme
au demandeur, s'il reproduit sa demande dans un
délai de trois mois, à compter de la date de la notification du rejet de sa requête.

13. Lorsque, par application de l'article 3, il n'y
aura pas lieu à délivrer un brevet, la taxe sera restituée.

14. Une ordonnance royale, insérée au Bulletin
des lois, proclamera, tous les trois mois, les brevets
délivrés.

15. La durée des brevets ne pourra être prolongée que par une loi.

SECTION III. — DES CERTIFICATS D'ADDITION.

16. Le breveté ou les ayants droit au brevet auront, pendant toute la durée du brevet, le droit
d'apporter à l'invention des changements, perfectionnements ou additions, en remplissant, pour le dépôt
de la demande, les formalités déterminées par les
articles 5, 6 et 7.

Ces changements, perfectionnements ou additions
seront constatés par des certificats délivrés dans la
même forme que le brevet principal, et qui produiront, à partir des dates respectives des demandes et
de leur expédition, les mêmes effets que ledit brevet
principal, avec lequel ils prendront fin.

Chaque demande de certificat d'addition donnera
lieu au payement d'une taxe de 20 francs.

Les certificats d'addition, pris par un des ayants
droit, profiteront à tous les autres.

17. Tout breveté qui, pour un changement, perfectionnement ou addition, voudra prendre un brevet
principal de cinq, dix ou quinze années, au lieu d'un
certificat d'addition expirant avec le brevet primitif,
pourra remplir les formalités prescrites par les articles 5, 6 et 7, et acquitter la taxe mentionnée dans
l'article 4.

18. Nul autre que le breveté ou ses ayants droit,
agissant comme il est dit ci-dessus, ne pourra, pendant une année, prendre valablement un brevet pour
un changement, perfectionnement ou addition à l'invention qui fait l'objet du brevet primitif.

Néanmoins, toute personne qui voudra prendre un
brevet pour changement, addition ou perfectionnement à une découverte déjà brevetée, pourra, dans
le cours de ladite année, former une demande qui

35

sera transmise, et restera déposée sous cachet, au ministère de l'agriculture et du commerce.

L'année expirée, le cachet sera brisé et le brevet délivré.

Toutefois, le breveté principal aura la préférence pour les changements, perfectionnements et additions pour lesquels il aurait lui-même, pendant l'année, demandé un certificat d'addition ou un brevet.

19. Quiconque aura pris un brevet pour une découverte, invention ou application se rattachant à l'objet d'un autre brevet, n'aura aucun droit d'exploiter l'invention déjà brevetée, et réciproquement le titulaire du brevet primitif ne pourra exploiter l'invention, objet du nouveau brevet.

**SECTION IV. — DE LA TRANSMISSION
ET DE LA CESSION DES BREVETS.**

20. Tout breveté pourra céder la totalité ou partie de la propriété de son brevet.

La cession totale ou partielle d'un brevet, soit à titre gratuit, soit à titre onéreux, ne pourra être faite que par acte notarié, et après le payement de la totalité de la taxe déterminée par l'article 4.

Aucune cession ne sera valable, à l'égard des tiers, qu'après avoir été enregistrée au secrétariat de la préfecture du département dans lequel l'acte aura été passé.

L'enregistrement des cessions et de tous autres actes emportant mutation sera fait sur la production et le dépôt d'un extrait authentique de l'acte de cession ou de mutation.

Une expédition de chaque procès-verbal d'enregistrement, accompagnée de l'extrait de l'acte ci-dessus mentionné, sera transmise, par les préfets, au ministre de l'agriculture et du commerce, dans les cinq jours de la date du procès-verbal.

21. Il sera tenu, au ministère de l'agriculture et du commerce, un registre sur lequel seront inscrites les mutations intervenues sur chaque brevet, et tous les trois mois, une ordonnance royale proclamera, dans la forme déterminée par l'article 14, les mutations enregistrées pendant le trimestre expiré.

22. Les cessionnaires d'un brevet, et ceux qui auront acquis d'un breveté ou de ses ayants droit la faculté d'exploiter la découverte ou l'invention, profiteront, de plein droit, des certificats d'addition qui seront ultérieurement délivrés au breveté ou à ses ayants droit. Réciproquement, le breveté ou ses ayants droit profiteront des certificats d'addition qui seront ultérieurement délivrés aux cessionnaires.

Tous ceux qui auront droit de profiter des certificats d'addition en lever une expédition au ministère de l'agriculture et du commerce, moyennant un droit de 20 francs.

SECTION V. — DE LA COMMUNICATION ET DE LA PUBLICATION DES DESCRIPTIONS ET DESSINS DE BREVETS.

23. Les descriptions, dessins, échantillons et modèles des brevets délivrés resteront, jusqu'à l'expiration des brevets, déposés au ministère de l'agriculture et du commerce, où ils seront communiqués sans frais, à toute réquisition. (V. *infra*, L. 9 *juill.* 1901, *art.* 4.)

Toute personne pourra obtenir, à ses frais, copie desdites descriptions et dessins, suivant les formes qui seront déterminées par le règlement rendu en exécution de l'article 50.

24. (*L.* 7 *avril* 1902.) Les descriptions et dessins de tous les brevets d'invention et certificats d'addition seront publiés *in extenso*, par fascicules séparés, dans leur ordre d'enregistrement.

Cette publication pourra, relativement aux descriptions et dessins des brevets, pour la délivrance desquels aura été requis le délai d'un an prévu par l'article 11, n'aura lieu qu'après l'expiration de ce délai.

Il sera, en outre, publié un catalogue des brevets d'invention délivrés.

Un arrêté du ministre du commerce et de l'industrie déterminera : 1° les conditions de forme, dimensions et rédaction que devront présenter les descriptions et dessins, ainsi que les prix de vente des fascicules imprimés et les conditions de publication du catalogue; 2° les conditions à remplir par ceux qui, ayant déposé une demande de brevet en France et désirant déposer à l'étranger des demandes ana-

logues avant la délivrance du brevet français, voudront obtenir une copie officielle des documents afférents à leur demande en France. Toute expédition de cette nature donnera lieu au payement d'une taxe de 25 francs; les frais de dessin, s'il y a lieu, seront à la charge de l'impétrant.

25. Le recueil des descriptions et dessins et le catalogue publiés en exécution de l'article précédent seront déposés au ministère de l'agriculture et du commerce, et au secrétariat de la préfecture de chaque département, où ils pourront être consultés sans frais.

26. A l'expiration des brevets, les originaux des descriptions et dessins seront déposés au Conservatoire royal des arts et métiers.

TITRE III. — DES DROITS DES ÉTRANGERS.

27. Les étrangers pourront obtenir en France des brevets d'invention.

28. Les formalités et conditions déterminées par la présente loi seront applicables aux brevets demandés en exécution de l'article précédent.

29. L'auteur d'une invention ou découverte déjà brevetée à l'étranger pourra obtenir un brevet en France; mais la durée de ce brevet ne pourra excéder celle des brevets antérieurement pris à l'étranger.

TITRE IV. — DES NULLITÉS ET DÉCHÉANCES, ET DES ACTIONS Y RELATIVES.

SECTION 1re. — DES NULLITÉS ET DÉCHÉANCES.

30. Seront nuls, et de nul effet, les brevets délivrés dans les cas suivants, savoir :

1° Si la découverte, invention ou application n'est pas nouvelle;

2° Si la découverte, invention ou application n'est pas, aux termes de l'article 3, susceptible d'être brevetée;

3° Si les brevets portent sur des principes, méthodes, systèmes, découvertes et conceptions théoriques ou purement scientifiques, dont on n'a pas indiqué les applications industrielles;

4° Si la découverte, invention ou application est reconnue contraire à l'ordre ou à la sûreté publique, aux bonnes mœurs ou aux lois du royaume, sans préjudice, dans ce cas et dans celui du paragraphe précédent, des peines qui pourraient être encourues pour la fabrication ou le débit d'objets prohibés;

5° Si le titre sous lequel le brevet a été demandé indique frauduleusement un objet autre que le véritable objet de l'invention;

6° Si la description jointe au brevet n'est pas suffisante pour l'exécution de l'invention, ou si elle n'indique pas, d'une manière complète et loyale, les véritables moyens de l'inventeur;

7° Si le brevet a été obtenu contrairement aux dispositions de l'article 18.

Seront également nuls et de nul effet, les certificats comprenant des changements, perfectionnements ou additions qui ne se rattacheraient pas au brevet principal.

31. Ne sera pas réputée nouvelle toute découverte, invention ou application qui, en France ou à l'étranger, et antérieurement à la date du dépôt de la demande, aura reçu une publicité suffisante pour pouvoir être exécutée.

32. (*L.* 7 *avril* 1902.) Sera déchu de tous ses droits :

1° Le breveté qui n'aura pas acquitté son annuité avant le commencement de chacune des années de la durée de son brevet.

L'intéressé aura toutefois un délai de trois mois au plus pour effectuer valablement le payement de son annuité, mais il devra verser en outre une taxe supplémentaire de 5 francs, s'il effectue le payement dans le premier mois; de 10 francs, s'il effectue le payement dans le second mois, et de 15 francs, s'il effectue le payement dans le troisième mois.

Cette taxe supplémentaire devra être acquittée en même temps que l'annuité en retard;

2° Le breveté qui n'aura pas mis en exploitation sa découverte ou invention en France dans le délai de deux ans, à dater du jour de la signature du brevet, ou qui aura cessé de l'exploiter pendant deux

années consécutives, à moins que, dans l'un ou l'autre cas, il ne justifie des causes de son inaction;

3° Le breveté qui aura introduit en France des objets fabriqués en pays étranger et semblables ceux qui sont garantis par son brevet.

Néanmoins, le ministre du commerce et de l'industrie pourra autoriser l'introduction :

1° Des modèles de machines;

2° Des objets fabriqués à l'étranger, destinés des expositions publiques ou à des essais faits avec l'assentiment du Gouvernement.

33. Quiconque dans des enseignes, annonces, prospectus, affiches, marques ou estampilles, prendra la qualité de breveté sans posséder un brevet délivré conformément à la loi, ou après l'expiration d'un brevet antérieur, ou qui, étant breveté, mentionnera sa qualité de breveté ou son brevet sans y ajouter ces mots, *sans garantie du Gouvernement*, sera puni d'une amende de 50 francs à 1 000 francs.

En cas de récidive, l'amende pourra être portée au double.

**SECTION II. — DES ACTIONS EN NULLITÉ
OU EN DÉCHÉANCE.**

34. L'action en nullité et l'action en déchéance pourront être exercées par toute personne y ayant intérêt.

Ces actions, ainsi que toutes contestations relatives à la propriété des brevets, seront portées devant les tribunaux civils de première instance.

35. Si la demande est dirigée en même temps contre le titulaire du brevet et contre un ou plusieurs concessionnaires partiels, elle sera portée devant le tribunal du domicile du titulaire du brevet.

36. L'affaire sera instruite et jugée dans la forme prescrite, pour les matières sommaires, par les articles 405 et suivants du Code de procédure civile. Elle sera communiquée au procureur du roi.

37. Dans toute instance tendant à faire prononcer la nullité ou la déchéance d'un brevet, le ministère public pourra se rendre partie intervenante et prendre des réquisitions pour faire prononcer la nullité ou la déchéance absolue du brevet.

Il pourra même se pourvoir directement par action principale pour faire prononcer la nullité, dans les cas prévus aux n° 2, 4 et 5 de l'article 30.

38. Dans les cas prévus par l'article 37, tous les ayants droit au brevet dont les titres auront été enregistrés au ministère de l'agriculture et du commerce, conformément à l'article 21, devront être mis en cause.

39. Lorsque la nullité ou la déchéance absolue d'un brevet aura été prononcée par jugement ou arrêt ayant acquis la force de chose jugée, il en sera donné avis au ministre de l'agriculture et du commerce, et la nullité ou la déchéance sera publiée dans la forme déterminée par l'article 14 pour la proclamation des brevets.

**TITRE V. — DE LA CONTREFAÇON, DES POURSUITES
ET DES PEINES.**

40. Toute atteinte portée aux droits du breveté, soit par la fabrication de produits, soit par l'emploi de moyens faisant l'objet de son brevet, constitue le délit de contrefaçon.

Ce délit sera puni d'une amende de 100 à 2 000 francs.

41. Ceux qui auront sciemment recélé, vendu ou exposé en vente, ou introduit sur le territoire français un ou plusieurs objets contrefaits, seront punis des mêmes peines que les contrefacteurs.

42. Les peines établies par la présente loi ne pourront être cumulées.

La peine la plus forte sera seule prononcée pour tous les faits antérieurs au premier acte de poursuite.

43. Dans le cas de récidive, il sera prononcé, outre l'amende portée aux articles 40 et 41, un emprisonnement d'un mois à six mois.

Il y a récidive lorsqu'il a été rendu contre le prévenu, dans les cinq années antérieures, une première condamnation pour un des délits prévus par la présente loi.

Un emprisonnement d'un mois à six mois pourra aussi être prononcé, si le contrefacteur est un ouvrier ou un employé ayant travaillé dans les ateliers

dans l'établissement du breveté, ou si le contre-
eur, s'étant associé avec un ouvrier ou un em-
é du breveté, a eu connaissance, par ce dernier,
procédés décrits au brevet.
ans ce dernier cas, l'ouvrier ou l'employé pourra
poursuivi comme complice.

4. L'article 463 du Code pénal pourra être appli-
-aux délits prévus par les dispositions qui pré-
nt.

5. L'action correctionnelle pour l'application des
-es ci-dessus, ne pourra être exercée que sur la
-stère public que sur la plainte de la partie lésée.

6. Le tribunal correctionnel, saisi d'une action
- délit de contrefaçon, statuera sur les excep-
s qui seraient tirées par le prévenu, soit de la
-té ou de la déchéance du brevet, soit des ques-
-s relatives à la propriété dudit brevet.

7. Les propriétaires de brevet pourront, en
-u d'une ordonnance du président du tribunal de
-ière instance, faire procéder, par tous huissiers,
- désignation et description détaillées, avec ou
- saisie, des objets prétendus contrefaits.
-ordonnance sera rendue sur simple requête, et
-la représentation du brevet; elle contiendra, s'il
- lieu, la nomination d'un expert pour aider l'huis-
-dans sa description.
-orsqu'il y aura lieu à la saisie, ladite ordonnance
-ra imposer au requérant un cautionnement qu'il
-a tenu de consigner avant d'y faire procéder.
- cautionnement sera toujours imposé à l'étran-
-breveté qui requerra la saisie.
-sera laissé copie au détenteur des objets décrits
-saisis, tant de l'ordonnance que de l'acte consta-
-le dépôt du cautionnement, le cas échéant ; ce,
- à peine de nullité et de dommages-intérêts
-ro l'huissier.

8. A défaut, par le requérant, de s'être pourvu,
-par la voie civile, soit par la voie correction-
-e, dans le délai de huitaine, outre un jour par
- myriamètres de distance, entre le lieu où se
-vent les objets saisis ou décrits et le domicile
-contrefacteur, recéleur, introducteur ou dé-
-bitant.
-es objets saisis ou décrits sera nulle de plein droit,
- préjudice des dommages-intérêts qui pourront
- réclamés, s'il y a lieu, dans la forme prescrite
-e l'huissier.

9. La confiscation des objets reconnus contre-
-, et, le cas échéant, celle des instruments ou
-ensiles destinés spécialement à leur fabrication,
-nt, même en cas d'acquittement, prononcées
-re le contrefacteur, le recéleur, l'introducteur ou
-bitant.
-es objets confisqués seront remis au propriétaire
-brevet, sans préjudice des plus amples dommages-
-rêts et de l'affiche du jugement, s'il y a lieu.

-ITRE VI. — DISPOSITIONS PARTICULIÈRES
ET TRANSITOIRES.

0. Des ordonnances royales, portant règlement
-dministration publique, arrêteront les dispositions
-essaires pour l'exécution de la présente loi, qui
-ura effet que trois mois après sa promulgation.

1. Des ordonnances rendues dans la même
-me pourront régler l'application de la présente
-dans les colonies, avec les modifications qui
-ont jugées nécessaires.

2. Seront abrogées, à compter du jour où la
-sente loi sera devenue exécutoire, les lois du
-nvier et 25 mai 1791, celle du 20 septembre 1792,
-ralé du 17 vendémiaire an VII, l'arrêté du 5 ven-
-iaire an IX, les décrets des 25 novembre 1806
-5 janvier 1807, et toutes les dispositions antérieures
- présente loi, relatives aux brevets d'invention,
-portation et de perfectionnement.

3. Les brevets d'invention, d'importation et de
-fectionnement actuellement en exercice, délivrés
-formément aux lois antérieures à la présente, ou
-rogés par ordonnance royale, demeureront sou-
-et pendant tout le temps qui aura été assigné
-ur durée.

4. Les procédures commencées avant la pro-
-lgation de la présente loi seront mises à fin con-
-mément aux lois antérieures.
-oute action, soit en contrefaçon, soit en nullité
- déchéance de brevet, non encore intentée, sera
-vie conformément aux dispositions de la présente

loi, alors même qu'il s'agirait de brevets délivrés
antérieurement.
V. C. com. ann., p. 884 s.; et son Suppl., p. 720 s.
— V. aussi R. vᵒ Brevet d'invention, 1 s.; S. cod. vᵒ,
1 s.; T. (87-97), eod. vᵒ, 1 s.; D. P. années 1897
et suiv., 5ᵉ partie, eod. vᵒ, 1 s.

Loi du 3 août 1844,

Relative au droit de propriété des veuves et
des enfants des auteurs d'ouvrages dramatiques
(N. vᵒ Prop. litt. et artist., p. 445).

Article unique. Les veuves et les enfants des
auteurs d'ouvrages dramatiques auront, à l'avenir,
le droit d'en autoriser la représentation, et d'en conférer la jouissance; pendant vingt ans, conformément aux dispositions des articles 39 et 40 du décret
impérial du 5 février 1810.
V. les renvois, suprà, Décr. 13 janv. 1791.

Loi du 29 avril 1845,

Sur les irrigations (D. P. 45. 3. 115).

Art. 1ᵉʳ. Tout propriétaire qui voudra se servir,
pour l'irrigation de ses propriétés, des eaux naturelles ou artificielles dont il a le droit de disposer,
pourra obtenir le passage de ces eaux sur les fonds
intermédiaires, à la charge d'une juste et préalable
indemnité.
Sont exceptés de cette servitude les maisons, cours,
jardins, parcs et enclos attenants aux habitations.

2. Les propriétaires des fonds inférieurs devront
recevoir les eaux qui s'écouleront des terrains ainsi
arrosés, sauf l'indemnité qui pourra leur être due.
Seront également exceptés de cette servitude, les
maisons, cours, jardins, parcs et enclos attenants aux
habitations.

3. La même faculté de passage sur les fonds intermédiaires pourra être accordée au propriétaire
d'un terrain submergé en tout ou en partie, à l'effet
de procurer aux eaux nuisibles leur écoulement.

4. Les contestations auxquelles pourront donner
lieu l'établissement de la servitude, la fixation du
parcours de la conduite d'eau, de ses dimensions et
de sa forme, et les indemnités dues, soit au propriétaire du fonds traversé, soit à celui du fonds qui
recevra l'écoulement des eaux, seront portées devant
les tribunaux qui, en prononçant, devront concilier
l'intérêt de l'opération avec le respect dû à la propriété.
Il sera procédé devant les tribunaux, comme en
matière sommaire, et, s'il y a lieu à l'expertise, il
pourra n'être nommé qu'un seul expert.

5. Il n'est aucunement dérogé par les présentes
dispositions aux lois qui règlent la police des eaux.
V. le commentaire de cette loi, N. C. civ. ann.,
t. 1, p. 1084 s. — V. aussi R. vᵒ Servit., 260 s.;
S. cod. vᵒ, 77 s.

Loi du 15 juillet 1845,

Sur la police des chemins de fer (D. P. 45. 4. 163).

TITRE 1ᵉʳ. — MESURES RELATIVES
À LA CONSERVATION DES CHEMINS DE FER.

Art. 1ᵉʳ. Les chemins de fer construits ou concédés par l'État font partie de la grande voirie.

2. Sont applicables aux chemins de fer les lois et
règlements sur la grande voirie, qui ont pour objet
d'assurer la conservation des fossés, talus, levées et
ouvrages d'art dépendant des routes, et d'interdire,
sur toute leur étendue, le pacage des bestiaux et les
dépôts de terre et autres objets quelconques.

3. Sont applicables aux propriétés riveraines
des chemins de fer les servitudes imposées par les
lois et règlements sur la grande voirie, et qui concernent :
L'alignement ;
L'écoulement des eaux ;
L'occupation temporaire des terrains en cas de réparation ;
La distance à observer pour les plantations et l'élagage des arbres plantés ;

Le mode d'exploitation des mines, minières, tourbières, carrières et sablières, dans la zone déterminée à cet effet.
Sont également applicables à la confection et à
l'entretien des chemins de fer, les lois et règlements
sur l'extraction des matériaux nécessaires aux travaux publics.

4. Tout chemin de fer sera clos des deux côtés et
sur toute l'étendue de la voie.
L'Administration déterminera, pour chaque ligne,
le mode de cette clôture, et, pour ceux des chemins
qui n'y ont pas été assujettis à l'époque à laquelle
elle devra être effectuée.
Partout où les chemins de fer croiseront de niveau
les routes de terre, des barrières seront établies et
tenues fermées conformément aux règlements.

5. A l'avenir, aucune construction autre qu'un
mur de clôture ne pourra être établie dans une distance de deux mètres d'un chemin de fer.
Cette distance sera mesurée soit de l'arête supérieure du déblai, soit de l'arête inférieure du talus
du remblai, soit du bord extérieur des fossés du
chemin, et, à défaut d'une ligne tracée, à un mètre
cinquante centimètres à partir des rails extérieurs de
la voie de fer.
Les constructions existantes au moment de la promulgation de la présente loi, ou lors de l'établissement d'un nouveau chemin de fer, pourront être entretenues dans l'état où elles se trouveront à cette
époque.
Un règlement d'administration publique déterminera les formalités à remplir par les propriétaires
pour faire constater l'état desdites constructions, et
fixera le délai dans lequel ces formalités devront être
remplies.

6. Dans les localités où le chemin de fer se trouvera en remblai de plus de trois mètres au-dessus
du terrain naturel, il est interdit aux riverains de
pratiquer, dans une zone de largeur égale à la hauteur
verticale du remblai, mesurée à partir du pied du
talus.
Cette autorisation ne pourra être accordée sans que
les concessionnaires ou fermiers de l'exploitation du
chemin de fer aient été entendus ou dûment appelés.

7. Il est défendu d'établir, à une distance de moins
de vingt mètres d'un chemin de fer desservi par des
machines à feu, des couvertures en chaume, des
meules de paille, de foin, et aucun autre dépôt de
matières inflammables.
Cette prohibition ne s'étend pas aux dépôts de récoltes faits seulement pour le temps de la moisson.

8. Dans une distance de moins de cinq mètres du
chemin et à disposition des lieux le permettront, les
non inflammables, ne peut être établi sans l'autorisation préalable du préfet.
Cette autorisation sera toujours révocable.
L'autorisation n'est pas nécessaire,
1ᵉ Pour former, dans les localités où le chemin de
fer est en remblai, des dépôts de matières non
inflammables dont la hauteur n'excède pas celle du
remblai du chemin ;
2ᵉ Pour former des dépôts temporaires d'engrais et
autres objets nécessaires à la culture des terres.

9. Lorsque la sûreté publique, la conservation du
chemin à la disposition des lieux le permettront, les
distances déterminées par les articles précédents
pourront être diminuées en vertu d'ordonnances
royales rendues après enquête.

10. Si, hors des cas d'urgence prévus par la loi
des 16-24 août 1790, la sûreté publique ou la conservation du chemin de fer l'exige, l'Administration
pourra faire supprimer, moyennant une juste indemnité, les constructions, plantations, excavations,
couvertures en chaume, amas de matériaux combustibles ou autres, existant, dans les zones ci-dessus
spécifiées, au moment de la promulgation de la présente loi, et, pour l'avenir, lors de l'établissement du
chemin de fer.
L'indemnité sera réglée, pour la suppression des
constructions, conformément aux articles IV et suivants
de la loi du 3 mai 1841, et, pour tous les autres cas,
conformément à la loi du 16 septembre 1807.

11. Les contraventions aux dispositions du présent titre seront constatées, poursuivies et réprimées comme en matière de grande voirie.
Elles seront punies d'une amende de 16 à 300 francs,

sans préjudice, s'il y a lieu, des peines portées au Code pénal et au titre III de la présente loi. Les contrevenants seront, en outre, condamnés à supprimer, dans le délai déterminé par l'arrêté du conseil de préfecture, les excavations, couvertures, meules ou dépôts faits contrairement aux dispositions précédentes.

A défaut, par eux, de satisfaire à cette condamnation dans le délai fixé, la suppression aura lieu d'office, et le montant de la dépense sera recouvré contre eux par voie de contrainte, comme en matière de contributions publiques.

TITRE II. — DES CONTRAVENTIONS DE VOIRIE COMMISES PAR LES CONCESSIONNAIRES OU FERMIERS DE CHEMINS DE FER.

12. Lorsque le concessionnaire ou le fermier de l'exploitation d'un chemin de fer contreviendra aux clauses du cahier des charges, ou aux décisions rendues en exécution de ces clauses, ou ce qui concerne le service de la navigation, la viabilité des routes royales, départementales et vicinales, ou le libre écoulement des eaux, procès-verbal sera dressé de la contravention, soit par les ingénieurs des ponts et chaussées ou des mines, soit par les conducteurs, gardes-mines et piqueurs, dûment assermentés.

13. Les procès-verbaux, dans les quinze jours de leur date, seront notifiés administrativement au domicile élu par le concessionnaire ou le fermier, à la diligence du préfet, et transmis dans le même délai au conseil de préfecture du lieu de la contravention.

14. Les contraventions prévues à l'article 12 seront punies d'une amende de 300 francs à 3 000 francs.

15. L'Administration pourra, d'ailleurs, prendre immédiatement toutes mesures provisoires pour faire cesser le dommage, ainsi qu'il est procédé en matière de grande voirie.

Les frais qu'entraînera l'exécution de ces mesures seront recouvrés, contre le concessionnaire ou fermier, par voie de contrainte, comme en matière de contributions publiques.

TITRE III. — DES MESURES RELATIVES A LA SURETÉ DE LA CIRCULATION SUR LES CHEMINS DE FER.

16. Quiconque aura volontairement détruit ou dérangé la voie de fer, placé sur la voie un objet faisant obstacle à la circulation, ou employé un moyen quelconque pour entraver la marche des convois ou les faire sortir des rails, sera puni de la reclusion.

S'il y a eu homicide ou blessures, le coupable sera, dans le premier cas, puni de mort, et, dans le second, de la peine des travaux forcés à temps.

17. Si le crime prévu par l'article 16 a été commis en réunion séditieuse, avec rébellion ou pillage, il sera imputable aux chefs, auteurs, instigateurs et provocateurs de ces réunions, qui seront punis comme coupables du crime et condamnés aux mêmes peines que ceux qui l'auront personnellement commis, lors même que la réunion séditieuse n'aurait eu pour but direct et principal la destruction de la voie de fer.

Toutefois, dans ce dernier cas, lorsque la peine de mort sera applicable aux auteurs du crime, elle sera remplacée, à l'égard des chefs, auteurs, instigateurs et provocateurs de ces réunions, par la peine des travaux forcés à perpétuité.

18. Quiconque aura menacé, par écrit anonyme ou signé, de commettre un des crimes prévus en l'article 16, sera puni d'un emprisonnement de trois à cinq ans, dans le cas où la menace aurait été faite avec ordre de déposer une somme d'argent dans un lieu indiqué, ou de remplir toute autre condition.

Si la menace n'a été accompagnée d'aucun ordre ou condition, la peine sera d'un emprisonnement de trois mois à deux ans, et d'une amende de 100 à 500 francs.

Si la menace avec ordre ou condition a été verbale, le coupable sera puni d'un emprisonnement de quinze jours à six mois, et d'une amende de 25 à 300 francs.

(Abrogé par L. 27 mai 1885.) Dans tous les cas, le coupable pourra être mis par le jugement sous la surveillance de la haute police, pour un temps qui ne pourra être moindre de deux ans, ni excéder cinq ans.

19. Quiconque, par maladresse, imprudence, inattention, négligence ou inobservation des lois ou règlements, aura involontairement causé sur un chemin de fer, ou dans les gares ou stations, un accident qui aura occasionné des blessures, sera puni de huit jours à six mois d'emprisonnement, et d'une amende de 50 à 1 000 francs.

Si l'accident a occasionné la mort d'une ou plusieurs personnes, l'emprisonnement sera de six mois à cinq ans, et l'amende de 300 à 3 000 francs.

20. Sera puni d'un emprisonnement de six mois à deux ans tout mécanicien ou conducteur garde-frein qui aura abandonné son poste pendant la marche du convoi.

21. Toute contravention aux ordonnances royales portant règlement d'administration publique sur la police, la sûreté et l'exploitation du chemin de fer, et aux arrêtés pris par les préfets, sous l'approbation du ministre des travaux publics, pour l'exécution desdites ordonnances, sera punie d'une amende de 16 à 3 000 francs.

En cas de récidive dans l'année, l'amende sera portée au double, et le tribunal pourra, selon les circonstances, prononcer, en outre, un emprisonnement de trois jours à un mois.

22. Les concessionnaires ou fermiers d'un chemin de fer seront responsables, soit envers l'État, soit envers les particuliers, du dommage causé par les administrateurs, directeurs ou employés à un titre quelconque au service de l'exploitation du chemin de fer.

L'État sera soumis à la même responsabilité envers les particuliers, si le chemin de fer est exploité à ses frais et son compte.

23. Les crimes, délits ou contraventions prévus dans les titres Ier et III de la présente loi, pourront être constatés par des procès-verbaux dressés concurremment par les officiers de police judiciaire, les ingénieurs des ponts et chaussées et des mines, les conducteurs, gardes-mine, agents de surveillance et gardes nommés ou agréés par l'Administration et dûment assermentés.

Les procès-verbaux des délits et contraventions feront foi jusqu'à preuve contraire.

Au moyen du serment prêté devant le tribunal de première instance de leur domicile, les agents de surveillance de l'Administration et des concessionnaires ou fermiers pourront verbaliser sur toute la ligne du chemin de fer auquel ils seront attachés.

24. Les procès-verbaux dressés en vertu de l'article précédent seront visés pour timbre et enregistrés en débet.

Ceux qui auront été dressés par des agents de surveillance et gardes assermentés devront être affirmés dans les trois jours, à peine de nullité, devant le juge de paix ou le maire, soit du lieu du délit ou de la contravention, soit de la résidence de l'agent.

25. Toute attaque, toute résistance avec violence et voies de fait envers les agents des chemins de fer, dans l'exercice de leurs fonctions, sera punie des peines appliquées à la rébellion, suivant les distinctions faites par le Code pénal.

26. L'article 463 du Code pénal est applicable aux condamnations qui seront prononcées en exécution de la présente loi.

27. En cas de conviction de plusieurs crimes ou délits prévus par la présente loi ou par le Code pénal, la peine la plus forte sera seule prononcée.

Les peines encourues pour des faits postérieurs à la poursuite pourront être cumulées, sans préjudice des peines de la récidive.

R. v° *Voirie par chemin de fer*, 1 s. — S. *eod. v°*, 1 s. — T. (87-97), v° *Chemin de fer et tramway*, 1 s. — C. ad., t. 3, v° *Voirie*, p. 1462, n° 11150 s.

Ordonnance du 15 novembre 1846,
Portant règlement sur la police, la sécurité et l'exploitation des chemins de fer (D. P. 45. 3. 25).

Les titres I à IV (art. 1er à 43) sont remplacés par les titres I à IV du décret du 1er mars 1901 (V. ci-dessous).

TITRE V. — DE LA PERCEPTION DES TAXES ET DES FRAIS ACCESSOIRES.

Art. 44. Aucune taxe, de quelque nature qu'elle soit, ne pourra être perçue par la compagnie qu'en vertu d'une homologation du ministre des travaux publics.

Les taxes perçues actuellement sur les chemins dont les concessions sont antérieures à 1835, et qui ne sont pas encore régularisées, devront l'être avant le 1er avril 1847.

45. Pour l'exécution du paragraphe 1er de l'article qui précède, la compagnie devra dresser un tableau des prix qu'elle a l'intention de percevoir, dans la limite du maximum autorisé par le cahier des charges, pour le transport des voyageurs, des bestiaux, marchandises et objets divers, et en transmettre en même temps des expéditions au ministre des travaux publics, aux préfets des départements traversés par le chemin de fer et aux commissaires royaux.

46. La compagnie devra, en outre, dans le plus court délai et dans les formes énoncées en l'article précédent, soumettre ses propositions au ministre des travaux publics pour les prix de transport non déterminés par le cahier des charges, et à l'égard desquels le ministre est appelé à statuer.

47. Quant aux frais accessoires, tels que ceux de chargement, de déchargement et d'entrepôt dans les gares et magasins du chemin de fer, et quant à toutes les taxes qui doivent être régiées annuellement, la compagnie devra en soumettre le règlement à l'approbation du ministre des travaux publics, dans le dixième mois de chaque année. Jusqu'à décision, les anciens tarifs continueront à être perçus.

48. Les tableaux des taxes et des frais accessoires approuvés seront constamment affichés dans les lieux les plus apparents des gares et stations des chemins de fer.

49. Lorsque la compagnie voudra apporter quelques changements aux prix autorisés, elle en donnera avis au ministre des travaux publics, aux préfets des départements traversés et aux commissaires royaux.

Le public sera en même temps informé par les affiches des changements soumis à l'approbation du ministre.

A l'expiration du mois à partir de la date de l'affiche, lesdites taxes pourront être perçues, si, dans cet intervalle, le ministre des travaux publics les a homologuées.

Si des modifications à quelques-uns des prix affichés étaient prescrites par le ministre, les prix modifiés devront être affichés de nouveau et ne pourront être mis en perception qu'un mois après l'une de ces affiches.

50. La compagnie sera tenue d'effectuer avec soin, exactitude et célérité, et sans tour de faveur, les transports des marchandises, bestiaux et objets de toute nature qui lui seront confiés.

Au fur et à mesure que des colis, des bestiaux ou des objets quelconques, arriveront au chemin de fer, enregistrement en sera fait immédiatement, avec mention du prix total dû pour le transport. Le transport s'effectuera dans l'ordre des inscriptions, à moins de délais demandés ou consentis par l'expéditeur, et qui seront mentionnés dans l'enregistrement.

Un récépissé sera délivré à l'expéditeur, s'il le demande, sans préjudice, s'il y a lieu, de la lettre de voiture. Le récépissé énoncera la nature et le poids des colis, le prix total du transport et le délai dans lequel ce transport pourra être effectué.

Les registres mentionnés au présent article seront représentés à toute réquisition des fonctionnaires et agents chargés de veiller à l'exécution du présent règlement.

Les titres VI à VIII (art. 51 à 80) sont remplacés par les titres VI et VII du décret du 1er mars 1901 (V. ci-dessous).

Loi du 11 juillet 1847,
Sur les irrigations (D. P. 47. 3. 120).

Art. 1er. Tout propriétaire qui voudra se servir, pour l'irrigation de ses propriétés, des eaux naturelles ou artificielles dont il a le droit de disposer, pourra obtenir la faculté d'appuyer sur la propriété du riverain opposé les ouvrages d'art nécessaires à sa prise d'eau, à la charge d'une juste et préalable indemnité.

sont exceptés de cette servitude les bâtiments, ars et jardins attenant aux habitations.

2. Le riverain sur le fonds duquel l'appui sera lamé pourra toujours demander l'usage commun barrage, en contribuant pour moitié aux frais tablissement et d'entretien; aucune indemnité ne a respectivement due dans ce cas, et celle qui ait été payée devra être rendue.

Lorsque cet usage commun ne sera réclamé qu'a- s le commencement ou la confection des travaux, ul qui le demandera devra supporter seul l'excé- t de dépense auquel donneront lieu les change- nts à faire au barrage pour le rendre propre à rigation des deux rives.

3. Les contestations auxquelles pourra donner lieu plication des deux articles ci-dessus seront por- s devant les tribunaux.

Il sera procédé comme en matière sommaire, et a y a lieu à expertise, le tribunal pourra ne nom- r qu'un seul expert.

4. Il n'est aucunement dérogé, par les présentes positions, aux lois qui règlent la police des eaux. le commentaire de cette loi, N. C. civ. ann., t. 1, 4089. — V. aussi R. v° *Servit.*, 284 s.

Décret du 24 mars 1848,

modifie provisoirement les articles 178 et 179 du Code de commerce (D. P. 48. 4. 57).

Suivant une opinion, le décret du 24 mars 1848 été en vigueur que pendant la durée des pou- oirs extraordinaires dont le Gouvernement pro- oire s'est trouvé investi, et les articles du Code commerce ont repris toute leur force le 4 mai 1848, r de la réunion de l'Assemblée nationale. — s partisans d'un autre système considèrent, au traire, le décret de 1848 comme ayant mis fin à des s abus provenant de l'exagération des comptes retour et comme n'ayant pas un caractère né- sairement transitoire, ainsi que le pense M. De- ngeat. Ils en concluent que ce décret n'ayant ais été abrogé, ses dispositions qui avaient force loi, quoique édictées provisoirement, sont deve- s définitives. En pratique, elles sont toujours oliquées.

Décret-loi du 9 septembre 1848,

latif aux heures de travail dans les manufac- tures et usines (D. P. 48. 4. 164).

Art. 1er. La journée de l'ouvrier dans les manu- tures et usines ne pourra pas excéder douze heures travail effectif.

[L. 30 mars 1900.) « Toutefois, dans les établisse- nts énumérés dans l'article 1er de la loi du 2 no- mbre 1692 qui emploient dans les mêmes locaux s hommes adultes et des personnes visées par la- e loi, la journée de ces ouvriers ne pourra excéder heures de travail effectif.

Dans le cas du paragraphe précédent, au bout deux ans à partir de la promulgation de la pré- te loi, la journée sera réduite à dix heures et nie et, au bout d'une nouvelle période de deux s, à dix heures. »

2. Des règlements d'administration publique déter- neront les exceptions qu'il sera nécessaire d'ap- ter à cette disposition générale, à raison de la ure des industries ou des causes de force majeure.

3. Il n'est porté aucune atteinte aux usages et aux ventions qui, antérieurement au 2 mars, fixaient r certaines industries la journée de travail à un mbre d'heures inférieur à douze.

4. Tout chef de manufacture ou usine qui contre- ndra au présent décret et aux règlements d'admi- tration publique promulgués en exécution de l'ar- e 2, sera puni d'une amende de 5 francs à francs.

Les contraventions donneront lieu à autant d'a- endes qu'il y aura d'ouvriers indûment employés, ns que ces amendes réunies puissent s'élever au- ssus de 1 000 francs.

Le présent article ne s'applique pas aux usages aux et conventions indiqués dans la présente loi.

---

5. L'article 463 du Code pénal pourra toujours être appliqué.

6. Le décret du 2 mars en ce qui concerne la li- mitation des heures du travail, est abrogé.

Loi du 3 décembre 1849,

Sur la naturalisation et le séjour des étrangers en France (D. P. 49. 4. 171).

Art. 1er à 6. [*Ces articles déterminent les con- ditions sous lesquelles les étrangers qui ne sont pas nés en France peuvent être naturalisés Fran- çais; ils ont été successivement modifiés par plu- sieurs lois.* — V., à cet égard, C. civ. et N. C. civ. ann., art. 7 s.]

7. Le ministre de l'intérieur pourra, par mesure de police, enjoindre à tout étranger voyageant ou ré- sidant en France, de sortir immédiatement du terri- toire français, et le faire conduire à la frontière.

Il aura le même droit à l'égard de l'étranger qui obtenu l'autorisation d'établir son domicile en France; mais, après un délai de deux mois, la me- sure cessera d'avoir effet, si l'autorisation n'a pas été révoquée suivant la forme indiquée dans l'ar- ticle 3.

Dans les départements frontières, le préfet aura le même droit à l'égard de l'étranger non résidant, à la charge d'en référer immédiatement au ministre de l'intérieur.

8. Tout étranger qui se serait soustrait à l'exécu- tion des mesures énoncées dans l'article précédent ou dans l'article 272 du code pénal, ou qui, après être sorti de France par suite de ces mesures, y se- rait rentré sans la permission du Gouvernement, sera traduit devant les tribunaux et condamné à un emprisonnement d'un mois à six mois.

Après l'expiration de sa peine il sera conduit à la frontière.

9. Les peines prononcées par la présente loi pour- ront être réduites conformément aux dispositions de l'article 463 du Code pénal.

Loi du 2 juillet 1850,

Relative aux mauvais traitements exercés envers l s animaux domestiques (D. P. 50. 4. 145).

Article unique. Seront punis d'une amende de 5 à 15 francs, et pourront l'être d'un à cinq jours de prison, ceux qui auront exercé publiquement et abusivement des mauvais traitements envers les ani- maux domestiques.

La peine de la prison sera toujours appliquée en cas de récidive.

L'article 463 du Code pénal sera toujours appli- cable.

V. C. pén. ann., p. 907 s. ; et son Suppl., p. 301 s.

Loi du 19 décembre 1850,

Relative au délit d'usure (D. P. 51. 4. 11).

Art. 1er. Lorsque, dans une instance civile ou commerciale, le prêt conventionnel a été fait à un taux supérieur à celui fixé par la loi, les perceptions excessives seront imputées de plein droit aux époques où elles auront eu lieu, sur les intérêts légaux alors échus, et subsidiairement sur le capital de la créance.

Si la créance est éteinte en capital et intérêts, le prêteur sera condamné à la restitution des sommes indûment perçues, avec intérêt du jour où elles lui auront été payées.

Tout jugement civil ou commercial constatant un fait de cette nature sera transmis par le greffier au ministère public dans le délai d'un mois, sous peine d'une amende qui ne pourra être moindre de 16 francs, ni excéder 100 francs.

2. Le délit d'habitude d'usure sera puni d'une amende et pourra s'élever à la moitié des capitaux prêtés à usure, et d'un emprisonnement de six jours à six mois.

3. En cas de nouveau délit d'usure, le coupable sera condamné au maximum des peines prononcées

---

par l'article précédent, et elles pourront être élevées jusqu'au double, sans préjudice des cas généraux de récidive prévus par les articles 57 et 58 du Code pénal.

Après une première condamnation pour habitude d'usure, le nouveau délit résultera d'un fait posté- rieur, même unique, s'il s'est accompli dans les cinq ans, à partir du jugement ou de l'arrêt de condam- nation.

4. S'il y a eu escroquerie de la part du prêteur, il sera passible des peines prononcées par l'article 405 du Code pénal, sauf l'amende, qui demeurera régiée par l'article 2 de la présente loi.

5. Dans tous les cas, et suivant la gravité des circonstances, les tribunaux pourront ordonner, aux frais du délinquant, l'affiche du jugement et son in- sertion par extrait dans un ou plusieurs journaux du département.

6. Ils pourront également appliquer, dans tous les cas, l'article 463 du Code pénal.

7. L'amende prévue par le dernier paragraphe de l'article 1er sera prononcée à la requête du ministère public, par le tribunal civil.

R. v° *Prêt à intér.*, 13, 164 s., 201 s. — S. *eod.* v°, 114 s. — T. (87-97), v° *Intérêts de capitaux*, 53 s.; *Usure.* — V. aussi N. C. civ. ann., Appendice à l'art. 1907; C. pén. ann., Appendice, V° *Usure*, p. 357 s. ; et son Suppl., p. 471 s.

Loi du 22 janvier 1851,

Sur l'assistance judiciaire (D. P. 51. 4. 25).

Art. 1er à 21. — Remplacés par L. 10 juil- let 1901.

CHAPITRE II. — DU RETRAIT DE L'ASSISTANCE JUDICIAIRE.

22. Le retrait de l'assistance peut être demandé, soit par le ministère public, soit par la partie adverse.

Il peut aussi être prononcé d'office par le bureau. Dans tous les cas, il est motivé.

23. L'assistance judiciaire ne peut être retirée qu'après que l'assisté a été entendu ou mis en de- meure de s'expliquer.

24. Le retrait de l'assistance judiciaire a pour effet de rendre immédiatement exigibles les droits, honoraires, émoluments et avances de toute nature dont l'assisté avait été dispensé.

Dans tous les cas où l'assistance judiciaire est re- tirée, le secrétaire du bureau est tenu d'en informer immédiatement le receveur de l'enregistrement, qui procédera au recouvrement et à la répartition, sui- vant les règles tracées en l'article 18 ci-dessus.

25. L'article tendant au recouvrement de l'exécu- toire délivré à la régie de l'Enregistrement et des domaines, soit contre l'assisté, soit contre la partie adverse, se prescrit par dix ans.

La prescription de l'action de l'adversaire de l'as- sisté contre celui-ci, pour les dépens auxquels il a été condamné envers lui, reste soumise au droit commun.

26. Si le retrait de l'assistance a pour cause une déclaration frauduleuse de l'assisté, relativement à son indigence, celui-ci peut, sur l'avis du bureau, être traduit devant le tribunal de police correction- nelle et condamné, indépendamment du payement des droits et frais de toute nature, dont il avait été dispensé, à une amende égale au montant total de ces droits et frais, sans que cette amende puisse être au-dessous de 100 francs, et à un emprisonnement de huit jours au moins et de six mois au plus.

L'article 463 du Code pénal est applicable.

27. Les dispositions de la loi du 7 août 1850 sont applicables :

1° A toutes les causes qui sont de la compétence des conseils de prud'hommes, et dont les juges de paix sont saisis dans les lieux où ces conseils ne sont pas établis;

2° A toutes les constatations énoncées dans les nu- méros 3 et 4 de l'article 5 de la loi du 25 mai 1838 (V. *infrà*, L. 12 juill. 1905, art. 5).

TITRE II. — DE L'ASSISTANCE JUDICIAIRE EN MATIÈRE CRIMINELLE ET CORRECTIONNELLE.

28. Il sera pourvu à la défense des accusés de- vant les cours d'assises, conformément aux disposition de l'article 294 du Code d'instruction criminelle.

29. Les présidents des tribunaux correctionnels désigneront un défenseur d'office aux prévenus poursuivis à la requête du ministère public, ou détenus préventivement, lorsqu'ils en feront la demande, et que leur indigence sera constatée, soit par les pièces désignées dans l'article 10, soit par tous autres documents.

30. Les présidents des cours d'assises et les présidents des tribunaux correctionnels pourront, même avant le jour fixé pour l'audience, ordonner l'assignation des témoins qui leur seront indiqués par l'accusé ou le prévenu indigent, dans le cas où la déclaration de ces témoins serait jugée utile pour la découverte de la vérité.

Pourront être également ordonnées d'office toutes productions et vérifications de pièces.

Les mesures ainsi prescrites seront exécutées à la requête du ministère public.

31. La présente loi pourra, par des règlements d'administration publique, être appliquée aux colonies et à l'Algérie. (*V. Décr. 2 mars 1859.*)

V. C. pr. civ. ann., p. 1319 s.; et son Suppl., p. 471 s. — V. aussi R. v° *Organ. judic.*, 728 s.; S. *cod. v°*, 430 s.; T. (87-97), v° *Assistance judiciaire*, 1 s.

Décret organique du 2 février 1852,

Pour l'élection des députés au Corps législatif
(D. P. 52. 4. 49).

Art. 31. Toute personne qui se sera fait inscrire sur la liste électorale sous de faux noms ou de fausses qualités, ou aura, en se faisant inscrire, dissimulé une incapacité prévue par la loi, ou aura réclamé et obtenu une inscription sur deux ou plusieurs listes, sera punie d'un emprisonnement d'un mois à un an et d'une amende de 100 à 1 000 francs.

32. Celui qui, déchu du droit de voter, soit par suite d'une condamnation judiciaire, soit par suite d'une faillite non suivie de réhabilitation, aura voté, soit en vertu d'une inscription sur les listes antérieures à sa déchéance, soit en vertu d'une inscription postérieure, mais opérée sans sa participation, sera puni d'un emprisonnement de quinze jours à trois mois et d'une amende de 20 à 500 francs.

33. Quiconque aura voté dans une assemblée électorale, soit en vertu d'une inscription obtenue dans les deux premiers cas prévus par l'article 31, soit en prenant faussement les noms et les qualités d'un électeur inscrit, sera puni d'un emprisonnement de six mois à deux ans et d'une amende de 200 francs à 2000 francs.

34. Sera puni de la même peine, tout citoyen qui aura profité d'une inscription multiple pour voter plus d'une fois.

35. Quiconque étant chargé, dans un scrutin, de recevoir, compter ou dépouiller les bulletins contenant les suffrages des citoyens, aura soustrait, ajouté ou altéré des bulletins, ou lu un nom autre que celui inscrit, sera puni d'un emprisonnement d'un an à cinq ans et d'une amende de 500 francs à 5 000 francs.

36. La même peine sera appliquée à tout individu qui, chargé par un électeur d'écrire son suffrage, aura inscrit sur le bulletin un nom autre que celui qui lui était désigné.

37. L'entrée dans l'assemblée électorale avec armes apparentes est interdite. En cas d'infraction, le contrevenant sera passible d'une amende de 16 à 100 francs. La peine sera d'un emprisonnement de quinze jours à trois mois et d'une amende de 50 francs à 300 francs, si les armes étaient cachées.

38. Quiconque aura donné, promis ou reçu des deniers, effets ou valeurs quelconques, sous la condition soit de donner ou de procurer un suffrage, soit de s'abstenir de voter, sera puni d'un emprisonnement de trois mois à deux ans et d'une amende de 500 francs à 5 000 francs. Seront punis des mêmes peines, ceux qui, sous les mêmes conditions, auront fait ou accepté l'offre ou la promesse d'emplois publics ou privés. Si le coupable est fonctionnaire public, la peine sera du double.

39. Ceux qui, soit par voies de fait, violences ou menaces contre un électeur, soit en lui faisant craindre de perdre son emploi ou d'exposer à un dommage sa personne, sa famille ou sa fortune, l'auront déterminé

à s'abstenir de voter, ou auront influencé un vote, seront punis d'un emprisonnement d'un mois à un an et d'une amende de 100 francs à 1 000 francs; la peine sera du double si le coupable est fonctionnaire public.

40. Ceux qui, à l'aide de fausses nouvelles, bruits calomnieux, ou autres manœuvres frauduleuses, auront surpris ou détourné des suffrages, déterminé un ou plusieurs électeurs à s'abstenir de voter, seront punis d'un emprisonnement d'un mois à un an et d'une amende de 100 francs à 2 000 francs.

41. Lorsque, par attroupements, clameurs ou démonstrations menaçantes, on aura troublé les opérations d'un collège électoral, porté atteinte à l'exercice du droit électoral ou à la liberté du vote, les coupables seront punis d'un emprisonnement de trois mois à deux ans et d'une amende de 100 francs à 2 000 francs.

42. Toute irruption dans un collège électoral consommée ou tentée avec violence, en vue d'empêcher un choix, sera punie d'une amende de 100 francs à cinq ans et d'une amende de 1 000 francs à 5 000 francs.

43. Si les coupables étaient porteurs d'armes, ou si le scrutin a été violé, la peine sera la reclusion.

44. Elle sera des travaux forcés à temps, si le crime a été commis par suite d'un plan concerté pour être exécuté soit dans toute la République, soit dans un ou plusieurs départements, soit dans un ou plusieurs arrondissements.

45. Les membres d'un collège électoral qui, pendant la réunion, se seront rendus coupables d'outrages ou de violences, soit envers le bureau, soit envers l'un de ses membres, ou qui, par voies de fait ou menaces, auront retardé ou empêché les opérations électorales, seront punis d'un emprisonnement d'un mois à un an et d'une amende de 100 francs à 2 000 francs. Si le scrutin a été violé, l'emprisonnement sera d'un an à cinq ans, et l'amende de 1 000 francs à 5 000 francs.

46. L'enlèvement de l'urne contenant les suffrages émis et non encore dépouillés sera puni d'un emprisonnement d'un an à cinq ans et d'une amende de 1 000 francs à 5 000 francs. Si cet enlèvement a été effectué en réunion et avec violence, la peine sera la reclusion.

47. La violation du scrutin faite, soit par les membres du bureau, soit par les agents de l'autorité préposés à la garde des bulletins non encore dépouillés, sera punie de la reclusion.

48. Les crimes prévus par la présente loi seront jugés par la cour d'assises, et les délits par les tribunaux correctionnels; l'article 463 du Code pénal pourra être appliqué.

49. En cas de conviction de plusieurs crimes ou délits prévus par la présente loi et commis antérieurement au premier acte de poursuite, la peine la plus forte sera seule appliquée.

50. L'action publique et l'action civile seront prescrites après trois mois, à partir du jour de la proclamation du résultat de l'élection.

51. La condamnation, s'il en est prononcé, ne pourra, en aucun cas, avoir pour effet d'annuler l'élection déclarée valide par les pouvoirs compétents, ou dûment définitive par l'absence de toute protestation régulière formée dans les délais voulus par les lois spéciales.

Pour tout ce qui concerne les dispositions pénales en matière électorale, V. C. ad., t. 1er, v° *Élections*, p. 1057, n° 4850 s. — V. aussi R. v° *Droit politique*, 37 s.; S. *cod. v°*, 12 s.

Décret du 28 mars 1852

Sur la contrefaçon d'ouvrages étrangers
(D. P. 52. 4. 93).

Art. 1er. La contrefaçon sur le territoire français, d'ouvrages publiés à l'étranger, et mentionnés en l'article 425 du Code pénal, constitue un délit.

2. Il en est de même du débit, de l'exportation et de l'expédition des ouvrages contrefaits. L'exportation et l'expédition de ces ouvrages sont un délit de la même espèce que l'introduction, sur le territoire français, d'ouvrages qui, après avoir été imprimés en France, ont été contrefaits chez l'étranger.

3. Les délits prévus par les articles précédents seront réprimés conformément aux articles 427 et 429 du Code pénal.

L'article 463 du même Code pourra être appliqué.

4. Néanmoins, la poursuite ne sera admise que sous l'accomplissement des conditions exigées relativement aux ouvrages publiés en France, notamment par l'article 6 de la loi du 19 juillet 1793.

R. v° *Propriété littéraire et artistique*, 330 s. — S. *cod. v°*, 104 s.

Décret du 24 novembre 1852,

Sur la discipline des membres de la Légion d'honneur, et des décorés de la médaille militaire (D. P. 52. 4. 213).

Art. 9. Tout individu qui aura encouru la suspension ou la privation des droits et prérogatives attachés à la qualité de membre de la Légion d'honneur ou de décoré de la médaille militaire, et qui en portera les insignes ou ceux d'un ordre étranger, sera poursuivi et puni conformément à l'article 259 du Code pénal.

V. les renvois, *supra*, C. pén., art. 259.

Décret du 13 juin 1853,

Relatif aux décorations étrangères (D. P. 53. 4. 145).

Art. 1er. Toutes décorations, ou ordres étrangers, quelle qu'en soit la dénomination ou la forme, qui n'auraient pas été conférés par une puissance souveraine, sont déclarés illégalement et abusivement obtenus, et il est enjoint à tout Français qui les porte de les déposer à l'instant.

2. Tout Français qui, ayant obtenu des ordres étrangers, n'aura pas reçu du chef de l'État l'autorisation de les accepter et de les porter, sera pareillement tenu de les déposer immédiatement, sauf à lui à se pourvoir, s'il y a lieu, devant notre grand chancelier de l'ordre impérial de la Légion d'honneur, pour solliciter cette autorisation.

3. Il est formellement interdit de porter d'autres insignes que ceux de l'ordre et du grade pour lesquels l'autorisation a été accordée, sous les peines édictées en l'article 259 du Code pénal.

V. les renvois, *supra*, C. pén., art. 259.

Loi du 8 avril 1854,

Sur le droit de propriété garanti aux veuves et aux enfants des auteurs, des compositeurs et des artistes (D. P. 54. 4. 68).

Article unique. Les veuves des auteurs, des compositeurs et des artistes jouiront, pendant toute leur vie, des droits garantis par les lois des 13 janvier 1791 et 19 juillet 1793, le décret du 5 février 1810, la loi du 3 août 1844, et les autres lois ou décrets sur la matière.

La durée de la jouissance accordée aux enfants par ces mêmes lois et décrets est portée à trente ans, à partir, soit du décès de l'auteur, compositeur ou artiste, soit de l'extinction des droits de la veuve.

V. C. com. ann., p. 917 s.; et son Suppl., p. 800 s. — V. aussi R. v° *Propriété littéraire et artistique*, 1 s.; S. *cod. v°*, 1 s. — D. P. années 1897 et suiv., Tables, *cod. v°*, 1 s.

Loi du 30 mai 1854,

Sur l'exécution de la peine des travaux forcés (D. P. 54. 4. 90).

Art. 1er. La peine des travaux forcés sera subie, à l'avenir, dans des établissements créés par décrets de l'empereur, sur le territoire d'une ou plusieurs possessions françaises autres que l'Algérie.

Néanmoins, en cas d'empêchement à la translation des condamnés, et jusqu'à ce que cet empêchement ait cessé, la peine sera subie provisoirement en France.

2. Les condamnés seront employés aux travaux

s pénibles de la colonisation et à tous autres
x d'utilité publique.

is pourront être enchaînés deux à deux ou
tis à traîner le boulet à titre de punition dis-
re ou par mesure de sûreté.

.es femmes condamnées aux travaux forcés
nt être conduites dans un des établissements
aux colonies; elles seront séparées des hommes
loyées à des travaux en rapport avec leur âge
leur sexe.

es peines des travaux forcés à perpétuité et
vaux forcés à temps ne seront prononcées
aucun individu âgé de soixante ans accomplis
nent du jugement; elles seront remplacées
lo de la réclusion, soit à perpétuité, soit à
selon la durée de la peine qu'elle remplacera.
icle 72 du Code pénal est abrogé.

out individu condamné à moins de huit années
des travaux forcés sera tenu, à l'expiration de sa
de résider dans la colonie pendant un temps
à durée de sa condamnation.

peine est de huit années, il sera tenu d'y
peudant toute sa vie.

fois, le libéré pourra quitter momentanément
nie en vertu d'une autorisation expresse du
neur. Il ne pourra, en aucun cas, être auto-
à rendre en France.

as de grâce, le libéré ne pourra être dispensé
6 de la peine qu'il, quitté la colonie sans
ation, ou d'avoir dépassé le délai fixé par
autorisation de travailler aux conditions déter-
par l'Administration, soit pour les habitants
)lonie, soit pour les administrations locales;
ne concession de terrain et la faculté de le
pour leur propre compte.
concession ne pourra devenir définitive qu'à-
libération du condamné.
Le Gouvernement pourra accorder aux con-
s aux condamnés à temps l'exercice, dans
nie, des droits civils, ou de quelques-uns de
lits, dont ils sont privés par leur état d'inter-
légale.
urra autoriser ces condamnés à jouir ou dis-
e tout ou partie de leurs biens.
actes faits par les condamnés dans la colonie,
leur libération, ne pourront engager les biens
possédaient au jour de leur condamnation, ou
i leur seront échus par succession, donation
ament, à l'exception des biens dont la remise
é autorisée.
Gouvernement pourra accorder aux libérés
ce, dans la colonie, des droits dont ils sont
par les troisième et quatrième paragraphes
icle 34 du Code pénal.
Des concessions provisoires ou définitives de

terrains pourront être faites aux individus qui ont
subi leur peine et qui restent dans la colonie.

14. Un règlement d'administration publique déterminera tout ce qui concerne l'exécution de la présente loi, et notamment :

1° Le régime disciplinaire des établissements de
travaux forcés ;

2° Les conditions sous lesquelles des concessions
de terrains, provisoires ou définitives, pourront être
faites aux condamnés ou libérés, en égard à la durée
de la peine prononcée contre eux, à leur bonne conduite, à leur travail et à leur repentir;

3° L'étendue du droit des tiers, de l'époux survivant et des héritiers du concessionnaire sur les terrains concédés.

15. Les dispositions de la présente loi, à l'exception de celles prescrites par les articles 6 et 8, sont
applicables aux condamnations antérieurement prononcées à raison des crimes antérieurement commis.

R. v° *Peine*, 588 s.; *Prisons*, 103 s. — S. v° *Eva-
sion*, 82 s.; *Peine*, 604 s.; *Prisons*, 62 s. — V. en
outre C. pén. ann., p. 33 s., et son Suppl., p. 14 s.

Loi du 31 mai 1854,

Portant abolition de la mort civile (D. P. 54. 4. 91).

Art. 1er. La mort civile est abolie.

2. Les condamnations à des peines afflictives perpétuelles emportent la dégradation civique et l'interdiction légale établies par les articles 28, 29 et 31 du
Code pénal.

3. Le condamné à une peine afflictive perpétuelle
ne peut disposer de ses biens, en tout ou en partie,
soit par donation entre vifs, soit par testament, ni
recevoir à ce titre, si ce n'est pour cause d'aliments.

Tout testament par lui fait antérieurement à sa
condamnation contradictoire, devenue définitive, est
nul.

Le présent article n'est applicable au condamné
par contumace que cinq ans après l'exécution par
effigie.

4. Le Gouvernement peut relever le condamné à
une peine afflictive perpétuelle de tout ou partie des
incapacités prononcées par l'article précédent.

Il peut lui accorder l'exercice, dans le lieu d'exécution de la peine, des droits civils, ou de quelques-
uns de ces droits, dont il a été privé par son état
d'interdiction légale.

Les actes faits par le condamné, dans le lieu d'exécution de la peine, ne peuvent engager les biens
qu'il possédait au jour de sa condamnation, ou qui
lui sont échus à titre gratuit depuis cette époque.

5. Les effets de la mort civile cessent, pour l'avenir, à l'égard des condamnés actuellement morts
civilement, sauf les droits acquis aux tiers. L'état
de ces condamnés est régi par les dispositions du
précédent.

6. La présente loi n'est pas applicable aux condamnations à la déportation pour crimes commis
antérieurement à sa promulgation.

*Sur l'application de la loi du 31 mai 1854 en
Algérie et dans les colonies,* V. N. C. civ. ann.,
t. 1, p. 225.

Loi du 10 juin 1854,

*Sur le libre écoulement des eaux provenant
du drainage* (D. P. 54. 4. 96).

Art. 1er. Tout propriétaire qui veut assainir son
fonds par le drainage, ou un autre mode d'assèchement, peut, moyennant une juste et préalable indemnité, en conduire les eaux souterrainement ou à ciel
ouvert, à travers les propriétés qui séparent ce fonds
d'un cours d'eau ou de toute autre voie d'écoulement.

Sont exceptés de cette servitude les maisons,
cours, jardins, parcs et enclos attenant aux habitations.

2. Les propriétaires de fonds voisins ou traversés
ont la faculté de se servir des travaux faits en vertu
de l'article précédent pour l'écoulement des eaux de
leurs fonds.

Ils supportent dans ce cas : 1° une part proportionnelle dans la valeur des travaux dont ils profitent;
2° les dépenses résultant des modifications que l'exercice de cette faculté peut rendre nécessaires; et

3° pour l'avenir, une part contributive dans l'entretien des travaux devenus communs.

3. Les associations de propriétaires qui veulent,
au moyen de travaux d'ensemble, assainir leurs
héritages par le drainage ou tout autre mode d'assé-
chement, jouissent des droits et supportent les obligations qui résultent des articles précédents. Ces
associations peuvent, sur leur demande, être constituées, par arrêtés préfectoraux, en syndicats auxquels sont applicables les articles 3 et 4 de la loi du
14 floréal an XI.

4. Les travaux que voudraient exécuter les associations syndicales, les communes ou les départements, pour faciliter le drainage ou tout autre mode
d'assèchement, peuvent être déclarés d'utilité publique par décret rendu en Conseil d'État.

Le règlement des indemnités dues pour expropriation est fait conformément aux paragraphes 2 et suivants de l'article 16 de la loi du 21 mai 1836.

5. Les contestations auxquelles peuvent donner
lieu l'établissement et l'exercice de la servitude, la
fixation du parcours des eaux, l'exécution des travaux de drainage ou d'assèchement, les indemnités
et les frais d'entretien, sont portées en premier ressort devant le juge de paix du canton, qui, en prononçant, doit concilier les intérêts de l'opération
avec le respect dû à la propriété.

S'il y a lieu à expertise, il pourra n'être nommé
qu'un seul expert (V. L. 21 juin 1865, art. 19).

6. La destruction totale ou partielle des conduits
d'eau ou fossés évacuateurs est punie des peines
portées à l'article 456 du Code pénal.

Tout obstacle apporté volontairement au libre écoulement des eaux est puni des peines portées par l'article 457 du même Code. L'article 463 du Code pénal
peut être appliqué.

7. Il n'est aucunement dérogé aux lois qui règlent
la police des eaux.

V. le commentaire de cette loi, N. C. civ. ann.,
t. 1, p. 1089 s. — V. aussi R. v° *Servit.*, 289 s.;
S. eod. v°, 87 s.; C. ad., t. 3, v° *Travaux publics*,
p. 726, n° 11518 s.

Loi du 23 mars 1855,

Sur la transcription en matière hypothécaire
(D. P. 55. 4. 27).

Art. 1er. Sont transcrits au bureau des hypothèques de la situation des biens :

1° Tout acte entre vifs, translatif de propriété immobilière ou de droits réels susceptibles d'hypothèque;

2° Tout acte portant renonciation à ces mêmes
droits;

3° Tout jugement qui déclare l'existence d'une convention verbale de la nature ci-dessus exprimée;

4° Tout jugement d'adjudication, autre que celui
rendu sur licitation au profit d'un cohéritier ou d'un
copartageant.

2. Sont également transcrits :

1° Tout acte constitutif d'antichrèse, de servitude,
d'usage et d'habitation;

2° Tout acte portant renonciation à ces mêmes
droits;

3° Tout jugement qui déclare l'existence en
vertu d'une convention verbale;

4° Les baux d'une durée de plus de dix-huit
années;

5° Tout acte ou jugement constatant, même pour
bail de moindre durée, quittance ou cession d'une
somme équivalente à trois années de loyers ou fermages non échus.

3. Jusqu'à la transcription, les droits résultant
des actes et jugements énoncés aux articles précédents ne peuvent être opposés aux tiers qui ont des
droits sur l'immeuble et qui les ont conservés en se
conformant aux lois.

Les baux qui n'ont point été transcrits ne peuvent
jamais être opposés pour une durée de plus de
dix-huit ans.

4. Tout jugement prononçant la résolution, nullité
ou rescision d'un acte transcrit doit, dans le mois à
dater du jour où il a acquis l'autorité de la chose
jugée, être mentionné en marge de la transcription
faite sur le registre.

L'avoué qui a obtenu ce jugement est tenu, sous
peine de cent francs d'amende, de faire opérer

cette mention, en remettant un bordereau rédigé et signé par lui au conservateur, qui lui en donne récépissé.

5. Le conservateur, lorsqu'il en est requis, délivre, sous sa responsabilité, l'état spécial ou général des transcriptions et mentions prescrites par les articles précédents.

6. A partir de la transcription, les créanciers privilégiés ou ayant hypothèque, aux termes des articles 2123, 2127 et 2128 du Code Napoléon, ne peuvent prendre utilement inscription sur le précédent propriétaire.

Néanmoins, le vendeur ou le copartageant peuvent utilement inscrire les privilèges à eux conférés par les articles 2108 et 2109 du Code Napoléon, dans les quarante-cinq jours de l'acte de vente ou de partage, nonobstant toute transcription d'actes faits dans ce délai.

Les articles 834 et 835 du Code de procédure civile sont abrogés.

7. L'action résolutoire établie par l'article 1654 du Code Napoléon ne peut être exercée après l'extinction du privilège du vendeur, au préjudice des tiers qui ont acquis des droits sur l'immeuble du chef de l'acquéreur, et qui se sont saisis à fonds pour les conserver.

8. Si la veuve, le mineur devenu majeur, l'interdit relevé de l'interdiction, leurs héritiers ou ayants cause, n'ont pas pris inscription dans l'année qui suit la dissolution du mariage ou la cessation de la tutelle, leur hypothèque ne date, à l'égard des tiers, que du jour des inscriptions prises ultérieurement.

9. Dans le cas où les femmes peuvent céder leur hypothèque légale, ou y renoncer, cette cession ou cette renonciation doit être faite par acte authentique, et les cessionnaires n'en sont saisis à l'égard des tiers que par l'inscription de cette hypothèque prise à leur profit, ou par la mention de la subrogation en marge de l'inscription préexistante.

Les dates des inscriptions ou mentions déterminent l'ordre dans lequel ceux qui ont obtenu des cessions ou renonciations exercent les droits hypothécaires de la femme. — (V. infrà, L. 3 février 1889.)

10. La présente loi est exécutoire à partir du 1er janvier 1856.

11. Les articles 1, 2, 3, 4 et 5 ci-dessus ne sont pas applicables aux actes ayant acquis date certaine et aux jugements rendus avant le 1er janvier 1856.

Leur effet est réglé par la législation sous l'empire de laquelle ils sont intervenus.

Les jugements prononçant la résolution, nullité ou rescision d'un acte non transcrit, mais ayant date certaine avant la même époque, doivent être transcrits conformément à l'article 4 de la présente loi.

Le vendeur dont le privilège serait éteint au moment où la présente loi deviendra exécutoire pourra conserver vis-à-vis des tiers l'action résolutoire qui lui appartient, aux termes de l'article 1654 du Code Napoléon, en faisant inscrire son action au bureau des hypothèques, dans le délai de six mois à partir de la même époque.

L'inscription exigée par l'article 8 doit être prise dans l'année, à compter du jour où la loi est exécutoire ; à défaut d'inscription dans ce délai, l'hypothèque légale ne prend rang que du jour où elle est ultérieurement inscrite.

Il n'est point dérogé aux dispositions du Code Napoléon relatives à la transcription des actes portant donation ou contenant des dispositions à charge de rendre ; elles continueront à recevoir leur exécution.

12. Jusqu'à ce qu'une loi spéciale détermine les droits à percevoir, la transcription des actes ou jugements qui n'étaient pas soumis à cette formalité avant la présente loi est faite moyennant un droit fixe d'un franc.

V. le commentaire de cette loi, N. C. civ. ann., Appendice au liv. III, tit. 18. — V. aussi R. et S. V° Transcription hypothécaire, 1 s. — T. (87-97), eod. v°, 1 s.

Loi du 2 mai 1855,

Qui modifie celles des 25 mai 1838 et 20 mai 1854, sur les justices de paix (D. P. 55. 4. 52). — V. supra, L. 25 mai 1838, art. 3 et 17.

Loi du 5 mai 1855,

Qui déclare applicables aux boissons les dispositions de la loi du 27 mars 1851 (D. P. 55. 4. 64). — (Abrogée par L. 1er août 1905.)

Art. 1er. *Les dispositions de la loi du 27 mars 1851 sont applicables aux boissons..*

(L. 21 juillet 1894.) « *Si, dans les cas prévus par les paragraphes 1er et 2 de l'article 1er de la loi du 27 mars 1851, il s'agit de vin additionné d'eau, les pénalités édictées par l'article 423 du Code pénal et la loi du 27 mars 1851 seront applicables même dans le cas où la falsification par addition d'eau serait connue de l'acheteur ou du consommateur.* »

2. *L'article 318 et le numéro 6 de l'article 475 du Code pénal sont et demeurent abrogés.*

Loi du 30 mai 1857,

Qui autorise les sociétés anonymes et autres associations commerciales, industrielles ou financières, légalement constituées en Belgique, à exercer leurs droits en France (D. P. 57. 4. 75).

Art. 1er. Les sociétés anonymes et les autres associations commerciales, industrielles ou financières, qui sont soumises à l'autorisation du gouvernement belge, et qui l'ont obtenue, peuvent exercer tous leurs droits et ester en justice en France, en se conformant aux lois de l'empire.

2. Un décret impérial, rendu en conseil d'État, peut appliquer à tous autres pays le bénéfice de l'article 1er.

R. v° Société, 1568 s. — S. eod. v°, 2252 s.

Loi du 23 juin 1857,

Sur les marques de fabrique et de commerce (D. P. 57. 4. 97).

TITRE 1er. — DU DROIT DE PROPRIÉTÉ DES MARQUES.

Art. 1er. La marque de fabrique ou de commerce est facultative.

Toutefois, des décrets, rendus en la forme des règlements d'administration publique, peuvent, exceptionnellement, la déclarer obligatoire pour les produits qu'ils déterminent.

Sont considérés comme marques de fabrique et de commerce les noms sous une forme distinctive, les dénominations, emblèmes, empreintes, timbres, cachets, vignettes, reliefs, lettres, chiffres, enveloppes et tous autres signes servant à distinguer les produits d'une fabrique ou les objets d'un commerce.

2. (L. 3 mai 1890.) Nul ne pourra revendiquer la propriété exclusive d'une marque, s'il ne l'a déposé au greffe du tribunal de commerce de son domicile :

1° Trois exemplaires du modèle de cette marque ;
2° Le cliché typographique de cette marque.

En cas de dépôt de plusieurs marques appartenant à une même personne, il n'est dressé qu'un procès-verbal ; mais il doit être déposé autant de modèles en triple exemplaire et autant de clichés qu'il y a de marques distinctes.

L'un des exemplaires déposés sera remis au déposant revêtu du visa du greffier et portant l'indication du jour et de l'heure du dépôt.

Les dimensions des clichés ne devront pas dépasser douze centimètres (0 mètre 12 de côté).

Les clichés seront rendus aux intéressés après la publication officielle des marques par le département du commerce, de l'industrie et des colonies.

3. Le dépôt n'a d'effet que pour quinze années.

La propriété de la marque peut toujours être conservée pour un nouveau terme de quinze années au moyen d'un nouveau dépôt.

4. Il est perçu un droit fixe de 1 franc pour la rédaction du procès-verbal de dépôt de chaque marque et pour le coût de l'expédition, non compris les frais de timbre et d'enregistrement.

TITRE II. — DISPOSITIONS RELATIVES AUX ÉTRANGERS.

5. Les étrangers qui possèdent en France d établissements d'industrie ou de commerce jouissent pour les produits de leurs établissements, du bénéfice de la présente loi, en remplissant les formalités qu'elle prescrit.

6. Les étrangers et les Français dont les établissements sont situés hors de France jouissent égal ment du bénéfice de la présente loi, pour les produits de ces établissements, si, dans les pays où sont situés, des conventions diplomatiques ont établi la réciprocité pour les marques françaises.

Dans ce cas, le dépôt des marques étrangères lieu au greffe du tribunal de commerce du département de la Seine.

TITRE III. — PÉNALITÉS.

7. Sont punis d'une amende de 50 francs 3000 francs et d'un emprisonnement de trois mo à trois ans, ou de l'une de ces peines seulement :

1° Ceux qui ont contrefait une marque ou fait usage d'une marque contrefaite ;

2° Ceux qui ont frauduleusement apposé sur leur produits ou les objets de leur commerce une marqu appartenant à autrui ;

3° Ceux qui ont sciemment vendu ou mis en ven un ou plusieurs produits revêtus d'une marque co trefaite ou frauduleusement apposée.

8. Sont punis d'une amende de 50 francs 2000 francs et d'un emprisonnement d'un mois à u an, ou de l'une de ces peines seulement :

1° Ceux qui, sans contrefaire une marque en on fait une imitation frauduleuse de nature à tromp l'acheteur, ou ont fait usage d'une marque fraudu leusement imitée ;

2° Ceux qui ont fait usage d'une marque portan des indications propres à tromper l'acheteur sur l nature du produit ;

3° Ceux qui ont sciemment vendu ou mis en ven un ou plusieurs produits revêtus d'une marque frau duleusement imitée ou portant des indications propre à tromper l'acheteur sur la nature du produit.

9. Sont punis d'une amende de 50 francs 1000 francs et d'un emprisonnement de quinze jour à six mois, ou de l'une de ces peines seulement :

1° Ceux qui n'ont pas apposé sur leurs produit une marque déclarée obligatoire ;

2° Ceux qui ont vendu ou mis en vente un ou plu sieurs produits ne portant pas la marque déclaré obligatoire pour cette espèce de produit ;

3° Ceux qui ont contrevenu aux dispositions de décrets rendus en exécution de l'article 1er de la pré sente loi.

10. Les peines établies par la présente loi n peuvent être cumulées.

La peine la plus forte est seule prononcée pou tous les faits antérieurs au premier acte de poursuit

11. Les peines portées aux articles 7, 8 et 9 peuvent être élevées au double en cas de récidive.

Il y a récidive lorsqu'il a été prononcé contre le prévenu, dans les cinq années antérieures, une condamnation pour un des délits prévus par la présente loi.

12. L'article 463 du Code pénal peut être appliqué aux délits prévus par la présente loi.

13. Les délinquants peuvent, en outre, être privés du droit de participer aux élections des tribunaux et des chambres de commerce, des chambres consultatives des arts et manufactures, et des conseils de prud'hommes, pendant un temps qui n'excédera pas dix ans.

Le tribunal peut ordonner l'affiche du jugement dans les lieux qu'il déterminera, et son insertion intégrale ou par extrait dans les journaux qu'il désigne, le tout aux frais du condamné.

14. La confiscation des produits dont la marque serait reconnue contraire aux dispositions des articles 7 et 8 peut, même en cas d'acquittement, être prononcée par le tribunal, ainsi que celle des instruments et ustensiles ayant spécialement servi à commettre le délit.

Le tribunal peut ordonner que les produits confisqués soient remis au propriétaire de la marque contrefaite ou frauduleusement apposée ou imitée, indéndamment de plus amples dommages-intérêts, s'il a lieu.

Il prescrit, dans tous les cas, la destruction des arques reconnues contraires aux dispositions des icles 7 et 8.

15. Dans le cas prévu par les deux premiers paragraphes de l'article 9, le tribunal prescrit toujours e les marques déclarées obligatoires soient apposées sur les produits qui y sont assujettis.

Le tribunal peut prononcer la confiscation des produits, si le prévenu a encouru, dans les cinq années térieures, une condamnation pour un des délits vus par les deux premiers paragraphes de l'arle 9.

TITRE IV. — JURIDICTIONS.

16. Les actions civiles relatives aux marques sont rtées devant les tribunaux civils et jugées comme tières sommaires.

En cas d'action intentée par la voie correctionnelle, e prévenu soulève pour sa défense des questions atives à la propriété de la marque, le tribunal de ice correctionnelle statue sur l'exception.

17. Le propriétaire d'une marque peut faire procéder par tous huissiers à la description détaillée, ec ou sans saisie, des produits qu'il prétend marés à son préjudice en contravention aux dispositions de la présente loi, en vertu d'une ordonnance président du tribunal civil de première instance, u juge de paix du canton, à défaut de tribunal s le lieu où se trouvent les produits à décrire ou saisir.

L'ordonnance est rendue sur simple requête et sur présentation du procès-verbal constatant le dépôt de la marque. Elle contient, s'il y a lieu, la nomination d'un expert, pour aider l'huissier dans sa description.

Lorsque la saisie est requise, le juge peut exiger requérant un cautionnement, qu'il est tenu de signer avant de faire procéder à la saisie.

Il est laissé copie, aux détenteurs des objets déés ou saisis, de l'ordonnance et de l'acte constaat le dépôt du cautionnement, le cas échéant; le t à peine de nullité et de dommages-intérêts contre uissier.

18. A défaut par le requérant de s'être pourvu, t par la voie civile, soit par la voie correctionnelle, s le délai de quinzaine, outre un jour par cinq iamètres de distance entre le lieu où se trouvent objets décrits ou saisis et le domicile de la partie tre laquelle l'action doit être dirigée, la descripn ou saisie est nulle de plein droit, sans préjudice s dommages-intérêts qui peuvent être réclamés, y a lieu.

TITRE IV. — DISPOSITIONS GÉNÉRALES OU TRANSITOIRES.

19. Tous produits étrangers portant soit la marque, t le nom d'un fabricant résidant en France, soit dication du nom ou du lieu d'une fabrique franse, sont prohibés à l'entrée et exclus du transit de l'entrepôt, et peuvent être saisis, en quelque u que ce soit, soit à la diligence de l'administran des douanes, soit à la requête du ministère pu- c ou de la partie lésée.

Dans le cas où la saisie est faite à la diligence de lministration des douanes, le procès-verbal de sie est immédiatement adressé au ministère public.

Le délai dans lequel l'action prévue par l'article 18 vra être intentée, sous peine de nullité de la sal- e, et par la partie lésée, soit par le ministère blic, est porté à deux mois.

Les dispositions de l'article 14 sont applicables aux oduits saisis en vertu du présent article.

20. Toutes les dispositions de la présente loi sont plicables aux vins, eaux-de-vie et autres boisons, aux bestiaux, grains, farines et généralement ous les produits de l'agriculture.

21. Tout dépôt de marque opéré au greffe du trial de commerce antérieurement à la présente loi ra effet pour quinze années, à dater de l'époque ladite loi sera exécutoire.

La présente loi ne sera exécutoire que six ois après sa promulgation. Un règlement d'admi- stration publique déterminera les formalités à l'em-

plir pour le dépôt et la publicité des marques, et toutes les autres mesures nécessaires pour l'exécution de la loi.

23. Il n'est pas dérogé aux dispositions antérieures qui n'ont rien de contraire à la présente loi.

V. C. com. ann., p. 927 s.; et son Suppl., p. 765 s.
— V. aussi R. v° *Industrie et commerce*, 316 s.; S. *cod.* v°, 303 s.; T. (87-97), v° *Propriété industrielle*, 37 s.; D. P. années 1897 et suiv., Tables, *cod.* v°; C. ad., t. 2, v° *Ordres civ. et milit.*; p. 1288, n°° 320 s.

Loi du 28 mai 1858,

Sur les ventes publiques des marchandises en gros (D. P. 58. 4. 75).

Art. 1er. La vente volontaire aux enchères, en gros, des marchandises comprises au tableau annexé à la présente loi, peut avoir lieu par le ministère des courtiers, sans autorisation du tribunal de commerce. Ce tableau peut être modifié, soit d'une manière générale, soit pour une ou plusieurs villes, par un décret rendu dans la forme des règlements d'administration publique et après avis des chambres de commerce.

2. Les courtiers établis dans une ville où siège un tribunal de commerce ont qualité pour procéder aux ventes régies par la présente loi, dans toute localité dépendant du ressort de ce tribunal où il n'existe pas de courtiers.

Ils se conforment aux dispositions prescrites par la loi du 22 pluviôse an VII, concernant les ventes publiques de meubles.

3. Le droit de courtage pour les ventes qui font l'objet de la présente loi est fixé, pour chaque localité, par le ministre de l'agriculture, du commerce et des travaux publics, après avis de la chambre et du tribunal de commerce; mais, dans aucun cas, il ne peut excéder le droit établi dans les ventes de gré à gré, pour les mêmes sortes de marchandises.

4. Le droit d'enregistrement des ventes publiques en gros est fixé à 10 centimes par 100 francs.

5. Les contestations relatives aux ventes sont portées devant le tribunal de commerce.

6. Il est procédé aux ventes dans les locaux spécialement autorisés à cet effet après avis de la chambre et du tribunal de commerce.

7. Un règlement d'administration publique prescrira les mesures nécessaires à l'exécution de la présente loi.

Il déterminera notamment les formes et les conditions des autorisations prévues par l'article 6.

8. Les décrets du 22 novembre 1811 et du 17 avril 1812, et les ordonnances des 1er juillet 1818 et 9 avril 1819, sont abrogés en ce qui concerne les ventes régies par la présente loi; ils sont maintenus en ce qui touche les ventes publiques de marchandises faites par autorité de justice.

V. C. com. ann., p. 996 s.; et son Suppl., p. 830 s.
V. aussi R. v°° *Vente publique de marchandises neuves*, 7 s.; *Warrants et chèques*, 64 s. — S. v° *Vente publique de marchandises neuves*, 8 s. — T. (87-97), v° *Vente publique de marchandises en gros*.

Loi de finances du 11 juin 1859.

Art. 21. Ceux qui auront sciemment employé, vendu ou tenté de vendre des timbres mobiles ayant déjà servi, seront poursuivis devant le tribunal correctionnel et punis d'une amende de 50 à 1 000 francs.

En cas de récidive, la peine sera d'un emprisonnement de cinq jours à un mois, et l'amende sera doublée.

Il pourra être fait application de l'article 463 du Code pénal.

Loi du 2 mai 1861,

Relative à la légalisation, par les juges de paix, des signatures des notaires et des officiers de l'état civil (D. P. 61. 4. 54).

Art. 1er. Les juges de paix qui ne siègent pas au chef-lieu du ressort d'un tribunal de première

instance sont autorisés à légaliser, concurremment avec le président du tribunal, les signatures des notaires qui résident dans leur canton et celles des officiers de l'état civil des communes qui en dépendent, soit en totalité, soit en partie.

2. Les notaires et les officiers de l'état civil déposeront leurs signatures et leurs parafes au greffe de la justice de paix où la légalisation peut être donnée.

3. Il est alloué aux greffiers de justice de paix une rétribution de vingt-cinq centimes (0 fr. 25 c.) pour chaque légalisation. Néanmoins cette rétribution ne sera pas exigée, si l'acte, la copie ou l'extrait sont dispensés du timbre.

Loi du 3 juillet 1861,

Sur les ventes publiques de marchandises en gros autorisées ou ordonnées par la justice consulaire (D. P. 61. 4. 106).

Art. 1er. Les tribunaux de commerce peuvent, après décès ou cessation de commerce, et dans tous les autres cas de nécessité dont l'appréciation leur est soumise, autoriser la vente aux enchères en gros des marchandises de toute espèce et de toute provenance.

L'autorisation est donnée sur requête; un état détaillé des marchandises à vendre est joint à la requête.

Le tribunal constate par son jugement le fait qui donne lieu à la vente.

2. Les ventes autorisées en vertu de l'article précédent, ainsi que toutes celles qui sont autorisées ou ordonnées par la justice consulaire dans les divers cas prévus par le Code de commerce, sont faites par le ministère des courtiers.

Néanmoins, il appartient toujours au tribunal, ou au juge qui autorise ou ordonne la vente, de désigner, pour y procéder, une autre classe d'officiers publics; dans ce cas, l'officier public, quel qu'il soit, est soumis aux dispositions qui régissent les courtiers, relativement aux formes, aux tarifs, et à la responsabilité.

3. Les dispositions des articles 2 à 7 inclusivement de la loi du 28 mai 1858, sur les ventes publiques, sont applicables aux ventes autorisées ou ordonnées comme il est dit dans les deux articles qui précèdent.

V. *supra*, les renvois sous la loi du 28 mai 1858.

Loi du 2 juin 1862,

Concernant les délais des pourvois devant la Cour de cassation en matière civile (D. P. 62. 4. 47).

Art. 1er. Le délai pour se pourvoir en cassation sera de deux mois, à compter du jour où la signification de la décision, objet du pourvoi, aura été faite à personne ou à domicile.

A l'égard des jugements et arrêts par défaut qui pourront être déférés à la Cour de cassation, ce délai ne courra qu'à compter du jour où l'opposition ne sera plus recevable.

2. Le demandeur en cassation est tenu de signifier l'arrêt d'admission à personne ou à domicile, dans les deux mois sous sa date; sinon, il est déchu de son pourvoi envers ceux des défendeurs à qui la signification aurait dû être faite.

3. Le délai pour comparaître sera d'un mois à partir de la signification de l'arrêt d'admission faite à la personne ou au domicile des défendeurs.

4. Les délais fixés par les articles 1 et 3, relativement au pourvoi en cassation et à la comparution des défendeurs, seront augmentés de huit mois en faveur des demandeurs ou défendeurs absents du territoire français de l'Europe ou de l'Algérie, pour cause de service public, et en faveur des gens de mer absents de ce même territoire pour cause de navigation.

5. Il est ajouté un délai ordinaire du pourvoi, lorsque le demandeur sera domicilié en Corse, en Algérie, dans les Iles Britanniques, en Italie, dans le royaume des Pays-Bas et dans les États ou Confédérations limitrophes de la France continentale, un mois.

S'il est domicilié dans les autres États, soit de

l'Europe, soit du littoral de la Méditerranée et de celui de la mer Noire, deux mois.

S'il est domicilié hors d'Europe, en deçà des détroits de Malacca et de la Sonde ou en deçà du cap Horn, cinq mois.

S'il est domicilié au delà des détroits de Malacca et de la Sonde ou au delà du cap Horn, huit mois.

Les délais ci-dessus seront doublés pour les pays d'outre-mer, en cas de guerre maritime.

6. Les mêmes délais seront ajoutés :

1° Au délai ordinaire accordé au demandeur lorsqu'il devra signifier l'arrêt d'admission dans l'un des pays désignés en l'article précédent;

2° Au délai ordinaire réglé par l'article 3, lorsque les défendeurs domiciliés dans l'un de ces pays devront comparaître sur la signification de l'arrêt d'admission.

7. Lorsque le délai pour la comparution sera expiré sans que le défendeur se soit fait représenter devant la Cour, l'audience ne pourra être poursuivie que sur un certificat du greffier constatant la non-comparution du défendeur.

8. Les arrêts de la Chambre des requêtes, contenant autorisation d'assigner en matière de règlement de juges ou de renvoi pour suspicion légitime, seront signifiés dans le mois de leur date aux défendeurs, sous peine de déchéance. Les défendeurs devront comparaître dans le délai fixé par l'article 3. Néanmoins, ces délais pourront être réduits ou augmentés, suivant les circonstances, par l'arrêt portant permission d'assigner.

9. Tous les délais ci-dessus énoncés seront francs; si le dernier jour du délai est un jour férié, le délai sera prorogé au lendemain. Les mois seront comptés suivant le calendrier grégorien.

10. Il n'est pas dérogé aux lois spéciales qui régissent les matières en matière électorale et d'expropriation pour cause d'utilité publique.

11. Sont abrogés, dans leurs dispositions contraires à la présente loi, l'ordonnance d'août 1737, le règlement du 28 juin 1738, les lois des 27 novembre 1790, 2 septembre 1793, 1er frimaire an II, 11 juin 1859, et d'autres lois relatives à la procédure en matière civile devant la Cour de cassation.

S. v° *Cassation,* 107 s. — V. aussi C. pr. civ. ann., p. 352 s., 850 s.; et son Suppl., p. 230.

Loi du 20 mai 1863

Sur l'instruction des flagrants délits devant les tribunaux correctionnels (D. P. 63. 4. 109).

Art. 1er. Tout inculpé arrêté en état de flagrant délit pour un fait puni de peines correctionnelles est immédiatement conduit devant le procureur impérial, qui l'interroge, et, s'il y a lieu, le traduit sur-le-champ à l'audience du tribunal.

Dans ce cas, le procureur impérial peut mettre l'inculpé sous mandat de dépôt.

2. S'il n'y a point d'audience, le procureur impérial est tenu de faire citer l'inculpé pour l'audience du lendemain, le tribunal est, au besoin, spécialement convoqué.

3. Les témoins peuvent être verbalement requis par tout officier de police judiciaire ou agent de la force publique. Ils sont tenus de comparaître, sous les peines portées par l'article 157 du Code d'instruction criminelle.

4. Si l'inculpé le demande, le tribunal lui accorde un délai de trois jours au moins pour préparer sa défense.

5. Si l'affaire n'est pas en état de recevoir jugement, le tribunal en ordonne le renvoi, pour plus ample information, à l'une des prochaines audiences, et, s'il y a lieu, met l'inculpé provisoirement en liberté, avec ou sans caution.

6. L'inculpé, s'il est acquitté, est immédiatement, et nonobstant appel, mis en liberté.

7. La présente loi n'est point applicable aux délits de presse, aux délits politiques, ni aux matières dont la procédure est réglée par les lois spéciales.

S. v° *Proc. crim.,* 972 s., 1159 s. — V. aussi C. Instr. crim. ann., p. 467 s.

Loi du 19 mars 1864,

Qui étend aux notaires, aux greffiers et aux officiers ministériels destitués, le bénéfice de la loi du 3 juillet 1852, sur la réhabilitation (D. P. 64. 4. 32).

Art. 1er. Les notaires, les greffiers et les officiers ministériels destitués, peuvent être relevés des déchéances et incapacités résultant de leur destitution.

2. Toutes les dispositions du Code d'instruction criminelle relatives à la réhabilitation des condamnés à une peine correctionnelle, sont déclarées applicables aux demandes formées en vertu de l'article 1er.

Le délai de trois ans, fixé par le dernier paragraphe de l'article 620 du Code d'instruction criminelle, court du jour de la cessation des fonctions.

V. C. instr. crim. ann., p. 1244.

Loi du 31 mai 1865,

Relative à la pêche (D. P. 65. 4. 40).

Art. 1er. Des décrets rendus en Conseil d'État, après avis des conseils généraux de département, détermineront :

1° Les parties des fleuves, rivières, canaux et cours d'eau réservés pour la reproduction, et dans lesquelles la pêche des diverses espèces de poissons sera absolument interdite pendant l'année entière;

2° Les parties des fleuves, rivières, canaux et cours d'eau dans les barrages desquels il pourra être établi, après enquête, un passage appelé *échelle,* destiné à assurer la libre circulation du poisson.

2. L'interdiction de la pêche pendant l'année entière ne pourra être prononcée pour une période de plus de cinq ans. Cette interdiction pourra être renouvelée.

3. Les indemnités auxquelles auront droit les propriétaires riverains qui seront privés du droit de pêche, par application de l'article précédent, seront réglées par le conseil de préfecture, après expertise, conformément à la loi du 16 septembre 1807.

Les indemnités auxquelles pourra donner lieu l'établissement d'échelles dans les barrages existants seront réglées dans les mêmes formes.

4. À partir du 1er janvier 1866, des décrets, rendus sur la proposition des ministres de la marine et de l'agriculture, du commerce et des travaux publics, régleront d'une manière uniforme, pour la pêche fluviale et pour la pêche maritime dans les fleuves, rivières, canaux affluant à la mer :

1° Les époques pendant lesquelles la pêche des diverses espèces de poissons sera interdite;

2° Les dimensions au-dessous desquelles certaines espèces ne pourront être pêchées.

5. Dans chaque département, il est interdit de mettre en vente, de vendre, d'acheter, de transporter, de colporter, d'exporter et d'importer les diverses espèces de poissons, pendant le temps où la pêche en est interdite, en exécution de l'article 26 de la loi du 15 avril 1829.

Cette disposition n'est pas applicable aux poissons provenant des étangs ou réservoirs définis en l'article 30 de la loi précitée.

6. L'Administration pourra donner l'autorisation de prendre ou de transporter, pendant le temps de la prohibition, le poisson destiné à la reproduction.

7. L'infraction aux dispositions de l'article 1er et du premier paragraphe de l'article 5 de la présente loi sera punie des peines portées par l'article 27 de la loi du 15 avril 1829, et, en outre, le poisson sera saisi et vendu sans délai, dans les formes prescrites par l'article 42 de ladite loi.

L'amende sera double et les délinquants pourront être condamnés à un emprisonnement de dix jours à un mois :

1° Dans les cas prévus par les articles 69 et 70 de la loi du 15 avril 1829;

2° Lorsqu'il sera constaté que le poisson a été enlevé ou empoisonné;

3° Lorsque le transport aura lieu par bateaux, voitures ou bêtes de somme.

La recherche du poisson pourra être faite, en temps prohibé, à domicile, chez les aubergistes, chez

les marchands de denrées comestibles et dans les lieux ouverts au public.

8. Les dispositions relatives à la pêche et au transport des poissons s'appliquent au frai de poisson et à l'alevin.

9. L'article 32 de la loi du 15 avril 1829 est abrogé en ce qui concerne la marque ou le plombage des filets.

Des décrets détermineront le mode de vérification de la dimension des mailles des filets autorisés pour la pêche de chaque espèce de poisson, en exécution de l'article 26 de la loi du 15 avril 1829.

10. Les infractions concernant la pêche, la vente, l'achat, le transport, le colportage, l'exportation, l'importation du poisson, seront recherchées et constatées par les agents des douanes, les employés des contributions indirectes et des octrois, ainsi que par les autres agents autorisés par la loi du 15 avril 1829 et par le décret du 9 janvier 1852.

Des décrets détermineront la gratification qui sera accordée aux rédacteurs des procès-verbaux ayant pour objet de constater les délits. Cette gratification sera prélevée sur le produit des amendes.

11. La poursuite des délits et contraventions et l'exécution des jugements pour infractions à la présente loi auront lieu conformément à la loi du 15 avril 1829 et au décret du 9 janvier 1852.

12. Les dispositions législatives antérieures sont abrogées en ce qu'elles peuvent avoir de contraire à la présente loi.

V. Appendice au C. for. ann., p. 723 s.

Loi du 27 juin 1866,

Concernant les crimes, les délits et les contraventions commis à l'étranger (D. P. 66. 4. 75).

Art. 1er. Les articles 5, 6, 7 et 187 du Code d'instruction criminelle sont abrogés et seront remplacés ainsi qu'il suit : — V. ces articles.

2. Tout Français qui s'est rendu coupable de délits et de contraventions en matière forestière, rurale, de pêche, de douanes ou de contributions indirectes sur le territoire de l'un des États limitrophes, peut être poursuivi et jugé en France, d'après la loi française, si cet État autorise la poursuite de ses régnicoles pour les mêmes faits commis en France.

La réciprocité sera légalement constatée par des conventions internationales ou par un décret publié au *Bulletin des lois.*

S. v° *Compét. crim.,* 89 s.

Loi du 14 juillet 1866,

Sur les droits des héritiers et des ayants cause des auteurs (D. P. 66. 4. 96).

Art. 1er. La durée des droits accordés par les lois antérieures aux héritiers, successeurs irréguliers, donataires ou légataires des auteurs, compositeurs ou artistes, est portée à cinquante ans, à partir du décès de l'auteur.

Pendant cette période de cinquante ans, le conjoint survivant, quel que soit le régime matrimonial, et indépendamment des droits qui peuvent résulter en faveur de ce conjoint du régime de la communauté, a la simple jouissance des droits dont l'auteur décédé n'a pas disposé par actes entre vifs ou par testament.

Toutefois, si l'auteur laisse des héritiers à réserve, cette jouissance est réduite, au profit des héritiers, suivant les proportions et distinctions établies par les articles 913 et 915 du Code Napoléon.

Cette jouissance n'a pas lieu lorsqu'il existe, au moment du décès, une séparation de corps prononcée contre ce conjoint; elle cesse au cas où le conjoint contracte un nouveau mariage.

Les droits des héritiers à réserve et des autres héritiers ou successeurs, pendant cette période de cinquante ans, restent d'ailleurs réglés conformément aux prescriptions du Code Napoléon.

Lorsque la succession est dévolue à l'État, le droit exclusif s'éteint sans préjudice des droits des créanciers et de l'exécution des traités de cession qui ont pu être consentis par l'auteur ou par ses représentants.

Toutes les dispositions des lois antérieures aires à celles de la loi nouvelle sont et demeu-abrogées.

C. com. ann., p. 947 s.; et son Suppl., p. 800 s.
v° *Propriété littéraire et artistique*, 1 s. — d. v°, 1 s. — T. (87-97), *eod.* v°, 1 s. — années 1897 et suiv., 5° partie, *eod.* v°, 1 s.

Loi du 22 juillet 1867,
tive à la contrainte par corps (D. P. 67. 4. 75).

t 1ᵉʳ. La contrainte par corps est supprimée atière commerciale, civile et contre les étran-

Elle est maintenue en matière criminelle, correctionnelle et de simple police.

Les arrêts, jugements et exécutoires portant amnation, au profit de l'État, à des amendes, utions et dommages-intérêts en matière criminelle, correctionnelle et de police, ne peuvent être atés par la voie de la contrainte par corps que jours après le commandement qui est fait aux amnés, à la requête du receveur de l'enregistrement et des domaines.

brogé par L. 19 décembre 1871.) *La contrainte corps n'aura jamais lieu pour le payement des au profit de l'État.*

ns le cas où le jugement de condamnation n'a été précédemment signifié au débiteur, le commandement porte en tête un extrait de ce jugement, qui contient le nom des parties et le dispositif.

r le vu du commandement et sur la demande ceveur de l'enregistrement et des domaines, le rreur impérial adresse les réquisitions nécessaires aux agents de la force publique et aux autres ionnaires chargés de l'exécution des mandements ustice.

Le débiteur est détenu, la recommandation peut ordonnée immédiatement après la notification commandement.

Les arrêts et jugements contenant des condam-ns en faveur des particuliers pour réparations rimes, délits ou contraventions commis à leur adice sont, à leur diligence, signifiés et exécutés ant les mêmes formes et voies de contrainte e les jugements portant des condamnations au t de l'État.

Les dispositions des articles qui précèdent udent au cas où les condamnations ont été pro-ées par les tribunaux civils au profit d'une e lésée, pour réparation d'un crime, d'un délit une contravention reconnus par la juridiction énelle.

Lorsque la contrainte a lieu à la requête et l'intérêt des particuliers, ils sont obligés de voir aux aliments des détenus; faute de provi-n, le condamné est mis en liberté.

consignation d'aliments doit être effectuée ance pour trente jours au moins; elle ne vaut pour des périodes entières de trente jours. le est, pour chaque période, de 45 francs à , de 40 francs dans les villes de cent mille e et de 35 francs dans les autres villes.

Lorsqu'il y aura élargissement faute de ignation d'aliments, il suffit que la requête pré-ée au président du tribunal civil soit signée par ébiteur détenu et par le gardien de la maison ôt pour dettes, ou même certifiée véritable par ardien, si le détenu ne sait pas signer.

tte requête est présentée en duplicata : l'ordon-e du président, aussi rendue par duplicata, est utée sur l'une des minutes qui reste entre les as du gardien; l'autre est déposée au fu du tribunal et enregistrée gratis.

. La durée de la contrainte par corps est réglée i qu'il suit :

e deux jours à vingt jours, lorsque l'amende et autres condamnations n'excèdent pas 50 francs; e vingt jours à quarante jours, lorsqu'elles sont érieures à 50 francs et qu'elles n'excèdent pas francs ;

e quarante jours à soixante jours, lorsqu'elles

---

sont supérieures à 100 francs et qu'elles n'excèdent pas 200 francs ;

De deux mois à quatre mois, lorsqu'elles sont supérieures à 200 francs et qu'elles n'excèdent pas 500 francs ;

De quatre mois à huit mois, lorsqu'elles sont supérieures à 500 francs et qu'elles n'excèdent pas 2 000 francs ;

D'un an à deux ans, lorsqu'elles s'élèvent à plus de 2 000 francs.

En matière de simple police, la durée de la contrainte par corps ne pourra excéder cinq jours.

10. Les condamnés qui justifient de leur insolvabilité, suivant l'article 420 du Code d'instruction criminelle, sont mis en liberté après avoir subi la contrainte pendant la moitié de la durée fixée par le jugement.

11. Les individus contre lesquels la contrainte a été prononcée peuvent en prévenir ou en faire cesser l'effet, en fournissant une caution reconnue bonne et valable.

La caution est admise, pour l'État, par le receveur des domaines; pour les particuliers, par la partie intéressée; en cas de contestation, elle est déclarée, s'il y a lieu, bonne et valable par le tribunal civil de l'arrondissement.

La caution doit s'exécuter dans le mois, à peine de poursuites.

12. Les individus qui ont obtenu leur gagement ne peuvent plus être détenus ou arrêtés pour condamnations pécuniaires antérieures, à moins que ces condamnations n'entraînent, par leur quotité, une contrainte plus longue que celle qu'ils ont subie et qui, dans ce dernier cas, leur est toujours comptée pour la durée de la nouvelle incarcération.

13. Les tribunaux ne peuvent prononcer la contrainte par corps contre les individus âgés de moins de seize ans accomplis à l'époque des faits qui ont motivé la poursuite.

14. Si le débiteur a commencé sa soixantième année, la contrainte par corps est réduite à la moitié de la durée fixée par le jugement, sans préjudice des dispositions de l'article 10.

15. Elle ne peut être prononcée ou exercée contre le débiteur au profit : 1° de son conjoint; 2° de ses ascendants, descendants, frères ou sœurs; 3° de son oncle ou de sa tante, de son grand-oncle ou de sa grand'tante, de son neveu ou de sa nièce, de son petit-neveu ou de sa petite-nièce, ni de ses alliés au même degré.

16. La contrainte par corps ne peut être exercée simultanément contre le mari et la femme, même pour des dettes différentes.

17. Les tribunaux peuvent, dans l'intérêt des enfants mineurs du débiteur et par le jugement de condamnation, surseoir, pendant une année au plus, à l'exécution de la contrainte par corps.

18. (Remis en vigueur par L. 19 déc. 1871, art. 2.) Les articles 120 et 355, § 1ᵉʳ, du Code d'instruction criminelle, 174 et 175 du décret du 18 juin 1811, sur les frais de justice criminelle, sont abrogés en ce qui concerne la contrainte par corps.

Sont également abrogées, en ce qu'elles ont de contraire à la présente loi, toutes les dispositions des lois antérieures; néanmoins, il n'est point dérogé aux articles 80, 157, 171, 189, 304, 355, § 2 et 3, 452, 454, 456 et 522 du Code d'instruction criminelle.

Le titre XIII du Code forestier et le titre VII de la loi sur la pêche fluviale sont aussi maintenus et continuent d'être exécutés en ce qui n'est pas contraire à la présente loi.

En matière forestière et de pêche fluviale, lorsque le débiteur ne fait pas les justifications de l'article 420 du Code d'instruction criminelle, la durée de la contrainte par corps est fixée par le jugement, dans les limites de huit jours à six mois.

19. Les dispositions précédentes sont applicables à tous jugements et cas de contrainte par corps antérieurs à la présente loi.

R. v° *Contr. par corps*, 1 s. — S. *eod.* t°, 1 s. — V. aussi C. pén. ann., p. 74 s.; et son Suppl., p. 46 s.

Loi du 24 juillet 1867,
Sur les sociétés (D. P. 67. 4. 84).
[V. pour la doctrine et la jurisprudence S. v° *Société*, 835 s. — T. (87-97), *eod.* v°, 251 s.]

TITRE Iᵉʳ. — DES SOCIÉTÉS EN COMMANDITE PAR ACTIONS.

Art. 1ᵉʳ. (*Modifié par L. 1ᵉʳ août 1893, art. 1ᵉʳ.*)
« Les sociétés en commandite ne peuvent diviser leur capital en actions ou coupures d'actions de moins de 25 francs, lorsque le capital n'excède pas 200 000 francs, de moins de 100 francs lorsque le capital est supérieur à 200 000 francs.

« Elles ne peuvent être définitivement constituées qu'après la souscription de la totalité du capital et le versement en espèces, par chaque actionnaire, du montant des actions ou coupures d'actions souscrites par lui, lorsqu'elles n'excèdent pas 25 francs, et du quart au moins des actions lorsqu'elles sont de 100 francs et au-dessus. »

Cette souscription et ces versements sont constatés par une déclaration du gérant dans un acte notarié.

A cette déclaration sont annexées la liste des souscripteurs, l'état des versements effectués, l'un des doubles de l'acte de société, s'il est sous seing privé, et une expédition, s'il est notarié et s'il a été passé devant un notaire autre que celui qui a reçu la déclaration.

L'acte sous seing privé, quel que soit le nombre des associés, sera fait en double original, dont l'un sera annexé, comme il est dit au paragraphe qui précède, à la déclaration de souscription du capital et de versement du quart, et l'autre restera déposé au siège social.

2. Les actions ou coupures d'actions sont négociables après le versement du quart.

3. (*Modifié par L. 1ᵉʳ août 1893, art. 2.*) Les actions sont nominatives jusqu'à leur entière libération.

Les actions représentant des apports devront toujours être intégralement libérées au moment de la constitution de la société.

Ces actions ne peuvent être détachées de la souche et ne sont négociables que deux ans après la constitution définitive de la société. (L. 16 novembre 1903.)
« En cas de fusion de sociétés par voie d'absorption ou de création d'une société nouvelle englobant une ou plusieurs sociétés préexistantes, l'interdiction de détacher les actions de la souche et de les négocier ne s'applique pas aux actions d'apport attribuées à une société par actions ayant, lors de la fusion, plus de deux ans d'existence. »

Pendant ce temps, elles devront, à la diligence des administrateurs, être frappées d'un timbre indiquant leur nature et la date de cette constitution.

Les titulaires, les cessionnaires intermédiaires et les souscripteurs sont tenus solidairement du montant de l'action.

Tout souscripteur ou actionnaire qui a cédé son titre cesse, deux ans après la cession, d'être responsable des versements non encore appelés.

4. Lorsqu'un associé fait un apport qui ne consiste pas en numéraire, ou stipule à son profit des avantages particuliers, la première assemblée générale fait apprécier la valeur de l'apport ou la cause des avantages stipulés.

La société n'est définitivement constituée qu'après l'approbation de l'apport ou des avantages, donnée par une autre assemblée générale, après une nouvelle convocation.

La seconde assemblée générale ne pourra statuer sur l'appréciation de l'apport ou des avantages qu'après un rapport qui sera imprimé et tenu à la disposition des actionnaires, cinq jours au moins avant la réunion de cette assemblée.

Les délibérations sont prises par la majorité des actionnaires présents. Cette majorité doit comprendre le quart des actionnaires et représenter le quart du capital social en numéraire.

Les sociétés qui ont fait l'apport ou stipulé des avantages particuliers soumis à l'appréciation de l'assemblée n'ont pas voix délibérative.

A défaut d'approbation, la société reste sans effet à l'égard de toutes les parties.

L'approbation ne fait pas obstacle à l'exercice

ultérieur de l'action qui peut être intentée pour cause de dol ou de fraude.

Les dispositions du présent article relatives à la vérification de l'apport qui ne consiste pas en numéraire ne sont pas applicables au cas où la société à laquelle est fait ledit apport est formée entre ceux seulement qui en étaient propriétaires par indivis.

5. Un conseil de surveillance, composé de trois actionnaires au moins, est établi dans chaque société en commandite par actions.

Ce conseil est nommé par l'assemblée générale des actionnaires immédiatement après la constitution définitive de la société et avant toute opération sociale.

Il est soumis à la réélection aux époques et suivant les conditions déterminées par les statuts.

Toutefois le premier conseil n'est nommé que pour une année.

6. Ce premier conseil doit, immédiatement après sa nomination, vérifier si toutes les dispositions contenues dans les articles qui précèdent ont été observées.

7. Est nulle et de nul effet à l'égard des intéressés toute société en commandite par actions constituée contrairement aux prescriptions des articles 1, 2, 3, 4 et 5 de la présente loi.

Cette nullité ne peut être opposée aux tiers par les associés.

8. Lorsque la société est annulée, aux termes de l'article précédent, les membres du premier conseil de surveillance peuvent être déclarés responsables, avec le gérant, du dommage résultant, pour la société ou pour les tiers, de l'annulation de la société.

La même responsabilité peut être prononcée contre ceux des associés dont les apports ou les avantages n'auraient pas été vérifiés et approuvés conformément à l'article 4, ci-dessus.

(*Ajouté par L. 1er août 1893, art. 3.*) L'action en nullité de la société des actes et délibérations postérieurs à sa constitution n'est plus recevable lorsque, avant l'introduction de la demande, la cause de nullité a cessé d'exister. L'action en responsabilité, pour les faits dont la nullité résultait, cesse également d'être recevable lorsque, avant l'introduction de la demande, la cause de nullité a cessé d'exister, et en outre que trois ans se sont écoulés depuis le jour où la nullité était encourue.

« Si, pour couvrir la nullité, une assemblée générale devait être convoquée, l'action en nullité ne sera plus recevable à partir de la date de la convocation régulière de cette assemblée.

« Les actions en nullité contre les actes constitutifs des sociétés sont prescrites par dix ans.

« Cette prescription ne pourra, toutefois, être opposée avant l'expiration des dix années qui suivront la promulgation de la présente loi. »

9. Les membres du conseil de surveillance n'encourent aucune responsabilité en raison des actes de la gestion et de leurs résultats.

Chaque membre du conseil de surveillance est responsable de ses fautes personnelles, dans l'exécution de son mandat, conformément aux règles du droit commun.

10. Les membres du conseil de surveillance vérifient les livres, la caisse, le portefeuille et les valeurs de la société.

Ils font, chaque année, à l'assemblée générale, un rapport dans lequel ils doivent signaler les irrégularités et inexactitudes qu'ils ont reconnues dans les inventaires, et constater, s'il y a lieu, les motifs qui s'opposent aux distributions des dividendes proposées par le gérant.

Aucune répétition de dividendes ne peut être exercée contre les actionnaires, si ce n'est dans le cas où la distribution en aura été faite en l'absence de tout inventaire ou en dehors des résultats constatés par l'inventaire.

L'action en répétition, dans le cas où elle est ouverte, se prescrit par cinq ans, à partir du jour fixé pour la distribution des dividendes.

Les prescriptions commencées à l'époque de la promulgation de la présente loi, et pour lesquelles il faudrait encore, suivant les lois anciennes, plus de cinq ans, à partir de la même époque, seront accomplies par ce laps de temps.

11. Le conseil de surveillance peut convoquer l'assemblée générale et, conformément à son avis, provoquer la dissolution de la société.

12. Quinze jours au moins avant la réunion de l'assemblée générale, tout actionnaire peut prendre par lui ou par un fondé de pouvoir, au siège social, communication du bilan, des inventaires et du rapport du conseil de surveillance.

13. L'émission d'actions ou de coupons d'actions d'une société constituée contrairement aux prescriptions des articles 1, 2 et 3 de la présente loi, est punie d'une amende de 500 à 10000 francs.

Sont punis de la même peine :

Le gérant qui commence les opérations sociales avant l'entrée en fonctions du conseil de surveillance ;

Ceux qui, en se présentant comme propriétaires d'actions ou de coupons d'actions qui ne leur appartiennent pas, ont créé frauduleusement une majorité factice dans une assemblée générale, sans préjudice de tous dommages-intérêts, s'il y a lieu, envers la société ou envers les tiers ;

Ceux qui ont remis les actions pour en faire l'usage frauduleux.

Dans les cas prévus par les deux paragraphes précédents, la peine de l'emprisonnement de quinze jours à six mois peut, en outre, être prononcée.

14. La négociation d'actions ou de coupons d'actions dont la valeur ou la forme serait contraire aux dispositions des articles 1, 2 et 3 de la présente loi, ou pour lesquels le versement du quart n'aurait pas été effectué conformément à l'article 2 ci-dessus, est punie d'une amende de 500 à 10000 francs.

Sont punies de la même peine toute participation à ces négociations et toute publication de la valeur desdites actions.

15. Sont punis des peines portées par l'article 405 du Code pénal, sans préjudice de l'application de cet article à tous les faits constitutifs du délit d'escroquerie :

1° Ceux qui, par simulation de souscriptions ou de versements ou par publication, faite de mauvaise foi, de souscriptions ou de versements qui n'existent pas, de souscriptions ou de versements faits faux, ont obtenu ou tenté d'obtenir des souscriptions ou des versements ;

2° Ceux qui, pour provoquer des souscriptions ou des versements, ont, de mauvaise foi, publié les noms de personnes désignées, contrairement à la vérité, comme étant ou devant être attachées à la société à un titre quelconque ;

3° Les gérants qui, en l'absence d'inventaires ou au moyen d'inventaires frauduleux, ont opéré entre les actionnaires la répartition de dividendes fictifs.

Les membres du conseil de surveillance ne sont pas civilement responsables des délits commis par le gérant.

16. L'article 463 du Code pénal est applicable aux faits prévus par les trois articles qui précèdent.

17. Des actionnaires représentant le vingtième au moins du capital social peuvent, dans un intérêt commun, charger à leurs frais un ou plusieurs mandataires de soutenir, tant en demandant qu'en défendant, une action contre les gérants ou contre les membres du conseil de surveillance, et de les représenter, en ce cas, en justice, sans préjudice de l'action que chaque actionnaire peut intenter individuellement en son nom personnel.

18. Les sociétés antérieures à la loi du 17 juillet 1856, et qui ne se seraient pas conformées à l'article 15 de cette loi, seront tenues, dans un délai de six mois, de constituer un conseil de surveillance, conformément aux dispositions qui précèdent.

A défaut de constitution du conseil de surveillance dans le délai ci-dessus fixé, chaque actionnaire a le droit de faire prononcer la dissolution de la société.

19. Les sociétés en commandite par actions antérieures à la présente loi, dont les statuts permettent la transformation en société anonyme autorisée par le Gouvernement, pourront se convertir en société anonyme dans les termes déterminés par le titre 2 de la présente loi, en se conformant aux conditions stipulées dans les statuts pour la transformation.

20. Est abrogée la loi du 17 juillet 1856.

TITRE II. — DES SOCIÉTÉS ANONYMES.

21. A l'avenir, les sociétés anonymes pourront se former sans l'autorisation du Gouvernement.

Elles pourront, quel que soit le nombre des associés, être formées par un acte sous seing privé fait en double original.

Elles seront soumises aux dispositions des articles 29, 30, 32, 33, 34 et 36 du Code de commerce, et aux dispositions contenues dans le présent titre.

22. Les sociétés anonymes sont administrées par un ou plusieurs mandataires à temps, révocables, salariés ou gratuits, pris parmi les associés.

23. La société ne peut être constituée si le nombre des associés est inférieur à sept.

24. Les dispositions des articles 1, 2, 3 et 4 de la présente loi sont applicables aux sociétés anonymes. La déclaration imposée au gérant par l'article 1er est faite par les fondateurs de la société anonyme ; elle est soumise, avec les pièces à l'appui, à la première assemblée générale, qui en vérifie la sincérité.

25. Une assemblée générale est, dans tous les cas, convoquée, à la diligence des fondateurs, postérieurement à l'acte qui constate la souscription du capital social et le versement du quart du capital, qui consiste en numéraire. Cette assemblée nomme les premiers administrateurs, de même également, pour la première année, les commissaires institués par l'article 32 ci-après.

Les administrateurs ne peuvent être nommés pour plus de six ans ; ils sont rééligibles, sauf stipulation contraire.

Toutefois, ils peuvent être désignés par les statuts, avec stipulation formelle que leur nomination ne sera point soumise à l'approbation de l'assemblée générale. En ce cas, ils ne peuvent être nommés pour plus de trois ans.

Le procès-verbal de la séance constate l'acceptation des administrateurs et des commissaires présents à la réunion.

La société est constituée à partir de cette acceptation.

26. Les administrateurs doivent être propriétaires d'un nombre d'actions déterminé par les statuts.

Ces actions sont affectées en totalité à la garantie de tous les actes de la gestion, même de ceux qui seraient exclusivement personnels à l'un des administrateurs.

Elles sont nominatives, inaliénables, frappées d'un timbre indiquant l'inaliénabilité et déposées dans la caisse sociale.

27. Il est tenu, chaque année au moins, une assemblée générale à l'époque fixée par les statuts. Les statuts déterminent le nombre d'actions qu'il est nécessaire de posséder, soit à titre de propriétaire, soit à titre de mandataire, pour être admis aux assemblées, et le nombre de voix appartenant à chaque actionnaire, eu égard au nombre d'actions dont il est porteur. (*Ajouté par L. 1er août 1893, art. 4.*) « Tous propriétaires d'un nombre d'actions inférieur à celui déterminé pour être admis dans l'assemblée pourront se réunir pour former le nombre nécessaire et se faire représenter par l'un d'eux. »

Néanmoins, dans les assemblées générales appelées à vérifier les apports, à nommer les premiers administrateurs et à vérifier la sincérité de la déclaration des fondateurs de la société, prescrite par le deuxième paragraphe de l'article 24, tout actionnaire, quel que soit le nombre des actions dont il est porteur, peut prendre part aux délibérations et le nombre de voix déterminé par les statuts, sans qu'il puisse être supérieur à dix.

28. Dans toutes les assemblées générales, les délibérations sont prises à la majorité des voix.

Il est tenu une feuille de présence ; elle contient les noms et domiciles des actionnaires et le nombre d'actions dont chacun d'eux est porteur.

Cette feuille, certifiée par le bureau de l'assemblée, est déposée au siège social et doit être communiquée à tout requérant.

29. Les assemblées générales qui ont à délibérer dans des cas autres que ceux qui sont prévus par les deux articles qui suivent, doivent être composées d'un nombre d'actionnaires représentant le quart au moins du capital social.

Si l'assemblée générale ne réunit pas ce nombre, une nouvelle assemblée est convoquée dans les formes et avec les délais prescrits par les statuts, et libère valablement, quelle que soit la portion tal représentée par les actionnaires présents.

Les assemblées qui ont à délibérer sur la tion des apports, sur la nomination des pre administrateurs, sur la sincérité de la décla faite par les fondateurs aux termes du para 2 de l'article 24, doivent être composées d'un d'actionnaires représentant la moitié au moins tal social.

apital social, dont la moitié doit être repré pour la vérification de l'apport, se compose ent des apports non soumis à vérification.

ssemblée générale ne réunit pas un nombre naires représentant la moitié du capital social, peut prendre qu'une délibération provisoire. e cas, une nouvelle assemblée générale est iée. Deux avis, publiés à huit jours d'inter au moins un mois à l'avance, dans l'un des x désignés pour recevoir les annonces légales, naître aux actionnaires les résolutions provi adoptées par la première assemblée, et ces ons deviennent définitives si elles sont approu ar la nouvelle assemblée, composée d'un d'actionnaires représentant le cinquième au du capital social.

Les assemblées qui ont à délibérer sur des ations aux statuts ou sur des propositions de ation de la société au delà du terme fixé pour e, ou de dissolution avant ce terme, ne sont ement constituées, et ne délibèrent valable autant qu'elles sont composées d'un nombre naires représentant la moitié au moins du social.

L'assemblée générale annuelle désigne un ou rs commissaires, associés ou non, chargés de n rapport à l'assemblée générale de l'année e sur la situation de la société, sur le bilan es comptes présentés par les administrateurs. élibération contenant approbation du bilan et nptes est nulle, si elle n'a été précédée du des commissaires.

faut de nomination des commissaires par l'as générale, ou en cas d'empêchement ou de un ou de plusieurs des commissaires nommés, rocédé à leur nomination ou à leur remplace par ordonnance du président du tribunal de rce du siège de la société, à la requête de téressé, les administrateurs dûment appelés.

Pendant le trimestre qui précède l'époque ar les statuts pour la réunion de l'assemblée e, les commissaires ont droit, toutes les fois e jugent convenable dans l'intérêt social, de communication des livres et d'examiner les ons de la société.

euvent toujours, en cas d'urgence, convoquer blée générale.

Toute société anonyme doit dresser, chaque re, un état sommaire de sa situation active et .

état est mis à la disposition des commissaires. t, en outre, établi chaque année, conformé l'article 9 du Code de commerce, un inven ontenant l'indication des valeurs mobilières et ilières et de toutes les dettes actives et pas e la société.

entaire, le bilan et le compte des profits et sont mis à la disposition des commissaires le tième jour, au plus tard, avant l'assemblée le. Ils sont présentés à cette assemblée.

Quinze jours au moins avant la réunion de l'as e générale, tout actionnaire peut prendre, au social, communication de l'inventaire et de la s actionnaires, et se faire délivrer copie du bilan nt l'inventaire et du rapport des commissaires.

Il est fait annuellement, sur les bénéfices un prélèvement d'un vingtième au moins, à la formation d'un fonds de réserve.

prélèvement cesse d'être obligatoire lorsque le de réserve a atteint le dixième du capital social.

En cas de perte des trois quarts du capital , les administrateurs sont tenus de provoquer nion de l'assemblée générale de tous les action ; à l'effet de statuer sur la question de savoir lieu de prononcer la dissolution de la société. résolution de l'assemblée est, dans tous les endue publique.

éfaut par les administrateurs de réunir l'assemblée générale, comme dans le cas où cette assemblée n'aurait pu se constituer régulièrement, tout intéressé peut demander la dissolution de la société devant les tribunaux.

38. La dissolution peut être prononcée sur la demande de toute partie intéressée, lorsqu'un an s'est écoulé depuis l'époque où le nombre des associés est réduit à moins de sept.

39. L'article 17 est applicable aux sociétés anonymes.

40. Il est interdit aux administrateurs de prendre ou de conserver un intérêt direct ou indirect dans une entreprise ou dans un marché fait avec la société ou pour son compte, à moins qu'ils n'y soient autorisés par l'assemblée générale.

Il est, chaque année, rendu à l'assemblée générale un compte spécial de l'exécution des marchés ou entreprises par elle autorisés aux termes du paragraphe précédent.

41. Est nulle et de nul effet à l'égard des intéressés toute société anonyme pour laquelle n'ont pas été observées les dispositions des articles 22, 23, 24 et 25 ci-dessus.

42. Lorsque la nullité de la société ou des actes et délibérations a été prononcée aux termes de l'article précédent, les fondateurs auxquels la nullité est imputable et les administrateurs en fonctions au moment où elle a été encourue, (*Modifié par L. 1er août 1893, art. 5*) « sont responsables solidairement envers les tiers et les actionnaires du dommage résultant de cette annulation ».

La même responsabilité solidaire peut être prononcée contre ceux des associés dont les apports ou les avantages n'auraient pas été vérifiés et approuvés conformément à l'article 24.

(*Ajouté par L. 1er août 1893, art. 5.*) « L'action en nullité et celle en responsabilité en résultant sont soumises aux dispositions de l'article 8 ci-dessus. »

43. L'étendue et les effets de la responsabilité des commissaires envers la société sont déterminés d'après les règles générales du mandat.

44. Les administrateurs sont responsables, conformément aux règles du droit commun, individuellement ou solidairement, suivant les cas, envers la société ou envers les tiers, soit des infractions aux dispositions de la présente loi, soit des fautes qu'ils auraient commises dans leur gestion, notamment en distribuant ou en laissant distribuer sans opposition des dividendes fictifs.

45. Les dispositions des articles 13, 14, 15 et 16 de la présente loi sont applicables en matière de sociétés anonymes, sans distinction entre celles qui sont actuellement existantes et celles qui se constitueront sous l'empire de la présente loi.

Les administrateurs qui, en l'absence d'inventaire ou au moyen d'inventaire frauduleux, auront opéré des dividendes fictifs, seront punis de la peine qui est prononcée dans ce cas par le n° 3 de l'article 15 contre les gérants des sociétés en commandite.

Sont également applicables en matière de sociétés anonymes les dispositions des trois derniers paragraphes de l'article 10.

46. Les sociétés anonymes actuellement existantes continueront à être soumises, pendant leur durée, aux dispositions qui les régissent.

Elles pourront se transformer en sociétés anonymes dans les termes de la présente loi, en obtenant l'autorisation du Gouvernement et en observant les formes prescrites pour la modification de leurs statuts.

47. Les sociétés à responsabilité limitée pourront se convertir en sociétés anonymes dans les termes de la présente loi, en se conformant aux conditions stipulées pour la modification de leurs statuts.

Sont abrogés les articles 31, 37 et 40 du Code de commerce et la loi du 23 mai 1863, sur les sociétés à responsabilité limitée.

TITRE III. — DISPOSITIONS PARTICULIÈRES AUX SOCIÉTÉS A CAPITAL VARIABLE.

48. Il peut être stipulé, dans les statuts de toute société, que le capital social sera susceptible d'augmentation par des versements successifs faits par les associés ou l'admission d'associés nouveaux, et de diminution par la reprise totale ou partielle des apports effectués.

Les sociétés dont les statuts contiendront la stipulation ci-dessus seront soumises, indépendamment des règles générales qui leur sont propres suivant leur forme spéciale, aux dispositions des articles suivants.

49. Le capital social ne pourra être porté par les statuts constitutifs de la société au-dessus de la somme de 200 000 francs.

Il pourra être augmenté par des délibérations de l'assemblée générale, prises d'année en année; chacune des augmentations ne pourra être supérieure à 200 000 francs.

50. Les actions ou coupons d'actions seront nominatifs, même après leur entière libération; (*Supprimé par L. 1er août 1893, art. 6*) « *ils ne pourront être inférieurs à 50 francs.* »

Ils ne seront négociables qu'après la constitution définitive de la société.

La négociation ne pourra avoir lieu que par voie de transfert sur les registres de la société, et les statuts pourront donner, soit au conseil d'administration, soit à l'assemblée générale, le droit de s'opposer au transfert.

51. Les statuts détermineront une somme au-dessous de laquelle le capital ne pourra être réduit par les reprises des apports autorisées par l'article 48.

Cette somme ne pourra être inférieure au dixième du capital social.

La société ne sera définitivement constituée qu'après le versement du dixième.

52. Chaque associé pourra se retirer de la société lorsqu'il le jugera convenable, à moins de conventions contraires et sauf l'application du paragraphe 1er de l'article précédent.

Il pourra être stipulé que l'assemblée générale aura le droit de décider, à la majorité fixée pour la modification des statuts, que l'un ou plusieurs des associés cesseront de faire partie de la société.

L'associé qui cessera de faire partie de la société, soit par l'effet de sa volonté, soit par suite de décision de l'assemblée générale, restera tenu, pendant cinq ans, envers les associés et envers les tiers, de toutes les obligations existant au moment de sa retraite.

53. La société, quelle que soit sa forme, sera valablement représentée en justice par ses administrateurs.

54. La société ne sera point dissoute par la mort, la retraite, l'interdiction, la faillite ou la déconfiture de l'un des associés; elle continuera de plein droit entre les autres associés.

TITRE IV. — DISPOSITIONS RELATIVES A LA PUBLICATION DES ACTES DE SOCIÉTÉ.

55. Dans le mois de la constitution de toute société commerciale, un double de l'acte constitutif, s'il est sous seing privé, ou une expédition, s'il est notarié, est déposé aux greffes de la justice de paix et du tribunal de commerce du lieu dans lequel est établie la société.

A l'acte constitutif des sociétés en commandite par actions et des sociétés anonymes sont annexées : 1° une expédition de l'acte notarié constatant la souscription du capital social et le versement du quart; 2° une copie certifiée des délibérations prises par l'assemblée générale dans les cas prévus par les articles 4 et 24.

En outre, lorsque la société est anonyme, on doit annexer à l'acte constitutif la liste nominative, dûment certifiée, des souscripteurs, contenant les nom, prénoms, qualités, demeure et le nombre d'actions de chacun d'eux.

56. Dans le même délai d'un mois, un extrait de l'acte constitutif et des pièces annexées est publié dans l'un des journaux désignés pour recevoir les annonces légales.

Il sera justifié de l'insertion par un exemplaire du journal certifié par l'imprimeur, légalisé par le maire et enregistré dans les trois mois de sa date.

Les formalités prescrites par l'article précédent et par le présent article seront observées, à peine de nullité à l'égard des intéressés; mais le défaut d'aucune d'elles ne pourra être opposé aux tiers par les associés.

57. L'extrait doit contenir les noms des associés autres que les actionnaires ou commanditaires; la raison de commerce ou la dénomination adoptée par la société et l'indication du siège social; la désignation des associés autorisés à gérer, administrer et signer pour la société; le montant du capital social et le montant des valeurs fournies ou à fournir par les actionnaires ou commanditaires; l'époque où la société commence, celle où elle doit finir, et la date du dépôt fait aux greffes de la justice de paix et du tribunal de commerce.

58. L'extrait doit énoncer que la société est en nom collectif ou en commandite simple, ou en commandite par actions, ou anonyme, ou à capital variable.

Si la société est anonyme, l'extrait doit énoncer le montant du capital social en numéraire et en autres objets, la quotité à prélever sur les bénéfices pour composer le fonds de réserve.

Enfin, si la société est à capital variable, l'extrait doit contenir l'indication de la somme au-dessous de laquelle le capital social ne peut être réduit.

59. Si la société a plusieurs maisons de commerce situées dans divers arrondissements, le dépôt prescrit par l'article 55 et la publication prescrite par l'article 56 ont lieu dans chacun des arrondissements où existent les maisons de commerce.

Dans les villes divisées en plusieurs arrondissements, le dépôt sera fait seulement au greffe de la justice de paix du principal établissement.

60. L'extrait des actes et pièces déposés est signé, pour les actes publics par le notaire, et, pour les actes sous seing privé, par les associés en nom collectif, par les gérants des sociétés en commandite ou par les administrateurs des sociétés anonymes.

61. Sont soumis aux formalités et aux pénalités prescrites par les articles 55 et 56 :

Tous actes et délibérations ayant pour objet la modification des statuts, la continuation de la société au delà du terme fixé pour sa durée, la dissolution avant ce terme et le mode de liquidation, tout changement ou retraite d'associés et tout changement à la raison sociale.

Sont également soumises aux dispositions des articles 55 et 56 les délibérations prises dans les cas prévus par les articles 19, 37, 46, 47 et 49 ci-dessus.

62. Ne sont pas assujetties aux formalités de dépôt et de publication les actes constatant les augmentations ou les diminutions du capital social opérées dans les termes de l'article 48, ou les retraites d'associés, autres que les gérants ou administrateurs, qui auraient lieu conformément à l'article 52.

63. Lorsqu'il s'agit d'une société en commandite par actions ou d'une société anonyme, toute personne a le droit de prendre communication des pièces déposées aux greffes de la justice de paix et du tribunal de commerce, ou même de s'en faire délivrer à ses frais expédition ou extrait par le greffier ou par le notaire détenteur de la minute.

Toute personne peut également exiger qu'il lui soit délivré au siège de la société une copie certifiée des statuts, moyennant payement d'une somme qui ne pourra excéder un franc.

Enfin, les pièces déposées doivent être affichées d'une manière apparente dans les bureaux de la société.

64. Dans tous les actes, factures, annonces, publications et autres documents *imprimés* ou *autographiés*, émanés des sociétés anonymes ou des sociétés en commandite par actions, la dénomination sociale doit toujours être précédée ou suivie immédiatement de ces mots, écrits visiblement en toutes lettres : *société anonyme* ou *société en commandite par actions*, et de l'énonciation du montant du capital social.

Si la société a usé de la faculté accordée par l'article 48, cette circonstance doit être mentionnée par l'addition de ces mots : *à capital variable.*

Toute contravention aux dispositions qui précèdent est punie d'une amende de 50 francs à 1 000 francs.

65. Sont abrogées les dispositions des articles 42, 43, 44, 45 et 46 du Code de commerce.

TITRE V. — DES TONTINES ET DES SOCIÉTÉS D'ASSURANCES.

66. (Abrogé par L. 17 mars 1905.) *Les associations de la nature des tontines et les sociétés d'assurances sur la vie, mutuelles ou à primes, restent soumises à l'autorisation et à la surveillance du Gouvernement.*

Les autres sociétés d'assurances pourront se former sans autorisation. Un règlement d'administration publique déterminera les conditions sous lesquelles elles pourront être constituées.

67. Les sociétés d'assurances désignées dans le paragraphe 2 de l'article précédent, qui existent actuellement, pourront se placer sous le régime qui sera établi par le règlement d'administration publique, sans l'autorisation du Gouvernement, en observant les formes et les conditions prescrites pour la modification de leurs statuts.

DISPOSITIONS DIVERSES

(Ajouté par L. 1er août 1893, art. 6).

68. (*Ajouté par L. 1er août 1893, art. 6.*) Quel que soit leur objet, les sociétés en commandite par anonymes, qui seront constituées dans les formes du Code de commerce ou de la présente loi seront commerciales et soumises aux lois et usages du commerce.

69. (*Ajouté par L. 1er août 1893, art. 6.*) Il pourra être consenti hypothèque au nom de toute société commerciale en vertu des pouvoirs résultant de son acte de formation même sous seing privé, ou des délibérations ou autorisations constatées dans les formes réglées par cet acte. L'acte d'hypothèque sera passé en forme authentique, conformément à l'article 2127 du Code civil.

70. (*Ajouté par L. 1er août 1893, art. 6.*) Dans les cas où les sociétés ont continué à payer les intérêts ou dividendes des actions, obligations ou tous autres titres remboursables par suite d'un tirage au sort, elles ne peuvent répéter ces sommes lorsque le titre est présenté au remboursement.

71. (*Ajouté par L. 1er août 1893, art. 6.*) Dans l'article 50, paragraphe 1er, sont supprimés les mots : « Ils ne pourront être inférieurs à 50 francs. »

V. le décret du 22 janvier 1868, portant règlement d'administration publique pour la constitution des sociétés d'assurances (D. P. 68. 4. 15), *modifié, dans son article 5, par le décret du 10 juillet 1901.*

Loi du 23 mai 1868,

Relative à la garantie des inventions susceptibles d'être brevetées et des dessins de fabrique qui seront admis aux expositions publiques autorisées par l'Administration, dans toute l'étendue de l'Empire (D. P. 68. 4. 67).

Art. 1er. Tout Français ou étranger, auteur soit d'une découverte ou invention susceptible d'être brevetée aux termes de la loi du 5 juillet 1844, soit d'un dessin de fabrique qui doive être déposé conformément à la loi du 18 mars 1806, ou ses ayants droit, peuvent, s'ils sont admis dans une exposition publique autorisée par l'Administration, se faire délivrer par le préfet ou le sous-préfet, dans le département ou l'arrondissement duquel cette exposition est ouverte, un certificat descriptif de l'objet déposé.

2. Ce certificat assure à celui qui l'obtient les mêmes droits que lui conféreraient un brevet d'invention ou un dépôt légal de dessin de fabrique, à dater du jour de l'admission jusqu'à la fin du troisième mois qui suivra la clôture de l'exposition, sans préjudice du brevet que l'exposant peut prendre ou du dépôt qu'il peut opérer avant l'expiration de ce terme.

3. La demande de ce certificat doit être faite dans le premier mois, au plus tard, de l'ouverture de l'exposition.

Elle est adressée à la préfecture ou à la sous-préfecture et accompagnée d'une description exacte de l'objet à garantir, et, s'il y a lieu, d'un plan ou d'un dessin dudit objet.

Les demandes ainsi que les décisions prises par le préfet ou par le sous-préfet sont inscrites sur un registre spécial qui est ultérieurement transmis au ministère de l'agriculture, du commerce et des travaux publics, et communiqué, sans frais, à toute réquisition.

La délivrance du certificat est gratuite.

V. les renvois, *supra, L. 5 juill.* 1844.

Décret du 25 septembre 1870,

Relatif au sceau de l'État (D. P. 70. 4. 92).

Le Gouvernement de la Défense nationale décrète:

Art. 1er. À l'avenir le sceau de l'État porter d'un côté, pour type, la figure de la Liberté, et por légende : *Au nom du peuple français*; de l'autre côté, une couronne de chêne et d'olivier, liée par un gerbe de blé; au milieu de la couronne : *Républiqu française, démocratique, une et indivisible*; et pou légende : *Liberté, Égalité, Fraternité.*

R. v° *Faux et fausse monnaie*, 72 s. — S. eod. v° 69 s.

Loi du 19 décembre 1871,

Sur la contrainte par corps en matière de frais e justice criminelle (D. P. 71. 4. 167).

Art. 1er. Est abrogé l'article 3, § 3, de la loi d 22 juillet 1867, qui a interdit l'exercice de la contrainte par corps pour le recouvrement des frais pou l'État, en vertu des condamnations prévues dan l'article 2 de la même loi.

2. Sont, en conséquence, remises en vigueur le dispositions légales abrogées par l'article 18, § 1 de la loi du 22 juillet 1867.

Loi du 15 juin 1872,

Relative aux titres au porteur (D. P. 72. 4. 112

Art. 1er. Le propriétaire de titres au porteur qu en est dépossédé par quelque événement que ce soi peut se faire restituer contre cette perte, dans l mesure et sous les conditions déterminées par l présente loi.

2. (*L. 8 février 1902.*) Le propriétaire dépossédé fera notifier par huissier, au syndicat des agents d change de Paris, un acte d'opposition indiquant l nombre, la nature, la valeur nominale, le numér et, s'il y a lieu, la série des titres, avec réquisitio sous la condition de payement du coût, de publié dans la forme qui est ci-après déterminée, aux nu méros des titres dont il a été dépossédé.

Il devra aussi, autant que possible, énoncer :

1° L'époque et le lieu où il est devenu propriétair et le mode de son acquisition;

2° L'époque et le lieu où il a reçu les derniers in térêts ou dividendes;

3° Les circonstances qui ont accompagné sa dé session.

Cet acte contiendra une élection de domicile à Paris Notification sera également faite par huissier, a nom du propriétaire dépossédé, à l'établissemen débiteur.

L'acte contiendra les indications ci-dessus requise et pour l'accomplir notifié au syndicat des agents de change et, de plus, à peine de nullité, une copie certifié par l'huissier instrumentaire de la quittance délivré par le syndicat, du coût de la publication prévue par l'article 11 ci-après. Cette quittance soumise au un droit de timbre de dix centimes (0 fr. 10), s'il y échet sera passible d'enregistrement. Il sera fait dans l'act élection de domicile dans la commune du siège de l'établissement débiteur.

La notification ainsi faite emportera opposition au payement tant du capital que des intérêts ou divi dendes échus ou à échoir, jusqu'à ce que mainlevé en ait été donnée par l'opposant ou ordonnée par justice, ou jusqu'à ce que déclaration ait été faite par le syndicat des agents de change, à l'établisse ment débiteur, de la radiation de l'opposition.

S'il s'agit de coupons détachés du titre, il n'y aur pas lieu à la notification au syndicat des agents de change, ni à l'insertion au bulletin quotidien. Le porteur dépossédé ne sera tenu que de l'oppositio à l'établissement débiteur.

3. (*L. 8 février 1902.*) Lorsqu'il se sera écoulé une année depuis l'opposition sans qu'elle ait été formellement contredite par un tiers se prétendant propriétaire du titre frappé d'opposition, et que, dans cet intervalle, deux termes au moins d'intérêts ou de dividendes auront été mis en distribution, l'opposant pourra se pourvoir auprès du président du tribunal civil du lieu de son domicile, ou, s'il habite hors de ce, auprès du président du tribunal civil du dc l'établissement débiteur, afin d'obtenir l'au-ation de toucher les intérêts ou dividendes échus, ême le capital des titres frappés d'opposition, le cas où ledit capital serait ou deviendrait ble.

même droit appartiendra au porteur dépossédé tres ne donnant pas droit à des intérêts ou divi-es, ou à l'égard desquels il y a eu cessation des butions périodiques. Mais, en ce cas, il ne pourra exercé que lorsqu'il se sera écoulé trois ans de l'opposition sans qu'elle ait été contredite dans ermes indiqués ci-dessus.

(*L. 8 février* 1902.) Si le président accorde l'au-ation, l'opposant devra, pour toucher les intérêts ividendes, fournir une caution solvable dont agement s'étendra au montant des annuités exi-s, et, de plus, à une valeur double de la der-annuité échue.

rès deux ans écoulés depuis l'autorisation, sans 'opposition ait été contredite dans les termes de cle 3, la caution sera de plein droit déchargée.

l'opposant ne veut ou ne peut fournir la cau-requise, il pourra, sur le vu de l'autorisation, r de la compagnie le dépôt, à la Caisse des s et consignations, des intérêts ou dividendes s et de ceux à échoir au fur et à mesure de leur bilité.

rès deux ans écoulés depuis l'autorisation, sans 'opposition ait été contredite dans les termes de cle 3, l'opposant pourra retirer de la Caisse des s et consignations les sommes déposées et per-r librement les intérêts ou dividendes à échoir, r et à mesure de leur exigibilité.

(*L. 8 février* 1902.) Si le capital des titres és d'opposition est devenu exigible, l'opposant ura obtenu l'autorisation ci-dessus pourra en cer le montant, à charge de fournir caution. Il a, s'il le préfère, exiger de la compagnie que le ant dudit capital soit déposé à la Caisse des s et consignations.

rsqu'il se sera écoulé dix ans depuis l'époque de ibilité et cinq ans au moins à partir de l'auto-on sans que l'opposition ait été contredite dans ermes de l'article 3, la caution sera déchargée, 'il y a eu dépôt, l'opposant pourra retirer de la e des dépôts et consignations les sommes en t l'objet.

La solvabilité de la caution à fournir, en vertu dispositions des articles précédents, sera appré-comme en matière commerciale. S'il s'élève des ltés, il sera statué en référé par le président ibunal du domicile de l'établissement débiteur. sera loisible à l'opposant de fournir un nantisse-aux lieu et place d'une caution. Ce nantis-nt pourra être constitué en titres de rente sur . Il sera restitué à l'expiration des délais fixés la libération de la caution.

(*L. 8 février* 1902.) En cas de refus de l'auto-on dont il est parlé en l'article 3, l'opposant ra saisir, par voie de requête, le tribunal civil on domicile, ou, s'il habite hors de France, le nal civil du siège de l'établissement débiteur, el statuera après avoir entendu le ministère ic. Le jugement obtenu dudit tribunal produira ffets attachés à l'ordonnance d'autorisation.

Quand il s'agira de coupons au porteur déta-du titre, si l'opposition n'a pas été contredite, osant pourra, après trois années à compter de éance et de l'opposition, réclamer le montant its coupons de l'établissement débiteur, sans tenu de se pourvoir d'autorisation.

Les payements faits à l'opposant suivant les s ci-dessus posées, libèrent l'établissement dé-r envers tout tiers porteur qui se présenterait icurement. Le tiers porteur au préjudice duquel ts payements auraient été faits, conserve seule-t une action personnelle contre l'opposant qui it formé son opposition sans cause.

0. Si, avant que la libération de l'établissement teur ne soit accomplie, il se présente un tiers eur des titres frappés d'opposition, ledit établis-ent doit provisoirement retenir ces titres contre écépissé remis au tiers porteur; il doit, de plus, tir l'opposant, par lettre chargée, de la présen-n du titre, en lui faisant connaître le nom et esse du tiers porteur. Les effets de l'opposition restent alors suspendus jusqu'à ce que la justice ait prononcé entre l'opposant et le tiers porteur.

11. (*L. 8 février* 1902.) Sur le vu de l'exploit mentionné en l'article 2 et de la réquisition y conte-nue, le syndicat des agents de change de Paris sera tenu de publier les numéros des titres dont la dépos-session lui est notifiée.

Cette publication, qui aura pour effet de prévenir la négociation ou la transmission desdits titres, sera faite le surlendemain, au plus tard, par les soins et sous la responsabilité du syndicat des agents de change de Paris, dans un bulletin quotidien, établi et publié dans les formes et sous les conditions déterminées par un règlement d'administration pu-blique.

Le même règlement fixera le coût de la rétribu-tion annuelle due par l'opposant pour frais de publi-cité. Cette rétribution annuelle sera payée d'avance à la caisse du syndicat, faute de quoi la dénoncia-tion de l'opposition ne sera pas reçue, ou la publi-cation ne sera pas continuée à l'expiration de l'année pour laquelle la rétribution aura été payée.

Un mois après l'échéance de la publication non renouvelée, le syndicat fera parvenir à l'établisse-ment débiteur la liste des titres qui n'auront pas été maintenus au bulletin des oppositions; avis lui sera donné, en même temps, que cette notification lui tient lieu de mainlevée pour tous payements de cou-pons, remboursement de capital, conversions, trans-ferts, etc., et lui donne pleine et entière décharge, à condition que les numéros signalés comme rayés du bulletin correspondent bien avec ceux inscrits sur les registres de la compagnie comme frappés d'oppo-sition.

12. Toute négociation ou transmission postérieure au jour où le bulletin est parvenu ou aurait pu par-venir, par la voie de la poste, dans le lieu où elle a été faite, sera sans effet vis-à-vis de l'opposant, sauf le recours du tiers porteur contre son vendeur et contre l'agent de change par l'intermédiaire duquel la négociation aura eu lieu. Le tiers porteur pourra également, au cas prévu par le précédent article, contester l'opposition faite irrégulièrement ou sans droit.

Sauf le cas où la mauvaise foi serait démontrée, les agents de change ne seront responsables des négociations faites par leur entremise qu'autant que les oppositions leur auront été signifiées personnel-lement ou qu'elles auront été publiées dans le bulle-tin par les soins du syndicat.

13. (*L. 8 février* 1902.) Les agents de change doivent inscrire sur leurs livres les numéros des titres qu'ils achètent ou qu'ils vendent.

Ils mentionneront sur les bordereaux d'achat les numéros livrés. Un règlement d'administration pu-blique déterminera le taux de la rémunération qui sera allouée à l'agent de change pour cette inscrip-tion des numéros.

La négociation qui rend sans effet toute publica-tion postérieure de l'opposition sera réputée accom-plie dès le moment où aura été opérée sur les livres des agents de change l'inscription des numéros des titres vendus pour compte du donneur d'ordre et livrés par lui.

Si la publication, bien que postérieure à cette ins-cription, survient avant la livraison ou l'attribution au donneur d'ordre, ou à l'agent de change ache-teur, l'opposant pourra, sur la demande de main-levée formée par l'agent de change ou par tout autre ayant droit, réclamer les titres contre rembourse-ment du prix, par l'application de l'article 2280 du Code civil.

14. A l'égard des négociations ou transmissions de titres antérieures à la publication de l'opposition, il n'est pas dérogé aux dispositions des articles 2279 et 2280 du Code civil.

15. (*L. 8 février* 1902.) Lorsqu'il se sera écoulé dix ans depuis l'autorisation obtenue par l'opposant, conformément à l'article 3, et que, pendant ce laps de temps, l'opposition aura été publiée sans être contredite dans les termes dudit article, l'opposant pourra exiger de l'établissement débiteur qu'il lui soit remis un titre semblable et subrogé au premier. Ce titre devra porter le même numéro que le titre originaire, avec la mention qu'il est délivré par duplicata.

Le titre délivré en duplicata conférera les mêmes droits que le titre primitif et sera négociable dans les mêmes conditions.

Dans le cas du présent article, le titre primitif sera frappé de déchéance, et le tiers qui le repré-sentera après la remise du nouveau titre à l'oppo-sant n'aura qu'une action personnelle contre celui-ci, au cas où l'opposition aurait été faite sans droit.

L'opposant qui réclamera de l'établissement un duplicata payera les frais qu'il occasionnera.

Il devra, de plus, payer à l'avance la publication faite au bulletin, à la rubrique des titres frappés de déchéance, pour le nombre d'années représenté par la feuille des coupons attachés au titre, sans que cette publication puisse, en aucun cas, être limitée à une durée inférieure à dix ans.

Un règlement d'administration publique fixera le coût de la somme à payer au syndicat pour la publi-cation supplémentaire au delà de dix ans.

Pour les titres qui ne portent aucun coupon, l'op-posant devra verser au syndicat, à l'avance, le prix de la publication pendant dix ans à la rubrique des titres frappés de déchéance.

16. Les dispositions de la présente loi sont appli-cables aux titres au porteur émis par les départe-ments, les communes et les établissements publics; mais elles ne sont pas applicables aux billets de la Banque de France, ni aux billets de même nature, émis par les établissements légalement autorisés, ni aux rentes et autres titres au porteur émis par l'État, lesquels continueront à être régis par les lois, décrets et règlements en vigueur.

Toutefois, les cautionnements exigés par l'admi-nistration des finances pour la délivrance des dupli-cata de titres perdus, volés ou détruits, seront res-titués, si, dans les vingt ans qui auront suivi, il n'a été formé aucune demande de la part des tiers porteurs, soit pour les arrérages, soit pour le capi-tal. Le Trésor sera définitivement libéré envers le porteur des titres primitifs, sauf l'action personnelle de celui-ci contre la personne qui aura obtenu le duplicata.

La loi du 8 *février* 1902 *a ajouté les articles sui-vants à la loi du* 15 *juin* 1872.

17. (*L. 8 février* 1902.) Le porteur d'un titre frappé d'opposition peut poursuivre la mainlevée de cette opposition de la manière suivante :

Il fera sommation à l'opposant d'avoir à introduire, dans le mois, une demande en revendication, qui sera portée devant le tribunal civil du domicile du porteur actuel du titre.

Cette sommation sera signifiée au domicile de l'op-posant et, si celui-ci n'a pas de domicile connu en France, au domicile élu dans l'opposition notifiée au syndicat des agents de change de Paris.

Elle indiquera, autant que possible, l'origine et la cause de la détention du titre, ainsi que la date à partir de laquelle le porteur est à même d'en jus-tifier; en cas d'acquisition par achat, elle indiquera le montant du prix d'achat et contiendra aussi copie d'un certificat délivré par le syndicat des agents de change, mentionnant la date à laquelle les titres ont paru pour la première fois au bulletin, ledit certifi-cat non soumis au droit d'enregistrement.

Si la sommation est faite à la requête d'un agent de change dans les conditions prévues au paragraphe 4 de l'article 13, elle devra contenir un extrait certifié conforme des livres de l'agent de change constatant l'inscription des numéros des titres sur ses livres avant leur publication au bulletin.

Cette sommation contiendra, en outre, assignation à l'opposant à comparaître, dans un délai qui ne pourra pas être moindre d'un mois, à l'audience des référés, devant le président du tribunal du domicile du porteur, pour y entendre, dans les cas qui vont être ci-après spécifiés, prononcer la mainlevée de l'opposition.

18. (*L. 8 février* 1902.) Si au jour de l'audience fixée par l'assignation pour la comparution en référé, l'opposant ne justifie pas avoir introduit une demande en revendication, le juge des référés devra pronon-cer la mainlevée immédiate.

Il en sera de même, quoique l'opposant ait intro-duit sa demande en revendication, si le porteur justifie, par un bordereau d'agent de change ou par d'autres actes probants et non suspects, antérieurs à l'opposition, qu'il est propriétaire des valeurs re-vendiquées depuis une date antérieure à celle de la publication de l'opposition, et si l'opposant n'offre pas le remboursement du prix d'achat dans les conditions prévues par l'article 2280 du Code civil.

Le juge des référés pourra prononcer la mainlevée, même en dehors de toute justification de propriété de la part du porteur, si l'opposant n'allègue à l'appui de sa demande en revendication aucun fait, ou ne produit aucune pièce, de nature à rendre vraisemblable le bien fondé de sa prétention.

Dans tous les cas où la mainlevée sera prononcée, le juge des référés aura le droit de statuer sur les dépens.

Sur la signification de l'ordonnance à l'établissement débiteur et au syndicat, l'établissement débiteur et le syndicat devront considérer l'opposition comme nulle et non avenue.

Ils seront quittes et déchargés, sans pouvoir exiger d'autres pièces ou justifications.

19. (*L. 8 février 1902.*) Un décret en forme de règlement d'administration publique déterminera :

1° Les formes et les conditions de l'avis à donner en vertu du dernier paragraphe de l'article 11 ;

2° Les formes et les conditions dans lesquelles seront tenus les livres visés par l'article 14, et destinés à l'inscription des titres vendus et livrés par les donneurs d'ordre, ainsi que le contrôle auquel ils seront soumis.

V. C. com. ann., p. 196 s.; et son Suppl., p. 150 s. — V. aussi la *discussion de la loi du 8 février 1902, à la Chambre des députés et au Sénat*, D. P. 1902. 4. 30 s.

Loi du 21 novembre 1872,
Sur le jury (D. P. 72. 4. 132).

TITRE Ier. — DES CONDITIONS REQUISES POUR ÊTRE JURÉ.

Art. 1er. Nul ne peut remplir les fonctions de juré, à peine de nullité des déclarations de culpabilité auxquelles il aurait concouru, s'il n'est âgé de trente ans accomplis, s'il ne jouit des droits politiques, civils et de famille, ou s'il est dans un cas d'incapacité ou d'incompatibilité établis par les deux articles suivants.

2. Sont incapables d'être jurés :

1° Les individus qui ont été condamnés soit à des peines afflictives et infamantes, soit à des peines infamantes seulement ;

2° Ceux qui ont été condamnés à des peines correctionnelles pour faits qualifiés crimes par la loi ;

3° Les militaires condamnés au boulet ou aux travaux publics ;

4° Les condamnés à un emprisonnement de trois mois au moins ; toutefois, les condamnations pour délits politiques ou de presse n'entraîneront que l'incapacité temporaire dont il est parlé au paragraphe 11 du présent article ;

5° Les condamnés à l'amende ou à l'emprisonnement, quelle qu'en soit la durée, pour vol, escroquerie, abus de confiance, soustraction commise par des dépositaires publics, attentats aux mœurs prévus par les articles 330 et 334 du Code pénal, délit d'usure ; les condamnés à l'emprisonnement pour outrage à la morale publique et religieuse, attaque contre le principe de la propriété et les droits de famille, délits commis contre les mœurs par l'un des moyens énoncés dans l'article 1er de la loi du 17 mai 1819 ; pour vagabondage ou mendicité ; pour infraction aux dispositions des articles 60, 63 et 65 de la loi sur le recrutement de l'armée (*la loi du 27 juillet 1872 visée, est remplacée aujourd'hui par la loi du 15 juillet 1889, art. 69, 70, 72*) et aux dispositions de l'article 423 du Code pénal, de l'article 1er de la loi du 27 mars 1851 et de l'article 1er de la loi des 5-9 mai 1855 ; pour les délits prévus par les articles 141, 142, 143, 174, 251, 305, 345, 362, 363, 364, § 3, 365, 366, 387, 389, 399, § 2, 400, § 2, 418 du Code pénal ;

6° Ceux qui sont en état d'accusation de contumace ;

7° Les notaires, greffiers et officiers ministériels destitués ;

8° Les faillis non réhabilités dont la faillite a été déclarée soit par les tribunaux français, soit par jugement rendu à l'étranger, mais exécutoire en France ;

9° Ceux auxquels les fonctions de juré ont été interdites en vertu de l'article 396 du Code d'instruction criminelle ou de l'article 42 du Code pénal ;

10° Ceux qui sont sous mandat d'arrêt ou de dépôt ;

11° Sont incapables, pour cinq ans seulement, à dater de l'expiration de leur peine, les condamnés à un emprisonnement de moins de trois mois pour quelque délit que ce soit, même pour les délits politiques ou de presse ;

12° Sont également incapables les interdits, les individus pourvus de conseils judiciaires, ceux qui sont placés dans un établissement public d'aliénés, en vertu de la loi du 30 juin 1838.

3. Les fonctions de jurés sont incompatibles avec celles de député, de ministre, membre du conseil d'État, membre de la Cour des comptes, sous-secrétaire d'État ou secrétaire général d'un ministère, préfet et sous-préfet, secrétaire général de préfecture, conseiller de préfecture, membre de la Cour de cassation ou des cours d'appel, juge titulaire ou suppléant des tribunaux civils et des tribunaux de commerce, officier du ministère public près les tribunaux de première instance, juge de paix, commissaire de police, ministre d'un culte reconnu par l'État, militaire de l'armée de terre ou de mer en activité de service et pourvu d'emploi, fonctionnaire ou préposé du service actif des douanes, des contributions indirectes, des forêts de l'État et de l'administration des télégraphes, instituteur primaire communal.

4. Ne peuvent être jurés les domestiques et serviteurs à gages, ceux qui ne savent pas lire et écrire en français.

5. Sont dispensés des fonctions de jurés :

1° Les septuagénaires ;

2° Ceux qui ont besoin pour vivre de leur travail manuel et journalier ;

3° Ceux qui ont rempli lesdites fonctions pendant l'année courante ou l'année précédente.

TITRE II. — DE LA COMPOSITION DE LA LISTE ANNUELLE.

6. La liste annuelle du jury comprend :

Pour le département de la Seine, trois mille jurés ; pour les autres départements, un juré par cinq cents habitants, sans toutefois que le nombre des jurés puisse être inférieur à quatre cents et supérieur à six cents.

La liste ne peut comprendre que des citoyens ayant leur domicile dans le département.

7. Le nombre des jurés pour la liste annuelle est réparti, par arrondissement et par canton, proportionnellement au tableau officiel de la population.

Cette répartition est faite par arrêté du préfet, pris sur l'avis conforme de la commission départementale, et, pour le département de la Seine, sur l'avis conforme du bureau du conseil général, au mois de juillet de chaque année.

A Paris, la répartition est faite entre les arrondissements et les quartiers.

En adressant au juge de paix l'arrêté de répartition, le préfet lui fait connaître les noms des jurés du canton désignés par le sort pendant l'année courante et pendant l'année précédente.

8. Une commission composée, dans chaque canton, du juge de paix, président, des suppléants du juge de paix et des maires des communes du canton, dresse une liste préparatoire de la liste annuelle. Cette liste contient un nombre de noms double de celui fixé pour le contingent du canton.

Dans les cantons formés d'une seule commune, la commission est composée, indépendamment du juge de paix et de ses suppléants, du maire de la commune et de deux délégués désignés par le conseil municipal.

Dans les communes divisées en plusieurs cantons, il y a autant de commissions que de cantons. Chacune de ces commissions est composée, indépendamment du juge de paix et de ses suppléants, du maire de la ville ou d'un adjoint délégué par lui, de deux conseillers municipaux désignés par le conseil et des maires des communes rurales comprises dans le canton.

9. A Paris, les listes préparatoires sont dressées pour chaque quartier par une commission composée du juge de paix de l'arrondissement ou du suppléant du juge de paix, président, du maire de l'arrondissement ou d'un adjoint, du conseiller municipal nommé dans le quartier, et, en outre, de quatre personnes désignées par ces trois premiers membres parmi les jurés qui ont été portés l'année précédente sur la liste de l'arrondissement et qui ont leur domicile dans le quartier.

10. Les commissions chargées de dresser les listes préparatoires se réunissent, dans la première quinzaine du mois d'août, au chef-lieu de leur circonscription, sur la convocation spéciale du juge de paix, délivrée dans la forme administrative.

Les listes sont dressées en deux originaux, dont l'un reste déposé au greffe de la justice de paix, et l'autre est transmis au greffe du tribunal civil de l'arrondissement.

Dans le département de la Seine, le second original des listes dressées par les commissions de canton ou de quartier est envoyé au greffe du tribunal de la Seine.

Le public est admis à prendre connaissance des listes préparatoires pendant les quinze jours qui suivent le dépôt de ces listes au greffe de la justice de paix.

11. La liste annuelle est dressée, pour chaque arrondissement, par une commission composée du président du tribunal civil ou du magistrat qui en remplit les fonctions, président, des juges de paix et des conseillers généraux. En cas d'empêchement, le conseiller général d'un canton sera remplacé par le conseiller d'arrondissement ou, s'il y a deux conseillers d'arrondissement dans le canton, par le plus âgé des deux.

A Paris, la commission est composée, pour chaque arrondissement, du président du tribunal civil de la Seine ou d'un juge délégué par lui, président, du juge de paix de l'arrondissement et ses suppléants, du maire, des quatre conseillers municipaux de l'arrondissement.

Les commissions de Saint-Denis et de Sceaux sont présidées par un juge du tribunal civil de la Seine, délégué par le président de ce tribunal.

12. Dans tous les cas prévus par la présente loi, le maire, s'il est empêché, sera remplacé par un adjoint expressément délégué.

13. La commission chargée de dresser la liste annuelle des jurés se réunit au chef-lieu judiciaire de l'arrondissement, au plus tard dans le courant de septembre, sur la convocation faite par le président du tribunal civil. Elle peut porter sur cette liste des noms de personnes qui n'ont point été inscrites sur les listes préparatoires des commissions cantonales, sans toutefois que le nombre de ces noms puisse excéder le quart de ceux qui sont portés pour le canton. Elle a également la faculté d'élever ou d'abaisser, pour chaque canton, le contingent proportionnel fixé par le préfet, sans toutefois que la réduction ou l'augmentation puisse excéder le quart du contingent du canton, ni modifier le contingent de l'arrondissement.

Les décisions sont prises à la majorité ; en cas de partage, la voix du président est prépondérante.

14. La liste de l'arrondissement, définitivement arrêtée, est signée séance tenante. Elle est transmise, avant le 1er décembre, au greffe de la cour ou du tribunal chargé de la tenue des assises.

15. Une liste spéciale des jurés suppléants, pris parmi les jurés de la ville où se tiennent les assises, est aussi formée chaque année, en dehors de la liste annuelle du jury.

Elle comprend trois cents jurés pour Paris, cinquante pour les autres départements.

Cette liste est dressée par la commission de l'arrondissement où se tiennent les assises.

A Paris, chaque commission d'arrondissement arrête une liste de quinze jurés suppléants. (V. *supra*, art. 393 C. instr. crim.)

16. Le premier président de la cour d'appel ou le président du tribunal chef-lieu d'assises dresse, dans la première quinzaine de décembre, la liste annuelle du département, par ordre alphabétique, conformément aux listes d'arrondissements. Il dresse également la liste spéciale des jurés suppléants.

17. Le juge de paix de chaque canton est tenu

struire immédiatement le premier président de la
r ou le président du tribunal chef-lieu d'assises
décès, des incapacités ou des incompatibilités
les qui frapperaient les membres dont les noms
portés sur la liste annuelle.
ans ce cas, il est statué conformément à l'ar-
390 du Code d'instruction criminelle.

RE III. — DE LA COMPOSITION DE LA LISTE
DU JURY POUR CHAQUE SESSION.

8. Dix jours au moins avant l'ouverture des
ses, le premier président de la cour d'appel ou
résident du tribunal chef-lieu d'assises, dans les
s où il n'y a pas de cour d'appel, tire au sort, en
ence publique, sur la liste annuelle, les noms
trente-six jurés qui forment la liste de la ses-
. Il tire, en outre, quatre jurés suppléants sur la
spéciale.
. 31 *juillet* 1875.) Si les noms d'un ou de plu-
rs jurés ayant rempli lesdites fonctions pendant
lée courante ou pendant l'année précédente
nent à sortir de l'urne, ils seront immédiatement
placés sur les noms d'un ou plusieurs autres jurés tirés au sort. (V. *supra*,
391 *C. instr. crim.*)
9. Si, au jour indiqué pour le jugement, le
bre des jurés est réduit à moins de trente par
a d'absence ou pour toute autre cause, ce nombre
complété par les jurés suppléants, suivant l'ordre
sur inscription; en cas d'insuffisance, par des
s tirés au sort, en audience publique, parmi les
inscrits sur la liste spéciale; subsidiairement,
mi les jurés de la ville inscrits sur la liste
nelle.
ans le cas prévu par l'article 90 du décret du
llot 1810, le nombre des jurés titulaires est com-
par un tirage au sort fait, en audience pu-
ue, parmi les jurés de la ville inscrits sur la
annuelle. — (V. *supra*, *art.* 393 *C. instr.*
.)
. L'amende de cinq cents francs, prononcée par
euxième paragraphe de l'article 396 du Code
struction criminelle, peut être réduite par la cour
aux cents francs, sans préjudice des autres dis-
ions de cet article.

TITRE IV. — DISPOSITIONS GÉNÉRALES.

. La loi du 4 juin 1853 et le décret du 14 oc-
e 1870 sont abrogés.
es dispositions du Code d'instruction criminelle,
ne sont pas contraires à la présente loi, conti-
ont d'être exécutées.
liste générale du jury et la liste annuelle dres-
pour l'année 1872 sont valables pour cette
e.
r la doctrine et la jurisprudence, V. C. instr.
. ann., p. 346 s.
aussi R. v° *Instr. crim.*, 1368 s. — S. v° *Proc.*
. 1424 s. — T. (87-97), v° *Cour d'assises*, 1 s.
P. années 1897 et suiv., 5° partie, *eod.* v°, 1 s.

Loi du 23 janvier 1873,
*dant à réprimer l'ivresse publique et à combattre
les progrès de l'alcoolisme* (D. P. 73. 4. 18).

rt. 1er. Seront punis d'une amende de 1 à
ancs inclusivement ceux qui seront trouvés en
d'ivresse manifeste dans les rues, chemins,
es, cafés, cabarets ou autres lieux publics.
es articles 474 et 483 du Code pénal seront appli-
à la contravention indiquée au paragraphe
édent.
. En cas de nouvelle récidive, conformément
article 483, dans les douze mois qui auront suivi
deuxième condamnation, l'inculpé sera traduit
ant le tribunal de police correctionnelle et puni
emprisonnement de six jours à un mois, et d'une
nde de 16 francs à 300 francs.
uiconque ayant été condamné en police correc-
nelle pour ivresse, depuis moins d'un an, se sera
nouveau rendu coupable du même délit, sera con-
né au maximum des peines indiquées au paraphe précédent, lesquelles pourront être élevées
u'au double.

3. Toute personne qui aura été condamnée deux
fois en police correctionnelle pour délit d'ivresse
manifeste, conformément à l'article précédent, sera
déclarée par le second jugement incapable d'exercer
les droits suivants : 1° de vote et d'élection ; 2° d'éligibilité ; 3° d'être appelée ou nommée aux fonctions
de juré ou autres fonctions publiques ou aux emplois
de l'Administration, ou d'exercer ces fonctions ou
emplois ; 4° de port d'armes pendant deux ans.
à partir du jour où la condamnation sera devenue
irrévocable.
4. Seront punis d'une amende de 1 à 5 francs
inclusivement les cafetiers, cabaretiers et autres
débitants de boissons qui auront donné à boire à des gens mani-
festement ivres, ou qui auront reçus dans leurs
établissements, ou auront servi des liqueurs alcooliques à des mineurs âgés de moins de seize ans
accomplis.
Toutefois, dans les cas où le débitant sera prévenu
d'avoir servi des liqueurs alcooliques à un mineur
âgé de moins de seize ans accompli, il pourra
prouver qu'il a été induit en erreur sur l'âge du
mineur ; s'il fait cette preuve, aucune peine ne lui
sera applicable de ce chef.
Les articles 474 et 483 du Code pénal seront applicables aux contraventions indiquées aux paragraphes
précédents.
5. Seront punis d'un emprisonnement de six jours
à un mois et d'une amende de 16 francs à 300 francs,
les cafetiers, cabaretiers et autres débitants qui,
dans les douze mois qui auront suivi la deuxième
condamnation prononcée en vertu de l'article précédent, auront commis l'un des faits prévus audit
article.
Quiconque, ayant été condamné en police correctionnelle pour l'un ou l'autre des mêmes faits, depuis
moins d'un an, se rendra de nouveau coupable de
l'un ou de l'autre de ces faits, sera condamné au
maximum des peines indiquées au paragraphe précédent, lesquelles pourront être portées jusqu'au
double.
6. Toute personne qui aura subi deux condamnations en police correctionnelle pour l'un ou l'autre des
délits prévus en l'article précédent pourra être
déclarée par le second jugement incapable d'exercer
tout ou partie des droits indiqués en l'article 3. Dans
le même cas, le tribunal pourra ordonner la fermeture de l'établissement pour un temps qui ne saurait
excéder un mois, sous les peines portées par l'article 3 du décret du 29 décembre 1851. Il pourra
aussi, sous les mêmes peines, interdire seulement
au débitant la faculté de livrer des boissons à consommer sur place.
7. Sera puni d'un emprisonnement de six jours
à un mois et d'une amende de 16 francs à 300 francs,
quiconque aura fait boire jusqu'à l'ivresse un mineur
âgé de moins de seize ans accomplis. Sera puni des
peines portées aux articles 5 et 6 tout cafetier, caba-
tier ou autre débitant de boissons qui, ayant subi
une condamnation en vertu du paragraphe précédent,
se sera de nouveau rendu coupable soit du même
fait, soit de l'un ou de l'autre des faits prévus en
l'article 4-1°, dans le délai indiqué en l'article 5-2°.
8. Le tribunal correctionnel, dans les cas prévus
par la présente loi, pourra ordonner que son jugement soit affiché à tel nombre d'exemplaires et en
tels lieux qu'il indiquera.
9. L'article 463 du Code pénal est applicable aux
peines d'emprisonnement et d'amende portées par la
présente loi. L'article 59 du même Code ne sera pas
applicable aux délits prévus par la présente loi.
10. Les procès-verbaux constatant les infractions
prévues dans les articles précédents seront transmis
au procureur de la République dans les trois jours
au plus tard, y compris celui où aura été reconnu le
fait sur lequel ils sont dressés.
11. Toute personne trouvée en état d'ivresse dans
les rues, chemins, places, cafés, cabarets ou autres
lieux publics, pourra être, par mesure de police,
conduite à ses frais au poste le plus voisin pour
y être retenue jusqu'à ce qu'elle ait recouvré sa
raison.
12. Le texte de la présente loi sera affiché à la
porte de toutes les mairies et dans la salle principale
de tous cabarets, cafés et autres débits de boissons,
Un exemplaire en sera adressé à cet effet à tous les
maires et à tous les cabaretiers, cafotiers et autres

débitants de boissons. Toute personne qui aura
détruit ou lacéré le texte affiché sera condamnée
à une amende de 1 à 5 francs et aux frais du rétablissement de l'affiche. Sera puni de même tout
cabaretier, cafotier ou débitant chez lequel ledit texte
ne sera pas trouvé affiché.
13. Les gardes champêtres sont chargés de
rechercher, concurremment avec les autres officiers
de police judiciaire, chacun sur le territoire sur
lequel il est assermenté, les infractions à la présente
loi. Ils dressent des procès-verbaux pour constater
ces infractions.

V. Appendice au C. pén. ann., p. 55 s.; et son
Suppl., p. 356 s.
V. aussi S. v° *Ivresse publique*, 1 s. — T. (87-97),
eod. v°, 1 s.

Loi du 26 novembre 1873,
*Relative à l'établissement d'un timbre ou signe
spécial destiné à être apposé sur les marques
commerciales et de fabrique* (D. P. 74. 4. 21).

Art. 1er. Tout propriétaire d'une marque de fabrique ou de commerce, déposée conformément à la
loi du 23 juin 1857, pourra être admis, sur sa réquisition écrite, à faire apposer par l'État soit sur les
étiquettes, bandes ou enveloppes en papier, soit sur
les étiquettes ou estampilles en métal sur lesquelles
figure sa marque, un timbre ou poinçon spécial, destiné à affirmer l'authenticité de cette marque.
Le poinçon pourra être apposé sur la marque faisant corps avec les objets eux-mêmes, si l'Administration les en juge susceptibles.
2. Il sera perçu, au profit de l'État, par chaque
apposition du timbre, un droit qui pourra varier de
1 centime à 1 franc.
Le droit dû pour chaque apposition du poinçon sur
les objets eux-mêmes ne pourra être inférieur à 5 centimes, ni excéder 5 francs.
3. La quotité des droits perçus au profit du Trésor
sera proportionnée à la valeur des objets, sur lesquels
doivent être apposées les étiquettes soit en papier,
soit en métal, et à la difficulté de frapper d'un poinçon
les marques fixées sur les objets eux-mêmes.
Cette quotité sera établie par des règlements d'administration publique qui détermineront, en outre,
les métaux sur lesquels le poinçon pourra être
appliqué, les conditions à remplir pour être admis
à obtenir l'apposition des timbre ou poinçon, les
lieux dans lesquels cette apposition pourra être
effectuée, ainsi que les autres mesures d'exécution
de la présente loi.
4. La vente des objets sur le propriétaire de la
marque de fabrique ou de commerce à un prix supérieur à celui correspondant à la quotité du timbre ou
du poinçon sera punie, par chaque contravention,
d'une amende de 100 francs à 5000 francs.
Les contraventions seront constatées dans tous les
lieux ouverts au public par tous les agents qui ont
qualité pour verbaliser en matière de timbre ou de
contributions indirectes, par les agents des postes et
par ceux des douanes, lors de l'exportation.
Il leur est accordé un quart de l'amende ou portion d'amende recouvrée.
Les contraventions seront constatées et les instances
seront suivies et jugées, savoir :
1° Comme en matière de timbre, lorsqu'il s'agira
du timbre apposé sur les étiquettes, bandes ou
enveloppes en papier ;
2° Comme en matière de contributions indirectes,
en ce qui concerne l'application du poinçon.
5. Les consuls de France à l'étranger auront qualité pour dresser des procès-verbaux des usurpations
de marques et les transmettre à l'autorité compétente.
6. Ceux qui auront contrefait ou falsifié les timbres
ou poinçons établis par la présente loi, ceux qui
auront fait usage des timbres ou poinçons falsifiés ou
contrefaits, seront punis des peines portées en l'article 140 du Code pénal, et sans préjudice des réparations civiles.
Tout autre usage frauduleux de ces timbres ou
poinçons et des étiquettes, bandes, enveloppes et
estampilles qui en seraient revêtues, sera puni des
peines portées en l'article 142 dudit Code.

Il pourra être fait application des dispositions de l'article 463 du Code pénal.

7. Le timbre ou poinçon de l'État apposé sur une marque de fabrique ou de commerce fait partie intégrante de cette marque.

A défaut par l'État de poursuivre en France ou à l'étranger la contrefaçon ou la falsification desdits timbre ou poinçon, la poursuite pourra être exercée par le propriétaire de la marque.

8. La présente loi sera applicable dans les colonies françaises et en Algérie.

9. Les dispositions des autres lois en vigueur touchant le nom commercial, les marques, dessins ou modèles de fabrique, seront appliquées au profit des étrangers, si dans leur pays la législation ou des traités internationaux assurent aux Français les mêmes garanties.

V. les renvois, suprà, sous la loi du 23 juin 1857.

Loi du 7 décembre 1874,
Relative à la protection des enfants employés dans les professions ambulantes (D. P. 75. 4. 55)

Art. 1er. Tout individu qui fera exécuter par des enfants de moins de seize ans des tours de force périlleux ou des exercices de dislocation ;

Tout individu, autre que les père et mère, pratiquant les professions d'acrobate, saltimbanque, charlatan, montreur d'animaux ou directeur de cirque, qui emploiera, dans ses représentations, des enfants âgés de moins de seize ans, sera puni d'un emprisonnement de six mois à deux ans et d'une amende de 16 à 200 francs.

La même peine sera applicable aux père et mère exerçant les professions ci-dessus désignées qui emploieraient dans leurs représentations leurs enfants âgés de moins de douze ans.

2. (*L.* 19 avril 1898). Les pères, mères, tuteurs ou patrons, et généralement toutes personnes ayant autorité sur un enfant ou en ayant la garde, qui auront livré, soit gratuitement, soit à prix d'argent, leurs enfants, pupilles ou apprentis âgés de moins de seize ans, aux individus exerçant les professions ci-dessus spécifiées, ou qui les auront placés sous la conduite de vagabonds, de gens sans aveu ou faisant le métier de la mendicité, seront punis des peines portées en l'article 1er.

La même peine sera applicable aux intermédiaires ou agents qui auront livré ou fait livrer lesdits enfants et à quiconque aura déterminé des enfants, âgés de moins de seize ans, à quitter le domicile de leurs parents ou tuteurs pour suivre des individus des professions susdésignées.

La condamnation entraînera de plein droit, pour les tuteurs, la destitution de la tutelle. Les père et mère pourront être privés des droits de la puissance paternelle.

3. Quiconque emploiera des enfants âgés de moins de seize ans à la mendicité habituelle, soit ouvertement, soit sous l'apparence d'une profession, sera considéré comme auteur ou complice du délit de mendicité en réunion, prévu par l'article 276 du Code pénal, et sera puni des peines portées sous cet article.

Dans le cas où le délit aura été commis par les pères, mères ou tuteurs, ils pourront être privés des droits de la puissance paternelle, ou être destitués de la tutelle.

4. Tout individu exerçant l'une des professions spécifiées à l'article 1er de la présente loi devra être porteur de l'extrait des actes de naissance des enfants placés sous sa conduite, et justifier de leur origine et de leur identité par la production d'un livret ou d'un passe-port.

Toute infraction à cette disposition sera punie d'un emprisonnement de un mois à six mois et d'une amende de 16 à 50 francs.

5. En cas d'infraction à l'une des dispositions de la présente loi, les autorités municipales seront tenues d'interdire toutes représentations aux individus désignés en l'article 1er.

Ces dites autorités seront également tenues de requérir la justification, conformément aux dispositions de l'article 4, de l'origine et de l'identité de tous les enfants placés sous la conduite des individus susdésignés. A défaut de cette justification, il en sera donné avis immédiat au parquet.

Toute infraction à la présente loi commise à l'étranger à l'égard de Français devra être dénoncée, dans le plus bref délai, par nos agents consulaires aux autorités françaises, ou aux autorités locales, si les lois du pays en assurent la répression.

Ces agents devront, en outre, prendre les mesures nécessaires pour assurer le rapatriement en France des enfants d'origine française.

6. L'article 463 du Code pénal est applicable aux délits prévus par la présente loi.

S. v° *Travail*, 953 s. — V. aussi Suppl. au C. com. ann., p. 837, n° 23202 s. ; Suppl. au C. pén. ann., p. 353.

V. *en outre, la discussion de cette loi à la Chambre des députés et au Sénat*, D. P. 75. 4. 55.

Loi du 27 février 1880,
Relative à l'aliénation des valeurs mobilières appartenant aux mineurs et aux interdits, et à la conversion de ces mêmes valeurs en titres au porteur (D. P. 80. 4. 47).

Art. 1er. Le tuteur ne pourra aliéner, sans y être autorisé préalablement par le conseil de famille, les rentes, actions, parts d'intérêts, obligations, et autres meubles incorporels quelconques appartenant au mineur ou à l'interdit.

Le conseil de famille, en autorisant l'aliénation, prescrira les mesures qu'il jugera utiles.

2. Lorsque la valeur des meubles incorporels à aliéner dépassera, d'après l'appréciation du conseil de famille, quinze cents francs (1 500 fr.) en capital, la délibération sera soumise à l'homologation du tribunal, qui statuera en la chambre du conseil, le ministère public entendu, le tout sans dérogation à l'article 883 du Code de procédure civile.

Dans tous les cas, le jugement rendu sera en dernier ressort.

3. L'aliénation sera opérée par le ministère d'un agent de change, toutes les fois que les valeurs seront négociables à la Bourse, au cours moyen du jour.

4. Le mineur émancipé au cours de la tutelle, même assisté de son curateur, devra observer, pour l'aliénation de ses meubles incorporels, les formes ci-dessus prescrites à l'égard du mineur non émancipé.

Cette disposition ne s'applique pas au mineur émancipé par le mariage.

5. Le tuteur devra, dans les trois mois qui suivront l'ouverture de la tutelle, convertir en titres nominatifs les titres au porteur appartenant au mineur ou à l'interdit, et dont le conseil de famille n'aurait pas jugé l'aliénation nécessaire ou utile.

Il devra également convertir en titres nominatifs les titres au porteur qui adviendraient au mineur ou à l'interdit, de quelque manière que ce fût, et ce, dans le même délai de trois mois, à partir de l'attribution définitive ou de la mise en possession de ces valeurs.

Le conseil de famille pourra fixer, pour la conversion, un terme plus long.

Lorsque, soit par leur nature, soit à raison de conventions, les valeurs au porteur ne seront pas susceptibles d'être converties en titres nominatifs, le tuteur devra, dans les trois mois, obtenir du conseil de famille l'autorisation, soit de les aliéner avec emploi, soit de les conserver ; dans ce dernier cas, comme dans celui prévu par le paragraphe précédent, le conseil pourra prescrire le dépôt des titres au porteur au nom du mineur ou de l'interdit, soit à la Caisse des dépôts et consignations, soit entre les mains d'une personne ou d'une société spécialement désignée.

Les délais ci-dessus ne seront applicables que sous la réserve des droits des tiers et des conventions préexistantes.

6. Le tuteur devra faire emploi des capitaux appartenant au mineur ou à l'interdit, ou qui leur adviendraient par succession ou autrement, et ce, dans le délai de trois mois, à moins que le conseil ne fixe un délai plus long, auquel cas il pourra en ordonner le dépôt, comme il est dit en l'article précédent.

Les règles prescrites par les articles ci-dessus et par l'article 455 du Code civil, seront applicables à cet emploi.

Les tiers ne seront en aucun cas garants de l'emploi.

7. Le subrogé tuteur devra surveiller l'accomplissement des formalités prescrites par les articles précédents. Il devra, si le tuteur ne s'y conforme pas, provoquer la réunion du conseil de famille devant lequel le tuteur sera appelé à rendre compte de ses actes.

8. Les dispositions de la présente loi sont applicables aux valeurs mobilières appartenant aux mineurs et aliénés placés sous la tutelle, soit de l'administration de l'assistance publique, soit des administrations hospitalières.

Le conseil de surveillance de l'administration de l'assistance publique et les commissions administratives rempliront à cet effet les fonctions attribuées au conseil de famille. Les dispositions de la présente loi sont également applicables aux administrateurs provisoires des biens des aliénés, nommés en exécution de la loi du 30 juin 1838.

9. Les tuteurs entrés en fonctions et les mineurs émancipés antérieurement à la présente loi seront tenus de s'y conformer. Les délais courront pour eux à partir de la promulgation.

10. La conversion de tous titres nominatifs en titres au porteur est soumise aux mêmes conditions et formalités que l'aliénation de ces titres.

11. Les dispositions de la présente loi sont applicables à l'Algérie et aux colonies de la Martinique, de la Guadeloupe et de la Réunion. Les délais, en ce qui concerne ces colonies, seront, quand il y aura lieu, augmentés des délais supplémentaires fixés, à raison des distances, par la loi du 3 mai 1862.

12. La loi du 24 mars 1806 et le décret du 25 septembre 1813 sont abrogés.

Sont également abrogées toutes les dispositions des lois qui seraient contraires à la présente loi.

V. *le texte et le commentaire de cette loi*, N. C. civ. ann., t. 4, p. 780 et s. — V. aussi S. v° *Minorité-tutelle*, 397 s.

Loi du 3 juillet 1880,
Ayant pour objet d'autoriser, dans certains cas, l'augmentation du nombre des jurés portés sur les listes dressées annuellement en vertu de l'article 29 de la loi du 3 mai 1841 sur l'expropriation pour cause d'utilité publique (D. P. 81. 4. 24).

Article unique. Le nombre des personnes désignées, pour chaque arrondissement, conformément à l'article 29 de la loi du 3 mai 1841 et parmi lesquelles sont choisis les membres du jury spécial chargé de régler les indemnités dues par suite d'expropriation pour cause d'utilité publique, peut, lorsque des circonstances exceptionnelles l'exigent, être augmenté par des décrets rendus en Conseil d'État, sans pouvoir dépasser 144.

Loi du 17 juillet 1880,
Abrogeant le décret du 29 décembre 1851, sur les cafés cabarets et débits de boissons (D. P. 80. 4. 93).

Art. 1er. Le décret du 29 décembre 1851, sur les cafés, cabarets et débits de boissons à consommer sur place, est abrogé.

2. A l'avenir, toute personne qui voudra ouvrir un café, cabaret ou autre débit de boissons à consommer sur place, sera tenue de faire, quinze jours au moins à l'avance et par écrit, une déclaration indiquant :

1° Ses nom, prénoms, lieu de naissance, profession et domicile ;

2° La situation du débit ;

3° A quel titre elle doit gérer le débit et les nom, prénoms, profession et domicile du propriétaire, s'il y a lieu.

Cette déclaration sera faite à la mairie de la commune où le débit doit être établi.

A Paris, elle sera faite à la préfecture de police.

Il en sera donné immédiatement récépissé.

Dans les trois jours de cette déclaration, le maire de la commune où elle aura été faite, en transmettra copie intégrale au procureur de la République de l'arrondissement.

oute mutation dans la personne du proprié-
du gérant devra être déclarée dans les quinze
i suivront.

anslation du débit d'un lieu à un autre devra
clarée huit jours au moins à l'avance.

ansmission de ces déclarations sera faite
u procureur de la République de l'arrondis-
, conformément aux dispositions édictées dans
sdent article 2.

'infraction aux dispositions des deux précé-
articles sera punie d'une amende de seize à
nes (16 à 100 fr.).

es mineurs non émancipés et les interdits ne
t exercer par eux-mêmes la profession de
e de boissons.

e peuvent non plus exploiter des débits de
s à consommer sur place :

ous les individus condamnés pour crimes de

ux qui auront été condamnés à un emprison-
d'un mois au moins, pour vol, recel, escro-
filouterie, abus de confiance, recel de mar-
, outrage public à la pudeur, excitation de
s à la débauche, tenue d'une maison de jeu,
le marchandises falsifiées et nuisibles à la
conformément aux articles 379, 401, 405, 406,
6, 248, 330, 334, 410 du Code pénal, et à l'ar-
de la loi du 27 mars 1851.

apacité sera perpétuelle à l'égard de tous les
s condamnés pour crimes. Elle cessera cinq
xpiration de leur peine, à l'égard des
nés pour délits, si, pendant ces cinq années,
, n'encouru aucune condamnation correction-
l'emprisonnement.

es mêmes condamnations, lorsqu'elles seront
cées contre un débitant de boissons à consom-
r place, entraîneront de plein droit contre lui,
lant le même délai, l'interdiction d'exploiter
n auncun débit de boissons.

ème interdiction atteindra aussi tout débitant
ndrait à être condamné à un mois au moins
isonnement, en vertu des articles 1er et 2 de
du 23 janvier 1873, pour la répression de
e publique.

ébitant interdit ne pourra être employé, à
a titre que ce soit, dans l'établissement qu'il
ait, comme attaché au service de celui auquel
t vendu ou loué, ou par qui il ferait gérer
ablissement, ni dans l'établissement qui serait
é par son conjoint, même séparé.

oute infraction aux dispositions des articles 5,
sera punie d'une amende de 16 à 200 francs.
s de récidive, l'amende pourra être portée
u double, et le coupable pourra, en outre,
ndamné à un emprisonnement de six jours à
s.

es maires pourront, les conseils municipaux
us, prendre des arrêtés pour déterminer, sans
des droits acquis, les distances auxquelles
és et débits de boissons ne pourront être
autour des édifices consacrés à un culte quel-
, des cimetières, des hospices, des écoles
res, collèges ou autres établissements d'ins-
n publique.

Les individus qui, à l'occasion d'une foire,
vente ou d'une fête publique, établiraient des
u débits de boissons, ne seront pas tenus à la
ation prescrite par l'article 2; mais ils devront
l'autorisation de l'autorité municipale.

s d'infraction à la présente disposition, le
era immédiatement fermé, et le contrevenant
a la peine portée en l'article 4.

Les infractions ou contraventions aux règle-
s de police.

L'article 463 du Code pénal sera applicable à
s délits et contraventions prévus par les articles
sus.

* Commune, 692 s.; Industrie et commerce,
Règlements administratifs et de police, 51 s.
ad., t. 1, V° Commune, p. 543, n°° 3604 s.,
; t. 4, V° Contributions indirectes (Bois-
— T. (87-97), V° Débit de boissons, 1 s. —
si Suppl. au C. pén. ann., p. 339 s.

Loi du 30 juin 1881,

Sur les réunions publiques (D. P. 81. 4. 101). —
V. infrà, L. 28 mars 1907.

Art. 1er. (Abrogé par L. 28 mars 1907.) *Les réunions publiques sont libres.*

*Elles peuvent avoir lieu sans autorisation préa-
lable, sous les conditions prescrites par les articles
suivants.*

2. (Abrogé par L. 28 mars 1907.) *Toute réunion
publique sera précédée d'une déclaration indiquant
le lieu, le jour, l'heure de la réunion. Cette déclaration sera signée par deux personnes au moins,
dont l'une domiciliée dans la commune où la réunion doit avoir lieu.*

*Les déclarants devront jouir de leurs droits civils
et politiques, et la déclaration indiquera leurs noms,
qualités et domiciles.*

*Les déclarations sont faites : à Paris, au préfet de
police; dans les chefs-lieux de département, au préfet ; dans les chefs-lieux d'arrondissement, au sous-
préfet, et dans les autres communes, au maire.*

*Il sera donné immédiatement récépissé de la dé-
claration.*

*Dans le cas où le déclarant n'aurait pu obtenir de
récépissé, l'empêchement ou le refus pourra être
constaté par acte extrajudiciaire ou par attestation
signée de deux citoyens domiciliés dans la commune.*

*Le récépissé, ou l'acte qui en tiendra lieu, cons-
tatera l'heure de la déclaration.*

*La réunion ne peut avoir lieu qu'après un délai
d'au moins vingt-quatre heures.*

3. (Abrogé par L. 28 mars 1907.) *Ce délai sera
réduit à deux heures pour les réunions publiques
électorales prévues à l'article 5, lorsqu'elles seront
tenues dans la période comprise entre le décret ou
l'arrêté portant convocation du collège électoral et
le jour de l'élection exclusivement.*

*La réunion ne peut avoir lieu le jour même du
vote, s'il s'agit d'élections comportant plusieurs
tours de scrutin dans la même journée.*

*La réunion pourra alors suivre immédiatement
la déclaration.*

4. (Abrogé par L. 28 mars 1907.) *La déclaration
fera connaître si la réunion a pour but une confé-
rence, une discussion publique, ou si elle doit constituer une réunion électorale prévue par l'article
suivant.*

5. (Abrogé par L. 28 mars 1907.) *La réunion électorale est celle qui a pour but le choix ou l'audition
de candidats à des fonctions publiques électives, et
à laquelle ne peuvent assister que les électeurs de la
circonscription, les candidats, les membres des deux
Chambres et le mandataire de chacun des candidats.*

6. Les réunions ne peuvent être tenues sur la
voie publique; elles ne peuvent se prolonger au delà
de onze heures du soir; cependant, dans les localités où la fermeture des établissements publics a lieu
plus tard, elles pourront se prolonger jusqu'à l'heure
fixée pour la fermeture de ces établissements.

7. (Abrogé par L. 1er juillet 1901.) *Les clubs
demeurent interdits.*

8. Chaque réunion doit avoir un bureau composé
de trois personnes au moins. Le bureau est chargé de
maintenir l'ordre, d'empêcher toute infraction aux lois,
*de conserver à la réunion le caractère qui lui a été
donné par la déclaration; d'interdire tout discours
contraire à l'ordre public et aux bonnes mœurs, ou contenant provocation à un acte qualifié crime ou délit.*

*A défaut de désignation par les signataires de la
déclaration, les membres du bureau seront élus par
l'assemblée.*

Les membres du bureau et, jusqu'à la formation
du bureau, les signataires de la déclaration, sont
responsables des infractions aux prescriptions des
articles 6, 7 et 8 de la présente loi.

9. Un fonctionnaire de l'ordre administratif ou
judiciaire peut être délégué : à Paris, par le préfet
de police, et dans les départements, par le préfet,
le sous-préfet ou le maire, pour assister à la réunion.
Il choisit sa place.

Il n'est rien innové aux dispositions de l'article 5
de la loi du 6 août 1790 (abrogé par l'art. 49 de
la loi du 5 avr. 1884), de l'article 9 de la loi des
19-22 juillet 1791 et les articles 9 et 15 de la loi du
18 juillet 1837 (abrogés et remplacés par les art. 94
et 99 de la loi du 5 avr. 1884).

Toutefois, le droit de dissolution ne devra être
exercé par le représentant de l'autorité que s'il en
est requis par le bureau, ou s'il se produit des collisions et voies de fait.

10. Toute infraction aux dispositions de la présente loi sera punie des peines de simple police,
sans préjudice des poursuites pour crimes et délits
qui pourraient être commis dans les réunions.

11. L'article 463 du Code pénal est applicable aux
contraventions prévues par la présente loi. L'action
publique et l'action privée se prescrivent par six mois.

12. Le décret du 28 juillet 1848 demeure abrogé,
sauf l'article 13 (abrogé par L. 1er juillet 1901), qui
interdit les sociétés secrètes. Sont également abrogés : le décret du 25 mars 1852, la loi des 6-10 juin 1868,
et toutes dispositions contraires à la présente loi.

13. La présente loi est applicable aux colonies
représentées au Parlement.

S. V° *Réunions publiques*, 1 s. — V. aussi Suppl.
au C. pén. ann., p. 177 s.

Loi du 29 juillet 1881,

Sur la liberté de la presse (D. P. 81. 4. 65).

CHAPITRE Ier. — DE L'IMPRIMERIE
ET DE LA LIBRAIRIE.

Art. 1er. L'imprimerie et la librairie sont libres.

2. Tout imprimé rendu public, à l'exception des
ouvrages dits de ville ou bilboquets, portera l'indication du nom et du domicile de l'imprimeur, à peine,
contre celui-ci, d'une amende de 5 francs à 15 francs.

La peine de l'emprisonnement pourra être prononcée si, dans les douze mois précédents, l'imprimeur
a été condamné pour contravention de même nature.

3. Au moment de la publication de tout imprimé,
il en sera fait, par l'imprimeur, sous peine d'amende
de 16 francs à 300 francs, un dépôt de deux exemplaires, destinés aux collections nationales.

Ce dépôt sera fait au ministère de l'intérieur, pour
Paris ; à la préfecture, pour les chefs-lieux de département ; à la sous-préfecture, pour les chefs-lieux
d'arrondissement, et, pour les autres villes, à la
mairie.

L'acte de dépôt mentionnera le titre de l'imprimé
et le chiffre du tirage.

Sont exceptés de cette disposition les bulletins de
vote, les circulaires commerciales ou industrielles et
les ouvrages dits de ville ou bilboquets.

4. Les dispositions qui précèdent sont applicables
à tous les genres d'imprimés ou de reproductions
destinés à être publiés.

Toutefois, le dépôt prescrit par l'article précédent
sera de trois exemplaires pour les estampes, la musique et en général les reproductions autres que les
imprimés.

CHAPITRE II. — DE LA PRESSE PÉRIODIQUE.

§ 1er. — *Du droit de publication, de la gérance,
de la déclaration et du dépôt au parquet.*

5. Tout journal ou écrit périodique peut être publié,
sans autorisation préalable et sans dépôt de cautionnement, après la déclaration prescrite par l'article 7.

6. Tout journal ou écrit périodique aura un gérant.

Le gérant devra être Français, majeur, avoir la
jouissance de ses droits civils, et n'être privé de ses
droits civiques par aucune condamnation judiciaire.

7. Avant la publication de tout journal ou écrit
périodique, il sera fait, au parquet du procureur de
la République, une déclaration contenant :

1° Le titre du journal ou écrit périodique et son
mode de publication;

2° Le nom et la demeure du gérant;

3° L'indication de l'imprimerie où il doit être imprimé.

Toute mutation dans les conditions ci-dessus énumérées sera déclarée dans les cinq jours qui suivront.

8. Les déclarations seront faites par écrit, sur
papier timbré, et signées des gérants. Il en sera
donné récépissé.

9. En cas de contravention aux dispositions prescrites par les articles 6, 7, 8, le propriétaire, le
gérant ou, à défaut, l'imprimeur, seront punis d'une
amende de 50 francs à 500 francs.

Le journal ou écrit périodique ne pourra continuer
sa publication qu'après avoir rempli les formalités

ci-dessus prescrites, à peine, si la publication irrégulière continue, d'une amende de 100 francs, prononcée solidairement contre les mêmes personnes, pour chaque numéro publié à partir du jour de la prononciation du jugement de condamnation, si ce jugement est contradictoire, et du troisième jour qui suivra sa notification, s'il a été rendu par défaut; et ce, nonobstant opposition ou appel, si l'exécution provisoire est ordonnée.

Le condamné, même par défaut, peut interjeter appel. Il sera statué par la cour dans le délai de trois jours.

10. Au moment de la publication de chaque feuille ou livraison du journal ou écrit périodique, il sera remis au parquet du procureur de la République, ou à la mairie, dans les villes où il n'y a pas de tribunal de première instance, deux exemplaires signés du gérant

Pareil dépôt sera fait au ministère de l'intérieur, pour Paris et le département de la Seine, et, pour les autres départements, à la préfecture, à la sous-préfecture, ou à la mairie, dans les villes qui ne sont ni chefs-lieux de département, ni chefs-lieux d'arrondissement.

Chacun de ces dépôts sera effectué sous peine de 50 francs d'amende contre le gérant.

11. Le nom du gérant sera imprimé au bas de tous les exemplaires, à peine contre l'imprimeur de 16 francs à 100 francs d'amende pour chaque numéro publié en contravention de la présente disposition.

§ 2. — *Des rectifications.*

12. Le gérant est tenu d'insérer gratuitement, en tête du plus prochain numéro du journal ou écrit périodique, toutes les rectifications qui lui seront adressées par un dépositaire de l'autorité publique, au sujet des actes de sa fonction qui auront été inexactement rapportés par ledit journal ou écrit périodique.

Toutefois, ces rectifications ne dépasseront pas le double de l'article auquel elles répondront.

En cas de contravention, le gérant sera puni d'une amende de 100 francs à 1 000 francs.

13. Le gérant sera tenu d'insérer dans les trois jours de leur réception ou dans le plus prochain numéro, s'il n'en était pas publié avant l'expiration des trois jours, les réponses de toute personne nommée ou désignée dans le journal ou écrit périodique, sous peine d'une amende de 50 francs à 500 francs, sans préjudice des autres peines et dommages-intérêts auxquels l'article pourrait donner lieu.

Cette insertion devra être faite à la même place et en mêmes caractères que l'article qui l'aura provoquée.

Elle sera gratuite, lorsque les réponses ne dépasseront pas le double de la longueur dudit article. Si elles le dépassent, le prix d'insertion sera dû pour le surplus seulement. Il sera calculé au prix des annonces judiciaires.

§ 3. — *Des journaux ou écrits périodiques étrangers.*

14. La circulation en France des journaux ou écrits périodiques publiés à l'étranger ne pourra être interdite qu'en vertu d'une décision spéciale délibérée en conseil des ministres.

La circulation d'un numéro peut être interdite par une décision du ministre de l'intérieur.

La mise en vente ou la distribution, faite sciemment au mépris de l'interdiction, sera punie d'une amende de 50 francs à 500 francs. (V. *infrà*, L. 22 juill. 1895.)

CHAPITRE III. — DE L'AFFICHAGE, DU COLPORTAGE ET DE LA VENTE SUR LA VOIE PUBLIQUE.

§ 1er. — *De l'affichage.*

15. Dans chaque commune, le maire désignera, par arrêté, les lieux exclusivement destinés à recevoir les affiches des lois et autres actes de l'autorité publique.

Il est interdit d'y placarder des affiches particulières.

Les affiches des actes émanés de l'autorité seront seules imprimées sur papier blanc.

Toute contravention à la disposition du présent article, sera punie des peines portées en l'article 2 (V. *infrà*, L. 30 mars 1902, *art.* 41).

16. Les professions de foi, circulaires et affiches électorales pourront être placardées, à l'exception des emplacements réservés par l'article précédent, sur tous les édifices publics autres que ceux consacrés aux cultes, et particulièrement aux abords des salles de scrutin (V. *infrà*, L. 27 janv. 1902; L. 30 janv. 1902, *art.* 44).

17. Ceux qui auront enlevé, déchiré, recouvert ou altéré par un procédé quelconque, de manière à les travestir ou à les rendre illisibles, des affiches apposées par ordre de l'Administration dans les emplacements à ce réservés, seront punis d'une amende de 5 francs à 15 francs.

Si le fait a été commis par un fonctionnaire ou un agent de l'autorité publique, la peine sera d'une amende de 16 francs à 100 francs et d'un emprisonnement de six jours à un mois, ou de l'une de ces deux peines seulement.

Seront punis d'une amende de 5 francs à 15 francs ceux qui auront enlevé, déchiré, recouvert ou altéré par un procédé quelconque, de manière à les travestir ou à les rendre illisibles, des affiches électorales émanant de simples particuliers, apposées ailleurs que sur les propriétés de ceux qui auront commis cette lacération ou altération.

La peine sera d'une amende de 16 francs à 100 francs et d'un emprisonnement de six jours à un mois, ou de l'une de ces deux peines seulement, si le fait a été commis par un fonctionnaire ou un agent de l'autorité publique, à moins que les affiches n'aient été apposées dans les emplacements réservés par l'article 15.

§ 2. — *Du colportage et de la vente sur la voie publique.*

18. Quiconque voudra exercer la profession de colporteur ou de distributeur sur la voie publique, ou en tout autre lieu public ou privé, de livres, écrits, brochures, journaux, dessins, gravures, lithographies et photographies, sera tenu d'en faire la déclaration à la préfecture du département où il a son domicile.

Toutefois, en ce qui concerne les journaux et autres feuilles périodiques, la déclaration pourra être faite soit à la mairie de la commune dans laquelle doit se faire la distribution, soit à la sous-préfecture. Dans ce dernier cas, la déclaration produira son effet pour toutes les communes de l'arrondissement.

19. La déclaration contiendra les nom, prénoms, profession, domicile, âge et lieu de naissance du déclarant.

Il sera délivré immédiatement et sans frais au déclarant un récépissé de sa déclaration.

20. La distribution et le colportage accidentels ne sont assujettis à aucune déclaration (V. *infrà*, L. 19 mars 1889.)

21. L'exercice de la profession de colporteur ou de distributeur sans déclaration préalable, la fausseté de la déclaration, le défaut de présentation, à toute réquisition, du récépissé, constituent des contraventions.

Les contrevenants seront punis d'une amende de 5 à 15 francs et d'un emprisonnement d'un à cinq jours.

En cas de récidive ou de déclaration mensongère, l'emprisonnement sera nécessairement prononcé.

22. Les colporteurs et distributeurs pourront être poursuivis conformément au droit commun, s'ils ont sciemment colporté ou distribué des livres, écrits, brochures, journaux, dessins, gravures, lithographies et photographies, présentant un caractère délictueux, sans préjudice des cas prévus à l'article 42.

CHAPITRE IV. — DES CRIMES ET DÉLITS COMMIS PAR LA VOIE DE LA PRESSE OU PAR TOUT AUTRE MOYEN DE PUBLICATION.

§ 1er. — *Provocation aux crimes et délits.*

23. Seront punis comme complices d'une action qualifiée crime ou délit ceux qui, soit par des discours, cris ou menaces proférés dans des lieux ou réunions publics, soit par des écrits, des imprimés vendus ou distribués, mis en vente ou exposés dans les lieux ou réunions publics, soit par des placards ou des affiches, exposés au regard du public, auront directement provoqué l'auteur ou les auteurs à commettre ladite action, si la provocation a été suivie d'effet.

Cette disposition sera également applicable lorsque la provocation n'aura été suivie que d'une tentative de crime prévue par l'article 2 du Code pénal,

24. (*L.* 12 décembre 1893.) « Ceux qui, par l' des moyens énoncés en l'article précédent, aur directement provoqué soit au vol, soit aux crimes meurtre, de pillage et d'incendie, soit à l'un d crimes punis par l'article 435 du Code pénal, soit l'un des crimes et délits contre la sûreté extérie de l'État, prévus par les articles 75 et suivants, j ques et y compris l'article 85 du même Code, ser punis, dans le cas où cette provocation n'aurait été suivie d'effet, d'un an à cinq ans d'emprisonn ment et de 100 à 3 000 francs d'amende.

« Ceux qui, par les mêmes moyens, auront dir tement provoqué à l'un des crimes contre la sûr intérieure de l'État prévus par les articles 86 et su vants, jusques et y compris l'article 101 du Co pénal, seront punis des mêmes peines.

« Seront punis de la même peine ceux qui, l'un des moyens énoncés en l'article 23, auront fa l'apologie des crimes de meurtre, de pillage ou d' cendie, ou de vol, ou de l'un des crimes prévus l'article 435 du Code pénal. »

Tous cris et chants séditieux proférés dans de lieux ou réunions publics seront punis d'un empri sonnement de six jours à un mois et d'une amende de 16 francs à 500 francs ou de l'une de ces de peines seulement (V. *infrà*, L. 28 juill. 1894).

25. (*L.* 12 décembre 1893.) Toute provocation ; l'un des moyens énoncés en l'article 23 adressée des militaires des armées de terre ou de mer, da le but de les détourner de leurs devoirs militaires de l'obéissance qu'ils doivent à leurs chefs dans te ce qu'ils leur commandent pour l'exécution des lo et règlements militaires, sera punie d'un emprison nement d'un à cinq ans et d'une amende de 100 fran à 3 000 francs (V. *infrà*, L. 28 juill. 1894).

§ 2. — *Délits contre la chose publique.*

26. L'offense au président de la République par l' des moyens énoncés dans l'article 23 et dan l'article 28 est punie d'un emprisonnement de tr mois à un an et d'une amende de 100 francs 3 000 francs, ou de l'une de ces deux peines seulem

27. La publication ou reproduction de nouvel fausses, de pièces fabriquées, falsifiées ou mensonge ment attribuées à des tiers, sera punie d'un emprison nement d'un mois à un an et d'une amende de 50 fran à 1 000 francs ou de l'une de ces deux peines seulem lorsque la publication ou reproduction aura troublé paix publique ou qu'elle aura été faite de mauvaise

28. L'outrage aux bonnes mœurs commis par l'un des moyens énoncés en l'article 23 sera puni d' emprisonnement d'un mois à deux ans et d'u amende de 16 francs à 2 000 francs.

Les mêmes peines seront applicables à la mise vente, à la distribution ou à l'exposition de dessin gravures, peintures, emblèmes ou images obscène Les exemplaires des dessins, gravures, peintur emblèmes ou images obscènes exposés au regard public, mis en vente, colportés ou distribués, seron saisis (V. *infrà*, L. 2 août 1882 ; L. 16 mars 18 et L. 7 avril 1908.)

§ 3. — *Délits contre les personnes.*

29. Toute allégation ou imputation d'un fait q porte atteinte à l'honneur ou à la considération de personne ou du corps auquel le fait est imputé e une diffamation.

Toute expression outrageante, terme de mépris invective qui ne renferme l'imputation d'aucun fa est une injure (V. *infrà*, L. 11 juin 1887).

30. La diffamation commise par l'un des moye énoncés en l'article 23 et en l'article 28, envers l cours, les tribunaux, les armées de terre ou de me les corps constitués et les administrations publiqu sera punie d'un emprisonnement de huit jours à un et d'une amende de 100 francs à 3 000 francs, ou l'une de ces deux peines seulement.

31. Sera punie de la même peine la diffamatio commise par les mêmes moyens, à raison de leu fonctions ou de leur qualité, envers un ou plusieu membres du ministère, un ou plusieurs membres l'une ou l'autre Chambre, un fonctionnaire publi un dépositaire ou agent de l'autorité publique, u *ministre de l'un des cultes salariés par l'État*, citoyen chargé d'un service ou d'un mandat publi temporaire ou permanent, un juré ou un témoin, raison de sa déposition.

32. La diffamation commise envers les particu-
rs par l'un des moyens énoncés en l'article 23 et
l'article 28 sera punie d'un emprisonnement de
q jours à six mois et d'une amende de 25 francs à
00 francs, ou de l'une de ces deux peines seulement.

33. L'injure commise par les mêmes moyens en-
rs les corps ou les personnes désignés par les
icles 30 et 31 de la présente loi sera punie d'un
prisonnement de six jours à trois mois et d'une
iende de 18 francs à 500 francs, ou de l'une de
s deux peines seulement.

L'injure, commise de la même manière envers les
rticuliers, lorsqu'elle n'aura pas été précédée de
ovocation, sera punie d'un emprisonnement de cinq
rs à deux mois, et d'une amende de 16 francs à
0 francs, ou de l'une de ces deux peines seulement.

Si l'injure n'est pas publique, elle ne sera punie
e de la peine prévue par l'article 471 du Code pénal.

34. Les articles 29, 30 et 31 ne seront applicables
x diffamations ou injures dirigées contre la mémoire
s morts, que dans les cas où les auteurs de ces
famations ou injures auraient eu l'intention de
rter atteinte à l'honneur ou à la considération des
ritiers vivants.

Ceux-ci pourront toujours user du droit de réponse
évu par l'article 13.

35. La vérité du fait diffamatoire, mais seulement
and il est relatif aux fonctions, pourra être établie
r les voies ordinaires, dans le cas d'imputations
ntre les corps constitués, les armées de terre ou
mer, les administrations publiques et contre toutes
personnes énumérées dans l'article 31.

La vérité des imputations diffamatoires et inju-
uses pourra être également établie contre les
recteurs ou administrateurs de toute entreprise
lustrielle, commerciale ou financière, faisant publi-
ement appel à l'épargne ou au crédit.

Dans les cas prévus aux deux paragraphes précé-
nts, la preuve contraire est réservée. Si la preuve
fait diffamatoire est rapportée, le prévenu sera
ivoyé des fins de la plainte.

Dans toute autre circonstance et envers toute autre
rsonne non qualifiée, lorsque le fait imputé est
bjet de poursuites commencées à la requête du
nistère public, ou d'une plainte de la part du pré-
nu, il sera, durant l'instruction qui devra avoir
u, sursis à la poursuite et au jugement du délit
diffamation.

§ 4. — *Délits contre les chefs d'États et agents diplomatiques étrangers.*

36. L'offense commise publiquement envers les
efs d'États étrangers sera punie d'un emprisonneent de trois mois à un an et d'une amende de
0 francs à 3000 francs, ou de l'une de ces deux
ines seulement.

37. L'outrage commis publiquement envers les
ıbassadeurs et ministres plénipotentiaires, envoyés,
argés d'affaires ou autres agents diplomatiques
crédités près du Gouvernement de la République,
ra puni d'un emprisonnement de huit jours à un
et d'une amende de 50 francs à 2000 francs, ou
l'une de ces deux peines seulement.

§ 5. — *Publications interdites, immunités de la défense.*

38. Il est interdit de publier les actes d'accusation
tous autres actes de procédure criminelle ou cor-
ctionnelle avant qu'ils aient été lus en audience
ıblique, et ce, sous peine d'une amende de 50 francs
1000 francs.

39. Il est interdit de rendre compte des procès
ı diffamation où la preuve des faits diffamatoires
est pas autorisée. La plainte seule pourra être pu-
iée par le plaignant. Dans toute affaire civile, les
urs et tribunaux pourront interdire le compte rendu
ı procès.

Ces interdictions ne s'appliqueront pas aux juge-
ents, qui pourront toujours être publiés.

Il est également interdit de rendre compte des
élibérations intérieures, soit des jurys, soit des cours
tribunaux.

Toute infraction à ces dispositions sera punie d'une
nende de 100 francs à 2000 francs (V. *infrà*,
. 27 *juill.* 1884).

40. Il est interdit d'ouvrir ou d'annoncer publiquement des souscriptions ayant pour objet d'indemniser des amendes, frais et dommages-intérêts prononcés par des condamnations judiciaires, en matière criminelle et correctionnelle, sous peine d'un emprisonnement de huit jours à six mois, et d'une amende de 100 francs à 1000 francs, ou de l'une de ces deux peines seulement.

41. Ne donneront ouverture à aucune action les discours tenus dans le sein de l'une des deux Chambres, ainsi que les rapports ou toutes autres pièces imprimés par ordre de l'une des deux Chambres.

Ne donnera lieu à aucune action le compte rendu des séances publiques des deux Chambres, fait de bonne foi dans les journaux.

Ne donneront lieu à aucune action en diffamation, injure ou outrage, ni le compte rendu fidèle fait de bonne foi des débats judiciaires, ni les discours prononcés ou les écrits produits devant les tribunaux.

Pourront néanmoins les juges, saisis de la cause et statuant sur le fond, prononcer la suppression des discours injurieux, outrageants ou diffamatoires, et condamner qui il appartiendra à des dommages-intérêts. Les juges pourront aussi, dans le même cas, faire des injonctions aux avocats et officiers ministériels et même les suspendre de leurs fonctions. La durée de cette suspension ne pourra excéder deux mois, et six mois en cas de récidive dans l'année.

Pourront toutefois les faits diffamatoires étrangers à la cause donner ouverture, soit à l'action publique, soit à l'action civile des parties, lorsque ces actions leur auront été réservées par les tribunaux, et, dans tous les cas, à l'action civile des tiers.

CHAPITRE V. — DES POURSUITES ET DE LA RÉPRESSION.

§ 1er. — *Des personnes responsables des crimes et délits commis par la voie de la presse.*

42. Seront passibles, comme auteurs principaux, des peines qui constituent la répression des crimes et délits commis par la voie de la presse dans l'ordre ci-après, savoir : 1° les gérants ou éditeurs, quelles que soient leurs professions ou leurs dénominations; 2° à leur défaut, les auteurs; 3° à défaut des auteurs, les imprimeurs; 4° à défaut des imprimeurs, les vendeurs, les distributeurs ou afficheurs.

43. Lorsque les gérants ou les éditeurs seront en cause, les auteurs seront poursuivis comme complices.

Pourront l'être au même titre et dans tous les cas, toutes personnes auxquelles l'article 60 du Code pénal pourrait s'appliquer. Ledit article ne pourra s'appliquer aux imprimeurs pour faits d'impression, sauf dans le cas et les conditions prévus par l'article 6 de la loi du 7 juin 1848 sur les attroupements.

44. Les propriétaires des journaux ou écrits périodiques sont responsables des condamnations pécuniaires prononcées au profit des tiers contre les personnes désignées dans les deux articles précédents, conformément aux dispositions des articles 1382, 1383, 1384 du Code civil.

45. (*L. 16 mars* 1893.) Les crimes et délits prévus par la présente loi sont déférés à la cour d'assises. Sont exceptés et déférés au tribunal de police correctionnelle les délits et infractions prévus par les articles 3, 4, 9, 10, 11, 12, 13, 14, 17, § 2 et 4; 28, § 2; 32, 33, § 2; 36, 37, 38, 39 et 40 de la présente loi.

Sont encore exceptées et renvoyées devant les tribunaux de simple police, les contraventions prévues par les articles 2, 15, 17, § 1 et 3; 21 et 33, § 3, de la présente loi.

46. L'action civile résultant des délits de diffamation prévus et punis par les articles 30 et 31 ne pourra, sauf dans le cas de décès de l'auteur du fait incriminé ou d'amnistie, être poursuivie séparément de l'action publique.

§ 2. — *De la procédure.*

A. — *Cour d'assises.*

47. La poursuite des crimes et délits commis par la voie de la presse ou par tout autre moyen de publication aura lieu d'office et à la requête du ministère public, sous les modifications suivantes :

1° Dans le cas d'injure ou de diffamation envers les cours, tribunaux et autres corps indiqués en l'article 30, la poursuite n'aura lieu que sur une délibération prise par eux en assemblée générale, et requérant les poursuites ou, si le corps n'a pas d'assemblée générale, sur la plainte du chef du corps ou du ministre duquel ce corps relève;

2° Dans le cas d'injure ou de diffamation envers un ou plusieurs membres de l'une ou de l'autre Chambre, la poursuite n'aura lieu que sur la plainte de la personne ou des personnes intéressées;

3° Dans le cas d'injure ou de diffamation envers les fonctionnaires publics, les dépositaires ou agents de l'autorité publique autres que les ministres, envers *les ministres des cultes salariés par l'État et* les citoyens chargés d'un service ou d'un mandat public, la poursuite aura lieu, soit sur leur plainte, soit d'office, sur la plainte du ministre dont ils relèvent;

4° Dans le cas de diffamation envers un juré ou un témoin, délit prévu par l'article 31, la poursuite n'aura lieu que sur la plainte du juré ou du témoin qui se prétendra diffamé;

5° (Abrogé par L. 16 mars 1893.) *Dans le cas d'offense envers les chefs d'État ou d'outrage envers les agents diplomatiques étrangers, la poursuite aura lieu soit à leur requête, soit d'office, sur leur demande adressée au ministre des affaires étrangères et par celui-ci au ministre de la justice;*

6° Dans les cas prévus par les paragraphes 3 et 4 du présent article, le droit de citation directe devant la cour d'assises appartiendra à la partie lésée.

Sur sa requête, le président de la cour d'assises fixera les jours et heures auxquels l'affaire sera appelée.

48. Si le ministère public requiert une information, il sera tenu, dans son réquisitoire, d'articuler et de qualifier les provocations, outrages, diffamations et injures à raison desquels la poursuite est intentée, avec indication des textes dont l'application est demandée, à peine de nullité du réquisitoire de ladite poursuite.

49. (*L. 12 décembre* 1893.) Immédiatement après le réquisitoire, le juge d'instruction pourra, mais seulement en cas d'omission du dépôt prescrit par les articles 3 et 10 ci-dessus, ordonner la saisie de quatre exemplaires de l'écrit, du journal ou du dessin incriminé.

Toutefois, dans les cas prévus aux articles 24, § 1 et 3, et 25 de la présente loi, la saisie des écrits ou imprimés, des placards ou affiches, aura lieu conformément aux règles édictées par le Code d'instruction criminelle.

Si le prévenu est domicilié en France, il ne pourra être préventivement arrêté, sauf dans les cas prévus aux articles 23, 24, § 1 et 3, et 25 ci-dessus.

S'il y a condamnation, l'arrêt pourra, dans les cas prévus aux articles 24, § 1 et 3, et 25, prononcer la confiscation des écrits ou imprimés, placards ou affiches saisis, et dans tous les cas, ordonner la saisie et la suppression ou la destruction de tous les exemplaires qui seraient mis en vente, distribués ou exposés aux regards du public. Toutefois, la suppression ou la destruction pourra ne s'appliquer qu'à certaines parties des exemplaires saisis.

50. La citation contiendra l'indication précise des écrits, des imprimés, placards, dessins, gravures, peintures, médailles, emblèmes, des discours ou propos publiquement proférés qui seront l'objet de la poursuite, ainsi que de la qualification des faits. Elle indiquera les textes de la loi invoquée à l'appui de la demande.

Si la citation est à la requête du plaignant, elle portera, en outre, copie de l'ordonnance du président; elle contiendra élection de domicile dans la ville où siège la cour d'assises, et sera notifiée tant au prévenu qu'au ministère public.

Toutes ces formalités seront observées à peine de nullité de la poursuite.

51. Le délai entre la citation et la comparution en cour d'assises sera de cinq jours francs, outre un jour par cinq myriamètres de distance.

52. En matière de diffamation, ce délai sera de douze jours, outre un jour par cinq myriamètres.

Quand le prévenu voudra être admis à prouver la vérité des faits diffamatoires, conformément aux dispositions de l'article 35 de la présente loi, il devra, dans les cinq jours qui suivront la notification de la citation, faire signifier au ministère public près la cour d'assises, ou au plaignant, au domicile par lui élu, suivant qu'il est assigné à la requête de l'un ou de l'autre :

1° Les faits articulés et qualifiés dans la citation, desquels il entend prouver la vérité ;

2° La copie des pièces ;

3° Les noms, professions et demeures des témoins par lesquels il entend faire sa preuve. Cette signification contiendra élection de domicile près la cour d'assises, le tout à peine d'être déchu du droit de faire la preuve.

53. Dans les cinq jours suivants, le plaignant ou le ministère public, suivant les cas, sera tenu de faire signifier au prévenu, au domicile par lui élu, la copie des pièces et les noms, professions et demeures des témoins par lesquels il entend faire la preuve contraire, sous peine d'être déchu de son droit.

54. Toute demande de renvoi, pour quelque cause que ce soit, tout incident sur la procédure suivie devront être présentés avant l'appel des jurés, à peine de forclusion.

55. Si le prévenu a été présent à l'appel des jurés, il ne pourra faire défaut, quand bien même il se fût retiré pendant le tirage au sort.

En conséquence, tout arrêt qui interviendra, soit sur la forme, soit sur le fond, sera définitif, quand bien même le prévenu se retirerait de l'audience ou refuserait de se défendre. Dans ce cas, il sera procédé avec le concours du jury et comme si le prévenu était présent.

56. Si le prévenu ne comparaît pas au jour fixé par la citation, il sera jugé par défaut par la cour d'assises, sans assistance ni intervention des jurés.

La condamnation par défaut sera comme non avenue, si dans les cinq jours de la signification qui en aura été faite au prévenu ou à son domicile, outre un jour par cinq myriamètres, celui-ci forme opposition à l'exécution de l'arrêt et notifie son opposition tant au ministère public qu'au plaignant. Toutefois, si la signification n'a été faite à personne ou, s'il ne résulte pas de l'acte d'exécution de l'arrêt que le prévenu en a eu connaissance, l'opposition sera recevable jusqu'à l'expiration des délais de la prescription de la peine. L'opposition vaudra citation à la première audience utile. Les frais de l'expédition, de la signification de l'arrêt, de l'opposition et de la réassignation pourront être laissés à la charge du prévenu.

57. Faute par le prévenu de former son opposition dans le délai fixé par l'article 56, et de la signifier aux personnes indiquées dans cet article, ou de comparaître par lui-même au jour fixé par l'article précédent, l'opposition sera réputée non avenue et l'arrêt par défaut sera définitif.

58. En cas d'acquittement par le jury, s'il y a partie civile en cause, la cour ne pourra statuer que sur les dommages-intérêts réclamés par le prévenu. Ce dernier devra être renvoyé de la plainte sans dépens ni dommages-intérêts au profit du plaignant.

(*L.* 3 *avril* 1896.) Sont applicables, en matière de diffamation ou d'injures portées devant la cour d'assises, et dans le cas où la poursuite a eu lieu à la requête du ministère public, les dispositions de l'article 368 du Code d'instruction criminelle.

59. Si, au moment où le ministère public ou le plaignant exerce son action, la session de la cour d'assises est terminée, et s'il ne doit pas s'en ouvrir d'autre à une époque rapprochée, il pourra être formé une cour d'assises extraordinaire, par ordonnance motivée du premier président. Cette ordonnance prescrira le tirage au sort des jurés conformément à la loi.

L'article 81 du décret du 6 juillet 1810 sera applicable aux cours d'assises extraordinaires formées en exécution du paragraphe précédent.

B. — *Police correctionnelle et simple police.*

60. (*L.* 16 *mars* 1893.) « La poursuite devant les tribunaux correctionnels et de simple police aura lieu conformément aux dispositions du chapitre II, du titre Ier, du livre II, du Code d'instruction criminelle, sauf les modifications suivantes :

« 1° Dans le cas d'offense envers les chefs d'État ou d'outrages envers les agents diplomatiques étrangers, la poursuite aura lieu soit à leur requête, soit d'office, sur leur demande adressée au ministre des affaires étrangères et par celui-ci au ministre de la justice.

« En ce cas seront applicables les dispositions de l'article 49 sur le droit de saisie et d'arrestation préventive, relatives aux infractions prévues par les articles 23, 24 et 25 ;

« 2° Dans le cas de diffamation envers les particuliers, prévu par l'article 32, et dans le cas d'injure prévu par l'article 33, paragraphe 2, la poursuite n'aura lieu que sur la plainte de la personne diffamée ou injuriée ;

« 3° En cas de diffamation ou d'injure pendant la période électorale contre un candidat à une fonction électorale, le délai de la citation sera réduit à vingt-quatre heures, outre le délai de distance ;

« 4° La citation précisera et qualifiera le fait incriminé ; elle indiquera le texte de loi applicable à la poursuite, à peine de nullité de ladite poursuite.

« Sont applicables au cas de poursuite et de condamnation les dispositions de l'article 48 de la présente loi.

« Le désistement du plaignant arrêtera la poursuite commencée. »

C. — *Des voies de recours*
(L. 4 juillet 1908).

61. Le droit de se pourvoir en cassation appartiendra au prévenu et à la partie civile, quant aux dispositions relatives à ses intérêts civils. L'un et l'autre seront dispensés de consigner l'amende, et le prévenu, de se mettre en état.

(*L.* 4 *juillet* 1908.) La partie civile pourra user du bénéfice de l'article 424 du Code d'instruction criminelle sans le ministère d'un avocat à la cour de cassation.

62. § 1ᵉʳ. — Le pourvoi devra être formé, dans les trois jours, au greffe de la cour ou du tribunal qui aura rendu la décision. Dans les vingt-quatre heures qui suivront, les pièces seront envoyées à la cour de cassation, qui jugera d'urgence dans les dix jours à partir de leur réception.

(*L.* 4 *juillet* 1908.) « § 2. — L'appel contre les jugements ou le pourvoi contre les arrêts des cours d'appel et cours d'assises qui auront statué sur les incidents et exceptions autres que les exceptions d'incompétence ne sera formé, à peine de nullité, qu'après le jugement ou l'arrêt définitif et en même temps que l'appel ou le pourvoi contre ledit jugement ou arrêt.

« § 3. — Toutes les exceptions d'incompétence devront être proposées avant toute ouverture du débat sur le fond ; faute de ce, elles seront jointes au fond et il sera statué sur le tout par le même jugement ou arrêt. »

§ 3. — *Récidive, circonstances atténuantes, prescription.*

63. L'aggravation des peines résultant de la récidive, ne sera pas applicable aux infractions prévues par la présente loi.

En cas de conviction de plusieurs crimes ou délits prévus par la présente loi, les peines ne se cumuleront pas, et la plus forte peine sera seule prononcée.

64. L'article 463 du Code pénal est applicable dans tous les cas prévus par la présente loi. Lorsqu'il y aura lieu de faire cette application, la peine ne pourra excéder la moitié de la peine édictée par la loi.

65. L'action publique et l'action civile résultant des crimes, délits et contraventions prévus par la présente loi se prescriront après trois mois révolus, à compter du jour où ils auront été commis ou du jour du dernier acte de poursuite, s'il en a été fait.

Les prescriptions commencées à l'époque de la publication de la présente loi et pour lesquelles il faudrait encore, suivant les lois existantes, plus de trois mois à compter de la même époque, seront, par ce laps de trois mois, définitivement accomplies.

DISPOSITIONS TRANSITOIRES.

68. Sont abrogés les édits, lois, décrets, ordonnances, arrêtés, règlements, déclarations généralement quelconques, relatifs à l'imprimerie, à la librairie, à la presse périodique ou non périodique, au colportage, à l'affichage, à la vente sur la voie publique et aux crimes et délits prévus par les lois sur la presse et les autres moyens de publication, sans que puissent revivre les dispositions abrogées par les lois antérieures.

Est également abrogé le second paragraphe de l'article 31 de la loi du 10 août 1871 sur les conseils

généraux, relatifs à l'appréciation de leurs discussions par les journaux.

69. La présente loi est applicable à l'Algérie et aux colonies.

S. vᵉ *Presse.* 1 s. — T. (87-97), cod. vᵉ, 1 s. — V. aussi Appendice au C. pén. ann., p. 120 s. ; et son Suppl., p. 381 s.

Loi du 2 août 1882,
Ayant pour objet la répression des outrages aux bonnes mœurs (D. P. 82. 4. 105).

Art. 1ᵉʳ. (*L.* 16 *mars* 1898.) Sera puni d'un emprisonnement d'un mois à deux ans et d'une amende de 100 à 5 000 francs quiconque aura commis le délit d'outrage aux bonnes mœurs ;

(*L.* 7 *avril* 1908.) « Par la vente, la mise en vente ou l'offre, même non publiques, l'exposition, l'affichage ou la distribution, sur la voie publique ou dans les lieux publics, d'écrits, d'imprimés autres que le livre, d'affiches, dessins, gravures, peintures, emblèmes, objets ou images obscènes ou contraires aux bonnes mœurs ; »

(Abrogé par L. 7 *avril* 1908.) *Par la vente ou l'offre, même non publique, à un mineur, des mêmes écrits, imprimés, affiches, dessins, gravures, peintures, emblèmes, objets ou images ;*

Par leur distribution à domicile, par leur remise sous bande et sous enveloppe non fermée à la poste ou à tout agent de distribution ou de transport ;

Par des chants non autorisés proférés publiquement, par des annonces ou correspondances publiques contraires aux bonnes mœurs.

Les écrits, dessins, affiches, etc., incriminés et les objets ayant servi à commettre le délit seront saisis ou arrachés. La destruction en sera ordonnée par le jugement de condamnation.

Les peines pourront être portées au double si le délit a été commis envers des mineurs.

2. (*Nouveau : L.* 16 *mars* 1898.) La prescription en matière d'outrages aux bonnes mœurs courra par la voie du livre est d'un an à partir de la publication ou de l'introduction sur le territoire français.

La vente, la mise en vente ou l'annonce de livres condamnés sera comprise dans les peines portées par l'article 1ᵉʳ de la présente loi.

[*La loi du* 16 *mars* 1898, *en introduisant un nouvel article* 2 *dans la loi du* 2 *août* 1882, énonce *que les articles* 2, 3 *et* 4 *de cette dernière loi prennent les nᵒˢ* 3, 4 *et* 5.]

3. Les complices de ces délits dans les conditions prévues et déterminées par l'article 60 du Code pénal seront punis de la même peine et la poursuite aura lieu devant le tribunal correctionnel, conformément au droit commun, suivant les règles édictées par le Code d'instruction criminelle.

4. L'article 463 du Code pénal s'applique aux délits prévus par la présente loi.

5. Sont abrogées toutes les dispositions contraires à la présente loi.

(*L.* 7 *avril* 1908.) « Les incapacités électorales édictées par l'article 45, nᵒ 6, du décret du 2 février 1852, ne résulteront plus d'une condamnation pour un des délits ci-dessus spécifiés, qu'autant que la peine prononcée sera supérieure à six jours d'emprisonnement.

« La durée de l'incapacité sera réduite à une période de cinq ans à compter du jour où la condamnation sera devenue définitive.

« Les incapacités électorales résultant de condamnations antérieures à la présente loi pour outrages aux bonnes mœurs ne subsisteront que dans les limites et les conditions fixées dans le paragraphe précédent. »

S. vᵉ *Presse*, 602 s. — V. aussi Appendice au C. pén. ann., p. 170 s. ; et son Suppl., nᵒˢ 9818 s.

Loi du 21 mars 1884,
Relative à la création des syndicats professionnels (D. P. 84. 4. 129).

Art. 1ᵉʳ. Sont abrogés la loi des 14-27 juin 1791 et l'article 416 du Code pénal.

Les articles 291, 292, 293, 294 du Code pénal et la loi du (10) 18 avril 1834 ne sont pas applicables aux syndicats professionnels.

2. Les syndicats ou associations professionnels,

se de plus de vingt personnes exerçant la même
ession, des métiers similaires, ou des professions
exes concourent à l'établissement de produits
minés, pourront se constituer librement sans
orisation du Gouvernement.

Les syndicats professionnels ont exclusivement
objet l'étude et la défense des intérêts écono-
es, industriels, commerciaux et agricoles.

Les fondateurs de tout syndicat professionnel
ont déposer les statuts et les noms de ceux qui,
titre quelconque, seront chargés de l'administra-
on ou de la direction.

dépôt aura lieu à la mairie de la localité où le
cat est établi, et, à Paris, à la préfecture de la
e.

dépôt sera renouvelé à chaque changement de
rection ou des statuts.

mmunication des statuts devra être donnée par
aire ou par le préfet de la Seine au procureur de
publique.

es membres de tout syndicat professionnel chargés
administration ou de la direction de ce syndicat
ont être Français et jouir de leurs droits civils.

Les syndicats professionnels régulièrement
titués, d'après les prescriptions de la présente
pourront se concerter pour l'étude et la
se de leurs intérêts économiques, industriels,
merciaux et agricoles.

s unions devront faire connaître, conformément
euxième paragraphe de l'article 4, les noms des
licats qui les composent.

les ne pourront posséder aucun immeuble ni
r en justice.

Les syndicats professionnels de patrons ou
riers auront le droit d'ester en justice.

pourront employer les sommes provenant des
ations.

utefois, ils ne pourront acquérir d'autres imbles que ceux qui seront nécessaires à leurs
ions, à leurs bibliothèques et à des cours d'in-
ion professionnelle.

pourront, sans autorisation, mais en se confor-
aux autres dispositions de la loi, constituer
leurs membres des caisses spéciales de secours
uels et de retraites.

pourront librement créer et administrer des
es de renseignements pour les offres et les
andes de travail.

pourront être consultés sur tous les différends
utes les questions se rattachant à leur spécialité.
les affaires contentieuses, les avis du syndicat
nt tenus à la disposition des parties, qui pour-
en prendre communication et copie.

Tout membre d'un syndicat professionnel peut
tirer à tout instant de l'association, nonobstant
e clause contraire, mais sans préjudice du droit
r le syndicat de réclamer la cotisation de l'année
rante.

ute personne qui se retire d'un syndicat conserve
droit d'être membre des sociétés de secours
uels et de pensions de retraites pour la vieillesse,
actif desquelles elle a contribué par des cotisa-
ou versements de fonds.

Lorsque des biens auront été acquis contraire-
t aux dispositions de l'article 6, la nullité de l'ac-
ition ou de la libéralité pourra être demandée par
procureur de la République ou par les intéressés.
le 1er cas d'acquisition à titre onéreux, les imbles seront vendus et le prix en sera déposé à la
de l'association. Dans le cas de libéralité, les
s feront retour aux disposants ou à leurs héri-
ayants cause.

. Les infractions aux dispositions des articles 2,
4, 5 et 6 de la présente loi seront poursuivies
tre les directeurs ou administrateurs des syndicats,
unies d'une amende de 16 à 200 francs. Les tri-
aux pourront, en outre, à la diligence du procu-
r de la République, prononcer la dissolution du
dicat et la nullité des acquisitions d'immeubles
es en violation des dispositions de l'article 6.
u cas de fausse déclaration relative aux statuts
x noms et qualités des administrateurs ou direc-
rs, l'amende pourra être portée à 500 francs.
10. La présente loi est applicable à l'Algérie.
lle est également applicable aux colonies de la
rtinique, de la Guadeloupe et de la Réunion.
utefois, les travailleurs étrangers et engagés sous

---

le n an d'immigrants ne pourront faire partie des
syndicats.

§ v⁰ Organ. économique, 83 ; Travail, 743 s. —
T. (87-97). v⁰ Syndicat professionnel, 1 s. — D. P.
années 1897 et suiv., 5ᵉ partie, cod. c⁰.

V. la circulaire ministérielle du 25 août 1884 pour
l'application de la loi du 21 mars 1884 (Journ. off.
du 28 août 1884 ; Bull. off. min. int. 1884, p. 409 s.).

Loi du 27 juillet 1884,
Sur le divorce (D. P. 84. 4. 97).

Art. 3. La reproduction des débats sur les instances en divorce ou en séparation de corps est interdite sous peine de l'amende de 100 francs à 2,000 francs,
édictée par l'article 39 de la loi du 30 juillet 1881.

S. v⁰ Presse, 1127 s. — V. aussi Suppl. au C. pén.
ann., n⁰ 10552 s.

Loi du 23 octobre 1884,
Sur les ventes judiciaires d'immeubles
(D. P. 85. 4. 9).

Art. 1er. § 1er. Les ventes judiciaires d'immeubles
dont le prix principal d'adjudication ne dépassera pas
deux mille francs (2,000 fr.) seront l'objet des dégrève-
ments prévus aux articles 3 et 4 de la présente loi.

§ 2. Les lots mis en vente par le même acte seront
réunis pour le calcul du prix d'adjudication, et la
valeur des lots non adjugés entrera dans ce calcul
pour leurs mises à prix.

La vente ultérieure des lots non adjugés profitera
du bénéfice de la loi, d'après les mêmes règles.

2. § 1er. Le bénéfice de la présente loi s'applique
à toutes les ventes judiciaires d'immeubles de la
valeur constatée, comme il est dit en l'article 1er,
ainsi qu'à leurs incidents de subrogation, de surenchère et de folle enchère.

§ 2. Dans les procédures n'ayant d'autre objet que
la vente sur licitation, si les immeubles à liciter,
dont les mises à prix seront inférieures à 2,000 francs,
appartiennent indivisément à des mineurs ou incapables et à des majeurs, ces derniers pourront se
réunir aux représentants de l'incapable pour que la
vente ait lieu sur requête, comme si les immeubles
appartenaient seulement à des mineurs. L'avis du
conseil de famille ne sera pas nécessaire, lorsque la
vente sera provoquée par des majeurs.

§ 3. Dans les procédures où la licitation est incidente aux opérations de liquidation et partage, le
bénéfice de la présente loi sera acquis à tous les actes
nécessaires pour parvenir à l'adjudication, à partir
du cahier des charges inclusivement ; les frais antérieurs ne seront pas employés en frais de vente.

3. § 1er. Lorsque le prix d'adjudication, calculé
comme il est dit en l'article 1er, ne dépassera pas
deux mille francs (2,000 fr.) et sera devenu définitif
par l'expiration du délai de la surenchère prévue
par les articles 708 et 965 du Code de procédure
civile, et 573 du Code de commerce), toutes les
sommes payées au Trésor public pour droit de timbre,
d'enregistrement, de greffe et d'hypothèques, applicables aux actes rédigés en exécution de la loi pour
parvenir à l'adjudication, seront restituées ainsi qu'il
est stipulé dans l'article 4 ci-après.

§ 2. Lorsque le prix d'adjudication ne dépassera
pas mille francs (1,000 fr.), les divers agents de la loi
subiront une réduction d'un quart sur les émoluments
à eux dus et alloués en taxe conformément au tarif
du 10 octobre 1841.

§ 3. L'état des frais de poursuite sera dressé par
distinction entre les droits du Trésor et ceux des
agents de la loi ; il sera taxé et annexé au jugement
ou au procès-verbal d'adjudication.

4. § 1er. Le jugement ou le procès-verbal d'adjudication constatera que le bénéfice de la présente loi
est acquis à la vente, si le prix d'adjudication ne dépasse pas deux mille francs (2,000 fr.). Il ordonnera
la restitution par le Trésor public des sommes à lui
payées pour les causes énoncées en l'article 3, lesquelles devront être retranchées de l'état taxé ; de
plus, il réduira d'un quart les émoluments des agents
de la loi compris en l'état, si le prix d'adjudication
est inférieur ou égal à mille francs (1,000 fr.). La dis-

---

position du jugement ou du procès-verbal d'adjudication relative à la fixation des droits à restituer sera
susceptible de décharge et sur la remise d'un extrait
de l'enregistrement de l'acte de vente, de la part des
intéressés. Cette opposition sera formée et jugée
comme en matière d'opposition à taxe. S'il n'y a pas
eu d'opposition, il en sera justifié par un certificat du
greffier ; en cas de jugement rendu sur l'opposition,
il sera produit un extrait de ce jugement ; le tout aura
lieu sans frais.

§ 2. Le receveur de l'enregistrement qui procédera
à l'enregistrement du jugement ou du procès-verbal
d'adjudication restituera à l'avoué poursuivant, sur sa
simple décharge et sur la remise d'un extrait délivré
sans frais de l'ordre de restitution, le tout dans les
vingt-trois jours de cette adjudication, les sommes
perçues par le Trésor public et comprises en l'état
taxé.

§ 3. Le greffier du tribunal ou le notaire délégué
pour la vente délivrera à l'adjudicataire un extrait
suffisant pour la transcription de son titre, et au
vendeur, du prix ou de la non-payement
ment du prix ou de la non-exécution des conditions de
l'adjudication, un extrait en la forme exécutoire.

5. Le tribunal devant lequel se poursuivra une
vente d'immeuble dont la mise à prix sera inférieure
à deux mille francs (2,000 fr.) pourra, par le jugement qui doit fixer les taux et les conditions de l'adjudication, ou par le jugement qui autorisera la vente,
ordonner : 1⁰ que les placards et insertions ne contiendront qu'une désignation très sommaire des immeubles ; le prix des insertions sera de la moitié de
celui fixé pour les autres ventes judiciaires ; 2⁰ que
les placards seront même manuscrits et apposés, sans
procès-verbal d'huissier, dans les lieux que le tribunal
indiquera, et ce, par dérogation à l'article 699 du
Code de procédure civile.

6. Les dispositions de la présente loi ne pourront
être applicables qu'aux ventes judiciaires d'immeubles
dont la poursuite ne serait pas commencée avant sa
promulgation.

S. v⁰ Vente publique d'immeubles, 1 s. — V. aussi
Suppl. au C. pr. civ. ann., p. 446 s.

Loi du 28 mars 1885,
Sur les marchés à terme (D. P. 85. 4. 25)

Art. 1er. Tous marchés à terme sur effets publics
et autres, tous marchés à livrer sur denrées et marchandises, sont reconnus légaux.

Nul ne peut, pour se soustraire aux obligations qui
en résultent, se prévaloir de l'article 1965 du Code
civil, lors même qu'ils se résoudraient par le payement
d'une simple différence.

2. Les articles 421 et 422 du Code pénal sont
abrogés.

3. Sont abrogées les dispositions des anciens
arrêts du conseil, des 24 septembre 1724, 7 août,
2 octobre 1785 et 22 septembre 1786, l'article 13, chapitre 1er, l'article 4, chapitre 2, de la loi du 28 vendémiaire an IV, les articles 85, § 3, et 86 du Code de
commerce.

4. L'article 13 de l'arrêté du 27 prairial an X est
modifié ainsi qu'il suit :

« Chaque agent de change est responsable de la
livraison et du payement de ce qu'il aura vendu et
acheté. Son cautionnement sera affecté à cette
garantie. »

5. Les conditions d'exécution des marchés à terme
par les agents de change seront fixées par le règlement d'administration publique prévu par l'article 90
du Code de commerce.

S. v⁰ Bourse de commerce, 74 s. — V. aussi
Suppl. au C. com. ann., p. 180 s.

Loi du 27 mai 1885,
Sur les récidivistes (D. P. 85. 4. 45).

Art. 1er. La relégation consistera dans l'interne-
ment perpétuel sur le territoire de colonies ou possessions françaises des condamnés que la présente
loi a pour objet d'éloigner de France.

Seront déterminés, par décrets rendus en forme

de règlement d'administration publique, les lieux dans lesquels pourra s'effectuer la relégation, les mesures d'ordre et de surveillance auxquelles les relégués pourront être soumis par nécessité de sécurité publique, et les conditions dans lesquelles il sera pourvu à leur subsistance, avec obligation du travail à défaut de moyens d'existence dûment constatés.

2. La relégation ne sera prononcée que par les cours et tribunaux ordinaires comme conséquence des condamnations encourues devant eux, à l'exclusion de toutes juridictions spéciales et exceptionnelles.

(*L. 31 mars 1904.*) Ces cours et tribunaux pourront toutefois tenir compte des condamnations prononcées pour infractions de droit commun spécifiées à la présente loi soit par les tribunaux militaires et maritimes en dehors de l'état de siège ou de guerre, soit par les tribunaux institués en Algérie par le décret du 9 août 1903.

3. Les condamnations pour crimes ou délits politiques ou pour crimes ou délits qui leur sont connexes ne seront, en aucun cas, comptées pour la relégation.

4. Seront relégués les récidivistes qui, dans quelque ordre que ce soit, et dans un intervalle de dix ans, non compris la durée de toute peine subie, auront encouru les condamnations énumérées à l'un des paragraphes suivants :

1° Deux condamnations aux travaux forcés ou à la réclusion ainsi qu'il sera établi aux dispositions des paragraphes 1 et 2 de l'article 6 de la loi du 30 mai 1854;

2° (*L. 3 avril 1903.*) « Une des condamnations énoncées au paragraphe précédent et deux condamnations, soit à l'emprisonnement pour faits qualifiés crimes, soit à plus de trois mois d'emprisonnement pour : vol; escroquerie; abus de confiance; outrage public à la pudeur; excitation habituelle des mineurs à la débauche; embauchage en vue de la débauche; assistance de la prostitution d'autrui sur la voie publique; vagabondage ou mendicité par application des articles 277 et 279 du Code pénal »;

3° Quatre condamnations, soit à l'emprisonnement pour faits qualifiés crimes, soit à plus de trois mois d'emprisonnement pour les délits spécifiés au paragraphe 2 ci-dessus.

4° Sept condamnations, dont deux au moins prévues par les deux paragraphes précédents, et les autres soit pour vagabondage, soit pour infraction à l'interdiction de résidence signifiée par application de l'article 19 de la présente loi, à la condition que deux de ces condamnations soient à plus de trois mois d'emprisonnement.

(*L. 3 avril 1903.*) « Sont considérés comme gens sans aveu et seront punis des peines édictées contre le vagabondage, tous individus qui, soit qu'ils aient ou non un domicile certain, ne tirent habituellement leur subsistance que du fait de pratiquer ou faciliter sur la voie publique l'exercice de jeux illicites.

« Seront punis d'un emprisonnement de trois mois à deux ans et d'une amende de 100 francs à 1 000 francs, avec interdiction de séjour de cinq à dix ans, tous individus ayant fait le métier de souteneur.

« Sont considérés comme souteneurs ceux qui aident, assistent ou protègent la prostitution d'autrui sur la voie publique et en partagent sciemment les profits. »

5. Les condamnations qui auront fait l'objet de grâce, commutation ou réduction de peine seront néanmoins comptées en vue de la relégation. Ne le seront pas, celles qui auront été effacées par la réhabilitation.

6. (*L. 19 juillet 1907.*) La relégation n'est pas applicable aux femmes ni aux individus qui seraient âgés de plus de soixante ans ou de moins de vingt et un ans à l'expiration de leur peine.

Toutefois, les condamnations encourues par le mineur de vingt et un ans compteront en vue de la relégation, s'il est, après avoir atteint cet âge, de nouveau condamné dans les conditions prévues par la présente loi.

7. Les condamnés qui auront encouru la relégation resteront soumis à toutes les obligations qui pourraient leur incomber en vertu des lois sur le recrutement de l'armée.

Un règlement d'administration publique déterminera dans quelles conditions ils accompliront ces obligations.

8. (*L. 19 juillet 1907.*) Le récidiviste de l'un et l'autre sexe qui aurait encouru la relégation par application de l'article 4 de la présente loi, s'il n'avait pas dépassé soixante ans, sera, après l'expiration de sa peine, soumis à perpétuité à l'interdiction de séjour édictée par l'article 19 ci-après.

S'il est mineur de vingt et un ans, il sera, après l'expiration de sa peine, retenu dans une maison de correction jusqu'à sa majorité.

Les femmes majeures seront soumises, pendant vingt ans, à l'interdiction de séjour prévue par l'article 19 ci-après.

9. Les condamnations antérieurement encourues en vue de la relégation seront comptées conformément aux précédentes dispositions.

Néanmoins, tout individu qui aura encouru avant cette époque des condamnations pouvant entraîner dès maintenant la relégation, n'y sera soumis qu'en cas de condamnation nouvelle, dans les conditions ci-dessus prescrites.

10. Le jugement ou l'arrêt prononcera la relégation en même temps que la peine principale; il visera expressément les condamnations antérieures par suite desquelles elle sera applicable.

11. Lorsqu'une poursuite devant un tribunal correctionnel sera de nature à entraîner l'application de la relégation, il ne pourra jamais être procédé dans les formes édictées par la loi du 20 mai 1863 sur les flagrants délits.

Un défenseur sera nommé d'office au prévenu, à peine de nullité.

12. La relégation ne sera appliquée qu'à l'expiration de la dernière peine à subir par le condamné.

Toutefois, faculté est laissée au Gouvernement de devancer cette époque pour opérer le transfèrement du relégué.

Il pourra également lui faire subir tout ou partie de la dernière peine dans un pénitencier.

Ces pénitenciers pourront servir de dépôt pour les libérés et y seront maintenus jusqu'au plus prochain départ pour le lieu de relégation.

13. Le relégué pourra momentanément sortir du territoire de relégation en vertu d'une autorisation spéciale de l'autorité supérieure locale.

Le ministre seul pourra donner cette autorisation pour plus de six mois ou la réitérer.

Il pourra seul aussi autoriser, à titre exceptionnel et pour six mois aussi, le relégué à rentrer en France.

14. Le relégué qui, à partir de l'expiration de sa peine, se sera rendu coupable d'évasion ou de tentative d'évasion, celui qui, sans autorisation, sera rentré en France ou aura quitté le territoire de relégation, celui qui aura outrepassé le temps fixé par l'autorisation, sera traduit devant le tribunal correctionnel du lieu son arrestation ou devant celui du lieu de relégation et, après reconnaissance de son identité, sera puni d'un emprisonnement de deux ans au plus.

En cas de récidive, cette peine pourra être portée à cinq ans.

Elle sera subie sur le territoire des lieux de relégation.

15. En cas de grâce, le condamné à la relégation ne pourra en être dispensé que par une disposition spéciale des lettres de grâce.

Cette dispense par voie de grâce pourra d'ailleurs intervenir après l'expiration de la peine principale.

16. Le relégué pourra, à partir de la sixième année de sa libération, introduire, devant le tribunal de la localité, une demande tendant à se faire relever de la relégation en justifiant de sa bonne conduite, des services rendus à la colonisation et de moyens d'existence.

Les formes et conditions de cette demande seront déterminées par le règlement d'administration publique prévu par l'article 18 ci-après.

17. Le Gouvernement pourra accorder aux relégués l'exercice, sur les territoires de relégation, de tout ou partie des droits civils dont ils auraient été privés par l'effet des condamnations encourues.

18. Des règlements d'administration publique détermineront :

Les conditions dans lesquelles les relégués accompliront les obligations militaires auxquelles ils pourraient être soumis par les lois sur le recrutement de l'armée;

L'organisation des pénitenciers mentionnés en l'article 12;

Les conditions dans lesquelles le condamné pourra être dispensé provisoirement ou définitivement de la relégation pour cause d'infirmité ou de maladie, les mesures d'aide et d'assistance en faveur des relégués ou de leur famille, les conditions auxquelles des concessions de terrains provisoires ou définitives pourront leur être accordées, les avances à faire, s'il y a lieu, pour premier établissement, le mode de remboursement de ces avances, l'étendue des droits de l'époux survivant, des héritiers ou des tiers intéressés sur les terrains concédés et les facilités qui pourraient être données à la famille des relégués pour les rejoindre;

Les conditions des engagements de travail à exiger des relégués;

Le régime et la discipline des établissements ou chantiers où ceux qui n'auraient ni moyens d'existence ni engagement seront astreints au travail;

Et en général toutes les mesures nécessaires à assurer l'exécution de la présente loi.

Le premier règlement destiné à organiser l'application de la présente loi sera promulgué dans un délai de six mois au plus à dater de sa promulgation.

19. Est abrogée la loi du 9 juillet 1852, concernant l'interdiction, par voie administrative, du séjour du département de la Seine et des communes formant l'agglomération lyonnaise.

La peine de la surveillance de la haute police est supprimée. Elle est remplacée par la défense faite au condamné de paraître dans les lieux dont l'interdiction lui sera signifiée par le Gouvernement avant sa libération.

Toutes les autres obligations et formalités imposées par l'article 44 du Code pénal sont supprimées à partir de la promulgation de la présente loi, sans qu'il soit toutefois dérogé aux dispositions de l'article 635 du Code d'instruction criminelle.

Restent en conséquence applicables pour cette interdiction, les dispositions antérieures qui réglaient l'application ou la durée, ainsi que la remise ou la suppression de la surveillance de la haute police, et les peines encourues par les contrevenants, conformément à l'article 45 du Code pénal.

Dans les trois mois qui suivront la promulgation de la présente loi, le Gouvernement signifiera aux condamnés actuellement soumis à la surveillance de la haute police les lieux dans lesquels il leur interdit de paraître pendant le temps qui restait à courir de cette peine.

20. (*L. 10 juillet 1901.*) La présente loi est applicable à l'Algérie et aux colonies, sauf les exceptions ci-après :

Dans les colonies pénitentiaires, le Gouvernement aura la faculté d'interdire par voie administrative le séjour du chef-lieu de la colonie et de ses quartiers, dans un périmètre déterminé par un règlement d'administration publique, à tous les transportés soumis à l'obligation de la résidence sans distinction;

En Algérie, par dérogation à l'article 2, les conseils de guerre prononceront la relégation contre les indigènes des territoires de commandement qui auront encouru, pour crimes ou délits de droit commun, les condamnations prévues par l'article 4 ci-dessus.

21. La présente loi sera exécutoire à partir de la promulgation du règlement d'administration publique mentionné au dernier paragraphe de l'article 18.

22. Un rapport sur l'exécution de la présente loi sera présenté chaque année par le ministre compétent, à monsieur le président de la République.

23. Toutes dispositions antérieures sont abrogées en ce qu'elles ont de contraire à la présente loi.

S. v° *Récid.-relég.*, 23, 100 s. — T. (87-97), cod. v°, 48 s. — V. aussi Suppl. au C. pén. ann., p. 65 s.

V. le décret du 26 novembre 1885, portant règlement d'administration publique pour l'application de la loi du 27 mai 1885, sur la relégation des récidivistes (D. P. 85. 4. 96).

Loi du 11 juillet 1885,

...terdit de fabriquer, vendre, colporter ou ...ibuer tous imprimés ou formules simulant ...llets de banque et autres valeurs fiduciaires . 85. 4. 83).

1er. Sont interdits la fabrication, la vente, ...rtage et la distribution de tous imprimés ou ...s obtenues par un procédé quelconque qui, ...r forme extérieure, présenteraient avec les ...le banque, les titres de rente, vignettes et ...du service des postes et télégraphes ou des ...de l'État, actions, obligations, parts d'inté-...upons de dividende ou intérêts y afférents, et ...ement avec les valeurs fiduciaires émises par ...les départements, les communes et établisse-...publics, ainsi que par des sociétés, compa-...u entreprises privées, une ressemblance de ...à faciliter l'acceptation desdits imprimés ou ...s, aux lieu et place des valeurs imitées.

) *mars 1902.*) Indépendamment des contrefa-...altérations prévues et punies par les ar-...32 et 133 du Code pénal, sont également ...s la fabrication, la vente, le colportage et la ...tion de toutes les imitations des monnaies ...ours légal en France et des monnaies étran-

...oute infraction à l'article qui précède sera ...'un emprisonnement de cinq jours à six mois ...e amende de 16 francs à 2 000 francs. ...cle 463 du Code pénal sur les circonstances ...ntes pourra être appliquée.

.. *30 mars 1902.*) Les imprimés ou formules, ...naies imitées, ainsi que les planches, ma-...t autres instruments ayant servi à leur con-...seront saisis et confisqués.

Faux et fausse monnaie, 82. — V. aussi ...u C. pén. ann., p. 120.; Suppl. au C. com. .. 818.

Loi du 14 août 1885,

..moyens de prévenir la récidive (libération ...tionnelle, patronage, réhabilitation) (D. P. 60).

1er. — RÉGIME DISCIPLINAIRE DES ÉTA-SEMENTS PÉNITENTIAIRES ET LIBÉRATION DITIONNELLE.

1er. Un régime disciplinaire, basé sur la ...tion journalière de la conduite et du travail, ...titué dans les divers établissements péniten-de France et d'Algérie, en vue de favoriser ...lement des condamnés et de les préparer à la ...n conditionnelle.

...ous condamnés ayant à subir une ou plusieurs ...important privation de la liberté peuvent, après ...compli trois mois d'emprisonnement, si les ...sont inférieures à six mois, ou, dans le cas ...re, la moitié de leurs peines, être mis condi-...lement en liberté, s'ils ont satisfait aux dispo-...réglementaires fixées en vertu de l'article 1er.

...efois, s'il y a récidive légale, soit aux termes ...icles 56 et 58 du Code pénal, soit en vertu de ...u 27 mai 1885, la durée de l'emprisonnement ...tée à six mois, et les peines sont inférieures ...mois, et aux deux tiers de la peine dans le ...straire.

...mise en liberté peut être révoquée en cas d'in-...te habituelle et publique dûment constatée ou ...ction au conditions spéciales exprimées dans ...nis de libération.

...révocation n'est pas intervenue avant l'expi-...de la durée de la peine, la libération est défi-

...cas où la peine qui aurait fait l'objet d'une ...n de libération conditionnelle devrait être sui-...la relégation, il pourra être sursis à l'exécu-...cette dernière mesure, et le condamné sera, ...séquence, laissé en France, sauf droit de ...tion, ainsi qu'il est dit au présent article.

...droit de révocation prendra fin en ce cas, s'il ...été fait usage pendant les dix années qui au-...uivi la date d'expiration de la peine principale. ...ces arrêtés de mise en liberté sous conditions et de révocation sont pris par le ministre de l'inté-rieur :

S'il s'agit de la mise en liberté, après avis du pré-fet, du directeur de l'établissement ou de la circon-scription pénitentiaire, de la commission de surveil-lance de la prison et du parquet près le tribunal ou la cour qui a prononcé la condamnation;

Et, s'il s'agit de la révocation, après avis du préfet et du procureur de la République de la rési-dence du libéré.

4. L'arrestation du libéré conditionnel peut toute-fois être provisoirement ordonnée par l'autorité admi-nistrative ou judiciaire du lieu où il se trouve, à la charge d'en donner immédiatement avis au ministre de l'intérieur.

Le ministre prononce la révocation, s'il y a lieu.

L'effet de la révocation remonte au jour de l'arres-tation.

5. La réintégration a lieu pour toute la durée de la peine non subie au moment de la libération.

Si l'arrestation provisoire est maintenue, le temps de sa durée compte pour l'exécution de la peine.

6. Un règlement d'administration publique déter-minera la forme des permis de libération, les condi-tions de toutes les peines ils peuvent être soumis et le mode de surveillance spéciale des libérés conditionnels.

L'Administration peut charger les sociétés ou insti-tutions de patronage de veiller sur la conduite des libérés qu'elle désigne spécialement et dans les con-ditions qu'elle détermine.

TITRE II. — PATRONAGE.

7. Les sociétés ou institutions agréées par l'Admi-nistration pour le patronage des libérés reçoivent une subvention annuelle en rapport avec le nombre de libérés réellement patronnés par elles, dans les limites du crédit spécial inscrit dans la loi de finances.

8. Dans le cas du paragraphe 2 de l'article 6, l'Administration alloue à la société ou institution de patronage une somme de 50 centimes par jour pour chaque libéré pendant un temps égal à celui de la durée de la peine restant à courir, sans que cette allocation puisse dépasser 100 francs.

DISPOSITIONS TRANSITOIRES.

9. Avant qu'il ait pu être pourvu à l'exécution des articles 1er, 2 et 6, en ce qui touche la mise en pra-tique du régime d'amendement et le règlement d'ad-ministration publique à intervenir, la libération con-ditionnelle pourra être prononcée à l'égard des condamnés qui en auront été reconnus dignes dans les cas prévus par la présente loi, trois mois au plus tôt après sa promulgation.

TITRE III. — RÉHABILITATION.

10. Les articles 630, 631 et 632 du Code d'instruc-tion criminelle sont supprimés.

Les articles 621, 623, 624, 628, 629, 633 et 634 du même Code sont modifiés ainsi qu'il suit : — V. *ces articles*, C. instr. crim.

11. La présente loi est applicable aux colonies, sous réserve des dispositions des lois ou règlements spéciaux relatifs à l'exécution de la peine des travaux forcés.

12. Un rapport sur l'exécution de la présente loi, en ce qui touche la libération conditionnelle, sera présenté chaque année par le ministre de l'intérieur au président de la République.

S. v° *Peine*, 304 s. — V. aussi Suppl. au C. pén. ann., p. 65 s.

Loi du 18 avril 1886,

Établissant des pénalités contre l'espionnage (D. P. 86. 4. 58).

Art. 1er. Sera puni d'un emprisonnement de deux à cinq ans et d'une amende de 1 000 à 5 000 francs :

1° Tout fonctionnaire public, agent ou préposé du Gouvernement, qui aura livré ou communiqué à une personne non qualifiée pour en prendre connaissance ou qui aura divulgué, en tout ou en partie, les plans, écrits ou documents secrets intéressant la défense du territoire ou la sûreté extérieure de l'État, qui lui étaient confiés, ou dont il avait connaissance à raison de ses fonctions. La révocation s'ensuivra de plein droit;

2° Tout individu qui aura livré ou communiqué à une personne non qualifiée pour en prendre connais-sance, ou qui aura divulgué, en tout ou en partie, les plans, écrits ou documents ci-dessus énoncés qui lui ont été confiés ou dont il aura eu connaissance soit officiellement, soit à raison de son état, de sa profession, ou d'une mission dont il aura été chargé;

3° Toute personne qui, se trouvant dans un des cas prévus dans les deux paragraphes précédents, aura communiqué ou divulgué des renseignements tirés desdits plans, écrits ou documents.

2. Toute personne autre que celles énoncées dans l'article précédent, qui, s'étant procuré lesdits plans, écrits ou documents, les aura livrés à d'autres per-sonnes, ou qui, en ayant eu connaissance, aura com-muniqué ou divulgué des renseignements qui y étaient contenus, sera punie d'un emprisonnement de un à cinq ans et d'une amende de 500 à 3000 francs.

La publication ou la reproduction de ces plans, écrits ou documents sera punie de la même peine.

3. La peine d'un emprisonnement de six mois à trois ans et d'une amende de 300 à 3000 francs sera appliquée à toute personne qui, sans qualité pour en prendre connaissance, se sera procuré lesdits plans, écrits ou documents.

4. Celui qui, par négligence ou par inobservation des règlements, aura laissé soustraire, enlever ou détruire les plans, écrits ou documents secrets qui lui étaient confiés, à raison de ses fonctions, de son état ou de sa profession, ou d'une mission dont il était chargé, sera puni d'un emprisonnement de trois mois à deux ans et d'une amende de 100 à 2000 francs.

5. Sera punie d'un emprisonnement de un à cinq ans et d'une amende de 1 000 à 5 000 francs :

1° Toute personne qui, à l'aide d'un déguisement ou d'un faux nom, ou en dissimulant sa qualité, sa profession ou sa nationalité, se sera introduite dans une place forte, un poste, un navire de l'État ou dans un établissement militaire ou maritime;

2° Toute personne qui, déguisée ou sous un faux nom ou en dissimulant sa qualité, sa profession ou sa nationalité, aura levé des plans, reconnu des voies de communication ou recueilli des renseignements intéressant la défense du territoire ou la sûreté exté-rieure de l'État.

6. Celui qui, sans autorisation de l'autorité mili-taire ou maritime, aura exécuté des levés ou opéra-tions de topographie dans un rayon d'un myriamètre autour d'une place forte, d'un poste, ou d'un établis-sement militaire ou maritime, à partir des ouvrages avancés, sera puni d'un emprisonnement de un mois à un an et d'une amende de 100 à 1 000 francs.

7. La peine d'un emprisonnement de six jours à six mois, et d'une amende de seize à cent francs sera appliquée à celui qui, pour reconnaître un ou-vrage de défense, aura franchi les barrières, palis-sades ou autres clôtures établies sur le terrain mili-taire, ou qui aura escaladé les revêtements et les talus des fortifications.

8. Toute tentative de l'un des délits prévus par les articles 1er, 2, 3 et 5 de la présente loi, sera con-sidérée comme le délit lui-même.

9. Sera punie comme complice toute personne qui, connaissant les intentions des auteurs des délits prévus par la présente loi, leur aura fourni loge-ment, lieu de retraite ou de réunion, ou qui aura sciemment recélé les objets et instruments ayant servi ou devant servir à commettre ces délits.

10. Sera exempt de la peine qu'il aurait person-nellement encourue le coupable qui, avant la consom-mation de l'un des délits prévus par la présente loi, ou ayant toute poursuite commencée, en aura donné connaissance aux autorités administratives ou de police judiciaire, ou qui, même après les pour-suites commencées, aura procuré l'arrestation des coupables ou de quelques-uns d'entre eux.

11. La poursuite de tous les délits prévus par la présente loi aura lieu devant le tribunal correction-nel et suivant les règles édictées par le Code d'ins-truction criminelle. Toutefois, les militaires, marins ou assimilés, demeureront soumis aux juridictions spéciales dont ils relèvent, conformément aux Codes de justice militaire des armées de terre et de mer.

12. Indépendamment des peines édictées par la

présente loi, le tribunal pourra prononcer, pour une durée de cinq ans au moins, et de dix ans au plus, l'interdiction de tout ou partie des droits civiques, civils et de famille énoncés en l'article 42 du Code pénal, ainsi que l'interdiction de séjour prévue par l'article 19 de la loi du 28 mai 1885.

13. L'article 463 du Code pénal est applicable aux délits prévus par la présente loi.

V. Suppl. au C. pén. ann., p. 108 s. — S. v° *Crimes et délits contre la sûreté de l'État*, 15 s.

Loi du 30 avril 1886,

Relative à l'usurpation des médailles et récompenses industrielles (D. P. 86. 4. 65).

Art. 1er. L'usage des médailles, diplômes, mentions, récompenses ou distinctions honorifiques quelconques décernées dans des expositions ou concours, soit en France, soit à l'étranger, n'est permis qu'à ceux qui les ont obtenus personnellement et à la maison de commerce en considération de laquelle ils ont été décernés.

Celui qui s'en sert doit faire connaître leur date et leur nature, l'exposition ou le concours où ils ont été obtenus et l'objet récompensé.

2. Seront punis d'une amende de 50 à 6000 francs et d'un emprisonnement de trois mois à deux ans, ou de l'une de ces deux peines seulement : 1° ceux qui, sans droit et frauduleusement, se sont attribué publiquement les récompenses ou distinctions mentionnées à l'article précédent ; 2° ceux qui, dans les mêmes conditions, les auront appliquées à d'autres objets que ceux pour lesquels elles avaient été obtenues ou qui s'en seront attribué d'imaginaires ; 3° ceux qui les auront indiquées mensongèrement sur leurs enseignes, annonces, prospectus, factures, lettres ou papiers de commerce ; 4° ceux qui s'en seront indûment prévalus auprès des jurys des expositions ou concours.

3. Seront punis des mêmes peines ceux qui, sans droit et frauduleusement, se seront prévalus publiquement de récompenses, distinctions ou approbations accordées par des corps savants ou des sociétés scientifiques.

4. L'omission des indications énumérées dans le second paragraphe de l'article 1er sera punie d'une amende de 25 à 3000 francs.

5. Les tribunaux pourront prononcer la destruction ou la confiscation, au profit des parties lésées, des objets sur lesquels les fausses indications auront été appliquées.

Ils pourront prononcer l'affichage et l'insertion de leurs jugements.

6. L'article 463 du Code pénal est applicable aux délits prévus et punis par la présente loi.

7. La présente loi est applicable à l'Algérie et aux colonies.

S. v° *Industrie et commerce*, 519 s. — V. aussi Suppl. au C. com. ann., p. 798, n° 22221 s. ; C. ad., t. 2, v° *Ordres civils et militaires*, n° 520 s.

Loi du 11 juin 1887,

Concernant la diffamation et l'injure commises par les correspondances postales ou télégraphiques circulant à découvert (D. P. 87. 4. 53).

Art. 1er. Quiconque aura expédié, par l'administration des postes ou des télégraphes, une correspondance à découvert, contenant une diffamation, soit envers les particuliers, soit envers les corps ou les personnes désignés par les articles 26, 30, 31, 36 et 37 de la loi du 29 juillet 1881, sera puni d'un emprisonnement de cinq jours à six mois, et d'une amende de 25 francs à 3000 francs, ou de l'une de ces deux peines seulement.

Si la correspondance contient une injure, cette expédition sera punie d'un emprisonnement de cinq jours à deux mois, et d'une amende de 16 francs à 300 francs, ou de l'une de ces deux peines seulement.

2. Les délits prévus à la présente loi sont de la compétence des tribunaux correctionnels.

Les dispositions des articles 35, 46, 47, 60, 61, 62, 63, 64, 65 et 69 de la loi du 29 juillet 1881 leur sont applicables.

S. v° *Presse*, 645 s. — V. aussi Suppl. au C. pén. ann., n° 10181 s.

Loi du 4 février 1888,

Concernant la répression des fraudes dans le commerce des engrais (D. P. 88. 4. 9 ; — et Suppl. au C. pén. ann., p. 286.) — V. *infra*, L. 8 juill. 1907.

Art. 1er. Seront punis d'un emprisonnement de six jours à un mois et d'une amende de 50 à 2000 francs, ou de l'une de ces deux peines seulement :

Ceux qui, en vendant ou en mettant en vente des engrais ou amendements, auront trompé ou tenté de tromper l'acheteur, soit sur leur nature, leur composition ou le dosage des éléments utiles qu'ils contiennent, soit sur leur provenance, soit par l'emploi, pour les désigner ou les qualifier, d'un nom qui, d'après l'usage, est donné à d'autres substances fertilisantes.

En cas de récidive, dans les trois ans qui ont suivi la dernière condamnation, la peine pourra être élevée à deux mois de prison et 4000 francs d'amende.

Le tout sans préjudice de l'application du paragraphe 3 de l'article 1er de la loi du 27 mars 1851, relatif aux fraudes sur la quantité des choses livrées, et des articles 7, 8 et 9 de la loi du 23 juin 1857 concernant les marques de fabrique et de commerce.

2. Dans les cas prévus à l'article précédent, les tribunaux peuvent, en outre des peines ci-dessus portées, ordonner que les jugements de condamnation seront, par extraits ou en intégralement, publiés dans les journaux qu'ils détermineront, et affichés sur les portes de la maison et des ateliers ou magasins du vendeur, et sur celles des mairies du son domicile et de celui de l'acheteur.

En cas de récidive dans les cinq ans, ces publications et affichages seront toujours prescrits.

3. Seront punis d'une amende de 11 à 15 francs inclusivement :

Ceux qui, au moment de la livraison, n'auront pas fait connaître à l'acheteur, dans les conditions indiquées à l'article 4 de la présente loi, la provenance naturelle ou industrielle de l'engrais ou de l'amendement vendu et sa teneur en principes fertilisants.

En cas de récidive dans les trois ans, la peine de l'emprisonnement pendant cinq jours au plus pourra être appliquée.

4. Les indications dont il est parlé à l'article 3 seront fournies, soit dans le contrat même, soit dans le double de commission délivré à l'acheteur au moment de la vente, soit dans la facture de remise au moment de la livraison.

La teneur en principes fertilisants sera exprimée par les poids d'azote, d'acide phosphorique et de potasse contenus dans 100 kilogrammes de marchandise facturée telle qu'elle est livrée, avec l'indication de la nature ou de l'état de combinaison de ces corps, suivant les prescriptions du règlement d'administration publique dont il est parlé à l'article 6.

Toutefois, lorsque la vente aura été faite avec stipulation du règlement du prix d'après l'analyse à faire sur échantillon prélevé au moment de la livraison, l'indication préalable de la teneur exacte ne sera pas obligatoire, mais mention devra être faite du prix du kilogramme de l'azote, de l'acide phosphorique et de la potasse contenus dans l'engrais, tel qu'il est livré, et de l'état de combinaison dans lequel se trouvent ces principes fertilisants.

La justification de l'accomplissement des prescriptions qui précèdent sera fournie, s'il y a lieu, en l'absence de contrat préalable ou d'accusé de réception de l'acheteur, par la production soit du copie de lettres du vendeur, soit de son livre de factures régulièrement tenu à jour et contenant l'énoncé prescrit par le présent article.

5. Les dispositions des articles 3 et 4 de la présente loi ne sont pas applicables à ceux qui auront vendu, sous leur dénomination usuelle, les fumiers, les matières fécales, les composts, les gadoues ou les boues de ville, les déchets de marchés, des résidus de brasserie, des varechs et autres plantes marines pour engrais, des déchets frais d'abattoirs, de la marne, des falons, de la tangue, des sables coquilliers, des chaux, des plâtres, des cendres ou de suies provenant des houilles ou autres combustibles.

6. Un règlement d'administration publique prescrira les procédés d'analyse à suivre pour la détermination des matières fertilisantes des engrais, statuera sur les autres mesures à prendre pour assurer l'exécution de la présente loi.

7. La loi du 27 juillet 1837 est et demeure abrogée.

8. La présente loi est applicable à l'Algérie et aux colonies.

V. *le décret du 10 mai 1889, prescrivant les procédés d'analyse à suivre pour la détermination des matières fertilisantes des engrais* (D. P. 90. 4. 6 — et Suppl. au C. pén. ann., p. 287).

Décret du 2 octobre 1888,

Relatif aux étrangers résidant en France (D. P. 88. 4. 51).

Art. 1er. Tout étranger non admis à domicile qui se proposera d'établir sa résidence en France devra, dans le délai de quinze jours à partir de sa arrivée, faire à la mairie de la commune où il voudra fixer cette résidence une déclaration énonçant :

1° Ses nom et prénoms, ceux de ses père et mère ;

2° Sa nationalité ;

3° Le lieu et la date de sa naissance ;

4° Le lieu de son dernier domicile ;

5° Sa profession ou ses moyens d'existence ;

6° Les nom, l'âge et la nationalité de sa femme et de ses enfants mineurs, lorsqu'il sera accompagné par eux.

Il devra produire toutes pièces justificatives à l'appui de sa déclaration. S'il n'est pas porteur de ces pièces, le maire pourra, avec l'approbation du préfet du département, lui accorder un délai pour les procurer.

Un récépissé de sa déclaration sera délivré gratuitement à l'intéressé.

2. Les déclarations seront faites, à Paris, au préfet de police, et à Lyon, au préfet du Rhône.

3. En cas de changement de domicile, une nouvelle déclaration sera faite devant le maire de commune où l'étranger aura fixé sa nouvelle résidence.

4. Il est accordé aux étrangers résidant actuellement en France et non admis à domicile un délai d'un mois pour se conformer aux prescriptions qui précèdent.

5. Les infractions aux formalités édictées par le présent décret seront punies des peines de simple police, sans préjudice du droit d'expulsion qui appartient au ministre de l'intérieur en vertu de la loi du 3 décembre 1849, article 7.

Loi du 13 février 1889,

Portant modification de l'article 9 de la loi du 23 mars 1855 (Hypothèque de la femme) (D. P. 89. 4. 24).

Article unique. Il sera ajouté à l'article 9 de la loi du 23 mars 1855 une disposition ainsi conçue : « La renonciation de la femme à son hypothèque légale au profit de l'acquéreur d'immeubles grevés de cette hypothèque en emporte l'extinction et vaut purge à partir, soit de la transcription de l'acte d'aliénation, si la renonciation y est contenue, soit de la mention faite en marge de la transcription de l'acte d'aliénation, si la renonciation a été consentie par acte authentique distinct.

Dans tous les cas, cette renonciation n'est valable et ne produit les effets ci-dessus que si elle est contenue dans un acte authentique.

En l'absence de stipulation expresse, la renonciation de la femme à son hypothèque légale ne pourra résulter de son concours à l'acte d'aliénation que si elle stipule, soit comme covenderesse, soit comme garante ou caution du mari.

Toutefois, la femme conserve son droit de préférence sur le prix, mais sans pouvoir répéter contre l'acquéreur le prix ou la partie du prix par lui payé n consentement et sans préjudice du droit des créanciers hypothécaires.

concours ou le consentement donné par la e, soit à un acte d'aliénation contenant quittotale ou partielle du prix, soit à l'acte ultéde quittance totale ou partielle, emporte, même concurrence, subrogation à l'hypothèque légale immeuble vendu, au profit de l'acquéreur, vis-des créanciers hypothécaires postérieurs en mais cette subrogation ne pourra préjudicier iers qui deviendraient cessionnaires de l'hypo-legale de la femme sur d'autres immeubles du à moins que l'acquéreur ne se soit conformé aux riptions du paragraphe 1er du présent article. »

dispositions qui précèdent sont applicables à adeloupe, à la Martinique et à la Réunion.

commentaire de cette loi, N. C. civ. ann., Appen-
au liv. III, tit. 18. — V. aussi R. et S. v. Transon hypothécaire, 1 s. — T. (87-97), eod. v., 1 s.

Loi du 19 février 1889,

ive à la restriction du privilège du bailleur
n fonds rural et à l'attribution des indemnités
s par suite d'assurances (D. P. 89. 4. 29).

t. 1er. Le privilège accordé au bailleur d'un rural par l'article 2102 du Code civil, ne peut xercé, même quand le bail a acquis date cer-que pour les fermages des deux dernières s échues, de l'année courante et d'une année, ir de l'expiration de l'année courante, ainsi que es qui concerne l'exécution du bail et pour mmages-intérêts qui pourront lui être accordés es tribunaux.

disposition contenue dans le paragraphe précé-s'applique pas aux baux ayant acquis date ne avant la promulgation de la présente loi.

Les indemnités dues par suite d'assurances l'incendie, contre la grêle, contre la mortalité estiaux ou des autres risques, sont attribuées, qu'il y ait besoin de délégation expresse, aux ciers privilégiés ou hypothécaires suivant leur

anmoins, les payements faits de bonne foi avant ition sont valables.

Il en est de même des indemnités dues en cas aistre par le locataire ou par le voisin, par ap-des articles 1733 et 1382 du Code civil.

cas d'assurance du risque locatif ou du recours isin, l'assuré ou ses ayants droit ne pourront n sur tout ou partie de l'indemnité sans que le ire de l'objet loué, le voisin ou le tiers subrogé s droits aient été désintéressés des consé-es du sinistre.

Les dispositions de l'article 2 ne préjudicieront ux droits des intéressés dans le cas où l'indem-urait l'objet d'une cession éventuelle à un par acte ayant date certaine au jour où la pré-loi sera exécutoire, à la condition, toutefois, e transport, s'il n'a pas été notifié antérieure-, en conformité de l'article 1690 du Code civil, t au plus tard dans le mois qui suivra.

Assurances terrestres, 207 s. — V. aussi civ. ann., Appendice au liv. III, tit. xii (Assu-s terrestres); et art. 2102.

Loi du 4 mars 1889,

ant modification à la législation des faillites
(D. P. 89. 4. 9).

t. 1er. Tout commerçant qui cesse ses paye-s peut obtenir, en se conformant aux disposi-suivantes, le bénéfice de la liquidation judiciaire qu'elle est réglée par la présente loi.

La liquidation judiciaire ne peut être ordonnée ur requête présentée par le débiteur au tribunal mmerce de son domicile, dans les quinze jours cessation de ses payements. Le droit de de-er cette liquidation appartient au débiteur assi-n déclaration de faillite pendant cette période.
requête est accompagnée du bilan et d'une liste iant le nom et le domicile de tous les créanciers. ivent être admis au bénéfice de la liquidation aire de la succession de leur auteur, les héri-qui en font la demande dans le mois du décès

de ce dernier décédé dans la quinzaine de la cessation de ses payements, s'ils justifient de leur acceptation pure et simple ou bénéficiaire.

3. En cas de cessation de payements d'une société en nom collectif ou en commandite, la requête contient le nom et l'indication du domicile de chacun des associés solidaires, et elle est signée par celui ou ceux des associés ayant la signature sociale.

En cas de cessation de payements d'une société anonyme, la requête est signée par le directeur ou l'administrateur qui en remplit les fonctions.

Dans tous les cas, elle est déposée au greffe du tribunal dans le ressort duquel se trouve le siège social. A défaut de siège social en France, le dépôt est effectué au greffe du tribunal dans le ressort duquel la société a son principal établissement.

4. Le jugement qui statue sur une demande d'admission à la liquidation judiciaire est délibéré en chambre du conseil et rendu en audience publique. Le débiteur doit être entendu en personne, à moins d'excuses reconnues valables par le tribunal. Si la requête est admise, le jugement nomme un des membres du tribunal juge-commissaire et un ou plusieurs liquidateurs provisoires. Ces derniers, qui sont immédiatement prévenus par le greffier, arrêtent et signent les livres du débiteur dans les vingt-quatre heures de leur nomination, et procèdent avec celui-ci à l'inventaire. Ils sont tenus dans le même délai de requérir les inscriptions d'hypothèques mentionnées en l'article 490 du Code de commerce.

Dans le cas où une société est déclarée en état de liquidation judiciaire, s'il a été nommé antérieurement un liquidateur, celui-ci représentera la société dans les opérations de la liquidation judiciaire. Il rendra compte de sa gestion à la première réunion des créanciers. Toutefois, il pourra être nommé liquidateur provisoire.

Le jugement qui déclare ouverte la liquidation judiciaire est publié conformément à l'article 442 du Code de commerce. Il n'est susceptible d'aucun recours, et ne peut être attaqué par voie de tierce opposition. Cependant, si le tribunal est saisi en même temps d'une requête en admission au bénéfice de la liquidation judiciaire et d'une assignation en déclaration de faillite, il statue sur le tout par un seul et même jugement, rendu dans la forme ordinaire, exécutoire par provision, et susceptible d'appel dans tous les cas.

5. (L. 4 avril 1890.) « A partir du jugement qui déclare ouverte la liquidation judiciaire, les actions mobilières ou immobilières, et toutes voies d'exécution, tant sur les meubles que sur les immeubles, sont suspendues comme en matière de faillite. Celles qui subsistent doivent être intentées ou suivies à la fois contre les liquidateurs et le débiteur. »

Il ne peut être pris sur les biens de ce dernier d'autres inscriptions que celles mentionnées en l'article 4, et les créanciers ne peuvent poursuivre l'expropriation des immeubles sur lesquels ils n'ont pas d'hypothèque. De son côté, le débiteur ne peut contracter aucune nouvelle dette ni aliéner tout ou partie de son actif, sauf dans les cas qui sont énumérés ci-après.

6. Le débiteur peut, avec l'assistance des liquidateurs, procéder au recouvrement des effets et créances exigibles, faire tous actes conservatoires, vendre les objets sujets à dépérissement ou à dépréciation imminente ou dispendieux à conserver, et intenter ou suivre toute action mobilière ou immobilière.

Au refus du débiteur, il pourra être procédé par les liquidateurs seuls, avec l'autorisation du juge-commissaire. Toutefois, s'il s'agit d'une action à intenter, cette autorisation ne sera pas demandée, mais les liquidateurs devront mettre le débiteur en cause.

Le débiteur peut aussi, avec l'assistance des liquidateurs et l'autorisation du juge-commissaire, continuer l'exploitation de son commerce ou de son industrie.

L'ordonnance du juge-commissaire qui autorise la continuation de l'exploitation est exécutoire par provision et peut être déférée, par toute partie intéressée, au tribunal de commerce.

Les fonds provenant des recouvrements et ventes sont remis aux liquidateurs, qui les versent à la Caisse des dépôts et consignations.

7. Le débiteur peut, après l'avis des contrôleurs qui auraient été désignés conformément à l'article 9,

avec l'assistance des liquidateurs et l'autorisation du juge-commissaire, accomplir tous actes de désistement, de renonciation ou d'acquiescement.

Il peut, sous les mêmes conditions, transiger sur tout litige dont la valeur n'excède pas 1500 francs. Si l'objet de la transaction est d'une valeur indéterminée ou excédant 1500 francs, la transaction n'est obligatoire qu'après avoir été homologuée dans les termes de l'article 487 du Code de commerce.

L'article 1er de la loi du 11 avril 1888, sur les tribunaux civils de première instance, est applicable à la détermination de la valeur des immeubles sur lesquels a porté la transaction.

Tout créancier peut intervenir à la demande en homologation de la transaction.

8. Le jugement qui déclare ouverte la liquidation judiciaire rend exigibles, à l'égard du débiteur, les dettes passives non échues : à l'égard de la masse seulement, le cours des intérêts de toute créance non garantie par un privilège, par un nantissement ou par une hypothèque.

Les intérêts des créances garanties ne peuvent être réclamés que sur les sommes provenant des biens affectés au privilège, à l'hypothèque ou au nantissement.

9. Dans les trois jours du jugement, le greffier informe les créanciers, par lettres et par inscriptions dans les journaux, de l'ouverture de la liquidation judiciaire et les convoque à se réunir, dans un délai qui ne peut excéder quinze jours, dans une des salles du tribunal, pour examiner la situation du débiteur. Le jour de la réunion est fixé par le juge-commissaire.

Au jour indiqué, le débiteur, assisté des liquidateurs provisoires, présente un état de situation qu'il signe et certifie sincère et véritable et qui contient l'énumération et l'évaluation de tous ses biens mobiliers et immobiliers, le montant des dettes actives et passives, le tableau des profits et pertes et celui des dépenses.

Les créanciers donnent leur avis sur la nomination des liquidateurs définitifs. Ils sont consultés par le juge-commissaire sur l'utilité d'élire immédiatement parmi eux un ou deux contrôleurs.

Ces contrôleurs peuvent être élus à toute période de la liquidation, s'ils ne l'ont été dans cette première assemblée.

Il est dressé de cette réunion et des dires et observations des créanciers un procès-verbal portant fixation par le juge-commissaire, dans un délai de quinzaine, de la date de la première assemblée de vérification des créances.

Ce procès-verbal est signé par le juge-commissaire et par le greffier. Sur le vu de cette pièce et le rapport du juge-commissaire, le tribunal nomme les liquidateurs définitifs.

10. Les contrôleurs sont spécialement chargés de vérifier les livres et l'état de situation présenté par le débiteur et de surveiller les opérations des liquidateurs; ils ont toujours le droit de demander compte de l'état de la liquidation judiciaire, des recettes effectuées et des versements faits.

Les liquidateurs sont tenus de prendre leur avis sur les actions à intenter ou à suivre.

Les fonctions des contrôleurs sont gratuites. Ils ne peuvent être révoqués que par le tribunal de commerce, sur l'avis conforme de la majorité des créanciers et la proposition du juge-commissaire. Ils ne peuvent être déclarés responsables qu'en cas de faute lourde et personnelle.

Les liquidateurs peuvent recevoir, quelle que soit leur qualité, une indemnité qui est taxée par le juge-commissaire.

11. A partir du jugement d'ouverture de la liquidation judiciaire, les créanciers pourront remettre leurs titres, soit au greffe, soit entre les mains des liquidateurs.

En faisant cette remise, chaque créancier sera tenu d'y joindre un bordereau énonçant ses nom, prénoms, profession et domicile, le montant et les causes de sa créance, les privilèges, hypothèques ou gages qui y sont affectés.

Cette remise n'est astreinte à aucune forme spéciale.

Le greffier tient état des titres et bordereaux qui lui sont remis et en donne récépissé. Il n'est responsable des titres que pendant cinq années à partir du jour de l'ouverture du procès-verbal de vérification.

Les liquidateurs sont responsables des titres, livres et papiers qui leur ont été remis, pendant *dix ans*, à partir du jour de la reddition de leurs comptes.

12. Après la réunion dont il est parlé en l'article 9, ou le lendemain au plus tard, les créanciers sont convoqués en la forme prévue par le même article pour la première assemblée de vérification. Les lettres de convocation et les inscriptions dans les journaux portent sur ceux d'entre eux qui n'auraient pas fait à ce moment la remise des titres et bordereaux mentionnés en l'article 11, dans le délai fixé pour la réunion de l'assemblée de vérification. Ce délai peut être augmenté, par ordonnance du juge-commissaire, à l'égard des créanciers domiciliés hors du territoire continental de la France.

La vérification et l'affirmation des créances ont lieu dans la même réunion et dans les formes prescrites par le Code de commerce en tout ce qui n'est pas contraire à la présente loi.

13. Le lendemain des opérations de la première assemblée de vérification, il est adressé, en la forme prescrite en l'article 9, une convocation à tous les créanciers, invitant ceux qui n'ont pas produit à faire leur production.

Les créanciers sont prévenus que l'assemblée de vérification à laquelle ils sont convoqués sera la dernière. Cette assemblée a lieu quinze jours après la première.

Si des lettres de change ou des billets à ordre souscrits ou endossés par le débiteur ne sont écrus au moment de cette dernière assemblée sont en circulation, les liquidateurs pourront obtenir du juge-commissaire la convocation d'une nouvelle assemblée de vérification.

14. Le lendemain de la dernière assemblée, dans laquelle le juge-commissaire prononce la clôture de la vérification, tous les créanciers vérifiés, ou admis par provision, sont invités, en la forme prescrite par l'article 9, à se réunir pour entendre les propositions de concordat et en délibérer.

Cette réunion a lieu quinze jours après la dernière assemblée de vérification.

Toutefois, en cas de contestation sur l'admission d'une ou plusieurs créances, le tribunal de commerce peut augmenter ce délai sans qu'il soit dérogé pour le surplus aux dispositions des articles 499 et 500 du Code de commerce.

15. Le traité entre les créanciers et le débiteur ne peut s'établir que s'il est consenti par la majorité de tous les créanciers vérifiés et affirmés ou admis par provision, représentant en outre les deux tiers de la totalité des créances vérifiées et affirmées ou admises par provision. Le tout à peine de nullité.

Si le concordat est homologué, le tribunal déclare la liquidation judiciaire terminée. Lorsque le concordat contient abandon d'un actif à réaliser, les créanciers sont consultés sur le maintien ou le remplacement des liquidateurs et des contrôleurs. Le tribunal statue sur le maintien ou le remplacement des liquidateurs. Les opérations de réalisation et de répartition de l'actif abandonné se suivent conformément aux dispositions de l'article 541 du Code de commerce.

Dans la dernière assemblée, les liquidateurs donnent connaissance de l'état de leurs frais et indemnités, taxés par le juge-commissaire. Cet état est déposé au greffe. Le débiteur et les créanciers peuvent former opposition à la taxe dans la huitaine. Il est statué par le tribunal en chambre du conseil.

Dans tous les cas où il y a lieu à reddition de comptes par les liquidateurs, la disposition du paragraphe précédent est applicable.

16. Sont nuls et sans effet, tant à l'égard des parties intéressées qu'à l'égard des tiers, tous traités ou concordats qui, après l'ouverture de la liquidation judiciaire, n'auraient été souscrits dans les formes ci-dessus prescrites.

17. Les prescriptions du décret du 18 juin 1880, contenant le tarif des droits et émoluments dus aux greffiers des tribunaux de commerce sont autorisés à percevoir, sont applicables au cas de liquidation judiciaire comme au cas de faillite.

18. La notification à faire, s'il y a lieu, au propriétaire dans les termes de l'article 450 du Code de commerce, est faite par le débiteur et les liquidateurs avec l'autorisation du juge-commissaire, les contrôleurs entendus. Ils ont, pour cette notification,

un délai de huit jours à partir de la première assemblée de vérification.

19. La faillite d'un commerçant admis au bénéfice de la liquidation judiciaire peut être déclarée par jugement du tribunal de commerce, soit d'office, soit sur la poursuite des créanciers:

1° S'il est reconnu que la requête à fin de liquidation judiciaire n'a pas été présentée dans les quinze jours de la cessation des payements;

2° Si le débiteur n'obtient pas de concordat. Dans ce cas, si la faillite n'est pas déclarée, la liquidation judiciaire continue jusqu'à la réalisation et la répartition de l'actif, qui se feront conformément aux dispositions du deuxième alinéa de l'article 15 de la présente loi. Si la faillite est déclarée, il est procédé conformément aux articles 529 et suivants du Code de commerce.

Le tribunal déclare la faillite à toute période de la liquidation judiciaire:

1° Si, depuis la cessation de payements ou dans les dix jours précédents, le débiteur a consenti l'un des actes mentionnés dans les articles 446, 447, 448 et 449 du Code de commerce, mais dans le cas seulement où la nullité aura été prononcée par les tribunaux compétents ou reconnue par les parties;

2° Si le débiteur a dissimulé ou exagéré l'actif ou le passif, omis sciemment le nom d'un ou de plusieurs créanciers, ou commis une fraude quelconque, le tout sans préjudice des poursuites du ministère public;

3° Dans les cas d'annulation ou de résolution du concordat;

4° Si le débiteur en état de liquidation judiciaire a été condamné pour banqueroute simple ou frauduleuse.

Les opérations de la faillite sont suivies sur les derniers errements de la procédure de la liquidation.

20. L'article 11 et les dispositions des paragraphes 1er, 3° et 4° de l'article 15 de la présente loi sont applicables à l'état de faillite.

Sont également applicables à l'état de faillite les dispositions de la présente loi concernant l'institution des contrôleurs.

21. A partir du jugement d'ouverture de la liquidation judiciaire, le débiteur ne peut être nommé à aucune fonction élective; s'il exerce une fonction de cette nature, il est réputé démissionnaire.

22. L'article 549 du Code de commerce est modifié ainsi qu'il suit: — V. *supra, cet article.*

23. Le premier paragraphe de l'article 438 du Code de commerce et le n° 4 de l'énumération faite par l'article 586 sont modifiés comme il suit: — V. *supra, ces articles.*

24. Toutes les dispositions du Code de commerce qui ne sont pas modifiées par la présente loi continueront à recevoir leur application en cas de liquidation judiciaire comme en cas de faillite.

DISPOSITIONS TRANSITOIRES.

25. Le commerçant en état de cessation de payements dont la faillite n'aura pas été déclarée, ou dont le jugement déclaratif de faillite ne sera pas devenu définitif à la date de la promulgation de la présente loi, pourra obtenir le bénéfice de la liquidation judiciaire. Cette faculté s'exercera devant la juridiction saisie. La requête devra, dans tous les cas, être présentée dans la quinzaine de la promulgation.

Les faillites déclarées antérieurement à cette promulgation continueront à être régies par les dispositions du Code de commerce; sont toutefois applicables à ces faillites les dispositions de la présente loi concernant l'institution des contrôleurs.

Le jugement qui homologuera le concordat obtenu par le débiteur dont la faillite aura été déclarée antérieurement à la promulgation de la présente loi, ou qui déclarera celui-ci excusable, pourra décider que le failli ne sera soumis qu'aux incapacités édictées par l'article 21 contre les débiteurs admis à la liquidation judiciaire.

Cette disposition sera applicable à tout ancien failli qui aura obtenu son concordat ou qui aura été déclaré excusable. Il devra saisir par requête le tribunal de commerce qui l'a déclaré sa faillite et produire son casier judiciaire. Cette requête sera affichée pendant quinze jours dans l'auditoire. Le tribunal statuera en chambre du conseil. Sa décision n'est susceptible d'aucun recours.

L'inscription sur les listes électorales pourra être faite, à la suite de ces formalités, jusqu'au 31 mars, date de la clôture des listes.

26. La présente loi est applicable aux colonies de la Guadeloupe, de la Martinique et de la Réunion.

S. v° *Faillite*, 1 s. — T. (87-97), cod. v°, 1 s. — V. aussi Suppl. ou C. com. ann., p. 658 s.

Loi du 19 mars 1889,
Relative aux annonces sur la voie publique
(D. P. 89. 4. 48).

Art. 1er. Les journaux et tous les écrits ou imprimés distribués ou vendus dans les rues et lieux publics ne pourront être annoncés que par leur titre, leur prix, l'indication de leur opinion et les noms de leurs auteurs ou rédacteurs.

Aucun titre obscène ou contenant des imputations, diffamations ou expressions injurieuses pour une ou plusieurs personnes ne pourra être annoncé sur la voie publique.

2. Les infractions aux dispositions qui précèdent seront punies d'une amende de 1 franc à 15 francs et, en cas de récidive, d'un emprisonnement de un jour à cinq jours. Toutefois l'article 463 du Code pénal pourra toujours être appliqué.

S. v° *Presse*, 397 s. — V. aussi Suppl. au C. pén. ann., n° 9624 s.

Loi du 26 juin 1889,
Sur la nationalité (D. P. 89. 4. 59).

Art. 1er. Les articles 7, 8, 9, 10, 12, 13, 17, 18, 19, 20 et 21 du Code civil, sont modifiés ainsi qu'il suit: — V. *ces articles, supra*, C. civ.

2. La présente loi est applicable à l'Algérie et aux colonies de la Guadeloupe, de la Martinique et de la Réunion.

Continueront toutefois de recevoir leur application, le sénatus-consulte du 14 juillet 1865 et les autres dispositions spéciales à la naturalisation en Algérie.

3. L'étranger naturalisé jouit de tous les droits civils et politiques attachés à la qualité de citoyen français. Néanmoins, il n'est éligible aux assemblées législatives que dix ans après le décret de naturalisation, à moins qu'une loi spéciale n'abroge ce délai.

Les Français qui recouvrent cette qualité, après l'avoir perdue, acquièrent immédiatement tous les droits civils et politiques, même l'éligibilité aux assemblées législatives.

4. Les descendants des familles proscrites lors de la révocation de l'édit de Nantes continueront à bénéficier des dispositions de la loi du 15 décembre 1790, mais à la condition d'un décret spécial pour chaque demandeur. Ce décret ne produira d'effet que pour l'avenir.

5. Pour l'exécution de la présente loi, un règlement d'administration publique déterminera: 1° les conditions auxquelles ces dispositions sont applicables aux colonies autres que celles dont il est parlé à l'article 2 ci-dessus, ainsi que les formes à suivre pour la naturalisation dans ces colonies; 2° les formalités à remplir et les justifications à faire relativement à la naturalisation ordinaire et à la naturalisation de faveur, dans les cas prévus par les articles 9 et 10 du Code civil, ainsi qu'à la renonciation à la qualité de Français, dans les cas prévus par les articles 8, § 4; 12 et 18.

6. Sont abrogés les décrets des 6 avril 1809 et 26 août 1811; les lois des 22 mars 1849, 7 février 1851, 29 juin 1867, 16 décembre 1874, 14 février 1882, 29 juin 1883, et toutes les dispositions contraires à la présente loi.

DISPOSITION TRANSITOIRE.

Toute admission à domicile obtenue antérieurement à la présente loi sera périmée si, dans un délai de cinq années à compter de la promulgation, elle n'a pas été suivie d'une demande en naturalisation, ou si la demande en naturalisation a été rejetée.

Loi du 22 juillet 1889,

r la procédure à suivre devant les conseils
de préfecture (D. P. 90. 4. 1 s.).

RE 1er. — INTRODUCTION DES INSTANCES
T MESURES GÉNÉRALES D'INSTRUCTION.

L. 1er. Les requêtes introductives d'instance
rnant les affaires sur lesquelles le conseil de
cture est appelé à statuer par la voie conten-
s doivent être déposées au greffe du conseil,
disposition contraire contenue dans une loi
ale.

requêtes sont inscrites, à leur arrivée, sur le
re d'ordre, qui doit être tenu par le secrétaire
ir ; elles sont en outre marquées, ainsi que
ièces qui y sont jointes, d'un timbre indiquant
e de l'arrivée.

secrétaire greffier délivre aux parties qui en
a demandé un certificat qui constate l'arrivée
effe de la réclamation et des différents mémoires
its.

La requête introductive d'instance doit contenir
m, profession et domicile du demandeur, les
c demeure du défendeur, l'objet de la demande
nonciation des pièces dont le requérant entend
vir et qui y sont jointes.

Les requêtes présentées, soit par les particu-
suit par l'Administration, doivent être accom-
es de copies certifiées conformes par le reque-
s à être notifiées aux parties en cause.
opies ne sont pas assujetties au droit de
.

sque aucune copie n'est produite, ou lorsque le
re des copies n'est pas égal à celui des parties,
un intérêt distinct, auxquelles le conseil de pré-
e aurait ordonné la communication prévue par
le 6, le demandeur est averti par le secrétaire
r que la production n'en est pas faite dans
ai de quinze jours, à partir de cet avertisse-
le conseil de préfecture déclarera la requête
venue.

Les parties peuvent faire signifier leur demande
xploit d'huissier. Dans ce cas, l'original de
oit est déposé au greffe. Si ce dépôt n'est pas
ans le délai de quinze jours, à dater de la signi-
n, l'exploit est périmé.

frais de la signification par huissier n'entrent
n taxe.

Immédiatement après l'enregistrement au greffe
quêtes introductives d'instance, le président du
il de préfecture désigne un rapporteur, auquel
sier est transmis dans les vingt-quatre heures.
Dans les huit jours qui suivent cette transmis-
le conseil de préfecture, réuni en chambre du
il, règle, le cas échéant, la notification
arties défenderesses des requêtes introductives
ance.

xe, eu égard aux circonstances de l'affaire, le
accordé aux parties pour fournir leur défense,
signe l'agent qui sera chargé de cette notifi-

Les décisions prises par le conseil de préfec-
pour l'instruction des affaires, dans les cas pré-
r l'article précédent, sont notifiées aux parties
teressées, dans la forme administrative et dans
lais fixés par le conseil, par l'agent qu'il a dé-
, en même temps que les copies des requêtes
moires déposés au greffe, en exécution de l'ar-
3.

st donné récépissé de cette notification.
éfaut de récépissé, il est dressé procès-verbal
notification par l'agent qui l'a faite.

récépissé ou le procès-verbal est transmis
diatement au greffe du conseil de préfecture.

Les parties ou leurs mandataires peuvent
tre connaissance au greffe, mais sans déplace-
, des pièces de l'affaire.

atefois, le président du conseil peut autoriser le
cement des pièces, pendant un délai qu'il déter-
, sur la demande des avocats ou des avoués
és de défendre les parties.

e mandataire d'une partie n'est ni avoué exer-
dans le département, ni avocat, il doit justifier
n mandat par un acte sous seing privé légalisé
e maire et enregistré ou par un acte authen-

L'individu privé du droit de témoigner en justice
ne peut être admis comme mandataire d'une partie.

Lorsque la partie est domiciliée en dehors du département, elle doit faire élection de domicile au chef-
lieu.

9. Les mémoires en défense et les répliques sont
déposés au greffe dans les conditions fixées par les
articles 1, 2, 3 et 4 de la présente loi.

La communication en est ordonnée par le conseil
de préfecture comme pour les requêtes introductives
d'instance.

10. Lorsqu'il s'agit de contravention il est procédé comme il suit, à défaut de règles établies par
des lois spéciales :

Dans les dix jours qui suivent la rédaction d'un
procès-verbal de contravention et son affirmation
quand elle est exigée, le préfet fait faire au contrevenant notification de la copie du procès-verbal ainsi
que de l'affirmation, avec citation à comparaître, dans
le délai d'un mois, devant le conseil de préfecture. La
notification et la citation sont faites dans la forme
administrative.

La citation doit indiquer à l'inculpé qu'il est tenu,
s'il veut fournir des défenses écrites, de les déposer
dans le délai de quinzaine à partir de la notification
qui lui est faite et l'inviter à faire connaître, en produisant sa défense écrite, s'il entend user du droit de
présenter des observations orales à l'audience.

Il est dressé acte de la notification et de la citation ; cet acte doit être adressé au conseil de préfecture et y être enregistré comme il est dit en l'article 1er.

Le conseil de préfecture ordonne, s'il y a lieu, la
communication à l'Administration compétente du
mémoire en défense produit par l'inculpé et la communication à l'inculpé de la réponse faite par l'Administration.

11. Les réclamations en matière électorale et en
matière de contributions directes continueront à être
présentées et instruites dans les formes prescrites
par les lois spéciales de la matière.

Lorsque les parties seront appelées à fournir des
observations en exécution de l'article 29 de la loi du
21 avril 1832 et de l'article 37 de la loi du 5 avril 1884,
elles devront être invitées à faire connaître si elles
entendent user du droit de présenter des observations orales à la séance publique où l'affaire sera
portée pour être jugée.

Il en sera de même des réclamations relatives aux
taxes qui sont assimilées aux contributions directes
pour le recouvrement, et dont l'assiette et la répartition sont confiées à l'administration des contributions
directes.

Les réclamations relatives aux taxes assimilées,
dont l'assiette n'est pas confiée à cette Administration,
seront instruites dans les formes prescrites par les
articles 1 à 9 de la présente loi.

12. Lorsque l'affaire est en état d'être jugée, et
lorsqu'il y a lieu d'ordonner des vérifications au
moyen d'expertises, d'enquêtes ou autres mesures
analogues, le rapporteur prépare un rapport.

Ce rapport est remis au secrétaire greffier, qui le
transmet immédiatement au commissaire du Gouvernement.

TITRE II. — DES DIFFÉRENTS MOYENS
DE VÉRIFICATION.

§ 1er. — Des expertises.

13. Le conseil de préfecture peut, soit d'office,
soit sur la demande des parties ou de l'une d'elles,
ordonner, avant faire droit, qu'il sera procédé à une
expertise sur les points déterminés par sa décision.

En matière de dommages résultant de l'exécution
des travaux publics ou de subventions spéciales
pour dégradations extraordinaires aux chemins vicinaux, l'expertise doit être ordonnée, soit elle est demandée par les parties ou par l'une d'elles, pour
faire vérifier les faits qui servent de base à la
réclamation.

14. L'expertise sera faite par trois experts, à
moins que les parties ne consentent qu'il y soit procédé par un seul.

Dans ce dernier cas, l'expert est nommé par le
conseil, à moins que les parties ne s'accordent pour
le désigner.

Si l'expertise est confiée à trois experts, l'un d'eux

est nommé par le conseil de préfecture, et chacune
des parties est appelée à nommer son expert.

15. Les parties qui ne sont pas présentes à la
séance publique où l'expertise est ordonnée, ou qui
n'ont pas, dans leurs requêtes et mémoires, désigné
leur expert, sont invitées, par une notification faite
conformément à l'article 7, à le désigner dans le
délai de huit jours.

Si cette désignation n'est pas parvenue au greffe
dans ce délai, la nomination est faite d'office par le
conseil de préfecture.

16. L'arrêté du conseil de préfecture qui ordonne
l'expertise en fixe l'objet, et qui nomme, s'il y a
lieu, le ou les experts, désigne l'autorité devant
laquelle ils doivent prêter serment, à moins que le
conseil ne les en dispense, du consentement des
parties.

La prestation du serment et l'expédition du procès-
verbal ne donnent lieu à aucun droit d'enregistrement.

Le conseil de préfecture fixe, en outre, le délai
dans lequel les experts seront tenus de déposer leur
rapport au greffe.

17. Les fonctionnaires qui ont exprimé une opinion dans l'affaire litigieuse, ou qui ont pris part
aux travaux qui donnent lieu à une réclamation, ne
peuvent être désignés comme experts.

Les règles établies par le Code de procédure civile
pour la récusation des experts sont applicables dans
le cas où les experts sont désignés d'office par le
conseil de préfecture.

La récusation doit être proposée dans les huit jours
de la notification de l'arrêté qui a désigné l'expert.
Elle est jugée d'urgence.

18. Dans le cas où un expert n'accepte pas la
mission qui lui a été confiée, il en est désigné un
autre à sa place.

L'expert qui, après avoir accepté sa mission, ne
le remplit pas, et celui qui ne dépose pas son rapport dans le délai fixé par le conseil de préfecture
peuvent être condamnés à tous les frais frustratoires,
et même à des dommages-intérêts, s'il y a lieu.

L'expert est, en outre, remplacé, s'il y a lieu.

19. Les parties doivent être averties par le ou
les experts des jours et heures auxquels il sera procédé à l'expertise ; cet avis leur est adressé quatre
jours au moins à l'avance, par lettre recommandée.

Les observations faites par les parties, dans le
cours des opérations, doivent être consignées dans
le rapport.

20. S'il y a plusieurs experts, ils procèdent
ensemble à la visite des lieux et dressent un seul
rapport. Dans le cas où ils sont d'avis différents, ils
indiquent l'opinion de chacun d'eux et les motifs
à l'appui.

21. Le rapport est déposé au greffe du conseil.
Les parties sont invitées, par une notification faite
conformément à l'article 7, à en prendre connaissance et à fournir leurs observations dans le délai
de quinze jours ; une prorogation de délai peut être
accordée.

22. Si le conseil ne trouve pas dans le rapport
d'expertise des éclaircissements suffisants, il peut
ordonner un supplément d'instruction, ou bien ordonner que les experts comparaîtront devant lui pour
fournir les explications et renseignements nécessaires.

En aucun cas, le conseil n'est obligé de suivre
l'avis des experts.

23. Les experts joignent à leur rapport un état
des frais de vacations, frais et honoraires.

La liquidation et la taxe en sont faites par arrêté
du président du conseil de préfecture. En matière
de contributions directes ou de taxes assimilées, conformément au tarif qui sera fixé par un
règlement d'administration publique ; mais les experts
ou les parties peuvent, dans le délai de trois jours
à partir de la notification qui leur est faite dudit
arrêté, contester la liquidation devant le conseil de
préfecture, statuant en chambre du conseil.

24. En cas d'urgence, le président du conseil de
préfecture peut, sur la demande des parties, désigner un expert pour constater des faits qui seraient
de nature à motiver une réclamation devant le
conseil.

Avis en est immédiatement donné au défendeur
éventuel.

§ 2. — Des visites des lieux.

25. Le conseil peut, lorsqu'il le croit nécessaire, ordonner qu'il se transportera tout entier ou que l'un ou plusieurs de ses membres se transporteront sur les lieux pour y faire les constatations et vérifications déterminées par son arrêté.

Le conseil ou ses membres peuvent, en outre, dans le cours de la visite, entendre à titre de renseignements les personnes qu'ils désignent et faire faire en leur présence les opérations qu'ils jugent utiles.

Les parties sont averties, par une notification faite conformément à l'article 7, du jour et de l'heure auxquels la visite des lieux doit se faire.

Il est dressé procès-verbal de l'opération.

Les frais de cette visite sont compris dans les dépens de l'instance.

§ 3. — Des enquêtes et des interrogatoires.

26. Le conseil peut, soit sur la demande des parties, soit d'office, ordonner une enquête sur les faits dont la constatation lui paraît utile à l'instruction de l'affaire.

27. L'arrêté qui ordonne l'enquête indique les faits sur lesquels elle doit porter et décide, suivant le cas, si elle aura lieu, soit devant le conseil en séance publique, soit devant un membre du conseil, qui se transportera sur les lieux.

28. Les parties sont averties, par une notification faite conformément à l'article 7, qu'elles peuvent prendre connaissance au greffe de l'arrêté qui ordonne l'enquête, et elles sont invitées à présenter leurs témoins au jour fixé par cet arrêté.

Les parties peuvent assigner les témoins, à leurs frais, par exploit d'huissier.

29. Ne peuvent être entendus comme témoins les parents ou alliés en ligne directe de l'une des parties ou leurs conjoints.

Toutes autres personnes sont admises comme témoins, à l'exception de celles qui sont incapables de témoigner en justice.

30. Les témoins sont entendus séparément, tant en présence qu'en l'absence des parties; chaque témoin, avant d'être entendu, déclare ses nom, prénoms, profession, âge et demeure, s'il est parent ou allié des parties et à quel degré; s'il n'est domestique ou serviteur de l'une d'elles. Il fait, à peine de nullité, le serment de dire la vérité.

Les individus qui n'ont pas l'âge de quinze ans révolus ne sont pas admis à prêter serment et ne peuvent être entendus qu'à titre de renseignements.

Les témoins peuvent être entendus de nouveau et confrontés les uns avec les autres.

31. Dans le cas où l'enquête a lieu à l'audience publique, le secrétaire greffier dresse procès-verbal de l'audition des témoins.

Ce procès-verbal est visé par le président et annexé à la minute de l'arrêté.

32. Si l'enquête est confiée à un des membres du conseil, il est dressé procès-verbal contenant l'énoncé des jour, lieu et heure de l'enquête, la mention de l'absence ou de la présence des parties, les noms, prénoms, professions et demeures des témoins, les reproches proposés, le serment prêté par les témoins ou les causes qui les ont empêchés de le prêter, leur déposition.

Il est donné lecture à chaque témoin de sa déposition, et le témoin la signe, ou mention est faite qu'il ne sait, ne peut ou ne veut signer.

Le procès-verbal dressé par le commissaire enquêteur est déposé au greffe du conseil.

33. Si les parties n'ont pas assisté à l'enquête, elles sont averties, par une notification faite conformément à l'article 7, qu'elles peuvent prendre connaissance du procès-verbal et du greffe, dans le délai fixé par le conseil de préfecture.

34. Lorsque le conseil de préfecture a ordonné une enquête sur la validité des opérations électorales qui sont contestées devant lui, il doit statuer sur la réclamation dans le délai déterminé par l'article 38 de la loi du 5 avril 1884.

Les notifications prévues aux articles 28 et 33 peuvent être faites conformément aux deux derniers paragraphes de l'article 44.

35. Si les témoins entendus dans une enquête requièrent taxe, la taxe est faite par le président du conseil ou le commissaire enquêteur, suivant le cas, conformément au tarif qui sera fixé par un règlement d'administration publique.

Il ne sera pas accordé de taxe aux témoins en matière électorale.

36. Le conseil peut, soit d'office, soit sur la demande des parties, ordonner que les parties seront interrogées, soit à la séance publique, soit en chambre du conseil.

§ 4. — Des vérifications d'écritures et de l'inscription de faux.

37. Le conseil peut ordonner une vérification d'écritures par un ou plusieurs experts qu'il nomme, en présence d'un des membres du conseil désigné à cet effet.

38. Dans le cas de demande en inscription en faux contre une pièce produite, le conseil fixe le délai dans lequel la partie qui l'a produite sera tenue de déclarer si elle entend s'en servir.

Si la partie déclare qu'elle n'entend pas se servir de la pièce, ou ne fait pas de déclaration, la pièce est rejetée.

Si la partie déclare qu'elle entend se servir de la pièce, le conseil peut, soit surseoir à statuer sur l'instance principale jusqu'après le jugement du faux par le tribunal compétent, soit statuer au fond, s'il reconnaît que la décision ne dépend pas de la pièce arguée de faux.

TITRE III. — DES INCIDENTS.

39. Sont applicables aux demandes incidentes les règles établies par les articles 1 à 9 de la présente loi.

40. L'intervention est admise de la part de ceux qui ont intérêt à la décision du litige engagé devant le conseil de préfecture.

41. Les dispositions des articles 378 à 389 du Code de procédure civile sur la récusation des juges sont applicables devant les conseils de préfecture.

42. Le désistement peut être fait et accepté par des actes signés des parties ou de leurs mandataires et déposés au greffe.

Les frais du procès sont à la charge de la partie qui se désiste.

TITRE IV. — DU JUGEMENT.

43. Le rôle de chaque séance publique est arrêté par le président du conseil; il est communiqué au commissaire du Gouvernement et affiché à la porte de la salle d'audience.

44. Toute partie doit être avertie, par une notification faite conformément à l'article 7, du jour où l'affaire sera portée en séance publique. Lorsqu'elle est représentée devant le conseil, la notification est faite à son mandataire ou, à défaut, domicilié dans le département.

Dans les deux cas, l'avertissement est donné quatre jours au moins avant la séance.

En matière de contributions directes ou de taxes assimilées, d'élections et de contraventions, l'avertissement n'est donné qu'aux parties qui ont fait connaître, antérieurement à la fixation du rôle, leur intention de présenter des observations orales.

Il peut, dans ces mêmes affaires, être donné par lettre recommandée, exempte de toute taxe postale.

Si les réclamants en matière électorale ont fait de mandataire ou défenseur commun, il suffit que l'avertissement soit adressé au premier signataire de la protestation.

45. Après le rapport qui est fait sur chaque affaire par un des membres, les parties peuvent présenter, soit en personne, soit par mandataire, des observations orales à l'appui de leurs conclusions écrites.

Le conseil de préfecture peut également entendre les agents de l'Administration compétente ou les appeler devant lui pour fournir des explications.

Si les parties présentent des conclusions nouvelles ou des moyens nouveaux, le conseil ne peut les adopter sans ordonner un supplément d'instruction.

46. Le commissaire du Gouvernement donne ses conclusions sur toutes les affaires.

47. En toute matière, les arrêtés des conseils de préfecture sont rendus par des conseillers délibérant en nombre impair.

Ils sont rendus par trois conseillers au moins président compris.

La décision est prononcée à l'audience publique après délibéré hors la présence des parties.

48. Les arrêtés pris par le conseil de préfecture mentionnent qu'il a été statué en séance publique.

Ils contiennent les noms et conclusions des parties, le vu des pièces et des dispositions législatives dont ils font l'application. Lorsque le conseil statue en matière répressive, les dispositions législatives doivent être textuellement rapportées.

Mention y est faite que les parties ou leurs mandataires et le commissaire du Gouvernement ont été entendus.

Ils sont motivés.

Les noms des membres qui ont concouru à la décision y sont mentionnés.

La minute de la décision est signée, dans les vingt-quatre heures, par le président, le rapporteur et le secrétaire greffier.

49. La minute des décisions du conseil de préfecture est conservée au greffe pour chaque affaire avec la correspondance et les pièces relatives à l'instruction. Les pièces qui appartiennent aux parties sont remises sur récépissé, à moins que le conseil de préfecture n'ait ordonné que quelques-unes de ces pièces resteraient annexées à la décision.

Les arrêtés du conseil de préfecture sont exécutoires et emportent hypothèque.

50. Sont applicables aux conseils de préfecture les dispositions de l'article 85 et des articles 88 et suivants du titre V du Code de procédure civile, et celles de l'article 41 de la loi du 29 juillet 1881.

Néanmoins, si des dommages-intérêts sont réclamés à raison des discours et des écrits d'une partie ou de son défenseur, le conseil de préfecture réservera l'action, pour être statué ultérieurement par le tribunal compétent, conformément au dernier paragraphe de l'article 41 précité.

Il en sera de même si, outre les injonctions que le conseil peut adresser aux avocats et aux officiers ministériels en cause, il estime qu'il peut y avoir lieu à une autre peine disciplinaire.

Les dispositions de l'article 85 du Code de procédure civile sont applicables aux défenseurs des parties autres que les avocats et les avoués, aussi bien qu'aux parties elles-mêmes.

51. L'expédition des décisions est délivrée par le secrétaire greffier dès qu'il en est requis. Toute décision est notifiée aux parties à leur domicile réel dans la forme administrative, par les soins du préfet, lorsque l'instance a été engagée par l'État ou contre lui, et lorsque le conseil de préfecture a prononcé en matière répressive, sans préjudice pour le droit de la partie de faire la notification par exploit d'huissier.

Dans les autres cas, la notification est faite par exploit d'huissier.

Toutefois, il n'est pas dérogé aux règles spéciales établies pour la notification des décisions en matière de contributions directes et de taxes assimilées et en matière électorale.

TITRE V. — DE L'OPPOSITION ET DU RECOURS DEVANT LE CONSEIL D'ÉTAT.

52. Les arrêtés non contradictoires des conseils de préfecture en matière contentieuse peuvent être attaqués par voie d'opposition dans le délai d'un mois, à dater de la notification qui en est faite à la partie.

L'acte de notification doit indiquer à la partie que, après l'expiration dudit délai, elle sera déchue du droit de former opposition.

L'opposition est formée suivant les règles établies par les articles 1er à 4 de la présente loi. Les communications sont ordonnées comme pour les requêtes introductives d'instance.

53. Sont considérés comme contradictoires les arrêtés rendus sur les requêtes ou mémoires en défense des parties, alors même que les parties ou leurs mandataires n'auraient pas présenté d'observations orales à la séance publique.

Toutefois, si, après une expertise, les parties n'ont pas été appelées à prendre connaissance du d'experts, elles pourront former opposition à décision du conseil de préfecture.

Lorsque la demande est formée contre deux ours parties, et que l'une ou plusieurs d'entre ont pas présenté de défense, le conseil sursatuer sur le fond et ordonne que les parties tes seront averties de ce sursis par une notifaite conformément à l'article 7, et invitées eau à produire leur défense dans un délai e. Après l'expiration du délai, il est statué seule décision, qui n'est susceptible d'oppoa la part d'aucune des parties.

L'opposition suspend l'exécution, à moins n ait été autrement ordonné par la décision atué par défaut.

Toute partie peut former tierce opposition à sion qui préjudicie à ses droits, et lors de ni elle ni ceux qu'elle représente n'ont été

procédé à l'instruction dans les formes étales articles 1 à 9 de la présente loi.

es arrêtés des conseils de préfecture peuvent qués devant le conseil d'État dans le délai mois à dater de la notification, lorsqu'ils tradictoires, et à dater de l'expiration du opposition, lorsqu'ils ont été rendus par

Ce délai de deux mois est augmenté, conforà l'article 73 du Code de procédure civile, par la loi du 3 mai 1862, lorsque le requédomicilié hors de la France continentale.

Le délai de pourvoi court contre l'État ou les trations représentée par le préfet, soit à dater où la notification de l'arrêté a été faite par es au préfet, soit à dater du jour où la notia été faite aux parties par les soins du préfet.

le conseil de préfecture a statué en matière re, le délai court contre l'Administration à à la date de l'arrêté.

es dispositions du Code de procédure civile à l'appel des jugements préparatoires et indres sont applicables aux recours formés s décisions des conseils de préfecture.

e recours au conseil d'État contre les arrêconseils de préfecture peut avoir lieu sans sans l'intervention d'un avocat au conseil matière :

contributions directes ou de taxes assimilées ntributions pour le recouvrement;

oiries ;

contraventions aux lois et règlements sur la voirie et autres contraventions dont la répresartient au conseil de préfecture, ainsi que des chemins vicinaux.

ois l'exemption du droit de timbre n'est apaux recours en matière de contributions et de taxes assimilées à ces contributions, prestations en nature pour les chemins vicue lorsque la cote est moindre de trente

cours peut être déposé, dans les cas ci-dessus oit au secrétariat général du conseil d'État, préfecture, soit à la sous-préfecture. Dans derniers cas, il est marqué d'un timbre qui la date de l'arrivée, et il est transmis par le secrétariat général du conseil d'État.

est délivré récépissé à la partie qui le de-

TITRE VI. — DES DÉPENS.

Toute partie qui succombe est condamnée aux

épens peuvent, en raison des circonstances re, être compensés en tout ou en partie.

L'article qui précède est applicable à l'Admin dans les contestations relatives soit au e de l'État, soit à l'exécution des marchés pour un service public, soit à la réparation mmages sur lesquels les conseils de préfecit appelés à prononcer.

matière répressive, la partie acquittée est sans dépens.

a lieu, en matière électorale, à aucune conion aux dépens.

quidation des frais d'expertise est faite par le t du conseil de préfecture, conformément à 23.

64. Les dépens ne peuvent comprendre que les frais de timbre ou d'enregistrement, les frais de copie des requêtes ou mémoires, les frais d'expertise, d'enquêtes et autres mesures d'instruction, et les frais de signification de la décision.

65. La liquidation des dépens est faite, s'il y a lieu, par l'arrêté qui statue sur le litige, conformément au tarif qui sera fixé par un règlement d'administration publique.

66. Si l'état des dépens n'est pas soumis en temps utile au conseil de préfecture, la liquidation en est faite par le président du conseil, le rapporteur entendu.

Les parties peuvent former opposition à cette décision devant le conseil de préfecture, statuant en chambre du conseil, dans le délai de huit jours à dater de la notification.

67. Le règlement d'administration publique pour l'établissement du tarif des dépens sera rendu dans les six mois qui suivront la promulgation de la présente loi.

68. Sont abrogées les dispositions de la loi et des règlements contraires à la présente loi.

V. C. ad., t. 3, v° *Travaux publics*, p. 321 s., et son Suppl., v° *Département.*

Loi du 24 juillet 1889,

Sur la protection des enfants maltraités ou moralement abandonnés (D. P. 90. 4. 15).

TITRE Ier.

CHAPITRE Ier. — DE LA DÉCHÉANCE DE LA PUISSANCE PATERNELLE.

Art. 1er. Les pères et mères et ascendants sont déchus de plein droit, à l'égard de tous leurs enfants et descendants, de la puissance paternelle, ensemble de tous les droits qui s'y rattachent, notamment ceux énoncés aux articles 108, 141, 148, 150, 151, 346, 361, 372 à 387, 389, 390, 391, 397, 477 et 935 du Code civil, à l'article 3 du décret du 22 février 1851 et à l'article 46 de la loi du 27 juillet 1872 :

1° S'ils sont condamnés à l'application du paragraphe 2 de l'article 334 du Code pénal ;

2° S'ils sont condamnés, soit comme auteurs, coauteurs ou complices d'un crime commis sur la personne d'un ou plusieurs de leurs enfants, soit comme coauteurs ou complices d'un crime commis par un ou plusieurs de leurs enfants;

3° S'ils sont condamnés deux fois comme auteurs, coauteurs ou complices d'un délit commis sur la personne d'un ou plusieurs de leurs enfants;

4° S'ils sont condamnés deux fois pour excitation habituelle de mineurs à la débauche.

Cette déchéance laisse subsister entre les ascendants déchus et l'enfant les obligations énoncées aux articles 205, 206 et 207 du Code civil.

2. Peuvent être déclarés déchus des mêmes droits :

1° Les père et mère condamnés aux travaux forcés à perpétuité ou à temps, ou à la réclusion, comme auteurs, coauteurs ou complices d'un crime autre que ceux prévus par les articles 86 à 101 du Code pénal.

2° Les père et mère condamnés deux fois pour un des faits suivants : séquestration, suppression, exposition ou abandon d'enfants ou pour vagabondage;

3° Les père et mère condamnés par application de l'article 2, paragraphe 4 des articles 23 janvier 1873, ou des articles 1, 2 et 3 de la loi du 7 décembre 1874 [*L'article 2 de la loi du 7 décembre 1874 a été modifié par l'article 3 de la loi du 19 avril 1898*];

4° Les père et mère condamnés une première fois pour excitation habituelle de mineurs à la débauche;

5° Les père et mère dont les enfants ont été conduits dans une maison de correction, par application de l'article 66 du Code pénal;

6° En dehors de toute condamnation, les père et mère qui, par leur ivrognerie habituelle, leur inconduite notoire et scandaleuse ou par de mauvais traitements, compromettent soit la santé, soit la sécurité, soit la moralité de leurs enfants.

3. L'action en déchéance est intentée devant la chambre du conseil du tribunal du domicile ou de la résidence du père ou de la mère, par un ou plusieurs parents du mineur au degré de cousin germain ou à un degré plus rapproché, ou par le ministère public.

4. Le procureur de la République fait procéder à une enquête sommaire sur la situation de la famille du mineur et sur la moralité de ses parents connus, qui sont mis en demeure de présenter au tribunal les observations et oppositions qu'ils jugeront convenables.

Le ministère public ou la partie intéressée introduit l'action en déchéance par un mémoire présenté au président du tribunal, énonçant les faits et accompagné des pièces justificatives. Ce mémoire est notifié aux père et mère ou ascendants dont la déchéance est demandée.

Le président du tribunal commet un juge pour faire le rapport à jour indiqué.

Il est procédé dans les formes prescrites par les articles 892 et 893 du Code de procédure civile. Toutefois la convocation du conseil de famille reste facultative pour le tribunal.

La chambre du conseil procède à l'examen de l'affaire sur le vu de la délibération du conseil de famille lorsqu'il a été convoqué, de l'avis du juge de paix du canton, après avoir appelé, s'il y a lieu, les parents ou autres personnes et entendu le ministère public dans ses réquisitions.

Le jugement est prononcé en audience publique. Il peut être déclaré exécutoire nonobstant opposition ou appel.

5. Pendant l'instance en déchéance, la chambre du conseil peut ordonner, relativement à la garde et à l'éducation des enfants, telles mesures provisoires qu'elle juge utiles.

Les jugements sur cet objet sont exécutoires par provision.

6. Les jugements par défaut prononçant la déchéance de la puissance paternelle peuvent être attaqués par la voie de l'opposition dans le délai de huit jours à partir de la notification à la personne, et dans le délai d'un an à partir de la notification à domicile. Si, sur l'opposition, il intervient un second jugement par défaut, ce jugement ne peut être attaqué que par la voie de l'appel.

7. L'appel des jugements appartient aux parties et au ministère public. Il doit être interjeté dans le délai de dix jours, à compter du jugement s'il est contradictoire, et, s'il est rendu par défaut, du jour où l'opposition n'est plus recevable.

8. Tout individu déchu de la puissance paternelle est incapable d'être tuteur, subrogé tuteur, curateur ou membre du conseil de famille.

9. Dans le cas de déchéance de plein droit encourue par le père, le ministère public ou les parents désignés à l'article 3 saisissent sans délai la juridiction compétente, qui décide si, dans l'intérêt de l'enfant, la mère exercera les droits de la puissance paternelle tels qu'ils sont définis par le Code civil. Dans ce cas, il est procédé comme à l'article 4. Les articles 5, 6 et 7 sont également applicables.

Toutefois, lorsque les condamnations prévues aux articles 1 et 2, paragraphes 1, 2, 3 et 4, ils pourront statuer sur la déchéance de la puissance paternelle dans les conditions établies par la présente loi.

Dans le cas de déchéance facultative, le tribunal qui la prononce statue par le même jugement sur les droits de la mère à l'égard des enfants nés et à naître, sans préjudice, en ce qui concerne ces derniers, de toute mesure provisoire à demander à la chambre du conseil, dans les termes de l'article 5, pour la période du premier âge.

Si le père déchu de la puissance paternelle contracte un nouveau mariage, la nouvelle femme peut, en cas de survenance d'enfants, demander au tribunal l'attribution de la puissance paternelle sur ces enfants.

CHAPITRE II. — DE L'ORGANISATION DE LA TUTELLE EN CAS DE DÉCHÉANCE DE LA PUISSANCE PATERNELLE.

10. Si la mère est prédécédée, si elle a été déclarée déchue ou si l'exercice de la puissance paternelle ne lui est pas attribué, le tribunal décide si la tutelle sera constituée dans les termes du droit commun, sans qu'il y ait, toutefois, obligation pour la personne désignée d'accepter cette charge.

Les tuteurs institués en vertu de la présente loi remplissent leurs fonctions sans que leurs biens soient grevés de l'hypothèque légale du mineur.

Toutefois, au cas où le mineur possède ou est appelé à recueillir des biens, le tribunal peut ordonner qu'une hypothèque générale ou spéciale soit constituée jusqu'à concurrence d'une somme déterminée.

11. Si la tutelle n'a pas été constituée conformément à l'article précédent, elle est exercée par l'assistance publique, conformément aux lois des 15 pluviôse an XIII et 10 janvier 1849, ainsi qu'à l'article 24 de la présente loi. Les dépenses sont réglées conformément à la loi du 5 mai 1869.

L'assistance publique peut, tout en gardant la tutelle, remettre les mineurs à d'autres établissements et même à des particuliers.

12. Le tribunal, en prononçant sur la tutelle, fixe le montant de la pension qui devra être payée par les père et mère et ascendants auxquels des aliments peuvent être réclamés, ou déclare qu'à raison de l'indigence des parents il ne peut être exigé aucune pension.

13. Pendant l'instance en déchéance, toute personne peut s'adresser au tribunal par voie de requête, afin d'obtenir que l'enfant lui soit confié.

Elle doit déclarer qu'elle se soumet aux obligations prévues par le paragraphe 2 de l'article 364 du Code civil, au titre de la tutelle officieuse.

Si le tribunal, après avoir recueilli tous les renseignements et pris, s'il y a lieu, l'avis du conseil de famille, accueille la demande, les dispositions des articles 365 et 370 du Code sont applicables.

En cas de décès du tuteur officieux avant la majorité du pupille, le tribunal est appelé à statuer de nouveau, conformément aux articles 11 et 12 de la présente loi.

Lorsque l'enfant aura été placé par les administrations hospitalières ou par le directeur de l'Assistance publique de Paris chez un particulier, ce dernier peut, après trois ans, s'adresser au tribunal et demander que l'enfant lui demeure confié dans les conditions prévues aux dispositions qui précèdent.

14. En cas de déchéance de la puissance paternelle, les droits du père, et, à défaut du père, les droits de la mère, quant au consentement au mariage, à l'adoption, à la tutelle officieuse et à l'émancipation, sont exercés par les mêmes personnes que si le père et la mère étaient décédés, sauf les cas où il aura été décidé autrement en vertu de la présente loi.

CHAPITRE III. — DE LA RESTITUTION DE LA PUISSANCE PATERNELLE.

15. Les père et mère frappés de déchéance dans les cas prévus par l'article 1er et par l'article 2, paragraphes 1, 2, 3 et 4, ne peuvent être admis à se faire restituer la puissance paternelle qu'après avoir obtenu leur réhabilitation.

Dans les cas prévus aux paragraphes 5 et 6 de l'article 2, les père et mère frappés de la déchéance peuvent demander au tribunal que l'exercice de la puissance paternelle leur soit restitué. L'action ne peut être introduite que trois ans après le jour où le jugement qui a prononcé la déchéance est devenu irrévocable.

16. La demande en restitution de la puissance paternelle est introduite sur simple requête et instruite conformément aux dispositions des paragraphes 2 et suivants de l'article 4. L'avis du conseil de famille est obligatoire.

La demande est notifiée au tuteur, qui peut présenter, dans l'intérêt de l'enfant, ou en son nom personnel, les observations et oppositions qu'il aurait à faire contre la demande. Les dispositions des articles 5, 6 et 7 sont également applicables à ces demandes.

Le tribunal, en prononçant la restitution de la puissance paternelle, fixe suivant les circonstances l'indemnité due au tuteur, ou déclare qu'à raison de l'indigence des parents, il ne sera alloué aucune indemnité.

La demande qui aura été rejetée ne pourra plus être réintroduite, si ce n'est par la mère, après la dissolution du mariage.

TITRE II. — DE LA PROTECTION DES MINEURS PLACÉS AVEC OU SANS L'INTERVENTION DES PARENTS.

17. Lorsque des administrations d'assistance publique, des associations de bienfaisance régulièrement autorisées à cet effet, des particuliers jouissant de leurs droits civils ont accepté la charge de mineurs de seize ans que des pères, mères ou des tuteurs autorisés par le conseil de famille leur ont confiés, le tribunal du domicile de ces pères, mères ou tuteurs peut, à la requête des parties intéressées agissant conjointement, décider qu'il y a lieu, dans l'intérêt de l'enfant, de déléguer à l'assistance publique les droits de puissance paternelle abandonnés par les parents, et de remettre l'exercice de ces droits à l'établissement ou au particulier gardien de l'enfant.

Si des parents ayant conservé le droit de consentement au mariage d'un de leurs enfants refusent de consentir au mariage en vertu de l'article 148 du Code civil, l'assistance publique peut les faire citer devant le tribunal, qui donne ou refuse le consentement, les parents entendus ou dûment appelés, dans la chambre du conseil.

18. La requête est visée pour timbre et enregistrée gratis.

Après avoir appelé les parents ou tuteur, en présence des particuliers ou des représentants réguliers de l'Administration ou de l'établissement gardien de l'enfant, ainsi que du représentant de l'assistance publique, le tribunal procède à l'examen de l'affaire en chambre du conseil, le ministère public entendu.

Le jugement est prononcé en audience publique.

19. Lorsque des administrations d'assistance publique, des associations de bienfaisance régulièrement autorisées à cet effet, des particuliers jouissant de leurs droits civils ont recueilli des enfants mineurs de seize ans sans l'intervention des père et mère ou tuteur, une déclaration doit être faite dans les trois jours au maire de la commune sur le territoire de laquelle l'enfant a été recueilli, et à Paris au commissaire de police, à peine d'une amende de cinq à quinze francs.

En cas de nouvelle infraction dans les douze mois, l'article 482 du Code pénal est applicable.

Est également applicable aux cas prévus par la présente loi le dernier paragraphe de l'article 463 du même Code.

Les maires et les commissaires de police doivent, dans le délai de quinzaine, transmettre ces déclarations au préfet, et dans le département de la Seine au préfet de police. Ces déclarations doivent être notifiées dans un nouveau délai de quinzaine aux parents de l'enfant.

20. Si, dans les trois mois à dater de la déclaration, les père et mère ou tuteurs n'ont point réclamé l'enfant, ceux qui l'ont recueilli peuvent adresser au président du tribunal de leur domicile une requête afin d'obtenir que, dans l'intérêt de l'enfant, l'exercice de tout ou partie des droits de la puissance paternelle leur soit confié.

Le tribunal procède à l'examen de l'affaire en chambre du conseil, le ministère public entendu. Dans le cas où il ne confère au requérant qu'une partie des droits de la puissance paternelle, il déclare, par le même jugement, que les autres, ainsi que la puissance paternelle, sont dévolus à l'assistance publique.

21. Dans les cas visés par l'article 17 et l'article 19, les père, mère ou tuteur qui veulent obtenir que l'enfant leur soit rendu s'adressent au tribunal de la résidence de l'enfant, par voie de requête visée pour timbre et enregistrée gratis.

Après avoir appelé celui auquel l'enfant a été confié et le représentant de l'assistance publique, ainsi que toute personne qu'il juge utile, le tribunal procède à l'examen de l'affaire en chambre du conseil, le ministère public entendu.

Le jugement est prononcé en audience publique.

Si le tribunal juge qu'il n'y a pas lieu de rendre l'enfant aux père, mère ou tuteur, il peut, sur la réquisition du ministère public, prononcer la déchéance de la puissance paternelle ou maintenir à l'établissement ou au particulier gardien les droits qui lui ont été conférés en vertu des articles 17 ou 20. En cas de remise de l'enfant, il fixe l'indemnité due à celui qui en a eu la charge, ou déclare qu'à raison de l'indigence des parents il ne sera alloué aucune indemnité.

La demande qui a été rejetée ne peut plus être renouvelée que trois ans après le jour où la décision de rejet est devenue irrévocable.

22. Les enfants confiés à des particuliers ou des associations de bienfaisance, dans les conditi[ons] de la présente loi, sont sous la surveillance de l'Ét[at] représenté par le préfet du département.

Un règlement d'administration publique déter[mi]nera le mode de fonctionnement de cette surveillan[ce] ainsi que de celle qui sera exercée par l'assistan[ce] publique.

Les infractions audit règlement seront punies d'u[ne] amende de vingt-cinq à mille francs.

En cas de récidive, la peine d'emprisonnement [de] huit jours à un mois pourra être prononcée.

23. Le préfet du département de la résidence [de] l'enfant confié à un particulier ou à une associat[ion] de bienfaisance, dans les conditions de la prése[nte] loi, peut toujours se pourvoir devant le tribunal ci[vil] de cette résidence afin d'obtenir, dans l'intérêt [de] l'enfant, que le particulier ou l'association soit d[és]saisie de tout droit sur ce dernier et qu'il soit con[fié] à l'assistance publique.

La requête du préfet est visée pour timbre et en[re]gistrée gratis.

Le tribunal statue, les parents entendus ou dûme[nt] appelés.

La décision du tribunal peut être frappée d'app[el] soit par le préfet, soit par l'association ou le pa[rti]culier intéressé, soit par les parents.

L'appel n'est pas suspensif.

Les droits conférés au préfet par le présent arti[cle] appartiennent également à l'assistance publique.

24. Les représentants de l'assistance publique po[ur] l'exécution de la présente loi sont les inspecteurs dép[ar]tementaux des enfants assistés, et, à Paris, le directe[ur] de l'administration générale de l'Assistance publiqu[e].

25. Dans les départements où le conseil général sera engagé à assimiler, pour la dépense, les enfa[nts] faisant l'objet des deux titres de la présente loi a[ux] enfants assistés, la subvention de l'État sera port[ée] au cinquième des dépenses tant extérieures qu'int[é]rieures des deux services, et le contingent des com[]munes constituera pour celles-ci une dépense oblig[a]toire conformément à l'article 136 de la loi du 5 avril 18[84].

26. La présente loi est applicable à l'Algér[ie] ainsi qu'aux colonies de la Guadeloupe, de la Mar[ti]nique et de la Réunion.

V. *le texte et le commentaire de cette loi*, N. civ. ann., t. 1, p. 685 et s. — V. aussi S. v° *Minor[ité]*, *tutelle*, 27, 261 s., 615 s.; *Puissance paternelle*, 25 — T. (87-97), v° *Puissance paternelle*, 1 s. — D. [P.] années 1897 et suiv., 5e partie, *cod. v°*, 1 s.

V., *en outre, le décret du* 12 *avril* 1907 *relatif à la su[r]veillance des enfants confiés à des particuliers ou à d[es] associations de bienfaisance, par application de la loi d[u]* 24 *juillet* 1889 (*Journ. off. du* 1er *mai* 1907).

V. *infrà, la loi du* 11 *avril* 1908 *sur la prostitution d[es] mineurs.*

Décret du 13 août 1889,

Portant règlement d'administration publique po[ur] l'exécution de la loi du 26 juin 1889, *sur la nati[o]nalité* (D. P. 89. 4. 72).

Art. 1er. L'étranger qui veut obtenir l'autorisati[on] de fixer son domicile en France, conformément à l'a[r]ticle 13 du Code civil, doit adresser au ministre de [la] justice une demande rédigée sur papier timbré, accom[]pagnée de son acte de naissance et de celui de son pèr[e], de la traduction de ces actes, s'ils sont en langue étra[n]gère, ainsi que d'un extrait du casier judiciaire françai[s].

2. L'étranger qui veut obtenir sa naturalisatio[n] doit, dans tous les cas, adresser au ministère de [la] justice une demande sur papier timbré, en y joignan[t] son acte de naissance, un extrait du casier judiciair[e] et, le cas échéant, son acte de mariage et les acte[s] de naissance de ses enfants mineurs, avec la traduc[]tion de ces actes, s'ils sont en langue étrangère.

Dans le cas où les intéressés seraient dans l'im[]possibilité de se procurer les actes de l'état civil do[nt] la production est exigée par le présent décret, ce[s] actes seront suppléés par un acte de notoriété délivr[é] par le juge de paix dans la forme prescrite par l'ar[]ticle 71 du Code civil.

3. L'étranger qui a épousé une Française doit, s'i[l] veut obtenir la naturalisation après une année d[e] domicile autorisé, produire l'acte de naissance de s[a] femme et l'acte de naissance du père de celle-ci, s[i] cet acte est nécessaire pour établir son origin[e] française.

L'étranger qui sollicite la naturalisation immé-, après une résidence non interrompue pendant ans, doit joindre à sa demande les documents issant qu'il réside actuellement en France et is dix années au moins.

La femme, et les enfants majeurs de l'étranger demande à devenir Français, soit par la natura-on ordinaire, soit par la réintégration, doivent, désirent obtenir eux-mêmes la qualité de Fran- sans condition de stage, par application des .es 12 et 18 du Code civil, la demande est e à la déclaration faite par le mari, le père ou ère.

.ns les cas de naturalisation de faveur prévus es articles 9 et 10 du Code civil, la demande est e à la déclaration faite par le mari, le père ou ère.

Les déclarations souscrites soit pour acquérir, pour expédition la qualité de Français, sont reçues e juge de paix du canton dans lequel réside le rant.

es peuvent être faites par procuration spéciale thentique.

es sont dressées en double exemplaire sur papier

déclarant est assisté de deux témoins qui cer- nt son identité ; il doit produire à l'appui de sa ration toutes les justifications nécessaires, en gnant son acte de naissance et, le cas échéant, acte de mariage et les actes de naissance de ses ats mineurs, avec la traduction de ces actes, s'ils en langue étrangère.

cas de résidence à l'étranger, les déclarations reçues par les agents diplomatiques ou par les ils.

Les deux exemplaires de la déclaration et les s justificatives sont immédiatement adressées e juge de paix au procureur de la République, es transmet sans délai au ministre de la justice.

La déclaration est inscrite à la Chancellerie sur gistre spécial ; l'un des exemplaires est déposé les archives, l'autre renvoyé à l'intéressé, avec ention de l'enregistrement.

déclaration enregistrée prend date du jour de ception par le juge de paix.

Lorsqu'un individu né en France d'un étranger, micilié hors de France à l'époque de sa majorité, faire sa soumission de fixer en France son domi- dans les conditions prévues par l'article 9 du civil, cet acte de soumission est reçu par un agents diplomatiques ou consulaires de France ranger. Il est dressé en double exemplaire ; l'un emis à l'intéressé, l'autre transmis immédiate- ministre de la justice par la voie hiérar- e.

. L'individu né en France de parents dont l'un 'du la qualité de Français, et qui réclame cette té en vertu de l'article 10 du Code civil, doit ir quel était son domicile et celui de ses parents oque de sa majorité, telle qu'elle est fixée par française.

. La renonciation du mineur à la faculté qui lui rtient, par application des articles 8, § 4 ; 12 et Code civil, de décliner, à sa majorité, la qua- de Français, est faite en son nom par les per- es désignées dans l'article 9, § 2, du Code civil.

le texte et le commentaire de la loi du iin 1889 et du décret du 13 août 1889, N. C. ann., t. 1, p. 120 s. ; S. v° Droits civils. — aussi les textes relatifs à la nationalité, à la sance des droits civils et à la condition des mes et des étrangers en Algérie, dans les ies et pays de protectorat, N. C. civ. ann., p. 224 s.

Loi du 14 août 1889,

at pour objet d'indiquer au consommateur la ture du produit livré la consommation sous nom de vin, et de prévenir les fraudes dans vente de ce produit (D. P. 89. 4. 110). — et ppl. au C. pén. ann., p. 283 s.).

rt. 1er. Nul ne pourra expédier, vendre ou e en vente, sous la dénomination de vin, un it autre que celui de la fermentation des raisins

2. (*L. 11 juillet 1891.*) Le produit de la fermen- tation des marcs de raisins frais avec de l'eau, qu'il y ait ou non addition de sucre, le mélange de ce produit avec le vin, dans quelque proportion que ce soit, ne pourra être expédié, vendu ou mis en vente que sous le nom de vin de marc ou de vin de sucre.

3. Le produit de la fermentation des raisins secs avec de l'eau ne pourra être expédié, vendu et mis en vente que sous la dénomination de vin de raisins secs ; il en sera de même du mélange de ce produit, quelles qu'en soient les proportions, avec du vin.

4. Les fûts ou les récipients contenant des vins de sucre ou des vins de raisins secs devront porter en gros caractères : « Vin de sucre, vin de raisins secs. »

Les livres, factures, lettres de voitures, connais- sements devront contenir les mêmes indications, sui- vant la nature du produit livré.

5. Les titres de mouvement accompagnant les expéditions de vins, vins de sucre, vins de raisins secs, devront être de couleurs spéciales.

Un arrêté ministériel réglera les détails d'applica- tion de cette disposition.

6. En cas de contravention aux articles ci-des- sus, les délinquants seront punis d'une amende de 25 francs à 500 francs et d'un emprisonnement de dix jours à trois mois.

L'article 463 du Code pénal sera applicable.

En cas de récidive, la peine de l'emprisonnement sera toujours prononcée.

Les tribunaux pourront ordonner, suivant la gra- vité des cas, l'impression dans les journaux et l'affi- chage, aux lieux qu'ils indiqueront, des jugements de condamnation aux frais du condamné.

7. Toute addition au vin, au vin de sucre, au vin de raisins secs, soit au moment de la fermentation, soit après, du produit de la fermentation ou de la distillation des figues, caroubs, fleurs de mowra, clochettes, riz, orge et autres matières sucrées, constitue la falsification des denrées alimentaires prévue par la loi du 27 mars 1851.

Les dispositions de cette loi sont applicables à ceux qui falsifient, détiennent, vendent ou mettent en vente la denrée alimentaire sachant qu'elle est fal- sifiée.

La denrée alimentaire falsifiée sera confisquée, par application de l'article 5 de ladite loi.

S. v° Vente de substances falsifiées, 23 s. — T. (87-97), eod. v°, 7 s. — V. aussi Suppl. au C. pén. ann., p. 283 s.

Loi du 4 avril 1890,

Portant modification du paragraphe 1er de l'ar- ticle 5 de la loi du 4 mars 1889, sur la législa- tion des faillites (D. P. 90. 4. 105). — V. supra, L. 4 mars 1889, art. 5, § 1er.

Loi du 3 mai 1890,

Portant modification à l'article 2 de la loi du 23 juin 1857 sur les marques de fabrique et de commerce (D. P. 90. 4. 114). — V. supra, L. 23 juin 1857, art. 2.

Loi du 26 mars 1891,

Sur l'atténuation et l'aggravation des peines (D. P. 91. 4. 24.)

Art. 1er. En cas de condamnation à l'emprison- nement ou à l'amende, si l'inculpé n'a pas subi de condamnation antérieure à la prison pour crime et délit de droit commun, les cours ou tribunaux peuvent ordonner, par le même jugement et par déci- sion motivée, qu'il sera sursis à l'exécution de la peine.

Si, pendant le délai de cinq ans à dater du juge- ment ou de l'arrêt, le condamné n'a encouru aucune poursuite suivie de condamnation à l'emprisonne- ment ou à une peine plus grave pour crime ou délit de droit commun, la condamnation sera comme non avenue.

Dans le cas contraire, la première peine sera d'abord exécutée sans qu'elle puisse se confondre avec la seconde.

2. La suspension de la peine ne comprend pas le payement des frais du procès et des dommages- intérêts.

Elle ne comprend pas non plus les peines acces- soires et les incapacités résultant de la condamna- tion.

Toutefois, ces peines accessoires et ces incapacités cesseront d'avoir effet le jour où, par application des dispositions de l'article précédent, la condamna- tion aura été réputée non avenue.

3. Le président de la cour ou du tribunal doit, après avoir prononcé la suspension, avertir le con- damné qu'en cas de nouvelles condamnations dans les conditions de l'article 1er, la première peine sera exécutée sans confusion possible avec la seconde, et que les peines de la récidive seront encourues dans les termes des articles 57 et 58 du Code pénal.

4. La condamnation est inscrite au casier judi- ciaire, mais avec la mention expresse de la suspen- sion accordée.

Si aucune poursuite suivie de condamnation dans les termes de l'article 1er, § 2, n'est intervenue dans le délai de cinq ans, elle ne doit plus être inscrite dans les extraits délivrés aux parties.

5. V. supra, articles 57 et 58 du Code pénal.

6. La présente loi est applicable aux colonies où le Code pénal métropolitain a été déclaré exécutoire en vertu de la loi du 8 janvier 1877.

Des décrets statueront sur l'application qui pourra en être faite aux autres colonies.

7. La présente loi n'est applicable aux condam- nations prononcées par les tribunaux militaires qu'en ce qui concerne les modifications apportées par l'ar- ticle 5 ci-dessus aux articles 57 et 58 du Code pénal (V. infra, L. 28 juin 1904).

S. v° Peine, 215 s. — T. (87-97), eod. v°, 138 s. — V. aussi Suppl. au C. pén. ann., p. 54 s.

Loi du 2 juin 1891,

Ayant pour objet de réglementer l'autorisation et le fonctionnement des courses de chevaux (D. P. 91. 4. 49.)

Art. 4. Quiconque aura, en quelque lieu et sous quelque forme que ce soit, exploité le pari sur les courses de chevaux en offrant à tout venant de pa- rier ou en pariant avec tous venants, soit directe- ment soit par intermédiaire, sera passible des peines portées à l'article 410 du Code pénal.

Seront réputés complices du délit ci-dessus déter- miné par un pari comme tels :

1° (*L. 4 juin 1909.*) « Quiconque aura habituelle- ment, en quelque lieu ou sous quelque forme que ce soit, offert, donné ou reçu des paris sur les courses de chevaux, soit directement, soit par intermédiaire, sera passible des peines portées à l'article 410 du Code pénal. »

2° (*L. 1er avril 1900.*) Quiconque aura, en vue des paris à faire, vendu des renseignements sur les chances de succès des chevaux engagés, ou qui, par les journaux, circulaires, prospectus, cartes, annonces, ou par tout autre moyen de publication, aura fait connaître l'existence, soit en France, soit à l'étran- ger, d'établissements, d'agences ou de personnes vendant des renseignements ;

3° Tout propriétaire ou gérant d'établissement pu- blic qui aura laissé exploiter le pari dans son éta- blissement.

Les dispositions de l'article 463 du Code pénal seront, dans tous les cas, applicables aux délits pré- vus par le présent loi.

5. Toutefois les sociétés remplissant les conditions prescrites par l'article 2 pourront, en vertu d'une autorisation spéciale et toujours révocable du mi- nistre de l'agriculture, et moyennant un prélèvement fixé en faveur des œuvres locales de bienfaisance et de l'élevage, organiser le pari mutuel sur leurs champs de course exclusivement, mais sans que cette autorisation puisse infirmer les autres disposi- tions de l'article 4.

Un décret rendu sur la proposition du ministre de l'agriculture déterminera la quotité des prélèvements ci-dessus visés, les formes et les conditions de fonc- tionnement du pari mutuel.

V. Suppl. au C. pén. ann., p. 264 s. — C. ad., t. 3, v° Agriculture, p. 166, nos 786 s.

Loi du 11 juillet 1891,

Tendant à réprimer les fraudes dans la vente des vins (D. P. 91. 4. 65; — et Suppl. au C. pén. ann., p. 285).

Art. 1er. L'article 2 de la loi du 14 août 1889 est ainsi modifié : — V. *suprà*, L. 14 août 1889, art. 2.

2. Constitue la falsification de denrées alimentaires prévue et réprimée par la loi du 27 mars 1851, toute addition au vin, au vin de sucre ou de marc, au vin de raisins secs :

1° De matières colorantes quelconques;

2° De produits tels que les acides sulfurique, nitrique, chlorhydrique, salicylique, borique ou autres analogues;

3° De chlorure de sodium au-dessus d'un gramme par litre.

3. Il est défendu de mettre en vente, de vendre ou de livrer des vins plâtrés contenant plus de deux grammes de sulfate de potasse ou de soude par litre.

Les délinquants seront punis d'une amende de 16 francs à 500 francs, et d'un emprisonnement de six jours à trois mois, ou de l'une de ces deux peines suivant les circonstances.

Ces dispositions ne seront applicables aux vins de liqueurs que deux ans après la promulgation de la présente loi.

Les fûts ou récipients contenant des vins plâtrés devront en porter l'indication en gros caractères. Les livres, factures, lettres de voiture, connaissements devront contenir la même indication.

4. Les vins, les vins de marc ou de sucre, les vins de raisins secs, seront suivis, chez les marchands en gros ou en détail et chez les entrepositaires, au moyen de comptes particuliers et distincts. Ils seront tenus séparément dans les magasins.

5. Les registres de prise en charge et de décharge des acquits-à-caution et les bulletins G E formés pour les laissez-passer, énonçant des envois supérieurs à 200 kilogrammes de raisins secs, seront conservés pendant trois ans dans les bureaux des directions et sous-directions. Ils seront communiqués sur place à tout requérant, moyennant un droit de recherche de 0 fr. 50.

Les demandes de sucrage à taxe réduite faites en vue de la fabrication des vins de sucre définis par l'article 2 de la loi du 14 août 1889 seront conservées pendant trois ans à la direction ou à la sous-direction des contributions indirectes, ainsi que les portatifs et registres de décharge des acquits-à-caution après dénaturation des sucres. Elles sont communiquées à tout requérant moyennant un droit de recherche de 0 fr. 50 par article.

6. La présente loi et la loi du 14 août 1889 sont applicables à l'Algérie et aux colonies.

V. Suppl. au C. pén. ann., p. 285, n° 7029 s.

Loi du 2 novembre 1892,

Sur le travail des enfants, des filles mineures et des femmes dans les établissements industriels (D. P. 93. 4. 25).

SECTION 1re. — DISPOSITIONS GÉNÉRALES. — AGE D'ADMISSION. — DURÉE DU TRAVAIL.

Art. 1er. Le travail des enfants, des filles mineures et des femmes dans les usines, manufactures, mines, minières et carrières, chantiers, ateliers et leurs dépendances, de quelque nature que ce soit, publics ou privés, laïques ou religieux, même lorsque ces établissements ont un caractère d'enseignement professionnel ou de bienfaisance, est soumis aux obligations déterminées par la présente loi.

Toutes les dispositions de la présente loi s'appliquent aux étrangers travaillant dans les établissements ci-dessus désignés.

Sont exceptés les travaux effectués dans les établissements où ne sont employés que les membres de la famille sous l'autorité soit du père, soit de la mère, soit du tuteur.

Néanmoins, si le travail s'y fait à l'aide de chaudière à vapeur ou de moteur mécanique, ou si l'industrie exercée est classée au nombre des établissements dangereux ou insalubres, l'inspecteur aura le droit de prescrire les mesures de sécurité et de salubrité à prendre, conformément aux articles 12, 13 et 14.

2. Les enfants ne peuvent être employés par les patrons ni être admis dans les établissements énumérés dans l'article 1er avant l'âge de treize ans révolus.

Toutefois, les enfants munis du certificat d'études primaires institué par la loi du 28 mars 1882, peuvent être employés à partir de l'âge de douze ans.

Aucun enfant âgé de moins de treize ans ne pourra être admis au travail dans les établissements ci-dessus visés, s'il n'est muni d'un certificat d'aptitude physique délivré, à titre gratuit, par l'un des médecins chargés de la surveillance du premier âge, ou l'un des médecins inspecteurs des écoles, ou tout autre médecin chargé d'un service public. Cet examen sera contradictoire, si les parents le réclament.

Les inspecteurs du travail pourront toujours requérir un examen médical de tous les enfants au-dessous de seize ans déjà admis dans les établissements sus-visés, à l'effet de constater si le travail dont ils sont chargés excède leurs forces.

Dans ce cas, les inspecteurs auront le droit d'exiger leur renvoi de l'établissement sur l'avis conforme de l'un des médecins désignés au paragraphe 3 du présent article, et après examen contradictoire si les parents le réclament.

Dans les orphelinats et institutions de bienfaisance visés à l'article 1er, dans lesquels l'instruction primaire est donnée, l'enseignement manuel ou professionnel, pour les enfants âgés de moins de treize ans, sauf pour les enfants âgés de douze ans munis du certificat d'études primaires, ne pourra pas dépasser trois heures par jour.

3. (L. 30 mars 1900.) Les jeunes ouvriers et ouvrières jusqu'à l'âge de dix-huit ans et les femmes ne peuvent être employés à un travail effectif de plus de onze heures par jour, coupées par un ou plusieurs repos, dont la durée totale ne pourra être inférieure à une heure et pendant lesquels le travail sera interdit.

Au bout de deux ans à partir de la promulgation de la présente loi, la durée du travail sera réduite à dix heures et demie et, au bout d'une nouvelle période de deux années, à dix heures.

Dans chaque établissement, sauf les usines à feu continu et les mines, minières ou carrières, les repos auront lieu aux mêmes heures pour toutes les personnes protégées par la présente loi.

SECTION II. — TRAVAIL DE NUIT. — REPOS HEBDOMADAIRE.

4. Les enfants âgés de moins de dix-huit ans, les filles mineures et les femmes, ne peuvent être employés à aucun travail de nuit dans les établissements énumérés à l'article 1er.

Tout travail entre neuf heures du soir et cinq heures du matin est considéré comme travail de nuit; toutefois, le travail sera autorisé de quatre heures du matin à neuf heures du soir quand il sera réparti entre deux postes d'ouvriers ne travaillant pas plus de neuf heures chacun.

Le travail de chaque équipe sera coupé par un repos d'une heure au moins.

Il sera accordé, pour les femmes et les filles âgées de plus de dix-huit ans, à certaines industries qui seront déterminées par un règlement d'administration publique et dans les conditions d'application qui seront précisées dans ledit règlement, la faculté de prolonger le travail jusqu'à onze heures du soir, à certaines époques de l'année, pendant une durée totale qui ne dépassera pas soixante jours. En aucun cas, la journée de travail effectif ne pourra être prolongée au delà de douze heures.

Il sera accordé à certaines industries, déterminées par un règlement d'administration publique, l'autorisation de déroger d'une façon permanente aux dispositions des paragraphes 1 et 2 du présent article, mais sans que le travail puisse, en aucun cas, dépasser sept heures par vingt-quatre heures.

Le même règlement pourra autoriser, pour certaines industries, une dérogation temporaire aux dispositions précitées.

En outre, en cas de chômage résultant d'une interruption accidentelle ou de force majeure, l'interdiction ci-dessus peut, dans n'importe quelle industrie, être temporairement levée par l'inspecteur pour un délai déterminé.

(L. 30 mars 1900.) A l'expiration d'un délai de deux ans à partir de la promulgation de la présente loi, les dispositions exceptionnelles concernant le travail de nuit prévues aux paragraphes 2 et 3 du présent article cesseront d'être en vigueur, sauf pour les travaux souterrains des mines, minières et carrières.

5. Les enfants âgés de moins de dix-huit ans et les femmes de tout âge ne peuvent être employés dans les établissements énumérés à l'article 1er plus de six jours par semaine, ni les jours de fête reconnus par la loi, même pour rangement d'atelier.

Une affiche apposée dans les ateliers indiquera le jour adopté pour le repos hebdomadaire.

6. Néanmoins, dans les usines à feu continu, les femmes majeures et les enfants du sexe masculin peuvent être employés tous les jours de la semaine, la nuit, aux travaux indispensables, sous la condition qu'ils auront au moins un jour de repos par semaine.

Les travaux tolérés et le laps de temps pendant lequel ils peuvent être exécutés seront déterminés par un règlement d'administration publique.

7. L'obligation du repos hebdomadaire, et les restrictions relatives à la durée du travail, peuvent être temporairement levées par l'inspecteur divisionnaire, pour les travailleurs visés à l'article 5, pour certaines industries à désigner par le susdit règlement d'administration publique.

8. Les enfants des deux sexes, âgés de moins de treize ans, ne peuvent être employés comme acteurs, figurants, etc., aux représentations données dans les théâtres et cafés-concerts sédentaires.

Le ministre de l'instruction publique et des beaux-arts, à Paris, et les préfets, dans les départements, pourront exceptionnellement autoriser l'emploi d'un ou plusieurs enfants dans les théâtres pour la représentation de pièces déterminées.

SECTION III. — TRAVAUX SOUTERRAINS.

9. Les filles et les femmes ne peuvent être admises dans les travaux souterrains des mines, minières et carrières.

Des règlements d'administration publique détermineront les conditions spéciales du travail des enfants de treize à dix-huit ans du sexe masculin, dans les travaux souterrains ci-dessus visés.

Dans les mines spécialement désignées par les règlements d'administration publique, comme exigeant, en raison de leurs conditions naturelles, une dérogation aux prescriptions du paragraphe 2 de l'article 4, ces règlements pourront permettre le travail des enfants à partir de quatre heures du matin et jusqu'à minuit, sous la condition expresse que les enfants ne soient pas assujettis à plus de huit heures de travail effectif, ni à plus de dix heures de présence par vingt-quatre heures.

SECTION IV. — SURVEILLANCE DES ENFANTS.

10. Les maires sont tenus de délivrer gratuitement aux père, mère, tuteur ou patron, un livret sur lequel sont portés les noms et prénoms des enfants des deux sexes âgés de moins de dix-huit ans, la date, le lieu de leur naissance et leur domicile.

Si l'enfant a moins de treize ans, le livret devra mentionner qu'il est muni du certificat d'études primaires institué par la loi du 28 mars 1882.

Les chefs d'industrie ou patrons inscriront sur le livret la date de l'entrée dans l'atelier et celle de la sortie. Ils devront également tenir un registre sur lequel seront mentionnées toutes les indications insérées au présent article.

11. Les patrons, chefs d'industrie, ou loueurs de force motrice, sont tenus de faire afficher dans chaque atelier les dispositions de la présente loi, les règlements d'administration publique relatifs à son exécution, et concernant plus spécialement leur industrie, ainsi que les adresses et les noms des inspecteurs de la circonscription.

Ils afficheront également les heures auxquelles commencera et finira le travail ainsi que les heures et la durée des repos. Un duplicata de cette affiche sera envoyé à l'inspecteur; un autre sera déposé à la mairie.

, 30 mars 1900.) « Dans les établissements visés
a présente loi autres que les usines à feu continu
s établissements qui seront déterminés par un
ement d'administration publique, l'organisation
ravail par relais, sauf ce qui est prévu aux
graphes 2 et 3 de l'article 4, sera interdit pour
ersonnes protégées par les articles précédents,
un délai de trois mois à partir de la promulga-
de la présente loi.

En cas d'organisation du travail par postes ou
os successives, le travail de chaque équipe sera
nu, sauf l'interruption pour le repos. »

ns toutes les salles de travail des ouvriers, or-
nats, ateliers de charité ou de bienfaisance dé-
ant des établissements religieux ou laïques, sera
d'une façon permanente un tableau indiquant,
aractères facilement lisibles, les conditions du
ail des enfants, telles qu'elles résultent des ar-
s 2, 3, 4 et 5, et déterminant l'emploi de la
ée, c'est-à-dire les heures du travail manuel,
pos, de l'étude et des repas. Ce tableau sera
par l'inspecteur et revêtu de sa signature.

état nominatif complet des enfants élevés dans
établissements ci-dessus désignés, indiquant
noms et prénoms, la date et le lieu de leur
ance, et certifié conforme par les directeurs de
tablissements, sera remis tous les trois mois à
ecteur, et fera mention de toutes les mutations
nues depuis la production du dernier état.

SECTION V. — HYGIÈNE ET SÉCURITÉ
DES TRAVAILLEURS.

. Les différents genres de travail présentant des
es de danger, ou excédant les forces, ou dan-
ax pour la moralité, qui seront interdits aux
aes, filles et enfants, seront déterminés par des
ments d'administration publique.

Les femmes, filles et enfants ne peuvent être
oyés dans des établissements insalubres ou dan-
ax, où l'ouvrier est exposé à des manipulations
des émanations préjudiciables à sa santé, que
les conditions spéciales déterminées par des
ments d'administration publique pour chacune
s catégories de travailleurs.

. Les établissements visés dans l'article 1″, et
dépendances, doivent être tenus dans un état
aut de propreté, convenablement éclairés et
lés. Ils doivent présenter toutes les conditions
curité et de salubrité nécessaires à la santé du
nnel.

ns tout établissement contenant des appareils
niques, les roues, les courroies, les engrenages,
ut autre organe pouvant offrir une cause de
er, seront séparés des ouvriers de telle manière
l'approche n'en soit possible que pour les besoins
ervice.

s puits, trappes et ouvertures de descente doivent
loturés.

. Tout accident ayant occasionné une blessure
ou plusieurs ouvriers, survenu dans un des
issements mentionnés à l'article 1″, sera l'objet
déclaration par le chef de l'entreprise, ou, à
éfaut et en son absence, par son préposé.

te déclaration contiendra le nom et l'adresse des
ins de l'accident; elle sera faite dans les qua-
-huit heures au maire de la commune, qui en
sera procès-verbal dans la forme à déterminer
r un règlement d'administration publique. A cette
aration sera joint, produit par le patron, un cer-
t du médecin indiquant l'état du blessé. Les
s probables de l'accident, et l'époque à laquelle
a possible d'en connaître le résultat définitif.
cépissé de la déclaration et du certificat médical
remis, séance tenante, au déposant.
is de l'accident est donné immédiatement par le
e à l'inspecteur divisionnaire ou départemental.
. Les patrons ou chefs d'établissement doivent,
utre, veiller au maintien des bonnes mœurs et
bservation de la décence publique.

SECTION VI. — INSPECTION.

. Les inspecteurs du travail sont chargés d'as-
l'exécution de la présente loi et de la loi du
ptembre 1848.

sont chargés, en outre, concurremment avec
commissaires de police, de l'exécution de la loi

du 7 décembre 1874 relative à la protection des enfants employés dans les professions ambulantes.

Toutefois, en ce qui concerne les exploitations de
mines, minières et carrières, l'exécution de la loi est
exclusivement confiée aux ingénieurs et contrôleurs
des mines, qui, pour ce service, sont placés sous
l'autorité du ministre du commerce et de l'industrie.

18. Les inspecteurs du travail sont nommés par
le ministre du commerce et de l'industrie.

Ce service comprendra :

1° Des inspecteurs divisionnaires ;

2° Des inspecteurs ou inspectrices départementaux.

Un décret rendu après avis du comité des arts et
manufactures et de la commission supérieure du
travail ci-dessous instituée déterminera les départements dans lesquels il y aura lieu de créer des
inspecteurs départementaux. Il fixera le nombre, le
traitement et les frais de tournée de ces inspecteurs.

Les inspecteurs ou inspectrices départementaux
sont placés sous l'autorité de l'inspecteur divisionnaire.

Les inspecteurs du travail prêtent serment de ne
point révéler les secrets de fabrication et, en général, les procédés d'exploitation dont ils pourraient
prendre connaissance dans l'exercice de leurs fonctions.

Toute violation de ce serment est punie conformément à l'article 378 du Code pénal.

19. Désormais, ne seront admissibles aux fonctions d'inspecteur divisionnaire ou départemental que
les candidats ayant satisfait aux conditions et aux
concours visés par l'article 22.

La nomination au poste d'inspecteur titulaire ne
sera définitive qu'après un stage d'un an.

20. Les inspecteurs et inspectrices ont entrée
dans tous les établissements visés par l'article 1″;
ils peuvent se faire représenter le registre prescrit
par l'article 10, les livrets, les règlements intérieurs,
et, s'il y a lieu, le certificat d'aptitude physique mentionné à l'article 2.

Les contraventions sont constatées par les procès-
verbaux des inspecteurs et inspectrices, qui font foi
jusqu'à preuve contraire.

Ces procès-verbaux sont dressés en double exemplaire, dont l'un est envoyé au préfet du département, et l'autre déposé au parquet.

Les dispositions ci-dessus ne dérogent point aux
règles du droit commun, quant à la constatation et
à la poursuite des infractions à la présente loi.

21. Les inspecteurs ont pour mission, en dehors
de la surveillance qui leur est confiée, d'établir la
statistique des conditions du travail industriel dans
la région qu'ils sont chargés de surveiller.

Un rapport d'ensemble résumant ces communications sera publié tous les ans par les soins du ministre du commerce et de l'industrie.

SECTION VII. — COMMISSIONS SUPÉRIEURES
ET DÉPARTEMENTALES.

22. Une commission supérieure composée de neuf
membres, dont les fonctions sont gratuites, est établie auprès du ministre du commerce et de l'industrie. Cette commission comprend deux sénateurs,
deux députés élus par leurs collègues, et cinq
membres nommés pour une période de quatre ans,
par le Président de la République. Elle est chargée :

1° De veiller à l'application uniforme et vigilante
de la présente loi ;

2° De donner son avis sur les règlements à faire,
et généralement sur les diverses questions intéressant les travailleurs protégés ;

3° Enfin, d'arrêter les conditions d'admissibilité
des candidats à l'inspection divisionnaire et départementale, et le programme du concours qu'ils devront
subir.

Les inspecteurs divisionnaires nommés en vertu
de la loi du 19 mai 1874, et actuellement en fonction, seront répartis entre les divers postes d'inspecteurs divisionnaires et d'inspecteurs départementaux
établis en exécution de la présente loi sans être
assujettis à subir le concours.

Les inspecteurs départementaux pourront être conservés sans subir un nouveau concours.

23. Chaque année, le président de la commission
supérieure adresse au Président de la République
un rapport général sur les résultats de l'inspection,

et sur les faits relatifs à l'exécution de la présente
loi.

Ce rapport doit être, dans le mois de son dépôt,
publié au Journal officiel.

24. Les conseils généraux devront instituer une
ou plusieurs commissions chargées de présenter, sur
l'exécution de la loi et les améliorations dont elle
serait susceptible, des rapports qui seront transmis
au ministre, et communiqués à la commission supérieure.

Les inspecteurs divisionnaires et départementaux,
le président et vice-président du conseil de prud'-
hommes du chef-lieu ou du principal centre industriel du département et, s'il y a lieu, l'ingénieur des
mines, pour la partie de droit de ces commissions dans
leurs circonscriptions respectives.

Les commissions locales instituées par les articles
20, 21 et 22 de la loi du 19 mai 1874 sont abolies.

25. Il sera institué dans chaque département des
comités de patronage ayant pour objet :

1° La protection des apprentis et des enfants employés dans l'industrie ;

2° Le développement de leur instruction professionnelle.

Le conseil général, dans chaque département,
déterminera le nombre et la circonscription des
comités de patronage, dont les statuts seront approuvés dans le département de la Seine par le
ministre de l'intérieur et le ministre du commerce
et de l'industrie, et par les préfets dans les autres
départements.

Les comités de patronage seront administrés par
une commission composée de sept membres, dont
quatre seront nommés par le conseil général et trois
par le préfet.

Ils sont renouvelables tous les trois ans. Les
membres sortants pourront être appelés de nouveau
à en faire partie.

Leurs fonctions sont gratuites.

SECTION VIII. — PÉNALITÉS.

26. Les manufacturiers, directeurs ou gérants
d'établissements visés dans la présente loi, qui
auront contrevenu aux prescriptions de ladite loi et
des règlements d'administration publique relatifs à
son exécution, seront poursuivis devant le tribunal
de simple police et passibles d'une amende de 5 à
15 francs.

L'amende sera appliquée autant de fois qu'il y aura
de personnes employées dans des conditions contraires à la présente loi.

Toutefois, la peine ne sera pas applicable si l'infraction à la loi a été le résultat d'une erreur provenant de la production d'actes de naissance, livrets
ou certificats contenant des fausses énonciations ou
délivrés pour une autre personne.

Les chefs d'industrie seront civilement responsables des condamnations prononcées contre leurs
directeurs ou gérants.

27. En cas de récidive, le contrevenant sera poursuivi devant le tribunal correctionnel et puni d'une
amende de 16 à 100 francs.

Il y a récidive lorsque, dans les douze mois antérieurs au fait poursuivi, le contrevenant a déjà subi
une condamnation pour une contravention identique.

En cas de pluralité de contraventions entraînant
ces peines de la récidive, l'amende sera appliquée
autant de fois qu'il aura été relevé de nouvelles contraventions.

Les tribunaux correctionnels pourront appliquer les
dispositions de l'article 463 du Code pénal sur les
circonstances atténuantes, sans qu'en aucun cas
l'amende, pour chaque contravention, puisse être
inférieure à 5 francs.

28. L'affichage du jugement peut, suivant les
circonstances et en cas de récidive seulement, être
ordonné par le tribunal de police correctionnelle.

Le tribunal peut également ordonner, dans le
même cas, l'insertion du jugement aux frais du contrevenant dans un ou plusieurs journaux du département.

29. Est puni d'une amende de 100 à 500 francs
quiconque aura mis obstacle à l'accomplissement des
devoirs d'un inspecteur.

En cas de récidive, l'amende sera portée de
500 francs à 1 000 francs.

L'article 463 du Code pénal est applicable aux condamnations prononcées en vertu de cet article.

SECTION IX. — DISPOSITIONS SPÉCIALES.

30. Les règlements d'administration publique nécessaires à l'application de la présente loi seront rendus après avis de la commission supérieure du travail et du comité consultatif des arts et manufactures.

Le conseil général des mines sera appelé à donner son avis sur les règlements prévus en exécution de l'article 9.

31. Les dispositions de la présente loi sont applicables aux enfants placés en apprentissage et employés dans un des établissements visés à l'article 1er.

32. Les dispositions édictées par la présente loi ne seront applicables qu'à dater du 1er janvier 1893.

La loi du 19 mai 1874 et les règlements d'administration publique rendus en exécution de ces dispositions seront abrogés à la date susindiquée.

V. Suppl. au **C. com. ann.**, p. 837 s.
V. aussi **S.** v° *Travail*, 953 s.; **T.** (87-97), v° *Travail des enfants, des femmes et des filles mineures*, 1 s.; **D. P.** années 1897 et suiv., 5e partie, *eod.* v°, 1 s.

Loi du 30 novembre 1892,
Sur l'exercice de la médecine (D. P. 93. 4. 8).

TITRE Ier. — CONDITIONS DE L'EXERCICE DE LA MÉDECINE.

Art. 1er. Nul ne peut exercer la médecine en France s'il n'est muni d'un diplôme de docteur en médecine, délivré par le Gouvernement français, à la suite d'examens subis devant un établissement d'enseignement supérieur médical de l'État (facultés, écoles de plein exercice et écoles préparatoires réorganisées conformément aux règlements rendus après avis du conseil supérieur de l'instruction publique).

Les inscriptions précédant les deux premiers examens probatoires pourront être prises et les deux premiers examens subis dans une école préparatoire réorganisée comme il est dit ci-dessus.

TITRE II. — CONDITIONS DE L'EXERCICE DE LA PROFESSION DE DENTISTE.

2. Nul ne peut exercer la profession de dentiste s'il n'est muni d'un diplôme de docteur en médecine ou de chirurgien-dentiste. Le diplôme de chirurgien-dentiste sera délivré par le Gouvernement français à la suite d'études organisées suivant un règlement rendu après avis du conseil supérieur de l'instruction publique et d'examens subis devant un établissement d'enseignement supérieur médical de l'État.

TITRE III. — CONDITIONS DE L'EXERCICE DE LA PROFESSION DE SAGE-FEMME.

3. Les sages-femmes ne peuvent pratiquer l'art des accouchements que si elles sont munies d'un diplôme de 1re ou de 2e classe, délivré par le Gouvernement français, à la suite d'examens subis devant une faculté de médecine, une école de plein exercice ou une école préparatoire de médecine et de pharmacie de l'État.

Un arrêté pris après avis du conseil supérieur de l'instruction publique déterminera les conditions de scolarité et le programme applicable aux élèves sages-femmes.

Les sages-femmes de première et de deuxième classe continueront à exercer leur profession dans les conditions antérieures.

4. Il est interdit aux sages-femmes d'employer les instruments. Dans les cas d'accouchement laborieux, elles feront appeler un docteur en médecine ou un officier de santé.

Il leur est également interdit de prescrire des médicaments, sauf le cas prévu par le décret du 23 juin 1873 et par les décrets qui pourraient être rendus dans les mêmes conditions, après avis de l'Académie de médecine.

Les sages-femmes sont autorisées à pratiquer les vaccinations et les revaccinations antivarioliques.

TITRE IV. — CONDITIONS COMMUNES A L'EXERCICE DE LA MÉDECINE, DE L'ART DENTAIRE ET DE LA PROFESSION DE SAGE-FEMME.

5. Les médecins, les chirurgiens-dentistes et les sages-femmes diplômés à l'étranger, quelle que soit leur nationalité, ne pourront exercer leur profession en France qu'à la condition d'y avoir obtenu le diplôme de docteur en médecine, de dentiste ou de sage-femme, et en se conformant aux dispositions prévues par les articles précédents.

Des dispenses de scolarité et d'examens pourront être accordées par le ministre, conformément à un règlement délibéré en conseil supérieur de l'instruction publique. En aucun cas, les dispenses accordées pour l'obtention du doctorat ne pourront porter sur plus de trois épreuves.

6. Les internes des hôpitaux et hospices français, nommés au concours et munis de douze inscriptions, et les étudiants en médecine dont la scolarité est terminée, peuvent être autorisés à exercer la médecine pendant un épidémie ou à titre de remplaçants de docteurs en médecine ou d'officiers de santé.

Cette autorisation, délivrée par le préfet du département, est limitée à trois mois; elle est renouvelable dans les mêmes conditions.

7. Les étudiants étrangers qui postulent, soit le diplôme de docteur en médecine visé à l'article 1er de la présente loi, soit le diplôme de chirurgien-dentiste visé à l'article 2, et les élèves de nationalité étrangère qui postulent le diplôme de sage-femme de première ou de deuxième classe visé à l'article 3, sont soumis aux mêmes règles de scolarité et d'examens que les étudiants français.

Toutefois, il pourra leur être accordé, en vue de l'inscription dans les facultés et écoles de médecine, soit l'équivalence des diplômes ou certificats obtenus par eux à l'étranger, soit la dispense des grades français requis pour cette inscription, ainsi que des dispenses partielles de scolarité correspondant à la durée des études faites par eux à l'étranger.

8. Le grade de docteur en chirurgie est et demeure aboli.

9. Les docteurs en médecine, les chirurgiens-dentistes et les sages-femmes sont tenus, dans le mois qui suit leur établissement, de faire enregistrer, sans frais, leur titre, à la préfecture ou sous-préfecture et au greffe du tribunal civil de leur arrondissement.

Le fait de porter son domicile dans un autre département oblige à un nouvel enregistrement du titre dans le même délai.

Ceux ou celles qui, n'exerçant plus depuis deux ans, veulent se livrer à l'exercice de leur profession, doivent faire enregistrer leur titre dans les mêmes conditions.

Il est interdit d'exercer sous un pseudonyme les professions ci-dessus, sous les peines édictées à l'article 18.

10. Il est établi, chaque année, dans les départements, par les soins des préfets et de l'autorité judiciaire, des listes distinctes portant les noms et prénoms, la résidence, la date et la provenance du diplôme des médecins, chirurgiens-dentistes et sages-femmes visés par la présente loi.

Ces listes sont affichées chaque année, dans le mois de janvier, dans toutes les communes du département. Des copies certifiées en sont transmises aux ministres de l'intérieur, de l'instruction publique et de la justice.

La statistique du personnel médical existant en France et aux colonies est dressée tous les ans par les soins du ministre de l'intérieur.

11. L'article 2272 du Code civil est modifié ainsi qu'il suit :

« L'action des huissiers, pour le salaire des actes qu'ils signifient et des commissions qu'ils exécutent;

« Celle des marchands, pour les marchandises qu'ils vendent aux particuliers non marchands;

« Celle des maîtres de pension, pour le prix de pension de leurs élèves; et des autres maîtres, pour le prix de l'apprentissage;

« Celle des domestiques qui se louent à l'année, pour le payement de leurs salaires,

« Se prescrivent par un an.

« L'action des médecins, chirurgiens, chirurgiens-dentistes, sages-femmes et pharmaciens, pour leurs visites, opérations et médicaments, se prescrit par deux ans. »

12. L'article 2101 du Code civil, relatif aux privilèges généraux sur les meubles, est modifié ainsi qu'il suit dans son paragraphe 3 :

« Les frais quelconques de la dernière maladie, quelle qu'en ait été la terminaison, concurremment entre ceux à qui ils sont dus. »

13. A partir de l'application de la présente loi, les médecins, chirurgiens-dentistes et sages-femmes jouiront du droit de se constituer en associations syndicales, dans les conditions de la loi du 21 mars 1884, pour la défense de leurs intérêts professionnels, à l'égard de toutes les personnes autres que l'État, les départements et les communes.

14. Les fonctions de médecins experts près les tribunaux ne peuvent être remplies que par des docteurs en médecine français.

Un règlement d'administration publique reviscera les tarifs du décret du 18 juin 1811, en ce qui touche les honoraires, vacations, frais de transport et de séjour des médecins.

Le même règlement déterminera les conditions suivant lesquelles pourra être conféré le titre d'expert devant les tribunaux.

15. Tout docteur, officier de santé ou sage-femme est tenu de faire à l'autorité publique, son diagnostic établi, la déclaration des cas de maladies épidémiques tombées sous son observation et visées dans le paragraphe suivant.

La liste des maladies épidémiques, dont la divulgation n'engage pas le secret professionnel, sera dressée par arrêté du ministre de l'intérieur, après avis de l'Académie de médecine et du comité consultatif d'hygiène publique de France. Le même arrêté fixera le mode de déclaration desdites maladies.

TITRE V. — EXERCICE ILLÉGAL. — PÉNALITÉS.

16. Exerce illégalement la médecine :

1° Toute personne qui, non munie d'un diplôme de docteur en médecine, d'officier de santé, de chirurgien-dentiste ou de sage-femme, mais dans les conditions stipulées aux articles 6, 29 et 32 de la présente loi, prend part, habituellement ou par une direction suivie, au traitement des maladies ou des affections chirurgicales ainsi qu'à la pratique de l'art dentaire ou des accouchements, sauf les cas d'urgence avérée;

2° Toute sage-femme qui sort des limites fixées pour l'exercice de sa profession par l'article 4 de la présente loi;

3° Toute personne qui, munie d'un titre régulier, sort des attributions que la loi lui confère, notamment en prenant part aux concours aux fonctions visées dans les paragraphes précédents, à l'effet de les soustraire aux prescriptions de la présente loi.

Les dispositions du paragraphe premier du présent article ne peuvent s'appliquer aux élèves en médecine qui agissent comme aides d'un docteur ou d'un officier de santé au place auprès de ses malades, ni aux gardes-malades, ni aux personnes qui, sans prendre le titre de chirurgien-dentiste, opèrent accidentellement l'extraction des dents.

Les infractions prévues et punies par la présente loi seront poursuivies devant la juridiction correctionnelle.

En ce qui concerne spécialement l'exercice illégal de la médecine, de l'art dentaire ou de la pratique des accouchements, les médecins, les chirurgiens-dentistes, les sages-femmes, les associations de médecins régulièrement constituées, les syndicats visés dans l'article 13 pourront en saisir les tribunaux par voie de citation directe donnée dans les termes de l'article 182 du Code d'instruction criminelle, sans préjudice de la faculté de se porter, s'il y a lieu, partie civile dans toute poursuite de ces délits intentée par le ministère public.

18. Quiconque exerce illégalement la médecine est puni d'une amende de 100 à 500 francs, et, en cas de récidive, d'une amende de 500 à 1000 francs et d'un emprisonnement de six jours à six mois, ou de l'une de ces deux peines seulement.

L'exercice illégal de l'art dentaire est puni d'une amende de 50 à 100 francs, et, en cas de récidive, d'une amende de 100 à 500 francs.

L'exercice illégal de l'art des accouchements est

d'une amende de 50 à 100 francs, et, en cas de ive, d'une amende de 100 à 500 francs, et d'un isonnement de six jours à un mois, ou de l'une s deux peines seulement.

. L'exercice illégal de la médecine ou de l'art aire, avec usurpation du titre de docteur ou cier de santé, est puni d'une amende de 1000 à francs et, en cas de récidive, d'une amende de à 3000 francs et d'un emprisonnement de six à un an, ou de l'une de ces deux peines seule-.

usurpation du titre de dentiste sera punie d'une ade de 100 à 500 francs et, en cas de récidive, amende de 500 à 1000 francs, et d'un emprisement de six jours à un mois, ou de l'une de eux peines seulement.

usurpation du titre de sage-femme sera punie amende de 100 à 500 francs et, en cas de réci-, d'une amende de 500 à 1000 francs et d'un isonnement de un mois à deux mois, ou de de ces deux peines seulement.

). Est considéré comme ayant usurpé le titre ais de docteur en médecine quiconque, se livrant xercice de la médecine, fait précéder ou suivre om du titre de docteur en médecine sans en uer l'origine étrangère. Il sera puni d'une ade de 100 à 200 francs.

1. Le docteur en médecine ou l'officier de santé aurait pas fait la déclaration prescrite par l'ar- 15 sera puni d'une amende de 50 à 200 francs.

2. Quiconque exerce la médecine, l'art dentaire art des accouchements sans avoir fait enregistrer diplôme dans les délais et conditions fixés à l'ar- 9 de la présente loi, est puni d'une amende de 100 francs.

3. Tout docteur en médecine est tenu de déférer réquisitions de la justice, sous les peines portées rticle précédent.

4. Il n'y a récidive qu'autant que l'agent du délit é a été, dans les cinq ans qui précèdent ce délit, amné pour une infraction de qualification iden-.

5. La suspension temporaire ou l'incapacité lue de l'exercice de leur profession peuvent être oncées par les cours et tribunaux, accessoire- à la peine principale, contre tout médecin, er de santé, dentiste ou sage-femme, qui est amné :

A une peine afflictive et infamante ;

A une peine correctionnelle prononcée pour e de faux, pour vol et escroquerie, pour crimes élits prévus par les articles 316, 317, 331, 332, t 335 du Code pénal ;

A une peine correctionnelle prononcée par une d'assises pour des faits qualifiés crimes par .

cas de condamnation prononcée à l'étranger un des crimes et délits ci-dessus spécifiés, le able pourra également, à la requête du minis- public, être frappé, par les tribunaux français, uspension temporaire ou d'incapacité absolue de rcice de sa profession.

s aspirants ou aspirantes aux diplômes de doc- en médecine, d'officier de santé, de chirurgien- iste et de sage-femme condamnés à l'une des s énumérées aux paragraphes 1er, 2 et 3 du pré- article, peuvent être exclus des établissements seignement supérieur.

peine de l'exclusion sera prononcée dans les itions prévues par la loi du 27 février 1880.

aucun cas, les crimes et délits politiques ne ront entraîner la suspension temporaire ou l'in- cité absolue d'exercer les professions visées au ent article, ni l'exclusion des établissements seignement médical.

6. L'exercice de leur profession par les per- es contre lesquelles a été prononcée la suspen- temporaire ou l'incapacité absolue, dans les itions spécifiées à l'article précédent, tombe sous up des articles 17, 18, 19, 20 et 21 de la pré- e loi.

7. L'article 463 du Code pénal est applicable aux ctions prévues par la présente loi.

ITRE VI. — DISPOSITIONS TRANSITOIRES.

8. Les médecins et sages-femmes venus de anger, autorisés à exercer leur profession avant l'application de la présente loi, continueront à jouir de cette autorisation dans les conditions où elle leur a été donnée.

29. Les officiers de santé reçus antérieurement à l'application de la présente loi, et ceux reçus dans les conditions déterminées par l'article 31 ci-après, auront le droit d'exercer la médecine et l'art dentaire sur tout le territoire de la République. Ils seront soumis à toutes les obligations imposées par la loi aux docteurs en médecine.

30. Un règlement délibéré en conseil supérieur de l'instruction publique déterminera les conditions dans lesquelles : 1° un officier de santé pourra obtenir le grade de docteur en médecine ; 2° un dentiste qui bénéficie des dispositions transitoires ci-après pourra obtenir le diplôme de chirurgien-dentiste.

31. Les élèves qui, au moment de l'application de la présente loi, auront pris leur première inscription pour l'officiat de santé, pourront continuer leurs études médicales et obtenir le diplôme d'officier de santé.

32. Le droit d'exercer l'art dentaire est maintenu à tout dentiste justifiant qu'il est inscrit au rôle des patentes au 1er janvier 1892.

Les dentistes se trouvant dans les conditions indiquées au paragraphe précédent n'auront le droit de pratiquer l'anesthésie qu'avec l'assistance d'un docteur ou d'un officier de santé.

Les dentistes qui contreviendront aux dispositions du paragraphe précédent tomberont sous le coup des peines portées au deuxième paragraphe de l'article 19.

33. Le droit de continuer l'exercice de leur profession est maintenu aux sages-femmes de 1re et de 2e classe, reçues en vertu des articles 30, 31 et 32 de la loi du 19 ventôse an XI ou des décrets et arrêtés ministériels ultérieurs.

34. La présente loi ne sera exécutoire qu'un an après sa promulgation.

35. Des règlements d'administration publique détermineront les conditions d'application de la présente loi à l'Algérie et aux colonies et fixeront les dispositions transitoires ou spéciales qu'il sera nécessaire d'édicter ou de maintenir.

Un règlement délibéré en conseil supérieur de l'instruction publique déterminera les épreuves qu'auront à subir, pour obtenir le titre de docteur, les jeunes gens des colonies françaises ayant suivi les cours d'une école de médecine existant dans une colonie.

36. Sont et demeurent abrogés, à partir du moment où la présente loi sera exécutoire, les dispositions de la loi du 19 ventôse an XI et généralement toutes les dispositions de lois et règlements contraires à la présente loi.

V. *la discussion de cette loi à la Chambre des députés et au Sénat*, D. P. 93. 4. 8 et suiv.

V. aussi **Suppl. au C. pén. ann.**, p. 359 s.

Loi du 27 décembre 1892,

Sur la conciliation et l'arbitrage facultatifs en matière de différends collectifs entre patrons et ouvriers ou employés (D. P. 93. 4. 33).

Art. 1er. Les patrons, ouvriers ou employés entre lesquels s'est produit un différend d'ordre collectif portant sur les conditions du travail, peuvent soumettre les questions qui les divisent à un comité de conciliation et, à défaut d'entente dans ce comité, à un conseil d'arbitrage, lesquels seront constitués dans les formes suivantes :

2. Les patrons, ouvriers ou employés adressent, soit ensemble, soit séparément, en personne ou par mandataires, au juge de paix du canton ou de l'un des cantons où existe le différend, une déclaration écrite contenant :

1° Les noms, qualités et domiciles des demandeurs ou de ceux qui les représentent ;

2° L'objet du différend, avec l'exposé succinct des motifs allégués par la partie ;

3° Les noms, qualités et domiciles des personnes auxquelles la proposition de conciliation ou d'arbitrage doit être notifiée ;

4° Les noms, qualités et domiciles des délégués choisis parmi les intéressés par les demandeurs pour les assister ou les représenter, sans que le nombre des personnes désignées puisse être supérieur à cinq.

3. Le juge de paix délivre récépissé de cette déclaration, avec indication de la date et de l'heure du dépôt, et la notifie sans frais, dans les vingt-quatre heures, à la partie adverse ou à ses représentants, par lettre recommandée ou au besoin par affiches apposées aux portes de la justice de paix des cantons et à celles de la mairie des communes sur le territoire desquelles s'est produit le différend.

4. Au reçu de cette notification, et au plus tard dans les trois jours, les intéressés doivent faire parvenir leur réponse au juge de paix. Passé ce délai, leur silence est tenu pour refus.

S'ils acceptent, ils désignent dans leur réponse les noms, qualités et domiciles des délégués choisis pour les assister ou les représenter, sans que le nombre des personnes désignées puisse être supérieur à cinq.

Si l'éloignement ou l'absence des personnes auxquelles la proposition est notifiée, ou la nécessité de consulter des mandants, des associés ou un conseil d'administration, ne permettent pas de donner une réponse dans les trois jours, les représentants desdites personnes doivent, dans ce délai de trois jours, déclarer quel est le délai nécessaire pour donner cette réponse.

Cette déclaration est transmise par le juge de paix aux demandeurs dans les vingt-quatre heures.

5. Si la proposition est acceptée, le juge de paix invite d'urgence les parties ou les délégués désignés par elles à se réunir en comité de conciliation.

Les réunions ont lieu en présence du juge de paix, qui est à la disposition du comité pour diriger les débats.

6. Si l'accord s'établit, dans ce comité, sur les conditions de la conciliation, ces conditions sont consignées dans un procès-verbal dressé par le juge de paix et signé par les parties ou leurs délégués.

7. Si l'accord ne s'établit pas, le juge de paix invite les parties à désigner, soit chacune un ou plusieurs arbitres, soit un arbitre commun.

Si les arbitres ne s'entendent pas sur la solution à donner au différend, ils pourront choisir un nouvel arbitre pour les départager.

8. Si les arbitres n'arrivent à s'entendre ni sur la solution à donner au différend, ni pour le choix de l'arbitre départiteur, ils le déclareront sur le procès-verbal, et cet arbitre sera nommé par le président du tribunal civil, sur le vu du procès-verbal qui lui sera transmis d'urgence par le juge de paix.

9. La décision sur le fond, prise, rédigée et signée par les arbitres, est remise au juge de paix.

10. En cas de grève, à défaut d'initiative de la part des intéressés, le juge de paix invite d'office, et par les moyens indiqués à l'article 3, les patrons, ouvriers ou employés, ou leurs représentants, à lui faire connaître dans les trois jours :

1° L'objet du différend avec l'exposé succinct des motifs allégués ;

2° Leur acceptation ou refus de recourir à la conciliation et à l'arbitrage ;

3° Les noms, qualités et domiciles des délégués choisis, le cas échéant, par les parties, sans que le nombre des personnes désignées de chaque côté puisse être supérieur à cinq.

Le délai de trois jours pourra être augmenté pour les causes et dans les conditions indiquées à l'article 4.

Si la proposition est acceptée, il sera procédé conformément aux articles 5 et suivants.

11. Les procès-verbaux et décisions mentionnées aux articles 6, 8 et 9 ci-dessus sont conservés en minute au greffe de la justice de paix, qui en délivre gratuitement une expédition à chacune des parties et en adresse une autre au ministre du commerce et de l'industrie par l'entremise du préfet.

12. La demande de conciliation et d'arbitrage, le refus ou l'absence de réponse de la partie adverse, la décision du comité de conciliation ou celle des arbitres, notifiés par le juge de paix au maire de chacune des communes où s'étendait le différend, sont, par chacun de ces maires, rendus publics par affichage à la place réservée aux publications officielles.

L'affichage de ces décisions pourra en outre se faire par les parties intéressées. Les affiches seront dispensées du timbre.

13. Les locaux nécessaires à la tenue des comités de conciliation et aux réunions des arbitres sont fournis, chauffés et éclairés par les communes où ils siègent.

Les frais qui en résultent sont compris dans les dépenses obligatoires des communes.

Les dépenses des comités de conciliation et d'arbitrage seront fixées par arrêté du préfet du département et portées au budget départemental comme dépenses obligatoires.

14. Tous actes faits en exécution de la présente loi seront dispensés du timbre et enregistrés gratis.

15. Les arbitres et les délégués nommés en exécution de la présente loi devront être citoyens français.

Dans les professions ou industries où les femmes sont employées, elles pourront être désignées comme déléguées, à la condition d'appartenir à la nationalité française.

16. La présente loi est applicable aux colonies de la Guadeloupe, de la Martinique et de la Réunion.

V. *le circulaire ministérielle* (ministre du commerce aux préfets) *du 23 janvier* 1893 (D. P. 93. 4. 35) *et celle du 19 février* 1893 (ministre de la justice aux procureurs généraux) (D. P. 93. 4. 36) *pour l'application de la loi du 27 décembre* 1892.

Sur la loi du 27 décembre 1892, V. Suppl. au C. com. ann., p. 851 s.; S. v° *Travail*, 684 s.

Loi du 3 février 1893,

Ayant pour objet de compléter les articles 419 *et* 420 *du Code pénal* (D. P. 93. 4. 59).

Art. 1er. Sera puni des peines prévues par l'article 420 du Code pénal quiconque, par des faits faux ou calomnieux, semés à dessein dans le public, ou par des voies ou moyens frauduleux quelconques, aura provoqué ou tenté de provoquer des retraits de fonds des caisses publiques ou des établissements obligés par la loi à effectuer leurs versements dans les caisses publiques.

2. L'article 463 est applicable aux délits prévus et punis par la présente loi.

S. v° *Industrie et commerce*, 530 s. — V. aussi Suppl. au C. pén. ann., p. 272, n°° 6718 s.

Loi du 16 mars 1893,

Portant modification des articles 45, 47 *et* 60 *de la loi du 29 juillet* 1881 *sur la presse* (D. P. 93. 4. 61). — V. *suprà*, L. 29 juill. 1881, art. 45, 47 et 60.

Loi du 1er août 1893,

Portant modification de la loi du 24 juillet 1867, *sur les sociétés par actions* (D. P. 93. 4. 68).

Art. 1er. Les paragraphes 1 et 2 de l'article 1er de la loi du 24 juillet 1867 sont modifiés comme suit : — V. *suprà*, L. 24 juill. 1867, art. 1er, § 1 et 2.

2. L'article 3 est modifié comme suit : — V. *suprà*, L. 24 juill. 1867, art. 3.

3. A l'article 8 sont ajoutées les dispositions suivantes : — V. *suprà*, L. 24 juill. 1867, art. 8.

4. Au paragraphe 1er de l'article 27 est ajouté ce qui suit : — V. *suprà*, L. 24 juill. 1867, art. 27, § 1er.

5. Dans le paragraphe 1er de l'article 42 sont substitués les termes suivants : — V. L. 24 juill. 1867, art. 42, § 1er.

Au même article est ajouté le paragraphe suivant : — V. *suprà*, L. 24 juill. 1867, art. 42, *paragraphe dernier*.

6. Sont ajoutées à la loi les dispositions suivantes : — V. *suprà*, L. 24 juill. 1867, art. 68 et 71.

DISPOSITIONS TRANSITOIRES.

7. Pour les sociétés par actions en commandite ou anonymes déjà existantes, sans distinction entre celles antérieures à la loi du 24 juillet 1867 et celles postérieures, il n'est pas dérogé à la faculté qu'elles peuvent avoir de convertir leurs actions en titres au porteur avant libération intégrale.

Quant aux actions nominatives des mêmes sociétés, les deux ans après lesquels tout souscripteur ou actionnaire qui a cédé son titre cesse d'être responsable des versements non appelés ne courront, à l'égard des créanciers antérieurs à la présente loi, qu'à partir de l'entrée en vigueur de la loi, et sauf application de l'article 2257 du Code civil pour les créances conditionnelles ou à terme et les actions en garantie.

Les dispositions de l'article 8 et celles de l'article 42 s'appliquent aux sociétés déjà constituées sous l'empire de la loi du 24 juillet 1867.

Dans les mêmes sociétés, l'action en nullité résultant des articles 7 et 41 ne sera plus recevable si les causes de nullité ont cessé d'exister au moment de la présente loi.

En tout cas, l'action en nullité résultant des faits dont la nullité résultait ne cessera d'être recevable que trois ans après la présente loi.

Les sociétés civiles actuellement constituées sous d'autres formes pourront, si leurs statuts ne s'y opposent pas, se transformer en sociétés en commandite ou en sociétés anonymes par décision d'une assemblée générale spécialement convoquée et réunissant les conditions tant de l'acte social que de l'article 31 ci-dessus.

Loi du 8 août 1893,

Relative au séjour des étrangers en France et à la protection du travail national (D. P. 93. 4. 110).

Art. 1er. Tout étranger non admis à domicile, arrivant dans une commune pour y exercer une profession, un commerce ou une industrie, devra faire à la mairie une déclaration de résidence en justifiant de son identité selon les huit jours de son arrivée. Il sera tenu, à cet effet, un registre d'immatriculation des étrangers, suivant la forme déterminée par un arrêté ministériel.

Un extrait de ce registre sera délivré au déclarant dans la forme des actes de l'état civil, moyennant les mêmes droits.

En cas de changement de commune, l'étranger fera viser son certificat d'immatriculation, dans les deux jours de son arrivée, à la mairie de sa nouvelle résidence.

2. Toute personne qui emploiera sciemment un étranger non muni du certificat d'immatriculation sera passible des peines de simple police.

3. L'étranger qui n'aura pas fait la déclaration imposée par la loi dans le délai déterminé, ou qui refusera de produire son certificat à la première réquisition, sera passible d'une amende de cinquante à deux cents francs.

Celui qui aura fait sciemment une déclaration fausse ou inexacte sera passible d'une amende de cent à trois cents francs ; et, s'il y a lieu, de l'interdiction temporaire ou perpétuelle du territoire français.

L'étranger expulsé du territoire français, et qui y serait rentré sans l'autorisation du Gouvernement, sera condamné à un emprisonnement de un à six mois. Il sera, après l'expiration de sa peine, reconduit à la frontière. L'article 463 du Code pénal est applicable aux cas prévus par la présente loi.

4. Les produits des amendes prévues par la présente loi seront attribués à la caisse municipale de la commune de la résidence de l'étranger qui en sera frappé.

5. Il est accordé aux étrangers visés par l'article 1er, et actuellement en France, un délai d'un mois pour se conformer aux prescriptions de la loi.

S. v° *Travail*, 124 s.

Loi du 12 décembre 1893,

Portant modification des articles 24, § 1er, 25 *et* 49 *de la loi du 29 juillet* 1881 *sur la presse* (D. P. 94. 4. 9). — V. *suprà*, L. 29 juill. 1881, art. 24, 25 et 49.

Loi du 24 juillet 1894,

Relative aux fraudes commises dans la vente des vins, alcoolisation et mouillage (D. P. 94. 4. 105).

Art. 1er. L'article 1er de la loi du 5 mai 1855 est complété ainsi qu'il suit : — V. *suprà*, L. 5 mai 1855, art. 1er.

2. Toutes les dispositions contenues dans l'article précédent s'appliqueront lorsqu'il s'agira du vin additionné d'alcool.

Il n'est rien changé à la législation existante en ce qui touche les vins dits de liqueurs et les vins destinés à l'exportation. Un décret rendu sur l'avis du comité consultatif des arts et manufactures déterminera les caractères auxquels on reconnaît les vins suralcoolisés.

Loi du 28 juillet 1894,

Ayant pour objet de réprimer les menées anarchistes (D. P. 94. 4. 81).

Art. 1er. Les infractions prévues par les articles 24, paragraphes 1 et 3, et 25 de la loi du 29 juillet 1881, modifiés par la loi du 12 décembre 1893, sont déférées aux tribunaux de police correctionnelle lorsque ces infractions ont pour but un acte de propagande anarchiste.

2. Sera déféré aux tribunaux de police correctionnelle et puni d'un emprisonnement de trois mois à deux ans, et d'une amende de 100 à 2 000 francs, tout individu qui, en dehors des cas visés par l'article précédent, sera convaincu d'avoir, dans un but de propagande anarchiste :

1° Soit par provocation, soit par apologie des faits spécifiés auxdits articles, incité une ou plusieurs personnes à commettre soit un vol, soit les crimes de meurtre, de pillage, d'incendie, soit les crimes punis par l'article 435 du Code pénal ;

2° Ou adressé une provocation à des militaires des armées de terre ou de mer, dans le but de les détourner de leurs devoirs militaires et de l'obéissance qu'ils doivent à leurs chefs dans ce qu'ils leur commandent pour l'exécution des lois et règlements militaires et la défense de la Constitution républicaine.

Les pénalités prévues au paragraphe 1er seront appliquées même dans le cas où la provocation adressée à des militaires des armées de terre ou de mer n'aurait pas le caractère d'un acte de propagande anarchiste ; mais, dans ce cas, la pénalité accessoire de la relégation édictée par l'article 3 de la présente loi ne pourra être prononcée.

La condamnation ne pourra être prononcée sur l'unique déclaration d'une personne affirmant avoir été l'objet des incitations ci-dessus spécifiées, si cette déclaration n'est pas corroborée par un ensemble de charges démontrant la culpabilité et expressément visées dans le jugement de condamnation.

3. La peine accessoire de la relégation pourra être prononcée contre les individus condamnés en vertu des articles 1er et 2 de la présente loi à une peine supérieure à une année d'emprisonnement et ayant encouru, dans une période de moins de dix ans, soit une condamnation à plus de trois mois d'emprisonnement pour les faits spécifiés auxdits articles, soit une condamnation à la peine des travaux forcés, de la réclusion ou de plus de trois mois d'emprisonnement pour crime ou délit de droit commun.

4. Les individus condamnés en vertu de la présente loi seront soumis à l'emprisonnement individuel, sans qu'il puisse résulter de cette mesure une diminution de la durée de la peine.

Les dispositions de la présente loi seront applicables pour l'exécution de la peine de la réclusion ou de l'emprisonnement prononcée en vertu des lois du 18 décembre 1893, sur les associations de malfaiteurs et la détention illégitime d'engins explosifs.

5. Dans les cas prévus par la présente loi, et dans tous ceux où le fait incriminé a un caractère anarchiste, les cours et tribunaux pourront interdire, en tout ou partie, la reproduction des débats, en tant que cette reproduction pourrait présenter un danger pour l'ordre public.

Toute infraction à cette défense sera poursuivie conformément aux prescriptions des articles 42, 43, 44 et 49 de la loi du 29 juillet 1881, et sera punie d'un emprisonnement de six jours à un mois, et d'une amende de 1 000 à 10 000 francs.

Sera poursuivie dans les mêmes conditions et passible des mêmes peines toute publication ou divulgation, dans les cas prévus au paragraphe 1er du présent article, de documents ou actes de procédure spécifiés à l'article 38 de la loi du 29 juillet 1881.

6. Les dispositions de l'article 463 du Code pénal sont applicables à la présente loi.

V. Suppl. au C. pén. ann., n° 9746 s.

Loi du 12 janvier 1895,

Relative à la saisie - arrêt sur les salaires et petits traitements des ouvriers et employés
(D. P. 95. 4. 13).

TITRE Ier. — SAISIE-ARRÊT.

Art. 1er. Les salaires des ouvriers et gens de service ne sont saisissables que jusqu'à concurrence du dixième, quel que soit le montant de ces salaires.

Les appointements ou traitements des employés ou commis et des fonctionnaires, ne sont également saisissables que jusqu'à concurrence du dixième lorsqu'ils ne dépassent pas 2.000 francs par an.

2. Les salaires, appointements et traitements visés par l'article 1er ne pourront être cédés que jusqu'à concurrence d'un autre dixième.

3. Les cessions et saisies faites pour le payement des dettes alimentaires prévues par les articles 203, 205, 206, 207, 214 et 349 du Code civil ne sont pas soumises aux restrictions qui précèdent.

4. Aucune compensation ne s'opère au profit des patrons entre le montant des salaires dus par eux leurs ouvriers et les sommes qui leur seraient dues eux-mêmes pour fournitures diverses, quelle qu'en soit la nature, à l'exception toutefois :

1° Des outils ou instruments nécessaires au travail ;
2° Des matières et matériaux dont l'ouvrier a la charge et l'usage ;
3° Des sommes avancées pour l'acquisition de ces mêmes objets.

5. Tout patron qui fait une avance en espèces en dehors du cas prévu par le paragraphe 3 de l'article 4 qui précède, ne peut se rembourser qu'au moyen de retenues successives ne dépassant pas le dixième du montant des salaires ou appointements exigibles.

La retenue opérée de ce chef ne se confond ni avec la partie saisissable, ni avec la partie cessible portée en l'article 2.

Les acomptes sur un travail en cours ne sont pas considérés comme avances.

TITRE II. — PROCÉDURE DE SAISIE-ARRÊT SUR LES SALAIRES ET PETITS TRAITEMENTS.

6. La saisie-arrêt sur les salaires ou les appointements ou traitements ne dépassant pas annuellement 2.000 francs, dont il s'agit à l'article 1er de la présente loi, ne pourra être pratiquée, s'il y a titre, que sur avis du greffier de la justice de paix du domicile du débiteur saisi.

S'il n'y a point de titre, la saisie-arrêt ne pourra être pratiquée qu'en vertu de l'autorisation du juge de paix du domicile du débiteur saisi. Toutefois, avant d'accorder l'autorisation, le juge de paix pourra, les parties n'ont déjà été appelées en conciliation, invoquer devant lui, par simple avertissement, le créancier et le débiteur ; s'il intervient un arrangement, il en sera tenu note par le greffier, sur un état spécial exigé par l'article 14.

L'exploit de saisie-arrêt contiendra en tête l'extrait du titre, s'il y en a un, ainsi que la copie du visa, et, défaut de titre, copie de l'autorisation du juge.

L'exploit sera signifié au tiers saisi ou à son représentant préposé au payement des salaires ou traitements, dans le lieu où travaille le débiteur saisi.

7. L'autorisation accordée par le juge évaluera ou annonceru la somme pour laquelle la saisie-arrêt sera formée.

Le débiteur pourra toucher du tiers saisi la portion non saisissable de ses salaires, gages ou appointements.

Une seule saisie-arrêt doit être autorisée par le juge. S'il survient d'autres créanciers, leur réclamation, signée et déclarée sincère par eux et contenant toutes les pièces de nature à mettre le juge à même à faire l'évaluation de la créance, sera inscrite par le greffier sur le registre exigé par l'article 14. Le greffier se bornera à en donner avis dans les quarante-huit heures au débiteur saisi et au tiers saisi, par lettre recommandée qui vaudra opposition.

8. L'huissier saisissant sera tenu de faire parvenir au juge de paix, dans le délai de huit jours à dater de la saisie, l'original de l'exploit, sous peine d'une amende de 10 francs, qui sera prononcée par le juge de paix en audience publique.

9. Tout créancier saisissant, le débiteur et le tiers saisi pourront requérir la convocation des intéressés devant le juge de paix du débiteur saisi, par une déclaration consignée sur le registre spécial prévu eu l'article 14.

Dans les quarante-huit heures de cette réquisition, le greffier adressera : 1° au saisi, 2° au tiers saisi, 3° à tous autres créanciers opposants, un avertissement recommandé à comparaître devant le juge de paix à l'audience que celui-ci aura fixée.

A cette audience ou à toute autre fixée par lui, le juge de paix prononçant sans appel, dans la limite de sa compétence, et à charge d'appel à quelque valeur que la demande puisse s'élever, statuera sur la validité, la nullité ou la mainlevée de la saisie, ainsi que sur la déclaration affirmative que le tiers saisi sera tenu de faire audience tenante.

Le tiers saisi qui ne comparaîtra pas, ou qui ne fera pas sa déclaration, ainsi qu'il est dit ci-dessus, sera déclaré débiteur pur et simple des retenues non opérées, et condamné aux frais par lui occasionnés.

10. Si le jugement est rendu par défaut, avis de ses dispositions sera transmis par le greffier à la partie défaillante, par lettre recommandée, dans les cinq jours du prononcé.

L'opposition, qui ne sera recevable que dans les huit jours de la date de la lettre, consistera dans une déclaration à faire au greffe de la justice de paix, sur le registre prescrit par l'article 14.

Toutes parties intéressées seront prévenues, par lettre recommandée du greffier, pour la plus prochaine audience utile. Le jugement qui interviendra sera réputé contradictoire. L'appel relevé contre le jugement contradictoire sera formé dans les dix jours du prononcé du jugement, et, dans le cas où il aurait été rendu par défaut, au jour de l'expiration des délais d'opposition, sans que, dans le cas du jugement contradictoire, il soit besoin de le signifier.

11. Après l'expiration des délais de recours, le juge de paix pourra surseoir à la convocation des parties intéressées tant que la somme à distribuer n'atteindra pas, d'après la déclaration du tiers saisi, et déduction faite des frais à prélever et des créances privilégiées, un chiffre suffisant pour distribuer aux créanciers connus un dividende de 20 pour 100 au moins. S'il y a somme suffisante, et si les parties ne se sont pas amiablement entendues pour la répartition, le juge procédera à la distribution entre les ayants droit. Il établira son état de répartition sur le registre prescrit par l'article 14. Une copie de cet état, signée du juge et du greffier, indiquant le montant des frais à prélever, le montant des créances privilégiées, s'il en existe, et le montant des sommes attribuées dans la répartition à chaque ayant droit, sera transmise par le greffier, par lettre recommandée, au débiteur saisi ou au tiers saisi, et à chaque créancier colloqué.

Ces derniers auront une action directe contre le tiers saisi en payement de leur collocation. Les ayants droit aux frais et aux collocations utiles donneront quittance en marge de l'état de répartition remis au tiers saisi, qui se trouvera libéré d'autant.

12. Les effets de la saisie-arrêt et les oppositions consignées par le greffier sur le registre spécial, subsisteront jusqu'à complète libération du débiteur.

13. Les frais de saisie-arrêt et de distribution seront à la charge du débiteur saisi. Ils seront prélevés sur la somme à distribuer.

Tous frais de contestation jugée mal fondée seront mis à la charge de la partie qui aura succombé.

14. Pour l'exécution de la présente loi, il sera tenu au greffe de chaque justice de paix un registre sur papier non timbré, qui sera coté et parafé par le juge de paix et sur lequel seront inscrits :

1° Les visas ou ordonnances autorisant la saisie-arrêt ;
2° Le dépôt de l'exploit ;
3° La réquisition de la convocation des parties ;
4° Les arrangements intervenus ;
5° Les interventions des autres créanciers ;
6° La déclaration faite par le tiers saisi ;
7° La mention des avertissements ou lettres recommandées transmises aux parties ;
8° Les décisions du juge de paix ;
9° La répartition établie entre les ayants droit.

15. Tous les exploits, autorisations, jugements, décisions, procès-verbaux et états de répartition qui pourront intervenir en exécution de la présente loi seront rédigés sur papier non timbré et enregistrés gratis. Les avertissements et lettres recommandées et les copies d'état de répartition sont exempts de tout droit de timbre et d'enregistrement.

16. Un décret déterminera les émoluments à allouer aux greffiers pour l'envoi des lettres recommandées et pour dressé de tous extraits et copies d'état de répartition.

17. Les lois et décrets antérieurs sont abrogés en ce qu'ils ont de contraire à la présente loi.

18. La présente loi est applicable à l'Algérie et aux colonies.

T. (87-97), v° *Saisie - arrêt*, 128 s. — D. P. années 1897 et suiv., 5° partie, *cod.* r°.

V. *la discussion de cette loi à la Chambre des députés et au Sénat*, D. P. 95. 4. 13 s.

V. *les circulaires du garde des sceaux du 15 mars 1896* (D. P. 97. 4. 87) *et du 5 novembre 1896* (D. P. 97. 4. 87) *relatives à l'application de cette loi.*

Loi du 9 février 1895,

Sur les fraudes en matière artistique
(D. P. 95. 4. 69).

Art. 1er. Seront punis d'un emprisonnement d'un an au moins de cinq ans au plus, et d'une amende de 16 francs au moins et de 3.000 francs au plus, sans préjudice des dommages-intérêts, s'il y a lieu :

1° Ceux qui auront apposé ou fait apparaître frauduleusement un nom usurpé sur une œuvre de peinture, de sculpture, de dessin, de gravure ou de musique ;

2° Ceux qui, sur les mêmes œuvres, auront frauduleusement, et dans le but de tromper l'acheteur sur la personnalité de l'auteur, imité sa signature ou un signe adopté par lui.

2. Les mêmes peines seront applicables à tout marchand ou commissionnaire qui aura sciemment recélé, mis en vente ou en circulation les objets revêtus de ces noms, signatures ou signes.

3. Les objets délictueux seront confisqués et remis au plaignant ou détruits, sur son refus de les recevoir.

4. La présente loi est applicable aux œuvres non tombées dans le domaine public, sans préjudice pour les autres de l'application de l'article 423 du Code pénal.

5. L'article 463 du Code pénal s'appliquera aux cas prévus par les articles 1 et 2.

V. Appendice au C. com. ann., p. 808, n° 22502 s.

Loi du 22 juillet 1895,

Relative à l'application de l'article 14 de la loi du 29 juillet 1881, sur la presse.

Article unique. L'article 14 de la loi du 29 juillet 1881, sur la presse, est applicable aux journaux publiés en France, en langue étrangère.

Décret du 1er février 1896,

Relatif à la procédure à suivre en matière de legs concernant les établissements publics ou reconnus d'utilité publique (D. P. 96. 4. 105).

Art. 1er. (*Décr. 21 décembre 1901.*) Tout notaire constitué dépositaire d'un testament contenant des libéralités en faveur de l'État, des départements, des communes, des établissements publics ou reconnus d'utilité publique et des associations religieuses autorisées, est tenu, aussitôt après l'ouverture du testament, d'adresser aux représentants des établissements institués, ainsi qu'au préfet du département du lieu d'ouverture de la succession, la copie intégrale des dispositions faites au profit de chacun de ces établissements et un état des héritiers dont l'existence lui aura été révélée, avec leurs nom, prénoms, profession, degré de parenté et adresse.

La copie est écrite sur papier libre et il est délivré récépissé des pièces transmises.

2. Dans la huitaine, le préfet requiert le maire du lieu de l'ouverture de la succession de lui transmettre, dans le plus bref délai, un état contenant les indications relatives aux héritiers connus et énoncées dans l'article précédent.

Le préfet, dès qu'il a reçu ce dernier état, invite les personnes qui lui sont signalées comme héritières, soit par le notaire, soit par le maire, à prendre connaissance du testament, à donner leur consentement à son exécution ou à produire leurs moyens d'opposition, le tout dans un délai d'un mois.

Ces diverses communications sont faites par voie administrative; il en est accusé réception.

3. Dans ce même délai de huitaine, l'invitation mentionnée en l'article précédent est adressée par les soins du préfet à tous les héritiers inconnus, au moyen d'un avis inséré dans le *Recueil des actes administratifs* du département et d'une affiche, qui restera apposée, pendant trois semaines consécutives, à la porte de la mairie du lieu de l'ouverture de la succession. Cette affiche contient, en outre, l'extrait des dispositions faites en faveur des établissements légataires. Le maire fait parvenir au préfet un certificat constatant l'accomplissement de cette formalité.

4. Les héritiers ne sont recevables à présenter leurs réclamations que dans un délai de trois mois à partir de l'accomplissement des formalités prescrites par l'article 3.

Les réclamations sont adressées au préfet du département du lieu de l'ouverture de la succession.

A l'expiration de ce délai, il est statué sur l'acceptation ou le refus de la libéralité par l'autorité compétente.

Si un même testament contient des libéralités distinctes faites à des établissements différents et ne relevant pas de la même autorité administrative, chaque autorité se prononce séparément lorsqu'il ne s'est produit aucune réclamation dans le délai ci-dessus imparti. Lorsque au contraire une réclamation s'est produite, le pouvoir de statuer appartient à l'autorité la plus élevée.

5. Les établissements publics ou reconnus d'utilité publique et les associations religieuses autorisées doivent produire à l'appui de leur demande un état de l'actif et du passif, ainsi que de leurs revenus et charges, certifié par le préfet du département dans lequel ils sont situés.

Dans le cas où le Gouvernement, statuant en Conseil d'État, juge nécessaire de requérir du notaire la production d'une copie intégrale du testament, cette copie est fournie sur papier libre.

6. Les libéralités pour lesquelles auront été accomplies, avant la promulgation du présent décret, toutes les formalités de la procédure prescrites par les règlements antérieurement en vigueur suivront, quant aux autorisations, les règles appliquées avant cette promulgation.

En ce qui touche les libéralités pour lesquelles l'instruction n'aura pas été terminée, la procédure sera continuée conformément aux dispositions du présent décret et les formalités de publication édictées par l'article 3 seront dans tous les cas applicables.

7. Sont abrogés l'article 5, paragraphe 1er, de l'ordonnance du 2 avril 1817, les articles 3 et 5 de celle du 14 janvier 1831, le décret du 30 juillet 1863 et toutes les dispositions qui seraient contraires au présent règlement.

Loi du 21 mars 1896,

Relative à la tenue par les juges de paix d'audiences foraines (D. P. 96. 4. 32).

Article unique. Le juge de paix doit tenir ses audiences au chef-lieu du canton.

Toutefois, le président de la République peut, par décret rendu le Conseil d'État entendu, l'autoriser à tenir des audiences supplémentaires en des communes autres que le chef-lieu du canton.

Le juge de paix et son greffier recevront dans ce cas, et lorsqu'il y aura lieu à déplacement de leur part, une indemnité qui sera supportée par les communes intéressées.

Loi du 31 mars 1896,

Relative à la vente des objets abandonnés ou laissés en gage par les voyageurs aux aubergistes ou hôteliers (D. P. 96. 4. 33).

Art. 1er. Les effets mobiliers apportés par le voyageur ayant logé chez un aubergiste, hôtelier ou logeur, et par lui laissés en gage pour sûreté de sa dette, ou abandonnés au moment de son départ peuvent être vendus dans les conditions et formes déterminées par les articles suivants :

2. Le dépositaire pourra présenter au juge de paix du canton où les effets mobiliers ont été laissés en gage ou abandonnés une requête qui énoncera les faits, désignera les objets et leur valeur approximative.

L'ordonnance du juge, mise au bas de la requête, fixera le jour, l'heure, le lieu de la vente, qui ne pourra être faite que six mois après le départ constaté du voyageur.

Cette ordonnance fixera en outre la mise à prix des objets à vendre, commettra l'officier public qui devra y procéder et contiendra, s'il y a lieu, l'évaluation de la créance du requérant.

L'officier public chargé de la vente fera ouvrir, en présence du dépositaire, les malles, paquets ou autres sous fermeture quelconque, et dressera de son opération procès-verbal, qui sera communiqué au juge de paix.

En cas d'extrême urgence, le juge pourra autoriser la vente avant l'expiration du délai de six mois et devra justifier, dans son ordonnance, des motifs de l'abréviation de ce délai.

3. La vente sera annoncée huit jours à l'avance par affiches apposées dans les lieux indiqués par le juge, qui pourra même autoriser la vente après une ou plusieurs annonces à son de trompe.

La publicité donnée à la vente sera constatée par une mention insérée au procès-verbal de vente.

4. L'officier public commis par le juge préviendra huit jours à l'avance, par lettre recommandée, le voyageur des lieu, jour et heure de la vente, dans le cas où son domicile sera connu.

La vente aura lieu aux enchères et il y sera procédé tant en l'absence qu'en présence du déposant.

5. Le propriétaire pourra s'opposer à la vente par exploit signifié au dépositaire. Cette opposition emportera de plein droit citation à comparaître à la première audience utile du juge de paix qui a autorisé la vente, nonobstant toute indication d'une audience ultérieure. Le juge devra statuer dans le plus bref délai.

6. Sur le produit de la vente, et après le prélèvement des frais, l'officier public payera la créance du dépositaire. Le surplus sera versé à la Caisse des dépôts et consignations, au nom du propriétaire, par l'officier public, qui lui dressera aucun procès-verbal du dépôt. Il en retirera récépissé; ce récépissé lui vaudra décharge.

Si le produit de la vente est insuffisant pour couvrir les frais, le surplus sera payé par le dépositaire, sauf recours contre le déposant.

Le montant de la consignation en principal et intérêts sera payée de plein droit au Trésor public, deux ans après le dépôt, s'il n'y a eu, dans l'intervalle, réclamation de la part du propriétaire, de ses représentants ou de ses créanciers.

7. Les articles 624 et 625 du Code de procédure civile sont applicables aux ventes prévues par la présente loi.

Ces ventes seront faites conformément aux lois et règlements qui déterminent les attributions des officiers publics qui en seront chargés.

8. Tous les actes, spécialement les exploits, ordonnances, jugements et procès-verbaux faits en exécution de la présente loi, sont dispensés du timbre et enregistrés gratis.

Pour mettre lieu aux droits de timbre et d'enregistrement, il sera perçu sur le procès-verbal de vente, lorsqu'il sera présenté à la formalité, deux pour cent (7 pour 100) du produit de la vente, sans addition de décimes.

V. la discussion de cette loi à la Chambre des députés et au Sénat, D. P. 96. 4. 33 s.

Loi du 3 avril 1896,

Rendant applicable, en matière de presse, l'article 368 du Code d'instruction criminelle (D. P. 96. 4. 35).

Article unique. L'article 58 de la loi du 29 juillet 1881 est complété par l'addition du paragraphe suivant : — *V. supra*, L. 29 juill. 1881, art. 58.

Loi du 6 avril 1897,

Concernant la fabrication, la circulation et la vente des vins artificiels (D. P. 97. 4. 47).

Art. 1er. La fabrication industrielle, la circulation et la vente des vins de raisins secs ou autres vins artificiels, à l'exception des vins de liqueurs et mousseux et des vins de marc et de sucre, régis par l'article 3, sont exclus du régime fiscal des vins et soumises aux droits et régime de l'alcool pour leur richesse alcoolique totale acquise ou en puissance.

2. Les raisins secs à boisson ne pourront circuler qu'en vertu d'acquits-à-caution garantissant le payement du droit général de consommation à raison de 30 litres d'alcool par 100 kilogrammes s'ils sont à destination des fabricants, et le payement des droits de circulation à raison de six francs (6 fr.) par 100 kilogrammes s'ils sont à destination des particuliers pour leur consommation de famille.

3. La fabrication et la circulation en vue de la vente des vins de marc et des vins de sucre sont interdites.

Cette interdiction est applicable aux cidres et poirés produits autrement que par la fermentation des pommes et poires fraîches, avec ou sans sucrage.

La détention, à un titre quelconque, de ces vins, cidres et poirés est interdite à tout négociant, entrepositaire ou débitant de liquide.

Les boissons de cidre d'un degré alcoolique inférieur à trois degrés ne seront pas comprises dans cette interdiction.

La détention visée par le paragraphe 3 du présent article n'est pas interdite lorsqu'elle n'a pas lieu en vue de la vente.

(L. 6 août 1905.) La circulation des boissons de marcs, dites piquettes, provenant de l'épuisement des marcs par l'eau, sans addition d'alcool, de sucre ou de matières sucrées est interdite.

4. Sont punies des peines portées à l'article 1er de la loi du 29 février 1872 :

1° Toute infraction aux dispositions des articles 1er, 2 et 3 de la présente loi;

2° Toute déclaration d'enlèvement de boissons faite sous un nom supposé, ou sous le nom d'un tiers sans son consentement, et toute déclaration ayant pour but de simuler un enlèvement de boissons non effectivement réalisé.

5. Les dispositions de l'article 463 du Code pénal sont applicables aux infractions de la présente loi.

6. La présente loi est applicable en Algérie et dans les colonies. Elle entrera en vigueur à partir du 15 août prochain.

V. la discussion de cette loi à la Chambre des députés et au Sénat, D. P. 97. 4. 47 s.

Loi du 16 avril 1897,

Concernant la répression de la fraude dans le commerce du beurre et la fabrication de la margarine (D. P. 97. 4. 57; — et Suppl. au C. pén. ann., p. 288). — *V. infra*, L. 23 juill. 1907.

TITRE PREMIER.

Art. 1er. Il est interdit de désigner, d'exposer, de mettre en vente ou de vendre, d'importer ou d'exporter, sous le nom de beurre, avec ou sans qualificatif, tout produit qui n'est pas exclusivement fait avec du lait ou de la crème provenant du lait ou avec l'un et l'autre, avec ou sans sel, avec ou sans colorant.

2. Toutes les substances alimentaires autres que le beurre, quelles que soient leur origine, leur proance et leur composition, qui présentent l'aspect beurre et sont préparées pour le même usage que dernier produit, ne peuvent être désignées que s le nom de margarine.

a margarine ainsi définie ne pourra, dans aucun , être additionnée de matières colorantes.

. Il est interdit à quiconque se livre à la fabri- on ou à la préparation du beurre, de fabriquer 'e détenir dans ses locaux, et dans quelque lieu ce soit, de la margarine ou de l'oléo-margarine, l'en laisser fabriquer et détenir par une autre sonne dans les locaux occupés par lui.

a même interdiction est faite aux entrepositaires, merçants et débitants de beurre.

es deux premiers paragraphes du présent article sont pas applicables aux sociétés coopératives imentation qui ne font pas acte de commerce.

a margarine et l'oléo-margarine ne pourront être oduites sur les marchés qu'aux endroits spécia- ent désignés à cet effet par l'autorité municipale.

a quantité de beurre contenue dans la margarine : en vente, que cette quantité provienne du ba- age du lait ou de la crème avec l'oléo-margarine, qu'elle provienne d'une addition de beurre, ne rra dépasser 10 pour 100.

. Toute personne qui veut se livrer à la fabrica- de la margarine ou de l'oléo-margarine est tenue faire la déclaration, à Paris, à la préfecture de ce, et, dans les départements, au maire de la mune où elle veut établir sa fabrique.

. Les locaux dans lesquels on fabrique ou con- ve en dépôt, et où on vend de la margarine ou 'oléo-margarine, doivent porter une enseigne in- ant, en caractères apparents d'au moins trente timètres (0m30) de hauteur, les mots « fabrique, ôt ou débit de margarine ou d'oléo-margarine ».

. Les fabriques de margarine et d'oléo-margarine soumises à la surveillance d'inspecteurs nom- s par le Gouvernement. Ces employés ont pour sion de veiller sur la fabrication, sur les entrées matières premières, sur la qualité de celles-ci, et les sorties de margarine et d'oléo-margarine. Ils surent que les règles prescrites par le Gouverne- nt, sur l'avis du comité d'hygiène publique, sont ureusement observées.

s ont le droit de s'opposer à l'emploi de matières rompues ou nuisibles à la santé, et de rejeter de fabrication les suifs avariés. Ils peuvent déférer tribunaux les infractions aux dispositions de la sente loi, et des décrets et arrêtés ministériels rvenus pour son exécution.

. Les inspecteurs mentionnés à l'article 6 peuvent étrer, en tout temps, dans tous les locaux des iques de margarine et d'oléo-margarine soumises ur surveillance, dans les magasins, caves, cel- s, greniers y attenant ou en dépendant, de même dans tous les dépôts et débits de margarine et éo-margarine.

. Le traitement des inspecteurs est à la charge établissements surveillés. Le décret rendu en seil d'État, pour l'exécution de la loi, en fixera montant, ainsi que le mode de perception et de ouvrement des taxes.

. Les fûts, caisses, boites et récipients quel- ques, renfermant de la margarine ou de l'oléo- rgarine, doivent tous porter sur toutes leurs faces, caractères apparents et indélébiles, le mot « mar- ine » ou « oléo-margarine ». Les éléments entrant s la composition de la margarine devront être iqués par des étiquettes, et par les factures des ricants et débitants.

ans le commerce en gros, les récipients devront, outre, indiquer, en caractères très apparents, le n et l'adresse du fabricant.

n ce qui concerne la margarine destinée à l'ex- tation, le fabricant sera autorisé à substituer à marque de fabrique celle de l'acheteur, à la con- on que cette marque porte, en caractères appa- ts, le mot « margarine ».

ans le commerce de détail, la margarine ou éo-margarine doivent être livrées, sous la forme pains cubiques, avec une empreinte portant sur des faces, soit le mot « margarine », soit le t « oléo-margarine », et mises dans une enve- pe portant, en caractères apparents et indélébiles, même désignation, ainsi que le nom et l'adresse vendeur.

Lorsque ces pains seront détaillés, la marchandise sera livrée dans une enveloppe portant lesdites inscriptions.

10. La margarine ou l'oléo-margarine importées, exportées ou expédiées doivent être, suivant les cas, mises dans des récipients de la forme, et portant les indications mentionnées à l'article qui précède.

11. Il est interdit d'exposer, de mettre en vente ou en dépôt, et de vendre dans un lieu quelconque, de la margarine ou de l'oléo-margarine, sans qu'elles soient renfermées dans les récipients indiqués à l'article 9, et portant les indications qui y sont prescrites.

L'absence de ces désignations indique que la marchandise exposée, mise en dépôt ou en vente, est du beurre.

12. Dans les comptes, factures, connaissements, reçus de chemins de fer, contrats de vente et de livraison, et autres documents relatifs à la vente, à l'expédition, au transport et à la livraison de la margarine ou de l'oléo-margarine, la marchandise doit être expressément désignée, suivant le cas, comme « margarine ou oléo-margarine ». L'absence de ces formalités indique que la marchandise est du beurre.

13. Les inspecteurs désignés à l'article 6, et au besoin des experts spéciaux nommés par le Gouvernement, ont le droit de pénétrer dans les locaux où on fabrique pour la vente, dans ceux où l'on prépare et vend du beurre, de prélever des échantillons de la marchandise fabriquée, préparée, exposée, mise en vente ou vendue comme beurre.

Ils peuvent, de même, prélever des échantillons en douane, ou dans les ports, ou dans les gares de chemins de fer.

Autant que possible, le prélèvement des échantillons est effectué en présence du propriétaire de la marchandise ou de son représentant.

Les échantillons sont envoyés aux laboratoires désignés par arrêté ministériel, pour être soumis à l'analyse chimique et à l'examen microscopique.

En cas de fraude constatée, procès-verbal est dressé et transmis, avec le rapport du chimiste expert, au procureur de la République, qui instruit l'affaire immédiatement. — V. *infrà*, L. 23 juill. 1907.

14. Chaque année, le ministre de l'agriculture, sur l'avis du comité consultatif des stations agronomiques et des laboratoires agricoles :

1° Prescrit les méthodes d'analyse à suivre, pour l'examen des échantillons de beurre prélevés comme soupçonnés d'être falsifiés;

2° Fixe le taux des analyses;

3° Arrête la liste des chimistes experts, seuls chargés de faire l'analyse légale des échantillons prélevés. — V. *infrà*, L. 23 juill. 1907.

15. Les échantillons prélevés sont payés aux détenteurs sur le budget de l'État, ainsi que les frais d'expertise ou d'analyse.

En cas de condamnation, les frais sont à la charge des délinquants. — V. *infrà*, L. 23 juill. 1907.

TITRE II. — PÉNALITÉS.

16. Ceux qui auront sciemment contrevenu aux dispositions de la présente loi seront punis d'un emprisonnement de six jours à trois mois et d'une amende de 100 francs à 5000 francs ou de l'une de ces deux peines seulement. Toutefois, seront présumés avoir connu la falsification de la marchandise ceux qui ne pourront indiquer le nom du vendeur ou de l'expéditeur. Les voituriers ou compagnies de transport par terre ou par eau qui auront sciemment contrevenu aux dispositions des articles 10 et 12 ne seront passibles que d'une amende de 50 à 500 francs.

Ceux qui auront empêché les inspecteurs et experts désignés dans les articles 6 et 13 d'accomplir leurs fonctions en leur refusant l'entrée de leurs locaux de fabrication, de dépôt et de vente, et de prendre des échantillons, seront passibles d'une amende de 500 à 1000 francs.

17. Ceux qui auront sciemment employé des matières corrompues ou nuisibles à la santé publique pour la fabrication de la margarine ou de l'oléo-margarine seront passibles des peines portées à l'article 423 du Code pénal.

18. En cas de récidive dans l'année qui suivra la condamnation, le maximum de l'amende sera toujours appliqué.

19. Les tribunaux pourront toujours ordonner que les jugements de condamnation prononcés contre les infractions aux articles 1er, 2, 3, 5, 6, 9, 10 et 11 seront publiés par extraits ou intégralement dans les journaux qu'ils désigneront et affichés dans les lieux et marchés où la fraude a été commise, ainsi qu'aux portes de la maison, de l'usine, de la fabrique et des magasins du délinquant, et ce aux frais du condamné. — V. *infrà*, L. 23 juill. 1907.

20. Les substances ou les mélanges frauduleusement désignés, exposés, mis en vente, vendus, importés ou exportés, restés en la possession de l'auteur du délit, seront, de plus, confisqués conformément aux dispositions de l'article 5 de la loi du 7 mars 1851. — V. *infrà*, L. 23 juill. 1907.

21. Les dispositions de l'article 463 du Code pénal sont applicables aux délits prévus et punis par la présente loi.

22. Un règlement d'administration publique statuera sur toutes les mesures à prendre pour l'exécution de la présente loi, et notamment sur les formalités à remplir pour l'établissement et la surveillance des fabriques de margarine et d'oléo-margarine, sur la surveillance des beurreries, des débits de beurre, de margarine et d'oléo-margarine, des halles et marchés, sur le prélèvement et la vérification des échantillons des marchandises suspectes, sur la désignation des fonctionnaires préposés à cette surveillance et sur les garanties à édicter pour assurer les secrets de fabrication. Ce règlement devra être fait dans un délai de trois mois, sans que ce délai puisse en rien arrêter l'exécution de la présente loi dans tous les cas où l'application dudit règlement n'est pas nécessaire.

23. Sont abrogées la loi du 14 mars 1887 et toutes les dispositions contraires à la présente loi.

24. La présente loi est applicable à l'Algérie et aux colonies.

V. Suppl. au C. pén. ann., p. 288, nos 7074 s.

V. *le décret du 9 novembre 1897, portant règlement d'administration publique pour l'application de la loi du 16 avril 1897 concernant la répression de la fraude dans le commerce du beurre et la fabrication de la margarine* (D. P. 98. 4. 8), *modifié dans ses art.* 10, 11, 12, 13, 15, 16 *et* 19, *par le décret du* 29 *août* 1907 (D. P. 1907. 4. 152).

Décret du 5 septembre 1897,

Portant règlement général de la pêche fluviale.

Art. 1er. Les époques pendant lesquelles la pêche est interdite, en vue de protéger la reproduction du poisson, sont fixées comme il suit :

1° Du 30 septembre exclusivement au 10 janvier inclusivement, est interdite la pêche du saumon;

2° Du 20 octobre exclusivement au 31 janvier inclusivement, est interdite la pêche de la truite et de l'ombre-chevalier;

3° Du 15 novembre exclusivement au 31 décembre inclusivement, est interdite la pêche du lavaret;

4° Du lundi qui suit le 15 avril inclusivement au dimanche qui suit le 15 juin exclusivement, est interdite la pêche de tous les autres poissons et de l'écrevisse. Si le lundi qui suit le 15 avril est un jour férié, l'interdiction est retardée de vingt-quatre heures.

Les interdictions prononcées dans les paragraphes précédents s'appliquent à tous les procédés de pêche, même à la ligne flottante tenue à la main.

2. Les préfets peuvent, par des arrêtés rendus après avoir pris l'avis des conseils généraux, soit pour tout le département, soit pour certaines parties du département, soit pour certains cours d'eau déterminés :

1° Interdire exceptionnellement la pêche de toutes les espèces de poissons pendant l'une ou l'autre période, lorsque cette interdiction est nécessaire pour protéger les espèces prédominantes;

2° Augmenter pour certains poissons désignés la durée desdites périodes, sous la condition que les périodes ainsi modifiées comprennent la totalité de l'intervalle de temps fixé par l'article 1er;

3° Excepter de la quatrième période la pêche de l'alose, de l'anguille et de la lamproie, ainsi que des autres poissons vivant alternativement dans les eaux douces et les eaux salées;

4° Fixer une période d'interdiction pour la pêche de la grenouille.

3. Des publications seront faites dans les communes dix jours au moins avant le début de chaque période d'interdiction de la pêche pour rappeler les dates du commencement et de la fin de ces périodes.

4. Quiconque, pendant la période d'interdiction, transporte ou débite des poissons dont la pêche est prohibée, mais qui proviennent des étangs et réservoirs, est tenu de justifier de l'origine de ces poissons.

5. Les poissons saisis et vendus aux enchères, conformément à l'article 42 de la loi du 15 avril 1829, ne peuvent pas être exposés de nouveau en vente.

6. La pêche n'est permise que depuis le lever jusqu'au coucher du soleil.

Toutefois, la pêche de l'anguille, de la lamproie et de l'écrevisse peut être autorisée après le coucher et avant le lever du soleil, dans les cours d'eau désignés, et aux heures fixées par des arrêtés préfectoraux, rendus après avis des conseils généraux. Ces arrêtés déterminent, pour l'anguille, la lamproie et l'écrevisse, la nature et les dimensions des engins dont l'emploi est autorisé.

La pêche du saumon et de l'alose peut être autorisée par des arrêtés préfectoraux, rendus après avis des conseils généraux, pendant deux heures au plus après le coucher du soleil, et deux heures au plus avant son lever, dans certains emplacements des fleuves et rivières navigables spécialement désignés.

7. Le séjour dans l'eau des filets et engins ayant les dimensions réglementaires est permis à toute heure, sous la condition qu'ils ne peuvent être placés et relevés que depuis le lever jusqu'au coucher du soleil.

8. Les dimensions au-dessous desquelles les poissons et écrevisses ne peuvent être pêchés, même à la ligne flottante, et doivent être rejetés à l'eau sont déterminées comme il suit pour les diverses espèces :

1° Les saumons, 40 centimètres de longueur. Cette prescription s'applique indistinctement à tous les sujets de l'espèce n'ayant pas la dimension ci-dessus fixée, quels que soient d'ailleurs les différents noms dont on les désigne suivant les localités : tacons, tocans, glezys, guimoisons, cadets, orgeuls, castillons, renoys, etc. ;

2° Les anguilles, 25 centimètres de longueur ;

3° Les truites, ombres-chevaliers, ombres communs, carpes, brochets, barbeaux, brèmes, meuniers, aloses, perches, gardons, tanches, lottes, lamproies et lavarets, 14 centimètres de longueur ;

4° Les soles, plies et flets, 10 centimètres de longueur ;

5° Les écrevisses à pattes rouges, 8 centimètres de longueur ; celles à pattes blanches, 6 centimètres de longueur.

La longueur des poissons, ci-dessus mentionnée, est mesurée de l'œil à la naissance de la queue ; celle de l'écrevisse, de l'œil à l'extrémité de la queue déployée.

(*Décr. 1er septembre* 1904.) Toutefois, la pêche de la montée d'anguille (alevins d'anguilles ayant moins de 7 centimètres de longueur) peut être permise par des arrêtés préfectoraux annuels, pris après avis conforme des conseils généraux et dans les conditions prévues à l'article 21 du présent décret : ces arrêtés détermineront les procédés de pêche, la nature et la dimension des engins qui pourront être employés, les saisons et heures ainsi que les parties des fleuves, rivières et canaux où cette pêche sera autorisée, et toutes autres mesures que les autorisations prévues au présent article pourraient rendre nécessaires en vue d'empêcher le dépeuplement des cours d'eau.

9. Les mailles des filets mesurées de chaque côté, après leur séjour dans l'eau, et l'espacement des verges, bires, nasses et autres engins employés à la pêche des poissons doivent avoir les dimensions suivantes :

1° Pour les saumons, 40 millimètres au moins ;

2° Pour les grandes espèces autres que le saumon et pour l'écrevisse, 27 millimètres au moins ;

3° Pour les petites espèces, telles que goujons, loches, vérons, ablettes et autres, 10 millimètres.

La mesure des mailles et l'espacement des verges sont pris avec une tolérance d'un dixième.

Il est interdit d'employer simultanément à la pêche des engins de catégorie différente.

10. Les préfets peuvent, sur l'avis des conseils généraux, prendre des arrêtés pour réduire les dimensions des mailles des filets et l'espacement des verges des engins employés uniquement à la pêche de l'anguille, de la lamproie et de l'écrevisse. Les filets et engins à mailles ainsi réduites ne peuvent être employés que dans les emplacements déterminés par ces arrêtés.

Les préfets peuvent aussi, sur l'avis des conseils généraux, déterminer les emplacements limités en dehors desquels l'usage des filets à mailles de 10 millimètres n'est pas permis.

11. Les filets fixes ou mobiles et les engins de toute nature ne peuvent excéder, en longueur et en largeur, les deux tiers de la largeur mouillée des cours d'eau dans les emplacements où on les emploie.

Plusieurs filets ou engins ne peuvent être employés simultanément sur la même rive, ou sur deux rives opposées, qu'à une distance au moins triple de leur développement.

Lorsqu'un ou plusieurs engins employés sont en partie fixes et en partie mobiles, les distances entre les parties fixées à demeure, sur la même rive ou sur les rives opposées, doivent être au moins triples du développement total des parties fixes et mobiles mesurées bout à bout.

12. Les filets fixes employés à la pêche doivent être retirés de l'eau et déposés à terre pendant trente-six heures de chaque semaine, du samedi à six heures du soir au lundi à six heures du matin.

13. Sont prohibés tous les filets traînants, à l'exception du petit épervier jeté à la main, et manœuvré par un seul homme.

Sont réputés traînants tous les filets coulés à fond, au moyen de poids, et promenés sous l'action d'une force quelconque.

Est pareillement prohibé l'emploi des lacets ou collets.

Toutefois, des arrêtés préfectoraux, rendus après avis des conseils généraux, peuvent autoriser, à titre exceptionnel, l'emploi de certains filets traînants à mailles de 40 millimètres au moins pour la pêche d'espèces spécifiées, dans les parties profondes des lacs, des réservoirs de canaux et des fleuves et rivières navigables.

Ces arrêtés désignent spécialement les parties considérées comme profondes dans les lacs, réservoirs de canaux, fleuves et rivières navigables. Ils indiquent aussi les noms locaux des filets autorisés et les heures auxquelles leur manœuvre est permise.

14. Il est interdit d'établir, dans les cours d'eau, des appareils ayant pour objet de rassembler le poisson dans des noues, boires, fossés ou mares, dont il ne pourrait plus sortir, ou de le contraindre à passer par une issue garnie de pièges.

15. Il est également interdit :

1° D'accoler aux écluses, barrages, chutes naturelles, pertuis, vannages, coursiers d'usines et échelles à poissons, des nasses, paniers et filets à demeure ;

2° De pêcher, avec tout autre engin que la ligne flottante tenue à la main, dans l'intérieur des écluses, barrages, pertuis, vannages, coursiers d'usines et passages ou échelles à poissons, ainsi qu'à une distance de 30 mètres en amont et en aval de ces ouvrages ;

3° De pêcher à la main, de troubler l'eau et de fouiller, au moyen de perches, sous les racines ou autres retraites fréquentées par le poisson ;

4° De se servir d'armes à feu, de poudre de mine, de dynamite ou de toute autre substance explosible.

16. Les préfets peuvent, après avoir pris l'avis des conseils généraux, interdire en outre, par des arrêtés spéciaux, d'autres engins, procédés ou modes de pêche de nature à nuire au repeuplement des cours d'eau.

Ils déterminent, conformément au paragraphe 6 de l'article 26 de la loi du 15 avril 1829, les espèces de poissons avec lesquelles il est interdit d'appâter les hameçons, nasses, filets ou autres engins.

17. Il est interdit de pêcher dans les parties des rivières, canaux ou cours d'eau dont le niveau serait accidentellement abaissé, soit pour y opérer des curages ou travaux quelconques, soit par suite du chômage des usines ou de la navigation.

18. Sur la demande des adjudicataires de la pêche des cours d'eau navigables et flottables, et sur la demande des propriétaires de la pêche des autres cours d'eau et canaux, les préfets peuvent autoriser, dans des emplacements déterminés, et à des époques qui ne coïncideront pas avec les périodes d'interdiction, des manœuvres d'eau et des pêches extraordinaires pour détruire certaines espèces dans le but d'en propager d'autres plus précieuses.

Ils peuvent également, en cas de vidange de biefs, sur la proposition faite, suivant les cas, par les ingénieurs ou par les fonctionnaires de l'administration des Forêts, autoriser les fermiers ou les propriétaires du droit de pêche à se servir exceptionnellement d'engins n'ayant pas les dimensions réglementaires pour s'emparer du poisson menacé de périr.

19. Des arrêtés préfectoraux, rendus sur les avis des conseils de salubrité et des ingénieurs ou des fonctionnaires de l'administration des Forêts, déterminent :

1° La durée du rouissage du lin et du chanvre dans les cours d'eau et les emplacements où cette opération peut être pratiquée avec le moins d'inconvénient pour le poisson ;

2° Les mesures à observer pour l'évacuation dans les cours d'eau des matières susceptibles de nuire au poisson, et provenant des fabriques et autres établissements industriels quelconques.

20. Il est institué, au ministère de l'agriculture, une commission de la pêche fluviale composée de neuf membres, savoir : un conseiller d'État en service ordinaire, président ; quatre représentants du ministère de l'agriculture et quatre représentants du ministère des travaux publics.

Le président, en cas de partage, a voix prépondérante.

Les membres de cette commission sont nommés par décret pour une période de trois années.

21. (*Décr. 1er septembre* 1904.) Les arrêtés pris par les préfets en vertu des articles 2, 6, 8, 10, 13, 16 et 19 du présent décret, ne sont exécutoires qu'après approbation donnée par les ministres de l'agriculture et des travaux publics, chacun en ce qui le concerne, « la commission de la pêche fluviale entendue. »

Ces arrêtés ne sont valables que pour une année ; ils peuvent être renouvelés.

A la fin de chaque année, les préfets adressent au ministre de l'agriculture et au ministre des travaux publics, chacun en ce qui le concerne, un relevé des autorisations accordées en vertu de l'article 18.

22. Les articles du présent décret ne sont applicables ni au lac Léman ni à la Bidassoa, lesquels restent soumis aux lois et règlements qui les régissent spécialement.

23. Sont abrogés les décrets des 10 août 1875, 18 mai 1878, 27 décembre 1889, 9 avril 1892, et toutes autres dispositions contraires au présent décret.

Loi du 8 décembre 1897,

Ayant pour objet de modifier certaines règles de l'instruction préalable en matière de crimes et de délits (D. P. 97. 4. 113).

Art. 1er. Le juge d'instruction ne peut concourir au jugement des affaires qu'il a instruites.

2. L'article 93 du Code d'instruction criminelle : « Dans le cas de mandat de comparution, il interrogera de suite ; dans le cas de mandat d'amener, dans les vingt-quatre heures au plus tard, » est complété ainsi qu'il suit :

« ... de l'entrée de l'inculpé dans la maison de dépôt ou d'arrêt.

« A l'expiration de ce délai, l'inculpé sera conduit d'office et sans aucun nouveau délai, par les soins du gardien-chef, devant le procureur de la République, qui requerra du juge d'instruction l'interrogatoire immédiat. En cas de refus, d'absence ou d'empêchement dûment constaté du juge d'instruction, l'inculpé sera interrogé sans retard, sur les réquisitions du ministère public, par le président du tribunal ou par le juge qu'il désignera ; à défaut de quoi le procureur de la République ordonnera la mise en liberté immédiate de l'inculpé.

« Tout inculpé arrêté en vertu d'un mandat d'amener qui, en violation du paragraphe précédent, aura été maintenu pendant plus de vingt-quatre heures dans la maison de dépôt ou d'arrêt sans avoir été interrogé par le juge d'instruction ou conduit, comme il vient d'être dit, devant le procureur de la République, sera considéré comme arbitrairement détenu.

« Tous gardiens-chefs de maisons de dépôt ou d'arrêt, tous procureurs de la République qui ne se seront pas conformés aux dispositions du paragraphe 2 précédent, seront poursuivis comme coupables d'attentats à la liberté et punis, savoir : les procureurs de la République ou autres officiers du ministère public, des peines portées en l'article 119 du Code pénal, et les gardiens-chefs des peines portées en l'article 120 du même Code. Le tout sans préjudice des sanctions

…es par l'article 112 contre le greffier, le juge …ruction et le procureur de la République. »

Lors de cette première comparution, le magis… …onstate l'identité de l'inculpé, lui fait connaître …ts qui lui sont imputés, et reçoit ses déclarations, … l'avoir averti qu'il est libre de ne pas en faire. …ation de cet avertissement est faite au procès-….

…inculpation est maintenue, le magistrat donnera … l'inculpé de son droit de choisir un conseil … les avocats inscrits au tableau ou admis au … ou parmi les avoués, et, à défaut de choix, il … fera désigner un d'office si l'inculpé le de…e. La désignation sera faite par le bâtonnier de … des avocats, s'il existe un conseil de discipline, …ns le cas contraire, par le président du tribunal. …tion de cette formalité sera faite au procès-verbal.

Si l'inculpé a été trouvé hors de l'arrondisse… où a été délivré le mandat, et à une distance …s de dix myriamètres du chef-lieu de cet arron…ment, il est conduit devant le procureur de la …lique de celui où il a été trouvé.

Le procureur de la République l'interroge sur …dentité, reçoit ses déclarations, après l'avoir … qu'il est libre de ne pas en faire, l'interpelle …e savoir s'il consent à être transféré ou s'il … prolonger les effets du mandat d'amener en …ant, au lieu où il se trouve, la décision du juge …uction saisi de l'affaire. Si l'inculpé déclare …ser au transfèrement, avis immédiat en est … à l'officier qui a signé le mandat. Le procès-… de la comparution contenant un signalement …t est transmis sans délai à ce magistrat, avec … les indications propres à faciliter la reconnais… d'identité.

…it être fait mention au procès-verbal de l'avis … à l'inculpé qu'il est libre de ne pas faire de …ations.

Le juge d'instruction saisi de l'affaire décide, …t après la réception de cet envoi, s'il y a lieu …nner le transfèrement.

Nonobstant les termes de l'article 3, le juge …uction peut procéder à un interrogatoire immé… … à des confrontations, si l'urgence résulte soit …at d'un témoin en danger de mort, soit de …nce d'indices sur le point de disparaître, ou … s'il s'est transporté sur les lieux en cas de …t délit.

Si l'inculpé reste détenu, il peut, aussitôt après …mière comparution, communiquer librement …on conseil.

…paragraphe final ajouté par la loi du 14 juil…5 à l'article 613 du Code d'instruction crimi…st abrogé en ce qui concerne les maisons d'ar… de dépôt soumises au régime cellulaire. Dans … les autres, le juge d'instruction aura le droit …scrire l'interdiction de communiquer pour une …e de dix jours; il pourra la renouveler, mais …ne nouvelle période de dix jours seulement. … aucun cas, l'interdiction de communiquer ne …t s'appliquer au conseil de l'inculpé.

L'inculpé doit faire connaître le nom du conseil … choisi, en le déclarant soit au greffier du juge …uction, soit au gardien-chef de la maison d'arrêt. …culpé détenu ou libre ne peut être interrogé ou …nté, à moins qu'il n'y renonce expressément, … présence de son conseil ou lui dûment appelé. … conseil ne peut prendre la parole qu'après y … été autorisé par le magistrat. En cas de refus, …n de l'incident est faite au procès-verbal. … conseil sera convoqué par lettre missive au … vingt-quatre heures à l'avance.

La procédure doit être mise à la disposition …nseil la veille de chacun des interrogatoires que …é doit subir.

…it lui être immédiatement donné connaissance …te ordonnance du juge par l'intermédiaire du …r.

Lorsque la cour d'assises saisie d'une affaire …elle en prononce le renvoi à une autre session, … appartient de statuer sur la mise en liberté …oire de l'accusé.

Seront observées, à peine de nullité de l'acte …la procédure ultérieure, les dispositions pres… par les articles 1er, 3, § 2, 9, § 2, et 10.

Sont et demeurent abrogées toutes les dispo…s antérieures contraires à la présente loi.

14. La présente loi est applicable aux colonies de la Guadeloupe, de la Martinique et de la Réunion.

V. *la discussion de cette loi à la Chambre des députés et au Sénat*, D. P. 97. 4. 113 s. — V. *aussi* **C. instr. crim. ann.**, p. 246 s.; **D. P.** années 1897 et suiv., 5e partie, vo *Instruction criminelle*.

V. *la circulaire du 10 décembre 1897 de M. le garde des sceaux, ministre de la justice, adressée à MM. les procureurs généraux, relative à l'application de la loi du 8 décembre* 1897 (D. P. 97. 4. 129).

Loi du 24 décembre 1897,

Relative au recouvrement des frais dus aux notaires, avoués et huissiers (D. P. 98. 4. 1).

Art. 1er. Le droit des notaires au payement des sommes à eux dues pour les actes de leur ministère se prescrit par cinq ans à partir de la date des actes. Pour les actes dont l'effet est subordonné au décès, tels que les testaments et les donations entre époux pendant le mariage, les cinq ans ne courront que du jour du décès de l'auteur de la disposition.

Il n'est pas innové, en ce qui concerne les huissiers et les avoués, aux dispositions édictées par les articles 2272 et 2273 du Code civil.

La prescription a lieu quoiqu'il y ait eu continuation d'actes de leur ministère de la part des notaires, avoués et huissiers.

Elle ne cesse de courir que lorsqu'il y a eu compte arrêté, reconnaissance, obligation ou signification de taxe, en conformité de l'article 4 ci-après.

Les articles 2275 et 2278 du Code civil sont applicables à ces prescriptions.

2. Les demandes en taxe et les actions en restitution de frais dus aux notaires, avoués et huissiers, pour les actes de leur ministère, se prescrivent par deux ans du jour du payement ou du règlement par compte arrêté, reconnaissance ou obligation.

3. Les notaires, avoués et huissiers ne pourront poursuivre le payement des frais s'appliquant aux actes de leur ministère qu'après en avoir obtenu la taxe et suivant les formes établies à l'article suivant.

La demande de taxe pour les notaires est portée devant le président du tribunal civil de la résidence des notaires ou, en cas d'empêchement, devant un juge commis par lui. La taxe sera arrêtée conformément au tarif, s'il s'agit d'actes qui y sont compris, et, s'il s'agit d'actes non tarifés, suivant la nature et l'importance de ces actes, les difficultés que leur rédaction a présentées et la responsabilité qu'ils peuvent entraîner.

Pour les avoués et les huissiers, la taxe sera faite par le président du tribunal ou par le premier président de la cour d'appel où les frais ont été faits, ou, à leur défaut, par un juge qu'ils désigneront. S'il s'agit de frais relatifs à une instance, le magistrat taxateur devra, à moins d'empêchement, avoir pris part au jugement ou à l'arrêt.

Pour les notaires et les avoués, en matière de compte, liquidation et partage, les frais faits devant le tribunal seront taxés, à moins d'empêchement, par le juge-commissaire.

4. Les notaires, avoués et huissiers devront signifier à la partie débitrice par acte d'avoué à avoué, s'il y a avoué constitué, sinon à personne ou à domicile, l'état détaillé des frais taxés et l'ordonnance du magistrat taxateur revêtue, sur minute, de la formule exécutoire.

Cette signification contiendra, en outre, à peine de nullité : 1° constitution d'avoué pour le requérant; 2° la déclaration que cette ordonnance deviendra définitive si elle n'est pas frappée d'opposition dans les délais déterminés au paragraphe suivant.

Dans les quinze jours de la signification, sauf l'application des dispositions des articles 73, 74 et 1033 du Code de procédure civile, l'ordonnance de taxe est susceptible d'opposition de la part tant de la partie débitrice que de la partie qui en est bénéficiaire. Cette opposition est motivée et faite par acte d'avoué à avoué, s'il y a avoué constitué, sinon par ajournement.

Le délai imparti par le paragraphe précédent est suspendu par la mort de l'une des parties ayant le droit d'opposition. Il reprend son cours après une nouvelle signification faite au domicile du défunt, et à compter de l'expiration des délais pour faire inventaire et délibérer si cette signification a eu lieu avant que ces derniers délais fussent expirés. Cette signification pourra être faite aux héritiers collectivement et sans désignation des noms et qualités.

Les débats auront lieu en chambre du conseil, sans procédure, le ministère public entendu.

Le jugement sera rendu en audience publique; il sera susceptible d'appel dans les formes et dans les cas ordinaires.

La signification de l'ordonnance de taxe, faite conformément aux prescriptions de la présente loi, à la requête des notaires, avoués et huissiers, interrompt la prescription et fait courir les intérêts.

L'ordonnance de taxe vaut titre exécutoire; elle emporte hypothèque judiciaire; mais elle ne pourra être exécutée et l'inscription ne pourra être prise valablement qu'après l'expiration du délai d'opposition.

5. Les mêmes règles s'appliquent aux frais, non liquidés par le jugement ou l'arrêt, réclamés par un avoué distractionnaire des dépens, contre la partie adverse condamnée à les payer.

Toutefois, en ce cas :

1° Le délai d'opposition ne sera pas augmenté à raison des distances, si le jugement ou l'arrêt sur le fond est contradictoire;

2° L'appel ne sera recevable que s'il y a appel de quelque disposition sur le fond;

3° L'ordonnance de taxe pourra être exécutée dès qu'elle aura été signifiée, et l'inscription de l'hypothèque judiciaire pourra être valablement prise, même avant la signification.

L'exécution de l'ordonnance de taxe sera suspendue, s'il y est fait opposition ou si la décision sur le fond est frappée d'opposition ou d'appel.

6. La présente loi est applicable aux payements et règlements effectués, aux actes passés et aux frais faits antérieurement à sa promulgation.

7. La loi du 5 août 1881 est abrogée.

L'article 30 de la loi du 22 frimaire an VII, l'article 51 de la loi du 25 ventôse an XI et les décrets du 16 février 1807 sont abrogés dans celles de leurs dispositions qui sont contraires à la présente loi.

8. La présente loi est applicable à l'Algérie et aux colonies.

V. *la discussion de cette loi à la Chambre des députés et au Sénat*, D. P. 98. 4. 1 s.

Loi du 15 février 1898,

Relative au commerce de brocanteur (D. P. 98. 4. 25).

Art. 1er. Tout brocanteur, revendeur de vieux meubles, linges, hardes, bijoux, livres, vaisselles, armes, métaux, ferraille et autres objets et marchandises de hasard, ou qui achète les mêmes marchandises neuves de personnes autres que celles qui les fabriquent ou en font le commerce, est tenu :

1° De se faire préalablement inscrire sur les registres ouverts à cet effet à la préfecture de police, s'il habite Paris ou dans le ressort de la préfecture de police, ou à la préfecture du département qu'il habite. A cet effet, il sera tenu de présenter sa patente ou un certificat de décharge et un certificat d'individualité; il lui sera remis un bulletin d'inscription qu'il sera tenu de présenter à toute réquisition;

2° D'avoir un registre coté et parafé par le commissaire de police ou, à son défaut, par le maire, et sur lequel il inscrira, jour par jour et sans blanc ni rature, les noms, surnoms, qualités et demeures de ceux avec qui il contracte, ainsi que la nature, la qualité et le prix desdites marchandises; il devra présenter ce registre, tenu en état, à toute réquisition.

3° En cas de changement de domicile, de faire une déclaration au commissariat de police ou, à défaut, à la mairie, tant du lieu qu'il quitte qu'au commissariat et à la mairie du lieu où il va s'établir.

Toute contravention aux prescriptions ci-dessus énoncées sera punie d'une amende de 1 franc à 5 francs et, en cas de récidive, d'un emprisonnement de un à cinq jours et d'une amende de 10 francs à 15 francs ou de l'une de ces deux peines seulement.

2. Il est spécialement défendu aux personnes visées dans l'article 1er d'acheter aucuns meubles, hardes, linges, bijoux, livres, métaux, vaisselles, en un mot tout objet mobilier quelconque, d'enfants mineurs sans le consentement exprès et écrit des père, mère et tuteurs, ni d'acheter d'aucune personne dont le nom et la demeure ne leur seraient pas connus, à moins que leur identité ne soit certifiée par deux témoins connus qui devront signer au registre, sous peine d'un emprisonnement de cinq jours à un mois, et d'une amende de 5 à 200 francs.

3. Le brocanteur n'ayant pas boutique est tenu aux mêmes obligations. Il doit, en outre, porter ostensiblement et présenter à toute réquisition la médaille qui lui sera délivrée et sur laquelle seront inscrits ses noms et prénoms et numéro d'inscription.

Il est, de plus, soumis à toutes les mesures de police prescrites, pour la tenue des foires et marchés, par les arrêtés préfectoraux et municipaux.

En cas de contraventions aux dispositions du présent article, les pénalités prévues par l'article 1er seront appliquées.

4. Les tribunaux pourront appliquer, en cas de circonstances atténuantes, l'article 463 du Code pénal pour toutes les infractions à la présente loi.

5. La présente loi est applicable en France et en Algérie.

6. Toutes dispositions et ordonnances antérieures à la présente loi et relatives au brocantage sont et demeurent abrogées.

V. **Suppl.** au **C. pén.** ann., p. 337 s.

Loi du 16 mars 1898,

Modifiant la loi du 2 août 1882 sur la répression des outrages aux bonnes mœurs (D. P. 98. 4. 22).

Art. 1er. L'article 1er de la loi du 2 août 1882 est modifié ainsi qu'il suit : — V. *suprà*, L. 2 août 1882, art. 1er.

2. L'article 2 de la loi du 2 août 1882 est remplacé par les dispositions suivantes : — V. *suprà*, L. 2 août 1882, art. 2.

3. Il n'est rien dérogé aux dispositions des articles 2, 3 et 4 de la loi du 2 août 1882, qui prendront les nos 3, 4 et 5

Loi du 9 avril 1898,

Concernant les responsabilités des accidents dont les ouvriers sont victimes dans leur travail (D. P. 98. 4. 49). — V. *infrà*, L. 30 juin 1899; L. 12 avril 1906; L. 18 juill. 1907.

TITRE I. — INDEMNITÉS EN CAS D'ACCIDENTS.

Art. 1er. Les accidents survenus par le fait du travail, ou à l'occasion du travail, aux ouvriers et employés occupés dans l'industrie du bâtiment, les usines, manufactures, chantiers, les entreprises de transport par terre et par eau, de chargement et de déchargement, les magasins publics, mines, minières, carrières et, en outre, dans toute exploitation ou partie d'exploitation dans laquelle sont fabriquées ou mises en œuvre des matières explosives, ou dans laquelle il est fait usage d'une machine mue par une force autre que celle de l'homme ou des animaux, donnent droit, au profit de la victime ou de ses représentants, à une indemnité à la charge du chef d'entreprise, à la condition que l'interruption de travail ait duré plus de quatre jours.

Les ouvriers qui travaillent seuls d'ordinaire ne pourront être assujettis à la présente loi par le fait de la collaboration accidentelle d'un ou de plusieurs camarades.

2. (*L.* 22 *mars* 1902.) Les ouvriers et employés désignés à l'article précédent ne peuvent se prévaloir, à raison des accidents dont ils sont victimes dans leur travail, d'aucunes dispositions autres que celles de la présente loi.

Ceux dont le salaire annuel dépasse deux mille quatre cents francs (2 400 fr.) ne bénéficient de ces dispositions que jusqu'à concurrence de cette somme. Pour le surplus, ils n'ont droit qu'au quart des rentes stipulées à l'article 3, à moins de conventions contraires élevant le chiffre de la quotité.

3. (Modifié par L. 31 mars 1905.) *Dans les cas prévus à l'article 1er, l'ouvrier ou l'employé a droit :*

Pour l'incapacité absolue et permanente, à une rente égale aux deux tiers de son salaire annuel;

Pour l'incapacité partielle et permanente, à une rente égale à la moitié de la réduction que l'accident aura fait subir au salaire;

Pour l'incapacité temporaire, à une indemnité journalière égale à la moitié du salaire touché au moment de l'accident, si l'incapacité de travail a duré plus de quatre jours et à partir du cinquième jour.

Lorsque l'accident est suivi de mort, une pension est servie aux personnes ci-après désignées, à partir du décès, dans les conditions suivantes :

A. *Une rente viagère égale à 20 0/0 du salaire annuel de la victime pour le conjoint survivant non divorcé ou séparé de corps, à la condition que le mariage ait été contracté antérieurement à l'accident.*

En cas de nouveau mariage, le conjoint cesse d'avoir droit à la rente mentionnée ci-dessus; il lui sera alloué, dans ce cas, le triple de cette rente à titre d'indemnité totale.

B. *Pour les enfants, légitimes ou naturels, reconnus avant l'accident, orphelins de père ou de mère, âgés de moins de seize ans, une rente calculée sur le salaire annuel de la victime à raison de 15 0/0 de ce salaire s'il n'y a qu'un enfant, de 25 0/0 s'il y en a deux, de 35 0/0 s'il y en a trois, et 40 0/0 s'il y en a quatre ou un plus grand nombre.*

Pour les enfants orphelins de père et de mère, la rente est portée, pour chacun d'eux, à 20 0/0 du salaire.

L'ensemble de ces rentes ne peut, dans le premier cas, dépasser 40 0/0 du salaire ni 60 0/0 dans le second.

C. *Si la victime n'a ni conjoint ni enfant dans les termes des paragraphes* A *et* B, *chacun des ascendants et descendants qui était à sa charge recevra une rente viagère pour les ascendants et payable jusqu'à seize ans pour les descendants. Cette rente sera égale à 10 0/0 du salaire annuel de la victime, sans que le montant total des rentes ainsi allouées puisse dépasser 30 0/0.*

Chacune des rentes prévues par le paragraphe C *est, le cas échéant, réduite proportionnellement.*

Les rentes constituées en vertu de la présente loi sont payables par trimestre; elles sont incessibles et insaisissables.

Les ouvriers étrangers, victimes d'accidents, qui cesseront de résider sur le territoire français recevront, pour toute indemnité, un capital égal à trois fois la rente qui leur avait été allouée.

Les représentants d'un ouvrier étranger ne recevront aucune indemnité si, au moment de l'accident, ils ne résidaient pas sur le territoire français.

4. (Modifié par L. 31 mars 1905.) *Le chef d'entreprise supporte en outre les frais médicaux et pharmaceutiques et les frais funéraires. Ces derniers sont évalués à la somme de cent francs (100 fr.) au maximum.*

Quant aux frais médicaux et pharmaceutiques, si la victime a fait choix elle-même de son médecin, le chef d'entreprise ne peut être tenu que jusqu'à concurrence de la somme fixée par le juge de paix du canton, conformément aux tarifs adoptés dans chaque département pour l'assistance médicale gratuite.

5. Les chefs d'entreprise peuvent se décharger pendant les trente, soixante ou quatre-vingt-dix premiers jours à partir de l'accident, de l'obligation de payer aux victimes les frais de maladie et l'indemnité temporaire, ou une partie seulement de cette indemnité, comme il est spécifié ci-après, s'ils justifient :

1° Qu'ils ont affilié leurs ouvriers à des sociétés de secours mutuels et pris à leur charge une quote-part de la cotisation qui aura été déterminée d'un commun accord, et en se conformant aux statuts-type approuvés par le ministre compétent, mais qui ne devra pas être inférieure au tiers de cette cotisation;

2° Que ces sociétés assurent à leurs membres, en cas de blessures, pendant trente, soixante ou quatre-vingt-dix jours, les soins médicaux et pharmaceutiques et une indemnité journalière.

Si l'indemnité journalière servie par la société est inférieure à la moitié du salaire quotidien de la victime, le chef d'entreprise est tenu de lui verser la différence.

6. Les exploitants de mines, minières et carrières peuvent se décharger des frais et indemnités mentionnés à l'article précédent moyennant une subvention annuelle versée aux caisses ou sociétés de secours constituées dans ces entreprises en vertu de la loi du 29 juin 1894.

Le montant et les conditions de cette subvention devront être acceptés par la société et approuvés par le ministre des travaux publics.

Ces deux dispositions seront applicables à tous autres chefs d'industrie qui auront créé en faveur de leurs ouvriers des caisses particulières de secours en conformité du titre III de la loi du 29 juin 1894. L'approbation prévue ci-dessus sera, en ce qui les concerne, donnée par le ministre du commerce et d l'industrie.

7. (*L.* 22 *mars* 1902.) Indépendamment de l'actio résultant de la présente loi, la victime ou ses repr sentants conservent contre les auteurs de l'acciden autres que le patron et ses ouvriers et préposés, droit de réclamer la réparation du préjudice causé conformément aux règles du droit commun.

L'indemnité qui leur sera allouée exonérera à du concurrence le chef de l'entreprise des obligatio mises à sa charge. Dans le cas où l'accident a e traîné une incapacité permanente ou la mort, cet indemnité devra être attribuée sous forme de rente servies par la Caisse nationale des retraites.

En outre de cette allocation sous forme de rente le tiers reconnu responsable pourra être condamn soit envers la victime, soit envers le chef de l'entr prise, si celui-ci intervient dans l'instance, au pay ment des autres indemnités et frais prévus au articles 3 et 4 ci-dessus.

Cette action contre les tiers responsables pour même être exercée par le chef d'entreprise, à s risques et périls, aux lieu et place de la victime ou ses ayants droit si ceux-ci négligent d'en faire usag

8. Le salaire qui servira de base à la fixation l'indemnité allouée à l'ouvrier âgé de moins de sei ans ou à l'apprenti victime d'un accident ne sera p inférieur au salaire le plus bas des ouvriers valid de la même catégorie occupés dans l'entreprise.

Toutefois, dans le cas d'incapacité temporair l'indemnité de l'ouvrier âgé de moins de seize a ne pourra pas dépasser le montant de son salaire.

9. Lors du règlement définitif de la rente viagèr après le délai de revision prévu à l'article 19, la vi time peut demander que le quart au plus du capit nécessaire à l'établissement de cette rente, calcu d'après les tarifs dressés pour les victimes d'ac dents par la Caisse des retraites pour la vieilless lui soit attribué en espèces.

Elle peut aussi demander que ce capital, ou capital réduit du quart au plus comme il vient d'ét dit, serve à constituer sur sa tête une rente viag réversible, pour moitié au plus, sur la tête de s conjoint. Dans ce cas, la rente viagère sera diminu de façon qu'il ne résulte de la réversibilité aucu augmentation de charges pour le chef d'entrepris

Le tribunal, en chambre du conseil, statuera s ces demandes.

10. (Modifié par L. 31 mars 1905.) *Le salaire se vant de base à la fixation des rentes s'entend, po l'ouvrier occupé dans l'entreprise pendant les dou mois écoulés avant l'accident, de la rémunératio effective qui lui a été allouée pendant ce temp soit en argent, soit en nature.*

Pour les ouvriers occupés pendant moins de dou mois avant l'accident, il doit s'entendre de la rém nération effective qu'ils ont reçue depuis leur e trée dans l'entreprise, augmentée de la rémunér tion moyenne qu'ont reçue, pendant la périod nécessaire pour compléter les douze mois, les o vriers de la même catégorie.

Si le travail n'est pas continu, le salaire annu est calculé, tant d'après la rémunération reçu pendant la période d'activité que d'après le ga de l'ouvrier pendant le reste de l'année.

TITRE II. — DÉCLARATION DES ACCIDENTS ET ENQUÊTE.

11. (*L.* 22 *mars* 1902.) Tout accident ayant occ sionné une incapacité de travail doit être décla dans les quarante-huit heures, non compris les d manches et jours fériés, par le chef d'entreprise o ses préposés, au maire de la commune qui en dress procès-verbal et en délivre immédiatement récépiss

La déclaration et le procès-verbal doivent ind quer, dans la forme réglée par décret, les nom, qu lité et adresse du chef d'entreprise, le lieu préci l'heure et la nature de l'accident, les circonstanc dans lesquelles il s'est produit, la nature des ble sures, les noms et adresses des témoins.

Dans les quatre jours qui suivent l'accident, si victime n'a pas repris son travail, le chef d'entr prise doit déposer à la mairie, qui lui en déliv immédiatement récépissé, un certificat du médec indiquant l'état de la victime, les suites probables l'accident, et l'époque à laquelle il sera possible d' connaître le résultat définitif.

La déclaration d'accident pourra être faite dans les mêmes conditions par la victime ou ses représentants jusqu'à l'expiration de l'année qui suit l'accident.

Avis de l'accident, dans les formes réglées par décret, est donné immédiatement par le maire à l'inspecteur départemental du travail ou à l'ingénieur ordinaire des mines chargé de la surveillance de l'entreprise.

L'article 15 de la loi du 2 novembre 1892 et l'article 11 de la loi du 12 juin 1893 cessent d'être applicables dans les cas visés par la présente loi.

12. (*L. 22 mars 1902.*) Dans les vingt-quatre heures qui suivent le dépôt du certificat, et au plus tard dans les cinq jours qui suivent la déclaration de l'accident, le maire transmet au juge de paix du canton où l'accident s'est produit la déclaration et soit le certificat médical, soit l'attestation qu'il n'a pas été produit de certificat.

Lorsque, d'après le certificat médical, produit en exécution du paragraphe précédent ou transmis ultérieurement par la victime à la justice de paix, la blessure paraît devoir entraîner la mort ou une incapacité permanente, absolue ou partielle de travail, ou lorsque la victime est décédée, le juge de paix, dans les vingt-quatre heures, procède à une enquête à l'effet de rechercher :

1° La cause, la nature et les circonstances de l'accident;

2° Les personnes victimes et le lieu où elles se trouvent, le lieu et la date de leur naissance;

3° La nature des lésions;

4° Les ayants droit pouvant, le cas échéant, prétendre à une indemnité, le lieu et la date de leur naissance;

5° Le salaire quotidien et le salaire annuel des victimes;

6° La société d'assurance à laquelle le chef d'entreprise était assuré ou le syndicat de garantie auquel il était affilié.

Les allocations tarifées pour le juge de paix et son greffier en exécution de l'article 29 de la présente loi et de l'article 31 de la loi de finances du 13 avril 1900 seront avancées par le Trésor.

13. L'enquête a lieu contradictoirement dans les formes prescrites par les articles 35, 36, 37, 38 et 39 du Code de procédure civile, en présence des parties intéressées ou celles-ci convoquées d'urgence par lettre recommandée.

Le juge de paix doit se transporter auprès de la victime de l'accident qui se trouve dans l'impossibilité d'assister à l'enquête.

Lorsque le certificat médical ne lui paraîtra pas suffisant, le juge de paix pourra désigner un médecin pour examiner le blessé.

Il peut aussi commettre un expert pour l'assister dans l'enquête.

Il n'y a pas lieu, toutefois, à nomination d'expert dans les entreprises administrativement surveillées, ni dans celles de l'État placées sous le contrôle d'un service distinct du service de gestion, ni dans les établissements nationaux où s'effectuent des travaux que la sécurité publique oblige à tenir secrets. Dans ces divers cas, les fonctionnaires chargés de la surveillance ou du contrôle de ces établissements ou entreprises et, en ce qui concerne les exploitations minières, les délégués à la sécurité des ouvriers mineurs, transmettent au juge de paix, pour être joint au procès-verbal d'enquête, un exemplaire de leur rapport.

Sauf les cas d'impossibilité matérielle dûment constatés dans le procès-verbal, l'enquête doit être close dans le plus bref délai et, au plus tard, dans les dix jours à partir de l'accident. Le juge de paix avertit, par lettre recommandée, les parties de la clôture de l'enquête et du dépôt de la minute au greffe, où elles pourront, pendant un délai de cinq jours, en prendre connaissance et s'en faire délivrer une expédition, affranchie du timbre et de l'enregistrement. A l'expiration de ce délai de cinq jours, le dossier de l'enquête est transmis au président du tribunal civil de l'arrondissement.

14. Sont punis d'une amende de un à quinze francs (1 à 15 fr.) les chefs d'industrie ou leurs préposés qui ont contrevenu aux dispositions de l'article 11.

En cas de récidive dans l'année, l'amende peut être élevée de seize à trois cents francs (16 à 300 fr.).

L'article 463 du Code pénal est applicable aux contraventions prévues par le présent article.

TITRE III. — COMPÉTENCE, JURIDICTIONS, PROCÉDURE, REVISION.

15. (Modifié par L. 31 mars 1905.) *Les contestations entre les victimes d'accidents et les chefs d'entreprise, relatives aux frais funéraires, aux frais de maladie ou aux indemnités temporaires, sont jugées en dernier ressort par le juge de paix du canton où l'accident s'est produit, à quelque chiffre que la demande puisse s'élever.*

16. (Modifié par L. 31 mars 1905.) *En ce qui touche les autres indemnités prévues par la présente loi, le président du tribunal de l'arrondissement convoque, dans les cinq jours à partir de la transmission du dossier, la victime ou ses ayants droit et le chef d'entreprise, qui peut se faire représenter.*

S'il y a accord des parties intéressées, l'indemnité est définitivement fixée par l'ordonnance du président, qui donne acte de cet accord.

Si l'accord n'a pas lieu, l'affaire est renvoyée devant le tribunal, qui statue comme en matière sommaire, conformément au titre XXIV du livre II du Code de procédure civile.

Si la cause n'est pas en état, le tribunal sursoit à statuer, et l'indemnité temporaire continuera à être servie jusqu'à la décision définitive.

Le tribunal pourra condamner le chef d'entreprise à payer une provision, sa décision sur ce point sera exécutoire nonobstant appel.

17. (*L. 22 mars 1902.*) Les jugements rendus en vertu de la présente loi sont susceptibles d'appel selon les règles du droit commun. Toutefois l'appel, sous réserve des dispositions de l'article 449 du Code de procédure civile, devra être interjeté dans les trente jours de la date du jugement s'il est contradictoire, et, s'il est par défaut, dans la quinzaine à partir du jour où l'opposition ne sera plus recevable.

L'opposition ne sera plus recevable en cas de jugement par défaut contre partie, lorsque le jugement aura été signifié à personne, passé le délai de quinze jours à partir de cette signification.

La cour statuera d'urgence dans le mois de l'acte d'appel. Les parties pourront se pourvoir en cassation.

Toutes les fois qu'une expertise médicale sera ordonnée, soit par le juge de paix, soit par le tribunal ou par la cour d'appel, l'expert ne pourra être le médecin qui a soigné le blessé, ni un médecin attaché à l'entreprise ou à la société d'assurance à laquelle le chef d'entreprise est affilié.

18. (*L. 22 mars 1902.*) L'action en indemnité prévue par la présente loi se prescrit par un an à dater du jour de l'accident, ou de la clôture de l'enquête du juge de paix, ou de la cessation du payement de l'indemnité temporaire.

L'article 55 de la loi du 10 août 1871 et l'article 124 de la loi du 5 avril 1884 ne sont pas applicables aux instances suivies contre les départements ou les communes, en exécution de la présente loi.

19. (Modifié par L. 31 mars 1905.) *La demande en revision de l'indemnité fondée sur une aggravation ou une atténuation de l'infirmité de la victime ou son décès par suite des conséquences de l'accident, est ouverte pendant trois ans à dater de l'accord intervenu entre les parties ou de la décision définitive.*

Le titre de pension n'est remis à la victime qu'à l'expiration des trois ans.

20. Aucune des indemnités déterminées par la présente loi ne peut être attribuée à la victime qui a intentionnellement provoqué l'accident.

Le tribunal a le droit, s'il est prouvé que l'accident est dû à une faute inexcusable de l'ouvrier, de diminuer la pension fixée au titre Ier.

Lorsqu'il est prouvé que l'accident est dû à la faute inexcusable du patron ou de ceux qu'il s'est substitués dans la direction, l'indemnité pourra être majorée, mais sans que la rente ou le total des rentes allouées puisse dépasser soit la réduction, soit le montant du salaire annuel.

(*L. 22 mars 1902.*) En cas de poursuites criminelles, les pièces de procédure seront communiquées à la victime ou à ses ayants droit.

Le même droit appartiendra au patron ou à ses ayants droit.

21. (Modifié par L. 31 mars 1905.) *Les parties peuvent toujours, après détermination du chiffre de l'indemnité due à la victime de l'accident, décider que le service de la pension sera suspendu et remplacé, tant que l'accord subsistera, par tout autre mode de réparation.*

Sauf dans le cas prévu à l'article 3, paragraphe A, la pension ne pourra être remplacée par le payement d'un capital que si elle n'est pas supérieure à 100 francs.

22. (*L. 22 mars 1902.*) Le bénéfice de l'assistance judiciaire est accordé de plein droit, sur le visa du procureur de la République, à la victime de l'accident ou à ses ayants droit devant le président du tribunal civil et devant le tribunal.

Le procureur de la République procède comme il est prescrit à l'article 13 (paragraphes 2 et suivants) de la loi du 22 janvier 1851, modifiée par la loi du 10 juillet 1901.

(*L. 17 avril 1906.*) « Le bénéfice de l'assistance judiciaire s'applique de plein droit à l'acte d'appel et, le cas échéant, à l'acte par lequel est signifié le désistement de l'appel. Le premier président de la cour, sur la demande qui lui sera adressée à cet effet, désignera l'avoué près la cour dont la constitution figurera dans l'acte d'appel, et commettra un huissier pour le signifier. »

Si la victime de l'accident se pourvoit devant le bureau d'assistance judiciaire pour en obtenir le bénéfice en vue de toute la procédure d'appel, elle sera dispensée de fournir les pièces justificatives de son indigence.

Le bénéfice de l'assistance judiciaire s'étend de plein droit aux instances devant le juge de paix, à tous les actes d'exécution mobilière et immobilière et à toute contestation incidente à l'exécution des décisions judiciaires.

L'assisté devra faire déterminer par le bureau d'assistance judiciaire de son domicile la nature des actes et procédure d'exécution auxquels l'assistance s'appliquera.

TITRE IV. — GARANTIES.

23. La créance de la victime de l'accident ou de ses ayants droit relative aux frais médicaux, pharmaceutiques et funéraires ainsi qu'aux indemnités allouées à la suite de l'incapacité temporaire de travail, est garantie par le privilège de l'article 2101 du Code civil et y sera inscrite sous le n° 6.

Le payement des indemnités pour incapacité permanente de travail ou accidents suivis de mort est garanti conformément aux dispositions des articles suivants.

24. A défaut, soit par les chefs d'entreprise débiteurs, soit par les sociétés d'assurances à primes fixes ou mutuelles, ou les syndicats de garantie liant solidairement tous leurs adhérents, de s'acquitter, au moment de leur exigibilité, des indemnités mises à leur charge à la suite d'accidents ayant entraîné la mort ou une incapacité permanente de travail, le payement en sera assuré aux intéressés par les soins de la Caisse nationale des retraites pour la vieillesse, au moyen d'un fonds spécial de garantie constitué comme il va être dit et dont la gestion sera confiée à ladite caisse.

25. Pour la constitution du fonds spécial de garantie, il sera ajouté au principal de la contribution des patentes des industriels visés par l'article 1er, quatre centimes (0 fr. 04) additionnels. Il sera perçu sur les mines une taxe de cinq centimes (0 fr. 05) par hectare concédé.

Ces taxes pourront, suivant les besoins, être majorées ou réduites par la loi de finances.

26. La Caisse nationale des retraites exercera un recours contre les chefs d'entreprise débiteurs, pour le compte desquels des sommes auront été payées par elles, conformément aux dispositions qui précèdent.

En cas d'assurance du chef d'entreprise, elle jouira, pour le remboursement de ses avances, du privilège de l'article 2102 du Code civil sur l'indemnité due par l'assureur et n'aura plus de recours contre le chef d'entreprise.

Un règlement d'administration publique déterminera les conditions d'organisation et de fonctionnement du service conféré par les dispositions précédentes à la Caisse nationale des retraites et, notamment, les formes du recours à exercer contre les chefs d'entreprise débiteurs ou les sociétés d'assurances et les syndicats de garantie, ainsi que les conditions dans lesquelles les victimes d'accidents ou leurs ayants droit seront admis à réclamer à la caisse le payement de leurs indemnités.

Les décisions judiciaires n'emporteront hypothèque que si elles sont rendues au profit de la caisse des retraites exerçant son recours contre les chefs d'entreprise ou les compagnies d'assurances.

27. (Modifié par L. 31 mars 1905.) *Les compagnies d'assurances mutuelles ou à primes fixes contre les accidents, françaises ou étrangères, sont soumises à la surveillance et au contrôle de l'État et astreintes à constituer des réserves ou cautionnements dans les conditions déterminées par un règlement d'administration publique.*

Le montant des réserves ou cautionnements sera affecté par privilège au payement des pensions et indemnités.

Les syndicats de garantie seront soumis à la même surveillance, et un règlement d'administration publique déterminera les conditions de leur création et de leur fonctionnement.

Les frais de toute nature résultant de la surveillance et du contrôle seront couverts au moyen de contributions proportionnelles au montant des réserves ou cautionnements, et fixés annuellement, pour chaque compagnie ou association, par arrêté du ministre du commerce.

28. Le versement du capital représentatif des pensions allouées en vertu de la présente loi ne peut être exigé des débiteurs.

Toutefois, les débiteurs qui désireront se libérer en une fois pourront verser le capital représentatif de ces pensions à la Caisse nationale des retraites, qui établira à cet effet, dans les six mois de la promulgation de la présente loi, un tarif tenant compte de la mortalité des victimes d'accidents et de leurs ayants droit.

Lorsqu'un chef d'entreprise cesse son industrie, soit volontairement, soit par décès, liquidation judiciaire ou faillite, soit par cession d'établissement, le capital représentatif des pensions à sa charge devient exigible de plein droit et sera versé à la Caisse nationale des retraites. Ce capital sera déterminé au jour de son exigibilité, d'après le tarif visé au paragraphe précédent.

Toutefois, le chef d'entreprise ou ses ayants droit peuvent être exonérés du versement du ce capital, s'ils fournissent des garanties qui seront à déterminer par un règlement d'administration publique.

TITRE V. — DISPOSITIONS GÉNÉRALES.

29. Les procès-verbaux, certificats, actes de notoriété, significations, jugements et autres actes faits ou rendus en vertu et pour l'exécution de la présente loi, sont délivrés gratuitement, visés pour timbre et enregistrés gratis lorsqu'il y a lieu à la formalité de l'enregistrement.

Dans les six mois de la promulgation de la présente loi, un décret déterminera les émoluments des greffiers de justice de paix pour leur assistance et la rédaction des actes de notoriété, procès-verbaux, certificats, significations, jugements, envois de lettres recommandées, extraits, dépôts de la minute d'enquête au greffe, et pour tous les actes nécessités par l'application de la présente loi, ainsi que les frais de transport auprès des victimes et d'enquête sur place.

30. (Modifié par L. 31 mars 1905.) *Toute convention contraire à la présente loi est nulle de plein droit.*

31. Les chefs d'entreprise sont tenus, sous peine d'une amende de un à quinze francs (1 à 15 fr.), de faire afficher dans chaque atelier le règlement et les règlements d'administration relatifs à son exécution.

En cas de récidive dans la même année, l'amende sera de seize à cent francs (16 à 100 fr.).

Les infractions aux dispositions des articles 11 et 31 pourront être constatées par les inspecteurs du travail.

32. Il n'est point dérogé aux lois, ordonnances et règlements concernant les pensions des ouvriers, apprentis et journaliers appartenant aux ateliers de la marine et celles des ouvriers immatriculés des manufactures d'armes dépendant du ministère de la guerre.

33. La présente loi ne sera applicable que trois mois après la publication officielle des décrets d'administration publique qui doivent en régler l'exécution.

34. Un règlement d'administration publique déterminera les conditions dans lesquelles la présente loi pourra être appliquée à l'Algérie et aux colonies.

V. *le commentaire 1° de la loi du 9 avril 1898,* D. P. 98. 4. 49; 2° *de la loi du 22 mars 1902,* D. P. 1902. 4. 33; 3° *de la loi du 31 mars 1905,* D. P. 1905. 4. 101 : — *avec les trois décrets du 28 février 1899* (D. P. 99. 4. 10), *portant règlement d'administration publique pour l'exécution des art. 26, 27 et 28, dernier alinéa, de la loi du 9 avril 1898, modifiés* (2° décret) *par le décret du 27 décembre 1900* (*Journ. off. du 28 décembre*); *et le décret du 23 mars 1902* (D. P. 1902. 4. 39), *relatif à l'exécution des art. 11 et 12 de la loi du 9 avril 1898, modifiés par la loi du 22 mars 1902.* — V. aussi N. C. civ. ann., t. 4, Appendice au Liv. III, tit. 12.

V. encore D. P. années 1898 et suiv., 5° partie, v° *Ouvriers.*

Loi du 13 avril 1898,

Portant fixation du budget général des dépenses et des recettes de l'exercice 1898 (D. P. 98. 4. 97).

Art. 60. L'article 1er de l'ordonnance royale du 7 décembre 1835, qui dispose qu'en Algérie la convention sur le prêt à intérêt fait la loi des parties, est abrogé et remplacé par les dispositions suivantes.

61. L'intérêt conventionnel en Algérie ne peut excéder huit pour cent (8 pour 100) en matière civile et commerciale. L'intérêt légal en matière civile et commerciale, fixé à six pour cent (6 pour 100) par la loi du 27 août 1881, est abaissé à cinq pour cent (5 pour 100).

62. Il n'est rien innové aux stipulations d'intérêts par contrats ou actes faits jusqu'au jour de la promulgation de la présente loi.

63. La loi du 19 décembre 1850 sur l'usure est applicable en Algérie.

Loi du 19 avril 1898,

Sur la répression des violences, voies de fait, actes de cruauté et attentats commis envers les enfants (D. P. 98. 4. 41).

Art. 1er. Les dispositions suivantes sont ajoutées à l'article 312 du Code pénal : ... — V. *suprà,* C. pén., art. 312.

2. Les art. 349, 350, 351, 352 et 353 du Code pénal sont modifiés ainsi qu'il suit : ... — V. *suprà,* C. pén., art. 349 à 353.

3. L'article 2 de la loi du 7 décembre 1874 est modifié comme il suit : — V. *suprà,* L. 7 déc. 1874, art. 2.

4. Dans tous les cas de délits ou de crimes commis par enfants (*sic*) ou sur des enfants, le juge d'instruction commis pourra, en tout état de cause, ordonner, le ministère public entendu, que la garde de l'enfant soit provisoirement confiée, jusqu'à ce qu'il soit intervenu une décision définitive, à un parent, à une personne ou à une institution charitable qu'il désignera, ou enfin à l'assistance publique.

Toutefois, les parents de l'enfant jusqu'au cinquième degré inclusivement, son tuteur ou son subrogé-tuteur et le ministère public pourront former opposition à cette ordonnance; l'opposition sera portée, à bref délai, devant le tribunal, en chambre du conseil, par voie de simple requête.

5. Dans les mêmes cas, les cours ou tribunaux saisis du crime ou du délit pourront, le ministère public entendu, statuer définitivement sur la garde de l'enfant.

6. L'article 463 du Code pénal est applicable aux infractions prévues et réprimées par la présente loi.

7. Sont et demeurent abrogées toutes les dispositions antérieures contraires à la présente loi.

V. *le texte et le commentaire de cette loi,* N. C. civ. ann., t. 1, p. 692.

Loi du 18 juillet 1898,

Sur les warrants agricoles (D. P. 98. 4. 89). — (Abrogée par L. 30 avr. 1906.)

Art. 1er. Tout agriculteur peut emprunter sur les produits agricoles ou industriels provenant de son exploitation et énumérés ci-dessous, et en conservant la garde de ceux-ci dans les bâtiments ou sur les terres de cette exploitation.

Les produits sur lesquels un warrant peut être créé sont les suivants :

Céréales en gerbes ou battues ;
Fourrages secs, plantes officinales séchées ;
Légumes secs, fruits séchés et fécules ;
Matières textiles, animales ou végétales ;
Graines oléagineuses, graines à ensemencer ;
Vins, cidres, eaux-de-vie et alcool de natures diverses ;
Cocons secs et cocons ayant servi au grainage ;
Bois exploités, résines et écorces à tan ;
Fromages, miels et cires ;
Huiles végétales ;
Sel marin.

Le produit agricole warranté reste, jusqu'au remboursement des sommes avancées, le gage du porteur du warrant.

Le cultivateur est responsable de la marchandise qui reste confiée à ses soins et à sa garde, et cela sans indemnité.

2. Le cultivateur, lorsqu'il ne sera pas propriétaire ou usufruitier de son exploitation, devra, avant tout emprunt, aviser le propriétaire du fonds loué de la nature, de la valeur et de la déclaration de la marchandise qui doivent servir de gage pour l'emprunt, ainsi que du montant des sommes à emprunter.

Cet avis devra être donné au propriétaire, à l'usufruitier ou à leur mandataire légal désigné, par l'intermédiaire du greffier du juge de paix du canton du domicile de l'emprunteur. La lettre d'avis sera remise au greffier qui devra la viser, l'enregistrer et l'envoyer sous forme de lettre recommandée comportant accusé de réception.

Le propriétaire, l'usufruitier ou le mandataire légal désigné pourront, dans le cas où des termes échus leur seraient dus, dans un délai de douze jours francs à partir de la lettre recommandée, s'opposer au prêt sur lesdits produits par une autre lettre adressée au greffier du juge de paix et également recommandée.

3. Le greffier de la justice de paix tiendra sur les deux parties d'un registre à souche établi spécialement à cet effet, et d'après la déclaration de l'emprunteur, la nature, la quantité et la valeur des produits qui devront servir de gage à son emprunt, ainsi que le montant des sommes à emprunter.

Dans le cas où l'emprunteur ne sera point propriétaire ou usufruitier de l'exploitation, le greffier du juge de paix devra, en outre des indications ci-dessus, mentionner la date de l'envoi de l'avis au propriétaire ou usufruitier ainsi que la non-opposition de leur part après douze jours francs à partir de l'envoi de la lettre recommandée.

La feuille détachée de ce registre devient le warrant qui permettra au cultivateur de réaliser son emprunt.

4. Le warrant doit indiquer si le produit warranté est assuré ou non, et, dans le cas d'assurance, le nom et l'adresse de l'assureur.

Les porteurs de warrants ont, sur les indemnités d'assurance dues en cas de sinistres, les mêmes droits et privilèges que sur le produit warranté.

5. Les greffiers sont tenus de délivrer à tout prêteur qui le requiert, avec l'autorisation de l'emprunteur, copie des inscriptions d'emprunts faites par l'emprunteur ou certificat établissant qu'il n'en existe aucune.

6. L'emprunteur qui aura remboursé son warrant le fera constater au greffe de la justice de paix ; le remboursement sera noté sur le registre à souche prévu à l'article 3, et il lui sera donné un récépissé de la radiation de son inscription.

7. L'emprunteur peut, même avant l'échéance, rembourser la créance garantie par le warrant.

Si le créancier refuse ses offres, le débiteur peut, pour se libérer, consigner la somme offerte en observant les formalités prescrites par l'article 1259 du Code civil. Sur le vu d'une quittance de consignation régulière et suffisante, le juge de paix rendra une ordonnance aux termes de laquelle le gage sera transporté sur la somme consignée.

En cas de remboursement anticipé d'un warrant agricole, l'emprunteur bénéficie des intérêts qui restaient à courir jusqu'à l'échéance du warrant, déduction faite d'un délai de dix jours.

8. Les établissements publics de crédit peuvent recevoir les warrants comme effets de commerce avec dispense d'une des signatures exigées par leurs statuts.

9. L'escompteur ou réescompteur d'un warrant sera tenu d'en donner avis immédiatement au greffier du juge de paix par lettre recommandée avec accusé de réception.

10. A défaut de payement à l'échéance, et après avis préalable transmis par lettre recommandée à l'emprunteur, pour laquelle un avis de réception doit être demandé, le porteur du warrant, huit jours après l'avertissement et sans aucune autre formalité de justice, mais avec les formes de publicité prévues par les articles 617 et suivants du Code de procédure civile, peut faire procéder par un officier ministériel à la vente publique aux enchères de la marchandise engagée.

11. Le créancier est payé directement de sa créance sur le prix de vente, par privilège et préférence à tous créanciers, sans autre déduction que celle des contributions directes et des frais de vente, sans autre formalité qu'une ordonnance du juge de paix.

12. Le porteur de warrant perd son recours contre ses endosseurs s'il n'a pas fait procéder à la vente dans le mois qui suit la date de l'avertissement. Il a de recours contre l'emprunteur et les endosseurs qu'après avoir exercé ses droits sur les produits warrantés. En cas d'insuffisance, le délai d'un mois lui est imparti, à dater du jour où la vente de la marchandise est réalisée pour exercer son recours contre les endosseurs.

13. Tout agriculteur convaincu d'avoir détourné, dissipé ou volontairement détérioré au préjudice du créancier le gage de celui-ci, sera poursuivi correctionnellement comme coupable d'abus de confiance et puni conformément aux articles 406 et 408 du Code pénal, sans préjudice de l'application de l'article 463 du même Code.

14. Lorsque, pour l'exécution de la présente loi, y aura lieu à référé, ce référé sera porté devant le juge de paix.

15. Un décret déterminera les émoluments à allouer aux greffiers de justice de paix pour l'envoi des lettres recommandées, l'achat et la tenue des registres, ainsi que pour la délivrance des certificats, établira, s'il y a lieu, toutes les mesures nécessaires pour l'exécution de la présente loi.

16. Sont dispensées de la formalité du timbre et de l'enregistrement : les lettres prévues aux articles 2, 9, 10 et leurs accusés de réception, la souche du registre institué par l'article 3, la copie des inscriptions d'emprunt, le certificat négatif et le récépissé de radiation mentionnés aux articles 5 et 6 de la présente loi.

La feuille détachée du registre à souche et qui deviendra le warrant au moyen duquel le cultivateur réalisera son emprunt restera soumise au droit commun, c'est-à-dire qu'elle deviendra passible du droit de timbre des effets de commerce (5 centimes 100) au moment de sa transformation en warrant et de sa remise comme tel au prêteur.

L'enregistrement (50 centimes p. 100) ne deviendra obligatoire que dans le cas de protêt.

17. La présente loi sera applicable à l'Algérie.

V. la discussion de cette loi à la Chambre des députés et au Sénat, D. P. 98. 4. 80 s.

Loi du 18 novembre 1898,

modifiant les articles 25 et 62 de la loi du 15 avril 1829 relative à la pêche fluviale. — V. supra, L. 15 avr. 1829, art. 25 et 62.

Loi du 19 juin 1899,

portant extension de certaines dispositions de la loi du 8 décembre 1897 sur l'instruction préalable à la procédure devant les conseils de guerre.

Article unique. La disposition du premier paragraphe de l'article 2 de la loi du 8 décembre 1897, relative au délai dans lequel l'inculpé doit être interrogé, et les dispositions des articles 3, 7, 8, 9, 10, 13 et 14 de la même loi sont applicables à l'instruction devant les conseils de guerre jugeant en temps de paix et siégeant à terre.

Loi du 30 juin 1899,

Concernant les accidents causés dans les exploitations agricoles par l'emploi de machines mues par des moteurs inanimés (D. P. 99. 4. 92).

Article unique. Les accidents occasionnés par l'emploi de machines agricoles mues par des moteurs inanimés et dont sont victimes, par le fait ou à l'occasion du travail, les personnes quelles qu'elles soient, occupées à la conduite ou au service de ces moteurs ou machines, sont à la charge de l'exploitant dudit moteur.

Est considéré comme exploitant l'individu ou la collectivité qui dirige le moteur ou le fait diriger par ses préposés.

Si la victime n'est pas salariée ou n'a pas un salaire fixe, l'indemnité due est calculée, selon les tarifs de la loi du 9 avril 1898, d'après le salaire moyen des ouvriers agricoles de la commune.

En dehors du cas ci-dessus déterminé, la loi du 9 avril 1898 n'est pas applicable à l'agriculture.

V. le commentaire de la loi du 30 juin 1889, D. P. 99. 4. 92. — V. aussi N. C. civ. ann., Appendice au Liv. III, tit. 12; D. P. années 1900 et suiv., 5ᵉ partie, vᵒ Ouvrier.

Loi du 20 juillet 1899,

Sur la responsabilité civile des membres de l'enseignement public (D. P. 99. 4. 85).

Art. 1ᵉʳ. La disposition suivante est ajoutée au dernier alinéa de l'article 1384 du Code civil : — V. supra, C. civ., art. 1384.

2. L'action en responsabilité contre l'État, dans le cas prévu par la présente loi, sera portée devant le tribunal civil ou le juge de paix du lieu où le dommage aura été causé et dirigée contre le préfet du département.

Loi du 5 août 1899,

Sur le casier judiciaire et sur la réhabilitation de droit (D. P. 99. 4. 113).

Art. 1ᵉʳ. Le greffe de chaque tribunal de première instance reçoit, en ce qui concerne les personnes nées dans la circonscription du tribunal et après vérification de leur identité aux registres de l'état civil, des bulletins, dits bulletins nº 1, constatant :

1º Les condamnations contradictoires ou par contumace et les condamnations par défaut non frappées d'opposition, prononcées, pour crime ou délit, par toute juridiction répressive ;

2º Les décisions prononcées par application de l'article 66 du Code pénal ;

3º Les décisions disciplinaires prononcées par l'autorité judiciaire ou par une autorité administrative, lorsqu'elles entraînent ou édictent des incapacités ;

4º Les jugements déclaratifs de faillite ou de liquidation judiciaire ;

5º Les arrêtés d'expulsion pris contre les étrangers.

2. Il est fait mention, sur les bulletins nº 1, des grâces, commutations ou réductions de peines, des décisions qui suspendent l'exécution d'une première condamnation, des arrêtés de mise en liberté conditionnelle et de révocation, des réhabilitations et des jugements relevant de la relégation, conformément à l'article 16 de la loi du 27 mai 1885, et des décisions qui rapportent les arrêtés d'expulsion, ainsi que la date de l'expiration de la peine et du payement de l'amende.

Sont retirées du casier judiciaire les bulletins nº 1 relatifs à des condamnations effacées par une amnistie ou réformées en conformité d'une décision de rectification du casier judiciaire.

3. (*Modifié par L. 11 juillet 1900.*) Le casier judiciaire central, institué au ministère de la justice, reçoit les bulletins nº 1 concernant les personnes nées à l'étranger et dans les colonies ou dont l'acte de naissance n'est pas retrouvé.

Toutefois, les bulletins nº 1 concernant les musulmans du Maroc, du Soudan et de la Tripolitaine sont centralisés au greffe de la cour d'Alger.

4. (*Modifié par L. 11 juillet 1900.*) Le relevé intégral des bulletins nº 1 applicables à la même personne est porté sur un bulletin appelé bulletin nº 2.

Il est délivré aux magistrats du parquet et de l'instruction, au préfet de police, aux présidents des tribunaux de commerce, pour être joint aux procédures de faillites et de liquidations judiciaires, aux autorités militaires et maritimes pour les appelés des classes et de l'inscription maritime, ainsi que pour les jeunes gens qui demandent à contracter un engagement, et aux sociétés de patronage reconnues d'utilité publique ou spécialement autorisées à cet effet, pour les personnes assistées par elles.

Il est aussi délivré aux juges de paix qui le réclameront pour le jugement d'une contestation en matière d'inscription sur les listes électorales.

Il l'est également aux Administrations publiques de l'État, saisies de demandes d'emplois publics, de propositions relatives à des distinctions honorifiques, ou de marchés publics, ou en vue de poursuites disciplinaires ou de l'ouverture d'une école privée, conformément à la loi du 30 octobre 1886.

Toutefois, la mention des décisions prononcées en vertu de l'article 66 du Code pénal n'est pas faite sur les bulletins délivrés aux magistrats et au préfet de police.

Les bulletins nº 2 réclamés par les Administrations publiques de l'État, pour l'exercice des droits politiques, ne comprennent que des décisions entraînant des incapacités prévues par les lois relatives à l'exercice des droits politiques.

Au cas où il n'existe pas de bulletin nº 1 au casier judiciaire, le bulletin nº 2 porte la mention : Néant.

(*Le nouvel article 4 modifie les articles 26, 27, 28, 29, 30 et 31 de la circulaire du garde des sceaux du 15 décembre 1899 ; il abroge l'article 32 de la même circulaire ; il modifie l'article 4 du décret du 29 janvier 1900.*)

5. (*Modifié par L. 11 juillet 1900.*) En cas de condamnation, faillite, liquidation judiciaire ou destitution d'un officier ministériel prononcée contre un individu soumis à l'obligation du service militaire ou maritime, il en est donné connaissance aux autorités militaires ou maritimes par l'envoi d'un bulletin nº 1.

Un duplicata de chaque bulletin nº 1, constatant une décision entraînant la privation des droits électoraux, est adressée à l'autorité administrative du domicile de tout Français ou de tout étranger naturalisé.

Cette autorité prend les mesures nécessaires en vue de la rectification de la liste électorale en renvoie, si le condamné est né en France, le duplicata à la sous-préfecture de son arrondissement d'origine.

6. Un bulletin nº 3 peut être réclamé par la personne qu'il concerne. Il ne doit, dans aucun cas, être délivré à un tiers.

7. (*Modifié par L. 11 juillet 1900.*) Ne sont pas inscrites au bulletin nº 3 :

1º Les décisions prononcées par l'application de l'article 66 du Code pénal ;

2º Les condamnations effacées par la réhabilitation ou par l'application de l'article 4 de la loi du 26 mars 1891, sur l'atténuation et l'aggravation des peines ;

3º Les condamnations prononcées en pays étrangers pour des faits non prévus par les lois pénales françaises ;

4º Les condamnations pour délits prévus par les lois sur la presse, à l'exception de celles qui ont été prononcées pour diffamation ou pour outrages aux bonnes mœurs, ou en vertu des articles 23, 24 et 25 de la loi du 29 juillet 1881 ;

5º Une première condamnation à un emprisonnement de trois mois ou de moins de trois mois prononcée par application des articles 67, 68 et 69 du Code pénal ;

6º La condamnation avec sursis à un mois ou moins d'un mois d'emprisonnement, avec ou sans amende ;

7º Les déclarations de faillite, si le failli a été déclaré excusable par le tribunal ou a obtenu un concordat homologué et les déclarations de liquidation judiciaire.

8. (*Modifié par L. 11 juillet 1900.*) Cessent d'être inscrites au bulletin nº 3 délivré au simple particulier :

1° (*L. 23 mars 1908.*) « Deux ans après l'expiration de la peine corporelle, la condamnation unique à moins de six jours d'emprisonnement, ou à cette peine jointe à une amende ne dépassant pas 25 francs ; deux ans après qu'elle sera devenue définitive, la condamnation unique à une amende ne dépassant pas 50 francs ; deux ans après le jugement déclaratif, les déclarations de faillite. »

2° Cinq ans après l'expiration de la peine corporelle, la condamnation unique à six mois ou moins de six mois d'emprisonnement, ou à cette peine jointe à une amende ; cinq ans après qu'elles seront devenues définitives, les condamnations à une amende supérieure à 50 francs ;

3° Dix ans après l'expiration des peines corporelles, la condamnation unique à une peine de deux ans ou moins de deux ans, ou les condamnations multiples dont l'ensemble ne dépasse pas un an, ou à des peines jointes à des amendes.

Dans le cas de concours de condamnations à des peines corporelles et de condamnations à des peines pécuniaires, le délai courra du jour où les peines corporelles auront été subies et où les condamnations pécuniaires seront devenues définitives.

4° Quinze ans après l'expiration de la peine corporelle, la condamnation unique supérieure à deux années d'emprisonnement, ou à cette peine jointe à une amende, le tout sans qu'il soit dérogé à l'article 4 de la loi du 26 mars 1891, sur l'atténuation et l'aggravation des peines.

Lorsqu'une amende aura été prononcée principalement ou accessoirement à une autre peine, l'inscription ne cessera qu'après qu'elle aura été acquittée ou prescrite, à moins que le demandeur ne justifie de son indigence dans la forme prescrite par l'article 420 du Code d'instruction criminelle.

La remise totale ou partielle d'une peine par voie de grâce équivaudra à son exécution totale ou partielle.

L'exécution de la contrainte par corps équivaudra au payement de l'amende.

En cas de prescription de la peine corporelle, les délais commenceront à courir du jour où elle sera acquise.

La preuve de la non-exécution de la peine sera à la charge du procureur de la République.

9. En cas de condamnation ultérieure pour crime ou délit à une peine autre que l'amende, le bulletin n° 3 reproduit intégralement les bulletins n° 1, à l'exception des cas prévus par les paragraphes 1, 2, 3, 4 de l'article 7.

10. (*Modifié par L. 11 juillet 1900.*) Lorsqu'il se sera écoulé dix ans, dans le cas prévu par l'article 8, § 1er et 2, sans que le condamné ait subi de nouvelles condamnations à une peine autre que l'amende, la réhabilitation lui sera acquise de plein droit.

Le délai sera de quinze ans dans les cas prévus par l'article 8, § 3, et de vingt ans dans le cas prévu par l'article 8, § 4.

11. (*Modifié par L. 11 juillet 1900.*) Quiconque aura pris le nom d'un tiers, dans des circonstances qui ont déterminé ou auraient pu déterminer l'inscription d'une condamnation au casier de ce tiers, sera puni de six mois à cinq ans d'emprisonnement, sans préjudice des poursuites à exercer pour le crime de faux, s'il y échet.

Sera passible de la même peine celui qui, par de fausses déclarations relatives à l'état civil d'un inculpé, aura sciemment été la cause de l'inscription d'une condamnation sur le casier judiciaire d'un autre que cet inculpé.

12. (*Modifié par L. 11 juillet 1900.*) Quiconque, en prenant un faux nom ou une fausse qualité, se fera délivrer le bulletin n° 3 d'un tiers sera puni d'un mois à un an d'emprisonnement.

L'article 463 du Code pénal sera dans tous les cas applicable.

13. Un règlement d'administration publique déterminera les mesures nécessaires à l'exécution de la présente loi et, notamment, les conditions dans lesquelles doivent être demandés, établis et délivrés les bulletins n° 2, 3, les droits alloués au greffier, ainsi que les conditions d'application de la présente loi aux colonies et aux pays de protectorat.

14. (*Modifié par L. 11 juillet 1900.*) Celui qui voudra faire rectifier une mention portée à son casier judiciaire présentera requête au président du tribunal ou de la cour qui aura rendu la décision.

Si la décision a été rendue par une cour d'assises, la requête sera remise au premier président de la cour d'appel qui saisira la chambre correctionnelle de la cour.

Le président communiquera la requête au ministère public et commettra un magistrat pour faire le rapport.

Le tribunal ou la cour pourra ordonner d'assigner la personne objet de la condamnation.

Dans le cas où la requête est rejetée, le requérant est condamné aux frais.

Si la requête est admise, les frais seront supportés par celui qui aura été la cause de l'inscription reconnue erronée, s'il a été appelé dans l'instance. Dans le cas contraire ou dans celui de son insolvabilité, ils seront supportés par le Trésor.

Le ministère public aura le droit d'agir d'office dans la même forme en rectification du casier judiciaire.

Mention de la décision rendue sera faite en marge du jugement ou de l'arrêt visé par la demande en rectification.

Ces actes, jugements et arrêts seront visés pour timbre et enregistrés en débet.

15. (*Ajouté par L. 11 juillet 1900, art. 2.*) En cas de contestation sur la réhabilitation de droit, ou de difficultés soulevées par l'application des articles 7, 8 et 9 de la présente loi, ou par l'interprétation d'une loi d'amnistie dans les termes de l'article 2, § 2, l'intéressé pourra s'adresser au tribunal correctionnel du lieu de son domicile ou à celui de sa naissance, suivant les formes et la procédure prescrites par l'article précédent.

16. (*Ajouté par L. 11 juillet 1900, art. 2.*) Les instances prévues par les articles 14 et 15 sont débattues et jugées en chambre du conseil, sur le rapport du magistrat commis et le ministère public entendu.

Les jugements ou arrêts sont susceptibles d'appel ou de pourvoi en cassation suivant les règles ordinaires du droit.

V. *la discussion des lois du 5 déc. 1899 et du 11 juillet 1900 à la Chambre des députés et au Sénat*, D. P. 99. 4. 113 s.; et 1900. 4. 60 s. — V. aussi C. instr. crim. ann., p. 1220 s.

Loi du 14 février 1900,

Portant modification à l'article 1094 du Code civil (Des dispositions entre époux) (D. P. 1900. 4. 25).

Art. 1er. Le premier paragraphe de l'article 1094 du Code civil est ainsi modifié : — V. *supra*, C. civ., art. 1094.

2. Conserveront leur plein et entier effet les dispositions constatées par contrats de mariage antérieurs à la promulgation de la présente loi, contenant donation de l'usufruit de la totalité ou de partie de la portion dont la loi prohibe la disposition au préjudice des ascendants.

Loi du 12 mars 1900,

Ayant pour objet de réprimer les abus commis en matière de vente à crédit des valeurs de bourse (D. P. 1900. 4. 28).

Art. 1er. Sera déclarée nulle, sur la demande de l'acheteur, sans préjudice de tous dommages-intérêts, même s'il y a eu commencement d'exécution, toute cession, quelque forme qu'elle emprunte, consentie par acte sous signatures privées, de valeurs ou parts de valeurs cotées à la bourse, moyennant un prix payable à terme en totalité ou en partie, si elle contrevient à l'une des prescriptions des articles 2 et 3 ci-après.

2. L'acte doit être fait en double original et chacun des originaux en contenir la mention.

Chaque original doit indiquer clairement, en toutes lettres et d'une façon apparente : 1° l'un des cours cotés à la Bourse de Paris dans les quatre jours précédant la cession, et, à défaut, le dernier cours coté ; 2° le numéro de chacune des valeurs vendues ; 3° le prix total de vente de chacune des valeurs, y compris tous frais de timbre et de recouvrement par la poste ou autrement ; 4° le taux d'intérêt, les délais et conditions de remboursement,

3. Les payements fractionnés ne peuvent être échelonnés sur une durée de plus de deux ans.

4. Le vendeur est tenu de conserver le titre vendu. Il ne peut ni s'en dessaisir ni le mettre en gage. Il doit le représenter à toute réquisition de l'acheteur. Toute stipulation contraire est nulle.

Il en est de même de toute clause ou de toute mention dérogeant directement ou indirectement aux règles générales de la compétence.

5. Le vendeur qui aura détourné, dissipé ou mis en gage, au préjudice de l'acheteur, le titre qu'il avait vendu, sera puni des peines portées en l'article 406 du Code pénal. L'article 463 pourra être appliqué.

6. Il est interdit aux établissements qui se livrent à la vente à crédit des valeurs de bourse de faire entrer dans leur dénomination les mots « caisse d'épargne ». Leurs directeurs sont, en cas de contravention à cette défense, passibles d'une amende de 25 à 3 000 francs.

7. Les dispositions de la présente loi ne sont pas applicables aux ordres de bourse.

V. *la discussion de cette loi à la Chambre des députés et au Sénat*, D. P. 1900. 4. 28 s.

Loi du 30 mars 1900,

Portant modification de la loi du 2 novembre 1892 sur le travail des enfants, des filles mineures et des femmes dans les établissements industriels (D. P. 1900. 4. 44). — V. *supra*, D. 9 sept. 1848, art. 1er ; L. 2 nov. 1892, art. 3, 4 et 11.

Loi du 1er avril 1900,

Modifiant le paragraphe 2 de l'article 4 de la loi du 1er juin 1891 (D. P. 1900. 4. 46). — V. *supra*, L. 2 juin 1891, art. 4.

Loi du 7 avril 1900,

Sur le taux de l'intérêt légal de l'argent (D. P. 1900. 4. 43).

Art. 1er. L'intérêt légal sera en matière civile de quatre pour cent (4 pour 100), et en matière de commerce de cinq pour cent (5 pour 100).

V. *la discussion de cette loi à la Chambre des députés et au Sénat*, D. P. 1900. 4. 43 s. — V. aussi N. C. civ. ann., Appendice à l'art. 1907.

Loi du 11 juillet 1900,

Portant modifications de la loi du 5 août 1899, sur le casier judiciaire et sur la réhabilitation de droit (D. P. 1900. 4. 60).

Art. 1er. Les articles 3, 4, 5, 7, 8, 10, 11, 12 et 14 de la loi du 5 août 1899 sont modifiés ainsi qu'il suit : — V. *supra*, L. 5 août 1899, art. 3, 4, 5, 7, 8, 10, 11, 12, 14.

2. Les dispositions suivantes sont ajoutées à la loi du 5 août 1899 sous les articles 15 et 16. — V. *supra*, L. 5 août 1899, art. 15 et 16.

Loi du 1er décembre 1900,

Ayant pour objet de permettre aux femmes munies du diplôme de licencié en droit de prêter le serment d'avocat et d'exercer cette profession (D. P. 1900. 4. 81).

Article unique. A partir de la promulgation de la présente loi, les femmes munies du diplôme de licencié en droit seront admises à prêter le serment prescrit par l'article 31 de la loi du 22 ventôse an XII et qui veulent être reçus avocats et à exercer la profession d'avocat sous les conditions de stage, de discipline et sous les obligations réglées par les textes en vigueur.

Les articles 80 de la loi du 7 ventôse an XII et 35, paragraphe 3, du décret du 14 décembre 1810, les articles 84, 118, 468 du Code de procédure civile ne pas applicables aux femmes qui bénéficieront de présente loi.

la discussion de cette loi à la Chambre des ités et au Sénat, D. P. 1900. 4. 81 s.

Loi du 29 décembre 1900,

ant les conditions du travail des femmes em- ayées dans les magasins, boutiques et autres caux en dépendant (D. P. 1901. 4. 19).

rt. 1er. Les magasins, boutiques et autres lo- en dépendant, dans lesquels des marchandises bjets divers sont manutentionnés ou offerts au ic par un personnel féminin, devront être, dans ue salle, munis d'un no::bre de sièges égal à des femmes qui y sont employées.

Les inspecteurs du travail sont chargés d'as- r l'exécution de la présente loi; à cet effet, ils entrée dans tous les établissements visés par icle 1er.

es contraventions sont constatées par les procès- aux des inspecteurs et inspectrices qui font foi u'à preuve contraire. Les procès-verbaux sont sés en double exemplaire, dont l'un est envoyé préfet du département et l'autre déposé au par-

ss dispositions ci-dessus ne dérogent point aux es du droit commun quant à la constatation et à oursuite des infractions à la présente loi.

, Les chefs d'établissements, directeurs ou gé- s des magasins, boutiques et autres locaux pré- à l'article 1er, sont tenus de faire afficher à des oits apparents les dispositions de la présente loi i que les noms et les adresses des inspecteurs et inspectrices de la circonscription.

, Lesdits chefs d'établissement, directeurs ou nts qui auront contrevenu aux prescriptions de résente loi seront poursuivis devant le tribunal simple police et passibles d'une amende de 5 à rancs. L'amende sera appliquée autant de fois y aura de contraventions. Les chefs d'établisse- ats seront civilement responsables des condamna- s prononcées contre leurs directeurs ou gérants.

. En cas de récidive, le contrevenant sera pour- i devant le tribunal correctionnel et puni d'une nde de 16 à 100 francs. Il y a récidive lorsque, s les douze mois antérieurs au fait poursuivi, le revenant a déjà subi une condamnation pour une ravention identique. En cas de pluralité de con- entions entraînant les peines de la récidive, ende sera appliquée autant de fois qu'il aura été vé de nouvelles contraventions. Les tribunaux ectionnels pourront appliquer les dispositions de icle 463 du Code pénal sur les circonstances at- antes, sans qu'en aucun cas l'amende, pour que contravention, puisse être inférieure à ncs.

. L'affichage du jugement peut, suivant les cir- stances et en cas de récidive seulement, être nné par le tribunal de police correctionnelle. Le nal peut également ordonner, dans le même , l'insertion du jugement aux frais du contreve- dans un ou plusieurs journaux du département cie.

. Seront punis d'une amende de 100 à 500 francs, n cas de récidive de 500 à 1000 francs, tous ceux auront mis obstacle à l'accomplissement des de- s d'un inspecteur.

'article 463 du Code pénal est applicable aux damnations prononcées en vertu du présent

es dispositions du Code pénal, qui prévoient et iment les actes de résistance, les outrages et ences contre les officiers de la police judiciaire, , en outre, applicables à ceux qui se rendront pables de faits de même nature à l'égard des ecteurs.

. Les dispositions de la présente loi seront mises vigueur un mois après sa promulgation.

Loi du 4 février 1901,

ur la tutelle administrative en matière de dons et legs (D. P. 1901. 4. 14).

Art. 1er. Les dons et legs faits à l'État ou aux vices nationaux qui ne sont pas pourvus de la personnalité civile sont autorisés par décret du président de la République.

2. Le paragraphe 5 de l'article 46 de la loi du 10 août 1871 est modifié ainsi qu'il suit :

« ... 5° Acceptation des dons et legs faits au dé- partement, quand ils ne donnent pas lieu à réclama- tion, et refus de ces libéralités, dans tous les cas. »

3. Le paragraphe 8 de l'article 68 et les articles 111 et 112 de la loi du 5 avril 1884 sont modifiés ainsi qu'il suit :

« ART. 68. — ... 8° L'acceptation des dons et legs faits à la commune, lorsqu'ils donnent lieu à des réclamations des familles.

« ART. 111. — Le conseil municipal statue défi- nitivement sur l'acceptation des dons et legs faits à la commune, quand ils ne donnent pas lieu à des réclamations des familles.

« Toutefois, si la donation ou le legs a été fait à un hameau ou quartier d'une commune qui n'est pas encore à l'état de section ayant la personnalité civile, les habitants du hameau ou quartier seront appelés à élire une commission syndicale, conformément à l'article 129 ci-dessous. La commission syndicale délibérera sur l'acceptation de la libéralité, et dans aucun cas, l'autorisation d'accepter ne pourra être accordée que par décret rendu dans la forme des règlements d'administration publique.

« ART. 112. — Lorsque la délibération porte re- fus de dons ou legs, le préfet peut, par un arrêté motivé, inviter le conseil municipal à revenir sur sa première délibération. Le refus n'est définitif que si, par une seconde délibération, le conseil municipal déclare y persister ou si le préfet n'a pas requis de nouvelle délibération dans le mois de la réception de la délibération portant refus.

« Si le don ou le legs a été fait à une section de commune et que le conseil municipal soit d'avis de refuser la libéralité, il sera procédé comme il est dit au paragraphe 2 de l'article 111. »

4. Les établissements publics acceptent et re- fusent, sans autorisation de l'administration supé- rieure, les dons et legs qui leur sont faits sans charges, conditions ni affectation immobilière.

Lorsque des dons ou legs sont grevés de charges, conditions ou d'affectation immobilière, l'acceptation ou le refus est autorisé par arrêté du préfet, si l'éta- blissement bénéficiaire a le caractère communal ou départemental, et par décret en conseil d'État, s'il a le caractère national.

Toutefois, les conseils municipaux continueront à donner leur avis sur les dons et legs faits aux hospices et bureaux de bienfaisance qui auront le carac- tère communal, et, en cas de désaccord entre la commune et l'hospice ou bureau de bienfaisance sur l'acceptation ou le refus des libéralités, le préfet statuera définitivement par arrêté motivé.

5. L'acceptation des dons et legs faits aux établis- sements reconnus d'utilité publique est autorisée par le préfet du département où est le siège de l'établis- sement.

Toutefois, si la donation ou le legs consiste en immeubles d'une valeur supérieure à trois mille francs (3 000 fr.), l'autorisation est accordée par dé- cret en conseil d'État.

6. Il n'est pas dérogé à la loi du 1er avril 1898 sur les sociétés de secours mutuels.

Sont également maintenues les dispositions concer- nant l'autorisation des dons et legs faits aux établis- sements publics du culte, ainsi qu'aux congrégations et communautés religieuses autorisées.

7. Dans tous les cas où les dons et legs donnent lieu à des réclamations des familles, l'autorisation de les accepter est donnée par décret en conseil d'État.

8. Tous les établissements peuvent, sans autori- sation préalable, accepter provisoirement ou à titre conservatoire les dons et legs qui leur sont faits.

9. Sont abrogées toutes dispositions contraires à la présente loi.

V. *le commentaire de la loi du 4 février 1901*, N. C. civ. ann., t. 2, sous l'art. 910; — et D. P. 1901. 4. 14 s.

Décret du 1er mars 1901,

Modifiant l'ordonnance du 15 novembre 1846, sur la police, la sûreté et l'exploitation des chemins de fer (D. P. 1901. 4. 23 et 97).

ART. 1er. Les titres I à IV (art. 1er à 43) et VI à VIII (art. 51 à 80) de l'ordonnance du 15 no- vembre 1846, portant règlement d'administration publique sur la police, la sûreté et l'exploitation des chemins de fer, sont modifiés de la façon suivante :

TITRE Ier. — DES GARES ET DE LA VOIE.

Art. 1er. Les mesures de police destinées à as- surer le bon ordre dans les parties des gares et de leurs dépendances accessibles au public seront ré- glées par la police, la sûreté et l'exploitation du préfet du département.

Cette disposition s'appliquera, notamment, à l'en- trée, au stationnement et à la circulation des voitures publiques ou particulières, destinées soit au trans- port des personnes, soit au transport des marchan- dises dans les cours dépendant des gares de chemins de fer.

Les arrêtés ainsi pris par les préfets ne seront exécutoires qu'en vertu de l'approbation du ministre des travaux publics.

2. Le chemin de fer et les ouvrages qui en dé- pendent seront constamment entretenus en bon état. La compagnie devra faire connaître au ministre des travaux publics, dans la forme que celui-ci jugera convenable, les mesures qu'elle aura prises pour cet entretien.

Les voies et autres installations des gares devront être convenablement disposées pour la sûreté des manœuvres et de la circulation des trains.

Dans le cas où les mesures prises seraient insuffi- santes pour assurer le bon entretien du chemin de fer, la sûreté de la circulation et la sécurité publique, le ministre, après avoir entendu la compagnie, pres- crira celles qu'il juge nécessaires.

Dans le cas où, par suite de l'insuffisance des ins- tallations, le service ne serait pas régulièrement as- suré, il sera procédé conformément aux dispositions de l'article 65.

3. Il sera placé, partout où besoin sera, des agents en nombre suffisant pour assurer la surveil- lance et la manœuvre des signaux, aiguilles et autres appareils de la voie; le nombre de ces agents sera fixé, la compagnie entendue, par le ministre des travaux publics, qui pourra prescrire que ceux de ces agents dont le service intéressant la sécurité aurait une importance particulière ne soient employés à aucun autre travail.

4. Partout où un chemin de fer sera traversé à niveau par une voie de terre, il sera établi des bar- rières, sauf les exceptions autorisées par le ministre des travaux publics, conformément aux lois.

Le mode, la garde et les conditions de service des barrières seront réglés par le ministre des travaux publics, sur la proposition de la compagnie.

Lorsque le ministre autorisera la traversée à ni- veau du chemin de fer par un autre chemin de fer ou par un tramway, il arrêtera, après avoir entendu les deux compagnies, les dispositions techniques à prendre pour l'établissement et l'exploitation de ces traversées.

5. Si l'établissement de contre-rails est jugé néces- saire dans l'intérêt de la sûreté publique, la compa- gnie sera tenue d'en placer sur les points qui seront désignés par le ministre des travaux publics.

6. Les gares et leurs abords devront être éclairés la nuit pendant la durée du service.

Le ministre des travaux publics fixera, la compa- gnie entendue, les conditions dans lesquelles les passages à niveau et les tunnels, s'il y a lieu, devront être éclairés.

TITRE II.
DU MATÉRIEL EMPLOYÉ A L'EXPLOITATION.

7. Les locomotives, les tenders et les véhicules de toute espèce entrant dans la composition des trains seront construits, après autorisation du mi- nistre des travaux publics, suivant les meilleurs modèles, avec des matériaux de première qualité. La compagnie devra produire, à l'appui de sa de- mande en autorisation, les plans, dessins et tous les documents indiqués par le ministre.

Le ministre déterminera les conditions auxquelles le matériel n'appartenant pas à la compagnie exploitante pourra être admis à circuler sur le réseau de cette compagnie.

8. Les locomotives, tenders ou véhicules de toute espèce entrant dans la composition des trains devront remplir les conditions que le ministre des travaux publics jugera nécessaires pour assurer la sécurité des voyageurs et des agents pendant la circulation des trains et pendant leur formation.

9. Il sera tenu des états de service pour toutes les locomotives. Ces états seront inscrits sur des registres qui devront être constamment à jour et indiquer, pour chaque machine, la date de sa mise en service, le travail qu'elle a accompli, les réparations ou modifications qu'elle a reçues et le renouvellement de ses diverses pièces.

Il sera tenu en outre, pour les essieux de locomotives et tenders, des registres spéciaux sur lesquels, à côté du numéro d'ordre de chaque essieu, seront inscrits sa provenance, la date de sa mise en service, l'épreuve qu'il peut avoir subie, son travail, ses accidents et ses réparations.

Les registres mentionnés aux deux paragraphes ci-dessus, seront représentés, à toute réquisition, aux ingénieurs et agents chargés de la surveillance du matériel et de l'exploitation.

Les essieux des véhicules de toute espèce porteront une marque au poinçon faisant connaître la provenance et la date de la fourniture.

10. Les locomotives ne pourront être mises en service qu'en vertu de l'autorisation délivrée par le service du contrôle et après avoir été soumises à toutes les épreuves prescrites par les règlements en vigueur.

11. Les locomotives devront être pourvues, sauf exception autorisée par le ministre des travaux publics, d'appareils ayant pour objet d'arrêter les fragments de combustible tombant de la grille et d'empêcher la sortie des flammèches par la cheminée, ainsi que de diminuer la production de fumées, incommodes pour les voyageurs ou pour le voisinage.

12. Les voitures destinées au transport des voyageurs devront être commodes et présenter les dispositions que le ministre des travaux publics jugera nécessaires pour assurer la sécurité des voyageurs.

Le ministre déterminera, la compagnie entendue, quelles devront être les dimensions minima de la place affectée à chaque voyageur.

Toute voiture à voyageurs portera dans l'intérieur l'indication en chiffres apparents du nombre de places.

13. Aucune voiture pour les voyageurs ne sera mise en service sans une autorisation délivrée par le service du contrôle, après qu'il aura été constaté que la voiture satisfait aux conditions de l'article précédent.

L'autorisation de mise en service n'aura d'effet qu'après que l'estampille prescrite pour les voitures publiques par l'article 117 de la loi du 25 mars 1817 aura été délivrée par le directeur des contributions indirectes.

14. Les locomotives, les tenders et les véhicules de toute espèce devront porter : 1° la désignation en toutes lettres ou par initiales du chemin de fer auquel ils appartiennent; 2° un numéro d'ordre. Les voitures de voyageurs porteront, en outre, l'indication de la classe de chaque compartiment et l'estampille délivrée par l'administration des contributions indirectes. Ces diverses indications seront placées d'une manière apparente sur la caisse ou sur les côtés du châssis.

15. Les locomotives, tenders et véhicules de toute espèce et tout le matériel d'exploitation seront constamment maintenus dans un bon état d'entretien.

La compagnie devra faire connaître au ministre des travaux publics, dans la forme que celui-ci jugera convenable, les mesures adoptées par elle à cet égard; en cas d'insuffisance, le ministre, après avoir entendu les observations de la compagnie, prescrira les dispositions qu'il jugera nécessaires au point de vue de la sécurité ou de l'hygiène publique.

Le ministre, la compagnie entendue, pourra faire retirer de la circulation les locomotives, tenders et autres véhicules qui ne se trouveraient pas dans des conditions suffisantes pour assurer la sécurité de l'exploitation, ou exclure d'un train déterminé les véhicules qui, pour une cause quelconque, n'offriraient pas les garanties voulues pour la sûreté de l'exploitation.

TITRE III. — DE LA COMPOSITION DES TRAINS.

16. Tout train ordinaire de voyageurs devra contenir en nombre suffisant des voitures de chaque classe, à moins d'une autorisation spéciale du ministre des travaux publics.

17. Chaque train de voyageurs, de marchandises ou mixte, devra être accompagné :

1° D'un mécanicien et d'un chauffeur par machine; le chauffeur devra être capable d'arrêter la machine, de l'alimenter et de manœuvrer les freins;

2° Du nombre de conducteurs et de gardes-freins qui sera déterminé, suivant le nombre de véhicules, suivant les pentes et suivant les appareils d'arrêt ou de ralentissement, par le ministre des travaux publics, sur la proposition de la compagnie.

Sur le dernier véhicule de chaque train ou sur l'un des véhicules placés à l'arrière, il y aura toujours un frein et un conducteur chargé de le manœuvrer.

Lorsqu'il y aura plusieurs conducteurs dans un train, l'un d'entre eux devra toujours avoir autorité sur les autres.

Le maximum du nombre de véhicules pour chaque nature de trains transportant des voyageurs sera déterminé par le ministre des travaux publics, sur la proposition de la compagnie.

18. Par dérogation à l'article précédent, l'obligation d'avoir sur la machine un mécanicien et un chauffeur ne sera pas applicable aux trains légers, dont la mise en marche sera autorisée par le ministre des travaux publics, sous la réserve que le conducteur chef du train se tiendra habituellement soit sur la machine, soit dans le premier véhicule du train, qu'il pourra dans tous les cas accéder facilement à la machine et qu'il sera en état de l'arrêter en cas de besoin.

En outre, lorsque les véhicules à voyageurs et à marchandises dont se compose un train léger seront tous munis d'un frein continu, le ministre pourra autoriser la suppression de l'obligation d'avoir, sur le dernier véhicule ou sur l'un des derniers véhicules, un conducteur spécial chargé de la manœuvre du frein.

Ne pourront être considérés comme trains légers que ceux dont les véhicules sont portés sur seize essieux au plus, non compris les essieux de la locomotive, s'il y en a une, et de son tender, mais y compris les essieux de la voiture motrice, si l'appareil moteur est contenu dans un des véhicules portant des voyageurs ou des marchandises.

19. Les locomotives devront être en tête des trains. Il ne pourra être dérogé à cette disposition que pour les manœuvres à exécuter dans les gares ou dans leur voisinage, pour les trains de service et pour le cas de secours et de renfort. Dans ces cas spéciaux, la vitesse ne devra pas dépasser les limites fixées par le ministre des travaux publics.

20. Les trains de voyageurs ne devront être remorqués que par une seule locomotive, sauf les cas où l'emploi d'une machine de renfort deviendrait nécessaire, soit pour la montée d'une rampe de forte inclinaison, soit par suite d'une affluence extraordinaire de voyageurs, de l'état de l'atmosphère, d'un accident ou d'un retard exigeant l'emploi de secours, ou de tout autre cas préalablement déterminé par le ministre des travaux publics.

Il sera, dans tous les cas, sauf le cas de secours, interdit d'atteler simultanément plus de deux locomotives à un train de voyageurs.

La machine placée en tête devra régler la marche du train.

Il devra toujours y avoir en tête de chaque train, entre le tender et la première voiture de voyageurs, au moins un véhicule ne portant pas de voyageurs; cette obligation ne s'applique ni aux trains légers, ni aux trains de secours, ni aux trains de composition spéciale qui en auront été dispensés par le ministre des travaux publics.

Dans tous les cas où il sera attelé plus d'une locomotive à un train, mention en sera faite sur un registre à ce destiné, avec indication du motif de la mesure, de la gare où elle aura été jugée nécessaire et de l'heure à laquelle le train aura quitté cette gare.

Ce registre sera représenté, à toute réquisition, aux fonctionnaires et agents du contrôle.

21. Le ministre des travaux publics, la compagnie entendue, arrêtera les règles à suivre pour le transport des matières dangereuses (explosibles, inflammables, vénéneuses, etc.) et des matières infectes; il déterminera notamment les cas dans lesquels le transport de ces marchandises dans un train de voyageurs est interdit.

22. Le ministre des travaux publics déterminera la compagnie entendue, les précautions à prendre dans la formation des trains pour éviter, soit au départ ou à l'arrivée, soit pendant la marche, toute réaction dangereuse ou incommode entre les divers véhicules.

23. Le conducteur de tête, et, sauf les exceptions autorisées par le ministre, les gardes-freins seront mis en communication avec le mécanicien pour donner, en cas d'accident, le signal d'alarme par tel moyen qui sera autorisé par le ministre des travaux publics, sur la proposition de la compagnie.

Sauf les exceptions autorisées par le ministre des travaux publics, les compartiments des voitures à voyageurs seront tous mis en communication avec le mécanicien ou le conducteur chef de train par un signal d'alarme en bon état de fonctionnement.

24. Pendant la nuit et, pendant le jour, au passage des souterrains désignés par le ministre des travaux publics, les fanaux des trains devront être allumés et les voitures destinées aux voyageurs devront être éclairées intérieurement.

Ces voitures devront être chauffées pendant la saison froide dans les conditions approuvées par le ministre.

En cas d'insuffisance des mesures adoptées par la compagnie en ce qui concerne l'éclairage ou le chauffage des trains et voitures, le ministre prescrira, la compagnie entendue, les dispositions qu'il jugera nécessaires.

Tout train transportant des voyageurs sera muni sauf exception autorisée par le ministre, d'une boite de secours dont la composition sera approuvée par le ministre.

TITRE IV. — DU DÉPART, DE LA CIRCULATION ET DE L'ARRIVÉE DES TRAINS.

25. Le ministre des travaux publics déterminera sur la proposition de la compagnie, pour les lignes à plusieurs voies, celles de ces voies qui seront affectées à la circulation de chaque sens, et, pour les lignes à une voie, les points de croisement.

Il ne pourra être dérogé, sous aucun prétexte, aux dispositions qui auront été prescrites par le ministre, si ce n'est dans le cas où la voie serait interceptée, et, dans ce cas, le changement devra être fait avec les précautions spéciales qui seront indiquées par les règlements de la compagnie dûment homologués.

26. Avant le départ du train, le mécanicien s'assurera si toutes les parties de la locomotive et du tender sont en bon état.

En ce qui concerne les voitures et leurs freins, la même vérification sera faite dans les conditions déterminées par le règlement homologué de la compagnie.

Le signal du départ ne sera donné que lorsque les portières seront fermées.

Le train ne devra être mis en marche qu'après le signal du départ.

27. Aucun train ne pourra partir d'une gare ni y arriver avant l'heure déterminée par l'horaire de la marche des trains.

Toutefois, pour l'arrivée, une tolérance pourra être accordée par le ministre.

Les mesures propres à maintenir, entre les trains qui suivent, l'intervalle de temps ou d'espace nécessaire pour assurer la sécurité de la circulation seront déterminées par le ministre des travaux publics, la compagnie entendue.

Des signaux seront placés à l'entrée des gares, dans les gares et sur la voie, partout où cela sera jugé utile pour faire connaître aux mécaniciens s'ils doivent arrêter ou ralentir leur marche.

En cas d'insuffisance des signaux établis par la compagnie, le ministre prescrira, la compagnie entendue, l'établissement de ceux qu'il jugera nécessaires.

28. Sauf le cas de force majeure ou de réparation de la voie, les trains ne pourront s'arrêter qu'aux gares ou aux lieux de stationnement autorisés.

Les voies affectées à la circulation des trains devront être couvertes par des signaux, ainsi qu'il est dit à l'article 32, dans les cas où il y aura nécessité absolue d'y faire stationner momentanément des machines, des voitures ou des wagons.

29. Le ministre des travaux publics déterminera, sur la proposition de la compagnie, les mesures spéciales de précaution relatives à la circulation des trains sur les parties du chemin de fer qui offriraient un danger particulier.

Il déterminera également, sur la proposition de la compagnie, la vitesse maximum que les trains de toute nature pourront prendre sur les diverses parties de chaque ligne.

30. Le ministre des travaux publics prescrira, sur proposition de la compagnie, les mesures spéciales de précaution à prendre pour l'expédition et la marche des trains extraordinaires.

Dès que l'expédition d'un train extraordinaire aura été décidée, déclaration devra en être faite immédiatement aux agents du contrôle et aux fonctionnaires désignés par le ministre des travaux publics, avec indication du motif de l'expédition du train et de son heure.

31. Des agents chargés de l'entretien et de la surveillance de la voie seront placés sur la ligne en nombre suffisant pour assurer la libre circulation des trains.

Ces agents seront pourvus, le jour et la nuit, de signaux d'arrêt et de ralentissement.

Des agents seront en outre placés à des endroits déterminés pour la manœuvre des signaux fixes et, s'il y a lieu, pour l'annonce des trains de proche en proche.

En cas d'insuffisance, le ministre des travaux publics réglera le nombre des agents de ces diverses catégories, la compagnie entendue.

32. Dans le cas où soit un train, soit une machine isolée s'arrêterait accidentellement sur la voie, des signaux de protection seront faits dans les conditions déterminées par les règlements de la compagnie dûment homologués.

Les mécaniciens, les conducteurs-chefs et les conducteurs devront être munis pendant leur service des signaux indiqués par ces règlements.

Des précautions spéciales seront prises pour garantir la sécurité des trains dans le cas où il deviendrait impossible de maintenir leur vitesse normale.

33. Lorsque les travaux de réparation effectués sur une voie seront de nature à altérer momentanément la stabilité, ils devront être protégés par des signaux d'arrêt ou de ralentissement.

34. Lorsque, par suite d'un accident, de réparations ou de toute autre cause, la circulation devra s'effectuer momentanément sur une seule voie, il devra être placé un garde auprès des aiguilles de chacun des changements de voie extrêmes.

Les gardes ne laisseront les trains s'engager dans la voie unique réservée à la circulation que dans les conditions prescrites par les règlements homologués et les ordres de service de la compagnie.

Il sera donné connaissance au service du contrôle des mesures prises pour assurer la circulation sur la voie unique.

35. La compagnie sera tenue de faire connaître au ministre des travaux publics le système de signaux qu'elle aura adopté ou qu'elle se propose d'adopter pour les cas prévus par le présent titre. Le ministre prescrira les modifications qu'il jugera nécessaires.

36. Le mécanicien devra porter constamment son attention sur l'état de la voie, arrêter ou ralentir la marche en cas d'obstacles, suivant les circonstances, se conformer aux signaux qui lui seront transmis et signaler au premier arrêt les anomalies qu'il aura remarquées; il surveillera toutes les parties de la machine, la tension de la vapeur et le niveau d'eau à la chaudière. Il veillera à ce que rien n'embarrasse la manœuvre des freins dont il a la disposition.

37. Les mesures de précaution à observer par le mécanicien aux approches et au passage des bifurcations, embranchements ou traversées de voies, seront fixées par les règlements approuvés par le ministre des travaux publics.

Aux points de bifurcation, des signaux devront indiquer le sens dans lequel les aiguilles sont placées.

A l'approche des gares où le train doit s'arrêter, le mécanicien devra prendre les dispositions conve-nables pour qu'il ne dépasse pas le point où les voyageurs doivent descendre.

38. Avant la mise en marche, à l'approche des gares, des passages à niveau en courbe, ainsi que des autres passages à niveau et bifurcations désignés par le ministre des travaux publics, à l'entrée et à la sortie des tranchées en courbe et des souterrains, le mécanicien devra faire jouer le sifflet pour avertir de l'approche du train.

Il se servira également du sifflet comme moyen d'avertissement, toutes les fois que la voie ne lui paraîtra pas complètement libre.

Le sifflet pourra être remplacé par un autre signal acoustique approuvé par le ministre des travaux publics.

39. Aucune personne autre que le mécanicien et le chauffeur ne pourra monter sur la locomotive ou sur le tender, à moins d'une permission spéciale et écrite du directeur du chemin de fer ou de son délégué.

Seront exceptés de cette interdiction les ingénieurs des ponts et chaussées et les ingénieurs des mines chargés du contrôle et les agents du contrôle technique. Les commissaires de surveillance administrative pourront également monter sur la locomotive ou le tender, en remettant au chef de la gare ou au conducteur du train une réquisition écrite et motivée.

40. Sur des points qui seront désignés par le ministre des travaux publics, la compagnie entendue, des machines de secours ou de réserve devront être constamment entretenues en feu et prêtes à partir.

Les règles relatives au service de ces machines seront déterminées par le ministre, sur la proposition de la compagnie.

41. Il y aura constamment, aux lieux de dépôt des machines, un wagon chargé de tous les agrès et outils nécessaires en cas d'accident.

Chaque train devra, d'ailleurs, être muni des outils les plus indispensables.

42. Aux gares qui seront désignées par le ministre des travaux publics, il sera tenu des registres sur lesquels on mentionnera les retards de trains excédant les limites déterminées par le ministre. Ces registres indiqueront la nature et la composition des trains, les points extrêmes de leur parcours, le numéro des locomotives qui les ont remorqués, les heures de départ et d'arrivée, les causes et la durée du retard.

Ces registres seront représentés, à toute réquisition, aux agents du contrôle.

43. Les horaires fixant la marche des trains ordinaires de toute nature seront soumis par la compagnie à l'approbation des ministre des travaux publics; à cet effet, avant leur mise en vigueur et dans les délais prescrits par le ministre, la compagnie les lui communiquera, ainsi qu'aux fonctionnaires désignés par lui et au service du contrôle.

Si, à la date annoncée pour la mise en vigueur de nouveaux horaires, le ministre n'a pas notifié à la compagnie son opposition, ces horaires pourront être appliqués à titre provisoire.

A toute époque, le ministre des travaux publics pourra prescrire d'apporter aux horaires des trains les modifications ou additions qu'il jugera nécessaires pour la sûreté de la circulation ou les besoins du public.

Les horaires des trains transportant des voyageurs seront portés à la connaissance du public, avant leur mise en vigueur, par des affiches dans les gares, dans les conditions fixées par le ministre des travaux publics. Ces affiches devront mentionner ceux des trains contenant des voitures de toutes classes pour lesquels la compagnie sera dispensée de faire le service de messageries.

TITRE V. — DE LA PERCEPTION DES TAXES ET DES FRAIS ACCESSOIRES.

44 à 50. (Comme dans l'ordonnance du 15 novembre 1846.)

TITRE VI. — POLICE ET SURVEILLANCE.

51. La surveillance de l'exploitation des chemins de fer s'exercera concurremment :

Par les ingénieurs des ponts et chaussées ou des mines, les conducteurs des ponts et chaussées, les contrôleurs des mines;

Par les fonctionnaires du contrôle de l'exploitation commerciale;

Par les commissaires de surveillance administrative;

Et par les autres agents du contrôle.

52. Les attributions de ces agents et l'organisation du service du contrôle sont définies par les règlements spéciaux.

53. Les compagnies seront tenues de représenter, à toute réquisition, aux directeurs des services de contrôle ou à leurs délégués, leurs registres et pièces de dépenses et de recettes, leurs circulaires et ordres de service, les traités qu'elles ont passés avec d'autres entreprises de transport et, en général, tous les documents nécessaires à l'exercice de la mission confiée aux services de contrôle.

54. Les compagnies seront tenues de fournir des locaux convenables pour les commissaires de surveillance administrative.

55. Toutes les fois qu'il arrivera un accident sur le chemin de fer, il en sera fait immédiatement déclaration par la compagnie ou par ses agents au commissaire de surveillance administrative de la circonscription.

Lorsque l'accident aura une certaine gravité, la compagnie exploitante avisera, en outre, par la voie la plus rapide, le ministre des travaux publics, le directeur du service de contrôle, le préfet du département, les ingénieurs du contrôle de la voie et de l'exploitation.

Lorsqu'il se produira un fait de nature à donner ouverture à l'action publique, et, en tous cas, s'il y a mort ou blessure, cet avis devra être également transmis au procureur de la République.

56. Les compagnies devront soumettre leurs règlements relatifs au service à l'approbation du ministre des travaux publics, qui prescrira les modifications qu'il jugera nécessaires.

57. Il est défendu à toute personne étrangère au service du chemin de fer :

1° De pénétrer, sans y être autorisée régulièrement, dans l'enceinte du chemin de fer, d'y circuler ou stationner;

2° D'y jeter ou déposer aucuns matériaux ni objets quelconques;

3° D'y introduire des chevaux, bestiaux ou animaux d'aucune espèce ou de laisser s'y introduire ceux dont elle a la garde;

4° D'y faire circuler ou stationner aucuns véhicules de service;

5° De manœuvrer les appareils qui ne sont pas à la disposition du public, de les déranger ou d'en empêcher le fonctionnement;

6° De dégrader les clôtures, barrières, talus, bâtiments et ouvrages d'art.

58. Il est défendu :

1° D'entrer dans les voitures sans avoir pris un billet, de se placer dans une voiture d'une classe supérieure à celle qui est indiquée par le billet et de prendre une place déjà régulièrement retenue par un autre voyageur;

2° D'entrer dans les voitures ou d'en sortir autrement que par la portière qui se trouve du côté où se fait le service du train;

3° De passer d'une voiture dans une autre autrement que par les passages disposés à cet effet, de se pencher au dehors, d'occuper une place non destinée aux voyageurs ou de se placer indûment dans les compartiments ayant une destination spéciale;

4° De se servir sans motif plausible du signal d'alarme, mis à la disposition des voyageurs pour faire appel aux agents de la compagnie.

Les voyageurs ne devront monter dans les voitures ou en descendre qu'aux gares et lorsque le train sera complètement arrêté.

Il est défendu de fumer dans les salles d'attente, ainsi que dans les voitures, exception faite des compartiments portant la plaque indicative : fumeurs.

Il est défendu de cracher ailleurs que dans les crachoirs disposés à cet effet.

Les voyageurs sont tenus d'obtempérer aux injonctions des agents de la compagnie pour l'observation des dispositions mentionnées au paragraphe ci-dessus.

59. Il est interdit d'admettre dans les voitures plus de voyageurs qu'elles ne le comporte le nombre de places indiqué, conformément à l'article 12 ci-dessus.

60. L'entrée des voitures est interdite :

1° A toute personne en état d'ivresse;

2° A tous individus porteurs d'armes à feu chargées

ou d'objets qui, par leur nature, leur volume ou leur odeur, pourraient gêner ou incommoder les voyageurs.

Tout individu porteur d'une arme à feu doit, avant son admission sur les quais d'embarquement, faire constater que son arme n'est pas chargée.

Toutefois, lorsqu'ils y sont obligés par leur service, les agents de la force publique peuvent conserver avec eux, dans les voitures, des armes à feu chargées, à condition de prendre place dans des compartiments réservés.

Pourront être exclues des compartiments affectés au public les personnes atteintes visiblement ou notoirement de maladies dont la contagion serait à redouter pour les voyageurs. Les compartiments dans lesquels elles auraient pris place seront, dès l'arrivée, soumis à la désinfection.

61. Les personnes qui voudront expédier des matières de la nature de celles qui sont mentionnées à l'article 21 devront les déclarer au moment où elles les apporteront dans les gares du chemin de fer.

62. Aucun animal ne sera admis dans les voitures servant au transport des voyageurs.

Toutefois, la compagnie pourra placer dans des compartiments spéciaux les voyageurs qui ne voudraient pas se séparer de leurs chiens, pourvu que ces animaux soient muselés, en quelque saison que ce soit.

En outre, des exceptions pourront être autorisées pour les animaux de petite taille convenablement enfermés.

63. Les cantonniers, gardes-barrières et autres agents du chemin de fer devront faire sortir immédiatement toute personne qui se serait introduite dans l'enceinte du chemin ou dans quelque portion que ce soit de ses dépendances où elle n'aurait pas le droit d'entrer.

En cas de résistance de la part des contrevenants, tout employé du chemin de fer pourra requérir l'assistance des agents de la force publique.

Les animaux abandonnés qui seront trouvés dans l'enceinte du chemin de fer seront saisis et mis en fourrière.

TITRE VII. — DISPOSITIONS DIVERSES.

64. Dans tous les cas où, conformément aux dispositions du présent règlement, le ministre des travaux publics devra statuer sur la proposition d'une compagnie, la compagnie sera tenue de lui soumettre cette proposition dans le délai qu'il aura déterminé, faute de quoi le ministre pourra statuer directement.

Si le ministre pense qu'il y a lieu de modifier la proposition de la compagnie, il devra, sauf le cas d'urgence, entendre la compagnie avant de prescrire les modifications.

65. Si les installations de certaines gares, leur personnel ou le matériel roulant sont insuffisants pour permettre à la compagnie d'assurer dans les circonstances normales la marche régulière du service, en observant les conditions et délais déterminés par les règlements et les tarifs, la compagnie, sur la mise en demeure qui lui sera adressée par le ministre, devra prendre les mesures nécessaires pour y pourvoir.

Faute par elle d'avoir présenté au ministre, dans le délai imparti par la mise en demeure, des propositions ou des projets suffisants, le ministre statuera directement.

66. Aucun crieur, vendeur ou distributeur d'objets quelconques ne pourra être admis par les compagnies à exercer sa profession dans les cours ou bâtiments des gares qu'en vertu d'une autorisation spéciale du préfet du département.

67. Les attributions données aux préfets des départements par le présent décret seront exercées par le préfet de police dans toute l'étendue de son ressort.

68. Le ministre des travaux publics déterminera, la compagnie entendue, les dispositions relatives à la durée du travail des agents qu'il jugera nécessaires à la sécurité de l'exploitation.

69. Tout agent employé sur les chemins de fer sera revêtu d'un uniforme ou porteur d'un signe distinctif.

70. Nul ne peut être employé en qualité de mécanicien conducteur de train ou de chauffeur, s'il ne produit des certificats de capacité délivrés dans les formes qui seront déterminées par le ministre des travaux publics.

71. Aux gares désignées par le ministre, les compagnies entretiendront les médicaments et moyens de secours nécessaires en cas d'accident.

72. Il sera tenu dans chaque gare un registre destiné à recevoir les réclamations des voyageurs, expéditeurs ou destinataires qui auraient des plaintes à former soit contre la compagnie, soit contre ses agents. Ce registre sera tenu à toute réquisition des voyageurs, expéditeurs ou destinataires, et communiqué sur place aux fonctionnaires ou agents du contrôle.

Dès qu'une plainte aura été inscrite sur le registre, le chef de gare devra en envoyer copie au commissaire de surveillance administrative de la circonscription.

73. Les registres mentionnés aux articles 9, 20, 42 et 72 seront cotés et parafés par le commissaire de surveillance administrative.

74. Des exemplaires du présent décret seront constamment affichés dans les gares, à la diligence des compagnies.

Le conducteur principal d'un train en marche devra également être muni d'un exemplaire du décret.

Des extraits devront être délivrés, chacun pour ce qui le concerne, aux mécaniciens, chauffeurs, gardes-freins, cantonniers, gardes-barrières et autres agents employés sur le chemin de fer.

Des extraits, en ce qui concerne les règles à observer par les voyageurs pendant le trajet, devront être placés dans chaque compartiment.

75. Sur les lignes où il sera fait usage de l'énergie électrique pour la traction des trains, le ministre des travaux publics pourra autoriser des dérogations au présent décret, justifiées par ce mode spécial de traction.

76. Seront constatées, poursuivies et réprimées, conformément au titre III de la loi du 15 juillet 1845 sur la police des chemins de fer, les contraventions au présent décret, aux décisions rendues par le ministre des travaux publics et aux arrêtés pris sous son approbation, s'il y a lieu, par les préfets, pour l'exécution dudit décret.

77. Pour l'application du présent décret aux chemins de fer d'intérêt local, les attributions conférées au ministre des travaux publics seront exercées par le préfet, si elles ne sont déjà réservées, soit au ministre, soit à d'autres autorités, par les lois et règlements.

78. Le présent décret ne sera pas applicable aux tramways, qui resteront soumis aux règlements d'administration publique pris en exécution de la loi du 11 juin 1880.

ART. 2. Est abrogé le décret du 9 mars 1889.

Loi du 19 avril 1901,
Relative à la réparation des dommages causés aux récoltes par le gibier (D. P. 1901. 4. 68).

Art. 1er. Les juges de paix connaissent de toutes les demandes en réparation du dommage causé aux récoltes par le gibier, en dernier ressort si la demande n'est pas supérieure à trois cents francs (300 fr.), à charge d'appel si elle excède ce chiffre, quel qu'en soit le montant, ou si elle est indéterminée.

S'il est formé une demande reconventionnelle en dommages-intérêts, il sera statué sur le tout sans appel, si la demande principale est de la compétence du juge de paix en dernier ressort.

2. Lorsque plusieurs intéressés forment leurs demandes par le même exploit, il est statué en premier ou en dernier ressort, à l'égard de chacun des demandeurs, d'après le montant des dommages-intérêts individuellement réclamés.

3. Nonobstant toute exception préjudicielle, le juge de paix compétent sur le fond peut ordonner des mesures d'instruction.

4. Les jugements ordonnant des mesures d'instruction peuvent être déclarés exécutoires par provision et sans caution, nonobstant opposition ou appel.

5. Les actions en réparation du dommage causé aux récoltes par le gibier se prescriront par six mois à partir du jour où les dégâts ont été commis.

V. la discussion de cette loi à la Chambre des députés et au Sénat, D. P. 1901. 4. 68 s.

Loi du 1er juillet 1901,
Relative au contrat d'association (D. P. 1901 4. 105 s.).

TITRE PREMIER.

Art. 1er. L'association est la convention par laquelle deux ou plusieurs personnes mettent en commun d'une façon permanente leurs connaissances ou leur activité dans un but autre que de partager des bénéfices. Elle est régie, quant à sa validité, par les principes généraux du droit applicable aux contrats et obligations.

2. Les associations de personnes pourront se former librement sans autorisation ni déclaration préalable, mais elles ne jouiront de la capacité juridique que si elles se sont conformées aux dispositions de l'article 5.

3. Toute association fondée sur une cause ou en vue d'un objet illicite, contraire aux lois, aux bonnes mœurs, ou qui aurait pour but de porter atteinte à l'intégrité du territoire national et à la forme républicaine du Gouvernement, est nulle et de nul effet.

4. Tout membre d'une association qui n'est pas formée pour un temps déterminé peut s'en retirer en tout temps, après payement des cotisations échues et de l'année courante, nonobstant toute clause contraire.

5. Toute association qui voudra obtenir la capacité juridique prévue par l'article 6 devra être rendue publique par les soins de ses fondateurs.

La déclaration préalable en sera faite à la préfecture du département ou à la sous-préfecture de l'arrondissement où l'association aura son siège social. Elle fera connaître le titre et l'objet de l'association, le siège de ses établissements et les noms, professions et domiciles de ceux qui, à un titre quelconque, sont chargés de son administration ou de sa direction. Il en sera donné récépissé.

Deux exemplaires des statuts seront joints à la déclaration.

Les associations sont tenues de faire connaître, dans les trois mois, tous les changements survenus dans leur administration ou direction, ainsi que toutes les modifications apportées à leurs statuts.

Ces modifications et changements ne sont opposables aux tiers qu'à partir du jour où ils auront été déclarés.

Les modifications et changements seront en outre consignés sur un registre spécial qui devra être présenté aux autorités administratives ou judiciaires chaque fois qu'elles en feront la demande.

6. Toute association régulièrement déclarée peut, sans aucune autorisation spéciale, ester en justice, acquérir à titre onéreux, posséder et administrer, en dehors des subventions de l'État, des départements et des communes :

1° Les cotisations de ses membres ou les sommes au moyen desquelles ces cotisations ont été rédimées, ces sommes ne pouvant être supérieures à cinq cents francs (500 fr.) ;

2° Le local destiné à l'administration de l'association et à la réunion de ses membres ;

3° Les immeubles strictement nécessaires à l'accomplissement du but qu'elle se propose.

7. En cas de nullité prévue par l'article 3, la dissolution de l'association sera prononcée par le tribunal civil, soit à la requête de tout intéressé, soit à la diligence du ministère public.

En cas d'infraction aux dispositions de l'article 5, la dissolution pourra être prononcée à la requête de tout intéressé ou du ministère public.

8. Seront punis d'une amende de seize à deux cents francs (16 à 200 fr.) et, en cas de récidive, d'une amende double, ceux qui auront contrevenu aux dispositions de l'article 5.

Seront punis d'une amende de seize à cinq mille francs (16 à 5000 fr.) et d'un emprisonnement de six jours à un an, les fondateurs, directeurs ou administrateurs de l'association qui se serait maintenue ou reconstituée illégalement après le jugement de dissolution.

Seront punies de la même peine toutes les personnes qui auront favorisé la réunion des membres de l'association dissoute, en consentant l'usage d'un local dont elles disposent.

9. En cas de dissolution volontaire, statutaire ou prononcée par justice, les biens de l'association seront dévolus conformément aux statuts, ou, à défaut le disposition statutaire, suivant les règles déterminées en assemblée générale.

TITRE II.

10. Les associations peuvent être reconnues d'utilité publique par décrets rendus en la forme des règlements d'administration publique.

11. Ces associations peuvent faire tous les actes de la vie civile qui ne sont pas interdits par leurs statuts, mais elles ne peuvent posséder ou acquérir d'autres immeubles que ceux nécessaires au but qu'elles se proposent. Toutes les valeurs mobilières d'une association doivent être placées en titres nominatifs.

Elles peuvent recevoir des dons et des legs dans les conditions prévues par l'article 910 du Code civil et l'article 5 de la loi du 4 février 1901 (V. *supra*, p. 321). Les immeubles compris dans un acte de donation ou dans une disposition testamentaire qui ne seraient pas nécessaires au fonctionnement de l'association sont aliénés dans les délais et la forme prescrits par le décret ou l'arrêté qui autorise l'acceptation de la libéralité; le prix en est versé à la caisse de l'association.

Elles ne peuvent accepter une donation mobilière ou immobilière avec réserve d'usufruit au profit du donateur.

12. Les associations composées en majeure partie d'étrangers, celles ayant des administrateurs étrangers ou leur siège à l'étranger, et dont les agissements seraient de nature soit à fausser les conditions normales du marché des valeurs ou des marchandises, soit à menacer la sûreté intérieure ou extérieure de l'État, dans les conditions prévues par les articles 75 à 101 du Code pénal, pourront être dissoutes par décret du Président de la République, rendu en conseil des ministres.

Les fondateurs, directeurs ou administrateurs de l'association qui se serait maintenue ou reconstituée illégalement après le décret de dissolution seront punis des peines portées par l'article 8, § 2.

TITRE III.

13. Aucune *congrégation religieuse* ne peut se former sans une autorisation donnée par une loi qui déterminera les conditions de son fonctionnement.

Elle ne pourra fonder aucun nouvel établissement qu'en vertu d'un décret rendu en conseil d'État.

La dissolution de la congrégation ou la fermeture de tout établissement pourront être prononcées par décret rendu en conseil des ministres.

14. Nul n'est admis à diriger, soit directement, soit par personne interposée, un établissement d'enseignement, de quelque ordre qu'il soit, ni à y donner l'enseignement, s'il appartient à une congrégation non autorisée.

Les contrevenants seront punis des peines prévues par l'article 8, § 2. La fermeture de l'établissement pourra, en outre, être prononcée par le jugement de condamnation.

15. Toute congrégation religieuse tient un état de ses recettes et dépenses; elle dresse chaque année le compte financier de l'année écoulée et l'état inventorié de ses biens meubles et immeubles.

La liste complète de ses membres, mentionnant leur nom patronymique, ainsi que le nom sous lequel ils sont désignés dans la congrégation, leurs nationalité, âge et lieu de naissance, la date de leur entrée, doit se trouver au siège de la congrégation.

Celle-ci est tenue de représenter sans déplacement, sur toute réquisition du préfet, à lui-même ou à son délégué, les comptes, états et listes ci-dessus indiqués.

Seront punis des peines portées au paragraphe 2 de l'article 8 les représentants ou directeurs d'une congrégation qui auront fait des communications mensongères ou refusé d'obtempérer aux réquisitions du préfet dans les cas prévus par le présent article.

16. Toute congrégation formée sans autorisation sera déclarée illicite.

Ceux qui en auront fait partie seront punis des peines édictées par l'article 8, § 2.

La peine applicable aux fondateurs ou administrateurs sera portée au double.

(*L.* 4 *décembre* 1902.) « Seront passibles des peines portées à l'article 8, § 2 :

« 1° Tous individus qui, sans être munis de l'autorisation exigée par l'article 13, paragraphe 2, auront ouvert ou dirigé un établissement congréganiste, de quelque nature qu'il soit, que cet établissement appartienne à une congrégation ou à des tiers, qu'il comprenne un ou plusieurs congréganistes;

« 2° Tous ceux qui auraient continué à faire partie d'un établissement dont la fermeture aura été ordonnée conformément à l'article 13, paragraphe 3;

« 3° Tous ceux qui auront favorisé l'organisation ou le fonctionnement d'un établissement visé par le présent article, en consentant l'usage d'un local dont ils disposent. »

17. Sont nuls tous actes entre vifs ou testamentaires, à titre onéreux ou gratuit, accomplis soit directement, soit par personne interposée, ou toute autre voie indirecte, ayant pour objet de permettre aux associations légalement ou illégalement formées de se soustraire aux dispositions des articles 2, 6, 9, 11, 13, 14 et 16.

Sont légalement présumées personnes interposées au profit des congrégations religieuses, mais sous réserve de la preuve contraire :

1° Les associés à qui ont été consenties des ventes ou faits des dons ou legs, à moins, s'il s'agit de dons ou legs, que le bénéficiaire ne soit l'héritier en ligne directe du disposant;

2° L'associé ou la société civile ou commerciale composée en tout ou partie de membres de la congrégation, propriétaire de tout immeuble occupé par l'association;

3° Le propriétaire de tout immeuble occupé par l'association, après qu'elle aura été déclarée illicite.

La nullité pourra être prononcée soit à la diligence du ministère public, soit à la requête de tout intéressé.

18. Les congrégations existantes au moment de la promulgation de la présente loi, qui n'auraient pas été antérieurement autorisées ou reconnues, devront, dans le délai de trois mois, justifier qu'elles ont fait les diligences nécessaires pour se conformer à ces prescriptions.

À défaut de cette justification, elles sont réputées dissoutes de plein droit. Il en sera de même des congrégations auxquelles l'autorisation aura été refusée.

La liquidation des biens détenus par elles aura lieu en justice. Le tribunal, à la requête du ministère public, nommera, pour y procéder, un liquidateur qui aura pendant toute la durée de la liquidation tous les pouvoirs d'un administrateur séquestre.

(*L.* 17 *juillet* 1903.) « Le tribunal qui a nommé le liquidateur est seul compétent pour connaître, en matière civile, de toute action formée par le liquidateur ou contre lui.

« Le liquidateur fera procéder à la vente des immeubles suivant les formes prescrites pour les ventes de biens de mineurs. »

Le jugement ordonnant la liquidation sera rendu public dans la forme prescrite pour les annonces légales.

Les biens et valeurs appartenant aux membres de la congrégation antérieurement à leur entrée dans la congrégation, ou qui leur seraient échus depuis, soit par succession *ab intestat* en ligne directe ou collatérale, soit par donation ou legs en ligne directe, leur seront restitués.

Les dons et legs qui leur auraient été faits autrement qu'en ligne directe pourront être également revendiqués, mais à charge par les bénéficiaires de faire la preuve qu'ils n'ont pas été les personnes interposées prévues par l'article 17.

Les biens et valeurs acquis à titre gratuit et qui n'auraient pas été spécialement affectés par l'acte de libéralité à une œuvre d'assistance pourront être revendiqués par le donateur, ses héritiers ou ayants droit, ou par les héritiers ou ayants droit du testateur, sans qu'il puisse leur être opposé aucune prescription pour le temps écoulé avant le jugement prononçant la liquidation.

Si les biens et valeurs ont été donnés ou légués en vue de gratifier non les congréganistes, mais de pourvoir à une œuvre d'assistance, ils ne pourront être revendiqués qu'à charge de pourvoir à l'accomplissement du but assigné à la libéralité.

Toute action en reprise ou revendication devra, à peine de forclusion, être formée contre le liquidateur dans le délai de six mois à partir de la publication

du jugement. Les jugements rendus contradictoirement avec le liquidateur, et ayant acquis l'autorité de la chose jugée, sont opposables à tous les intéressés.

Passé le délai de six mois, le liquidateur procédera à la vente en justice de tous les immeubles qui n'auraient été revendiqués ou qui ne seraient pas affectés à une œuvre d'assistance.

Le produit de la vente, ainsi que toutes les valeurs mobilières, sera déposé à la Caisse des dépôts et consignations.

L'entretien des pauvres hospitalisés sera, jusqu'à l'achèvement de la liquidation, considéré comme frais privilégiés de liquidation.

S'il n'y a pas de contestation ou lorsque toutes les actions formées dans le délai prescrit auront été jugées, l'actif net est réparti entre les ayants droit.

Le règlement d'administration publique visé par l'article 20 de la présente loi déterminera, sur l'actif resté libre après le prélèvement ci-dessus prévu, l'allocation, en capital ou sous forme de rente viagère, qui sera attribuée aux membres de la congrégation dissoute qui n'auraient pas de moyens d'existence assurés ou qui justifieraient avoir contribué à l'acquisition des valeurs mises en distribution par le produit de leur travail personnel.

19. Les dispositions de l'article 463 du Code pénal sont applicables aux délits prévus par la présente loi.

20. Un règlement d'administration publique déterminera les mesures propres à assurer l'exécution de la présente loi.

21. Sont abrogés les articles 291, 292, 293 du Code pénal, ainsi que les dispositions de l'article 294 du même Code relatives aux associations; l'article 20 de l'ordonnance du 5-8 juillet 1820; la loi du 10 avril 1834; l'article 13 du décret du 28 juillet 1848; l'article 7 de la loi du 30 juin 1881; la loi du 14 mars 1872; le paragraphe 2, article 2, de la loi du 24 mai 1825; le décret du 31 janvier 1852 et généralement toutes les dispositions contraires à la présente loi.

Il n'est en rien dérogé pour l'avenir aux lois spéciales relatives aux syndicats professionnels, aux sociétés de commerce et aux sociétés de secours mutuels.

V. *les travaux préparatoires et la discussion de cette loi, à la Chambre des députés et au Sénat, avec son commentaire très développé*, D. P. 1901. 4. 105 s.

Sur la jurisprudence, V. D. P. années 1902 et suiv., 5ᵉ partie, vᵒ *Congrégation religieuse*.

Loi du 10 juillet 1901,

Sur l'assistance judiciaire (D. P. 1902. 4. 9).

ARTICLE UNIQUE. Les articles 1 à 21 de la loi du 22 janvier 1851 sont modifiés ainsi qu'il suit :

Art. 1ᵉʳ. L'assistance judiciaire peut être accordée, en tout état de cause, à toutes personnes, ainsi qu'à tous établissements publics, ou d'utilité publique, et aux associations privées ayant pour objet une œuvre d'assistance et jouissant de la personnalité civile, lorsque, à raison de l'insuffisance de leurs ressources, ces personnes, établissements ou associations se trouvent dans l'impossibilité d'exercer leurs droits en justice, soit en demandant, soit en défendant.

Elle est applicable : 1° à tous les litiges portés devant les tribunaux civils, les juges des référés, la chambre du conseil, les tribunaux de commerce, les juges de paix, les cours d'appel, la cour de cassation, les conseils de préfecture, le conseil d'État, le tribunal des conflits et aux parties civiles devant les juridictions d'instruction et de répression; 2° en matière de juridiction gracieuse, aux actes de juridiction gracieuse et aux actes conservatoires.

2. L'assistance judiciaire s'étend de plein droit aux actes et procédures d'exécution à opérer en vertu des décisions ou vise desquelles elle a été accordée; elle peut en outre être accordée pour tous actes et procédures d'exécution à opérer en vertu de décisions obtenues sans le bénéfice de cette assistance ou de tous actes, même conventionnels, si les ressources de la partie qui poursuit l'exécution sont insuffisantes; le tout sauf ce qui sera dit dans l'article 4 ci-après.

3. L'admission à l'assistance judiciaire est prononcée :

1° Pour les instances qui doivent être portées devant les justices de paix, les tribunaux de simple police, les tribunaux civils et correctionnels, les tribunaux de commerce, les conseils de préfecture, les cours d'assises, par un bureau établi au chef-lieu judiciaire de l'arrondissement où siége la juridiction compétente, et composé : 1° du directeur de l'enregistrement et des domaines ou d'un agent de cette administration délégué par lui ; 2° d'un délégué du préfet ; 3° (*L. 4 décembre* 1907.) de trois membres pris parmi les anciens magistrats, les avocats ou anciens avocats, les avoués ou anciens avoués, les notaires ou anciens notaires, les huissiers ou anciens huissiers, les anciens greffiers près les cours d'appel et près les tribunaux de première instance, les greffiers et anciens greffiers près les justices de paix ; ces trois membres seront nommés par le tribunal civil. Néanmoins, dans les arrondissements où il y aura au moins quinze avocats inscrits au tableau, un de ces trois membres sera nommé par le conseil de discipline de l'ordre des avocats, et un autre par la chambre des avoués près le tribunal civil ; le troisième sera choisi par le tribunal comme il est dit ci-dessus ;

2° Pour les instances qui doivent être portées devant une cour d'appel, par un bureau établi au siége de la cour et composé : 1° du directeur de l'administration de l'enregistrement et des domaines ou d'un agent de cette administration délégué par lui ; 2° d'un délégué du préfet ; 3° et de cinq autres membres choisis de la manière suivante : deux par la cour, en assemblée générale, parmi les citoyens des qualités énoncées sous le numéro 3 du paragraphe précédent ; deux par le conseil de discipline de l'ordre des avocats ; et un par la chambre de discipline des avoués à la cour ;

3° Pour les pourvois devant la Cour de cassation, le conseil d'État et le tribunal des conflits, par un bureau établi à Paris et composé de sept membres parmi lesquels deux délégués du ministre des finances ; trois autres membres sont choisis, savoir : pour le bureau près la Cour de cassation, par la Cour en assemblée générale, parmi les anciens membres de la cour, les avocats et les anciens avocats au conseil d'État et à la Cour de cassation, les professeurs et les anciens professeurs de droit ; et pour le bureau près le conseil d'État et le tribunal des conflits, par le conseil d'État en assemblée générale, parmi les anciens conseillers d'État, les anciens maîtres des requêtes, les anciens préfets, les avocats et les anciens avocats au conseil d'État et à la Cour de cassation.

Près de ces deux bureaux, les deux derniers membres sont nommés par le conseil de discipline de l'ordre des avocats au conseil d'État et à la Cour de cassation.

4. Dans le cas où l'assistance judiciaire s'étend de plein droit aux actes et procédures d'exécution, conformément à la première disposition de l'article 2, le bureau qui l'a précédemment accordée doit cependant, sur la demande de l'assisté, déterminer la nature des actes et procédures d'exécution auxquels elle s'appliquera.

Dans le cas prévu par la deuxième disposition dudit article 2, l'assistance judiciaire est prononcée par le bureau établi par le tribunal civil de première instance du domicile de la partie qui la sollicite, lequel détermine également la nature des actes et procédures d'exécution pour lesquels l'assistance est donnée.

Pour les instances que les actes et procédures d'exécution ainsi déterminés peuvent dans les deux cas faire naître, soit entre l'assisté et la partie poursuivie, soit entre l'assisté et un tiers, le bénéfice de la précédente décision du bureau subsiste en ce qui concerne la constatation de l'insuffisance des ressources, mais l'assistance sera prononcée au fond par le bureau compétent selon les distinctions établies en l'article 3 qui précède.

5. Lorsque le nombre des affaires l'exige, tout bureau peut, en vertu d'une décision du ministre de la justice, prise sur l'avis de la juridiction près de laquelle ce bureau est établi, être divisé en plusieurs sections.

Dans ce cas, les règles prescrites par l'article 3, relativement au nombre des membres du bureau et à leur nomination, s'appliquent à chaque section.

6. Chaque bureau d'assistance judiciaire ou chaque section nomme son président.

Les fonctions de secrétaire sont remplies par le greffier de la cour ou du tribunal près duquel le bureau est établi, ou par un de ses commis assermentés ; et pour le bureau établi près le conseil d'État et le tribunal des conflits, par le secrétaire général près le conseil d'État ou par un secrétaire de section délégué par lui.

Le bureau ne peut délibérer qu'autant que la moitié plus un de ses membres est présente, non compris le secrétaire qui n'a pas voix délibérative. Les décisions sont prises à la majorité : en cas de partage la voix du président est prépondérante.

Toutefois, dans les cas d'extrême urgence, l'admission provisoire pourra être prononcée par le bureau, quel que soit le nombre des membres présents, le président ou à son défaut le membre le plus ancien ayant voix prépondérante, et même par un seul membre.

Dans ces mêmes cas, par exception : 1° le magistrat du ministère public auquel doit être adressée la demande d'assistance judiciaire pourra d'office, s'il y a lieu, convoquer le bureau ; 2° ce bureau, même s'il n'a, dans l'espèce, qualité que pour recueillir des renseignements dans les termes de l'article 8, aura cependant, si les circonstances l'exigent, le droit de prononcer l'admission provisoire.

Lorsque l'admission n'aura été, dans les conditions qui précèdent, que provisoire, le bureau compétent statuera à bref délai sur le maintien ou le refus de l'assistance demandée.

7. Les membres du bureau, autres que les délégués de l'administration, sont soumis au renouvellement au commencement de chaque année judiciaire et dans le mois qui suit la rentrée ; les membres sortants peuvent être réélus.

8. Toute personne qui réclame l'assistance judiciaire adresse sa demande, écrite sur papier libre ou verbale, au procureur de la République du tribunal de son domicile.

Elle peut également adresser cette demande, écrite sur papier libre ou verbale, au maire de son domicile, qui la transmet immédiatement, en ce cas, au procureur de la République ci-dessus indiqué, avec les pièces justificatives.

Ce magistrat en fait la remise au bureau établi près ce tribunal, lequel bureau doit statuer dans le plus bref délai possible. Si ce bureau n'est pas en même temps celui établi près la juridiction compétente pour statuer sur le litige, il se borne à recueillir des renseignements, tant sur l'insuffisance des ressources que sur le fond de l'affaire. Il peut entendre les parties. Si elles ne sont pas accordées, il transmet, par l'intermédiaire du procureur de la République, la demande, le résultat de ses informations et les pièces au bureau établi près de la juridiction compétente.

9. Si la juridiction devant laquelle l'assistance judiciaire a été admise se déclare incompétente et que, par suite de cette décision, l'affaire soit portée devant une autre juridiction de même nature et de même ordre, le bénéfice de l'assistance subsiste devant cette dernière juridiction.

Celui qui a été admis à l'assistance judiciaire devant une première juridiction continue à en jouir sur l'appel interjeté contre lui, dans le cas même où il se rendrait incidemment appelant. Il continue pareillement à en jouir sur le pourvoi formé contre lui en cassation, devant le conseil d'État ou le tribunal des conflits.

Lorsque c'est l'assisté qui émet un appel principal, ou qui forme un pourvoi, il ne peut, sur cet appel ou sur ce pourvoi, jouir de l'assistance judiciaire qu'autant qu'il y est admis par une décision nouvelle. Pour y parvenir, il doit adresser sa demande accompagnée de la copie signifiée, ou d'une expédition délivrée avec le bénéfice de l'assistance judiciaire, de la décision contre laquelle il entend former appel ou pourvoi, savoir :

S'il s'agit d'un appel à porter devant le tribunal civil, au procureur de la République près ce tribunal ;

S'il s'agit d'un appel à porter devant la cour d'appel, au procureur général près cette cour ;

S'il s'agit de pourvois, savoir : en cassation, au procureur général près la Cour de cassation ; devant le conseil d'Etat, au secrétaire général du conseil ; devant le tribunal des conflits, au secrétaire du tribunal.

Le magistrat auquel la demande est adressée en fait la remise au bureau compétent.

10. Quiconque demande à être admis à l'assistance judiciaire doit fournir :

1° Un extrait du rôle de ses contributions ou un certificat du percepteur de son domicile constatant qu'il n'est pas imposé ;

2° Une déclaration attestant qu'il est, à cause de l'insuffisance de ses ressources, dans l'impossibilité d'exercer ses droits en justice et contenant l'énumération détaillée de ses moyens d'existence, quels qu'ils soient.

Le réclamant affirme la sincérité de sa déclaration devant le maire de la commune de son domicile ; le maire lui en donne acte au bas de la déclaration.

11. Le bureau prend toutes les informations nécessaires pour s'éclairer sur l'insuffisance des ressources du demandeur, si l'instruction déjà faite par le bureau du domicile du demandeur, dans le cas prévu par l'article 8, ne lui fournit pas, à cet égard, des documents suffisants.

Il donne avis à la partie adverse qu'elle peut se présenter devant lui, soit pour contester l'insuffisance des ressources, soit pour fournir des explications sur le fond.

Si elle comparait, le bureau emploie ses bons offices pour opérer un arrangement amiable.

12. (*L. 4 décembre* 1907.) Les décisions du bureau contiennent l'exposé sommaire des faits et moyens et la déclaration que l'assistance est accordée ou refusée, sans expression de motifs dans le premier cas ; mais, si le bénéfice de l'assistance judiciaire est refusé, le bureau doit faire connaître les causes du refus.

Les décisions du bureau ne sont susceptibles d'aucun recours de la part des parties. Mais le procureur de la République, après avoir pris communication des décisions du bureau établi près son tribunal et des pièces à l'appui, peut, sans retard de l'instruction ou du jugement, déférer ces décisions au bureau établi près la cour d'appel du ressort pour y être réformées s'il y a lieu.

Auprès de la chancellerie siège un bureau supérieur composé :

1° D'un délégué du ministre des finances ;

2° D'un délégué du ministre de l'intérieur ;

3° Du directeur des affaires civiles au ministère de la justice ;

4° D'un ancien membre de la Cour de cassation, choisi par la cour en assemblée générale ;

5° D'un ancien conseiller d'Etat ou d'un ancien maître des requêtes, choisi par le conseil d'Etat en assemblée générale ;

6° De deux avocats ou anciens avocats au conseil d'Etat et à la Cour de cassation, nommés par le conseil de discipline de l'ordre.

Peuvent être déférées au bureau supérieur, savoir : par le ministre de la justice, les décisions du bureau d'assistance près le conseil d'Etat et le tribunal des conflits ; par le procureur général près la Cour de cassation, celles du bureau établi près la Cour de cassation, et par les procureurs généraux près les cours d'appel auxquelles ils sont attachés, celles des bureaux près les cours d'appel.

Le recours pourra s'exercer contre toute décision, quelle qu'elle soit, que l'assistance ait été refusée ou accordée, excepté s'il s'agit d'un bureau près d'une cour d'appel, si ce bureau a statué comme juridiction d'appel sur une décision d'un bureau près un tribunal de première instance.

Le procureur général près la Cour de cassation, le secrétaire général du conseil d'Etat, le secrétaire du tribunal des conflits et le procureur général près la cour d'appel peuvent aussi se faire envoyer les décisions des bureaux d'assistance qui ont été rendues dans une affaire sur laquelle le bureau d'assistance établi près l'une ou l'autre de ces juridictions est appelé à statuer, si ce dernier bureau en fait la demande.

Le bureau supérieur a qualité pour statuer définitivement, à la requête du procureur général près la Cour de cassation, sur l'admission au bénéfice de l'assistance judiciaire, lorsque deux ou plusieurs bureaux d'appel, saisis de demandes relatives au même litige, se seront déclarés incompétents.

en sera de même si, par suite de récusations, tentions ou de toute autre cause, il était impossible de constituer un bureau d'appel, le bureau près pur de cassation, ou près le conseil d'Etat et le nal des conflits.

·s les cas prévus par les paragraphes précédents, ·cisions du bureau ne peuvent être communiquées procureur de la République, à la personne qui ·nandé l'assistance et à ses conseils, le tout sans ·cement

·as ne peuvent être produites ni discutées en ·e, si ce n'est devant la police correctionnelle, · le cas prévu par l'article 20 de la présente loi.

. Dans les trois jours de l'admission à l'assisjudiciaire, le président du bureau envoie, par ·médiaire du magistrat du ministère public, au ·lent de la juridiction compétente ou au juge ·étent, un extrait de la décision portant seuleque l'assistance est accordée; il y joint les ·s de l'affaire.

·n'existe pas de bâtonnier ou s'il n'y a pas de ·bre de discipline des avoués, la désignation est ·par la chambre du tribunal.

·a cause est portée devant un conseil de préfec·un tribunal de commerce ou devant un juge de le président du conseil, le président du tribunal ·juge de paix se borne à inviter le syndicat des ·ers à désigner un huissier.

·a cause est portée devant la Cour de cassation, ·seil d'Etat ou le tribunal des conflits, le prési·la Cour de cassation, du conseil d'Etat ou du ·al des conflits, selon le cas, invite le président ·nseil de l'ordre des avocats près le conseil ·à commettre un membre de l'ordre qui prêtera ·inistère à l'assisté dans les affaires où ·ce mi·e est obligatoire, et le syndic des huissiers, s'il ·lieu, à désigner un huissier.

·s'agit d'actes et procédures d'exécution, les ·sont transmises au président du tribunal civil ·su où l'exécution doit se poursuivre, lequel ·le syndic des huissiers et, s'il y a lieu, le pré·de la chambre des avoués, à désigner l'huis·l'avoué qui prêteront leur ministère à l'assisté.

·désignations doivent être faites dans le plus ·élai.

·s le délai de trois jours, déterminé au para·e 1er qui précède, le secrétaire du bureau en·s un extrait de la décision au receveur de l'enre·ment.

·· L'assisté est dispensé provisoirement du paye·des sommes dues au Trésor pour droits de ·e, d'enregistrement et de greffe, ainsi que de ·consignation d'amende.

·st aussi dispensé provisoirement du payement ··mmes dues aux greffiers, aux officiers minis··t aux avocats pour droits, émoluments et ·aires.

·· actes de la procédure faite à la requête de ··té sont visés pour timbre et enregistrés en

·visa pour timbre est donné sur l'original au ·ent de son enregistrement.

·· actes et titres produits par l'assisté, pour jus·de ses droits et qualités, sont pareillement ·pour timbre et enregistrés en débet.

·· ces actes et titres ne sont pas du nombre de ce ·dont les lois ordonnent l'enregistrement dans un ·· déterminé, les droits d'enregistrement de·ces ·t titres sont assimilés à ceux des actes de la ·dure.

·visa pour timbre et l'enregistrement en débet ·nt mentionner la date de la décision qui admet ·néfice de l'assistance judiciaire; ils n'ont d'effet, ·t aux actes et titres produits par l'assisté, ·pour le procès dans lequel la production a eu

Les frais de transport des juges, des officiers ministériels et des experts, les honoraires de ces derniers, les taxes des témoins dont l'audition a été autorisée par le tribunal ou le juge, et en général tous les frais dus à des tiers non officiers ministériels, sont avancés par le Trésor, conformément à l'article 118 du décret du 18 juin 1811. Le paragraphe 6 du présent article s'applique au recouvrement de ces avances.

15. Le ministère public est entendu dans toutes les affaires dans lesquelles l'une des parties a été admise au bénéfice de l'assistance judiciaire.

16. Les notaires, greffiers et tous autres dépositaires publics ne sont tenus à la délivrance gratuite des actes et expéditions réclamés par l'assisté que sur une ordonnance du juge de paix ou du président.

17. En cas de condamnation aux dépens prononcée contre l'adversaire de l'assisté, la taxe comprend tous les droits, frais de toute nature, honoraires et émoluments auxquels l'assisté aurait été tenu s'il n'y avait pas eu assistance judiciaire.

18. Dans le cas prévu par l'article précédent, la condamnation est prononcée et l'exécutoire est délivré au nom de l'Administration de l'enregistrement et des domaines, qui en poursuit le recouvrement comme en matière d'enregistrement, sauf le droit pour l'assisté de recourir aux actes de poursuite, conjointement avec l'Administration, lorsque cela est utile pour exécuter les décisions rendues et en conserver les effets.

Les frais, faits sous le bénéfice de l'assistance judiciaire, des procédures d'exécution et des instances relatives à cette exécution entre l'assisté et la partie poursuivie qui auraient été discontinuées ou suspendues pendant plus d'une année, sont réputés dus par la partie poursuivie, sauf justifications ou décisions contraires. L'exécutoire est délivré conformément au paragraphe 1er qui précède.

Il est délivré un exécutoire séparé au nom de ladite Administration pour les droits qui, ne devant pas être compris dans l'exécutoire délivré contre la partie adverse, restent dus par l'assisté au Trésor, conformément au 6e paragraphe de l'article 14.

L'Administration de l'enregistrement et des domaines fait immédiatement aux divers ayants droit la distribution des sommes recouvrées.

La créance du Trésor, pour les avances qu'il a faites, ainsi que pour tous droits de greffe, d'enregistrement et de timbre, a la préférence sur celle des autres ayants droit.

19. En cas de condamnation aux dépens prononcée contre l'assisté, il est procédé, conformément aux règles tracées par l'article précédent, au recouvrement des sommes dues au Trésor, en vertu des paragraphes 6 et 9 de l'article 14.

20. Les greffiers seront tenus, dans le mois du jugement contenant liquidation des dépens ou de la taxe des frais par le juge, de transmettre au receveur de l'enregistrement l'extrait du jugement ou l'exécutoire, sous peine de dix francs (10 fr.) d'amende par chaque extrait de jugement ou chaque exécutoire non transmis dans ledit délai.·

CHAPITRE III.
DU RETRAIT DE L'ASSISTANCE JUDICIAIRE.

21. Le bénéfice de l'assistance judiciaire peut être retiré en tout état de cause, même après la fin des instances et procédures pour lesquelles elle a été accordée:

1° S'il survient à l'assisté des ressources reconnues suffisantes;

2° S'il a surpris la décision du bureau par une déclaration frauduleuse.

V. la discussion de cette loi à la Chambre des députés et au Sénat, D. P. 1902. 4. 9 s.

Loi du 10 juillet 1901,

Modifiant l'article 20 de la loi du 27 mai 1885, relative aux récidivistes (D. P. 1902. 4. 14). — V. supra, L. 27 mai 1885, art. 20.

Loi du 18 juillet 1901,

Garantissant leur travail et leur emploi aux réservistes et aux territoriaux appelés à faire leur période d'instruction militaire (D. P. 1902. 4. 13t.

Art. 1er. En matière de louage de services, un patron, un employé ou un ouvrier est appelé sous les drapeaux comme réserviste ou territorial pour une période obligatoire d'instruction militaire, le contrat de travail ne peut être rompu à cause de ce fait.

2. Alors même que, pour une autre cause légitime, le contrat sera dénoncé par l'une des parties, la durée de la période militaire est exclue des délais impartis par l'usage pour la validité de la dénonciation, sauf toutefois dans le cas où le contrat de louage a pour objet une entreprise temporaire prenant fin pendant la période d'instruction militaire.

3. En cas de violation des articles précédents par l'une des parties, la partie lésée aura droit à des dommages-intérêts, qui seront arbitrés par le juge conformément aux indications de l'article 1780 du Code civil.

4. Toute stipulation contraire aux dispositions qui précèdent est nulle de plein droit.

V. la discussion de cette loi à la Chambre des députés et au Sénat, D. P. 1902. 4. 13 s.

Loi du 31 juillet 1901,

Rendant applicables l'article 463 du Code pénal et l'article 1er de la loi du 26 mars 1891 aux délits et contraventions en matière de pêches maritimes et de navigation.

Article unique. Les dispositions de l'article 463 du Code pénal, celles de l'article 365 du Code d'instruction criminelle et celles de l'article 1er de la loi du 26 mars 1891 sont applicables aux délits et contraventions prévues par les décrets · lois du 9 janvier 1852 sur la pêche côtière, du 19 mars 1852 sur le rôle d'équipage, etc. et du 20 mars 1852 sur la navigation dite au bornage.

Les dispositions de l'article 8 du décret du 19 mars 1852 sont abrogées dans ce qu'elles ont de contraire au présent article.

La présente loi est applicable à l'Algérie et aux colonies de la Guadeloupe, de la Martinique et de la Réunion.

Loi du 23 décembre 1901,

Réprimant les fraudes dans les examens et concours publics (D. P. 1902. 4. 22.)

Art. 1er. Toute fraude commise dans les examens et les concours publics qui ont pour objet l'entrée dans une administration publique ou l'acquisition d'un diplôme délivré par l'Etat constitue un délit.

2. Quiconque se sera rendu coupable d'un délit de cette nature, notamment en livrant à un tiers ou en communiquant sciemment, avant l'examen ou le concours, à quelqu'une des parties intéressées, le texte ou le sujet de l'épreuve, ou bien en faisant usage de pièces fausses, telles que diplômes, certificats, extraits de naissance ou autres, ou bien en substituant une tierce personne au véritable candidat, sera condamné à un emprisonnement d'un mois à trois ans et à une amende de 100 francs à 10000 francs ou à l'une de ces peines seulement.

3. Les mêmes peines seront prononcées contre les complices du délit.

4. L'article 463 du Code pénal est applicable aux frais prévus par la présente loi.

5. L'action publique ne fait pas obstacle à l'action disciplinaire dans tous les cas où la loi a prévu cette dernière.

V. la discussion de cette loi à la Chambre des députés et au Sénat, D. P. 1902. 4. 22 s.

Décret du 24 décembre 1901,

Modifiant l'article 1er du décret du 1er février 1896, relatif à la procédure à suivre en matière de legs concernant les établissements publics ou reconnus d'utilité publique (D. P. 1902. 4. 23).

Art. 1er. L'article 1er du décret du 1er février 1896, relatif à la procédure à suivre en matière de legs concernant les établissements publics ou reconnus d'utilité publique, est modifié ainsi qu'il suit : — V. *suprà*, Décr. 1er févr. 1896, art. 1er.

Loi du 2 janvier 1902,

Relative à la compétence en matière d'assurances (D. P. 1902. 4. 26).

Art. 1er. En matière de contrat d'assurances et de litiges auxquels ils donnent lieu, le défendeur sera assigné devant la juridiction compétente dans le ressort de laquelle se trouvent :

1° Le domicile de l'assuré, de quelque espèce d'assurance qu'il s'agisse, sauf l'application de la disposition qui suit ;

2° Les immeubles ou les meubles par nature assurés, s'il s'agit d'assurances contre les risques des concernant, et le lieu où s'est produit l'accident, s'il s'agit d'assurances contre les accidents de toute nature dont sont victimes les personnes ou les animaux, le tout lorsque l'instance est relative à la fixation et au règlement des indemnités dues.

Il n'est pas dérogé aux lois qui régissent les assurances maritimes.

2. Toute convention, antérieure à la naissance du litige, contraire à la présente loi, sera, sauf l'effet des stipulations contenues dans les polices actuellement en cours, nulle de plein droit.

V. *la discussion de cette loi à la Chambre des députés et au Sénat*, D. P. 1902. 4. 26 s.

Loi du 20 janvier 1902,

Complétant l'article 10 de la loi du 15 avril 1829, relative à la pêche fluviale (D. P. 1902. 4. 91).

Article unique. L'article 10 de la loi du 15 avril 1829 est complété par le paragraphe suivant : — V. *suprà*, L. 15 avr. 1829, art. 10.

Loi du 27 janvier 1902,

Modifiant l'article 16 de la loi du 29 juillet 1881, sur la presse, en ce qui concerne l'affichage sur les édifices et monuments ayant un caractère artistique (D. P. 1902. 4. 27).

Art. 1er. Par dérogation à l'article 16 de la loi du 29 juillet 1881, les maires et, à leur défaut, les préfets dans les départements, le préfet de la Seine à Paris, ont le droit d'interdire l'affichage, même en temps d'élection, sur les édifices et monuments ayant un caractère artistique.

Les contrevenants seront punis d'une amende de 5 à 15 francs par contravention.

Loi du 8 février 1902,

Portant modification de la loi du 15 juin 1872, sur les titres au porteur (D. P. 1902. 4. 30). — V. *suprà*, L. 15 juin 1872, art. 2, 3, 4, 5, 7, 11, 13, 15, 17 et suiv.

V. *les deux décrets du 8 mai 1902, portant règlement d'administration publique pour l'exécution des art. 15, § 6, et 19 de la loi du 15 juin 1872, modifiée par la loi du 8 février 1902, sur les titres au porteur* (D. P. 1902. 4. 33).

Loi du 11 mars 1902,

Étendant aux œuvres de sculpture l'application de la loi du 19 juillet 1793, sur la propriété artistique et littéraire (D. P. 1902. 4. 92). — V. *suprà*, L. 19 juill. 1793, art. 1er.

Loi du 22 mars 1902,

Modifiant divers articles de la loi du 9 avril 1898, concernant les responsabilités des accidents dont les ouvriers sont victimes dans leur travail (D. P. 1902. 4. 33).

Art. 1er. Les articles 2, 7, 11, 12, 17, 18, 20 et 22 de la loi du 9 avril 1898 sont modifiés ainsi qu'il suit : — V. *suprà*, L. 9 avr. 1898, art. 2, 7, 11, 12, 17, 18, 20 et 22.

2. La présente loi est applicable aux accidents visés par la loi du 30 juin 1899.

V. *le commentaire de la loi du 22 mars 1902*, D. P. 1902. 4. 33.

Loi du 30 mars 1902,

Portant fixation du budget général des dépenses et des recettes de l'exercice 1902 (D. P. 1902. 4. 28).

Art. 44. Les affiches ayant un but ou un caractère électoral qui comprendraient une combinaison de trois couleurs : bleu, blanc et rouge, sont interdites à peine pour l'imprimeur d'une amende de 50 francs par contravention.

57. L'intitulé et les articles 1er et 3 de la loi du 11 juillet 1885 sont modifiés ainsi qu'il suit : — *Loi portant interdiction de fabriquer, vendre, colporter ou distribuer tous imprimés ou formules, simulant les billets de banque et autres valeurs fiduciaires et toutes les imitations des monnaies françaises et étrangères.*

Loi du 7 avril 1902,

Portant modification de divers articles de la loi du 5 juillet 1844, sur les brevets d'invention (D. P. 1902. 4. 50).

Art. 1er. Les articles 11, 24 et 32 de la loi du 5 juillet 1844, ce dernier déjà modifié par la loi du 31 mai 1856, sont modifiés et complétés comme il suit : — V. *suprà*, L. 5 juill. 1844, art. 11, 24 et 32.

2. Seront publiés, conformément aux prescriptions de l'article 32, les descriptions et les dessins des brevets d'invention et certificats d'addition qui auront été demandés depuis le 1er janvier 1902.

Loi du 12 août 1902,

Portant modification aux lois du 25 ventôse an XI et du 21 juin 1843, relatives au notariat (D. P. 1902. 4. 73).

Art. 1er. Les articles 5, 9, 11, 31, 32, 35, 36, 37, 38, 39, 40, 41, 42, 43 et 44 de la loi du 25 ventôse an XI sont modifiés ainsi qu'il suit : — V. *suprà*, L. 25 ventôse an XI, art. 5, 9, 11, 31, 32, 35, 36, 37, 38, 39, 40, 41, 42, 43 et 44.

2. Les articles 2, 3 et 4 de la loi du 21 juin 1843 sont abrogés.

3. L'aspirant ayant fait son stage en Algérie pourra y être nommé notaire en justifiant, au lieu d'un stage de six ans, du certificat de capacité et de moralité prescrit par l'article 6 de l'arrêté ministériel du 30 décembre 1842 et par l'arrêté ministériel du 16 avril 1876.

Mais pour être admis aux fonctions de notaire en France, il devra subir l'examen exigé par les articles 42 et 43 ci-dessus et, en outre, justifier d'un stage de six années en France ou en Algérie, dont la dernière au moins en qualité de premier clerc dans une étude de France d'une classe au moins égale à celle de l'office de notaire qu'il doit remplacer.

Loi du 4 décembre 1902,

Tendant à réprimer le fait d'ouverture ou de tenue sans autorisation d'un établissement congréganiste (D. P. 1903. 4. 9).

Article unique. L'article 16 de la loi du 1er juillet 1901 est complété ainsi qu'il suit : — V. *suprà*, L. 1er juill. 1901, art. 16.

V. *la discussion de cette loi à la Chambre des députés et au Sénat*, D. P. 1903. 4. 9 s.

Loi du 3 avril 1903,

Modifiant les articles 334 et 335 du Code pénal & de la loi du 27 mai 1885, et 5 et 7 du Code d'instruction criminelle (D. P. 1903. 4. 52). — V. C. instr., art. 5 et 7 ; - C. pén., art. 334 et 335 - et L. 27 mai 1885, art. 4.

Loi du 17 juillet 1903,

Complétant l'article 18 de la loi du 1er juillet 1901 relative au contrat d'association en ce qui concerne la compétence du tribunal qui a ordonné la liquidation (D. P. 1903. 4. 62).

Article unique. Le paragraphe 1er de l'article 18 de la loi du 1er juillet 1901, relative au contrat d'association, est complété de la manière suivante : — V. *suprà*, L. 1er juill. 1901, art. 18, § 4.

V. *la discussion de cette loi à la Chambre des députés et au Sénat*, D. P. 1903. 4. 62 s.

Loi du 16 novembre 1903,

Modifiant la loi du 9 juillet 1902, relative aux actions de priorité (D. P. 1903. 4. 80). — V. *supr* art. 34 C. com. ; et L. 24 juill. 1867, art. 3, § 3.

Loi du 30 décembre 1903,

Portant fixation du budget général des dépenses et des recettes de l'exercice 1904 (D. P. 1904. 4. 9

Art. 24. Les procès-verbaux des agents d contributions indirectes et des octrois feront foi ju qu'à preuve contraire.

Si le prévenu demande à faire cette preuve, tribunal renverra la cause à quinzaine au moins.

Dans le délai de trois jours francs à compter l'audience où le renvoi aura été prononcé, le p venu devra déposer au greffe la liste des témoi qu'il veut faire entendre avec leurs noms, prénom profession et domicile.

Sont abrogés les articles 8 de la loi du 27 frimai an VIII, 25 et 26 du décret du 1er germinal an X et 3 de la loi du 21 juin 1873.

Loi du 30 décembre 1903,

Relative à la réhabilitation des faillis D. P. 1904. 4. 1). — V. *infrà*, L. 23 mars 1908

Art. 1er. (*L. 23 mars 1908.*) Les faillis non co damnés pour banqueroute simple ou frauduleuse peuvent être inscrits sur la liste électorale penda trois ans à partir de la déclaration de faillite.

Ils ne sont éligibles qu'après réhabilitation.

2. Les articles 604 à 612 du Code de commerce sont modifiés. (*L. 23 mars 1908.*) *ces articles so difiés, de nouveau, en ce qui concerne les art. 60 607, 608 et 612, par la loi du 23 mars 1908.*

3. Les dispositions ci-dessus et l'article 614 c Code de commerce sont applicables aux commerçan qui ont obtenu la liquidation judiciaire.

4. Sont abrogées les dispositions du décret org nique du 2 février 1852 contraires à la présente loi.

5. (*L. 23 mars 1908.*) La procédure de réhabilita tion prévue par les articles 604 à 612 inclus du Co de commerce, est dispensée de timbre et de l'enr gistrement.

6. (*L. 23 mars 1908.*) Cette loi est applicable l'Algérie et aux colonies.

Loi du 31 décembre 1903,

Relative à la vente des objets abandonnés chez les ouvriers et industriels (D. P. 1904. 4. 7

Art. 1er. Les objets mobiliers confiés à un ouvrie ou à un industriel pour être travaillés, façonnés réparés ou nettoyés et qui n'auront pas été retiré dans le délai de deux ans pourront être vendus dan les conditions et formes déterminées par les article suivants.

2. L'ouvrier ou l'industriel qui voudra user de cett faculté présentera au juge de paix du canton de so omicile une requête qui énoncera les faits et donnera pour chacun des objets la date de réception, la désignation, le prix de façon réclamée, le nom du propriétaire et le lieu où l'objet aura été confié.

L'ordonnance du juge, mise au bas de la requête et rendue après que le propriétaire aura été entendu ou appelé, s'il n'est autrement entendu, fixera le jour, l'heure et le lieu de la vente, commettra l'officier public qui doit y procéder et contiendra, s'il a lieu, l'évaluation de la créance du requérant.

Lorsque l'ordonnance n'aura pas été rendue en présence du propriétaire, l'officier public commis la préviendra huit jours francs à l'avance, par lettre recommandée, des lieu, jour et heure de la vente, dans le cas où son domicile sera connu.

4. Le propriétaire pourra s'opposer à la vente par exploit signifié à l'ouvrier ou à l'industriel. Cette opposition emportera de plein droit citation à comparaître à la première audience utile du juge de paix qui a autorisé la vente, nonobstant toute indication d'une audience ultérieure. Le juge de paix devra statuer dans le plus bref délai.

5. *Abrogé par L. 7 mars 1905.*

6. Les articles 624 et 625 du Code de procédure civile seront applicables aux ventes prévues par la présente loi. Ces ventes seront faites conformément aux lois et règlements qui déterminent les attributions des officiers publics qui en seront chargés.

7. Tous les actes, spécialement les exploits, ordonnances, jugements et procès-verbaux faits en exécution de la présente loi seront dispensés du timbre et enregistrés gratis. Pour tenir lieu des droits de timbre et d'enregistrement, il sera perçu sur le procès-verbal de vente, lorsqu'il sera présenté à la formalité, sept pour cent (7 pour 100) du produit de la vente sans addition de décimes.

Loi du 14 mars 1904,

relative au placement des employés des deux sexes et de toutes professions (D. P. 1904. 4. 19).

Art. 1er. À partir de la promulgation de la présente loi, les bureaux de placement payants pourront être supprimés moyennant une juste indemnité.

Tout bureau nouveau, créé en vertu d'une autorisation postérieure à la promulgation de la présente loi, n'aura droit, en cas de suppression, à aucune indemnité.

Le bureau, devenu vacant par le décès du titulaire ou pour toute autre cause avant l'arrêté de suppression, pourra être transmis ou cédé.

2. Les bureaux de placement gratuits créés par les municipalités, par les syndicats professionnels ouvriers, patronaux ou mixtes, les bourses du travail, les compagnonnages, les sociétés de secours mutuels et toutes autres associations légalement constituées, ne sont soumis à aucune autorisation.

Les bureaux de placement énumérés à l'article précédent, sauf ceux qui sont créés par les municipalités, sont astreints au dépôt d'une déclaration préalable effectuée à la mairie de la commune où ils sont établis. La déclaration devra être renouvelée à tout changement de local du bureau.

4. Dans chaque commune, un registre constatant les offres et demandes de travail et d'emplois devra être ouvert à la mairie et mis gratuitement à la disposition du public. A ce registre sera joint un répertoire où seront classées les notices individuelles que les demandeurs de travail pourront librement joindre à leur demande. Les communes comptant plus de dix mille habitants seront tenues de créer un bureau municipal.

5. Sont exemptées du droit de timbre les affiches, imprimées ou non, concernant exclusivement les offres et demandes de travail et d'emplois et apposées par les bureaux de placement gratuits énumérés dans l'article 3.

6. Tout gérant ou employé d'un bureau de placement gratuit qui aura perçu une rétribution quelconque à l'occasion du placement d'un ouvrier ou

employé sera puni des peines prévues à l'article 9 ci-dessous.

7. L'autorité municipale surveille les bureaux de placement pour y assurer le maintien de l'ordre, les prescriptions de l'hygiène et la loyauté de la gestion. Elle prend les arrêtés nécessaires à cet effet.

8. Aucun hôtelier, logeur, restaurateur ou débitant de boisson ne peut joindre à son établissement la tenue d'un bureau de placement.

9. Toute infraction, soit aux règlements faits en vertu de l'article 7, soit à l'article 8, sera punie d'une amende de 16 francs à 100 francs et d'un emprisonnement de six jours à un mois, ou de l'une de ces deux peines seulement. Le maximum des deux peines sera appliqué au délinquant lorsqu'il aura été prononcé contre lui, dans les douze mois précédents, une première condamnation pour infraction aux articles 6 et 8 de la présente loi.

Tout tenancier, gérant, employé d'un bureau clandestin sera puni des peines portées à cet article.

Ces peines sont indépendantes des restitutions et dommages-intérêts auxquels pourront donner lieu les faits incriminés.

L'article 463 du Code pénal, ainsi que la loi du 26 mars 1891, sont applicables aux infractions indiquées ci-dessus.

10. Les pouvoirs ci-dessus conférés à l'autorité municipale seront exercés par le préfet de police pour Paris et le ressort de sa préfecture, et par le préfet du Rhône pour Lyon et les autres communes dans lesquelles il remplit les fonctions qui lui sont attribuées par la loi du 21 juin 1851.

11. 1° A partir de la promulgation de la présente loi, un arrêté pris à la suite d'une délibération du conseil municipal pourra, à charge d'une indemnité représentant le prix de vente de l'office et qui, à défaut d'entente, sera fixé par le conseil de préfecture, rapporter les autorisations données en vertu du décret du 25 mars 1852;

2° Les indemnités dues aux bureaux de placement payants supprimés dans le délai de cinq années seront fixées d'après l'état de ces bureaux à l'époque de la promulgation de la présente loi;

3° Les bureaux faisant le placement pour une même profession déterminée devront être supprimés tous à la fois, par un même arrêté municipal;

4° Les indemnités aux tenanciers des bureaux de placement seront à la charge des communes seules;

5° En cas de décès du titulaire avant l'arrêté de suppression, l'indemnité sera due aux ayants droit et leur sera payée lorsque l'arrêté aura été pris.

A partir de la promulgation de la présente loi les frais de placement touchés dans les bureaux maintenus à titre payant seront entièrement supportés par les employeurs, sans qu'aucune rétribution puisse être reçue des employés.

Toute infraction à cette prescription sera punie des peines édictées à l'article 9 de la présente loi.

12. Sont et demeurent abrogées toutes les dispositions contraires à la présente loi.

Les bureaux de nourrices ne sont pas visés par la présente loi et restent soumis aux dispositions de la loi du 23 décembre 1874, relative à la protection des enfants du premier âge.

Les agences théâtrales, les agences lyriques et les agences pour cirques et music-halls ne sont pas soumises aux prescriptions de la présente loi.

13. La présente loi est applicable à l'Algérie.

V. la discussion de cette loi à la Chambre des députés et au Sénat, D. P. 1904. 4. 19.

Loi du 28 mars 1904,

Décidant que les effets de commerce échus le dimanche ou un jour férié légal ne seront payables que le lendemain (modification de l'article 134 C. com.) (D. P. 1904. 4. 26). — V. *supra*, C. com., art. 134.

Loi du 31 mars 1904,

Modifiant la loi du 27 mai 1885, sur les récidivistes (D. P. 1904. 4. 27). — V. *supra*, L. 27 mai 1885, art. 2.

Loi du 27 juin 1904,

Sur le service des enfants assistés (D. P. 1905. 4. 16) modifiée par *L. 18 décembre 1906.*

TITRE III. — PUPILLES DE L'ASSISTANCE.

SECTION II. — TUTELLE.

Art. 11. La protection des enfants de toute catégorie et la tutelle des pupilles de l'assistance publique, instituées par la présente loi, sont exercées par le préfet ou par son délégué, l'inspecteur départemental.

Elles sont exercées, dans le département de la Seine, par le directeur de l'administration générale de l'Assistance publique de Paris.

12. Le tuteur est assisté d'un conseil de famille, formé par une commission de sept membres, élus par le conseil général et renouvelés tous les quatre ans.

Le tuteur ou son délégué assiste aux séances du conseil; il est entendu quand il le demande.

13. (Abrogé par L. 18 décembre 1906.) *Les attributions du tuteur et du conseil de famille sont celles que détermine le Code civil; elles comprennent, notamment, le droit de donner ou de refuser le consentement au mariage, à l'émancipation, à l'engagement militaire; toutefois, il n'est pas institué de subrogé tuteur.*

Dans le cas d'émancipation, le tuteur ou son délégué est seul tenu de comparaître devant le juge de paix.

L'acte d'émancipation est délivré sans frais.

14. (Abrogé par L. 18 décembre 1906.) *Les biens du tuteur ne sont pas soumis à l'hypothèque légale, instituée par l'article 2121 du Code civil.*

Les intérêts du pupille sont garantis par le cautionnement du fonctionnaire chargé de la manutention des deniers et de la gestion des biens.

En cas d'émancipation, ce dernier remplit les fonctions de curateur.

15. (Abrogé par L. 18 décembre 1906.) *La manutention des deniers et la gestion des biens des pupilles sont confiées au trésorier-payeur général. Elles sont dévolues, dans le département de la Seine, au receveur de l'assistance publique de Paris. Les fonds sont placés à la Caisse nationale d'épargne ou en rentes sur l'État.*

Le tuteur peut autoriser, au profit du pupille, le retrait de tout ou partie des fonds appartenant à ce dernier.

Le conseil de famille pourra décider, au moment de la sortie d'un pupille du service des enfants assistés, qu'une partie, ne dépassant pas le cinquième du pécule lui appartenant, sera versée à la Caisse nationale des retraites, en vue de lui constituer une pension de retraite.

16. Les revenus des biens et capitaux appartenant au pupille, à l'exception de ceux provenant de son travail et de ses économies, sont perçus au profit du département, jusqu'à l'âge de dix-huit ans, à titre d'indemnité des frais d'entretien. Toutefois, sur l'avis du conseil de famille, le préfet peut faire à cet égard, au moment de la reddition des comptes, toute remise qu'il jugera équitable.

Les comptes de tutelle sont approuvés par le conseil de famille et rendus sans frais.

17. L'enfant réclamé par ses parents peut leur être remis si le tuteur estime, après avis du conseil de famille, que la remise est dans l'intérêt de l'enfant. L'administration pourra, en outre, autoriser des remises d'essai durant lesquelles sa surveillance continuera à s'exercer pendant un an au moins; à l'expiration de ce délai, la remise deviendra définitive.

Toutefois, pour les enfants maltraités ou moralement abandonnés, cette remise ne pourra être faite, aux parents déchus de la puissance paternelle, qu'après l'accomplissement des formalités prescrites par les articles 15 et 16 de la loi du 24 juillet 1889.

Les parents devront rembourser, en une seule fois ou par versements mensuels échelonnés sur une ou plusieurs années, la dépense faite pour l'entretien de leur enfant, à moins que la commission départementale ou, dans le département de la Seine, une

42

délégation du conseil général, ne les exonère en tout ou partie.

18. Toute remise de l'enfant à d'autres qu'à ses parents ou grands-parents, même quand il est confié en vue d'une adoption ultérieure, ne peut avoir lieu que sous réserve de la tutelle.

Toutefois, lorsque l'enfant a été confié pendant trois ans à un particulier à titre gratuit, ce dernier même s'il est âgé de moins de cinquante ans et l'enfant de plus de quinze ans, peut, en obtenant le consentement du conseil de famille, devenir le tuteur officieux de l'enfant.

Le juge de paix du domicile de l'enfant dresse procès-verbal de la demande et du consentement, ces pièces et le procès-verbal sont visés pour timbre et enregistrés gratis.

. . . .

TITRE V. — DÉPENSES.

41. Les biens du pupille décédé, lorsque aucun héritier ne se présentera, seront recueillis par le département et conservés, conformément aux dispositions de l'article 51 de la présente loi, à la création de dots de mariage en faveur de pupilles ou d'anciens pupilles des deux sexes.

42. Les héritiers, qui se présentent pour recueillir la succession d'un pupille, sont tenus d'indemniser le département de l'entretien de l'enfant. Les revenus perçus par le département entrent en compensation jusqu'à due concurrence.

V. *la discussion de cette loi à la Chambre des députés et au Sénat,* D. P. 1905. 4. 16.

Loi du 28 juin 1904,

Modifiant la loi du 26 mars 1891 sur l'atténuation et l'aggravation des peines (Loi de sursis) (D. P. 1904. 4. 56).

Art. 1er. En temps de paix et en cas de condamnation à l'amende, à l'emprisonnement ou aux travaux publics, la loi du 26 mars 1891 est applicable, sous les réserves ci-après, aux condamnations prononcées, contre des militaires, par les tribunaux civils ou militaires, ainsi qu'aux condamnations prononcées par les tribunaux de la marine.

2. Lorsqu'une condamnation prononcée pour un crime ou délit de droit commun aura fait l'objet d'un sursis, la condamnation encourue dans le délai de cinq ans pour un crime ou délit militaire ne fera perdre au condamné le bénéfice du sursis que si le crime ou délit est punissable par les lois pénales ordinaires.

3. La condamnation antérieure prononcée pour un crime ou délit militaire non punissable d'après les lois pénales ordinaires ne fera pas obstacle à l'obtention du sursis, si l'individu qui l'a encourue est condamné pour un crime ou délit de droit commun.

4. Les crimes et délits prévus par les codes de justice militaire pour l'armée de terre et pour l'armée de mer ne constituent l'inculpé en état de récidive que s'ils sont punis par les lois pénales ordinaires.

5. Si, pour l'application des dispositions qui précèdent, un condamné doit, après libération définitive du service, purger une condamnation aux travaux publics, la peine restant à courir sera remplacée par un emprisonnement d'une durée moitié moindre dans une prison civile.

6. Sont abrogées toutes les dispositions contraires à celles de la présente loi.

V: *la discussion de cette loi à la Chambre des députés et au Sénat,* D. P. 1904. 4. 56.

Loi du 7 juillet 1904,

Relative à la suppression de l'enseignement congréganiste (D. P. 1905. 4. 1).

Art. 1er. L'enseignement de tout ordre et de toute nature est interdit en France aux congrégations.

Les congrégations autorisées à titre de congrégations exclusivement enseignantes seront supprimées dans un délai maximum de dix ans.

Il en sera de même des congrégations et des établissements qui, bien qu'autorisés en vue de plusieurs objets, étaient, en fait, exclusivement voués à l'enseignement, à la date du 1er janvier 1903.

Les congrégations qui ont été autorisées et celles qui demandent à l'être, à la fois pour l'enseignement et pour d'autres objets, ne conservent le bénéfice de cette autorisation ou de cette instance d'autorisation que pour les services étrangers à l'enseignement prévus par leurs statuts.

2. A partir de la promulgation de la présente loi, les congrégations exclusivement enseignantes ne pourront plus recruter de nouveaux membres et leurs noviciats seront dissous, de plein droit, à l'exception de ceux qui sont destinés à former le personnel des écoles françaises à l'étranger, dans les colonies et les pays de protectorat. Le nombre des noviciats et le nombre des novices dans chaque noviciat seront limités aux besoins des établissements visés au présent paragraphe.

Les noviciats ne pourront recevoir d'élèves ayant moins de vingt et un ans.

Ces congrégations devront, dans le mois qui suivra cette promulgation, fournir au préfet, en double expédition, dûment certifiée, les listes que l'article 15 de la loi du 1er juillet 1901 les oblige à tenir.

Ces listes fixeront *ne varietur* le personnel appartenant à chaque congrégation; elles ne pourront comprendre que des congréganistes majeurs et définitivement entrés dans la congrégation, antérieurement à la promulgation de la présente loi.

Toute inscription mensongère ou inexacte et tout refus de communication de ces listes seront punis des peines portées au paragraphe 2 de l'article 8 de la loi du 1er juillet 1901.

3. Seront fermés dans le délai de dix ans prévu à l'article 1er:

1° Tout établissement relevant d'une congrégation supprimée par application des paragraphes 2 et 3 de l'article 1er;

2° Toute école ou classe annexée à des établissements relevant d'une des congrégations visées par le paragraphe 4 de l'article 1er, sauf exception pour les services scolaires uniquement destinés à des enfants hospitalisés, auxquels il serait impossible, pour des motifs de santé ou autres, de fréquenter une école publique.

La fermeture des établissements et des services scolaires sera effectuée, aux dates fixées pour chacun d'eux, par un arrêté de mise en demeure du ministre de l'intérieur, inséré au *Journal officiel*. Cet arrêté sera, après cette insertion, notifié dans la forme administrative au supérieur de la congrégation et au directeur de l'établissement, quinze jours au moins avant la fin de l'année scolaire.

Il sera, en outre, rendu public par l'affichage à la porte de la mairie des communes où se trouveront les établissements supprimés.

4. Il sera publié, tous les six mois, au *Journal officiel*, le tableau par arrondissement des établissements congréganistes, fermés en vertu des dispositions de la présente loi.

5. Par jugement du tribunal du siège de la maison mère, rendu à la requête du procureur de la République, le liquidateur, nommé aussitôt après la promulgation de la loi, sera chargé de dresser l'inventaire des biens des congrégations, lesquels ne pourront être loués ni affermés sans son consentement, d'administrer les biens des établissements successivement fermés et de procéder à la liquidation des biens et valeurs des congrégations dissoutes dans les conditions de la présente loi.

La liquidation des biens et valeurs, qui aura lieu après la fermeture du dernier établissement enseignant de la congrégation, s'opérera d'après les règles édictées par l'article 7 de la loi du 24 mai 1825 (V. *infrà*, L. 24 mai 1825, art. 7).

Toutefois, après le prélèvement des pensions prévues par la loi de 1825, le prix des biens acquis à titre onéreux ou de ceux qui ne feraient pas retour aux donateurs ou aux héritiers ou ayants droit des donateurs ou testateurs, servira à augmenter les subventions de l'État pour construction ou agrandissement de maisons d'écoles et à accorder des subsides pour location.

Les biens et valeurs affectés aux services scolaires dans les congrégations visées au dernier paragraphe

de l'article 1er seront affectés aux autres services statutaires de la congrégation.

Toute action en reprise ou revendication devra, à peine de forclusion, être formée contre le liquidateur dans le délai de six mois, à partir du jour fixé pour la fermeture de l'établissement.

Passé le délai de six mois, le liquidateur procédera à la vente des immeubles et objets mobiliers qui n'auraient pas été repris ou revendiqués, sauf exception pour les immeubles qui étaient affectés, avant la promulgation de la présente loi, à la retraite des membres actuellement vivants de la congrégation, âgés ou invalides, ou qui seront réservés pour cet usage par le liquidateur. (*L.* 22 avr. 1905. *art.* 36, D. P. 1905. 4. 129.)

Toute action à raison de donations ou legs faits aux communes et aux établissements publics à la charge d'établir des écoles ou salles d'asile dirigées par des congréganistes sera déclarée non recevable, si elle n'est pas intentée dans les deux ans, à partir de la même date.

Un décret d'administration publique déterminera les mesures propres à assurer l'exécution de la présente loi. (*Décr.* 2 janv. 1905, D. P. 1905. 4. 10.)

6. Sont abrogées toutes les dispositions des lois, décrets et actes des pouvoirs publics contraires à la présente loi, et, notamment, l'article 109 du décret du 17 mars 1808.

Loi du 24 mai 1825. — Art. 7. En cas d'extinction d'une congrégation ou maison religieuse de femmes, ou de révocation de l'autorisation qui lui avait été accordée, les biens acquis par donation entre vifs ou par disposition à cause de mort feront retour aux donateurs ou à leurs parents au degré successible, ainsi qu'à ceux des testateurs au même degré.

Quant aux biens qui ne feraient pas retour ou qui auraient été acquis à titre onéreux, ils seront attribués et répartis moitié aux établissements ecclésiastiques, moitié aux hospices des départements dans lesquels seraient situés les établissements éteints.

La transmission sera opérée avec les charges et obligations imposées aux précédents possesseurs.

Dans le cas de révocation prévu au présent paragraphe, les membres de la congrégation ou maison religieuse de femmes auront droit à une pension alimentaire, au même degré.

1° Sur les biens acquis à titre onéreux;

2° Subsidiairement sur les biens acquis à titre gratuit, lesquels, dans ce cas, ne feront retour aux familles des donateurs ou testateurs qu'après l'extinction desdites pensions.

V. *la discussion de la loi du 7 juillet 1904 à la Chambre des députés et au Sénat,* D. P. 1905. 4. 1 s.

Décret du 1er septembre 1904,

Portant modifications au décret du 5 septembre 1897 sur la pêche fluviale. - V. *supra,* Décr. 5 sept. 1897, art. 8 et 21, § 1er.

Loi du 8 décembre 1904,

Interdisant en France l'assurance en cas de décès des enfants de moins de douze ans (D. P. 1905. 4. 29).

Art. 1er. Est considérée comme contraire à l'ordre public toute assurance au décès reposant sur la tête d'enfants de moins de douze ans.

2. Sont exceptées les contre-assurances contractées en vue d'assurer, en cas de décès, le remboursement des primes versées pour une assurance en cas de vie.

V. *la discussion de cette loi à la Chambre des députés et au Sénat,* D. P. 1905. 4. 29.

Loi du 23 décembre 1904,

Qui décide que lorsque les fêtes légales tomberont un dimanche, aucun payement ne sera exigé et aucun protêt ne sera dressé le lendemain de ces fêtes (D. P. 1905. 4. 27). — V. *supra,* C. com., art. 134; — et *infrà,* L. 13 juill. 1905, modifiée par L. 20 déc. 1905.

Art. 1er. Aucun payement d'aucune sorte sous effet, mandat, chèque, compte courant, dépôt de fonds ou de titres, ou autrement ne peut être exigé, ni aucun protêt dressé les 2 janvier, 15 juillet, 16 août, 2 novembre, et 26 décembre, lorsque ces jours tombent un lundi.

Dans ce cas, le protêt des effets impayés le samedi

récédent, ne pouvant être fait que le mardi suivant, conservera néanmoins toute sa valeur à l'égard du tiré et des tiers, nonobstant toutes dispositions antérieures contraires.

La présente loi est applicable à l'Algérie et aux colonies.

V. *la discussion de cette loi à la Chambre des députés et au Sénat*, D. P. 1905. 4. 27 s.

Loi du 14 janvier 1905,

Réglementant l'attribution et fixant la quotité des indemnités à accorder dans le cas d'abatage d'animaux pour cause de morve ou de farcin (D. P. 1905. 4. 26).

Article unique. Par dérogation aux dispositions de l'article 52 de la loi du 21 juin 1898 sur le Code rural, il est alloué aux propriétaires d'animaux battus pour cause de morve ou de farcin, en exécution de l'article 36 du Code rural, une indemnité des trois quarts de la valeur qu'avait l'animal avant la maladie.

L'indemnité à accorder ne peut dépasser la somme de sept cent cinquante francs. Les demandes d'indemnité doivent être adressées au ministre de l'agriculture, dans le délai de trois mois à dater du jour de l'abatage, sous peine de déchéance.

Le ministre peut faire réviser l'évaluation des animaux dans les conditions fixées par l'article 50 du Code rural.

V. *la discussion de cette loi à la Chambre des députés et au Sénat*, D. P. 1905. 4. 26 s.

Loi du 23 février 1905,

Complétant l'article 41 du Code rural (Livre III, section II) et modifiant l'article 2 de la loi du 2 août 1884 sur la police sanitaire des animaux (D. P. 1905. 4. 96).

Art. 1er. L'article 41 du Code rural (livre III, section II) est complété par les quatre paragraphes suivants :

« Et si la vente a eu lieu, elle est nulle de droit, si le vendeur ait connu ou ignoré l'existence de la maladie dont son animal était atteint ou suspect.

« Néanmoins, aucune réclamation de la part de l'acheteur pour raison de ladite nullité ne sera recevable lorsqu'il se sera écoulé plus de trente jours en ce qui concerne les animaux atteints de tuberculose, plus de quarante-cinq jours en ce qui concerne les autres maladies depuis le jour de la livraison, s'il n'y a poursuites de ministre public.

« Si l'animal a été abattu, le délai est réduit à dix jours à partir du jour de l'abatage. Sans que, toutefois, l'action puisse jamais être introduite après l'expiration des délais indiqués ci-dessus. En cas de poursuites du ministère public, la prescription ne sera opposable à l'action civile, comme au paragraphe précédent, que conformément aux règles du droit commun.

« Toutefois, en ce qui concerne la tuberculose, sera seule recevable l'action formée par l'acheteur qui aura fait au préalable la déclaration prescrite par l'article 31 du Code rural (livre 3, section 2). S'il s'agit d'un animal abattu pour la boucherie, reconnu tuberculeux et saisi, l'action ne pourra être intentée que dans le cas où cet animal aura fait l'objet d'une saisie totale; dans le cas de saisie partielle portant sur les quartiers, l'acheteur ne pourra intenter qu'une action en réduction du prix à l'appui de laquelle il pourra produire un duplicata du procès-verbal de saisie mentionnant la nature des parties saisies et leur valeur, calculée d'après leur poids, la qualité de la viande et le cours du jour. »

« 2. L'article 2 de la loi du 2 août 1884 est modifié ainsi qu'il suit :

« Sont réputés vices rédhibitoires et donneront seuls ouverture aux actions résultant des articles 1641 et suivants du Code civil, sans distinction des localités où les ventes et les échanges auront lieu, les maladies ou défauts ci-après, savoir :

« Pour le cheval, l'âne et le mulet :

« L'immobilité, l'emphysème pulmonaire, le cornage chronique, le tic proprement dit, avec ou sans usure des dents, les boiteries anciennes intermittentes, la fluxion périodique des yeux.

« Pour l'espèce porcine : la ladrerie. »

V. *la discussion de cette loi à la Chambre des députés et au Sénat*, D. P. 1905. 4. 96.

Loi du 7 mars 1905,

Modifiant et complétant la loi du 31 décembre 1903, relative à la vente des objets abandonnés chez les ouvriers et industriels (D. P. 1905. 4. 31).

Article unique. L'article 5 de la loi du 31 décembre 1903, relative à la vente des objets abandonnés chez les ouvriers et industriels, est modifié et complété ainsi qu'il suit :

« Sur le produit de la vente et après le prélèvement des frais, l'officier public payera la créance de l'ouvrier ou de l'industriel.

« Le surplus sera versé à la Caisse des dépôts et consignations, au nom du propriétaire, par l'officier public, sans procès-verbal de dépôt. Il en retirera un récépissé qui lui vaudra décharge.

« Si le produit de la vente est insuffisant pour couvrir les frais, le surplus sera payé par l'ouvrier ou l'industriel, sauf recours contre le propriétaire.

« Le montant de la consignation, en principal et intérêts, sera acquis de plein droit au Trésor public cinq ans après le dépôt, s'il n'y a eu, dans l'intervalle, réclamation de la part du propriétaire, de ses représentants ou de ses créanciers. »

V. *la discussion de cette loi à la Chambre des députés et au Sénat*, D. P. 1905. 4. 31 s.

Loi du 17 mars 1905,

Relative à la surveillance et au contrôle des sociétés d'assurances sur la vie et de toutes les entreprises dans les opérations desquelles intervient la durée de la vie humaine (D. P. 1905. 4. 110).

TITRE 1er. — ENREGISTREMENT DES ENTREPRISES.

Art. 1er. Sont assujetties à la présente loi les entreprises françaises ou étrangères de toute nature qui contractent des engagements dont l'exécution dépend de la durée de la vie humaine.

Sont exceptées les sociétés définies par la loi du 1er avril 1898, sur les sociétés de secours mutuels et les institutions de prévoyance publiques ou privées régies par des lois spéciales.

2. Ces entreprises doivent limiter leurs opérations à une ou plusieurs de celles qui font l'objet de la présente loi. Il leur est interdit de stipuler que la réalisation de l'exécution de contrats ou l'attribution de bénéfices par la voie du tirage au sort.

Elles ne peuvent fonctionner qu'après avoir été enregistrées, sur leur demande, au ministère du commerce. Dans le délai maximum de six mois, à dater du dépôt de la demande, le ministre du commerce fait mentionner l'enregistrement au *Journal officiel* ou notifie le refus d'enregistrement aux intéressés.

Aucune modification, soit aux statuts, soit aux tarifs de primes ou cotisations, ne peut être mise en vigueur qu'après nouvel enregistrement obtenu dans les mêmes formes.

3. Le refus d'enregistrement doit être motivé par une infraction soit aux dispositions de la présente loi, soit aux conditions de celles qui régissent les sociétés, soit aux décrets prévus par l'article 9 ci-après.

Les intéressés peuvent former un recours pour excès de pouvoir devant le Conseil d'État, qui devra statuer dans les trois mois.

TITRE II. — GARANTIES.

4. Pour les sociétés françaises anonymes ou en commandite, les statuts doivent spécifier la dissolution obligatoire en cas de perte de la moitié du capital social.

Pour les sociétés à forme mutuelle ou à forme tontinière, les statuts déterminent le mode de règlement et l'emploi des sommes perçues, ainsi que la quotité des prélèvements destinés à faire face aux frais de gestion de l'entreprise.

5. Les sociétés françaises anonymes ou en commandite doivent avoir un capital social au moins égal à 2 millions de francs.

Les sociétés françaises à forme mutuelle ou à forme tontinière devront constituer un fonds de premier établissement qui ne peut être inférieur à 50 000 francs et qui doit être amorti en quinze ans au plus.

Toutefois les entreprises sont tenues, en outre, de constituer, dans les conditions prévues à l'article 9, paragraphe 4, une réserve de garantie qui tient lieu du prélèvement prescrit par l'article 36 de la loi du 24 juillet 1867. Toutefois, cette réserve n'est pas obligatoire pour les opérations à forme tontinière.

6. Toutes les entreprises qui contractent des engagements déterminés sont tenues de constituer des réserves mathématiques, égales à la différence entre les valeurs des engagements respectivement pris par elles et par les assurés dans les conditions déterminées par le décret prévu à l'article 9, paragraphe 5. Cette obligation ne s'applique aux entreprises étrangères que pour les contrats souscrits ou exécutés en France et en Algérie.

Les entreprises produiront annuellement, à l'époque et dans les formes déterminées par le ministre, et après avis du comité consultatif des assurances sur la vie prévu à l'article 10, la comparaison :

1° Entre la mortalité réelle de leurs assurés et la mortalité prévue par les tables admises pour le calcul de leurs réserves mathématiques et de leurs tarifs;

2° Entre le taux de leurs placements réels et celui qui a été admis pour les calculs susvisés.

En cas d'écarts notables ou répétés portant sur l'un de ces éléments, des arrêtés ministériels peuvent exiger, au plus tous les cinq ans, une rectification des bases de calcul des réserves mathématiques des opérations en cours et des tarifs des primes ou cotisations.

Ces arrêtés sont pris sur avis conforme du comité consultatif des assurances sur la vie, les représentants de l'entreprise ayant été entendus et mis en demeure de fournir leurs observations par écrit dans un délai d'un mois. Ils fixent le délai dans lequel la rectification doit être opérée; le montant des versements corrélatifs à la rectification des réserves mathématiques doit être, à la fin de chaque exercice, au moins proportionnel à la fraction du délai couru.

Les sociétés à forme tontinière sont tenues de faire, dans les conditions fixées par le décret prévu à l'article 9, paragraphe 7, emploi immédiat de toutes les cotisations, déduction faite des frais de gestion statutaires.

7. Lorsque les bénéfices revenant aux assurés ne sont pas payables immédiatement après la liquidation de l'exercice qui les a produits, un compte individuel doit mentionner chaque année la part de ces bénéfices attribuable à chacun des contrats souscrits ou exécutés en France et en Algérie et être adressé aux assurés.

Jusqu'à concurrence du montant des réserves mathématiques et de la réserve de garantie, ainsi que du montant des comptes spécifiés à l'alinéa précédent, l'actif des entreprises français est affecté au règlement des opérations d'assurances par un privilège qui prendra rang après le paragraphe 6 de l'article 2101 du Code civil.

Pour les entreprises étrangères, les valeurs représentant la portion d'actif correspondante doivent, à l'exception des immeubles, faire l'objet d'un dépôt à la Caisse des dépôts et consignations, dans les conditions prévues à l'article 9, paragraphe 8. Ce seul fait de ce dépôt confère privilège aux assurés, sur lesdites valeurs, pour les contrats souscrits ou exécutés en France et en Algérie.

8. Un règlement d'administration publique, rendu sur la proposition des ministres du commerce et des finances, détermine les biens mobiliers et immobiliers en lesquels devra être effectué le placement de l'actif des entreprises françaises et, pour les entreprises étrangères, de la portion d'actif afférente aux contrats souscrits ou exécutés en France et en Algérie, ainsi que le mode d'évaluation annuelle des différentes catégories de placements et les garanties à présenter pour les valeurs qui ne pourraient avoir la forme nominative.

Les entreprises sont tenues de produire au ministre, dans les formes et délais qu'il prescrit après avis du comité consultatif, des états périodiques des modifications survenues dans la composition de leur actif.

9. Des décrets rendus après avis du comité consultatif des assurances sur la vie prévu à l'article ci-après, déterminent :

1° Les pièces et justifications à produire à l'appui des demandes d'enregistrement, ainsi que le montant du dépôt préalable à effectuer à la Caisse des dépôts et consignations par les différentes catégories d'entreprises et les conditions de réalisation et de restitution dudit dépôt;

2° Le délai passé lequel cessera d'être valable l'enregistrement d'une entreprise qui n'aurait pas commencé à fonctionner;

3° Le maximum des dépenses de premier établissement pour les différentes espèces d'entreprises françaises et le délai d'amortissement desdites dépenses;

4° La fixation, pour chaque catégorie d'entreprises, de la réserve de garantie;

5° Les différentes tables de mortalité, le taux d'intérêt et les chargements d'après lesquels doivent être calculées au minimum les primes ou cotisations des opérations à réaliser ainsi que les réserves mathématiques. Publication de ces fixations est effectuée au *Journal officiel* au moins six mois avant le début du premier exercice auquel elles doivent s'appliquer;

6° Les conditions de dépôt et de retrait des valeurs représentant, pour les entreprises étrangères, la portion d'actif visée à l'article 7;

7° Les conditions dans lesquelles doivent être gérées les entreprises à forme tontinière;

8° Les conditions dans lesquelles les entreprises sont tenues d'inscrire sur des registres spéciaux les contrats souscrits ou exécutés en France et en Algérie;

9° Les conditions dans lesquelles doivent fonctionner les entreprises de gestion d'assurances sur la vie, et suivant lesquelles peuvent être perçus les frais de gestion dans les limites d'un maximum fixé. Ces entreprises doivent déposer à la Caisse des dépôts et consignations un capital de garantie de 100 000 francs. Elles ne peuvent valablement se faire attribuer la gestion pour une période initiale de plus de vingt ans, à l'expiration de laquelle leur mandat ne pourra être renouvelé pour des périodes de plus de dix ans. Chaque renouvellement ne pourra être effectué qu'un an avant l'expiration de la période en cours.

TITRE III. — SURVEILLANCE ET CONTROLE.

10. Il est constitué auprès du ministre du commerce un comité consultatif des assurances sur la vie, composé de vingt et un membres, savoir : deux sénateurs et trois députés élus par leurs collègues, le directeur de l'assurance et de la prévoyance sociale au ministère du commerce, le directeur général de la Caisse des dépôts et consignations, un représentant du ministre des finances, trois membres agrégés de l'institut des actuaires français, le président de la chambre de commerce ou un membre de la chambre délégué par lui, un professeur de la faculté de droit de Paris, deux directeurs ou administrateurs de sociétés d'assurances à forme mutuelle ou à forme tontinière, deux directeurs ou administrateurs de sociétés anonymes ou en commandite d'assurances, quatre personnes spécialement compétentes en matière d'assurances sur la vie.

Un décret détermine le mode de nomination et de renouvellement des membres, ainsi que la désignation du président, du vice-président et du secrétaire.

Le comité doit être consulté au sujet des demandes d'enregistrement prévues par l'article 2, et dans les autres cas prévus par la présente loi. Il peut être saisi par le ministre de toutes autres questions relatives à l'application de la loi.

La présence de neuf membres au moins est nécessaire pour la validité de ses délibérations, dans les cas spécifiés au troisième alinéa de l'article 6, à l'article 18 et à l'article 21.

11. Toute entreprise est tenue :

1° De publier en langue française un compte rendu annuel de toutes ses opérations, avec états et tableaux annexes;

2° De produire ledit compte rendu au ministre du commerce et de le déposer aux greffes des tribunaux civils et des tribunaux de commerce, tant du département de la Seine que du siège social;

3° De le délivrer à tout assuré ou associé qui en fait la demande, moyennant le payement d'une somme qui ne peut excéder 1 franc;

4° De publier annuellement et à ses frais au *Journal officiel* un compte rendu sommaire comprenant : le compte général des profits et pertes, la balance générale des écritures et le mouvement général des opérations en cours.

Des arrêtés ministériels, pris après avis du comité consultatif des assurances sur la vie, déterminent, au moins trois mois avant le début de l'exercice, les modèles des états et tableaux à annexer au compte rendu publié, la date de production et de dépôt du compte rendu, la forme et le délai de la publication prescrite au *Journal officiel*.

Les entreprises doivent en outre communiquer au ministre, à toute époque et dans les formes et délais qu'il détermine, tous les documents et éclaircissements qui lui paraissent nécessaires.

Elles sont soumises à la surveillance de commissaires contrôleurs assermentés qui seront recrutés dans les conditions déterminées par décrets, après avis du comité consultatif des assurances sur la vie, et qui pourront à toute époque vérifier sur place toutes les opérations, indépendamment de toutes personnes exceptionnellement déléguées par le ministre à cet effet.

12. Les entreprises étrangères doivent, en ce qui concerne les opérations régies par la présente loi, avoir en France et en Algérie un siège spécial et une comptabilité spéciale pour tous les contrats souscrits ou exécutés en France et en Algérie et accréditer auprès du ministre du commerce un agent préposé à la direction de toutes ces opérations. Cet agent doit être domicilié en France; il représente seul l'entreprise auprès du ministre, vis-à-vis des titulaires de contrats souscrits en France et en Algérie, et devant les tribunaux. Il doit justifier au préalable de pouvoirs statutaires suffisants pour la gestion directe de l'entreprise en France et en Algérie, notamment pour la signature des polices, avenants, quittances et autres pièces relatives aux opérations réalisées.

Toute entreprise est tenue de produire au ministre du commerce, dans le délai qu'il détermine, la traduction en langue française, certifiée conforme, des documents en langue étrangère se rapportant à ses opérations et pour lesquels cette traduction est requise.

Les conditions générales et particulières des polices, les avenants et autres documents se rapportant à l'exécution des contrats doivent être rédigés ou traduits en langue française. Dans ce dernier cas, le texte français fait seul foi à l'égard des assurés français.

13. Le ministre du commerce présente chaque année au Président de la République et fait publier au *Journal officiel* un rapport d'ensemble sur le fonctionnement de la présente loi et sur la situation de toutes les entreprises qu'elle régit.

Les frais de toute nature résultant de la surveillance et du contrôle sont à la charge des entreprises. Un arrêté ministériel fixe, à la fin de chaque exercice, la répartition de ces frais entre les entreprises, au prorata du montant global des primes et des cotisations de toute nature encaissées par elles au cours de l'exercice, exception faite des opérations réalisées hors de France et d'Algérie par les entreprises étrangères, et sans que la contribution de chacune des entreprises puisse dépasser 1 franc pour 1 000 francs dudit montant.

Il y joint le compte détaillé des recettes et dépenses afférentes à la surveillance et au contrôle des entreprises.

TITRE IV. — PÉNALITÉS.

14. Les entreprises sont passibles, de plein droit et sans aucune mise en demeure, d'amendes administratives, recouvrées comme en matière d'enregistrement, à la requête du ministre du commerce, savoir :

1° D'une amende de 20 francs par jour pour retard apporté à chacune des productions visées par le troisième alinéa de l'article 11 et le deuxième alinéa de l'article 12;

2° D'une amende de 100 francs par jour pour retard apporté à chacune des productions ou publications visées par le deuxième alinéa de l'article 6, les paragraphes 1er, 2 et 4 de l'article 11.

15. Les contraventions aux dispositions des premier et troisième alinéas de l'article 6, aux premier et troisième alinéas de l'article 7, à l'article 8, à l'article 20, à l'article 21, ainsi qu'au règlement d'administration publique prévu par l'article 8 et aux décrets prévus par les paragraphes 3 à 8 de l'article 9, sont constatées par procès-verbaux des commissaires contrôleurs, qui font foi jusqu'à preuve contraire sans préjudice des constatations et poursuites de droit commun; elles sont poursuivies devant le tribunal correctionnel à la requête du ministère public et punies d'une amende de 100 à 5000 francs, et, en cas de récidive, de 500 à 10 000 francs.

16. Sont poursuivis devant le tribunal correctionnel et passibles d'une amende de 16 à 100 francs, toute personne qui aurait proposé ou fait souscrire des polices d'assurances, et notamment chacun des administrateurs ou directeurs d'entreprises, qui réalisent des opérations visées par la présente loi avant la publication au *Journal officiel* de l'enregistrement prévu à l'article 2, ou qui effectuent des opérations nouvelles après la publication du décret prévu par l'article 18 ou après le refus d'enregistrement prévu par l'article 19.

L'amende est prononcée pour chacune des opérations réalisées par le contrevenant, qui peut être, en outre, en cas de récidive, condamné à un emprisonnement d'un mois au plus.

Sous les mêmes peines, les prospectus, affiches, circulaires et tous autres documents destinés à être distribués au public ou publiés par une entreprise assujettie à la présente loi doivent toujours porter, à la suite du nom ou de la raison sociale de l'entreprise, la mention ci-après, en caractères uniformes : « Entreprise privée, assujettie au contrôle de l'État, » sans renfermer aucune assertion susceptible d'induire en erreur soit sur la véritable nature ou l'importance réelle des opérations, soit sur la portée du contrôle.

Toute déclaration ou dissimulation frauduleuse, soit dans les comptes rendus, soit dans tous autres documents produits au ministre du commerce ou portés à la connaissance du public, est punie des peines prévues par l'article 405 du Code pénal.

L'article 463 du Code pénal est applicable à tous les faits punis par le présent article et l'article précédent.

17. Les jugements prononcés contre les entreprises ou leurs représentants, en exécution de l'article précédent et de l'article 15, doivent être publiés, aux frais des condamnés ou des entreprises civilement responsables, dans le *Journal officiel* et dans deux autres journaux au moins, désignés par le tribunal.

18. L'enregistrement d'une entreprise, effectué en vertu de l'article 2 de la présente loi, cesse d'être valable dès qu'un décret constate que l'entreprise ne fonctionne plus en conformité soit de ses statuts, soit de la présente loi ou des décrets et arrêtés qu'elle prévoit. Ce décret est rendu après avis conforme du comité consultatif des assurances sur la vie, les représentants de l'entreprise ayant été mis en demeure de fournir leurs observations par écrit ou d'être entendus dans un délai d'un mois sur communication des irrégularités relevées contre l'entreprise. Le comité doit émettre son avis motivé dans le mois suivant.

Dans un délai de huitaine, à compter de la notification du décret, l'entreprise peut se pourvoir pour excès de pouvoir devant le Conseil d'État, qui doit statuer dans le mois. Ce pourvoi est suspensif. La publication du décret au *Journal officiel* ne pourra être faite qu'après le rejet du pourvoi par le Conseil d'État.

TITRE V. — DISPOSITIONS TRANSITOIRES.

19. Les entreprises françaises ou étrangères soumises à la présente loi et opérant en France ou en Algérie à l'époque de sa promulgation sont tenues de se conformer immédiatement à ses dispositions, et notamment de demander l'enregistrement spécifié à l'article 2, dans un délai de deux mois à compter de la promulgation des règlements d'administration publique prévus par les articles 8 et 22, ainsi que des décrets prévus par l'article 9.

Elles peuvent toutefois continuer provisoirement ırs opérations jusqu'à ce que solution soit donnée cette demande.

20. Les entreprises françaises régulièrement au-isées en vertu de la législation en vigueur pour-nt, après obtention de l'enregistrement spécifié à rticle 2, modifier, sans autorisation du Gouverne-ent, leurs statuts approuvés, à charge de se con-rmer à la législation sur les sociétés.

Par dérogation à l'article 5 ci-dessus, elles ne ront pas tenues d'élever leur capital social au mi-num spécifié audit article.

Elles pourront, d'autre part, si elles obtiennent nregistrement prévu à l'article précédent, con-rver les placements antérieurement effectués par es en conformité de leurs statuts, sans tenir mpte des limitations imposées par le règlement administration publique prévu à l'article 8, sous serve de ne plus effectuer, à compter de sa pro-ılgation, aucun placement dans les catégories pour squelles les limites fixées seront atteintes ou dé-ssées, et ce, jusqu'à ce que la proportion régle-entaire soit rétablie.

Toutefois, l'emploi en placements sur première pothèque, pour la moitié au plus de la valeur esti-ative, pourra, pendant une période maximum de ıgt-cinq ans, être renouvelé pour une somme ale à celle que lesdites entreprises consacraient cet emploi antérieurement au 1er juillet 1904.

21. Pour chacune des entreprises enregistrées par plication de l'article 19, un arrêté ministériel, pris r avis conforme du comité consultatif des assu-nces sur la vie, fixe dans les conditions spécifiées l'avant-dernier alinéa de l'article 6 les bases du lcul des réserves mathématiques des opérations alisées antérieurement à la mise en vigueur du cret prévu par le paragraphe 5 de l'article 9.

22. Est abrogé le premier alinéa de l'article 66 la loi du 24 juillet 1867, ainsi que toutes autres spositions relatives aux tontines et aux sociétés assurances sur la vie.

Un règlement d'administration publique détermi-ra les conditions dans lesquelles pourront être nstituées les sociétés d'assurances sur la vie à me mutuelle ou tontinière.

23. La présente loi est applicable à l'Algérie et x colonies de la Réunion, la Martinique, la Gua-loupe, la Guyane, l'Inde française et la Nouvelle-lédonie.

V. *la discussion de cette loi à la Chambre des putés et au Sénat*, D. P. 1905. 4. 119 s.

Loi du 21 mars 1905,

tribuant aux tribunaux ordinaires l'apprécia-tion des difficultés qui peuvent s'élever entre l'administration des chemins de fer de l'État et ses employés à l'occasion du contrat de travail (D. P. 1905. 4. 124).

Article unique. Les tribunaux ordinaires nt compétents pour statuer sur les différends qui uvent s'élever entre l'administration des chemins fer de l'État et ses employés à l'occasion du con-t de travail.

Loi du 31 mars 1905,

odifiant divers articles de la loi du 9 avril 1898. sur les accidents du travail (D. P. 1905. 4. 101).

Art. 1er. Les articles 3, 4, 10, 15, 16, 19, 21, et 30 de la loi du 9 avril 1898 sont modifiés ainsi 'il suit :

« **Art. 3.** Dans les cas prévus à l'article 1er, l'ou-er ou employé a droit :

« Pour l'incapacité absolue et permanente, à une ıte égale aux deux tiers de son salaire annuel;

« Pour l'incapacité partielle et permanente, à une ıte égale à la moitié de la réduction que l'accident ra fait subir au salaire;

« Pour l'incapacité temporaire, si l'incapacité de vail a duré plus de quatre jours, à une indemnité rnalière, sans distinction entre les jours ouvrables les dimanches et jours fériés, égale à la moitié du laire touché au moment de l'accident, à moins que salaire ne soit variable; dans ce dernier cas, l'in-mnité journalière est égale à la moitié du salaire moyen des journées de travail pendant le mois qui a précédé l'accident. L'indemnité est due à partir du cinquième jour après celui de l'accident; toutefois, elle est due à partir du premier jour si l'incapacité de travail a duré plus de dix jours. L'indemnité jour-nalière est payable aux époques et lieu de paye usi-tés dans l'entreprise, sans que l'intervalle puisse excéder seize jours.

« Lorsque l'accident est suivi de mort, une pen-sion est servie aux personnes ci-après désignées, à partir du décès, dans les conditions suivantes :

« *a*) Une rente viagère égale à 20 pour 100 du salaire annuel de la victime pour le conjoint survi-vant non divorcé ou séparé de corps, à la condition que le mariage ait été contracté antérieurement à l'accident.

« En cas de nouveau mariage, le conjoint cesse d'avoir droit à la rente mentionnée ci-dessus; il lui sera alloué, dans ce cas, le triple de cette rente à titre d'indemnité totale.

« *b*) Pour les enfants, légitimes ou naturels, re-connus avant l'accident, orphelins de père ou de mère, âgés de moins de seize ans, une rente calculée sur le salaire annuel de la victime à raison de 15 pour 100 de ce salaire s'il n'y a qu'un enfant, de 25 pour 100 s'il y en a deux, de 35 pour 100 s'il y en a trois et de 40 pour 100 s'il y en a quatre ou un plus grand nombre.

« Pour les enfants, orphelins de père et de mère, la rente est portée pour chacun d'eux à 20 pour 100 du salaire.

« L'ensemble de ces rentes ne peut, dans le pre-mier cas, dépasser 40 pour 100 du salaire ni 60 pour 100 dans le second.

« *c*) Si la victime n'a ni conjoint ni enfant dans les termes des paragraphes *a* et *b*, chacun des ascen-dants et descendants qui étaient à sa charge recevra une rente viagère pour les ascendants et payable jusqu'à seize ans pour les descendants. Cette rente sera égale à 10 pour 100 du salaire annuel de la victime, sans que le montant total des rentes ainsi allouées puisse dépasser 30 pour 100.

« Chacune des rentes prévues par le paragraphe *c* est, le cas échéant, réduite proportionnellement.

« Les rentes constituées en vertu de la présente loi sont payables à la résidence du titulaire, ou au chef-lieu de canton de cette résidence, et, si elles sont servies par la Caisse nationale des retraites, chez le préposé de cet établissement désigné par le titulaire.

« Elles sont payables par trimestre et à terme échu; toutefois, le tribunal peut ordonner le paye-ment d'avance de la moitié du premier arrérage.

« Ces rentes sont incessibles et insaisissables.

« Les ouvriers étrangers, victimes d'accidents, qui cesseraient de résider sur le territoire français, rece-vront, pour toute indemnité, un capital égal à trois fois la rente qui leur avait été allouée.

« Il en sera de même pour leurs ayants droit étrangers cessant de résider sur le territoire français, sans que toutefois le capital puisse alors dépasser la valeur actuelle de la rente d'après le tarif visé à l'article 28.

« Les représentants étrangers d'un ouvrier étran-ger ne recevront aucune indemnité si, au moment de l'accident, ils ne résidaient pas sur le territoire français.

« Les dispositions des trois alinéas précédents pourront, toutefois, être modifiées par traités dans la limite des indemnités prévues au présent article, pour les étrangers dont les pays d'origine garanti-raient à nos nationaux des avantages équivalents.

« **Art. 4.** Le chef d'entreprise supporte, en outre, les frais médicaux et pharmaceutiques et les frais funéraires. Ces derniers sont évalués à la somme de 100 francs au maximum.

« La victime peut toujours faire choix elle-même de son médecin et de son pharmacien. Dans ce cas, le chef d'entreprise ne peut être tenu des frais médi-caux et pharmaceutiques que jusqu'à concurrence de la somme fixée par le juge de paix du canton où est survenu l'accident, conformément à un tarif qui sera établi par arrêté du ministre du commerce, après avis d'une commission spéciale comprenant des re-présentants de syndicats de médecins et de pharma-ciens, de syndicats professionnels ouvriers et patro-naux, de sociétés d'assurances contre les accidents du travail et de syndicats de garantie, et qui ne pourra être modifié qu'à intervalles de deux ans.

« Le chef d'entreprise est seul tenu dans tous les cas, en outre des obligations contenues en l'article 3, des frais d'hospitalisation qui, tout compris, ne pour-ront dépasser le tarif établi pour l'application de l'ar-ticle 24 de la loi du 15 juillet 1893 majoré de 50 pour 100, ni excéder jamais 4 francs par jour pour Paris, ou 3 fr. 50 partout ailleurs.

« Les médecins et pharmaciens ou les établisse-ments hospitaliers peuvent actionner directement le chef d'entreprise.

« Au cours du traitement, le chef d'entreprise pourra désigner au juge de paix un médecin chargé de le renseigner sur l'état de la victime. Cette dési-gnation, dûment visée par le juge de paix, donnera audit médecin accès hebdomadaire auprès de la vic-time en présence du médecin traitant, prévenu deux jours à l'avance par lettre recommandée.

« Faute par la victime de se prêter à cette visite, le payement de l'indemnité journalière sera suspendu par décision du juge de paix, qui convoquera la vic-time par simple lettre recommandée.

« Si le médecin certifie que la victime est en état de reprendre son travail et que celle-ci le conteste, le chef d'entreprise peut, lorsqu'il s'agit d'une incapacité temporaire, requérir du juge de paix une expertise médicale qui devra avoir lieu dans les cinq jours.

« **Art. 10.** Le salaire servant de base à la fixation des rentes s'entend, pour l'ouvrier occupé dans l'en-treprise pendant les douze mois avant l'accident, de la rémunération effective qui lui a été allouée pen-dant ce temps, soit en argent, soit en nature.

« Pour les ouvriers occupés pendant moins de douze mois avant l'accident, il doit s'entendre de la rémunération effective qu'ils ont reçue depuis leur entrée dans l'entreprise, augmentée de la rémunéra-tion qu'ils auraient pu recevoir pendant la période de travail nécessaire pour compléter les douze mois, d'après la rémunération moyenne des ouvriers de la même catégorie pendant ladite période.

« Si le travail n'est pas continu, le salaire annuel est calculé, tant d'après la rémunération reçue pen-dant la période d'activité que d'après le gain de l'ouvrier pendant le reste de l'année.

« Si, pendant les périodes visées aux alinéas pré-cédents, l'ouvrier a chômé exceptionnellement et pour des causes indépendantes de sa volonté, il est fait état du salaire moyen qui eût correspondu à ces chômages.

« **Art. 15.** Sont jugées en dernier ressort par le juge de paix du canton où l'accident s'est produit, à quelque chiffre que la demande puisse s'élever et dans les quinze jours de la demande, les contestations relatives tant aux frais funéraires qu'aux indemnités temporaires.

« Les indemnités temporaires sont dues jusqu'au jour du décès ou jusqu'à la consolidation de la bles-sure, c'est-à-dire jusqu'au jour où la victime se trouve, soit complètement guérie, soit définitivement atteinte d'une incapacité permanente; elles conti-nuent, dans ce dernier cas, à être servies jusqu'à la décision définitive prévue à l'article suivant, sous réserve des dispositions du quatrième alinéa dudit article.

« Si l'une des parties soutient, avec un certificat médical à l'appui, que l'incapacité est permanente, le juge de paix doit se déclarer incompétent par une décision dont il transmet, dans les trois jours, expé-dition au président du tribunal civil. Il fixe en même temps, s'il ne l'a fait antérieurement, l'indemnité journalière.

« Le juge de paix connaît des demandes relatives au payement des frais médicaux et pharmaceutiques jusqu'à 300 francs en dernier ressort, et à quelque chiffre que ces demandes s'élèvent, à charge d'appel dans la quinzaine de la décision.

« Les décisions du juge de paix relatives à l'in-demnité journalière sont exécutoires nonobstant opposition. Ces décisions sont susceptibles de recours en cassation pour violation de la loi.

« Lorsque l'accident s'est produit en territoire étran-ger, le juge de paix compétent, dans les termes de l'article 12 et du présent article, est celui du canton où est situé l'établissement ou le dépôt auquel est attachée la victime.

« Lorsque l'accident s'est produit en territoire français, hors du canton où est situé l'établissement ou le dépôt auquel est attachée la victime, le juge de paix de ce dernier canton devient exceptionnellement compétent, à la requête de la victime ou de ses ayants droit adressée, sous forme de lettre recommandée, au juge de paix du canton où l'accident s'est produit, avant qu'il n'ait été saisi dans les termes du présent article ou bien qu'il n'ait clos l'enquête prévue à l'article 13. Un récépissé est immédiatement envoyé au requérant par le greffe, qui avise, en même temps que le chef d'entreprise, le juge de paix devenu compétent et, s'il y a lieu, transmet à ce dernier le dossier de l'enquête, dès sa clôture, en avertissant les parties, conformément à l'article 13.

« Si, après transmission du dossier de l'enquête au président du tribunal du lieu de l'accident et avant convocation des parties, la victime ou ses ayants droit justifient qu'ils n'ont pu, avant la clôture de l'enquête, user de la faculté prévue à l'alinéa précédent, le président peut, les parties entendues, se dessaisir du dossier et le transmettre au président du tribunal de l'arrondissement où est situé l'établissement ou le dépôt auquel est attachée la victime.

« **Art. 16.** En ce qui touche les autres indemnités prévues par la présente loi, le président du tribunal de l'arrondissement, dans les cinq jours de la transmission du dossier, si la victime est décédée avant la clôture de l'enquête, ou, dans le cas contraire, dans les cinq jours de la production par la partie la plus diligente, soit de l'acte de décès, soit d'un accord écrit des parties reconnaissant le caractère permanent de l'incapacité, ou bien de la réception de la décision du juge de paix visée au troisième alinéa de l'article précédent, ou enfin, s'il n'a été saisi d'aucune de ces pièces, dans les cinq jours précédant l'expiration du délai de prescription prévu à l'article 18, lorsque la date de cette expiration lui est connue, convoque la victime ou ses ayants droit, le chef d'entreprise, qui peut se faire représenter et, s'il y a assurance, l'assureur. Il peut, du consentement des parties, commettre un expert dont le rapport doit être déposé dans le délai de huitaine.

« En cas d'accord entre les parties, conforme aux prescriptions de la présente loi, l'indemnité est définitivement fixée par l'ordonnance du président qui en donne acte en indiquant, sous peine de nullité, le salaire de base et la réduction que l'accident aura fait subir au salaire.

« En cas de désaccord, les parties sont renvoyées à se pourvoir devant le tribunal, qui est saisi par la partie la plus diligente et statue comme en matière sommaire, conformément au titre XXIV du livre II du Code de procédure civile. Son jugement est exécutoire par provision.

« En ce cas, le président, par son ordonnance de renvoi et sans appel, peut substituer à l'indemnité journalière une provision inférieure au demi-salaire ou, dans la même limite, allouer une provision aux ayants droit. Ces provisions peuvent être allouées ou modifiées en cours d'instance par voie de référé sans appel. Elles sont incessibles et insaisissables et payables dans les mêmes conditions que l'indemnité journalière.

« Les arrérages des rentes courent à partir du jour du décès ou de la consolidation de la blessure, sans se cumuler avec l'indemnité journalière ou la provision.

« Dans les cas où le montant de l'indemnité ou de la provision excède les arrérages dus jusqu'à la date de la fixation de la rente, le tribunal peut ordonner que le surplus sera précompté sur les arrérages ultérieurs dans la proportion qu'il détermine.

« S'il y a assurance, l'ordonnance du président ou le jugement fixant la rente allouée spécifie que l'assureur est substitué au chef d'entreprise dans les termes du titre IV de façon à supprimer tout recours de la victime contre ledit chef d'entreprise.

« **Art. 19.** La demande en revision de l'indemnité fondée sur une aggravation ou une atténuation de l'infirmité de la victime, ou son décès par suite des conséquences de l'accident, est ouverte pendant trois ans à compter, soit de la date à laquelle cesse d'être due l'indemnité journalière, s'il n'y a point eu attribution de rente, soit de l'accord intervenu entre les parties ou de la décision judiciaire passée en force de chose jugée, même si la pension a été remplacée par un capital en conformité de l'article 21.

« Dans tous les cas, sont applicables à la revision les conditions de compétence et de procédure fixées par les articles 16, 17 et 22. Le président du tribunal est saisi par voie de simple déclaration au greffe.

« S'il y a accord entre les parties, conforme aux prescriptions de la présente loi, le chiffre de la rente revisée est fixé par ordonnance du président, qui donne acte de cet accord en spécifiant, sous peine de nullité, l'aggravation ou l'atténuation de l'infirmité.

« En cas de désaccord, l'affaire est renvoyée devant le tribunal, qui est saisi par la partie la plus diligente et qui statue comme en matière sommaire et ainsi qu'il est dit à l'article 16.

« Au cours des trois années pendant lesquelles peut s'exercer l'action en revision, le chef d'entreprise pourra désigner au président du tribunal un médecin chargé de le renseigner sur l'état de la victime.

« Cette désignation, dûment visée par le président, donnera audit médecin accès trimestriel auprès de la victime. Faute par la victime de se prêter à cette visite, tout payement d'arrérages sera suspendu par décision du président qui convoquera la victime par simple lettre recommandée.

« Les demandes prévues à l'article 9 doivent être portées devant le tribunal au plus tard dans le mois qui suit l'expiration du délai imparti pour l'action en revision.

« **Art. 21.** Les parties peuvent toujours, après détermination du chiffre de l'indemnité due à la victime de l'accident, décider que le service de la pension sera suspendu et remplacé, tant que l'accord subsistera, par tout autre mode de réparation.

« En dehors des cas prévus à l'article 3, la pension ne pourra être remplacée par le payement d'un capital que si elle n'est pas supérieure à 100 francs et si le titulaire est majeur. Ce rachat ne pourra être effectué que d'après le tarif spécifié à l'article 28.

« **Art. 27.** Les compagnies d'assurances mutuelles ou à primes fixes contre les accidents, françaises ou étrangères, sont soumises à la surveillance et au contrôle de l'État et astreintes à constituer des réserves ou cautionnements dans les conditions déterminées par un règlement d'administration publique.

« Le montant des réserves mathématiques et des cautionnements sera affecté par privilège au payement des pensions et indemnités.

« Les syndicats de garantie seront soumis à la même surveillance, et un règlement d'administration publique déterminera les conditions de leur création et de leur fonctionnement.

« A toute époque, un arrêté du ministre du commerce peut mettre fin aux opérations de l'assureur qui ne remplit pas les conditions prévues par la présente loi ou dont la situation financière ne donne pas les garanties suffisantes pour lui permettre de remplir ses engagements. Cet arrêté est pris après avis conforme du comité consultatif des assurances contre les accidents du travail, l'assureur ayant été mis en demeure de fournir ses observations par écrit dans un délai de quinzaine. Le comité doit émettre son avis dans la quinzaine suivante.

« Le dixième jour, à midi, à compter de la publication de l'arrêté au *Journal officiel*, tous les contrats contre les risques régis par la présente loi cessent de plein droit d'avoir effet, les primes restant à payer ou les primes payées d'avance n'étant acquises à l'assureur qu'en proportion de la période d'assurance réalisée, sauf stipulation contraire dans les polices.

« Le comité consultatif des assurances contre les accidents du travail est composé de vingt-quatre membres, savoir : deux sénateurs et trois députés élus par leurs collègues; le directeur de l'assurance et de la prévoyance sociales; le directeur du travail; le directeur général de la Caisse des dépôts et consignations; trois membres agrégés de l'institut des actuaires français; le président du tribunal de commerce de la Seine ou un président de section délégué par lui; le président de la chambre de commerce de Paris ou un membre délégué par lui; deux ouvriers membres du conseil supérieur du travail; un professeur de la faculté de droit de Paris; deux directeurs ou administrateurs de sociétés mutuelles d'assurances contre les accidents du travail ou syndicats de garantie; deux directeurs ou administrateurs de sociétés anonymes ou en commandite d'assurances contre les accidents du travail; quatre personnes spécialement compétentes en matière d'assurances contre les accidents du travail. Un décret détermine le mode de nomination et de renouvellement des membres ainsi que la désignation du président, du vice-président et du secrétaire.

« Les frais de toute nature résultant de la surveillance et du contrôle seront couverts au moyen de contributions proportionnelles au montant des réserves ou cautionnements et fixés annuellement pour chaque compagnie ou association par arrêté du ministre du commerce.

« **Art. 30.** Toute convention contraire à la présente loi est nulle de plein droit. Cette nullité, comme la nullité prévue au deuxième alinéa de l'article 16 et au troisième alinéa de l'article 19, peut être poursuivie par tout intéressé devant le tribunal visé auxdits articles.

« Toutefois, dans ce cas, l'assistance judiciaire n'est accordée que dans les conditions du droit commun.

« La décision qui prononce la nullité fait courir à nouveau, du jour où elle devient définitive, les délais impartis soit pour la prescription, soit pour la revision.

« Sont nulles de plein droit et de nul effet les obligations contractées, pour rémunération de leurs services, envers les intermédiaires qui se chargent, moyennant émoluments convenus à l'avance, d'assurer aux victimes d'accidents ou à leurs ayants droits le bénéfice des instances ou des accords prévus aux articles 15, 16, 17 et 19.

« Est passible d'une amende de 16 francs à 300 francs et, en cas de récidive dans l'année de la condamnation, d'une amende de 500 francs à 2000 francs, sous réserve de l'application de l'article 463 du Code pénal :

« 1° Tout intermédiaire convaincu d'avoir offert les services spécifiés à l'alinéa précédent;

« 2° Tout chef d'entreprise ayant opéré, sur le salaire de ses ouvriers ou employés, des retenues pour l'assurance des risques mis à sa charge par la présente loi;

« 3° Toute personne qui, soit par menace de renvoi, soit par refus ou menace de refus des indemnités dues en vertu de la présente loi, aura porté atteinte ou tenté de porter atteinte au droit de la victime de choisir son médecin;

« 4° Tout médecin ayant, dans des certificats délivrés pour l'application de la présente loi, sciemment dénaturé les conséquences des accidents. »

Art. 2 Le tarif visé à l'article 4 de la loi du 9 avril 1898, ci-dessus modifié, devra être établi dans un délai de six mois à compter de la promulgation de la présente loi et publié au *Journal officiel*. Il sera appliqué un mois après cette publication, et jusque-là les tarifs d'assistance médicale gratuite resteront transitoirement applicables.

Art. 3. La présente loi sera applicable aux accidents visés par la loi du 30 juin 1899.

Art. 4. La présente loi — en ce qu'elle décide que l'indemnité journalière sera due à partir du premier jour après celui de l'accident, si l'incapacité de travail dure plus de dix jours — et, en ce qui concerne le maximum des frais d'hospitalisation — n'entrera en vigueur que trente jours après sa promulgation.

V. *la discussion de cette loi à la Chambre des députés et au Sénat*, D. P. 1905. 4. 101.

Loi du 12 juillet 1905,

Concernant : 1° la compétence des juges de paix; 2° la réorganisation des justices de paix (D. P. 1905. 4. 71).

TITRE 1er.

DE LA COMPÉTENCE CIVILE DES JUGES DE PAIX.

Art. 1er. Les juges de paix connaissent, en matière civile, de toutes actions purement personnelles ou mobilières en dernier ressort jusqu'à la valeur de trois cents francs (300 fr.), et à charge d'appel jusqu'à la valeur de six cents francs (600 fr.).

2. Les juges de paix prononcent sans appel jusqu'à la valeur de trois cents francs (300 fr.), et à charge d'appel jusqu'au taux de la compétence en dernier ressort des tribunaux de première instance, sur les contestations :

1° Entre les hôteliers, aubergistes ou logeurs et les voyageurs ou locataires en garni, leurs répondants ou cautions, pour dépense d'hôtellerie et perte ou avarie d'effets déposés dans l'auberge ou dans l'hôtel ;

2° Entre les voyageurs et les entrepreneurs de transports par terre ou par eau, les voituriers ou bateliers, pour retards, frais de route et perte ou avarie d'effets accompagnant les voyageurs ;

3° Entre les voyageurs et les carrossiers ou autres ouvriers, pour fournitures, salaires et réparations faites aux voitures et autres véhicules de voyage ;

4° Sur les contestations à l'occasion des correspondances et objets recommandés et des envois de valeur déclarée, grevés ou non de remboursement.

Dans le cas du paragraphe 4, la demande pourra être portée soit devant le juge de paix du domicile de l'expéditeur, soit devant le juge de paix du domicile du destinataire, au choix de la partie la plus diligente.

3. Les juges de paix connaissent sans appel jusqu'à la valeur de trois cents francs (300 fr.), et à charge d'appel à quelque valeur que la demande puisse s'élever :

Des actions en payement de loyers ou fermages ;

Des congés ;

Des demandes en résiliation de baux fondées soit sur le défaut de payement des loyers ou fermages, soit sur l'insuffisance des meubles garnissant la maison, ou de bestiaux et ustensiles nécessaires à l'exploitation d'après les articles 1752 et 1766 du Code civil, soit enfin sur la destruction de la totalité de la chose louée, prévue par l'article 1722 du Code civil ;

Des expulsions de lieux ;

Des demandes en validité et en nullité ou mainlevée de saisies-gageries pratiquées en vertu des articles 819 et 820 du Code de procédure civile, ou de saisies-revendications portant sur des meubles déplacés sans le consentement du propriétaire, dans les cas prévus aux articles 2102, paragraphe 1er du Code civil et 819 du Code de procédure civile, à moins que, dans ce dernier cas, il n'y ait contestation de la part d'un tiers.

Le tout lorsque les locations verbales ou écrites n'excèdent pas annuellement six cents francs (600 fr.).

Si le prix principal du bail se compose en totalité ou en partie de denrées ou prestations en nature appréciables d'après les mercuriales, l'évaluation en sera faite sur les mercuriales du jour de l'échéance, lorsqu'il s'agira du payement des fermages ; dans tous les autres cas, elle aura lieu suivant les mercuriales du mois qui aura précédé la demande.

S'il comprend des prestations non appréciables d'après les mercuriales, ou s'il s'agit de baux à colons partiaires, le juge de paix déterminera la compétence en prenant pour base du revenu de la propriété le principal de la contribution foncière de l'année courante multiplié par cinq.

4. Les juges de paix connaissent sans appel jusqu'à la valeur de trois cents francs (300 fr.), et à charge d'appel à quelque chiffre que la demande puisse s'élever :

Des réparations locatives des maisons ou fermes ;

Des indemnités réclamées par le locataire ou fermier pour non-jouissance provenant du fait du bailleur lorsque le droit à une indemnité n'est pas contesté ;

Des dégradations et pertes dans les cas prévus par les articles 1732 et 1735 du Code civil.

Néanmoins, le juge de paix ne connaît des pertes causées par incendie ou inondation que dans les limites posées par l'article 1er de la présente loi.

5. Les juges de paix connaissent également sans appel jusqu'à la valeur de trois cents francs (300 fr.), et à charge d'appel à quelque valeur que la demande puisse s'élever :

1° Des contestations relatives aux engagements respectifs des gens de travail au jour, au mois et à l'année, et de ceux qui les emploient ; des maîtres, domestiques ou gens de service à gages ; des maîtres ou patrons et de leurs ouvriers ou apprentis, sans néanmoins qu'il soit dérogé aux lois et règlements relatifs soit à la juridiction commerciale, soit à celle des prud'hommes, soit au contrat d'apprentissage ni aux lois sur les accidents du travail ;

2° Des contestations relatives au payement des nourrices.

6. Les juges de paix connaissent encore, sans appel, jusqu'à la valeur de trois cents francs (300 fr.), et à charge d'appel à quelque valeur que la demande puisse s'élever :

1° Des actions pour dommages faits aux champs, fruits et récoltes, soit par l'homme, soit par les animaux, dans les conditions prévues par les articles 1382 à 1385 du Code civil ;

2° Des actions relatives à l'élagage des arbres ou haies et au curage soit des fossés, soit des canaux servant à l'irrigation des propriétés ou au mouvement des usines lorsque les droits de propriété ou de servitude ne sont pas contestés ;

3° Des actions civiles pour diffamations ou pour injures publiques ou non publiques, qu'elles soient verbales ou par écrit, autrement que par la voie de la presse ; des mêmes actions pour rixes ou voies de fait, le tout lorsque les parties ne se sont pas pourvues par la voie criminelle ;

4° De toutes demandes relatives aux vices rédhibitoires dans les cas prévus par la loi du 2 août 1884, soit que les animaux qui en sont l'objet aient été vendus, soit qu'ils aient été échangés, soit qu'ils aient été acquis par tout autre mode de transmission ;

5° Des contestations entre les compagnies ou administrations de chemins de fer ou tous autres transporteurs et les expéditeurs ou les destinataires relatives à l'indemnité afférente à la perte, à l'avarie, au détournement d'un colis postal du service continental intérieur, ainsi qu'aux retards apportés à la livraison. Ces indemnités ne pourront excéder les tarifs prévus aux conventions intervenues entre les compagnies ou autres transporteurs concessionnaires et l'État.

Seront considérés, à ce point de vue, comme appartenant au service continental intérieur, les colis postaux échangés entre la France continentale, la Corse, la Tunisie et l'Algérie.

Dans le cas du paragraphe 5, la demande pourra être portée soit devant le juge de paix du domicile de l'expéditeur, soit devant le juge de paix du domicile du destinataire, au choix de la partie la plus diligente.

7. Les juges de paix connaissent, à charge d'appel :

1° Des demandes en pension alimentaire n'excédant pas en totalité six cents francs (600 fr.) par an, fondées sur les articles 205, 206, 207 du Code civil. S'il y a plusieurs défendeurs à la demande en pension alimentaire, ils pourront être cités devant le tribunal de paix du domicile de l'un d'eux au choix du demandeur ;

2° Des entreprises commises dans l'année sur les cours d'eau servant à l'irrigation des propriétés et au mouvement des usines et moulins, sans préjudice des attributions de l'autorité administrative dans les cas déterminés par les lois et règlements : dénonciations de nouvel œuvre, complaintes, actions en réintégrande et autres actions possessoires fondées sur des faits également commis dans l'année ;

3° Des actions en bornage et de celles relatives à la distance prescrite par la loi, les règlements particuliers et l'usage des lieux, pour les plantations d'arbres ou de haies, lorsque la propriété ou les titres qui l'établissent ne sont pas contestés ;

4° Des actions relatives aux constructions et travaux énoncés dans l'article 674 du Code civil, lorsque la propriété ou la mitoyenneté du mur ne sont pas contestées ;

5° Des demandes en payement des droits de place perçus par les communes ou leurs concessionnaires, lorsqu'il n'y a pas contestation sur l'interprétation de l'article ou des articles servant de base à la poursuite. L'affaire sera jugée devant le juge de paix du lieu où la perception est due ou réclamée.

8. Lorsque plusieurs demandes formulées par la même partie contre le même défendeur seront réunies dans une même instance, le juge de paix ne prononcera qu'en premier ressort, si leur valeur totale s'élève au-dessus de trois cents francs (300 fr.), lors même que quelqu'une de ces demandes serait inférieure à cette somme.

Il sera incompétent sur le tout, si ces demandes excèdent, par leur réunion, les limites de sa juridiction.

9. La demande formée par plusieurs demandeurs ou contre plusieurs défendeurs collectivement et en vertu d'un titre commun sera jugée en dernier ressort, si la part afférente à chacun des demandeurs ou à chacun des défendeurs dans la demande n'est pas supérieure à trois cents francs (300 fr.) ; elle sera jugée pour le tout en premier ressort, si la part d'un seul des intéressés excède cette somme ; enfin, le juge de paix sera incompétent sur le tout, si cette part excède les limites de sa juridiction.

Le présent article n'est pas applicable au cas de solidarité, soit entre les demandeurs, soit entre les défendeurs.

10. Les juges de paix connaissent de toutes les demandes reconventionnelles ou en compensation qui, par leur nature ou leur valeur, sont dans les limites de leur compétence, alors même que ces demandes réunies à la demande principale excéderaient les limites de leur juridiction.

Ils connaissent, en outre, comme de la demande principale elle-même, des demandes reconventionnelles en dommages-intérêts fondées exclusivement sur la demande principale, à quelque somme qu'elles puissent monter.

11. Lorsque chacune des demandes principales reconventionnelles ou en compensation sera dans les limites de la compétence du juge de paix en dernier ressort, il prononcera sans qu'il y ait lieu à appel.

Si une de ces demandes n'est susceptible d'être jugée qu'à charge d'appel, le juge de paix ne prononcera sur toutes qu'en premier ressort.

Néanmoins, il statuera en dernier ressort si seule la demande reconventionnelle en dommages-intérêts, fondée exclusivement sur la demande principale, dépasse sa compétence en premier ressort.

Si la demande reconventionnelle ou en compensation excède les limites de sa compétence, il pourra soit retenir le jugement de la demande principale, soit renvoyer sur le tout les parties à se pourvoir devant le tribunal de première instance, sans préliminaire de conciliation.

12. Les juges de paix connaissent des actions en validité et en nullité d'offres réelles, autres que celles concernant les administrations de l'enregistrement ou des contributions indirectes, lorsque l'objet du litige n'excède pas les limites de leur compétence.

13. Les juges de paix connaissent des demandes en validité, nullité et mainlevée de saisies sur débiteurs forains pratiquées pour des causes rentrant dans les limites de leur compétence.

En cette matière, comme en matière de saisie-gagerie et de saisie-revendication, si les saisies ne peuvent avoir lieu qu'en vertu de la permission du juge dans les cas prévus par les articles 2102 du Code civil, 819 et 822 du Code de procédure civile, cette permission sera accordée par le juge de paix du lieu où la saisie devra être faite toutes les fois que les causes de la saisie rentreront dans sa compétence.

S'il y a opposition pour des causes qui, réunies, excéderaient cette compétence, le jugement en sera déféré aux tribunaux de première instance.

14. Les juges de paix connaissent des demandes en validité, en nullité et en mainlevée de saisies-arrêts et oppositions, — autres que celles concernant les administrations de l'enregistrement et des contributions indirectes, — ainsi que des demandes en déclaration affirmative, lorsque les causes des saisies n'excèdent pas les limites de leur compétence, sans préjudice de l'application de la loi spéciale du 12 janvier 1895 sur la saisie-arrêt des salaires et des petits traitements.

En cette matière, la permission exigée à défaut de titre par l'article 558 du Code de procédure civile sera délivrée par le juge de paix du domicile du débiteur et même par celui du domicile du tiers saisi, sur requête signée de la partie ou de son mandataire.

15. Les juges de paix seront seuls compétents pour procéder, à défaut d'entente amiable entre les créanciers opposants et le saisi, à la distribution par contribution des sommes saisies, lorsque les sommes à distribuer n'excéderont pas six cents francs (600 fr.) de principal. Cette distribution sera faite, après le dépôt de la somme à distribuer à la Caisse des dépôts et consignations, dans les formes prévues par les articles 11 à 18 de la loi du 12 janvier 1895 et par le décret du 8 février suivant.

Si les titres des créanciers produisants sont contestés et si les causes de la contestation excèdent les limites de leur compétence, les juges de paix sursoiront au règlement de la procédure de distribution jusqu'à ce que les tribunaux compétents se soient prononcés et leur jugement soit rendu définitif.

16. Les juges de paix peuvent autoriser une femme mariée à ester en jugement devant leur tribunal, lorsqu'elle n'obtient pas cette autorisation de son mari entendu ou dûment appelé par voie de simple avertissement.

Ils peuvent aussi, dans les cas prévus à l'article 5 de la présente loi, autoriser les mineurs à ester en justice devant eux.

Dans tous les cas il sera fait mention dans le jugement de l'autorisation donnée.

17. Les juges de paix connaissent des actions en payement des frais faits ou exposés devant leur juridiction.

TITRE II.
DE L'ORGANISATION DES JUSTICES DE PAIX.

18. Il y a, dans chaque canton, y compris ceux du département de la Seine, un juge de paix et deux suppléants, sauf l'application des dispositions de l'article 41 de la loi du 26 février 1901 pour les communes divisées en plusieurs cantons.

A Paris, il est créé deux places de juges de paix dont les titulaires seront seuls, avec des suppléants, chargés d'assurer le service du tribunal de police.

Il pourra également, à Paris, être créé, par décret en Conseil d'État, un poste de suppléant nouveau par justice de paix.

19. A partir de la promulgation de la présente loi, pourront seuls être nommés juges de paix :

1° Les anciens juges de paix, les licenciés en droit justifiant ou d'un stage de deux années au moins, soit près d'un barreau, soit dans une étude de notaire ou d'avoué, ou de l'exercice, pendant deux ans, de fonctions publiques;

2° Ceux qui auront obtenu le diplôme de bachelier en droit ou le brevet de capacité organisé par le décret du 14 février 1905 et qui justifieront en outre d'un stage de trois années au moins dans une étude de notaire ou d'avoué ou de l'exercice pendant trois ans de fonctions publiques;

3° Ceux qui, à défaut de licence en droit, auront obtenu le certificat de capacité prévu par l'article 12 de la loi du 22 ventôse an XII relative aux écoles de droit et en outre auront été :

Pendant cinq ans :

Notaires, avoués, greffiers près les cours d'appel ou les tribunaux civils, de commerce ou de paix, receveurs ou fonctionnaires d'un ordre au moins égal dans l'administration de l'enregistrement;

Pendant dix ans :

Conseillers prud'hommes pouvant justifier de trois années de fonctions comme présidents ou vice-présidents;

4° Ceux qui, à défaut de licence ou de baccalauréat en droit ou de certificat de capacité, auront exercé pendant dix ans les fonctions de maires ou adjoints, ou conseillers généraux, à la condition d'être nommés en dehors du canton où ils exercent auront exercé ou sollicité depuis moins de deux ans; des fonctions électives;

Membres des tribunaux de commerce, suppléants de justices de paix, conseillers de préfecture;

Notaires, greffiers près les cours d'appel ou les tribunaux civils, de commerce ou de paix, receveurs ou fonctionnaires d'un ordre au moins égal dans l'administration de l'enregistrement;

Ceux qui auront été également, pendant dix ans, huissiers, commis greffiers près les cours d'appel ou tribunaux civils; clercs d'avoué ou de notaire pouvant justifier de cinq ans d'exercice comme premiers clercs dans une étude d'avoué ou de notaire de chef-lieu d'arrondissement;

Les magistrats, officiers ministériels ou fonctionnaires mentionnés dans les paragraphes 3° et 4° ci-dessus qui auront exercé plusieurs de ces fonctions

pourront en ajouter la durée pour remplir les conditions exigées par ces paragraphes.

20. Les juges de paix et leurs suppléants ne pourront être nommés avant l'âge de vingt-sept ans accomplis.

21. Les juges de paix ne pourront être révoqués ni diminués de classe que sur l'avis d'une commission nommée par le garde des sceaux et composée du procureur général à la Cour de cassation, de trois conseillers à la Cour de cassation et des trois directeurs au ministère de la justice, et après avoir été entendus s'ils le demandent.

22. L'article 64 de la loi du 20 avril 1810 est modifié ainsi qu'il suit :

« Pourront être nommés juges suppléants dans les tribunaux de première instance, même s'ils n'ont pas suivi le barreau pendant deux ans, les juges de paix pourvus du diplôme de licencié en droit qui auront exercé leurs fonctions pendant deux ans. »

23. Les anciens juges de paix pourront être nommés juges de paix honoraires, après vingt ans d'exercice comme suppléants ou comme titulaires, ou si des infirmités graves ou permanentes leur donnent des droits à une pension de retraite.

Les greffiers des tribunaux de paix et de police pourront être nommés greffiers honoraires après vingt années d'exercice.

24. A Paris, le traitement des juges de paix est maintenu à huit mille francs (8 000 fr.); ils recevront en outre quinze cents francs (1 500 fr.) par an, à titre d'indemnité pour un secrétaire.

Les juges de paix en résidence dans les autres cantons recevront :

1° Dans les villes dont la population atteint 60000 habitants, à Versailles et dans les cantons du département de la Seine, cinq mille francs (5000 fr.);

2° Dans les villes dont la population atteint 20000 habitants et à Chambéry, trois mille cinq cents francs (3500 fr.);

3° Dans les chefs-lieux judiciaires ou administratifs dont la population est inférieure à 20000 habitants, ainsi que dans les cantons dont la population totale dépasse 20000 habitants, trois mille francs (3000 fr.);

4° Dans les autres cantons, deux mille cinq cents francs (2500 fr.).

(L. 29 décembre 1907.) Lorsque, par suite de la diminution de la population, une justice de paix descendra de classe, le titulaire de cette justice de paix en fonctions au moment où les tableaux de la population seront déclarés authentiques, conservera, à titre personnel, la classe qu'il avait auparavant.

25. Après sept années passées dans la même classe, les juges de paix compris dans les deux dernières catégories pourront, par décret, être élevés sur place au traitement supérieur.

26. Les avocats régulièrement inscrits à un barreau sont dispensés de présenter une procuration devant les juges de paix.

Les avoués près le tribunal de première instance sont dispensés de présenter une procuration devant les justices de paix du ressort du tribunal où ils exercent leurs fonctions.

27. Sont abrogés les articles 1 à 10 de la loi du 25 mai 1838, l'article 5 de l'ordonnance de police du 6 novembre 1778, le paragraphe 2 de l'article 14 de l'ordonnance du 8 novembre 1780 et l'article 7 de l'ordonnance du 21 mai 1784, ainsi que toutes les dispositions contraires à celles de la présente loi.

28. Toutes créations de greffes ou d'offices de notaires nécessitées par la présente loi ne pourront avoir lieu qu'à la charge d'une indemnité incombant aux nouveaux titulaires.

L'indemnité sera fixée comme en matière de cession ou de suppression d'office.

V. la discussion de cette loi à la Chambre des députés et au Sénat, D. P. 1905. 4. 71.

Loi du 12 juillet 1905,

Concernant la signification d'oppositions et de cessions faites entre les mains des comptables de deniers publics et des préposés de la Caisse des dépôts et consignations (D. P. 1906. 4. 57).

Article unique. Toute opposition ou cession, signifiée au conservateur des oppositions au ministère des finances, à un comptable des deniers publics

ou à un préposé de la caisse des dépôts et consignations devra rester déposée, jusqu'au lendemain, au bureau ou à la caisse où elle aura été faite.

Loi du 13 juillet 1905,

Décidant que, lorsque les fêtes légales tomberont un vendredi, aucun payement ne sera exigé, ni aucun protêt ne sera dressé le lendemain de ces fêtes; lorsqu'elles tomberont le mardi, aucun payement ne sera exigé, ni aucun protêt ne sera dressé la veille de ces fêtes (D. P. 1905. 4. 91).
— V. supra, C. com., art. 134; — et l. 23 déc. 1904.

Art. 1er. (L. 20 décembre 1906.) « Lorsque les fêtes légales tomberont un vendredi ou un mardi, aucun payement d'aucune sorte sur effet, mandat, chèque, compte courant, dépôt de fonds ou de titres ou autrement, ne peut être exigé, ni aucun protêt dressé le lendemain des fêtes tombant un vendredi ou la veille des fêtes tombant un mardi. »

Dans ce cas, le protêt des effets impayés le samedi ou le lundi précédent ne pouvant être fait que le lundi ou le mercredi suivant, conservera néanmoins toute sa valeur à l'égard du tiré et des tiers, nonobstant toutes dispositions antérieures contraires.

2. La présente loi est applicable à l'Algérie et aux colonies.

Loi du 1er août 1905,

Sur la répression des fraudes dans la vente des marchandises et des falsifications des denrées alimentaires et des produits agricoles (D. P. 1906. 4. 47).

Art. 1er. Quiconque aura trompé ou tenté de tromper le contractant :

Soit sur la nature, les qualités substantielles, la composition et la teneur en principes utiles de toutes marchandises;

Soit sur leur espèce ou leur origine lorsque, d'après la convention ou les usages, la désignation de l'espèce ou de l'origine faussement attribuées aux marchandises, devra être considérée comme la cause principale de la vente;

Soit sur la quantité des choses livrées ou sur leur identité par la livraison d'une marchandise autre que la chose déterminée qui a fait l'objet du contrat;

Sera puni de l'emprisonnement, pendant trois mois au moins, un an au plus, et d'une amende de cent francs (100 fr.) au moins, de cinq mille francs (5000 fr.) au plus, ou de l'une de ces deux peines seulement.

2. L'emprisonnement pourra être porté à deux ans, si le délit ou la tentative de délit prévus à l'article précédent ont été commis :

Soit à l'aide de poids, mesures et autres instruments faux ou inexacts;

Soit à l'aide de manœuvres ou procédés tendant à fausser les opérations de l'analyse ou du dosage, du pesage ou du mesurage, ou bien à modifier frauduleusement la composition, le poids ou le volume des marchandises, même avant ces opérations;

Soit enfin, à l'aide d'indications frauduleuses tendant à faire croire à une opération antérieure et exacte.

3. Seront punis des peines portées par l'article 1er de la présente loi :

1° Ceux qui falsifieront des denrées servant à l'alimentation de l'homme ou des animaux, des substances médicamenteuses, des boissons et des produits agricoles ou naturels destinés à être vendus;

2° Ceux qui exposeront, mettront en vente ou vendront des denrées servant à l'alimentation de l'homme ou des animaux, des boissons et des produits agricoles ou naturels qu'ils sauront être falsifiés ou corrompus ou toxiques;

3° Ceux qui exposeront, mettront en vente ou vendront des substances médicamenteuses falsifiées;

4° Ceux qui exposeront, mettront en vente ou vendront, sous forme indiquant leur destination, des produits propres à effectuer la falsification des denrées servant à l'alimentation de l'homme ou des animaux, des boissons et des produits agricoles ou naturels, et ceux qui auront provoqué à leur emploi par le moyen de brochures, circulaires, prospectus, affiches, annonces ou instructions quelconques.

Si la substance falsifiée ou corrompue est nuisible à la santé de l'homme ou des animaux ou si elle est toxique, de même si la substance médicamenteuse falsifiée est nuisible à la santé de l'homme ou des animaux, l'emprisonnement devra être appliqué. Il sera de trois mois à deux ans et l'amende de cinq cents francs (500 fr.) à dix mille francs (10000 fr.).

Ces peines seront applicables même au cas où la falsification nuisible serait connue de l'acheteur ou du consommateur.

Les dispositions du présent article ne sont pas applicables aux fruits frais et légumes frais fermentés ou corrompus.

4. Seront punis d'une amende de cinquante francs (50 fr.) à trois mille francs (3000 fr.) et d'un emprisonnement de six jours au moins et de trois mois au plus, ou de l'une de ces deux peines seulement :

Ceux qui, sans motifs légitimes, seront trouvés détenteurs dans leurs magasins, boutiques, ateliers, maisons ou voitures servant à leur commerce ainsi que dans les entrepôts, abattoirs et leurs dépendances et dans les gares ou dans les halles, foires et marchés ;

Soit de poids ou mesures faux ou autres appareils inexacts servant au pesage ou au mesurage des marchandises ;

Soit de denrées servant à l'alimentation de l'homme ou des animaux, de boissons, de produits agricoles ou naturels qu'ils savaient être falsifiés, corrompus ou toxiques ;

Soit de substances médicamenteuses falsifiées ;

Soit de produits, sous forme indiquant leur destination, propres à effectuer la falsification des denrées servant à l'alimentation de l'homme ou des animaux, ou des produits agricoles ou naturels.

Si la substance alimentaire falsifiée ou corrompue est nuisible à la santé de l'homme ou des animaux ou si elle est toxique, de même si la substance médicamenteuse falsifiée est nuisible à la santé de l'homme ou des animaux, l'emprisonnement devra être appliqué.

Il sera de trois mois à un an et l'amende de cent francs (100 fr.) à cinq mille francs (5000 fr.).

Les dispositions du présent article ne sont pas applicables aux fruits frais et légumes frais fermentés ou corrompus.

5. Sera considéré comme étant en état de récidive légale quiconque ayant été condamné par application de la présente loi ou par application des lois sur les fraudes dans la vente :

1° Des engrais (loi du 4 février 1888) ;

2° (*L. 15 juillet 1907.*) « Des vins, cidres et poirés (lois des 14 août 1889, 11 juillet 1891, 24 juillet 1894, 6 avril 1897, 6 août 1905, 29 juin 1907) ; »

3° Des sérums thérapeutiques (loi du 25 avril 1895) ;

4° Des beurres (loi du 16 avril 1897) ;

5° De la saccharine (art. 49 et 53 de la loi du 30 mars 1902) ;

6° Des sucres (loi du 28 janvier 1903, art. 7 ; loi du 31 mars 1903, art. 32) ;

Aura dans les cinq ans qui suivront la date à laquelle cette condamnation sera devenue définitive, commis un nouveau délit tombant sous l'application de la présente loi ou des lois susvisées.

Au cas de récidive, les peines d'emprisonnement et d'affichage devront être appliquées.

6. Les objets dont les vente, usage ou détention constituent le délit, s'ils appartiennent encore au vendeur ou détenteur seront confisqués ; les poids et autres instruments de pesage, mesurage ou dosage, faux ou inexacts, devront être aussi confisqués et, de plus, seront brisés.

Si les objets confisqués sont utilisables, le tribunal pourra les mettre à la disposition de l'administration, pour être attribués aux établissements d'assistance publique.

S'ils sont inutilisables ou nuisibles, les objets seront détruits ou répandus aux frais du condamné.

Le tribunal pourra ordonner que la destruction ou effusion aura lieu devant l'établissement ou le domicile du condamné.

7. Le tribunal pourra ordonner, dans tous les cas, que le jugement de condamnation sera publié intégralement ou par extraits dans les journaux qu'il désignera et affiché dans les lieux qu'il indiquera, notamment aux portes du domicile, des magasins, usines et ateliers du condamné, le tout aux frais du condamné, sans toutefois que les frais de cette publication puissent dépasser le maximum de l'amende encourue.

Lorsque l'affichage sera ordonné, le tribunal fixera les dimensions de l'affiche et les caractères typographiques qui devront être employés pour son impression.

En ce cas et dans tous les autres cas où les tribunaux sont autorisés à ordonner l'affichage de leur jugement à titre de pénalité pour la répression des fraudes, ils devront fixer le temps pendant lequel cet affichage devra être maintenu sans que la durée en puisse excéder sept jours.

Au cas de suppression, de dissimulation ou de lacération totale ou partielle des affiches ordonnées par le jugement de condamnation, il sera procédé de nouveau à l'exécution intégrale des dispositions du jugement relatives à l'affichage.

Lorsque la suppression, la dissimulation ou la lacération totale ou partielle aura été opérée volontairement par le condamné, à son instigation ou par ses ordres, elle entraînera contre celui-ci l'application d'une peine d'amende de cinquante francs (50 fr.) à mille francs (1000 fr.).

La récidive de suppression, de dissimulation ou de lacération volontaire d'affiches par le condamné, à son instigation ou par ses ordres, sera punie d'un emprisonnement de six jours à un mois et d'une amende de cent francs (100 fr.) à deux mille francs (2000 fr.).

Lorsque l'affichage aura été ordonné à la porte des magasins du condamné, l'exécution du jugement ne pourra être entravée par la vente du fonds de commerce réalisée postérieurement à la première décision qui a ordonné l'affichage.

8. Toute poursuite exercée en vertu de la présente loi devra être continuée et terminée en vertu des mêmes textes.

L'article 463 du Code pénal sera applicable, même au cas de récidive, aux délits prévus par la présente loi.

Le tribunal, en cas de circonstances atténuantes, pourra ne pas ordonner l'affichage et ne pas appliquer l'emprisonnement.

Le sursis à l'exécution des peines d'amende édictées par la présente loi ne pourra être prononcé en vertu de la loi du 26 mars 1891.

9. Les amendes prononcées en vertu de la présente loi seront réparties d'après les règles tracées à l'article 11 de la loi de finances du 26 décembre 1890, modifiée par l'article 45 de la loi de finances du 29 avril 1893 et par l'article 83 de la loi de finances du 13 avril 1898.

Les délinquants condamnés aux dépens auront à acquitter, de ce chef, en dehors des frais ordinaires et au profit des communes, les frais d'expertise engagés par ces dernières lorsqu'elles auront pris l'initiative de déceler la fraude et d'en saisir la justice (laboratoires municipaux).

La commission départementale peut, sur la proposition du préfet, accorder aux communes qui auront organisé une police municipale alimentaire des subventions prélevées sur le reliquat disponible du fonds commun.

10. En cas d'action pour tromperie ou tentative de tromperie sur l'origine des marchandises, des denrées alimentaires ou des produits agricoles et naturels, le magistrat instructeur ou les tribunaux pourront ordonner la production des registres et documents des diverses administrations et notamment celles des contributions indirectes et des entrepreneurs de transports.

11. Il sera statué par des règlements d'administration publique sur les mesures à prendre pour assurer l'exécution de la présente loi, notamment en ce qui concerne :

1° La vente, la mise en vente, l'exposition et la détention des denrées, boissons, substances et produits qui donneront lieu à l'application de la présente loi ;

2° Les inscriptions et marques indiquant soit la composition, soit l'origine des marchandises, soit les appellations régionales et de crus particuliers que les acheteurs pourront exiger sur les factures, sur les emballages ou sur les produits eux-mêmes, à titre de garantie de la part des vendeurs, ainsi que les indications extérieures ou apparentes nécessaires pour assurer la loyauté de la vente et de la mise en vente ;

« (*L. 5 août 1908.*) La définition et la dénomination des boissons, denrées et produits conformément aux usages commerciaux, les traitements licites dont ils pourront être l'objet en vue de leur bonne fabrication ou de leur conservation, les caractères qui les rendent impropres à la consommation, la délimitation des régions pouvant prétendre exclusivement aux appellations de provenance des produits. Cette délimitation sera faite en prenant pour base les usages locaux constants ; »

3° Les formalités prescrites pour opérer des prélèvements d'échantillons et procéder contradictoirement aux expertises sur les marchandises suspectes ;

4° Le choix des méthodes d'analyses destinées à établir la composition, les éléments constitutifs et la teneur en principes utiles des produits ou à reconnaître leur falsification ;

5° Les autorités qualifiées pour rechercher et constater les infractions à la présente loi, ainsi que les pouvoirs qui leur seront conférés pour recueillir des éléments d'information auprès des diverses administrations publiques et des concessionnaires de transports.

12. Toutes les expertises nécessitées par l'application de la présente loi seront contradictoires, et le prix des échantillons reconnus bons sera remboursé d'après leur valeur le jour du prélèvement.

13. Les infractions aux prescriptions des règlements d'administration publique, pris en vertu de l'article précédent, seront punies d'une amende de seize francs (16 fr.) à cinquante francs (50 fr.).

Au cas de récidive dans l'année de la condamnation, l'amende sera de cinquante francs (50 fr.) à cinq cents francs (500 fr.).

Au cas de nouvelle infraction constatée dans l'année qui suivra la deuxième condamnation, l'amende sera de cinq cents francs (500 fr.) à mille francs (1000 fr.), et un emprisonnement de six jours à quinze jours pourra être prononcé.

14. L'article 423, le paragraphe 2 de l'article 477 du Code pénal, la loi du 27 mars 1851 tendant à la répression plus efficace de certaines fraudes dans la vente des marchandises, la loi des 5 et 9 mai 1855 sur la répression des fraudes dans la vente des boissons, sont abrogées.

Néanmoins, les incapacités électorales édictées par la loi du 24 janvier 1889 continueront à être appliquées comme conséquence des peines prononcées en vertu de la présente loi.

15. Les pénalités de la présente loi et ses dispositions en ce qui concerne l'affichage et les infractions aux règlements d'administration publique rendus pour son exécution sont applicables aux lois spéciales concernant la répression des fraudes dans le commerce des engrais, des vins, cidres et poirés, des sérums thérapeutiques, du beurre et la fabrication de la margarine. Elles sont substituées aux pénalités et dispositions de l'article 423 du Code pénal et de la loi du 27 mars 1851 dans tous les cas où des lois postérieures renvoient aux textes desdites lois, notamment dans les :

Article 1er de la loi du 28 juillet 1824 sur altérations de noms ou suppositions de noms sur les produits fabriqués ;

Articles 1 et 2 de la loi du 4 février 1888 concernant la répression des fraudes dans le commerce des engrais ;

Articles 7 de la loi du 14 août 1889, 2 de la loi du 11 juillet 1891 et 1er de la loi du 24 juillet 1894 relatives aux fraudes commises dans la vente des vins ;

Article 3 de la loi du 25 avril 1895 relative à la vente de sérums thérapeutiques ;

Article 3 de la loi du 6 avril 1897 concernant les vins, cidres et poirés ;

Articles 17, 19 et 20 de la loi du 16 avril 1897 concernant la répression de la fraude dans le commerce du beurre et la fabrication de la margarine.

La pénalité d'affichage est rendue applicable aux infractions prévues et punies par les articles 49 et 53 de la loi de finances du 30 mars 1902, 7 de la loi du 28 janvier 1903, 32 de la loi de finances du 31 mars 1903 et par les articles 2 et 3 de la loi du 18 juillet 1904.

16. La présente loi est applicable à l'Algérie et aux colonies.

V. *la discussion de cette loi à la Chambre et au Sénat,* D. P. 1906. 4. 47.

V. *le décret du 31 juillet 1906, portant règlement d'administration publique pour l'application de la loi du*

1er août 1905, sur la répression des fraudes et falsifications, en ce qui concerne les boissons, les denrées alimentaires et les produits agricoles (D. P. 1906. 4. 81).

V. en outre, le décret du 3 septembre 1907, portant règlement d'administration publique pour l'application de la loi du 1er août 1905, sur la répression des fraudes dans la vente des marchandises et des falsifications des denrées alimentaires et des produits agricoles, en ce qui concerne les vins, les vins mousseux et les eaux-de-vie et spiritueux (D. P. 1907. 4. 101; — *Journ. off. du 5 sept. 1907*); *le décret du 11 mars 1908 portant règlement d'administration publique pour l'exécution de la loi du 1er août 1905 sur la répression des fraudes dans la vente des marchandises et des falsifications des denrées alimentaires et des produits agricoles, en ce qui concerne les graisses et les huiles comestibles* (D. P. 1908. 4. 41); — *Journ. off. du 14 mars 1908*); *les quatre décrets du 28 juillet 1908 portant règlement d'administration publique pour l'application de la loi du 1er août 1905 sur la répression des fraudes dans la vente des marchandises et des falsifications des denrées alimentaires et des produits agricoles, en ce qui concerne les bières, — les cidres et les poirés, — les vinaigres, — les liqueurs et les sirops* (D. P. 1908. 4. 78); — *Journ. off. du 7 août 1908*); *et l'arrêté ministériel du 4 août 1908 concernant les matières colorantes dont l'emploi est autorisé dans la fabrication des liqueurs et sirops* (*Journ. off. du 7 août 1908*).

Loi du 9 décembre 1905,

Concernant la séparation des Églises et de l'État
(D. P. 1906. 4. 1).

TITRE Ier. — PRINCIPES.

Art. 1er. La République assure la liberté de conscience. Elle garantit le libre exercice des cultes sous les seules restrictions édictées ci-après dans l'intérêt de l'ordre public.

2. La République ne reconnaît, ne salarie ni ne subventionne aucun culte. En conséquence, à partir du 1er janvier qui suivra la promulgation de la présente loi, seront supprimées des budgets de l'État, des départements et des communes, toutes dépenses relatives à l'exercice des cultes. Pourront toutefois être inscrites auxdits budgets les dépenses relatives à des services d'aumônerie et destinées à assurer le libre exercice des cultes dans les établissements publics, tels que lycées, collèges, écoles, hospices, asiles et prisons.

Les établissements publics du culte sont supprimés, sous réserve des dispositions énoncées à l'article 3.

TITRE II. — ATTRIBUTION DES BIENS. — PENSIONS.

3. Les établissements dont la suppression est ordonnée par l'article 2 continueront provisoirement de fonctionner, conformément aux dispositions qui les régissent actuellement, jusqu'à l'attribution de leurs biens aux associations prévues par le titre IV et au plus tard jusqu'à l'expiration du délai ci-après.

Dès la promulgation de la présente loi, il sera procédé par les agents de l'administration des domaines à l'inventaire descriptif et estimatif :

1° Des biens mobiliers et immobiliers desdits établissements;

2° Des biens de l'État, des départements et des communes dont les mêmes établissements ont la jouissance.

Ce double inventaire sera dressé contradictoirement avec les représentants légaux des établissements ecclésiastiques ou eux dûment appelés par une notification faite en la forme administrative.

Les agents chargés de l'inventaire auront le droit de se faire communiquer tous titres et documents utiles à leurs opérations.

4. Dans le délai d'un an à partir de la promulgation de la présente loi, les biens mobiliers et immobiliers des menses, fabriques, conseils presbytéraux, consistoires et autres établissements publics du culte seront, avec toutes les charges et obligations qui les grèvent et avec leur affectation spéciale, transférés par les représentants légaux de ces établissements aux associations qui, en se conformant aux règles d'organisation générale du culte dont elles se proposent d'assurer l'exercice, se seront légalement formées, suivant les prescriptions de l'article 19, pour l'exercice de ce culte dans les anciennes circonscriptions desdits établissements.

5. Ceux des biens désignés à l'article précédent qui proviennent de l'État et qui ne sont pas grevés d'une fondation pieuse créée postérieurement à la loi du 18 germinal an X feront retour à l'État.

Les attributions de biens ne pourront être faites par les établissements ecclésiastiques qu'un mois après la promulgation du règlement d'administration publique prévu à l'article 43. Faute de quoi la nullité pourra en être demandée devant le tribunal civil par toute partie intéressée ou par le ministère public.

En cas d'aliénation par l'association cultuelle de valeurs mobilières ou d'immeubles faisant partie du patrimoine de l'établissement public dissous, le montant du produit de la vente devra être employé en titres de rente nominatifs ou dans les conditions prévues au paragraphe 2 de l'article 22.

L'acquéreur des biens aliénés sera personnellement responsable de la régularité de cet emploi.

Les biens revendiqués par l'État, les départements ou les communes ne pourront être aliénés, transformés ni modifiés jusqu'à ce qu'il ait été statué sur la revendication par les tribunaux compétents.

6. Les associations attributaires des biens des établissements ecclésiastiques supprimés seront tenues des dettes de ces établissements ainsi que de leurs emprunts sous réserve des dispositions du troisième paragraphe du présent article; tant qu'elles ne seront pas libérées de ce passif, elles auront droit à la jouissance des biens productifs de revenus qui doivent faire retour à l'État en vertu de l'article 5.

(Abrogé par L. 13 avril 1908.) *Le revenu global desdits biens reste affecté au payement du reliquat des dettes régulières et légales de l'établissement public supprimé, lorsqu'il ne se sera formé aucune association cultuelle apte à recueillir le patrimoine de cet établissement.*

Les annuités des emprunts contractés pour dépenses relatives aux édifices religieux seront supportées par les associations en proportion du temps pendant lequel elles auront l'usage de ces édifices par application des dispositions du titre III.

(Abrogé par L. 13 avril 1908.) *Dans le cas où l'État, les départements ou les communes rentreront en possession de ceux des édifices dont ils sont propriétaires, ils seront responsables des dettes régulièrement contractées et afférentes auxdits édifices.*

7. Les biens mobiliers ou immobiliers grevés d'une affectation charitable ou de toute autre affectation étrangère à l'exercice du culte seront attribués, par les représentants légaux des établissements ecclésiastiques, aux services ou établissements publics ou d'utilité publique, dont la destination est conforme à celle desdits biens. Cette attribution devra être approuvée par le préfet du département où siège l'établissement ecclésiastique. En cas de non-approbation, il sera statué par décret en conseil d'État.

« (*L.* 13 *avril* 1908.) Toute action en reprise, qu'elle soit qualifiée en revendication, en révocation ou en résolution, concernant les biens dévolus en exécution du présent article, est soumise aux règles prescrites par l'article 9. »

8. Faute par un établissement ecclésiastique d'avoir, dans le délai fixé par l'article 4, procédé aux attributions ci-dessus prescrites, il y sera pourvu par décret.

A l'expiration dudit délai, les biens à attribuer seront, jusqu'à leur attribution, placés sous séquestre.

Dans le cas où les biens attribués en vertu de l'article 4 et du paragraphe 1er du présent article seront, soit dès l'origine, soit dans la suite, réclamés par plusieurs associations formées pour l'exercice du même culte, l'attribution qui en aura été faite par les représentants de l'établissement ou par décret pourra être contestée devant le conseil d'État statuant au contentieux, lequel prononcera en tenant compte de toutes les circonstances de fait.

La demande sera introduite devant le conseil d'État, dans le délai d'un an à partir de la date du décret ou à partir de la notification, à l'autorité préfectorale, par les représentants légaux des établissements publics du culte, de l'attribution effectuée par eux. Cette notification devra être faite dans le délai d'un mois.

L'attribution pourra être ultérieurement contestée en cas de scission dans l'association nantie, de création d'association nouvelle par suite d'une modification dans le territoire de la circonscription ecclésiastique et dans le cas où l'association attributaire n'est plus en mesure de remplir son objet.

9. « (*L.* 13 *avril* 1908.) § 1er. — Les biens des établissements ecclésiastiques, qui n'ont pas été réclamés par des associations cultuelles constituées dans le délai d'un an à partir de la promulgation de la loi du 9 décembre 1905, seront attribués par décret à des établissements communaux de bienfaisance ou d'assistance situés dans les limites territoriales de la circonscription ecclésiastique intéressée, ou, à défaut d'établissement de cette nature, aux communes ou sections de communes, sous la condition d'affecter aux services de bienfaisance ou d'assistance tous les revenus ou produits de ces biens, sauf les exceptions ci-après :

« 1° Les édifices affectés au culte lors de la promulgation de la loi du 9 décembre 1905 et les meubles les garnissant deviendront la propriété des communes sur le territoire desquelles ils sont situés, s'ils n'ont pas été restitués ni revendiqués dans le délai légal.

« 2° Les meubles ayant appartenu aux établissements ecclésiastiques ci-dessus mentionnés qui garnissent les édifices désignés à l'article 12, paragraphe 2, de la loi du 9 décembre 1905, deviendront la propriété de l'État, des départements et des communes, propriétaires desdits édifices, s'ils n'ont pas été restitués ni revendiqués dans le délai légal.

« 3° Les immeubles bâtis, autres que les édifices affectés au culte, qui n'étaient pas productifs de revenus lors de la promulgation de la loi du 9 décembre 1905 et qui appartenaient aux menses archiépiscopales et épiscopales, aux chapitres et séminaires, ainsi que les cours et jardins y attenant, seront attribués par décret, soit à des départements, soit à des communes, soit à des établissements publics pour des services d'assistance ou de bienfaisance ou des services publics.

« 4° Les biens des menses archiépiscopales et épiscopales, chapitres et séminaires seront, sous réserve de l'application des dispositions du paragraphe précédent, affectés, dans la circonscription territoriale de ces anciens établissements, au payement du reliquat des dettes régulières ou légales de l'ensemble des établissements ecclésiastiques compris dans ladite circonscription, dont les biens n'ont pas été attribués à des associations cultuelles, ainsi qu'au payement de tous frais exposés et de toutes dépenses effectuées relativement à ces biens par le séquestre, sauf ce qui est dit au paragraphe 13 de l'article 8 ci-après. L'actif disponible après l'acquittement de ces dettes et dépenses sera attribué par décret à des services départementaux de bienfaisance ou d'assistance.

« En cas d'insuffisance d'actif, il sera pourvu au payement desdites dettes et dépenses sur l'ensemble des biens ayant fait retour à l'État, en vertu de l'article 5.

« 5° Les documents, livres, manuscrits et œuvres d'art ayant appartenu aux établissements ecclésiastiques et non visés au 1° du présent paragraphe pourront être réclamés par l'État, en vue de leur dépôt dans les archives, bibliothèques ou musées et lui être attribués par décret.

« 6° Les biens des caisses de retraites et maisons de secours pour les prêtres âgés ou infirmes seront attribués par décret à des sociétés de secours mutuels constituées dans les départements où ces établissements ecclésiastiques avaient leur siège.

« Pour être aptes à recevoir ces biens, lesdites sociétés devront être approuvées dans les conditions prévues par la loi du 1er avril 1898, avoir une destination conforme à celle desdits biens, être ouvertes à tous les intéressés et ne prévoir dans leurs statuts aucune amende ni aucun cas d'exclusion fondés sur un motif touchant à la discipline ecclésiastique.

« Les biens des caisses de retraite et maisons de secours, qui n'auraient pas été réclamés dans le délai de dix-huit mois à dater de la promulgation de la présente loi par des sociétés de secours mutuels constituées dans le délai d'un an de ladite promulgation, seront attribués par décret aux départements où ces établissements ecclésiastiques avaient leur siège, et continueront à être administrés provisoirement au profit des ecclésiastiques qui recevaient des pensions ou secours ou qui étaient hospitalisés à la date du 15 décembre 1906.

« Les ressources non absorbées par le service de :s pensions ou secours seront employées au remoursement des versements que les ecclésiastiques e recevant ni pensions ni secours justifieront avoir its aux caisses de retraite.

« Le surplus desdits biens sera affecté par les dértements à des services de bienfaisance ou d'assisnce fonctionnant dans les anciennes circonscriptions :s caisses de retraite et maisons de secours. »

§ 2. — En cas de dissolution d'une association, les ens qui lui auront été dévolus en exécution des ar:les 4 et 8 seront attribués par décret rendu en conseil État, soit à des associations analogues dans la ême circonscription ou, à leur défaut, dans les cironscriptions les plus voisines, soit aux établisseents visés au paragraphe 1ᵉʳ du présent article.

« (*L.* 13 *avril* 1908.) § 3. — Toute action en reprise, 'elle soit qualifiée en revendication, en révocation en résolution, doit être introduite dans le délai -après déterminé.

« Elle ne peut être exercée qu'en raison de donaons, de legs ou de fondations pieuses, et seulement r les auteurs et leurs héritiers en ligne directe.

« Les arrérages de rentes dues aux fabriques pour ndations pieuses ou cultuelles et qui n'ont pas été chetées cessent d'être exigibles.

« Aucune action d'aucune sorte ne pourra être tentée à raison de fondations pieuses antérieures à loi du 18 germinal an X.

« § 4. — L'action peut être exercée contre l'attritaire ou, à défaut d'attribution, contre le directeur énéral des domaines représentant l'État en qualité séquestre.

« § 5. — Nul ne pourra introduire une action, de ielque nature qu'elle soit, s'il n'a déposé, deux ois auparavant, un mémoire préalable sur papier on timbré entre les mains du directeur général des maines, qui en délivrera un récépissé daté et gné.

« § 6. — Au vu de ce mémoire, et après avis du recteur des domaines, le préfet pourra, en tout état cause, et quel que soit l'état de la procédure, ire droit à tout ou partie de la demande par un rêté pris en conseil de préfecture.

« § 7. — L'action sera prescrite si le mémoire préable n'a pas été déposé dans les six mois à compter la publication au *Journal officiel* de la liste des ens attribués ou à attribuer avec les charges auxielles lesdits biens seront ou demeureront soumis, si l'assignation devant la juridiction ordinaire n'a is été délivrée dans les trois mois de la date du cépissé.

« Parmi ces charges, pourra être comprise celle l'entretien des tombes.

« § 8. — Passé ces délais, les attributions seront finitives et ne pourront plus être attaquées de ielque manière ni pour quelque cause que ce soit.

« Néanmoins, toute personne intéressée pourra oursuivre devant le conseil d'État, statuant au conntieux, l'exécution des charges imposées par les écrets d'attribution.

« § 9. — Il en sera de même pour les attributions ites après solution des litiges soulevés dans le délai.

« § 10. — Tout créancier, hypothécaire, privilégié i autre, d'un établissement dont les biens ont été is sous séquestre, devra, pour obtenir le payement e sa créance, déposer préalablement à toute pouruite un mémoire justificatif de sa demande, sur apier non timbré, avec pièces à l'appui, au direcur général des domaines qui en délivrera un récéissé daté et signé.

« § 11. — Au vu de ce mémoire et sur l'avis du irecteur des domaines, le préfet pourra, en tout tat de cause, et quel que soit l'état de la procédure, écider, par un arrêté pris en conseil de préfecture, ue le créancier sera admis, pour tout ou partie de a créance, au passif de la liquidation de l'établissenent supprimé.

« § 12. — L'action du créancier sera définitivement teinte si le mémoire préalable n'a pas été déposé lans les six mois qui suivront la publication au *Journal officiel* prescrite par le paragraphe 7 du orésent article, et si l'assignation devant la juridicion ordinaire n'a pas été délivrée dans les neuf mois le ladite publication.

« § 13. — Dans toutes les causes auxquelles s'appliquent les dispositions de la présente loi, le tribunal statue comme en matière sommaire, conformément au titre XXIV du livre II du Code de procédure civile.

« Les frais exposés par le séquestre seront, dans tous les cas, employés en frais privilégiés sur le bien séquestré, sauf recouvrement contre la partie adverse condamnée aux dépens, ou sur la masse générale des biens recueillis par l'État.

« Le donateur et les héritiers en ligne directe soit du donateur, soit du testateur ayant, dès à présent, intenté une action en revendication ou en révocation devant les tribunaux civils, sont dispensés des formalités de procédure prescrites par les paragraphes 5, 6 et 7 du présent article.

« § 14. — L'État, les départements, les communes et les établissements publics ne peuvent remplir ni les charges pieuses ou cultuelles, afférentes aux libéralités à eux faites, ou aux contrats conclus par eux, ni les charges dont l'exécution comportait l'intervention soit d'un établissement public du culte, soit de titulaires ecclésiastiques.

« Ils ne pourront remplir les charges comportant l'intervention d'ecclésiastiques pour l'accomplissement d'actes non cultuels que s'il s'agit de libéralités autorisées antérieurement à la promulgation de la présente loi, et si, nonobstant l'intervention de ces ecclésiastiques, ils conservent un droit de contrôle sur l'emploi desdites libéralités.

« Les dispositions qui précèdent s'appliquent au séquestre.

« Dans les cas prévus à l'alinéa 1 du présent paragraphe, et en cas d'inexécution des charges visées à l'alinéa 2, l'action en reprise, qu'elle soit qualifiée en revendication, en révocation ou en résolution, ne peut être exercée que par les auteurs des libéralités et leurs héritiers en ligne directe. »

Les paragraphes précédents s'appliquent à cette action sous les réserves ci-après :

« Le dépôt du mémoire est fait au préfet, et l'arrêté du préfet en conseil de préfecture est pris, s'il y a lieu, après avis de la commission départementale pour le département, du conseil municipal pour la commune et de la commission administrative pour l'établissement public intéressé.

« En ce qui concerne les biens possédés par l'État, il sera statué par décret.

« L'action sera prescrite si le mémoire n'a pas été déposé dans l'année qui suivra la promulgation de la présente loi, et l'assignation devant la juridiction ordinaire délivrée dans les trois mois de la date du récépissé.

« § 15. — Les biens réclamés, en vertu du paragraphe 14, à l'État, aux départements, aux communes et à tous établissements publics ne seront restituables, lorsque la demande ou l'action sera admise, que dans la proportion correspondante aux charges non exécutées, sans qu'il y ait lieu de distinguer si lesdites charges sont ou non déterminantes de la libéralité ou du contrat de fondation pieuse, et sous déduction des frais et droits correspondants payés lors de l'acquisition des biens.

« § 16. — Sur les biens grevés de fondations de messes, l'État, les départements, les communes et les établissements publics possesseurs ou attributaires desdits biens, devront, à défaut des restitutions à opérer en vertu du présent article, mettre en réserve la portion correspondant aux charges ci-dessus visées.

« Cette portion sera remise aux sociétés de secours mutuels constituées conformément au paragraphe 1ᵉʳ, 6°, de l'article 9 de la loi du 9 décembre 1905, sous la forme de titres de rentes nominatifs, à charge par celles-ci d'assurer l'exécution des fondations perpétuelles de messes.

« Pour les fondations temporaires, les fonds y afférents seront versés auxdites sociétés de secours mutuels, mais ne bénéficieront pas du taux de faveur prévu par l'article 21 de la loi du 1ᵉʳ avril 1898.

« Les titres nominatifs seront remis et les versements faits à la société de secours mutuels qui aura été constituée dans le département, ou à son défaut dans le département le plus voisin.

« A l'expiration du délai de dix-huit mois prévu au paragraphe 1ᵉʳ, 6°, ci-dessus visé, si aucune des sociétés de secours mutuels qui viennent d'être mentionnées n'a réclamé la remise des titres ou le versement auquel elle a droit, l'État, les départements, les communes et les établissements publics seront définitivement libérés et resteront propriétaires des biens par eux possédés ou à eux attribués, sans avoir à exécuter aucune des fondations de messes grevant lesdits biens.

« La portion à mettre en réserve, en vertu des dispositions précédentes, sera calculée sur la base des tarifs indiqués dans l'acte de fondation ou, à défaut, sur la base des tarifs en vigueur au 9 décembre 1905. »

10. § 1ᵉʳ. — Les attributions prévues par les articles précédents ne donnent lieu à aucune perception au profit du Trésor.

« (*L.* 13 *avril* 1908.) § 2. — Les transferts, transcriptions, inscriptions et mainlevées, mentions et certificats seront opérés ou délivrés par les compagnies, sociétés et autres établissements débiteurs et par les conservateurs des hypothèques, en vertu, soit d'une décision de justice devenue définitive, soit d'un arrêté pris par le préfet en conseil de préfecture, soit d'un décret d'attribution.

« § 3. — Les arrêtés et décrets, les transferts, transcriptions, inscriptions et mainlevées, mentions et certificats opérés ou délivrés en vertu desdits arrêtés et décrets ou des décisions de justice susmentionnés seront affranchis de droits de timbre, d'enregistrement et de toute autre taxe.

« § 4. — Les attributaires de biens immobiliers seront, dans tous les cas, dispensés de remplir les formalités de purge des hypothèques légales. Les biens attribués seront francs et quittes de toute charge hypothécaire ou privilégiée qui n'aurait pas été inscrite avant l'expiration du délai de six mois à dater de la publication au *Journal officiel*, ordonnée par le paragraphe 7. »

11. Les ministres des cultes qui, lors de la promulgation de la présente loi, seront âgés de plus de soixante ans révolus et qui auront, pendant trente ans au moins, rempli des fonctions ecclésiastiques rémunérées par l'État, recevront une pension annuelle et viagère égale aux trois quarts de leur traitement.

Ceux qui seront âgés de plus de quarante-cinq ans et qui auront, pendant vingt ans au moins, rempli des fonctions ecclésiastiques rémunérées par l'État, recevront une pension annuelle et viagère égale à la moitié de leur traitement.

Les pensions allouées par les deux paragraphes précédents ne pourront pas dépasser 1500 francs.

En cas de décès des titulaires, ces pensions seront réversibles, jusqu'à concurrence de la moitié de leur montant, au profit de la veuve et des orphelins mineurs laissés par le défunt et, jusqu'à concurrence du quart, au profit de la veuve sans enfants mineurs. A la majorité des orphelins, leur pension s'éteindra de plein droit.

Les ministres des cultes actuellement salariés par l'État, qui ne seront pas dans les conditions ci-dessus, recevront, pendant quatre ans à partir de la suppression du budget des cultes, une allocation égale à la totalité de leur traitement pour la première année, aux deux tiers pour la deuxième, à la moitié pour la troisième, au tiers pour la quatrième.

Toutefois, dans les communes de moins de mille habitants et pour les ministres des cultes qui continueront à y remplir leurs fonctions, la durée de chacune des quatre périodes ci-dessus indiquées sera doublée.

Les départements et les communes pourront, sous les mêmes conditions que l'État, accorder aux ministres des cultes actuellement salariés par eux des pensions ou des allocations établies sur la même base et pour une égale durée.

Réserve est faite des droits acquis en matière de pensions par application de la législation antérieure, ainsi que des secours accordés, soit aux anciens ministres des différents cultes, soit à leur famille.

Les pensions prévues aux deux premiers paragraphes du présent article ne pourront se cumuler avec toute autre pension ou tout autre traitement alloué, à titre quelconque, par l'État, les départements ou les communes.

La loi du 27 juin 1885, relative au personnel des facultés de théologie catholique supprimées, est applicable aux professeurs, chargés de cours, maîtres de conférences et étudiants des facultés de théologie protestante.

Les pensions et allocations prévues ci-dessus seront incessibles et insaisissables dans les mêmes conditions que les pensions civiles. Elles cesseront de plein droit en cas de condamnation à une peine afflictive ou infamante ou en cas de condamnation pour l'un des délits prévus aux articles 34 et 35 de la présente loi.

Le droit à l'obtention ou à la jouissance d'une pension ou allocation sera suspendu par les circonstances qui font perdre la qualité de Français, durant la privation de cette qualité.

Les demandes de pension devront être, sous peine de forclusion, formées dans le délai d'un an après la promulgation de la présente loi.

TITRE III. — DES ÉDIFICES DES CULTES.

12. Les édifices qui ont été mis à la disposition de la nation et qui, en vertu de la loi du 18 germinal an X, servent à l'exercice public des cultes ou au logement de leurs ministres (cathédrales, églises, chapelles, temples, synagogues, archevêchés, évêchés, presbytères, séminaires), ainsi que leurs dépendances immobilières et les objets mobiliers qui les garnissaient au moment où lesdits édifices ont été remis aux cultes, sont et demeurent propriétés de l'État, des départements et des communes.

Pour ces édifices, comme pour ceux postérieurs à la loi du 18 germinal an X, dont l'État, les départements et les communes seraient propriétaires, y compris les facultés de théologie protestante, il sera procédé conformément aux dispositions des articles suivants.

13. (*L.* 13 *avril* 1908.) L'État, les départements et les communes pourront engager les dépenses nécessaires pour l'entretien et la conservation des édifices du culte dont la propriété leur est reconnue par la présente loi (V. *L.* 26 *déc.* 1908, art. 57).

14. Les archevêchés, évêchés, les presbytères et leurs dépendances, les grands séminaires et facultés de théologie protestante seront laissés gratuitement à la disposition des établissements publics du culte, puis des associations prévues à l'article 13, savoir : les archevêchés et évêchés pendant une période de deux années; les presbytères dans les communes où résidera le ministre du culte, les grands séminaires et facultés de théologie protestante pendant cinq années à partir de la promulgation de la présente loi.

Les établissements et associations sont soumis, en ce qui concerne ces édifices, aux obligations prévues par le dernier paragraphe de l'article 13. Toutefois ils ne seront pas tenus des grosses réparations.

La cessation de la jouissance des établissements et associations sera prononcée dans les conditions et suivant les formes déterminées par l'article 13. Les dispositions des paragraphes 3 et 5 du même article sont applicables aux édifices visés par le paragraphe 1er du présent article.

La distraction des parties superflues des presbytères laissés à la disposition des associations cultuelles pourra, pendant le délai prévu au paragraphe 1er, être prononcée pour un service public par décret rendu en conseil d'État.

A l'expiration des délais de jouissance gratuite, la libre disposition des édifices sera rendue à l'État, aux départements ou aux communes. (*L.* 13 *avril* 1908.) Ceux de ces immeubles qui appartiennent à l'État pourront être, par décret, affectés ou concédés gratuitement, dans les formes prévues par l'ordonnance du 14 juin 1833, soit à des services publics de l'État, soit à des services publics départementaux ou communaux.

Les indemnités de logement incombant actuellement aux communes, à défaut de presbytère, par application de l'article 136 de la loi du 5 avril 1884, resteront à leur charge pendant le délai de cinq ans. Elles cesseront de plein droit en cas de dissolution de l'association.

15. Dans les départements de la Savoie, de la Haute-Savoie et des Alpes-Maritimes, la jouissance des édifices antérieurs à la loi du 18 germinal an X, servant à l'exercice des cultes ou au logement de leurs ministres, sera attribuée par les communes sur le territoire desquelles ils se trouvent, aux associations cultuelles, dans les conditions indiquées par les articles 12 et suivants de la présente loi. En dehors de ces obligations, les communes pourront disposer librement de la propriété de ces édifices.

Dans ces mêmes départements, les cimetières resteront la propriété des communes.

16. Il sera procédé à un classement complémentaire des édifices servant à l'exercice public du culte (cathédrales, églises, chapelles, temples, synagogues, archevêchés, évêchés, presbytères, séminaires), dans lequel devront être compris tous ceux de ces édifices représentant, dans leur ensemble ou dans leurs parties, une valeur artistique ou historique.

Les objets mobiliers ou les immeubles par destination, mentionnés à l'article 13, qui n'auraient pas encore été inscrits sur la liste de classement dressée en vertu de la loi du 30 mars 1887, sont, par l'effet de la présente loi, ajoutés à ladite liste. Il sera procédé par le ministre de l'instruction publique et des beaux-arts, dans le délai de trois ans, au classement définitif de ceux de ces objets dont la conservation présenterait, au point de vue de l'histoire ou de l'art, un intérêt suffisant. A l'expiration de ce délai, les autres objets seront déclassés de plein droit.

En outre, les immeubles et les objets mobiliers, attribués en vertu de la présente loi aux associations, pourront être classés dans les mêmes conditions que s'ils appartenaient à des établissements publics.

Il n'est pas dérogé, pour le surplus, aux dispositions de la loi du 30 mars 1887.

Les archives ecclésiastiques et bibliothèques existant dans les archevêchés, évêchés, grands séminaires, paroisses, succursales et leurs dépendances, seront inventoriées, et celles qui seront reconnues propriété de l'État lui seront restituées.

17. Les immeubles par destination classés en vertu de la loi du 30 mars 1887 ou de la présente loi sont inaliénables et imprescriptibles.

Dans le cas où la vente ou l'échange d'un objet classé serait autorisé par le ministre de l'instruction publique et des beaux-arts, un droit de préemption est accordé :

1° Aux associations cultuelles;

2° Aux communes;

3° Aux départements;

4° Aux musées et sociétés d'art et d'archéologie;

5° A l'État.

Le prix sera fixé par trois experts que désigneront le vendeur, l'acquéreur et le président du tribunal civil.

Si aucun des acquéreurs visés ci-dessus ne fait usage du droit de préemption, la vente sera libre; mais il est interdit à l'acheteur d'un objet classé de le transporter hors de France.

Nul travail de réparation, restauration ou entretien à faire aux monuments ou objets mobiliers classés ne peut être commencé sans l'autorisation du ministre des beaux-arts, ni exécuté hors de la surveillance de son administration, sous peine, contre les propriétaires, occupants ou détenteurs qui auraient ordonné ces travaux, d'une amende de seize à quinze cents francs (16 à 1500 fr.).

Toute infraction aux dispositions ci-dessus ainsi qu'à celles de l'article 16 de la présente loi et des articles 4, 10, 11, 12 et 13 de la loi du 30 mars 1887 sera punie d'une amende de cent à dix mille francs (100 à 10000 fr.) et d'un emprisonnement de six jours à trois mois, ou de l'une de ces deux peines seulement.

La visite des édifices et l'exposition des objets mobiliers classés seront publiques; elles ne pourront donner lieu à aucune taxe ni redevance.

TITRE IV. — DES ASSOCIATIONS POUR L'EXERCICE DES CULTES.

18. Les associations formées pour subvenir aux frais, à l'entretien et à l'exercice public d'un culte devront être constituées conformément aux articles 5 et suivants du titre Ier de la loi du 1er juillet 1901. Elles seront, en outre, soumises aux prescriptions de la présente loi.

19. Ces associations devront avoir exclusivement pour objet l'exercice d'un culte et être composées au moins :

Dans les communes de moins de mille habitants, de sept personnes;

Dans les communes de mille à vingt mille habitants, de quinze personnes;

Dans les communes dont le nombre des habitants est supérieur à vingt mille, de vingt-cinq personnes majeures, domiciliées ou résidant dans la circonscription religieuse.

Chacun de leurs membres pourra s'en retirer en tout temps, après payement des cotisations échues et de celles de l'année courante, nonobstant toute clause contraire.

Nonobstant toute clause contraire des statuts, les actes de gestion financière et d'administration légale des biens accomplis par les directeurs ou administrateurs seront, chaque année au moins, présentés au contrôle de l'assemblée générale des membres de l'association et soumis à son approbation.

Les associations pourront recevoir, en outre des cotisations prévues par l'article 6 de la loi du 1er juillet 1901, le produit des quêtes et collectes pour les frais du culte, percevoir des rétributions : pour les cérémonies et services religieux même par fondation; pour la location des bancs et sièges; pour la fourniture des objets destinés au service des funérailles dans les édifices religieux et à la décoration de ces édifices.

Elles pourront verser, sans donner lieu à perception de droits, le surplus de leurs recettes à d'autres associations constituées pour le même objet.

Elles ne pourront, sous quelque forme que ce soit, recevoir des subventions de l'État, des départements ou des communes. Ne sont pas considérées comme subventions les sommes allouées pour réparations aux monuments classés.

20. Ces associations peuvent, dans les formes déterminées par l'article 7 du décret du 16 août 1901, constituer des unions ayant une administration ou une direction centrale; ces unions seront réglées par l'article 18 et par les cinq derniers paragraphes de l'article 19 de la présente loi.

21. Les associations et les unions tiennent un état de leurs recettes et de leurs dépenses; elles dressent chaque année le compte financier de l'année écoulée et l'état inventorié de leurs biens, meubles et immeubles.

Le contrôle financier est exercé sur les associations et sur les unions par l'administration de l'enregistrement et par l'inspection générale des finances.

22. Les associations et unions peuvent employer leurs ressources disponibles à la constitution d'un fonds de réserve suffisant pour assurer les frais et l'entretien du culte et ne pouvant en aucun cas recevoir une autre destination : le montant de cette réserve ne pourra jamais dépasser une somme égale, pour les unions et associations ayant plus de cinq mille francs (5000 fr.) de revenu, à trois fois et, pour les autres associations, à six fois la moyenne annuelle des sommes dépensées par chacune d'elles pour les frais du culte pendant les cinq derniers exercices.

Indépendamment de cette réserve, qui devra être placée en valeurs nominatives, elles pourront constituer une réserve spéciale dont les fonds devront être déposés, en argent ou en titres nominatifs, à la Caisse des dépôts et consignations pour être exclusivement affectés, y compris les intérêts, à l'achat, à la construction, à la décoration ou à la réparation d'immeubles ou meubles destinés aux besoins de l'association ou de l'union.

23. Seront punis d'une amende de seize francs (16 fr.) à deux cents francs (200 fr.) et, en cas de récidive, d'une amende double les directeurs ou administrateurs d'une association ou d'une union qui auront contrevenu aux articles 18, 19, 20, 21 et 22.

Les tribunaux pourront, dans le cas d'infraction au paragraphe 1er de l'article 22, condamner l'association ou l'union à verser l'excédent constaté aux établissements communaux d'assistance ou de bienfaisance.

Ils pourront, en outre, dans tous les cas prévus au paragraphe 1er du présent article, prononcer la dissolution de l'association ou de l'union.

24. Les édifices affectés à l'exercice du culte appartenant à l'État, aux départements ou aux communes continueront à être exemptés de l'impôt foncier et de l'impôt des portes et fenêtres.

Les édifices servant au logement des ministres des cultes, les séminaires, les facultés de théologie prorestante qui appartiennent à l'État, aux départements ou aux communes, les biens qui sont la propriété des associations et unions sont soumis aux mêmes impôts que ceux des particuliers. « (*L.* 19 *juillet* 1909.) Toutefois les édifices affectés à l'exercice du culte qui ont été attribués aux associations ou unions en vertu des dispositions de l'article 4 de la présente loi sont, au même titre que ceux qui appartiennent à l'État, aux départements et aux communes, exonérés de l'impôt foncier et de l'impôt des portes et fenêtres. »

Les associations et unions ne sont en aucun cas assujetties à la taxe d'abonnement ni à celle imposée aux cercles par l'article 33 de la loi du 8 août 1890, pas plus qu'à l'impôt de 4 °/o sur le revenu établi par les lois du 28 décembre 1880 et du 29 décembre 1884.

TITRE V. — POLICE DES CULTES.

25. Les réunions pour la célébration d'un culte tenues dans les locaux appartenant à une association cultuelle ou mis à sa disposition sont publiques. Elles sont dispensées des formalités de l'article 8 de la loi du 30 juin 1881, mais restent placées sous la surveillance des autorités dans l'intérêt de l'ordre public. Elles ne peuvent avoir lieu qu'après une déclaration faite dans les formes de l'article 2 de la même loi et indiquant le local dans lequel elles seront tenues.

Une seule déclaration suffit pour l'ensemble des réunions permanentes, périodiques ou accidentelles qui auront lieu dans l'année. — V. *infrà*, L. 28 mars 1907.

26. Il est interdit de tenir des réunions politiques dans les locaux servant habituellement à l'exercice d'un culte.

27. Les cérémonies, processions et autres manifestations extérieures d'un culte continueront à être réglées en conformité des articles 95 et 97 de la loi municipale du 5 avril 1884.

Les sonneries de cloches seront réglées par arrêté municipal, et, en cas de désaccord entre le maire et le président ou directeur de l'association cultuelle, par arrêté préfectoral.

Le règlement d'administration publique prévu par l'article 43 de la présente loi déterminera les conditions et les cas dans lesquels les sonneries civiles pourront avoir lieu.

28. Il est interdit, à l'avenir, d'élever ou d'apposer aucun signe ou emblème religieux sur les monuments publics ou en quelque emplacement public que ce soit, à l'exception des édifices servant au culte, des terrains de sépulture dans les cimetières, des monuments funéraires, ainsi que des musées ou expositions.

29. Les contraventions aux articles précédents sont punies des peines de simple police.

Sont passibles de ces peines, dans le cas des articles 25, 26 et 27, ceux qui ont organisé la réunion ou manifestation, ceux qui y ont participé en qualité de ministres du culte et, dans le cas des articles 25 et 26, ceux qui ont fourni le local.

30. Conformément aux dispositions de l'article 2 de la loi du 28 mars 1882, l'enseignement religieux ne peut être donné aux enfants âgés de six à treize ans, inscrits dans les écoles publiques, qu'en dehors des heures de classe.

Il sera fait application aux ministres des cultes qui enfreindraient ces prescriptions, des dipsositions de l'article 14 de la loi précitée.

31. Sont punis d'une amende de seize francs (16 fr.) à deux cents francs (200 fr.) et d'un emprisonnement de six jours à deux mois ou de l'une de ces deux peines seulement ceux qui, soit par voies de fait, violences ou menaces contre un individu, soit en lui faisant craindre de perdre son emploi ou d'exposer à un dommage sa personne, sa famille ou sa fortune, l'auront déterminé à exercer ou à s'abstenir d'exercer un culte, à faire partie ou à cesser de faire partie d'une association cultuelle, à contribuer ou à s'abstenir de contribuer aux frais d'un culte.

32. Seront punis des mêmes peines ceux qui auront empêché, retardé ou interrompu les exercices d'un culte par des troubles ou désordres causés dans le local servant à ces exercices.

33. Les dispositions des deux articles précédents ne s'appliquent qu'aux troubles, outrages ou voies de fait, dont la nature ou les circonstances ne donneront pas lieu à de plus fortes peines d'après les dispositions du Code pénal.

34. Tout ministre d'un culte qui, dans les lieux où s'exerce ce culte, aura publiquement par des discours prononcés, des lectures faites, des écrits distribués ou des affiches apposées, outragé ou diffamé un citoyen chargé d'un service public sera puni d'une amende de cinq cents francs à trois mille francs (500 à 3000 fr.) et d'un emprisonnement de un mois à un an, ou de l'une de ces deux peines seulement.

La vérité du fait diffamatoire, mais seulement s'il est relatif aux fonctions, pourra être établie devant le tribunal correctionnel dans les formes prévues par l'article 52 de la loi du 29 juillet 1881. Les prescriptions édictées par l'article 65 de la même loi s'appliquent aux délits du présent article et de l'article qui suit.

35. Si un discours prononcé ou un écrit affiché ou distribué publiquement dans les lieux où s'exerce le culte, contient une provocation directe à résister à l'exécution des lois ou aux actes légaux de l'autorité publique, ou s'il tend à soulever ou à armer une partie des citoyens contre les autres, le ministre du culte qui s'en sera rendu coupable sera puni d'un emprisonnement de trois mois à deux ans, sans préjudice des peines de la complicité, dans le cas où la provocation aurait été suivie d'une sédition, révolte ou guerre civile.

36. Dans le cas de condamnation par les tribunaux de simple police ou de police correctionnelle en application des articles 25 et 26, 34 et 35, l'association constituée pour l'exercice du culte dans l'immeuble où l'infraction a été commise sera civilement responsable.

TITRE VI. — DISPOSITIONS GÉNÉRALES.

37. L'article 463 du Code pénal et la loi du 26 mars 1891 sont applicables à tous les cas dans lesquels la présente loi édicte des pénalités.

38. Les congrégations religieuses demeurent soumises aux lois des 1er juillet 1901, 4 décembre 1902 et 7 juillet 1904.

39. Les jeunes gens, qui ont obtenu à titre d'élèves ecclésiastiques la dispense prévue par l'article 23 de la loi du 15 juillet 1889, continueront à en bénéficier conformément à l'article 99 de la loi du 21 mars 1905, à la condition qu'à l'âge de vingt-six ans ils soient pourvus d'un emploi de ministre du culte rétribué par une association cultuelle et sous réserve des justifications qui seront fixées par un règlement d'administration publique.

40. Pendant huit années à partir de la promulgation de la présente loi, les ministres du culte seront inéligibles au conseil municipal dans les communes où ils exerceront leur ministère ecclésiastique.

41. Les sommes rendues disponibles chaque année par la suppression du budget des cultes seront réparties entre les communes au prorata du contingent de la contribution foncière des propriétés non bâties qui leur aura été assigné pendant l'exercice qui précédera la promulgation de la présente loi.

42. Les dispositions légales relatives aux jours actuellement fériés sont maintenues.

43. Un règlement d'administration publique rendu dans les trois mois qui suivront la promulgation de la présente loi déterminera les mesures propres à assurer son application.

Des règlements d'administration publique détermineront les conditions dans lesquelles la présente loi sera applicable à l'Algérie et aux colonies.

44. Sont et demeurent abrogées toutes les dispositions relatives à l'organisation publique des cultes antérieurement reconnus par l'État, ainsi que toutes dispositions contraires à la présente loi et notamment :

1° La loi du 18 germinal an X, portant que la convention passée le 26 messidor an IX entre le pape et le Gouvernement français, ensemble les articles organiques de ladite convention et des cultes protestants, seront exécutés comme des lois de la République ;

2° Le décret du 26 mars 1852 et la loi du 1er août 1879 sur les cultes protestants ;

3° Les décrets du 17 mars 1808, la loi du 8 février 1831 et l'ordonnance du 25 mai 1844 sur le culte israélite ;

4° Les décrets des 22 décembre 1812 et 19 mars 1859 ;

5° Les articles 201 à 208, 260 à 264, 294 du Code pénal ;

6° Les articles 100 et 101, les paragraphes 11 et 12 de l'article 136 et l'article 167 de la loi du 5 avril 1884 ;

7° Le décret du 30 décembre 1809 et l'article 78 de la loi du 26 janvier 1892.

V. *la discussion de cette loi à la Chambre des députés et au Sénat*, D. P. 1906. 4. 1.

Loi du 12 avril 1906,

Étendant à toutes les exploitations commerciales les dispositions de la loi du 9 avril 1898 *sur les accidents du travail* (D. P. 1906. 4. 116).

Art. 1er. La législation sur les responsabilités des accidents du travail est étendue à toutes les entreprises commerciales.

2. A partir de la promulgation du décret prévu à l'article 4 et pendant les trois mois qui suivront, les contrats d'assurance contre les accidents, souscrits antérieurement à cette promulgation pour les entreprises visées à l'article 1er et ne garantissant pas le risque prévu par les lois des 9 avril 1898, 22 mars 1902 et 31 mars 1905, pourront être dénoncés par l'assureur ou par l'assuré.

La dénonciation s'effectuera, soit au moyen d'une déclaration au siège social ou chez l'agent local, dont il sera donné récépissé, soit par acte extrajudiciaire, soit par lettre recommandée. Le contrat se trouvera ainsi intégralement résilié le dixième jour, à midi, à compter du jour de la déclaration, de la signification de l'acte extrajudiciaire ou du dépôt à la poste de la lettre recommandée.

Les primes restant à payer ne seront acquises à l'assureur qu'en proportion de la période d'assurance réalisée jusqu'au jour de la résiliation. Les primes payées d'avance pour assurances à forfait ne lui resteront acquises, et seulement jusqu'à concurrence de six mois de risque au maximum à compter du jour de la résiliation, que si le contrat n'a pas été dénoncé par lui ; le surplus sera restitué à l'assuré.

3. Les contrats mixtes par lesquels l'assureur s'est engagé, d'une part, à garantir l'assuré contre le risque de la loi de 1898, si celle-ci était déclarée applicable, et, dans le cas contraire, à le couvrir du risque de la responsabilité civile, seront intégralement résiliés, s'ils ont été dénoncés dans les formes et délais prévus à l'article précédent. La dénonciation de l'assuré restera toutefois sans effet si, dans la huitaine de cette dénonciation, l'assureur lui remet un avenant garantissant expressément, sans aucune augmentation de prime, le risque défini par les lois des 9 avril 1898, 22 mars 1902 et 31 mars 1905.

A l'expiration du délai de trois mois visé à l'article précédent, le silence des deux parties aura pour effet, sans autres formalités, de rendre le contrat applicable au risque déterminé par les lois des 9 avril 1898, 22 mars 1902 et 31 mars 1905.

4. La taxe prévue par l'article 25 de la loi du 9 avril 1898 continuera à être perçue pour les exploitations assujetties par ladite loi, y compris tous les ateliers.

Elle sera réduite à un centime et demi pour les exploitations exclusivement commerciales, y compris les chantiers de manutention ou de dépôt. La liste desdites exploitations sera arrêtée dans les six mois de la promulgation de la présente loi par décret rendu sur la proposition des ministres du commerce et des finances, après avis du comité consultatif des assurances contre les accidents du travail. Elle sera soumise tous les cinq ans à la sanction législative.

Des décrets rendus dans la même forme pourront modifier le taux de la taxe spécifiée à l'alinéa précédent, dans les limites du maximum prévu à l'article 25 de la loi du 9 avril 1898 ou fixé par la loi de finances ; ils devront être publiés au *Journal officiel* au moins trois mois avant l'ouverture de l'exercice à partir duquel la modification deviendrait applicable.

5. Les exploitations régies par les lois du 9 avril 1898 et du 30 juin 1899 qui ne sont pas soumises à l'impôt des patentes contribueront au fonds de garantie dans les conditions ci-après.

Il sera perçu annuellement sur chaque contrat d'assurance une contribution dont le montant sera fixé tous les cinq ans par la loi de finances en proportion des primes, et sera recouvré, en même temps que les primes, par les sociétés d'assurances, les syndicats de garantie ou la caisse nationale d'assurances en cas d'accidents, qui en opéreront le versement au fonds de garantie.

« (*L. 26 mars* 1908.) En ce qui concerne les exploitants non assurés, il sera perçu une contribution dont le taux sera fixé dans les mêmes formes, en proportion du capital constitutif des rentes mises à leur charge. Cette contribution sera liquidée lors de l'enregistrement des ordonnances, jugements et arrêts allouant lesdites rentes et recouvrée comme en matière d'assistance judiciaire, pour le compte du fonds de garantie, par l'administration de l'enregistrement.

« Le capital constitutif de la rente sera déterminé, pour la perception de la contribution, d'après un barème et dans les conditions qui seront fixées par un règlement d'administration publique.

« Les ordonnances, jugements et arrêts allouant des rentes, en exécution de la loi du 9 avril 1898, devront indiquer si le chef d'entreprise est, ou non, assuré et patenté. »

Un règlement d'administration publique déterminera les conditions dans lesquelles seront effectués les versements des sociétés d'assurances, des syndicats de garantie ou de la caisse nationale d'assurance en cas d'accidents et les recouvrements de l'administration de l'enregistrement, ainsi que toutes les mesures nécessaires pour assurer l'exécution du présent article.

Toute contravention aux prescriptions de ce règlement sera punie d'une amende de cent francs à mille francs (100 fr. à 1000 fr.).

6. Les syndicats de garantie prévus à l'article 24 de la loi du 9 avril 1898 doivent, qu'il s'agisse d'entreprises industrielles ou commerciales, comprendre au moins cinq mille ouvriers assurés et dix chefs d'entreprises adhérents, dont cinq ayant au moins trois cents ouvriers, ou bien deux mille ouvriers assurés et trois cents chefs d'entreprise adhérents, dont trente ayant au moins chacun trois ouvriers.

Ces syndicats sont autorisés par décrets rendus en conseil d'État, après avis du comité consultatif des assurances contre les accidents du travail. Ils peuvent être autorisés par arrêtés ministériels, lorsque leurs statuts sont conformes à des statuts types approuvés par décret rendu en conseil d'État, après avis du comité susvisé.

7. Un règlement d'administration publique déterminera les conditions dans lesquelles la présente loi pourra être appliquée à l'Algérie et aux colonies.

8. La présente loi entrera en vigueur trois mois après la promulgation du décret prévu au deuxième alinéa de l'article 4.

V. *la discussion de cette loi à la Chambre des députés et au Sénat*, D. P. 1906. 4. 110; — Bull. Dalloz, 1907, p. 1.

V. le *décret du* 27 *décembre* 1906, *approuvant les statuts-types des syndicats de garantie prévus par l'article* 6 *de la loi du* 12 *avril* 1906 (D. P. 1907. 4. 105); *le décret du* 18 *février* 1907 *portant règlement d'administration publique pour l'application de l'article* 5 *de la loi du* 12 *avril* 1906, *qui étend à toutes les exploitations commerciales la disposition de la loi du* 9 *avril* 1898 *sur les accidents du travail* (D. P. 1907. 4. 79); *le décret du* 9 *mars* 1907 *déterminant les conditions de versement pour la caisse nationale d'assurances en cas d'accidents, de la contribution prévue par l'article* 5 *de la loi du* 12 *avril* 1906 *pour le fonds de garantie* (D. P. 1907. 4. 104).

Loi du 12 avril 1906,

Modifiant les articles 66 *et* 67 *du Code pénal,* 340 *du Code d'instruction criminelle et fixant la majorité pénale à l'âge de dix-huit ans* (D. P. 1907. 4. 59).

Art. 1er. Les articles 66 et 67 du Code pénal sont ainsi modifiés : — V. ces articles.

2. L'article 340 du Code d'instruction criminelle est modifié ainsi qu'il suit : — V. cet article.

3. La garde d'un enfant mineur de seize à dix-huit ans ne pourra pas être confiée à l'Assistance publique par application des articles 4 et 5 de la loi du 19 avril 1898.

V. *la discussion de cette loi à la Chambre des députés et au Sénat*, D. P. 1907. 4. 59.

Loi du 17 avril 1906,

Portant fixation du budget général des dépenses et des recettes de l'exercice 1906 (D. P. 1906. 4. 85).

. . . .

Art. 44. La Cour de cassation prononcera, aux lieu et place des conseils et tribunaux de revision, sur les recours formés en temps de paix contre les jugements des conseils de guerre et tribunaux maritimes siégeant à l'intérieur du territoire, en Algérie et en Tunisie.

Elle prononcera, même en temps de guerre, sur les recours formés :

1° Contre les jugements des tribunaux maritimes commerciaux prévus par l'article 11 de la loi du 10 mars 1891 sur les accidents et collisions de mer;

2° Contre les jugements des tribunaux maritimes spéciaux prévus par l'article 10 de la loi du 30 mai 1854 sur l'exécution des travaux forcés.

Les jugements rendus sur la compétence et autres exceptions ou incidents soulevés au cours des débats devant le conseil de guerre ou le tribunal maritime, ne pourront être déférés à la Cour de cassation que dans les conditions déterminées par l'article 123 du Code de justice militaire et l'article 153 du Code de justice maritime.

Les condamnés ont trois jours francs pour se pourvoir en cassation. Il n'y a pas lieu à consignation d'amende.

En attendant qu'une loi ait adopté les modifications nécessaires à l'organisation et au fonctionnement de la Cour de cassation, un décret rendu, sur la proposition du garde des sceaux, des ministres de la guerre et de la marine, pourvoira à l'exécution des présentes dispositions.

Loi du 30 avril 1906,

Modifiant la loi du 18 *juillet* 1898 *sur les warrants agricoles* (D. P. 1907. 4. 8).

Art. 1er. Tout agriculteur peut emprunter sur les produits agricoles ou industriels de son exploitation, qui ne sont pas immeubles par destination, y compris le sel marin et les animaux lui appartenant, soit en en conservant la garde dans les bâtiments ou sur les terres de cette exploitation, soit en en confiant le dépôt aux syndicats, comices et sociétés agricoles dont il est adhérent, ou à des tiers convenus entre les parties.

L'emprunt peut également être contracté par les sociétés coopératives agricoles sur les produits dont elles sont devenues propriétaires, lorsque les statuts ne s'y opposent pas.

Le produit warranté reste, jusqu'au remboursement des sommes avancées, le gage du porteur du warrant.

L'emprunteur ou le dépositaire des produits warrantés est responsable de la marchandise qui reste confiée à ses soins et à sa garde, et cela sans aucune indemnité opposable aux bénéficiaires du warrant.

2. Le cultivateur, lorsqu'il ne sera pas propriétaire ou usufruitier de son exploitation, devra, avant tout emprunt, sauf ce qui sera dit ci-après, aviser le propriétaire du fonds loué de la nature, de la valeur et de la quantité des marchandises qui doivent servir de gage pour l'emprunt, ainsi que du montant des sommes à emprunter.

Cet avis devra être donné au propriétaire, usufruitier ou à leur mandataire légal désigné, par l'intermédiaire du greffier de paix du canton de la situation des objets warrantés; si l'emprunteur est une société coopérative agricole, la compétence appartiendra au greffier du canton du siège légal de cette société. La lettre d'avis sera remise au greffier qui devra la viser, l'enregistrer et l'envoyer sous forme de pli d'affaires recommandé avec accusé de réception.

Le propriétaire, l'usufruitier ou le mandataire légal désigné pourront, dans le cas où des termes échus leur seraient dus, dans un délai de huit jours francs à partir de la date de l'accusé de réception, s'opposer au prêt sur lesdits produits par une autre lettre envoyée également sous pli d'affaires recommandé au greffier du juge de paix.

Toutefois, si le prêteur y consent, et sous la condition que l'emprunteur devra conserver la garde des produits warrantés dans les bâtiments ou sur les terres de l'exploitation, aucun avis ne sera donné au propriétaire ou usufruitier, et le consentement donné sera mentionné dans les clauses particulières du warrant; mais, en ce cas, le privilège du bailleur subsistera dans les termes de droit.

Le bailleur pourra renoncer à son privilège jusqu'à concurrence de la dette contractée, en apposant sa signature sur le warrant.

3. Pour établir la pièce dénommée warrant, le greffier de la justice de paix du canton où se trouvent les objets à warranter inscrira, d'après les déclarations de l'emprunteur, la nature, la quantité, la valeur et le lieu de situation des produits, gage de l'emprunt, le montant des sommes empruntées, ainsi que les clauses et conditions particulières relatives au warrant, arrêtées entre les parties.

Il transcrira sur un registre spécial le warrant ainsi rédigé et, sur le warrant, il mentionnera le volume et le numéro de la transcription avec la mention des warrants préexistants sur les mêmes produits.

Si l'emprunteur ne sait signer, le warrant est signé pour lui, en sa présence dûment constatée, par le greffier.

Lorsque les produits warrantés ne restent pas entre les mains de l'emprunteur lui-même, le dépositaire et le bailleur des lieux où est effectué le dépôt ne peuvent faire valoir aucun droit de rétention ou de privilège à l'encontre du bénéficiaire du warrant ou de ses ayants cause.

L'acceptation de la garde des produits engagés sera constatée par récépissé signé du dépositaire des produits et, s'il y a lieu, du bailleur des locaux où ils sont en dépôt, porté sur le warrant lui-même ou donné séparément pour l'accompagner.

Dans le cas où l'emprunteur ne sera point propriétaire ou usufruitier de l'exploitation, le greffier devra, en outre des indications ci-dessus, mentionner la date de l'envoi de l'avis au propriétaire ou usufruitier ainsi que la non-opposition de leur part après huit jours francs à partir de la date de l'accusé de réception de la lettre recommandée comme il est dit ci-dessus.

4. Le warrant agricole peut également être établi, entre les parties, sans l'observation des formalités ci-dessus prescrites.

Mais en ce cas, d'une part, il n'est opposable aux tiers qu'après sa transcription au greffe de la justice de paix, conformément à l'article 3 qui précède, et, d'autre part, il ne prime les privilèges, soit du bailleur, soit du dépositaire des produits warrantés et du propriétaire des locaux où est effectué le dépôt, que si les avis ou consentements prévus par les articles précédents ont été donnés.

5. Le warrant indiquera si le produit warranté est assuré ou non et, en cas d'assurance, le nom et l'adresse de l'assureur.

Faculté est donnée aux prêteurs de continuer ladite assurance jusqu'à la réalisation du produit warranté.

Les porteurs de warrants ont, sur les indemnités d'assurances dues en cas de sinistres, les mêmes droits et privilèges que sur les produits assurés.

6. Le greffier délivrera à tout prêteur qui le requerra, avec l'autorisation de l'emprunteur, un état des warrants inscrits au nom de ce dernier ou un certificat établissant qu'il n'existe pas d'inscription. Cet état ne remontera pas à une époque antérieure à cinq années.

7. La radiation de l'inscription sera opérée sur la justification soit du remboursement de la créance garantie par le warrant, soit d'une mainlevée régulière.

L'emprunteur qui aura remboursé son warrant fera constater le remboursement au greffe de la justice de paix; mention de remboursement ou de la mainlevée sera faite sur le registre prévu à l'article 3; certificat lui sera donné de la radiation de l'inscription. L'inscription sera radiée d'office après cinq ans, si elle n'a pas été renouvelée avant l'expiration de ce délai; si elle est inscrite à nouveau après la radiation d'office, elle ne vaudra à l'égard des tiers que du jour de la nouvelle date.

8. L'emprunteur conserve le droit de vendre les produits warrantés à l'amiable et avant le payement de la créance, même sans le concours du prêteur; mais la tradition à l'acquéreur ne peut être opérée que lorsque le créancier a été désintéressé.

L'emprunteur peut, même avant l'échéance, rembourser la créance garantie par le warrant; si le porteur du warrant refuse les offres du débiteur, celui-ci peut, pour se libérer, consigner la somme offerte, en observant les formalités prescrites par l'article 1259 du Code civil; les offres sont faites au dernier ayant droit comme par les avis donnés au greffier, en conformité de l'article 10 qui suit. Sur le vu d'une quittance de consignation régulière et sufsante, le juge de paix du canton où le warrant est ıscrit rendra une ordonnance aux termes de laquelle e gage sera transporté sur la somme consignée.

En cas de remboursement anticipé d'un warrant gricole, l'emprunteur bénéficie des intérêts qui resnient à courir jusqu'à l'échéance du warrant, déducon faite d'un délai de dix jours.

9. Les établissements publics de crédit peuvent ecevoir les warrants comme effets de commerce vec dispense d'une des signatures exigées par leurs tatuts.

10. Le warrant est transmissible par voie d'enossement. L'endossement est daté et signé; il nonce les noms, professions, domiciles des parties.

Tous ceux qui ont signé ou endossé un warrant ont tenus à la garantie solidaire envers le porteur.

L'escompteur ou les réescompteurs d'un warrant éront tenus d'aviser, dans les huit jours, le greffier u juge de paix par pli recommandé avec accusé de éception, ou verbalement contre récépissé de l'avis.

L'emprunteur pourra, par une mention spéciale ıscrite au warrant, dispenser l'escompteur et les éescompteurs de donner cet avis; mais, dans ce as, il n'y a pas lieu à l'application des dispositions es deux derniers paragraphes de l'article 8.

11. Le porteur du warrant doit réclamer à l'emrunteur payement de sa créance échue et, à défaut e ce payement, constater et réitérer sa réclamation ar lettre recommandée adressée au débiteur et pour aquelle un avis de réception sera demandé.

S'il n'est pas payé dans les cinq jours de l'envoi e cette lettre, le porteur du warrant est tenu, à eine de perdre ses droits contre les endosseurs, de énoncer le défaut de payement, quinze jours francs u plus tard après l'échéance, par avertissement our chacun des endosseurs remis au greffier de la ıstice de paix compétent, qui lui en donne récéissé. Le greffier fait connaître cet avertissement ans la huitaine qui le suit aux endosseurs, par ettre recommandée pour laquelle un avis de réception doit être demandé.

En cas de refus de payement, le porteur du warant peut, quinze jours après la lettre recommandée dressée à l'emprunteur comme il est ci-dessus presrit, faire procéder par un officier public ou ministéiel à la vente publique de la marchandise engagée. l y est procédé en vertu d'une ordonnance du juge le paix rendue sur requête, fixant les jour, lieu et eure de la vente; elle sera annoncée huit jours au noins à l'avance par affiches apposées dans les lieux ndiqués par le juge de paix, qui pourra même l'autoriser sans affiches après une ou plusieurs annonces son de trompe ou de caisse; le juge de paix pourra, lans tous les cas, en autoriser l'annonce par la voie les journaux. La publicité donnée sera constatée par ne mention insérée au procès-verbal de vente.

L'officier public chargé de procéder préviendra par ettre recommandée le débiteur et les endosseurs, huit ours à l'avance, des lieu, jour et heure de la vente.

Les articles 622, 623, 624 et 625 du Code de procédure civile sont applicables aux ventes prévues par a présente loi.

Pour les tabacs warrantés, la vente publique est emplacée par une opposition entre les mains du omptable chargé d'en effectuer le payement lors de a livraison au magasin de la Régie où il doit être ivré, et ce par simple pli recommandé avec accusé le réception. Ce magasin sera désigné dès la création du warrant et dans son libellé même.

12. Le porteur du warrant est payé directement le sa créance sur le prix de vente, par privilège et le préférence à tous créanciers, sauf l'exception prévue par l'avant-dernier paragraphe de l'article 2 et sans autres déductions que celle des contributions lirectes et des frais de vente et sans autres formalités qu'une ordonnance du juge de paix.

13. Si le porteur du warrant fait procéder à la vente, conformément à l'article 11 ci-dessus, il ne peut plus exercer son recours contre les endosseurs et même contre l'emprunteur qu'après avoir fait valoir ses droits sur le prix des produits warrantés. En cas d'insuffisance du prix pour le désintéresser, un délai d'un mois lui est imparti à dater du jour où la vente de la marchandise est réalisée, pour exercer son recours contre les endosseurs.

14. Tout emprunteur convaincu d'avoir fait une fausse déclaration ou d'avoir constitué un warrant sur des produits déjà warrantés, sans avis préalable donné au nouveau prêteur; tout emprunteur ou dépositaire convaincu d'avoir détourné, dissipé ou volontairement détérioré au préjudice de son créancier le gage de celui-ci, sera poursuivi correctionnellement sous inculpation d'escroquerie ou d'abus de confiance, selon les cas, et frappé des peines prévues aux articles 405 ou 406 et 408 du Code pénal.

15. Lorsque, pour l'exécution de la présente loi, il y aura lieu à référé, ce référé sera porté devant le juge de paix de la situation des objets warrantés.

16. Les tarifs établis et les mesures ordonnées antérieurement pour l'exécution de la loi du 18 juillet 1898 resteront en vigueur jusqu'à ce qu'il ait été ordonné autrement par décret nouveau.

Le montant des droits du greffier à prévoir audit décret devra être inférieur d'un tiers au total des droits prévus par le décret du 29 octobre 1898 pour les warrants ne dépassant pas 1000 francs en capital, à moins que l'emprunteur ne demande la délivrance simultanée de plusieurs warrants dont le total serait supérieur à cette somme.

Les avis prescrits par la présente loi seront envoyés en la forme et avec la taxe des papiers d'affaires recommandés.

17. Sont dispensés de la formalité du timbre et de l'enregistrement les lettres et accusés de réception, les renonciations, acceptations et consentements prévus aux articles 2, 3, 10 et 11, le registre sur lequel les warrants seront inscrits, la copie des inscriptions d'emprunt, le certificat négatif et le certificat de radiation mentionnés aux articles 6 et 7.

Le warrant est passible du droit de timbre des effets de commerce (0 fr. 05 %).

L'enregistrement (0 fr. 50 %) ne deviendra obligatoire qu'en cas de vente opérée en vertu de l'article 11.

Le droit à percevoir sur le prix de ladite vente sera de 0 fr. 10 % (comme pour les marchandises neuves).

18. Le bénéfice de la présente loi s'appliquera aux ostréiculteurs.

19. La présente loi est applicable à l'Algérie.

L'article 463 du Code pénal est applicable à la présente loi.

La loi du 18 juillet 1898 est abrogée.

V. *la discussion de cette loi à la Chambre des députés et au Sénat*, D. P. 1907. 4. 8.

Loi du 13 juillet 1906,

Établissant le repos hebdomadaire en faveur des employés et ouvriers (D. P. 1906. 4. 105).

Art. 1er. Il est interdit d'occuper plus de six jours par semaine un même employé ou ouvrier dans un établissement industriel ou commercial ou dans ses dépendances, de quelque nature qu'il soit, public ou privé, laïque ou religieux, même s'il a un caractère d'enseignement professionnel ou de bienfaisance.

Le repos hebdomadaire devra avoir une durée minima de vingt-quatre heures consécutives.

2. Le repos hebdomadaire doit être donné le dimanche.

Toutefois, lorsqu'il est établi que le repos simultané, le dimanche, de tout le personnel d'un établissement serait préjudiciable au public ou compromettrait le fonctionnement normal de cet établissement, le repos peut être donné, soit constamment, soit à certaines époques de l'année seulement, ou bien:

a) Un autre jour que le dimanche à tout le personnel de l'établissement;

b) Du dimanche midi au lundi midi;

c) Le dimanche après-midi, avec un repos compensateur d'une journée par roulement et par quinzaine;

d) Par roulement à tout ou partie du personnel.

Des autorisations nécessaires devront être demandées et obtenues, conformément aux prescriptions des articles 8 et 9 de la présente loi.

3. Sont admis de droit à donner le repos hebdomadaire par roulement, les établissements appartenant aux catégories suivantes:

1° Fabrication de produits alimentaires destinés à la consommation immédiate;

2° Hôtels, restaurants et débits de boissons;

3° Débits de tabac et magasins de fleurs naturelles;

4° Hôpitaux, hospices, asiles, maisons de retraite et d'aliénés, dispensaires, maisons de santé, pharmacies, drogueries, magasins d'appareils médicaux et chirurgicaux;

5° Établissements de bains;

6° Entreprises de journaux, d'informations et de spectacles, musées et expositions;

7° Entreprises de location de livres, de chaises, de moyens de locomotion;

8° Entreprises d'éclairage et de distribution d'eau ou de force motrice;

9° Entreprises de transports par terre autres que les chemins de fer, travaux de chargement et de déchargement dans les ports, débarcadères et stations;

10° Industries où sont mises en œuvre des matières susceptibles d'altération très rapide;

11° Industries dans lesquelles toute interruption de travail entraînerait la perte ou la dépréciation du produit en cours de fabrication.

Un règlement d'administration publique énumérera la nomenclature des industries comprises dans les catégories figurant sous les numéros 10 et 11, ainsi que les autres catégories d'établissements qui pourront bénéficier du droit de donner le repos hebdomadaire par roulement.

Un autre règlement d'administration publique déterminera également des dérogations particulières au repos des spécialistes occupés dans les usines à feu continu, telles que hauts fourneaux.

4. En cas de travaux urgents, dont l'exécution immédiate est nécessaire pour organiser des mesures de sauvetage, pour prévenir des accidents imminents ou réparer des accidents survenus au matériel, aux installations ou aux bâtiments de l'établissement, le repos hebdomadaire pourra être suspendu pour le personnel nécessaire à l'exécution des travaux urgents. Cette faculté de suspension s'applique non seulement aux ouvriers de l'entreprise où les travaux urgents sont nécessaires, mais aussi à ceux d'une autre entreprise faisant les réparations pour le compte de la première. Dans cette seconde entreprise, chaque ouvrier devra jouir d'un repos compensateur d'une durée égale au repos supprimé.

5. Dans tout établissement qui aura le repos hebdomadaire au même jour pour tout le personnel, le repos hebdomadaire pourra être réduit à une demi-journée pour les personnes employées à la conduite des générateurs et des machines motrices, au graissage et à la visite des transmissions, au nettoyage des locaux industriels, magasins ou bureaux, ainsi que pour les gardiens et concierges.

Dans les établissements de vente de denrées alimentaires au détail, le repos pourra être donné le dimanche après-midi, avec un repos compensateur, par roulement et par semaine, d'un autre après-midi pour les employés âgés de moins de vingt et un ans et logés chez leur patron, et, par roulement et par quinzaine, d'une journée entière pour les autres employés.

Dans les établissements occupant moins de cinq ouvriers ou employés et admis à donner le repos par roulement, le repos d'une journée par semaine pourra être remplacé par deux repos d'une demi-journée, représentant ensemble la durée d'une journée complète de travail.

Dans tout établissement où s'exerce un commerce de détail et dans lequel le repos hebdomadaire aura lieu le dimanche, ce repos pourra être supprimé lorsqu'il coïncidera avec un jour de fête locale ou de quartier désigné par un arrêté municipal.

6. Dans toutes les catégories d'entreprises où les intempéries déterminent des chômages, les repos forcés viendront, au cours de chaque mois, en déduction des jours de repos hebdomadaire.

Les industries de plein air, celles qui ne travaillent qu'à certaines époques de l'année, pourront suspendre le repos hebdomadaire quinze fois par an.

Celles qui emploient des matières périssables, celles qui ont à répondre, à certains moments, à un surcroît extraordinaire de travail, et qui ont fixé le repos hebdomadaire au même jour pour tout le personnel, pourront également suspendre le repos hebdomadaire quinze fois par an. Mais pour ces deux dernières catégories d'industrie, l'employé ou l'ouvrier devra jouir, au moins de deux jours de repos par mois.

7. Dans les établissements soumis au contrôle de l'État, ainsi que dans ceux où sont exécutés les travaux pour le compte de l'État et dans l'intérêt de la défense nationale, les ministres intéressés pourront suspendre le repos hebdomadaire quinze fois par an.

8. Lorsqu'un établissement quelconque voudra bénéficier de l'une des exceptions prévues au paragraphe 2 de l'article 2, il sera tenu d'adresser une demande au préfet du département.

Celui-ci devra demander d'urgence les avis du conseil municipal, de la chambre de commerce de la région et des syndicats patronaux et ouvriers intéressés de la commune. Ces avis devront être donnés dans le délai d'un mois.

Le préfet statuera ensuite par un arrêté motivé qu'il notifiera dans la huitaine.

L'autorisation accordée à un établissement devra être étendue aux établissements de la même ville faisant le même genre d'affaires et s'adressant à la même clientèle.

9. L'arrêté préfectoral pourra être déféré au conseil d'État, dans la quinzaine de sa notification aux intéressés.

Le conseil d'État statuera dans le mois qui suivra la date du recours, qui sera suspensif.

10. Des règlements d'administration publique organiseront le contrôle des jours de repos pour tous les établissements, que le repos hebdomadaire soit collectif ou qu'il soit organisé par roulement.

Ils détermineront également les conditions du préavis qui devra être adressé à l'inspecteur du travail par le chef de tout établissement qui bénéficiera des dérogations.

11. Les inspecteurs et inspectrices du travail sont chargés, concurremment avec tous les officiers de police judiciaire, de constater les infractions à la présente loi.

Dans les établissements soumis au contrôle du ministre des travaux publics, l'exécution de la loi est assurée par les fonctionnaires chargés de ce contrôle, placés à cet effet sous l'autorité du ministre du commerce et de l'industrie. Les délégués mineurs signalent les infractions sur leur rapport.

12. Les contraventions sont constatées dans des procès-verbaux qui font foi jusqu'à preuve contraire.

Ces procès-verbaux sont dressés en double exemplaire, dont l'un est envoyé au préfet du département et l'autre déposé au parquet.

13. Les chefs d'entreprise, directeurs ou gérants qui auront contrevenu aux prescriptions de la présente loi et des règlements d'administration publique relatifs à son exécution, seront poursuivis devant le tribunal de simple police et passibles d'une amende de cinq à quinze francs (5 à 15 fr.).

L'amende sera appliquée autant de fois qu'il y aura de personnes occupées dans des conditions contraires à la présente loi, sans toutefois que le maximum puisse dépasser cinq cents francs (500 fr.).

14. Les chefs d'entreprise seront civilement responsables des condamnations prononcées contre leurs directeurs ou gérants.

15. En cas de récidive, le contrevenant sera poursuivi devant le tribunal correctionnel et puni d'une amende de 16 à 100 francs (16 à 100 fr.).

Il y a récidive lorsque dans les douze mois antérieurs au fait poursuivi, le contrevenant a déjà subi une condamnation pour une contravention identique.

En cas de pluralité de contraventions entraînant ces peines de la récidive, l'amende sera appliquée autant de fois qu'il aura été relevé de nouvelles contraventions, sans toutefois que le maximum puisse dépasser trois mille francs (3000 fr.).

16. Est puni d'une amende de cent à cinq cents francs (100 à 500 fr.) quiconque aura mis obstacle à l'accomplissement du service d'un inspecteur.

En cas de récidive dans les délais spécifiés à l'article précédent, l'amende sera portée de cinq cents à mille francs (500 à 1000 fr.).

L'article 463 du Code pénal est applicable aux condamnations prononcées en vertu de cet article et des articles 13, 14 et 15.

17. Les dispositions de la présente loi ne sont pas applicables aux employés et ouvriers des entreprises de transport par eau, non plus qu'à ceux des chemins de fer, dont les repos sont réglés par des dispositions spéciales.

18. Sont abrogées les dispositions des articles 5 et 7 de la loi du 2 novembre 1892 en ce qui touche le repos hebdomadaire.

Les dérogations prévues à l'article 4 et au premier paragraphe de l'article 5 de la présente loi ne sont pas applicables aux enfants de moins de dix-huit ans et aux filles mineures.

Les dérogations prévues au paragraphe 3 de l'article 5 ne sont pas applicables aux personnes protégées par la loi du 2 novembre 1892.

Un règlement d'administration publique établira la nomenclature des industries particulières qui devront être comprises dans les catégories générales énoncées à l'article 6 de la présente loi en ce qui concerne les femmes et les enfants.

V. *la discussion de cette loi à la Chambre des députés et au Sénat*, D. P. 1906. 4. 105; — **Bull. Dalloz**, 1907, p. 110.

V. *aussi le décret du 24 août 1906 organisant le contrôle de l'application de la loi du 13 juillet 1906 sur le repos hebdomadaire* (**D. P.** 1906. 4. 111) *modifié dans ses art. 2 et 3 par le décret du 13 juillet 1907; le décret du 14 août 1907 complétant la nomenclature des établissements admis à donner le repos hebdomadaire par roulement en vertu de l'art. 3 de la loi du 13 juillet 1906* (**D. P.** 1908. 4. 126; — **Bull. Dalloz**, 1907, p. 116); *le décret du 16 mars 1908 déterminant la nomenclature des catégories d'établissements admis à bénéficier des dérogations de l'art. 6 de la loi du 13 juillet 1906, en ce qui concerne les femmes et les enfants* (**D. P.** 1908. 4. 39; — **Bull. Dalloz**, 1908, p. 146); *et le décret du 30 avril 1909 portant addition au décret du 14 août 1907, qui a complété la nomenclature des établissements admis au repos hebdomadaire par roulement en vertu de l'article 3 de la loi du 13 juillet 1906* (**D. P.** 1909. 4e partie). — V. *ces textes rapportés à notre* **C. travail.**

Loi du 18 décembre 1906,

Modifiant les articles 13, 14 *et* 15 *de la loi du* 27 *juin* 1904 *sur le service des enfants assistés* (D. P. 1907. 4. 88).

Article unique. Sont modifiés ainsi qu'il suit les articles 13, 14 et 15 de la loi du 27 juin 1904:

« **Art. 13.** Les attributions du tuteur et du conseil de famille sont celles que détermine le Code civil, réserve faite, toutefois, des fonctions conférées au trésorier-payeur général et au receveur de l'assistance publique de Paris, en ce qui concerne la gestion des deniers pupillaires.

« Ces attributions comprennent, notamment, le droit de donner ou de refuser le consentement au mariage, à l'émancipation, à l'engagement militaire.

« Il n'est pas institué de subrogé tuteur.

« Dans les cas d'émancipation, le tuteur ou son délégué est seul tenu de comparaître devant le juge de paix.

« L'acte d'émancipation est délivré sans frais.

« **Art. 14.** Les biens du tuteur ne sont pas soumis à l'hypothèque légale instituée par l'article 2121 du Code civil.

« La gestion des deniers pupillaires est garantie par le cautionnement du comptable.

« En cas d'émancipation, le conseil de famille charge l'un de ses membres des fonctions de curateur.

« **Art. 15.** La gestion des deniers pupillaires est confiée au trésorier-payeur général. Elle est dévolue, dans le département de la Seine, au receveur de l'assistance publique de Paris.

« Les sommes dues aux pupilles, à titre de rémunération du travail, se recouvrent sur des états dressés par l'inspecteur départemental et rendus exécutoires par le préfet. Les oppositions, lorsque la matière est de la compétence des tribunaux ordinaires, sont jugées comme affaires sommaires. Les poursuites ont lieu comme en matière de contributions directes.

« Les règles prévues au paragraphe précédent ne sont pas applicables aux autres créances des pupilles.

« Les fonds sont placés soit à la caisse nationale d'épargne, soit aux caisses d'épargne ordinaires, soit en rentes sur l'État.

« Le tuteur peut autoriser, au profit du pupille, le retrait de tout ou partie des fonds appartenant à ce dernier.

« Le conseil de famille pourra décider, au moment de la sortie d'un pupille du service des enfants assistés, qu'une partie ne dépassant pas le cinquième du pécule lui appartenant sera versée à la caisse nationale des retraites, en vue de lui constituer une pension de retraite.

V. *la discussion de cette loi à la Chambre des députés et au Sénat*, D. P. 1907. 4. 88; — **Bull. Dalloz**, 1907, p. 159.

Loi du 20 décembre 1906,

Modifiant l'article 1er *de la loi du* 13 *juillet* 1905, *décidant que, lorsque les fêtes légales tomberont un vendredi, aucun payement ne sera exigé ni aucun protêt ne sera dressé le lendemain de ces fêtes; lorsqu'elles tomberont le mardi, aucun payement ne sera exigé ni aucun protêt ne sera dressé la veille de ces fêtes* (D. P. 1907. 4. 61).

Article unique. Le paragraphe 1er de l'art. 1er de la loi du 13 juillet 1905 est remplacé par la disposition suivante: — V. *suprà*, L. 13 juill. 1905, art. 1er.

V. *la discussion de cette loi à la Chambre des députés et au Sénat*, D. P. 1907. 4. 61.

Loi du 30 décembre 1906,

Sur les ventes au déballage complétant la loi du 25 *juin* 1841 (D. P. 1907. 4. 62).

Art. 1er. Les ventes de marchandises neuves, non comprises dans les prohibitions de la loi du 25 juin 1841, sur les ventes aux enchères, ne pourront être faites sous la forme de soldes, liquidations, ventes forcées ou déballages, sans une autorisation spéciale du maire de la ville où la vente doit avoir lieu.

Pour obtenir cette autorisation, le demandeur sera tenu de fournir un inventaire détaillé des marchandises à liquider, en indiquant leur importance en numéraire, et le délai nécessaire pour leur écoulement.

Il pourra être tenu de justifier de la provenance des marchandises par la production de ses livres et de ses factures.

Pendant la durée de la liquidation, il lui sera interdit de recevoir d'autres marchandises que celles figurant à l'inventaire pour lequel l'autorisation aura été accordée.

2. Toute contravention aux dispositions ci-dessus sera punie de la confiscation des marchandises mises en vente, et en outre d'une amende de cinquante francs (50 fr.) à trois mille francs (3,000 fr.), sans préjudice des dommages-intérêts s'il y a lieu.

3. Pour le délit prévu par la présente loi, et pour celui établi par la loi du 25 juin 1841, la tentative sera punie comme le délit consommé.

V. *la discussion de cette loi à la Chambre des députés et au Sénat*, D. P. 1907. 4. 62; — **Bull. Dalloz**, 1907, p. 176.

Loi du 2 janvier 1907,

Concernant l'exercice des cultes (D. P. 1907. 4. 1).

Art. 1er. Dès la promulgation de la présente loi, l'État, les départements et les communes recouvreront à titre définitif la libre disposition des archevêchés, évêchés, presbytères et séminaires qui sont leur propriété et dont la jouissance n'a pas été réclamée par une association constituée dans l'année qui a suivi la promulgation de la loi du 9 décembre 1905, conformément aux dispositions de ladite loi.

Cesseront de même, s'il n'a pas été établi d'associations de cette nature, les indemnités de logement incombant aux communes, à défaut de presbytère.

La location des édifices ci-dessus dont les départements ou les communes sont propriétaires devra être approuvée par l'administration préfectorale. En cas d'aliénation par le département, il sera procédé comme dans les cas prévus par l'article 48, paragraphe 1er, de la loi du 10 août 1871.

2. Les biens des établissements ecclésiastiques qui n'ont pas été réclamés par des associations constituées dans l'année qui a suivi la promulgation de la loi du 9 décembre 1905, conformément aux dispositions de ladite loi, seront attribués à titre définitif, dès la promulgation de la présente loi, aux établissements communaux d'assistance ou de bienfaisance dans les conditions déterminées par l'article 9, premier paragraphe de ladite loi, sans préjudice des attributions à opérer par application des articles 7 et 8, en ce qui concerne les biens grevés d'une affectation étrangère à l'exercice du culte.

3. A l'expiration du délai d'un mois à partir de la omulgation de la présente loi, seront de plein droit pprimées les allocations concédées, par application l'article 11 de la loi du 9 décembre 1905, aux inistres du culte qui continueront à exercer leurs nctions dans les circonscriptions ecclésiastiques où auront pas été remplies les conditions prévues, soit r la loi du 9 décembre 1905, soit par la présente , pour l'exercice public du culte, après infraction ment réprimée.

La déchéance sera constatée par arrêté du mistre des finances, rendu sur le vu d'un extrait du gement ou de l'arrêt qui lui est adressé par les ins du ministre de la justice.

4. Indépendamment des associations soumises x dispositions du titre IV de la loi du 9 dénbre 1905, l'exercice public d'un culte peut être suré tant au moyen d'associations régies par la loi 1er juillet 1901 (art. 1, 2, 3, 4, 5, 6, 7, 8, 9, 12 17) que par voie de réunions tenues sur initiatives dividuelles en vertu de la loi du 30 juin 1881 et on les prescriptions de l'article 25 de la loi du décembre 1905 (V. *infrà*, L. 28 mars 1907).

5. A défaut d'associations cultuelles, les édifices ectés à l'exercice du culte, ainsi que les meubles garnissant, continueront, sauf désaffectation dans cas prévus par la loi du 9 décembre 1905, à être ssés à la disposition des fidèles et des ministres culte pour la pratique de leur religion.

La jouissance gratuite en pourra être accordée soit des associations cultuelles constituées conformént aux articles 18 et 19 de la loi du 9 dénbre 1905, soit à des associations formées en vertu s dispositions précitées de la loi du 1er juillet 1901 ur assurer la continuation de l'exercice public du lte, soit aux ministres du culte dont les noms deont être indiqués dans les déclarations prescrites r l'article 25 de la loi du 9 décembre 1905.

La jouissance ci-dessus prévue desdits édifices et s meubles les garnissant sera attribuée, sous rérve des obligations énoncées par l'article 13 de la du 9 décembre 1905, au moyen d'un acte admistratif dressé par le préfet pour les immeubles acés sous séquestre et ceux qui appartiennent à tat et aux départements, par le maire pour les meubles qui sont la propriété des communes.

Les règles susénoncées s'appliqueront aux édifices ectés au culte qui, ayant appartenu aux établissents ecclésiastiques, auront été attribués par décret x établissements communaux d'assistance ou de enfaisance par application de l'article 9, paraaphe 1er, de la loi du 9 décembre 1905.

6. Les dispositions de la loi du 9 décembre 1905 des décrets portant règlement d'administration blique pour son exécution sont maintenues en tout qu'elles n'ont pas de contraire à la présente loi.

V. *la discussion de cette loi à la Chambre des putés et au Sénat*, D. P. 1907. 4. 1.

Loi du 27 mars 1907,

Concernant les conseils de prud'hommes
(D. P. 1907. 4. 89).

TITRE Ier. — ATTRIBUTIONS. — STITUTION ET ORGANISATION DES CONSEILS DE PRUD'HOMMES.

Art. 1er. Les conseils de prud'hommes sont insués pour terminer par voie de conciliation les difrends qui peuvent s'élever à l'occasion du contrat louage d'ouvrage dans le commerce et l'industrie tre les patrons ou leurs représentants et les emoyés, ouvriers et apprentis de l'un et de l'autre xe qu'ils emploient.

Ils jugent dans les conditions de compétence dérminées par les articles 32, 33, 34 et 35 de la prénte loi les différends à l'égard desquels la concitation a été sans effet.

Leur mission, comme conciliateurs et comme juges, applique également aux différends nés entre ouriers à l'occasion du travail.

Néanmoins, ils ne peuvent connaître des actions dommages-intérêts motivés par des accidents ont les ouvriers, ou employés, ou apprentis auraient é victimes.

Ils doivent donner leur avis sur les questions qui leur seront posées par l'autorité administrative.

Ils exercent, en outre, les attributions qui leur sont confiées par des lois spéciales.

2. Les conseils de prud'hommes sont établis par décrets rendus en la forme des règlements d'administration publique, sur la proposition du ministre de la justice et du ministre du travail et de la prévoyance sociale, après avis des chambres de commerce et des chambres consultatives des arts et manufactures et des conseils municipaux des communes intéressées, dans les villes où l'importance de l'industrie ou du commerce en démontre la nécessité.

La création d'un conseil de prud'hommes est de droit lorsqu'elle est demandée par le conseil municipal de la commune où il doit être établi, avec avis favorable des chambres de commerce et des chambres consultatives des arts et manufactures, du conseil général du département, du ou des conseils d'arrondissement du ressort indiqué et de la majorité des conseils municipaux des communes devant composer la circonscription projetée.

3. Le décret d'institution détermine le ressort du conseil, le nombre des catégories dans lesquelles sont répartis les commerces et les industries soumis à sa juridiction et le nombre des prud'hommes affectés à chaque catégorie, sans que le nombre total des membres du conseil puisse être impair ou inférieur à douze. Les ouvriers et les employés sont classés dans des catégories distinctes.

Le décret détermine, s'il y a lieu, les sections des conseils et leur composition.

Des modifications pourront être apportées dans la même forme au décret d'institution.

4. Les membres des conseils de prud'hommes sont élus pour six ans. Ils sont renouvelés par moitié tous les trois ans. Néanmoins, ils conservent leurs fonctions jusqu'à l'installation de leurs successeurs.

5. A condition : 1° d'être inscrits sur les listes électorales politiques ; 2° d'être âgés de vingt-cinq ans révolus ; 3° d'exercer depuis trois ans, apprentissage compris, une profession dénommée dans le décret d'institution du conseil et de résider dans le ressort de ce conseil depuis un an :

Sont électeurs ouvriers : les ouvriers, les chefs d'équipe ou contremaîtres prenant part à l'exécution matérielle des travaux industriels et les chefs d'atelier de famille travaillant eux-mêmes ;

Électeurs employés : les employés de commerce et d'industrie et les contremaîtres ne remplissant que des fonctions de surveillance ou de direction ;

Électeurs patrons : les patrons occupant pour leur compte un ou plusieurs ouvriers ou employés, les associés en nom collectif, ceux qui gèrent ou dirigent pour le compte d'autrui une fabrique, une manufacture, un atelier, un magasin, une mine et généralement une entreprise industrielle ou commerciale quelconque ; les présidents et membres des conseils d'administration, les ingénieurs et chefs de service tant dans les exploitations minières que dans les diverses industries.

Sont inscrites également sur les listes électorales, suivant la distinction ci-dessus, les femmes possédant la qualité de Française, réunissant les conditions d'âge, d'exercice de la profession et de résidence et n'ayant encouru aucune des condamnations prévues aux articles 15 et 16 du décret organique du 2 février 1852.

6. (*L. 15 novembre 1908.*) Sont éligibles, à condition de résider depuis trois ans dans le ressort du conseil : 1° les électeurs âgés de trente ans, sachant lire et écrire, inscrits sur les listes électorales spéciales ou justifiant des conditions requises pour y être inscrits ; 2° les anciens électeurs n'ayant pas quitté la profession depuis plus de cinq ans et l'ayant exercée cinq ans dans le ressort.

7. Les conseils de prud'hommes sont composés d'un nombre égal, pour chaque catégorie, d'ouvriers ou d'employés et de patrons. Il doit y avoir au moins deux prud'hommes patrons et deux prud'hommes ouvriers ou employés dans chaque catégorie.

8. Les prud'hommes ouvriers ou employés sont élus par les électeurs ouvriers ou employés, les prud'hommes patrons par les électeurs patrons, réunis dans des assemblées distinctes présidées chacune par le juge de paix ou l'un de ses suppléants.

Dans le cas où, pour la commodité du vote, il est établi plusieurs bureaux de scrutin, le préfet peut désigner dans son arrêté un maire ou un adjoint pour présider un ou plusieurs bureaux.

9. Les élections ont lieu au scrutin de liste et par catégorie.

Au 1er tour de scrutin, aucune élection ne sera valable si les candidats n'ont pas obtenu la majorité absolue des suffrages exprimés et si cette majorité n'est pas égale au quart des électeurs inscrits ; la majorité relative suffira au 2e tour.

En cas d'égalité de suffrages au 2e tour, le candidat le plus âgé sera proclamé élu.

10. Chaque année, dans les vingt jours qui suivent la revision des listes électorales politiques, le maire de chaque commune du ressort, assisté d'un électeur ouvrier, d'un électeur employé et d'un électeur patron désignés par le conseil municipal, inscrit sur des tableaux différents le nom, la profession et le domicile des électeurs ouvriers, employés et patrons.

Pendant la même période se fera l'inscription des femmes électeurs, et seront reçues les déclarations des employés concernant le genre de commerce ou industrie auquel ils sont attachés.

Ces tableaux sont adressés au préfet, qui dresse et arrête la liste de chaque catégorie d'électeurs.

Les listes sont déposées tant au secrétariat du conseil de prud'hommes qu'au secrétariat de chacune des mairies du ressort. Les électeurs sont avisés du dépôt par affiches apposées à la porte des mairies. Dans la quinzaine qui suit la publication, des réclamations peuvent être formées contre la confection des listes ; elles sont portées devant le juge de paix du canton, instruites et jugées conformément aux articles 5 et 6 de la loi du 8 décembre 1883 sur les élections consulaires.

Les rectifications sont opérées conformément à l'article 7 de la même loi.

11. Le renouvellement triennal doit porter sur la moitié des membres ouvriers ou employés et sur la moitié des membres patrons, compris dans chaque catégorie du conseil. Dans chacune de ces catégories, le sort désigne les prud'hommes qui sont remplacés la première fois.

Les prud'hommes sortants sont rééligibles.

12. Lorsqu'il y a lieu de procéder à des élections, le préfet convoque les électeurs au moins vingt jours d'avance, en indiquant le jour et l'endroit de leur réunion. Il fixe les heures d'ouverture et de clôture de chaque tour de scrutin.

Il peut y avoir plusieurs sections de vote.

Les élections se font toujours un dimanche. Le 2e tour de scrutin aura lieu le dimanche suivant.

13. Les règles établies par les articles 13, 18 à 25, 26, paragraphes 1er et 3, 27 à 29 de la loi du 5 avril 1884 sur les élections municipales s'appliquent aux opérations électorales pour les conseils de prud'hommes.

Dans les trois jours qui suivent la réception du procès-verbal des élections, le préfet transmet des copies certifiées de ce procès-verbal au procureur général et au secrétaire du conseil de prud'hommes.

Les protestations contre les élections sont formées, instruites et jugées conformément à l'article 11, paragraphes 5, 6 et 7, et à l'article 12 de la loi du 8 décembre 1883.

Avis de l'arrêt est donné au préfet.

14. Dans la quinzaine de la réception du procès-verbal, s'il n'y a pas de réclamation, ou dans les quinze jours qui suivent la décision définitive, le procureur de la République invite les élus à se présenter à l'audience du tribunal civil, qui procède publiquement à leur réception et en dresse procès-verbal consigné dans ses registres.

Au cours de cette réception, les élus prêtent individuellement le serment suivant :

« Je jure de remplir mes devoirs avec zèle et intégrité et de garder le secret des délibérations. »

Le jour de l'installation publique du conseil de prud'hommes, il est donné lecture du procès-verbal de réception.

15. Dans le cas où une ou plusieurs vacances se produisent dans le conseil par suite de décès, de démission, d'annulation des premières élections ou de toute autre cause, il est procédé à des élections complémentaires dans le délai d'un mois à dater du fait qui y donne lieu, à moins qu'il n'y ait pas plus de trois mois entre le fait et l'époque du prochain renouvellement triennal.

Tout membre élu dans ces conditions ne demeure en fonctions que pendant la durée du mandat qui avait été confié à son prédécesseur.

Tout conseiller prud'homme ouvrier ou employé qui devient patron, et réciproquement, doit déclarer au procureur de la République et au président du conseil qu'il a perdu la qualité en' laquelle il a été élu. Cette déclaration a pour effet nécessaire la démission.

A défaut de déclaration, l'assemblée générale est saisie de la question par son président ou par le procureur de la République. Le membre du conseil auquel elle s'applique est appelé à cette réunion pour y fournir ses explications.

Le procès-verbal est transmis dans la huitaine par le président au procureur de la République, et par celui-ci dans un semblable délai au président du tribunal civil.

Sur le vu du procès-verbal, la démission est déclarée, s'il y a lieu, par le tribunal civil en chambre du conseil, sauf appel devant la cour du ressort. Avis de la décision est donné au préfet par le procureur de la République et, en cas d'appel, par le procureur général.

16. S'il y a lieu de procéder à des élections complémentaires, soit parce que les premières élections n'ont pas donné de résultats satisfaisants pour la constitution ou le complément du conseil, soit parce qu'un ou plusieurs prud'hommes élus ont refusé de se faire installer, ont donné leur démission ou ont été déclarés démissionnaires par application de l'article 44, et que de ces divers faits vient à se reproduire, il n'est pourvu aux vacances qui peuvent en résulter que lors du prochain renouvellement triennal, et le conseil ou la section fonctionne, quelle que soit la qualité des membres régulièrement élus ou en exercice, pourvu que leur nombre soit au moins égal à la moitié du nombre total des membres dont il doit être composé.

La même disposition est applicable au cas où une ou plusieurs élections ont été annulées pour cause d'inéligibilité des élus.

17. Les prud'hommes, réunis en assemblée générale de la section sous la présidence du doyen d'âge, élisent parmi eux, au scrutin secret, à la majorité absolue des membres présents, un président et un vice-président.

Après deux tours de scrutin, sans qu'aucun des candidats ait obtenu la majorité absolue des membres présents, si, au 3e tour de scrutin, il y a partage des voix, le conseiller le plus ancien en fonctions sera élu. Si les deux candidats avaient un temps de service égal, la préférence serait accordée au plus âgé; il en sera de même dans le cas de création d'un nouveau conseil.

18. Lorsque le président est choisi parmi les prud'hommes ouvriers ou employés, le vice-président ne peut l'être que parmi les prud'hommes patrons, et réciproquement.

Le président sera alternativement un ouvrier ou employé, ou un patron.

Le sort décidera si c'est un patron ou si c'est un ouvrier ou employé qui présidera le premier.

Exceptionnellement, dans le cas prévu par l'article 16, les deux présidents peuvent être pris tous deux soit parmi les prud'hommes ouvriers ou employés, soit parmi les prud'hommes patrons si le conseil ne se trouve composé que de l'un ou de l'autre élément.

Les réclamations contre l'élection des membres du bureau sont soumises à la cour d'appel, dans les conditions déterminées par l'avant-dernier alinéa de l'article 13 ; elles doivent être faites dans la quinzaine.

19. Le président et le vice-président sont élus pour une année ; ils sont rééligibles sous la condition d'alternance de l'article précédent.

Ils restent en fonctions jusqu'à l'installation de leurs successeurs.

20. Chaque section des conseils de prud'hommes comprend :

1° Un bureau de conciliation;

2° Un bureau de jugement.

21. Le bureau de conciliation est composé d'un prud'homme ouvrier ou employé et d'un prud'homme patron; la présidence appartient alternativement à l'ouvrier ou à l'employé et au patron, suivant un roulement établi par le règlement particulier de chaque section.

Celui des deux qui préside le bureau le premier est désigné par le sort.

Exceptionnellement et dans les cas prévus par l'article 16, les deux membres composant le bureau peuvent être pris parmi les prud'hommes ouvriers ou employés ou parmi les prud'hommes patrons, si la section ne se trouve composée que d'un seul élément.

22. Les séances du bureau de conciliation ont lieu au moins une fois par semaine. Elles ne sont pas publiques.

23. Le bureau de jugement se compose d'un nombre toujours égal de prud'hommes patrons et de prud'hommes ouvriers ou employés, y compris le président ou le vice-président siégeant alternativement. Ce nombre est au moins de deux patrons et de deux ouvriers ou employés. A défaut du président ou du vice-président, la présidence appartiendra au conseiller le plus ancien en fonctions; s'il y a égalité dans la durée des fonctions, au plus âgé.

Exceptionnellement, dans les cas prévus à l'article 16, le bureau de jugement peut valablement délibérer, un nombre de membres pair et au moins égal à quatre étant présents, alors même qu'il ne serait pas formé d'un nombre égal d'ouvriers ou d'employés et de patrons.

Les délibérations du bureau de jugement sont prises à la majorité absolue des membres présents.

En cas de partage, l'affaire est renvoyée dans le plus bref délai devant le même bureau de jugement, présidé par le juge de paix de la circonscription, ou l'un de ses suppléants.

Si la circonscription du conseil comprend plusieurs cantons ou arrondissements de justice de paix, le juge de paix appelé à faire partie du bureau de jugement et à en exercer la présidence sera le plus ancien en fonctions ou le plus âgé, ainsi qu'il est dit ci-dessus pour la présidence.

Toutefois, le président du tribunal civil dans le ressort duquel le conseil de prud'hommes a son siège devra, dans le cas où il en sera ainsi ordonné par le ministre de la justice, établir entre les juges de paix de la circonscription du conseil un roulement aux termes duquel ils feront le service à leur tour pendant un temps déterminé.

En seront dispensés, s'ils le demandent, les juges de paix des cantons hors desquels le siège du conseil est fixé.

Les séances du bureau de jugement sont publiques. Si les débats sont de nature à produire du scandale, le conseil peut ordonner le huis clos.

Le prononcé du jugement devra toujours avoir lieu en audience publique.

24. Il est attaché à chaque conseil un ou plusieurs secrétaires et, s'il y a lieu, un ou plusieurs secrétaires adjoints nommés par décret rendu sur la proposition du ministre de la justice et sur une liste de trois candidats présentés en assemblée générale à la majorité absolue. Ils prêtent serment devant le tribunal civil. Leurs traitements sont fixés par les conseils existants par un règlement d'administration publique et par décret pour les conseils qui seront créés à l'avenir.

Le secrétaire assiste et tient la plume aux audiences des bureaux de conciliation et de jugement.

Les secrétaires et secrétaires adjoints ne pourront être révoqués de leurs fonctions que par décret rendu sur la proposition du ministre de la justice, soit d'office, soit sur une délibération signée par les deux tiers des prud'hommes, réunis en assemblée générale.

25. Il ne peut exister dans chaque ville qu'un conseil de prud'hommes.

Le conseil peut être divisé en sections. Les catégories d'ouvriers et les catégories d'employés sont classées dans des sections distinctes. Chaque section est autonome.

Les présidents et vice-présidents des sections se réunissent chaque année pour élire parmi les premiers, dans les formes prévues à l'article 17, le président du conseil de prud'hommes qui est chargé des rapports avec l'administration et, entre les sections, de l'administration intérieure et de la discipline générale.

TITRE II. — DE LA PROCÉDURE DEVANT LES CONSEILS DE PRUD'HOMMES

26. Les parties sont tenues de se rendre en personne au jour et à l'heure fixés devant le bureau de conciliation ou le bureau de jugement.

Elles peuvent se faire assister et, en cas d'absence ou de maladie, se faire représenter par un ouvrier ou employé ou par un patron exerçant la même profession.

Les chefs d'entreprises industrielles ou commerciales peuvent toujours se faire représenter par le directeur gérant ou par un employé de leur établissement.

Le mandataire doit être porteur d'un pouvoir sur papier libre; ce pouvoir pourra être donné au bas de l'original ou de la copie de l'assignation.

Les parties peuvent déposer des conclusions écrites; elles ne peuvent faire signifier aucunes défenses.

Les parties pourront se faire représenter ou assister par un avocat régulièrement inscrit au barreau ou par un avoué exerçant près du tribunal civil de l'arrondissement.

L'avocat et l'avoué seront dispensés de présenter une procuration.

27. Le défendeur est appelé devant le bureau de conciliation par une simple lettre du secrétaire qui jouira de la franchise postale.

La lettre doit contenir les jour, mois et l'an, les nom, profession et domicile du demandeur, l'indication de l'objet de la demande, le jour et l'heure de la comparution. Elle est remise à la poste par les soins du secrétaire ou portée par le demandeur, au choix de ce dernier.

28. Les parties peuvent toujours se présenter volontairement devant le bureau de conciliation et, dans ce cas, il est procédé à leur égard comme si l'affaire était introduite par une demande directe.

29. Si, au jour fixé par la lettre du secrétaire, le demandeur ne comparaît pas, la cause est rayée du rôle et ne peut être reprise qu'après un délai de huit jours.

Si le défendeur ne comparaît pas, ni personne ayant qualité pour lui, ou si la conciliation n'a pu avoir lieu, l'affaire est renvoyée à la prochaine audience du bureau de jugement.

Le secrétaire convoque alors les parties soit par lettres recommandées, avec avis de réception, soit par ministère d'huissier.

Dans le cas de convocation par lettres recommandées, à défaut d'avis de réception, le défendeur est cité par huissier. La citation contient les énonciations prescrites pour la lettre par l'article 27.

Le délai pour la comparution sera dans les deux cas d'un jour franc. Si la convocation a lieu par lettre recommandée, le point de départ du délai sera la date de la remise figurant à l'avis de réception.

Les témoins seront appelés dans les mêmes formes et délais.

30. Dans les cas où la conciliation n'a pu avoir lieu, la cause, au lieu d'être renvoyée à une prochaine audience, peut être immédiatement jugée par le bureau de jugement, si les deux parties y consentent.

31. Au jour fixé, si l'une des parties ne comparaît pas, la cause est jugée par défaut.

32. Les jugements des conseils de prud'hommes sont définitifs et sans appel, sauf du chef de la compétence, lorsque le chiffre de la demande n'excède pas trois cents francs (300 fr.) en capital.

Les différends entre les employés et leurs patrons sont de la compétence des tribunaux ordinaires lorsque le chiffre de la demande excède mille francs (1,000 fr.). Cette limitation ne s'applique pas aux différends entre les ouvriers et leurs patrons.

33. Les conseils de prud'hommes connaissent de toutes les demandes reconventionnelles ou en compensation qui, par leur nature, rentrent dans leur compétence.

Lorsque chacune des demandes principales, reconventionnelles ou en compensation, sera dans les limites de la compétence du conseil en dernier ressort, il prononcera sans qu'il y ait lieu à appel.

Si l'une de ces demandes n'est susceptible d'être jugée qu'à charge d'appel, le conseil ne prononcera sur toutes qu'en premier ressort. Néanmoins, il statuera en dernier ressort si seule la demande reconventionnelle en dommages-intérêts, fondée exclusivement sur la demande principale, dépasse sa compétence en premier ressort.

Dans les différends entre les employés et leurs patrons, si la demande principale excède la compétence du conseil en dernier ressort, il statuera à charge d'appel sur la demande reconventionnelle en dommages-intérêts fondée exclusivement sur la demande principale, même si elle est supérieure à mille francs (1,000 fr.).

Toutes les demandes dérivant du contrat de louage entre les mêmes parties doivent faire l'objet d'une seule instance, à peine d'être déclarées non recevables, à moins que le demandeur ne justifie que les causes des demandes nouvelles ne sont nées à son profit ou n'ont été connues de lui que postérieurement à l'introduction de la demande primitive.

Les jugements susceptibles d'appel peuvent être déclarés exécutoires par provision avec dispense de caution jusqu'à concurrence du quart de la somme, sans que ce quart puisse dépasser cent francs (100 fr.). Pour le surplus, l'exécution provisoire peut être ordonnée à la charge par le demandeur de fournir caution.

34. Si la demande est supérieure à trois cents francs (300 fr.), il peut être fait appel des jugements des conseils de prud'hommes devant le tribunal civil.

L'appel ne sera recevable ni avant les trois jours qui suivront celui de la prononciation du jugement, à moins qu'il y ait lieu à exécution provisoire, ni après les dix jours qui suivront la signification.

L'appel sera instruit et jugé comme en matière commerciale, sans assistance obligatoire d'un avoué. Si les parties intéressées ne comparaissent pas en personne, elles ne peuvent être représentées que dans les conditions indiquées à l'article 26. Elles peuvent notamment se faire représenter et défendre devant le tribunal civil soit par un avoué près ledit tribunal, soit par un avocat inscrit à un barreau. Dans ce cas, une procuration ne sera pas exigée.

Le tribunal civil devra statuer dans les trois mois à partir de l'acte d'appel.

35. Les jugements rendus en dernier ressort par les conseils de prud'hommes pourront être attaqués par la voie de recours en cassation pour excès de pouvoir ou violation de la loi.

Les pourvois seront formés au plus tard le cinquième jour à dater de la signification du jugement par déclaration au secrétariat du conseil, et notifiés dans la huitaine à peine de déchéance.

Dans la quinzaine de la notification, les pièces seront adressées à la cour de cassation; aucune amende ne sera consignée; le ministère d'avocat ne sera pas obligatoire.

Le pourvoi sera porté directement devant la chambre civile.

La cour de cassation statuera dans le mois qui suivra la réception des pièces.

Les jugements des tribunaux civils ayant statué sur appel, par application de l'article 34 de la présente loi, pourront être attaqués par la voie du recours en cassation pour incompétence, excès de pouvoir ou violation de la loi.

Les pourvois en cassation contre ces jugements sont soumis aux règles prescrites par les deuxième, troisième, quatrième et cinquième alinéas du présent article. Mais la déclaration du pourvoi sera faite au greffe du tribunal.

36. Le conseil, en cas d'absence, d'empêchement ou de refus d'autorisation du mari, peut autoriser la femme mariée à se concilier, demander ou défendre devant lui.

37. Les mineurs qui ne peuvent être assistés de leur père ou tuteur peuvent être autorisés par le conseil à se concilier, demander ou défendre devant lui.

38. Les membres des conseils de prud'hommes peuvent être récusés :

1° Quand ils ont un intérêt personnel à la contestation ;

2° Quand ils sont parents ou alliés d'une des parties jusqu'au degré de cousin germain inclusivement;

3° Si, dans l'année qui a précédé la récusation, il y a eu action judiciaire, criminelle ou civile entre eux et l'une des parties ou son conjoint, ou ses parents et alliés en ligne directe;

4° S'ils ont donné un avis écrit dans l'affaire;

5° S'ils sont patrons, ouvriers ou employés de l'une des parties en cause.

La partie qui veut récuser un prud'homme est tenue de former la récusation avant tout débat et d'en exposer les motifs dans une déclaration revêtue de sa signature, qu'elle remet au secrétaire du conseil ou verbalement au président ou à ce même secrétaire, et dont il lui est délivré récépissé.

Le prud'homme récusé sera tenu de donner au bas de la déclaration, dans le délai de deux jours, sa réponse par écrit, portant ou son acquiescement à la récusation ou son opposition avec ses observations sur les moyens de récusation.

Dans les trois jours de la réponse du prud'homme qui refuse d'acquiescer à la récusation, ou faute par lui de répondre, une copie de la déclaration de récusation et des observations du prud'homme, s'il y en a, sera envoyée par le président du conseil au président du tribunal civil dans le ressort duquel le conseil est situé.

La récusation y sera jugée en dernier ressort dans la huitaine sans qu'il soit besoin d'appeler les parties. Avis de la décision sera immédiatement donné au président du conseil par les soins du procureur de la République.

39. Les fonctions de prud'homme sont entièrement gratuites vis-à-vis des parties; ils ne peuvent réclamer aucuns frais des parties pour les formalités remplies par eux.

40. Les actes de procédure, les jugements et actes nécessaires à leur exécution sont rédigés sur papier visé pour timbre et enregistrés en débet. Le visa pour timbre est donné sur l'original au moment de son enregistrement.

Par exception, les procès-verbaux, jugements et actes, seront enregistrés gratis toutes les fois qu'ils constateront l'objet de la contestation ne dépasse pas la somme de vingt francs (20 fr.).

Ces dispositions sont applicables aux causes portées en appel ou devant la cour de cassation.

La partie qui succombe est condamnée aux dépens envers le Trésor.

Les paragraphes qui précèdent sont applicables à toutes les causes qui sont de la compétence des conseils de prud'hommes et dont les juges de paix sont saisis dans les lieux où ces conseils ne sont pas établis, conformément à l'article 27 de la loi du 22 janvier 1851.

L'assistance judiciaire peut être accordée devant les conseils de prud'hommes dans les mêmes formes et conditions que devant les justices de paix.

La partie assistée judiciairement pourra obtenir du bâtonnier de l'ordre la commission d'un avocat pour présenter ses moyens de défense devant le bureau des conseils de prud'hommes.

(*L. 13 novembre 1908.*) Les demandes qui sont de la compétence des conseils de prud'hommes et dont les juges de paix sont saisis dans les lieux où ces conseils ne sont pas établis, sont formées, instruites et jugées, tant devant la juridiction de première instance que devant les juges d'appel ou la cour de cassation, conformément aux règles établies par les dispositions du présent titre.

41. La compétence des conseils de prud'hommes est fixée, pour le travail dans un établissement, par la situation de cet établissement et, pour le travail en dehors de tout établissement, par le lieu où l'engagement a été contracté. Lorsque le conseil est divisé en sections, la section compétente est déterminée par le genre de travail, quelle que soit la nature de l'établissement.

42. Dans les urgents, les conseils de prud'hommes peuvent ordonner telles mesures qui seront jugées nécessaires pour empêcher que les objets qui donnent lieu à une réclamation ne soient enlevés ou déplacés, ou détériorés.

43. Les articles 5, 7, 10, 11, 12, 13, 14, 15, 18, 20, 21, 22, 26, 29, 31, 32, 33, 34, 35, 36, 37, 38, 39, 40, 41, 42, 43, 46, 47, 54, 55, 73, 130, 131, 156, 168, 169, 170, 171, 172, 449, 452, 453, 454, 455, 456, 457, 458, 459, 460, 474, 480 et 1033 du Code de procédure civile, 63 du décret du 20 avril 1810, 17 de la loi du 30 août 1883 sont applicables à la juridiction des prud'hommes en tout ce qu'ils n'ont pas de contraire à la présente loi.

TITRE III. — DE LA DISCIPLINE DES CONSEILS DE PRUD'HOMMES.

44. Tout membre d'un conseil de prud'hommes qui, sans motifs légitimes et après mise en demeure, se refuserait à remplir le service auquel il est appelé peut être déclaré démissionnaire.

45. Le président constate le refus de service par un procès-verbal contenant l'avis motivé du conseil ou de la section, le prud'homme préalablement entendu ou dûment appelé.

Si le conseil ou la section n'émet pas son avis dans le délai d'un mois à dater de la convocation, le président fait mention de cette abstention dans le procès-verbal qu'il transmet au procureur de la République, lequel en saisit le tribunal civil.

46. Sur le vu du procès-verbal, la démission est déclarée par le tribunal en chambre du conseil, soit que le conseil de prud'hommes ait délibéré ou non. En cas de réclamation, il est statué en chambre du conseil par la cour d'appel. La réclamation doit être faite dans la quinzaine du jugement. Devant le tribunal comme devant la cour, l'intéressé doit être appelé.

47. Tout membre d'un conseil de prud'hommes qui aura gravement manqué à ses devoirs dans l'exercice de ses fonctions sera appelé devant le conseil ou la section pour s'expliquer sur les faits qui lui sont reprochés.

L'initiative de cet appel appartient au président du conseil de prud'hommes et au procureur de la République.

Dans le délai d'un mois à dater de la convocation, le procès-verbal de la séance de comparution est adressé par le président du conseil de prud'hommes au procureur de la République.

Le procès-verbal est transmis par le procureur de la République, avec son avis, au ministre de la justice. Les peines suivantes peuvent être prononcées selon les cas :

La censure;

La suspension pour un temps qui ne peut excéder six mois;

La déchéance.

48. La censure et la suspension peuvent être prononcées par arrêté du ministre de la justice. La déchéance est prononcée par jugement.

49. Tout prud'homme élu, qui refuse de se faire installer, donne sa démission ou est déclaré démissionnaire en vertu de l'article 44, ne peut être réélu avant le délai de trois ans à partir de son refus, de sa démission ou de la décision du tribunal qui le déclare démissionnaire.

50. Tout prud'homme contre lequel la déchéance a été prononcée ne peut plus être réélu aux mêmes fonctions.

51. L'acceptation du mandat impératif, à quelque époque et sous quelque forme qu'elle se produise, constitue de la part d'un conseiller prud'homme un manquement grave à ses devoirs.

Si le fait est reconnu par les juges chargés de statuer sur la validité des opérations électorales, il entraîne de plein droit l'annulation de l'élection de celui qui s'en est rendu coupable.

Si la preuve n'est rapportée qu'ultérieurement, il est procédé conformément aux dispositions des articles 47 et 48.

L'acceptation du mandat impératif ainsi reconnue a pour conséquence nécessaire, dans le premier cas l'inéligibilité, dans le second la déchéance.

52. En cas de plainte en prévarication contre les membres des conseils de prud'hommes, il sera procédé contre eux suivant la forme établie à l'égard des juges par l'article 483 du Code d'instruction criminelle.

53. Les articles 4 et 5 du Code civil, 505 à 508, 510 à 516 du Code de procédure civile, 126, 127 et 185 du Code pénal sont applicables aux conseils de prud'hommes et à leurs membres individuellement.

La prise à partie sera portée devant la cour d'appel.

54. Les conseils de prud'hommes ou leurs sections peuvent être dissous par un décret rendu sur la proposition du ministre de la justice.

Dans ce cas, les élections générales devront avoir lieu dans le délai de deux mois à partir de la date du décret de dissolution.

Jusqu'à l'installation du nouveau conseil ou de la nouvelle section, les litiges seront portés devant le juge de paix du domicile du défendeur.

Les conseils de prud'hommes peuvent être également supprimés par décret rendu en la forme des règlements d'administration publique, sur la proposition du ministre de la justice et du ministre du travail et de la prévoyance sociale.

TITRE IV. — DISPOSITIONS GÉNÉRALES.

55. Chaque conseil de prud'hommes prépare en assemblée générale un règlement pour son régime intérieur.

Ce règlement n'est exécutoire qu'après l'approbation du ministre de la justice, et après celle du ministre du travail et de la prévoyance sociale en ce qui concerne les attributions administratives et consultatives du conseil.

56. Les conseils de prud'hommes se réunissent en assemblée générale toutes les fois que la demande en est faite par l'autorité supérieure, par la moitié plus un des membres en exercice, ou lorsque le président le juge utile. Le procès-verbal de chaque assemblée générale est transmis dans la quinzaine, par le président, au ministre de la justice et, s'il y a lieu, au ministre du travail et de la prévoyance sociale.

57. Les membres des conseils de prud'hommes portent, soit à l'audience, soit dans les cérémonies publiques, sur le côté gauche de la poitrine et attachée par un ruban, une médaille en argent, signe de leurs fonctions. Un arrêté ministériel indiquera le module et les mentions de la médaille, ainsi que la couleur du ruban.

58. Il est payé aux secrétaires du conseil de prud'hommes, en dehors de leurs traitements, les sommes suivantes :

Pour la convocation, par simple lettre, devant le bureau de conciliation, quinze centimes (0 fr. 15).

Pour la convocation, par lettre recommandée, avec avis de réception, devant le bureau de jugement, soixante-quinze centimes (0 fr. 75).

Pour chaque extrait de jugement délivré au Trésor, vingt-cinq centimes (0 fr. 25) ;

Pour chaque rôle d'expédition qu'ils livreront et qui contiendra vingt lignes et douze syllabes en moyenne à la ligne, quarante centimes (0 fr. 40) ;

Pour l'expédition, si elle est requise, du procès-verbal de non-conciliation et qui ne contiendra que la mention sommaire que les parties n'ont pu s'accorder, quatre-vingts centimes (0 fr. 80) ;

Pour la rédaction du procès-verbal de chaque dépôt de dessins ou modèles et pour l'énoulument de l'expédition, un franc (1 fr.).

Les frais de papier — de registre, d'expédition ou autres — seront à la charge du secrétaire, à l'exception du timbre des procès-verbaux et expéditions prévus à l'alinéa précédent.

Le secrétaire touche directement des parties les droits qui lui sont alloués, même ceux provenant des expéditions qu'il délivre.

Il est alloué à l'huissier :

Pour chaque citation, un franc vingt-cinq centimes (1 fr. 25) ;

Pour la signification d'un jugement, un franc soixante-quinze centimes (1 fr. 75).

S'il y a une distance de plus d'un demi-myriamètre entre la demeure de l'huissier et le lieu où devront être remises la citation et la signification, il sera payé par myriamètre et fraction de myriamètre en sus, aller et retour :

Pour la citation, un franc soixante-quinze centimes (1 fr. 75) ;

Pour la signification, deux francs (2 fr.).

Pour la copie des pièces qui pourra être donnée avec les jugements rendus, il sera alloué, pour chaque rôle d'expédition de vingt lignes à la page et de douze syllabes à la ligne, vingt centimes (0 fr. 20).

59. Il est alloué aux témoins entendus par les conseils de prud'hommes par voie de demande, une somme de deux francs (2 fr.) comme indemnité pour perte de temps. Les témoins domiciliés hors du canton, à plus de deux myriamètres et moins de cinq myriamètres, reçoivent quatre francs (4 fr.); au-dessus de cinq myriamètres, ils reçoivent quatre francs (4 fr.) par cinq myriamètres ou fraction de cinq myriamètres.

60. Tout secrétaire d'un conseil de prud'hommes convaincu d'avoir exigé une taxe plus forte que celle qui lui est allouée est puni comme concussionnaire.

TITRE V. — DÉPENSES DES CONSEILS DE PRUD'HOMMES.

61. Le local nécessaire aux conseils de prud'hommes est fourni par la ville où ils sont établis.

62. Les dépenses obligatoires pour les communes comprises dans la circonscription d'un conseil de prud'hommes sont les suivantes :

1° Frais de premier établissement ;
2° Achat des insignes ;
3° Chauffage ;
4° Éclairage et menus frais ;
5° Frais d'élection ;
6° Rétribution du ou des secrétaires et du ou des secrétaires adjoints attachés au conseil.

63. Le président de chaque conseil de prud'hommes soumet, dans le courant du mois de décembre de chaque année, à l'approbation du préfet du département, l'état des dépenses désignées dans l'article ci-dessus.

TITRE VI. — DES CONSEILS DE PRUD'HOMMES AUX COLONIES ET EN ALGÉRIE.

64. La présente loi est applicable aux colonies de la Guadeloupe, de la Martinique et de la Réunion.

65. Elle est applicable à l'Algérie avec les modifications ci-après.

66. Sont éligibles les électeurs âgés de trente ans, domiciliés depuis deux ans et sachant lire et écrire le français.

67. Dans les circonscriptions où l'importance de la population musulmane le comporte, les conseils de prud'hommes comprennent des assesseurs musulmans. Les décrets d'institution indiquent le nombre des prud'hommes assesseurs musulmans.

Les patrons assesseurs musulmans et les ouvriers ou employés assesseurs musulmans sont toujours en nombre égal dans chaque catégorie.

68. Dans les causes où se trouvent un ou plusieurs musulmans non admis à la jouissance des droits de citoyen français, le bureau de conciliation et le bureau de jugement comprennent, en outre des membres prévus aux articles 21 et 23, deux prud'hommes assesseurs musulmans, l'un patron, l'autre ouvrier ou employé, ayant voix délibérative.

69. Les prud'hommes assesseurs musulmans sont élus par les musulmans non admis à la jouissance des droits de citoyen français, inscrits sur la liste électorale municipale et remplissant les conditions indiquées à l'article 5 de la présente loi.

La liste de ces électeurs est dressée séparément.

70. Les prud'hommes assesseurs musulmans sont élus dans la même forme que les autres prud'hommes.

Ils sont soumis aux mêmes conditions d'éligibilité.

Toutefois, pour l'assessorat, il suffit aux candidats de savoir parler français, s'ils savent lire et écrire leur langue maternelle.

Ils ne peuvent faire partie du bureau, mais ils prennent part à sa nomination au même titre que les autres membres.

71. Il peut être attaché aux conseils de prud'hommes d'Algérie des interprètes qui sont nommés dans la même forme que le secrétaire ; avant d'entrer en fonctions, ils prêtent le serment professionnel devant le tribunal civil.

Leur traitement est fixé dans les formes prescrites par l'article 24.

72. Les prud'hommes assesseurs musulmans sont renouvelés par moitié, tous les trois ans, conformément à l'article 11.

TITRE VII. — DISPOSITIONS SPÉCIALES.

73. Sont abrogés :

1° Les articles 1er à 9, 29 et suivants de la loi du 18 mars 1806 ;
2° Le décret du 11 juin 1809 ;
3° Le décret du 3 août 1810 ;
4° Les décrets des 27 mai et 6 juin 1848 ;
5° La loi du 7 août 1850, sous réserve de son application aux contestations prévues par l'article 27, paragraphe 2, de la loi du 22 janvier 1851 ;

6° L'article 18, premier alinéa, de la loi du 22 février 1851 ;

7° La loi du 1er juin 1853 ;
8° La loi du 4 juin 1864 ;
9° La loi du 7 février 1880 ;
10° La loi du 23 février 1881 ;
11° La loi du 24 novembre 1883 ;
12° La loi du 10 décembre 1884 ;
13° La loi du 15 juillet 1905 ;

Et généralement toutes les dispositions contraires à la présente loi.

TITRE VIII. — DISPOSITION TRANSITOIRE.

74. Les secrétaires et commis secrétaires, en exercice au moment de la promulgation de la présente loi, seront maintenus dans leurs fonctions avec le titre de secrétaires et de secrétaires adjoints.

V. *la discussion de cette loi à la Chambre des députés et au Sénat*, D. P. 1907. 4. 89 ; — Bull. Dalloz, 1907, p. 135.

Loi du 28 mars 1907,
Relative aux réunions publiques
(D. P. 1907. 4. 57).

Art. 1er. Les réunions publiques, quel qu'en soit l'objet, pourront être tenues sans déclaration préalable.

2. Sont abrogées, en ce qu'elles ont de contraire à la présente loi, les dispositions des lois des 30 juin 1881, 9 décembre 1905 et 2 janvier 1907.

3. Des règlements d'administration publique détermineront les conditions dans lesquelles la présente loi et celle du 2 janvier 1907 seront applicables à l'Algérie et aux colonies.

V. *la discussion de cette loi à la Chambre des députés et au Sénat*, D. P. 1907. 4. 57 ; — Bull. Dalloz, 1907, p. 154.

Loi du 29 mars 1907,
Concernant la compétence territoriale des notaires en résidence dans les ressorts de justice de paix modifiés par la loi du 12 juillet 1905 (D. P. 1907. 4. 64).

Art. 1er. Les notaires qui résident dans une localité comprise, au jour de la mise en vigueur de la loi du 12 juillet 1905, dans le ressort d'une des justices de paix modifiées par cette loi, conservent le droit d'exercer sur tout le territoire où ce droit leur appartenait auparavant.

Par réciprocité, les notaires qui viendraient à être créés dans une des localités visées à l'alinéa précédent auront, nonobstant les dispositions de l'article 5 de la loi du 25 ventôse an XI, le droit d'exercer dans toute l'étendue de la circonscription de l'ancienne justice de paix, dans les mêmes conditions que les notaires déjà en fonctions.

2. Les dispositions de l'article 5 de la loi du 25 ventôse an XI, modifiée par celle du 12 août 1902, visant les cantons où il n'y a qu'un seul notaire, ne s'appliquent pas aux cantons qui font l'objet de la présente loi.

V. *la discussion de cette loi à la Chambre des députés et au Sénat*, D. P. 1907. 4. 64 ; — Bull. Dalloz, 1907, p. 104.

Loi du 15 juin 1907,
Réglementant le jeu dans les cercles et casinos des stations balnéaires, thermales ou climatériques (D. P. 1907. 4. 162).

Art. 1er. Par dérogation à l'article 410 du Code pénal, il pourra être accordé aux cercles et casinos des stations balnéaires, thermales ou climatériques, sous quelque nom que ces établissements soient désignés, l'autorisation temporaire, limitée à la saison des étrangers, d'ouvrir au public des locaux spéciaux, distincts et séparés, où seront pratiqués certains jeux de hasard sous les conditions énoncées dans les articles suivants.

2. Les stations dans lesquelles la disposition qui précède est applicable ne pourront en bénéficier que sur l'avis conforme du conseil municipal. Les autorisations seront accordées par le ministre de l'intérieur, après enquête, et en considération d'un cahier des charges établi par le conseil et approuvé par le ministre de l'intérieur.

L'arrêté d'autorisation fixe la durée de la concession; il détermine la nature des jeux de hasard autorisés, leur fonctionnement, les mesures de surveillance et de contrôle des agents de l'autorité, les conditions d'admission dans les salles de jeux, les heures d'ouverture et de fermeture, le taux et le mode de perception du prélèvement prévu à l'article 4.

L'autorisation peut être révoquée par le ministre de l'intérieur en cas d'inobservation du cahier des charges ou des clauses de l'arrêté ministériel.

La révocation pourra être demandée, pour les mêmes causes, par le conseil municipal, au ministre qui devra statuer dans le délai d'un mois. En cas de refus de celui-ci, le conseil municipal peut exercer un recours devant le conseil d'État.

En aucun cas, et notamment en cas d'abrogation ou de modification de la présente loi, le retrait des autorisations ne pourra donner lieu à une indemnité quelconque.

Les autorisations antérieures à la présente loi, quelle qu'en soit l'origine, sont et demeurent rapportées.

3. Tout cercle ou casino autorisé, qu'il soit ou non organisé en société, aura un directeur et un comité de direction responsables dont les noms, professions, domiciles devront être, dans tous les cas, portés à la connaissance de l'Administration par déclaration faite à la préfecture du département ou à la sous-préfecture de l'arrondissement, conformément aux dispositions de l'article 5 de la loi du 1er juillet 1901.

Le directeur et les membres du comité de direction devront être Français, majeurs, jouissant de leurs droits civils et politiques. Il en sera de même de tous ceux employés à un titre quelconque dans les salles de jeux.

Le directeur et les membres du comité de direction ne pourront, en aucun cas, se substituer un fermier les jeux.

4. Indépendamment des conditions imposées au profit de la commune par le cahier des charges, un prélèvement de quinze pour cent (15 p. 100) sera opéré sur le produit brut des jeux, au profit d'œuvres d'assistance, de prévoyance, d'hygiène ou d'utilité publiques.

Une commission spéciale, instituée au ministère de l'intérieur, en appréciera l'emploi.

5. Les infractions aux dispositions ci-dessus seront poursuivies contre les directeurs et membres du comité de direction et passibles des pénalités édictées par les deux premiers paragraphes de l'article 410 du Code pénal.

L'article 463 du Code pénal sera applicable.

V. *la discussion de cette loi à la Chambre des députés et au Sénat*, D. P. 1907. 4. 102; — Bull. Dalloz, 1907, p. 19.

V. *le décret du 21 juin 1907 relatif à l'instruction des demandes d'autorisation de jeux et au mode de perception du prélèvement de 15 p. 100 sur le produit des jeux dans les cercles et casinos des stations balnéaires, thermales ou climatériques (Journ. off. du 23 juin).*

Loi du 29 juin 1907,

Tendant à prévenir le mouillage des vins et les abus du sucrage (D. P. 1907. 4. 81).

Art. 1er. Chaque année, après la récolte, tout propriétaire, fermier, métayer récoltant du vin, devra déclarer à la mairie de la commune où il fait son vin :

1° La superficie des vignes en production qu'il possède ou qu'il exploite;

2° La quantité totale du vin produit et celle des stocks antérieurs restant dans ses caves;

3° S'il y a lieu, le volume ou le poids de vendanges fraîches qu'il aura expédiées ou le volume ou le poids de celles qu'il aura reçues;

4° S'il y a lieu, la quantité de moûts qu'il aura expédiée ou reçue.

Ces déclarations seront inscrites sous le nom du déclarant, sur un registre restant à la mairie et qui devra être communiqué à tout requérant. Elles seront signées par le déclarant sur le registre; il en sera donné récépissé.

Copie sera transmise, par les soins de la mairie, au receveur buraliste de la localité, qui ne pourra délivrer au nom du déclarant de titres de mouvement pour une quantité de vin supérieure à la quantité déclarée.

Le relevé nominatif des déclarations sera affiché à la porte de la mairie.

Dès le début de la récolte, au fur et à mesure des nécessités de la vente, des déclarations particulières pourront être faites dans les conditions précédentes, sauf l'affichage qui n'aura lieu qu'après la déclaration totale.

Dans chaque département, le délai dans lequel devront être faites les déclarations sera fixé, annuellement, à une époque aussi rapprochée que possible de la fin des vendanges et écoulages, par le préfet, après avis du conseil général.

Toute déclaration frauduleuse sera punie d'une amende de cent francs (100 fr.) à mille francs (1000 fr.).

2. Toute personne recevant des moûts ou des vendanges fraîches sera assimilée au propriétaire récoltant et tenue à la déclaration dans les trois jours de la réception et aux autres obligations de l'article 1er.

Toute déclaration frauduleuse sera punie des mêmes peines.

3. L'article 8 de la loi du 6 août 1905 est modifié ainsi qu'il suit :

« Tout expéditeur de marcs de raisins, de lies sèches et de levures alcooliques sera tenu de se munir, à la recette buraliste la plus proche, d'un passavant de 10 centimes indiquant le poids expédié et l'adresse du destinataire. »

4. Sont interdites la fabrication, l'exposition, la mise en vente et la vente des produits ou mélanges œnologiques de composition secrète ou indéterminée, destinés soit à améliorer ou à bouqueter les moûts ou les vins, soit à les guérir de leurs maladies, soit à fabriquer des vins artificiels.

Les délinquants seront punis des peines portées par l'article 1er de la loi du 1er août 1905.

5. Le premier paragraphe de l'article 7 de la loi du 28 janvier 1903 est complété comme suit :

« Le sucre ainsi employé sera frappé d'une taxe complémentaire de quarante francs (40 fr.) par 100 kilogrammes de sucre raffiné. Cette taxe est due au moment de l'emploi. »

6. Le paragraphe 2 de l'article 7 de la loi du 28 janvier 1903 est modifié de la façon suivante :

« Quiconque voudra se livrer à la fabrication du vin de sucre pour sa consommation familiale est tenu d'en faire la déclaration dans le même délai.

La quantité de sucre employée ne pourra pas être supérieure à 20 kilogrammes par membre de la famille et par domestique attaché à la personne, ni à 20 kilogrammes par 3 hectolitres de vendanges récoltées, ni au total à 200 kilogrammes pour chaque cas d'exploitation.

La fabrication des piquettes n'est autorisée que pour la consommation familiale et jusqu'à concurrence de 40 hectolitres par exploitation. »

7. Les contraventions à l'article précédent sont punies d'une amende de cinq cents francs (500 fr.) à cinq mille francs (5,000 fr.) et de la confiscation des boissons, sucres et glucoses saisis.

L'amende est doublée en cas de fabrication, de circulation ou de détention de vins de sucre ou de vins de marcs en vue de la vente. Dans ces cas, les contrevenants sont, en outre, punis d'une peine de six jours à six mois d'emprisonnement; cette dernière peine étant applicable en cas de récidive.

Les mêmes peines sont applicables aux complices des contrevenants.

8. Tout commerçant qui voudra vendre du sucre ou du glucose par quantités supérieures à 25 kilogrammes est tenu d'en faire préalablement la déclaration à l'administration des contributions indirectes.

Il devra inscrire ses réceptions de sucre et de glucose sur un carnet conforme au modèle qui sera établi par l'Administration. Il mentionnera sur le même carnet ses livraisons supérieures à 25 kilogrammes. Ce registre sera représenté à toute réquisition du service des contributions indirectes, qui procédera à toutes vérifications nécessaires pour le contrôle des réceptions et des livraisons.

Toute contravention aux dispositions du présent article sera punie des peines édictées par l'article 8 de la loi du 30 décembre 1873.

Est substitué le chiffre de 25 kilogrammes au chiffre de 50 kilogrammes dans les articles 2, 3 et 4 de la loi du 6 août 1905.

9. Tous syndicats, formés conformément à la loi du 21 mars 1884 pour la défense des intérêts généraux de l'agriculture ou de la viticulture, ou du commerce et trafic des vins, pourront exercer sur tout le territoire de la France et des colonies les droits reconnus à la partie civile par les articles 182, 63, 64, 66, 67 et 68 du Code d'instruction criminelle, relativement aux fraudes et falsifications des vins, prévus par les lois des 14 août 1889, 11 juillet 1891, 24 juillet 1894, 6 avril 1897, 1er août 1905, 6 août 1905 et par la présente loi, ou recourir, s'ils le préfèrent, à l'action ordinaire devant le tribunal civil, en vertu des articles 1382 et suivants du Code civil.

10. Des règlements d'administration publique détermineront les conditions de l'application de la présente loi à l'Algérie et aux colonies.

V. *la discussion de cette loi à la Chambre des députés et au Sénat*, D. P. 1907. 4. 81; — Bull. Dalloz, 1907, p. 177.

V. *le décret du 3 septembre 1907, portant règlement d'administration publique pour l'application de la loi du 1er août 1905, sur la répression des fraudes dans la vente des marchandises et des falsifications des denrées alimentaires et des produits agricoles, en ce qui concerne les vins, les vins mousseux et les eaux-de-vie et spiritueux* D. P. 1907. 4. 101; — Journ. off. du 5 sept. 1907).

Loi du 8 juillet 1907,

Concernant la vente des engrais (D. P. 1907. 4. 173).

Art. 1er. La lésion de plus d'un quart dans l'achat des engrais ou amendements qui font l'objet de la loi du 4 février 1888 et des substances destinées à l'alimentation des animaux de la ferme donne à l'acheteur une action en réduction de prix et en dommages-intérêts.

2. Cette action doit être intentée, à peine de déchéance, dans le délai de quarante jours à dater de la livraison. Ce délai est franc. Elle demeure recevable nonobstant l'emploi partiel ou total des matières livrées.

3. Nonobstant toute convention contraire qui sera nulle de plein droit, cette action est de la compétence du juge de paix du domicile de l'acheteur, quel que soit le chiffre de la demande, et sous réserve du droit d'appel au-dessus de 300 francs.

V. *la discussion de cette loi à la Chambre des députés et au Sénat*, D. P. 1907. 4. 173; — Bull. Dalloz, 1908, p. 17.

Loi du 13 juillet 1907,

Relative au libre salaire de la femme mariée et à la contribution des époux aux charges du ménage (D. P. 1907. 4. 149).

Art. 1er. Sous tous les régimes, et à peine de nullité de toute clause contraire portée au contrat de mariage, la femme a, sur les produits de son travail personnel et les économies en provenant, les mêmes droits d'administration que l'article 1449 du Code civil donne à la femme séparée de biens.

Elle peut en faire emploi en acquisitions de valeurs mobilières ou immobilières.

Elle peut, sans l'autorisation de son mari, aliéner, à titre onéreux, les biens ainsi acquis.

La validité des actes faits par la femme sera subordonnée à la seule justification, faite par un acte de notoriété, ou par tout autre moyen mentionné dans la convention, qu'elle exerce personnellement une profession distincte de celle de son mari; la responsabilité des tiers, avec lesquels elle a traité en leur fournissant cette justification, n'est pas engagée.

Les dispositions qui précèdent ne sont pas applicables aux gains résultant du travail commun des deux époux.

2. En cas d'abus par la femme des pouvoirs qui lui sont conférés, dans l'intérêt du ménage, par l'article précédent, notamment en cas de dissipation, d'imprudence ou de mauvaise gestion, le mari pourra en faire prononcer le retrait soit en tout, soit en

partie, par le tribunal civil du domicile des époux, statuant en chambre du conseil, en présence de la femme, ou elle dûment appelée, le ministère public entendu.

En cas d'urgence, le président de ce tribunal peut, par ordonnance de référé, lui donner l'autorisation de s'opposer aux actes que la femme se propose de passer avec un tiers.

8. Les biens réservés à l'administration de la femme pourront être saisis par ses créanciers.

Ils pourront l'être aussi par les créanciers du mari qui ont contracté avec lui dans l'intérêt du ménage, alors que, d'après le régime adopté, ils auraient dû, antérieurement à la présente loi, se trouver entre les mains du mari.

La preuve de la dette a été contractée par le mari dans l'intérêt du ménage incombe au créancier.

Le mari n'est responsable ni sur les biens ordinaires de la communauté, ni sur le sien des dettes et obligations contractées autrement que dans l'intérêt du ménage par la femme, même lorsqu'elle a agi dans la limite des droits que lui confère l'article 1er, mais sans autorisation maritale.

4. En cas de contestation, la femme pourra, tant vis-à-vis de son mari que vis-à-vis des tiers, établir par toutes preuves de droit, même par témoins, mais non par la commune renommée, la consistance et la provenance des biens réservés.

5. S'il y a communauté ou société d'acquêts, les biens réservés entreront dans le partage du fonds commun.

Si la femme renonce à la communauté, elle les gardera francs et quittes de toutes dettes autres que celles dont elles étaient antérieurement le gage, en vertu de l'article 3 de la présente loi.

Cette faculté appartiendra à ses héritiers en ligne directe.

Sous tous les régimes qui ne comportent ni communauté ni société d'acquêts, ces biens sont propres à la femme.

6. La femme pourra ester en justice sans autorisation, dans toutes les contestations relatives aux droits qui lui sont reconnus par la présente loi.

7. Faute par l'un des époux de subvenir spontanément, dans la mesure de ses facultés, aux charges du ménage, l'autre époux pourra obtenir du juge de paix du domicile du mari, l'autorisation de saisir-arrêter et de toucher des salaires ou du produit du travail de son conjoint une part en proportion de ses besoins.

8. Le mari et la femme seront appelés devant le juge de paix par un simple avertissement du greffier, en la forme d'une lettre missive recommandée à la poste, indiquant la nature de la demande.

Ils devront comparaître en personne, sauf les cas d'empêchement absolu et dûment justifié.

9. La signification du jugement rendu en conformité de l'article 7 qui précède, faite au conjoint et aux tiers débiteurs à la requête de l'époux qui en bénéficie, lui vaut attribution des sommes dont la saisie a été opérée, sans autre procédure.

10. Les jugements rendus en vertu des articles 2 et 7 de la présente loi seront exécutoires par provision, nonobstant opposition ou appel et sans caution. Ils pourront, même lorsqu'ils seront devenus définitifs, être modifiés, si la situation respective le justifie.

11. Les dispositions de la présente loi pourront être invoquées même par les femmes mariées avant sa promulgation.

V. *la discussion de cette loi à la Chambre des députés et au Sénat*, D. P. 1907. 4. 149 ; — Bull. **Dalloz**, 1907, p. 24.

Loi du 15 juillet 1907,

Concernant le mouillage et la circulation des vins et le régime des spiritueux (D. P. 1907. 4. 87).

Art. 1er. Les marchands de vins en gros subsistant à l'intérieur de Paris, en vertu de l'article 9 de la loi du 6 août 1905, ne pourront disposer des boissons reçues par eux qu'après qu'elles auront été vérifiées par le service de la régie et reconnues entièrement conformes à l'expédition.

Les infractions aux prescriptions du présent article donneront lieu à l'application des peines édictées par l'article premier de la loi du 28 février 1872.

2. L'article 12 de la loi du 6 août 1905 est modifié ainsi qu'il suit :

« Les dispositions du premier paragraphe de l'article 8 de la loi du 16 décembre 1897 sont étendues aux chargements de vins de plus de 5 hectolitres. »

3. A partir du 1er janvier 1908, les eaux-de-vie et alcools naturels provenant uniquement de la distillation des vins, cidres, poirés, marcs, cerises et prunes, ne pourront bénéficier du titre de mouvement sur papier blanc prévu par l'article 23 de la loi du 31 mars 1903 que s'ils sont emmagasinés dans des locaux séparés par la voie publique de tous locaux qui contiendraient des spiritueux n'ayant droit qu'au titre de mouvement sur papier rose prévu par le même article.

Les eaux-de-vie et alcools naturels provenant de la distillation des vins, cidres, poirés, marcs, cerises et prunes de l'article 24 de la loi du 31 mars 1903 ne pourront, à dater du 1er janvier 1908, continuer à profiter de ce bénéfice que sous la condition prévue au paragraphe précédent.

Les eaux-de-vie et alcools visés au premier paragraphe du présent article et les eaux-de-vie et alcools naturels visés au deuxième paragraphe devront être emmagasinés dans des locaux distincts.

4. Pour les eaux-de-vie et alcools naturels envoyés à destination d'entrepositaires, les bulletins d'origine accompagnant les acquits-à-caution seront retirés par le service au moment de la prise en charge et détruits par ses soins.

5. En cas de faillite ou de liquidation judiciaire, le concordat ne peut être opposé à la régie des contributions indirectes en ce qui concerne la contrainte par corps exercée pour le recouvrement des amendes à elles adjugées par les tribunaux.

6. Le troisième paragraphe de l'article 5 de la loi du 1er août 1905 est modifié ainsi qu'il suit : — V. ce texte.

V. *la discussion de cette loi à la Chambre des députés et au Sénat*, D. P. 1907. 4. 87 ; — Bull. **Dalloz**, 1907, p. 179.

Le décret du 3 septembre 1907, portant règlement d'administration publique pour l'application de la loi du 1er août 1905, sur la répression des fraudes dans la vente des marchandises et des falsifications des denrées alimentaires et des produits agricoles, en ce qui concerne les vins, les vins mousseux et les eaux-de-vie et spiritueux (D. P. 1907. 4. 101 ; — *Journ. off. du 5 sept.* 1907).

Loi du 18 juillet 1907,

Ayant pour objet la faculté d'adhésion à la législation des accidents du travail (D. P. 1907. 4. 151 ; — Bull. Dalloz, 1907, p. 5).

Art. 1er. Tout employeur non assujetti à la législation concernant les responsabilités des accidents du travail peut se placer sous le régime de ladite législation pour tous les accidents qui surviendraient à ses ouvriers, employés ou domestiques, par le fait du travail ou à l'occasion du travail.

Il dépose à cet effet à la mairie du siège de son exploitation ou, s'il n'y a pas exploitation, à la mairie de sa résidence personnelle, une déclaration dont il lui est remis gratuitement récépissé et qui est immédiatement transcrite sur un registre spécial tenu à la disposition des intéressés. Il doit présenter en même temps un carnet destiné à recevoir l'adhésion de ses salariés, sur lequel le maire appose un visa en faisant mention de la déclaration et de sa date.

Les formes de la déclaration et du carnet sont déterminées par décret. Le carnet doit être conservé par l'employeur pour être, le cas échéant, représenté en justice.

2. La législation sur les accidents du travail devient alors de plein droit applicable à tous ceux de ses ouvriers, employés ou domestiques qui auront donné leur adhésion, signée et datée en toutes lettres par eux, au carnet prévu par l'article précédent.

Si l'ouvrier, employé ou domestique, ne sait ou ne peut signer, son adhésion est reçue par le maire qui la mentionne sur le carnet. Il en est de même pour l'adhésion des mineurs et des femmes mariées, sans qu'ils aient besoin, à cet effet, de l'autorisation du père, tuteur ou mari.

8. L'employeur peut, pour l'avenir, faire cesser son assujettissement à la législation sur les accidents

du travail par une déclaration spéciale à la mairie. Cette déclaration, dont il lui est immédiatement donné récépissé, est transcrite sur le registre visé à l'article 1er, à la suite de la déclaration primitive, ainsi que sur le carnet.

La cessation d'assujettissement n'a point effet vis-à-vis des ouvriers, employés ou domestiques qui ont accepté, dans les formes prévues à l'article précédent, d'être soumis à la législation sur les accidents du travail.

4. Si l'employeur n'est point par ailleurs obligatoirement assujetti à la législation sur les accidents du travail, il contribue au fonds de garantie dans les conditions spécifiées par l'article 5 de la loi du 12 avril 1906.

V. *le commentaire de cette loi à la Chambre des députés et au Sénat*, D. P. 1907. 4. 151 ; — Bull. **Dalloz**, 1907, p. 5.

V. *le décret du 30 juillet 1907, déterminant les formes des déclarations et du carnet prévu par la loi du 18 juillet 1907 ayant pour objet la faculté d'adhésion à la législation des accidents du travail* (Journ. off. du 31 juill. 1907).

Loi du 19 juillet 1907,

Relative à la suppression de l'envoi dans les colonies pénitentiaires de femmes récidivistes (D. P. 1907. 4. 183).

Article unique. Les articles 6 et 8 de la loi du 27 mai 1885 sur la relégation des récidivistes sont modifiés comme suit : — V. *suprà*, L. 27 mai 1885, art. 6 et 8.

V. *la discussion de cette loi à la Chambre des députés et au Sénat*, D. P. 1907. 4. 183 ; — Bull. **Dalloz**, 1908, p. 41.

Loi du 23 juillet 1907,

Portant modification de certaines dispositions de la loi du 16 avril 1897 concernant la répression de la fraude dans le commerce du beurre et la fabrication de la margarine (D. P. 1907. 4. 152). — V. *suprà*, L. 16 avr. 1897.

Article unique. Les dispositions des trois derniers paragraphes de l'article 13, ainsi que celles des articles 14, 15, 19 et 20 de la loi du 16 avril 1897 concernant la répression de la fraude dans le commerce du beurre et la fabrication de la margarine sont abrogées et remplacées par celles contenues dans les articles 6, 7, 8, 9, 10, 11, 12 et 13 de la loi du 1er août 1905 sur la répression des fraudes dans la vente des marchandises et des falsifications des denrées alimentaires et des produits agricoles.

V. *la discussion de cette loi à la Chambre des députés et au Sénat*, D. P. 1907. 4. 152 ; — Bull. **Dalloz**, 1908, p. 180.

Loi du 7 novembre 1907,

Modifiant l'article 331 du Code civil en ce qui concerne les enfants adultérins (D. P. 1907. 4. 171).

Article unique. L'article 331 du Code civil est modifié ainsi qu'il suit : — V. *suprà*, C. civ., art. 331.

DISPOSITION TRANSITOIRE.

Les enfants adultérins se trouvant dans les conditions prévues par la disposition qui précède et dont les père et mère auront contracté mariage avant la promulgation de la présente loi pourront être, de la part de ceux-ci, dans le délai de deux ans à partir de cette promulgation, l'objet d'une reconnaissance devant l'officier de l'état civil du domicile des deux conjoints.

Cette reconnaissance comportera légitimation et mention en sera faite en marge des actes de mariage et de naissance.

V. *la discussion de cette loi à la Chambre des députés et au Sénat*, D. P. 1907. 4. 171 ; — Bull. **Dalloz**, 1908, p. 7.

Loi du 4 décembre 1907,

complétant et modifiant les articles 3 et 12 de la loi du 10 juillet 1901 sur l'assistance judiciaire (D. P. 1908. 4. 1).

Art. 1er. Le troisième alinéa du paragraphe 1er de l'article 3 de la loi du 10 juillet 1901 sur l'assistance judiciaire est modifié et complété de la manière suivante : — V. *supra*, L. 10 juill. 1901, art. 3, § 1er.

2. L'article 12 de la loi du 10 juillet 1901 sur l'assistance judiciaire est modifié et complété ainsi qu'il suit : — V. *supra*, L. 10 juill. 1901, art. 12.

V. *la discussion de cette loi à la Chambre des députés et au Sénat*, D. P. 1908. 4. 1; — Bull. Dalloz, 1908, p. 56.

Loi du 29 décembre 1907,

complétant l'article 24 de la loi du 12 juillet 1905 en ce qui concerne les justices de paix diminuées de classe à la suite du dénombrement de la population (D. P. 1908. 4. 4; — Bull. Dalloz, 1908, p. 55). — V. *supra*, L. 12 juill. 1905, art. 24.

Loi du 23 mars 1908,

Modifiant la loi du 30 décembre 1903, relative à la réhabilitation des faillis (D. P. 1908. 4. 25).

Art. 1er. L'article 1er et l'article 2 de la loi du 30 décembre 1903, en ce qui concerne les articles 605, 608 et 612 du Code de commerce, modifiés par la loi, sont modifiés et complétés ainsi qu'il suit : V. *supra*, L. 30 déc. 1903, art. 1er; — et C. com., — 605, 607, 608 et 612.

2. La loi du 30 décembre 1903 est complétée par les articles suivants : — V. *supra*, L. 30 déc. 1903, 5 et 6.

3. Le 1er de l'article 8 de la loi du 5 août 1899, modifiée par la loi du 11 juillet 1900, est rédigé ainsi qu'il suit : — V. *supra*, L. 5 août 1899, art. 8-1er.

V. *la discussion de cette loi à la Chambre des députés et au Sénat*, D. P. 1908. 4. 25; — Bull. Dalloz, 1908, p. 199.

Loi du 26 mars 1908,

modifiant l'article 5 de la loi du 12 avril 1906, relatif à la contribution imposée aux exploitants non patentés pour l'alimentation du fonds de garantie institué par la loi du 9 avril 1898 sur les accidents du travail (D. P. 1908. 4. 30; — Bull. Dalloz, 1908, p. 225). — V. *supra*, L. 12 avr. 1906, art. 5, § 3 à 5.

Loi du 7 avril 1908,

Relative à la répression des outrages aux bonnes mœurs (D. P. 1908. 4. 42).

Art. 1er. Le paragraphe 2 de l'article 1er de la loi du 2 août 1882, modifiée par la loi du 16 mars 1898, modifié comme suit : — V. *supra*, L. 2 août 1882, 1er, § 2.

Le paragraphe 3 du même article est abrogé.

2. L'article 4 de la loi du 2 août 1882, modifié par la loi du 16 mars 1898, est complété par les dispositions suivantes : — V. *supra*, L. 2 août 1882, 5.

V. *la discussion de cette loi à la Chambre des députés et au Sénat*, D. P. 1908. 4. 42; — Bull. Dalloz, 1908, p. 244.

Loi du 11 avril 1908,

Concernant la prostitution des mineurs (D. P. 1908. 4. 43).

CHAPITRE 1er. — DISPOSITIONS GÉNÉRALES.

Art. 1er. Tout mineur de dix-huit ans, qui se livre habituellement à la prostitution est, sur la demande des personnes mentionnées aux articles 11 et 12, appelé à comparaître devant le tribunal civil en chambre du conseil, qui décide, suivant les circonstances, s'il doit être rendu à ses parents, ou placé : soit dans un établissement public spécialement organisé, soit dans un établissement privé régulièrement autorisé à cet effet et approprié à sa réformation morale, soit enfin chez un parent ou un particulier, pour y être retenu jusqu'à sa majorité ou jusqu'à son mariage.

2. Tout mineur de dix-huit ans qui se livre habituellement à la débauche pourra, sur la demande du père et à son défaut de la mère, ou de la personne qui en aura la garde, être placé dans un quartier spécialement aménagé d'un des établissements prévus à l'article 1er, pour un temps qui sera fixé par le tribunal, conformément aux dispositions de la présente loi.

Il n'est pas dérogé aux prescriptions des articles 375 et suivants du Code civil.

3. Si le mineur de dix-huit ans est trouvé provoquant à la débauche sur la voie publique ou dans un lieu public, il en est dressé procès-verbal. Copie en est immédiatement envoyée aux personnes désignées à l'article 11, lesquelles sont en même temps averties, par lettre recommandée, qu'à l'expiration du délai de six jours de nouvelles provocations à la débauche entraîneront l'application des mesures déterminées par le présent article. Ces personnes, ainsi que le mineur, pourront adresser leurs réclamations au procureur de la République, qui saisira d'urgence le tribunal. Ce dernier annulera ou maintiendra le procès-verbal. Sa décision devra être rendue avant l'expiration du délai de six jours.

Au cas d'un second procès-verbal, le mineur est conduit devant le procureur de la République, qui prendra les mesures nécessaires pour sa garde provisoire, sans pouvoir toutefois le retenir ni pendant plus de cinq jours, ni dans un lieu de répression. Ce magistrat convoque d'urgence les personnes ci-dessus désignées et, avant de leur remettre le mineur, leur rappelle leurs devoirs envers lui.

Si elles ne se présentent pas ou si elles ne sont pas en état d'exercer sur le mineur une surveillance efficace, ou enfin si le mineur est l'objet d'un troisième procès-verbal dans les onze mois de la date du premier, celui-ci est immédiatement déféré au tribunal civil qui statue en conformité des articles 1, 14 et 16.

Il ne peut être ajouté, — en ce qui concerne les mineurs de dix-huit ans, — aucune disposition réglementaire aux prescriptions de la présente loi.

CHAPITRE II. — PLACEMENT DES MINEURS.

4. Les établissements publics et privés prévus à l'article 1er seront tenus :

De donner aux mineurs qui leur sont confiés par l'autorité judiciaire un enseignement suffisant pour les mettre en état d'exercer, à leur sortie, une profession ou un métier.

Un règlement d'administration publique déterminera les conditions dans lesquelles l'autorisation prévue à l'article 1er pourra être accordée, ainsi que toutes mesures propres à assurer l'hygiène, la discipline et l'éducation morale et professionnelle des mineurs placés dans les établissements de réforme publics et privés et le mode de surveillance.

Il déterminera également les conditions de placement d'un mineur chez un particulier. Il précisera, en outre, les formes suivant lesquelles seront recueillis, conservés et communiqués, les procès-verbaux prévus à l'article 3.

5. Le mineur restera sous la garde de l'établissement ou de la personne chez qui il aura été placé, tant que le tribunal n'aura pas rapporté la décision prise.

L'établissement ou le particulier demeurera également seul chargé de la personne et de la surveillance de l'enfant, lorsqu'il aura été prononcé en faveur du mineur une des mesures précisées en l'article 9.

Le règlement d'administration publique déterminera les conditions des prélèvements à opérer sur le produit du travail des mineurs en vue de la constitution d'un pécule et d'un fonds commun tant que l'enfant restera dans un établissement de réforme. Il déterminera également dans quelle proportion le salaire disponible sera versé à la caisse nationale des retraites, à la caisse d'épargne ou remis au mineur comme argent de poche. Il précisera les personnes ayant qualité pour autoriser le mineur à retirer des fonds de la caisse d'épargne.

6. La loi du 5 décembre 1901, ajoutant un paragraphe à l'article 357 du Code pénal, est applicable au père ou à la mère, lorsque la garde du mineur a été confiée provisoirement ou définitivement à un établissement de réforme morale, à un parent ou à un particulier.

7. Le préfet et les personnes spécialement déléguées par lui et par le ministre de l'Intérieur et le procureur de la République sont chargés de visiter les établissements publics et privés affectés à la réformation morale des mineurs.

Les établissements privés seront visités à des jours indéterminés, une fois au moins chaque trimestre, par le préfet ou son délégué et par le procureur de la République de l'arrondissement. Les établissements publics le seront de la même manière et par les mêmes autorités, une fois au moins par semestre.

Une visite annuelle sera effectuée par un membre de l'inspection générale des services administratifs du ministère de l'Intérieur.

8. L'État allouera aux établissements autorisés à recevoir des mineurs, et pour chaque mineur, jusqu'à l'âge de dix-sept ans accomplis, un prix de journée égal à celui accordé, suivant les régions, par l'assistance publique pour ses pupilles.

Toutefois, à l'égard des mineurs dûment reconnus impropres au travail, l'allocation sera continuée jusqu'à leur sortie définitive.

Dans le cas prévu à l'article 2, la personne qui sollicitera le placement sera tenue de souscrire une soumission de payer tous les frais, sauf lorsque l'indigence sera constatée conformément à l'article 6 et au premier alinéa de l'article 8 de la loi du 8 décembre 1850.

9. Si l'amendement du mineur paraît justifier sa remise à ses parents, son placement ou sa sortie provisoire, l'établissement qui en a la garde y pourra procéder spontanément sur avis conforme d'un conseil de surveillance qui sera institué dans chaque établissement et dont la composition sera déterminée par le règlement d'administration publique prévu à l'article 4.

Les personnes désignées à l'article 11 et le ministère public pourront requérir la même mesure.

En cas de rejet de la demande par le conseil de surveillance, son président notifiera la décision par lettre recommandée. Un délai de cinq jours sera ouvert pour se pourvoir devant la chambre du conseil.

10. Le tribunal civil, jugeant en chambre du conseil, sera seul compétent pour prononcer la révocation de la décision qui a accordé la sortie ou le placement provisoire du mineur, et ordonner qu'il soit réintégré dans l'établissement ou chez le parent ou particulier qui en avait la garde.

Ce tribunal peut seul accorder la sortie définitive avant la majorité, sur la demande des personnes spécifiées en l'article 11 ou du ministère public.

Il peut seul, également, dans les mêmes conditions, ordonner que le mineur sera placé dans un autre établissement, chez un autre parent ou particulier.

CHAPITRE III. — PROCÉDURE.

11. Le tribunal compétent sera celui du domicile ou de la résidence des personnes investies de la puissance paternelle en vertu des articles 141 et suivants du Code civil, et du droit de garde conféré par une décision de justice, ou du lieu dans lequel le mineur se livre à la prostitution.

12. Il est saisi soit par les mêmes personnes, soit d'office par le procureur de la République.

13. La demande est introduite par simple lettre adressée au président du tribunal qui la communique dans les vingt-quatre heures au procureur de la République.

Le ministère public, agissant d'office, présente une requête motivée au procureur de la République et au président du siège qui lui accuse réception dans les vingt-quatre heures.

14. Dans le même délai, le président du tribunal ordonne la comparution de toutes les parties.

Dans son ordonnance, il désigne le défenseur d'office.

15. Dans les vingt-quatre heures, le ministère

public notifie cette ordonnance au mineur et aux personnes énoncées à l'article 11 par lettre recommandée.

Le défaut de notification n'entraînera pas la nullité, lorsque le procureur de la République justifiera de l'impossibilité où il s'est trouvé de l'accomplir. Mais ces personnes conservent le droit d'intervenir en tout état de cause.

Elles auront toujours le droit de provoquer une décision nouvelle en saisissant le tribunal conformément à l'article 13.

Le délai de comparution est de trois jours francs au moins à partir de la réception de la lettre recommandée, sauf l'augmentation des délais de distance.

Si les parties dûment convoquées ne comparaissent pas au jour indiqué, le tribunal ordonne qu'elles soient citées dans la forme ordinaire.

16. Le président du tribunal pourra, jusqu'au jour fixé pour la comparution, le ministère public entendu, prescrire toute la durée de l'instance, s'il appartient au tribunal de statuer sur les mesures provisoires qu'il jugera utiles dans l'intérêt du mineur.

17. A partir du jour fixé pour la comparution et pendant toute la durée de l'instance, il appartient au tribunal de statuer sur les mesures provisoires. Il prononce, s'il y a lieu, le maintien de celles qu'aurait prises le président ou en prescrit de nouvelles.

Les jugements sur cet objet sont exécutoires par provision. Ils peuvent toujours être rapportés en cours d'instance.

18. Au jour indiqué, le tribunal, en chambre du conseil, constate, s'il y a lieu, le défaut du mineur ou des autres personnes citées.

Le tribunal peut ordonner que le jugement sera exécutoire par provision.

19. Tout parent du mineur a le droit de présenter verbalement ou par écrit ses observations, à toute époque de l'instance et même en appel.

Le tribunal peut demander l'avis d'une réunion de parents qu'il désigne et que le juge de paix présidera ou l'avis du conseil de famille.

20. En cas de non-comparution, le jugement est signifié aux défaillants qui peuvent former opposition dans les cinq jours de la signification.

L'opposition est valablement formée, soit par simple déclaration verbale faite au moment de la signification à l'huissier qui la constate, soit par lettre recommandée adressée au président du tribunal.

A l'expiration du délai de cinq jours, le jugement peut être exécuté.

Si la signification n'a pas été faite à personne, le délai d'opposition ne courra que du jour où les défaillants auront eu connaissance de l'exécution du jugement.

Trois mois après la signification, l'opposition cesse d'être recevable.

21. L'appel peut être interjeté par le mineur, par les personnes spécifiées dans l'article 11 et par le procureur de la République.

Le délai d'appel sera de dix jours et courra à partir du jugement s'il est contradictoire et, à l'égard des défaillants, à partir du jour où leur opposition n'est plus recevable.

22. L'appel se forme au greffe du tribunal par simple déclaration. Il sera notifié avec assignation à jour fixe à toutes les parties en cause par les soins du procureur général.

La cour statue en chambre du conseil.

23. Les actes de procédure, jugements et arrêts prévus par les articles qui précèdent, ainsi que les contrats de placement prévus à l'article 4, sont exempts de tous droits de timbre et d'enregistrement.

DISPOSITION TRANSITOIRE.

La présente loi ne sera applicable qu'un an après sa promulgation.

V. *la discussion de cette loi à la Chambre des députés et au Sénat,* D. P. 1908. 4. 43; — Bull. **Dalloz,** 1908, p. 245.

La mise à exécution de la loi du 11 avril 1908 est portée, à partir de la promulgation de la loi du 19 juillet 1909, à un an pour les mineurs âgés de moins de seize ans, et à deux ans pour les mineurs de seize à dix-huit ans (Journ. off. du 20 juill. 1909).

Loi du 13 avril 1908,

Modifiant les articles 6, 7, 9, 10, 13 et 14 de la loi du 9 décembre 1905 sur la séparation des Églises et de l'État (D. P. 1908. 4. 50).

Art. 1er. Les paragraphes 2 et 4 de l'article 6 de la loi du 9 décembre 1905 sont abrogés. Le paragraphe 1er de l'article 9 de ladite loi est abrogé et remplacé par les dispositions suivantes : — V. *supra,* L. 9 déc. 1905, art. 6, § 2 et 4 ; art. 9, § 1er.

2. Le paragraphe 2 de l'article 7 de la loi du 9 décembre 1905 est abrogé et remplacé par les dispositions suivantes : — V. *supra,* L. 9 déc. 1905, art. 7, § 2.

3. Le paragraphe 3 de l'article 9 de la loi du 9 décembre 1905 est abrogé et remplacé par les dispositions suivantes : — V. *supra,* L. 9 déc. 1905, art. 9.

4. L'article 10 de la loi du 9 décembre 1905 est complété ainsi qu'il suit : — V. *supra,* L. 9 déc. 1905, art. 10.

5. L'article 13 de la loi du 9 décembre 1905 est ainsi modifié : — V. *supra,* L. 9 déc. 1905, art. 13.

6. Le cinquième paragraphe de l'article 14 de la loi du 9 décembre 1905 est complété ainsi qu'il suit : — V. *supra,* L. 9 déc. 1905, art. 14.

7. Une somme de deux millions sept cent mille francs (2 700 000 fr.), y compris les fonds déjà attribués par le syndicat des fabriques et consistoires de Paris, sera prélevée sur l'actif résultant de la liquidation de ce syndicat, pour garantir au personnel des pompes funèbres de Paris les retraites et les droits acquis ou en cours de formation au 31 décembre 1905, conformément au règlement de la caisse des retraites du 12 décembre 1890, avec ses additions des 12 février 1892, 25 janvier 1893 et 5 février 1897.

Ces retraites, liquidées ou en cours de formation, seront constituées à la caisse nationale des retraites pour la vieillesse, dans les conditions et limites prévues par la loi du 20 juillet 1886 et le décret du 28 décembre suivant.

Pour le cas où les retraites dépasseraient le maximum de douze cents francs (1 200 fr.), l'excédent sera constitué dans une compagnie d'assurances.

Après le décès des titulaires de pensions liquidées avant le 31 décembre 1905, et pour celles allouées au personnel non repris par la ville de Paris, mais comptant plus de vingt ans de services au 31 décembre 1905, des pensions seront créées au bénéfice de leurs veuves, dans les conditions prévues aux règlements du syndicat des fabriques et consistoires, par prélèvement sur le reliquat disponible des fonds attribués par la présente loi, qui sera versé à la Caisse des dépôts et consignations.

8. Dans le département des Alpes-Maritimes, les revenus des chapellenies et autres établissements ayant existé avant le traité d'annexion, qui étaient affectés, à la date du 15 décembre 1906, à l'entretien de prêtres âgés ou infirmes, recevront l'emploi prévu à l'article 1er, paragraphe 1er, numéro 6, de la présente loi.

V. *la discussion de cette loi à la Chambre des députés et au Sénat,* D. P. 1908. 4. 50 ; — Bull. **Dalloz,** 1908, p. 366.

Loi du 13 avril 1908,

Relative à la protection temporaire de la propriété industrielle dans les expositions internationales étrangères officielles ou officiellement reconnues, et dans les expositions organisées en France ou dans les colonies avec l'autorisation de l'administration ou avec son patronage (D. P. 1908. 4. 58).

Art. 1er. Une protection temporaire est accordée aux inventions brevetables, aux dessins et modèles industriels, ainsi qu'aux marques de fabrique ou de commerce pour les produits qui seront régulièrement admis aux expositions étrangères internationales, officielles ou officiellement reconnues.

Cette protection, dont la durée est fixée à douze mois à dater de l'ouverture officielle de l'exposition, aura pour effet de conserver aux exposants ou à leurs ayants cause, sous les conditions ci-après, le droit de réclamer, pendant ce délai, la protection dont leurs découvertes, dessins, modèles ou marques seraient légalement susceptibles.

La durée de la protection temporaire ne sera augmentée ni des délais de priorité prévus par l'article 4 de la convention internationale du 20 mars 1883, modifiée par l'acte additionnel de Bruxelles du 14 décembre 1900, ni de ceux fixés par l'article 11 de la loi du 5 juillet 1844 modifiée par celle du 7 avril 1902.

2. Les exposants qui voudront jouir de la protection temporaire devront se faire délivrer, par l'autorité chargée de représenter officiellement la France à l'exposition, un certificat de garantie qui constatera que l'objet pour lequel la protection est demandée est réellement exposé.

La demande dudit certificat devra être faite au cours de l'exposition et dans les trois premiers mois de l'ouverture officielle de l'exposition ; elle sera accompagnée d'une description exacte de l'objet à garantir et, s'il y a lieu, de dessins dudit objet.

Les demandes seront inscrites sur un registre spécial qui sera transmis avec lesdites demandes et les pièces jointes au ministère du commerce et de l'industrie aussitôt après la clôture officielle de l'exposition et communiquées sans frais à toute réquisition par les soins de l'office national de la propriété industrielle.

3. Un décret déterminera, à l'occasion de chaque exposition, présentant les caractères visés à l'article 1er, les mesures nécessaires pour l'application de la présente loi.

4. La même protection est accordée aux inventions brevetables, aux dessins et modèles, ainsi qu'aux marques de fabrique ou de commerce pour les produits qui seront régulièrement admis aux expositions organisées, en France ou dans les colonies, avec l'autorisation de l'administration ou avec son patronage.

Un décret déterminera les mesures nécessaires pour l'application du présent article.

Est abrogée la loi du 23 mai 1868.

V. *la discussion de cette loi à la Chambre des députés et au Sénat,* D. P. 1908. 4. 58.

Loi du 4 juillet 1908,

Modifiant par une disposition additionnelle l'article 61 de la loi du 29 juillet 1881 sur la liberté de la presse (D. P. 1908. 4. 61).

Article unique. Il est ajouté à l'article 61 de la loi du 29 juillet 1881 sur la presse le paragraphe suivant : — V. *supra,* L. 29 juill. 1881, art. 61, § 2.

V. *la discussion de cette loi à la Chambre des députés et au Sénat,* D. P. 1908. 4. 61 ; — Bull. Dalloz, 1908, p. 319.

Loi du 4 juillet 1908,

Complétant l'article 62 de la loi du 29 juillet 1881 sur la liberté de la presse (D. P. 1908. 4. 63).

Art. 1er. Le titre C du chapitre V de la loi du 29 juillet 1881 : « Des pourvois en cassation » est ainsi remplacé : « Des voies de recours. »

2. Il est ajouté à l'article 62 les deux paragraphes suivants : — V. *supra,* L. 29 juill. 1881, art. 62, § 2 et 3.

V. *la discussion de cette loi à la Chambre des députés et au Sénat,* D. P. 1904. 4. 63 ; — Bull. Dalloz, 1908, p. 319.

Loi du 17 juillet 1908,

Établissant, en cas d'accident, la responsabilité des conducteurs de véhicules de tout ordre (D. P. 1908. 4. 68).

Article unique. Tout conducteur d'un véhicule quelconque qui, sachant que ce véhicule vient de causer ou d'occasionner un accident, ne se sera pas arrêté et aura ainsi tenté d'échapper à la responsabilité pénale ou civile qu'il peut avoir encourue, sera puni de six jours à deux mois de prison et d'une amende de seize francs à cinq cents francs (16 fr. à 500 fr.), sans préjudice des peines contre les crimes ou délits qui se seraient joints à celui-ci.

Dans le cas où il y aurait lieu, en outre, à l'application des articles 319 et 320 du Code pénal, les pénalités encourues aux termes de ces articles seraient portées au double.

Les dispositions de l'article 463 du Code pénal sont applicables au délit prévu par la présente loi.

V. *la discussion de cette loi à la Chambre des députés et au Sénat*, D. P. 1908. 4. 68 ; — Bull. Dalloz, 1908, p. 378.

Loi du 5 août 1908,

Modifiant l'article 11 de la loi du 1er août 1905 sur la répression des fraudes dans la vente des marchandises et des falsifications des denrées alimentaires et des produits agricoles et complétant cette loi par un article additionnel (D. P. 1908. 4. 91).

Art. 1er. Le troisième paragraphe de l'article 11 de la loi du 1er août 1905 commençant ainsi : « 2° Les inscriptions et marques... » est complété ainsi qu'il suit : — V. *suprà*, L. 1er août 1905, art. 11, § 2.

2. Tous syndicats, formés conformément à la loi du 21 mars 1884 pour la défense des intérêts généraux de l'agriculture ou de la viticulture ou du commerce et trafic des boissons, eaux-de-vie naturelles, alcools de fruit, denrées alimentaires, produits agricoles, engrais, produits médicamenteux, marchandises quelconques, pourront exercer sur tout le territoire de la France et des colonies, les droits reconnus à la partie civile par les articles 182, 63, 64, 66, 67 et 68 du Code d'instruction criminelle, relativement aux faits de fraudes et falsifications prévus par les lois en vigueur, ou recourir, s'ils le préfèrent, à l'action ordinaire devant le tribunal civil, en vertu des articles 1382 et suivants du Code civil.

V. *la discussion de cette loi à la Chambre des députés et au Sénat*, D. P. 1908. 4. 91 ; — Bull. Dalloz, 1908, p. 462.

Loi du 13 novembre 1908,

Modifiant l'article 40 de la loi du 27 mars 1907, concernant les conseils de prud'hommes (D. P. 1908. 4. 102).

Article unique. L'article 40 de la loi du 27 mars 1907 est complété par le paragraphe suivant : — V. *suprà*, L. 27 mars 1907, art. 40.

V. *la discussion de cette loi à la Chambre des députés et au Sénat*, D. P. 1908. 4. 102; — Bull. Dalloz, 1909, p. 307.

Loi du 15 novembre 1908,

Conférant aux femmes l'éligibilité aux conseils de prud'hommes (D. P. 1908. 4. 103).

Article unique. L'article 6 de la loi du 27 mars 1907 est modifié comme suit : — V. *supra*, L. 27 mars 1907, art. 6.

V. *la discussion de cette loi à la Chambre des députés et au Sénat*, D. P. 1908. 4. 103.

Loi du 26 décembre 1908,

Portant fixation du budget général des dépenses et des recettes de l'exercice 1909 (D. P. 1909. 4. 1; — Bull. Dalloz, 1909, p. 74).

Art. 58. A partir du 1er janvier 1909, le dépôt des demandes de brevets d'invention et de certificats d'addition, ainsi que l'enregistrement des actes comportant cession ou mutation en matière de brevets aura lieu, en ce qui concerne le département de la Seine, dans les bureaux de l'Office national de la propriété industrielle.

En conséquence, les articles 5, 7 (§ 2) et 20 (§ 3) de la loi du 5 juillet 1844 sont modifiés ou complétés de la manière suivante :

« *Art.* 5. Quiconque voudra prendre un brevet d'invention devra déposer sous cachet, au secrétariat de la préfecture, dans le département où il est domicilié, ou dans tout autre département, en y élisant domicile ...

« *(Paragraphe nouveau).* Dans le département de la Seine, le dépôt des demandes de brevets aura lieu aux bureaux de l'Office national de la propriété industrielle.

« *Art.* 7, § 2. Un procès-verbal dressé sans frais par le secrétaire général de la préfecture dans les départements et, à Paris, par le directeur de l'Office national de la propriété industrielle. constatera chaque dépôt, en énonçant le jour et l'heure de la remise des pièces.

« *Art.* 20, § 3. Aucune cession ne sera valable à l'égard des tiers qu'après avoir été enregistrée au secrétariat de la préfecture du département dans lequel l'acte aura été passé.

« L'enregistrement des actes passés dans le département de la Seine aura toutefois lieu dans les bureaux de l'Office national de la propriété industrielle. »

Loi du 13 février 1909,

Modifiant les articles 347 et 359 du Code civil (D. P. 1909. 4. 31).

Art. 1er. L'article 347 du Code civil est complété par la disposition additionnelle suivante : — V. *suprà*, C. civ., art. 347.

2. L'article 359 du Code civil est complété par le paragraphe additionnel suivant : — V. *supra*, C. civ., art. 359.

3. *Disposition transitoire.* Pendant six mois, à partir de la promulgation de la présente loi, et à l'égard des actes d'adoption consentis avant cette promulgation, l'adoptant et l'adopté, d'accord entre eux, ou l'adopté seul, si l'adoptant est décédé, pourront bénéficier de la disposition additionnelle qui précède à l'article 347, à la charge, dans ledit délai, de faire, en marge de l'acte d'adoption, la déclaration que l'adopté prendra désormais le seul nom de l'adoptant sans l'ajouter à son propre nom, et de faire mentionner cette déclaration en marge de l'inscription d'adoption prescrite par l'article 359 du Code civil.

La même mention devra être faite en marge de l'acte de naissance de l'adopté, conformément à la disposition additionnelle ci-dessus dudit article.

4. La présente loi est applicable aux colonies de la Guadeloupe, de la Martinique et de la Réunion.

V. *la discussion de cette loi à la Chambre des députés et au Sénat*, D. P. 1909. 4. 31 ; — Bull. Dalloz, 1909, p. 141.

Loi du 4 mars 1909,

Portant abrogation de la loi du 1er mars 1899, relative à la révision des procès criminels et correctionnels (D. P. 1909. 4. 77).

Art. 1er. La loi du 1er mars 1899 est abrogée.

Sont, en conséquence, remises en vigueur les dispositions des deux premiers paragraphes de l'article 445 du Code d'instruction criminelle modifié par la loi du 8 juin 1895.

V. *la discussion de cette loi à la Chambre des députés et au Sénat*, D. P. 1909. 4. 77; — Bull. Dalloz, 1909, p. 284.

Loi du 17 mars 1909,

Relative à la vente et au nantissement des fonds de commerce (D. P. 1909. 4. 41).

CHAPITRE Ier. — DE LA VENTE DES FONDS DE COMMERCE.

Art. 1er. Le privilège du vendeur d'un fonds de commerce n'a lieu que si la vente a été constatée par un acte authentique ou sous seing privé, dûment enregistré, et que s'il a été inscrit sur un registre public tenu au greffe du tribunal de commerce dans le ressort duquel le fonds est exploité.

Il ne porte que sur les éléments du fonds énumérés dans la vente et dans l'inscription et, à défaut de désignation précise, que sur l'enseigne et le nom commercial, le droit au bail, la clientèle et l'achalandage.

Des prix distincts sont établis pour les éléments incorporels du fonds, le matériel et les marchandises.

Le privilège du vendeur, qui garantit chacun de ces prix ou ce qui en reste dû, s'exerce distinctement sur les prix respectifs de la revente afférents aux marchandises, au matériel et aux éléments incorporels du fonds.

Nonobstant toute convention contraire, les payements partiels autres que les payements comptant s'imputent d'abord sur le prix des marchandises, ensuite sur le prix du matériel.

Il y a lieu à ventilation du prix de revente mis en distribution, s'il s'applique à un ou plusieurs éléments non compris dans la première vente.

2. L'inscription doit être prise, à peine de nullité, dans la quinzaine de la date de l'acte de vente. Elle prime toute inscription prise dans le même délai du chef de l'acquéreur, et est opposable à la faillite et à la liquidation judiciaire de l'acquéreur, ainsi qu'à sa succession bénéficiaire.

L'action résolutoire, établie par l'article 1654 du Code civil, doit, pour produire effet, être mentionnée et réservée expressément dans l'inscription. Elle ne peut être exercée qu'après la résolution des tiers après l'extinction du privilège. Elle est limitée, comme le privilège, aux seuls éléments qui ont fait partie de la vente.

En cas de résolution judiciaire ou amiable de la vente, le vendeur est tenu de reprendre tous les éléments du fonds qui ont fait partie de la vente, même ceux pour lesquels son privilège et l'action résolutoire sont éteints; il est comptable du prix des marchandises et du matériel existant au moment de sa reprise de possession, d'après l'estimation qui en sera faite par expertise contradictoire, amiable ou judiciaire, sous la déduction de ce qui pourra lui rester dû par privilège sur les prix respectifs des marchandises et du matériel; le surplus, s'il y en a, devant rester le gage des créanciers inscrits et, à défaut, des créanciers chirographaires.

Le vendeur qui exerce l'action résolutoire doit le notifier aux créanciers inscrits sur le fonds au domicile par eux élu dans leurs inscriptions. Le jugement ne peut intervenir qu'après un mois écoulé depuis la notification.

Le vendeur, qui a stipulé lors de la vente que, faute de payement dans le terme convenu, la vente serait résolue de plein droit, ou qui en a obtenu de l'acquéreur la résolution à l'amiable, doit notifier aux créanciers inscrits, aux domiciles élus, la résolution encourue ou consentie qui ne deviendra définitive qu'un mois après la notification ainsi faite.

Lorsque la vente d'un fonds est poursuivie aux enchères publiques, à la requête d'un syndic de faillite, de tous liquidateurs ou administrateurs judiciaires, soit judiciairement à la requête de tout autre ayant droit, le poursuivant doit le notifier aux précédents vendeurs, au domicile élu dans leurs inscriptions, avec déclaration que, faute par eux d'intenter l'action résolutoire dans le mois de la notification, ils seront déchus, à l'égard de l'adjudicataire, du droit de l'exercer.

L'article 550 du Code de commerce n'est applicable ni au privilège, ni à l'action résolutoire du vendeur d'un fonds de commerce.

3. Toute vente ou cession de fonds de commerce, consentie même sous condition ou sous la forme d'un autre contrat, ainsi que toute mise en société ou toute attribution de fonds de commerce par partage ou par licitation, sera, dans la quinzaine de sa date, publiée à la diligence de l'acquéreur, sous forme d'extrait ou d'avis, dans un journal d'annonces légales du lieu où le siège du tribunal de commerce est situé le fonds, ou, à défaut, dans un journal d'annonces légales de l'arrondissement.

L'extrait ou avis contiendra la date de l'acte, les noms, prénoms et domiciles de l'ancien et du nouveau propriétaire, la nature et le siège du fonds, l'indication du délai ci-après fixé pour les oppositions et une élection de domicile dans le ressort du tribunal.

La publication sera renouvelée du huitième au quinzième jour après la première insertion.

Dans dix jours au plus tard après la seconde insertion, tout créancier du précédent propriétaire, que sa créance soit ou non exigible, pourra former, au domicile élu, par simple acte extrajudiciaire, opposition au payement du prix; l'opposition énoncera le chiffre et les causes de la créance, à peine de nullité. Aucun transport amiable ou judiciaire du prix, ou de partie du prix, ne sera opposable aux créanciers qui se seront ainsi fait connaître dans ce délai.

L'acquéreur qui, sans avoir fait les publications ou avant l'expiration du délai de dix jours, aura payé son vendeur, ne sera pas libéré à l'égard des tiers.

4. Si la vente ou cession d'un fonds de commerce comprend des succursales situées dans la France continentale, en Algérie ou dans les colonies, l'inscription et la publication prescrites par les articles 2 et 3 doivent être faites également dans chacun des ressorts où ces succursales ont leur siège. Le délai, qui est de quinzaine dans la France continentale, est d'un mois en Corse et en Algérie, de trois mois dans les colonies.

La publication contiendra élection de domicile dans le ressort du tribunal de la situation de l'établissement principal et dans le ressort où se trouve la succursale, si celle-ci forme l'objet unique de la cession.

5. Pendant les vingt jours qui suivent la seconde insertion, une expédition de l'acte de vente est tenu, au domicile élu, à la disposition de tout créancier opposant ou inscrit pour être consulté sans déplacement.

Pendant le même délai, tout créancier inscrit ou qui a formé opposition dans le délai de dix jours fixé par l'article précédent, peut prendre, au domicile élu, communication de l'acte de vente et des oppositions, et, si le prix ne suffit pas à désintéresser les créanciers inscrits et ceux qui se sont révélés par des oppositions au plus tard dans les dix jours qui suivent la seconde insertion, former, en se conformant aux prescriptions de l'article 23 ci-après, une surenchère du sixième du prix principal du fonds de commerce, non compris le matériel et les marchandises.

La surenchère du sixième n'est pas admise après la vente judiciaire d'un fonds de commerce ou la vente poursuivie à la requête d'un syndic de faillite, de liquidateurs et d'administrateurs judiciaires, ou de copropriétaires indivis du fonds, faite aux enchères publiques et conformément à l'article 17 de la présente loi.

L'officier public commis pour procéder à la vente devra n'admettre à enchérir que des personnes dont la solvabilité lui sera connue, ou qui auront déposé soit entre ses mains, soit à la Caisse des dépôts et consignations, avec affectation spéciale au payement du prix, une somme qui ne pourra être inférieure à la moitié du prix total de la première vente, ni à la portion du prix de ladite vente stipulée payable comptant, augmentée de la surenchère.

L'adjudication sur surenchère du sixième aura lieu aux mêmes conditions et délais que la vente sur laquelle la surenchère est intervenue.

Si l'acquéreur surenchéri est dépossédé par suite de la surenchère, il devra, sous sa responsabilité, remettre les oppositions formées entre ses mains à l'adjudicataire, sur récépissé, dans la huitaine de l'adjudication, s'il ne les a pas fait connaître antérieurement par mention insérée au cahier des charges; l'effet de ces oppositions sera reporté sur le prix de l'adjudication.

6. Lorsque le prix de la vente est définitivement fixé, qu'il y ait eu ou non surenchère, l'acquéreur, à défaut d'entente entre les créanciers pour la distribution amiable de son prix, est tenu, sur la sommation de tout créancier et dans la quinzaine suivante, de consigner la portion exigible du prix et le surplus au fur et à mesure de l'exigibilité, à la charge de toutes les oppositions faites entre ses mains ainsi que des inscriptions grevant le fonds et des cessions qui lui ont été notifiées.

7. Dans la quinzaine de la publication de l'acte de société contenant apport d'un fonds de commerce, tout créancier non inscrit de l'associé qui a fait l'apport fera connaître au greffe du tribunal de commerce où le dépôt de l'acte a eu lieu sa charge de créancier et la somme qui lui est due. Il lui sera délivré par le greffier un récépissé de sa déclaration.

Si le fonds est apporté dans une société déjà formée, les créanciers non inscrits de l'associé auquel le fonds appartient feront la déclaration au greffe du tribunal de commerce de la situation du fonds, dans la quinzaine de la publication de l'acte constatant l'apport, effectuée en conformité de l'article 3 ci-dessus.

A défaut par les coassociés, ou l'un d'eux, de former dans la quinzaine suivante une demande en annulation de la société ou de l'apport, ou si l'annulation n'en est pas prononcée, la société est tenue solidairement avec le débiteur principal au payement du passif déclaré dans le délai ci-dessus et justifié.

CHAPITRE II. — DU NANTISSEMENT DES FONDS DE COMMERCE.

8. Les fonds de commerce peuvent faire l'objet de nantissements, sans autres conditions et formalités que celles prescrites par la présente loi.

Le nantissement d'un fonds de commerce ne donne pas au créancier gagiste le droit de se faire attribuer le fonds en payement et jusqu'à due concurrence.

9. Sont seuls susceptibles d'être compris dans le nantissement soumis aux dispositions de la présente loi comme faisant partie d'un fonds de commerce: l'enseigne et le nom commercial, le droit au bail, la clientèle et l'achalandage, le mobilier commercial, le matériel ou l'outillage servant à l'exploitation du fonds, les brevets d'invention, les licences, les marques de fabrique et de commerce, les dessins et modèles industriels, et généralement les droits de propriété industrielle, littéraire ou artistique qui y sont attachés.

Le certificat d'addition postérieur au nantissement, qui comprend le brevet auquel il s'applique, suivra le sort de ce brevet et fera partie, comme lui, du gage constitué.

A défaut de désignation expresse et précise dans l'acte qui le constitue, le nantissement ne comprend que l'enseigne et le nom commercial, le droit au bail, la clientèle et l'achalandage.

Si le nantissement porte sur un fonds de commerce et ses succursales, celles-ci doivent être désignées par l'indication précise de leur siège.

10. Le contrat de nantissement est constaté par un acte authentique ou par un acte sous seing privé, dûment enregistré.

Le privilège résultant du contrat de nantissement s'établit par le seul fait de l'inscription sur un registre public, tenu au greffe du tribunal de commerce dans le ressort duquel le fonds est exploité.

La même formalité devra être remplie au greffe du tribunal de commerce dans le ressort duquel est située chacune des succursales du fonds comprise dans le nantissement.

11. L'inscription doit être prise, à peine de nullité du nantissement, dans la quinzaine de la date de l'acte constitutif.

En cas de faillite ou de liquidation judiciaire, les articles 440, 447 et 448, paragraphe 1er, du Code de commerce sont applicables aux nantissements des fonds de commerce.

12. Le rang des créanciers gagistes entre eux est déterminé par la date de leurs inscriptions. Les créanciers inscrits le même jour viennent en concurrence.

CHAPITRE III. — DISPOSITIONS COMMUNES A LA VENTE ET AU NANTISSEMENT DES FONDS DE COMMERCE.

SECTION Ire. — DE LA RÉALISATION DU GAGE ET DE LA PURGE DES CRÉANCES INSCRITES.

13. En cas de déplacement du fonds de commerce, les créances inscrites deviendront de plein droit exigibles si le propriétaire du fonds n'a pas fait connaître aux créanciers inscrits, quinze jours au moins d'avance, son intention de déplacer le fonds et le nouveau siège qu'il entend lui donner.

Dans la quinzaine de l'avis à eux notifié ou dans la quinzaine du jour où ils auront eu connaissance du déplacement, le vendeur ou le créancier gagiste doivent faire mentionner, en marge de l'inscription existante, le nouveau siège du fonds, et si le fonds a été transféré dans un autre ressort, faire reporter à

sa date l'inscription primitive avec l'indication du nouveau siège, sur le registre du tribunal de ce ressort.

Le déplacement du fonds de commerce, sans le consentement du vendeur ou des créanciers gagistes, peut, s'il en résulte une dépréciation du fonds, rendre leurs créances exigibles.

L'inscription d'un nantissement peut également rendre exigibles les créances antérieures ayant pour cause l'exploitation du fonds.

Les demandes en déchéance du terme, formées en vertu des deux paragraphes précédents devant le tribunal de commerce, sont soumises aux règles de procédure édictées par le paragraphe 8 de l'article 15 ci-après.

14. Le propriétaire qui poursuit la résiliation du bail de l'immeuble dans lequel s'exploite un fonds de commerce grevé d'inscriptions, doit notifier sa demande aux créanciers antérieurement inscrits au domicile élu par eux dans leurs inscriptions. Le jugement ne peut intervenir qu'après un mois écoulé depuis la notification.

La résiliation amiable du bail ne devient définitive qu'un mois après la notification qui en a été faite aux créanciers inscrits, aux domiciles élus.

15. Tout créancier qui exerce des poursuites de saisie-exécution, et le débiteur contre lequel elles sont exercées, peuvent demander, devant le tribunal de commerce dans le ressort duquel s'exploite le fonds, la vente du fonds de commerce du saisi avec le matériel et les marchandises qui en dépendent.

Sur la demande du créancier poursuivant, le tribunal de commerce ordonne qu'à défaut de payement dans le délai imparti au débiteur, la vente du fonds aura lieu à la requête dudit créancier, après l'accomplissement des formalités prescrites par l'article 17 de la présente loi.

Il en sera de même si, sur l'instance introduite par le débiteur, le créancier demande à poursuivre la vente du fonds.

S'il ne le demande pas, le tribunal de commerce fixe le délai dans lequel la vente du fonds devra avoir lieu à la requête du débiteur, suivant les formalités édictées par l'article 17 ci-après, et il ordonne que, faute par le débiteur d'avoir fait procéder à la vente dans ledit délai, les poursuites de saisie-exécution seront reprises et continuées sur les derniers errements.

Il nomme, s'il y a lieu, un administrateur provisoire du fonds, fixe les mises à prix, détermine les conditions principales de la vente, commet pour y procéder l'officier public qui dresse le cahier des charges.

La publicité extraordinaire, lorsqu'elle est utile, est réglée par le jugement ou, à défaut, par ordonnance du président du tribunal de commerce rendue sur requête.

Il peut, par la décision rendue, autoriser le poursuivant, s'il n'y a pas d'autre créancier inscrit ou opposant et sauf prélèvement des frais privilégiés au profit de qui de droit, à toucher le prix directement et sur sa simple quittance, soit de l'adjudicataire, soit de l'officier public vendeur, selon les cas, en déduction ou jusqu'à concurrence de sa créance en principal, intérêts et frais.

Le tribunal de commerce statue, dans la quinzaine de la première audience, par jugement non susceptible d'opposition, exécutoire sur minute. L'appel du jugement est suspensif; il est formé dans la quinzaine de sa signification à partir et jugé sommairement par la cour dans le mois; l'arrêt est exécutoire sur minute.

16. Le vendeur ou le créancier gagiste inscrits sur un fonds de commerce peuvent également, même en vertu de titres sous seing privé, faire ordonner la vente du fonds qui constitue leur gage huit jours après sommation de payer faite au débiteur et au tiers détenteur, s'il y a lieu, demeurée infructueuse.

La demande est portée devant le tribunal de commerce dans le ressort duquel s'exploite ledit fonds, lequel statue comme il est dit aux paragraphes 5, 6, 7 et 8 de l'article précédent.

17. Le poursuivant fait sommation au propriétaire du fonds aux créanciers inscrits antérieurement à la décision qui a ordonné la vente, au domicile élu par eux dans leurs inscriptions, quinze jours au moins avant la vente, de prendre communication ı cahier des charges, de fournir leurs dires et ɔservations et d'assister à l'adjudication si bon leur ımble.

La vente a lieu dix jours au moins après l'apposi-on d'affiches indiquant : les noms, professions, do-iciles du poursuivant et du propriétaire du fonds, . décision en vertu de laquelle on agit, une élection ɔ domicile dans le lieu où siège le tribunal de com-ıerce dans le ressort duquel s'exploite le fonds, les ivers éléments constitutifs dudit fonds, la nature de ɛs opérations, sa situation, les mises à prix, les eu, jour et heure de l'adjudication, les noms et omicile de l'officier-public commis et dépositaire du ahier des charges.

Ces affiches sont obligatoirement apposées, à la iligence de l'officier public, à la porte principale de immeuble et de la mairie de la commune où le ɔnds est situé, du tribunal de commerce dans le essort duquel se trouve le fonds et de l'officier pu-lic commis.

L'affiche sera insérée, dix jours aussi avant la ente, dans un journal d'annonces légales du tribu al de commerce, et, à défaut, du tribunal de l'arron-issement où le fonds est situé.

La publicité sera constatée par une mention faite ans le procès-verbal de vente.

Il sera statué, s'il y a lieu, sur les moyens de nul-té de la procédure de vente antérieure à l'adjudica-on, et sur les dépens, par le président du tribunal ivil de l'arrondissement où s'exploite le fonds ; ces ıoyens devront être opposés, à peine de déchéance, uit jours au moins avant l'adjudication. Le para-raphe 8 de l'article 15 est applicable à l'ordonnance endue par le président.

18. Le tribunal de commerce, saisi de la demande ı payement d'une créance se rattachant à l'exploi-ıtion d'un fonds de commerce, peut, s'il prononce ne condamnation et si le créancier le requiert, rdonner par le même jugement la vente du fonds. Il tatue dans les termes des paragraphes 5 et 6 de article 15 ci-dessus et fixe le délai après lequel, à éfaut de payement, la vente pourra être poursuivie.

Les dispositions de l'article 15, paragraphe 8, et de article 17 sont applicables à la vente ainsi ordonnée ar le tribunal de commerce.

19. Faute par l'adjudicataire d'exécuter les lauses de l'adjudication, le fonds sera vendu à sa olle enchère, selon les formes prescrites par l'ar-icle 17 ci-dessus.

Le fol enchérisseur est tenu, envers les créanciers u vendeur et le vendeur lui-même, de la différence ntre son prix et celui de la revente sur folle nchère, sans pouvoir réclamer l'excédent s'il y en a.

20. Il ne sera procédé à la vente séparée d'un u plusieurs éléments d'un fonds de commerce grevé l'inscriptions, poursuivie soit sur saisie-exécution, oit en vertu de la présente loi, que dix jours au plus ôt après la notification de la poursuite aux créanciers qui se seront inscrits quinze jours au moins avant adite notification, au domicile élu par eux dans leurs nscriptions. Pendant ce délai de dix jours, tout créancier inscrit, que sa créance soit ou non échue, pourra assigner les intéressés devant le tribunal de commerce dans le ressort duquel s'exploite le fonds, pour demander qu'il soit procédé à la vente de tous les éléments du fonds, à la requête du poursuivant ou à sa propre requête, dans les termes et conformé-ment aux dispositions des articles 15, 16 et 17 ci-dessus.

Le matériel et les marchandises seront vendus en même temps que le fonds sur des mises à prix dis-tinctes ou moyennant des prix distincts, si le cahier des charges oblige l'adjudicataire à les prendre à dire d'experts.

Il y aura lieu à ventilation du prix pour les élé-ments du fonds non grevés des privilèges inscrits.

21. Aucune surenchère n'est admise lorsque la vente a eu lieu dans les formes prescrites par les articles 5, 15, 16, 17, 18, 20 et 23 de la présente loi.

22. Les privilèges du vendeur et du créancier gagiste suivent le fonds en quelques mains qu'il passe.

Lorsque la vente du fonds n'a pas eu lieu aux enchères publiques en vertu et conformité des articles 5, 15, 16, 17, 18, 20 et 23 de la présente loi, l'acquéreur qui veut se garantir des poursuites des créanciers inscrits est tenu, à peine de déchéance, avant la poursuite ou dans la quinzaine de la sommation de payer à lui faite, de notifier à tous les créanciers inscrits, au domicile élu par eux dans leurs inscriptions :

1° Les nom, prénoms et domicile du vendeur, la désignation précise du fonds, le prix, non compris le matériel et les marchandises, ou l'évaluation du fonds en cas de transmission à titre gratuit, par voie d'échange ou de reprise, sans fixation de prix, en vertu de convention de mariage, les charges, les frais et loyaux coûts exposés par l'acquéreur ;

2° Un tableau sur trois colonnes contenant : la première, la date des ventes ou nantissements antérieurs et des inscriptions prises ; la seconde, les noms et domiciles des créanciers inscrits ; la troisième, le montant des créances inscrites, avec déclaration qu'il est prêt à acquitter sur-le-champ les dettes inscrites jusqu'à concurrence de son prix, sans distinction des dettes exigibles ou non exigibles. La notification contiendra élection de domicile dans le ressort du tribunal de commerce de la situation du fonds.

Dans le cas où le titre du nouveau propriétaire comprendrait divers éléments d'un fonds, les uns grevés d'inscriptions, les autres non grevés, situés ou non dans le même ressort, aliénés pour un seul et même prix ou pour des prix distincts, le prix de chaque élément sera déclaré dans la notification, par ventilation, s'il y a lieu, du prix total exprimé dans le titre.

23. Tout créancier inscrit sur un fonds de commerce peut, lorsque l'article 21 n'est pas applicable, requérir sa mise aux enchères publiques, en offrant de porter le prix principal, non compris le matériel et les marchandises, à un dixième en sus et de donner caution pour le payement des prix et charges ou de justifier de solvabilité suffisante.

Cette réquisition, signée du créancier, doit être, à peine de déchéance, signifiée à l'acquéreur et au débiteur précédent propriétaire dans la quinzaine des notifications, avec assignation devant le tribunal de commerce de la situation du fonds, pour voir statuer, en cas de contestation, sur la validité de la surenchère, sur l'admissibilité de la caution ou la solvabilité du surenchérisseur, et voir ordonner qu'il sera procédé à la mise aux enchères publiques du fonds avec le matériel et les marchandises qui en dépendent, et que l'acquéreur surenchéri sera tenu de communiquer son titre et l'acte de bail ou de cession de bail à l'officier public commis. Le délai de quinzaine ci-dessus n'est pas susceptible d'augmentation à raison de la distance entre le domicile élu et le domicile réel des créanciers inscrits.

A partir de la signification de la surenchère, l'acquéreur, s'il est entré en possession du fonds, en est de droit administrateur séquestre et ne pourra plus accomplir que des actes d'administration. Toutefois, il pourra demander au tribunal de commerce ou au juge de référé, suivant les cas, à tout moment de la procédure, la nomination d'un autre administrateur ; cette demande peut également être formée par tout créancier.

Le surenchérisseur ne peut, même en payant le montant de la soumission, empêcher par un désistement l'adjudication publique, si ce n'est du consentement de tous les créanciers inscrits.

Les formalités de la procédure et de la vente seront accomplies à la diligence du surenchérisseur et, à son défaut, de tout créancier inscrit ou de l'acquéreur, aux frais, risques et périls du surenchérisseur et sa caution restant engagée, selon les règles prescrites par les articles 15, paragraphes 5, 6, 7 et 8 ; 16, 17 et 20, paragraphe 3, ci-dessus.

A défaut d'enchère, le créancier surenchérisseur est déclaré adjudicataire.

L'adjudicataire est tenu de prendre le matériel et les marchandises existant au moment de la prise de possession, aux prix fixés par une expertise amiable ou judiciaire, contradictoirement entre l'acquéreur surenchéri, son vendeur et l'adjudicataire.

Il est tenu, au delà de son prix d'adjudication, de rembourser à l'acquéreur dépossédé les frais et loyaux coûts de son contrat, ceux des notifications, ceux d'inscription et de publicité prévus par les articles 2, 3 et 4 ci-dessus, et à qui de droit ceux faits pour parvenir à la revente.

L'article 19 est applicable à la vente et à l'adjudication sur surenchère.

L'acquéreur surenchéri, qui se rendra adjudicataire par suite de la revente sur surenchère, aura son recours tel que de droit contre le vendeur pour le remboursement de ce qui excède le prix stipulé par son titre et pour l'intérêt de cet excédent à compter du jour de chaque payement.

SECTION II. — FORMALITÉS DE L'INSCRIPTION. — OBLIGATIONS DU GREFFIER.

24. Le vendeur ou le créancier gagiste, pour inscrire leur privilège, représentent, soit eux-mêmes, soit par un tiers, au greffier du tribunal de commerce, l'un des originaux de l'acte de vente ou du titre constitutif du nantissement, s'il est sous seing privé, ou une expédition, s'il existe en minute. L'acte de vente ou de nantissement sous seing privé reste déposé au greffe.

Il y est joint deux bordereaux écrits sur papier libre ; l'un d'eux peut être porté sur l'original ou sur l'expédition du titre. Ils contiennent :

1° Les noms, prénoms et domiciles du vendeur et de l'acquéreur, ou du créancier et du débiteur, ainsi que du propriétaire du fonds si c'est un tiers, leur profession s'ils en ont une ;

2° La date et la nature du titre ;

3° Les prix de la vente établis distinctement pour le matériel, les marchandises et les éléments incorporels du fonds, ainsi que les charges évaluées, s'il y a lieu, ou le montant de la créance exprimée dans le titre, les conditions relatives aux intérêts et à l'exigibilité ;

4° La désignation du fonds de commerce et de ses succursales, s'il y a lieu, avec l'indication précise des éléments qui les constituent et sont compris dans la vente ou le nantissement, la nature de leurs opérations et leur siège, sans préjudice de tous autres renseignements propres à les faire connaître ; si la vente ou le nantissement s'étend à d'autres éléments du fonds de commerce que l'enseigne, le nom commercial, le droit au bail et la clientèle, ces éléments doivent être nommément désignés ;

5° Election de domicile par le vendeur ou le créancier gagiste dans le ressort du tribunal de la situation du fonds.

Les ventes ou cession de fonds de commerce comprenant des marques de fabrique et de commerce, des dessins ou modèles industriels, ainsi que les nantissements de fonds qui comprennent des brevets d'invention ou licences, des marques ou des dessins et modèles, doivent, en outre, être inscrits à l'Office national de la propriété industrielle, sur la production du certificat d'inscription délivré par le greffier du tribunal de commerce, dans la quinzaine qui suivra cette inscription, à peine de nullité à l'égard des tiers, des ventes, cessions ou nantissements, en ce qu'ils s'appliquent aux brevets d'invention et aux licences, aux marques de fabriques et de commerce, aux dessins et modèles industriels.

Les brevets d'invention compris dans la cession d'un fonds de commerce restent soumis, pour leur transmission, aux règles édictées par la section IV du titre II de la loi du 5 juillet 1844.

25. Le greffier transcrit sur son registre le contenu des bordereaux et remet au requérant tant l'expédition du titre que l'un des bordereaux au pied duquel il certifie avoir fait l'inscription.

26. Il mentionne en marge des inscriptions les antériorités, les subrogations et radiations totales ou partielles dont il lui est justifié. Les antériorités et les subrogations pourront résulter d'actes sous seing privé, dûment enregistrés.

27. Si le titre d'où résulte le privilège inscrit est à ordre, la négociation par voie d'endossement emporte la translation du privilège.

28. L'inscription conserve le privilège pendant cinq années, à compter du jour de sa date ; son effet cesse si elle n'a pas été renouvelée avant l'expiration de ce délai.

Elle garantit au même rang que le principal deux années d'intérêts.

29. Les inscriptions sont rayées, soit du consentement des parties intéressées et ayant capacité à cet effet, soit en vertu d'un jugement passé en force de chose jugée.

A défaut de jugement, la radiation totale ou partielle ne peut être opérée par le greffier que sur le dépôt d'un acte authentique de consentement à la radiation, donné par le créancier ou son cessionnaire régulièrement subrogé et justifiant de ses droits.

La radiation totale ou partielle de l'inscription prise à l'Office national sera opérée sur la production du certificat de radiation délivré par le greffier du tribunal de commerce.

30. Lorsque la radiation, non consentie par le créancier, est demandée par voie d'action principale, cette action est portée devant le tribunal de commerce du lieu où l'inscription a été prise.

Si l'action a pour objet la radiation d'inscriptions prises dans dés ressorts différents sur un fonds et ses succursales, elle sera portée pour le tout devant le tribunal de commerce dans le ressort duquel se trouve l'établissement principal.

31. La radiation est opérée au moyen d'une mention faite par le greffier en marge de l'inscription.

Il en est délivré certificat aux parties qui le demandent.

32. Les greffiers des tribunaux de commerce sont tenus de délivrer à tous ceux qui le requièrent, soit l'état des inscriptions existantes, avec les mentions d'antériorité, de radiations partielles et de subrogations partielles ou totales, soit un certificat qu'il n'en existe aucune ou simplement que le fonds est grevé.

Un état des inscriptions ou mentions effectuées à l'Office national devra de même être délivré à toute réquisition.

L'officier public commis pour procéder à la vente d'un fonds de commerce pourra, s'il le juge utile, se faire délivrer par le greffier copie des actes de vente sous seing privé déposés au greffe et concernant ledit fonds. Il pourra également se faire délivrer expédition des actes authentiques de vente concernant ce fonds.

33. Dans aucun cas, les greffiers ne peuvent refuser ni retarder les inscriptions ni la délivrance des états ou certificats requis.

Ils sont responsables de l'omission sur leurs registres des inscriptions requises en leur greffe, et du défaut de mention dans leurs états ou certificats d'une ou plusieurs inscriptions existantes, à moins, dans ce dernier cas, que l'erreur ne provint de désignations insuffisantes qui ne pourraient lui être imputées.

34. Le droit d'inscription de la créance du vendeur ou du créancier gagiste est fixé à cinq centimes par cent francs (0 fr. 05 p. 100), sans addition d'aucun décime. Il sera perçu lors de l'enregistrement de l'acte de vente sur le prix ou la portion du prix non payé et lors de l'enregistrement du contrat de nantissement sur le capital de la créance.

Le droit d'inscription dû pour les inscriptions prises soit en renouvellement, soit en vertu de la disposition transitoire ci-après, sera perçu par l'administration de l'Enregistrement sur la présentation des bordereaux, avant leur dépôt au greffe du tribunal de commerce.

Sont affranchis du timbre : le registre des inscriptions tenu par le greffier en exécution de l'article 25, les bordereaux d'inscription, les reconnaissances de dépôts, les états, certificats, extraits et copies dressés en exécution de la présente loi, ainsi que les pièces produites pour obtenir l'accomplissement d'une formalité et qui restent déposées au greffe, et les copies qui en seront délivrées en exécution de l'article 32, paragraphe 3, à la condition que ces pièces mentionnent expressément leur destination.

Les bordereaux d'inscription, ainsi que les états ou certificats et copies d'acte de vente sous seing privé, délivrés par les greffiers, sont exempts de la formalité de l'enregistrement.

35. Le droit d'enregistrement auquel seront assujettis les actes de consentement à mainlevées totales ou partielles d'inscription est fixé à deux centimes et demi par cent francs (0 fr. 025 p. 100) du montant des sommes faisant l'objet de la mainlevée, sans addition d'aucun décime, et la formalité de la radiation au greffe du tribunal de commerce ne donnera lieu à aucun droit.

S'il y a seulement réduction de l'inscription, il ne sera perçu qu'un droit de deux francs (2 fr.) par

chaque acte, sans que ce droit puisse excéder toutefois le droit proportionnel qui serait exigible sur la mainlevée totale.

36. Le paragraphe ajouté à l'article 2075 du Code civil par la loi du 1er mars 1898 est abrogé.

37. La présente loi ne sera exécutoire, sauf ce qui est dit aux paragraphes 1 et 2 de la disposition transitoire, que six mois après sa promulgation et, dans ce délai, un règlement d'administration publique déterminera toutes les mesures d'exécution de la loi, notamment les émoluments à allouer aux greffiers des tribunaux de commerce, les conditions dans lesquelles seront effectuées, à l'Office national de la propriété industrielle, les inscriptions, radiations et délivrances d'états ou certificats négatifs concernant les ventes, cessions ou nantissements des fonds de commerce qui comprennent des brevets d'invention ou licences, des marques de fabrique et de commerce, des dessins et modèles industriels.

Le règlement d'administration publique déterminera, en outre, les droits à percevoir par le conservatoire des arts et métiers, pour le service de l'Office national, sur les inscriptions et mentions d'antériorité, de subrogation et de radiation, les états d'inscriptions ou certificats qu'il n'en existe aucune. — V. infrá, L. 1er avr. 1909.

38. Un règlement d'administration publique déterminera les conditions d'application de la présente loi à l'Algérie et aux colonies.

DISPOSITION TRANSITOIRE.

(L. 1er avril 1909) « Les paragraphes 1, 2, 3, 4 et 6 de l'article 1er, les paragraphes 1, 2, 3 et 7 de l'article 2, les paragraphes 1 et 2 de l'article 13, et les articles 14, 22 à 26, 28 à 31, 34 et 35 de la présente loi seront applicables aux ventes de fonds de commerce antérieures à la promulgation de la loi, si les vendeurs ont fait inscrire le privilège dans le mois de cette promulgation.

« L'article 2, paragraphes 4, 5 et 6, l'article 6, l'article 13, paragraphes 3, 4 et 5, et les articles 15 à 21, 27, 32 et 33 seront applicables dans tous les cas aux ventes antérieures à la promulgation. »

Les créanciers gagistes inscrits antérieurement à la promulgation de la loi, et dont l'inscription n'énoncera pas ce qui leur est dû en principal et les conditions relatives aux intérêts et à l'exigibilité, devront la régulariser en la renouvelant conformément à l'article 24 ou, s'ils le préfèrent, par une mention en marge de l'inscription existante, dans les six mois qui suivront la promulgation de la loi, à défaut de quoi cette inscription ne sera pas opposable aux créanciers qui auront satisfait aux dispositions de la présente loi.

La durée des inscriptions de nantissement, prises avant la promulgation de la présente loi, est limitée à cinq années à compter de la promulgation. Elles devront, à peine d'extinction du privilège, être renouvelées avant l'expiration de ce délai.

V. la discussion de cette loi à la Chambre des députés et au Sénat, D. P. 1909. 4. 41; — Bull. Dalloz, 1909, p. 209.

V. le commentaire de cette loi à notre TRAITÉ SUR LA VENTE ET LE NANTISSEMENT DES FONDS DE COMMERCE.

Loi du 1er avril 1909,

Modifiant l'article 37 et la disposition transitoire de la loi du 17 mars 1909, relative à la vente et au nantissement des fonds de commerce (D. P. 1909. 4. 62).

Art. 1er. La loi du 17 mars 1909, relative à la vente et au nantissement des fonds de commerce, sera exécutoire dès la promulgation de la présente loi, sauf en ce qui concerne les mesures d'application renvoyées à un règlement d'administration publique.

2. Pourront se placer sous le régime de la loi du 17 mars 1909, les vendeurs et les créanciers gagistes dont les contrats seront intervenus entre la promulgation de ladite loi et la promulgation de la présente loi, à la charge d'inscrire leur privilège dans la quinzaine de cette dernière promulgation.

3. Jusqu'à la publication du règlement d'administration publique prévu par l'article 37 de la loi du 17 mars 1909, les greffiers des tribunaux de com-

merce seront autorisés à percevoir les émoluments fixés par l'article 8, 2°, 4° et 8°, du décret du 18 juin 1880 et par l'article 1er du décret du 23 juin 1892.

4. Les deux premiers paragraphes de la disposition transitoire de la loi du 17 mars 1909 sont rectifiés ainsi qu'il suit : — V. supra, L. 17 mars 1909, DISPOSITION TRANSITOIRE.

V. la discussion de cette loi à la Chambre des députés et au Sénat, D. P. 1909. 4. 62; — Bull. Dalloz, 1909, p. 246.

Loi du 5 avril 1909,

Ajoutant à l'article 20 du Code civil un paragraphe concernant la renonciation faite au nom d'un mineur à la faculté de décliner d'sa majorité la qualité de Français (D. P. 1909. 4. 49).

Art. 1er. Il est ajouté à l'article 20 du Code civil un paragraphe 2 ainsi conçu : — V. supra, C. civ., art. 20, § 2.

2. Les individus auxquels la faculté de décliner la qualité de Français est réservée par l'un des articles ci-dessus, qui se trouveront, lors de la promulgation de la présente loi, dans le courant de leur majorité, pourront, pendant ladite année, renoncer au bénéfice de la déclaration souscrite en leur nom par leur représentant légal au temps de leur minorité.

Il en sera de même de ceux qui, mineurs au moment de la promulgation de la loi, deviendront majeurs dans les six mois qui la suivront.

Les autres mineurs conserveront définitivement le bénéfice de la déclaration souscrite en leur nom et, dans le même délai de six mois, leur représentant légal n'y a pas renoncé.

V. la discussion de cette loi à la Chambre des députés et au Sénat, D. P. 1909. 4. 49; — Bull. Dalloz, 1909, p. 316.

Loi du 4 juin 1909,

Portant modification du premier paragraphe de l'article 4 de la loi du 2 juin 1891, ayant pour objet de réglementer l'autorisation et le fonctionnement des courses de chevaux (D. P. 1909. 4. 70).

Article unique. Le premier paragraphe de l'article 4 de la loi du 2 juin 1891, ayant pour objet de réglementer l'autorisation et le fonctionnement des courses de chevaux, est remplacé par le texte ci-après : — V. supra, L. 2 juin 1891, art. 4, § 1er.

V. la discussion de cette loi à la Chambre des députés et au Sénat, D. P. 1909. 4. 70; — Bull. Dalloz, 1909, p. 327.

Loi du 12 juillet 1909,

Sur la constitution d'un bien de famille insaisissable (D. P. 1909. 4e partie).

TITRE Ier. — CONSTITUTION D'UN BIEN DE FAMILLE.

Art. 1er. Il peut être constitué, au profit de toute la famille, un bien insaisissable qui portera le nom de bien de famille.

Les étrangers ne pourront jouir des prérogatives de la présente loi qu'après avoir été autorisés, conformément à l'article 13 du Code civil, à établir leur domicile en France.

2. Le bien de famille pourra comprendre soit une maison ou portion divise de maison, soit à la fois une maison et les terres attenantes ou voisines, occupées et exploitées par la famille. La valeur dudit bien, y compris celle des cheptels et immeubles par destination, ne devra pas, au jour de sa fondation, dépasser huit mille francs (8,000 fr.).

3. La constitution peut être faite :

Par le mari sur ses biens personnels, sur ceux de la communauté ou, avec le consentement de la femme, sur les biens qui appartiennent à celle-ci et dont il a l'administration ;

Par la femme, sans l'autorisation du mari ou de justice, sur les biens dont l'administration lui a été réservée ;

Par le survivant des époux ou l'époux divorcé,

il existe des enfants mineurs, sur ses biens personnels ;

Par l'aïeul ou l'aïeule, suivant les distinctions ci-dessus, qui recueille ses petits-enfants orphelins de père et de mère, ou moralement abandonnés ;

Par le père ou la mère, aux descendants légitimes, un enfant naturel reconnu ou d'un enfant adopté.

Toute personne capable de disposer pourra constituer un bien de famille au profit d'une autre personne réunissant elle-même les conditions exigées par la loi pour pouvoir le constituer.

4. Le bien de famille ne peut être établi que sur un immeuble non indivis.

Il ne peut en être constitué plus d'un par famille. Toutefois, lorsque le bien est d'une valeur inférieure à 8,000 fr., il peut être porté à cette valeur au moyen d'acquisitions qui sont soumises aux mêmes conditions et formalités que la fondation.

Le bénéfice de la constitution du bien de famille reste acquis alors même que, par le seul fait de la plus-value postérieure à la constitution, le chiffre de ,000 fr. se trouverait dépassé.

5. La constitution du bien ne peut porter sur un immeuble grevé d'un privilège ou d'une hypothèque, soit conventionnelle, soit judiciaire, lorsque les créanciers ont pris inscription antérieurement à l'acte constitutif ou, au plus tard, dans le délai fixé à l'article 6 ci-après.

Les hypothèques légales, même inscrites avant l'expiration de ce délai, ne font pas obstacle à la constitution et conservent leur effet.

Celles qui prendraient naissance postérieurement pourront être valablement inscrites, mais l'exercice du droit de poursuite qu'elles confèrent sera suspendu jusqu'à la désaffectation du bien.

6. La constitution du bien de famille résulte d'une déclaration reçue par un notaire, d'un testament ou d'une donation.

Cet acte contient la description détaillée de l'immeuble avec l'estimation de sa valeur, ainsi que les nom, prénoms, profession et domicile du constituant, et, s'il y a lieu, du bénéficiaire de la constitution.

Il reste affiché pendant deux mois par extrait sommaire et au moyen de placards manuscrits apposés sans procès-verbal d'huissier à la justice de paix et à la mairie de la commune où les biens sont situés.

Un avis est, en outre, inséré par deux fois, à quinze jours d'intervalle, dans un journal du département recevant les annonces légales.

7. Jusqu'à l'expiration de ce délai de deux mois, pourront être inscrits tous privilèges et hypothèques garantissant des créances antérieures à la constitution du bien. Pendant ce même délai, les créanciers chirographaires seront admis à former, en l'étude du notaire rédacteur de l'acte, opposition à la constitution.

8. A l'expiration du délai de deux mois, l'acte est soumis, avec toutes les pièces justificatives, à l'homologation du juge de paix.

Celui-ci devra son homologation qu'après être assuré :

1° Par les pièces produites, et s'il les juge insuffisantes, par un rapport d'expert commis d'office, de la valeur des immeubles constituant le bien de famille ;

2° Qu'il n'existe ni privilège ni hypothèque autres que ceux visés à l'article 5 ;

3° Que mainlevée a été donnée de toutes les oppositions ;

4° Que les bâtiments sont assurés contre les risques de l'incendie.

9. Dans le mois qui suivra son homologation, l'acte de constitution de bien sera transcrit, à peine de nullité.

TITRE II. — RÉGIME DU BIEN DE FAMILLE.

10. A partir de la transcription, le bien de famille ainsi que les fruits sont insaisissables, même en cas de faillite ou de liquidation judiciaire ; il n'est fait exception qu'en faveur des créanciers antérieurs qui se sont conformés aux dispositions qui précèdent, pour conserver l'exercice de leurs droits.

Il ne peut être ni hypothéqué, ni vendu à réméré.

Néanmoins, les fruits pourront être saisis pour le payement :

1° Des dettes résultant de condamnations en matières criminelle, correctionnelle ou de simple police ;

2° Des impôts afférents au bien et des primes d'assurances contre l'incendie ;

3° Des dettes alimentaires.

Le propriétaire ne peut renoncer à l'insaisissabilité du bien de famille.

11. Le propriétaire peut aliéner tout ou partie du bien de famille ou renoncer à la constitution. Mais, s'il est marié ou s'il a des enfants mineurs, l'aliénation ou la renonciation sera subordonnée, dans le premier cas, au consentement de la femme donné devant le juge de paix et, dans le second cas, à l'autorisation du conseil de famille, qui ne l'accordera que s'il estime l'opération avantageuse aux mineurs. Sa décision sera sans appel.

12. En cas d'expropriation pour cause d'utilité publique, si l'un des époux est prédécédé et s'il existe des ayants mineurs, le juge de paix ordonnera les mesures de conservation et de remploi qu'il estimera nécessaires.

13. Dans le cas de substitution volontaire d'un bien de famille à un autre, la constitution du premier bien est maintenue jusqu'à ce que la constitution du second soit définitive.

14. En cas de destruction partielle ou totale du bien, l'indemnité d'assurance est versée à la Caisse des dépôts et consignations pour demeurer affectée à la reconstitution du bien et, pendant un an, à dater du payement de l'indemnité, elle ne peut être l'objet d'aucune saisie, sans préjudice pourtant des dispositions de l'article 10 ci-dessus.

Les compagnies d'assurances ne sont, en aucun cas, garantes du défaut de remploi.

15. Il en sera de même pour l'indemnité allouée à la suite d'une expropriation pour cause d'utilité publique.

La femme pourra exiger l'emploi des indemnités d'assurances ou d'expropriation soit en immeubles, soit en rentes sur l'État français, à concurrence d'un maximum de 8,000 fr.

16. Le tribunal civil statue, la femme et, en cas de prédécès de l'un des époux, le représentant légal des mineurs appelés, sur toutes les demandes relatives à la validité de la constitution, de la renonciation à la constitution, de l'aliénation totale ou partielle du bien de famille.

L'affaire est jugée comme en matière sommaire.

La femme n'a besoin d'aucune autorisation pour poursuivre en justice l'exercice des droits que lui confère la présente loi.

17. L'insaisissabilité subsiste même après la dissolution du mariage sans enfants au profit du survivant des époux, s'il est propriétaire du bien.

18. Elle peut également se prolonger par l'effet du maintien de l'indivision prononcée dans les conditions et pour la durée ci-après déterminées.

S'il existe des mineurs au moment du décès de l'époux propriétaire de tout ou partie du bien, le juge de paix peut, à la requête du conjoint survivant, du tuteur ou d'un enfant majeur, soit à la demande du conseil de famille, prolonger le maintien de l'indivision jusqu'à la majorité du plus jeune, et allouer, s'il y a lieu, une indemnité pour jouissance du partage, aux héritiers qui sont ou qui deviennent majeurs et ne profitent pas de l'habitation.

19. Le survivant des époux, s'il est copropriétaire du bien et s'il habite la maison, a la faculté de réclamer, à l'exclusion des héritiers, l'attribution intégrale du bien sur constitution.

Ce droit s'ouvre à son profit, soit au décès de son conjoint, si tous les descendants sont majeurs ou, même lorsqu'il y a des mineurs, si la demande en maintien d'indivision a été rejetée, soit à la majorité des enfants, lorsque l'indivision a été maintenue.

20. Il est constitué auprès du ministre de l'agriculture un conseil supérieur de la petite propriété rurale, auquel doivent être soumis tous les règlements à faire en vertu de la présente loi et, d'une façon générale, toutes les dispositions intéressant la petite propriété rurale.

L'organisation et le fonctionnement de ce conseil seront fixés par le règlement d'administration publique prévu à l'article 21.

21. Un règlement d'administration publique déterminera les mesures d'application de la présente loi.

V. la discussion de cette loi à la Chambre des députés et au Sénat, D. P. 1909. 4ª partie.

Loi du 14 juillet 1909,
Sur les dessins et modèles (D. P. 1909. 4. 81).

Art. 1er. Tout créateur d'un dessin ou modèle et ses ayants cause ont le droit exclusif d'exploiter, vendre ou faire vendre ce dessin ou modèle, dans les conditions prévues par la présente loi, sans préjudice des droits qu'ils tiendraient d'autres dispositions légales et notamment de la loi des 19-24 juillet 1793, modifiée par la loi du 11 mars 1902.

2. La présente loi est applicable à tout dessin nouveau, à toute forme plastique nouvelle, à tout objet industriel qui se différencie de ses similaires, soit par une configuration distincte et reconnaissable lui conférant un caractère de nouveauté, soit par un ou plusieurs effets extérieurs lui donnant une physionomie propre et nouvelle.

Mais, si le même objet peut être considéré à la fois comme un dessin ou modèle nouveau et comme une invention brevetable et si les éléments constitutifs de la nouveauté du dessin ou modèle sont inséparables de ceux de l'invention, ledit objet ne peut être protégé que conformément à la loi du 5 juillet 1844.

3. Les dessins ou modèles régulièrement déposés jouissent seuls du bénéfice de la présente loi.

La propriété d'un dessin ou modèle appartient à celui qui l'a créée ou à ses ayants droit ; mais le premier déposant dudit dessin ou modèle est présumé, jusqu'à preuve contraire, en être le créateur.

La publicité donnée à un dessin ou modèle, antérieurement à son dépôt, par une mise en vente ou par tout autre moyen, n'entraîne la déchéance ni du droit de propriété, ni de la protection spéciale accordée par la présente loi.

4. Des décrets spéciaux à certaines industries pourront prescrire les mesures nécessaires pour permettre aux industriels de faire constater leur priorité d'emploi d'un dessin ou modèle, notamment par la tenue de registres privés soumis à l'estampille administrative.

5. Le dépôt est effectué, sous peine de nullité, au secrétariat du conseil des prud'hommes, ou, à défaut du conseil des prud'hommes, au greffe du tribunal de commerce du domicile du déposant.

Lorsque le domicile du déposant est situé hors de France, le dépôt est effectué, sous peine de nullité, au secrétariat du conseil des prud'hommes du département de la Seine.

La déclaration de chaque dépôt est transcrite sur un registre avec la date, l'heure du dépôt et un numéro d'ordre ; un certificat de dépôt reproduisant ces mentions est remis au déposant.

Le dépôt comporte, sous peine de nullité, deux exemplaires identiques d'un spécimen ou d'une représentation de l'objet revendiqué, avec légende explicative, si le déposant le juge nécessaire, le tout contenu dans une boîte hermétiquement fermée et sur laquelle sont apposés le cachet et la signature du déposant, ainsi que le sceau et le visa du secrétariat ou du greffe, de telle sorte qu'on ne puisse l'ouvrir sans faire disparaître ces certifications.

Le même dépôt peut comprendre de un à cent dessins ou modèles, qui doivent être numérotés du premier au dernier. Les dessins ou modèles non numérotés ou portant des numéros répétés ou au delà de cent, ne seront pas considérés comme valablement déposés au regard de la présente loi.

6. La boîte déposée peut rester au secrétariat ou au greffe pendant une période de cinq années au maximum ; aussi longtemps qu'elle y est laissée, le dépôt des objets qu'elle renferme demeure secret.

Le déposant ou ses ayants cause peuvent toujours, dès le début comme au cours de la susdite période, requérir la publicité du dépôt, soit à l'égard de tous les objets compris dans la boîte, soit seulement à l'égard de l'un ou de plusieurs d'entre eux.

Le déposant ou ses ayants droit, lorsqu'ils veulent opposer le dépôt au tiers, doivent requérir l'ouverture de la boîte scellée, en faire extraire l'objet ou les objets au sujet desquels ils entendent engager une instance judiciaire et demander la publicité du dépôt au regard desdits objets.

Lorsque la publicité du dépôt d'un dessin ou modèle est requise par le déposant ou ses ayants cause, la boîte déposée est adressée à l'Office national, qui procède à l'ouverture de ladite boîte, prélève les deux exemplaires du dessin ou modèle, constate l'identité de ces deux exemplaires, fait reproduire par un procédé photographique l'un d'eux qui sera destiné à être communiqué aux tribunaux, s'il y a lieu, tandis que l'autre exemplaire demeurera à l'Office où il sera communiqué dans les conditions déterminées par le règlement prévu à l'article 15 ci-après.

Les autres objets contenus dans la boîte et pour lesquels la publicité n'est pas requise sont remis sous scellés fermés avec certification à l'appui.

Une épreuve de la reproduction du dessin ou modèle rendu public, avec copie de la légende et des explications nécessaires pour compléter ladite reproduction, est mise à la disposition du public à l'Office national.

Des épreuves, portant également copie des mentions explicatives et de la déclaration du dépôt, seront délivrées, moyennant une taxe, au déposant qui en fera la demande ou à ses ayants cause, ainsi qu'à toute partie engagée dans une contestation judiciaire relative au dessin ou modèle.

7. La durée totale de la protection, accordée par la présente loi au dessin ou modèle déposé, est, sous la réserve et les conditions ci-après indiquées, de cinquante ans à partir de la date du dépôt.

À l'expiration de la période des cinq premières années, pendant laquelle le dépôt peut rester au secrétariat ou au greffe, la boîte, renfermant sous scellés les objets pour le dépôt desquels la publicité n'a pas été requise avant ce terme, est restituée au déposant sur sa demande.

S'il veut maintenir son dépôt, soit au regard de tous les objets contenus dans la boîte, soit seulement au regard de l'un ou de plusieurs d'entre eux, le déposant doit, avant l'expiration des susdites cinq années, requérir le maintien du dépôt, soit avec la publicité prévue à l'alinéa 4 de l'article 6, soit sous la forme secrète, pour chacun desdits objets.

La boîte scellée est adressée à l'Office national, qui procède à son ouverture et en extrait les objets pour lesquels le maintien du dépôt a été demandé; il donne à chacun de ceux pour lesquels elle a été requise la publicité prévue aux alinéas 4 et 6 de l'article 6, met sous une enveloppe fermée et scellée, avec certification à l'appui, les deux exemplaires de chacun de ceux pour lesquels le maintien du secret a été requis et laisse les autres objets dans la boîte à nouveau close et scellée comme il est prescrit à l'alinéa 5 de l'article 6, en prévision de la restitution qui peut être réclamée en vertu de l'alinéa 2 du présent article.

Le dépôt ainsi maintenu à l'Office national, soit avec publicité, soit à couvert, prend fin vingt-cinq ans après la date de son enregistrement au secrétariat ou au greffe si, avant l'expiration dudit délai, le déposant n'en a pas demandé la prorogation pour une nouvelle période de vingt-cinq ans.

Au début de cette nouvelle période, le dépôt conservé, sous la forme secrète, à l'Office national, reçoit, par les soins de celui-ci, la publicité prévue aux alinéas 4 et 6 de l'article 6 si elle ne lui a pas déjà été demandée au cours de la seconde période.

8. Au moment où les dépôts s'effectuent, il est versé au secrétariat du conseil ou au greffe du tribunal une indemnité de 3 fr. 95 par dépôt, plus 5 centimes par objet déposé. Y compris dans la susdite indemnité l'allocation prévue par l'article 58 de la loi du 29 mars 1907 et les frais de timbre.

Lorsque, soit au cours, soit à la fin de la première période, la publicité du dépôt est requise, il est payé une taxe de 30 fr. par chacun des objets qui, sur la demande du déposant, sont extraits de la boîte scellée et conservés, avec publicité, par l'Office national,

conformément aux dispositions de l'alinéa 4 de l'article 6; la taxe est de 5 fr. par chacun des objets que l'office, sur la demande du déposant, garde en dépôt sous la forme secrète.

La prorogation d'un dépôt, à l'expiration des vingt-cinq premières années, est subordonnée au payement d'une nouvelle taxe dont le montant est de 50 fr. par chacun des objets qui demeurent protégés si le dépôt a été rendu public et de 75 fr. s'il est resté jusqu'alors secret.

9. Lorsque la publicité d'un dépôt ou que son maintien avec ou sans publicité n'ont pas été demandés avant le terme prescrit de cinq années et que, à l'expiration de ce délai, la boîte scellée n'a pas été réclamée, les scellés sont ouverts et les objets renfermés dans la boîte sont transmis aux établissements qui auront été désignés, à cet effet, par décret.

Sont également remis auxdits établissements: après vingt-cinq ans, les objets pour lesquels aucune prorogation de dépôt n'a été requise; après cinquante ans, ceux dont le dépôt a été prorogé.

Les objets que ces établissements susindiqués auront jugés dignes d'être conservés seront exposés ou communiqués au public; sur chacun d'eux seront mentionnés les nom, prénoms, qualité et domicile du déposant ainsi que la date du dépôt. Des inscriptions signaleront aux renseignements seront donnés aux intéressés pour les inviter et les aider à rechercher si le droit exclusif de reproduire ceux de ces objets qui constituent des dessins ou des sculptures, au sens purement technique de ces mots, est encore garanti par la loi des 19-24 juillet 1793, modifiée par la loi du 11 mars 1902.

10. Toute atteinte portée sciemment aux droits garantis par la présente loi est punie d'une amende de 25 à 2,000 fr.

Dans les cas de récidive, ou si le délinquant est une personne ayant travaillé pour la partie lésée, il est prononcé, en outre, un emprisonnement d'un mois à six mois.

Il y a récidive lorsqu'il a été prononcé contre le prévenu, dans les cinq années antérieures, une première condamnation pour un des délits prévus par la présente loi.

Les coupables peuvent, en outre, être privés, pendant un temps qui n'excédera pas cinq années, du droit d'élection et d'éligibilité pour les tribunaux et chambres de commerce, ainsi que pour les conseils de prud'hommes.

11. Les faits antérieurs au dépôt ne donnent ouverture à aucune action dérivant de la présente loi.

Les faits postérieurs au dépôt, mais antérieurs à sa publicité, ne peuvent donner lieu, en vertu du précédent article, à une action, même au civil, qu'à la charge, par la partie lésée, d'établir la mauvaise foi de l'inculpé.

Aucune action, pénale ou civile, ne peut être intentée, en vertu du même article, avant que le dépôt n'ait été rendu public.

Lorsque les faits sont postérieurs à la publicité du dépôt, leurs auteurs peuvent exciper de leur bonne foi, mais à la condition d'en rapporter la preuve.

La confiscation, au profit de la partie lésée, des objets portant atteinte aux droits garantis par la présente loi, est prononcée, même en cas d'acquittement.

Le tribunal peut, en cas de condamnation, peut, en outre, prononcer la confiscation des instruments ayant servi spécialement à la fabrication des objets incriminés.

12. La partie lésée peut, même avant la publicité du dépôt, faire procéder par tous huissiers, à la description détaillée, avec ou sans saisie, des objets ou instruments incriminés, en vertu d'une ordonnance rendue par le président du tribunal civil dans le ressort duquel les opérations devront être effectuées, sur simple requête, production du certificat de dépôt et récépissé des taxes prévues à l'article 8.

Le président a la faculté d'autoriser le requérant

à se faire assister d'un officier de police ou du juge de paix du canton et d'imposer au requérant un cautionnement que celui-ci est tenu de consigner avant de faire procéder à l'opération; ce cautionnement est toujours imposé à l'étranger qui requiert la saisie.

Copie est laissée aux détenteurs des objets décrits tant de l'ordonnance que de l'acte constatant le dépôt du cautionnement, le tout à peine de nullité et de dommages-intérêts contre l'huissier.

À défaut par le requérant de s'être pourvu, soit par la voie civile, soit par la voie correctionnelle, dans le délai de quinzaine, outre un jour par cinq myriamètres de distance entre le lieu où se trouvent les objets décrits ou saisis et le domicile de la partie à poursuivre, la description ou saisie est nulle de plein droit, sans préjudice des dommages-intérêts.

13. Le bénéfice de la présente loi s'applique aux dessins et modèles dont les auteurs ou leurs ayants cause sont Français ou domiciliés en France, ou ont en France des établissements industriels ou commerciaux, ou sont, par leur nationalité, leur domicile ou leurs établissements industriels ou commerciaux, ressortissant d'un État qui assure la réciprocité, par sa législation intérieure ou ses conventions diplomatiques, pour les dessins ou modèles français.

14. La présente loi entrera en vigueur six mois après sa promulgation.

À dater de cette époque, les dépôts antérieurs qui seraient encore valables d'après la législation précédente seront soumis aux dispositions de la présente loi; les dépôts à perpétuité cesseront d'être valables cinquante ans après leur mise en vigueur; les dépôts faits pour cinq ans au moins pourront être renouvelés, dans les conditions prévues par la présente loi, avant l'expiration du délai pour lequel ils ont été effectués.

Les déposants ou leurs ayants cause auront la faculté de réclamer la restitution, soit l'ouverture et la publicité de leurs dépôts antérieurs, dans les conditions prévues aux alinéas 2 et 3 de l'article 7, avec faculté de faire établir un duplicata du dépôt.

15. Un règlement d'administration publique fixera la matière, les dimensions, le poids, le mode de fermeture de la boîte à déposer, la formule de la déclaration, les conditions d'ouverture et de publicité du dépôt, les conditions dans lesquelles se feront la restitution au déposant après la première période, la communication de l'exemplaire destiné aux tribunaux et sa réintégration à l'Office national, la taxe afférente aux mesures transitoires prévues par l'alinéa 3 de l'article 11 et toutes autres dispositions nécessaires pour l'exécution de la présente loi.

Les taxes prévues par la présente loi, à l'exception de l'indemnité visée par le paragraphe 1er de l'article 8, seront perçues par le Conservatoire national des arts et métiers, pour le service de l'Office national de la propriété industrielle.

16. Des règlements d'administration publique détermineront les conditions dans lesquelles la présente loi sera applicable à l'Algérie et aux colonies.

17. Sont abrogés les articles 15 à 19 de la loi du 18 mars 1806 et toutes autres dispositions contraires à la présente loi, relatives aux dessins et modèles de fabrique.

V. *la discussion de cette loi à la Chambre des députés et au Sénat*, D. P. 1909. 4. 81 s.

Loi du 19 juillet 1909,

Relative aux contributions directes et aux taxes y assimilées de l'exercice 1910 (D. P. 1909, 4e partie).

Art. 4. Le deuxième paragraphe de l'article 24 de la loi du 9 décembre 1905 est complété comme suit: — V. *supra*, 9 déc. 1905, art. 24, § 2.

FIN DE L'APPENDICE.

TABLE CHRONOLOGIQUE

DES

LOIS, ORDONNANCES ET DÉCRETS

INSÉRÉS DANS CE VOLUME.

———————✳———————

a

TABLE GÉNÉRALE ALPHABÉTIQUE

DES MATIÈRES

CONTENUES DANS CE VOLUME.

———————※———————

Abréviations. — *Dans la présente Table, les articles des Codes sont indiqués simplement par les nombres précédés soit — de* Civ., *pour le Code civil; — de* Pr., *pour le Code de procédure civile; — de* Com., *pour le Code de commerce; — de* I., *pour le Code d'instruction criminelle; — de* Pén., *pour le Code pénal; — de* F., *pour le Code rural.*

Pour les lois, ordonnances et décrets insérés dans cet ouvrage, nous renvoyons aux pages qui contiennent leurs textes et nous mentionnons leurs dates et leurs articles.

p. 328, L. 14 mars 1904, a. 1, signifie: page 328, Loi du 14 mars 1904, article 1.

A

andon d'instru-ments, d'armes et de machines Pr. 471, n. 7; (confiscation) Pén. 472.

atage (arbres réservés) F. 33 s.; (mode, convention) F. 37. — V. Arbres.

cilles Civ. 524.

ordiage (avarie, accident, prescription) Com.; (cas fortuit) Com. 407; aussi Com. 400 incapacité, compétence) Com.

. — V. Assurances maritimes.

sence Civ. 112 s.; e de 100 ans) Civ. 129.

claration Civ. 115 s.; mande) Civ. 115, 121, ; (disparition) Civ. 115; fets) Civ. 131, 134; (envoi en possession) Civ. 116, 119.

clamation, jugement, s F. 33 s.; (mode, convention) Civ. 143 s.

avoi en possession dé- finitif Civ. 129 s.; (caution, charge) Civ. 129; (demande, délai) Civ. 129; (ascendant, droits) Civ. 132; (partage) Civ. 129; . — V. (existence, preuve) 132; (partage) Civ. 129;

stitution) Civ. 132 s.; (succession de l'absent) Civ. 132;

avoi en possession pro- visoire Civ. 120 s.; (administration) Civ. 124, 125; liens, objet) Civ. 120; ens, restitution) Civ. 129; (caractères) Civ. 120,123,124; (lition) Civ. 120,123,124; (communauté, dissolution provisoire) 124; (communauté, nonciation) Civ. 124; (dépôt) Civ. 123; (donation) Civ. ; (droits subordonnés décès) Civ. 123, 124; aurée) Civ. 129; (effets) , 126; (envoyé, compte)

Civ. 125; (envoyé, jouissance) Civ. 127, 130; (envoyé, obligations) 125 s.; (époux commun, droits) Civ. 124; (époux commun, jouissance) Civ. 127, 130; (époux commun, obligations) Civ. 124, 126 s.; (existence, preuve) Civ. 131; (héritier présomptif) Civ. 120 s.; (hypothèque) Civ. 128, 2126; (immeubles, aliénation) Civ. 128; (immeubles, visite) Civ. 120; (inventaire) Civ. 120; (legs) Civ. 123; (mobilier, vente) Civ. 126; (mutuelles) Civ. 125; (mobilier, curation) Civ. 120 s.; (retour) Civ. 125, 127, 131; (revenus, restitution) Civ. 127; (testament) Civ. 123.

— époux (administration) Civ. 124, 129; (envoi en possession provisoire) Civ. 140; (remariage) Civ. 139.

— présomption Civ. 112 s.; (biens, administration) Civ. 112 s.; (compétence) Civ. 112; (mesures d'administration) Civ. 112; (notaire) Civ. 113.

— présumé absent (action judiciaire) Civ. 114; (intérêts, surveillance) Civ. 114; (procuration) 112, 122; (représentation) Civ. 113. — succession échue Civ. 136; (inscription) Civ. 839; (partage) Civ. 817, 838 s.; (scellés) Civ. 1031. — V. Mariage.

Absolution. V. Cassation, Cour d'assises.

Abstention Pr. 308, 388, 614.

Abus. V. Mineur.

Abus d'autorité Pén. 184 s.; (contre la chose publique) Pén. 188 s. V. Force publique; (peines particulières) Pén. 184 s. — V.Déni, Fonctionnaire public, Violation de domicile.

Abus de confiance Pén. 406; (proprement dit) Pén. 408. — V. Failli.

Acceptation. V. Délaissement, Lettre de change.

Accession Civ. 546 s., 712; (adjonction) Civ. 566 s.; (immobilière) Civ.

552 s.; (mélange) Civ. 572 s.; (mobilière) Civ. 505 s.; (spécification) Civ. 570 s.

Accident Civ. — accident imprévu, obligation, preuve Civ. 1348. — V. Délaissement, Exploitation agricole, Ouvrier, Secours.

Accident mariti-me Civ. 87 s.; (décès, constatation) 90 s., 89; (disparition) Civ. 87 s.

Accouchement Civ. 55.

Accroissement (droit d') Civ. 576, 1044 s. (legs), 1045; (signification)

Accusation. V. Acte d'accusation, Chambre d'accusation, Cour d'assises.

Accusé. V. Chambre d'accusation, Cour d'assises.

Achat (achat pour louer ou revendre, compétence) Com. 633; (constatation) Com. 109. — V. Faillite, Navire, Vente.

Acquêts Civ. — V. Communauté.

Acquiescement Pr. 241. — V. Liquidation judiciaire.

Acquit à caution. V. Capitaine de navire.

Acquittement. V. Appel correctionnel, Banqueroute frauduleuse, Cassation, Contumace, Liberté provisoire, Tribunal correctionnel.

Acte authentique Civ. 1317 s.

— copie, force probante, titre original (existence) Civ. 1334; (inexistence) Civ. 1335.

— (définition) Civ. 1317; (exécution, suspension) Civ. 1319; (force probante) Civ. 1319 s., 1335; (inscription de faux) Civ. 1319; (officier public) Civ. 1317, 1318; (registre public, transcription, force probante) Civ. 1335; (vice de forme) Civ. 1318.

— V. Acte sous seing privé, Jugement, Mariage, Vente.

Acte à l'étranger Pr. 546.

Acte d'appel. V. Appel civil.

Acte confirmatif Civ. 1338 s.

Acte conservatoi-re Pr. 125, 809. V. Faillite, Liquidation judiciaire.

Acte de décès Civ. 77 s.; (déclarant) Civ. 78; (rédaction) Civ. 78 s. V. Exécution capitale, Expédition maritime, Militaire.

Acte d'accusation I. 241 s.; (contexte) Pén. 140; (énonciations) I. 241; (formes) I. 241; (jonction) I. 307; (lecture) I. 313; (publication prématurée) p. 291 ; L. 29 juil. 1881, a. 38; (rédaction) I. 241 (remise ou dépôt) I. 242, 243.

Acte de commer-ce Com. 1 s., 631 s., (agent intermédiaire) Com. 74 s.; (caractères) Com. 632, 633; (compétence) Com. 631 s.; (énumération) Com. 632, 633; (profession habituelle) Com. 1.

Acte de l'état civil Civ. 34 s.; (âge) Civ. 34; (altération) Civ. 34; (année) Civ. 34; (compétence) Civ. 50, 54; (contravention) Civ. 50 s.; (date) Civ. 34; (dispositions générales) Civ. 34 s.; (domicile) Civ. 31; (extrait) Civ. 45; (faux) Civ. 52; (feuille volante) Civ. 52; Pén. 192, 835 s.; (formes générales) Civ. 34 s.; (heure) Civ. 34; (inscription) Civ. 49, 42; (lieu) Civ. 34; (lecture) Civ. 38; (légalisation) Civ. 45; (mandataire) Civ. 37; (mentions) Civ. 34, 35, 38; (ministère public, attributions) Civ. 49, 53; (nom) Civ. 34; (paraphe) Civ. 41; (pays étranger, rédaction) Civ. 34; (procuration) Civ. 36, 44; (profession) Civ. 34; (rature) Civ. 42; (réception) Civ. 34 s.; (rectification) Civ. 99 s.; Pr. 855 s.; (rédaction) Civ. 34 s.; 42.

— registre Civ. 40 s.; (altération) Civ. 43; (dépôt) Civ. 43 s., 53; (double) Civ. 40; (faux) Civ. 52; (inexistence) Civ. 46; (mention en marge) Civ. 51; (tenue, délit) Pén. 192 s.; (vérification) Civ. 53.

— (renvoi) Civ. 42; (signature) Civ. 39; (témoin) Civ. 37 s., 56.

— V. État de siège, Expédition maritime, Marin, Militaire, Officier de l'état civil, Pays de protectorat.

Acte de mariage Civ. 63 s.; (mentions) Civ. 76, 156; (rectification) Civ. 76; (rédaction) Civ. 75; (registre, inexistence) Civ. 60, 194. — V. Mariage.

Acte de naissance Civ. 55 s.; (déclaration) Civ. 56 s.; (signification)

— enfant (nom) Civ. 57; (prénoms) Civ. 57; (présentation) Civ. 55; (sexe) Civ. 57.

— (mentions) Civ. 57, 76; (rédaction) Civ. 56 s.; (témoins) Civ. 56, 57.

— Filiation légitime, Mariage, Militaire, Naissance, Mariage.

Acte de notoriété. V. Mariage.

Acte de procédure (actes frustratoires) Pr. 1031; (nullité) Pr. 173, 1029 s.; (nullité exception) Pr. 1030.

Acte judiciaire — exécution (heure légale) Pr. 1037; (jour férié) Pr. 1037.

Acte notarié Pr. 839 s.; (L. 25 vent. an XI) p. 299; (L. 21 juin 1843) p. 271; (L. 12 août 1902) p. 328; (minute) Civ. 1341; (taxe, prescription) L. 24 déc. 1897, p. 315. — V. Acte authentique, Contrat de mariage, Contrat à la grosse, Donation, Mariage.

Acte public Com. 109. V. Assurances maritimes, Contrat à la grosse, Société anonyme, Société en commandite par actions.

Acte privé Com. 109. V. Assurances maritimes, Contrat à la grosse, Société en commandite par actions.

Acte récognitif Civ. 1337.

Acte respectueux Civ. 76, 151, 154, 155, 158. V. Adoption.

Acte sous seing privé Civ. 1322 s.; (non approbation) Civ. 1326, 1327; (date certaine) Civ. 1328; (double original) Civ.

1325, 1332; (écriture, dénégation) Civ. 1323 s.; (enregistrement) Civ. 1328; (force probante) Civ. 1322 s.; (nécessité) Civ. 1341; (signataire, décès) Civ. 1328; (signature, dénégation) Civ. 1323 s.; (substance, constatation, acte authentique) Civ. 1328. — V. Vente.

Actif de faillite. V. Faillite.

Action civile I. 1 s.; (compétence) I. 3; (décès de l'inculpé) I. 2; (dommage, réparation) I. 1 s.; (action publique, exercice séparé) I. 3; (action publique, exercice simultané) I. 3; (contre qui) I. 2; (qualité) I. 1; (suspension) I. 3.

— (extinction) I. 4; (renonciation) I. 4.

— V. Délit forestier, Prescription.

Action judiciaire (action personnelle, compétence) Civ. 14, 15; (immeuble, caractère) Civ. 896; (meuble, caractère) Civ. 529. — V. Absence, Faillite, Liquidation judiciaire, Société.

Action mixte Pr. 59.

Action paulienne Civ. 1167, 1464.

Action personnel-le (compétence territoriale) Pr. 59, 59; (conciliation) Pr. 50; (matières sommaires) Pr. 404. — V. Juge de paix.

Action pétitoire Pr. 25 s.

Action possessoi-re Pr. 23 s.; (compétence territoriale) Pr. 3; (prescription annale) Pr. 23; (trouble) Pr. 23, 24.

Action publique I. 1 s.; (décès de l'inculpé) I.

— exercice I. 1 s.; (contre qui) I. 2; (qualité) I. 1, 2; (suspension) I. 4.

— (extinction) I. 2; (peine, application) I. 1.

— V. Action civile, Chambre d'accusation, Contravention de simple police, Cour d'appel, Cour d'assises, Délit forestier, Prescription, Privilège de Juridiction, Procureur de la République, Souveraineté.

b

d

e

IMPRIMERIE DE LA JURISPRUDENCE GÉNÉRALE DALLOZ

JURISPRUDENCE GÉNÉRALE DALLOZ

CODE

DES

LOIS POLITIQUES ET ADMINISTRATIVES ANNOTÉES

ONZE LIVRAISONS FORMANT SIX VOLUMES

Prix de chacun dés Tomes I (sans le Supplément), II, III et V : **30 francs.**

Prix du tome IV : **40 francs.**

Prix du Supplément au tome Ier : **10 francs.**

TOME Ier et son SUPPLÉMENT : Lois constitutionnelles ; — Séparation des pouvoirs et Conflits ; — Conseil d'État ; — Organisation départementale et communale ; — Élections législatives, départementales et communales ; — Élections des Prud'hommes.

TOME II : Culte ; — Sépulture ; — Enseignement ; — Beaux-Arts ; — Établissements publics et d'utilité publique ; — Dons et legs.

TOME III : Salubrité ; — Agriculture ; — Commerce et Industrie ; — Travaux publics ; — Marchés de fournitures ; — Mines ; — Voirie.

TOME IV : Contributions directes ; — Comptabilité publique ; — Douanes ; — Contributions indirectes ; — Octrois.

TOME V : Eaux ; — Organisation militaire ; — Organisation maritime ; — Pensions ; — Postes et Télégraphes.

CODE DE COMMERCE

Prix : **30 francs.**

SUPPLÉMENT AU CODE DE COMMERCE

AVEC ADDITIONS COMPLÉMENTAIRES

Prix : **20 francs.**

Les Additions complémentaires seules : **5 francs.**

CODE DE L'ENREGISTREMENT, DU TIMBRE

Prix : **25 francs.**

CODE FORESTIER

suivi des lois sur la chasse
et sur la pêche.

Prix : **30 francs.**

CODE PÉNAL

Prix : **30 francs.**

SUPPLÉMENT AU CODE PÉNAL

Prix : **15 francs.**

CODE D'INSTRUCTION CRIMINELLE

Prix : **30 francs.**

Sous Presse :

NOUVEAU CODE DE PROCÉDURE CIVILE

PARIS — 19, rue de Lille.

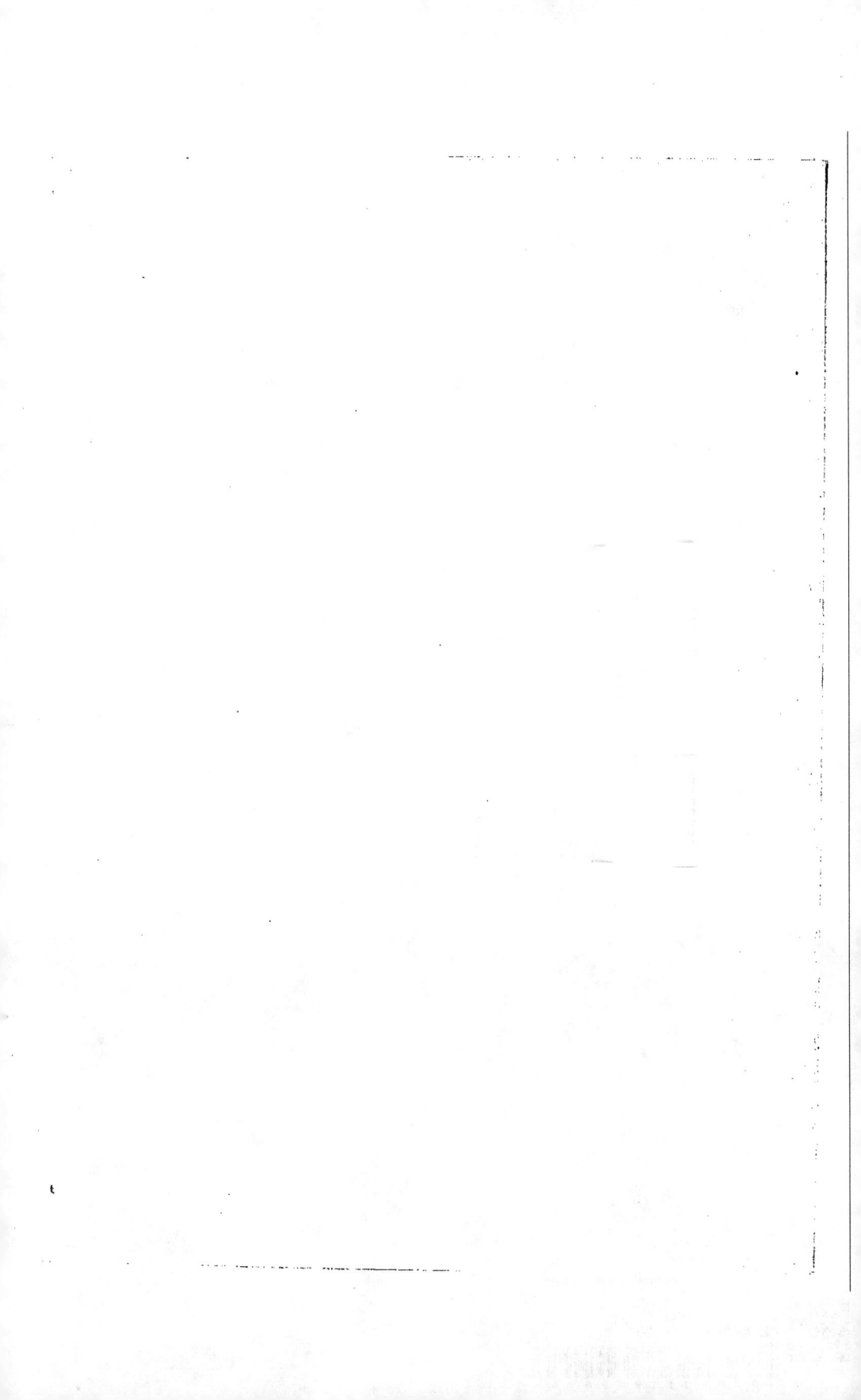

www.ingramcontent.com/pod-product-compliance
Lightning Source LLC
Chambersburg PA
CBHW061002220326
41599CB00023B/3808